D1732286

J. von Staudingers
Kommentar zum Bürgerlichen Gesetzbuch
mit Einführungsgesetz und Nebengesetzen
Zweites Buch. Recht der Schuldverhältnisse
§§ 652–704

Dr. Norbert Horn
Professor an der Universität Köln

Dr. Ulrich Huber
Professor an der Universität Bonn

Dr. Heinz Hübner
Professor an der Universität Köln

Dr. Rainer Jagmann
Richter am Oberlandesgericht Karlsruhe

Dr. Ulrich von Jeinsen
Rechtsanwalt in Hannover

Dr. Michael Junker
Professor an der Universität Greifswald

Dr. Dagmar Kaiser
Wiss. Assistentin an der Universität Freiburg i. Br.

Dr. Rainer Kanzleiter
Notar in Neu-Ulm, Professor an der Universität Augsburg

Wolfgang Kappe
Vorsitzender Richter am Oberlandesgericht Celle a. D.

Dr. Benno Keim
Notar in München

Sibylle Kessal-Wulf
Richterin am Schleswig-Holsteinischen Oberlandesgericht in Schleswig

Dr. Diethelm Klippel
Professor an der Universität Gießen

Dr. Helmut Köhler
Professor an der Universität Augsburg, Richter am Oberlandesgericht München

Dr. Jürgen Kohler
Professor an der Universität Greifswald

Dr. Heinrich Kreuzer
Notar in Parsberg

Dr. Jan Kropholler
Professor an der Universität Hamburg, Wiss. Referent am Max-Planck-Institut für Ausländisches und Internationales Privatrecht, Hamburg

Dr. Hans-Dieter Kutter
Notar in Schweinfurt

Dr. Dr. h. c. Manfred Löwisch
Professor an der Universität Freiburg i. Br., vorm. Richter am Oberlandesgericht Karlsruhe

Friedrich Lohmann
Vorsitzender Richter am Bundesgerichtshof a. D., Karlsruhe

Dr. Dr. h. c. Werner Lorenz
Professor an der Universität München

Dr. Peter Mader
Univ. Dozent an der Universität Salzburg

Dr. Ulrich Magnus
Professor an der Universität Hamburg

Dr. Heinz-Peter Mansel
Akademischer Rat an der Universität Heidelberg

Dr. Peter Marburger
Professor an der Universität Trier

Dr. Wolfgang Marotzke
Professor an der Universität Tübingen

Dr. Dr. Michael Martinek, M.C.J.
Professor an der Universität des Saarlandes, Saarbrücken

Dr. Jörg Mayer
Notar in Pottenstein

Dr. Dr. h. c. mult. Theo Mayer-Maly
Professor an der Universität Salzburg

Dr. Dr. Detlef Merten
Professor an der Hochschule für Verwaltungswissenschaften, Speyer

Dr. Peter O. Mülbert
Akademischer Rat a. Z. an der Universität München

Dr. Dirk Neumann
Vizepräsident des Bundesarbeitsgerichts a. D., Präsident des Landesarbeitsgerichts Chemnitz a. D.

Dr. Hans-Heinrich Nöll
Rechtsanwalt in Hamburg

Dr. Hartmut Oetker
Wiss. Assistent an der Universität Kiel

Wolfgang Olshausen
Notar in Rain am Lech

Dr. Dirk Olzen
Professor an der Universität Düsseldorf

Dr. Gerhard Otte
Professor an der Universität Bielefeld, Richter am Oberlandesgericht Hamm

Dr. Hansjörg Otto
Professor an der Universität Göttingen

Dr. Lore Maria Peschel-Gutzeit
Senatorin für Justiz in Berlin, Vorsitzende Richterin am Hanseatischen Oberlandesgericht zu Hamburg i. R.

Dr. Frank Peters
Professor an der Universität Hamburg, Richter am Hanseatischen Oberlandesgericht zu Hamburg

Dr. Axel Pfeifer
Notar in Hamburg

Dr. Alfred Pikalo
Notar in Düren

Dr. Jörg Pirrung
Ministerialrat im Bundesministerium der Justiz, Bonn

Dipl.-Verwaltungswirt
Dr. Rainer Pitschas
Professor an der Hochschule für Verwaltungswisschenschaften, Speyer

Dr. Ulrich Preis
Professor an der FernUniversität Hagen und an der Universität Düsseldorf

Dr. Manfred Rapp
Notar in Landsberg

Dr. Thomas Rauscher
Professor an der Universität Leipzig, Dipl. Math.

Dr. Peter Rawert, LL.M.
Notar in Hamburg

Eckhard Rehme
Vorsitzender Richter am Oberlandesgericht Oldenburg

Dr. Wolfgang Reimann
Notar in Passau, Professor an der Universität Regensburg

Dr. Gert Reinhart
Professor an der Universität Heidelberg

Dr. Dieter Reuter
Professor an der Universität Kiel, Richter am Schleswig-Holsteinischen Oberlandesgericht in Schleswig

Dr. Reinhard Richardi
Professor an der Universität Regensburg

Dr. Volker Rieble
Wiss. Assistent an der Universität Freiburg i. Br.

Dr. Wolfgang Ring
Notar in Landshut

Dr. Herbert Roth
Professor an der Universität Münster

Dr. Rolf Sack
Professor an der Universität Mannheim

Dr. Ludwig Salgo
Professor an der Universität Frankfurt am Main

Dr. Gottfried Schiemann
Professor an der Universität Tübingen

Dr. Eberhard Schilken
Professor an der Universität Bonn

Dr. Peter Schlosser
Professor an der Universität München

Dr. Jürgen Schmidt
Professor an der Universität Münster

Dr. Karsten Schmidt
Professor an der Universität Hamburg

J. von Staudingers
Kommentar zum Bürgerlichen Gesetzbuch mit Einführungsgesetz und Nebengesetzen

Zweites Buch
Recht der Schuldverhältnisse
§§ 652–704

Dreizehnte
Bearbeitung 1995
von
Michael Martinek
Dieter Reuter
Olaf Werner
Roland Wittmann

Redaktor
Dieter Reuter

Sellier – de Gruyter · Berlin

Die Kommentatoren

Dreizehnte Bearbeitung 1995
§§ 652–656: DIETER REUTER
§§ 657–674: ROLAND WITTMANN
§ 675: MICHAEL MARTINEK
§§ 676–687: ROLAND WITTMANN
§§ 688–700: DIETER REUTER
§§ 701–704: OLAF WERNER

12. Auflage
§§ 652–656: DIETER REUTER (1987)
§§ 657–687: ROLAND WITTMANN (1979)
§§ 688–700: DIETER REUTER (1979)
§§ 701–704: OLAF WERNER (1980)

11. Auflage
§§ 652–661: Landgerichtsrat Dr. HERMANN RIEDEL (1958)
§§ 662–704: Präsident des BAG Dr. Dr. HANS C. NIPPERDEY (1958)

Sachregister

Rechtsanwalt Dr. Dr. VOLKER KLUGE, Berlin

Zitierweise

STAUDINGER/REUTER (1995) Vorbem 1 zu §§ 652 ff
STAUDINGER/MARTINEK (1995) § 675 Rn 1

Zitiert wird nur nach Paragraph bzw Artikel und Randnummer.

Hinweise

Das **vorläufige Abkürzungsverzeichnis** für das Gesamtwerk STAUDINGER befindet sich in einer Broschüre, die zusammen mit dem Band §§ 985–1011 (1993) geliefert worden ist.

Der **Stand der Bearbeitung** ist jeweils mit Monat und Jahr auf den linken Seiten unten angegeben.

Am Ende eines jeden Bandes befindet sich eine Übersicht über den aktuellen **Stand des Gesamtwerkes** STAUDINGER.

Die Deutsche Bibliothek – CIP-Einheitsaufnahme

J. von Staudingers Kommentar zum Bürgerlichen Gesetzbuch : mit Einführungsgesetz und Nebengesetzen / [Kommentatoren Karl-Dieter Albrecht . . .]. – Berlin : Sellier de Gruyter.
Teilw. im Verl. Schweitzer de Gruyter, Berlin. – Teilw. u. d. T.: J. v. Staudingers Kommentar zum Bürgerlichen Gesetzbuch
ISBN 3-8059-0784-2 (Gesamtwerk)
NE: Staudinger, Julius von [Begr.]; Amann, Hermann; Staudingers Kommentar zum Bürgerlichen Gesetzbuch; Kommentar zum Bürgerlichen Gesetzbuch; J. v. Staudingers Kommentar zum Bürgerlichen Gesetzbuch

Buch 2. Recht der Schuldverhältnisse.
§§ 652–704 / von Michael Martinek ... Red. Dieter Reuter. – 13. Bearb. – 1995
ISBN 3-8059-0835-0
NE: Martinek, Michael; Reuter, Dieter [Red.]

Printed in Germany. – Satz und Druck: Buch- und Offsetdruckerei Wagner GmbH, Nördlingen. – Bindearbeiten: Lüderitz und Bauer, Buchgewerbe GmbH, Berlin. – Umschlaggestaltung: Bib Wies, München.

⊗ Gedruckt auf säurefreiem Papier, das die US-ANSI-Norm über Haltbarkeit erfüllt.

Inhaltsübersicht

---

* Zitiert wird nicht nach Seiten, sondern nach
Paragraph bzw Artikel und Randnummer; siehe
dazu auch S VI.

Achter Titel
Mäklervertrag

Vorbemerkungen zu §§ 652 ff

Schrifttum

ALTMEPPEN, Provisionsansprüche bei Vertragsauflösung (1987)

ANTOGNAZZA, Voraussetzungen der Mäklerprovision (Diss Zürich 1965)

BEGEMANN, Die Beziehung zwischen Maklertätigkeit und Abschluß des Hauptvertrages nach § 652 I 1 BGB (1988)

BENÖHR, Anm zum Urt des LG Frankfurt v 17. 4. 1973 – 2/16 S 6/73, NJW 1973, 1976

BEUTHIEN, Pauschalierter Schadensersatz und Vertragsstrafe, in: FS Karl Larenz (1973) 495

BONNET, Staatliche Regelungen für Immobilienmakler (1973)

BREIHOLDT, Gesetz zur Regelung der Wohnungsvermittlung, MDR 1972, 918

dies, Wer ist Verwalter im Sinne von § 2 II Nr. 3 WoVermG?, NJW 1988, 398

dies, Rechtsprobleme bei Gemeinschaftsgeschäften unter Maklern, BB 1993, 600

BURGHART, Die Treuepflicht des Grundstücksmaklers, AcP Bd 140 (1935) 81

DEHNER, Die Entwicklung des Maklerrechts seit 1989, NJW 1991, 3254

ders, Die Entwicklung des Maklerrechts seit 1992, NJW 1993, 3236

ders, Das Verflechtungsproblem im Maklerrecht, NJW 1993, 2225

DEHNER/ZOPFS, Das Maklerrecht in der neueren höchstrichterlichen Rechtsprechung (2. Aufl 1993)

DIEBOLD, Voraussetzungen des Provisionsanspruchs (1987)

DOLL, Zur Frage der Aktivierung von Maklergebühren bei Anmietung von Geschäftsräumen, DB 1979, 614

DYCKERHOFF/BRANDT, Das Recht des Immobilienmaklers (9. Aufl 1986)

FUCHS, Das Recht des Zivilmaklers und seine

Fortbildung in der höchstrichterlichen Rechtsprechung (Diss München 1975)

vGERKAN, Nochmals: Maklerklauseln in notariellen Grundstückskaufverträgen, NJW 1983, 859

GLASER, Die Tätigkeit des Maklers für beide Parteien (Doppeltätigkeit), MDR 1971, 271

ders, Tod des Auftraggebers eines Maklers, DB 1965, 697

GLASER/WARNCKE, Das Maklerrecht in der Praxis (7. Aufl 1982)

vGRIESSENBECK, Zur Anwendbarkeit des § 98 HGB auf Emissionsgehilfen beim Vertrieb von Anteilen einer Publikums-KG, BB 1988, 2188

HECKER/GÖTZE, Die Allgemeinen Geschäftsbedingungen der Immobilienmakler (2. Aufl 1972)

HITZELBERGER, Nochmals: Maklerklauseln in notariellen Grundstückskaufverträgen, NJW 1982, 2854

vHOYNINGEN-HUENE, Maklerprovisionsanspruch bei Vermittlung einer Wohnung des Ehegatten, BB 1974, 258

JACUSIEL, Anmerkung zu RG vom 11. 10. 1929, JW 1930, 1498

JOERGES, Verbraucherschutz als Rechtsproblem (1981)

KEMPEN, Der Provisionsanspruch der Zivilmakler bei fehlerhaftem Hauptvertrag (1984)

KNIEPER, Der Maklervertrag im System des BGB, NJW 1970, 1293

KNÜTEL, Zur Bedeutung der Kenntnis des Auftraggebers von der Maklertätigkeit für den Provisionsanspruch, ZHR Bd 135 (1971) 528

ders, Die Provisionsteilung bei Mitwirkung mehrerer Makler oder Handelsvertreter, ZHR Bd 144 (1980), 289

KOHLER, Die Ersatzansprüche des Grund-

Dieter Reuter

stücksmaklers bei nichtigen Kaufverträgen, NJW 1957, 327

KRAUSE, Studien zum Recht des Grundstücksmaklers, in: FS Erich Molitor (1962) 383

KREHL, Die Pflichtverletzungen des Maklers (1989)

KRUEGER-DOYÉ, Der Alleinauftrag im Maklerrecht (1977)

KUBISCH, Anmerkung zum Urteil des OLG Köln v. 5. 7. 1968 – 9 U 81/68, NJW 1969, 53

LAU, Bemerkungen zum Wohnungsvermittlungsgesetz, ZMR 1974, 65

LAUER, Die Unterbrechung des Kausalzusammenhangs im Maklerrecht, MDR 1986, 809

LEISAU, Die Rechtsbeziehungen zwischen Auftraggeber und Makler im Maklervertrag (Diss Hamburg 1967)

LIEB, Bauherrenmodell: Anspruch des Vertriebsunternehmens auf Maklerprovision bei gesellschaftsrechtlicher Verflechtung mit dem Treuhänder?, DB 1981, 2415

ders, Wende in der Verflechtungsrechtsprechung – Anmerkungen zu den Entscheidungen des OLG Köln vom 18. 3. 1982, WM 1982, 782

LIEROW, Der Provisionsanspruch des Grundstücksmaklers bei Nichtzustandekommen oder Fehlschlagen des Hauptvertrages im deutschen und englischen Recht (1979)

LÖDEN, Atypische Maklerverträge im Grundstücksverkehr – insbesondere der Maklerdienstvertrag, unter Berücksichtigung der Allgemeinen Geschäftsbedingungen der Grundstücksmakler (Diss Hamburg 1966)

LÖWE, Entwicklungstendenzen im Maklerrecht, ZRP 1971, 221

LÜKE, Der Informationsanspruch im Zivilrecht, JuS 1986, 2

LUTTER, Zur Haftung des Emissionsgehilfen im grauen Kapitalmarkt, in: FS Johannes Bärmann (1975) 605

MARSCHNER, Die neuen Regelungen zur privaten Arbeitsvermittlung, DB 1994, 1774

MARTINEK, Franchising (1987)

ders, Der Maklervertrag als wucherähnliches Rechtsgeschäft?, JZ 1994, 1048

MÖLLER, Wesen und Arten der Vermittlerverträge, in: FS Leo Raape (1948) 341

MORMANN, Die Rechtsprechung des Bundesgerichtshofs zum Maklerrecht des BGB, WM 1968, 954; 1971, 1066; 1975, 70

MÜLLER-EISING, Keine Maklerprovision mehr für WEG-Verwalter?, MDR 1991, 818

PIKART, Mäklervertrag und Kommissionsgeschäft in der neueren höchstrichterlichen Rechtsprechung, WM 1956, 110

REBMANN, Regelung der Wohnungsvermittlung, DB 1972, 125

REICHEL, Die Mäklerprovision (1913)

REUTER, Das Maklerrecht als Sonderrecht der Maklertätigkeit, NJW 1990, 1321

RIEBLE, Maklerprovision für Personalvermittler – Ihre Begrenzung durch die ArbeitsvermittlerVO und ihre Ermäßigung nach § 655 BGB, DB 1994, 1776

RUST, Der Alleinauftrag des Immobilienmaklers, MDR 1957, 205

ders, Der Maklerlohn bei unvollkommenem Hauptvertrag, MDR 1959, 449

SCHÄFER, Die Gefahr mehrfacher Provisionszahlung beim Erwerb eines maklergebundenen Objekts, MDR 1988, 534

ders, Der Maklervertrag – ein ungeeigneter Vertragstyp, NJW 1989, 209

ders, Schadensersatzansprüche des Maklers – auch auf entgangene Provision bei vertragswidrigem Verhalten des Auftraggebers, BB 1990, 2275

SCHEIBE, Der Provisionsanspruch des Maklers bei Vertragsschluß durch einen mit dem Auftraggeber nicht identischen Dritten, DB 1988, 849

SCHMIDT-SALZER, Probleme des Maklerrechts, DB 1969, 1091, 1137

ders, Der Vertragsabschluß im Maklerrecht, MDR 1969, 182

SCHÖPF, Recht und Praxis der modernen Heiratsvermittlung (1962)

SCHOLZ, FJ, Kreditvermittler in der Rechtsprechung, MDR 1977, 887

SCHUBERT (Hrsg), Die Vorlagen der Redaktoren für die erste Kommission zur Ausarbeitung des Entwurfs eines Bürgerlichen Gesetzbuchs, Recht der Schuldverhältnisse, Teil 2, BT (1980)

SCHWARN, Das Mäklerrecht, Entscheidungen und Gutachten zu §§ 652–654 BGB von 1900–1951 (1952)

SCHWARZ, Das Ende der „Gleichstellungsklausel" in Makler-AGB – Ein Pyrrhussieg des Verbraucherschutzes?, NJW 1993, 306

SCHWERDTNER, Maklerrecht (3. Aufl 1987)

ders, Neue höchstrichterliche Rechtsprechung zum Maklerrecht, JZ 1983, 777

ders, Erfolg und Arbeitserfolg, NJW 1989, 2987

ders, Anmerkung zum Urteil des BGH v. 4. 7. 1990 – IV ZR 174/89, JZ 1991, 310

SEYDEL, Maklerrecht (1988)

SIEGERS, Anmerkung zum Urteil des OLG Köln v. 5. 7. 1968 – 9 U 81/68, NJW 1968, 2011

TEMPEL, Maklerrecht, in: Vertragsschuldverhältnisse (ohne Kaufrecht) (1974) 368

THODE, Die Rechtsprechung des Bundesgerichtshofes zum Maklerrecht des BGB, WM 1989 SBeil 6

TONNER, Verbraucherschutz im Recht des Immobilienmaklers (1981)

ULMER, Teilunwirksamkeit von teilweise unangemessenen AGB-Klauseln?, NJW 1981, 2025

ders, Wirtschaftslenkung und Vertragserfüllung, AcP Bd 174 (1974) 167

VOLLKOMMER, Zur Höhe der Maklerprovision, JZ 1985, 879

VOSS, Grundlagen des Mäklervertrags (Diss Köln 1960)

WANK, Die Verflechtung des Maklers mit einer Vertragspartei, NJW 1979, 190

WARNCKE, Der Begriff des Alleinauftrags in der Rechtsprechung, MDR 1961, 725

WEGENER/SAILER, Der Makler und sein Auftraggeber (4. Aufl 1988)

WERNER, Der Immobilienmakler in der Rechtsprechung, JurA 1970, 353

ders, Besprechung zu Peter Schwerdtner, Maklerrecht, AcP Bd 176 (1976) 267

ders, Wirksamkeit und Bedeutung der Vorkenntnisklausel in Maklerverträgen, NJW 1971, 1924

WOLF, Die Rechtsprechung des Bundesgerichtshofs zum Maklerrecht des BGB, WM 1978, 1282; 1981, 666; 1985, Sonderbeilage Nr 3

Zur Reform des Maklerrechts

BECKER, Grundsatzregelungen des neuen Maklerrechts, ZRP 1978, 284

BRANDT, Kommt das neue Maklerrecht?, ZRP 1978, 157

Entwurf eines Gesetzes über Maklerverträge, BT-Drucks 10/1014 vom 16. 2. 1984

GILLES, Verbraucherpolitische Vertragsrechtsreformen im Bürgerlichen Gesetzbuch, ZRP 1979, 265

JUNG, Das neue Maklervertragsrecht, ZIP 1984, 901

TONNER, Zur Neuordnung des Maklerrechts im BGB, ZMR 1979, 1

ders, Die Reform des Maklervertragsrechts, BB 1984, 241

WANK, Das neue Maklerrecht, DB 1979, 1877

VOLLKOMMER, Das neue Maklerrecht – Ein Vorbild für die Überarbeitung des Schuldrechts?, in: FS Karl Larenz (1983) 663

Systematische Übersicht

Alphabetische Übersicht

I.   Rechtsnatur und Wesen des Maklervertrages

1.   Der gesetzliche Normalfall

a)   Der in der gesetzlichen Regelung der §§ 652 ff angenommene Normalfall des **1**
Maklervertrages ist der **einseitig verpflichtende Maklervertrag** (SCHWERDTNER 17; Münch-
Komm/SCHWERDTNER § 652 Rn 9; MORMANN WM 1968, 954, 960). Insoweit bleiben die

Handlungs- und Entschließungsfreiheit des Auftraggebers und des Maklers voll erhalten. Der Maklervertrag berechtigt, **verpflichtet den Makler aber nicht**, für den Auftraggeber **tätig zu werden** (MünchKomm/Schwerdtner § 652 Rn 8). Umgekehrt ist auch der **Auftraggeber nicht zum Abschluß des Hauptvertrages verpflichtet**, und zwar selbst dann nicht, wenn die vom Makler nachgewiesene oder vermittelte Abschluß-möglichkeit genau den Anforderungen des erteilten Auftrags entspricht (BGH NJW 1966, 1404, 1405; Esser/Weyers, Schuldrecht BT § 36 S 321; Larenz, Schuldrecht II 1 § 36 S 397; Glaser/Warncke 34; Schwerdtner 17; Soergel/Mormann Vor § 652 Anm 1; Erman/Werner Vor § 652 Rn 18). Beim einseitig verpflichtenden Maklervertrag verpflichtet sich der Auftraggeber lediglich unter der aufschiebenden Bedingung, daß der von ihm gewünschte Vertrag infolge der Tätigkeit des Maklers zustande kommt, zu der Zah-lung einer Vergütung (Larenz, Schuldrecht II 1 § 36 S 397; Schwerdtner 17; Mormann WM 1968, 954, 960). Den Makler treffen nur Neben- und Treuepflichten, insbesondere die Pflicht, bei Ausführung des Maklervertrags die Interessen des Auftraggebers zu wahren (vgl hierzu §§ 652, 653 Rn 175 ff).

2 b)   In einem auffälligen Kontrast zur dogmatischen Qualifikation als eines einsei-tig verpflichtenden Vertrages steht die **wirtschaftliche Eigenart** des Maklervertrages. In wirtschaftlicher Sicht begründet der Maklervertrag nämlich ein **Austauschverhält-nis**: Der Maklerlohn ist Entgelt zwar nicht für die Arbeitsleistung des Maklers, wohl aber für die gebotene und vom Auftraggeber genutzte Gelegenheit zum (Haupt-) Vertragsschluß. Die Gleichwertigkeit von Leistung und Gegenleistung ist tendenziell durch die Entschließungsfreiheit des Auftraggebers garantiert. Da erst die freie Ent-scheidung des Auftraggebers für die Inanspruchnahme der vom Makler gebotenen Vertragsgelegenheit den Maklerlohnanspruch auslöst, kommt der Makler im Prinzip nur dann zum Zuge, wenn „seine" Vertragsgelegenheit im Verhältnis zu den konkur-rierenden (= dem Auftraggeber ohne Makler zugänglichen oder von anderen Maklern zugänglich gemachten) Vertragsgelegenheiten trotz des Maklerlohns gün-stiger ist. Die Inanspruchnahme der vom Makler gebotenen Vertragsgelegenheit deutet deshalb auf einen Vorteil des Auftraggebers hin, der seinen Preis, den ver-einbarten Maklerlohn, wert ist.

3 c)   Die verbreiteten Vorbehalte gegen die **Angemessenheit des Maklerlohns** erwei-sen sich von daher als grundsätzlich ungerechtfertigt. Denn ganz überwiegend beruhen diese Vorbehalte darauf, daß man zu Unrecht den Maklerlohn am Aufwand des Maklers für den konkreten Nachweis bzw die konkrete Vermittlung der Vertrags-gelegenheit mißt, statt an den **Wert der Information bzw Unterstützung** für den Auftraggeber anzuknüpfen. Wenn ein Unternehmen technisches Know how kauft, bezahlt es selbstverständlich nicht den Aufwand des Partners für den Erwerb dieses Know how, sondern den Vorteil, den es daraus zieht. Das gleiche sollte für das Verhältnis zwischen Auftraggeber und Makler anerkannt werden. Allerdings setzt diese Rechtfertigung des Maklerlohns voraus, daß ihre Prämisse – die Entscheidung des Auftraggebers für die vom Makler gebotene Vertragsgelegenheit als die trotz der Provisionspflichtigkeit im Vergleich mit den ihm ohnedem zugänglichen Vertragsge-legenheiten günstigere – nicht durch entsprechende Klauseln des Maklervertrags außer Kraft gesetzt wird. Wenn und soweit der Maklervertrag einen Provisionsan-spruch unabhängig davon vorsieht, ob die Vertragsgelegenheit bereits bekannt gewesen ist oder nicht oder ob der Auftraggeber sie genutzt hat oder nicht, schrumpft die Gegenleistung des Maklers auf eine je nach den Umständen des Einzelfalls mehr oder weniger bescheidene Dienstleistung zusammen. Und dann stellt sich in der Tat bei der typischen Höhe der Provision unabweisbar die Frage, ob Leistung und Gegenleistung noch in einem erträglichen Verhältnis stehen.

d)   Die Einsicht, daß der Maklerlohn nicht die Arbeitsleistung des Maklers, son-   **4** dern die gebotene und vom Auftraggeber genutzte Gelegenheit zum Vertragsschluß entgilt (Rn 2), begründet Vorbehalte gegen das ganz herrschende Verständnis des Maklervertrags als eines **Geschäftsbesorgungsvertrags**. Zwar besorgt der Makler objektiv ein Geschäft des Auftraggebers. Aber das ist nicht der Anknüpfungspunkt für die maklervertraglichen Rechte und Pflichten. Nach dem gesetzestypischen Maklervertrag soll die Geschäftsbesorgung – die Beschaffung der Vertragsgelegenheit – im Gegenteil ein Geschäft des Maklers selbst sein. In der Sache enthält er nicht mehr als die Aufforderung des Auftraggebers, eine Vertragsgelegenheit zum Erwerb gegen ein prozentual bestimmtes Entgelt anzubieten. Erst mit der Annahme dieses Angebots durch Nutzung der Vertragsgelegenheit wird aus dem „geschäftlichen Kontakt" ein auf Leistung gerichtetes Schuldverhältnis. Der Maklervertrag gleicht also seiner Pflichtenstruktur nach sehr viel mehr einem **Kaufvertrag** (mit vorangehendem geschäftlichen Kontakt) als einem Geschäftsbesorgungsvertrag.

Eine solche Feststellung hat durchaus nicht nur akademischen Wert, sondern hand-   **5** feste praktische Konsequenzen. Sie schließt nämlich einmal die Forderung ein, die **Provisionszahlungspflicht strikt an der Qualität der verschafften und in Anspruch genommenen Vertragsgelegenheit zu orientieren**. Das Verhalten des Maklers kann lediglich insofern eine Rolle spielen, als die Vertragsgelegenheit sich als sein Werk darstellen muß (Erfordernis der qualifizierten Kausalität der Maklertätigkeit für das Zustandekommen des Hauptvertrags, vgl §§ 652, 653 Rn 104). Der BGH trägt dieser Forderung nur teilweise Rechnung. Zu ihr paßt es zB, daß BGH NJW 1976, 2345, 2346 im Gegensatz zum OLG Hamburg (AIZ 1987 H 9 A 110 Bl 36) im Fall der Vorkenntnis des Auftraggebers von der Vertragsgelegenheit an das Schweigen gegenüber dem Makler nicht die Verwirkung des Vorkenntniseinwands knüpft, sondern im Gegenteil sogar eine dies anordnende AGB-Klausel als gemäß § 9 AGBG unzulässige Abweichung vom gesetzlichen Leitbild des Maklervertrags verwirft. Da der Makler nicht für seine Arbeit entlohnt wird, kann man in der stillschweigenden Duldung weiterer Arbeit nicht, wie das OLG Hamburg annimmt, nach § 242 einen Verzicht auf den Vorkenntniseinwand sehen. Allenfalls kann der Makler aus positiver Forderungsverletzung seinen durch die nutzlose Weiterarbeit entstandenen Schaden ersetzt verlangen (vgl §§ 652, 653 Rn 178). Auch der BGH verirrt sich indessen in die Geschäftsbesorgungsperspektive, wenn er in ständiger Rechtsprechung analog § 654 eine Verwirkung des Provisionsanspruchs in dem Fall bejaht, daß der Makler den Interessen des Auftraggebers „vorsätzlich, wenn nicht gar arglistig, zumindest aber in einer dem Vorsatz nahekommenden grob leichtfertigen Weise zuwiderhandelt, so daß er den Lohn nach allgemeinem Rechts- und Billigkeitsempfinden nicht verdient hat" (BGH NJW 1962, 734; 1981, 280; 1981, 2297). Wer den kaufähnlichen Charakter des Maklervertrags (Rn 4) im Auge behält, kann demgegenüber den Ausschluß des Provisionsanspruchs nur damit begründen, daß der tatsächliche Nutzen des Auftraggebers nicht dem im Maklervertrag vorausgesetzten entspricht. Auch § 654 besagt nichts anderes. Die Vorschrift erklärt sich zwanglos daraus, daß der Auftraggeber einen Doppelmakler gleichsam doppelt bezahlt: einmal aufgrund des eigenen Maklervertrags, zum anderen mittelbar deswegen, weil der Hauptvertragspartner die aufgrund Maklervertrags geschuldete Provision selbstverständlich mitrechnet, wenn er seine äußersten Vorstellungen über den Preis festlegt. Hat der Auftraggeber die Doppelmaklertätigkeit nicht oder nicht so gestattet, so ist der Nachweis bzw die Vermittlung eines bei Zustandekommen des Hauptvertrags ebenfalls provisionspflichtigen Interessenten nicht der Nachweis bzw die Vermittlung, für die die Provision versprochen worden ist. Es handelt sich also bei § 654 um einen Spezialfall der fehlenden wirtschaftlichen Gleichwertigkeit des nachgewiesenen bzw vermittelten mit dem laut Maklervertrag angestrebten Hauptvertrag, die auch sonst den Provisionsanspruch sperrt (§§ 652, 653 Rn 66 ff), nicht um eine Sanktion gegen „untreue Treuhänder" (vgl § 654 Rn 1 ff).

6 Die Vergleichbarkeit des Maklervertrags mit einem Kaufvertrag mit vorangehendem geschäftlichen Kontakt (Rn 4) verlangt zweitens eine dementsprechende Sicht der **Nebenpflichten** des Maklers. Wie sonst die Parteien eines geschäftlichen Kontakts treffen den Makler die Pflichten, die sich, wenn nicht aus speziellen Abreden, so doch aus spezieller Vertrauenswerbung gegenüber dem Auftraggeber ableiten lassen. Die hM propagiert demgegenüber im Banne der Geschäftsbesorgungsidee zwischen Makler und Auftraggeber ein **besonderes Treueverhältnis**, kraft dessen der Auftraggeber vom Makler im Zusammenhang mit dem geplanten Hauptvertrag eine umfassende Fürsorge erwarten kann (BGH NJW 1968, 150, 151; NJW 1985, 2595; MORMANN WM 1968, 954, 960). Dabei ist freilich namentlich in der Rechtsprechung nicht verborgen geblieben, daß die Annahme einer Fürsorgepflicht, dh einer qualifizierten und intensiven Pflicht zum Tätigwerden zugunsten des Auftraggebers, jedenfalls für den normtypischen Maklervertrag mit dem Fehlen einer Tätigkeitspflicht des Maklers kollidiert. Folgerichtig hat der BGH entgegen den Implikationen der Fürsorgepflicht die Aufklärungspflichten des Maklers durchgängig auf die ihm bekannten Umstände beschränkt. Der Makler darf beim Nachweis bzw der Vermittlung einer Vertragsgelegenheit sein Wissen um für den Entschluß des Auftraggebers für oder gegen den Hauptvertrag relevante Umstände nicht unvollständig weitergeben (BGHZ 36, 323; BGH WM 1970, 1270; 1973, 613, 614) und muß nicht selbst überprüfte Angaben als solche kennzeichnen (BGH NJW 1982, 1147). Aber er ist nicht verpflichtet, im Interesse des Auftraggebers Erkundigungen einzuziehen und Nachprüfungen anzustellen (BGHZ 36, 323, 328; BGH WM 1970, 1270, 1271). Die Beratungspflicht des Maklers ist ausschließlich gerechtfertigt als **„Gebrauchsanweisung" für die vermittelte Vertragsgelegenheit**. Der Makler hat die wirtschaftlichen und rechtlichen Risiken so zu erläutern, daß der Auftraggeber sich für oder gegen den Vertragsschluß entscheiden kann, ohne sich noch anderweitig fremde Entscheidungshilfe besorgen zu müssen, nicht anders als der Verkäufer eines technisch komplizierten Produkts, der ja auch verpflichtet ist, über die Art und Weise des gefahrlosen Umgangs damit zu unterrichten. Aber er braucht nicht wie ein Treuhänder das Interesse des Auftraggebers über sein eigenes Interesse zu stellen. Genauso wie ein Verkäufer die Vorzüge der Kaufsache darf der Makler die Vorzüge der vermittelten Vertragsgelegenheit hervorheben. Vorbehaltlich abweichender Vereinbarung kann der Auftraggeber nicht erwarten, daß der Makler in der Rolle des neutralen Ratgebers verharrt, wenn es darum geht, ob ein Provisionsanspruch entsteht oder nicht (§§ 652, 653 Rn 188). Aus dem gleichen Grund verletzt der Makler seine Nebenpflichten aus dem Maklervertrag nicht, wenn er, um seine Chance auf die Provision zu erhöhen, die dem Auftraggeber angebotene Vertragsgelegenheit noch weiteren Interessenten andient (§§ 652, 653 Rn 190).

Wegen seiner dogmatischen Qualifikation als einseitig verpflichtender Vertrag **7**
unterliegt der Maklervertrag hinsichtlich seiner Durchführung **nicht** den §§ 320 ff
(Palandt/Thomas Vor § 652 Rn 6; MünchKomm/Schwerdtner § 652 Rn 8 aE). Er gilt vielmehr als **erfolgsbedingter Vertrag** (MünchKomm/Schwerdtner § 652 Rn 9; Schmidt-Salzer
DB 1969, 1091, 1092) mit der Konsequenz, daß die Provisionszahlungspflicht des Auftraggebers außer im Fall des Nichtzustandekommens des Hauptvertrags auch im Fall
der „Fehlerhaftigkeit" der Vertragsgelegenheit entfällt (BGH WM 1982, 1098, 1099;
MünchKomm/Schwerdtner § 652 Rn 114). Für die Antwort auf die Frage, inwieweit der
„Fehler" der Vertragsgelegenheit in den Risikobereich des Maklers und inwieweit er
in den des Auftraggebers gehört, können indessen die Wertungen der §§ 320 ff wichtige Anhaltspunkte liefern. Da wirtschaftlich ein Austausch – Vertragsgelegenheit
gegen Geld – stattfindet, kann die Verteilung des Risikos von Störungen prinzipiell
nicht anders sein als im Falle sonstiger Austauschverhältnisse. Insbesondere bietet
sich danach an, zwischen den ursprünglichen (rechtlichen und wirtschaftlichen)
Schwächen des Hauptvertrags und den nachträglichen zu unterscheiden. Denn auch
bei sonstigen Austauschverträgen haftet der Schuldner eines Objekts für dessen
Bonität bei Lieferung, während spätere Verschlechterungen Gläubigerrisiko sind.

2. Der Alleinauftrag

a)   Der **Alleinauftrag** unterscheidet sich vom normalen Maklervertrag dadurch, **8**
daß der Makler zum Tätigwerden verpflichtet wird, während der Auftraggeber für
die Laufdauer des Vertrags auf die Einschaltung anderer Makler verzichtet (vgl die
Definition in § 653 Abs 1 S 1 des Reformentwurfs, BT-Drucks 10/1014, S 4). Das Schrifttum sieht im Alleinauftrag zT einen gegenseitigen Vertrag. Im Gegenseitigkeitsver-
hältnis sollen die Tätigkeitspflicht des Maklers und die durch das Zustandekommen
des Hauptvertrags bedingte Provisionszahlungspflicht des Auftraggebers stehen
(Knieper NJW 1970, 1293, 1298; Rust MDR 1957, 205, 207). Mit der hM (BGHZ 60, 377; OLG
Zweibrücken AIZ 1992 H 4 A 101 Bl 5; MünchKomm/Schwerdtner § 652 Rn 267; Jauernig/
Vollkommer § 652 Anm 11 a cc; Warncke MDR 1961, 725, 726) ist dem zu widersprechen.
Das durch den Alleinauftrag begründete Austauschverhältnis ist wie beim normalen
Maklervertrag auf den Austausch der Vertragsgelegenheit gegen Provision bezogen,
der als Spezifikum des Maklerrechts dogmatisch gerade nicht auf einem gegenseitigen Vertrag beruht. Es bleibt wie im Fall des normalen Maklervertrags bei der
eigentümlichen Technik, daß die Ausgewogenheit von Leistung und Gegenleistung
nicht durch die Vereinbarung entsprechender wechselseitiger Rechte und Pflichten,
sondern durch die Freiheit des Auftraggebers zur Wahl zwischen der mit der Provisionszahlungspflicht verbundenen Vertragsgelegenheit des Maklers und konkurrierenden Vertragsgelegenheiten verbürgt wird (vgl Rn 2).

Nach Ansicht des BGH (NJW-RR 1987, 944; NJW 1988, 967, 968) soll die Tätigkeitspflicht **9**
des alleinbeauftragten Maklers allerdings trotzdem dem Dienstvertragsrecht unterliegen. Der Alleinauftrag soll ein **Maklerdienstvertrag**, dh ein Typenkombinationsvertrag sein. Auch dem ist nicht zu folgen. Das Dienstvertragsrecht betrifft entgeltliche
Dienstleistungen; die Entgeltlichkeit bestimmt Art und Intensität der Pflichten.
Eben das Merkmal der Entgeltlichkeit fällt aber aus, wenn der Provisionsanspruch
nicht an das Vermittlungsbemühen, sondern an den Nutzen des Auftraggebers
anknüpft, der vielleicht trotz mäßigen Aufwands eintritt und vielleicht trotz intensiven Aufwands – zB wegen Sinneswandels des Auftraggebers – nicht eintritt. Allen-

falls kann man sagen, daß der Alleinauftrag einen um die **Nebenabrede wechselseitiger Pflichten** (der Tätigkeitspflicht des Maklers einerseits und der Pflicht des Auftraggebers zum Verzicht auf weitere Makler andererseits) ergänzten Maklervertrag darstellt (BGHZ 60, 377, 381). Auf diese Nebenabrede mögen die §§ 611 ff in den Grenzen der Vereinbarkeit mit dem Wesen des Maklervertrags anwendbar sein (unklar SCHWERDTNER 18). Große Bedeutung kommt dem indessen nicht zu. Daß der Auftraggeber zB bei vorübergehender Verhinderung des Maklers zur Erfüllung seiner Tätigkeitspflicht infolge einer kurzen Krankheit nicht von seiner Pflicht zum Verzicht auf die Einschaltung anderer Makler befreit wird, ergibt sich wohl schon aufgrund der Auslegung des Vertrages, nicht erst aus § 616 Abs 1.

10 b) Die zentrale Bedeutung der Entschließungsfreiheit des Auftraggebers für die Austauschgerechtigkeit im Verhältnis von Auftraggeber und Makler auch im Rahmen des Alleinauftrags rechtfertigt die Vorbehalte gegenüber Versuchen, Alleinaufträge durchzusetzen, die dem Auftraggeber neben dem Verzicht auf die Einschaltung anderer Makler selbst **Direkt- oder Eigenabschlüsse** untersagen (sog qualifizierter Alleinauftrag, vgl § 653 Abs 2 S 1 des Reformentwurfs, BT-Drucks 10/1014, S 4; BGHZ 60, 377, 382; BGH NJW 1984, 360; SCHMIDT-SALZER DB 1969, 1091, 1093, 1094). Derartige Versuche laufen darauf hinaus, dem Auftraggeber gerade das zu verwehren, was die Entschließungsfreiheit sichern soll, nämlich die freie Bewertung der gebotenen Vertragsgelegenheit durch den Vergleich mit konkurrierenden Vertragsgelegenheiten und die dementsprechende freie Entscheidung für oder gegen die gebotene Vertragsgelegenheit. Die schlichte Möglichkeit des Verzichts auf jeden Vertragsschluß versagt als taugliches Instrument der Abwehr von Übervorteilung zumindest dann, wenn der Auftraggeber innerhalb der Laufzeit des Alleinauftrags auf einen Abschluß angewiesen ist. Zu Recht stellt sich deshalb die Rechtsprechung auf den Standpunkt, das Verbot von Direktabschlüssen könne in Allgemeinen Geschäftsbedingungen des Maklers wegen unangemessener Benachteiligung des Auftraggebers (§ 9 AGBG) nicht wirksam vereinbart werden (statt aller BGHZ 60, 377, 382; BGH NJW 1961, 307; NJW 1984, 360; OLG Zweibrücken AIZ 1992 H 4 A 101 Bl 5; **aA** SCHWERDTNER 196 f).

3.   Maklerdienst- und Maklerwerkvertrag

11 a) Die hM, die den Alleinauftrag als Maklerdienstvertrag auffaßt, unterscheidet zwei Erscheinungsformen des Maklerdienstvertrags, nämlich einmal den (dem Alleinauftrag entsprechenden) Fall, daß der Makler eine Tätigkeitspflicht übernimmt, eine **Vergütung** aber **nur bei Zustandekommen des Hauptvertrags** erhält, zum anderen den Fall, daß der Makler sich zur Tätigkeit unmittelbar gegen eine Tätigkeitsvergütung verpflichtet (BGH NJW-RR 1991, 627, 628). In gleicher Weise soll für den Maklerwerkvertrag unterschieden werden. Nach hM gibt es also den Maklerwerkvertrag, der den Makler zur Beschaffung einer bestimmten Vertragsgelegenheit, den Auftraggeber aber nur bei Zustandekommen des Vertrags zur Bezahlung verpflichtet, und denjenigen, der die Beschaffung der Vertragsgelegenheit unmittelbar vergütungspflichtig macht (BGH NJW 1988, 967, 968). Der hM ist sowohl für den Maklerdienst- als auch für den Maklerwerkvertrag entgegenzuhalten, daß die Anwendung von Dienst- oder Werkvertragsrecht die Entgeltlichkeit der Dienst- bzw Werkleistung voraussetzt. Wenn der Vergütungsanspruch des Maklers nicht schon an die Dienst- oder Werkleistung, sondern erst an das Zustandekommen des Hauptvertrags anknüpft, entfällt die Entgeltlichkeit von Dienst- oder Werkleistung. Man hat es dann mit einem **reinen (wenn auch durch Nebenabreden angereicherten) Maklervertrag** zu tun. Nicht zufällig ist der BGH in einem entsprechenden Fall bei dem Versuch eines Rückgriffs auf die werkvertragliche Mängelgewährleistung gescheitert (NJW 1988, 967, 968): Wandlung und Minderung scheiden aus, da die Mangelhaftigkeit der nachgewiesenen bzw vermittelten Vertragsgelegenheit mangels Zustandekommens des im Maklervertrag vorausgesetzten Hauptvertrags schon die Entstehung des Provisionsanspruch verhindert; es bleibt der Anspruch auf Schadensersatz wegen Nichterfüllung, der sich aus § 280 wenigstens genauso ableiten läßt wie aus § 635. Umgekehrt führt die **Entgeltpflicht** des Auftraggebers **schon für das Bemühen** des Maklers **bzw die Beschaffung** der Vertragsgelegenheit ohne Rücksicht auf das Zustandekommen des Hauptvertrags zur ausschließlichen Anwendung von Dienst- bzw Werkvertragsrecht. Denn damit ist das **Essentiale des Maklervertrags abbedungen.** Folgerichtig hat der BGH (BGHZ 87, 309, 321) es abgelehnt, die Allgemeinen Geschäftsbedingungen eines (Ehe-)Maklerdienstvertrags solchen Typs am gesetzlichen Leitbild des Maklervertrags zu messen und statt dessen das gesetzliche Leitbild des Dienstvertrags zugrunde gelegt.

b)   Die Rede vom Maklerdienst- oder Maklerwerkvertrag ist vor diesem Hinter-   **12** grund allenfalls noch sinnvoll, um deutlich zu machen, daß die betroffenen Dienst- oder Werkverträge typische Maklertätigkeiten, nämlich den Nachweis bzw die Vermittlung von Verträgen, zum Gegenstand haben. Ihre spezifische Problematik wurzelt in der Frage, ob und gegebenenfalls inwieweit solche Dienst- und Werkverträge **überhaupt** den Anforderungen genügen können, die an **wirksame schuldvertragliche Verpflichtungen** zu stellen sind. Schon die Verfasser des von den BGB-Vätern als Vorlage zugrunde gelegten Dresdener Entwurfs haben die eigentümliche dogmatische Konstruktion des Maklervertrags nach den §§ 652 ff (Rn 1) nämlich ausdrücklich damit begründet, daß die Tätigkeit des Maklers „eine freie, seinem Ermessen nach Plan und Ausführung überlassene, von seiner Sach-, Orts- und Personenkenntnis abhängige sei, [die] weder erzwungen, noch in ihren einzelnen Leistungen abgeschätzt werden [kann]" (SCHUBERT 757).

Wenn das richtig ist, dann kommt ein wirksamer **Maklerdienstvertrag** grundsätzlich   **13** nicht in Betracht. Denn eine solche Feststellung bedeutet, daß die schuldrechtlich **notwendige Bestimmbarkeit** der Leistungspflicht (vgl dazu FIKENTSCHER, Schuldrecht [8. Aufl 1992] Rn 33) **nicht erreicht** wird (ebenso OLG Hamm NJW-RR 1989, 1209). Zwar meint der IV a – Senat des BGH im Zusammenhang mit einem Eheanbahnungsdienstvertrag, es sei sogar möglich festzustellen, wieviel Inserate, wieviel Partnervorschläge und welche sonstigen Bemühungen notwendig sind, um den Auftraggeber mit hoher Wahrscheinlichkeit (!) in den Stand der Ehe zu führen (BGHZ 87, 309, 317). Aber das ist eine evident abwegige Sicht; gottlob ist der Mensch nicht in dieser Weise ausrechenbar. Jenseits des Bereichs höchstpersönlicher Entscheidungen mag die Natur der Sache die ex – ante – Bestimmbarkeit der erforderlichen Nachweis- und Vermittlungsleistungen weniger deutlich abweisen. Doch ist die Skepsis der Väter des Dresdener Entwurfs gegenüber der Abschätzbarkeit der einzelnen Leistungen eines Maklers auch insoweit im Ergebnis zu bestätigen. Die Vermittlung des Verkaufs eines Wohnhauses kann genauso ohne jeden Aufwand gelingen wie trotz erheblichen Aufwands mißlingen, ohne daß sich im vorhinein verläßlich sagen läßt, wann das eine und wann das andere der Fall sein wird. Damit ist der Dienstvertrag über Maklertätigkeiten nicht völlig ausgeschlossen. Doch müssen die geschuldeten Bemühungen nach Art und Umfang vereinbart werden; die abstrakte Pflicht zur Nachweis- oder Vermittlungstätigkeit genügt entgegen der hM nicht. Entsprechende Maklerdienstverträge sind gemäß § 140 BGB in normale Maklerverträge umzudeuten, so daß das Entgelt lediglich zu zahlen ist, wenn der Auftraggeber die vom Makler gebotene Vertragsgelegenheit wahrnimmt (LG Aurich BB 1978, 733, 734; LG Frankfurt AIZ 1969, 319). Freilich bejaht auch die hM den Dienstvertrag über Maklertätigkeiten nicht ohne Einschränkung. BGH NJW 1987, 1634, 1636 fordert zwar nicht die Festlegung konkreter Aktivitäten des Maklers, wohl aber eine Berechnung der Vergütung nach Zeitaufwand oder nach Zeitabschnitten. Das wirkt mittelbar auf die Festlegung eines konkreten Aktionsprogramms hin, läßt sich doch der Zeitaufwand nur auf der Basis konkreter Vorstellungen über die geschuldeten Aktivitäten kalkulieren.

14 Der **Maklerwerkvertrag**, dh die Verpflichtung des Auftraggebers zur Zahlung des Entgelts für ein bestimmtes Nachweis- bzw Vermittlungsergebnis (zB Beschaffung eines zahlungskräftigen Interessenten für das Wohnhaus des Auftraggebers, der dessen Mindestpreis akzeptiert) scheitert zwar nicht schon am schuldrechtlichen Erfordernis der Bestimmbarkeit der Leistungspflicht. Aber er stößt deshalb auf Bedenken, weil das vom Makler geschaffene **Werk keinen objektiven Wert** hat, der als Maßstab für das Entgelt dienen könnte. Möglicher Anknüpfungspunkt für die Entgeltpflicht ist allein der subjektive Wert für den Auftraggeber, und der kann sich zwischen dem Abschluß des Maklervertrags und der Präsentation des Nachweis- oder Vermittlungsergebnisses leicht in Nichts aufgelöst haben, sei es, weil der nachgewiesene Interessent anderweitig bekannt geworden ist, sei es, weil maklerunabhängige gleichwertige Interessenten auf den Plan getreten sind, sei es schließlich, weil das Interesse des Auftraggebers an dem Hauptvertrag mittlerweile hinfällig geworden ist. Der Werkvertrag über Maklertätigkeiten ist also für den Auftraggeber ein ausgesprochenes Risikogeschäft, und zwar ohne daß – wie im Fall des Maklerrisikos beim Maklervertrag der §§ 652 ff – zum Ausgleich die Chance auf besonders reichliche Belohnung winkt. Es verwundert unter diesen Umständen nicht, daß schon im gemeinen Recht die Ansicht vorherrschte, der Provisionsanspruch dürfe kraft „Natur des Mäklergeschäfts und einem allgemeinen Brauche" ohne Zustandekommen des Hauptvertrags infolge des Nachweises bzw der Vermittlung nicht entstehen (Schubert 757). Die Konsequenz der Unangemessenheit des Maklerwerkvertrags (= des Werkvertrags über den Nachweis- und/oder die Vermittlung von Vertragsgelegenheiten) besteht zwar de lege lata nicht darin, daß er per se nichtig ist. Denn die in Betracht kommende Nichtigkeit nach § 138 Abs 1 setzt nicht nur objektive Unangemessenheit des Vertragsinhalts, sondern darüber hinaus Verantwortlichkeit und verwerfliche Gesinnung des dadurch Begünstigten voraus (BGHZ 87, 309, 316). Wohl aber ist nach Treu und Glauben mit Rücksicht auf die Verkehrssitte (§ 157) ein Maklervertrag anzunehmen, wo der Wille der Vertragsparteien nicht eindeutig auf den Abschluß eines Maklerwerkvertrags gerichtet ist. Allerdings gilt das dann nicht, wenn die Maklertätigkeit nur eine von mehreren Schuldgegenständen ist. Deshalb ist der Baubetreuungsvertrag im Rahmen eines Bauherrenmodells auch nicht teilweise Makler-, sondern reiner Werkvertrag, obwohl er die Finanzierungsvermittlung einschließt. Denn er sieht eine an der Wohnfläche des Bauprojekts ausgerichtete Gesamtvergütung vor, die unabhängig von der Inanspruchnahme des Kredits in ungeschmälerter Höhe anfällt (BGH AIZ 1991 H 9 A 103 Bl 53). Die Unangemessenheit des Maklerwerkvertrags bedingt ferner, daß die dafür konstitutive Provisionszahlungspflicht im Falle des vom Auftraggeber zu vertretenden Nichtzustandekommens des Hauptvertrags gemäß § 9 AGBG nicht in Allgemeinen Geschäftsbedingungen bzw formularmäßig vereinbart werden kann (BGHZ 61, 17, 19 ff; BGH NJW 1967, 1225, 1226).

II.   Abgrenzung des Maklervertrags zu verwandten Vertragstypen

1.   Maklervertrag und Geschäftsbesorgungsverträge

a)   Vom **Auftrag** (§§ 662 ff) zum Nachweis bzw zur Vermittlung einer Vertragsge- **15** legenheit unterscheidet sich der Maklervertrag durch die Provisionszahlungspflicht des „Auftraggebers", die freilich nach der hier vertretenen Auffassung (Rn 4) nicht aus der unentgeltlichen eine entgeltliche Geschäftsbesorgung macht, sondern wegen ihrer Abhängigkeit vom Zustandekommen des Vertrags ein kaufähnliches Verhältnis schafft. Zu Unrecht wird im Schrifttum bestritten, daß die Provisionszahlungspflicht Wesensmerkmal des Maklervertrags ist (SCHWERDTNER 28). Zwar ist die Provisionszahlungspflicht abdingbar. Aber dann handelt es sich nicht mehr um einen Maklervertrag, sondern je nachdem, ob eine Tätigkeitspflicht besteht oder nicht, um einen Auftrag oder eine Gefälligkeitsabrede ohne Rechtsbindung. Einen Maklervertrag ohne Provisionszahlungspflicht gibt es genausowenig wie einen Kaufvertrag ohne Pflicht zur Zahlung eines Kaufpreises (**aA** möglicherweise BGH NJW 1981, 1444).

b)   Die Abgrenzung des Maklervertrags vom **entgeltlichen Geschäftsbesorgungsver-** **16** **trag** ist mit derjenigen vom Maklerdienstvertrag und Maklerwerkvertrag identisch (vgl Rn 11 ff). Ein Maklerdienstvertrag oder ein Maklerwerkvertrag ist nichts anderes als „ein Dienstvertrag oder ein Werkvertrag, der eine Geschäftsbesorgung zum Gegenstande hat" (§ 675). Die jüngere Rechtsprechung hat sich mit der Abgrenzung des Maklervertrags vom Geschäftsbesorgungsvertrag vor allem im Zusammmenhang mit Bauherrenmodellen zu beschäftigen gehabt. Konkret ging es jeweils darum, daß die von der Baubetreuungsgesellschaft eingeschaltete Anlageberatungsgesellschaft mit den geworbenen Kunden provisionspflichtige „Geschäftsbesorgungsverträge" abgeschlossen hatte, die neben der Vermittlung des Kontakts zwischen der Baubetreuungsgesellschaft und dem Kunden den Abschluß des Baubetreuungsvertrags im Namen und mit Vollmacht des Kunden vorsahen. Der BGH hat hier (im Ergebnis wegen der wirtschaftlichen Verflechtung zwischen Anlageberatungs- und Baubetreuungsgesellschaft nicht provisionspflichtige, vgl §§ 652, 653 Rn 128 ff) Maklerverträge angenommen, und zwar namentlich mit der Begründung, die einzige entgeltwürdige Tätigkeit der Anlageberatungsgesellschaft sei das endgültige Zusammenbringen der Parteien des Baubetreuungsvertrags gewesen (BGH WM 1980, 1431, 1432; ähnlich WM 1980, 1428, 1429; 1977, 762; kritisch dazu LIEB DB 1981, 2415). Das entspricht den geäußerten Vorbehalten gegen Maklerdienst- und Maklerwerkverträge (Rn 11 f).

2.   Makler und handelsrechtliche Zwischenpersonen

a)   Soweit die handelsrechtlichen Vermittler – wie die **Kommissionäre** und **Spedi-** **17** **teure** (§§ 383, 407 HGB) – den Hauptvertrag im eigenen Namen (wenn auch für fremde Rechnung) abschließen, fehlt es schon an der „Maklernähe". Makler können nicht Partei des Hauptvertrages sein.

18 b)   Sehr viel „maklernäher" ist die Tätigkeit des **Handelsvertreters** (§§ 84 ff HGB).
Zwar gibt es keinen Nachweis-Handelsvertreter; Nachweistätigkeit ist stets Maklertätigkeit. Umgekehrt ist Abschlußtätigkeit am Auftraggeber vorbei nur dem Handelsvertreter möglich. Wer ohne Pflicht zur Rückfrage mit dem Abschluß von
Verträgen beauftragt ist, ist gerade nicht nur zum Nachweis bzw zur Vermittlung
berufen (BGH NJW 1985, 2473, 2474; LG Hamburg AIZ 1994 H 7 A 145 Bl 38). Wohl kann die
Vermittlungstätigkeit entweder Handelsvertreter- oder Maklertätigkeit sein, weil in
beiden Fällen der Auftraggeber grundsätzlich nicht zur Nutzung der gebotenen Vertragsgelegenheiten verpflichtet ist (BAUMBACH/DUDEN/HOPT, HGB § 87 a Anm 2 B). Der
BGH (NJW 1992, 2818) will zur Abgrenzung auf das „Gesamtbild der tatsächlichen
Handhabung" abstellen. Gegen die Makler- und für die Handelsvertretertätigkeit
sollen Unbestimmtheit und Vielzahl der zu vermittelnden Geschäfte und das Interesse des Auftraggebers an Umsatzförderung sprechen, ebenso die Abhängigkeit von
Weisungen des regelmäßig einzigen Auftraggebers. Diese Abgrenzung ist indessen
unnötig vage (vgl DEHNER NJW 1993, 2225, 2226). Handelsvertreter sind im Gegensatz zu
Maklern Teil der Absatzorganisation ihrer Auftraggeber. Handelsvertretertätigkeit
kommt daher nach allgM nur dann in Betracht, wenn der Auftraggeber ein Unternehmen betreibt und der Vermittler ständig mit der Vermittlung von Geschäften für
ihn betraut ist. Dabei stellt man strenge Anforderungen: Das auftraggebende Unternehmen und der Handelsvertreter müssen durch ein vertraglich begründetes **Dauerschuldverhältnis** verbunden sein; eine lediglich wiederkehrende „ständige" Vermittlungstätigkeit für den gleichen Auftraggeber genügt nicht (BGH BB 1972, 11, 12;
MünchKomm/SCHWERDTNER § 652 Rn 3). Das entspricht gerade im Hinblick auf die
Abgrenzung zwischen Handelsvertreter und Makler der Natur der Sache: Was an
Anstrengungen zu entwickeln ist, um eine dauerhaft erfolgreiche Vermittlungstätigkeit zu ermöglichen, läßt sich weit eher feststellen als der im Einzelfall erforderliche
Aufwand. Insbesondere besteht die Möglichkeit, den Aufwand für die erfolgreichen
Vermittlungsversuche mit dem für die vergeblichen auszugleichen, so daß die Höhe
der Provision zumindest annähernd als **erfolgsbezogene Tätigkeitsvergütung** ausgehan-
delt werden kann.

19 Fehlt das vertraglich begründete Dauerschuldverhältnis, so wird aus der Handelsvertretertätigkeit eine (Vermittlungs-) Maklertätigkeit. Fehlt die Unternehmenseigen-
schaft, dh nach der Rechtsprechung (BGH WM 1982, 272, 273) das Gewerbe des
Auftraggebers (§ 84 Abs 1 HGB), so will die hM trotz des Dauerschuldverhältnisses
eine Maklertätigkeit annehmen (zuletzt LG Köln NJW-RR 1993, 1208 betr einen Wirtschaftsinformationsdienst). Das entspricht der verbreiteten Lehre, das Maklerrecht habe im
Verhältnis zum (Vermittlungs-) Handelsvertreterrecht, soweit nicht nach § 84 Abs 2
HGB Handlungsgehilfenrecht und allgemeines Arbeitsrecht eingreifen, eine **Auf-
fangfunktion** (vgl ausführlich MÖLLER in: FS Raape 341 ff). Wer mit der hier vertretenen
Auffassung im Gegensatz zur hM im Maklervertrag ein kaufähnliches Geschäft
sieht, wird demgegenüber die Qualifikation als (selbständiges) partiarisches Dienst-
verhältnis vorziehen. Denn ebenso wie im Fall des Handelsvertreters schwächt sich
dank der Dauerbeziehung das für den Sondervertragstyp Maklervertrag charakteristische Problem der unzureichenden Verknüpfbarkeit von Tätigkeit und Entgelt
(Rn 12 f) ab. Der sog Agenturvertrag kann daher nur dann Maklervertrag sein, wenn
der Agent aufgrund von einzelfallbezogenen Verträgen vom Auftraggeber frei nutz-
bare Vertragsgelegenheiten vermittelt. Das ist in den praktisch wichtigen Fällen der
„Inzahlungnahme" von Gebrauchtwagen durch Kfz-Händler beim Neuwagenkauf

nicht der Fall. Der Kfz-Händler handelt insoweit als Abschlußvertreter; außerdem wählt er den Käufer ohne Mitwirkung des Auftraggebers aus. Entgegen SCHWERDT-NER (MünchKomm/SCHWERDTNER § 652 Rn 5) ist der Kfz-Händler daher nicht eine besondere Erscheinungsform des Maklers, sondern Partner einer Geschäftsbesorgung mit Werkvertragscharakter (Kommissionsvertrag).

Eine Vermittlungstätigkeit **für verschiedene konkurrierende Unternehmen** kann sowohl **20** Makler- als auch Handelsvertretertätigkeit sein. Entscheidend ist, ob der Vermittler (mittels eines vertraglich begründeten Dauerschuldverhältnisses) in die Absatzorganisation des Auftraggebers eingegliedert ist oder nicht. Allerdings ist die Vermittlungstätigkeit für verschiedene konkurrierende Unternehmen als Handelsvertretertätigkeit im Zweifel unzulässig. Denn sie ist mit der Verpflichtung eines Handelsvertreters auf das Interesse jedes auftraggebenden Unternehmens – anders als mit den Pflichten des für verschiedene Auftraggeber tätigen Maklers (vgl §§ 652, 653 Rn 182) – nicht vereinbar. Ebensowenig lassen sich nach hM eine Vermittlungstätigkeit als Handelsvertreter für die eine und eine solche als Makler für die andere Vertragspartei miteinander in Einklang bringen. Als Handelsvertreter soll der Vermittler auf der Seite „seines" Unternehmens stehen, so daß dessen Vermittlung an den Kunden ohne ausdrückliche Vereinbarung keine provisionspflichtige Nachweis- oder Vermittlungstätigkeit darstellt (vgl kritisch §§ 652, 653 Rn 137 f). Nicht zu folgen ist schließlich der Ansicht, es gebe gemischttypische Verträge mit handelsvertreter- und maklerrechtlichen Elementen (vgl BAUMBACH/DUDEN/HOPT, HGB § 84 Anm 2 C). Sobald die Vermittlungstätigkeit bei Abschlußfreiheit des Auftraggebers und Erfolgsabhängigkeit der Vergütung nicht im Rahmen eines vertraglich begründeten Dauerschuldverhältnisses stattfindet, ist sie Maklertätigkeit. Sobald sie jedoch auf einem Dauerschuldverhältnis beruht, ist sie entweder Handelsvertretertätigkeit oder allgemeine (partiarische) Geschäftsbesorgung (§ 675; aA hM, zuletzt LG Köln NJW-RR 1993, 1208 betr einen Wirtschaftsinformationsdienst). Der für die Möglichkeit gemischttypischer Verträge mit handelsvertreter- und maklerrechtlichen Elementen zitierte Fall OLG Stuttgart BB 1959, 573 (Kaufmann verpflichtet sich gegen Provision aus den Einzelabschlüssen zur Herstellung von Geschäftsverbindungen mit Warenhäusern sowie zur Kontaktpflege und Vorlage von Musterkollektionen) betrifft einen reinen Geschäftsbesorgungsvertrag (mit spezieller Entgeltabrede; vgl auch BGH NJW 1983, 42).

III. Zivilmakler und Handelsmakler

Vermittelt ein Makler gewerbsmäßig Verträge über die Anschaffung oder Veräuße- **21** rung von Waren oder Wertpapieren, über Versicherungen, Güterbeförderungen, Schiffsmiete oder sonstige Gegenstände des Handelsverkehrs, so ist er **Handelsmakler** (§§ 93 ff HGB). Sonstige Gegenstände des Handelsverkehrs können sein: Patente, Muster- und Zeichenrechte, die Vermittlung von Bankkrediten, genormten Geschäftsanteilen, die Vermittlung von Verträgen mit Werbeagenturen, Diskontierungen, Beteiligungen an Abschreibungsgesellschaften (vgl RGZ 76, 250, 252; OLG München NJW 1970, 1924, 1925; OLG Frankfurt WM 1979, 1393, 1396; LUTTER in: FS Bärmann 605, 613; vGRIESSENBECK BB 1988, 2188; bezüglich genormter Gesellschaftsanteile offen BGH WM 1984, 668). Bloße Nachweistätigkeit ist niemals Handelsmaklertätigkeit.

Unbewegliche Sachen sind kraft ausdrücklicher Bestimmung nicht Gegenstände des **22**

Handelsverkehrs. Immobilien- und Hypothekenmakler sind somit Zivilmakler. Diese Ausklammerung ist historisch bedingt (vgl KRAUSE in: FS Molitor 383 ff). Sie führt ua dazu, daß ein Makler, der sich im wesentlichen mit der Vermittlung von Hypotheken befaßt, Zivilmakler ist, während ein Makler, der hauptsächlich Bankkredite gegen hypothekarische Sicherheit vermittelt, Handelsmakler ist (vgl RG HansRGZ 1933 B 701). Ebenfalls bloße Zivilmakler sind die Unternehmensmakler (BAUMBACH/ DUDEN/HOPT, HGB § 93 Anm 2 A).

23 Auf den Handelsmakler finden in erster Linie die Sonderregelungen der §§ 93 ff HGB und nur ergänzend die allgemeinen Regelungen der §§ 652 ff Anwendung. Umgekehrt gelten die für Handelsmakler aufgestellten Grundsätze nicht für Zivilmakler (vgl SCHWERDTNER 14; OLG Hamburg MDR 1966, 143, 144 zu § 99 HGB). Vermittelt ein Handelsmakler einen Vertrag über einen Gegenstand, der nicht zu den Gegenständen des Handelsverkehrs zählt, kommen auf das Geschäft allein die Vorschriften der §§ 652 ff zur Anwendung. Dasselbe gilt, wenn sich ein Handelsmakler schon für den Nachweis einer Abschlußmöglichkeit eine Provision ausbedungen hat (vgl GK/ BRÜGGEMANN, HGB, Vor § 93 Rn 13; SCHLEGELBERGER/SCHRÖDER, HGB § 93 Anm 7 b; BAUM-BACH/DUDEN/HOPT, HGB § 93 Anm 1 B; GLASER/WARNCKE 32).

24 Unter Handelsmaklern finden sich noch folgende besondere Gruppen:

– Der Kursmakler (§§ 29 ff BörsG): Er wirkt an der amtlichen Feststellung des Börsenpreises von Waren und Wertpapieren mit. Seine Stellung ist im Börsengesetz geregelt. Er wird aus dem Kreis der Handelsmakler gewählt und zum Beamten des Landes bestellt.

– Der Schiffsmakler: Er nimmt eine Sonderstellung ein, da er nach Handelsbrauch auch Dienste leistet, die keine Maklerdienste sind (vgl zum Schiffsmakler BGH NJW 1956, 1197, 1198).

– Der Versicherungsmakler: Er vermittelt Versicherungsverträge beliebiger Art. Im Gegensatz zum Versicherungsvertreter ist er – der Abgrenzung von Handelsvertreter und Handelsmakler entsprechend (Rn 18) – nicht in die Absatzorganisation des Versicherungsunternehmens eingegliedert, sondern Beauftragter der Versicherungsnehmer (BGH NJW 1985, 2595; 1988, 60). Nach Ansicht des BGH aaO ändert es an der Handels- (oder im Falle nichtgewerbsmäßiger Tätigkeit Zivil-) Maklereigenschaft des Versicherungsmaklers nichts, daß er üblicherweise selbst die Versicherungsverträge im Namen und mit Vollmacht seiner Auftraggeber abschließt. Da in solchen Fällen die freie Entscheidung des Auftraggebers für oder gegen die Nutzung der vermittelten Vertragsgelegenheit entfällt (vgl Rn 18), dürfte jedoch kein normaler Maklervertrag, sondern ein atypischer Maklerwerkvertrag (vgl dazu Rn 14) vorliegen. Damit wäre zugleich die sonst sehr problematische (vgl Rn 2) Annahme des BGH gerechtfertigt, der Versicherungsmakler sei im Verhältnis zum Auftraggeber ein „treuhänderähnlicher Sachwalter" (vgl auch DEHNER/ZOPFS Rn 2).

IV. Kaufmannseigenschaft von Maklern

25 Der Handelsmakler ist nach § 1 Abs 2 Nr 7 HGB **Kaufmann**. Die Kaufmannseigenschaft erlangt er bereits durch die erste Übernahme der Vermittlung eines Geschäftes über einen Gegenstand des Handelsverkehrs, wenn dies in der Absicht erfolgt, nunmehr derartige Vermittlungsaufgaben gewerbsmäßig zu übernehmen (Schlegel-berger/Schröder, HGB § 93 Anm 3).

Der Zivilmakler ist **kein Kaufmann.** Eine Vermittlungstätigkeit, die nicht auf Gegen- **26** stände des Handelsverkehrs iS des § 93 HGB gerichtet ist, gehört, auch wenn sie gewerbsmäßig erfolgt, nicht zu den Grundhandelsgeschäften des § 1 HGB. Ein Zivil-makler kann jedoch, wenn seine Maklertätigkeit ein gewerbliches Unternehmen darstellt, das nach Art und Umfang einen in kaufmännischer Weise eingerichteten Geschäftsbetrieb erfordert, durch Eintragung im Handelsregister nach § 2 HGB Kaufmann werden. Durch die Eintragung wird der Zivilmakler Kaufmann, nicht jedoch Handelsmakler. Auch der Makler mit Kaufmannseigenschaft, der keine Geschäfte des § 93 HGB vermittelt, ist Zivilmakler. Auf ihn finden die §§ 93 ff HGB keine Anwendung, und zwar auch dann nicht, wenn er einen Vertrag über einen Gegenstand des Handelsverkehrs vermittelt, solange die Vermittlung gerade dieser Geschäfte nicht gewerbsmäßig erfolgt. Im übrigen unterliegt er jedoch dem Handels-recht: Er hat eine Firma (vgl zur Frage der Firmenfortführung eines Maklerunternehmens gem § 25 HGB BGH DB 1979, 1124, 1125) und kaufmännische Angestellte, er kann Prokura erteilen, er unterliegt der Buchführungspflicht. Auf seine Maklergeschäfte sind neben den §§ 652 ff die §§ 343 ff HGB anwendbar.

V.   Zusammenarbeit mehrerer Makler

1.   Zusammenarbeit als Haupt- und Untermakler

a)   Der **Untermaklervertrag** ist ein Hilfsvertrag zum Maklervertrag (RGZ 88, 1, 3; RG **27** JW 1929, 3497, 3498; OLG Hamburg MDR 1964, 595, 596; AIZ 1986 H 12 A 175 Bl 1). Der Hauptmakler schließt sich zur Durchführung eines ihm erteilten Auftrages mit einem weiteren Makler zusammen, wobei vereinbart wird, daß der Untermakler an der Provision des Hauptmaklers beteiligt sein soll (OLG Hamburg BB 1954, 173; Jacusiel JW 1930, 1498). Bei dieser Konstellation bestehen nur vertragliche Beziehungen zwi-schen Auftraggeber und Hauptmakler sowie zwischen Hauptmakler und Untermak-ler (OLG Hamburg MDR 1964, 595). Hauptmakler und Untermakler werden aber bei dem angestrebten Hauptvertrag auf derselben Vertragsseite für denselben Auftrag-geber tätig. Für den Auftraggeber ist der Hauptmakler Makler und der Untermakler dessen Gehilfe im Sinne des § 278 (OLG Hamburg BB 1954, 173; Schwerdtner 19). Soweit der Untermakler die Vertragsgelegenheit nachweist, muß er das allerdings offen als Gehilfe des beauftragten Maklers tun, wenn der Nachweis diesem als provisions-pflichtig zugerechnet werden soll. Anderenfalls kann der Auftraggeber nämlich davon ausgehen, daß der Nachweis derjenige eines von dem nachgewiesenen Inter-essenten beauftragten Maklers ist, dem gegenüber er nicht provisionspflichtig ist (OLG Hamm AIZ 1990 H 4 A 121 Bl 38).

Der Untermaklervertrag ist ein **Vertrag eigener Art**, der im BGB keine Regelung **28** gefunden hat (RGZ 88, 1, 3; 148, 354, 356; RG JW, 1929, 3497, 3498). Er unterscheidet sich vom Gesellschafts-, Dienst- oder Werkvertrag dadurch, daß den Untermakler keine Verpflichtung zum Tätigwerden trifft (RGZ 88, 1, 2 f; RG JW 1929, 3497, 3498; OLG Ham-burg BB 1954, 173). Der Untermaklervertrag ist aber auch kein Maklervertrag iS der §§ 652 ff, da dem Untermakler keine Provision für den Nachweis der gesuchten

Abschlußmöglichkeit versprochen wird. Die Beteiligung an der Provision des Hauptmaklers wird dem Untermakler vielmehr als Vergütung für die Hilfeleistung bei der nachweisenden oder vermittelnden Tätigkeit für den Auftraggeber versprochen (RGZ 88, 1, 3; RG JW 1929, 3497, 3498).

29 b)   Da der Untermaklervertrag gesetzlich nicht geregelt ist, ist er im Einzelfall inhaltlich nach den §§ 157, 242 und bestehenden Handelsbräuchen auszufüllen (GLASER/WARNCKE 41; RGZ 88, 1, 3; RG JW 1918, 301; OLG Hamburg BB 1954, 173). Aus der Natur des Untermaklervertrages als Hilfsvertrag zur Erreichung der Ziele des Hauptmaklervertrages ergibt sich daher auch, daß gewisse rechtliche Eigenheiten des Maklervertrages sich auf den Untermaklervertrag erstrecken (RGZ 88, 1, 3; 148, 354, 356). So ist der Untermaklervertrag frei widerruflich (RGZ 88, 1, 3). Der Hauptmakler ist ferner nicht verpflichtet, von der Tätigkeit des Untermaklers Gebrauch zu machen und die vom Untermakler beigebrachten Nachweise und Unterlagen zu verwenden (RGZ 88, 1, 3). Dies bedeutet freilich nicht, daß der Hauptmakler bei Nichtverwertung der Tätigkeit des Untermaklers diesen trotz Zustandekommens des Hauptvertrags nicht an der Provision beteiligen müßte, sondern nur, daß der Hauptmakler berechtigt ist, den Erfolg des Hauptmaklervertrages durch Nichtverwendung der vom Untermakler beigebrachten Nachweise zu gefährden oder aus freiem Willensentschluß den Erfolg nicht herbeizuführen. Der Hauptmakler ist befugt, sich allein von der verständigen und redlichen Wahrnehmung seiner eigenen Interessen leiten zu lassen. Er ist nicht verpflichtet, dem Auftraggeber das gewünschte Geschäft nachzuweisen oder zu vermitteln, nur damit der Untermakler seinen Provisionsanteil erhält (RGZ 88, 1, 3; RG JW 1918, 301; OLG Hamburg BB 1954, 173).

30 Bei Übereinstimmung mit der eigenen Interessenlage kann der Hauptmakler sogar auf die Geltendmachung des schon verdienten Provisionsanspruchs verzichten, selbst wenn der Untermakler davon einen Teil beanspruchen könnte. Dem Hauptmakler ist es nur verboten, den Untermakler arglistig auszuschalten und ihn damit um den Lohn seiner Tätigkeit zu bringen (RGZ 88, 1, 4; BGH BB 1968, 729; OLG Hamburg BB 1954, 173). Für die Frage, ob und wie der Hauptmaklervertrag durchgeführt wird, bleibt der Hauptmakler zuständig (RGZ 88, 1, 3; RG JW 1918, 301; OLG Hamburg BB 1954, 173). Solange der Hauptmakler Gefahr läuft, die anteilige Provision aus eigener Tasche zahlen zu müssen, ist der Vergütungsanspruch des Untermaklers nicht fällig (BONDI Anm zu RG JW 1918, 301; ebenso BGH IV ZR 788/68 v 28. 5. 1969, zitiert nach MORMANN WM 1971, 1066, 1076).

31 Die Parteien des Untermaklerverhältnisses unterliegen einer **nachwirkenden Treuepflicht**. Keine der beiden Parteien darf den von ihnen gemeinsam bearbeiteten Vertragsgegenstand nach Beendigung des Untermaklerverhältnisses an einen bereits während der Dauer des Untermaklervertrages hervorgetretenen Interessenten zum Verkauf bringen, ohne den anderen Teil an der Vergütung zu beteiligen (RGZ 148, 354, 356; OLG München AIZ 1966, 16). Diese Verpflichtung folgt aus § 242 und entspricht den Grundsätzen des Maklerrechts über die Fortdauer der Vergütungspflicht nach Beendigung des Maklervertrages bei ursächlichem Zusammenhang zwischen späterem Geschäftsabschluß und Maklertätigkeit (vgl §§ 652, 653 Rn 58). Wer den gemeinsam betriebenen Verkaufsgegenstand nach Beendigung des Untermaklervertrages an einen schon während des Untermaklervertrages hervorgetretenen Interessenten vermittelt, trägt die Beweislast für die fehlende Ursächlichkeit des damaligen Kontaktes (RGZ 148, 354, 357).

§ 654 ist nach hM ebenfalls auf den Untermaklervertrag anwendbar. Der Untermak- **32** ler kann keinen Provisionsanteil beanspruchen, wenn er dem Sinn des Untermaklervertrages zuwider auch für den Auftraggeber tätig geworden ist (RG JW 1930, 1420, 1421 mit Anm JACUSIEL). Das kann dann der Fall sein, wenn der Kontakt des Untermaklers mit dem Auftraggeber des Hauptmaklers den Erfolg des Maklervertrages gefährdet.

Da beim Untermaklervertrag Rechtsbeziehungen nur zwischen Hauptmakler und **33** Untermakler, nicht aber zwischen Untermakler und Auftraggeber bestehen, kann der Untermakler seinen **Vergütungsanspruch nur gegen den Hauptmakler** geltend machen. Auch aus § 354 HGB (vgl dazu §§ 652, 653 Rn 54) kann der Untermakler keinen unmittelbaren Anspruch gegen den Auftraggeber herleiten, weil er seine Dienste nicht dem Auftraggeber, sondern dem Hauptmakler geleistet hat (BGH BB 1964, 906 f).

Schaltet der vom Verkäufer oder Käufer eingeschaltete Makler einen weiteren Mak- **34** ler ein, so ist darin mindestens ein **stillschweigend geschlossener Untermaklervertrag** zu sehen (OLG München AIZ 1966, 16). Damit gilt auch die Provisionsbeteiligung als stillschweigend vereinbart. Die Höhe der Beteiligung ist dann nach dem am Ort geltenden Handelsbrauch zu bestimmen (BGH BB 1963, 835). Der Untermakler kann zur Durchsetzung seines Anspruchs gemäß § 810 vom Hauptmakler Einsicht in die Provisionsabrechnung verlangen, die dieser von seinem Auftraggeber erhalten hat (BGH LM § 810 BGB Nr 3). Der Hauptmakler kann von seinem Auftraggeber den gezahlten Untermaklerlohn nur nach Maßgabe des § 652 Abs 2 S 1 ersetzt verlangen (BGH NJW 1965, 293, 294).

2. Der Zubringermakler

a) Im Gegensatz zum Untermaklervertrag, bei dem eine gewollte und auf Verein- **35** barung beruhende Zusammenarbeit zwischen den Maklern stattfindet, treffen die Parteien beim Zubringergeschäft **keine Vereinbarung über eine Zusammenarbeit** (BGH BB 1963, 835). Die Tätigkeit des Zubringermaklers erschöpft sich in der Benennung eines Interessenten. Führt der Nachweis zum Erfolg, wird der Zubringer an der Provision beteiligt. Der Zubringervertrag ist ein Maklervertrag iS der §§ 652 ff (BGH NJW 1974, 1081 f). Der Zubringer ist damit im Gegensatz zum Untermakler nur bei Ursächlichkeit seines Hinweises für den Erfolg des Hauptmaklervertrages an der Provision zu beteiligen (MORMANN WM 1971, 1066, 1076). Im Zweifel hat er einen wesentlich geringeren Provisionsanteil zu beanspruchen als der Hauptmakler (BGH BB 1963, 835, 836; LG Hamburg AIZ 1992 H 9 A 178 Bl 10).

Haben mehrere Makler eine generelle Provisionsteilung vereinbart, so ist damit **36** noch keine ausreichende Grundlage für die Annahme von beiderseitigen Verpflichtungen zum Tätigwerden gegeben. Ein Gesellschaftsvertrag kann deshalb nicht angenommen werden (BGH BB 1968, 729). Ein Untermaklervertrag kann auch nicht angenommen werden, da keine Vereinbarung über eine Unterstützung des einen Maklers durch den anderen Makler bei der Durchführung von einzelnen Aufträgen getroffen wurde. Der Sinn der Regelung erschöpft sich daher darin, daß, wenn immer der eine Makler dem anderen einen Interessenten benennt und damit einen Zubringervertrag anbietet, die Provisionsverteilungsabrede Vertragsbedingung des einzelnen Zubringervertrages werden soll (BGH BB 1968, 729).

37 **b)** **Abgrenzungsschwierigkeiten zwischen Zubringervertrag und Untermaklervertrag** ergeben sich vor allem, wenn der Vertrag stillschweigend geschlossen wird. In diesem Fall ist es ein Indiz für einen Zubringervertrag, wenn der antragende Makler kein Büro unterhält und wenn bei ihm keine besonderen Geschäftskosten anfallen. Es kann dann angenommen werden, daß er sich damit begnügt, einem Maklerkollegen eine Geschäftsmöglichkeit gegen eine geringe Gebühr zu benennen (BGH BB 1963, 835).

38 Noch schwieriger ist die **Abgrenzung zum Gemeinschaftsgeschäft**. Zwar scheidet ein Gemeinschaftsgeschäft aus, wenn der antragende Makler Interessenten benennen will, mit denen er selbst keinen Maklervertrag abgeschlossen hat (Rn 42). Umgekehrt ist es jedenfalls ein Indiz für ein Gemeinschaftsgeschäft, wenn der antragende Makler seinen Kunden nicht nur als Interessenten benennt, sondern sich an der Zusammenführung mit einem Kunden des annehmenden Maklers beteiligt (Rn 35). Erschöpft sich die Tätigkeit des antragenden Maklers in der Benennung eines Interessenten, so muß den bei Vertragsschluß von den Parteien abgegebenen Erklärungen entnommen werden, ob sie ein Gemeinschaftsgeschäft wollen, oder ob die antragende Partei einen Zubringervertrag schließen will (BGH BB 1963, 835; vgl auch BGH DB 1982, 170).

3. Das Gemeinschaftsgeschäft

39 **a)** Ein **Gemeinschaftsgeschäft** liegt vor, wenn ein Makler einem oder mehreren Maklern ein ordnungsgemäßes Angebot zum Zwecke der Herbeiführung von Vertragsabschlüssen mit der Aufforderung, Interessenten beizubringen, macht und dieses Angebot angenommen wird (vgl § 2 Abs 1 der Geschäftsgebräuche für Gemeinschaftsgeschäfte unter RDM-Maklern [GfG], abgedruckt bei SCHWERDTNER 239 ff; ferner BREIHOLDT BB 1993, 600 ff). Vom Untermaklervertrag unterscheidet sich das Gemeinschaftsgeschäft dadurch, daß die beteiligten Makler nicht auf der gleichen, sondern auf entgegengesetzter Seite – zB der eine auf der Käufer-, der andere auf der Verkäuferseite – tätig werden (OLG Hamburg AIZ 1992 H 4 A 175 Bl 3; MünchKomm/ SCHWERDTNER § 652 Rn 13). Ebenso wie der Untermaklervertrag begründet das Gemeinschaftsgeschäft zwischen den beteiligten Maklern ein partiarisches Rechtsverhältnis besonderer Art, kein Gesellschaftsverhältnis (BGH MDR 1967, 40; WM 1986, 1288; OLG Frankfurt AIZ 1981 H 6 A 190 Bl 3). Insbesondere fehlt die für ein Gesellschaftsverhältnis unerläßliche Bindung an das gemeinsame Interesse, die es den beteiligten Maklern verböte, den Erfolg des Gemeinschaftsgeschäfts durch Nutzung konkurrierender Vertragsgelegenheiten zu vereiteln (vgl § 4 GfG). Im Gegenteil: Da die Makler ihrerseits von Parteien mit entgegengesetzten Interessen beauftragt sind, besteht für sie eine **verschiedene Interessenbindung**, deren Verletzung nach hM analog § 654 sogar mit der Verwirkung des Lohnanspruchs bedroht ist (vgl § 654 Rn 8 ff; ferner DEHNER/ZOPFS Rn 85).

40 Wie ein Gemeinschaftsgeschäft positiv einzuordnen ist, läßt sich unter diesen

Umständen nur sehr schwer beurteilen. Der BGH scheint auf dem Standpunkt zu stehen, daß es überhaupt keinen gesetzlich geregelten Vertragstypus gibt, an dessen Vorschriften man sich zur Ausfüllung von Vertragslücken anlehnen könnte: „Der Gesetzgeber hat die Formen, in denen Makler bei der Herbeiführung eines Geschäfts zusammenwirken können, nicht besonders geregelt. Soweit Makler eine solche Zusammenarbeit vereinbaren, bestimmen sich die gegenseitigen Rechte und Pflichten ausschließlich nach den getroffenen vertraglichen Abmachungen. Deren Auslegung ist, da es sich in der Regel um Individualvereinbarungen handeln wird, Sache des Tatrichters ..., er hat dabei nicht nur den Wortlaut der getroffenen Abmachung, sondern das Gesamtverhalten der Vertragsparteien und die sonstigen Begleitumstände zu berücksichtigen; erforderlichenfalls hat er eine ergänzende Vertragsauslegung vorzunehmen" (BGH DB 1982, 170; OLG Celle AIZ 1984 H 4 A 178 Bl 5).

b) Gemeinschaftsgeschäfte zwischen RDM-Maklern werden regelmäßig nach den **41** GfG (Rn 39) abgewickelt. Entsprechende Regelungen hat der VDM geschaffen. Dabei handelt es sich selbstverständlich nicht um Rechtsnormen. Auch die Unterwerfung der Mitglieder der Maklerverbände unter die von ihrem Verband gesetzten Regelungen ändert daran nichts. Die Vereinsautonomie deckt nur die Gestaltung der **mitgliedschaftlichen Rechte und Pflichten**, nicht diejenige von Verträgen, die einzelne Mitglieder miteinander abschließen (insoweit richtig BGH WM 1986, 1288). Allenfalls können die Mitglieder durch die Verbandssatzung verpflichtet sein, ihre Verträge nach dem gewünschten Muster zu vereinbaren. Halten sie sich nicht daran, so mag der Verband zu Sanktionen berechtigt sein. Die Geltung der Musterinhalte ohne Vereinbarung ist auf jeden Fall ausgeschlossen. Nach Ansicht des BGH enthalten die GfG aber auch **keinen Handelsbrauch** im Sinne des § 346 HGB. Für ihre Geltung soll stets erforderlich sein, daß die am Gemeinschaftsgeschäft beteiligten Makler sie ausdrücklich oder stillschweigend zum Bestandteil ihrer Vereinbarungen gemacht haben. In concreto hat der BGH mit dieser Begründung einen Kundenschutz nach § 9 GfG abgelehnt (BGH DB 1982, 170; vgl auch BGH WM 1986, 1288; OLG Frankfurt AIZ 1992 H 3 A 175 Bl 2). Die Ansicht des BGH widerspricht der Sichtweise der Geschäftsgebräuche, die in § 2 Abs 4 die Vereinbarung als Geltungsbedingung nur voraussetzen, soweit mehrere Makler nicht auf entgegengesetzten Seiten, sondern auf derselben Seite auftreten. In der Tat ist nicht ersichtlich, weshalb die „Geschäftsgebräuche" trotz einverständlicher Übung der RDM-Makler im Rahmen ihrer Gemeinschaftsgeschäfte nicht wenigstens insoweit Handelsbrauch sein sollen, der über die §§ 157 BGB, 346 HGB (und nicht erst über eine besondere Vereinbarung) verbindlich wird. Das gilt zumal, wenn man bedenkt, daß Handelsbrauch die (im Fall von Maklern häufig fehlende) Kaufmannseigenschaft der Beteiligten nicht unbedingt voraussetzt (vgl K Schmidt, Handelsrecht 51 f). Entgegen dem BGH ist deshalb Handelsbrauch anzunehmen, was ua bedeutet, daß ein Beteiligter das Gemeinschaftsgeschäft nicht etwa mit der Begründung anfechten kann, er habe sich über den Inhalt der „Geschäftsgebräuche" geirrt (vgl Baumbach/Duden/Hopt, HGB § 346 Anm 1 D, E).

c) Voraussetzung eines Gemeinschaftsgeschäfts nach § 2 Abs 1 GfG ist das **Vorlie- 42 gen eines Maklervertrags** beim anbietenden Makler (§ 1 GfG). Das bloße Wissen um eine Geschäftsmöglichkeit reicht nicht aus, so daß der Makler, der sein Wissen an einen anderen Makler weitergegeben hat, keinen Anspruch auf Beteiligung an der Provision erwirbt, wenn der andere die Geschäftsmöglichkeit mit Erfolg wahrnimmt

(OLG Hamburg AIZ 1986 H 12 A 175 Bl 1). Als ordnungsgemäßes Angebot iS von § 1 Abs 1 GfG ist nur die unmittelbare Mitteilung über den Inhalt einer Geschäftsmöglichkeit mit allen wesentlichen Einzelheiten anzusehen (§ 3 Abs 1 GfG). Für den Abschluß eines Gemeinschaftsgeschäftes nach den GfG genügt es daher nicht, daß der erste Makler dem zweiten von dem Objekt lediglich Kenntnis gibt. Das Angebot muß so ausführlich sein, daß der zweite Makler anhand des Angebots eine Verkaufsaufgabe für einen Interessentenkreis fertigen kann. Der zweite Makler muß erkennen können, ob es sich lohnt, das Angebot anzunehmen und Kosten in die Vermittlung des Objekts zu investieren (OLG Hamburg MDR 1973, 225). Das Gemeinschaftsgeschäft kommt durch Annahme oder durch Verwertung des ordnungsgemäßen Angebots zustande (§ 6 Abs 1 GfG). Nicht als Annahme gilt die Verwertung ausnahmsweise dann, wenn der zweite Makler die Vertragsgelegenheit bereits gekannt hat. Die Vorkenntnis muß aber unverzüglich mitgeteilt und auf Verlangen auch nachgewiesen werden (§ 2 Abs 2 GfG).

43 Wesentlicher Inhalt der GfG ist die Regelung über die Teilung der Provision (§ 9 Abs 2) und die Sicherung eines Kundenschutzes (§ 12). Nach § 12 GfG bleibt der Kundenschutz über eine Schutzfrist von grundsätzlich 1 Jahr hinweg bestehen (zur Auslegung OLG Hamm AIZ 1994 H 5 A 178 Bl 12). Damit kann ein am Gemeinschaftsgeschäft beteiligter Makler gegen den Anspruch auf Provisionsteilung nicht geltend machen, der andere Makler habe das Gemeinschaftsgeschäft fristlos gekündigt (BGH DB 1969, 1985). Das Gemeinschaftsgeschäft wird auch nicht dadurch beendet, daß einer der beteiligten Makler seinen Auftraggeber infolge Kündigung des Maklervertrags verliert, und zwar auch dann nicht, wenn statt seiner der andere am Gemeinschaftsgeschäft beteiligte Makler beauftragt wird (OLG Frankfurt AIZ 1992 H 3 A 175 Bl 2). Allerdings kann sich aus dem Inhalt des Gemeinschaftsgeschäfts etwas anderes ergeben (LG Landau AIZ 1990 H 7 A 178 Bl 9). Durch § 12 Abs 3 GfG überholt ist OLG München AIZ 1965, 259, wonach der fristlos kündigende Makler den für die Kündigung verantwortlichen Makler nicht an der Provision beteiligen muß.

44 Wer mit der hM in § 654 den allgemeinen Rechtsgedanken der Lohnunwürdigkeit eines Maklers verankert sieht, der gegenüber dem Auftraggeber Parteiverrat oder eine ähnliche schwerwiegende Verfehlung begangen hat (vgl dazu kritisch § 654 Rn 9 ff), muß folgerichtig analog § 654 auch die Verwirkung des Provisionsteilungsanspruchs wegen gravierenden Verstoßes gegen die Gemeinschaftspflichten befürworten. Ein so schwerwiegender Verstoß kann nicht allein darin gesehen werden, daß der am Gemeinschaftsgeschäft beteiligte Makler vorsätzlich die Vereinbarung verletzt, einen dritten Makler nicht am Geschäft zu beteiligen. Vielfach ist die Beteiligung weiterer Makler am Gemeinschaftsgeschäft üblich. Eine Beteiligung kann sogar im Interesse des Auftraggebers liegen, so daß das vertragliche Beteiligungsverbot eine Pflichtenkollision erzeugt, auf die der berechtigte Partner des Gemeinschaftsgeschäfts Rücksicht nehmen muß (LG Mönchengladbach MDR 1970, 232). Unberührt von der Ablehnung eines schwerwiegenden Vertragsverstoßes im Sinne der analogen Anwendbarkeit des § 654 bleibt die Schadensersatzpflicht des Maklers, der seine Pflichten aus dem Gemeinschaftsgeschäft verletzt. Ist im Vertrag über das Gemeinschaftsgeschäft eine bestimmte Provisionshöhe vorgesehen, so schuldet der eine Partner dem anderen Schadensersatz, wenn er mit dem Auftraggeber ohne zwingenden Grund eine niedrigere oder überhaupt keine Provision vereinbart (BGH WM 1986, 1288, 1289; OLG Karlsruhe NJW-RR 1993, 762, 763; OLG Frankfurt aM AIZ 1994 H 9 A 178

Bl 13). Das gleiche gilt, wenn statt einer bestimmten Provision die ortsübliche (stillschweigend) im Gemeinschaftsgeschäft in Bezug genommen worden ist (OLG Frankfurt aM AIZ 1992 H 3 A 175 Bl 2)

d) Das Gemeinschaftsgeschäft macht den Makler **nicht** zum **Erfüllungsgehilfen** des **45** jeweils anderen Maklers im Verhältnis zu seinem Auftraggeber. Da jeder Makler auf seiner Seite bleiben muß, scheidet eine bewußte Tätigkeit als Gehilfe im Dienst des Maklers der Gegenseite regelmäßig aus (MünchKomm/SCHWERDTNER § 652 Rn 15). Allerdings ist zu beachten, daß der Erfüllungsgehilfe sich seiner Rolle nicht unbedingt bewußt zu sein braucht (BGHZ 13, 111, 114). Deshalb kommt es nicht auf das Innenverhältnis, sondern darauf an, wie das Handeln eines zweiten Maklers gegenüber dem Auftraggeber erscheint. Hat der erste Makler gegenüber seinem Auftraggeber den Eindruck erweckt, der zweite Makler sei sein Unter- oder Mitmakler und handele auf der gleichen Seite, so haftet er über § 278 für ein Verhalten des zweiten Maklers, das in seiner eigenen Person eine Pflichtverletzung darstellen würde (vgl OLG Hamm, Urt v 28. 2. 1977 – 18 U 253/75, zitiert nach MünchKomm/SCHWERDTNER § 652 Rn 15). Denkbar ist auch, daß der zweite Makler zugleich als Makler der Vertragsgegenseite und als Erfüllungsgehilfe des ersten Maklers auftritt, so daß die Nachweistätigkeit des zweiten Maklers im Falle des Zustandekommens des Hauptvertrags den Provisionsanspruch des ersten Maklers begründet. Voraussetzung dafür ist, daß der erste Makler zuvor zu erkennen gegeben hat, er werde seine Nachweisobliegenheit nicht notwendig selbst, sondern uU auch durch den zweiten Makler erfüllen (LG Düsseldorf AIZ 1990 H 6 A 178 Bl 8). Hat der Auftraggeber sich seinem Makler gegenüber ausdrücklich auch für den Fall des Nachweises durch den Makler der Gegenseite (und des Zustandekommens des Hauptvertrags) zur Provisionszahlung verpflichtet, so liegt ein selbständiges Provisionsversprechen vor (BGH NJW-RR 1991, 686 f; vgl §§ 652, 653 Rn 168 f).

4. Das Franchise-System

a) Vereinzelt werden Maklerleistungen auch nach dem **Franchise-System** angebo- **46** ten. Danach schließt ein Maklerunternehmen, der sog Franchise-Geber, mit anderen Maklern, den sog Franchise-Nehmern, Verträge ab, die es diesen gegen eine Gebühr erlauben, ihre Leistungen unter dem Markenzeichen und mit dem spezifischen Service-Paket des Franchise-Gebers anzubieten. Der Franchise-Geber fungiert außerdem als Zentrale, die zB ein Computer-System zum Zweck der Zusammenführung auch überregionaler Vertragsinteressenten unterhält. Die einzelnen Franchise-Nehmer schließen die Maklerverträge mit den Kunden im eigenen Namen und auf eigene Rechnung (Beispiel in AIZ 1986 H 12 S 12). Soweit sie sich zur Erfüllung ihrer Pflichten der Zentrale·bedienen, haften sie für deren Fehlverhalten nach § 278. Die Rechtsnatur der Franchise-Verträge variiert je nach der Gestaltung der Beziehungen im Einzelfall. Anders als in den typischen Franchise-Systemen zwischen einem Warenproduzenten als Franchise-Geber und den Vertriebshändlern als Franchise-Nehmern wird es sich allerdings im Zusammenhang mit Makler-Franchise-Systemen kaum um Geschäftsbesorgungsverträge im Sinne des § 675 (mit anderstypischen Zusatzelementen – sog Subordinations-Franchising) handeln (vgl dazu MARTINEK, Franchising 247 f, 265 ff). Das übliche Regelungsinstrument dürften vielmehr durch einen langfristigen Rahmenvertrag verbundene, parallele gemischttypische Austauschverträge mit lizenz-, dienst- und werkvertraglichen Elementen sein, kraft deren die Sicherung der für den gemeinsamen Erfolg notwendigen Systemeinheit Recht und Pflicht des Franchise-Gebers ist (sog **Koordinations-Franchising**, vgl MARTINEK, Franchising 251, 378 ff, 384 ff). Das in AIZ 1986 H 12 S 12 vorgestellte AUFINA-SYSTEM gehört offenbar in diese Kategorie. Denkbar ist aber auch, daß die Austauschverträge mit dem Franchise-Geber durch horizontale Beziehungen der Franchise-Nehmer in der Rechtsform einer BGB-Innengesellschaft ergänzt und überlagert werden; die Franchise-Nehmer sind dann nicht nur gegenüber dem Franchise-Geber, sondern auch untereinander verpflichtet, sich den Systemanforderungen im gemeinsamen Interesse unterzuordnen (sog **Konföderations-Franchising**, vgl MARTINEK, Franchising 252, 410 ff).

47 b)   Die rechtliche Problematik des für das Makler-Franchise-System typischen **Koordinations-Franchising** knüpft einmal daran an, daß die es konstituierenden Vereinbarungen wegen des Bedürfnisses nach Systemeinheit geradezu begriffsnotwendig vom Franchise-Geber **einseitig vorformuliert** sind und deshalb dem AGBG unterfallen. Daraus wird man freilich für die werkvertraglichen, dienstvertraglichen usf Einzelelemente keine Bindung an das jeweilige gesetzliche Leitbild ableiten dürfen. Denn eine derartig isolierende Betrachtungsweise paßt nicht damit zusammen, daß die Verbindung der Teile eine qualitativ besondere Interessenlage schafft (vgl MARTINEK, Franchising 100 ff). Das Koordinations-Franchising bildet grundsätzlich einen gesetzlich nicht geregelten Vertragstypus der vertikalen Gruppenkoordination, dessen Leitbild erst noch zu entwickeln ist. Immerhin ist das speziell für das Makler-Franchising weniger selbstverständlich als sonst. Denn im Fall des Makler-Franchising läßt sich nur schwer das spezifische Systemprodukt ermitteln, das mehr als die Summe seiner Teile darstellt und deshalb auf ein eigenes Leitbild für das Vertragsverhältnis drängt. Darüber hinaus spricht schon im Ansatz viel dafür, das Koordinations-Franchising relativ lockeren Bindungen vorzubehalten. Werden die Franchise-Nehmer so sehr in das System integriert, daß sie sich daraus nur noch unter unverhältnismäßigen Schwierigkeiten lösen können, so wird die einseitige Dominanz des Franchise-Gebers über das System, insbesondere seine Anpassung an wechselnde Marktgegebenheiten, unerträglich. Das Koordinations-Franchising muß dann (mit der Folge des § 23 AGBG!) dem **Konföderations-Franchising** weichen, in dem die Einheitlichkeit des Images, die Marketinggemeinschaft, die Wettbewerbseinheit und die Systemkonsistenz auf einem **Gesamtwillen** beruhen (MARTINEK, Franchising 252). Namentlich haben dann die für das System wichtigen Entscheidungen in Gremien zu fallen, deren Besetzung und Willensbildungsprozeß den Franchise-Nehmern einen angemessenen Einfluß sichern. Die Schilderung des AUFINA-SYSTEMS in AIZ 1986 H 12 S 12 hinterläßt Zweifel, ob das dortige Ausmaß der Integration der Franchise-Nehmer noch in den gewählten Formen des Koordinations-Franchising sachgerecht (und damit in einer mit § 9 AGBG vereinbaren Weise) erfaßt werden kann. Zum anderen ist zu beachten, daß das Koordinations-Franchising und erst recht das Konförderations-Franchising ein Dauerschuldverhältnis von verbandsähnlichem Zuschnitt erzeugen. Daraus ergibt sich für den Franchise-Geber ein Gleichbehandlungsgebot (aA MARTINEK, Franchising 622 ff: nur § 26 Abs 2 GWB) und im Verhältnis von Franchise-Geber und Franchise-Nehmern eine wechselseitige Treuepflicht. Unzulässig ist nach § 15 GWB die Vereinheitlichung der Provisionen und Konditionen für die Maklerverträge zwischen Franchise-Nehmern und Kunden (vgl MARTINEK, Franchising 573 f).

c) Nichts mit Franchising zu tun haben Fallgestaltungen, in denen ein Maklerun- **48** ternehmen durch ein Vertragssystem andere „Makler" an sich bindet, die die Maklerverträge mit den Kunden im Namen und für Rechnung der Zentrale abschließen (unrichtig BGH WM 1978, 245, 246; MünchKomm/SCHWERDTNER § 652 Rn 16). Diese „Makler" sind im Rechtssinne (Abschluß-)Handelsvertreter des als Zentrale fungierenden Maklerunternehmens (§ 84 HGB). Soweit sie Hauptverträge zwischen ihren Kunden vermitteln, wird die Zentrale wegen ihrer Stellung als Partei sämtlicher von ihren Handelsvertretern abgeschlossener Maklerverträge zum Doppelmakler. Es gilt also vorbehaltlich vereinbarter Doppelmaklertätigkeit § 654. Ferner kann auf der Grundlage der hM (vgl dazu kritisch § 654 Rn 8 ff) der Provisionsanspruch der Zentrale analog § 654 verwirkt werden, wenn einer ihrer Handelsvertreter zugunsten eines von ihm bearbeiteten Kunden die ordnungsgemäße Erfüllung eines über einen anderen Handelsvertreter zustande gekommenen Maklervertrags hintertreibt (vgl auch BGH WM 1978, 245, 246).

VI. Maklertätigkeit als berufsfremde Tätigkeit

1. Allgemeines

Das wichtigste Betriebskapital des Maklers ist der Überblick über den Markt und der **49** Zugang zu Marktinformationen. Neben der Berufsgruppe der Makler haben auch **andere Berufsgruppen** detaillierten Einblick in besondere Märkte. Bestimmte Berufsgruppen wie Rechtsanwälte, Notare, Ingenieure und Architekten erwerben im Zusammenhang mit ihrer Tätigkeit zwangsläufig besondere Marktkenntnisse. Andererseits haben diese Berufsgruppen andersartige Funktionen zu erfüllen. Ihnen wird oft besonderes Vertrauen entgegengebracht. Der Gesetzgeber hat für sie besondere Berufsordnungen geschaffen. Verwerten Mitglieder dieser Berufsgruppen ihre Marktinformationen, so üben sie eine berufsfremde Tätigkeit aus.

2. Die Maklertätigkeit eines Rechtsanwalts

a) In der Praxis kommt es häufiger vor, daß bei größeren Projekten ein **Rechtsan-** **50** **walt** mit der Vermittlung von Immobilien oder der Beschaffung von Krediten beauftragt wird (Finanzierungsmandat). Der Rechtsanwalt handelt dann nicht mehr im Bereich seiner eigentlichen Aufgabe, rechtlichen Beistand zu gewähren. Die Qualifikation eines Vertrages über solche Tätigkeiten als Anwalts- oder Maklervertrag unterliegt gleichwohl nicht der privatautonomen Vereinbarung. Vielmehr besteht für die Anwaltstätigkeit ein **Typenzwang**. Der „Flucht" in den Maklervertrag steht einmal § 3 Abs 1 BRAGO entgegen, der für die Honorarvereinbarung zum Schutz der Klienten ein zwingendes Formerfordernis aufstellt. Diese Schutzvorschrift könnte umgangen werden, wenn die Vereinbarung eines Maklervertrages möglich wäre. Außerdem fordert die Stellung des Rechtsanwalts die zwingende Unterordnung unter das Recht des Anwaltsdienstvertrages, denn die Anwendung von Maklerrecht würde die Vereinbarung eines Erfolgshonorars zur Folge haben. Die Vereinbarung eines Erfolgshonorars wird durch § 3 BRAGO zwar nicht ausdrücklich untersagt, da sie in Sonderfällen gerechtfertigt sein kann. Grundsätzlich ist sie aber sittenwidrig und damit nach § 138 nichtig (BGHZ 39, 142, 146 f; BGH WM 1976, 1135 ff; WM 1977, 551 ff; NJW 1987, 3203). Als unabhängiges Organ der Rechtspflege hat sich der Anwalt bei der Erfüllung seiner Aufgaben allein von Rücksichten auf die betriebene Sache leiten zu lassen. Diese notwendige Objektivität ist im Zweifel konkret gefährdet, wenn die Höhe der Vergütung des Anwalts von dem Ausmaß des Erfolges in der Sache selbst abhängt (BGHZ 39, 142, 146 f; BGH WM 1976, 1135 ff; 1977, 551 ff; NJW-RR 1990, 948). Eine in der Hauptsache vermittelnde Tätigkeit ändert daran nichts. Auch dann besteht die Gefahr, daß der Rechtsanwalt, nur um einen möglichst günstigen Abschluß zu erreichen, im Widerspruch zur wahren Sach- und Rechtslage rechtlich nicht zu billigende Mittel einsetzt (BGH WM 1977, 551, 553).

51 Dem Typenzwang für die Anwaltstätigkeit entspricht, daß **im Zweifel** nicht von einem Maklervertrag, sondern von einem **Anwaltsvertrag** auszugehen ist. Denn typischerweise will derjenige, der mit der Vermittlung eines Darlehens oder eines Grundstücks nicht einen berufsmäßigen Makler, sondern einen Rechtsanwalt beauftragt, die rechtliche Hilfe des Anwalts insbesondere für die Prüfung der Vertragsbedingungen in Anspruch nehmen (GEROLD MDR 1954, 23). Dabei gilt der Typenzwang – der Reichweite des Vorbehalts gegen das Erfolgshonorar entsprechend – unabhängig davon, ob diese rechtliche Hilfe oder die Vermittlungstätigkeit den Schwerpunkt des Auftrags bildet (BGHZ 18, 340; 57, 53; BGH WM 1976, 1135; 1977, 551, 552; 1985, 1401, 1402). Folge der Qualifikation als Anwaltsdienstvertrag ist, daß der Rechtsanwalt keinen Maklerlohn, sondern nur seine Vergütung als Rechtsanwalt fordern kann, in der die Vergütung für seine Maklertätigkeit aufgeht (BGH NJW 1971, 2227; BB 1962, 1057 f). Neben dem Provisionsanspruch kann auch eine Vergütung nach der Gebührenordnung ausgeschlossen sein, wenn eine Provision vereinbart wurde, der Erfolg aber nicht eingetreten ist. Der Rechtsanwalt kann nämlich Gebühren nach der BRAGO nicht geltend machen, wenn er sich dadurch in einer gegen Treu und Glauben verstoßenden Weise zu der Erklärung in Widerspruch setzt, die er bei Abschluß des von ihm vorgeschlagenen Maklervertrages abgegeben hat (BGHZ 18, 340; BGH WM 1976, 1135 ff). Dies ist etwa dann anzunehmen, wenn die rechtsberatende Tätigkeit durch den Maklerlohn mitabgegolten werden sollte. Ist das nicht der Fall, so kann der Anwalt auch bei Fehlschlagen seiner Vermittlungsbemühungen trotz Provisionsvereinbarung eine Vergütung für seine beratende Tätigkeit verlangen (vgl BGH WM 1976, 1135 ff).

52 b) Eine **reine Maklertätigkeit** des Anwalts auf der Grundlage eines Maklervertrags kann **nur in besonderen Ausnahmefällen** angenommen werden (GEROLD, Anm zu LG Stade NJW 1953, 1356; vgl auch die Fälle von OLG Hamburg HRR 1933 Nr 1574 = HansRGZ 1932 B 622; OLG Naumburg HRR 1940 Nr 222). Sie setzt voraus, daß die anwaltliche Tätigkeit gegenüber der Maklertätigkeit ganz zurücktritt, unwesentlich erscheint und keine Rolle spielt (BGHZ 18, 340; BGH BB 1962, 1057; BGHZ 57, 53; BGH VersR 1970, 136; WM 1976, 1135; 1977, 551; 1985, 1401; NJW-RR 1990, 948; NJW 1992, 681). Unter diesen Umständen wird die Anwaltstätigkeit neben der Maklertätigkeit auch rechtlich unerheblich. Die Anforderungen an eine solche Fallgestaltung sind verschieden, je nachdem, ob der Anwalt sich als Nachweis- oder als Vermittlungsmakler betätigt. Sie ist ohne weiteres anzunehmen, wenn die Maklertätigkeit sich auf den Nachweis einer Abschlußmöglichkeit beschränkt. Bei einem Vermittlungsauftrag müssen dagegen konkrete Anhaltspunkte für den Ausschluß einer anwaltlichen Tätigkeit vorliegen. So ist etwa denkbar, daß der Auftraggeber ausdrücklich nicht wünscht, anwaltlich beraten zu werden (vgl BGH BB 1956, 799; 1962, 1057). Der Auftraggeber kann auch dadurch, daß er den Rechtsrat eines ständig für ihn tätigen Rechtsanwalts einholt, zum Ausdruck bringen, daß der mit der Vermittlung beauftragte Rechtsanwalt gerade nicht in die Rechtsberatung eingeschaltet, sondern auf die Maklertätigkeit beschränkt sein soll (BGH VersR 1970, 136, NJW 1992, 681, 682). Schließlich liegt ein reiner Maklerauftrag auch dann vor, wenn sich der Auftrag des Rechtsanwalts darin erschöpft, den Kontakt zwischen den künftigen Vertragsparteien herzustellen oder einen potentiellen Partner unter Einsatz persönlicher Verbindungen für ein Geschäft zu interessieren (vgl BGH BB 1956, 799).

c)   Soweit der Rechtsanwalt die vermittelnde Tätigkeit in Verbindung mit einer **53** juristischen Tätigkeit ausübt und ein Anwaltsdienstvertrag abgeschlossen wird, ist die Vermittlung **standesrechtlich** einwandfrei (vgl KIMMIG, Anm zu BGH AnwBl 1956, 255, 257). Die reine Maklertätigkeit des Anwalts ist dagegen berufsfremd und deshalb standesrechtlich unerwünscht. Das zeigt sich auch daran, daß ein Makler nicht zur Rechtsanwaltschaft zugelassen wird, weil die Ausübung des Berufs eines Maklers mit dem Beruf eines Rechtsanwalts nicht vereinbar ist (vgl BGH NJW 1976, 628; GLASER/ WARNCKE 63). Allerdings wird die Wirksamkeit der von einem Rechtsanwalt abgeschlossenen Maklerverträge davon nicht berührt (BGH NJW 1981, 399; vgl auch BGH NJW 1992, 681, 683).

3.   Die Maklertätigkeit eines Notars

a)   Dem **Notar** ist es nach § 14 Abs 4 BNotO verboten, Darlehens- sowie Grund- **54** stücksgeschäfte zu vermitteln. Unter dieses Verbot fällt jede Tätigkeit, die darauf abzielt, Darlehens- und Kaufparteien zusammenzuführen. Verboten ist nicht nur eine vermittelnde, sondern auch eine nachweisende Tätigkeit. Das Verbot schließt jedoch nicht aus, daß der Notar gelegentlich aus Gefälligkeit einen Hinweis auf ein Kredit- oder Kauf- oder Verkaufsangebot gibt, das ihm zufällig bekannt geworden ist (SEYBOLD/HORNIG, BNotO § 14 Rn 54). Auch eine gelegentliche Vermittlertätigkeit aus Gefälligkeit ist dem Notar nicht verboten (LG Kiel NJW 1954, 1333). Ob das Verbot nur eine gewerbs- oder gewohnheitsmäßige Vermittlung umfaßt und eine nur gelegentliche entgeltliche Vermittlung zuläßt oder ob jede entgeltliche Vermittlertätigkeit verboten ist, ist umstritten (gegen jede entgeltliche Vermittlung: BÜHLING, Anm zu LG Kiel NJW 1954, 1333; für die Zulässigkeit einer nur gelegentlichen entgeltlichen Tätigkeit: SEYBOLD/ HORNIG, BNotO § 14 Rn 54). Zuzustimmen ist der strengen, auch die gelegentliche entgeltliche Vermittlung ausschließenden Ansicht: Es beeinträchtigt das Vertrauen der Mandanten in die Objektivität der notariellen Tätigkeit, wenn diese mit Privatgeschäften verknüpft wird. Deshalb verstößt der Vertrag über die Maklertätigkeit eines Notars jedenfalls dann gegen § 14 Abs 4 BNotO, wenn dieser den Hauptvertrag beurkundet (BGH NJW-RR 1990, 948, mit ausdrücklicher Offenheit für den Fall, daß ein anderer Notar beurkundet).

b)   Die Verträge über eine Maklertätigkeit des Notars sind nach Ansicht des BGH **55** (NJW-RR 1990, 948 f) gemäß **§ 134** nichtig (ebenso SOERGEL/MORMANN § 652 Rn 10; ERMAN/ WERNER Vor § 652 Rn 35). Dem ist nicht zu folgen: Das Verbot richtet sich allein gegen den Notar und dient auch nicht dem Schutz des Auftraggebers; außerdem schließt die fehlende Tätigkeitspflicht des Maklers eine Pflicht zu verbotswidrigem Tun infolge der Wirksamkeit des Maklervertrags aus. Unter diesen Umständen entspricht die Nichtigkeit nicht iS des § 134 dem Sinn des Verbotsgesetzes (ebenso MünchKomm/SCHWERDTNER § 652 Rn 43 aE). Die abweichende Auffassung des BGH steht außerdem im Widerspruch zur Beurteilung des Parallelproblems im Falle der

Maklertätigkeit von Steuerberatern (BGH NJW 1981, 399). Es ist nicht erkennbar, worauf der BGH das Urteil stützt, daß die berufsrechtlichen Sanktionen der Verbotsverletzung dem Zweck des Verbots im Fall des Notars nicht genügen, während sie es im Fall des Steuerberaters doch tun. Soweit – wie beim Alleinauftrag – eine Tätigkeitspflicht des Maklers begründet wird, gilt § 306 mit der Konsequenz, daß zugleich die damit im Gegenseitigkeitsverhältnis stehende Pflicht des Auftraggebers zum Verzicht auf die Einschaltung anderer Makler (vgl oben Rn 8) entfällt. Die Auswirkungen auf den Maklervertrag insgesamt richten sich nach § 139.

4. Die Maklertätigkeit eines Steuerberaters

56 Dem **Steuerberater** ist nach § 57 Abs 4 Nr 1 S 2 StBerG jegliche gewerbliche Tätigkeit, mithin auch die gewerbliche Maklertätigkeit, untersagt. Der Verstoß dagegen ist eine Ordnungswidrigkeit, macht die Maklerverträge aber aus den gleichen Gründen und mit den gleichen Einschränkungen wie unter Rn 55 nicht nichtig (BGH NJW 1981, 399). Nichtig können die Maklerverträge jedoch dann sein, wenn sie darauf gerichtet sind, daß der Steuerberater die Nachweis- bzw Vermittlungstätigkeit gegenüber seinen Mandanten entfaltet, ohne über das Bestehen des Maklervertrags und die daraus für ihn oder einen nahen Angehörigen begründete Provisionsaussicht aufzuklären (BGH WM 1987, 959, 960; NJW 1991, 1224), ebenso dann, wenn sie den Steuerberater zu einer den Interessen seiner Mandanten zuwiderlaufenden Beratungstätigkeit verpflichten (BGH WM 1987, 959, 960 betr Kundenschutzklausel; vgl auch BGH WM 1987, 960, 961).

5. Koppelungsgeschäfte von Ingenieuren und Architekten

57 a)   Nach § 3 des Gesetzes zur Verbesserung des Mietrechts und zur Begrenzung des Mietanstiegs sowie zur Regelung von Ingenieur- und Architektenleistungen vom 4. 11. 1971 (BGBl I 1745, 1748 = MRVerbG) ist eine Vereinbarung, durch die der Erwerber eines Grundstücks sich im Zusammenhang mit dem Erwerb verpflichtet, bei der Planung und Ausführung eines Bauwerks auf dem Grundstück die Leistung eines bestimmten Ingenieurs oder Architekten in Anspruch zu nehmen, unwirksam. Die Bestimmung soll verhindern, daß eine berufsfremde Tätigkeit des Ingenieurs oder Architekten, die der des Maklers ähnlich ist, den Wettbewerb der Ingenieure und Architekten manipuliert (BGH DB 1975, 1118 f).

58 b)   Im Zusammenhang mit dem Erwerb eines Baugrundstücks steht jede Verpflichtung des Erwerbers zur Inanspruchnahme von Ingenieur- oder Architektenleistungen, ohne die der Erwerber rechtlich oder tatsächlich das Grundstück nicht hätte erwerben können (BGH WM 1975, 520; WM 1978, 1324; WM 1979, 759 f). Ein solcher Fall liegt vor, wenn ein Architekt den Nachweis eines zum Verkauf stehenden Baugrundstücks von der Verpflichtung des Kaufinteressenten abhängig macht, seine Leistung bei der Planung oder Ausführung des Bauwerks in Anspruch zu nehmen (BGH DB 1975, 1118, 1119). Ein Zusammenhang zwischen einer Verpflichtung zur Übertragung von Ingenieur- oder Architektenaufträgen und dem Erwerb eines Baugrundstücks ist ferner gegeben, wenn die Verpflichtung in einem Maklervertrag eingegangen wird, der auf den Grundstückserwerb gerichtet ist (LG Bonn NJW 1973, 1843). Ein auf den Nachweis oder die Vermittlung einer Koppelungsabrede gerichteter Maklervertrag stellt selbst eine verbotene Vereinbarung dar und ist damit nach § 134 nichtig (BGH

WM 1979, 759; WM 1980, 17). Ist der Maklerauftrag auf den Nachweis oder die Vermittlung eines Architektenvertrages gerichtet, und wird die Koppelung erst im Architektenvertrag herbeigeführt, ohne daß dies im Maklervertrag vorgesehen war, so ist der Maklervertrag wirksam. Ein Provisionsanspruch iS des § 652 Abs 1 entsteht jedoch nicht, da der Architektenvertrag nichtig ist (BGHZ 70, 55, 57; BGH WM 1980, 17). Das gilt auch dann, wenn der Architektenvertrag durchgeführt wird. Treu und Glauben führen zu keinem anderen Ergebnis (BGH WM 1980, 17; vgl auch §§ 652, 653 Rn 79).

Vermittelt der Makler ein architektengebundenes Grundstück, bei dem der Archi- **59** tekt gleichzeitig Bauherr ist, und die Vermittlung daher mit der Maßgabe erfolgt, daß auch der Architektenvertrag mitvermakelt wird, so kann der Makler keine Provision für den mitvermittelten Architektenvertrag verlangen, weil die Verpflichtung des Erwerbers nach § 3 MRVerbG unwirksam ist und der Makler damit seinen Provisionsanspruch nicht verdient hat. Aber auch wenn der Erwerber die Architektenleistung in Anspruch nimmt und damit der wirtschaftliche Erfolg des Geschäfts eingetreten ist, kann der Makler für die Vermittlung des Architektenvertrages keine Provision beanspruchen; die Schutzfunktion des § 3 MRVerbG verlangt insoweit den Ausschluß des Provisionsanspruchs (vgl SCHWERDTNER 171 f). Der Provisionsanspruch des Maklers für den Nachweis oder die Vermittlung des Baugrundstücks selbst bleibt dagegen entsprechend § 3 S 2 MR VerbG bestehen.

6. Die Maklertätigkeit des Architekten

Der **Architekt** ist bisweilen außer zur technischen Betreuung auch zur Finanzierung **60** eines Bauvorhabens eingeschaltet. Eine Vergütung dieser Tätigkeit hängt davon ab, daß sich die Parteien nicht nur über die Einschaltung des Architekten in die Durchführung der Finanzierung, sondern auch über ihre Entgeltlichkeit als Maklerleistung einig sind (BGH NJW 1964, 1024). Soweit keine Vereinbarung über die Höhe der Vergütung getroffen wurde, ist die Vergütung für maklerähnliche Architektenleistungen nach der für einen Finanzmakler üblichen Vergütung zu bemessen (BGH NJW 1969, 1855).

VII. Rechtsberatung durch Makler

Überschneidungen der Tätigkeitsbereiche von Rechtsanwalt und Makler ergeben **61** sich dadurch, daß der Makler bei der Vermittlungstätigkeit **Einfluß auf die Vertragsgestaltung** nehmen kann. Ein Makler, der mit der Vermittlung eines Vertrages beauftragt ist, verstößt nicht gegen das Gesetz zur Verhütung von Mißbräuchen auf dem Gebiet der Rechtsberatung, wenn er im Rahmen seiner Vermittlungstätigkeit den an dem Vertragsschluß interessierten Personen von ihm selbst ausgearbeitete Vertragsentwürfe zur Verfügung stellt. Diese Tätigkeit ist als Erledigung einer rechtlichen Angelegenheit anzusehen, die **mit einem Geschäft seines Gewerbes in unmittelbarem Zusammenhang** steht (BGH WM 1974, 691 f). Dasselbe gilt auch für einen Makler, dem nur ein Nachweisauftrag erteilt wurde. Zwar ist die rechtsberatende Tätigkeit nach der Abwicklung des gewerblichen Geschäfts stets unerlaubt. Es muß jedoch berücksichtigt werden, daß der Lohnanspruch des Nachweismaklers vom Zustandekommen des Hauptvertrages abhängt. Deshalb muß auch der Nachweismakler die Gelegenheit haben, durch weiteres Tätigwerden für den Abschluß des Vertrages zu sorgen.

62 Ein unmittelbarer Zusammenhang mit einem Geschäft seines Gewerbes ist auch gegeben, wenn ein Grundstücksmakler seinen Kunden in Grundbuchsachen oder im Verkehr mit Katasterbehörden Unterstützung gewährt (KG DJ 1939, 56). Dasselbe gilt, wenn sich ein Gaststättenmakler um eine Konzession für seinen Kunden bemüht. Anders ist jedoch der Fall zu beurteilen, daß sich ein Grundstückskäufer nach Erwerb des Grundstücks entschließt, eine Gaststätte einzurichten, und der Grundstücksmakler die Erteilung der Erlaubnis beantragt (KG DJ 1939, 56). Ebenso fehlt es am unmittelbaren Zusammenhang, wenn ein Versicherungsmakler von ihm geworbene Versicherungsnehmer bei der Geltendmachung von Schadensersatzansprüchen gegen Schädiger beraten hat (BGH WarnR 1967 Nr 108). Steht einem Makler die Provision auch im Falle des Erwerbs im Wege der Zwangsversteigerung zu (vgl dazu BGH NJW 1990, 2744; 1992, 2568), so verstößt die Beratung des Auftraggebers im Zwangsversteigerungsverfahren nicht gegen das Rechtsberatungsgesetz (OLG Düsseldorf JR 1968, 25, 27).

VIII. Werbung durch Makler

63 Die **Werbetätigkeit** des Maklers unterliegt dem **UWG**. In diesem Zusammenhang gebietet § 3 UWG, daß der Makler sich in Immobilienanzeigen stets als solcher zu erkennen geben muß. Wenn er das versäumt, erweckt er nämlich in den Interessenten die unrichtige Vorstellung, es mit einem wegen der fehlenden Provision tendenziell günstigeren Angebot von „Privat an Privat" zu tun zu haben. Dies gilt unabhängig davon, ob der Makler von den Adressaten der Anzeige Provision zu fordern beabsichtigt. Denn auch der Erstauftraggeber pflegt zu versuchen, die von ihm geschuldete Provision auf den Partner des Hauptvertrags abzuwälzen (OLG Hamm WRP 1984, 494; OLG Karlsruhe WRP 1984, 425). Soweit der Makler zugleich eine Finanzierungsvermittlung anbietet, muß er auch das deutlich zum Ausdruck bringen; Vermerke wie „Günstige Kaufpreisfinanzierung möglich" sind unzulässig (OLG Hamburg WRP 1984, 419; OLG Nürnberg WRP 1985, 239; aA OLG Frankfurt WRP 1984, 488; OLG Hamm WRP 1984, 34 f; WRP 1984, 219 f). Der Makler verstößt schließlich auch dadurch gegen § 3 UWG, daß er ohne Auftrag des Eigentümers ein Grundstück zum Kauf inseriert (KG DB 1982, 2079).

64 Gebilligt hat die Rechtsprechung die gängige Inserierungspraxis der Makler. So hat das KG keinen Verstoß gegen § 1 UWG iVm § 1 PrAngVO darin gesehen, daß ein Makler ein Wohngrundstück mit gängigen Angaben und dem Zusatz „VS" (= Verhandlungssache) zum Kauf andient. Mangels Angaben über Wohnfläche, Geschoßzahl, Heizung, Isolierung und Finanzierbarkeit soll es an einem „Angebot", mangels einer Preisangabe an Werbung im Sinne des § 1 Abs 1 PrAngVO fehlen (NJW 1983, 894). Ist der Preis mit dem Zusatz „Vb" (= Verhandlungsbasis) verbunden, so liegt nach KG NJW 1983, 893 eine mit § 1 Abs 1 PrAngVO zu vereinbarende Preisangabe vor, die mangels Ankündigung eines aus dem Vermögen des Maklers stammenden Nachlasses auch nicht die §§ 1, 2 RabattG verletzt. Selbst die eindeutige Verletzung des § 1 Abs 1 PrAngVO durch ein Inserat mit Quadratmeter- statt Endpreisangabe soll nach OLG Frankfurt NJW 1984, 1565 wegen der Wertneutralität der Vorschrift grundsätzlich keinen Verstoß gegen § 1 UWG darstellen (zur Werbetätigkeit des Kreditvermittlers vgl BayObLG BB 1975, 6 [unzulässig: „ohne peinliche Fragen – einfach, bequem, schnell, diskret"]; OLG Düsseldorf BB 1977, 1324 [zulässig: „Auszahlung des gesamten Kreditvertrages zu Original-Bankzinsen"]; zur wettbewerbswidrigen Firmierung vgl SCHOLZ MDR 1977, 887 ff).

IX. Öffentliches Maklerrecht

Gewerbsmäßige Maklertätigkeit ist nach § 34 c GewO erlaubnispflichtig (vgl dazu **65** MARCKS DNotZ 1974, 524; KANZLEITER DNotZ 1974, 542). Das Fehlen der Erlaubnis hat jedoch keinen Einfluß auf die Wirksamkeit der abgeschlossenen Maklerverträge (BGHZ 78, 269). Ergänzende Anforderungen stellt die Makler- und Bauträgerverordnung (MaBVO) vom 11. 6. 1975 (BGBl I 1351, in der Fassung vom 1. 3. 1991 [BGBl I 1990, 2479]), durch die die bis dahin geltenden Maklerverordnungen der Länder ersetzt worden sind. Die MaBVO beruht auf der Ermächtigung des § 34 c Abs 3 GewO. Sie verpflichtet den Makler ua zur Sicherheitsleistung für Vermögenswerte des Auftraggebers durch Bürgschaft oder Versicherung (§ 2), zur getrennten Verwaltung von eigenem Vermögen und Auftraggebervermögen (§ 6) und zur Rechnungslegung (§ 8). Die Regelungen der MaBVO sind zwingend (§ 12), so daß entgegenstehende Vereinbarungen im Maklervertrag nichtig sind. Dem Zweck der Nichtigkeit entsprechend läßt sie jedoch die Gültigkeit des Maklervertrags insgesamt unberührt (vgl ERMAN/WERNER Vor § 652 Rn 4). Erst recht führt die Verletzung der Pflichten nicht zur Nichtigkeit von Maklerverträgen, die sich gar nicht zu ihnen äußern (OLG Frankfurt NJW 1979, 878; zur Verbraucherschutzgesetzgebung im Maklerrecht [Wohnungsvermittlung, Kreditvermittlung, Arbeitsvermittlung] vgl §§ 652, 653 Rn 42 ff).

X. Der Maklervertrag in rechtsgeschichtlicher und rechtsvergleichender Sicht

Die §§ 652 ff gehen in ihren Kernbestandteilen auf den Dresdener Entwurf zurück **66** (vgl SCHUBERT 755), der seinerseits ohne neuzeitliches Vorbild hat auskommen müssen, weil der Makler bis in das 19. Jahrhundert hinein nur als amtlich bestellte Urkunds- und Vermittlungsperson im Handelsverkehr geläufig gewesen ist (KRAUSE in: FS Molitor 383, 384). So hat man sich vor allem an der „Natur der Sache" und den daran anknüpfenden Bräuchen orientiert. In diesem Sinne hat man eine Tätigkeitspflicht des Maklers verneint, weil diese „im Gegensatz zur Dienstmiethe, eine freie, seinem Ermessen nach Plan und Ausführung überlassene, von seiner Sach-, Orts- und Personenkenntnis abhängige sei", die „weder erzwungen, noch in ihren einzelnen Leistungen abgeschätzt werden" könne (vgl SCHUBERT 757). Zu den Voraussetzungen der Provisionszahlungspflicht des Auftraggebers beruft man sich auf die hM zum gemeinen Recht, der zufolge „nach der Natur des Mäklergeschäfts und einem allgemeinen Brauche ein solcher Anspruch nur dann begründet (gewesen) ist, wenn das beabsichtigte Geschäft durch die Vermittlung des Mäklers zu Stande gekommen" ist (vgl SCHUBERT 757).

Die Rechtsvergleichung spiegelt die Traditionslosigkeit des privaten Maklerrechts **67** voll wider. In Frankreich finden sich spezielle Bestimmungen lediglich bezüglich amtlich bestellter Makler für den Handelsverkehr in den Art 74, 77 ff des Code de Commerce. Die private Maklertätigkeit wird nach dem Recht des Auftrags, hilfsweise nach dem Recht des Dienstvertrags des Code Civil beurteilt (vgl FERID/SONNENBERGER, Das französische Zivilrecht [2. Aufl 1986] II 261 Vorbem; 316 F II). In England stimmt man im dogmatischen Ausgangspunkt damit überein. Die Maklertätigkeit fällt nämlich unter das Recht der agency, das jegliche Erscheinungsform der

Geschäftsbesorgung mit und ohne rechtsgeschäftliches Außenhandeln umfaßt (vgl LIEROW 3 ff; KREHL 325). Gleichwohl hat die Rechtsprechung für die Grundstücksmakelei, die auch in Deutschland den Prototyp der Maklertätigkeit bildet, im wesentlichen mit den §§ 652 ff übereinstimmende Rechtsgrundsätze entwickelt (vgl LIEROW 12 f, 24 ff). Mehr noch: Obwohl das englische Recht an sich eine unterschiedliche Gestaltungsfreiheit je nach Individualvereinbarung oder AGB nicht kennt, ist die vorformulierte Regelung von maßgeblicher Seite einem ähnlichen Fairneßtest unterworfen worden, wie ihn § 9 AGBG vorsieht, und zwar mit ähnlichen Ergebnissen, wie die deutsche Rechtsprechung sie auf der Grundlage der §§ 9 ff AGBG (vgl §§ 652, 653 Rn 221 ff) vertritt (vgl dazu LIEROW 34 ff betr die Position von Lord Justice DENNING). Die Schweiz verfügt in den Art 412−418 OR über eine den §§ 652 ff vergleichbare Regelung, die der Regelung im italienischen Codice Civile als Vorbild gedient hat (vgl LUTHER, Einführung in das italienische Recht [1968] 63). Auch das österreichische Maklerrecht stimmt im wesentlichen mit dem deutschen Maklerrecht überein (KOZIOL/WELSER, Grundriß des bürgerlichen Rechts I 83).

XI. Reformen

68 Die lange geplante Gesamtreform des Maklerrechts ist offenbar auf unabsehbare Zeit vertagt. Der Gesetzesentwurf vom 16. 2. 1984 (BT-Drucks 10/1014) ist nicht nur nicht verabschiedet worden, sondern darüber hinaus in den folgenden zwei Legislaturperioden ohne Nachfolger geblieben. Das hängt vor allem damit zusammen, daß die sehr maklerkritische Stimmung der 70er Jahre inzwischen abgeklungen ist. Der letzte Entwurf hat sich ohnehin im wesentlichen in der Rezeption des bestehenden Richterrechts erschöpft. Immerhin ist ein so wichtiger Punkt wie die für die Richtigkeitsgewähr des Maklervertrags konstitutive Erfolgsabhängigkeit der Maklerprovision (Rn 3) infolge des Scheiterns der Reform dispositives Recht geblieben, anstatt auch außerhalb der Allgemeinen Geschäftsbedingungen zwingendes Recht zu werden (vgl §§ 652, 653 Rn 220). An die Stelle der Gesamtreform ist eine verbraucherschutzrechtlich motivierte Teilreform getreten. Nachdem schon 1971 die Wohnungsvermittlung durch das WoVermittG weitgehend zwingenden Schutzbestimmungen zugunsten von Wohnungssuchenden unterworfen worden ist, sind im Jahre 1991 in den §§ 15−17 VerbrKrG entsprechende Vorschiften zum Schutz der Kreditsuchenden hinzugekommen. Ganz neuen Datums sind Sondervorschriften über die Arbeitsvermittlung im Gefolge der Aufhebung des Arbeitsvermittlungsmonopols der Bundesanstalt für Arbeit (§§ 4, 23 Abs 3 AFG), die in der gemäß § 24 c Abs 1 Nr 1 bis 3 und Abs 2 AFG erlassenen ArbeitsvermittlerVO in der Fassung vom 1. 8. 1994 enthalten sind. Nicht verwirklicht worden ist die ursprünglich ebenfalls geplante Reform des Rechts der Ehevermittlung. Im folgenden werden nur die Gesetzestexte zur Wohnungs-, Arbeits- und Kreditvermittlung abgedruckt. Die Kommentierung erfolgt im Rahmen der Erläuterung zu §§ 652, 653 bzw zu § 655 (Arbeitsvermittlung).

69 Das **WoVermittG** hat folgenden Inhalt:

> **§ 1** (1) Wohnungsvermittler im Sinne dieses Gesetzes ist, wer den Abschluß von Mietverträgen über Wohnräume vermittelt oder die Gelegenheit zum Abschluß von Mietverträgen über Wohnräume nachweist.

(2) Zu den Wohnräumen im Sinne dieses Gesetzes gehören auch solche Geschäftsräume, die wegen ihres räumlichen oder wirtschaftlichen Zusammenhangs mit Wohnräumen mit diesen zusammen vermietet werden.

(3) Die Vorschriften dieses Gesetzes gelten nicht für die Vermittlung oder den Nachweis der Gelegenheit zum Abschluß von Mietverträgen über Wohnräume im Fremdenverkehr.

§ 2 (1) Ein Anspruch auf Entgelt für die Vermittlung oder den Nachweis der Gelegenheit zum Abschluß von Mietverträgen über Wohnräume steht dem Wohnungsvermittler nur zu, wenn infolge seiner Vermittlung oder infolge seines Nachweises ein Mietvertrag zustande kommt.

(2) Ein Anspruch nach Absatz 1 steht dem Wohnungsvermittler nicht zu, wenn

 1. durch den Mietvertrag ein Mietverhältnis über dieselben Wohnräume fortgesetzt, verlängert oder erneuert wird,

 2. der Mietvertrag über Wohnräume abgeschlossen wird, deren Eigentümer, Verwalter, Mieter oder Vermieter der Wohnungsvermittler ist, oder

 3. der Mietvertrag über Wohnräume abgeschlossen wird, deren Eigentümer, Verwalter oder Vermieter eine juristische Person ist, an der der Wohnungsvermittler rechtlich oder wirtschaftlich beteiligt ist. Das gleiche gilt, wenn eine natürliche oder juristische Person Eigentümer, Verwalter oder Vermieter von Wohnräumen ist und ihrerseits an einer juristischen Person, die sich als Wohnungsvermittler betätigt, rechtlich oder wirtschaftlich beteiligt ist.

(3) Ein Anspruch nach Absatz 1 steht dem Wohnungsvermittler gegenüber dem Wohnungssuchenden nicht zu, wenn der Mietvertrag über öffentlich geförderte Wohnungen oder über sonstige preisgebundene Wohnungen abgeschlossen wird, die nach dem 20. Juni 1948 bezugsfertig geworden sind oder bezugsfertig werden. Satz 1 gilt auch für die nach den §§ 88 d und 88 e des Zweiten Wohnungsbaugesetzes geförderten Wohnungen, solange das Belegungsrecht besteht. Das gleiche gilt für die Vermittlung einzelner Wohnräume der in den Sätzen 1 und 2 genannten Wohnungen.

(4) Vorschüsse dürfen nicht gefordert, vereinbart oder angenommen werden.

(5) Eine abweichende Vereinbarung ist unwirksam.

§ 3 (1) Das Entgelt nach § 2 Abs. 1 ist in einem Bruchteil oder Vielfachen der Monatsmiete anzugeben.

(2) Der Wohnungsvermittler darf vom Wohnungssuchenden für die Vermittlung oder den Nachweis der Gelegenheit zum Abschluß von Mietverträgen

über Wohnräume kein Entgelt fordern, sich versprechen lassen oder annehmen, das zwei Monatsmieten zuzüglich der gesetzlichen Umsatzsteuer übersteigt. Im Falle einer Vereinbarung, durch die der Wohnungssuchende verpflichtet wird, ein vom Vermieter geschuldetes Vermittlungsentgelt zu zahlen, darf das vom Wohnungssuchenden insgesamt zu zahlende Entgelt den in Satz 1 bestimmten Betrag nicht übersteigen. Nebenkosten, über die gesondert abzurechnen ist, bleiben bei der Berechnung der Monatsmiete unberücksichtigt.

(3) Außer dem Entgelt nach § 2 Abs. 1 dürfen für Tätigkeiten, die mit der Vermittlung oder dem Nachweis der Gelegenheit zum Abschluß von Mietverträgen über Wohnräume zusammenhängen, sowie für etwaige Nebenleistungen keine Vergütungen irgendwelcher Art, insbesondere keine Einschreibgebühren, Schreibgebühren oder Auslagenerstattungen, vereinbart oder angenommen werden. Dies gilt nicht, soweit die nachgewiesenen Auslagen eine Monatsmiete übersteigen. Es kann jedoch vereinbart werden, daß bei Nichtzustandekommen eines Mietvertrages die in Erfüllung des Auftrages nachweisbar entstandenen Auslagen zu erstatten sind.

(4) Eine Vereinbarung, durch die der Auftraggeber sich im Zusammenhang mit dem Auftrag verpflichtet, Waren zu beziehen oder Dienst- oder Werkleistungen in Anspruch zu nehmen, ist unwirksam. Die Wirksamkeit des Vermittlungsvertrags bleibt unberührt. Satz 1 gilt nicht, wenn die Verpflichtung die Übernahme von Einrichtungs- oder Ausstattungsgegenständen des bisherigen Inhabers der Wohnräume zum Gegenstand hat.

§ 4 Der Wohnungsvermittler und der Auftraggeber können vereinbaren, daß bei Nichterfüllung von vertraglichen Verpflichtungen eine Vertragsstrafe zu zahlen ist. Die Vertragsstrafe darf 10 v. H. des gemäß § 2 Abs. 1 vereinbarten Entgelts, höchstens jedoch fünfzig Deutsche Mark nicht übersteigen.

§ 4 a (1) Eine Vereinbarung, die den Wohnungssuchenden oder für ihn einen Dritten verpflichtet, ein Entgelt dafür zu leisten, daß der bisherige Mieter die gemieteten Wohnräume räumt, ist unwirksam. Die Erstattung von Kosten, die dem bisherigen Mieter nachweislich für den Umzug entstehen, ist davon ausgenommen.

(2) Ein Vertrag, durch den der Wohnungssuchende sich im Zusammenhang mit dem Abschluß eines Mietvertrages über Wohnräume verpflichtet, von dem Vermieter oder dem bisherigen Mieter eine Einrichtung oder ein Inventarstück zu erwerben, ist im Zweifel unter der aufschiebenden Bedingung geschlossen, daß der Mietvertrag zustande kommt. Die Vereinbarung über das Entgelt ist unwirksam, soweit dieses in einem auffälligen Mißverständnis zum Wert der Einrichtung oder des Inventarstücks steht.

§ 5 (1) Soweit an den Wohnungsvermittler ein ihm nach diesem Gesetz nicht zustehendes Entgelt, eine Vergütung anderer Art, eine Auslagenerstattung, ein Vorschuß oder eine Vertragsstrafe, die den in § 4 genannten Satz übersteigt, geleistet worden ist, kann die Leistung nach den allgemeinen Vorschriften des bürgerlichen Rechts zurückgefordert werden; die Vorschrift des § 817

Satz 2 des Bürgerlichen Gesetzbuchs ist nicht anzuwenden. Der Anspruch verjährt in vier Jahren von der Leistung an.

(2) Soweit Leistungen auf Grund von Vereinbarungen erbracht worden sind, die nach § 3 Abs. 2 Satz 2 oder § 4 a unwirksam oder nicht wirksam geworden sind, ist Absatz 1 entsprechend anzuwenden.

§ 6 (1) Der Wohnungsvermittler darf Wohnräume nur anbieten, wenn er dazu einen Auftrag von dem Vermieter oder einem anderen Berechtigten hat.

(2) Der Wohnungsvermittler darf öffentlich, insbesondere in Zeitungsanzeigen, auf Aushängetafeln und dergleichen, nur unter Angabe seines Namens und der Bezeichnung als Wohnungsvermittler Wohnräume anbieten oder suchen; bietet er Wohnräume an, so hat er auch den Mietpreis der Wohnräume anzugeben und darauf hinzuweisen, ob Nebenleistungen besonders zu vergüten sind.

§ 7 Die Vorschriften des § 3 Abs. 1 und des § 6 gelten nur, soweit der Wohnungsvermittler die in § 1 Abs. 1 bezeichnete Tätigkeit gewerbsmäßig ausübt.

§ 8 (1) Ordnungswidrig handelt, wer als Wohnungsvermittler vorsätzlich oder fahrlässig

1. entgegen § 3 Abs. 1 das Entgelt nicht in einem Bruchteil oder Vielfachen der Monatsmiete angibt,

2. entgegen § 3 Abs. 2 ein Entgelt fordert, sich versprechen läßt oder annimmt, das den dort genannten Betrag übersteigt,

3. entgegen § 6 Abs. 1 ohne Auftrag Wohnräume anbietet oder

4. entgegen § 6 Abs. 2 seinen Namen, die Bezeichnung als Wohnungsvermittler oder den Mietpreis nicht angibt oder auf Nebenkosten nicht hinweist.

(2) Die Ordnungswidrigkeit nach Abs. 1 Nr. 2 kann mit einer Geldbuße bis zu fünfzigtausend Deutsche Mark, die Ordnungswidrigkeit nach Abs. 1 Nr. 1, 3 und 4 mit einer Geldbuße bis zu fünftausend Deutsche Mark geahndet werden.

§ 9 (1) Mit dem Inkrafttreten dieses Gesetzes tritt die Verordnung zur Regelung der Entgelte der Wohnungsvermittler vom 19. Oktober 1942 (Reichsgesetzbl. I S. 625) außer Kraft.

(2) *(aufgehoben)*

(3) § 2 gilt für das Land Berlin und für das Saarland mit der Maßgabe, daß das Datum „20. Juni 1948" für das Land Berlin durch das Datum „24. Juni 1948", für das Saarland durch das Datum „1. April 1948" zu ersetzen ist.

70 Die §§ 15–17 VerbrKrG haben folgenden Inhalt:

§ 15 Schriftform. (1) Der Kreditvermittlungsvertrag bedarf der schriftlichen Form. In der Vertragsurkunde ist insbesondere die Vergütung des Kreditvermittlers in einem Vomhundertsatz des Darlehensbetrags anzugeben; hat der Kreditvermittler auch mit dem Kreditgeber eine Vergütung vereinbart, so ist auch diese anzugeben. Die Vertragsurkunde darf nicht mit dem Antrag auf Hingabe des Darlehens verbunden werden. Der Kreditvermittler hat dem Verbraucher eine Abschrift der Urkunde auszuhändigen.

(2) Ein Kreditvermittlungsvertrag, der den Anforderungen des Absatzes 1 Satz 1 bis 3 nicht genügt, ist nichtig.

§ 16 Vergütung. Der Verbraucher ist zur Zahlung der Vergütung nur verpflichtet, wenn infolge der Vermittlung oder des Nachweises des Kreditvermittlers das Darlehen an den Verbraucher geleistet wird und ein Widerruf des Verbrauchers nach § 7 Abs. 1 nicht mehr möglich ist. Soweit das Darlehen mit Wissen des Kreditvermittlers der vorzeitigen Ablösung eines anderen Kredits (Umschuldung) dient, entsteht ein Anspruch auf die Vergütung nur, wenn sich der effektive Jahreszins oder der anfängliche effektive Jahreszins nicht erhöht; bei der Berechnung des effektiven oder des anfänglichen effektiven Jahreszinses für den abzulösenden Kredit bleiben etwaige Vermittlungskosten außer Betracht.

§ 17 Nebenentgelte. Der Kreditvermittler darf für Leistungen, die mit der Vermittlung des Darlehens oder dem Nachweis der Gelegenheit zum Abschluß eines Darlehensvertrages zusammenhängen, außer der Vergütung nach § 16 Satz 1 ein Entgelt nicht vereinbaren. Jedoch kann vereinbart werden, daß dem Kreditvermittler entstandene, erforderliche Auslagen zu erstatten sind.

71 Die AVermV hat folgenden Inhalt:

**Erster Abschnitt
Erlaubnisverfahren, Erlaubniserteilung**

§ 1 Antragserfordernis

Die Erlaubnis zur Arbeitsvermittlung wird von der Bundesanstalt für Arbeit (Bundesanstalt) auf Antrag erteilt. Für den Antrag ist ein Vordruck der Bundesanstalt zu verwenden.

§ 2 Inhalt des Antrages

(1) Der Antrag muß folgende Angaben zur Person, zur Zuverlässigkeit, zur Eignung und zu den vorgesehenen Geschäftsräumen enthalten:

1. Name und Anschrift des Antragstellers,

a) bei natürlichen Personen Vor- und Familienname, gegebenenfalls Geburtsname, Geburtsdatum und Staatsangehörigkeit, Anschrift des Geschäftssitzes und der Zweigstellen, von denen aus Arbeitsvermittlung betrieben werden soll,

b) bei juristischen Personen und Personengesellschaften Vor- und Familienname, gegebenenfalls Geburtsname, Geburtsdatum und Staatsangehörigkeit der Vertreter nach Gesetz, Satzung oder Gesellschaftsvertrag, Anschrift des Geschäftssitzes, der Zweigniederlassungen und unselbständigen Zweigstellen, von denen aus Arbeitsvermittlung betrieben werden soll, Benennung der für die Arbeitsvermittlung Verantwortlichen,

2. Erklärung des Antragstellers oder der Vertreter nach Gesetz, Satzung oder Gesellschaftsvertrag sowie der für die Arbeitsvermittlung Verantwortlichen über

a) Vorstrafen, anhängige Strafverfahren oder staatsanwaltschaftliche Ermittlungsverfahren,

b) Gewerbeuntersagungen sowie Widerrufe und Rücknahmen von Erlaubnissen innerhalb der letzten fünf Jahre oder eine entsprechende Erklärung dieser Personen, wenn sie ihren Wohnsitz oder gewöhnlichen Aufenthalt während dieser Zeit überwiegend im Ausland hatten,

3. Angaben des Antragstellers oder, bei juristischen Personen oder Personengesellschaften, der für die Arbeitsvermittlung Verantwortlichen über eine berufliche Ausbildung oder ein Hochschulstudium und über Art und Dauer der bisherigen beruflichen Tätigkeit,

4. Angaben über die Anzahl der vorgesehenen Geschäftsräume und ihre Gesamtgröße.

(2) Dem Antrag sind folgende Unterlagen beizufügen

1. für den Antragsteller oder für die Vertreter nach Gesetz, Satzung oder Gesellschaftsvertrag sowie für die für die Arbeitsvermittlung Verantwortlichen

a) Nachweis über die Beantragung eines Führungszeugnisses für Behörden,

b) Auskunft aus dem Gewerbezentralregister,

2. für den Antragsteller Auskunft über Einträge gemäß § 915 der Zivilprozeßordnung und § 107 der Konkursordnung im Schuldnerverzeichnis des Amtsgerichts, in dessen Bezirk er in den letzten fünf Jahren einen Wohnsitz oder eine gewerbliche Niederlassung hatte;

3. Handelsregisterauszug oder Genossenschaftsregisterauszug, soweit zutreffend,

4. bei juristischen Personen und Personengesellschaften der Gesellschaftsvertrag, die Satzung oder das Statut,

5. für den Antragsteller oder, bei juristischen Personen oder Personengesellschaften, für die für die Arbeitsvermittlung Verantwortlichen Nachweise über eine berufliche Ausbildung oder ein Hochschulstudium und über Art und Dauer der bisherigen beruflichen Tätigkeit,

6. Beleg über die Einzahlung eines Kostenvorschusses für die Bearbeitung des Antrages.

Zu den Nummern 1 und 2 sind entsprechende Unterlagen beizufügen, wenn der Antragsteller oder die sonst in Nummer 1 genannten Personen ihren Wohnsitz oder gewöhnlichen Aufenthalt in den letzten fünf Jahren überwiegend im Ausland hatten.

(3) Ist der Antragsteller eine juristische Person des öffentlichen Rechts, sind nur die Angaben nach Absatz 1 Nr. 1 Buchstabe b, ferner die Erklärungen und Angaben nach Absatz 1 Nr. 2 und 3 und die Unterlagen nach Absatz 2 Nr. 1 und 5 für die für die Arbeitsvermittlung Verantwortlichen sowie der Beleg nach Absatz 2 Nr. 6 erforderlich.

(4) In den Fällen des § 10 Abs. 1 Satz 1 und Abs. 2 kann die Bundesanstalt verlangen, daß Personen, die beim Antragsteller als Vermittler tätig sind oder sein sollen, ihr die in den Absätzen 1 und 2 genannten Angaben über sich machen und Unterlagen beifügen. Der Antragsteller hat darauf hinzuwirken, daß die Vermittler der Bundesanstalt diese Angaben und Unterlagen vorlegen.

(5) Im Antrag sind ferner anzugeben

1. ob die Vermittlungstätigkeit auf bestimmte Berufe oder Personengruppen begrenzt wird und gegebenenfalls auf welche,

2. in welcher Region Arbeitsvermittlung betrieben werden soll.

(6) Wird bei einer juristischen Person oder einer Personengesellschaft nach Erteilung der Erlaubnis eine andere Person zur Vertretung nach Gesetz, Satzung oder Gesellschaftsvertrag berufen oder eine andere für die Arbeitsvermittlung verantwortliche Person bestellt, so ist sie unverzüglich der Bundesanstalt zu benennen. Die Angaben und Unterlagen über die Zuverlässigkeit und die Eignung sind beizufügen.

§ 3 Eignung

(1) Die zur Arbeitsvermittlung erforderliche Eignung besitzt, wer auf Grund seiner Kenntnisse und Erfahrungen fachkundig im Interesse sowohl der Arbeitgeber als auch der Arbeitsuchenden tätig werden kann. Diese Voraussetzungen erfüllt in der Regel, wer

1. mindestens drei Jahre beruflich Aufgaben des Personalwesens, der Arbeitsvermittlung, Personalberatung oder Arbeitnehmerüberlassung wahrgenommen hat oder

2. mindestens drei Jahre berufstätig war und eine nach Berufsbildungsgesetz, Handwerksordnung oder sonstigem Bundes- oder Landesrecht anerkannte Berufsausbildung oder ein Hochschulstudium abgeschlossen hat.

(2) Wer eine andere dem Absatz 1 Nr. 2 nicht entstprechende Ausbildung nachweisen kann, die ihn zu einer bestimmten beruflichen Tätigkeit befähigt, die er mindestens drei Jahre ausgeübt hat, erhält die Erlaubnis nur zur Vermittlung in diese berufliche Tätigkeit.

(3) Die berufliche Tätigkeit darf ab Antragstellung nicht länger als 10 Jahre zurückliegen.

§ 4 Ausländische Antragsteller

Betreibt der Antragsteller in einem anderen Mitgliedstaat der Europäischen Gemeinschaft oder Vertragsstaat des Abkommens über den Europäischen Wirtschaftsraum erlaubt Arbeitsvermittlung und hat er seinen Geschäftssitz in diesem Staat, so gelten die Voraussetzungen des § 23 Abs. 3 des Arbeitsförderungsgesetzes als erfüllt. Beabsichtigt er, in der Bundesrepublik Deutschland eine Zweigniederlassung zu eröffnen, muß der Antrag jedoch die nach § 2 Abs. 1 und 2 erforderlichen Angaben und Unterlagen über die Zuverlässigkeit und die Eignung der in der Bundesrepublik Deutschland für die Arbeitsvermittlung Verantwortlichen und über die Geschäftsräume in der Bundesrepublik Deutschland enthalten.

§ 5 Auslandsvermittlung

Eine Erlaubnis zur Arbeitsvermittlung für eine Beschäftigung als Arbeitnehmer im Ausland außerhalb der Europäischen Gemeinschaft oder eines anderen Vertragsstaates des Abkommens über den Europäischen Wirtschaftsraum und zur Arbeitsvermittlung aus dem Ausland außerhalb der Europäischen Gemeinschaft oder eines anderen Vertragsstaates des Abkommens über den Europäischen Wirtschaftsraum für eine Beschäftigung als Arbeitnehmer im Inland wird nur für folgende Berufe und Personengruppen erteilt:

1. Künstler und Artisten sowie deren Hilfspersonal,

2. Fotomodelle, Werbetypen, Mannequins und Dressmen,

3. Berufssportler und Berufstrainer,

4. Arbeitnehmer unter 25 Jahren für Au-pair-Beschäftigungen bis zu einem Jahr,

5. im Rahmen internationaler Austauschprogramme studentischer oder ver-

gleichbarer Einrichtungen Schüler und Studenten für Ferienbeschäftigungen bis zu drei Monaten oder für studienbezogene Fachpraktika bis zu sechs Monaten.

§ 6 Entscheidung über den Antrag

(1) Der Antrag ist der Bundesanstalt zugegangen, wenn der Antragsteller alle nach § 2 vorgesehenen Angaben gemacht und alle Unterlagen eingereicht hat; die nach § 2 Abs. 2 Nr. 1 beantragten Führungszeugnisse müssen der Bundesanstalt zugegangen sein. Die Bundesanstalt hat den Antragsteller über den Zugang des Antrages zu benachrichtigen. Stehen einzelne Angaben oder Unterlagen noch aus, ist aber zu erwarten, daß dem Antrag stattgegeben werden kann, so kann eine vorläufige oder bedingte Erlaubnis erteilt werden.

(2) Mit der Bearbeitung des Antrages dürfen nicht Organisationseinheiten oder Bedienstete betraut werden, die Aufgaben der Arbeitsvermittlung oder Arbeitsberatung wahrnehmen.

(3) In den Fällen des § 10 Abs. 1 Satz 1 und Abs. 2 soll die Bundesanstalt die Verbände der beteiligten Arbeitgeber, der Arbeitnehmer und der Arbeitsvermittler hören.

(4) Die Entscheidung über den Antrag ist dem Antragsteller schriftlich mitzuteilen und mit einer Rechtsbehelfsbelehrung zu versehen.

§ 7 Erlaubnisschein

Über die Erlaubnis wird auf den Antragsteller als den Erlaubnisinhaber ein Erlaubnisschein ausgestellt. Er weist aus

1. die Anschriften des Geschäftssitzes, der Zweigniederlassungen und unselbständigen Zweigstellen,

2. für welche Berufe oder Personengruppen und

3. in welcher Region der Erlaubnisinhaber Arbeitsvermittlung betreiben darf.

§ 8 Umfang der Erlaubnis

(1) Der Erlaubnisinhaber ist befugt, in dem durch den Erlaubnisschein ausgewiesenen Umfang Arbeitsvermittlung zu betreiben.

(2) Vermittelt der Erlaubnisinhaber einen ausländischen Arbeitnehmer, der zur Ausübung einer Beschäftigung einer Erlaubnis nach § 19 des Arbeitsförderungsgesetzes bedarf, hat er den Arbeitnehmer und den Arbeitgeber darauf hinzuweisen, daß die Beschäftigung erst dann aufgenommen werden darf, wenn das Arbeitsamt die Arbeitserlaubnis erteilt hat.

(3) Der Erlaubnisinhaber hat der Bundesanstalt die Verlegung und Schließung des Geschäftssitzes sowie die Errichtung, Verlegung und Schließung von Zweigniederlassungen und unselbständigen Zweigstellen vorher anzuzeigen.

Zweiter Abschnitt
Vergütungen

§ 9 Leistungen von Vergütungen durch Arbeitgeber

Für die Vermittlung in Arbeit dürfen Vergütungen nur vom Arbeitgeber verlangt oder entgegengenommen werden, soweit nicht in § 10 etwas anderes zugelassen wird. Werden Vergütungen nur mit dem Arbeitgeber vereinbart, sind die §§ 11 bis 13 nicht anzuwenden.

§ 10 Leistung von Vergütungen durch Arbeitnehmer

(1) Für die Vermittlung in eine Tätigkeit als
1. Künstler, Artist,
2. Fotomodell, Werbetyp, Mannequin und Dressman,
3. Doppelgänger, Stuntman, Discjockey

dürfen Vergütungen auch vom Arbeitnehmer verlangt oder entgegengenommen werden. Dies gilt nicht für die Vermittlung von Darstellern für Spielfilme, Fernsehfilme, Fernsehspiele und Werbefilme mit Hilfe von produktspezifischen Probeaufnahmen (Video-Layouts), die für potentielle Arbeitgeber hergestellt werden (Casting-Auftrag), ferner für die Vermittlung von Dirigenten, Musikern, Sängern und Chören für Aufnahmen auf Tonträger in Musikstudios (Musikproduktionen), sowie für Kleindarsteller, Statisten und Komparsen.

(2) Außerdem dürfen für die Vermittlung in Arbeit Vergütungen von
1. Berufssportlern,
2. Personen, die in Au-pair-Arbeitsverhältnissen tätig werden, verlangt oder entgegengenommen werden.

(3) Werden für Vermittlungen nach Absatz 1 oder 2 Vergütungen vom Arbeitnehmer verlangt oder entgegengenommen, sind die Bestimmungen der §§ 11 bis 13 anzuwenden.

§ 11 Anspruchsvoraussetzungen, Umfang der Vergütungen

(1) Der Erlaubnisinhaber ist verpflichtet, die Vergütung schriftlich zu vereinbaren.

(2) Der Erlaubnisinhaber darf die Vergütung nur verlangen oder entgegennehmen, wenn der Arbeitsvertrag infolge seiner Vermittlungstätigkeit zustande gekommen ist. Bei der Arbeitsvermittlung ins Ausland darf er die Vergütung nur verlangen oder entgegennehmen, wenn der Arbeitnehmer von der Behörde des Landes, in das dieser vermittelt wird, die Erlaubnis zur Arbeitsaufnahme erhalten hat, sofern eine Erlaubnis erforderlich ist. Der Erlaubnisin-

haber darf keine Vorschüsse auf die Vergütung verlangen oder entgegennehmen.

(3) Die Vergütung ist auf der Grundlage des dem vermittelten Arbeitnehmer zustehenden Arbeitsentgelts zu berechnen. Für die Ermittlung des Arbeitsentgelts sind die §§ 14 und 17 a des Vierten Buches Sozialgesetzbuch sowie die Arbeitsentgeltverordnung und die jeweils geltende Sachbezugsverordnung anzuwenden.

(4) Eine über die Vergütung hinausgehende Erstattung tatsächlicher Auslagen kann vereinbart werden, wenn sie die üblichen Kosten übersteigen, auf Verlangen des Auftraggebers entstanden sind und ihre entsprechende Verwendung nachgewiesen wird. Für Post- und Fernmeldegebühren sowie Fotokopierkosten kann der Erlaubnisinhaber einen Pauschbetrag in Höhe der durchschnittlich dafür anfallenden Aufwendungen, höchstens jedoch 30 Deutsche Mark verlangen.

(5) Der Erlaubnisinhaber hat Anspruch auf Ersatz der auf seine Vergütung und seine Auslagen entfallenden Umsatzsteuer, sofern sie nicht nach § 19 Abs. 1 des Umsatzsteuergesetzes unerhoben bleibt.

(6) Der Anspruch auf die Vergütung und auf die nach Absatz 4 vereinbarte Erstattung entfällt nicht, wenn der Arbeitsvertrag vor Arbeitsantritt gelöst oder das Arbeitsverhältnis vorzeitig beendet wird. Die Vertragspartner können eine abweichende Vereinbarung treffen.

§ 12 Höhe der von Arbeitnehmern zu zahlenden Vergütung

(1) Der Erlaubnisinhaber darf eine Vergütung nur bis zu einer Höhe von 12 vom Hundert des dem vermittelten Arbeitnehmer zustehenden Arbeitsentgelts verlangen oder entgegennehmen. Bei der Vermittlung in Arbeitsverhältnisse von länger als zwölf Monaten darf er eine Vergütung bis zu einer Höhe von 12 vom Hundert des Arbeitsentgelts für 12 Monate verlangen oder entgegennehmen.

(2) Für die Vermittlung in Arbeitsverhältnisse bis zu einer Dauer von sieben Tagen darf der Erlaubnisinhaber eine Vergütung bis zu einer Höhe von 15 vom Hundert des dem vermittelten Arbeitnehmer zustehenden Arbeitsentgelts verlangen oder entgegennehmen.

(3) Bei der Vermittlung von Personen in Au-pair-Arbeitsverhältnisse darf der Erlaubnisinhaber eine Vergütung von höchstens 300 Deutschen Mark verlangen oder entgegennehmen.

(4) Verlangt oder nimmt der Erlaubnisinhaber Vergütungen sowohl vom Arbeitnehmer als auch vom Arbeitgeber entgegen, darf die Gesamtvergütung die nach den Absätzen 1 und 2 zulässige Höhe nicht überschreiten. Das gleiche gilt, wenn der Erlaubnisinhaber bei der Arbeitsvermittlung mit einem anderen Arbeitsvermittler zusammenarbeitet.

(5) Führt der Erlaubnisinhaber Veranstaltungen auf eigenes Wagnis (Unternehmer) oder für Rechnung des Auftraggebers (Veranstaltungsbesorger) durch, darf er von den mitwirkenden Arbeitnehmern keine Vergütungen verlangen oder entgegennehmen.

§ 13 Vereinbarung weiterer Leistungen mit dem Arbeitnehmer

(1) Werden mit dem Arbeitnehmer außer der Arbeitsvermittlung weitere Leistungen vereinbart, für die Vergütungen gezahlt werden sollen, sind sie schriftlich einzeln zu benennen. Die Vergütungen dafür sind getrennt von der Vergütung für die Arbeitsvermittlung schriftlich zu vereinbaren und abzurechnen.

(2) Ist der Erlaubnisinhaber vertraglich verpflichtet, den Arbeitnehmer ständig umfassend zu beraten und zu betreuen, kann eine die Arbeitsvermittlung umfassende Vergütung vereinbart werden. Die Vergütung für die Arbeitsvermittlung ist gesondert auszuweisen.

Dritter Abschnitt
Ordnungswidrigkeiten

§ 14

Ordnungswidrig nach § 228 Abs. 1 Nr. 6 des Arbeitsförderungsgesetzes handelt, wer als Erlaubnisinhaber vorsätzlich oder fahrlässig

1. entgegen § 11 Abs. 1 bei der Vereinbarung einer Vergütung mit dem Arbeitnehmer die Schriftform nicht einhält,

2. entgegen § 11 Abs. 2 vom Arbeitnehmer eine Vergütung verlangt, wenn kein Arbeitsvertrag infolge seiner Vermittlungtätigkeit zustande gekommen ist, oder Vorschüsse auf die Vergütung verlangt oder entgegennimmt,

3. vom Arbeitnehmer eine höhere Vergütung verlangt oder entgegennimmt als nach § 12 zulässig ist.

Vierter Abschnitt
Schlußbestimmungen

§ 15 Auskunftserteilung durch Dritte

Wird die Abrechnung und der Einzug der Vergütungen für die Arbeitsvermittlung im Auftrag des Erlaubnisinhabers von einem Dritten (Service-Unternehmen) durchgeführt, hat der Erlaubnisinhaber sicherzustellen, daß der Dritte die nach § 24 b des Arbeitsförderungsgesetzes erforderlichen Auskünfte erteilt und Unterlagen vorlegt.

§ 16 Inkrafttreten, Außerkrafttreten

Diese Verordnung tritt am 1. April 1994 in Kraft. Gleichzeitig tritt die Arbeitsvermittlergebührenverordnung vom 25. April 1979 (BGBl. I S. 506), geändert durch die Verordnung vom 21. März 1980 (BGBl. I S. 345), außer Kraft. Die bisher geltenden Vorschriften finden auf Vermittlungen, die vor Inkrafttreten dieser Verordnung zustande gekommen sind, und auf Anschlußverträge im Sinne des § 11 der Arbeitsvermittlergebührenverordnung weiter Anwendung.

§ 652

[1] Wer für den Nachweis der Gelegenheit zum Abschluß eines Vertrages oder für die Vermittlung eines Vertrags einen Mäklerlohn verspricht, ist zur Entrichtung des Lohnes nur verpflichtet, wenn der Vertrag infolge des Nachweises oder infolge der Vermittlung des Mäklers zustande kommt. Wird der Vertrag unter einer aufschiebenden Bedingung geschlossen, so kann der Mäklerlohn erst verlangt werden, wenn die Bedingung eintritt.

[2] Aufwendungen sind dem Mäkler nur zu ersetzen, wenn es vereinbart ist. Dies gilt auch dann, wenn ein Vertrag nicht zustande kommt.

Materialien: E I § 580; II § 587; III § 649; Mot II 509 ff; JAKOBS/SCHUBERT, Recht der Schuldverhältnisse III 1 f.

Schrifttum

Vgl oben Vorbem zu §§ 652 ff.

§ 653

[1] Ein Mäklerlohn gilt als stillschweigend vereinbart, wenn die dem Mäkler übertragene Leistung den Umständen nach nur gegen eine Vergütung zu erwarten ist.

[2] Ist die Höhe der Vergütung nicht bestimmt, so ist bei dem Bestehen einer Taxe der taxmäßige Lohn, in Ermangelung einer Taxe der übliche Lohn als vereinbart anzusehen.

Materialien: E II § 588; III § 643; Prot II 345.

Schrifttum

Vgl oben Vorbem zu §§ 652 ff.

Systematische Übersicht

Alphabetische Übersicht

I.   Der Abschluß des Maklervertrags

1.   Die besondere Problematik

Das **Zustandekommen** eines Maklervertrags setzt Angebot und Annahme, dh Wil- **1**
lenserklärungen des Auftraggebers und des Maklers voraus, die darin übereinstimmen, daß der Makler entweder für den Nachweis der Gelegenheit zum Abschluß
eines Vertrages (Nachweismaklervertrag) oder für die Vermittlung eines Vertrages
(Vermittlungsmaklervertrag) von dem Auftraggeber einen Maklerlohn erhalten soll.
Die Feststellung dieser Voraussetzungen hat im Vergleich zur Feststellung sonstiger
Vertragsschlüsse Besonderheiten zu beachten, die sich aus der **Eigenart der Maklerleistung** ergeben.

Die Eigenart der Maklerleistung besteht erstens darin, **daß die Nachweis- oder Ver-** **2**
mittlungstätigkeit des Maklers objektiv **beiden Parteien** des (zukünftigen) Hauptvertrages **dient**, während das gesetzliche Leitbild des Maklervertrags – wie § 654 belegt –
vertragliche Beziehungen des Maklers nur zu einer Seite vorsieht. Sogar wer mit
einem gewerbsmäßigen Makler in Kontakt tritt, muß deshalb nicht ohne weiteres
davon ausgehen, daß der Makler seine Mitwirkung vom Abschluß eines Maklervertrags mit ihm selbst abhängig macht. Soweit die Umstände auf ein Handeln des
Maklers im Auftrag des (zukünftigen) Partners des Hauptvertrags hindeuten, kann
er vielmehr grundsätzlich damit rechnen, daß der Makler sich an diesen Auftraggeber halten und mit der von ihm zu zahlenden Vergütung zufrieden geben wird, wenn
er nicht eindeutig eine (zusätzliche) Provisionserwartung zum Ausdruck bringt.
§ 653 Abs 1 steht dem nicht entgegen, setzt doch die dortige Vermutung der Provisionspflichtigkeit die Übertragung der Maklerleistung (= die Beauftragung des
Maklers) voraus, die hier wegen der Ambivalenz des Maklerverhaltens – Angebot
auf Abschluß eines neuen oder Erfüllung des mit einem Dritten geschlossenen Maklervertrags – gerade zweifelhaft ist (BGH BB 1971, 1124; NJW 1981, 1444; WM 1986, 1390 f;
1986, 1502 f; vgl auch Dehner/Zopfs Rn 6).

Die Eigenart der Maklerleistung besteht zweitens darin, daß ihr Gegenstand – die **3**
Vertragsgelegenheit – **kein dem Makler zugeordnetes Gut** ist, sondern gleichsam zur
Selbstbedienung für jedermann „auf der Straße liegt". Das wirkt sich auf das Zustandekommen eines Maklervertrages insofern aus, als die **Nutzung** der vom Makler
zusammen mit seinem Angebot auf Abschluß eines Maklervertrags bekanntgegebe-
nen Vertragsgelegenheit **nicht per se** den Erklärungswert einer **Annahme des Angebots**
hat. Anders als die Ablehnung des Vertragsschlusses trotz der Inanspruchnahme
eines vom Inhaber unter der Bedingung der Annahme eines gleichzeitig beigefügten

Verkaufsangebots überlassenen Rechts ist die Ablehnung des Vertragsschlusses trotz
der Inanspruchnahme einer vom Makler bekannt gemachten Vertragsgelegenheit
keine unzulässige protestatio facto contraria, kann sich der Interessent doch darauf
berufen, daß er die Vertragsgelegenheit ohne das Vorpreschen des Maklers möglicherweise aufgrund eigener Erkundungen hätte erfahren können (vgl auch DEHNER/
ZOPFS Rn 8 aE). Genauso wie ein „Verkäufer" von Informationen sich das Geschäft
verdirbt, wenn er diese preisgibt, bevor er mit dem Interessenten über den Preis
einig geworden ist, verbaut sich der Makler den Provisionsanspruch, wenn er sein
Wissen voreilig mitteilt (BGH WM 1985, 1344 f; 1986, 1390 f).

2. Die grundsätzlichen Anforderungen an die Vertragserklärungen von Makler und Auftraggeber

4 a)   Soweit der Makler als (wirklicher oder auch nur scheinbarer) Beauftragter
eines Dritten mit einem Interessenten in Kontakt tritt, muß er seine Provisionserwartung unmißverständlich zum Ausdruck bringen; diesbezügliche Unklarheiten
gehen zu seinen Lasten (sog **Unklarheitenregel**, vgl BGH BB 1971, 1124 f; NJW 1981, 1444;
WM 1986, 1390, 1391). Ein solches Auftreten als (wirklicher oder scheinbarer) Beauftragter eines Dritten wird in der Regel damit zusammenfallen, daß der Kontakt auf
eine Initiative des Maklers – individuelle Ansprache oder auch Suchanzeige –
zurückgeht (BGH BB 1971, 1124). Notwendig ist das aber nicht. Denkbar ist auch, daß
der Interessent den Kontakt gesucht hat, um seine Vertragsbereitschaft gegenüber
(bezüglich des Vertragsgegenstands näher spezifizierten) Auftraggebern des Maklers
anzuzeigen. Reagiert der Makler darauf, so muß er seine Provisionserwartung deutlich offenlegen, nicht anders, als wenn er selbst initiativ geworden wäre (OLG Koblenz
AIZ 1986 H 11 A 103 Bl 26). Selbstverständlich ist, daß das Provisionsverlangen nicht
wörtlich gestellt werden muß. Wie stets genügt konkludentes Handeln, vorausgesetzt, es läßt hinsichtlich der Provisionserwartung keinen Zweifel offen (LG Hamburg
AIZ 1977, 287 f).

5   Dem Makler kraft der Unklarheitenregel die gesamte Erklärungsverantwortung aufzubürden, ist dann nicht mehr gerechtfertigt, wenn der Interessent die unmißverständliche **Offenlegung** der Provisionserwartung durch sein Verhalten **verhindert** hat.
Insoweit geht die Unklarheit zu Lasten des Interessenten (BGH NJW 1958, 298 f). Das
gleiche soll nach LG Mannheim AIZ 1989 H 4 A 103 Bl 41 gelten, wenn der Interessent im Wirtschaftsleben erfahren ist und sich von dem gewerblichen Makler schon
seit Jahren Objekte (ohne Zustandekommen des Hauptvertrags) hat nachweisen
lassen. Aber geschäftliche Erfahrung ändert nichts daran, daß der Interessent ohne
gegenteiligen Hinweis des (wirklich oder scheinbar) im Auftrag Dritter handelnden
Maklers davon ausgehen kann, dieser suche keinen zusätzlichen Provisionsschuld-
ner, sondern nur eine Möglichkeit, die Provision gegenüber den (Erst-) Auftraggebern zu verdienen. Erst recht ist nicht erkennbar, weshalb langjährige Zugehörigkeit
des Interessenten zur Interessentenkartei des Maklers die Erklärungsverantwortung
zu Lasten des Interessenten verschieben soll. Sehr undurchsichtig ist, ob und ggf
inwieweit der Makler von seiner Erklärungsverantwortung auch dadurch entlastet
sein kann, daß die **Doppelmaklertätigkeit** in einer Branche und/oder Region **üblich**
geworden ist (vgl auch DYCKERHOFF 8 f). BGH WM 1985, 1344, 1345 scheint eine solche
Entlastung im Grundsatz bejahen zu wollen. Zwar hält das Urteil in concreto am
Erfordernis des unmißverständlichen Provisionsverlangens des Maklers fest. Doch

verwirft es den Hinweis auf die regionale Übung, die Provision auf den Käufer abzuwälzen, nicht als von vornherein unbeachtlich, sondern mit der Begründung, eine solche Übung sei von der Üblichkeit der Provisionspflichtigkeit des Käufers trotz Erstauftrags des Verkäufers zu unterscheiden. Andere Entscheidungen stehen wohl auf dem Standpunkt, das durch Unzulässigkeit einer Tätigkeit im Auftrag beider Seiten gekennzeichnete gesetzliche Leitbild (§ 654) lasse es nicht zu, unter Berufung auf die Üblichkeit der Doppelmaklertätigkeit den unmißverständlichen Hinweis des Maklers auf seine Provisionserwartung für entbehrlich zu erklären (ausdrücklich OLG Hamburg MDR 1966, 143, 144; in der Sache auch OLG Frankfurt AIZ 1981 H 3 A 103 Bl 7). Den Vorzug verdient die zuletzt genannte Ansicht. Im Zusammenhang mit einem gesetzlich durchnormierten Geschäftstypus wie dem Maklervertrag entscheidet primär das dispositive Gesetzesrecht (konkret: die Wertung des § 654) über das, was Treu und Glauben mit Rücksicht auf die Verkehrssitte (§ 157) entspricht (vgl MünchKomm/MAYER-MALY § 157 Rn 26; FLUME § 16, 4 b). Eine dem dispositiven Verbot der Doppeltätigkeit widerstreitende Übung (= Verkehrssitte) kann deshalb dem Interessenten, der sich auf die unzureichende Offenlegung der Provisionserwartung durch den Makler beruft, nicht entgegengehalten werden. Etwas anderes gilt selbstverständlich, wenn der Interessent die Provisionserwartung infolge des Wissens um ihre Üblichkeit oder aufgrund anderer Umstände trotz der unzureichenden Offenlegung durch den Makler erkannt hat (BGH WM 1986, 1390, 1391; OLG Frankfurt AIZ 1991 H 8 A 121 Bl 42). Wo der wahre Wille des Erklärenden den Adressaten erreicht hat, erübrigt sich nach allgemeinen Grundsätzen die Feststellung des normativen Erklärungswerts (MünchKomm/MAYER-MALY § 133 Rn 14).

b) Soweit der Makler den Nachweis von Vertragsgelegenheiten bzw die Vermitt- **6** lung eines Vertrags nicht als (scheinbarer) Beauftragter eines Dritten zusagt, kann der Interessent kein Handeln in Erfüllung eines Drittauftrags, sondern muß eine **Vertragserklärung gegenüber sich selbst** annehmen. Handelt es sich um einen gewerbsmäßigen Makler, so folgt prinzipiell aus § 653 Abs 1, daß die Vertragserklärung auf einen Maklervertrag (und nicht bloß auf einen unentgeltlichen Auftrag) gerichtet ist. Entsprechend ist es in dieser Situation an dem Interessenten, einen etwa fehlenden Willen zum Provisionsversprechen unmißverständlich zu erklären; Unklarheiten gehen zu seinen Lasten, im Prozeß hat er die Beweislast für die Vereinbarung eines unentgeltlichen Auftrags statt eines Maklervertrags (BGH NJW 1981, 1444 f). Ein Fall, in dem der Makler nicht als (scheinbarer) Beauftragter eines Dritten auftritt, liegt in der Regel vor, wenn der Interessent den Kontakt initiiert hat (ebenso OLG München AIZ 1990 H 2 A 103 Bl 45; OLG Köln NJW-RR 1989, 247; aA OLG Hamm NJW-RR 1989, 1210, weil der Interessent auch in dieser Situation davon ausgehen könne, daß ihm der Makler ein Objekt benennt, daß ihm von einem Erstauftraggeber an die Hand gegeben worden ist). Unerläßlich ist die Initiative des Interessenten dafür jedoch genausowenig, wie es die Initiative des Maklers für die Annahme eines Handelns im Auftrag eines Dritten ist. Wenn der Makler sich bei einem von ihm initiierten Interessentenkontakt als „Makler ohne Auftrag" bekennt, gelten selbstverständlich die vorstehenden Grundsätze über die Erklärungsverantwortung des Interessenten (ebenso OLG Karlsruhe AIZ 1990 H 4 A 103 Bl 46).

Die Erklärungsverantwortung des Interessenten für die Vereinbarung einer unent- **7** geltlichen Maklertätigkeit (Rn 6) endet an den Grenzen des § 653 Abs 1, der voraussetzt, daß die dem Makler übertragene Leistung „den Umständen nach nur gegen eine Vergütung zu erwarten ist". BGH NJW 1981, 1444 fordert dafür, die Umstände müßten zu der Annahme zwingen, die Maklerleistung werde unterbleiben, wenn dem Makler angesonnen werde, ohne Provision tätig zu werden (vgl auch BGH WM 1986, 1502). In diesem Zusammenhang kann auch und vor allem erheblich werden, daß es in der Branche und/oder Region eine Übung gibt, nach der der Makler Nachweis- und/oder Vermittlungsaufträge unentgeltlich hereinnimmt und sich seine Provision durch Maklerverträge mit den (zukünftigen) Gegenparteien der Hauptverträge sichert. Da die Übung (= Verkehrssitte im Sinne des § 157) insoweit nicht mit dem gesetzlichen Leitbild des Maklervertrags kollidiert (§ 654), sondern als relativierendes Moment in dieses Leitbild integriert ist (§ 653 Abs 1), vermag sie den Interessenten also – anders als den Makler (oben Rn 5) – durchaus von der Erklärungsverantwortung zu entlasten.

8 **c)** Von dem in § 653 Abs 1 angesprochenen Problem, mit welchem Inhalt der Vertrag zwischen Interessent und Makler – unentgeltlicher Auftrag oder provisionspflichtiger Maklervertrag – zustande kommt, zu unterscheiden ist die Frage, unter welchen Voraussetzungen überhaupt Vertragserklärungen anzunehmen sind. Diese Frage stellt sich nicht nur für das Verhalten des Maklers, das statt der Vertragserklärung gegenüber dem Interessenten nichtrechtsgeschäftliches Handeln im Auftrag eines Dritten sein kann (Rn 4, 5), sondern auch für das **Verhalten des Interessenten**. Da die Nutzung der vom Makler bekannt gemachten Vertragsgelegenheit durch den Interessenten nicht per se den Erklärungswert einer Vertragserklärung hat (Rn 3), geht es jedenfalls in der Formulierung zu weit, wenn es heißt, der Interessent nehme das hinreichend deutliche Angebot des Maklers durch die Duldung und die Verwertung der Maklertätigkeit an (BGH WM 1971, 904, 905; MORMANN WM 1968, 954, 955). Tatsächlich bekundet der Interessent seinen Annahmewillen dadurch nur, soweit zusätzliche Umstände der Duldung bzw Verwertung ihren neutralen Erklärungswert nehmen. Das erkennt inzwischen – wohl vor allem unter dem Eindruck der Kritik SCHWERDTNERS (2. Aufl 32 f) – auch der BGH an. So rechtfertigt BGH NJW 1984, 232 die Entscheidung WM 1971, 904 nachträglich damit, der Interessent habe dort nach der Bekanntgabe der Vertragsgelegenheit und vor deren Verwertung noch einen Besichtigungstermin mit dem Makler vereinbart und durchgeführt. BGH WM 1985, 1344 (1345) faßt die neuere Linie der Rechtsprechung dahin zusammen, daß das Verhalten des Interessenten nur dann den Erklärungswert eines Provisionsversprechens hat, wenn es sich darstellt als „bejahende Entscheidung zwischen den Alternativen, die ihm gegen Entgelt angebotenen Dienste in Anspruch zu nehmen oder zurückzuweisen. „Hieran" – so fügt das Gericht hinzu – „fehlt es in den Fällen, in denen der Interessent nach Erhalt der mit dem Provisionsverlangen verbundenen Information über das Kaufobjekt **weiteres Tätigwerden des Maklers nicht begehrt** oder sogar eine **Provisionszusage ausdrücklich ablehnt**" (ebenso BGH WM 1986, 1390 f; NJW-RR 1991, 371; OLG Schleswig AIZ 1988 H 11 A 103 Bl 34; LG Koblenz AIZ 1989 H 6 A 103 Bl 39).

3. Einzelheiten

9 **a)** An die **Unmißverständlichkeit** des Provisionsverlangens des (wirklich oder scheinbar) im Auftrag eines Dritten handelnden Maklers (Rn 4) stellt die Praxis **strenge Anforderungen**: Nicht ausreichen soll die Übergabe von Geschäftsunterlagen, in denen auf die Provision hingewiesen wird, weil noch unklar bleibt, ob damit die

Abwälzung der Provisionspflicht des Dritten angekündigt oder eine (zusätzliche) Provisionspflicht des Interessenten begründet werden soll (BGH NJW 1958, 298). Aus dem gleichen Grund haben Hinweise des Maklers wie die, seine Gebühren betrügen einen bestimmten Prozentsatz des Verkaufswertes (OLG Hamburg MDR 1964, 233 f) oder es müsse für ihn ein bestimmter Provisionssatz herauskommen (LG Köln JR 1965, 347 f) nicht genügt. Auch wenn es in einem Verkaufsexposé heißt, der Käufer trage die „Erwerbsnebenkosten, dh x % Maklercourtage", ist das Verlangen nach (zusätzlicher) Maklerprovision nicht ausreichend gegen den Hinweis auf die eventuelle Abwälzungsabsicht des Dritten (= Erstauftraggebers) abgegrenzt (BGH WM 1981, 495). Das gleiche soll für die Formulierung: „Nachweiscourtage: 3,42% des Kaufpreises incl MWSt fällig und verdient bei Abschluß des Kauf- oder Kaufvorvertrages" gelten (OLG Düsseldorf NJW-RR 1990, 1013 f). Erst die Formulierung, die Maklergebühr von x % sei nicht im Kaufpreis eingeschlossen, hat als ordnungsgemäßes Provisionsverlangen höchstrichterliche Anerkennung gefunden (BGH WM 1983, 764, 765). Freilich verläuft die Entwicklung der Rechtsprechung nicht völlig geradlinig. Nach BGH WM 1971, 904 (905) soll nämlich der Provisionsvermerk im Exposé nur dann unklar sein, wenn sonstige Umstände hinzutreten, die die Vermutung begünstigen, es sei nicht an das Provisionsverlangen des Maklers gegenüber dem Interessenten, sondern an die Abwälzungsabsicht des Dritten gedacht. Tatsächlich dürfte das im Vergleich zu den rigiden Anforderungen anderer Urteile der zutreffende Standpunkt sein. Die Angabe auf dem Exposé „Provision x % des Kaufpreises" drückt ein eindeutiges Provisionsverlangen aus. Soweit nicht besondere Umstände eingreifen, kann man das schwerlich als Hinweis auf die Verkäuferprovision wegen eventueller Abwälzungsabsicht des Dritten mißverstehen (ebenso jetzt BGH v 8. 11. 1989 – IV a ZR 236/88, zitiert nach DEHNER NJW 1991, 1354, 1356). Gänzlich unhaltbar erscheint das Urteil OLG Celle NJW 1955, 1400 f, das selbst die Auskunft des Maklers auf die Frage des Interessenten nach der Höhe der Provision für unklar hält, wenn der Makler nicht der Verwechslungsgefahr durch zusätzliche Erläuterung vorbeugt (vgl auch DEHNER/ ZOPFS Rn 7).

Wie der Makler das unmißverständliche Provisionsverlangen erklärt, ist gleichgültig. Der **10** Hinweis in der Zeitungsanzeige des Maklers genügt jedenfalls gegenüber den Interessenten, die sich auf die Zeitungsanzeige hin melden (MünchKomm/SCHWERDTNER § 652 Rn 31). Zwar enthält die Zeitungsanzeige auch mit Provisionsverlangen noch kein Angebot auf Abschluß eines Maklervertrags, sondern stellt sich als bloße invitatio ad offerendum dar (BGH WM 1971, 1098; OLG Frankfurt MDR 1975, 1019; SCHMIDT-SALZER MDR 1969, 182, 183; KNIEPER NJW 1970, 1293, 1294). Doch bestimmt die Bezugnahme des Interessenten auf die Zeitungsanzeige den Inhalt des Nachweis- oder Vermittlungsersuchens so, daß der Makler von einem Angebot auf Abschluß eines Maklervertrags ausgehen kann. Auch in seinen AGB kann der Makler seine Provisionserwartung klarstellen (OLG Frankfurt AIZ 1987 H 12 A 121 Bl 29; OLG Hamburg AIZ 1983 H 10 A 103 Bl 14; OLG Schleswig AIZ 1981 H 12 A 103 Bl 11). Daß AGB zu ihrer Wirksamkeit vereinbart werden müssen (§ 2 AGBG), steht dem nicht entgegen. Die AGB wirken insoweit nicht kraft Rechtsverbindlichkeit, sondern – wie die Zeitungsanzeige – als Bezugspunkt der späteren Vertragserklärungen, der deren rechtliche Bedeutung mitbestimmt. Freilich darf der Hinweis auf die Provisionspflichtigkeit nicht in den AGB versteckt sein, sondern muß deutlich hervortreten, damit er dem Interessenten auch ohne sorgfältige Lektüre ins Auge sticht. Denn der Hinweis auf die Provisionspflichtigkeit ist notwendig, um dem Interessenten überhaupt einen Anlaß zur

Annahme eines Vertragsangebots nach näherer Ausgestaltung durch das „Kleinge-
druckte" zu geben. Ohnedem hat der Interessent keinen Grund, sich mit den AGB
zu beschäftigen (vgl auch OLG Nürnberg AIZ 1964, 237 f; Schmidt-Salzer MDR 1969, 182,
185).

11 **b)**   Soweit der Makler den **Interessentenkontakt nicht** (wirklich oder scheinbar) **im
Auftrag eines Dritten** sucht, entfällt das Klarstellungsbedürfnis hinsichtlich der Frage,
ob der Interessentenkontakt nur der Erfüllung des Auftrags des Dritten oder auch
der Begründung eines provisionspflichtigen Maklervertrags mit dem Interessenten
dienen soll. Schon deshalb bleibt für die Unklarheitenregel, wie die Rechtsprechung
sie entwickelt hat (Rn 4), kein Raum. Denn diese besagt nichts anderes, als daß das
Klarstellungsbedürfnis aufgrund der Ambivalenz des Interessentenkontakts des
(wirklich oder scheinbar) im Auftrag eines Dritten handelnden Maklers vom Makler
zu befriedigen ist. Davon nicht berührt wird selbstverständlich, daß den Makler die
Erklärungsverantwortung trifft, die derjenige, der eine Willenserklärung abgibt, allgemein zu tragen hat. Dabei handelt es sich indessen nicht um eine einseitige
Verantwortlichkeit, die sich mit der durch die Unklarheitenregel umschriebenen vergleichen läßt. Gerade Vertragserklärungen sind Schlußsteine eines Kommunika-
tionsprozesses, innerhalb dessen die Parteien ihre wechselseitigen Erklärungen –
ihre Vorzüge und Mängel – beeinflussen. Deshalb kann aufgrund der Umstände die
Verantwortung für Unklarheiten der Maklererklärung genauso mit bei dem Interessenten liegen wie umgekehrt die Verantwortung für Unklarheiten der Erklärung des
Interessenten beim Makler. Zu Recht wird unter diesen Umständen gefordert, die
Erklärung dem Erklärenden allein nach Maßgabe dessen zuzurechnen, was an Ein-
flüssen aus seiner Sphäre stammt (Flume, Das Rechtsgeschäft § 16, 3 c; Medicus AT
Rn 326). Die Unklarheitenregel auch außerhalb des Maklerhandelns im Auftrag Dritter anzuwenden, verbietet sich demgemäß nicht bloß wegen der Gefahr terminolo-
gischer Verwirrung, sondern darüber hinaus aus sachlichen Gründen (entgegen
Schmidt-Salzer MDR 1969, 182, 186). Erst recht kann man die Ansicht, die Obliegenheit zur Vermeidung von Unklarheiten treffe stets den Makler, nicht damit begründen, daß § 653 Abs 1 obsolet geworden sei (so aber MünchKomm/Schwerdtner § 652
Rn 33; Schwerdtner 39).

12 Im einzelnen ist zu sagen: Bietet auf die Suchanzeige des Interessenten hin ein Makler seine Hilfe an und bittet der Interessent ihn daraufhin um die Übermittlung von
Nachweisen, so kommt ein Maklervertrag zustande, es sei denn, es ist aufgrund der
Umstände, insbesondere aufgrund der in der Branche und/oder Region herrschenden Übung ein unentgeltlicher Auftrag anzunehmen (vgl LG Düsseldorf AIZ 1959, 47;
Werner JurA 1970, 353, 372). Grundsätzlich anders ist es selbstverständlich zu beurtei-
len, wenn der Makler die Suchanzeige des Interessenten gleich mit einem Exposé
beantwortet. Denn dann handelt er aus der Sicht des Interessenten im Auftrag eines
Dritten, was Ambivalenz seines Verhaltens und demzufolge das Klarstellungsbedürf-
nis bezüglich des (zusätzlichen) Provisionsverlangens begründet. Verletzt er die
Klarstellungsobliegenheit, so entfällt ein (Makler-)Vertrag (nur im Ergebnis richtig
Schmidt-Salzer MDR 1969, 182, 185). Wenn der Interessent sich unmittelbar an den
Makler wendet und diesen um den Nachweis oder die Vermittlung von Vertragsge-
legenheiten ersucht, erteilt er nach § 653 Abs 1 regelmäßig keinen unentgeltlichen
Auftrag. Und noch weniger ist anzunehmen, daß er sich bloß gleichsam als „Erfül-
lungsgelegenheit" im Hinblick auf die Drittaufträge des Maklers andient. In beiden

Varianten hat nicht der Makler sein Provisionsverlangen, sondern der Interessent seinen Wunsch nach unentgeltlicher Teilhabe an der Maklerleistung „klarzustellen", weil jedenfalls im Normalfall die Umstände den Makler von der Erklärungsverantwortung entlasten und statt dessen den Interessenten damit belasten (ebenso BGH AIZ 1989 H 2 A 103 Bl 36; OLG München AIZ 1989 H 8 A 103 Bl 40; OLG Köln NJW-RR 1987, 1529; 1989, 247; aA OLG Hamm NJW-RR 1989, 1210). Tut er das nicht, so bringt die Übersendung des Objektangebots (OLG München AIZ 1989 H 8 A 103 Bl 40), uU sogar gemäß § 151 S 1 schon die interne Vormerkung (BGH AIZ 1989 H 2 A 103 Bl 36 für den Fall einer Maklerfirma, die gewerbsmäßig Geschäftsräume vermittelt) den Maklervertrag zustande.

c)   Die Anforderungen an die Vertragserklärung des Interessenten nach eindeutigem Provisionsverlangen des Maklers (= an die Annahme des Angebots auf Abschluß des Maklervertrags) sind dadurch verdunkelt, daß die **Eigenart der Maklerleistung in ihrer Bedeutung für den Erklärungswert des Duldens oder Verwertens der Maklertätigkeit** (vgl dazu Rn 3) nicht durchgängig erkannt ist. Zwar herrscht seit jeher Einigkeit darüber, daß ein Provisionsverlangen des Maklers nach Abschluß des Hauptvertrages vom Interessenten ohne negative Folgen ignoriert werden kann. Doch ist bis in die jüngste Zeit hinein vertreten worden, der Abschluß des Hauptvertrags in **Kenntnis des Provisionsverlangens** sei Annahme des Angebots auf Abschluß eines Maklervertrags, gleichgültig, ob das Provisionsverlangen vor, gleichzeitig mit oder nach Bekanntgabe der Vertragsgelegenheit gestellt worden sei (OLG Karlsruhe AIZ 1960, 206 f; KG NJW 1960, 1865; OLG Frankfurt AIZ 1987 H 12 A 121 Bl 29; LG Hamburg AIZ 1986 H 9 A 103 Bl 25; SCHMIDT-SALZER MDR 1969, 182, 184 f). Wer mit der neueren Rechtsprechung des BGH (WM 1985, 1344, 1345) für die Annahme eine „bejahende Entscheidung zwischen den Alternativen, die ihm gegen Entgelt angebotenen Dienste in Anspruch zu nehmen oder zurückzuweisen", verlangt, muß umgekehrt die Annahme in allen diesen Fällen grundsätzlich verneinen. Denn anderenfalls versetzt man den Interessenten in die Situation, daß er das Angebot nicht zurückweisen kann, wenn er nicht auf die Vertragsgelegenheit verzichten will (LG Hamburg WuM 1993, 58). Oder anders gewendet: Man gestattet dem Makler, eine „gemeinfreie" Position (Rn 3) einseitig zu Lasten des Interessenten in eine Position zu verwandeln, die dieser lediglich gegen ein Entgelt nutzen darf. Zu Unrecht meint das KG, eine solche Konsequenz sei schon deshalb unausweichlich, weil der Interessent auch ohne Vertragsschluß zumindest aus Bereicherung hafte (NJW 1960, 1865). Soweit damit ein Anspruch aus § 812 Abs 1 S 1, 1. Alt gemeint ist, scheitert diese Ansicht spätestens an § 814. Aber auch falls der näherliegende Anspruch aus § 812 Abs 1 S 2, 2. Alt (sog condictio ob rem) angesprochen sein sollte, dringt sie nicht durch. Die Vertragsgelegenheit als Leistungsgegenstand hat nämlich – was auch RGZ 122, 229, 232 übersieht – **keinen objektiven Vermögenswert**, der über § 818 Abs 2 (vgl dazu REUTER/MARTINEK, Ungerechtfertigte Bereicherung 566 ff) an die Stelle der unmöglichen Rückgabe in Natur treten könnte (ebenso DEHNER/ZOPFS Rn 18). Wie im Falle von sonstigen Informationen oder immateriellen Leistungsgegenständen kann insoweit allein der wirksame Vertrag die Zahlungspflicht begründen (vgl Rn 52). Und dessen Zustandekommen setzt im Fall der vorherigen Bekanntgabe der Vertragsgelegenheit voraus, daß der Interessent das Vertragsangebot entweder ausdrücklich oder durch das Begehren weiterer Leistungen des Maklers konkludent angenommen hat (vgl Rn 8 aE). Als Inanspruchnahme einer derartigen maklertypischen Leistung kommt namentlich in Betracht, daß der Interessent sich die Begleitung bei der Besichtigung des Objekts ausbittet oder doch gefallen läßt (OLG Hamm AIZ 1991 H 8 A 103 Bl 51). Stets setzt die konkludente Annahme durch das Begehren weiterer maklertypischer Leistungen voraus, daß der Makler damit rechnen kann, der Interessent verlange die weiteren Leistungen **in Kenntnis seines Provisionsverlangens**. Das ist nicht der Fall, wenn der Makler dem Interessenten während der Besichtigung des Objekts ein Exposé mit Provisionsklausel in die Hand drückt, ohne daß dieser die Besichtigung sofort abbricht. Denn der Makler kann nicht erwarten, daß der Interessent das Exposé gleich durchliest und von der in ihm enthaltenen Provisionsklausel Kenntnis nimmt (BGH NJW-RR 1991, 371). Aber auch soweit der Interessent die Besichtigung trotz Kenntnisnahme von dem Provisionsverlangen fortsetzt, muß das nicht den Erklärungswert der Annahme haben. Falls sich darin, für den Makler erkennbar, nur Hilflosigkeit gegenüber einer überraschenden neuen Situation dokumentiert, scheidet die Annahme des Vertragsangebots des Maklers ebenfalls aus (aA wohl OLG Koblenz AIZ 1988 H 12 A 103 Bl 35).

14 Der grundsätzliche Vorbehalt dagegen, den Abschluß des Hauptvertrages als Annahme des Vertragsangebots des Maklers durch den Interessenten zu qualifizieren, schließt nicht aus, daß der **Abschluß des Hauptvertrags aufgrund zusätzlicher Umstände** doch einen solchen Erklärungswert erhält. Das trifft selbstverständlich zu, soweit Interessent und Makler sich vorab darüber verständigt haben, daß die Nutzung der vom Makler bekannt gemachten Vertragsgelegenheit als Annahme des Maklerangebots gelten soll. Eine derartige Vorabverständigung kann sich auch konkludent daraus ergeben, daß ein Maklerkunde in der Vergangenheit wiederholt vom Makler unaufgefordert nachgewiesene Vertragsgelegenheiten genutzt und die Provision gezahlt hat. Ein genereller Vertrag über den Erklärungswert des Abschlusses des Hauptvertrags in diesem Sinne läßt sich allerdings nicht schon daraus entnehmen, daß ein Makler einem Unternehmer regelmäßig Exposés übersendet, und zwar auch dann nicht, wenn der Eingang jeweils dankend bestätigt worden ist (LG Mönchengladbach AIZ 1993 H 8 A 103 Bl 58; aA wohl LG Mannheim AIZ 1989 H 9 A 103 Bl 41). Bittet der Interessent den Makler bloß „informationshalber" um die Zusendung von Exposés, so stellt zwar erst die mit dem Provisionsverlangen verbundene Zusendung durch den Makler das Maklervertragsangebot dar. Entsprechend gilt an sich das unter Rn 13 Gesagte: Soweit der Interessent nicht danach noch weitere Maklerleistungen in Anspruch genommen hat, kommt ein Maklervertrag auch dann nicht zustande, wenn der Interessent den Hauptvertrag über eines der nachgewiesenen Objekte abschließt. Diese Rechtslage kann der Makler nicht schon dadurch zu seinen Gunsten korrigieren, daß er den Exposés AGB beifügt, denen zufolge die Entgegennahme der Exposés als Annahme des Maklervertrags gilt; die Wirksamkeit von AGB setzt das Zustandekommen des Vertrags voraus (MünchKomm/Schwerdtner § 652 Rn 25 a, 26). Wohl kann der Makler – vorbehaltlich seines Auftretens als Beauftragter eines Dritten – aus der Bitte um Zusendung der Exposés nach Treu und Glauben und mit Rücksicht auf die Verkehrssitte (§ 157) schließen, daß der Interessent die Nutzung einer nachgewiesenen Vertragsgelegenheit durch Abschluß des entsprechenden Hauptvertrages als Annahme des Maklervertragsangebots gelten läßt. Eine Bitte um Zusendung des Exposés liegt allerdings noch nicht darin, daß der Interessent auf den Hinweis des Maklers, es gebe in der Zeitung ein für ihn möglicherweise interessantes Angebot, schweigt und der Makler sich daraufhin zur Zusendung des Exposés veranlaßt fühlt. Hier kommt ein Maklervertrag nicht zustande, so daß der Interessent das Angebot provisionsfrei nutzen kann, indem er sich mit dem Anbieter in Verbindung setzt und den Hauptvertrag am Makler vorbei schließt (BGH NJW-RR 1989, 1071).

d) Die **Annahmefähigkeit** des Angebots des Maklers **nach § 147 Abs 2** ist großzügig **15** zu bemessen. Denn einerseits geht der Makler – jedenfalls im Normalfall des Maklervertrags – keine Bindung ein, die ihn – etwa im Hinblick auf seine Arbeitskapazität – in seinen Dispositionen behindert. Andererseits ist den Interessenten nicht selten an einer langen Überlegungsfrist gelegen. Zu Recht hat das OLG München deshalb für das Angebot eines Immobilienmaklers die Annahmefähigkeit noch nach mehr als zwei Monaten bejaht (OLGZ 1978, 444, 446). Soweit die Annahme ausnahmsweise doch verspätet ist, gilt sie nach § 150 Abs 1 als neues Angebot, für dessen Annahme nach § 151 S 1 auf den Zugang verzichtet worden ist (RGZ 103, 11, 13; OLG München OLGZ 1978, 444, 446 f).

e) Der Maklervertrag kann nach den Grundsätzen über das **Schweigen auf ein** **16** **kaufmännisches Bestätigungsschreiben** zustande kommen. Voraussetzung dafür ist, daß der Auftraggeber des Maklers Kaufmann ist oder doch wie ein Kaufmann am geschäftlichen Verkehr teilnimmt (BGHZ 11, 1, 3; BGH WM 1973, 1376 ff; OLG Köln OLGZ 1974, 8). Das gleiche Erfordernis gilt für den Makler, der das kaufmännische Bestätigungsschreiben absendet (BGHZ 40, 42 ff; LG Mannheim AIZ 1987 H 4 A 115 Bl 18; vgl K SCHMIDT, Handelsrecht 578 f). Seinem Inhalt nach muß das Bestätigungsschreiben auf einen bereits geschlossenen Maklervertrag Bezug nehmen. Daß es in Wirklichkeit an einem Vertragsschluß mit dem bestätigten Inhalt fehlt, schadet nicht, es sei denn, der Absender weiß das oder die Diskrepanz zwischen Bestätigung und wirklichem Geschehen ist so groß, daß mit einem Einverständnis des Adressaten vernünftigerweise nicht zu rechnen ist (RGZ 95, 48, 51; BGHZ 11, 1, 4; 40, 42, 44 f). Eine zu große Diskrepanz zwischen bestätigtem und wirklichem Geschehen ist von der Rechtsprechung namentlich angenommen worden, wenn das Bestätigungsschreiben erstmals das Provisionsbegehren des Maklers stellt (OLG Düsseldorf BB 1970, 595 f). Dagegen soll nach OLG Hamm die Bestätigung eines Maklervertrags über Ankauf oder Anmietung einen Maklervertrag hinsichtlich der Anmietung begründen, obwohl im bestätigten Maklervertrag allein der Ankauf erwähnt worden ist (Urt v 17.12.1984 – 18 U 77/84, zitiert nach MünchKomm/ SCHWERDTNER § 652 Rn 40). Tatsächlich dürfte die Entscheidung nicht vom Gewicht des bestätigten Gegenstandes (Provision, Gegenstand der Vermittlung), sondern von den Umständen des Einzelfalls abhängen. Soweit die Rede von der Provision im ursprünglichen Kontakt lediglich wegen der an die Ambivalenz des Maklerhandelns anknüpfenden Unklarheitenregel den Erklärungswert des Maklerangebots verfehlt, sollte die widerspruchslose Entgegennahme des insoweit deutlichen Bestätigungsschreibens durch den (kaufmännischen oder kaufmannsähnlichen) Interessenten den Maklervertrag zustande bringen können. Umgekehrt sollte die Erweiterung des auf Ankauf gerichteten Maklervertrags um Anmietung scheitern, wenn der vorherige Kontakt keinerlei Anhaltspunkte dafür geliefert hat, daß auch die Anmietung Gegenstand des Nachweises bzw der Vermittlung durch den Makler hätte sein sollen.

Das Bestätigungsschreiben des Maklers an eine Privatperson – dh eine Person, die **17** nicht in kaufmännischer Weise am geschäftlichen Verkehr teilnimmt oder doch konkret außerhalb ihrer Kaufmannsrolle handelt – bringt zwar den Maklervertrag weder zustande, noch verändert es den Inhalt der mündlichen Abrede. Doch soll das

Schweigen des Auftraggebers dann nach Ansicht des LG Nürnberg- Fürth (AIZ 1984 H 8 A 119 Bl 4) als **Beweismittel** für die Richtigkeit der Behauptung des Maklers herangezogen werden können, der mündliche Vertrag sei mit dem Inhalt des Bestätigungsschreibens abgeschlossen worden. Diese Ansicht ist offenbar alles andere als unproblematisch. Im Kern läuft sie darauf hinaus, daß man dem Normalbürger ebenso wie dem Kaufmann oder kaufmannsähnlichen Adressaten eine Widerspruchsobliegenheit auferlegt. Lediglich die Nachteile wegen Verletzung dieser Obliegenheit sind abgeschwächt. Wenn aber vom Normalbürger weder kraft Gesetzes noch kraft Verkehrssitte erwartet wird, daß er auf ein Bestätigungsschreiben mit unrichtigem Inhalt reagiert, dürfen an das Schweigen des Adressaten keine Nachteile anknüpfen, und zwar gleichgültig, ob sie sich als materielle Rechtsnachteile oder als „bloße" Beweisnachteile präsentieren. Man wird also zumindest fordern müssen, daß der Adressat des Bestätigungsschreibens aufgrund besonderer Umstände trotz fehlender Kaufmannsähnlichkeit zur Prüfung und ggf zum Widerspruch veranlaßt gewesen ist. Ohnedem ist ein Standpunkt wie der des LG Nürnberg-Fürth nicht vertretbar (zustimmend aber SCHWERDTNER 44).

II.   Die Form des Maklervertrags

1.   Der Grundsatz

18 Maklerverträge sind grundsätzlich **formlos gültig.** Das gilt auch für den Geltungsbereich der Makler- und Bauträgerverordnung (MaBVO; vgl Vorbem 65; DYCKERHOFF 7). Zwar hat der Makler nach § 11 MaBVO dem Auftraggeber im Fall eines Auftrags über die Vermittlung von Verträgen über Grundstücke oder über den Nachweis der Gelegenheit zum Abschluß solcher Verträge unmittelbar nach Annahme des Auftrags die in § 10 Abs 2 S 2 a-f MaBVO erwähnten Angaben und spätestens bei der Aufnahme der Hauptvertragsverhandlungen die Höhe der Maklerprovision schriftlich mitzuteilen. Doch handelt es sich dabei weder um ein Verbotsgesetz im Sinne des § 134 noch um eine Formvorschrift im Sinne des § 125 (OLG Frankfurt NJW 1979, 878; OLG München AIZ 1981 H 1 A 103 Bl 6). Eine echte Ausnahme vom Grundsatz der Formfreiheit von Maklerverträgen begründet § 15 VerbrKrG für Kreditvermittlungsverträge. Das betrifft neben der Darlehensvermittlung ieS auch die Vermittlung von Zahlungsaufschüben und sonstigen Finanzierungshilfen; Einschränkungen des Anwendungsbereichs ergeben sich aus § 3 Abs 1 Nrn 1 – 4 VerbrKrG (ULMER/HABERSACK, Verbraucherkreditgesetz [1992], § 15 Rn 7). Ferner sieht § 11 AVermV das Schriftformerfordernis für das Vergütungsversprechen des Arbeitsuchenden im Arbeitsvermittlungsvertrag vor, soweit dieses ausnahmsweise nach § 11 AVermV zugelassen ist. De lege ferenda wird im Schrifttum mit Rücksicht auf die speziellen Schwierigkeiten bei der Feststellung des Zustandekommens von Maklerverträgen das gesetzliche Schriftformerfordernis empfohlen (SCHWERDTNER 44). Der Gesetzgeber hat das in seinen Reformplänen zunächst aufgegriffen, später aber – außer für den Alleinauftrag – wieder fallen gelassen (vgl § 653 a des Referentenentwurfs 1978 und § 653 Abs 4 des Gesetzentwurfs, BT-Drucks 10/1014). Dabei hat vor allem die Überlegung eine Rolle gespielt, daß die Kaufinteressenten auf dem Immobiliensektor daran interessiert sind, rasch und unkompliziert – ggf fernmündlich – von verschiedenen Maklern den Nachweis von Vertragsgelegenheiten zu erreichen. Man befürchtete also einen negativen Einfluß des Schriftformerfordernisses auf die Wirksamkeit der Vermittlerfunktion des Maklerwesens mit Nachteilen sowohl für die Makler als auch für die Verbraucher im weiteren Sinne (BR-Drucks 220/79, S 15). Anders sollte es nur bei Alleinaufträgen sein, weil die Auftraggeber insoweit vornehmlich Verkaufsinteressenten sind und definitionsgemäß jedenfalls gleichzeitig lediglich mit einem Makler zu tun haben (BR-Drucks 220/79, S 18). Außerdem sah man im Fall von Alleinaufträgen ein erhöhtes Vertragsrisiko des Auftraggebers, dem durch die **Warnfunktion** des Schriftformerfordernisses Rechnung zu tragen sei (BT-Drucks 10/1014, S 10). Mit dem Plan zur Reform des Maklerrechts insgesamt hat sich inzwischen auch die geplante Formbedürftigkeit von Alleinaufträgen vorerst erledigt.

Für Maklerverträge kann ein **rechtsgeschäftliches Formerfordernis** bestimmt sein, und **19** zwar auch in den AGB des Maklers (OLG Nürnberg AIZ 1966, 96, 97; MünchKomm/ SCHWERDTNER § 652 Rn 18). Voraussetzung für die Wirksamkeit ist jedoch stets die Vereinbarung durch Makler und Interessenten. Verlangt der Makler in seinem schriftlichen Angebot eine schriftliche Annahme, so bedeutet die mündliche Annahme durch den Interessenten nach § 150 Abs 2 Ablehnung, verbunden mit einem neuen Angebot, das der Makler ausdrücklich oder schlüssig, zB durch Verabredung eines Besichtigungstermins, annehmen kann (OLG Hamburg AIZ 1983 H 10 A 103 Bl 14; Münch-Komm/SCHWERDTNER § 652 Rn 17). Soweit die Schriftform wirksam vereinbart ist, bindet sie nicht das einverständliche rechtsgeschäftliche Handeln von Makler und Auftraggeber. Denn die Aufhebung bzw Einschränkung eines vertraglichen Formerfordernisses durch die Vertragspartner ist mangels entgegenstehenden zwingenden Gesetzesrechts formfrei möglich (MünchKomm/SCHWERDTNER § 652 Rn 18). Praktische Bedeutung hat das in Formularverträgen oder AGB enthaltene rechtsgeschäftliche Schriftformerfordernis vor allem als **Einschränkung der Vertretungsmacht**, wo Makler Maklerverträge nicht in Person, sondern durch Angestellte oder Handelsvertreter abschließen. Der Makler schützt sich dadurch vor der Zurechenbarkeit von mündlichen Nebenabreden seines Vertreters.

2.   Die Bedeutung des § 313

a)   Anwendung des § 344?

Der Maklervertrag unterliegt einem gesetzlichen Formzwang nach § **313**, soweit der **20** **Zweck dieser Vorschrift** das erfordert. Der Zweck des § 313 ist ein mehrfacher, nämlich der, die an einem so wichtigen Vorgang wie der Aufgabe bzw dem Erwerb des Eigentums an einem Grundstück Beteiligten zu angemessener Willensbildung anzuhalten (Warnfunktion), den Inhalt der getroffenen Vereinbarung klar festzulegen (Beweisfunktion) und insbesondere für die geschäftlich weniger Erfahrenen eine sachkundige rechtliche Beratung durch den Notar zu sichern (Gewährs- und Schutzfunktion, vgl MünchKomm/KANZLEITER § 313 Rn 1). Maklerverträge über Grundstücksrechte oder grundstücksgleiche Rechte können nicht direkt unter § 313 fallen, wird doch die Entschließungsfreiheit des Auftraggebers im Hinblick auf den Abschluß des Hauptvertrags definitionsgemäß durch den Maklervertrag nicht angetastet. Anderes gilt nur, wenn der Auftraggeber sich besonders zum Verkauf oder Erwerb eines Grundstücks verpflichtet (BGH NJW-RR 1990, 57). Ein Vertrag, in dem sich der Auftraggeber gegenüber dem Makler verpflichtet, sein Grundstück zu genau festgelegten Verkaufsbedingungen an einen nachgewiesenen kaufbereiten und zahlungsfähigen Interessenten zu veräußern, widrigenfalls eine „Reueprovision" zu zahlen ist, soll nach BGH NJW 1970, 1915 aber ein **Vertragsstrafeversprechen** im Sinne des § 339 enthalten, das über § 344 von der Formnichtigkeit nach den §§ 313, 125 erfaßt wird.

Fehlt die Pflicht zum Abschluß des Kaufvertrags und knüpft das Versprechen der Reueprovision daher unmittelbar an die Abschlußverweigerung des Auftraggebers an, so soll ein **uneigentliches Strafgedinge** im Sinne des § 343 Abs 2 vorliegen, das ebenfalls unter § 344 fällt (BGH NJW 1971, 557; BB 1973, 1141; anders – unmittelbare Anwendung des § 313 – BGH AIZ 1994 H 9 A 112 Bl 3). Zu Recht ist dagegen eingewendet worden, daß es dem Makler bei solchen Abreden nicht um den Abschluß des Hauptvertrags geht, wie es die Vorstellung von Vertragsstrafe oder uneigentlichem Strafgedinge impliziert, sondern ausschließlich um die Erfolgsunabhängigkeit seines Provisionsanspruchs (SCHWERDTNER 25). Der Makler will die Provision unabhängig vom Zustandekommen des Kaufvertrags bereits dadurch verdienen, daß er eine den vorab fixierten Wünschen des Auftraggebers entsprechende Vertragsgelegenheit nachweist. In der Sache handelt es sich also nicht um einen Maklervertrag, sondern um einen **Maklerwerkvertrag** (vgl Vorbem 11 ff); das Provisionsversprechen ist Werklohnversprechen. Allerdings – insofern ist dem BGH zuzustimmen – unterliegt auch dieser Maklerwerkvertrag den Anforderungen, die der Zweck des § 313 stellt. Soweit er der Kontrolle nach § 138 Abs 1 standhält (vgl Vorbem 14), muß er, um als wirksam anerkannt zu werden, **zusätzlich notariell beurkundet** sein, es sei denn, die Entgeltpflicht wäre – vor allem, aber nicht nur wegen ihrer relativen Geringfügigkeit (BGH WM 1986, 1438, 1439) – ungeeignet, einen mittelbaren Zwang zum Abschluß des Grundstückskaufvertrags auszuüben. Das folgt aber nicht aus § 344, sondern aus der analogen Anwendung des § 313 (auch insoweit **aA** SCHWERDTNER 27). Allenfalls kommt die Annahme eines Vertragsstrafeversprechens bzw eines uneigentlichen Strafgedinges in Betracht, wenn – wie in den Fällen BGH NJW 1971, 93 und OLG München NJW 1970, 709 – die zukünftigen Vertragsparteien sich unter Mitwirkung des Maklers wechselseitig die Zahlung der Gesamtprovision (= Verkäufer- und Käuferprovision) für den Fall versprechen, daß der Abschluß des Hauptvertrags an einer von ihnen scheitert. Denn insoweit gibt es wenigstens einen gewissen Anknüpfungspunkt für die These, es solle per Vertragsstrafe bzw per uneigentlichem Strafgedinge das Interesse einer Partei am Abschluß des Hauptvertrags geschützt werden. Letztlich sprechen indessen auch hier die besseren Gründe gegen die Qualifikation als Vertragsstrafe. Im Vordergrund steht nämlich wie in den Fällen BGH NJW 1970, 1915 und BGH NJW 1971, 557 das Interesse des Maklers an der Zahlung der Provision trotz Abstandnahme der Parteien vom Hauptvertragsschluß. Die Vereinbarung der zukünftigen Vertragspartner ist nur eine daran anschließende Zusatzabrede, die die Provisionszahlungslast intern nach der Verantwortlichkeit für das Scheitern des Hauptvertrags verteilt. Richtigerweise sind also Maklerwerkverträge des Maklers mit beiden Seiten des zukünftigen Hauptvertrags anzunehmen, verbunden mit einer wechselseitigen privativen Schuldübernahme der zukünftigen Vertragsparteien unter der Bedingung, daß den Übernehmenden die Verantwortung für das Scheitern des Hauptvertrags trifft.

b)   Analoge Anwendung des § 313

21 Für einen (echten) Maklervertrag kommt die Formbedürftigkeit analog § 313 in Betracht, soweit der Auftraggeber für den Fall der Aufgabe des Geschäftswillens oder seiner Verwirklichung ohne die Hilfe des Maklers eine **von der Provision verschiedene Zahlung** verspricht.

aa)   Aus diesem Bereich sind zunächst die Konstellationen auszuscheiden, in denen das Zahlungsversprechen gar nicht an die Ablehnung der vom Makler gebotenen

Vertragsgelegenheit anknüpft. Hat sich der Makler zB im Alleinauftrag eine Zahlung für den Fall versprechen lassen, daß der Auftraggeber während der Laufzeit des Alleinauftrags sein Grundstück pflichtwidrig von anderen Maklern vermitteln läßt, so hat das mit einer Bindung im Sinne des § 313 nichts zu tun. Vielmehr handelt es sich um eine normale Vertragsstrafe im Sinne der §§ 339 ff, die selbst bei Unverhältnismäßigkeit nicht unwirksam, sondern allenfalls nach § 343 durch gerichtliches Urteil herabzusetzen ist (vgl auch Rn 204 f). Trotz eines womöglich beachtlichen mittelbaren Drucks zum Abschluß des Hauptvertrags formfrei wirksam ist ferner die Vereinbarung im Maklervertrag, daß der Auftraggeber dem Makler entgegen § 652 Abs 2 seine **tatsächlich entstandenen Aufwendungen** zu ersetzen hat. Dabei sind auch Aufwandpauschalen zulässig, vorausgesetzt, sie orientieren sich am tatsächlichen konkreten Aufwand, beziehen also nicht etwa die anteiligen Generalkosten mit ein (OLG Hamburg AIZ 1976, 10; vgl auch BGHR BGB § 652 Abs 1 Formzwang 5). Die Rechtsprechung begründet das mit dem legitimen Interesse des Maklers daran, sich wenigstens gegen Verluste infolge willkürlicher Umdisposition des Auftraggebers zu schützen. Soweit sich daraus ein Druck auf den Auftraggeber ergibt, soll er jedenfalls **nicht unangemessen** sein (BGH NJW 1971, 557; vgl auch BGH WM 1986, 1438; unklar OLG Frankfurt DB 1986, 1065 f). Wieso die Angemessenheit des Drucks die Warnung und die Beratung, die mit dem Erfordernis der notariellen Beurkundung verbunden sind, entbehrlich macht, ist freilich undurchsichtig. Gemeint ist wohl, daß man dem Makler die Durchsetzung legitimer Anliegen nicht durch eine so prohibitive Formanforderung wie die notarielle Beurkundung verbauen will (vgl auch BGH WM 1987, 471, 473). Und das ändert an sich nichts daran, daß die Entschließungsfreiheit des Auftraggebers im Hinblick auf das Grundstücksgeschäft beeinträchtigt ist, wenn er sich die Aufgabe des Geschäftswillens durch einen uU sehr belastenden Aufwendungsersatz erkaufen muß. Dem Ergebnis ist gleichwohl zuzustimmen: Die analoge Anwendung einer Vorschrift stößt nicht erst an eine Grenze, wo ihr Zweck gegenstandslos ist, sondern bereits dort, wo das von ihr geschützte Interesse mit einem **schutzwürdigen Gegeninteresse** kollidiert, das im unmittelbaren Anwendungsbereich entfällt. Es fehlt insoweit an der für eine Analogie erforderlichen Gleichheit der Interessenlage zwischen gesetzlich geregeltem Sachverhalt und Vergleichssachverhalt. Ein im unmittelbaren Anwendungsbereich des § 313 fehlendes schutzwürdiges Gegeninteresse in diesem Sinne ist auch das Interesse des Maklers am Ersatz von Aufwendungen, die er ausschließlich fremdnützig getätigt hat.

bb) Übrig bleiben die Fälle, in denen der Makler sich bei Nichterreichung des **22** eigentlichen Ziels – des Abschlusses des Hauptvertrags mit der Folge eines Anspruchs auf volle Provision – über den pauschalierten Aufwendungsersatz hinaus ein „**Bemühungsentgelt**" (BGH WM 1986, 1438) zu sichern versucht. Hier handelt es sich im Kern um eine Art „Mehrzweckvertrag": In erster Linie soll der Vertrag Maklervertrag, hilfsweise soll er (Makler-)Dienstvertrag oder (Makler-)Werkvertrag sein. Daß eine derartige Verbindung der vollen Maklerchance mit dem Ausschluß des Maklerrisikos – anders als die Forderung von konkretem Aufwendungsersatz – nicht einem schutzwürdigen Interesse des Maklers entspricht, liegt auf der Hand. Zu Recht hält die Rechtsprechung sie für unvereinbar mit dem gesetzlichen Leitbild des Maklervertrags, so daß sie mittels AGB nicht wirksam vereinbart werden kann (BGH NJW 1967, 1225; DB 1979, 159). Der Reformentwurf unterbindet sie vollständig (vgl BT-Drucks 10/1014, S 4, 8). Soweit sie de lege lata zulässig ist, nämlich als Individualvereinbarung, folgt daraus, daß **ein die analoge Anwendung des § 313 einschränkendes**

Gegeninteresse des Maklers nicht anzuerkennen ist. Ein „Bemühungsentgelt", das hinsichtlich des nachgewiesenen bzw vermittelten Grundstücksgeschäfts die Entschließungsfreiheit des Auftraggebers spürbar beeinträchtigt, unterwirft den Maklervertrag analog § 313 dem Erfordernis der notariellen Beurkundung (BGH NJW 1980, 1622; WM 1986, 1438; WM 1989, 918; OLG Düsseldorf NJW 1983, 181; OLG Hamburg NJW 1983, 1502). Ist dieses Erfordernis nicht beachtet, so ist die Abrede über das „Bemühungsentgelt" nach § 125 unwirksam. Das Schicksal des Maklervertrags im übrigen richtet sich nach § 139; im Normalfall wird der Wille der Beteiligten dahin gehen, den Maklervertrag ohne das Bemühungsentgelt aufrechtzuerhalten (MünchKomm/SCHWERDTNER § 652 Rn 21 aE; vgl auch OLG München NJW 1970, 709, 710 f). Dem Bemühungsentgelt gleichzustellen ist die Reservierungsgebühr, die sich Makler im Rahmen sog Reservierungsvereinbarungen bisweilen für den Fall versprechen lassen, daß der Versprechende von seiner mündlich erklärten Kauf- oder Verkaufsabsicht vor der notariellen Beurkundung des geplanten Grundstückskaufvertrags Abstand nimmt. Denn auch eine solche Reservierungsgebühr verfolgt den Zweck, das Maklerrisiko durch Beschränkung der Entschließungsfreiheit der Hauptvertragspartner zu verringern (BGH NJW 1988, 1716, 1717; vgl auch schon OLG Düsseldorf NJW 1983, 181).

23 Unter welchen Voraussetzungen die **Entschließungsfreiheit** durch das Bemühungsentgelt **spürbar beeinträchtigt** wird, hängt vom Einzelfall ab. BGH NJW 1980, 1622, 1623 nennt eine zulässige Obergrenze von 10−15% der für den Erfolgsfall vorgesehenen Provision neben dem Ersatz der konkreten Aufwendungen, sofern nicht außergewöhnliche Umstände vorliegen. BGH WM 1986, 1438 ergänzt und präzisiert den Gedanken durch den Hinweis, es komme für die Annahme außergewöhnlicher Umstände nicht auf das Ausmaß der nutzlosen Maklerleistung, sondern auf den Zwang für den Maklerkunden an, der uU wegen außerordentlicher guter oder schlechter wirtschaftlicher Verhältnisse höhere Prozentsätze noch nicht oder geringere Prozentsätze schon mehr als „spürt" (kritisch dazu SCHWERDTNER 26 aE). Damit distanziert der BGH sich nicht nur von unterinstanzlicher Rechtsprechung, der zufolge weder das Verhältnis des Bemühungsentgelts zum Wert des Gegenstands noch die wirtschaftliche Lage des Interessenten eine Rolle spielen soll (LG Frankfurt MDR 1979, 1022), sondern stimmt wohl auch nicht mehr ganz mit dem Urteil BGH NJW 1980, 1622 überein, das er fortzusetzen und weiterzuführen vorgibt. In BGH NJW 1980, 1622, 1623 heißt es nämlich, außergewöhnliche Umstände dürften in Fällen, in denen eine Vergütung für den Makler nur wegen einer Nachweistätigkeit geschuldet sein könne, verhältnismäßig selten in Betracht kommen. Diese Bemerkung ergibt wohl nur dann einen Sinn, wenn man entgegen BGH WM 1986, 1438 die außergewöhnlichen Umstände doch wenigstens auch mit dem Ausmaß der nutzlosen Maklerleistung in Zusammenhang bringt. Den Vorzug verdient freilich der Standpunkt von BGH WM 1986, 1438. Das Risiko ergebnisloser Maklerbemühungen wird durch die Chance auf ein in Relation zu den Bemühungen unverhältnismäßig günstiges Entgelt bei Zustandekommen des Hauptvertrags adäquat aufgewogen, so daß ein die analoge Anwendbarkeit des § 313 beschränkendes schutzwürdiges Gegeninteresse des Maklers, von so gravierenden Hindernissen für die Durchsetzung einer hilfsweisen Tätigkeitsvergütung wie dem Erfordernis einer notariellen Beurkundung verschont zu werden, nicht anzuerkennen ist. Die sowohl von BGH NJW 1980, 1622 als auch von BGH WM 1986, 1438 abweichende Entscheidung BGH WM 1976, 31 erklärt sich aus der bis 1973 geltenden Fassung des § 313; sie ist heute überholt (vgl auch BGH NJW 1980, 1622, 1623 aE). Keine Rolle spielt seit 1973 auch, ob das Bemühungsentgelt im Maklervertrag mit einem Verkaufs- oder mit einem Kaufinteressenten vereinbart wird. Beide Male entsteht die Situation, daß der Interessent sich für den Abschluß des Hauptvertrags entscheiden muß, wenn er nicht vergebliche Aufwendungen tätigen will (vgl BGH NJW 1980, 829; WM 1990, 77).

Bindungen des Maklers können die Formnichtigkeit des Maklervertrags auch dann **24** nicht begründen, wenn sie die Entschließungsfreiheit im Hinblick auf das Zustandebringen eines Grundstückskaufvertrags spürbar beeinträchtigen. Das gilt für die schlichte Reservierungsvereinbarung, soweit sie dem Makler das Suchen anderer Interessenten verbietet, schon deshalb, weil die **§§ 313, 125 nur die Selbstbindung der Hauptvertragsparteien**, nicht die des vermittelnden Dritten betreffen. Aber auch in dem Sonderfall, daß die Bindung des Maklers auf den Anbieter des Objekts durchschlägt, weil dieser dem Makler – zB aus qualifiziertem Alleinauftrag (Vorbem 10) – verpflichtet ist, ändert sich an der Unanwendbarkeit der §§ 313, 125 nichts. Denn die Bindung wirkt sich allein als Hindernis für die Veräußerung aus, nicht als Druck zur Veräußerung. Die Verpflichtung, ein Grundstück nicht zu veräußern, fällt aber nicht unter die §§ 313, 125, so daß erst recht die Schaffung eines bloß mittelbaren Hindernisses davon nicht erfaßt sein kann (BGH NJW 1988, 1716, 1717). Ebenfalls nicht für formbedürftig gehalten hat der BGH einen Maklervertrag, in dem der Makler sich verpflichtet hatte, einen Zwischenkredit des Auftraggebers für den Fall zu finanzieren, daß es ihm bis zu einem bestimmten Termin nicht gelinge, einen Verkauf der Eigentumswohnung des Auftraggebers zustande zu bringen. Daß der Makler sich infolge des Vertrags aus wirtschaftlichen Gründen gezwungen sehen könnte, die Eigentumswohnung selbst zu erwerben, reicht nach Ansicht des BGH zur analogen Anwendung des § 313 nicht aus (BGH NJW-RR 1988, 1196).

cc) Die Formnichtigkeit der Vereinbarung eines Bemühungsentgelts für den **25** Immobilienmakler analog §§ 313, 125 kann **analog § 313 S 2 geheilt** werden. Dabei tritt die Heilung nicht – wie es dem Wortlaut des § 313 S 2 entspricht – erst mit Auflassung und Eintragung des Eigentumsübergangs in Vollzug des Hauptvertrags, sondern bereits mit dem wirksamen, insbesondere notariell beurkundeten Abschluß des Hauptvertrags ein (BGH WM 1987, 510; AIZ 1994 H 9 A 112 Bl 3; aA MünchKomm/ Schwerdtner § 652 Rn 20 unter Berufung auf BGH NJW 1981, 2293, wo die Frage indessen nicht entschieden worden, sondern offen geblieben ist). Diese Lösung folgt aus dem Zweck der Formnichtigkeit. Mit der notariellen Beurkundung des Hauptvertrags erfüllt sich die Warn-, Beweis- und Schutzfunktion des § 313; die Beeinträchtigung der Entschließungsfreiheit des Grundstücksveräußerers bzw -erwerbers durch das Versprechen eines Bemühungsentgelts im formlosen Maklervertrag wird dadurch überholt, daß der Interessent sich in der von § 313 beabsichtigten Weise gebunden hat. Zu Recht verweist BGH WM 1987, 510 auf die Parallele zu dem nach §§ 313, 125 formnichtigen Vorvertrag, der nach ständiger Rechtsprechung (RGZ 169, 185, 189; BGHZ 82, 398) ebenfalls durch den formgerechten Abschluß des Hauptvertrags und nicht erst infolge des Übergangs des Grundstückseigentums geheilt wird (vgl dazu kritisch Schwerdtner 25). Bezieht sich der Maklervertrag auf den Vertrieb mehrerer Objekte, so wird er durch den Abschluß des notariellen Kaufvertrags teilweise geheilt. Dies gilt jedenfalls dann, wenn § 139 durch eine salvatorische Klausel abbedungen ist (BGH AIZ 1994 H 9 A 112 Bl 3).

III. Der Gegenstand des Maklervertrags

1. Nachweis- und Vermittlungsmaklervertrag

a) Abgrenzung in Theorie und Praxis

26 § 652 unterscheidet zwischen Maklerverträgen, die auf den Nachweis der Gelegenheit zum Abschluß eines Vertrags, und solchen, die auf die Vermittlung eines Vertrags gerichtet sind. Diese Maklervertragstypen lassen sich nicht etwa in der Weise einander zuordnen, daß der Vermittlungsmaklervertrag im Verhältnis zum Nachweismaklervertrag ein Mehr und umgekehrt der Nachweismaklervertrag im Verhältnis zum Vermittlungsmaklervertrag ein Weniger darstellt (vgl BREIHOLDT AIZ 1983 H 2 S 12 f). Vielmehr betreffen sie **qualitativ verschiedene Sachverhalte**: Aufgrund eines Nachweismaklervertrags verdient der Makler die Provision schon, aber auch nur, wenn er dem Auftraggeber die Kenntnis von der Vertragsgelegenheit verschafft hat, die in den Abschluß des Hauptvertrags gemündet ist. Ist die Vertragsgelegenheit dem Auftraggeber vorher bekannt gewesen, so entfällt der Provisionsanspruch selbst dann, wenn der Makler geltend machen kann, er habe durch Einwirkung auf den anderen Teil den Hauptvertrag zustande gebracht. Umgekehrt verdient der Makler die Provision aufgrund eines Vermittlungsmaklervertrages erst, aber dafür auch stets, wenn der Hauptvertrag infolge seiner Einwirkung auf den anderen Teil zustande kommt. Daß der Auftraggeber die Vertragsgelegenheit vorher gekannt hat, ist unschädlich (vgl BGH MDR 1981, 211; OLG München AIZ 1984 H 6 A 121 Bl 13; MünchKomm/SCHWERDTNER § 652 Rn 56). Ein Vermittlungsmaklervertrag liegt daher zB vor, wenn der von einer Enteignung bedrohte Grundstückseigentümer das Angebot eines Maklers annimmt, der durch Verhandlungen mit dem Bund oder Land statt der Enteignung einen günstigen Ankauf zu erreichen verspricht (OLG Düsseldorf AIZ 1981 H 11 A 120 Bl 1; vgl auch SCHWERDTNER 53, 65 f).

27 Die praktische Bedeutung der Unterscheidung von Nachweis- und Vermittlungsmaklervertrag ist weniger groß, als der theoretische Unterschied erwarten läßt. Dazu trägt vor allem bei, daß sich die gewerblichen Makler die Provision sehr häufig sowohl für das Zustandekommen des Hauptvertrags durch Nachweis als auch für diejenige durch Vermittlung versprechen lassen. Da das Zustandekommen des Hauptvertrags Voraussetzung auch für den Provisionsanspruch des Nachweismaklers ist, muß der Makler sich nämlich ohnehin über den Nachweis hinaus um den Abschluß des Hauptvertrags bemühen. Andererseits ist die Beschränkung des Provisionsanspruchs auf die erfolgreiche Vermittlung nicht angezeigt, weil sie die Auftraggeber dazu provoziert, den Makler nach Bekanntmachung der Vertragsgelegenheit aus den Vertragsverhandlungen auszuschalten und damit die Vermittlung zu verhindern. Diese Interessenlage ist auch zu beachten, soweit das **Vertragsangebot des Maklers seinem Wortlaut nach neutral** ist. Wendet der Makler sich zB mit allgemein gehaltenen Angaben an den Interessenten, die diesem den Kontakt mit dem zukünftigen Partner des Hauptvertrags allein über den Makler ermöglichen, so ist von einem Angebot auf Abschluß eines Nachweismaklervertrags auszugehen. Denn der Interessent kann nicht ernsthaft damit rechnen, daß der Makler ihm trotz der erkennbaren Reserve gegenüber einer vorzeitigen Preisgabe verwertbaren Wissens durch das Angebot von Vermittlungsmaklertätigkeit die Chance eröffnen will, die Provision per Verzicht auf weiteres Tätigwerden des Maklers zu ersparen. Das gilt auch dann, wenn der Makler anschließend nachhaltige Vermittlungsbemühungen

entfaltet hat, hat doch der Nachweismakler nicht weniger als der Vermittlungsmakler ein Interesse daran, daß die Vertragsverhandlungen nicht scheitern (BGH NJW 1967, 1365 f; NJW 1980, 123 f; WERNER JurA 1970, 353, 358). Anders ist selbstverständlich zu entscheiden, wo das Angebot des Maklers sich auf Hauptverträge bezieht, die – wie zB Kreditverträge – eines Nachweises vertragsbereiter Personen nicht bedürfen, sondern die Einschaltung eines Maklers lediglich als Vermittlungsmakler sinnvoll erscheinen lassen (vgl DYCKERHOFF 11). Auch ist denkbar, daß aufgrund **besonderer Umstände** die vom Auftraggeber genutzte Vermittlungstätigkeit des Nachweismaklers eine konkludente Abänderung des Nachweismaklervertrags in einen Vermittlungsmaklervertrag nach sich zieht. Hat der Nachweismakler eine dem Interessenten bekannte Vertragsgelegenheit benannt und nimmt dieser gleichwohl bei den Verhandlungen mit dem Partner die Vermittlung des Maklers in Anspruch, so kann der Makler dies nach Treu und Glauben mit Rücksicht auf die Verkehrssitte (§ 157) als Angebot auf Umwandlung des Maklervertrags in einen Vermittlungsmaklervertrag auffassen und – durch die Vermittlungstätigkeit – annehmen. Der Makler verdient die Provision dann zwar nicht aufgrund des Nachweises, wohl aber aufgrund der Vermittlung, falls es ihm gelingt, dadurch die Abschlußbereitschaft des Partners zu fördern (BGH NJW 1976, 1844; MünchKomm/SCHWERDTNER § 652 Rn 56). Freilich setzt eine derartige Umwandlung des Nachweismaklervertrages in einen Vermittlungsmaklervertrag voraus, daß der Makler um den Ausfall der Nachweisprovision infolge der Vorkenntnis des Auftraggebers weiß. Anderenfalls schuldet der Auftraggeber lediglich Schadensersatz wegen Verletzung seiner (Neben-)Pflicht zur Information des Maklers (vgl dazu ausführlich Rn 178). Wird ein Kaufinteressent, der sich an den Verkäufer wendet, von diesem an einen beauftragten Nachweismakler verwiesen, so kann letzterer nur noch als Vermittlungsmakler tätig sein. Schließt der Makler den Vermittlungsmaklervertrag mit dem Kaufinteressenten, so muß er, um die Provision zu verdienen, auf den bisherigen Auftraggeber mit dem Ziel des Zustandebringens des Kaufvertrags einwirken. Verhandelt er nur mit dem Kaufinteressenten selbst, so entsteht der Provisionsanspruch nicht (OLG Koblenz WuM 1992, 319).

b) **Voraussetzungen und Inhalt der Nachweistätigkeit des Maklers**

aa) Der **Nachweismakler** muß, um den Provisionsanspruch zu begründen, den Auf- **28** traggeber von der Vertragsgelegenheit **in Kenntnis setzen.** Das kann er nur, wenn die Vertragsgelegenheit dem Auftraggeber noch unbekannt ist. Die **Vorkenntnis** des Auftraggebers (vgl auch Rn 105 f) schließt deshalb bereits den Nachweis aus, nicht erst die Kausalität des Nachweises für das Zustandekommen des Hauptvertrags (OLG Frankfurt NJW 1979, 878, 879; OLG Köln NJW 1966, 1412; SOERGEL/MORMANN § 652 Rn 4). Die gegenteilige hM (BGH NJW 1980, 123, 124; OLG Köln AIZ 1991 H 7 A 110 Bl 54; AIZ 1992 H 6 A 110 Bl 58; MünchKomm/SCHWERDTNER § 652 Rn 67) erklärt sich einmal mehr aus ihrer unrichtigen Prämisse, der Makler werde – bedingt durch den Eintritt des vom Auftraggeber erstrebten Erfolgs – für die Besorgung eines fremden Geschäfts entlohnt (Vorbem 4). Auf dieser Basis kann die Vorkenntnis in der Tat nur als Hindernis für die Kausalität zwischen Geschäftsbesorgung und Erfolgseintritt eine Rolle spielen. Denn sie ändert nichts daran, daß der Makler die Nachweistätigkeit für den Auftraggeber entfaltet hat. Wer dagegen den Maklerlohn als Entgelt für den Nutzen des Auftraggebers betrachtet, der durch die Information des Maklers entstanden ist, gelangt zwangsläufig zur Unmöglichkeit des Nachweises im Fall der Vorkenntnis des Auftraggebers, genauso wie man zwangsläufig zur Unmöglichkeit der Eigentumsverschaffung gelangt, wenn der Käufer einer Sache schon Eigentümer ist (vgl zum

Vergleichsfall RGZ 80, 316; 150, 216, 218; STAUDINGER/LÖWISCH § 306 Rn 19). Ob der Auftraggeber die Vorkenntnis von der Vertragsgelegenheit bei der Suche nach dem passenden Objekt oder zu einem Zeitpunkt erworben hat, in dem er noch desinteressiert war, spielt keine Rolle (ebenso BGH NJW-RR 1990, 1269).

29 Der Ansatz (Rn 28) bedingt, daß der Auftraggeber entgegen einer verbreiteten Ansicht den **Einwand der Vorkenntnis** nicht verliert, wenn er trotz ursprünglicher Vorkenntnis den Maklervertrag hinsichtlich des bekannten Objekts abschließt (aA OLG München AIZ 1981 H 6 A 110 Bl 14; MünchKomm/SCHWERDTNER § 652 Rn 68) oder die nachträgliche Vorkenntnis nicht unverzüglich dem Makler mitteilt, sondern dessen Dienste weiter in Anspruch nimmt (aA OLG Hamburg NJW-RR 1987, 175; LG München I AIZ 1990 H 5 A 110 Bl 49; LG Hamburg AIZ 1992 H 5 A 110 Bl 57; LG Lüneburg AIZ 1994 H 8 A 110 Bl 66). Statt dessen wird er analog § 307 bzw aus positiver Forderungsverletzung (Rn 177) in Höhe des Vertrauensinteresses des Maklers **schadensersatzpflichtig** (vgl auch OLG Karlsruhe NJW-RR 1994, 509). Das entspricht der Interessenlage. Der Makler kann billigerweise nicht erwarten, besser gestellt zu werden, als er stehen würde, wenn der Auftraggeber sich korrekt verhalten, dh wenn er wegen der Vorkenntnis auf den Abschluß des Maklervertrages verzichtet bzw unverzüglich auf seine Vorkenntnis hingewiesen hätte. Dann hätte der Makler lediglich die Möglichkeit gehabt, den für das Projekt getätigten Aufwand an Zeit und Geld zu sparen oder auf andere Projekte zu lenken. Das Ergebnis wird dadurch gestützt, daß der BGH nicht nur eine allgemeine Obliegenheit des Auftraggebers zur Mitteilung zwecks Aufrechterhaltung des Vorkenntniseinwands verneint, sondern darüber hinaus sogar die Einführung einer solchen Obliegenheit durch die AGB des Maklers wegen Widerspruchs zum gesetzlichen Leitbild des Maklers (§ 9 Abs 2 AGBG) verwirft (BGH NJW 1976, 2345, 2346; WM 1984, 60, 62; vgl auch OLG Koblenz NJW-RR 1991, 248). Mit dem Ausgangspunkt der hM – der Vorstellung des Maklerlohns als Geschäftsbesorgungsentgelt – ist diese Rechtsprechung freilich nur schwer zu vereinbaren, mutet es doch merkwürdig an, daß der Auftraggeber – und zwar sogar im Falle gegenteiliger AGB – berechtigt sein soll, den Lohn zu verweigern, obwohl er die Gegenleistung im vollen Bewußtsein ihrer subjektiven Wertlosigkeit entgegengenommen hat (folgerichtige Kritik bei MünchKomm/SCHWERDTNER § 652 Rn 68). Auch unter diesem Gesichtspunkt besteht also für den BGH aller Anlaß, das herrschende dogmatische Vorverständnis des Maklervertrages zu korrigieren (Vorbem 4).

30 Da das Fehlen der Vorkenntnis anspruchsbegründende Tatsache ist, ist es grundsätzlich **vom Makler zu beweisen**. Das gilt unabhängig davon, ob man die Vorkenntnis mit der hier vertretenen Ansicht als ein den Nachweis oder mit der hM als ein die Kausalität zwischen Nachweis und Zustandekommen des Hauptvertrages ausschließendes Moment einordnet (aA OLG Nürnberg AIZ 1994 H 1 A 110 Bl 62). Doch kommen dem Makler die Grundsätze über den **Anscheinsbeweis** zur Hilfe. Wenn er darlegt und im Bestreitensfall beweist, daß der Auftraggeber in engem sachlichen und zeitlichen Zusammenhang mit dem Eingang seines Objektangebots den dementsprechenden Hauptvertrag abgeschlossen hat, spricht die Lebenserfahrung für die Annahme, daß dem Auftraggeber die Kenntnis von der Vertragsgelegenheit durch den Makler verschafft worden ist. Es ist dann Sache des Auftraggebers darzulegen und notfalls zu beweisen, daß ihm das Objekt schon vorher bekannt gewesen ist, und dadurch den ersten Anschein fehlender Vorkenntnis der Vertragsgelegenheit zu zerstören.

Gelingt ihm das, so hat der Makler wieder die volle Beweislast dafür, daß die Kenntnis des Objekts konkret noch nicht mit der Kenntnis der Vertragsgelegenheit identisch gewesen, sondern dazu erst durch ergänzende Informationen des Maklers über noch unbekannte Einzelheiten einschließlich der Lieferung wesentlicher Unterlagen geworden ist (unrichtige Gleichsetzung von Kenntnis des Objekts und Kenntnis der Vertragsgelegenheit in OLG München AIZ 1989 H 7 A 110 Bl 44; ausdrücklich gegen diese Gleichsetzung BGH NJW-RR 1990, 1008; 1991, 950). In der Sache entspricht das der Rechtsprechung, die wegen ihrer Einordnung der Vorkenntnis als Kausalitätsproblem allerdings in der Terminologie abweicht (vgl BGH NJW 1971, 1133, 1134 f; 1976, 2345, 2346; 1979, 869; LG Kiel AIZ 1989 H 10 A 110 Bl 45). Im Schrifttum wird zT statt der Beweiserleichterung nach den Regeln über den Anscheinsbeweis eine echte Umkehr der Beweislast angenommen, die sich daraus legitimieren soll, daß die Vorkenntnis regelmäßig nur durch Vorgänge in der Sphäre des Auftraggebers bewiesen werden kann, die dem Makler verschlossen ist (KNIEPER NJW 1970, 1293, 1296). Aber das setzt eine richterliche Rechtsfortbildung voraus, für die angesichts hinreichender praktischer Leistungsfähigkeit der Lehre vom Anscheinsbeweis das praktische Bedürfnis fehlt (vgl auch Rn 121).

Soweit der Auftraggeber eine **juristische Person** oder eine **Personengesellschaft** ist, **31** wird ihre Vorkenntnis nach allgemeinen Grundsätzen durch die Vorkenntnis auch nur eines Vorstandsmitglieds bzw vertretungsberechtigten Gesellschafters vermittelt (vgl MünchKomm/REUTER § 28 Rn 5 f). Allerdings erfordert der Zweck des Erfordernisses fehlender Vorkenntnis eine Einschränkung. Entscheidend ist, ob die Information des Maklers für die juristische Person oder Personengesellschaft nutzlos ist oder nicht (ebenso DEHNER/ZOPFS Rn 24). Deshalb ist anders als nach allgemeinen Grundsätzen (BGH WM 1959, 81, 84; NJW 1990, 975 f) die Kenntnis eines bereits ausgeschiedenen Vorstandsmitglieds oder Gesellschaftergeschäftsführers unerheblich. Ebenso irrelevant ist eine Vorkenntnis, die nicht mehr ohne weiteres verfügbar ist, weil sie in Vergessenheit geraten und nicht in der notwendigen Form aktenkundig gemacht worden ist. Juristische Personen und Personengesellschaften haben also zur erfolgreichen Abwehr des Provisionsanspruchs nicht nur die Vorkenntnis als solche, sondern auch ihre Verwertbarkeit im Zeitpunkt der Information des Maklers darzulegen und notfalls zu beweisen. Ähnlich ist die Frage zu beantworten, ob der (natürliche) Auftraggeber sich auf die Vorkenntnis seines **Ehepartners** berufen kann. Das OLG Stuttgart hat das in einem Fall verneint, in dem ein Ehepaar ein Familienheim erworben hatte, mit dessen Eigentümer der Ehemann schon unabhängig vom Maklernachweis in Kontakt stand, das aber erst nach der in Unkenntnis dieses Kontakts erfolgten und vom Makler vermittelten Besichtigung durch die Ehefrau zur ersten Wahl geworden war. Die Begründung des OLG stützt sich im Einklang mit der hM (Rn 28) darauf, daß der Nachweis des Maklers trotz der Vorkenntnis des Ehemanns für den Erwerb ursächlich geworden sei (OLG Stuttgart AIZ 1990 H 8 A 110 Bl 50). Hätte das OLG, wie es der hier vertretenen Ansicht entspricht, darauf abgestellt, ob der Nachweis angesichts der Vorkenntnis des Ehemanns für die Auftraggeberin noch von Nutzen gewesen ist oder nicht, so hätte es die Berufung auf die Vorkenntnis wohl zulassen müssen. Dem Interesse des Maklers am Ausgleich für etwa nutzlose Aufwendungen genügt der Anspruch aus positiver Forderungsverletzung. Der Auftraggeber hat die Pflicht, Vorkenntnis unverzüglich mitzuteilen (Rn 29). Soweit er andere Personen an der Suche nach geeigneten Objekten beteiligt, gehört dazu auch, daß er sich über den Stand der von diesen entfalteten Bemühungen auf dem Laufenden hält.

32 bb) **Der ordnungsgemäße Nachweis muß so beschaffen sein, daß der Auftraggeber in die Lage versetzt wird,** in konkrete Verhandlungen über den von ihm angestrebten Hauptvertrag **einzutreten** (BGH WM 1984, 560; WM 1987, 23, 24; OLG Koblenz WuM 1992, 319, 320; OLG München NJW-RR 1993, 1272). Nachzuweisen ist nicht ein Objekt, sondern eine Vertragsgelegenheit (BGH NJW-RR 1990, 1008; 1991, 950). Der Immobilienmakler muß daher seinem am Kauf interessierten Auftraggeber im allgemeinen nicht nur das konkrete Grundstück, sondern auch **den Namen und die Anschrift** des möglichen Verkäufers zur Kenntnis bringen (BGH WM 1984, 560; WM 1987, 23 f; NJW-RR 1988, 1398; OLG Düsseldorf AIZ 1986 H 1 A 121 Bl 22; LG München I AIZ 1984 H 6 A 120 Bl 5; MünchKomm/ Schwerdtner § 652 Rn 63). Lediglich wenn sich der mögliche Verkäufer gleichsam aus der Grundstücksangabe ergibt, soll die (ausdrückliche) Benennung des möglichen Partners entbehrlich sein (vgl auch OLG Braunschweig AIZ 1994 H 1 A 110 Bl 63; LG Mönchengladbach AIZ 1989 H 4 A 110 Bl 42). Nach Ansicht des BGH fehlt es bereits an einem ordnungsgemäßen Nachweis, wenn der Auftraggeber sich den Namen und die Anschrift des möglichen Partners noch durch Einsicht des Grundbuchs oder Anfrage beim Einwohnermeldeamt besorgen muß (BGH WM 1987, 23, 24 aE; ebenso OLG Düsseldorf AIZ 1986 H 1 A 121 Bl 22; **aA** OLG Bamberg AIZ 1986 H 1 A 110 Bl 30; OLG Hamm AIZ 1988 H 1 A 110 Bl 37). Solche Anforderung mag auf den ersten Blick übertrieben erscheinen (so wohl Schwerdtner 60), rechtfertigt sich aber, wenn man berücksichtigt, daß der Auftraggeber zB im Hinblick auf Nachweise anderer Makler nicht nur an der Möglichkeit der Kontaktaufnahme mit dem zukünftigen Partner, sondern auch an der unmittelbaren Erkennbarkeit der etwaigen Identität der von verschiedenen Seiten eingegangenen Nachweise interessiert ist. Zutreffend hat das OLG Frankfurt mit dieser Begründung einen ausreichenden Nachweis auch für den Fall verneint, daß der Makler statt der Eigentümerin des Grundstücks deren Mutter benannt (und dadurch die Inanspruchnahme eines zweiten Maklers veranlaßt) hat (WM 1986, 432). In der Konsequenz des Gedankens liegt es, einen Nachweis auch dann als unzureichend zu erachten, wenn statt des Eigentümers (nur) ein Bevollmächtigter benannt wird (offen gelassen von OLG Frankfurt WM 1986, 432; **aA** Schwerdtner 58). Denn das Fehlen oder Vorhandensein der Vollmacht des Nichteigentümers verändert nicht das Interesse des Auftraggebers daran, Nachweise über das gleiche Objekt identifizieren zu können, ohne dafür ein überdurchschnittliches Maß an Aufmerksamkeit aufwenden zu müssen. Ein schutzwürdiges Interesse des Maklers an weniger strengen Anforderungen ist nicht ersichtlich. Insbesondere folgt ein solches Interesse nicht daraus, daß der Makler „Alleingänge" des Auftraggebers bei den Verhandlungen mit dem nachgewiesenen Interessenten im Interesse der Sicherung seines Provisionsanspruchs verhindern möchte, indem er den Auftraggeber durch zurückhaltende Informationen von sich abhängig macht. Der richtige Weg ist insoweit die Vereinbarung einer Hinzuziehungspflicht des Auftraggebers (vgl auch OLG Düsseldorf AIZ 1986 H 1 A 121 Bl 22), deren Wirksamkeit allerdings die Individualabsprache verlangt (vgl Rn 197 f). Zu Recht hat der BGH (WM 1987, 23, 24) einem Makler den Provisionsanspruch versagt, der Name und Anschrift des Verkäufers zurückgehalten hatte, so daß sich der Auftraggeber die entsprechende Information über einen anderen Makler besorgte. Wird der Verkäufer benannt, so muß es sich nicht unbedingt um den Eigentümer oder wenigstens einen Verfügungsberechtigten handeln (**aA** KG OLGZ 1985, 367, 369). Es genügt, wenn die als Verkäufer benannte Person das Objekt zwar noch erwerben muß, jedoch dazu und zur Weiterveräußerung bereit ist (BGH AIZ 1991 H 2 A 103 Bl 50). Umgekehrt reicht der Nachweis des Eigentümers nur dann, wenn dieser **im Nachweiszeitpunkt** vertragsbereit ist. Kommt der Hauptvertrag aufgrund einer erst später entstandenen Vertragsbereitschaft zustande, so hat der Makler mangels ordnungsgemäßen Nachweises keinen Provisionsanspruch (BGH NJW-RR 1992, 687 f).

Der Makler kann sich mit einem weniger umfassenden und genauen Nachweis **33** begnügen, soweit **das Interesse des Auftraggebers** dadurch für ihn **erkennbar voll befriedigt** wird. Wer sich um die Gelegenheit zum Ankauf von Holz bemüht, ist mit dem Hinweis auf ein Gut, zu dem ein käuflicher Waldbestand gehört, voll bedient, weil er dort den Gutsherrn und den Verwalter antrifft, den er zwecks Verhandlung über den Abschluß des Hauptvertrags ohnehin aufsuchen muß (RG LZ 1925, 260; BGH WM 1987, 23, 24; OLG Hamm AIZ 1989 H 1 A 110 Bl 41). Sogar die Benennung des Objekts ohne Angabe des Eigentümers kann ausreichen, nämlich dann, wenn der Auftraggeber erklärt, sich dieses erst einmal ansehen zu wollen, und danach am Makler vorbei mit dem selbst ermittelten Eigentümer verhandelt und abschließt (BGH WM 1984, 560; 1987, 511). Unter solchen Umständen gibt der Auftraggeber zwar nicht – wie SCHWERDTNER (MünchKomm/ SCHWERDTNER § 652 Rn 63) meint – zu erkennen, daß er bereits die Teilleistung für provisionspflichtig ansieht (?!). Wohl aber hat er die Ungenauigkeit des (für den Abschluß des Hauptvertrags kausalen!) Nachweises selbst zu verantworten, so daß er sich nach dem **Rechtsgedanken des § 324** deswegen nicht der Provisionszahlungspflicht entziehen darf. Deshalb entfällt die Provisionszahlungspflicht, wenn der Auftraggeber zwar zunächst auf den Namen des Eigentümers keinen Wert legt, dann aber vergeblich beim Makler nachfragt, so daß er zu unabhängigen Ermittlungsmaßnahmen (konkret: zur Einschaltung eines anderen Maklers) gezwungen ist (OLG Hamm AIZ 1992 H 4 A 103 Bl 55). Die frühere Rechtsprechung der Oberlandesgerichte hat darüber hinaus für den Immobiliensektor angenommen, der Kaufinteressent brauche die Information über Name und Anschrift des möglichen Vertragspartners nicht, weil er diesen im Gegensatz zum Mietinteressenten (OLG Frankfurt MDR 1976, 664 f) aus dem Grundbuch entnehmen könne, das er normalerweise ohnehin einsehe (OLG Hamm BB 1974, 202). BGH WM 1987, 23 hat diese Sichtweise überholt (vgl Rn 32). Überholt ist damit auch die Ansicht, für den Nachweis einer Kaufgelegenheit hinsichtlich des Grundstücks einer Erbengemeinschaft genüge die Angabe eines Miterben (so OLG Hamm BB 1974, 202; zustimmend MünchKomm/SCHWERDTNER § 652 Rn 65). Eine Ausnahme, dh eine Rückkehr zur früheren Rechtsprechung der Oberlandesgerichte, mag vertretbar sein, soweit der Makler – zB weil ein Alleinauftrag vorliegt – mit Identifizierungsproblemen des Kaufinteressenten infolge des Nachweises identischer Vertragsgelegenheiten unter verschiedenen Namen nicht zu rechnen braucht.

cc) Der Nachweis ermöglicht dem Auftraggeber die Aufnahme von Verhandlun- **34** gen über den von ihm angestrebten Hauptvertrag trotz genauer Angabe des potentiellen Vertragspartners und Vertragsgegenstandes nicht in der von § 652 geforderten Weise, wenn er nicht zugleich den **Nachweis der Vertragsbereitschaft** der benannten Person umfaßt. Es darf nicht dem Auftraggeber noch obliegen, sich zu erkundigen, ob die benannte Person überhaupt für ihn als Vertragspartner in Betracht kommt (WERNER JurA 1970, 353, 358). Zum ordnungsgemäßen Nachweis gehört daher zB beim Nachweis bzw der Vermittlung eines Verkaufspartners auch die Angabe des von diesem geforderten Kaufpreises (ERMAN/WERNER § 652 Rn 12). Der BGH leitet aus der

Notwendigkeit des Nachweises von **Vertragsbereitschaft** auch ab, daß der Nachweis der Möglichkeit des Erwerbs eines bestimmten Objekts in der **Zwangsversteigerung** kein ordnungsgemäßer Nachweis im Sinne des § 652 ist (NJW 1990, 2744, 2745; zustimmend SCHWERDTNER JZ 1991, 310, 312). Es soll sogar ausgeschlossen sein, im Wege einer AGB-Regelung den Erwerb in der Zwangsversteigerung dem Erwerb durch Vertrag gleichzustellen (BGH NJW 1992, 2568 f; WM 1993, 799, 800). Diese Rechtsprechung überzeugt nicht (vgl auch SCHWARZ NJW 1993, 306). Bei der gebotenen teleologischen Betrachtung kann es entgegen der Ansicht des BGH (NJW 1990, 2744 f) nicht darauf ankommen, ob sich der Erwerb in der Zwangsversteigerung dogmatisch durch Vertrag vollzieht. Entscheidend ist vielmehr, daß der Auftraggeber vom Makler die Information über eine Gelegenheit zum (entgeltlichen) Erwerb erhält; gerade die allgemeine Verkehrsauffassung, auf die der BGH sich beruft, unterscheidet nicht nach dogmatischen, sondern nach wirtschaftlichen Kriterien (vgl auch OLG Köln NJW-RR 1989, 247, 249). Sinnvoll kann sich nur die Frage stellen, ob der Erwerb im Wege der Zwangsversteigerung dem normalen aufgrund Vertrags wirtschaftlich gleichzustellen ist (vgl Rn 68). Die unterinstanzliche Rechtsprechung folgt dem BGH unter diesen Umständen nicht ohne Grund nur sehr zögernd. OLG Hamburg NJW-RR 1993, 125 zB will eine formularvertragliche Vereinbarung von Provision für den Nachweis von Zwangsversteigerungsobjekten dadurch retten, daß es den Vertrag über einen solchen Nachweis dem Leitbild des Maklervertrags entzieht. Auch nach Ansicht des BGH ist der Nachweis von Vertragsbereitschaft geliefert, wenn die Gelegenheit zu einer Vereinbarung über die Höhe und nähere Ausgestaltung des Geldabfindungsanspruchs im Rahmen eines Flurbereinigungsverfahrens nachgewiesen wird. Ausdrücklich lehnt der BGH es ab, diese Vereinbarung wegen der öffentlich-rechtlichen Natur des Flurbereinigungsverfahrens der Vereinbarung über die Provisionspflicht des Nachweises der Gelegenheit zum Erwerb im Rahmen des Zwangsversteigerungsverfahrens gleichzustellen (BGH WM 1993, 302, 303).

35 Nicht ausreichend ist in jedem Fall die **Verschaffung einer Ermittlungsmöglichkeit**, wie sie darin zu sehen ist, daß ein Makler dem Verkaufsinteressenten eine Namensliste von ca. 500 Personen übersendet, die der Auftraggeber anschreiben muß, um zu ermitteln, ob sich darunter jemand befindet, der sich konkret für sein Objekt interessiert. Wird der Auftraggeber auf diese Weise „fündig", so schuldet er im Fall des Zustandekommens des Hauptvertrags die Provision nicht (OLG München BB 1973, 1551). Sehr problematisch ist auch die Praxis von Wohnungsmaklern, ihren sämtlichen Auftraggebern einheitliche Listen mit Vermietungsinteressenten auszuhändigen. Damit bleibt es nämlich dem einzelnen Auftraggeber überlassen zu erkunden, welche der Wohnungen noch frei sind, kaum anders, als wenn er den Anzeigenteil der Tageszeitung zu Rate zieht. Zwar unterscheidet sich diese Fallgestaltung von der in OLG München BB 1973, 1551 insofern, als der Wohnungsmakler von vornherein nicht den Nachweis einer Vertragsgelegenheit, sondern die bloße Verschaffung einer Ermittlungsmöglichkeit anbietet. Doch kann nach § 2 Abs 1 WoVermittG eine Maklergebühr zwingend (arg e § 2 Abs 5 WoVermittG) nur entweder für die Vermittlung oder für den Nachweis der Gelegenheit zum Abschluß von Mietverträgen verlangt werden. Damit die Grenze vom Nachweis der Vertragsgelegenheit zur zwingend provisionsfreien Verschaffung der Ermittlungsmöglichkeit nicht überschritten wird, darf die Chance des einzelnen Auftraggebers, einen vertragsbereiten Vermieter anzutreffen, sicher nicht schlechter als 1:5 sein. Ähnliches gilt, wenn der Makler einen Vermietungsinteressenten nachweist, der über eine Vielzahl von Objekten ver-

fügt. Auch insoweit muß der Nachweis grundsätzlich die Angabe eines oder mehrerer Objekte umfassen. Er darf es nicht dem Auftraggeber überlassen, sich aus dem Riesenangebot einer Versicherungsgesellschaft uä die passende Wohnung herauszusuchen (vgl LG Wiesbaden AIZ 1964, 95; vgl aber auch Rn 113).

dd) Kein Nachweis im Sinne des § 652 ist der sog **indirekte Nachweis**, dh der Nachweis von Personen, die ihrerseits die Vertragsgelegenheit nachweisen (BGH AIZ 1994 H 9 A 112 Bl 3). Das gilt unabhängig davon, ob sich diese Personen selbst als Makler oder in anderer Eigenschaft als (entgeltliche oder unentgeltliche) Mittler betätigen (LG München AIZ 1962, 109; LG Wiesbaden AIZ 1964, 95). Nicht ein indirekter, sondern ein provisionspflichtiger direkter Nachweis ist anzunehmen, wenn der Makler einem Kaufinteressenten eine Vertragsgelegenheit nachgewiesen hat, die dieser wegen eines von der Verkäuferseite erteilten Alleinauftrags nur über den Abschluß eines weiteren Maklervertrags (mit dem schon auf der Verkäuferseite tätigen Makler) nutzen kann. Denn die Notwendigkeit der Inanspruchnahme eines anderen Maklers für die Vermittlung des Hauptvertrags ändert nichts daran, daß der Nachweis des Objekts und des (abstrakt) vertragsbereiten Verkäufers vom ersten Makler stammt (BGH NJW 1977, 41, 42). Nach Ansicht des BGH soll freilich etwas anderes gelten, wenn der Makler (bewußt oder unbewußt) fälschlich den Eindruck erweckt, der Auftraggeber könne mit dem Verkäufer ohne Einschaltung eines weiteren Maklers zu einer Einigung gelangen. Der Nachweis soll dann **ungeeignet** gewesen sein, das Zustandekommen des Hauptvertrags herbeizuführen (BGH NJW 1977, 41, 42). Die Bedenken dagegen liegen auf der Hand: Die Diskrepanz zwischen dem Nachweis der Vertragsgelegenheit als nicht maklerpflichtig und ihrer Inanspruchnahme als maklerpflichtig hat schwerlich zur Folge, daß ein fördernder Einfluß des Nachweises auf das Zustandekommen des Hauptvertrags verneint werden müßte. Die Verteuerung, die sich aus der Maklerpflichtigkeit ergibt, kann höchstens das Fehlen der wirtschaftlichen Gleichwertigkeit zwischen dem lt Maklervertrag beabsichtigten und dem zustande gekommenen Hauptvertrag (vgl dazu Rn 66 ff) bewirken. Das aber hängt nicht von der Divergenz zwischen „Anspruch und Wirklichkeit" des Nachweises, sondern vom Inhalt des Maklervertrags ab. Allenfalls mag man den Provisionsanspruch analog § 654 versagen (vgl kritisch § 654 Rn 8 ff), falls der Makler das Interesse des Auftraggebers für das nachgewiesene Objekt durch eine bewußte Täuschung über die Maklerpflichtigkeit weckt und aufrechterhält (aA Schwerdtner 58 f).   **36**

ee) Streitig ist, ob der **Nachweis** dem Auftraggeber vom Makler **mitgeteilt** werden muß, **um wirksam zu werden**. Die hM bejaht das, so daß es für den ordnungsgemäßen Nachweis nicht genügt, wenn der Makler dem Auftraggeber einen Interessenten zuführt, der sich nicht gleichsam als Mitteilungsbote als vom Makler geworben zu erkennen gibt. Die Begründung lautet, der Auftraggeber brauche die Kenntnis, um die Maklerprovision bei den Verhandlungen mit dem Interessenten kalkulieren zu können (RG JW 1937, 222; BGH AIZ 1961, 108). Die im Vordringen befindliche Gegenansicht (Knütel ZHR Bd 135 (1971) 527; MünchKomm/Schwerdtner § 652 Rn 170) plädiert demgegenüber für die Aufgabe des „ungeschriebenen" Tatbestandsmerkmals Kenntnis des Auftraggebers von der Nachweis- (oder Vermittlungs-)tätigkeit des Maklers (so Knütel ZHR Bd 135 (1971) 527, 533 f). Für die hM spricht, daß jede Leistung, um einem Rechtsverhältnis zugeordnet werden zu können, einer **Zweckbestimmung** des Leistenden bedarf, die in der Regel gegenüber dem Partner des Rechtsverhältnisses erfolgen muß, damit dieser sich auf die Leistung einstellen kann (vgl dazu   **37**

ausführlich REUTER/MARTINEK, Ungerechtfertigte Bereicherung 98 ff mit Nachweisen). Insoweit knüpft die hM also an die allgemeine Zivilrechtsdogmatik an; ihre Begründung ist in der Sache die Rechtfertigung dafür, daß im Zweifel die Empfangsbedürftigkeit der Zweckbestimmung nicht als abbedungen angesehen werden kann. Im Ergebnis dürfte heute der Ansicht des OLG München NJW 1968, 894 zuzustimmen sein, das je nach Interessenlage das Erfordernis der Mitteilung (= der Zugangsbedürftigkeit der Zweckbestimmung) bejahen oder verneinen will: Beim Nachweis soll die Mitteilung erforderlich, bei der Vermittlung soll sie entbehrlich sein (vgl auch Rn 107, 120).

c)   Inhalt und Grenzen der Vermittlungstätigkeit des Maklers

38 Der **Vermittlungsmakler** muß, um die Provision zu verdienen, auf den zukünftigen Hauptvertragspartner seines Auftraggebers mit dem Ziel der Herbeiführung des Hauptvertrags **einwirken** (BGH MDR 1968, 405; NJW 1976, 1844; WM 1985, 1232). Die Unterstützung des Auftraggebers ohne Beteiligung an den Verhandlungen reicht nicht aus (BGH BB 1967, 649; MDR 1968, 405; OLG Nürnberg VersR 1960, 977; OLG Stuttgart NJW 1973, 1975 f). Der Vermittlungsmakler kann sich deshalb nicht damit begnügen, den Auftraggeber selbst zur Besichtigung des zukünftigen Vertragsobjekts und zur Verhandlung mit dem Inhaber zu schicken (OLG Frankfurt AIZ 1982 H 1 A 106 Bl 1). Erst recht reicht es nicht aus, daß der Makler dem Auftraggeber den bevorstehenden Telefonanruf des Interessenten avisiert (BGH NJW-RR 1989, 1071). Mißverständlich ist es, wenn gefordert wird, der Vermittlungsmakler müsse mit **beiden Seiten**, also auch mit dem Auftraggeber verhandeln (BGH MDR 1968, 405; SCHWERDTNER 54). Denn das notwendige Verhandeln mit dem Auftraggeber liegt bereits in der Vereinbarung und im Abschluß des Maklervertrags. Einer zusätzlichen Verhandlung zwischen Makler und Auftraggeber bedarf es nicht (BGH WM 1974, 257; OLG Düsseldorf AIZ 1981 H 11 A 120 Bl 1; OLG Koblenz WuM 1992, 319, 320). Die Vermittlungstätigkeit ist nicht höchstpersönlich; die Vermutung des § 613 ist mangels Vergleichbarkeit der Interessenlage des Vermittlungsmaklervertrags (Erfolgsabhängigkeit der Entgeltpflicht) mit der des Dienstvertrags (keine Erfolgsabhängigkeit der Entgeltpflicht) nicht anwendbar. Der Vermittlungsmakler kann sich daher bei der Einwirkung auf den zukünftigen Hauptvertragspartner seines Auftraggebers eines Dritten bedienen (OLG Nürnberg BB 1960, 112).

39 Die Vermittlung setzt voraus, daß der zukünftige **Hauptvertragspartner nicht von vornherein bereit** ist, mit dem Auftraggeber zu dessen Bedingungen abzuschließen. Wie der Nachweis entfällt, wenn wegen der Vorkenntnis des Auftraggebers nichts nachzuweisen ist (Rn 28), so entfällt die Vermittlung, wenn es wegen fehlender Divergenz zwischen den zukünftigen Hauptvertragspartnern nichts zu vermitteln gibt. Und wie die Vorkenntnis des Auftraggebers den Provisionsanspruch des Nachweismaklers ausschließt, so schließt das Einigsein der zukünftigen Hauptvertragspartner den Provisionsanspruch des Vermittlungsmaklers aus. Das verbliebene Zusammenführen der Hauptvertragsparteien erfüllt nicht die Voraussetzungen der Vermittlung (aA die hL; vgl BURGHART AcP Bd 140 (1935) 81, 82; SCHWERDTNER 54). Wohl wird der Maklervertrag in der Regel ergänzend so auszulegen sein, daß die Provision in einem solchen Fall auch schon für den im Zusammenführen der Hauptvertragsparteien liegenden **Nachweis** der Vertragsgelegenheit geschuldet sein soll. Denn im Zweifel werden Makler und Auftraggeber den Vermittlungsmaklervertrag nicht deshalb geschlossen haben, weil ihnen der Nachweis die Provision noch nicht wert zu sein schien, sondern weil sie für das Zustandekommen des Hauptvertrags die Vermittlung neben dem Nachweis für erforderlich hielten, wird doch durch die Provision nicht der Aufwand des Maklers, sondern der Wert der Vertragsgelegenheit für den Auftraggeber entgolten (Vorbem 2, 3), der sich infolge der überraschenden Konzilianz des zukünftigen Hauptvertragspartners nicht mindert. Ist allerdings auch der Nachweis wegen Vorkenntnis des Auftraggebers nicht möglich (Rn 28), so entfällt der Provisionsanspruch zu Recht. Das „Zusammenführen" ist dann nämlich zumindest für den Auftraggeber nichts wert, wenn nicht sogar bereits begrifflich zu verneinen. Insoweit verwirklicht sich genuines Maklerrisiko.

Der Vermittlungsmakler erhält die Provision grundsätzlich nicht, wenn der Auftrag- **40** geber das gewünschte Grundstück (statt – wie beabsichtigt – durch Kauf) in der **Zwangsversteigerung** erwirbt. Die Gelegenheit zum Erwerb in der Zwangsversteigerung kann zwar nachgewiesen (BGH WM 1969, 884; NJW 1983, 1849; OLG Frankfurt WM 1986, 1006; aA BGH NJW 1990, 2744 f; vgl Rn 34), nicht aber vermittelt werden (BGH NJW 1990, 2744, 2745; OLG Köln NJW-RR 1989, 247, 248; SCHWERDTNER 56). Die Rechtsprechung nimmt jedoch an, der Vermittlungsmakler könne durch eine sog Gleichstellungsabrede im Maklervertrag vereinbaren, daß er die provisionspflichtige Leistung bei Unmöglichkeit der Vermittlung durch Unterstützung mit Rat und Tat erbringen kann (OLG Düsseldorf JR 1968, 25 mit insoweit zustimmender Anm WIEDEMANN). Daran ist sicher richtig, daß der Makler sich gegen Entgelt zur Unterstützung im Zwangsversteigerungstermin verpflichten kann. Wer als Gegenstand der Maklerleistung den Wert des nachgewiesenen oder vermittelten Hauptvertrags für den Auftraggeber ansieht (Vorbem 2), kann dagegen einer echten Gleichstellungsabrede nur mit erheblichen Vorbehalten begegnen. Denn dadurch tritt an die Stelle des Wertes des Hauptvertrags für den Auftraggeber eine normale Dienstleistung, für die man selbst unter Berücksichtigung des Mißerfolgsrisikos schwerlich Provisionen in der für den Immobilienverkehr typischen Höhe von Maklerprovisionen vertreten kann. Mit Sicherheit kann so etwas nicht in AGB vereinbart werden (§ 9 AGBG). Ob eine entsprechende Individualabrede wirksam ist (§ 138 Abs 1), hängt von den Verhältnissen des Einzelfalls ab. UU bleibt die Umdeutung (§ 140) in einen Nachweismaklervertrag, die aber im Fall der – gerade beim Erwerb im Wege der Zwangsversteigerung typischen – Vorkenntnis versagt (vgl Rn 28, 34).

Ist der Vermittlungsauftrag des Maklers auf einen bestimmten Erfolg bezogen, so **41** begründet **nur die Herbeiführung dieses Erfolgs** den Provisionsanspruch. Ein Makler, der vom Verkäufer eingeschaltet worden ist, um einen bestimmten Kaufpreis herauszuholen, hat die Provision nicht verdient, wenn der Kaufvertrag zu einem niedrigeren Kaufpreis zustande kommt (BGH AIZ 1960, 13; MORMANN WM 1968, 954, 959 f). Weist ein Makler unaufgefordert eine Vertragsgelegenheit nach, die der Kaufinteressent wegen zu hohen Kaufpreises unter Hinweis auf sein Interesse an einem Vertragsschluß zu einem niedrigeren Kaufpreis ablehnt, so ist darin die Ablehnung eines Angebots auf Abschluß eines Nachweismaklervertrags, verbunden mit einem Angebot auf Abschluß eines Vermittlungsmaklervertrags (mit dem Auftrag, eine Herabsetzung des Kaufpreises zu erwirken), zu sehen (BGH WM 1985, 1232 = AIZ 1986 H 5 A 103 Bl 24). Entgegen der Ansicht des RDM-Fachausschusses für Rechts- und Wettbewerbsfragen (Anm zu BGH AIZ 1986 H 5 A 103 Bl 24) entspricht es nicht der Interessenlage, in einem solchen Fall von der Annahme des Angebots auf Abschluß eines Nachweismaklervertrags mit dem zusätzlichen Wunsch einer Vermittlungstätigkeit des Maklers auszugehen. Da der Interessent den unverlangten Nachweis nutzen kann, ohne das Angebot auf Abschluß des Maklervertrags anzunehmen (vgl Rn 13), erschöpft sich sein Interesse in demjenigen an der Vermittlungstätigkeit des Maklers zum Zweck der Herabsetzung des Kaufpreises.

2. Besondere Maklerverträge

42 a) Aus Gründen des **Verbraucherschutzes** haben Maklerverträge zur Wohnungs-vermittlung, Kreditvermittlung und neuerdings (wieder) Arbeitsvermittlung die besondere Aufmerksamkeit des modernen Gesetzgebers auf sich gezogen. Ein historischer Vorläufer dieser Tendenz findet sich in § 655, der für die private Arbeitsvermittlung zum Schutz der Arbeitsuchenden eine gerichtliche Preiskontrolle vorsieht. Leitidee ist jeweils das Bestreben, traditionelle oder auch neu entdeckte Abhängigkeiten der Interessenten von wichtigen Gütern (Arbeitsplatz, Wohnung, Geld) durch mehr oder weniger „geordnete" Vermittlungsmärkte zu mildern. Aus diesem Schema bricht de lege lata die Ehevermittlung aus, die ihre Sonderregelung in § 656 vor allem ethischen Vorbehalten des historischen Gesetzgebers verdankt (vgl GILLES JZ 1972, 377, 378). Die (z Zt freilich nicht aktuelle) lex ferenda will freilich auch insoweit den Verbraucherschutzgedanken in den Vordergrund rücken. Der Reformentwurf zB versucht, den ethischen Vorbehalt durch Vorschriften zu ersetzen, die das „Geschäft mit der Einsamkeit" wie das mit der materiellen Not in „geordnete Bahnen" lenken (BT-Drucks 10/1014, S 1).

43 b) Im Mittelpunkt des **WoVermittG** steht die zwingende Erfolgsabhängigkeit des Provisionsanspruchs (§ 2 Abs 1, 5), die ergänzt ist durch Vorschriften über den Ausschluß des Provisionsanspruchs für die Fortsetzung des ausgelaufenen Mietvertrags (§ 2 Abs 2 Nr 1), bei Identität zwischen Makler und Eigentümer, Verwalter, Mieter oder Vermieter der vermittelten Wohnung (§ 2 Abs 2 Nr 2), bei wirtschaftlicher Verflechtung zwischen Makler und Eigentümer, Verwalter oder Vermieter (§ 2 Abs 2 Nr 3) und schließlich bei öffentlich geförderten Wohnungen (§ 2 Abs 3; vgl dazu AG Meppen AIZ 1992 H 8 A 121 Bl 47) und auch die Vereinbarung eines erfolgsunabhängigen Entgelts für mindere Tätigkeiten wie die Beratung bei der Wohnungssuche ausschließt (AG Ulm WuM 1993, 680). Vorschüsse sind nach § 2 Abs 1, 5 unzulässig, § 3 regelt die Berechnung der Provision. Diese ist nach § 3 Abs 1 jedenfalls von einem gewerbsmäßigen Vermittler (§ 7) in einem Bruchteil oder Vielfachen der Monatsmiete anzugeben. Vom Wohnungssuchenden dürfen nach § 3 Abs 2 maximal 2 Monatsmieten plus Mehrwertsteuer (ohne Nebenkosten) gefordert werden. Nach § 3 Abs 3 darf Auslagenersatz voll nur statt der Provision, dh bei Nichtzustandekommen des Mietvertrags, neben der Provision dagegen nur verlangt werden, soweit die Auslagen nachgewiesenermaßen eine Monatsmiete übersteigen. § 3 Abs 4 enthält ein Kopplungsverbot, § 4 eine Beschränkung von Vertragsstrafeklauseln, § 4 a die Anordnung der Unwirksamkeit (offener und verdeckter) Entgeltversprechen des Wohnungssuchenden oder eines in seinem Interesse handelnden Dritten an den bisherigen Mieter für die Räumung der Wohnung und § 5 eine Verweisung auf das Bereicherungsrecht für die Rückzahlung von nach den §§ 2–4 a zu Unrecht geleisteten Beträgen an den Maklerkunden mit Besonderheiten (keine Anwendung des § 817 S 2, Verjährung nach 4 Jahren). Der gewerbsmäßige Wohnungsvermittler darf nach den §§ 6, 7 nur im Auftrag des Vermieters oder anderer Berechtigter den Nachweis bzw die Vermittlung von Wohnräumen anbieten; in öffentlichen Anzeigen muß er sich als Wohnungsvermittler bekennen und den geforderten Mietpreis plus etwaiger Nebenkosten mitteilen (vgl dazu OLG Schleswig WuM 1993, 681; OLG Bremen WuM 1993, 58). Verstöße gegen die §§ 6, 7 (und gegen § 3 Abs 1 und 2) sind bußgeldbewehrte Ordnungswidrigkeiten, machen den Maklervertrag aber nach hM nicht nichtig (OLG Karlsruhe NJW 1976, 1408; OLG Frankfurt NJW 1979, 878, 879; AG Seligenstadt WuM 1988, 127 f; ERMAN/WERNER Vor § 652, 3, 35; MünchKomm/SCHWERDTNER § 652 Rn 23 a; TONNER 92; aA LG Hannover NJW-RR 1991, 1295).

Der Anwendungsbereich des WoVermittG ist durch seinen Schutzcharakter zugunsten von Mietern von **Wohnraum** bestimmt. Eine analoge Anwendung aller oder auch nur einzelner Vorschriften zugunsten der Mieter von Gewerberaum oder der Käufer von Wohnungsgrundstücken einschließlich Wohnungseigentum scheidet daher aus (OLG Hamburg AIZ 1992 H 6 A 141 Bl 9; LG Stuttgart AIZ 1991 H 3 A 142 Bl 5). Das gilt auch dann, wenn dem Mieter von Gewerberaum das Recht eingeräumt worden ist, Teile zu Wohnzwecken unterzuvermieten (LG Hannover AIZ 1988 H 4 A 121 Bl 32). Der Begriff des Wohnungsvermittlers bezieht sich nicht nur auf den Vermittlungs-, sondern auch auf den Nachweismakler (OLG Hamm NJW-RR 1986, 640 f). Nach KG AIZ 1992 H 11 A 150 Bl 2 schließt er sogar Personen ein, die Wohnungssuchenden gegen Entgelt bei der schriftlichen Ansprache von Vermietern und Maklern behilflich sind, was ua bedeutet, daß das Entgelt zwingend nur bei Erfolg geschuldet ist und dem Vorschußverbot unterliegt (§ 2 Abs 1, 4, 5 WoVermittG; zur Sonderregelung der Verflechtung zwischen Wohnungsvermittler und Vermieter vgl Rn 142 ff, zur Berechnung der Provision Rn 153). **44**

c) Die Sonderregelung über die gewerbsmäßige Vermittlung von Privatkrediten in den §§ 15–17 VerbrKrG geht insofern noch über die Sonderregelung über die Wohnungsvermittlung hinaus, als sie den Schutz des Verbrauchers nicht nur durch die **Beschränkung der Vertragsfreiheit**, sondern auch durch den Zwang zur Transparenz anstrebt. Letzterem dient § 15 VerbrKrG, der eine schriftliche, von der Urkunde über den Kreditvertrag verschiedene Vertragsurkunde mit eindeutigen Angaben über das durch die Kreditvermittlung bewirkte Ausmaß der Verteuerung des Kredits anordnet. Der Anwendungsbereich der Vorschrift ist weit (vgl Rn 18). Der Verstoß gegen sie führt zur Nichtigkeit des Kreditvermittlungsvertrags mit der Folge, daß der Verbraucher nicht nur die Provision nicht zu zahlen braucht (vgl Rn 52, 54), sondern seinerseits die bereits gezahlte Provision nach § 812 Abs 1 S 1, 1. Alt zurückverlangen kann (ULMER/HABERSACK, VerbrKrG [1992], § 15 Rn 20). Wie im Fall der Wohnungsvermittlung ist der Provisionsanspruch auch im Fall der Kreditvermittlung nach § 16 VerbrKrG zwingend erfolgsabhängig. Dabei setzt der Erfolg in diesem Sinne nicht nur das Zustandekommen des Kreditvertrages, sondern dessen Unwiderruflichkeit (§ 7 VerbrKrG) und die Erfüllung durch den Kreditgeber voraus. Ausgeschlossen ist der Provisionsanspruch für die Vermittlung einer (objektiv) ungünstigen Umschuldung. Generell unzulässig sind Nebenentgelte; möglich ist nur die Vereinbarung, daß die zur Erfüllung des konkreten Auftrags getätigten Auslagen des Kreditvermittlers ersetzt werden (vgl auch DEHNER NJW 1991, 3254). **45**

Verboten ist die Kreditvermittlung im Reisegewerbe (§ 56 Abs 1 Nr 6 GewO). Der Verstoß gegen § 56 Abs 1 Nr 6 GewO ist Ordnungswidrigkeit nach § 145 Abs 2 Nr 6 GewO. Darüber hinaus hat die Rechtsprechung einen Kundenschutz vor allem in der Weise entwickelt, daß sie den **Kreditvermittler** in der Regel, nämlich bei Auftreten im Auftrag des Kreditgebers, als **Erfüllungsgehilfen** des Kreditgebers im Verhält- **46** nis zu den vermittelten Kunden einstuft (vgl BGH WM 1967, 451, 453; 1991, 271, 273). Daraus folgt nicht nur die Haftung des Kreditgebers für das Verhalten des Kreditvermittlers gegenüber dem Kreditnehmer im Zusammenhang mit der Vorbereitung und Durchführung des Kreditvertrages (vgl OLG Frankfurt WM 1980, 95), sondern auch die Anfechtbarkeit des Kreditvertrags wegen arglistiger Täuschung des Kreditvermittlers ohne Rücksicht auf die Gutgläubigkeit des Kreditgebers (BGH BB 1979, 597, 598; etwas stärker einschränkend BGH NJW 1978, 2144). Ferner ist die Auszahlung des Kredits an den Vermittler noch keine Auszahlung an den Kreditnehmer, es sei denn, der Kreditnehmer hat **in seinem Interesse** zu dieser Auszahlung ermächtigt. Die Rechtsprechung (OLG Stuttgart NJW 1975, 262) will im Fall der Auszahlung des Kreditbetrags an den Vermittler mit Ermächtigung des Kreditnehmers, aber im Interesse des Kreditgebers zwar eine wirksame Erfüllung des Darlehensvertrags, jedoch eine Haftung des Kreditgebers für die Veruntreuung der Valuta durch den Kreditvermittler annehmen. Das erscheint widersprüchlich. Die Abstraktheit der Empfangszuständigkeit nach den §§ 362 Abs 2, 185 ändert nichts daran, daß sie auf einem Rechtsgrund im Verhältnis des zuständigen Dritten und des Gläubigers fußt. Man kann nicht Erfüllung annehmen, wo die Empfangszuständigkeit des Dritten darauf abzielt, den Leistungsgegenstand dem Gläubiger (noch) vorzuenthalten (ausführlich zu den Besonderheiten des Rechts der Kreditvermittlung ULMER/HABERSACK, VerbrKrG [1992], § 15 Rn 19 f).

46 a d)   Die Sonderregelung über die private Arbeitsvermittlung strebt den Schutz der Arbeitsuchenden auf verschiedene Weise an. Die erste Stufe besteht aus einem öffentlichrechtlichen Schutz, der das bis 1994 geltende grundsätzliche Verbot der privaten Arbeitsvermittlung durch ein Verbot mit Erlaubnisvorbehalt ersetzt (§ 1 AVermV). Die Erlaubnis setzt insbesondere die Zuverlässigkeit und Eignung des Antragstellers voraus (§§ 2–8 AVermV). Die Arbeitsuchenden werden ferner dadurch geschützt, daß der private Arbeitsvermittler grundsätzlich eine Maklerprovision nur vom Arbeitgeber verlangen und entgegennehmen darf (§ 9 AVermV). Ausnahmen gelten im Falle spezieller Arbeitnehmergruppen, die auch bisher schon nicht vom Vermittlungsmonopol der Bundesanstalt für Arbeit erfaßt waren (§ 10 AVermV). Doch sieht die AVermV zum Schutz solcher Arbeitsuchender nicht nur ein Schriftformerfordernis und die zwingende Erfolgsabhängigkeit der Maklerprovision, sondern darüber hinaus eine strikte Reglementierung der Provisionshöhe (einschließlich Vorschußverbot) vor.

46 b Nach § 13 Abs 3 Nr 3 AFG ist von der Arbeitsvermittlung die Unterstützung eines Arbeitgebers bei der Selbstsuche nach Arbeitskräften zu unterscheiden. Wer im alleinigen Interesse und Auftrag eines Arbeitgebers Arbeitskräfte sucht, bedarf dazu also keiner Erlaubnis der Bundesanstalt für Arbeit, geschweige denn, daß die inhaltlichen Restriktionen der AVermV eingreifen. Statt dessen ist allgemeines Maklerrecht anzuwenden. Im Ergebnis beschränkt sich die zulässige Arbeitsvermittlung im Sinne von AFG und AVermV grundsätzlich auf die „Beschaffung" von Arbeitgebern auf der Grundlage unentgeltlicher Erstaufträge von Arbeitsuchenden, die den Makler wegen seines Provisionsinteresses auf den Abschluß von Zweitaufträgen mit den „beschafften" Arbeitgebern verweisen. Nur im Falle der Vermittlung atypischer Arbeitnehmer gemäß § 10 AVermV kann der Erstauftrag eines Arbeitsuchenden echter Maklervertrag (mit oder ohne zusätzlichen Abschluß eines Maklervertrags mit dem Arbeitgeber) sein (RIEBLE DB 1994, 1776, 1777). Im Schrifttum wird darüber hinaus die Ansicht vertreten, nur Vermittlung im allgemein maklerrechtlichen Sinne könne die Provisionszahlungspflicht von Arbeitnehmern im Sinne des § 10 A VermV auslösen, während der Nachweis für sie zwingend provisionsfrei sei (RIEBLE DB 1994, 1776, 1777). Aber damit wird dem Wortlaut des § 11 Abs 2 A VermV eine Bedeutung beigelegt, die ihm nicht zukommt. Wo die A VermV von Vermittlung spricht, meint sie Nachweis und Vermittlung im allgemein maklerrechtlichen Sinne. Das zeigt vor allem § 9 A VermV, der anderenfalls zu dem evident abwegigen Ergebnis führt, daß der bloße Nachweis im Gegensatz zur Vermittlung der Arbeitsstelle für den Arbeit-suchenden provisionspflichtig gemacht werden könnte. Die Rede vom Arbeitsver-mittler schließt den Nachweismakler ebensowenig vom Anwendungsbereich der A VermV aus, wie ihn die Rede vom Wohnungsvermittler vom Anwendungsbereich des WoVermittG oder die Rede vom Kreditvermittler vom Anwendungsbereich der §§ 15–17 VerbrKrG ausschließt (vgl auch Rn 44).

IV. Die Nichtigkeit des Maklervertrags

1. Die Nichtigkeitsgründe

a) Nichtigkeit nach § 134

Der Maklervertrag kann wegen Verstoßes gegen ein gesetzliches Verbot, § 134, nich- **47** tig sein. Gesetzliche Verbote für Maklertätigkeit begründen einmal die **Vermittlungs-verbote**. Im Vordergrund stand bis vor kurzem das Vermittlungsmonopol der Bundesanstalt für Arbeit, das Arbeitsvermittlung außerhalb des künstlerischen Bereichs (Artisten, Bühne, Fernsehen, Film) verbot. Inzwischen ist das Verbot dem Verbot mit Erlaubnisvorbehalt gewichen (vgl Rn 46 a f). Das hat ua einen Wechsel der dogmatischen Sanktion des Rechtsverstoßes zur Folge: Im Falle der von vornherein nicht erlaubnisfähigen Arbeitsvermittlung greifen die Regeln über die ursprüngliche, im Fall der erst nach der Entscheidung der Bundesanstalt feststehenden Unerlaubt-heit die Regeln über die nachträgliche Unmöglichkeit ein. Ähnlich wie früher die Arbeitsvermittlung ist noch heute die Adoptionsvermittlung nach dem Adoptions-vermittlungsgesetz vom 2. 7. 1976 den Jugendämtern und den anerkannten Wohl-fahrtsverbänden (Caritas, Diakonisches Werk, Arbeiterwohlfahrt etc) vorbehalten. Gesetzliche Verbote im Sinne des § 134 sind auch die **Inhaltsverbote**. Soweit der Maklervertrag Vermittlungstätigkeit einschließlich verbotener Rechtsberatung vor-sieht, ist er im Zweifel nach § 139 insgesamt nichtig (BGHZ 37, 258, 262). Das gleiche gilt für Maklerverträge, die § 2 WoVermittG (Rn 43) verletzen (LG Hamburg AIZ 1986 H 4 A 141 Bl 3; zu den Folgen von Verstößen gegen das WiStG vgl § 607 Rn 233). Aufgrund der Umstände verboten und nach § 134 nichtig ist nach hM die Kreditvermittlung im Reisegewerbe (§ 56 Abs 1 Nr 6 GewO, vgl BGHZ 71, 358). Allerdings ist dabei nicht berücksichtigt, daß der Verbraucher seit dem 1. 1. 1991 gegen eine ihn übervorteilende Kreditvermittlung Schutz nach den §§ 15–17 VerbrKrG genießt. Geht man mit BGH NJW 1985, 1020 davon aus, daß § 56 Abs 1 Nr 6 GewO nur soweit ein Verbotsgesetz iS des § 134 ist, wie der Schutz des Verbrauchers dies erfordert, so sprechen die besseren Gründe heute gegen die Verbindung des § 56 Abs 1 Nr 6 GewO mit § 134 (ULMER/HABERSACK, VerbrKrG [1992] § 1 Rn 80). Nicht nach § 134 nichtig sind Maklerverträge eines gewerbsmäßigen Maklers, der nicht über die nach § 34 c GewO erforderliche Erlaubnis verfügt (BGHZ 78, 269; OLG Celle AIZ 1981 H 1 A 151 Bl 1; rechtspolitisch kritisch dazu MünchKomm/SCHWERDTNER § 652 Rn 42). Nicht nach § 134 nich-tig ist auch der Maklervertrag des Wohnungsvermittlers, der entgegen § 6 Abs 1

WoVermittG die Mietwohnung nicht im Auftrag des Vermieters oder anderen Berechtigten anbietet (vgl Rn 43 aE). Nicht nach § 134 nichtig sind schließlich Maklerverträge eines Maklers, der unter den Geltungsbereich der Makler- und Bauträgerverordnung (MaBVO) vom 11. 6. 1975 (in der Fassung vom 1. 3. 1991) fällt und deren Anforderungen nicht genügt (OLG Frankfurt NJW 1979, 878; vgl auch Rn 18 und speziell zu § 3 MaBVO BGH NJW 1985, 438; zur Maklertätigkeit als berufsfremder Tätigkeit vgl Vorbem 49 ff).

b) Nichtigkeit nach § 138

48 aa) Der Maklervertrag kann wegen Sittenwidrigkeit, § 138, nichtig sein. Die Sittenwidrigkeit kann einmal daraus folgen, daß die Art und Weise der vom Makler übernommenen Vermittlung gegen die guten Sitten verstößt. BGH WM 1985, 830 erklärt in diesem Sinne einen Maklervertrag für sittenwidrig, in dem dem Makler eine Provision für die Vermittlung des Auftrags eines ausländischen Staates durch die Bestechung von Bediensteten dieses Staates versprochen worden ist. Das soll jedenfalls gelten, soweit eine derartige Hereinnahme von Schmiergeldern auch gegen die Rechtsordnung des ausländischen Staates verstößt (vgl auch BGH WM 1986, 209, 210). Ferner ist Nichtigkeit wegen Sittenwidrigkeit anzunehmen, wo der Maklervertrag in kollusivem Zusammenwirken eines vertretungsberechtigten Angestellten des Auftraggebers mit dem Makler zustande kommt (BGH MDR 1962, 980). BGH AIZ 1994 H 9 A 112 Bl 3 hält einen qualifizierten Alleinauftrag für nichtig, wenn er nicht in angemessener Weise befristet ist. Zuzustimmen ist schließlich der Ansicht des OLG Hamm, daß ein unwiderruflicher Alleinauftrag auf unbeschränkte Zeit wegen sittenwidriger Knebelung des Vertragspartners gemäß § 138 Abs 1 nichtig ist, sofern eine Umdeutung in einen Vertrag von angemessener Laufdauer nach § 140 wegen entgegenstehenden Parteiwillens nicht gelingt (NJW 1966, 887). Sehr problematisch ist dagegen die Rechtsprechung, der zufolge der Widerspruch der Tätigkeit des Maklers zu seinen Pflichten gegenüber dem Partner des zukünftigen Hauptvertrags die Nichtigkeit des Maklervertrags gemäß § 138 Abs 1 nach sich zieht (OLG Zweibrücken LZ 1909, Sp 949; zustimmend MünchKomm/Schwerdtner § 652 Rn 46). Denn dadurch wird letztlich derjenige getroffen, dem gegenüber der Makler durch die Maklertätigkeit seine Pflichten verletzt hat, kann dieser doch bei wirksamem Maklervertrag die Provision analog § 281 von dem Makler herausverlangen. Noch fragwürdiger ist die Ansicht, der Kreditsachbearbeiter einer Bank könne über den Nachweis eines ihm dienstlich bekannt gewordenen Kaufs- oder Verkaufsinteressenten keinen wirksamen Maklervertrag abschließen (BGH MDR 1977, 209; vgl auch RGZ 162, 323, 328). Die Bank ist dadurch mindestens dann nicht betroffen, wenn sie nicht selbst das Maklergeschäft betreibt. Tut sie es doch, so ist wiederum der Weg über den Provisionsherausgabeanspruch der Bank analog § 281 der interessengerechtere. Betroffen sein könnte der nachgewiesene Bankkunde, der womöglich wegen der Provisionspflicht des Auftraggebers und Hauptvertragspartners weniger Konzessionsbereitschaft bezüglich des Kaufpreises vorfindet. Aber wer daran anknüpft, muß – wie Schwerdtner (MünchKomm/Schwerdtner § 652 Rn 46) zutreffend feststellt – in offenbar überzogener Weise das Maklergeschäft von Banken überhaupt unterbinden (zur Sittenwidrigkeit sog Reservierungsvereinbarungen vgl Rn 174).

49 bb) Sehr umstritten ist, ob und ggf unter welchen Voraussetzungen der Maklervertrag wegen **wucherischer Provisionsvereinbarung** nichtig sein kann. Das gilt zunächst für die reguläre **erfolgsabhängige Provision**. Die Rechtsprechung bejaht die Möglich-

keit einer Nichtigkeit des Maklervertrags wegen zu hoher Provision nach § 138, ist
aber in den konkreten Fällen eher tolerant (vgl auch Rn 219). BGH DB 1969, 1334
billigt unter besonderen Umständen eine (Übererlös-) Provision von 29% des Kaufpreises. Den Gegensatz bildet BGH JZ 1994, 1075, der im Falle von 27,7% für
„Maklertätigkeit einfachster Art" ein Mißverhältnis von Leistung und Gegenleistung
angenommen hat. Bei absolut hohen Summen treten die Prozentsätze in den Hintergrund: Eine Provision von 1 Mio DM für die Vermittlung eines Kredites von 6 Mio
DM ist trotz sehr hohen Aufwands des Maklers auch dem BGH zuviel gewesen (DB
1976, 573). Das OLG Oldenburg erachtet eine Provision in Höhe von 6% für die
Vermittlung eines Kredits von 1,2 Mio DM angesichts ortsüblicher Provisionen von
nur 1% für sittenwidrig (WM 1987, 992). Ähnlich begründet das LG Aachen die Sittenwidrigkeit einer Provision von 50 000 DM für die Vermittlung eines Kredits von
450 000 DM vor dem Hintergrund üblicher Provisionssätze von 1,5% (NJW-RR 1987,
741). Dieser Rechtsprechung ist schon im Ansatz zu widersprechen. Sie ist nämlich
nicht damit vereinbar, daß der Maklerlohn nicht an den Aufwand des Maklers, sondern an den Nutzen des Auftraggebers anknüpft. Wer ein Mißverhältnis zwischen
Leistung und Gegenleistung prüft, darf daher allenfalls die Höhe der Provision mit
dem Nutzen in Beziehung setzen, den die vom Makler nachgewiesene bzw vermittelte Vertragsgelegenheit für den Auftraggeber hat. Und dieser Nutzen läßt sich
nicht objektiv bewerten, sondern hängt ganz von den Nutzenvorstellungen des konkreten Auftraggebers im Zeitpunkt des Zustandekommens des Hauptvertrages ab.
Ist danach trotz der hohen Provision die vom Makler gebotene Vertragsgelegenheit
günstiger als die für den Auftraggeber ohne Makler zugänglichen (oder von anderen
Maklern zugänglich gemachten) Vertragsgelegenheiten, so ist unter dem Gesichtspunkt des § 138 weder gegen eine absolute noch gegen eine prozentuale Provision
von ungewöhnlicher Höhe etwas einzuwenden. Lediglich wenn und soweit der Auftraggeber seine Nutzenvorstellungen nicht rational gebildet hat und/oder nicht frei
hat bilden können, kommt unter der zusätzlichen Voraussetzung, daß der Makler die
Unerfahrenheit bzw Notlage des Auftraggebers beim Abschluß des Maklervertrages
(!) zu seinem Vorteil ausgenutzt hat, die Nichtigkeit des Maklervertrages nach § 138
Abs 1 oder 2 in Betracht (ausführlich MARTINEK JZ 1994, 1048 ff).

In der Literatur ist vorgeschlagen worden, die Nichtigkeit wegen wucherischer Pro- **49 a**
visionsvereinbarung nach § 138 durch eine gerichtliche Herabsetzungsbefugnis analog § 655 zu ersetzen (MünchKomm/SCHWERDTNER § 652 Rn 213). Auch dem ist nicht zu
folgen. Die analoge Anwendung des § 655 auf alle Maklerverträge widerspricht dem
Willen des historischen Gesetzgebers (ERMAN/WERNER § 655 Rn 3); der Reformentwurf
hat in seiner letzten Fassung auf die einer solchen Analogie entsprechende Regelung
des § 653 f verzichtet (vgl BT-Drucks 10/1014). Darüber hinaus stellt sich auch insoweit
die nicht beantwortbare Frage, nach welchem Maßstab und aus welchem Grund
herabgesetzt werden sollte. Richtig an dem Rückgriff auf § 655 ist, daß sich der
Korrekturbedarf gegenüber der Provisionshöhe vielfach nicht schon – wie § 138 dies
voraussetzt – beim Abschluß des Maklervertrags, sondern erst mit dem Zustandekommen des Hauptvertrags entscheidet. Das gilt vor allem (aber nicht nur) im Fall
der sog Übererlösklausel (vgl BGH NJW 1969, 1628). Soweit die Maklervertragsparteien
von einer wesentlich geringeren Provision ausgegangen sind, helfen indessen die
Grundsätze über den Wegfall der Geschäftsgrundlage (BGH NJW 1969, 1928); und
soweit diese versagen, verwirklicht sich mit der Pflicht zur Zahlung einer hohen
Provision ein Risiko des Auftraggebers, das er kraft seiner Privatautonomie wirksam

übernommen hat (vgl auch MARTINEK JZ 1994, 1048 ff). Soweit der Auftraggeber sich frei für den Abschluß des Hauptvertrages entscheidet, entspricht die Provision zumindest dem „Mehrwert“, den das Geschäft für ihn im Vergleich mit konkurrierenden Möglichkeiten hat. Da der Nachweis bzw die Vermittlung für diesen „Mehrwert“ kausal sein muß (vgl Rn 104 ff), geschieht dem Auftraggeber kein Unrecht, wenn er gleichsam mit dem Makler „teilen“ muß (vgl LG Hamburg NJW 1971, 1411, 1413; MORMANN WM 1968, 954, 956). Erst wenn die Freiheit durch wirtschaftliche Zwänge uä eingeschränkt ist, bedarf es der Intervention des Rechts. Liegen die Dinge aber so, dann enthält § 138 sicher die bessere Lösung als § 655, der nach womöglich notgedrungener Zahlung der Provision keine Hilfe mehr bietet (vgl auch § 655 Rn 5).

50 **cc)** Soweit eine **erfolgsunabhängige Provision** vereinbart ist, ändert sich der Maßstab für die Anwendung des § 138. Die Gleichwertigkeit von Leistung und Gegenleistung läßt sich insoweit nicht mehr damit begründen, daß der freie Abschluß des Hauptvertrags einen Wert der Leistung des Maklers in Mindesthöhe der Provision belegt. Vielmehr hat man es mit einem Austausch von Arbeit gegen Entgelt zu tun, der die Frage aufwirft, ob eine Provision von womöglich mehreren Tausend DM für wenige Stunden Aufwand noch hingenommen werden kann (vgl Vorbem 3). Durchaus diskutabel hält LOPAU (NJW 1973, 1971 f) nur entweder eine **geschäftswertbezogene erfolgsabhängige oder** eine **leistungsbezogene erfolgsunabhängige Maklervergütung** für zulässig; die Vereinbarung einer geschäftswertbezogenen erfolgsunabhängigen Vergütung soll regelmäßig die Grenzen der Vertragsfreiheit überschreiten. Die Rechtsprechung sperrt dagegen bisher die geschäftswertbezogene erfolgsunabhängige Vergütung lediglich nach § 9 AGBG für den Fall, daß die Pflicht zur Zahlung der Provision ohne Rücksicht auf das Zustandekommen des Hauptvertrags sich aus AGB ergibt (vgl Rn 221, 230). Immerhin hat der BGH auch die individualvertraglich vereinbarte erfolgsunabhängige Maklerprovision für sittenwidrig gehalten, soweit sie mit Doppelmaklertätigkeit verbunden ist. Die Verpflichtung auch auf das Interesse der anderen Seite soll mit der Vereinbarung einer Rechtsposition, die den Provisionsanspruch ohne Rücksicht auf eine greifbare Gegenleistung begründet, schlechterdings unverträglich sein (BGHZ 61, 17; LG Frankfurt AIZ 1993 H 1 A 108 Bl 1).

c)   **Nichtigkeit nach sonstigen BGB-Vorschriften**

51 Der Maklervertrag unterliegt schließlich den sonstigen, neben den §§ 134, 138 bestehenden Vorschriften über die Nichtigkeit von Rechtsgeschäften (§§ 104 ff, 116 ff, 125, 142 iVm 119 ff, 154 f). Dabei wird man trotz des in der Hauptsache einseitig den Auftraggeber verpflichtenden Charakters des normalen Maklervertrags davon ausgehen müssen, daß die Wirksamkeit auch auf der Seite des Maklers volle **Geschäftsfähigkeit** voraussetzt. Die weitgehenden Nebenpflichten des Maklers (vgl Rn 175 ff) schließen es aus, den Maklervertrag gemäß § 107 als ein für den Makler lediglich rechtlich vorteilhaftes Rechtsgeschäft einzustufen. Auch sonst reichen Pflichten als Nebenfolge des Rechtsgeschäfts aus, um diesem die lediglich rechtliche Vorteilhaftigkeit zu nehmen (MünchKomm/GITTER § 107 Rn 3). Täuscht der Makler den Auftraggeber darüber, daß er mit dem zukünftigen Hauptvertragspartner ebenfalls einen provisionspflichtigen Maklervertrag abgeschlossen hat oder doch abzuschließen gedenkt, so ist die Rechtsfolge nach Ansicht des OLG Köln (NJW 1971, 1943 mit krit Anm WERNER) ausschließlich das **Anfechtungsrecht** des Auftraggebers nach § 123; § 654 soll weder daneben noch statt dessen (analog) anwendbar sein. Dem ist zuzustimmen. Die direkte Anwendung des § 654 scheidet aus, weil die Täuschung nicht zur

Vereinbarung eines Verbots der Doppelmaklertätigkeit führt, die analoge, weil das
Fehlverhalten des Maklers das vorvertragliche Stadium betrifft, das sich ebensowenig wie das Stadium nach Abwicklung des Maklervertrags durch Abschluß des
Hauptvertrags und Zahlung der Provision (vgl dazu BGHZ 92, 184, 187) als Anknüpfungspunkt für eine Analogie zu § 654 eignet (vgl § 654 Rn 9 ff). Sehr problematisch ist
dagegen die ebenfalls vom OLG Köln (DB 1960, 1125) vertretene Ansicht, der Irrtum
des Auftraggebers über die Vertrauenswürdigkeit und Zuverlässigkeit des Maklers
berechtige den Auftraggeber nicht zur Anfechtung des Maklervertrags nach § 119
Abs 2, weil die Vertrauenswürdigkeit des Maklers beim Maklervertrag nicht eine
verkehrswesentliche (= vertragswesentliche, BGHZ 88, 245 f) Eigenschaft sei. Das
gilt jedenfalls, wenn man das durch den Maklervertrag begründete Rechtsverhältnis
mit der hM (BGH NJW 1968, 150, 151; 1985, 2595, 2596) als ein besonderes Treueverhältnis qualifiziert. Aber auch nach der hier vertretenen Auffassung vom Maklervertrag
als eines kaufähnlichen Vertrags (Vorbem Rn 4) bietet sich abweichend von der
Ansicht des OLG Köln eine differenzierende Betrachtung an. Im Fall des Vermittlungsmaklervertrages dürfte die Vertrauenswürdigkeit des Maklers stets verkehrswesentliche Eigenschaft sein. Im Fall des Nachweismaklervertrages ist diese Konsequenz zwar weniger zwingend. Doch ist zu berücksichtigen, daß regelmäßig
Vermittlungsbemühungen auch für den Nachweismakler zumindest Obliegenheit
sind. Daher wird man selbst im Fall des Nachweismaklervertrags die Anwendbarkeit
des § 119 Abs. 2 nur ganz ausnahmsweise verneinen können (zur Formnichtigkeit vgl
Rn 18 ff). Nicht Nichtigkeit des Maklervertrags, sondern lediglich die der betroffen
AGB-Bestimmung ist regelmäßig (§ 6 AGBG) die Folge des Verstoßes gegen §§ 9 ff
AGBG (vgl dazu ausführlich Rn 221 ff).

2. Die Nichtigkeitsfolgen

a) Entgeltpflicht des Auftraggebers nach §§ 812 Abs 1 S 1, 1. Alt, 818 Abs 2?
Die ganz hM nimmt an, der Makler könne trotz **Nichtzustandekommens oder Nichtig-** 52
keit des Maklervertrages zumindest die übliche Provision beanspruchen, wenn der
Hauptvertrag infolge der Nachweis- oder Vermittlungstätigkeit des Maklers
zustande komme, und zwar aufgrund der §§ 812 Abs 1 S 1, 1. Alt, 818 Abs 2 (RGZ
122, 229, 232; KG NJW 1960, 1864, 1865; OLG Köln NJW 1971, 1943, 1944; LG Saarbrücken
NJW-RR 1993, 316 f; ERMAN/WERNER Vor § 652 Rn 37). Vereinzelt wird sogar vertreten, aus
den §§ 812 Abs 1 S 1, 1. Alt, 818 Abs 2 folge ein **Anspruch auf die unwirksam verein-**
barte Provision, weil der Auftraggeber durch die Provisionsvereinbarung und die
Nutzung der gebotenen Vertragsgelegenheit zu erkennen gegeben habe, daß ihm die
Maklerleistung soviel wert sei (RUST MDR 1959, 449; für einen Sonderfall auch LG Dortmund
AIZ 1968, 31). Freilich ist nicht verborgen geblieben, daß diese Ansicht die strengen
Anforderungen an das Zustandekommen und die Wirksamkeit von Maklerverträgen
im Ergebnis ad absurdum führt. Denn die einzige Leistungspflicht, die der Maklervertrag erzeugt, nämlich die Provisionszahlungspflicht, entsteht dann unter anderem
dogmatischem Etikett unabhängig vom Bestehen des Maklervertrags. SCHWERDT-
NER will deshalb die Anwendbarkeit des Bereicherungsrechts mit der Begründung
ausschließen, dadurch werde der „Abschlußmechanismus" des Maklerrechts unterlaufen (MünchKomm/SCHWERDTNER § 652 Rn 98 aE). Und nach ULMER/HABERSACK
scheidet der Bereicherungsanspruch (ebenso wie der Anspruch aus § 354 HGB)
zumindest dann aus, wenn er dem Zweck des konkreten Hindernisses für das Vorliegen bzw die Wirksamkeit des Maklervertrags widerspricht. Letzteres soll zB der

Fall sein, wenn ein Kreditvermittlungsvertrag wegen Verstoßes gegen § 15 VerbrKrG formnichtig ist (ULMER/HABERSACK, VerbrKrG [1992] § 15 Rn 19). Tatsächlich scheitert der Bereicherungsanspruch schon daran, daß der Empfänger durch die rechtsgrundlose Leistung des Maklers nichts erlangt, was sich über § 818 Abs 2 in einen Wertersatzanspruch (im Umfang der üblichen Provision) verwandeln könnte (ebenso jetzt DEHNER/ZOPFS Rn 18). Die abweichende Ansicht der hM erklärt sich daraus, daß sie den Leistungsgegenstand des Maklervertrags in der Geschäftsbesorgung für den Kunden sieht, der sie bei Zustandekommen des Hauptvertrags die übliche Provision als Marktwert zuordnet. Wer demgegenüber erkennt, daß nicht die Geschäftsbesorgung für den Kunden, sondern die Verschaffung einer vom Makler auf eigene Rechnung besorgten Vertragsgelegenheit der Leistungsgegenstand des Maklervertrages ist (Vorbem 4), kann der Maklerleistung **keinen objektiven Wert** attestieren. Denn Vertragsgelegenheiten stellen **gemeinfreie Güter** dar, die im Prinzip jedermann kostenlos zugänglich sind (Rn 13). Soll ihre Inanspruchnahme etwas kosten, so muß das wirksam vereinbart sein. Das Maklerrecht benennt die typischen Voraussetzungen, unter denen die Rechtsordnung die vertragliche Umwandlung der an sich kostenlosen Inanspruchnahme von Vertragsgelegenheiten in einen vergütungspflichtigen Vorgang anerkennt. Entgegen der Vorauflage (Rn 46) läßt sich ein Bereicherungsanspruch wegen rechtsgrundloser Maklerleistung auch nicht mit der Maßgabe begründen, daß der Makler zwar nicht die übliche Provision, wohl aber einen Ausgleich für seinen Arbeitsaufwand erhält. Denn auch zB der Verkäufer einer Sache kann im Falle der Unwirksamkeit des Kaufvertrags nicht nach Bereicherungsrecht einen Ausgleich dafür verlangen, daß er in die Beschaffung der Sache erhebliche Anstrengungen investiert hat, und zwar gleichgültig, ob er für die Sache eine anderweitige Verwendung hat oder nicht. Gewiß kommt im Fall des unwirksamen Maklervertrags hinzu, daß der Kunde als „Käufer" der Vertragsgelegenheit bei Zustandekommen des Hauptvertrages uU dank der Vorarbeit des Maklers eigenen wirtschaftlich bewertbaren Aufwand erspart. Aber dieser Vermögensvorteil des Kunden allein begründet noch keinen Bereicherungsanspruch des Maklers. Vielmehr muß er entweder aufgrund der Leistung oder in sonstiger Weise auf Kosten des Maklers eintreten. Eben daran fehlt es, weil die Vorarbeit weder Leistungsgegenstand des vermeintlichen Maklervertrags ist noch die vom Kunden in Anspruch genommene Vertragsgelegenheit zum Bestandteil des Maklervermögens macht (vgl REUTER/MARTINEK, Ungerechtfertigte Bereicherung 59 ff, 84 ff, 371 ff). Es entspricht der Eigenart der Provision als eines Entgelts für die Verschaffung eines gemeinfreien Guts, daß der Makler über das Risiko des Nichtzustandekommens des Hauptvertrags hinaus auch das Risiko des Nichtzustandekommens des Maklervertrags trägt.

53 Wer mit der hM der rechtsgrundlosen Maklerleistung bei Zustandekommen des Hauptvertrags einen Vermögenswert in Höhe der üblichen Provision zuerkennt (Rn 52), muß dem **Konflikt zwischen dem „Abschlußmechanismus" des Maklervertragsrechts und bereicherungsrechtlichen Provisionsansprüchen** auf andere Weise begegnen. Der BGH hat sich mit dem Problem im Zusammenhang mit den Fällen beschäftigt, in denen der Makler sein Provisionsverlangen nicht so deutlich zum Ausdruck gebracht hat, daß der Adressat daraus auf den Willen zur Abgabe eines Maklervertragsangebots (statt zur bloßen Suche nach einer Vertragsgelegenheit für einen dritten Auftraggeber) schließen mußte (vgl Rn 4, 9 f). Der BGH verneint insoweit eine rechtsgrundlose Leistung an den vermeintlichen Auftraggeber (= den Adressaten

des zu undeutlichen Angebots) unter Berufung auf die bereicherungsrechtliche **Lehre vom Empfängerhorizont** (vgl dazu REUTER/MARTINEK, Ungerechtfertigte Bereicherung 451 ff mit Nachweisen): Da dem vermeintlichen Auftraggeber der Nachweis der Vertragsgelegenheit bzw die Vermittlung des Vertrages als ausschließliche Leistung an den Vertragspartner (= Erstauftraggeber) habe erscheinen können, scheide eine Leistung des Maklers an den vermeintlichen Auftraggeber aus (WM 1985, 1344, 1346). Das OLG Schleswig hat sich mit der Frage auseinandergesetzt, wie die Nutzung der vom Makler vor der Annahme des Maklervertragsangebots nachgewiesenen Vertragsgelegenheit bereicherungsrechtlich zu beurteilen ist, nachdem der BGH es in seiner neueren Rechtsprechung abgelehnt hat, die **Nutzung** selbst **als Annahme** zu qualifizieren. Das OLG hat gemeint, die rechtsgrundlose Leistung an den Angebotsadressaten hier ebenfalls unter Rückgriff auf die bereicherungsrechtliche Lehre vom Empfängerhorizont verneinen zu können (AIZ 1988 H 11 A 103 Bl 34), jedoch zu Unrecht: Deutlicher als dadurch, daß er den Nachweis mit dem Provisionsverlangen verbindet, vermag der Makler diesen nicht auf das (angestrebte) Rechtsverhältnis zu dem Angebotsadressaten zu beziehen. Der Provisionsanspruch aus ungerechtfertigter Bereicherung kann auf der Grundlage der hM allein deshalb scheitern, weil er ggf – als sog Vorleistungsfall (vgl REUTER/MARTINEK, Ungerechtfertigte Bereicherung 151 ff) – ein Anspruch aus § 812 Abs 1 S 2, 2. Alt ist, der als solcher eine **Einigung über den Zweck der Zuwendung** – den Erhalt der Provision als Gegenleistung (eine Rechtsgrundabrede, vgl REUTER/MARTINEK, Ungerechtfertigte Bereicherung 149 f) – voraussetzt. Wenn der Angebotsadressat den Nachweis entgegennimmt und nutzt, dann reicht das nicht nur noch nicht zur Annahme des Maklervertragsangebots, sondern auch noch nicht zur Einigung im Sinne einer Billigung der Zweckbestimmung des Maklers durch den Angebotsadressaten (vgl BGHZ 44, 321 323). Soweit der Maklervertrag wegen Verbots- oder Sittenwidrigkeit nichtig ist, hilft die Kondiktionssperre nach § 817 S 2 gegen die Neutralisierung der Nichtigkeit durch bereicherungsrechtliche Provisionsansprüche (BGH WM 1978, 949: Vermittlung eines Arbeitsplatzes unter bewußtem Verstoß gegen § 4 AFG). Andere Nichtigkeitsgründe dagegen lassen den ersatzweisen Rückgriff auf Bereicherungsrecht zur Begründung des Provisionsbegehrens grundsätzlich unberührt. Das gilt für den Fall der arglistigen Täuschung des Auftraggebers durch den Makler beim Abschluß des Maklervertrags, weil die Kenntnis der Anfechtbarkeit bei dem Nachweis bzw der Vermittlung der Vertragsgelegenheit noch nicht die Kondiktionssperre nach § 814 begründet (REUTER/MARTINEK, Ungerechtfertigte Bereicherung 132 f; aA SCHWERDTNER 79). Und im Fall der **Geschäftsunfähigkeit** des Auftraggebers gibt es nicht einmal einen regulären Ansatz, mit dem man der bereicherungsrechtlichen Neutralisierung der Nichtigkeitsfolge entgegenwirken könnte (deshalb folgerichtig für den bereicherungsrechtlichen Provisionsanspruch LG Dortmund AIZ 1968, 31). Der hM bleibt hier nur die ad-hoc-Korrektur, indem sie mit MünchKomm/SCHWERDTNER § 652 Rn 100a argumentiert, der „Schutz der geschäftsunfähigen oder beschränkt geschäftsfähigen Partei könnte fallen gelassen werden, wenn das rechtsgeschäftlich nicht erreichbare Ziel über das rechtstechnische Instrumentarium der ungerechtfertigten Bereicherung erreichbar wäre". Die Notwendigkeit einer ad-hoc-Korrektur dogmatischer Prämissen ist indessen stets ein Hinweis darauf, daß die Prämissen der Überprüfung auf ihre Richtigkeit bedürfen.

b)   Entgeltpflicht des Auftraggebers nach § 354 HGB?
Ist der Makler **Kaufmann**, so hält die hM trotz nichtigen Maklervertrags einen Pro- **54** visionsanspruch nach **§ 354 HGB** für möglich (RGZ 122, 229, 232; BGH NJW 1964, 2343;

MDR 1966, 753; NJW 1967, 198; OLG Frankfurt AIZ 1987 H 12 A 121 Bl 29; ERMAN/WERNER Vor
§ 652 Rn 37; einschränkend MünchKomm/SCHWERDTNER § 652 Rn 101 f; DEHNER/ZOPFS Rn 16).
Wer mit der hier vertretenen Ansicht den Makler als Verkäufer von Vertragsgelegenheiten ansieht, die er auf eigene Rechnung besorgt hat (Vorbem 4), muß dem schon
deshalb widersprechen, weil es an einer Geschäftsbesorgung oder Dienstleistung **für
den Kunden** fehlt. Denn die Zuwendung des Maklers an den Kunden betrifft auf
dieser Basis allein das **Ergebnis** der Geschäftsbesorgung, die ihrerseits ausschließlich
Handeln des Maklers im eigenen Interesse gewesen ist (vgl BGH NJW 1984, 435, 436).
Aber auch wenn man der hM in ihrem Verständnis der Maklerleistung als Geschäftsbesorgung folgt, ist die Begründbarkeit eines Provisionsanspruchs aus § 354 HGB im
Falle des Nichtzustandekommens oder der Nichtigkeit des Maklervertrags zweifelhaft. Denn § 354 HGB setzt zwar nicht unbedingt einen wirksamen Vertrag voraus.
Wohl aber erfordert die Vorschrift, wenn ein wirksamer Vertrag schon fehlt, zumindest eine **berechtigte Geschäftsführung** ohne Auftrag (BAUMBACH/DUDEN/HOPT, HGB
§ 354 Anm 2 B), deren Tauglichkeit als Instrument zur Rückabwicklung fehlgeschlage-
ner Geschäftsbesorgungsverträge außerordentlich umstritten ist. Während der BGH
sie bejaht (vgl statt aller BGHZ 37, 258; ausführlich mit Nachweisen zum Meinungsstand REUTER/
MARTINEK, Ungerechtfertigte Bereicherung 705 f), lehnt die hL (MEDICUS, Bürgerliches Recht
Rn 412; ERMAN/HAUSS Vor § 677 Rn 9; MünchKomm/SEILER § 677 Rn 38; STAUDINGER/WITTMANN
Vorbem 23 zu § 677) sie ab, und zwar zu Recht. Denn die Rechtsprechung führt zu
eklatanten Wertungswidersprüchen, je nachdem, ob ihr Gegenstand eine Geschäftsbesorgung ist oder nicht. Der Schutz des Schuldners nach § 818 Abs 3 und die
Anspruchssperre nach den §§ 814, 815 und 817 S 2 sind nicht nur für die Rückabwicklung von unwirksamen Kauf- und Mietleistungen, sondern auch für diejenige
von Werk- und Dienstleistungen gedacht (vgl ausführlich REUTER/MARTINEK, Ungerechtfertigte Bereicherung 707 ff). Nicht zuletzt wiederholt sich der schon im Zusammenhang
mit der Diskussion eines bereicherungsrechtlichen Provisionsanspruchs zutage
getretene Konflikt mit den Anforderungen an das Zustandekommen und die Wirksamkeit von Maklerverträgen. Diese Anforderungen werden ad absurdum geführt,
wenn ihre hauptsächliche Rechtsfolge, die Entstehung des Provisionsanspruchs, im
wichtigsten Fall, nämlich im Fall des Maklers mit Kaufmannseigenschaft, über § 354
HGB ohne Rücksicht darauf eintritt, ob sie erfüllt sind oder nicht. SCHWERDTNER
will deshalb § 354 HGB nur anwenden, wenn der Maklervertrag lediglich aus formalen Gründen nichtig ist (MünchKomm/SCHWERDTNER § 652 Rn 102). Daß selbst das noch
zu weit geht, zeigen ULMER/HABERSACK, die sich gerade für den Fall eines aus
formalen Gründen, nämlich wegen Verstoßes gegen § 15 VerbrKrG nichtigen Kreditvermittlungsvertrags gegen die Anwendbarkeit des § 354 HGB aussprechen
(ULMER/HABERSACK, VerbrKrG [1992] § 15 Rn 19).

55 Die neuere Rechtsprechung bejaht vor diesem Hintergrund zwar noch die grundsätzliche Tauglichkeit des § 354 HGB als Grundlage eines von der Existenz eines
wirksamen Maklervertrags unabhängigen Provisionsanspruchs. Aber sie setzt das in
einer Weise um, die sich schwerlich mit den sonst anerkannten Grundsätzen zu § 354
HGB und zu den der Vorschrift insoweit als Anknüpfungspunkt dienenden §§ 677,
683, 670 BGB in Einklang bringen läßt. So verneint BGH WM 1981, 495 f einen
zusätzlichen Provisionsanspruch aus § 354 HGB gegen den Hauptvertragspartner
seines Auftraggebers, weil der Wille des Maklers, auch für ihn zu handeln, diesem
gegenüber nicht erkennbar geworden sei (vgl auch BGH JR 1953, 424; WM 1986, 1502,
1503). Das paßt offenbar nicht zu der im Recht der Geschäftsführung ohne Auftrag

herrschenden Ansicht, daß sich bei einem auch – objektiv – **fremden Geschäft der Fremdgeschäftsführungswille im Zweifel von selbst** versteht (statt aller BGHZ 38, 270; 40, 28; vgl auch OLG Frankfurt AIZ 1987 H 12 A 121 Bl 29). Denn daß der Nachweis eines Verkaufs- und eines Kaufinteressenten, wenn man ihn entgegen der hier vertretenen Auffassung überhaupt für Fremdgeschäftsführung hält (Vorbem 4), objektiv beiden Seiten dient, und zwar in für beide erkennbarer Weise, läßt sich schlechterdings nicht bestreiten. Wenn der BGH gleichwohl abweichend entscheidet, so tut er dies offenbar deshalb, weil er die Aushöhlung der Anforderungen an den wirksamen Abschluß eines Maklervertrags mit dem bereits im Auftrag handelnden Makler über die inhaltsgleiche Wirkung des § 354 HGB vermeiden will, die anderenfalls im Verkehr von Maklern mit Kaufmannseigenschaft und Maklerkunden droht (vgl auch Münch-Komm/SCHWERDTNER § 652 Rn 101 aE). Nicht zufällig erwägt der BGH in WM 1981, 495, die Anwendbarkeit von § 354 HGB in Analogie zu § 93 Abs 2 HGB auf die Handelsmakler im Rahmen von Handelsmaklergeschäften zu beschränken (kritisch dazu SCHWERDTNER 130 f). Für Handelsmaklergeschäfte ist nämlich nach § **99 HGB** vorbehaltlich abweichender Vereinbarung (einschließlich eines abweichenden Ortsgebrauchs) ein Provisionsanspruch gegen beide Parteien des Hauptvertrags vorgesehen, obwohl der Maklervertrag nur mit einer Seite abgeschlossen wird. Insoweit wird also der „Abschlußmechanismus" des Maklervertragsrechts nicht – jedenfalls nicht im Widerspruch zum gesetzlichen Regelungsprogramm – unterlaufen. Freilich liefert § 99 HGB zugleich ein Argument gegen die Anwendung des § 354 HGB im Maklerrecht (und damit für die hier vertretene Ablehnung des Geschäftsbesorgungscharakters der Maklerleistung, vgl Vorbem 4). Denn für denjenigen, der § 354 HGB im Maklerrecht anwendet, muß § 99 HGB als eine überflüssige Norm erscheinen. Umgekehrt spricht die Existenz des § 99 HGB dafür, daß sich seine Rechtsfolge nicht schon aus § 354 HGB ergeben kann.

Mit einem weiteren Konflikt zwischen dem Abschlußmechanismus des Maklervertragsrechts und der Anwendung des § 354 HGB hat sich das OLG Schleswig (AIZ 1988 H 11 A 103 Bl 34) auseinandergesetzt. Die Weigerung von BGH WM 1985, 1344 f, die Nutzung einer vom Makler **unaufgefordert nachgewiesenen Vertragsgelegenheit** durch den Interessenten als Annahme des Angebots zum Abschluß eines Maklervertrags anzuerkennen (vgl Rn 8, 13), liefe offenbar weitgehend leer, wenn der Makler mit Kaufmannseigenschaft die Vergütung der „aufgedrängten Maklerleistung" (MünchKomm/SCHWERDTNER § 652 Rn 36) nach § 354 HGB trotzdem beanspruchen könnte. Das hat auch das OLG Schleswig so gesehen. In seinem Bemühen, dieser von BGH WM 1985, 1344, 1346 noch offen gelassenen Konsequenz zu entgehen, ist das OLG indessen ähnlich mit den für § 354 HGB sonst gültigen Regeln kollidiert wie BGH WM 1981, 495. Wenn der Makler einem Kaufinteressenten ein Kaufobjekt nachweist, dann handelt er (vorausgesetzt, es liegt überhaupt Fremdgeschäftsführung vor) entgegen der Ansicht des OLG nicht nur im Interesse des verkaufswilligen Eigentümers, sondern auch im Interesse des Kaufinteressenten selbst. Und mit dem Nachweis ist der Kaufinteressent, wie spätestens der nachfolgende Abschluß des Hauptvertrags zeigt, auch durchaus einverstanden. Nicht einverstanden ist er lediglich mit der Pflicht zur Zahlung der Provision, die nach § 354 HGB die gesetzliche Folge der berechtigten Geschäftsführung ohne Auftrag darstellt, also nicht schon ihrerseits vom Willen des Geschäftsherrn umfaßt sein muß, damit eine berechtigte Geschäftsführung ohne Auftrag angenommen werden kann. Einen wirklichen Ausweg aus der Gefahr inkonsistenter Ergebnisse weist auch hier allein die Einsicht, daß die Maklerleistung ihrer Eigenart nach **keine Geschäftsbesorgung** oder Dienstleistung im Sinne des § 354 HGB ist (Vorbem 4).

V. Die Beendigung des Maklervertrags

1. Die normale Beendigung

57 a) Der Maklervertrag **auf unbestimmte Zeit** ist nach herrschender, an das Auftragsrecht (§ 671) angelehnter Terminologie für den Auftraggeber jederzeit frei widerruflich, für den Makler jederzeit frei kündbar. Das Widerrufsrecht des Auftraggebers entspricht seiner umfassenden, durch den Maklervertrag nicht angetasteten Entschließungsfreiheit hinsichtlich des Abschlusses des Hauptvertrags. Es kann fristlos ausgeübt werden, weil ein Anpassungsinteresse des nicht zur Nachweis- bzw Vermittlungstätigkeit verpflichteten Maklers entfällt (BGH NJW 1967, 198; WM 1986, 72, 73; OLG Hamm NJW 1966, 887). Die ebenfalls fristlos mögliche Kündigung des Maklers vollzieht sich durch empfangsbedürftige Willenserklärung, die gerade wegen der fehlenden Tätigkeitspflicht freilich nicht schon darin gesehen werden kann, daß der Makler seine Nachweis- bzw Vermittlungsbemühungen in einer für den Auftraggeber erkennbaren Weise einstellt (MünchKomm/SCHWERDTNER § 652 Rn 48; aA WERNER JurA 1970, 353, 373). Dem kann praktische Bedeutung zukommen, wenn der Makler später doch noch eine Vertragsgelegenheit nachweist, die der Auftraggeber nutzt. Der Auftraggeber kann sich dann nicht wegen „aufgedrängter Maklerleistung" unter Berufung auf das Fehlen eines Maklervertrags der Provisionszahlungspflicht entziehen, sondern muß den Nachweis noch als Leistung auf den früher abgeschlossenen Maklervertrag gelten lassen. Der Reformentwurf hat in § 653 a Abs 1 die Anlehnung an die Terminologie des Auftragsrechts – Widerrufsrecht des Auftraggebers, Kündigungsrecht des Maklers – aufgegeben, aber den geltenden Rechtszustand bestätigt, indem er für beide Seiten ein jederzeit ausübbares Kündigungsrecht vorgesehen hat (BT-Drucks 10/1014, S 4). Das entspricht dem hier vertretenen Standpunkt (Vorbem 4), daß der Maklervertrag kein Geschäftsbesorgungsvertrag ist, sondern eine Geschäftsbeziehung mit kaufähnlichem Schlußakt begründet.

58 b) Der Maklervertrag **auf bestimmte Zeit** endet durch Fristablauf, Aufhebungsvertrag oder Kündigung aus wichtigem Grund. BGH NJW 1983, 1847, 1848 nimmt einen konkludenten Aufhebungsvertrag an, wenn der Makler nach dem Nachweis eines Verkaufsinteressenten dem Auftraggeber sein Eigeninteresse an dem Objekt erklärt und ihm den Nachweis anderer Vertragsgelegenheiten anbietet, so daß der an seiner Kaufabsicht festhaltende Auftraggeber dem Verkaufsinteressenten mit Rücksicht auf die Konkurrenz des Maklers einen höheren Kaufpreis offerieren muß. Der Auftraggeber soll die Erklärung des Maklers in einem solchen Fall nach Treu und Glauben (§ 157) dahin auffassen dürfen, daß dieser aus dem Maklervertrag rückwirkend, dh mit der Folge des Wegfalls des Provisionsanspruchs bei Zustandekommen des Hauptvertrags infolge des Nachweises, entlassen werden will. Das entscheidende Argument für diese, auf den ersten Blick etwas überraschende Auslegung dürfte darin liegen, daß der Makler als heimlicher Konkurrent des Auftraggebers den Provisionsanspruch nach hM analog § 654 verwirkt (BGH WM 1978, 245; ausführlich und kritisch dazu § 654 Rn 9 ff). Wenn aber die heimliche Konkurrenz die Voraussetzungen der für die Analogie zu § 654 geforderten eklatanten Treuwidrigkeit erfüllt, muß in der Tat die offene (oder angekündigte) Konkurrenz aus der Sicht des Auftraggebers bedeuten, daß der Makler sich von seiner Treubindung und damit konsequenterweise auch von den Rechten aus dem Maklervertrag lösen will (vgl auch SCHWERDTNER 49 f).

c) Die **freie Widerruflichkeit** (Kündbarkeit) des Maklervertrags auf unbestimmte **59** Zeit ist **abdingbar**. Die Grenzen dieser Abdingbarkeit können im Fall des **einfachen Maklervertrags** großzügig bemessen werden, weil die Entschließungsfreiheit des Auftraggebers unangetastet bleibt. Aus dem gleichen Grund ist es vertretbar, die Abbedingung durch AGB zuzulassen (OLG München DB 1967, 504 f). Zwar ist der unwiderrufliche einfache Maklervertrag für den Auftraggeber nicht völlig problemlos, wird er dadurch doch uU im Fall der Einschaltung anderer Makler zu Provisionszahlungen an mehrere gezwungen, die für das Zustandekommen des Maklervertrags mitursächliche Nachweise geliefert haben. Indessen dürfte das unentziehbare außerordentliche Kündigungsrecht (BGH NJW 1969, 1626 f) ausreichen, den Auftraggeber vor unzumutbaren Verhältnissen zu schützen (WERNER JurA 1970, 353, 373; aA MünchKomm/SCHWERDTNER § 652 Rn 50). Im Fall des **Alleinauftrags** (Vorbem 8) ist einerseits die Beschränkung der freien Widerruflichkeit auch ohne ausdrückliche Abrede anzunehmen. Die mit dem Alleinauftrag verbundene Tätigkeitspflicht des Maklers macht nach Treu und Glauben mit Rücksicht auf die Verkehrssitte (§ 157) eine an dem Zeitbedarf für eine erfolgversprechende Tätigkeit orientierte Mindestlaufdauer notwendig (SCHMIDT-SALZER DB 1969, 1091, 1093). Entsprechend ist der Widerruf nur mit der Wirkung möglich, daß der Alleinauftrag nach Ablauf einer angemessenen Frist erlischt (LG Nürnberg-Fürth AIZ 1984 H 8 A 112 Bl 2; MünchKomm/SCHWERDTNER § 652 Rn 270). Andererseits darf die ausdrückliche Beschränkung des Widerrufs mit Rücksicht auf das Interesse des Auftraggebers an der Einschaltung anderer Makler bei Erfolglosigkeit des Alleinbeauftragten nicht unangemessen sein, widrigenfalls Nichtigkeit des Alleinauftrags nach § 138 Abs 1 wegen sittenwidriger Knebelung eintritt (vgl Rn 48). Die Rechtsprechung hat für einen normalen Grundstücksvermittlungsauftrag Bindungen von 6−8 Monaten als noch angemessen erachtet (OLG München NJW 1969, 1630 f), bei schwierigen Aufträgen aber auch 3 (BGH WM 1976, 533, 534) und sogar 5 (BGH WM 1974, 257, 260) Jahre hingenommen. Der Reformentwurf hat in § 653 a Abs 2 S 2, 3 für den Regelfall nach 6 Monaten Laufdauer des Alleinauftrags ein jederzeitiges fristloses Kündigungsrecht des Auftraggebers vorgesehen, das lediglich ausgeschlossen werden können sollte, soweit „dies wegen der Art oder des Gegenstandes des zu vermittelnden oder nachzuweisenden Vertrages erforderlich ist".

Soweit der **Widerruf** des Maklervertrags **zulässigerweise ausgeschlossen** ist, ist der **60** gleichwohl ausgesprochene Widerruf des Auftraggebers unwirksam, nicht etwa nur pflichtwidrig mit der Folge der Schadensersatzpflichtigkeit (BGH WM 1970, 1457, 1459; OLG München NJW 1969, 1630 f; aA OLG München DB 1967, 504 f). Stets bleibt aber das außerordentliche Kündigungsrecht (BGH NJW 1969, 1626 f). Dieses greift zB ein, wenn der Makler trotz Tätigkeitspflicht (Alleinauftrag) untätig bleibt (WERNER JurA 1970, 353, 373 f), dem Auftraggeber bewußt ohne entsprechende Warnung einen unseriösen oder zahlungsunfähigen Interessenten zuführt (BGH WM 1970, 1457) oder sonst die Interessen des Auftraggebers in schwerwiegender Weise gefährdet (BGH NJW 1969, 1626, 1627). Kein wichtiger Grund zur Kündigung ergibt sich nach OLG Köln DB 1960, 1125, 1126 daraus, daß gegen den Makler ein Haftbefehl wegen nicht mit seiner Maklertätigkeit zusammenhängender Vorgänge ergangen ist. Die Ausschlußfrist des § 626 Abs 2 S 1 gilt nicht für den Maklervertrag, und zwar auch nicht für den Maklervertrag in der Erscheinungsform des Alleinauftrags. Das folgt freilich entgegen SCHWERDTNER (MünchKomm/SCHWERDTNER § 652 Rn 276 aE) nicht erst aus einer teleologischen Reduktion des § 626 Abs 2 S 1, sondern bereits daraus, daß der Maklervertrag einschließlich des Alleinauftrags kein Dienstvertrag ist (Vorbem 4, 11). Soweit ein (Makler-) Dienstvertrag iS eines Austauschs von Dienstleistung (Nachweisbemühungen, Vermittlungsbemühungen) gegen Entgelt vorliegt, ist § 626 Abs 2 S 1 selbstverständlich anwendbar.

2. Besondere Beendigungsgründe

61 a) Der **Tod des Maklers** beendet den Maklervertrag jedenfalls dann nicht, wenn er mit einem Maklerbüro abgeschlossen worden ist, das nach dem Tode des Inhabers fortgesetzt wird (vgl DYCKERHOFF/BRANDT 23). Denn die Maklerleistung ist im Zweifel keine höchstpersönliche Leistung; Analogien zu den §§ 613, 673 sind entgegen der hM (BGH NJW 1965, 964; vgl auch MünchKomm/SCHWERDTNER § 652 Rn 52) fehl am Platze. Selbstverständlich kann Höchstpersönlichkeit der Maklerleistung vereinbart werden, und eine solche Vereinbarung kann sich auch aus den Umständen ergeben. Erlischt der Maklervertrag und wird aufgrund eines Nachweises des verstorbenen Maklers danach der Hauptvertrag abgeschlossen, so entsteht der Provisionsanspruch in der Person der Erben und fällt in den Nachlaß (BGH NJW 1965, 964; WM 1976, 503, 505). Das gleiche gilt, soweit der Hauptvertrag aufgrund des Nachweises eines anderen Maklers zustande kommt, den der Auftraggeber in Verletzung eines Alleinauftrags des verstorbenen Maklers mit wirksamer Hinzuziehungsklausel (vgl dazu Rn 202 ff) eingeschaltet hat (BGH NJW 1965, 964; SCHWERDTNER 51).

62 Der **Tod des Auftraggebers** beendet den Maklervertrag regelmäßig nicht, es sei denn, der Maklervertrag ist seinem Inhalt nach dazu bestimmt, persönliche Bedürfnisse des Auftraggebers zu befriedigen. Auch nicht beendet wird der Maklervertrag durch den Eintritt der Geschäftsunfähigkeit des Auftraggebers (MünchKomm/SCHWERDTNER § 652 Rn 53; SOERGEL/MORMANN § 652 Rn 13). Ist der freie Widerruf des Maklervertrags – wie vor allem beim Alleinauftrag – ausgeschlossen, so können die Erben bzw der Vormund den Maklervertrag aus wichtigem Grund kündigen, wenn die Fortsetzung durch den Tod bzw die Geschäftsunfähigkeit des Auftraggebers unzumutbar geworden ist. Freilich ist ein solcher Fall angesichts der Entschließungsfreiheit auf der Auftraggeberseite praktisch kaum vorstellbar (aA GLASER DB 1965, 697).

63 b) Mit dem **Konkurs des Auftraggebers** soll der Maklervertrag nach hM (MünchKomm/SCHWERDTNER § 652 Rn 55; ERMAN-WERNER Vor § 652 Rn 38) erlöschen. Ganz offenbar bezieht man sich dabei auf § 23 KO, der das Erlöschen vom Gemeinschuldner erteilter unentgeltlicher und entgeltlicher Geschäftsbesorgungsverträge anordnet. Dem ist nicht zu folgen. Wirtschaftlich betrachtet, ist der Maklervertrag unbeschadet seiner dogmatischen Struktur als eines einseitig verpflichtenden Vertrags Kauf eines Ermittlungs- bzw Vermittlungserfolgs (Vorbem 4). Mit Rücksicht auf die gerade im Konkurs gebotene wirtschaftliche Betrachtungsweise ist deshalb nicht der (ebenfalls nur analog heranziehbare) § 23 KO, sondern § 17 KO analog anzuwenden. Der Konkursverwalter kann also wählen, ob er an dem Vertrag festhalten oder davon Abstand nehmen will (ebenso DYCKERHOFF/BRANDT 24). Das gilt unabhängig davon, ob der Maklervertrag ein einfacher Maklervertrag oder ein Alleinauftrag ist. Entschei-

det sich der Konkursverwalter gegen ein Festhalten an dem Maklervertrag, so
entsteht allerdings – anders als in den wirklichen Kauffällen – keine Konkursforderung des Maklers. Da der Makler ohne Abschluß des Hauptvertrags keinen
Anspruch auf die Provision hat, kann die Nichterfüllung keinen unter § 26 S 2 KO
subsumierbaren Anspruch begründen.

c)　Der **Konkurs des Maklers** läßt den Maklervertrag unberührt (MünchKomm/ **64**
SCHWERDTNER § 652 Rn 55). Ob er in die Konkursmasse fällt (so MünchKomm/SCHWERDT-
NER § 652 Rn 55) oder außerhalb bleibt, hängt von seinem Inhalt, nämlich davon ab, ob
die Maklerleistung als höchstpersönliche vereinbart ist oder nicht. In der ersten
Alternative bleibt der Gemeinschuldner Maklervertragspartei. Kommt der Hauptvertrag infolge des Nachweises oder der Vermittlung des Gemeinschuldners
zustande, so entsteht der Provisionsanspruch grundsätzlich als konkursfreier Neuer-
werb. Davon macht die hM eine Ausnahme, soweit der höchstpersönliche Charakter
der Maklerleistung sich nach dem maßgeblichen Zeitpunkt, der Eröffnung des Konkursverfahrens, nicht mehr auszuwirken vermag, weil die Nachweis- oder Vermittlungsleistung einschließlich der Unterrichtung des Auftraggebers erbracht worden
ist. In diesem Fall – aber auch nur in diesem Fall – gehört der Maklervertrag trotz
seines höchstpersönlichen Charakters zur Konkursmasse, so daß mit dem Zustandekommen des Hauptvertrags der Provisionsanspruch als Bestandteil des Konkursver-
mögens entsteht (BGH NJW 1974, 2277, 2278 mit Nachweisen). Generell wird der
Konkursverwalter mit der Konkurseröffnung Maklervertragspartei im Falle von
Maklerverträgen ohne höchstpersönlichen Charakter. Ist der Gemeinschuldner zB
Inhaber einer Immobilienfirma mit Angestellten, so wird diese einschließlich ihres
Vertragsbestandes von dem Konkursverwalter bis zur Verwertung fortgeführt. Provisionsansprüche infolge der von der Firma nach Konkurseröffnung entfalteten
Nachweis- und Vermittlungstätigkeit kommen dann der Konkursmasse selbstver-
ständlich zugute, mögen die Maklerverträge vor der Konkurseröffnung abgeschlos-
sen worden sein oder nicht.

VI.　Die Provisionszahlungspflicht des Auftraggebers

1.　Bestehen eines Maklervertrags

Erste Voraussetzung für die Provisionszahlungspflicht des Auftraggebers ist eine **65**
wirksame **vertragliche Grundlage** der Maklertätigkeit. Entgegen der hM läßt sich
weder aus § 354 HGB (vgl dazu Rn 54 f) noch aus § 812 Abs 1 S 1, 1. Alt (vgl dazu
Rn 52 f) ein gesetzlicher Anspruch des Maklers auf Provision ableiten. Nicht erforderlich ist allerdings, daß der Maklervertrag im Zeitpunkt des Zustandekommens
des Hauptvertrags noch besteht. Es genügt, daß der Makler während der Laufdauer
des Maklervertrags seine Nachweis- bzw Vermittlungstätigkeit erbracht hat (Münch-
Komm/SCHWERDTNER § 652 Rn 99; ERMAN/WERNER § 652 Rn 30; BGH NJW 1966, 2008; NJW
1969, 1626, 1627). Anderenfalls könnte sich ein Auftraggeber der Provisionszahlungspflicht durch den (grundsätzlich freien) Widerruf des Maklervertrags nach dem
Nachweis bzw der Vermittlung und vor dem Abschluß des Hauptvertrags oder durch
Zuwarten mit dem Abschluß des Hauptvertrags bis zum Ende der Laufdauer des
Maklervertrages nach Belieben entziehen (vgl LG Braunschweig AIZ 1987 H 10 A 121 Bl
28). Auch soweit ein unwiderruflicher Maklervertrag infolge der Kündigung des Auftraggebers aus wichtigem Grund vorzeitig beendet worden ist, gilt nichts anderes.

Einen Einfluß des der Kündigung zugrundeliegenden Fehlverhaltens des Maklers auf den Provisionsanspruch kann es allenfalls über die Analogie zu § 654 (vgl § 654 Rn 8 ff) geben (aA LG Dortmund NJW 1979, 1711). Im Versicherungsbereich beschränkt sich die Provision bei Wegfall der Betreuungstätigkeit vor dem Zustandekommen des vermittelten Versicherungsvertrags infolge Maklerwechsels üblicherweise auf 50% der Gesamtprovision. Jedoch ist die Beendigung der Zusammenarbeit zwischen Versicherungsunternehmen und Makler noch nicht mit dem Wegfall der Betreuungstätigkeit des Maklers für die von ihm vermittelten Versicherungsverträge gleichzusetzen (AG München BB 1993, 2270).

2.   Das Zustandekommen des Hauptvertrags

a)   Wirtschaftliche Gleichwertigkeit des zustande gekommenen mit dem lt Maklervertrag beabsichtigten Hauptvertrag

66 Zweite Voraussetzung der Provisionszahlungspflicht des Auftraggebers ist das **Zustandekommen** des **beabsichtigten** Hauptvertrags.

aa)   Was der **beabsichtigte Hauptvertrag** ist, ergibt sich im Wege der **Auslegung des Maklervertrags**. Dabei entscheidet freilich nicht der Buchstabe, sondern das aus dem Maklervertrag ersichtliche **wirtschaftliche Ziel** des Auftraggebers (BGH WM 1973, 814, 815; WM 1978, 983; NJW 1982, 2662, 2663). Wirtschaftlich unbedeutende Abweichungen von den im Maklervertrag fixierten Vorstellungen spielen keine Rolle (BGH AIZ 1960, 154; KG NJW 1961, 512; OLG Karlsruhe AIZ 1990 H 5 A 133 Bl 16). Das entspricht der Interessenlage zwischen Makler und Auftraggeber: Der Auftraggeber erhält den Vorteil, auf den es ihm angekommen ist; der Makler wird davor geschützt, daß der Auftraggeber sich durch Veränderung der vorgesehenen Konstruktion in unwesentlichen Details der Provisionszahlungspflicht entzieht. Selbstverständlich ist der Auftraggeber nicht gehindert, detaillierte **wirtschaftliche Vorstellungen** zu entwickeln und diese als für ihn wesentlich in den Maklervertrag einzubringen. Nicht eine abstrakte Verkehrsanschauung, sondern der Inhalt des Maklervertrags liefert den Maßstab dafür, ob Abweichungen wesentlich oder unwesentlich sind (BGH WM 1987, 510, 511; SCHMIDT-SALZER DB 1969, 1091). Umgekehrt kann der Makler – wenn auch nicht durch Formularvertrag oder AGB, sondern nur durch Individualvereinbarung (Rn 74 aE) – eine Regelung im Maklervertrag durchsetzen, die die Provisionszahlungspflicht auf den Nachweis bzw die Vermittlung von Vertragsgelegenheiten erstreckt, die objektiv der vom Auftraggeber angestrebten nicht gleichwertig sind. Soweit der Maklervertrag nichts anderes besagt – aber auch nur dann –, kommt es für die wirtschaftliche Gleichwertigkeit vor allem darauf an, ob der nachgewiesene bzw vermittelte Hauptvertrag im Verhältnis zu dem im Maklervertrag vorausgesetzten **drückendere Pflichten auferlegt oder weniger Vorteile gewährt** (RGZ 115, 266, 270; BGH WM 1984, 342; OLG Hamm NJW 1959, 2167; KG NJW 1961, 512; OLG Zweibrücken OLGZ 1977, 212, 213 f). Problematisch ist, ob nur die **offene**, dh die sich schon aus dem Inhalt des Hauptvertrags ergebende ober ob auch die **verdeckte**, dh die sich erst aus der tatsächlichen Beschaffenheit von Vertragspartner und/oder -gegenstand ergebende wirtschaftliche Ungleichwertigkeit maßgebend ist. Die hM befürwortet die erste Alternative (keine Provisionsschädlichkeit von Durchführungshindernissen, vgl BGH NJW-RR 1993, 248 f; DEHNER/ZOPFS Rn 39), ohne sie konsequent durchzuhalten (vgl auch DEHNER NJW 1993, 3236, 3238–3240). So wird zB von KG OLGZ 1985, 367, 369 die wirtschaftliche Ungleichwertigkeit daraus abgeleitet, daß der nachgewiesene Hauptvertragspartner nicht der verfügungsberechtigte Eigentümer des Vertragsgegenstandes gewesen ist. In der Tat will der Auftraggeber im Zweifel den realen Nutzen entgelten, den ihm der Nachweis bzw die Vermittlung verschafft. Soweit der Hauptvertrag von vornherein nicht hält, was er verspricht, kann es deshalb nicht auf den Schein, sondern muß es auf das Sein ankommen. Die Provisionspflicht aufgrund des Zustandekommens des Hauptvertrags besagt nur, daß **danach begründete** Durchführungsmängel oder -hindernisse den Makler nichts mehr angehen.

Wenn der Auftraggeber die vom Makler nachgewiesene bzw vermittelte Vertragsge- **67** legenheit trotz erkannter wesentlicher Abweichung vom beabsichtigen Hauptvertrag nutzt, soll der Maklervertrag nach zT vertretener Ansicht konkludent abgeändert werden, so daß der Auftraggeber im Ergebnis doch die Provision schuldet (vgl SOERGEL/MORMANN § 652 Rn 20). Letztlich würde das darauf hinauslaufen, daß die Wesentlichkeit oder Unwesentlichkeit der Abweichung des zustande gekommenen vom beabsichtigten Maklervertrag gleichgültig wäre. Die Provisionszahlungspflicht des Auftraggebers würde immer entstehen, wenn infolge des Nachweises oder der Vermittlung des Maklers ein Hauptvertrag des Auftraggebers mit einem Dritten abgeschlossen wird (so richtig MünchKomm/SCHWERDTNER § 652 Rn 105 a). Tatsächlich bedeutet die bloße Nutzung der nicht vertragsmäßigen Nachweis- bzw Vermittlungsleistung indessen genausowenig Annahme eines mit dem Nachweis bzw der Mitteilung über die Vermittlung verbundenen Änderungsangebots des Maklers, wie die bloße Nutzung der unverlangten Nachweis- bzw Vermittlungsleistung Annahme des damit verbundenen erstmaligen Maklervertragsangebots bedeutet (vgl Rn 8, 13). Will der Makler auch für den nicht vertragsgemäßen Nachweis bzw die nicht vertragsgemäße Vermittlung Provision erhalten, so muß er die Änderung des Maklervertrags anbieten und die Annahme des Angebots abwarten, bevor er seine Leistung erbringt. Das muß selbstverständlich nicht ausdrücklich geschehen, sondern kann sich stillschweigend daraus ergeben, daß „sich der Auftraggeber eine weitere Tätigkeit des Maklers gefallen läßt, obwohl bereits feststeht, daß das ursprünglich beabsichtigte Geschäft nicht oder nicht zu den in Aussicht genommenen Bedingungen zustande kommen kann" (MünchKomm/SCHWERDTNER § 652 Rn 105 a). Das Vorhandensein einer Geschäftsverbindung begründet die berechtigte Erwartung des Maklers, daß der Auftraggeber unter solchen Umständen eine Vertragsänderung ausdrücklich ablehnt, wenn er damit nicht einverstanden ist (vgl auch OLG Düsseldorf JR 1968, 25, 26; OLG Karlsruhe AIZ 1990 H 5 A 133 Bl 16; SCHWERDTNER 85). Auch kann der Makler es als Angebot auf Änderung des Maklervertrags auffassen, wenn der Auftraggeber sich davon abweichende Vertragsgelegenheiten von ihm besonders erläutern und zugänglich machen läßt (DEHNER/ZOPFS Rn 33 unter Hinweis auf das unveröffentlichte und vom BGH durch Nichtannahme der Revision bestätigte Urteil des OLG Köln – 24 U 73/92 – vom 3. 11. 1992)

bb) Der zustande gekommene Hauptvertrag ist dem beabsichtigten in der Regel **68** nicht wirtschaftlich gleichwertig, wenn die **Geschäftsart** nicht übereinstimmt. Der Nachweis bzw die Vermittlung eines Miet- statt eines Kaufvertrags oder umgekehrt begründet keinen Provisionsanspruch (BGH AIZ 1976, 117; WM 1973, 814; WM 1976, 29, 30). Anders kann es uU sein, wenn Nachweis bzw Vermittlung statt eines (Raten-)Kaufs einen Leasingvertrag zustande bringen (vgl auch BGH WM 1978, 983). Denn der Leasingvertrag tritt in der Praxis vielfach aus steuerlichen Gründen ohne Änderung des wirtschaftlichen Zwecks an die Stelle des Kaufvertrags (vgl K SCHMIDT,

Handelsrecht 1024). Ebenfalls keinen Provisionsanspruch begründet der auf zwei Jahre befristete Untermietvertrag über ein Ladenlokal, wenn die Provision für den Nachweis der Gelegenheit zur (unbefristeten) Anmietung eines Ladenlokals versprochen worden ist (LG Münster NJW-RR 1992, 54 f). Nicht einmal eine Frage der wirtschaftlichen Gleichwertigkeit zwischen zustande gekommenem und beabsichtigtem Hauptvertrag ist nach BGH NJW 1990, 2744; 1992, 2568 die Provisionspflichtigkeit des Erwerbs in der Zwangsversteigerung auf der Grundlage eines Maklervertrags, der die Provisionspflichtigkeit eines solchen Erwerbs nicht individualvertraglich (!) besonders regelt. Vielmehr soll es insoweit bereits am Tatbestand des § 652 (Nachweis der Gelegenheit zum Abschluß eines Vertrags) fehlen. Demgegenüber sprechen die besseren Gründe für die frühere Rechtsprechung (BGH WM 1969, 884 f), die ein Problem der wirtschaftlichen Gleichwertigkeit angenommen hat (vgl Rn 34). Und diese ist im Hinblick auf die Geschäfts**art** zu bejahen (offen BGH WM 1969, 884 f: jedenfalls Möglichkeit der Gleichstellung durch AGB; dafür: OLG München AIZ 1981 H 6 A 139 Bl 1; OLG Frankfurt WM 1986, 1006; dagegen: KG NJW 1961, 512, 514; OLG Nürnberg AIZ 1966, 17 f). Scheitern kann die wirtschaftliche Gleichwertigkeit wegen des Geschäfts**inhalts** (vgl auch OLG Frankfurt 1986, 1006, 1007): Ist das Bargebot höher als der in Aussicht genommene Kaufpreis oder belastet die Pflicht zur Bereitstellung des Erstehungspreises stärker als die in Aussicht genommene Zahlungsmodalität, so fehlt es an der wirtschaftlichen Gleichwertigkeit. Nicht wirtschaftlich gleichwertig ist grundsätzlich auch der Erwerb von 1/3 eines Grundstücks und die Übernahme der Gesellschaft, der die restlichen 2/3 gehören, statt des beabsichtigten Kaufs des Grundstücks insgesamt. Eine Ausnahme kommt nur in Betracht, falls sich das (Aktiv- und Passiv-) Vermögen der Gesellschaft in dem Grundstücksanteil erschöpft (vgl OLG Hamburg AIZ 1984 H 9 A 133 Bl 3).

69   **cc)** Der zustande gekommene Hauptvertrag kann dem beabsichtigten uU auch deshalb nicht gleichwertig sein, weil die vorausgesetzten und die wirklichen **Geschäftspartner** nicht übereinstimmen. Der Makler verdient danach die Provision nicht, wenn infolge des Nachweises der Grundstückskaufvertrag statt mit dem Eigentümer oder doch wenigstens mit einer sonstigen verfügungsberechtigten Person mit jemandem zustande kommt, der sich zu Unrecht als Eigentümer ausgibt und daher den Kaufvertrag nicht oder doch erst nach einem Zwischenerwerb zu erfüllen vermag (KG OLGZ 1985, 367, 369; OLG Karlsruhe NJW-RR 1994, 508; vgl aber auch BGH AIZ 1991 H 2 A 103 Bl 50 und oben Rn 32). Andererseits kann die Person des Geschäftsgegners generell unerheblich sein. So scheitert die wirtschaftliche Gleichwertigkeit des Erwerbs im Wege der Zwangsversteigerung mit dem Erwerb im Wege des freihändigen Kaufs (vgl Rn 68) auf keinen Fall daran, daß Geschäftsgegner des Auftraggebers in der Zwangsversteigerung nicht der Eigentümer, sondern der Versteigerer ist (vgl auch WERNER JurA 1970, 353, 358). Praktisch bedeutsam ist, daß die wirtschaftliche Gleichwertigkeit auch fehlen kann, wenn dem nachgewiesenen bzw vermittelten Vertragspartner verkehrswesentliche (vertragswesentliche) Eigenschaften abgehen (aA wohl die hM, vgl Rn 66 aE). Zwar entfällt der Provisionsanspruch bereits mangels Wirksamkeit des Hauptvertrags, wenn zB der Auftraggeber und Verkäufer den vermittelten Kreditkaufvertrag wegen Irrtums über die Kreditwürdigkeit des Käufers nach § 119 Abs 2 angefochten hat. Die mangelnde wirtschaftliche Gleichwertigkeit zwischen dem beabsichtigten Kreditkaufvertrag mit einem kreditwürdigen und dem zustande gekommenen Kreditkaufvertrag mit einem kreditunwürdigen Käufer wird aber wichtig, wenn der Auftraggeber die Anfechtungsfrist (§ 121) verpaßt oder – aus

welchen Gründen auch immer – auf die Anfechtung verzichtet. Denn die dadurch
bedingte endgültige Wirksamkeit des Kaufvertrags läßt seine Ungleichwertigkeit im
Vergleich mit dem im Maklervertrag vorausgesetzten Hauptvertrag unberührt (vgl
auch KG OLGZ 1985, 367, 369).

Im einzelnen fehlt die wirtschaftliche Gleichwertigkeit zwischen beabsichtigtem und **70**
zustande gekommenem Hauptvertrag, wenn statt des Auftraggebers, konkret: einer
AG, deren Aufsichtsratsvorsitzender die vom Makler nachgewiesene Vertragsgelegenheit nutzt. Das gilt nach OLG Hamburg AIZ 1984 H 9 A 120 Bl 7 ohne Rücksicht
darauf, daß der Aufsichtsratsvorsitzende die AG **beherrscht**. Dem ist mit der Einschränkung zuzustimmen, daß der Erwerb des Aufsichtsratsvorsitzenden der AG
doch zugerechnet werden muß, wenn dieser der alleinige Gesellschafter ist und deshalb Interessen von Minderheitsgesellschaftern der **Identifikation** von Gesellschafter
und Gesellschaft nicht entgegenstehen (vgl für das Verhältnis Vertriebs- und Betriebsgesell-
schaft OLG Koblenz WM 1984, 1191, 1193). Wo umgekehrt nicht der erwerbende Dritte
den Auftraggeber, sondern der Auftraggeber den Dritten beherrscht, nimmt die
Rechtsprechung dagegen zu Recht wirtschaftliche Gleichwertigkeit ohne Rücksicht
auf das Vorhandensein von Minderheitsbeteiligungen an. Denn insoweit ähnelt das
wirtschaftliche Interesse des Auftraggebers an dem zustande gekommenen Hauptvertrag demjenigen an dem laut Maklervertrag beabsichtigten (BGH MDR 1960, 283;
NJW 1976, 1844, 1845; WM 1978, 983, 985; WM 1984, 60; OLG Hamm WM 1984, 906). Nach
Ansicht des OLG Hamm AIZ 1988 H 1 A 133 Bl 11 ist die wirtschaftliche Gleichwertigkeit zwischen dem im Maklervertrag vorausgesetzten und dem zustande
gekommenen Hauptvertrag ebenfalls zu bejahen, wenn statt des Auftraggebers
allein eine BGB-Gesellschaft, bestehend aus dem Auftraggeber und einer weiteren
Person, das nachgewiesene Objekt erwirbt. Diese Auffassung ist schwerlich haltbar.
Denn sie läuft darauf hinaus, daß man die Hälfte als mit dem Ganzen wirtschaftlich
gleichwertig ausgibt. Ähnliche Bedenken richten sich gegen die umgekehrte
Annahme des BGH (IV ZR 120/90 – 28. 11. 1990 – zitiert nach Dehner NJW 1991, 3254, 3259),
der Erwerb durch einen Gesellschafter statt durch die Gesellschaft sei wirtschaftlich
gleichwertig und daher provisionspflichtig. Wie die gesellschaftsrechtliche kann auch
die familienrechtliche Verbindung zwischen dem Auftraggeber und dem Partner des
Hauptvertrags die wirtschaftliche Gleichwertigkeit zwischen dem beabsichtigten und
dem zustande gekommenen Hauptvertrag begründen. Das ist angenommen worden
für den Fall, daß statt des Auftraggebers (oder mit ihm zusammen) die Ehefrau oder
ein im Haushalt lebendes minderjähriges Kind das nachgewiesene bzw vermittelte
Hausgrundstück erwirbt (OLG Hamburg AIZ 1969, 42; LG Nürnberg-Fürth AIZ 1966, 18;
OLG Schleswig AIZ 1982 H 4 A 118 Bl 4; OLG Stuttgart AIZ 1987 H 12 A 133 Bl 10; OLG
Frankfurt AIZ 1993 H 5 A 145 Bl 29; LG Kaiserslautern AIZ 1990 H 2 A 133 Bl 13; OLG Koblenz
NJW-RR 1994, 824; vgl auch BGH WM 1984, 60). BVerfG NJW 1988, 2663 hat daran im
Prinzip nichts geändert. Denn das BVerfG verbietet nicht, die in der Normalehe
bestehende Lebens- und Wirtschaftsgemeinschaft zu berücksichtigen, sondern ver-
langt nur die Beachtung atypischer Fälle (nicht die Prüfung in jedem Einzelfall; aA
OLG Hamm NJW-RR 1988, 685 in Reaktion auf BVerfG NJW 1987, 2733). Selbstverständlich
kann im Maklervertrag vereinbart werden, daß der Auftraggeber die Provision ohne
Rücksicht auf die Existenz eines eigenen wirtschaftlichen Interesses auch im Falle
des Erwerbs einer bestimmten anderen Person schulden soll. Gibt der Auftraggeber
im Zusammenhang mit dem Abschluß des Maklervertrags zu erkennen, daß er das
Objekt für sich oder eine bestimmte andere Person sucht, so hat er im Falle des

(Mit-)Erwerbs dieser Person die Provision zu bezahlen (BGH WM 1984, 560, 561; WM 1991, 78; MünchKomm/SCHWERDTNER § 652 Rn 106). Provisionsunschädlich ist es auch, wenn der wirtschaftliche Erfolg beim Auftraggeber auf Umwegen eintritt, indem der Hauptvertrag von einem anderen abgeschlossen wird, der den Gegenstand an den Auftraggeber weitergibt (vgl BGH WM 1984, 342).

71 Nicht zu folgen ist der Ansicht, **Zurechnungskriterium** in den Fällen des Zustandekommens des Hauptvertrags mit einem Dritten statt mit dem Auftraggeber sei nicht das wirtschaftliche oder persönliche Interesse des Auftraggebers, sondern die spezielle **Gefährdung der Vertraulichkeit der Angaben des Maklers** (so MünchKomm/SCHWERDTNER § 652 Rn 109 a; sympathisierend wohl auch DEHNER NJW 1991, 3254, 3259). Die Provisionsansprüche des Maklers entgelten ausschließlich den Vorteil des Auftraggebers, der aus der Hilfe des Maklers beim Auffinden bzw Auswerten einer an sich gemeinfreien Gelegenheit erwächst. Dieser Vorteil entfällt, wenn weder der Auftraggeber noch seinem wirtschaftlichen Interesse verbundene Institutionen oder Personen den Hauptvertrag abschließen. Es bleibt allein ein grundsätzlich (vgl Rn 179) auf Ersatz des negativen Interesses gerichteter (BGH WM 1987, 632, 634; zu Unrecht aA OLG Stuttgart AIZ 1987 H 12 A 133 Bl 10) Schadensersatzanspruch, der den Nachteil des Maklers infolge der pflichtwidrigen Weitergabe seiner Informationen durch den Auftraggeber ausgleicht (vgl auch SCHEIBE BB 1988, 849, 857). Wer wegen des (vermuteten) Bruchs der Vertraulichkeit einen Provisionsanspruch gibt, behandelt die Kenntnis von der Vertragsgelegenheit in unhaltbarer Weise wie ein dem Makler zugeordnetes Gut mit dem Vermögenswert der Provision. Entsprechend abzulehnen sind die aus der unrichtigen Prämisse abgeleiteten Folgerungen: Wenn die wirtschaftliche oder persönliche Bindung zwischen dem Auftraggeber und dem statt seiner am Hauptvertrag Beteiligten nach der Nachweistätigkeit, aber vor Abschluß des Hauptvertrages beendet worden ist, entfällt der Provisionsanspruch (aA MünchKomm/SCHWERDTNER § 652 Rn 109 a; richtig OLG Hamm WM 1984, 906, 907; OLG Koblenz NJW-RR 1994, 180; SCHEIBE BB 1988, 849, 854 f). Zu weit geht es auch, den Hauptvertrag einer mit dem Auftraggeber in eheähnlicher Gemeinschaft lebenden Person ohne weiteres als wirtschaftlich gleichwertig einzustufen (unrichtig PALANDT/THOMAS § 652 Rn 31 unter unzutreffender Berufung auf BGH WM 1991, 78 = NJW 1991, 490: Im dort entschiedenen Fall war im Maklervertrag die Möglichkeit eines Miterwerbs der Lebensgefährtin vorgesehen, und darauf hebt der BGH auch entscheidend ab). Wenn der Partner allein mit seinen Mitteln das nachgewiesene Hausgrundstück oä erwirbt, hat der Auftraggeber nicht einmal wie im Parallelfall einer Ehe unter Gütertrennung einen Anspruch auf Mitbenutzung, sondern ist ausschließlich auf das Wohlwollen des anderen Teils angewiesen (aA MünchKomm/SCHWERDTNER § 652 Rn 110). Nicht ausreichend ist ebenfalls der Erwerb durch die Mutter (aA OLG Hamm AIZ 1988 H 10 A 133 Bl 12) oder den Schwiegervater (aA OLG Frankfurt AIZ 1991 H 7 A 133 Bl 22) des Auftraggebers. Gegen die allfällige Gefahr von Manipulationen zu seinen Lasten muß und kann der Makler sich dadurch schützen, daß er den Auftraggeber für den Fall der Nutzung der Vertragsgelegenheit durch Dritte infolge der Weitergabe der Information (wofür bei enger persönlicher Beziehung zwischen dem Dritten und dem Auftraggeber eine Vermutung sprechen mag) die Zahlung der Provision versprechen läßt. Dabei handelt es sich um eine Vertragsstrafe, die im Umkehrschluß zu § 11 Nr 6 AGBG in AGB vereinbart werden kann und mit Rücksicht auf die Schwere der Vertragsverletzung sowie die Möglichkeit eines entsprechend hohen Schadens (vgl BGH NJW 1983, 942 f; NJW 1984, 921) auch der Verhältnismäßigkeitskontrolle nach § 343 standhält (im

Ergebnis ebenso BGH WM 1987, 632, 633). Auch für den Fall von OLG München AIZ 1984 H 6 A 120 Bl 6 (ähnlicher Fall OLG Koblenz NJW-RR 1991, 881 ff) – privater Abschluß des Hauptvertrags durch den Geschäftsführer der Auftraggeber-GmbH – gilt nichts anderes. Zu Recht hat das OLG München eine Provisionszahlungspflicht sowohl auf der Seite der GmbH als auch auf der Seite des Geschäftsführers verneint. Die Annahme, auch der Geschäftsführer habe einen Maklervertrag abgeschlossen und sei deshalb als (zweiter) Auftraggeber provisionspflichtig (MünchKomm/SCHWERDTNER § 652 Rn 110 a), beruht auf einer baren Fiktion. Allenfalls kommt in Betracht, daß der Geschäftsführer nach § 826 auf Zahlung der Provision haftet, wenn er den Makler „von vornherein mit der Absicht kontaktiert (hätte), durch Vorspiegelung eines GmbH-Erwerbs Objektinformationen zu erhalten und (den Makler) auf dem Weg des schon beschlossenen Eigenerwerbs um die anderenfalls verdiente Provision zu prellen" (so OLG Koblenz AIZ 1992 H 1 A 133 Bl 23).

dd) Der zustande gekommene Hauptvertrag ist dem beabsichtigten schließlich uU **72** deshalb nicht wirtschaftlich gleichwertig, weil der erreichte **Geschäftsinhalt** von dem vorausgesetzten abweicht. Ist nach dem Maklervertrag der Nachweis einer Wohnung bestimmter Größe vorgesehen, so fehlt es bei Zustandekommen eines Mietvertrags über eine wesentlich kleinere Wohnung infolge des Nachweises des Maklers an der wirtschaftlichen Gleichwertigkeit (vgl auch LG Aschaffenburg AIZ 1980 H 4 A 110 Bl 10 betr Gewerberaum). Ebenso ist zu entscheiden, wenn der Maklervertrag eine Wohnung mit Zentralheizung vorsieht und der infolge des Maklernachweises geschlossene Hauptvertrag eine Wohnung ohne Zentralheizung betrifft (vgl AG Hamburg MDR 1966, 673 f). Nicht wirtschaftlich gleichwertig ist ein Geschäftspachtvertrag, aufgrund dessen der Auftraggeber dem Verpächter 7,5% Umsatzbeteiligung als Pachtzins schuldet, wenn nach dem Maklervertrag ein Geschäftspachtvertrag zu einem Pachtzins von höchstens 5% Umsatzbeteiligung zu vermitteln gewesen ist (OLG Celle AIZ 1979 H 7 A 133 Bl 1). Schließt der Makler mit einem Kaufinteressenten einen Maklervertrag über den Nachweis einer Eigentumswohnung mit einer monatlichen Belastung von ca 340,- DM bei 20 000,- DM Eigenkapital ab, so fehlt es im Fall einer wirklichen Belastung von 612,- DM an der wirtschaftlichen Gleichwertigkeit jedenfalls dann, wenn die Höhe der Belastung für den Auftraggeber für den Makler bei Abschluß des Maklervertrags erkennbar von entscheidender Bedeutung ist. Daran ändert nichts, daß der Auftraggeber die nachgewiesene Wohnung wegen nachträglicher Verbesserung seiner wirtschaftlichen Verhältnisse durch Heirat trotz der höheren Belastung kauft (OLG Oldenburg AIZ 1982 H 12 A 121 Bl 7). Ebenfalls dem im Maklervertrag vorausgesetzten Hauptvertrag nicht wirtschaftlich gleichwertig ist der Vertrag des Verkäufers/Auftraggebers mit dem Käufer einer Eigentumswohnung, in dem der Verkäufer unvorhergesehen die Abgeschlossenheitsbescheinigung nach § 7 Abs 4 WEG garantieren muß, wenn dazu Baumaßnahmen mit beträchtlichen Kosten durchzuführen sind (OLG Köln ZMR 1993, 76). Nicht in Frage gestellt wird die wirtschaftliche Gleichwertigkeit des zustande gekommenen mit dem im Maklervertrag vorausgesetzten Hauptvertrag dadurch, daß der Auftraggeber als Vermieter dem Mieter ein Vorkaufsrecht einräumt. Da das Vorkaufsrecht den (freiwilligen) Verkauf an einen Dritten voraussetzt, wird der Auftraggeber dadurch nicht wesentlich belastet (OLG Zweibrücken OLGZ 1977, 212, 215 f). Generell ist die wirtschaftliche Gleichwertigkeit zu bejahen, soweit das im Maklervertrag vorausgesetzte und das im Hauptvertrag erfaßte Objekt im Hinblick auf den Zweck des Auftraggebers austauschbar sind (MünchKomm/SCHWERDTNER § 652 Rn 108).

73 Eine relativ große Rolle spielen in der Gerichtspraxis die Fälle, in denen der Hauptvertrag **nur über einen Teil** der nach dem Maklervertrag nachzuweisenden bzw zu
vermittelnden Leistung zustande kommt. Ob der Makler dadurch die Provision verdient, ist eine Frage der Auslegung des Maklervertrags. Dabei ist entscheidend, ob
es dem Auftraggeber für den Makler erkennbar auf den Hauptvertrag über das
Gesamtpaket ankommt oder nicht. Das ist im Zweifel zu verneinen, wenn der Maklervertrag sich über den Verkauf oder die Vermietung mehrerer Wohnungen eines
Mehrfamilienhauses verhält. Der Makler hat also einen Provisionsanspruch, wenn
infolge seiner Tätigkeit nur ein Teil der Wohnungen verkauft bzw vermietet werden
kann (BGH WM 1987, 510, 511; anders wohl MünchKomm/SCHWERDTNER § 652 Rn 107 a).
Umgekehrt reicht es im Zweifel nicht aus, wenn der Makler mit der Vermittlung der
Vollfinanzierung eines Bauvorhabens beauftragt worden ist und lediglich eine Teilfi-
nanzierung zustande bringt (OLG Köln MDR 1960, 48). Ebenso ist die Provision nicht
verdient, wenn Vermieter und Mieter sich nicht, wie im Maklervertrag vorausgesetzt, auf einen Mietvertrag über ein vollständiges Ladenlokal, sondern lediglich
über die Hälfte der Verkaufsfläche einigen (OLG Hamm NJW-RR 1991, 1206 f). Wer mit
der Vermittlung eines Wohnungsbaukredits beauftragt ist, hat im Zweifel neben dem
Bausparvertrag auch den bis zur Auszahlung der Bausparsumme erforderlichen Zwischenkredit zu vermitteln (MünchKomm/SCHWERDTNER § 652 Rn 106). Nach Ansicht des
BGH (NJW 1982, 2662, 2663) hängt der Provisionsanspruch des Kreditvermittlers nicht
unbedingt davon ab, daß der Kredit in Höhe der im Maklervertrag vereinbarten
Summe gewährt wird. Vielmehr soll, soweit der Maklervertrag nicht eindeutig anderes bestimmt, entscheiden, ob der dem Makler erkennbare Zweck des Kredits auch
mit dem niedrigeren Betrag erreicht wird oder nicht. Konkret hat der BGH deshalb
die Vermittlung eines Kredits von 96 000,- DM zur Finanzierung eines Kaufpreises
von 85 000,- DM für provisionspflichtig erachtet, obwohl der Maklervertrag auf
Vermittlung eines Kredits in Höhe von 100 000,- DM lautete (kritisch MünchKomm/
SCHWERDTNER § 652 Rn 107). Bleibt die Qualität der im Hauptvertrag vereinbarten Leistung hinter der nach dem Maklervertrag vorgesehenen zurück, so begründet auch
das die wirtschaftliche Ungleichwertigkeit (BGH WM 1984, 412; DEHNER/ZOPFS Rn 35).
Das gilt nicht nur, wenn der Hauptvertrag die mindere Qualität vorsieht, sondern
auch dann, wenn die „maklervertragsgerechte" Qualität zwar vereinbart ist, jedoch
tatsächlich nicht erreicht wird, so daß der Auftraggeber gegen den Hauptvertragspartner Rechte aus Sachmängelgewährleistung hat (aA die hM, vgl Rn 66 aE).

74 Nicht wirtschaftlich gleichwertig ist der zustande gekommene Hauptvertrag über den
Verkauf von Eigentumswohnungen, wenn der Auftraggeber und Verkäufer darin die
Kosten von Baumaßnahmen übernimmt, die das bei Abschluß des Maklervertrags
erwartete Volumen erheblich überschreiten (OLG Köln VersR 1992, 3145). An der wirtschaftlichen Gleichwertigkeit zwischen beabsichtigtem und zustande gekommenem
Hauptvertrag kann es auch fehlen, wenn die vermittelte Mietwohnung erst **wesentlich**
später bezogen oder das nachgewiesene Grundstück erst wesentlich später erworben
werden kann, als der Maklervertrag es vorsieht (MünchKomm/SCHWERDTNER § 652
Rn 111). Freilich ist gerade insoweit besonders streng darauf zu achten, daß man nicht
die Wünsche des Auftraggebers mit der verbindlichen Festlegung des provisionspflichtigen wirtschaftlichen Erfolgs verwechselt. Da die Wünsche des Auftraggebers
bei den Verhandlungen über den Hauptvertrag mit den konkurrierenden Wünschen
des Hauptvertragspartners zum Ausgleich gebracht werden müssen, beschreiben sie
im Regelfall nicht mehr als einen ungefähren Rahmen (vgl BGH WM 1987, 510, 511).

Das gilt auch für **Preisvorstellungen**. Will der Auftraggeber sie verbindlich machen, so muß er das eindeutig vereinbaren. Der Kaufinteressent muß also im Maklervertrag einen Höchstpreis, der Verkaufsinteressent einen Mindestpreis festlegen, wenn die Provisionszahlungspflicht im Falle eines ungünstigeren Hauptvertrages vermieden werden soll (vgl OLG Karlsruhe AIZ 1990 H 5 A 133 Bl 16). Dem Makler bleibt dann nichts anderes übrig, als seine Nachweis- bzw Vermittlungstätigkeit auf Vertragsgelegenheiten zu beschränken, die unter Berücksichtigung der Provision die Höchst- bzw Mindestgrenze nicht überschreiten. Denn anderenfalls provoziert er Einigungen der Vertragspartner zu seinen Lasten. Eine AGB-Klausel, die auch den Abschluß eines wirtschaftlich nicht gleichwertigen Hauptvertrags für provisionspflichtig erklärt, hilft ihm unter diesen Umständen nicht, und zwar nicht erst wegen Unbilligkeit gemäß § 9 AGBG (so MünchKomm/SCHWERDTNER § 652 Rn 113), sondern bereits wegen des Vorrangs der Individualvereinbarung nach § 4 AGBG (zur Beweislast für die fehlende wirtschaftliche Gleichwertigkeit vgl § 654 Rn 15).

b)   Wirksamkeit des zustande gekommenen Hauptvertrags
Der beabsichtigte Hauptvertrag muß wirksam zustande kommen.   **75**

aa)   Wirksamkeit des Hauptvertrags in diesem Sinne meint die **rechtliche Wirksamkeit**. Soweit der im Maklervertrag beabsichtigte wirtschaftliche Erfolg trotz rechtlicher Wirksamkeit des Hauptvertrages nicht eingetreten oder trotz rechtlicher Unwirksamkeit doch eingetreten ist, entscheidet die **Auslegung** des Maklervertrags darüber, ob die Provision geschuldet ist oder nicht. In der ersten Variante geht es um die Frage, ob der geschlossene Hauptvertrag trotz der Verfehlung des wirtschaftlichen Zwecks die Anforderungen des beabsichtigten Hauptvertrags erfüllt, wobei als gesetzliche Wertung zu beachten ist, daß die Fehlerquellen im Durchführungsstadium des Hauptvertrags vorbehaltlich abweichender Regelung im Maklervertrag Risiken des Auftraggebers sind (BGH WM 1982, 1098, 1099). In der zweiten Variante ist umgekehrt das Problem betroffen, ob der dem beabsichtigten Hauptvertrag wirkungsgleiche rechtliche Erfolg nach dem Inhalt des Maklervertrags die Provisionszahlungspflicht ebenfalls auslösen soll, wobei die gesetzliche Wertung zu beachten ist, daß Mängel beim Abschluß des Hauptvertrags zum Risikobereich des Maklers gehören. Die Überlegung zeigt, daß es im Grundsatz genausowenig angezeigt ist, dem Auftraggeber die Berufung auf die Unwirksamkeit des Hauptvertrages mit Rücksicht auf den Eintritt des wirtschaftlichen Erfolgs zu verwehren, wie umgekehrt dem Makler trotz Ausfalls des wirtschaftlichen Erfolgs die Berufung auf die Wirksamkeit des Hauptvertrags zu versagen. Insbesondere läßt sich aus einer etwaigen Verantwortlichkeit des Auftraggebers für die Unwirksamkeit des Hauptvertrages nichts Abweichendes herleiten, ist doch der Auftraggeber nicht zum Abschluß des Hauptvertrags und damit erst recht nicht zur Rücksicht auf den Makler beim Abschluß des Hauptvertrages verpflichtet (vgl auch KEMPEN 7 ff; anders ALTMEPPEN 26 ff).

Nichts mit der Abhängigkeit des Provisionsanspruchs von der Wirksamkeit des **76** Hauptvertrages hat das Problem zu tun, ob schon der **Abschluß eines Vorvertrags** ausreicht. Insoweit entscheidet allein, ob nach dem Maklervertrag bereits für den Abschluß des Vorvertrags Provision anfallen soll oder nicht. Ist das – und zwar aufgrund individualvertraglicher Abrede (BGH BB 1975, 299) – zu bejahen, so ist der Vorvertrag Hauptvertrag im Sinne des § 652 Abs 1 (vgl BGH NJW-RR 1991, 1073 f;

MünchKomm/SCHWERDTNER § 652 Rn 118; KEMPEN 20 ff). Im Zweifel ist das freilich nicht anzunehmen, so daß bei einem Maklervertrag über die Vermittlung eines Grundstückskaufvertrags allein der Abschluß eines Kaufanwartschaftsvertrags die Provisionszahlungspflicht noch nicht auslöst (BGH WM 1976, 29). Ebenso haben das OLG Hamburg hinsichtlich eines Mietvorvertrags (DB 1961, 269, 270) und das LG Kiel hinsichtlich eines Pachtvorvertrags (SchlHA 1957, 303) entschieden. Dagegen hat der Kreditvermittler im Zweifel die Provision verdient, wenn er eine verbindliche Darlehenszusage einer Bank zu den im Maklervertrag vorausgesetzten Bedingungen erreicht hat (BGH WM 1962, 1264; NJW 1969, 1957; aA OLG Karlsruhe NJW-RR 1989, 1069 f; offen BGH NJW 1988, 967, 969: Frage der Auslegung des Maklervertrags). Das rechtshistorisch bedingte Verständnis des Darlehensvertrags als eines Realvertrags ändert nichts daran, daß das wirtschaftliche Ziel im Sinne des § 652 wie bei den Konsensualverträgen bereits mit der Verpflichtung des Darlehensgebers, nicht erst mit dessen Leistung erreicht ist (KEMPEN 25). Soll die Provision von der Darlehensauszahlung abhängig sein, weil sie nach den Vorstellungen des Auftraggebers aus dem Darlehen bestritten werden soll (OLG Köln DB 1960, 352), so müssen sich dafür spezielle Anhaltspunkte im Maklervertrag ergeben. Zu Recht hat der BGH ohne solche Anhaltspunkte die Provisionspflichtigkeit aufgrund der Darlehenszusage der Bank selbst für den Fall bejaht, daß der Auftraggeber noch Nachweise über seine Kreditwürdigkeit zu erbringen hat, die die Bank bei negativem Ergebnis zur Zurücknahme ihres Versprechens veranlassen könnten (BGH WM 1970, 1273). Denn dabei handelt es sich um Störungen, die im Fall des Kaufvertrags dem Rücktritt des Verkäufers wegen Zahlungsunfähigkeit des Auftraggeber-Käufers, dh Störungen im Durchführungsstadium des Hauptvertrags, vergleichbar sind (vgl aber auch Rn 87). Im Fall der Vermittlung eines **Verbraucherkredits** (nicht bei sonstigen Krediten! – zu weitgehend daher DEHNER/ZOPFS Rn 32) macht § 16 VerbrKrG aus nicht verallgemeinerungsfähigen Gründen des Verbraucherschutzes den Provisionsanspruch zwingend von der Auszahlung des Darlehens abhängig. Die Auszahlung des Darlehens in diesem Sinne setzt die Auszahlung an den Verbraucher selbst oder an einen von ihm benannten Dritten (§§ 362 Abs 2, 185) voraus. Allerdings reicht nach dem Schutzzweck des § 16 VerbrKrG noch nicht die Auszahlung an den Kreditvermittler. Die Anwendbarkeit der §§ 362 Abs 2, 185 ist insoweit eingeschränkt (vgl ULMER/HABERSACK, VerbrKrG [1992] § 16 Rn 11).

77 **bb)** Wenn der **Hauptvertrag ipso iure nichtig** ist, versteht sich der Ausfall des Provisionsanspruchs im Grundsatz von selbst. Das gilt unabhängig davon, ob die Nichtigkeit auf den §§ 104 ff, auf den §§ 117 f, auf § 125, auf den §§ 134, 138 oder auf den §§ 164 ff beruht (KEMPEN 32 f). Allerdings muß die Nichtigkeit feststehen. Der Verdacht der Nichtigkeit reicht selbstverständlich nicht, und zwar auch dann nicht, wenn der Auftraggeber wegen dieses Verdachts den Hauptvertrag durch Vereinbarung mit der anderen Partei vernünftigerweise wieder aufhebt. Allenfalls kommt dann ein Anspruch des Auftraggebers aus positiver Forderungsverletzung auf Schadensersatz in Gestalt des Verzichts auf den Provisionsanspruch in Betracht, weil der Makler trotz Kenntnis der Probleme nicht vor dem Abschluß des Hauptvertrags über sie aufgeklärt hat (BGH WM 1976, 1132; WOLF WM 1978, 1282, 1286 f). Betrifft der Nichtigkeitsgrund nur einen **Teil des Hauptvertrags**, so ist zu unterscheiden: Soweit die Nichtigkeit des Teils nach dem Willen der Hauptvertragsparteien die des Restes gemäß § 139 nachzieht, handelt es sich im Ergebnis um einen normalen Fall der Gesamtnichtigkeit. In diesem Sinne hat das OLG Hamm angenommen, daß

Gesamtnichtigkeit des Hauptvertrags eingreift, wenn die Hauptvertragsparteien einen Erbbaurechtsvertrag mit Werkvertrag über die Errichtung eines Wohnhauses abschließen, aber statt beider (Teil-)Verträge allein den Erbbaurechtsvertrag notariell beurkunden lassen (AIZ 1982 H 6 A 121 Bl 9). Zieht die Nichtigkeit des Teils die des Restes nach § 139 nicht nach, so stellt sich die Frage, ob der Nachweis bzw die Vermittlung des wirksamen Teils nach dem Maklervertrag bereits den Provisionsanspruch begründet. Das hängt vom Einzelfall ab (vgl Rn 73).

Die **Bestätigung** des nichtigen Hauptvertrags nach § 141 durch wirksamen Neuab- **78** schluß läßt selbstverständlich auch den Provisionsanspruch des Maklers entstehen. Allerdings ist es noch nicht als Bestätigung anzusehen, daß die Hauptvertragsparteien den nichtigen Vertrag einverständlich erfüllen. Vielmehr muß das Verhalten aus der Sicht des jeweils anderen Ausdruck eines Bestätigungswillens, dh des Festhaltens am Vertrag in Kenntnis seiner Nichtigkeit, sein (BGH NJW 1971, 1795, 1800). Zu Recht hat der BGH deshalb keine Bestätigung des nach Art 10 § 3 S 1 MRVerbG nichtigen Architektenvertrags darin gesehen, daß der Architekt die Architektenleistung erbracht und der Bauherr sie entgegengenommen hat (BGH WM 1980, 17 f). Unproblematisch ist die **Heilung** des nichtigen Grundstückskaufvertrags nach § 313 S 2 durch Auflassung an den Erwerber und dessen Grundbucheintragung als Eigentümer, mit der der Provisionsanspruch des Maklers, der aufgrund eines wirksamen Maklervertrags die Gelegenheit zu dem Kaufvertrag nachgewiesen bzw den Kaufvertrag vermittelt hat, ebenfalls entsteht (MünchKomm/SCHWERDTNER § 652 Rn 115). Freilich ändert die Heilung des Grundstückskaufvertrags gemäß § 313 S 2 nach BGH NJW 1969, 1628 nichts daran, daß der Makler den Provisionsanspruch analog § 654 verwirkt hat, wenn er ohne Wissen und Willen des Auftraggebers durch bewußt unrichtige Angaben gegenüber dem Notar die ursprüngliche Formnichtigkeit verursacht hat. Dem ist jedenfalls darin beizupflichten, daß ein an die Lohnunwürdigkeit des Maklers anknüpfender Wegfall des Provisionsanspruchs nicht deshalb rückgängig gemacht werden kann, weil das Verhalten letztlich keinen Schaden gestiftet hat (vgl im übrigen kritisch § 654 Rn 9 ff).

Umstritten ist, ob nicht **ausnahmsweise trotz (endgültiger) Nichtigkeit** des Hauptver- **79** trags der **Provisionsanspruch** des Maklers entstehen kann. Das OLG Köln (JR 1956, 461 f) hat das für den Fall bejaht, daß die Hauptvertragsparteien einen formnichtigen Grundstückskaufvertrag als gültig behandelt haben, bis die andere Partei sich wegen Zahlungsverzugs des Auftraggebers lossagte. Nach Ansicht des OLG Köln verstößt die Berufung des Auftraggebers auf die Formnichtigkeit, um sich der Provisionszahlungspflicht zu entziehen, unter solchen Vorzeichen gegen § 242 (ebenso RUST MDR 1959, 449). Dem ist zu widersprechen, weil der Makler ebensowenig einen Anspruch auf „Heilungsmaßnahmen" des Auftraggebers im Sinne des § 313 S 2 hat wie auf den Abschluß des Hauptvertrages. Wenn es nicht gegen § 242 verstößt, den Abschluß des Hauptvertrags willkürlich zu unterlassen, kann auch die willkürliche Sperrung gegen Erfüllungshandlungen im Sinne des § 313 S 2 im Verhältnis zum Makler § 242 nicht verletzen (BGH WM 1977, 1049; OLG Celle OLGZ 1969, 417; MünchKomm/SCHWERDTNER § 652 Rn 115; KEMPEN 42, 45 f). Aus dem gleichen Grund ist der Auffassung entgegenzutreten, der Makler erwerbe einen Schadensersatzanspruch (in Höhe der Provision!), wenn der Auftraggeber die Formnichtigkeit und/oder die Unterlassung von Heilungsmaßnahmen gemäß § 313 S 2 zu verantworten habe (so StudKomm/BEUTHIEN § 652 Anm IV 4; TEMPEL 382; KOHLER NJW 1957, 327).

Dieter Reuter

80 Vom Problem der Einschränkung der Entschließungsfreiheit des Auftraggebers durch § 242 zu unterscheiden ist die Frage, wie es sich auf die Provisionszahlungspflicht des Auftraggebers auswirkt, daß der Berufung auf die Formnichtigkeit durch § 242 **im Verhältnis der Hauptvertragsparteien** Grenzen gezogen sind. Hier wird man je nach Fallkonstellation differenzieren müssen: Ist dem Auftraggeber die Berufung auf die Formnichtigkeit versagt, weil er die andere Partei des Hauptvertrags arglistig über die Formbedürftigkeit getäuscht hat oder weil das Beharren auf der Formnichtigkeit für die andere Partei des Hauptvertrags zu einem schlechthin untragbaren Ergebnis führen würde (vgl MEDICUS AT Rn 631 ff mit Nachweisen), so muß der Makler jedenfalls abwarten, ob die geschützte Partei den Vertrag (mit der Folge des § 313 S 2; nur für Fälle des § 313 spielt die Durchbrechung der Formnichtigkeit nach § 242 praktisch eine Rolle), durchführt oder nicht. Ein von der Heilung nach § 313 S 2 unabhängiger Provisionsanspruch kommt nicht in Betracht, und zwar erneut deshalb, weil die Entschließungsfreiheit des Auftraggebers die willkürliche Herbeiführung nichtiger Hauptverträge arg a fortiori umfaßt (KEMPEN 45, 47 f; aA TEMPEL 382). Ist der anderen Vertragspartei die Berufung auf die Formnichtigkeit verwehrt, weil sie den Auftraggeber arglistig über die Formbedürftigkeit getäuscht hat oder weil das Beharren auf der Formnichtigkeit zu Lasten des Auftraggebers zu einem schlechthin untragbaren Ergebnis führen würde, so kann der Makler die Provision verlangen. Denn der Auftraggeber hat dann den angestrebten wirtschaftlichen Erfolg erreicht. Es entspricht einer Auslegung des Maklervertrags nach Treu und Glauben mit Rücksicht auf die Verkehrssitte (§ 157), eine solche Position des Auftraggebers dem Anspruch aus einem wirksamen Hauptvertrag als wirtschaftlich gleichwertig zu erachten.

81 Nicht mit der Quasi-Wirksamkeit des formnichtigen Vertrags nach § 242 (Rn 80 aE) auf die gleiche Stufe zu stellen ist der Eintritt des wirtschaftlichen Erfolgs infolge der **Durchführung des nichtigen Hauptvertrags**. Ist zB der vom Makler vermittelte nichtige Werkvertrag über ein Konzert von dem engagierten Orchester erfüllt worden, so steht der Auftraggeber im Ergebnis nicht anders, als wenn der Werkvertrag wirksam zustande gekommen wäre: Die Pflicht zur Rückgewähr der Leistung nach § 812 Abs 1 S 1, 1. Alt scheitert an deren Unmöglichkeit; die an deren Stelle tretende Pflicht zum Wertersatz nach § 818 Abs 2 deckt sich wirtschaftlich mit der Pflicht zur Zahlung des (üblichen) Werklohns (vgl REUTER/MARTINEK, Ungerechtfertigte Bereicherung 530 f mit Nachweisen). Gleichwohl ist eine Provisionszahlungspflicht des Auftraggebers zu verneinen. Da der Makler das Risiko des Nichteintritts des angestrebten wirtschaftlichen Erfolgs infolge unvollkommener Durchführung des wirksamen Vertrags nicht trägt, kann er auch nicht an der Chance des Eintritts des wirtschaftlichen Erfolgs infolge der „vollkommenen" Durchführung des unwirksamen Vertrags teilhaben (vgl schon Rn 75 aE). Selbstverständlich läßt sich im Maklervertrag Abweichendes vereinbaren, wie der Maklervertrag überhaupt in den Grenzen der §§ 134, 138 ohne weiteres auf den Nachweis bzw die Vermittlung eines nichtigen Hauptvertrags gerichtet sein kann (MünchKomm/SCHWERDTNER § 652 Rn 117; aA KEMPEN 47 f, dessen Beispiel freilich unglücklich gewählt ist: Die Vermittlung eines Scheinvertrags, um den Vorkaufsberechtigten zur Ausübung des Vorkaufsrechts zu bewegen, ist Beihilfe zum Betrug, so daß der darauf gerichtete Maklervertrag sicherlich nichtig ist). Aber zu einer solchen abweichenden Vereinbarung bedarf es der **individualvertraglichen Absprache**. Der Zusammenhang von Risiko- und Chancenverteilung ist ein anerkanntes Gerechtigkeitspostulat (cuius est periculum eius et commodum esse debet), so daß er weder durch eine AGB-Klausel (§ 9

AGBG) noch durch eine Auslegung nach Treu und Glauben mit Rücksicht auf die Verkehrssitte (§ 157) auflösbar ist. Erst recht bedarf es, und zwar wegen Abweichung vom gesetzlichen Leitbild des Maklervertrags gemäß § 9 Abs 2 AGBG, der individualvertraglichen Absprache, soweit die Vermittlung eines nichtigen Vertrags ohne Rücksicht auf den Eintritt des wirtschaftlichen Erfolgs die Provisionszahlungspflicht begründen soll (KEMPEN 48 f), es sei denn, es gäbe entgegenstehendes Gewohnheitsrecht oder wenigstens einen entgegenstehenden Handelsbrauch (vgl dazu BGH WM 1983, 684; SCHWERDTNER 93 f).

cc)   Ebenso wie den ipso iure nichtigen Hauptvertrag behandelt die hM den infolge **82** wirksamer **Anfechtung** nichtigen Hauptvertrag (§ 142 Abs 1): Hier wie dort entsteht der Provisionsanspruch nicht. Das soll unabhängig davon gelten, ob der Auftraggeber oder die andere Vertragspartei angefochten hat, und auch unabhängig davon, aus welchem Grund angefochten worden ist (RGZ 76, 354; BGH NJW 1979, 975; WM 1980, 983 f; ERMAN/WERNER § 652 Rn 39; MünchKomm/ SCHWERDTNER § 652 Rn 119; SOERGEL/MORMAN § 652 Rn 23). Vereinzelt finden sich Gegenstimmen: So will KNIEPER (NJW 1970, 1293, 1297) die Provisionszahlungspflicht des Auftraggebers trotz der wirksamen Anfechtung aufrechterhalten, wenn allein die andere Vertragspartei anfechtungsberechtigt gewesen ist (Ausnahme: Anfechtung wegen Drohung eines Dritten): Der arglistig täuschende oder widerrechtlich drohende Auftraggeber verdiene keinen Schutz; im übrigen könne der Auftraggeber die Provision nach § 122 auf die anfechtende Vertragspartei abwälzen (ähnlich ALTMEPPEN 26 ff). Diese Argumentation ignoriert die **gesetzliche Risikoverteilung.** Das Gesetz hat vorbehaltlich der Störungen im Durchführungsstadium den Provisionsanspruch als „Teilhabe" am Erfolg des Auftraggebers ausgestaltet. Fehlt es – aus welchen Gründen auch immer – am Erfolg in der Mindestintensität eines wirksamen Verpflichtungsgeschäfts, so widerspricht die Annahme einer Provisionszahlungspflicht der gesetzlichen Konzeption des Maklerrechts. Nicht zufällig entstehen auf der Grundlage der These KNIEPERS Wertungswidersprüche: Die Vereitelung des Erfolgs durch ein vorsätzliches Verhalten, das den Hauptvertragspartner zur erfolgreichen Anfechtung veranlaßt, kann schwerlich stärker ins Gewicht fallen als ein vorsätzliches Verhalten, das es erst gar nicht zum Vertragsschluß kommen läßt und dadurch – wie auch KNIEPER nicht bestreitet (NJW 1970, 1293, 1295) – die Provisionszahlungspflicht verhindert (vgl auch KEMPEN 52). TEMPEL (382) will die erfolgreiche Anfechtung dann für provisionsunschädlich erklären, wenn sie sich auf Gründe wie den Irrtum über die Bonität des Vertragspartners oder über die Fehlerfreiheit des Vertragsgegenstands stützt. Insoweit soll es sich um Durchführungsrisiken handeln, die nach der gesetzlichen Konzeption des Maklerrechts nicht der Makler, sondern der Auftraggeber trägt. Dieser Gedankengang verkennt, daß die Trennlinie zwischen Begründungs- und Durchführungsrisiken nicht nach der Art der Mängel, sondern danach zu ziehen ist, ob bereits die Abgabe der Vertragserklärungen durch irrtümliche Vorstellungen über ihr Vorhandensein bestimmt worden ist, oder ob sie sich erst als Störungen bei der Durchführung des Vertrags auswirken (vgl Rn 66 aE). Soweit schließlich darauf abgehoben wird, ob der Auftraggeber den Anfechtungsgrund, insbesondere durch arglistige Täuschung geschaffen hat (RUST MDR 1959, 449; KOHLER NJW 1957, 327, 329; ALTMEPPEN 26 ff), hat schon das RG (RGZ 76, 354) das überzeugende Gegenargument formuliert: Da der Provisionsanspruch vom Abschluß des Hauptvertrages durch den Auftraggeber abhängt, muß der Makler ihn so nehmen, wie der Auftraggeber ihn abgeschlossen hat. So wie die arglistige Täuschung den Vertrag zustande gebracht hat, bringt die ihretwegen erklärte Anfechtung ihn wieder zu Fall. Dem Makler wird also nichts entzogen, was er ohne die Arglist des Auftraggebers haben würde. Ihm entsteht nicht einmal ein Schaden (richtig MünchKomm/SCHWERDTNER § 652 Rn 119 aE; ausführlich KEMPEN 58 ff). Die These von der Aufrechterhaltung der Provisionszahlungspflicht bei Nichtigkeit des Hauptvertrags infolge erfolgreicher Anfechtung der anderen Partei nach arglistiger Täuschung des Auftraggebers läuft auf eine Art umgekehrter Anwendung der von der hM auf die Analogie zu § 654 gestützten Lohnunwürdig-keitsdoktrin (vgl dazu kritisch § 654 Rn 9 ff) hinaus: Wie der lohnunwürdige Makler den Provisionsanspruch trotz des Hauptvertrags verliert, soll der der Schonung unwürdige Auftraggeber trotz Unwirksamkeit des Hauptvertrags zur Provisionszahlung verpflichtet sein. Dafür bietet das Gesetz keine Grundlage (vgl auch BGH MDR 1968, 405).

83 Unberührt bleibt der Provisionsanspruch grundsätzlich von der bloßen Anfechtbarkeit des Hauptvertrags. Wenn der Auftraggeber selbst nicht anfechtungsberechtigt ist, kann er sich auch nicht etwa einredeweise auf die Anfechtbarkeit durch die andere Vertragspartei berufen. Eine Analogie zu § 770 (dafür REICHEL 17) scheitert trotz der Abhängigkeit des Provisionsanspruchs vom Hauptvertrag daran, daß der Makler die Vertragspartei – anders als im Fall des § 770 der Gläubiger den Haupt-schuldner – nicht in Anspruch nehmen und dadurch zur Entscheidung über den Gebrauch des Anfechtungsrechts zwingen kann. Das macht die Interessenlage zu unvergleichbar, als daß eine Analogie zu § 770 vertretbar wäre (MünchKomm/ SCHWERDTNER § 652 Rn 121; KEMPEN 63). Entgegen zT vertretener Ansicht (LG Köln MDR 1969, 307) genügt die Anfechtbarkeit zum Ausschluß des Provisionsanspruchs selbst dann nicht, wenn der Makler den Auftraggeber bei den Verhandlungen pflichtwidrig nicht auf von ihm bemerkte Täuschungsversuche der anderen Vertragspartei auf-merksam gemacht hat. Solange der Auftraggeber sein Anfechtungsrecht nicht ausübt, vermag der Provisionsanspruch allenfalls unter den strengen Voraussetzungen der Analogie zu § 654 (vgl § 654 Rn 9 ff) zu entfallen. Erst recht scheidet die Einrede der Anfechtbarkeit des Hauptvertrags gegenüber dem Provisionsanspruch aus, wenn das Anfechtungsrecht nach den §§ 121, 124 wegen Fristablaufs (KEMPEN 61; aA REICHEL 27) oder nach § 144 infolge Bestätigung (LG Köln MDR 1969, 307; Münch-Komm/SCHWERDTNER § 652 Rn 121) erloschen ist. Allerdings ist nach der hier vertretenen Ansicht (aA wohl hM, vgl Rn 66 aE) zu beachten, daß die Anfechtbarkeit trotz Fristablaufs (§§ 121, 124) oder Bestätigung (§ 144) die wirtschaftliche Gleichwertigkeit von beabsichtigtem und zustande gekommenem Hauptvertrag in Frage stellen kann. Das trifft zwar nicht in allen Anfechtungsfällen zu. Wohl aber wird die Anfechtbarkeit nach § 119 Abs 2 wegen Irrtums über eine verkehrswesentliche (= vertragswesent-liche) Eigenschaft der Sache oder der Person regelmäßig fehlende wirtschaftliche Gleichwertigkeit indizieren. Der Makler, der einem Darlehensgeber einen Darle-hensvertrag mit einem kreditunwürdigen Darlehensnehmer vermittelt, bringt genau-sowenig den **lt Maklervertrag beabsichtigten** Hauptvertrag zustande wie derjenige, der einem Hauskäufer einen Kaufvertrag über ein von Schwamm befallenes Hausgrund-stück nachgewiesen hat (vgl Rn 66 aE).

84 Ist der Hauptvertrag wirksam angefochten worden, so kann der Provisionsanspruch infolge **Bestätigung** des alsdann nach § 142 Abs 1 nichtigen Hauptvertrags gemäß § 141 (= durch Neuabschluß) erhalten bleiben. Falls dabei Änderungen vereinbart werden, entscheidet die Auslegung des Maklervertrags darüber, ob der Hauptvertrag in dieser Gestalt noch als der beabsichtigte Hauptvertrag angesehen werden kann oder nicht. Das OLG Braunschweig (MDR 1963, 841) hat in diesem Sinne den Provisionsanspruch des Maklers für einen Fall anerkannt, in dem ein vom Makler vermittelter Gesellschaftsvertrag angefochten worden, danach die Gesellschaft aber in etwas anderer Form als werbende, dh nicht bloß zum Zweck der Auseinandersetzung, fortgesetzt worden war.

Umstritten ist, wie es sich auf den Provisionsanspruch des Maklers auswirkt, daß ein **85** **tatbestandlich einschlägiges Anfechtungsrecht durch Rechtsbehelfe verdrängt** wird, deren Ausübung den Provisionsanspruch grundsätzlich nicht berührt. Die hM urteilt in diesen Fällen so, als ob wirksam angefochten worden wäre. So soll die **Wandelung** des Käufers wegen Sachmangels nach § 459 anstelle der verdrängten Anfechtung nach § 119 Abs 2 (BGHZ 60, 319, 320; 78, 216, 218) den Provisionsanspruch des Maklers wegen des Nachweises der Kaufvertragsgelegenheit bzw der Vermittlung des Kaufvertrages beseitigen, obwohl die Wandelung im Gegensatz zur Anfechtung nicht (rückwirkend) das Zustandekommen, sondern lediglich (mit Wirkung ex nunc) die Durchführung des Kaufvertrags hindert bzw rückgängig macht (OLG Braunschweig NJW 1954, 1083; OLG Karlsruhe AIZ 1987 H 3 A 137 Bl 9; MünchKomm/Schwerdtner § 652 Rn 128; aA OLG Oldenburg AIZ 1992 H 11 A 137 Bl 13). Die Begründung lautet, der Makler dürfe nicht von der auf die Verkäufer-Käufer-Beziehung zugeschnittenen Auflösung der Normenkonkurrenz zwischen den §§ 459 ff und § 119 Abs 2 profitieren. Sehr überzeugend ist das Argument offenbar nicht: Inwieweit Mängel der Willensbildung die Nichtigkeit oder doch Vernichtbarkeit eines Vertrages nach sich ziehen, entscheidet das Gesetz stets nach der Eigenart der Beziehung der Vertragspartner zueinander und zur Umwelt. Im Kern bedeutet der Vorrang der §§ 459 ff vor § 119 Abs 2 nichts anderes, als daß **für das Zustandekommen des Kaufvertrags der Eigenschaftsirrtum unerheblich** ist. Folgt man der Rechtsprechung, die die Anfechtung des Käufers nach § 119 Abs 2 bis zum Gefahrübergang zuläßt (BGHZ 34, 32; aA die hL, vgl Medicus AT Rn 775 mit Nachweisen), so verkürzt der Vorrang der §§ 459 ff sogar nur die Anfechtungsfrist des § 121. Wer – wie das die ganz hM tut – mit Ablauf der regulären Frist einen Einfluß des Irrtums der Hauptvertragspartner auf den Provisionsanspruch des Maklers verneint, kann schwerlich nach Ablauf der auf die Zeit vom Vertragsschluß bis zum Gefahrübergang verkürzten Frist anders entscheiden (vgl auch Kempen 65 ff). Gleichwohl ist der hM im Ergebnis zuzustimmen. Wenn die Istbeschaffenheit des gekauften Gegenstands von vornherein negativ von der vereinbarten Beschaffenheit abweicht, **fehlt es an der wirtschaftlichen Gleichwertigkeit** zwischen beabsichtigtem und zustande gekommenem Hauptvertrag (Rn 66 aE). Das gilt unabhängig davon, ob der Auftraggeber-Käufer wandelt oder (erheblich) mindert, ja sogar unabhängig davon, ob er den Gewährleistungsanspruch durch Fristablauf verliert oder nicht (aA OLG Karlsruhe AIZ 1987 H 3 A 137 Bl 9). Ist der Verkäufer der Auftraggeber, so kann der von vornherein vorhandene Sachmangel die wirtschaftliche Ungleichwertigkeit von beabsichtigtem und zustande gekommenem Hauptvertrag allerdings nur dann begründen, wenn der Käufer seine Gewährleistungsansprüche rechtzeitig geltend macht. Anderenfalls hat der Auftraggeber bekommen, was der Maklervertrag versprochen hat.

Die fehlende wirtschaftliche Gleichwertigkeit ist auch der Grund, weshalb mit der **86** hM (BGH NJW 1979, 975; MünchKomm/Schwerdtner § 652 Rn 121; Erman/Werner § 652 Rn 39; Wolf WM 1981, 666, 673) der Provisionsanspruch zu verneinen ist, wenn der vom

Makler vermittelte und in Vollzug gesetzte Gesellschaftsvertrag oder Gesellschafts-beitritt infolge relevanten Irrtums eines Gesellschafters von diesem zwar kraft Gesellschaftsrechts (K SCHMIDT, Gesellschaftsrecht 120 ff mit Nachweisen) nicht angefoch-ten, wohl aber außerordentlich **gekündigt** bzw durch gerichtliche Auflösungsklage beseitigt werden kann. Es ist in den hier diskutierten Fallgestaltungen entgegen SCHWERDTNER (MünchKomm/SCHWERDTNER § 652 Rn 121) nicht mißverständlich, son-dern trifft den entscheidenden Gesichtspunkt, wenn es heißt, ein infolge Irrtums oder Täuschung zustande gekommener Vertrag sei „kein vollwertiger Vertrag . . ., für den der Auftraggeber Provision zahlen sollte und wollte". Der Vertrag kommt in diesen Fällen schon als mit dem Wandelungs- bzw Minderungsgrund oder Kündi-gungs- bzw Auflösungsgrund behafteter zustande, so daß der Nachweis bzw die Vermittlung dem Auftraggeber vorbehaltlich abweichender Regelung, die sich auch nach § 157 ergeben kann, nicht das im Maklervertrag Vereinbarte bringt (aA KEMPEN 65 ff; ähnlich wie hier ERMAN/WERNER § 652 Rn 39; vgl auch Rn 66 aE).

87 In der Rechtsprechung der Untergerichte (LG Aurich NJW 1967, 398; LG Münster AIZ 1971, 9) wird bisweilen die Ansicht vertreten, der Provisionsanspruch des Maklers entfalle, wenn der infolge seines Nachweises bzw infolge seiner Vermittlung zustande gekommene Vertrag von der anfechtungsberechtigten Hauptvertragspartei nicht angefochten, sondern durch Ausübung eines **aus der gleichen Fehlerquelle stammenden gesetzlichen Rücktrittsrechts** ex nunc in ein Rückgewährschuldverhältnis umgewan-delt werde. Als Beispiel wird der Fall des Kreditkaufvertrages genannt, bei dem der Verkäufer wegen Irrtums über die Kreditwürdigkeit des Käufers nach § 119 Abs 2 anfechten und wegen Zahlungsverzugs des Käufers nach § 326 zurücktreten kann (vgl KEMPEN 71). Der Verkäufer soll insoweit nicht zur Anfechtung gezwungen sein, um den Provisionsanspruch des Maklers zu Fall zu bringen, sondern das wegen § 122 für ihn tendenziell günstigere Rücktrittsrecht ausüben können. Dem ist jedenfalls im Ergebnis zu folgen. Die Risikoverteilung des § 652 – Risiko des Zustandekommens des Vertrags beim Makler, Risiko der Durchführung des Vertrags beim Auftragge-ber – beruht darauf, daß das Risiko nachträglicher Leistungsstörung nichts mehr mit dem Erfolg der auf den Vertrag bezogenen Nachweis- bzw Vermittlungtätigkeit zu tun hat. Kommt infolge des Nachweises bzw der Vermittlung für den Auftraggeber ein Kaufvertrag mit einem ursprünglich zahlungsunfähigen Käufer zustande, so tritt ein **von vornherein minderwertiger Erfolg** ein, der nicht dadurch zu dem im Makler-vertrag vorausgesetzten vollwertigen wird, daß der Auftraggeber sich statt durch Anfechtung durch Rücktritt wegen der Zahlungsunfähigkeit – des Zahlungsverzugs – vom Vertrag löst (vgl auch KEMPEN 71 ff, 73 aE; Rn 66 aE). Das gleiche gilt für den Fall, daß der Kaufvertrag deswegen rückabgewickelt wird, weil eine Partei die andere getäuscht hat und deshalb für diese ein **Anspruch auf Aufhebung aus culpa in contra-hendo** entstanden ist. Ob die Täuschung arglistig geschehen ist (und damit auch ein Anfechtungsrecht nach § 123 ausgelöst hat) oder ob sie nur auf Fahrlässigkeit beruht, spielt wegen des in beiden Fällen von vornherein minderwertigen Erfolgs keine Rolle (vgl OLG Hamm NJW-RR 1991, 249 ff; **aA** für den Fall des ursprünglichen Sachman-gels OLG Oldenburg AIZ 1992 H 11 A 137 Bl 13).

88 dd) Das Schicksal des Provisionsanspruchs im Fall des bedingten Hauptvertrags spricht § 652 Abs 1 S 2 an, der die Entstehung bei **aufschiebend bedingtem Hauptver-trag** auf den Eintritt der Bedingung festsetzt. Die Vorschrift stellt klar, daß der Makler das Risiko des Ausfalls der Bedingung genauso zu tragen hat, wie er sonst

das Risiko des Nichtzustandekommens des Vertrages trägt (BGH WM 1992, 745; KEM-
PEN 115 f). Zugleich soll sie nach hM die Entschließungsfreiheit des Auftraggebers im
Verhältnis zum Makler über den Vertragsschluß hinaus bis zum Zeitpunkt des Ein-
tritts der Bedingung ausdehnen, so daß die Aufhebung des aufschiebend bedingten
Hauptvertrags vor Eintritt der Bedingung den Provisionsanspruch verhindert (OLG
Hamburg AIZ 1985 H 1 A 137 Bl 5; BGB-RGRK/DEHNER § 652 Rn 13; SOERGEL/MORMANN § 652
Rn 18, beide unter Berufung auf das unveröffentlichte Urteil des BGH vom 28. 5. 1969 – IV ZR
791/68). Freilich hilft es dem Auftraggeber nichts mehr, wenn er den Eintritt der
Bedingung **einseitig** vereitelt. Da der Hauptvertrag dann gemäß § 162 Abs 1 trotzdem
zustande kommt, entsteht auch der Provisionsanspruch des Maklers (vgl KEMPEN 118).
Ein aufschiebend bedingter Hauptvertrag im Sinne des § 652 Abs 1 S 2 kann auch
dann vorliegen, wenn ein Grundstückskaufvertrag unter der aufschiebenden Bedingung der Erteilung einer Baugenehmigung abgeschlossen worden ist und sich der
Käufer darin für den Fall des Fehlens der Baugenehmigung bis zu einem bestimmten
Zeitpunkt den Rücktritt vorbehalten hat. Eine solche Kombination von aufschieben-
der Bedingung und Rücktrittsrecht ist sinnvoll (vgl BGH NJW 1984, 358, 359).

Im Fall des **auflösend bedingten Hauptvertrags** ist das Schicksal des Provisionsan- **89**
spruchs umstritten. Zwar herrscht Einigkeit darüber, daß der Provisionsanspruch im
Umkehrschluß aus § 652 Abs 1 S 2 bereits mit dem Abschluß des Hauptvertrags
entsteht (MünchKomm/SCHWERDTNER § 652 Rn 129; ERMAN/WERNER § 652 Rn 38). Offen ist
jedoch, ob der Eintritt der auflösenden Bedingung ihn wieder – mit der Folge des
§ 812 Abs 1 S 2, 1. Alt – in Wegfall bringt. Die Rechtsprechung hat sich dagegen
ausgesprochen (BGH WM 1971, 905; WM 1977, 21; 1982, 1098; OLG Stuttgart BB 1972, 939,
940). Im Schrifttum sind die Auffassungen geteilt (wie die Rechtsprechung MünchKomm/
SCHWERDTNER § 652 Rn 130; DEHNER/ZOPFS Rn 38; aA ERMAN/WERNER § 652 Rn 38). Dazu ist
zunächst festzustellen, daß eine (dispositive) gesetzliche Wertung gegen den Wegfall
des Provisionsanspruchs nicht existiert. Insbesondere steckt eine solche gesetzliche
Wertung nicht im Umkehrschluß zu § 652 Abs 1 S 2. § 652 Abs 1 S 2 sagt etwas
darüber aus, **wann** der Provisionsanspruch entsteht. **Ob** er entsteht, hängt beim
bedingten Hauptvertrag wie sonst nach § 652 Abs 1 S 1 vom (endgültigen) „Zustandekommen" des nach dem Maklervertrag beabsichtigten Hauptvertrags ab (aA RUST AIZ
1962, 138, 139 f). So sehen es nicht zuletzt die Motive zum 1. Entwurf eines BGB, die
für den Fall des Eintritts der auflösenden Bedingung ausdrücklich auf die Grundsätze über die ungerechtfertigte Bereicherung wegen nachträglichen Wegfalls des
Rechtsgrundes für die Provisionszahlung verweisen (MUGDAN 287). Vom Standpunkt
der heutigen Dogmatik des Maklerrechts ist zu fragen, ob der Nachweis bzw die
Vermittlung eines auflösend bedingten (und durch Eintritt der Bedingung tatsächlich
aufgelösten) Hauptvertrags dem Nachweis bzw der Vermittlung eines unbedingten
Hauptvertrags **wirtschaftlich gleichwertig** ist. Und diese Frage ist im Zweifel, dh wenn
nicht besondere Gründe für das Gegenteil sprechen, negativ zu beantworten. Der
(niemals näher begründeten, vgl KEMPEN 124) Rechtsprechung ist also nicht zu folgen (aA
SCHWERDTNER 101 f).

ee)   Die Meinungsverschiedenheiten bezüglich des Provisionsanspruchs im Fall des **90**
bedingten Hauptvertrags (Rn 88 f) setzen sich im Fall des Hauptvertrags mit vertraglichem **Rücktrittsvorbehalt** für eine oder beide Hauptvertragsparteien fort. Soweit der
Auftraggeber sich – befristet – den Rücktritt ohne tatbestandliche Voraussetzungen
vorbehalten hat, behandelt die Rechtsprechung den Rücktrittsvorbehalt wie die **auf-**

schiebende Bedingung: Bis das Rücktrittsrecht infolge Fristablaufs erlischt, entsteht der Provisionsanspruch des Maklers nicht; wird das Rücktrittsrecht ausgeübt, so ist die Entstehung des Provisionsanspruchs schlechthin ausgeschlossen (BGH NJW 1974, 694; 1976, 1842; WM 1993, 342, 343). Ebenso soll zu entscheiden sein, wenn die Hauptvertragsparteien den Rücktritt von einem ungewissen Ereignis – konkret: der Entscheidung der Genehmigungsbehörde über die Bebaubarkeit des verkauften Grundstücks oder der Veräußerbarkeit eines anderen Grundstücks innerhalb bestimmter Frist – abhängig gemacht haben (BGH WM 1971, 905; 1977, 21; OLG München AIZ 1989 H 5 A 137 Bl 12; LG Frankfurt NJW-RR 1988, 688; aA anscheinend DEHNER/ZOPFS Rn 39). In der Konsequenz des Gedankens liegt es, die **Parallele zur auflösenden Bedingung** heranzuziehen, soweit das Rücktrittsrecht unbefristet eingeräumt oder doch an ein möglicherweise erst in später Zukunft eintretendes Ereignis angeknüpft wird; das würde nach der Rechtsprechung (vgl dazu Rn 88) auf die Aufrechterhaltung des Maklerlohnanspruchs hinauslaufen (vgl KEMPEN 160 ff). Grundsätzlich anders will eine Mindermeinung darauf abheben, ob der Auftraggeber des Maklers oder die andere Vertragspartei ein vertragliches Rücktrittsrecht ausübt: In der ersten Alternative soll der Provisionsanspruch aufrechterhalten bleiben, in der zweiten entfallen (LG Köln MDR 1969, 1009). Schließlich trifft man auf Stimmen, die überhaupt nicht differenzieren wollen: ZT setzt man sich für die uneingeschränkte Aufrechterhaltung des Provisionsanspruchs ein, weil der Rücktritt am Zustandekommen des Hauptvertrags nichts ändere (MünchKomm/SCHWERDTNER § 652 Rn 126; KEMPEN 163 ff); zT befürwortet man den uneingeschränkten Wegfall des Provisionsanspruchs, weil der wirtschaftliche Erfolg beim Auftraggeber nicht eingetreten sei (AK/REICH § 652 Rn 18).

91 Den Schlüssel zur Lösung der Probleme im Einzelfall enthält zunächst der Maklervertrag, der wie stets primär darüber Aufschluß gibt, wie der Hauptvertrag beschaffen sein muß, damit sein Zustandekommen den Provisionsanspruch begründet (vgl BGH WM 1973, 300 f; DNotZ 1992, 411, 413; OLG Braunschweig AIZ 1994 H 5 A 146 Bl 28; LG Hamburg MDR 1960, 399; KEMPEN 131 ff). Nur soweit die erläuternde **Auslegung des Maklervertrags** kein klares Urteil ermöglicht, ist eine generelle, möglichst an den gesetzlichen Maßstäben des § 652 orientierte Risikoverteilung gefordert (§§ 157, 242). Danach ist BGH NJW 1974, 674 darin zuzustimmen, daß das **voraussetzungslose Rücktrittsrecht des Auftraggebers** arg a fortiori § 652 Abs 1 S 2 den Provisionsanspruch des Maklers sperrt. Denn das voraussetzungslose Rücktrittsrecht bedeutet noch mehr als die aufschiebende Bedingung, daß der Auftraggeber sich der ihm gegenüber dem Makler zustehenden Entschließungsfreiheit in Wahrheit bis zum Ablauf der Frist noch gar nicht begeben hat. Soweit das Rücktrittsrecht des Auftraggebers oder des anderen Teils tatbestandlich umschrieben ist, hängt die Stellungnahme von der Eigenart dieser Rücktrittsvoraussetzungen ab. Betreffen sie ursprüngliche Störungen des Hauptvertrags, so muß der Makler sie sich wegen seiner Verantwortlichkeit für das Zustandekommen des (im Maklervertrag) beabsichtigten Vertrags entgegenhalten lassen (aA die wohl hM, vgl DEHNER/ZOPFS Rn 39; vgl auch Rn 66 aE). Der Rücktritt wegen der (von vornherein) fehlenden Bebaubarkeit des gekauften Grundstücks beseitigt also – so richtig BGH WM 1971, 905 – den Provisionsanspruch, ebenso der Rücktritt wegen fehlenden Nachweises der Zahlungsfähigkeit des Vertragspartners (OLG Zweibrücken NJW-RR 1989, 54 f; aA BGH NJW-RR 1991, 820, 821 betr Rücktritt wegen fehlender Beibringung von Bankbürgschaft).

92 Anders sieht es aus, wenn das Rücktrittsrecht an **(nachträgliche) Vertragsstörungen**

anknüpft. Insoweit schlägt die Wertung des § 652 Abs 1 S 1 durch, daß Entwicklungen nach dem Zustandekommen des Hauptvertrags den Erfolg der Nachweis- bzw Vermittlungstätigkeit vorbehaltlich abweichender Regelung des Maklervertrags nicht mehr berühren. Zu Recht vertritt daher die Rechtsprechung so gut wie unangefochten den Standpunkt, daß die Ausübung eines vertraglichen Rücktrittsrechts wegen Verzugs oder nachträglicher Unmöglichkeit den Provisionsanspruch unangetastet läßt (BGH WM 1974, 257; OLG München NJW 1970, 200; OLG Stuttgart BB 1972, 939; OLG Düsseldorf AIZ 1987 H 5 A 137 Bl 11), und zwar selbst dann, wenn die Voraussetzungen des Rücktrittsrechts im Vergleich mit denjenigen des gesetzlichen Rücktrittsrechts nach den §§ 325, 326 erleichtert worden sind (BGH WM 1974, 257, 259). In der Konsequenz des allgemeinen Gedankens – keine Verantwortlichkeit des Maklers für Entwicklungen nach dem Zustandekommen des Hauptvertrags – liegt es, das gleiche Ergebnis zB für den vertraglichen Rücktritt wegen nachträglichen (= erst bei Gefahrübergang vorhandenen) Sachmangels oder wegen des Verzugs des Vertragsgegners bei der Schaffung bestimmter Voraussetzungen (BGH WM 1993, 342, 343) anzunehmen. Hat sich schließlich die andere Partei den voraussetzungslosen Rücktritt vom Hauptvertrag vorbehalten, so versteht sich bis zum Erlöschen des Rücktrittsrechts infolge Ablaufs der für die Ausübung vorgesehenen Frist der Ausschluß des Provisionsanspruchs von selbst: Bis dahin bleibt der Eintritt des Erfolgs in Gestalt des Zustandekommens des beabsichtigten Hauptvertrags ja noch in der Schwebe.

ff)   Die nachträgliche **Aufhebung des Hauptvertrags** ist schon in den Materialien 93 zum Entwurf eines BGB als eindeutig provisionsunschädlicher Vorgang eingeordnet worden (MUGDAN 287). Die Richtigkeit der Ansicht folgt schon daraus, daß der Makler nicht einmal das Risiko der nachträglich eingetretenen Undurchführbarkeit des Hauptvertrags trägt. Erst recht kann ihn die nachträgliche Sinnesänderung der Hauptvertragsparteien nicht beeinträchtigen (BGH WM 1970, 1273; KNIEPER NJW 1970, 1293, 1297). Das gilt gemäß § 117 Abs 2 auch dann, wenn die Hauptvertragsparteien die Sinnesänderung in die Form einer grundlosen, aber vom Adressaten nicht beanstandeten Anfechtung wegen Irrtums oder arglistiger Täuschung bzw rechtswidriger Drohung kleiden (BGH WM 1987, 510, 511). Die hM will diesen Grundsatz durchbrechen, wenn die Aufhebung aus Gründen erfolgt, die ihrerseits ein Recht zur Beseitigung des Hauptvertrages mit Wegfall des Provisionsanspruchs verschaffen. Insbesondere soll die Aufhebung wegen arglistiger Täuschung oder Irrtums einer Hauptvertragspartei (innerhalb der Fristen der §§ 121, 124) provisionsschädlich sein (OLG Karlsruhe AIZ 1987 H 3 A 137 Bl 9; MünchKomm/SCHWERDTNER § 652 Rn 122; einschränkend KEMPEN 75 ff). Tatsächlich dürfte es sich dabei um ein rein akademisches Problem handeln. Das Aufhebungsbegehren der arglistig getäuschten oder irrenden Hauptvertragspartei stellt in der Sache eine Anfechtungserklärung dar, so daß eine Aufhebung statt Anfechtung kaum denkbar erscheint (vgl auch KEMPEN 75 ff). Eine Rolle spielt die Aufhebung statt der Anfechtung praktisch erst, wenn eine wirksame Anfechtung wegen Ablaufs der Ausschlußfristen nach den §§ 121, 124 ausscheidet. Entgegen SCHWERDTNER (MünchKomm/SCHWERDTNER § 652 Rn 122; ebenso wohl OLG Karlsruhe AIZ 1987 H 3 A 137 Bl 9) ist sie dann freilich durchaus nicht immer provisionsunschädlich. Soweit die Anfechtbarkeit fehlende wirtschaftliche Gleichwertigkeit zwischen beabsichtigtem und zustande gekommenem Hauptvertrag bedeutet, entfällt nämlich der Provisionsanspruch sogar ohne Aufhebung (Rn 83, 85). Erst recht kommt er nicht in Betracht, wenn die Hauptvertragsparteien ihren Vertrag mit

Rücksicht auf den Anfechtungsgrund (= die fehlende wirtschaftliche Gleichwertigkeit) aufheben.

94 **gg)** Hängt die volle Rechtswirkung des Hauptvertrages von einer **Genehmigung** ab, so entsteht der Provisionsanspruch erst, wenn die Genehmigung erteilt wird (BGH DB 1971, 1857; NJW 1973, 1276; KG NJW 1961, 512, 514; vgl auch BGH WM 1991, 819). Das entspricht der Wertung des § 652 Abs 1 S 2, die wegen der Gleichheit der Interessenlage über die aufschiebende Bedingung hinaus auf andere Fälle der schwebenden Unwirksamkeit analog anzuwenden ist. Abweichende Vereinbarungen im Maklervertrag sind (Ausnahme nach § 11 Abs 2 S 2 AVermV für Arbeitsvermittlung atypischer Arbeitnehmer ins Ausland) möglich, bedürfen aber wegen § 9 Abs 2 Nr 1 AGBG der individualvertraglichen Abrede (SCHWERDTNER 103). Das KG (NJW 1961, 512, 514) sieht in der Klausel „zahlbar bei notariellem Kaufabschluß" noch nicht die Vereinbarung eines erfolgsunabhängigen Provisionsanspruchs, sondern lediglich eine Fälligkeitsabrede: Der Auftraggeber muß bereits bei notarieller Beurkundung zahlen, kann aber nach der Verweigerung der Genehmigung Rückzahlung nach § 812 Abs 1 S 2, 2. Alt verlangen. Dagegen liegt nach Ansicht des OLG Hamburg (MDR 1975, 663; AIZ 1985 H 1 A 137 Bl 5) in der Klausel „mit Abschluß des Kaufvertrages verdient und fällig" die Abrede einer erfolgsunabhängigen Provision, nicht bloß die Vereinbarung vorzeitiger Fälligkeit. Das OLG Nürnberg (OLGZ 1967, 266, 267, 269) will in den Anforderungen an die Eindeutigkeit der maklervertraglichen Regelung unterscheiden, je nachdem, ob das Genehmigungserfordernis an den Vertragsgegenstand (zB Genehmigung des Landwirtschaftsamtes nach dem GrdstVG) oder an die Person einer Hauptvertragspartei (zB vormundschaftsgerichtliche Genehmigung) anknüpft. In der zweiten Alternative sollen weniger strenge Maßstäbe gelten, weil sich das Genehmigungshindernis insoweit der Einflußnahme des Maklers entzieht. Dem wird zu Recht widersprochen: Der Makler trägt das Risiko des Zustandekommens des nachgewiesenen oder vermittelten Hauptvertrags unabhängig davon, ob er es konkret beeinflussen kann oder nicht. Der Provisionsanspruch setzt voraus, daß der Abschluß des Hauptvertrags gelingt. Es genügt nicht, daß er in einer Weise mißlingt, die dem Makler nicht zurechenbar ist. Im Lichte der gesetzlichen Konzeption des Maklerrechts ist deshalb die mehr oder weniger weitreichende Zurechenbarkeit des Ausfalls der Genehmigung ein sachfremdes Differenzierungskriterium (vgl auch SCHWERDTNER 102).

95 Im Fall der **Bodenverkehrsgenehmigung** nach § 19 BBauG bzw Teilungsgenehmigung nach §§ 19 ff BauGB (seit 1. 7. 87) ist der (schuldrechtliche) Hauptvertrag ohne Genehmigung wirksam; genehmigungsbedürftig ist erst das Verfügungsgeschäft, dh Auflassung und Eintragung (BGHZ 37, 233, 237). Gleichwohl führt die Verweigerung der Genehmigung nach ganz hM (BGH WM 1976, 1132; 1977, 21, 22; MünchKomm/ SCHWERDTNER § 652 Rn 132) zum Wegfall des Provisionsanspruchs. Der Grund dafür liegt freilich nicht darin, daß der Hauptvertrag auf eine unmögliche Leistung gerichtet und daher nach § 306 nichtig ist (so MünchKomm/SCHWERDTNER § 652 Rn 132). Wer so argumentiert, kann allenfalls die Provisionsschädlichkeit der Verweigerung der **gebundenen Genehmigung** rechtfertigen (die allerdings im Fall des § 19 BauGB vorliegt, vgl BATTES/KRAUTZBERGER/LÖHR, Baugesetzbuch [3. Aufl 1991] § 20 Rn 3). Wo die Behörde Genehmigungsermessen hat, muß er provisionsunschädliche nachträgliche Unmöglichkeit annehmen (so in der Tat KEMPEN 173 f). Demgegenüber ist richtigerweise darauf abzuheben, daß der (schuldrechtliche) Hauptvertrag im Falle der

Genehmigungsbedürftigkeit des Verfügungsgeschäfts von vornherein mit einem inhaltlichen Risiko behaftet ist, das das Zustandekommen des beabsichtigten Hauptvertrags bis zur Genehmigung bzw Verweigerung der Genehmigung in der Schwebe läßt. BGH WM 1992, 745 nimmt sogar für den Regelfall an, daß die Hauptvertragsparteien den Vertrag unter der aufschiebenden Bedingung der Erteilung der Genehmigung abschließen, was zu § 652 Abs 1 S 2 führt (vgl Rn 88). Nur das erklärt auch schlüssig, weshalb nach der Rechtsprechung der Provisionsanspruch des Maklers durch die Aufhebung des Hauptvertrags vor der **problemlosen Genehmigung** des Verfügungsgeschäfts nicht berührt wird (BGH WM 1976, 1132; aA MünchKomm/ SCHWERDTNER § 652 Rn 132), während die Hauptvertragsparteien bis zur erforderlichen Genehmigung des (schuldrechtlichen) Hauptvertrags selbst – wie im Fall der aufschiebenden Bedingung (Rn 88) – mit Wirkung gegenüber dem Makler die Dispositionsbefugnis behalten (MORMANN WM 1971, 1066, 1069 unter Berufung auf die unveröffentlichte Entscheidung des BGH vom 28. 5. 1969 – IV ZR 791/68). Falls die Genehmigung des Verfügungsgeschäfts lediglich noch Formsache ist, haben der Nachweis bzw die Vermittlung des Maklers den Hauptvertrag auch wirtschaftlich vollwertig zustande gebracht. Nachträgliche Sinnesänderung der Hauptvertragsparteien vermag daran nichts mehr zu ändern (vgl auch KEMPEN 184 ff).

hh) Wird aufgrund des Hauptvertrags ein **Vorkaufsrecht** ausgeübt, so bleibt dies 96 ohne Einfluß auf den Provisionsanspruch des **Verkäufermaklers**. Die zusätzliche Verpflichtung des Verkäufers gegenüber dem Vorkaufsberechtigten ändert nichts daran, daß der Vertrag mit dem Erstkäufer infolge des Nachweises bzw infolge der Vermittlung des Maklers zustande gekommen ist (RGZ 157, 243, 244). Soweit die Ausübung des Vorkaufsrechts eine im Maklervertrag nicht vorgesehene Belastung für den Auftraggeber-Verkäufer mit sich bringt, beruht diese nicht auf dem zustande gekommenen Vertrag, sondern auf der vertraglichen bzw gesetzlichen Grundlage des Vorkaufsrechts (§§ 505 ff, 1094 ff BGB, 24 BauGB), die nichts mit der Nachweisbzw Vermittlungstätigkeit des Maklers zu tun hat. Wenn die Ausübung des Vorkaufsrechts den Erstkäufer zu einem vertraglich vorbehaltenen Rücktritt veranlaßt, fehlt es zwar am Zustandekommen des ersten Vertrags im Sinne des § 652 Abs 1. Denn der Rücktrittsvorbehalt des Erstkäufers wegen des Vorkaufsrechts belastet den Vertrag von vornherein mit dem Risiko des Scheiterns, das sich der Makler wegen seiner Verantwortlichkeit für das wirtschaftlich vollwertige Zustandekommen entgegenhalten lassen muß (vgl Rn 91). Doch verdient der Makler die Provision gegenüber dem Auftraggeber-Verkäufer dadurch, daß er durch seine Nachweis- bzw Vermittlungstätigkeit bezüglich des Erstvertrages zugleich den Zweitvertrag verursacht hat, es sei denn, der Vorkaufsberechtigte genügt nicht den Anforderungen des Maklervertrags an die wirtschaftliche Qualität des nachzuweisenden bzw zu vermittelnden Vertragspartners (vgl Rn 69). Das entspricht der hM (PALANDT/HEINRICHS § 652 Rn 28; ERMAN/ WERNER § 652 Rn 37; MünchKomm/SCHWERDTNER § 652 Rn 136), ist aber weniger selbstverständlich, als die kurz gehaltenen Stellungnahmen nahelegen. Denn der Vorkaufsberechtigte ist weder per se mit dem nachgewiesenen bzw vermittelten Interessenten wirtschaftlich identisch (Rn 69 ff), noch ist die Nachweis- bzw Vermittlungstätigkeit auf den Vertrag mit dem Vorkaufsberechtigten bezogen (Rn 104). Helfen kann insoweit allein eine (das dispositive Gesetzesrecht verdrängende) ergänzende Auslegung des Maklervertrags, die darauf abstellt, daß der Makler, wäre an die Möglichkeit der Ausübung des Vorkaufsrechts gedacht worden, die ersatzweise Provisionspflichtigkeit des Zweitvertrags verlangt und regelmäßig von einem redlichen Auftraggeber auch zugebilligt erhalten hätte.

97 Der Provisionsanspruch des **Käufermaklers** soll infolge der Ausübung des Vorkaufsrechts nach ganz hM entfallen, weil der beabsichtigte wirtschaftliche Erfolg in der Person des Auftraggeber-Käufers nicht eintrete (RGZ 157, 243, 244; BGH MDR 1963, 303 f; WM 1982, 1098, 1099; MünchKomm/SCHWERDTNER § 652 Rn 133). Diese Argumentation paßt indessen allein, wenn der (Erst-)Käufer sich einem dinglich oder kraft Gesetzes Vorkaufsberechtigten gegenübersieht. Nur dann ist nämlich der vom Makler (mit) zustande gebrachte Hauptvertrag aus einem Grund gescheitert, der seinen wirtschaftlichen Wert von vornherein in Frage gestellt hat. Im Falle eines **schuldrechtlichen Vorkaufsrechts** erhält der Vorkaufsberechtigte hingegen bloß ein konkurrierendes Forderungsrecht, nicht anders, als wenn der Verkäufer vor dem infolge des Nachweises bzw der Vermittlung des Maklers zustande gekommenen Vertrag mit dem Auftraggeber-Käufer einen weiteren Vertrag über den gleichen Gegenstand mit einem Dritten abgeschlossen hat. Von einem nicht wirtschaftlich vollwertigen Hauptvertrag kann man insoweit schwerlich sprechen, kann doch der Verkäufer zunächst noch völlig ordnungsgemäß erfüllen. Erst wenn der Verkäufer sich dafür entscheidet, dem Vorkaufsberechtigten bei der Erfüllung den Vorzug zu geben, wird der wirtschaftliche Erfolg des nachgewiesenen bzw vermittelten Hauptvertrags vereitelt. Und dabei handelt es sich unzweifelhaft um einen **nachträglichen** Vorgang, der ausweislich der Wertung des § 652 Abs 1 S 1 den **Provisionsanspruch** des Maklers vorbehaltlich abweichender Vereinbarung **unangetastet** läßt. Nicht zufällig bezieht sich die bisherige höchstrichterliche Rechtsprechung ausschließlich auf das Schicksal des Provisionsanspruchs im Falle der Ausübung **gesetzlicher Vorkaufsrechte**.

98 Andererseits besteht freilich entgegen KEMPEN (196 ff) auch kein Anlaß, der hM auch im Hinblick auf **dingliche** (einschließlich gesetzlicher) **Vorkaufsrechte** zu widersprechen und die Ausübung des Vorkaufsrechts unabhängig von seiner schuldrechtlichen oder dinglichen Natur zugunsten des Käufermaklers für provisionsunschädlich zu erklären. Die Wertung des § 652 Abs 1 S 1 duldet es entgegen KEMPEN 196 durchaus, Erfüllungshindernisse zu Lasten des Maklers zu berücksichtigen. Die Erfüllungshindernisse dürfen nur nicht erst nach Vertragsschluß begründet worden sein (Rn 66 aE). Und für die Begründung kann es nicht auf die Ausübung, sondern muß es auf die Bestellung des Vorkaufsrechts ankommen, ist doch die Risikoverteilung des § 652 Abs 1 S 1 durch den Gedanken bestimmt, daß die Nachweis- bzw Vermittlungsleistung des Maklers sich mit dem Abschluß des Hauptvertrags konkretisiert und damit die Gegenleistungsgefahr auf den Auftraggeber übergeht. Hindernisse für die Durchführung des Hauptvertrags, die davor entstanden sind, fallen deshalb durchaus in die Risikosphäre des Maklers. Wirtschaftliche Betrachtungsweisen unter Einschluß der Beziehungen zum Verkäufer und Vorkaufsberechtigten, wie KEMPEN 198 f sie propagiert, haben demgegenüber keinerlei gesetzliche Grundlage. Selbstverständlich außerhalb des Maklerrisikos liegt es, wenn ein vom Makler vermitteltes **Darlehen zum Ankauf eines Grundstücks** für den Auftraggeber-Darlehensnehmer seinen Sinn verliert, weil ein Vorkaufsberechtigter durch Ausübung des Vorkaufsrechts die Erwerbspläne durchkreuzt (BGH NJW 1982, 2662; MünchKomm/SCHWERDTNER § 652 Rn 138). Die Vermittlungstätigkeit des Kreditmaklers erschöpft sich im Zustandebringen des Darlehensvertrags. Mit der Verwendung des Darlehens hat er nichts zu tun, so daß ihn auch die Verwendungsrisiken vorbehaltlich abweichender Vereinbarung nicht treffen können.

Die **Provisionszahlungspflicht des Vorkaufsberechtigten** setzt nach § 505 Abs 2 voraus, **99** daß die Provisionszahlung Bestandteil des Hauptvertrags zwischen dem Verkäufer und dem Erstkäufer ist; der bloße Maklervertrag des Verkäufers oder des Erstkäufers mit dem Makler reicht nicht aus. Bestandteil des Hauptvertrags kann die Provisionszahlungspflicht einmal dadurch werden, daß sich die andere Vertragspartei gegenüber dem Auftraggeber durch Abrede zugunsten des Maklers im Sinne des § 328 zur Provisionszahlung verpflichtet. Eine solche Fallgestaltung ist denkbar, wenn der Verkäufer den Maklervertrag abgeschlossen hat und die Provisionszahlungspflicht auf den Käufer abwälzen will, ferner, wenn der Verkäufer dem Makler einen Nachweis- oder Vermittlungsauftrag erteilt hat mit der Maßgabe, daß er für die Provisionszahlung durch den Käufer sorgen werde. Insoweit ist die Verpflichtung des Vorkaufsberechtigten unproblematisch. Denn hier handelt es sich um echte **Vertragskosten**, die der Käufer originär übernommen hat (BGH NJW 1982, 2068; OLG Hamburg MDR 1973, 1018; LG Braunschweig AIZ 1962, 58, 59; LG Hamburg AIZ 1991 H 4 A 135, Bl 6; Kempen 208 f). Unter der Geltung des BBauG traf die Pflicht zum Ersatz der im Kaufvertrag vom Erstkäufer übernommenen Maklerkosten des Verkäufers die vorkaufsberechtigte Gemeinde sogar dann, wenn der Verkäufer nach § 28 a Abs 3 BBauG dieser gegenüber zurücktrat. „Kosten des Vertrages" im Sinne des § 28 a Abs 3 S 4 BBauG waren auch die Maklerkosten (BGH NJW 1982, 2068 f). Im BauGB ist diese Vorschrift freilich nicht mehr enthalten.

Kopfzerbrechen bereitet der Praxis dagegen der Fall, daß der Erstkäufer der Auf- **100** traggeber des Maklers ist, sich aber trotzdem **zusätzlich** zu seiner maklervertraglichen Verpflichtung auch noch **im Kaufvertrag zur Provisionszahlung verpflichtet**. Damit kann erstens beabsichtigt sein, zugunsten des Maklers einen Urkundenbeweis für den Abschluß des Hauptvertrags und die Kausalität der Maklertätigkeit dafür zu schaffen. In dieser Variante ist die Provisionszahlungspflicht des Erstkäufers nur äußerlich mit dem Kaufvertrag verbunden; inhaltlich handelt es sich um ihre **deklaratorische Anerkennung** durch den Erstkäufer (vgl OLG Karlsruhe AIZ 1983 H 1 A 136 Bl 7). Entsprechend scheidet eine Haftung des Vorkaufsberechtigten für die Provision aufgrund des § 505 Abs 2 aus (BGH MDR 1963, 303). Im Ergebnis ebenso zu entscheiden ist, wenn der Verkäufer zwar Adressat der Verpflichtungserklärung des Erstkäufers ist, jedoch selbst entgegen § 335 **kein eigenes Forderungsrecht** auf Zahlung der Provision an den Makler erwirbt. Auch dann ist der Kaufvertrag nämlich lediglich technisches Medium der Begründung des Anspruchs auf den Maklerlohn gegen den Käufer. Der Verkäufer wird in seiner Rechtsposition nicht betroffen, so daß § 505 Abs 2 seinem Zweck – der Angleichung der Rechtsposition des Verkäufers gegenüber dem Vorkaufsberechtigten an die gegenüber dem Erstkäufer – nach nicht eingreift (BGH MDR 1963, 303).

Als dritte Möglichkeit kommt schließlich in Betracht, daß der Verkäufer als Verspre- **101** chensempfänger neben dem aus § 328 berechtigten Makler gemäß § 335 ein **eigenes Forderungsrecht** erhält. In diesem Fall führt zwar im Ansatz kein Weg daran vorbei, daß der Zweck des § 505 Abs 2 die Anwendung der Vorschrift auf die Provisionszahlungspflicht erfordert, hat der Verkäufer doch sonst gegenüber dem Vorkaufsberechtigten weniger Rechte als gegenüber dem Erstkäufer. Zu beachten ist aber, daß § 505

Abs 2 analog § 506 generell solche Abreden nicht erfaßt, die auf die Beeinträchtigung des Vorkaufsrechts abzielen (JAUERNIG/VOLLKOMMER § 505 Anm 2 a bb). Im Kaufvertrag enthaltene Abreden über die Maklerprovision, die darin einen Fremdkörper bilden, weil sie völlig außerhalb des Abhängigkeitsverhältnisses von Leistung und Gegenleistung liegen und den Parteien im Falle der Durchführung des Kaufvertrags keine irgendwie gearteten Vorteile bringen, braucht der Vorkaufsberechtigte sich nicht über § 505 Abs 2 zurechnen zu lassen (BGHZ 77, 359, 362 ff; 102, 241). Daraus folgt für § 505 Abs 2 die Forderung nach einem objektiven Interesse des Verkäufers an der Provisionszahlung des Erstkäufers. Ein derartiges Interesse kann insbesondere deswegen bestehen, weil der Verkäufer den Makler provisionsfrei beauftragt und auf die Vereinbarung einer Provision mit dem Käufer verwiesen hat. Da die Ausübung des (dinglichen) Vorkaufsrechts den Provisionsanspruch des Maklers gegen den Erstkäufer ausschließt (Rn 97), sieht sich der Verkäufer uU bezüglich der Unentgeltlichkeit mit Anpassungsansprüchen des Maklers aus ergänzender Vertragsauslegung (§§ 157, 242) oder Wegfall der Geschäftsgrundlage (§ 242) konfrontiert, wenn er nicht für die Provisionszahlung der Käuferseite ohne Rücksicht auf die Ausübung des Vorkaufsrechts Sorge trägt (OLG Hamm DNotZ 1983, 234, 235 f; HITZELBERGER NJW 1982, 2854, 2855; 83, 860; aA v GERKAN NJW 1983, 859 f). Viel spricht sogar dafür, mit HITZELBERGER (NJW 1982, 2854, 2855) das moralische Interesse des Verkäufers an Fairneß gegenüber dem Makler ausreichen zu lassen, ist doch auch dann der Rechtsgedanke des § 506 als Wertungsgrundlage der Einschränkung des § 505 Abs 2 – Unzulässigkeit von Klauseln zur Abwehr des Vorkaufsrechts – nicht einschlägig.

102 ii)   Der Rücktritt aufgrund eines **gesetzlichen Rücktrittsrechts**, die **Wandelung** und die **Minderung** sowie die Ausübung der Rechte wegen **Wegfalls der Geschäftsgrundlage** des Hauptvertrages lassen als solche den Provisionsanspruch unstreitig unberührt. Die Meinungsverschiedenheiten, von denen in der Literatur zT berichtet wird (KEMPEN 90 ff), erklären sich daraus, daß im Falle ursprünglichen Unvermögens einer Hauptvertragspartei zur Leistung (vgl dazu KG AIZ 1985 H 12 A 121 Bl 21), im Falle des ursprünglichen Sachmangels (vgl Rn 83) und im Falle des ursprünglichen Fehlens der Geschäftsgrundlage (vgl dazu BGH, Urt v 13. 7. 1977 – IV ZR 79/75 – unveröffentlicht) der Provisionsanspruch des Maklers uU wegen **fehlender wirtschaftlicher Gleichwertigkeit** zwischen dem zustande gekommenen und dem lt Maklervertrag beabsichtigten Hauptvertrag entfällt (Rn 66 aE; vgl auch KEMPEN 105). Am klarsten wird das vom KG (OLGZ 1985, 367, 369) gesehen, das die Vermittlung eines Grundstückskaufvertrags zwischen dem Auftraggeber-Käufer und einem nicht verfügungsberechtigten Nichteigentümer expressis verbis wegen wirtschaftlicher Ungleichwertigkeit zwischen zustande gekommenem und beabsichtigtem Hauptvertrag für nicht provisionspflichtig erachtet hat. Aber auch der BGH befindet sich auf der „richtigen Spur", wenn er feststellt, der Makler habe möglicherweise wegen des Fehlens der von den Kaufvertragsparteien vorausgesetzten vollen Vermietbarkeit des gekauften Wohnhauses nicht die „versprochene Maklerleistung erbracht" (Urt v 13. 7. 1977 – IV ZR 79/75 Bl 10). Denn die Rechtsfolge des ursprünglichen Fehlens der Geschäftsgrundlage ist entgegen KEMPEN 103 regelmäßig genausowenig wie diejenige des nachträglichen Wegfalls der Geschäftsgrundlage Unwirksamkeit oder rückwirkende Vernichtung des Hauptvertrags, sondern je nach Lage des Einzelfalls ex nunc wirkende Vertragsanpassung oder Umwandlung in ein Rückgewährschuldverhältnis (vgl dazu ULMER AcP Bd 174 (1974) 167, 184 mit Nachweisen). Am „Zustandekommen" des Hauptvertrags ist hier wie dort nicht zu rütteln.

Anders orientiert ist vor allem die Rechtsprechung zum Einfluß des ursprünglichen **103** Sachmangels des Kaufgegenstandes auf den Provisionsanspruch. Sowohl OLG Braunschweig NJW 1954, 1083 als auch OLG Karlsruhe AIZ 1987 H 3 A 137 Bl 9 heben nicht auf die wirtschaftliche Ungleichwertigkeit des Hauptvertrags über den mangelhaften Kaufgegenstand im Verhältnis zu dem beabsichtigten Hauptvertrag ab, sondern berufen sich auf den im Fall des ursprünglichen Sachmangels tatbestandlich vorliegenden (wenngleich durch die §§ 459 ff verdrängten) Anfechtungsgrund gemäß § 119 Abs 2. Daß diese Lösung nicht allein theoretisch bedenklich ist (vgl Rn 82), sondern darüber hinaus praktisch unbefriedigend ist, wird sich spätestens dann zeigen, wenn Fälle zu entscheiden sind, in denen der Durchgriff auf das verdrängte Anfechtungsrecht wegen Ablaufs der Anfechtungsfrist nach § 121 versagt (vgl Rn 66 aE, 83 aE).

3. Die Kausalität der Maklertätigkeit

a) Die Bedeutung des Kausalitätserfordernisses

Dritte Voraussetzung der Provisionszahlungspflicht ist die **Kausalität** der Maklertä- **104** tigkeit für das Zustandekommen des Hauptvertrags. Nach § 652 Abs 1 muß der Hauptvertrag nämlich infolge des Nachweises bzw der Vermittlung des Maklers geschlossen werden. Wie sonst im Zivilrecht ist es dafür erforderlich, aber keineswegs ausreichend, daß der Makler eine Bedingung gesetzt hat, die nicht hinweggedacht werden kann, ohne daß der Erfolg – das Zustandekommen des Hauptvertrags – entfällt. Hinzu kommen muß, daß **gerade die im Maklervertrag vorausgesetzte Tätigkeit** – dh beim Nachweismaklervertrag der Nachweis, beim Vermittlungsmaklervertrag die Vermittlung – **den Hauptvertragsschluß bewirkt hat.** Dabei darf der Hauptvertragsschluß nicht zufälliges Ergebnis der Nachweis- bzw Vermittlungstätigkeit, sondern die Gelegenheit dazu muß **Gegenstand** des Nachweises bzw der Vermittlung gewesen sein (vgl BGH NJW 1976, 1844, 1855; OLG Karlsruhe NJW 1966, 2169, 2170 f; Schmidt-Salzer DB 1969, 1091). Nicht provisionspflichtig ist es daher, wenn der Auftraggeber das Grundstück nicht an den vermittelten Interessenten, sondern nach Absprung des Interessenten an den Notar verkauft hat, der den Grundstückskaufvertrag zwischen dem Auftraggeber und dem vermittelnden Interessenten beurkunden sollte (Fall nach BGH NJW 1976, 1844). Neuerdings spricht der BGH im Anschluß an Reichel 123 sogar davon, der Abschluß des Hauptvertrages müsse sich vorbehaltlich abweichender Vereinbarung als **Arbeitserfolg** der Maklertätigkeit darstellen (BGH NJW-RR 1988, 942; NJW-RR 1988, 1397; 1991, 371, 372). Soweit damit – wie bei Reichel – die Vorstellung anklingt, der Makler werde für seine Arbeit entlohnt, ist dem zwar zu widersprechen. Der Maklerlohn ist nicht Arbeitslohn, sondern Gegenleistung für die Nutzung einer vom Makler auf eigene Rechnung beschafften Vertragsgelegenheit (Vorbem 2, 4). Der Begriff des Arbeitserfolgs ist geeignet, dem Irrtum Vorschub zu leisten, der Provisionsanspruch müsse versagt werden, wenn dem Makler im Einzelfall ohne Mühewaltung ein erfolgreicher Nachweis oder eine erfolgreiche Vermittlung gelungen sei (kritisch zum Begriff des Arbeitserfolgs auch Schwerdtner NJW 1989, 2987 ff). Wohl aber muß die Vertragsgelegenheit, die der Auftraggeber durch den Abschluß des Hauptvertrags genutzt hat, sich als vom Makler (und nicht vom Auftraggeber selbst oder anderen Personen) beschafft darstellen. Denn da Vertragsgelegenheiten gemeinfreie Güter sind (Rn 3), kann ihre Nutzung den Provisionsanspruch nur auslösen, wenn die Möglichkeit der Nutzung im Einzelfall das **Verdienst des die Provision begehrenden Maklers** gewesen ist. Dementsprechend braucht die Nachweis- bzw Vermittlungstätigkeit zwar nicht die alleinige Ursache für das Zustandekommen des Hauptvertrags gewesen sein; **Mitursächlichkeit genügt** (BGH MDR 1967, 836 f; MDR 1969, 645; WM 1970, 855, 856; SCHMIDT-SALZER DB 1969, 1091). Doch muß die Nachweis- bzw Vermittlungstätigkeit den Vertragsschluß **wesentlich gefördert** haben (BGH WM 1970, 855, 856 f; WM 1983, 794, 795; NJW-RR 1988, 942; NJW-RR 1990, 1008, 1009). Die Formulierungen, die der BGH in den konkreten Fällen benutzt, sind **für die Nachweis- und die Vermittlungstätigkeit verschieden**. Die Forderung, der Abschluß des Hauptvertrages müsse Arbeitserfolg sein, hat der BGH bisher nur im Zusammenhang mit der Nachweismakelei erhoben (BGH NJW-RR 1988, 942; NJW-RR 1988, 1397). Für die Vermittlungsmakelei ist – deutlich zurückhaltender – lediglich davon die Rede, der Einfluß der Maklertätigkeit auf den Vertragsentschluß des Hauptvertragspartners dürfe nicht nur „ganz unerheblich", sondern müsse „irgendwie beachtlich" gewesen sein (BGH LM § 652 Nr 25) oder der Makler müsse für den Hauptvertragspartner ein Motiv gesetzt haben, das „nicht völlig unbedeutend" sei (BGH WM 1971, 1098, 1100). Diese Unterscheidung rechtfertigt sich aus der Natur der Sache: Die durch Vermittlungsbemühungen des Maklers verursachte Vertragsgelegenheit läßt sich diesem eher zurechnen als die durch bloße Nachweistätigkeit mitverursachte, so daß der Bedarf nach zusätzlichen Anforderungen über die schlichte Kausalität von Vermittlung und Nachweis hinaus im Fall der Vermittlung relativ geringer ist (vgl auch BGH NJW-RR 1990, 1008).

b) Die Kausalität der Nachweistätigkeit

105 aa) Die Kausalität der **Nachweistätigkeit** des Maklers für das Zustandekommen des Hauptvertrags setzt nicht unbedingt die Unkenntnis des nachgewiesenen Objekts beim Auftraggeber voraus. Begrifflich ausgeschlossen ist der Nachweis lediglich bei **Kenntnis der Vertragsgelegenheit**, die mehr als die bloße Kenntnis des Objekts umfaßt (BGH NJW-RR 1990, 1008; 1991, 950; vgl auch Rn 30). Die Rechtsprechung hat deshalb eine für das Zustandekommen des Hauptvertrags ursächliche Nachweistätigkeit trotz Vorkenntnis des Auftraggebers von dem nachgewiesenen Objekt bejaht, wenn der Makler dem Auftraggeber Unterlagen zur Prüfung und Begutachtung der Rentabilität des Objekts durch seine Bank verschafft hat (BGH WM 1970, 855, 856), ferner dann, wenn der Makler Informationen über die Eigentumsverhältnisse oder die Beschaffenheit des Grundstücks geliefert hat (BGH AIZ 1975, 306). Das Erfordernis der **Wesentlichkeit** solcher Ursachen ist nach BGH NJW 1983, 1849, 1850 erfüllt, falls der Auftraggeber durch sie „den Anstoß bekommen hat, sich konkret um das nachgewiesene Objekt zu bemühen" (vgl auch OLG Stuttgart AIZ 1987 H 2 A 110 Bl 34). Im Schrifttum ist diese Feststellung dahin verstanden worden, es reiche aus, wenn der Makler durch den Nachweis zwar nicht den Kenntnisstand des Auftraggebers verbessert, wohl aber sein Interesse geweckt oder auch nur verstärkt habe (DIEBOLD 39; ebenso LG Essen AIZ 1990 H 1 A 110 Bl 47; LG Saarbrücken AIZ 1991 H 1 A 110 Bl 53; dagegen schon BEGEMANN 70 f). Demgegenüber ist zu betonen, daß die Vertragsgelegenheit sich, um provisionswürdig zu sein, als vom Makler beschafft darstellen muß. Es genügt nicht, daß der Auftraggeber zur Nutzung maklerunabhängig erworbener Kenntnis überredet wird. Der BGH hat die Aussage von BGH NJW 1983, 1849, 1850 demgemäß mittlerweile dahin präzisiert, daß der Anstoß zur Beschäftigung mit dem Objekt durch die **Vermittlung „unerläßlicher Einzelkenntnisse"** ausgelöst worden sein muß (NJW-RR 1990, 1269, 1270; nach wie vor unklar OLG Köln NJW-RR 1993, 764 und dazu DEHNER NJW 1993, 3236, 3238). An der wesentlichen Förderung des Vertragsschlusses durch den Makler fehlt es auch, wenn die Unterstützung des Maklers erst in einem

Zeitpunkt einsetzt, in dem der Auftraggeber sich mit dem Verkäufer des bereits bekannten Objekts schon – wenn auch mangels notarieller Beurkundung noch unverbindlich – über den Erwerb geeinigt hat (BGH WM 1985, 359, 360). Ebenso entfällt die Wesentlichkeit der Nachweistätigkeit, wenn der Auftraggeber zunächst trotzdem seinen Erwerbsplan aufgegeben und erst aufgrund später eintretender neuer Umstände wieder aufgegriffen hat (OLG Köln AIZ 1979, 29), es sei denn, das vom Makler geweckte Interesse habe beim Eintritt der neuen Umstände noch entscheidend fortgewirkt (BGH WM 1970, 855, 856; AIZ 1975, 306; zu großzügig LG Braunschweig AIZ 1987 H 10 A 121 Bl 28).

Selbst bei umfassender Kenntnis des Auftraggebers von der Vertragsgelegenheit **106** kann es an einer Vorkenntnis im Sinne des Maklerrechts ausnahmsweise fehlen, nämlich dann, wenn zwischen dem Kenntniserwerb des Auftraggebers und dem Nachweis des Maklers eine so **große Zeitspanne** liegt, daß der Auftraggeber im Zeitpunkt des Nachweises nicht mehr mit dem Fortbestand der Vertragsgelegenheit rechnen kann (OLG Frankfurt NJW 1979, 878, 879). Gleiches gilt, wenn der Auftraggeber die Vertragsgelegenheit zwar gekannt, aber nicht nur vorübergehend vergessen hat (OLG Nürnberg AIZ 1965, 19; DEHNER/ZOPFS Rn 24). Nach Ansicht des OLG München (OLGZ 1978, 444, 447; vgl auch BGH NJW 1971, 1133, 1134 f) soll eine für den Abschluß des Hauptvertrags ursächliche Nachweistätigkeit trotz vorheriger Kenntnis des Auftraggebers von der Vertragsgelegenheit sogar anzunehmen sein, wenn dieser das Objekt zunächst als für seine Zwecke untauglich abgelehnt hat und erst fast ein Jahr später, durch den Makler motiviert, wieder darauf zurückgekommen ist. Das ist schon deshalb nicht zu billigen, weil das bloße Motivieren kein Nachweis ist (Rn 105). Die Auffassung des OLG München ist mit der Begründung verteidigt worden, die Ablehnung der Vertragsgelegenheit als ungeeignet habe sie aus dem Spektrum der für den Auftraggeber verfügbaren Möglichkeiten ausgesondert, so daß sie durch den Makler gleichsam wiederbeschafft worden sei (BEGEMANN 77 f). Aber die Ablehnung als ungeeignet allein macht die Vertragsgelegenheit noch nicht unverfügbar. Solange eine bloße Sinnesänderung des Auftraggebers genügt, sie wieder in seine Überlegungen einzubeziehen, kann von einer Wiederbeschaffung durch den Makler keine Rede sein (vgl auch BGH AIZ 1990, H 8 A 110 Bl 51: kein Nachweis bei Erwerb der Vorkenntnis in einem Zeitpunkt, in dem noch kein Interesse an der Vertragsgelegenheit besteht). Der ausnahmsweisen Annahme fehlender Vorkenntnis trotz umfassender Kenntnis der Vertragsgelegenheit korrespondiert die ausnahmsweise Annahme von Vorkenntnis trotz unzureichender Kenntnis der Vertragsgelegenheit. So kann sich der Auftraggeber auf Vorkenntnis berufen, wenn der Makler ihm die Kenntnis von einer Vertragsgelegenheit verschafft, nachdem er auf eine private Chiffre-Anzeige des Hauptvertragspartners um nähere Einzelheiten gebeten und bevor er dessen Antwortschreiben zur Kenntnis genommen hat (OLG Köln NJW 1966, 1412). Die überholende Kausalität des Maklernachweises muß außer Betracht bleiben, weil ein solcher Nachweis dem Auftraggeber genausowenig einen Vorteil verschafft wie der „Nachweis" einer bekannten Vertragsgelegenheit. Ob der Auftraggeber im Zeitpunkt des Maklernachweises infolge Zugangs des Antwortschreibens bereits die Möglichkeit der Kenntnisnahme gehabt hat oder nicht, ist unerheblich (aA MünchKomm/SCHWERDT-NER § 652 Rn 143; wie hier BEGEMANN 74 f). Vorkenntnis des Auftraggebers ist ferner zu bejahen, wenn er die Vertragsgelegenheit vorübergehend vergessen und bei der Überprüfung des Maklernachweises wiedererkannt hat, wobei ein relativ geringer

Zeitraum zwischen der privaten Kenntnisnahme und dem Maklernachweis ein bloß vorübergehendes Vergessen indiziert (OLG Frankfurt NJW 1979, 878, 879).

107 bb) Die Kausalität des Maklernachweises für das Zustandekommen des Hauptvertrags verlangt denknotwendig die **Kenntnisnahme des Auftraggebers**. Zugang des Nachweises mit Möglichkeit der Kenntnisnahme reicht nicht aus (OLG Hamburg AIZ 1961, 127; KG NJW 1970, 901, 902; OLG München NJW-RR 1991, 1145; aA SCHMIDT-SALZER DB 1969, 1091, 1092; SCHWERDTNER 110). Wenn die Ehefrau des Auftraggebers das den Nachweis enthaltende Schreiben des Maklers nicht ausgehändigt hat, ist deshalb die Ursächlichkeit des Nachweises zu verneinen (KG NJW 1970, 901, 902; aA MünchKomm/ SCHWERDTNER § 652 Rn 143 aE; SCHMIDT-SALZER DB 1969, 1091, 1092). Das gleiche gilt, wenn ein Angestellter eines Unternehmens Kenntnis von dem Nachweis erhalten hat, der Hauptvertrag jedoch von einem anderen Angestellten unabhängig davon abgeschlossen worden ist (OLG München NJW-RR 1991, 1145 – Revision ist vom BGH nicht angenommen worden). Auch ein Schadensersatzanspruch aus positiver Forderungsverletzung in Verbindung mit § 278 kann dem Makler in diesen Fällen nicht zu einem Anspruch auf Provision verhelfen. Die Entschließungsfreiheit des Auftraggebers schließt es aus, ihn ohne entsprechende Sondervereinbarung aufgrund des Maklervertrags für verpflichtet zu halten, die zugesandten Nachweise zu prüfen (KG NJW 1970, 901, 903). Damit nicht zu verwechseln ist die ganz andere Frage, ob der Auftraggeber **wissen** muß, **daß der** von ihm **genutzte Nachweis vom Makler stammt**. Zwar erfordert der ordnungsgemäße Nachweis auch die **Mitteilung des Maklers** an den Auftraggeber, damit der Auftraggeber bei seiner Entscheidung für oder gegen die nachgewiesene Vertragsgelegenheit die Maklerprovision berücksichtigen kann (vgl Rn 37). Diese Mitteilung ist indessen nicht Bestandteil, sondern Wirksamkeitserfordernis der Nachweisleistung (Rn 37). Für sie gilt daher § 130 analog (zur Beweislast für den Zugang eines Nachweises per Telefax OLG München NJW 1993, 2447 f): Hat die Ehefrau des Auftraggebers den Nachweis weitergegeben, ohne seine Herkunft aus dem Schreiben des Maklers zu erwähnen, so ändert das an der Provisionszahlungspflicht des Auftraggebers nichts: Der Nachweis ist mit dem Zugang der Mitteilung wirksam geworden. Wenn der Auftraggeber mit Rücksicht auf die Information seiner Ehefrau den Kontakt mit dem nachgewiesenen Interessenten sucht und erfolgreich gestaltet, kommt der **Hauptvertrag infolge des wirksamen Nachweises** zustande: Die Unkenntnis der Herkunft des Nachweises spielt keine Rolle (OLG München NJW 1968, 894 f). Erst recht braucht der Auftraggeber nicht im Bewußtsein abzuschließen, daß der Hauptvertrag infolge des Nachweises und daher provisionspflichtig zustande kommt (BGH AIZ 1961, 108; LG München MDR 1960, 309 f).

108 cc) Die Kausalität des Maklernachweises für das Zustandekommen des Hauptvertrags wird grundsätzlich nicht dadurch in Frage gestellt, daß der Auftraggeber ohne ihn die Vertragsgelegenheit auf andere Art und Weise, insbesondere durch eigene Bemühungen, erfahren hätte (BGH NJW 1983, 1849). Eine derartige **Reserveursache** kann lediglich dann eine Rolle spielen, wenn sie schon im Zeitpunkt des Maklernachweises zu wirken begonnen hat, so daß dieser den Auftraggeber nicht von eigenen Bemühungen um eine geeignete Vertragsgelegenheit entlastet, sondern allein deren Erfolg vorwegnimmt (vgl OLG Köln NJW 1966, 1412 f und dazu Rn 106). Im übrigen muß der Auftraggeber sich daran festhalten lassen, daß er infolge des Abschlusses des Maklervertrags eben nicht ausschließlich auf eigene Bemühungen, sondern auch auf die Hilfe des Maklers gesetzt hat. Wollte man ihm die Berufung auf den hypothetischen Erfolg der eigenen Bemühungen gestatten, so würde man ein **venire contra factum proprium** honorieren (vgl auch MünchKomm/Schwerdtner § 652 Rn 157; Schmidt-Salzer DB 1969, 1091; Begemann 75).

Im Einzelfall sehr schwer zu entscheiden ist, wann der Hauptvertrag über den nach- **109** gewiesenen Vertragsgegenstand wegen **Unterbrechung der Kausalität** des Nachweises abgeschlossen werden kann, ohne daß die Provisionszahlungspflicht des Auftragge- bers entsteht. Die Rechtsprechung stellt insoweit strenge Anforderungen (OLG Hamburg AIZ 1991 H 12 A 110 Bl 55, dessen Nachweise zur Rechtsprechung des BGH allerdings die Unterbrechung der Kausalität der Nachweistätigkeit mit derjenigen der Vermittlungstätigkeit des Maklers vermischen; vgl auch MünchKomm/ Schwerdtner § 652 Rn 158; Lauer MDR 1986, 809, 810 f). Selbst Scheitern der Verhandlungen im Gefolge des Maklernachweises sichert den Auftraggeber nicht davor, die Maklerprovision bezahlen zu müssen, wenn er später aufgrund eines neuen Anstoßes doch noch den Hauptvertrag über das nach- gewiesene Objekt schließt. In aller Regel soll der Nachweis jedenfalls fortwirken und damit mitursächlich für das Zustandekommen des Hauptvertrags werden (OLG Koblenz AIZ 1988 H 12 A 110 Bl 40). So wird nach Ansicht des OLG Hamburg die Kausalität des Nachweises nicht unterbrochen, wenn Kaufverhandlungen aufgrund des Nachweises des Maklers ergebnislos enden, der Auftraggeber aber aufgrund einer eigenen Suchanzeige erneut mit dem Verkäufer in Kontakt kommt und dabei zu einem geringfügig gesenkten Kaufpreis mit diesem einig wird (AIZ 1983 H 10 A 103 Bl 14). Anders soll es nach Auffassung des LG Kempten sein, wenn der Auftraggeber auf das ihm vom Makler nachgewiesene Vermietungsangebot hin vergeblich eine Besichtigung der Wohnung versucht hat, danach aufgrund einer privaten Suchan- zeige nochmals mit dem Wohnungsangebot in Berührung kommt und es nach Besichtigung annimmt (AIZ 1984 H 11 A 110 Bl 21). Anscheinend wollen die Gerichte also für den **Fortwirkungsaspekt** darauf abheben, ob dem Auftraggeber aufgrund des Maklernachweises Informationen zuteil geworden sind, die ihn veranlassen können, die Vertragsgelegenheit besonderer Aufmerksamkeit zu würdigen. Soweit die Infor- mationen aufgrund des Maklernachweises sich in den Daten der privaten Suchan- zeige erschöpfen, wird der Schluß gezogen, daß der Hauptvertrag in gleicher Weise auch ohne die Tätigkeit des Maklers zustande gekommen wäre (LG Kempten AIZ 1984 H 11 A 110 Bl 21).

Diese unterinstanzliche Rechtsprechung ist schwerlich damit in Einklang zu bringen, **110** daß der Nachweis nach der neueren höchstrichterlichen Rechtsprechung, um provi- sionswürdig zu sein, den Abschluß des Hauptvertrags **wesentlich** gefördert haben muß (Rn 104). Wenn der Auftraggeber nach ergebnislosen Verhandlungen aufgrund eigener Suchanzeige erneut mit dem Verkäufer in Kontakt kommt und nunmehr mit diesem einig wird, dann hat er die zum Erfolg führende Vertragsgelegenheit selbst beschafft, mag auch der Nachweis noch fortwirken, indem er zB eine erneute Besich- tigung erspart und die Verhandlungen verkürzt. Denn eine solche Fortwirkung fördert den Vertragsschluß allenfalls unwesentlich. Etwas anderes gilt selbstver- ständlich, soweit der Auftraggeber die durch den Nachweis erlangte Vorkenntnis nach dem Scheitern der Verhandlungen in Wirklichkeit zur erneuten Kontaktauf- nahme mit dem Verkäufer genutzt hat, um am Makler vorbei – und damit provisions- frei – abzuschließen. Der Beweisnot des Maklers, die vor allem bei kollusivem Zusammenwirken zwischen Auftraggeber und Vertragspartner besteht, ist dadurch Rechnung getragen, daß der **enge zeitliche Zusammenhang** zwischen Nachweis und

Vertragsschluß den **Anscheinsbeweis** für das Vorliegen von Kausalität bgründet (OLG Hamburg AIZ 1991 H 12 A 110 Bl 55). Soweit der Auftraggeber nach gescheiterten Verhandlungen den Kontakt mit dem Verkäufer aufgrund der Initiative eines zweiten Nachweismaklers erfolgreich erneuert hat, ist der Zusammenhang mit der Frage nach der Provisionspflichtigkeit gegenüber dem zweiten Makler zu beachten. Hat der zweite Makler keinen Provisionsanspruch erworben, weil er keine „unerläßlichen Einzelkenntnisse" vermittelt, sondern nur das Interesse an der Vertragsgelegenheit neu geweckt hat (Rn 105), so ist die Unterbrechung der Kausalität der Nachweistätigkeit des ersten Maklers zu verneinen. Man kann nicht ohne Widerspruch gleichzeitig den Nachweis des zweiten Maklers wegen der Vorkenntnis des Auftraggebers ausschließen und die Tätigkeit des ersten Maklers als unwesentliche Förderung des Vertragsschlusses abqualifizieren (vgl auch BGH NJW 1980, 123, 124; WM 1981, 123, 125).

111 Eine große Rolle spielt in der Praxis auch die Frage nach der Unterbrechung der Kausalität durch eine **lange Zeitspanne** zwischen Nachweis und Zustandekommen des Hauptvertrags. Hier hat das OLG Bamberg (AIZ 1986 H 2 A 110 Bl 31) den Standpunkt der Gerichte zutreffend auf den Nenner gebracht, es gehöre nicht zu den tatbestandlichen Voraussetzungen für das Entstehen des Anspruchs auf Maklerprovision, daß der Abschluß des Hauptvertrags dem erbrachten Nachweis in einem angemessenen Zeitabstand folgt (vgl auch OLG Koblenz WM 1984, 1191, 1192 f). Der unangemessen lange Zeitabstand zwischen Nachweis und Zustandekommen des Hauptvertrags **verändert allein die Beweislast**. Während der zeitliche Zusammenhang zwischen Nachweis und Vertragsschluß zugunsten des Maklers eine Vermutung für die Kausalität begründet, verbleibt die Beweislast ohne diesen zeitlichen Zusammenhang nach den allgemeinen Grundsätzen über die Verteilung der Beweislast unverändert beim Makler (BGH WM 1984, 62, 63; vgl auch Rn 115 f).

112 Eine Unterbrechung des Kausalzusammenhangs zwischen Nachweis und Zustandekommen des Hauptvertrags ist regelmäßig anzuerkennen, wenn die nachgewiesene Vertragsgelegenheit zunächst **verbraucht** wird und lediglich aufgrund eines Zufalls später doch noch vom Auftraggeber genutzt werden kann. Wird zB das dem Auftraggeber zum Kauf nachgewiesene Objekt vom Eigentümer an einen anderen verkauft und erst später mit Rücksicht auf eine zwischenzeitliche Aufhebung des Kaufvertrags dem Auftraggeber doch noch angeboten, so schuldet dieser im Fall der Annahme des Angebots die Maklerprovision nicht (MünchKomm/Schwerdtner § 652 Rn 152 unter Berufung auf das unveröffentlichte Urteil des OLG Hamm – 18 U 80/83). Denn der Hauptvertragsschluß beruht insoweit nicht mehr auf dem Nachweis, sondern auf der aus Anlaß des Nachweises erworbenen Kenntnis des Eigentümers vom Interesse des Auftraggebers. Grundlage des Zustandekommens des Hauptvertrags ist maW eine **andere Vertragsbereitschaft als die, die der Makler nachgewiesen hat** (zu Unrecht einschränkend OLG Hamburg MDR 1966, 1000; Begemann 97 mit Fn 105). Das gleiche gilt nach BGH NJW-RR 1991, 950, wenn der vom Makler nachgewiesene Verkäufer zunächst einem anderen Interessenten den Vorzug gegeben hat, aber auf den Auftraggeber zurückgekommen ist, nachdem sich das Geschäft mit dem Erstinteressenten zerschlagen hat.

113 dd) Der Nachweis ist nur dann für das Zustandekommen des Hauptvertrags ursächlich, wenn der geschlossene Hauptvertrag **im wesentlichen mit der nachgewiese-**

nen Vertragsgelegenheit übereinstimmt (BGH WM 1973, 814, 815; NJW-RR 1990, 1008; vgl auch SCHEIBE BB 1988, 849, 852). Insoweit handelt es sich um ein Erfordernis, das nicht mit dem Erfordernis der wirtschaftlichen Gleichwertigkeit von lt Maklervertrag beabsichtigtem und zustande gekommenem Hauptvertrag (vgl Rn 66 ff) verwechselt werden darf (BEGEMANN 98 f) und speziell für die Nachweismakelei – im Gegensatz zur Vermittlungsmakelei – von Bedeutung ist (BGH NJW-RR 1990, 1008). Wenn ein Kaufinteressent aus Anlaß der Besichtigung des vom Makler nachgewiesenen Grundstücks auf ein anderes Grundstück hingewiesen wird und dieses erwirbt, schuldet er grundsätzlich keine Provision (vgl LG Heidelberg MDR 1965, 132; anders, wenn ein Mietinteressent vom nachgewiesenen Vermieter nicht das nachgewiesene, sondern ein anderes, aber gleichwertiges Mietobjekt mietet, vgl OLG Frankfurt MDR 1975, 315). Das gleiche gilt, wenn der Auftraggeber als Verkäufer nicht mit dem nachgewiesenen Interessenten, sondern **mit einem Dritten** abschließt, der über den nachgewiesenen Interessenten von der Kaufgelegenheit erfahren hat. Eine Ausnahme ist nur dann anzuerkennen, wenn der Dritte **wirtschaftlich** mit dem nachgewiesenen Interessenten **identisch** ist, sei es, daß er zur engeren Familie des Interessenten (Ehefrau, Kind) gehört, sei es, daß er aufgrund gesellschaftsrechtlicher Verflechtungen mit dem Interessenten gleichgesetzt werden kann (BGH NJW 1976, 1844, 1845; 1984, 358, 359; NJW-RR 1988, 942; auch gegen diese Ausnahme OLG Karlsruhe NJW-RR 1988, 249). Zu Unrecht meint SCHWERDTNER (MünchKomm/SCHWERDTNER § 652 Rn 156), der Abschluß des Hauptvertrags mit einem Dritten statt mit dem nachgewiesenen Interessenten müsse stets die Provisionszahlungspflicht des Auftraggebers auslösen, wenn der Dritte infolge des Nachweises notwendig mit der Vertragsgelegenheit in Berührung gekommen sei. Der Hinweis auf die Schutzwürdigkeit des Maklers in Fällen der notwendigen Information Dritter verkennt, daß der Makler Indiskretion des Interessenten (mit dem er, von den Fällen der Doppelmaklertätigkeit abgesehen, keine vertragliche Beziehung hat) schlechthin hinnehmen muß. Wenn man den Makler mehr als zufällig schützen will, muß man jeden Abschluß des Auftraggebers mit einem infolge des Nachweises von der Vertragsgelegenheit unterrichteten Dritten für provisionspflichtig erachten. Außerdem darf man nicht übersehen, daß der Auftraggeber trotz des Maklervertrags das Recht zum Eigengeschäft behalten hat. Das verbietet es anzunehmen, der Auftraggeber habe sich nach Treu und Glauben und mit Rücksicht auf die Verkehrssitte (§ 157) ohne weiteres mit dem Einbezug vom Makler nur mittelbar zugeführter Interessenten in die provisionspflichtige Sphäre abzufinden. Will der Makler eine solche Ausweitung erreichen, so muß er sie im Maklervertrag vereinbaren. Dabei mag sich zur Vermeidung von Nichtigkeit nach § 138 Abs 1 die Begrenzung der Provisionspflichtigkeit auf durch den Nachweis **notwendig mitinformierte Interessenten** empfehlen (vgl auch Rn 118).

Nach Ansicht des BGH sind auch **Folgeverträge** – dh Verträge, die die Parteien im **114** Anschluß an den nachgewiesenen (bzw vermittelten) Vertrag abschließen – provisionspflichtig, es sei denn, die Auslegung des Maklervertrags ergibt im Einzelfall etwas anderes (BGH NJW-RR 1991, 51 f; weniger deutlich NJW 1986, 1036 f). So soll im Fall des Nachweises (bzw der Vermittlung) von Folgeverträgen für Miet- oder Pachtverhältnisse die Provisionspflicht in der Regel entfallen, nicht dagegen im Fall des Nachweises (bzw der Vermittlung) von Folgeverträgen für Versicherungsverhältnisse. Ausdrücklich wendet BGH NJW-RR 1991, 51 sich gegen die Ansicht, Folgeverträge könnten mit Rücksicht auf die insoweit vorliegende Abweichung vom dispositiven Gesetzesrecht nur aufgrund einer entsprechenden Individualabrede provisionspflichtig werden. Dem ist mit der Maßgabe zuzustimmen, daß die Folge-verträge **Gegenstand** der Nachweis- bzw Vermittlungstätigkeit des Maklers sein müssen. Das trifft regelmäßig zu, wenn ein nachgewiesenes bzw vermitteltes Miet-, Pacht- oder Versicherungsverhältnis verlängert wird, nicht dagegen, wenn sich an den nachgewiesenen bzw vermittelten Vertrag ein Vertrag ganz anderer Art anschließt (Beispiel: Der Mieter eines Hauses kauft dieses später). Unter der zuletzt genannten Voraussetzung hat BGH NJW 1973, 990 die Begründung der Provisions-zahlungspflicht ausdrücklich abgelehnt. Die neuere Rechtsprechung liefert keinen Anhaltspunkt für die Annahme, daß heute etwas anderes gelten soll (vgl auch Rn 228).

115 Keine Rolle spielen Abweichungen zwischen Nachweis und Vertragsschluß, die nach dem Maklervertrag als **unwesentlich** einzustufen sind. Der um den Nachweis einer Kaufgelegenheit nachsuchende Auftraggeber kann sich im Zweifel gegenüber dem Provisionsverlangen des Maklers nicht darauf berufen, daß das nachgewiesene Haus wegen des Auftretens eines Konkurrenznachfragers letztlich mehr gekostet hat als im Nachweis vorgesehen. Daß der **Kaufpreis Verhandlungssache** ist, versteht sich vor-behaltlich abweichender Bestimmung des beabsichtigten Hauptvertrags im Makler-vertrag (vgl dazu Rn 66 ff) von selbst (vgl BGH NJW 1980, 123, 124). Das OLG Bamberg (AIZ 1985 H 11 A 110 Bl 28) sieht einen Unterschied von 1,5 Mio DM in der nachge-wiesenen Kaufgelegenheit und 1,9 Mio DM im schließlich zustande gekommenen Kaufvertrag bei einer Zeitdifferenz von 4 Jahren zwischen dem Nachweis und dem Abschluß des Kaufvertrages in Anbetracht eines zwischenzeitlichen allgemeinen Preisanstiegs als unerheblich an. Nach der gleichen Entscheidung soll der Erwerb von einem anderen als dem nachgewiesenen Eigentümer zumindest dann unschäd-lich sein, wenn der neue Eigentümer im Wege des Erbfalls an die Stelle des nachgewiesenen getreten ist. Diese Ansicht geht wohl zu weit, wenn man bedenkt, daß zum ordnungsgemäßen Nachweis auch der **Nachweis der Vertragsbereitschaft** des Verfügungsberechtigten gehört (vgl Rn 34). Die Vertragsbereitschaft ist aber eine höchstpersönliche psychologische Tatsache, die sich nicht vererbt. Wenn der Makler die Vertragsbereitschaft des Erben (oder im konkreten Fall des OLG Bamberg: des Nachlaßverwalters) nicht neu erkundet und nachweist, sondern das der Eigeninitia-tive des Auftraggebers überläßt, hat er den auf den zustande gekommenen Haupt-vertrag bezogenen ordnungsgemäßen Nachweis nicht erbracht. Das Kontrastbeispiel zu OLG Bamberg AIZ 1985 H 11 A 110 Bl 28 ist OLG Düsseldorf NJW-RR 1993, 1272 (Wesentlichkeit der Abweichung, wenn der Auftraggeber das für 450 000,– DM vom Makler nachgewiesene Objekt zwei Jahre später für 350 000,– DM erwirbt).

116 ee) Im Falle eines **engen sachlichen und zeitlichen Zusammenhangs** zwischen dem Nachweis und dem Zustandekommen des Hauptvertrags wird die Kausalität des Nachweises nach ständiger Rechtsprechung (RG JW 1937, 222; BGH NJW 1979, 869; NJW 1980, 123; WM 1984, 61, 62) vermutet. Die Formulierungen in den Urteilen deuten darauf hin, daß ein Rückgriff auf die Grundsätze über den Anscheinsbeweis gemeint ist (vgl auch OLG Hamburg AIZ 1972, 254; OLG Köln AIZ 1991 H 7 A 110 Bl 54; OLG Hamburg AIZ 1992 H 10 A 110 Bl 60). Nach anderer Ansicht ist eine echte Beweislastumkehr anzunehmen, die sich daraus legitimiert, daß die Kausalität an Vorgänge in der Sphäre des Auftraggebers anknüpft, die sich der Kenntnis des Maklers entziehen (Knieper NJW 1970, 1293, 1296; Schwerdtner 122). Den Vorzug verdient die Anwendung der Grundsätze über den Anscheinsbeweis. Nur sie sind nämlich geeignet, die

Beschränkung auf die Fälle des engen sachlichen und zeitlichen Zusammenhangs zwischen Nachweis und Zustandekommen des Hauptvertrags schlüssig zu erklären. Die Anknüpfung der Kausalität an Vorgänge in der Sphäre des Auftraggebers ist unabhängig davon, ob ein solcher Zusammenhang besteht oder nicht.

Welche **Anforderungen** an den engen sachlichen und zeitlichen Zusammenhang zu **117** stellen sind, entscheidet sich **nach den Umständen des Einzelfalls** und nach der Art des Objekts (OLG Hamburg AIZ 1991 H 12 A 110 Bl 55). Nach Ansicht des OLG Hamburg aaO ist für den Erwerb eines Reihenhauses eine Zeitspanne von 5 Monaten auf keinen Fall zu lang. Generell wird es darauf ankommen, in welchem zeitlichen Rahmen der Makler die Entscheidung über den Erfolg oder Mißerfolg seines Nachweises erwarten kann. Ist der Adressat zB ein Unternehmen, das dringend nach anmietbaren Gewerberäumen sucht, so wird der zeitliche Zusammenhang relativ eng sein. Ist er ein Ehepaar, das mit dem Erwerb eines Familienheims die Anschaffung seines Lebens plant, so wird man – wie auch OLG Hamburg AIZ 1991 H 12 A 110 Bl 55 annimmt – von einem sehr großzügig bemessenen Zeitraum auszugehen haben.

c) Die Kausalität der Vermittlungstätigkeit

aa) Die Kausalität der **Vermittlungstätigkeit** des Maklers für das Zustandekommen **118** des Hauptvertrags setzt voraus, daß durch sie die Abschlußbereitschaft des Vertragspartners des Auftraggebers wenigstens (Mitursächlichkeit!) **gefördert** worden ist (BGH WM 1974, 257, 258). Auch die mitursächliche Vermittlungstätigkeit muß eine **wesentliche** Maklerleistung darstellen, nämlich insofern, als das durch sie ausgelöste Motiv des Vertragsgegners zugunsten des Vertragsschlusses nicht völlig unbedeutend gewesen sein darf (BGH WM 1974, 257). Keine mitursächliche Vermittlungstätigkeit liegt vor, wenn die zunächst unter Mitwirkung des Maklers eingeleiteten Vertragsverhandlungen endgültig abgebrochen worden sind und der Hauptvertrag später aufgrund völlig neuer Verhandlungen zustande kommt (**Unterbrechung der Kausalität**, vgl BGH MDR 1960, 283; AIZ 1975, 306; OLG Hamm MDR 1972, 606). Völlig neu sind die Verhandlungen aber nur, wenn sie nicht auf der unter Mitwirkung des Maklers geleisteten Vorarbeit aufbauen (OLG Braunschweig AIZ 1955, 190; OLG Schleswig AIZ 1958, 47; OLG Hamm MDR 1972, 606). Freilich sind die Anforderungen an eine solche mitursächliche Vorarbeit strenger als die an eine mitursächliche Nachweistätigkeit. Während der Nachweis noch fortwirkt, wenn er sich – namentlich infolge der durch ihn entstandenen Kenntnis der Vertragsgelegenheit – als Mitursache für die Aufnahme der neuen Verhandlungen darstellt (BGH WM 1979, 1363; 1981, 123), muß die **fortwirkende Vermittlung** die Hauptvertragsparteien bereits einander näher gebracht haben, so daß sie nicht mehr ganz von vorne beginnen müssen. Denn die Vermittlung kann sich im Gegensatz zum Nachweis nicht darin erschöpfen, daß sie die Hauptvertragsparteien zusammenführt (vgl Rn 39). Selbstverständlich ist die Vermittlungstätigkeit des Maklers mitursächlich, soweit umgekehrt die Parteien zunächst ohne Makler miteinander verhandelt haben, dann aber an eine Hürde gestoßen sind und sich erst infolge der Vermittlung des Maklers doch noch geeinigt haben (BGH BB 1955, 490). Zur **hypothetischen Kausalität** eigener Vermittlungsbemühungen des Auftraggebers ist das gleiche zu sagen wie zur hypothetischen Kausalität eigener Nachweisbemühungen (vgl Rn 108).

bb) Anders als die nachgewiesene (Rn 113 f) muß die **vermittelte Vertragsgelegenheit 119** nicht mit dem tatsächlich zustande gekommenen Vertrag übereinstimmen (BGH NJW-

RR 1990, 1008). Namentlich **Preisunterschiede** zwischen vermittelter Vertragsgelegenheit und zustande gekommenem Hauptvertrag sind regelmäßig unerheblich, weil die von den Hauptvertragsparteien ohne den Makler vorgenommene Veränderung die Tatsache unberührt läßt, daß der Vertragsschluß auf den vom Makler mitgestalteten Verhandlungen aufbaut und deswegen durch seine Vermittlung mitverursacht ist. Folgerichtig kann nicht schon die Diskrepanz zwischen vermitteltem und zustande gekommenem Hauptvertrag, sondern erst diejenige zwischen lt Maklervertrag beabsichtigtem und zustande gekommenem Hauptvertrag (vgl dazu Rn 66 ff) den Provisionsanspruch zu Fall bringen. Nach Ansicht des OLG Nürnberg (OLGZ 1977, 219) soll sich allerdings die Höhe der Provision nicht nach dem zustande gekommenen Hauptvertrag, sondern nach der vermittelten Vertragsgelegenheit richten, wenn der Auftraggeber nach Abschluß der Vermittlungtätigkeit des Maklers den von diesem ausgehandelten Verkaufspreis durch Zusatzverhandlungen mit dem Interessenten noch wesentlich (konkret: von 170 000,- DM auf 210 000,- DM) erhöht (vgl dazu unten Rn 153). Grenzen für die mögliche Divergenz zwischen vermittelter Vertragsgelegenheit und zustande gekommenem Hauptvertrag ergeben sich daraus, daß sich der Abschluß des **Hauptvertrags als Nutzung der vermittelten Vertragsgelegenheit** darstellen muß. Deshalb erhält der Makler die Provision nicht, wenn der vermittelte Grundstückskaufvertrag noch nach Festsetzung des notariellen Beurkundungstermins wegen Absage des Vertragspartners platzt, statt dessen sich aber der Notar zum Erwerb vom Auftraggeber entschließt (BGH NJW 1976, 1844; kritisch dazu MünchKomm/ SCHWERDTNER § 652 Rn 155 f).

120 **cc)** Die Kausalität der Vermittlungtätigkeit des Maklers für den Abschluß des Hauptvertrages setzt die **Kenntnis des Auftraggebers** ebenso voraus, wie es die Kausalität der Nachweistätigkeit tut (Rn 107): Die Kenntnisnahme des Vermittlungsergebnisses ist denknotwendig, kann der Auftraggeber doch sonst den vermittelten Hauptvertrag gar nicht schließen. Soweit die vernünftige Entscheidung des Auftraggebers über die Nutzung der gebotenen Vertragsgelegenheit nicht eine **Einweisung** durch den Makler erfordert, muß der Auftraggeber dagegen nicht unbedingt etwas **von der Vermittlungtätigkeit des Maklers wissen**. Es ist durchaus denkbar, daß der vom Vermittlungsmakler informierte und überredete Interessent sich gegenüber dem Auftraggeber als „unabhängig" präsentiert. Das OLG München (NJW 1968, 894) hat angenommen, der Auftraggeber sei trotz dieser Unkenntnis im Falle des Abschlusses des Hauptvertrags zur Provisionszahlung verpflichtet. Anders als im Zusammenhang mit dem Nachweismaklervertrag soll im Zusammenhang mit dem Vermittlungsmaklervertrag nicht den Makler eine Mitteilungsobliegenheit, sondern den Auftraggeber eine Rückfrageobliegenheit treffen. Dem ist im Ergebnis zuzustimmen: Das **Ergebnis der Vermittlung** eines Vertrags ist im allgemeinen nicht so neutral, daß es gegenüber dem Auftraggeber noch der Tätigkeit des Maklers mittels empfangsbedürftiger Zweckbestimmung zugeordnet werden müßte (vgl Rn 37). Wenn der Auftraggeber nach Abschluß eines Vermittlungsmaklervertrags auf einen voll informierten und im wesentlichen abschlußbereiten Interessenten trifft, muß sich ihm – anders als bei der Begegnung mit einem bloß nachgewiesenen Interessenten – der Gedanke aufdrängen, daß der Makler dahintersteckt. Ausnahmsweise verbleibende Zweifel kann er zumutbarerweise durch Rückfrage ausräumen, zumal das Interesse des Maklers daran zu berücksichtigen ist, nicht Namen aus seiner Kundenkartei preisgeben zu müssen, unabhängig davon, ob es überhaupt zum ernsthaften Kontakt mit dem Auftraggeber kommt (vgl MünchKomm/SCHWERDTNER § 652 Rn 171). Noch weniger als die Unkenntnis der Vermittlungstätigkeit des Maklers hindert die Unkenntnis der Kausalität dieser Vermittlungstätigkeit und damit der Provisionspflichtigkeit des Hauptvertragsabschlusses die Entstehung des Provisionsanspruchs (vgl auch Rn 107 aE).

dd) Der Makler muß **darlegen** und notfalls **beweisen**, daß er die Vermittlungstätig- **121** keit entfaltet hat und daß im sachlichen und zeitlichen Zusammenhang damit der Hauptvertrag zustande gekommen ist. Die Kausalität zwischen Vermittlungstätigkeit und Zustandekommen des Hauptvertrags soll dann nach hM wie die zwischen Nachweistätigkeit und Zustandekommen des Hauptvertrags (vgl Rn 116 f) nach den Grundsätzen über den Anscheinsbeweis indiziert sein. WERNER (ERMAN/WERNER § 652 Rn 51) will die Kausalitätsvermutung auf die Nachweismakelei beschränken. Die notwendige **förderliche Vermittlung** lasse sich aus dem Abschluß des Hauptvertrags nicht rückschließen, weil eine schlechte Vermittlung durchaus nicht nur ausnahmsweise durch anderweitigen Einfluß, insbesondere durch vom Makler unabhängige Bemühungen der Hauptvertragsparteien, kompensiert worden sein könne. Dem ist nicht zu folgen. Es entspricht nicht der Lebenserfahrung, daß ein Makler zur Vermittlung eines Hauptvertrags eingeschaltet wird, der Hauptvertrag im sachlichen und zeitlichen Zusammenhang mit der Vermittlungstätigkeit zustande kommt und gleichwohl ein förderlicher Einfluß der Vermittlungstätigkeit auf das Zustandekommen des Hauptvertrags zu verneinen ist. Haben die Hauptvertragsparteien wirklich ganz von vorne beginnen müssen, so kann der Auftraggeber durch Vortrag und notfalls Beweis zum Umfang der ohne den Makler noch geführten Verhandlungen den ersten Anschein der Kausalität der Maklertätigkeit zerstören und damit die Beweislast für die Kausalität voll auf den Makler zurückwälzen.

d) **Kausale Nachweis- bzw Vermittlungstätigkeit mehrerer Makler**
aa) Da Vertragsgelegenheiten **gemeinfreie Güter** sind (vgl Rn 3), können **mehrere 122** **Makler** unabhängig voneinander über sie verfügen. Für den Auftraggeber erwächst daraus die Gefahr, daß er im Fall der Beauftragung mehrerer Makler mehrfach provisionspflichtig wird, wenn er den Hauptvertrag über ein Objekt abschließt, das ihm von mehreren Maklern nachgewiesen bzw vermittelt worden ist. Relativ unproblematisch ist dabei die Konstellation, daß **ein Makler** die Vertragsgelegenheit **nachgewiesen** und **ein anderer** den Vertrag **vermittelt** hat. Insoweit handelt es sich um verschiedene, und zwar beide wesentliche Kausalbeiträge für das Zustandekommen des Hauptvertrags, die selbstverständlich je für sich provisionspflichtig sind, genügt doch die Mitursächlichkeit (BGH NJW 1977, 41; LG Kiel AIZ 1984 H 12 A 110 Bl 22). Eine **Provisionsteilung** analog § 660 Abs 1 S 1, wie KNÜTEL (ZHR Bd 144 (1980) 289, 319 ff) sie empfiehlt, kommt in diesem Fall nicht in Betracht. Der Nachweismakler hat die Provision dadurch verdient, daß er die Hauptvertragsparteien zusammengeführt hat, der Vermittlungsmakler dadurch, daß er den Hauptvertrag zu den von dem Auftraggeber gewünschten Konditionen (mit) zustande gebracht hat. Daß der Nachweis die Vertragsbereitschaft des nachgewiesenen Interessenten umfassen muß, schließt entgegen KNÜTEL (ZHR Bd 144 (1980) 289, 320 f) die Notwendigkeit weiterer Verhandlungen der Hauptvertragsparteien – ohne oder mit Hilfe eines Maklers – nicht aus. Es entspricht weder dem Sinn des Nachweismaklervertrags, daß der Anspruch auf die volle Provision davon abhängen soll, ob der Auftraggeber den Hauptvertrag schlußendlich ohne oder mit Hilfe eines weiteren Maklers zustande bringt, noch dem Sinn des Vermittlungsmaklervertrags, daß der Anspruch auf die volle Provision davon

abhängen soll, ob der Auftraggeber die Kenntnis des Interessenten und seiner Vertragsbereitschaft aus privatem Wissen oder aufgrund der Information eines anderen (Nachweis-)Maklers hat.

123 bb) Schwer zu beurteilen ist der Fall, daß der Auftraggeber den Hauptvertrag mit Hilfe **zweier Vermittlungsmakler** zustande bringt, von denen zwar nur der zweite den Durchbruch geschafft, dabei jedoch auf einer nicht unbedeutenden Vorarbeit des ersten Maklers aufgebaut hat. Das RG (JW 1913, 685) hat unter solchen Vorzeichen den Provisionsanspruch auf den zweiten Makler beschränkt, falls der erste durch den Verzicht auf weitere Tätigkeit den Auftraggeber zur Einschaltung des zweiten Maklers genötigt hat. Ähnlich scheint BGH NJW 1981, 387 die Rechtslage zu sehen. Der BGH erkennt dort beiden Maklern den vollen Provisionsanspruch zu, weist aber bezüglich des ersten (im Urteil sogar als Nachweismakler bezeichneten) Maklers ausdrücklich darauf hin, der Auftraggeber habe diesem infolge der Heranziehung des zweiten Maklers die Chance genommen, den Durchbruch selbst zu schaffen (NJW 1981, 387, 388). In der Sache dürfte damit eine **Auslegung** des Vermittlungsmaklervertrags angesprochen sein, die sich in der Tat für den Regelfall nach § 157 anbietet. Vorbehaltlich anderweitiger Regelung verlangt der Vermittlungsmaklervertrag dem Makler als Voraussetzung für den Provisionsanspruch bei Zustandekommen des Hauptvertrags ab, daß er den Vermittlungsbedarf des Auftraggebers voll befriedigt, dh solange mitwirkt, wie der Auftraggeber es wünscht. Mitursächlichkeit im Sinne einer nicht völlig unbedeutenden Motivierung des Vertragsgegners zugunsten des Vertragsschlusses (vgl Rn 118) genügt also nur, wenn der Auftraggeber keinen weiterreichenden Vermittlungsbedarf angemeldet hat. Wie KNÜTEL (ZHR Bd 144 (1980) 289, 304 f) nachgewiesen hat, hat nichts anderes als das Schutzbedürfnis des Maklers, der durch den Auftraggeber nach bereits hilfreicher Einwirkung auf den Interessenten ausgeschaltet wird, an der Wiege der Abschwächung des Erfordernisses der Ursächlichkeit in das Erfordernis bloßer Mitursächlichkeit gestanden (vgl auch MünchKomm/SCHWERDTNER § 652 Rn 146).

124 Von diesem Ausgangspunkt aus erscheint eine **differenzierte Lösung** angezeigt: Soweit der Auftraggeber den ersten Makler ausschaltet, schuldet er diesem im Falle des Zustandekommens des Hauptvertrags die volle Provision. Tut er dies, um einen zweiten Makler heranzuziehen, der das Werk des ersten gleichsam vollendet, so hat er dem zweiten Makler noch einmal die volle Provision zu bezahlen. Soweit der erste Makler seine Bemühungen ergebnislos abgebrochen hat oder gescheitert ist, wird in der Regel die Kausalität unterbrochen werden. Denn der zweite Makler, der den Hauptvertrag zustande gebracht hat, hat dann praktisch ganz von vorn beginnen müssen. Entsprechend läßt sich feststellen, daß der Hauptvertrag in gleicher Weise ohne die Tätigkeit des Erstmaklers abgeschlossen worden wäre. Eben das ist der Maßstab für die **Unterbrechung der Kausalität** (vgl Rn 118). Es bleiben die Fälle, in denen allein die Einschaltung beider Makler das Zustandekommen des Hauptvertrags erklärt. Insoweit bietet sich die **Provisionsteilung** nach billigem Ermessen an. Zu Recht verweist KNÜTEL insoweit auf den Rechtsgedanken des § 660 Abs 1 S 1 (ZHR Bd 144 (1980) 289, 311). Wer gleichzeitig oder nacheinander mehrere Makler einschaltet, um einen Hauptvertrag zustande zu bringen, veranstaltet ähnlich wie der Veranstalter einer Auslobung einen Wettbewerb. Die Makler sind sich dessen in aller Regel nicht weniger bewußt als die Teilnehmer an einer Auslobung, hat doch der Abschluß eines normalen Maklervertrags statt des von den Maklern bevorzugten

Alleinauftrags gerade den Sinn, dem Auftraggeber das Recht zur Beauftragung weiterer Makler zu erhalten (anders SCHÄFER MDR 1988, 534, 537).

cc) Ist dem Auftraggeber die Vertragsgelegenheit, die zum Abschluß des Haupt- **125** vertrags geführt hat, von **mehreren Nachweismaklern** bekannt gemacht worden, so kommt es für die Provisionspflichtigkeit des Auftraggebers jedenfalls im Falle gleicher Inhalte zunächst auf die **Prioritäten** an. Da der erste Nachweis Vorkenntnis erzeugt, scheidet die Möglichkeit weiterer Nachweise aus (Rn 28). Daran ändert nichts, daß der Nachweis sich in dem Anstoß für den Auftraggeber erschöpfen kann, sich mit einem schon vorher bekannten Objekt infolge der Information über ein bisher unbekanntes „unerläßliches" Detail konkret zu beschäftigen (Rn 105). Hat der Auftraggeber die Vorkenntnis der Vertragsgelegenheit durch den Nachweis eines Maklers erlangt, so ist dieser Nachweis doch jedenfalls nicht (mit-)ursächlich für das Zustandekommen des Hauptvertrags geworden. Der **erste (und einzige) kausale Nachweis** ist der, der den Anstoß zur Kontaktaufnahme mit dem Interessenten gegeben hat (vgl auch SCHÄFER MDR 1988, 534, 535).

Weichen die Nachweise inhaltlich voneinander ab, so ist nach Ansicht des OLG Köln **126** (AIZ 1979, 29) im Falle eines Kaufangebots der günstigste allein ursächlich. Dem tritt BGH NJW 1980, 123, 124 mit Argumenten entgegen, die insoweit die Möglichkeit konkurrierender kausaler Nachweise nahelegen: Eine Sichtweise wie die des OLG Köln soll dem Grundsatz widersprechen, daß Mitverursachung des Hauptvertrags ausreicht, und außerdem dem Preisgesichtspunkt im Verhältnis zu Gegenstand und Partner eine zu große Bedeutung beimessen. In der Konsequenz dieses Ansatzes liegt es, Fälle anzuerkennen, in denen je für sich ordnungsgemäße Nachweise (Rn 32 ff) nicht allein, sondern nur **kumulativ** Ursache für das Zustandekommen des Hauptvertrags geworden sind. Denn der spätere, aber günstigere Nachweis ist doch für den zu dem in ihm genannten Kaufpreis zustande gekommenen Hauptvertrag zumindest mitursächlich (vgl auch KNÜTEL ZHR Bd 144 (1980) 289, 314). Auch insoweit bietet sich vorbehaltlich abweichender Regelung in den Maklerverträgen die **Provisionsteilung** nach billigem Ermessen analog § 660 als Lösung an. Die Nähe zur Auslobung ist hier sogar noch ausgeprägter als bei Abschluß mehrerer Vermittlungsmaklerverträge. Denn wer Nachweise sucht, veranstaltet geradezu typischerweise den auslobungsähnlichen „Wettbewerb" mehrerer Makler, sofern er nicht einen Alleinauftrag abschließt.

dd) Die **Darlegungs- und Beweislast** für die Kausalität zwischen Nachweis- bzw Ver- **127** mittlungstätigkeit und Zustandekommen des Hauptvertrags entspricht im Falle der Beteiligung mehrerer Makler grundsätzlich den Regeln, die für den Fall der Beteiligung nur eines Maklers gelten. Jeder Makler braucht also nur seinen (formell) ordnungsgemäßen Nachweis, das Zustandekommen des Hauptvertrags und einen sachlichen und zeitlichen Zusammenhang zwischen beiden darzulegen und notfalls zu beweisen. Gelingt das, so ist nach den Regeln über den Beweis des ersten Anscheins zugleich die Kausalität des Nachweises schlüssig dargetan. Es ist alsdann Sache des Auftraggebers, den Anscheinsbeweis für die Kausalität zu erschüttern (vgl Rn 116). Im Hinblick auf die Provisionsteilung analog § 660 schließt das den Vortrag und notfalls Beweis zum mitursächlichen Beitrag anderer Makler ein. Nach BGH NJW 1979, 869 besteht der erste Anschein für die Kausalität des Maklernachweises nicht, wenn dem Auftraggeber gleichzeitig der Nachweis eines anderen Maklers über die gleiche Vertragsgelegenheit zugegangen ist. In einem solchen Fall sollen beide Makler darlegen und beweisen müssen, daß ihr Nachweis zum Erfolg geführt hat. Der BGH nimmt dabei – wie er sagt – in Kauf, daß der Anspruch eines jeden der beteiligten Makler aus Beweisgründen scheitert, fügt freilich etwas dunkel hinzu, es könne offenbleiben, ob eine andere Beweislastverteilung zu rechtfertigen wäre, wenn der Auftraggeber sich jeglicher Provisionsverpflichtung zu entziehen versuche (NJW 1979, 869, 870). Der Hinweis läßt Unbehagen erkennen, ohne es in eine juristisch faßbare Form kleiden zu können (vgl auch MünchKomm/SCHWERDTNER § 652 Rn 165; KNÜ-TEL ZHR Bd 144 (1980) 289, 313 f). Zu folgen ist der Ansicht KNÜTELS (ZHR Bd 144 (1980) 289, 314), der in **Analogie zu § 659 Abs 2 S 1** eine Aufteilung der Provision zu gleichen Teilen befürwortet. Zwar gilt § 659 Abs 2 auch im Recht der Auslobung seinem Wortlaut nach nicht für den hier vorliegenden Fall der alternativen Kausalität. Doch wendet man die Vorschrift dort auf die alternative Kausalität im Einklang mit der auch sonst vorhandenen Tendenz zur Gleichbehandlung von kumulativer und alternativer Kausalität (vgl zB § 830 Abs 1) analog an (MünchKomm/SEILER § 659 Rn 3). Das schlägt die Brücke zur (doppelt) analogen Anwendung auf die alternative Kausalität mehrerer Maklernachweise (kritisch SCHÄFER MDR 1988, 534, 535).

4.   Der Drittbezug der Maklertätigkeit

a)   Der Meinungsstand

128 Das Zustandekommen eines Hauptvertrags infolge des Nachweises bzw der Vermittlung des Maklers setzt definitionsgemäß voraus, daß der **Makler nicht selbst der nachgewiesene Interessent bzw die andere Partei** des dem Auftraggeber vermittelten Hauptvertrags ist (RG JW 1937, 1306; BGH NJW 1973, 1649; 1974, 137). Materiell steht hinter dem Erfordernis des Hauptvertrags mit einem Dritten vor allem, daß der Makler, indem er sich selbst oder eine mit ihm **wirtschaftlich identische** (juristische oder natürliche) **Person** als Vertragspartei andient, nicht die Koordinationsleistung erbringt, an die nach den im Rechtsverkehr herrschenden Vorstellungen der Provisionsanspruch anknüpft (vgl auch KNIEPER NJW 1970, 1293, 1295; WANK NJW 1979, 190, 192). Die Rechtsprechung hat diesen Gedanken mittlerweile dahin weiterentwickelt, daß der Makler nicht nur nicht mit dem Vertragsgegner (wirtschaftlich) identisch sein (sog echte Verflechtung, vgl DEHNER NJW 1991, 3254, 3259), sondern grundsätzlich überhaupt nicht in dessen Lager stehen darf. Der Makler soll zu einer dem gesetzlichen Leitbild der §§ 652 ff entsprechenden Tätigkeit ungeeignet sein, wenn die Interessenlage so gestaltet ist, daß er sich im Streitfall zwischen dem Auftraggeber und dem Vertragsgegner bei regelmäßigem Verlauf auf die Seite des Vertragsgegners stellen wird (BGH NJW 1981, 2293, 2294; NJW 1990, 168; MDR 1992, 562; sog unechte Verflechtung vgl DEHNER NJW 1991, 3254, 3259). Einschränkungen folgen daraus, daß die **Interessenbindung** des Maklers an den Vertragsgegner **institutionalisiert**, dh durch die Übernahme einer tendenziell dauerhaften Funktion verfestigt sein muß. Deshalb spielt zB die bloße wirtschaftliche Abhängigkeit des Maklers vom Vertragsgegner, wie sie im Verhältnis von Kreditvermittlern zu Kreditinstituten oder Versicherungsmaklern zu Versicherungsunternehmen anzutreffen ist, keine Rolle. Sogar generell einer hinreichenden Institutionalisierung unfähig ist nach hM die Interessenbindung, die sich aus persönlicher Beziehung ergibt. Daher kommt als institutionalisierte Interessenbindung nur eine **wirtschaftliche Beziehung** in Betracht (BGH NJW 1981, 2293, 2294). Die Existenz der institutionalisierten Interessenbindung muß der Makler von sich aus dem Auftraggeber offenbaren, damit dieser bei der Entscheidung für den Abschluß oder die

Bestätigung (§ 141) des Maklervertrags im Bewußtsein des für ihn mit der Maklertätigkeit verbundenen Risikos handelt. Verschweigt er die Interessenbindung an die
Gegenseite, so entspricht der Nachweis bzw die Vermittlung nicht dem (ihr Fehlen
voraussetzenden) Maklervertrag; die Provision ist nicht verdient (BGH NJW 1981,
2293, 2294; NJW 1991, 168).

Erklären läßt sich die den Wortsinn sprengende Identifikation des Drittbezugs mit **129**
dem Fehlen der institutionalisierten Interessenbindung des Maklers an den Vertragsgegner nur auf der Grundlage der Vorstellung, der Maklervertrag sei ein Geschäftsbesorgungsvertrag, der den Makler zur Wahrnehmung wirtschaftlicher Interessen
des Auftraggebers beruft (so ausdrücklich BGH NJW 1981, 2293, 2294). Wer den Maklervertrag mit der hier vertretenen Ansicht als **(beschaffungs-) kaufähnlichen Vertrag**
einstuft (Vorbem 4), kann demgegenüber als Basis (und Kriterium für die Reichweite)
des erforderlichen Drittbezugs ausschließlich die ursprüngliche (und bis vor 20 Jahren auch noch die Rechtsprechung beherrschende) Forderung anerkennen, daß die
Maklertätigkeit eine **Koordinationsleistung** sein muß, mithin im Fall der (rechtlichen
oder wirtschaftlichen) Identität zwischen Makler und Vertragsgegner ausfällt. Tatsächlich ist zumindest im Zusammenhang mit dem einfachen Maklervertrag entgegen der Rechtsprechung überhaupt nicht erkennbar, welches Risiko die Interessenbindung des Maklers an den Vertragsgegner für den Auftraggeber mit sich bringen
soll. Die Eigenart des Maklervertrags führt dazu, daß der Makler unabhängig von
der Existenz und Intensität einer Bindung an das Interesse des Vertragsgegners
bestrebt sein muß, eine dem Auftraggeber **möglichst günstige Vertragsgelegenheit**
nachzuweisen bzw zu vermitteln. Tut er das nämlich nicht und nimmt statt dessen
unziemliche Rücksicht auf die Wünsche des Vertragsgegners, so riskiert er, daß der
Auftraggeber den Vertrag nicht abschließt und seine Mühe umsonst gewesen ist.
Daß der Auftraggeber die nachgewiesene bzw vermittelte Vertragsgelegenheit **nicht
unbesehen** nutzen kann, ist keine Besonderheit, die aus der institutionalisierten Interessenbindung an den potentiellen Vertragsgegner erwächst, sondern der Normalfall.
Denn das Interesse des Maklers an der Entstehung des Provisionsanspruchs birgt für
den Auftraggeber immer die Gefahr, daß der Nachweis bzw die Vermittlung auch
Vertragsgelegenheiten schafft, die er besser nicht wahrnimmt. Mehr noch: Die Richtigkeitsgewähr des Maklervertrags setzt voraus, daß der Auftraggeber die vom
Makler nachgewiesene bzw vermittelte Vertragsgelegenheit kritisch mit – sei es
durch ihn selbst, sei es durch andere Makler beschafften – konkurrierenden Ver-
tragsgelegenheiten vergleicht (Vorbem 2). Gewiß sieht § 2 Abs 2 Nr 2 f WoVermittG
einen Fall des Provisionsausschlusses wegen institutionalisierter Interessenbindung,
nämlich wegen Verwaltertätigkeit des Maklers für den Vermieter, ausdrücklich vor.
Und es ist wahrscheinlich kein Zufall, daß die Weiterentwicklung des erforderlichen
Drittbezugs zum Vorbehalt gegen die institutionalisierte Interessenbindung des
Maklers an den Vertragsgegner in die Zeit unmittelbar nach Inkrafttreten des
WoVermittG im Jahre 1971 fällt (erste einschlägige Entscheidung BGH NJW 1974, 137).
Doch reagiert § 2 Abs 2 Nr 2 f WoVermittG auf die spezielle Zwangslage Wohnungs-
suchender, die ua davor geschützt werden sollen, daß Personen, die als Verwalter
von Wohnungsbeständen ohnehin für Vermietung zu sorgen haben, sich auf ihre
Kosten und unter Ausnutzung ihrer Marktschwäche in Gestalt von Maklerprovisio-
nen ein Zubrot verschaffen. Die Vorschrift ist folgerichtig nicht nur Bestandteil des
Leitbildes der Wohnungsvermittlung, sondern zwingendes Recht. Auf normalen
Märkten mit tendenzieller Gleichgewichtigkeit von Angebot und Nachfrage ist ein

vergleichbares Verhalten von Verwaltern und sonstigen Repräsentanten der Anbieter von Gütern (regelmäßig) schon deshalb nicht zu erwarten, weil es dem **Interesse der Repräsentierten** widerspricht und demgemäß diesen gegenüber pflichtwidrig ist. Denn die Belastung durch die Maklerprovision verringert die Konzessionsbereitschaft der Auftraggeber gegenüber den Vertragsgegnern, die auf diese Weise die Maklerprovision ihrer Repräsentanten mittelbar mitbezahlen (und entsprechend veranlaßt sind, Maklertätigkeit zu verhindern).

130 In der Vorauflage (Rn 127) ist zwar die Ableitung des Vorbehalts gegen die institutionalisierte Interessenbindung zwischen Makler und Vertragsgegner aus dem Erfordernis des Drittbezugs der Maklertätigkeit abgelehnt, das Ergebnis jedoch unter Berufung auf den Rechtsgedanken des § 654 gebilligt worden (ebenso DEHNER NJW 1993, 2225). Indessen ist auch § 654 mißverstanden, wenn man ihn als Ausdruck einer allgemeinen Reserve gegen die Bindung des Maklers an das Interesse des Vertragsgegners auffaßt. Tatsächlich reagiert § 654 schlicht darauf, daß **Doppelmaklertätigkeit die Chancen** des einzelnen Auftraggebers **auf einen günstigen Vertragsschluß verschlechtert**, weil der Vertragsgegner (= der andere Auftraggeber) naturgemäß die Provisionsbelastung in seine den Verhandlungen zugrunde gelegte Kalkulation einbezieht. Der Makler, der eine Vertragsgelegenheit mit einem selbst provisionspflichtigen Partner besorgt hat, hat vorbehaltlich der Gestattung der Doppelmaklertätigkeit im Maklervertrag nicht die darin vorgesehene Vertragsgelegenheit beschafft. § 654 ist maW ein gesetzlich geregelter Spezialfall des Erfordernisses wirtschaftlicher Gleichwertigkeit zwischen beabsichtigtem und zustande gekommenem Hauptvertrag (Vorbem 5). Diese Deutung des § 654 wird nicht zuletzt durch die Entstehungsgeschichte der Vorschrift unterstützt, die die nicht gestattete Doppelmaklertätigkeit unzweideutig als einen Fall der Nichterfüllung des Maklervertrags qualifiziert. Die Vorstellung der hM, § 654 enthalte eine Sanktion für grobe Treupflichtverletzungen des Maklers, findet darin entgegen der Behauptung des BGH (BGHZ 36, 323, 327) nicht den geringsten Anhaltspunkt (vgl ausführlich KREHL 104 ff). Sie ist geradezu kurios, wenn man bedenkt, daß die §§ 93 ff HGB für den Handelsmakler ausweislich der §§ 98 f HGB von der angeblich grob treuwidrigen Tätigkeit für beide Seiten des angestrebten Hauptvertrags als dem Normalfall ausgehen (vgl auch § 654 Rn 2).

131 Grundsätzliche Kritik an der **Verflechtungsrechtsprechung** des BGH hat auch LIEB geübt (DB 1981, 2415; WM 1982, 782). LIEB weist darauf hin, daß der vom BGH für entscheidend gehaltene Interessenkonflikt des dem Vertragsgegner verpflichteten Maklers sich zumindest im Fall der bloßen Nachweistätigkeit, dem Zusammenführen der Hauptvertragsparteien, gar nicht auswirkt. Deshalb will er den Nachweismaklervertrag auf jeden Fall von der Verflechtungsrechtsprechung ausgenommen wissen. Diese Sicht geht insofern nicht weit genug, als sie die Relevanz eines Interessenkonflikts nur für den Nachweismakler – und nicht auch für den Vermittlungsmakler – in Frage stellt. Der Vermittlungsmakler steht genausowenig wie der Nachweismakler vor der Frage, ob er sich auf die Seite des Auftraggebers oder auf diejenige des Vertragsgegners stellt. Vielmehr muß er **beiden gerecht werden**, wenn er sein Ziel, den Hauptvertrag zustande zu bringen und dadurch die Provision zu verdienen, nicht verfehlen will. Gelingt ihm dieser Balanceakt infolge allzu starker Bindung an den Vertragsgegner nicht, so scheitert der Hauptvertrag. Ob der Makler infolge seiner Bindung an den Vertragsgegner für eine dem Leitbild der §§ 652 ff entsprechende Tätigkeit ungeeignet gewesen ist, entscheidet also der Erfolg; recht-

licher Vorsorge bedarf es insoweit nicht. Allenfalls mag es zur erforderlichen **Einweisung** des Auftraggebers in die Vertragsgelegenheit (vgl Rn 120) gehören, daß der Vermittlungsmakler seine Bindung an den Vertragsgegner offenlegt. Der Vermittlungsmakler besorgt durch die Vermittlung eben nicht ein Geschäft des Auftraggebers, sondern ein eigenes, dessen Ergebnis er dem Auftraggeber zur entgeltlichen (und dem Vertragsgegner zur unentgeltlichen – Ausnahme § 99 HGB -) Nutzung anbietet (Vorbem 4). Zu weit geht die Auffassung Liebs insofern, als er die Verflechtungsrechtsprechung für die Nachweismakelei nicht nur einschränkt, sondern überhaupt verabschiedet. Von einem Makler wird vorbehaltlich abweichender Vereinbarung erwartet, daß er die Provision für das Ergebnis einer Koordinationsleistung (Nachweis oder Vermittlung) verlangt. Wer sein alter ego als Vertragsgegner andient, präsentiert nicht das Ergebnis einer Koordinationsleistung, sondern täuscht ein solches vor. Soweit die Verflechtungsrechtsprechung die Provision wegen wirtschaftlicher Identität zwischen Makler und Vertragsgegner versagt, tut sie also nicht mehr, als den Makler bei seinem Wort zu nehmen.

Nach Ansicht von Wank (NJW 1979, 190, 192) soll der Makler analog den §§ 400, 403 **132** HGB die Provision auch im Fall des Nachweises einer Vertragsgelegenheit bzw der Vermittlung eines Vertrages mit sich selbst oder mit einer ihm verbundenen Person verdienen, wenn er eine wirtschaftlich sinnvolle Leistung erbringt, die Gefahr einer Interessenkollision nicht besteht und die Interessenbindung (aus Anlaß des Nachweises) offengelegt wird. Eine wirtschaftlich sinnvolle Leistung will Wank annehmen, falls der Makler die „eigenen" Objekte nicht ausschließlich, sondern nur neben „fremden" nachweist bzw vermittelt. Auch dem ist nicht beizupflichten. Der Kommittent hat lediglich ein Interesse an der Entlastung von der Mühe des Eigenabschlusses, so daß er erhält, was er erwarten darf, wenn der Kommissionär nicht in seinem Auftrag veräußert oder erwirbt, sondern (im Wege des Selbstkontrahierens) selbst erwirbt oder veräußert, zumal das Gesetz ihn in den §§ 400 Abs 2-5, 402 HGB durch zwingende Vorschriften vor Übervorteilung schützt. Der Auftraggeber im Fall des Maklervertrags hat darüber hinaus ein Interesse daran, entscheiden zu können, ob er sich allein für den Fall eines wirklich bestehenden Koordinationsbedarfs oder auch unabhängig davon die Zusatzbelastung in Gestalt der Provisionszahlungspflicht auflädt. Man zahlt nicht ohne weiteres für etwas, was im Normalfall kostenlos zu haben ist.

b) Fallgruppen der wirtschaftlichen Verflechtung zwischen Makler und Vertragsgegenseite

Im einzelnen lassen sich folgende **Fallgruppen** der wirtschaftlichen Verflechtung des **133** Maklers mit der Vertragsgegenseite unterscheiden:

aa) Im wesentlichen unstreitig ist, daß der **Selbsteintritt** des Maklers, dh das Zustandekommen des Hauptvertrags zwischen dem Auftraggeber und dem Makler, keinen Provisionszahlungsanspruch des Maklers erzeugt (RG JW 1937, 1306; BGH NJW 1964, 2343; 1972, 864; 1973, 1649; 74, 137). Die Rechtsprechung hat es insoweit auch ausdrücklich abgelehnt, zwischen Nachweis- und Vermittlungsmakler zu differenzieren (BGH NJW 1971, 1839 f; NJW 1974, 137; WM 1979, 58 f), obwohl der Wortlaut des § 652 Abs 1 eine solche Differenzierung nahelegen könnte: Einen Vertrag mit sich selbst zu „vermitteln", ist schwerlich, sich selbst als Vertragsinteressenten nachzuweisen, dagegen durchaus möglich (vgl Wank NJW 1979, 190, 191). Der Wortlaut des § 93 HGB

(„andere Personen") besagt schon deshalb nichts gegen die Differenzierung, weil der dort angesprochene Handelsmakler notwendig Vermittlungsmakler ist (vgl LIEB DB 1981, 2415, 2417). Und der Gedanke der Interessenkollision unterstützt sie eher, weil das Zusammenführen der Vertragsparteien in ihrem gemeinsamen Interesse liegt; die Gegenläufigkeit der Interessen der Vertragsparteien kommt allenfalls zum Tragen, wo der Makler als Vermittlungsmakler auf den Inhalt der Vertragsbedingungen Einfluß nimmt (LIEB DB 1981, 2415, 2419; vgl aber auch Rn 130). Daß es – wie SCHWERDTNER (MünchKomm/SCHWERDTNER § 652 Rn 190) einwendet – den reinen Nachweismaklervertrag häufig nicht gibt, schließt die Sonderbehandlung des ausnahmsweise doch vorliegenden reinen Nachweismaklervertrags nicht aus. Gleichwohl ist der ganz hM von der Provisionsschädlichkeit des Selbsteintritts auch für den reinen Nachweismaklervertrag, dh für den Nachweismaklervertrag ohne das Recht (!) des Maklers zur Beteiligung an den Vertragsverhandlungen (MünchKomm/SCHWERDTNER § 652 Rn 62), zuzustimmen, weil der Nachweismaklervertrag genauso wie der Vermittlungsmaklervertrag eine Koordinationsleistung verlangt (vgl Rn 130). Kein Selbsteintritt liegt allerdings vor, wenn der Vertragsgegner eine **BGB-Gesellschaft** ist, an der der Makler beteiligt ist (aA OLG Koblenz AIZ 1992 H 7 A 145 Bl 25). Eine BGB-Gesellschaft ist mit ihren Gesellschaftern nicht rechtlich, sondern allenfalls wirtschaftlich (teil-) identisch (vgl dazu Rn 134 f). Problematisch ist auch, ob ein Selbsteintritt angenommen werden kann, wenn der Makler den Hauptvertrag als **Partei kraft Amtes** (Konkursverwalter, Testamentsvollstrecker uä) abschließt (so wohl OLG Hamburg AIZ 1975, 60). Von der Interessenlage her spricht wohl mehr dafür, solche Fälle in die (problematische) Fallgruppe der Provisionsschädlichkeit von Maklertätigkeit wegen Interessenkollision (Rn 136 ff) einzuordnen. Denn wirtschaftlich betrachtet, ist der Makler insoweit nicht selbst der Vertragsgegner, sondern dessen Repräsentant.

134 Dem Selbsteintritt des Maklers gleichzustellen ist der Abschluß des Auftraggebers mit einer Vertragspartei, die mit dem Makler **wirtschaftlich identisch** ist (BGH NJW 1971, 1839; 73, 1649; 74, 1130; 81, 277). Diese wirtschaftliche Identität ist zu bejahen, wenn die Vertragspartei und der Makler nicht die Fähigkeit zur selbständigen, voneinander unabhängigen Willensbildung haben, sei es, weil der Makler die Vertragspartei beherrscht, sei es, weil die Vertragspartei den Makler beherrscht, oder sei es schließlich, weil Makler und Vertragspartei von ein und demselben Dritten beherrscht werden (vgl BGH NJW 1985, 2473; WM 1987, 1140, 1141; OLG Frankfurt NJW RR 1987, 174; AIZ 1990 H 5 A 145 Bl 20; OLG München AIZ 1989 H 9 A 145 Bl 18). In allen diesen Fällen führt der Makler dem Auftraggeber nicht einen Vertragsinteressenten zu, sondern präsentiert einen „Teil seiner selbst", so daß sich wie beim unmittelbaren Selbsteintritt die Überlegung aufdrängt, angesichts der normalen Unentgeltlichkeit solchen Tuns habe der vor dem Abschluß des Maklervertrags über die Zusammenhänge nicht aufgeklärte Auftraggeber die Provision dafür nicht versprochen (vgl Rn 130). In diesen Zusammenhang gehört auch die Rechtsprechung zum sog Kölner Modell, die den Vertriebsunternehmen die provisionspflichtige Vermittlung von Treuhandverträgen zwischen dem am Bauherrenmodell beteiligten Bauherren und der von den Gesellschaftern des Vertriebsunternehmens gebildeten Baubetreuungsgesellschaft verwehrt (BGH WM 1980, 1428; 1980, 1431; 1981, 42; eingehend und kritisch dazu LIEB DB 1981, 2415).

135 Sehr zweifelhaft ist, welche **Beteiligungsintensität** mindestens vorliegen muß, damit von einer wirtschaftlichen Identität zwischen Makler und Vertragspartei die Rede sein kann. Die Rechtsprechung hat zunächst eine wirkliche **Herrschaftsmacht** des Maklers über die Vertragspartei, der Vertragspartei über den Makler oder des Dritten über beide gefordert. BGH NJW 1985, 2473 (vgl auch OLG Frankfurt AIZ 1990 H 5 A 145 Bl 20) faßt dies dahin zusammen, daß eine provisionspflichtige Maklertätigkeit ausscheidet, wenn Makler und Vertragsgegner nicht die Fähigkeit zur selbständigen, voneinander unabhängigen Willensbildung haben. Auch die Entscheidungen BGH NJW 1971, 1839; 1973, 1649 und 1974, 1130 bestätigen das unzweideutig, indem sie neben erheblichen Beteiligungsquoten maßgeblich die jeweils vorliegenden organisatorischen Verflechtungen unterstreichen (vgl auch OLG Stuttgart NJW 1973, 1975). In neuerer Zeit sind diese Anforderungen wesentlich gesenkt worden: Schon eine geringe Beteiligung des Maklers an der Vertragspartei, die nicht völlig unbedeutend ist, soll ausreichen, eine organisatorische Verflechtung nicht erforderlich sein (BGH JZ 1976, 786 f; vgl auch MünchKomm/SCHWERDTNER § 652 Rn 184, 184 a, 194). Statt dessen avanciert die organisatorische Verflechung (die „enge persönliche, räumliche und funktionelle Verknüpfung") zu einem selbständigen Kriterium für wirtschaftliche Identität (BGH DB 1976, 2203; OLG München AIZ 1989 H 9 A 145 Bl 18). Der Wandel hängt indessen damit zusammen, daß die Rechtsprechung die Anknüpfung an die wirtschaftliche Identität zwischen Makler und Vertragspartei mehr und mehr mit derjenigen an die durch die Verflechtung entstehende Interessenkollision vermengt (besonders deutlich BGH NJW 1985, 2473). Für die Fallgruppe des Provisionswegfalls wegen wirtschaftlicher Identität zwischen Makler und Vertragspartei ist er ohne Bedeutung (vgl auch WOLF WM 1981, 666, 672; DEHNER NJW 1991, 3254, 3259 f).

Dem Selbsteintritt des Maklers ebenfalls gleichzustellen ist es, wenn der Hauptvertrag zwar mit einem Dritten geschlossen wird, dieser jedoch **für Rechnung des Maklers** handelt. Auch dann präsentiert der Makler dem Auftraggeber wirtschaftlich sich selbst (vgl auch § 653 b Abs 2 des Reformentwurfs, BT-Drucks 10/1014, S 5). Der Gesichtspunkt erfaßt die Fälle, in denen der Makler einen **Strohmann** als Vertragsgegner vorschiebt, aber auch andere Konstellationen, die dadurch gekennzeichnet sind, daß das **wirtschaftliche Interesse** am Vertragsschluß **beim Makler** liegt. Praktische Beispiele liefert vor allem die Maklertätigkeit von Kreditinstituten, die ihren um den Ankauf eines Wohnhauses bemühten Auftraggebern mit Grundpfandrechten zu ihren Gunsten belastete Objekte nachweisen bzw vermitteln. Hier ist zwar ohne Offenlegung der Verhältnisse nicht stets (wirtschaftliche) Identität von Makler und Vertragsgegner anzunehmen (aA LG Berlin NJW-RR 1990, 1272 f; ebenso anscheinend MünchKomm/SCHWERDTNER § 652 Rn 188). Partei des Kaufvertrages ist normalerweise rechtlich und wirtschaftlich der Hauseigentümer, mag auch der Kaufpreis zur Ablösung der Grundpfandrechte an das Makler-Kreditinstitut fließen. Anders sieht es nur aus, wenn das Kreditinstitut wegen Rückstands des Hauseigentümers mit den Kreditraten die Veräußerung des Grundstücks betreibt. Dann muß es mit dem Auftraggeber vereinbaren, daß auch ein solcher „Nachweis" bzw eine solche „Vermittlung" provisionspflichtig sein soll, will es den Wegfall des Provisionsanspruchs trotz des Zustandekommens des Hauptvertrags vermeiden (vgl zur Rechtsnatur einer solchen Vereinbarung BGH WM 1987, 1140, 1141). Diese Anforderung gilt erst recht, wenn der Nachweis sich auf eine Zwangsversteigerung bezieht, in der das Makler-Kreditinstitut der betreibende Gläubiger ist (ebenso OLG Hamm WM 1993, 264 unter ausdrücklicher Ablehnung von LG Berlin NJW-RR 1990, 1272). Keine wirtschaftliche Identität zwischen dem Makler und dem Vertragsgegner, die dem Selbsteintritt des Maklers gleichzustellen wäre, liegt entgegen BGH WM 1979, 58 vor, wenn der Makler zugleich als

136

Bevollmächtigter des Vertragsgegners den Hauptvertrag schließt. Dieser Fall gehört – so richtig WOLF WM 1981, 666, 671 f – in die Fallgruppe des Provisionswegfalls wegen Interessenbindung zwischen Makler und Vertragsgegner (vgl Rn 139).

137 bb) Nach ganz hM ebenfalls als ein Fall des Provisionswegfalls wegen wirtschaftlicher Verflechtung des Maklers mit dem Vertragsgegner des Auftraggebers einzustufen ist die Bindung des Maklers an den Vertragsgegner (nicht an den Auftraggeber! Vgl OLG Köln AIZ 1987 H 7 A 145 Bl 10), die sich nicht aus wirtschaftlicher Identität, sondern aus der **Verpflichtung des Maklers auf das Interesse des Vertragsgegners** ergibt (sog unechte Verflechtung). Diese Fallgruppe unterscheidet sich von derjenigen des Provisionswegfalls wegen (personeller oder wirtschaftlicher) Identität des Maklers dadurch, daß bei ihr ausschließlich die Anknüpfung an die These von der **Provisionsschädlichkeit der Interessenkollision** tragfähig ist. Daß der Makler auf das Interesse des Vertragsgegners verpflichtet ist, ändert nichts an der zwischen beiden bestehenden rechtlichen und wirtschaftlichen Verschiedenheit. Ebenso läßt sich schwerlich leugnen, daß die vom Makler beschaffte Vertragsgelegenheit das Ergebnis einer Koordinationsleistung ist (vgl auch DEHNER NJW 1991, 3254, 3260). Insbesondere steht dem nicht entgegen, daß die Nähe zum Vertragsgegner dem Makler den Nachweis bzw die Vermittlung erleichtert haben mag. Wie der Makler vom Interesse eines Dritten von der nachgewiesenen Vertragsgelegenheit erfahren hat oder wie er den Dritten zum Vertragsschluß veranlaßt hat, spielt auch sonst für die Entstehung des Provisionsanspruchs keine Rolle. Der unter Rn 128 ff entwickelte allgemeine Vorbehalt gegen die Provisionsschädlichkeit der (nicht offen gelegten) institutionalisierten Interessenbindung des Maklers betrifft daher uneingeschränkt die im folgenden benannten Einzelfälle. Sicherlich empfindet man es als inkorrekt, daß jemand seine Funktion als zum Abschluß oder doch zur Anbahnung von Verträgen für einen anderen berufener Repräsentant nutzt, um sich über Maklerverträge mit der Gegenseite zusätzliche Einkünfte zu verschaffen. Aber diese Inkorrektheit ist eine solche gegenüber dem Repräsentierten, nicht gegenüber den Auftraggebern, die ihre Abschlußbereitschaft von den Gesamtkosten des Geschäfts einschließlich der Provisionsbelastung abhängig machen (vgl Rn 129). Die sachgerechte Sanktion ist deshalb nicht der Wegfall des Provisionsanspruchs, sondern die Pflicht zur Herausgabe der Provision an den Repräsentierten, soweit dieser die Maklertätigkeit nicht gestattet hat (vgl § 667 Rn 9: Pflicht zur Herausgabe von Sonderprovisionen und Schmiergeldern).

138 Im einzelnen hat die Rechtsprechung den Wegfall des Provisionsanspruchs des Maklers wegen Verpflichtung auch auf das Interesse des Vertragsgegners des Auftraggebers angenommen, wenn der Makler der Geschäftsführer des Vertragsgegners, einer GmbH, ist (BGH NJW 1975, 1215), wenn er Handelsvertreter des Vertragsgegners und als solcher mit dem Hauptvertrag befaßt ist (BGH NJW 1974, 137) und wenn er sonst als **Repräsentant** des Vertragsgegners in der Vertragsangelegenheit bestellt ist (OLG Hamburg AIZ 1983 H 6 A 145 Bl 6). Gleichgestellt worden sind Fälle, in denen der Makler rechtlich nicht selbst auf das Interesse des Vertragsgegners verpflichtet, jedoch **mit dem Verpflichteten wirtschaftlich identisch** gewesen ist (vgl auch § 2 Abs 2 Nr 3 WoVermittG). So hat der BGH einer Makler-OHG den Provisionsanspruch versagt, weil ihr persönlich haftender und vertretungsberechtigter Gesellschafter zugleich Geschäftsführer der als Vertragsgegner des Auftraggebers auftretenden GmbH gewesen ist (BGH NJW 1976, 45). Ferner hat er die Provisionsklage einer Makler-GmbH zurückgewiesen, weil diese von der gleichen Person beherrscht war wie die als Treuhänder des Vertragsgegners am Vertragsschluß beteiligte GmbH (BGH NJW 1985, 2473). Im gleichen Sinne sind Fälle entschieden worden, in denen der Makler es als Verwalter einer Wohnungseigentümergemeinschaft oder als Betreuer einer Bauherrengemeinschaft in der Hand hat, ob der Vertragsgegner des Auftraggebers die vermakelte Wohnung oder das vermakelte Haus veräußern darf, weil dafür die Zustimmung des Verwalters vorgeschrieben ist (BGH NJW 1991, 168; WM 1978, 711; OLG Hamburg AIZ 1984 H 12 A 145 Bl 7; OLG München AIZ 1993 H 7 A 145 Bl 31; LG Hannover AIZ 1993 H 6 A 145 Bl 30; LG Frankfurt AIZ 1987 H 6 A 145 Bl 9; abgrenzend LG Hamburg AIZ 1994 H 7 A 145 Bl 38). Die mangelnde Sachgerechtigkeit des Wegfalls des Provisionsanspruchs wegen institutioneller Interessenbindung wird freilich an diesen Beispielen besonders deutlich. Der Zustimmungsvorbehalt ermöglicht es weder, noch verpflichtet er dazu, die Interessen des Vertragsgegners gegen den Auftraggeber wahrzunehmen. Er begründet lediglich ein Vetorecht im Interesse der Eigentümergemeinschaft. Soweit die Verpflichtung auf das Interesse der Eigentümergemeinschaft das Interesse des Auftraggebers beeinträchtigt, nämlich beim Veto gegen den Erwerb, hat der Makler mangels Zustandekommens des Hauptvertrags ohnehin keinen Provisionsanspruch. Es kann also allenfalls umgekehrt das Interesse der Eigentümergemeinschaft der Maklertätigkeit des Verwalters entgegenstehen, weil diese die Besorgnis nährt, daß der Verwalter, um die Maklerprovision zu verdienen, der Veräußerung im Widerspruch zum Interesse der Eigentümergemeinschaft zustimmt. Und das ist kein Grund, den Auftraggeber bei Zustandekommen des Hauptvertrags von der Provisionszahlungspflicht zu entlasten (ebenso LG München AIZ 1990 H 4 A 145 Bl 19; BÄRMANN/PICK/MERLE, WEG [6. Aufl 1987] § 12 Rn 21). BGH NJW 1991, 168 ist ein besonders aufschlußreicher Beleg dafür, wie sehr die institutionelle Interessenbindung in der Verflechtungsrechtsprechung des BGH zu einem die notwendige Interessenanalyse und -bewertung ersetzenden Schlagwort geworden ist (vgl auch MÜLLER-EISING MDR 1991, 818 f).

Auch nach hM setzt die Provisionsschädlichkeit der institutionalisierten **Interessen-** **139** **bindung** des Maklers an den Vertragsgegner voraus, daß diese **sich** wenigstens ua **auf die nachgewiesene bzw vermittelte Vertragsgelegenheit bezieht**. Das Arbeitsverhältnis zwischen dem Makler (Arbeitnehmer) und dem Vertragsgegner (Arbeitgeber) verhindert daher die Provisionspflichtigkeit der Maklertätigkeit ohne Aufklärung des Auftraggebers nur dann, wenn der Makler auch als Arbeitnehmer **mit der Vertragsangelegenheit befaßt** ist, sei es, daß er auf der Seite des Vertragsgegners selbst über den Vertragsschluß entscheidet, sei es, daß er die Entscheidung des Vertragsgegners intern vorbereitet (unklar MünchKomm/SCHWERDTNER § 652 Rn 185 aE). Wer seine Mietwohnung aufgibt und diese einem Interessenten aufgrund eines wirksamen Maklervertrags nachweist oder vermittelt, hat selbstverständlich den vereinbarten Provisionsanspruch. Denn seine Verpflichtung auf das Interesse des Vermieters betrifft den Mietvertrag zwischen dem Auftraggeber und dem Vermieter als Gegenstand des Maklervertrags nicht (ebenso MünchKomm/ SCHWERDTNER § 652 Rn 186). Wenn ein Makler aufgrund eines wirksamen Maklervertrags ein Mietshaus zum Kauf nachweist, das er im Auftrag des Eigentümers verwaltet, kommt ebenfalls ein Wegfall des Provisionsanspruchs nicht in Frage (offen BGH WM 1981, 1084, 1085; wie hier LG Hannover AIZ 1994 H 9 A 145 Bl 39). Die Pflicht zur Wahrnehmung der Interessen des Vertragsgegners gegenüber den Mietern hat nichts mit der Art und Weise zu tun, wie der Makler sich in der Kaufangelegenheit zu verhalten hat. Eine Ausnahme ist entgegen SCHWERDTNER (MünchKomm/SCHWERDTNER § 652 Rn 186; ihm folgend AG Hannover AIZ

1993 H 4 A 142 Bl 7) auch im Falle **wirtschaftlicher Abhängigkeit** des Maklers vom Vertragsgegner nicht zu billigen. Denn aus wirtschaftlicher Abhängigkeit erwächst noch keine institutionalisierte Interessenbindung, die sich von einer nicht institutionalisierten Interessenbindung gerade dadurch unterscheidet, daß sie auf einer tendenziell dauerhaften rechtlichen Grundlage beruht (aA OLG Schleswig AIZ 1991 H 10 A 145 Bl 24). An der von der hM geforderten Institutionalisierung der Interessenbindung fehlt es auch, wenn diese sich im Auftrag und der Bevollmächtigung des Vertragsgegners an den Makler erschöpft, diesen beim Abschluß des Hauptvertrags zu vertreten (vgl MünchKomm/SCHWERDTNER § 652 Rn 189 aE). Etwas anderes gilt nur dann, wenn die Abschlußvollmacht Bestandteil einer umfassenden Repräsentation des Vertragsgegners durch den Makler (allein oder in Verbindung mit zur gleichen wirtschaftlichen Einheit gehörenden Unternehmen) ist, so daß die Entscheidung über den Abschluß des Hauptvertrags „völlig in die Hände des Maklers gelegt" ist und von diesem „praktisch allein" entschieden wird (vgl BGH WM 1979, 58; NJW 1985, 2473, 2474 betr Bauherrenmodelle; LG Hamburg AIZ 1994 H 7 A 145 Bl 38).

140 Nur die Verpflichtung auf das **wirtschaftliche** Interesse des Vertragsgegners begründet die provisionsschädliche Interessenkollision für die Maklertätigkeit. **Persönliche Bindungen** des Maklers an den Vertragsgegner reichen nicht aus (BGH NJW 1981, 2293, 2294; aA wohl AG Nidda WuM 1993, 412 betr Eigentümerstellung des Vaters des Maklers). Der BGH hat das für einen Fall entschieden, in dem der Makler dem Auftraggeber den Kaufvertrag über ein Grundstück mit einer GmbH vermittelt hatte, deren Geschäftsführerin und Alleingesellschafterin seine Lebensgefährtin war, und ua mit der häufigen Unzumutbarkeit einer Offenlegung persönlicher Beziehungen gegenüber dem Auftraggeber begründet. Darüber hinaus hat er sich darauf berufen, persönliche Bindungen solcher Art seien nicht hinreichend institutionalisiert, um als dem Gebot der Rechtssicherheit genügende Anknüpfung für Provisionsschädlichkeit dienen zu können. In der Konsequenz dieses Arguments liegt es an sich, die Rechtslage anders zu sehen, wenn der Vertragsgegner des Auftraggebers nicht der (die) Lebensgefährte(in), sondern der Ehemann bzw die Ehefrau ist (so MünchKomm/SCHWERDTNER § 652 Rn 187). Dem hat jedoch BVerfG NJW 1988, 2663 einen Riegel vorgeschoben. Nach Ansicht des BVerfG verstößt es gegen Art 6 Abs 1 GG, wenn die Ehe bei sonst gleichen Verhältnissen im Vergleich mit der eheähnlichen Gemeinschaft zur rechtlichen Schlechterstellung führt, so daß der Provisionsanspruch nicht mit der Begründung versagt werden kann, die Vertragsgegnerin des Auftraggebers sei nicht die Lebensgefährtin, sondern die Ehefrau des Maklers. Immerhin räumt das BVerfG ein, daß bereits die gesetzliche Ausgestaltung der **Ehe als Wirtschaftsgemeinschaft** einen hinreichenden Sachgrund für eine Differenzierung zu Lasten Verheirateter zu liefern vermag. Das BVerfG verweist insoweit auf den Güterstand der Zugewinngemeinschaft, den Versorgungsausgleich und die wechselseitige Unterhaltspflicht der Ehegatten während des Bestehens und nach Ende der Ehe. Der hinreichende Sachgrund für die Benachteiligung des verheirateten Maklers soll aber fehlen, wenn die Ehewirklichkeit entscheidend vom gesetzlichen Leitbild abweicht. Sieht man – wie es das BVerfG unter Berufung auf BGH WM 1987, 409 tut – die institutionalisierte Interessenbindung des Maklers als Ursache des Provisionsausschlusses an, so ist diese Ausnahme schwer nachvollziehbar. Denn so weit, daß die institutionalisierte Interessenbindung aufhört, kann die Ehewirklichkeit gar nicht vom gesetzlichen Leitbild abweichen. Die wechselseitige Unterhaltspflicht der Ehegatten während der Ehe ist zwingenden Rechts; damit im Zusammenhang steht, daß die Eheleute auf-

grund der Pflicht zur ehelichen Lebensgemeinschaft (§ 1353) auf ihre wirtschaftlichen Interessen wechselseitig Rücksicht zu nehmen haben (GERNHUBER/COESTER-
WALTJEN, Familienrecht 181 f). Plausibel wird die Unterscheidung des BVerfG allenfalls,
wenn man davon ausgeht, daß als institutionalisierte Interessenbindung nur eine
solche von Gewicht anzuerkennen ist. Denn von einer **Interessenbindung von Gewicht**
kann nur solange die Rede sein, als das Recht noch – wie es dem gesetzlichen Güterstand der Zugewinngemeinschaft entspricht – das während der Ehe hinzuerworbene
Vermögen als von den Ehegatten gemeinsam erwirtschaftet (§§ 1371 ff) und als
gemeinsame Lebensgrundlage (§§ 1365 ff) ansieht. Beides hört auf, wenn die Zugewinngemeinschaft zugunsten der Gütertrennung abbedungen ist. In der Konsequenz
des Gedankengangs liegt es, die „vom gesetzlichen Leitbild abweichende Ehewirklichkeit" mit dem Güterstand der Gütertrennung gleichzusetzen (gegen die güterrecht-
liche Betrachtungsweise vor der Entscheidung des BVerfG BGH WM 1987, 409). Das entspricht
Ansätzen, die schon seit längerem in der unterinstanzlichen Rechtsprechung anzutreffen sind (OLG Hamburg DB 1976, 1527; LG Frankfurt NJW 1973, 1502; LG Hamburg AIZ
1989 H 2 A 145 Bl 16; AG Berlin-Charlottenburg NJW-RR 1987, 174). Andere Versuche,
namentlich solche, die auf die Gestaltung der wirtschaftlichen Beziehungen der Eheleute im Einzelfall abstellen (so LG Aachen WuM 1992, 259 f), sind wegen des durch sie
verursachten Bedarfs nach schwer überschaubarer Kasuistik nicht zu billigen (vgl auch
BGH NJW 1981, 2292, 2294).

cc)   Als dritte Fallgruppe neben der (persönlichen oder doch wenigstens wirtschaft- **141**
lichen) Identität zwischen Makler und Vertragsgegner (Rn 133 ff) und der Verpflichtung des Maklers auf das wirtschaftliche Interesse des Vertragsgegners (Rn 137 ff)
wird zT die **Beteiligung** des Maklers **am Gewinn des Vertragsgegners** genannt (BGH NJW
1981, 2293, 2294). Auf dieser Linie liegt es, wenn im Schrifttum jede Beteiligung des
Maklers an der auf der Vertragsgegenseite stehenden Personen- oder Kapitalgesellschaft als provisionsschädlich angesehen wird, gleichgültig, ob sie allein oder zusammen mit anderen Umständen Herrschaftsmacht begründet oder nicht (MünchKomm/
SCHWERDTNER § 652 Rn 194). Dem kann nicht folgen, wer mit der hier vertretenen
Ansicht nur das Fehlen einer Koordinationsleistung (kein Drittbezug) als Grund für
den Ausschluß der Provision gelten läßt (Rn 129 f), weil schlichte Beteiligungen noch
keine persönliche oder wirtschaftliche Identität zwischen Teilhaber und Beteili-
gungsobjekt erzeugen. Aber auch wenn man mit der hM die institutionalisierte
Interessenbindung für maßgebend hält (Rn 128), spricht mehr gegen als für die Anerkennung einer solchen Fallgruppe provisionsschädlicher Verflechtung. Ein Makler
kann unmöglich mangels Offenlegung wegen einer Handvoll VW-Aktien an dem
provisionspflichtigen Nachweis bzw der provisionspflichtigen Vermittlung eines Vertrags mit der VW-AG gehindert sein. Soweit die Beteiligung nicht an einer Publi-
kums-AG, sondern an einer GmbH, einer Personengesellschaft (vgl OLG Koblenz AIZ
1992 H 7 A 145 Bl 25) oder an einer Erbengemeinschaft (vgl OLG Hamm AIZ 1985 H 9 A 121
Bl 20) besteht, mag das Bedenken gegenüber dem Ergebnis weniger offenkundig
sein. Aber auch insoweit sind Beteiligungen denkbar, die praktisch gar nicht ins
Gewicht fallen. Fordert man deshalb mit dem BGH (JZ 1976, 786 f), die Beteiligung
dürfe **nicht völlig unbedeutend** sein, so stellt sich die bange Frage, wo die Grenze
zwischen der noch und schon nicht mehr bedeutenden Beteiligung verläuft. Mit
Prozentsätzen von 20% (OLG Zweibrücken AIZ 1974, 94) oder 25% (OLG München NJW
1975, 1215) läßt sich offenbar nicht ohne Willkür operieren, hängt doch die Relevanz
der Interessenkollision vom Ausmaß der Identifikation des Maklers mit dem wirt-

schaftlichen Schicksal des Vertragsgegners ab, für die die Beteiligungsquote nur ein Einflußfaktor unter anderen ist. Letztlich mündet die Anknüpfung an die Relevanz der Beteiligung also, wenn sie sachgerecht sein soll, in eine aus Gründen der Rechtssicherheit **inakzeptable Einzelfallbetrachtung**. Ähnlich wie der Interessenkollision aufgrund persönlicher Beziehungen zum Vertragsgegner, die BGH NJW 1981, 2293, 2294 deswegen für irrelevant erklärt hat, fehlt es der nicht weiter qualifizierten wirtschaftlichen Beziehung an der typischen Struktur, ohne die ein als Verhaltensmaßstab für die Praxis geeigneter Rechtssatz sich nicht formulieren läßt. Wie dort muß es deshalb auch auf der Basis der hM bei der Lösung bewenden, daß nicht schon die Interessenkollision, sondern erst die dadurch ausgelöste **Pflichtverletzung des Maklers** negative Rechtsfolgen nach sich zieht (vgl BGH NJW 1981, 2293, 2294).

c) Die Sonderregelung nach dem WoVermittG

142 Die (arg e § 2 Abs 5 WoVermittG) zwingende Provisionsschädlichkeit der Eigentümer-, Verwalter-, Mieter oder Vermietereigenschaft sowie der rechtlichen oder wirtschaftlichen Beteiligung des Wohnungsmaklers an einer als Eigentümer, Verwalter oder Vermieter fungierenden juristischen Person und umgekehrt (§ 2 Abs 2 Nrn 2, 3 WoVermittG) ist schon dem Text nach mißglückt. Da der Gesetzgeber die rechtliche oder wirtschaftliche Beteiligung an der Eigentümer-, Verwalter- oder Vermieter-Personengesellschaft nicht bewußt ausgeklammert, sondern (und zwar erneut im Rahmen der Novelle 1993 zum WoVermittG!) schlicht vergessen hat (LAU ZMR 1974, 65, 67; TONNER 92; aA BREIHOLDT MDR 1972, 918, 919), ist **§ 2 Abs 2 Nr 3 WoVermittG** insoweit **analog** anzuwenden. Die Diskrepanz zwischen Wortlaut und gesetzgeberischem Zweck einer Norm ist der unproblematischste Fall einer Rechtsfortbildung (durch Analogie oder teleologische Reduktion) überhaupt (vgl KOCH/RÜSSMANN, Juristische Begründungslehre [1982] 257). Auch daß gesetzliche Enumerativkataloge nicht per se ein Analogieverbot enthalten, ist heute gesicherte methodologische Erkenntnis (Münch-Komm/SÄCKER Einl Rn 102 mit Nachweisen). Ebenfalls von der Analogie zu § 2 Abs 2 WoVermG erfaßt ist der Fall, daß der Makler mit dem Vermieter eine Provisionsteilungsabrede trifft. Insoweit handelt es sich nämlich um eine Umgehung der in Nr 2 angeordneten Unzulässigkeit einer Maklertätigkeit des Vermieters (AG Ebersberg NJW-RR 1992, 596 f). Unzulässig ist aus verfassungsrechtlichen Gründen (Art 6 Abs 1 GG) die analoge Anwendung des § 2 Abs 2 Nr 3 WoVermittG auf die Verwaltung des nachgewiesenen Objekts durch den Ehepartner des Wohnungsmaklers oder auf den Fall, daß der Ehepartner des Wohnungsmaklers Eigentümer der Wohnungen ist (BVerfG NJW 1987, 2733; aA LG Hanau NJW-RR 1993, 203 f; BENÖHR NJW 1973, 1976; vHOYNIN-GEN-HUENE BB 1974, 258). Im übrigen ist zu beachten, daß § 2 Abs 2 WoVermittG nicht eine gesetzliche Bestätigung der auf das allgemeine Maklerrecht bezogenen Verflechtungsrechtsprechung beabsichtigt (so aber ERMAN/WERNER § 652 Rn 31; AG Nidda WuM 1993, 412; vgl dazu schon Rn 129), sondern den **Mieter vor wirtschaftlich ungerechtfertigten Belastungen schützen** will (BT-Drucks VI/1549, S 12), die sich als Folge eines unausgeglichenen Wohnungsmarktes ergeben können (BT-Drucks VI/1549, S 6). Da Wohnungsmietinteressenten die Provisionsbelastung wegen zu schwacher Marktposition vielfach nicht auf die Vermieter abwälzen können (und da eben deshalb für den Vermieter sowie andere in seinem Lager stehende Personen ein verstärkter Anreiz existiert, ihre Kenntnis von Mietgelegenheiten auf Kosten der Mietinteressenten zusätzlich zu vermarkten), begrenzt § 2 Abs 2 WoVermittG die Möglichkeit entgeltlicher Maklertätigkeit. Dem entspricht das Bedürfnis nach weiter Interpretation: Eigentümer im Sinne des § 2 Abs 2 Nr 1 WoVermittG ist auch der Miteigentümer oder das Mitglied der Miteigentümererbengemeinschaft. Die rechtliche oder wirtschaftliche Beteiligung im Sinne des § 2 Abs 2 Nr 3 WoVermittG umfaßt wegen des dadurch eröffneten Zugangs zur Insiderinformation **jede Beteiligungsform und -intensität** (aA Vorauflage Rn 132); sie ist ua auch dann anzunehmen, wenn der Verwalter im Sinne des § 2 Abs 2 Nrn 2, 3 WoVermittG nicht selbst der Makler, sondern sein Vertreter ist (AG Köln ZMR 1993, 22; LG Flensburg ZMR 1994, 20).

Der Zweck des WoVermittG, die Mieter vor wirtschaftlich ungerechtfertigten Bela- **143** stungen zu schützen, verlangt auch ein **weites Verständnis des Verwalterbegriffs** im Sinne des § 2 Abs 2 Nrn 2, 3 WoVermittG. Als Verwalter muß daher jeder angesehen werden, der vom Vermieter/Eigentümer unmittelbar oder mittelbar zu Verwaltungstätigkeiten in Bezug auf die Mietwohnung berufen ist. Ist der Verwalter ein Verwaltungsunternehmen, so sind daher neben dem Inhaber (bzw den Organpersonen des Inhabers) auch seine mit dem Objekt befaßten Angestellten Verwalter im Sinne des Gesetzes. Nicht Verwalter im Sinne des § 2 Abs 2 Nrn 2, 3 WoVermittG ist allerdings der Verwalter einer Wohnungseigentumsanlage, der als Makler eine einzelne Wohnung zur Miete nachweist bzw vermittelt (OLG München MDR 1975, 931, OLG Hamburg AIZ 1976, 32; LG München I NJW 1974, 2287; LG Hildesheim AIZ 1991 H 6 A 142 Bl 6; LG Stuttgart AIZ 1991 H 3 A 142 Bl 5; LG Hamburg AIZ 1990 H 9 A 142 Bl 4; AG Köln BB 1974, 1095; AG Hamburg AIZ 1987 H 7 A 142 Bl 3; AIZ 1994 H 8 A 141 Bl 16; BREIHOLDT MDR 1972, 918, 919; LAU ZMR 1974, 65, 66). Die Gegenansicht (vHOYNINGEN-HUENE BB 1974, 1006 f; ders NJW 1974, 2287 f; TONNER 91) stellt zu Unrecht darauf ab, daß der Verwalter einer Wohnungseigentumsanlage die Kenntnis von der Mietgelegenheit ähnlich ohne Erkundungsaufwand erhält wie der Verwalter der Mietwohnung selbst. Der Maklerlohn knüpft generell nicht an den Aufwand des Maklers, sondern an den Wert des Nachweises bzw der Vermittlung für den Auftraggeber an (Vorbem 3). Maßgeblich ist, ob der Verwalter **im Lager des Vermieters** steht und deshalb nur wegen der Unausgeglichenheit des Wohnungsmarktes, ohne die die Provision auf den Vermieter zurückgewälzt würde (Rn 142), zu einer entgeltlichen Maklertätigkeit schreiten kann. Und das ist im Fall des Verwalters einer Wohnungseigentumsanlage hinsichtlich der Vermietung einer Eigentumswohnung durch einen einzelnen Vermieter zu verneinen (anders bei häufiger Vermittlung LG Düsseldorf NJW-RR 1993, 401 f).

Positiv ist zu fordern, daß die Verwaltungstätigkeit eine echte **Repräsentation des 144 Vermieters gegenüber dem Mieter** umfaßt (vgl auch AG Stade AIZ 1986 H 10 A 141 Bl 4). Der Verwalter muß ordnend und gestaltend tätig sein und dem Eigentümer die Sorge und die Obhut für das Objekt – insbesondere gegenüber dem Mieter (AG Hamburg AIZ 1994 H 8 A 141 Bl 16) ganz oder teilweise abnehmen (BREIHOLDT NJW 1988, 398; LG Köln AIZ 1989 H 1 A 141 Bl 6; AG Köln WuM 1993, 414). Nicht jede Tätigkeit des Maklers, die Zweifel an seiner Eigenschaft als neutraler Wohnungsvermittler aufkommen läßt, ist nach § 2 Abs 2 Nr 2 WoVermittG provisionsschädlich (aA LG Frankfurt AIZ 1982 H 4 A 142 Bl 1). Deshalb macht die Vertretung des Vermieters beim Abschluß des Mietvertrags den ansonsten unabhängigen Makler noch nicht zum Verwalter im Sinne des § 2 Abs 2 Nr 2 WoVermittG (LG Köln WuM 1992, 141 f; AG Hamburg AIZ 1994 H 7 A 141 Bl 15), auch dann nicht, wenn damit die Übergabe der Wohnung verbunden ist (LG Hamburg AIZ 1990 H 6 A 145 Bl 21). Nicht Verwalter ist auch der Hauswart oder Hausmeister (AG Bonn AIZ 1989 H 11 A 141 Bl 7; AG Neuss NJW-RR 1991, 909). Erst recht genügt es für § 2 Abs 2 Nr 2 WoVermittG nicht, daß der Makler gegenüber den Mietinteressenten den **Anschein** einer Verwaltereigenschaft erzeugt (aA LG Aurich NJW 1975, 544; LG Wiesbaden AIZ 1987 H 2 A 141 Bl 5; LG Köln AIZ 1989 H 1 A 141 Bl 6; LG Aachen NJW-RR 1992, 341; LG Nürnberg-Fürth NJW-RR 1992, 1148 f; AG Stade AIZ 1986 H 10 A 141 Bl 4; dagegen LG Frankfurt AIZ 1982 H 4 A 141 Bl 1; BREIHOLDT NJW 1988, 398). Selbstverständlich ist, daß ein Makler nicht als Verwalter im Sinne des § 2 Abs 2 Nr 2 WoVermittG angesehen werden kann, wenn er erst nach Abschluß der Maklertätigkeit mit dem Zustandekommen des Mietvertrags (zu unterscheiden vom Abschluß des Maklervertrags! Vgl LG Tübingen WuM 1993, 414) vom Vermieter mit der Verwaltung des Mietobjekts betraut wird (LG Hamburg AIZ 1986 H 4 A 141 Bl 3; AIZ 1988 H 10 A 145 Bl 15; LG Köln WuM 1992, 141 f). Überhaupt nicht unter das WoVermittG fällt die Vermietung zu gewerblichen Zwecken. Die Vermietung von Ladenraum nebst 2 1/2-Zimmer-Wohnung kann daher vom Verwalter provisionspflichtig vermakelt werden (LG Hamburg AIZ 1984 H 1 A 141 Bl 2; LG Hannover AIZ 1993 H 4 A 142 Bl 6).

d) Rechtsfolgen der Verflechtung zwischen Makler und Vertragsgegenseite

145 Regelmäßige Folge der Verflechtung zwischen Makler und Vertragsgegner ist nach hM, daß der Makler **keine dem Leitbild des Maklervertrags entsprechende Maklerleistung** erbringt; der Hauptvertrag kommt, materiell betrachtet, nicht infolge des Nachweises bzw der Vermittlung des Maklers zustande, so daß der Provisionsanspruch entfällt (BGH WM 1987, 1140; NJW 1991, 168). Sieht man den Grund für die Provisionsschädlichkeit der Verflechtung mit der hM in dem dadurch begründeten institutionalisierten Interessenkonflikt des Maklers, so wirkt diese Konsequenz in der Begründung sachfremd und im Ergebnis unverhältnismäßig. BVerfG NJW 1988, 2663 hat demgemäß eine landgerichtliche Entscheidung wegen Verstoßes gegen Art 3 Abs 1 iVm Art 6 Abs 1 GG aufgehoben, weil diese den Provisionsanspruch für die Vermittlung des Hauptvertrags mit dem Ehemann der Maklerin versagt hatte, obwohl den Auftraggebern das Bestehen der Ehe beim Abschluß des Maklervertrags bekannt war (vgl auch LG Mannheim AIZ 1988 H 4 A 105 Bl 13). Ausdrücklich stellt das BVerfG fest, schutzwürdig sei nur der Auftraggeber, der von der Interessenkollision nichts wisse. Kenne er sie und entschließe er sich dennoch, den Makler zu beauftragen, so zeige er deutlich, daß er auf den zu seinen Gunsten bestehenden Schutz keinen Wert lege (im Ergebnis ähnlich schon BGH NJW 1975, 1215, 1216). Dazu reicht nach Ansicht des BVerfG, das sich insoweit in einen unmittelbaren Gegensatz zum BGH (WM 1983, 42, 43) begibt, ein durch Dritte vermitteltes Wissen von der Verflechtung aus; Offenlegung durch den Makler ist nicht erforderlich. Anders als der BGH nimmt das BVerfG also nicht Ungeeignetheit des Maklers zu der vorbehaltlich abweichender Vereinbarung versprochenen leitbildgerechten Maklertätigkeit, sondern lediglich eine **Aufklärungsobliegenheit** an, deren Verletzung das Risiko der letztlich entscheidenden Unkenntnis des Auftraggebers von der Verflechtung auf den Makler überträgt. Aufschlußreich ist auch, daß der Reformentwurf eines Maklergesetzes vom 16. 2. 1984 nur im Falle des Selbsteintritts des Maklers oder des Nachweises bzw der Vermittlung eines ihm gehörenden Gegenstandes eine nicht dem Maklervertrag entsprechende Leistung angenommen, sich dagegen für die übrigen Verflechtungsfälle mit einer bis zum Abschluß des Hauptvertrags erfüllbaren (!) Aufklärungsobliegenheit des Maklers begnügt hat (vgl § 653 b Abs 1 RefE). Die Vorstellung, es werde nicht die nach dem Maklervertrag zu erwartende Koordinationsleistung erbracht (sondern dem Auftraggeber in unzulässiger verdeckter Form eine Mehrleistung an den Vertragsgegner abverlangt, vgl WANK NJW 1979, 190, 192 f; ähnlich BGH WM 1987, 1140, 1141) paßt eben nur, soweit der Makler selbst, sein Strohmann oder doch wenigstens eine mit dem Makler wirtschaftlich identische Person als Vertragsgegner auftritt.

Vor diesem Hintergrund ist zu unterscheiden: Zu folgen ist der hM, insbesondere **146** dem BGH, allein, soweit die Fallgruppe der persönlichen oder wirtschaftlichen Identität zwischen Makler und Vertragsgegner betroffen ist. Dagegen kann die bloße institutionalisierte Interessenbindung des Maklers, soweit man sie entgegen der hier vertretenen Ansicht (Rn 128 f, 131, 137) überhaupt als relevanten Verflechtungsfall anerkennt, noch nicht dazu führen, daß die Maklerleistung nicht als vertragsgerecht anzusehen ist, sondern allenfalls dazu, **daß die Provisionszahlungspflicht des Auftraggebers von seiner Kenntnis der Verflechtung abhängt.** Zwar bindet die Begründung von BVerfG NJW 1988, 2663 die Gerichte allein im Hinblick auf die ehebedingte Bindung des Maklers an das Interesse des Vertragsgegners. Aber daraus entsteht zugleich ein Zugzwang im Zusammenhang mit der Beurteilung sonstiger gleichartiger Verflechtungsfälle. Der ausschlaggebende Gesichtspunkt, nämlich der, daß die Kenntnis des Auftraggebers von der Interessenkollision seine Schutzbedürftigkeit beseitigt und damit dem Ausschluß des Provisionsanspruchs die Grundlage entzieht, betrifft alle Verflechtungsfälle, in denen allein die Interessenkollision den Ausschluß des Provisionsanspruchs rechtfertigt. Der **relevante Zeitpunkt** für die Kenntnis dürfte dabei entgegen der fallbezogenen Darstellung des BVerfG nicht der Abschluß des Maklervertrags, sondern – wie auch der Reformentwurf eines Maklergesetzes angenommen hat – der **Abschluß des Hauptvertrags** sein. Denn erstens ist zumindest im Fall der Nachweismakelei bei Abschluß des Maklervertrags noch offen, welche Vertragsgelegenheit angeboten und genutzt werden wird, so daß eine Kenntnis der Verflechtung zwischen Makler und Vertragsgegner vor dem Nachweis denklogisch ausgeschlossen ist. Zweitens kann die Kenntnis der Interessenkollision für den Auftraggeber allenfalls insofern von Bedeutung sein, als er dadurch veranlaßt wird, die gebotene Vertragsgelegenheit besonders kritisch zu prüfen. Dazu braucht er die Kenntnis aber erst, wenn der Abschluß des Hauptvertrags ansteht. Freilich ist es ohnehin nicht die Aufgabe des Maklers, dem Auftraggeber den unbesehenen Abschluß des Hauptvertrags zu ermöglichen, so daß die Interessenkollision sinnvollerweise erst gar nicht als relevanter Verflechtungsfall anzuerkennen ist (Rn 128 f, 137). Erwägenswert ist lediglich, die **ordnungsgemäße Vermittlung zu verneinen,** wenn der Makler im Zusammenhang mit der Einweisung des Auftraggebers in die gebotene Vertragsgelegenheit seine Bindung an den Vertragsgegner nicht offenlegt (vgl Rn 128).

Auf keinen Fall zu folgen ist der Ansicht (MünchKomm/SCHWERDTNER § 652 Rn 194), der **147** Maklervertrag werde in den Fällen provisionsschädlicher Verflechtung zu einem Vertrag über eine **unentgeltliche Geschäftsbesorgung** (mit der Konsequenz eines Anspruchs des Maklers auf Auslagenersatz nach § 670!). Wenn der Maklervertrag – wie üblich – auf den Nachweis bzw die Vermittlung eines Vertrags mit einer noch offenen Vertragsgegenseite abzielt, scheitert diese Sicht schon daran, daß die nicht vertragsgerechte Leistung nicht den Inhalt oder gar die Rechtsnatur des Vertrags zu verändern vermag. Aber auch soweit bereits der Maklervertrag die Vermittlung des Hauptvertrags mit der dem Makler verbundenen Gegenpartei als Gegenstand benennt, bewegt sich die Vorstellung einer derartigen Metamorphose seiner Rechtsnatur und seines Inhalts jenseits der Grenzen der zivilrechtlichen Dogmatik. Denn der Maklervertrag ist inhaltlich wie sonst auf die Vermittlung des Hauptvertrags mit

einem Dritten gerichtet. Daß der „Dritte" tatsächlich kein Dritter in dem vom Maklervertrag (in Verbindung mit dispositivem Maklerrecht) vorausgesetzten Sinne ist,
macht den Maklervertrag – wie bei sonstigen Verträgen die Unmöglichkeit der Leistung – undurchführbar, so daß **analog § 306** Nichtigkeit anzunehmen ist (aA LIEB DB
1981, 2415, 2417 f). Eine **Inhaltsänderung findet** auch insoweit **nicht statt** (vgl auch WANK
NJW 1979, 190).

e)   **Die Rückforderung der Provision wegen Verflechtung zwischen Makler und
Vertragsgegenseite**

148 Der Auftraggeber, der nach der Bezahlung der Provision die provisionsschädliche
„Verflechtung" des Maklers mit dem Vertragsgegner entdeckt, kann sein Geld nach
§ 812 Abs 1 S 1 1. Alt zurückverlangen. § 814 steht dem selbst dann nicht entgegen,
wenn dem Auftraggeber im Zeitpunkt der Zahlung bereits die einschlägigen Tatsachen bekannt gewesen sind; erst die (rechtliche) Kenntnis der fehlenden Zahlungsverpflichtung schadet (BGH NJW 1981, 277, 278). Soweit ein Mieter die Rückzahlung
der entgegen § 2 WoVermittG gezahlten Provision verlangt, ist der Bereicherungsanspruch durch § 5 WoVermittG modifiziert (vgl auch LG Hamburg AIZ 1989 H 6 A 145 Bl
17; der dort herangezogene § 5 S 2 ist mittlerweile geändert). Doch kann der Mieter den
Beschränkungen des § 5 WoVermittG entgehen, wenn und soweit er die Rechtsgrundlosigkeit der Provisionszahlung auch auf Gründe des allgemeinen Maklerrechts stützt (vgl LG Köln NJW-RR 1988, 1020). Umstritten ist, ob der Makler dem
Bereicherungsanspruch Aufwendungen in Gestalt von Unterprovisionen an seine
Außendienstmitarbeiter entgegenhalten kann. BGH WM 1978, 708 (ebenso BGH WM
1992, 745) bejaht das im Hinblick auf **§ 818 Abs 3** jedenfalls für die Provisionen, die der
gutgläubige Makler an die Außendienstmitarbeiter für die Vermittlung des Maklervertrags entrichtet hat. BGH NJW 1981, 277, 278 f meldet insoweit Bedenken an,
weil die Zahlung an die Außendienstmitarbeiter nach § 87 a Abs 3 HGB unabhängig
vom Eingang der Zahlung des Auftraggebers geschuldet gewesen sei, will aber
zumindest die für das Zustandebringen des Hauptvertrags gezahlte **Unterprovision**
nicht nach § 818 Abs 3 berücksichtigt wissen, weil darin wirtschaftlich eine Provisionszahlung des mit dem Makler verflochtenen Vertragsgegners zu sehen sei. An
dem Standpunkt von BGH NJW 1981, 277, 278 ist richtig, daß der Makler im Rahmen des § 818 Abs 3 nicht die Zahlung von Unterprovisionen geltend machen kann,
die er für Rechnung des mit ihm verflochtenen Vertragsgegners geleistet hat. Denn
das hat er nicht im Vertrauen auf die Beständigkeit seines Provisionsanspruchs (vgl
REUTER/MARTINEK, Ungerechtfertigte Bereicherung 589 ff mit Nachweisen), sondern auf
(generelle) Anweisung des Vertragsgegners getan, der ihm nach Maßgabe der zwischen ihnen bestehenden Rechtsbeziehung uU Aufwendungsersatz schuldet. Im
übrigen ist aber BGH WM 1978, 708 zu folgen (ebenso WANK NJW 1979, 190, 194). Daß
dem Bereicherungsschuldner die Kosten des rechtsgrundlosen Erwerbs auch entstanden wären, wenn der Bereicherungsgläubiger gar nicht erst geleistet hätte,
hindert auch sonst die Abzugsfähigkeit im Rahmen des § 818 Abs 3 nicht. Es ist
gerade die Eigenart des § 818 Abs 3, daß er vergebliche Aufwendungen, die wenigstens zu einem rechtsgrundlosen Erwerb geführt haben, im Rahmen der bereicherungsrechtlichen Rückabwicklung auf den Gläubiger abzuwälzen erlaubt (vgl
REUTER/MARTINEK, Ungerechtfertigte Bereicherung 594 mit Nachweisen). Nicht die an Außendienstmitarbeiter gezahlten Unterprovisionen auf den Auftraggeber abwälzen kann
allerdings der **bösgläubige Makler**. Entgegen WANK (NJW 1979, 190, 194) verweisen die
§§ 819, 818 Abs 4 insoweit nicht auf die Geschäftsführung ohne Auftrag. Die Ver-

weisung auf die „allgemeinen Vorschriften" erreicht die Geschäftsführung ohne Auftrag allenfalls insofern, als bei der Pflicht zur Herausgabe eines bestimmten Gegenstandes gemäß §§ 292, 994 Abs 2, 1000 die notwendigen Verwendungen auf diesen Gegenstand unter den Voraussetzungen der Geschäftsführung ohne Auftrag ein Zurückbehaltungsrecht begründen. Für Geldschulden haftet der bösgläubige Bereicherungsschuldner nach § 279 analog ohne Abzugsmöglichkeit (vgl REUTER/MAR-TINEK, Ungerechtfertigte Bereicherung 631 ff mit Nachweisen).

f) Zulässigkeit abweichender Vereinbarungen

Die Möglichkeiten für den Makler, die Konsequenzen der „Verflechtung" **im Mak-** **149** **lervertrag abzubedingen,** sind unterschiedlich: Im Rahmen des § 2 Abs 2 WoVermittG gibt es sie überhaupt nicht (§ 2 Abs 5 WoVermittG). Im Rahmen des BGB-Maklerrechts (einschließlich des Verbraucherkredits) ist zu differenzieren. Soweit das Hindernis der (persönlichen oder wirtschaftlichen) Identität zwischen Makler und Vertragsgegner zu überwinden ist, bedarf es der Vereinbarung eines **Eigengeschäfts** in dem Sinne, daß die Provision auch dann gezahlt werden soll, wenn der Makler selbst oder eine mit ihm wirtschaftlich identische (Rn 134 f) Person oder Institution den Hauptvertrag mit dem Auftraggeber schließt. Was für den Kommissionär nach den §§ 400, 403 HGB kraft dispositiven Gesetzesrechts gilt, muß also vom Makler speziell (und wegen der Abweichung vom gesetzlichen Leitbild des Maklerrechts **individualvertraglich**) vereinbart werden (vgl Rn 132). Ist der Vertrag von vornherein auf die „Vermittlung" eines Eigengeschäfts gerichtet und beschränkt, so stellt sich die vereinbarte Provision überhaupt nicht als eine Maklerprovision dar. Vielmehr handelt es sich je nach den Verhältnissen des Einzelfalls um einen verschleierten Teil des Kaufpreises, eine Vergütung für Dienstleistungen und uU sogar um eine Schenkung (BGH WM 1987, 1140, 1141). Will der Makler nach Abschluß des auf den Nachweis bzw die Vermittlung fremder Objekte gerichteten Maklervertrages die Provision durch den Nachweis einer Vertragsgelegenheit bzw die Vermittlung eines Hauptvertrags mit sich selbst oder mit einer zur gleichen wirtschaftlichen Einheit gehörenden (Rn 133 ff) Person verdienen, so bedarf es einer Änderung des Maklervertrags. Und diese setzt zu ihrer Wirksamkeit voraus, daß der Auftraggeber und der Makler im **Bewußtsein der Änderungsbedürftigkeit** des Maklervertrags handeln. Es reicht nicht aus, daß der Auftraggeber sich – für den Makler erkennbar – auf das Ansinnen der Provisionszahlung für das Eigengeschäft einläßt, weil er aus Rechtsunkenntnis davon ausgeht, es sei bereits durch den ursprünglichen Maklervertrag gedeckt (BGH WM 1977, 317; MünchKomm/SCHWERDTNER § 652 Rn 197).

Soweit der Makler schon beim Abschluß des Maklervertrags deutlich macht, daß er **150** (auch) Vertragsgelegenheiten mit sich selbst oder mit der gleichen wirtschaftlichen Einheit angehörenden Personen nachzuweisen bzw zu vermitteln gedenkt, lautet sein Maklervertragsangebot auf provisionspflichtigen Nachweis bzw provisionspflichtige Vermittlung von Vertragsgelegenheiten bzw Verträgen einschließlich des **Rechts zum Selbsteintritt.** Die Annahme des Angebots durch den Auftraggeber erzeugt einen entsprechenden Maklervertrag (BGH WM 1983, 42, 43). Nicht zu folgen ist deshalb der Ansicht, der Auftraggeber müsse zur wirksamen Vereinbarung eines Selbsteintrittsrechts vom Makler über die rechtlichen Vorbehalte gegen die Provisionspflichtigkeit des Nachweises bzw der Vermittlung eigener Vertragsgelegenheiten aufgeklärt werden (so MünchKomm/SCHWERDTNER § 652 Rn 198). Die wirksame Abweichung vom dispositiven Gesetzesrecht verlangt hier genausowenig wie sonst, daß die Beteiligten das dispositive Gesetzesrecht kennen (richtig BGH WM 1983, 42). Ihrem Ausgangspunkt – Maßgeblichkeit der institutionalisierten Interessenbindung – entsprechend (Rn 128 ff), macht die hM die Provisionsunschädlichkeit der Interessenkollision infolge Bindung des Maklers an das Interesse des Vertragsgegners von den gleichen Voraussetzungen abhängig wie die Provisionsunschädlichkeit der persönlichen oder wirtschaftlichen Identität zwischen Makler und Vertragsgegner. Mit BVerfG NJW 1988, 2663 ist demgegenüber anzunehmen, daß die Provisionsunschädlichkeit der Interessenkollision nicht vereinbart werden muß, sondern allenfalls von der diesbezüglichen **Kenntnis des Auftraggebers** abhängt (Rn 145 f). Wer mit der hier vertretenen Ansicht davon ausgeht, daß der Auftraggeber ohnehin nicht unbedingt mit dem Nachweis bzw der Vermittlung einer günstigen Vertragsgelegenheit rechnen kann (Rn 128, 137 f), wird freilich noch darüber hinaus die bloße Bindung an das Interesse des Vertragsgegners überhaupt für provisionsunschädlich halten (Rn 146 aE). Soweit die Rechtsprechung gefordert hat, der Auftraggeber müsse eine klare Kenntnis von der Verbindung zwischen Makler und Vertragsgegner gehabt haben (BGH WM 1975, 1208; WM 1976, 1158) oder der Makler müsse den Auftraggeber vor die Alternative gestellt haben, entweder die Provision zu versprechen oder vom Vertragsschluß mit dem nachzuweisenden bzw zu vermittelnden Vertragsgegner abzusehen (BGH WM 1978, 247, 248), handelt es sich nicht um unerläßliche Erfordernisse, sondern um bloße **Auslegungshilfen** für unklare Vereinbarungen (BGH WM 1980, 1428, 1429; WM 1981, 42).

5. Die Höhe der Provision

151 a) Die **Höhe der Provision** richtet sich gemäß § 653 Abs 2 in erster Linie nach der (gemäß § 8 AGBG nicht der AGB-Kontrolle unterliegenden, BGH AIZ 1989 H 7 A 146 Bl 16) Vereinbarung der Parteien des Maklervertrages, in zweiter Linie nach dem taxmäßigen Lohn und in dritter Linie nach dem üblichen Lohn. Soweit danach noch Zweifel bleiben, ist § 316 anzuwenden mit der Folge, daß der Makler seine Vergütung nach billigem Ermessen festzusetzen hat (VOLLKOMMER JZ 1985, 879, 881). BGH WM 1985, 811 (ähnlich BGH NJW-RR 1986, 50) hat sich zu Recht nicht dadurch vom Rückgriff auf § 316 abhalten lassen, daß der Maklervertrag rechtsdogmatisch keinen gegenseitigen Vertrag darstellt. Wirtschaftlich ist der Maklervertrag der rechtliche Rahmen für den Austausch des Nachweises der Vertragsgelegenheit bzw der Vermittlung des Vertrags gegen Entgelt, so daß man die Vergütung ohne weiteres als Gegenleistung im Sinne des § 316 bezeichnen kann (vgl Vorbem 2 f). Im Ergebnis hat der BGH die Anwendung des § 316 freilich trotzdem abgelehnt, und zwar mit der Begründung, im Wege der ergänzenden Auslegung des Maklervertrags sei regelmäßig davon auszugehen, daß statt der Bestimmung durch den Makler nach billigem Ermessen die vom Gericht festzulegende **angemessene Vergütung** angestrebt sei. Da es auf dem Immobiliensektor zwar nicht immer die übliche Vergütung, wohl aber übliche Spannen (zB zwischen 3% und 5%) gebe, sei im Zweifel der mittlere Satz (im Beispiel 4%) als angemessen anzusehen (vgl dazu auch VOLLKOMMER JZ 1985, 879 ff).

152 Die Rechtsprechung bemißt die angemessene Provision des **Gelegenheitsmaklers** nicht nach der üblichen Provision des hauptberuflichen Maklers. Nach Ansicht des OLG Nürnberg (Urt v 13. 1. 1955 – ZV 44/54, zitiert nach MünchKomm/SCHWERDTNER § 652 Rn 222) beträgt die angemessene Provision des Gelegenheitsmaklers regelmäßig nur 50% der üblichen Provision des hauptberuflichen Maklers. Gerechtfertigt werden könnte das allenfalls über den Gedanken, daß die hauptberuflichen Makler den „Befähigungsnachweis" nach § 34 c GewO benötigen und einen größeren Aufwand mit fixen Kosten treiben. Eben dieser Gedanke paßt aber nicht zu der wirtschaftlichen Eigenart des Maklerlohns, der gerade nicht an die Qualität der Maklertätigkeit, sondern an den – durch den freiwilligen Abschluß des Hauptvertrags dokumentierten – **Wert des Ergebnisses** für den Auftraggeber anknüpft (Vorbem 2 f). Der Wert der Vertragsgelegenheit bzw des Vertrags für den Auftraggeber mindert sich aber nicht dadurch, daß sie von einem Gelegenheitsmakler statt von einem hauptberuflichen Makler nachgewiesen bzw vermittelt worden sind (kritisch auch MünchKomm/Schwerdtner § 652 Rn 222). Grundsätzlich ist daher auch für den Gelegenheitsmakler die übliche Provision zugrunde zu legen. Freilich muß der Gelegenheitsmakler es sich zurechnen lassen, wenn sein bevollmächtigter Gehilfe die Forderung von „etwas Provision" ankündigt und damit aus der Sicht des Auftraggebers eine deutliche Unterschreitung der Provisionssätze hauptberuflicher Makler verspricht (OLG München AIZ 1981 H 3 A 147 Bl 1). Der **Zubringermakler** (vgl Vorbem 31) hat üblicherweise einen Anspruch gegen den Hauptmakler in Höhe von 10% des Hauptmaklerlohns (OLG Hamburg AIZ 1963, 231; MünchKomm/ Schwerdtner § 652 Rn 222).

b) Als **Berechnungsgrundlage** der Provision ist für den Nachweis bzw die Vermitt- **153** lung von Mietwohnungen in § 3 Abs 1 WoVermittG die Monatsmiete vorgeschrieben; die Provision ist danach in einem Bruchteil oder Vielfachen der Monatsmiete anzugeben. Ob die Kalt- oder die Warmmiete zugrunde zu legen ist, unterliegt der Vereinbarung der Parteien des Maklervertrags (OLG Frankfurt AIZ 1992 H 7 A 122 Bl 3). Im Zweifel entscheidet die **Ortsüblichkeit** (OLG Frankfurt AIZ 1992 H 7 A 122 Bl 3; LG Hamburg MDR 1989, 1105; Breiholdt MDR 1972, 918, 919). Der Verstoß gegen § 3 Abs 1 WoVermittG ist eine Ordnungswidrigkeit (vgl im einzelnen Rebmann DB 1972, 125, 127), führt aber nicht zur Nichtigkeit des Maklervertrags nach § 134 (vgl Rn 47 aE). Das „zweite Bein" für die Berechnung liefert üblicherweise die Mietvertragsdauer. Für die Berechnung der Provisionshöhe für die Vermittlung von **Staffelmietverträgen** entnimmt OLG München NJW-RR 1991, 1019 dem örtlichen Handelsbrauch und AG Frankfurt AIZ 1992 H 12 A 122 Bl 4 allgemein Treu und Glauben mit Rücksicht auf die Verkehrssitte (§ 157), daß der anfängliche Mietzins zugrunde zu legen ist. Die Abweichung bedarf nach AG Frankfurt AIZ 1992 H 12 A 122 Bl 4 der individualvertraglichen Vereinbarung, weil sie eine überraschende Regelung (§ 3 AGBG) darstellt. Zulässig ist nach OLG München AIZ 1993 H 2 A 122 Bl 5 eine AGB-Regelung, die für den Fall der mietvertraglichen Vereinbarung eines Optionsrechts eine Erhöhung der Provision (von zwei auf drei Monatsmieten) vorsieht. Nach OLG Düsseldorf BB 1968, 150 ist der Makler an die **einverständliche Auslegung** (nicht an die Abänderung) des Mietvertrags hinsichtlich der Miethöhe durch die Mietvertragsparteien gebunden. Wird ein befristeter Mietvertrag nachträglich verlängert, so erhöht das nicht die Provision des Maklers (LG Wiesbaden AIZ 1964, 94; allgemein zur Provision für Folgeverträge vgl Rn 114; zur Höhe der Provision des Arbeitsvermittlers im Fall der ausnahmsweisen Provisionszahlungspflicht des Arbeitsuchenden vgl § 12 AVermV).

Ist die Maklerprovision **an den Kaufpreis** des nachgewiesenen bzw vermittelten Kauf- **154** vertrags **gekoppelt**, so ist sie im Zweifel nicht nach dem Barkaufpreis, sondern nach dem **Gesamtaufwand** des Käufers (einschließlich übernommener Schulden, Renovierungskosten etc), zu berechnen (BGH AIZ 1976, 117; LG Hannover AIZ 1984 H 11 A 123 Bl 9). Ausgenommen sind jedoch Steuern und sonstige öffentliche Abgaben wie zB

Anliegerbeiträge, und zwar selbst dann, wenn der Käufer die Pflicht zur Zahlung der Anliegerbeiträge im notariellen Kaufvertrag ausdrücklich übernommen hat (BGH NJW 1965, 1755). Andererseits ist die Provision des Maklers, der im Bauherrenmodell errichtete Objekte vertrieben hat, aus den Erlösen des Initiators des Bauherrenmodells einschließlich der von ihm an das Finanzamt abgeführten Mehrwertsteuer zu berechnen (OLG Karlsruhe AIZ 1994 H 7 A 122 Bl 8). Wird ein Erbbaurecht oder ein Grundstück auf Rentenbasis gekauft, so ist maßgebliche Berechnungsgrundlage der Erbbauzinswert bzw der Kapitalwert analog § 24 KostO (OLG Nürnberg AIZ 1966, 88; LG Aachen AIZ 1952, 60). Beim Kauf eines bestehenden Erbbaurechts liefert die Summe aus Kaufpreis und restlichem Erbbauzinswert die Berechnungsgrundlage (aA LG München I AIZ 1967, 279: nur Kaufpreis). Ist die Provision für einen sog Objektnachweis vereinbart, so errechnet sich die Höhe der Provision aus dem Gesamtwert sämtlicher Verträge, die in dem Zusammenhang geschlossen werden. Wird ein Unternehmenskaufvertrag zusammen mit einem Mietvertrag über die Unternehmensgebäude geschlossen, so steht dem Makler danach neben der Kauf- auch die Mietprovision zu (LG Düsseldorf AIZ 1993 H 2 A 122 Bl 6; zur Berechnung der Provision bei der Vermittlung eines Gewerberaummietvertrags vgl LG Bremen AIZ 1982 H 7 A 123 Bl 1).

155 Ist eine Provisionshöhe **ausdrücklich** vereinbart, so versteht sich diese jedenfalls gegenüber einem nichtkaufmännischen Auftraggeber als Provision **einschließlich Mehrwertsteuer**. Eine zusätzliche Berechnung von Mehrwertsteuer scheidet daher aus (OLG Zweibrücken OLGZ 1977, 212, 213). Dagegen zählt zur üblichen Provision im Sinne des § 653 Abs 2 inzwischen auch die Mehrwertsteuer, so daß neben dem üblichen Nettoprovisionssatz die gesetzliche Mehrwertsteuer berechnet werden kann (MünchKomm/SCHWERDTNER § 652 Rn 222; zur Frage der Aktivierung von Maklergebühren bei der Anmietung von Geschäftsräumen in der Bilanz des Mieters vgl DOLL DB 1979, 614 ff).

156 Nach Ansicht des OLG Nürnberg (OLGZ 1977, 219) ist die **Provision des Vermittlungsmaklers** aus dem von ihm **ausgehandelten** statt aus dem vom Verkäufer-Auftraggeber erzielten **Kaufpreis** zu errechnen, wenn der Auftraggeber durch intensive Verhandlungsbemühungen einen wesentlich höheren Kaufpreis erzielt hat. Die Vermittlungstätigkeit des Maklers soll hinsichtlich des erhöhten Kaufpreises „nicht ursächlich, ja nicht einmal mitursächlich" geworden sein (OLGZ 1977, 219, 221; vgl auch Rn 119 aE). Diese Auffassung ist mit der Dogmatik des Maklerrechts nicht in Einklang zu bringen. Wenn der Auftraggeber nicht ganz von vorne hat beginnen müssen, führt kein Weg daran vorbei, daß er auf der Vermittlung des Maklers aufgebaut hat. Die Mitursächlichkeit der Maklertätigkeit läßt sich dann schlechterdings nicht leugnen (vgl Rn 118). Wohl bietet sich eine „teleologische Reduktion" der Abschwächung des Erfordernisses der Ursächlichkeit in bloße Mitursächlichkeit für die Fälle an, in denen der Makler den **Vermittlungsbedarf** des Auftraggebers **trotz Aufforderung nicht befriedigt** hat. Denn diese Abschwächung stellt eine Rechtsfortbildung dar, die sich aus der Schutzbedürftigkeit der Makler gegenüber Versuchen der Auftraggeber legitimiert, sie auf halbem Wege nach hilfreicher Unterstützungstätigkeit auszubooten, um sich unter Berufung auf mangelnde (Allein-)Ursächlichkeit der Provisionszahlungspflicht zu entziehen (vgl auch Rn 123; ausführlich KNÜTEL ZHR Bd 144 (1980) 289, 304 f). Wenn der Makler – wie das OLG Nürnberg mehr unterstellt als feststellt – unzureichenden Einsatz gezeigt und dadurch den Auftraggeber zu zeitraubenden Bemühungen gezwungen hat (OLGZ 1977, 219, 221), verfehlt die Zurücknahme der gesetzlich geforderten Ursächlichkeit auf Mitursächlichkeit ihren Zweck. Folgerichtig ist der

Anspruch auf Provision zu versagen, und zwar nicht nur teilweise, sondern vollständig. Dagegen ist die volle, dh am zustande gekommenen Hauptvertrag orientierte, Provision zuzubilligen, wenn der Auftraggeber den Makler ohne triftigen Grund aus weiteren Verhandlungen verdrängt hat oder wenn die Diskrepanz zwischen ausgehandeltem und zustande gekommenem Hauptvertrag durch Veränderungen der Verhandlungssituation wie zB das Auftauchen eines den Preis hochtreibenden Konkurrenten des Vertragsgegners zu erklären ist (vgl auch MünchKomm/Schwerdtner § 652 Rn 211, 211 a).

c) Den taxmäßigen Lohn im Sinne des **§ 653 Abs 2** gibt es in der Bundesrepublik **157** nicht; gemeint ist damit nämlich der staatlich festgesetzte Lohn (OLG Frankfurt BB 1955, 490; Soergel/Mormann § 653 Rn 2). Um so wichtiger ist der **übliche Lohn**, von dem § 653 Abs 2 spricht. Zu verstehen ist darunter der am Erfüllungsort übliche Lohn im Zeitpunkt des Abschlusses des Maklervertrags (OLG Frankfurt BB 1955, 490; LG Duisburg AIZ 1959, 110; LG Essen AIZ 1957, 110). Die Gerichtspraxis ermittelt ihn durch Einholung von Auskünften bei den örtlichen Maklerverbänden und den Industrie- und Handelskammern (Vollkommer JZ 1985, 879; vgl auch die Tabelle der ortsüblichen Provisionen bei Tonner 167); Anwendungsfall der Verweisung des § 653 Abs 2 auf den üblichen Lohn ist einmal **§ 653 Abs 1**, dh der Fall, daß sich aus den Umständen des Vertragsschlusses zwischen Makler und Auftraggeber der Schluß auf die Vergütungspflichtigkeit der Nachweis- bzw Vermittlungstätigkeit des Maklers ergibt (vgl Rn 2, 7, 11). Darüber hinaus greift § 653 Abs 2 ein, wenn sowohl die Vermittlung als auch der Nachweis den Provisionsanspruch begründen soll, die Höhe der Provision jedoch nur für die Vermittlung geregelt ist. Der Makler, der unter solchen Umständen das Zustandekommen des Hauptvertrags allein durch den Nachweis gefördert hat, hat nur einen Anspruch auf die übliche (Nachweis-)Provision. Denn die Vereinbarung der Provision **für die Vermittlung gilt nicht ohne weiteres auch für den Nachweis** (BGH AIZ 1977, 32, 33). Selbstverständlich kann § 653 Abs 2 dem Makler nicht zu einem Provisionsanspruch verhelfen, soweit der Auftraggeber seine Maklervertragserklärung erkennbar mit dem Vorbehalt einer Einigung über die Provisionshöhe verbunden hat. Dann liegt nämlich ein Fall des § 154 vor; der Maklervertrag ist gar nicht – wie § 653 Abs 2 voraussetzt – zustande gekommen (vgl BGH WM 1969, 994).

Nach der Rechtsprechung (BGH NJW 1982, 1523) hat der Makler, der sich gemäß § 653 **158** Abs 2 auf den üblichen Lohn beruft, die **Beweislast** dafür, daß entgegen der Behauptung des Auftraggebers keine (niedrigere) Provision vereinbart worden ist. Die Nichtbestimmung der Vergütung soll ein **negatives Tatbestandsmerkmal** für den Anspruch auf die übliche Vergütung sein, das der Makler als Anspruchsteller nach allgemeinen Grundsätzen zu beweisen hat. Einer Überforderung des Maklers durch einen solchen Negativbeweis will der BGH dadurch vorbeugen, daß dieser sich darauf beschränken kann, die substantiierten Darlegungen des Auftraggebers zur Vereinbarung der niedrigeren Provision zu widerlegen. Nur wenn der Auftraggeber eine Provisionsvereinbarung nach Abschluß eines Maklervertrags behauptet, soll ihn die Beweislast treffen. Denn dann trägt er für eine Abänderung des zunächst nach § 653 Abs 2 mit üblichem Maklerlohn geschlossenen Maklervertrags vor. Rechtsvernichtende Tatsachen hat aber nach allgemeinen Grundsätzen der Anspruchsgegner zu beweisen.

Überzeugend wirkt diese Auffassung hier genausowenig wie im Zusammenhang mit **159** der Parallelvorschrift des § 632 Abs 2, zu der die Rechtsprechung (zusammenfassend BGHZ 80, 257 ff) schon vorher entsprechende Vorstellungen entwickelt hat. Wer sich auf die Vereinbarung der „üblichen" Vergütung beruft, stützt sich definitionsgemäß auf eine **Erfahrungsregel**, die selbst ein anerkanntes Beweismittel ist. Die Grundsätze über den Anscheinsbeweis fußen auf diesem Beweismittel. Man kann aber nicht widerspruchsfrei den Nachweis der Üblichkeit als Beweismittel anerkennen und zugleich verlangen, daß derjenige, der das Übliche geltend macht, das Nichtvorliegen des Nichtüblichen beweist. Wenn REINECKE zur Unterstützung der Rechtsprechung auf die regelmäßige Unanwendbarkeit des Anscheinsbeweises im Zusammenhang mit individuellen Willensentschlüssen verweist (Beweislastverteilung 109), so übersieht er den Grund für diese Zurückhaltung, der darin besteht, daß sich für individuelle (!) Willensentschlüsse kraft Natur der Sache keine Regeln bilden. Im Fall des § 653 Abs 2 ist demgegenüber die Existenz einer Regel die Prämisse, ohne die sich das erörterte Beweislastproblem gar nicht stellt. Erst recht kann man die Belastung des Maklers mit der Beweisobliegenheit nicht damit rechtfertigen, daß er im Verhältnis zum Auftraggeber der wirtschaftlich und sozial Stärkere sei (so REINECKE, Die Beweislastverteilung im Bürgerlichen Recht und im Arbeitsrecht als rechtspolitische Regelungsaufgabe [1976] 110 f). Ein derartiges Klischee paßt nicht einmal für die Mietwohnungsvermittlung uneingeschränkt, geschweige denn darüber hinaus. Nimmt man die offenkundige Unpraktikabilität der Auffassung hinzu, die gerade BGH NJW 1982, 1523 mit seiner subtilen Unterscheidung zwischen ursprünglicher und nachträglicher Provisionsvereinbarung belegt, so drängt sich der Widerspruch gegen die Rechtsprechung unabweisbar auf: Richtiger Ansicht nach trifft die Beweislast für die Vereinbarung des nichtüblichen Maklerlohns gegenüber der Berufung des Maklers auf § 653 Abs 2 den Auftraggeber (ebenso MUSIELAK, Die Grundlagen der Beweislast im Zivilprozeß [1975] 349; SCHWERDTNER 155; widersprüchlich MünchKomm/SCHWERDTNER § 652 Rn 224 und Rn 226). Mit der Beweislast für die fehlende Vereinbarung einer nicht üblichen Vergütung nicht zu verwechseln ist die Beweislast für die **Vereinbarung von Unentgeltlichkeit**. Insoweit bürdet auch der BGH dem Auftraggeber die Beweislast auf, wenn dieser sich darauf beruft, es sei eine unentgeltliche Nachweis- bzw Vermittlungstätigkeit des Maklers vereinbart worden, obwohl gemäß § 653 Abs 1 die „übertragene Leistung den Umständen nach nur gegen eine Vergütung zu erwarten ist" (BGH NJW 1981, 1444; vgl auch Rn 2).

160 **d)** Besondere Probleme wirft die sog. **Übererlösklausel** auf. Zu verstehen ist darunter die Vereinbarung, daß dem Makler die Differenz zwischen einem bestimmten und dem tatsächlich erzielten Verkaufs- bzw Kaufpreis als Provision zustehen soll (Klausel zB „netto an der Hand", vgl OLG Hamburg LZ 1919, 657). Die Rechtsprechung hat eine solche Regelung als zulässig gebilligt. So hat der BGH die Übererlösprovision eines hauptberuflichen Maklers in Höhe von 29% hingenommen (WM 1969, 886). Anders soll es sein, wenn die Parteien des Maklervertrags feste Vorstellungen hinsichtlich des erzielbaren Kaufpreises zugrunde gelegt haben (BGH NJW 1969, 1628). Dann soll nämlich im Falle einer großen Differenz zwischen erwartetem und erreichtem Preis die **Geschäftsgrundlage** der Übererlösabrede **entfallen**, so daß nach § 242 eine Anpassung nach unten stattzufinden hat. Das OLG Düsseldorf hat im Fall eines Gelegenheitsmaklers die Opfergrenze des Auftraggebers bei einer Übererlösprovision von 12,5% gesehen (MDR 1968, 494). Im Schrifttum plädiert namentlich SCHWERDTNER (MünchKomm/SCHWERDTNER § 652 Rn 214) für die generelle Unzulässigkeit der Übererlösprovision wegen Unvereinbarkeit mit der Funktion des Maklers.

Zu folgen ist im Grundsatz der Rechtsprechung. Zwar kann der Verstoß gegen die Funktion eines Rechtsinstituts in der Tat die Nichtigkeit nach § 138 Abs 1 begründen (grundlegend L RAISER, Summum ius summa iniuria [1963] 145, 156 f). Ein Widerspruch der Übererlösklausel zur Funktion des rechtlich verfaßten Maklerwesens ist indessen nicht ersichtlich. Die Übererlösklausel ändert nichts daran, daß der Makler durch den Nachweis bzw die Vermittlung einen **Koordinationsbedarf befriedigt**. Nicht einmal die Entschließungsfreiheit des Auftraggebers hinsichtlich des Abschlusses des Hauptvertrags als das die Richtigkeit des Austauschverhältnisses zwischen Makler und Auftraggeber verbürgende Element tastet sie an, kann dieser doch seiner Ansicht nach günstigeren Vertragsgelegenheiten wie sonst den Vorzug geben (vgl dazu MünchKomm/SCHWERDTNER § 652 Rn 215). Unerläßlich ist nur, daß der Makler den Auftraggeber **über den wahren Preis informiert**, weil der Auftraggeber sonst seine Entschließungsfreiheit nicht sachgerecht auszuüben vermag. Ebenso muß im übrigen gesichert sein, daß der Hauptvertrag **nicht am Auftraggeber vorbei abgeschlossen** werden kann. Jedenfalls die Verbindung der Übererlösklausel mit dem Ausschluß der Unterrichtungspflicht bei gleichzeitiger Abschlußvollmacht des Maklers macht den Maklervertrag im allgemeinen wegen **sittenwidriger Knebelung** des Auftraggebers gemäß § 138 Abs 1 nichtig (**aA** BGH NJW 1969, 1628, 1630).

Obwohl der BGH die Nichtigkeit des Maklervertrags wegen sittenwidriger Knebe- **161** lung des Auftraggebers ablehnt, gelangt er für den Fall des Abschlusses des Hauptvertrags am Auftraggeber vorbei zumindest bei Hinzutreten weiterer Umstände (konkret: Abschluß eines Schwarzkaufs durch Täuschung des beurkundenden Notars über den wahren Kaufpreis) ebenfalls zum Ausschluß des Provisionsanspruchs, und zwar über die analoge Anwendung des § 654 (BGH NJW 1969, 1628, 1630). Er knüpft damit an die problematische Deutung des § 654 als einer Strafe für grob treuwidriges Vehalten an (vgl dazu § 654 Rn 2 f). Zwar nicht die Verwirkung des Provisionsanspruchs analog § 654, wohl aber die Schadensersatzpflicht des Maklers aus positiver Forderungsverletzung wird für den Fall erwogen, daß der Makler, der als **Doppelmakler** mit dem Verkäufer einen Vermittlungsmaklervertrag mit Übererlösklausel und mit dem Käufer einen Nachweismaklervertrag geschlossen hat, den Käufer nicht von der Übererlösklausel unterrichtet. Der BGH hat das abgelehnt, und zwar im wesentlichen mit der Begründung, der Käufer habe aufgrund seiner Kenntnis von der Vermittlungtätigkeit des Maklers für die Gegenseite **damit rechnen** müssen, daß dieser im Rahmen der Marktlage einen **möglichst hohen Kaufpreis zu erzielen versuche** (NJW 1970, 1075, 1076). Das LG Dortmund (NJW 1979, 1711) folgt dem im Ansatz, will das Verschweigen der Übererlösklausel aber dann als treuwidrig werten, wenn der Makler auf diese Weise eine Provision von 15% (und mehr) anstrebt. SCHWERDTNER (MünchKomm/SCHWERDTNER § 652 Rn 216) will generell die Unterrichtungspflicht bejahen. Zu folgen ist dem BGH. Die Übererlösklausel im Vermittlungsmaklervertrag mit dem Verkäufer verändert die Interessenlage nur insofern, als der Makler von einem bestimmten Betrag an die Erhöhung des Kaufpreises nicht mehr auch im Interesse des Verkäufers, sondern allein noch im eigenen Interesse betreibt. Dabei handelt es sich indessen bloß um eine graduelle Veränderung; daß der Doppelmakler in der Preisfrage nicht auf der Seite des Käufers steht, ist angesichts der typischen Abhängigkeit der Provision von der Höhe des Kaufpreises das Normale.

6.   Modalitäten der Provisionszahlungspflicht

162 a)   Der Provisionsanspruch wird im Zweifel mit seiner Entstehung **erfüllbar und fällig** (§ 271). Erfüllungsort ist nach § 269 Abs 1 im Zweifel der Wohnort des Auftraggebers zur Zeit der Entstehung des Schuldverhältnisses, die nach OLG Stuttgart NJW-RR 1987, 1076 beim Abschluß des Maklervertrags (nicht erst des Hauptvertrags) anzusetzen ist (zweifelhaft). Sowohl die Erfüllbarkeit als auch und vor allem die Fälligkeit können hinausgeschoben werden. Dagegen ist es nicht möglich, die Fälligkeit (vor die Entstehung!) vorzuverlegen. Entsprechende Regelungen sind der Sache nach Vorschußvereinbarungen, die wegen Abweichung vom gesetzlichen Leitbild des Maklervertrags (Lockerung der Erfolgsabhängigkeit des Provisionsanspruchs) nur individualvertraglich wirksam vereinbart werden können (mißverständlich PALANDT/THOMAS § 652 Rn 54 unter Berufung auf KG NJW 1961, 512; vgl im übrigen ausführlich SCHWERDTNER 127 ff). Der Provisionsanspruch **verjährt** nach § 196 Abs 1 Nr 1 in zwei Jahren, wenn der Makler Kaufmann ist, bei Handeln für den Gewerbebetrieb des Auftraggebers in 4 Jahren (§ 196 Abs 2). Nach hM sollen die Provisionsansprüche der hauptberuflichen Makler ohne Kaufmannseigenschaft nach § 196 Abs 1 Nr 7 stets in zwei Jahren verjähren, weil diese gewerbsmäßig fremde Geschäfte besorgen bzw Dienste leisten (MünchKomm/SCHWERDTNER § 652 Rn 228). Das entspricht der auch sonst ganz herrschenden Einordnung der Maklerleistung in die Geschäftsbesorgungen und Dienstleistungen (vgl Vorbem 4). Wenn man sieht, daß der Maklervertrag infolge der Entschließungsfreiheit des Auftraggebers hinsichtlich des Abschlusses des Hauptvertrags von der Interessenlage her dem Beschaffungskauf einer Vertragsgelegenheit sehr viel näher steht als einem Geschäftsbesorgungsvertrag (vgl Vorbem 2 ff), muß man dem widersprechen. Allenfalls läßt sich eine analoge Anwendung des § 196 Abs 1 Nr 7 vertreten, und zwar mit der Begründung, daß die Verjährungsvorschriften weniger an die Art des Vertragsgegenstandes als an die Bedürfnisse der angesprochenen (kaufmannsähnlichen) Personengruppen anknüpfen. Verjährt der Provisionsanspruch, weil der Auftraggeber den Makler pflichtwidrig nicht über den Abschluß des Hauptvertrags unterrichtet und dadurch die rechtzeitige Geltendmachung des Anspruchs verhindert hat, so verjährt der daraus erwachsene Schadensersatzanspruch aus positiver Forderungsverletzung in weiteren zwei Jahren vom Ablauf der Verjährungsfrist für den Primäranspruch an (OLG Koblenz NJW-RR 1991, 881).

163 b)   Schließen **auf der Auftraggeberseite mehrere Personen** den Maklervertrag, so haften sie nach den **§§ 427, 421** gesamtschuldnerisch auf Zahlung der Provision. Unerheblich ist, ob auch der Hauptvertrag von mehreren Personen geschlossen wird. Sowohl kann ein einzelner Auftraggeber die Provision für den Nachweis bzw die Vermittlung einer Vertragsgelegenheit zugunsten mehrerer Personen als auch können mehrere Auftraggeber die Provision für den Nachweis bzw die Vermittlung einer Vertragsgelegenheit zugunsten einer einzelnen Person versprechen (unklar MünchKomm/SCHWERDTNER § 652 Rn 227). Soweit der lt Maklervertrag beabsichtigte Hauptvertrag hinsichtlich der Parteien von dem zustande gekommenen abweicht, bestimmt sich die Provisionspflichtigkeit durch Auslegung des Maklervertrags, insbesondere nach dem Kriterium der wirtschaftlichen Gleichwertigkeit (vgl Rn 69 f). Schließt ein Ehepartner den Maklervertrag mit dem Ziel der Anmietung oder des Ankaufs einer Familienwohnung ab, so entsteht der Provisionsanspruch beim Zustandekommen des Hauptvertrags, gleichgültig, ob beide Ehepartner oder nur einer von ihnen

Hauptvertragspartei sind. Schuldner der Provision ist dagegen allein der Ehegatte, der den Maklervertrag abgeschlossen hat, es sei denn, er hat dabei zugleich im Namen und mit Vollmacht des anderen Ehegatten gehandelt (LG Düsseldorf AIZ 1980, 135).

7. Abwälzung der Provisionszahlungspflicht

Die Provisionszahlungspflicht des Auftraggebers wird von diesem nicht selten **abge-** **164** **wälzt**. Das kann **zu Lasten des Maklers** geschehen, indem der Auftraggeber den Abschluß des Hauptvertrags davon abhängig macht, daß der Makler auf einen Teil der vereinbarten Provision (durch nachträgliche Abänderung des Maklervertrags) verzichtet oder sich – im Fall der Doppelmaklertätigkeit – mit der von der Gegenseite zu zahlenden Provision begnügt. Eine solche „Drohung", den Hauptvertrag nicht abzuschließen, wenn der Makler in der Provisionsfrage nicht entgegenkommt, ist selbstverständlich keine den Makler gemäß § 123 nach dem Zustandekommen des Hauptvertrags zur Anfechtung berechtigende rechtswidrige Drohung (BGH NJW 1969, 1627, 1628). Anders ist auch dann nicht zu entscheiden, wenn der Auftraggeber mit der „Drohung" nicht nur den Erlaß seiner Provisionszahlungspflicht, sondern darüber hinaus die Beteiligung an der von dem Vertragsgegner an den (Doppel-)Makler zu zahlenden Provision erzwingt (BGH NJW 1983, 2494, 2495). Die Gegenansicht des LG Frankfurt (NJW-RR 1992, 1273 f) verkennt, daß der Auftraggeber **frei** über die Bedingungen seiner Vertragsbereitschaft befindet und daß deswegen ein schutzwürdiges Vertrauen des Maklers auf Honorierung seiner Aufwendungen nicht in Betracht kommt. Das Ansinnen des Auftraggebers stellt den Makler nicht schlechter, sondern besser, als wenn der Auftraggeber von seiner Freiheit Gebrauch gemacht hätte, die gebotene Vertragsgelegenheit auszuschlagen. Nur das erklärt ja auch, weshalb der Makler sich auf das Ansinnen eingelassen hat.

Häufiger als die Abwälzung der Provisionszahlungspflicht zu Lasten des Maklers ist **165** diejenige **zu Lasten der Vertragsgegenseite**. In **verdeckter** Form entspricht diese Art und Weise der Abwälzung sogar dem normalen Gang der Dinge. Denn die Provisionsbelastung bestimmt als Kalkulationsfaktor ganz unvermeidlich mit, was der Auftraggeber zB als Verkäufer mindestens erlösen oder als Käufer höchstens bezahlen will. Inwieweit eine solche Abwälzung gelingt, ist eine Frage der Verhandlungsposition der Kontrahenten. Das gleiche gilt für die **offene** Abwälzung, die in verschiedenen Techniken auftritt: Der Auftraggeber kann dem Makler einen unentgeltlichen Nachweis- oder Vermittlungsauftrag erteilen und die Doppeltätigkeit mit Vereinbarung einer Provisionspflicht zu Lasten der Marktgegenseite gestatten (vgl BGH MDR 1967, 836, 837); er kann sich mit der Erteilung des Nachweis- oder Vermittlungsauftrags verpflichten, dem Vertragsgegner im Hauptvertrag eine Provisionszahlungspflicht gegenüber dem Makler aufzuerlegen, wobei als Alternativen der unechte und der echte Vertrag zugunsten Dritter zur Verfügung stehen (vgl BGH NJW 1977, 582, 583; OLG Hamburg NJW-RR 1988, 1202); er kann schließlich sich selbst zur Provisionszahlung verpflichten und im Hauptvertrag je nachdem eine Erfüllungsübernahme, einen Schuldbeitritt oder (mit Genehmigung des Maklers) eine befreiende Schuldübernahme des Vertragsgegners vereinbaren (vgl MünchKomm/ Schwerdtner § 652 Rn 230; Glaser MDR 1970, 385 f und 1971, 271 f).

Die Rechtsprechung hat sich wiederholt mit Abwälzungsfällen zu Lasten der Ver- **166** tragsgegenseite im Sinne von Rn 165 befassen müssen. Erteilt der Auftraggeber den Nachweis- oder Vermittlungsauftrag mit dem Zusatz „für mich unverbindlich", so ist darin ein unentgeltlicher Auftrag mit der Gestattung eines Maklervertrags mit der Gegenseite zu sehen (BGH WarnR 1964 Nr 259; MORMANN WM 1968, 954, 955; aA OLG Düsseldorf AIZ 1963, 61). Setzt der Auftraggeber (Verkäufer) im notariellen Kaufvertrag eine Klausel durch, der zufolge sich der Käufer gegenüber dem Verkäufer und dem Makler verpflichtet, die Courtage an den vermittelnden Makler zu zahlen, so erwirbt der Makler gegen die Vertragsgegenseite (Käufer) jedenfalls dann einen **selbständigen Provisionsanspruch**, wenn die Beteiligten einig sind, daß der Makler seine Tätigkeit nicht im Hinblick auf einen (wirklich oder vermeintlich) mit dem Käufer geschlossenen Maklervertrag entfaltet hat (vgl auch LG Lübeck AIZ 1986 H 4 A 136 Bl 9; AG Hamburg AIZ 1992 H 2 A 136 Bl 14). Die Provisionszahlung des Käufers an den Makler stellt sich dann als **Teil der Kaufpreiszahlung** dar (LG Hamburg AIZ 1982 H 8 A 136 Bl 8; OLG Hamburg NJW-RR 1988, 1202; OLG München AIZ 1989 H 6 A 136 Bl 11). Ihren Rechtsgrund findet sie im Kaufvertrag, so daß sie einerseits nicht vom Käufer unter Berufung auf das Fehlen einer maklervertraglichen Verpflichtung zurückgefordert (LG Hamburg AIZ 1982 H 8 A 136 Bl 8), andererseits aber auch nicht vom Makler trotz nachträglicher Aufhebung des Kaufvertrags oder nachträglichen Rücktritts des Verkäufers vom Kaufvertrag wegen Zahlungsverzugs zurückbehalten werden kann (OLG Celle WM 1985, 1455; OLG Frankfurt WM 1986, 861). Ein selbständiger Provisionsanspruch des Maklers entsteht nicht schon dadurch, daß der Notar in dem notariellen Kaufvertrag angewiesen wird, nach Eingang des Kaufpreises die Provision unmittelbar an den Makler zu überweisen. Dazu bedarf es vielmehr zusätzlicher Anhaltspunkte (OLG Koblenz AIZ 1990 H 1 A 136 Bl 12). Weder die Wertung, daß der Provisionsanspruch das Bestehen eines Maklervertrags voraussetzt (Rn 65), noch die, daß nach Abschluß des Hauptvertrags entstandene Störungen seiner Durchführung den Provisionsanspruch unangetastet lassen (Rn 91), spielen für den selbständigen Provisionsanspruch eine Rolle. Auch § 328 Abs 2 hilft dem Makler im Fall der Aufhebung des Kaufvertrags regelmäßig nicht, da nicht angenommen werden kann, der Käufer habe sich mit der Aufrechterhaltung des Provisionsversprechens trotz Aufhebung des Kaufvertrags einverstanden erklärt (OLG Hamm NJW 1960, 1864 f; OLG Celle WM 1985, 1455, 1456; OLG Frankfurt WM 1986, 861, 862; aA OLG Hamburg AIZ 1983 H 2 A 137 Bl 2; MünchKomm/SCHWERDTNER § 652 Rn 236). Nach OLG Karlsruhe ZIP 1990, 1143 hat der Makler nicht einmal einen Anspruch darauf, daß der Konkursverwalter nicht im Konkurs des Auftraggebers die Erfüllung des bereits abgeschlossenen Kaufvertrags nach § 17 KO ablehnt und anschließend mit den gleichen Käufern ohne Provisionsversprechen zugunsten des Maklers neu abschließt (was freilich nicht zu billigen ist: Der Makler hat auch noch nach Beendigung des Maklervertrags einen Anspruch auf Respektierung seines Provisionsinteresses [vgl Rn 181], dessen Verletzung zu einem Schadensersatzanspruch aus culpa post contractum finitum führt). Schließlich ist der Makler entgegen SCHWERDTNER (MünchKomm/SCHWERDTNER § 652 Rn 232) im Fall der Aufhebung des Kaufvertrags oder seiner Umwandlung in ein Rückgewährschuldverhältnis durch Rücktritt **nicht nach bereicherungsrechtlichen Grundsätzen** vor der Rückforderung des Käufers geschützt. Soweit die Provisionszahlungsverpflichtung des Käufers sich, wie das für das selbständige Provisionsversprechen in dieser Ausgestaltung zutrifft, als Teil des dem Verkäufer geschuldeten Kaufpreises darstellt, hat man es nämlich mit der Fallgruppe des Bereicherungsausgleichs beim echten Vertrag zugunsten Dritter zu tun, in der der Erwerb des Drittbegünstigten, dh hier: des Maklers, nicht im Valutaverhältnis, sondern im Deckungsverhältnis wurzelt. Demgemäß begründet der Wegfall des Deckungsverhältnisses (dh hier: des Kaufvertrags) die **Direktkondiktion** des Versprechenden (dh hier: des Käufers) gegen den Drittbegünstigten (dh hier: den Makler) (vgl BGHZ 58, 184; ausführlich REUTER/MARTINEK, Ungerechtfertigte Bereicherung 478 ff, 484 f).

Nicht als selbständiges **Provisionsversprechen** zugunsten des Maklers aufzufassen ist **167** die Klausel **im notariellen Kaufvertrag**, wonach der Käufer als Auftraggeber des Maklers die Maklerprovision in Höhe von x % allein zu tragen hat. Nach BGH NJW-RR 1990, 628 ist eine solche Maklerklausel nicht einmal geeignet, Beweis für den Inhalt des anderweitig abgeschlossenen Maklervertrags zu erbringen. Vielmehr soll sie lediglich **Indiz** sein, das die grundsätzliche Darlegungs- und Beweislast des Maklers für das vorherige Zustandekommen und den Inhalt des Maklervertrags unberührt läßt. Nach Ansicht des KG (AIZ 1981 C 356 Bl 1) kann darin aufgrund der Umstände (Anwesenheit des Maklers in der notariellen Verhandlung, Sicherung der Provision als Zweck dieser Anwesenheit) aber auch ein **deklaratorisches Schuldanerkenntnis** des Käufers gegenüber dem Makler liegen, das ihm für die Zukunft die Einwendungen des Nichtbestehens des Maklervertrags (Rn 65) und der Vorkenntnis (Rn 29 ff) abschneidet (vgl auch OLG Karlsruhe AIZ 1983 H 1 A 136 Bl 7). Besteht der Maklervertrag nach Überzeugung aller Beteiligten noch nicht, so enthält die Maklerklausel nach BGH NJW-RR 1991, 820 die nachträgliche Schaffung der vertraglichen Grundlage für die bereits erbrachte Maklerleistung (vgl dazu Rn 168). Das soll auch dann gelten, wenn der Makler weder in der Urkunde als Beteiligter aufgeführt worden ist noch sie genehmigt und unterschrieben hat (kritisch dazu Dehner NJW 1991, 3254, 3262). Soweit der Auftraggeber eine **eigene Provisionszahlungspflicht** auf die Vertragsgegenseite **abwälzt**, ist für die Wahl zwischen den Alternativen Schuldbeitritt oder bloße Erfüllungsübernahme (vgl Rn 165 aE) die Auslegungsregel des § 329 zu beachten. Eine bloße **Erfüllungsübernahme** ist daher anzunehmen, wenn der Käufer sich vor dem Hintergrund der Provisionszahlungspflicht des Verkäufers dem Verkäufer gegenüber im Kaufvertrag zur Zahlung einer Maklerprovision von x % verpflichtet (OLG Schleswig DNotZ 1982, 365; aA OLG München AIZ 1979 H 1 A 136 Bl 3). Erst wenn zusätzliche Umstände die Auslegungsregel des § 329 entkräften, läßt sich über § 328 ein Schuldbeitritt des Käufers bejahen mit der Folge, daß der Makler einen eigenen Anspruch auf Provision auch gegen den Käufer hat. Freilich haftet der Käufer aufgrund des Schuldbeitritts dem Makler nicht weitergehend als der Verkäufer, dem er – mit der Pflicht zur vollen Zahlung im Innenverhältnis – beigetreten ist. Nur für das **selbständige Provisionsversprechen** (vgl Rn 168) gilt, daß es ohne Rücksicht auf das Bestehen des Provisionsanspruchs des Maklers gegen den Verkäufer zu erfüllen ist (vgl auch BGH NJW 1977, 582; unklar MünchKomm/SCHWERDTNER § 652 Rn 234).

8. Das sog selbständige Provisionsversprechen

Das sog selbständige Provisionsversprechen hat keine eigene **Rechtsnatur**. Je **nach 168 den Umständen des Einzelfalls** kann es (als Leistungsversprechen zugunsten Dritter, vgl Rn 165 f) Teil des „Hauptvertrags", dienst- oder werkvertragliches Entgeltversprechen (vgl Vorbem 11 ff) oder sogar (der notariellen Beurkundung bedürftiges, § 518) Schenkungsversprechen sein (BGH WM 1987, 1140, 1141). Weitere denkbare Qualifikationen sind vor allem der Vergleich oder das deklaratorische Schuldanerkenntnis (vgl Rn 167). BGH NJW-RR 1993, 429 (ähnlich NJW 1991, 168; NJW-RR 1991, 686; OLG Köln AIZ 1994 H 4 A 103 Bl 62; LG Hamburg AIZ 1994 H 4 A 142 Bl 9) erörtert die

Möglichkeit eines Provisionsversprechens durch einen Vertrag sui generis (§§ 305, 241) für einen Fall, in dem dem Makler von dem Erwerber eines Objekts die Provision als Kompensation dafür versprochen worden ist, daß dieser an Stelle eines im Falle eigenen Erwerbs provisionspflichtigen Dritten erworben hat. Nachvollziehbar ist das nicht. Wenn der Makler dem Versprechenden weder die genutzte Vertragsgelegenheit beschafft noch ihm irgendwelche Dienste geleistet hat, dann kann das Provisionsversprechen nur ein Schenkungsversprechen sein. Daß vielleicht eine moralische Verpflichtung zur Abgabe des Versprechens bestanden hat, ändert daran arg e § 534 nichts. Allenfalls ist denkbar, daß man einer zunächst ohne Maklervertrag erbrachten Maklerleistung nachträglich einen Maklervertrag unterlegt (so wohl BGH NJW 1991, 490; NJW-RR 1991, 820; OLG Köln AIZ 1994 H 4 A 103 Bl 62; vgl auch DEHNER NJW 1991, 3254, 3256). Ist das Versprechen in der irrtümlichen Annahme einer Rechtspflicht als abstraktes Schuldversprechen abgegeben worden, so hat der Versprechende einen Rückgewähranspruch nach § 812 Abs 1 S 1, Abs 2. Dem steht nicht entgegen, daß der Versprechende die Tatsachen kennt, aus denen sich das Fehlen der Rechtspflicht ergibt. Der Ausschluß der Rückforderung nach § 814 setzt die Kenntnis des Fehlens der Rechtspflicht selbst voraus (aA AG Rheine AIZ 1994 H 2 A 145 Bl 35 mit unrichtiger Berufung auf BGH NJW 1975, 1215, 1216). Ebenfalls einen Anspruch gegen den Makler auf Herausgabe des Erlangten nach § 812 Abs 1 S 1, 1. Alt hat der Verkäufer, der in der irrtümlichen Annahme, dem Makler dazu verpflichtet zu sein, per Abrede zugunsten Dritter im Kaufvertrag einen selbständigen Provisionsanspruch des Maklers gegen den Käufer vereinbart hat. Denn die Zuwendung des Provisionsanspruchs ist dann im Verhältnis des Verkäufers zum Makler ohne Rechtsgrund erfolgt. Nach OLG München AIZ 1991 H 7 A 145 Bl 31 ist allerdings das Provisionsversprechen zugunsten des Maklers im Kaufvertrag ein Indiz dafür, daß es nicht auf eine echte Maklerleistung ankommen, sondern daß die Provision unabhängig davon gezahlt werden soll.

169 Vom selbständigen Provisionsversprechen zu unterscheiden sind Regelungen, die die Pflicht des Auftraggebers zur Zahlung der Provision für den Fall vorsehen, daß dieser bestimmten, im Maklervertrag wirksam auferlegten Verhaltenspflichten oder -obliegenheiten zuwiderhandelt. Insoweit handelt es sich entweder um die Vereinbarung einer **Schadensersatzpauschale** oder um die einer **Vertragsstrafe**. Soweit die entsprechenden Regelungen in AGB oder Formularverträgen enthalten sind, ist § 11 Nr 5 und 6 AGBG zu beachten (vgl im einzelnen unten Rn 232 f). Mißverständlich ist es, wenn es im Schrifttum (zB PALANDT/THOMAS § 652 Rn 51) heißt, das selbständige Provisionsversprechen könne nur individualvertraglich vereinbart werden. Das hängt nämlich ganz davon ab, wie das Provisionsversprechen im Einzelfall rechtlich einzuordnen ist (vgl Rn 168). Ein Provisionsversprechen, das sich als dienst- bzw werkvertragliches Entgeltversprechen oder gar als Schenkungsversprechen darstellt, kann selbstverständlich auch als Formularvertrag gestaltet sein. Ausgeschlossen ist allein, daß der Makler eine erfolgsabhängige, auf den Geschäftswert bezogene Provision vereinbart und die Provisionszahlungspflicht über AGB oder im Formularvertrag auf den Nichteintritt des Erfolgs oder den Eintritt des Erfolgs ohne sein Zutun ausdehnt. Denn durch die Entscheidung für die auf den Geschäftswert bezogene Provision stellt der Makler sich unter das Leitbild der §§ 652 ff, dessen wesentliche Bestandteile die Erfolgsabhängigkeit der Provision und die Erfolgsverantwortung des Maklers sind (BGH WM 1987, 471, 473).

VII. Die Nebenpflichten des Auftraggebers

1. Die Nebenleistungspflichten

a) Der Auftraggeber ist kraft dispositiven Gesetzesrechts **nicht zum Ersatz der** 170 **Aufwendungen des Maklers verpflichtet.** Das gilt nach § 652 Abs 2 unabhängig davon, ob der Hauptvertrag zustande kommt oder nicht. Der Makler hat also auch dann keinen Aufwendungsersatzanspruch, wenn er keine Provision bekommt. Im Geltungsbereich des WoVermittG ist auch die Möglichkeit der besonderen Vereinbarung einer Aufwendungsersatzpflicht des Auftraggebers eingeschränkt. § 3 Abs 3 WoVermittG verbietet für den Fall des Zustandekommens des Hauptvertrags die Vereinbarung von Sondervergütungen für die Maklertätigkeit, insbesondere die Erhebung von Einschreibgebühren, Schreibgebühren und Auslagenersatz. Lediglich soweit die **nachgewiesenen Auslagen** eine Monatsmiete für die vermittelte Mietwohnung übersteigen, läßt sich die Pflicht des Auftraggebers zu einem entsprechenden Aufwendungsersatz wirksam verabreden. Dabei spricht die Fassung des § 3 Abs 3 S 2 WoVermittG dafür, daß die Vereinbarung eines umfassenden Auslagenersatzes nicht unwirksam ist, sondern Wirkung nur für den die Monatsmiete übersteigenden Auslagenbetrag entfaltet. Die Beschränkung entfällt nach § 3 Abs 3 S 3 WoVermittG, wenn der Hauptvertrag nicht zustande kommt. Der erfolglose Wohnungsmakler bekommt also seine Auslagen im Falle eines diesbezüglichen Vorbehalts im Maklervertrag ganz ersetzt, vorausgesetzt, er kann sie konkret nachweisen. Niemals zählen die **allgemeinen Geschäftskosten** zu den Auslagen im Sinne des § 3 Abs 3 WoVermittG (Rebmann DB 1972, 125, 126). Noch restriktiver als in der Wohnungsvermittlung ist der Auslagenersatz in der Arbeitsvermittlung geregelt. Nach § 11 Abs 4 AVermV kann mit einem atypischen Arbeitnehmer im Sinne des § 10 AVermV eine über die Vergütung hinausgehende Erstattung tatsächlicher Auslagen (nur) vereinbart werden, wenn sie die üblichen Kosten übersteigen, auf Verlangen des Auftraggebers entstanden sind und ihre entsprechende Verwendung nachgewiesen wird. Eine Ausnahme für den Fall erfolgloser Vermittlungsbemühungen ist – anders als nach dem WoVermittG – nicht vorgesehen. Darin eine Lücke zu sehen, die nach dem Vorbild des WoVermittG zu schließen wäre, ist nicht angezeigt. Es ist nicht nur gerechtigkeitspolitisch erträglich, sondern angesichts der Chance auf außergewöhnlichen Gewinn im Gegenteil sachgerecht, wenn der Makler das Risiko vergeblicher Vermittlungsanstrengungen tragen muß, anstatt es auf den (schutzwürdigen) Arbeitsuchenden abwälzen zu können. Ein geringes Entgegenkommen findet der Arbeitsvermittler in § 11 Abs 4 S 2 AVermV, der ihm für Post- und Fernmeldegebühren sowie Fotokopiekosten die Vereinbarung eines Pauschbetrags in Höhe der dafür durchschnittlich anfallenden Aufwendungen, höchstens jedoch 30 DM gestattet. Auch wird man dem Arbeitsvermittler, der unzulässigerweise umfassenden Auslagenersatz vereinbart hat, nicht jeden Auslagenersatz verwehren, sondern – wie dem Wohnungsvermittler – Auslagenersatz im zulässigen Umfang zugestehen müssen.

Der **Reformentwurf** vom 16. 2. 1984 wollte die Möglichkeit der Vereinbarung von 171 Auslagenersatz zwingend auf erforderliche und nachgewiesene Auslagen des Maklers begrenzen (§ 652 Abs 4). Außerdem wollte er den Ausschluß des Provisionsanspruchs wegen Identität zwischen Makler und Vertragsgegner bzw wegen Interessenkollision des Maklers infolge Bindung an den Vertragsgegner auf den Auslagenersatz ausdehnen (§ 653 b; vgl BT-Drucks 10/1014). Diese Gleichbehandlung von Provision und Auslagenersatz im Zusammenhang mit der Verflechtungsproblematik entspricht richtiger Ansicht nach bereits dem geltenden Recht. Denn der Grund für den Wegfall des Provisionsanspruchs besteht darin, daß der Maklervertrag ohne vorherige Offenlegung der wirtschaftlichen Identität zwischen Makler und Vertragsgegner auf den Nachweis oder die Vermittlung eines dem Makler „fremden" Dritten gerichtet ist. Die Maklertätigkeit im Zusammenhang mit dem Nachweis bzw der Vermittlung des mit dem Makler identischen oder doch wenigstens „maklernahen" Dritten vollzieht sich außerhalb des Maklervertrags, so daß dieser weder einen Anspruch auf Auslagenersatz noch einen Anspruch auf Provision zu tragen vermag. Zwischen Auslagenersatz und Provision differenzieren kann nur, wer zu Unrecht (vgl Rn 147) mit SCHWERDTNER (MünchKomm/SCHWERDTNER § 652 Rn 194) die Folge der „Verflechtung" zwischen Makler und Vertragsgegner in der Umwandlung des Maklervertrags in einen unentgeltlichen Geschäftsbesorgungsvertrag (= in einen Auftrag gemäß den §§ 662 ff) sieht.

172 **b)** Außerhalb des WoVermittG und der §§ 10−13 AVermV (Rn 170) gibt das Gesetz in § 652 Abs 2 unzweifelhaft Raum für die **Vereinbarung von Aufwendungsersatzansprüchen**, mag auch bei der Annahme einer solchen Vereinbarung Vorsicht geboten sein (vgl AG Marbach NJW-RR 1986, 1176). Die Rechtsprechung erkennt das sogar insofern an, als sie die Vereinbarung des erfolgsunabhängigen Ersatzes der tatsächlich entstandenen Aufwendungen des Maklers oder einer daran orientierten Aufwendungsersatzpauschale ohne Rücksicht auf einen davon ausgehenden Druck auf Abschluß des Hauptvertrags über den Verkauf oder den Kauf eines Grundstücks **nicht analog § 313** dem Erfordernis der notariellen Beurkundung unterwirft (vgl dazu Rn 21 ff). Ernsthaft kann sich nur die Frage stellen, ob und ggf mit welchen Einschränkungen die Vereinbarung **in AGB** statt der individualvertraglichen Vereinbarung ausreicht. Und diese Frage läßt sich nicht einfach damit beantworten, daß man den Ersatz von Aufwendungen wegen § 652 Abs 2 außerhalb des gesetzlichen Leitbildes des Maklervertrags ansiedelt und demgemäß die Individualvereinbarung verlangt (so MünchKomm/SCHWERDTNER § 652 Rn 240). Zu Recht weist der BGH die Vorstellung zurück, § 9 Abs 2 Nr 1 AGBG verlange eine völlige Übereinstimmung von Gesetz und AGB. Da der Zweck der AGB gerade in der Abweichung von den gesetzlichen Bestimmungen besteht, läuft eine solche Vorstellung auf die Unzulässigkeit von AGB überhaupt hinaus (BGH WM 1987, 632, 633). Wohl aber drängt sich die Annahme der Unvereinbarkeit von Aufwendungsersatz mit dem **gesetzlichen Leitbild** des Maklervertrags auf, wenn man den Maklervertrag mit der hier vertretenen Ansicht als einen **beschaffungskaufähnlichen Vertrag** auffaßt, kraft dessen die Besorgung der Vertragsgelegenheit ein eigenes Geschäft des Maklers ist (Vorbem 4). Denn Aufwendungsersatz setzt gedanklich ein Handeln im fremden Interesse voraus. Freilich hält die hM die Maklertätigkeit in der Tat für ein Handeln im Interesse des Auftraggebers. BGH WM 1987, 471, 473 bestätigt folgerichtig die Möglichkeit der Vereinbarung von Aufwendungsersatz in AGB, weil dadurch die Interessen des Maklers nicht unangemessen zu Lasten des Auftraggebers bevorzugt werden. Allerdings darf die Regelung sich auch nach Auffassung des BGH allein auf den Ersatz des wirklichen Aufwands bzw auf eine am wirklichen Aufwand ausgerichtete Pauschale beziehen. Sie darf nicht der Sache nach eine erfolgsunabhängige Provision vorsehen, die als solche auch nach hM dem gesetzlichen Leitbild des Maklervertrags widerspricht (BGH WM 1985, 751, 753). Die Aufwendungsersatzpauschale läßt sich danach lediglich in Gestalt eines **mäßigen Festbetrags, nicht dagegen als Prozentanteil**

des Preises oder Gegenstandswertes festsetzen. Konkret hat der BGH mit dieser Begründung eine Auslagenersatzpauschale von 0,4% der Preisvorstellung des Auftraggebers plus Mehrwertsteuer wegen Verstoßes gegen § 9 Abs 2 Nr 1 AGBG kassiert.

Obwohl BGH WM 1987, 471 einen Alleinauftrag betrifft, reichen seine Aussagen **173** doch über die Besonderheiten dieses Maklervertragstypus hinaus. Insbesondere beschränken sie sich nicht auf AGB-Klauseln, die den Aufwendungsersatz lediglich für den Fall der Verletzung des Alleinauftrags durch Einschaltung anderer Makler vorsehen (vgl dazu MünchKomm/SCHWERDTNER § 652 Rn 239). Noch etwas großzügiger als der BGH haben zT die Instanzgerichte entschieden, obgleich auch sie letztlich durchgängig zur Unwirksamkeit der von ihnen zu überprüfenden AGB-Klauseln gelangt sind. So haben das OLG Hamburg (NJW 1983, 1502) einen pauschalierten Aufwendungsersatz von 25% der Provision und das AG Düsseldorf (WM 1986, 463) eine „Bearbeitungsgebühr" von 45% der Provision mit Rücksicht auf § 9 AGBG für unwirksam gehalten. Ebenfalls im wesentlichen auf der Linie des BGH liegen dürfte die Ansicht, daß den Maßstab für die Angemessenheit der Aufwandspauschale allein die **konkreten Aufwendungen für den Auftraggeber**, nicht auch die laufenden Kosten für Bürounterhaltung uä liefern (LG Frankfurt BB 1976, 1531). Denn der BGH bezieht sich bei der beispielhaften Aufzählung von Aufwandspositionen ausschließlich auf die konkreten Aufwendungen („Reisekosten, Post-, Schreib- und vor allem Veröffentlichungsgebühren"). Zumindest ist auf der Grundlage der hier vertretenen Sicht des Maklervertrags als eines beschaffungskaufähnlichen Vertrags so zu entscheiden. Anderenfalls wird nämlich die Aufwandspauschale endgültig zu einem Mittel, die wirtschaftliche Eigenart des Maklervertrags zu verändern: Der Auftraggeber „kauft" nicht mehr die Vertragsgelegenheit bzw die fertige Vermittlungsleistung (Vorbem 4), sondern übernimmt gleichsam das „Produktionsrisiko" des Maklers noch über die durch seine „Sonderwünsche" veranlaßten Kosten hinaus. § 3 Abs 3 WoVermittG, der im Verhältnis zum allgemeinen Maklerrecht wegen der vom Gesetzgeber angenommenen wirtschaftlichen Schwäche des Mieters die angemessene Lösung auch gegen individualvertragliche Absprachen zu sichern versucht, duldet folgerichtig allein die Vereinbarung konkreten Aufwendungsersatzes ohne Berücksichtigung der allgemeinen Geschäftskosten (REBMANN DB 1972, 125, 127; vgl auch Rn 170). Generell mit § 9 AGBG nicht in Einklang zu bringen sind AGB-Klauseln, denen zufolge der Auftraggeber selbst bei Zustandekommen des Hauptvertrags Aufwendungsersatz leisten soll. Mit welchem Aufwand der Makler die Provision erreicht, ist zugleich seine Chance und sein Risiko. § 3 Abs 3 WoVermittG bestätigt das im Grundsatz; die Ausnahme im Fall unverhältnismäßigen Aufwands ist inkonsequent und gerechtigkeitspolitisch anfechtbar (vgl auch TONNER 114).

c)   Schwer einzuordnen ist die sog **Reservierungsgebühr**, die eine Entschädigung **174** des Maklers dafür darstellt, daß er vereinbarungsgemäß **während einer bestimmten Zeit auf Nachweis- bzw Vermittlungsbemühungen** hinsichtlich eines Objekts **zugunsten konkurrierender Auftraggeber verzichtet** und sich ganz auf das Zustandekommen des Hauptvertrags zwischen dem Inhaber des Objekts und dem Auftraggeber konzentriert, der die Reservierungsvereinbarung mit ihm abgeschlossen hat (AG Essen AIZ 1981 H 4 A 148 Bl 4; MünchKomm/SCHWERDTNER § 652 Rn 241). Für die Qualifikation als Aufwendungsersatzpauschale könnte sprechen, daß der Makler die konkurrierenden Geschäftschancen aufs Spiel setzt. Aber dem steht entgegen, daß die Geschäftschancen nicht Vermögensbestandteile, sondern schlichte Aussichten des Maklers sind. Das gilt selbst dann, wenn der Makler mit dem Inhaber des Objekts einen **qualifizierten Alleinauftrag** (vgl unten Rn 198) geschlossen hat. Weder gegen den Inhaber des Objekts noch gegen die Auftraggeber auf der Gegenseite hat der Makler Ansprüche darauf, daß der Hauptvertrag zustande kommt. Es bleibt daher wohl allein die Deutung der Reservierungsgebühr als einer **Gegenleistung** des Auftraggebers **für die bevorzugte Bedienung** durch den Makler (vgl auch ROMPF AIZ 1981, 4). Als solche ist sie aber bereits auf individualvertraglicher Basis ein Problem. Denn entweder ist der Inhaber des Objekts frei, selbst oder gar über andere Makler Interessenten zu werben und mit diesen abzuschließen; dann ist die Reservierungsvereinbarung ohne Wert und die Zusage der Reservierungsgebühr eine unverständliche Torheit des Auftraggebers, die Betrug und damit Nichtigkeit nach den §§ 134, 138, mindestens aber Anfechtbarkeit nach § 123 indiziert. Oder der Inhaber des Objekts ist infolge eines qualifizierten Alleinauftrags (oder infolge der eigenen Vertriebsorganisation faktisch) an die von dem Makler präsentierten Interessenten gebunden; dann bildet die Reservierungsvereinbarung, wenn der Inhaber des Objekts sie nicht genehmigt, eine nach § 138 Abs 1 zur Nichtigkeit führende **Kollusion** zu dessen Lasten, soll sie doch den Makler zu einer Verletzung seiner gegenüber dem Inhaber des Objekts bestehenden Pflicht zur Ausschöpfung und bestmöglichen Nutzung aller Nachweis- und Vermittlungschancen verpflichten (einschränkend – Sittenwidrigkeit bei unbegrenzter Dauer der Reservierungsvereinbarung oder unangemessen niedrigem Angebot des dadurch Begünstigten – BGH NJW 1988, 1716, 1717 f). Der schmale Restbereich – Makler handelt mit qualifiziertem Alleinauftrag und mit Genehmigung des Inhabers des reservierten Objekts – wird zusätzlich eingeengt, soweit das Objekt ein Grundstück ist (vgl OLG Düsseldorf NJW 1983, 181). Insoweit kommt nämlich hinzu, daß die Reservierungsgebühr ohne die praktisch indiskutable (vgl ROMPF AIZ 1981, 4, 5) **notarielle Beurkundung** der Reservierungsvereinbarung keinen mittelbaren Druck zum Erwerb des Grundstücks ausüben darf, soll sie nicht nach den §§ 125, 313 analog formnichtig sein (BGH NJW 1988, 1716, 1717). Ist die Reservierungsvereinbarung per Formularvertrag getroffen worden, so ist die Reservierungsgebühr zusätzlich mangels Subsumierbarkeit unter den Begriff des Aufwendungsersatzes als erfolgsunabhängige Teilprovision einzustufen, die gegen § 9 Abs 2 Nr 1 AGBG verstößt (BGH NJW 1988, 1716, 1717; SCHWERDTNER JZ 1983, 777, 786; im Ergebnis auch LG Frankfurt NJW 1984, 2419, 2420; **aA** AG Essen AIZ 1981 H 4 A 148 Bl 4). Eine Qualifikation als Dienstleistungsentgelt kommt nicht in Betracht, weil die „Reservierung" nicht den schuldrechtlichen Anforderungen an die Bestimmbarkeit von Art und Umfang einer Leistungspflicht genügt (vgl Vorbem 13). Wie die Maklerleistung überhaupt entzieht sich auch die „bevorzugte Bedienung" des Auftraggebers mit Reservierungsvereinbarung der inhaltlichen Präzisierung, der die schuldrechtlichen Rechtsinstitute (Erfüllung, Unmöglichkeit, Verzug) bedürfen (zustimmend OLG Hamm NJW-RR 1989, 1210; vgl auch SCHWERDTNER 170).

2. Die sekundären Nebenpflichten

175 a)   Der Maklervertrag begründet ein Schuldverhältnis zwischen Auftraggeber und Makler, das sich wie sonstige Schuldverhältnisse nicht in Haupt- und Nebenleistungspflichten erschöpft, sondern zusätzliche sekundäre Nebenpflichten mit sich bringt. Diese sekundären Nebenpflichten gliedern sich normalerweise in Förderungspflichten und Schutzpflichten. Dabei betreffen die **Förderungspflichten** das durch den Vertrag geschützte **Veränderungsinteresse**, die **Schutzpflichten** im Gefolge der durch das Schuldverhältnis geschaffenen besonderen Abhängigkeit das **Erhaltungsinteresse** des Vertragspartners (ESSER/SCHMIDT, Schuldrecht I 1, § 5 II S 90 f). Der Maklervertrag ist dadurch gekennzeichnet, daß er das Veränderungsinteresse des Maklers, das Interesse an der Zahlung der Provision durch den Auftraggeber, bis zum Abschluß des Hauptvertrags nicht schützt. Die Entscheidungsfreiheit des Auftraggebers verbietet es, das Interesse des Maklers am Provisionsanspruch gegen den Auftraggeber vor dem Zustandekommen des Hauptvertrags zum Anknüpfungspunkt von Pflichten des Auftraggebers gegenüber dem Makler zu machen. Die Rechtslage vor dem Zustandekommen des Hauptvertrags entspricht insoweit jedenfalls im gesetzlichen Normalfall des Maklervertrags – seinem beschaffungskaufähnlichen Charakter entsprechend (Vorbem 4) – derjenigen, die sonst während der Vertragsverhandlungen vor Vertragsschluß besteht.

b) Die Rechtsprechung erkennt das im Ausgangspunkt uneingeschränkt an. Der **176** BGH hat wiederholt Provisionsbegehren von Maklern zurückgewiesen, die sich darauf beriefen, der Auftraggeber habe das Zustandekommen des Hauptvertrags treuwidrig verhindert und schulde deshalb die Provision aus dem Gesichtspunkt der Schadensersatzpflicht wegen positiver Vertragsverletzung (MDR 1968, 405; WM 1977, 1049). Der Auftraggeber brauche – so heißt es in den Entscheidungen – das **Provisionsinteresse des Maklers nicht zu berücksichtigen**, sondern könne sich von der Wahrung seiner eigenen Interessen leiten lassen (vgl MORMANN WM 1968, 954, 958). BGH WM 1977, 1049 hat folgerichtig den Schadensersatzanspruch selbst dann versagt, wenn der Auftraggeber das wirksame Zustandekommen des Hauptvertrags durch unrichtige Preisangaben im notariellen Kaufvertrag (sog Schwarzkauf) verhindert. Freilich soll eine Ausnahme gelten, wenn die Treuwidrigkeit sich zur sittenwidrigen Schädigungsabsicht steigert, so zB wenn der Auftraggeber das wirksame Zustandekommen des Hauptvertrags nur vereitelt, um dem Makler den Provisionsanspruch zu entziehen (RGZ 95, 137; 101, 209; BGH WM 1977, 1049, 1050) oder wenn er den Makler zur Fortsetzung kostspieliger Bemühungen veranlaßt, obwohl er den Vertragsschluß nicht ernsthaft beabsichtigt (BGH NJW 1966, 1404, 1405; OLG Köln WM 1969, 1119, 1120; MORMANN WM 1968, 954, 958).

Diese Ausnahme ist abzulehnen. Zwar ändert das Fehlen einer Förderungspflicht **177** des Auftraggebers nichts daran, daß sittenwidrige Schädigung Schadensersatzpflichten aus § 826 auslöst. Doch kann der Makler aufgrund dessen allein verlangen, so gestellt zu werden, wie er bei nicht sittenwidrigem Verhalten des Auftraggebers stehen würde. Da der Auftraggeber den Hauptvertragsschluß willkürlich zu unterlassen vermag, bleibt das sittenwidrige Motiv ohne Einfluß auf die Vermögenslage des Maklers. Lediglich soweit der Makler Ersatz seiner **im Vertrauen** auf die in Wirklichkeit nicht vorhandene Vertragsbereitschaft **getätigten Aufwendungen** (einschließlich des eigenen Arbeitsaufwands) verlangt, macht er einen durch rechtswidriges Verhalten des Auftraggebers verursachten Schaden geltend. Denn insoweit ist das Erhaltungsinteresse des Maklers verletzt, das über § 826 hinaus je nachdem, ob die Vertragsbereitschaft schon vor dem Abschluß des Maklervertrags gefehlt hat oder nachträglich aufgegeben worden ist, durch Ansprüche aus culpa in contrahendo oder aus positiver Forderungsverletzung geschützt wird. Daß der Auftraggeber auf den Abschluß des Hauptvertrags nach seinem Belieben verzichten kann, steht einem solchen Anspruch auf Ersatz des negativen Interesses nicht entgegen (aA OLG Celle OLGZ 1969, 325, 326). Dieser Anspruch knüpft nämlich nicht an das Unterlassen des

Hauptvertragsschlusses, sondern an die Verletzung der Schutzpflicht zum fairen Umgang (in Gestalt der Information über die Aufgabe des Geschäftswillens) an, die den Auftraggeber ungeachtet seiner Entschließungsfreiheit trifft. Und bei fairem Verhalten des Auftraggebers hätte der Makler die Aufwendungen erspart (vgl zum Ganzen zutreffend MünchKomm/SCHWERDTNER § 652 Rn 96, 97; aus der Rechtsprechung wie hier OLG Nürnberg AIZ 1961, 93; OLG München NJW 1968, 894, 895).

178　c)　Zu den Schutzpflichten des Auftraggebers zählt neben der Pflicht, das Fehlen oder die Aufgabe der Geschäftsabsicht mitzuteilen (Rn 177), unstreitig auch die der **Information über die Erledigung des Auftrags** infolge zwischenzeitlicher Vornahme eines Eigengeschäfts oder infolge eines von einem anderen Makler nachgewiesenen bzw vermittelten Vertragsschlusses (OLG Nürnberg AIZ 1961, 93; KNIEPER NJW 1970, 1293, 1296). Umstritten ist, ob der Auftraggeber den Nachweismakler unverzüglich von seiner **Vorkenntnis** hinsichtlich der nachgewiesenen Vertragsgelegenheit unterrichten muß. BGH NJW 1976, 2345, 2346 sieht sogar in einer entsprechenden AGB-Klausel eine unwirksame Abweichung vom gesetzlichen Leitbild des Maklervertrags, wobei freilich viel dafür spricht, daß der eigentliche Stein des Anstoßes nicht die Unterrichtungspflicht, sondern die Provisionszahlungspflicht als Folge ihrer Verletzung gewesen ist. Das gleiche gilt für die Nachfolgeentscheidung BGH WM 1984, 60, 62. Das Schrifttum steht zT auf dem Gegenstandpunkt (MünchKomm/SCHWERDTNER § 652 Rn 92). Das OLG Hamburg (NJW-RR 1987, 175; ebenso LG München I AIZ 1990 H 5 A 110 Bl 49; LG Hamburg AIZ 1992 H 5 A 110 Bl 57) will gar im unmittelbaren Gegensatz zum BGH dem Verschweigen der Vorkenntnis aus Anlaß einer zusammen mit dem Makler vorgenommenen Besichtigung des Objekts entnehmen, daß die Berufung auf Vorkenntnis nach § 242 ausgeschlossen ist. Dem BGH ist zwar insofern zu folgen, als er eine Mitteilungs**obliegenheit** über die Vorkenntnis mit der Folge der Provisionspflichtigkeit trotz Vorkenntnis verwirft. Denn das läuft auf ein selbständiges Provisionsversprechen ohne Gegenleistung hinaus (vgl Rn 28, 168 f). Erst recht ist es nicht vertretbar, mit dem OLG Hamburg ohne entsprechende AGB-Klausel dem Verschweigen der Vorkenntnis nach § 242 die Folge einer Verwirkung des Vorkenntniseinwands beizulegen. Dagegen ist dem BGH zu widersprechen, wenn er wirklich so verstanden werden will, daß auch eine Mitteilungs**pflicht** des Auftraggebers ausscheiden und sogar nicht einmal durch AGB vereinbarungsfähig sein soll. Im Kern stimmt nämlich die Interessenlage im Fall der Vorkenntnis genau mit derjenigen nach Vornahme eines Eigengeschäfts oder Aufgabe der Geschäftsabsicht überein: Hier wie dort gebietet es die Pflicht zur Rücksichtnahme auf das Erhaltungsinteresse des Maklers, ihm sinnlose Aufwendungen zu ersparen. Davon kann der Auftraggeber höchstens dann entbunden sein, wenn konkrete Anhaltspunkte dafür vorliegen, daß der Makler auf die Information über die Vorkenntnis hin den Abschluß eines provisionspflichtigen Vermittlungsmaklervertrags durchsetzen kann und wird. Letzteres kommt vor allem in Betracht, wenn der Makler über einen Alleinauftrag (Vorbem 7) der Vertragsgegenseite verfügt (vgl auch BGH WM 1984, 60).

179　Zu den Schutzpflichten des Auftraggebers gehört, daß er im Rahmen des Zumutbaren die **Kenntnisnahme Dritter** von der nachgewiesenen Vertragsgelegenheit und von den damit verbundenen Begleitinformationen **verhindert** (BGH NJW 1969, 1628; WM 1987, 632, 633; DEHNER/ZOPFS Rn 62). Ohne eine solche Pflicht des Auftraggebers ist das Maklerwesen nicht funktionsfähig, kann sich ein Interessent doch dann der Provisionszahlungspflicht einfach dadurch entziehen, daß er den Maklervertrag von einem

Dritten abschließen läßt, der die erhaltene Information gefahrlos an ihn weiterleitet (OLG Schleswig AIZ 1982 H 4 A 118 Bl 4). Den Makler allein auf den Schutz aus § 826 zu verweisen (so KNIEPER NJW 1970, 1293, 1296), ist schon wegen der damit verbundenen Beweisanforderungen nicht angängig (vgl auch MünchKomm/SCHWERDTNER § 652 Rn 94). Wie eine Kenntnisnahme Dritter ist es zu behandeln, wenn mit der Vertragsangelegenheit befaßte Hilfspersonen des Auftraggebers die Informationen des Maklers in ihre private Sphäre transferieren, dh aufgrund der Information statt des Auftraggebers selbst abschließen. Der Auftraggeber haftet insoweit nach den §§ 31, 278 ähnlich für die Verwertung vertraulich überlassener Informationen durch seine Organ- und Hilfspersonen, wie zB ein unternehmerischer Kooperationspartner im Fall der privaten Verwertung des überlassenen Know how durch seine Angestellten haftet (vgl auch BGH AIZ 1962, 23). Nicht zu folgen ist daher der Ansicht des OLG Schleswig (AIZ 1982 H 4 A 118 Bl 4), der Auftraggeber hafte nicht, wenn eine von ihm mit Einverständnis des Maklers zu seiner Beratung herangezogene Bekannte statt seiner den Hauptvertrag abschließt. Zweifelhaft ist die **Rechtsfolge des Verstoßes gegen die Geheimhaltungspflicht**. BGH WM 1987, 632, 633 will den Auftraggeber nicht nur auf das negative Interesse, sondern auf Zahlung der Provision haften lassen, wenn er von vornherein die Weitergabe der Information an einen in Wahrheit allein interessierten Dritten beabsichtigt hat. Das dogmatische Fundament der Ansicht verrät er freilich nicht. Man wird sie vielleicht mit dem Grundsatz des „nemo turpitudinem suam allegans auditur" rechtfertigen können, läuft doch die Berufung des Auftraggebers darauf, er habe die Vertragsgelegenheit zwar für den Dritten gewollt, dies aber mit Rücksicht auf die Provisionszahlungspflicht wohlweislich verschwiegen, auf den Versuch hinaus, aus der eigenen Unredlichkeit Vorteile zu ziehen (für analoge Anwendung des § 162 SCHÄFER BB 1990, 2275, 2277; vgl auch SCHEIBE BB 1988, 849, 857). Im Normalfall muß es jedenfalls bei dem in der Regel nicht sehr hilfreichen **Schadensersatzanspruch auf das negative Interesse** sein Bewenden haben (BGH WM 1987, 632, 634). Die Ansicht SCHWERDTNERS 78, mit der Weitergabe der Information gebe der Auftraggeber zu erkennen, daß er den Vertragsschluß des Dritten als gleichwertig erachte, beruht auf einer realitätsfremden Fiktion. Auch eine analoge Anwendung des § 162 kommt entgegen SCHÄFER (BB 1990, 2275, 2277) nicht in Betracht. Denn man kann nicht ohne weiteres davon ausgehen, daß ohne die Weitergabe der Information ein provisionspflichtiger Hauptvertrag abgeschlossen worden wäre. Will der Makler weitergehend geschützt sein, so muß er sich im Maklervertrag für den Fall der unbefugten Weitergabe der Informationen und des dadurch verursachten Hauptvertrags mit einem Dritten statt mit dem Auftraggeber in Gestalt einer Vertragsstrafe den Provisionsanspruch – durch Individualabrede oder auch AGB (BGH WM 1987, 632, 633) – ausdrücklich vorbehalten, vgl auch Rn 71.

Nicht zu den Schutzpflichten des Auftraggebers zählt es, den **Abschluß des Hauptver-** **180** **trags nicht zu verzögern** (aA KG NJW 1956, 1758, 1759) oder gar Mängel des Hauptvertrags zu vermeiden (aA KOHLER NJW 1957, 327). Solche Pflichten wären nicht mehr Schutz-, sondern Förderungspflichten, die mit der Entschließungsfreiheit des Auftraggebers unvereinbar sind (BGH WM 1977, 1049 und oben Rn 176 f). Das gleiche gilt für die bisweilen angenommene Pflicht, die vom Makler zugesandten Angebote sorgfältig zu prüfen, aufzubewahren und mit anderen Angeboten zu vergleichen. Entgegen KG NJW 1970, 901, 903 scheitert diese Pflicht nicht erst an der Grenze der Zumutbarkeit für den Auftraggeber, sondern bereits daran, daß der Auftraggeber frei darüber entscheidet, ob und ggf in welchem Umfang er sich der Hilfe des Maklers bedient. Der Alleinauftrag macht keine Ausnahme (aA LG Wiesbaden MDR 1963, 593). Die Grenze bildet das Verbot, den Makler zu Anstrengungen herauszufordern, obwohl er nicht (mehr) zum Zuge kommen kann (vgl Rn 176 f). Nur unter diesem Gesichtspunkt ist der Ansicht des AG Köln (AIZ 1971, 86) zuzustimmen, daß der Auftraggeber dem Makler das negative Interesse ersetzen muß, wenn der Abschluß des Hauptvertrags an seiner fehlenden Verfügungsbefugnis scheitert (Beispiel: Ein Miterbe erteilt einen Verkaufsauftrag über ein Nachlaßgrundstück ohne Wissen der anderen Miterben; der Verkauf scheitert an deren Widerstand).

181 **Nach Abschluß des Hauptvertrags** steht die Entschließungsfreiheit des Auftraggebers der Annahme einer **Förderungspflicht** im Hinblick auf das **Veränderungsinteresse des Maklers** (= das Interesse an der Zahlung der Provision) nicht mehr entgegen. Der Auftraggeber hat nach der Rechtsprechung gegenüber dem Makler eine Auskunftspflicht hinsichtlich aller Umstände, die dieser benötigt, um feststellen zu können, ob ein provisionspflichtiges Geschäft vorliegt, und die Höhe der Provision berechnen zu können (BGH NJW-RR 1987, 173; OLG Celle AIZ 1961, 76; LG Regensburg AIZ 1986 H 10 A 117 Bl 2). Dazu gehört die Auskunft über den Vertragsschluß, mangels Vorliegens der Voraussetzungen des § 810 aber nicht die Vorlage der Urkunde (LG Köln NJW-RR 1988, 1200). Die Auskunftspflicht ist allerdings keine Abrechnungspflicht, wie sie § 87 c HGB für den Partner des Handelsvertreters anordnet. Auch ist die Auskunftspflicht über die tatsächlichen Grundlagen der Provisionsberechnung von der (nicht bestehenden) Auskunftspflicht über die Höhe der Provision zu unterscheiden (BGH NJW-RR 1990, 1370). Worauf die Auskunftspflicht sich stützt, ist etwas dunkel. Der BGH verlangt sonst für eine Auskunftspflicht aufgrund der allgemeinen Regel von RGZ 108, 1, 7, die hier allein in Betracht kommt, der vorzubereitende Anspruch müsse dem Grund nach feststehen und dürfe nur noch seinem Inhalt nach offen sein (BGH NJW 1978, 1002). Das würde bedeuten, daß die Auskunftspflicht des Auftraggebers nur die Umstände umfaßt, die **die Höhe**, nicht auch die, die das **Bestehen des Provisionsanspruchs** betreffen. Doch wird man mit einer weitergehenden Ansicht (BAG BB 1967, 839 f; DB 1972, 1831) die Auskunftspflicht jedenfalls innerhalb einer Rechtsbeziehung, wie der Maklervertrag sie begründet hat, auch auf die das Bestehen des Anspruchs betreffenden Umstände erstrecken können, vorausgesetzt, der Anspruchsteller verfügt über objektive Anhaltspunkte dafür, daß der Anspruch entstanden ist (vgl Lüke JuS 1986, 2, 5). Auf dieser Basis läßt sich die Rechtsprechung zur Auskunftspflicht des Auftraggebers gegenüber dem Makler vertreten.

VIII. Die Pflichten des Maklers

1. Die allgemeine Förderungs- und Schutzpflicht

182 **a)** Die hM nimmt an, zwischen Makler und Auftraggeber entstehe mit dem Abschluß des Maklervertrags ein **besonderes Treueverhältnis**, kraft dessen der Auftraggeber eine umfassende Wahrnehmung seiner im Hinblick auf den angestrebten Hauptvertrag bestehenden Interessen erwarten könne (BGH NJW 1968, 150, 151; 1983, 1847, 1848; OLG Köln NJW 1972, 1813; AIZ 1989 H 5 A 114 Bl 10; Mormann WM 1968, 954, 961; Wolf WM 1985, 3, 12; Thode WM 1989 SBeil 6, 2, 17). Das entspricht ihrer Grundvorstellung, der Maklervertrag sei ein Geschäftsbesorgungsvertrag, durch den der Auftraggeber den Makler zur Wahrnehmung seiner Interessen berufen habe (Vorbem 4 f). Wie wenig diese Sicht zur Pflichtenstruktur des Maklervertrags paßt, wird freilich gerade an der These von den besonderen Treuepflichten des Maklers deutlich: Nach dem Gesetz hat der Makler nicht einmal die Pflicht, sich um den Nachweis bzw die Vermittlung einer geeigneten Vertragsgelegenheit zu bemühen, geschweige denn, den Auftraggeber in der Angelegenheit umfassend zu betreuen. Eine solche umfassende Betreuungspflicht ist **dem Makler gar nicht zumutbar**, solange der Auftraggeber seinerseits infolge seiner Entschließungsfreiheit das einzige Interesse, das der Makler hat, nämlich dasjenige am Erwerb des Provisionsanspruchs, willkürlich vereiteln darf. Und dieses Recht des Auftraggebers belegt zugleich, daß der Gesetzgeber jedenfalls die Wahrnehmung des Interesses des Auftraggebers an einem günstigen Hauptvertrag eben nicht als eine Aufgabe des Maklers betrachtet, sondern von der **Eigenzuständigkeit des Auftraggebers** ausgeht (vgl schon KNIEPER NJW 1970, 1213, 1216). Anders kann es auch gar nicht sein, erreicht der Makler sein Ziel – das Zustandekommen des Hauptvertrags infolge seiner Tätigkeit – doch nur dann, wenn er beiden zukünftigen Vertragspartnern gerecht wird, dh auf die einseitige Parteinahme zugunsten seines Auftraggebers verzichtet (ähnlich schon LEISAU 63; kritisch dazu KREHL 19 ff mit ambivalenten Zitaten aus den Gesetzesmaterialien).

Wer mit der hier vertretenen Ansicht (Vorbem 4) den Maklervertrag als einen **183** beschaffungskaufähnlichen Vertrag auffaßt, gelangt für die Pflichten des Maklers gegenüber dem Auftraggeber zu einem deutlich gesetzesverträglicheren und interessengerechteren Konzept als die Lehre vom besonderen Treueverhältnis zwischen Makler und Auftraggeber. Danach hat der Makler dem Auftraggeber selbstverständlich – wie der Verkäufer eines komplizierten Produkts – eine „**Gebrauchsanweisung**" für die von ihm nachgewiesene bzw vermittelte Vertragsgelegenheit mitzuliefern. Dazu gehört, daß er die für den Auftraggeber erkennbar bedeutsamen Informationen erteilt, selbst wenn er dadurch den Abschluß des Hauptvertrags und damit seine Aussicht auf Provision gefährdet (vgl OLG Köln AIZ 1989 H 5 A 114 Bl 10). Auch der Verkäufer eines Produkts darf in Verkaufsverhandlungen nicht schweigen, wenn erkennbar wird, daß der Käufer Verwendungen plant, die das Produkt nicht oder doch nicht in der angenommenen Art und Weise hergibt. Insofern gehen die Pflichten des Maklers gegenüber dem Auftraggeber über diejenigen gegenüber dem Hauptvertragspartner hinaus, der gleichsam als Objekt der Maklerleistung keinen Anspruch auf eine „Gebrauchsanweisung" für die Vertragsgelegenheit hat, und zwar auch dann nicht, wenn er im Hauptvertrag gegenüber dem Auftraggeber einen Teil der Provisionszahlungspflicht übernommen hat (OLG Hamburg AIZ 1988 H 9 A 114 Bl 7: kein „maklerrechtsähnliches Verhältnis"). Aber auch dem Auftraggeber braucht der Makler grundsätzlich eine Vertragsgelegenheit nicht vorzuenthalten oder gar von ihr abzuraten, weil er sie selbst an der Stelle des Auftraggebers sinnvollerweise nicht nutzen würde. Als „Verkäufer" der Vertragsgelegenheit ist der Makler dafür verantwortlich, daß der Auftraggeber von ihr einen **vernünftigen Gebrauch machen kann**, nicht dafür, daß der Auftraggeber wirklich einen vernünftigen **Gebrauch** davon macht. Soll es weitergehende Förderungspflichten des Maklers geben, so müssen diese durch entsprechende Sonderabreden oder durch vertragsbegleitende besondere Vertrauenswerbung des Maklers begründet werden (vgl REUTER NJW 1990, 1321, 1326; offen BGH NJW-RR 1991, 627, 628). Von den Förderungspflichten zu unterscheiden sind die **Schutz- oder Erhaltungspflichten**, die den Makler deshalb treffen, weil die Beschaffung der Vertragsgelegenheit bereits die Einwirkung auf rechtlich geschützte Interessen des Auftraggebers bedingt. Diese werden durch das hier verfochtene Modell des Beschaffungskaufs einer Vertragsgelegenheit überhaupt nicht eingeschränkt. Auch für den Beschaffungskauf einer Sache ist es selbstverständlich, daß der Verkäufer bei den (auf eigene Rechnung veranstalteten) Beschaffungsbemühungen die Interessen des potentiellen Käufers nicht verletzen darf, widrigenfalls er (aus culpa in contrahendo) schadensersatzpflichtig wird.

184 b) Es spricht für die Durchsetzungskraft der Interessenlage, daß die Rechtsprechung im großen und ganzen Ergebnisse vertritt, die der unter Rn 183 entwickelten Konzeption wesentlich näherstehen als der von ihr theoretisch favorisierten Lehre vom besonderen Treueverhältnis zwischen Makler und Auftraggeber. So ist die Aufklärungspflicht des Maklers so gut wie durchgängig auf die ihm **bekannten Umstände** beschränkt worden. Der Makler darf danach beim Nachweis bzw bei der Vermittlung einer Vertragsgelegenheit sein Wissen um für den Entschluß des Auftraggebers für oder gegen den Hauptvertrag relevante Umstände nicht unvollständig weitergeben (BGH DB 1962, 329, 330; WM 1970, 1270; 1973, 613, 614; NJW 1981, 2685, 2686; 1982, 1145, 1146) und muß nicht selbst überprüfte Angaben als solche kennzeichnen (BGH AIZ 1975, 257; OLG Stuttgart AIZ 1987 H 7 A 115 Bl 19; einschränkend AG Hamburg-Bergedorf AIZ 1988 H 2 A 114 Bl 5). Aber er ist **nicht** verpflichtet, im Interesse des Auftraggebers **Erkundigungen** einzuziehen und **Nachprüfungen** anzustellen (BGHZ 36, 323, 328; BGH WM 1970, 1270 f; OLG Hamburg AIZ 1966, 275; OLG München NJW 1956, 1760; OLG Frankfurt AIZ 1984 H 2 A 115 Bl 13; OLG Braunschweig AIZ 1987 H 9 A 146 Bl 13; LG Hamburg AIZ 1985 H 3 A 115 Bl 14), es sei denn, er hätte eine entsprechende Verpflichtung durch (auch konkludent mögliche) Sonderabrede übernommen (BGH NJW 1982, 1147; OLG Frankfurt AIZ 1984 H 2 A 115 Bl 13; OLG München AIZ 1987 H 8 A 115 Bl 20; OLG Köln AIZ 1989 H 5 A 114 Bl 10; OLG Hamm DB 1993, 2229) oder durch sein Verhalten gegenüber dem Auftraggeber die berechtigte Erwartung einer umfassenden Überprüfung geweckt (OLG München NJW 1956, 1760). Eine problematische Tendenz zur Übersteigerung der Maklerpflichten gibt es lediglich insofern, als die Rechtsprechung bisweilen dazu neigt, dem Makler im Verhältnis zu geschäftlich unerfahrenen Auftraggebern eine Betreuungspflicht aufzubürden, die ua auch die Pflicht einschließt, gleichsam anstelle des Auftraggebers die einwandfreie Beschaffenheit des Objekts, die Zuverlässigkeit des Vertragspartners oder gar die eigene Leistungsfähigkeit des Auftraggebers selbst zu kontrollieren (vgl OLG Köln MDR 1959, 210; MünchKomm/SCHWERDTNER § 652 Rn 85; vgl auch KREHL 39). Noch weiter geht die These, der Immobilienmakler sei als Sachverständiger in Grundstücksangelegenheiten einer Art Berufspflicht zu unterwerfen, die die Information des Auftraggebers über die Marktverhältnisse, Rentabilitätsberechnungen und die Aufklärung über Finanzierungsmöglichkeiten auf der Grundlage angemessener Vertrautheit mit den einschlägigen zivil- und steuerrechtlichen Vorschriften einschließt (OLG Hamburg HRR 1935 Nr 1303; einschränkend BGH DB 1964, 511). Soweit damit mehr gesagt sein soll, als daß ein Makler, der solche Beratung und Information anbietet, sie auch lege artis leisten muß, ist dem angesichts des **Fehlens einer Tätigkeitspflicht** zu widersprechen. Das Problem der Überforderung weiter Bevölkerungskreise im Geschäftsverkehr, das aus der zunehmenden technischen, ökonomischen und rechtlichen Kompliziertheit von Erwerbsvorgängen jenseits der Anschaffung des täglichen Bedarfs erwächst, läßt sich de lege lata nicht über die Konstruktion von Maklerpflichten lösen (vgl auch JOERGES, Verbraucherschutz als Rechtsproblem 123 ff).

185 c) Die Anknüpfung der **Aufklärungspflichten des Maklers** an das Interesse des Auftraggebers an ordnungsgemäßer **Einweisung** in den Gebrauch der nachgewiesenen bzw vermitteltn Vertragsgelegenheit sowie an **Sonderabreden** bzw besondere **Vertrauenswerbungen** bedingt, daß der **Unterschied zwischen Nachweis- und Vermittlungsmaklervertrag** grundsätzlich keine Rolle spielt (aA ERMAN/WERNER § 652 Rn 58, verbal auch BGH NJW 1970, 1075, 1076). Der Nachweismakler, der mit Rücksicht auf die Abhängigkeit des Provisionsanspruchs vom Zustandekommen des Hauptvertrags Vermittlungstätigkeit entfaltet, indem er im Einverständnis mit dem Auftraggeber an dessen Stelle mit der Vertragsgegenseite verhandelt, muß genauso wie ein Vermittlungsmakler alle erkennbar für den Vertragsschluß wesentlichen Umstände an den Auftraggeber weitergeben. Das gilt auch und gerade bezüglich der Tatsachen, die geeignet sind, den Auftraggeber vom Vertragsschluß abzuhalten (OLG Köln AIZ 1989 H 4 A 114 Bl 10; LG Hamburg MDR 1959, 572; vgl auch Rn 183). Freilich beschränkt sich diese Aufklärung auf die dem Makler in ihrer Bedeutung für den Auftraggeber erkennbaren Umstände; auch muß er nicht etwas mitteilen, von dem er den Verhältnissen nach annehmen darf, daß es dem Auftraggeber ohnehin bekannt ist oder doch von anderer Seite vermittelt wird (BGH WM 1978, 1069; NJW 1981, 2685, 2686). Die **Beweislast** für die Voraussetzungen der **Aufklärungsbedürftigkeit** trägt der Auftraggeber (OLG Frankfurt AIZ 1983 H 4 A 115 Bl 12). Im einzelnen können mitteilungsbedürftige erhebliche Umstände im Vertragsgegenstand (BGH NJW 1982, 1145: Lage des Heizöltanks auf fremdem Grundstück ohne entsprechende Dienstbarkeit; AG Hamburg MDR 1966, 673: Größe der Wohnung; OLG Celle MDR 1971, 392: Verdacht von Sachmängeln), aber auch in der Person des Vertragsgegners (BGH DB 1956, 794: Verdacht der fehlenden wirtschaftlichen Leistungsfähigkeit; OLG Koblenz AIZ 1993 H 2 A 115 Bl 27: Wissen um die fehlende wirtschaftliche Leistungsfähigkeit; BGH MDR 1968, 234 und WM 1970, 1270, 1271: Verdacht der Unzuverlässigkeit) liegen (bezüglich des Vertragsgegners aA KNIEPER NJW 1970, 1293, 1296). **Vermittelt** der Makler den Hauptvertrag, so enthält die vorbehaltlose Präsentation des Vermittlungsergebnisses konkludent die Behauptung, damit **das nach Lage der Dinge Bestmögliche erreicht** zu haben. Das gilt auch dann, wenn der Auftraggeber selbst weniger günstige Erwartungen geäußert hat, ist doch im Zweifel davon auszugehen, daß gleichwohl die günstigste Lösung angestrebt wird. Die Unrichtigkeit dieser Behauptung verpflichtet den Makler, Verschulden vorausgesetzt, folgerichtig zum Schadensersatz wegen positiver Forderungsverletzung (BGH NJW 1970, 1075, 1076; WM 1973, 613, 615). Dagegen ist der Makler, der sich auf den **Nachweis** beschränkt, nicht zur Information des Auftraggebers darüber verpflichtet, daß die Abschlußbereitschaft der Vertragsgegenseite weniger Entgegenkommen erfordert, als der Auftraggeber sich vorstellt. Denn durch den bloßen Nachweis erweckt der Makler gegenüber dem Auftraggeber **nicht** den Eindruck, er habe die Chancen eines möglichst günstigen Vertragsschlusses nach bestem Wissen und Gewissen ausgelotet (vgl BGH NJW 1968, 150). Das Gegenteil ist sogar der Fall, wenn der Makler zugleich mit vertraglichem Einverständnis des Auftraggebers (§ 654) als Vermittlungsmakler für die Vertragsgegenseite tätig wird. Insoweit ist der Makler nämlich für den Auftraggeber erkennbar gegenüber der Vertragsgegenseite zur Verschwiegenheit verpflichtet (BGH NJW 1970, 1075, 1076). Der bloße Nachweis enthält auch nicht ohne weiteres die Behauptung, die günstigste dem Makler bekannte Vertragsgelegenheit nachgewiesen zu haben. Deshalb hat der Auftraggeber keinen Anspruch darauf, daß der Makler eine nachträglich bekannt gewordene günstigere Vertragsgelegenheit nachschiebt, mag er auch selbstverständlich dem Partner der zunächst nachgewiesenen Vertragsgelegenheit gegenüber dazu berechtigt sein (OLG Hamburg AIZ 1988 H 9 A 114 Bl 7).

186 Generell gilt, daß Art und Umfang der **Aufklärungspflichten** des Maklers vom Einzelfall abhängen (BGH MDR 1964, 495). Unter diesem Vorbehalt sind die im folgenden berichteten Entscheidungen zu sehen. Nach BGH NJW 1982, 1147 haftet der Makler nicht für die Richtigkeit von Auskünften, die er erkennbar von Dritten eingeholt hat, sondern lediglich für die Richtigkeit der Weitergabe (vgl auch LG Hamburg AIZ 1982 H 5 A 115 Bl 8). Die Beweislast für die Unrichtigkeit der Weitergabe soll – weil die objektive Pflichtwidrigkeit betreffend – beim Anspruchsteller, dh beim Auftraggeber liegen. Vermittelt der Makler den Kaufvertrag über ein Baugrundstück oder weist er die Gelegenheit zum Kauf eines solchen Grundstücks nach, so verliert er im Fall der Nichtbebaubarkeit nicht nur den Provisionsanspruch (vgl Rn 85), sondern macht sich nach LG Bonn AIZ 1975, 62 darüber hinaus schadensersatzpflichtig, wenn er eine wesentliche Einschränkung der Bebaubarkeit wie das Fehlen eines gesicherten Zugangs zum Grundstück verschweigt. Die Pflicht des Maklers zur Überprüfung der Bonität zugeführter Interessenten bedarf besonderer Abrede (AG Hamburg AIZ 1981 H 9 A 115 Bl 2), die nicht schon darin gesehen werden kann, daß der Auftraggeber dem Makler erklärt hat, es kämen nur solche Interessenten in Betracht, die den Kaufpreis „praktisch auf den Tisch legen können" (OLG Frankfurt AIZ 1984 H 2 A 115 Bl 2). Wohl hat der Makler das ihm ohne Überprüfung bekannte Fehlen der Bonität des nachgewiesenen Interessenten mitzuteilen, widrigenfalls er nicht nur den **Provisionsanspruch verliert** (Rn 83), sondern sich darüber hinaus **schadensersatzpflichtig** macht, wenn der Auftraggeber beweist, daß er im Falle der ordnungsgemäßen Mitteilung zum mindestens gleichen Preis an einen anderen Interessenten von hinreichender Bonität verkauft hätte. Wer als Makler den Kaufvertrag über ein noch zu errichtendes Wohnhaus nachweist oder vermittelt, haftet für eine falsche Auskunft über den Zeitpunkt der Fertigstellung, wenn dieser beträchtlich (konkret: 17 Monate) überschritten wird (OLG Köln NJW 1972, 1813). Das gleiche gilt im Fall einer falschen Auskunft über die Erschließungskosten des nachgewiesenen Baugrundstücks (LG Düsseldorf AIZ 1988 H 12 A 114 Bl 8) oder die Höhe der Mieteinnahmen aus dem nachgewiesenen Wohngrundstück (LG Limburg AIZ 1988 H 3 A 115 Bl 21).

187 c) Ein Vertrauen des Auftraggebers auf **ordnungsgemäße Beratung** durch den Makler kann aus bloßer **Nachweistätigkeit** in der Regel **nicht** entstehen. Denn die bloße Nachweistätigkeit ist dadurch gekennzeichnet, daß sie sich in der Zusammenführung des Auftraggebers und des vertragsbereiten Interessenten erschöpft (OLG Nürnberg AIZ 1961, 12). Wohl ist denkbar (und relativ häufig), daß der Makler aufgrund besonderer Abrede oder besonderer Vertrauenswerbung für nicht ordnungsgemäße Beratung haftet. BGH NJW-RR 1991, 627 hält unter diesem Gesichtspunkt einen Finanzierungsmakler für schadensersatzpflichtig, der die Finanzierung auf Anfrage voreilig für gesichert erklärt und dadurch einen nicht finanzierbaren Grundstückskauf veranlaßt. Ähnlich zu beurteilen ist der Fall, daß der Makler im Zusammenhang mit dem Nachweis der Gelegenheit zum Kauf eines Wohngrundstücks auf Anfrage zum sofortigen Abschluß des Kaufvertrags rät, obwohl er weiß, daß die Auftraggeber den Kaufpreis nur aus dem Erlös des Verkaufs eines anderen Wohngrundstücks bestreiten können und als Kenner des Immobilienmarktes wissen muß, daß der kurzfristige Verkauf dieses anderen Grundstücks keineswegs gesichert ist (OLG Frankfurt NJW-RR 1988, 1200). Ebenso darf der Makler nicht zum Kauf einer Wohnung raten, die der Auftraggeber erkennbar sofort beziehen will, obwohl er weiß, daß die Wohnung vermietet ist und der Mieter Mieterschutz genießt (BGH NJW 1981, 2685). Denn der Auftraggeber kann davon ausgehen, daß der Makler als Immobilienfachmann die praktisch wichtigen Mietrechtskenntnisse hat und bei seinen Ratschlägen berücksichtigt. Daß es sich anderenfalls aber nicht um die Verletzung einer speziellen Pflicht aus dem Maklervertrag handelt, wird deutlich, wenn man sich vergegenwärtigt, daß ein entsprechender Rat gegenüber dem zukünftigen Vertragspartner des Auftraggebers ceteris paribus genau die gleichen Rechtsfolgen (positive Forderungsverletzung im Zusammenhang mit einem besonderen Beratungsvertrag, culpa in contrahendo kraft eigener Vertrauenswerbung des Maklers) auslöst. Dagegen schließt die notwendige Einweisung in die **vermittelte** Vertragsgelegenheit regelmäßig die **sachverständige Beratung** des Auftraggebers hinsichtlich der wirtschaftlichen und rechtlichen Einzelheiten ein. Denn ohnedem kann der Auftraggeber von seiner Entschließungsfreiheit keinen vernünftigen Gebrauch machen, insbesondere sie nicht – wie es der Sinn der Entschließungsfreiheit erfordert – sachgerecht mit den vorhandenen Alternativen vergleichen. In der Natur der Sache liegt es, daß die erforderliche Intensität der Beratung mit der Gefährlichkeit des vermittelten Geschäfts und der geschäftlichen Unerfahrenheit des Auftraggebers wächst (BGH DB 1964, 511; OLG Köln MDR 1959, 210). Festzuhalten ist aber auch hier, daß es keine spezielle Betreuungspflicht der Makler gegenüber geschäftsunerfahrenen Auftraggebern gibt (vgl auch LG Berlin AIZ 1959, 159; aA KREHL 46 f).

188 Die Beratung als Bestandteil der Einweisung in die vermittelte Vertragsgelegenheit umfaßt die gewissenhafte **Erläuterung der Risiken** des Vertrags. Nur in diesem Sinne trifft es zu, wenn es in der Literatur heißt, der Makler dürfe den Auftraggeber nicht zu einem unvorteilhaften und überstürzten Vertragsschluß verleiten (BURGHART AcP Bd 140 (1935) 81, 87; MünchKomm/SCHWERDTNER § 652 Rn 78). Dagegen braucht der Makler **nicht das Interesse des Auftraggebers über sein eigenes Provisionsinteresse zu stellen.** Hat er seine Vermittlungsleistung vollendet, so darf er – selbstverständlich ohne arglistige Täuschung – für sie werben. Es ist Sache des mündigen Auftraggebers zu entscheiden, ob er die positive Einschätzung des Maklers teilt oder nicht. Plakativ formuliert: Der Makler ist **verantwortlich für die Qualität seines Produkts, nicht für die Dummheit des Auftraggebers.** Werturteile, die durch die mitgeteilten Tatsachen erkennbar nicht gedeckt sind („sehr guter Zustand", „Gelegenheit"), stellen keine Verletzung der Pflicht zur ordnungsgemäßen Beratung dar (LG Limburg AIZ 1989 H 4 A 114 Bl 9). Zur gebotenen Erläuterung der Risiken des Vertrags gehört die Beratung hinsichtlich der günstigen Bewältigung seiner steuerrechtlichen Folgen (OLG München NJW 1961, 1534). Auch Rechtsberatung kann erforderlich sein, so zB, wenn der Auftraggeber das zum Kauf vermittelte Haus für sich selbst benötigt, dieses aber von einem nicht auszugswilligen Mieter bewohnt wird (BGH NJW 1981, 2685; vgl auch Rn 187). Derartige Rechtsberatung verstößt ebenso wie die Bereitstellung von Vertragsentwürfen nicht gegen das Gesetz zur Verhütung von Mißbräuchen auf dem Gebiet der Rechtsberatung (vgl Vorbem 61 f; MünchKomm/SCHWERDTNER § 652 Rn 75).

189 d) Zu den Schutz- und Erhaltungspflichten des Maklers (Rn 183 aE) gehört vor allem die **Verschwiegenheitspflicht.** Soweit dem Makler im Zusammenhang mit seinem Auftrag den Auftraggeber betreffende geheimhaltungsbedürftige Tatsachen bekannt werden, hat er darüber Stillschweigen zu bewahren (MünchKomm/SCHWERDTNER § 652 Rn 87; KREHL 50 f). Das gilt ebenso für objektiv geheimhaltungsbedürftige Tatsachen wie für solche, deren Geheimhaltung der Auftraggeber wünscht. Insbesondere darf der Makler den Interessenten nicht über Tatsachen informieren, die die Verhandlungsposition des Auftraggebers schwächen (zB Zwang zum Notverkauf des angebotenen Objekts oä). In den gleichen Kontext fällt, daß der vom Verkäufer beauftragte Makler nicht in einer Weise inserieren darf, die kundigen Interessenten den Schluß auf schwere Veräußerlichkeit des Objekts erlaubt (OLG Düsseldorf AIZ 1990 H 3 A 115 Bl 25: schrittweise Preisermäßigungen in kurzen Abständen). In beiden Fallgestaltungen leistet der Makler nicht nur keinen förderlichen Beitrag, sondern er verschlechtert den Status quo des Auftraggebers, so daß ihn trotz Fehlens einer entsprechenden Förderungspflicht die Haftung (auf das negative Interesse) trifft.

190 e)   Im Schrifttum wird zT eine Pflicht des Maklers postuliert, „jegliches Verhalten zu unterlassen, das **den Abschluß und die Durchführung des Vertrages gefährden** könnte" (MünchKomm/SCHWERDTNER § 652 Rn 87; TEMPEL 312). Dieser Forderung ist – wie in der Sache auch ihre Vertreter selbst einräumen – nur zur Hälfte zuzustimmen. Der Makler darf selbstverständlich den Abschluß des Hauptvertrags zwischen dem Auftraggeber und dem Interessenten dadurch gefährden, daß er andere Auftraggeber mit dem Interessenten zusammenführt. Das folgt jedenfalls für den Maklervertrag nach dem gesetzlichen Normalstatut nicht daraus, daß eine diesbezügliche Zurückhaltung für den Makler unzumutbar ist (so MünchKomm/SCHWERDTNER § 652 Rn 89), sondern daraus, daß der Makler sich erst für das Stadium nach Abschluß des Hauptvertrags zur Respektierung des Veränderungsinteresses des Auftraggebers verpflichtet hat. Wie den Auftraggeber (Rn 180 f), so treffen auch den Makler vor dem Abschluß des Hauptvertrags allein die Schutz- und Erhaltungspflichten, die außerhalb des Maklerrechts durch das vorvertragliche Schuldverhältnis infolge der Aufnahme von Vertragsverhandlungen begründet werden (aA BGH WM 1983, 385, 386; KREHL 54: Der Einschnitt soll nicht der Abschluß, sondern die Abschlußreife des Hauptvertrags sein. Aber die Abschlußreife schützt den Makler noch nicht davor, daß Auftraggeber und/oder Interessent noch anderen Sinnes werden).

191 Daß der Makler den Vetragsschluß nicht durch arglistige Täuschung oder sonstige **anstößige Mittel** hintertreiben darf, hat nichts mit speziellen maklervertraglichen Pflichten zu tun. Derartiges Verhalten ist schlechthin, dh unabhängig vom Bestehen einer Sonderrechtsbeziehung, durch § 826 mit Schadensersatzpflichten bedroht. Nach hM kann es den Makler außerdem analog § 654 lohnunwürdig machen (BGH WM 1978, 245, 246; ausführlich § 654 Rn 9 ff). Überhaupt nicht in den vorliegenden Zusammenhang gehört, daß der Makler die Wirksamkeit des Hauptvertrags nicht durch heimliche Sonderabreden und daraus erwachsende Formnichtigkeit gefährden darf. Dem Abschluß des Hauptvertrags durch den Makler liegt nicht ein normaler Maklervertrag zugrunde, der seinem Wesen nach die Abschlußtätigkeit gerade nicht umfaßt (vgl Vorbem 2), sondern ein **besonderer Auftrag**, der dem Makler die Wahrung des Interesses des Auftraggebers am ordnungsgemäßen Abschluß des Hauptvertrags explizit zur Pflicht gemacht hat.

192 **Nach Abschluß des Hauptvertrags** ist der Makler freilich – ebenso wie umgekehrt der Auftraggeber (Rn 181) – auf das **Veränderungsinteresse des Auftraggebers** verpflichtet (KREHL 55 f). Das verbietet ihm, zum Gegenstand des Hauptvertrags weitere Vertragsgelegenheiten nachzuweisen bzw Verträge zu vermitteln, so daß die Vertragsgegenseite in die Versuchung gerät, gegenüber dem Auftraggeber vertragsbrüchig zu werden (insoweit richtig MünchKomm/SCHWERDTNER § 652 Rn 88). Generell darf er den Vertragszweck nicht vereiteln, wobei gleichgültig ist, ob das dementsprechende Verhalten vor oder nach dem Zustandekommen des Hauptvertrags liegt (BGH WM 1978, 245,

246; 1983, 385, 386). Ua haftet der Makler dem Auftraggeber für den Schaden, der diesem daraus entstanden ist, daß ihm ein erkennbar zahlungsunfähiger Vertragspartner zugeführt worden ist (MünchKomm/Schwerdtner § 652 Rn 87). Freilich ist der Makler grundsätzlich nicht dazu verpflichtet, nach Abschluß des Hauptvertrags noch Auskünfte über die Person des Vertragspartners zu erteilen (LG Stuttgart AIZ 1993 H 8 A 114 Bl 13). Fehlverhalten des Maklers nach Zustandekommen des Hauptvertrages und Zahlung der Provision kann nach BGH NJW 1985, 45 ausschließlich zur Schadensersatzpflicht, nicht auch zur Verwirkung des Provisionsanspruchs führen (vgl dazu § 654 Rn 11 ff).

2. Sonderfälle

a) Der **Doppelmakler** ist nach hM auf das **Interesse beider Seiten** des (zukünftigen) **193** Hauptvertrags verpflichtet. Daraus soll eine Pflicht zu strenger **Unparteilichkeit** folgen (BGH DB 1967, 505, 506; NJW 1968, 150, 151). Die Unparteilichkeit ist freilich im Prinzip unabhängig von dem Doppelmaklerstatus kraft Natur der Maklertätigkeit gewährleistet: Der bloße Nachweis der Vertragsgelegenheit ist definitionsgemäß neutral (Lieb DB 1981, 2415, 2419), die Vermittlungstätigkeit kann zwar parteilich ausgeübt wrden, dies jedoch nur mit dem Risiko, daß das Ziel, den angestrebten Hauptvertrag zustande zu bringen, nicht erreicht und die Provision nicht verdient wird. Ein Vermittlungsmaklervertrag ist nicht sinnvoll, wenn er ein Eingehen auf berechtigte Erwartungen der Gegenseite ausschließt. Davon geht in den §§ 98, 99 HGB auch der Gesetzgeber aus. Die besondere Pflicht des Doppelmaklers zur Unparteilichkeit kann vor diesem Hintergrund lediglich bedeuten, daß er den Nachweis bzw die Vermittlung gegenüber jedem Auftraggeber in einer Weise erbringen muß, die Pflichtverletzungen gegenüber dem jeweils anderen vermeidet. Nicht zufällig beschränkt sich der praktische Anwendungsbereich des Gebots der Unparteilichkeit auf den **Konflikt zwischen Aufklärungspflicht** (vgl Rn 184 ff) **und Verschwiegenheitspflicht sowie zwischen den beiden Seiten gegenüber bestehenden Beratungspflichten** (vgl Rn 187). Soweit die Aufklärungspflicht gegenüber der einen Seite mit der Pflicht zur Verschwiegenheit gegenüber der anderen Seite kollidiert, geht die Aufklärungspflicht grundsätzlich vor (BGH NJW 1968, 150, 151; LG Hamburg AIZ 1979 H 2 A 132 Bl 1). Das ergibt sich daraus, daß das für die Zulässigkeit der Doppeltätigkeit erforderliche vertragliche Einverständnis beider Seiten im Zweifel die Entbindung von der Verschwiegenheitspflicht einschließt, kann doch ohnedem die Doppeltätigkeit nicht rechtmäßig ausgeübt werden. Betrifft die Aufklärung einen Umstand, hinsichtlich dessen einerseits die Verschwiegenheitspflicht und andererseits die Aufklärungspflicht nicht als abbedungen angesehen werden kann, so muß der Makler die Tätigkeit für beide Seiten einstellen (BGH MDR 1970, 28; vgl auch § 654 Rn 5 f).

b) Der **Kreditmakler** befindet sich schon deshalb in einer besonderen Situation, **194** weil er regelmäßig, dh bei **gewerbsmäßiger Kreditvermittlung** (nicht bloß Nachweistätigkeit!) Handelsmakler im Sinne des § 93 HGB ist. Gegenstand des Handelsverkehrs ist nämlich – wie § 1 Abs 2 Nr 4 HGB belegt – auch das Bankgeschäft. Der Handelsmakler ist aber auch ohne Doppelauftrag zur Unparteilichkeit verpflichtet; nach § 98 HGB haftet er dem Vertragsgegner ebenso wie dem Auftraggeber (OLG München NJW 1970, 1924, 1925); er ist **kraft Gesetzes Doppelmakler** (Ulmer/Habersack, VerbrKrG [1992] § 1 Rn 76). Als Handelsmakler hat der Kreditmakler nach § 347 HGB für die Sorgfalt eines ordentlichen Kaufmanns einzustehen. Danach macht er sich schadensersatzpflichtig, wenn er im Fall einer Kauffinanzierung den Kreditbetrag ohne vorherige Rücksprache mit dem Kreditgeber entgegen dem Kreditantrag nicht an den Verkäufer, sondern an den Käufer auszahlt (OLG München NJW 1970, 1924, 1926). Das gleiche gilt, wenn er dem Kreditgeber vor der Auszahlung an den Kreditnehmer Umstände verschweigt, die darauf hinweisen, daß dieser den Kredit wegen eines finanziellen Engpasses zu allgemeinen Geschäftszwecken verwenden will (BGH WM 1970, 1270, 1271). Andererseits setzt die Pflicht zur ordnungsgemäßen Aufklärung Aufklärungsbedürftigkeit voraus, die bei der kreditgebenden Bank nicht selten fehlen wird (BGH WM 1988, 41). Soweit der Makler die Umschuldung eines Verbraucherkredits vermittelt, trifft ihn aufgrund der gesetzlichen Wertung des § 16 S 2 VerbrKrG umgekehrt gegenüber dem Kreditnehmer eine besonders intensive Aufklärungspflicht (ULMER/HABERSACK, VerbrKrG [1992] § 16 Rn 26; vgl auch BGH NJW-RR 1991, 627, 628). Der Kreditmakler, der für den Käufer einen Abzahlungskredit vermittelt hat, muß vor der Auszahlung der Kreditsumme an den Verkäufer feststellen, ob der Käufer dagegen Bedenken hat oder nicht (BGH MDR 1963, 128). Anders als etwa ein Immobilienmakler (Rn 184) hat der Kreditmakler im Zweifel die Bonität des Kreditnehmers zu überprüfen (OLG Köln MDR 1959, 210; OLG Celle WM 1974, 735 f), damit der Kreditgeber den vermittelten Hauptvertrag – wie es zum Wesen der (vollständigen) Vermittlung gehört (vgl OLG Nürnberg OLGZ 1977, 219, 221) – abschlußreif vorfindet. Zu den in diesem Zusammenhang anzeigepflichtigen Tatsachen zählt allerdings nicht der Hinweis, daß der Makler den Kreditnehmer nicht persönlich kennt. Der Kreditmakler, der mit der Vermittlung einer geeigneten Baufinanzierung beauftragt ist, hat den Auftraggeber hinsichtlich der steuerlichen Seite richtig zu beraten. Er verletzt diese Beratungspflicht, wenn er unzutreffende Vorstellungen des Auftraggebers über Abschreibungsmöglichkeiten nicht korrigiert, obwohl er den Irrtum erkennt (OLG Hamm AIZ 1976, 263).

195 c)   Der **Anlagevermittler**, der wie der Kreditmakler gemäß § 93 HGB Handelsmakler ist (für Publikumskommanditanteile streitig, vgl OLG Frankfurt WM 1979, 1396) sieht sich wegen der besonderen ökonomischen und rechtlichen Kompliziertheit der vermittelten Verträge mit besonderen Erwartungen der Erwerber hinsichtlich Aufklärung und Beratung konfrontiert. BGH NJW 1983, 1730 trägt dem Rechnung, indem er den Anlagevermittler verpflichtet, dem Erwerber nicht nur vollständiges Material vorzulegen, sondern dieses auch zu erläutern, insbesondere Widersprüche in dem Material aufzudecken und auszuräumen. Nach § 282 („mindestens analog") soll der Anlagevermittler dafür darlegungs- und beweispflichtig sein, daß er diesen Sorgfaltsanforderungen genügt hat.

3.   Besondere Haftungsursachen

196 Den Makler kann eine Haftung aus **Garantieübernahme** treffen. An die Garantieübernahme sind indessen hohe Anforderungen zu stellen. Insbesondere ist in der Angabe eines **Festpreises** durch einen Immobilienmakler keine Garantie für die Einhaltung dieses Preises zu sehen, soweit es nicht zusätzliche Anhaltspunkte für einen so weitgehenden Verpflichtungswillen des Maklers gibt. Als ein solcher zusätzlicher Anhaltspunkt kommt eine ungewöhnliche Höhe der Provision in Betracht, doch kann diese je nach Lage des Einzelfalls auch anders zu erklären sein (BGH NJW 1981, 2295). Auch dürfen optimistische Angaben des Maklers nicht mit Garantieerklärungen verwechselt werden. Das Schreiben eines Maklers an eine Wohnungsbaugesell-

schaft, es könne „mit 100% Sicherheit" gesagt werden, daß schon bei Auftragsan-
nahme durch einen Bauträger bis zu 50% der Vorplanung verkaufbar sei, enthält
ersichtlich nicht mehr als eine werbewirksame Anpreisung (LG Landau AIZ 1985 H 11 A
115 Bl 16). Das gleiche gilt für die Angabe, das angebotene Grundstück befinde sich
„in sehr gutem Zustand" (LG Limburg AIZ 1989 H 4 A 114 Bl 9). Verstößt der Makler
gegen eine (wirksame, vgl Rn 174) Reservierungsvereinbarung, so muß er den Schaden ersetzen, den der Auftraggeber dadurch erleidet. Dieser geht angesichts der
engen Grenzen für die Wirksamkeit der Reservierungsvereinbarung (vgl Rn 174;
anders anscheinend unter unrichtiger Berufung auf BGH NJW 1988, 1716 ff; OLG Oldenburg AIZ
1990 H 2 A 115 Bl 24) nur ganz ausnahmsweise auf Ersatz des Erfüllungsschadens (LG
Essen AIZ 1989 H 1 A 115 Bl 23). Der Makler haftet über culpa in contrahendo in
Verbindung mit § 278 für die arglistige Täuschung des Auftraggebers durch einen
Mitarbeiter auf Schadensersatz. Das gilt nach Ansicht des OLG Hamburg (AIZ 1986
H 2 A 115 Bl 17) auch dann, wenn die arglistige Täuschung in der Täuschung über eine
in Wirklichkeit nicht vorhandene Vertretungsmacht besteht. Diese Ansicht ist in
hohem Maße problematisch (vgl Canaris JuS 1980, 332 mit umfassender Darstellung des
Diskussionsstandes), deckt sich aber mit der BGH-Rechtsprechung zum Parallelpro-
blem der Haftung aus culpa in contrahendo in Verbindung mit § 31 (BGH NJW 1986,
2941, 2942).

IX.　Besonderheiten des Alleinauftrags

1.　Der Abschluß des Alleinauftrags

Der Alleinauftrag (vgl zu Begriff und Struktur Vorbem 8 ff) bedarf zu seiner Wirksamkeit **197**
nicht der individualvertraglichen Absprache über die ihn konstituierenden Merkmale
(Verzicht des Auftraggebers auf die Einschaltung anderer Makler, Tätigkeitspflicht
des Maklers). Die bloße „Anreicherung" des normalen Maklervertrags durch entsprechende AGB-Klauseln reicht aus (MünchKomm/Schwerdtner § 652 Rn 269; aA
Ulmer/Brandner/Hensen Anh zu §§ 9 bis 11 AGBG Rn 487; Staudinger/Schlosser[12] § 3 AGBG
Rn 34 in Verbindung mit § 9 AGBG Rn 142). Entgegen Schlosser aaO läßt sich das
Gegenteil nicht damit begründen, daß die Vereinbarung des Alleinauftrags statt des
einfachen Maklervertrags umqualifizierend wirkt. Der Alleinauftrag ist **kein Dienstvertrag**, er bleibt Maklervertrag (vgl Vorbem 8 u 11). Zwar weicht er insofern vom
gesetzlichen Leitbild des Maklervertrags im Sinne des § 9 Abs 2 Nr 1 AGBG ab, als
er das Recht des Auftraggebers zur Einschaltung weiterer Makler abbedingt. Aber
§ 9 Abs 2 Nr 1 AGBG verlangt keine völlige Übereinstimmung von Gesetz und
AGB, ist es doch gerade der Zweck von AGB, die Rechtslage in einer von den
gesetzlichen Bestimmungen abweichenden Weise zu regeln (BGH WM 1987, 632, 633).
Die Grundgedanken der §§ 652 ff – Abhängigkeit des Provisionsanspruchs vom
Zustandekommen des Hauptvertrags mit einem Dritten, Kausalität der Maklertätigkeit für dieses Zustandekommen, Abschlußfreiheit des Auftraggebers – werden
durch den Alleinauftrag nicht angetastet. Inhaltlich läßt er mit dem Austausch Verzicht auf die Einschaltung anderer Makler gegen Tätigkeitspflicht des Maklers nicht
die Feststellung zu, der Auftraggeber werde unangemessen benachteiligt. BGH WM
1978, 791 hat für einen Fall vor Inkrafttreten des AGBG die Möglichkeit der Vereinbarung eines Alleinauftrags per Formularvertrag bejaht. Daran ist auch nach dem
Inkrafttreten des AGBG festzuhalten.

198 Nicht per Formularvertrag bzw AGB-Klausel läßt sich der sog **qualifizierte Alleinauftrag** vereinbaren, der dem Auftraggeber während der Laufdauer des Vertrags neben der Einschaltung anderer Makler auch das **Eigengeschäft untersagt** (BGH NJW 1967, 1225, 1226; VersR 1991, 692; OLG Zweibrücken AIZ 1992 H 4 A 101 Bl 5; SCHMIDT-SALZER DB 1969, 1137, 1138). Denn der qualifizierte Alleinauftrag nimmt dem Auftraggeber die Möglichkeit, die vom Makler gebotene Vertragsgelegenheit mit den ihm ohne Makler zugänglichen zu vergleichen und so ihren (subjektiven) Wert frei zu bestimmen. Je nach den Verhältnissen des Einzelfalls kann der Auftraggeber infolgedessen gezwungen sein, die provisionspflichtige Vertragsgelegenheit zu nutzen, obwohl es Alternativen gibt, die ohne den Druck der für den Fall des Eigengeschäfts vorgesehenen Sanktionen (Schadensersatz, Vertragsstrafe, erfolgsunabhängige Provisionszahlungspflicht) für ihn vorzugswürdig wären. Die Entschließungsfreiheit des Auftraggebers als das die Richtigkeitsgewähr des Austausches von nachgewiesener Vertragsgelegenheit bzw fertiger Vermittlungsleistung einerseits und Provision andererseits verbürgende Element büßt dadurch maßgeblich an Funktionsfähigkeit ein (vgl Vorbem 10). Der qualifizierte Alleinauftrag stellt im Kern den Versuch dar, die nur als Teilhabe am Nutzen der Maklertätigkeit für den Auftraggeber legitimierbare hohe Maklervergütung (vgl Vorbem 3) auf Fälle auszudehnen, in denen ein Nutzen der Maklertätigkeit für den Auftraggeber fehlt oder doch jedenfalls nicht in einem angemessenen Verhältnis zur Höhe der Provision steht. Der Reformentwurf vom 16. 2. 1984 hat folgerichtig in § 653 Abs 2 den qualizierten Alleinauftrag ausgeschlossen und für den Fall des Eigengeschäfts allein die Vereinbarung einer angemessenen, dh am Arbeitsaufwand des Maklers orientierten (BT-Drucks 10/1014, S 10) Vergütung bis zur Maximalhöhe von 2,5% des Gegenstandswerts gestattet. De lege lata ist für weitergehende Regelungen jedenfalls die Individualvereinbarung zu verlangen, die dem Auftraggeber eine wirkliche Entscheidung der Frage ermöglicht, ob sein Interesse das Einverständnis damit erträgt (aA SCHWERDTNER 194 ff). Dem qualifizierten Alleinauftrag gleichzustellen ist der Alleinauftrag mit **Hinzuziehungs- oder Verweisungsklausel**. Auch solche Klauseln, die dem Auftraggeber das Eigengeschäft nur mit Hilfe des Maklers erlauben, lassen sich wirksam nur individualvertraglich vereinbaren (BGH NJW 1973, 1194; 1984, 360, st Rspr). Die Vermittlung eines Hauptvertrags durch einen aufgrund unwirksamer Hinzuziehungs- oder Verweisungsklausel eingeschalteten Makler ist nicht provisionspflichtig, weil die Provision für eine solche Vermittlung nicht wirksam versprochen worden ist (im Ergebnis ebenso LG Bremen NJW-RR 1989, 761, jedoch mit nicht haltbarer Schadensersatzkonstruktion).

199 Die (formularmäßige) Vereinbarung eines Alleinauftrags setzt nicht die Ausformulierung der Alleinauftragsdefinition (Vorbem 8) voraus. Vielmehr handelt es sich beim Alleinauftrag um einen **Begriff des Rechtsverkehrs**, der aus sich heraus hinreichend aussagefähig ist (DYCKERHOFF 54). Den gleichen Bedeutungsgehalt haben in der Regel die Begriffe „Alleinverkauf", „Festauftrag" und „Fest an die Hand" (WERNER JurA 1970, 353, 362). Doch kann die Abweichung vom Standardbegriff Alleinauftrag im Einzelfall den Willen ausdrücken, mehr oder auch weniger zu vereinbaren. So hat OLG Düsseldorf MDR 1973, 582 bei einem „Festauftrag" lediglich den Ausschluß des jederzeitigen Widerrufs des Maklervertrags angenommen. Umgekehrt soll nach Ansicht des BGH im Fall eines „Alleinverkaufsrechts" oder eines „Fest- und Alleinauftrags" jedenfalls zu prüfen sein, ob nicht ein qualifizierter Alleinauftrag beabsichtigt ist (WM 1976, 533, 534). Freilich reicht es für die Annahme eines qualifizierten Alleinauftrags nicht aus, daß man **in Maklerkreisen** unter der gebrauchten Formulierung einen qualifizierten Alleinauftrag versteht. Die Auslegung nach der Verkehrs-sitte (§ 157) setzt voraus, daß beide Vertragsparteien, dh Makler und Auftraggeber, dem betroffenen Verkehrskreis angehören (OLG Düsseldorf MDR 1973, 582 f).

2. Die Dauer des Alleinauftrags

Im Gegensatz zum einfachen Maklervertrag ist der Alleinauftrag im Zweifel **nicht** **200** **frei widerruflich.** Soweit der Alleinauftrag keine Frist vorsieht, gilt nach den §§ 157, 242 aufgrund ergänzender Vertragsauslegung eine angemessene Frist als vereinbart (vgl zu den Einzelheiten mit Nachweisen Rn 59). Die angemessene Befristung kann folge-richtig auch in AGB geregelt werden (MünchKomm/SCHWERDTNER § 652 Rn 271). Ande-rerseits ist eine im Hinblick auf die Nachweis- bzw Vermittlungsaufgabe **offensichtlich** **unangemessene Laufdauer** des Alleinauftrags selbst durch Individualabsprache nicht vereinbarungsfähig (vgl zu den Einzelheiten mit Nachweisen Rn 59). Der Reformentwurf vom 16. 2. 1984 hat in § 653 a Abs 2 S 2 u 3 nach Ablauf von 6 Monaten die zwin-gende fristlose Kündbarkeit des Alleinauftrags vorgesehen, soweit die Art oder der Gegenstand des zu vermittelnden oder nachzuweisenden Vertrags keine längere Laufdauer erfordert (BT-Drucks 10/1014, S 4). In der Literatur ist daraus eine Art Vor-wirkung in der Weise abgeleitet worden, daß bereits de lege lata für AGB-Regelungen die Sechsmonatsgrenze als Maximaldauer verbindlich sein soll. Eine längere Laufdauer soll allein durch Individualabsprache vereinbart werden können (ULMER/BRANDNER/HENSEN Anh zu §§ 9 bis 11 AGBG Rn 487; vgl auch KRUEGER-DOYÉ 104). Dem ist nicht zu folgen, und zwar auch dann nicht, wenn man unberücksichtigt läßt, daß der Reformentwurf inzwischen die Qualität der lex ferenda verloren hat (Vorbem 68). Solche „gegriffenen Größen" lassen sich nicht ohne wirksame gesetzliche Anord-nung verbindlich machen. Immerhin liefert die Regelung des Reformentwurfs als Ausdruck einer repräsentativen Auffassung bezüglich des im Regelfall noch Ange-messenen ein Richtmaß (vgl auch MünchKomm/SCHWERDTNER § 652 Rn 272 aE; oben Rn 57 ff).

Auch während der Laufdauer des Alleinauftrags hat der Auftraggeber das Recht zur **201** **Kündigung aus wichtigem Grund.** Die zeitweilig de lege ferenda vorgesehene Rege-lung des § 653 a Abs 2 S 1 des Reformentwurfs vom 16. 2. 1984 (BT-Drucks 10/1014, S 4) hat nur deklaratorische Bedeutung (vgl zu den Einzelheiten mit Nachweisen Rn 60). Nach Ende der Laufdauer erlischt der Alleinauftrag. Der Makler kann in seinen AGB per Formularvertrag nicht wirksam vereinbaren, daß der Alleinauftrag sich um eine bestimmte Periode **verlängert,** wenn er nicht innerhalb eines festgelegten Zeitraums vor Fristablauf gekündigt wird (ULMER/BRANDNER/HENSEN Anh zu §§ 9 bis 11 AGBG Rn 487; **aA** KRUEGER-DOYÉ 105 f). Die Gegenansicht läuft darauf hinaus, dem Makler zuzubilligen, daß er die angemessene Bindung des Auftraggebers vervielfacht. Und das widerspricht definitionsgemäß der Forderung des § 9 Abs 1 AGBG, der Ver-tragspartner des AGB-Verwenders dürfe nicht **unangemessen benachteiligt** werden. Die Möglichkeit der Kündigung schwächt die Unangemessenheit zwar ab, hebt sie aber nicht auf, so daß allein der Weg der Individualabsprache offen bleibt. Die Unanwendbarkeit des § 11 Nr 12 b AGBG auf den Alleinauftrag mangels regelmä-ßiger Dienstleistung des Maklers (BGH WM 1981, 561) erlaubt nicht den Umkehr-schluß, daß das, was sich nach dieser Vorschrift im Zusammenhang mit einem Vertrag über die Leistung regelmäßiger Dienste nicht durch AGB oder Formular-vertrag vereinbaren läßt, im Rahmen des Alleinauftrags unbedenklich durch AGB oder Formularvertrag festgelegt werden kann (unklar MünchKomm/Schwerdtner § 652 Rn 273). Nach OLG Koblenz AIZ 1983 H 9 A 112 Bl 1 ist eine AGB-Klausel über eine stillschweigende Verlängerung des befristeten Alleinauftrags mit anschließender Kündbarkeit in Monatsfrist als Überraschungsklausel im Sinne des § 3 AGBG unwirksam.

3. Besondere Pflichten des Auftraggebers beim Alleinauftrag

202 **a)** Beim normalen Alleinauftrag trifft den Auftraggeber als zusätzliche (Primär-)Pflicht nur die Pflicht, die **Einschaltung anderer Makler** während der wirksam vereinbarten Laufzeit zu unterlassen. Im übrigen ändert sich im Verhältnis zum einfachen Maklervertrag nichts (BGH NJW 1961, 307; 73, 1194; OLG Zweibrücken AIZ 1992 H 4 A 101 Bl 5). Insbesondere ist der Auftraggeber genausowenig wie im Fall des einfachen Maklervertrags (vgl Rn 176) zur Förderung des Veränderungsinteresses (= des Interesses an der Provision) des Maklers verpflichtet (vgl im einzelnen Rn 175 ff). Zu widersprechen ist daher der Ansicht, der Auftraggeber habe im Fall des Alleinauftrags eine **Hinzuziehungs- und Verweisungspflicht**, deren Verletzung durch Abschluß eines Eigengeschäfts einen Schadensersatzanspruch des Maklers in Höhe der Provision auslöse (Krüger-Doyé 88 f). Die Prämisse dieser Auffassung, der Alleinauftrag bezwecke zum Ausgleich der Tätigkeitspflicht des Maklers die Verschaffung einer gesicherten Aussicht auf Provision (Krüger-Doyé 59 im Anschluß an Werner JurA 1970, 353, 364 f), ist unrichtig. Sie unterstellt eine Äquivalenz zwischen dem Wert der Tätigkeit des Maklers und der Höhe der Provision, die nicht nur die Realität, sondern auch die Vorstellung der Beteiligten verfehlt. Regelmäßig ist die Höhe der Provision objektiv und subjektiv nur zu rechtfertigen, wenn man in ihr gerade nicht das Entgelt für die Tätigkeit des Maklers, sondern die Gegenleistung für den subjektiven Nutzen des Ergebnisses dieser Tätigkeit für den Auftraggeber sieht. Schließt der Auftraggeber ein Eigengeschäft, so ist ein solcher Nutzen nicht vorhanden (vgl Vorbem 2 f). Aus dem gleichen Grund scheitert die These von einer **Hinzuziehungs- und Verweisungsobliegenheit** des Auftraggebers mit der Folge, daß der Makler im Falle des Eigengeschäfts des Auftraggebers ohne Hinzuziehung nach § 324 Abs 1 direkt (OLG Nürnberg MDR 1968, 920; Schwarz AIZ 1953, 13) oder analog (MünchKomm/Schwerdtner § 652 Rn 287) den Provisionsanspruch erwirbt, sofern nicht dem Auftraggeber der Nachweis gelingt, daß der Abschluß des Hauptvertrags durch die Hinzuziehung des Maklers vereitelt worden wäre (dagegen auch OLG Zweibrücken AIZ 1992 H 4 A 101 Bl 5). Der Auftraggeber macht durch den Abschluß des Eigengeschäfts die Maklerleistung nicht als ihr Gläubiger unmöglich, sondern verweigert ihren „Ankauf", nicht anders als ein Kaufinteressant, der sich vor Abschluß des Kaufvertrags noch anderweitig eindeckt und daher dem Verkaufsinteressenten eine Absage erteilt (vgl auch Beuthien in: FS Larenz 495, 514 f).

203 Schließt der Auftraggeber mit einem von einem anderen Makler nachgewiesenen oder vermittelten Interessenten ab, so schuldet er dem alleinbeauftragten Makler **Schadensersatz aus positiver Forderungsverletzung** (BGH NJW 1966, 2008; 1973, 1194). Unerheblich ist, wann der Hauptvertrag zustande kommt. Wie es für den Provisionsanspruch des Maklers genügt, daß er während der Laufzeit des Maklervertrags eine Ursache für das Zustandekommen des Hauptvertrags gesetzt hat (vgl Rn 65), so reicht es für den Schadensersatzanspruch aus, daß der andere Makler während der Laufzeit des Alleinauftrags eine (Mit-)Ursache für das Zustandekommen des Hauptvertrags

beigesteuert hat. Denn durch den Alleinauftrag ist die provisionspflichtige Maklertätigkeit für den Auftraggeber insoweit dem alleinbeauftragten Makler reserviert.
Der Schadensersatzanspruch kann theoretisch über § 252 auf Ersatz der verlorenge-
gangenen Provision gerichtet sein. Praktisch wird das allerdings nur ganz selten in
Betracht kommen, wird dem Makler doch nur selten der Nachweis gelingen, daß er
während der Laufzeit den gleichen oder einen anderen, vom Auftraggeber akzeptierten Interessenten nachgewiesen bzw vermittelt hätte (insoweit zutreffend Münch-
Komm/SCHWERDTNER § 652 Rn 287; aA PALANDT/THOMAS § 652 Rn 68). Daran ändert sich auch
nichts Entscheidendes dadurch, daß die Rechtsprechung dem Makler die **Darlegungs-
und Beweislast** erleichtert, indem sie sich mit dem Nachweis der Vertragsverletzung
des Auftraggebers und der Fähigkeit zur Präsentation eines zu den Bedingungen des
Eigengeschäfts abschlußfähigen und -bereiten Interessenten begnügt, also nicht etwa
den Nachweis der konkreten Abschlußbereitschaft des Auftraggebers verlangt (BGH
MDR 1973, 658 f).

Immerhin erhält der Makler seine **vergeblichen Aufwendungen** einschließlich des **204**
Werts seiner vergeblichen Arbeit ersetzt (BGH NJW 1973, 1194, 1195). Zwar gilt auch für
den Alleinauftrag § 652 Abs 2 (PALANDT/THOMAS § 652 Rn 74). Doch kann der Inhaber
des Schadensersatzanspruchs seine Aufwendungen als „ersten handgreiflichen Schaden" in Rechnung stellen (RGZ 127, 245, 248; vgl LANGE, Schadensersatz 423 mwNachw).
Der Einwand des rechtmäßigen Alternativverhaltens – etwa: die vergeblichen Aufwendungen würden auch sonst angefallen sein, weil er eine von dem allein beauftragten Makler gebotene Vertragsgelegenheit nicht genutzt haben würde – ist dem
Auftraggeber nach dem Sinn des Verbots der Einschaltung konkurrierender Makler
abgeschnitten (vgl LANGE, Schadensersatz 204 f; BAGE 6, 321, 325). Und damit ist dem
berechtigten Interesse des allein beauftragten Maklers vollauf genügt: Sein Arbeits-
und Materialaufwand wird angemessen ausgeglichen; der Auftraggeber, der den
Schadensersatz neben der Provision des anderen Maklers aufzubringen hat, wird
vom Vertragsbruch abgeschreckt. Es ist nicht ersichtlich, wieso der Makler für seine
Zusatzleistung im Verhältnis zum einfachen Maklervertrag, nämlich die Übernahme
einer Tätigkeitspflicht, billigerweise weitergehende Vorteile erhalten muß. Das gilt
um so mehr, als die Tätigkeitspflicht dem Makler hinsichtlich des Umfangs und der
Intensität der tatsächlich entfalteten Aktivitäten einen weiten Ermessensspielraum
beläßt (vgl Vorbem 13). Zu Recht hat daher die Rechtsprechung für weitergehende
Regelungen wie Verweisungsklauseln (BGH NJW 1973, 1194) bzw Hinzuziehungsklau-
seln (BGH NJW 1984, 360) die Individualabsprache verlangt (vgl auch Rn 231).

Mit § 9 AGBG vereinbar ist grundsätzlich eine **Pauschalierung** des ersatzfähigen **205**
Schadens (Aufwand plus angemessene Tätigkeitsvergütung) durch AGB-Klauseln
(vgl BGH NJW 1973, 1194, 1195). Indessen errichtet § 11 Nr 5 AGBG insoweit eine kaum
übersteigbare Hürde, weil es wegen der Eigenart der Maklerleistung einen typischen
Material- und Arbeitsaufwand und damit einen „nach dem gewöhnlichen Lauf der
Dinge zu erwartenden Schaden" nicht gibt. Und eine Vertragsstrafe (in oder unterhalb der Provisionshöhe) in AGB-Form scheitert an § 11 Nr 6 AGBG, weil sie auf
einen Vorgang reagiert, der eine Lösung vom Vertrag im Sinne dieser Vorschrift
darstellt (vgl MünchKomm/SCHWERDTNER § 652 Rn 278). Der Reformentwurf vom
16. 2. 1984 wollte nach § 653 Abs 1, 3 schlechthin allein noch die Vereinbarung einer
angemessenen, vom Nachweis eines Schadens unabhängigen Entschädigungspau-

schale erlauben, die im Fall des Nachweises bzw der Vermittlung von Kaufverträgen maximal 2,5% des Kaufpreises erreichen durfte.

206 Die Pflicht des Auftraggebers, die Einschaltung anderer Makler zu unterlassen, steht in einem **Gegenseitigkeitsverhältnis** zur Tätigkeitspflicht des Maklers (BGH WM 1973, 682, 683; GILLES ZRP 1979, 265, 272). Daraus folgt, daß der Auftraggeber auch ohne Kündigung des Alleinauftrags seine Unterlassungspflicht nicht erfüllen muß, wenn der Makler seine Bemühungen – aus welchen Gründen auch immer – endgültig einstellt (§ 320). Deshalb bedarf es nicht des Rückgriffs auf den Gedanken des Rechtsmißbrauchs, um zu verhindern, daß der Makler von anderen Maklern nachgewiesene bzw vermittelte Abschlüsse mit Regreßforderungen gegen den Auftraggeber beantwortet (aA BGH NJW 1966, 1405, 1406). Bei bloß vorübergehender Verhinderung des Maklers ist § **616 analog** heranzuziehen. Die Unterlassungspflicht des Auftraggebers bleibt also unberührt, wenn der Makler für eine verhältnismäßig nicht erhebliche Zeit aus persönlichen Gründen keine Bemühungen entfaltet. Im übrigen bringt es die Eigenart der Maklertätigkeit mit sich, daß vorübergehende Untätigkeit sich nur schwer als Verletzung der Tätigkeitspflicht qualifizieren läßt. Da die Tätigkeitspflicht keinen sinnlosen Aktionismus, sondern Einsatz nach pflichtgemäßem Ermessen des Maklers fordert (vgl Rn 212), scheidet die vorübergehende Untätigkeit zwar nicht de iure, wohl aber de facto als Anknüpfungspunkt für die Annahme einer Verletzung der Tätigkeitspflicht aus. Auch die endgültige Einstellung der Maklertätigkeit entbindet den Auftraggeber nach dem Rechtsgedanken des § **324** dann nicht von der Unterlassungspflicht hinsichtlich der Inanspruchnahme anderer Makler, wenn er diese endgültige **Einstellung provoziert** hat. Hat der Auftraggeber dem Makler zB die Aufgabe der Geschäftsabsicht mitgeteilt und schließt er dann gleichwohl aufgrund des Nachweises bzw der Vermittlung eines anderen Maklers den geplanten Hauptvertrag ab, so macht er sich schadensersatzpflichtig. Denn da er selbst die Untätigkeit des Maklers zu vertreten hat, ist seine Unterlassungspflicht analog § 324 bestehen geblieben (vgl auch MünchKomm/SCHWERDTNER § 652 Rn 283 aE).

207 Das **auftragsähnliche Verhältnis**, das zwischen dem Auftraggeber und dem alleinbeauftragten Makler infolge der Tätigkeitspflicht entsteht (Rn 216), führt **nicht** zu einer **Aufwendungsersatzpflicht des Auftraggebers** (analog § 670), und zwar gleichgültig, ob der Hauptvertrag zustande kommt oder nicht. Die Tätigkeitspflicht ändert nichts an der (dispositiven) Wertung des § 652 Abs 2, daß der Makler die Vertragsgelegenheit, die er dem Auftraggeber anbieten will, auf eigene Rechnung (und auf **eigenes Risiko**) beschaffen muß (Vorbem 5). Auch beim Alleinauftrag ist das Äquivalent die Hoffnung auf relativ hohen Maklerlohn, nicht die Schadloshaltung durch den Auftraggeber. Wird diese Hoffnung enttäuscht, so hat sich das der Chance entsprechende Risiko verwirklicht, nicht anders als im Fall des einfachen Maklervertrags (aA KNIEPER NJW 1970, 1293, 1299). Erst recht geht es nicht an, wegen der Tätigkeitspflicht den Ersatz der Aufwendungen im engeren Sinne noch unter Rückgriff auf den Rechtsgedanken des § 1835 Abs 3 um eine Vergütung des Arbeitsaufwands anzureichern (dafür KNIEPER NJW 1970, 1293, 1299). Allenfalls läßt sich ein Aufwendungsersatzanspruch im Wege ergänzender Auslegung des Alleinauftrags begründen, soweit der Makler sich zu konkreten, über die übliche Tätigkeitspflicht hinausgehenden Leistungen verpflichtet und seine Provisionserwartung sich infolge Nichtzustandekommens des Hauptvertrags zerschlagen hat (so OLG Hamm NJW 1973, 1976).

b) Im Fall des **qualifizierten Alleinauftrags** schuldet der Auftraggeber während der **208** Laufdauer sowohl den Verzicht auf die Konkurrenztätigkeit anderer Makler als auch den auf das Eigengeschäft (vgl Rn 198). Im Gegenzug soll der Makler jedenfalls im Fall der Vereinbarung einer Laufdauer von mehr als einem Jahr zum „Vertrauensmakler" werden, der besonders strengen treuhänderischen Bindungen unterliegt (BGH NJW 1964, 1467) – eine Konsequenz, der angesichts der mangelnden Konkretisierbarkeit der Tätigkeitspflicht (Rn 212) schwerlich praktische Bedeutung zukommt (kritisch auch SCHWERDTNER Rn 344). Das Verbot des Eigengeschäfts kann sich sinnvollerweise genausowenig im Verbot des Hauptvertragsschlusses während der Dauer des Alleinauftrags erschöpfen, wie das Verbot der Einschaltung anderer Makler sich darin erschöpft, den Abschluß des von anderen Maklern nachgewiesenen bzw vermittelten Hauptvertrags während der Dauer des Alleinauftrags zu unterlassen (Rn 203). Der Auftraggeber könnte sich sonst der Pflicht aus dem qualifizierten Alleinauftrag einfach dadurch entziehen, daß er mit dem Abschluß des Hauptvertrags zuwartet, bis die Reservierung zugunsten des Maklers erloschen ist. Andererseits kann mit dem qualifizierten Alleinauftrag sinnvollerweise auch nicht beabsichtigt sein, den Auftraggeber während der Laufzeit des Alleinauftrags an der Kenntnisnahme und Nutzung geeigneter Vertragsgelegenheiten zu hindern. Denn der Makler will dem Auftraggeber nicht geeignete Vertragsgelegenheiten sperren, sondern einer „Frustrierung" seiner Anstrengungen infolge der Eigeninitiative des Auftraggebers entgegenwirken. Man wird den qualifizierten Alleinauftrag daher im Zweifel so auszulegen haben, daß der Auftraggeber danach während der Laufzeit des Vertrags verpflichtet ist, **Interessenten an den Makler** zu **verweisen** oder doch wenigstens den **Makler** zu den Verhandlungen mit ihnen **hinzuzuziehen**.

Im Gegensatz zum normalen Alleinauftrag schützt der qualifizierte Alleinauftrag **209** also bis zu einem gewissen Grade auch von vornherein das **Veränderungsinteresse des Maklers**. Der Auftraggeber schuldet als Schadensersatz die volle Provision, es sei denn, der Hauptvertrag wäre bei pflichtgemäßem Verhalten des Auftraggebers nicht zustande gekommen. Dabei wird man nach dem Sinn der Verweisungs- bzw Hinzuziehungspflicht anzunehmen haben, daß der Auftraggeber nicht mit Erfolg einwenden kann, er selbst würde den Hauptvertrag im Falle der Mitwirkung des Maklers wegen der dann anfallenden Provision so nicht geschlossen haben oder der Interessent würde wegen der dann von ihm zusätzlich angestrebten Abwälzung der Provisionszahlungspflicht nicht mehr einverstanden gewesen sein. Denn die Qualifizierung des Alleinauftrags soll gerade verhindern, daß der Auftraggeber ein Eigengeschäft tätigt, um die Provision zu sparen. Es widerspricht maW dem Schutzzweck der Qualifizierung, das Interesse an Vermeidung der Provision als einen im Rahmen der Schadensfeststellung relevanten Gesichtspunkt anzuerkennen (vgl LANGE, Schadensersatz 311 f; im Ergebnis ebenso MünchKomm/SCHWERDTNER § 652 Rn 293). Soweit der qualifizierte Alleinauftrag dem Makler wirksam (vgl Rn 210 aE, 217 aE) die **Doppeltätigkeit** gestattet hat, umfaßt der Schadensersatzanspruch die entgangene, nach dem gewöhnlichen Lauf der Dinge (§ 252 S 2) von der Vertragsgegenseite zu erwartende Provision (unverständlich dazu MünchKomm/SCHWERDTNER § 652 Rn 294). Auch in dieser Hinsicht ist der Einwand, die Vertragsgegenseite würde den Vertrag im Falle ihrer Provisionspflichtigkeit so nicht abgeschlossen haben, nach dem Schutzzweck der Qualifizierung abgeschnitten.

Der Schadensersatzanspruch besteht insgesamt **unabhängig davon, ob der Makler 210**

bereits Bemühungen hat entfalten können oder nicht. Selbst wenn der Auftraggeber die Verweisungs- bzw Hinzuziehungspflicht unmittelbar nach Abschluß des qualifizierten Alleinauftrags verletzt hat, ist das Schadensersatzbegehren **nicht rechtsmißbräuchlich** (aA MünchKomm/SCHWERDTNER § 652 Rn 293). Denn der Makler verdient im Fall des qualifizierten Alleinauftrags wie im Fall des einfachen Maklervertrags die Provision nicht als Äquivalent für seine Arbeit, sondern als Teilhabe am Erfolg des Auftraggebers. Wäre es anders, so müßte dem Makler im Fall des qualifizierten Alleinauftrags die Provision versagt werden, wenn ihm selbst der Nachweis- oder Vermittlungserfolg auf Anhieb glückt. Eine solche Lösung wäre offenbar unrichtig. Freilich unterstreicht die Konsequenz einmal mehr, daß der qualifizierte Alleinauftrag **im Grunde eine inakzeptable Variante des Alleinauftrags** ist, die kaum der Kontrolle nach § 138, geschweige denn der Überprüfung nach § 9 AGBG standhält. Anstatt – wie es seiner ökonomischen Funktion entspricht – die Leistungsfähigkeit der Märkte zu verbessern, erschwert der Maklervertrag als qualifizierter Alleinauftrag durch Verteuerung den marktwirtschaftlichen Leistungsaustausch. Denn er führt tendenziell dazu, daß Tauschvorgänge („Transaktionen") nicht stattfinden, die ohne ihn (und die damit verbundene Vermehrung der Transaktionskosten) zustande gekommen wären (vgl auch Rn 198).

4.   Besondere Pflichten des Maklers beim Alleinauftrag

211 a)   Den Makler trifft während der Laufzeit des (normalen oder qualifizierten) Alleinauftrags eine **Tätigkeitspflicht** (BGH NJW 1966, 1405, 1406; 1967, 198, 199; 1985, 2477, 2478), der er sich auch nicht dadurch entziehen kann, daß er dem Auftraggeber einseitig die Einschaltung anderer Makler freistellt (BGH WM 1987, 1044). Diese Pflicht gilt als so grundlegend, daß sie sich als Äquivalent der Unterlassungspflicht des Auftraggebers sogar der Abdingbarkeit durch Individualabsprache entziehen soll (MünchKomm/SCHWERDTNER § 652 Rn 279; KNIEPER NJW 1970, 1293, 1298). Ihre inhaltliche Bedeutung wird freilich eher vage umschrieben. Die Rechtsprechung ist über Allgemeinplätze wie die, der Makler müsse sich „rege und intensiv für die Interessen des Auftraggebers einsetzen" (BGH NJW 1966, 1405, 1406; 1969, 1626), er müsse „alles in seinen Kräften Stehende tun" (OLG Hamm MDR 1957, 36 und dazu einschränkend BGH NJW 1964, 1467, 1468) oder er müsse „in angemessener Weise tätig werden" (BGH NJW 1973, 1194; 1985, 2477, 2478), nicht hinausgelangt. Konkrete Konsequenzen hat sie daraus überdies allein in Extremfällen gezogen, insbesondere dort, wo der Makler überhaupt nichts getan hatte (zB BGH NJW 1966, 2008). BGH WM 1969, 861, 863 setzt gar auf statistische Unterlagen und das Urteil von Maklersachverständigen. Das Schrifttum ringt sich zwar zT zu Anforderungskatalogen durch. So soll die generelle Tätigkeitspflicht des Vermittlungsmaklers, der Regelform des alleinbeauftragten Maklers, einschließen, daß er die Unterlagen für den Geschäftsabschluß gewissenhaft prüft, Werbung betreibt (zB durch Inserate in Tageszeitungen), mit Interessenten mit dem Ziel eines für den Auftraggeber möglichst günstigen Ergebnisses verhandelt, den Auftraggeber berät, Besichtigungen veranstaltet, seine eigene Interessentenkartei durch Anschreiben uä auswertet, Formulare für den Vertragsabschluß zur Verfügung stellt und ausfüllt etc (KRUEGER-DOYÉ 51). Aber auch für diesen Anforderungskatalog ist charakteristisch, daß er sich in der Aufzählung maklertypischer Aktivitäten erschöpft, während es im Streitfall darauf ankommt festzustellen, welches „Paket" mit welchem Inhalt und in welchem Umfang zu leisten ist.

Tatsächlich **entzieht sich** die Maklerleistung **einer näheren Vorausbestimmung kraft** 212
Natur der Sache. Eben deshalb hat der historische Gesetzgeber den Maklervertrag
nicht als Austauschvertrag, sondern als einseitigen erfolgsbedingten Vertrag konzipiert (Vorbem 1 u 4). Zustimmend zitieren die Redaktoren für die erste Kommission
zur Ausarbeitung des Entwurfs eines Bürgerlichen Gesetzbuchs Stimmen in der
gemeinrechtlichen Literatur, denen zufolge die Tätigkeit des Maklers „eine freie,
seinem Ermessen nach Plan und Aufführung überlassene, von seiner Sach-, Orts- und
Personenkenntnis abhängige" ist und daher „weder erzwungen noch in ihren einzelnen Leistungen abgeschätzt werden" kann (vgl SCHUBERT 757). Kurz zuvor heißt es,
wegen der „Unbestimmtheit der übernommenen Bemühungen, welche eigentlich
nur durch den Erfolg individuelle Bestimmtheit empfangen können", sei die Erfül-
lungsklage „völlig unpraktisch". Im Kern sei sie schon durch „jeden Nachweis
irgendeiner Bemühung in der in Rede stehenden Richtung" zu Fall zu bringen (vgl
SCHUBERT 756). An alledem hat sich bis heute nichts geändert, so daß die Tätigkeitspflicht des Maklers im Rahmen des Alleinauftrags nicht mehr als eine Pflicht zur
Tätigkeit **nach pflichtgemäßem Ermessen des Maklers** selbst sein kann (ebenso KREHL
58 ff).

b)   Daraus folgt, daß die Verletzung der Tätigkeitspflicht sich im eigentlichen Lei- 213
stungsbereich auf **offensichtlich unzureichende Bemühungen** beschränkt. Ein Makler,
der mit der Vermittlung des Verkaufs eines gewöhnlichen Wohngrundstücks beauftragt ist, wird dem Vorwurf der Verletzung seiner Tätigkeitspflicht im allgemeinen
schon dadurch entgehen, daß er in sinnvollen, dh durch die realistische Erwartung
einer wesentlichen Veränderung des Kreises der potentiellen Interessenten bestimmten Zeitabständen Zeitungsinserate aufgibt, mit den Interessenten im Sinne des
Auftraggebers verhandelt, uU auch die Abschlußbereitschaft durch Beratung in
Finanzierungs- und Steuerfragen fördert, wobei letzteres freilich voraussetzt, daß
der Interessent wegen diesbezüglicher Unkenntnis oder Fehlvorstellung mit seiner
Entscheidung für den Vertragsschluß zögert, wie überhaupt der Umfang der Tätigkeitspflicht des Maklers wesentlich davon abhängt, mit welchen Unterstützungswün-
schen der Auftraggeber oder der Interessent an ihn herantritt und ob er ihnen mit –
gemessen an der Höhe und Wahrscheinlichkeit der Provision – **zumutbarem Aufwand**
nachkommen kann. Und damit tritt zugleich das eigentlich Wichtige an der Tätigkeitspflicht hervor: Während der Makler ohne Alleinauftrag nicht auf das Veränderungsinteresse des Auftraggebers und daher nicht zur Förderung des Zustandekommens des Hauptvertrags verpflichtet, sondern dazu nur in seinem Provisionsinteresse
(Obliegenheit) angehalten ist (Rn 190), trifft den Makler mit Alleinauftrag doch eine
solche **Förderungspflicht** mit möglichen **Konsequenzen für Art und Intensität seiner Auf-
klärungs-, Beratungs- und Unterlassungspflichten.**

So wird man die **Aufklärungspflicht** des Maklers nicht – wie sonst (Rn 185) – auf die 214
ihm bekannten Umstände beschränken, sondern im Rahmen des Zumutbaren darüber hinaus eine **Erkundigungs- und Nachprüfungspflicht** bejahen müssen (aA KRUEGER-
DOYÉ 55). Denn hier handelt es sich nicht mehr um eine bloße Vertrauenshaftung, die
sich aus der berechtigten Erwartung des Auftraggebers legitimiert, daß die vom
Makler zur Förderung seines Provisionsinteresses gegebenen Informationen wahrheitsgemäß und vollständig sind, sondern um die Erfüllung eines (zumindest konkludenten) vertraglichen Versprechens, das einen Ausgleich für den Verzicht des
Auftraggebers auf die Veranstaltung eines Wettbewerbs verschiedener Makler lie-

fern soll. Der Ausfall des Qualitätswettbewerbs der Makler, der die Chancen des
Auftraggebers auf eine möglichst günstige Vertragsgelegenheit, dh im Fall des Ver-
kaufsauftrags auf einen hohen Preis und einen zahlungsfähigen und -bereiten Kunden verringert, muß nach Treu und Glauben (§ 157) eine **Qualitätsverpflichtung** des
alleinbeauftragten Maklers nach sich ziehen. Das schließt zumindest die Forderung
ein, daß der Makler die günstigste ihm bekannte Vertragsgelegenheit nachweist und
bis zum Abschluß des Hauptvertrags nachträglich bekannt gewordene günstigere
Vertragsgelegenheiten nachschiebt (vgl auch Rn 185 aE). Wie weit die Qualitätsverpflichtung darüber hinaus einen Erkundigungs- und Nachprüfungsaufwand zumutbar macht, entscheiden die Verhältnisse des Einzelfalls. Neben der Höhe der
Provision wird namentlich eine Rolle spielen, wie groß die „Gefahr" eines Eigengeschäfts des Auftraggebers ist. Die **Beratungspflicht** des alleinbeauftragten Maklers
findet wie die des Maklers ohne Alleinauftrag ihre Grenze am Provisionsinteresse;
wie dort ist es nicht Sache des Maklers, den Auftraggeber vom Abschluß des ordnungsgemäß vermittelten Hauptvertrags abzuhalten. Der Makler schuldet also nicht
mehr als die „Gebrauchsanweisung" analog den Pflichten des Herstellers eines komplizierten Produkts; die besondere Qualitätsverpflichtung des alleinbeauftragten
Maklers wirkt sich insoweit nicht aus (vgl Rn 188).

215 Der größte Unterschied zwischen den Pflichten des Maklers mit und ohne Alleinauftrag ergibt sich im Hinblick auf die (angebliche) Pflicht, **alles zu unterlassen, was den
Abschluß und die Durchführung des Hauptvertrags gefährden könnte** (vgl Rn 190). Die
Förderungspflicht des alleinbeauftragten Maklers zwingt im Ansatz in der Tat dazu,
den alleinbeauftragten Makler – anders als den Makler ohne Alleinauftrag (Rn 190) –
nicht erst nach dem Zustandekommen des Hauptvertrags, sondern **bereits vorher** zur
Respektierung des Veränderungsinteresses des Auftraggebers zu verpflichten. BGH
WM 1987, 1044, 1045 nimmt in diesem Sinne eine Pflicht des alleinbeauftragten
Maklers an, das Objekt des Auftraggebers zumindest solchen Kunden anzubieten,
deren Anforderungen es entspricht und die er anderweitig nicht bedienen kann.
Freilich ist hier ebenso die Grenze der Zumutbarkeit zu beachten wie im Zusammenhang mit der Annahme von Erkundigungs- und Nachprüfungspflichten. Solange
ein Interessent noch nach Alternativen zu dem Angebot des Auftraggebers sucht,
darf der alleinbeauftragte Makler sich an dem Nachweis bzw der Vermittlung alternativer Objekte nicht weniger beteiligen als der Makler ohne Alleinauftrag. Es ist
ihm nicht zumutbar, das Feld unter solchen Vorzeichen Konkurrenzmaklern zu
überlassen. Anders sieht es dagegen von dem Zeitpunkt an aus, in dem der Interessent sich zu dem vermittelten Vertrag mit dem Auftraggeber entschlossen hat. In
dem Zeitraum **zwischen Abschluß der Verhandlungen und notarieller Beurkundung** des
Grundstückskaufvertrags zB darf der alleinbeauftragte Makler den **Interessenten
nicht mehr mit Konkurrenzobjekten konfrontieren.** Zwar ist nicht ausgeschlossen, daß
ein anderer Makler den Interessenten auch in diesem Stadium noch umstimmt und
das Geschäft verdirbt. Aber dieses Risiko muß der alleinbeauftragte Makler im
Interesse seines Auftraggebers in Kauf nehmen. Was BGH WM 1983, 385, 386 zu
weitgehend (vgl Rn 190) jedem Makler ansinnt, ist also für den alleinbeauftragten
Makler zu akzeptieren. Während der Makler ohne Alleinauftrag lediglich die Obliegenheit hat, das Zustandekommen des Hauptvertrags nicht zu vereiteln (und nach
hM bei grobem Verstoß gegen diese Obliegenheit den Provisionsanspruch trotz letzt-
endlichen Zustandekommens des Hauptvertrags verwirkt, BGH WM 1978, 245), hat
der alleinbeauftragte Makler dem Auftraggeber darüber hinaus einen dem Auftrag-

geber entstandenen Schaden aufgrund **positiver Forderungsverletzung** zu ersetzen (BGH WM 1987, 1044, 1045; zur Vereinbarkeit von Alleinauftrag und Doppelmaklertätigkeit vgl § 654 Rn 4).

c) Die Tätigkeitspflicht des alleinbeauftragten Maklers begründet ein **auftrags- 216 ähnliches Verhältnis**, das die analoge Anwendung einzelner Vorschriften des Auftragsrechts (§§ 662 ff) rechtfertigt (vgl KRUEGER-DOYÉ 53 f). Das in § 665 vorausgesetzte Weisungsrecht des Auftraggebers besteht auch gegenüber dem allein beauftragten Makler, es sei denn, die Weisung widerspricht dem (vorrangigen, vgl Rn 188, 214) Interesse an der Sicherung der Provision. **Analog § 666** hat der Auftraggeber einen Anspruch auf Auskunft und Rechenschaftslegung (vgl auch Rn 181 zur Rechtslage beim einfachen Maklervertrag), was vor allem deswegen wichtig ist, weil der Auftraggeber sich nur darüber einen Eindruck von der Art und Weise verschaffen kann, in der der Makler die Tätigkeitspflicht erfüllt. Das hilft bis zu einem gewissen Grade einer der Hauptschwächen der Tätigkeitspflicht ab, nämlich der, daß der Auftraggeber dem Makler nur schwer mangelnden Einsatz nachzuweisen vermag (vgl MünchKomm/ SCHWERDTNER § 652 Rn 280 aE; KRUEGER-DOYÉ 54). Zu Unrecht wird im Schrifttum behauptet, die Rechenschaftspflicht des allein beauftragten Maklers sei praktisch wenig bedeutsam (KRUEGER-DOYÉ 54). Sie spielt eine Rolle für die Möglichkeit einer **Kündigung** des Alleinauftrags durch den Auftraggeber **aus wichtigem Grund** (Rn 201). Ist der Hauptvertrag zustande gekommen, so kann der Auftraggeber trotz seiner Provisionszahlungspflicht uU wegen einer dank des Anspruchs auf Rechenschaftslegung erkennbaren Verletzung der Tätigkeitspflicht **Schadensersatz** verlangen, zB dann, wenn der Makler einen zu einem höheren Preis abschlußbereiten anderen Interessenten durch ein Verhalten abgeschreckt hat, das auch unter Berücksichtigung des Ermessensspielraums des Maklers und seiner legitimen Eigeninteressen (vgl Rn 215) als pflichtwidrig eingestuft werden muß. Verstreicht die Laufzeit des Alleinauftrags, ohne daß ein Hauptvertrag abgeschlossen wird, so kann im Falle einer nicht pflichtgemäßem Ermessen entsprechenden Tätigkeit des Maklers ein Schadensersatzanspruch des Auftraggebers auch **wegen zwischenzeitlicher ungünstiger Marktentwicklung** begründet sein. Gerade der für das Maklerwesen besonders wichtige Immobilienmarkt hat in der Vergangenheit innerhalb kurzer Zeiträume erhebliche Veränderungen erlebt. Freilich kann der Hilfsanspruch auf Rechenschaftslegung nicht effektiver sein als der Hauptanspruch auf angemessene Tätigkeit. Die Schwäche des Hauptanspruchs (Rn 212, 213) erstreckt sich notwendig auf den Hilfsanspruch.

d) Da die Tätigkeitspflicht **mit der Beendigung des Alleinauftrags** aufhört, hat der **217** Makler von diesem Zeitpunkt an **keine Förderungspflicht mehr**. Wohl gibt es **nachwirkende Schutz- und Erhaltungspflichten**. Namentlich besteht die Verschwiegenheitspflicht hinsichtlich der im Zusammenhang mit dem Alleinauftrag in Erfahrung gebrachten geheimhaltungsbedürftigen Tatsachen fort (mißverständlich OLG Düsseldorf AIZ 1991 H 3 A 114 Bl 12; SCHWERDTNER 117). Verstöße führen zur **Schadensersatzpflicht** aus positiver Forderungsverletzung (culpa post pactum finitum, vgl FIKENTSCHER Rn 76). Keine geheimhaltungsbedürftige Tatsache in diesem Sinne ist die Vertragsbereitschaft des Auftraggebers. Deswegen darf der Makler nach Ende des Alleinauftrags seine Kenntnis davon verwerten, indem er mit einem Interessenten einen Maklervertrag abschließt und diesem den früheren Auftraggeber provisionspflichtig als Vertragsgegner nachweist (OLG Düsseldorf AIZ 1991 H 3 A 114 Bl 12). Entgegen einem obiter dictum des OLG Düsseldorf (AIZ 1991 H 3 A 114 Bl 12) ändert sich dieses Ergebnis nicht schon dadurch, daß der Auftraggeber dem Makler einseitig einen derartigen Gebrauch der durch den Alleinauftrag (oder sonstigen Maklervertrag) erworbenen Kenntnis untersagt. Die Verfügung über die Kenntnis von Vertragsgelegenheiten enthält keinen Eingriff in rechtlich geschützte Intressen der vertragsbereiten Personen, deren Rechtmäßigkeit der Einwilligung der Betroffenen bedürfte. Vielmehr ist sie ein gemeinfreies Gut, das jedermann sich aneignen und ausnutzen darf (Rn 3). Will der Auftraggeber verhindern, daß der Makler nach Ende des Maklervertrags (Alleinauftrags) in Konkurrenz zu ihm selbst weiterhin Vertragsinteressenten sucht (was sinnvoll sein kann, um eine Verschlechterung der eigenen Verhandlungsposition durch die Belastung der Interessenten mit der Provisionszahlungspflicht zu vermeiden), so muß er das im Maklervertrag (Alleinauftrag) besonders vereinbaren.

X. Die Grenzen der Vertragsfreiheit im Maklerrecht

1. Die Abdingbarkeit des gesetzlichen Maklerrechts durch Individualabrede

218 a) Im Schuldrecht gilt (Abschluß- und) Inhaltsfreiheit. Insbesondere existiert – anders als im Sachenrecht – **kein numerus clausus der Aktstypen**. Im dogmatischen Ansatz folgt daraus, daß Nachweis- und Vermittlungstätigkeiten nicht unbedingt aufgrund eines Maklervertrags erbracht werden müssen. Vielmehr können sie im Prinzip auch Gegenstände von Dienst- oder Werkverträgen sein (vgl Vorbem 11 ff). Ferner läßt sich der Maklervertrag als Rechtsgrund von Nachweis- und Vermittlungstätigkeiten durch atypische Elemente anreichern, so daß – wie im Fall des Alleinauftrags (vgl Vorbem 11 ff, §§ 652, 653 Rn 197 ff) – ein eigener Untertypus des Maklervertrags entsteht. Daß es gleichwohl Probleme mit der Inhaltsfreiheit im Maklerrecht gibt, wurzelt in den Eigenarten der Nachweis- und Vermittlungstätigkeit, die schon den historischen BGB-Gesetzgeber veranlaßt haben, statt des dem wirtschaftlichen Charakter des Verhältnisses von Makler und Auftraggeber entsprechenden Austauschvertrags den einseitig verpflichtenden erfolgsbedingten Vertrag der §§ 652 ff vorzusehen. Wenn dem Versprechen des Bemühens, daß ein Dritter eine Handlung vornehme, die **Bestimmbarkeit des Leistungsinhalts** fehlt (Schubert 756), so drängt das nicht allein auf einen besonderen, vom Dienstvertrag abgehobenen Vertragstypus, sondern überhaupt auf die Unzulässigkeit eines Dienstvertrags über Nachweis- bzw Vermittlungstätigkeiten. Denn ein Leistungsversprechen muß einmal aus prozeßrechtlichen Gründen inhaltlich bestimmbar sein, um als rechtlich verbindlich anerkannt zu werden (vgl Fikentscher Rn 33). Zum anderen droht ein Konflikt mit § 138, ist doch ein Vertrag, in dem die eine Partei ein Entgelt und die andere ein undefinierbares Bemühen zusagt, alles andere als ausgewogen (Vorbem 13). Und wenn der Werkvertrag für die Nachweis- bzw Vermittlungstätigkeit nicht paßt, weil er den Auftraggeber der Gefahr aussetzt, etwas für ihn völlig Wertloses bezahlen zu müssen (Vorbem 14), so ist auch das nicht bloß ein Argument für einen Vertragstypus, der dem Auftraggeber die Entschließungsfreiheit bis zum Abschluß des nachgewiesenen bzw vermittelten Hauptvertrags erhält. Vielmehr wird der Werkvertrag über Nachweis- bzw Vermittlungstätigkeiten dadurch als ein Rechtsgeschäft abgestempelt, das auf der Seite des Auftraggebers ein Mindestmaß vernünftiger Wahrnehmung seines Eigeninteresses vermissen läßt und daher ebenfalls unter dem **Verdacht der Sittenwidrigkeit** (§ 138 Abs 1, 2) steht. Der Vorbehalt gegen Dienst- und Werkverträge über

Nachweis- bzw Vermittlungtätigkeiten strahlt aus auf das Urteil über atypische Elemente im Maklervertrag, soweit dadurch die Interessenlage – wie im Fall des qualifizierten Alleinauftrags (vgl Rn 198, 210) – an diejenige von Dienst- bzw Werkverträgen über Nachweis- bzw Vermittlungstätigkeiten heranrückt.

b) Der **BGH** hält sich freilich bei der Annahme der Sittenwidrigkeit von Dienst- **219** bzw Werkverträgen über Nachweis- bzw Vermittlungstätigkeiten sehr zurück (Einzelheiten Rn 48 ff). In der für den Standpunkt des BGH repräsentativen Entscheidung BGHZ 87, 309 weist der für das Maklerrecht zuständige IV a-Senat die Ansicht der Vorinstanz zurück, der Makler habe in dem zu beurteilenden Eheanbahnungsdienstvertrag als Gegenleistung für den nicht unerheblichen Betrag von mehr als 4000,– DM lediglich eine nach Art und Umfang seinem Ermessen anheimgegebene Tätigkeit versprochen, so daß der Vertrag wegen groben Mißverhältnisses zwischen Leistung und Gegenleistung sittenwidrig sei. Nach Auffassung des Senats läßt sich durchaus feststellen, welchen Umfang die Tätigkeit eines (Ehe-)Maklers erreichen muß, um „**mit hoher Wahrscheinlichkeit**" (!) den beabsichtigten Erfolg herbeizuführen. Das Gericht soll auf diese Weise in der Lage sein zu ermitteln, wieviel Inserate der Ehemakler aufzugeben hat, wieviel Partnervorschläge er zu machen hat und welche Bemühungen sonst von ihm erwartet werden können. Darüber hinaus will der Senat für § 138 Abs 1 nicht schon das grobe Mißverhältnis von Leistung und Gegenleistung genügen lassen, sondern zusätzlich ein subjektives Moment verlangen, das sich nicht im Wissen um das grobe Mißverhältnis erschöpft. Folgerichtig erkennt die Rechtsprechung **Maklerdienst- und Maklerwerkverträge** in der Regel ebenso an wie individuell vereinbarte Abweichungen von dem (durch die Abhängigkeit des Provisionsanspruchs vom Zustandekommen des beabsichtigten Hauptvertrags mit einem Dritten, der Kausalität der Maklertätigkeit für dieses Zustandekommen und der Abschlußfreiheit des Auftraggebers geprägten) Leitbild des Maklervertrags (ua BGH WM 1968, 1148; NJW 1971, 1133, 1135; 1976, 2345, 2346). Das Schrifttum stimmt dem durchgängig zu. Kritik richtet sich nicht gegen die großzügige Zulassung von Individualvereinbarungen, sondern gegen die Tendenz der Rechtsprechung, Abweichungen vom dispositiven Maklerrecht durch AGB weitgehend zu unterbinden (repräsentativ MünchKomm/SCHWERDTNER § 652 Rn 245), obwohl die Prämissen der Rechtsprechung, wie sie in BGHZ 87, 309 zutage getreten sind, sich weder durch sonderliche Realitätsnähe noch durch vollkommene Harmonie mit der sonstigen Rechtsprechung zu § 138 Abs 1 auszeichnen: Die Vorstellung, es gebe **Erfahrungswerte** („hohe Wahrscheinlichkeit") für den zum Nachweis- oder Vermittlungserfolg in Immobilienangelegenheiten oder gar in so höchstpersönlichen Angelegenheiten wie der Ehepartnersuche erforderlichen Arbeitsaufwand, hält schwerlich einer kritischen Überprüfung stand (vgl Vorbem 13). Die Forderung eines das grobe Mißverhältnis von Leistung und Gegenleistung transzendierenden subjektiven Moments entspricht zwar den Voraussetzungen der sog **Umstandssittenwidrigkeit**. Doch ist sehr zweifelhaft, ob nicht wesentliche Teile der einschlägigen Vertragspraxis unter die sog **Inhaltssittenwidrigkeit** fallen, für die das subjektive Moment entbehrlich ist (vgl PALANDT/HEINRICHS § 138 Rn 7 f). So ist die erfolgsunabhängige Provision schon in den Materialien mit der bezeichnenden Begründung verworfen worden, sie widerspreche der „Natur des Mäklergeschäfts und ... allgemeinem Brauche" (SCHUBERT 757). Die gedankliche Nähe des Verdikts zum „Verstoß gegen das Anstandsgefühl aller billig und gerecht Denkenden" (RGZ 78, 124), durch den die ständige Rechtsprechung die Sittenwidrigkeit umschreibt, liegt auf der Hand. Der qualifizierte Alleinauftrag (einschließlich Verweisungs- und Hinzuziehungsklausel) ist schon unter Rn 210 aE als Denaturierung des Maklervertrags von einem Instrument der Förderung in ein solches der Behinderung des marktwirtschaftlichen Güter- und Leistungsaustauschs kritisiert worden. Auch insoweit drängt sich die Annahme von Inhaltssittenwidrigkeit auf, zählt doch der Schutz der Märkte vor der Beeinträchtigung ihrer Leistungsfähigkeit ausweislich des Gesetzes gegen Wettbewerbsbeschränkungen zu den zentralen Prinzipien der geltenden Rechtsordnung, die heute den Inhalt der guten Sitten bestimmen (PALANDT/HEINRICHS § 138 Rn 2).

220 **c)**   Der **Reformentwurf** vom 16. 2. 1984 sah für den entgeltlichen Nachweis einer Vertragsgelegenheit bzw für die entgeltliche Vermittlung von Verträgen einen **Typenzwang** vor. Der Maklervertrag war danach die einzige zulässige Rechtsform für die Vereinbarung eines solchen Leistungsaustauschs. Die Möglichkeit der Anreicherung des Maklervertrags durch atypische Elemente sollte zwingend geregelt werden, um die Aushöhlung des Typenzwangs zu verhindern. Lediglich soweit der Vertrag auf der Seite des Auftraggebers ein Handelsgeschäft ist, sollte es bei der bisher von der Rechtsprechung anerkannten Typen- und Inhaltsfreiheit bleiben (BT-Drucks 10/1014, S 4, 8 ff). Diese Regelung war im Prinzip zu begrüßen. Denn sie ging in der Sache kaum weiter, als die Rechtsprechung mit Rücksicht auf die besondere, schon in den Gesetzgebungsarbeiten zum BGB erkannte Interessenlage (vgl SCHUBERT 756 f) im Hinblick auf § 138 jedenfalls hätte gehen können. Nachdem feststeht, daß es zu der geplanten Reform auf absehbare Zeit nicht kommen wird, stellt sich die Frage nach der Bedeutung des Entwurfs für die zukünftige Konkretisierung der Grenzen der Maklervertragsfreiheit nach § 138 Abs 1. Gewiß kann man nicht im Kleid der Rechtsanwendung verwirklichen, was sich als Akt der Gesetzgebung nicht hat durchsetzen lassen. Auf der anderen Seite hat der Entwurf aber jedenfalls als Beitrag zur Diskussion um die sachgerechte Ausgestaltung des Maklerrechts Gewicht, zumal er unter dem Eindruck kritischer Stellungnahmen im Detail mehrfach nachgebessert worden ist. Er kann die Rechtsanwendung zwar nicht festlegen, ihr jedoch sehr wohl Orientierung geben, soweit sie zur Ausfüllung der Generalklausel § 138 Abs 1 berufen ist. Die bisweilen an dem Entwurf wegen der darin enthaltenen **Beschränkungen der Vertragsinhaltsfreiheit** geübte Fundamentalkritik (SCHWERDTNER 13; VOLLKOMMER in: FS LARENZ 663, 702) übersieht erstens, daß sich in Maklerverträgen ein Bedarf artikuliert, der nicht schon im Zeitpunkt des Abschlusses des Maklervertrags, sondern erst im Zeitpunkt des Abschlusses des Hauptvertrags feststeht. Der Auftraggeber, der sich schon im Maklervertrag verbindlich zum entgeltlichen Erwerb einer Vertragsgelegenheit verpflichtet, handelt deshalb tendenziell unvernünftig. Willenserklärungen, die ihres Inhalts wegen „meistens auf Übereilung, Selbsttäuschung und Illusionen" beruhen, werden vom Gesetzgeber aber auch sonst durch zwingende Normen verhindert (vgl zB § 723 Abs 1, 3 mit Motive II 620 f), weil sie nicht in dem Maße Ausdruck rationaler Verfolgung des eigenen Interesses sind, wie es die Anerkennung der Privatautonomie voraussetzt. Zweitens beachtet die Kritik nicht, daß ein **öffentliches Interesse** an der Verhinderung von Maklerverträgen besteht, die das Zustandekommen von Verträgen nicht – durch die Überwindung des Hindernisses der Intransparenz von Märkten – fördern, sondern durch die Produktion funktionsloser Transaktionskosten erschweren. Eben das tun Maklerverträge, die die Provision unabhängig davon anfallen lassen, ob die Maklerleistung Hauptverträge zustande gebracht hat, die ohne sie nicht abgeschlossen worden wären.

2. Die Abdingbarkeit des gesetzlichen Maklerrechts in Formularverträgen und AGB

a) Der Meinungsstand im Grundsätzlichen

Formularmaklerverträge und die den Maklerverträgen beigefügten AGB unterlie- **221** gen der gerichtlichen **Inhaltskontrolle** nach den §§ 9 – 11 AGBG. Diese Inhaltskontrolle ist für die Rechtsprechung schon vor dem Inkrafttreten des AGBG ein Instrument zur Durchsetzung eines beschränkten (dh unter dem Vorbehalt abweichender Individualvereinbarungen stehenden) Typenzwangs für entgeltliche Nachweis- bzw Vermittlungstätigkeiten geworden (vgl BGH NJW 1971, 1133; 1973, 990). Unter Berufung auf die Verbindlichkeit des gesetzlichen Leitbildes des Maklervertrags (§ 9 Abs 2 Nr 1 AGBG) hat der BGH nicht individuell vereinbarte Klauseln in Formularverträgen und AGB durchgängig kassiert, sobald sie die Grundgedanken der §§ 652 ff, namentlich die Grundsätze der Abhängigkeit des Provisionsanspruchs vom Zustandekommen des Hauptvertrags mit einem Dritten, der Kausalität der Maklertätigkeit dafür und der Freiheit des Auftraggebers bei der Entscheidung über den Abschluß des Hauptvertrags beeinträchtigten (vgl MünchKomm/SCHWERDTNER § 652 Rn 246 f). Die Zulassung von Dienst- und Werkverträgen über Nachweis- bzw Vermittlungstätigkeiten (Rn 219) hat den BGH gezwungen, sich mit der Frage auseinanderzusetzen, ob die Vertragsparteien nicht, gerade weil sie durch Formularvertrag oder AGB die Abhängigkeit des Provisionsanspruchs vom Zustandekommen des Hauptvertrags, die Kausalität der Maklertätigkeit dafür und/oder die Entschließungsfreiheit des Auftraggebers hinsichtlich des Abschlusses des Hauptvertrags abbedingen, statt eines Maklervertrags einen Dienst- oder Werkvertrag eingehen, so daß für die Inhaltskontrolle nach § 9 Abs 2 Nr 1 AGBG gar **nicht das Leitbild der §§ 652 ff, sondern das der §§ 611 ff oder das der §§ 631 ff maßgeblich** ist. Der IV a-Senat löst das Problem, indem er **an die Berechnung des Entgelts anknüpft**. Mit der Entscheidung für die erfolgsabhängige, auf den Wert des Vertragsgegenstands bezogene Provision soll sich der Makler unter das Leitbild der §§ 652 ff stellen; das Leitbild der §§ 611 ff soll erst durch die nach Zeitaufwand oder Zeitabschnitten bemessene Vergütung erschlossen werden (BGH WM 1987, 471, 473). Dem ist zuzustimmen, weil die Berechnung des Entgelts in der Tat Aufschluß darüber gibt, was entgolten werden soll. Soll es der Nutzen des Auftraggebers sein, so enthalten die §§ 652 ff, soll es die (Dienst- oder Werk-)Leistung des Maklers sein, so enthalten die §§ 611 ff bzw die §§ 631 ff die nach der Sicht des Gesetzgebers gerechte Regelung. Da die Dienstleistung eine zeitbestimmte Leistung ist, bietet sich insoweit in der Tat an, sie mit dem BGH mit der nach Zeitaufwand oder Zeitabschnitten bemessenen Vergütung in Verbindung zu bringen. Für die erfolgsbestimmte Werkleistung dagegen, die immerhin mit dem Mißerfolgsrisiko – die versprochene Vertragsgelegenheit wird nicht beschafft – verbunden ist, wird neben dem Arbeitsaufwand auch noch das Risiko vergütet werden müssen, so daß die Abgrenzung zwischen Makler- und Werkvertrag an Hand der Berechnung des Entgelts deutlich größere Schwierigkeiten bereitet als die zwischen Makler- und Dienstvertrag. Verläßlich läßt sich wohl nur sagen, daß der Geltungsanspruch des Leitbildes des Maklervertrags beginnt, wo die absolute Höhe der Vergütung sich anders als durch den Nutzen des Auftraggebers nicht mehr erklären läßt.

Unberechtigt ist die Kritik, die Rechtsprechung bewerte **jede Abweichung vom dispo-** **222** **sitiven Gesetzesrecht der §§ 652 ff als einen Verstoß gegen wesentliche Grundgedanken im**

Sinne des § 9 Abs 2 Nr 1 AGBG (so MünchKomm/Schwerdtner § 652 Rn 244). Jüngere Entscheidungen des BGH widersprechen dem ausdrücklich. So billigt BGH WM 1987, 471, 473 eine AGB-Klausel über die Aufwendungsersatzpflicht des Auftraggebers, obwohl § 652 Abs 2 die Nichtersatzfähigkeit der Aufwendungen nach dispositivem Gesetzesrecht besonders herausstreicht. BGH WM 1987, 632, 633 hält sogar den Grundsatz, daß die Provisionszahlungspflicht des Auftraggebers das Zustandekommen des beabsichtigten Hauptvertrags voraussetzt, für durch AGB-Klausel korrigierbar, soweit darin die Provisionszahlungspflicht für den Fall der unbefugten Weitergabe der Maklerinformation an einen Dritten und Abschluß des Hauptvertrags durch diesen vorgesehen ist. In beiden Entscheidungen bejaht der IV a-Senat die Vereinbarkeit der Klauseln mit dem Gerechtigkeitsgehalt der §§ 652 ff, indem er ihre Angemessenheit darlegt und damit gleichsam den Anspruch des abweichenden dispositiven Gesetzesrechts relativiert.

223 Methodisch ist ein solches Vorgehen ohne Zweifel problematisch, kehrt es doch die von § 9 Abs 2 Nr 1 AGBG intendierten Verhältnisse um: Nicht das dispositive Gesetzesrecht liefert den Maßstab für das Urteil über die Angemessenheit der Klausel, sondern das in freihändiger Interessenabwägung gewonnene Urteil über die Angemessenheit schränkt die Verbindlichkeit des dispositiven Gesetzesrechts als Gerechtigkeitsmaßstab ein. Korrekter wäre es wohl gewesen, **die in den §§ 652 ff vorausgesetzte Interessenlage mit der von der AGB-Klausel geregelten zu vergleichen** und bei den vorhandenen oder nicht vorhandenen Besonderheiten der letzteren anzusetzen. Auf diese Weise wäre man für den Fall BGH WM 1987, 632, 633 zum gleichen Ergebnis gelangt wie der BGH; denn die AGB-Klausel, daß der Auftraggeber im Falle einer Nutzung der Information durch Dritte infolge seiner Indiskretion zur Zahlung der Provision verpflichtet ist, stellt gar kein erfolgsunabhängiges Lohn-, sondern ein von § 11 Nr 6 AGBG nicht erfaßtes Vertragsstrafeversprechen dar. Schwerer tut man sich mit BGH WM 1987, 471, 473. Wer mit der hier vertretenen Ansicht den Maklervertrag als beschaffungskaufähnlichen Vertrag auffaßt, muß § 652 Abs 2 folgerichtig als wesentlichen Bestandteil des Leitbilds der §§ 652 ff verstehen, nämlich als konsequenten Ausdruck der gesetzgeberischen Entscheidung, die Beschaffung der (dem Auftraggeber zum entgeltlichen Erwerb angebotenen) Vertragsgelegenheit als eigenes Geschäft des Maklers zu behandeln (Vorbem 4). Danach hätte der BGH für die Vereinbarung des Aufwendungsersatzanspruchs die individualvertragliche Vereinbarung fordern müssen. Anders sieht es aus, wenn man mit der hM den Maklervertrag als Geschäftsbesorgungsvertrag einstuft. Dann kann man § 652 Abs 2 nur als entstehungsgeschichtliche Zufälligkeit (vgl Schubert 760 f) begreifen, deren Korrektur durch AGB das Leitbild des Maklervertrags nicht stört, sondern im Gegenteil stimmiger macht. Entsprechend begegnet die AGB-Regelung keinen Bedenken. Freilich spricht die Notwendigkeit, das Leitbild unter Ausklammerung gesetzlicher Vorschriften zu bestimmen, einmal mehr gegen das herrschende Verständnis des Maklervertrags als eines Geschäftsbesorgungsvertrags.

b) Typische Klauseln in Makler-AGB

224 Die Rechtsprechung hat sich bereits mit einer Reihe typischer Klauseln in Makler-AGB beschäftigt.

aa) Weit verbreitet sind einmal die sog **Vorkenntnisklauseln**, die dem Auftraggeber die Obliegenheit auferlegen, seine Vorkenntnis von einer durch den Makler nachgewiesenen Vertragsgelegenheit innerhalb einer bestimmten Frist anzuzeigen, widrigenfalls die Berufung auf die Vorkenntnis ausgeschlossen sein soll. Der BGH wertet sie als Regelungen, die „das zum gesetzlichen Typus des Maklervertrags gehörende Merkmal der Ursächlichkeit zwischen der Nachweistätigkeit des Maklers und dem vom Auftraggeber vorgenommenen Vertragsabschluß" abbedingen (NJW 1976, 2345, 2346; wohl auch schon BGH NJW 1962, 2099; NJW 1971, 1133, 1135). Diese Formulierung ist zwar insofern bedenklich, als sie wegen der Vorkenntnis mangelnde Kausalität zwischen der Maklertätigkeit und dem Zustandekommen des Hauptvertrags unterstellt, während die Vorkenntnis richtiger Ansicht nach bereits den Nachweis ausschließt (vgl Rn 28), aber ihre Konsequenz ist unabhängig davon eindeutig: Da die Vorkenntnisklausel danach den Auftraggeber zur Provisionszahlung ohne Gegenleistung (= Nutzen der Maklertätigkeit) verpflichtet, **verstößt** sie nicht nur gegen einen, sondern sogar **gegen** *den* **Grundgedanken der** §§ 652 ff; sie ist demnach gemäß § 9 Abs 2 Nr 1 AGBG unwirksam (BGH NJW 1971, 1133, 1135; 1976, 2345, 2346); offen bleibt allein der Weg über die Individualabsprache (OLG München OLGZ 1978, 444, 448 f). Selbst die von OLG Düsseldorf MDR 1971, 844 noch offengelassene Frage, ob die Klausel nicht als Beweislastregel aufrechterhalten werden kann, ist heute zu verneinen. Eine sog geltungserhaltende Reduktion von AGB-Klauseln scheidet nach der Rechtsprechung des BGH aus (BGHZ 96, 18, 25; grundlegend ULMER NJW 1981, 2025 ff).

In der Literatur (MünchKomm/SCHWERDTNER § 652 Rn 254 a; SIEGERS NJW 1968, 2011 f; **225** KUBISCH NJW 1969, 53; KNIEPER NJW 1970, 1293, 1297; WERNER NJW 1971, 1924, 1925) und in der Instanzrechtsprechung vor 1971 (OLG Köln NJW 1968, 2011; LG Frankfurt NJW 1970, 431) wird die Vorkenntnisklausel ganz überwiegend als Anordnung einer **prozessualen Vermutung** angesehen. Als ihre Funktion gilt die Milderung der Beweisnot, mit der ein Makler konfrontiert ist, wenn ihm die Darlegung und der Beweis fehlender Vorkenntnis angesonnen werden. Soweit damit eine **widerlegbare Vermutung** gemeint ist (SIEGERS NJW 1968, 2011, 2012; KUBISCH NJW 1969, 53; KNIEPER NJW 1970, 1293, 1297; WERNER NJW 1971, 1924, 1925), ist der Nutzen des Maklers offenbar gering. Denn eine Vermutung gegen die Vorkenntnis ergibt sich jedenfalls bei einem engen sachlichen und zeitlichen Zusammenhang zwischen Nachweistätigkeit und Zustandekommen des Hauptvertrags bereits unabhängig von der Vorkenntnisklausel aus den Grundsätzen über den Anscheinsbeweis (vgl Rn 30). Zwar gibt es noch einen Qualitätsunterschied zwischen der prima facie-Vermutung und einer echten Umkehr der Beweislast. Insbesondere schützt die Umkehr der Beweislast den Makler davor, daß der Auftraggeber durch den Nachweis atypischer Umstände (zB ein Privatinserat des Vertragspartners in der vom Auftraggeber abonnierten Lokalzeitung) den ersten Anschein fehlender Vorkenntnis zerstört und dadurch den Makler wieder voll beweispflichtig macht (vgl WERNER NJW 1971, 1924). Auch mag sie das Risiko ausschließen, daß das Gericht im Einzelfall den für den Rückgriff auf Anscheinsbeweisgrundsätze erforderlichen sachlichen und zeitlichen Zusammenhang zwischen Nachweistätigkeit und Hauptvertragsschluß verneint. Daher erscheint es übertrieben, wenn der BGH meint, der Makler erlange durch eine sich in der Anordnung einer widerlegbaren Vermutung erschöpfende Vorkenntnisklausel „keine günstigere Rechtsstellung, als er sie ohnehin hat" (NJW 1971, 1133, 1135). Aber das eigentliche Anliegen, das der Makler mit der Vorkenntnisklausel verfolgt, nämlich das, nach Ablauf der Erklärungsfrist über das Fehlen der Vorkenntnis nicht mehr streiten zu müssen, wird durch das Verständnis als einer widerlegbaren Vermutung – insoweit ist dem BGH zuzustimmen – nicht befriedigt. Wer dieses Verständnis vertritt, nimmt eine unzulässige geltungserhaltende Reduktion vor (vgl Rn 224 aE). Soweit eine **unwiderlegbare Vermutung** angenommen wird (MünchKomm/ SCHWERDTNER § 652 Rn 254 a; SOERGEL/MOR-MANN § 652 Rn 4; OLG Köln NJW 1968, 2011), ist dem schon entgegenzuhalten, daß die Einschränkung des materiellrechtlichen Erfordernisses des Vorliegens eines (kausa-len) Nachweises dadurch nicht verändert, sondern lediglich mit einem gefälligeren dogmatischen Etikett überklebt wird. Ob man die fehlende Vorkenntnis als mate-riellrechtliche Voraussetzung des Provisionsanspruchs eliminiert oder die Berufung auf sie im Rechtsstreit ausschließt, bleibt sich in der Sache gleich. Entsprechend können auch die rechtlichen Anforderungen nicht verschieden sein. Wenn die mate-riellrechtliche Einschränkung gegen **wesentliche Grundgedanken der §§ 652 ff** verstößt, dann trifft das notwendig auch für die unwiderlegbare Beweisvermutung zu (insoweit richtig BGH NJW 1971, 1133, 1135).

226 Den Vorzug verdient weder die These von der materiellrechtlichen Veränderung der Anspruchsvoraussetzungen (Rn 224) noch die von der (widerlegbaren oder unwider-legbaren) Vermutung (Rn 225), sondern eine dritte Ansicht, die in der Sache trotz der dogmatischen Zuordnung zur unwiderlegbaren Vermutung auch SCHWERDTNER (MünchKomm/SCHWERDTNER § 652 Rn 254 a) vertritt. Danach legt die Vorkenntnisklausel der Nichtanzeige der Vorkenntnis innerhalb der bestimmten Frist den Erklärungs-wert eines **deklaratorischen Anerkenntnisses** bei, das die Frage der fehlenden oder vorhandenen Vorkenntnis der Maklervertragsparteien endgültig ihrem Streit ent-rückt (vgl auch KG AIZ 1981 H 9 A 110 Bl 16). Eine solche Regelung weicht nicht von den §§ 652 ff ab, sondern ergänzt sie um die dort gar nicht angesprochene Klärung der Frage, welche Bedeutung das **Verhalten des Auftraggebers** nach der Nachweistätigkeit des Maklers für die Zulässigkeit der Berufung auf Vorkenntnis in einem späteren Prozeß hat. Das gesetzliche Leitbild des Maklervertrags wird dadurch genausowenig tangiert, wie es das gesetzliche Leitbild des Kaufvertrags in Frage stellt, wenn etwa außerhalb des Handelsverkehrs durch AGB Rügeobliegenheiten nach dem Vorbild der §§ 377, 378 HGB statuiert werden. § 9 AGBG wird also nicht verletzt. Wohl aber ist § 10 Nr 5 AGBG zu beachten (vgl auch MünchKomm/SCHWERDTNER § 652 Rn 254 a aE; unrichtig ULMER/BRANDNER/HENSEN § 10 Nr 5 Rn 10). Danach muß die Vorkenntnisklausel dem Auftraggeber für die Anzeige der Vorkenntnis eine **angemessene Frist** einräu-men, die unter normalen Verhältnissen wohl wenigstens 3 Tage beträgt (vgl OLG Köln MDR 1970, 844). Ferner muß der Makler sich in den AGB die Pflicht auferlegen, den Auftraggeber mit der Bekanntgabe der Vertragsgelegenheit auf die Anzeigeobli-genheit und die Folge ihrer Verletzung besonders hinzuweisen, und diese Pflicht auch erfüllen. Selbstverständlich ist, daß nur das Unterlassen der **möglichen und zumutbaren Anzeige** als deklaratorisches Anerkenntnis gewertet werden kann. Wo kraft Vereinbarung oder Verkehrssitte bzw Handelsbrauch die Verletzung einer Erklärungsobliegenheit an die Stelle einer positiven Willenserklärung tritt, ist stets die schuldhafte Obliegenheitsverletzung gemeint (vgl K SCHMIDT, Handelsrecht 555 ff). Die Vorkenntnisklausel versagt deshalb, soweit der Provisionsanspruch des Maklers daran anknüpft, daß eine mit dem Auftraggeber wirtschaftlich identische Person oder Institution den Hauptvertrag geschlossen hat (vgl Rn 70). Man kann dem Auf-traggeber nicht zurechnen, daß er die ihm unbekannte Vorkenntnis seiner Ehefrau oder „seines" GmbH-Geschäftsführers nicht rechtzeitig angezeigt hat (MünchKomm/ SCHWERDTNER § 652 Rn 254 a; offengelassen in BGH NJW 1976, 2345, 2346 im Hinblick auf ent-sprechende Individualvereinbarungen). Weitere Einschränkungen folgen aus dem Sinn des deklaratorischen Schuldanerkenntnisses. Da es sich allein auf den Fall des Streits zwischen Makler und Auftraggeber über das Fehlen oder Vorhandensein der Vorkenntnis bezieht, erlaubt es dem Makler schon von seinem Geltungsanspruch her nicht die erfolgreiche Durchsetzung des Provisionsanspruchs auch **bei unstreitiger Vorkenntnis** des Auftraggebers. Des Rückgriffs auf das Verbot des Rechtsmißbrauchs bedarf es dafür nicht (**aA** MünchKomm/SCHWERDTNER § 652 Rn 254 a; OLG Köln NJW 1968, 2011).

bb) Als der Vorkenntnisklausel verwandt gilt die **Rückfrageklausel**, die dem Auf- 227 traggeber die Obliegenheit auferlegt, vor dem Abschluß des Hauptvertrags bei dem Makler zu erfragen, ob dieser den Vertragspartner zugeführt hat. Das heutige Schrifttum beurteilt sie überwiegend in Analogie zur Vorkenntnisklausel (Münch-Komm/SCHWERDTNER § 652 Rn 256 f; PALANDT/THOMAS § 652 Anm 9 Aa aE); frühere Rechtsprechung, die die Rückfrageklausel für wirksam erachtet hat (OLG Nürnberg AIZ 1965, 77; OLG Karlsruhe OLGZ 1967, 134), ist – so heißt es – durch die Entwicklung der Rechtsprechung zur Vorkenntnisklausel (Rn 224) überholt. Demgegenüber ist zu differenzieren. Die Rückfrageobliegenheit als solche bedeutet lediglich, daß der Auftraggeber sich nicht auf das Fehlen eines ordnungsgemäßen Nachweises mangels Mitteilung über die Zuführung des Interessenten (vgl Rn 37) berufen kann. Insoweit muß sie auch in AGB vorgesehen werden können, gilt sie doch je nach Lage des Einzelfalls sogar ohne besondere Regelung nach Treu und Glauben mit Rücksicht auf die Verkehrssitte (§ 157) als vereinbart (vgl OLG München NJW 1968, 894). Auf einem ganz anderen Blatt steht, ob die Verletzung der Rückfrageobliegenheit kraft AGB-Klausel den **Einwand der Vorkenntnis** zur Abwehr der Provisionsforderung des Maklers **abschneiden** kann. Das ist eindeutig zu verneinen. Das Unterlassen der Rückfrage kann – anders als die Nichtanzeige der Vorkenntnis im Fall der Vorkenntnisklausel – selbst vor dem Hintergrund der AGB-Klausel nicht als Anerkenntnis des Nachweises des Interessenten durch den Makler aufgefaßt werden, sondern allenfalls zu einer Vertragsstrafe wegen Verletzung einer Rückfragepflicht führen. Als Strafe für das Unterlassen der Rückfrage ist die Provisionszahlungspflicht aber völlig unverhältnismäßig, so daß sie zwar nicht an § 11 Nr 6 AGBG, wohl aber an § 9 Abs 1 AGBG scheitert (vgl MünchKomm/BASEDOW, § 11 AGBG Rn 81 f).

cc) Die **Folgegeschäftsklausel** – dh die Regelung, daß die aus dem nachgewiesenen 228 bzw vermittelten Vertrag folgenden weiteren Geschäftsabschlüsse ebenfalls provisionspflichtig sein sollen (vgl Rn 114) – wird im Schrifttum ganz überwiegend als Verstoß gegen § 9 Abs 2 Nr 1 AGBG angesehen (JAUERNIG/VOLLKOMMER § 652 Anm 9 a bb; MünchKomm/SCHWERDTNER § 652 Rn 259 ff). Das stimmt mit der Rechtsprechung nur insofern überein, als danach Folgeabschlüsse anderer Art nur individualvertraglich vereinbart werden können (BGH NJW 1973, 990). Dagegen weicht BGH NJW-RR 1991, 51 für **gleichartige Folgeverträge** ausdrücklich ab. Das ist konsequent vor dem Hintergrund früherer Rechtsprechung, die zB für Versicherungsmakler sogar ohne Vereinbarung kraft Verkehrssitte bzw Handelsbrauchs die Provisionspflichtigkeit von Folgeverträgen bejaht hat (BGH NJW 1986, 1036). Was dem gesetzlichen Leitbild des Maklervertrags widerspricht, kann schwerlich von Rechts wegen zu respektierende Übung werden. Aber auch im Fall gleichartiger Folgeverträge ist zu beachten, daß vorbehaltlich abweichender individualvertraglicher Regelung nur provisionspflichtig werden kann, was **Gegenstand der Nachweis- bzw Vermittlungstätigkeit** gewesen ist. Das ist im Fall von Folgeverträgen zB, aber nicht nur der Fall, wenn der nachgewiesene bzw vermittelte Mietvertrag ein Optionsrecht enthält (OLG München

AIZ 1993 H 2 A 122 Bl 5). Soweit die Verlängerungsmöglichkeit zunächst gar kein Thema gewesen und erst aufgrund späterer Sinnesänderung der Hauptvertragsparteien ins Blickfeld gerückt ist, kommt eine Provisionspflichtigkeit des Folgevertrags aufgrund von Formularvertrag und AGB nicht in Betracht. Im Geltungsbereich des WoVermittG ist sie sogar absolut ausgeschlossen (§ 2 Abs 2 Nr 1, Abs 5 WoVermittG).

229   dd)   Nicht zu folgen ist der Ansicht des BGH (NJW 1992, 2568), die in AGB oder Formularverträgen enthaltene Vereinbarung einer Provisionszahlungspflicht für die **Bekanntgabe einer Ersteigerungsmöglichkeit** scheitere an § 9 Abs 2 Nr 1 AGBG. Gewiß verlangt § 652 den Nachweis einer **Vertragsgelegenheit**, nicht bloß den eines potentiellen Erwerbsobjekts. Aber das, worauf es dem Auftraggeber regelmäßig ankommt, nämlich den Nachweis einer Erwerbsgelegenheit, gewährleistet die Bekanntgabe der Ersteigerungsmöglichkeit genauso wie diejenige eines vertragsbereiten Partners. Daß man mit dem Versteigerer nicht verhandeln kann, ist entgegen der Ansicht des BGH ohne Bedeutung. Private Vertragspartner, die sich mehreren Interessenten gegenübersehen, können sich genauso wie ein Versteigerer verhalten. Erst recht spielt für die stets maßgebende Interessenlage keine Rolle, daß sich der Erwerb nach öffentlichem Recht vollzieht. Insbesondere der zwingende Ausschluß der Gewährleistung wird in aller Regel durch die Preisdifferenz, die zwischen einem Normalerwerb und dem Erwerb in der Zwangsversteigerung besteht, mehr als ausgeglichen. Mit Grund geht die Verkehrsauffassung davon aus, daß man in der Zwangsversteigerung relativ günstig erwerben kann (vgl auch Rn 34 und SCHWARZ NJW 1993, 306 ff).

230   Auf jeden Fall scheitern an § 9 Abs 2 Nr 1 AGBG Versuche, die **Erfolgsabhängigkeit der Provision** und die **Entschließungsfreiheit des Auftraggebers** einzuschränken (vgl Rn 221). Unter das Verdikt über erfolgsunabhängige Provisionen (= geschäftswertbezogene Vergütungen, BGH WM 1987, 471, 473) fallen auch Klauseln, die den Provisionsanspruch unabhängig von der Wirksamkeit des zustande gekommenen Hauptvertrags zu sichern trachten, während Klauseln, die den Provisionsanspruch bei wirtschaftlicher Ungleichwertigkeit aufrechterhalten sollen, bereits wegen § 4 AGBG unwirksam sind (im Ergebnis ebenso, aber unklar MünchKomm/SCHWERDTNER § 652 Rn 250 a). Nicht unproblematisch ist freilich die Ansicht des OLG München (DB 1983, 1977), der zufolge Gebühren wegen der Vermittlung von Krediten bei Verzicht des Auftraggebers auf deren Inanspruchnahme trotz entgegenstehender AGB-Klausel nicht geschuldet werden. Diese Ansicht widerspricht auf der Basis des heute herrschenden Verständnisses des Darlehensvertrags als Konsensualvertrag dem Grundsatz, daß der Makler schon von Gesetzes wegen nicht das Risiko der Durchführung des Hauptvertrags trägt. Daß nach § 16 VerbrKrG der Nachweis bzw die Vermittlung von Verbraucherkrediten zwingend (arg e § 18 VerbrKrG) die Provisionszahlungspflicht erst aufgrund der Auszahlung des Kredits auslösen, ändert daran nichts. Denn dabei handelt es sich um eine spezifisch verbraucherschutzrechtliche Regelung, die dem allgemeinen Maklerrecht nicht als Orientierung dienen kann (vgl auch Rn 76). Die sog **Reservierungsgebühr**, dh die geschäftswertbezogene Gegenleistung für die aus der Reservierungsvereinbarung folgende bevorzugte Bedienung durch den Makler (ROMPF AIZ 1981, 4) scheitert als AGB-Regelung an § 9 Abs 2 Nr 1 AGBG, weil sie sich als erfolgsunabhängige Teilprovision darstellt (OLG Hamm NJW-RR 1989, 1210; vgl auch Rn 174). LG München AIZ 1984 H 11 A 149 Bl 4 behandelt den eigentümlichen Fall, daß die erfolgsunabhängige Provision in AGB vorgesehen ist, die nicht der Makler, sondern der Treuhänder des Auftraggebers entworfen hat. Folgerichtig wendet das LG München § 9 AGBG mangels Beweisbarkeit einer wirtschaftlichen Verflechtung zwischen Makler und Treuhänder nicht an.

Der Rechtsgrundlosigkeit der erfolgsunabhängigen Provision entspricht die Unwirk- **231** samkeit sog **Rückforderungsausschlußklauseln.** In AGB kann also nicht wirksam angeordnet werden, daß bereits gezahlte Provisionen unabhängig vom Bestehen eines Rechtsgrunds „verfallen" sind (BGH NJW 1984, 2162, 2163; OLG München DB 1982, 1003, 1004 f). **Fälligkeitsklauseln** sollen nach der Rechtsprechung der Inhaltskontrolle nach § 9 AGBG stets standhalten, gleichgültig, ob die Fälligkeit zugunsten des Auftraggebers auf den Zeitpunkt der Durchführung des Hauptvertrags (BGH MDR 1980, 1007) oder zugunsten des Maklers auf einen Zeitpunkt vor dem Wirksamwerden des Hauptvertrags verlegt wird (KG NJW 1961, 649 f). Letzterem ist zu widersprechen. Denn die „Vorverlegung der Fälligkeit" stellt sich der Sache nach als die Vereinbarung einer Vorschußpflicht des Auftraggebers dar, die die Erfolgsabhängigkeit des Provisionsanspruchs lockert und damit im Widerspruch zum Leitbild der §§ 652 ff steht (vgl auch Rn 162). Unbedenklich ist nach BGH WM 1987, 471, 473 auch eine AGB-Klausel über die **Aufwendungsersatzpflicht** des Auftraggebers, vorausgesetzt, sie beschränkt sich auf die konkreten Aufwendungen ohne Tätigkeitsvergütung und ohne allgemeine Geschäftskosten (vgl Rn 172, 223 aE).

ee)   Relativ kompliziert ist die Beurteilung der AGB-Klauseln, die die **Sanktionie-** **232** **rung von Pflichtverletzungen des Auftraggebers** bezwecken. Soweit die Sanktion in der Pflicht zur (vollen oder teilweisen) Provisionszahlung besteht, konkurrieren nach der Rechtsprechung (BGH WM 1987, 632, 633) als denkbare rechtliche Qualifikationen das **erweiterte Provisionsversprechen**, die **Schadensersatzpauschale** und die **Vertragsstrafe** (vgl auch MünchKomm/SCHWERDTNER § 652 Rn 248 f). Dieser Ansatz ist insofern mißverständlich, als er das erweiterte Provisionsversprechen als Alternative zur Schadensersatzpauschale und zur Vertragsstrafe aufzufassen scheint. In Wirklichkeit kann ein erweitertes Provisionsversprechen, das für den Fall von Pflichtverletzungen abgegeben wird, nur entweder als Schadensersatzpauschale oder als Vertragsstrafe qualifiziert werden. Denn es ist dann weder ein Entgeltversprechen (im Sinne des Versprechens einer Gegenleistung für eine Leistung des Maklers) noch ein Schenkungsversprechen (im Sinne einer Zuwendung bei Einigkeit über die Unentgeltlichkeit). In der Sache meint auch BGH WM 1987, 632, 633 nichts anderes. Die Überlegungen, mit denen die Entscheidung sich von der Ansicht des Berufungsgerichts, die Provisionspflichtigkeit des Hauptvertragsabschlusses durch einen vom Auftraggeber verschiedenen Dritten könne stets nur individualvertraglich vereinbart werden, distanziert, knüpfen gerade an den Fall an, daß der Dritte die Vertragsgelegenheit nicht zufällig, sondern infolge pflichtwidriger Information durch den Auftraggeber erfahren hat. Die verbleibende Wahl zwischen Schadensersatzpauschale und Vertragsstrafe als spezifischen Antworten auf die **vom Auftraggeber** **verursachten Leistungsstörungen** ist **im Zweifel** zugunsten der **Vertragsstrafe** zu treffen. Denn in Makler-AGB enthaltene Schadensersatzpauschalen in Provisionshöhe scheitern im allgemeinen daran, daß der infolge der sanktionierten Pflichtverletzung nach dem gewöhnlichen Lauf der Dinge zu erwartende Schaden nicht der Verlust der Provision ist, und sie deshalb gegen § 11 Nr 5 a AGBG verstoßen, ganz abgesehen davon, daß die von § 11 Nr 5 b AGBG vorgeschriebene Möglichkeit des Nachweises eines nicht vorhandenen oder wesentlich niedrigeren Schadens normalerweise fehlt. Andererseits ist die per AGB verordnete Vertragsstrafe – vorbehaltlich der Inhaltskontrolle nach § 9 AGBG – typischerweise unbedenklich (unrichtig MünchKomm/ SCHWERDTNER § 652 Rn 249). § 11 Nr 6 AGBG erklärt die AGB-Vertragsstrafe ausschließlich im Hinblick auf Nichtabnahme, verspätete Abnahme, Zahlungsverzug oder Lösung vom Vertrag für unzulässig, während die Vertragsstrafen in Makler-AGB durchgängig an die Verletzung weiterer Verhaltenspflichten anknüpfen (richtig ULMER/BRANDNER/HENSEN § 11 Nr 6 Rn 3). Der BGH hat schon vor Inkrafttreten des AGBG die Vertragsstrafe als die im Zusammenhang mit Provisionsversprechen des Auftraggebers für Pflichtverletzungen in Makler-AGB im Zweifel sachgemäße rechtliche Qualifikation angesehen, und zwar im wesentlichen mit Rücksicht auf die Möglichkeit der gerichtlichen Herabsetzung unverhältnismäßig hoher Strafen nach § 343 (NJW 1968, 149 f). Dem ist jedenfalls im Ergebnis zuzustimmen (vgl auch Münch-Komm/SCHWERDTNER § 652 Rn 249).

233 Als **Vertragsstrafe** in den Makler-AGB vereinbart werden kann danach das Provisionszahlungsversprechen für den Fall des Abschlusses des Hauptvertrags durch einen Dritten, an den der Auftraggeber die vom Makler erhaltene **Information unbefugt weitergegeben** hat (BGH WM 1987, 632, 633; vgl auch Rn 71, 223), nicht dagegen das Provisionszahlungsversprechen für den Fall des Abschlusses des Hauptvertrags aufgrund der **Nachweis- bzw Vermittlungstätigkeit eines anderen Maklers während der Laufzeit eines Alleinauftrags** (unzulässige AGB-Vertragsstrafe wegen Lösung vom Vertrag, vgl ausführlich Rn 205). Provisionszahlungsversprechen für den Fall des **Eigengeschäfts** (BGH NJW 1973, 1194; extreme Form in BGH NJW 1986, 1173) oder der unterbliebenen Hinzuziehung des Maklers bzw unterbliebenen Verweisung an den Makler bei Vornahme des Eigengeschäfts (BGH NJW 1973, 1194; 1984, 360) sind schon deshalb als AGB-Regelungen unwirksam, weil das Verbot des Eigengeschäfts zu seiner Wirksamkeit selbst der Individualabsprache bedarf (vgl Rn 198). Aber auch wenn das Verbot des Eigengeschäfts individuell vereinbart und allein die Sanktion in den AGB enthalten ist, gilt im Ergebnis nichts anderes. Denn dann handelt es sich um Vertragsstrafen für die „Lösung vom Vertrag" im Sinne des § 11 Nr 6 AGBG. Erst recht ist das AGB-Provisionsversprechen wegen Vornahme eines Eigengeschäfts unwirksam, wenn das Eigengeschäft nicht verboten, das Provisionsversprechen also als selbständiges Strafgedinge im Sinne des § 343 Abs 2 ausgestaltet ist. § 11 Nr 6 AGBG erfaßt auch das selbständige Strafgedinge (PALANDT/HEINRICHS § 11 AGBG Rn 28). Die gleiche Rechtslage wie im Fall des AGB-Provisionsversprechens wegen Vornahme eines Eigengeschäfts besteht im Fall des AGB-Provisionsversprechens wegen der Verweigerung des Abschlusses des Hauptvertrags trotz Abschlußbereitschaft eines vom Makler nachgewiesenen bzw vermittelten Partners (sog **Nichtabschlußklausel**).

234 Besondere Probleme wirft die **Widerrufsklausel** – dh das AGB-Provisionsversprechen wegen Rücktritts des Auftraggebers vom Alleinauftrag – auf, und zwar deshalb, weil § 359 die Möglichkeit eines Reugelds im Zusammenhang mit der Ausübung eines im Vertrag vorbehaltenen Rücktritts ausdrücklich vorsieht. Zwar herrscht Einigkeit darüber, daß ein Rücktritt im Sinne des § 359 nicht vorliegt, wenn der Auftraggeber lediglich die Aufgabe seiner Geschäftsabsicht mitteilt und überhaupt auf den Abschluß eines dem Maklervertrag entsprechenden Hauptvertrags verzichtet. Mit einer solchen Mitteilung erfüllt der Auftraggeber nämlich nur eine Pflicht aus dem

Maklervertrag, die in der Konsequenz seiner Entschließungsfreiheit hinsichtlich des Zustandekommens des Hauptvertrags liegt (vgl Rn 178). Widerrufsklauseln sind daher stets dahin auszulegen, daß das Provisionsversprechen allein den Fall des Widerrufs mit anschließendem **vertragswidrigem Abschluß** des Hauptvertrags durch den Auftraggeber erfaßt (BGH NJW 1967, 1225, 1226; KG NJW 1965, 1277). Sie greifen maW dann, wenn der Auftraggeber während der Laufdauer des Alleinauftrags einen von einem anderen Makler nachgewiesenen bzw vermittelten Hauptvertrag abschließt, so daß an sich die Qualifikation als (verschleierte) Vertragsstrafe unabweisbar ist; der „Widerruf" bzw der „Rücktritt" ist nichts anderes als eine freundliche Bezeichnung für die Vertragsverletzung. Immerhin soll nach hM ein nicht unter § 11 Nr 6 AGBG fallendes Reugeld im Sinne des § 359 vereinbart sein, wenn das Provisionsversprechen zweifelsfrei nicht lediglich die Sicherung des regulären Provisionsanspruchs, sondern eine Gegenleistung für das vertragliche Zugeständnis des Rücktritts durch den Makler bezweckt (so OLG München NJW 1969, 1630; MünchKomm/SCHWERDTNER § 652 Rn 258). Dem ist nur im theoretischen Ansatz zu folgen, im praktischen Ergebnis dagegen zu widersprechen. Ein „Reugeld" in Höhe der Provision stellt sich in der Sache immer als eine Sicherung gegen Vertragsbruch dar, wird dem Berechtigten doch dadurch das positive Interesse gewährleistet. Es bleibt also auch im Fall der Widerrufsklausel bei der Qualifikation des AGB-Provisionsversprechens als Vertragsstrafe (oder selbständiges Strafgedinge), das – weil an die „Lösung des Vertrags" anknüpfend – unter § 11 Nr 6 AGBG fällt.

c) Anforderungen an ausgehandelte AGB im Sinne des § 1 Abs 2 AGBG
Der Anwendung des AGB-Gesetzes kann sich der Makler nur dadurch entziehen, **235** daß er die formularmäßigen bzw in AGB enthaltenen **Klauseln ernsthaft zur Disposition stellt.** Dazu genügt nicht, daß er eine Klausel der AGB dem Auftraggeber gegenüber noch einmal ausdrücklich zur Sprache bringt. Vielmehr muß er deutlich machen, daß er um das Einverständnis mit der Klausel unabhängig von ihrer Festlegung in den AGB nachsucht. So soll er zB nach BGH NJW-RR 1993, 504, um eine AGB-Klausel über die Gleichstellung des Erwerbs im Wege der Zwangsversteigerung mit dem rechtsgeschäftlichen Erwerb (vgl dazu Rn 229) ernsthaft zur Disposition zu stellen, zum Ausdruck bringen müssen, daß er gewünschte Maklerleistungen verweigern wird, wenn der Auftraggeber das Objekt möglicherweise ersteigern wolle, es sei denn, dieser erteile ihm unabhängig von den Geschäftsbedingungen einen auf die Ersteigerung bezogenen besonderen Auftrag. Auch bloßes Verhandeln, um den Buchstaben des § 1 Abs 2 AGBG Genüge zu tun, genügt nicht (vgl BGH WM 1985, 1208; 1987, 42; 1987, 471). Erst recht reicht es nicht aus, daß der Makler sich eine „Aushandelnsbestätigung" unterschreiben läßt (BGH WM 1987, 471 f). Nicht einmal eine den Makler begünstigende Veränderung der Beweislast hinsichtlich des Vorliegens einer Individualabrede läßt sich erreichen, soweit die Aushandelnsbestätigung ihrerseits eine Formular- oder AGB-Klausel darstellt. Denn es greift dann § 11 Nr 15 b AGBG ein, der Veränderungen der Beweislast zu Lasten der Vertragsgegenseite des AGB-Verwenders im weitesten Sinne (einschließlich der Schaffung von Beweismitteln und -indizien) sperrt (BGH WM 1987, 471, 472).

§ 654

Der Anspruch auf den Mäklerlohn und den Ersatz von Aufwendungen ist ausgeschlossen, wenn der Mäkler dem Inhalte des Vertrags zuwider auch für den anderen Teil tätig gewesen ist.

Materialien: Mot II 514 ff; Prot II 342 ff.

Systematische Übersicht

Alphabetische Übersicht

I. Der Zweck der Vorschrift

1. Die Sicht des Gesetzgebers

In den Vorläuferrechten des BGB war umstritten, ob ein Makler für beide Seiten des **1** nachzuweisenden bzw zu vermittelnden Vertrags tätig werden dürfe. Herrschend war die Ansicht, es komme darauf an, ob die Pflichten des Maklers aus beiden Verträgen miteinander vereinbar seien oder nicht. Im letzteren Fall nahm man an, die Doppeltätigkeit sei keine Erfüllung des Maklervertrags und deshalb nicht die dort geforderte Voraussetzung des Provisionsanspruchs (vgl SCHUBERT 771, 773). Entsprechend heißt es in den Protokollen zum 2. Entwurf eines BGB, der entgegen dem Inhalt des Vertrags für beide Seiten tätige Makler habe trotz des Zustandekommens des Hauptvertrags seine „Verpflichtung" **nicht erfüllt** (MUGDAN II 938). Worauf sich dieses Urteil gründet, ist allerdings auch nach den Materialien alles andere als klar. Insbesondere eine Stelle aus den Motiven zum 1. Entwurf eines BGB legt den Schluß nahe, die Bindung des Maklers an das Interesse des Vertragsgegners sei entscheidend (MUGDAN II 288). Danach wäre § 654 eine gesetzliche Bestätigung der hM, daß die institutionalisierte Interessenbindung an den Vertragsgegner provisionsschädlich ist (so KREHL 110 im Anschluß an die Vorauflage, vgl auch §§ 652, 653 Rn 130). Da der Auftraggeber die nachgewiesene bzw vermittelte Vertragsgelegenheit ohnehin nicht unbesehen nutzen kann, sondern ihren Nutzen unter Berücksichtigung der Provisionszahlungspflicht kritisch prüfen und bewerten muß (Vorbem 3), ist die Bindung an das Interesse des Vertragsgegners indessen schon gar kein plausibler Grund für den Ausschluß des Provisionsanspruchs (vgl §§ 652, 653 Rn 129). Mehr noch: Im Recht des Handelsmaklers erachtet der Gesetzgeber eine Bindung an das Interesse des Vertragsgegners des Auftraggebers, wie sie durch den Doppelmaklerstatus entsteht, nicht nur für nicht provisionsschädlich, sondern ordnet sie durch § 98 HGB sogar von sich aus an. Er trägt damit der Einsicht Rechnung, daß eine erfolgreiche Vermittlungstätigkeit ihrer Natur nach das Bemühen erfordert, beiden zukünftigen Hauptvertragsparteien gerecht zu werden, mithin die einseitige Verfolgung der Interessen des Auftraggebers gar nicht zuläßt (vgl §§ 652, 653 Rn 129). Und für die Nachweistätigkeit, das bloße Zusammenführen von Auftraggeber und Vertragsgegner, ist nicht einmal erkennbar, wie die Bindung des Maklers an das Interesse des Vertragsgegners die Belange des Auftraggebers beeinträchtigen könnte (LIEB DB 1981, 2415, 2419; ders WM 1982, 782, 785). Vor diesem Hintergrund kann die Rede von der **Nichterfüllung des Maklervertrags** im Fall der dadurch nicht gedeckten Doppelmaklertätigkeit schlüssig nur dadurch erklärt werden, daß ein solcher Maklervertrag den Nachweis bzw die Vermittlung eines **Vertragsgegners** erfordert, der **provisionsfrei partizipiert**. Das Interesse des Auftraggebers an der provisionsfreien Teilhabe des Vertragsgegners folgt daraus, daß er anderenfalls Gefahr läuft, die Provision des anderen Teils im wirtschaftlichen Ergebnis mitbezahlen zu müssen oder doch wenigstens die eigene Provision nicht teilweise abwälzen zu können (vgl auch OLG Frankfurt NJW-RR 1988, 1199). Die nachgewiesene bzw vermittelte Vertragsgelegenheit wird maW infolge der Doppelmaklertätigkeit mit Transaktionskosten in so nicht vorgesehener Höhe belastet und dadurch der im Maklervertrag versprochenen Vertragsgelegenheit wirtschaftlich ungleichwertig.

2. Der Meinungsstand

Die ganz hM folgt diesem Verständnis des § 654 als eines gesetzlich geregelten Falls **2**

fehlender wirtschaftlicher Gleichwertigkeit zwischen dem zustande gekommenen und dem im Maklervertrag vorausgesetzten Hauptvertrag nicht. Bereits das RG hat die Weichen anders gestellt, indem es annahm, § 654 wolle eine Pflichtverletzung des Maklers sanktionieren (RGZ 113, 264, 269). § 654 trat danach neben den Anspruch des Auftraggebers auf Schadensersatz wegen positiver Forderungsverletzung (KREHL 91 f). Die Vorstellung des Gesetzgebers von der unbefugten Doppeltätigkeit als Nichterfüllung des Maklervertrags klang lediglich noch insofern an, als das RG den Ausschluß des Provisionsanspruchs als Sanktion wegen Verletzung einer wesentlichen Vertragspflicht des Maklers qualifizierte. Es schlug dabei die Brücke zu dem allgemeinen Gedanken, daß eine positive Forderungsverletzung von Gewicht den Verletzten zur Auflösung des betroffenen Vertragsverhältnisses berechtigt (RG JW 1910, 284; vgl auch KREHL 92 f). Der BGH hat mit dieser Rechtsprechung im Jahre 1962 gebrochen (BGHZ 36, 323). Seither mißt die Rechtsprechung dem § 654 **Strafcharakter** zu. Die Vorschrift soll darauf reagieren, daß der Makler den Maklerlohn nach allgemeinem Rechts- und Billigkeitsempfinden nicht verdient, wenn er „die Treuepflicht gegenüber dem Auftraggeber vorsätzlich, wenn nicht gar arglistig, mindestens aber in einer dem Vorsatz nahekommenden grob leichtfertigen Weise verletzt hat" (BGHZ 36, 323, 327; BGH NJW 1981, 280; 1981, 2297; 1985, 45; 1986, 2573; NJW-RR 1990, 372; 1992, 110 f). Im Schrifttum hat die Auffassung der Rechtsprechung, soweit es sich nicht mit kommentarloser Wiedergabe begnügt, durchgängig Widerspruch gefunden (Münch-Komm/SCHWERDTNER § 652 Rn 205; KREHL 103 ff; REUTER NJW 1990, 1321, 1325 ff), und das zu Recht: Der BGH hat seine Ansicht niemals näher begründet, sondern schlicht behauptet, § 654 habe „offensichtlich" Strafcharakter (BGHZ 36, 323, 326). Der kursorische Hinweis auf die Entstehungsgeschichte (BGHZ 36, 323, 327) geht sogar „offensichtlich" fehl (Rn 1). In der Sache ist dem BGH entgegenzuhalten, daß schon die **§§ 98, 99 HGB** die Vorstellung von der Doppeltätigkeit als eines grob treuwidrigen und daher strafwürdigen Parteiverrats ad absurdum führen. Was der Gesetzgeber im Handelsrecht mangels abweichender Vereinbarung für die sachgerechte Lösung hält, kann nicht im bürgerlichen Recht mangels vertraglicher Zulassung höchstes Unrecht sein. Nicht zuletzt ist zu kritisieren, daß die Rechtsprechung zur direkten und analogen Anwendung des § 654 diskriminierendes Sonderrecht zu Lasten von Maklern schafft. Wenn die Begründung des BGH zuträfe, dann müßten die auf dieser Grundlage erzielten Einzelergebnisse nach dem Gebot der Gleichbehandlung des Gleichartigen auf alle Berufe erstreckt werden, die mit der Interessenvertretung von Personen gegenüber anderen zu tun haben. Das hat der BGH jedoch nur für Rechtsanwälte in Erwägung gezogen, und die Umsetzung ist wesentlich restriktiver (§ 654 analog nur bei strafbarem Parteiverrat) ausgefallen als gegenüber Maklern (BGH NJW 1963, 1301; 1981, 1212).

3 Aber auch die im bisherigen Schrifttum diskutierten Alternativen überzeugen wenig. Entgegen WERNER (AcP Bd 176 (1976) 270, 271; verbal auch BGH NJW 1983, 1847, 1848) ist das Verlangen des Maklers nach Provision trotz eigenen pflichtwidrigen Verhaltens nicht per se ein unzulässiges **venire contra factum proprium**. Solange der Auftraggeber von der Tätigkeit des Maklers ungeachtet der Pflichtwidrigkeit profitiert, gibt es keinen Anlaß zum Rückgriff auf § 242. Denn der Makler wird weder für seine Arbeit noch für seine Loyalität entlohnt, sondern er erhält die Provision für den Nutzen, der für den Auftraggeber aufgrund seiner Tätigkeit erwachsen ist. Auch ein unbefugt zugleich für die Gegenseite tätiger Makler kann eine Nachweis- bzw Vermittlungstätigkeit entfalten, deren Gegenstand eine dem Auftraggeber sehr nützliche Vertragsgelegenheit ist. Nicht schlüssig ist auch die Ansicht MORMANNS, der – ähnlich wie das RG – an den Gedanken anknüpfen will, daß schwere Vertragsuntreue den Verlust der eigenen Rechte nach sich zieht (SOERGEL/MORMANN Rn 1). Wo dieser Gedanke sonst zum Tragen kommt, hat er stets das Ergebnis, daß der Leistungsaustausch überhaupt unterbleibt bzw rückgängig gemacht wird. Daß die Vertragsuntreue für den anderen Teil zum Geschäft wird, indem er die vollwertige Leistung ohne Gegenleistung erhält, ist durch ihn nicht gedeckt. Wohl um eine derartige Ungereimtheit zu verhindern, will schließlich SCHWERDTNER die Anwendung des § 654 (direkt und analog) von einer Schädigung des Auftraggebers abhängig machen (SCHWERDTNER 247). Diese Voraussetzung soll sich zwar nicht aus dem Wortlaut, wohl aber aus der vom historischen Gesetzgeber zugrunde gelegten Vorstellung von der unbefugten Doppeltätigkeit als einer „Nichterfüllung" des Maklervertrags ergeben (MünchKomm/ SCHWERDTNER Rn 15). Doch ist der dogmatische Kontext des Gedankens dunkel, ganz abgesehen davon, daß eine irgendwie geartete Schädigung nicht ohne weiteres mit der Nichterfüllung gleichgesetzt werden kann.

II. Der unmittelbare Anwendungsbereich des § 654

1. Die Zulässigkeit des Doppelauftrags

a)   Die Zulässigkeit der **Doppeltätigkeit** hängt nach § 654 („dem Inhalte des Vertrags zuwider") davon ab, ob sie im Vertrag zwischen Auftraggeber und Makler gestattet ist oder nicht. Die Anforderungen an eine solche Gestattung sind nicht von Anfang an gleich beurteilt worden. Bis Mitte der 50er Jahre ging die Rechtsprechung von einer **Vermutung gegen die Zulässigkeit** der Doppeltätigkeit aus (OLG Stuttgart NJW 1954, 313). Die Gestattung war jeweils besonders festzustellen; lediglich im Falle des Auftraggebers, der wußte, daß dem Makler bereits von der Gegenseite ein Auftrag erteilt worden war, kam eine stillschweigende Gestattung in Betracht (RG JW 1913, 641). In der zweiten Hälfte der 50er Jahre ist hier eine Wende eingetreten. Seitdem gilt die Doppeltätigkeit als zulässig, es sei denn, der Maklervertrag enthält ein **ausdrückliches Verbot** der Doppeltätigkeit, sie läuft erkennbar dem Willen des Auftraggebers zuwider oder es entsteht durch sie ein **Interessenkonflikt** (BGH BB 1957, 979, 980; OLG Stuttgart BB 1958, 317; OLG Frankfurt MDR 1973, 407; OLG Hamm AIZ 1994 H 3 A 146 Bl 27; OLG Dresden NJW-RR 1994, 885; LG Stuttgart AIZ 1991 H 4 A 146 Bl 21; LG Limburg AIZ 1988 H 3 A 146 Bl 14; GLASER MDR 1971, 271 f). Insbesondere soll mangels Interessenkonflikts eine **Vermutung für die Zulässigkeit** der Doppeltätigkeit sprechen, wenn der Makler für beide Seiten eine Nachweistätigkeit übernommen hat (OLG Hamburg AIZ 1985 H 4 A 146 Bl 6; LG Stuttgart AIZ 1991 H 4 A 146 Bl 21), aber auch, wenn ein Vermittlungsmakler zusätzlich mit der Vertragsgegenseite einen Nachweismaklervertrag abschließt (BGH NJW 1970, 1075; OLG Frankfurt MDR 1973, 407; OLG Dresden NJW-RR 1994, 885; LG Limburg AIZ 1988 H 3 A 146 Bl 14). Sogar eine Vermittlungstätigkeit für beide Seiten soll im Zweifel unbedenklich sein, wenn sie sich auf einem Sektor vollzieht, auf dem – wie auf dem Immobiliensektor – Tätigkeit für beide Parteien weithin üblich ist (SOERGEL/MORMANN Rn 1). Denn der Interessengegensatz zwischen Verkäufer und Käufer, insbesondere derjenige im Hinblick auf die Höhe des Kaufpreises, begründet nach Ansicht der Rechtsprechung (OLG Köln BB 1971, 889; OLG Frankfurt MDR 1973, 407; OLG Schleswig AIZ 1987 H 6 A 132 Bl 3) nicht per se eine für die Unzulässigkeit der Doppeltätigkeit sprechende Interessenkollision. Vielmehr folgt daraus zunächst lediglich die Pflicht zu strenger Unparteilichkeit (BGH NJW 1968,

Dieter Reuter

150). Erst wenn der Makler Pflichten übernimmt, die seine Unparteilichkeit ausschließen (sog Vertrauensmakler), ist ihm die Tätigkeit zugleich für die Vertragsgegenseite verwehrt. Eine solche Position kann sich auch aus den Umständen ergeben. Die Rechtsprechung hat sie etwa im Fall eines langfristigen qualifizierten Alleinauftrags bejaht (BGH NJW 1964, 1467). Ferner hat der BGH (NJW 1973, 1458, 1460; ebenso LG Frankfurt AIZ 1993 H 1 A 108 Bl 1) eine **erfolgsunabhängige** Provision für unvereinbar damit erklärt, daß der Makler zugleich für die andere Seite tätig wird und deren Interessen gegen den Auftraggeber verfolgt. Die erfolgsunabhängige Provision soll mit der Konsequenz der Nichtigkeit abweichender Vereinbarung (§ 138 Abs 1) zwingend die einseitige Bindung des Maklers an das Interesse des provisionspflichtigen Auftraggebers nach sich ziehen. Andererseits will das OLG Hamburg (AIZ 1985 H 4 A 146 Bl 6) die erfolgsunabhängige Provision nicht einmal als Argument gegen die Annahme einer stillschweigenden Gestattung von Doppeltätigkeit gelten lassen (mit unrichtiger Behauptung eines Einklangs mit BGH NJW 1973, 1458, 1460).

5 b) Gegenüber der neueren Rechtsprechung ist darauf hinzuweisen, daß die großzügige Annahme zulässiger **Doppeltätigkeit** mindestens in einem Spannungsverhältnis zur Strenge der Anforderungen steht, die die gleiche Rechtsprechung an das Zustandekommen von Doppelmaklerverträgen stellt. Es ist wenig plausibel anzunehmen, daß – wie der BGH meint – der auf einen (wirklich oder scheinbar) im Auftrag eines Dritten handelnden Makler reagierende Interessent mangels unmißverständlichen Provisionsverlangens damit rechnen kann, dieser werde sich an seinen Erstauftraggeber halten und mit der insoweit anfallenden Vergütung zufrieden geben (BGH WM 1986, 1390, 1391; vgl auch §§ 652, 653 Rn 2), wenn Maklerverträge mit beiden Seiten regelmäßig zulässig sind. Man unterstellt dann nämlich, daß der Makler sich im Zweifel ohne Anlaß die Chance auf zusätzliche Provision entgehen läßt. Makler, die in dieser Weise ihren eigenen Vorteil verleugnen, dürften aber eher selten sein. Schlüssigkeit gewinnt die von der ganz hM praktizierte **Unklarheitenregel**, dh die Vermutung gegen ein Maklervertragsangebot des bereits von anderer Seite beauftragten Maklers (§§ 652, 653 Rn 4), nur, wenn man im Rahmen des § 654 mit der früheren Rechtsprechung von einem regelmäßigen Widerspruch der Doppeltätigkeit zum Inhalt des Erstauftrags ausgeht. Denn dann läßt sich der bereits beauftragte Makler durch den Verzicht auf das Verlangen nach zusätzlicher Provision nichts entgehen, sondern zieht lediglich die Konsequenzen daraus, daß er **durch die zusätzliche Provisionsvereinbarung mit dem Interessenten den Provisionsanspruch gegen den Erstauftraggeber verlieren** würde. Ein solcher Ausgangspunkt entspricht dem hier vertretenen Verständnis des § 654 als eines gesetzlich geregelten Falls des Provisionsausschlusses wegen fehlender wirtschaftlicher Gleichwertigkeit zwischen zustande gekommenem und lt Maklervertrag beabsichtigtem Hauptvertrag (Rn 1 aE). Danach hat der Auftraggeber im Zweifel immer ein Interesse daran, daß der Makler nicht auch noch mit der Gegenseite eine Provisionsvereinbarung trifft (die ggf die Summe der Vertragskosten erhöht und dadurch das Einigwerden erschwert). Demgemäß bedarf es einer **Gestattung** im Erstauftrag, die, soweit sie nicht ausdrücklich erfolgt ist, besondere Anhaltspunkte wie zB die Beschränkung der Provision auf die Hälfte der üblichen Provision voraussetzt. Selbst die Üblichkeit der Tätigkeit für beide Seiten auf einem Sektor ist im Einzelfall unerheblich, wenn ihr die Provisionsgestaltung nicht korrespondiert, insbesondere wenn eine Provisionsverpflichtung in der üblichen Höhe der Gesamtprovision vereinbart worden ist (aA SOERGEL/ MORMANN Rn 1). Ist in einem solchen Fall die Tätigkeit für die andere Seite im Maklervertrag gestattet, so ist die

Gestattung im Zweifel auf eine **provisionsfreie Tätigkeit** begrenzt. Das OLG Frankfurt (NJW-RR 1988, 1199) hat angenommen, der Auftraggeber werde arglistig getäuscht (§ 123), wenn der Makler mit ihm die übliche Gesamtprovision vereinbart, ohne ihn darüber aufzuklären, daß er auch noch von der Gegenseite Provision verlangt. In Wirklichkeit greift schon § 654 ein, weil die Tätigkeit für die andere Seite so nicht durch den Maklervertrag gedeckt ist. Die Vereinbarung einer erfolgsunabhängigen Provision (oder einer zwar erfolgsabhängigen, aber gegen Mißerfolg stark abgesicherten Vergütung – qualifizierter Alleinauftrag) ändert entgegen der hM nichts an der Rechtslage. Auch unter solchen Vorzeichen hat der Auftraggeber die Vergütung im Zweifel nur für den Nachweis bzw die Vermittlung einer Vertragsgelegenheit versprochen, die nicht infolge einer zusätzlichen Provisionsvereinbarung mit erhöhten Vertragskosten belastet ist. Doch ist entgegen der hM nichts dagegen einzuwenden, daß der Auftraggeber – zB als Ausgleich für die geringe Höhe der erfolgsunabhängigen Provision – die Vereinbarung einer zusätzlichen Nachweis- oder Vermittlungsprovision mit der Vertragsgegenseite erlaubt. Die Vorstellung von BGH NJW 1973, 1458, eine solche Erlaubnis sei sittenwidrig und deshalb nach § 138 Abs 1 nichtig, ist von der Interessenlage her überhaupt nicht nachvollziehbar. Gewiß verleiht die Erfolgsunabhängigkeit (bzw die starke Abschwächung der Erfolgsabhängigkeit) dem Maklervertrag auch nach der hier vertretenen Ansicht Geschäftsbesorgungscharakter bzw geschäftsbesorgungsähnliche Züge (Vorbem 10 ff). Doch gerät der Makler nicht dadurch in eine Interessen- oder Pflichtenkollision, daß er mit der Vertragsgegenseite eine Provision vereinbart. Daß die Nachweistätigkeit auch der Vertragsgegenseite zugute kommt, ergibt sich aus der Natur der Sache. Ebenso ist eine Vermittlung, die einseitig auf das Interesse des Auftraggebers bedacht ist, ein Widerspruch in sich. Allenfalls kann es im Bereich der **Nebenpflichten** relevante Pflichtenkollisionen geben. Insoweit – aber auch nur insoweit – trifft den Doppelmakler eine spezifische Pflicht zur Unparteilichkeit (vgl §§ 652, 653 Rn 193), die die Fähigkeit zur Geschäftsbesorgung für den Auftraggeber einschränkt, jedoch sicher nicht so vollständig eliminiert, daß die Kombination von erfolgsunabhängiger Vergütung und Erlaubnis zur Doppeltätigkeit als sittenwidrige Übervorteilung des Auftraggebers angesehen werden kann (im Ergebnis ebenso MünchKomm/SCHWERDTNER Rn 12).

2. Die Pflichten des Doppelmaklers

Der Doppelmakler ist zur **Unparteilichkeit** verpflichtet (RG JW 1913, 641; BGH NJW **6** 1968, 150), dh er darf nicht eine Seite bevorzugt mit Informationen versorgen und/ oder beraten (vgl §§ 652, 653 Rn 193). Bei Pflichtenkollisionen geht die Aufklärungspflicht gegenüber der einen Seite der Verschwiegenheitspflicht gegenüber der anderen vor (vgl ausführlicher §§ 652, 653 Rn 193 mit Nachweisen). Wie weit die Aufklärungspflicht reicht, ist nicht unumstritten. ZT ist die Rede von umfassenden Informationspflichten (LG Hamburg AIZ 1979 H 2 A 132 Bl 1; MünchKomm/SCHWERDTNER Rn 9). ZT erkennt die Rechtsprechung aber auch Gegeninteressen des Maklers an, die die Aufklärungspflicht einschränken. So ist der Doppelmakler nach BGH NJW 1970, 1075 nicht verpflichtet, dem einen Auftraggeber mitzuteilen, daß er mit der anderen Seite eine Übererlösprovision, also eine Provision in Höhe der Differenz zwischen einem bestimmten Betrag und dem tatsächlich erzielten Kaufpreis (vgl §§ 652, 653 Rn 160), vereinbart hat. Das ist einmal deshalb konsequent, weil sich dadurch im Prinzip am Interesse des Maklers an einem hohen Kaufpreis gegenüber dem Normalfall – Provision in Höhe eines Prozentsatzes des Kaufpreises – nichts ändert (vgl §§ 652, 653 Rn 161 aE), aber auch deshalb, weil die Rechtsprechung (BGH NJW 1968, 150) – in der Konsequenz des grundsätzlichen Verbots bevorzugter Beratung einer Seite – eine **Einschaltung in die Preisverhandlungen nur sehr begrenzt** gestattet. Führt der Makler die Preisverhandlungen für den Verkäufer, so kann er für den Käufer nur noch eine Nachweis- und preisneutrale Vermittlungtätigkeit übernehmen; bezüglich der Beratung und Verhandlung zum Kaufpreis muß er den Käufer an einen anderen verweisen. Das gilt jedenfalls, wenn dem Käufer der Preis – wie in der Regel – nicht gleichgültig ist (vgl BGH NJW 1968, 150, 152). In der Literatur (MünchKomm/SCHWERDTNER Rn 11) wird diese Rechtsprechung kritisiert, jedoch zu Unrecht: Es liegt in der Natur der Sache, daß die Beratung beider Seiten über den Preis die Beratungstätigkeit insgesamt nutzlos macht. Das Gebot der Unparteilichkeit verlangt diesbezüglich Zurückhaltung gegenüber beiden Seiten, es sei denn, es gelingt dem Makler, die Maklerverträge so aufeinander abzustimmen, daß er die Provision gegenüber dem einen Partner mit und gegenüber dem anderen auch ohne Beratung über den Preis verdient. BGH NJW 1970, 1075 bestätigt das für die Kombination Vermittlungs- und Nachweismaklervertrag: Eine solche Kombination ermöglicht es dem Makler, sich in der Preisfrage ohne negative Folgen für den Provisionsanspruch gegen den Käufer auf die Seite des Verkäufers zu stellen. Da die Pflicht zur ordnungsgemäßen Beratung des Auftraggebers nicht schon aus dem Nachweismaklervertrag, sondern erst aus besonderer Abrede oder Vertrauenswerbung folgt (§§ 652, 653 Rn 187), begeht der Makler dadurch auch keine Pflichtverletzung gegenüber dem Käufer, vorausgesetzt freilich, **er deckt die Parteinahme auf und verhindert dadurch ein Vertrauen des Käufers auf seine Neutralität.** Der Doppelmakler verletzt im Gegenteil seine Pflicht gegenüber dem Verkäufer, wenn er bei redlichen Gepflogenheiten entsprechendem Verlauf der Verhandlungen durch eine Information des Käufers über seine Wertvorstellungen die Verhandlungschancen des Verkäufers schmälert (**aA** MünchKomm/SCHWERDTNER Rn 11). Denn dadurch beeinträchtigt er den Status quo des Verkäufers (vgl auch BGH NJW 1968, 150, 151), auf den die Schutzpflichten des Maklers sich trotz fehlender Verpflichtung auf das Veränderungsinteresse des Auftraggebers erstrecken (vgl §§ 652, 653 Rn 189). Mit der Neutralitätspflicht des Doppelmaklers vereinbar ist es selbstverständlich, daß er im Falle drohenden Scheiterns der Verhandlungen dem Verkäufer zu einer Minderung und/oder dem Käufer zu einer Erhöhung seiner Preisvorstellung rät. Dies gehört geradezu zum Kernbereich der Funktion des „ehrlichen" Maklers; auch die Rechtsprechung urteilt insoweit nicht anders (vgl RG Recht 1911 Nr 1119; RG LZ 1931, 624).

7 Der Grundsatz der Unparteilichkeit verbietet dem Doppelmakler nicht, dem Verkäufer einen Interessenten zuzuführen, der den Käufer überbietet und dadurch zur Erhöhung des Kaufpreisangebots zwingt. Der Doppelmakler ist nämlich vor dem Zustandekommen des Hauptvertrags **nicht verpflichtet, weitere Versuche des Nachweises bzw der Vermittlung zu unterlassen.** Der Abschlußfreiheit des Auftraggebers entspricht, daß der Makler seinerseits erst nach dem Hauptvertragsschluß das Veränderungsinteresse des Auftraggebers respektieren muß (vgl §§ 652, 653 Rn 190). Das gilt sogar, wenn der Makler dabei ausschließlich im eigenen Interesse handelt. Daß dieses Interesse mit dem des zweiten Auftraggebers koinzidiert, kann daran nichts ändern. Ebenso gibt es keinen Anlaß, deshalb anders zu urteilen, weil der Käufer allein Provision versprochen hat, während der Verkäufer einen unentgeltlichen Vermittlungsauftrag erteilt hat (vgl LG Hamburg AIZ 1979 H 2 A 132 Bl 1). Denn der Käufer könnte auch dann dem Makler die Suche nach anderen Interessenten für das betroffene Objekt nicht untersagen, wenn er der alleinige Auftraggeber wäre (vgl §§ 652, 653 Rn 190). Der zusätzliche Vermittlungsauftrag des Verkäufers verändert seine Interessenlage nicht (im Ergebnis ebenso MünchKomm/SCHWERDTNER Rn 9). **Handelt der Doppelmakler seiner Pflicht zur Unparteilichkeit kraß zuwider**, so verliert er nach Ansicht der Rechtsprechung den Provisionsanspruch gegen die benachteiligte Partei, und zwar, ohne daß – wie sonst nach der Rechtsprechung im Rahmen der maklerrechtlichen Verwirkung (Rn 9 ff) – auch in subjektiver Hinsicht eine schwere Treuwidrigkeit festgestellt werden muß (BGH NJW 1968, 150, 152). Die gleiche Rechtsfolge soll eingreifen, falls der Doppelmakler trotz eines nicht unparteilich lösbaren Interessenkonflikts die Maklertätigkeit fortsetzt, anstatt die Parteien von der Situation zu unterrichten und deren Entscheidung über Fortsetzung oder Beendigung der Maklerverträge einzuholen (BGH MDR 1970, 28; vgl auch §§ 652, 653 Rn 193). Offenbar will der BGH für den Verstoß des Doppelmaklers gegen das Gebot der Unparteilichkeit an der Rechtsprechung des RG zur **analogen Anwendung des § 654** festhalten, die er im übrigen verabschiedet hat (vgl Rn 2). Überzeugen kann freilich auch diese Variante nicht. Der Doppelmakler wird nicht für Unparteilichkeit, sondern wie der einfache Makler für den Nutzen bezahlt, den die nachgewiesene bzw vermittelte Vertragsgelegenheit für den Auftraggeber gebracht hat. Selbst der krasse Verstoß gegen das Gebot der Unparteilichkeit bleibt **Verletzung einer Nebenpflicht**, so daß auch insoweit mit SCHWERDTNER (MünchKomm/SCHWERDTNER § 652 Rn 205) einzuwenden ist, noch niemand sei „bislang auf den Gedanken gekommen, bei der Verletzung von Nebenpflichten im Rahmen von sonstigen gegenseitigen Verträgen einer Partei den Erfüllungsanspruch zu entziehen". Was bleibt, ist erneut diskriminierendes Sonderrecht zu Lasten von Maklern (vgl Rn 2 aE).

III. Der Bereich der analogen Anwendbarkeit des § 654

1. Sonstige Fälle der fehlenden wirtschaftlichen Gleichwertigkeit

§ 654 ist erstens analog auf die Fälle anzuwenden, in denen die nachgewiesene bzw **8** vermittelte Vertragsgelegenheit der nach dem Maklervertrag vorgesehenen **aus anderen Gründen** als der doppelprovisionsbedingten Erhöhung der Vertragskosten **nicht wirtschaftlich gleichwertig** ist. Die hM stimmt damit in der Sache überein, wenngleich, ohne auf die Analogie zu der (nach der Intention des Gesetzgebers ohnehin nur klarstellenden, vgl MUGDAN II 1292) Vorschrift des § 654 zurückzugreifen (vgl §§ 652, 653 Rn 66 ff). Es liegt in der Konsequenz des hier vertretenen Ansatzes anzunehmen, daß mangels wirtschaftlicher Gleichwertigkeit in den analogen Anwendungsbereich des § 654 auch der Nachweis bzw die Vermittlung einer Vertragsgelegenheit fällt, deren **Partner** dadurch **einem anderen Makler provisionspflichtig** wird. Denn solche Vertragsgelegenheiten sind genauso mit erhöhten Vertragskosten belastet wie die, bei denen der gleiche Makler den Provisionsanspruch gegen die Gegenseite hat. Vorbehaltlich abweichender Regelung im Maklervertrag muß also der Makler, um den Provisionsanspruch nicht analog § 654 zu verlieren, einen seinerseits maklerfreien Interessenten nachweisen bzw vermitteln oder doch den maklergebundenen Interessenten in einer Weise nachweisen bzw vermitteln, die die Entstehung eines Provisionsanspruchs für den anderen Makler ausschließt. Praktische Konsequenz ist vor allem, daß das sog Gemeinschaftsgeschäft mehrerer Makler (vgl dazu Vorbem 39 ff) nur funktionieren kann, wenn die beteiligten Auftraggeber sich damit ausdrücklich oder konkludent einverstanden erklärt haben (vgl dazu Rn 5). Ebenfalls entsprechend anzuwenden ist § 654 auf entgeltliche Nachweis- oder Vermittlungsaufträge, die nicht die Rechtsform des Maklervertrags, sondern die eines Geschäftsbesorgungsvertrags (**Maklerdienst- oder Maklerwerkvertrag**, vgl Vorbem 11 ff) haben. Denn auch insoweit ist der Vertrag auf den Nachweis bzw die Vermittlung eines seinerseits nicht provisionspflichtigen Interessenten gerichtet. Das gleiche gilt im Ausgangspunkt für unentgeltliche Nachweis- und Vermittlungsaufträge (§§ 662 ff). Allerdings ist in unentgeltlichen Nachweis- und Vermittlungsaufträgen, die mit gewerbsmäßigen Maklern vereinbart werden, die Gestattung der Doppeltätigkeit konkludent enthalten, ist es doch allein die Aussicht auf Provision von der Gegenseite, die solche Makler vernünftigerweise veranlassen kann, sich auf unentgeltliche Nachweis- oder Vermittlungsaufträge einzulassen.

2. Die Verwirkung des Provisionsanspruchs

9 a) In Konsequenz ihrer These vom Strafcharakter des § 654 (Rn 2) hat die Rechtsprechung die Vorschrift zu einem **umfassenden Verwirkungstatbestand** ausgebaut. Nach Ansicht des BGH verwirkt der Makler den Provisionsanspruch, wenn er den Interessen des Auftraggebers vorsätzlich, wenn nicht gar arglistig, zumindest aber in einer dem Vorsatz nahekommenden grob leichtfertigen Weise zuwiderhandelt, so daß er den Lohn nach allgemeinem Rechts- und Billigkeitsempfinden nicht verdient hat (BGH NJW 1962, 734; 81, 280; 81, 2297; NJW-RR 1990, 372; 1992, 110 f). Der BGH hat sich damit in doppelter Hinsicht von der Rechtsprechung des RG, die die Aufwertung des § 654 zu einem allgemeinen Rechtsgedanken eingeleitet hat (RGZ 113, 264, 269), entfernt: Erstens verlangt der BGH nicht mehr, daß der Makler wesentliche Vertragspflichten verletzt. BGH NJW 1981, 2297 hebt ausdrücklich hervor, das Verhalten des Maklers sei „nicht so sehr nach der objektiven Seite, nämlich dem Ausmaß der Folgen des Verstoßes oder der vertragsmäßigen Bedeutung der konkret verletzten Verpflichtung" zu bewerten. Vielmehr soll „**in erster Linie der subjektive Tatbestand der Treupflichtverletzung**" zählen. Zweitens hat der BGH sich eben durch die Verlagerung des Akzentes auf die „subjektive Tatbestandsseite" von der Ansicht des RG distanziert, es sei bereits die **schlicht fahrlässige Pflichtverletzung** ein hinreichender Anlaß für die Verwirkung des Provisionsanspruchs. Insoweit soll der Gesichtspunkt der positiven Forderungsverletzung das praktische Bedürfnis nach sachgerechter Sanktion voll und ganz befriedigen (NJW 1981, 2297). Das objektive Gewicht der Verfehlung des Maklers ist danach zwar nicht gleichgültig. Der BGH selbst betont, sogar die vorsätzliche Verletzung einer unbedeutenden Ordnungsvorschrift brauche die Anwendung des Verwirkungsgedankens nicht unbedingt nach sich zu ziehen (NJW 1981, 2297). Aber die objektive Verfehlung ist nicht mehr als *ein* Faktor für die entscheidende Antwort auf die Frage nach der subjektiven „Lohnunwürdigkeit" des Maklers.

10 Auf dieser Basis hat die Rechtsprechung den Provisionsanspruch als **verwirkt** angesehen, soweit der Makler versucht hat, den Abschluß zwischen dem Auftraggeber und der Vertragsgegenseite mit unlauteren Mitteln zu hintertreiben (BGH WM 1978, 245, 246; 1983, 385, 386; vgl auch §§ 652, 653 Rn 191), soweit er selbst als Konkurrent des Auftraggebers aufgetreten ist (BGH NJW-RR 1992, 110 f; OLG Hamm VersR 1991, 545), soweit er – namentlich im Fall der nachträglich nach § 313 S 2 geheilten Formnichtigkeit des Hauptvertrags – die mangelnde Rechtskenntnis und -erfahrung des

Auftraggebers ausgenutzt hat, um in ihm die irrige Vorstellung einer bereits bestehenden rechtlichen Bindung zu erwecken (BGH VersR 1989, 1259; NJW-RR 1990, 372; 1992, 817 f), soweit er mit dem Auftraggeber eine Reservierungsvereinbarung (vgl §§ 652, 653 Rn 174) getroffen hat, obwohl der Inhaber des Objekts ihm entgegen seinen Angaben keinen Alleinauftrag (vgl Vorbem 8 ff) erteilt hatte (OLG Hamm AIZ 1991 H 1 A 146 Bl 20), soweit er den Auftraggeber grob leichtfertig über einen wichtigen Faktor seiner wirtschaftlichen Kalkulation (konkret: über Art und Ausmaß von Ablöseverpflichtungen) im Unklaren gelassen hat (OLG München NJW-RR 1988, 1201), soweit er trotz Vertrauenswerbung mit seiner Eigenschaft als Finanzfachmann den Auftraggeber nicht vor dem Abschluß des Hauptvertrags angesichts ungeklärter Finanzierung gewarnt hat (OLG Celle AIZ 1989 H 8 A 146 Bl 17), soweit er bewußt die Kapazität des als Kaufobjekt nachgewiesenen Hotels verheimlicht hat (BGH WM 1981, 590), soweit er im Falle der Vermittlung eines Mietvertrags über Gewerberäume die bevorstehende Ansiedlung übermächtiger Konkurrenz verschwiegen hat (OLG Frankfurt AIZ 1986 H 10 A 146 Bl 11), soweit er den Käufern/Auftraggebern die Anordnung der Zwangsversteigerung über das nachgewiesene Grundstück verschwiegen (OLG Karlsruhe NJW-RR 1993, 1273) oder ein in der Einflugschneise eines Flughafens liegendes Haus ohne Hinweis auf den Fluglärm als „Objekt in bester Lage" angedient hat (LG Hamburg AIZ 1985 H 6 A 146 Bl 8). In einem gewissen Gegensatz gerade zu der zuletzt zitierten Entscheidung steht das Urteil des LG Köln AIZ 1984 H 5 A 146 Bl 5, wonach die unrichtige Angabe des Maklers bei der Vermittlung des Mietvertrags über ein Gewerbegrundstück, die vom Mieter benötigte Gewerbeerlaubnis sei „unproblematisch", eine nicht zur Verwirkung führende Prognose bzw reklamehafte Anpreisung sein soll. Dagegen entspricht es der allgemeinen Linie der neuen Rechtsprechung, wenn das OLG Braunschweig (AIZ 1987 H 9 A 146 Bl 13) die grob fahrlässige falsche Angabe des Baujahres für das angebotene Wohnhaus für eine analoge Anwendung des § 654 nicht ausreichen läßt.

Sehr unsicher ist, **in welchem Stadium** der Makler eine schon oder noch zur Verwir- **11** kung führende Verfehlung begehen kann. Das OLG Köln hat eine Verwirkung des Provisionsanspruchs wegen arglistiger Täuschung des Auftraggebers im Hinblick auf den **Abschluß des Maklervertrags** abgelehnt (NJW 1971, 1943 mit kritischer Anmerkung U Werner), das OLG Hamm (NJW-RR 1993, 506) sie befürwortet; auch das RG hat sie – freilich auf inzwischen überholter dogmatischer Basis (vgl Rn 9) – bejaht (RG LZ 1918, 686 f). Die Haltung des BGH ist zweifelhaft. Immerhin scheint er das Verhalten des Maklers im Hinblick auf Abschluß und Inhalt des Maklervertrags jedenfalls nicht schlechthin aus dem analogen Anwendungsbereich des § 654 ausklammern zu wollen. BGH NJW 1986, 2573 diskutiert die Analogie zu § 654 ohne weiteres im Zusammenhang mit der Frage, ob der Makler, der eine Abänderung des Maklervertrags zu seinen Gunsten mit unlauteren Mitteln bewirkt, dadurch den Provisionsanspruch einbüßt. Fast noch offener ist, wie weit die Analogie zu § 654 in das **nachvertragliche Stadium** hineinwirkt. Der BGH (NJW 1985, 45) hat die analoge Anwendbarkeit des § 654 für den Fall verneint, daß das treuwidrige Verhalten des Maklers – konkret: die Anwerbung neuer Mietinteressenten während des Rechtsstreits des Auftraggebers/Mieters mit dem Vermieter um die Erfüllung des Mietvertrags – erst nach dem Zustandekommen des Hauptvertrags und der Zahlung der Provision stattgefunden hat (vgl auch LG Verden AIZ 1993 H 5 A 146 Bl 25). Der IV a-Senat beruft sich dafür auf den dogmatischen Satz, verwirkt werden könnten nur Ansprüche, nicht auch bereits kassierte Zahlungen. Er läßt dahingestellt sein, wie es zu beurteilen ist, wenn die Verfehlung in die Zeit zwischen dem Zustandekommen des Hauptvertrags und der Zahlung der Provision fällt. Das OLG Braunschweig (AIZ 1983 H 6 A 146 Bl 4) hat dagegen § 654 analog angewandt, um die Rückforderung einer Provision zu ermöglichen, deren vorzeitige Zahlung der Makler durch die bewußt unrichtige Angabe, die Zahlung der Vertragsgegenseite sei an den Auftraggeber unterwegs, nach Hauptvertragsabschluß erschlichen hatte. Auch das OLG Hamm (NJW-RR 1988, 689) neigt zur Ausdehnung der analogen Anwendung des § 654 in den nachvertraglichen Bereich für den Fall, daß der Doppelmakler mit dem Verkäufer die Erhöhung der Verkäuferprovision vereinbart hat, nachdem der Käufer im Kaufvertrag zusätzlich zu der von ihm selbst geschuldeten Provision die Provision des Verkäufers übernommen hat.

12 Auch was die **Rechtsfolge** des § 654 betrifft, setzt die Rechtsprechung im Ansatz uneingeschränkt auf die Qualifikation als Strafe. So betont sie die **Entbehrlichkeit eines Schadens** des Auftraggebers (BGH NJW 1986, 2573; NJW-RR 1990, 372); der dem Gedanken des Schadensausgleichs verhaftete § **254** soll unanwendbar sein (BGH NJW 1962, 734). Freilich kann sie im Interesse sachgerechter Ergebnisse gewisse Inkonsequenzen nicht vermeiden. Das LG Köln MDR 1972, 326 etwa wendet § **278** auf das Fehlverhalten von Angestellten des Maklers an, was sicher nicht dem behaupteten Strafcharakter der analogen Anwendung des § 654, wohl aber praktischen Bedürfnissen entspricht: Es kann in der Tat unmöglich richtig sein, daß die analoge Anwendung des § 654 sich auf selbständige, persönlich tätige Makler beschränkt. Eine solche Privilegierung des Großmaklers oder gar der Makler-GmbH wäre vom Ergebnis her schlechterdings unvertretbar. BGH NJW 1986, 2573, 2574 hält sich demgemäß gar nicht erst mit der Begründung der Einstandspflicht des Maklers nach § 278 für Verfehlungen seiner Angestellten analog § 654 auf, sondern geht ohne weiteres davon aus. Schwierigkeiten bereitet der Rechtsprechung schließlich das Verhältnis der analogen Anwendung des § 654 zu den Grundsätzen über die allgemeine unzulässige Rechtsausübung nach § 242. Das OLG Braunschweig will auf die Ausübung des Provisionsanspruchs nicht § 654 analog, sondern § 242 anwenden, wenn der Makler den Anspruch durch gesetz-, sitten- oder vertragswidriges Verhalten erworben hat (AIZ 1994 H 5 A 146 Bl 28). BGH WM 1983, 385, 386 läßt die Lösung des Konkurrenzproblems offen, deutet aber an, in der analogen Anwendung des § 654 eine den Rückgriff auf die allgemeinen Grundsätze ausschließende Konkretisierung des Verbots der unzulässigen Rechtsausübung sehen zu wollen. Auch das ist nicht konsequent. Das Verbot der unzulässigen Rechtsausübung richtet sich gegen den Gebrauch eines Rechts, der dem Zweck des Rechts oder anderweitigen Rechtsbindungen des Inhabers widerspricht (vgl MünchKomm/Roth § 242 Rn 255 ff). Mit Strafe hat es nichts zu tun, so daß vom Standpunkt des BGH eigentlich ein Nebeneinander von Verwirkung nach § 654 analog und unzulässiger Rechtsausübung möglich sein müßte. Tatsächlich definiert aber der BGH die Voraussetzungen der „Strafe" so, daß sie zum Ausfluß des Verbots der unzulässigen Rechtsausübung wird: Wenn der Makler die Provision nach allgemeinem Rechts- und Billigkeitsempfinden nicht verdient hat (vgl Rn 9), widerspricht die Geltendmachung des Provisionsanspruchs seinem Zweck, die Leistung des Maklers zu entgelten, so daß § 654 analog im Verständnis des BGH das Anliegen des Verbots der unzulässigen Rechtsausübung voll abdeckt.

13 b) Die Schilderung der Praxis (Rn 10) belegt, daß die Rechtsprechung unter Berufung auf die Straffunktion des § 654 einen Rechtssatz geschaffen hat, dessen Anwendungsbereich mit dem in § 654 geregelten Sachverhalt und demgemäß **mit analoger Anwendung der Vorschrift nicht mehr das Geringste zu tun** hat. Am ehesten erinnert das, was sich in diesem Zusammenhang entwickelt hat, noch an den Widerruf der Schenkung wegen groben Undanks. Und daß diese Parallele für Provisionsversprechen paßt, wird selbst derjenige kaum behaupten wollen, der den Wert der Gegenleistungen des Maklers skeptisch einschätzt. Die entschiedenen Fälle zeigen denn auch, daß die mit Hilfe der **Lohnunwürdigkeitsjudikatur** erzielten Resultate sich entweder schon aus vorgelagerten Erwägungen ergeben oder nicht zu billigen sind. Ersteres trifft zu, soweit der Hauptvertrag zustande gekommen ist, obwohl der Makler dies zu verhindern versucht hat (BGH WM 1978, 235, 246; 1983, 385, 386; NJW-RR 1992, 110). Da der Abschluß des Hauptvertrags vom Makler nicht nur verursacht, sondern sein Verdienst sein muß (§§ 652, 653 Rn 104), kommt ein Provisionsanspruch wegen eines trotz der Verhinderungsversuche des Maklers zustande gekommenen Hauptvertrags von vornherein nicht in Frage (ähnlich MünchKomm/SCHWERDTNER § 652 Rn 207). Soweit der Makler den Auftraggeber arglistig über das Bestehen einer rechtlichen Bindung (BGH VersR 1989, 1259; NJW-RR 1990, 372; 1992, 817), die Existenz eines Alleinauftrags (OLG Hamm AIZ 1991 H 1 A 146 Bl 20), die Kapazität des zum Kauf nachgewiesenen Hotels (BGH WM 1981, 590) oder die Konkurrenzverhältnisse im Breich der zum Nachweis angemieteten Gewerberäume (OLG Frankfurt aM AIZ 1986 H 10 A 146 Bl 11) getäuscht hat, ist zu unterscheiden: Entweder der Auftraggeber hätte ohne die Täuschung den entsprechenden Hauptvertrag nicht abgeschlossen; dann hat er einen Anspruch auf Schadensersatz aus **positiver Forderungsverletzung** und aus § 826, der ua auf Beseitigung der Provisionszahlungspflicht gerichtet ist. Oder der Hauptvertrag wäre auf jeden Fall zustande gekommen; dann ist nicht einzusehen, wieso die Täuschung für den Auftraggeber zum Glücksfall werden soll. Überdies ist nirgendwo sonst die folgenlose Verletzung von Nebenpflichten ein Grund für die Entziehung von Erfüllungsansprüchen, so daß einmal mehr der Einwand des Verstoßes gegen das Gebot der Gleichbehandlung des Gleichartigen zu erheben ist (vgl schon Rn 2 aE). Überhaupt keinen Anlaß für die Annahme von Lohnunwürdigkeit geben die Fälle des „grob leichtfertigen" Verschweigens eines wichtigen Faktors für die wirtschaftliche Kalkulation des Auftraggebers (OLG München AIZ 1989 H 2 A 146 Bl 15) und der unterbliebenen Warnung vor dem Abschluß des Hauptvertrags trotz ungeklärter Finanzierung (OLG Celle AIZ 1989 H 8 A 146 Bl 17). Der Fall des OLG München betrifft eine schlichte Verletzung der Pflicht des Maklers zur ordnungsgemäßen Einweisung des Auftraggebers in die Vertragsgelegenheit (§§ 652, 653 Rn 183), der sich auch durch das Prädikat „grob leichtfertig" nicht die Qualität strafwürdigen Unrechts beilegen läßt. Und der Fall des OLG Celle kann schon zur bloßen Schadensersatzpflicht nur führen, wenn man in dem Renommieren mit dem Etikett Finanzberater eine besondere Vertrauenswerbung sieht, die in dem Auftraggeber die berechtigte Erwartung weckt, vor finanziell waghalsigen Entschlüssen gewarnt zu werden. Schon eine positive Forderungsverletzung ist daher alles andere als einfach zu begründen (vgl §§ 652, 653 Rn 183); strafwürdiges Unrecht ist geradezu himmelweit entfernt.

In der Vorauflage ist die Ansicht vertreten worden, § 654 sei Ausdruck der gesetz- **14** lichen Wertung, daß die Provisionszahlungspflicht des Auftraggebers das Zustandekommen des Hauptvertrags infolge **vertragsgerechter Tätigkeit** des Maklers erfordert (Rn 13). § 654 soll danach eine auf den Mäklervertrag bezogene Konkretisierung des allgemein in § 323 verankerten Rechtsgedankens sein, daß derjenige, der seine Leistung nicht erbringt und nicht mehr erbringen kann, grundsätzlich auch keinen Anspruch auf die Gegenleistung hat (Voraufl Rn 12 ff; im Anschluß an die Vorauflage auch KREHL 106 ff). In den Gesetzesmaterialien gibt es Anhaltspunkte dafür, daß der historische Gesetzgeber in der Tat in diese Richtung gedacht hat (Mugdan II 288 [Motive], 938 [Protokolle]). Auch das RG hat dieser Auffassung mit seinem Verständnis des § 654 als Verletzung einer wesentlichen Vertragspflicht sehr nahegestanden (vgl RG JW 1910, 284). Wer mit der hier entwickelten Ansicht den Maklervertrag als beschaffungskaufähnlichen Vertrag (Vorbem 4) begreift, vermag dem indessen schon deshalb nicht zu folgen, weil danach die **Gegenleistung** des Maklers für die Provision nicht in treuen Diensten, sondern in der **Verschaffung einer** – ausweislich des Vertragsschlusses – **nützlichen Vertragsgelegenheit** besteht. Pflichtverletzungen des Maklers lassen sich insoweit nur berücksichtigen, wenn sie in Frage stellen, daß die Möglichkeit des Auftraggebers zur Verfügung über die Vertragsgelegenheit das Verdienst des Maklers ist (vgl §§ 652, 653 Rn 104). Die vom Verständnis des Maklervertrags als Geschäftsbesorgungsvertrag geprägte hM, die die Gegenleistung für die Provision in den treuen Diensten des Maklers sieht, kann zwar die Qualifikation erheblicher Untreue (= der Verletzung einer wesentlichen Vertragspflicht) als Nichterfüllung schlüssig begründen. Aber sie kann nicht schlüssig begründen, weshalb sie die analoge Anwendung des § 654 auf erhebliche Untreue grundsätzlich nicht auf andere Geschäftsbesorgungen bezieht (PALANDT/THOMAS Rn 11; ERMAN/WERNER Rn 8; vgl auch Rn 2 aE). Nicht zufällig ist das RG insoweit sehr viel großzügiger verfahren (RGZ 113, 269: Rechtsanwalt; RG HRR 1935, 727: Handelsvertreter). Der Status quo ist also auch auf der Basis der herrschenden Geschäftsbesorgungsdoktrin nicht zu rechtfertigen, ganz abgesehen von den praktischen Schwierigkeiten, die die notwendige Abgrenzung von einfachen und schwerwiegenden Pflichtverletzungen bereitet (vgl dazu auch Münch-Komm/SCHWERDTNER § 652 Rn 205).

15 c)   Die hM schließt aus dem Verständnis des § 654 als einer Verwirkungsnorm mit Strafcharakter, daß den Auftraggeber die **Beweislast** für die Voraussetzungen einer direkten oder analogen Anwendung der Vorschrift trifft (OLG Hamm AIZ 1994 H 3 A 146 Bl 27; ERMAN/WERNER Rn 9; SOERGEL/MORMANN Rn 3). In der Konsequenz der hier vertretenen Ansicht, wonach § 654 in direkter und analoger Anwendung einen Fall der fehlenden wirtschaftlichen Gleichwertigkeit zwischen zustande gekommenem und im Maklervertrag vorausgesetztem Hauptvertrag betrifft (vgl Rn 1-3), liegt an sich die Darlegungs- und Beweislast des Maklers. Denn wenn der Schuldner sich darauf beruft, daß der Gläubiger seine Gegenleistungspflicht nicht erfüllt hat, muß der Gläubiger das Gegenteil darlegen und beweisen. Immerhin kehrt sich schon nach § 363 die Beweislast um, wenn der Schuldner (= der Gläubiger des Gegenleistungsanspruchs) eine angebotene Leistung als Erfüllung angenommen hat und sie anschließend, weil sie eine andere als die geschuldete Leistung sei, nicht als Erfüllung gelten lassen will. Eben das ist die Situation des Auftraggebers, der eine vom Makler nachgewiesene bzw vermittelte Vertragsgelegenheit nutzt und sich gegenüber dem Provisionsverlangen auf fehlende wirtschaftliche Gleichwertigkeit mit der im Maklervertrag vorausgesetzten Vertragsgelegenheit beruft, so daß der hM im Ergebnis auch von der hier vertretenen Konzeption des § 654 her zuzustimmen ist. Das wird unterstrichen durch das **systematische Verhältnis des § 654 zu § 652.** Da § 654 als Ausnahme zu § 652 konzipiert ist, enthält er eine Beweislastumkehr in dem Sinne, daß die anspruchsbegründende Voraussetzung der vertragsgerechten Tätigkeit des Maklers nicht von dem Anspruchsteller, dem Makler, sondern ihr Gegenteil von dem Anspruchsgegner, dem Auftraggeber, darzulegen und zu beweisen ist.

§ 655

Ist für den Nachweis der Gelegenheit zum Abschluß eines Dienstvertrags oder für die Vermittelung eines solchen Vertrags ein unverhältnismäßig hoher Mäklerlohn vereinbart worden, so kann er auf Antrag des Schuldners durch Urteil auf den angemessenen Betrag herabgesetzt werden. Nach der Entrichtung des Lohnes ist die Herabsetzung ausgeschlossen.

Materialien: JAKOBS/SCHUBERT, Recht der
Schuldverhältnisse III, 1983, §§ 654−656, S 10 f

I.   Die Bedeutung des § 655

§ 655 ist erst durch den Reichstag in das BGB gekommen. Beabsichtigt war zunächst **1** eine auf alle Maklerverträge bezogene Vorschrift. Später hat man sich auf die Herabsetzungsmöglichkeit für Maklerverträge über den Nachweis bzw die Vermittlung von Dienstverträgen beschränkt, weil sich nur insoweit ein wirkliches praktisches Bedürfnis für gerichtliche Intervention gezeigt habe (vgl STAUDINGER/RIEDEL[11] Rn 1; RIEBLE DB 1994, 1776, 1777). Auch aus dem Reformentwurf in der zuletzt gültigen Fassung vom 16. 2. 1984 ist der in den ersten Vorläufern enthaltene § 653 f, der eine generelle Möglichkeit zur gerichtlichen Ermäßigung der Provision vorsah, ersatz- und restlos verschwunden (vgl BT-Drucks 10/1014). In der Tat ist eine gerichtliche Preiskontrolle hier genausowenig zu empfehlen wie sonst (vgl MÖSCHEL, Recht der Wettbewerbsbeschränkungen 345 ff). Man kann sogar sagen, daß es für die Provisionshöhe wegen des Fehlens eines objektiven Wertes der Maklerleistung noch mehr als sonst an den notwendigen Kontrollmaßstäben für die Gerichte mangelt. Schon im Rahmen der Grenzkontrolle nach § 138 Abs 1 läßt sich ein etwaiges Mißverhältnis von Leistung und Gegenleistung kaum begründen, ist doch der Nutzen, den der einzelne Auftraggeber aus der vom Makler gebotenen Vertragsgelegenheit zieht, so gut wie ausschließlich dadurch belegt, daß er sich frei für diese und gegen eine andere Vertragsgelegenheit entschieden hat. Die etwaige Zwangslage des Auftraggebers und ihre Ausnutzung durch den Makler sind folgerichtig für das Sittenwidrigkeitsurteil sehr viel wichtiger als die „nackte" Provisionshöhe (vgl §§ 652, 653 Rn 48 ff; zustimmend MARTINEK JZ 1994, 1048 ff; kritisch RIEBLE DB 1994, 1776, 1777 f). Erst recht fehlt der von § 655 vorausgesetzte objektive Zugang zu der im Einzelfall „richtigen" Provision. Ihre Festsetzung ist ggf kein Akt rechtlicher Erkenntnis, sondern politischen Ermessens des Gerichts, der nicht zuletzt rechtsstaatlichen Bedenken begegnet.

Diese rechtsstaatlichen Bedenken sind in der Vergangenheit weitgehend entschärft **2** worden durch die geringe praktische Bedeutung des § 655, die sich aus dem Vermittlungsmonopol der Bundesanstalt für Arbeit ergeben hat. Durch die Aufhebung des Vermittlungsmonopols durch Art 1 BeschFG 1994 (BGBl I 1786) scheint § 655 wieder wesentlich an praktischer Bedeutung gewonnen zu haben. Im Schrifttum wird sogar die Ansicht vertreten, § 655 sei im Wege der teleologischen Reduktion ausschließlich auf die (neuerdings wieder zulässige) Arbeitsvermittlung anzuwenden (RIEBLE DB 1994, 1776, 1778). Plausibler wirkt es, umgekehrt § 655 als durch die Sonderregeln der § 12, 13 AVermV verdrängt anzusehen. Denn die Aufgabe, einen „unverhältnismäßig hohen" Maklerlohn zu verhindern, wird schon durch diese Vorschriften erfüllt. Soweit sie nicht eingreifen, nämlich im Fall der Provisionszahlungspflicht des Arbeitgebers (§ 9 AVermV), widerspricht der Rückgriff auf § 655 der gesetzlichen Entscheidung für die Vertragsfreiheit (Überblick über die neuen Regelungen zur Arbeitsvermittlung bei MARSCHNER DB 1994, 1774 f). Anwendungsbereich des § 655 bleibt damit im Grundsatz allein der Nachweis bzw die Vermittlung von Verträgen über selbständige Dienstleistungen (mit Ausnahme von Heimarbeitsverhältnissen im Sinne des HAG, vgl § 13 AFG). Verträge über selbständige Dienstleistungen sind zB die Anstellungsverträge von Vorstandsmitgliedern einer AG oder Geschäftsführern einer GmbH und im übrigen alle diejenigen Verträge, die dem Dienstpflichtigen die Entscheidung über Art, Ort und Zeit der Dienstleistung überwiegend selbst überlassen (ZÖLLNER/ LORITZ, Arbeitsrecht 47 f). Nachweis- und Vermittlungstätigkeiten nach § 655 nimmt der Makler notwendig als Zivilmakler vor; eine Tätigkeit als Handelsmakler scheidet insoweit aus, weil Dienstleistungen keine Gegenstände des Handelsverkehrs gemäß § 93 HGB sind (vgl BAUMBACH/DUDEN/HOPT, HGB § 93 Anm 2 A; **aA** STAUDINGER/RIEDEL[11] Rn 2). Keine Rolle spielt für § 655, ob die Nachweis- bzw Vermittlungstätigkeit gewerbsmäßig oder nicht gewerbsmäßig ausgeübt wird.

II.   Der Inhalt des § 655

3 Die Anwendung des § 655 setzt ein **Mißverhältnis von Leistung und Gegenleistung** voraus, das jedenfalls dann, wenn man die Leistung nicht in der Arbeit des Maklers, sondern im Nutzen des Auftraggebers sieht (vgl Vorbem 2 f), kaum jemals ohne Willkür festzustellen ist (vgl Rn 1). Das Schrifttum hebt deshalb nahezu durchgängig in höchst bedenklicher Weise auf den Aufwand des Maklers ab. Seine Auslagen sollen ebenso berücksichtigt werden wie seine allgemeinen Geschäftskosten aus der oft vergeblichen Gesamttätigkeit (PLANCK Anm 2 b). Nur ua wird auch der Vermögensvorteil erwähnt, den der Dienstvertrag dem Auftraggeber gewährt (STAUDINGER/ RIEDEL[11] Rn 2), wobei freilich offen bleibt, wie das Ausmaß des Vermögensvorteils ermittelt werden soll. Bei der Höhe des anrechenbaren Lohns zählen trotz § 655 S 2 bereits geleistete Teilzahlungen mit. Auch kann sich die Unverhältnismäßigkeit daraus ergeben, daß der Makler sich als Doppelmakler von beiden Vertragsparteien Provision hat versprechen lassen, die in der Summe das Mißverhältnis von Leistung und Gegenleistung ausmacht.

4 Im Fall des § 655 ist der **Maklervertrag wirksam**. § 655 soll auch nicht etwa lex specialis zu **§ 138 Abs 1** sein, was für die Rechtsprechung schon daraus folgt, daß sie für § 138 Abs 1 über das Mißverhältnis von Leistung und Gegenleistung hinaus eine verwerfliche Gesinnung des begünstigten Vertragsteils verlangt (BGHZ 87, 309; vgl dazu kritisch §§ 652, 653 Rn 219). Geht man mit dem hier vertretenen Standpunkt (Rn 1) davon aus, daß schon das Mißverhältnis von Leistung und Gegenleistung beim Maklervertrag ohne Ausnutzung einer Zwangslage (oder intellektueller Überforderung) durch den Makler gar nicht denkbar ist, führt das zum Leerlauf des § 655: Wo der Maklervertrag wirksam ist, ist § 655 tatbestandlich nicht erfüllt; wo § 655 tatbestandlich erfüllt ist, ist der Maklervertrag nichtig. Andererseits scheitert die Annahme,

§ 655 sei lex specialis zu § 138 Abs 1, daran, daß der Zweck des § 655 – der Schutz des Dienstnehmers – dann in sein Gegenteil verkehrt wird: Während der Auftraggeber/Dienstnehmer bei Anwendung des § 138 Abs 1 den Nachweis bzw die Vermittlung umsonst erhält (vgl §§ 652, 653 Rn 52, 53) und die gezahlte Provision nach § 812 Abs 1 S 1, 1. Alt zurückverlangen kann, verschafft ihm § 655 nur das Recht auf Ermäßigung durch gerichtlichen Gestaltungsakt und verwehrt ihm die Rückforderung erbrachter Leistungen.

III. Analoge Anwendung des § 655?

Im Schrifttum setzt sich namentlich SCHWERDTNER (MünchKomm/SCHWERDTNER § 652 **5** Rn 213) für die **analoge Anwendung** von § 655 **auf sämtliche Maklerverträge** ein (vgl dazu schon §§ 652, 653 Rn 49). Dem widersprechen die allgemeinen Bedenken gegen § 655 (Rn 1, 3, 4) genauso wie die Entstehungsgeschichte der Vorschrift (Rn 1). Wenn SCHWERDTNER sich darauf beruft, daß die Rechtsprechung die analoge Anwendung des § 655 im Wege der extensiven Umdeutung von Provisionsversprechen in Vertragsstrafeversprechen mit Herabsetzungsmöglichkeit nach § 343 in der Sache längst praktiziere, so zielt das am Problem vorbei. Der **Rückgriff auf § 343** verfügt im Gegensatz zu dem auf § 655 über Kontrollmaßstäbe wie das Interesse des Gläubigers an der Erfüllung der vom Schuldner verletzten Pflicht und das Verschulden des Schuldners, so daß statt der politischen die rechtliche Entscheidung möglich bleibt (insoweit aA auch RIEBLE DB 1994, 1776, 1778). Eher als eine analoge Anwendung des § 655 ist zu erwägen, ob man die Vorschrift nicht nach dem Grundsatz „cessante ratione legis cessat lex ipsa" überhaupt **verabschieden** sollte. Ihr historischer Zweck hat sich durch die Sonderregelung der Vergütung für Arbeitsvermittlung im wesentlichen erledigt. Ihre weitgehende Unvereinbarkeit mit dem dogmatischen Umfeld (Rn 1, 3, 4) läßt für eine sinnvolle Praxis kaum noch Raum. Es gibt weniger krasse Fälle, in denen die Rechtsprechung alte Gesetzesvorschriften von sich aus für obsolet erklärt hat (vgl zB zu § 75 b HGB BAG BB 1975, 1636; 1981, 553).

§ 656

[1] **Durch das Versprechen eines Lohnes für den Nachweis der Gelegenheit zur Eingehung einer Ehe oder für die Vermittelung des Zustandekommens einer Ehe wird eine Verbindlichkeit nicht begründet. Das auf Grund des Versprechens Geleistete kann nicht deshalb zurückgefordert werden, weil eine Verbindlichkeit nicht bestanden hat.**

[2] **Diese Vorschriften gelten auch für eine Vereinbarung, durch die der andere Teil zum Zwecke der Erfüllung des Versprechens dem Mäkler gegenüber eine Verbindlichkeit eingeht, insbesondere für ein Schuldanerkenntnis.**

Materialien: Mot II 511.

Dieter Reuter

Schrifttum zum Ehemaklerrecht

AMTRUP, Probleme des finanzierten Ehemaklervertrages, NJW 1971, 84

BECKMANN, Partnerschaftsservice durch computerunterstützten Datenaustausch – ein neuartiger Vertragsgegenstand, FamRZ 1985, 19

BERG, Der finanzierte Ehemaklervertrag, JuS 1973, 548

BÖRSTINGHAUS, Anmerkung zum Urteil des BGH v. 11. 7. 1990 – IV ZR 160/89 (Bamberg), NJW 1990, 2552

DEHNER, Die Entwicklung des Maklerrechts seit 1989, NJW 1991, 3254

ERDSIEK, 1. Zur Rechtslage der Heiratsvermittlung, 2. Notwehr bei Eingriff in die Intimsphäre, NJW 1962, 2241

FINGER, Nochmals: Der finanzierte Ehemaklervertrag, JZ 1979, 583

GILLES, Zur aktuellen Zivilrechtsproblematik gewerbsmäßiger Ehevermittlung, JZ 1972, 377

ders, Gewerbsmäßige Ehevermittlung (1977)

ders, Anmerkung zu AG Hamburg vom 23. 7. 1982, NJW 1983, 395

ders, Anmerkung zu BGH vom 25. 5. 1983, NJW 1983, 2819

ders, Partnervorschlagsdienst als Werkvertrag, MDR 1983, 712

HÖBOLD, Die Umgehung des § 656 BGB beim Abschluß von Ehemäklerverträgen und die Rechtswirksamkeit der mit Ehemäklerverträgen gekoppelten Darlehensverträge, NJW 1970, 1869

KÖBL, Persönlichkeitsschutz und Vermögensschutz im Recht der (finanzierten) Ehevermittlung, NJW 1972, 1441

KÜFNER, Anmerkung zu OLG Schleswig vom 11. 10. 1973, NJW 1974, 1564

LODDENKEMPER, Neue Form der Klagbarkeit des Ehemäklerlohnes?, NJW 1984, 160

MECKLING, Zur Klagbarkeit des Aufwendungsersatzanspruches eines Ehemaklers, NJW 1961, 858

MEYER, Zur Finanzierung von Ehemäklerverträgen, MDR 1971, 267

MICKLITZ, Sind die computergesteuerten Eheanbahnungs- und Partnervermittlungsverträge auf eine unmögliche Leistung gerichtet?, NJW 1985, 2005

MORMANN, Die Rechtsprechung des BGH zum Maklerrecht, WM 1968, 954, WM 1971, 1066, WM 1975, 70

PETERS, Der Vergütungsanspruch des Partnervermittlers, NJW 1986, 2676

ders, Aktuelle Fragen des Rechts der Partnervermittlung, NJW 1989, 2793

SCHMIDT-SALZER, Die Finanzierung von Ehemaklerverträgen, JR 1972, 51

THOMAS, Die Finanzierung von Ehemäklerverträgen, NJW 1970, 741

VOLLKOMMER/GRÜN, Anmerkung zum Urteil des BGH v. 11. 7. 1990 – IV ZR 160/89 (OLG Bamberg), JZ 1991, 96

WENZEL, Ehevermittlung als Dienstvertrag, ZRP 1971, 101

Systematische Übersicht

I. Der Zweck des § 656

§ 656 ist nach § 654 und § 655 die dritte Vorschrift, die erst von der Reichstagskom- **1**
mission in das BGB eingefügt wurde. Die Mehrheit der Kommission sah sich zu

einer solchen **Diskriminierung der Ehevermittlung** dadurch veranlaßt, daß die große Bevölkerungsmehrheit Ehevermittlung als unsittlich, zumindest aber als unanständig bewerte. Da diese Einschätzung jedoch nicht von allen Kreisen geteilt werde, gelte es, ihr über § 138 hinaus durch eine besondere, erzieherisch wirkende Bestimmung Nachdruck zu verleihen (MUGDAN II 1292 f). Heute herrscht Einigkeit darüber, daß die Ehevermittlung – ganz im Gegensatz zur Sichtweise des historischen Gesetzgebers – eine echte **soziale Funktion** erfüllt (BVerfG NJW 1966, 1211; OLG Frankfurt NJW 1955, 716; OLG Schleswig NJW 1974, 648, 649; ERDSIEK NJW 1962, 2241; GILLES JZ 1972, 377 f; KÖBL NJW 1972, 1441, 1442; MECKLING NJW 1961, 858). Nichtigkeit nach § 138 Abs 1 oder 2 setzt stets besondere Umstände voraus (BGHZ 87, 309; OLG Schleswig NJW 1974, 648, 649; OLG Koblenz NJW-RR 1989, 1074; AG Eltville FamRZ 1989, 1299). Gleichwohl hat das BVerfG in § 656 keine verfassungsrechtlich unzulässige Regelung der Berufsausübung erblickt, sondern eine nachträgliche, verfassungskonforme Zweckbestimmung unterlegt: Die Vorschrift soll jetzt daran anknüpfen, daß Prozesse wegen Ehemaklerlohns Anlaß zu Ärgernissen geben und durch solche Prozesse die geschlossenen Ehen und die „**Intimsphäre der Ehegatten** beeinträchtigt werden könnten" (NJW 1966, 1211; ebenso LG Fulda NJW 1971, 2229; LG München I NJW 1972, 2129). Die rechtspolitische Kritik an § 656 ist dadurch freilich nicht beruhigt worden: Insbesondere hat man dem BVerfG entgegengehalten, es überdehne den Persönlichkeitsschutz und provoziere Mißstände, indem es die Makler auf den für die Auftraggeber besonders gefährlichen Weg der Vorauskasse verweise (GILLES JZ 1972, 377 ff; SCHMIDT-SALZER JR 1972, 51, 53; WENZEL ZRP 1971, 101; einschränkend auch KÖBL NJW 1972, 1441, 1444 ff). Der Reformentwurf vom 16. 2. 1984 hat dem in einem gesonderten Abschnitt über „Ehevermittlung und Eheanbahnung" Rechnung zu tragen versucht, indem er § 656 in seiner heutigen Form verabschiedete und durch einen wirtschaftlichen Auftraggeberschutz ersetzte (BT-Drucks 10/1014, S 6). Da die Reform gescheitert ist, müssen diesen wirtschaftlichen Auftraggeberschutz einstweilen die allgemeinen Verbraucherschutzgesetze übernehmen. In der Praxis steht insoweit das HWiG im Vordergrund, dessen Anwendbarkeit die Rechtsprechung vor allem durch eine restriktive Interpretation des Ausschlußgrundes der „vorherigen Bestellung" in § 1 Abs 2 Nr 1 HWiG erschlossen hat (vgl OLG Köln NJW 1988, 1985; LG Münster NJW 1987, 2879; LG Bielefeld NJW 1987, 2879; AG Schöneberg NJW-RR 1988, 115; B PETERS NJW 1989, 2793, 2795).

II. Der Anwendungsbereich des § 656

1. Der „horizontale" Anwendungsbereich

2 a) Direkt anzuwenden ist § 656 auf den **Ehemaklervertrag**, der die Typusmerkmale des Maklervertrags – Erfolgsabhängigkeit der Vergütung, Kausalität zwischen Maklertätigkeit und Erfolg, Entschließungsfreiheit des Auftraggebers – aufweist. Für diesen Ehemaklervertrag im engeren Sinne gilt im Prinzip das gleiche wie für den allgemeinen Maklervertrag (OLG Karlsruhe OLGZ 1979, 67; LG Hamburg BB 1978, 172 mit kritischer Anmerkung LÖWE). Insbesondere ist es hier nicht anders als im allgemeinen Maklerrecht so, daß der Makler sich dem **gesetzlichen Leitbild des Maklervertrags** unterstellt, wenn er sich eine von seinem Zeit- oder Arbeitsaufwand unabhängige, **nutzenbezogene Vergütung** ausbedingt (BGH WM 1987, 471). Die Konsequenz ist, daß der Provisionsanspruch wie im allgemeinen Maklerrecht vorbehaltlich abweichender individueller Vereinbarung vom Zustandekommen der Ehe mit einem dem Maklervertrag entsprechenden (§§ 652, 653 Rn 66 ff) Dritten, von einer wesentlichen Förderung dieses Zustandekommens durch den Makler (§§ 652, 653 Rn 104 ff) und der (insoweit selbstverständlichen) Entschließungsfreiheit des Auftraggebers abhängt. Ebenso bestimmen sich die Nebenpflichten nach allgemeinem Maklerrecht (vgl §§ 652, 653 Rn 170 ff). Da die Ehe keinen „Geschäftswert" hat, ist der nutzenbezogene Charakter der Vergütung freilich schwerer festzustellen als bei Maklerverträgen über den Nachweis bzw die Vermittlung wirtschaftlicher Vertragsgelegenheiten. Mittelbar hilft die Einsicht, daß Ehemaklerwerkverträge kraft Natur der Sache ausscheiden dürften. Denn die Ehe ist eine zu höchstpersönliche Angelegenheit, als daß es möglich wäre, die Ehegelegenheit an Hand objektiver Merkmale zu umschreiben, so daß sie auch dann als vom Makler „hergestellt" angesehen werden kann, wenn der Auftraggeber sie nicht wahrnehmen will. Zur Ehegelegenheit gehört nicht nur ein ehebereiter Partner, sondern auch die positive Resonanz beim Auftraggeber, die sich allein im Zustandekommen der Ehe verläßlich äußert. Demgemäß bleibt als Alternative zum Ehemaklervertrag allenfalls der **Ehemaklerdienstvertrag**, dh das Versprechen einer zur Überführung des Auftraggebers in den Stand der Ehe geeigneten Dienstleistung gegen ein regelmäßig **am Zeitaufwand orientiertes Entgelt** (BGH WM 1987, 471, 473). Zwar läßt sich mit Grund bezweifeln, daß sich die zur Überführung des Auftraggebers in den Stand der Ehe geeignete Dienstleistung im vorhinein in einer dem schuldrechtlichen **Bestimmbarkeitserfordernis** genügenden Art und Weise konkretisieren läßt. Doch teilt der BGH (BGHZ 87, 309) diese Zweifel nicht, so daß in der Praxis von der Möglichkeit zulässiger Ehemaklerdienstverträge auszugehen ist. Immerhin stellt BGHZ 87, 309 im Grundsatz das schuldrechtliche Erfordernis der Bestimmbarkeit von Leistungspflichten nicht in Frage. An dieser Bestimmbarkeit fehlt es, wenn der Ehemakler sich verpflichtet, dem Auftraggeber – wie im Fall OLG Karlsruhe OLGZ 1979, 67 – aus seinem Klientenkreis „passende Partner nach Vorstellung und Angabe des Auftraggebers unter Berücksichtigung der gegebenen Möglichkeiten nach der zur Auswahl erforderlichen Zeit" vorzuschlagen. Mindestens an der Grenze liegt die von BGHZ 87, 309 noch als ausreichend erachtete Bestimmbarkeit der Leistung, soweit der Makler zur Vornahme aller notwendigen Insertionen, zur Aufnahme in die Kartei und zur Unterbreitung von Partnerschaftsvorschlägen verpflichtet sein soll. Wird das erforderliche Mindestmaß an Bestimmbarkeit der Dienstpflicht nicht erreicht, so ist der Ehemaklerdienstvertrag nach § 140 in einen normalen Ehemaklervertrag umzudeuten, für den dementsprechend Maklerrecht mit der Besonderheit des § 656 gilt (vgl Vorbem 13).

b) Analoge Anwendbarkeit des § 656 kommt für den Ehemaklerdienstvertrag (= **3** **Eheanbahnungsvertrag**) in Betracht, obwohl er an sich nicht dem gesetzlichen Leitbild der §§ 652 ff, sondern dem der **§§ 611 ff** unterliegt (BGHZ 87, 309; BGH WM 1987, 471, 473). Der BGH (BGHZ 87, 309) bejaht die Analogie mit dem problematischen Argument, die Gründe, die den historischen Gesetzgeber zur Schaffung des § 656 veranlaßt hätten, träfen auch für den seinerzeit noch unbekannten Eheanbahnungsvertrag zu (kritisch dazu GILLES NJW 1983, 2819 f). Da die Gründe des historischen Gesetzgebers ohnehin nicht mehr tragfähig sind (vgl Rn 1), ist statt dessen wohl richtiger an den verfassungskonformen Zweck des **Schutzes der Intimsphäre** anzuknüpfen (vgl Rn 2). Auch daraus folgt nämlich im Hinblick auf § 656 die Gleichbehandlung von Ehemaklervertrag und Eheanbahnungsvertrag. Daran ändert nichts, daß der verklagte Ehemaklerkunde mittlerweile nach § 171 b Abs 2 GVG über ein Recht auf Ausschluß der Öffentlichkeit verfügt. Das Interesse an Schutz der Intimsphäre besteht gegenüber jedermann, auch gegenüber dem klagenden Ehemakler, den Prozeßvertretern und dem Gericht (vgl auch OLG Bamberg OLGZ 1990, 197, 201). Im übrigen ist das – ebenso wie der Hinweis auf die überwiegend mit der Aufklärung sog objektiver Merkmale befaßte Gerichtspraxis – ein Argument, das sich nicht erst gegen die analoge Anwendung, sondern bereits gegen die Existenz des § 656 richtet. Solange es – wovon nach BVerfG NJW 1966, 1211 auszugehen ist – zur Derogation des § 656 („cessante ratione legis cessat lex ipsa") nicht ausreicht, kann es die Analogie nicht sperren. Die rechtspolitische Fragwürdigkeit einer Vorschrift entbindet entgegen VOLLKOMMER/GRÜN (JZ 1991, 96, 97) und B PETERS (NJW 1989, 2793, 2794 f; ebenso schon GILLES NJW 1983, 2819 f) nicht von der Aufgabe, für die Widerspruchsfreiheit der lex lata zu sorgen (ebenso MünchKomm/SCHWERDTNER § 656 Rn 2). Zu Recht stellt KÖBL (NJW 1972, 1441, 1443) fest, daß weniger die erfolgsabhängigen als die **erfolgsunabhängigen Provisionsversprechen** Anlaß zum Streit und damit zur gerichtlichen Auseinandersetzung über höchstpersönliche Umstände wie Charaktereigenschaften, Wünsche und Erwartungen der Auftraggeber wie der zugeführten Partner liefern. Was für den Ehemaklervertrag gilt, ist deshalb per argumentum a minore ad maius für den Eheanbahnungsvertrag anzuerkennen (aA LG Rottweil NJW 1983, 2824). Die Härte des § 656 für den Ehevermittler läßt sich in der Praxis dadurch maßgeblich mindern, daß er sein Tätigwerden von der **Vorauszahlung** des Entgelts durch den Kunden abhängig macht. Das kann auch formularmäßig oder per AGB-Klausel geschehen. Weder § 9 AGBG noch § 11 Nr 2 AGBG stehen dem entgegen (BGHZ 87, 309; zum Schutz des Kunden vor wirtschaftlicher Übervorteilung vgl Rn 15 ff).

4 c) Sehr umstritten ist die analoge Anwendbarkeit des § 656 auf sog **Partnervermittlungsverträge** (zum seltenen Fall der Partnervermittlung „mit Erfolgsgarantie" vgl OLG Koblenz NJW-RR 1993, 888), die auf die Erarbeitung und Bereitstellung von Partnervorschlägen ohne unmittelbaren Bezug auf eine zukünftige Ehe gerichtet sind (und sowohl die Ehevermittlungs- als auch die Eheanbahnungsverträge in der Praxis verdrängt haben, vgl B PETERS NJW 1986, 2676, 2677; 1989, 2793, 2794). Der BGH wendet § 656 analog an, soweit die Partnervermittlung den Charakter einer **Dienstleistung** hat (NJW 1990, 2550). Dabei hat er in einem früheren Urteil zugleich entschieden, die Partnervermittlung in der praktisch üblichen Form sei stets eine Dienstleistung, weil die Partnerschaftsvorschläge entgegen einer zT vertretenen Auffassung (OLG Bamberg NJW 1984, 1466; LG Schweinfurt FamRZ 1983, 909; LG München I FamRZ 1985, 698; GILLES MDR 1983, 712 ff; B PETERS NJW 1986, 2679, 2681) nicht eine Art psychologisches Gutachten, sondern nicht mehr als eine nähere Beschreibung der nachgewiesenen Gelegenheit sei (NJW 1989, 1479 f). Der BGH schließt sich damit der (schon vorher) hM an, die sich für die Annahme eines Dienstvertrags (im Gegensatz zum Werkvertrag) ausgesprochen hat (OLG Karlsruhe NJW 1985, 2035; OLG München NJW-RR 1992, 1205; LG Freiburg MDR 1984, 938; LG Osnabrück NJW 1986, 2710; BECKMANN FamRZ 1985, 19, 21 f). Zwar hat es sich in dem vom BGH entschiedenen Fall nicht um einen EDV-ermittelten Partnervorschlag gehandelt, so daß das Urteil auf den ersten Blick diejenigen nicht trifft, die die Qualifikation des Partnervorschlags als **Werkleistung** gerade aus dem Einsatz elektronischer Datenverarbeitung ableiten (so B PETERS NJW 1986, 2676, 2681). Doch läßt die Argumentation des BGH in der Sache keinen Zweifel, daß er der Frage, ob der Partnervorschlag mit oder ohne Computer erarbeitet worden ist, keine entscheidende Bedeutung beimißt (in dieser Einschätzung der Entscheidung übereinstimmend VOLLKOMMER/GRÜN JZ 1991, 96, 97).

Dieser Rechtsprechung ist zu folgen. Das gilt erstens für die Qualifikation der Part- **5** nervermittlung als **Dienstleistung**, gleichgültig ob sie sich in der Erarbeitung von Partnervorschlägen erschöpft oder darüber hinausgehend Partnerzusammenführungen über gemeinsame Freizeitveranstaltungen oder Kontaktseminare umfaßt. Auch eine Einzelleistung kann Dienstleistung sein (BGH NJW 1989, 1479 gegen OLG Hamburg NJW 1986, 325; aA B PETERS NJW 1986, 2679, 2681). Die in Vorbem 12 f begründeten Bedenken gegen die Anerkennung von Nachweis- und Vermittlungstätigkeiten als möglicher Gegenstände von Dienstverträgen wurzeln in (vom BGH nicht geteilten) Vorbehalten gegen die schuldrechtlich erforderliche Bestimmbarkeit der vom Makler zu entfaltenden Bemühungen, nicht in Zweifeln am Dienstleistungscharakter der Nachweis- bzw Vermittlungstätigkeit. Andererseits ist ein Partnervorschlag kein Werk, das von dem Partnerschaftsvermittler gleichsam aus dem vorhandenen Datenmaterial gefertigt würde. In der Sache enthält er nicht mehr als das Ergebnis eines Heraussuchens der objektiven Daten von Personen, die dem Anforderungsprofil des Kunden entsprechen, mag er auch bisweilen durch die Benutzung anspruchsvollen Vokabulars verbrämt sein (vgl den Sachverhalt des OLG Hamburg NJW 1986, 325, 326). Die Vorstellung von Partnerschaftsvorschlägen als „geistig-schöpferischer Leistungsergebnisse" (GILLES NJW 1983, 395, 396) beruht auf einer grotesken Überschätzung sowohl der Qualität (dazu MICKLITZ NJW 1985, 2008 ff) als auch des Seriositätsgrads (vgl dazu deutlich OLG Hamburg NJW 1986, 325, 326) derartiger „Produkte".

Zu folgen ist der Rechtsprechung zweitens, soweit sie § 656 auf die **Partnervermitt-** **6** **lung** analog anwendet (ebenso BÖRSTINGHAUS NJW 1990, 2552; aA GILLES EWiR § 656 BGB 1/90, 879; B PETERS NJW 1990, 2552 f; VOLLKOMMER/GRÜN JZ 1991, 96). Wenn der Grund für die Klagbarkeitssperre des § 656 das **Diskretionsbedürfnis** der Kunden von Ehevermittlern ist (Rn 1), dann muß grundsätzlich die Reichweite dieses Diskretionsbedürfnisses die Analogiefähigkeit des § 656 bestimmen. Und damit ist im Kern jeder Vertrag über die Vermittlung tendenziell dauerhafter höchstpersönlicher Beziehungen (einschließlich der „Vorstufen" wie Verlobung, vgl ERMAN/WERNER Rn 12) betroffen. Denn der Schutz vor der Offenlegung intimer Verhältnisse erstreckt sich wohl schon auf die Tatsache des Kontakts mit einem Ehe- oder Partnerschaftsvermittler, kann der Kunde doch schon durch ihr Bekanntwerden als jemand bloßgestellt werden, der aus eigenem Vermögen zur Herstellung intimer Beziehungen unfähig ist (vgl KÖBL NJW 1972, 1441, 1443 f; LODDENKEMPER NJW 1984, 160). Auch das Gegeninteresse des Ehe- bzw Partnerschaftsvermittlers ist insoweit nicht schutzwürdiger als im direkten Anwendungsbereich des § 656. Hier wie dort ist er in der Lage, seine Bemühungen von (Teil-)**Vorausleistungen des Auftraggebers** abhängig zu machen (richtig KÖBL NJW 1972, 1441, 1444). Daß die gesellschaftlichen Vorbehalte gegen Ehe- und Partnerschaftsvermittlungen im Schwinden begriffen sind (und § 656 daher mehr und mehr zu einem Alibi für kundenschädliche Finanzierungstechniken wird), betrifft gleichermaßen den direkten und analogen Anwendungsbereich der Vorschrift (vgl auch Rn 3 aE).

d) Zu weit geht die Ansicht, § 656 sei auch auf Verträge über **Partnerschafts-, Ehe-** **7** **und Familienberatungen** oder Kommunikationstrainingskurse analog anzuwenden (so MünchKomm/SCHWERDTNER Rn 2). Dabei handelt es sich um – wie SCHWERDTNER richtig sagt – „Neben- und Zusatzgeschäfte der Ehevermittlungsinstitute", deren Gegenstand nicht die Vermittlung persönlicher Beziehungen, sondern individual- und familienpsychologische Betreuung ist. Derartiges ist weder für die Angebotspalette von Ehevermittlungsinstituten spezifisch noch in besonderer Weise einem Diskretionsbedürfnis unterworfen. Die Teilnahme daran gilt nicht als ehrenrührig, sondern uU sogar als Ausdruck besonderen Verantwortungsbewußtseins gegenüber der Familie oder dem (zukünftigen) Partner. Wollte man auch darauf § 656 anwenden, so geriete der gesamte Bereich der entgeltlichen psychologischen Betreuung in den Bannkreis der Vorschrift. Ihr Geltungsanspruch würde uferlos. Ebenso abzulehnen ist die analoge Anwendung des § 656 auf die **Vermittlung von Ehe- oder Erbverträgen** (gegen ERMAN/WERNER Rn 12). Ehe- und Erbverträge betreffen wirtschaftliche Angelegenheiten, die mit dem Schutz der Intimsphäre durch § 656 nichts zu tun haben, ganz abgesehen davon, daß man sich die Vermittlungtätigkeit eines Maklers dabei praktisch kaum vorstellen kann. Schließlich scheidet die analoge Anwendung des § 656 aus, wo zwischenmenschliche Beziehungen vermittelt werden, die nach den gesellschaftlichen Anschauungen den von der Vorschrift intendierten Diskretionsschutz nicht verdienen (vgl OLG Frankfurt 1984, 180: Mitgliedschaft in sog Freizeitclubs).

8 e) Soweit die Klagbarkeit des Honoraranspruchs des Ehevermittlers bzw Partnerschaftsvermittlers ausgeschlossen ist, **entfällt** nach hM **auch die Durchsetzbarkeit einer etwa übernommenen Tätigkeitspflicht** (BGH NJW 1957, 1356 f; 1964, 546 f; 1986, 928; DEHNER NJW 1991, 3254, 3262; MORMANN WM 1968, 954, 962; aA GILLES 14; MünchKomm/SCHWERDTNER § 656 Rn 14). Das dürfte freilich nur insoweit vertretbar sein, als der Ehe- bzw Partnerschaftsvermittler das Honorar nicht vorauskassiert hat. Der Ehe- bzw Partnerschaftsvermittler hat maW ein **Zurückbehaltungsrecht**, das sich im Fall von Dienstverträgen auf § 320, im Fall von echten Maklerverträgen auf die Analogie zu § 320 (vgl Vorbem 5) stützt. Ein solches Zurückbehaltungsrecht ist notwendig, weil man den Vermittler sonst in einer Weise rechtlos stellt, die sich zumindest, seitdem die sittliche Mißbilligung der Vermittlung als ratio des § 656 durch den Schutz der Intimsphäre des Auftraggebers abgelöst worden ist, nicht mehr legitimieren läßt. Dagegen muß der bereits bezahlte Vermittler auf Erfüllung (und vor allem auf Schadensersatz wegen Nichterfüllung) der Tätigkeitspflicht verklagt werden können, weil anderenfalls das Auftraggeberprivileg nach § 656 sinnwidrig in ein Vermittlerprivileg umschlägt (vgl schon KÖBL NJW 1972, 1441, 1445). Daß der Prozeß uU die teilweise Offenlegung der Intimsphäre des Auftraggebers erforderlich macht, steht dem nicht entgegen, weil § 656 die **freiwillige** („offensive") **Offenlegung** nicht untersagt. Das OLG München hat in diesem Sinne einer Klage auf Schadensersatz wegen Schlechterfüllung der Tätigkeitspflicht im Umfang des Großteils des vorausbezahlten Honorars für eine dienstvertragliche Partnervermittlung stattgegeben, ohne die Durchsetzbarkeit der Tätigkeitspflicht zu problematisieren (NJW-RR 1986, 796). Im Schrifttum wird erwogen, dem Auftraggeber im Falle der Schlechterfüllung einen Anspruch auf Rückgewähr des Honorars aus **§ 812 Abs 1 S 2, 2. Alt** (condictio ob rem) zu geben (ERMAN/WERNER Rn 7). Aber das ist nur im Fall des echten Maklervertrags vertretbar, wenn die Ehe (bzw Partnerschaft) nicht oder doch wenigstens nicht auf eine Art und Weise zustande kommt, die als Verdienst des Maklers zu qualifizieren ist (vgl §§ 652, 653 Rn 104). Die Vorleistung auf das zukünftige Entstehen eines Anspruchs fällt in der Tat unter § 812 Abs 1 S 2, 2. Alt (AMTRUP NJW 1971, 84; BERG JuS 1973, 553; allgemein REUTER/MARTINEK, Ungerechtfertigte Bereicherung 151 ff). Soweit die Ehe- bzw Partnerschaftsvermittlung Gegenstand eines Dienstvertrags ist, hilft § 812 Abs 1 S 2, 2. Alt nicht weiter (aA KÖBL NJW 1972, 1441, 1445). Denn das Honorar wird dann allein gezahlt, um die Gegenleistung zu erlangen. Die Folgen für den Honoraranspruch im Falle fehlender oder mangelhafter Gegenleistung sind ausschließlich die

Domäne des schuldrechtlichen Leistungsstörungsrechts (REUTER/MARTINEK, Ungerecht-fertigte Bereicherung 149).

2. Der „vertikale Anwendungsbereich"

a) § 656 sperrt die Honorarforderung des Ehe- bzw Partnerschaftsvermittlers **9** ohne Rücksicht auf das Etikett (Anmeldegebühr, Mitgliedsbeitrag, Einschreibge-bühr uä), **nicht** jedoch **sekundäre Ansprüche**. Das gilt entgegen der hM (ERMAN/WERNER Rn 1; JAUERNIG/VOLLKOMMER Anm 2 b aa; MünchKomm/SCHWERDTNER Rn 18; dagegen GILLES 13) einmal für den Anspruch auf **Aufwendungsersatz**, soweit er besonders ver-einbart ist. Denn die Aufwendungen kann der Vermittler nicht annähernd Zug um Zug gegen Ersatzleistung tätigen. Da er die Aufwendungen nachweisen muß, gerät er automatisch in die Hinterhand. Daraus entsteht aber ein **Gegeninteresse des Ver-mittlers**, das die Klagbarkeit des Aufwendungsersatzanspruchs dringender erfordert als die der Honorarforderung und deswegen die analoge Anwendung des § 656 trotz des Interesses des Auftraggebers an Diskretion mangels im wesentlichen vergleich-barer Gesamtinteressenlage verbietet. Allerdings ist im Einzelfall genau zu prüfen, ob der Vermittler nicht unter dem Etikett Aufwendungen in Wirklichkeit Vergü-tungsansprüche geltend macht. Insbesondere ist festzuhalten, daß die Aufwendun-gen lediglich die konkreten Auslagen aus Anlaß des Einzelauftrags, nicht etwa auch allgemeine Geschäftskosten umfassen (vgl GILLES 13). Noch nachdrücklicher als gegen die analoge Anwendung des § 656 auf Aufwendungsersatzansprüche spricht das Gegeninteresse des Vermittlers gegen die analoge Anwendung des § 656 auf **Schadensersatzansprüche** wegen der Verletzung von Nebenpflichten durch den Auf-traggeber. Denn sie liefe insoweit auf eine vollkommene Schutzlosigkeit des Vermitt-lers hinaus, ist doch die Durchsetzung von Vorschüssen auf einen zukünftigen Schadensersatzanspruch kraft Natur der Sache ausgeschlossen (zum Inhalt der Neben-pflichten des Auftraggebers vgl die Ausführungen zum allgemeinen Maklerrecht, §§ 652, 653 Rn 170 ff). Selbstverständlich unberührt von § 656 bleiben Schadensersatzansprüche des Vermittlers nach den §§ 823 Abs 2 BGB, 263 StGB bzw § 826 BGB, die ua daran anknüpfen können, daß der Auftraggeber in Kenntnis des § 656 und unter Vortäu-schung einer nicht vorhandenen Vergütungsabsicht mit dem Ehevermittler einen Vertrag abschließt. § 656 schützt nicht den strafbar oder sittenwidrig Handelnden (aA anscheinend MünchKomm/SCHWERDTNER Rn 23). Doch beschränken sich die Ansprüche aus den §§ 823 Abs 2 BGB, 263 StGB bzw § 826 BGB in jedem Fall auf das **negative Interesse** (vgl MünchKomm/KRAMER § 123 Rn 30); Schadensersatz in Höhe des vereinbar-ten Honorars ist daraus nicht abzuleiten (unklar GILLES 14).

b) Auf der Seite des **Auftraggebers** sperrt § 656 (in Verbindung mit § 320 bis zur **10** Zahlung des Honorars, vgl Rn 8) ebenfalls nur den Anspruch auf die vereinbarte Tätigkeit des Vermittlers, nicht dagegen auch Ansprüche auf **Schadensersatz** in Höhe des negativen Interesses. Der BGH (NJW 1957, 1356; vgl auch OLG Stuttgart NJW-RR 1986, 605) hat demgemäß den Schadensersatzanspruch einer Kundin gegen den Ehever-mittler in einem Fall anerkannt, in dem der Ehevermittler einen wegen Bigamie und unberechtigter Titelführung vorbestraften Partner zugeführt hatte, der der Kundin alsbald uneinbringliche Darlehen abschwindelte (kritisch dazu GILLES JZ 1972, 377, 382). Die dogmatische Begründung entspricht derjenigen zu den Nebenpflichten des Mak-lers nach allgemeinem Maklerrecht (vgl §§ 652, 653 Rn 182 ff). Das völlige Fehlen oder die mangelnde Durchsetzbarkeit der Tätigkeitspflicht des Vermittlers ändern nichts daran, daß er, wenn er tätig wird, den Erwartungen des Kunden hinsichtlich einer adäquaten Rücksichtnahme auf seine Interessen gerecht werden muß (vgl §§ 652, 653 Rn 183). Neben allgemeinen Aufklärungspflichten trifft den Ehevermittler insbesondere die Pflicht zur Diskretion, die sowohl die Verschwiegenheit hinsichtlich des Kontaktes zu dem Vermittler überhaupt als auch und vor allem die Verschwiegenheit hinsichtlich der anvertrauten höchstpersönlichen Tatsachen und Motive umfaßt. Die Indiskretion des Vermittlers kann neben vertraglichen Unterlassungs- und Schadensersatzpflichten auf Ersatz des immateriellen Interesses gerichtete Schadensersatzansprüche aus dem Gesichtspunkt der Verletzung des Allgemeinen Persönlichkeitsrechts nach sich ziehen (GILLES 15).

III. Die Wirkung des § 656

1. Unmittelbare Wirkungen

11 § 656 macht den Ehemaklervertrag nach zT vertretener Auffassung zu einem **wirkungsgeminderten Schuldverhältnis**, das nicht einen Anspruch auf Provisionszahlung erzeugt, sondern lediglich einen Rechtsgrund für die Zahlung liefert (SOERGEL/MORMANN Rn 2; wohl auch JAUERNIG/VOLLKOMMER § 656 Anm 2 b aa). Die hM wertet dagegen als Anordnung einer **Naturalobligation** mit der Folge, daß der Anspruch zwar besteht, aber nicht eingeklagt werden kann (BGHZ 87, 309, 314 f; B PETERS NJW 1986, 2676; BERG JuS 1973, 548, 550). Der Meinungsstreit spielt einmal eine Rolle für die Antwort auf die Frage, ob die **Klage** auf Zahlung der Provision als **unbegründet** (so die erste Ansicht) oder als **unzulässig** (so die hM) abzuweisen ist (vgl LG Bremen NJW 1971, 102; BERG JuS 1973, 548, 550). Zum anderen beeinflußt er die dogmatische **Behandlung von Sicherungsrechten**. Wer einen Honorarzahlungsanspruch verneint, muß folgerichtig annehmen, daß eine dafür bestellte Bürgschaft oder ein dafür bestelltes Pfandrecht nicht entstehen und daß eine dafür bestellte Hypothek nach §§ 1163 Abs 1 S 1, 1177 zur Eigentümergrundschuld wird. Wer eine Naturalobligation zugrunde legt, muß folgerichtig die Entstehung von Bürgschaft, Pfandrecht und Hypothek bejahen. Zwar bedingt die Akzessorietät dieser Sicherungsrechte, daß die Ansprüche des Gläubigers gegen den Bürgen bzw die Sicherungsgeber genausowenig durchsetzbar sind wie die Hauptansprüche. Wohl aber kann der Gläubiger die freiwillige Erfüllung dieser Ansprüche als konditionsfesten Erwerb verbuchen; der Bürge bzw die Sicherungsgeber erwerben die nicht durchsetzbare Hauptforderung nach § 774 Abs 1 bzw § 1143 Abs 1. Namentlich dieses letzte, im wesentlichen unstreitige Ergebnis (vgl SOERGEL/MORMANN Rn 4; STAUDINGER/HORN[12] § 765 Rn 31) spricht für die hM. Die Gegenansicht vermag es nicht zu erklären, ist doch im Fall des Nichtbestehens der Bürgschaft bzw des akzessorischen Sicherungsrechts die Rückforderbarkeit der Leistung unausweichliche Konsequenz.

12 Die fehlende Durchsetzbarkeit des Honoraranspruchs aufgrund von § 656 macht diesen Anspruch **untauglich** als Aktivforderung **für eine Aufrechnung** oder (Ausnahme § 320, vgl Rn 8) **für die Einrede des Zurückbehaltungsrechts** durch den Ehevermittler (SOERGEL/MORMANN Rn 3). Wohl kann umgekehrt der Auftraggeber mit einer anderen Forderung gegen die Honorarforderung des Vermittlers aufrechnen, braucht doch die Passivforderung im Fall der Aufrechnung nicht durchsetzbar zu sein. Ferner kann der Ehevermittler die Honorarforderung trotz ihrer fehlenden Durchsetzbarkeit wirksam abtreten mit der Folge, daß der Zessionar, wenn der

Kunde an ihn zahlt, das Geld nach § 656 Abs 1 S 2 behalten kann (vgl ERMAN/WERNER Rn 4). Das Versprechen einer **Vertragsstrafe** für den Fall der Nichterfüllung des Honorarversprechens fällt unter § 656 Abs 2, ebenso das zum Zweck der Erfüllung hingegebene Wechselakzept oder der zu diesem Zweck ausgestellte Scheck (vgl allerdings Art 17 WG, 21 ScheckG). Nach Ansicht des LG Essen verstößt die Zwangsvollstreckung aus einem rechtskräftigen Vollstreckungsbescheid über Partnervermittlungshonorar gegen § 826, wenn er unter Ausnutzung der rechtlichen Unerfahrenheit des Auftraggebers, insbesondere seiner Unkenntnis der fehlenden Durchsetzbarkeit des Honoraranspruchs erwirkt worden ist (NJW-RR 1990, 1208; vgl auch BVerfG NJW 1993, 1125). Dagegen sind die **Hingabe** beweglicher Sachen oder die Bestellung einer Grundschuld **an Erfüllungs Statt** Fälle des § 656 Abs 1 S 2; der Ehevermittler kann die Sachen verwerten bzw aus der Grundschuld vorgehen, ohne dem Einwand aus § 656 ausgesetzt zu sein (SOERGEL/MORMANN Rn 4). Sind Hingabe der beweglichen Sache bzw Bestellung der Grundschuld zur Sicherung erfolgt, so ist wegen der Gleichheit der Interessenlage die gleiche Lösung geboten wie im Zusammenhang mit den akzessorischen Sicherungsrechten (Rn 11). Nach hM (OLG Frankfurt NJW 1955, 716; BayObLG NJW 1972, 1327) soll aus der fehlenden Durchsetzbarkeit des Honoraranspruchs des Ehevermittlers nach § 656 auch folgen, daß dieser kein Handelsgewerbe betreibt und deshalb nicht einmal Sollkaufmann nach § 2 HGB sein kann. Dem ist zu widersprechen. Weder fehlt es an dem für den Gewerbebegriff notwendigen rechtsgeschäftlichen Handeln noch macht die Klagbarkeitssperre Buchführung und Bilanzierung oder gar verläßliche Vertretungs- und Haftungsverhältnisse („in kaufmännischer Weise eingerichteter Geschäftsbetrieb") entbehrlich (BAUMBACH/DUDEN/HOPT, HGB § 1 Anm 1 E; K SCHMIDT, Handelsrecht 286 f).

2. Finanzierte Ehe- bzw Partnervermittlung

Die **finanzierte Ehe- bzw Partnervermittlung** ist dadurch gekennzeichnet, daß der Auf- **13** traggeber zum Zweck der Erfüllung des Honoraranspruchs des Vermittlers bei einem mit diesem kooperierenden Kreditinstitut ein Darlehen aufnimmt, das in der Regel unmittelbar an den Vermittler ausbezahlt wird. Sie ist ein verbundenes Geschäft im Sinne von § 9 Abs 1 und 4 VerbrKrG. Dementsprechend wird die auf Abschluß des Vermittlungsvertrags gerichtete Willenserklärung nach § 9 Abs 2 S 1 VerbrKrG erst wirksam, wenn der Kunde den Darlehensvertrag nicht innerhalb einer Woche (§ 7 Abs 1 VerbrKrG) bzw – im Falle unterbliebener ordnungsgemäßer Belehrung über das Widerrufsrecht (§ 7 Abs 2 S 2 VerbrKrG) – innerhalb eines Jahres (§ 7 Abs 2 S 3 VerbrKrG) widerruft. Die Valutierung des Darlehens läßt dieses Widerrufsrecht unberührt. Zweck der finanzierten Ehe- bzw Partnervermittlung ist es ua, die Hürde des § 656 zugunsten des Ehevermittlers zu umgehen (vgl KÖBL NJW 1972, 1441; B PETERS NJW 1986, 2676). Die Zulässigkeit dieser „Umgehung" ist außerordentlich streitig. Die wohl hM (OLG Schleswig NJW 1974, 648; OLG Hamburg MDR 1977, 403; LG Konstanz NJW 1972, 1992 f; LG Bonn NJW 1974, 1566; MünchKomm/SCHWERDTNER Rn 27; JAUERNIG/VOLLKOMMER Anm 3 c) bejaht sie. Der Weg – so heißt es – verhelfe dem Vermittler lediglich zu einer Vorauszahlung, wie sie bei der nichtfinanzierten Ehevermittlung ohne weiteres als zulässig anerkannt werde (so MünchKomm/SCHWERDTNER Rn 27). Auch soll die ratio des § 656 – Schutz des Diskretionsbedürfnisses des Kunden (Rn 1) – im Fall der noch möglichen Auseinandersetzung zwischen dem Finanzierungsinstitut und dem Kunden nicht berührt sein (THOMAS NJW 1970, 741, 742; AMTRUP NJW 1971, 84, 85). Die Gegenansicht (LG Bielefeld MDR 1977, 404; LG Stuttgart NJW 1978, 765; ERMAN/WERNER

Rn 10; Soergel/Mormann Rn 5; Köbl NJW 1972, 2129) wendet § 656 Abs 2 analog an, wobei freilich eine starke Tendenz besteht, die persönlichkeitsschützende Funktion des § 656 in einen wirtschaftlichen Kundenschutz zu verändern oder doch wenigstens zu erweitern. § 656 soll den Kunden ein **Druckmittel** an die Hand geben, den Vermittler zu vertragsgemäßen Leistungen zu bewegen (so Köbl NJW 1972, 1446, 1447).

14 Im Ergebnis ist den Stimmen zu folgen, die für die **analoge Anwendung** des § 656 Abs 2 **auf den Darlehensrückzahlungsanspruch des Finanzierungsinstituts** eintreten. Entscheidend dafür ist, daß die Interessenlage genau mit der in § 656 Abs 2 unmittelbar geregelten übereinstimmt. Nach § 9 Abs 3 und 4 VerbrKrG kann der Kunde nämlich dem Finanzierungsinstitut die Einwendungen gegen die Leistungspflicht entgegenhalten, die ihm ohne die Finanzierung gegenüber dem Vermittler zustehen würden. Wenn man unter diese Einwendungen nicht unmittelbar die der Naturalobligation subsumieren will, so kann der Kunde doch jedenfalls geltend machen, daß die Vermittlungsleistungen nicht den vorausgesetzten bzw vereinbarten Anforderungen entsprochen haben. Damit erhält aber ein Prozeß zwischen Finanzierungsinstitut und Kunde den **gleichen Streitstoff** wie etwa die **Zahlungsklage des Vermittlers** gegen den Kunden aus der Umwandlung des Honoraranspruchs in ein Vereinbarungsdarlehen, die unzweifelhaft unter § 656 Abs 2 fällt. Hier wie dort droht dem Kunden der Zwang, um seines Interesses an Diskretion willen selbst unberechtigten Forderungen nachgeben zu müssen. Wenn dagegen eingewendet wird, dieses Interesse sei mit prozessualen Mitteln (Ausschluß der Öffentlichkeit uä) wirksamer und für den Vermittler weniger belastend zu befriedigen (OLG Schleswig NJW 1974, 648, 650), so ist das schon in sich ein fragwürdiger Einwand (vgl Rn 3). Im übrigen richtet er sich gegen § 656 überhaupt. Solange die Vorschrift existiert, scheitert er an der Verbindlichkeit der gesetzlichen Wertung, die nicht deshalb aufhört, weil man mit guten Gründen anderer Meinung sein kann. Einer Metamorphose des Persönlichkeitsschutzes in einen wirtschaftlichen Kundenschutz (dazu beachtenswert Köbl NJW 1972, 1441, 1444 ff) bedarf es nicht.

IV. Vorzeitige Beendigung der Ehevermittlung

1. Die Voraussetzungen der vorzeitigen Beendigung

15 Das jederzeitige Widerrufsrecht des Auftraggebers im allgemeinen Maklerrecht (vgl §§ 652, 653 Rn 57) besteht auch und erst recht beim unbefristeten Ehemaklervertrag. Wegen des **höchstpersönlichen Bezugs** der Ehevermittlung hält die Rechtsprechung (OLG Schleswig NJW 1974, 648, 650; OLG Karlsruhe OLGZ 1979, 67, 69) den vertraglichen Ausschluß dieses Widerrufsrechts sogar für sittenwidrig und damit für gemäß § 138 Abs 1 nichtig. Soweit sich § 656 auf unbefristete Dienstverträge – Eheanbahnungsvertrag (Rn 3) und Partnerschaftsvermittlungsvertrag (Rn 4 f) – erstreckt, folgt für den Kunden ein freies außerordentliches Kündigungsrecht aus § 627. Denn die Eheanbahnung und die Partnerschaftsvermittlung sind im Sinne dieser Bestimmung **höhere Dienste**, die man aufgrund besonderen Vertrauens überträgt (BGH NJW 1989, 1479, 1480). Zwar ist § 627 nicht zwingendes Recht, so daß das Kündigungsrecht durch Individualvereinbarung (nicht durch AGB-Klausel, vgl BGH NJW 1989, 1479, 1480; OLG Hamm NJW-RR 1987, 244) eingeschränkt werden kann (aA OLG Düsseldorf NJW-RR 1987, 691, 693; B Peters NJW 1989, 2793, 2796). Sein völliger Ausschluß ist jedoch genausowenig mit § 138 Abs 1 vereinbar wie der des Widerrufsrechts des Auftraggebers beim Ehemaklervertrag (im Ergebnis ebenso AG Bochum NJW-RR 1991, 1207; B Peters NJW 1989, 2793, 2796). Im Falle befristeter Ehemaklerverträge und Ehemaklerdienstverträge bleibt dem Auftraggeber auf jeden Fall das außerordentliche **Kündigungsrecht aus wichtigem Grund** (vgl §§ 652, 653 Rn 58). Ein solcher wichtiger Grund kann sich etwa daraus ergeben, daß der Vermittler entgegen einer vereinbarten Tätigkeitspflicht gar keine Partnervorschläge macht oder völlig ungeeignete Partner offeriert, aber auch daraus, daß der Kunde selbst infolge privater Anknüpfung einer ernsthaften Bekanntschaft das Interesse an der Vermittlung verloren hat (vgl MünchKomm/ Schwerdtner Rn 12).

2. Die Folgen der vorzeitigen Beendigung

§ 656 macht den Widerruf bzw die Kündigung durch den Auftraggeber nicht etwa **16** überflüssig. Da die Ehe- bzw Partnerschaftsvermittler sich gerade gegen § 656 durch Vorauszahlungsanforderungen zu schützen pflegen, kann der Auftraggeber sich jedenfalls im Fall der Ehe- bzw Partnervermittlung mit Dienstvertragscharakter nur über die Kündigung einen unmittelbar fälligen Anspruch auf **Rückgewähr** verschaffen (vgl im übrigen Rn 8). Anspruchsgrundlage dafür ist, soweit die Kündigung sich auf vertragswidriges Verhalten des Vermittlers – zB Unterbreitung zu weniger oder völlig ungeeigneter Partnervorschläge – stützt, **§ 628 Abs 1 S 3 iVm § 347**, soweit die Kündigung nicht aus einem vom Vermittler zu vertretenden Umstand erfolgt, **§ 628 Abs 1 S 3 iVm §§ 818 f**. Die Verweisung auf § 347 bedeutet gemäß § 347 S 3 Pflicht zur Geldherausgabe einschließlich Verzinsung nach dem gesetzlichen Zinssatz, diejenige auf §§ 818 f je nach Bös- oder Gutgläubigkeit entweder Geldherausgabe einschließlich Verzinsung nach dem gesetzlichen Zinssatz (§§ 818 Abs 4, 819, 291) oder Herausgabe der noch vorhandenen Bereicherung (§ 818 Abs 3). Der **Ausgangswert** bestimmt sich für den Rückgewähranspruch aus den §§ 628 Abs 1 S 3, 347 S 3 nach § 628 Abs 1 S 2: Da der Auftraggeber an den vertragswidrigen bisherigen Leistungen des Vermittlers kein Interesse hat, ist in diesem Fall die gesamte Vorauszahlung rückgewährpflichtig (BGHZ 87, 309; AG Bochum NJW-RR 1991, 1207). Soweit die Haftung aus den §§ 628 Abs 1 S 3, 818 f betroffen ist, gilt dagegen § 628 Abs 1 S 1: Die Rückgewährpflicht beschränkt sich insoweit auf den Teil der Vorauszahlung, der auf die noch ausstehenden und infolge der Kündigung entfallenen Leistungen des Vermittlers bezogen ist. Dabei läßt sich bereicherungsmindernd im Sinne des § 818 Abs 3 einmal berücksichtigen, was der Vermittler zur Vorbereitung dieser entfallenen Leistungen konkret aufgewandt hat (falscher Ansatz bei B Peters NJW 1989, 2793, 2796: die nach § 818 Abs 3 abzugsfähigen Aufwendungen müssen keine Leistungen an den Auftraggeber sein). Die Abzugsfähigkeit der sog **Vorlaufkosten** (= die Anlauf- und Allgemeinkosten) hatte BGHZ 87, 309, 320 f mangels einer entsprechenden – auch formularvertraglich oder per AGB möglichen – Vertragsklausel abgelehnt. Davon ist BGH NJW 1991, 2763 (bereicherungsrechtlich konsequent) wieder abgerückt. Nunmehr sollen die Vorlaufkosten zwar berücksichtigungsfähig sein, dies jedoch nur pro rata temporis, dh anteilig nach tatsächlicher Laufdauer des Vermittlungsverhältnisses berechnet (geheimnisvolle Kritik daran bei Dehner NJW 1991, 3254, 3264).

Wegen Verstoßes gegen § 10 Nr 7 AGBG unwirksam ist eine formularmäßige oder in **17** AGB enthaltene Klausel, die für den Fall der vorzeitigen Beendigung des Ehe- oder Partnervermittlungsvertrags die **Rückerstattung von Vorauszahlungen** schlechthin ausschließt (BGHZ 87, 309, 319) oder einen unangemessen hohen Aufwand gegenrechnet

(BGH NJW 1991, 2673). Die Lücke ist durch den Rückgriff auf § 628 zu füllen, und zwar auch insoweit, als die vorzeitige Beendigung des Ehe- bzw Partnervermittlungsvertrags nicht durch außerordentliche Kündigung nach den §§ 626, 627, sondern aus anderem Grunde, zB durch Ausübung eines vertraglichen Kündigungsrechts, eintritt (BGHZ 87, 309, 319 f). § 628 liefert für den Fall der vorzeitigen Beendigung des Ehe- bzw Partnervermittlungsvertrags mit Dienstvertragscharakter (Rn 4, 6) im Verhältnis zu § 812 Abs 1 S 2, 1. Alt (condictio ob causam finitam) die spezielleren und daher vorrangigen Wertungen. Die Darlegungs- und Beweislast für die Unangemessenheit der Klausel hat der Kunde. Doch genügt dieser dem in der Regel zunächst durch einen plausiblen Vortrag, daß die gegengerechneten Kosten bei gewöhnlichem Lauf der Dinge nicht angefallen sein können. Es ist dann Aufgabe des Vermittlers, einen atypischen Sachverhalt darzulegen, der seine Rechnung rechtfertigt (BGH NJW 1991, 2763, 2764).

18 Soweit der Honoraranspruch des Vermittlers – wie insbesondere im Fall des Maklervertrags im engeren Sinne – vom Zustandekommen der Ehe oder eines anderen Partnerschaftserfolgs abhängt, entsteht durch die (vorzeitige) Beendigung ohne Eintritt des Erfolgs trotz § 656 Abs 1 S 2 (der nur § 656 Abs 1 S 1 einschränkt, dagegen keinen selbständigen Behaltensgrund schafft) ein Anspruch des Kunden auf Rückgewähr der geleisteten Vorauszahlung aus **§ 812 Abs 1 S 2, 2. Alt** (condictio ob rem). Denn die Vorauszahlung stellt sich auf dieser Basis als Leistung im Hinblick auf einen vereinbarten, tatsächlich ausgebliebenen Zweck dar (Fallgruppe der Vorleistungsfälle, vgl REUTER/MARTINEK, Ungerechtfertigte Bereicherung 151 ff). Mit Rücksicht auf die Entschließungsfreiheit des Kunden gilt das unabhängig davon, ob die erfolglose Beendigung auf das Verhalten des Vermittlers oder des Kunden selbst zurückzuführen ist; **§ 815** ist nicht anwendbar. Die Berufung des Vermittlers auf Wegfall der Bereicherung nach § 818 Abs 3 scheitert daran, daß er nach § 820 Abs 1 S 1 – Ungewißheit des Eintritts des nach dem Inhalt des Rechtsgeschäfts bezweckten Erfolgs – verschärft auf Rückgewähr haftet. Allerdings entspricht es der Rechtsprechung, daß der Vermittler sich durch Vertragsklausel im Formularvertrag oder in AGB die Anrechnung seiner vergeblichen Aufwendungen vorbehält (vgl BGH WM 1987, 471, 473 und dazu §§ 652, 653 Rn 172).

Neunter Titel
Auslobung

Vorbemerkungen zu §§ 657 ff

Schrifttum

BRÜCKMANN, Preisrichterirrtum, DJZ 1905, 856 ff
K DREIOCKER, Zur Dogmengeschichte der Auslobung, (Diss Kiel 1969)
EBERTY, Die Verbindlichkeit der Preisrichterentscheidung, ArchBürgR 39, 82 ff
ELSTER, Die Lehre von der Auslobung nach gemeinem Recht und BGB, ArchBürgR 18, 124 ff
J FISCHER, Die Auslobung nach BGB, (Diss Göttingen 1899)
KOHLER, Auslobung, JW 1908, 645 (Rspr des RG)

KORNBLUM, „Die verflixte schwebende Jungfrau", JuS 1981, 801
KUHLENBECK, Die Auslobung, JW 1908, 645
R vMAYR, Die Auslobung (1905)
OERTMANN, Eine neue Theorie der Auslobung, ÖZBl 24, 785 ff
K SCHEICHER, Die Lehre von der Auslobung nach Reichsrecht (1900)
STEINDORFF, Die Anwaltssozietät, in: FS R Fischer, (1979) 747 ff

I. Rechtsnatur

1. Systematische Stellung der Auslobung

Die Auslobung ist ein Rechtsgeschäft, das im Wege einer einseitigen Erklärung ein **1** vollgültiges Rechtsverhältnis begründen kann. Mit dem einseitigen Akt des bloßen Aussetzens einer Belohnung wird für eine bestimmte Handlung eine Verpflichtung erzeugt, wie sie regelmäßig sonst nur im Wege eines Vertrags (§ 305) begründet werden kann. Das Schuldverhältnis entsteht, ohne daß es der Annahme des Angebots bedarf. Für dieses Versprechen gelten im allgemeinen dieselben Rechtsnormen wie für den zweiseitigen Vertrag (Mot II 519).

2. Deutschrechtliche Auffassung

Nach römischem Recht war ein einseitiges Versprechen ohne Annahme von der **2** Gegenseite, eine sogenannte pollicitatio, nur in einem Ausnahmefall gültig, wenn nämlich das Versprechen einer Stadtgemeinde gemacht war und seine Rechtfertigung zugleich in einem besonderen Grunde, zB einer Ehrung, hatte. Das deutsche Recht, das ursprünglich einen Vertragsschluß für jede rechtliche Bindung verlangt hatte, anerkannte später die Bindung an das gegebene Wort auch ohne besondere Annahme des Versprechens. Die deutsche Rechtsauffassung behauptete sich auch nach der Rezeption gewohnheitsrechtlich zugunsten der Auslobung. So fand sich dieses Rechtsinstitut in der Theorie und Praxis des gemeinen Rechts und in der Praxis des französischen Rechts (der code civil selbst enthielt keine ausdrückliche

Bestimmung), ferner in späteren Gesetzeswerken, so im prALR Teil I Tit 11 § 988 und im sächsBGB § 771.

3. Die Entscheidung des Gesetzgebers

3 Was das BGB unter Auslobung versteht, ergibt sich aus § 657. Bei der Aufstellung seiner einschlägigen Bestimmungen stand der Gesetzgeber der besonders von WINDSCHEID vertretenen Vertrags- und der an der deutschrechtlichen Auffassung orientierten Pollizitationstheorie gegenüber. Letztere hatte mit der römischen pollicitatio nur den Namen gemein. Die Vertragstheorie erblickte in der Auslobung einen Vertragsantrag in incertam personam, welcher durch einen Akt der Annahme seitens einer bestimmten Person zu einem Vertrage mit dieser führe, aus welchem dann die Verbindlichkeit des Auslobenden zur Erfüllung des in dem Antrag enthaltenen Versprechens entspringe. Nach der Pollizitationstheorie liegt der Grund der Verpflichtung des Auslobenden einzig und allein in der verbindlichen Kraft eines einseitigen öffentlichen Versprechens. Der Auslobende ist schon aufgrund dieses Versprechens zu dessen Erfüllung an denjenigen verpflichtet, welcher die von dem Auslobenden bestimmte Leistung vollbracht hat, ohne daß es einer Annahme dieses Versprechens bedürfte. Der Gesetzgeber stellte sich schon im § 581 des 1. Entwurfs auf den Standpunkt der Pollizitationstheorie und schuf mit dem jetzigen § 657 eine Ausnahme zum Grundsatz des § 305 (Mot II 519; vgl auch § 305 Rn 13). An dem Standpunkt des 1. Entwurfs haben die späteren Verhandlungen nichts geändert. Er prägt sich unverkennbar darin aus, daß § 657 den Anspruch auf Belohnung unabhängig davon entstehen läßt, ob der Bewerber die Handlung mit Rücksicht auf die Auslobung vorgenommen hat (PLANCK Vorbem vor § 657; ELSTER aaO; vMAYER 135). Als Verpflichtungsgrund ist daher die einseitige Erklärung in öffentlicher Form anzusehen (vgl statt aller LARENZ II 1 § 55; allgM). Es ist jedoch zu beachten, daß die rechtlichen Beziehungen zwischen dem Auslobenden und einem Bewerber im Einzelfall abweichend sich statt als öffentliches Preisausschreiben oder neben einem solchen auch als Vertragsverhältnis nach § 305 darstellen können (BGHZ 17, 366).

II. Begriff der Auslobung

1. Auslobung und Preisausschreiben

4 Auslobung ist das öffentlich bekanntgemachte Versprechen einer Belohnung für die Vornahme einer Handlung (§ 657). Das Preisausschreiben (§ 661) unterscheidet sich von einer gewöhnlichen Auslobung dadurch, daß nur denen, die sich an einem Wettbewerb beteiligen, ein Preis versprochen wird und der Belohnungsanspruch nicht schon durch die Leistung des Bewerbers, sondern erst durch die Zuerkennung des Preises gegeben ist.

2. Auslobung und Schenkungsversprechen

5 Vom bedingten Schenkungsversprechen (nur dieses weist die Ähnlichkeit mit einer Auslobung auf) unterscheidet sich die Auslobung hauptsächlich durch die rechtliche Form: Das Schenkungsversprechen ist stets ein Vertrag, während die Auslobung eine einseitige Erklärung ist. Der Mangel der nach § 518 Abs 1 für ein gültiges Schenkungsversprechen erforderlichen Form wird nach Abs 2 geheilt, für die Auslobung ist die öffentliche Bekanntmachung unabdingbar. Richtet sich das Versprechen einer Geldleistung von vorherein an eine genau bestimmte Person oder Personengruppe (zB eine bestimmte Fußballmannschaft), so liegt keine Auslobung vor (OLG München NJW 1983, 759). Zur entsprechenden Anwendung der §§ 657 ff und des § 661 bei Beschränkung des Wettbewerbs auf individuell bestimmte Personen s BGHZ 17, 366; BGH LM Nr 2 a zu § 661 BGB; BGH NJW 1984, 1118; § 657 Rn 5, § 661 Rn 3.

3. Auslobung und Wette

Eine Wette (§ 762) kann auch nach Art einer Auslobung in der Form zustandekommen, daß jemand öffentlich ein Wettangebot kundgibt und daß dieses Angebot von anderer Seite mit Willen angenommen wird. Es wird insoweit jeweils nach den Umständen des einzelnen Falles entschieden werden müssen, ob eine einseitige Auslobung oder ein in besonderer Form abgeschlossener Wettvertrag vorliegt. Wurde aber die Form der Auslobung im Einzelfalle gesetzt, besteht eine Vermutung, daß auch eine Auslobung gewollt wurde. Zu Unrecht hat daher das LG Trier im Fall Dasbach (Auslobung zwecks Nachweises, daß der Satz „Der Zweck heiligt die Mittel" in jesuitischen Schriften vorkommt, vgl OLG Köln DJZ 1905, 393) eine unverbindliche Wette angenommen (vgl PLANCK Vorbem III 3 vor § 657; BGB-RGRK/STEFFEN § 657 Rn 8; SOERGEL/MORMANN § 657 Rn 4; ERMAN/EHMANN § 657 Rn 5; MünchKomm/SEILER § 657 Rn 17). Die Veranstaltung eines Preiskegelns, bei dem die Teilnehmer zuvor einen Einsatz dem Veranstalter zu entrichten haben, ist, da ein zweiseitiger Vertrag vorliegt, keine Auslobung, vielmehr Spiel (vgl RGSt 40, 21). Macht eine Firma bekannt, daß unter ihren Margarinepackungen sich Packungen mit Butter befinden und verspricht sie demjenigen, der eine Butterpackung als solche erkennt, eine Belohnung, so liegt Lotterie oder Ausspielung, nicht Auslobung vor, RFH 20 185. Zum Begriff der Ausspielung vgl LG Marburg NJW 1955, 346. **6**

III. Praktisches Anwendungsgebiet

Häufige Anwendungsfälle der Auslobung sind die Aussetzung von Belohnung, Prämien und dgl für Auffindung und Wiederbringung verlorener Sachen (vgl BRÜCKMANN ArchBürgR 23, 238) oder für Hinweise, die zur Ergreifung von Straftätern führen. Zu nennen ist auch die Aussetzung von Belohnungen für Entdeckungen oder Erfindungen wissenschaftlicher, organisatorischer, technischer und kaufmännischer Art. Auslobung liegt zB vor, wenn jemand durch Ausschreiben in einer Zeitung einen Wertgegenstand demjenigen verspricht, der für ein von dem Ausschreibenden hergestelltes Erzeugnis den verwendungsfähigsten Namen erdenkt und einsendet oder wenn ein Wertgegenstand durch die Zeitung dem versprochen wird, der die größte Zahl von aus bestimmten Buchstaben bestehenden Wörtern auf Etiketten eines von dem Ausschreibenden hergestellten Erzeugnisses niederschreibt und einsendet (RFH 17, 33, 36). Häufig sind auch Preisausschreiben für wissenschaftliche, technische oder künstlerische Leistungen. Der Erfolg, für dessen Herbeiführung die Belohnung ausgesetzt wird, braucht dem Auslobenden nicht erwünscht zu sein. **7**

Die VOB hat im Teil A ein besonderes Verfahren über die Vergabe von Bauleistungen. Dabei handelt es sich aber nicht um ein Preisausschreiben, sondern um eine Ausschreibung mit der öffentlichen Aufforderung zur Abgabe von Angeboten.

Wenn der Ausschreibende sich nicht an die von ihm selbst der Ausschreibung zugrundegelegten Regeln hält oder den Bewerbern nicht die gleichen Chancen einräumt, setzt er sich der Haftung wegen Verschuldens bei Vertragsschluß aus (FIKENTSCHER Rn 956).

§ 657

Wer durch öffentliche Bekanntmachung eine Belohnung für die Vornahme einer Handlung, insbesondere für die Herbeiführung eines Erfolges, aussetzt, ist verpflichtet, die Belohnung demjenigen zu entrichten, welcher die Handlung vorgenommen hat, auch wenn dieser nicht mit Rücksicht auf die Auslobung gehandelt hat.

Materialien: E I § 581; II § 589; III § 641; Mot II 518 ff; Prot II 347.

1 I. Rechtsnatur und Begriff der Auslobung sind in den Vorbemerkungen behandelt (Vorbem 1 ff, 4 ff zu §§ 657 ff).

II. Voraussetzungen des Anspruchs auf Belohnung

1. Auslobender

2 Eine Auslobung kann ausgehen von jedem Rechtssubjekt, das sich gültig durch Rechtsgeschäfte verpflichten kann, gleichviel ob dieses Rechtssubjekt eine natürliche oder juristische Person ist. Sehr häufig gehen Auslobungen gerade von juristischen Personen des Privat- oder des öffentlichen Rechts, dem Staat oder einer Gemeinde aus. Der Tod oder der Eintritt der Geschäftsunfähigkeit einer natürlichen Person oder die Auflösung einer juristischen Person mit Rechtsnachfolge einer anderen (vgl § 346 Abs 3 S 1 AktG) machen die bereits erfolgte Auslobung nicht hinfällig. Der Rechtsnachfolger oder bei Eintritt der Geschäftsunfähigkeit der gesetzliche Vertreter des Auslobenden können die Auslobung jedoch nach § 658 widerrufen.

2. Zweck der Auslobung

3 Ein besonderes persönliches Interesse des Auslobenden an dem Gegenstand der Auslobung wird zu deren Rechtsbeständigkeit nicht erfordert. Es ist gleichgültig, ob der Auslobende ein persönliches Interesse verfolgt oder ob er zB durch Interesse für Wissenschaft, Kunst oder Industrie zu der Auslobung bestimmt wird (Mot II 518). Es wird auch nicht verlangt, daß die Auslobung gerade für öffentliche Zwecke erfolge. Wer zB eine Belohnung aussetzt für die Auffindung einer verlorenen Sache, verfolgt dabei in der Regel nur einen privaten Zweck. Der Auslobungszweck darf jedoch nicht sittenwidrig sein (§ 138) und er darf auch nicht gegen ein gesetzliches Verbot (§ 134), insbesondere gegen Bestimmungen des UWG, verstoßen (BGH GRUR 1973, 474, 476; BAUMBACH/HEFERMEHL, Wettbewerbsrecht § 1 UWG Rn 155, 169). Im Einzelfall kann man sich auch fragen (zB bei marktschreierischer Reklame), ob wirklich ein ernstlicher Verpflichtungswille vorliegt (vgl §§ 116 S 2, 118).

3.   Auslobungserklärung

Für die Auslegung der Auslobungserklärung sind die nach §§ 133, 157 für Verträge **4** geltenden Auslegungsgrundsätze entsprechend anzuwenden. Zwar ist die Auslobung nicht schlechthin eine empfangsbedürftige, sondern eine bekanntmachungsbedürftige Willenserklärung (vgl auch Rn 5, 9). Durch seine Erklärung an die Öffentlichkeit nimmt jedoch der Auslobende deren Vertrauen in Anspruch. Die **Auslobungsbedingungen** sind daher nach der Verkehrsauffassung und den Grundsätzen von Treu und Glauben auszulegen. Das AGBG gilt für sie jedoch nicht, da sie nicht Vertragsbedingungen im Sinne des § 1 Abs 1 AGBG sind. Für den **Widerruf** der Auslobungserklärung gilt § 658. Zur Anfechtung der Auslobungserklärung vgl § 658 Rn 6. Die Auslobung ist nichtig, wenn die Belohnung für eine Handlung ausgesetzt wird, von der feststeht, daß sie objektiv unmöglich ist; § 306 gilt für die Auslobung entsprechend (vgl auch § 343 des 1. Entwurfs und Mot II 178; wie hier Soergel/Wolf § 306 Rn 3). Auch § 307 ist entsprechend anzuwenden (vgl auch § 658 Rn 2; ebenso Oertmann Vorbem 4 vor § 657). Tritt nachträglich objektive Unmöglichkeit ein, dann ist die Auslobung gegenstandslos.

4.   Öffentliche Bekanntmachung

Die Auslobung muß, wenn sie rechtsverbindlich sein soll, mittels öffentlicher **5** Bekanntmachung erfolgen: **Ohne Publizität keine Auslobung** (Mot II 519). Die Art der öffentlichen Bekanntmachung ist gleichgültig. Es macht also keinen Unterschied, ob sie schriftlich oder mündlich geschah, ob sie durch Zeitungsnachricht (Inserat oder Artikel), Anschlag, Ausruf, Rundfunk, Fernsehsendung, Kinoreklame ua geschah. Die Bekanntmachung ist öffentlich stets und nur dann, wenn ein individuell nicht abgegrenzter Personenkreis davon Kenntnis zu nehmen Gelegenheit hatte. Gleichgültig ist, ob und in welchem Umfang die Gelegenheit zur Kenntnisnahme von der Auslobung tatsächlich genutzt wurde. Der öffentliche Charakter der Bekanntmachung wird nicht dadurch ausgeschlossen, daß der Auslobende zwar in der Öffentlichkeit, aber doch nur an bestimmte Kategorien von Personen (zB Abonnenten einer Zeitung) seine Aufgabe stellt. Eine unter der Hand an mehrere bestimmte Architekten gerichtete Aufforderung eines Turnvereins, Entwürfe für ein Denkmal einzureichen, fällt nicht unter § 661. Ein solcher Akt kann aber möglicherweise als Vertrag bestehen. Letzteres wird auch zutreffen, falls das Versprechen an einen Verein mit geringerer Mitgliederzahl gerichtet wurde (vgl RGZ 167, 234; OLG Hamburg Recht 1911 Nr 2723; Planck Anm 2 b; LAG Bremen Betrieb 1972, 1683). Auf Preisausschreiben, die an einzelne Interessenten gerichtet sind, kann § 661 entsprechend anwendbar sein (BGHZ 17, 366; BGH LM Nr. 2a zu § 661 BGB; BGH NJW 1984, 1118).

5.   Belohnung

Die ausgesetzte Belohnung kann in einem **wirtschaftlichen** oder auch in einem **sozia- 6 len Vorteil** bestehen. Meist wird Belohnung in Geld versprochen sein. Es ist dies aber nicht rechtlich notwendig (BGH NJW 1984, 1118). Auch andere Vorteile können als Belohnung gelten, selbst solche, welche zum Teil auf idealem Gebiet liegen, zB bei Preisaufgaben wissenschaftlicher Art ein kostenloses Diplom. Die Höhe der Belohnung kann fest bestimmt sein oder sich nach bestimmten, vom Auslobenden bekannt gegebenen Grundsätzen berechnen (RGZ 167, 234). Der Anspruch auf den **Finderlohn** nach § 971 wird durch Fundauslobung nicht berührt. Es tritt jedoch keine Kumulation ein. Der Finder kann vielmehr nur den Teil der durch Auslobung ausgesetzten Belohnung verlangen, der den Finderlohn nach § 971 übersteigt (vgl auch § 971 Rn 3).

6. Vornahme einer Handlung

7 Vornahme bedeutet Vollendung der Handlung, so wie sie den Gegenstand der Auslobung im Einzelfalle bildet. Ausschlaggebend ist hierfür in erster Linie der Wille des Auslobenden, selbstverständlich jedoch nur, soweit dieser in der Auslobung selbst zum Ausdruck gelangte (vgl oben Rn 4; ELSTER 178). Die Teilnahmeerklärung des Bewerbers muß wahr sein. Wenn Voraussetzung zB ist, daß das Werk allein vom Einsender des Preisausschreibens gefertigt ist, so dürfen nicht Lösungen, die ein anderer gemacht hat, als eigene eingesandt werden. Bei Verstoß gegen solche Teilnahmebedingungen kann ein zu Schadenersatz verpflichtendes Verhalten (vgl Rn 12), uU sogar ein Betrug oder Betrugsversuch vorliegen. Nicht notwendig ist, daß die erstrebte Leistung einen Vermögenswert hat. Ebensowenig braucht die Leistung einen Vorteil für den Auslobenden zu enthalten. Das Regelmäßige ist sogar, daß die Leistung zum Vorteil irgendeines Dritten oder der Allgemeinheit erfolgen soll (zB eine wissenschaftliche Entdeckung; vgl KOHLER 5,6). Auch eine Dienstleistung oder ein sonstiges anderes Verhalten kann als Bedingung gesetzt werden. Ein Unterlassen wird nur insoweit in Frage kommen können, als sich darin doch ein bestimmtes Verhalten widerspiegelt und von der Auslobung betroffen werden soll. So kann man zB bei einem öffentlichen Versprechen für Nichtrückfälligwerden entlassener Straftäter annehmen, daß damit deren nachheriges gutes Verhalten belohnt werden soll. Zufällig sich ergebende Tatsachen (zB das Versprechen eines Geldbetrags für Kinder eines Ortes, die am 70. Geburtstag des Versprechenden geboren werden) eignen sich nicht als Gegenstand der Auslobung. Auch das Vorliegen eines tatsächlichen Zustandes (Schönheitskonkurrenz) kann nicht Gegenstand einer Auslobung sein (OERTMANN Vorbem 2 vor § 657; ENNECCERUS/LEHMANN §159 II 3 b). Mit Recht hebt OERTMANN aaO hervor, daß das öffentliche Versprechen eines Menschenfreundes, einem bestimmten Personenkreis Unterstützungen zu gewähren, keine Auslobung darstellt, sondern ein Schenkungsversprechen, da es an der Handlung dessen fehlt, der die Unterstützung erhalten soll. Als Handlungen können auch bloße Mitteilungen (zB Hinweise, die zur Ergreifung eines Straftäters führen) in Betracht kommen. Das gleiche gilt vom Nachweis von Fehlern an einer Sache oder an einem Werke. Die **Eigentumsübertragung** gilt im Zweifel nicht als gewollt. Sie muß ausdrücklich in der Auslobung verlangt werden, wenn ihre Notwendigkeit nicht aus der Leistung selbst zwingend hervorgeht (vgl ELSTER 187). Bei Preisausschreiben gilt die besondere Bestimmung des § 661 Abs 4 auch bezüglich des Urheberrechts.

7. Zeit und Ort der Handlung

8 Die Bestimmung einer Frist für die Vornahme der Handlung oder Erzielung des Erfolgs ist nicht allgemein vorgeschrieben, aber zugelassen (vgl § 658 Abs 2). Mittelbar kann auch in einer Zweckbestimmung (Gedicht für eine Festlichkeit) eine Fristsetzung liegen. Für ein Preisausssreiben nach § 661 ist die Bestimmung einer Frist erforderlich. Wo die Handlung vorzunehmen ist, hängt vom Inhalt der Auslobung ab.

8. Berechtigter

Die Vornahme der Handlung ist ein **Realakt**. Daher kann auch ein Geschäftsunfähi- **9** ger Anspruch auf die Belohnung erwerben (SOERGEL/MORMANN Rn 2). Der Bewerber braucht **nicht mit Rücksicht auf die Belohnung** gehandelt zu haben (vgl auch Mot II 520). Der Auslobende muß daher, wenn er nur auf irgendeine Weise Kenntnis von dem Erbringen der Leistung und von demjenigen, der sie erbrachte, erlangt hat, diesem die ausgesetzte Belohnung entrichten, unabhängig davon, ob jener objektiv Berechtigte selbst von seiner Berechtigung Kenntnis hat oder nicht, und unabhängig davon, ob dieser seinen Anspruch geltend macht oder nicht. Wenn die betreffende Handlung zur Zeit der Auslobung schon vorgenommen war, so wird im Wege der Auslegung festzustellen sein, ob der Auslobende die Belohnung auch für diesen Fall hat zusichern wollen. Es wird hierbei insbesondere darauf Gewicht zu legen sein, ob der Auslobende die fragliche Handlung schlechthin belohnen oder solche gerade durch die Aussetzung der Belohnung erst veranlassen wollte (ENNECCERUS/LEHMANN § 159 IV 1). Ist letzteres nicht anzunehmen, so kann der Betreffende keine Ansprüche aus der Auslobung erheben. Ist es aber anzunehmen, so wird man die Vorschriften über die Auslobung mindestens entsprechend in dem Sinne anzuwenden haben, daß der Anspruch auf die Belohnung sofort mit der Auslobung entsteht (OERTMANN Anm 4; PLANCK Anm 2 d; v MAYR 81 f; ENNECCERUS/LEHRMANN § 159 IV 1). Den bereits entstandenen Anspruch auf die Belohnung können auch die Erben des Bewerbers geltend machen (ELSTER 180, 181). Bei rein persönlichen Belohnungsauslobungen (Ermöglichung eines weiteren Studiums nach Lösung einer Preisaufgabe) kann der Anspruch auf die Belohnung unvererblich sein, soweit sich eine derartige persönliche Zweckbestimmung aus der Auslobung selbst ergibt (so mit Recht ELSTER 181).

III. Beurteilung der Berechtigung

1. Gerichtliche Nachprüfbarkeit

Die Entscheidung darüber, ob die ausgesetzte Belohnung verdient sei und von wem, **10** steht nicht dem Auslobenden selbst zu, sondern im Streitfalle dem Richter, sofern nicht etwas anderes entweder bei der Auslobung selbst rechtswirksam (also auch öffentlich) bestimmt wurde oder im Gesetz vorgesehen ist (§ 661 Abs 2). Hat der Auslobende sich selbst die Entscheidung vorbehalten, so ist in Anwendung des § 315 im Zweifel anzunehmen, daß er sich ein sachliches Ermessen ausbedingen wollte, also nicht bloß nach freiem Ermessen entscheiden will (RGZ 167, 234). Für die Entscheidung sind die Gerichte auch dann zuständig, wenn schwierige wissenschaftliche, technische oder künstlerische Fragen auftreten (ENNECCERUS/LEHMANN § 159 II 3 a; MünchKomm/SEILER § 657 Rn 17; ERMAN/EHMANN § 657 Rn 5). Zur gerichtlichen Nachprüfbarkeit der Verteilung der Belohnung, wenn mehrere zur Herbeiführung des Erfolges zusammengewirkt haben, vgl § 660.

2. Beweislast

Für den Bewerber genügt es, eine derartige Leistung, wie sie die Auslobung ver- **11** langt, vorzuweisen. Sache des Auslobenden ist es dann nachzuweisen, daß diese trotzdem nicht die rechte sei (vgl ELSTER 182, 183).

IV. Haftung des Auslobenden und des Berechtigten

12 Wenn die Vornahme der Handlung oder ihre Vollendung durch ein Verhalten des Auslobenden unmöglich wird, hat der Bewerber, vom Fall des § 826 abgesehen, keinen Schadensersatzanspruch, da bis zur Vornahme der Handlung kein Berechtigter vorhanden ist (PLANCK Vorbem IV 5 a vor § 657). § 162 ist unanwendbar, da der Auslobende die Auslobung bis zur Vollendung der Handlung gemäß § 658 Abs 1 widerrufen kann (aM SIBER, Rechtszwang [1903] 27). Die Frage der Haftung des Auslobenden für Rechts- und Sachmängel stellt sich nur in dem Fall, daß die Belohnung nicht in Geld besteht. Der Auslobende wird in diesem Fall in entsprechender Anwendung der §§ 523, 524 grundsätzlich nur wie ein Schenker haften (vgl auch § 445 Rn 1). Kaufrechtlich haftet er in entsprechender Anwendung der §§ 445, 493 nur dann, wenn die Belohnung als Entgelt für die Handlung erscheint (ENNECCERUS/LEHMANN § 159 IV 4). Wandlung oder Minderung sind aber auch dann begrifflich ausgeschlossen (PLANCK Anm 4; Mot II 520).

Besteht die Handlung, die den Gegenstand der Auslobung bildet, in der Herstellung eines Werks, so trifft den Bewerber, der die verlangte Handlung vorgenommen hat, eine vertragsähnliche Haftung für die gefahrlose Beschaffenheit des hergestellten Werkes (PLANCK Anm 5). Daneben kann auch deliktische Haftung in Frage kommen (§§ 823 ff). Weist eine Sache, für deren Wiederbringung eine Belohnung ausgesetzt ist, Mängel auf, so besteht nur ein Anspruch auf einen angemessenen Teil der Fundprämie (zustimmend ERMANN/EHMANN § 657 Rn 6). Zur Haftung desjenigen, der der Wahrheit zuwider erklärt, die Handlung ohne fremde Hilfe vorgenommen zu haben, vgl Rn 7.

§ 658

[1] Auslobung kann bis zur Vornahme der Handlung widerrufen werden. Der Widerruf ist nur wirksam, wenn er in derselben Weise wie die Auslobung bekannt gemacht wird oder wenn er durch besondere Mitteilung erfolgt.

[2] Auf die Widerruflichkeit kann in der Auslobung verzichtet werden; ein Verzicht liegt im Zweifel in der Bestimmung einer Frist für die Vornahme der Handlung.

Materialien: E I § 582; II § 590; III § 645; Mot II 521 ff; Prot II 347

I. Grundsatz der Widerruflichkeit

1 Die Frage, ob, wie lange, unter welchen Formen und mit welchen Wirkungen der Auslobende einen Widerruf der Auslobung vornehmen könne, war in der Theorie des gemeinen Rechts sehr streitig. Die Antwort war meist beeinflußt durch die Stellungnahme zur der Vertrags- oder der Pollizitationstheorie (Mot II 521). Das BGB folgte, ohne den Boden der Pollizitationstheorie zu verlassen (vgl Mot II 522), den Spuren des sächsischen Rechts (vgl § 771 sächsBGB). Gemäß § 658 ist der Widerruf der Auslobung grundsätzlich zulässig. Er muß jedoch unter Einhaltung bestimmter Formen erfolgen. Das Widerrufsrecht erlischt mit der Vornahme der Handlung. Die Auslobung ist unwiderruflich, wenn der Auslobende in der Auslobung auf das Widerrufsrecht verzichtet hat.

II. Beschränkungen des Widerrufsrechts

1. Zeitliche Begrenzung

Der Widerruf ist nur zulässig **bis zur Vornahme der Handlung**, welche den Gegenstand 2
der Auslobung bildet. In den gleichen zeitlichen Grenzen, in denen der Widerruf zulässig ist, ist es möglich, die Bedingungen der Auslobung zu ändern (OLG Frankfurt OLGE 41, 123). Die Handlung, dh der Erfolg muß, wenn der Widerruf nicht mehr zulässig sein soll, von irgend jemandem bereits vollendet sein. Liegen nur Vorbereitungshandlungen oder ein Anfang in der Ausführung vor, so hindert dieses den Widerruf nicht. Der Handelnde hat auch für das in dieser beschränkten Ausdehnung vor dem Widerruf schon Geschehene keinen Entschädigungsanspruch gegen den Auslobenden, selbst wenn dieser von dem, was schon geschehen ist, Kenntnis gehabt haben sollte (PLANCK Anm 2 c). Bis zur Vollendung der in Frage stehenden Handlung geht dasjenige, was geschieht auf Gefahr des Handelnden. Eine begründete Ausnahme macht zutreffend OERTMANN Anm 4 nur für den Fall, daß ein arglistiges Verhalten des Auslobenden im Sinne der §§ 226 oder 826 BGB vorliegen sollte oder daß § 307 (Kenntnis oder fahrlässige Unkenntnis der objektiven Unmöglichkeit) einschlägt. **Nach der Vornahme der Handlung** ist ein Widerruf auch dann ausgeschlossen, wenn der Auslobende von der Vornahme noch keine Kenntnis erhalten hat (OERTMANN Anm 4; PLANCK Anm 2 b). Von der Vornahme der Handlung an zieht ein etwaiger Widerruf nicht etwa den Ersatz des negativen Interesses nach sich, vielmehr ist er nunmehr völlig unwirksam. Der Berechtigte kann Erfüllung fordern (ELSTER 175). Der Beweis des Widerrufs obliegt im Streitfalle dem Auslobenden; den Beweis, daß er vorher die betr Handlung vorgenommen hat, hat der Bewerber zu führen (ebenso PLANCK Anm 2 c).

2. Form

Der Widerruf, der eine einseitige, aber nicht schlechthin empfangsbedürftige Wil- 3
lenserklärung darstellt, muß in der gleichen Weise erfolgen, wie die Auslobung geschah, also zunächst ebenfalls mittels öffentlicher Bekanntmachung, und zwar in der nämlichen Art wie die Auslobung selbst. Einer solchen Form des Widerrufs hat die 2. Komm nach Prot II 347 noch eine andere beigefügt in Gestalt der Alternative „oder wenn er (der Widerruf) durch besondere Mitteilung erfolgt". Dies bezieht sich auf die zwei Fälle, daß entweder schon die Auslobung neben der öffentlichen Bekanntmachung auch an eine bestimmte Person gerichtet wurde, oder auch, daß dem Widerrufenden bekannt geworden war, eine bestimmte Person schreite zur Ausführung der Handlung. In jedem dieser Fälle ersetzt die geschehene besondere Mitteilung der betreffenden Person gegenüber, aber nicht in weiterem Umfange, die öffentliche Bekanntmachung des Widerrufs. Nicht anzunehmen ist dagegen, daß neben der öffentlichen Widerrufserklärung in einem oder anderen Falle stets auch eine besondere Mitteilung an die betreffende Person ergehen müßte, um den Widerruf rechtswirksam zu machen (vgl OERTMANN Anm 2). Die besondere Mitteilung ist

eine empfangsbedürftige Erklärung (§§ 130 ff); sie wirkt infolgedessen auch nur denjenigen gegenüber, denen sie gemacht worden ist (vMAYR Anm 57; PLANCK Anm2 a; BGB-RGRK/STEFFEN Rn 3).

4 Die Auslobung ist unwiderruflich, wenn in der Auslobung selbst formgerecht vom Auslobenden auf den Widerruf verzichtet wurde. Was Abs 2 S 2 dabei noch bestimmt, nämlich daß die Bestimmung einer Frist zugleich die Unwiderruflichkeit in sich schließen solle, gilt als Auslegungsregel, fällt also weg, wenn eine gegenteilige Absicht des Auslobenden sicher anzunehmen ist. Preisausschreiben sind nach § 661 Abs 1 iVm § 658 Abs 2 im Zweifel unwiderruflich. Der Beweis des Verzichts obliegt demjenigen, der aus der Auslobung Rechte für sich ableitet (PLANCK Anm 4).

III. Wirkung des Widerrufs

5 Durch einen rechtswirksamen Widerruf wird der Auslobende von seinen Verpflichtungen im Sinne der Auslobung befreit. Für etwa von jemandem bereits aus Anlaß der Auslobung bestrittene Auslagen und Aufwendungen braucht er keinen Ersatz zu leisten.

IV. Sonstige Aufhebungsgründe

6 Abgesehen vom Widerruf kann die Auslobung auch hinfällig werden aus einem der allgemeinen Rechtsgründe für das Erlöschen einer schuldrechtlichen Verbindlichkeit, zB durch eingetretene objektive Unmöglichkeit der Handlung, so wie sie gefordert ist. Nicht ausgeschlossen ist auch die Anfechtung der Auslobung aus einem allgemeinen Rechtsgrunde, wie zB Irrtum, Zwang, Betrug. Der Auslobende kann auch dann nach § 123 Abs 1 anfechten, wenn ein gutgläubiger Dritter kostspielige Anstalten zur Herbeiführung des Erfolges getroffen hat; § 123 Abs 2 gilt nicht für nicht empfangsbedürftige Willenserklärungen (vgl auch § 657 Rn 4; wie hier SOERGEL/ HEFERMEHL § 123 Rn 30). Zweifelhaft ist aber, ob der Auslobende die Anfechtung schon erklären kann, bevor die Handlung vorgenommen ist und mit welchem Zeitpunkt die Anfechtungsfrist zu laufen beginnt. Das Gesetz entscheidet diese Frage nicht ausdrücklich (vgl Mot II 520). Praktische Bedeutung wird freilich die Frage nur für die Fälle haben, in denen der Widerruf nach § 658 Abs 2 ausgeschlossen ist oder das Widerrufsrecht schon weggefallen ist, weil ja der Auslobende für die Regel nach § 658 das Recht hat, die Auslobung zu widerrufen. Überwiegende Gründe sprechen für die Auffassung, daß die Anfechtung schon vor der Vornahme der Handlung zulässig ist und daß sie, wenn sie nicht oder noch nicht einer bestimmten Person gegenüber erfolgen kann, in derselben Form bewirkt werden kann, in der die Auslobung selbst erfolgte (vgl PLANCK § 657 Anm 2 a; BGB-RGRK/STEFFEN Rn 6; OLG Frankfurt OLGE 41, 124).

§ 659

[1] Ist die Handlung, für welche die Belohnung ausgesetzt ist, mehrmals vorgenommen worden, so gebührt die Belohnung demjenigen, welcher die Handlung zuerst vorgenommen hat.

[2] Ist die Handlung von mehreren gleichzeitig vorgenommen worden, so gebührt jedem ein gleicher Teil der Belohnung. Läßt sich die Belohnung wegen ihrer Beschaffenheit nicht teilen oder soll nach dem Inhalte der Auslobung nur einer die Belohnung erhalten, so entscheidet das Los.

Materialien: E I § 583; II § 591; III § 648; Mot II 523; Prot II 348.

I. Mehrmalige selbständige Vornahme der Handlung

1. Regelungsziel

Infolge der gesetzlich gebotenen Öffentlichkeit der Auslobung kann es vorkommen, 1
daß mehrere Personen **selbständig** und **unabhängig voneinander** (über den davon verschiedenen Fall des Zusammenwirkens mehrerer § 660) sich bemühen, durch Vornahme der geforderten Handlung die nur einmal ausgesetzte Belohnung zu erhalten. Es entsteht dann die Frage, wer von jenen mehreren die Belohnung zu beanspruchen hat. Auszuscheiden ist hierbei der Fall eines Preisausschreibens, für welches die Sonderbestimmungen des § 661 bestehen. Gegenstandslos ist weiterhin die Frage dann, wenn die Natur der geforderten Handlung die Vornahme durch mehrere ausschließt. Ob dies so ist, erscheint als Tatfrage. Für andere Fälle trifft der § 659 die gesetzliche Vorschrift, welche nach Mot II 525 darauf abzielt, dem mutmaßlichen Willen des Auslobenden Genüge zu leisten. Eben darum stellt § 659 auch nur eine Dispositivvorschrift dar.

2. Prioritätsgrundsatz (Abs 1)

Wenn mehrere die Handlung unabhängig voneinander zu verschiedenen Zeiten vor- 2
genommen haben, so entscheidet der zeitliche Vorrang über den Anspruch auf die Belohnung. Das Gesetz spricht von demjenigen, welcher die Handlung zuerst vorgenommen hat. In Mot II 523 wird statt „vorgenommen" von „vollbracht" gesprochen; eine verschiedene Absicht ist mit dem Wechsel der Ausdrücke aber offenbar nicht verbunden. Jener Grundsatz der Priorität gilt, gleichviel ob für die Handlung eine Frist vorausgesetzt war oder nicht. Bestand aber eine Fristbestimmung, so fallen die erst nach deren Ablauf vorgenommenen Handlungen ohnehin außer Konkurrenz. Entrichtet der Auslobende die ausgesetzte Belohnung einem Bewerber, dem sie nicht gebührt, so hat er gegen ihn einen Bereicherungsanspruch nach § 812 Abs 1 S 1 Alt 1. Der Berechtigte hat hingegen gegen den Bewerber, der die Belohnung zu Unrecht erhalten hat, keinen Bereicherungsanspruch nach § 812 Abs 1 S 1 Alt 2, da jener nicht auf seine Kosten bereichert ist (im Ergebnis wie hier schon PLANCK Anm 2 c). Wenn er die Leistung des Auslobenden an den nicht berechtigten Bewerber genehmigt, dann kann er jedoch gegen diesen nach § 816 Abs 2 vorgehen.

3. Ausnahme (Abs 3)

Im Falle der gleichzeitigen Vornahme der Handlung durch mehrere Bewerber unter- 3
scheidet das Gesetz weiter noch, ob die ausgesetzte Belohnung nach allgemeinen

Rechtsgrundsätzen teilbar ist oder nicht. Bei Teilbarkeit der Belohnung findet auch deren gleichheitliche Verteilung unter die mehreren statt. Die Verteilung hat durch den Auslobenden zu erfolgen, und zwar nach dem Grundsatz von Treu und Glauben, § 242. Bei Unteilbarkeit der Belohnung entscheidet das Los. Die Verlosung erfolgt durch den Auslobenden, wenn nicht etwas anderes schon in der Auslobung darüber bestimmt ist oder zwischen den Beteiligten nachher noch vereinbart wird. Das Gesetz gibt über die Art und Weise der Verlosung keine nähere Vorschrift; der Auslobende kann also über die Art der Verlosung frei bestimmen, selbstverständlich aber wiederum nach dem Grundsatz von Treu und Glauben (§ 242 BGB). Hinsichtlich der Beweislast im Falle des Abs 2 wird sich der Anfordernde wohl zunächst auf den Beweis beschränken dürfen, daß er die Handlung vorgenommen habe; es ist dann Sache des Auslobenden, darzutun, daß noch andere Beteiligte vorhanden sind (PLANCK Anm 3 a).

4. Stellung der anderen Bewerber

4 Ist nur von einem der mehreren auf die eine oder andere Art der Anspruch auf die Belohnung erworben, so können die anderen selbst dann keinen Anspruch auf die Belohnung mehr erwerben, wenn etwa jener eine den von ihm erworbenen Anspruch nicht geltend macht, darauf verzichtet, ihn dem Auslobenden erläßt. Denn dieses sind nur Akte, welche lediglich das Rechtsverhältnis zu dem Auslobenden berühren – es müßte denn sein, daß der Anspruchsberechtigte seinen erworbenen Anspruch zur Geltendmachung als solchen einem Mitbewerber abgetreten hätte. Eine solche Abtretung kann auch in einem Verzichte zugunsten des nächsten Bewerbers gefunden werden (wie hier BGB-RGRK/STEFFEN Rn 3).

II. Auslobungsbedingungen

5 Der Auslobende kann in der Auslobung Bestimmungen treffen, die von § 659 abweichen, da eine dispositive Regelung vorliegt. Es kann insbes im Einzelfalle die Auslobung dahin zu verstehen sein, daß jeder Handelnde die volle Belohnung erhalten soll. Der Auslobende kann die Belohnung auch für jeden aussetzen, der die Handlung innerhalb eines bestimmten Zeitraums vornimmt (RGZ 164, 234 f).

§ 660

[1] Haben mehrere zu dem Erfolge mitgewirkt, für den die Belohnung ausgesetzt ist, so hat der Auslobende die Belohnung unter Berücksichtigung des Anteils eines jeden an dem Erfolge nach billigem Ermessen unter sie zu verteilen. Die Verteilung ist nicht verbindlich, wenn sie offenbar unbillig ist; sie erfolgt in einem solchen Falle durch Urteil.

[2] Wird die Verteilung des Auslobenden von einem der Beteiligten nicht als verbindlich anerkannt, so ist der Auslobende berechtigt, die Erfüllung zu verweigern, bis die Beteiligten den Streit über die Berechtigung unter sich ausgetragen haben; jeder von ihnen kann verlangen, daß die Belohnung für alle hinterlegt wird.

[3] **Die Vorschrift des § 659 Abs. 2 findet Anwendung.**

Materialien: E II § 591; III & 647; Prot II 348.

I. Mehrere Mitwirkende

Wenn zur Erzielung des durch die Auslobung angestrebten Erfolgs mehrere – und **1**
zwar berechtigtermaßen – **zusammengewirkt** haben, ist für die Zuerkennung der
Belohnung an sie das Teilungsprinzip maßgebend. Es kann auch die von jemand
begonnene Handlung von einem anderen fortgesetzt werden (ELSTER 187). Zu unterscheiden ist hiervon der Fall des § 659, wonach mehrere selbständig untereinander
hinsichtlich der Auslobung konkurrieren. Die Verteilung erfolgt nicht wie im Fall des
§ 659 Abs 2 S 1 nach dem Grundsatze der Kopfteilung, sondern richtet sich nach dem
Maße des Anteils eines jeden der mehreren an dem Erfolge. Von diesem kann daher
der eine mehr, der andere weniger von der ausgesetzten Gesamtbelohnung bekommen. Streitfragen können sich speziell bei Auslobungen der Polizeibehörden in
Strafsachen im Falle der Mitwirkung mehrerer am Erfolge (zB an der Ermittlung des
Täters) ergeben (BRÜCKMANN DJZ 1903, 473; OLG Hamburg OLGE 10, 181, 182 = Recht 1905
Nr 1126; LG Frankfurt NJW 1954, 1685; ELSTER 178, 179). Wenn die Bekanntmachung ihrer
Fassung nach sich unzweideutig nur an das Publikum wendet, so wird die Belohnung
den bei der Ermittlung beteiligten Polizeibeamten nicht als mitversprochen gelten
können (KGBl 1912, 132). Ist der Belohnungsgegenstand nicht teilbar oder soll nach
dem Inhalt der Auslobung nur einer die Belohnung erhalten, so entscheidet das Los,
§ 660 Abs 3 mit § 659 Abs 2 S 2.

II. Verteilungsverfahren

1. Entscheidungspflicht des Auslobenden

Berufen zur Entscheidung ist mangels anderweitiger Bestimmung in der Auslobung **2**
selbst der Auslobende. Für ihn ist dies ein Recht, aber auch eine Pflicht (arg „hat„).
Ausdrücklich betont ist in Prot II 349, daß jene Funktion vom Auslobenden nicht als
Schuldner, sondern als Preisrichter ausgeübt werde. Nicht das Maß der ihm obliegenden Leistung, welches schon feststeht, hat er zu bestimmen, sondern es handelt
sich nur darum, daß er den Anteil eines jeden der Beteiligten an dem Gegenstande
der Belohnung festsetzt. Die Stellung des Auslobenden ist hier ähnlich wie die des
Dritten im § 319, mit dem der § 660 teilweise sogar den Wortlaut gemein hat, wobei
aber als Unterscheidung zu beachten ist, daß der Auslobende zur Verteilung verpflichtet ist, während eine solche Verpflichtung dem Dritten im Falle der §§ 317–319
nicht obliegt. Fraglich ist, ob der Auslobende die Verteilung stets in Person vornehmen muß. In dem ähnlich gelagerten Fall der §§ 317–319 hat der Dritte allerdings
die Bestimmung regelmäßig in Person zu treffen. Bei der Verteilung der ausgesetzten
Belohnung besteht jedoch der Unterschied, daß der zur Verteilung und der zur Leistung der Belohnung Verpflichtete ein und dieselbe Person ist. Der Auslobende hat
nicht nur die Pflicht, sondern auch das Recht, die Verteilung vorzunehmen. Es ist
also (mit PLANCK Anm 2 c) nicht zu fordern, daß die Bestimmung von dem Auslobenden in Person getroffen werden. Es geht daher auch, wenn der Auslobende stirbt,

das Entscheidungsrecht auf seine Erben über, und wenn er geschäftsunfähig wird, so wird sein gesetzlicher Vertreter die Bestimmung treffen können (ebenso PLANCK aaO). Auch die Überlassung der Bestimmung an einen durch Rechtsgeschäft ermächtigten Vertreter ist wenigstens im Zweifel für zulässig zu halten, sofern nicht aus der Auslobung ein gegenteiliger Wille direkt oder durch Auslegung zu entnehmen ist. Jeder Beteiligte kann gegen den Auslobenden auf Vornahme der Verteilung klagen (OERT-MANN Anm 2; PLANCK Anm 2 b, g). Wenn der Auslobende verurteilt wird, so findet die Zwangsvollstreckung nach Maßgabe des § 888 ZPO statt. Die Beteiligten können nicht verlangen, daß die Belohnung ungeteilt an alle ausgehändigt wird.

2. Mehrere Auslobende

3 Sind mehrere Auslobende oder Erben eines solchen an der selben Auslobung beteiligt, so liegt ihnen auch, wenn nichts anderes rechtswirksam bestimmt ist, die gemeinsame Entscheidung ob. Hier wird fraglich, ob – wenn in der Auslobung nichts näher darüber bestimmt ist – für die Entscheidung der mehreren Auslobenden Einstimmigkeit notwendig ist oder absolute Mehrheit der Stimmen als genügend zu erachten ist. Richtig ist, daß im ähnlichen Fall des § 317 Abs 2 HS 1, wenn die Bestimmung durch mehrere Dritte erfolgen soll, im Zweifel die Übereinstimmung aller erforderlich ist, aber eine entsprechende Anwendung wird hier abzulehnen sein, weil der Auslobende bei der Verteilung die gleiche Funktion wie ein Preisrichter hat und seine Aufgabe mehr einer schiedsrichterlichen Tätigkeit gleicht. Entsprechend den für Schiedsrichter geltenden Grundsätzen (§ 1038 ZPO) wird daher bei Meinungsverschiedenheit der mehreren Bestimmungsberechtigten die absolute Mehrheit der Stimmen ausreichen (PLANCK Anm 2 d; aM OERTMANN Anm 7).

3. Entscheidung

4 Die Entscheidung erfolgt durch einseitige empfangsbedürftige Erklärung an die Bewerber, die zur Herbeiführung des Erfolges zusammengewirkt haben (ebenso BGB-RGRK-STEFFEN Rn 2). Über den Anspruch eines Beteiligten, der sich erst meldet, nachdem der Auslobende einen Teil der Belohnung in gutem Glauben an die ihm bekannten Beteiligten ausbezahlt hat, vgl OLG Frankfurt OLGE 41, 123. Der Auslobende kann seine Entscheidung aus einem der allgemeinen Rechtsgründe, insbesondere wegen Zwangs, Irrtums oder arglistiger Täuschung anfechten.

4. Offenbare Unbilligkeit

5 Die im Verfahren nach § 660 ergangene Entscheidung kann der Belohnungsberechtigte nur wegen offenbarer Unbilligkeit angreifen. Der Rechtsbegriff der offenbaren Unbilligkeit hat den gleichen Inhalt wie in der allgemeinen Vorschrift des § 319 Abs 1 über die Grenzen des Ermessens bei nicht in das freie Belieben gestellter Bestimmung der Leistung durch Dritte. Als Gegner kommt hierbei der Auslobende nicht in Betracht, wie sich aus dem Inhalt des § 660 Abs 2 ergibt. Vielmehr hat, wer mit der Entscheidung nicht einverstanden ist, die Klage gegen die übrigen Mitinteressenten zu richten und damit zugleich das Teilungsurteil herbeizuführen. Nach Prot II 350 ist es geradezu als unangemessen befunden worden, den Auslobenden in den Streit der Bewerber um die Belohnung mit zu verwickeln. Das gemäß § 660 Abs 1 S 2 ergehende Urteil ist rechtsgestaltender Art, soweit es die Verteilungsbestimmung

des Auslobenden abändert; soweit es die Verteilung bestätigt, hat es nur Feststellungswirkung. Der Rechtsstreit ist zwischen den Prätendenten ohne Hinzuziehung des Auslobenden auszutragen. Wird die Verteilung des Auslobenden von einem der Prätendenten nicht anerkannt und zahlt er trotzdem aus, so tut er dies insofern auf eigene Gefahr, als er bei einem von seiner Bestimmung abweichenden Festsetzungsurteil dem obsiegenden Prätendenten zur Zahlung verpflichtet bleibt. Dieser kann aber auch die Leistung an die anderen Prätendenten genehmigen und sie von ihnen herausverlangen (§§ 816 Abs 2, 185 Abs 2 S 1 Alt 1). Bei der Prüfung, ob die Verteilung offenbar unbillig ist, bleiben Verschulden und Irrtum des Auslobenden außer Betracht. Es kommt daher nicht darauf an, ob der Auslobende die Verteilung ohne Verschulden für billig halten durfte (LG Frankfurt NJW 1954, 1785).

5. Leistungsverweigerungsrecht, Hinterlegung

Um den Auslobenden der Notwendigkeit zu entheben, das an einen Prätendenten zu 6 viel Geleistete wieder von diesem als ungerechtfertigte Bereicherung zurückzuverlangen, gibt ihm Abs 2, wenn auch nur einer der Beteiligten die Verteilung nicht als verbindlich anerkennt, ein Leistungsverweigerungsrecht. Diese Einrede hat der Auslobende solange, als nicht die Anerkennung der Entscheidung seitens aller Beteiligten vorliegt oder im Falle eines Rechtsstreits zwischen den Beteiligten ein rechtskräftiges Urteil ergangen ist. Andererseits kann nach Abs 2 HS 2 jeder der Beteiligten namens aller und mit Wirkung für alle Hinterlegung der ausgesetzten Belohnung verlangen.

III. Auslobungsbedingungen

Die Vorschriften des § 660 über die Anteile der mehreren Zusammenwirkenden und 7 über die Befugnis zu deren Zuerkennung kommen wie die des § 659 über die selbständige Vornahme der Handlung durch mehrere nur dann und insoweit zur Anwendung, als nicht über diese Punkte in der Auslobung selbst etwas anderes bestimmt ist. Nach dem Inhalt der Auslobung kann auch ein gemeinschaftliches Handeln mehrerer überhaupt ausgeschlossen sein, wie zB meistens bei Preisausschreiben (§ 661); § 660 ist dann unanwendbar.

§ 661

[1] **Eine Auslobung, die eine Preisbewerbung zum Gegenstande hat, ist nur gültig, wenn in der Bekanntmachung eine Frist für die Bewerbung bestimmt wird.**

[2] **Die Entscheidung darüber, ob eine innerhalb der Frist erfolgte Bewerbung der Auslobung entspricht oder welche von mehreren Bewerbern der Vorzug verdient, ist durch die in der Auslobung bezeichnete Person, in Ermangelung einer solchen durch den Auslobenden zu treffen. Die Entscheidung ist für die Beteiligten verbindlich.**

[3] **Bei Bewerbungen von gleicher Würdigkeit finden auf die Zuerteilung des Preises die Vorschriften des § 659 Abs. 2 Anwendung.**

[4] **Die Übertragung des Eigentums an dem Werke kann der Auslobende nur verlangen, wenn er in der Auslobung bestimmt hat, daß die Übertragung erfolgen soll.**

Materialien: E I § 584; II § 592; III § 648; Mot
II 523 ff; Prot II 350.

I. Preisausschreiben

1. Begriff

1 Die Vorschrift des § 661 enthält einige besondere Bestimmungen für eine Unterart (Mot II 523) der Auslobung, nämlich für die Auslobung, die eine **Preisbewerbung** zum Gegenstande hat. Soweit diese Sonderbestimmungen nicht eingreifen, gelten die allgemeinen Vorschriften über Auslobungen auch für die in § 661 begriffenen Fälle. Zur Anwendung des § 661 wird vorausgesetzt, daß in der Auslobung öffentlich zu einer Preisbewerbung, nicht etwa bloß zu einer konkreten einzelpersönlichen Handlung, einem Einzelwerk aufgefordert wird, daß also der zufolge der Auslobung Handelnde mit anderen etwa dem gleichen Ziele zustrebenden Personen in Konkurrenz tritt im Wege einer (förmlichen) Bewerbung um die ausgesetzte Belohnung, den Preis. Die Möglichkeit der Konkurrenz genügt. Es schadet nicht, wenn tatsächlich nur ein einziger Bewerber teilnimmt (BGHZ 17, 366, 372). Der Hauptunterschied zur gewöhnlichen Auslobung liegt darin, daß nur denen, die sich um den Preis bewerben, versprochen wird und daß der Anspruch auf die Belohnung nicht schon durch die Leistung des Bewerbers als solche, sondern erst durch die Zuerkennung des Preises entsteht (ENNECCERUS/LEHMANN § 159 V). Die Belohnung kann entweder für die alleinige beste Leistung ausgesetzt werden oder auch in der Art, daß die bestimmte Gesamtbelohnung je nach dem Verhältnis der Einzelleistungen zueinander in mehrere Preise abgestuft wird. Es kann auch vorgesehen werden, daß überhaupt kein Preis erteilt wird, wenn ein bestimmter Würdigkeitsgrad nicht erreicht ist.

2. Gegenstand

2 Gegenstand einer Preisbewerbung im Sinne des § 661 kann die Lösung von Aufgaben der verschiedensten Art sein. Als Beispiele sind in Mot II 523 Aufgaben aus den Gebieten der Wissenschaft, Kunst, Technik erwähnt. Zu nennen sind etwa Preisausschreiben für Entwürfe von Bauvorhaben (Architektenwettbewerbe, vgl BGH LM Nr 2a zu § 661 BGB; BGHZ 88, 373) oder Wettbewerbe, die von den Rundfunkanstalten für Komponisten oder Autoren veranstaltet werden. Es können aber auch Preisbewerbungen auf dem Gebiete des Sports (Wettrennen, Regatten uä) in Betracht kommen (BGH LM Nr 2 zu § 661 BGB). Das Preisausschreiben darf nicht gegen ein gesetzliches Verbot oder die guten Sitten verstoßen. Unzulässig sind insbesondere wettbewerbswidrige Preisausschreiben, so vor allem solche mit unmittelbarem oder mittelbarem Kaufzwang (BGH GRUR 1973, 474, 476). Preisausschreiben zu Wettbewerbszwecken sind aber nicht an sich schon unzulässig (vgl BAUMBACH/HEFERMEHL, Wettbewerbsrecht § 1 UWG Rn 155, 169).

3.   Preisausschreiben ohne Auslobungscharakter

Wird der Wettbewerb von vornherein auf einzelne individuell bestimmte Personen **3**
beschränkt, so fehlt es an der nach § 657 erforderlichen allgemeinen Voraussetzung
der öffentlichen Bekanntmachung. Unter den Beteiligten können jedoch Rechtsbeziehungen vereinbart werden, auf die § 661 sinngemäß Anwendung findet (BGHZ 17,
366; BGH LM Nr 2 a zu § 661 BGB; BGH NJW 1984, 1118).

II.   Auslobungserklärung

1.   Fristbestimmung

Die Auslobung zur Preisbewerbung muß eine Frist (Mot II 523 sagen: eine Zeit) für **4**
die (förmliche) Bewerbung bestimmt haben. Sonst ist eine derartige Auslobung nicht
gültig. Als Grund hierfür ist in Mot II 523 angeführt, daß in Ermangelung einer
solchen Bekanntmachung bei diesen auf Konkurrenz gestellten Auslobungen der
Auslobende stets noch auf ein besseres Werk warten und nicht genötigt werden
könnte, unter den zur Bewerbung gestellten Leistungen die übliche Wahl zu treffen.
Der Auslobende kann jedoch im Einvernehmen mit den Bewerbern, die fristgerecht
Arbeiten eingereicht haben, diesen Gelegenheit zur Weiterentwicklung ihrer Entwürfe geben, da § 661 dispositiver Natur ist (BGH NJW 1984, 1118, 1119). Der im § 661
verlangten Fristsetzung muß auch gleichgestellt werden die Bestimmung eines festen
Termins zur Konkurrenzleistung (Tag, Stunde), wie solche namentlich bei Sport-
kämpfen üblich ist. Wird die Frist oder der Termin vom Preisbewerber versäumt, so
scheidet er aus dem Wettbewerb aus, und zwar auch dann, wenn die Lösung der
Aufgabe selbst rechzeitig erfolgt sein sollte (OERTMANN Anm 2; PLANCK Anm 2 b).

2.   Unwiderruflichkeit

Das Preisausschreiben ist gemäß § 661 Abs 1 iVm § 658 Abs 2 im Zweifel unwider- **5**
ruflich und bindet auch die Rechtsnachfolger des Auslobenden in gleicher Weise.

3.   Auslobungsbedingungen

Nicht notwendig wird für alle Auslobungen sein, daß sämtliche Bedingungen schon **6**
in der öffentlichen Ausschreibung enthalten sind. Nach der Verkehrssitte genügt es
zB bei kleineren Wettrennen, wenn die näheren Rennbedingungen erst am Renn-
tage selbst bekanntgegeben werden (vgl SeuffBl 65, 135). Ob der Auslobende verpflichtet ist, einem Preisträger den Auftrag zu erteilen, ist durch Auslegung zu ermitteln
(BGHZ 88, 373, 382 f; BGH NJW 1987, 2369, 2370).

III.   Bewerbung

Die Bewerbung muß innerhalb der vom Auslobenden bekanntgemachten Frist **7**
(Abs 1) vorliegen. Die Entscheidung darüber, ob die Bewerbung fristgerecht eingegangen ist, trifft der Auslobende (BGH NJW 1983, 442, 443). Durch die Auslobungsbedingungen kann diese Aufgabe den Preisrichtern übertragen werden. Ist das
geschehen, so haftet der Auslobende nach § 278 für ein etwaiges Verschulden der
Preisrichter bei der Prüfung der Fristwahrung. In welcher Art die Bewerbung erfol-

gen muß, ist im Gesetze nicht näher bestimmt. Maßgebend hierfür ist zunächst das in der Auslobung Bestimmte, in Ermangelung einer solchen Bestimmung auch die Natur der Aufgabe und die bei Wettbewerben der gleichen Art etwa bestehende Übung. Ob die Form der Bewerbung den Auslobungsbedingungen entspricht, wird von den Preisrichtern geprüft, sofern solche bestellt sind, andernfalls vom Auslobenden. Die Auslobungsbedingungen können freilich auch die Vorwegprüfung der Form durch den Auslobenden vorsehen. Die Bewerbung kann bis zur Entscheidung auch wieder zurückgezogen werden. Nach Maßgabe der Auslobung können damit bestimmte Nachteile verbunden sein, wie zB Verlust von Einsätzen, Verfall von Reugeldern. Wer aufgrund eines Preisausschreibens den besten Entwurf geliefert hat, hat nur bei besonderer Abrede oder, wenn dies dem Ausschreiben zu entnehmen ist, einen Anspruch auf dessen Ausführung (OLG Hamburg OLGE 24, 389). Zum Eigentums- und zum Urheber- und Erfinderrecht vgl Rn 13.

IV. Entscheidung über die Preiszuerkennung

1. Preisrichter

8 § 661 weist die Entscheidung in erster Linie der in der Auslobung hierzu bestimmten Person (Preisrichter) zu, subsidiär dem Auslobenden selbst. Auch mehrere Personen können als gemeinsame Preisrichter (Preisgericht) bestimmt werden. Der Auslobende selbst ist zur subsidiären Entscheidung nicht bloß berechtigt, sondern auch verpflichtet (arg „ist zu treffen„). Wird er verurteilt, die Entscheidung vorzunehmen, dann ist für die Art der Zwangsvollstreckung § 888 ZPO maßgebend (PLANCK Anm 3 b; BGB-RGRK/STEFFEN Rn 4; SOERGEL/MORMANN Rn 2). Dritte Personen kann eine Entscheidungspflicht möglicherweise gegenüber dem Auslobenden treffen, der sie bestellt hat, nicht aber gegenüber den Bewerbern (OERTMANN Anm 4 c). Die Preisrichter sind im übrigen zwar keine Schiedsrichter im engeren Sinne, ihr Spruch ist keine Erfüllung von Vertragsbedingungen, sondern es ist ihnen sachverständige Ermittlung der Leistung aufgetragen, die der ausgesetzten Belohnung würdig ist. Dabei darf nicht ihr Wille ein bestimmender Faktor sein, sie haben vielmehr den Willen des Auslobenden auszulegen (ELSTER 190). Immerhin aber ist ihre Stellung der eines Schiedsrichters ähnlich (BGHZ 17, 366, 372; BGH LM Nr 2 a zu § 661 BGB). Man wird daher auch im Sinne des § 1038 ZPO für ihre Entscheidung die absolute Mehrheit der Stimmen als maßgebend erachten dürfen (PLANCK Anm 3 a; aM OERTMANN Anm 4 b). Die subsidiäre Entscheidung kann dem Auslobenden sowohl dann zustehen, wenn zur Entscheidung keine dritte Person berufen ist, als auch dann, wenn der Dritte nicht Preisrichter sein will oder wenn Preisrichter durch Tod oder sonstige in ihrer Person liegende Umstände wegfallen (ELSTER 190). Die Preisrichter, wie auch der Auslobende, können sich des Beirats und der Unterstützung anderer bedienen. Sie können solche Dritte aber nicht nachträglich als selbständige Preisrichter substituieren.

2. Form der Entscheidung

9 Für die Kundgabe der Entscheidung genügt eine einseitige Mitteilung. Es handelt sich also nicht um eine empfangsbedürftige Willenserklärung (so auch OERTMANN Anm 4; aM PLANCK Anm 3 a).

3. Nachprüfbarkeit

Die Entscheidung des hierzu Berufenen ist und bleibt für die Beteiligten, dh für den **10** Auslobenden wie für den Bewerber **verbindlich** (Abs 2 S 2). Verlangt ein bei der Preiszuerkennung nicht zum Zuge gekommener Bewerber durch Leistungsklage (BGHZ 17, 366) Auszahlung an sich, so ist der Preisspruch nur nachprüfbar auf **Mängel des Verfahrens** (BGH NJW 1983, 442) oder darauf, ob er **sonst in rechtlich unzulässiger Weise**, zB durch Bestechung oder arglistige Täuschung der Preisrichter herbeigeführt wurde. Die Überprüfung der Entscheidung auf ihre sachliche Richtigkeit hin ist durch Abs 2 S 2 ausgeschlossen. Das gilt auch dann, wenn ein Bewerber geltend macht, daß die Entscheidung offenbar unrichtig sei, da eine dem § 660 Abs 1 S 2 entsprechende Ausnahmevorschrift fehlt (BGHZ 17, 366, 372 f; BGH LM Nr 2 zu § 661 BGB). Was aber die Mängel des Verfahrens anbelangt, so werden nur schwerwiegende Mängel, die offensichtlich auch die Entscheidung selbst beeinflußten, gerügt werden können, da die vom Gesetz angeordnete Verbindlichkeit der Entscheidung zugleich die Selbständigkeit der Preisrichter in sich schließt (vgl auch PLANCK Anm 3 b). Der Rahmen, der für Schiedssprüche gilt (§ 1041 ZPO), darf bei der Nachprüfung der Entscheidung nicht überschritten werden (BGH LM Nr 2 zu § 661 BGB; NJW 1983, 442; NJW 1984, 1118). Der Auslobende darf daher auch nicht die Behauptung verbreiten, daß die Preisrichter dem Bewerber den Preis zu Unrecht zuerkannt hätten (RGZ 143, 259).

4. Haftung der Preisrichter

Die Preisrichter werden in Anbetracht ihrer schiedsrichterähnlichen Stellung bei **11** einem ungerechten Spruch nur wegen vorsätzlicher Pflichtverletzung gemäß § 826 haftbar gemacht werden können (BGH LM Nr 2 zu § 661 BGB; PLANCK Anm 3 c; KUHLEN-BECK JW 1908, 645). Da den als Preisrichter bestellten Personen eine Entscheidungspflicht regelmäßig den Bewerbern gegenüber nicht obliegt, bleibt es Sache der Bewerber, falls die Entscheidung von den als Preisrichter bestellten Dritten verzögert oder verweigert wird, vom Auslobenden zu fordern, daß er die Preisrichter zur Entscheidung anhalte oder, wenn er dies nicht vermag oder nicht will, die Entscheidung selbst vornehme (PLANCK aaO; KLEIN KGBl 1913, 117 ff).

V. Mehrere Bewerber

Wenn mehrere Bewerber des Preises gleich würdig befunden werden, so wird die **12** Belohnung zu gleichen Teilen geteilt. Ist sie unteilbar oder soll sie nach dem Inhalt der Auslobung nur einem Bewerber zuteil werden, so hat das Los zu entscheiden.

VI. Eigentum, Urheber- und Erfinderrechte

Nach dem Grundsatz des Abs 4 geht das **Eigentum** an dem Werk weder durch die **13** Bewerbung, noch durch die Preiszuerkennung auf den Auslobenden über. Einen Übereignungsanspruch hat der Auslobende nur dann, wenn die Verpflichtung zur Eigentumsübertragung in den bekanntgemachten Auslobungsbedingungen enthalten ist und durch die Preisbewerbung vom Bewerber übernommen erscheint. Das gleiche gilt vom **Urheber-** und vom **Erfinderrecht**. Das Urheberrecht an geschaffenen Werken ist unabhängig von der Ablieferung der einzureichenden Lösungen. Wer eine Preisaufgabe stellt, wird damit nicht zum Urheber der Arbeiten der Bewerber. Es muß vielmehr eine besondere Übertragung des Urheberrechts vereinbart werden. Hierbei ist § 138 zu beachten. So wird eine Bedingung eines fotografischen Preisausschreibens, wonach das gesamte Bildmaterial in den Besitz und das Eigentum des Auslobenden mit Veröffentlichungsbefugnis übergeht, also auch, soweit ein Preis nicht erworben wird, im Regelfall als gegen die guten Sitten verstoßend nichtig sein. Anders ist es, wenn eine solche Bedingung auf die preisgekrönten Bilder beschränkt ist. Wenn eine Übertragung auf den Auslobenden nicht vorgesehen ist, so sind die eingereichten Werke oder Arbeiten den Bewerbern auf Verlangen zurückzugeben. Für etwaige Beschädigungen, die im Rahmen einer ordnungsmäßigen Prüfung zum Zwecke der Entscheidung verursacht wurden, braucht der Auslobende keinen Ersatz zu leisten. Bei widerrechtlicher Benützung oder Verwertung der eingereichten Entwürfe haftet der Auslobende auf Schadensersatz.

VII. Abweichende Bestimmungen

14 Die Vorschriften des § 661 sind mit Ausnahme des Abs 1 dispositiver Natur. Der Auslobende kann also im Preisausschreiben eine andere Regelung treffen.

Zehnter Titel
Auftrag

Vorbemerkungen zu §§ 662 ff

Schrifttum

CANARIS, Risikohaftung bei schadensgeneigter Tätigkeit in fremdem Interesse, RdA 1966, 41

COING, Die Treuhand kraft privaten Rechtsgeschäfts (1973)

ders, Rechtsfragen der privaten Vermögensverwaltung, insbesondere durch Banken in USA und Deutschland, AcP 167, 99

DNIESTRZANSKI, Aufträge zugunsten Dritter (1905)

ders, Zur Lehre von der Geschäftsführung, JherJb 77, 48

GENIUS, Risikohaftung des Geschäftsherrn, AcP 173, 48

H HONSELL, Die Risikohaftung des Geschäftsherrn, in: FS vLübtow (1980) 485 ff

ISAY, Die Geschäftsführung nach dem BGB (1900)

ISELE, Geschäftsbesorgung (1935)

LENEL, Unentgeltliche und entgeltliche Geschäftsbesorgung, AcP 129, 1

LENT, Wille und Interesse bei der Geschäftsbesorgung (1937)

METZLER, Zur Substitution, insbesondere zu ihrer Abgrenzung von der Erfüllungsgehilfenschaft, AcP 159, 143

MUSIELAK, Haftung für Rat, Auskunft und Gutachten (1974)

NIKISCH, Betätigungsverträge, ZAkDR 1940, 369

SCHACK, „Auftrag" und „Geschäftsführung ohne „ im öffentlichen Recht, JZ 1966, 640

SCHÖMERS, Wesen und Abgrenzung des Auftrags am Beispiel des Verhältnisses zwischen Schuldner und Grundpfandrechtsgeber, (1984)

SIEBERT, Das rechtsgeschäftliche Treuhandverhältnis (1933)

SWOBODA, Bevollmächtigungsvertrag, Geschäftsführung ohne Auftrag, versio in rem (1932)

ders, Auftrag und +, ZAkDR 1937, 333.

vSCHEY, Die Obligationsverhältnisse des österr allg Privatrechts, I. Bd 3. Heft (1907)

TANAKA, Zur vertraglosen Haftung des Ratgebers, in: NÖRR/NISHIMURA (Hrsg), Mandatum und Verwandtes (1993) 193 ff

G WALTER, Das Unmittelbarkeitsprinzip bei der fiduziarischen Treuhand (1974).

Systematische Übersicht

Roland Wittmann

Alphabetische Übersicht

I. Der Auftrag im System des Bürgerlichen Rechts

1. Begriff des Auftrags

Das Gesetz legt den Begriff des Auftrags fest, indem es die dafür wesensnotwendige **1** Verpflichtung des Beauftragten nennt, für den Auftraggeber unentgeltlich ein Geschäft zu besorgen. Der Auftrag ist demnach ein Vertrag, der auf **unentgeltliche Geschäftsbesorgung in fremdem Interesse** gerichtet ist. Die Verpflichtungen, die sich aus einem wirksamen Auftrag für den Auftraggeber ergeben können, so die Vorschußpflicht (§ 669) und die Verpflichtung zum Aufwendungsersatz (§ 670) gehören nicht zum Begriff des Auftrags, sondern sind Folge des durch Erteilung und Annahme des Auftrags entstehenden Schuldverhältnisses. Ein Auftrag kommt bei Rechtsgeschäften der verschiedensten Art als zugrundeliegendes Rechtsverhältnis in Betracht. So kann etwa der Schuldübernahme, dem Schuldbeitritt, dem Abschluß eines Garantievertrags, der Übernahme einer Bürgschaft oder der Bestellung einer dinglichen Sicherheit ein Auftrag zugrundeliegen. Dem Verwaltungsvertrag nach § 1413, durch den ein Ehegatte die Verwaltung seines Vermögens dem anderen Ehegatten überläßt (BGH NJW 1986, 1870, 1871) liegt in der Regel ein Auftrag zugrunde (RGZ 87, 100, 108; PALANDT/DIEDERICHSEN § 1413 Rn 7; SOERGEL/GAUL § 1413 Rn 3).

2. Der Auftrag als unvollkommen zweiseitiger Vertrag

Mangels einer Gegenleistungspflicht des Auftraggebers ist der Auftrag kein gegen- **2** seitiger Vertrag im Sinne der §§ 320 ff, sondern ein unvollkommen zweiseitiger Vertrag. Der Aufwendungsersatzanspruch des Beauftragten ist kein Entgelt für die Verpflichtung zur sorgfältigen Ausführung des Auftrags (BGHZ 15, 102, 105); er soll lediglich verhindern, daß der Beauftragte durch die Ausführung des Auftrags eine Vermögenseinbuße erleidet. Noch weniger ist der nicht einmal einklagbare und auf den Aufwendungsersatz anzurechnende Vorschuß ein Entgelt.

3. Auftrag und Fremdnützigkeit

Wie der entgeltliche Geschäftsbesorgungsvertrag (§ 675) und die berechtigte **3** Geschäftsführung ohne Auftrag (§§ 677, 683) muß der Auftrag eine Tätigkeit in fremdem Interesse zum Gegenstand haben (s auch STAUDINGER/MARTINEK § 675 Rn A 33). Diese Gemeinsamkeit trägt bei allen drei Rechtsverhältnissen den Aufwendungsersatzanspruch dessen, der für einen anderen tätig wird, aber auch seine Verpflichtung zur Herausgabe des aus der Geschäftsbesorgung Erlangten und die damit verknüpfte Auskunfts- und Rechenschaftspflicht. Der Geschäftsbesorger des § 675 nimmt Vermögensinteressen wahr, der Beauftragte und der auftraglose Geschäftsführer wirkt außerdem bei der Wahrnehmung höchstpersönlicher Interessen anderer mit.

4. Der Auftrag als Betätigungsvertrag

Es gibt jedoch nicht den gemeinsamen Oberbegriff oder auch nur den allgemeinen **4** Typus des „Geschäftsbesorgungsverhältnisses", der neben Auftrag und auftragloser Geschäftsführung auch den entgeltlichen Geschäftsbesorgungsvertrag in sich schlösse. Die dem Beauftragten übertragene Geschäftsbesorgung kann jede nicht unerlaubte Tätigkeit sein. Der Gegenstand des Auftrags stimmt daher insoweit mit dem möglichen Gegenstand eines Dienst- oder Werkvertrags überein. Er unterscheidet sich vom Dienst- und vom Werkvertrag durch die Unentgeltlichkeit. § 675 setzt hingegen einen anderen Begriff der Geschäftsbesorgung voraus, da er von Dienst- und Werkverträgen spricht, die die Besonderheit haben, auf eine Geschäftsbesorgung gerichtet zu sein. Ein Dienst- oder Werkvertrag auf Geschäftsbesorgung (entgeltlicher Geschäftsbesorgungsvertrag) liegt nur vor bei einer selbständigen Tätigkeit wirtschaftlicher Art, die in der Wahrung der Vermögensinteressen des Geschäftsherrn besteht (so auch STAUDINGER/MARTINEK § 675 Rn A 23 ff, der zu Recht die Notwendigkeit einer vertragstypologischen Betrachtung dieser Abgrenzungsmerkmale betont). Das Gesetz kennt mithin keinen einheitlichen Geschäftsbesorgungsbegriff.

5. Unentgeltlichkeit

5 Durch die Unentgeltlichkeit unterscheidet sich der Auftrag nicht nur vom **Dienst-** und **Werkvertrag**, sondern auch vom **Maklervertrag**. Andererseits muß er von anderen unentgeltlichen Rechtsverhältnissen abgegrenzt werden. Die **Leihe** hat lediglich eine unentgeltliche Gebrauchsüberlassung zum Inhalt. Hierin liegt eine bloße Leistung an den Entleiher, nicht auch eine Tätigkeit für ihn (vgl RGZ 151, 206). Von der Verwahrung (§ 688) unterscheidet sich der Auftrag außer durch seine begriffliche Unentgeltlichkeit dadurch, daß sich die Pflicht des Verwahrers in der Verwahrungspflicht erschöpft, während den Gegenstand des Auftrags eine weitergehende Tätigkeit („Aktivität„) des Beauftragten bildet (vgl OERTMANN Vorbem 4 b vor § 662; Vorbem 6 b vor § 688; BayObLGZ 13, 548; SeuffA 45 Nr 14; RGZ 126, 79). In der Annahme des Auftrags liegt **keine Schenkung und kein Schenkungsversprechen**. Der Beauftragte nimmt keine unentgeltliche Zuwendung in das Vermögen des Auftraggebers vor, sondern stellt nur seine Arbeitsleistung ohne Entgelt zur Verfügung. Die Unentgeltlichkeit des Auftrags führt auch nicht zur Beschränkung der Haftung des Beauftragten auf Vorsatz und grobe Fahrlässigkeit in Rechtsanalogie zu §§ 521, 599 oder diligentia quam suis in Analogie zu § 690. Der Beauftragte verpflichtet sich, wenn auch unentgeltlich, in fremdem Interesse tätig zu werden. Hierzu würde eine Haftungserleichterung im Widerspruch stehen (BGHZ 21, 102, 110; 30, 40, 47). Entsprechend anwendbar ist lediglich § 680, wenn der Beauftragte eine dem Auftraggeber drohende dringende Gefahr abwehren muß und er keine Zeit mehr hat, um Weisungen einzuholen (§ 665 S 2; wie hier PALANDT/THOMAS § 662 Rn 11; ERMAN/EHMANN Vorbem 12 zu § 662). § 680 stellt auf eine dem Geschäftsherrn drohende Gefahr ab. Übernimmt der Beauftragte eine gefahrgeneigte Tätigkeit für den Auftraggeber, so prägt sich darin die Fremdnützigkeit seines Handelns in besonderer Weise aus. Eine über die Analogie zu § 680 hinausgehende Haftungsmilderung nach den arbeitsrechtlichen Grundsätzen über gefahrgeneigte Arbeit ist aber gerade deshalb abzulehnen (aM ERMAN/EHMANN Vorbem 12 zu § 662).

6 Das gemeine Recht ging zwar von der Unentgeltlichkeit des Mandats aus (D 17, 1, 1, 4: „mandatum nisi gratuitum nullum est„), ließ aber bei Diensten höherer Art ein Honorar zu. Dieses sollte keine Gegenleistung, nicht Bezahlung, sondern Zeichen der Anerkennung, der Entschädigung für Auslagen, Unterhalt für die Dauer der Geschäftsführung sein. Über andere Rechte s Mot II 528 Note 1; MÜNCH, Rechtsvergl Hwb II 278. Das Ausland hält an dem Erfordernis der Unentgeltlichkeit nicht fest. Nach E I § 586 sollte eine Vergütung zulässig sein und als stillschweigend vereinbart gelten, wenn die Ausführung des Auftrags nur gegen eine Vergütung zu

erwarten war (Mot II 527). Dagegen hat die 2. Komm die Unentgeltlichkeit zum Begriffsmerkmal des Auftrags erklärt, da die entgeltliche Übertragung der Besorgung fremder Geschäfte in den zum Dienst- und Werkvertrag gefaßten Beschlüssen ihre erschöpfende Regelung gefunden habe. Dabei wurde auch auf das entsprechende Verhältnis der entgeltlichen Miete zur unentgeltlichen Leihe (§§ 535, 598) hingewiesen. Wirtschaftlich gesehen hat der Auftrag nicht annähernd die Bedeutung wie die entgeltlichen Geschäftsbesorgungsverträge des § 675. Es wäre daher künftig richtiger, den entgeltlichen Geschäftsbesorgungsvertrag im einzelnen zu regeln und die passenden Normen auf den unentgeltlichen Auftrag für anwendbar zu erklären. Die gegenteilige Entscheidung des Gesetzgebers, den unentgeltlichen Auftrag zum Ausgangspunkt der Regelung und damit den entgeltlichen Geschäftsbesorgungsvertrag zu einem Ausnahmetatbestand zu machen, ist inadäquat. Die sozialen Verhältnisse, auf denen die Unentgeltlichkeit des Auftrags im römischen Recht beruhte, waren durch die geschichtliche Entwicklung längst überholt. Die Übernahme eines Mandats durch einen sozial Gleichgestellten folgte aus dem Verhältnis der amicitia, die die wechselseitige Übernahme von Einstandspflichten politischer, aber auch privatrechtlicher Art in sich schloß. Die Auftragsübernahme durch sozial abhängige Römer erklärt sich aus Gefolgschaftsverhältnissen.

Eine den Begriff des Auftrags ausschließende *Vergütung* kann uU auch als *still-* **7** *schweigend vereinbart* gelten; dann liegt kein Auftrag vor, so namentlich bei Diensten, die zum Beruf oder Gewerbe des Leistenden gehören (vgl §§ 612, 632, 653, 689 und HGB § 354). Ein Verwandschaftverhältnis allein spricht nicht für Unentgeltlichkeit der Dienstleistungen, s dazu die Erl zu § 612. Das Belassen der Möglichkeit der Vergütung seitens eines Dritten schließt die Unentgeltlichkeit des Vertrags nicht aus, s. RG WarnR 1915 Nr 168. Eine nachträgliche Vergütung ändert zunächst die rechtliche Natur des Auftrags nicht (Prot II 352; RGZ 72, 190; 74, 139). Eine ohne rechtliche Verpflichtung hierzu gewährte Vergütung kann in Ausnahmefällen als remuneratorische Schenkung nach § 534 anzusehen sein, so daß Rückforderung und Widerruf ausscheiden (ebenso PLANCK Anm 4; einschränkend OERTMANN Anm 2 b). Voraussetzung ist aber Einigung über die Unentgeltlichkeit. Fehlt diese, wie meist in solchen Fällen, so können die Dienste wenigstens eine Behaltenscausa bilden, die eine Rückforderung aus § 812 ausschließt. Denkbar und häufig ist aber auch, daß der Parteiwille dahin geht, das Vertragsverhältnis nachträglich in ein entgeltliches zu verwandeln, also eine Inhaltsänderung des Schuldverhältnisses mit rückwirkender Kraft vorzunehmen und es in einen Dienst- oder Werkvertrag zu verwandeln. Dann bedarf auch das Versprechen der Gegenleistung nicht der Form des § 518. Ob das Versprechen eines Trinkgeldes oder einer einmaligen Gratifikation als verpflichtende Zusage oder von dem Belieben des Versprechenden abhängige Belohnung aufzufassen ist, hängt von den Umständen ab. Regelmäßig wird das letztere anzunehmen sein. In diesem Falle wird das Vorliegen eines Auftrags durch das Trinkgeldversprechen nicht ausgeschlossen.

6. Terminologie

Das BGB bedient sich des Ausdrucks Auftrag in einem doppelten Sinne. Zunächst **8** bedeutet „Auftrag" die einseitige Willenserklärung, durch die jemand einen anderen auffordert, für ihn unentgeltlich ein Geschäft zu besorgen. In diesem Sinne wird Auftrag zB in den §§ 662, 663 verwendet. Dieser „Auftrag" hat keine den Beauftrag-

Roland Wittmann

ten verpflichtende Wirkung; eine Verpflichtung dem Auftraggeber mitzuteilen, daß er den erteilten Auftrag ablehnt, trifft ihn nur unter den Voraussetzungen des § 663. „Auftrag" im technischen Sinne dagegen (richtiger Auftragsvertrag) ist der Vertrag, in dem jemand (der Beauftragte) sich verpflichtet, ein ihm von einem anderen (dem Auftraggeber) übertragenes Geschäft für diesen unentgeltlich zu besorgen. In diesem Sinne wird der Begriff Auftrag in den §§ 671—674 gebraucht. Daneben bedient sich aber der gewöhnliche Sprachgebrauch des Ausdrucks „Auftrag" vielfach auch da, wo Leistungen gegen Entgelt in Frage stehen wie beim Dienstvertrag, Werkvertrag, Mäklervertrag. In diesem Sinne ist Auftrag auch von der Rechtsanwaltsordnung (§§ 44, 50 Abs 2, 51) für das Verhältnis zwischen Partei und Anwalt, von der ZPO (§§ 167, 753) für das öffentlich-rechtliche Verhältnis zwischen Gläubiger und Gerichtsvollzieher gebraucht. Vgl auch §§ 60, 70 BörsenG: Aufträge zu Börsengeschäften. Soweit der Begriff „Auftrag" iS von „Weisung", „Befehl", etwa des Dienstberechtigten an den Dienstverpflichteten oder iS von Warenbestellungen, „Orders" verwendet wird, hat er mit dem juristischen „Auftrag" der §§ 662 ff nichts zu tun.

II. Gegenstand des Auftrags

1. Art der Tätigkeit

9 Die Tätigkeit des Beauftragten braucht nicht rechtsgeschäftlicher Art zu sein, sondern kann auch in einer geschäftsähnlichen Handlung bestehen oder von rein tatsächlicher Natur sein. Handelt es sich um ein Rechtsgeschäft, so geht der Auftrag entweder dahin, daß der Beauftragte das Geschäft in eigenem Namen oder dahin, daß er es im Namen des Auftraggebers als dessen Bevollmächtigter vornehmen soll.

2. Mindestanforderungen

10 Unter den auftragsrechtlichen Begriff der Geschäftsbesorgung fallen auch unselbständige Tätigkeiten. Der Beauftragte braucht also – im Gegensatz zum Geschäftsbesorger des § 675 – keinen Entscheidungsspielraum zu haben. Typischerweise wird freilich ein Entscheidungspielraum vorhanden sein, wie die Vorschriften der §§ 665, 666, 670 zeigen. Es muß sich auch nicht um eine Tätigkeit wirtschaftlicher Art handeln (vgl BGHZ 56, 204, 207). Immer muß aber eine Handlung im positiven Sinne in Frage stehen. Das bloße Dulden, Gewährenlassen, zB die Einräumung eines Platzes in einem ohnehin eine Fahrt machenden Kraftwagen, begründet kein Auftragsverhältnis (RGZ 65, 17, 18; ebenso BGB-RGRK/STEFFEN Vorbem 6 zu § 662; aM SIBER JherJb 67, 187).

3. Umfang des Auftrags

11 Gegenstand des Auftrags kann auch die Besorgung einer Reihe von Geschäften, insbesondere die Verwaltung eines ganzen Vermögens sein. Das ALR (Teil I Tit 14 §§ 109 ff) kannte einen besonderen Verwaltungsvertrag. Nach dem BGB gilt hierfür nichts Besonderes (Mot II 529; vgl § 31 ZPO über den Gerichtsstand für Klagen aus einer Vermögensverwaltung). Ist die Führung der Verwaltung gegen Entgelt übernommen, so sind die Bestimmungen über den Dienstvertrag (§ 675), andernfalls die

§§ 662 ff über den Auftrag anwendbar (vgl GIERKE § 203 Anm 4; RGZ 90, 129). Auch im letzteren Falle haftet der Verwalter für jede, nicht nur für grobe Fahrlässigkeit (RG JW 1913, 87 ff). Über die Anwendung der §§ 666, 667 s RGZ 90, 133; vgl auch LZ 1923, 314. Der Auftrag kann auch dahin gehen, alle Maßnahmen innerhalb einer bestimmten Angelegenheit im Interesse des Auftraggebers vorzunehmen, mögen sie auch im einzelnen im Auftrag nicht aufgeführt sein oder sich überhaupt erst nachträglich als sachgemäß erweisen, s RG Recht 1917 Nr 1254.

4. Auftrag zu sittenwidriger oder verbotener Tätigkeit

Beauftragt jemand einen anderen mit einer sittenwidrigen oder verbotenen Tätig- **12** keit, so würde bei Annahme der Gültigkeit des Auftrags eine Rechtspflicht dazu resultieren. Ein solcher Auftrag ist daher nichtig. Er nimmt an dem Gesetzes- oder dem Sittenverstoß im Sinne der §§ 134, 138 teil. Eine mit einem an sich gültigen Einziehungsauftrag verbundene Nebenabrede, wonach der Beauftragte einen Teil des eingezogenen Geldes gesetzwidrig an einen Dritten auszahlen soll, läßt die Gültigkeit des Auftrags oder des entgeltlichen Geschäftsbesorgungsvertrags unberührt. Gegenüber dem Anspruch aus § 667 auf Auszahlung in voller Höhe steht jedoch dem Beauftragten der Einwand der unzulässigen Rechtsausübung zu. Andererseits kann, wenn der Beauftragte den Auftraggeber über die Gesetzwidrigkeit der Nebenabrede hätte aufklären müssen, ein Schadensersatzanspruch des Auftraggebers wegen Verschuldens bei Vertragsschluß in Betracht kommen (BGH LM Nr 17 zu § 667 BGB). Um die Sittenwidrigkeit des Auftrags als solchen geht es dann, wenn der Auftrag die Gefährdung der Gläubiger des Auftraggebers bezweckt. Das ist bei treuhänderischen Aufträgen nicht schon wegen des notwendigen Fehlens der Offenkundigkeit anzunehmen (RGZ 160, 52, 57). Ein Auftrag zu einem Börsentermingeschäft kann nach §§ 52 bis 59 BörsenG unwirksam sein (vgl § 60 BörsenG). Zur Abwicklung nichtiger Aufträge s Rn 26.

III. Tätigkeit des Beauftragten in fremdem Interesse

1. Geschäftsbesorgung nicht ausschließlich im Interesse des Beauftragten

Der Beauftragte muß, wie § 662 es ausdrückt, „für" den Auftraggeber tätig sein. **13** Hierfür genügt es, daß der Auftraggeber wenigstens auch ein Interesse an der vom Beauftragten übernommenen Tätigkeit hat. Dieses Interesse braucht kein vermögensrechtliches zu sein. Die Formel des Reichsgerichts (RGZ 97, 65), es müsse eine Tätigkeit sein, die an und für sich der Sorge des anderen (des Auftraggebers) obliegen würde, die dem anderen diese Sorge abnimmt, paßt zwar für den Regelfall, nicht aber zB für die Bürgschaftübernahme im Auftrag des Hauptschuldners. Zulässig ist es auch, daß der Auftrag dem öffentlichen Interesse oder nur den Interessen eines Dritten dient (über die Bestellung einer Hypothek für eine fremde Schuld als Auftrag s BGH MDR 1955, 283). Dagegen kann der Auftrag nicht lediglich im Interesse des Beauftragten erteilt werden. Damit wird aber nicht ausgeschlossen, daß der Auftraggeber bei der Erteilung des Auftrags neben seinem Interesse zugleich auch das Interesse des Beauftragten im Auge hat (übereinstimmend RG WarnR 1935 Nr 129; LZ 1933, 915; BGHZ 16, 266; 19, 292). Den im gemeinen Recht anerkannten Satz, daß das mandatum tua tantum gratia kein verbindlicher Auftrag ist, spricht das Gesetz zwar nicht aus-

Roland Wittmann

drücklich aus, er ergibt sich aber aus den Worten „für diesen" im § 662, sowie aus dem Inhalt der §§ 676 und 778 (Mot II 527).

2. Gemeinsames Interesse des Beauftragten und des Auftraggebers

14 Über die Vereinbarung gemeinschaftlichen Bietens (gemeinsames Interesse beider Teile) bei einer Zwangsversteigerung vgl RG JW 1905, 682.

3. Treuhandverhältnisse

15 Einen Treuhandvertrag (Vollübertragung mit schuldrechtlicher Beschränkung im Innenverhältnis) als eigenen Vertragstypus kennt das Gesetz nicht. Der Treuhandvertrag ist regelmäßig Geschäftsbesorgungsvertrag im Sinne des § 675, bei Unentgeltlichkeit Auftrag (vgl RGZ 84, 217; 121, 296; 127 341, 345; 133, 87; 153, 366, 369; 158, 134; 160, 59; RG Gruchot 72, 198; BGHZ 5, 292; BGH BB 1953, 249; BGH LM Nr 30 zu § 328 BGB; BGHZ 32, 67, 70; BGH LM Nr 21 zur § 667 BGB; WM 1974, 53; Siebert, Das rechtsgeschäftliche Treuhandverhältnis [1933, Nachdr 1959]; Kötz, Trust und Treuhand [1963]; J Thomas, Die rechtsgeschäftliche Begründung von Treuhandverhältnissen, NJW 1968, 1705; H Coing, Die Treuhand kraft privaten Rechtsgeschäfts [1973]). Zu unterscheiden sind die (uneigennützige) Verwaltungstreuhand und die (eigennützige) Sicherungstreuhand (vgl BGHZ 5, 292 f; Staudinger/Martinek § 675 Rn A 53). Der Verwaltungstreuhand kann ein Auftrag oder ein entgeltlicher Geschäftsbesorgungsvertrag zugrundeliegen (BGH WM 1969, 935). Wenn der Treuhänder ein Entgelt für seine Tätigkeit erhält, so folgt hieraus allein nicht, daß das Treuhandverhältnis als eigennützige Treuhand einzustufen ist (BGH aaO; Coing 93; Staudinger/Martinek § 675 Rn A 54). Einen Fall der uneigennützigen Treuhand stellt insbesondere die Inkassozession (vgl dazu Henckel, in: 1. FS Larenz 643 ff, 649) und der mit Vollrechtsübertragung verknüpfte Scheck- oder Wechseleinziehungsauftrag dar (vgl RG JW 1911, 581; RGZ 124, 36; 117, 69, 72, 73; BGHZ 5 292), sofern nicht der Treuhänder sich zugleich wegen eigener Forderungen gegen den Treugeber soll befriedigen können; dann gewinnt der Einziehungsauftrag den Charakter einer Sicherungstreuhand. Der Bevollmächtigung von Kreditinstituten zur Ausübung des Stimmrechts (§ 135 AktG) liegt im Innenverhältnis ein Auftrag zugrunde. Sie ist von der treuhänderischen Übertragung von Aktien zu unterscheiden, aus der die Ausübung des Stimmrechts durch den Treuhänder – im Rahmen des zugrundeliegenden Auftrags oder Geschäftsbesorgungsvertrags – ohne weiteres folgt. Auch der Sicherungstreuhand (Sicherungsabtretung, Sicherungsübereignung) kann ein Auftrag oder ein entgeltlicher Geschäftsbesorgungsvertrag zugrundeliegen. Das Merkmal der Eigennützigkeit betrifft nur den Zweck der Vollrechtsübertragung, schließt also die Rechtspflicht des Treuhänders nicht aus, zugleich auch die Interessen des Treugebers wahrzunehmen. Die Sicherungsübertragung von Forderungen oder Wechseln (die im Interesse des Zessionars erfolgt) ist Auftrag insofern, als der Zessionar zur Wahrung der Interessen des Zedenten und zur Herausgabe des ihm nicht zustehenden Überschusses verpflichtet ist, s RGZ 59, 190; 76, 347; 116, 331; RG WarnR 1913 Nr 136; OLG Stuttgart MDR 1954, 300. Auch der Sicherungseigentümer ist Beauftragter des Kreditnehmers und hat bei der Verwaltung und Verwertung dessen Interessen zu wahren (RG WarnR 1914 Nr 7).

4. Ausschließlich dem Interesse des Beauftragten dienende Geschäfte

Wenn das Geschäft nur den Zwecken des Beauftragten dienen soll, so wird entweder **16** der Bindungswille fehlen oder es wird sich um einen Fall des § 676 (Rat) handeln oder um eine in Auftragsform gefaßte Ermächtigung des Beauftragten, über Vermögen, Vermögensteile des Auftraggebers zu verfügen, ohne den Beauftragten selbst irgendwie vertraglich zu binden (vgl RGZ 56, 134; ebenso PLANCK Anm 3 b). Mit einem derartigen Rechtsverhältnis kann ein Garantievertrag zugunsten des „Beauftragten" verbunden sein; ebenso ENNECCERUS/LEHMANN §§ 160 I 4, 164 II.

5. Mehrfacher Auftrag

Dieselbe Person (zB der Versicherungsagent) kann Beauftragter (Geschäftsbesor- **17** ger) der einen Partei (so der Versicherungsgesellschaft) und noch in einzelnen Beziehungen (so zB bei Entgegennahme und Weitergabe des Versicherungsantrags) auch Beauftragter der Gegenpartei (zB des Versicherungsnehmers) sein; vgl dazu RGZ 21, 90; 62, 315; 73, 302; RG JW 1912, 84; 1913, 542. Über den für beide Parteien tätigen Makler RGZ 76, 250. Soweit der Beauftragte von zwei oder mehreren Auftraggebern bevollmächtigt wird, gilt für ihn, wenn ihm nichts anderes gestattet ist, das Verbot der Mehrvertretung, § 181.

IV. Der Auftragsvertrag

1. Zustandekommen des Auftrags; Rechtsbindungswille

Der Auftrag ist ein Vertrag, der durch die Willenserklärung des Auftraggebers **18** (Erteilung des Auftrags, vom Gesetz auch als Auftrag bezeichnet) und des Beauftragten (Annahme des Auftrags) zustandekommt. Er setzt daher **beiderseits** einen **Rechtsbindungswillen** voraus. Es genügt also nicht der Rechtsbindungswille des Beauftragten, der Auftraggeber muß auch bereit sein, die rechtsgeschäftliche Verpflichtung des Beauftragten entgegenzunehmen (FIKENTSCHER Rn 25). Hieran fehlt es bei Ausübung einer politischen Widerstandstätigkeit, selbst wenn dabei bestimmte Auslagen ersetzt werden (BGHZ 56, 204). Der Rechtsbindungswille des Beauftragten fehlt nicht schon deshalb, weil er unentgeltlich das Interesse eines anderen wahrnimmt. Hiervon geht bereits das Gesetz aus, indem es die Unentgeltlichkeit zum Begriffsmerkmal des Auftragsvertrags erhebt. Entscheidend ist vielmehr, ob der Auftraggeber annehmen konnte und durfte, daß der Beauftragte nach dem Inhalt seiner Erklärung eine Rechtspflicht zur sorgfältigen Ausführung der ihm anvertrauten Tätigkeit übernahm, LARENZ II 1 § 56 I. Dabei ist zu beachten, daß der Beauftragte trotz Unentgeltlichkeit für jede Sorgfalt haftet. Im Rahmen der Frage, ob der Auftraggeber von der Übernahme einer Rechtspflicht ausgehen durfte, ist daher insbesondere zu prüfen, ob die Überbürdung des Schadensersatzrisikos für den Handelnden zumutbar ist (BGH NJW 1992, 498). Der Rechtsbindungswille ist zu bejahen, wenn jemand sich bereit erklärt, nicht ganz unbedeutende wirtschaftliche oder rechtliche Interessen eines anderen wahrzunehmen (RG LZ 1923, 275; BGHZ 21, 102; BGH NJW 1992, 498 f; von den gleichen Kriterien geht – hinsichtlich der Auslegung von Auslobungsbedingungen – BGHZ 88, 373, 382 aus). Der Rechtsbindungswille fehlt in der Regel bei Gefälligkeitshandlungen des täglichen Lebens, bei Zusagen im rein gesellschaftlichen Verkehr und bei Handlungen, die diesen ähnlich sind.

19 Eine Treibjagd ist in aller Regel eine gesellschaftliche Veranstaltung, bei der es sich um Gefälligkeiten ohne rechtlichen Charakter handelt. Übernimmt der Jagdgastgeber die Leitung der Jagd, so ist darin weder die Erteilung eines Auftrags durch die Jagdgäste, noch ein Auftrag des Gastgebers an die Gäste zum Wildabschuß zu finden (RGZ 128, 39). Über die freiwillige Übernahme des Salutschießens durch ein Kriegsvereinsmitglied s OLG Stuttgart Recht 1907 Nr 868 (vgl RG Recht 1914 Nr 1092). Zur Abgrenzung der verbindlichen Auskunft von der Gefälligkeitsauskunft vgl § 676 Rn 5, 7, 8.

20 Liegt kein Auftrag, sondern ein **Gefälligkeitsverhältnis** vor, so wird nach den Regeln über die unerlaubten Handlungen oder die Gefährdungshaftung gehaftet, wobei zu Lasten dessen, der die Gefälligkeit entgegennimmt, § 254 und der sich aus ihm ergebende allgemeine Rechtsgedanke zu beachten ist. Der Versuch SCHWERDTNERS, alle Gefälligkeitsverhältnisse unter die Kategorie eines gesetzlichen Schuldverhältnisses ohne Erfüllungsanspruch zu bringen (NJW 1971, 1673, 1676), geht zu weit. Die Rechtsordnung muß auch solcher Formen des sozialen Kontakts Rechnung tragen, bei denen die Beteiligten sich weder in besonderer Weise rechtlich binden wollen noch sich zwischen ihnen ein besonderes Vertrauensverhältnis (im Rahmen von Vertragsverhandlungen oder sonst durch geschäftlichen Kontakt) herausgebildet hat. Es verbleibt insoweit bei der Haftung des Gefälligen aus Delikt oder nach den Grundsätzen der Gefährdungshaftung. Der Grad des Verschuldens, für den der Gefällige haftet, bestimmt sich nach den Umständen des Einzelfalls (BGHZ 21, 102), wobei die Art der Gefälligkeit und ihre Bedeutung für den Empfänger zu berücksichtigen sind. Die allen Gefälligkeitsverhältnissen eigentümliche Unentgeltlichkeit genügt, wie die Haftung des Beauftragten für jede Fahrlässigkeit zeigt, für sich allein nicht, um allgemein eine Milderung des Haftungsmaßstabs des Gefälligen anzunehmen. Daher ist ein generelles Haftungsprivileg in Rechtsanalogie zu §§ 521, 559 oder in Analogie zu § 690 abzulehnen (aM ENNECCERUS/LEHMANN § 27, 6).

2.   Formfreiheit; Regel und Ausnahmen

21 Die Beobachtung einer besonderen Form ist zum Zustandekommen eines rechtswirksamen Auftrags nicht erforderlich. Sowohl die Erteilung wie auch die Annahme des Auftrags kann demgemäß auch stillschweigend, insbesondere durch schlüssige Handlung erfolgen (Mot II 528), wobei § 151 zu beachten ist. Ob in dem widerspruchslosen Dulden der Führung eigener Geschäfte durch einen anderen eine stillschweigende Auftragserteilung liegt, ist Auslegungsfrage (vgl RGZ 152, 277). Die Annahme des Auftrags kann im Beginn der Ausführung enthalten sein.

22 Auch zu dem Auftrag (Antrag und Annahme), der auf **Erwerb des Eigentums** (zB auch in der Zwangsversteigerung) **an einem Grundstück** im eigenen Namen für Rechnung des Auftraggebers gerichtet ist, ist die Beobachtung der im § 313 vorgeschriebenen Form nicht erforderlich. Denn die sich für den Beauftragten ergebende Verpflichtung zur Übereignung an den Auftraggeber ist, auch wenn sie besonders im Vertrag betont wird, eine gesetzliche (§ 667), s dazu § 313 Rn 72; RGZ 54, 75, 78; BGH BB 1956, 1124; DNotZ 1961, 583; LM Nr 40 zu § 313 BGB. Auch Baubetreuungsverträge mit Grundstücksverschaffungspflicht unterliegen der Form des § 313 nur, wenn ausnahmsweise eine Erwerbspflicht des Betreuten besonders vertraglich vereinbart wird (vgl auch § 313 Rn 90). Notarielle Beurkundung ist ferner erforderlich, wenn der Beauftragte das Grundstück im Zeitpunkt des Abschlusses des Auftragsvertrags bereits hat oder wenn er es auf eigene Rechnung erwerben soll (BGH NJW 1956, 812; WM 1969, 917; LM Nr 48 zu § 313 BGB). Der Auftrag oder die widerrufliche Vollmacht zur Grundstücksveräußerung ist grundsätzlich formfrei, RGZ 62, 336.

Formfrei ist auch der **unwiderrufliche Auftrag** (vgl dazu § 671 Rn 7); denn der Beauf- **23** tragte kann trotz Unwiderruflichkeit des Auftrags die Vollmachtserteilung nicht erzwingen (ebenso BGB-RGRK/STEFFEN Vorbem 31 zu § 662). In den Fällen aber, in denen der Vollmachtgeber sich durch eine erteilte Vollmacht bereits unwiderruflich binden wollte, ist der Formzwang des § 313 gegeben (vgl RGZ 110, 320; BGH LM Nr 18 zu § 167 BGB). Das gilt auch dann, wenn die Vollmacht zwar widerruflich ist, im Einzelfall aber dieselbe Wirkung hat wie eine unwiderrufliche Vollmacht (RGZ 104, 238; 108, 126; BGH LM Nr 18 zu § 167 BGB; DNotZ 1965, 549; 1966, 92; WM 1974, 1230). Der Auftrag zum Erwerb von Geschäftsteilen einer GmbH unterliegt nicht der Formvorschrift des § 15 Abs 4 GmbHG, selbst wenn der Beauftragte den Auftrag durch Selbsteintritt ausführt (RGZ 80, 99; 124, 374; BGHZ 19, 69, 70).

3. Stellung des Beauftragten

Durch den Auftragsvertrag erlangt der Beauftragte im Verhältnis zum Auftraggeber **24** zugleich die Berechtigung, das ihm übertragene Geschäft zu besorgen. Die Möglichkeit, dem Beauftragten für die Ausführung des Geschäfts **Weisungen** zu erteilen, bleibt dabei für den Auftraggeber erhalten. Von den Weisungen des Auftraggebers darf der Beauftragte nur unter den Voraussetzungen des § 665 abweichen. Der Beauftragte ist zur Ausführung des Auftrags verpflichtet und dazu deshalb auch berechtigt; er hat jedoch keinen klagbaren Anspruch darauf, den Auftrag auszuführen. Daher kann er auch weder eine Vorschußleistung noch eine andere Mitwirkungshandlung des Auftraggebers, zB die Vollmachtserteilung, erzwingen. Ein Anspruch auf Ausführung des Auftrags kann nur durch besondere vertragliche Vereinbarung begründet werden. Aus dem Ausschluß des Widerrufsrechts des § 671 Abs 1 folgt ein Anspruch auf Ausführung des Auftrags dann, wenn der Auftraggeber nicht weiter mitzuwirken braucht; er darf dann die Ausführung des Auftrags jedenfalls nicht verhindern.

4. Auftrag und Vollmacht

Auftrag und Vollmacht werden vom BGB (im Gegensatz zu § 1002 ABGB) scharf **25** unterschieden (vgl RGZ 71, 222; 82, 89). Der Auftrag ist Vertrag, er bildet ein der Vollmacht zugrundeliegendes Rechtsverhältnis, die Vollmachtserteilung ist ein einseitiges abstraktes Rechtsgeschäft. Der Auftrag verpflichtet den Beauftragten, die Vollmacht ermächtigt ihn zum Handeln im Namen des Vertretenen. Der Auftrag kann auf tatsächliches Handeln, die Vollmacht nur auf Vornahme eines Rechtsgeschäfts oder einer geschäftsähnlichen Rechtshandlung des Vertreters gerichtet sein. Der Auftrag kann dahin gehen, daß der Beauftragte **im Namen des Auftraggebers** handelt. Ist das der Fall, so liegt neben dem Auftrag uno actu eine durch selbständiges Rechtsgeschäft erteilte Vertretungsmacht, also Vollmacht vor, und es kommen die Vorschriften der §§ 164 ff zur Anwendung. Der Auftrag kann aber auch dahin lauten, daß der Beauftragte **im eigenen Namen** handeln soll. Das ist insbesondere der Fall bei Treuhandverhältnissen, bei denen der Beauftragte im eigenen Namen, aber für Rechnung des Auftraggebers handelt. Für den Bereich des Geschäftsbesorgungsvertrags (§ 675) ist neben der entgeltlichen Treuhand vor allem der Kommissionsvertrag (§§ 383 ff HGB) zu nennen. Umgekehrt kann eine Vollmacht erteilt sein, ohne daß ein Auftrag vorliegt, so namentlich bei sog Generalvollmachten (vgl Mot II 525). Doch wird in der Vollmachtserklärung regelmäßig konkludent die Erteilung eines Auftrags liegen. Es gibt also Vollmachten ohne Auftrag, wie auch Aufträge ohne Vollmacht (vgl RG WarnR 1913 Nr 86). Tritt der Beauftragte **ohne Vollmacht** im Namen des Auftraggebers auf, so ist er Vertreter ohne Vertretungsmacht. Kann er den Auftrag ohne Vollmacht nicht ausführen, so braucht er jedoch nicht tätig zu werden, sofern ihm der Auftraggeber keine Vollmacht erteilt. Einen Anspruch auf Vollmachtserklärung hat er nicht. Streng durchgeführt ist das auf LABAND zurückgehende Prinzip der Trennung zwischen Vollmacht und Auftrag nur für die Erteilung, nicht jedoch für das Erlöschen der Vollmacht, vgl § 169 S 1. Der Abhängigkeit des Fortbestandes der Vollmacht vom Auftrag trägt das Gesetz in den Fällen der §§ 672 S 2, 673 und 674 durch Fiktion Rechnung.

5. Nichtiger Auftrag

26 Wenn der Auftrag nichtig ist, so sind für die Abwicklung der Beziehungen zwischen dem Auftraggeber und dem Beauftragten die Regeln über Geschäftsführung ohne Auftrag anzuwenden. Der Beauftragte wird zwar in einem solchen Fall im Gegensatz zum auftraglosen Geschäftsführer in Erfüllung einer vermeintlich bestehenden Rechtspflicht tätig. Doch erfolgt die vermeintlich wirksame Übernahme der Rechtspflicht wie das Tätigwerden des auftraglosen Geschäftsführers unentgeltlich. Daher liegt die zumindest entsprechende Anwendung der Geschäftsführungsregeln auf den nichtigen Auftrag nahe. Sie bedeutet im übrigen wegen der Verweisungen des § 683 S 1 und des § 681 S 2 weitgehend die Anwendung auftragsrechtlicher Vorschriften mit der Modifikation, daß die Erteilung des Auftrags durch die Voraussetzungen des § 683 S 1 ersetzt wird (BGHZ 39, 87, 90). Bei gesetz- oder sittenwidrigem entgeltlichen Geschäftsbesorgungsvertrag wird der Geschäftsbesorger in Erfüllung einer vermeintlich bestehenden Rechtspflicht tätig, die er in entgeltlicher Absicht übernimmt. Die Anwendung der Geschäftsführungsregeln auf die Abwicklung dieses Verhältnisses liegt aus diesem Grund fern. Der BGH hat sie bei unzulässiger Rechtsberatung zu Unrecht für möglich erklärt (BGHZ 37, 258; vgl hierzu näher Vorbem 42 zu §§ 677 ff).

V. Auftrag und öffentliches Recht

1. Öffentlichrechtliche Auftragsverhältnisse

27 Wenn ein öffentlich-rechtlicher Vertrag einen Auftrag zum Gegenstand hat, unterliegt er in erster Linie den Regeln des öffentlichen Rechts. Die bürgerlichrechtlichen Auftragsregeln gelten nur subsidiär und entsprechend. Die Bundesauftragsverwaltung (Art 85 GG) hat mit dem Auftrag des bürgerlichen Rechts nichts zu tun (BVerwG 12, 253). In einem öffentlich-rechtlichen Auftragsverhältnis zur beleihenden Körperschaft stehen die Prüfingenieure (vgl BVerwG JR 1972, 305). Auch wenn eine Gemeinde eine andere zur Löschhilfe heranzieht, wird ein öffentlich-rechtliches Auftragsverhältnis anzunehmen sein (anders noch OLG Hamm VersR 1930, 82).

2. Nothilfeleistungen Privater in Erfüllung öffentlich-rechtlicher Pflichten

Wenn eine Behörde jemandem den „Auftrag" gibt, eine ihm obliegende öffentlich- **28** rechtliche Pflicht zu erfüllen, so bei Anweisungen an ein Mitglied der Pflichtfeuerwehr (RGZ 122, 298), oder bei der polizeilichen Aufforderung zur Menschenhilfe nach § 323 c StGB, liegt kein privatrechtlicher Auftrag vor. Deshalb besteht in diesen Fällen auch keine Pflicht des Staates usw zum Ersatz von Aufwendungen und Schäden nach § 670; auch eine (stillschweigende) privatrechtliche Garantiezusage der Behörde, für die entstehenden Schäden aufzukommen, scheidet in diesen Fällen aus, zutreffend RGZ 122, 305. Doch kann in derartigen Fällen nach dem allgemeinen Rechtsgedanken des § 75 Einl zum ALR Ersatz verlangt werden. Der Aufopferungsanspruch umfaßt – entgegen der Meinung des RG (vgl RGZ 122, 302; 156, 310; s dazu WEBER ZAkDR 1938, 136) – nicht nur Sachschäden, sondern auch Personenschäden (so zutreffend BGHZ 7, 331; 9, 83; 17, 173; 20, 63; 22, 43; 24, 25; ENNECCERUS/LEHMANN § 162, 4; LARENZ II 1 § 56 Anm 21; SCHACK JZ 1966, 641; KLEIN DVBl 1968, 129 ff). Büßt der requirierte Helfer bei der Befolgung der polizeilichen Aufforderung das Leben ein, so steht der Aufopferungsanspruch in entsprechender Anwendung des § 844 dem mittelbar geschädigten Unterhaltsberechtigten zu (vgl BGHZ 18, 286).

3. Freiwillige Nothilfeleistungen

Für den Fall, daß ein Privater von einer Behörde zu einer freiwilligen Hilfeleistung **29** herangezogen wird, nahm das RG in ständiger Rechtsprechung ein privatrechtliches Auftragsverhältnis an (RGZ 94, 169; 98, 159; RG JW 1914, 676; 1927, 441; für den Fall, daß ein Schüler zur Erledigung von Angelegenheiten herangezogen wird, vgl OLG Stuttgart MDR 1952, 490). Richtiger dürfte es sein, auch in diesem Fallbereich trotz Fehlens einer Rechtspflicht des Privaten einen Aufopferungsanspruch anzunehmen. Es genügt, daß die Tätigkeit der Behörde oder des Beamten, bei der der Private mitwirkt, von hoheitlicher Natur ist. Auf diesen Aufopferungsanspruch ist die Vorschrift des § 844 ebenfalls entsprechend anzuwenden (wie hier auch BGB-RGRK/STEFFEN Vorbem 45 zu § 662 BGB).

VI. Unmittelbare oder entsprechende Anwendung des Auftragsrechts auf andere Rechtsverhältnisse

Anwendbar sind: **30**

(1) die §§ 663, 665–670, 672–674 und uU auch § 671 Abs 2 auf einen Dienstvertrag oder einen Werkvertrag, der eine Geschäftsbesorgung zum Gegenstand hat (§ 675);

(2) die §§ 664–670 auf die Geschäftsführung des Vorstands und der Liquidatoren eines Vereins und einer Stiftung (§ 27 Abs 3; § 48 Abs 2; § 86);

(3) die §§ 664–670 auf die Rechte und Verpflichtungen der geschäftsführenden Gesellschafter (§ 713) (vgl RG JW 1907, 830; RGZ 82, 10; 151, 328);

(4) die §§ 666—668, 669, 670 auf die Verpflichtungen und Rechte des Geschäftsführers bei der berechtigten Geschäftsführung ohne Auftrag (§ 681 S 2; § 683 S 1);

(5) § 671 S 2 und 3 auf das Recht eines Gesellschafters zur Kündigung der Geschäftsführung (§ 712 Abs 2);

(6) die §§ 669, 670 auf den Vorschuß und Aufwendungsersatzanspruch des Vormunds, Gegenvormunds, Beistands, Betreuers und Pflegers (§§ 1835 Abs 1, 1691 Abs 1, 1908 i, 1915 Abs 1); für diese und andere Amtsträger gilt auch die Herausgabepflicht des § 667, s RGZ 164, 102; WIEACKER DR 1940, 1370;

(7) die §§ 664, 666—668, 670, 673 S 2 und 674 auf das Rechtsverhältnis zwischen dem Testamentsvollstrecker und dem Erben (§ 2218 Abs 1); vgl hinsichtlich des § 664 RGZ 81, 170; RG RJA 11, 274, hinsichtlich des § 666 RG Recht 1916 Nr 833, 834, hinsichtlich der §§ 666 und 667 RG WarnR 1914 Nr 8.

(8) Dem Vertrag, durch den ein Ehegatte nach § 1413 dem anderen Ehegatten die Verwaltung seines Vermögens überläßt, liegt in der Regel ein Auftrag zugrunde (s oben Rn 1).

(9) Vgl auch §§ 450 Abs 1, 1978 Abs 1 S 1 (RG Gruchot 58, 214), 1978 Abs 3, 1991 Abs 1, 2226 S 3.

VII. Internationales Privatrecht

31 Über die Frage, welches nationale Recht für die Wirkungen des Auftrags maßgebend ist, s RGZ 78, 60. Die Pflichten des Auftraggebers bestimmen sich nach deutschem Recht, wenn dieser in Deutschland seinen Wohnsitz hat und nichts anderes vereinbart oder aus den Umständen zu entnehmen ist (RG LZ 1922, 512). Jedoch ist bei den Geschäftsbesorgungsverträgen der selbständig Berufstätigen, so insbesondere des Anwalts anzunehmen, daß das Recht des Staates maßgebend ist, dem der Anwalt durch seine Berufstätigkeit angehört, so hinsichtlich der Anwaltsgebühren, OLG München SeuffA 66 Nr 334; OLG Nürnberg JW 1927, 532; 1928, 2034. Nach dem Recht dieses Staates richtet sich insbesondere grundsätzlich die Zulässigkeit einer Erfolgshonorarvereinbarung, BGHZ 22, 162. Die Erfolgshonorarvereinbarung mit einem ausländischen Rechtsanwalt darf jedoch nicht gegen den Zweck eines deutschen Gesetzes verstoßen, Art 30 EGBGB, BGHZ 44, 183, 189. Zur Unzulässigkeit einer Erfolgshonorarvereinbarung bei Vertretung in Entschädigungssachen vgl BGHZ 51, 290.

§ 662

Durch die Annahme eines Auftrags verpflichtet sich der Beauftragte, ein ihm von dem Auftraggeber übertragenes Geschäft für diesen unentgeltlich zu besorgen.

Materialien: E I 585; II 593; III § 649; Mot II
525—530; Prot II 351, 352.

Systematische Übersicht

I. Begriff und Voraussetzungen des Auftrags sowie das Zustandekommen des **1** Auftragsvertrags sind in den Vorbemerkungen behandelt (Vorbem 1 ff, 9 ff, 13 ff, 18 ff).

II. **Die Verpflichtungen des Beauftragten**

1. **Verpflichtung zur sorgfältigen Ausführung der übernommenen Tätigkeit**

Die in § 662 festgelegte **Hauptpflicht** des Beauftragten besteht in der Besorgung des **2** ihm von dem Auftraggeber übertragenen Geschäfts. Der Beauftragte ist verpflichtet, nach besten Kräften die Interessen des Auftraggebers zu wahren und den Auftrag sorgfältig und sachgemäß auszuführen (RGZ 90, 129; 130, 29; 145, 35). Dieser Sorgfaltspflicht genügt der Beauftragte nur dann, wenn er bei der Ausführung der ihm übertragenen und damit auch (vorbehaltlich der Weisungen des Auftraggebers) anvertrauten Geschäftsbesorgung sich nach dem Interesse des Auftraggebers richtet. Wenn das Gesetz von Geschäftsbesorgung für den Auftraggeber spricht, so ist das nicht nur für den Begriff des Auftrags, sondern auch für die Verpflichtung des Beauftragten bedeutsam. Der Beauftragte hat im Rahmen der ihm übertragenen Geschäftsbesorgung die Interessen des Auftraggebers, nicht etwa seine eigenen oder die eines zum Auftraggeber in keiner Beziehung stehenden Dritten wahrzunehmen und er hat hierbei den unter den gegebenen Umständen bei Einhaltung der erforderlichen Sorgfalt erreichbaren **Nutzen für den Auftraggeber** zu optimieren, ihn also im Rahmen des erteilten Auftrags vor Schaden zu bewahren und sein dem Auftrag zugrundeliegendes Interesse zu fördern. Läßt sich eine Bank trotz eines bestehenden Interessenwiderstreits auf eine vertragliche Bindung gegenüber Kunden ein, so hat sie die eigenen Belange, soweit sie mit den Interessen des Kunden in Widerspruch stehen, zurückzustellen. Sie hat also ein großes Aktienpaket, das zu einem Nachlaß gehört, rechtzeitig zu verwerten, auch wenn sie selbst an der AG beteiligt ist und vom Verkauf einen Kursdruck befürchten muß; s RG BankArch 35, 490. Die Sorgfaltspflicht des Beauftragten ist also eine **Treupflicht**; das gilt nicht etwa nur bei Treuhandverhältnissen, diesen gibt vielmehr umgekehrt die auftragsrechtliche Treupflicht des Treuhänders ihr Gepräge (vgl COING 137).

2. **Treupflicht**

Die auftragsrechtliche Treupflicht setzt keine treuhänderische Stellung des Beauf- **3** tragten voraus, sondern gilt für jeden Auftrag. Die Treupflicht erhält aber bei **Treuhandverhältnissen** wegen der Vollübertragung eine besondere Bedeutung. Das gilt nicht nur für den uneigennützigen Treuhänder (RGZ 160, 52, 59), sondern auch bei der Sicherungstreuhand. Der Zessionar einer sicherungsweise abgetretenen Forderung ist verpflichtet, die Interessen des Zedenten wahrzunehmen, die abgetretene Forderung ordnungsgemäß beizutreiben, oder so gut wie möglich zu verwerten, den beigetriebenen Geldbetrag zu verwahren und den Überschuß herauszugeben. Der Treuhänder braucht keine Maßnahmen zu ergreifen, die trotz der Übertragung des Rechts dem Treugeber offenstehen (BGHZ 32, 67, 70). Der Sicherungseigentümer ist verpflichtet, das Interesse des Sicherungsgebers bei der Verwertung des Sicherungsgutes zu berücksichtigen (BGH NJW 1966, 2209). Er haftet für ordnungsgemäße Aufbewahrung und Verwertung (RG JW 1914, 16). Die Verpflichtung des Treuhänders zur Rückübertragung des Rechts oder der Sache ergibt sich bei der Sicherungstreuhand aus der Sicherungsabrede, bei der Verwaltungstreuhand aus § 667.

3. Der Aufgabenbereich des Beauftragten

4 Der Kreis der vom Beauftragten wahrzunehmenden Geschäfte wird durch den erteilten Auftrag bestimmt. Welche Maßnahmen er konkret zu ergreifen hat, entscheidet sich nach der ihm obliegenden Sorgfaltspflicht. So ist für den Aufgabenbereich eines **Rechtsanwalts** der ihm erteilte Auftrag maßgebend (BGH NJW 1976, 1567, 1568). Er muß dabei sein Verhalten so einrichten, daß er auch nur mögliche Schädigungen seines Mandanten vermeidet, die ein Rechtskundiger vorhersehen kann (RGZ 115, 185, 187; 151, 259, 264; BGH VersR 1975, 425; WM 1993, 1508, 1509; vgl näher STAUDINGER/ MARTINEK § 675 Rn C 8). Er muß daher von zwei oder mehreren in Betracht kommenden Wegen den für seinen Mandanten sichersten und gefahrlosesten Weg einschlagen (RGZ 151, 259, 264; BGH NJW 1961, 601; VersR 1963, 387, 388; NJW 1974, 1865, 1866; BGH NJW 1991, 2079, 2080, stRspr, vgl näher STAUDINGER/MARTINEK § 675 Rn C 20). Er darf insbesondere nicht darauf vertrauen, daß das Gericht sich seiner Rechtsauffassung anschließt (RGZ 151, 259, 264), sondern muß mit der entgegengesetzten Möglichkeit rechnen und ihr, soweit möglich, durch einen Hilfsantrag Rechnung tragen, um für seinen Mandanten den größtmöglichen Vorteil im Prozeß zu erreichen (BGH NJW 1974, 1865, 1866). Er muß sich auf eine mögliche Änderung der Rechtsprechung einstellen (vgl STAUDINGER/MARTINEK § 675 Rn C 20). Auf tatsächliche Angaben seines Mandanten darf sich der Rechtsanwalt verlassen, solange er ihre sachliche Unrichtigkeit nicht erkennt oder erkennen muß (BGH VersR 1966, 774, 776; NJW 1985, 1154, 1155; vgl STAUDINGER/MARTINEK § 675 Rn C 11). Zur Pflichtenstellung und Haftung des **Steuerberaters** vgl STAUDINGER/MARTINEK § 675 Rn C 41 ff.

4. Verschwiegenheitspflicht

5 Aus der Treupflicht folgt die Verpflichtung zur Verschwiegenheit. Die Verschwiegenheitspflicht als selbstverständliche auftragsrechtliche Nebenpflicht (BGHZ 27, 241, 246) umfaßt alle Tatsachen, die der Auftraggeber geheimzuhalten wünscht. Im Bankvertragsrecht steht die **Verschwiegenheitspflicht der Bank** (s Nr 2 Abs 1 der AGB der Banken in der seit 1. 1. 1993 geltenden Fassung; CANARIS, Bankvertragsrecht Rn 36 ff; STAUDINGER/MARTINEK § 675 Rn B 14) in einem Spannungsverhältnis zur Bankauskunft (STAUDINGER/MARTINEK § 675 Rn B 15). Die Bank haftet nicht wegen Verletzung der Verschwiegenheitspflicht, wenn ihr die mutmaßliche Einwilligung des Kunden in die

Erteilung der Auskunft (bei juristischen Personen und bei Kaufleuten) oder die Zustimmung des Kunden (bei Privatkunden oder Vereinigungen ohne Rechtspersönlichkeit) zur Seite steht, vgl Nr 2 Abs 3 der AGB der Banken. Zur Haftung für unrichtige Bankauskünfte s § 676 Rn 10 ff, zur Bedeutung des BDSchG für Bankauskünfte s CANARIS, Bankvertragsrecht Rn 73 ff. Zur Formulierungspraxis der Banken vgl LORENZ, in: FS Larenz 557.

5. Beratungs-, Hinweis- und Warnpflichten

Der Beauftragte ist im Gegensatz zum auftraglosen Geschäftsführer nicht verpflichtet nachzuprüfen, ob die Geschäftsbesorgung dem Interesse des Auftraggebers entspricht. Es besteht auch grundsätzlich keine Verpflichtung des Beauftragten, im Rahmen eines Auftragsverhältnisses die Zweckmäßigkeit von Weisungen des Auftraggebers nachzuprüfen. Besondere Beratungs-, Hinweis- und Warnpflichten ergeben sich jedoch dann, wenn der Auftraggeber die Geschäftsbesorgung dem Beauftragten gerade mit Rücksicht auf dessen besondere Sachkenntnis überträgt. Wird durch die Verletzung dieser Pflichten schon der Abschluß des Auftrags betroffen, so kommt eine Haftung wegen Verschuldens bei Vertragsschluß in Betracht (zB Nichtbelehrung über die Gesetzwidrigkeit des erteilten Auftrags). Wenn der Auftrag wirksam ist, so können sich Beratungs-, Hinweis- und Warnpflichten aus der auftragsrechtlichen Treupflicht ergeben. **6**

So trifft den **Steuerberater** eine Belehrungspflicht über die Möglichkeit von Steuerersparnissen (BGH WM 1967, 72). Diese Belehrungspflicht besteht freilich nur im Rahmen des dem Steuerberater erteilten Auftrags (vgl BGH aaO: Ausfüllen von Umsatzsteuererklärungen). Der Steuerberater muß seinen Auftraggeber über die eigene Regreßhaftung belehren (BGH NJW 1982, 1285). Zu den Beratungspflichten des Steuerberaters allgemein vgl STAUDINGER/MARTINEK § 675 Rn C 41 ff. Umfassende Hinweis-(Belehrungs-) und Beratungspflichten obliegen dem **Rechtsanwalt** (BGH LM Nr 28, LM Nr 46 zu § 675 BGB; vgl näher STAUDINGER/MARTINEK § 675 Rn C 19 ff). Diese Pflichten folgen aus der Hauptpflicht des Rechtsanwalts, der Pflicht zur sorgfältigen Erledigung des Auftrags, und hierbei insbesondere aus der Verpflichtung, vorhersehbare Nachteile seines Mandanten zu vermeiden (RGZ 151, 259, 264; BGH VersR 1975, 425). Die Verpflichtung des Anwalts zur Verhütung vorhersehbarer Nachteile bestimmt den Umfang seiner Beratungspflicht (BGH LM Nr 2 zu § 945 ZPO; LM Nr 46 zu § 675 BGB). Er muß daher seinen Mandanten über die zur Unterbrechung der drohenden Verjährung geeigneten Schritte belehren und beraten, falls er nicht schon aufgrund des Mandats ohne weiteres zu diesem Zweck tätig werden kann, sondern erst die Entschließung seines Mandanten herbeiführen muß. Er muß ferner, falls er von mehreren in Betracht kommenden Wegen einen weniger sicheren oder gefährlicheren einschlagen will, den Mandanten auf die sich aus dieser Wahl ergebenden Gefahren aufmerksam machen (RG WarnR 1921 Nr 103; RGZ 148, 324, 325; RGZ 151, 259, 264; BGH NJW 1974, 1865, 1866). Auf unverhältnismäßig hohe Anwalts- oder Gerichtsgebühren muß er schon bei Übernahme des Mandats unaufgefordert hinweisen (RGZ 118, 365; RG JW 1919, 446). Zur Hinweispflicht hinsichtlich der Folgen verspäteter Zahlung des Gerichtskostenvorschusses vgl BGH LM Nr 51 zu § 675 BGB. Die Beratungspflicht umfaßt auch Regreßansprüche des Mandanten gegen den Rechtsanwalt selbst (BGH VersR 1969, 849; 1975, 907; 1977, 617; 1993, 700; vgl STAUDINGER/MARTINEK § 675 Rn C 21). Um seinen Hinweis- und Beratungspflichten nachkommen zu können, **7** muß sich der Rechtsanwalt über den Stand der neueren Rechtsprechung und der Rechtslehre ebenso unterrichten wie über den neuesten Stand der Gesetzgebung, vgl STAUDINGER/MARTINEK § 675 Rn C 13 ff.

8 Die **Bank** hat keine allgemeine Rechtspflicht zur Warnung, Aufklärung oder Belehrung des Kunden. Daher ist sie insbesondere grundsätzlich nicht verpflichtet, ihn vor gefährlichen Kreditgeschäften zu warnen oder über die Vermögensverhältnisse eines potentiellen Kreditnehmers aufzuklären (BGH WM 1969, 560 f; 1971, 817, 818; BGH NJW 1963, 2270). Ob und inwieweit die Bank eine Aufklärungs- oder Warnpflicht trifft, hängt vom Inhalt des jeweiligen Bankgeschäfts ab (vgl STAUDINGER/MARTINEK § 675 Rn B 16). Eine Warnpflicht ist zu bejahen beim Kreditauftrag (§ 778) an die Bank und dann, wenn die Bank von der Zahlungseinstellung oder vom unmittelbar bevorstehenden wirtschaftlichen Zusammenbruch des Kreditnehmers Kenntnis hat (BGH WM 1960, 1322; 1961, 510 f). Eine Beratungspflicht der Bank kann sich ferner aus dem Gegenstand der Geschäftsbesorgung hinsichtlich steuerlicher Konsequenzen ergeben, wenn es dem Kunden bei der Gestaltung des Geschäfts erkennbar auf Steuervergünstigungen ankommt (BGHZ 28, 268, 373 f). Zur Aufklärungspflicht hinsichtlich devisenrechtlicher Vorschriften vgl BGHZ 23, 222, 227; BGH WM 1958, 1078, 1080; zu den Aufklärungspflichten beim finanzierten Abzahlungskauf vgl BGHZ 33, 299; 47, 227; 72, 97, 102. Da die Beratungs-, Hinweis- und Warnpflichten darauf beruhen, daß der Auftraggeber das Geschäft mit Rücksicht auf die besondere Sachkenntnis des Beauftragten diesem überträgt, bestehen sie nur begrenzt oder entfallen ganz, wenn der Auftraggeber *seinerseits sachkundig* ist. Die Bank trifft eine Warnpflicht vor den Gefahren des Wechselverkehrs oder des Börsentermingeschäfts nur, wenn nicht damit gerechnet werden kann, daß der Kunde diese Gefahren von sich aus erkennt (BGH WM 1966, 619, 620; RG WarnR 1916 Nr 227; RG BankArch 29, 454). Die Beratungspflicht schließt die Verpflichtung der Bank ein, auch über neueste Änderungen der Rechtslage selbst informiert zu sein (BGH NJW 1964, 2058). Zu den Aufklärungs- und Warnpflichten der Bank beim Abschluß eines Effektengeschäfts vgl BGH WM 1973, 164; HOPT, Der Kapitalanlegerschutz im Recht der Banken (1975) 234 ff, 413 ff.

III. Verpflichtungen des Auftraggebers

1. Kein Anspruch des Beauftragten auf Ausführung des Auftrags

9 Der Auftraggeber braucht das dem Beauftragten übertragene Geschäft nicht ausführen lassen. Das folgt aus der jederzeitigen Widerruflichkeit des Auftrags, § 671 Abs 1. Er kann daher auch die Erteilung einer für die Ausführung des Auftrags notwendigen Vollmacht oder die Leistung eines Vorschusses (§ 669) ablehnen. Tut er dies, so kann darin konkludent der Widerruf des Auftrags liegen. Ein Anspruch auf Ausführung des Auftrags kann dem Beauftragten durch besondere Vereinbarung eingeräumt werden, sofern der Auftrag auch im Interesse des Beauftragten erteilt ist.

2. Aufwendungsersatz

10 Der Auftraggeber muß dem Beauftragten die zum Zwecke der Ausführung des Auftrags gemachten, erforderlichen Aufwendungen ersetzen (§ 670). Dazu gehört auch der Ersatz von *Zufallsschäden,* die aus einer mit der Ausführung des Auftrags notwendig verbundenen Gefahr resultieren (§ 670 Rn 10 ff). Der Geschäftsbesorger hat gegen den Geschäftsherrn einen Aufwendungsersatzanspruch gemäß §§ 675, 670 nur, wenn die Aufwendungen nicht schon durch die für seine Tätigkeit geschuldete Vergütung abgegolten sind.

3. Schutzpflichten

Der Auftraggeber hat hinsichtlich der Sachen, die er dem Beauftragten als Mittel zur **11** Ausführung des Auftrags überläßt (vgl § 667), die notwendigen Schutzmaßnahmen zu ergreifen. Er muß daher insbesondere für ausreichenden Versicherungsschutz des dem Beauftragten überlassenen Kraftwagens sorgen (BAG AP Nr 18 zu § 670 BGB). Wenn die Tätigkeit des Beauftragten – von ihrer Unentgeltlichkeit abgesehen – dienstvertraglichen Charakter hat, gilt § 618 mit der Folge der Unabdingbarkeit (§ 619). Über § 618 Abs 3 gelten dann auch die §§ 844, 845 entsprechend.

§ 663

Wer zur Besorgung gewisser Geschäfte öffentlich bestellt ist oder sich öffentlich erboten hat, ist, wenn er einen auf solche Geschäfte gerichteten Auftrag nicht annimmt, verpflichtet, die Ablehnung dem Auftraggeber unverzüglich anzuzeigen. Das gleiche gilt, wenn sich jemand dem Auftraggeber gegenüber zur Besorgung gewisser Geschäfte erboten hat.

Materialien: E I § 587; II § 594; III § 650; Mot II 530; Prot II 353, 354.

I. Die Bedeutung der Anzeigepflicht

1. Ausnahmecharakter der Pflicht zur Äußerung

In § 663 ist das Wort „Auftrag" im Sinne der einseitigen Aufforderung des Auftrag- **1** gebers an den Beauftragten zum Abschluß des Auftragvertrags gebraucht. Durch das Zugehen (§§ 130 ff) eines solchen Auftrags im Sinne einer einseitigen Aufforderung des Auftraggebers wird der Beauftragte grundsätzlich weder zur Annahme des Auftrags, noch zur Mitteilung der erforderlichen Ablehnung verpflichtet, es sei denn, daß eine solche Verpflichtung aufgrund eines vorangegangenen Vorvertrags, einer sonstigen vertraglichen Bindung oder öffentlich-rechtlich aus einer ihm erteilten Konzession oder dgl begründet ist. Es besteht also grundsätzlich für den Beauftragten kein Zwang zur Äußerung. Hiervon macht jedoch das Gesetz in § 663 BGB eine Ausnahme, indem es gewissen Personen die Verpflichtung auferlegt, die Ablehnung eines Auftrags dem Auftraggeber unverzüglich mitzuteilen. Eine Verpflichtung zur Annahme des Auftrags besteht aber auch für die in § 663 bezeichneten Personen nicht; mit Kontrahierungszwang hat die Vorschrift nichts zu tun. Eine dem § 663 BGB inhaltlich entsprechende Sonderregelung für den Rechtsanwalt enthält § 44 BRAO. Die Regelung des § 663 BGB ist verwandt mit der Vorschrift des § 362

HGB für Kaufleute. Wenn die besonderen Voraussetzungen des § 362 HGB (Kaufmann, auf Geschäftsbesorgung gerichteter Gewerbebetrieb, Geschäftsverbindung) nicht vorliegen, ist auch im Handelsverkehr § 663 BGB anzuwenden.

2. Verhältnis des § 663 zur § 151

2 Zwischen § 663 und § 151 besteht kein Widerspruch. § 151 läßt lediglich die Empfangsbedürftigkeit der Willenserklärung entfallen, nicht das Erfordernis einer Willenserklärung als solcher (vgl § 151 Rn 9). In den Fällen des § 663 liegt gar keine Willenserklärung vor. Sind die Voraussetzungen des § 151 gegeben, so entfällt die Anzeigepflicht des § 663, da dann der Auftrag angenommen ist, § 663 hingegen die Ablehnung des Auftrags voraussetzt.

3. Anwendung auf Geschäftsbesorgungsverträge

3 Die praktische Bedeutung des § 663 für den Auftrag selbst ist gering. Eine unentgeltliche Besorgung von Geschäften bei öffentlicher Bestellung wird meistens eine Amtsausübung darstellen, also nicht auf einem privatrechtlichen Auftragsverhältnis beruhen. § 663 ist aber auf Dienst- und Werkverträge, die eine Geschäftsbesorgung zum Gegenstand haben, gemäß § 675 entsprechend anzuwenden. Hierin liegt seine wesentliche Bedeutung.

II. Anwendungsfälle der Anzeigepflicht

4 Zur Anzeige bei Ablehnung eines Auftrags ist verpflichtet:

1. wer zur (unentgeltlichen) Besorgung gewisser Geschäfte **öffentlich bestellt** ist. Mit dem Wort „öffentlich" kann nur die Form der Bestellung gemeint sein. Unter „öffentlicher Bestellung" ist also nicht nur eine behördliche seitens des Staates, einer Gemeinde, einer Person des öffentlichen Rechts zu verstehen. Das ergibt sich daraus, daß das Gesetz die öffentliche Bestellung und das öffentliche Sicherbieten gleichstellt. Eine öffentliche Bestellung kann deshalb auch von privaten – natürlich nur juristischen – Personen erfolgen, wenn sie durch öffentliche Erklärung, dh allgemein erkennbar und öffentlich nutzbar erfolgt (vgl zu der entsprechenden Vorschrift des § 497 ZPO RGZ 50, 391, 392). Als Fälle der öffentlichen Bestellung kommen in Frage: Auskunftspersonen der Fremdenverkehrs- und Gebirgsvereine, der Ausstellungs- und Festspielausschüsse, Kaufleute, die vom Fremdenverkehrsverein eines Badeortes öffentlich damit betraut sind, Fremden unentgeltlich Wohnungsgelegenheiten nachzuweisen.

5 **2.** wer sich zur (unentgeltlichen) Besorgung gewisser Geschäfte **öffentlich erboten** hat. Die Abgrenzung der Fälle der öffentlichen Bestellung von denjenigen des öffentlichen Sicherbietens wird oft schwierig sein. Bei einer öffentlichen Bestellung geht die Bestellung von einer (öffentlichen oder privaten) Stelle aus, die von der Person desjenigen, der die Geschäftsbesorgung übernimmt, verschieden ist. Bei einem öffentlichen Sicherbieten geht das Erbieten von demjenigen aus, der die Geschäftsbesorgung vornehmen will. Die Fälle der öffentlichen Bestellung und des öffentlichen Sicherbietens können also nebeneinander gleichzeitig bei derselben Person hinsichtlich derselben Geschäftsbesorgung vorliegen, nämlich dann, wenn eine

öffentliche Bestellung vorliegt und der Betreffende sich selbst auch öffentlich erbietet. Das Sicherbieten bedeutet nicht schon Vertragsantrag, sondern nur die Aufforderung zur Auftragserteilung. Ein öffentliches Sicherbieten kann geschehen durch Schild am Haus, durch die Unterhaltung eines öffentlichen Geschäftslokals, durch Zeitungsanzeige, Rundschreiben, Säulenanschläge ua. In den Fällen der entgeltlichen Geschäftsbesorgung nach § 675 BGB wird ein öffentliches Sicherbieten praktisch bei Maklern des BGB, Rechtsberatern (§ 1 RBerG), bei Patentanwälten, Versteigerern und Taxatoren, Spediteuren (RGZ 104, 267), Banken und Tierärzten (OLG Düsseldorf JW 1925, 2271). Die Anzeigepflicht nach §§ 675, 663 gilt nicht für Ärzte oder Hebammen, da sie keine Tätigkeit wirtschaftlicher Art ausüben. Für Rechtsanwälte gilt die Sonderbestimmung des § 44 BRAO, die keinerlei Bestellung oder Erbieten, sondern nur Inanspruchnahme der Berufstätigkeit voraussetzt. Der Anwalt hat die Pflicht, auf bei ihm eingehende Briefe zu antworten (JW 1931, 522; SeuffA 85 Nr 63).

3. wer sich **dem Auftraggeber gegenüber** zur Besorgung gewisser Geschäfte erboten **6** hat (vgl die gleiche Bestimmung in § 362 Abs 1 S 2 HGB). Dieses besondere Erbieten bedeutet, ebenso wie das öffentliche Sicherbieten, nicht schon einen Vertragsantrag, sondern ist nur Aufforderung zum Vertragsangebot, wie sich aus der in § 663 normierten Pflicht zur Mitteilung der Auftragsablehnung ergibt. Ein solches besonderes Erbieten kann geschehen durch mündliche oder schriftliche Erklärung, durch konkludente Handlung, mit allgemeinem oder speziellem Inhalt.

III. Inhalt der Verpflichtung des § 663

Der Beauftragte ist unter den Voraussetzungen des § 663 verpflichtet, bei Ableh- **7** nung des Auftrags die Ablehnung dem Auftraggeber unverzüglich mitzuteilen. Die Anzeigepflicht des § 663 besteht nur, wenn der erteilte Auftrag in den Rahmen derjenigen Geschäfte fällt, zu deren Besorgung der Beauftragte öffentlich bestellt ist oder sich öffentlich oder dem Auftraggeber gegenüber erboten hat. Die Pflicht zur Anzeige der Ablehnung besteht auch, wenn der Auftrag an einen Dritten übertragen wird. Denn darin liegt nur eine abgeänderte Annahme, die gemäß § 150 Abs 2 als Ablehnung zu werten ist. Das gilt aber nicht bei Übertragung entgeltlicher Geschäftsbesorgung an einen Dritten, da § 664 insoweit nur ausnahmsweise eingreift. Anzuzeigen ist lediglich die Tatsache der Ablehnung. Eine Angabe von Gründen ist nicht erforderlich. Dem Beauftragten schadet nur Schweigen; antwortet er sofort und läßt er dabei seine Bereitschaft zur Übernahme des Auftrags in der Schwebe, so haftet er nur nach den allgemeinen Grundsätzen über Verschulden bei Vertragsverhandlungen (BGH NJW 1984, 866, 867).

Die Anzeige der Ablehnung muß unverzüglich, dh gemäß § 121 Abs 1 S 1: „ohne **8** schuldhaftes Zögern" erfolgen. Eine Form ist für die Anzeige nicht vorgeschrieben. Die Anzeige der Ablehnung ist eine geschäftsähnliche Handlung (vgl ENNECCERUS/ NIPPERDEY AT § 137 IV 2 a). Hieraus folgt aber noch nichts über die Frage, ob die Mitteilung der Ablehnung dem Auftraggeber auch zugehen muß. Auch geschäftsähnliche Äußerungen können zugangsbedürftig sein, wie das Beispiel der Mahnung zeigt. Für die Erfüllung der Anzeigepflicht des § 663 genügt jedoch eine den Umständen nach sorgfältig vorgenommene unverzügliche Absendung. Es würde eine vom Gesetz nicht gewollte Belastung der in § 663 bezeichneten Personen darstellen, wollte man die Haftungsfreiheit des Anzeigenden von dem Zugehen seiner Ablehnungsanzeige an den Auftraggeber abhängig machen, das seiner Einflußsphäre regelmäßig entzogen ist. Welche Anforderungen im einzelnen an die Sorgfalt der Absendung, insbesondere an die gewählte Mitteilungsform zu stellen sind, richtet sich nach § 242. Dabei wird insbesondere die vom Beauftragten erkennbare Bedeutung der Kenntnis der Ablehnung für den Auftraggeber im Hinblick auf den Wert oder die Wichtigkeit des Geschäfts zu berücksichtigen sein. Wer die Mitteilung der Ablehnung für zugangsbedürftig hält, muß für die Unverzüglichkeit entsprechend § 121 Abs 1 S 2 gleichwohl auf die Absendung abstellen. Ein praktischer Unterschied zeigt sich aber bei der Beweislast. Der von der Anzeigepflicht des § 663 Betroffene braucht nur die (sorgfältige) Absendung, nicht auch den Zugang zu beweisen.

9 Ist der zur Anzeige Verpflichtete geschäftsunfähig geworden, so obliegt die Anzeigepflicht seinem gesetzlichen Vertreter. Auch auf den Erben des verstorbenen Anzeigepflichtigen geht die Pflicht aus § 663 über, soweit sie in der Person des Erblassers bereits entstanden war, dieser also bei Zugang des Auftrags noch lebte. Es besteht das praktische Bedürfnis, denjenigen zu schützen, der sich an eine noch nicht verstorbene Person gewandt hatte, von der er aufgrund des Vertrauenstatbestandes des § 663 im Falle der Ablehnung eine Anzeige erwarten durfte. Der in § 673 S 2 enthaltene Gedanke ist dahin auszuweiten, daß die Erben den Tod des nach § 663 anzeigepflichtigen Erblassers unverzüglich (§ 121 Abs 1) mitzuteilen haben, andernfalls die im Falle der schuldhaften Unterlassung oder Verzögerung aus § 663 entstehende Ersatzpflicht eintritt.

IV. Folgen der Zuwiderhandlung

10 Die Unterlassung der Anzeige gilt nicht als Annahme des Auftrags. Darin unterscheidet sich § 663 BGB von § 362 HGB. Dort gilt Schweigen als Annahme. Die schuldhafte (§ 276) Zuwiderhandlung gegen die Vorschrift des § 663 verpflichtet zum Ersatz des Schadens, der dem Auftraggeber dadurch entstanden ist, daß ihm der Beauftragte die Ablehnung nicht oder nicht unverzüglich angezeigt hat (§§ 249 ff). Zu ersetzen ist also nur das negative Vertragsinteresse (Vertrauensinteresse) im Umfang des § 122. Die Sonderregelung des § 44 S 2 BRAO verpflichtet zum Ersatz des „durch die Verzögerung erwachsenen Schadens". Die dort normierte Schadensersatzpflicht ist der aus § 663 im Falle der Zuwiderhandlung erwachsenden Pflicht zum Ersatz des negativen Interesses gleichzusetzen. Der Rechtsanwalt haftet keineswegs nur für eine verzögerte Anzeige der Ablehnung, sondern erst recht für die gänzlich unterlassene Anzeige der Ablehnung. In den Fällen, in denen ein Auftragsverhältnis nach § 362 HGB oder nach § 151 BGB durch Schweigen zustandekommt, verpflichtet die Nichtausführung des Auftrags zum Ersatz des Erfüllungs-(positiven Vertrags-)interesses. Die Verpflichtung zum Schadenersatz im Falle der Zuwiderhandlung gegen § 663 kann nicht aus Vertragsverletzung abgeleitet werden, da ein Schuldverhältnis in diesem Falle nicht vorliegt. Vielmehr handelt es sich um einen gesetzlich anerkannten Fall der culpa in contrahendo. Die Haftung für Verschulden bei Vertragsverhandlungen nach den hierfür geltenden allgemeinen Grundsätzen ist durch § 663 nicht ausgeschlossen (s oben Rn 7).

§ 664

[1] Der Beauftragte darf im Zweifel die Ausführung des Auftrags nicht einem Dritten übertragen. Ist die Übertragung gestattet, so hat er nur ein ihm bei der Übertragung zur Last fallendes Verschulden zu vertreten. Für das Verschulden eines Gehilfen ist er nach § 278 verantwortlich.

[2] Der Anspruch auf Ausführung des Auftrags ist im Zweifel nicht übertragbar.

Materialien: E I §§ 588, 589; II § 595; III § 651;
Mot II 530–534; Prot II 354–357.

Systematische Übersicht

Alphabetische Übersicht

I.   Unbefugte Übertragung des Auftrags

1.   Grundsätzliche Unzulässigkeit der Übertragung des Auftrags

1 Übertragung des Auftrags (Substitution) ist gegeben, wenn der Beauftragte die Ausführung des Auftrags ganz oder zum Teil einem Dritten (Substituten) zu eigener Verantwortung überträgt. Der Substitut übernimmt die Geschäftsführungspflicht und tritt insoweit an die Stelle des Erstbeauftragten (RGZ 161, 73; RGZ 78, 312; ENNECCERUS/LEHMANN § 44 IV; LARENZ II 1 § 56 II; FIKENTSCHER Rn 919). Das Gesetz enthält in Abs 1 S 1 eine **Auslegungsregel**, die die Übertragung des Auftrags für unzulässig erklärt, sofern nicht eine abweichende Vereinbarung nachgewiesen wird. Diese Regel trägt dem persönlichen Vertrauensverhältnis Rechnung, das der Erteilung des Auftrags zugrunde liegt und grundsätzlich die persönliche Erledigung des Auftrags durch den Beauftragten fordert. Die Beweislast für die Gestattung der Übertragung des Auftrags trägt der Beauftragte.

2.   Zulässigkeit der Zuziehung eines Gehilfen

2 Von der Übertragung des Auftrags ist die **Zuziehung eines Gehilfen** zu unterscheiden (Abs 1 S 3). Im Gegensatz zum Substituten wird der Gehilfe nicht in eigener Verantwortung, sondern als Hilfsperson des Beauftragten bei der Ausführung des Auftrags tätig. Die Zuziehung von Gehilfen ist zulässig, sofern sich nicht aus dem Auftrag oder der Eigenart des aufgetragenen Geschäfts ein anderes ergibt (Mot II 532; Prot II 354; ENNECCERUS/LEHMANN § 161 I 2; BGB-RGRK/STEFFEN Rn 4). Der Gehilfe unterstützt den Beauftragten, der die Verantwortung für die Ausführung des Auftrags behält (LARENZ II 1 § 56 II). Das Verschulden des Gehilfen muß sich der Beauftragte aber gemäß § 278 zurechnen lassen (Abs 1 S 3; BGH LM Nr 1 zu § 664 BGB).

3.   Haftung

3 Die Vorschrift des § 664 Abs 1 S 1 schützt das Vertrauen, das der Auftraggeber in die Persönlichkeit des Beauftragten setzt. Ist die Substitution **nicht gestattet**, so handelt der Beauftragte, der die Ausführung des Auftrags einem Dritten überträgt, vertragswidrig und haftet daher für jeden Schaden, der ohne die Substitution nicht eingetreten wäre, also nicht allein für den durch Verschulden des Dritten herbeigeführten Schaden. Wäre der Schaden auch ohne die Übertragung des Auftrags eingetreten, so fehlt es am ursächlichen Zusammenhang. Der Auftraggeber braucht die Erledigung des Auftrags durch einen unbefugt bestellten Dritten nicht als Erfüllung der dem Beauftragten obliegenden Verpflichtung gelten zu lassen, hat also ein **Zurückweisungsrecht** (Mot II 534). Ist jedoch durch die Substitution das Interesse des Auftraggebers nicht verletzt, so steht der Ausübung des Zurückweisungsrechts der Einwand des Rechtsmißbrauchs (§ 242) entgegen (ENNECCERUS/LEHMANN § 161 Anm 1; PLANCK

Anm 1 b; OERTMANN Anm 2 b). Zur Abtretung von Ersatzansprüchen gegen den Dritten ist der Beauftragte bei unbefugter Übertragung des Auftrags nicht verpflichtet (Mot II 534). Der Auftraggeber kann jedoch die Substitution genehmigen und dann wie bei von vornherein gestatteter Übertragung des Auftrags die Abtretung der Ersatzansprüche verlangen.

Wenn entgegen der von § 664 Abs 1 S 3 vorausgesetzten Regel auch die Heranziehung eines **Gehilfen** ausnahmsweise nicht gestattet ist, haftet der Beauftragte für jeden Schaden, den der Beauftragte infolge der vertragswidrigen Heranziehung des Gehilfen erleidet. Seine Haftung beruht insoweit auf eigenem Verschulden, nicht auf der Zurechnungsnorm des § 278. Er haftet daher auch, wenn dem Gehilfen kein Verschulden zur Last fällt. Die Zuziehung des Gehilfen als solche erscheint in diesem Falle als ein den Beauftragten haftbar machendes Verschulden (Mot II 534; PALANDT/ THOMAS Rn 4; aM Prot II 355). Mangels Kausalität haftet der Beauftragte nicht, wenn der Schaden auch ohne Zuziehung des Gehilfen eingetreten wäre.

II.   Befugte Übertragung des Auftrags

1.   Grund der Haftungsbeschränkung

Die befugte Übertragung des Auftrags an einen Dritten hat die Wirkung, daß der **4** zuerst Beauftragte aus den sich auf die Geschäftsbesorgung beziehenden Sorgfaltspflichten entlassen und seine Haftung auf das Verschulden bei der Übertragung beschränkt wird. Den Grund hierfür legt der Auftraggeber, der die Übertragung gestattet.

2.   Voraussetzungen

a)   Die **Gestattung der Übertragung** braucht nicht durch eine ausdrückliche Erklä- **5** rung zu erfolgen. Es genügt auch das stillschweigende Einverständnis des Auftraggebers, auf das die Umstände des Einzelfalls, insbesondere auch die Verkehrssitte, hinweisen können. Wer zB mit dem Verkauf eines großen Objekts beauftragt wird, ist zur Übertragung des Auftrags an einen Makler befugt, wenn dies der Verkehrssitte entspricht. Die Substitutionsbefugnis kann sich unter den Voraussetzungen des § 665 auch aus dem hypothetischen Willen des Auftraggebers ergeben, so insbesondere dann, wenn der Beauftragte an der persönlichen Ausführung des Auftrags verhindert ist. Eine Verpflichtung, einen Substituten zu bestellen, falls dem Beauftragten die Erledigung des Auftrags unmöglich wird, besteht nicht ohne weiteres (Mot II 532). Jedoch wird unter Umständen die Gestattung der Übertragung des Auftrags für den Beauftragten zugleich die Verpflichtung enthalten, bei Verhinderung und Gefahr im Verzuge von seinem Recht Gebrauch zu machen (ebenso BGB-RGRK/STEFFEN Rn 10).

b)   Eine **Übertragung des Auftrags** liegt vor, wenn der zuerst Beauftragte die Aus- **6** führung des Auftrags so an den Dritten weitergegeben hat, daß dieser die Geschäfte nunmehr als Selbstbeauftragter besorgen muß. Die Übertragung des Auftrags an eine Dritten ist von der Übernahme des Auftrags nach den Regeln der Schuldübernahme zu unterscheiden. Durch die Schuldübernahme scheidet der zuerst Beauftragte aus dem Schuldverhältnis völlig aus. Die vom Auftraggeber gestattete

Übertragung des Auftrags führt lediglich zur Beschränkung der Haftung des Beauftragten. Er haftet nur noch für sein eigenes Verschulden bei der Übertragung des Auftrags. Er haftet insbesondere für Auswahlverschulden, nicht jedoch nach § 278 für das Verschulden des Substituten.

7 **c)** Ob eine Übertragung des Auftrags vom Auftraggeber gestattet und vom Beauftragten gewollt war, oder ob der Beauftragte **lediglich einen Gehilfen** zugezogen hat, für den er nach § 278 haftet, ist Tatfrage (RG WarnR 1930 Nr 134; 1931 Nr 57; RGZ 161, 73). Wenn der Beauftragte an der zugesagten persönlichen Ausführung des Auftrags verhindert ist und mit Einverständnis des Auftraggebers oder nach § 665 einen Dritten zuzieht, wird regelmäßig eine Übertragung des Auftrags anzunehmen sein. Anders liegt es, wenn der Beauftragte von vornherein nicht selbst handlungsfähig ist. Haben juristische Personen einen Auftrag auszuführen und bedienen sie sich dabei dritter Personen (dh anderer als ihrer gesetzlichen Vertreter), so kann daraus nichts für die Annahme einer Substitution hergeleitet werden. Treu und Glauben und die Verkehrssitte sprechen vielmehr dafür, daß die juristische Person solche Personen als Gehilfen zuzieht. Das gilt auch dann, wenn die juristische Person einen geschlossenen Teil der Geschäftsbesorgung einem Dritten überträgt (RGZ 161, 74). Diese Art der Übertragung der Auftragsausführung ist im Schrifttum – zu Unrecht – ebenfalls als „Substitution" bezeichnet worden (s RIEZLER, Werkvertrag [1910], 106 ff; OPPERMANN DR 1939, 2045 mwN). Nur soweit diese falsche Verwendung des Terminus „Substitution" in Betracht kommt, ist es berechtigt, mit BGH LM Nr 1 zu § 664 BGB davon zu sprechen, daß die Unterscheidung zwischen „Substitution" und Gehilfen durch RGZ 161, 68 überholt ist. Dagegen ist die Unterscheidung weiterhin von Bedeutung, wenn die Alternative Gehilfenschaft (Abs 1 S 3) oder Substitution (Abs 1 S 1, 2) gestellt wird. Auch von Unterauftrag sollte nur im Sinne der Übertragung des Auftrags gesprochen werden (anders BGB-RGRK/STEFFEN Rn 2; wie hier BGH VersR 1958, 40).

3. Verhältnis des Auftraggebers zum Unterbeauftragten

8 Der Beauftragte kann den Unterauftrag **im Namen des Auftraggebers** oder **im eigenen Namen** erteilen (Mot II 533; Prot II 355; ENNECCERUS/LEHMANN § 161 I 1; RGZ 78, 312; 141, 186; 161, 73; BGH VersR 1958, 41). Ob diese oder jene Art des Unterauftrags vom Beauftragten gewollt und vom Auftraggeber gestattet ist, ob nach dem Willen der Beteiligten ein Auftragsverhältnis zwischen dem Substituten und dem Auftraggeber oder nur zwischen Substituten und Beauftragten entstehen soll, ist Tatfrage (RGZ 78, 312; KG OLGE 9, 295; PLANCK Anm 1 a und d). Hat der Beauftragte den Unterauftrag im eigenen Namen erteilt, so eröffnet sich für den Auftraggeber die Möglichkeit eines Vorgehens gegen den Unterbeauftragten nur dann, wenn der Beauftragte ihm seine Rechte gegen den Unterbeauftragten abtritt. Wenn die Parteien schon von vornherein mit einer Weiterbeauftragung rechnen – etwa mit Rücksicht auf den Umfang der dem Beauftragten anvertrauten Geschäfte –, so spricht jedenfalls eine gewisse Vermutung dafür, daß der Beauftragte den zweiten Auftrag im Namen des Auftraggebers erteilen soll und erteilt. Ist hingegen der Beauftragte zB nur für ein einzelnes Geschäft beauftragt, so wird anzunehmen sein, daß er den Unterauftrag im eigenen Namen erteilt. Erschöpft sich die Geschäftsbesorgungspflicht des Beauftragten darin daß er einen Dritten mit der Ausführung der Geschäfte beauftragen soll, so ist anzunehmen, daß er den Dritten im Namen des Auftraggebers bestellt. In diesem Fall liegt kein Unterauftrag vor. Die Beschränkung der Haftung desjenigen, der einen

Beauftragten finden soll, folgt schon aus der gegenständlichen Beschränkung seines Auftrags.

4. Haftung des Beauftragten

Der Beauftragte haftet bei befugter Übertragung des Auftrags gemäß Abs 1 S 2 nur **9** für ein ihm bei der Übertragung zur Last fallendes Verschulden. Für ein Verschulden des Substituten haftet er mithin nicht, sondern nur für den Schaden, der dem Auftraggeber dadurch entsteht, daß der Beauftragte die Ausführung des Geschäfts schuldhaft einem ungeeigneten Dritten überträgt (Auswahlverschulden). Er haftet auch, wenn ihm bei der etwa erforderlichen Unterweisung ein Verschulden zur Last fällt (Mot II 532; Prot II 355; OLG Bamberg SeuffA 61 Nr 228; RGZ 142, 184, 187; LARENZ II 1 § 56 II). Der Beauftragte muß den Substituten daher über den Gegenstand des Auftrags und die etwaigen Weisungen des Auftraggebers informieren. Die Haftungsregelung für weitergeleitete Auskunftsaufträge in Nr 3 Abs 2 der AGB der Banken in der ab 1. 1. 1993 geltenden Fassung stimmt mit diesen Grundsätzen überein. Den Umständen nach kann ferner als vereinbart gelten, daß der Beauftragte den Unterbeauftragten zu überwachen hat (RGZ 78, 312; zu weit geht wohl RGZ 161, 72 – bgl allerdings auch dort 75, wo mit Recht auf die Umstände abgestellt wird). In der Regel wird allerdings der Beauftragte, dem eine völlige Übertragung seines Auftrags auf einen Dritten gestattet ist, seine Verpflichtung mit der Übertragung erfüllen.

Hat der Beauftragte zulässigerweise dem Dritten den Unterauftrag im eigenen Namen erteilt, so kann er den Schaden seines Auftraggebers nach den Grundsätzen der Drittschadensliquidation gegen den Unterbeauftragten geltend machen. Er ist gemäß § 667 verpflichtet, das Erlangte an den Auftraggeber herauszugeben. Der Auftraggeber kann aufgrund des § 667 aber auch Abtretung der Ersatzansprüche verlangen (Prot II 356; BGH VersR 1958, 40, 41). Hat der Beauftragte die Besorgung im Namen des Auftraggebers übertragen, so besteht zwischen dem Substituten und dem Auftraggeber ein unmittelbares Auftragsverhältnis. Der Substitut haftet dann dem Auftraggeber unmittelbar für die sorgfältige Ausführung des Auftrags.

III. Hinzuziehung eines Gehilfen

1. Zweck der Verweisung auf § 278

Wenn das Gesetz bei Hinzuziehung eines Gehilfen die Zurechnungsnorm des § 278 **10** erwähnt, so geht es davon aus, daß die Hinzuziehung eines Gehilfen im Normalfall zulässig ist. Durch die Verweisung auf § 278 wird der Gegensatz zu der beschränkten Haftung bei Übertragung des Auftrags an einen Dritten hervorgehoben, die von der Gestattung der Übertragung abhängt. Es ergibt sich damit die Notwendigkeit, den Substituten vom Gehilfen, der den Beauftragten nur unterstützt, also nicht in eigener Verantwortung handelt, zu unterscheiden. § 278 setzt Verschulden des Erfüllungsgehilfen voraus.

2. Haftung bei ausnahmsweise unzulässiger Hinzuziehung eines Gehilfen

War die Zuziehung eines Gehilfen ausnahmsweise unzulässig, so liegt in der ver- **11** tragswidrigen Zuziehung eine Pflichtverletzung. Insoweit genügt daher das eigene

Verschulden des Beauftragten. Die Unzulässigkeit der Zuziehung von Gehilfen kann sich im Wege der Auslegung aus dem Vertragszweck (Verschwiegenheitspflicht) ergeben oder aus einer entsprechenden Weisung des Auftraggebers folgen. Der Beauftragte haftet nicht, wenn er bei der Zuziehung des Gehilfen im Rahmen des § 665 handelt.

IV. Beendigung des Auftrags und ihre Wirkung auf den Unterauftrag

12 Welche Wirkung das Erlöschen des Auftrags auf den von dem Beauftragten erteilten Unterauftrag ausübt, muß nach den Umständen des einzelnen Falles beurteilt werden. In der Regel wird das zwischen dem Substituten und dem Beauftragten bzw. dem Auftraggeber begründete Auftragsverhältnis durch das Erlöschen des Auftrags nicht berührt (Mot II 552 ff). Gerade dann, wenn der Hauptauftrag erlischt (insbesondere beim Tode des Beauftragten), kann der Unterauftrag seine Bedeutung gewinnen. Vor allem die (befugte) Substitution im Namen des Auftraggebers wird in der Regel von der Fortdauer des Hauptauftrags unabhängig sein. Aus den Umständen aber kann sich ergeben, daß nach dem Willen der Beteiligten der zweite Auftrag durch das Bestehen des Hauptauftrags bedingt sein soll (PLANCK Anm 1 d). Dabei wird es einen Unterschied machen, ob das Erlöschen des Hauptauftrags auf dem Willen des Auftraggebers beruht (Widerruf) oder auf einem plötzlichen unvorhergesehenen Ereignis (Tod des Beauftragten), ferner, ob der Auftraggeber von der Unterbeauftragung Kenntnis hat oder nicht.

V. Entsprechende Anwendung des § 664

1. Grundsätzliche Unanwendbarkeit auf Geschäftsbesorgungsverträge

13 Die Vorschriften des § 664 finden grundsätzlich **keine Anwendung** auf einen Dienst- oder Werkvertrag, der eine **Geschäftsbesorgung** zum Gegenstand hat. § 675 rechnet sie nicht zu den auftragsrechtlichen Vorschriften, die als auf den entgeltlichen Geschäftsbesorgungsvertrag anwendbar erscheinen. Bei Dienstverträgen auf Geschäftsbesorgung fehlt es für die analoge Anwendung von § 664 Abs 1 S 1 und § 664 Abs 2 wegen inhaltsgleicher Regelung in § 612 schon am Bedürfnis (RGZ 161, 68, 70). Bei Geschäftsbesorgungsverträgen, die auf einem besonderen persönlichen Vertrauensverhältnis zum Geschäftsbesorger beruhen, kann die Auslegungsregel des § 664 Abs 1 S 1 entsprechend anwendbar sein. Die analoge Anwendung des § 664 Abs 1 S 2 ist nicht schlechthin ausgeschlossen, wenn die (entgeltliche) Geschäftsbesorgung mit Gestattung des Geschäftsherrn auf einen Dritten übertragen wird. Es kommt dann darauf an, ob das Vertrauensverhältnis zu dem mit der Geschäftsbesorgung zunächst betrauten Geschäftsbesorger und damit dessen Verantwortung erhalten bleibt. Wenn ja, haftet dieser für den Dritten nach § 278. So gilt § 664 Abs 1 S 2 nicht für den amtlich bestellten Vertreter eines Rechtsanwalts (RGZ 163, 377, 379). Kann hingegen die Geschäftsbesorgung auf den Dritten nicht übertragen werden, ohne daß ein neues Vertrauensverhältnis des Geschäftsherrn zum Dritten begründet und der bisherige Geschäftsbesorger aus der Verantwortung für die Ausführung des Geschäfts entlassen wird, dann gilt § 664 Abs 1 S 2 entsprechend. Das RG hat daher in RGZ 78, 310, 313 § 664 Abs 1 S 2 zu Recht auf einen Kommissionsvertrag angewandt, dessen Ausführung mit Einverständnis des Kommittenten auf einen Dritten übertragen wurde. Zwischen RGZ 78, 310 und RGZ 161, 68 besteht somit der Sache

nach kein Widerspruch. Der Gegenschluß aus § 675 enthält nicht mehr als eine gewisse Vermutung für das Fehlen der Rechtsähnlichkeit. Wenn Rechtsähnlichkeit und Bedürfnis für eine analoge Anwendung des § 664 Abs 1 S 2 vorliegen, wird der Gegenschluß aus § 675 kraftlos (wie hier BGH LM Nr 1 zu § 664 BGB; Larenz II 1 § 56 V; Erman/Ehmann Rn 7; im Ergebnis übereinstimmend Staudinger/Martinek § 675 Rn A 88, nach dessen Ansicht § 664 Abs 1 S 2 einen allgemeinen Rechtsgedanken enthält, der unabhängig von § 675 ohnehin gilt).

2. Entsprechende Anwendung auf andere Rechtsverhältnisse

Auf die Geschäftsführung des Vorstands eines Vereins findet nach § 27 Abs 3 § 664 **14** Anwendung. Die Satzung kann jedoch eine abweichende Regelung treffen.

§ 664 gilt für die Rechte und Pflichten der geschäftsführenden Gesellschafter, soweit sich nicht aus dem Gesellschaftsvertrag etwas anderes ergibt, § 713 (vgl RG JW 1907, 830).

Überträgt der Erbe die Ausführung von Verwaltungshandlungen hinsichtlich des Nachlasses auf Dritte, so haftet er im Falle der Nachlaßverwaltung oder des Nachlaßkonkurses gemäß § 1978 nach Maßgabe des § 664 I 2. Für Verschulden eines Gehilfen ist er nach § 278 verantwortlich.

§ 2218 bestimmt durch Bezugnahme auf den Erben, daß der Testamentsvollstrecker sein Amt als Ganzes nicht auf einen anderen übertragen darf, auch nicht mit Zustimmung des Erben. Bei Übertragung nur einzelner Geschäfte hat der Testamentsvollstrecker ein Verschulden nach Maßgabe des § 664 Abs 1 S 2 zu vertreten. Für das Verschulden eines Gehilfen ist der Testamentsvollstrecker nach § 278 verantwortlich.

Der Konkursverwalter (§ 82 KO) kann die ihm obliegenden Pflichten als solche nicht derart einem andern übertragen, daß er mit der Bestellung eines Dritten seine Pflichten erfüllt. § 664 Abs 1 S 1, 2 können also nicht zu Anwendung kommen. Bedient sich der Konkursverwalter zur Erfüllung seiner Pflichten einer dritten Person, so haftet er für deren Verschulden nach § 278 (vgl RGZ 142, 189).

VI. Die Übertragbarkeit des Anspruchs auf Ausführung des Auftrags (§ 664 Abs 2)

Der Anspruch des Auftraggebers auf Ausführung des Auftrags ist im Zweifel nicht **15** übertragbar. Auch diese Auslegungsregel trägt dem persönlichen Vertrauensverhältnis zwischen Auftraggeber und Beauftragtem Rechnung, auf dem der Auftrag beruht. Trifft sie zu, so kann an dem Anspruch auf Ausführung des Auftrags auch kein Nießbrauch oder Pfandrecht bestellt werden (§§ 1069 Abs 2, 1274 Abs 2); der Anspruch kann nicht gepfändet werden (§ 851 Abs 1 ZPO), er gehört nicht zur Konkursmasse (§ 1 KO) und es findet ihm gegenüber keine Aufrechnung statt (§ 349 S 1). Über Vererblichkeit des Anspruchs auf Ausführung des Auftrags s § 672. Die übrigen dem Auftraggeber aus dem Auftrag erwachsenen Ansprüche, insbesondere aus §§ 666, 667, sind dagegen nach allgemeinen Grundsätzen (§§ 398 ff) übertragbar und pfändbar.

§ 665

Der Beauftragte ist berechtigt, von den Weisungen des Auftraggebers abzuweichen, wenn er den Umständen nach annehmen darf, daß der Auftraggeber bei Kenntnis der Sachlage die Abweichung billigen würde. Der Beauftragte hat vor der Abweichung dem Auftraggeber Anzeige zu machen und dessen Entschließung abzuwarten, wenn nicht mit dem Aufschub Gefahr verbunden ist.

Materialien: E I § 560; II § 596; III § 652; Mot
II 535, 536; Prot II 357.

Systematische Übersicht

Alphabetische Übersicht

I. Bedeutung der Vorschrift

§ 665 regelt die Abweichungsbefugnis des Beauftragten gegenüber den vom Auftrag- **1**
geber im Rahmen des Auftrags erteilten **Weisungen.** Sie setzt also die Verpflichtung
des Beauftragten, anfängliche oder nachträgliche Weisungen des Auftraggebers zu
befolgen, bereits voraus. Diese Verpflichtung folgt aus der auftragsrechtlichen
Treupflicht. Der Beauftragte darf sich über die Weisungen des Auftraggebers nicht
deshalb hinwegsetzen, weil er sie für unzweckmäßig hält. Der Auftraggeber bleibt
Herr des dem Beauftragten anvertrauten Geschäfts. Wenn der Beauftragte mit den
Weisungen des Auftraggebers nicht einverstanden ist, kann er den Auftrag jederzeit
kündigen, § 671 Abs 1. Weisungen, die außerhalb des Auftragsgegenstandes fallen,
braucht er nicht zu befolgen (Mot II 535). Auch nachträglich erteilte Weisungen, die
in den Rahmen des erteilten Auftrags fallen, binden den Beauftragten (Mot II 535;
RGZ 90, 129, 131). Die Vorschrift des § 665 trägt der Möglichkeit Rechnung, daß bei
der Ausführung des Auftrags Umstände auftreten, die eine Abweichung von den
Weisungen des Auftraggebers erforderlich machen. Sie räumt dem Beauftragten
daher eine **Abweichungsbefugnis** ein. Der Beauftragte darf nach seinem Ermessen
handeln, wenn er berechtigterweise das Einverständnis des Auftraggebers mit der
Abweichung voraussetzen kann und wenn es um eine unaufschiebbare Maßnahme
geht, die Entschließung des Auftraggebers nach vorheriger Unterrichtung also
wegen der mit der Verzögerung verbundenen Gefahr nicht abgewartet werden kann.
Das Gesetz verlangt vom Beauftragten daher keinen blinden, sondern denkenden
Gehorsam (HECK, Schuldrecht 355).

II. Bindung des Beauftragten an die Weisungen des Auftraggebers

1. Erteilung der Weisung

Die Weisung ist eine **einseitige Erklärung** des Auftraggebers. Sie aktualisiert die **2**
Geschäftsbesorgungspflicht, indem sie die Vornahme einzelner Tätigkeiten verlangt,
die der Beauftragte nur auf Weisung ausführen kann (so zB der Überweisungsauftrag im
Rahmen eines Girovertrags, BGHZ 10, 322) oder sie bestimmt näher, wie der Auftrag
auszufüllen ist (BGH WM 1976, 630). Die Weisung ist daher nicht etwa ein bloßer
Antrag auf Abschluß eines Vertrags, der noch der Annahme seitens des Beauftragten bedürfte. Sie muß dem Beauftragten lediglich zugehen.

2. Rechtsnatur

Die Weisung ist Rechtsgeschäft, sofern sie die Berechtigung des Beauftragten, eine **3**
konkrete Maßnahme vorzunehmen, überhaupt erst begründen soll. Daher ist insbesondere der *Überweisungsauftrag* an eine Bank ein (einseitiges) Rechtsgeschäft; als
empfangsbedürftige Willenserklärung muß er der Bank zugehen (s näher STAUDINGER/
MARTINEK § 675 Rn B 24). Die Verpflichtung zur unverzüglichen Durchführung des
Überweisungsauftrags ergibt sich aus dem Geschäftsbesorgungsvertrag. Aber auch

Roland Wittmann

Weisungen, die lediglich die Art und Weise der Ausführung des Auftrags betreffen, sind rechtsgeschäftlicher Natur, da sie den Beauftragten binden und deshalb auf einen von der Rechtsordnung anerkannten rechtlichen Erfolg gerichtet sind. Zur Unterzeichnung des Leistungsbelegs als Weisung an den Kreditkartenunternehmer vgl § 675 Rn B 76.

3. Auslegung

4 Weisungen sind gemäß §§ 113, 157 nach dem vermutlichen Willen des Auftraggebers und nach der Verkehrssitte auszulegen (ENNECCERUS/LEHMANN § 161 I 3; RGZ 56, 149, 150; BGH WM 1972, 308, 309; 1978, 367). Bleibt die Weisung zweifelhaft, so muß der Beauftragte dem Rechtsgedanken des § 665 S 2 und seiner Treupflicht entsprechend durch Rücksprache mit dem Auftraggeber eine Klärung herbeiführen. Bei Divergenzen zwischen Empfängerbezeichnung und Kontonummer muß die Bank von der Bezeichnung des Empfängers ausgehen, weil der Name eine sicherere Individualisierung ermöglicht (BGHZ 108, 386, 390 f). Existiert die im Überweisungsauftrag angegebene Empfängerkontonummer gar nicht, dann muß sich die Bank ebenfalls an die Empfängerbezeichnung halten (BGH NJW 1987, 1825, 1826). Hat der Empfänger mehrere Konten, so ist das vom Auftraggeber angegebene Konto maßgebend. Die früher in Überweisungsvordrucken enthaltene Fakultativklausel verstieß gegen § 9 AGBG (BGHZ 98, 24, 28 ff; STAUDINGER/MARTINEK § 675 Rn B 23). Für den Bankverkehr gilt der Grundsatz, daß sich die Banken streng innerhalb der Grenzen des ihnen erteilten formalen Auftrags halten müssen und die zugrundeliegenden Rechtsbeziehungen der Beteiligten grundsätzlich keine Beachtung finden können, so insbesondere im Akkreditivverkehr (Grundsatz der Dokumentenstrenge, RGZ 94, 144; 106, 26, 30; 114, 268, 270; BGH LM Nr 1, 2 zu § 780 BGB; MDR 1960, 218), im Giroverkehr (BGH WM 1972, 308, 309) und im Wechsel- und Scheckverkehr (BGH NJW 1980, 2130 f). Zur Bindung an die Weisungen von Wertpapierkunden vgl BGH WM 1976, 630, 631. Im Giroverkehr ist die Angabe des Verwendungszwecks auf dem Überweisungsformular regelmäßig keine Weisung an die Bank des Empfängers (RGZ 54, 332; BGH WM 1957, 1055; BGHZ 50, 227, 230). Dieser Angabe kann die Bedeutung einer Weisung aber dann beigemessen werden, wenn zwischen der Überweisungsbank und der Empfängerbank eine Vereinbarung vorliegt, wonach der Vermerk des Überweisenden als Weisung beachtet werden sollte (BGH WM 1957, 1055).

4. Handeln ohne Weisung

5 Wenn keine Weisungen vorhanden sind, beurteilt sich die Frage, was der Beauftragte tun muß, unter Berücksichtigung der gesamten Sachlage und der Interessen des Auftraggebers nach der auftragsrechtlichen Treupflicht (RG JW 1905, 43; RGZ 90, 131). Aus ihr kann auch die Verpflichtung folgen, Weisungen des Auftraggebers einzuholen, sofern der Beauftragte nicht auch ohne Weisung handeln darf (RG WarnR 1917 Nr 204; OLG Frankfurt WM 1977, 984). Die auftragsrechtliche Treupflicht kann aber die Verpflichtung, die Weisungen des Auftraggebers zu befolgen, auch überlagern und über § 665 hinausgehend sogar eine Verpflichtung zur Abweichung von Weisungen des Auftraggebers oder jedenfalls eine Warnpflicht begründen.

6 Eine Verpflichtung zur Abweichung wird sich nur dann ergeben, wenn die Weisung des Auftraggebers durch die Umstände überholt, die abweichende Maßnahme

unaufschiebbar und für die Ausführung des Auftrags erforderlich ist, der Auftraggeber bei Kenntnis der Sachlage die abweichende Ausführung selbst anordnen würde und das Abgehen von den Weisungen die Tätigkeit des Beauftragten nicht wesentlich erschwert (Mot II 535; OERTMANN Anm 3). Grundsätzlich ist es jedoch Sache des Auftraggebers, den Beauftragten mit den notwendigen Weisungen zu versehen (BGB-RGRK/STEFFEN Rn 17).

5. Warnpflicht

Von der demnach nur unter ganz besonderen Umständen zu bejahenden Verpflichtung des Beauftragten, von den Weisungen des Auftraggebers abzuweichen ist die Warnpflicht zu unterscheiden, die dem Beauftragten vor Befolgung der Weisung des Auftraggebers obliegen kann. Ob eine Warnpflicht des Beauftragten besteht, ist eine Frage seiner auftragsrechtlichen Treupflicht. Die Bank muß den Überweisungsauftrag grundsätzlich ohne Rücksicht auf das Innenverhältnis unter den Beteiligten ausführen. Sie trifft jedoch eine Warnpflicht, wenn sie Kenntnis von der Zahlungseinstellung des Überweisungsempfängers oder von dessen unmittelbar bevorstehendem wirtschaftlichem Zusammenbruch hat (RG Recht 1914 Nr 479; BGH LM Nr 14 AGB der Banken; NJW 1987, 317, 318; aM RGZ 54, 329, 333). Eine Warnpflicht besteht ferner bei Zahlungseinstellung oder bevorstehendem Zusammenbruch der Empfangsbank (BGH MDR 1963, 740). Trifft die Überweisungsbank ausnahmsweise eine Warnpflicht wegen der wirtschaftlichen Zweckmäßigkeit der Überweisung oder wegen rechtlicher Bedenken, die der Überweisung entgegenstehen, so ist sie berechtigt und verpflichtet, die Überweisung zum Zwecke der Rückfrage beim Auftraggeber hintanzuhalten. Wird der Rechtsanwalt vom Mandanten angewiesen, von mehreren möglichen Wegen einen weniger sicheren zu wählen, so ist er verpflichtet, vor Beschreitung dieses Weges den Mandanten vor den damit verbundenen Risiken zu warnen (vgl RGZ 151, 259, 264). Hat ein Beauftragter einen bestimmten Auftrag nur wegen seiner besonderen Sachkunde erhalten, muß er beim Auftreten von Bedenken gegen erteilte Weisungen den Auftraggeber warnen (BGH NJW 1985, 42, 43). Auch die Belastung des Beauftragten mit Schadensersatzpflichten aus einer Gefährdungshaftung kann, wenn diese mit der Ausführung des Auftrags verbunden sind, ein ersatzfähiger Zufallsschaden sein (BGH NJW 1963, 251, 252; vgl aber auch BGH NJW 1985, 269)

6. Widerruf

Weisungen können, gleich dem Auftrag selbst (§ 671 Abs 1), widerrufen werden 8 (RGZ 90, 129, 133). In dem Widerruf der Weisung kann zugleich der Widerruf des ursprünglichen Auftrags gemäß § 671 Abs 1 liegen. Durch den Widerruf einer Weisung, die die Art und Weise der Ausführung des Auftrags betrifft, kann der Auftraggeber die Durchführung der pflichtgemäßen Beurteilung des Beauftragten überlassen. Er kann auch eine etwa als unzweckmäßig erkannte Weisung durch eine andere ersetzen. Der Widerruf wirkt stets nur für die Zukunft. Das Widerrufsrecht entfällt daher, wenn der Auftrag ganz oder auch nur in dem der Weisung unterliegenden Teil bereits ausgeführt ist. Wird eine Weisung widerrufen, die die Geschäftsbesorgungspflicht des Beauftragten überhaupt erst aktualisiert, so entfällt damit die Verpflichtung und die Berechtigung des Beauftragten zu dieser Tätigkeit. Der Widerruf des Überweisungsauftrags (vgl auch STAUDINGER/MARTINEK § 675 Rn B 27 f) hat daher ebenso wie der Überweisungsauftrag selbst rechtsgeschäftlichen Charakter. Der Widerruf ist grundsätzlich so lange möglich, als der Überweisungsbetrag dem Empfänger noch nicht gutgeschrieben worden ist (RGZ 82, 95, 97; BGHZ 6, 121, 124; 103, 143, 145 ff; BGH LM 29 zu § 328 BGB; WM 1971, 110, 111). Bei Buchung „pro diverse" zugunsten eines Nichtkunden kann auch noch nach der Buchung ein Widerrufsrecht bestehen (vgl BGHZ 27, 241, 247). Zur zeitlichen Begrenzung des Widerrufsrechts beim Abbuchungsauftrag vgl BGH WM 1978, 819. Der zulässige Widerruf begründet gemäß § 667 die Verpflichtung der Überweisungsbank zur Stornierung der Buchung.

9 **7.**   Grundlage des Weisungsrechts ist das zwischen Auftraggeber und Beauftragtem bestehende Auftragsverhältnis oder das zwischen Geschäftsherrn und Geschäftsbesorger bestehende Geschäftsbesorgungsverhältnis. Im Giroverkehr hat daher der Überweisende grundsätzlich kein Weisungsrecht gegenüber der Bank des Empfängers. Daher muß auch der Widerruf des Überweisungsauftrags als Gegenweisung der Überweisungsbank gegenüber erklärt werden. Die Empfängerbank muß aber weitergeleitete Weisungen kraft ihres Rechtsverhältnisses zur Überweisungsbank beachten. Außerdem muß sie auch den Beschränkungen Rechnung tragen, mit denen der Überweisende den Überweisungsauftrag von vornherein versehen hat.

III. Die Abweichungsbefugnis des Beauftragten

1.   Begriff der Abweichung

10 Abweichung von den Weisungen des Auftraggebers ist jedes Abgehen von dem ursprünglichen Auftrag, wobei sich dessen Inhalt nach dem ausdrücklichen oder stillschweigenden (durch Auslegung zu ermittelnden) Willen des Auftraggebers bestimmt. Eine Abweichung kann aber auch in dem Widerspruch zu nachträglich erteilten Weisungen liegen. Für die Frage, ob eine Abweichung vorliegt, kommt der Übung und Verkehrssitte des geschäftlichen Lebens maßgebliche Bedeutung zu (hierzu RG HRR 1936 Nr 1106). Das — wenn auch ursprünglich nicht ausdrücklich vorgesehene — Handeln des Beauftragten, das sich mit dem durch Auslegung des Auftrags zu ermittelnden Willen des Auftraggebers deckt, ist keine Abweichung. So hat das RG mit Recht das Vorliegen einer Abweichung verneint in einem Falle, in dem der Beauftragte die eingezogenen Gelder, statt sie selbst zu verwahren, bei einer als sicher geltenden Bank angelegt hat (RGZ 56, 149, 150 f). Führt der Beauftragte das Geschäft unter günstigeren Bedingungen aus, als ihm vorgeschrieben ist, so wird in der Regel eine Abweichung von den Weisungen des Auftraggebers nicht gegeben sein, weil der Abschluß zu den günstigeren Bedingungen als mit in dem Inhalt des Auftrags enthalten angesehen werden kann. Die Vorteile kommen in entsprechender Anwendung des Rechtsgedankens des § 387 HGB dem Auftraggeber zu (vgl KG WarnR 1908 Nr 464). Ist bei Vorliegen besonderer Umstände der Abschluß zu den günstigeren Bedingungen nicht in dem Auftrag enthalten, so werden die Grundsätze über Geschäftsführung ohne Auftrag (§§ 677 ff) eingreifen.

2.   Voraussetzungen der Abweichungsbefugnis

11 a)   Der Beauftragte ist befugt, von den Weisungen des Auftraggebers abzuweichen, wenn er den Umständen nach annehmen darf, der Auftraggeber würde bei Kenntnis der Sachlage die Abweichung billigen, und wenn mit der durch eine Benachrichtigung des Auftraggebers und dem Abwarten seiner Entschließung eintretenden Verzögerung Gefahr verbunden ist. Im Gegensatz zu § 683 S 1 stellt § 665 nicht darauf ab, ob die Abweichung objektiv dem mutmaßlichen Willen des Auftraggebers entspricht, sondern auf die den Umständen nach berechtigte Annahme des Beauftragten, das Einverständnis des Auftraggebers voraussetzen zu können. Das Risiko schuldlosen Irrtums trägt daher der Auftraggeber. Ist die Maßnahme aufschiebbar, so ist der Beauftragte verpflichtet, vor der Abweichung den Auftraggeber zu benachrichtigen und seine Entschließung abzuwarten, selbst wenn er das Einverständnis des Auftraggebers mit der Abweichung annehmen darf (RGZ 105, 53; 106, 31; 114, 377). Ebensowenig begründet die Unaufschiebbarkeit der Maßnahme allein die Befugnis des Beauftragten zur Abweichung, wenn nicht mit dem Einverständnis des Auftraggebers gerechnet werden kann (BGH VersR 1977, 421). Auch wenn die Weisungen des Auftraggebers ungenau oder nicht befolgbar sind – etwa weil der Auftraggeber von rechtsirrigen Voraussetzungen ausgeht – und der Beauftragte annehmen darf, der Auftraggeber werde bei Rechtsbelehrung die Abweichung von seinen Weisungen billigen, so hat der Beauftragte dennoch vor der Abweichung dem Auftraggeber Anzeige zu machen (RG WarnR 1930 Nr 34). Nach Ablauf einer gewissen Frist wird der Beauftragte in aller Regel das Einverständnis des Auftraggebers mit der mitgeteilten Abweichung annehmen dürfen (so auch BGB-RGRK/STEFFEN Rn 11; PALANDT/THOMAS Rn 9). Kann der Beauftragte die Anzeige von der Abweichung an den Auftraggeber nicht machen und dessen Entschließung nicht abwarten, weil mit dem Aufschub Gefahr verbunden ist, so trifft ihn nach § 666 die Pflicht zur unverzüglichen nachträglichen Benachrichtigung. Dies muß um so mehr gelten, wenn eine Anordnung des Auftraggebers zu erwarten ist, die sich mit der vom Beauftragten getroffenen kreuzt. Ein Verstoß gegen die Pflicht macht schadensersatzpflichtig (RGZ 114, 375, 377).

b) Den Beauftragten trifft die **Beweislast** dafür, daß er aus seiner Sicht zu Recht **12** angenommen hat, die Abweichung entspreche dem vermuteten Willen oder den Interessen des Auftraggebers (RGZ 90, 131; HRR 1931 Nr 405; KG OLGZ 1973, 18). Außerdem trägt er die Beweislast für die Unaufschiebbarkeit.

IV. Rechtsfolgen unbefugter Abweichung

1. Zurückweisungsrecht

Weicht der Beauftragte von den Weisungen des Auftraggebers ab, ohne daß die **13** Voraussetzungen des § 665 S 1 oder S 2 erfüllt sind, so braucht der Auftraggeber die Erledigung des Auftrags nicht als Erfüllung der dem Beauftragten obliegenden Verpflichtungen gelten zu lassen (RGZ 57, 395; RG JW 1912, 910; RGZ 114, 270 f; RG HRR 1931 Nr 405; BGH LM Nr 5, 7 zu § 665 BGB). Der Auftraggeber hat also wie der Kommittent (§ 385 Abs 1 HGB) ein **Zurückweisungsrecht** (vgl KNÜTEL ZHR 137 [1973] 286 ff). Das Zurückweisungsrecht wirkt nicht gegenüber Dritten, versagt also insoweit, als der Beauftragte aufgrund entsprechender Vollmacht, wenn auch im Innenverhältnis weisungswidrig, im Namen des Auftraggebers gehandelt hat. Es behält aber auch in diesem Fall seine Bedeutung für die Erfüllung oder Abwicklung des Auftrags selbst. Ist die vertragsmäßige Ausführung des Auftrags noch möglich, so kann der Auftraggeber diese verlangen. Der Beauftragte haftet nach erfolgter Mahnung für den Verzugsschaden. Wenn die Erfüllung nicht mehr möglich ist, haftet der Beauftragte auf das Erfüllungsinteresse. Der Auftraggeber kann zugleich mit der Zurückweisung der weisungswidrigen Ausführung des Auftrags den Auftrag widerrufen (§ 671 Abs 1) und vom Beauftragten alles zurückfordern, was dieser zur Ausführung des Auftrags erhalten hat (§ 667; vgl RGZ 114, 271). Der Beauftragte hat hingegen, wenn der Auftraggeber die weisungswidrige Ausführung des Auftrags zurückweist, keinen Aufwendungsersatzanspruch nach § 670. Das Zurückweisungsrecht entfällt, wenn durch die ungerechtfertigte Abweichung das Interesse des Auftraggebers nicht verletzt ist, etwa weil die Abweichung geringfügig war oder weil der Zweck des Auftrags trotz der Abweichung erreicht wird. Es würde dann gegen Treu und Glauben verstoßen, wenn der Auftraggeber die Ausführung nicht als Erfüllung des Auftrags gelten lassen würde (RGZ 106, 26 f; BGH LM Nr 5 zu § 665 BGB). Das gleiche gilt, wenn der Beauftragte lediglich gegen die Anzeige- und Wartepflicht des § 665 S 2 verstoßen hat und das Interesse des Auftraggebers hierdurch nicht verletzt ist. Die Beweislast dafür, daß die Ausübung des Zurückweisungsrechts gegen Treu und Glauben verstößt, obliegt dem Beauftragten (BGH WM 1976, 630). Das Zurückweisungsrecht entfällt auch dann, wenn der Beauftragte zwar über die Grenzen seines ursprünglichen Auftrags hinausgegangen ist, den Auftraggeber jedoch in die Lage gesetzt hat, das ausgeführte Geschäft, soweit es außerhalb des Auftrags liegt, abzulehnen. Der Auftraggeber muß in entsprechender Anwendung des § 386 Abs 2 HGB das weisungswidrig ausgeführte Geschäft schließlich auch dann als Erfüllung gelten lassen, wenn der Beauftragte sich erbietet, die Nachteile des Auftraggebers auszugleichen (Enneccerus/Lehmann § 161 I 4; RGZ 57, 392; Mot II 535).

14 2.   Der Beauftragte ist dem Auftraggeber für jeden aus der weisungswidrigen Ausführung des Auftrags entstandenen **Schaden** aus dem Gesichtspunkt der Vertragsverletzung nach den §§ 276, 249 ff ersatzpflichtig (RGZ 106, 31; 114, 268, 271; HRR 1912 Nr 405; BGH VersR 1956, 762, 763; LM Nr 28 zu § 675 BGB; KG OLGZ 1973, 18, 19). Unter Umständen ist hinsichtlich des Umfangs der Schadensersatzpflicht § 254 zu beachten, etwa in dem Falle, daß der Auftrag ungenau oder unausführbar war. Hat der Auftraggeber im Vertrauen auf die weisungsgemäße Ausführung des Auftrags Aufwendungen gemacht, so gehören auch diese zu dem zu ersetzenden Schaden (RGZ 114, 375, 378). Hat der Beauftragte lediglich gegen die Anzeige- und Wartepflicht des § 665 S 2 verstoßen, so hat der Auftraggeber einen Schadensersatzanspruch nur, wenn er bei Erfüllung der Anzeige- und Wartepflicht eine andere Weisung erteilt hätte oder sich auf die weisungsmäßige Ausführung des Auftrags eingestellt hat (ebenso BGB-RGRK/Steffen Rn 15).

15 3.   Der Auftraggeber kann die Abweichungen von seinen Weisungen **genehmigen** (RGZ 106, 29; 114, 272; vgl auch § 386 Abs 1 HGB). Die Genehmigung kann auch stillschweigend erfolgen, indem der Auftraggeber es unterläßt, die Nichtbefolgung der Weisungen zu beanstanden oder indem er das weisungswidrige Geschäft sich zu eigen macht. In der Genehmigung ist meist eine Annahme als Erfüllung iS des § 363 BGB zu sehen. Ein Schuldabänderungsvertrag wird nur dann erforderlich sein, wenn der Beauftragte ein völlig andersartiges Geschäft besorgt (vgl Knütel 332). Ob das Schweigen als Genehmigung zu gelten hat, hängt davon ab, ob die – sofortige – Rüge der Vertragswidrigkeit nach Treu und Glauben und der Verkehrssitte, insbesondere nach Handelsbrauch, zu erwarten und geboten war (vgl RGZ 114, 272). Im Falle der

Genehmigung kann der Auftraggeber aus der Weisungswidrigkeit keine Rechte herleiten, sondern bleibt auf die sich aus dem Auftragsverhältnis ergebenden Rechte, insbesondere auf den Anspruch aus § 667 beschränkt (BGH WM 1976, 904).

V.   Entsprechende Anwendung

Die Vorschriften des § 665 finden entsprechende Anwendung auf die Geschäftsfüh- **16** rung des Vereinsvorstandes und der Vereinliquidatoren (§§ 27 Abs 3, 48 Abs 2), auf Dienst- und Werkverträge, die eine Geschäftsbesorgung zum Gegenstand haben, ferner auf die Geschäftsführung des Gesellschafters (§ 713). Für die Liquidatoren einer offenen Handelsgesellschaft gilt dagegen § 152 HGB.

§ 666

Der Beauftragte ist verpflichtet, dem Auftraggeber die erforderlichen Nachrichten zu geben, auf Verlangen über den Stand des Geschäfts Auskunft zu erteilen und nach der Ausführung des Auftrags Rechenschaft abzulegen.

Materialien: E I § 591 S 1; II § 597; III § 653;
Mot II 537, 538; Prot II 357−360.

Systematische Übersicht

I. Die Informationspflichten des Beauftragten

1 1. Die **Benachrichtigungspflicht** hat die Funktion, dem Auftraggeber seine etwa erforderliche Mitwirkung bei der Ausführung des Auftrags zu ermöglichen, ihn also insbesondere in Stand zu setzen, dem Beauftragten die notwendigen Weisungen zu erteilen. Sie ergänzt insoweit die bei Abweichungen von Weisungen bestehende Anzeigepflicht des § 665 S 2. Außerdem dient sie der Information des Auftraggebers über die Ausführung oder die Unausführbarkeit des Auftrags, damit dieser die sich hieraus ergebenden Folgerungen ziehen kann. Grundlage der Benachrichtigungspflicht ist letztlich die Verpflichtung zur sorgfältigen Ausführung des Auftrags – die auftragsrechtliche Treupflicht – (vgl Mot II 537), aus der sich als schärfere Formen der Benachrichtigungspflicht auch Aufklärungs-, Beratungs- und Warnpflichten ergeben können. Der Benachrichtigungsanspruch kann daher nur übertragen werden, wenn der Anspruch auf Ausführung des Auftrags entgegen der Auslegungsregel des § 664 Abs 2 ausnahmsweise übertragbar ist. Der **Auskunftsanspruch** dient dazu, dem Auftraggeber die Wahrung seiner Rechte bei etwaiger mangelhafter Geschäftsführung durch den Beauftragten zu ermöglichen. Daneben kann der Auftraggeber ein Interesse daran haben, sich in seinen eigenen Maßnahmen auf den erreichten Stand der Geschäftsbesorgung einzustellen. Der **Anspruch auf Rechnungslegung** dient der Abwicklung des Auftrags, insbesondere der Geltendmachung von Herausgabeansprüchen nach § 667. Die Ansprüche des Auftraggebers auf Auskunft und Rechnungslegung können grundsätzlich nur zusammen mit dem Hauptanspruch, dessen Berechnung sie dienen, nicht für sich allein übertragen, gepfändet und zur Einziehung überwiesen werden (vgl KG LZ 1919, 1088; RGZ 52, 35; RG Recht 1930 Nr 1992; HRR 1931 Nr 107). Die Informationspflichten des Beauftragten sind daher unselbständige Nebenpflichten. Wenn der Auftraggeber jedoch aus einem anderen Rechtsgrund einem Dritten gegenüber auskunftspflichtig ist und diese Pflicht nur nach Auskunfterteilung durch den Beauftragten erfüllen kann, dann kann er, statt den Auskunftsanspruch gegenüber dem Beauftragten geltend zu machen, ihn an den Dritten abtreten (BGHZ 107, 104, 110 f).

2 2. Die Benachrichtigungspflicht ist eine **Schutzpflicht**, deren Verletzung zum

Schadensersatz verpflichtet. Auf Auskunftserteilung und Rechnungslegung besteht ein klagbarer **Erfüllungsanspruch**. Bei unrichtiger Auskunftserteilung oder Rechnungslegung haftet der Beauftragte für den daraus entstehenden Schaden. Auch einen etwaigen Verzugsschaden muß er ersetzen. Der Benachrichtigungspflicht muß der Beauftragte von sich aus nachkommen, der Anspruch auf Auskunft und Rechnungslegung entsteht erst auf Verlangen des Auftraggebers. Eine Benachrichtigung kann schon vor Beginn der Ausführung des Auftrags erforderlich sein. Der Auskunftsanspruch bezieht sich auf den jeweiligen Stand oder den Abschluß des Auftrags. Rechnungslegung kann grundsätzlich erst nach Beendigung des Auftrags verlangt werden, wobei es gleichgültig ist, ob der Auftrag durch Ausführung oder aus sonstigem Grund (zB Widerruf, § 671 Abs 1) sein Ende findet (RGZ 56, 116, 118; BGH LM Nr 8 zu § 666 BGB). Nur ausnahmsweise kann Rechnungslegung vor Beendigung des Auftrags verlangt werden, so zB dann, wenn der Auftraggeber der Rechnungslegung zur Berechnung seines Gewinnanteils bedarf (RG Recht 1920 Nr 2372). Die Pflicht des Beauftragten zur Auskunftserteilung und Rechnungslegung ist eine *Vorleistungspflicht*, vor deren Erfüllung er keine Ersatzansprüche hinsichtlich seiner Aufwendungen stellen kann. Der Beauftragte hat also nicht das Recht, mit der Auskunftserteilung zurückzuhalten bis zur Befriedigung seiner Aufwendungsersatzansprüche oder Schadensersatzansprüche; § 273 findet keine Anwendung, da sich aus dem Schuldverhältnis insoweit etwas anderes ergibt (RGZ 102, 110; RG Recht 1925 Nr 932).

3. Bei **mehreren Auftraggebern** ist zu beachten, daß die Auskunfterteilung und die **3** Rechnungslegung eine unteilbare Leistung ist (RG DR 1941, 2191). Sofern die mehreren Auftraggeber nicht Gesamtgläubiger sind (§ 428), findet daher § 432 Anwendung (aM SOERGEL/MÜHL Rn 8). Das gilt auch im Verhältnis der Wohnungseigentümer zum Verwaltungsbeirat, sofern nicht ein besonderes Interesse des einzelnen Wohnungseigentümers auf Auskunfterteilung gegeben ist (BayObLG NJW 1972, 1377). Ein Gesellschafter, der von einem Dritten nicht Leistung an sich verlangen kann, hat gegen ihn auch keinen Auskunfts- oder Rechnungslegungsanspruch (BGH WM 1966, 1037).

II. Die Benachrichtigungspflicht

1. Der Beauftragte hat dem Auftraggeber auch unaufgefordert die **erforderlichen**, **4** dh der Sachlage entsprechenden **Nachrichten** zu geben. Die erforderlichen Nachrichten können je nach dem Gegenstand des Auftrags in laufender oder in periodischer Information bestehen. Die Ausführung des Auftrags oder seine Unausführbarkeit ist dem Auftraggeber unter allen Umständen anzuzeigen. Die Aufklärungs-, Beratungs- und Warnpflichten des Beauftragten wurden bereits als besondere Ausprägungen der auftragsrechtlichen Treupflicht dargestellt (vgl § 662 Rn 6 ff; § 665 Rn 7). An dieser Stelle ist daher nur noch die allgemeine Benachrichtigungspflicht zu behandeln, die der Herbeiführung von Weisungen des Auftraggebers dient. Sie gehört dann zum typischen Inhalt des Auftrags (oder des entgeltlichen Geschäftsbesorgungsvertrags), wenn dieser in bezug auf das Vermögen des Auftraggebers im ganzen oder hinsichtlich einzelner Vermögensgegenstände Verwaltungsfunktion hat.

2. Von besonderer Bedeutung ist die auf die **Herbeiführung von Weisungen** zie- **5**

lende Benachrichtigungspflicht beim Depotgeschäft. Dem Depotgeschäft liegt ein gemischttypischer Vertrag zugrunde, der neben verwahrungsrechtlichen Elementen auch die Merkmale eines entgeltlichen Geschäftsbesorgungsvertrages aufweist. Das zeigt sich gerade an der Verpflichtung der Banken, den Kunden über die Ausübung von Bezugsrechten sowie über Umtausch-, Abfindungs- und Übernahmeangebote zu benachrichtigen, damit der Kunde Weisungen erteilen kann. Der Widerruf einer Weisung zur Verwertung oder Ausübung von Bezugsrechten ist möglich, solange sie nicht ausgeführt ist (RGZ 107, 392, 393). Zu den Mitteilungspflichten der Banken hinsichtlich der Ausübung des Depotstimmrechts vgl § 128 AktG.

III. Die Pflicht zur Auskunfterteilung

6 1.   Der Beauftragte hat dem Auftraggeber **auf dessen Verlangen** jederzeit über den Stand des Geschäfts Auskunft zu erteilen (RG JW 1912, 910; BGHZ 41, 318). Die Pflicht zur Auskunfterteilung besteht also, soweit sich aus vertraglichen Abmachungen nichts anderes ergibt, im Gegensatz zur Benachrichtigungspflicht nur auf Verlangen. Sie ist zu bejahen, solange der Auftraggeber ein berechtigtes Interesse daran hat, uU auch noch nach der Rechnungslegung.

7 2.   Der Auskunftsanspruch besteht unabhängig davon, ob eine Schadensersatzpflicht des Beauftragten begründet ist oder nicht. Es genügt, daß die Möglichkeit einer Pflichtverletzung durch den Beauftragten gegeben ist und die verlangte Auskunft der Klärung dieser Frage dient. Erteilt der Beauftragte eine falsche Auskunft, so muß er den daraus entstehenden Schaden ersetzen (RG LZ 1932, 887). Der Inhalt der Auskunft ist nach den Grundsätzen des § 242 zu bestimmen (RG Recht 1921, 1343). Bezieht sich der Auskunftsanspruch auf einen Inbegriff von Vermögensgegenständen, so findet § 260 Abs 1 Anwendung. Dem Auskunftsanspruch und der im Fall des § 260 Abs 2 bestehenden Verpflichtung zur Abgabe einer Versicherung an Eides Statt steht nicht entgegen, daß der Beauftragte sich einer strafbaren Handlung bezichtigen muß (BGHZ 41, 318, 322).

IV. Rechenschaftspflicht

8 1.   Der Beauftragte hat nach der Ausführung oder der sonstigen Beendigung des Auftrags (RGZ 56, 116, 118; BGH LM Nr 8 zu § 666 BGB) Rechenschaft abzulegen (vgl auch § 384 Abs 2 HGB). Die Rechnungslegungspflicht besteht mangels anderer vertraglicher Regelung ebenfalls **nur auf Verlangen** des Auftraggebers. Der Auftraggeber kann Rechnungslegung verlangen, sobald der Auftrag ausgeführt oder sonst beendet ist, ohne vorher den Nachweis mangelhafter Geschäftsführung erbringen zu müssen (RG Recht 1921 Nr 1343).

9 2.   Worauf der Rechnungslegungsanspruch geht, beurteilt sich nach den allgemeinen Vorschriften in den §§ 259 und 261. Die Abrechnung muß eine erschöpfende, übersichtliche und verständliche Darlegung der geführten Geschäfte enthalten. Sie muß – ihrem Zweck entsprechend – dem Auftraggeber die Prüfung ermöglichen, ob und in welcher Höhe ihm Ansprüche gegen den Beauftragten zustehen. Sie muß dem Berechtigten die Möglichkeit der Nachprüfung ihrer Richtigkeit geben (RGZ 53, 254; 127, 243; RG LZ 1919, 1251; Recht 1926 Nr 406; BGH LM Nr 8 zu § 666 BGB). Darüber, was hierzu erforderlich ist, entscheiden mangels besonderer Vereinbarung Treu und

Glauben und die Verkehrssitte (§ 242) sowie die Umstände des Falles. Es gilt insoweit dasselbe wie für den Auskunftsanspruch (vgl BGHZ 41, 318, 321; BGH NJW 1985, 2699). Ist über gewisse Geschäfte oder Zeitperioden bereits Rechnung gelegt, wozu der Beauftragte aus der Auskunftspflicht (RG JW 1916, 868) verpflichtet sein kann, so kann bei der Schlußrechnung an jene früheren Abrechnungen angeknüpft werden (RG Gruchot 49, 832). Die für die Rechnungslegung erforderlichen Belege muß der Beauftragte gemäß §667 dem Auftraggeber über § 259 hinausgehend auch aushändigen.

3. Der Rechnungslegungsanspruch dient zwar der Geltendmachung von Ansprü- **10** chen nach § 667 (vgl § 254 ZPO). Die Geltendmachung dieser Ansprüche ist jedoch nicht umgekehrt von vorheriger Rechnungslegung durch den Beauftragten abhängig. Der Auftraggeber kann, statt Rechnungslegung zu fordern, die Rechnung auch selbst aufmachen (RG JW 1911, 95; WarnR 1915 Nr 169). Es bleibt dann Sache des Beauftragten, den Nachweis über den Verbleib der Einnahmen zu erbringen.

4. Unterläßt der Auftraggeber die Prüfung und Beanstandung der Rechnungsle- **11** gung in angemessener Zeit, so kann hieraus nach § 242 sich die Entlastung des Beauftragten ergeben mit der Folge, daß die Geltendmachung von Schadensersatzansprüchen wegen, bei Überprüfung der Rechnungslegung, erkennbarer mangelhafter Geschäftsführung ausgeschlossen sein kann (ebenso BGB-RGRK/STEFFEN Rn 26).

V. Ausschluß der Informationspflichten

1. Die Vorschrift des § 666 ist **dispositiv**; die Parteien können sie durch Vereinba- **12** rung einschränken oder völlig ausschließen. Der Auftraggeber hat keinen Anspruch auf Benachrichtigung, Auskunfterteilung oder Rechnungslegung, wenn er auf diese Ansprüche wirksam verzichtet hat. Der Verzicht braucht nicht ausdrücklich zu erfolgen, möglich ist auch stillschweigender Verzicht. So kann die Benachrichtigungspflicht abbedungen sein, wenn die Ausführung des Auftrags ganz dem Beauftragten anvertraut wird; die Benachrichtigung kann, wenn der Auftraggeber in die Ausführung des Auftrags von vornherein nicht durch Weisungen eingreifen will, funktionslos sein (ebenso BGB-RGRK/STEFFEN Rn 17). Ein stillschweigender Verzicht des Auftraggebers auf Auskunfterteilung oder auf Rechenschaftslegung wird auch gegenüber einem vertrauenswürdigen Beauftragten (BayObLG Recht 1904, 2229) nur unter ganz besonderen Umständen angenommen werden dürfen, so insbesondere dann, wenn der Auftraggeber während langjähriger Verwaltung niemals Rechnungslegung verlangt hat (RG LZ 1923, 314). Der Verzicht auf übliche Jahresrechnungen wirkt nur für die Vergangenheit, schließt also das Verlangen einer Schlußabrechnung nicht aus (RG aaO). Der Verzicht auf den Auskunftsanspruch wird gegenstandslos, wenn die Vertrauensgrundlage, auf der er beruht, erschüttert ist (BGH LM Nr 19 zu BGB § 242 Be).

2. In besonders gelagerten Fällen (jahrelange Überlassung einer Vermögensver- **13** waltung zur freien Verfügung, Forderung der Auskunfterteilung für eine weit zurückliegende Zeit) kann die Geltendmachung des Anspruchs auf Auskunfterteilung und auf Rechnungslegung auch ohne ausdrücklichen oder stillschweigenden Verzicht ganz oder teilweise gegen **Treu und Glauben** verstoßen, so wenn der Auftraggeber früher Auskünfte nicht gefordert und auch nicht zu erkennen gegeben hat,

Roland Wittmann

daß er sich dies für später vorbehält (RG WarnR 1915 Nr 277; JW 1938, 1892; LAG Bremen VersR 1965, 1069). Ein Verstoß gegen Treu und Glauben liegt jedoch dann nicht vor, wenn dem Auftraggeber erst nachträglich Tatsachen bekannt werden, die geeignet sind, Zweifel an der Zuverlässigkeit des Beauftragten und seiner Geschäftsführung zu wecken (RG JW 1938, 1892; BGHZ 39, 87, 93). Auch eine Auskunftsforderung, die in Wahrheit Wettbewerbszwecken dient, scheitert an § 242 (RGZ 127, 243; BGHZ 10, 387). Ebenso steht § 242 beim Baubetreuungsvertrag mit Festpreisvereinbarung der Geltendmachung des Auskunfts- und Rechnungslegungsanspruchs wegen der Baukosten entgegen. Wenn der Baubetreuer mit der Festpreisvereinbarung eine Kostengarantie ohne Nachforderungsrecht übernimmt und daher das Kostenrisiko trägt, würde der Auskunfts- und Rechnungslegungsanspruch nur den Zweck haben, daß sich der Bauherr über den vom Baubetreuer erzielten Gewinn informiert (vgl LOCHER NJW 1969, 1439; OLG Stuttgart NJW 1968, 2338).

VI.　Entsprechende Anwendung

14 Die Bestimmungen des § 666 finden entsprechende Anwendung auf die Geschäftsführung des Vereinsvorstandes (§ 27 Abs 3) und der Vereinsliquidatoren, auf den entgeltlichen Geschäftsbesorgungsvertrag (§ 675), auf die Pflichten des berechtigten Geschäftsführers ohne Auftrag (§ 681 S 2; vgl BGH LM Nr 2 zu § 677 BGB) und des böswilligen Eigengeschäftsführers (§ 687 Abs 2 S 1; BGHZ 7, 208, 218; NJW 1957, 1026) und auf das Rechtsverhältnis zwischen dem Testamentsvollstrecker und dem Erben (§ 2218; RGZ 130, 131; BGH LM Nr 1 zu § 2221 BGB). Über die Herleitung eines Rechts auf Auskunfterteilung und Rechnungslegung aus der allgemeinen schadensrechtlichen Vorschrift des § 249 s RGZ 89, 99; BGH MDR 1963, 300. Zur Rechnungslegung verpflichtet auch die Übernahme des Alleinvertriebs gegen Provision (OLG München SeuffA 69 Nr 195). Zur entsprechenden Anwendung auf den Konkursverwalter im Fall des § 127 Abs 1 KO vgl RGZ 98, 302, auf den Mann, dem die Frau das Vorbehaltsgut zur Verwaltung überlassen hat, vgl RGZ 87, 100.

§ 667

Der Beauftragte ist verpflichtet, dem Auftraggeber alles, was er zur Ausführung des Auftrags erhält und was er aus der Geschäftsbesorgung erlangt, herauszugeben.

Materialien: E I § 592; II § 598; III § 654; Mot II 538; Prot II 360–365.

Systematische Übersicht

Alphabetische Übersicht

Roland Wittmann

I. Grundgedanken der gesetzlichen Regelung

1. Regelungsgehalt

1 Die Verpflichtung des Beauftragten zur Herausgabe des **zur Auftragsausführung Erhaltenen** und des **aus der Geschäftsbesorgung Erlangten** ist eine unmittelbare Folge des fremdnützigen Charakters seiner Tätigkeit. Sie bildet das Gegenstück zum Aufwendungsersatzanspruch des Beauftragten (§ 670). Der Beauftrage soll durch die Geschäftsbesorgung keinen Nachteil erleiden, aus ihr aber auch keinen Vorteil ziehen. Die Verpflichtung zur Herausgabe des zur Auftragsausführung Erhaltenen knüpft an die Beendigung des Auftrags durch Zweckerreichung an, sie dient aber auch der Abwicklung des Auftrags bei sonstiger Beendigung, insbesondere bei Widerruf des Auftrags (§ 671 Abs 1). Die Verpflichtung zur Herausgabe des aus der Geschäftsbesorgung Erlangten beruht auf der Wertung, daß die Vorteile aus der Geschäftsbesorgung dem Auftraggeber gebühren. Mit Surrogation hat sie daher auch dann nichts zu tun, wenn der Beauftragte mit ihm überlassenen Mitteln des Auftraggebers auftragsgemäß einen Gegenstand erwirbt. Der Anspruch auf Herausgabe des Erlangten entfällt, wenn der Auftraggeber wegen weisungswidriger Ausführung des Auftrags von seinem Zurückweisungsrecht (vgl § 665 Rn 13) Gebrauch macht. Der Vorteil muß aus der Geschäftsbesorgung erlangt sein, mit ihr also in innerem Zusammenhang stehen. Vorteile, die dem Beauftragten außerhalb oder nur bei Gelegenheit der Geschäftsbesorgung ohne Zusammenhang mit ihr zufließen, unterliegen nicht der Herausgabepflicht. Es muß sich um einen Vorteil handeln, den der Beauftragte bereits erlangt hat; nur in Höhe des erlangten Vorteils besteht eine Herausgabepflicht. Wann und wo die Herausgabepflicht zu erfüllen ist, beurteilt sich nach dem Auftragsverhältnis in Verbindung mit allgemeinen Vorschriften.

2. Wirksamer Auftrag

2 Die Herausgabepflicht setzt grundsätzlich einen gültigen Auftrag voraus (RG WarnR 1939 Nr 131). Wenn der Auftrag nichtig ist, kann § 667 lediglich über § 681 S 2 Anwendung finden, sofern auch die Voraussetzungen des § 683 S 1 erfüllt sind, der Beauftragte also als berechtigter Geschäftsführer ohne Auftrag anzusehen ist. Beim nichtigen entgeltlichen Geschäftsbesorgungsvertrag verbleibt es für beide Beteiligte, also auch hinsichtlich des Herausgabeanspruchs des Geschäftsherrn bei der bereicherungsrechtlichen Abwicklung. Das gilt jedoch nicht, wenn der Zweck der Verbotsnorm, die zur Nichtigkeit des entgeltlichen Geschäftsbesorgungsvertrags führt (zB § 1 RBeratG), eine schärfere, dem Entreicherungseinwand nicht ausgesetzte Herausgabepflicht, mithin die Anwendung des § 667 verlangt (vgl BGHZ 37, 258, 263; Vorbem 42 zu §§ 677 ff).

3. Rechtsnatur

Die Vorschrift des § 667 ist nicht zwingend. Abweichende vertragliche Regelung ist **3**
daher möglich (RG WarnR 1915 Nr 168). Der Herausgabeanspruch ist übertragbar und
pfändbar (RGZ 121, 297; BGHZ 11, 37).

II. Herausgabe des zur Auftragsausführung Erhaltenen

1. Inhalt

Die Herausgabepflicht umfaßt alles, was der Beauftragte zur Ausführung des Auf- **4**
trags erhalten hat, abzüglich dessen, was er zur ordnungsgemäßen Ausführung des
Auftrags verbraucht hat. Insbesondere muß er den nicht verwendeten Vorschuß
(§ 669) dem Auftraggeber zurückgeben. Für dessen Rückgewähr ist auch dann § 667
einschlägig, wenn der Auftrag durch Widerruf beendet wird (BGH LM Nr 13 zu BGB
§ 242 Bb). Der Auftraggeber ist also nicht auf einen bloßen Bereicherungsanspruch
nach § 812 Abs 1 S 2 1. Fall angewiesen (anders SOERGEL/MÜHL § 667 Rn 17). Ob und
inwieweit dem Beauftragten überlassenes Geld in dessen Eigentum übergangen ist,
ist Tatfrage (RGZ 101, 307, 308). Hat der Beauftragte Eigentum erlangt, so muß er
dieses, ansonsten den Besitz zurückübertragen.

2. Umfang

Die Herausgabepflicht erstreckt sich auch auf die dem Beauftragten ausgehändigten **5**
Urkunden. Erlischt der Auftrag und mit ihm die Vollmacht (§ 168 S 1), so muß der
Beauftragte die Vollmachtsurkunde schon gemäß § 175 herausgeben, ohne wegen
seiner Aufwendungen insoweit ein Zurückbehaltungsrecht geltend machen zu können. Die Herausgabe der Vollmachtsurkunde darf auch der Rechtsanwalt, sofern sie
nicht ohnehin schon bei den Gerichtsakten liegt (§ 80 ZPO), entgegen § 50 BRAO
nicht verweigern.

III. Herausgabe des aus der Geschäftsbesorgung Erlangten

1. Inhalt des Herausgabeanspruchs

a)   Der Kreis der Gegenstände, die der Herausgabepflicht unterliegen, umfaßt **6**
Sachen und Rechte, die der Beauftragte in Ausführung des Auftrags von Dritten
erworben hat, wie auch Sachen, die ihm für den Auftraggeber übergeben wurden.
Zu den herauszugebenden Sachen gehören auch **Urkunden** und **Belege**, die der
Beauftragte von Dritten erhalten hat, aber auch Akten, die er über die Geschäftsführung selbst angelegt hat (RGZ 105, 392, 395). Der Herausgabepflicht unterliegen
auch **Ansprüche**, die im Zusammenhang mit dem Auftrag in der Person des Beauftragten gegen Dritte entstanden sind, so Ersatzansprüche gegen den Unterbeauftragten oder Gehilfen sowie Schadensersatz- oder Bereicherungsansprüche gegen
Dritte (BGH LM Nr 17 zu § 667 BGB).

b)   Was der Beauftragte erlangt hat und deshalb herausgeben muß, hängt davon **7**
ab, ob er den Auftrag als unmittelbarer oder als mittelbarer Stellvertreter ausführt.
Der Beauftragte, der als **mittelbarer Stellvertreter** im eigenen Namen, aber für Rech-

nung des Auftraggebers Sachen oder Rechte erwirbt, muß diese an ihn übertragen. Der Auftraggeber trägt insoweit das Konkursrisiko des Beauftragten. Das gilt auch für Forderungen, da es an einer dem § 392 II HGB entsprechenden Vorschrift fehlt (vgl Mot II 539; Prot II 363 ff; RGZ 58, 273, 276 f). Was der Beauftragte nicht für Rechnung des Auftraggebers, sondern mit Mitteln des Auftraggebers für sich erwirbt, unterliegt nicht der Herausgabepflicht nach § 667 2. Fall (RGZ 152, 349, 354). In diesem Fall kommt aber die 1. Variante des § 667 in Betracht (Rückgewähr des zur Auftragsausführung empfangenen Geldes). Es kann aber auch eine Schadensersatzpflicht wegen Verletzung der auftragsrechtlichen Treupflicht oder nach § 823 Abs 2 iVm § 266 StGB gegeben sein. Bei Nichtlieferung oder bei Verzug des Dritten kann der Beauftragte, der als mittelbarer Stellvertreter für den Auftraggeber gehandelt hat, wie der Kommissionär den Schaden seines Auftraggebers nach den Regeln der **Drittschadensliquidation** geltend machen und muß das Erlangte an den Auftraggeber herausgeben. Statt dessen kann der Auftraggeber aber auch die Abtretung der Ersatzansprüche verlangen, um selbst gegen den Dritten vorgehen zu können. An Sachen, die der Beauftragte in **unmittelbarer Stellvertretung** für den Auftraggeber erwirbt, erlangt er nur – durch vorweggenommenes Besitzkonstitut – den Besitz. Das Konkursrisiko des Beauftragten ist hier zugunsten des Auftraggebers durch unmittelbaren Rechtserwerb ausgeschaltet.

2.   Voraussetzungen des Herausgabeanspruchs

8 a)   Der Herausgabeanspruch **entsteht** erst mit Beendigung des Auftrags, bei einer Verwaltungstätigkeit auch periodisch. Was der Beauftragte einzuziehen, aber noch nicht eingezogen hat, schuldet er bis zur Einziehung weder bedingt noch betagt, da die Einziehung weder die rechtliche Natur der Bedingung noch die Zeitbestimmung hat, vielmehr den Inhalt des Rechtsgeschäfts bildet (RGZ 53, 330). Im **Giroverkehr** erlangt der Überweisungsempfänger, wenn er Kunde der Empfangsbank ist, einen Anspruch auf Gutschrift mit Eingang der Deckung. Der Anspruch beruht auf dem Girovertrag zwischen dem Überweisungsempfänger und seiner Bank und nicht auf einem Vertrag zugunsten Dritter zwischen dem Überweisenden und der Überweisungsbank (BGH LM Nr 19 zu § 328 BGB). Der Anspruch auf Gutschrift entfällt, wenn der Überweisungsauftrag noch vor der Gutschrift widerrufen wird (§ 665 Rn 8). Die Empfangsbank erfüllt den Anspruch auf die Gutschrift durch die Vornahme der Gutschrift, die ein abstraktes Schuldversprechen zugunsten des Überweisungsempfängers darstellt. Statt der Gutschrift kann sie den Betrag auf Ersuchen des Überweisungsempfängers auch sofort an einen Dritten weiterleiten (BGH WM 1958, 222). Hat der Überweisungsempfänger kein Konto, so hat er keinen Anspruch auf Gutschrift, da zwischen ihm und der Empfangsbank kein Girovertrag besteht. Die Begründung eines Anspruchs auf Auszahlung hängt dann von der erklärten Zahlungsbereitschaft der Bank und der zumindest stillschweigend erklärten Empfangsbereitschaft des Empfängers ab (vgl BGHZ 27, 241).

9 b)   Es muß sich um einen Vorteil handeln, den der Beauftragte **aus der Geschäftsbesorgung** erlangt hat. Vorteile, die der Beauftragte lediglich bei Gelegenheit der Geschäftsbesorgung ohne inneren Zusammenhang mit dem ihm erteilten Auftrag von Dritten erlangt, unterliegen daher nicht der Herausgabepflicht. Ein innerer Zusammenhang ist schon dann zu bejahen, wenn objektiv die Gefahr besteht, daß der Beauftragte infolge der Zuwendung das Interesse seines Auftraggebers hintanstellen könnte (BGHZ 39, 1, 4). Bei Gelegenheit der Geschäftsbesorgung erlangt der Beauftragte daher Trinkgelder, die eine solche Gefahr nicht begründen. Geschenke, Sonderprovisionen und **Schmiergelder** muß er hingegen an den Auftraggeber herausgeben (Prot II 360; RGZ 99, 31, 33; BGHZ 39, 1, 4). Das gilt auch dann, wenn solche Sondervorteile an einen Strohmann des Beauftragten oder Geschäftsbesorgers geleistet worden sind (BGH NJW-RR 1987, 1380; BGH NJW 1991, 1224). Die Frage, ob die Verfallerklärung den Anspruch aus § 667 ausschließt (BGHZ 39, 1, 5; RGZ 146, 194, 205; 164, 98, 103) ist durch die Neuregelung der einschlägigen Vorschriften überholt. § 12 Abs 3 UWG ist entfallen, vgl Art 15 EGStGB. Es gilt nunmehr § 73 Abs 1 StGB. Wenn der Auftraggeber (Geschäftsherr) Strafantrag stellt (§ 22 Abs 1 UWG), scheidet mit Rücksicht auf seinen Anspruch aus § 667 eine Verfallerklärung aus, § 73 Abs 1 S 2 StGB. Der Schutz des Verletzten genießt daher Vorrang (s auch BAUMBACH/ HEFERMEHL, Wettbewerbsrecht § 12 UWG Rn 32). In der Annahme von Schmiergeldern liegt eine Verletzung der **auftragsrechtlichen Treupflicht** (BGHZ 39, 1, 5). Entsteht dem Auftraggeber durch die Vertragsverletzung ein Schaden, so hat er neben dem Anspruch auf Herausgabe auch einen Schadensersatzanspruch. Die an den Auftraggeber abgeführten Schmiergelder sind auf den Schadensersatzanspruch anzurechnen (ebenso BGB-RGRK/STEFFEN Rn 10). Auch Schmiergelder, die an eine dem Beauftragten gehörende GmbH gezahlt werden, muß der Beauftragte herausgeben (RG DR 1940, 580; vgl auch COING NJW 1977, 1794). Veräußert der Beauftragte für Rechnung des Auftraggebers einen Gegenstand unter Wert, damit ihm der Erwerber seinerseits etwas unter Wert auf eigene Rechnung überträgt, so hat der Auftraggeber einen Anspruch auf Herausgabe des erlangten Vorteils (RGZ 82, 10, 13). Zur Frage der Nichtigkeit oder Anfechtbarkeit eines Rechtsgeschäfts, bei dessen Abschluß Schmiergelder gezahlt worden sind, nach § 138 oder § 123 vgl RGZ 107, 210; 134, 43; 136, 359. Die Herausgabepflicht des § 667 erstreckt sich auch auf **sonstige** von einem Dritten eingeräumte **Sondervorteile**, die eine Willensbeeinflussung zum Nachteil des Auftraggebers befürchten lassen (BGH NJW 1982, 1752).

c) Aus der Geschäftsbesorgung erlangt sind auch die vom Beauftragten gezoge- **10** nen – im § 592 des 1 Entwurfs noch ausdrücklich erwähnten – **Nutzungen** (§ 100). Auch das Zubehör (§ 97) muß, soweit erlangt, dem Auftraggeber herausgegeben werden (vgl Mot II 539).

d) Hinsichtlich der vom Arzt angefertigten **Krankengeschichten** und **Röntgenauf-** **11** nahmen ist die Frage nicht, ob sie im Sinne des § 667 „aus der Geschäftsbesorgung erlangt" sind. Da der Arztvertrag kein Geschäftsbesorgungsvertrag nach § 675 ist, ist vielmehr § 667 nicht anwendbar. Eine Herausgabepflicht kann sich jedoch aus dem Inhalt des mit dem Arzt geschlossenen Dienstvertrages als Nebenpflicht ergeben (so auch DANIELS NJW 1976, 346). Der Rückgriff auf § 242 ist zur Begründung einer solchen Nebenpflicht entbehrlich (aM BGH NJW 1983, 328; LG Aachen NJW 1986, 1551). Der durch § 675 freilich nicht schlechthin ausgeschlossenen analogen Anwendung des § 667 bedarf es ebenfalls nicht (aM BGB-RGRK-STEFFEN Rn 5).

3. Die Herausgabepflicht

a) Die Verpflichtung zur Herausgabe besteht in Höhe des Erlangten abzüglich der **12** Auslagen (RGZ 150, 373) und abzüglich dessen, was weisungsgemäß an einen Dritten ausgezahlt worden ist (BGH LM Nr 17 zu § 667 BGB). Auch für den Umfang der Herausgabepflicht ist der Gedanke maßgebend, daß der Beauftragte durch den Auftrag weder gewinnen noch verlieren soll. Daher hat auch insbesondere der Treuhänder das Treugut in dem Zustand herauszugeben, in dem es sich nach der von ihm geführten Verwaltung befindet. Die §§ 387, 401 HGB gelten beim Auftrag zum Einkauf entsprechend.

13 b) Gegenstand der Herausgabepflicht ist das **Erlangte** selbst, es ist also nicht etwa von vornherein nur Wertersatz zu leisten. Der Mandant, für den Zahlungen auf das Geschäftskonto des Rechtsanwalts eingegangen sind, kann jedoch nicht Abtretung verlangen, sondern hat einen Zahlungsanspruch gegen den Rechtsanwalt (BGH NJW 1978, 1807). Der Treuhänder muß das Treugut bei Beendigung des Treuhandverhältnisses auf den Treugeber zurückübertragen (RGZ 153, 366, 369; BGHZ 11, 37) oder an einen neuen Treuhänder herausgeben (RGZ 121, 294, 296). Der Sicherungszessionar muß den Erlös, soweit er die gesicherte Forderung überschreitet, an den Zedenten herausgeben (RGZ 59, 190; 116, 330; WarnR 1934 Nr 77; HRR 1934 Nr 1200). Ist ein Grundstück herauszugeben, das der Beauftragte für Rechnung des Auftraggebers in eigenem Namen erworben hat, so umfaßt seine Herausgabepflicht auch die Verpflichtung, das Grundstück dem Auftraggeber aufzulassen. Die Übereignungpflicht ist hierbei nicht Inhalt, sondern gesetzliche Folge des Auftrags oder des entgeltlichen Geschäftsbesorgungsvertrags. Sie fällt damit nicht unter § 313 1. Fall (BGH NJW 1981, 1267; 1987, 2087; BGHZ 82, 292, 294; 83, 246, 249). Wohl aber ist § 313 2. Fall erfüllt, wenn zugleich eine vertragliche Erwerbspflicht des Auftraggebers begründet werden soll (BGH NJW 1981, 1267; BGHZ 83, 246, 250). Das gleiche gilt, wenn durch eine Vertragsstrafe oder durch andere Vereinbarungen ein Zwang zur Eingehung einer Pflicht zum Erwerb eines Grundstücks ausgeübt wird (BGHZ 89, 41, 47; BGH NJW 1987, 2071). Soll der Beauftragte das Grundstück für eigene Rechnung erwerben, dann ist § 313 1. Fall gegeben (BGH LM Nr 40, 48 zu § 313 BGB). Zu den nach § 667 herauszugebenden Gegenständen gehören auch die Handakten des Rechtsanwalts. Das Zurückbehaltungsrecht nach § 50 Abs 1 BRAO setzt die Herausgabepflicht voraus. Sie erstreckt sich auf den Schriftverkehr, den der Anwalt für seinen Mandanten geführt hat (BGHZ 109, 260, 264 f). Die vom Mandanten erhaltenen Unterlagen muß er nach der 1. Alternative des § 667 herausgeben.

14 c) Der Anspruch auf Herausgabe **entsteht** erst, wenn der Beauftragte etwas aus der Geschäftsbesorgung erlangt hat (BGHZ 107, 88, 90). Er wird mangels anderweitiger Vereinbarung **fällig** mit Widerruf des Auftrags (§ 671 Abs 1; RGZ 121, 294, 296) oder seiner sonstigen Beendigung, zB durch Tod des Treuhänders wegen Erlöschens des Treuhandverhältnisses gemäß § 673 (vgl KG HRR 1931 Nr 1866). Der Anspruch des Überweisungsempfängers auf Gutschrift ist fällig mit Eingang der Deckung. Setzt sich das Auftragsverhältnis aus einer Reihe von Einzelaufträgen zusammen, so wird der Herausgabeanspruch mit der Ausführung des einzelnen Auftrags fällig (BGHZ 109, 260, 264).

15 d) Die Herausgabepflicht ist mangels abweichender Vereinbarung eine **Holschuld**, § 269. § 270 ist auf den Anspruch aus § 667 unanwendbar (BGHZ 28, 123). Die Versendungsgefahr trägt daher auch dann, wenn die Herausgabepflicht in einer Zahlungsverpflichtung besteht, der Auftraggeber. Der Beauftragte muß beweisen, daß er das Geld ordnungsgemäß abgesandt hat.

e) Der Herausgabeanspruch ist **schuldrechtlicher Natur** und wirkt deshalb bei **16** abredewidriger Verfügung über das Treugut nicht gegen Dritterwerber (RGZ 153, 366, 369). Er berechtigt nicht zur Drittwiderspruchsklage nach § 771 ZPO und gibt kein Aussonderungsrecht bei Konkurs des Beauftragten. Die Anwendung des § 771 ZPO und des § 43 KO zugunsten des Treugebers bei uneigennütziger Treuhand (RGZ 84, 214; BGH NJW 1959, 1223) beruht auf der wirtschaftlichen Zuordnung des Treuguts selbst zum Vermögen des Treugebers. Bei auflösend bedingter Sicherungsübereignung konkurriert der auf Rückgabe der Sache gerichtete Anspruch aus 667 mit dem Eigentumsherausgabeanspruch nach § 985.

f) Bei verschuldeter **Unmöglichkeit der Herausgabe**, zB bei abredewidriger Verfü- **17** gung des Treuhänders über das Treugut (treuhänderisch übertragene Hypothek) zugusten eines Dritten (RGZ 153, 366) haftet der Beauftragte gemäß § 280 auf Schadenersatz. Die Gefahr zufälligen Untergangs oder zufälliger Verschlechterung trägt der Auftraggeber (BGHZ 28, 127; BGH WM 1969, 26). Der Beauftragte muß beweisen, daß die Unmöglichkeit auf einem von ihm nicht zu vertretenden Umstand beruht (§ 282; RG JW 1906, 109; HRR 1933 Nr 1745; BGH NJW 1952, 658). Der Beauftragte hat die Darlegungslast für den Verbleib der von ihm erlangten Gelder (BGH NJW 1986, 1492, 1493) und muß deren auftragsgemäße Verwendung beweisen (RG Recht 1928 Nr 1831). Geht es um die Rückgabe des Vorschusses, so muß der Auftraggeber den Inhalt des Auftrags und die Hingabe des Vorschusses beweisen; der Beauftragte hat dann nachzuweisen, daß er das Erhaltene zur Erfüllung des erwiesenermaßen erteilten Auftrags verwendet hat (RG WarnR 1920 Nr 158; BGH WM 1988, 763; BGH NJW 1991, 1884). Wenn es sich um die Herausgabe einer bestimmten, für den Auftraggeber erworbenen Einzelsache handelt, genügt grundsätzlich – abgesehen vom Nachweis der Auftragserteilung – der Beweis, daß der Beauftragte die Sache erworben hat; daß der Erwerb gerade in Erledigung des Auftrags erfolgt sei, braucht der Auftraggeber für die Regel nicht zu beweisen. Es ist vielmehr Sache des Beauftragten, wenn er das Gegenteil behauptet, in dieser Hinsicht den Gegenbeweis zu führen (RG JW 1925, 467). Hinsichtlich der Beweislast s auch RG LZ 1913, 395; WarnR 1915 Nr 169; LZ 1916, 1426; RGZ 90, 134 ff, 98, 100. Gerät der Beauftragte mit der Herausgabepflicht in **Verzug**, so hat er dem Auftraggeber nach § 286 den hieraus entstehenden Schaden zu ersetzen (BGHZ 85, 11, 13).

g) Ist gemäß § 667 ein **Inbegriff von Gegenständen** herauszugeben, so hat der **18** Beauftragte dem Auftraggeber ein Verzeichnis des Bestandes vorzulegen und, falls Grund zu der Annahme besteht, daß das Verzeichnis nicht mit der erforderlichen Sorgfalt aufgestellt worden ist, an Eides Statt zu versichern, daß er nach bestem Wissen den Bestand so vollständig angegeben habe, als er dazu imstande sei, § 260. Ausnahme: §§ 260 Abs 3, 259 Abs 3.

IV. Gegenrechte

1. Zurückbehaltungsrecht

Dem Beauftragten steht wegen seines Aufwendungsersatzanspruchs, sofern er fällig **19** ist (RG LZ 1912, 326), ein Zurückbehaltungsrecht zu nach Maßgabe der §§ 273, 274 (RG JW 1929, 654). Für das Zurückbehaltungsrecht des Rechtsanwalts gilt zusätzlich § 50 BRAO. Das Zurückbehaltungsrecht an der Vollmachtsurkunde schließt § 175 aus. Beim treuhänderischen Auftrag kann sich ein weitgehender Ausschluß des Zurückbehaltungsrechts gegenüber dem Herausgabeanspruch des Treugebers ergeben, wenn der Treuhänder das Erlangte jederzeit weisungsgemäß zur Verfügung des Treugebers zu halten hat (RGZ 160, 52; vgl auch BGH WM 1968, 1325, 1328).

2. Aufrechnung

20 Zwischen dem Aufwendungsersatzanspruch des Beauftragen oder Vergütungsanspruch des Geschäftsbesorgers (§ 675) und dem Anspruch auf Herausgabe des Erlangten fehlt es in der Regel an der Gleichartigkeit (§ 387). Gleichartigkeit ist jedoch gegeben, wenn die Herausgabepflicht in einer Zahlungsverpflichtung besteht (OLG Celle OLGZ 1970, 5, 8; BGH NJW 1978, 1807, 1808; aM ENNECCERUS/LEHMANN § 71 IV). Im Einzelfall kann die Aufrechnung aber mit Rücksicht auf den besonderen Charakter des Auftragsverhältnisses ausgeschlossen oder wegen des Vorliegens besonderer Umstände nach Treu und Glauben unzulässig sein (RGZ 160, 60; BGHZ 14, 346 f; BGH WM 1972, 52; NJW 1973, 1368).

3. Verjährung

21 Der Anspruch aus § 667 verjährt nach § 195, auch wenn zugleich eine unerlaubte Handlung vorliegt (RGZ 96, 53).

V. Entsprechende Anwendung

22 § 667 findet entsprechende Anwendung auf den entgeltlichen Geschäftsbesorger (§ 675), bei berechtigter oder genehmigter Geschäftsbesorgung ohne Auftrag (§ 681 S 2; RG WarnR 1927 Nr 57), bei böswilliger Eigengeschäftsführung (§ 687 Abs 2 S 1), auf den Vereinsvorstand und den Vereinsliquidator (§§ 27 Abs 3, 48 Abs 2), auf den geschäftsführenden Gesellschafter (§ 713) und den Testamentsvollstrecker (§ 2218). Für die Haftung von Beamten für Fehlbestände gelten die Grundsätze des öffentlichen Rechts.

§ 668

Verwendet der Beauftragte Geld für sich, das er dem Auftraggeber herauszugeben oder für ihn zu verwenden hat, so ist er verpflichtet, es von der Zeit der Verwendung an zu verzinsen.

Materialien: E I § 593; II § 599; III § 655; Mot II 540; Prot II 365.

I. Voraussetzungen des § 668

1 1. Der Beauftragte muß **Geld** verwendet haben. Auf andere Gegenstände als Geld findet § 668 keine Anwendung. Insoweit gelten die Grundsätze über die Verletzung der auftragsrechtlichen Treupflicht. Der Beauftragte muß Geld verwenden,

das er dem Auftraggeber herauszugeben oder für ihn zu verwenden hat. Wann der Beauftragte Geld dem Auftraggeber herauszugeben hat, bestimmt § 667. Es kommt also sowohl Geld in Frage, das er zur Ausübung des Auftrags erhalten hat, wie auch solches, das er aus der Geschäftsbesorgung erlangte. Welches Geld der Beauftragte für den Auftraggeber zu verwenden hat, richtet sich nach dem Inhalt des Auftragsverhältnisses. Verwendet der Beauftragte Geld, das nicht aus Auftrag sondern aus einem anderen Rechtsverhältnis dem Auftraggeber herauszugeben oder für ihn zu verwenden ist, so kommt § 668 nicht zur Anwendung. Verwandte Bestimmungen für den Verwahrer und dem Vormund enthalten die §§ 698, 1834.

2. Der Beauftragte muß das Geld für sich verwenden

Eigenverwendung liegt vor, wenn der Beauftragte das Geld für seine eigenen 2 Zwecke oder für diejenigen eines Dritten nutzbar macht. Das kann geschehen durch Verfügung, aber auch durch Vermischung (§§ 947, 948 BGB), durch Zerstörung der Münzen um sich den Metallwert nutzbar zu machen. Unerheblich ist, ob die Verfügung vernünftig war und ob der Beauftragte selbst oder ein Dritter von dem verwendeten Geld einen Vorteil tatsächlich gezogen hat oder nicht. Die Verzögerung der Ablieferung vereinnahmten Geldes, die Unterlassung der Einziehung von Außenständen und die Unterlassung der verzinslichen Anlegung von Geld, ebenso des Verlieren des Geldes durch den Beauftragten, stellen kein Verwenden iS des § 668 dar. In solchen Fällen kommt die Haftung des Beauftragten wegen schuldhafter Verletzung der Verpflichtung zur sorgfältigen Ausführung des Auftrags oder wegen zu vertretender Unmöglichkeit der Herausgabe oder wegen Verzugs in Betracht. Die Verzinsungspflicht des Beauftragten entspricht der Verzinsungspflicht des Auftraggebers für die vom Beauftragten gemachten Aufwendungen. Nicht erforderlich für die Verzinsungspflicht des § 668 ist, daß dem Beauftragten ein Verschulden treffe, insbesondere, daß er unredlich gehandelt habe (vgl Mot II 539). Handelt er schuldhaft, so ist die Pflicht zum Ersatz eines darüber hinausgehenden Schadens aus den allgemeinen Grundsätzen der Vertragsverletzung oder der unerlaubten Handlung durch § 668 selbstverständlich nicht ausgeschlossen (vgl Mot II 540).

II. Verzinsungspflicht

1. Inhalt und Umfang

Die Verzinsungspflicht des § 668 besteht ohne Rücksicht darauf, ob das Geld ohne 3 die Verwendung dem Auftraggeber auch Zinsen oder entsprechende Einkünfte gebracht hat oder nicht (vgl OERTMANN § 668, 2). § 668 ist also eine vom Verschulden und tatsächlichen Schaden unabhängige gesetzliche Mindestfolge der Verwendung. Die Höhe der Zinslast beträgt 4% (§ 246 BGB), bei beiderseitigen Handelsgeschäften 5% (§ 352 Abs 1 S 1 HGB).

2. Beweislast

Dem Auftraggeber, der Ansprüche aufgrund des § 686 geltend machen will, obliegt 4 lediglich der Beweis, daß der Beauftragte das Herauszugebende oder für den Auftraggeber zu verwendende Geld für sich verwendet hat. Dagegen braucht er kein Verschulden darzutun, ebensowenig, daß er selbst aus dem herauszugebenden oder für ihn zu verwendenden Geld Nutzen gezogen hatte. Will er dagegen Ersatz eines den gesetzlichen Zinsfuß übersteigenden Schadens beanspruchen, so obliegt ihm der Beweis dafür, daß ein solcher entstanden ist nach den allgemeinen Grundsätzen (s Mot II 540).

III. Entsprechende Anwendung

5 § 668 findet entsprechende Anwendung auf die Geschäftsführung des Vereinsvorstandes, § 27 Abs 3 BGB, auf Liquidatoren eines Vereins, §§ 48 Abs 2, 27 Abs 3 BGB, ferner auf Dienst- und Werkverträge, die eine Geschäftsbesorgung zum Gegenstand haben, § 675, auf den berechtigten Geschäftsführer ohne Auftrag gemäß § 681 S 2 BGB (vgl § 681 Rn 8); weiter gemäß § 713 BGB auf die Pflichten des geschäftsführenden Gesellschafters und auf das Rechtsverhältnis zwischen Testamentsvollstrecker und Erben, § 2218 BGB.

§ 669

Für die zur Ausführung des Auftrags erforderlichen Aufwendungen hat der Auftraggeber dem Beauftragten auf Verlangen Vorschuß zu leisten.

Materialien: E I § 594; II § 600; III § 656; Mot II 539, 540; Prot II 365.

I.   Wesen der Vorschußpflicht

1 **1.** Die Verpflichtung des Auftraggebers, für die zur Ausführung des Auftrags erforderlichen Aufwendungen dem Beauftragten auf dessen Verlangen Vorschuß zu leisten, **ergänzt den Anspruch** des Beauftragten **auf Aufwendungsersatz.** Der Beauftragte braucht die erforderlichen Aufwendungen nicht aus seinem Vermögen zu erbringen. Es soll nach § 669 dem Beauftragten nicht zugemutet werden (zumal beim unentgeltlichen Auftrag), neben der Aufopferung seiner Arbeitskraft noch ein wirtschaftliches Risiko durch Verauslagung von Aufwendungen im Interesse des Auftraggebers auf sich zu nehmen. Die Vorschußpflicht des Auftraggebers begrenzt zugleich die Verpflichtung des Beauftragten zur Auftragsausführung und dient dem Interesse des Auftraggebers, nicht des Beauftragten (BGHZ 77, 60, 63).

2 **2.** Die Verweigerung des verlangten Vorschusses berechtigt den Beauftragten, die Ausführung des Auftrags insoweit – also nicht schlechthin – von vorheriger Vorschußleistung abhängig zu machen (BGB-RGRK/Steffen Rn 7; RGZ 76, 345, 350; RGZ 82, 400, 403). Eine Verauslagungspflicht des Beauftragten besteht nur, wenn er sie vertraglich (ausdrücklich oder stillschweigend) übernommen hat (RG JW 1908, 324; RGZ 82, 400). Hat der Auftraggeber dem Beauftragten zu erkennen gegeben, daß der keinen Vorschuß leisten werde, so braucht der Beauftragte den Vorschuß nicht noch einmal zu fordern, sondern er kann insoweit von der Ausführung des Auftrags absehen (RGZ 76, 345, 350; BGHZ 77, 60, 63; 94, 330, 334).

3. Die Verweigerung des nach § 669 verlangten Vorschusses gewährt dem Beauf- **3** tragten **keinen klagbaren Anspruch** auf Vorschußleistung (BGHZ 77, 60, 63; 94, 330, 334; BGB-RGRK/STEFFEN Rn 8; SOERGEL/MÜHL Rn 3; ERMAN/EHMANN Rn 1; PALANDT/THOMAS Rn 1; aM MünchKomm/SEILER Rn 2). Die Klagbarkeit wird schon von Mot (II 540) verneint mit Rücksicht auf das unbeschränkte Widerrufsrecht des Auftraggebers nach § 671 Abs 1; aus ihm folgt, daß dem Beauftragten ein Recht auf Ausführung des Auftrags überhaupt nicht zusteht. Die Verpflichtung des § 669, hinter der keine Klagbarkeit, sondern nur der Rechtsnachteil steht, daß der Beauftragte den Auftrag ohne Leistung des angeforderten Vorschusses nicht auszuführen braucht, ist lediglich eine Obliegenheit. Dagegen muß bei Dienst- und Werkverträgen, die eine Geschäftsbesorgung zum Gegenstand haben, den zur Dienstleistung Verpflichteten und dem Werkunternehmer ein klagbarer Anspruch auf Vorschußleistung eingeräumt werden. In diesen Fällen besteht ein Recht auf Besorgung des Geschäfts und durch § 675 wird § 669 auf solche Verträge nur für „entsprechend" anwendbar erklärt (wie hier SOERGEL/MÜHL § 675 Rn 28; nach BGB-RGRK/STEFFEN § 675 Rn 22 soll auch beim entgeltlichen Geschäftsbesorgungsvertrag der Vorschuß auf Aufwendungsersatz im Gegensatz zum Vorschuß auf die vereinbarte Vergütung nicht einklagbar sein).

II. Voraussetzungen des § 669

1. Es muß sich um Aufwendungen im Sinne des § 670 handeln, die zur Ausfüh- **4** rung des Auftrags **erforderlich** sind. Während nach § 670 der Beauftragte Ersatz für solche Aufwendungen verlangen kann die er den Umständen nach für erforderlich halten darf, ist im § 669 nach objektiven Gesichtspunkten zu prüfen, ob die Aufwendungen notwendig sind, für die Vorschuß verlangt wird (OERTMANN § 669 Anm 2; BGB-RGRK/STEFFEN § 669 Rn 2).

2. Der Beauftragte muß den Vorschuß vom Auftraggeber **verlangen.** Gemäß § 666 **5** ist der Beauftragte verpflichtet, den Auftraggeber von der Notwendigkeit des Vorschusses rechtzeitig zu benachrichtigen, wenn er die erforderlichen Aufwendungen nicht zunächst selbst verauslagen und nach § 670 Ersatz verlangen will (vgl BGB-RGRK/STEFFEN § 669 Rn 4; Mot II 540). Andernfalls kann er sich auf das ihm zustehende Recht der Nichtausführung nicht berufen. Auch darf er die einmal ohne Vorschuß begonnene Tätigkeit nicht ohne weiteres wegen Ausbleibens des Vorschusses einstellen (PLANCK Anm 2). Das Verlangen ist eine einseitige empfangsbedürftige Willenserklärung des Beauftragten (§§ 130 ff BGB) an den Auftraggeber. Auf die Fälligkeit des Anspruchs des Beauftragten auf Ersatz seiner Aufwendungen kommt es ebensowenig an, wie auf die Vollendung der Ausführung.

III. Die Vorschußleistungspflicht des Auftraggebers

1. Der Vorschuß ist von dem Auftraggeber **in Geld** zu gewähren, auch wenn die **6** erforderlichen Aufwendungen in anderen Gegenständen als Geld bestehen, zB Getreide, Futter für das zu transportierende Vieh. Das ergibt sich aus dem vom Gesetz verwendeten Wort „Vorschuß", worunter man nach allgemeinem Sprachgebrauch eine Geldzahlung versteht. Mit Recht weist OERTMANN § 669 Anm 1 darauf hin, daß daraus, daß der nach § 670 BGB dem Beauftragten zustehende Aufwendungsersatzanspruch gemäß § 256 BGB (vgl dort „Betrag„) in Geld zu erfüllen ist, sich ein entsprechender Rückschluß auf den Vorschuß ziehen läßt. Es gilt daher auch § 270.

7 2.   Die **Höhe** des zu leistenden Vorschusses bemißt sich nach der Höhe der nach objektiver Beurteilung (s oben Rn 4) erforderlichen Aufwendungen. Ob das vom Auftraggeber vorgeschossene Geld Eigentum des Beauftragten ist, ist Tatfrage (vgl RGZ 101, 308). Stehen die erforderlichen Aufwendungen nicht aufeinmal an, so kann nach dem Inhalt des Auftragsverhältnisses insoweit auch die Gewährung von Teilvorschüssen genügen. § 266 gilt insoweit nicht.

8 3.   Eine Vorschußpflicht nach § 669 besteht im Falle der Bestellung von Lotterielosen zum gemeinsamen Spiel durch einen von den anderen beauftragten Mitspieler (RG JW 1908, 324 = Recht 1908 Nr 1785). Der Gefälligkeitsakzeptant braucht nicht mit der Zahlung der Wechselsumme in Vorschuß zu gehen. Der Aussteller hat für die Deckung zu sorgen (RGZ 77, 30). Bei Dienst- und Werkverträgen, die eine Geschäftsbesorgung zum Gegenstand haben, besteht eine Vorschußpflicht (vgl STAUDINGER/ MARTINEK § 675 Rn A 71) zB in folgendem Fall: Mitbieten eines Sicherheitszessionars in der Zwangsversteigerung nur, wenn Vorschuß geleistet ist (RGZ 76, 345, 350). Für Rechtsanwälte gilt § 17 BRAGEBO.

9 4.   Die **Rückzahlung** des **nicht verwendeten** Vorschusses kann der Auftraggeber nach § 667 BGB verlangen. Der Vorschuß ist nicht als Darlehen anzusehen (RG Recht 1912 Nr 2027).

10 5.   Die Vorschußpflicht des § 669 kann vertraglich **abbedungen** werden. Sie entfällt als vertraglich wegbedungen dann, wenn sie mit der Natur des einzelnen Auftrags als nicht vereinbar anzusehen ist. Auf das Verhältnis zwischen Hauptschuldner und Bürgen, das ein Auftrag oder Dienstvertrag auf Geschäftsbesorgung, § 675, sein kann, wird der § 669 als unpassend durch die Sonderregelung des § 675 ersetzt. Für den Kreditauftrag des § 778 ist § 669 nicht anwendbar, da der Zweck des Kreditauftrags gerade dahin geht, den Kredit aus den Mitteln der Beauftragten zu gewähren.

IV.   Beweislast

11 Verlangt der Auftraggeber den Vorschuß vom Beauftragten zurück oder entsteht sonst Streit darüber, ob Vorschuß geleistet worden ist, so trifft die Beweislast den Auftraggeber (BGH WM 1988. 763; BGB-RGRK/STEFFEN Rn 12; RG SeuffA 61 Nr 81; OLG Bamberg OLGE 10, 184 ff; OLG Celle OLGE 22, 327 ff; LZ 1928, 1383; HRR 1936 Nr 395; aM OLG Celle OLGE 9, 9ff). Die vertragsgemäße Verwendung muß der Beauftragte beweisen (BGH aaO).

V.   Entsprechende Anwendung

12 § 669 ist entsprechend anzuwenden nach § 27 Abs 3 auf den Vereinvorstand, auf den Liquidator eines Vereins nach § 48 Abs 2, gemäß § 675 auf Dienst- und Werkverträge, die eine Geschäftsbesorgung zum Gegenstand haben, auf den geschäftsführenden Gesellschafter nach § 713, auf die Rechtsstellung des Beistandes (§ 1691

Abs 1), Vormundes (§ 1835 Abs 1), Gegenvormundes und Pflegers (§§ 1891 Abs 1, 1835 Abs 1 S 1, 1835 Abs 1 S 2, 1915 Abs 1), des Betreuers (§§ 1908 i, 1835 Abs 1), des Vereins im Fall der Vereinsbetreuung (§ 1908 e) und der Behörde im Fall der Behördenbetreuung (§ 1908 h).

§ 670

Macht der Beauftragte zum Zwecke der Ausführung des Auftrags Aufwendungen, die er den Umständen nach für erforderlich halten darf, so ist der Auftraggeber zum Ersatze verpflichtet.

Materialien: E I § 595 Abs 1 S 1; II § 601 Abs 1 S 1; III § 657 S 1; Mot II 541; Prot II 365–369.

Systematische Übersicht

Alphabetische Übersicht

I. Grundgedanken der gesetzlichen Regelung

1. Funktion des Aufwendungsersatzanspruchs

1 Der Aufwendungsersatzanspruch beruht auf dem Gedanken, daß der Beauftragte durch seine Tätigkeit im Interesse des Auftraggebers **keinen Vermögensverlust** erleiden soll. Der Beauftragte ist mangels besonders vereinbarter Verauslagungspflicht nicht verpflichtet, sein eigenes Vermögen im Interesse des Auftraggebers einzusetzen oder Verbindlichkeiten einzugehen, sondern kann auch von vornherein auf Kosten des Auftraggebers tätig werden, indem er gemäß § 669 einen der Höhe der erforderlichen Aufwendungen entsprechenden Vorschuß verlangt. Wenn er aber im Zusammenhang mit der Auftragsausführung sein eigenes Vermögen einsetzt oder Verbindlichkeiten eingeht, so hat er einen Anspruch auf Ausgleich der Vermögenseinbuße oder auf Freistellung von der eingegangenen Verbindlichkeit. Wenn der Beauftragte in Ausführung des Auftrags zu eigenen Lasten eine Sicherheit bestellt, dient der Aufwendungsersatzanspruch dem Rückgriff gegen den Auftraggeber. Der Aufwendungsersatzanspruch des Beauftragten knüpft an die Unentgeltlichkeit des Auftrags an. Der Beauftragte wird also zwar ohne Anspruch auf Vergütung für die geleistete Tätigkeit, nicht aber auch auf eigene Kosten für den Auftraggeber tätig. Der entgeltliche Geschäftsbesorger hat einen besonderen Anspruch auf Aufwendungsersatzanspruch nur insoweit, als die Aufwendungen nicht schon durch die vereinbarte Vergütung abgegolten sind.

2. Risiko unverschuldet-erfolgloser Aufwendungen

2 Der Anspruch auf Aufwendungsersatz besteht grundsätzlich ohne Rücksicht darauf, ob die Tätigkeit des Beauftragten den durch den Auftrag bezweckten Erfolg hatte oder nicht (Mot II 541; RG WarnR 1919 Nr 60). Das Risiko **unverschuldet-erfolgloser Aufwendungen** des Beauftragten trägt also der Auftraggeber. Doch kann sich in dieser Hinsicht aus den Vereinbarungen der Parteien das Gegenteil ergeben, wenn die Geschäftsbesorgung allein in der Herbeiführung des Erfolgs besteht.

3 Der Anspruch aus § 670 ist ein Wertersatz-, kein Schadensersatzanspruch (RGZ 126,

186). Dem Anspruch auf Aufwendungsersatz kann daher § 254 nicht entgegengehalten werden, BGHZ 8, 235.

4. Abdingbarkeit

Die Vorschrift des § 670 hat dispositiven Charakter. Es können also die Ansprüche **4** des Beauftragten durch ausdrückliche oder stillschweigende Vereinbarung sowohl erweitert wie auch eingeschränkt werden.

II. Aufwendungen

1. Begriff

a)   Aufwendungen sind **freiwillige Vermögensopfer**, die der Beauftragte **zum Zwecke 5 der Auftragsausführung** auf sich nimmt (RGZ 94, 169, 170; 95, 51, 53; 122, 298, 303) oder die sich **als notwendige Folge** der Geschäftsführung ergeben (RGZ 75, 208, 212: infolge der Ausführung des Auftrags in der Person des Beauftragten entstehende Steuerpflicht; RG WarnR 1929 Nr 160: Kosten eines durch die Ausführung des Auftrags hervorgerufenen Rechtsstreits; BGHZ 8, 222, 225;: Aufwendungen des schuldlosen Verkaufskommissionärs zur Erfüllung von Schadensersatzansprüchen des Käufers; RG Warn 1921, Nr 121: Zinsen). Die Freiwilligkeit trifft für die zweite Fallgruppe wenigstens mittelbar deshalb zu, weil der Beauftragte die Verpflichtung zur Auftragsausführung, um deren notwendige Folgen es sich handelt, freiwillig übernimmt. Der von der Rechtsprechung entwickelte Aufwendungsbegriff, der auch den §§ 256, 257 entspricht und an dem deshalb festzuhalten ist, erfaßt hingegen nicht die Zufallsschäden, die der Beauftragte infolge einer mit der Auftragsausführung verbundenen Gefahr erleidet. Eine Ersatzpflicht für solche Zufallsschäden kann sich daher nicht in direkter Anwendung des § 670, sondern nur als Folge des in den §§ 667, 670 enthaltenen Rechtsgedanken ergeben, daß der Beauftragte durch die Ausführung des Auftrags weder gewinnen noch verlieren soll.

b)   Unter Aufwendungen sind alle Vermögensopfer, nicht nur Geldaufwendungen **6** zu verstehen. Auch schon die **Eingehung einer Verbindlichkeit** ist daher, wie auch in § 257 vorausgesetzt, eine Aufwendung im Sinne des § 670, so insbesondere die Übernahme einer Verbindlichkeit durch den Gefälligkeitsakzeptanten (RGZ 120, 76, 80; 120, 205, 208). Übernahme der Bürgenhaftung durch Erteilung eines Kreditauftrags an einen Dritten, dem Auftraggeber ein Darlehen zu gewähren (§ 778; RGZ 151, 93, 100), Verbürgung für den Auftraggeber (RGZ 59, 207, 208 ff) oder Schuldübernahme (BGH WM 1969, 1416). Hierher zu rechnen ist auch die durch das Abschleppen eines Kraftfahrzeugs entstandene Schadensschuld aus Gefährdungshaftung (BGH NJW 1963, 215) und die Belastung des Beauftragten mit Ansprüchen aus § 228 oder § 904 (RAG WarnR 1931 Nr 161). Neben Geldaufwendungen kann ferner auch die Aufopferung anderer Vermögenswerte eine Aufwendung darstellen. Sind andere Gegenstände als Geld aufgewendet, so geht der Anspruch auf Ersatz des Wertes der aufgewendeten Gegenstände. Hierher gehört die Aufrechnung seitens des Beauftragten mit einer Gegenforderung gegen einen Dritten (RG WarnR 1912 Nr 19), die Bestellung einer dinglichen Sicherheit an eigenen Sachen des Beauftragten für eine Schuld des Auftraggebers (BGH MDR 1955, 283, 285) und der Verbrauch eigener Sachen des Beauftragten (Fütterung eines fremden Tieres). Dem Verbrauch eigener

Sachen ist deren übermäßige Abnutzung gleichzustellen; auch sie ist also eine Aufwendung im Sinne des § 670 (wie hier ERMAN/EHMANN Rn 2; SOERGEL/MÜHL Rn 2). Bei Zurverfügungstellung von Lagerräumen oder Beförderungsmitteln durch den Kommissionär gilt ergänzend die Legalinterpretation des § 396 Abs 2 HGB. Die allgemeinen Geschäftsunkosten kann der Beauftragte dagegen nicht, und zwar auch nicht teilweise, auf den Auftraggeber abwälzen (KG JW 1925, 270; OLG Bamberg VersR 1964, 254; STEINDORFF, in: FS Dölle, [1963] 273, 284).

7 c) Die **Arbeitsleistung des Beauftragten** stellt auch dann keine Aufwendung dar, wenn zur Ausführung des Auftrags eine in sein Gewerbe oder seinen Beruf einschlagende Tätigkeit erforderlich ist und er deshalb einen Verdienstausfall erleidet. Die Ersatzfähigkeit des Verdienstausfalls würde der Unentgeltlichkeit des Auftrags widersprechen, selbst wenn man in Betracht zieht, daß eine nach § 675 vereinbarte Vergütung auch höher hätte sein können als der etwaige Verdienstausfall. § 1835 Abs 3 ist auf den Beauftragten nicht entsprechend anwendbar. Seine analoge Anwendbarkeit auf den Aufwendungsersatzanspruch des auftraglosen Geschäftsführers (§§ 683 S 1, 670) beruht auf dem Gedanken, freiwillig-uneigennützige Tätigkeit in fremdem Interesse zu begünstigen. Eine qualifizierte Unentgeltlichkeit kann dem auftraglosen Geschäftsführer ebensowenig wie dem Vormund abverlangt werden, wohl aber dem Beauftragten, der sich durch die Übernahme des Auftrags zur unentgeltlichen Auftragsausführung verpflichtet. Anders liegt es aber, wenn die Erforderlichkeit einer in den Beruf des Beauftragten einschlagenden Tätigkeit sich erst im Zuge der Auftragsausführung ergibt; der Beauftragte kann dann eine angemessene Vergütung als Aufwendungsersatz fordern (ebenso PALANDT/THOMAS Rn 3; ERMAN/EHMANN Rn 2; BGB-RGRK/STEFFEN Rn 11).

2.   Zusammenhang mit dem Auftrag

8 § 670 umfaßt seinem Wortlaut nach zunächst die **zum Zwecke der Auftragsausführung** gemachten Aufwendungen. Diesen stehen die Aufwendungen gleich, die ursächlich mit der Auftragsausführung zusammenhängen, zB zur Vorbereitung, – wie Gebühren für einzelne Ferngespräche, Reisekosten – oder als notwendige Folge der Auftragsausführung zu machen war. Vermögensopfer des Beauftragten, die er nicht für den Auftraggeber, sondern zu eigenen Zwecken erbringt, sind nicht ersatzfähig.

3.   Erforderlichkeit

9 Ersatzfähig sind nur solche Aufwendungen, die der Beauftragte für erforderlich halten durfte. In erster Linie muß der Beauftragte auch hinsichtlich der Aufwendungen den Weisungen des Auftraggebers Rechnung tragen. Für erforderlich halten darf der Beauftragte nur solche Aufwendungen, die in angemessenem Verhältnis zur Bedeutung der Geschäftsführung für den Auftraggeber stehen. Unangemessene Aufwendungen gehen zu Lasten des Beauftragten. Ihn trifft also die Obliegenheit, sich hinsichtlich der Aufwendungen im Rahmen des Auftrags zu halten (vgl auch § 595 Abs 1 S 1 des 1. Entwurfs). Andererseits bekommt der Beauftragte auch dann Aufwendungsersatz, wenn die Aufwendungen zwar nicht wirklich erforderlich waren, der Beauftragte aber sie bei Aufwendung der ihm obliegenden Sorgfalt den Umständen nach für erforderlich halten durfte (Mot II 541; RG WarnR 1910 Nr 108; RGZ 105, 48,

52); das gilt insbesondere auch für den auftragslosen Geschäftsführer (RGZ 149, 205, 207). Die Erforderlichkeit der Aufwendungen ist also **objektiv**, jedoch **aus der Sicht eines sorgfältigen Beauftragten in gleicher Lage** zu beurteilen (BGB-RGRK/STEFFEN Rn 6; SOERGEL/MÜHL Rn 4; PALANDT/THOMAS Rn 4). Das Risiko schuldlosen Irrtums des Beauftragten über die Erforderlichkeit geht zu Lasten des Auftraggebers. Für die Beurteilung der Erforderlichkeit ist der Zeitpunkt maßgebend, in dem der Beauftragte die Aufwendungen gemacht hat. Hinsichtlich der Aufwendungen muß sich der Beauftragte nicht nur nach dem Interesse des Auftraggebers richten, der von ihm gemachte Aufwand muß sich vielmehr auch **im Rahmen der Rechtsordnung** halten. Vom Beauftragten gezahlte Schmiergelder sind daher grundsätzlich nicht erstattungsfähig (BGH NJW 1965, 293). Bei in den Beruf einschlagender Tätigkeit eines auftraglosen Geschäftsführers scheidet ein Vergütungsanspruch dann aus, wenn die Tätigkeit gegen ein gesetzliches Verbot verstößt (so zu Recht BGHZ 37, 258, 263, allerdings zum Fall eines nichtigen Geschäftsbesorgungsvertrages, der ohnehin nur nach Bereicherungsrecht beurteilt werden sollte).

III. Zufallsschäden

1. Grundlage für die Ersatzpflicht

a) § 670 erfaßt nicht die Schäden, die von keiner der beiden Parteien verschuldet **10** in der Person oder im Vermögen des Beauftragten eintreten und aus einer mit der Auftragsausführung verbundenen Gefahr resultieren. Das Reichsgericht stützte die Ersatzpflicht bei Übernahme einer gefährlichen Tätigkeit zunächst auf einen stillschweigend geschlossenen Garantievertrag zugunsten des Beauftragten (RG JW 1914, 676; RGZ 94, 169, 170; RG JW 1927, 441; JW 1931, 3441), daneben auch auf die entsprechende Anwendung des § 670 (RGZ 98, 197, 200; RG JW 1937, 152). Die Konstruktion eines stillschweigend geschlossenen Garantievertrags versagte jedoch bei Geschäftsführung ohne Auftrag (RGZ 167, 85). Sie paßt auch dann nicht, wenn die Gefährlichkeit des Auftrags nicht von vornherein abzusehen ist, sondern sich erst bei der Auftragsausführung ergibt. Die Rechtsprechung stützt seit RGZ 167, 85 die Ersatzpflicht auf § 670, indem sie Zufallsschäden, die aus einer mit der Auftragsausführung verbundenen Gefahr resultieren, zu den Aufwendungen rechnet (RG DR 1944, 287, 288; BGHZ 33, 251, 257; 38, 270, 277; 52, 115; 89, 153, 157; BAG NJW 1962, 411). Hierbei handelt es sich um die Fortführung der analogen Anwendung des § 670, die als gesichert angesehen und deshalb in der Formulierung einer extensiven Auslegung angenähert wird (vgl BGB-RGRK/STEFFEN Rn 13). Die analoge Anwendung des § 670 entspricht auch der wohl noch immer überwiegenden Meinung des Schrifttums (ENNECCERUS/LEHMANN § 162, 4; FIKENTSCHER Rn 921; SOERGEL/MÜHL Rn 7; STEINDROFF, in: FS Dölle [1963] 276, 292; vgl aber CANARIS RdA 1966, 41; PALANDT/THOMAS Rn 11; ERMAN/EHMANN Rn 8). Ein Zufallsschaden kann auch dadurch eintreten, daß der Beauftragte Dritten gegenüber schadensersatzpflichtig wird, sofern er bei der Durchführung des Auftrags in verstärktem Maße der Gefahr ausgesetzt ist, sich schadensersatzpflichtig zu machen (BGHZ 89, 153, 158).

b) Der Gesetzgeber wollte die Frage, ob Zufallsschäden unter den Begriff der **11** Aufwendungen iS des § 670 fallen, *offenlassen* (vgl Mot II 541; Prot II 567). Durch die allgemeinen Vorschriften der §§ 256, 257 ist jedoch die Bildung eines spezifisch auftragsrechtlichen Aufwendungsbegriffs im weiteren Sinne, der auch Zufallsschäden umfassen würde, ausgeschlossen. Der Logik des Gesetzes entspricht ein einheitlicher Aufwendungsbegriff, der auf freiwillige Vermögensopfer zu beschränken ist, wie schon §§ 538 Abs 2, 633 Abs 3, 693 zeigen.

12 c) Auf eine extensive Auslegung des § 670 zielte die Lehre, die ersatzfähige Zufallsschäden als *bedingte Aufwendungen* erfassen wollte. Wenn der Beauftragte sich oder sein Vermögen bewußt einer Einbuße aussetzte, habe er für den Fall der Verwirklichung der Gefahr den Verlust gewollt. Diese Auffassung versagte dann, wenn die Gefährlichkeit des Auftrags nicht von vornherein erkennbar war und sie paßte auch dann nicht, wenn die Gefährlichkeit zwar von vornherein erkennbar, aber nicht tatsächlich erkannt war. Außerdem hoffte der Beauftragte selbst dann, wenn er sich der Gefährlichkeit des Auftrags bewußt ist, den Eintritt des Schadens vermeiden zu können.

13 d) Eine neuere, von CANARIS begründete Ansicht (RdA 1966, 41; zustimmend PALANDT/THOMAS Rn 12; ERMAN/HAUSS Rn 8; LARENZ II 1 § 56 III) stützte die Ersatzpflicht bei Zufallsschäden auf den Grundsatz der *Risikozurechnung* bei *schadensgeneigter* Tätigkeit *in fremdem Interesse*, der die Haftungsbeschränkung des Arbeitnehmers bei schadensgeneigter Arbeit, seinen Freistellungsanspruch bei Schädigung betriebsfremder Dritter und seinen Anspruch auf Ersatz nicht arbeitsadäquater Sachschäden trägt. Die mit der Auftragsausführung verknüpften Risiken sind danach so zu verteilen, daß der Auftraggeber die aus einer mit der Auftragsausführung verbundenen, ihr eigentümlichen Gefahr resultierenden Zufallsschäden trägt, während Schäden, die sich aus dem *allgemeinen Lebensrisiko* ergeben, zu Lasten des Beauftragten gehen. Durch den Gedanken der Risikozurechnung soll der Ersatzanspruch des Beauftragten schadensersatzrechtlichen Charakter gewinnen, die §§ 249 ff, insbesondere § 254 sowie die §§ 844, 845 sollen von vornherein anwendbar sein. Den Gedanken der Risikozurechnung betont auch GENIUS (AcP 173, 481, 512 ff), der aber die Zurechnung auftragsspezifischer Zufallsschäden auf die Verallgemeinerung des im § 110 Abs 1 HGB enthaltenen Rechtsgedankens stützt.

14 e) Der Ersatz von Zufallsschäden, die aus einer mit der Auftragsausführung verbundenen Gefahr resultieren, liegt in der Konsequenz des Rechtsgedankens, der schon den Ersatz freiwilliger Vermögensopfer des Beauftragten trägt. Er soll durch die Ausführung des Auftrags nicht gewinnen, soll aber auch keine Einbuße erleiden. Bei dieser der Regelung des § 670 vorausliegenden und sie tragenden Wertentscheidung kann es keinen Unterschied machen, ob es sich um freiwillige Vermögensopfer oder um Schäden handelt, die von keinem der Beteiligten verschuldet als Auswirkung einer mit der Auftragsausführung verbundenen Gefahr in der Person oder im Vermögen des Beauftragten eintreten. Auf den Grundsatz der Risikozurechnung bei schadensgeneigter Tätigkeit in fremdem Interesse braucht daher nicht zurückgegriffen zu werden. Er ist auch von seinem Anwendungsgebiet im Arbeitsverhältnis herausgelöst zu allgemein und zu unbestimmt um die Risikoverteilung zwischen Auftraggeber und Beauftragten auf ihn gründen und nach ihm beurteilen zu können. Ebensowenig bedarf es des Rückgriffs auf § 110 Abs 1 HGB. Die auftragsrechtliche Risikoverteilung beruht vielmehr auf dem **in § 670 selbst enthaltenen Rechtsgedanken der Schadloshaltung des Beauftragten**, die neben dem Aufwendungsersatz auch den Ersatz von Zufallsschäden einschließt. Es ist daher im Ergebnis der Rechtsprechung und jenen Stimmen des Schrifttums zuzustimmen, die den Ersatz von Zufallsschäden auf § 670 stützen. Wegen des begrifflichen Gegensatzes zwischen Aufwendungen und Zufallsschäden handelt es sich dabei der Konstruktion nach wohl eher um eine *teleologische Extension* des § 670 als um eine Analogie. Voraussetzungen und Grenzen der Ersatzpflicht für Zufallsschäden beurteilen sich somit auftragsrechtlich nach dem in § 670 enthaltenen Rechtsgedanken (vgl auch STAUDINGER/MARTINEK § 675 Rn A 75).

2. Voraussetzungen der Schadloshaltung des Beauftragten

a) Der Schaden darf weder vom Auftraggeber noch vom Beauftragten verschul- **15** det sein. Hat der Auftraggeber den Schaden des Beauftragten verschuldet, zB ihn nicht vor der dem Auftraggeber bekannten Gefahr gewarnt oder ihn unzulässigerweise in eine Gefahr geschickt, so ist er ersatzpflichtig. Hat der Beauftragte eine Leistung zu verrichten, die bei Vereinbarung eines Entgelts dienstvertraglicher Natur wäre, so findet § 618 Abs 1,3 entsprechende Anwendung und der Auftraggeber haftet auch für schuldhafte Verletzung der dort genannten Fürsorgepflichten (BGHZ 16, 265, 267 ff). Das gleiche muß gelten, wenn der Auftrag bei Entgeltlichkeit werkvertraglichen Charakter hätte. Ist der Beauftragte getötet, so haben die Unterhaltsberechtigten über § 618 Abs 1, 3 einen Vertragsanspruch, der nicht wie Ansprüche aus unterlaubter Handlung der Schwäche des § 831 Abs 1 S 2 ausgesetzt ist. Unabdingbar ist dieser Anspruch entsprechend § 619 jedoch nur bei sozialer Abhängigkeit des Beauftragten vom Auftraggeber. Trifft auch den Beauftragten ein Verschulden, so bestimmt sich die Ersatzpflicht des Auftraggebers nach § 254 (BGHZ 16, 265, 274). Hat der Beauftragte den Schaden selbst allein verschuldet, so hat er grundsätzlich keine Ansprüche. Eine Ausnahme hiervon ist nur dann zu machen, wenn der Schaden zusätzlich auch auf der Gefährlichkeit des Auftrags beruht. Insoweit kann ein teilweiser Ersatz nach den für Zufallsschäden geltenden Grundsätzen in Betracht kommen (ebenso BGB-RGRK/STEFFEN Rn 17).

b) Der Schaden muß adäquat kausal durch die Auftragsausführung eingetreten **16** sein und sich aus einer mit dem Auftrag verbundenen Gefahr ergeben haben (RGZ 167, 85, 89). Die adäquate Kausalität allein genügt also nicht. Andererseits ist es grundsätzlich ohne Bedeutung, ob die Gefahr einer Schädigung des Beauftragten den Beteiligten bewußt war oder sich erst nachträglich herausgestellt hat. Es genügt, daß die Auftragsausführung **objektiv mit einer Gefahr verbunden war** und **beide Beteiligte mit der Gefahr rechnen mußten** (RG JW 1937, 152; BGH VersR 1957, 388; LARENZ II 1 § 56 III). Bei Geschäftsführung ohne Auftrag kommt es überhaupt nur darauf an, ob die Gefahr der Geschäftsbesorgung – zB der Rettungshandlung – eigentümlich war (RGZ 167, 85, 89; RG DR 1944, 288; BGHZ 33, 251, 257; 38, 270, 277). Eine mit dem Auftrag verbundene Gefahr liegt dann vor, wenn die Geschäftsbesorgung schon an und für sich – typischerweise – riskant ist (Zureiten eines Hengstes, Löschen eines Brandes), oder sich auf Grund besonderer Umstände als gefährlich darstellt (Abholen eines dringend benötigten Medikaments). Im Gegensatz hierzu stehen **allgemeine, nicht auftragsspezifische Gefahren.** Das *allgemeine Lebensrisiko* muß der Beauftragte selbst tragen, auch wenn es sich bei der Auftragsausführung auswirkt (BGB-RGRK/STEFFEN Rn 19; ERMAN/HAUSS Rn 9; PALANDT/THOMAS Anm 12). Fährt er im eigenen Wagen auftragsgemäß zu einer Auktion und erleidet er auf der Fahrt ohne Verschulden einen Verkehrsunfall, so kann er sich wegen des ihm dadurch entstehenden Schadens nicht an den Auftraggeber halten (vgl auch GENIUS AcP 173, 513 f). Auch die allgemeine, nicht mit der Art der transportierten Ladung zusammenhängende Gefahr der Beschlagnahme geht zu Lasten des Beauftragten (BGH VersR 1957, 388, 390).

17 c)   Ist die Auftragsausführung mit für beide Beteiligte erkennbaren Risiken verbunden, so haftet der Auftraggeber für Zufallsschäden des Beauftragten gleichwohl nicht, wenn sie darauf beruhen, daß der Beauftragte ein im Verhältnis zum Auftragszweck unangemessenes Risiko eingegangen ist. Der Beurteilungsmaßstab des § 670 gilt sinngemäß auch für Zufallsschäden, die sich aus einem vom Beauftragten *bewußt* eingegangenen Risiko ergeben. Bei Zufallsschäden, die sich aus einer vom Beauftragten *nicht vorhergesehenen* auftragsspezifischen Gefahr ergeben, ist er unanwendbar. Zufallsschäden dieser Art gehen grundsätzlich zu Lasten des Auftraggebers.

18 d)   Beim entgeltlichen Geschäftsbesorgungsvertrag nach § 675 kann im Entgelt die Übernahme vorhergesehener, mit der Geschäftsbesorgung verbundener Risiken mit enthalten sein. Zufallsschäden, die aus von ihm übernommenen Risiken entstehen, muß der Geschäftsbesorger selbst tragen. Hinsichtlich nicht im Entgelt enthaltener oder nicht vorhergesehener Risiken ist entscheidend, in wessen Risikobereich sie fallen. Die Tatsache allein, daß jemand im Interesse eines anderen tätig wird, ist bei entgeltlicher Geschäftsbesorgung noch weniger als beim unentgeltlichen Auftrag genügend, um dem anderen sämtliche, mit der Geschäftsbesorgung adäquat verknüpfte Schäden aufzubürden. Andererseits ist es sachgerecht, daß der Geschäftsherr die Zufallsschäden trägt, deren Ursachen in seinem Risikobereich liegen. Die Entgeltlichkeit führt also nicht zur Aufbürdung aller Risiken auf den Geschäftsbesorger und schließt eine Ersatzpflicht des Geschäftsherrn nicht schlechthin aus. Die Beschlagnahmerisiken, die sich aus der Art der transportierten Ladung ergeben, trägt daher der Geschäftsherr (BGH VersR 1957, 388 ERMAN/EHMANN Rn 11).

3.   Umfang der Ersatzpflicht

19 a)   Die Ersatzpflicht des Auftraggebers knüpft an eine verschuldensunabhängige Verteilung der Risiken zwischen den Beteiligten an. Sie bedeutet also eine Risikohaftung des Auftraggebers. Ziel der Risikohaftung ist die angemessene Schadloshaltung des Beauftragten, was nicht unbedingt Totalreparation zu sein braucht. Der Anspruch des Beauftragten ist kein Schadenersatzanspruch (BGHZ 52, 115, 117). Für das Abgehen vom Grundsatz der Totalreparation bedarf es aber stets besonderer Umstände, die den vollen Ausgleich der Zufallsschäden durch den Auftraggeber als unbillig erscheinen lassen. Der dem § 670 vorausliegende Zweck, daß der Beauftragte durch die Auftragsausführung keine Einbuße erleiden soll, trägt den Anspruch auf vollen Schadensersatz jedenfalls dann, wenn der Beauftragte bewußt ein angemessenes, zur Auftragsausführung notwendiges Risiko eingeht. Bei erkennbarer, den Beteiligten jedoch nicht bewußt gewordener Gefahr, oder bei einer riskanten Geschäftsbesorgung, deren Gefährlichkeit die Beteiligten nicht in vollem Ausmaß erkannt haben, kann hingegen Totalreparation im Einzelfall unbillig sein, so etwa dann, wenn der Beauftragte den leichtfertig erteilten riskanten Auftrag ebenso leichtfertig annimmt (OLG Celle NJW 1965, 2350). Die Ersatzpflicht des Auftraggebers bestimmt sich in einem solchen Falle nach §§ 157, 242. Die Billigkeit ist aber nicht zusätzliche Voraussetzung, sondern lediglich Grenze der Ersatzpflicht; die Vermögensverhältnisse der Beteiligten haben daher außer Betracht zu bleiben.

b) Von besonderer Bedeutung ist die Begrenzung der Haftung für Zufallsschäden **20** bei riskanten Rettungshandlungen auftragloser Geschäftsführer. Hat der Retter die Gefahrenlage mit verursacht, so kann dieser Umstand bei der Bemessung seines Ersatzanspruchs zu seinem Nachteil berücksichtigt werden. Die Begrenzung der Ersatzpflicht des Geschäftsherrn aus §§ 683, 670 folgt nicht erst aus der entsprechenden Anwendung des § 254 (**aM** DEUTSCH AcP 165, 293 ff) oder aus der Anwendung der Grundsätze der Vorteilsausgleichung (so OLG Oldenburg VersR 1972, 1178, 1180), sondern ergibt sich schon daraus, daß der den §§ 683, 670 zugrundeliegende Zweck zwar neben dem Aufwendungsersatz auch den Ersatz von Zufallsschäden erfaßt, insoweit aber nur eine angemessene Schadloshaltung, also nicht stets vollen Ersatz erfordert. Der zur Rettung eines anderen ausweichende Kraftfahrer muß, obwohl er einen Ersatzanspruch nur dann hat, wenn er den Entlastungsbeweis nach § 7 Abs 2 StVG führen kann, sich eine Kürzung seines Anspruchs gefallen lassen, soweit er die Gefahrenlage mit verursacht hat (BGHZ 38, 270, 277 ff). Wer einen Ertrinkenden rettet, hat hingegen, soweit nicht die gesetzliche Unfallversicherung eingreift, Anspruch auf vollen Ersatz (RGZ 167, 85).

c) Wird der auftraglose Geschäftsführer bei der Hilfeleistung getötet, so haben **21** die Angehörigen die Ansprüche aus §§ 844, 845 (RGZ 167, 85, 89). Das gleiche muß für die Angehörigen des Beauftragten gelten (zum Tod des Beauftragten durch schuldhafte Verletzung der in § 618 Abs 1 genannten Fürsorgepflichten vgl Rn 15). Einen Anspruch auf Schmerzensgeld hat weder der Beauftragte noch der auftraglose Geschäftsführer (BGHZ 52, 115).

IV. Die Verpflichtung zum Aufwendungsersatz

1. Erstattung aufgewendeter Mittel

Die Ersatzpflicht des Auftraggebers schließt nach der auch für § 670 geltenden all- **22** gemeinen Vorschrift des § 256 eine Verzinsungspflicht mit ein. Der Auftraggeber muß den vom Beauftragten aufgewendeten Betrag oder, wenn andere Gegenstände als Geld aufgewendet worden sind, den als Ersatz ihres Wertes zu zahlenden Betrag von der Zeit der Aufwendung an verzinsen (E I § 595; II § 601 Abs 1 S 1; III § 657 S 2; Mot II 541; BGH WM 1967, 1148). Der Auftraggeber muß ferner die Steuern bezahlen, die der Beauftragte infolge der Auftragsausführung zu leisten hat, nicht hingegen solche, die mit dem Auftrag in keinem untrennbaren Zusammenhang stehen (BGH WM 1978, 115). Zur Frage der Aufwendung in Fremdwährung vgl RGZ 109, 88; 120, 76. Sind andere Gegenstände als Geld aufgewendet worden, so kann der Beauftragte, wie aus § 256 zu entnehmen ist, Erstattung in Natur nicht verlangen; § 249 S 1 ist auf den Aufwendungsersatzanspruch unanwendbar.

2. Befreiung von Verbindlichkeiten

a) Nach § 670 und § 257 kann der Beauftragte, der zum Zweck der Ausführung **23** des Auftrags eine Verbindlichkeit eingegangen ist, Befreiung von der Verbindlichkeit verlangen. Das Gesetz betrachtet also schon die Belastung des Beauftragten durch die Verbindlichkeit als eine Aufwendung. Wenn die Verbindlichkeit jedoch noch nicht fällig ist, so kann der Auftraggeber, statt den Beauftragten zu befreien, ihm Sicherheit leisten (§ 257 S 2). Ist die Übernahme einer Bürgschaft Gegenstand des Auftrags, so finden die Bestimmungen des § 775 Anwendung. Wenn der Bürge, der die Bürgschaft im Auftrage des Schuldners übernommen hatte, den Gläubiger befriedigt, so erlangt er unabhängig von dem Recht aus § 774 den Ersatzanspruch des § 670 (RG JW 1907, 831; RGZ 59, 207, 208 ff).

24 **b)** Die Befreiung von Verbindlichkeiten ist gegenstandslos, wenn solche nur unmittelbar in der Person des Auftraggebers entstehen; das ist dann der Fall, wenn der Beauftragte lediglich auf Grund ihm erteilter Vollmacht im Namen des Auftraggebers auftritt.

25 **c)** Der Anspruch des § 670 ist auf die Befreiung von Verbindlichkeiten beschränkt. Wenn der Beauftragte im Vertrauen auf die Genehmigung ohne Vollmacht im Namen des Auftraggebers auftritt, so hat er keinen Anspruch auf Genehmigung (so auch BGB-RGRK/STEFFEN Rn 25).

26 **d)** Von welchen Verbindlichkeiten der Auftraggeber den Beauftragten zu befreien hat, kann im Einzelfall davon abhängig sein, welchen von mehreren möglichen Wegen der Beauftragte zur Auftragsausführung wählt. Wer für den Auftraggeber Geld beschaffen soll, kann im eigenen Namen ein Darlehen aufnehmen; der Auftraggeber muß ihn dann von der Darlehensschuld befreien. Der Beauftragte kann aber auch einem Dritten einen Kreditauftrag erteilen; dann ist er von der Haftung nach § 778 freizustellen (RGZ 151, 93, 100). Schließt er den Darlehensvertrag im Namen des Auftraggebers ab und tritt er dessen Schuld bei, so ist er von der sich aus dem Schuldbeitritt ergebenden Haftung freizustellen. Zur Befreiung von Verbindlichkeiten gehört auch die Befreiung von der dinglichen Haftung aus der für eine fremde Schuld bestellten Hypothek (BGH MDR 1955, 283).

3. Fälligkeit

27 Der Anspruch auf Aufwendungsersatz wird fällig mit der Ausführung oder der sonstigen Beendigung des Auftragsverhältnisses (RG LZ 1912, 326). Während der Beauftragte den Vorschuß gemäß § 669 erst anfordern muß, bedarf es für den Aufwendungsersatzanspruch nicht eines besonderen Verlangens. Er entsteht auch ohne ein solches. Durch besondere Vereinbarung der Beteiligten kann auch die periodische Erstattung der gemachten Aufwendungen vorgesehen sein.

4. Gegenrechte

28 Hat der Auftraggeber aus dem Auftrag einen fälligen Anspruch gegen den Beauftragten (so insbes auf Herausgabe gemäß § 667), so steht ihm gegenüber dem Ersatzanspruch des Beauftragten ein Zurückbehaltungsrecht gemäß §§ 273, 274 zu. Bei Gleichartigkeit kommt auch Aufrechnung in Betracht. Der Aufwendungsersatzanspruch verjährt nach § 195 in 30 Jahren. Bei entgeltlicher Geschäftsbesorgung verjährt er jedoch in derselben Zeit wie der Vergütungsanspruch (BGH WM 1977, 533).

V. Beweislast

29 Die Beweislast für das Bestehen der Aufwendungs- oder Ersatzansprüche trifft den

Beauftragten (RG JW 1929, 654). Der Beauftragte muß neben der Erteilung des Auftrags die Aufwendungen und deren Erforderlichkeit beweisen. Behauptet der Auftraggeber, die für die Aufwendung erforderlichen Beträge dem Beauftragten vorgeschossen zu haben (§ 669), so ist er hierfür beweispflichtig. Beim Baubetreuungsvertrag mit Festpreisvereinbarung trifft den Betreuten die Beweislast für die Festpreisvereinbarung und damit auch für den aus ihr folgenden Ausschluß von Auslagenersatz (BGH MDR 1969, 999).

VI. Entsprechende Anwendung

§ 670 ist entsprechend anwendbar auf Dienst- und Werkverträge, die eine Geschäfts- **30** besorgung zum Gegenstand haben (§ 675) und auf die Geschäftsführung ohne Auftrag (§ 683). Bei entgeltlicher Geschäftsbesorgung können die Aufwendungen jedoch durch die Vergütung mit abgegolten sein. Zur Anwendung des § 670 im Arbeitsverhältnis vgl BAG NJW 1962, 835 (Schäden an Sachen des Arbeitnehmers) und MÜLLER JZ 1968, 769. § 675 schließt die entsprechende Anwendung des § 670 im Arbeitsverhältnis nicht aus, enthält dafür aber selbst keine Grundlage. Entsprechend anzuwenden ist § 670 ferner gemäß §§ 27 Abs 3, 86, 48 Abs 2, 450 Abs 1, 547, 601, 713, 1216, 1691 Abs 1, 1835 Abs 1 (mit der Maßgabe des Abs 3), § 1908 e Abs 1, 1908 h Abs 1, 1908 i, 1915 Abs 1, 1959, 1978, 2218 Abs 1. Für den Auftrag auf Bürgschaftsübernahme gilt die besondere Vorschrift des § 775. Für Rechtsanwälte gilt die Sonderregelung der §§ 25 ff BRAGO.

§ 671

[1] **Der Auftrag kann von dem Auftraggeber jederzeit widerrufen, von dem Beauftragten jederzeit gekündigt werden.**

[2] **Der Beauftragte darf nur in der Art kündigen, daß der Auftraggeber für die Besorgung des Geschäfts anderweit Fürsorge treffen kann, es sei denn, daß ein wichtiger Grund für die unzeitige Kündigung vorliegt. Kündigt er ohne solchen Grund zur Unzeit, so hat er dem Auftraggeber den daraus entstehenden Schaden zu ersetzen.**

[3] **Liegt ein wichtiger Grund vor, so ist der Beauftragte zur Kündigung auch dann berechtigt, wenn er auf das Kündigungsrecht verzichtet hat.**

Materialien: E I §§ 597, 598; II § 602; III § 658;
Mot II 543–547; Prot II 370, 371.

Systematische Übersicht

Roland Wittmann

I. Grundgedanken der gesetzlichen Regelung

1. Beiderseitige freie Lösbarkeit

1 Nach § 671 kann das Auftragsverhältnis grundsätzlich von jedem der Vertragsschlie-
ßenden jederzeit einseitig gelöst werden, vom Auftraggeber, weil der Auftrag auf
einem persönlichen Vertrauensverhältnis beruht (BGH WM 1971, 956), vom Beauftragten, weil er unentgeltlich für den Auftraggeber tätig wird. In der beiderseitigen
freien Lösbarkeit des Auftragsverhältnisses besteht, abgesehen von der Unentgeltlichkeit, der wesentliche Unterschied zwischen Auftrag und Dienstvertrag sowie
zwischen Auftrag und entgeltlichem Geschäftsbesorgungsvertrag (§ 675). Das
Widerrufsrecht des Auftraggebers ist unbeschränkt. Der Beauftragte darf hingegen
nicht zur Unzeit kündigen, sonst setzt er sich einem Schadensersatzanspruch des
Auftraggebers aus, sofern für die unzeitige Kündigung nicht ein wichtiger Grund
vorliegt (Abs 2). Den Grundsatz der beiderseitigen freien Lösbarkeit des Auftragsverhältnisses können die Beteiligten auch durch Vereinbarung nur teilweise außer
Kraft setzen. Selbst wenn der Beauftragte auf das Kündigungsrecht verzichtet hat,
bleibt die Kündigung zulässig, wenn ein wichtiger Grund vorliegt. Über den Verzicht
auf das Widerrufsrecht enthält das Gesetz überhaupt keine Regelung, da es, sofern
der Auftrag lediglich den Interessen des Auftraggebers dient, von dem Grundsatz
der Unverzichtbarkeit ausgeht (Prot II 370). Dient der Auftrag auch dem Interesse
des Beauftragten, dann gilt für den Widerruf das gleiche wie für die Kündigung
(Zulässigkeit des Verzichts auf das Widerrufsrecht, Möglichkeit des Widerrufs aus
wichtigem Grunde trotz Verzichts).

2. Widerruf und Kündigung als Auflösungsgründe

2 a)   Widerruf und Kündigung sind einseitige empfangsbedürftige Willenserklärun-
gen im Sinne der §§ 105 ff, 130 ff (Mot II 544, 547; Prot II 371). Sie bedürfen zu ihrer
Wirksamkeit nicht der Beobachtung einer Form (vgl RGZ 61, 125 ff: Widerruf durch Fern-
sprecher), insbesondere können auch beide stillschweigend erfolgen (Mot II 544;
BGB-RGRK-Steffen Rn 3). Die auf Beendigung des Auftrags gerichtete Erklärung des
Auftraggebers nennt das Gesetz Widerruf, die Aufhebung durch den Beauftragten
Kündigung. Doch kommt es auf die Benutzung dieser Ausdrücke in der Erklärung
der Beteiligten nicht an. Die „Kündigung" eines Treuhandverhältnisses seitens des
Auftraggebers ist in Wahrheit ein Widerruf gemäß § 671 Abs 1 (vgl RGZ 121, 294 ff).
Legt ein nach § 43 a GenG zum Vertreter gewählter Genosse sein Amt nieder, so
enthält diese Erklärung des Vertreters eine Kündigung des zwischen ihm und der
Gesamtheit der Genossen bestehenden auftragsähnlichen Rechtsverhältnisses (RGZ
155, 21, 25).

3 b)   Der **Widerruf** unter einer **aufschiebenden Bedingung** ist zulässig (Mot II 554; Prot

II 375; BGB-RGRK/Steffen Rn 5; Enneccerus/Lehmann § 163 I 1 b). Doch auch die früher umstrittene Frage der Zulässigkeit einer **aufschiebend bedingten Kündigung** (vgl Planck Anm 3 b) ist mit der hM im bejahenden Sinne zu beantworten (vgl Erman/ Ehmann Rn 2; BGB-RGRK/Steffen Rn 5; zur Zulässigkeit der aufschiebend bedingten Kündigung allgemein Enneccerus/Nipperdey § 195 Anm 12; Flume II § 38, 5). Es macht hierfür – im Gegensatz zur Änderungskündigung beim Arbeitsverhältnis – keinen Unterschied, ob es sich um eine Potestativbedingung handelt, deren Eintritt der Auftraggeber selbst herbeiführen kann oder ob die Bedingung im Einflußbereich des Beauftragten liegt. Letzterenfalls muß der Kündigende jedoch dem Auftraggeber Gewißheit über den Eintritt der Bedingung verschaffen. Auch bei Ungewißheit des Auftraggebers darüber, ob er eine ihm gesetzte Potestativbedingung herbeiführen kann, braucht man die aufschiebend bedingte Kündigung nicht für unwirksam zu halten. Denn der Auftraggeber kann die Ungewißheit seinerseits dadurch beseitigen, daß er den Auftrag widerruft (so zu Recht Enneccerus/Lehmann § 163 I 1 b und Anm 3; Erman/Ehmann Rn 2; MünchKomm/Seiler Rn 4; im Ergebnis auch BGB-RGRK/Steffen Rn 5). Der Widerruf oder die Kündigung mit der Maßgabe, daß das Auftragsverhältnis nach Bedingungseintritt wieder aufleben soll (auflösend bedingte Kündigung), ist unwirksam.

c)   Widerruf und Kündigung können immer nur **in die Zukunft** wirken. Ein bereits   **4** vollzogener Auftrag kann daher nicht widerrufen werden (RGZ 107, 136, 139; BGHZ 17, 317, 326). Den Kreditauftrag kann der Auftraggeber bis zum Zeitpunkt der Kreditgewährung widerrufen (RGZ 51, 150). Bereits entstandene Ansprüche werden durch den Widerruf oder die Kündigung nicht berührt, sondern dienen nunmehr der Abwicklung des Auftragsverhältnisses, so insbesondere die Ansprüche aus §§ 666, 667 einerseits, § 670 andererseits.

d)   Der Widerruf des **Auftrags** ist vom Widerruf einer *Weisung* zu unterscheiden,   **5** der das Auftragsverhältnis im ganzen grundsätzlich bestehen läßt. Der Widerruf des Überweisungsauftrags fällt nicht unter § 671 (**aM** RG LZ 1933, 770, 771), er ist vielmehr eine Gegenweisung im Rahmen des Girovertrags gemäß §§ 675, 665 (vgl Canaris, Bankvertragsrecht Rn 352).

3.   Andere Beendigungsgründe

Neben Widerruf und Kündigung kennt das Gesetz noch andere Gründe für die Been-   **6** digung des Auftrags. Über den Einfluß des Todes und der Geschäftsfähigkeit eines der beiden Vertragsteile vgl §§ 672, 673 mit Erl. Durch Konkurs des Auftraggebers erlischt der Auftrag, es sei denn, daß er sich nicht auf das zur Konkursmasse gehörige Vermögen bezieht (vgl §§ 23 Abs 1 S 1, 27 KO; RGZ 53, 327, 330; 56, 116, 118). Die Eröffnung des Vergleichsverfahrens beendigt das Auftragsverhältnis ebensowenig wie der Konkurs des Beauftragten. Allgemeine Beendigungsgründe, die das Gesetz nicht besonders erwähnt, sind: Aufhebungsvereinbarung der Parteien, Erledigung durch Auftragsausführung oder durch sonstige Zweckerreichung, Zeitablauf (bei befristetem Auftrag), Bedingungseintritt (bei auflösend bedingtem Auftrag), Wegfall der Geschäftsgrundlage (BGH LM Nr 13 zu § 242 Bb). Auch diese Erlöschensgründe wirken nur für die Zukunft.

II. Das Widerrufsrecht des Auftraggebers

1. Verzicht

7 a) Dient der Auftrag nur den Interessen des Auftraggebers, so ist das Widerrufsrecht unverzichtbar (so auch BGB-RGRK/Steffen Rn 9; Erman/Ehmann Rn 3; Palandt/
Thomas Rn 2; BGH WM 1971, 956; für Unverzichtbarkeit schlechthin, wenn auch nur beiläufig,
RGZ 160, 122, 127). Hat der Auftraggeber dem Beauftragten jedoch durch besondere
Vereinbarung einen Anspruch auf Ausführung des Auftrags eingeräumt oder dient
der Auftrag mindestens ebenso dem Interesse des Beauftragten wie dem des Auftraggebers (ohne seinen Auftragscharakter zu verlieren), dann ist der Verzicht auf
das Widerrufsrecht zulässig. Der Verzicht hat aber, soweit er hiernach zulässig ist, in
entsprechender Anwendung des Abs 3 nur begrenzte Folgen. Dem Auftraggeber
bleibt die Möglichkeit erhalten, den Auftrag aus wichtigem Grund zu widerrufen.
Der Grundsatz der beiderseitigen freien Lösbarkeit wirkt insoweit noch über den
Verzicht hinaus.

8 b) Möglich ist auch ein **Verzicht auf den Widerruf der Vollmacht**, die der Auftraggeber dem Beauftragten erteilt. Soweit aber der Widerruf des Auftrags unverzichtbar ist, ist auch der Verzicht auf den Widerruf der dem Beauftragten erteilten
Vollmacht wirkungslos (BGH WM 1971, 956).

9 c) Das **Widerrufsrecht der Erben**, auf das sie deshalb angewiesen sind, weil der
Auftrag nach der Auslegungsregel des § 672 S 1 bei Tod des Auftraggebers fortbesteht, kann der Auftraggeber nicht ausschließen. Will der Erblasser eine vom Willen
des Erben unabhängige Verwaltung des Nachlasses durch einen Dritten herbeiführen, so kann er dieses Ziel nicht durch einen für den Erben unwiderruflichen Auftrag
erreichen. Durch den Ausschluß des Widerrufsrechts des Erben trifft der Erblasser
in Wirklichkeit eine letztwillige Verfügung, die den erbrechtlichen Beschränkungen
unterliegt (vgl RGZ 139, 41 ff).

2. Mehrere Auftraggeber

10 Die dem Auftrag wesensgemäße Freiheit des Auftraggebers, die ihren Ausdruck in
der grundsätzlichen Unverzichtbarkeit des Widerrufsrechts findet, führt auch zur
grundsätzlichen Anerkennung der Widerrufsfreiheit des Mitauftraggebers, dh zur
Anerkennung des selbständigen Widerrufsrechts eines von mehreren Auftraggebern
(RG DNotV 1932, 728; RGZ 160, 122 ff; BGH BB 1964, 699; vHippel DR 1939, 1529 ff; Ennec-
cerus/Lehmann § 163 Anm 1; aM Thiele AcP 89, 108 f; Oertmann Anm 3 c; MünchKomm/
Seiler Rn 10). Den Auftraggebern steht es jedoch frei, sich untereinander hinsichtlich
des Auftragswiderrufs Bindungen aufzuerlegen und diese Bindung auch nach außen,
dem Beauftragten gegenüber, zum Bestandteil der Erklärung zu machen (RGZ 160,
122, 127; BGH BB 1964, 699). Der Widerruf des einzelnen Auftraggebers wird also nicht
schon dadurch unzulässig, daß er durch den Widerruf seine Pflichten im Innenverhältnis zu den übrigen Auftraggebern verletzt. Gesamtwiderruf ist vielmehr nur
dann erforderlich, wenn er im Außenverhältnis mit dem Beauftragten vereinbart ist.
Kann im Einzelfall der einzelne Auftraggeber für sich allein das Widerrufsrecht ausüben, so hängt weiterhin von den Umständen ab, ob durch seinen Widerruf der
ganze Auftrag hinfällig, der Beauftragte also von der Verpflichtung zur Ausführung

des Auftrags ganz oder teilweise befreit wird, oder ob das Auftragsverhältnis zu den anderen (nicht widerrufenden) Auftraggebern bestehen bleibt (Mot II 544).

3. Widerrufsgrund

Der Auftraggeber braucht den Widerruf nicht zu begründen. Wenn er auf das Wider- **11** rufsrecht wirksam verzichtet hat, dann muß er, falls er aus wichtigem Grund widerruft, den wichtigen Grund dem Beauftragten mitteilen. Unterläßt er die Mitteilung, so muß er den Schaden des Beauftragten ersetzen, den dieser etwa dadurch erleidet, daß er von der Unwirksamkeit des Widerrufs ausgeht. Liegt bei Abwesenheit des Auftraggebers, der einen anderen mit der Wahrnehmung seiner Vermögensangelegenheiten beauftragt hat, ein Widerrufsgrund vor, so rechtfertigt er die Bestellung eines Pflegers (§ 1911 Abs 1).

4. Treuhandverhältnis

Der Widerruf wird nicht dadurch ausgeschlossen, daß mit dem Auftrag eine treuhän- **12** derische Rechtsübertragung an den Beauftragten verbunden ist (RGZ 53, 416 ff; RG Recht 1917 Nr 1018). Durch den Widerruf des Auftrags erlischt nicht ohne weiteres die Rechtsübertragung (RG Recht 1917 Nr 1018; RGZ 99, 142). Der Widerruf hat keine dingliche Wirkung, sondern verpflichtet nur schuldrechtlich (§ 667) zur Rückübertragung des Rechts, es sei denn, daß die Abtretung unter der auflösenden Bedingung eines Widerrufs des Auftrags erfolgt ist (§ 158 Abs 2). Der Schuldner des abgetretenen Rechts kann dem Beauftragten gegenüber die Einrede der Arglist haben, falls er von der Sachlage Kenntnis hat und der Auftraggeber die Geltendmachung der Forderung gar nicht mehr will (RGZ 53, 416, 419; RG LZ 1917, 389).

III. Das Kündigungsrecht des Beauftragten

1. Kündigung zur Unzeit

a) Im Gegensatz zum Widerrufsrecht des Auftraggebers ist das Kündigungsrecht **13** des Beauftragten im Interesse des Auftraggebers in der Weise beschränkt, daß die Kündigung **nicht zur Unzeit** erfolgen darf. Der Beauftragte darf von seinem Kündigungsrecht nicht derart Gebrauch machen, daß es dem Auftraggeber unmöglich wird, für die Besorgung des Geschäfts anderweit Fürsorge zu treffen (RG JW 1905, 683). Die Ehefrau, die ihrem Mann durch Bestellung einer dinglichen Sicherheit Kredithilfe gewährt hat, darf das zugrundeliegende Auftragsverhältnis bei der Scheidung nur so kündigen, daß dem Ehemann eine angemessene Zeitspanne bleibt, um für eine anderweitige Sicherheit zu sorgen (BGH WM 1972, 661). Die Einschränkung des Kündigungsrechts des Beauftragten entspricht einem allgemeinen Rechtsgedanken, der auch in § 627 Abs 2 und § 675 2. HS Ausdruck gefunden hat (BGH NJW 1978, 948).

b) Das Gesetz stellt kein gesetzliches Verbot auf. Die unzeitige Kündigung ist also **14** nicht unwirksam, sondern beendet den Auftrag; der Beauftragte ist aber **zum Ersatz des Schadens verpflichtet**, der dem Auftraggeber daraus erwächst, daß die Kündigung zur Unzeit erfolgte (§§ 249 ff). Den Auftraggeber trifft die Obliegenheit, den Schaden durch ungesäumte Sorge für die Ausführung des Geschäfts zu mindern (§ 254 Abs 2; Mot II 546).

15 c) Die Schadensersatzpflicht entfällt, wenn ein **wichtiger Grund** für die unzeitige Kündigung vorliegt. Ein wichtiger Grund für die Kündigung ist nicht ohne weiteres ein wichtiger Grund auch für die unzeitige Kündigung. Entscheidend ist, ob die Beeinträchtigung der Interessen des Auftraggebers durch die unzeitige Kündigung wegen der Unzumutbarkeit der Fortsetzung des Auftragsverhältnisses für den Beauftragten hinzunehmen ist. Wichtige Gründe, die eine unzeitige Kündigung rechtfertigen, sind Krankheit oder sonstige ernstliche Behinderung an der Ausführung des Auftrags. Auch Ehrverletzungen seitens des Auftraggebers können in Betracht kommen. Die **Beweislast** für das Vorliegen eines die unzeitige Kündigung rechtfertigenden Grundes trifft den Beauftragten (Mot II 545).

2. Verzicht auf das Kündigungsrecht

16 Die Zulässigkeit des Verzichts auf die Kündigung ergibt sich schon aus Abs 3. Der Verzicht, der eine Vereinbarung mit dem Auftraggeber voraussetzt, kann auch stillschweigend erklärt werden. Ob in der Annahme eines Auftrags auf eine bestimmte Zeit ein Verzicht auf das Kündigungsrecht liegt, ist Frage der Auslegung. Eine trotz des Verzichts ausgesprochene Kündigung ist unwirksam, es sei denn, daß ein wichtiger Grund zur Kündigung vorliegt. Die Beweislast für das Vorliegen des wichtigen Grundes trifft den Beauftragten. Den gleichen Grundsätzen unterliegen vertragsgemäße Beschränkungen des Kündigungsrechts des Beauftragten.

3. Unabdingbare Vorschriften

17 Die Bestimmungen, daß der Beauftragte beim Vorliegen eines wichtigen Grundes trotz Verzichts auf das Kündigungsrecht und auch zur Unzeit kündigen kann (Abs 3, Abs 2 S 1), sind zwingender Natur, können also durch Vereinbarung weder ausgeschlossen noch beschränkt werden. Eine Erweiterung des Kündigungsrechts des Beauftragten durch Ausschluß der Schadensersatzpflicht bei unzeitiger Kündigung ist dagegen zulässig.

IV. Entsprechende Anwendung

1. Entgeltliche Geschäftsbesorgungsverträge

18 § 671 Abs 1 ist gemäß § 675 auf entgeltliche Geschäftsbesorgungsverträge nicht anwendbar. An Stelle des jederzeitigen Widerrufsrechts kann jedoch eine Kündigung nach § 621 Nr 5 oder nach § 649 in Betracht kommen (BGH NJW 1975, 382, 384). Die Schadensersatzregelung des § 671 Abs 2 für unzeitige Kündigung findet nur dann entsprechende Anwendung, wenn dem Geschäftsbesorger das Recht zusteht, ohne Einhaltung einer Kündigungsfrist zu kündigen. Bei Kündigung nach § 627 Abs 1 folgt die Schadensersatzpflicht bei unzeitiger Kündigung schon aus Abs 2 dieser Vorschrift.

2. Dauerschuldverhältnisse

Die Schadensersatzpflicht des § 671 Abs 2 S 2 gilt entsprechend für Dauerschuldver- **19** hältnisse, die bei Vorliegen eines wichtigen Grundes auch ohne besonders vereinbartes Kündigungsrecht aufgelöst werden können. So kann die vorzeitige Kündigung eines Bankkredits Schadensersatzansprüche des Kunden begründen, wenn durch die Duldung der Vertragswidrigkeit seitens der Bank (Überschreitung des Kreditlimits) beim Darlehensnehmer ein Vertrauenstatbestand geschaffen worden ist (BGH NJW 1978, 948).

3. Sonstige Fälle

Auf die Geschäftsführung des Gesellschafters und das Amt des Testamentsvollstrek- **20** kers finden die Bestimmungen des § 671 Abs 2 und 3 entsprechende Anwendung (§§ 712, 2226 S 3). § 671 gilt auch für das auftragsähnliche Verhältnis des zum Vertreter in der Vertreterversammlung der Genossenschaft Gewählten (RGZ 155, 21).

§ 672

Der Auftrag erlischt im Zweifel nicht durch den Tod oder den Eintritt der Geschäftsunfähigkeit des Auftraggebers. Erlischt der Auftrag, so hat der Beauftragte, wenn mit dem Aufschube Gefahr verbunden ist, die Besorgung des übertragenen Geschäfts fortzusetzen, bis der Erbe oder der gesetzliche Vertreter des Auftraggebers anderweit Fürsorge treffen kann; der Auftrag gilt insoweit als fortbestehend.

Materialien: E I §§ 599, 600; II § 603; III § 659;
Mot II 547−549; Prot II 371−373, 516.

Systematische Übersicht

I. Grundgedanken der gesetzlichen Regelung

1. Begrenzte Abhängigkeit des Auftrags von der Person des Auftraggebers

1 Im Gegensatz zu den meisten früheren Rechten stellt das BGB die Auslegungsregel auf, daß der Auftrag durch den Tod des Auftraggebers nicht erlischt, der Erbe vielmehr im Wege der Gesamtrechtsnachfolge auch in die Rechtsstellung des Erblassers als Auftraggeber einrückt. Bestimmend für diese Regelung war nach Mot II 547 ff die Rücksicht auf das im ganzen zugunsten des Fortbestands des Auftrags ausschlagende Interesse der Erben des Auftraggebers, auf die Sicherheit des Verkehrs und auf die entsprechenden Bestimmungen des § 86 ZPO sowie des Handelsrechts (§ 52 Abs 3 HGB). Der in der 2. Kommission gestellte Antrag, die gegenteilige Auslegungsregel aufzustellen, wurde aus den gleichen Erwägungen abgelehnt (Prot II 371 ff).

2. Geschäftsunfähigkeit

2 Die gleiche Regelung wie für den Tod des Auftraggebers wurde vom Gesetzgeber für die Geschäftsunfähigkeit des Auftraggebers für angebracht gehalten (vgl Mot II 548 ff). Der in der 2. Kommission gestellte Antrag, diese Bestimmung zu streichen, wurde abgelehnt (Prot II 373, 516). Sie berücksichtigt das Interesse des Auftraggebers selbst am Fortbestand des Auftrags in der Weise, daß der Auftraggeber im Verhältnis zum Beauftragten nunmehr durch seinen gesetzlichen Vertreter vertreten wird.

3. Folgen des Erlöschens

3 Für den Fall, daß der Auftrag durch in der Person des Auftraggebers liegende Umstände erlischt, ist eine Notbesorgungspflicht des Beauftragten vorgesehen (S 2). Bei schuldloser Unkenntnis wird das Vertrauen des Beauftragten auf den Fortbestand des Auftrags geschützt (§ 674).

II. Tod des Auftraggebers

1. Auslegungsregel

4 Die Bestimmung des § 672 S 1 gilt nur **im Zweifel**, ist also eine Auslegungsregel. Sie greift nur dann Platz, wenn nicht das Gegenteil vereinbart oder aus den Umständen ein abweichender Wille der Parteien zu entnehmen ist. Das letztere ist zB anzunehmen, wenn der Beauftragte für den Auftraggeber eine Wohnung mieten oder einen Lehrer engagieren sollte. Das zwischen Verteidiger und Mandanten begründete Geschäftsbesorgungsverhältnis endet mit dem Tod des Angeklagten, da er von

Rechts wegen zur Beendigung des Strafverfahrens führt; damit erlischt auch die Vollmacht des Verteidigers (OLG Düsseldorf NJW 1993, 546). Das Erlöschen des Auftrags ist im Zweifel zu verneinen, wenn der Beauftragte auf Grund eines Vertrauensverhältnisses mit der Vermögensverwaltung des Auftraggebers betraut worden ist (RG JW 1929, 1647; SeuffA 83 Nr 95; WarnR 1929 Nr 160; Gruchot 71, 82). Der Auftraggeber kann der Geltung der Auslegungsregel durch einen bedingten Widerruf („für meinen Todesfall„) auch einseitig den Boden entziehen (§ 671 Abs 1).

2. Unanwendbarkeit bei nach dem Tode des Auftraggebers angenommenem Auftrag

Es muß beim Tod des Auftraggebers ein Auftragsverhältnis bereits bestanden haben **5** (vgl § 672 S 2: „übernommenen Geschäfts"). Wird der Auftrag erst nach dem Tode des Auftraggebers dem Beauftragten übermittelt, so findet § 672 keine Anwendung (PLANCK Anm 2; KG KGBl 1919, 20). Dagegen kann es, obwohl das Gesetz in S 2 von „Fortsetzung" spricht, nicht darauf ankommen, ob mit der Ausführung des Auftrags bereits begonnen war.

3. Nach dem Tod des Auftraggebers auszuführende Aufträge

Auch Aufträge, die erst nach dem Tod des Auftraggebers auszuführen sind, sind **6** möglich (BGH NJW 1969, 1245; NJW 1975, 382; WM 1976, 1130; KÜMPEL WM 1977, 1186 ff). Die Erben haben aber ein nicht abdingbares Widerrufsrecht (§ 671 Abs 1), bei entgeltlicher Geschäftsbesorgung durch eine Bank ein jederzeitiges, nicht abdingbares Kündigungsrecht (§§ 621 Nr 5, 649; vgl BGH NJW 1975, 382, 384). Wenn jemand einem anderen Wertpapiere aushändigt mit dem Auftrag, sie nach seinem Tode einem Dritten als Geschenk zu überbringen, so ist ein solcher Auftrag jedenfalls dann keine Umgehung des § 2301, wenn der Dritte mit dem Tode des Auftraggebers einen Anspruch auf die Ausführung des Auftrags haben sollte (so wohl in dem Fall von RGZ 83, 223 ff; unrichtig daher RG 227). Die Drittbegünstigung ist dann mit dem Tode des Auftraggebers vollzogen, auch wenn die Schenkung selbst noch der Annahme bedarf und der Formmangel (§ 518 Abs 1) erst durch die Annahme heilt (BGH NJW 1964, 1124, 1125; 1975, 382, 383). Der Auftrag über den Tod hinaus übernimmt damit freilich – wie der Vertrag zugunsten Dritter auf den Todesfall überhaupt (§ 331) – Funktionen, die im übrigen nur die testamentarische und die erbvertragliche Regelung hat.

4. Rechtsnachfolge durch den Fiskus

Die Auslegungsregel des § 672 S 1 greift auch dann Platz, wenn die gesetzlichen **7** Erben des Auftraggebers die Erbschaft ausschlagen, so daß der Fiskus Erbe wird (RG Recht 1907 Nr 1820; BGB-RGRK/STEFFEN Rn 1).

5. Juristische Personen

Für den Fall der Vollbeendigung einer juristischen Person ist § 672 entsprechend **8** anzuwenden, soweit Gesamtrechtsnachfolge einer anderen juristischen Person eintritt, wie bei der Verschmelzung von Aktiengesellschaften (RGZ 81, 153, 154; MünchKomm/SEILER Rn 2; aM BGB-RGRK/STEFFEN Rn 13). Bei Beendigung der juristischen Person durch Liquidation sind die Auftragsverhältnisse, an denen sie als Auftraggeberin beteiligt ist, Gegenstand des Liquidationsverfahrens (vgl RGZ 123, 289, 294). Doch kann die Geschäftsgrundlage solcher Auftragsverhältnisse schon mit Beginn der Liquidation entfallen. Sie erlöschen dann, ohne daß es eines Widerrufs bedarfs. Hat die Ausführung des Auftrags für die Abwicklung noch ein mögliches Interesse, dann besteht er fort (so im Ergebnis auch BGB-RGRK/Steffen Rn 13).

III. Andere in der Person des Auftraggebers liegende Umstände

1. Geschäftsunfähigkeit

9 Wenn der Auftraggeber geschäftsunfähig wird, erlischt der Auftrag gleichfalls im Zweifel nicht, wenn nicht das Gegenteil vereinbart oder aus den Umständen ein abweichender Wille der Parteien zu entnehmen ist oder ein bedingter Widerruf des Auftraggebers für diesen Fall vorliegt.

2. Betreuung mit Einwilligungsvorbehalt

10 Der Auftrag erlischt im Zweifel auch nicht dadurch, daß für den Auftraggeber eine Betreuung mit Einwilligungsvorbehalt (§ 1903) angeordnet wird und der Gegenstand des Auftrags innerhalb des Aufgabenkreises des Betreuers liegt. § 672 ist insoweit entsprechend anzuwenden. Fallen die vom Beauftragten zu besorgenden Geschäfte außerhalb des Aufgabenkreises des Betreuers, dann ist die Anordnung einer Betreuung des Auftraggebers mit Einwilligungsvorbehalt als solche ohnedies unerheblich.

3. Gesetzlich vertretener Auftraggeber

11 Eine Beendigung der gesetzlichen Vertretung des Auftraggebers oder ein Wechsel in der Person seines gesetzlichen Vertreters hat ebenfalls im Zweifel nicht zur Folge, daß ein Auftrag dadurch erlischt (BGB-RGRK/Steffen Rn 1; Erman/Ehmann Rn 2; vgl auch § 86 ZPO).

IV. Fortbestand des Auftrags

1. Das Rechtsverhältnis der Beteiligten

12 Wenn der Auftrag durch den Tod, den Eintritt der Geschäftsunfähigkeit oder beschränkter Geschäftsfähigkeit des Auftraggebers nicht erlischt, was nach § 672 S 1 die Regel bildet, so besteht das durch den Auftrag begründete Rechtsverhältnis zwischen den Erben des Auftraggebers oder dem nunmehr durch seinen gesetzlichen Vertreter vertretenen Auftraggeber und dem Beauftragten andererseits unverändert fort (Mot II 548). Neue Weisungen hat der Beauftragte zu beachten (§ 665); er kann jedoch den Auftrag auch – mit Einschränkung des § 671 Abs 2 – kündigen (§ 671 Abs 1). Die Erben müssen, wenn die Ausführung des Auftrags ihren Interessen nicht entspricht, den Auftrag widerrufen. Bereits entstandene Ansprüche bleiben durch Kündigung oder Widerruf auch in diesem Falle unberührt.

2. Fortwirkung des ursprünglichen Auftragsinhalts

Der Beauftragte muß bis zur anderweitigen Bestimmung durch die Erben einen nach **13** dem Tode des Auftraggebers auszuführenden Auftrag mit dem Inhalt ausführen, den der Auftraggeber mit ihm vereinbart hatte (ebenso MünchKomm/SEILER Rn 5). Wenn er aufgrund ihm erteilter und mit dem Auftrag zusammen fortbestehender Vollmacht (§§ 672 S 1, 168 S 1) über Nachlaßgegenstände zugunsten Dritter verfügen soll, kann es zu einem Interessenkonflikt mit den Erben des Auftraggebers kommen (BGH NJW 1969, 1245 nebst Anm von FINGER 1624; HOPT ZHR 1970, 305, 322 ff). Da das Auftragsverhältnis bis zum Widerruf oder bis zur Erteilung neuer Weisungen durch die Erben mit seinem ursprünglichen Inhalt fortbesteht, braucht der Beauftragte nach dem Tod des Auftraggebers grundsätzlich nicht die Zustimmung der Erben einzuholen (aM FLUME II § 51, 5). Es genügt, daß er sich innerhalb des vom Erlasser bestimmten Rahmens hält (BGH NJW 1969, 1245, 1247). Wenn der Beauftragte aufgrund ihm bekannter Umstände davon ausgehen muß, daß das Auftragsverhältnis dem Erben unbekannt ist, so muß er sie zwar informieren (ebenso BGB-RGRK/STEFFEN Rn 4). Es braucht aber mit der Auftragsausführung nicht zu warten (so auch HOPT 324).

V. Erlöschen des Auftrags

1. Notbesorgungspflicht

a) Trifft die Auslegungsregelung des § 672 S 1 nicht zu, ist also Beendigung des **14** Auftrags durch Tod, Eintritt der Geschäftsunfähigkeit oder beschränkten Geschäftsfähigkeit des Auftraggebers vereinbart oder aus den Umständen als Wille der Parteien zu entnehmen oder in Folge bedingten Widerrufs für den Todesfall anzunehmen, so bleibt der Beauftragte, wenn mit dem Aufschub Gefahr verbunden ist, zu der übernommenen Geschäftsbesorgung solange verpflichtet, bis der Erbe des Verstorbenen oder der gesetzliche Vertreter des geschäftsunfähig gewordenen oder nicht mehr voll geschäftsfähigen Auftraggebers anderweit Fürsorge treffen kann. Die Notbesorgungspflicht besteht nur, wenn der Beauftragte vom Eintritt des Erlöschensgrundes Kenntnis hat. Sie entfällt, sobald der Erbe die Möglichkeit hat, für das Geschäft anderweit Fürsorge zu treffen. Gleichgültig ist, ob er sich tatsächlich seiner annimmt. Ob und wann der Erbe die Fürsorge für das Geschäft treffen kann, bestimmt sich vom Standpunkt eines objektiven Betrachters der Sachlage.

b) Das Gesetz spricht von Fortsetzung der Geschäftsbesorgung. Im Gegensatz **15** zum gemeinen Recht ist jedoch die Notbesorgungspflicht des Beauftragten nicht von der Voraussetzung abhängig, daß der Beauftragte mit der Ausführung des Auftrags schon begonnen hatte (Mot II 548; ENNECCERUS/LEHMANN § 163 I 3 Anm 4). Der Beauftragte hat auch einen noch nicht begonnenen aber übernommenen Auftrag unter den Voraussetzungen der Notbesorgung auszuführen, zB eine ihm aufgetragene Klage rechtzeitig zu erheben.

c) Soweit die Notbesorgungspflicht des § 672 S 2 besteht, gilt der Auftrag mit **16** allen seinen rechtlichen Wirkungen als fortbestehend. Der Beauftragte handelt in Erfüllung der Notbesorgungspflicht des § 672 S 2 auftragsgemäß, nicht als Geschäftsführer ohne Auftrag. Zur Vornahme der Notbesorgung ist er berechtigt und verpflichtet. Der Beauftragte ist also schadensersatzpflichtig, wenn er schuldhaft die

Notbesorgung unterläßt oder schlecht ausführt. Seine Haftung geht auf das Erfüllungsinteresse. Soweit das aufgetragene Geschäft im ganzen unaufschiebbar ist, muß er es ausführen.

17 **d)** Der Erbe kann, wenn er an der Ausführung des Auftrags kein Interesse hat, den fingierten Auftrag gemäß § 671 Abs 1 widerrufen. Der Beauftragte hingegen kann, da die Kündigung bei Gefahr im Aufschub stets Kündigung zur Unzeit ist (aM BGB-RGRK/STEFFEN Rn 7), ohne sich der Schadensersatzpflicht des § 671 Abs 2 S 2 auszusetzen, nur bei Vorliegen eines wichtigen Grundes kündigen.

2. Abwicklung des erloschenen Auftrags

18 Die durch den Auftrag für den Auftraggeber bereits erwachsenen Ansprüche und Verbindlichkeiten gehen auf seine Erben über. Der Beauftragte ist also insbesondere dem Erben des Auftraggebers gegenüber zur Rechenschaftslegung (§ 666) und Herausgabe (§ 667) verpflichtet. Umgekehrt ist der Erbe seinerseits verpflichtet, die bereits entstandenen Aufwendungs- und Schadensersatzansprüche des Beauftragten zu erfüllen.

3. Schutz des Beauftragten

19 Solange der Beauftragte von dem Erlöschen des Auftrags durch Tod oder Eintritt der Geschäftsunfähigkeit oder der beschränkten Geschäftsfähigkeit des Auftraggebers keine Kenntnis hat oder Kenntnis haben muß, gilt der Auftrag zu seinen Gunsten gemäß § 674 als fortbestehend. § 674 gilt hingegen nicht zu seinen Lasten. Untätigkeit schadet ihm also nur, wenn er trotz Kenntnis des Erlöschens seine Notbesorgungspflicht nach § 672 S 2 schuldhaft verletzt.

VI. Vollmacht

1. Fortbestand von Auftrag und Vollmacht

20 **a)** Soweit der Auftrag gemäß § 672 S 1 nicht erlischt, besteht gemäß § 168 S 1 auch eine mit dem Auftrag erteilte Vollmacht fort. Sie berechtigt den Beauftragten, den Erben rechtsgeschäftlich zu vertreten (RGZ 88, 345, 348; LZ 1925, 542). Entsprechendes gilt für eine Generalvollmacht nach dem Tode des Machtgebers (RGZ 106, 185; SeuffA 83 Nr 160). Soll ein Auftrag erst nach dem Tode des Auftraggebers ausgeführt werden, so kann auch die Vollmacht auf den Fall des Todes des Vollmachtgebers beschränkt werden (RG LZ 1925, 542; RGZ 114, 351, 353; KG JW 1939, 482; BGH NJW 1969, 1245; § 168 Rn 29; SOERGEL/LEPTIEN § 168 Rn 31). Über die Fortdauer einer vom Vormund erteilten Vollmacht über die Volljährigkeit des Mündels hinaus s KG Recht 1924 Nr 157; JFG 1, 313.

21 **b)** Die mit dem Auftrag erteilte Vollmacht besteht auch dann fort, wenn der Auftrag zwar entgegen der Auslegungsregel des § 672 S 1 erlischt, der Beauftragte aber gemäß S 2 zur Notbesorgung verpflichtet ist.

2. Legitimation des Beauftragten

Wenn die Vollmacht in der Form des § 29 GBO beurkundet ist und das zugrundelie- **22** gende Auftragsverhältnis sich aus der Vollmachtsurkunde ergibt, genügt die Vermutung des § 672 S 1 in Verbindung mit § 168 S 1 zum Nachweis des Fortbestehens der Vollmacht gegenüber dem Grundbuchamt. Die Vollmacht braucht nicht ausdrücklich über den Tod hinaus erteilt zu sein (KG DNotZ 1972, 18, 20; BGB-RGRK/Steffen Rn 12; Soergel/Leptien § 168 Rn 30). Das gleiche gilt für § 12 Abs 1 und Abs 2 S 1 HGB (OLG Hamburg DNotZ 1967, 30). Die Vermutung des § 672 S 1 genügt auch zur Erbringung des nach § 29 GBO zu führenden Beweises der Fortdauer des Rechtsverhältnisses trotz nachträglich eingetretener Geschäftsunfähigkeit des Vollmachtgebers, wenn aus der Vollmachtsurkunde hervorgeht, daß der Vollmacht ein Auftrag zugrundeliegt.

VII. Konkurs des Auftraggebers

Welchen Einfluß der Konkurs des Auftraggebers auf das durch den Auftrag begrün- **23** dete Rechtsverhältnis ausübt, regelt § 23 Abs 1 KO, der unabdingbar gilt. Ein vom Gemeinschuldner erteilter Auftrag erlischt durch die Eröffnung des Verfahrens, es sei denn, daß der Auftrag sich nicht auf das zur Konkursmasse gehörige Vermögen bezieht. Das gleiche gilt für den Fall des Konkurses des Geschäftsherrn beim entgeltlichen Geschäftsbesorgungsvertrag. Erlischt der Auftrag durch die Konkurseröffnung, so findet § 672 S 2 entsprechende Anwendung. Der Beauftragte ist in diesem Falle gemäß § 27 KO in Ansehung der nach § 672 S 2 nach Eröffnung des Verfahrens entstehender Ansprüche Massegläubiger nach § 59 Nr 2 KO. Was der Beauftragte nach Konkurseröffnung noch in Ausführung des Auftrags erlangt hat, schuldet er seinerseits der Masse (RGZ 53, 327; 82, 400). Rechtsgeschäfte, die der Beauftragte nach Konkurseröffnung vornimmt, sind jedoch trotz Weiterbestehens der Vertretungsmacht nach §§ 23 Abs 1 S 2 KO, 672 S 2, 168 S 1 BGB den Konkursgläubigern gegenüber gemäß § 7 KO unwirksam, sofern nicht die §§ 892, 893 BGB eingreifen. Das Vergleichsverfahren über das Vermögen des Auftraggebers hat auf den Auftrag keinen Einfluß.

VIII. Entsprechende Anwendung

Die Vorschriften des § 672 finden auf Dienst- und Werkverträgen, die eine **24** Geschäftsbesorgung zum Gegenstand haben, entsprechende Anwendung (§ 675), soweit die Beteiligten nicht eine abweichende Vereinbarung treffen.

§ 673

Der Auftrag erlischt im Zweifel durch den Tod des Beauftragten. Erlischt der Auftrag, so hat der Erbe des Beauftragten den Tod dem Auftraggeber unverzüglich anzuzeigen und, wenn mit dem Aufschube Gefahr verbunden ist, die Besorgung des übertragenen Geschäfts fortzusetzen, bis der Auftraggeber anderweit Fürsorge treffen kann; der Auftrag gilt insoweit als fortbestehend.

Materialien: E I § 601; II § 604; III § 660; Mot
II 549, 550; Prot II 373, 516 f.

I. Die Abhängigkeit des Auftrags von der Person des Beauftragten

1. Auslegungsregel

1 § 673 stellt die Auslegungsregel auf, daß der Auftrag durch den Tod des Beauftragten erlischt, wenn nicht, was unbedenklich zulässig ist, das Gegenteil vereinbart oder aus den Umständen ein abweichender Wille der Parteien zu entnehmen ist.

Die Vermutung des Erlöschens beruht auf der Erwägung, daß der Auftrag in der Regel eine Sache persönlichen Vertrauens ist, und steht im Einklang mit der Bestimmung des § 664 Abs 1 S 1 (Mot II 549). Der Auftrag soll nicht ohne weiteres auf die Erben übergehen, auch weil hierin uU eine unbillige Beschwerung der Erben liegt.

2. Andere in der Person des Beauftragten liegende Umstände

2 Die Auslegungsregel des § 673 S 1 **gilt nicht** für andere in der Person des Beauftragten liegende Umstände, also insbesondere nicht bei Eintritt der Geschäftsunfähigkeit des Beauftragten und auch nicht bei Anordnung einer Betreuung des Beauftragten mit Einwilligungsvorbehalt. In der 2. Kommission wurde beantragt, die Vorschrift des jetzigen § 673 auf den Fall der Geschäftsunfähigkeit des Beauftragten mit der Maßgabe für entsprechend anwendbar zu erklären, daß an Stelle des Erben des Beauftragten dessen gesetzlicher Vertreter trete. Dieser und ein ähnlicher Antrag wurden aber abgelehnt, weil man mit der Anwendung der allgemeinen Grundsätze zu einem richtigen Ergebnis gelange (Prot II 517). Eine dauernde Geschäftsunfähigkeit des Beauftragten hat demnach regelmäßig, wenn der Gegenstand des Auftrags die Vornahme eines Rechtsgeschäfts oder einer geschäftsähnlichen Handlung ist, die Unmöglichkeit der Leistung zur Folge (§ 275), weil dem Geschäftsunfähigen die rechtsgeschäftliche Betätigung nicht mehr möglich ist (§ 105) und der gesetzliche Vertreter das Geschäft regelmäßig nicht besorgen darf (§ 664; ENNECCERUS/LEHMANN § 163 I 2). Bei vorübergehender Geschäftsunfähigkeit des Beauftragten ist nicht ohne weiteres Unmöglichkeit der Ausführung des Auftrags anzunehmen. Die Anordnung einer Betreuung des Beauftragten mit Einwilligungsvorbehalt (§ 1903) hat in der Regel auf den Auftrag keinen Einfluß; die in § 1903 Abs 1 S 2 nicht erwähnte Vorschrift des § 165 ist entsprechend anzuwenden. Im Einzelfall kann es freilich auf die Art der Geschäftsbesorgung ankommen. Fällt der Gegenstand des Auftrags außerhalb des Aufgabenkreises des Betreuers, dann ist die Anordnung der Betreuung als solche für den Fortbestand des Auftrags unerheblich. Hat der Auftraggeber an der Ausführung des Auftrags Interesse, so muß er den Auftrag widerrufen (§ 671 Abs 1). Wird der Beauftragte durch den Eintritt der Geschäftsunfähigkeit von seinen Verpflichtungen befreit, so ist auf seinen gesetzlichen Vertreter § 673 S 2 entsprechend anzuwenden (ENNECCERUS/LEHMANN § 163 I 2).

3. Juristische Personen als Beauftragte

Die Verschmelzung zweier Aktiengesellschaften ohne Liquidation führt mit der Ein- **3** tragung der Verschmelzung zur Vollbeendigung der übertragenden Gesellschaft (§ 346 Abs 4 S 1 AktG), deren Vermögen einschließlich der Verbindlichkeiten auf die übernehmende Gesellschaft übergeht (§ 346 Abs 3 S 1 AktG). Die Vollbeendigung der übertragenden Gesellschaft läßt sich zwar mit dem Tod einer natürlichen Person vergleichen und steht ihm hinsichtlich des § 177 HGB auch gleich (RGZ 123, 289, 294). § 673 ist jedoch unanwendbar. Bei der Bestellung einer juristischen Person zum Treuhänder, Vermögensverwalter oder zum Grundbuchvertreter nach § 1189 BGB geht es nicht notwendig wie bei der Beauftragung einer natürlichen Person um besonderes persönliches Vertrauen. Daher tritt, wenn nicht besondere Umstände vorliegen, die übernehmende Gesellschaft in die Stellung des Beauftragten ein (RGZ 150, 289, 291).

II. Erlöschen des Auftrags

1. Anzeigepflicht

Der Erbe hat den Tod des Beauftragten dem Auftraggeber unverzüglich (dh ohne **4** schuldhaftes Zögern, vgl § 121 Abs 1 S 1) anzuzeigen. Die Anzeigepflicht ist nicht davon abhängig, daß mit dem Aufschub Gefahr verbunden ist (Mot II 549). Die Beobachtung irgendwelcher Form ist für die Anzeige nicht vorgeschrieben. Für die Erfüllung der Anzeigepflicht gilt das gleiche wie im Fall des § 663. Es genügt also, anders als in § 130, eine den Umständen nach sorgfältig vorgenommene Absendung. Es würde eine vom Gesetz nicht gewollte Belastung der in § 673 genannten Personen bedeuten, wollte man sie auch für das Zugehen der Anzeige verantwortlich machen (ebenso BGB-RGRK/STEFFEN Rn 3).

2. Notbesorgungspflicht

Ist mit dem Aufschub Gefahr verbunden, so hat der Erbe die Besorgung des aufge- **5** tragenen Geschäfts solange fortzusetzen, bis der Auftraggeber nach rechtzeitigem Empfang der Anzeige vom Tode des Beauftragten anderweit Fürsorge treffen kann. Die Grundsätze, die für die Notbesorgungspflicht des Beauftragten bei Erlöschen durch Tod des Auftraggebers maßgebend sind (§ 672 S 2), gelten entsprechend.

3. Fiktion des Fortbestehens

Hinsichtlich der Anzeigepflicht wie auch hinsichtlich der Notbesorgungspflicht **6** („insoweit") gilt der Auftrag mit allen seinen rechtlichen Wirkungen als fortbestehend. Es handelt sich um vertragliche – nicht um gesetzliche – Verpflichtungen der Erben, die in dem vom Gesetz gekennzeichneten beschränkten Umfang in das Vertragsverhältnis eintreten. Der Erbe des verstorbenen Beauftragten ist also insbesondere verpflichtet, dem Auftraggeber den aus der Unterlassung der Anzeige oder aus der Unterlassung der Notbesorgung erwachsenen Schaden zu ersetzen. Die Anzeige- und Notbesorgungspflicht besteht unabhängig davon, ob der Beauftragte selbst schon mit der Ausführung des Auftrags begonnen hatte oder nicht. Der Erbe kann den fingierten Auftrag gemäß § 671 Abs 2 kündigen, der Auftraggeber kann ihn widerrufen. Für die Notbesorgungspflicht der Erben gelten die allgemeinen Grundsätze. Sie entfällt, wenn die Ausführung des Auftrags den Erben unmöglich ist (§ 275). Der fingierte Auftrag erlischt dann, ohne daß es einer Kündigung durch die Erben bedarf. Über den Wortlaut des § 673 S 2 („insoweit") hinaus nimmt die Rspr an, daß die Erben trotz des Erlöschens des Auftrags in die Informationspflichten des Beauftragten einrücken (BGHZ 104, 369, 372 ff). Dem ist zuzustimmen. Denn hierbei geht es um eine Nachwirkung des erloschenen Auftrags, nicht um eine Fortsetzung des Auftrags im Rahmen der Notbesorgungspflicht (ebenso im Ergebnis PALANDT/THOMAS § 673 Rn 2).

4. Abwicklung des erloschenen Auftrags

7 Die durch den Auftrag für den Beauftragten bereits entstandenen Ansprüche und Verbindlichkeiten gehen allgemeinen Grundsätzen entsprechend (§§ 1923, 1967 ff) auf seine Erben über. Das gilt insbesondere für die Verpflichtung, dem Auftraggeber Rechenschaft abzulegen und das Erlangte herauszugeben (§§ 666, 667; Mot II 550).

III. Fortbestand des Auftrags

8 Wenn der Auftrag durch den Tod des Beauftragten nicht erlischt – was gemäß Satz 1 die Ausnahme ist – besteht das durch den Auftrag begründete Rechtsverhältnis zwischen dem Auftraggeber und den Erben des Beauftragten als dessen Rechtsnachfolgern unverändert fort (vgl RGZ 150, 289, 291). Eine Verpflichtung der Erben des Beauftragten, dessen Tod dem Auftraggeber anzuzeigen, hat das Gesetz für diesen Fall nicht besonders ausgesprochen. Sie folgt aber schon aus § 666 (Mot II 550; BGB-RGRK/STEFFEN Rn 6). Die Erben haben den Auftrag so auszuführen, wie dies dem Erblasser obgelegen hat; an sie gerichtete neue Weisungen des Auftraggebers haben sie zu beachten (§ 665). Sie können jedoch den Auftrag gemäß § 671 kündigen.

IV. Konkurs des Beauftragten

9 Der Konkurs des Beauftragten hat als solcher auf den Fortbestand des Auftrags keinen Einfluß. Die beiderseitige freie Lösbarkeit des Auftragsverhältnisses erlaubt es den Beteiligten, aus der Konkurseröffnung selbst die notwendigen Folgerungen zu ziehen (vgl Mot II 550, 551). Der Auftraggeber kann den Auftrag auch nach Konkurseröffnung jederzeit widerrufen (§ 671 Abs 1). Zur Ausführung des Auftrags für die Zeit nach Eröffnung des Konkurses über das Vermögen des Beauftragten ist nur der Beauftragte persönlich, nicht der Konkursverwalter verpflichtet. Daher muß er – nicht etwa der Konkursverwalter – den Auftrag kündigen, wenn er ihn nicht mehr ausführen will (§ 671). Ansprüche auf Ersatz von Aufwendungen, die der Beauftragte vor Eröffnung des Konkurses erworben hatte, gehören zur Konkursmasse.

V. Entsprechende Anwendung

10 § 673 findet auf Dienst- und Werkverträge, die eine Geschäftsbesorgung zum Gegenstand haben, entsprechende Anwendung (§ 675). § 673 S 2 gilt analog für das Rechtsverhältnis zwischen dem Testamentsvollstrecker und den Erben, § 2218

Abs 1. Dabei ist aber vorausgesetzt, daß zwischen dem Testamentsvollstrecker und den Erben das Rechtsverhältnis der Testamentsvollstreckung bereits bestanden hat (vgl BGH NJW 1977, 1726). Wenn daher der Erbe die Erbschaft ausschlägt und der Erblasser nicht auch im Verhältnis zu den Ersatzerben Testamentsvollstreckung angeordnet hat, ist § 673 S 2 im Verhältnis zu den Ersatzerben unanwendbar.

§ 674

Erlischt der Auftrag in anderer Weise als durch Widerruf, so gilt er zugunsten des Beauftragten gleichwohl als fortbestehend, bis der Beauftragte von dem Erlöschen Kenntnis erlangt oder Erlöschen kennen muß.

Materialien: E I § 603; II § 605; III § 661; Mot II 553, 554; Prot II 375.

I. Grundgedanke

Während nach den §§ 672 S 2, 673 S 2 bei Beendigung des Auftrags durch in der **1** Person des Auftraggebers liegende Umstände (§ 672 S 2) oder durch Tod des Beauftragten (§ 673 S 2) der Auftrag insoweit als fortbestehend gilt, als trotz der Beendigung des Auftragsverhältnisses dem Beauftragten oder seinen Erben gewisse Pflichten auferlegt sind, stellt § 674 den Grundsatz auf, daß der Auftrag trotz seiner Beendigung zugunsten des Beauftragten als fortbestehend gilt, bis diesem das Erlöschen des Auftrags bekannt ist oder bekannt sein mußte. Diese Bestimmung beruht auf der Erwägung, daß der Beauftragte keinen Schaden erleiden soll, wenn er nach Erlöschen des Auftrags in gutem Glauben an dessen Fortbestehen für den Auftraggeber tätig geworden ist. Dem Beauftragten bleibt hierdurch insbesondere insoweit der Anspruch auf Ersatz seiner Aufwendungen (§ 670) gewahrt (Mot II 554).

II. Voraussetzungen für den Schutz des Beauftragten

1. Die vom § 674 erfaßten Beendigungsgefälle

a) § 674 gilt für alle Beendigungsfälle des Auftrags **mit Ausnahme des Widerrufs 2** seitens des Auftraggebers (§ 671 Abs 1). Der Widerruf des Auftrags durch den Auftraggeber ist ein einseitiges empfangsbedürftiges Rechtsgeschäft. Er wird daher dem abwesenden Beauftragten gegenüber erst in dem Zeitpunkt wirksam, in dem er ihm zugeht (§ 130 Abs 1 S 1), er mithin regelmäßig davon Kenntnis hat (vgl RGZ 61, 125, 126), jedenfalls aber die Möglichkeit der Kenntnisnahme hat.

b) Endet das Auftragsverhältnis durch einen **bedingten Widerruf** und hat der **3** Beauftragte von dem Eintritt der Bedingung keine Kenntnis, so kommt ihm der Schutz des § 674 zugute. Da der Auftrag erst durch Eintritt der Bedingung erlischt (§ 158 Abs 1), ist nach dem Grundgedanken des Gesetzes die Kenntnis oder Nichtkenntnis des Eintritts der Bedingung der Kenntnis oder Nichtkenntnis eines anderen, das Erlöschen des Auftrags bewirkenden Umstandes gleichzusetzen. Nach § 603

Roland Wittmann

des 1. Entwurfs sollte der gutgläubige Beauftragte ausdrücklich auch im Fall des bedingten Widerrufs geschützt werden.

4 c) Ist der Auftrag gemäß § 23 Abs 1 S 1 KO durch Eröffnung des Konkurses über das Vermögen des Auftraggebers erloschen, so findet § 674 gemäß § 23 Abs 1 S 2 KO entsprechende Anwendung. Der Beauftragte ist hinsichtlich der nach Konkurseröffnung entstandenen Ersatzansprüche aber nur Konkursgläubiger, § 27 KO. Was er nach Konkurseröffnung noch in Ausführung des Auftrags erlangt hat, schuldet er seinerseits zur Masse (RGZ 53, 327; 82, 400). Zum Schutz der Bank nach §§ 23 KO, 674 BGB bei Konkurs des Kunden vgl CANARIS, Bankvertragsrecht Rn 502. Der Schutz der §§ 23 KO, 674 BGB greift auch dann ein, wenn die Gemeinschuldnerin, für die die Bank tätig wird, durch Konkurseröffnung als Handelsgesellschaft aufgelöst wird (BGHZ 63, 87).

5 d) § 674 gilt auch für den Fall der Beendigung des Auftrags durch Kündigung des Beauftragten, solange dieser nicht weiß oder wissen muß, daß seine Kündigung nach § 130 BGB durch Zugang oder nach § 158 Abs 1 durch Eintritt einer aufschiebenden Bedingung wirksam geworden ist (ebenso BGB-RGRK/STEFFEN Rn 5). Er ist entsprechend anzuwenden zugunsten der Erben, wenn sie ohne Verschulden davon ausgehen konnten, daß der Auftrag durch den Tod des Beauftragten trotz der Auslegungsregel des § 673 S 1 ausnahmsweise nicht erloschen war.

2. Gutgläubigkeit

6 Der Schutz des § 674 greift nur Platz, wenn der Beauftragte vom Erlöschen des Auftrags keine Kenntnis hatte und seine Unkenntnis auch nicht verschuldet war. Dem Beauftragten schadet auch schon leichte Fahrlässigkeit (§ 122 Abs 2, § 276 Abs 1 S 2). Die Kenntnis der Umstände, aus denen das Erlöschen hervorgeht, steht der Kenntnis des Erlöschens nicht gleich, kann aber fahrlässige Unkenntnis begründen (ebenso BGB-RGRK/STEFFEN Rn 6). Ein Kennenmüssen der Beendigung des Auftrags liegt bei der Kündigung durch den Beauftragten vor, sobald der Beauftragte nach dem regelmäßigen Lauf der Dinge annehmen muß, daß seine Kündigung dem Auftraggeber zugegangen ist (OERTMANN Anm 3). Setzt der Beauftragte in Kenntnis oder schuldhafter Unkenntnis der Beendigung des Auftrags seine Tätigkeit fort, so ist er, mit der Ausnahme der Fälle der Notbesorgung, nicht schutzwürdig. Er setzt sich der Schadensersatzpflicht des § 678 aus und kann seinerseits allenfalls einen Bereicherungsanspruch nach § 684 S 1 haben. Notbesorgung nach § 672 S 2 kann erst bei Kenntnis vom Erlöschen des Auftrags gegeben sein; bis dahin ist der Beauftragte nach § 674 geschützt (vgl auch BGB-RGRK/STEFFEN Rn 10). Liegt Unaufschiebbarkeit objektiv vor, so kann aber vor Beginn der eigentlichen Notbesorgung berechtigte Geschäftsführung ohne Auftrag gegeben sein.

III. Die Rechtswirkungen des § 674

1. Rechte und Pflichten des Beauftragten

7 Nach § 674 „gilt" der erloschene Auftrag zugunsten des gutgläubigen Beauftragten solange als fortbestehend, bis er das Erlöschen kennt oder kennen muß. Die Fiktion des § 674 gilt zum Vorteil, nicht zum Nachteil des Beauftragten und nicht zugunsten des Auftraggebers. Der Auftraggeber und – im Falle des Erlöschens des Auftrags nach § 672 durch Tod des Auftraggebers – dessen Erben müssen daher die vom Beauftragten in der Zwischenzeit zur Ausführung und im Rahmen des Auftrags vorgenommenen Handlungen gegen sich gelten lassen und dem Beauftragten seine Aufwendungen nach § 670 erstatten. § 674 spricht nur von der Fortdauer der Rechte des Beauftragten. Der Beauftragte, der in gutem Glauben an die Fortdauer des bereits erloschenen Auftrags ihn ausführt oder fortsetzt, hat hierbei aber auch die Pflichten eines Beauftragten (insbes der §§ 666—668) zu erfüllen. Das wurde im Gesetz deswegen nicht ausdrücklich bestimmt, weil, wenn man dies nicht als selbstverständlich betrachten sollte, die gleiche Verpflichtung sich schon aus den Grundsätzen über die Geschäftsführung ohne Auftrag (§§ 677 ff) ergeben würde (Mot II 554).

2. Fortbestand der Vollmacht

Solange der Auftrag gemäß § 674 zugunsten des Beauftragten als fortbestehend gilt, **8** wirkt gemäß § 168 S 1, § 169 auch eine damit verbundene Vollmacht zugunsten eines Dritten fort, der mit dem Beauftragten noch abschließt. Dies gilt jedoch nach § 169 zugunsten des Dritten nicht, wenn der Dritte bei Vornahme des Rechtsgeschäfts das Erlöschen kennt oder kennen müßte.

3. Untätigkeit des Beauftragten

Der Beauftragte darf die Geschäfte fortführen, er muß es nicht tun. Unterläßt der **9** Beauftragte die Fortführung des Auftrags, obwohl er zu ihr nach § 674 befugt war, so können der Auftraggeber oder im Falle des § 672 dessen Erben ihn nicht wegen der Unterlassung auf Schadensersatz in Anspruch nehmen. Das folgt aus dem Schutzcharakter des § 674 zugunsten des Beauftragten. Der Auftraggeber und seine Erben haben nach Erlöschen des Auftrags ein Recht auf ein Tätigwerden des Beauftragten oder seiner Erben nur unter der Voraussetzung des § 672 S 2 und des § 673 S 2. Wohl aber können sie den Beauftragten wegen schuldhaft vertragswidriger Ausführung des Auftrags in Anspruch nehmen, wenn er den Auftrag nach § 674 fortführt.

IV. Beweislast

Wenn der Beauftragte aus seiner Tätigkeit nach Erlöschen des Auftrags Ansprüche **10** geltend macht, muß der Auftraggeber beweisen, daß der Beauftragte vom Erlöschen Kenntnis hatte oder nur infolge von Fahrlässigkeit keine Kenntnis hatte (Mot II 553; ENNECCERUS/LEHMANN § 163 Anm 5; BGB-RGRK/STEFFEN Rn 14).

V. Entsprechende Anwendung

§ 674 findet auf Dienst- und Werkverträge, die eine Geschäftsbesorgung zum Gegen- **11** stand haben, entsprechende Anwendung (§ 675). Er gilt auch analog für das Rechtsverhältnis zwischen dem Testamentsvollstrecker und dem Erben gemäß § 2218 Abs 2. Wenn jedoch der Erbe die Erbschaft ausschlägt und der Erblasser nicht auch im Verhältnis zu den Ersatzerben Testamentsvollstreckung angeordnet hat, ist § 674 im Verhältnis zu den Ersatzerben unanwendbar (BGH NJW 1977, 1726).

§ 675

Auf einen Dienstvertrag oder einen Werkvertrag, der eine Geschäftsbesorgung zum Gegenstande hat, finden die Vorschriften der §§ 663, 665 bis 670, 672 bis 674 und, wenn dem Verpflichteten das Recht zusteht, ohne Einhaltung einer Kündigungsfrist zu kündigen, auch die Vorschriften des § 671 Abs. 2 entsprechende Anwendung.

Materialien: E II §§ 567 Abs 1, 606; III § 662;
Prot II 376–379; VI 189.

Systematische Übersicht

Michael Martinek

Michael Martinek

Alphabetische Übersicht

Michael Martinek

A. Das Recht der entgeltlichen Geschäftsbesorgung – Allgemeiner Teil

Schrifttum zu I. bis III.

ARANGIO-RUIZ, Il mandato in diritto romano (1949)

ASSFALG, Die Behandlung von Treugut im Konkurse des Treuhänders (1960)

BEYERLE, Die Treuhand im Grundriß des deutschen Privatrechts (1932)

BORMANN, Beiträge zur Erklärung der Geschäftsbesorgung in § 675 (Diss Göttingen 1901)

COING, Die Treuhand kraft privaten Rechtsgeschäfts (1973)

ders, Zum Geldherausgabeanspruch gegenüber dem Treuhänder, JZ 1970, 245

CROME, Die partiarischen Rechtsgeschäfte (1897)

DNIESTRZÁNSKI, Aufträge zugunsten Dritter (1905)

ders, Zur Lehre von der Geschäftsführung, JherJb 77, 48

GENIUS, Risikohaftung des Geschäftsherrn, AcP 173, 481

HACHENBURG, Dienstvertrag und Werkvertrag im Bürgerlichen Gesetzbuch (1898)

HÖCHSTÄDTER, Der auf eine Geschäftsbesorgung gerichtete Dienst- und Werkvertrag (Diss Erlangen 1905)

H HONSELL, Die Risikohaftung des Geschäftsherrn, in: Festgabe vLübtow (1980) 485

ISAY, Die Geschäftsführung nach dem Bürgerlichen Gesetzbuche für das Deutsche Reich (1900)

ISELE, Geschäftsbesorgung (1935)

H T KLAMI, Teneor mandati (1976)

ders, SavZ 106 (1989), 575

KÖTZ, Trust und Treuhand (1963)

KOLLER, Das Haftungsprivileg des Geschäftsorgers gem. §§ 664 Abs. 1 Satz 2, 675 BGB, ZIP 1985, 1243

KRAMER (Hrsg), Neue Vertragsformen der Wirtschaft (2. Aufl 1992)

LAMMEL, Verträge auf Interessenwahrung, in: GITTER ua, Vertragsschuldverhältnisse (1974) 263

LANG, Die neuere Rechtsprechung des Bundesgerichtshofes zu Auftrag, Geschäftsbesorgung und Geschäftsführung ohne Auftrag, WM 1988, Sonderbeilage 9

LENEL, Die auf Geschäftsbesorgung gerichteten entgeltlichen Verträge, JherJb 44, 31

ders, Unentgeltliche und entgeltliche Geschäftsbesorgung, AcP 129, 1

LENT, Wille und Interesse bei der Geschäftsbesorgung (1938)

LIEBICH/MATHEWS, Treuhand und Treuhänder in Recht und Wirtschaft (2. Aufl 1983)

MARTINEK, Franchising – Grundlagen der zivil- und wettbewerbsrechtlichen Behandlung der vertikalen Gruppenkooperation beim Absatz von Waren und Dienstleistungen (1987)

ders, Moderne Vertragstypen Bd I (1991), Bd II (1992), Bd III (1993)

MÜLLER-FREIENFELS, Die Vertretung beim Rechtsgeschäft (1955)

MÜLLER-GRAFF, Rechtliche Auswirkungen einer laufenden Geschäftsverbindung im amerikanischen und deutschen Recht (1973)

MUSIELAK, Haftung für Rat, Auskunft und Gutachten (1974)

ders, Entgeltliche Geschäftsbesorgung, in: BMJ (Hrsg), Gutachten und Vorschläge zur Überarbeitung des Schuldrechts, Bd II (1981) 1209

NIKISCH, Betätigungsverträge, ZAkDR 1940, 369

D NÖRR/S NISHIMURA (Hrsg), Mandatum und Verwandtes – Beiträge zum römischen und modernen Recht (1993)

RAAPE, Die Rechte des Mandanten bei vertragswidriger Ausführung des Auftrags, AcP 141, 88

RUMPEL, Der Begriff „Geschäftsbesorgung" in § 675 des Bürgerlichen Gesetzbuches für das deutsche Reich (Diss Breslau 1910)

SIBER, Das Verwaltungsrecht an fremdem Vermögen im BGB, JherJb 67, 81

SIEBERT, Das rechtsgeschäftliche Treuhandverhältnis (1933)

SCHIEMANN, Der freie Dienstvertrag, JuS 1983, 649

SWOBODA, Bevollmächtigungsvertrag und Auftrag, Geschäftsführung ohne Auftrag, versio in rem (1932)

TYRELL, Fiduziarische Geschäftsführungsverhältnisse im englischen Recht (1933)

vJHERING, Der Zweck im Recht, 1. Band (3. Aufl 1893)

A WATSON, Contract of Mandate in Roman Law (1961)

WEIDEMANN, Der Begriff des Geschäfts in den §§ 662, 675, 677 (Diss Marburg 1932)

WÜRDINGER, Gesellschaften, 1. Teil: Recht der Personengesellschaften (1937)

I.   Die Grundlagen der entgeltlichen Geschäftsbesorgung

1.   Praktische Bedeutung

Das Recht der entgeltlichen Geschäftsbesorgung (Geschäftsbesorgungsrecht) hat in **A 1** Form des § 675 an eher unscheinbarer Stelle im BGB Erwähnung gefunden. Die Vorschrift versteht sich gesetzestechnisch als bloßer **Annex zum Auftragsrecht** (dem

Recht der unentgeltlichen Geschäftsbesorgung); systematisch wird sie traditionell dem Dienst- und Werkvertragsrecht zugerechnet, während sie im Auftragsrecht als ein „Fremdkörper" erscheint (AK/JOERGES § 675 Rn 1; FIKENTSCHER, SchuldR [8. Aufl 1991] Rn 923). In Wirklichkeit markiert § 675 heute eine sowohl dem Auftrags- wie dem Dienst- und Werkvertragsrecht gegenüber auch **systematisch eigenständige vertrags-rechtliche Kategorie** der Geschäftsbesorgungsverträge (su Rn A 37 ff). Die Entschei-dung des Gesetzgebers, die entgeltliche Geschäftsbesorgung nur im Verweiswege zu normieren und den Regelungsschwerpunkt auf den praktisch weit weniger bedeutsa-men unentgeltlichen Auftrag zu setzen, hat „mehr als nur einen Schönheitsfehler des Gesetzes" zur Folge (MUSIELAK, Gutachten, 1291). Sie hat zu einer „unbefriedigenden Gesetzessystematik" geführt (AK/JOERGES vor §§ 662 ff Rn 8), die das praktische und theoretische Gewicht dieses Vertragstyps kaum erkennen läßt. Zudem ist, wie schon PLANCK bei Inkrafttreten der Vorschrift bemerkt hat, der Regelungsgehalt des § 675 eher dünn (PLANCK, BGB-Komm [1./2. Aufl 1902] § 675 Anm 2). Auch ohne die Anordnung des § 675 stellte sich dem Rechtsanwender die Frage einer entsprechenden Anwend-barkeit von Vorschriften des Auftragsrechts auf Dienst- und Werkverträge mit Treuhand-, Interessenwahrungs-und Geschäftsbesorgungscharakter, wenn man von den mit der Unentgeltlichkeit des Auftrags verknüpften Beendigungsgründen des § 671 Abs 1 einmal absieht (STAUDINGER/WITTMANN[12] § 675 Rn 1; MUSIELAK, Gutachten 1232). Letztlich bietet die Vorschrift wenig mehr als **nur das Stichwort „entgeltliche Geschäftsbesorgung"** und bildet damit lediglich den gesetzlichen Ausgangs- und Bezugspunkt für das Recht der Geschäftsbesorgungsverträge.

A 2 Dieses Geschäftsbesorgungsrecht bildet allerdings heute eine **Zentralkategorie des Vertragsrechts von immenser praktischer und theoretischer Bedeutung** und schwer über-sehbarer Vielfalt. Es steht insoweit gleichrangig neben dem Kaufrecht und dem Mietrecht. Die Grundidee der Geschäftsbesorgung, die selbständige, wiewohl wei-sungsunterworfene Sachwalter-Tätigkeit des Geschäftsbesorgers in Wahrung der Vermögensinteressen des Geschäftsherrn, findet sich in weiten Teilen des Wirt-schaftslebens verwirklicht. Auf ihr beruhen Architekten- und Anlageberatungsver-träge, Bankverträge und Baubetreuungsverträge, Hausverwalter- und Inkassover-träge, Factoringverträge und Managementverträge, Rechtsanwalts- und Wirtschafts-prüferverträge, Vertragshändler- und Franchiseverträge, Speditionsverträge und Werbeagenturverträge. Viele andere, teils traditionsreiche, teils moderne Vertrags-formen haben sich als **typologische Differenzierungen** des Vertragstyps „Geschäfts-besorgung" ausgeprägt. Die Fortentwicklung der Vertragswirklichkeit durch Ausbil-dung neuer Verkehrstypen findet zum Gutteil auf dem Gebiet des Geschäftsbesor-gungsrechts statt. Die systematische und dogmatisch-konstruktive Durchdringung dieser Materie hat bereits die für ein eigenständiges Rechtsgebiet symptomatische Gliederung in einen **Allgemeinen Teil und einen Besonderen Teil** vollzogen. Der Allge-meine Teil thematisiert die Voraussetzungen und Rechtsfolgen des Grundtypus des Geschäftsbesorgungsvertrages, während der Besondere Teil (su ab Rn B 1 ff) die ein-zelnen typologischen Ausgestaltungen, atypischen Unterformen und die typenge-mischten Verträge mit dominantem geschäftsbesorgungsvertraglichen Element zum Gegenstand hat. Der Allgemeine Teil des Geschäftsbesorgungsrechts ist zugleich ein Schauplatz zukunftsweisender vertragstheoretischer Auseinandersetzungen (su Rn A 155 ff).

A 3 Als **sozio-ökonomische Hintergründe und Antriebskräfte** für die bisherige Ausbreitung und weiter wachsende Bedeutung der Geschäftsbesorgungsverträge lassen sich unschwer die fortschreitende Arbeitsteilung in der Produktion und Distribution wirtschaftlicher Güter sowie die Schwerpunktverlagerung von der Warenerzeugung zur Dienstleistung ausmachen. Im Zuge der sozio-ökonomischen Differenzierungsprozesse, die mit dem Stichwort der postindustriellen **Dienstleistungsgesellschaft** assoziiert werden, hat sich eine Ausprägung hochspezialisierter Berufe und Organisationen mit funktional detaillierten Leistungsangeboten vollzogen, so daß neue wirtschaftliche Koordinationsformen und neue kontraktliche Interaktionstypen auf der Basis der entgeltlichen Geschäftsbesorgung notwendig wurden. Denn die arbeitsteiligen Entwicklungen haben in wachsendem Maße dazu geführt, daß die für einen Geschäftsbereich eigentlich zuständigen Geschäftsherren (seien sie natürliche Personen, Gesamthandsgesellschaften oder juristische Personen) nicht länger persönlich tätig werden, sondern Geschäftsbesorger einschalten, die für sie, in ihrem Interesse und für ihre Rechnung rechtsgeschäftlich oder tatsächlich handeln. Vor allem für die Leistungen des stark ausgeweiteten **tertiären Sektors** stellt die Geschäftsbesorgung eine **interessenstrukturelle Grundfigur** dar. Die sozio-ökonomischen Entwicklungen forcieren mit noch unabsehbaren Konsequenzen einen ungemein dynamischen Prozeß der sich potenzierenden Vermehrung von Untertypen des Geschäftsbesorgungsvertrages. Das Geschäftsbesorgungsrecht bietet deshalb den vertragstheoretischen und dogmatisch-konstruktiven Schlüssel für die rechtsförmige Erfassung weiter Teile des praktischen Vertragsgeschehens unserer Sozial- und Wirtschaftsordnung. Von ihm gehen zugleich wichtige Impulse für die **Weiterentwicklung des modernen Vertragsrechts** aus.

Unter diesem Blickwinkel muß die verkrüppelte Regelung des Geschäftsbesorgungs- **A 4** vertrages in § 675 beinahe als ein **Kuriosum des BGB** erscheinen. Der tatsächliche Regelungsbedarf für die unentgeltlichen Aufträge einerseits und für die vielfältigen Typen entgeltlicher Geschäftsbesorgung andererseits steht heute im umgekehrten Verhältnis zu der vom Gesetzgeber konzipierten Relation zwischen den §§ 662 ff und § 675. Rechtswissenschaft und Rechtsprechung haben dieses Mißverhältnis nur mit mühsamem Aufwand zu korrigieren vermocht. Der Gesetzgeber des BGB hat die sich teilweise schon um die Jahrhundertwende abzeichnende herausragende Bedeutung dieses Vertragstyps verkannt oder doch vernachlässigt. Wenn er auch die revolutionäre Ausbreitung des Dienstleistungssektors schwerlich voraussehen konnte, hätte doch die schon vor der Jahrhundertwende massiv voranschreitende arbeitsteilige Spezialisierung der Wirtschaft eine andere gesetzgeberische Regelungskonzeption nahelegen können, zumal es im Ausland nicht an Vorbildern fehlte. Die ausführliche Regelung der „unentgeltlichen Geschäftsbesorgung" im Auftragsrecht und die Marginalisierung der „entgeltlichen Geschäftsbesorgung" in einer Ergänzungsvorschrift zum Dienst- und Werkvertragsrecht erklärt sich freilich nicht nur aus einer **Fehleinschätzung** der seinerzeit absehbaren sozio-ökonomischen Realitäten und Tendenzen, sondern auch aus der **rechtsgeschichtlich orientierten Perspektive** des Gesetzgebers.

2. Historische Grundlagen

a)   Römisches und gemeines Recht

Das **klassische römische Recht** kannte schon früh den Konsensualvertrag des *manda-* **A 5** *tum*, der insbesondere dem Einsatz geistiger Arbeit der *artes liberales*, etwa der

Tätigkeit von Lehrern, Rechtsanwälten, Baumeistern, Ingenieuren, Ärzten oder Architekten zugrunde gelegt wurde. Wurden solche Verträge von vornherein ausdrücklich entgeltlich geschlossen, unterfielen sie freilich der Dienstmiete (*locatio conductio operarum*) oder der Werkverdingung (*locatio conductio operis*): „*In summa sciendum est mandatum, nisi gratuitum sit, in aliam formam negotii cadere: nam mercede constituta incipit locatio et conductio esse*"(**Institutionen** III 26, 13). Bei sozialer Abhängigkeitsstellung des mit einer Geschäftsbesorgung Beauftragten war allerdings die Tätigkeit vertragslos in sein Gefolgschaftsverhältnis eingebettet; Dienst- und Werkverträge schloß nur der freie Bürger. Dem Selbstverständnis und dem Standesbewußtsein der Angehörigen der freien Berufe erschien jedoch vielfach eine Tätigkeit gegen Entlohnung *infra dignitatem*. Man arbeitete nicht für Geld. Die psychosozialen Kommunikationsstrukturen und die vorrechtlichen Werthaltungen mit ihren Bezugsgrößen *pietas, fides, reverentia* und *amicitia* liefen jedenfalls innerhalb der Nobilität, wenn nicht in weiten Teilen der freien Bürgerschaft alles in allem darauf hinaus, daß sich der von einer höheren Dienstleistung Begünstigte bei nächster Gelegenheit seinerseits erkenntlich zeigen werde. *Mandatum . . . originem ex officio et amicitia trahit* (PAULUS D. 17, 1, 1, 4). Die Auftragserfüllung entsprach mithin einer sittlichen Pflicht, bei deren Verletzung aus Nachlässigkeit oder aus Treulosigkeit der Beauftragte Schimpf und Schaden (*summum dedecus*) auf sich lud (vgl CICERO, PRO SEXTO ROSCIO AMERINO 111). Gleichwohl bestand ein Bedürfnis für ein nicht nur sozial und moralisch sanktioniertes, sondern auch **vertraglich abgesichertes Vertrauensverhältnis** mit durchsetzbaren Rechten und Pflichten. Insbesondere mußte der *mandator* die ordentliche Durchführung des vom *mandatarius* übernommenen Auftrags und die Herausgabe des dadurch Erlangten durch eine *actio mandati directa* erzwingen können, wie umgekehrt dem Beauftragten gegebenenfalls Aufwendungs- und Schadensersatzansprüche, einklagbar durch eine *actio mandati contaria* zugestanden werden mußten. Der Prätor machte das *mandatum* klagbar; beide Parteien des Auftragsverhältnisses, das formlos durch Konsens zustande kam, konnten ein *bonae fidei iudicium* erstreiten. Kennzeichen des *mandatum* blieb indes die **Unentgeltlichkeit**. *Mandatum nisi gratuitum nullum est* (PAULUS D. 17, 1, 1, 4). Die Bedeutung des Auftrags wuchs ständig, zumal nicht nur tatsächliche Tätigkeiten wie etwa eine Reisebegleitung oder die Betreuung eines Sklaven, sondern auch rechtliche Aufgaben wie die Übernahme eines Prozesses durch den Prokurator, ein Einkaufs- oder Verkaufsauftrag oder eine Kreditgewährung taugliche Gegenstände des Vertrags bildeten. Freilich blieben sittenwidrige Aufträge, etwa zur Begehung eines Diebstahls oder einer Körperverletzung, unwirksam. *Rei turpis nullum mandatum est* (ULPIAN D. 17, 1, 6, 3). Auch mußte die Geschäftsbesorgung fremdnützig sein; ein lediglich im Interesse des Beauftragen erteiltes *mandatum tua gratia* brachte für keine der Parteien eine Verbindlichkeit zustande, sondern wurde als bloßer Ratschlag (*consilium*) behandelt.

A 6 Dies schloß allerdings – je nach den persönlichen und tatsächlichen Verhältnissen der Beteiligten – nicht aus, daß sich der Auftraggeber bzw Begünstigte später oder auch von vornherein doch zu einem **anerkennenden Geschenk** oder zur Zahlung eines **Honorars** („Ehrensold") verstand, etwa wenn ein sichtbares Zeichen der Dankbarkeit und Wertschätzung gesetzt werden sollte, wenn ein kompensatorischer Freundschaftsdienst als „Gegenleistung" nicht absehbar in Betracht kam oder wenn der Beauftragte finanziell hilfsbedürftig erschien. Denn immerhin hatte der *mandatarius* für die Geschätsbesorgung seine Zeit geopfert. Und es schloß auch nicht aus, daß der

Beauftragte die Übernahme eines Auftrags mit der mehr oder weniger geballten Erwartung eines Honorars verband. Jedenfalls in der **hochklassischen Zeit** dürfte die Erwartung eines Honorars vielfach für den Auftraggeber unübersehbar gewesen sein, zumal einige der *artes liberales* praktisch zu „Brotberufen" geworden waren. Doch glitt das Vertragsverhältnis nicht in eine entgeltliche Dienstmiete ab, sondern blieb in den freien Berufen ein unentgeltliches *mandatum*. In der **nachklassischen Zeit**, in der die früheren außerrechtlichen Wertordnungen und die sozial sanktionierten Verständigungsweisen aufgelockert und schließlich erodiert waren, trat an die Stelle des gleichsam nur auf der gemeinsamen Motiv- und Geschäftsgrundlagenebene angesiedelten *honorarium* bald offen eine faktische und konsentierte Entgeltlichkeit auch der höheren Dienstleistungen insbesondere der Rechtsanwälte und Ärzte, doch hielt sich weiterhin formal das konstruktiv unentgeltliche *mandatum* als einschlägiges Rechtsinstitut. Bei Verweigerung der Zahlung eines *salarium* oder *honorarium* wurde dem Beauftragten zwar der Weg des ordentlichen Prozesses *in iure civile* verwehrt, ihm wurde aber vom Prätor eine *actio extraordinaria* (*extraordinaria cognitio*) des *ius honorarium* gewährt. Längst waren die Grenzen des *mandatum* zur *locatio conductio operis* oder *operarum* und die des Honorars (*honorarium* oder *salarium*) zum Lohn (*merces*) faktisch verwischt. Dieses für das spätrömische Recht nicht untypische Auseinanderdriften von Form und Inhalt beschwor vertragstypologische Schwierigkeiten herauf, die auch das gemeine Recht nicht zu überwinden vermochte. (Vgl zum Vorstehenden ARANGIO-RUIZ, Il mandato in diritto romano [1949]; BÜRGE SavZ 97 [1980], 122; MICHEL, Gratuité en droit romain [1962]; VISKY, Geistige Arbeit und die „artes liberales" in den Quellen des römischen Rechts [1977]; WATSON, Contract of Mandate in Roman Law [1961]; ZIMMERMANN, The Law of Obligations [1990] Chapt 13; KLAMI SavZ 106 [1989] 575; vgl zur neueren Forschung vor allem die Beiträge in: D NÖRR/S NISHIMURA [Hrsg], Mandatum und Verwandtes – Beiträge zum römischen und modernen Recht [1993].)

Im **gemeinen Recht** ließen Rechtsprechung und Doktrin bei grundsätzlicher Unent- **A 7** geltlichkeit des Mandats ein einklagbares Honorar für Dienste höherer Art zu, das nicht als Gegenleistung, sondern als **Anerkennung, pauschale Auslagenentschädigung** und allenfalls noch **Unterhaltsbeitrag** für die Dauer des Auftrags verstanden wurde. Teilweise versuchte man, das Mandat vom Dienst- bzw Werkvertrag danach zu unterscheiden, ob bei Vertragsschluß – und sei es auch stillschweigend – ein Entgelt vereinbart wurde oder nicht, teilweise danach, ob ein Entgelt nach der Art der Tätigkeit sachgerecht erschien bzw erwartet werden mußte oder nicht. Andere Stimmen hoben strikt auf einen Kanon der freien Berufe ab, für den das Mandat unbeschadet einer eventuell versprochenen und dann auch einklagbaren Gegenleistung reserviert sein sollte. Teilweise wurden **Dienste höherer Art** (*operae liberales*) dem im Grundsatz unentgeltlichen Mandat, **Dienste niederer Art** (*operae illiberales*) der entgeltlichen *locatio conductio operis* bzw *operarum* unterstellt. Auch fand der Vorschlag Aufmerksamkeit, Dienste tatsächlicher Art dem Dienst- bzw Werkvertragsrecht zuzurechnen und den Auftrag auf Rechtshandlungen, Rechtsgeschäfte und rechtsgeschäftsähnliche Handlungen als Vertragsgegenstände zu beschränken. Die Abgrenzungsprobleme blieben ungelöst. Im **ausgehenden 18. Jahrhundert** setzte sich – begünstigt durch Fehlinterpretationen von Digestenstellen und durch Sachzwänge der Lebenswirklichkeit – die Ansicht durch, daß das Mandat zwar idealtypisch, nicht aber begriffsnotwendig unentgeltlich sei und daß die *actio mandati contraria* auch auf eine versprochene Gegenleistung des Auftraggebers gerichtet werden könne. Dem folgten die meisten Gesetzgebungsentwürfe und Kodifikationen der Naturrechtsepoche. (Vgl WINDSCHEID/KIPP, Lehrbuch des Pandektenrechts, Band 2 [9. Aufl 1906] § 409; DERNBURG/SOKOLOWSKI, System des Römischen Rechts, 2. Teil [8. Aufl 1912] § 372; FÖRSTER/ECCIUS, Preußisches Privatrecht, Band II [7. Aufl 1896] 316 f; LENEL JherJb 44, 31; BORMANN, Beiträge zur Erklärung der Geschäftsbesorgung in § 675 [Diss Göttingen 1901])

b)   Die Gesetzgebungsgeschichte

A 8   Der **erste Entwurf** des BGB knüpfte in seinen §§ 585, 586 an die herrschende pandektistische Konzeption des Auftrags (Mandats) an, der zwar auf **idealtypische Unentgeltlichkeit** angelegt, für den aber die Gewährung einer Vergütung unschädlich war. Die Unentgeltlichkeit der Geschäftsbesorgung war ausweislich des § 586 E I nicht als Begriffsmerkmal des Auftrags konzipiert, vielmehr sollten auch entgeltliche Geschäftsbesorgungen vom Auftragsrecht erfaßt werden (vgl Mot II 527 f). Dabei sollte ein Entgelt als stillschweigend vereinbart angesehen werden, wenn die Auftragsausführung nach den Umständen nur gegen eine Vergütung erwartet werden konnte (§ 581 E I). Möglicherweise hatte dieses Regelungsmodell Impulse von den Naturrechtskodifikationen, namentlich vom französischen code civil (su Rn A 127) und vom österreichischen ABGB (su Rn A 119) erfahren. Eine Begriffsbestimmung des Auftrags und eine Abgrenzung zum Dienst- und zum Werkvertrag unterblieb jedoch. Während der Entwurf einerseits Dienste höherer Art durchaus dem Dienst- und Werkvertragsrecht zugänglich machte, sollten andererseits nicht nur Rechtshandlungen, sondern auch tatsächliche Dienste den Gegenstand einer auftraglichen Geschäftsbesorgung bilden können. „Bei dem Ausdruck ,ein Geschäft besorgen' ist schon nach dem allgemeinen Sprachgebrauch das Mißverständnis ausgeschlossen, als ob darunter nur Rechtshandlungen oder Rechtsgeschäfte, nicht auch tatsächliche Dienstleistungen zu verstehen wären" (Mot II 855). Aber es fehlte jede Abgrenzung zum Dienstvertrag des § 559 E I. In den Motiven tritt die Verlegenheit der ersten Kommission bei der Lösung des vertragstypologischen Problems an verschiedenen Stellen hervor (Mot II 455 f, 473, 526 f); die von den „Diensten" und „Werken" abgrenzungsbedürftigen „Geschäfte" vermochten nicht näher konkretisiert zu werden. Die Problemlösung sollte der Rechtswissenschaft überantwortet werden (Mot II 526 f).

A 9   Damit begnügte sich die **zweite Kommission** indes nicht. Sie verlangte nach einem **klaren Maßstab** für die Unterscheidung zwischen Dienst- (Werk-) und Auftragsvertrag. Ihr erschien die **Unentgeltlichkeit** als deutliches und sachgerechtes Abgrenzungsmerkmal des Auftrags vom Dienst- bzw Werkvertrag. Wie die Leihe als unentgeltliches Pendant neben der Miete stand und der Kauf in der Schenkung eine unentgeltliche Entsprechung fand, so sollten Dienst- und Werkverträge durch den unentgeltlichen Auftrag flankiert werden. In den Protokollen heißt es, „daß im Gegensatz zum Entwurf den Gegenstand des Auftrags die unentgeltliche Geschäftsbesorgung bilden solle, nachdem die entgeltliche Übertragung der Besorgung fremder Geschäfte in den zum Dienst- und Werkvertrag gefaßten Beschlüssen ihre erschöpfende Regelung gefunden habe" (Prot II 352). Dabei stand die zweite Kommission offenbar unter dem Eindruck der **römisch- bzw gemeinrechtlichen Doktrin** (vgl Prot II 352, 376, 377; vgl auch H HONSELL, Römisches Recht [2. Aufl 1993] 140, der von einem „mehr oder weniger sklavischen Festhalten am römisch-gemeinen Recht" spricht). Die freien Berufe wurden damit dem Dienst- und Werkvertragsrecht unterstellt – übrigens gegen den entschiedenen Widerspruch namentlich der Ärzte- und Anwaltschaft, in der gleichwohl Begriffe wie Honorar und Mandant fortleben. Die zweite Kommission konterkarierte ihre Grenzziehung indes sogleich wieder, indem sie für solche Dienst- und

Werkverträge, die eine „Geschäftsbesorgung für den Dienstberechtigten oder den Besteller" zum Gegenstand haben, die meisten Vorschriften des Auftragsrechts für entsprechend anwendbar erklärt sehen wollte. Auch auf der Grundlage der Unentgeltlichkeit des Auftrags sollte der sachliche Anwendungsbereich der Auftragsvorschriften gegenüber dem E I unverändert bleiben, so daß man sich zur Befriedigung des wichtigsten auftragsrechtlichen Regelungsbedarfs außerhalb der unentgeltlichen Geschäftsbesorgung zu einer **Verweisungsvorschrift**, dem heutigen § 675, veranlaßt fühlte.

Mit der Gesetzesfassung des heutigen § 675 erschien freilich das alte **Abgrenzungs-** **A 10** **problem nicht gelöst**, sondern nur vom Auftrags- in den Geschäftsbesorgungsbegriff verlagert: Zwar war der Auftrag als begriffsnotwendig unentgeltlich vom Dienst- und Werkvertrag deutlich abgehoben; auch ließ sich innerhalb der entgeltlichen Verträge im Dienste eines anderen seit jeher der tätigkeitsbezogene Dienstvertrag vom erfolgsbezogenen Werkvertrag hinreichend klar unterscheiden; doch gab es neben dem Dienstvertrag nun einen **Geschäftsbesorgungsdienstvertrag** und neben einem Werkvertrag einen **Geschäftsbesorgungswerkvertrag**, ohne daß die das Auftragsrecht ergänzend berufende *differentia specifica* der „Geschäftsbesorgung" bestimmbar gewesen wäre. In der Vorstellung der zweiten Kommission klingen die historisch überkommenen Unsicherheiten an, wenn es heißt, „daß nicht ohne Weiteres in jeder Thätigkeit des Dienstverpflichteten oder des Übernehmers eine Geschäftsbesorgung zu finden sei; in der Regel werde es sich bei der Geschäftsbesorgung um die Entfaltung einer solchen Thätigkeit handeln, die innerhalb des Rechtsbereichs des Geschäftsherrn vorzunehmen sei" (Prot II 377). Eine weitere Klärung überließ auch die zweite Kommission ausdrücklich der **Rechtswissenschaft**.

3. Die Geschäftsbesorgungskontroverse zum BGB

a) Die Fortdauer des historischen Abgrenzungsproblems

Nach Inkrafttreten des BGB reagierte die Wissenschaft auf ihre gesetzgeberische **A 11** Inpflichtnahme zunächst mit einer **Fortsetzung und Verfeinerung der umstrittenen Abgrenzungsbemühungen** der Pandektistik, ohne daß eine befriedigende Klärung erzielt werden konnte (vgl zum früheren Meinungsstand im einzelnen die Übersicht mit Nachweisen bei Staudinger/Nipperdey[11] § 675 Rn 4 ff). Staub nannte die Unklarheiten über Inhalt und Grenzen der Geschäftsbesorgung eine „Crux des neuen Rechts" (Staub, HGB [6./7. Aufl 1907] § 362 Anm 2, S 1149). Ein Teil der Literatur wollte den Geschäftsbesorgungsbegriff des § 675 entgegen dem Willen des Gesetzgebers (Mot II 855), aber in Anlehnung an den österreichischen Bevollmächtigungsvertrag des § 1002 ABGB und an den anglo-amerikanischen *contract of agency* auf Rechtsgeschäfte und andere rechtlich bedeutsame Handlungen beschränken (Enneccerus, Matthiass). Gelegentlich hat man für die entgeltliche Geschäftsbesorgung verlangt, daß der Geschäftsherr an der Vornahme des Geschäfts tatsächlich oder rechtlich verhindert sein müsse (Planck) oder daß die Geschäfte in „Diensten höherer Art" bestehen müßten (Dernburg). Andere Stimmen betonten die Notwendigkeit einer Fürsorge für einen fremden Interessenkreis (Lotmar, Weidemann).

Der Streit spitzte sich schließlich zu einer grundsätzlichen **Geschäftsbesorgungskontro-** **A 12** **verse** über die Kernfrage zu, ob der Geschäftsbesorgungsbegriff im (unentgeltlichen) Auftragsrecht der §§ 662 ff sowie im Recht der auftragslosen Geschäftsführung der

§§ 677 ff mit demjenigen des § 675 kongruent ist oder ob das Recht der entgeltlichen Geschäftsbesorgung ein spezifisches und engeres Verständnis der Geschäftsbesorgung verlangt. Diese Geschäftsbesorgungskontroverse kreiste um folgende Überlegungen: Im **Auftragsrecht** wurde und wird die Geschäftsbesorgung nach allgemeiner Meinung derart weit verstanden, daß sie ohne weiteres Tätigkeiten umfaßt, die im Falle ihrer Entgeltlichkeit dienst- oder werkvertraglichen Charakter hätten. In der Tat muß das Auftragsrecht über einen derart weiten Geschäftsbesorgungsbegriff verfügen, weil sein Regelungsprogramm jede zulässige Tätigkeit jenseits der bloßen Gefälligkeitsverhältnisse erfassen soll. Die unentgeltliche Besorgung eines Geschäfts des Auftraggebers durch den Beauftragten ist deshalb als „jede fremdnützige Tätigkeit im Interessenbereich eines anderen" zu verstehen und schließt auch rein faktische und völlig untergeordnete Tätigkeiten für einen anderen ein (RGZ 65, 17, 18). Dasselbe weite Verständnis gilt für die Geschäftsführung ohne Auftrag. Es wäre nun wenig sinnvoll, den Geschäftsbesorgungsbegriff (auch) der §§ 662 ff und der 677 ff enger zu fassen und etwa Tätigkeiten auszuklammern, die im Falle der Entgeltlichkeit vom Dienst- und Werkvertragsrecht erfaßt werden. Denn dann müßte man die auftragsrechtlichen Vorschriften bei solchen – unentgeltlichen – Tätigkeiten entsprechend anwenden. Der weite Geschäftsbesorgungsbegriff in den §§ 662 ff und 677 ff ist mithin ein dogmatisch-konstruktives Datum. Bei einer Kongruenz des (weiten) Geschäftsbesorgungsbegriffs des Auftrags mit dem der (entgeltlichen) Geschäftsbesorgung des § 675 fehlte indes eine eigenständige Qualifikation der auf eine Geschäftsbesorgung gerichteten Dienst- und Werkverträge, denn sie alle sind als „entgeltliche Aufträge" zu verstehen. Um die Lösung dieses Problemes ging es in der Geschäftsbesorgungskontroverse, in der sich – mit Abweichungen unter den jeweiligen Vertretern – **zwei Meinungsblöcke** formierten, die sich als **Einheitstheorie (Kongruenztheorie)** und **Trennungstheorie (Diskrepanztheorie)** bezeichnen lassen. Wenn auch die Einheitstheorie heute stark ins Hintertreffen geraten ist, lebt der Streit in Ausläufern bis heute fort.

b)   Die Einheitstheorie

A 13   Die **Einheitstheorie** wurde schon kurz vor Inkrafttreten des BGB von HACHENBURG formuliert und schnell aufgegriffen (HACHENBURG, Dienstvertrag und Werkvertrag im Bürgerlichen Gesetzbuch [1898] 14 ff; ISELE, Geschäftsbesorgung [1935] 95; RUMPEL, Der Begriff „Geschäftsbesorgung" in § 675 des Bürgerlichen Gesetzbuches für das deutsche Reich [Diss Breslau 1910] 46 ff, 69 ff; LENEL AcP 129, 1, 8 ff). Nach dem zweiten Weltkrieg hat sie namentlich in NIPPERDEY einen vehementen Vertreter gefunden, der auch insoweit das vorliegende Kommentarwerk bis zu seiner 11. Auflage von 1958 geprägt hat (vgl insbes STAUDINGER/NIPPERDEY[11] Rn 2 ff). NIPPERDEY nannte es eine „naheliegende, aber doch trügerische Annahme" (Rn 4), daß es nach der Fassung des Gesetzes Dienst- und Werkverträge mit und ohne Geschäftsbesorgungscharakter geben müsse. Vielmehr habe jeder Dienst- und Werkvertrag eine Geschäftsbesorgung zum Gegenstand (Rn 16), so daß die Unterscheidung zwischen Dienst- bzw Werkverträgen mit und ohne Geschäftsbesorgungsnatur überflüssig und die Vorschrift des § 675 **letztlich redundant** sei. „Geschäftsbesorgung in § 675 ist somit nichts anderes als eine Abbreviatur (abgekürzte Bezeichnung) für die gesetzlichen Tatbestände und Rechtsfolgen der in § 675 herangezogenen Auftragsregeln" (Rn 17). Die Vorschrift formuliert danach mit dem Passus „der eine Geschäftsbesorgung zum Gegenstande hat" einen **rein deklaratorischen Zusatz** und bringt lediglich die Selbstverständlichkeit zum Ausdruck, daß die Heranziehung der auftragsrechtlichen Vorschriften für Dienst- und

Werkverträge im Einzelfall auf ihre Angemessenheit überprüft und entsprechend begründet werden muß. NIPPERDEY wollte die Rechtsfolgen der von § 675 in Bezug genommenen Auftragsregeln auf alle Dienst- und Werkverträge anwenden, wo sie „offenbar sachgerecht sind und zu angemessenen Ergebnissen führen" (Rn 17). Beispielsweise wollte er die §§ 675, 666, 667 auch „im Arbeitsverhältnis" zur Anwendung bringen, „so wenn die Köchin Vorräte verwaltet oder Einkäufe macht, der Angestellte Waren verkauft, der Kassierer die Kasse, der Lagerverwalter das Lager verwaltet, der angestellte Chauffeur einen Unfall hatte usw" (Rn 11).

Der Einheitstheorie neigt auch die frühere BAG-Rechtsprechung zu (BAG 9, 105, 110; **A 14** 12, 15, 27). In der Literatur erscheint heute SEILER als ein Hauptvertreter der Einheitstheorie (MünchKomm/SEILER [2. Aufl] § 675 Rn 2 ff), für den die in § 675 genannten Auftragsvorschriften „auf dienst- und werkvertragliche Tätigkeiten dann anzuwenden (sind), wenn die Interessenlage dies gebiete(t)" (MünchKomm/SEILER § 675 Rn 2; dazu kritisch MEDICUS, SchuldR BT § 105 II; LARENZ, SchuldR II/1 § 56 V). Die Bestimmung des Geschäftsbesorgungsbegriffs dürfe nicht von der Entgeltlichkeit abhängig gemacht werden. Die Einheitstheorie gelangt mithin zu einem **tendenziell breiteren Anwendungsspektrum** der durch § 675 berufenen Auftragsregeln. So wendet SEILER in weitem Umfang auftragsrechtliche Vorschriften auf Dienst- und Werkverträge an. Namentlich der Arztvertrag soll der Anwendung des Auftragsrechts unterliegen (MünchKomm/SEILER § 675 Rn 41; vgl auch KLEINEWEFERS/WILTS NJW 1963, 2345 f sowie noch u Rn E 7).

c) Die Trennungstheorie

Die **Trennungstheorie** betont demgegenüber, daß sich Dienst- und Werkverträge im **A 15** weiteren Sinne danach unterscheiden lassen, ob sie eine Geschäftsbesorgung zum Gegenstand haben und damit die auftragsrechtlichen Vorschriften zur Anwendung berufen oder nicht. Der entgeltliche Geschäftsbesorgungsvertrag ist danach ein besonderer Dienst- oder Werkvertragstyp, ein Dienst- oder Werkvertrag „auf Geschäftsbesorgung" (so auch im Grundsatz trotz inhaltlicher Zugeständnisse an die Einheitstheorie STAUDINGER/WITTMANN[12] Rn 1). Anders gewendet: der Geschäftsbesorgungsvertrag ist **kein entgeltlicher Auftrag**. Auf dieser Grundlage bedarf freilich die Geschäftsbesorgung im Sinne des § 675 einer zusätzlichen, über die Entgeltlichkeit hinausgehenden Differenzierung von der des Auftragsrechts. Die Trennungstheorie bestimmt daher den Geschäftsbesorgungsbegriff des § 675 **eigenständig, nämlich enger als im Auftragsrecht** der §§ 662 ff und im auftragslosen Geschäftsführungsrecht der §§ 677 ff. Weithin durchgesetzt hat sich die Kennzeichnung der Geschäftsbesorgung im Sinne des § 675, wie sie von BGH DB 1959, 168 formuliert wurde. Danach ist Geschäftsbesorgung eine „selbständige Tätigkeit wirtschaftlichen Charakters im Interesse eines anderen innerhalb einer fremden wirtschaftlichen Interessensphäre" (sogenannte Geschäftsbesorgungsformel, dazu unten Rn A 23 ff).

Die Trennungstheorie hat sich als **herrschende Meinung** im Schrifttum durchgesetzt **A 16** (ENNECCERUS/LEHMANN, SchuldR § 164 I; LEONHARD, SchuldR 255; SIBER, SchuldR 348; JAUERNIG/VOLLKOMMER, BGB-Komm [6. Aufl 1991] § 675 Rn 2; LARENZ, SchuldR II/1 § 56 V; MUSIELAK, Gutachten 1220 ff; ERMAN/HAUSS, § 675 Rn 1; STAUDINGER/WITTMANN[12] Vorbem 4 zu §§ 662–676 und § 675 Rn 1; BROX, Besonderes Schuldrecht [16. Aufl 1990] Rn 308; MEDICUS, SchuldR II, BT [4. Aufl 1990] 195; ESSER/WEYERS, SchuldR BT § 35 I 1; FIKENTSCHER, Schuldrecht [8. Aufl 1992] § 82 II 2). Auch die BGH-Rechtsprechung folgt – wie schon tendenziell

das RG – der Geschäftsbesorgungsformel und damit der Trennungstheorie (RGZ 109,
299; BGH DB 1959, 168; BGHZ 45, 223, 229).

d)   Stellungnahme

A 17 Allein die Trennungstheorie kann für sich in Anspruch nehmen, mit dem historischen Willen des Gesetzgebers, dem Wortlaut und der Systematik des Gesetzes in
Einklang zu stehen. Man kann den offenbar inhaltlich-modal qualifizierenden Rela-
tivsatz „der eine Geschäftsbesorgung zum Gegenstande hat" nicht zum rein deklaratorischen Zusatz herabwürdigen. Denn danach soll eben nicht in jeder Tätigkeit
eines Dienstverpflichteten oder eines Werkunternehmers schon eine Geschäftsbesorgung liegen. Man kann die Bedeutung des § 675 auch schwerlich darauf reduzieren, daß sie den Rechtsanwender bei regelmäßiger Bejahung des Geschäftsbesorgungscharakters eines Dienst- oder Werkvertrages der weiteren Prüfung der
Rechtsähnlichkeit des Vertrages mit dem unentgeltlichen Auftrag entheben will,
weil der Geschäftsbesorgungscharakter eine hinreichende, nicht aber eine notwendige Bedingung für die entsprechende Anwendung der auftragsrechtlichen Vorschriften aufstelle (so aber STAUDINGER/WITTMANN[12] § 675 Rn 2 u 4). Zudem verweigert
sich die Einheitstheorie dem Auftrag des Gesetzgebers an die Rechtswissenschaft,
eine Abgrenzung durch die Konkretisierung des Geschäftsbesorgungsbegriffs des
§ 675 zu erringen. Mag die **begriffliche Abgrenzungsfrage** auch **unlösbar** erscheinen
(dazu unten Rn A 21 ff), so bleibt die Rechtsordnung doch aufgerufen, jene Vertragsgestaltungen systematisch und dogmatisch aufzubereiten, die vom empirischen
Erscheinungsbild her mit der Geschäftsbesorgungsformel der Trennungstheorie als
„eigenartig" beschrieben werden und die im Rechtsleben eine herausragende Bedeutung gewonnen haben. Dies stellt von vornherein die Weichen in die Richtung einer
Option zugunsten der Trennungstheorie.

A 18 Die Einheitstheorie schreibt letztlich die Fehleinschätzung des Gesetzgebers zur
arbeitsteiligen Ausformung der Wirtschafts- und Gesellschaftsordnung fort, wenn sie
sich der Möglichkeiten begibt, die Vorschrift des § 675 zum Ausgangs- und Bezugspunkt für ein ausdifferenziertes Geschäftsbesorgungsrecht zu nehmen, in dessen
Mittelpunkt die selbständige und weisungsabhängige Wahrnehmung der Vermögensinteressen eines anderen steht. Nur bei oberflächlicher Betrachtung geht es nämlich
in der Geschäftsbesorgungskontroverse um Umfang und Grenzen der Anwendbarkeit auftragsrechtlicher Vorschriften auf entgeltliche Verträge: Soll ein Arzt Auskunft über Krankheit und Behandlung nach § 666 erteilen müssen? Soll ein
Handwerker, der sich öffentlich durch ein Schild oder Inserat zur Übernahme von
Bestellungen erbietet, der Antwortpflicht des § 663 unterworfen werden? Sollen die
Auskunfts-, Benachrichtigungs- und Rechenschaftspflicht auch bei unselbständiger
Arbeit anwendbar sein? Insoweit könnte man die Geschäftsbesorgungskontroverse
als praktisch unerheblich ansehen, weil ohnehin der Weg zu einer analogen Anwendung auftragsrechtlicher Vorschriften freistehe, wie immer man das Geschäftsbesorgungsverständnis bestimme. Damit aber verstellte man sich den Blick dafür, daß sich
die entgeltliche Geschäftsbesorgung in Form der selbständigen weisungsgebundenen
Wahrnehmung fremder Vermögensinteressen als ein **eigenständiger vertraglicher
Rechtsstrukturtyp** erfassen läßt, der sich von den herkömmlichen Austauschverträgen abhebt. Während die Dienst- und Werkverträge der §§ 611, 631 ff ebenso wie
etwa der Kaufvertrag Koordinationsverträge darstellen, bei denen die Vertragspartner ihre gegenläufigen Eigeninteressen im Tauschakt zu befriedigen suchen, ist die

(entgeltliche) Geschäftsbesorgung als Subordinationsvertrag dadurch gekennzeichnet, daß der eine Vertragspartner primär (als Hauptpflicht) die „fremden" Interessen des anderen für diesen und weisungsabhängig von diesem wahrnimmt und fördert und dadurch erst mittelbar sein eigenes Entgeltinteresse verfolgt (dazu ausführlich unten Rn A 38 ff).

Der Rechtsstrukturtyp des **Subordinationsvertrages**, der durch die Geschäftsbesor- **A 19** gungsformel der Trennungstheorie charakterisiert wird, kann auf der Grundlage der Einheitstheorie schwerlich systematisch als eigenständiges Rechtsinstitut erfaßt und dogmatisch-konstruktiv hinreichend bewältigt werden. Wenn die Rechtswirklichkeit in immer weiteren Bereichen des Vertragsrechts von der einerseits selbständigen, andererseits weisungsabhängigen wirtschaftlichen Tätigkeit in Verfolgung und Wahrung fremder Vermögensinteressen gekennzeichnet ist, dann muß das Vertragsrecht diesen Entwicklungen durch eine entsprechende vertragstypologische Sonderstellung des Geschäftsbesorgungsvertrags und durch seine **wirklichkeitsgerechte normativ-typologische Ausdifferenzierung** Rechnung tragen. Die Einheitstheorie verschließt sich tendenziell den erfolgreichen Bemühungen der Rechtswissenschaft um eine die Entwicklungen der modernen Vertragswirklichkeit normativ aufgreifende und einfangende Differenzierung. Die Vorschrift des § 675 kann heute nicht mehr als eine womöglich entbehrliche, nur technische Verweisungsnorm, als „ein bloßer Annex des Auftragsrechts" und als systematisch zum Dienst- und Werkvertragsrecht gehörig verstanden werden (so aber noch STAUDINGER/WITTMANN[12] § 675 Rn 1). Vielmehr ist sie zu einer vertragstypologischen Generalklausel von zentraler und fundamentaler Bedeutung im Schuldrecht geworden.

Anders als virtuell die Trennungstheorie vollzieht die Einheitstheorie auch kaum **A 20** nach, daß sich der durch die Geschäftsbesorgungsformel beschriebene Verpflichtungsinhalt **auch außerhalb von Dienst- und Werkverträgen** verwirklichen läßt: die Rechtswirklichkeit kennt längst Lizenzverträge oder Werklieferungsverträge, auch Darlehens- oder Verwahrungsverträge, vor allem aber Verträge *sui generis* und gemischttypische Verträge mit mehr oder weniger dominantem geschäftsbesorgungsvertraglichen Element, denen ein sachadäquat differenziertes Geschäftsbesorgungsrecht Rechnung tragen muß. Der auf eine systematische Zugehörigkeit der Geschäftsbesorgung zum Dienst- und Werkvertragsrecht fixierte Blickwinkel der Einheitstheorie droht diese Vertragsgestaltungen aus einer systematischen und dogmatischen Aufbereitung des Geschäftsbesorgungsrechts auszublenden. Durch das enge Geschäftsbesorgungsverständnis der Trennungstheorie im Rahmen des § 675 läßt sich die verfehlte gesetzgeberische Systematik gleichsam dogmatisch doch noch „retten", weil der im Wortlaut der Vorschrift angelegte Keim zu einem eigenständigen Vertragstyp der entgeltlichen Geschäftsbesorgung zur Entfaltung gebracht wird. **Der Trennungstheorie ist daher zu folgen.** Zwar gelangt sie zu einer „unerfreulichen Diskrepanz" (ERMAN/HAUSS vor § 662 Rn 6; ESSER/WEYERS, SchuldR BT § 35 I 1: „systemwidrige Diskrepanz") des Geschäftsbesorgungsverständnisses, nämlich einer Geschäftsbesorgung im weiteren Sinne und einer – für § 675 maßgeblichen – „Geschäftsbesorgung im engeren Sinne" (LARENZ, SchuldR II/1 § 56 V). Doch ist diese Trennung zum einen vom Wortlaut des Gesetzes selbst vorgezeichnet, zum anderen in der **modernen Vertragswirklichkeit** angelegt.

e) Vom Begriff zum Typus

A 21 Der Einheitstheorie ist allerdings zuzugeben, daß auch der Trennungstheorie eine begrifflich scharfe Bestimmung der Geschäftsbesorgung ieS des § 675 und damit eine Abgrenzung des Geschäftsbesorgungs- vom Dienst- bzw Werkvertrag nicht gelungen ist. Die Formel von der selbständigen Tätigkeit wirtschaftlicher Art zur Wahrnehmung fremder Vermögensinteressen hat ungeachtet aller Bemühungen **keine konsentierte begriffliche Konkretisierung** gebracht, die dem Rechtsanwender rundum eindeutige Zuordnungen und Abgrenzungen erlaubte. Schon 1932 hielten DÜRINGER/HACHENBURG/BREIT fest: „Alle Versuche, einen begrifflichen Gegensatz zwischen Geschäftsbesorgung im technischen Sinne und der Übertragung von anderen Dienstleistungen zu schaffen(,) sind vergebens." (HGB-Komm [3. Aufl] § 362 Anm 3) Es gibt bis heute keinen „Begriff" der Geschäftsbesorgung iS des § 675.

A 22 Darauf kommt es indes auch nicht an, weil bereits eine **typologische Erfassung der Geschäftsbesorgung** unter Verzicht auf randscharfe Begrifflichkeit eine hinreichend plausible Grundlage für die Anwendung des § 675 und für die Ausformung eines Vertragsrechts der Geschäftsbesorgung erlaubt. Namentlich LARENZ hat zu verstehen gegeben, daß dem Rechtsanwender statt mit einer erschöpfenden Definition der Geschäftsbesorgung iS des § 675 bereits mit einer anschaulichen Beschreibung von Indizien für die Erfassung des Vertragstyps Geschäftsbesorgung hinreichend gedient sein kann (LARENZ, SchuldR II/1 § 56 V; zustimmend MUSIELAK, Gutachten 1231 f; ERMAN/HAUSS § 675 Rn 1). Das steht in Einklang mit dem üblichen vertragsrechtlichen und vertragstypologischen Konkretisierungsverfahren im besonderen Schuldrecht. Zwar weisen ESSER/WEYERS, SchuldR II § 35 I zu Recht darauf hin, daß das Hauptleistungsprogramm des Geschäftsbesorgers in einer variablen, situationsangepaßten und allgemein nur durch das Treueverhältnis zu umschreibenden Interessenwahrnehmungspflicht besteht (zustimmend auch ERMAN/HAUSS § 675 Rn 1). Auf dieser Grundlage ist es der Rechtslehre und der Rechtsprechung indes gelungen, einen Grundtypus und eine Vielzahl von Untertypen des Geschäftsbesorgungsvertrags mit hinreichender Konturierung und Profilierung für die Lösung von Rechtsanwendungsproblemen auszuprägen. Deshalb bestreitet die Einheitstheorie zu Unrecht, daß es einen „besonderen, inhaltlich bestimmten Typus des entgeltlichen Geschäftsbesorgungsvertrags" gebe (so STAUDINGER/NIPPERDEY[11] § 675 Rn 4). Der Tatbestand der entgeltlichen Geschäftsbesorgung nach § 675 ist im Grunde als ein offener, typologischer und normativer Tatbestand zu verstehen. Die folgenden Merkmale der entgeltlichen Geschäftsbesorgung sind deshalb nicht als randscharf abgrenzbare „Begriffsmerkmale", sondern als **typologische Qualifikationsmerkmale** zu verstehen, denen eine indizielle Bedeutung für die wertungsgetragene Zuordnung zum Vertragstyp der entgeltlichen Geschäftsbesorgung zukommt.

4. Typologische Qualifikationsmerkmale

a) Die Geschäftsbesorgungsformel

A 23 Nach der von der herrschenden Literatur inhaltlich übernommenen, wiewohl oft paraphrasierten „**Geschäftsbesorgungsformel" des BGH** ist die entgeltliche Geschäftsbesorgung dadurch gekennzeichnet, **daß sich der Geschäftsbesorger gegenüber dem Geschäftsherrn dazu verpflichtet, eine selbständige Tätigkeit wirtschaftlicher Art zur Wahrnehmung fremder Vermögensinteressen auszuführen** (BGH DB 1959, 168; BGHZ 45, 223, 228). In dieser Formel kommen **mehrere vertragstypologische Qualifikationsmerk-**

male zum Ausdruck, die in ihrer Summe einen starken **Indizcharakter** für die Einschlägigkeit des geschäftsbesorgungsvertraglichen Regelungsprogramms begründen und zur Abgrenzung von anderen Vertragstypen dienen. Dies vermag freilich erst eine nähere Erläuterung deutlich zu machen.

b) Tätigkeit

Voraussetzung einer (entgeltlichen) Geschäftsbesorgung ist zunächst die Verpflichtung des Vertragspartners zu einer Tätigkeit, die als **aktives Tun** zu verstehen und der ein passives Unterlassen nicht gleichzusetzen ist. Ein bloßes Unterlassen, einfaches Dulden oder schlichtes Gewährenlassen genügt deshalb als geschäftsbesorgerische Tätigkeit nicht. Insoweit ist die Lage bei § 675 keine andere als beim unentgeltlichen Auftrag zur Besorgung eines Geschäfts nach § 662. Die Tätigkeit kann auf **rechtsgeschäftliche, rechtsgeschäftsähnliche oder tatsächliche Handlungen** gerichtet sein. Der Ausdruck „Geschäft" weist nicht etwa auf eine Verengung der möglichen Geschäftsbesorgertätigkeiten auf Rechtshandlungen im engeren Sinne der Rechtsgeschäfte hin. Der Abschluß von Verträgen, die erfüllungs- oder bereicherungsrechtliche Zweckbestimmung einer Leistung oder die verzugsrechtliche Mahnung kommen ebenso als geschäftsbesorgerische Tätigkeiten in Betracht wie die Dereliktion, die Mängelrüge oder die Verbindung, Vermischung und Verarbeitung. Darüber hinaus umfaßt die „Tätigkeit" aber auch solche natürlichen Handlungen, an die die Rechtsordnung keinerlei Privatrechtsfolgen knüpft und die nicht einmal Rechtshandlungen im weiteren Sinne sind. Verrichtungen wie die Kontrolle von Lagerbeständen oder das Einsortieren von Briefmarken in Sammleralben sind ohne weiteres als taugliche Geschäftsbesorgertätigkeiten anzusehen. Vom empirischen Erscheinungsbild her ist der Geschäftsbesorger allerdings typischerweise im rechtsgeschäftlichen Bereich für den Geschäftsherrn tätig. **A 24**

c) Selbständigkeit

Die Tätigkeit des Geschäftsbesorgers muß **selbständig** sein. Dabei bezieht sich das Merkmal der Selbständigkeit aber nicht etwa auf die Verrichtung als solche, so daß etwa rein mechanische Tätigkeiten wie die Bedienung einer Maschine ausgenommen werden müßten. Es kennzeichnet vielmehr die Rechtsbeziehungen zwischen Geschäftsbesorger und Geschäftsherrn dahingehend, daß dem Geschäftsbesorger ein **Ermessens- und Gestaltungsfreiraum** im Überlegen und Handeln gerade gegenüber dem Geschäftsherrn verbleiben muß. Der Dienstverpflichtete oder Werkunternehmer muß als Geschäftsbesorger über einen Handlungsspielraum oder „verantwortlichen Entscheidungsspielraum" verfügen (so STAUDINGER/WITTMANN[12] § 675 Rn 4; zustimmend MUSIELAK, Gutachten 1222). Gemeint ist damit eine **wirtschaftliche, persönliche und sachliche Selbständigkeit** des Geschäftsbesorgers, die ihm ein Macht- und Entscheidungsreservat bei seiner Tätigkeit für den Geschäftsherrn sichert. Er besitzt einen „Spielraum ... im Überlegen und Wollen, im Selbsthandeln wie im Anleiten oder Beaufsichtigen anderer" (so ISELE, Geschäftsbesorgung 103 f). Zu Recht hat das RG festgestellt, daß „Dienste, die keine selbständige Betätigung des Willens und der Überlegung fordern", nicht der Geschäftsbesorgung iS des § 675 unterfallen. **A 25**

Die Selbständigkeit des Geschäftsbesorgers darf freilich nicht als Unabhängigkeit und Ungebundenheit mißverstanden werden. Sie ist **keine absolute Selbständigkeit**, vielmehr eine nur relative, nämlich fremdnützige und gebundene Selbständigkeit; sie steht insgesamt „im Dienste" des Geschäftsherrn und ist an die Wahrung seiner **A 26**

Vermögensinteressen geknüpft. Eine **Weisungsbindung** in einzelnen oder auch grundsätzlichen Belangen (§§ 675, 665) ändert an der geschäftsbesorgerischen Selbständigkeit ebensowenig wie die interessenwahrende Treuepflicht und die daraus fließende Auskunfts-, Benachrichtigungs- und Rechenschaftspflicht. Die Selbständigkeit steht **im Spannungsverhältnis zur Weisungsgebundenheit** und Interessenwahrungspflicht des Geschäftsbesorgers, durch die sie aber nicht stranguliert werden darf. Typischerweise bedient sich der Geschäftsherr des Geschäftsbesorgers nicht zuletzt deshalb, weil er dessen kompetente Selbständigkeit, sachkundige Ermessensausübung und eigenverantwortliche Auswahl von Handlungsalternativen für seine Vermögensinteressen nutzbar machen will. Die geschuldete Tätigkeit wird dem Geschäftsbesorger nicht *en detail* vorgeschrieben, sondern nur rahmenartig nach dem erwarteten Inhalt und/oder Erfolg beschrieben, so daß der Rahmen eigenverantwortlich ausgefüllt zu werden vermag. Der Geschäftsherr beläßt dem Geschäftsbesorger zu allermeist bewußt einen Freiraum.

A 27 Die Betonung der Selbständigkeit des Geschäftsbesorgers allein vermag freilich den Geschäftsbesorgungsvertrag kaum vom Auftrag, vom Dienst- und vom Werkvertrag abzugrenzen, sondern lediglich eine Eingrenzung zu schaffen. Der nach §§ 662 ff Beauftragte kann – worauf schon in den Protokollen hingewiesen wurde (Prot II 352) – bei seiner Tätigkeit sowohl eine selbständige wie eine völlig unselbständige Stellung innehaben. Im Auftragsrecht finden sich dementsprechend Vorschriften, die teils auf beide Tätigkeitsprofile, teils auf selbständige und teils auf unselbständige Tätigkeiten zugeschnitten sind. Hier gehen die eine selbständige Tätigkeit voraussetzenden Vorschriften bei einer *in casu* unselbständigen Tätigkeit des Beauftragten ins Leere und *vice versa*. Die von § 675 in Bezug genommenen Auftragsregeln allerdings **setzen eine selbständige Tätigkeit voraus**. Das gilt insbesondere für § 665 (Abweichen von Weisungen), §§ 666, 667 (Auskunfts-, Rechenschafts- und Herausgabepflicht) sowie § 670 (Maß der erforderlichen Aufwendungen). So gesehen erscheint die Betonung einer selbständigen Tätigkeit des Geschäftsbesorgers als Ableitung aus dem auftragsrechtlichen Rechtsfolgenprogramm des § 675 plausibel; sie reicht aber noch keineswegs zur typologischen Qualifikation der (entgeltlichen) Geschäftsbesorgung aus.

A 28 Das Merkmal der Selbständigkeit markiert auch noch keine ausreichende Grenze zwischen dem **Dienstverpflichteten**, für den allein die §§ 611 ff einschlägig sind, und dem dienstvertraglichen Geschäftsbesorger nach § 675. Ein Dienstverpflichteter kann sowohl selbständig wie unselbständig tätig sein, denn die §§ 611 ff umfassen sowohl „freie" wie „abhängige" Dienstverträge. Der selbständige Dienstverpflichtete wie etwa ein Rechtsanwalt oder ein Wirtschaftsberater führt seine Tätigkeit eigenverantwortlich aus, teilt sich seine Arbeitszeit selbst ein und bestimmt die Art und Weise seiner Tätigkeit selbst; er ist **keinem Direktionsrecht** des Vertragspartners unterworfen und nicht in den Organisationsbereich des Dienstherrn eingebunden. Ist der Dienstverpflichtete selbständig tätig, dann muß er allerdings ungeachtet dieses typologischen Qualifikationsmerkmales nicht notwendig Geschäftsbesorger sein, denn andere typologische Qualifikationsmerkmale der entgeltlichen Geschäftsbesorgung (Wirtschaftlichkeit, Vermögensbezug, Fremdnützigkeit, Interessenwahrungscharakter) können völlig fehlen; auch bei einem Dienstvertrag ohne Geschäftsbesorgungscharakter kann eine selbständige Tätigkeit vorliegen. Bei fehlender Selbständigkeit scheidet dagegen regelmäßig eine Geschäftsbesorgung aus, während ein Dienstvertrag möglich bleibt. Der dem Arbeitsrecht in Ergänzung zu den

§§ 611 ff unterliegende abhängige Dienstverpflichtete (Arbeitnehmer) ist bezüglich der Arbeitszeit und Arbeitsausführung regelmäßig dem Direktionsrecht des Dienstherrn unterworfen, in dessen Organisationsbereich er eingegliedert ist. Mit der Betonung der Selbständigkeit des Geschäftsbesorgers nach § 675 ist mithin jedenfalls klargestellt, daß die Auftragsregeln mangels persönlicher Selbständigkeit des Dienstverpflichteten **nicht auf Arbeitsverhältnisse** anwendbar sind. Dies schließt freilich nicht aus, daß einzelne Vorschriften des Auftragsrechts auf Arbeitsverhältnisse analog zur Anwendung kommen. Die arbeitsgerichtliche Rechtsprechung neigt dazu, auf der Grundlage der geschäftsbesorgungsrechtlichen Einheitstheorie und damit unabhängig von den vertragstypologischen Qualifikationsmerkmalen der Trennungstheorie die in § 675 angeführten auftragsrechtlichen Bestimmungen auf alle Dienst- und Werkverträge entsprechend anzuwenden, wenn sie zu einem angemessenen Ergebnis führen (zB § 670, dazu BAG 12, 24 = NJW 1962, 411, 414 – Großer Senat; § 665, dazu BAG 19, 86 = NJW 1967, 414). Ein Werkunternehmer ist bei der Herstellung des Werkes dagegen ohnehin selbständig und eigenverantwortlich tätig, mag er auch im Einzelfall weisungsgebunden sein (§ 645 Abs 1). Insofern kommt der Betonung der Selbständigkeit des Geschäftsbesorgers keinerlei einschränkende Funktion zu.

d) Wirtschaftlichkeit

Die selbständige Tätigkeit des Geschäftsbesorgers zeichnet sich des weiteren durch **A 29** einen **wirtschaftlichen Charakter** aus. Durch das Merkmal der Wirtschaftlichkeit kann die Tätigkeit des (entgeltlichen) Geschäftsbesorgers gegenüber derjenigen eines bloßen Dienstverpflichteten nach § 611 ff oder bloßen Werkunternehmers nach §§ 631 ff sowie gegenüber derjenigen eines (unentgeltlich) Beauftragten typologisch näher qualifiziert werden, bei denen der wirtschaftliche Charakter der Tätigkeit zwar im Regelfall, aber nicht – wie bei der entgeltlichen Geschäftsbesorgung – praktisch durchweg vorliegt. Mit dem wirtschaftlichen Charakter ist nicht etwa gemeint, daß die geschuldete Tätigkeit einen wirtschaftlichen Wert aufweisen muß; dies ist angesichts ihrer Entgeltlichkeit ohnehin der Fall. Auch reicht der gleichfalls charakteristische Vermögensbezug (su Rn A 31) der Tätigkeit des Geschäftsbesorgers und der damit verbundene wirtschaftliche Effekt für den Geschäftsherrn nicht aus. Keinesfalls darf das Merkmal der Wirtschaftlichkeit – wie dies meist in der Literatur geschieht – als schlichte Wiederholung oder Betonung des Vermögensbezugs angesehen bzw mit dem Vermögensbezug gleichgesetzt werden. Vor allem wird die Tätigkeit speziell wirtschaftlicher Art nicht dadurch entbehrlich, daß man nicht nur einen Vermögensbezug, sondern einen unmittelbaren Vermögensbezug verlangt (so aber wohl MUSIELAK, Gutachten 1224 ff). Der wirtschaftliche Charakter der Geschäftsbesorgertätigkeit ist nicht danach zu beurteilen, ob die Tätigkeit der wirtschaftlichen Interessensphäre des Geschäftsherrn (!) angehört (so aber noch ISAY, Die Geschäftsführung 44 f). Das Qualifikationsmerkmal der Wirtschaftlichkeit zielt schließlich auch nicht auf eine besonders rationelle, kostensparende oder gar effektive und insofern „wirtschaftliche" Tätigkeit.

Vielmehr ist mit dem Erfordernis einer Tätigkeit wirtschaftlicher Art gemeint, daß **A 30** die Tätigkeit des Geschäftsbesorgers **der Art nach dem Bereich des Wirtschaftslebens im weiteren Sinne angehören** muß und nicht in davon (mehr oder weniger) abgehobenen Bereichen wie etwa der Kunst und Musik, der Religion, der Pädagogik, der Wissenschaft oder der Heilkunst angesiedelt sein darf. Die Tätigkeit eines Bildhauers oder Malers, der die Hausfassade verziert, eines Arztes, der die Gesundheit und Arbeitskraft wiederherstellt, eines Fahrlehrers, der auf den Erwerb eines LKW-Führerscheins hin schult, eines Sprachlehrers, dessen Englischunterricht zur Gehaltserhöhung des Schülers führt, oder etwa eines freireligiösen Predigers, der karitative Spenden einwirbt, hat zwar Vermögensbezug für den Geschäftsherrn, gehört aber nicht dem Wirtschaftsleben an. Verträge über das Erteilen von Privatunterricht, über die Erziehung eines Kindes oder über das Vorlesen für einen Blinden sind nicht auf eine Tätigkeit wirtschaftlicher Art gerichtet und jedenfalls deshalb – vom zweifelhaften Vermögensbezug abgesehen – einem Geschäftsbesorgungscharakter unzugänglich.

e) Vermögensbezug

A 31 Die selbständige Tätigkeit des Geschäftsbesorgers bedarf zudem eines **Vermögensbezuges**, genauer: eines Bezuges zum Vermögen des Geschäftsherrn. Diesem Qualifikationsmerkmal, das sich schon aus der Auskunfts-, Rechenschafts- und Herausgabepflicht des Geschäftsbesorgers nach §§ 666 und 667 rechtfertigt, kommt neben dem wirtschaftlichen Charakter der Tätigkeit des Geschäftsbesorgers durchaus eine **eigenständige Bedeutung** zu; zu Unrecht werden gelegentlich der Vermögensbezug und die Wirtschaftlichkeit der Geschäftsbesorgertätigkeit gleichgesetzt (s vorige Rn). Gewiß darf sich der Vermögensbezug nicht darin erschöpfen, daß der Geschäftsherr ein Entgelt für die Tätigkeit entrichten muß. Der Vermögensbezug bezeichnet also nicht den Vermögenswert der Tätigkeit. Vielmehr muß sich die Tätigkeit jenseits ihrer Entgeltlichkeit und zusätzlich zu ihrem wirtschaftlichen Charakter auf das Vermögen des Geschäftsherrn auswirken. Von den selbständigen Verrichtungen des Geschäftsbesorgers muß eine **Einflußnahme auf den Vermögensstatus des Geschäftsherrn** ausgehen. Die Erhaltung und Verwaltung höchstpersönlicher Interessen und Werte des Dienstberechtigten oder des Bestellers, die Förderung und Verfolgung seiner höchstpersönlichen Anliegen und Ziele stellt mangels Vermögensbezugs keine Geschäftsbesorgung dar.

A 32 Nicht notwendig ist dabei, daß das Vermögen des Geschäftsherrn vermehrt oder vermindert werden soll; auch das Halten eines Vermögensbestandes in Abwehr von Bedrohungen ist eine Tätigkeit mit Vermögensbezug. Der Vermögensbezug darf **nicht nur reflexartig, zufällig oder über eine unabsehbare kausale Ereigniskette** nur mittelbar zutage treten. Andererseits braucht die Tätigkeit keineswegs unmittelbar die Verwaltung des Vermögens zum Gegenstand und Inhalt zu haben. Sowohl ein objektbezogenes wie auch ein kausalitätsbezogenes Erfordernis der Unmittelbarkeit des Vermögensbezuges ginge zu weit. Auch bedeutete es eine ungebührliche Einengung, wenn man eine unmittelbare Relevanz der Geschäftsbesorgertätigkeit für das Vermögen des Geschäftsherrn verlangte (so aber MUSIELAK, Gutachten 1224 im Anschluß an CROME, System des deutschen Bürgerlichen Rechts, 2. Band, Recht der Schuldverhältnisse [1902] § 252, S 613). Die geschäftsbesorgerische Tätigkeit muß aber auf eine **nicht nur mittelbare Einflußnahme** auf das Vermögen **angelegt** sein, also nach der Lebenserfahrung in gezielter, gesteuerter und voraussehbarer Weise eine Einwirkung auf das Geschäftsherrnvermögen erwarten lassen.

f) Fremdnützigkeit

A 33 Die Tätigkeit des entgeltlichen Geschäftsbesorgers muß ferner objektiv im fremden Interesse (des Geschäftsherrn) liegen und insofern **objektiv fremdnützig** sein. Dieses Erfordernis kennzeichnet auch die Tätigkeit eines (unentgeltlich) Beauftragten nach

§§ 662 ff und die eines auftragslosen Geschäftsführers nach §§ 667 ff. Wie dort stört auch bei der entgeltlichen Geschäftsbesorgung nicht, daß die Tätigkeit **„auch" im Eigeninteresse** liegt, sofern sie nur im Schwerpunkt im Fremdinteresse liegt (JAUERNIG/ VOLLKOMMER § 675 Rn 2; MUSIELAK, Gutachten 1225).

Enger eingrenzend wird allerdings vom BGH, im Anschluß an die reichsgerichtliche **A 34** Rechtsprechung zur Geschäftsführung ohne Auftrag (RGZ 97, 61, 65 f) sowie zur entgeltlichen Geschäftsbesorgung (RGZ 109, 299, 301), die objektive Fremdnützigkeit der für § 675 typischen Tätigkeit dahingehend charakterisiert, daß für den Aufgabenbereich „ursprünglich der Geschäftsherr selbst zu sorgen hatte, (er) ihm aber durch einen anderen (den Geschäftsbesorger) abgenommen wird" (BGHZ 45, 223, 229; zustimmend ERMAN/HAUSS, Rn 2 zu § 675). Der Geschäftsbesorger müsse „eine bestehende Obliegenheit des Geschäftsherrn wahrzunehmen haben". Dieser Ansatz geht wohl noch auf PLANCK zurück, der eine Geschäftsbesorgung dadurch kennzeichnen wollte, daß der Geschäftsherr an der Vornahme der zu verrichtenden Tätigkeit tatsächlich oder rechtlich gehindert ist (PLANCK, BGB [1./2. Aufl 1900] § 675 Anm 2). Auf dieser Grundlage hat der BGH den Geschäftsbesorgungscharakter eines „planenden" Architektenvertrages verneint, der auf das Erstellen von Entwürfen, Bauzeichnungen und baulichen Berechnungen gerichtet war; erst die Durchführung der vorbereitend erstellten Pläne stelle eine Obliegenheit des Geschäftsherrn dar (BGHZ 45, 223, 229). Zu Recht ist diese Rechtsprechung als wenig plausibel kritisiert worden (su Rn C 48 ff, insbes C 53). In Wirklichkeit kommt es für die Fremdnützigkeit der Geschäftsbesorgung auf eine „ursprüngliche Obliegenheit" des Geschäftsherrn nicht an. Auch **eine „neu geschaffene", erstmalig durch den Geschäftsbesorgungsvertrag wahrgenommene Tätigkeit reicht dafür aus.** Vielfach werden durch Maßnahmen etwa der Vermögensverwaltung, wie den Erwerb eines Mietshauses mit Mitteln des Geschäftsherrn, Aufgabenkreise neu geschaffen, deren Geschäftsbesorgungscharakter geradezu idealtypisch ist.

Wenig geeignet zur Konkretisierung der Fremdnützigkeit ist auch die Unterschei- **A 35** dung zwischen **Leistungen „für" und Leistungen „an"** einen anderen, wobei nur die ersteren Geschäftsbesorgungscharakter aufweisen sollen (so aber noch STAUDINGER/ WITTMANN[12] § 675 Rn 6; JAUERNIG/VOLLKOMMER § 675 Rn 2; FIKENTSCHER, SchuldR [8. Aufl 1992] § 82 II 2). Die Betonung des Tätigwerdens „für" den Begünstigten wird aus dem Wortlaut des § 662 abgeleitet. Danach wird dem Handwerker oder Bauunternehmer, der „an" und nicht „für" den Besteller leiste, von vornherein die Geschäftsbesorgereigenschaft versagt. Diese **eher spielerische Begrifflichkeit** entbehrt inhaltlich als Versuch einer tauglichen Grenzziehung einer hinreichenden Überzeugungskraft; im Grunde sind Leistungen „an" und solche „für" einen anderen in puncto Fremdnützigkeit regelmäßig ununterscheidbar. Ohne weiteres ist etwa ein Dachdecker, der ein undichtes Dach repariert, alte Schäden beseitigt, neuen Schäden vorbeugt und den Wert des Hauses erhöht, auch „für" den Besteller und objektiv fremdnützig tätig, indem er „an" den Besteller leistet. Ebenso erhöht die Reparatur einer Uhr durch den Uhrmacher deren Vermögenswert und liegt im objektiven Fremdinteresse des Bestellers. Daß beide nicht Geschäftsbesorger iS des § 675 sind, muß mit einem anderen Qualifikationsmerkmal der Geschäftsbesorgung, nämlich dem des Interessenwahrungscharakters erklärt werden.

Michael Martinek

§ 675   2. Buch

A 36—A 38   7. Abschnitt. Einzelne Schuldverhältnisse

g)   Interessenwahrungscharakter

A 36 Das wohl wichtigste typologische Qualifikationsmerkmal der entgeltlichen
Geschäftsbesorgung ist der **Interessenwahrungscharakter**, genauer: die die Tätigkeit
des Geschäftsbesorgers tragende und leitende **Wahrnehmung der Vermögensinteressen
des Geschäftsherrn**. Die selbständige Tätigkeit wirtschaftlicher Art hat nicht nur
fremden Vermögensbezug, sondern ist inhaltlich auf die Förderung und Wahrung des
Geschäftsherrninteresses ausgerichtet. Man kann insoweit von **subjektiver** Fremdnützigkeit sprechen. Gemeint ist damit, daß der Geschäftsführer „mit dem ihm
anvertrauten Vermögen treu und gewissenhaft umzugehen" und „im fremden Interesse fürsorglich tätig zu sein" hat (Larenz, SchuldR II/1 [13. Aufl 1986] § 56 I). Der
Interessenwahrungscharakter der Geschäftsbesorgertätigkeit **prägt entscheidend den
Geschäftsbesorgungsvertrag** nach § 675 als einen eigenartigen, von anderen Verträgen
abgehobenen Rechtsstrukturtyp (dazu folgende Rn).

5.   Der Geschäftsbesorgungsvertrag als eigenständiger Rechtsstrukturtyp

a)   Das Grundformen-Paradigma

A 37 Zur näheren Erklärung und zum tieferen Verständnis der eigenständigen und herausragenden Bedeutung des Geschäftsbesorgungsvertrags im System der schuldrechtlichen Vertragstypen ist eine Besinnung auf jene **grundlegenden Interessenstrukturtypen** unerläßlich, welche die Zivilrechtsordnung zur Kennzeichnung rechtlich
relevanter Interessenbeziehungen im rechtsgeschäftlichen Sozial- und Wirtschaftsverkehr sowie als Orientierungsrahmen zur Einordnung der im BGB geregelten
Vertragstypen kennt. Es sind dies die von Franz Beyerle sogenannten „Grundformen persönlicher Verkettung" (Beyerle, Die Treuhand im Grundriß des deutschen Privatrechts [1932] 16 ff) oder von Hans Würdinger sogenannten „Grundtatbestände des
Rechtsverkehrs" (Würdinger, Gesellschaften, 1. Teil: Recht der Personengesellschaften [1937]
9 ff und schon Vorwort, 7). In diese lassen sich alle Vertragsrechtsverhältnisse nach Maßgabe der jeweils verschiedenen Verknüpfung der Parteiinteressen einteilen. Für
diese Einteilung in Grundformen oder Grundtatbestände ist nicht wie bei den „Vertragstypen" der Interessen- und der Leistungsinhalt, sondern auf einer Vorstufe die
Interessen- und Leistungsrichtung maßgeblich. Schon vJhering hat auf solcher
Grundlage **drei Arten rechtsgeschäftlicher Verbindung** unterschieden: „Im Tauschcon-
tract will der Wille das eigene Interesse auf Kosten des fremden (Egoismus), in der
Schenkung das fremde auf Kosten des eigenen (Selbstverleugnung), in der Societas
das eigene im fremden" (vJhering, Der Zweck im Recht, 1. Band [3. Aufl 1893] 214; vgl auch
Crome, Die partiarischen Rechtsgeschäfte [1897] 146 f). Aber erst Beyerle und Würdinger haben einen geschlossenen Entwurf für ein System von Interessenstrukturtypen
rechtsgeschäftlicher Verbindung erarbeitet, die ungeachtet möglicher Mischtypen
„in ihrer Art zugleich erschöpfend" sind (Würdinger, Recht der Personengesellschaften
10 ff). Das Grundformen-Paradigma ist inzwischen in vielfältiger Weise und mit weitreichenden Konsequenzen von der Vertragstheorie dogmatisch fruchtbar gemacht
worden (Rittner, Die Ausschließlichkeitsbindungen in dogmatischer und rechtspolitischer
Betrachtung [1957] 112; Peter Ulmer, Der Vertragshändler [1969] 265; Biedenkopf, Vertragliche
Wettbewerbsbeschränkungen und Wirtschaftsverfassung [1958] 89; Paul NJW 1964, 129 ff, 130;
Martinek, Franchising [1987] 239 ff; ders, Moderne Vertragstypen Bd 2 [1992] 62 ff).

b)   Interessengegensatz, Interessengleichrichtung und Interessenwahrung

A 38 Danach kann zum ersten ein vertragliches Beziehungsverhältnis auf einen **Interessen-**

gegensatz gegründet sein, bei dem jeder Vertragspartner **einen eigenen Vorteil** gegen einen dem anderen gewährten Vorteil erstrebt (*do ut des*). Hier werden die gegenseitigen und gegensätzlichen Interessen im **Leistungsaustauschgeschäft** (Kauf, Tausch, Miete etc) abgestimmt; jeder wahrt seinen Vorteil und schuldet Rücksicht auf den anderen nur insoweit, als Treu und Glauben im Verkehr es erfordern. Der genau umgrenzte Leistungsinhalt und die strenge Sorgfaltspflicht bei der Erfüllung bilden die „Kehrseite dieses rechtmäßigen Eigennutzes"; die Losung lautet hier: *mea res agitur* (BEYERLE, Die Treuhand im Grundriß des deutschen Privatrechts 17).

Diesen Verhältnissen des Interessengegensatzes oder Austauschverhältnissen stehen **A 39** als zweiter „Grundtatbestand" die Gemeinschaftsverhältnisse gegenüber, die sich durch eine **Interessenverbindung** oder **Interessengleichrichtung** der Parteien auszeichnen, deren primäre Folge eine gesteigerte „gesellschaftsrechtsrechtliche" Treuepflicht ist. „Fremdes und eigenes Interesse erscheinen in dieser Form als eins; wer das seinige fördert, fördert das fremde und umgekehrt." (vJHERING, Der Zweck im Recht, 1. Band 218) Hier steht man zusammen, nicht sich gegenüber; die Losung lautet: *nostra, ergo et mea res agitur* (BEYERLE, Die Treuhand im Grundriß des deutschen Privatrechts 18).

Zwischen Interessengegensatz und Interessengleichrichtung steht als eigenständige **A 40** dritte Grundform der Tatbestand der **Interessenwahrung**, der durch eine Unterordnung der Interessen der einen Partei unter die der anderen und durch eine im Verhältnis zu Austauschgeschäften gesteigerte Treuepflicht beider Parteien gekennzeichnet ist. Die Losung lautet hier: *tua res a me quasi mea agitur* (BEYERLE, Die Treuhand im Grundriß des deutschen Privatrechts 19). Hier haben der Auftrag, die Geschäftsbesorgung und die Treuhand ihren Platz. Der Geschäftsbesorger ist bei der Interessenwahrung in einer Weise tätig, in der es der Geschäftsherr sein müßte (BEYERLE, Die Treuhand im Grundriß des deutschen Privatrechts 18). Er ist am Erfolg seines Handelns **nicht unmittelbar beteiligt**, denn ein Gewinn des Geschäftsherrn ist nicht notwendig und stets ein Gewinn des Geschäftsbesorgers (wie bei der Interessengleichrichtung), noch ist der Gewinn des Geschäftsherrn jemals der Verlust des Geschäftsbesorgers (wie beim Interessengegensatz). Die aus dieser Interessenkonstellation entspringenden typischen Rechte und Pflichten sind vor allem „Zurückstellung der eigenen Belange des Geschäftsführers hinter die Interessen des Auftraggebers, Befolgung der Weisungen des Geschäftsherrn" (WÜRDINGER, Recht der Personengesellschaften 11). In der gemeinrechtlichen Lehre wurde diese rechtsgeschäftliche Interessenkonstellation teilweise mit unter dem Begriff der *contractus bilaterales inaequales* erfaßt, der sich nicht allein auf unvollkommen zweiseitige Verträge im heutigen technischen Sinne bezog.

In der jüngeren Doktrin zu den rechtsgeschäftlichen Interessenstrukturtypen (MAR- **A 41** TINEK, Franchising [1987] 239 ff; ders, Moderne Vertragstypen Bd 2 [1992] 62 ff) werden die Verhältnisse des Interessengegensatzes, der gegenläufigen Belangwahrung, der Austauschgeschäfte oder der Tauschhand als **Koordinationsverträge** bezeichnet. Die Verhältnisse der Interessengemeinschaft, -gleichrichtung, -verbindung, der gleichläufig-eigennützigen Belangwahrung, der Gesellschaft werden davon als **Koalitionsverträge** (bei Zweigliedrigkeit) oder als **Konföderationsverträge** (bei Mehrgliedrigkeit) abgehoben. Die Verhältnisse der weisungsgebundenen Interessenwahrung, der fremdnützigen Belangwahrung, des Auftrags, der Geschäftsbesorgung und Treuhand werden **Subordinationsverträge** genannt.

c) Der Geschäftsbesorgungsvertrag als Subordinationsvertrag

A 42 Im Lichte des Grundformen-Paradigmas wird der Geschäftsbesorgungsvertrag als ein eigenständiger Rechtsstrukturtypus, als Subordinationsvertrag, mit seinen Besonderheiten deutlich. Bei den Verhältnissen des Interessengegensatzes, den Koordinationsverträgen, bilden die wirtschaftlichen Interessen der Parteien regelmäßig **nur das Motiv** für ihre den Vertrag konstituierenden Willenserklärungen, sie werden aber nicht zu rechtlichen Interessen. Der wirtschaftliche Motivzusammenhang findet rechtlich seinen Ausdruck in dem Grundsatz der genetischen und funktionellen Abhängigkeit der beiderseitigen, „gegenseitigen" Leistungen. Bei den Verhältnissen der Interessenverbindungen, den Koalitions- oder Konföderationsverträgen, werden die wirtschaftlichen Interessen beider bzw aller Parteien Inhalt des Vertrages und damit (gemeinsames) rechtliches Interesse. Bei den Interessenwahrungsverhältnissen, den Subordinationsverträgen, werden nur die wirtschaftlichen Interessen der **einen** Partei, des Geschäftsherrn, **Inhalt des Vertrages** und damit **rechtliches Interesse**, während die des Geschäftsbesorgers nur Motiv bleiben. Zwar wird der Subordinationsvertrag in erster Linie durch den unentgeltlichen Auftrag der §§ 662 ff repräsentiert, doch ist die Unentgeltlichkeit keineswegs notwendige Bedingung für einen Subordinationsvertrag. Die Entgeltlichkeit ändert nichts an der interessenstrukturtypologischen Qualifikation auch des Geschäftsbesorgungsvertrages nach § 675 als Subordinationsvertrag, mag auch aufgrund der Entgeltlichkeit der Geschäftsbesorgertätigkeit ein austauschvertragliches Element mitspielen. Gewiß stehen die Zahlung des Entgelts durch den Geschäftsherrn und die Dienste des Geschäftsbesorgers im Synallagma, doch weist das *mandatum mea et tua gratia* gegenüber Koordinationsverträgen die Besonderheit auf, daß nicht jeder Vertragsteil primär seinen Vorteil wahrt und Rücksicht auf den anderen nur nach Treu und Glauben im üblichen Verkehr schuldet (*mea res agitur*). Vielmehr ist der Geschäftsbesorger, wenn auch gegen Entgelt, **zuerst zur Wahrung bzw Förderung fremder Interessen**, notfalls unter Hintanstellung konfligierender Eigeninteressen, verpflichtet, von der er nur mittelbar profitiert (*tua res a me quasi mea agitur*). Die Interessenwahrung bleibt auch bei Entgeltlichkeit doch der Kategorie der *contractus bilaterales inaequales* verbunden. Gewiß ist der Geschäftsbesorgungsvertrag des § 675 ein gegenseitiger, synallagmatischer Vertrag, bei dem die Leistungen des Geschäftsbesorgers im Gegenseitigkeitsverhältnis zur Entgeltzahlung des Geschäftsherrn stehen (MünchKomm/EMMERICH vor § 320 Rn 12). Auch der Gesellschaftsvertrag des § 705 ist bei Zwei- wie bei Mehrgliedrigkeit ein synallagmatischer, aber kein Austauschvertrag (vgl nur SOERGEL/WIEDEMANN vor § 320 Rn 5, 23). Der Gegenseitigkeitscharakter (Synallagma) beherrscht den Koordinations-, den Koalitions-/Konföderations- und auch den Subordinationsvertrag, doch macht er Gesellschafts- und Geschäftsbesorgungsverträge nicht zu Austauschverträgen. Das idealtypisch an den Austauschvertrag geknüpfte Synallagma ist beim Geschäftsbesorgungsvertrag als Subordinationsvertrag (in anderer Weise auch beim Gesellschaftsvertrag als Koordinations-/Konföderationsvertrag) geschwächt. Deshalb gehört der Geschäftsbesorgungsvertrag des § 675 nicht zu den „normalen, gegenseitigen Verträgen" (so aber MünchKomm/EMMERICH vor § 320 Rn 12). Der Mandatar ordnet sich dem Mandanten als dessen **interessenwahrender und weisungsgebundener Repräsentant** unter, wenn auch gegen Entgelt. Der Austausch wird von der **Asymmetrie der Interessenunterordnung** überlagert; **das Synallagma „hinkt".**

Dieser Einordnung trägt das BGB in § 675 Rechnung, wenn trotz der Entgeltlichkeit **A 43** des Geschäftsbesorgungsvertrages die Vorschriften des unentgeltlichen Auftrages, §§ 663, 665 bis 670, 672 bis 674, für anwendbar erklärt werden. Für den entgeltlichen Geschäftsbesorgungsvertrag kommt damit praktisch das gesamte auftragsrechtliche Regelungsprogramm zum Einsatz, obwohl es auf ein unentgeltliches, nicht-synallagmatisches Vertragsverhältnis zugeschnitten ist; die **Entgeltlichkeit** der Geschäftsbesorgung wird damit **als zweitrangig apostrophiert** und der Zuständigkeit des ordinären Dienst- und Werkvertragsrechts überlassen. Sein Gepräge erhält der Geschäftsbesorgungswerk- oder -dienstvertrag jedenfalls durch das Auftragsrecht, mit dessen Regelungsprogramm das dienst- oder werkvertragliche Synallagma eine Schlagseite erhält. Seit Jahrhunderten schwingt im Geschäftsbesorgungsrecht die Komponente der vom *do ut des*-Prinzip abweichenden Interessenunterordnung des Mandatars unter die Interessen des Mandanten (*mandatum mea gratia*) oder unter diejenigen eines Dritten (*mandatum aliena gratia*) mit. Bei Zulässigkeit eines Mandats im Interesse sowohl des Mandanten wie des Mandatars (*mandatum mea et tua gratia*) war doch ein Mandat allein im Interesse des Mandatars (*mandatum tua tantum gratia*) von vornherein *„supervacuum"* (ZIMMERMANN, The Law of Obligations [1990] Chapt 35, p 421 f); die Begründung hat bereits GAIUS gegeben: *„Quod . . . tu tua gratia facturus sis, id de tua sententia, non ex meo mandatu, facere debes"* (GAIUS III 156). Vielleicht fördert die historische Rechtsvergleichung bei einer gelegentlichen dogmengeschichtlichen Überprüfung zutage, daß die jahrhundertelangen Bewältigungsschwierigkeiten des entgeltlichen Mandats in Abgrenzung zum Dienst- und Werkvertrag nicht zuletzt in jenem „hinkenden" Synallagma begründet liegen, das die weisungsgebundene fremdnützige Interessenwahrung – auch bei Entgeltlichkeit – in das Vertragsverhältnis hineinträgt.

Die **juristisch-heuristische Fruchtbarkeit** des Grundformen-Paradigmas und der Ein- **A 44** ordnung des Geschäftsbesorgungsvertrages als Subordinationsvertrag reicht allerdings über die Erklärung und das Verständnis der Rechtsfolgeanordnung des § 675 hinaus. Genau genommen werden nicht nur weite Teile der vertragsrechtlichen Dogmatik des Geschäftsbesorgungsrechts, sondern auch die öffentlich-rechtlichen, aufsichtsrechtlichen und standesrechtlichen Überlagerungen vieler traditioneller Geschäftsbesorgungsverträge (etwa der Bank-, der Architekten- oder der Rechtsanwaltsverträge) sowie die rechtspolitischen Ordnungsaufgaben im modernen Geschäftsbesorgungsrecht etwa der Kreditkarten- oder der Franchiseverträge erst durch die Figur des Subordinationsvertrages verständlich. Die **vertragsimmanente Richtigkeitsgewähr** des synallagmatischen Austauschverhältnisses der sich koordinierenden Interessengegensätzlichkeit und der gegenläufigen Belangwahrung, wie sie den idealtypischen Kauf kennzeichnet, ist beim Geschäftsbesorgungsvertrag **nicht von vornherein und nicht in vollem Umfang gegeben**. Denn der Geschäftsbesorgungsvertrag ist durch eine **asymmetrische Interessenkonstellation** gekennzeichnet, die erst mehrstufig zum beiderseitigen Interessenausgleich führen kann; der Geschäftsbesorger befriedigt seine Interessen erst mittelbar, indem er unmittelbar diejenigen des Geschäftsherrn befriedigt. Mit dieser Interessenasymmetrie ist zwar nicht notwendig ein wirtschaftliches Machtungleichgewicht zwischen den Parteien verknüpft. Vor allem bedeutet die Interessensubordination des Geschäftsbesorgers keineswegs

Michael Martinek

automatisch ein wirtschaftliches Machtgefälle zu seinen Ungunsten. Vielmehr kann die wirtschaftliche Macht bei Geschäftsbesorgungsverträgen nicht anders als bei Kaufverträgen je nach den Verhältnissen der Parteien und des Marktes sowohl ausgeglichen sein als auch ein Übergewicht auf der Seite dieser oder jener Partei aufweisen. So mag bei Handelsvertreterverträgen im Regelfall der Unternehmer als Geschäftsherr, bei Bankverträgen häufig die Bank als Geschäftsbesorgerin die wirtschaftlich überlegene Partei sein, während etwa zwischen einem Werbemittler als Geschäftsbesorger und einem Werbetreibenden als Geschäftsherr oft ein wirtschaftlich ausgewogenes Machtverhältnis bestehen wird. Entscheidend aber ist, daß die **asymmetrische Interessenkonstellation** eines Subordinationsvertrages **im Falle eines Machtungleichgewichts** der Parteien von vornherein **nur in vergleichsweise schwächerem Maße zu einem Interessenausgleich** der Parteien mit **vertragsimmanenter Richtigkeitsgewähr, tendenziellem Gerechtigkeitsgehalt und virtueller marktwirtschaftlicher Ergebnisrichtigkeit zu führen vermag**; es fehlt die Unmittelbarkeit einer Koordination komplementärer Interessen.

A 45 So erklärt sich der für den Rechtsstrukturtypus des Geschäftsbesorgungsvertrages gegenüber den Austauschverträgen von vornherein **erhöhte rechtliche Regelungs- und Interventionsbedarf**. Namentlich die herausragende Bedeutung von Treu und Glauben für die in einem Interessenwahrungsverhältnis verbundenen Parteien findet zum Gutteil in der geschilderten asymmetrischen Interessenkonstellation des *mandatum* ihre Erklärung, das für den Geschäftsbesorger immer primär ein *mandatum tua gratia* und nur sekundär ein *mandatum mea gratia* ist. Die Ausgestaltung etwa des Handelsvertreterrechts mit seinen zahlreichen **zwingenden Schutzvorschriften** zugunsten des interessenwahrenden Geschäftsbesorgers wird erst dadurch verständlich, daß die vertraglichen Richtigkeitskontrollen von subordinativen Geschäftsbesorgungsverträgen gegenüber denen von koordinativen Austauschverträgen nur eingeschränkt funktionieren. Auch die als Geschäftsbesorger tätigen Franchisenehmer oder Just-in-time-Zulieferer werden von der Rechtsordnung mittels des Grundsatzes von Treu und Glauben in ihrem interessenstrukturell asymmetrischen Vertragsverhältnis geschützt, soweit der Regelungsbedarf nicht durch die analoge Anwendung spezieller Schutzvorschriften (etwa des Handelsvertreterrechts auf das Franchising) gedeckt wird. In anderen Bereichen des Geschäftsbesorgungsrechts – mit einem umgekehrten Machtgefälle zu Ungunsten des Geschäftsherrn – bedarf es zur Kompensation der verminderten Richtigkeitsgewähr privatautonomer Vertragsbeziehungen und zur Ergänzung der eingeschränkten Ordnungsleistungen des Marktes gewisser **vertragsunabhängiger Verhaltenspflichten** und **aufsichtsrechtlicher Leistungs- und Preiskontrollen** der Geschäftsbesorger. Das reicht von Gebühren- und Honorarordnungen etwa für Rechtsanwälte und Architekten über kammer- und verbandsinterne Zulassungs- und Verhaltenskontrollen für einzelne Berufsfelder bis zu einem rigiden aufsichtsrechtlichen Instrumentarium staatlicher Instanzen etwa gegenüber der Kreditwirtschaft. Die Ursachen liegen zu allermeist darin, daß sich der Geschäftsbesorger aufgrund seiner fachlichen Kompetenz für den Geschäftsherrn tendenziell unentbehrlich, unkontrollierbar und jedenfalls nur schwer substituierbar gemacht hat, so daß der Geschäftsherr in Abhängigkeit vom Geschäftsbesorger mit seinem Entscheidungsspielraum bei der selbständigen Interessenwahrung gerät. Auch dies führt im asymmetrisch strukturierten Interessenwahrungsverhältnis zu einer Einbuße der selbsttätigen Richtigkeitskontrollen vertraglicher Übereinkünfte, weil die Beurteilungsmöglichkeiten des wenig kompetenten Vertragspartners hinsichtlich des Leistungsverhaltens des sach- und fachkundigen Geschäftsbesorgers reduziert und damit seine Leistungs- und Preisverhandlungsposition und seine Ausweichmöglichkeit auf andere Anbieter eingeschränkt sind.

d) Typologische Ausdifferenzierungsversuche

Zwar kann der Typus des Geschäftsbesorgungsvertrages in **zahlreiche einzelne Unter-** A 46 **typen** selbständiger Bedeutung untergliedert werden: Rechtsanwaltsverträge, Steuerberaterverträge, Handelsvertreterverträge, bankrechtliche Geschäftsbesorgungsverträge mit ihren Unterformen, Baubetreuungsverträge im weiteren und im engeren Sinn, Reisevermittlungsverträge, Vermögensverwaltungsverträge usw. Solche Bildung von Untertypen, die sich am jeweils spezifischen Tätigkeitsprofil des Geschäftsbesorgers orientiert, hat zwar ihre Berechtigung, weil mit jedem Untertyp spezifische Rechtsfragen und Regelungsprogramme verbunden sind; der Besondere Teil des Geschäftsbesorgungsrechts stellt sich mithin als das Recht dieser geschäftsbesorgungsvertraglichen Untertypen dar. Indes läßt sich aus einer solchen branchenspezifischen Betrachtungsweise kaum ein System der Untertypen des Geschäftsbesorgungsvertrages ausformen; der Katalog der Einzelverträge bleibt enumerativ. Auch bringt die Rechtswirklichkeit ständig neue Einzelverträge geschäftsbesorgungsvertraglicher Rechtsnatur hervor, die aufgrund ihrer empirischen Häufigkeit und Gleichförmigkeit bald „typisch" werden können. Erfolglos sind bislang Versuche geblieben, den Typus des Geschäftsbesorgungsvertrages systematisch typologisch auszudifferenzieren.

MUSIELAK, Gutachten 1308 f, unterscheidet nur verschiedene „Fallgruppen" der A 47 Geschäftsbesorgung: *erstens* die Fälle, in denen der Geschäftsbesorger für Rechnung des Geschäftsherrn in eigenem oder in dessen Namen ein Recht zu erwerben hat (zB Kommissionsgeschäft, Handelsvertretervertrag); *zweitens* die Fälle, in denen der Geschäftsbesorger Rechte des Geschäftsherrn gegenüber Dritten wahrzunehmen hat (Rechtsanwaltsvertrag); *drittens* die Fälle, in denen dem Geschäftsbesorger vom Geschäftsherrn ein Recht zur Ausübung in dessen Interesse übertragen wird (Inkassozession und andere Fälle der echten Treuhand); *viertens* die Fälle, in denen der Geschäftsbesorger seine Sachkunde zur Beratung oder zur Unterstützung des Geschäftsherrn bei dessen Wahrnehmung von Vermögensinteressen einzusetzen hat (Anlageberatung, Baubetreuung, Architektenvertrag). MUSIELAK weist indes selbst darauf hin, daß diese vier Grundformen **kombinierbar** sind und auch in der Praxis häufig kombiniert werden. Im übrigen spielt das Geschäftsbesorgungsrecht eine zunehmende Rolle für eine Reihe von Verträgen, die sich einem der austauschvertraglichen Typen des BGB außerhalb des Dienst- und Werkvertragsrechts zuordnen lassen oder sich als Mischformen gesetzlich geregelter Vertragstypen darstellen, bei denen aber ein ausgeprägtes geschäftsbesorgungsvertragliches Element auszumachen ist. Es geht um sämtliche Verträge, bei denen nicht nur einzelne Treuepflichten die Hauptpflichten begleiten, sondern „ein ganzer, wohldefinierter Fürsorgebereich" hinzutritt (ESSER/WEYERS, SchuldR BT § 35, 1). Der Rechtsstrukturtypus des Geschäftsbesorgungsvertrages läßt mithin zwar die sinnvolle Bildung einzelner Untertypen zu (hieran orientiert sich auch die Darstellung des Besonderen Teils des Geschäftsbesorgungsvertragsrechts, unten B – E), doch lassen sich diese Untertypen **kaum zu einem geschlossenen System** zusammenfügen.

6.   Geschäftsbesorgung und Vollmacht

a)   Abstraktheit

A 48 Die Geschäftsbesorgung darf, auch wo die Tätigkeit des Geschäftsbesorgers auf Rechtshandlungen für den Geschäftsherrn gerichtet ist, nicht mit der Vollmacht als rechtsgeschäftlich erteilter Vertretungsmacht bei Rechtsgeschäften verwechselt oder vermengt werden. Anders als die meisten ausländischen Rechtsordnungen (su Rn 101 ff) behandelt das deutsche Privatrecht die **rechtsgeschäftliche Vollmacht** nach §§ 164 ff **strikt getrennt vom unentgeltlichen Auftrag und von der entgeltlichen Geschäftsbesorgung.** Das preußische Allgemeine Landrecht von 1794 hatte demgegenüber noch Vollmacht und Auftrag miteinander verkoppelt und ausdrücklich bestimmt: „Die Willenserklärung, wodurch Einer dem Anderen das Recht erteilt, ein Geschäft für ihn statt seiner zu betreiben, wird Auftrag oder Vollmacht genannt." (I Tit 13 § 85) Unter dem Eindruck einer regelmäßigen Verbindung von Vollmachtseinräumung und Tätigkeitsvertrag stehen heute noch die naturrechtlichen Kodifikationen des *code civil* Frankreichs (su Rn 103, 127 ff) und des ABGB Österreichs (su Rn 103, 119 ff). Es gehört zu den herausragenden Leistungen der deutschen Rechtswissenschaft und zu den bedeutendsten Eigentümlichkeiten des deutschen Privatrechts, daß sich die von vJHERING und LABAND in der zweiten Hälfte des 19. Jahrhunderts entwickelte Lehre durchgesetzt hat, wonach Vollmachtserteilung und zugrundeliegendes Rechtsverhältnis nicht nur begrifflich getrennt, sondern in ihrem rechtlichen Schicksal als voneinander unabhängig verstanden und behandelt werden (MÜLLER-FREIENFELS, Die Vertretung beim Rechtsgeschäft [1955] 2 ff; ders, Stellvertretungsregelungen in Einheit und Vielfalt [1982] 60 ff; ISOMURA, in: D NÖRR/S NISHIMURA, Mandatum und Verwandtes [1993] 307 ff). Dem trägt das BGB Rechnung. Der Geschäftsbesorgungsvertrag des § 675 regelt allein das schuldvertragliche Rechts- und Pflichtenverhältnis zwischen dem Geschäftsherrn und dem Geschäftsbesorger und bestimmt insbesondere, welche Interessen der Geschäftsbesorger in welcher Weise und gegebenenfalls mit welchem Ergebnis für den Geschäftsherrn wahrnehmen muß. Damit kann zwar die Befugnis verbunden sein, im Namen des Geschäftsherrn Rechtsgeschäfte abzuschließen und diesen damit zu berechtigen und zu verpflichten. Diese Vollmacht als rechtsgeschäftlich erteilte Stellvertretungsmacht (einseitiges Rechtsgeschäft) bei Rechtsgeschäften nach §§ 164 ff betrifft aber das **Außenverhältnis** der Parteien gegenüber Dritten und ist grundsätzlich gegenüber dem zugrundeliegenden schuldrechtlichen **Innenverhältnis** abstrakt: nach Beginn, Dauer und Umfang ist die Vollmacht dogmatisch-konstruktiv unabhängig vom zugrundeliegenden Kausalverhältnis, wenn sie auch praktisch mit ihm – wie §§ 168, 169 anerkennen – eng verbunden ist.

b)   Konsequenzen

A 49 Die **konstruktive Unabhängigkeit des Außenverhältnisses** führt vor allem dazu, daß sich die Wirksamkeit von Schuldverträgen (§§ 104 ff, 145 ff, 241 ff), die der Geschäftsbesorger im Namen des Geschäftsherrn tätigt, allein nach deren Voraussetzungen und nach denen des Außenverhältnisses (§ 164 ff), nicht aber nach seiner internen Pflichtenstellung bemißt. Entsprechendes gilt für die Wirksamkeit rechtsgeschäftlicher Verfügungen des Geschäftsbesorgers (§§ 929 ff, 398 ff, 873 ff usw). Bei einer Treuwidrigkeit im Innenverhältnis, etwa einer Kompetenzüberschreitung kann der Geschäftsherr nur einen Schadensersatzanspruch gegen den Geschäftsbesorger geltend machen, soweit er nicht in Kollisionsfällen, etwa durch die Grundsätze zum Mißbrauch der Vertretungsmacht, geschützt ist.

Nicht nur die **Erteilung** und der **Umfang**, sondern auch die **Beendigung der Vollmacht** **A 50** ist von der des Geschäftsbesorgungsverhältnisses **grundsätzlich unabhängig**, auch wenn die Abstraktion ausweislich der §§ 672 S 2, 673, 674, 169 S 1 **weniger strikt** durchgeführt ist. Insbesondere kann eine Vollmacht des Geschäftsbesorgers vom Geschäftsherrn widerrufen oder nicht verlängert werden, während das Geschäftsbesorgungsverhältnis weiteren Bestand hat; der Geschäftsbesorger mag sogar einen Anspruch auf Vollmachtserteilung haben, so daß sich der Widerruf oder die Nichtverlängerung als Pflichtverletzung des Geschäftsherrn darstellt. Auch kann umgekehrt das Geschäftsbesorgungsverhältnis enden, die Vollmacht aber weiterhin Bestand haben, so daß der Geschäftsbesorger unter Ausnutzung seines rechtlichen Könnens (im Außenverhältnis), wenn auch unter Überschreitung seines rechtlichen Dürfens (im Innenverhältnis), noch mit Wirkung für und gegen den Geschäftsherrn handelt, soweit dem nicht die Sonderregeln der §§ 674 und 169 entgegenstehen; allerdings macht sich der Geschäftsbesorger bei solcher Pflichtverletzung schadensersatzpflichtig.

c) Mittelbare Stellvertretung

Der Geschäftsbesorger kann nicht nur rechtsgeschäftlich im fremden Namen für den **A 51** Geschäftsherrn handeln (oder sich außerhalb jeder rechtsgeschäftlichen und rechtsgeschäftsähnlichen Tätigkeit auf rein tatsächliche Handlungen wie eine Fürsorge- oder eine Bautätigkeit beschränken). Er kann auch bei Rechtsgeschäften **im eigenen Namen handeln** und nur im Innenverhältnis zum Geschäftsherrn zur Übertragung der Wirkungen seines Handelns verpflichtet sein (indirekte Stellvertretung). Dies ist etwa regelmäßig bei solchen Geschäftsbesorgungsverhältnissen der Fall, die ein **kommissionsartiges Treuhandverhältnis** begründen. Erwirbt der Geschäftsbesorger als indirekter Stellvertreter Rechte gegen Dritte, so stehen sie grundsätzlich allein ihm selbst zu. Eine wichtige Ausnahme hiervon findet sich in der kommissionsrechtlichen Regelung des § 392 Abs 2 HGB, wonach Forderungen aus einem vom Kommissionär abgeschlossenen Geschäft im Verhältnis zwischen diesem und seinen Gläubigern einerseits und dem Kommittenten andererseits als Forderungen des Kommittenten gelten. Die Ausnahme ist allerdings eng gefaßt. Denn bei einem Forderungseinzug durch den Kommissionär fällt das von dem Dritten an diesen Geleistete in dessen Vermögen und ist dem Vollstreckungszugriff der Kommissionärsgläubiger ohne Widerspruchsmöglichkeit des Kommittenten ausgesetzt, obwohl das Geleistete wirtschaftlich zum Vermögen des Kommittenten gehört und vertragliche Herausgabeansprüche bestehen. Insoweit ist die Lage keine andere als bei einem Rechtserwerb durch einen im eigenen Namen, in unmittelbarer Stellvertretung für Rechnung des Geschäftsherrn erwerbenden Geschäftsbesorger. Hier wie dort steht dem Geschäftsherrn **kein konkursrechtliches Aussonderungsrecht** (§ 43 KO) und **keine einzelzwangsvollstreckungsrechtliche Drittwiderspruchsklage** (§ 771 ZPO) zu, sofern sich nicht aus Treuhandgrundsätzen etwas anderes ergibt.

7. Geschäftsbesorgung und Treuhand

Der Geschäftsbesorgungsvertrag ist eng mit der Rechtsfigur der Treuhand verbun- **A 52** den, denn Geschäftsbesorgungsverhältnisse begründen oft zugleich Treuhandverhältnisse und *vice versa*. Das deutsche Gesetzesrecht kennt zwar keine allgemeine Regelung der Treuhandverhältnisse, doch hat sich in Rechtsprechung und Literatur ein dogmatisch **verfestigtes Treuhandrecht** entwickelt. Während der Geschäftsbesorgungsvertrag das schuldrechtliche Innenverhältnis der Parteien regelt und für die Rechtsmacht des Geschäftsbesorgers im Außenverhältnis bei Verfügungsgeschäften seine dingliche Rechtsinhaberschaft oder seine Ermächtigung bzw Bevollmächtigung bestimmend sind, bringt die Rechtsfigur der Treuhand das Innen- und das Außenverhältnis miteinander in eine Sinnbeziehung, die an das **Dürfen (nach außen)** und an das **Können (nach innen)** des Geschäftsbesorgers anknüpft. Die Treuhand ist dadurch gekennzeichnet, daß der Treuhänder in seiner Rechtsstellung nach außen gegenüber Dritten schuldrechtlichen Beschränkungen zum Treugeber im Innenverhältnis unterliegt. **Seine Rechtsmacht im Außenverhältnis ist im Innenverhältnis gebunden**, so daß er kraft seiner Rechtsstellung nach außen mehr tun „kann" als er kraft seiner Treuebindung im Innenverhältnis tun „darf". Das rechtliche Können übersteigt das rechtliche Dürfen. Das schuldrechtliche Innenverhältnis des entgeltlich tätigen Treuhänders ist regelmäßig als Geschäftsbesorgungsvertrag zu erfassen. Umgekehrt ist vielen Geschäftsbesorgungsverhältnissen eine fiduziarische Treuebindung des Geschäftsbesorgers eigen. Denn immer übt der Treuhänder gegenüber Dritten die Rechte in eigener Rechtszuständigkeit und in eigenem Namen aus, aber nicht – jedenfalls nicht ausschließlich – in eigenem, sondern im fremden Interesse (RGZ 127, 344; BGHZ 11, 37; BGHZ 17, 140; 19, 67). Und umgekehrt wird der im fremden Interesse tätige und weisungsgebundene Geschäftsbesorger oft mit einer nach außen unbeschränkten Vollrechtsposition ausgestattet. Seine im Geschäftsbesorgungsvertrag konkretisierte schuldrechtliche Interessenbindung bewirkt dann das **treuhandtypische Minus** im Verhältnis zu seiner sachenrechtlichen Rechtsmacht (überschießende Außentendenz).

A 53 Man unterscheidet einmal die **echte (eigentliche)** und die **unechte (uneigentliche) Treuhand**, auch Treuhand im engeren und im weiteren Sinne. Nur die echten („eigentlichen") Treuhandverhältnisse, bei denen wie bei der römischen *fiducia* der Treugeber unmittelbar das Treugut an den Treuhänder überträgt (sog **Unmittelbarkeitsprinzip**), gewähren im Konkurs ein Aussonderungsrecht. Alle anderen Treuhandverhältnisse im weiteren Sinne unterstehen zwar im allgemeinen dem Treuhandrecht, begründen jedoch kein Aussonderungsrecht. Des weiteren unterscheidet man die **(uneigennützige) Verwaltungstreuhand** von der **(eigennützigen) Sicherungstreuhand**. Für die erstere ist die Inkassozession, für die letztere die Sicherungsübereignung oder -abtretung kennzeichnend. Beide sind aber „echte", „eigentliche" Treuhandverhältnisse. Die **treuhandrechtliche Eigennützigkeit** betrifft nur den Zweck der Vollrechtsübertragung, die in erster Linie den Interessen des Treuhänders selbst dient. Die uneigennützige Treuhand soll den Interessen des Treugebers, dritter Personen oder objektiven Zwecken dienen. Dabei kann ein Formwechsel stattfinden: so wird die Sicherungstreuhand nach Zahlung der gesicherten Forderung zur Verwaltungstreuhand.

A 54 Die Unterscheidungen zwischen echter und unechter oder zwischen uneigennütziger Verwaltungstreuhand und eigennütziger Sicherungstreuhand dürfen keineswegs mit der zwischen **unentgeltlicher und entgeltlicher Treuhand** gleichgesetzt werden, mögen sich unentgeltliche und uneigennützige Treuhand einerseits, entgeltliche und eigennützige Treuhand andererseits auch weitgehend überschneiden. Insbesondere kann die entgeltliche Treuhand sowohl uneigennützige wie eigennützige Treuhand sein. Nicht nur bei der entgeltlichen uneigennützigen, sondern auch bei der entgeltlichen eigennützigen Treuhand stellt sich das Innenverhältnis zwischen Treugeber und Treuhänder regelmäßig als vollwertiges Treuhandverhältnis dar. Auch bei einer

„eigennützigen" Treuhand ist nämlich der Treuhänder zur Wahrnehmung (auch) der Interessen des Treugebers verpflichtet.

Bei der **echten Treuhand** hat der Treugeber im Konkurs des Treuhänders ein **Ausson-** **A 55** **derungsrecht** nach § 43 KO und bei der Einzelzwangsvollstreckung des Treuhänders in das Treugut (§§ 803 f, 808 ZPO) eine **Drittwiderspruchsklage** nach § 771 ZPO, sofern das Treugut unmittelbar aus dem Vermögen des Treugebers in dasjenige des Treuhänders übertragen worden ist (RGZ 84, 214, 217; RGZ 91, 12, 16; 127, 341, 344; 133, 84, 87; BGH NJW 1959, 1223, 1224 f.; SIBER, Das rechtsgeschäftliche Treuhandverhältnis [1933] 159 ff; KUHN WM 1964, 1005; ASSFALG, Die Behandlung von Treugut im Konkurse des Treuhänders [1960] 1 ff). Bei Treuhandkonten, insbesondere bei Anderkonten oder Sonderkonten zur Verwaltung von Fremdgeldern, ist allerdings eine **Ausnahme von dem Unmittelbarkeitsgrundsatz** angezeigt: der Treuhänder erwirbt durch die Einzahlung auf das Treuhandkonto gegen das Kreditinstitut eine Forderung, die wie eine ihm unmittelbar vom Treugeber übertragene Forderung behandelt wird (COING, Die Treuhand kraft privaten Rechtsgeschäfts [1973] 176 f; BGH NJW 1959, 1225; 1971, 559, 560).

Für die rechtsgeschäftliche Treuhand sind zwei konstituierende Elemente kennzeich- **A 56** nend (COING, Die Treuhand kraft privaten Rechtsgeschäfts 85 ff). Das **persönliche Element** besteht in der Bindung des Treuhänders durch die Treuhandabrede, in der er sich dazu verpflichtet, das Treugut für bestimmte fremde Interessen zu halten und mit ihm entsprechend dieser Verpflichtung zu verfahren. Das **sachliche Element** wird dadurch begründet, daß sich die Verpflichtung des Treuhänders gerade auf bestimmte Rechte (das Sondervermögen) bezieht (sog **Objektbezogenheit der Treuhand**). „Treuhandschaft ist keine allgemeine Wahrung fremder Interessen; sie hat die Ausübung bestimmter Interessen zum Gegenstand" (COING, Die Treuhand kraft privaten Rechtsgeschäfts 85). Demgemäß besteht das Treuhandgeschäft aus einem schuldrechtlichen Geschäft (*pactum fiduciae*, Treuhandabrede) und einem oder mehreren dinglichen Rechtsgeschäften, die die Verfügungsmacht des Treuhänders herstellen (sog **Zweiaktigkeit der Treuhand**). Neben der rechtsgeschäftlichen Treuhand finden sich auch gesetzlich geregelte Fälle der Treuhand wie die rechtsfähige Stiftung, die Vor- und Nacherbschaft, die Testamentsvollstreckung oder die Kapitalanlagegesellschaften. Bei der rechtsgeschäftlichen Treuhand ist der Treuhandvertrag bei unentgeltlicher Treuhandschaft seiner Rechtsnatur nach ein Auftrag, bei entgeltlicher Treuhandschaft ein Geschäftsbesorgungsvertrag nach §§ 675, 611 (RGZ 153, 367, 369; BGH BB 1969, 1154; COING, Die Treuhand kraft privaten Rechtsgeschäfts, 92). Die Tätigkeit des Treuhänders ist „Geschäftsbesorgung in dem begrenzten Sinne, in dem die herrschende Lehre dieses Wort in § 675 BGB interpretiert" (COING, Die Treuhand kraft privaten Rechtsgeschäfts 99). Insbesondere ist der Treuhänder in den Grenzen der Treuhandabrede und ihrer Zwecksetzung frei, nach eigenem Ermessen zu handeln. Er kann dabei grundsätzlich nach außen im eigenen Namen ohne Offenlegung des Treuhandverhältnisses auftreten oder sich als Treuhänder erkennen geben.

II. Das Rechtsfolgeprogramm

1. Der geschäftsbesorgerische Kern

Die Vorschrift des § 675 enthält durch den Verweis auf auftragsrechtliche Vorschrif- **A 57** ten nicht nur eine Teilregelung, sondern **die Kernregelung für Geschäftsbesorgungsver-**

träge. Allerdings könnte das Gesetz den Anschein erwecken, als handele es sich bei den auftragsrechtlichen Regelungen um zusätzliche Rechtsfolgen, die das anderweitig auf einen Geschäftsbesorgungsvertrag zur Anwendbarkeit berufene vertragliche und außervertragliche Recht nur ergänzen und die *essentialia negotii* des Dienst- oder Werkvertrages unberührt lassen wollten. Dieser Eindruck einer auftragsrechtlichen Hilfs- oder Ergänzungsregelung für Dienst- und Werkverträge mit Geschäftsbesorgungscharakter wäre indes unzutreffend. Vielmehr gibt das nach § 675 anwendbare auftragsrechtliche Regelungsprogramm dem Geschäftsbesorgungsvertrag das entscheidende Gepräge: **es prägt den Geschäftsbesorgungsvertrag als Subordinationsvertrag**. Während sich Dienst- und Werkvertrag als typische Koordinationsverträge darstellen, ändert sich im Falle ihrer Ausrichtung auf eine Geschäftsbesorgung ihre Rechtsnatur zu einem Subordinationsvertrag. Das ist bei gemischten Verträgen oder Verträgen *sui generis* nicht anders. Soweit ein Dienst- oder Werkvertrag oder ein sonstiger Vertrag „eine Geschäftsbesorgung zum Gegenstande hat", also den vertragstypologischen Qualifikationsmerkmalen der entgeltlichen Geschäftsbesorgung entspricht, sind die in § 675 bezeichneten auftragsrechtlichen Regelungen nicht gleichsam zusätzlich und ergänzend, sondern in erster Linie anwendbar.

A 58 Insgesamt bündeln sich die von § 675 in Bezug genommenen auftragsrechtlichen Vorschriften zu einem geschäftsbesorgungsvertraglichen Rechtsfolgeprogramm, das dem Interessen- und Rechtsstrukturtyp des Subordinationsvertrages Rechnung trägt und den Geschäftsbesorgungsvertrag als eigenständigen Vertragstyp kennzeichnet. Insbesondere besteht nunmehr die **Hauptpflicht** der einen Partei, des Geschäftsbesorgers, in **der weisungsgebundenen Interessenwahrung** zugunsten der anderen Partei, des Geschäftsherrn. Der Dienst- oder Werkvertrag mit Geschäftsbesorgungscharakter unterscheidet sich rechtsstrukturell fundamental von demjenigen ohne Geschäftsbesorgungscharakter durch diese weisungsgebundene Interessenwahrungspflicht des Geschäftsbesorgers. Sie ist nicht nur ein „Plus", sondern das zentrale, **den Geschäftsbesorgungsvertrag qualifizierende „Aliud" gegenüber dem schlichten Dienst- oder Werkvertrag**. Die für den unentgeltlichen Auftrag nach §§ 662 ff typische Pflicht „zu sorgfältiger und sachkundiger Wahrnehmung des fremden Geschäfts sowie zur Loyalität" (MünchKomm/SEILER § 675 Rn 3) trifft den Geschäftsbesorger als vertragliche Hauptpflicht. Der schlichte Dienstverpflichtete oder Werkunternehmer bleibt davon verschont, denn dieser wie jener ist im Rahmen des Interessenkoordinationsvertrags Wahrer zuerst seiner eigenen und nicht fremder Interessen; er ist zur Berücksichtigung von Fremdinteressen nur nach Maßgabe von Treu und Glauben verpflichtet.

A 59 Nach einer Formulierung von MUSIELAK geht es bei den auftragsrechtlichen Rechtsfolgen des § 675 um den **„geschäftsbesorgerischen Kern"**. Danach erklärt sich die durch Verweisung getroffene Rechtsfolgeanordnung dieser Vorschrift daraus, daß sich bei entgeltlichen Geschäftsbesorgungsverträgen „im Kern weitgehend gleiche Interessen (ergeben), für deren Ausgleich Vorschriften über Auskunfts- und Rechenschaftspflichten, Herausgabepflichten, Pflichten zum Ersatz von Aufwendungen und über die Beachtung von Weisungen erforderlich sind" (MUSIELAK, Gutachten 1267). Richtigerweise gehören zum geschäftsbesorgerischen Kern allerdings nicht allein die in § 675 genannten auftragsrechtlichen Vorschriften mit ihren tatbestandlichen Voraussetzungen und Rechtsfolgen, vor allem mit der geschäftsbesorgungsspezifischen Weisungsbindung und Interessenwahrungspflicht. Vielmehr sind auch die sich aus Treu und Glauben ergebenden **allgemeinen Grundsätze des Geschäftsbesorgungsrechts** hierzu zu zählen. Denn die asymmetrische, subordinationsrechtliche Interessenstruktur der Geschäftsbesorgung hat für beide Vertragspartner eine gegenüber koordinationsrechtlichen Austauschverträgen gesteigerte Bedeutung von Treu und Glauben zur Folge. Namentlich gehört die **geschäftsbesorgungsspezifische gegenseitige Loyalität der Vertragspartner**, die in den §§ 663 ff nur mittelbar zum Ausdruck kommt, zum geschäftsbesorgerischen Kern. Auf den so verstandenen geschäftsbesorgerischen Kern laufen auch die von ESSER/WEYERS genannten drei Regelungsbereiche hinaus, die das Geschäftsbesorgungsrecht charakterisieren: „Treuebindung, Flexibilität des Leistungsprogramms, Korrektur von Wertverschiebungen unter den beteiligten Vermögen" (ESSER/WEYERS, SchuldR BT § 35 I 1 d). Die vom Gesetzgeber gewählte Verweisungstechnik bietet sich als sachgerecht an, weil sich die in Bezug genommenen Vorschriften des Auftragsrechts unabhängig von einer Entgeltlichkeit oder Unentgeltlichkeit „als allgemeiner Teil eines Rechts über Tätigkeiten im fremden Interessenbereich" kennzeichnen lassen (LAMMEL, Verträge auf Interessenwahrung, in: GITTER ua, Vertragsschuldverhältnisse 272).

Geschäftsbesorgungsverträge erschöpfen sich freilich nicht in jenem geschäftsbesor- **A 60** gerischen Kern. Bei Dienst- und Werkverträgen mit Geschäftsbesorgungscharakter richten sich die Hauptpflichten der Parteien auch nach dem Dienst- und Werkvertragsrecht der §§ 611 ff und 631 ff, freilich inhaltlich nicht nur erheblich modifiziert, sondern geradezu **umstrukturiert durch die nunmehr dominante Interessenwahrungspflicht und Weisungsgebundenheit** des Geschäftsbesorgers. Zur Ermittlung der Rechte und Pflichten der Parteien eines Geschäftsbesorgungsdienst- oder Geschäftsbesorgungswerkvertrages sind im übrigen nicht nur die §§ 663 ff mit den §§ 611 ff bzw mit den §§ 631 ff zu kombinieren, sondern meist auch weitere, die jeweils einschlägigen Tätigkeitsfelder betreffenden Normen (Berufsordnungen, Gebührenordnungen usw) zu berücksichtigen. Auch andere als Dienst- und Werkverträge können „eine Geschäftsbesorgung zum Gegenstande" haben, also den vertragstypologischen Qualifikationsmerkmalen der Geschäftsbesorgung entsprechen. So können etwa Lizenzverträge oder kaufrechtliche Werklieferungsverträge, Darlehens- oder Verwahrungsverträge ein ausgeprägtes geschäftsbesorgungsvertragliches Element aufweisen. In diesen Fällen tritt gleichfalls ein **Rechtsstrukturwandel** gegenüber dem Koordinationsvertrag ein, weil der Geschäftsbesorger zur weisungsgebundenen Förderung und Wahrung von Fremdinteressen verpflichtet ist. Der koordinationsrechtliche Lizenz-, Werklieferungs-, Darlehens-, Verwahrungsvertrag oder sonstige Vertrag wandelt sich bei dominanter Ausprägung der vertragstypologischen Qualifikationsmerkmale der Geschäftsbesorgung zu einem subordinationsrechtlichen Geschäftsbesorgungsvertrag. Neben den Regelungen des geschäftsbesorgerischen Kerns, dh den von § 675 in Bezug genommenen auftragsrechtlichen Vorschriften und den Grundsätzen des Geschäftsbesorgungsrechts, sind für die Rechte und Pflichten der Parteien auch hier die Vorschriften des jeweils einschlägigen Vertragstyps maßgeblich.

2.   Anwendbare auftragsrechtliche Vorschriften

a)   Vertragsschluß

Die von § 675 in Bezug genommene Vorschrift des § 663 S 1 verpflichtet den öffent- **A 61** lich bestellten oder sich öffentlich erbietenden Geschäftsbesorger dazu, seine allfällige Ablehnung eines Antrags auf Vertragsschluß unverzüglich dem Antragenden anzuzeigen. Sie ändert freilich nichts daran, daß der Geschäftsbesorgungsvertrag nach den allgemeinen Regeln durch Konsens der Parteien zustandekommt, § 145 ff. Liegt weder ein bindender Vorvertrag noch irgendeine sonstige Verpflichtung zur Übernahme der Geschäftsbesorgung vor, so steht es im Belieben des Antragsempfängers, ob er den Auftrag annehmen oder ablehnen will. Es geht in § 663 nur um die Frage, wann ein Antragsempfänger verpflichtet ist, die von ihm beabsichtigte Ablehnung des Antrags alsbald dem Antragsteller zu erklären, falls er sich nicht dem auf die Annahme des Geschäftsbesorgungsauftrags vertrauenden Antragsteller haftbar machen will. Die Vorschrift des § 663 S 1 knüpft an Umstände an, die unter Berücksichtigung der Lebenserfahrung eine **generelle Vermutung für die Annahme des Antrags** begründen. Während die Vorschrift in ihrem unmittelbaren Anwendungsbereich des Auftragsrechts kaum von Bedeutung ist – die öffentliche Bestellung oder das öffentliche Anerbieten zu unentgeltlicher Geschäftsbesorgung dürfte auf seltene Ausnahmefälle beschränkt sein –, stellt sie für die betroffenen entgeltlichen Geschäftsbesorger eine **einschneidene Modifizierung des Rechts des Zustandekommens von Verträgen** dar. § 663 S 2 erstreckt diese Modifikation auf den Geschäftsbesorger, der sich gegenüber einem konkreten potentiellen Auftraggeber zur Geschäftsbesorgung erboten hat.

A 62 Die Vorschriften sehen selbst keine Rechtsfolge im Falle der Pflichtverletzung vor. Gewiß kommt nicht automatisch ein Vertrag zustande. Insbesondere gilt das Schweigen des Antragsempfängers nicht als Annahme des Antrages. Vielmehr bedeutet Schweigen hier wie sonst grundsätzlich Ablehnung, falls nicht unter besonderen Umständen die Unterlassung der Ablehnung gemäß §§ 133, 157 als Annahme des Auftrags anzusehen ist oder auf einen Zugang der Annahmeerklärung nach § 151 verzichtet werden kann. Wohl aber ist der Geschäftsbesorger bei schuldhafter Verletzung seiner Pflicht zur Ablehnungsanzeige dem Antragenden zum Schadensersatz (negatives Interesse) verpflichtet. Es geht letztlich dem Rechtsgrund nach um eine **spezialgesetzliche Erscheinungsform der** *culpa in contrahendo* und des *venire contra factum proprium*, denn der Antragsempfänger enttäuscht das Vertrauen auf das Zustandekommen des Vertrages, wenn er sich nachträglich auf die Nichtannahme des Vertragsangebots beruft. Auch wenn der Schadensersatzanspruch auf das **negative Interesse** gerichtet ist, wird sich allerdings häufig der Schaden, der durch die Verzögerung der Ablehnungsanzeige entsteht, mit dem Schaden der Nichtausführung der Geschäftsbesorgung decken.

A 63 Zu beachten ist aber, daß im **kaufmännischen Rechtsverkehr** ausweislich des § 362 Abs 1 HGB ein **Schweigen als Annahme** des Antrages gilt, wenn einem gewerblichen Geschäftsbesorger ein Angebot zum Vertragsschluß zugeht. Auch diese Vorschrift ist keine Ausnahme von dem allgemeinen Grundsatz, daß ein Vertrag durch Antrag und Annahme zustandekommt. Vielmehr wird das Schweigen auf den Antrag, richtiger: die Unterlassung der unverzüglichen Mitteilung der Ablehnung, vom Gesetz als Annahmeerklärung fingiert. Diese Vorschrift hat sowohl für geschäftsbesorgungsvertragliche Werkunternehmer Bedeutung, die oft nach § 1 Abs 2 Nr 2 HGB Kaufleute sind, als auch für die gewerblichen Dienstleister, von denen viele im Katalog der Grundhandelsgewerbe nach § 1 Abs 2 HGB ausdrücklich aufgelistet sind oder doch nach § 2 HGB Kaufmannseigenschaft erlangen. Während der Umfang der

Schadensersatzpflicht bei § 663 BGB auf das **Vertrauensinteresse** gerichtet ist, führt § 362 Abs 1 HGB bei Nichterfüllung des Vertrags zum Ersatz des **Erfüllungsinteresses**.

b) Vertragsbeendigung

Während der unentgeltliche Auftrag nach § 671 von dem Auftraggeber jederzeit **A 64** widerrufen und von dem Beauftragten jederzeit gekündigt werden kann, knüpft das Gesetz an die Entgeltlichkeit der Geschäftsbesorgung die Erschwerung einer Loslösungsmöglichkeit und richtet die Vertragsbeendigung mangels anderer Vereinbarungen an den einschlägigen Vorschriften des Dienst- und des Werkvertragsrechts (§§ 620 ff, 634 Abs 1 S 3, 643, 649 und 650 Abs 1) aus. Die modifizierend vorgeschriebene entsprechende Anwendung des § 671 Abs 2 schützt in denjenigen Fällen, in denen dem Geschäftsbesorger ein fristloses Kündigungsrecht zusteht, den Geschäftsherrn vor einer Kündigung zur Unzeit. Falls nicht ausnahmsweise ein **wichtiger Grund** sogar für eine unzeitige Kündigung durch den Geschäftsbesorger vorliegt, soll der Geschäftsherr auch bei Ausübung des fristlosen Kündigungsrechts des Geschäftsbesorgers anderweitige Vorsorge treffen können. Der Geschäftsbesorger ist insoweit zur **schonenden Ausübung seines fristlosen Kündigungsrechts** aufgerufen.

Das besondere Vertrauensverhältnis und die **Höchstpersönlichkeit** der Geschäftsbe- **A 65** sorgung erklären den Verweis auf die §§ 672 bis 674. Nach § 672 S 1 erlischt im Zweifel der Geschäftsbesorgungsvertrag nicht mit dem Tode oder dem Eintritt der Geschäftsunfähigkeit des Geschäftsherrn. Freilich hat § 672 S 1 nur **deklaratorische Bedeutung**, denn der Tod und die Geschäftsunfähigkeit des Dienstnehmers oder Bestellers haben auch auf den Bestand schlichter Dienst- oder Werkverträge keinen Einfluß (§§ 1922, 1967). Bei anderweitiger Abrede trifft den Geschäftsbesorger eine **Notbesorgungspflicht**, bis der Erbe oder der gesetzliche Vertreter des verstorbenen bzw geschäftsunfähig gewordenen Geschäftsherrn anderweitig disponieren kann, § 672 S 2. Bis dahin fingiert das Gesetz einen Fortbestand des Geschäftsbesorgungsverhältnisses, § 672 aE. Die Vorschrift ändert nichts daran, daß bei Geschäftsbesorgungsverträgen, die auf ein nach dem Tode des Geschäftsherrn zu besorgendes Geschäft gerichtet sind, **den Erben ein Kündigungsrecht** zusteht. Die Regelung des § 672 S 2 zum Erlöschen des Vertrages kann für solche Geschäftsbesorgungsverträge Bedeutung gewinnen, bei denen die Leistungserbringung auf die Person des (lebenden und geschäftsfähigen) Geschäftsherrn zugeschnitten war und die Zweifelsregelung des S 1 durch ausdrückliche vertragliche Absprache oder nach der Auslegung der Vertrages gesperrt ist.

Nach § 673 S 1 endet das Geschäftsbesorgungsverhältnis im Zweifel mit dem **Tod des A 66 Geschäftsbesorgers**. Zum Schutz der Geschäftsherrninteressen muß der Erbe des Geschäftsbesorgers nach § 673 S 2 dessen Tod unverzüglich anzeigen und hat bei Gefahr im Verzuge die dem zwischenzeitlich verstorbenen Geschäftsbesorger übertragene Geschäftsführung fortzusetzen, bis der Geschäftsherr „anderweit Fürsorge" getroffen hat. Das Fortbestehen des Geschäftsbesorgungsvertrages wird nach § 673 S 2 HS 2 fingiert.

Auch §§ 675, 674 enthalten zugunsten des Geschäftsbesorgers eine Fiktion des Fort- **A 67** bestehens des Vertrages. Sie kommt immer zum Tragen, wenn der dienstvertragliche Geschäftsbesorgungsvertrag anders als durch Kündigung durch den Geschäftsherrn endet (§§ 622, 626, 627) oder wenn der werkvertragliche Geschäftsbesorgungsvertrag anders als durch Rücktritt oder Kündigung des Geschäftsherrn endet (§§ 634 Abs 1 S 3, 649, 650 Abs 1). In erster Linie ist hierbei an den **Konkurs einer der Vertragsparteien** zu denken (§ 23 Abs 2, Abs 1 S 2 KO mit Verweis auf § 674).

c) Der Geschäftsherrenanspruch

A 68 Unter den Vorschriften mit **Schutzcharakter für die Interessen des Geschäftsherrn**, die § 675 für entsprechend anwendbar erklärt und die im Anschluß an die gemeinrechtliche Terminologie zusammenfassend als „Geschäftsherrenanspruch"(*actio mandati directa*) bezeichnet werden, findet sich vor allem § 667, wonach der Geschäftsbesorger dem Geschäftsherrn das **zur Ausführung des Auftrags Erhaltene** und das **aus der Geschäftsführung Erlangte herauszugeben** hat. Hierin zeigt sich, daß der Geschäftsbesorger **fremdnützig und treuhänderisch** tätig ist. Er handelt im Innenverhältnis für Rechnung des Geschäftsherrn und darf nicht in die eigene Tasche wirtschaften. Was der Geschäftsherr aus seinem oder drittem Vermögen dem Geschäftsbesorger für die Auftragserfüllung verschafft und was ein Dritter ihm zur Ausführung des Geschäfts überträgt, hat er dem Geschäftsherrn ebenso herauszugeben wie das, was ihm in – auftragsgemäßer oder auftragswidriger – Durchführung des Geschäfts von dritter Seite zufließt. Für seine Tätigkeit erhält der Geschäftsbesorger eine Vergütung und unter Umständen einen Aufwendungsersatz nach §§ 675, 670; jede anderweitige **Bereicherung ist rechtsgrundlos** und muß abgeschöpft werden, da die fremdnützig vereinnahmten Vermögenswerte dem Geschäftsherrn gebühren. Zum „Erlangten" iS des § 667 können auch vertragswidrig kassierte **„Schmiergelder"** und **„Sonderprovisionen"** gehören, die – streng genommen – nicht „aus", sondern nur bei Gelegenheit der Geschäftsbesorgung erlangt wurden (RGZ 164, 98; BGHZ 39, 1; BGH NJW 1982, 1752).

A 69 Für vorübergehend selbst „verwendetes Geld", das der **fiduziarischen Bindung** unterliegt, hat der Geschäftsbesorger nach §§ 675, 668 dem Geschäftsherrn Zinsen zu zahlen. Auch diese Regelung entspricht wie die Herausgabepflicht des § 667 der fremdnützigen und treuhänderischen Position des Geschäftsbesorgers. Deshalb ist für seine Verzinsungspflicht auch unerheblich, ob der Geschäftsherr ansonsten einen Schaden erlitte.

A 70 Ferner hat der Geschäftsherr nach §§ 675, 666 einen Anspruch auf „die erforderlichen Nachrichten", auf Auskunfterteilung „über den Stand des Geschäfts" und auf abschließende Rechenschaftslegung. Diese Vorschrift hat eine **mehrfache Bedeutung**. *Zum ersten* sichert sie iVm § 259 dem Geschäftsherrn die **laufenden Informationsgrundlagen**, die er **zur Erteilung von Weisungen** an den Geschäftsbesorger, zur Kontrolle und zum Überblick über die laufende Geschäftsdurchführung, etwa im Hinblick auf eventuellen Interventionsbedarf, aber auch im Hinblick auf eventuelle sonstige außervertragliche Dispositionen benötigt. Insoweit knüpft die Vorschrift an die vorherige Regelung der Weisungsbindung des Geschäftsbesorgers in § 665 an. *Zum zweiten* ist § 666 der systematischen Stellung nach und inhaltlich auf die **Herausgabepflicht des Geschäftsbesorgers** nach § 667 mit der flankierenden Verzinsungspflicht nach § 668 sowie auf seine Vorschuß- und Aufwendungsersatzansprüche nach § 669 und § 670 bezogen. Der Geschäftsherr soll rechtzeitig darüber unterrichtet werden, welche Herausgabe- und Zinsansprüche er stellen kann und auf welche Vorschuß- und Aufwendungsersatzleistungen er sich einstellen muß. *Zum dritten* schließlich bringt § 666 zum Ausdruck, daß das Geschäftsbesorgungsverhältnis erst nach einer Schlußbilanz und einem Schlußbericht seine **ordentliche Beendigung** findet.

d) Der Geschäftsbesorgeranspruch

Die Ansprüche des Geschäftsbesorgers gegen den Geschäftsherrn werden zusammenfassend als **„Geschäftsbesorgeranspruch"** bezeichnet (*actio mandati contraria*). Im Mittelpunkt steht hier der **Vergütungsanspruch**, der sich bei Geschäftsbesorgungsdienst- und -werkverträgen in Ermangelung vertraglicher Vereinbarungen aus den Vorschriften des Dienst- bzw. des Werkvertragsrechts (§§ 612, 632) ergibt. Für speziell geregelte Geschäftsbesorgungsverträge gelten häufig besondere Vergütungsvorschriften. So sind etwa bei den handelsrechtlichen Geschäftsbesorgungsverträgen die Vorschriften der §§ 87 ff, 396, 403, 409, 412 Abs 2 und 413 HGB zu beachten. Auch zählt die **Vorschußpflicht des Geschäftsherrn** nach § 669 für die zur Ausführung des Geschäfts erforderlichen Aufwendungen zum Geschäftsbesorgeranspruch; der Anspruch auf Vorschußleistung ist in seiner Fälligkeit unabhängig von derjenigen der Vergütungsansprüche nach den §§ 614, 641 Abs 1. **A 71**

Vor allem aber kann der Geschäftsbesorger seine getätigten **Aufwendungen**, dh freiwillige Vermögensopfer, die er bei Anwendung gehöriger Sorgfalt für erforderlich halten durfte (BGHZ 8, 222; BGHZ 95, 388), vom Geschäftsherrn nach § 670 ersetzt verlangen. Das gilt auch, wenn sich sein verständiges und redliches Urteil über die Erforderlichkeit *ex post* als unrichtig erweisen sollte. Der Aufwendungsersatzanspruch ist **von jedem Entgeltcharakter frei**; er steht außerhalb des Synallagmas. Er soll lediglich verhindern, daß der Geschäftsbesorger durch die Geschäftsbesorgung eine Vermögenseinbuße erleidet, die durch die Vergütung nicht abgedeckt wird. Die Verweisung des § 675 auf den auftragsrechtlichen Aufwendungsersatzanspruch des § 670 steht mithin angesichts der Entgeltlichkeit der Geschäftsbesorgung unter einem Vorbehalt: Nur soweit die Aufwendungen nicht bereits durch die Vergütung abgegolten sind, kann der Geschäftsbesorger einen Aufwendungsersatz zusätzlich zu seiner Vergütung beanspruchen. Dieser Vorbehalt aktualisiert sich insbesondere beim werkvertraglichen Geschäftsbesorgungsvertrag häufig, da die zu erwartenden bzw gewöhnlichen Aufwendungen des Unternehmers regelmäßig **in die Preiskalkulation Eingang finden** und in der Vergütung enthalten sind. Namentlich **laufende Geschäftskosten**, die ihm auch ohne die Übernahme des Auftrags entstanden wären, hat der Geschäftsbesorger selbst zu tragen. **A 72**

Beweisrechtlich ist bedeutsam, daß der Aufwendungsersatzanspruch die **Regel** und die Abgeltung von Aufwendungen schon durch die Vergütung die zu beweisende **Ausnahme** bildet, freilich mit der praktisch wichtigen Einschränkung (**Gegenausnahme**), daß allgemeine Geschäftskosten und gewöhnliche Aufwendungen durch die Vergütung abgegolten zu werden pflegen und nicht gesondert zu ersetzen sind (MUSIELAK, Gutachten 1297). Wer dieser Gegenausnahme entgehen und einen gesonderten Aufwendungsersatz auch für allgemeine Geschäftskosten und übliche Aufwendungen erhalten will, hat eine entsprechende ausdrückliche Vereinbarung darzulegen und im Bestreitensfall zu beweisen. **A 73**

e) Risikospezifische Zufallsschäden

Unfreiwillige Vermögensopfer, insbesondere **Schäden** einschließlich **Zufallsschäden A 74**

werden im allgemeinen vom Aufwendungsbegriff nicht umfaßt, der sich im bürgerlichen Recht üblicherweise nur auf freiwillige Vermögensopfer bezieht. Es fehlt im Geschäftsbesorgungsrecht an einer besonderen Regelung über den Ersatz von Schäden, die dem Geschäftsbesorger bei Durchführung des Geschäfts erwachsen. Der Gesetzgeber hatte zwar die Aufnahme einer solchen Vorschrift in das Gesetz zunächst erwogen, doch wurde ein entsprechender Antrag von der 2. Kommission abgelehnt, weil angesichts des Aufwendungsersatzanspruchs eine Regelung von Begleitschäden für unnötig gehalten wurde. Soweit zunächst ein Schaden des Geschäftsbesorgers **vom Geschäftsherrn selbst schuldhaft herbeigeführt** wird, hilft ein Anspruch aus positiver Vertragsverletzung, aus § 618 (analog) oder aus § 823. Fraglich ist aber die **Ersatzfähigkeit zufälliger, von keiner Partei verschuldeter Schäden** des Geschäftsbesorgers. Es besteht Einigkeit darüber, daß solche Zufallsschäden jedenfalls teilweise vom Geschäftsherrn zu ersetzen sind. Voraussetzung ist freilich schon entsprechend dem Wortlaut des § 670, daß sie „in Ausführung" und nicht nur „bei Gelegenheit" der Geschäftsbesorgung eingetreten sind. Allgemein formuliert soll im Ergebnis ein Ersatzanspruch nur für solche Zufallsschäden gewährt werden, in denen sich ein **geschäftstypisches Risiko** aktualisiert (Schäden *ex causa mandati*), nicht dagegen für die dem **allgemeinen Lebensrisiko** des Geschäftsbesorgers entspringenden Zufallsschäden (Schäden *ex occasione mandati*). Zu den nicht ersatzfähigen Schäden, in denen sich lediglich das allgemeine Lebensrisiko des Geschäftsbesorgers und keine spezifische Geschäftsgefahr realisiert, gehören typischerweise die **unverschuldeten Verkehrsunfälle**. Umstritten sind allerdings die dogmatisch-konstruktive Begründung der Ersatzfähigkeit und die Grenzziehung im einzelnen.

A 75 Die Literatur neigt zur Lösung des Problems der Ersatzfähigkeit solcher Schäden, das sich im Ausgangspunkt ebenso im entgeltlichen Geschäftsbesorgungsrecht wie im unentgeltlichen Auftragsrecht stellt, zu einer **analogen Anwendung** des § 670. Die Analogie wird teilweise mit dem in § 679 enthaltenen Rechtsgedanken der Schadloshaltung des Beauftragten begründet (so etwa STAUDINGER/WITTMANN[12] § 670 Rn 14); teilweise wird sie auf den Grundsatz der **Risikozurechnung bei schadensgeneigter Tätigkeit** im fremden Interesse gestützt (so etwa CANARIS RdA 1966, 41, 43 ff; LARENZ, SchuldR II/1 § 56 III); teilweise wird für die Analogie der Rechtsgedanke des § 110 HGB bemüht (GENIUS AcP 173, 481, 512 ff; JAUERNIG/VOLLKOMMER § 670 Anm 3 b bb). Demgegenüber favorisieren andere Stimmen der Literatur ebenso wie die Rechtsprechung eine **extensive Auslegung des Aufwendungsbegriffs** iS des § 670. Habe sich in einem Schaden ein vom Geschäftsbesorger auf sich genommenes Risiko realisiert, das typischerweise zur Besorgung des Geschäfts gehörte, dann könne letztlich bereits in der freiwilligen Risikoübernahme durch den Geschäftsbesorger im Interesse des Geschäftsherrn eine „Aufwendung" gesehen werden. Der Geschäftsherr habe vernünftigerweise damit rechnen müssen, daß sich aus der mit dem Auftrag verbundenen Gefahrenlage Opfer für den Geschäftsbesorger ergeben würden. Der BGH hat das schon der Rechtsprechung des RG zugrunde liegende, über bewußte freiwillige Vermögensopfer hinausgehende Verständnis der Aufwendungen übernommen (RGZ 167, 85, 89; BGHZ 33, 251, 257; 38, 270, 277; 52, 115, 116). Dem extensiven Aufwendungsverständnis der Rechtsprechung und der ihr folgenden Literatur ist gegenüber den Analogiebildungen methodologisch der Vorzug zu geben. Durchaus läßt sich die Einbeziehung von **geschäftsrisikotypischen Zufallsschäden** in den Aufwendungsbegriff des § 670 **teleologisch rechtfertigen**, so daß es der Analogiebildungen lediglich zur argumentativen Absicherung des Auslegungsergebnisses bedarf.

Allerdings kommt bei dem Ersatz von Gefahraufwendungen eine Anrechnung **A 76** (Schadensverteilung) nach den Grundsätzen des Handelns auf eigene Gefahr in Analogie zu § 254 in Betracht. So muß bei einer bewußten Inkaufnahme eines höheren Risikos gegenüber der gleichfalls vertretbaren Entscheidung für ein geringeres Risiko der Ersatzanspruch des Geschäftsbesorgers aus § 670 durch die analoge Heranziehung des § 254 gekürzt werden. Keineswegs hängt die (analoge) Anwendbarkeit des § 254 von einem „echten" Schadensersatzanspruch ab, so daß die **Mitverschuldensproblematik** auch nicht zu einer Abkehr von § 670 als Ausgangspunkt für eine Ersatzfähigkeit von risikospezifischen Zufallsschäden nötigt (aA Canaris RdA 66, 44; vgl auch MünchKomm/Grunsky [2. Aufl 1984] § 254 Rn 12; Esser/Weyers, SchuldR II [7. Aufl 1991] § 35 III 2).

Schwieriger ist die Frage zu beurteilen, ob gegenüber dem unmittelbaren Anwen- **A 77** dungsbereich des § 670 im Recht des unentgeltlichen Auftrages eine **Einschränkung der Ersatzpflicht für geschäftsrisikoinhärente Zufallsschäden** geboten ist, wenn der Anspruch **im Rahmen der entgeltlichen Geschäftsbesorgung** nach §§ 675, 670 geltend gemacht wird. In der Tat muß die Abgrenzung zwischen ersatzfähigen und nicht ersatzfähigen Zufallsschäden bei einer entgeltlichen Geschäftsbesorgung dann **abweichend vom Auftragsrecht** beurteilt werden, wenn in die **Vergütungsregelung ein Risikozuschlag einkalkuliert** ist und die Parteien damit eine Risikoverteilung zu Lasten des Geschäftsbesorgers verbunden haben. Das Abgrenzungsproblem liegt in der **Auslegungsfrage**, welche Risiken die Vergütungsregelung umfaßt und welche nicht. Gewiß wird die Vergütung jedenfalls primär, bisweilen gar ausschließlich für die Tätigkeit des Geschäftsbesorgers, allenfalls sekundär, wenn überhaupt für die Risikoübernahme von Zufallsschäden geleistet. Die Lösung hängt aber jeweils von den Umständen des Einzelfalls ab. Bei einem als gefährlich eingeschätzten Geschäft kann die Höhe der Vergütung bewußt im Hinblick auf einen möglichen Schadenseintritt bemessen worden sein, so daß der Geschäftsbesorger auch außergewöhnliche Schäden selbst tragen muß. Demgegenüber werden **spezifische Berufsrisiken** regelmäßig auch ohne ausdrückliche Parteivereinbarung von der Vergütung abgedeckt sein. Die Darlegungs- und Beweislast für eine Ersatzpflicht von Zufallsschäden nach Maßgabe der konkreten Vergütungsregelung im Einzelfall hat jedenfalls der Geschäftsbesorger zu tragen, weil die Entgeltlichkeit der Geschäftsbesorgung *prima facie* Zufallsschäden seinem Risiko zuweist.

f)   Weisungsbindung und Eigenverantwortlichkeit

Eine herausragende, das Vertragsverhältnis der entgeltlichen Geschäftsbesorgung **A 78** als fremdnütziges Interessenwahrungsverhältnis geradezu charakterisierende Bedeutung kommt der Vorschrift des § 665 zu. Aus ihr ergibt sich eine **grundsätzliche Weisungsbindung des Geschäftsbesorgers** sowie – bei Gefahr im Verzug – eine **ausnahmsweise Berechtigung zur Abweichung von Weisungen** nach Maßgabe des hypothetischen Interesses und einer mutmaßlichen Billigung des Geschäftsherrn, wenn dieser bei unvorhergesehenen Gegebenheiten sein Weisungsrecht etwa mangels Erreichbarkeit nicht ausüben kann. Die Regelung hat die Konstellation im Visier, daß der Geschäftsbesorger bei Durchführung des Geschäfts mit einer Situation und mit einem Handlungsbedarf konfrontiert ist, für die ihm die generellen Weisungen des Geschäftsherrn keine oder keine eindeutigen Orientierungen geben. Sie schließt auch den Fall ein, daß der Geschäftsbesorger in einer konkreten Entscheidungssituation einen Widerspruch zwischen den ihm erteilten Weisungen des Geschäftsherrn einerseits und dem seiner Meinung nach im Interesse des Geschäftsherrn Erforderlichen ahnt. Auch ist die Vorschrift des § 665 im Lichte der Hauptpflicht des Geschäftsbesorgers zur fremdnützigen Interessenwahrung und im Lichte der geschäftsbesorgungsrechtlichen Bedeutung von Treu und Glauben zu verstehen. Erst hieraus lassen sich im Einzelfall die Maßstäbe für die Anforderungen an ein pflichtgemäßes Verhalten des Geschäftsbesorgers bei der Weisungsbefolgung und -abweichung ableiten.

A 79 Insbesondere kann die Interessenwahrungspflicht des Geschäftsbesorgers unter Umständen auch zu einer **Pflicht zur Abweichung von Weisungen** führen. Zwar trägt der Geschäftsherr grundsätzlich die Verantwortung für seine Weisungen, sowohl für die anfängliche Erteilung wie auch für spätere Ergänzungen und Änderungen. Doch gebietet die situative Problemnähe des Geschäftsbesorgers, daß er seinen Geschäftsherrn, wenn möglich, auf weisungsbedingte Nachteile hinweist und ihm eine Möglichkeit zur Weisungskorrektur einräumt. Erkennt der Geschäftsbesorger die Sachwidrigkeit der ihm erteilten Weisungen oder erkennt er sie schuldhaft nicht und befolgt er die Weisungen gleichwohl ohne Unterrichtung des Geschäftsherrn, verletzt er seine Interessenwahrungspflicht. Er kann zu **prekären Ermessensentscheidungen** aufgerufen sein, wenn die Unterrichtung des Geschäftsherrn nur mit zeitlicher Verzögerung durchführbar ist und während des Aufschubs eine Gefahr von Nachteilen für die Interessen des Geschäftsherrn besteht. Das **treuepflichtgemäße Ermessen** kann von ihm jedenfalls auch eine Abweichung von Weisungen verlangen.

A 80 Eine **pflichtwidrige Abweichung von Weisungen** des Geschäftsherrn oder eine **interessenwahrungspflichtwidrige Befolgung sachwidriger Weisungen** durch den Geschäftsbesorger kann, falls der Geschäftsherr die Vorgehensweise nicht nachträglich billigt, zum (Teil-)Verlust des Vergütungsanspruchs des Geschäftsbesorgers und zu einer Schadensersatzpflicht wegen positiver Vertragsverletzung, unter Umständen auch wegen vom Schuldner zu vertretendem Unmöglichwerden der Leistung nach § 325 führen. Ein in mittelbarer Stellvertretung vom Geschäftsbesorger abgeschlossenes Geschäft braucht der Geschäftsherr dann freilich nicht gegen sich gelten zu lassen (so Rn A 51). Insoweit enthält die kommissionsrechtliche Regelung des § 385 HGB, die in ihrem Abs 2 die Vorschrift des § 665 ausdrücklich „unberührt" läßt, in ihrem Abs 1 HGB nur allgemeine geschäftsbesorgungsrechtliche Grundsätze. Ein nicht nur weisungs-, sondern auch interessenwidriges Verhalten des Geschäftsbesorgers begründet nicht nur bei nachteiligen Konsequenzen, sondern auch bei *ex post* vorteilhaften Folgen eine Pflichtverletzung. Keinesfalls rechtfertigen es **allein die im Ergebnis vorteilhaften Folgen**, ein interessenwidriges Verhalten nicht (mehr) als Verletzung der Geschäftsherrninteressen zu würdigen; der Geschäftsbesorger drohte sonst zum „Spieler" zu werden. Die *ex post*-Betrachtung kann die *ex ante*-Pflichtverletzung nicht umqualifizieren.

A 81 Die Vorschrift ist in das komplexe Interessengefüge eingebettet, die das Geschäftsbesorgungsverhältnis strukturell kennzeichnet. Sie **schützt** einerseits den Geschäftsherrn durch die **Zuerkennung einer Weisungskompetenz**; er soll nach Maßgabe der sich im Vertragsvollzug zeigenden Umstände das **Monopol zur Konkretisierung seiner Interessen** innehaben. Die Vorschrift **belastet** ihn aber zugleich durch die **Reservezuständigkeit**, die für die Konkretisierung seiner Interessen dem Geschäftsbesorger eingeräumt wird. Andererseits **schützt** die Vorschrift die Interessen des Geschäftsbesorgers, der unter den Voraussetzungen seiner Reservezuständigkeit und unter Berücksichtigung seiner Interessenwahrungspflicht **selbst zur eigenverantwortlichen Entscheidung berechtigt** ist. Sie **belastet** aber auch ihn zugleich, weil sie ihm nicht nur eine umsichtige Vergewisserung des Vorliegens der Voraussetzungen seiner Reservezuständigkeit, sondern gleichzeitig – oder später – die eigene fremdnützige Entscheidung an Stelle des Geschäftsherrn abverlangt. Der „denkende Gehorsam"des Geschäftsbesorgers ist sowohl für ihn selbst wie für den Geschäftsherrn **zugleich Chance und Risiko**. Mit denkendem Gehorsam ist gemeint, daß sich der Geschäftsherr in wechselnden Situationen „völlig mit den Interessen des Geschäftsherrn identifizieren muß, um so zu handeln, wie dies nach seiner besten möglichen Einschätzung der Geschäftsherr selbst tun oder anordnen würde" (ESSER/WEYERS, SchuldR BT § 35 II 3).

Die Vorschrift ist zwar Ausdruck der geschäftsbesorgungsspezifischen **Dynamik und** **A 82** **Flexibilität** des Vertragsverhältnisses, die dazu zwingen, dem Geschäftsbesorger einen Spielraum zu eigenverantwortlichen Reaktionen auf situative Änderungen einzuräumen. Sie bleibt jedoch für weite Bereiche der vertraglichen Praxis noch zu starr und zu modellhaft, wenn sie zwischen den Parteien einerseits das Weisungsrecht und andererseits die Abweichungsmöglichkeit in ein Recht- und Pflichtengefüge einzubetten versucht. Die Gewährung und sogleich Einschränkung von Rechten bzw die Belastung und sogleich Begrenzung von Pflichten bleibt bei § 665 im Grunde am Modell der „Durchführung" des Geschäftsbesorgungsvertrages nach Maßgabe des bei Vertragsschluß einvernehmlich festgelegten Programms der Parteien orientiert. In Wirklichkeit tritt statt der Ausübung von Rechten und Erfüllung von Pflichten in Konkretisierung des ursprünglichen Vertragsprogramms bei langfristigen Geschäftsbesorgungsverhältnissen vielfach die **fortwährende Rückkopplung der Parteien**, die sich zu einer permanenten Revision und zu einer einvernehmlichen Fortschreibung des Vertragsprogramms aufgerufen fühlen. Das zeigt sich etwa an sog **relationalen oder komplexen Langzeitverträgen** mit Geschäftsbesorgungscharakter (su Rn A 155). Hier sind die Vertragsparteien bei sich ändernden Umständen genötigt, fortwährend, mindestens aber etappenweise eine **neue Verständigung** zu suchen.

Wie die Chancen und Risiken des denkenden Gehorsams des Geschäftsbesorgers für **A 83** diesen und für den Geschäftsherrn im einzelnen verteilt sind, hängt weithin – vorbehaltlich der Einflüsse von Änderungen der Geschäftsgrundlage – von der konkreten Ausgestaltung des Vertragsverhältnisses ab. Danach kann das Weisungsrecht des Geschäftsherrn inhaltlich mehr oder weniger eingeschränkt, sogar zeitweise oder für die Gesamtdauer des Vertrages ausgeschlossen werden. Dementsprechend kann der Geschäftsbesorger in seiner **Eigenverantwortlichkeit** bei freilich immer bestehenbleibender Interessenwahrungspflicht einen mehr oder weniger großen **Spielraum** besitzen. Im Extremfall bleibt dem Geschäftsherrn die Kündigung als einzige Möglichkeit der Einflußnahme auf den Geschäftsbesorger. Dem entspricht die Ausgestaltung mancher Managementverträge (vgl BGH ZIP 1982, 578 = NJW 1982, 1817 „Holiday-Inn"; dazu su Rn C 86 ff, insbes C 86 ff, 92, 98, 102). Umgekehrt kann der Geschäftsbesorger auch mit detaillierten Weisungen versehen werden, die ihm weithin eine Eigenverantwortlichkeit nehmen. So ist eine geschäftsbesorgend tätige Akkreditivbank zur exakten Einhaltung der detailliert vorgegebenen Akkreditivbedingungen des Kunden verpflichtet (su Rn B 58). Für unvorhersehbare Situationen kann der Geschäftsherr bei eigener Unerreichbarkeit eine **Passivitätsweisung** erteilen, die dem Geschäftsbesorger die Hände bindet.

A 84 Dementsprechend hängt es auch von der Ausgestaltung des Geschäftsbesorgungsverhältnisses im Einzelfall ab, ob und inwieweit der Geschäftsbesorger dazu aufgerufen ist, sich in Zweifelsfällen nach Möglichkeit beim weisungsbefugten Geschäftsherrn **rückzuversichern**. Nur selten wird der Geschäftsherr dazu angehalten sein, sich auf Schritt und Tritt über die Kongruenz seiner Handlungen mit den Interessen des Geschäftsherrn zu vergewissern, indem er Rücksprache hält. Denn der Geschäftsherr wünscht im Regelfall eine Entlastung durch das kompetente Urteil des Geschäftsbesorgers über die im Geschäftsherrninteresse erforderlichen Maßnahmen. Das Recht des Geschäftsherrn zur Weisungserteilung und damit die Pflicht des Geschäftsbesorgers zur Rückversicherung ist insbesondere dort beschränkt, wo der Geschäftsbesorger kraft besonderer **Fach- und Sachkunde und Befähigung als berufener Experte** eingesetzt wird und die Details der Geschäftsbesorgung in großem Umfang selbst bestimmen muß und soll. Hier genießt der Geschäftsbesorger oft einen erheblichen Spielraum für seine eigenverantwortlichen Entscheidungen im Interesse des Geschäftsherrn, der sich seinerseits auf eine **Richtlinienkompetenz** oder auf eine **Zielvorgabebefugnis** beschränkt.

A 85 Beim Geschäftsbesorgungswerkvertrag mit seiner eigenverantwortlichen Erfolgsbezogenheit ist das Weisungsrecht des Geschäftsherrn/Bestellers tendenziell geringer ausgeprägt als beim Geschäftsbesorgungsdienstvertrag. Freilich entscheidet auch hier die Vertragsauslegung im Einzelfall. So kann der Geschäftsherr auch beim Geschäftsbesorgungswerkvertrag ein Interesse an der Art und Weise der Erfolgserreichung oder an den dafür eingesetzten Mitteln haben und sich auch insofern eine Weisungsbefugnis ausbedingen. Umgekehrt kann bei einem Geschäftsbesorgungsdienstvertrag „höherer Art" nach § 627 Abs 1 ein Weisungsrecht des Geschäftsherrn insoweit eingeschränkt sein oder entfallen, als dem Geschäftsbesorger **berufsspezifische Sorgfalts- und Schutzpflichten** obliegen.

3. Unanwendbare auftragsrechtliche Vorschriften

A 86 Die Vorschrift des § 675 nimmt – im Gegenschluß und scheinbar zielgerichtet – von der entsprechenden Anwendbarkeit des Auftragsrechts auf Geschäftsbesorgungsverträge lediglich die §§ 662, 664 und 671 Abs 1 und 3 aus. Dies ist von vornherein lediglich auf der Basis der hier vertretenen **Trennungstheorie** zur sogenannten Geschäftsbesorgungskontroverse bedeutsam (so Rn A 12). Die **Einheitstheorie** wendet die ausgesparten Vorschriften gleichwohl an, soweit dies im Einzelfall sachgerecht erscheint (MünchKomm/Seiler § 675 Rn 5). Allerdings halten sich die praktischen Auswirkungen dieses unterschiedlichen Ansatzes in Grenzen. Die Definition des unentgeltlichen Auftrags in § 662 ist ohnehin für den entgeltlichen Geschäftbesorgungsvertrag gegenstandslos. Im übrigen ist die Durchbrechung der Verweisung auf das Auftragsrecht in § 675 **verunglückt**. Denn zum einen Teil sind die von einer entsprechenden Anwendung ausgenommenen Vorschriften unabhängig von § 675 bereits **aus Konkurrenzgründen unanwendbar**. Zum anderen Teil führt die Anwendbarkeit von Vorschriften und Rechtsgrundsätzen außerhalb des Auftragsrechts dazu, daß der Regelungsgehalt der scheinbar unanwendbaren auftragsrechtlichen Vorschriften doch zum Tragen kommt.

Ungeachtet der von § 675 vorgesehenen „Unanwendbarkeit" des § 664 ist für **Dienst-** **A 87**
verträge – ob mit oder ohne Geschäftsbesorgungscharakter – jedenfalls nach § 613
S 1 und S 2 im Zweifel die **Höchstpersönlichkeit** der Leistung des Dienstverpflichteten
und die **Unübertragbarkeit** des Anspruchs des Dienstherrn vorgesehen. Die entsprechenden Auftragsregelungen in § 664 Abs 1 S 1 (**Substitutionsverbot des Beauftragten**)
und Abs 2 (**Abtretungsverbot des Geschäftsherrn**) sind mithin entbehrlich (RGZ 161, 68,
70). Bei **Werkverträgen** mit Geschäftsbesorgungscharakter ist die Lage im Ergebnis
nicht anders. Zwar fehlt im Werkvertragsrecht eine dem § 613 S 1 entsprechende
Regelung, doch schließt bei auf Geschäftsbesorgung gerichteten Werkverträgen das
mit dem Interessenwahrungscharakter verknüpfte besondere Treueverhältnis zwischen den Parteien eine Einschaltung Dritter in die Leistungserbringung bzw eine
Übertragung des Leistungsanspruchs auf Dritte aus (LARENZ, SchuldR II/1 § 56 V; MUSIE-
LAK, Gutachten 1228 f). Die Rechtsfolgen der auftragsrechtlichen Substitutions- und
Abtretungsverbote nach § 664 Abs 1 S 1 und Abs 2 brauchen also nicht erst durch
entsprechende Anwendung dieser Vorschrift herbeigeführt zu werden, weil sie sich
schon im Wege der Vertragsauslegung aus § 242 oder aus § 613 S 1 und S 2 analog
ergeben.

Mißverständlich ist es allerdings, wenn § 675 auch die Regelungen des § 664 Abs 1   **A 88**
S 2 und S 3 von einer entsprechenden Anwendung ausnimmt. Hierbei handelt es sich
nämlich um allgemeine Rechtsregeln und Rechtsgedanken, die man **nicht schlechthin**
suspendieren kann und die durch jene in § 675 unerwähnt gelassenen Vorschriften
letztlich nur in Erinnerung gerufen, nicht aber erst konstitutiv mit Rechtswirksamkeit ausgestattet werden können. Die Nichterwähnung dieser Regelungen in § 675
läuft also ebenfalls darauf hinaus, daß ihre entsprechende Anwendung kraft ausdrücklicher Verweisung nur deshalb **rechtstechnisch unnötig** ist, weil diese Regelungen materiell ohnehin gelten. Oft wird der Geschäftsbesorger, der nach ausdrücklicher Gestattung des Geschäftsherrn die selbständige Ausführung der geschuldeten
Tätigkeit einem Dritten übertragen darf, seine Verpflichtung mit der Übertragung
erfüllen. Er kann selbstverständlich für ein Auswahlverschulden verantwortlich
gemacht werden, wenn er nicht sogar ausdrücklich eine Haftung für Fehlverhalten
des Dritten übernommen hat (RGZ 78, 310, 313). Und ebenso selbstverständlich beansprucht die Gehilfenhaftung nach § 278, auf die § 664 Abs 1 S 3 deklaratorisch Bezug
nimmt, gegebenenfalls für einen Geschäftsbesorger Geltung.

Die Unanwendbarkeit des § 671 Abs 1 erklärt sich daraus, daß die auftragsrechtliche   **A 89**
Widerrufs- und Kündigungsregelung ihre Rechtfertigung allein in der **Unentgeltlich-**
keit des Auftrags findet. Die Entgeltlichkeit der Geschäftsbesorgung erlaubt weder
für den Geschäftsbesorger noch für den Geschäftsherrn eine jederzeitige Loslösung
von den Vertragspflichten. Zwar wird vereinzelt eine Anwendbarkeit der auf das
unentgeltliche Mandat zugeschnittenen Vorschrift des § 671 Abs 1 BGB auch auf die
entgeltliche Geschäftsbesorgung erwogen (BGB-BGB-RGRK/STEFFEN § 675 Rn 58; STAU-
DINGER/WITTMANN[12] § 675 Rn 8), doch verbietet sich bei gegenseitigen Verträgen ein
einseitiges frist- und begründungsloses Loslösungsrecht. Die weithin dispositiven Kündigungsvorschriften des Dienst- und Werkvertragsrechts nach den §§ 621, 624, 626,
627, 649 bieten in Ermangelung einer vertraglichen Spezialvereinbarung ein diffe-
renzierteres Regelungsprogramm, das schließlich auch einen Verweis des § 675 auf
§ 671 Abs 3 ausschließt.

4.   Die Bedeutung von Treu und Glauben

A 90   Die Vorschrift des § 675 gibt nur mittelbar – am deutlichsten noch in § 665 – zu erkennen, daß der **Grundsatz von Treu und Glauben** für den Geschäftsbesorgungsvertrag eine **herausragende Rolle** spielt. Diese besondere, gegenüber den Austauschverhältnissen wesentlich gesteigerte Bedeutung der Treuepflicht ist unmittelbar mit den vertragstypologischen Qualifikationsmerkmalen der Geschäftsbesorgung verbunden: Wer zu einer selbständigen wirtschaftlichen Tätigkeit in Förderung und Wahrung der Vermögensinteressen seines Vertragspartners verpflichtet ist, hat schon wegen der ihm eingeräumten Entscheidungsmacht und wegen des von ihm auszufüllenden Spielraums eine **besondere Vertrauensstellung** und darf seinerseits von dem Vertragspartner eine **besondere Loyalität** erwarten. Aus Treu und Glauben entspringen nicht nur zahlreiche „Nebenpflichten" für die Parteien, wie etwa die **Verschwiegenheitspflicht** des Geschäftsbesorgers im Hinblick auf Betriebs- und Geschäftsgeheimnisse und andere geheimhaltungsbedürftige Tatsachen des Geschäftsherrn; der BGH nennt die Verschwiegenheitspflicht eine „selbstverständliche Nebenpflicht" des Geschäftsbesorgers (BGHZ 27, 241, 246). Ähnlich wie die gesellschaftsrechtliche Treuepflicht für die zu einer Zweckgemeinschaft verbundenen Personengesellschafter ist vielmehr die geschäftsbesorgungsrechtliche Treuepflicht für die in einem Interessenwahrungsverhältnis verbundenen Parteien **die Quelle und der Maßstab für die konkrete Rechts- und Pflichtenposition**. In diesem Sinne heben ESSER/WEYERS (SchuldR BT § 35 I 1 a) zu Recht hervor, daß bei Geschäftsbesorgungsverträgen „das eigentliche **Hauptleistungsprogramm** in der variablen, situationsangepaßten und allgemeingültig eben nur durch das **Treueverhältnis** zu umschreibenden Wahrung der Interessen des Partners (besteht)".

A 91   Freilich unterscheiden sich Geschäftsbesorgungsverhältnisse nicht nur im Inhalt der Vertragspflichten, sondern auch in der **Dauer und** vor allem in der **Stärke der Treuebindung** voneinander (MUSIELAK, Gutachten 1267). Der Anzeigenmittlungsvertrag (su Rn E 6) einerseits markiert ein detailliertes und kurzfristig angelegtes Leistungsprogramm mit nur geringem Entscheidungsspielraum für den Geschäftsbesorger; der Franchisevertrag (su Rn D 1 ff) andererseits begründet für Jahre oder Jahrzehnte ein zunächst nur rahmenartig festgelegtes Kooperationsverhältnis beim Absatz von Waren und Dienstleistungen, bei dem die Parteien immer wieder auf eine erneute Verständigung nach Treu und Glauben angewiesen sind. In der großen Mehrzahl der Fälle begründen Geschäftsbesorgungsverträge nicht nur ein Dauerschuldverhältnis, sondern haben zugleich bloßen Rahmencharakter. Dann folgt bereits aus dem Dauerschuldcharakter eine **gesteigerte Bedeutung von Treu und Glauben und eine Unaufzählbarkeit der einzelnen Rechte und Pflichten der Parteien**. Da zudem die Pflichten des Geschäftsbesorgers nur rahmenartig bestimmt sind, bleibt deren Konkretisierung dem Geschäftsbesorger innerhalb des Pflichtenrahmens nach Treu und Glauben überlassen; er muß entscheiden, wie er am besten die Interessen des Geschäftsherrn wahren kann. Wie stark die Bedeutung von Treu und Glauben auch immer ausgeprägt sein mag, in jedem Falle stellt sich die Geschäftsbesorgung vor allem als ein Treueverhältnis mit fürsorgerischem Charakter dar.

III. Schuldrechtsreform und Zukunftsperspektiven

1. Vorschläge und Gutachten

Schon vor der in den siebziger Jahren einsetzenden Debatte über eine **Reform des im** A 92
BGB kodifizierten Schuldrechts ist die Regelung des § 675 verschiedentlich von der
Literatur kritisiert worden. Namentlich im Rahmen der sogenannten Geschäftsbesorgungskontroverse (so Rn A 12) hat man Änderungen des Wortlauts und der
systematischen Stellung dieser Vorschrift zur besseren Anpassung an die Trennungs-
(so Rn A 15) bzw Einheitstheorie (so Rn A 13) angeregt. Bis in die jüngste Zeit wird
häufig darauf hingewiesen, die systematische Einordnung des § 675 in den 10. Titel
zum Auftragsrecht sei ein **gesetzgeberischer Mißgriff**, weil die Regelung der
Geschäftsbesorgung in das Dienst- und Werkvertragsrecht gehöre (STAUDINGER/NIP-
PERDEY[11] § 675 Rn 1; STAUDINGER/WITTMANN[12] § 675 Rn 11). Seltener findet sich der Vorschlag, wegen der Eigenständigkeit des Vertragstyps Geschäftsbesorgung sowohl
gegenüber dem Auftrags- wie gegenüber dem Dienst- und dem Werkvertragsrecht
eine **selbständige Regelung des entgeltlichen Geschäftsbesorgungsvertrags** einzuführen
(LENT, Wille und Interesse bei der Geschäftsbesorgung, 105). Gelegentlich wird auf die
schweizerische Regelung im Obligationenrecht (su Rn A 105 ff) als Vorbild für eine
eigenständige und abschließende Regelung für den entgeltlichen wie den unentgeltlichen Geschäftsbesorgungsvertrag hingewiesen (DUDEN NJW 1962, 1362, 1328). Insbesondere gab es Ende der dreißiger Jahre in der Akademie für Deutsches Recht
Bestrebungen, den entgeltlichen Geschäftsbesorgungsvertrag als einen Sondertyp
der sogenannten „Betätigungsverträge" mit ihren Grundtypen des Dienst- und des
Werkvertrages zu erfassen (NIKISCH ZAkDR 1940, 369 ff). Als gesetzgeberisch „naheliegend" sehen es ESSER/WEYERS, SchuldR BT § 35 1 b, an, für entgeltliche Geschäftsbesorgungsverhältnisse „einen dispositiven Satz von Normen zu entwerfen, die je
nach vertraglichem 'Lebenstyp' in Verbindung mit Dienst- oder Werkverträgen oder
auch mit ganz anderen Vertragsmodellen als Regelungsmuster zur Verfügung stün-
den." Von anderer Seite wird eingewandt, daß nicht ohne Not auf den **gesetzestech-
nischen Entlastungseffekt** verzichtet werden solle, der durch die Inbezugnahme des
Dienst- und Werkvertragsrechts für Regelungen der Vergütung, der Gefahrtragung
oder der Kündigung erreicht werde (MUSIELAK, Gutachten 1291 ff).

Im Abschlußbericht der vom Bundesjustizministerium eingesetzten **Kommission zur** A 93
Schuldrechtsreform hat der Geschäftsbesorgungsvertrag keine ausdrückliche Erwähnung gefunden (BMJ [Hrsg], Abschlußbericht der Kommission zur Überarbeitung des Schuldrechts [1992]). Offenbar wurden ein sachlich-inhaltlicher Reformbedarf und eine
gesetzgeberische Intervention derzeit für entbehrlich gehalten. Dies findet eine
Stütze in dem von MUSIELAK im Auftrag des BMJ erstellten und im Jahre 1981
veröffentlichten **Gutachten zur entgeltlichen Geschäftsbesorgung** (BMJ [Hrsg], Gutachten
und Vorschläge Bd II [1981] 1209 ff). MUSIELAK hat bei seiner Revision des Geschäftsbesorgungsrechts „keine gravierenden Mißstände und bedeutsamen Regelungslücken"
entdeckt (1290 f). Der „geschäftsbesorgerische Kern", nämlich die „Vorschriften
über Auskunfts- und Rechenschaftspflichten, Herausgabepflichten, Pflichten zum
Ersatz von Aufwendungen und über die Beachtung von Weisungen" werde durch die
Auftragsregeln des BGB „im Grunde zufriedenstellend geregelt" (1267). MUSIELAK
plädiert lediglich für eine Erweiterung des bürgerlich-rechtlichen Regelungsprogramms zum allgemeinen Geschäftsbesorgungsrecht; er will Vorschriften aus spezial-

gesetzlichen Regelungen (etwa des Handelsvertreterrechts) in die allgemeinen Bestimmungen über die Geschäftsbesorgung aufnehmen und auf diese Weise einen **Modernisierungseffekt** erreichen. Im wesentlichen beschränken sich die Vorschläge MUSIELAKS mithin auf **redaktionelle und gesetzestechnische Verbesserungen**. So soll zur Vermeidung von Mißverständnissen und von Verwechslungen mit dem weiteren Geschäftsbesorgungsverständnis der §§ 662 ff, 677 ff der entgeltliche Geschäftsbesorgungsvertrag im engeren Sinne des § 675 als „**Sachwaltervertrag**" bezeichnet werden (1309 ff). In der die Schuldrechtsreform begleitenden Debatte und im sonstigen Schrifttum klingt dagegen die **Notwendigkeit einer Weiterentwicklung** des kodifizierten Vertragsrechts für **neuartige Geschäftsbesorgungsverträge** bisweilen an. Insbesondere ist empfohlen worden, für langfristige Vertragsformen der Wirtschaft besondere Regelungen für die fristlose Kündigung, für Anpassungen und Neuverhandlungen bei Wegfall oder Änderung der Geschäftsgrundlage und für fehlerhafte Dauerschuldverhältnisse zu entwerfen (HORN, Vertragsdauer, in: BMJ [Hrsg], Gutachten und Vorschläge zur Überarbeitung des Schuldrechts Bd 1 [1981] 551 ff; ders ua, Die Anpassung langfristiger Verträge – Vertragsklauseln und Schiedspraxis [1984]; NICKLISCH JZ 1984, 757; vgl auch JÜRGEN BAUR, Vertragliche Anpassungsregelungen [1983]; STEINDORFF ZHR 148, 271).

2. Kodifikation und Dynamik

A 94 Die inzwischen abgeschlossene Reformdebatte im Geschäftsbesorgungsrecht hat gezeigt, daß jedenfalls im allgemeinen Geschäftsbesorgungsrecht der §§ 675, 611 ff, 631 ff, 663 ff **kein dringender gesetzgeberischer Handlungsbedarf** auszumachen ist. Das gesetzliche Regelungsprogramm des allgemeinen Geschäftsbesorgungsrechts genügt in seiner Breite und Weite als dogmatisch-konstruktive Basis für die Erfassung des Subordinationsvertrages, der als eigenständiger Grundtypus von den anderen Grundtypen, vom Koordinations-, vom Koalitions- und vom Konföderationsvertrag, zu unterscheiden ist (so Rn A 37 ff) und der in Form des „geschäftsbesorgerischen Kerns" (so Rn A 57) eine eigenständige angemessene und ausreichende normative Erfassung erfahren hat. Gewiß wäre es begrüßenswert, wenn in Umkehrung der unglücklichen Systematik des BGB der 10. Titel im 7. Abschnitt des 2. Buches, der heute den unentgeltlichen Auftrag regelt, der entgeltlichen Geschäftsbesorgung gewidmet und für das unentgeltliche Auftragsrecht eine Verweisungsregelung getroffen würde. Auf diese Weise würde § 675 aus seiner obskuren Randlage befreit und der allgemeine Geschäftsbesorgungsvertrag seiner Bedeutung gemäß aufgewertet. Indes begründet ein solches **kodifikationskosmetisches Anliegen** keinen dringenden Interventionsbedarf des Gesetzgebers, denn sachlich-inhaltliche Änderungen für das Regelungswerk selbst sind damit nicht verbunden. Insoweit kann der Gesetzgeber schwerlich mehr tun als im BGB getan ist; das normative Entwicklungspotential des allgemeinen Geschäftsbesorgungsvertrages erscheint vorläufig kodifikatorisch ausgeschöpft. Erst hinter dem rechtswissenschaftlichen Horizont eröffnen sich neue Perspektiven für das allgemeine Geschäftsbesorgungsrecht durch die neuere **Theorie des Relationalvertrages** (su Rn A 155 ff), die aber zunächst und noch für lange Zeit Wissenschaft und Praxis beschäftigen werden, bevor dem Gesetzgeber konkrete Interventionen vorgeschlagen werden können.

A 95 Anders ist die Lage im Recht der besonderen Geschäftsbesorgungsverträge (dazu u B – E), die sich zumeist als Untertypen des allgemeinen Geschäftsbesorgungsvertrages darstellen und bei denen die **normativen Entwicklungspotentiale** ebenso unlimitiert sind wie die Möglichkeiten weiterer tatsächlicher Änderungs- und Ausdifferenzierungsprozesse in der Rechtswirklichkeit. Schon seit Inkrafttreten des BGB haben sich die besonderen Geschäftsbesorgungsverträge, für die vorher jahrhundertelang der Rechtsanwaltsvertrag und der Handelsvertretervertrag (Handlungsagentenvertrag) die zentrale Paradigmen bildeten, sprunghaft vermehrt. Man denke an die zahlreichen Erscheinungsformen der Bank- und Finanzierungsverträge (su Teil B, Rn B 1 ff), an die Beratungs-, Betreuungs- und Verwaltungsverträge (su Teil C, Rn C 1 ff) oder an die modernen Vertriebs- und Zulieferverträge (su Teil D, Rn D 1 ff). Die zunehmende Verfeinerung der Arbeitsteilung und Aufgliederung der Produktions- und Kommunikationsprozesse in Wirtschaft und Gesellschaft wird auch weiterhin durch Innovation, Spezialisierung und Sublimierung des besonderen Geschäftsbesorgungsrechts für Dynamik und Veränderung sorgen. Es versteht sich, daß die **kommerzielle und private Vertragspraxis** im Bereich wiederkehrender, sich typisierender Interessenkonstellationen um eine ständige Weiterentwicklung der Ausgestaltung der einzelnen besonderen Geschäftsbesorgungsverträge in **Anpassung an die sich ändernden Bedürfnisse und Ziele** bemüht sein muß. Jüngere Beispiele hierfür sind der Franchisevertrag und der Just-in-time-Vertrag mit Qualitätssicherungsvereinbarung (su Rn D 1 ff), der Managementvertrag (su Rn C 86 ff), der Factoringvertrag (su Rn B 119 ff) und die Kreditkartenverträge (su Rn B 59 ff). Es ist nicht übertrieben zu sagen, daß manche der besonderen Geschäftsbesorgungsverträge die bundesdeutsche Wirtschaft **lawinenartig überrollt** haben. Dabei ist charakteristisch, daß sie sich in Schüben entwickelt haben und weiterentwickeln. Auf ausgeprägte Boom-Phasen folgen Stagnationen oder zumindest Retardationen, die immer wieder in **innovatorische Weiterentwicklungen** münden, so daß sich verschiedene „Generationen" der einzelnen Geschäftsarten etwa des Franchising, des Factoring, des Management- oder der Kreditkartenverträge unterscheiden lassen (vgl Martinek, Moderne Vertragstypen Bd I [1991] 8 ff). Die Prozesse der Ausdifferenzierung und der Bildung von Untertypen vollziehen sich dabei schnell, unvorhersehbar und kaum steuerbar, wie das die Rechtsordnung früher kaum gekannt hat.

Im Recht der besonderen Geschäftsbesorgungsverträge **differieren die gesetzgeberi-** A 96 **schen Aktivitäten** stark, soweit die **traditionsreichen** Vertragstypen betroffen sind. Im Handelsvertreterrecht etwa sieht sich der Gesetzgeber häufig zu Änderungen und Anpassungen der umfassenden vertragsrechtlichen Regelungen aufgerufen. In anderen Gebieten wie im Rechtsanwalts- und Bankvertragsrecht beläßt er es weithin bei aufsichts- bzw rahmenrechtlichen Vorgaben. Auffallend ist jedoch, daß sich der Gesetzgeber im Bereich der **modernen** Geschäftsbesorgungsverträge alles in allem passiv verhält und die Entfaltung des normativen Entwicklungspotentials der Rechtsprechung, der Rechtswissenschaft und den beteiligten Verkehrskreisen überläßt (Martinek, Moderne Vertragstypen Bd I [1991] 10 ff sowie Bd III [1993] 386 ff). Das „kontinentale Kodifikationspostulat" (Schwark JZ 1980, 741; Karsten Schmidt, Die Zukunft der Kodifikationsidee [1985] insbes 67 ff) mit seiner Idealvorstellung, daß die Rechtsverkehrsteilnehmer ihre Rechte und Pflichten im wesentlichen dem geschriebenen Recht entnehmen können, ist im Bereich vieler neuerer Geschäftsbesorgungsverträge ein oft wiederholter, aber bislang unerhörter Appell der Wirtschafts- und Verbraucherverbände geblieben (Kramer, in: Kramer [Hrsg], Neue Vertragsformen der Wirtschaft [2. Aufl 1992] 23 ff, 42 ff mit der Klage über einen „empfindlichen Normenmangel" und einem „Appell an den Gesetzgeber"). So sehr solche Verträge geeignet sind, Impulse und Zielvorgaben, Verfeinerungen der Arbeitsteilung und rationellere Konzepte der Produktions-,

Dienstleistungs- und Kapitalbewegungen in einer dynamischen Marktwirtschaft aufzugreifen und praxisnah vertragsrechtlich zu kanalisieren, so sehr führen sie doch
auch zu **Unsicherheiten und Verlegenheiten bei der Rechtsanwendung**.

A 97   Die **Enthaltsamkeit des Gesetzgebers** auf dem Gebiet des modernen Geschäftsbesorgungsrechts wie dem Recht des Franchising, des Factoring, der Kreditkartenverträge, der Management- oder der Just-in-time-Verträge ist leicht erklärlich, ja in der
Tat **geboten**. Dem Gesetzgeber kann keinerlei Vorwurf daraus gemacht werden, daß
er im Recht der modernen Geschäftsbesorgungsverträge die Initiative für eine normative Institutionalisierung im wesentlichen der Rechtsprechung, der Rechtswissenschaft und den beteiligten Verkehrskreisen überläßt. Wie etwa das Factoring, das
Franchising, die Kreditkarten- oder jüngst die Just-in-time-Verträge zeigen, müssen
sich solche Verträge mit dominierender geschäftsbesorgungsvertraglicher Komponente auch in ihrer Verkehrstypik durch langjährige praktische Übungen, kautelarjuristische Erprobungen und gerichtliche Auseinandersetzungen erst konturieren,
bevor sie in verallgemeinernder Weise klassifikatorisch erfaßt und dogmatisch-konstruktiv in allen regelmäßigen Einzelheiten systematisiert werden können. Eine zu
frühe kodifikatorische Festschreibung könnte eine kraftvoll dynamische, den wirtschaftlichen Bedürfnissen angepaßte Typenentwicklung sogar pathologisieren (Martinek, Moderne Vertragstypen Bd I [1991] 11).

A 98   Die dogmatisch-konstruktive Erfassung und vertragsrechtliche Behandlung der
modernen Geschäftsbesorgungsverträge stellt die deutsche Rechtsordnung vor vielfältige und nur schwer lösbare Probleme, die nicht am „grünen Tisch" durch
gesetzgeberische Rechtsfolgenanordnungen dezisionistisch erledigt werden können.
Darauf deutet schon der **anglo-amerikanische Ursprung** der genannten Verträge hin,
der es nicht einfach macht, sie nach ihrer transatlantischen Invasion in unserem
Zivil- und Wirtschaftsrecht zu beheimaten. Bekanntlich ist der Common-Law-
Rechtskreis im Vertragsrecht von der römisch-rechtlichen Vertragstypologie und
ihrer Dogmatik weithin unberührt geblieben und hat sich von jeher stärker an den
von der Wirtschaftspraxis ausgeformten empirischen Gestalttypen von Verträgen
orientiert. Dies ermöglicht dem anglo-amerikanischen Rechtsdenken einen ungleich
pragmatischeren Zugriff auf die konkreten Rechtsprobleme und eine weniger pan-
dektistisch gefärbte Bewältigung neuerer Formen von Geschäftsbesorgungsverträgen. Im Recht der **modernen Geschäftsbesorgungsverträge begegnen sich zwei Rechts-
kulturen**, die von unterschiedlichen Prinzipien regiert werden (vgl Martinek, Moderne
Vertragstypen Bd I [1991] 8 ff). Mit jenen Verträgen dringen zugleich anglo-amerikanische Formen normativer Ordnungs-, Regelungs-, Steuerungs- und Entwicklungspro-
gramme in unsere Rechtskultur ein. Das zeigt nicht zuletzt die internationale
Debatte über die Relationalverträge (su Rn A 155 ff). Die **Kodifikationslosigkeit im
modernen deutschen Geschäftsbesorgungsrecht** und die Bedeutung höchstrichterlicher
Grundsatzentscheidungen auf diesem Gebiet verweist mithin auf tiefliegende rechts-
kulturelle Verwerfungen. Das anglo-amerikanische *legal thinking*, das vor allem
geprägt ist vom Empirismus und Historismus als wissenschaftstheoretischer Grundlage sowie von einer *try and error*-Methode bei der Ausformung optimaler und
sozio-ökonomisch funktionaler Rechtsinstitute (Zweigert/Kötz, Einf i d Rechtsvergleichung Bd I [2. Aufl 1984] 210 ff; Martinek JuS 1984, 92), bedrängt und befruchtet im Recht
der modernen Geschäftsbesorgung die klassisch-hermeneutischen Traditionen des

deutschen Zivilrechts. Dies bindet dem deutschen Gesetzgeber weitgehend die Hände.

3. Diskurstheorie

Freilich ist eine **Rechtsinstitutionalisierung** im modernen Geschäftsbesorgungsrecht **A 99** unerläßlich, damit dem Rechtsverkehr verläßliche normative Handlungs- und Entscheidungsrahmen zur Verfügung gestellt werden, das Zulässige vom Unzulässigen gesondert und Recht von Unrecht abgegrenzt wird. Was die Parteien an Rechten und Pflichten vereinbaren und oft zu einem hochkomplexen Organismus von gegenseitig einforderbaren Verhaltensweisen zusammenfügen, bedarf auch und gerade bei regelmäßiger Wiederkehr solcher Programme der normativen Würdigung. Der Rechtsverkehr wünscht, was die Praxis einen „Rechtsrahmen" nennt. Bei jeder neuen „Klausel", die für die wirtschaftlichen Ziele zumindest einer der Parteien als angemessen empfunden wird, stellt sich für die Verkehrsteilnehmer die Frage, ob sie „rein rechtlich" zulässig ist. Die modernen Geschäftsbesorgungsverträge müssen von den Rechtsverkehrsteilnehmern als **juristisch berechenbare und unternehmerisch praktikable Instrumente** in Übereinstimmung mit Recht und Gesetz gebracht werden. In vielen Fällen hat sich bereits ein eindrucksvoller Prozeß der Integration in unsere Rechtsordnung und der Rechtsinstitutionalisierung vollzogen, der jedoch etwa im Vertriebsvertragsrecht oder im Recht der Finanzierungsverträge – aufgrund der ständigen Innovationsimpulse – kaum je zum Abschluß kommen wird.

Die integrative Rechtsinstitutionalisierung der modernen Geschäftsbesorgungsver- **A 100** träge mit ihren vielfach komplizierten wirtschaftlichen und rechtlichen Hintergründen und Zielsetzungen muß sich offenbar notwendig in einem **pluralistischen diskursiven Rechtsentwicklungsprozeß** vollziehen, an dem alle Beteiligten, Rechtsprechung, Kautelarjurisprudenz, Rechts- und Wirtschaftswissenschaften teilhaben (dazu ausf FEZER, Teilhabe und Verantwortung [1986] 326 ff; ders JZ 1985, 762 sowie ders JuS 1993, 103; MARTINEK, Moderne Vertragstypen Bd I [1991] 29 ff und Bd III [1993] 386 ff). Hierauf baut die sog **Diskurstheorie zur Rechtsinstitutionalisierung moderner Vertragsformen** auf, die sich insbesondere auf Geschäftsbesorgungsverträge bezieht. Die **betroffenen Verkehrskreise** wirken an diesem Diskurs zur Rechtsintegration und -institutionalisierung durch die kautelarjuristische Formulierung ihrer wirtschaftlichen Ziele und Interessen mit. Die **Parteien und ihre Rechtsberater** repräsentieren den privatautonomen Gestaltungswillen bezüglich der Vertragswirklichkeit, den der Rechtsanwender zuerst zu respektieren, hierfür aber zu analysieren und zu würdigen hat. Den kautelarjuristischen Rechtsumgehungsstrategien müssen freilich Rechtsprechung und Rechtswissenschaft immer wieder die Ordnungsfunktion und Gestaltungsaufgabe des Rechts entgegensetzen (GROSSFELD, Zivilrecht als Gestaltungsaufgabe [1977]). Die **Mitwirkung der Wirtschaftswissenschaften** am diskursiven Rechtsentwicklungsprozeß ist heute vielfach unerläßlich, weil die Interessen und Ziele der Vertragsparteien einer **betriebs- und volkswirtschaftlichen Analyse** zugeführt werden müssen, damit die für die rechtliche Würdigung bedeutsamen empirischen Daten und hermeneutischen Materialen vollständig werden. Erst in wirtschaftswissenschaftlichem Licht werden vielfach Motivationen, Intentionen und Interessen der Vertragsparteien in voller Tiefenschärfe erkennbar; viele Mißverständnisse über Rechtsfragen der modernen Geschäftsbesorgungsverträge folgen allein aus Unklarheiten über empirische Fakten. Die am diskursiven Rechtserkenntnis- und -entwicklungsprozeß mitwirkende

Rechtswissenschaft hat die Normativität und Legitimität der modernen Geschäftsbesorgungsverträge im einzelnen zum Gegenstand. Aufgabe und Auftrag der auf Begriffs- und Systembildung angelegten Rechtswissenschaft ist es, Kautelarjurisprudenz und Rechtsprechung kritisch zu begleiten und anzuleiten, die Ergebnisse der wirtschaftswissenschaftlichen Analyse rechtlich aufzubereiten und fruchtbar zu machen sowie nicht zuletzt dogmatisch-konstruktive Erfassungsvorschläge für die einzelnen Vertragsformen zu formulieren, um in widerspruchsfreier Sprache und in schlüssigen Gedankengebäuden die Grundlagen für die juristische Verständigung und Nachprüfung zu schaffen. Dies ermöglicht es, Rechtsinstitute eingreifen zu lassen, Vorschriften zur Anwendung zu bringen und die zivilrechtsdogmatische Ausformung eines Vertragstyps voranzutreiben. Die **Rechtsprechung** schließlich ist zur Umsetzung der rechtswissenschaftlichen Erkenntnisse in den rechtlich zu würdigenden Einzelfällen aufgerufen. Der von der Rechtswissenschaft tatkräftig angeleiteten und unterstützten Rechtsprechung kommt eine Schlüsselposition im diskursiven Rechtsentwicklungsprozeß zu. Die betroffenen Verkehrskreise, die Kautelarjurisprudenz, Rechts- und Wirtschaftswissenschaften sowie die Rechtsprechung sind danach für das **diskursive Rechtserkenntnisverfahren** im Recht der modernen Geschäftsbesorgungsverträge die wichtigsten Stützen der „Rechtsfindungsgemeinschaft" (Fezer, Teilhabe und Verantwortung [1986] 326 ff; ders JZ 1985, 762 sowie ders JuS 1993, 103).

IV. Rechtsvergleichung

Schrifttum

ALBRECHT, Vollmacht und Auftrag – eine historische und rechtsvergleichende Studie (1970)

BERNER KOMMENTAR zum Schweizer Zivilgesetzbuch, Band IV, Obligationenrecht, 2. Abt, 4. Teilbb (3. Aufl 1971)

BARBERO, in: Sistema del diritto privato italiano II (1965) 449

BÉNABENT, Droit civil – Les contrats spéciaux (1993)

BURDESE, in: Manuale di diritto privato italiano (1974) 503

COING, Die Treuhand kraft privaten Rechtsgeschäfts (1973)

DAVID/GRASSMANN, Die großen Rechtssysteme der Gegenwart (2. Aufl 1988)

DECUPIS, in: Istituzioni di diritto privato (1980), 395

FERID, Das Französische Zivilrecht, Erster Band (2. Aufl 1986)

FRIDMAN, The Law of Agency (London 4. Aufl 1976)

GALGANO, in: Diritto commerciale (1980) 156

GAUTSCHI, Auftrag und Geschäftsführung in der Schweiz (Zürich 2. Aufl 1960)

GIORDANO, Mandato – commissione – spedizione (1969)

GMUER, Das BGB und das schweizerische OR (1965)

GRAZIADEI, „Mandato" in: Rivista di diritto civile parte II (1991) 759

GSCHNITZER, Lehrbuch des österreichischen bürgerlichen Rechts, Schuldrecht – Besonderer Teil und Schadenersatz (Wien 1963)

GUHL, Das Schweizerische Obligationenrecht (Zürich 8. Aufl 1991)

HANBURY, The Principles of Agency (London 2. Aufl 1960)

KAPFER/DITTRICH/TADES, Das Allgemeine Bürgerliche Gesetzbuch (Wien 31. Aufl 1980)

KOZIOL/WELSER, Grundriß des bürgerlichen Rechts, Band 1, Allgemeiner Teil und Schuldrecht (Wien 1985)

LANGENBACH, Grundzüge des Law of Agency (Leipzig 1928)

LARROUMET, Droit Civil – les obligations, le contrat (Paris 2. Aufl 1990)

MALAURIE/AYNÉS, Cour de droit civil – les contrats spéciaux, (Paris 2. Aufl 1988)

MIRABELLI, Dei singoli contratti, in: Commentario del codice civile, libro IV tomo III (1968) 548 u tomo IV (1968) 755

MÜLLER-FREIENFELS, Stellvertretungsregelungen in Einheit und Vielfalt (1982)

ders, Die „Anomalie" der verdeckten Stellvertretung (undisclosed agency) des englischen Rechts, RabelsZ 17 (1952), 578 ff, 18 (1953) 12 ff

MUSIELAK, Entgeltliche Geschäftsbesorgung, in: BMJ (Hrsg), Gutachten und Vorschläge zur Überarbeitung des Schuldrechts, Bd II (1981), 1209

D NÖRR/S NISHIMURA (Hrsg), Mandatum und Verwandtes – Beiträge zum römischen und modernen Recht (1993)

OSER/SCHÖNENBERGER, Kommentar zum Schweizerischen Zivilgesetzbuch, Bd 5, Das Obligationenrecht, 2. Halbb (Zürich 1936)

PÉTEL, Les obligations du mandataire (Paris 1988)

PITLO, Het Nederlands Burgerlijk Wetboek, Deel 3 A (Arnhem 1979)

REYNOLDS, Bowstead on Agency (London 15. Aufl 1985)

DE RUGGIERO/MAROI, Istituzioni del diritto privato II (Mailand 8. Aufl 1958)

RUMMEL, Kommentar zum Allgemeinen bürgerlichen Gesetzbuch in zwei Bänden, Bd 1 (Wien 1983)

SANTAGATA, Commentario del Codice civile, 4. Buch – delle obligazioni, 4. Band, Del mandato (Bologna 1985)

SCHNITZER, Vergleichende Rechtslehre, Band 2 (Basel 1961)

SCHÖNENBERGER/JÄGGI, Obligationenrecht, Kommentar zur ersten und zweiten Abteilung, Teilband V 1a (Zürich 1973)

TORRENTE/SCHLESINGER, Manuale di diritto privato (Mailand 12. Aufl 1985 u 13. Aufl 1991)

TRABUCCHI, Istituzioni di diritto civile (Padua 25. Aufl 1981)

TRIMARCHI, Istituzioni di diritto privato (Mailand 3. Aufl 1977)

TYRELL, Fiduziarische Geschäftsführungsverhältnisse im englischen Recht (1933)

vBÜREN, Schweizerisches Obligationenrecht, Besonderer Teil (Art 184 – 551) (Zürich 1972)

WÜRDINGER, Geschichte der Stellvertretung in England (Marburg 1933)

ZWEIGERT/KÖTZ, Einführung in die Rechtsvergleichung, Band 1: Grundlagen, Band 2: Institutionen (2. Aufl 1984)

1. Allgemeines

Der Geschäftsbesorgungsvertrag nimmt im deutschen Schuldvertragsrecht eine Son- **A 101** derstellung ein, die in den Rechtsordnungen unserer Nachbarländer **nur vage Entsprechungen** findet. Dies betrifft zwar nicht die überall immense praktische Bedeutung dieses Vertragstyps und seiner Unterformen in der Rechtswirklichkeit, wohl aber seine **dogmatisch-konstruktive Erfassung**. Der ausschließlich im deutschen Recht sogenannte Geschäftsbesorgungsvertrag umfaßt jede rechtsgeschäftliche, rechtsgeschäftsähnliche oder tatsächliche, aber stets wirtschaftliche und entgeltliche Tätigkeit mit Vermögensbezug, die von einem weisungsabhängigen und zur Interessenwahrung verpflichteten Geschäftsbesorger selbständig und fremdnützig ausgeführt wird; dabei stellt die Stellvertretung kein Begriffs- bzw typologisches Qualifikationsmerkmal dar (so Rn A 48). Zu diesem Typus des Geschäftsbesorgungsvertrags findet sich in keiner anderen Rechtsordnung eine unmittelbare Parallele. Es ist auch keineswegs einfach, ein **funktionelles Pendant** in den Rechtsordnungen der Schweiz, Österreichs, Frankreichs, Italiens und Englands aufzuspüren. Während in den anderen Rechtsordnungen der auf entgeltliche Geschäftsbesorgung gerichtete Vertrag bis zur Konturenlosigkeit verschwommen oder von anderen Rechtsinstituten aufgesogen ist, spielt das deutsche Privatrecht in der dogmatischen Ausformulierung des eigenständigen, durch weisungsgebundene Interessenwahrung gekennzeichneten

Geschäftsbesorgungsvertrags mit seinem Subordinationscharakter und seinem „hinkenden" Synallagma eine Vorreiterrolle. Damit hat die deutsche Doktrin zum Geschäftsbesorgungsrecht gleichsam aus der Not eine Tugend gemacht. Denn jene Vorreiterrolle hatte sich bei Inkrafttreten des BGB noch keineswegs abgezeichnet, als man im dort geregelten Auftrags- und Geschäftsbesorgungsrecht „eine übertrieben romanisierende Tendenz" beobachtete, der gegenüber schon „die Aufklärungsgesetzbücher mehr Konzessionen an die praktischen Bedürfnisse der Zeit" gemacht hatten (so H HONSELL, Römisches Recht [2. Aufl 1992] 140).

A 102   Ein rechtsvergleichender Blick in die Nachbarrechtsordnungen führt deutlich vor Augen, daß der deutsche Geschäftsbesorgungsvertrag lediglich einen **Ausschnitt aus einem weiträumigen Komplex** juristisch höchst verschiedener Handlungsformen erfaßt, die sich nur unter einer sehr pauschalen Überschrift wie „Handeln für Dritte" (SCHNITZER, Vergleichende Rechtslehre Bd 2, 655; ZWEIGERT/KÖTZ, Einführung in die Rechtsvergleichung Bd 2, 118) oder „Tätigkeiten für andere" (FERID, Das französische Zivilrecht Bd 1 Kap 2 H; LARENZ, SchuldR II/1 § 56) zusammenfassen lassen. Die Fruchtbarkeit einer derart **umfassenden systematischen Kategorie** ist freilich zweifelhaft, denn ein **„Handeln für Dritte"** kann sich etwa rechtsgeschäftlich, rechtsgeschäftsähnlich oder gar nur tatsächlich vollziehen, mit oder ohne Vollmacht, in eigenem oder fremden Namen, offen oder verdeckt, im eigenen oder fremden Interesse, für eigene oder fremde Rechnung, abhängig oder selbständig, tätigkeits- oder erfolgsbezogen, entgeltlich oder gratis. „Eigenart dieses Gebietes ist, daß die Abgrenzung des Gebiets im ganzen und die Untereinteilung überaus zweifelhaft sind. Selbst die Terminologie steht nicht ganz fest" (so SCHNITZER, Vergleichende Rechtslehre Bd 2, 656). Die verschiedenen Handlungsformen lassen sich in einer Privatrechtsordnung unterschiedlich kombinieren und damit auch systematisieren, so daß sich unter der Überschrift des Handelns für Dritte in den einzelnen Rechtsordnungen sehr unterschiedliche Rechtsfiguren versammeln können. Die deutsche Rechtsordnung ist hierbei einen besonders eigenwilligen, aber erfolgreichen Weg gegangen: als wichtigster Ausschnitt aus dem weiten Feld des Handelns für Dritte ist der (entgeltliche) Geschäftsbesorgungsvertrag als eigenständiger Vertragstyp mit zentraler und fundamentaler vertragstypologischer Bedeutung dogmatisch-konstruktiv aufbereitet worden, dessen Eigenarten in anderen Rechtsordnungen durch **unterschiedliche Kombinationen der Handlungsformen für Tätigkeiten im Drittinteresse** eher verschüttet werden. Bereits die grundlegende Systematik des BGB zu Auftrag und Geschäftsbesorgung weicht erheblich von den Rechtsordnungen der Nachbarländer ab. Die Differenzen sind schon zu anderen Systemen des **germanischen Rechtskreises** wie denen der Schweiz und Österreichs unübersehbar. Tiefer noch sind die Gräben, die das deutsche Geschäftsbesorgungsrecht von den funktionalen Äquivalenten in den **romanischen Rechtsordnungen** trennen. Im **Common-Law-Rechtskreis** stößt der Rechtsvergleicher nur noch mit Mühe auf Parallelen zum deutschen Geschäftsbesorgungsrecht. Die Lösung der rechtsvergleichenden Qualifikationsprobleme stellt mithin besondere Anforderungen an die Kenntnis der einschlägigen Systembegriffe.

A 103   Das römisch-rechtliche Axiom *„mandatum nisi gratuitum nullum est"* hat in den benachbarten Rechtsordnungen keine Anerkennung gefunden; nirgendwo sonst als im BGB ist die **Unentgeltlichkeit konstitutives Begriffsmerkmal** des Auftrags. Demgemäß sind in den Nachbarrechtsordnungen die unserem Auftrags- und Geschäftsbesorgungsrecht entsprechenden Institute miteinander verschmolzen. Auch wird nirgendwo sonst die Trennung zwischen **Auftrag/Geschäftsbesorgung (Innenverhältnis)** einerseits und **Bevollmächtigung/Vertretung (Außenverhältnis)** andererseits derart strikt durchgeführt wie im deutschen Recht. Insoweit lassen sich die kontinentalen Rechtsordnungen in Familien einteilen, die – graduell unterschiedlich – entweder dem **Trennungsprinzip** (so Deutschland, Schweiz, Italien, Niederlande) oder aber dem **Verbindungsprinzip** (so Frankreich, Belgien, Luxemburg, Österreich) folgen. Abweichende Regelungen finden sich in den Nachbarrechtsordnungen aber auch zu den Problemkreisen der „freien Widerruflichkeit" des Geschäftsbesorgungsvertrags, der Schadensersatzansprüche des Geschäftsführers, des Vermögensschutzes des Geschäftsherrn sowie zur Frage des Verhältnisses zwischen direkter und indirekter Stellvertretung im Geschäftsbesorgungsrecht.

Bei allen Unterschieden in der dogmatischen Aufbereitung und rechtlichen Ausge- **A 104** staltung läßt sich indes eine wichtige Gemeinsamkeit im Geschäftsbesorgungsrecht der einzelnen Rechtsordnungen gleichsam als **kleinster gemeinsamer Nenner** ausmachen. Diese Gemeinsamkeit verdeutlicht letztlich, daß der Geschäftsbesorgungsvertrag eine fundamentale Rechtsfigur darstellt, die unabhängig von ihrer rechtstechnischen Konstruktion und ihren historischen Entwicklungen gewisse **gleichbleibende genetische Mindestmerkmale** aufweist. Das zentrale Moment der Gemeinsamkeit, das freilich in Ausgestaltung, Festigkeit und Umfang variieren kann, ist **die Gebundenheit des Geschäftsbesorgers an die Weisungen und die Interessen des Prinzipals, die Fremdnützigkeit und der Subordinationscharakter der Geschäftsbesorgung.** Wie ein roter Faden durchzieht dieser Subordinationscharakter der Geschäftsbesorgung die einschlägigen Regelungsprogramme auch der Nachbarrechtsordnungen bis hinein in Einzelfragen wie die der Absicherung des Auftraggebers vor einer Insolvenz seines Mandatars im Rahmen verdeckter Vertretung. Freilich wird wegen der tendenziellen Verschmelzung von unentgeltlichem Auftrag und entgeltlicher Geschäftsbesorgung sowie von Innen- und Außenverhältnis in vielen Rechtsordnungen die zentrale und fundamentale vertragstypologische Stellung der entgeltlichen Geschäftsbesorgung nicht immer deutlich.

2.   Schweiz

a)   Das System des Auftragsrechts

Das deutsche BGB erschließt das Geschäftsbesorgungsrecht gesetzestechnisch **A 105** zuerst über das Recht des unentgeltlichen Auftrags, §§ 662, 675, sodann über das Dienst- und Werkvertragsrecht, §§ 611, 631 ff, das als spezielles entgeltliches Auftragsrecht verstanden werden kann, um aber über den „Verweisweg" einen letztlich eigenständigen Vertragstypus der entgeltlichen Geschäftsbesorgung mit einem besonderen, engen Geschäftsbesorgungsverständnis vorzuzeichnen. Auch das schweizerische Obligationenrecht (OR) von 1911 wählt das Auftragsrecht zum Ausgangspunkt für die Regelung der vertraglichen Tätigkeiten für andere, gelangt aber zu einer abweichenden Ordnung dieser Tätigkeiten einschließlich derjenigen, die dem Geschäftsbesorgungsverständnis unseres § 675 entsprechen. In den Art 394 – 406 OR findet sich der „einfache Auftrag" geregelt. „Durch die Annahme eines Auftrages verpflichtet sich der Beauftragte, die ihm übertragenen Geschäfte oder Dienste vertragsgemäß zu besorgen" (Art 394 Abs 1). Der Auftrag ist mithin Geschäfts- oder Dienstbesorgung. Er kann entgeltlich oder unentgeltlich sein; nach Art 394 Abs 2 ist eine Vergütung zu leisten, „wenn sie verabredet oder üblich ist".

Die Gesetzgebung der Schweiz ist bewußt von der „wenig glücklichen Methode des BGB" abgerückt, den Auftrag als wesenstypisch unentgeltlich zu kennzeichnen (SCHNITZER, Vergleichende Rechtslehre Bd 2, 657; vgl auch GMUER, Das BGB und das schweizerische OR 155; BernerKomm/GAUTSCHI 88). Dabei hat das schweizerische Privatrecht die Gewährung eines **klagbaren Vergütungsanspruchs** des Mandatars bei einer Entgeltlichkeit des Auftrags im OR als „einen schwerwiegenden Eingriff in die klassische Mandatsstruktur" empfunden (BernerKomm/GAUTSCHI 100). Das frühere gemeinrechtliche und heute noch deutsch-rechtliche Moment der Unentgeltlichkeit des Auftrags (*mandatum nisi gratuitum nullum est*), dem auch das schweizerische Recht früher folgte, stellt den interessenwahrenden und fremdnützigen Charakter der Primärpflichten des Geschäftsbesorgers außer Zweifel. Mit der (möglichen) Entgeltlichkeit des Auftrags tritt ebenso wie im deutschen Geschäftsbesorgungsrecht das Strukturmerkmal der gegenseitigen Verpflichtung (Synallagma) zutage. Es führt allerdings **nicht zu einem reinen Austauschcharakter** des Vertrages (Koordination), sondern beläßt ihm den **dominanten Interessenwahrungscharakter (Subordination).** Es ist aber im schweizerischen wie im deutschen (entgeltlichen) Geschäftsbesorgungsrecht gegenüber dem unentgeltlichen Auftragsrecht eine „Verschiebung der Interessenlage" zu Lasten des Auftraggebers zu vermerken (GAUTSCHI, Auftrag und Geschäftsführung 10), denn durch die Entgeltlichkeit seiner weisungsgebundenen interessenwahrenden und fremdnützigen Tätigkeit gewinnt der Beauftragte – vom Vertragsschluß bis zur Kündigung – an Rechtsmacht durch erweiterte Gestaltungs- und Handlungsmöglichkeiten.

A 106 Der **einfache Auftrag** der Art 394 ff OR umfaßt auf der Grundlage eines einheitlichen, weiten Geschäftsbesorgungsbegriffs sowohl unser Auftrags- wie unser Geschäftsbesorgungsrecht. Vorangestellt sind den Vorschriften des „einfachen" Auftragsrechts im OR Regelungen zu anderen Verträgen über Tätigkeiten, nämlich zum (Individual-)Arbeitsvertrag (Art 319 – 355 OR), zum Werkvertrag (Art 363 – 379 OR) und zum Verlagsvertrag (Art 380 – 393 OR). Nachgestellt sind den allgemeinen, „einfachen" auftragsrechtlichen Vorschriften Sonderregelungen zu handelsrechtlichen Auftragsarten in den Art 407 ff OR, da das schweizerische Zivilrecht ein eigenständiges Handelsgesetzbuch nach dem Zuschnitt des deutschen HGB nicht kennt, sondern das vertragliche Handelsrecht in das Obligationenrecht als Kodifikation des bürgerlichen Vertragsrechts integriert. Zu diesen **besonderen Auftragsarten** gehören der Kreditauftrag, der Maklervertrag, der Agenturvertrag, der Kommissions- und der Speditionsvertrag sowie der Frachtvertrag.

A 107 Die systematische Stellung der Art 394 ff OR läßt bereits erkennen, daß der „einfache Auftrag" im schweizerischen Privatrecht die Bedeutung eines allgemeinen Vertrages zur Erfassung entgeltlichen und unentgeltlichen Handelns für Dritte hat. Er ist der **allgemeine „Arbeitsvertrag"** des schweizerischen Rechts; so nennt das OR den Dienstvertrag im weitesten Sinne. Von diesem Ansatzpunkt her erklärt sich Art 394 Abs 2 OR, wonach „Verträge über Arbeitsleistungen, die keiner besonderen Vertragsart dieses Gesetzes unterstellt sind, ... den Vorschriften über den Auftrag (unterstehen)". Die Vorschrift des Art 394 OR verwendet die Begriffe „Arbeitsleistung" und „Geschäfts- oder Dienstbesorgung" praktisch synonym im Sinne einer Tätigkeit für einen anderen jedweden Inhalts und jedweder rechtlicher Ausgestaltung. Anders als im deutschen Recht unterscheidet sich im schweizerischen Recht die Geschäftsführung mit Auftrag (Art 394 OR) von der ohne Auftrag (Art 419 – 424

OR) nur durch den Abschluß des Mandatskontraktes, ansonsten kann sie **dasselbe Tätigkeitsspektrum** des Geschäftsführers abdecken. Dies wird auch durch den Verweis des Art 424 OR auf die Art 394 ff OR deutlich (GAUTSCHI, Auftrag und Geschäftsführung 21; GUHL, Das Schweizerische Obligationenrecht § 49 IV). **Wirtschaftlichkeit und Vermögensbezug** der Tätigkeit sind anders als im deutschen Recht nicht für den Geschäftsbesorgungsvertrag charakteristisch.

Bei diesem weiten Verständnis der Arbeit und des Arbeitsvertrags, das ohne weiteres unsere Aufträge, Geschäftsbesorgungs-, Werk- und Dienstverträge umfaßt, trifft **A 108** das schweizerische Recht auch im Grundsatz keine Unterscheidung zwischen freiem Dienstvertrag und abhängigem Arbeitsvertrag (vBüren, Schweizerisches Obligationenrecht BT 121 ff; GAUTSCHI, Auftrag und Geschäftsführung 45 ff; BernerKomm/GAUTSCHI 7 ff). In diesem Sinne wird der einfache Auftrag als „die allgemeinste und damit weiteste Form des Arbeitsvertrages" verstanden; er darf mithin nicht als „Anhängsel des Arbeitsrechts" verstanden werden, sondern als dessen „allgemeiner Teil" (vBÜREN, Schweizerisches Obligationenrecht BT 126). Die Anwendbarkeit des allgemeinen Auftragsrechts wird nach Art 394 Abs 2 OR **für subsidiär erklärt**, weil und soweit **spezielle Regelungen** im OR zu **Arbeitsverträgen, Werkverträgen oder besonderen Auftragstypen** einschlägig sind.

Systematisch und dogmatisch stellt die Abgrenzung zwischen der im Auftragsrecht **A 109** enthaltenen entgeltlichen Geschäftsbesorgung und dem Dienst- bzw Werkvertrag „auch im schweizerischen Recht ein ungelöstes Problem dar" (MUSIELAK, Gutachten 1277). Das läßt schon Art 394 Abs 1 OR erahnen, der als **möglichen Inhalt des Auftrags** vorsieht, „Geschäfte oder Dienste vertragsgemäß zu besorgen". Die „Geschäftsbesorgung" stellt sich offenbar gegenüber der „Dienstbesorgung" als der weitere Begriff dar, denn unter Geschäftsbesorgung werden **sämtliche fremdnützigen Tätigkeiten**, unter Dienstbesorgung dagegen zeitlich-gegenständlich beschränkte Handlungen im Drittinteresse verstanden (GAUTSCHI, Auftrag und Geschäftsführung 1). Der (entgeltliche) Arbeitsvertrag mit seiner eigenständigen Regelung in den Art 319 ff OR erscheint systematisch als eine Weiterentwicklung zum einfachen Auftragsrecht (Art 394 Abs 2 OR). Die grundsätzliche Erfassung sowohl abhängiger Arbeit wie auch freier Dienste **im Auftragsrecht als allgemeinem Arbeitsvertragsrecht** (Art 394 Abs 2 OR) erfährt durch die Art 319 ff OR eine starke Relativierung. Denn der in den Art 319 ff OR geregelte „Einzelarbeitsvertrag" und die von den Art 344 ff OR erfaßten „besonderen Einzelarbeitsverträge" gründen im Vorstellungsbild eines abhängigen Arbeitsverhältnisses bzw einer abhängigen Dienstverpflichtung, während der einfache Auftrag in der Rechtswirklichkeit den Prototyp der **Vertragsgestaltung bei Freiberuflern** darstellt. Weil der einfache Auftrag – wie gerade die freiberuflichen Dienste zeigen – auch entgeltlich sein kann (Art 394 Abs 3 OR), können die **Arbeitsverträge im Sinne der „abhängigen Dienstverträge"** (Art 319 ff OR) von einfachen Aufträgen zur Dienstbesorgung (Art 394 ff OR) nicht nach der Entgeltlichkeit bzw Unentgeltlichkeit abgegrenzt werden. Als Abgrenzungsmerkmal wird von der Literatur vorwiegend auf die Einbindung des Verpflichteten in den Organisationsbereich des Arbeitgebers bzw auf die eigenverantwortliche Risikotragung durch den Dienstverpflichteten abgestellt, während die Rechtsprechung besonders auf die Zeitdauer des Vertragsverhältnisses (Lang- bzw Kurzfristigkeit) schaut (vBÜREN, Schweizerisches Obligationenrecht BT 122; GAUTSCHI, Auftrag und Geschäftsführung 49 f, 70; BernerKomm/GAUTSCHI 43 u 85; BGE 60 II 117; BGE 63 II 178; OSER/SCHÖNENBERGER, ZGB-Komm

Art 394, Rn 21). Im einzelnen ist die Abgrenzung streitig, doch läuft die Rechtslage meist darauf hinaus, daß unsere „freien Dienstverträge" dem Recht des entgeltlichen Auftrags unterliegen. Der Auftrag bildet „das Arbeitsrecht der freien Berufe" (GAUTSCHI, Auftrag und Geschäftsführung 49). Vom **gesondert geregelten Werkvertrag** (Art 363 ff OR) wird der Auftrag des Art 394 OR gemeinhin dadurch abgehoben, daß man für den Werkvertrag neben Entgeltlichkeit und Erfolgsbezogenheit der Tätigkeit auch eine „Körperlichkeit" des Leistungsgegenstandes fordert. Der Auftrag ist „schlichtes Versprechen von Tätigkeit gegen Entgelt, ohne von außen herantretende zeitliche Begrenzung (Arbeitsvertrag) und ohne Bedingung einer Körperlichkeit des Arbeitssubstrats (Werkvertrag)" (vBÜREN, Schweizerisches Obligationenrecht BT 126). Im übrigen vermögen Merkmale wie Erfolgs- und Tätigkeitsbezogenheit, Entgeltlichkeit und Unentgeltlichkeit, Körperlichkeit und Unkörperlichkeit, Beschränkung in zeitlicher und/oder gegenständlicher Hinsicht zwar die Tätigkeitsverträge im schweizerischen Recht nach ihrem typologischen Schwerpunkt einzufangen, ermöglichen aber **keine randscharfe Abgrenzung des Auftragsrechts**, denn der einfache Auftrag nach Art 394 ff OR kann sämtliche Tätigkeiten zum Gegenstand haben, die auch Inhalt anderer Verträge über Tätigkeiten im Drittinteresse sein können.

b) Rechtshandlungs- und Tathandlungsauftrag

A 110 Zu den wenigen Gemeinsamkeiten, die das deutsche und das schweizerische Recht im Bereich der entgeltlichen Geschäftsbesorgung teilen und die beide zugleich von den anderen kontinentalen Rechtsordnungen unterscheiden, gehört die Möglichkeit, **sowohl rechtsgeschäftliche und rechtsgeschäftsähnliche wie auch tatsächliche Tätigkeiten** zum Vertragsinhalt zu erheben. Für das deutsche Recht ist dies aus § 675 abzuleiten, der auf alle zulässigen Dienst- und Werkvertragsinhalte verweist; im schweizerischen Recht folgt diese Weite des möglichen Vertragsinhalts mittelbar aus Art 394 Abs 2 OR, der den einfachen Auftrag in seiner Funktion als allgemeinen Vertrag über eine „Arbeitsleistung" iS jeder nur denkbaren Tätigkeit im Drittinteresse hervorhebt. Das „Geschäft" iSd Art 394 OR ist nicht notwendig ein Rechtsgeschäft, sondern kann auch eine rechtsgeschäftsähnliche oder eine rein tatsächliche Handlung sein. In der schweizerischen Dogmatik zum Auftragsrecht wird üblicherweise zwischen **Rechtshandlungs- und Tathandlungsaufträgen** differenziert. Von einem Rechtshandlungsauftrag spricht man, wenn der Auftrag den Erwerb, die Ausübung oder die Übertragung subjektiver Privatrechte für einen anderen zum Gegenstand hat (GUHL, Das Schweizerische Obligationenrecht § 49 I; GAUTSCHI, Auftrag und Geschäftsführung 79; BernerKomm/GAUTSCHI 22). Dabei spielt es keine Rolle, ob der Beauftragte **als unmittelbarer (offener) oder als mittelbarer (verdeckter) Stellvertreter** auftritt. Hierzu gehören das Anwaltsmandat, der Treuhandauftrag und die Vermögensverwaltung, während die Tätigkeiten der Ärzte, Architekten und Ingenieure als bloße Tathandlungsaufträge erfaßt werden. Weil der zu einer Rechtshandlung Beauftragte als unmittelbarer (offener) oder als mittelbarer (verdeckter) Stellvertreter auftreten kann, teilt sich der Rechtshandlungsauftrag wiederum in zwei Untertypen, den **Vollmachtsauftrag** und den **Treuhandauftrag** (BernerKomm/GAUTSCHI 43; zur Kasuistik von Tathandlungs- und Rechtshandlungsaufträgen vgl vBÜREN, Schweizerisches Obligationenrecht BT 129 f; GAUTSCHI, Auftrag und Geschäftsführung 49 f und 80).

A 111 Die Dogmatik der Rechtshandlungsaufträge ist dabei von einer **Abstraktheit der Vollmacht vom Auftrag** gekennzeichnet, die dem deutschen Recht entspricht und auch in der Schweiz auf vJHERINGS und LABANDS Werke zurückzuführen ist (GUHL, Das Schweizerische Obligationenrecht § 19 I; GAUTSCHI, Auftrag und Geschäftsführung 100; OSER/ SCHÖNENBERGER ZGB-Komm Vorb Nr 3 zu Art 394). Allerdings ist bei den Rechtshandlungsaufträgen die Trennung zwischen Auftrag und Vertretung „nur unvollkommen durchgeführt worden" (BernerKomm/GAUTSCHI 27). Nachdem im alten OR von 1881 der Auftrag noch auf Rechtshandlungen beschränkt und mit der Vertretung notwendig verbunden war, hat das neue OR lediglich **zögernd von dieser Einheitskonstruktion Abstand genommen**. Dies zeigt der Wortlaut des auf Rechtshandlungsaufträge zugeschnittenen Art 396 Abs 2 OR, wonach im Auftrag auch die Ermächtigung zu denjenigen Rechtshandlungen enthalten ist, die zur Ausführung des Auftrages gehören. Lehre und Rechtsprechung lassen indes keinen Zweifel daran, daß mit Rechtshandlungsaufträgen die Stellvertretung keineswegs mehr notwendig, allenfalls noch regelmäßig verbunden ist (Vollmachtaufträge). Die **Hinwendung zum Trennungsgedanken** zeigt aber die **Zulässigkeit des Treuhandauftrags**, bei dem der Beauftragte das Geschäft in mittelbarer Vertretung besorgt. Auch in der Schweiz gilt der **Offenkundigkeitsgrundsatz** bei der direkten Stellvertretung (vgl dazu GUHL, Das Schweizerische Obligationenrecht § 18 mNw). Insoweit erscheint der Wortlaut des Art 396 Art 2 OR irreführend; in Wahrheit steckt diese Vorschrift lediglich den Umfang einer vom Auftraggeber konstruktiv separat erteilten rechtsgeschäftlichen Vollmacht ab, bildet aber nicht ihrerseits den Rechtsgrund für die Vertretungsmacht (OSER/SCHÖNENBERGER, ZGB-Komm Art 394 Rn 4 und 5). Die Abstraktion des Auftrags von der Vertretung im schweizerischen Recht liegt im übrigen schon **wegen der handelsrechtlichen Prägung des OR** nahe, weil sie eine praktische Erweiterung des Instrumentariums des Rechtshandlungsauftrags um das Institut der verdeckten Stellvertretung im Rahmen fiduziarischer Rechtshandlungen erlaubt (BernerKomm/GAUTSCHI 28).

Von **Tathandlungsaufträgen** spricht man vor allem bei der freiberuflichen Geschäfts- A 112 besorgertätigkeit von Ärzten, Architekten und Ingenieuren, aber auch bei der auftragsrechtlichen Verpflichtung von Transportunternehmern, Skilehrern oder Bergführern (zur Kasuistik s GAUTSCHI, Auftrag und Geschäftsführung 80 ff). Gerade in diesem Bereich des **Berufsauftragsrechts** wird die Abgrenzung zwischen Auftrag und Werkvertrag im schweizerischen Recht relevant; anders als im deutschen Recht kann der Werkvertrag des OR wegen der erforderlichen Körperlichkeit des Leistungsgegenstandes niemals Rechtshandlungen zum Gegenstand haben. Der Auftrag, der im schweizerischen Recht entgeltlich sein kann, erfaßt als allgemeiner Arbeitsvertrag für tatsächliche Geschäfts- und Dienstbesorgungen eine Vielzahl von Verträgen, die im deutschen Recht als Dienst- oder Werkverträge nach §§ 611, 631 BGB verstanden werden. Hier lassen sich übrigens Berührungspunkte des schweizerischen Rechts zum englischen Common Law ausmachen, das gleichfalls einen eigenen Vertragstypus für tatsächliche entgeltliche Dienst- und Werkleistungen wie Verträge über *legal services* oder *medical services* hervorgebracht hat (GAUTSCHI, Auftrag und Geschäftsführung 43). Reine Tathandlungsaufträge, die in der Praxis gegenüber den Rechtshandlungsaufträgen ungleich häufiger vorkommen, werfen natürlich keine Stellvertretungsprobleme auf, da im schweizerischen Recht wie in allen kontinentalen Rechtsordnungen die Stellvertretung nur im rechtsgeschäftlichen und rechtsgeschäftsähnlichen Bereich zulässig ist; Realakte – und nur diese können Gegenstand des Tathandlungsauftrags sein – sind anders als im Common Law nicht vertretungsfähig.

c) Das Rechts- und Pflichtengefüge

A 113 Schließen die Parteien einen Mandatskontrakt, so ähnelt das vertragliche Rechts- und Pflichtengefüge nur teilweise dem deutschen Geschäftsbesorgungsrecht. Im Unterschied zu § 663 BGB, aber in Parallele zu § 362 Abs 1 HGB fingiert Art 395 OR unter bestimmten Voraussetzungen die Annahme eines nicht unverzüglich abgelehnten Antrages und damit den Vertragsschluß. Der „Geschäftsbesorger" – dieser Begriff ist dem heutigen schweizerischen (Gesetzes-)Recht zwar fremd (anders noch dem OR von 1881), wird aber in der Literatur synonym mit Beauftragter und Geschäftsführer verwendet (BernerKomm/GAUTSCHI 7, 22) – hat die Pflicht zur getreuen, sorgfältigen und im Grundsatz höchstpersönlichen Auftragsausführung (Art 398 OR). Der Beauftragte hat dabei **im Interesse des Geschäftsherrn und nach dessen Willen** zu handeln. Dies läßt sich dogmatisch aus der Kongruenz des Geschäftsführungsbegriffs im Auftragsrecht und im Recht der Geschäftsführung ohne Auftrag ableiten. Das zu besorgende Geschäft muß dabei aus dem Rechts- und Pflichtenkreis des Auftraggebers stammen. Zur **Abgrenzung von der Gesellschaft** wird betont, daß der Beauftragte zur Wahrung primär fremder, nicht eigener Interessen, unter Verfolgung eines fremden, nicht eines gemeinsamen Zwecks und primär zu fremdem, nicht zu eigenem Nutzen tätig wird. Wie im deutschen Recht schadet es freilich nicht, wenn der Beauftragte **auch** eigene, von denen des Geschäftsherrn verschiedene Zwecke verfolgt.

A 114 Die **Weisungsabhängigkeit** des Beauftragten/Geschäftsbesorgers war im alten Art 392 des OR 1881 ausdrücklich und unmittelbar verankert. Sie ergibt sich aber auch aus dem OR 1911 mit hinreichender Deutlichkeit. Denn nach Art 397 Abs 1 OR ist eine Abweichung von erteilten „Vorschriften" ohne vorherige Erlaubnis dem Beauftragten/Geschäftsbesorger nur und insoweit gestattet, als die Einholung der Erlaubnis untunlich ist oder die Erlaubnis bei Kenntnis der Umstände erteilt worden wäre; ansonsten muß der Beauftragte/Geschäftsbesorger die Nachteile einer Abweichung von Weisungen auf sich nehmen, wenn der Auftrag als erfüllt gelten soll, § 397 Abs 2 OR. Neben dieser **eingeschränkten Dispositionssphäre** nach Art 397 OR stellen zudem die dogmatische Erfassung des Auftrags als allgemeiner Arbeitsvertrag und die jederzeitige Widerrufsmöglichkeit des Auftrags auch durch den Auftraggeber den subordinativen Charakter der Beziehung zwischen Geschäftsführer und Geschäftsherr außer Zweifel. Der Beauftragte (Geschäftsbesorger) ist zur **Rechenschaftslegung und Herausgabe des Erlangten** verpflichtet (Art 400 OR). Der Auftraggeber hat dem Beauftragten die Auslagen und Verwendungen samt Zinsen zu ersetzen und muß ihn von den eingegangenen Verbindlichkeiten befreien (Art 402 Abs 1 OR). Der Aufwendungsersatzanspruch des Geschäftsführers aus Art 402 Abs 1 OR ist strikt davon abhängig, daß die „Auslagen und Verwendungen" in „richtiger Ausführung des Auftrags" getätigt wurden. Hierfür entscheidet die Art und Weise, insbes auch die weisungsgemäße Durchführung des Auftrags, nicht der Eintritt des gewünschten Auftragserfolgs, da ansonsten die Aufwendungsersatzpflicht der Erfolgshaftung im Rahmen der werkvertraglichen Gewährleistung entsprechen würde (OSER/SCHÖNENBERGER, ZGB-Komm Art 402 Rn 4).

A 115 Das Problem der Haftung des Auftraggebers für **zufällige Schäden** (zum deutschen Recht so Rn A 74 ff) wurde im schweizerischen Recht vor Inkrafttreten des OR lange kontrovers diskutiert (OSER/SCHÖNENBERGER, ZGB-Komm Art 402 RN 10 f, mwNw), und wird vom Gesetz nunmehr abweichend vom deutschen Recht wie folgt gelöst: Nach

Art 402 Abs 2 hat der Auftraggeber dem Beauftragten die aus dem Auftrag erwachsenen Schäden (*ex causa mandati*) zu ersetzen, soweit er nicht zu beweisen vermag, daß der Schaden ohne sein Verschulden entstanden ist (Exkulpationsbeweis, vgl vBÜREN, Schweizerisches Obligationenrecht BT 139; OSER/SCHÖNENBERGER, ZGB-Komm Art 402 Rn 11; GUHL, Das Schweizerische Obligationenrecht § 49 II 2; GAUTSCHI, Auftrag und Geschäftsführung 9). Diese **ausdrückliche Regelung des Schadensersatzanspruches** des Geschäftsbesorgers in Art 402 Abs 2 steht neben der Vorschrift des Art 402 Abs 1, die einen Anspruch auf Ersatz von Auslagen und Verwendungen sowie auf Freistellung von eingegangenen Verbindlichkeiten gewährt. Das deutsch-rechtliche Problem der Gleichbehandlung von risikotypischen (unfreiwilligen) Schäden mit (freiwilligen) Aufwendungen nach § 670 BGB stellt sich im schweizerischen Recht wegen der gesonderten Vorschrift für Schadensersatzansprüche nicht. Indes entgeht auch das schweizerische Recht der Frage einer Begrenzung der **Ersatzfähigkeit von (risikotypischen) Zufallsschäden** nicht. Gelingt nämlich dem Geschäftsherrn der Exkulpationsbeweis nach Art 402 Abs 2 für einen zufällig an Rechtsgütern des Geschäftsführers eingetretenen Schaden, so steht der Beauftragte schlechter als er stehen würde, hätte er seine Tätigkeit ohne gültiges Auftragsverhältnis besorgt; im Recht der auftragslosen Geschäftsführung werden solche Schäden gemäß Art 422 Abs 2 OR nach Ermessen des Richters und ohne Entlastungsmöglichkeit des Geschäftsherrn ersetzt. Beim **entgeltlichen Auftrag** stellt deshalb die Rechtsprechung sehr hohe Anforderungen an den Entlastungsbeweis des Auftraggebers (BGE 51 II 189; OSER/SCHÖNENBERGER, ZGB-Komm Art 402 Rn 11 mwN); gelingt er gleichwohl, wird die eigene Schadenstragung des Beauftragten als „risque professionnel" in Kauf genommen und mit dem Honorar als abgegolten angesehen (BernerKomm/GAUTSCHI 101). Beim **unentgeltlichen Mandat** räumen Literatur und Rechtsprechung den gesetzlichen Wertungswiderspruch durch eine analoge Anwendung des Art 422 Abs 2 OR aus und versagen eine Exkulpationsmöglichkeit (vBÜREN, Schweizerisches Obligationenrecht BT 139, insb Fn 57; GUHL, Das Schweizersche Obligationenrecht § 49 II 2; OSER/SCHÖNENBERGER, ZGB-Komm Art 402 Rn 12; zur Rechtspr s GAUTSCHI, Auftrag und Geschäftsführung 9; BGE 48 II 487, 490; BGE 61 II 95, 97).

d) Vermögensschutz und Substitution

Bemerkenswerterweise genießt der Auftraggeber (Geschäftsherr) im schweizerischen Recht einen über die deutsche kommissionsrechtliche Regelung des § 392 Abs 2 HGB hinausgehenden **Vermögensschutz**: Eine vom Geschäftsbesorger bei Tätigkeit als verdeckter Stellvertreter (also im Rahmen eines Treuhandauftrags) erworbene Forderung geht per **Legalzession** auf den Geschäftsherrn nach dessen Erfüllung der Verbindlichkeiten aus dem Vertragsverhältnis über (Art 401 Abs 1 OR); dem Geschäftsbesorger von Dritten übereignete bewegliche Sachen, „die dieser im eigenen Namen, aber für Rechnung des Auftraggebers zu Eigentum erworben hat", kann der Geschäftsherr **im Konkurs des Geschäftsbesorgers aussondern und der Einzelzwangsvollstreckung in dessen Vermögen entziehen** (Art 401 Abs 3 OR). Beide Vorschriften finden auf Geld wegen des Spezialitätsprinzips nur bei gesonderter Verwahrung und Verwaltung Anwendung (BernerKomm/GAUTSCHI 536; OSER/SCHÖNENBERGER, ZGB-Komm Art 401 Rn 10 ff). Sie sollen aber offenbar über ihren Wortlaut hinaus auch für Gegenstände gelten, die dem Beauftragten vom Auftraggeber übertragen wurden (MUSIELAK, Gutachten, 1275 und 1303 f). Anders als im deutschen Recht kommt es hierfür nicht darauf an, daß die Gegenstände von einem (echten) Treugeber unmittelbar in das Vermögen eines Treuhänders übertragen wurden (OSER/SCHÖNENBERGER, ZGB-Komm Art 401 Rn 11 f; BernerKomm/GAUTSCHI 539). Diese Regelung versteht

A 116

sich als **Angleichung der mittelbaren an die unmittelbare Stellvertretung**, bei der die Rechtswirkungen von Eigentumsübertragung und Forderungserwerb unmittelbar beim Vertretenen eintreten. Zu beachten ist, daß nur diejenigen Gegenstände der Legalzession und der Aussonderung unterliegen, die **Inhalt der Obligation** des Art 400 Abs 1 OR sind. Darunter fällt **nicht das wirtschaftliche Surrogat**, das der Beauftragte durch Veräußerung als Gegenwert für den Gegenstand erhalten hat (BernerKomm/Gautschi 540). Der Hintergrund für diesen **markanten Unterschied zwischen deutschem und schweizerischem Geschäftsbesorgungsrecht** ist in der stärker **handelsgeschäftlichen Orientierung des OR** zu suchen, die Treuhandaufträge mit verdeckter Stellvertretung als gängige Erscheinungsformen der Rechtshandlungsaufträge von vornherein in den Blickwinkel einbezieht, während im deutschen Recht nur das Kommissionsgeschäft in §§ 383 – 406 HGB als qualifiziertes Treuhandgeschäft geregelt ist, jede andere fiduziarische Rechtshandlung im Drittinteresse dagegen über das Auftrags- oder Geschäftsbesorgungsrecht erfaßt werden muß. Für einen effektiven Schutz des Geschäftsherrn vor der Insolvenz des Geschäftsbesorgers ist das deutsche Recht auf Analogien zum Handelsrecht angewiesen (vgl Staudinger/Dilcher[12] Vorbem 44 zu § 164; MünchKomm/Thiele [2. Aufl 1984] vor § 164 Rn 17 ff). Eine **Intervention des verdeckt Vertretenen** in das zu seinen Gunsten abgeschlossene Geschäft wie sie Art 401 des schweizerischen OR vorsieht, erscheint aus der Sicht des deutschen BGB als „Sünde wider Labands Theorie" (Zweigert/Kötz, Einführung in die Rechtsvergleichung Bd 2, 124) von der strikten Trennung des Innenverhältnisses (Auftrag/Geschäftsbesorgung) vom Außenverhältnis (Bevollmächtigung/Vertretung). Die schweizerische Jurisprudenz rechtfertigt diese Intervention unter wirtschaftlichen Gesichtspunkten: sie will zur Vermeidung eines „paralegalen Schattendaseins" der mittelbaren Vertretung (BernerKomm/Gautschi 525), dem Auftraggeber das Insolvenzrisiko des Geschäftsführers nehmen, der als mittelbarer Vertreter zwar nicht rechtlich, wohl aber wirtschaftlich mit Vermögensgegenständen des Auftraggebers jongliert.

A 117 In Art 399 Abs 3 OR sieht das schweizerische Recht vor, daß bei einer befugten wie bei einer unbefugten **Substitution** (Übertragung des Auftrags vom Geschäftsbesorger an einen Dritten) der Geschäftsherr die Ansprüche des Geschäftsbesorgers gegen den Substituten **unmittelbar** geltend machen kann. Die schweizerische Regelung ist mit der französischen *action directe* des Art 1994 Abs 2 *code civil* und dem italienischen Art 1705 Abs 2 *Codice civile* vergleichbar. Darüber hinaus kommt aber mit der Substitution ein Vertrag zugunsten des Geschäftsherrn zustande.

e)   Beendigung

A 118 Während das BGB in § 675 eine Verweisung auf § 671 Abs 1 bewußt ausspart (so Rn A 89), statuiert Art 404 OR die jederzeitige Widerrufs- und Kündigungsmöglichkeit für beide Parteien des Auftragsverhältnisses, **unabhängig von dessen Ent- oder Unentgeltlichkeit**, wiewohl mit Schadensersatzandrohung für unzeitige Widerrufe oder Kündigungen. Aus deutscher Sicht zu Recht wird in der schweizerischen Literatur die freie Aufkündbarkeit selbst des entgeltlichen Mandats kritisiert (vBüren, Schweizerisches Obligationenrecht BT 142; Oser/Schönenberger, ZGB-Komm Art 404 Rn 2), doch hält die herrschende Meinung offenbar daran fest (Guhl, Das Schweizerische Obligationenrecht § 49 III; BernerKomm/Gautschi Art 404 Rn 10). **Die beiderseitige freie Widerruflichkeit** auch des entgeltlichen Mandats wird als wichtiges Strukturmerkmal des „einfachen Auftrags" verstanden, das gerade den Freiberuflern die Unabhängigkeit garantieren und ihre Berufsethik flankieren soll; insbes Rechtsanwälte sollen jederzeit das Mandat niederlegen können.

3. Österreich

a) Systematische Stellung des Bevollmächtigungsvertrags

Auch das österreichische ABGB von 1811, das in seinem 22. Hauptstück „von der   **A 119**
Bevollmächtigung und anderen Arten der Geschäftsführung" handelt und an verschiedenen Stellen von „Geschäftsbesorgung" spricht, kennt den Begriff des Geschäftsbesorgungsvertrags zur Bezeichnung eines eigenständigen schuldrechtlichen Vertragstyps nicht. Doch findet sich im ABGB der Sache nach eine unserem § 675 entsprechende Regelung, wonach auf Dienst- und Werkverträge, „insoweit damit eine Geschäftsbesorgung (§ 1102) verbunden ist", ergänzend die (auftragsrechtlichen) „Vorschriften über den Bevollmächtigungsvertrag" anzuwenden sind, § 1151 Abs 2 ABGB. Ausgangspunkt zum Verständnis des österreichischen Rechts ist mithin der „Bevollmächtigungsvertrag", zu dem das ABGB in § 1002 bestimmt: „Der Vertrag, wodurch jemand ein ihm aufgetragenes Geschäft im Namen des anderen zur Besorgung übernimmt, heißt Bevollmächtigungsvertrag."

Wie das deutsche Recht legt auch das österreichische Recht für den Auftrag nach   **A 120**
§§ 1002 ff ABGB zunächst einen **weiten Geschäftsbesorgungsbegriff** zugrunde, der sowohl Rechtsgeschäfte und rechtsgeschäftsähnliche Akte wie auch Tathandlungen umfaßt. Das Regelungsprogramm läßt freilich entsprechend der Rechtswirklichkeit erkennen, daß „die Besorgung von Rechtsgeschäften das Zentrum bildet" (GSCHNITZER, Schuldrecht – Besonderer Teil und Schadenersatz § 28 A I; vgl auch KOZIOL/WELSER, Grundriß Bd 1 VII A und KAPFER/DITTRICH/TADES, ABGB § 1151 Anm 45, die Tathandlungen gänzlich aus dem Auftrags-/Geschäftsbesorgungsrecht ausklammern und allein dem Werk- oder Dienstvertrag unterstellen wollen). Dasselbe umfassende Verständnis kennzeichnet die Geschäftsbesorgung ohne Auftrag der §§ 1035 ff ABGB (GSCHNITZER, Schuldrecht – Besonderer Teil und Schadenersatz § 28 A I; KOZIOL/WELSER, Grundriß Bd 1 VII A; RUMMEL/STRASSER, ABGB § 1002 Rn 15 ff). Abweichend vom deutschen und entsprechend dem schweizerischen Recht kann der Auftrag/Bevollmächtigungsvertrag nach §§ 1002 ABGB ff entweder **entgeltlicher oder unentgeltlicher Vertrag** sein; § 1004 ABGB bestimmt: „Wird für die Besorgung eines fremden Geschäfts entweder ausdrücklich, oder nach dem Stande des Geschäftsträgers auch nur stillschweigend eine Belohnung bedungen; so gehört der Vertrag zu entgeltlichen, außer dem aber zu den unentgeltlichen." Die unserem § 675 entsprechende Regelung in § 1151 ABGB führt in Parallele zur deutschen Rechtslage zum **Problem der Abgrenzung** des Bevollmächtigungsvertrags von anderen Vertragsformen, das nach herrschender Meinung ebenfalls durch die **Unterscheidung zwischen einem engen und einem weiten Geschäftsbesorgungsverständnis** gelöst wird (GSCHNITZER, Schuldrecht – Besonderer Teil und Schadenersatz § 28 A II; KAPFER/DITTRICH/TADES, ABGB § 1151 Anm 2 ff). Daraus ergibt sich folgende Systematik: Im Falle der Unentgeltlichkeit eines Vertrages über rechtsgeschäftliche, rechtsgeschäftsähnliche oder tatsächliche Geschäftsbesorgungen im weiteren Sinn liegt immer ein Auftrag/Bevollmächtigungsvertrag nach § 1002 ff ABGB vor. Im Falle der Entgeltlichkeit eines solchen Vertrages handelt es sich um einen Werk-, Arbeits- oder Dienstvertrag; ist dabei der Werk-, Arbeits- oder Dienstvertrag auf eine Geschäftsbesorgung im engeren Sinne gerichtet, verlangt § 1151 Abs 2 ABGB die zusätzliche Anwendung („Beobachtung") der Regelungen zum Bevollmächtigungsvertrag (zur Dogmatik

und Abgrenzung siehe die Übersicht bei GSCHNITZER, Schuldrecht – Besonderer Teil und Schadenersatz § 28 II).

b) Verbindung von Auftrag und Stellvertretung

A 121 Unter der Bezeichnung „Bevollmächtigungsvertrag" sind in den §§ 1002 ff ABGB jene **zwei Institute integriert** geregelt, die im deutschen Recht streng unterschieden werden: der **schuldrechtliche Auftrag** zur Besorgung eines Geschäfts für Rechnung des Geschäftsherrn und die **rechtsgeschäftliche Erteilung von Vertretungsmacht (Vollmacht)** zur Vornahme von Rechtsgeschäften oder rechtsgeschäftsähnlichen Handlungen. Die Regelung des ABGB wußte „zwischen Innen- und Außenverhältnis noch gar nicht zu unterscheiden" (ZWEIGERT/KÖTZ, Einführung in die Rechtsvergleichung Bd 2, A § 9 II). Der Bevollmächtigungsvertrag umfaßt – ähnlich wie früher das preußische ALR – beides; Mandat und Vollmacht erscheinen als „zwei Seiten" eines Vertragsverhältnisses (vgl MÜLLER-FREIENFELS, Stellvertretungsregelungen in Einheit und Vielfalt [1982] 10). Damit trägt das österreichische Recht dem Regelfall Rechnung, daß bei Aufträgen zur Vornahme eines Rechtsgeschäfts oder einer rechtsähnlichen Handlung auch eine Vollmacht erteilt wird. In der dogmatischen Behandlung wird aber ein **mögliches Auseinanderfallen von schuldrechtlichem Auftrag und rechtsgeschäftlich erteilter Vertretungsmacht** (Vollmacht) durch eine getrennte Würdigung beider Rechtsgeschäfte erfaßt, so daß auch auftragslose Vollmachten und vollmachtlose Aufträge bekannt sind.

A 122 Ansatzpunkt hierfür ist die in der Überschrift zum 22. Hauptstück des ABGB getroffene Unterscheidung zwischen dem Bevollmächtigungsvertrag und „anderen Arten der Geschäftsführung". In diesem Licht erscheint der Bevollmächtigungsvertrag lediglich als **Regeltypus der Geschäftsbesorgung**, der auch andere Arten von „Aufträgen" zuläßt. Der Bevollmächtigungsvertrag ist zwar stets mit einer direkten Stellvertretung verbunden, weil schon der Wortlaut des § 1002 ABGB („im Namen des anderen") auf das Institut der offenen, direkten, unmittelbaren Stellvertretung reflektiert und die verdeckte, indirekte, mittelbare Vertretung vom Programm des Bevollmächtigungsvertrages aussperrt. Andererseits hat sich das österreichische Recht **dem Trennungsgedanken** des deutschen Rechts (LABAND, VJHERING) **nicht völlig verschließen können** und trägt unter den „anderen Arten der Geschäftsführung" der dogmatisch-konstruktiven Unterscheidung zwischen dem Auftrag als Handlungspflicht und der Vollmacht als Handlungsmöglichkeit Rechnung (GSCHNITZER, Schuldrecht – Besonderer Teil und Schadenersatz § 28 III). Damit wird die gesetzgeberische Identifikation von Mandat und direkter Vertretung weitgehend korrigiert. Im übrigen kennt das dem deutschen HGB weithin entsprechende **österreichische HGB** in Form der kommissionsrechtlichen Regelungen der §§ 383 ff öHGB die Tätigkeit im Drittinteresse mittels indirekter Vertretung. Soweit ein bürgerlich-rechtlicher Auftrag zu einer Geschäftsbesorgung mittels verdeckter Stellvertretung erteilt wird (wie bei treuhänderischen Rechtsverhältnissen), ist zwar die Regelung über den Bevollmächtigungsvertrag nach §§ 1002 ff ABGB nicht einschlägig, doch wird das Geschäft als (vollmachtloser) Auftrag **unter strikter Trennung zwischen Innen- und Außenverhältnis** erfaßt (RUMMEL/STRASSER, ABGB § 1002 Rn 8, 10, 42 ff).

A 123 Im Ergebnis entspricht unser deutscher Geschäftsbesorgungsvertrag nach § 675 nur im Falle seiner Verbindung mit einer Vollmacht zur direkten Stellvertretung bei Rechtshandlungen im Namen des Geschäftsherrn dem österreichischen Bevollmächtigungsvertrag. Ansonsten wird unser Geschäftsbesorgungsvertrag als „andere Art der Geschäftsführung", etwa als vollmachtloser Auftrag bzw Treuhandvertrag mit mittelbarer Vertretung sowie als Dienst- oder Werkvertrag erfaßt. Der Vertrag zwischen Rechtsanwalt und Klient ist als entgeltlicher Auftrag zur Vornahme von Rechtshandlungen in direkter Stellvertretung ein Bevollmächtigungsvertrag nach § 1002 ff ABGB, während Architekten und Ärzte allein werkvertraglich tätig werden (zur Kasuistik s RUMMEL/STRASSER, ABGB § 1002 Rn 15 ff).

c) Das Rechts- und Pflichtengefüge

Die Einzelregelungen der §§ 1002 ff ABGB zum Bevollmächtigungsvertrag weisen **A 124** eine Reihe von **Entsprechungen zur deutschen Rechtslage** auf. Das betrifft insbesondere die schadensersatzbewehrte Pflicht des Geschäftsbesorgers zur Anzeige einer Antragsablehnung (§ 1003 ABGB), seine Pflicht zur weisungsgemäßen, sorgfältigen, schleunigen („emsigen") und im Grundsatz höchstpersönlichen Ausführung der Tätigkeit (§ 1009, 1010 ABGB), die Schadensersatzpflicht bei weisungswidrigem Verhalten (§ 1012 ABGB), die Fremdnützigkeit und den Interessenwahrungscharakter seiner Tätigkeit (§ 1013 ABGB). Der Geschäftsherr hat dem Geschäftsbesorger „allen zur Besorgung des Geschäfts notwendig oder nützlich gemachten Aufwand, selbst bei fehlgeschlagenem Erfolg" zu ersetzen und auf Verlangen Vorschuß zu leisten (§ 1014 ABGB).

Die im deutschen Recht bereits für den unentgeltlichen Auftrag und mehr noch für **A 125** den entgeltlichen Geschäftsbesorgungsvertrag umstrittene **Ersatzfähigkeit von Schäden an Rechtsgütern des Geschäftsführers** (so Rn A 74 ff), hat im ABGB eine eindeutige Regelung gefunden. Zunächst folgt – nicht anders als im deutschen Recht – eine Schadenshaftung des Geschäftsherrn bei Verschulden ohne weiteres aus dem allgemeinen Deliktsrecht der §§ 1293 ff ABGB, die – insoweit anders als das deutsche Recht – nicht nur an die Verletzung absoluter Rechtsgüter anknüpfen. Für **Zufallsschäden** trifft das ABGB in § 1014 aE **eine explizite Regelung**: jeder, von Rechtswidrigkeit und Verschulden unabhängige, an Rechtsgütern des Beauftragten eingetretene Schaden ist zu ersetzen, solange dieser nur „mit der Erfüllung des Auftrags verbunden ist"; freilich kommt bei einem **Mitverschulden** des Geschäftsführers gemäß § 1304 ABGB eine Haftungsminderung in Betracht. Wohl in Anlehnung an die Argumentationsmuster der deutschen Rechtswissenschaft wird die „Verbindung" des Schadens mit dem Auftrag letztlich davon abhängig gemacht, daß der Schadenseintritt als **risikospezifisch** zur übernommenen Tätigkeit erscheint (KAPFER/DITTRICH/TADES, ABGB § 1014 Anm 9). Den Kausalzusammenhang zwischen Geschäftsbesorgung und Schadenseintritt (*ex causa mandati*) hat der Beauftragte zu beweisen (RUMMEL/STRASSER, ABGB §§ 1014, 1015 Rn 10; KAPFER/DITTRICH/TADES, ABGB § 1014 Anm 7). **Nicht risikospezifische**, sondern nur bei Gelegenheit des Auftrags entstandene **Zufallsschäden** (*ex occasione mandati*) sind bei **entgeltlichen Geschäftsbesorgungen** nicht gesondert ersatzfähig; sie werden der **Risikosphäre des Geschäftsbesorgers** zugerechnet und gelten als mit der Vergütung abgegolten – der entgeltliche Geschäftsbesorger geht leer aus. Demgegenüber sind solche zufälligen, nicht risikotypischen „Gelegenheitsschäden" nach § 1015 ABGB beim **unentgeltlichen Auftrag** in Höhe einer **fiktiven Vergütung** ersatzfähig (RUMMEL/STRASSER, ABGB §§ 1014, 1015 Rn 11).

d) Beendigung

Zum Widerruf und zur Kündigung des Auftrags durch den Auftraggeber oder durch **A 126**

den Beauftragten stellt sich die Rechtslage im ABGB (§§ 1020, 1021) bei einer Unentgeltlichkeit ganz entsprechend dem BGB dar (§ 671), wohingegen sich bei einer Entgeltlichkeit der Geschäftsbesorgung durch die Aussparung des § 671 aus dem Verweisungsumfang des § 675 eine Diskrepanz gegenüber dem österreichischen Recht auftut, das den entgeltlichen Bevollmächtigungsvertrag/Auftrag auch insoweit dem unentgeltlichen gleichbehandelt. Auch ist – abweichend von §§ 675, 672 BGB – der Tod des Geschäftsherrn in Österreich vorbehaltlich abweichender Parteivereinbarungen gesetzlicher Beendigungsgrund, § 1022 ABGB. Geschäftsbesorgungsrechtliche Spezialvorschriften zu Widerruf und Kündigung finden sich vor allem im österreichischen HGB und im Handelsvertretergesetz. Der **Konkurs des Auftraggebers/Geschäftsherrn** ist wie in Deutschland Beendigungsgrund für das Vertragsverhältnis: der Auftrag/Bevollmächtigungsvertrag erlischt mit Beschluß über die Konkurseröffnung, §§ 26 öKonkursO, 1024 ABGB. Unklar ist die Rechtslage aber beim Konkurs des Beauftragten (Koziol/Welser, Grundriß Bd 1 VII D insb Fn 13 mwNw; Kapfer/Dittrich/Tades, ABGB § 1024 Anm 1).

4. Frankreich

a) Der Auftrag im Vertragssystem

A 127   Der französische *code civil* von 1804 regelt in den Art 1984 bis 2010 über „Représentation – Mandat" den **entgeltlichen oder unentgeltlichen Auftrag** (*mandat*) gemeinsam mit der Vollmacht **ohne Unterscheidung zwischen Innen- und Außenverhältnis** und unter Beschränkung auf Rechtsgeschäfte. *Mandat* und *procuration* werden synonym verwandt. Damit reiht sich das französische Geschäftsbesorgungsrecht in die dem **Verbindungsprinzip** folgende Familie von Rechtsordnungen ein. Das kann man als „Rückschritt gegenüber Pothier" werten, der durchaus einen Auftrag (*procuration*) mit und ohne *répresentation* kannte (Albrecht, Vollmacht und Auftrag 49 ff). Die inhaltliche Beschränkung des französischen Mandats auf die **Vornahme von Rechtsgeschäften** läßt sich aus dem weitgefaßten Gesetzeswortlaut des Art 1984 cc („*faire quelque chose*") allerdings nicht unmittelbar ableiten, entspricht aber der ganz herrschenden Meinung in der Doktrin. Bereits Domat wollte lange Zeit vor Inkrafttreten des *code civil* das Auftragsrecht auf Tathandlungen ausgedehnt wissen; und auch heute noch stellt man die Reduktion des Mandats auf rechtsgeschäftliche Handlungen gelegentlich in Frage (Ferid, Das französische Zivilrecht Bd 1, 2 H 82 insbes Fn 6 mwN; Albrecht, Vollmacht und Auftrag 49, 52).

A 128   In der Regelung des Art 1986 cc, die den Parteien eines Mandats lediglich die **Option der Entgeltlichkeit** eröffnet, klingt noch die römisch-rechtliche Betrachtungsweise des Mandats als eines grundsätzlich unentgeltlichen „Freundschaftsdienstes" an (Ferid, Das französische Zivilrecht Bd 1, 2 H 38; Malaurie/Aynés, contrats spéciaux Anm 546 ff). Während etwa in der Schweiz eine Vergütungspflicht bereits bei Üblichkeit eintritt, in Italien eine Rechtsvermutung für die Entgeltlichkeit des Mandats besteht, in Österreich „auch nur stillschweigend eine Belohnung bedungen" werden kann, gewährt das französische bürgerliche Recht (anders das Handelsrecht) nur bei ausdrücklicher Vereinbarung eines Entgelts einen klagbaren Vergütungsanspruch (zur Entwicklung des klagbaren Vergütungsanspruchs im Mandatsrecht der kontinentalen Rechtsordnungen vgl Berner-Komm/Gautschi 100 ff).

A 129   Die **Abgrenzung des entgeltlichen Auftrags** vom Dienst- und vom Werkvertrag ist auch in Frankreich ein umstrittenes und ungeklärtes Problem. Vor allem das ältere Schrifttum und die frühere Rechtsprechung reservierten den Mandatskontrakt gern den *„artes liberales"*, um das Dienst- und Werkvertragsrecht vor allem bei den *„entreprises"* einzusetzen (FERID, Das französische Zivilrecht Bd 1, Anm 2 H 83; MALAURIE/AYNÉS, contrats spéciaux Anm 531). Neuerdings wird der entgeltliche Auftrag gegenüber dem als Dienstmiete verstandenen Dienstvertrag durch die geringere Selbständigkeit des Dienstverpflichteten abgegrenzt: der Mandatar ist zwar in seiner Tätigkeit den Weisungen des Mandanten unterworfen, entscheidet jedoch innerhalb eines ihm überlassenen Spielraums eigenverantwortlich über die Art und Weise seiner Leistungserbringung (FERID, Das französische Zivilrecht Bd 1, Anm 2 H 7). „Dienste höherer Art" sind danach **vorbehaltlich berufsspezifischer Sonderregelungen** dem *mandat* zuzurechnen. Die Rechtsprechung neigt in ihrer vertragstypologischen Qualifikation zu einer Anlehnung an das Verständnis und die Wortwahl der Parteien, die ihre Entgeltvereinbarung als dienstvertragliches Gehalt oder als auftragsrechtliches Honorar kennzeichnen (FERID, Das französische Zivilrecht Bd 1, Anm 2 H 83). Weniger schwierig ist die Abgrenzung des Mandats vom Werkvertrag, weil das Auftragsverhältnis regelmäßig mit einer Befugnis zur Vertretung des Auftraggebers einhergeht, während dem inhaltlich auf Realakte bezogenen Werkvertrag eine Stellvertretung fremd ist. Freilich bleiben solche Abgrenzungen in **Zweifelsfällen wenig hilfreich**, zumal Dienst- und Werkverträge jeweils mit einem Auftrag kombiniert werden können. Neben dem bürgerlich-rechtlichen Mandat (*mandat civil*) in den Artt 1984 ff cc kennt das französische Recht im *code de commerce* zahlreiche geschäftsbesorgungsvertragliche Sonderregelungen, insbesondere zum Kommissionsvertrag, zum Handelsmakler- und zum Handelsvertretervertrag.

b) Mandat und Stellvertretung

Ausweislich des Art 1984 cc ist für das *mandat* die Verpflichtung des Beauftragten **A 130** wesensbestimmend, als Stellvertreter für den Auftraggeber (in dessen Namen) etwas zu tun. Die Beschränkung der Regelung der Artt 1984 ff cc auf die mit einer Vollmacht verbundene Auftragserteilung zu Rechtsgeschäften ohne Unterscheidung zwischen Innen- und Außenverhältnis (Verbindungsprinzip) wird **in der Rechtsprechung und Lehre erheblich aufgelockert**, wonach Auftrag und Vollmacht durchaus auseinanderfallen können (ZWEIGERT/KÖTZ, Einführung in die Rechtsvergleichung Bd 2, 120; PÉTEL, Les obligations du mandataire 15). Auch ist trotz des Wortlauts in Art 1984 cc (*„pour le mandant et en son nom"*) anerkannt, daß ein Auftrag zur Vornahme eines Rechtsgeschäfts nicht notwendig in offener, unmittelbarer Stellvertretung erfüllt werden muß, zählen doch die handelsrechtlichen Auftragsformen insbesondere des Kommissionsrechts mit ihrer verdeckten, mittelbaren Stellvertretung (*représentation indirecte, représentation imparfaite*) durchaus zu den vertrauten Erscheinungsformen des Mandats (*mandat sans représentation*), deren sich die Rechtspraxis auch außerhalb des Handelsverkehrs bedient und die ins bürgerliche Recht als Formen des *mandat civil* Eingang gefunden haben (PÉTEL, Les obligations du mandataire 15; MALAURIE/AYNÉS, contrats spéciaux Anm 544; LARROUMET, le contrat Anm 169; FERID, Das französische Zivilrecht Bd 1, Anm 2 H 81 und 2 H 114). Entsprechend dem deutschen Recht (anders als bei der *undisclosed agency* des Common Law) tritt **keine Drittwirkung des verdeckten Vertretergeschäfts** ein.

c) Das Rechts- und Pflichtengefüge

Auch in Frankreich ist der Mandatar zur **Rechenschaftslegung** und zur **Herausgabe des** **A 131**

Erlangten verpflichtet, Art 1993 cc. Den Geschäftsherrn trifft anders als im deutschen Recht nach § 669 keine Pflicht zur **Vorschußleistung**, wenn auch freiwillig gezahlte Vorschüsse vom Beauftragten zu verzinsen sind, Art 2001 cc. Insofern erweist sich das französische Recht als strenger gegenüber unserer Regelung in § 668 BGB, die eine Verzinsungspflicht des Beauftragten nur bei eigener Verwendung des vom Geschäftsherrn überlassenen Geldes „für sich" vorsieht. Der entgeltliche Geschäftsbesorger haftet für vorsätzlich und fahrlässig verursachte **Schäden**, die dem Geschäftsherrn durch die Nichtausführung des Auftrags entstehen, Art 1991 Abs 1, 1992 cc, während dem unentgeltlich Beauftragten ein **gesetzliches Haftungsprivileg** zugute kommt, Art 1991 Abs 2 cc (FERID, Das französische Zivilrecht Bd 1, Anm 2 H 95; MALAURIE/AYNÉS, contrats spéciaux Anm 565). Bekanntlich sieht das deutsche BGB eigentümlicherweise anders als bei der Leihe, der Schenkung und der unentgeltlichen Verwahrung gerade beim Auftrag als dem Prototyp des unentgeltlichen Vertrags von einem derartigen Haftungsprivileg ab. Für **zufällige Schäden** an Rechtsgütern des *mandataire* kennt das französische Mandatsrecht im *code civil* einen separaten Ersatzanspruch, der neben dem Anspruch auf Aufwendungsersatz steht, Art 1999 Abs 1, 2000 cc (FERID, Das französische Zivilrecht Bd 1, Anm 2 H 102). Er ist von der Entgeltlichkeit des Mandats in Grund und Höhe unabhängig, wenn sich auch der Beauftragte ein Mitverschulden anrechnen lassen muß.

d) Substitution und action directe

A 132 Im allgemeinen wird die Substitutionsbefugnis bei höchstpersönlichen Verpflichtungen im französischen Privatrecht kontrovers beurteilt (FERID, Das französische Zivilrecht Bd 1, Anm 2 H 97 mwNw). Für das Mandatsrecht setzt die Haftungsregelung des Art 1994 cc aber jedenfalls im Grundsatz eine **Zulässigkeit der Substitution** voraus. Bei Aufträgen mit Dauerschuldcharakter und/oder mit besonderer Vertrauenskomponente wird die Substitution indes nur eingeschränkt und nach Rücksprache mit dem Prinzipal erlaubt (MALAURIE/AYNÉS, contrats spéciaux Anm 550). Fehlt eine ausdrückliche Gestattung, haftet der Mandatar für schuldhaftes Verhalten des Substituten; bei ausdrücklich untersagter Substitution haftet er auch für zufällig eingetretene Schäden, die ohne Substitution nicht eingetreten wären; dagegen haftet er bei ausdrücklich gestatteter Substitution nur für eigenes Auswahlverschulden, Art 1994 cc. Ähnlich wie das schweizerische Recht (Art 399 Abs 2 OR) gewährt die Vorschrift des Art 1994 Abs 2 cc dem Auftraggeber eine **direkte Klage gegen den Dritten**, an den der Beauftragte die Geschäftsausführung weiterübertragen hat. Die Rechtsnatur dieser Konstruktion ist umstritten. Teilweise ist von einer Vertretung zweiten Grades (*représentation deuxieme degré*), teilweise von einer vertraglichen Gemeinschaft (*groupe contractuel*) die Rede, während die herrschende Meinung schlicht eine „*action directe*" als Institut eigener Art annimmt (MALAURIE/AYNÉS, contrats spéciaux Anm 559, insb Fn 92 mwNw). Die dogmatischen Erfassungsschwierigkeiten gründen darin, daß Art 1994 Abs 2 cc eine sehr weitgehende **Durchbrechung des Grundsatzes der Relativität** vertraglicher Beziehungen (Art 1165 cc: „*relativité des contrats*") begründet, kann sich doch der Anspruch des Geschäftsherrn **sogar gegen einen unerlaubt verpflichteten Substituten** richten (FERID, Das französische Zivilrecht Bd 1, Anm 2 H 97). Die Rechtsprechung des französischen Kassationsgerichtshofs hat die *action directe* des Art 1994 Abs 2 cc noch weiterentwickelt und in ein Gegenseitigkeitsverhältnis zwischen dem Auftraggeber und dem (auch unerlaubten) Substituten eingebettet: „*Il y a donc eu bilatéralisation de l'action directe.*" Die Klage kann also in beide Richtungen erhoben werden (ZWEIGERT/KÖTZ, Einführung in die Rechtsvergleichung § 9 IV; MALAURIE/AYNES, contrats spéciaux Anm 559; BÉNABENT, contrats spéciaux 352).

e)   Beendigung

Grundsätzlich können sich nach Art 2003 – 2009 cc beide Parteien frei, frist- und **A 133** formlos durch einseitige Erklärung von den Verpflichtungen des Auftragsverhältnisses befreien, der Auftraggeber durch Widerruf (*révocation*), der Beauftragte durch Kündigung (*renonciation*). Die Rechtsprechung hat dies indes unter Gesichtspunkten des **Vertrauensschutzes** vor allem für das entgeltliche Mandat erheblich eingeschränkt, indem sie einerseits die Kündigungsmöglichkeit versagt, andererseits dem Auftraggeber eine Schadensersatzpflicht wegen Mißbrauchs des Kündigungsrechts auferlegt hat (FERID, Das französische Zivilrecht Bd 1, Anm 2 H 106; MALAURIE/AYNÉS, contrats spéciaux Anm 554 f). Auch kann bei einer Verknüpfung von *mandat* und *représentation* die im Interesse des Bevollmächtigten/Beauftragten erteilte Vertretungsmacht die grundsätzlich freie Widerruflichkeit des Mandats einschränken (MALAURIE/AYNÉS, contrats spéciaux Anm 554 und 555 mit Rechtsprechungsübersicht). Schon der Zeitfaktor kann bei langfristigen Auftragsverhältnissen einen hinreichenden Vertrauenstatbestand schaffen, der eine fristlose Kündigung nur in Ausnahmefällen bei wichtigem Grund zuläßt (MALAURIE/AYNÉS, contrats spéciaux Anm 550 mwNw).

Trotz konstruktiver Unterschiede präsentiert sich das französische System der Man- **A 134** datsbeendigung beim Tod einer der Auftragsparteien im Ergebnis als dem deutschen Recht ähnlich. Während in Deutschland lediglich der Tod des Beauftragten bzw des Geschäftsbesorgers, nicht aber der des Auftraggebers bzw Geschäftsherrn „im Zweifel" zur Beendigung des Mandats führt (§§ 672 S 1, 673 S 1, 675), erlischt es in Frankreich – wie in der Schweiz und in Österreich – auch beim Ableben des Auftraggebers, Art 2003 cc. Dieser Unterschied relativiert sich freilich dadurch, daß sich die Vorschriften der §§ 672 S 1 und 673 S 1 als Auslegungsregeln verstehen und auch das französische Recht die Art 2003 – 2009 cc der **Disposition der Parteien** unterwirft, so daß hier wie dort in der Rechtswirklichkeit zu allermeist ein Fortbestand des Mandats über den Tod des Auftraggebers oder des Beauftragten hinaus anzunehmen ist (FERID, Das französische Zivilrecht Bd 1, Anm 2 H 109; MALAURIE/AYNÉS, contrats spéciaux Anm 552; BENABENT, contrats spéciaux 357 ff). Als weitere Beendigungsgründe sieht Art 2003 cc den Konkurs oder den Vergleich über das Vermögen von *mandant* oder *mandataire* sowie den Verlust der Geschäftsfähigkeit einer der Vertragsparteien vor.

5.   Italien

a)   Der Auftrag im Vertragssystem

Der italienische *Codice civile* (Cc) von 1942 hat als umfassende, auch das Handels- **A 135** recht einbeziehende Privatrechtskodifikation zahlreiche geschäftsbesorgungsrechtliche Vertragsformen gesondert geregelt. Dies gilt für den Makler- und Handelsmaklervertrag (Art 1754 ff Cc), den Kommissionsvertrag (Art 1731 ff Cc), den Speditionsvertrag (Art 1737 ff Cc) und den Agenturvertrag (Art 1742 Cc), aber auch für die Bankverträge (Art 1834 ff Cc) und die Verträge der *„professioni intelletuali"* (Art 2229 ff Cc), denen insbesondere Rechtsanwälte, Ärzte, Ingenieure, Privatlehrer unterfallen. Das allgemeine unentgeltliche und entgeltliche Auftrags- bzw Geschäftsbesorgungsrecht findet sich in den Art 1703 – 1730 Cc normiert. Nach dem

Vorbild des schweizerischen OR gilt für den Auftrag (*mandato*) die **Vermutung der Entgeltlichkeit** (Art 1709 Cc). Dies liegt für das italienische wie für das schweizerische Recht schon deshalb nahe, weil die Privatrechtskodifikationen (anders als in Deutschland und in Österreich) keine Zäsur zwischen bürgerlich- und handelsrechtlichen Aufträgen setzen. Ähnlich wie das französische und tendenziell auch das österreichische Recht hat der italienische Cc den Auftrag auf die Vornahme von **Rechtshandlungen** (*atti giuridici*) für Rechnung eines anderen beschränkt (Art 1703 Cc). Tatsächliche Geschäftsbesorgungen sind folglich nicht über das Auftragsrecht zu erfassen, sondern müssen den zahlreichen Vertragstypen der „*professioni intelletuali*" oder dem Werkvertrag zugeordnet werden. In Loslösung vom schweizerischen Vorbild kann der italienische *mandato* damit nicht mehr die Funktion eines allgemeinen Arbeitsvertrags übernehmen. Allerdings werden die „Rechtshandlungen" im italienischen Auftragsrecht im weiten Sinn aller rechtsrelevanten Tätigkeiten verstanden, so daß auch tatsächliche Handlungen Gegenstand einer Geschäftsbesorgung sein können, sofern der Auftrag dazu um irgendwelcher Rechtswirkungen willen erteilt wird, die von der Rechtsordnung unabhängig vom Willen des Beauftragten an seine tatsächlichen Handlungen geknüpft werden (BARBERO, in: Sistema del diritto privato italiano II [1965] 449 ff; DECUPIS, in Istituzioni di diritto privato [1980] 395 ff; GRAZIADEI, in: Rivista di diritto civile parte II [1991] 759 ff).

A 136 Der Auftrag des Cc ist nach der Gesetzessystematik in die Gruppe derjenigen Vertragstypen eingereiht, bei denen die Tätigkeit für andere den wesenstypischen Inhalt ausmacht (*contratti di prestazione di servigi*). Die **Abgrenzung des entgeltlichen Auftrags** von benachbarten Vertragstypen wie Arbeits-, freier Dienst- und Werkvertrag erfolgt mithilfe der auch in den anderen kontinentalen Rechtsordnungen herangezogenen Merkmale. Vom Werkvertrag (*contratto d'opera, contratto d'appalto*) hebt sich der Auftrag einerseits durch die Option der Unentgeltlichkeit, vor allem aber durch die **Beschränkung auf Rechtsgeschäfte** ab, die dem gegenständlich (wie in der Schweiz) auf Realakte reduzierten Werkvertrag unzugänglich sind. Vom Arbeitsvertrag unterscheidet sich der Auftrag durch die fehlende subordinative Einbindung des Verpflichteten in die Organisationssphäre eines Arbeitgebers; der Beauftragte kann – obgleich weisungsgebunden – eine gewisse Selbständigkeit für sich beanspruchen (TRIMARCHI, Istituzioni Anm 360; SANTAGATA, Del mandato Art 1703 Rn 2 ff; TRABUCCHI, Istituzioni Anm 339, 340).

b) Mandat und Stellvertretung

A 137 Der Cc unterscheidet konstruktiv deutlich zwischen Vertretung (Art 1387 ff Cc) und Auftrag, **Außen- und Innenverhältnis** (vgl dazu SANTAGATA, Del mandato 13 ff). Damit hat das italienische Recht in seiner umfassenden Reform von 1942 einen wesentlichen Schritt weg vom früher geltenden Verbindungsprinzip, hin zum **Trennungsprinzip** getan. Hierfür war neben dem 1927 verfaßten italienisch-französischen Obligationenrechtsentwurf auch das deutsche BGB maßgeblich, das auf die italienischen Reformbestrebungen hier wie sonst erheblich einwirkte (ALBRECHT, Vollmacht und Auftrag 32; SCHNITZER, Vergleichende Rechtslehre Bd 2, 657: „wieder einmal die Übernahme einer Idee aus einem Rechtskreis in einen anderen"). Ausweislich der Art 1704 und 1705 Abs 1 Cc kann der Geschäftsbesorger „*con rappresentanza*" oder auch „*senza rappresentanza*" für seinen Prinzipal tätig werden, wobei der zweite Fall die mittelbare Stellvertretung erfaßt (TRIMARCHI, Istituzioni Anm 360, S 493; TORRENTE/SCHLESINGER, Manuale di diritto privato § 333, S 605). Denn wenn Inhalt eines Auftrags nur Rechtshandlungen (im Sinne aller Tätigkeiten mit – gewillkürten oder gesetzlichen – Rechtsfolgen) sein können und für die direkte Vertretung auch in Italien Offenkundigkeit erforderlich ist (Art 1388 Cc), kommt als Handlungsform des Beauftragten *„senza rappresentanza"* nur die mittelbare Vertretung in Betracht, bei der zwischen dem Auftraggeber und der Gegenpartei kein Rechtsverhältnis entsteht, Art 1705 Cc. Fehlt es an einer ausdrücklichen Offenlegung des Handelns im fremden Namen durch den Geschäftsbesorger (*contemplatio domini*), so liegt ein Handeln ohne Vertretungsmacht vor. Bei erfolgter *contemplatio domini*, aber fehlender Vertretungsmacht bleibt das Vertreterhandeln vom Auftraggeber genehmigungsfähig. Bei beiden Handlungsformen, der unmittelbaren wie der mittelbaren Stellvertretung, tritt der *mandatario* im Interesse des Prinzipals auf, Art 1388 Cc, denn auch der italienische Geschäftsbesorgungsvertrag ist durch seinen **Interessenwahrungscharakter** gekennzeichnet (BernerKomm/GAUTSCHI 24 f); Art 1703 Cc betont das Handeln für Rechnung Dritter.

c) Vermögensschutz des Auftraggebers

Die aus dem handelsrechtlichen Einschlag des Cc herrührende Aufgeschlossenheit **A 138** gegenüber der **mittelbaren Stellvertretung** im Rahmen von Auftragsverhältnissen zieht ein konsequentes Regelungssystem zum Schutz des Auftraggebervermögens nach sich. Dabei wird das Risiko der Insolvenz des Geschäftsbesorgers vollumfänglich dem Dritten zugewiesen. So weist Art 1705 Abs 1 Cc dem Mandanten per **Legalzession** die Rechte und Forderungen zu, die der im eigenen Namen handelnde Mandatar gegen den Dritten erworben hat. Und Art 1707 Cc schützt den Geschäftsherrn vor einem Gläubigerzugriff auf die vom Geschäftsbesorger im eigenen Namen erworbenen Gegenstände (Forderungen, bewegliche und unbewegliche Sachen), die einer Zwangsvollstreckung durch die Gläubiger entzogen sind, solange der Auftraggeber nur einen schriftlichen Mandatskontrakt und einen mandatsrechtlichen Herausgabeanspruch (Art 1713 Cc) nachweist. Der Auftraggeber ist hierdurch in ähnlicher Weise geschützt wie durch den schweizerischen Art 401 OR, den deutschen § 392 HGB oder den französischen Art 547 des code de commerce: in Italien ist er bei handels- wie bei bürgerlich-rechtlichen Mandaten nicht auf die Geltendmachung eines Aussonderungsrechts verwiesen, sondern genießt eine Art **gesetzlich antizipiertes Drittwiderspruchsrecht** (BernerKomm/GAUTSCHI 531 und 534; DE RUGGIERO/MAROI, Istitutioni del diritto privato II 375 f; TORRENTE/SCHLESINGER, Manuale di diritto privato § 333, S 607; BURDESE, Manuale di diritto privato Capo 13, S 503). Man wird hierin eine vage Parallele zum englischen *constructive trust* sehen können, denn dem Auftraggeber werden die Befugnisse eines Eigentümers zuerkannt, obwohl er keine dingliche, eine Zwangsvollstreckung hindernde Rechtsposition innehat, sondern lediglich in einer wirtschaftlichen Beziehung zu den treuhänderisch erworbenen Gegenständen des Geschäftsbesorgers steht.

d) Haftung und Substitution

Im Cc wird der Sorgfaltsmaßstab besonders hervorgehoben, den der Geschäftsbe- **A 139** sorger bei Ausführung des Auftrags walten lassen muß. Für einen entgeltlichen Auftrag ist die **erhöhte Sorgfaltspflicht** eines *„buon padre di famiglia"* maßgeblich, der der Beauftragte beim *„mandato gratuito"* nicht unterliegt, Art 1710 Cc. Die detaillierten Regelungen in den Art 1711–1715 Cc über Inhalt und gewöhnlichen Umfang des Auftrags, sei er entgeltlich oder unentgeltlich, bringen die ausgeprägte Interessenwahrungspflicht des Beauftragten zum Ausdruck. Die Haftung des Geschäftsherrn gegenüber dem Geschäftsführer gestaltet der Cc ähnlich wie der französische *code civil*, wenn Art 1720 Cc separate Regelungen einerseits für den **Aufwendungsersatz** und andererseits für den **Ersatz von zufälligen Schäden** an Rechtsgütern des Beauftragten zur Verfügung stellt; sie stehen dem Geschäftsführer unabhängig von einer Entgeltlichkeit des Mandats zu. Auch im italienischen Recht fehlt es nicht an Vorschriften zur **Weisungsgebundenheit** des Geschäftsbesorgers und zu seinen **Informations-, Rechnungslegungs- und Verwahrungspflichten**.

A 140 Die Regelung in Art 1717 Cc zur **Substitution** beim Mandat wird in Literatur und Rechtsprechung sehr uneinheitlich ausgelegt, wobei die Palette der Ansichten von gänzlicher Unzulässigkeit bis grundsätzlicher Zulässigkeit im Falle fehlender ausdrücklicher Gestattung reicht (zum Meinungsstand: TRABUCCHI, Istituzioni Anm 340, S 813; BURDESE, Manuale di diritto privato 505). Im Falle einer erlaubten Substitution haftet der Geschäftsführer für die Auswahl, im Falle der unerlaubten für jedes Verschulden des Substituten. In Übereinstimmung mit dem Grundgedanken des schweizerischen Art 399 Abs 2 OR und des französischen Art 1994 Abs 2 cc bestimmt Art 1717 Abs 3 des italienischen Cc: *„Il mandante può agire direttamente contro la persona sostituita dal mandatario"*.

e) Beendigung

A 141 Auch in Italien wird an die **höchstpersönliche** und vertrauensgetragene Auftragsausführung unabhängig von einer Entgeltlichkeit die jederzeit und frei widerrufliche (*revocabile*) Natur des Mandats durch den Auftraggebers geknüpft, Art 1723 Cc. Hingegen ist dem Geschäftsbesorger die Kündigung (*rinunzia*) nur im Falle einer *„giusta causa"* erlaubt, will er sich nicht schadensersatzpflichtig machen, Art 1727 Cc. Allerdings können in Italien entsprechend der Lage in Frankreich die Vertrauensumstände zu einer zeitweisen Unwiderruflichkeit (*irrevocabilitá*) des Auftrags durch den Auftraggeber führen (TRABUCCHI, Istituzioni Anm 340; TORRENTE/ SCHLESINGER, Manuale di diritto privato § 333, S 608). Gleichfalls wie in Frankreich führen das Ableben, der Konkurs oder der Eintritt der Geschäftsunfähigkeit beider Parteien zur Auflösung des italienischen Mandats, Art 1722 Cc.

6. England

a) Das Rechtsinstitut der agency

A 142 Ein gänzlich vom kontinental-europäischen Verständnis des Auftrags-, Vertretungs- und Geschäftsbesorgungsrechts abweichendes Bild bietet sich dem Rechtsvergleicher in der englischen Rechtsordnung (MÜLLER-FREIENFELS, Stellvertretungsregelungen in Einheit und Vielfalt [1982] 131 ff und 279 ff; ZWEIGERT/Kötz, Einführung in die Rechtsvergleichung Bd 2, 129 ff). Selbstredend ist auch dem Common Law das Handeln einer Person für eine andere geläufig. Es knüpft für dessen juristische Bewältigung aber in gegenständlich-ganzheitlicher Betrachtungsweise an die **Einheitlichkeit des Lebenssachverhalts** zwischen dem *agent* und dem *principal* an, weithin frei von „kontinentalen" Unterscheidungen zwischen Entgeltlichkeit und Unentgeltlichkeit, Auftrag und unmittelbarer oder mittelbarer Stellvertretung, Innen- und Außenverhältnis (zum geringen Einfluß der Lehren LABANDS und vJHERINGS auf das Common Law vgl REYNOLDS/BOWSTEAD on agency 6).

A 143 Diejenigen Rechtsinstitute, die in den kontinental-europäischen Rechtsordnungen das Handeln im Drittinteresse zum Gegenstand haben, finden ihre funktionale Entsprechung ganz überwiegend in der nur **unscharf konturierten Common Law-Figur der** *agency*, die vor allem Elemente der Übertragung von Vertretungsmacht (Bevollmächtigung zur Stellvertretung) und des Auftrags als des rechts- und pflichtenbegründenden Schuldverhältnisses zwischen *principal* und *agent* enthält. In diesem **für den weiten Bereich der Tätigkeiten im Drittinteresse** einschlägigen Institut der *agency* geht auch das deutsche Auftrags- und Geschäftsbesorgungsrecht auf. Dabei überschneidet sich die *agency* mit der gleichermaßen vertrags- wie deliktsrechtlich gefärbten Figur der *master-servant-relationship*, für die sie als haftungsbegründendes Rechtsverhältnis und als *causa* der Verschuldenszurechnung fungieren kann; man bezeichnet die *agency* als *„power-liability-relationship"* (zum „Janus-Gesicht" der *agency* vgl ZWEIGERT/KÖTZ, Einführung in die Rechtsvergleichung Bd 2, 117 f; FRIDMAN, The Law of Agency 4, 13 ff). Die „Rechtsnatur" der *agency* ist in der Vielfalt ihrer Erscheinungsformen schwer faßbar (vgl ZWEIGERT/KÖTZ, Einführung in die Rechtsvergleichung Bd 2, 117; SCHNITZER, Vergleichende Rechtslehre Bd 2, 656), doch ist die Rechtsnaturbestimmung von weit geringerer Bedeutung als jener **Fundus von Rechtsregeln**, die sich zu diesem Institut historisch im Laufe der Jahrhunderte in der Rechtsprechung von Fall zu Fall entwickelt und ausgeformt haben (zur historischen Entwicklung der *agency* vgl LANGENBACH, Law of Agency 7 f; WÜRDINGER, Geschichte der Stellvertretung in England 193 ff; REYNOLDS/ BOWSTEAD on agency 6 ff; FRIDMAN, The Law of Agency 305). Man kann bereits die Vertragsqualität der *agency* in Frage stellen, da die ansonsten für den Vertrag unerläßliche *consideration* bei der *agency by necessity* entbehrlich ist. Unbestritten ist freilich, daß eine *agency* auf einem Vertrag beruhen kann. Historisch hat sich insbes eine **handelsrechtliche Typologie** der *agents* herausgebildet, die entfernt an die kaufmännischen Figuren kontinentaler Rechtskreise erinnert: *factor, broker, commission agent, auctioneer, delcredere agent* (vgl dazu HANBURY, Principles of Agency 13 ff; LANGENBACH, Law of Agency § 4, 15 ff). Die Versuche einer näheren Beschreibung der *agency* und einer Abgrenzung von artverwandten Instituten gelangen nicht über sehr **grobe Raster** hinaus (ZWEIGERT/KÖTZ, Einführung in die Rechtsvergleichung Bd 2, 117), wie etwa die Rede von einer *„fiduciary relationship which exists between two persons, one of whom consents that the other should act on his behalf"* zeigt (REYNOLDS/BOWSTEAD on agency Art I, S 1; vgl auch FRIDMAN, The Law of Agency 8 ff, insb 12). Zwar weist die *agency* typischerweise die aus den kontinentalen Rechtsordnungen bekannten Geschäftsbesorgungselemente der **Interessenwahrung**, des besonderen **Vertrauensverhältnisses**, des **Handelns im Drittinteresse** und der **Weisungsgebundenheit** auf. Es erscheint jedoch überaus gewagt, das deutsche Verständnis der Geschäftsbesorgung im weiteren Sinne zur Erfassung der *agency* zugrunde zu legen (so aber LANGENBACH, Law of Agency § 2, S 11).

Schwierigkeiten bereitet die **Abgrenzung** der *agency* von den Instituten *trust* und **A 144** *bailment* einerseits, *servant* und *independant contractor* andererseits (dazu REYNOLDS/ BOWSTEAD on agency Art I, S 16 f; HANBURY, Principles of Agency 3 ff; FRIDMAN, The Law of Agency 15 ff, 20−26; SCHNITZER, Vergleichende Rechtslehre Bd 2, 657). Vom *trust* läßt sich die *agency* dadurch abheben, daß der *agent* für einen anderen handelt, während der *trustee* das Eigentum (*legal ownership*) an einer Sache (unbeweglich oder beweglich) für einen anderen hält. Dagegen hält der *bailee* die (stets nur bewegliche) Sache lediglich als Besitzer, denn die *legal ownership* verbleibt beim *bailor*. Allein dieser dinglichen Stellung begründet zwar noch keine *agency* zugunsten des *trustee/bailee*, doch wird sie regelmäßig begleitend durch Vertrag eingeräumt. Demgegenüber wer-

den *servants* (abhängige Arbeitnehmer) und *independent contractors* (freie Dienst-
oder Werkverpflichtete), die sich ihrerseits nur durch ihre Weisungsgebundenheit an
den Geschäftsherrn unterscheiden, auf umstrittene und bisher nicht geklärte Weise,
tendenziell aber nach Intensität und Umfang der Kontrollbefugnis des *principal* vom
agent abgegrenzt. Aber auch hier können die beiden Institute mit der *agency* zusammenfallen.

A 145 Soweit der *agent* mit der **Vornahme von Rechtsgeschäften** betraut ist, treten die Wirkungen seines Handelns bei der *disclosed* wie bei der *undisclosed agency* stets, dh
unabhängig von der Offenlegung seiner Stellung als Mittler und Vertreter, unmittelbar beim *principal* ein. Auch in unseren Fällen der mittelbaren Stellvertretung findet
also bei der *agency* eine solche unmittelbare Zurechnung des Vertreterhandelns zum
Vertretenen statt. Eine **Trennung zwischen Innen- und Außenverhältnis** ist bei der
agency schwer zu vollziehen, jedenfalls aber **unergiebig** (zur „Anomalie" der undisclosed
agency vgl MÜLLER-FREIENFELS RabelsZ 17 [1952], 579 ff und RabelsZ 18 [1953], 12 ff; LANGEN-
BACH, Law of Agency § 10, S 35 ff; zur rein akademischen Trennung von Innen- und Außenverhältnis siehe REYNOLDS/BOWSTEAD on agency Art 1, S 13; FRIDMAN, The Law of Agency 14). Man
kann dies wohl darauf zurückführen, daß im Common Law nach wie vor die **Fiktions-
theorie** als Erklärungsgrund für die Stellvertretung bemüht wird (REYNOLDS/BOWSTEAD
on agency Art I, S 1 und 6 f; FRIDMAN, The Law of Agency 14; LANGENBACH, Law of Agency 9).
Ansätze für eine wenigstens begriffliche Unterscheidung zwischen Vertretung (*representation*), Vollmachtserteilung (*authorisation*) und Auftrag/Geschäftsbesorgung
(*agency* als *contractual relationship*) läßt immerhin die Differenzierung zwischen den
beiden Formen der *disclosed* und der *undisclosed agency* erkennen. Auch weist das
Erfordernis einer „*ratification*" des *principal* bei der *agency without authority* in diese
Richtung (REYNOLDS/BOWSTEAD on agency 12 f).

b) Das Rechts- und Pflichtengefüge

A 146 Unter Verwendung deutscher Qualifikationstermini läßt sich über das englische
agency-Recht berichten, daß **sowohl Tathandlungen wie auch Rechtshandlungen** den
Inhalt einer auf Vertrag oder Realakt gegründeten *agency* ausmachen können. Die
im Mittelpunkt jeder *agency* stehende Pflicht des *agent* ist seine Treue- und Folge-
pflicht zum *principal*. Der *agent* muß *in good faith* die Geschäfte des *principal* als
dessen Interessenwahrer ausführen (LANGENBACH, Law of Agency § 7, S 25 ff; REYNOLDS/
BOWSTEAD on agency 5, 156; FRIDMAN, The Law of Agency 85). Dies ist die zentrale **Parallele
zu den kontinentalen Rechtsordnungen**. Dementsprechend treffen den *agent* Rechnungslegungspflichten und eine unserem § 670 BGB entsprechende Pflicht zur
Herausgabe des aus der *agency* Erlangten. Weitergehend ist der *agent* als **Treuhänder**
auch verpflichtet, die in seinem Eigentum stehenden Gegenstände von denen des
principal getrennt zu halten. Der *principal* ist zur **Vorschußleistung**, zum **Ersatz von
Aufwendungen** und zur Zahlung des üblichen (nicht notwendig ausdrücklich vereinbarten) Entgelts verpflichtet (LANGENBACH, Law of Agency § 8, S 28 ff; REYNOLDS/
BOWSTEAD on agency 152 f, 246 f; FRIDMAN, The Law of Agency 145, 153). Dem unentgeltlichen *agent* kommt im Gegensatz zum deutschen Beauftragten ein Haftungsprivileg
zugute (REYNOLDS/BOWSTEAD on agency 153).

A 147 Den Prinzipal trifft eine Ersatzpflicht für die an den Rechtsgütern des Agenten
unverschuldet eingetretenen Schäden, soweit sie „*incurred by him in the execution of his
authority*" sind (LANGENBACH, Law of Agency 28; REYNOLDS/BOWSTEAD on agency 247).

Bestand und Umfang dieser Ersatzpflicht werden dogmatisch aus einem *„implied contract"* abgeleitet, der die *agency* unabhängig von ihrer Entgeltlichkeit als Schuldverhältnis begleitet. Gegenüber Dritten haftet der *principal* über die Erfüllung der für ihn begründeten Verbindlichkeiten hinaus auch für deliktische Schadensverursachung (*tort*) seines *agent*; eine solche „Vertretung im Delikt" ist den kontinentalen Rechtsordnungen fremd. Nach der Vorstellung des Common Law ist die zur Ausführung von Geschäften eingeschaltete Person nicht nur im rechtsgeschäftlichen, sondern auch im tatsächlichen und deliktischen Bereich als „verlängerter Arm" des Prinzipals mit der Folge einer Verhaltenszurechnung anzusehen. Bei der *agency* erteilt der *principal* seinem *agent* die Befugnis zum Abschluß des Ausführungsgeschäfts **zugleich im Innen- wie im Außenverhältnis** und hat daher grundsätzlich für die Folgen der Geschäftsbesorgung vertraglich wie deliktisch auch nach außen hin einzustehen (REYNOLDS/BOWSTEAD on agency Art I S 2 und 8).

In unseren Fällen der **mittelbaren Stellvertretung** genießt der Geschäftsgegner nach **A 148** englischem Recht mithin denselben Schutz wie bei der unmittelbaren Stellvertretung, während die kontinental-europäischen Rechtsordnungen bei der indirekten Stellvertretung dem Dritten einen direkten Anspruch gegen den Geschäftsherrn versagen und ihm das Risiko der Insolvenz des Kommissionärs/indirekten Vertreters vollumfänglich zuweisen. Die kontinentalen Rechtsordnungen schützen bei der mittelbaren Stellvertretung allenfalls den **Geschäftsherrn**, indem sie ihm per Legalzession die vom Mandatar im eigenen Namen erworbenen Rechte und Forderungen zuweisen bzw ihm ein Aussonderungsrecht im Konkurs des Mandatars einräumen; sie sehen aber nicht den **Dritten als Geschäftspartner des Geschäftsherrn** an. Dagegen entfaltet die *undisclosed agency* im Common Law ihre direkte Wirkung nach beiden Richtungen. Dem direkten Klagerecht des verdeckt vertretenen Prinzipals gegen den Dritten auf Erfüllung steht auch umgekehrt eine direkte Klage des Dritten gegen den verdeckt vertretenen Prinzipal gegenüber (ZWEIGERT/KÖTZ, Einführung in die Rechtsvergleichung Bd 2, 121 f). Allerdings wird dabei der Grundsatz des Klagerechts des verdeckten Prinzipals zum Schutz des Dritten dadurch eingeschränkt, daß dieser im Ergebnis nicht ungünstiger gestellt werden darf als bei einer Vertragsabwicklung allein zwischen ihm und dem Agenten. Das weitreichende Haftungsrisiko des Geschäftsherrn wird im deliktischen Bereich dadurch begrenzt, daß ein Mitverschulden des Dritten nicht nur zur Minderung, sondern leicht zum völligen Wegfall der Haftung des Prinzipals führen kann (REYNOLDS/BOWSTEAD on agency 252).

Das englische Recht kennt einen **ausgeprägten Vermögensschutz** des *principal* gegen- **A 149** über dem Zugriff Dritter auf diejenigen Vermögensgegenstände im Besitz des *agent*, die dem Geschäftsherrn zwar (noch) nicht rechtlich, wohl aber wirtschaftlich zugewiesen sind. Dies betrifft vor allem den Erwerb von Aktiva in eigenem Namen des Agenten bei der *indirect representation*, die mit einer *undisclosed agency* einhergeht (REYNOLDS/BOWSTEAD on agency Art 1 S 13). Das für diesen Vermögensschutz einschlägige Rechtsinstitut ist der *„constructive trust"*, der bezüglich aller für Rechnung oder im Interesse des *principal* erworbenen Vermögensrechte eintritt, für die der *agent* zwar als *„legal owner"* fungiert, jedoch der *principal* den *„equitable title"*, innehat. Der *constructive trust* entfaltet – auch für Surrogate der Vermögensrechte – eine über das Aussonderungsrecht im Konkurs hinausgehende dingliche Zuordnungswirkung (LANGENBACH, Law of Agency 26; ZWEIGERT/KÖTZ, Einführung in die Rechtsvergleichung Bd 2, 121 f sowie zum *trust* allgemein Bd 1, 328 ff; REYNOLDS/BOWSTEAD on agency 275 ff und 360 ff).

c)   **Beendigung der agency**

A 150   Auch in England führen Tod, Verlust der Geschäftsfähigkeit und Konkurs des *principal* und des *agent* zur Beendigung der *agency* (REYNOLDS/BOWSTEAD on agency Art 124, S 507; FRIDMAN, The Law of Agency 316; abweichend LANGENBACH, Law of Agency § 9, S 32 für den Konkurs des *agent*). In Übereinstimmung mit dem Geschäftsbesorgungsrecht der handelsrechtlich geprägten kontinentalen Zivilrechtsordnungen geht das Common Law von der **jederzeitigen und freien Widerruflichkeit** der *agency* durch eine *„revocation"* des *principal* oder eine *„renunciation"* des *agent* aus, sofern nicht eine Unwiderruflichkeit vertraglich vereinbart ist oder das Billigkeitsrecht Einschränkungen der frist-, form- und begründungslosen Widerruflichkeit verlangt (FRIDMAN, The Law of Agency 305 ff; REYNOLDS/BOWSTEAD on agency Art 125, S 510).

7.   Benelux-Staaten und skandinavische Staaten

A 151   Das Auftrags- und Geschäftsbesorgungsrecht der Benelux-Staaten ist durch mehr oder weniger **weitreichende Übereinstimmungen** mit den Regelungen des Mandats im französischen *code civil* gekennzeichnet. Das gilt insbesondere für **Belgien** und **Luxemburg**, die sich stark an das französische Recht angelehnt haben. Die Regelungen im belgischen und im luxemburgischen *code civil* zu Auftrag/Geschäftsbesorgung und Vollmacht/Stellvertretung sind grundsätzlich allein auf Rechtshandlungen bezogen und vom **Verbindungsprinzip** gekennzeichnet, das durch die Rechtsprechung allerdings starke Auflockerungen in Richtung auf die Anerkennung der auftragslosen Vollmacht und des vollmachtlosen Auftrags erfahren hat.

A 152   Auch in den **Niederlanden**, in denen der seit 1804 geltenden *code civil* Napoleons im Jahre 1838 durch das *Burgerlijke Wetboek* ersetzt worden war, stellten sich die Regelungen über den Auftrag (Art 1829 ff: *lastgeving*) im wesentlichen als Übernahme des französischen Rechts (Art 1984 ff cc) dar. Dies hat sich durch die Anfang der neunziger Jahre abgeschlossene große Zivilrechtsreform geändert. Das *Nieuwe Burgerlike Wetboek* hat sich praktisch vollständig **vom Verbindungsprinzip gelöst** und dem Trennungsprinzip zugewandt. Es unterscheidet zwischen Auftrag (*lastgeving*, Art 400 ff in *boek* 7) und Vollmacht (*volmacht*, Art 60 ff in *boek* 3). Zwar beschränkt auch das neue BW den (entgeltlichen oder unentgeltlichen) Auftrag auf Dienstleistungen in Form von **Rechtshandlungen** für Rechnung des Auftraggebers, Art 400 Abs 1, doch läßt es sowohl unmittelbare wie mittelbare Stellvertretung zu, Art 400 Abs 2. Freilich klingt das alte Verbindungsprinzip noch nach, wenn etwa Art 409 eine dem Selbstkontrahierungsverbot unseres § 181 BGB entsprechende Regelung im Auftrags-, nicht im Vollmachtsrecht vorsieht. Die Weisungsgebundenheit (Art 402) und die besondere Treuepflicht (Art 401) des Beauftragten werden ausdrücklich hervorgehoben. Für die Fälle der mittelbaren Stellvertretung enthält das neue BW in den Art 411—413 kommissionstypische Vorschriften zum Schutze der Vermögensinteressen des Auftraggebers. Der Auftraggeber hat Ansprüche auf Herausgabe des aus der Auftragsausführung Erlangten und auf Rechnungslegung (Art 403), der Beauftragte kann Ersatz seiner Aufwendungen verlangen, soweit sie nicht durch die Vergütung abgegolten sind (Art 406). Ein separater Schadensersatzanspruch des Beauftragten für zufällige Einbußen an seinen Rechtsgütern bei Auftragsdurchführung ist nicht vorgesehen, doch läßt der Aufwendungsersatzanspruch für eine (analoge) Erfassung von Zufallsschäden *ex causa mandati* Raum. Der

Geschäftsherr kann den Auftrag grundsätzlich frei, frist- und formlos widerrufen, der Beauftragte nur aus wichtigem Grund kündigen, Art 414.

Das Recht der **skandinavischen Länder** weist trotz seiner über Jahrhunderte hinweg **A 153** eigenständigen Entwicklung im Bereich des Auftrags- und Geschäftsbesorgungsrechts nur marginale Struktur- und Wertungsunterschiede zu den übrigen – allerdings untereinander verschiedenen – kontinentalen Rechtsordnungen auf. Auf der Grundlage eines **weiten Geschäftsbesorgungsverständnisses**, das jede entgeltliche und unentgeltliche, rechtsgeschäftliche oder tatsächliche Tätigkeit im Drittinteresse einbezieht, folgen alle skandinavischen Länder in ihren Regelungen zu Auftrag und Vollmacht dem **Trennungsprinzip**. Die handelsrechtliche Ausrichtung des Privatrechts der skandinavischen Länder führt freilich zu einer **Vermutung zugunsten der Entgeltlichkeit** des Mandats. Der Rechtsvergleicher stößt auch in den skandinavischen Ländern auf die bekannten **Abgrenzungsschwierigkeiten** zwischen Auftrag/Geschäftsbesorgung und Werk- bzw Dienstvertrag, die auch hier mit den Unterscheidungsmerkmalen angegangen werden, die aus den germanischen und romanischen Rechtsordnungen bekannt sind: Grad der Subordination des Beauftragten, Erfolgs- bzw Tätigkeitsbezogenheit des Handelns, Koppelung des Mandats an die Vertretung. Insgesamt erscheint auch in Skandinavien der Befund unausweichlich: „Der Auftragsbegriff ist indessen von Klarheit weit entfernt" (NIAL, Zivilgesetze der Gegenwart, Bd X, Das Zivilrecht der Nordischen Länder 146).

Die Einzelregelungen zu den Rechten und Pflichten der Parteien, namentlich zu den **A 154** Sorgfalts- und Treuepflichten der Parteien, zu den Pflichten des Beauftragten zur Rechenschaftslegung, Information und Herausgabe des aus der Geschäftsbesorgung Erlangten, zum grundsätzlichen Verbot der Substitution sowie vor allem zur Weisungsgebundenheit, Interessenwahrung und Höchstpersönlichkeit der Geschäftsbesorgung lassen das Auftrags- und Geschäftsbesorgungsrecht Dänemarks, Norwegens, Islands, Schwedens und Finnlands als zwar im Grundsätzlichen **als eng verwandt mit den mitteleuropäischen Rechtsordnungen** erscheinen. Indes kann die Beantwortung konkreter Einzelfragen des Auftrags- bzw Geschäftsbesorgungsrechts – wie in den übrigen kontinentalen Rechtsordnungen – erheblich abweichen. Zu den vielleicht wichtigsten Besonderheiten des skandinavischen Auftrags- und Geschäftsbesorgungsrechts gehören die Regelungen des Ersatzes für Schäden, die der Beauftragte im Rahmen seiner Tätigkeit für den Geschäftsherrn erlitten hat. Hier halten die Juristen vor allem Finnlands und Schwedens streng am **Verschuldensprinzip** fest und versagen eine Erstattung zufälliger Schäden selbst beim unentgeltlichen Auftrag (HAKULINEN, Zivilgesetze der Gegenwart Bd X, Das Zivilrecht der Nordischen Länder 72 ff; SETH/ KARLGREN, Zivilgesetze der Gegenwart Bd X, Das Zivilrecht der Nordischen Länder 174). In allen skandinavischen Ländern sind im übrigen **handelsrechtliche Geschäftsbesorgungsverträge** (zB Kommissions- und Handelsagentenverträge) bekannt, die teilweise in eigenen Gesetzen eine Regelung erfahren haben.

V. Der Geschäftsbesorgungsvertrag als Relationalkontrakt

Schrifttum

M ADAMS, Franchising – A Case of Long-term Contracts, ZgS/JITE 144 (1988), 145

ALCHIAN, Specificity, Specialization, and Co-alitions, ZgS/JITE 140 (1984), 34

ALCHIAN/DEMSETZ, Production, Information, Costs, and Economic Organization, American Economic Review 62 (1972), 775

ASSMANN/KIRCHNER/SCHANZE (Hrsg), Ökonomische Analyse des Rechts (1978 und 1993)

BAMBERG/SPREMANN (Hrsg), Agency Theory, Information, and Incentives (1987)

JÜRGEN BAUR, Vertragliche Anpassungsregelungen (1983)

COASE, The Nature of the Firm, Economia 4 (1937), 386

ders, The Problem of Social Cost, Journal of Law and Economics 3 (1960), 1

ders, The Firm, the Market and the Law (1988)

DE ALESSI/STAAF, Subjective Value in Contract Law, ZgS/JITE 145 (1989), 561

ENGEL, Rezensionsaufsatz, RabelsZ 57 (1993), 556

FAMA, Agency Problems and the Theory of the Firm, Journal of Economic Literature 10 (1972), 1137

FAMA/JENSEN, Agency Problems and Residual Claims, Journal of Law and Economics 26 (1983), 327

FRIEDMAN, The Efficient Breach Fallacy, Journal of Legal Studies 18 (1989), 1

vGIERKE, Dauernde Schuldverhältnisse, JherJb 64, 355

GOETZ/SCOTT, Principles of Relational Contracts, Virginia Law Review 67 (1981), 1089

GOLDBERG, Regulation and Administered Contracts, The Bell Journal of Economics 7 (1976), 426

ders, Toward an Expanded Economic Theory of Contract, Journal of Economic Issues 10 (1976), 45

ders, Regulation and Administered Contracts, The Bell Journal of Economics 7 (1976), 426

ders, The Law and Economics of Vertical Restrictions: A Relational Perspective, Texas Law Review 58 (1979), 91

ders, Relational Exchange, Economics, and Complex Contracts, American Bevarioral Scientist 23 (1980), 337

GORDON, Macaulay, Macneil, and the Discovery of Solidarity and Power in Contract Law, Wisconsin Law Review 1985, 565

GROSSMAN/HART, An Analysis of the Principal-Agent Problem, Econometrica 51 (1983), 7

HART/MOORE, Incomplete Contracts and Renegotiation, Econometrica 56 (1988), 755

HENSSLER, Risiko als Vertragsgegenstand (1994)

HOLMSTRÖM, Moral Hazard and Observability, The Bell Journal of Economics 10 (1979), 74

ders, Moral Hazard in Terms, The Bell Journal of Economics 13 (1982), 324

HORN, Vertragsdauer, in: Gutachten und Vorschläge zur Überarbeitung des Schuldrechts Bd 1 (1981), 551

ders ua, Die Anpassung langfristiger Verträge – Vertragsklauseln und Schiedspraxis (1984)

IMAI/ITAMI, Interpenetration of Organization and Market, International Journal of Industrial Organization 2 (1984), 285

JOERGES, Relational Contract Theory in a Comparative Perspective: Tensions Between Contract and Antitrust Law Principles in the Assessment of Contract Relations between Automobile Manufacturers and Their Dealers in Germany, Wisconsin Law Review 1985, 581

ders, Vertragsgerechtigkeit und Wettbewerbsschutz in den Beziehungen zwischen Automobilherstellern und -händlern: Über die Aufgaben richterlicher Rechtspolitik in „Relationierungsverträgen", in: FS für Rudolf Wassermann (1985) 697

ders, Status und Kontrakt im Franchise-Recht, AG 1991, 325

ders (Hrsg), Franchising and the Law: Theoretical and Comparative Approaches in Europe and the United States – Das Recht des Franchising: Konzeptionelle, rechtsvergleichende und europarechtliche Analysen (1991)

KERN, Ökonomische Theorie der Langzeitverträge, JuS 1992, 13

KLEIN, Transaction Cost Determinants of „Unfair" Contractual Agreements, American Economic Review 70 (1980), 356

KLEIN/SAFT, The Law and Economics of Franchise Tying Contracts, Journal of Law and Economics 28 (1985), 345

KÖNDGEN, Selbstbindung ohne Vertrag (1981)

KRAMER, Die „Krise" des liberalen Vertragsdenkens (1974)

ders (Hrsg), Neue Vertragsformen der Wirtschaft: Leasing, Factoring, Franchising (2. Aufl 1992)

KRONMAN, Contract Law and the State of Nature, Journal of Law, Economics, and Organization 1 (1985), 5

LEHMANN, Bürgerliches Recht und Handelsrecht – Eine juristische und ökonomische Analyse (1983)

MACAULAY, Law and the Balance of Power: The Automobile Manufacturers and Their Dealers (1966)

ders, Non-Contractual Relations in Business, American Sociological Review 28 (1963), 55

MACNEIL, The Many Futures of Contracts, Southern California Law Review 47 (1974), 691

ders, Restatement (Second) of Contracts and Presentation, Virginia Law Review 60 (1974), 589

ders, A Primer of Contract Planning, Southern California Law Review 48 (1975), 627

ders, Contracts: Adjustments of Long-Term Economic Relations under Classical, Neoclassical, and Relational Contract Law, Northwestern University Law Review 72 (1978), 854

ders, The New Social Contract: An Inquiry into Modern Contractual Relations (1980)

ders, Economic Analysis of Contractual Relations: Its Shortfalls and the Need for a „Rich Classificatory Apparatus", Northwestern University Law Review 75 (1981), 1018

ders, Efficient Breach of Contract: Circles in the Sky, Virginia Law Review 68 (1982), 947

ders, Values and Contracts: Internal and External, Northwestern University Law Review 78 (1983), 340

MARTINEK, Franchising – Grundlagen der zivil- und wettbewerbsrechtlichen Behandlung der vertikalen Gruppenkooperation beim Absatz von Waren und Dienstleistungen (1987)

ders, Moderne Vertragstypen Bd I (1991), Bd II (1992), Bd III (1993)

MARVEL, Exclusive Dealing, Journal of Law and Economics 25 (1982), 1

MATHEWSON/WINTER, The Economics of Franchise Contracts, Journal of Law and Economics 28 (1985), 503

MÜLLER-GRAFF, Rechtliche Auswirkungen einer laufenden Geschäftsverbindung im amerikanischen und deutschen Recht (1974)

ders, Long-Term Business Relations: Conflicts and the Law, ZgS/JITE 141 (1985), 547

ders, Franchising: A Case of Long-term Contracts, ZgS/JITE 144 (1988), 122

NICKLISCH, Empfiehlt sich eine Neukonzeption des Werkvertragsrechts? – unter besonderer Berücksichtigung komplexer Langzeitverträge –, JZ 1984, 757

NICKLISCH, Rechtsfragen des Subunternehmervertrags bei Bau- und Anlageprojekten im In- und Auslandsgeschäft, NJW 1985, 2361

ders (Hrsg), Der komplexe Langzeitvertrag – Strukturen und internationale Schiedsgerichtsbarkeit, 1987

OTT/SCHÄFER (Hrsg), Allokationseffizienz in der Rechtsordnung – Beiträge zur ökonomischen Analyse des Zivilrechts (1989)

dies (Hrsg), Ökonomische Probleme des Zivilrechts – Beiträge zur ökonomischen Analyse des Zivilrechts (1991)

POLINSKY, An Introduction to Law and Economics (1983)

PRATT/ZECKHAUSER (Hrsg), Principals and Agents: The Structure of Business (1985)

PFLUG, Kontrakt und Status im Recht der Allgemeinen Geschäftsbedingungen (1986)

RAUB/VOSS, Die Sozialstruktur der Kooperation rationaler Egoisten, ZfS 15 (1986), 309

REES, The Theory of Principle and Agent, Bulletin of Economic Research 37 (1985), 3 und 75

ROSEN, Authority, Control, and the Distribution of Earnings, The Bell Journal of Economics 13 (1982), 311

ROSS, The Economic Theory of Agency: The Principal's Problem, American Economic Review 63 (1973), 134

RUBIN, The Theory of the Firm and the Structure of the Franchise Contract, Journal of Law and Economics 21 (1978), 223

SCHÄFER/OTT, Lehrbuch der ökonomischen Analyse des Zivilrechts (1986)

SCHANZE, Contract, Agency, and the Delegation of Decision Maing, in: BAMBERG/SPREMANN (Hrsg), Agency Theory, Information, and Incentives (1987) 461

SCHANZE, Symbiotic Contracts: Exploring Long-Term Agency Structures Between Contract and Corporation, in: JOERGES (Hrsg), Franchising and the Law (1991) 67

WALTER SCHMID, Zur sozialen Wirklichkeit des Vertrages (1983)

Michael Martinek

SEFRIN, Die Kodifikationsreife des Finanzierungsleasingvertrags – Ein Beitrag zu Strategie und Methode der schuldrechtlichen Bewältigung der modernen Vertragstypen (1993)

SMITH, Franchise Regulation: An Economic Analysis of State Restrictions of Automobile Distribution, Journal of Law and Economics 25 (1982), 125

STEINDORFF, Vertragliche Pflichten zur Vertragsanpassung, ZHR 148 (1984), 271

TEUBNER, „Verbund", „Verband" oder „Verkehr"? – Zur Außenhaftung von Franchising-Systemen, ZHR 154 (1990), 295

ders, Beyond Contract and Organization? The External Liability of Franchising Systems in German Law, in: JOERGES (Hrsg), Franchising and the Law (1991) 105

MAX WEBER, Rechtssoziologie (Neudruck 1967)

WILLIAMSON, Markets and Hierarchies: Analysis and Antitrust Implications. A Study in the Economics of Internal Organization (1975)

ders, Franchise Bidding for Natural Monopolies, The Bell Journal of Economics 7 (1976), 73

ders, Assessing Vertical Market Restrictions: Antitrust Ramifications of the Transaction Cost Approach, University of Pennsylvania Law Review 127 (1979), 953

ders, Transaction-Cost Economics: The Governance of Contractual Relations, Journal of Law and Economics 22 (1979), 233

ders, Credible Commitments: Using Hostages to Support Exchange, American Economic Review 73 (1983), 579

ders, The Economics of Governance: Framework and Implications, Zgs/JITE 140 (1984), 195

ders, Assessing Contracts, Journal of Law, Economics and Organization 1 (1985), 177

ders, The Economic Institutions of Capitalism (1985, deutsch: Die ökonomischen Institutionen des Kapitalismus – Unternehmen, Märkte, Kooperationen [1990])

ders, The Logic of Economic Organization, Journal of Law, Economics, and Organization 4 (1988), 65

1. Ausgangspunkt und Anliegen der Theorie des Relationalvertrages

a) Der anglo-amerikanische Ursprung

A 155 In der Rechtswissenschaft hat sich die vertragsrechtliche Theoriediskussion seit geraumer Zeit **internationalisiert**. Wichtige Impulse für die Weiterentwicklung des deutschen Vertragsrechts gehen vom **anglo-amerikanischen Rechtskreis** aus. Für die juristische Bewältigung neuer Formen von Geschäftsbesorgungsverträgen und die Fortentwicklung des Geschäftsbesorgungsrechts kann der sogenannten **Theorie der relationalen Verträge** (*relational contracts theory*) eine wegweisende Bedeutung zukommen, für die in den sechziger und siebziger Jahren in der anglo-amerikanischen Vertragsrechtstheorie das Fundament vor allem durch die Arbeiten von MACAULAY und MACNEIL gelegt worden ist (vgl die Nachweise im voranstehenden Schrifttumsverzeichnis). Diese Theorie, die in den USA inzwischen eine schulbildende Kraft mit weit verzweigter Gefolgschaft entfaltet hat, ist eng mit der **ökonomischen Analyse des Rechts** (*economic analysis of law*) verbunden (vgl die Beiträge in Assmann/Kirchner/Schanze [Hrsg], Ökonomische Analyse des Rechts [1993]; SCHÄFER/OTT, Lehrbuch der ökonomischen Analyse des Zivilrechts [1987]; POLINSKY, An Introduction to Law and Economics [1983]; LEHMANN, Bürgerliches Recht und Handelsrecht – Eine juristische und ökonomische Analyse [1983]). Sie ist allerdings weniger einseitig auf das Rationalitäts- und Legitimitätskriterium der ökonomischen Effizienz und des *social welfare* eingeschworen, sondern einerseits enger, nämlich im Ausgangspunkt mikro-ökonomisch, andererseits breiter, nämlich verhaltenstheoretisch und -analytisch, angelegt. In der Wirtschaftswissenschaft ist das Konzept der *relational contracts* insbesondere von der Schule der

Neuen Institutionenökonomik (*new institutional economics*) aufgegriffen und für den namentlich auf COASE zurückgehenden sogenannten Transaktionskostenansatz (*transactional cost approach*) sowie für die Theorie der Eigentumsrechte (*property rights theory*) fruchtbar gemacht worden (vgl hierzu die Literaturangaben zu WILLIAMSON, GOLDBERG und COASE; ferner die dort genannten Arbeiten von KLEIN und ALCHIAN). Dies hat in den USA wiederum die juristische Vertragstheorie beeinflußt und einen intensiven interdisziplinären Dialog eingeleitet. Auch die **deutsche Vertragsrechtstheorie** hat dieses Theoriepotential inzwischen entdeckt, rezipiert und für das deutsche Recht zu operationalisieren versucht, wenn sich auch erst wenige Literaturstimmen in bescheidenen Ansätzen hierzu zu Wort gemeldet haben (vgl MÜLLER-GRAFF, Rechtliche Auswirkungen einer laufenden Geschäftsverbindung im amerikanischen und deutschen Recht [1974]; WALTER SCHMID, Zur sozialen Wirklichkeit des Vertrages [1983]; KÖNDGEN, Selbstbindung ohne Vertrag [1981] 129; JOERGES, in: FS für Wassermann [1985] 697 ff; SCHÄFER/OTT, Lehrbuch der ökonomischen Analyse des Zivilrechts [1986] 247 ff, 314 ff; vgl ferner die Beiträge in NICKLISCH [Hrsg], Der komplexe Langzeitvertrag [1987] sowie vor allem die Beiträge von JOERGES, SCHANZE und TEUBNER in: JOERGES [Hrsg], Franchising and the Law [1991]; KERN JuS 1992, 13; grundlegend jetzt HENSSLER, Risiko als Vertragsgegenstand [1994]). Zwar reklamiert die Relationalvertragstheorie eine über unser Geschäftsbesorgungsrecht hinausgehende Bedeutung, doch sind ihre als beispielhaft herangezogenen Verträge zu allermeist als **Geschäftsbesorgungsverträge** zu qualifizieren. Es gehört traditionell zu den vornehmsten Aufgaben des vorliegenden Kommentarwerks, auch über hoffnungsvolle und zukunftsweisende Theorieansätze zu berichten und dazu Stellung zu beziehen (zum folgenden vgl schon MARTINEK, Moderne Vertragstypen Bd III [1993] 363 ff; ders RabelsZ 57 [1993], 577; ders JITE/ZgS 148 [1993], 729).

b) Diskrete und relationale Verträge

Die Theorie der relationalen Verträge empfindet es als eine schwerwiegende Unvoll- **A 156** kommenheit, daß die „klassische" Vertragstheorie und das **traditionelle Vertragsrecht** praktisch aller Rechtsordnungen sogenannte *„discrete transactions"* in den Mittelpunkt rücken, bei denen Leistung und Gegenleistung *ex ante* genau von den Parteien festgelegt werden und sich in einem **kurzfristigen, punktuellen, anonymen und antagonistischen Austauschakt** durch Erfüllung oder notfalls durch Vollstreckung erledigen. Diese „vollständigen Verträge" sind dadurch gekennzeichnet, daß sich die Vertragspartner tendenziell über sämtliche Rechte und Pflichten verständigen, die für die planmäßige Vertragsdurchführung bedeutsam sind. Sie bemühen sich zugleich um eine **vollständige Zuordnung aller Risiken**, die die planmäßige Durchführung des Vertrags bedrohen (Verzug, Unmöglichkeit, Schlechtlieferung etc), und treffen vorausschauend tendenziell abschließende Regelungen über die sich daraus ergebenden Konsequenzen (Schadensersatzansprüche, Rücktrittsrechte, Minderungsansprüche etc). Von der jeweiligen Risikozurechnung wird auch die Preisvereinbarung beeinflußt. Die Parteien lassen möglichst nur solche Fragen offen, für die das ergänzend anwendbare gesetzliche Vertragsrecht Regelungen enthält. Das klassische Vertragsrecht ist mithin ein Recht der „diskreten" Verträge, in dem ein möglichst **hohes Maß an Vollständigkeit in der Vertragsabfassung** (*discreteness*) und eine weitgehende Antizipation der zukünftigen vollzugsrelevanten Entwicklungen (*presentation*) die reibungsfreie Durchführung und gegebenenfalls zwangsweise Durchsetzung von Transaktionen sicherstellen sollen (MACNEIL, Northwestern University Law Review 72 [1978], 854 ff, 862 ff; ders, Southern California Law Review 47 [1974], 691 ff, 738; WALTER SCHMID, Zur sozialen Wirklichkeit des Vertrages [1983] 108 ff; HENSSLER, Risiko als Vertragsgegenstand [1994]

1 ff). Beispielhaft für den Extremfall des **klassischen, diskreten oder (gleichfalls synonym) transaktionalen, nicht-relationalen Vertrages** ist das einmalige Tanken des Reisenden an einer Tankstelle. In dieser Welt der klassischen Verträge regiert die Organisationsform (*governance structure*) „Markt", was angesichts der nur geringen oder gänzlich fehlenden **transaktionsspezifischen Investitionen** der Parteien ökonomisch durchaus vorteilhaft ist.

A 157 Demgegenüber ist die Wirklichkeit der modernen Vertragspraxis in den westlichen Ländern heute von langfristigen **geschäftlichen Dauerverbindungen** gekennzeichnet, in denen lediglich Rahmenverträge abgeschlossen werden, und zwar ohne das Ziel einer alle Eventualitäten des Kooperationsverhältnisses berücksichtigenden Regelung, aber mit einer Verständigung der Parteien über das Verfahren einer weiteren Konkretisierung des Arrangements und über die künftigen gemeinsamen Problemlösungen und Konfliktbereinigungen. Solche Verträge sind jeweils in ein umfassendes und vielschichtiges soziales und wirtschaftliches Beziehungssystem eingebettet, dessen Anfang und Ende nicht genau bestimmbar (*open-ended*) und dessen Gestaltwandel teilweise nicht vorhersehbar ist. Um sich während des Vertragsverhältnisses einen **strategischen Verhaltensspielraum** zu bewahren, lassen die Parteien bewußt Lücken in den Vereinbarungen, die auch nicht durch das gesetzliche Vertragsrecht geschlossen werden sollen. Solche Verträge werden als *relational contracts* und – ins Deutsche übertragen – **Relationalverträge, unvollständige oder relationale Verträge**, bisweilen auch als **Beziehungsverträge** oder **komplexe Langzeitverträge** bezeichnet. Sie erklären sich im Kern daraus, daß die Vertragspartner in einer Wirtschaftsordnung mit Transaktionskosten mehr oder weniger belastenden Umfangs leben und sich darin orientieren und optimal absichern müssen. Relationale Verträge kommen deshalb im Falle sich häufig wiederholender (gleichartiger oder verschiedener) Geschäfte zustande, die größere spezifische Investitionen der Parteien bei im übrigen unsicheren Umweltbedingungen erfordern. Das „klassische" Vertragsrecht wird zufolge der Relationalvertragstheorie mit den unsicheren Umweltbedingungen langfristiger Vertragsbeziehungen nicht fertig. Es vermag die sogenannte Spezifität von tendenziell irreversiblen Investitionen (*asset specificity*), die gleichsam in der Geschäftsbeziehung „eingeschlossen" (*locked-in*) sind, sowie die Unsicherheit und Häufigkeit von Transaktionen in einer Geschäftsbeziehung nicht hinreichend zu bewältigen. Es versagt gegenüber den **adaptiven und sequentiellen Entscheidungsprozessen**, die die Vertragspartner für notwendig erachten, um den **Ertrag aus den transaktionsspezifischen und irreversiblen Investitionen** (Faktorergiebigkeit) trotz aller Ungewißheiten zu sichern.

A 158 Bereits die Langfristigkeit der Kooperation kann unwägbare Gefahren von Störungen und Unsicherheiten bis hin zu „katastrophalen" Änderungen des Geldwerts, der Rohstoffpreise, der Löhne oder auch der kooperationsrelevanten Gesetze bergen. In solchen Fällen ist eine detaillierte vertragliche *ex ante*-Regelung für die Verteilung des späteren Surplus zwischen den Parteien von vornherein **fragmentarisch und defizitär**. Über die tatsächliche spätere Nutzenverteilung entscheidet die Verhandlungsposition einer jeden Partei in der Vollzugskrise des Vertrags (*ex post bargaining position*). Dies erfordert Vorkehrungen der Geschäftspartner, die auch oder vor allem außerhalb der klassischen vertragsrechtlichen Erfassung liegen. Der Markt mit seinen Mechanismen der Fremdsteuerung bedarf der Ergänzung durch eine parteiliche Organisation der **Selbststeuerung des Kooperationsgeschehens** im Wege einer

„mini-society" zwischen den Vertragspartnern (Macneil Northwestern University Law Review 72 [1978], 854 ff, 889 ff), in der „viel mehr geregelt ist, als nur der Austausch von Leistungen und damit zusammenhängenden Problemen" (Kern JuS 1991, 13 ff, 14).

c) Markt und Hierarchie

Relationalverträge erscheinen in dieser Sichtweise als zwischen Austauschvertrag **A 159** und Organisation, „zwischen Markt und Hierarchie" angesiedelte Kooperationsformen, in denen organisatorisch-hierarchische Elemente mit austauschvertraglich-marktkoordinativen Elementen kombiniert werden und in denen sich die Akteure mit ihrer **Neigung zum Opportunismus** nur **begrenzt rational** (*boundedly rational*) verhalten (vgl insbes Williamson Journal of Law and Economics 22 [1979], 233 ff; ders, American Economic Review 73 [1983], 579 ff; ders, ZgS/JITE 140 [1984], 195 ff; ders, Journal of Law, Economics and Organization 1 [1985], 177 ff). Die Kooperationen vollziehen sich in Form von **hybriden Gebilden** (*intermediate organizations*), bei denen die Vertragsverbindungen von organisatorischen Elementen durchdrungen sind und die neben Markt und Organisation eine dritte Kategorie der Verhaltenssteuerung und Ressourcenallokation bilden. Die notwendig nur eingeschränkt rational handelnden Parteien gestalten ihre relationalen Vertragsbeziehungen mit dem Ziel, die Gesamtkosten der Anpassung an die sich laufend ändernden Umweltbedingungen möglichst gering zu halten und damit Produktions- und Transaktionskosten zu minimieren. Sie ziehen zur Durchsetzung der vertraglichen Erfüllungshandlungen und -ziele bei relationalen Verträgen anders als bei diskreten nicht notwendig, jedenfalls nicht ausschließlich „externe Instanzen" (Rechtsprechung, Schiedsgericht) heran, sondern setzen vertragsinterne Mechanismen formeller und informeller Art ein, um möglichst eine Selbstdurchsetzung (*self-execution*) des Vertrags zu erreichen.

d) Das Principal-Agent-Paradigma

Mit der Theorie der relationalen Verträge ist das sogenannte **Principal-Agent-Para- A 160 digma** eng verbunden (vgl dazu grundlegend Alchian/Demsetz, American Economic Review 62 [1972], 775; Ross American Economic Review 63 [1973], 134; Holmström The Bell Journal of Economics 10 [1979], 74; Rosen The Bell Journal of Economics 13 [1982], 311; Fama/Jensen Journal of Law and Economics 26 [1983], 327; Rees Bulletin of Economic Research 37 [1985], 3 ff und 75 ff; vgl auch die Beiträge in: Bamberg/Spremann [Hrsg], Agency Theory, Information, and Incentives [1987] sowie in: Pratt/Zeckhauser [Hrsg], Principal and Agents, The Structure of Business [1985]). Dieser vertragstheoretische Ansatz thematisiert in Loslösung vom überkommenen Rechtsbegriff der „Agency" im Common Law (so Rn 142) das langfristige vertragliche Verhältnis der beiden Parteien eines Relationalkontraktes, um das Vertragsverhalten der Parteien ökonomisch und soziologisch zu rationalisieren. Für den **anglo-amerikanischen Rechtsrealismus** (*legal realism*) sollen aus dieser analytisch-empirischen Rationalisierung offenbar zugleich verbindliche Vorgaben für die rechtlich-normative Würdigung des Vertragsverhältnisses folgen. Jeder Vertragspartner eines Relationalkontraktes ist danach in seiner Nutzenmaximierung vom Entscheidungsverhalten des jeweils anderen abhängig und sucht sich wegen der notwendigen Lückenhaftigkeit des Regelungswerkes Ermessensspielräume und damit die Möglichkeit zu opportunistischem Verhalten zu sichern. Die Vertragspartner werden als Agent bzw Stellvertreter einerseits und als Principal bzw Geschäftsherr oder Vertretener andererseits in einem weiten, vorjuristischen Sinne konzeptualisiert. Dabei kann jeder Vertragspartner *beide* Positionen zugleich innehaben sowie er zugleich Schuldner und Gläubiger ist; es gibt also **einseitige und zweiseitige Principal-Agent-**

Beziehungen. Der Agent ist dadurch gekennzeichnet, daß er aus einer Anzahl von Handlungsmöglichkeiten diejenige auswählt, die sowohl seine eigene Wohlfahrt als auch diejenige seines Prinzipals beeinflußt. Für die Stellung des Prinzipals ist charakteristisch, daß er Entscheidungsbefugnisse auf den Agenten delegiert und deren Ausübung an seinen eigenen Interessen und Erwartungen zu binden trachtet, aber die Aktionen des Agenten nicht im einzelnen beobachten kann. Der Prinzipal vermag nicht unmittelbar vom offensichtlichen Resultat der Aktionen des Agenten auf sein tatsächliches Verhalten und seine Kooperationskonformität zu schließen, denn dieses Resultat kann auch von externen *„shocks"* und der *ex post*-Aktualisierung von Imponderabilien abhängen. Deshalb ist der Prinzipal **zur Verhaltenssteuerung des Agenten auf Anreize und Sanktionen** angewiesen, die die Bedingungen der Möglichkeit einer Nutzenmaximierung der Agentenaktionen optimieren. Gewiß wird der Agent so lange an dem geschlossenen Vertrag festhalten, wie dies für ihn günstiger ist als ein Vertragsbruch. Schwieriger als die Vermeidung einer Profitabilität des Vertragsbruchs sind aber effektive Vorkehrungen gegen sublime Formen opportunistischen Agentenverhaltens.

A 161 Denn jede Partei neigt im Rahmen des einmal geschlossenen Relationalvertrages zu mehr oder weniger sublimem oder auch zu offenem opportunistischen Verhalten. Opportunistisch ist jedes Verhalten, bei dem der Vertragspartner das in ihn gesetzte Kooperationsvertrauen enttäuscht und eine **unkooperative Verhaltensstrategie** wählt, weil ihm die **Opportunismusprämie wertvoller als die Vertrauensprämie** ist. Der Prinzipal kann beim Relationalkontrakt anders als (oder jedenfalls nur in sehr viel geringerem Umfang als) beim diskreten Vertragsmodell das opportunistische Verhalten des Agenten nicht ausschließen. Denn der Prinzipal kennt weder die Art aller möglichen künftigen Ereignisse noch ihre Eintrittswahrscheinlichkeiten. Er kennt auch nicht die **Nutzenfunktion und Präferenzordnung des Agenten** und kann deshalb durch die Wahl etwa eines bestimmten Vergütungsschemas nicht mit Gewißheit erreichen, daß der Agent ein Aktionsniveau mit maximaler Nutzenerwartung für den Prinzipal wählt. Er ist darauf verwiesen, die Eigeninteressen des Agenten durch Anreize zu mobilisieren, damit dieser seinen Ermessensspielraum zugleich im approximativen Interesse des Prinzipals nutzt. So kann er etwa ein Erfolgshonorar mit dem Agenten vereinbaren. Das aber bleibt unvollkommen. *Ex-post*-Opportunismus des Agenten läßt sich durch finanzielle Anreize wie Erfolgshonorare allein nicht ausschalten, weil die Möglichkeiten opportunistischen Verhaltens zu vielgestaltig sind. Die rechtliche Erzwingung genau fixierter Verpflichtungen zu Handlungen und zu Unterlassungen (*court ordering*) reicht als Steuerungsmittel bei Relationalkontrakten kaum jemals aus, schon weil der Prinzipal dem Agenten einen erheblichen Spielraum belassen muß und ihm das Verhalten nicht in allen konkreten Einzelschritten rechtlich erzwingbar vorschreiben kann; er steht insoweit angesichts der unübersehbaren Modalitäten opportunistischer Agentenaktionen vor einem **unlösbaren Informationsproblem.** Gerichtsverfahren sind zudem zusätzlichen Problemen des Opportunismus und der eingeschränkten Rationalität (des Richters und der Anwälte) ausgesetzt. Der Prinzipal greift deshalb zu privaten Vorkehrungen (*private ordering*), mit denen er seine Transaktionskosten außerhalb des Marktprozesses zu senken sucht: Dies kann vom „milden Mittel" einer Aussprache über die Drohung mit dem Abbruch der Geschäftsbeziehungen bei zielinkonformem Verhalten bis hin zur „Geiselnahme" (*hostage taking*) reichen, bei der der Prinzipal für *„sunk costs"* des devianten Agenten sorgt (vgl etwa WILLIAMSON American Economic Review 73 [1983], 519; ders ZgS/JITE 140 [1984], 195 ff).

Eine besonders bedrohliche Gefahr ist für den Prinzipal der „Raubüberfall" oder der **A 162** „Erpressungsversuch" von seiten des Geschäftspartners. Typischerweise tätigt mindestens eine der Parteien eines Relationalkontraktes **spezifische Investitionen**, denen innerhalb der vertraglichen Beziehung ein höherer wirtschaftlicher Wert zukommt als außerhalb, weil sie innerhalb jener Beziehung einen wesentlich höheren Ertrag abwerfen als außerhalb. Der sich hieraus ergebende „*lock-in*"-Effekt ist für die Partei mit den höheren Investitionen ausgeprägter als für die andere, für die sich dann ein „Raubüberfall" (*hold-up*) auf die Quasirente des Vertragspartners lohnen kann. Der unersetzbare Vertragspartner neigt folglich zu **Erpressungsstrategien**, gegen die der andere durch Geiselnahmen (*hostage-taking*) oder durch sonstige Einschränkungen der Verhaltensspielräume (*handcuffs*) Vorsorge treffen muß. Der Vertragspartner kann die „Ausstiegskosten" aus der Kooperation für den anderen (verlorene Eintrittsgebühren, geschäftsspezifische Investitionen, nachvertragliche Wettbewerbsverbote) hochschrauben. Diese **ökonomisch-strategischen Verhaltensmechanismen** verdeutlicht CHRISTOPH ENGEL in Anlehnung an WILLIAMSON am Beispiel des Franchising (RabelsZ 57 [1993], 536, 537): Ein Franchisenehmer kann sich den Goodwill des Systemprodukts zunutze machen und an die Laufkundschaft schlechtere Waren verkaufen bzw nachlässigere Dienstleistungen erbringen als es der Systemstandard vorsieht. Dies kann wegen der Einsparung von Kosten zu höheren Gewinnen führen, schadet aber dem Franchisegeber (und den übrigen Franchisenehmern), leidet doch unter der Abweichung des „schwarzen Schafs" vom Systemstandard der gute Ruf des Produkts; der listige Franchisenehmer beutet die spezifischen Investitionen des Franchisegebers in die Marke aus. Hiergegen muß sich der Franchisegeber als Systemkopf nach Kräften abzusichern versuchen. Eine spätere Klage auf Einhaltung des Systemstandards ist keineswegs immer die rationellste Option. Aber der Franchisegeber kann sich etwa absichern, indem er eine Franchise an einen Franchisenehmer vergibt, der sein Unternehmen auf einem Grundstück des Franchisegebers zu betreiben bereit ist. Vereinbart er mit ihm eine kurze Kündigungsfrist, bekommt er ein wirksames Druckmittel zur Disziplinierung des Franchisenehmers an die Hand, denn durch eine Kündigung kann er die spezifischen Investitionen des Franchisenehmers etwa in die Ausstattung des Geschäftslokals wertlos machen.

Es sind die **transaktionsspezifischen Investitionen** jeder Vertragspartei, die der anderen **A 163** eine gewisse **monopolistische Machtstellung** verleihen. Im Extremfall sind beide Parteien der vorher bestehenden Konkurrenz zu anderen potentiellen Vertragspartnern ihres einmal gewählten Kooperationspartners auf Dauer entzogen. Für diese bilaterale monopolistische Beziehungsverdichtung haben die Marktkräfte nur noch eine sehr eingeschränkte Bedeutung. Der jeweilige Prinzipal ist gegenüber dem jeweiligen Agenten auf eine Kontrolle und Minimierung des opportunistischen Verhaltens nach Vertragsschluß angewiesen, denn *ohne* Sicherungsvorkehrungen ist bei transaktionsspezifischen Investitionen sein Preis mit Sicherheit höher als *mit* solchen Sicherungsvorkehrungen. Es geht um *ex ante*-Sicherung gegen *ex post*-Opportunismus. Erstrebenswert ist als Mittel der Einschränkung opportunistischen Verhaltens des Agenten **die möglichst perfekte Konstruktion selbstdurchsetzender Verträge** (*self-enforcing agreements*), die ihre **Bindungswirkung vor allem durch das Nutzenkalkül der Parteien** erhalten und deshalb so lange kooperationskonform fortgesetzt werden, wie beide Parteien dies für vorteilhafter als einen Abbruch und als ein Ausscheren in opportunistische Strategien halten (MACAULAY American Sociological Review 28 [1963], 55 ff; WALTER SCHMID, Zur sozialen Wirklichkeit des Vertrages [1983] 104; WILLIAMSON, The Economic Institutions of Capitalism [1985] 168).

e)   Relationale Geschäftsbesorgungsverträge

A 164 Schon aus dieser skizzenhaften Charakterisierung der Relational-Contracts-Theory und des Principal-Agent-Paradigmas wird deutlich, daß sich eine große Zahl der **Geschäftsbesorgungsverträge** unseres Wirtschaftslebens den **Relationalkontrakten** zurechnen läßt, auch wenn sich die soziologisch-ökonomisch durchsetzte Terminologie, deren sich dieser Ansatz befleißigt, von dem vertrauten kontinental-europäischen Vertragsrechtsdenken radikal unterscheidet. Letzteres allein darf freilich nicht vorschnell zu einem Verdikt der Irrelevanz der Relationalvertragstheorie für das deutsche Vertragsrecht führen. Zwar ist zu bedenken, daß der relationale Vertrag ebenso wie der diskrete **vor allem ein Denkmodell** darstellt. In Wirklichkeit setzen sich Verträge immer sowohl aus relationalen wie aus diskreten Elementen zusammen; unterschiedlich sind nur die Schwerpunkte. Die Beziehungen der Partner vieler Geschäftsbesorgungsverträge sind aber letztlich durch überwiegende relationale Komponenten gekennzeichnet, wenn auch mit verschiedener Intensität. Während sich etwa im Factoring- oder im Auktionärsvertrag, im bankrechtlichen Giro- oder im Scheckvertrag noch ausgeprägte diskrete Vertragselemente ausmachen lassen, lassen sie sich beispielsweise im Handelsvertreter- und im Franchisevertrag, im Just-in-time-Vertrag, im Anwalts- und im Vermögensverwaltungsvertrag oft nur noch rudimentär auffinden. Die Gründe für einen weitgehenden Verzicht auf genaue Vertragsplanung und deren Durchsetzung unter Umständen auf dem Rechtsweg sind bei den relationalen Geschäftsbesorgungsverträgen zahlreich. Verträge mit detaillierten Einzelbestimmungen, in denen die Parteien alle denkbaren Risiken erkannt und geregelt haben, sind oftmals angesichts der Unwägbarkeiten im Vertragsvollzug schlicht unmöglich; man denke an Consulting-Engineering-Verträge über den Bau eines Staudammes. Soweit detaillierte Einzelregelungen bei langfristigen Kooperationsverträgen überhaupt möglich sind, kann gerade der in der „Regelungswut" zum Ausdruck kommende Vertrauensmangel dem Ziel einer möglichst konfliktfreien Vertragsdurchführung hinderlich sein; man denke an einen langfristigen Rechtsanwaltsvertrag zwischen einem Industrieunternehmen und einer Anwaltssozietät. Bei vielen Geschäftsbesorgungsverträgen läßt sich eine **vertrauensvolle und loyale Leistungsanstrengung**, mit der der Erfolg des Vertragsverhältnisses steht und fällt, **weder rechtlich vorschreiben noch gerichtlich erzwingen**; man denke an Verträge mit Vorstands- oder Aufsichtsratsmitgliedern von Unternehmen. Bei internationalen Geschäftsbesorgungsverträgen erscheinen möglicherweise die Vollstreckungsaussichten wegen der defizitären Gerichtsbarkeit im Gastland ohnehin unrealistisch, man denke an internationale Managementverträge mit in Krisengebieten ansässigen Vertragspartnern. Auch können Geheimhaltungsbedürfnisse eine konkrete vertragliche Regelung gerade kooperationsentscheidender Punkte verbieten; man denke etwa an spezielle Consulting-Engineering-Verträge über patentfähige Erfindungen. Fast immer bedeutet eine vertragliche Einzelregelung bei langfristigen Kooperationsverhältnissen eine Flexibilitätseinbuße; man denke an Franchise- oder Just-in-time-Verträge. In der amerikanischen Doktrin dienen vor allem Vertriebsverträge als häufig bemühtes Beispiel für Relationalverträge (vgl dazu etwa MACAULAY, Law and the Balance of Power: The Automobile Manufacturers and Their Dealers [1966]; RUBIN Journal of

Law and Economics 21 [1978], 223; WILLIAMSON University of Pennsylvania Law Review 127 [1979], 953; GOLDBERG Texas Law Review 58 [1979], 113; KLEIN American Economic Review 70 [1980], 356; MARVEL Journal of Law and Economics 25 [1982], 1; GOETZ/SCOTT Virginia Law Review 67 [1981], 1089; SMITH Journal of Law and Economics 25 [1982], 125; BUTLER/BAYSINGER Emory Law Journal 32 [1983], 1009; zur Anwendung der Principal-Agent-Theory auf Vertriebsverträge vgl insbes MATHEWSON/WINTER Journal of Law and Economics 28 [1985], 503; JOERGES AG 1991, 325 ff, 333 ff; vgl vor allem die Beiträge in: JOERGES [Hrsg], Franchising and the Law; diese Beiträge resümieren die Vortragsinhalte und Verhandlungsgegenstände, mit denen sich die Fachgruppe Grundlagenforschung der Deutschen Gesellschaft auf ihrer Würzburger Tagung im Jahre 1989 zum Thema „Langzeitverträge im Spannungsverhältnis von Vertrags-, Wirtschafts-, Gesellschafts- und Arbeitsrecht" beschäftigt hat).

2. Weiterführende Ansätze im deutschen Schrifttum

a) Komplexe Langzeitverträge

Im deutschen rechtswissenschaftlichen Schrifttum hat die Rezeption der Theorie der **A 165** Relationalkontrakte und des Principal-Agent-Paradigmas teilweise eigenständige Schwerpunkte und weiterführende Ansätze hervorgebracht. Vor allem mit dem Namen FRITZ NICKLISCH ist der Terminus des **komplexen Langzeitvertrages** verbunden, den NICKLISCH zwar aus der Theorie der Relationalkontrakte ableitet, aber ungleich **enger und pragmatischer** faßt (NICKLISCH, in: NICKLISCH [Hrsg], Der komplexe Langzeitvertrag 17 ff; ders JZ 1984, 757, 762 ff; ders NJW 1985, 2361 ff). Im Anschluß an MAC-NEIL's Unterscheidung zwischen „discrete" und „relational transactions" stellt NICK-LISCH dem Modell der „unpersönlichen einmaligen Austauschverträge", die nur zu losen, schnell vorübergehenden Beziehungen zwischen den Parteien führen, das der „relationalen Vertragsbeziehung" gegenüber, bei denen „die Vertragsparteien sozu-sagen miteinander verheiratet sind". Er engt dann jedoch die komplexen Langzeit-verträge weniger auf Geschäftsbesorgungsverträge als auf „technologische Verträge" (mit teilweise dominantem Geschäftsbesorgungscharakter) ein. Als Beispiele dienen etwa Investitionsverträge, Energieverträge, Verträge über Raumfahrtprojekte, Soft-wareverträge und Projektverträge über komplexe Bau- und Industrieanlagen. Weil es für eine zusammenfassende Definition des komplexen Langzeitvertrages noch zu früh sei, beschränkt sich NICKLISCH auf eine „vorsichtige Beschreibung" (insbes NICK-LISCH, Der komplexe Langzeitvertrag 17 ff). Als charakteristische Merkmale der komple-xen Langzeitverträge nennt er zunächst ihre Stellung „zwischen dem punktuellen Austauschvertrag und dem Dauerschuldverhältnis" sowie ihre Ausrichtung auf die „gemeinsame Durchführung eines Projekts, an dem regelmäßig eine Vielzahl von Projektbeteiligten mitwirkt und das längere Zeit beansprucht." Typisch seien „gewisse Strukturelemente" wie eine **längere Zeitspanne und mehr oder minder ausge-prägte Ungewißheiten**, so daß die Rechte und Pflichten nicht exakt festgelegt werden können. „Der do-ut-des-Mechanismus tritt (jedoch) bei der Durchführung von Langzeitprojekten regelmäßig zurück, weil an die Stelle des einfachen Austauschs eine intensive Kooperation tritt, in die dann häufig eine stufenweise Vergütung je nach Projektfortführung eingebaut ist." NICKLISCH beklagt, „daß die Entwicklung allgemeiner Rechtsregeln für komplexe Langzeitverträge nicht mit der Entwicklung dieser Verträge Schritt gehalten hat und im Vergleich zu dem ausgefeilten Regelwerk für einfache Austauschverträge zurückgeblieben ist."

Michael Martinek

b) Symbiotische Verträge und Vertragsnetzwerke

A 166 ERICH SCHANZE sieht in den *long-term contracts* im Anschluß an WILLIAMSON gleichfalls „a third structural order ... between the classical laws of contract (standard trade transactions) and corporate organization (standard corporation and partnership law)" (SCHANZE, in: JOERGES [Hrsg], Franchising and the Law [1991] 67 ff, 68). Er bezeichnet Verträge, die sich in ihrer komplexen Langzeitigkeit **durch eine besondere asymmetrische Beziehungsintensität** der aufeinander eingespielten und von einander abhängigen Partner (bei einseitigem Übergewicht) auszeichnen, mit einem der Biologie entlehnten Terminus als **symbiotische Verträge**: solche Verträge seien auf eine dauerhafte Koexistenz zweier ungleich verhandlungsstarker Partner angelegt, die sich mit dem Ziel der Aufrechterhaltung der Geschäftsbeziehung trotz aller Unsicherheiten und Störungen ihre Interessensphären wie in einem Gesellschaftsverhältnis aufeinander zubewegen. Als typische Beispiele hebt er etwa Franchiseverträge, Just-in-time-Verträge und Joint-Venture-Verträge hervor. Von einer näheren Konkretisierung seines Begriffs der juristischen Symbiose nimmt SCHANZE zwar Abstand, ruft aber nach einer *tour d'horizon* durch die Theorie zum Relationalkontrakt zu einer Konzertierung unterschiedlicher wissenschaftlicher Disziplinen auf, um die Regelungskonflikte zwischen Vertrags-, Gesellschafts-, Wettbewerbs- und Arbeitsrecht in modernen „symbiotischen" Vertragstypen durch eine einheitliche Dogmatik des symbiotischen Vertrages zu meistern (dazu MARTINEK RabelsZ 57 [1993], 577 ff; ders, Moderne Vertragstypen Bd III 376 f).

A 167 Namentlich GUNTHER TEUBNER hat am Beispiel des Franchising herausgearbeitet, daß modernen Vertragstypen vielfach ein „Netzwerkcharakter" eignet, insofern sie **eng koordinierte Vertragssysteme als „Marktnetzwerke"** formieren (TEUBNER ZHR 54 [1990], 295 ff, insbes 305 ff = deutschsprachige Fassung seines Beitrages in: JOERGES [Hrsg], Franchising and the Law [1991] 105 ff). „Wirtschaftlich betrachtet werden alle Transaktionen gleichzeitig auf den Profit des Netzwerks und auf den Profit des individuellen Akteurs ausgerichtet (,profit sharing')." TEUBNER unterscheidet „Organisationsnetzwerke" (zB Konzerne) und „Marktnetzwerke" (zB Franchisesysteme, wohl auch Just-in-time-Vertragssysteme, Kreditkartensysteme etc); letztere wiederholen innerhalb der eigenen Systemgrenzen die Differenzierungen zwischen Markt und Hierarchie, indem sie organisatorische Elemente in den Vertrag einbauen. Er greift zur Erklärung nicht nur auf das anglo-amerikanische organisationssoziologische Schrifttum, sondern auch auf eine Denkfigur von WERNHARD MÖSCHEL zur Kennzeichnung von Vertragsverbünden im Zahlungsverkehr der Banken zurück (MÖSCHEL AcP 186, 211). Er beläßt es nicht bei einer Strukturanalyse der Vertragsnetzwerke „zwischen Vertrag und Hierarchie, zwischen Austauschvertrag und BGB-Gesellschaft", sondern will daraus Konsequenzen für die Rechtsanwendung bzw die richterliche Rechtsfortbildung ableiten. „Wenn es richtig ist, daß hybride Vertragsorganisationen zunehmend an wirtschaftlicher Bedeutung gewinnen, dann wird es darauf ankommen, die bisherigen Ansätze auf den drei genannten Gebieten – Dauerschuldverhältnisse, ,gesellschaftsähnliche Rechtsverhältnisse' und Vertragsverbindungen – systematisch zu einem Vertragsorganisationsrecht auszubauen. Ein Vertragsorganisationsrecht unterscheidet sich vom gesellschaftsrechtlichen Organisationsrecht dadurch, daß sowohl der gemeinsame Zweck als auch die Einzelzwecke der Mitglieder/Vertragspartner rechtlich anerkannt sind und keines von beiden zum bloßen wirtschaftlichen Motiv degradiert wird, daß die Systemmitglieder nicht nur 'Organe der Organisation', sondern zugleich auch autonome 'Akteure' sind, daß die Handlungs- und Verantwortungszurechnung zugleich zentral und dezentral stattfindet, kurz: daß das Recht der relationalen Verträge dem Netzwerkcharakter der Vertragsorganisation Rechnung trägt" (TEUBNER ZHR 154 [1990] 295 ff, 320). Auf dieser Grundlage entwirft TEUBNER eine „Netzwerkhaftung" als **Haftungsmodell von gleichzeitiger Kollektiv- und Individualhaftung**, weil die Verantwortung für ein und dieselbe Handlung gleichzeitig der Organisation und der Individualeinheit zuzurechnen sei. Entscheidendes Kriterium des Netzvertrages sei nämlich die Doppelbezüglichkeit (Kolinealität) des Handelns der Einzelakteure, sei doch jede Handlung sowohl auf das Netz als Kollektiv wie auf das einzelne Individuum bezogen. Dadurch werde die Dialektik von austauschvertraglichem Interessengegensatz und gesellschaftsrechtlicher Interessengemeinschaft überwunden und organisatorische Selbstregulierung mit externer Marktregulierung vereint. Allerdings bleibt das Haftungsmodell im einzelnen sowohl für den vertraglichen wie für den außervertraglichen, deliktischen Bereich unausgeführt. Die Ideen zur Fortentwicklung des Vertrages zugunsten oder mit Schutzwirkung Dritter, zur Organhaftung nach § 31 BGB und zur Verrichtungsgehilfenhaftung nach § 831 BGB **lösen sich von einer** *lege artis* begründeten subsumtionstechnischen Ableitung und Nachvollziehbarkeit (dazu MARTINEK RabelsZ 57 [1993], 577 ff; ders, Moderne Vertragstypen Bd III 377 ff).

c) Status und Kontrakt

Auch CHRISTIAN JOERGES hat sich der Theorie des Relationalvertrages zugewandt **A 168** und MACNEIL'S Aufforderung, daß man „must abandon traditional ('classical') notions about exchange relations and refocus upon relational elements in contract law", ausdrücklich als „most important message for the German discussion about long-term contracts" begrüßt. Er sieht den „rich classificatory apparatus" dieser Theorie als „most impressive and, for the present German debate, helpful achievement" an (JOERGES Wisconsin Law Review 1985, 581 ff, 604; kritisch dann aber 609 ff). Er hat sich darum bemüht, die Gedankenwelt und das Theoriepotential der Relationalkontrakte für die kritische Interpretation zweier deutscher Rechtsprechungsfälle aus dem Recht der Automobil-Vertragshändler bzw -Franchisenehmer fruchtbar zu machen (JOERGES Wisconsin Law Review 1985, 581 ff, insbes 588 ff und 605 ff zum „Ford-Fall" BGH NJW 1984, 1182 und zum „Opel-Fall" LG Frankfurt ZIP 1982, 1224; OLG Frankfurt BB 1983, 1435 und BGH BB 1985, 218). Er glaubt, in diesen Entscheidungen bereits „the emergence of truly relational contract law" ausmachen zu können. Darüber hinaus aber haben JOERGES und andere deutsche Vertragstheoretiker aus der **Gegenüberstellung von Markt einerseits und Hierarchie bzw Organisation andererseits** abgeleitet, daß komplexe Langzeitverträge tendenziell eher eine **Statusbeziehung** regeln, bei der der Vertrag nur am Anfang steht (JOERGES AG 1991, 325 ff, 328 ff = deutschsprachige Fassung seines Beitrages in: JOERGES [Hrsg], Franchising and the Law 11; SCHANZE, in: JOERGES [Hrsg], Franchising and the Law 67 ff, 86 ff; WALTER SCHMID, Zur sozialen Wirklichkeit des Vertrages 38 ff). Das in der Vertragsrechtstheorie berühmte Begriffspaar „Status und Kontrakt" geht auf den englischen Rechtsanthropologen und -soziologen HENRY SUMNER MAINE zurück, der im Jahre 1861 im Rahmen seiner Untersuchungen zum Recht der Antike die Theorie begründet hat, daß „the movement of the progressive societies has hitherto been the movement *from Status to Contract.*" (MAINE, Ancient Law: Its Connection with the Early History of Society, and its Relation to Modern Ideas [4. Aufl 1870] 168 ff [Hervorhebung im Original]). Während etwa früher der Familienverband die Rechtsposition der darin hineingeborenen Person determinierte, erlangten schon im Römischen Reich im Zuge des zivilisatorischen Fortschritts die Gesellschaftsmitglieder zunehmend individuelle Verfügungsmacht, um ihre Verhältnisse durch Vertragsabschlüsse selbst zu regeln. Diesen Gedanken übertrug MAINE auf die Privatrechtsgeschichte des Mittelalters und der Neuzeit und auf den Wandel von feudalen zu bürgerlichen Rechtsordnungen. Allgemein läßt sich in den rechtlich mediatisierten Handlungs- und Organisationsformen sich differenzierender Wirtschafts- und Gesellschaftsordnungen eine **Bewegung vom Status zum Kontrakt** feststellen. Später hat der Soziologe MAX WEBER eine entsprechende Unterscheidung eingeführt zwischen einerseits „Statuskontrakten", die die Person in ihrer gesellschaftlichen und wirtschaftlichen „Gesamtqualität" erfassen und sie statusmäßig in den Sozialverband einbinden, und andererseits „Zweckkontrakten", die den Personen statusunabhängig zur selbstbestimmten Durchführung ihrer privaten Transaktionen in der modernen Markt- und Geldwirtschaft dienen (MAX WEBER, Rechtssoziologie [Neudruck 1967] 134 ff). Nachdem sich schon seit längerem etwa im Arbeits-, Miet- oder Verbraucherschutzrecht unübersehbare Anzeichen für eine Umkehr dieser Entwicklung, nunmehr wieder vom Kontrakt zum Status, abzeichnen (KRAMER, Die „Krise" des liberalen Vertragsdenkens [1974]; PFLUG, Kontrakt und Status im Recht der Allgemeinen Geschäftsbedingungen [1986]), greift die deutsche Vertragsrechtstheorie dieses Paradigma in ihrer Betrachtung der komplexen Langzeitverträge insbesondere geschäftsbesorgungsvertraglichen Charakters heute wieder auf, um die modernen realen und normativen Entwicklungstendenzen dieser Verträge in eine **Dialektik von Status und Kontrakt** einzufangen. Im Mittelpunkt stehen dabei die Fragen, inwieweit diese Verträge wieder tendenziell einen Status kreieren und wie die Rechtsordnung „den Neo-Feudalismus des Statusdenkens und den Formalismus reiner Kontraktmodelle sozialer Beziehungen überwinden (kann)" (JOERGES AG 1991, 325 ff, 351). Eine Statusorientierung komplexer Langzeitverträge (Relationskontrakte bzw symbiotischer Verträge) mit geschäftsbesorgungsvertraglicher Rechtsnatur wird in der oft asymmetrischen Macht- und Interessenkonstellation der Vertragsparteien bei Ausgestaltung ihrer Rechtsbeziehungen, in den nur unvollkommen *ex ante* spezifizierbaren Rechts- und Pflichtprogrammen mit Vorbehalt laufender späterer Konkretisierung und in den außerrechtlichen, von sozialen Normen geprägten Erwartungs- und Verhaltensstrukturen der Geschäftsbeziehung gesehen. Namentlich JOERGES klassifiziert die in Rechtsprechung und Rechtswissenschaft entwickelten und diskutierten Regelungsprogramme für solche langfristigen Geschäftsbesorgungsverträge nach ihrer **Ausrichtung am Schutz gesellschaftlich integrierter Rechtsstellungen (Status-Orientierung) bzw nach ihrer Bedeutung für Privatautonomie und Vertragsfreiheit (Kontrakt-Orientierung).** Als Analysematerial dienen ihm dabei nicht nur die praktischen Rechtsprobleme, die sich bei **Abschluß, Durchführung und Beendigung des Vertrages** stellen, sondern auch **kartellrechtliche, arbeits- und verbraucherschutzrechtliche Fragestellungen.** Auf **terminologisch eigenwilligen, inhaltlich aber eher auf vertrauten Bahnen** läuft der an den „Rechtsprinzipien" der „Autonomie" und der „Reziprozität" anknüpfende Appell von JOERGES, wonach die Rechtsordnung bei der Bewältigung dieser Verträge daran arbeiten müsse, die Autonomieansprüche der Vertragspartner und ihre Reziprozitätsforderungen in ein **Gleichgewicht der Vertragsgerechtigkeit** zu bringen.

3. Kritische Stellungnahme zur Relationalvertragstheorie

A 169 Unterzieht man die neueren vertragstheoretischen Ansätze einer kritischen Würdigung im Hinblick auf ihre Fruchtbarkeit für die Weiterentwicklung des Rechts der Geschäftsbesorgungsverträge, so muß die Stellungnahme **ambivalent** ausfallen (zum folgenden schon MARTINEK, Moderne Vertragstypen Bd III [1993] 380 ff; ders RabelsZ 57 [1993], 577). Die Theorie der relationalen Verträge versteht sich als **Generalangriff** gegen die traditionelle Vertragstheorie aus der Sicht des **amerikanischen Rechtsrealismus**. Ihr liegt die Vorstellung zugrunde, daß das „klassische" oder „neo-klassische" Vertragsrecht mit seiner Orientierung an „diskreten" Verträgen zur **Bewältigung der rechtlichen Ordnungsaufgaben** bei den als Relationalkontrakte oder komplexe Langzeitverträge bezeichneten Verträgen nicht ausreiche. Kritisiert wird die Fixierung der Vertragsrechtsdogmatik auf die Willenserklärungen der Parteien. Gegenüber einer solchen „versprechensorientierten Konzeptualisierung des Vertragshandelns" wird „auf die Interaktionen und Kooperationen zwischen den Beteiligten, auf die daraus resultierenden Wertorientierungen und Bedürfnisse, auf den Prozeßcharakter von Vertragsverhältnissen, auf die Marginalität des förmlichen Vertragsrechts für das reale Verhalten der Beteiligten, auf die Ambivalenzen der 'Verrechtlichung' des Vertrages durch vielfältige staatliche Interventionen" verwiesen (JOERGES ZHR 151 [1987], 195 ff, 211). Dementsprechend setzt die Theorie der Relationalkontrakte radikal und zunächst einmal **außerjuristisch, nämlich ökonomisch und behavioristisch** an. Die Rechtsordnung wird für die interagierenden Parteien zu einem Datum unter vielen anderen. Rechtspositionen und Gerichte werden ökonomisch-strategisch instrumentalisiert. Es geht den Vertretern dieses Ansatzes zuvörderst um eine **ökonomische Erklärung des Geschäftsverhaltens der Vertragspartner**, das in einer langfristigen Vertragsbeziehung **nur noch eingeschränkt als markt- und rechtsgesteuertes Vertragsverhalten** begriffen werden kann.

Gewiß stehen Sinn und Nutzen dieses Ansatzes für **ökonomische und soziologische** A 170 **Erkenntnisinteressen** außer Frage. Es kann nicht bezweifelt werden, daß die Theorie der Relationalkontrakte auf der Grundlage ihrer vorstehend skizzierten Grundtheoreme eindrucksvolle Erkenntnisfortschritte für das Vertragsverhalten der Parteien gebracht hat und auch Handlungsanweisungen für ökonomisch rationale Interaktionen zu formulieren vermag. Die ökonomisch rationale und strategisch optimale Ausnutzung der vorhandenen Rechtsinstitute durch die Vertragsparteien sowie die soziologische Erklärung ihres Verhaltens in Vertragsbeziehungen ist für den Juristen im Recht der Geschäftsbesorgung allerdings kaum von unmittelbar dringendem Interesse; er fragt sich vor allem, inwieweit die Theorie der Relationalkontrakte für die **Lösung konkreter Rechtsanwendungsprobleme** im Streitfall Hilfestellungen bietet. Es ist schwer zu beurteilen, ob die Theorie der Relationalkontrakte für das **US-amerikanische** Vertrags- und Wirtschaftsrecht bereits einen **substantiellen Ertrag für den Umgang mit konkreten Rechtsproblemen im Einzelfall** oder für die doktrinäre Weiterentwicklung der Rechtsinstitute gebracht hat. Unausweichlich erscheint aber die Feststellung, daß ein solcher unmittelbarer Ertrag für das kontinental-europäische Recht im allgemeinen und für das deutsche Recht im besonderen **bislang kaum greifbar** ist.

Dies verdeutlicht insbesondere der Blick auf die bisher eher **aporetischen Rezeptions-** A 171 **bemühungen** in der deutschen Vertragstheorie, die unter den Stichworten des komplexen Langzeitvertrages, des symbiotischen Vertrages, des Vertragsnetzwerks oder des Statusvertrages firmieren (so Rn A 165 ff). Mit der Konzeption des komplexen Langzeitvertrages (NICKLISCH) sind bislang **keine handfesten rechtsanwendungsbezogenen Konsequenzen von dogmatisch-konstruktiver Relevanz** verbunden. Das Programm, „allgemeine, rechtssystematische Grundsätze für komplexe Langzeitverträge" zu schaffen, „die deren besonderen Strukturen Rechnung tragen und die daher die nicht passenden Regelungen des Allgemeinen Schuldrechts ersetzen können" (NICKLISCH, Der komplexe Langzeitvertrag 24), steht als eine **noch wenig konturierte rechtspolitische Forderung** im Raum. Der Gedanke vom symbiotischen Vertrag (SCHANZE) ist letztlich unausgeführt und prätentiös geblieben. Unklar ist vor allem, ob mit Hilfe dieses Terminus lediglich die Fortentwicklung der Lehre vom Dauerschuldverhältnis systematisiert oder ein neues juristisches Denk- und Argumentationsmodell etabliert werden soll. Mit der Proklamation einer „Netzwerkhaftung" für die Beteiligten an vielgliedrigen Vertragssystemen (TEUBNER) wird zu den bestehenden haftungsrechtlichen Rechtsinstituten ein bemerkenswerter radikaler Alternativentwurf präsentiert, der aber **außerhalb jedes Subsumtionszusammenhangs** steht. Wenn dem Netzmodell irgendeine juristisch faßbare Qualität eignen soll, so müßte seine Haftungstopographie wesentlich präziser herausgearbeitet, begründet und am Einzelfall durchgeführt werden. Auch die Faszination rechtspolitischer Programme, die anhand der Topoi Status und Kontrakt und der Kategorien Autonomie und Reziprozität (JOERGES) terminologisch eindrucksvoll entworfen werden, verblaßt schnell, wenn zu deren Konkretisierung letztlich nur immer wieder die materielle Gerechtigkeit beschworen werden kann. Für die juristische Kärrnerarbeit im Umgang mit den heutigen Rechtsproblemen der modernen Vertragstypen erweist sich das dargestellte Theoriepotential derzeit im Grunde als wenig fruchtbar.

A 172　Für unser Privatrechtssystem können die Erkenntnisse zur ökonomischen Effizienz der Ausgestaltung von langfristigen Vertragsbeziehungen auch schwerlich normativ verbindliche Daten markieren, denn **an keiner Stelle erklärt das Recht die Steigerung der ökonomischen Effizienz zum Beurteilungsmaßstab privatrechtlich relevanten Verhaltens.** Die Ideen einer optimalen Bedarfsbefriedigung oder einer Transaktionskostenminimierung **tragen kein Gerechtigkeitskonzept.** Das vom anglo-amerikanischen Rechtsrealismus und der Neuen Institutionenökonomik formulierte oder inspirierte radikale Verdammungsurteil über die „klassische" oder „neo-klassische" Vertragstheorie sprengt die Axiomatik unseres Vertragsrechts, dem ein Verständnis des Vertragsverhaltens der Parteien als primär ökonomisch nutzenmaximierendes Verhalten im Ansatz fremd ist. Das Axiom unseres geltenden Vertragsrechts, das in dem referierten Schrifttum zur relationalen Vertragstheorie nirgendwo auch nur erwähnt wird, lautet: *Stat pro ratione voluntas.* Es steht nicht zur Disposition. Es ist aus dieser Sicht nur folgerichtig und alternativlos, daß die Vertragsrechtsdogmatik an die **Willenserklärungen** der Parteien anknüpft, das Vertragshandeln **versprechensorientiert konzeptualisiert** und ökonomische Motive der Parteien, seien sie rational, eingeschränkt rational oder irrational, im Grundsatz bewußt ausblendet. Die ökonomische Rationalität des Vertragsverhaltens interessiert juristisch unmittelbar nur, soweit sie die Filter der **Rechtsgeschäftslehre** und des **Schuldvertragsrechts** passiert hat.

A 173　Im übrigen wird man auch kritisieren müssen, daß die Relationalvertragstheorie die **endogene Leistungs- und Entwicklungsfähigkeit** unserer Privatrechtsordnung und insbesondere des deutschen Vertragsrechts unterschätzt. Es ist zwar richtig, daß die deutschen Zivilrechtsgesetze, insbesondere das BGB und das HGB nur in wenigen Regelungen dem Langzeitcharakter von Vertragsbeziehungen ausdrücklich Rechnung tragen (zB §§ 643, 649 BGB, § 2 KSchG iVm § 622 BGB, 355 HGB, §§ 84 ff, 89 b HGB oder §§ 325, 316 BGB; vgl dazu KERN JuS 1992, 13 ff, 14; NIKLISCH JZ 1984, 757,

764 f). Die durch die Theorie der relationalen Verträge aufgeworfenen *rechtlichen* Fragestellungen lassen sich aber zumindest zum ganz überwiegenden Teil in die traditionellen dogmatischen und methodischen Denkzusammenhänge des Zivilrechts integrieren, terminologisch in vertrauter Weise formulieren – und auch beantworten. MACNEIL selbst hat im übrigen sehr wohl erkannt, daß seine Theorie des relationalen Vertrages nichts anderes als unsere vertrauten Dauerschuldverhältnisse thematisiert, wenn er zum Begriff des *relational contract* erklärt: „My phrase, intended to encompass any exchange relations, turns out to be something of a term of art in German law, referring to those relational contracts which have been particularly regulated by the German Civil Code" (MACNEIL, in: NICKLISCH [Hrsg], Der komplexe Langzeitvertrag 31 Fn 2). Ausdrücklich bekennt MACNEIL – das wurde im deutschen Schrifttum offenbar als bloße Höflichkeitsadresse abgetan: „the Germans are far ahead of us in thinking about this subject" (MACNEIL, in: NICKLISCH [Hrsg], Der komplexe Langzeitvertrag 31 Fn 2 und 34 Fn 34). In der Tat erscheint es uns gewiß nicht als eine neue Erkenntnis, daß sich etwa innerhalb eines Dauerschuldverhältnisses **vertragliche Treue- und Fürsorgepflichten zu einem „Status-Schutz" verdichten** können. Das Handelsvertreterrecht etwa „lebt" davon und kann deshalb beispielsweise für andere geschäftsbesorgungsrechtliche Vertriebsverträge wie den Kommissionsagenten-, den Vertragshändler- oder den Franchisevertrag herangezogen werden. Dauerschuldverhältnisse sind entgegen SCHANZE kein „Widerspruch in sich" (SCHANZE, in: JOERGES [Hrsg], Franchising and the Law 84), sondern eine in die schuldrechtliche Dogmatik gelungen und bruchlos integrierte Erscheinungsform eines Vertragsverhältnisses, das im übrigen als solches schon vor vielen Jahrzehnten als „Organismus" (HEINRICH SIBER, KARL LARENZ) dargestellt worden ist. Man kann Dauerschuldverhältnisse durchaus als „rechtlichen Ausdruck von formalen Organisationen auf vertraglicher Basis" ansehen (so auch TEUBNER ZHR 154 [1990], 295 ff, 319). Im Kern kennzeichnet die Bezeichnung *„relational contract"* das persönliche und sachliche Fundament des gegenseitigen „Vertrauens" und der gegenseitigen Rücksichtnahme in länger dauernden Vertragsbeziehungen und **verweist auf längst etablierte und ausdifferenzierte dogmatisch-konstruktive Figuren unseres Vertragsrechts.** Auch eine Rechtsfigur wie die „dauernde Geschäftsverbindung" vermag bereits im vorvertraglichen bzw vertragsbegleitenden Bereich den Interessengegensatz der Vertragspartner über den punktuellen Leistungsaustausch hinaus in einen übergreifenden Kontext aus gegenseitigen Treue- und Rücksichtnahmepflichten einzubetten (vgl dazu MÜLLER-GRAFF, Rechtliche Auswirkungen einer laufenden Geschäftsverbindung im amerikanischen und deutschen Recht [1974]; ders ZgS/JITE 141 [1985], 547 ff).

Andererseits ist aber zuzugestehen, daß unser Vertragsrecht im allgemeinen und die **A 174** Lehre vom Dauerschuldverhältnis im besonderen angesichts der vor allem durch die modernen Geschäftsbesorgungsverträge aufgeworfenen Ordnungsaufgaben **erweiterungsbedürftig** sind. Hierzu vermag die Lehre von den Relationalverträgen möglicherweise einen Beitrag zu leisten. Die Lehre von den Dauerschuldverhältnissen (vgl grundlegend OTTO vGIERKE, Dauernde Schuldverhältnisse, JherJb 64, 355 ff; zum Stand der Wissenschaft vgl GERNHUBER, Das Schuldverhältnis [1989] 377 ff) thematisiert in allzu beschränkter Perspektive nur die Langfristigkeit der vertraglichen Bindungen, die erhöhten Treuepflichten, die Notwendigkeit von Anpassungen an veränderte Umstände und das fristlose Kündigungsrecht aus wichtigem Grunde, blendet aber weithin **die Eigendynamik der Kooperation bei quasi-monopolistischen Beziehungsverdichtungen und bei asymmetrischen Macht- und Interessenkonstellationen** aus. Gegenwärtig ist zwar noch schwer vorstellbar, wie die ökonomischen Befunde der Lehre von den Realkontrakten dogmatisch-konstruktiv eingefangen und operationalisiert werden können; die Bemühungen hierum sind aber anerkennenswert und förderungswürdig. Es bedarf für die langfristige metadogmatische Arbeit am Vertragsrecht gewiß der **interdisziplinären Zusammenarbeit von Ökonomie, Soziologie und Jurisprudenz** (vgl dazu auch die grundlegende und in mancher Hinsicht richtungsweisende Studie von HENSSLER, Risiko als Vertragsgegenstand [1994] mit dem Versuch, die Erkenntnisse der Entscheidungstheorie für die Vertragsrechtstheorie fruchtbar zu machen und die „Risikoverträge" wie etwa Spekulationsgeschäfte, Bürgschafts- und Garantieverträge interdisziplinär zu durchleuchten). Die Distanz, die zwischen höchst anregenden soziologisch-wirtschaftswissenschaftlichen Spekulationen und der an Recht und Gesetz gebundenen Entscheidung von Streitfällen herrscht, muß und kann verringert werden. Es ist uneingeschränkt begrüßenswert, daß ein interdisziplinärer Dialog zwischen Rechts- und Wirtschaftswissenschaften über neuartige langfristige Geschäftsbesorgungsverhältnisse angelaufen ist, der die **Chance** in sich trägt, daß für die gemeinsamen Ordnungs- und Gestaltungsaufgaben auch interdisziplinär abgesicherte Diagnosen und Regelungsprogramme erarbeitet werden. Schon jetzt stellen die ökonomischen und soziologischen Erkenntnisfortschritte der Theorie der Relationsverträge ein **Datenmaterial** zur Verfügung, an dem die **Gesetzgebung und die richterliche Rechtsfortbildung nicht vorbeigehen** kann. Insofern ist JOERGES zuzustimmen, der einerseits erkennt, daß sich aus der Qualifikation eines Vertrags als Relationalkontrakt „keine definitiven positiven Konsequenzen für dessen Regelung" ergeben, der aber andererseits zu Recht darauf hinweist, daß mit dem Relationalvertrag oder komplexen Langzeitvertrag Sachstrukturen erfaßt werden, „auf die Regelungsversuche treffen und an denen sie scheitern können" (JOERGES ZHR 152 [1987] 195 ff, 211 f). Eine umsichtige rechtspolitische Entwicklungsarbeit im Recht der Geschäftsbesorgungsverträge darf die Lehre von den Relationalkontrakten nicht außer acht lassen.

A 175 Genau besehen hat die Theorie der Relationalkontrakte bereits heute nicht nur **für den Rechtspolitiker und Gesetzgeber juristisch verwertbare und weiterführende Erkenntnisse** zusammengetragen, sondern vermag auch dem Rechtsanwender und Richter transdogmatische Hilfestellungen zu leisten, wenn für die Lösung von Ordnungs- und Rechtsproblemen im Recht neuartiger Geschäftsbesorgungsverträge Folgeüberlegungen angestellt und Wertungen aufbereitet werden müssen. Bei der analytischen Konstruktion einer angemessenen Risikoverteilung der Parteien eines Geschäftsbesorgungsvertrags können die Erkenntnisse der Theorie der Relationalkontrakte möglicherweise als wissenschaftlich abgeleitete und nachprüfbare Kriterien herangezogen werden und so den interdisziplinären Argumentationshaushalt des Juristen bei der Entscheidungsfindung und -begründung erweitern. Das mag auch die **Transparenz und Kalkulierbarkeit** von Entscheidungen, mithin ihre Vorhersehbarkeit und damit die **Rechtssicherheit** erhöhen. Letztlich sind solche dankenswerten Hinweise zur ökonomischen Relationalität des Vertragsverhaltens freilich zunächst auf das Konto der bloßen Erweiterung des hilfswissenschaftlichen Instrumentariums des Juristen zu buchen. Eine Umsetzung dieser Erkenntnisse in die juristische Dogmatik zeichnet sich zwar noch nicht ab, doch kann sich dies schnell ändern. Denn die Theorie der Relationalkontrakte beschränkt sich nicht auf vor-juristische Motivforschung für das Verhalten der Parteien, sondern erhebt das Vertragsverhalten selbst zu ihrem Gegenstand, entwirft **rationale rechtliche Regelungsprogramme**, stellt **plausible Risikotragungskriterien** zur Verfügung und bietet damit Maßstäbe für eine ökonomisch „vernünftige" Rechtsgestaltung. Diese ökonomischen Erkenntnisfortschritte und Handlungsempfehlungen strahlen natürlich früher oder später in die Rechtspraxis hinein, sofern sie sich nicht in der bloßen Nachrationalisierung dessen erschöpfen, was erfahrene Praktiker in Sachen wirtschaftlich geschickten Vertragsverhaltens ohnehin immer schon gewußt haben. Für **kautelarjuristische Strategiefragen** kann die Theorie der Realkontrakte zumindest einen theoretischen Referenzrahmen zur rationalen ökonomischen Fundierung des einzusetzenden juristischen Instrumentariums bieten. Und dies kann auf die streitentscheidende Rechtsanwendung und auf die vertragsrechtliche Normen-Entfaltung und -Bildung zurückwirken. Generalklauseln wie §§ 242, 138 BGB oder § 9 AGBG sowie die Grundsätze der erläuternden und ergänzenden Vertragsauslegung lassen, ja *bieten* Raum auch für die Berücksichtigung der den Parteien kaum gleichgültigen Frage nach der kostengünstigsten Regelung und für ökonomische Bewertungen des rechtlich relevanten Vertragsverhaltens durch den Rechtsanwender (vgl dazu auch LEHMANN, Bürgerliches Recht und Handelsrecht – Eine juristische und ökonomische Analyse [1983] insbes 240; ENGEL RabelsZ 57 [1993], 556, 560). Bei **zusammenfassender Würdigung** wird man deshalb der Theorie der Relationalverträge ungeachtet ihrer **derzeit noch juristisch unfruchtbaren Esoterik** durchaus eine **mittel- bis langfristige Bedeutung** für das deutsche Recht im fortschreitenden Prozeß der normativen Bewältigung neuartiger Geschäftsbesorgungsverträge prognostizieren können.

B. Bankverträge und Finanzierungsverträge

Schrifttum zu I. bis III.

ALTJOHANN, Der Bankvertrag, Ein Beitrag zur Dogmatik des Bankrechts (1962)

ANGERSBACH, Beiträge zum Institut des Dokumentenakkreditivs (Diss Würzburg 1965)

AUHAGEN, Die Garantie einer Bank auf „erstes Anfordern" zu zahlen (Diss Freiburg 1966)

BADDE, Vertrag mit Schutzwirkung im Lastschriftverfahren (1979)

BÄHRE/SCHNEIDER, KWG-Kommentar (3. Aufl 1986)

BÄRMANN (Hrsg), Europäisches Geld-, Bank- und Börsenrecht, Bd I (1974)

BAUMBACH/DUDEN/HOPT, HGB-Komm (28. Aufl 1989) 2. Teil IV Bank- und Börsenrecht (S 1176 ff)

H BAUER, Der Zeitpunkt der Einlösung von Lastschriften und Schecks, WM 1983, 194

BECK, Gesetz über das Kreditwesen (1992)

BECKER, Schuldrechtsreform und Bankvertragsrecht, ZHR 147 (1983), 245

BERNARD, Rechtsfragen des Forfaitierungsgeschäfts (1991)

BLAUROCK, Das Stornorecht der Kreditinstitute, NJW 1984, 1

BORGGREFE, Akkreditiv und Grundverhältnis (1971)

BORK, Grundprobleme des Lastschriftverfahrens, JA 1986, 121

ders, Die Errichtung von Konten und Depotsperren, NJW 1981, 905

BUCHMÜLLER, Rechtliche Probleme der Scheckkarte, NJW 1979, 1198

BÜLOW, Grundprobleme des Euro-Schecks und der Scheckkarte, JA 1984, 340

vCAEMMERER, Girozahlung, JZ 1953, 446

CANARIS, Bankvertragsrecht, 1. Teil (3. Aufl 1988, im übrigen 2. Bearb 1981)

ders, Einwendungsausschluß und Bereicherungsausgleich im Girovertragsrecht, BB 1972, 774

ders, Der Bereicherungsausgleich im bargeldlosen Zahlungsverkehr, WM 1980, 354

ders, Grundprobleme des bankgeschäftlichen Abrechnungsverkehrs, WM 1976, 994

ders, Aktuelle insolvenzrechtliche Probleme des Zahlungsverkehrs und des Effektenwesens, in: FS 100 Jahre KO (1977) 73

ders, Inhaberschaft und Verfügungsbefugnis bei Bankkonten, NJW 1973, 825

Michael Martinek

ders, Kreditkündigung und Kreditverweigerung gegenüber sanierungsbedürftigen Bankkunden, ZHR 143 (1979), 139

COING, Rechtsformen der privaten Vermögensverwaltung, insbesondere durch Banken, in USA und Deutschland, AcP 167 (1967), 99

ders, Bemerkungen zum Treuhandkonto im deutschen Recht, in: FS Cohn (1975) 23

DACH, „Payment in cashless societies, in: FS F A Mann (1977) 707

DENCK, Zur Verteidigung der Genehmigungstheorie beim Einzugsermächtigungsverfahren, ZHR 147 (1983), 544

DENK, Der Mißbrauch des Widerspruchsrechts im Lastschriftverfahren, ZHR 144 (1980), 171

DROBNIG, Vergleichende und kollisionsrechtliche Probleme der Girosammelverwahrung von Wertpapieren im Verhältnis Deutschland-Frankreich, in: FS Zweigert (1981), 72

EBERTH, Erscheinungen im Recht und in der Praxis des Dokumentenakkreditivs in der Bundesrepublik Deutschland und in England – Rechtsfragen zum Dokumentenakkreditiv (1976), 26 ff

ders, Zur Rechtsnatur der Einheitlichen Richtlinien und Gebräuche für Dokumenten-Akkreditive, in: FS Neumayer (1985), 199

EISEMANN/SCHÜTZE, Das Dokumentenakkreditiv im Internationalen Handelsverkehr (3. Aufl 1989)

FALLSCHEER/SCHLEGEL, Das Lastschriftverfahren (1977)

FINGER, Formen und Rechtsnatur der Bankgarantie, BB 1969, 206

FUCHS, Zur Lehre vom allgemeinen Bankvertrag (1982)

vGABLENZ, Die Haftung der Banken bei Einschaltung Dritter (1983)

GAEDE, Die vertragliche Haftung der Banken für Kreditauskünfte, NJW 1972, 926

vGODIN, Über das Scheckinkasso, NJW 1958, 856

GREGOR, Grundlagen und verfahrenstypische Risiken des Lastschriftverfahrens (Diss Augsburg 1981)

HADDING, Zivilrechtliche Beurteilung des Lastschriftverfahrens, in: FS Bärmann (1975), 375

ders, Neuere Rechtssprechung zum bargeldlosen Zahlungsverkehr, JZ 1977, 281

ders, Drittschadensliquidation und Schutzwirkung für Dritte im „bargeldlosen Zahlungsverkehr", in: FS Werner (1984), 165

HADDING/HÄUSER, Rechtsfragen des bargeldlosen Zahlungsverkehrs (1984)

dies, Rechtsfragen des Lastschriftverfahrens (1981)

dies, Rechtsfragen des Giroverhältnisses, ZHR 145 (1981), 138

dies, Zur Neufassung des Abkommens über den Lastschriftverkehr, WM-Sonderbeil 1/1983

HAHN, Zahlungs- und Inkassogeschäft der Banken (1970)

HANSEN, Die Rechtsnatur von Gemeinschaftskonto und -depot (1967)

HÄUSER, Giroverhältnis, in: BMJ (Hrsg), Gutachten und Vorschläge zur Überarbeitung des Schuldrechts Bd II (1981), 1317

ders, Zur zivilrechtlichen Bedeutung der sogenannten Fakultativklausel im Giroverhältnis, ZIP 1982, 14

HEFERMEHL, Rechtsfragen des Überweisungsverkehrs, in: FS Möhring II (1975), 381

HELLNER, Rechtsprobleme des Zahlungsverkehrs unter Berücksichtigung der höchstrichterlichen Rechtsprechung, ZHR 145 (1981), 109

HINZ, Bankverträge zugunsten Dritter, JuS 1965, 299

HOPT, Der Kapitalanlegerschutz im Recht der Banken (1975)

ders, Rechtspflichten der Kreditinstitute zur Kreditversorgung, Kreditbelassung und Sanierung von Unternehmen, ZHR 143 (1979), 139

HOPT/MÜLBERT, Kreditrecht (Sonderausgabe aus STAUDINGER[12], 1989), Vorbem 238 ff zu §§ 607 ff

HORN (Hrsg), Die AGB-Banken (1993)

HÜFFER, Die Haftung gegenüber dem ersten Auftraggeber im mehrgliedrigen Zahlungsverkehr, ZHR 151 (1987), 93

KINDERMANN, Gutschrift und Belastungsbuchung im Geldüberweisungsverkehr, WM 1982, 318

KIRCHHERR/STÜTZLE, Aktuelle Probleme zu Bankgeheimnis und Bankauskunft, ZIP 1984, 515

E KLEIN, Die Stellung der Inkassobank im Scheckeinzugsverkehr, WM 1975, 374

KÖNDGEN, Neue Entwicklungen im Bankhaftungsrecht (1987)

KOHLS, Bankrecht (1994)

KOLLER, Die Bedeutung der dem Überweisungsbeauftragten erteilten Gutschrift im Giroverkehr, BB 1972, 687

ders, Die Verteilung des Scheckfälschungsrisikos zwischen Kunde und Bank, NJW 1981, 45

KOLLHOSSER, Die Verfügungsbefugnis bei sogenannten Sperrkonten, ZIP 1984, 389

KÜMPEL, Das Stornorecht der Kreditinstitute, WM 1979, 378

ders, Konto und Depot zugunsten Dritter auf den Todesfall, WM 1977, 1186

KUPISCH, Der Bereicherungsanspruch der Bank bei irrtümlicher Durchführung der widerrufenen Anweisung, ZIP 1983, 1412

LIESECKE, Das Dokumentenakkreditiv in der neueren Rechtsprechung des Bundesgerichtshofs, WM 1960, 210

ders, Die Haftung der Banken bei der Einziehung von Verrechnungsschecks nach der Rechtsprechung des Bundesgerichtshofs, WM 1965, 1146

ders, Neuere Theorie und Praxis des Dokumentenakkreditivs, WM 1976, 258

ders, Das Bankguthaben in Gesetzgebung und Rechtsprechung, WM 1975, 214, 238, 286 und 324

LWOWSKI, Geschäftsbeziehung zwischen Bank und Kunden, Bankrecht und Bankpraxis, Rn 2/1 ff

MARTINEK, Moderne Vertragstypen Bd I (1991)

MEYER-CORDING, Das Recht der Banküberweisung unter besonderer Berücksichtigung der steckengebliebenen Überweisungen (1951)

MIELKE, Das Bankgeheimnis gegenüber Behörden, AG 1964, 182

MÖSCHEL, Fehlerhafte Banküberweisung und Bereicherungsausgleich, JuS 1972, 297

ders, Dogmatische Strukturen des bargeldlosen Zahlungsverkehrs, AcP 186 (1986), 187

MÜLBERT, Neueste Entwicklungen des materiellen Rechts der Garantie „auf erstes Anfordern", ZIP 1985, 1101

MÜLLER-GRAFF, Rechtliche Auswirkungen einer laufenden Geschäftsverbindung im amerikanischen und deutschen Recht (1974)

NEBELUNG, Weisungen bei der außerbetrieblichen Kettenüberweisung, NJW 1958, 44

NIRK, Das Kreditwesengesetz (9. Aufl 1992)

OBERMÜLLER, Die Bank im Konkurs ihres Kunden (1982)

ders, Kredite vor Konkurseröffnung, ZIP 1980, 609

OBST/HINTNER, Geld-, Bank- und Börsenwesen (39. Aufl 1993)

OLZEN, Die Zwangsvollstreckung in Dispositionskredite, ZZP 97 (1984), 1

PETERS, Die Verwahrung und Verlosung von Effekten, JuS 1976, 424

PFISTER, Der Abrechnungsverkehr der Deutschen Bundesbank, ZHR 143 (1979), 24

PLEYER/HOLSCHBACH, Lastschriftverfahren und Monopolmißbrauch, DB 1972, 761 und 1973, 1957

RIEDER, Rechtsfragen bei Gemeinschaftskonten, WM 1987, 29

RIESENKAMPFF, Der Anspruch des Überweisungsempfängers im Konkurs der Absenderbank, NJW 1976, 321

RÖSSLER, Bankgeheimnis und Auskunftspflicht der Kreditinstitute gegenüber den Finanzverwaltungsbehörden, NJW 1968, 1998

ROTHE, Lohnüberweisung auf ein Girokonto, DB 1966, 1517

SANDBERGER, Die Sorgfaltspflichten der Bundesbank beim Abrechnungsverkehr, BB 1976, 487

ders, Grundlagen und Grenzen des Widerspruchsrechts beim Lastschriftverfahren, JZ 1977, 285

SANDKÜHLER, Bankrecht (2. Aufl 1992)

F A SCHÄFER, Haftung für fehlerhafte Anlageberatung und Vermögensverwaltung, insbes von Kreditinstituten (1993)

SCHEBESTA/VORTMANN, Die neuen AGB-Banken (1992)

KARSTEN SCHMIDT, Geldrecht (Sonderausgabe aus STAUDINGER[12], 1983), 1983

SCHOEN, Der Krediteröffnungsvertrag als schuldrechtliche Rahmenverpflichtung (Diss Erlangen 1965)

SCHÖNLE, Bank- und Börsenrecht, 2. Aufl 1976

SCHRÖTER, Bankenhaftung im mehrgliedrigen Zahlungsverkehr, ZHR 151 (1987), 118

SCHÜTZE, Internationales Bankrecht, in: SCHÜTZE/WEIPERT (Hrsg), Münchener Vertragshandbuch Bd 3 (3. Aufl 1992), 380

SCHWARK, Schuldrechtsreform und Bankvertragsrecht, ZHR 147 (1983), 223

STAUDER, Der bankgeschäftliche Krediteröffnungsvertrag (1968)

STIERLE, Der Bereicherungsausgleich bei fehlerhaften Banküberweisungen, (1980)

TERPITZ, Stornoklausel und Widerruf einer Überweisung, NJW 1984, 1330

THILO, Bankgeheimnis, Bankauskunft und Datenschutz, NJW 1984, 582

VALLENTHIN, Rechtsgrundlagen des Bankgeschäfts (1974)

WAGNER, Einseitige Umwandlung von Oder-Konten in Und-Konten, NJW 1991, 1790

WESSELY, Die Unabhängigkeit der Akkreditivverpflichtung von Deckungsbeziehung und Bankvertrag (1975)

H P WESTERMANN, Fortschritte durch die neuen AGB der Banken und Sparkassen?, WM 1993, 1865

ders, Verhaltenspflichten der Kreditinstitute bei der Vergabe von Verbraucherdarlehen, ZHR 153 (1989), 123

GRAF vWESTPHALEN, Nationales Bankrecht, in: SCHÜTZE/WEIPERT (Hrsg), Münchener Vertragshandbuch Bd 3 (3. Aufl 1992), 271

ders, Die Bankgarantie im internationalen Handelsverkehr (2. Aufl 1989/1990)

WILHELM, Kenntniszurechnung kraft Kontovollmacht, AcP 183 (1983), 1

E WOLFF, Zahlungsverkehrsabkommen im Kreditgewerbe, in: FS Bärmann (1975) 1057

J WOLFF, Bankgeheimnis und Kreditauskunft, AG 1968, 286

ders, Die Geheimhaltungspflicht der Banken, DB 1968, 695

WUNSCHEL, Rechtsfragen der Banküberweisung, NJW 1958, 1764 und 1959, 2195

ZAHN, Anmerkungen zu einigen Kontroversen im Bereich der Akkreditive und Bankgarantien, in: FS Pleyer (1986), 153

ZSCHOCHE, Zur dogmatischen Einordnung des Lastschriftverfahrens unter besonderer Berücksichtigung der Vertrauensstrukturen (1981)

I. Der allgemeine Bankvertrag

1. Streitstand und Stellungnahme

B 1 Die Tätigkeit der Geschäftsbanken für ihre Kunden ist in vielfältiger Weise darauf ausgerichtet, Geld-, Wertpapier-, Sicherungs- und sonstige vermögensbezogene Geschäfte auszuführen. Ganz überwiegend wird die Bank in ihrem tätigkeitsbezogen-dienstvertraglichen oder erfolgsbezogen-werkvertraglichen **Handeln für ihre Kunden als entgeltliche Geschäftsbesorgerin** iS der §§ 675, 611 bzw §§ 675, 631 tätig. Unabhängig von einer Eintragung ins Handelsregister hat eine Bank den **Status eines Kaufmanns** (Muß- und Vollkaufmanns), § 1 Abs 2 Nr 4 HGB. Das HGB enthält zahlreiche Vorschriften, die für Bankgeschäfte von Bedeutung sind, so die §§ 349 – 351 zu Bürgschaft, Kreditauftrag, Schuldversprechen und Schuldanerkenntnis, die §§ 352 – 354 zu Zinsen und Provisionen, die §§ 355 – 357 zum Kontokorrent oder die §§ 383 ff zum Kommissionsgeschäft. Vor allem aber regeln die AGB der Banken und der Sparkassen die Vertragsbeziehungen zum Kunden in zahlreichen Einzelfragen (su Rn B 7 ff); für bestimmte Geschäftsbereiche werden zudem Sonderbedingungen vereinbart.

B 2 Nach weit verbreiteter Auffassung im Schrifttum kommt mit der Eröffnung einer Bankverbindung zwischen einem Kunden und einer Geschäftsbank ein **allgemeiner Bankvertrag als Grundlagen- und Rahmenvertrag** zustande, der die Rechtsnatur eines **Dienstvertrages mit Geschäftsbesorgungscharakter** nach §§ 675, 611 trägt (HOPT, Der

Kapitalanlegerschutz, 383 ff mwNw; BAUMBACH/DUDEN/HOPT HGB-Komm [28. Aufl 1989] Bankgeschäfte, I Anm 4 A; BUNTE WM 1983, 431). Auch die Rspr neigt der Vorstellung von der Bankverbindung als einem **Dauerschuldverhältnis** zu, das den Rahmen für die zahlreichen unterschiedlichen Bankgeschäfte bildet und durch einen allgemeinen Bankvertrag begründet wird (BGHZ 23, 226; BGHZ 63, 91; BGH BB 1953, 993; BGH WM 1983, 441). Dieser allgemeine Bankvertrag ist von den einzelnen Bankgeschäften (Girogeschäft, Depotgeschäft, Effektengeschäft usw) als Ausfüllungsgeschäften zu unterscheiden. Inhalt dieses Bankvertrages ist die Begründung des geschäftsbesorgungsspezifischen Vertrauens- und Interessenwahrungsverhältnisses, die Bereitstellung der Geschäftseinrichtungen der Bank und die Geltung ihrer AGB.

Die **Lehre vom allgemeinen Bankvertrag** wird von einem Teil der Literatur, mit beson- **B 3** derer Vehemenz von CANARIS angegriffen (CANARIS, Bankvertragsrecht Rn 2 ff mwNw; ablehnend auch MünchKomm/SEILER [2. Aufl] § 675 Rn 13 sowie STAUDINGER/WITTMANN[12] § 675 Rn 19). Danach bestimmen sich die Rechtsbeziehungen zwischen Kunde und Bank nur nach dem jeweils in Rede stehenden Vertragstyp (Kreditvertrag, Girovertrag, Depotvertrag, Sparvertrag, Tresormietvertrag etc). Der angebliche Inhalt eines allgemeinen Bankvertrages rechtfertige nicht die Konstruktion eines eigenständigen Vertrages. Bei der Aufnahme von Geschäftsbeziehungen ergäben sich ohnehin aus *culpa in contrahendo* **Schutzpflichten im Rahmen eines Vertrauensschuldverhältnisses**. Keineswegs wolle eine Bank mit der Eröffnung einer Geschäftsverbindung zu einem Kunden sogleich sämtliche Geschäftseinrichtungen bereitstellen und sich zur Durchführung aller bankmäßigen Geschäfte bereiterklären. Die Geltung der AGB könne schließlich als Bestandteil abgeschlossener Einzelverträge vereinbart werden. Eine vorgezogene separate Rahmenvereinbarung zu den AGB nach § 2 Abs 2 AGBG führe gleichfalls nicht zu einem allgemeinen Bankvertrag mit besonderen bankgeschäftsspezifischen Rechten und Pflichten. Die kritischen Stimmen gelangen indes ganz **weitgehend zu denselben Ergebnissen** wie die Lehre vom allgemeinen Bankvertrag, da sie die **Geschäftsverbindung als gesetzliches Schuldverhältnis** mit entsprechenden Verhaltens- und Schutzpflichten der Bank ausstatten.

Indes ist die Lehre vom allgemeinen Bankvertrag gegenüber der Kritik **aufrechtzuer- B 4 halten**. Auf der Vorstellung von einem allgemeine Bankvertrag beruhen offenbar die seit Januar 1993 geltenden **AGB-Banken** (dazu Rn B 7 ff), die nach Nr 1 für „die gesamte Geschäftsverbindung" zwischen dem Kunden und der Bank gelten, während daneben „für einzelne Geschäftsbeziehungen (zum Beispiel für das Wertpapiergeschäft, für den ec-Service, für den Scheckverkehr, für den Sparverkehr) Sonderbedingungen" vorgesehen sind. Folgerichtig unterscheidet Nr 19 der AGB-Banken zwischen der Kündigung der „gesamten Geschäftsverbindung" und derjenigen nur „einzelner Geschäftsbeziehungen" (Scheckvertrag, Girovertrag, Depotvertrag usw). In der Tat entspricht der allgemeine Bankvertrag der praktischen Handhabung der Beziehung zwischen Kunde und Bank sowie den Bedürfnissen beider Parteien. Typischerweise sind zwischen einem Kunden und seiner Bank im Zeitablauf mehrere einzelne Bankgeschäfte miteinander verbunden. Die isolierte Betrachtung der einzelnen Bankgeschäfte wird ihrem **übergreifenden wirtschaftlichen und rechtlichen Zusammenhang** nicht gerecht. Der Interessenwahrungscharakter einer Bankverbindung ist von besonderer Intensität, die über diejenige eines vorvertraglichen Vertrauensverhältnisses und über die damit verbundenen allgemeinen Schutzpflichten hinausgeht. Der Abschluß eines Rahmenvertrages liegt bei der Begründung eines derartigen Dauerschuldverhältnisses im Interesse beider Parteien. Der Kunde muß schon deshalb darauf Wert legen, weil ihm erst aufgrund des allgemeinen Bankvertrages und der daraus fließenden Interessenwahrungspflicht der Bank der Abschluß einzelner Bankgeschäfte empfohlen werden soll. Er wendet sich an die Bank, um ihre Sachkunde in Vermögensangelegenheiten in Anspruch zu nehmen und auf die einzelnen möglichen Bankgeschäfte erst aufmerksam gemacht und darüber beraten zu werden. Die Bank will sich ihrerseits im Hinblick auf einzelne Bankgeschäfte der Kreditwürdigkeit des Kunden versichern. Nur über den allgemeinen Bankvertrag, durch den die einzelnen Bankgeschäfte ihre Verfassung und ihren „Rahmen" erhalten, kann die Geschäftsbeziehung in wechselnden Situationen angepaßt und gesteuert werden.

B 5 Die Pflichten der Bank zur Beratung und Betreuung, Auskunft und Aufklärung, Warnung und Geheimhaltung können zudem schwerlich als Nebenpflichten einzelner Verträge über konkrete Bankgeschäfte verstanden werden, weil sich diese Pflichten nicht auf diese Bankgeschäfte beschränken. Zu Unrecht weicht die Rechtsprechung zur Begründung solcher Pflichten der Bank oft auf § 242 aus. Auch ist die Vorstellung einer laufenden Geschäftsverbindung und eines nur quasi-vertraglichen Vertrauensverhältnisses als Grundlage der Pflichtenstellung der Bank nicht hinreichend tragfähig, um Umfang und Inhalt der Pflichten dogmatisch zu verankern. Denn es geht nicht um Nebenpflichten nach § 242, sondern um **geschäftsbesorgungsvertragliche Hauptpflichten** in Form von Emanationen und Konkretionen der Pflicht der Bank zur Interessenwahrung des Kunden. Freilich sind diese allgemeinen bankvertraglichen Pflichten nach Maßgabe der Umstände des konkreten Verhältnisses zwischen Bank und Kunde in Umfang und Intensität verschieden ausgestaltet. Insbesondere kann auch über bestimmte bankgeschäftliche Pflichten wie etwa die Erteilung von Auskunft und Rat bei der Vermögensanlage ein gesonderter Vertrag geschlossen werden.

B 6 Die hier vertretene Lehre vom allgemeinen Bankvertrag besagt nicht etwa, daß ein solcher Vertrag immer notwendig zwischen Kunde und Bank zum Abschluß kommt. Durchaus kann sich die Beziehung des Kunden zur Bank in einem Einzelvertrag (zB Girovertrag) erschöpfen, der zudem seinerseits keineswegs Geschäftsbesorgungscharakter haben muß, sondern sich auf ein punktuelles Austauschgeschäft beschränken kann (zB An- und Verkauf von Sorten und Münzen im Schaltergeschäft). Auch ist denkbar, daß ein allgemeiner Bankvertrag etwa wegen Geschäftsunfähigkeit des Kunden nicht zustande kommt. In solchen Fällen besteht indes eine sogenannte **Geschäftsverbindung zwischen Bank und Kunde ohne primäre Leistungspflichten**, jedoch mit (uU durchaus beiderseitigen) Verhaltens- und Schutzpflichten (vgl dazu MÜLLER-GRAFF, Rechtliche Auswirkungen einer laufenden Geschäftsverbindung [1974] insbes 133 ff und 192 ff). Diese Geschäftsverbindung stellt ein gesetzliches Vertrauensschuldverhältnis dar und kann Schadensersatzansprüche aus Pflichtverletzungen – auch für in seinen Schutzbereich einbezogene Dritte – begründen. In aller Regel jedoch wird das Vertrauensschuldverhältnis zwischen Bank und Kunde **vom allgemeinen Bankvertrag absorbiert**.

2. Übersicht über das AGB-Recht der Banken

a) Allgemeines

Die Tätigkeit der Banken und Sparkassen bestimmt sich betreffend der öffentlich- **B 7**
rechtlichen (bankenaufsichtsrechtlichen) Voraussetzungen im wesentlichen nach
dem KWG, das anläßlich der Bankenkrise von 1931 geschaffen, seitdem wiederholt
verschärft, im Jahr 1985 neu bekannt gemacht (BGBl I 1472; dazu WALDECK NJW 1985,
888; HENKE WM 1985, 41) und im Jahr 1992 überarbeitet wurde (BGBl I 2211; dazu DÜR-
SELEN ZBB 1993, 266; REIFNER NJW 1993, 89). Für die Geschäftsbeziehungen mit den
Kunden sind seit 1937 die wiederholt geänderten AGB-Banken maßgeblich. Sie
unterliegen der AGB-rechtlichen Inhaltskontrolle. Seit dem 1. 1. 1993 gilt eine neue,
wesentlich geänderte Fassung der AGB-Banken, die vom privaten Bankgewerbe, den
Volksbanken und Raiffeisenbanken zugrundegelegt wird; die AGB-Sparkassen weichen hiervon geringfügig ab (synoptischer Abdruck in WM 1993, 711; vgl dazu mit Erläuterung
der einzelnen Klauseln H P WESTERMANN WM 1993, 1865; SONNENHOL WM 1993, 677 und MERKEL
WM 1993, 725; SCHEBESTA/VORTMANN, Die neuen AGB-Banken [1992]; ferner HOEREN NJW 1992,
3263; KRINGS ZBB 1992, 362; ADEN NJW 1993, 832; BRUCHNER DZWiR 1993, 89; GRAF vWEST-
PHALEN BB 1993, 8 sowie die Beiträge von WAGNER-WIEDUWILT, MERKEL, REICH und HORN, in:
HORN [Hrsg], Die AGB-Banken [1993]). Die Neufassung, die sich auf 20 „Nummern" mit
jeweils wenigen Absätzen beschränkt (früher: 47), will mit Rücksicht auf das **AGB-**
rechtliche Transparenzgebot dem Durchschnittskunden kurz, knapp und klar die einzelnen Regelungsbereiche der Geschäftsbeziehung verständlich machen. Sie deckt
aber nur die bisherigen Abschnitte I (Allgemeines) und IV (Einzugs-, Diskontgeschäft, Wechsel- und Scheckverkehr) ab. Zu einem späteren Zeitpunkt sollen die
fortgeltenden Abschnitte II (Handel in Wertpapieren, Devisen und Sorten) und III
(Verwahrungsgeschäft) der alten AGB von 1986 in überarbeiteter Form als Sonderbedingungen eingeführt werden. Einige der Klauseln sind in ihrer AGB-rechtlichen
Gültigkeit nicht völlig zweifelsfrei, doch werden die neuen AGB der Banken und
Sparkassen in der bisherigen Literatur ganz überwiegend als „Fortschritt bei der
ausgleichenden und abgewogenen Ordnung des komplexen und durch gesetzliche
Vorschriften nicht vollständig erfaßbaren Verhältnisses zwischen den Kreditinstitu-
ten und ihren Kunden" angesehen (so H P WESTERMANN WM 1993, 1865, 1875).

b) Die „Grundregeln"

Einleitend werden in sechs Nummern die **Grundregeln für die Beziehung zwischen** **B 8**
Kunde und Bank formuliert. **Nr 1** behandelt den Geltungsbereich und allfällige Ände-
rungen der AGB-Banken und der Sonderbedingungen für einzelne Geschäftsbezie-
hungen. Letztere müssen zusätzlich etwa bei der Kontoeröffnung oder bei der
Erteilung eines Auftrags mit dem Kunden vereinbart werden, während die AGB-
Banken „für die gesamte Geschäftsverbindung", dh für den allgemeinen Bankver-
trag gelten. Klauseländerungen müssen dem Kunden schriftlich mitgeteilt werden.
Die aufgestellte **Genehmigungsfiktion** entspricht § 10 Nr 5 AGBG, der auch für AGB-
Änderungen im Rahmen laufender Geschäftsbeziehungen Geltung beansprucht.
Freilich ist in der weiteren Inanspruchnahme von Bankleistungen ohnehin eine **kon-**
kludente Einverständniserklärung des Kunden mit geänderten Klauseln zu sehen. **Nr 2**
befaßt sich mit **dem Bankgeheimnis und der Bankauskunft.** Anders als die alte enthält
die neue Fassung der AGB-Banken keine Klausel zur Haftungsbegrenzung bei Verletzungen des Bankgeheimnisses bzw fehlerhaften Bankauskünften mehr. Die Haftung der Bank bei der Erfüllung ihrer Verpflichtungen für das Verschulden von

Mitarbeitern und anderer Personen sowie die Berücksichtigung eines **Mitverschuldens des Kunden** ist allgemein in **Nr 3** geregelt; auch hier wurde auf eine Haftungsbegrenzung verzichtet. Bei der Einschaltung Dritter zur Erledigung von Kundenaufträgen wird zwischen Erfüllungsgehilfen, gestatteter Substitution (§ 664 Abs 1 S 2) und weitergeleiteten Aufträgen unterschieden. **Nr 4** schränkt die **Aufrechnungsbefugnis** des Kunden ein, während **Nr 5** die **Verfügungsberechtigung** nach dem Tod des Kunden behandelt. Das maßgebliche Recht und der Gerichtsstand bei in- und ausländischen kaufmännischen und öffentlich-rechtlichen Kunden bilden den Regelungsgegenstand der **Nr 6**. Während früher das Recht des Erfüllungsortes anwendbar war, wird nunmehr einschränkungslos deutsches Recht für anwendbar erklärt, was wegen der vertragscharakteristischen Leistung der Bank freilich praktisch kaum einen Unterschied macht. Weil die Gerichtsstandsvereinbarungen der Nr 6 Abs 2 und 3 nur für den vollkaufmännischen und den ihm gleichgestellten Bereich durch AGB getroffen werden können, wird der private Geschäftsbereich des Kaufmannes davon ausgenommen. Zu Recht setzt Nr 6 Abs 3 die Zulässigkeit einer Gerichtsstandsvereinbarung auch mit vollkaufmännischen Auslandskunden voraus, denn die Regelung des § 38 Abs 1 ZPO wird insoweit nicht durch § 38 Abs 2 ZPO verdrängt.

c) Die Kontoführung

B 9 Der die Nrn 7 bis 10 umfassende Abschnitt enthält die Klauseln zur Kontoführung. Hier sind die **Rechnungsabschlüsse** bei Kontokorrentkonten (regelmäßig zum Quartalsende), die **Storno- und Berichtigungsbuchungen** der Bank, die **Einzugsaufträge** (zB bei Schecks, Lastschriften und Inkassowechseln) und die Risiken bei **Fremdwährungskonten** und **Fremdwährungsgeschäften** geregelt. **Nr 7** begründet freilich keine Kontokorrentabrede schon mit Vereinbarung der AGB-Banken, sondern setzt eine im Kontoeröffnungsantrag getroffene oder konkludent vereinbarte Kontokorrentabrede voraus. Anders als früher erstreckt sich die **Genehmigungsfiktion** der heutigen Nr 7 Abs 2 nur noch auf Rechnungsabschlüsse, keinesfalls mehr auf einzelne Kontoauszüge. Sie steht trotz der **Beweislastumkehr** wegen der Spezialität des § 10 Nr 5 AGBG gegenüber § 11 Nr 15a AGBG mit dem AGBG in Einklang. Zwar ist die früher zugunsten der Bank aufgestellte und besonders für Rechnungsabschlüsse bedeutsame **Zugangsfiktion** aus den neuen AGB-Banken getilgt, doch ist der Kunde nunmehr nach Nr 11 Abs 5 zur **unverzüglichen Nachricht über den Nichterhalt von Mitteilungen** (einschließlich Rechnungsabschlüssen) verpflichtet. Die Regelung in **Nr 8** bildet nunmehr die Grundlage für das **Stornorecht der Banken**, bei dem zwischen Korrekturbuchungen vor und nach Rechnungsabschluß genau unterschieden werden muß. Die Klauseln beziehen sich nur auf Kontokorrentkonten, weil Fehlbuchungen außerhalb des Kontokorrentverkehrs mit seinem periodischen Rechnungsabschluß, beispielsweise Fehler auf Festgeld- oder Sparkonten, von der Bank jederzeit berichtigt werden können. Bei der „Stornobuchung" einer fehlerhaften Gutschrift durch Belastungsbuchung vor Rechnungsabschluß (Nr 8 Abs 1) geht es um ein **girovertragliches Korrekturrecht**, dem der Kunde keinen Entreicherungseinwand nach § 818 Abs 3 entgegensetzen kann. Nach Rechnungsabschluß kann der Kunde gegen die „Berichtigungsbuchung" einer fehlerhaften Gutschrift Einwendungen erheben, was zu einer erneuten Gutschrifterteilung und zur separaten Geltendmachung des Rückzahlungsanspruchs der Bank führt (Nr 8 Abs 2). Sowohl die Storno- wie die Berichtigungsbuchung ist freilich vom Bestehen eines Kondiktionsanspruchs der Bank aus § 812 Abs 1 S 1 und Abs 2 wegen rechtsgrundloser Bereicherung des Kunden mit einem abstrakten Schuldversprechen (fehlerhafte Gutschrift bzw Saldoanerkenntnis) abhängig; es endet jedenfalls mit der Erteilung des nächsten Rechnungsabschlusses.

d)   Sonstige Regelungen

Nr 11 behandelt in einem eigenen Abschnitt die **Mitwirkungspflichten des Kunden** bei   **B 10** Änderungen von Name, Anschrift oder Vertretungsmachterteilungen, verlangt vom Kunden die „Klarheit von Aufträgen" und besondere Hinweise auf die Eilbedürftigkeit von Aufträgen, regelt die Prüfung und Einwendungen bei Mitteilungen der Bank und sieht eine Benachrichtigungspflicht des Kunden bei Ausbleiben von Mitteilungen der Bank vor.

Mit der Überschrift „**Kosten der Bankdienstleistungen**" ist der die **Nr 12** enthaltende   **B 11** Abschnitt versehen, in dem sich die Einzelheiten zu Zinsen, Entgelten und Auslagen innerhalb und außerhalb des Privatkundengeschäfts finden. Um die „Sicherheiten für die Ansprüche der Bank gegen den Kunden" geht es in den **Nrn 13 bis 17**. Hier finden sich die Klauseln zur Bestellung oder Verstärkung von **Sicherheiten** (Nr 13), zur Vereinbarung eines **Pfandrechts** zugunsten der Bank (Nr 14), zu den Sicherungsrechten an Einzugspapieren und diskontierten Wechseln (Nr 15), zur **Begrenzung des Besicherungsanspruchs** und zur **Freigabeverpflichtung** (Nr 16) sowie schließlich zur **Verwertung von Sicherheiten** (Nr 17).

Die **Kündigungsrechte** des Kunden (**Nr 18**) und der Bank (**Nr 19**) sowie die Klauseln   **B 12** zum Schutz der Einlagen durch Einlagensicherungsfonds (**Nr 20** – entfällt für den Bereich der Volksbanken und Raiffeisenbanken) schließen die neuen AGB-Banken ab. Gegenstand einer ordentlichen Kündigung oder einer Kündigung aus wichtigem Grund kann sowohl die „gesamte Geschäftsbeziehung" (allgemeiner Bankvertrag) wie auch eine „einzelne „Geschäftsbeziehung" (zB Krediteröffnungsvertrag, Girovertrag, Scheckvertrag) sein.

3.   Allgemeine geschäftsbesorgungsrechtliche Bankpflichten

Aus dem allgemeinen Bankvertrag fließen für die Bank als Geschäftsbesorgerin   **B 13** ihres Kunden eine Reihe **typischer Pflichten in Konkretisierung ihrer Interessenwahrungspflicht**, der sie als geschäftsbesorgungsvertragliche Hauptpflicht zu genügen hat. Hierzu gehören namentlich die Pflichten zu **Beratung und Betreuung, Auskunft und Aufklärung, Warnung und Geheimhaltung**. Die Verpflichtung zu Hinweisen und zur Mitteilung von Bedenken oder zur Abgabe von Empfehlungen kann in gesteigerter Form aus § 665 folgen, wenn **veränderte Umstände** solche Hinweise, Mitteilungen und Empfehlungen erforderlich machen. Die allgemeine, die einzelnen Bankgeschäfte übergreifende Verpflichtung der Bank zu Auskunft und Rechenschaft (Herausgabe von Belegen und Kontoauszügen, Verschaffung von Nachweisen für das Finanzamt etc) gründet in §§ 675, 666. Bei Verletzung ihrer Pflichten wie unterlassenen Hinweisen oder falschen Auskünften kann sich die Bank schadensersatzpflichtig machen. **Formularmäßige Haftungsfreizeichnungen** („ohne unser Obligo") unterliegen der AGB-rechtlichen Kontrolle. Danach ist ein Haftungsausschluß für unrichtige Auskünfte jedenfalls bei vorsätzlichem oder grob fahrlässigem Verhalten von **verfassungsmäßig berufenen Vertretern oder leitenden Angestellten** der Bank (Repräsentanten, Erfüllungsgehilfen, Wissensvertretern) unwirksam. Gleiches gilt bei vorsätzlich unrichtigen Auskünften auch **nichtleitender Bankangestellter**, wenn die Bank aus den Auskünften wirtschaftliche Vorteile zieht oder diese in ihrem wirtschaftlichen Interesse liegen. Im einzelnen hängen der Umfang und die Ausprägung der allgemeinen bankvertraglichen Pflichten von dem jeweiligen Kunden und den konkreten Umständen ab. Ein professioneller Anleger mit hinreichenden Kenntnissen des Kapitalverkehrs ist anders zu behandeln als ein unkundiger Sparer; Spekulationsgeschäfte erfordern andere Beratungen als Rentenpapiere. Außerhalb der üblichen Pflichtenstellung der Bank liegt die Unterbreitung von Börsentips. Auch die Unterrichtung über die Vermögensverhältnisse von anderen Kunden oder über deren besondere Insolvenzrisiken, die für einen Bankkunden im Hinblick auf mögliche Geschäfte mit jenem anderen Kunden bedeutsam sein mögen, liegt grundsätzlich außerhalb des Pflichtenspektrums der Bank. Im Einzelfall kann allerdings auch das Pflichtenspektrum entsprechend erweitert sein. **Besondere Informationspflichten** bestehen gegenüber geschäftsunfähigen oder beschränkt geschäftsfähigen Bankkunden (BGHZ 52, 61 = WM 1969, 682; SCHEERER BB 1971, 981; BEULE, Die Stellung Geschäftsunfähiger und beschränkt Geschäftsfähiger im Rechtsverkehr mit Kreditinstituten [Diss Münster 1967]).

B 14 Die **Verschwiegenheitspflicht der Bank (Bankgeheimnis)** umfaßt „alle Tatsachen, die der Kunde geheimzuhalten wünscht" (BGHZ 27, 241, 246 = WM 1958, 776; FUCHS, Zur Lehre vom allgemeinen Bankvertrag [1982] 32 – 75; KIRCHHERR/STÜTZLE, Bankgeheimnis und Bankauskunft [2. Aufl 1983]; J WOLFF DB 1968, 695; ders AG 1968, 286; HADDING/HÄUSER, Rechtsfragen des bargeldlosen Zahlungsverkehrs [1984] 129 ff; MUSIELAK, Gutachten 1209, 1302). Dieses Bankgeheimnis als **privatrechtliche Verschwiegenheitspflicht** aus dem allgemeinen Bankvertrag zwischen Kunde und Bank (bzw der Geschäftsverbindung des Kunden mit der Bank) ist nicht gesetzlich geregelt, hat jedoch in den neuen AGB-Banken als „Grundregel Nr 2" Ausdruck gefunden. Es versteht sich in aller Regel als eine Hauptpflicht (nicht nur Nebenpflicht) des allgemeinen Bankvertrages mit seiner geschäftsbesorgungsvertraglichen Rechtsnatur, kann aber auch schon einer vorvertraglichen und auch noch einer nachvertraglichen Beziehung des Kunden zur Bank entspringen (*culpa in contrahendo* bzw *post contrahendum*, vgl BGH DB 1953, 1031 = BB 1953, 993; BGH WM 1973, 892). Im Zivilprozeß hat die Bank nach § 383 Abs 1 Nr 6 ZPO ein **Zeugnisverweigerungsrecht**, weil ihr „kraft ihres Gewerbes Tatsachen anvertraut sind, deren Geheimhaltung durch die Natur geboten ist". Die Bank muß sich zur Festlegung der **Reichweite des Bankgeheimnisses** am wirklichen oder mutmaßlichen Willen des Kunden sowie in Ermangelung anderer Anhaltspunkte an seinem objektiven oder seinem typischen Interesse ausrichten. Das betrifft insbesondere Auskünfte über den Kunden an Dritte.

B 15 Der Üblichkeit entspricht es, daß eine Bank in dem durch das relative Bankgeheimnis gezogenen Grenzen **Auskünfte über ihre Kunden an Dritte erteilt** (sog **bankübliche Kreditauskunft**, vgl schon RGZ 126, 50, 52; RGZ 139, 103, 105 f; SCHRAEPLER NJW 1972, 1836; WOLFF Die AG 1968, 286). Anfrager, die eine Auskunft begehren, können sowohl Kunden der befragten Bank als auch andere Banken oder Nichtkunden sein; die Auskunftserteilung der Bank kann deshalb sowohl aufgrund eines **Bankvertrages** als auch aufgrund eines **besonderen Auskunftsvertrages** erfolgen. Die Bank kann einerseits dem Anfrager, andererseits ihrem Kunden, über den sie befragt wird, für schuldhaft unrichtige oder unvollständige Auskünfte auf Schadensersatz haften. Die Bank muß ihren Konflikt zwischen der Pflicht zur Erteilung von Auskünften und

Hinweisen auf Risiken einerseits und der Wahrung des Bankgeheimnisses andererseits durch eine Güterabwägung im Einzelfall lösen (BGH NJW 1991, 693). Kreditauskünfte (Bonitätsbewertungen) darf die Bank grds nur **mit Einwilligung des betroffenen Kunden** erteilen, was sie aber nicht immer zu einer ausdrücklichen Rückfrage nötigt. Insbesondere Kaufleute wissen über **üblicherweise eingeholte und erteilte Bankauskünfte** Bescheid. Auf Verlangen muß der **Inhalt** einer erteilten Bankauskunft **dem Kunden** nach §§ 666, 675, 157, 242 offenbart werden (OLG Karlsruhe NJW 1971, 1042), doch kann der Kunde nicht zugleich die Offenlegung von Tatsachen und Verhältnissen des anfragenden Dritten fordern.

Die **Aufklärungs-, Warn- und Beratungspflichten, Nachforschungs-, Erkundigungs- und** B 16 **Organisationspflichten** gegenüber ihrem Kunden, die die Bank als Ausprägung ihrer allgemeinen Interessenwahrungspflicht treffen, verstehen sich letztlich als vertrauensbezogene Berufspflichten (Baumbach/Duden/Hopt [28. Aufl 1989] Bankgeschäfte, Anm I 6 A) und hängen in Inhalt und Umfang von dem jeweiligen Bankgeschäft ab. So muß die Bank den Kunden beim Einlagengeschäft auf einen Zinsverlust bei vorzeitiger Kündigung von Spareinlagen aufmerksam machen (BGHZ 28, 373). Sie hat den Kunden auf devisenrechtliche Bedenken gegen einen Überweisungsauftrag hinzuweisen (BGHZ 23, 227). Sie kann einer Warnpflicht gegenüber dem Überweisenden unterliegen, wenn sie Kenntnis von einem unmittelbar bevorstehenden Zusammenbruch des Begünstigten hat (BGH BB 1961, 503; BGH NJW 1978, 1852; zurückhaltend aber HELLNER ZHR 143 [1981], 106, 123). Sie hat den **unerfahrenen Kunden** mit besonderem Aufklärungs- und Schutzbedürfnis uU auf die Gefährlichkeit einer Kreditaufnahme, insbes auf eine zu hohe eigene Verschuldung hinzuweisen (BGH NJW 1988, 1584; BGH WM 1988, 898). Besonders weitgehende Aufklärungspflichten hat die Bank beim Teilzahlungskreditgeschäft angesichts der besonderen Schutzbedürftigkeit des Kreditnehmers und ihrer Eigeninteressen; hier muß sie die rechtliche Trennung von Kauf- und Darlehensvertrag erläutern (BGHZ 47, 207, 217; BGHZ 47, 222, 239; BGHZ 72, 97, 102; vgl auch H P WESTERMANN ZHR 153 [1989] 123; BRANDNER ZHR 153 [1989] 147; vROTTENBURG ZHR 153 [1989] 162).

II. Girovertrag und Scheckvertrag

1. Grundlagen

Unter der Bezeichnung **Girogeschäft** führen die Geschäftsbanken den **bargeldlosen** B 17 **Zahlungsverkehr** und den **Abrechnungsverkehr** durch (§ 1 Abs 1 Nr 9 KWG). Das Girogeschäft ermöglicht Geldbewegungen durch Umbuchung und Verrechnung auf Konten und ist heute das wichtigste Instrument des bargeldlosen Zahlungsverkehrs geworden, bei dem „mit Buchgeld" geleistet wird. Der bargeldlose Zahlungsverkehr funktioniert durch Übertragung von Giralgeld (Sichtguthaben auf Zahlungsverkehrskonten bei einem Kreditinstitut) und ist heute neben der Barzahlung als Übereignung gesetzlicher Zahlungsmittel zum unersetzlichen Mittel der Wertbewegungen geworden (vgl dazu BGHZ 87, 156, 163 = ZIP 1983, 691, 693). Etwa 95% der Bevölkerung verfügen über die dafür erforderlichen Kontenverbindungen, die zu rund vier Fünfteln von Privatleuten, zu rund einem Fünftel von Unternehmen unterhalten werden. Grundlage hierfür ist der Girovertrag (Zahlungsverkehrsvertrag), mit dessen Abschluß die Bank dem Kunden ein Girokonto (Zahlungsverkehrskonto) zur Verwahrung von Geldern und zur Abwicklung des Zahlungsverkehrs nach Weisungen des Kunden einrichtet. Der **Girovertrag** ist als **Dienstleistungsvertrag mit Geschäftsbesorgungscharakter** nach §§ 675, 611 ff anzusehen (RGZ 54, 329; BGHZ 11, 37 = BGH NJW 1954 190; BGHZ 73, 207, 211 = NJW 1979, 1164 = WM 1979, 417, 418; BGH NJW 1985, 2699; BGHZ 107, 104 = NJW 1989, 1601 f; BGH NJW 1991, 978; HÄUSER, Gutachten 1365 ff; HADDING/HÄUSER ZHR 145 [1981], 138, 145). Die Bank hat danach Bareinzahlungen und bargeldlose Zahlungseingänge des Kunden und Dritter zu bearbeiten und dem Konto gutzuschreiben. Barauszahlungen und Überweisungen hat sie weisungsgemäß vorzunehmen, wobei nach Erschöpfung des Guthabens auf dem Konto ein vereinbarter Kreditrahmen vom Kunden ausgenutzt werden kann. Scheckeinreichungen des Kunden zur Gutschrift gehören ebenfalls zum Girogeschäft, während Auszahlungen der Bank an Dritte bei Vorlage der vom Kunden ausgestellten Schecks einen zusätzlichen Scheckvertrag (Rn B 20) erfordern. Beim Abschluß eines Girovertrages (Kontoeröffnung) hat das Kreditinstitut eine Reihe banküblicher Obliegenheiten zu beachten, insbesondere hinsichtlich der Identitätsfeststellung und der Unterschriftsleistung des Kunden (BGHZ 73, 207 = NJW 1979, 1164 f = WM 1979, 417 f; HÄUSER, Gutachten 1317, 1362 f; LIESECKE WM 1975, 214, 219).

B 18 **Girokonten** werden als **Kontokorrentkonten** (§ 355 HGB) geführt. Dabei ist das **Eigenkonto** eines Kunden der Regelfall (BGHZ 61, 76), das **Gemeinschaftskonto** in Form eines **Oder-Kontos** (jeder Mitinhaber kann allein verfügen) oder eines **Und-Kontos** (beide Inhaber können nur gemeinsam verfügen) die Ausnahme (zu anderen Kontoarten, insbes Fremdkonto, Sonderkonto, Ander-, Treuhand- und Sperrkonto vgl BAUMBACH/DUDEN/HOPT [28. Aufl] Bankgeschäfte, Anm II 2 A; KOHLS, Bankrecht 25 ff). Das **Konto pro Diverse** (CpD) ist ein bankinternes Sammelkonto, steht außerhalb eines Kontovertrags und bleibt ohne unmittelbare Relevanz für den Kunden. Im Normalfall des Eigenkontos ist der Kunde Alleininhaber einer **jederzeit fälligen Forderung auf Auskehrung des Giroguthabens** bzw des Guthabenüberschusses nach §§ 700, 607 ff. Sein Anspruch auf Auszahlung des sogenannten Tagessaldos unterliegt der **Pfändung** (BGHZ 84, 325; BGHZ 84, 371). Die Forderung auf Auszahlung eines bar eingezahlten Betrages erwirbt der Kontoinhaber nicht erst mit der Buchung der Gutschrift, sondern sofort mit Eingang des Betrages (BGHZ 74, 129, 131). Die Bank hat gegenüber ihrem Girokunden die Pflicht zur **Erteilung von Auskünften** über den Stand des Kontos und zur Erteilung von Kontoauszügen, § 666. Die Übersendung von Tagesauszügen und periodischen Rechnungsabschlüssen schließt einen Auskunftsanspruch des Girokunden in den Grenzen der Zumutbarkeit nicht aus.

B 19 Bei einer **Zahlung durch Überweisung oder Lastschrift** bedient sich der Schuldner/Kunde seiner Bank, um zu Lasten seines Girokontos seinem Gläubiger den geschuldeten Geldbetrag zu leisten. Nach neuerer Ansicht liegt dabei eine die Forderung zum Erlöschen bringende Erfüllung nach § 362 Abs 1, nicht lediglich eine Leistung an Erfüllungs Statt oder gar erfüllungshalber (§ 364 Abs 2) vor, während bei einer „Forderungstilgung" mittels Schecks, Wechsels oder Akkreditivs von einer Leistung erfüllungshalber auszugehen ist (BGHZ 44, 178, 179 = NJW 1966, 46; GERNHUBER, Die Erfüllung und ihre Surrogate [1984] 166; vgl dazu mwNw STAUDINGER/KARSTEN SCHMIDT[12], Vorbem C 39 ff zu § 244). Lediglich bei einem Euroscheck, der sich im Rahmen der Garantiesumme hält, mit Scheckkarte ordnungsgemäß begeben und verwendet wird, kann man von einer Zahlung an Erfüllungs Statt sprechen (LG Düsseldorf NJW-RR 1991, 311).

2. Der Scheckverkehr

Zu allermeist ist jedenfalls im Privatkundengeschäft mit dem Girovertrag auch ein **B 20**
Scheckvertrag verbunden. Hierin verpflichtet sich die Bank zum einen zur Einlösung
ordnungsgemäß ausgestellter Schecks des Kunden gegenüber Dritten im Rahmen
des Kundenguthabens bzw -kredits, zum anderen zur Einziehung der von Dritten
ausgestellten und vom Kunden zur Gutschrift eingereichten Schecks. Der letztge-
nannte Fall (sog **Scheckinkasso**) kann auch schon Gegenstand eines Girovertrags
ohne Scheckabrede sein.

Der mit dem Girovertrag regelmäßig, aber nicht notwendig gekoppelte Scheckver- **B 21**
trag verpflichtet die Bank nur zur Einlösung von auf sie gezogenen Kundenschecks,
soweit sie durch Guthaben oder Kredit gedeckt sind. Insoweit hat die Scheckabrede
die **Rechtsnatur eines Werkvertrags (nicht Dienstvertrags) mit Geschäftsbesorgungscharakter** nach §§ 675, 631 (HADDING/HÄUSER, Rechtsfragen des bargeldlosen Zahlungsverkehrs
97 mwNw). Danach hat die Bank die **Pflicht zur sorgfältigen Prüfung**, ob der Scheck
nach seinem äußeren Gesamtbild den **Eindruck der Echtheit** erweckt (BGH NJW 1969,
694; OLG Hamm NJW-RR 1986, 40). Dies gilt insbesondere bei Vorlage eines außergewöhnlich hohen Barschecks durch einen Unbekannten und bei Abweichungen von
den bisherigen Gepflogenheiten (BGH NJW 1986, 988; OLG Köln NJW-RR 1987, 164).
Eine nicht kontoführende Stelle der Bank verletzt in der Regel ihre Prüfungspflicht,
wenn sie einen Scheck an den Einreicher bar auszahlt, der sich nicht als Kontoinhaber oder sonst Verfügungsberechtigter ausweisen kann (BGHZ 91, 229). Besondere
Umstände (**Verdachtsmomente**) können weitere Prüfungen oder gar Rückfragen beim
Aussteller erforderlich machen. Zu den Einzelheiten hat sich eine weitverzweigte
richterrechtliche Kasuistik entwickelt. Sie bildet das Zentrum des sogenannten
„internen" Scheckrechts als Teil des umfassenden Girovertragsrechts, der dem **wert-
papierrechtlichen Scheckrecht** des ScheckG gegenübersteht (HADDING/HÄUSER, Rechtsfragen des bargeldlosen Zahlungsverkehrs 97).

Beim **Scheckinkasso** nimmt die Bank zunächst eine **vorläufige Gutschrift** auf dem **B 22**
Girokonto des Kunden vor, die sie im Falle der Nichteinlösung des Schecks durch die
bezogene Bank wieder (ex nunc) rückbelastet (nicht etwa ex tunc „storniert"), bei
Einlösung beläßt. Die Gutschrift des Scheckbetrages ist also zunächst **Vorschuß (Eingang vorbehalten)** und durch eine Rückbelastung wieder vernichtbar, wenn der
Scheck nicht eingelöst wird. Lediglich bei **Euroschecks** wird der Scheckbetrag im
Rahmen der Garantiesumme nicht „mit E.v.-Vermerk", sondern gleich endgültig
gutgeschrieben. Dem Scheckinkasso liegt ein **Dienstvertrag zugrunde, der als
Geschäftsbesorgung den Einzug des vom Kunden hereingereichten Schecks bei der bezogenen Bank zum Gegenstand hat**, §§ 675, 611 (BGHZ 22, 304, 305 = WM 1957, 96; BGHZ 26,
1, 3; BGH WM 1977, 1119). Das Inkassogeschäft kann aufgrund eines schon vorhandenen Bankvertrags, aufgrund eines gerade erst eröffneten Girokontos mit Scheckabrede oder aufgrund eines *ad hoc* erteilten Einziehungsauftrags ohne reguläre
Kontoeröffnung mit CpD-Gutschrift („Conto pro Diverse") vonstatten gehen (OLG
Frankfurt/M WM 1978, 1027; HADDING/HÄUSER, Rechtsfragen des bargeldlosen Zahlungsverkehrs
118). Die Inkassobank ist verpflichtet, den Scheck **auf dem schnellsten und sichersten
Weg** der bezogenen Bank vorzulegen (BGH ZIP 1981, 149 = WM 1981, 119) und im
eigenen Namen (nicht im Namen des Einreichers), ermächtigt nach § 185, aber für
Rechnung des Einreichers einzuziehen (BGH WM 1977, 1119). Der Einreicher hat

einen Anspruch aus positiver Forderungsverletzung gegen die Inkassobank bei schuldhaft verzögerter Weiterleitung des Schecks an die bezogene Bank (BGHZ 96, 9, 17).

3. Der Überweisungsverkehr

a) Grundlagen

B 23 Die **bankgeschäftliche Überweisung** ist eines der wichtigsten Instrumente des bargeld-losen Zahlungsverkehrs. Hierbei erteilt der Kunde der Bank einen Überweisungs-auftrag, indem er auf einem Vordruck (Überweisungsauftrag, Überweisungsträger) die Bank zur Überweisung eines Geldbetrags auf ein bestimmtes Konto des nament-lich benannten Überweisungsempfängers bei derselben oder (meist) einer anderen Bank beauftragt. Damit veranlaßt der Zahlende die Übertragung von Giralgeld von seinem zu belastenden Konto auf das Konto des Zahlungsempfängers; dies kann im Wege einer **Einmalüberweisung**, eines **Dauerauftrags** oder einer **Sammlüberweisung** geschehen. Der ausgefüllte Überweisungsauftrag muß vom Kunden unterschrieben werden. Früher enthielt der Vordruck bezüglich des Empfängerkontos häufig eine **Fakultativklausel** („oder ein anderes Konto des Empfängers"), die der überweisende Kunde aber auch streichen konnte (HÄUSER ZIP 1982, 14). Solche Fakultativklauseln konnten von Kreditinstituten zu Valuta-Verschiebungen mißbraucht werden. Seit 1986 wird die Fakultativklausel aber **kaum mehr von den Kreditinstituten vorgesehen**; der BGH hat ihre Verwendung für unwirksam nach § 9 AGBG erklärt (BGHZ 98, 24 = BB 1986, 1462 = ZIP 1986, 104). Bei **Inkongruenzen** zwischen **Name und Kontonummer** des Empfängers zählt im beleggebundenen Zahlungsverkehr der Name bzw die Firma, weil letztere eine wesentlich sicherere Identifizierung ermöglichen; nur in engen Grenzen kann die Bank bei solchen Inkongruenzen eine Eigeninitiative zur Konto-wahl entfalten (vgl dazu BGHZ 108, 386, 390 = NJW 1990, 250; BGH NJW 1991, 3208; BGH NJW 1991, 2559; BGH NJW 1987, 1825; BGH ZIP 1983, 918 = WM 1983, 834; OLG Frankfurt/M ZIP 1983, 671 = WM 1983, 743; HELLNER ZHR 145 [1981], 109, 132). Der Überweisungsver-kehr der Banken ist heute durch den Einsatz von Computern weithin automatisiert (**Magnetband-Clearing**) und beleglos ausgestaltet (HÄUSER, Gutachten 1355, 1374; KINDER-MANN WM 1982, 318; in diesem Fall handelt das endbegünstigte Kreditinstitut nicht weisungswidrig, wenn es sich an die Richtlinien für den beleglosen Datenträgeraus-tausch hält und lediglich einen Abgleich von Bankleitzahl und Kontonummer, nicht aber von Empfängerbezeichnung und Kontoinhaber vornimmt.)

B 24 Der Überweisungsauftrag stellt sich freilich **nicht als Auftrag nach § 662, sondern als Weisung nach §§ 675, 665** im Vollzug des geschäftsbesorgungsvertraglichen Girover-hältnisses dar (BGHZ 10, 319, 322; BGHZ 66, 372, 375; HADDING/HÄUSER ZHR 145 [1981], 138, 140; MÖSCHEL JuS 1972, 298). Die Weisung ist ein einseitiges Rechtsgeschäft und hat **nichts mit einer Anweisung nach § 783** zu tun, bedarf insbesondere nicht der Annahme durch die Bank, wohl aber als empfangsbedürftige Willenserklärung des Zugangs (aA aber KUPISCH WM-Beil 3/1979, 14 f, der sich für eine anweisungsrechtliche Ermächtigung aus-spricht, und CANARIS WM 1980, 354, 357, der eine „Doppelnatur" annimmt; dagegen zu Recht HADDING/HÄUSER ZHR 145 [1981], 138, 141 mit dem Hinweis, daß eine rechtsgeschäftliche Erklä-rung nicht zugleich kausale Weisung nach §§ 675, 665 und abstrakte anweisungsrechtliche Ermäch-tigung nach § 783 sein kann). Die Weisung begründet in **Konkretisierung des Geschäftsbe-sorgungsverhältnisses** eine Verpflichtung der Bank zur **unverzüglichen Durchführung** des Überweisungsauftrages. Dabei muß sie nach dem **Prinzip der formalen Auftrags-**

strenge die dem Überweisungsauftrag zugrunde liegenden schuldrechtlichen Beziehungen des Kunden zum Überweisungsempfänger unberücksichtigt lassen. Die Mitteilungen des Kunden an den Empfänger in der **Spalte „Verwendungszweck"** müssen zwar von der Bank als **Botin** weitergeleitet werden, sind aber ansonsten für sie unbeachtlich; sie dienen als schlichte Mitteilung zur Konkretisierung und Buchung des Zahlungseingangs beim Empfänger, der von seiner Bank mit der Gutschrift des überwiesenen Betrags eine Durchschrift des Überweisungsauftrags erhält (BGH WM 1976, 904; SCHÜTZ WM 1963, 634); HADDING/HÄUSER ZHR 145 [1981], 138, 143). Der Kunde behält für seine Unterlagen eine „Durchschrift für den Auftraggeber". Bei Unklarheiten, die sich auch bei einer Prävalenz des Empfängernamens gegenüber dem divergierenden Konto nicht allein ausräumen lassen, muß die Bank von einer Durchführung des Auftrags Abstand nehmen und unverzüglich bei ihrem Kunden **Rückfragen** einholen. Führt die Bank einen Überweisungsauftrag **mangels Deckung** nicht aus, muß sie dies dem Kontoinhaber unverzüglich mitteilen, andernfalls macht sie sich uU schadensersatzpflichtig, wobei freilich ein überwiegendes Mitverschulden des Kontoinhabers wegen unterlassener Deckung zu berücksichtigen sein kann (OLG Hamm WM 1984, 1222).

Mit der Ausführung des Überweisungsauftrages leistet der Kunde an den Überwei- **B 25** sungsempfänger (**Valutaverhältnis**) mittels der Bank als **Leistungsgehilfin**. Die Bank steht zu ihrem Kunden im **Deckungsverhältnis** und zum Überweisungsempfänger im **Zuwendungs- (früher: Leistungs-)verhältnis**. Dies stellt **im erfüllungs- wie im bereicherungsrechtlichen Sinne eine Anweisungsleistung** des Kunden an den Empfänger dar. Zugleich mit der Anweisungsleistung des Kunden an den Empfänger leistet (simultan) die Bank an ihren Kunden (Deckungsverhältnis). In der Belastung des Kontos des Auftraggebers vor der Gutschrift beim Überweisungsempfänger liegt die Geltendmachung eines Vorschusses nach §§ 675, 669 (BGHZ 4, 224, 248; 26, 1, 5). Die endgültige Belastung des Absenderkontos stellt sich als aufrechnungsweise Erfüllung eines **Aufwendungsersatzanspruches** der Bank nach §§ 675, 670 dar. Der Überweisungsempfänger tritt zu der Absenderbank (Zuwendungsverhältnis) nicht in rechtliche Beziehungen ein. Insbesondere erhält er durch den Überweisungsauftrag und die Abbuchung des Betrages vom Absenderkonto keinen eigenen Anspruch gegen die Absenderbank. Der Überweisungsauftrag begründet **keine Drittbegünstigung** nach §§ 328 ff. Wohl aber hat der Überweisungsempfänger gegen seine Empfängerbank aus seinem eigenen Girovertrag einen Anspruch auf Gutschrift, denn diese Bank ist nach §§ 675, 667 zur Herausgabe des Erlangten verpflichtet und muß daher für den Kunden eingehende Gelder seinem Konto gutschreiben.

b) Zwei- oder mehrgliedrige Überweisungsvorgänge

Da der Überweisungsempfänger nur in seltenen Fällen sein Konto bei derselben **B 26** Bank (**Hausüberweisung**) oder einer anderen Filiale derselben Bank (**Filialüberweisung**) unterhält wie der Absender, stellt sich der Überweisungsvorgang meist als zwei- oder mehrgliedrig (**überbetriebliche Überweisung**) dar: die Empfängerbank erhält den Überweisungsbetrag entweder von der Absenderbank oder über eine oder mehrere **Zwischenbank(en)**, so daß eine **Überweisungskette** entsteht. Zu diesem Zweck verfügen die Banken über ein **vertraglich abgesichertes Gironetz**. Der Überweisungsauftraggeber unterhält weder zur Empfängerbank des Überweisungsempfängers noch zu Zwischenbanken vertragliche Beziehungen, vielmehr entstehen nur zwischen den jeweils unmittelbar beteiligten Gliedern der Kette Vertragsbeziehungen (BGHZ 69, 82, 84; BGH WM 1961, 78). In der Literatur ist vorgeschlagen worden, **Empfängerbank und Zwischenbanken als Erfüllungsgehilfen der Absenderbank** bei Durchführung des Auftrages zu verstehen, so daß die Absenderbank ihrem Kunden für deren Verschulden haften und im Innenverhältnis der Banken Regreß nehmen müßte (so KÖNDGEN, Neue Entwicklungen im Bankhaftungsrecht [1987] 148 ff; dagegen aber SCHRÖTER ZHR 151 [1987], 120). Anderer Ansicht nach soll das Institut der **Drittscha-densliquidation** für die Problemlösung bemüht werden (HADDING, in: FS Werner [1984] 165). Ferner ist die mit dem geltenden Recht kaum vereinbare **Idee eines „Netzvertra-ges" im Verbundsystem** der Banken vorgetragen worden, wonach Sonderrechtsver-hältnisse zwischen den Netzbeteiligten und „netz"vertragliche Direktansprüche eines Geschädigten gegen andere Netzpartner entstehen könnten (vgl MÖSCHEL AcP 186 [1986], 187; dazu kritisch HÜFFER ZHR 151 [1987], 93, 106 ff und SCHRÖTER ZHR 151 [1987], 118 ff, 126 ff). Nach Ansicht des BGH sollen die Giroverträge der im Netz verbunde-nen Banken zugunsten des Überweisungsauftraggebers **Schutzwirkung** entfalten (BGHZ 69, 82). Diese Lösung der Favorisierung des **Vertrags mit Schutzwirkung zugun-ster Dritter** dürfte in der noch andauernden Diskussion zu den Haftungsverhältnissen im mehrgliedrigen Überweisungsverkehr wohl die größte Durchsetzungschance haben. In der Tat vermag sie dogmatisch-konstruktiv gegenüber den anderen Lösungsvorschlägen am ehesten zu überzeugen.

c) **Widerruflichkeit des Überweisungsauftrags**

B 27 Der Überweisungsauftrag kann widerrufen werden. Der **Widerruf** ist eine **Gegenwei-sung** nach § 665. Die Vereinbarung der Unwiderruflichkeit des Überweisungsauf-trags in AGB ist unwirksam (BGH WM 1984, 986), ebenso die auf den Überweisungs-formularen vorgedruckte Befugnis der Bank, den Betrag auf einem anderen Konto des Empfängers gutzuschreiben (BGHZ 98, 24). **Unwiderruflichkeit** tritt erst mit der Gutschrift ein, die dem Empfänger – unabhängig von seiner Kenntnis vom Zahlungs-eingang – ein Recht auf den überwiesenen Betrag gibt. Der Widerruf kann vom Kunden nicht etwa gegenüber der Empfängerbank, sondern **nur gegenüber seiner Absenderbank** erklärt werden, die ihn sodann weiterleitet. Im Rahmen des **Magnet-band-Clearing** beim beleglosen Datenträgeraustausch ist die erstbeauftragte Bank vereinbarungsgemäß zur Durchleitung des Widerufs an die Empfängerbank berech-tigt. Die Durchleitung setzt sich auch sonst gegenüber der Weiterleitung des Wider-rufs über die Überweisungskette durch.

B 28 Stimmen auf dem Überweisungsauftrag die Empfängerbezeichnung und der Inhaber des nummernmäßig angegebenen Kontos nicht überein, so ist im **beleggebundenen** (beleghaften, belegbegleitenden) Verkehr die Empfängerbezeichnung maßgebend, während im **beleglosen** Datenträgeraustausch zwischen den beteiligten Banken die **Richtlinien für den Interbankverkehr** gelten (BGHZ 108, 386; so Rn B 23). Wer Kontofüh-rer ist, ist jeweils zwischen den beteiligten Banken festgelegt (**Loro-Konto** bzw **Nostro-Konto**), wenn die Abwicklungswege über unmittelbare Kontoverbindungen zwischen den Kreditinstituten laufen; sie können freilich auch über Einschaltung eines dritten Kreditinstituts laufen, mit dem als Kopfstelle eines Gironetzes sowohl Gläubiger- als auch Schuldnerbank in Kontoverbindung stehen (Landeszentralban-ken der Deutschen Bundesbank; Girozentrale der Sparkassen; Zentralkasse der Genossenschaftsbanken). Die Privatbanken, Sparkassen und Genossenschaftsban-ken können sich unentgeltlich des Gironetzes der Deutschen Bundesbank und ihrer Landeszentralbanken bedienen. Im belegbegleitenden automatisierten Überweisungsverkehr ist die Eingabe der Belegdaten in den Computer für die Entstehung der Gutschrift und damit den Rechtserwerb des Empfängers nicht ausreichend. Entscheidend ist hierfür vielmehr der Zeitpunkt, in dem in einem Organisationsakt der Wille der Empfängerbank manifest wird, die Gutschriftdaten dem Empfänger vorbehaltlos bekanntzugeben (sogenannte **Abrufpräsenz**. Zum beleglosen Datenträgeraustausch vgl HEFERMEHL, in: FS Möhring II 381, 390 ff).

d)   Gutschrift und irrtümliche Gutschrift

Der **Anspruch des Kunden** gegen die Bank **auf** Gutschrift steht unter der auflösenden **B 29** Bedingung, daß der Auftraggeber den Überweisungsauftrag widerruft (BGH WM 1986, 1409; KINDERMANN WM 1982, 318). Bei einem Gemeinschaftskonto mit alleiniger Verfügungsberechtigung jedes Beteiligten (Oder-Konto) steht dieser Anspruch auf Gutschrift beiden unabhängig voneinander zu (BGHZ 95, 185). Der Anspruch **aus** der Gutschrift (auf Auszahlung) entsteht **erst nach erfolgter Gutschrift** auf dem Girokonto (BGH BB 1960, 343). Der Anspruch aus einem **Oder-Konto** kann aufgrund eines Titels gegen nur **einen** der beteiligten Kontoinhaber gepfändet werden (BGHZ 93, 315, 321 = NJW 1985, 1218 f). Fällt einer der Inhaber des Oder-Kontos in Konkurs, bleibt der Giro- und Kontokorrentvertrag mit dem anderen Kontoinhaber fortbestehen (BGHZ 95, 185).

Die Gutschrift ist ein **abstraktes Schuldanerkenntnis** der Bank gegenüber dem Zah- **B 30** lungsempfänger nach § 780 (BGHZ 70, 177, 181; BGH NJW 1971, 38) Die Einzelheiten hierzu sind allerdings streitig (vgl CANARIS, Bankvertragsrecht Rn 417 ff; KOLLER BB 1972, 687 sieht die Gutschrift als eine den Girovertrag ausfüllende Gestaltungserklärung an). Eine **irrtümliche Gutschrift** auf einem Girokonto kann von der Bank nur bis zu einem **Saldoanerkenntnis** (bis zum nächsten Rechnungsabschluß) storniert werden (OLG Düsseldorf NJW 1985, 2723; vgl zum **Stornorecht** der Banken bei irrtümlicher Gutschrift BGHZ 87, 1330; BLAUROCK NJW 1984, 1; TERPITZ NJW 1984, 1330). Danach kommen nur noch **Bereicherungsansprüche** in Betracht (BGHZ 72, 9). Unterläßt der Kunde **Einwendungen gegen die Tageskontoauszüge**, bedeutet dies keine Genehmigung der von der Bank ausgeführten Geschäftsbesorgungen, doch kann eine fahrlässig mangelhafte Kontrolle eine positive Vertragsverletzung bzw einen Mitverschuldenseinwand begründen (BGHZ 73, 207). Das Fälschungsrisiko bei Überweisungsaufträgen trägt grds die Bank, doch kann ihr ein Schadensanspruch gegen den Kunden zustehen, wenn dieser eine Fälschung schuldhaft ermöglicht hat (BGH WM 85, 511). (Zum Bereicherungsausgleich bei Mängeln im Deckungsverhältnis zwischen Auftraggeber und seiner Bank oder im Valutaverhältnis zwischen Auftraggeber und Empfänger vgl REUTER/MARTINEK, Ungerechtfertigte Bereicherung [1983] § 11 IV; dort auch zur Anwendung des Bereicherungsrechts bei irrtümlicher Überweisung und bei Rechtsmängeln des Überweisungsauftrags; vgl ferner CANARIS WM 1980, 354; FLUME NJW 1984, 464; WILHELM AcP 175 [1975], 304; KUPISCH ZIP 1983, 1412).

e)   Unausführbarkeit

Erweist sich ein Überweisungsauftrag durch Gutschrift auf dem Empfängerkonto als **B 31** **unausführbar**, so hat der Auftraggeber gegen die Bank einen **Anspruch auf Wiedergutschrift** des von seinem Konto abgebuchten Betrags bzw Herausgabe des bar eingezahlten Geldbetrages, § 667. Dasselbe gilt, wenn die Bank den Betrag **schuldhaft falsch bucht** und einem falschen Konto gutschreibt (OLG Hamm BB 1978, 1686). Im **mehrgliedrigen Überweisungsverkehr** steht dieser Berichtigungsanspruch ebenso wie ein Widerruf des Überweisungsauftrags gegenüber der Empfängerbank nicht dem ursprünglichen Überweisungsauftraggeber, sondern nur der Zwischenbank als Auftraggeberin der endbeauftragten Bank zu (BGH WM 1961, 78), weil der Überweisende nur zu seiner eigenen Bank, nicht zu den Zwischenbanken und der Empfängerbank vertragliche Beziehungen unterhält; die **Zwischenbanken untereinander** stehen ihrerseits in einem **Auftragsverhältnis** geschäftsbesorgungsdienstvertraglichen Charakters (BGHZ 103, 143 = ZIP 1988, 294; BGH WM 1979, 1272). Allerdings kann ein Schadensersatzanspruch zugunsten des Auftraggebers oder des Empfängers gegen eine ihm nicht vertraglich verbundene Bank der Überweisungskette bei fehlerhafter oder verzögerter Ausführung einer Überweisung oder bei unterlassener oder verzögerter Weiterleitung eines Widerrufs unter dem Gesichtspunkt der Verletzung einer drittbegünstigenden Schutzpflicht in Betracht kommen (HÜFFER ZHR 151 [1987], 94 ff; PICKER JZ 1987, 1041, 1057).

4. Lastschriftverkehr

a) Grundlagen

B 32 Auch das **Lastschriftverfahren** ist aus dem modernen bargeldlosen Zahlungsverkehr nicht mehr wegzudenken. Es dient vor allem der **Vereinfachung regelmäßig wiederkehrender Zahlungen** an denselben Empfänger. Während im Überweisungsverkehr beim Dauerauftrag (so Rn B 23) auch aus technischen Gründen die wiederkehrenden Zahlungen stets nur in derselben Höhe geleistet werden können und die Zahlungsinitiative beim Schuldner liegt, können beim Lastschriftverfahren auch Beträge in wechselnder Höhe vom Schuldnerkonto abgebucht werden; hier erfolgt die jeweilige **Zahlung auf Initiative des Gläubigers.** Das Lastschriftverfahren begegnet in den beiden Ausgestaltungsformen des **Einzugsermächtigungsverfahrens (EE-Verfahren)** und des **Abbuchungsauftragsverfahrens (AA-Verfahren).** Grundlage ist das Abkommen über den Lastschriftverkehr in der Neufassung, die seit dem 1. 7. 1982 in Kraft ist (**Lastschriftabkommen,** vgl dazu HADDING/HÄUSER WM-Sonderbeil 1/1983). In beiden Fällen ist der Ablauf ähnlich einer Überweisung organisiert, doch wird die Weisung für die bargeldlose Zahlung nicht vom Schuldner, sondern vom Gläubiger erteilt. Deshalb spricht man auch von einer **rückläufigen Überweisung** (BGHZ 69, 82; HADDING/HÄUSER ZHR 145 [1981], 156; ZSCHOCHE, Zur dogmatischen Einordnung des Lastschriftverkehrs [1981]).

B 33 Sowohl beim EE- wie beim AA-Verfahren wird die sogenannte **Lastschrift vom Gläubiger bei seiner Bank** eingereicht, die seinem Konto eine Gutschrift unter dem Vorbehalt des Zahlungseingangs erteilt (mit sog Ev-Vermerk: „Eingang vorbehalten"); hierbei handelt es sich um ein **aufschiebend bedingtes abstraktes Schuldversprechen** (BGHZ 6, 121 = NJW 1952, 929; BGHZ 70, 171, 181; BGHZ 72, 9, 11; BGH WM 1982, 291, 293; HADDING/HÄUSER ZHR 145 [1981], 138, 159; BLAUROCK NJW 1984, 1, 2; **aA** aber GERNHUBER, Die Erfüllung und ihre Surrogate [1984] 200: einseitiges Rechtsgeschäft der Bank). Die Lastschrift wird an die Schuldnerbank weitergeleitet, die das Schuldnerkonto belastet und die Lastschrift „einlöst". Die **Initiativlast des Gläubigers** beim Lastschriftverfahren führt dazu, daß die Schuld **nicht mehr Schick-, sondern Holschuld** ist; der Gläubiger muß sich im Wege des Lastschrifteinzugs vom Konto des Schuldners „bedienen" (BGHZ 69, 366; BGH BB 1985, 1022; SCHWARZ ZIP 1989, 1442; HADDING WM 1978, 1379). Wie die Banküberweisung bewirkt der Lastschrifteinzug eine Erfüllung der Forderung des Gläubigers gegen den Schuldner nach § 362 Abs 2. Während beim AA-Verfahren die Einlösung der Lastschrift und die Erfüllung der Schuld schon unbedingt mit der Belastungsbuchung erfolgen (su Rn 41 f), vollziehen sie sich beim

EE-Verfahren erst mit der Gutschrift auf dem Empfängerkonto, und zwar nur **unter der aufschiebenden Bedingung einer Rückbelastung**. Der Ev-Vermerk bleibt deshalb im EE-Verfahren über die Einlösung hinaus bis zum Ablauf der sechswöchigen Widerspruchsfrist des Schuldners bestehen (su Rn 38 f).

Vertragsbeziehungen bestehen einerseits zwischen dem Gläubiger und seiner Bank **B 34** (**Inkassostelle**) sowie zwischen dem Schuldner und seiner Bank (**Zahlstelle**) im Rahmen von **Geschäftsbesorgungsverträgen mit Dienstvertragscharakter**. Dagegen herrschen keine Vertragsbeziehungen zwischen dem Gläubiger einerseits und der Schuldnerbank sowie den Zwischenbanken andererseits, auch bestehen keine Vertragsbeziehungen zwischen dem Schuldner einerseits und der Gläubigerbank sowie den Zwischenbanken andererseits. Die vertraglichen Beziehungen der Banken untereinander entfalten jedoch zugunsten des Gläubigers und des Schuldners **Schutzpflichten**. Einzelheiten der Rechtsbeziehungen der beteiligten Banken sind in dem Abkommen über den Lastschriftverkehr (Lastschriftabkommen) geregelt.

b) Einzugsermächtigungsverfahren

Bei der als **EE-Verfahren** bezeichneten Ausgestaltungsform läßt sich der Gläubiger **B 35** und Zahlungsempfänger von seinem Schuldner eine Einzugsermächtigung (auch: Einziehungsermächtigung) erteilen und legt diese seiner Bank als Inkassostelle vor. Voraussetzung dafür ist, daß der Empfänger durch eine besondere **Lastschriftinkassoabrede** zu dieser Form des Lastschriftverfahrens **zugelassen** ist. Ohne eine Einzugsermächtigung hat der Gläubiger aus dem Girovertrag zunächst noch kein Recht gegen seine Bank auf Einziehung seiner Forderungen im Lastschriftverfahren. Die vom Schuldner unterschriebene Einzugsermächtigung enthält die näheren Angaben zu dessen Konto und zu seiner als Zahlstelle eingesetzten Bank sowie zu den abbuchbaren Beträgen. Es handelt sich um eine **Ermächtigung nach § 185** zur Einziehung der zu leistenden Zahlung mittels einer Lastschrift bei der Schuldnerbank als Zahlstelle.

Die **Empfängerbank** schreibt die angegebenen Beträge dem Empfänger jeweils bei **B 36** Fälligkeit unter dem Vorbehalt des Zahlungseingangs gut und präsentiert die Einzugsermächtigung der Bank (Zahlstelle) des Schuldners, die ihrerseits dessen Konto belastet. Die Gläubigerbank übersendet dabei aber weder das Original noch eine Kopie der Einzugsermächtigung an die Schuldnerbank/Zahlstelle, sondern richtet an diese ein **Lastschriftersuchen**, das den Vermerk tragen muß „Einzugsermächtigung des Zahlungspflichtigen liegt dem Zahlungsempfänger vor." Diese Verfahrensweise entlastet alle Beteiligten von organisatorisch-administrativen Formalitäten und Nachprüfungen. Die vom Schuldner erteilte Einzugsermächtigung **verbleibt beim Gläubiger**. Eine **Überprüfungspflicht** der Gläubigerbank hinsichtlich des Vorliegens der vom Gläubiger versicherten Einzugsermächtigung besteht nicht (BGHZ 69, 186). Es wäre auch der Gläubigerbank ebenso wie der Schuldnerbank unzumutbar, in jedem Einzelfall das Vorliegen einer (noch) wirksamen Einzugsermächtigung oder gar die Berechtigung der einzuziehenden Forderung zu überprüfen (BGHZ 72, 343, 347; 74, 309, 311). Fehlt der Vermerk „Einzugsermächtigung des Zahlungspflichtigen liegt dem Zahlungsempfänger vor", dann wird die Lastschrift als **Abbuchungsauftrags-Lastschrift** behandelt; es gelten die Grundätze des AA-Verfahrens (Rn B 40 ff).

B 37 Hat die **Schuldnerbank** das Konto ihres Kunden belastet, obwohl keine wirksame Einzugsermächtigung vorlag, kann der Kontoinhaber **der Belastung widersprechen** und von seiner Bank (nicht etwa von der Empfängerbank des Scheingläubigers) die **Rückbuchung** der Belastung verlangen (BGHZ 69, 186); er kann aber auch die Belastung ausdrücklich genehmigen. Hat er eine Einzugsermächtigung erteilt, kann er sich bei **unberechtigten Forderungen** des Scheingläubigers mit dem Widerspruch gegen die Belastung wehren. Er kann auch widersprechen, wenn er **aufrechnen** oder ein **Zurückbehaltungsrecht** geltend machen will (BGHZ 74, 300; BGH NJW 1985, 847). Für die Schuldnerbank (Zahlstelle) ist der Widerspruch unabhängig davon zu beachten, ob der Schuldner gegenüber dem Gläubiger dazu berechtigt ist (BGHZ 74, 309; DENK ZHR 144 [1980], 176). Die Schuldnerbank trifft gegenüber dem Gläubiger keine Pflicht zur Nichtberücksichtigung eines Widerspruchs des Schuldners (BGHZ 72, 343). Die Bank des Schuldners muß einen Widerspruch gegen die Lastschrift grundsätzlich selbst dann beachten und den Betrag rückbuchen, wenn der Schuldner im Verhältnis zum Zahlungsempfänger/Gläubiger mit seinem Widerspruch **rechtsmißbräuchlich** handelt (BGHZ 95, 103). Nur bei **offenkundigem und beweisbarem Rechtsmißbrauch** ist der Widerspruch des Schuldners unwirksam und unbeachtlich, so daß die Schuldnerbank zur Mißachtung des Widerspruchs nicht nur gegenüber dem Schuldner berechtigt, sondern auch gegenüber dem Gläubiger verpflichtet ist. Der Schuldner kann sich gegenüber der Gläubigerbank durch einen mißbräuchlichen Widerspruch schadensersatzpflichtig machen (BGHZ 74, 300; BGH NJW 1979, 2146). Legt der Schuldner etwa Widerspruch gegen Zahlungen auf begründete und von der Einzugsermächtigung gedeckte Gläubigeransprüche ein, obwohl er bei einer Überweisung oder Barzahlung die Beträge nicht mehr zurückerhalten könnte, handelt er gegenüber der Gläubigerbank sittenwidrig, weil er ihr das **Ausfallrisiko** zuschanzt; ein Schaden entsteht der Gläubigerbank freilich erst, wenn sie den Betrag ihrerseits nicht vom Gläubiger zurückerhält (BGHZ 74, 300; BGH NJW 1979, 2147). Widerspricht der Schuldner auf Veranlassung der an einem Widerspruch interessierten Bank vor der Antragstellung auf Eröffnung des Konkursverfahrens über sein Vermögen der Belastung seines Kontos trotz einer erteilten und berechtigten Einzugsermächtigung allein deshalb, um den Lastschriftbetrag vor der Konkurseröffnung einem anderen Gläubiger zuzuwenden, kann er ebenso wie die Bank nach §§ 826, 830 zum Schadensersatz verpflichtet sein (BGHZ 101, 153).

B 38 Die Lastschrift ist wegen der **Widerspruchsfrist** für den Schuldner **nicht schon mit der Belastung seines Kontos und der Übersendung des Kontoauszugs eingelöst** (anders als bei einem Abbuchungsauftrag). Auch mit der Gutschrift des Betrages auf dem Konto des Gläubigers bei seiner Bank ist die Lastschrift nur **aufschiebend bedingt** bis zum Ablauf der Widerspruchsfrist eingelöst. Etwas anderes gilt nur, wenn die Schuldnerbank vor Ablauf der Widerspruchsfrist zu erkennen gibt, daß sie das Risiko einer unwirksamen Belastung des Schuldnerkontos selbst übernimmt (BGHZ 79, 381). Freilich kann der Schuldner die Belastung auch innerhalb der Widerspruchsfrist **ausdrücklich genehmigen**.

B 39 Nach dem Lastschriftabkommen hat die Schuldnerbank **sechs Wochen** lang einen Wiedervergütungs- und Rückbuchungsanspruch gegen die Inkassostelle; nach diesen sechs Wochen ist die Rückgabe und Rückrechnung zwischen den Kreditinstituten ausgeschlossen. Die Frist für die Einlegung des Widerspruchs durch den Schuldner ist streitig (dazu BUNDSCHUH, in: FS Stimpel [1985] 1039). Der Widerspruch des Schuldners ist nicht seinerseits widerrufbar (BGH NJW 1989, 1672). Zur sogenannten Lastschrift-reiterei vgl BGHZ 74, 309.

c) Abbuchungsverfahren

Beim **Abbuchungsverfahren** oder Abbuchungsauftragsverfahren (AA-Verfahren) **B 40** erteilt der Zahlende (Schuldner) sozusagen selbst seiner Bank als Zahlstelle die „Einzugsermächtigung", nämlich einen Abbuchungsauftrag zugunsten eines bestimmten Empfängers (Gläubigers), die von diesem präsentierten Lastschriften zu Lasten seines Girokontos einzulösen. Hier tritt die Verwandtschaft mit der Überweisung besonders deutlich zutage. Die Auftragserteilung geschieht im Rahmen des bestehenden Girovertragsverhältnisses, so daß sich der **Abbuchungsauftrag als Generalweisung nach §§ 675, 665** darstellt (BGH WM 1978, 819, 820; BGH WM 1979, 194, 195). Dabei kann der Auftraggeber eine summenmäßige Limitierung vornehmen. Die **Vorlage der einzelnen Lastschrift durch den Gläubiger** bzw dessen Bank an die Schuldnerbank ist sodann **Einzelweisung** (BGHZ 74, 352; 79, 385). Die Schuldnerbank als Zahlstelle ist zur Einlösung der Lastschrift zugunsten des im Abbuchungsauftrag bezeichneten Gläubigers berechtigt und verpflichtet, soweit sie auf Deckung auf dem Schuldnerkonto zurückgreifen kann. Es besteht ein Anspruch des Schuldners nach § 667 auf weisungsgemäße Herausgabe des Lastschriftbetrages an die Gläubigerbank.

Der Schuldner kann den **Abbuchungsauftrag** zwar **widerrufen.** Ein Widerruf der **Wei- B 41 sung** nach Einlösung ist aber ausgeschlossen und unbeachtlich (BGHZ 72, 343, 345; BGHZ 79, 381, 385); die **Lastschrift ist schon mit der Belastungsbuchung eingelöst,** so daß danach kein Widerspruch mehr möglich ist. Veranlaßt die Zahlstelle gleichwohl auf einen verspäteten Widerruf des Schuldners hin eine Rückbelastung, kann sie sich gegenüber dem Gläubiger als Drittem wegen einer Verletzung ihrer Schutzpflichten aus dem Lastschriftabkommen bzw aus dem girovertraglichen Verhältnis der beteiligten Banken schadensersatzpflichtig machen (BGHZ 69, 82; OLG Düsseldorf NJW 1977, 1403).

Fehlt es auf dem Konto des Schuldners an **Deckung** bzw ist die **Kreditlinie überschrit- B 42 ten,** muß die Schuldnerbank die Lastschrift mit **Vorlagevermerk** an die Gläubigerbank zurückgeben. Zögert sie hierbei schuldhaft, kann sie sich schadensersatzpflichtig machen (BGHZ 79, 381). Liegt überhaupt kein Abbuchungsauftrag vor, dann ist die Weisung der Gläubigerbank an die Schuldnerbank zwar nicht bindend, aber nicht bedeutungslos. Die Schuldnerbank muß die Lastschrift nicht an die Gläubigerbank zurückgeben, sondern kann sie als Auftragsangebot auffassen, den Betrag nach Möglichkeit **vom Schuldner einzuziehen** (BGHZ 74, 352; BGHZ 79, 381). Die Schuldnerbank kann sich – dies mag im Interesse des Kunden liegen – um ein Einverständnis des Kunden mit der Belastung bemühen. Mit der Zustimmung des Schuldners ist dann die Lastschrift eingelöst. Bei kleineren Beträgen, bei denen die Bank das Vorliegen eines Abbuchungsauftrags nicht überprüft, belastet sie das Schuldnerkonto auf ihr eigenes Risiko der Unwirksamkeit der Belastung und kann bei fehlendem Abbuchungsauftrag und verweigertem Einverständnis des Schuldners nicht nachträglich Rückbuchung von der Gläubigerbank verlangen (BGHZ 74, 352; 79, 381).

III. Sonstige Bankgeschäfte

1. Die Bedeutung der KWG-Bankgeschäfte

B 43 Das KWG enthält in § 1 Abs 1 S 2 Nrn 1 bis 9 zwar keine Begriffsbestimmung, wohl aber einen Katalog der „Bankgeschäfte", deren zulassungspflichtiger gewerbsmäßiger Betrieb ein Unternehmen zum „Kreditinstitut" macht: Einlagengeschäft, Kreditgeschäft, Diskontgeschäft, Effektengeschäft, Depotgeschäft, Investmentgeschäft, Garantiegeschäft, Girogeschäft sowie die Eingehung einer Verpflichtung, Darlehensforderungen vor Fälligkeit zu erwerben. Das **Bankenaufsichtsrecht** knüpft unmittelbar an diesen Katalog der Bankgeschäfte in § 1 Abs 1 KWG an, dem auch für die **privatrechtliche Systematik der Bankverträge** Bedeutung zukommt. Zwar greift das Tätigkeitsspektrum der Banken über die Auflistung hinaus, so daß diese nicht als *numerus clausus* der einzelnen Bankverträge gelesen werden darf. Auch fehlt in diesem Katalog zB die Schrankfachvermietung; ferner ist das sogenannte Auslandsgeschäft nur teilweise erfaßt. Insbesondere engagieren sich viele Banken in den Bereichen des Leasing (dazu Rn B 172 ff, insbes Rn B 215), des Factoring (Rn B 119 ff, insbes 167 ff) sowie des Kreditkartengeschäfts und der Point-of-Sale-Systeme (Electronic Cash) (Rn B 59 ff), die in dem KWG-Katalog der „Bankgeschäfte" ausgespart geblieben sind. Doch gibt § 1 KWG die **traditionell gewachsenen** und nach wie vor **praktisch bedeutsamsten Bankgeschäfte** wieder, zu denen sich jeweils spezielle bankrechtliche Vertragstypen ausgeformt haben. Daneben finden sich (seit 1993) im neuen § 1 Abs 3 KWG solche Geschäfte aufgelistet, die, soweit sie nicht von einem „Kreditinstitut" betrieben werden, den Gewerbetreibenden als „non-bank" oder „near-bank" zu einem „Finanzinstitut" im Sinne des Gesetzes machen. Hier sind neben anderen Finanzgeschäften namentlich das Leasing, das Factoring und das Kreditkartengeschäft erfaßt. Wenn es sich bei dem Katalog dieser Geschäfte auch nicht um „Bankgeschäfte" im Sinne des KWG handelt, zählen sie doch **privatrechtlich zu den Bank- und Finanzierungsverträgen.** Ob und in welcher Ausprägung ein Vertrag über ein Bank- oder Finanzierungsgeschäft nach § 1 Abs 1 oder Abs 3 Geschäftsbesorgungscharakter hat, beurteilt sich nach seinem Gegenstand und den Umständen des Einzelfalls.

2. Einlagengeschäft

B 44 Bei dem in § 1 Abs 1 S 2 Nr 1 KWG genannten **Einlagengeschäft** nimmt die Bank fremde Gelder als verzinsliche oder als unverzinsliche Einlagen an. Einlagengeschäfte sind „Passivgeschäfte", weil sie auf der Passivseite der Bankbilanz zu Buche schlagen. Als **Sichteinlagen** (sog Tagesgelder) werden täglich fällige Gelder auf Giro- oder Kontokorrentkonten bezeichnet. Die Einlage begründet eine unregelmäßige Verwahrung nach §§ 700, 607 ff (BGHZ 84, 373). **Termineinlagen** in Form von zeitweilig unkündbaren sogenannten Fest- oder Termingeldern oder in Form von ordentlich, fristgerecht kündbaren sogenannten Kündigungsgeldern werden von der Bank auch im Eigeninteresse hereingenommen und begründen zwischen Bank und Kunden einen Darlehensvertrag nach § 607 ff. **Spareinlagen** (vgl auch §§ 21 f KWG), über die ein Sparbuch, Sparbrief oder eine andere Urkunde (Bankschuldverschreibung, Sparschuldverschreibung) ausgestellt wird und deren Verzinsung, Kündigung, Fälligkeit und Rückzahlung besonderen gesetzlichen Regelungen und Vereinbarungen unterliegt, werden gleichfalls aufgrund eines **Darlehensvertrags bzw unregelmäßigen**

Verwahrungsvertrags nach §§ 607 ff, 700 hingegeben bzw hereingenommen (BGHZ 64, 284).

3. Zahlungs- und Haftungskreditgeschäfte

Als Beispiele für **Kreditgeschäfte** in den beiden Grundformen von **Zahlungskrediten** **B 45** oder **Haftungskrediten** nennt § 1 Abs 1 S 2 Nr 2 KWG die Gewährung von **Gelddarlehen (effektive Kreditgewährung)** oder Akzeptkrediten („**Kreditleihe**"). Das Kreditgeschäft bildet den Hauptbestandteil der bilanziellen Aktivgeschäfte der Banken. Während der Zahlungskredit auf einem einfachen Darlehensvertrag beruht, kann beim Haftungskredit zusätzlich ein **geschäftsbesorgungsvertragliches Element** auszumachen sein, wenn etwa die Bank den von ihrem Kunden ausgestellten Wechsel akzeptiert, damit der Kunde ihn an seinen Gläubiger sicherungs- oder erfüllungshalber weiterreichen kann (BGHZ 19, 282, 291). Dagegen bleibt es bei einem bloßen Darlehen in Form eines Haftungskredits, wenn die Bank den vom Kunden auf sich selbst gezogenen Wechsel akzeptiert und diskontiert, so daß der Kunde über die Valuta verfügen kann. Beim **Akzeptkredit** gewährt die Bank dem Kunden Kredit, indem sie Wechsel für dessen Rechnung akzeptiert und ihn zur Deckung der Wechselsumme bei Fälligkeit verpflichtet. Demgegenüber sichert die Bank beim **Avalkredit** nur den Kredit eines Dritten. Die Kreditvermittlung ist kein Kreditgeschäft.

Durch den **Krediteröffnungsvertrag als Grund- und Rahmenvertrag** verpflichtet sich die **B 46** Bank zur Kreditgewährung bis zu einer bestimmten Höhe (Kreditrahmen) nach Abruf (BGHZ 83, 81). Der Krediteröffnungsvertrag ist idR auf Gelddarlehen gerichtet (§§ 607 ff), kann sich aber auch auf Akzeptkredite beziehen und enthält dann die Elemente des jeweils einschlägigen Vertragstyps (§§ 607 ff, 675, 433 ff; vgl BAUMBACH/ DUDEN/HOPT [28. Aufl] Bankgeschäfte, Anm IV 2 A). Ein Girovertrag kann mit einem Krediteröffnungsvertrag durch Vereinbarung eines zulässigen **Überziehungskredits (Kreditlinie)** kombiniert werden. Beim **revolvierenden Kredit** kann der Kreditbetrag nach Rückzahlung erneut ganz oder teilweise abgerufen werden.

4. Diskontgeschäft und Forfaiting

Das im Ankauf von Wechseln – seltener von bei Sicht fälligen Schecks (Art 28 **B 47** ScheckG) – bestehende **Diskontgeschäft** nach § 1 Abs 1 S 2 Nr 3 KWG zeichnet sich dadurch aus, daß die Bank dem Einreicher (Diskontant) für das vor Fälligkeit hereingenommene Papier als Erwerbspreis den Nennbetrag (Wechselsumme; Schecksumme) abzüglich des Zwischenzinses für die Zeit bis zum Fälligkeitstag (Diskont) sowie abzüglich ihrer Kosten und ihres Gewinnanteils (Diskontspesen) zahlt. Dabei dient der Erwerb des Wechsels **nicht als Grundlage eines Haftungskredits** (Akzeptkredits), sondern versteht sich als Teil eines **Geldkreditgeschäfts**; jedenfalls wirtschaftlich kommt der Bankkunde in den Genuß eines Kredits (**Diskontkredits**), wenn ihm die spätere Vorlage des Papiers bei dem bezogenen Dritten erspart und ihm dafür schon jetzt eine Gutschrift erteilt wird. Das Diskontgeschäft geht in der Praxis häufig mit einem Akzeptkredit einher, wenn die Bank den von ihr selbst für Rechnung des Kunden akzeptierten Wechsel diskontiert. Die Gutschrift für die auf Dritte gezogenen Wechsel und Schecks erfolgt regelmäßig „unter Vorbehalt des Eingangs". Im Regelfall verkauft die Geschäftsbank den Wechsel an die Bundesbank weiter (Rediskont, vgl § 19 Abs 1 Nr 1 BBankG).

B 48 Die vertragstypologische Einordnung des Diskontgeschäfts ist umstritten. Herrschende Meinung und Rechtsprechung sprechen sich bei einem **Eigendiskont** durch die akzeptierende Bank für eine **kaufrechtliche oder doch kaufähnliche Qualifikation** aus (RGZ 112, 46, 48; 142, 23, 26; BGHZ 19, 282, 292), während andere Stimmen eine **darlehensrechtliche** Einordnung favorisieren (CANARIS, Bankvertragsrecht Rn 1531 ff; vCAEMMERER NJW 1955, 41). Eine **geschäftsbesorgungsvertragliche Qualifikation** ist in der Regel geboten, wenn die Bank den Wechsel für Rechnung des Kunden akzeptiert und der Kunde den Wechsel sodann bei einer anderen Bank zum Diskont einreicht oder einem Gläubiger erfüllungshalber überläßt (BGHZ 19, 282, 288; STAUDINGER/WITTMANN[12] § 675 Rn 20).

B 49 Das **Forfaiting-Geschäft** (die Forfaitierung einer Forderung) stellt sich als eine Unterform des Diskontgeschäfts dar, die im Exportgeschäft eine besondere Bedeutung erlangt hat. Die Bank kauft und erwirbt als Forfaiteur von ihrem Kunden (Exporteur) „regreßlos" (*à forfait*: „in Bausch und Bogen") dessen Forderung aus einem Liefergeschäft oder das dem Kunden von seinem Geschäftspartner (Importeur) aufgrund der Lieferung begebene Wertpapier (meist: Wechsel). Der Forfaitingvertrag ist ein **Forderungskaufvertrag mit geschäftsbesorgungsvertraglichen Elementen.** Das Forfaiting und der Forfaitingvertrag werden gelegentlich zu Unrecht mit dem Export-Factoring gleichgesetzt. In Wirklichkeit ist das Forfaiting eine eigenständige Art der Exportfinanzierung für Investitionsgüter (vgl dazu ausf unten Rn B 143 f).

5. Effektengeschäft

B 50 Beim Effektengeschäft, der **Anschaffung und der Veräußerung von Wertpapieren für andere** (§ 1 Abs 1 S 2 Nr 4 KWG), wird die Bank meist in eigenem Namen für fremde Rechnung in mittelbarer Stellvertretung, mithin als Kommissionärin gemäß § 383 ff HGB tätig, wobei sie sich AGB-rechtlich ein Selbsteintrittsrecht nach § 400 HGB vorbehält und die §§ 18 ff DepotG beachten muß. Das Effektengeschäft bezieht sich nicht auf sämtliche Arten von Wertpapieren, sondern nur auf „Effekten", dh **Kapitalmarktpapiere**, die nach § 91 **vertretbar** sind. Dieser **Effektenkommissionsvertrag** ist nach CANARIS (Bankvertragsrecht Rn 1822) als ein kaufmännischer **Geschäftsbesorgungsdienstvertrag** zu qualifizieren, auf den subsidiär zu den §§ 383 ff HGB die §§ 675, 611 ff BGB zur Anwendung kommen sollen. Dies ist zutreffend, denn die Tätigkeit zur Herbeiführung eines Kaufvertrages stellt eine Geschäftsbesorgung dar (zustimmend auch MünchKomm/SEILER [2. Aufl] § 675 Rn 23).

B 51 Rein kaufrechtlich ist demgegenüber der Erwerb oder die Veräußerung von Wertpapieren als **Eigenhändlertätigkeit** zu qualifizieren, die außerhalb der Begriffsbestimmung des Effektengeschäfts liegt und als Eigen- oder Propergeschäft bezeichnet wird (vgl auch § 31 DepotG). Hierunter fällt insbesondere die Veräußerung einer von der Bank übernommenen Emission an ihre Kunden. Das **Emissionsgeschäft** hat in § 1 KWG keine Erwähnung gefunden. Hierbei gibt die Bank als Mitglied eines aus mehreren Banken bestehenden Emissionskonsortiums junge Effekten (meist Aktien oder Schuldverschreibungen) aus, wobei sie anlegerschutzrechtliche Bestimmungen (zB Prospekthaftung nach §§ 45 ff BörsenG) zu beobachten hat. Bei der Effektenberatung (Anlageberatung der Banken und Sparkassen im Rahmen des Effektengeschäfts) trifft die Bank die Pflicht zu umfassender und sachgemäßer Beratung des Kunden vor Geschäftsabschluß. Plant der Kunde erkennbar falsche und ungewöhnlich gefährliche Maßnahmen, muß die Bank ihn aufklären und warnen (OLG Köln WM 1989, 402; OLG Braunschweig ZIP 1993, 1457; vgl auch HEINSIUS ZHR 145 [1981], 177; UNGNADE ZFK 1979, 1132; KÜBLER ZHR 145 [1981], 204; F A SCHÄFER, Haftung für fehlerhafte Anlageberatung und Vermögensverwaltung, insbes von Kreditinstituten [1993]). Bei der Anlageberatung hat die Bank den – gegebenenfalls zu erfragenden – Wissensstand des Kunden über Anlagegeschäfte der vorgesehenen Art und dessen Risikobereitschaft zu berücksichtigen (**anlegergerechte Beratung**); das von ihr danach empfohlene Anlageobjekt muß diesen Kriterien Rechnung tragen (**objektgerechte Beratung**; vgl BGH NJW 1993, 2433 = WM 1993, 1455; OLG Braunschweig ZIP 1993, 1457). Dabei darf sich die Bank nicht auf eine Börsenzulassung verlassen und sich mit dem Inhalt des Zulassungsprospekts begnügen, sondern muß die empfohlenen Papiere ihres Anlageprogramms einer eigenen Prüfung unterziehen.

6. Depotgeschäft

Beim Depotgeschäft **verwahrt und verwaltet die Bank Wertpapiere für andere** (§ 1 **B 52** Abs 1 S 2 Nr 5 KWG). Beim sogenannten **geschlossenen**, für den einzelnen Kunden separat verwahrten Depot liegt ein schlichter Verwahrungsvertrag nach §§ 688 ff vor, auf den das DepotG ausweislich seines § 1 Abs 2 unanwendbar ist. In der Praxis überwiegt freilich das sogenannte **offene Depot**. Der hierzu geschlossene Vertrag weist außer verwahrungsvertraglichen auch **geschäftsbesorgungsvertragliche** Elemente auf. Dies gilt sowohl für das regelmäßige **Sonder- oder Streifbanddepot** (§ 2 DepotG) wie für das **Sammeldepot** (§§ 5, 6 DepotG) und für das **Summendepot** (§ 15 Abs 1 DepotG). Beim (selten gewordenen) Sonderdepot werden die Papiere mehrerer Hinterleger in einem offenen Depot unvermischt und mit gesonderten Kennzeichnungen für jeden Hinterleger verwahrt. Beim Sammeldepot wird von den beteiligten Depotkunden eine Miteigentümergemeinschaft nach Bruchteilen am Sammelbestand der verwahrenden Bank begründet. Das Summendepot stellt sich als eine unregelmäßige Verwahrung nach § 700 (*depositum irregulare*) dar; **Eigentum an dem Depotbestand** erlangt allein die verwahrende Bank, die freilich schuldrechtlich zur Übereignung der jedem Kunden zustehenden Stückzahl verpflichtet ist. Der Depotvertrag ist auch für die Bank jederzeit kündbar (BGH NJW 1991, 978). Der Kunde ist zur Anzeige einer erkennbaren Falschbuchung verpflichtet (OLG Frankfurt/M NJW 1972, 436).

Eine praktisch wichtige Besonderheit mit vor allem besitzrechtlichen Problemen **B 53** stellt die **Girosammelverwahrung** von Wertpapieren durch **Wertpapiersammelbanken** dar. Hierbei stehen die Wertpapiere nicht im unmittelbaren Besitz der Hausbank des Kunden, sondern in dem der Wertpapiersammelbank. Die Zentralbanken fungieren als mittelbare Besitzer erster Stufe, während die Hausbanken mittelbare Besitzer zweiter Stufe und die einzelnen Depotkunden nur mittelbare Besitzer dritter Stufe sind; sie halten als Mitbesitzer und Miteigentümer der verwahrten Papiere oft nur einen geringen Bruchteil von einem Promille des Bestandes. Die sachenrechtlichen Übertragungsvorgänge vollziehen sich in zweifelhafter **Loslösung vom Spezialitäts- und Publizitätsprinzip** allein über kontenmäßige Buchungen (vgl KÜMPEL WM 1980, 422; FABRICIUS AcP 162 [1963], 456).

Bei einem Depotvertrag über Wertpapiere beschränken sich die Pflichten der Bank **B 54** gegenüber dem Kunden nicht auf **Verwahrungspflichten**, sondern umfassen als Teil der übernommenen Verwaltung auch **Überwachungs- und Benachrichtigungspflichten** (CANARIS, Bankvertragsrecht Rn 2182; OLG Karlsruhe NJW-RR 1990, 753). Zum Gegenstand eines Depotvertrages gehört aber keine umfassende fortdauernde Beratungspflicht der Bank gegenüber dem Kunden über tatsächliche Gegebenheiten auf dem Kapitalmarkt, die zu einer Änderung der Anlageentscheidung führen könnten. Auch bei einer Verwahrung von Wertpapieren im Depot des Kreditinstituts bleibt der Kunde für seine Anlageentscheidung selbst verantwortlich und hat das Risiko einer Fehleinschätzung zu tragen (BGH NJW-RR 1992, 1074).

7. Investment- und Revolving-Geschäft

B 55 Beim Investmentgeschäft legen Kapitalanlagegesellschaften das Geld ihrer Anlegerkunden treuhänderisch (im eigenen Namen für Rechnung) nach dem **Prinzip der Risikostreuung** in Wertpapieren oder Grundstücken an und erteilen den Einlegern sogenannte **Anteilscheine** (§ 1 Abs 1 S 2 Nr 6 KWG; § 1 KAGG).

B 56 § 1 Abs 1 S 2 Nr 7 KWG erfaßt das in der Praxis sogenannte **Revolving-Geschäft**, bei dem sich die Bank zum Erwerb von Darlehensforderungen vor Fälligkeit verpflichtet, etwa um die kurzfristige Refinanzierung langfristiger Darlehen durch Vermittlung an kurzfristig eintretende Geldgeber zu ermöglichen.

8. Garantiegeschäft

B 57 Die Übernahme von **Bürgschaften, Garantien und sonstigen Gewährleistungen für andere** (Garantiegeschäft, § 1 Abs 1 S 2 Nr 8 KWG) ist durch ein Dreiecksverhältnis zwischen Bank, Kunde und einem begünstigten Dritten gekennzeichnet. Bei einer **Bürgschaft** richtet sich die Beziehung zwischen der bürgenden Bank und dem begünstigten Gläubiger nach §§ 765 ff BGB, 349 ff HGB. Das Verhältnis zwischen Bank und Kunde ist **geschäftsbesorgungswerkvertraglicher Natur**, §§ 675, 631. Der **Garantieauftrag** verpflichtet die Bank gegenüber ihrem Kunden zu einer Bankgarantie gegenüber einem Dritten. Die **Bankgarantie** ist ein Vertrag sui generis, in dem sich die Bank gegenüber dem Dritten zur Leistung verpflichtet, wenn der von ihrem Kunden geschuldete und von der Bank garantierte Erfolg, sei es auch schuldlos, ausbleibt. Dabei ist aber im Unterschied zur akzessorischen Bürgschaft der Garantievertrag von der Hauptschuld abstrakt. Auch hier stellt sich das Verhältnis zwischen Kunde und Bank (Garantieauftrag) als **Geschäftsbesorgungswerkvertrag** dar. Der geschuldete Erfolg besteht im auftragsgemäßen Abschluß eines Garantievertrags mit dem begünstigten Dritten und in der Zahlung der Garantiesumme bei Eintritt des Garantiefalls. Dem Garantiegeschäft, insbesondere der „Garantie auf erstes Anfordern" kommt vor allem bei **Auslandsgeschäften** Bedeutung zu (vgl COING ZHR 147 [1983], 125; NIELSEN, Bankgarantien bei Außenhandelsgeschäften [1986]; GRAF vWESTPHALEN, Die Bankgarantie im internationalen Handelsverkehr [2. Aufl 1989/1990]; MÜLBERT ZIP 1985, 1101).

9. Akkreditivgeschäft

B 58 Zu den „sonstigen Gewährleistungen" iS des § 1 Abs 1 S 2 Nr 8 (und damit zu den Garantiegeschäften) gehört insbesondere das **Akkreditivgeschäft**, das der **Zahlungsabwicklung, Sicherung und Kreditierung bei Außenhandelsgeschäften** des Bankkunden dient. Der Warenverkäufer und Exporteur bedingt sich von seinem ausländischen Geschäftspartner (Käufer/Importeur) in einer Akkreditivklausel die Bezahlung der Ware durch Akkreditivbestellung aus. Der Käufer beauftragt daraufhin seine Bank (Akkreditivbank) mit der Eröffnung eines Akkreditivs, wonach die Bank gegenüber dem begünstigten Verkäufer ein unwiderrufliches Zahlungsversprechen abgibt. Der Kaufpreis muß an den Verkäufer bei Vorlage bzw Übergabe bestimmter Dokumente (zB Konnossemente, Lagerscheine) bezahlt werden, so daß der Begünstigte einen durch die Präsentation der Dokumente aufschiebend bedingten, aber von Einwendungen und Einreden des Käufers aus dem Kaufvertrag unabhängigen, **selbständigen Zahlungsanspruch gegen die Akkreditivbank** erwirbt. Die Bank unterliegt besonders strengen Prüfungs- und Sorgfaltspflichten vor allem bezüglich der Echtheit der vorgelegten Papiere. Der Akkreditivauftrag hat einerseits **geschäftsbesorgungswerkvertraglichen Charakter** iS der §§ 675, 631 (RGZ 106, 26, 27; 107, 7, 8; 114, 268, 270; BGH WM 1958, 1542, 1543), ähnelt aber zum anderen einer angenommenen Anweisung iS der §§ 784 ff bzw einem abstrakten Schuldversprechen nach § 780. Der Akkreditiv-Auftraggeber muß den Akkreditivbetrag der Akkreditivbank nach §§ 675, 669 im voraus zur Verfügung stellen (RGZ 102, 115). Die Bank hat einen Anspruch auf Akkreditivprovision und einen Aufwendungsersatzanspruch nach §§ 675, 670.

IV. Das Kreditkartengeschäft und die Point-of-Sale-Systeme

Schrifttum

Avancini, Rechtsfragen des Kreditkartengeschäfts, ZfRV 1969, 121

Beck, Einwendungen bei eurocheque und Kreditkarte (1986)

Blaurock, Haftung der Banken beim Einsatz neuer Techniken und Medien, in: Köndgen (Hrsg), Neue Entwicklungen im Bankhaftungsrecht (1987) 35

Böttger, Zur rechtlichen Beurteilung des Kreditkartenverfahrens (1979)

Brockmeier, Das POS-System des deutschen Kreditgewerbes (1991)

Canaris, Bankvertragsrecht (2. Aufl 1981 und 3. Aufl 1988)

Christians, Neue Zahlungsverkehrsinstrumente (Diss Köln 1985)

Custodis, Das Kreditkartenverfahren (Diss Köln 1970)

Deider, Mißbrauch von Scheckkarte und Kreditkarte durch den berechtigten Karteninhaber (1989)

Diebold (Hrsg), Elektronische Zahlungssysteme – Technologie, Marktakzeptanz, Entwicklungsprognosen (1986)

Dorner, Das Kreditkartengeschäft (1991)

Eckert, Zivilrechtliche Fragen des Kreditkartengeschäfts, WM 1987, 161

Fischer, EG-Empfehlungen zum kartengesteuerten Zahlungsverkehr, WM 1989, 397

Giger, Kreditkartensysteme – Eine ökonomisch-juristische Studie (Zürich 1985)

Godschalk, Computergeld, Entwicklungen und ordnungspolitische Probleme des Zahlungsverkehrs (1983)

Gössmann, Recht des Zahlungsverkehrs (1989)

Hadding, Zahlung mittels Universalkreditkarte, in: FS Klemens Pleyer (1986) 17

Hamann, Die Universalkreditkarte – ein Mittel des bargeldlosen Zahlungsverkehrs (1989)

Hamann/Stoltenberg, Sind Kreditkartengeschäfte Bankgeschäfte?, ZfK 1989, 617 (1. Teil) und 664 (2. Teil)

Harbeke, Die vertraglichen Grundlagen zwischen Bank und Kunde für die Verwendung der eurocheque-Karte: „Die neuen Bedingungen für den ec-Service", WM 1989, 1709

ders, Neue Kundenbedingungen für das eurocheque-Verfahren, Die Bank 1989, 31

ders, Die POS-Systeme der deutschen Kreditwirtschaft, WM-Sonderbeil 1/1994

HAUSLEUTNER, Die kartellrechtliche Bereichsausnahme für das Kreditgewerbe und die Fachaufsicht nach dem Kreditwesengesetz (Diss Köln 1970)

HOCH, Die Kundenkreditkarte im Einzelhandel (Diss Bayreuth 1989)

HÖNN, Kartellrechtliche Probleme moderner Zahlungssysteme, ZBB 1991, 6

HÜTTERMANN, Chancen und Risiken des Co-Branding (2. Aufl 1992)

MARTINEK, Moderne Vertragstypen Bd III, 1993, 56

MERKEL, Das Recht der Kreditkarte in den USA (1990)

METZ, Aktuelle Rechtsfragen der Kreditkartenpraxis, NJW 1991, 2804

NORN, Kartellrechtliche Aspekte des Kreditkartengeschäfts, ZHR 157 (1993), 324

OECHSLER, Wettbewerb, Reziprozität und externe Effekte im Kreditkartengeschäft – Kartellrechtliche Grundprobleme des bargeldlosen Zahlungsverkehrs (1992)

ders, Der Mißbrauch abgeleiteter Nachfragemacht im Kreditkartengeschäft, ZHR 156 (1992), 330

ders, Lauterkeitsrechtliche Aspekte umsatzabhängiger Entgeltgestaltung im Kreditkartengeschäft, WM 1993, 1945

PAEFGEN, Kreditkarte und BGB, DWiR 1992, 123

PÜTTHOF, Die Kreditkarte in rechtsvergleichender Sicht Deutschland-USA (1974)

REINFELD, Rechtsfragen des Interchange-Kreditkartensystems am Beispiel von VISA und EUROCARD, WM 1994, 1505

REISER, Rechtliche Aspekte der Zahlungsverkehrsnetze, WM 1986, 1401

SAYER, Credit Cards and the Law (London 1988)

SCHÄFER, Die zivilrechtliche Qualifizierung der Interbankenabkommen (Diss Mainz 1990)

UWE H SCHNEIDER, Das Recht des elektronischen Zahlungsverkehrs (1982)

SEIBERT, Verbraucherkreditgesetz und Kreditkarte, DB 1991, 429

SOSNITZA, Zur Zulässigkeit umsatzabhängiger Kreditkartenentgelte, WM 1994, 826

STAUDER/WEISENSEE, Das Kreditkartengeschäft (1970)

vUSSLAR/vMORGEN, Aktuelle Rechtsfragen der Kreditkarten-Praxis (1989)

WEISENSEE, Das Bankkreditkartengeschäft (Diss Freiburg/Schweiz 1978)

ders, Die Kreditkarte – ein amerikanisches Phänomen (1970)

WELLER, Das Kreditkartenverfahren: Konstruktion und Sicherung (1986)

ZAHRNT, Die Kreditkarte unter privatrechtlichen Gesichtspunkten, NJW 1972, 1077

1. Kundenkreditkarte und Universalkreditkarte

a) Die Kundenkreditkarte

B 59 Die Kundenkreditkarte ist zwar gegenüber der **Universalkreditkarte** die historisch frühere Kreditkartenform, sie hat aber in Deutschland nur eine untergeordnete Bedeutung erlangt (zur historischen Entwicklung des Kreditkartengeschäfts: STAUDER/WEISENSEE, Das Kreditkartengeschäft 20 f; WELLER, Das Kreditkartenverfahren 11 ff; DORNER, Das Kreditkartengeschäft 19; MARTINEK, Moderne Vertragstypen Bd III [1993] 62 ff). Während bei der Universalkreditkarte eine wirtschaftliche und rechtliche Dreiecksbeziehung zwischen dem Kreditkartenunternehmen, dem Kreditkarteninhaber und dem Händler oder Dienstleister besteht, herrscht bei der Kundenkreditkarte nur eine **zweigliederige Beziehung** zwischen dem emittierenden Unternehmen und seinen Kunden. Der Vertrag über die **Ausstellung einer Kundenkreditkarte** und die damit verbundenen Kredit- und Zahlungsmodalitäten ist ein **gemischttypischer Vertrag, der Elemente eines Geschäftsbesorgungsvertrags mit dienstvertraglichem Charakter, §§ 675, 611, und Elemente eines Krediteröffnungsvertrags mit einzelnen Darlehensverträgen als Ausfüllungsgeschäften** enthält.

Die emittierenden Unternehmen setzen sich vorwiegend aus **überregionalen Filia-** **B 60**
listen insbesondere der Gastronomie, Hotellerie sowie des Einzelhandels (Kauf-
häuser, Lebensmittelketten) zusammen. Bei wiederholter Inanspruchnahme von
Dienstleistungen oder bei wiederholten Einkäufen in demselben Unternehmen bzw
einer seiner Filialen kann die Kreditkarte von den Kunden als Zahlungsmittel
verwendet werden. Besondere Bedeutung kommt der Kundenkreditkarte in solchen Ländern zu, in denen der Scheck- und Giroverkehr der Banken mit Privatkunden vergleichsweise unterentwickelt ist. Hier sollen Kundenkreditkarten
nicht nur die technischen und prozeduralen Unzulänglichkeiten des bankmäßigen
Scheck- und Giroverkehrs kompensieren, sondern zugleich den Benutzern die
ansonsten vermißten oder von den Banken nur eingeschränkt gewährten Kredit-
möglichkeiten eröffnen. Daneben verfolgen viele Unternehmen mit der Emission
von hauseigenen Kundenkreditkarten freilich **absatzstrategische Ziele** wie die dauerhafte Bindung von Kunden. Auch Rationalisierungseffekte wie die erleichterte
unternehmensinterne Erfassung und Zuordnung getätigter Umsätze, durch die sich
die Abstimmung des Angebotes auf Kundenpräferenzen verbessern läßt, sind mit
Kundenkreditkarten verbunden. Letztlich erschließt die Kartenemission den
Unternehmen auch neue Einkunftsquellen wie Gewinne aus Darlehenszinsen bei
der Gewähr kurzfristiger, den Kunden durch die Kreditkarte vermittelter Kon-
sumentenkredite (HOCH, Die Kundenkreditkarte im Einzelhandel 3 ff; MERKEL, Das Recht der
Kreditkarte in den USA 32 ff; DORNER, Das Kreditkartengeschäft 20 ff). Als gravierender
Nachteil der Kundenkreditkarte gilt jedoch die **Beschränktheit ihres Einsatzbereichs;**
als Zahlungsmittel kann sie nur innerhalb des Unternehmensbereichs des Emittenten eingesetzt werden. Gerade dieses Defizit begünstigte die Entwicklung der
Universalkreditkarte.

b) Emissionsvertrag und Akquisitionsvertrag

Wenn allgemein vom Kreditkartengeschäft die Rede ist, so sind allerdings die **B 61**
Rechtsbeziehungen gemeint, die die sogenannten **Universalkreditkarten** zum Gegen-
stand haben (zB American Express, Diners Club, Eurocard, Visa, Mastercard etc).
Drei Parteien sind an diesem Finanzierungsgeschäft beteiligt: das **Kreditkartenunter-**
nehmen, der Händler oder Dienstleister sowie der Konsument als dessen Kunde. Beim
Kreditkartengeschäft schiebt sich das Kreditkartenunternehmen als dienstleistender
„Spezialist" in eine bisherige Zweipersonenbeziehung, denn es dringt als Zahlungs-
abwickler in das Verhältnis zwischen dem Händler oder Dienstleister einerseits und
dessen Vertragspartner andererseits ein, der als Konsument der Ware oder Dienstleistung zur Entrichtung des Entgelts verpflichtet ist. Ein Kreditkartensystem
besteht aus dem Kreditkartenunternehmen, den von ihm geworbenen, verpflichteten, systemangehörigen Händlern und Dienstleistern als Vertragsunternehmen und
den Konsumenten als den gleichfalls vom Kreditkartenunternehmen geworbenen
Kreditkarteninhabern. Der Emission der Kreditkarte liegt dabei ein zwischen Karteninhaber und Kreditkartenunternehmen geschlossener Vertrag zugrunde (**Emis-**
sionsvertrag), in dem sich der Karteninhaber zur Zahlung einer – je nach Kartentyp
zwischen 35 DM und 400 DM liegenden – **jährlichen Pauschalgebühr** verpflichtet. Die
Höhe der Gebühr ist meist für alle Karteninhaber desselben Kreditkartensystems
gleich und von der Frequenz der Kartenbenutzung unabhängig; insbesondere schuldet der Karteninhaber dem Kreditkartenunternehmen kein weiteres Entgelt, wenn
er seine Kreditkarte im Einzelfall zur Zahlung benutzt. Der Karteninhaber wiederum erwartet, seine Karte in ganz unterschiedlichen Lebensbereichen gegenüber

zahlreichen, in verschiedenen Branchen tätigen Unternehmen verwenden zu können (zu den wettbewerblichen Folgen der daraus entstehenden „abgeleiteten Nachfragemacht" des Kreditkartenunternehmens vgl OECHSLER, Wettbewerb, Reziprozität und externe Effekte im Kreditkartengeschäft 11992] 8 ff sowie ders ZHR 156 [1992], 330, 332). Umstritten ist die Zulässigkeit **umsatzabhängiger Kreditkartenentgelte**, bei denen der Jahresbeitrag nach dem über eine bestimmte Karte (zB Lufthansa Air Plus) abgewickelten Jahresumsatz gestaffelt ist und uU ab einem gewissen Umsatzvolumen sogar völlig entfällt. Die Rechtsprechung hält dies offenbar für unbedenklich (OLG Stuttgart WM 1993, 986; OLG Frankfurt NJW-RR 1993, 424; OLG München WM 1993, 370), während im Schrifttum hiergegen Bedenken unter rabatt- und zugaberechtlichen Gesichtspunkten angemeldet werden und darin teilweise sogar ein Verstoß gegen § 1 UWG (verbotene Wertreklame wegen rechtlichen Kaufzwangs; wettbewerbswidrige Marktstörung) gesehen wird (so OECHSLER WM 1993, 1945; dagegen scharf SOSNITZA WM 1994, 826).

B 62 Um der eigenen Kreditkarte ein solches Einsatzspektrum zu eröffnen, bemüht sich das Kreditkartenunternehmen, möglichst **zahlreiche Unternehmen der Absatzwirtschaft als Vertragsunternehmen** des Kreditkartensystems zu akquirieren. In dem der Akquisition zugrundeliegenden Vertrag (**Akquisitionsvertrag**, bisweilen auch Akzeptanzvertrag genannt) erwirbt das Vertragsunternehmen die Berechtigung, die Kreditkarte als Zahlungsmittel anzunehmen und schuldet als Ausgleich dafür dem Kreditkartenunternehmen ein Entgelt, das als prozentualer Abschlag von den mittels Kreditkarte getätigten Umsätzen erhoben wird. In der Praxis liegt dieses sogenannte Disagio zwischen 3 und 5% der zwischen Vertragsunternehmen und Karteninhaber umgesetzten Summe. Beim Zahlungsvorgang stellt das Vertragsunternehmen einen vom Karteninhaber gegenzuzeichnenden **Leistungsbeleg (Slip)** aus, der später zum Zwecke der Abrechnung dem Kreditkartenunternehmen vorgelegt wird. Das Kreditkartenunternehmen zahlt dem Vertragsunternehmen die in den Belegen ausgewiesenen Nominalbeträge abzüglich des ausgehandelten Disagios aus. Diese **Abrechnung** erfolgt allerdings **nicht zeitnah zur Verwendung der Kreditkarte**, sondern in Monatsabständen, wie das Kreditkartenunternehmen auch gegenüber dem Karteninhaber nur einmal im Monat abrechnet. Die darin liegende abwicklungstechnische Erleichterung für das Kreditkartenunternehmen begünstigt **zwischenzeitliche Zinsgewinne** des Karteninhabers.

c)   Kundenbindung und Co-Branding

B 63 Die im Geschäft mit Universalkreditkarten verfolgten geschäftsstrategischen Vorteile sind vielfältig. Vor allem gilt das Kreditkartengeschäft der Branche als „profitcenter", innerhalb dessen sich – anders als sonst im Zahlungsverkehr üblich – Gewinne erwirtschaften lassen. Aus Sicht der Banken ist die Emission von Universalkreditkarten in erster Linie ein bevorzugtes Mittel der Kundenbindung, was häufig unter Verwendung der **schlagwortartigen Trias „Karte-Konto-Kunde"** resümiert wird. Soweit Banken daher kein eigenes Universalkreditkartensystem unterhalten, sind sie um Zusammenarbeit mit den universell diversifizierten Kreditkartenunternehmen bei der Emission der Karten und der Akquisition der Vertragsunternehmen bemüht. Insbesondere die Marktführer EUROCARD und VISA betreiben ihre **bankgestützten Kartensysteme** nicht selbst, sondern vergeben Lizenzen an Finanzinstitute. Die Banken übernehmen dabei als Lizenznehmer im wesentlichen das Emissionsgeschäft, während die Kreditkartenunternehmen weltweit das Akquisitionsgeschäft betreiben. Beide organisieren einen Zahlungsaustausch durch interne

Buchungsvorgänge (sog Interchange; vgl dazu REINFELD WM 1994, 1505). Dieser allgemein als **Co-Branding** bezeichneten und für das Kreditkartenverfahren charakteristischen Vertriebsform schließen sich auch Unternehmen der Absatzwirtschaft und sonstige Organisationen (ADAC, DGB, Deutscher Sportbund) an. Sie emittieren an ihre Kunden bzw Mitglieder Kundenkreditkarten, die kraft der Co-Branding-Vereinbarung mit einem Kreditkartenunternehmen zugleich als dessen Universalkreditkarten gelten (zum Co-Branding: OECHSLER, Wettbewerb, Reziprozität und externe Effekte im Kreditkartengeschäft 200 ff mwNw; SALJE WRP 1990, 807, 809; vgl aus betriebswirtschaftlicher Sicht auch HÜTTERMANN, Chancen und Risiken des Co-Branding [2. Aufl 1992]). Durch regelmäßige Beteiligung von Co-Branding-Partnern entwickelt sich das Kreditkartenverfahren so möglicherweise vom bisher bekannten **Dreipersonenverhältnis** zu wirtschaftlicher **Viergliedrigkeit** (vgl REINFELD WM 1994, 1505).

Bis vor wenigen Jahren galt die Bundesrepublik Deutschland der Kreditkarten- **B 64** Branche als „Entwicklungsland" (FRIEDMANN ZfK 1987, 737 f; zur Entwicklung des Kreditkartengeschäfts in Deutschland von 1980 bis 1990 vgl DORNER, Das Kreditkartengeschäft 108 mit Tabelle; MARTINEK, Moderne Vertragstypen Bd III 65). Der **Euroscheck** hatte, weil kostengünstiger, zahlreiche Funktionen der Kreditkarte erfolgreich substituiert. In den achtziger Jahren zeitigten die Emissionsbemühungen der Kreditkartenunternehmen jedoch **erstaunliche Erfolge.** Heute sind sie aus dem Wirtschaftsverkehr kaum mehr wegzudenken. Der Kreditkartenmarkt ist in starker Bewegung und verzeichnet immer noch hohe Zuwachsraten.

2. Grundprobleme des Emissionsvertrags

a) Rechtsnatur

Die Emission der Kreditkarten durch das Kreditkartenunternehmen an die Karten- **B 65** inhaber begründet ein vertragliches **Dauerschuldverhältnis.** Das Kreditkartenunternehmen übernimmt zugunsten des Karteninhabers die Erfüllung aller gegen diesen gerichteten Forderungen der Vertragsunternehmen des Kreditkartensystems, sofern diese die **Verität** der Forderungen durch vom Karteninhaber unterzeichnete Leistungsbelege nachweisen. Im Gegenzug verpflichtet sich der Karteninhaber zur Zahlung einer **Jahresgebühr.** Die im Schrifttum herrschende Meinung sieht den **Emissionsvertrag** zwischen Kreditkartenunternehmen und Karteninhaber als **Geschäftsbesorgungsvertrag mit werkvertraglichem Einschlag** nach §§ 675, 631 an (CANARIS, Bankvertragsrecht Rn 1628; HADDING, in: FS Pleyer 17, 34; HAMMANN, Die Universalkreditkarte 33; CUSTODIS, Das Kreditkartenverfahren 44; SOERGEL/HADDING [2. Aufl 1990] § 329 Rn 11; PÜTT-HOFF, Die Kreditkarte in rechtsvergleichender Sicht Deutschland – USA 175; SCHÖNLE, Bank- und Börsenrecht [2. Auflage 1976] § 29 I 2 b; STAUDER/WEISENSEE, Das Kreditkartengeschäft 94; ZAHRNT NJW 1972, 1077, 1079; REINFELD WM 1994, 1505, 1506). Dieser Qualifikation ist auch die BGH-Rechtsprechung gefolgt (BGHZ 91, 221 = NJW 1984, 2460 = WM 1984, 1213; KG WM 1993, 2044). Nur wenige Stellungnahmen im Schrifttum und in der Rechtsprechung sprechen sich für einen Geschäftsbesorgungsvertrag dienstvertraglichen Charakters aus (WELLER, Das Kreditkartenverfahren 113 f; WOLF, AGBG § 9 Rn K 51; LG Frankfurt/M ZIP 1991, 1420, 1422). Der herrschenden Meinung ist zu folgen. Die **Erfolgsbezogenheit** der Geschäftsbesorgung kommt darin zum Ausdruck, daß das Kreditkartenunternehmen dem Karteninhaber zur Erfüllungsübernahme (§ 329) gegenüber den Vertragsunternehmen verpflichtet ist (HADDING WM 1987, 1570, 1571; HAMMANN, Die Universalkreditkarte 33; MARTINEK, Moderne Vertragstypen Bd III 66; aA WELLER, Das Kreditkartenverfahren 98 ff). Die Vertragsmodalitäten im einzelnen werden durch AGB geregelt. Hierfür haben die Spitzenverbände der Kreditwirtschaft 1991 ein Muster herausgegeben (abgedruckt in WM 1991, 1937; zur Einbeziehung der AGB in den Emissionsvertrag vgl AG Freudenstadt WM 1994, 1661).

b) Aufwendungsersatz und Saldomitteilung

B 66 Aus der geschäftsbesorgungsvertraglichen Rechtsnatur des Emissionsvertrags folgt, daß dem Kreditkartenunternehmen ein **Anspruch auf Ersatz seiner für die Erfüllungsübernahme erforderlichen Aufwendungen** nach §§ 675, 670 zusteht. Nach Ansicht des KG kann der Kreditkartenausgeber seinen Anspruch auf Erstattung der Aufwendungen wegen erfolgter Zahlung an das Vertragsunternehmen regelmäßig nur geltend machen, wenn der Zahlung an das Vertragsunternehmen ein vom Karteninhaber unterzeichneter Belastungsbeleg zugrundelag (KG WM 1993, 2044 = WuB I D 5−3.94 [Oechsler]), weil nur der vom Karteninhaber unterschriebene Belastungsbeleg die Weisung nach §§ 675, 665 an den Kartenausgeber darstelle, seine Verbindlichkeit gegenüber dem Vertragsunternehmen zu tilgen. Diese **Beschränkung der zulässigen Beweismittel** für die (in der Tat unverzichtbare) Weisungserteilung auf den Belastungsbeleg begegnet indes Bedenken. In einigen, wirtschaftlich nicht unbedeutenden Fällen verzichten Karteninhaber und Vertragsunternehmen bewußt auf die Ausstellung eines Belastungsbelegs und lassen die Angabe der Kreditkartennummer genügen (zB bei fernmündlichen Bestellungen im Teleshopping- oder „charge-it"-Verfahren), so daß ein schriftlicher Belastungsbeleg fehlt (Martinek, Moderne Vertragstypen Bd III 82). Hier dient der Verzicht auf den Beleg nicht zuletzt der Bequemlichkeit des Karteninhabers und darf schon deshalb nicht zu einem Beweisnotstand des Kartenemittenten (oder des Vertragsunternehmens) führen. Die wirksame Weisungserteilung als Grundlage für den Aufwendungsersatzanspruch des Kartenausgebers kann daher **auch in anderer Weise als durch einen Belastungsbeleg bewiesen** werden. Das Kreditkartenunternehmen saldiert die innerhalb eines Monats entstandenen Erstattungsansprüche zu einem Stichtag hin und belastet ein vom Karteninhaber zum Zwecke des Kreditkartenverfahrens unterhaltenes sogenanntes **Deckungskonto**. Das Deckungskonto darf aber erst nach Billigung des in Höhe des vom Kreditkartenunternehmen festgestellten Saldos durch den Karteninhaber belastet werden. Die Vereinbarung über die periodische Abrechnung des Geschäftsbesorgungsverhältnisses stellt eine **Kontokorrentabrede** gemäß § 355 HGB als unselbständigen Teil des Geschäftsbesorgungsvertrags dar. Mit der **Saldomitteilung** will das Kreditkartenunternehmen Grund und Höhe seines aus den aufgeführten Transaktionen resultierenden Aufwendungsersatzanspruches außer Streit stellen. Insbesondere hat das Kreditkartenunternehmen ein Interesse daran, daß der Karteninhaber den Ansprüchen des Kreditkartenunternehmens nicht zu einem späteren Zeitpunkt Einreden aus den ursprünglichen, verschiedenen Vertragsunternehmen gegenüber bestehenden Schuldgründen entgegenhalten kann. Beide Parteien bezwecken also bei der Saldofeststellung die Begründung einer neuen, eigenständigen Verpflichtung des Karteninhabers gegenüber dem Kreditkartenunternehmen. Die Saldomitteilung durch das Kreditkartenunternehmen und die Saldobilligung durch den Kreditkarteninhaber können deshalb **als abstraktes Schuldanerkenntnis gem** § 781 ausgelegt werden; die Saldoforderung unterliegt der regelmäßigen Verjährung von 30 Jahren (vgl Oldenburg WM 1994, 378; zur Kontokorrentabrede vgl Klausel 5 im Fall BGH WM 1994, 832 = ZIP 1994, 690; anders früher noch Martinek, Moderne Vertragstypen Bd III 68).

Zur Ermöglichung einer raschen Abwicklung des Kreditkartenverfahrens verpflich- **B 67** ten die Kreditkartenunternehmen die Karteninhaber in ihren AGB häufig dazu, Bedenken gegen einzelne im Saldo aufgeführte Rechnungsposten innerhalb bestimmter Frist vorzubringen, andernfalls „gilt der Monatssaldo als vom Kartenin-haber endgültig gebilligt" (im Fall des LG Frankfurt/M ZIP 1991, 1420 betrug die Frist 21 Tage). Die Rechtmäßigkeit solcher **Klauseln mit Billigungsfiktion** ist an § 10 Nr 5 AGBG zu messen (BGHZ 91, 221 = WM 1984, 1213, 1214). Wenn die Kreditkarte in der Werbung des Kreditkartenunternehmens als für den privaten wie geschäftlichen **Reiseverkehr** geeignetes Zahlungsmittel herausgestellt wird, muß das Kreditkartenunternehmen auch auf reisebedingte Abwesenheiten des Karteninhabers Rücksicht nehmen. Es kann den Karteninhaber daher nur zu einer zeitnahen Prüfung ohne schuldhaftes Zögern alsbald nach einer – wenn auch längeren – Reise verpflichten, nicht aber pauschal zur Einhaltung fester Erklärungsfristen. Den Kreditkartenunternehmen ist damit praktisch nur verwehrt, die Saldobilligung **stets** nach Ablauf pauschaler Kalenderfristen zu fingieren. Andererseits ist aber aus Gründen der Funktions-fähigkeit des Kreditkartenverfahrens grundsätzlich ein **berechtigtes Interesse** des Kreditkartenunternehmens an **rascher Klärung von Grund und Höhe der im Saldo berücksichtigten Forderungen** anzuerkennen. Wenn das Kreditkartenunternehmen daher bei der Gestaltung seiner AGB Fälle zeitweiser schuldloser Abwesenheit des Karteninhabers als Ausnahmen berücksichtigt, darf es die **Saldobilligung auch nach Ablauf von Erklärungsfristen** fingieren (wie hier schon Martinek, Moderne Vertragstypen Bd III 68).

Die Fiktion des **Zugangs der Saldomitteilung** in den AGB des Kreditkartenunterneh- **B 68** mens („. . .gilt als zugegangen, wenn sie an die zuletzt vom [Haupt-]Karteninhaber angegebene Anschrift versandt worden ist") muß nach § 10 Nr 6 AGBG als unwirk-sam angesehen werden, wenn die Saldomitteilung eine Erklärung „von besonderer Bedeutung" ist. Ihrem Inhalt nach enthält sie zwar nur die vom Karteninhaber getä-tigten und ihm daher bekannten Umsätze und eventuell daraus errechnete Guthaben oder Debetvorträge. Sie ist aber auch von Wichtigkeit im Hinblick auf eventuelle, nicht vom Karteninhaber selbst getätigte, sondern durch **Mißbrauch der Kreditkarte** entstandene und daher dem Karteninhaber bislang unbekannte Umsätze. Da das Kreditkartenunternehmen vom Karteninhaber grundsätzlich eine prompte Reak-tion auf seine Saldomitteilung erwarten und die Saldobilligung bei Untätigkeit des Karteninhabers kraft vertraglicher Abrede gar fingieren darf, können – angesichts des drohenden Einwendungsverlustes – keine vernünftigen Zweifel an der beson-deren Bedeutsamkeit der Saldomitteilung bestehen, so daß eine Zugangsfiktion gem § 11 Nr 6 AGBG **unzulässig** ist (vgl dazu BGH WM 1994, 832 = ZIP 1994, 690 = EWiR § 9 AGBG 8/94, 524 [Bülow]; OLG Frankfurt/M ZIP 1993, 665 = WuB I D 5 – 5.93 [Oechsler]; LG Frankfurt/M ZIP 1991, 1420). Die **anerkannte Saldoforderung** aus einem Kredit-kartenvertrag unterliegt der dreißigjährigen Verjährung (OLG Oldenburg WM 1994, 378).

c)   Überziehungsprovision

Für den Fall, daß der zum Zeitpunkt der monatlichen Abrechnung festgestellte Auf- **B 69** wendungsersatzanspruch des Kreditkartenunternehmens durch das vom Kartenin-haber auf dem Deckungskonto bereitgestellte Guthaben nicht gedeckt ist, versuchen die Kreditkartenunternehmen in ihren AGB bisweilen, den Karteninhaber zur Zah-lung einer pauschalen **Überziehungsgebühr** zu verpflichten, zB in Höhe von 5 DM falls der Karteninhaber nicht wenigstens 10% des Überziehungssaldos begleicht (vgl BGH WM 1994, 832 = ZIP 1994, 690 = EWiR § 9 AGBG 8/94, 524 [BÜLOW]; OLG Frankfurt/M ZIP 1993, 665 = WuB I D 5 – 5.93 [OECHSLER]; LG Frankfurt/M ZIP 1991, 1420; ähnlich OLG Hamburg NJW 1991, 2841; vgl auch LG Frankfurt/M NJW 1991, 2842, 2843). Es stellt zunächst eine gemäß § 9 Abs 2 Nr 1 AGBG relevante nachteilige Abweichung von der gesetzlichen Regelung dar, daß die Ersatzpflicht des Karteninhabers **ohne Mahnung** nach § 284 Abs 1 S 1 begründet wird. Die Mahnung ist im Kreditkartenverfahren nämlich keineswegs stets nach § 284 Abs 2 S 1 wegen kalendermäßiger Bestimmtheit entbehrlich, da das Datum des monatlichen Abrechnungsstichtages in der Regel nicht auf den Tag genau feststeht. Der Mahnungsverzicht widerspricht überdies dem wesentlichen Grundgedanken der §§ 284, 286, wonach dem Schuldner unter Hinweis auf seine Leistungspflichten eine letzte Möglichkeit zur ordnungsgemäßen Erfüllung verbleiben soll. Ferner läßt sich die Überziehungsgebühr auch nicht als pauschalierter Anspruch auf Ersatz der Mahnungskosten (Mahnkostenpauschale) begründen; denn auch ein solcher Anspruch ist mit wesentlichen Grundgedanken der §§ 284 ff nicht vereinbar. Da nach § 284 Abs 1 S 1 die erste Mahnung überhaupt erst Voraussetzung für den Eintritt des Schuldnerverzuges ist, können die mit ihr verbundenen Kosten mangels Kausalität nicht als Verzugsschaden gem § 286 Abs 1 geltend gemacht werden; denn die Kosten sind nicht **durch**, sondern **vor** Verzug entstanden (BGH VersR 1974, 362; LG Frankfurt/M ZIP 1991, 1420, 1421; ebenso wohl OLG Hamburg NJW 1991, 2841). Weiterhin ist auch die mit der Vereinbarung einer Überziehungsgebühr beabsichtigte **Pauschalierung der Höhe des Schadensersatzanspruches** gem § 11 Nr 5 a AGBG nur dann wirksam, wenn das Kreditkartenunternehmen darlegen und gegebenenfalls auch beweisen kann, daß die Pauschale den für gewöhnlich zu erwartenden Schaden des Kreditkartenunternehmens nicht übersteigt. Die Praxis kehrt – entgegen dem Wortlaut der Vorschrift – die Darlegungs- und Beweislast zugunsten des Karteninhabers um. Da das Kreditkartenunternehmen regelmäßig über alle zur Berechnung des Schadens erforderlichen Daten verfügt, muß es die Angemessenheit des Pauschalsatzes auch im Einzelfall beweisen (OLG Frankfurt/M ZIP 1993, 665 = WuB I D 5 – 5.93 [OECHSLER]; LG Frankfurt/M ZIP 1991, 1420, 1421; so praktisch auch OLG Hamburg NJW 1991, 2841). Schließlich kann die Überziehungsgebühr gem § 11 Nr 6 AGBG **auch nicht wirksam als Vertragsstrafe** vereinbart werden (so insbes BGH WM 1994, 832 = ZIP 1994, 690 = EWiR § 9 ABGB 8/94, 524 [BÜLOW]). Eine Klausel, die eine pauschale Überziehungsgebühr vorsieht, hält daher der AGB-rechtlichen Prüfung regelmäßig nicht stand (MARTINEK, Moderne Vertragstypen Bd III 70).

d) Vereinbarungsdarlehen

B 70 Von der Vereinbarung einer pauschalen Überziehungsgebühr zu unterscheiden sind solche Regelungen, die die Kreditkartenunternehmen **zur Berechnung eines vom Karteninhaber durch fehlende Kontendeckung verursachten Verzugsschadens** in ihren AGB treffen. Soweit dabei bereits der Zeitpunkt des Verzugseintritts formularmäßig mit Ablauf des Abrechnungsstichtages festgelegt wird (vgl BGH WM 1994, 832 = ZIP 1994, 690 = EWiR § 9 AGBG 8/94, 524 [BÜLOW]; OLG Frankfurt/M ZIP 1993, 665 = WuB I D 5 – 5.93 [OECHSLER]; LG Frankfurt/M ZIP 1991, 1420, 1421, Klausel 7), ist dies wegen unangemessener Benachteiligung gemäß § 9 Abs 1 AGBG **unwirksam**. Wegen Verzuges haftet der Schuldner nämlich erst nach Mahnung durch den Gläubiger (§ 284 Abs 1 S 1). In der Mitteilung des Saldos kann aber noch keine Mahnung gesehen werden. Denn der Anspruch des Kreditkartenunternehmens auf Aufwendungserstattung wird von den Parteien des Emissionsvertrags in Abbedingung des § 271 Abs 2 als **verhaltener**

Anspruch vereinbart, den der Karteninhaber nur auf Aufforderung durch das Kreditkartenunternehmen hin erfüllen darf. Diese Aufforderung ergeht an den Karteninhaber jedoch erst mit der monatlichen Saldenmitteilung. Als Konkretisierungsakt, der die Erfüllbarkeit des Ersatzanspruches erst begründet, kann die Saldomitteilung selbst nicht Mahnung sein. Daher könnte auch ein Verzug des Karteninhabers nicht bereits mit dem Abrechnungsstichtag eintreten, sondern erst nach einer zwangsläufig später erfolgenden Mahnung durch das Kreditkartenunternehmen.

Nach den neueren Ausgestaltungen der AGB der Kreditkartenunternehmen kommt **B 71** es jedoch nicht zu einer Mahnung und zu einem Verzug des Kreditkarteninhabers mit der Erfüllung des Aufwendungsersatzanspruchs. Wie der BGH vielmehr zutreffend erkannt hat (BGH WM 1994, 832 = ZIP 1994, 690 = EWiR § 9 ABGB 8/94, 524 [Bülow]; anders noch früher Martinek, Moderne Vertragstypen Bd III 72; OLG Frankfurt/M ZIP 1993, 665 = WuB I D 5 – 5.93 [Oechsler]; LG Frankfurt/M ZIP 1991, 1420, 1421) wird der Aufwendungsersatzanspruch aus §§ 675, 670 nämlich erst nach Ablauf einer „Zahlungsfrist" fällig gestellt. So ist in der Einräumung eines Zahlungsziels von drei oder vier Wochen (*in casu*: 21 Tage) ab Zugang der Saldenmitteilung eine Bestimmung der Leistungszeit iS des § 271 Abs 2 zu sehen. Mit der Fälligkeit des Aufwendungsersatzanspruchs erhält der Karteninhaber die Möglichkeit, statt der Zahlung einen Kredit in Anspruch zu nehmen (Häde ZBB 1994, 33, 36); der Aufwendungsersatzanspruch nach §§ 675, 670 wird in ein **Vereinbarungsdarlehen** nach § 607 Abs 2 umgewandelt. Die übliche „Zahlungsfrist" ab Zugang der Saldenmitteilung stellt sich mithin nicht als eine echte, die Vertragswidrigkeit der Nichtzahlung auslösende Zahlungsfrist dar, sondern bestimmt lediglich den Zeitpunkt, von dem ab die Gewährung eines verzinslichen Kredits einsetzt.

Erst von diesem Zeitpunkt an dürfen deshalb Zinsen („Überziehungszinsen") ver- **B 72** langt werden. Wird dagegen für den Fall der Nichtzahlung innerhalb der 21-Tage-Frist der Beginn der Zinspflicht auf das Datum der Saldenmitteilung vorverlegt, so verstößt dies gegen § 9 AGBG, weil damit rückwirkend die Verzinsung einer nicht fälligen Forderung verlangt würde. Erst mit dem Ablauf der Zahlungsfrist nimmt der Kreditkarteninhaber konkludent das Angebot auf ein Vereinbarungsdarlehen an. Eine Zinspflicht für davor liegende Zeiträume begründete entgegen dem gesetzlichen Leitbild des § 608 eine Zinsforderung vor Fälligkeit und führte bei nur geringfügiger Überschreitung des Zahlungsziels zu einer unverhältnismäßig hohen Zinsbelastung (BGH WM 1994, 832 = ZIP 1994, 690 = EWiR § 9 ABGB 8/94, 524 [Bülow]; anders noch früher Martinek, Moderne Vertragstypen Bd III 72; OLG Frankfurt/M ZIP 1993, 665 = WuB I D 5 – 5.93 [Oechsler]; LG Frankfurt/M ZIP 1991, 1420, 1421). Bedingt sich das Kreditkartenunternehmen in seinen AGB das Recht aus, im Falle nicht vertrags- und fristgemäßer Erfüllung der Zahlungspflichten des Karteninhabers dessen Daten der Schutzgemeinschaft für allgemeine Kreditsicherung (Schufa) zuzuleiten, kann dies ebenfalls eine unangemessene Benachteiligung des Karteninhabers gemäß § 9 AGBG begründen (OLG Koblenz WM 1990; Martinek, Moderne Vertragstypen Bd III 73; zum Schadensersatzanspruch des Karteninhabers bei unberechtigter Schufa-Benachrichtigung vgl LG Bonn WM 1994, 1285).

e) Zusatzleistungen des Kreditkartenunternehmens

Häufig bieten die Kreditkartenunternehmen **Versicherungen, Serviceleistungen usw** als **B 73**

zusätzliche Leistungen zur Kreditkarte an (zur wettbewerblichen Dimension vgl OECHSLER, Wettbewerb, Reziprozität und externe Effekte im Kreditkartengeschäft 151 ff). Bietet ein Kreditkartenunternehmen seinen Karteninhabern eine **Reiseleistung** an und wird nicht deutlich, daß das Kreditkartenunternehmen die Reise nur vermitteln will, so muß sich das Kreditkartenunternehmen als Reiseveranstalter behandeln lassen, gleichgültig, ob es in seinen AGB den tatsächlichen Reiseveranstalter benannt hat oder nicht (OLG Celle NJW-RR 1990, 445). Soweit die Kreditkarte dem Karteninhaber auch Möglichkeiten der Bargeldbeschaffung (**Bargeldservice**) eröffnet, ist die diesbezügliche gesonderte Entgeltvereinbarung in den AGB des Kreditkartenunternehmens am Transparenzgebot zu messen (METZ NJW 1991, 2804, 2809). Als überraschende Klausel unwirksam ist die Vereinbarung einer „**Cash-Gebühr**" in den AGB des Kreditkartenunternehmens, wenn diese nach der äußeren Gestaltung des Formularvertrages nicht im Zusammenhang mit der vom Karteninhaber geschuldeten Jahresgebühr, sondern an sonstiger Stelle aufgeführt ist. Denn die Hauptleistungspflicht des Karteninhabers ist grundsätzlich auf die Zahlung einer Jahresgebühr beschränkt. Weitere Entgeltansprüche des Kreditkartenunternehmens müssen deshalb in räumlichem Zusammenhang mit der allgemeinen Pflicht zur Zahlung der Jahresgebühr ausgewiesen werden (LG Frankfurt/M NJW 1991, 2842, 2843; METZ NJW 1991, 2804, 2809; MARTINEK, Moderne Vertragstypen Bd III 74). Dies gilt auch für die teilweise in den AGB der Kreditkartenunternehmen vereinbarte Pflicht des Karteninhabers, eine **Kundenzeitschrift** des Kreditkartenunternehmens in periodischen Abständen entgeltlich zu erwerben.

f)   Fristlose Kündigung

B 74   In den AGB des Kreditkartenunternehmens, die dem Emissionsvertrag zugrundeliegen, wird beiden Parteien oft ein ohne Vorliegen eines wichtigen Grundes ausübbares, fristloses Kündigungsrecht gewährt. Hierin sehen Rechtsprechung und Literatur zu Recht eine unangemessene Benachteiligung des Karteninhabers gem § 9 Abs 1 AGBG (BGH WM 1994, 832 = ZIP 1994, 690 = EWiR § 9 ABGB 8/94, 524 [BÜLOW]; OLG Frankfurt/M ZIP 1993, 665 = WuB I D 5 – 5.93 [OECHSLER]; LG Frankfurt/M ZIP 1991, 1420, 1421; METZ NJW 1991, 2804, 2809; abweichend früher MARTINEK, Moderne Vertragstypen Bd III 72). Die Regelung des § 671 Abs 1 zur fristlosen Kündbarkeit eines (unentgeltlichen) Auftragsverhältnisses ist ausweislich der in § 675 aufgezählten Vorschriften auf (entgeltliche) Geschäftsbesorgungsverträge nicht anwendbar (so Rn A 89). Aus der Inbezugnahme des § 671 Abs 2 in § 675 folgt, daß die Annahme eines fristlosen Kündigungsrechts einer besonderen Begründung bedarf, an der es beim Kreditkartengeschäft fehlt. Dies gilt unabhängig davon, ob man die Rechtsnatur des Emissionsvertrags als Geschäftsbesorgungsvertrag mit dienst- oder mit werkvertraglichem Charakter bestimmt (dazu Rn B 65). Im ersten Fall (so OLG Frankfurt/M ZIP 1993, 665 = WuB I D 5 – 5.93 [OECHSLER]; LG Frankfurt/M ZIP 1991, 1420, 1421) gilt für den Verpflichteten nach § 621 Nr 4 eine Kündigungsfrist von sechs Wochen zum Schluß eines Kalendervierteljahres; im zweiten Fall (hM, vgl Rn B 65; offen gelassen von BGH WM 1994, 832 = ZIP 1994, 690 = EWiR § 9 ABGB 8/94, 524 [BÜLOW]) steht dem Unternehmer ohne vertragliche Regelung kein Kündigungsrecht und insbesondere ohne wichtigen Grund kein fristloses Kündigungsrecht zu. Der Kreditkarteninhaber hat sich in der Regel auf die Verwendung der Karte als Bargeldsurrogat eingerichtet, so daß sein Vertrauen auf das Ausbleiben einer plötzlichen Kündigung etwa während einer Auslandsreise und auf den Fortbestand des Geschäftsbesorgungsvertrags schutzwürdig erscheint. Der fristlose Entzug der mit einer Kreditkarte verbundenen Möglichkeiten stellt deshalb eine so schwerwiegende Beeinträchtigung dar, daß es unangemessen wäre, wenn solche Eingriffe nach Belieben und ohne wichtigen Grund vorgenommen werden könnten (BGH WM 1994, 832 = ZIP 1994, 690 = EWiR § 9 ABGB 8/94, 524 [Bülow]; aA Wolf, AGBG § 9 Rn K 63; früher auch Martinek, Moderne Vertragstypen Bd III 75).

3. Der Einwendungsdurchgriff beim Emissionsvertrag

a) Die Interessenlage
Der vom Kreditkartenunternehmen gegenüber den Vertragsunternehmen und Kar- **B 75** teninhabern praktizierte monatliche Abrechnungsmodus veranlaßt das Vertragsunternehmen dazu, die eigene Leistung an den Karteninhaber sofort zu erbringen, die gegen diesen gerichtete Forderung jedoch für längstens einen Monat zu stunden. Mit dieser **Vorleistung** ist die Gefahr verbunden, daß der Karteninhaber bis zur monatlichen Abrechnung auf Sachmängel bzw sonstige Einwendungen begründende Tatsachen aufmerksam wird, die er einem unmittelbaren Anspruch des Vertragsunternehmens entgegenhalten könnte. Im Kreditkartenverfahren rechnet er jedoch nicht mit dem Vertragsunternehmen, sondern mit dem Kreditkartenunternehmen über die aus seinem Vertrag mit dem Vertragsunternehmen entstandenen Forderungen ab. Gegenüber dem aus dem Emissionsvertrag begründeten Erstattungsanspruch des Kreditkartenunternehmens (§ 670) kann er die im Vertragsverhältnis zum Vertragsunternehmen entstandenen Einwendungen **nicht unmittelbar geltend machen**. Er hat angesichts dieser Lage ein massives Interesse daran, sich den **wirtschaftlichen** Belastungen des gestörten Leistungsaustausches mit dem Vertragsunternehmen dadurch zu entziehen, daß er seine Gegenrechte **nunmehr gegenüber dem Erstattungsanspruch des Kreditkartenunternehmens einwendet** und damit dieses zur weiteren Auseinandersetzung mit dem Vertragsunternehmen veranlaßt. Für einen **Einwendungsdurchgriff** im weiteren Sinne sind im Kreditkartengeschäft verschiedene Konstellationen zu unterscheiden (unten Rn B 76 – 82).

b) Der nachträgliche Widerrufsversuch
Zunächst wird der Karteninhaber bestrebt sein, dem Erstattungsanspruch des Kre- **B 76** ditkartenunternehmens dadurch *ex post* die Grundlage zu entziehen, daß er seine **Veranlassung zur Zahlung** an das Vertragsunternehmen **nachträglich widerruft**. Durch nachträgliche Beseitigung seines Veranlassungsaktes, der in seiner Unterschrift auf dem vom Vertragsunternehmen erstellten Leistungsbeleg (sog Slip) zu sehen ist, könnte der Karteninhaber die gegenüber dem Vertragsunternehmen bestehenden Einwendungen mittelbar auch gegenüber dem Kreditkartenunternehmen durchsetzen. Die Praxis sah sich mit dieser Frage etwa in Fällen konfrontiert, in denen ein Karteninhaber nachts in einem Animierlokal vom Wirt (Vertragsunternehmen) ausgestellte Leistungsbelege über unverhältnismäßig hohe Beträge unterzeichnet hatte (LG Berlin NJW 1986, 1939 = WM 1986, 1469; vgl auch BGH NJW 1987, 2014 = WM 1987, 692) oder in denen ein Karteninhaber beim Kauf eines Teleobjektivs im Ausland vom Vertragsunternehmen über dessen Wert arglistig getäuscht worden war (OLG Schleswig WM 1991, 453; ähnliche Problematik bei OLG Karlsruhe DB 1991, 34). In beiden Fällen stellte sich die Frage, ob der Karteninhaber den im Leistungsbeleg gegenüber dem Kreditkartenunternehmen vorgenommenen **Veranlassungsakt nachträglich und vor Zahlung des Kreditkartenunternehmens an das Vertragsunternehmen widerrufen** konnte. Dies wird von der **Anweisungstheorie** bejaht, derzufolge sich das Unterschreiben des

Leistungsbelegs als die Erteilung einer Anweisung im technischen Sinne des § 783 darstellt (CANARIS, Bankvertragsrecht Rn 1624; im Anschluß daran OLG Karlsruhe DB 1991, 34, 35; OLG Frankfurt/M WM 1994, 942; LG Berlin NJW 1986, 1939 = WM 1986, 1469). Die Anweisungstheorie wendet in diesen Fällen unmittelbar § 790 an: nach dessen S 1 endet das Widerrufsrecht erst mit Bewirkung der Leistung, und es ist nach dessen S 2 nicht deshalb ausgeschlossen, weil der Anweisende dem Anweisungsempfänger zur Leistung verpflichtet ist. Die **herrschende Meinung** beurteilt den Akt der Unterzeichnung des Leistungsbelegs demgegenüber als eine vom Karteninhaber an das Kreditkartenunternehmen erteilte **geschäftsbesorgungsvertragliche Weisung iSd § 665** auf Zahlung an das Vertragsunternehmen (BGHZ 91, 221 = WM 1984, 1213 = ZIP 1984, 1075 = NJW 1984, 2460; OLG Schleswig WM 1991, 453; KG WM 1993, 2044 = WuB I D 5.-3.94 [OECHSLER]; HAMMANN, Die Universalkreditkarte 34; WELLER, Das Kreditkartenverfahren 114 f; ZAHRNT NJW 1972, 1077, 1079). Nach diesem **geschäftsbesorgungsvertraglichen Ansatz** scheidet der nachträgliche Widerruf einer vom Karteninhaber an das Vertragsunternehmen erteilten Weisung wegen der Besonderheiten des Kreditkartengeschäftes aus (OLG Schleswig WM 1991, 453; BÖTTGER, Zur rechtlichen Beurteilung des Kreditkartenverfahrens 45; BECK, Einwendungen 140; ECKERT WM 1987, 161, 165; im Ergebnis wohl auch HADDING, in: FS Pleyer 17, 33 und WELLER, Das Kreditkartenverfahren 15, 87, 115).

B 77 Der herrschenden Meinung ist der Vorzug zu geben (wie hier schon MARTINEK, Moderne Vertragstypen Bd III 79). Die Anweisungstheorie entspricht kaum dem wirklichen Willen der Beteiligten. Denn im Rahmen der §§ 783 ff erteilt der Anweisende eine abstrakte Doppelermächtigung; er ermächtigt den Angewiesenen zur Leistung und den Anweisungsempfänger zur Erhebung der Leistung im eigenen Namen. Beide Ermächtigungen aber sind **von den jeweils zugrundeliegenden Schuldverhältnissen abstrakt.** Auf diese Weise sollen der Angewiesene und der Anweisungsempfänger jeweils der Unsicherheit enthoben werden, die eigene Berechtigung auch aus dem Rechtsverhältnis herleiten zu müssen, das der Anweisende nicht mit ihnen selbst, sondern mit dem jeweils anderen unterhält. Regelmäßig stehen der Angewiesene und der Anweisungsempfänger nämlich in keiner Sonderrechtsbeziehung. Von dieser typischen Anweisungskonstellation unterscheidet sich jedoch das Kreditkartengeschäft, bei dem das Kreditkartenunternehmen als vermeintlicher Angewiesener und das Vertragsunternehmen als möglicher Anweisungsempfänger gemeinsam eine vertragliche Rahmenvereinbarung über die mit dem Gebrauch der Kreditkarte durch den Karteninhaber verbundenen Erfüllungsmodalitäten treffen. Erheben beide auf diese Weise ihre jeweiligen Rechtsverhältnisse zum Karteninhaber, zumindest soweit die zahlungstechnische Abwicklung betroffen ist, gerade zum Vertragsgegenstand, besteht kein Anlaß, sie durch Erteilung von abstrakten Ermächtigungen gegen jede in diesen Rechtsverhältnissen auftretende Störung von vornherein zu schützen. Die Anweisungstheorie gelangt auch **schwerlich zu angemessenen Ergebnissen.** Ist nämlich der Widerruf gemäß § 790 noch bis zur monatlichen Abrechnung zwischen Kreditkartenunternehmen und Vertragsunternehmen möglich, stünde es dem Karteninhaber frei, sich gegenüber dem Kreditkartenunternehmen von den wirtschaftlichen Folgen seiner Verpflichtung gegenüber dem Vertragsunternehmen zu lösen. In seinen Rechtsfolgen ließe sich der nachträgliche Anweisungswiderruf nicht auf Fälle des Einwendungsdurchgriffs beschränken. Denn die Ausübung des abstrakten Widerrufsrechts ist nicht an das Vorliegen von Sachgründen gebunden, so daß sich der Karteninhaber auch ohne sachlichen Grund zunächst von seinen Pflichten befreien könnte.

Demgegenüber fügt sich die herrschende Meinung bruchlos in die geschäftsbesor- **B 78** gungsvertragliche Rechtsnatur des Emissionsvertrags ein und gelangt zu angemessenen Ergebnissen: Eine gemäß §§ 675, 665 erteilte Weisung ist zwar grundsätzlich ebenfalls frei widerruflich; das Widerrufsrecht endet jedoch, sobald der Geschäftsbesorger aufgrund der Weisung eine **irreversible Disposition** getroffen hat. Der Grund für diese Einschränkung ergibt sich aus der dem Geschäftsbesorgungsvertrag zugrundeliegenden Interessenlage. Dort nimmt der Geschäftsbesorger dem Geschäftsherrn nämlich regelmäßig nicht das Risiko ab, sich durch Weisungen in seinen Dispositionsmöglichkeiten festzulegen und Dritten gegenüber als Vertragspartner im Wort zu stehen. Veranlaßt der Geschäftsherr durch seine Weisung den Geschäftsbesorger zu einer irreversiblen Disposition – beispielsweise zur Begründung einer Verpflichtung gegenüber einem Dritten –, so kann er nicht im Innenverhältnis und zu Lasten des Geschäftsbesorgers die damit verbundenen Rechtsfolgen durch rückwirkenden Weisungswiderruf beseitigen. Diese Interessenlage entspricht derjenigen im Kreditkartengeschäft; auch das Kreditkartenunternehmen verpflichtet sich im Emissionsvertrag nicht dazu, dem Karteninhaber das Dispositionsrisiko gegenüber dem Vertragsunternehmen abzunehmen. Die Widerruflichkeit der Weisung muß daher zu dem Zeitpunkt enden, zu dem das Kreditkartenunternehmen weisungsgemäß irreversibel disponiert hat. Bereits mit Unterzeichnung des Leistungsbelegs durch den Karteninhaber erwirbt das Vertragsunternehmen jedoch einen noch näher zu qualifizierenden Zahlungsanspruch gegenüber dem Kreditkartenunternehmen. Die Erteilung der Weisung durch den Karteninhaber und die nicht reversible Verpflichtung des Kreditkartenunternehmens gegenüber dem Vertragsunternehmen ereignen sich daher zeitgleich. Aus diesem Grund ist auch **der Widerruf der Weisung im Kreditkartengeschäft mit ihrer Erteilung ausgeschlossen.** Sollte in krassen Ausnahmesituationen (Wucher im Animierlokal, Betrug im Ausland) dennoch ein Bedürfnis nach Durchgriff bestimmter, gegenüber dem Vertragsunternehmen bestehender Einwendungen des Karteninhabers bestehen, so kann dem allenfalls durch **echten Einwendungsdurchgriff** bei offenkundigen und leicht nachweisbaren Einwendungen des Karteninhabers im **Einzelfall** Rechnung getragen werden (dazu unten Rn B 80). Die Unterschrift des Karteninhabers auf dem Leistungsbeleg ist jedoch als **geschäftsbesorgungsrechtliche Weisung** iSd § 665 nach ihrer Erteilung durch den Karteninhaber **nicht mehr widerrufbar.**

c) Der Einwendungsdurchgriff im engeren Sinne

Erwägenswert ist freilich, ob der Karteninhaber nicht allgemein befugt ist, Einwen- **B 79** dungen aus seinem Vertragsverhältnis mit dem Vertragsunternehmen auch gegenüber dem aus dem Emissionsvertrag begründeten Erstattungsanspruch des Kreditkartenunternehmens geltend zu machen, weil beide Verträge – vergleichbar der vertrauten Konstellation beim finanzierten Abzahlungskauf – eine **wirtschaftliche Einheit** bilden. Das Kreditkartengeschäft weist durchaus **Ähnlichkeiten mit dem sogenannten A-Geschäft des finanzierten Abzahlungskaufs** auf, bei dem ein Kreditinstitut mit der Emission von Warenscheinen befaßt ist, die aufgrund einer zuvor getroffenen Rahmenvereinbarung von diversen Absatzunternehmen als Bargeldsurrogat akzeptiert werden und daher für private Verbraucher als Zahlungsmittel verwendbar sind. Gerade auf einen derart finanzierten Kaufvertrag wendet die herrschende Meinung jedoch zu Recht die Grundsätze über den Einwendungsdurchgriff **nicht** an, weil es an der wirtschaftlichen Einheit zwischen Kreditinstitut und Verkäufer fehlt (KG WM 1985, 714, 715; SOERGEL/HÖNN [12. Aufl 1991] Anh zu § 6 AbzG Rn 10; MünchKomm/WESTER-

MANN [2. Aufl 1988] § 6 AbzG Rn 27). Beim A-Geschäft wie beim Kreditkartengeschäft ist Gegenstand der Kooperation zwischen Kreditinstitut und Verkäufer **nicht die Durchführung und Abwicklung einzelner Kaufverträge mit den Kunden, sondern der Betrieb eines Zahlungssystems.** Dies zeigt sich ua daran, daß das Kreditkartenunternehmen keinerlei Einfluß darauf hat, mit welchem Vertragsunternehmen und zu welchen Konditionen der Karteninhaber Geschäfte tätigt und daß ihm diese Umstände in den meisten Fällen nicht einmal nachträglich exakt bekannt werden. Ein systematischer Vergleich zu § 9 Abs 1 S 2 VerbrKrG zeigt überdies, daß die wirtschaftliche Einheit bei einem finanzierten Abzahlungskauf eine Einflußnahme des Verkäufers – also des Vertragsunternehmens – auf die Vorbereitung und den Abschluß des Kreditvertrages voraussetzt. Im Kreditkartengeschäft aber kommt dem Vertragsunternehmen ein solcher Einfluß auf das Zustandekommen des Emissionsvertrages erkennbar nicht zu. Wenn daher aus Sicht des Karteninhabers die Leistungen von Vertragsunternehmen und Kreditkartenunternehmen ineinandergreifen, so läßt sich dies allein auf den Umstand zurückführen, daß Zahlungsmittel immer dort zum Einsatz kommen, wo sonstige, mit ihnen bezahlte Leistungen ausgetauscht werden. Die Möglichkeit eines Einwendungsdurchgriffs widerspricht im übrigen der von Kreditkartenunternehmen und Karteninhaber im Emissionsvertrag verfolgten **rein zahlungsverkehrstechnischen Zwecksetzung.** Der Karteninhaber erwirbt die Kreditkarte lediglich als **Bargeldsurrogat** und nicht als Mittel zur Durchsetzung seiner Rechte gegenüber dem Vertragsunternehmen. Zahlt der Karteninhaber aber gegenüber dem Vertragsunternehmen bar, so muß er die ihm nachträglich bekannt werdenden Gegenrechte stets gegenüber dem Vertragsunternehmen im Wege der Wandelung, Minderung oder aufgrund sonstiger Rückerstattungsansprüche geltend machen. Zwar begünstigt der monatliche Abrechnungsmodus im Kreditkartenverfahren den Karteninhaber im Vergleich zum Barkauf durch Hinausschieben des Leistungszeitpunktes. Die damit verbundene zeitliche Verzögerung dient jedoch allein abwicklungstechnischen Zwecken; eine Erleichterung der Rechtsdurchsetzung des Karteninhabers gegenüber dem Barzahlungskauf ist nicht beabsichtigt. Zu Recht lehnt daher die herrschende Meinung die Möglichkeit eines Durchgriffs von Einwendungen aus der vertraglichen Beziehung zwischen Vertragsunternehmen und Karteninhaber auf den Aufwendungsersatzanspruch des Kreditkartenunternehmens ab (CANARIS, Bankvertragsrecht Rn 1633; HADDING, in: FS Pleyer 17, 39, Fn 81; HAMMANN, Die Universalkreditkarte 126; SEIBERT DB 1991, 429, 431; vUSSLAR/vMORGEN, Aktuelle Rechtsfragen der Kreditkartenpraxis 64 ff; WELLER, Das Kreditkartenverfahren 173; MARTINEK, Moderne Vertragstypen Bd III 81).

B 80 Nach einer im Vordringen befindlichen Auffassung kommt ein Einwendungsdurchgriff gemäß § 242 aber **ausnahmsweise** dann in Betracht, wenn der Karteninhaber dem Kreditkartenunternehmen offenkundige und leicht nachweisbare Einwendungen gegenüber dem Vertragsunternehmen mitteilt. Leistet das Kreditkartenunternehmen daraufhin dennoch an das Vertragsunternehmen, so handelt es treuwidrig (WOLF/HORN/LINDACHER-WOLF, AGBG [2. Aufl 1989] § 9, Stichwort Kreditkartenvertrag Rn K 56; HAMMANN, Die Universalkreditkarte 105 ff; PÜTTHOFF, Die Kreditkarte in rechtsvergleichender Sicht 163). Diese Auffassung impliziert, daß das Kreditkartenunternehmen überhaupt dem Zahlungsbegehren des Vertragsunternehmens den **Einwand einer unzulässigen Rechtsausübung gegenüber dem Karteninhaber** entgegenhalten kann (so HAMMANN, Die Universalkreditkarte 106 f im Anschluß an PÜTTHOFF, Die Kreditkarte in rechtsvergleichender Sicht 162 und GÖSSMANN, Recht des Zahlungsverkehrs 160 f), was aufgrund der Abstraktion der

Zahlungspflicht des Kreditkartenunternehmens (§ 780) nicht unproblematisch ist (BECK, Einwendungen bei eurocheque und Kreditkarte 39). Aus § 242 dürfte sich ein solcher **Einwendungsdurchgriff allenfalls in den wenigen Ausnahmefällen** begründen lassen, in denen das Leistungsverweigerungsrecht des Karteninhabers sowohl im Hinblick auf die tatsächliche Beweislage als auch auf die rechtliche Beurteilung keine Probleme bereitet und das Kreditkartenunternehmen folglich nicht befürchten muß, an einer langwierigen Auseinandersetzung zwischen Vertragsunternehmen und Karteninhaber beteiligt zu werden. Überdies wird man das Kreditkartenunternehmen nur für verpflichtet halten dürfen, besonders schwerwiegende, den üblichen Geschäftsgang überschreitende Einwendungen des Karteninhabers zu berücksichtigen (MARTINEK, Moderne Vertragstypen Bd III 81 f).

d) Einwendungsdurchgriff bei strittiger Weisungserteilung

Rechte und Gegenrechte aus dem zwischen Vertragsunternehmen und Karteninha- **B 81** ber bestehenden Vertragsverhältnis (Emissionsvertrag) werden schließlich immer dann auch für den Aufwendungserstattungsanspruch des Kreditkartenunternehmens bedeutsam, wenn zwischen beiden streitig ist, ob der Karteninhaber **überhaupt das Kreditkartenunternehmen zur Zahlung veranlaßt hat oder nicht**. Beim Einsatz der Kreditkarte wird teilweise aus praktischen Gründen auf die Ausstellung eines schriftlichen Leistungsbelegs verzichtet. Beim sogenannten **Teleshopping** etwa erweist sich die Kreditkarte gerade deshalb als bequemes Zahlungsmittel, weil der auf eine Werbesendung reagierende und telefonisch bestellende Karteninhaber dem Anbieter zu Zahlungszwecken **lediglich seine Kartennummer mitzuteilen braucht** und eine weitere schriftliche Kommunikation nicht stattfinden muß. Ein solcher zwischen Vertragsunternehmen und Karteninhaber vereinbarter Verzicht auf die schriftliche Fixierung der Weisung an das Kreditkartenunternehmen kann Anlaß zu Auseinandersetzungen über Existenz und Inhalt der Weisung sein, in die auch das Kreditkartenunternehmen zwangsläufig einbezogen wird. Anfällig für solche Auseinandersetzungen ist insbesondere **der Einsatz der Kreditkarte im Ausland**, weil hier einer der Beteiligten bestrebt sein kann, die Schwierigkeiten des anderen bei der Rechtsdurchsetzung zu ungerechtfertigten Vermögensvorteilen auszunutzen. Das **Vertragsunternehmen** kann etwa im Bewußtsein der Schwierigkeiten des Karteninhabers bei der Rechtswahrung im Ausland versuchen, nachträglich und **zu Unrecht mit dem Kreditkartenunternehmen erhöhte Forderungen abzurechnen**. Der **Karteninhaber** kann umgekehrt, von ähnlichen Überlegungen ausgehend eine **niedrigere Weisungssumme behaupten** (vgl dazu den sogenannten „Teppich-Fall" des LG Heidelberg WM 1988, 773 mit Anm von WELTER, WuB I D 5 – 3.88 sowie die Reaktionen der Praxis ZfK 1988, 340; ZfK 1988, 424; vgl auch METZ NJW 1991, 2804, 2807; su Rn B 104). In diesen Fällen darf das Kreditkartenunternehmen nicht einfach dem Tatsachenvortrag eines seiner Vertragspartner Glauben schenken und sich dessen Standpunkt zu eigen machen, denn es ist sowohl dem Karteninhaber wie dem Vertragsunternehmen gegenüber zu besonderer geschäftsbesorgungsvertraglicher Treue verpflichtet. Dies verbietet es auch, sich aus der Auseinandersetzung ohne weiteres zurückziehen, da in diesem Fall stets das Vertragsunternehmen das Nachsehen hätte und entgegen der Vereinbarungen im Akquisitionsvertrag die Durchsetzung seiner Rechte gegenüber dem Karteninhaber eigenständig betreiben müßte (vgl dazu KG WM 1993, 2044 = WuB I D 5 – 3.94 [OECHSLER]).

Genau besehen ist bei Fehlen einer schriftlichen Weisung des Karteninhabers **stets B 82 die Botenmacht des Vertragsunternehmens streitig**, eine gemäß § 665 vom Karteninhaber erteilte Weisung des behaupteten Inhalts dem Kreditkartenunternehmen zu überbringen. Für die Beurteilung des Inhalts der Botenmacht und der übermittelten Erklärung kann es nur auf den objektivierten Empfängerhorizont des Kreditkartenunternehmens ankommen, §§ 133, 157. Die Praktikabilität des Kreditkartenverfahrens verbietet es dabei, das Kreditkartenunternehmen im Einzelfall zu eigenen Nachforschungen oder gar zur Beweiserhebung über Existenz und Inhalt der Botenmacht als verpflichtet anzusehen. Es muß dem Kreditkartenunternehmen aber zugebilligt werden, die allgemeinen Grundsätze der Darlegungs- und Beweislast für seine Beurteilung der Auseinandersetzung zugrundezulegen. Im Prozeß trägt das Vertragsunternehmen die Beweislast für anspruchsbegründende, der Karteninhaber die Beweislast für anspruchsvernichtende Tatsachen. Soweit daher zwischen Vertragsunternehmen und Karteninhaber streitig ist, ob der Karteninhaber dem Vertragsunternehmen überhaupt Botenmacht zur Übermittlung einer Weisung erteilt hat bzw auf welchen Geldbetrag sich diese Weisung bezog, erscheint es aus Sicht des Kreditkartenunternehmens als praktikable und gerechte Lösung, **Unklarheiten zu Lasten des Vertragsunternehmens** gehen zu lassen. Denn die Erteilung einer wirksamen Weisung durch den Karteninhaber an das Kreditkartenunternehmen ist Voraussetzung für den Anspruch des Vertragsunternehmens gegenüber dem Kreditkartenunternehmen. Das Kreditkartenunternehmen kann dann die Erfüllung der Forderung des Vertragsunternehmens gemäß § 242 gegenüber dem Karteninhaber ganz bzw in Höhe des vom Vertragsunternehmen behaupteten Mehrbetrages verweigern, so daß das Vertragsunternehmen selbst auf Durchsetzung seiner Rechte gegenüber dem Karteninhaber angewiesen ist. Anders ist die Lage, wenn zwischen Vertragsunternehmen und Karteninhaber streitig ist, ob die einmal wirksam erteilte **Botenmacht nachträglich entfallen** ist. Hier gehen **Unklarheiten zu Lasten des für rechtshindernde und rechtsvernichtende Einwendungen darlegungs- und beweispflichtigen Karteninhabers.** Dann steht dem Kreditkartenunternehmen gegenüber dem Karteninhaber ein Anspruch auf Aufwendungsersatz gemäß § 670 zu, während der Karteninhaber sich mit seinen Rückgewähransprüchen unmittelbar an das Vertragsunternehmen wenden muß. Ausnahmsweise darf das Kreditkartenunternehmen jedoch die Tatsachenbehauptung des Vertragsunternehmens oder des Karteninhabers dann nicht berücksichtigen, wenn deren **Unrichtigkeit offenkundig und für das Kreditkartenunternehmen leicht nachweisbar ist.** Aufgrund seiner vertraglichen Treuepflichten gegenüber Karteninhaber und Vertragsunternehmen darf das Kreditkartenunternehmen dem eigenen Empfängerhorizont eine offensichtlich und nachweisbar unrichtige Tatsachenbehauptung nicht zugrundelegen. Soweit die Kreditkartenunternehmen in ihren AGB die Beweislast für das Fehlen einer nicht schriftlich erteilten Weisung allein den Karteninhabern aufbürden, liegt eine gemäß § 9 Abs 1 AGBG unangemessene Benachteiligung vor (METZ NJW 1991, 2804, 2809; MARTINEK, Moderne Vertragstypen Bd III 85; KG WM 1993, 2044 = WuB I D 5 – 3.94 [OECHSLER]).

4. Mißbrauchsrisiko und Haftungsklauseln

B 83 In Deutschland wie in anderen Ländern mit weitverbreitetem Kreditkartengeschäft werden durch **Diebstahl, Fälschung und Manipulation von Kreditkarten** jährlich erhebliche Schäden verursacht. Deren Höhe dürfte in ursächlichem Zusammenhang mit der Tatsache stehen, daß der Dieb oder Finder einer dem Karteninhaber abhandengekommenen Kreditkarte auf der Kartenrückseite stets die Unterschrift des Karteninhabers vorfindet und diese daher vergleichsweise leicht auf den Leistungsbelegen der Vertragsunternehmen fälschen kann. Die Kreditkartenbranche hat auf die Gefahr erhöhter Verluste durch Kartenmißbrauch mit einer einheitlichen Gestaltung der **Haftungsklauseln** in ihren AGB reagiert. Danach hat der Karteninhaber im Falle des Abhandenkommens der Karte dem Kreditkartenunternehmen **sofort Anzeige zu erstatten.** Bis zum Zeitpunkt der Anzeige haftet der Karteninhaber dem Kreditkartenunternehmen für Schäden in Höhe von maximal 100 DM; nach Anzeige endet diese Haftung (vgl die Klauseln in den Entscheidungen BGHZ 91, 221 = ZIP 1984, 1075 = NJW 1984, 2460 = WM 1984, 1213; BGHZ 114, 238 = NJW 1991, 1886 = ZIP 1991, 792; LG Hamburg WM 1986, 353).

Für die Verteilung des **Mißbrauchsrisikos** zwischen Kreditkartenunternehmen und **B 84** Karteninhaber orientiert sich der BGH zu Recht an den Grundsätzen der Darlegungs- und Beweislastverteilung. Da die Erteilung eines wirksamen Auftrags Voraussetzung für den Erstattungsanspruch des Kreditkartenunternehmens gemäß § 670 ist, muß danach das Mißbrauchsrisiko auch **vom Kreditkartenunternehmen** getragen werden (BGHZ 91, 221 = NJW 1984, 2460 = ZIP 1984, 1075 = WM 1984, 1213; ebenso BGHZ 114, 238 = NJW 1991, 1886 = ZIP 1991, 792 = WuB I D 5 – 7.91 [FERVERS]). Hat ein Dritter die Karte beim Vertragsunternehmen vorgelegt und die Unterschrift des Karteninhabers unter dem Leistungsbeleg gefälscht, fehlt es in der Tat an einer wirksamen Weisung des Karteninhabers gegenüber dem Kreditkartenunternehmen; denn ein **Gutglaubensschutz** des beauftragten Kreditkartenunternehmens im Hinblick auf seinen Aufwendungsersatzanspruch gemäß § 670 findet nach § 665 nicht statt (HAMMANN, Die Universalkreditkarte 164 mwNw). Der BGH hat auch zu Recht die Frage verneint, ob das Kreditkartenunternehmen das von ihm zu tragende Mißbrauchsrisiko in seinen AGB auf den Karteninhaber wirksam überwälzen kann. Er hat eine entsprechende Haftungsklausel als unangemessene Benachteiligung des Karteninhabers gemäß § 9 Abs 1 AGBG angesehen (BGHZ 114, 238 = NJW 1991, 1886 = ZIP 1991, 792). Das Gericht erachtet die Verschuldenshaftung als wesentlichen Grundsatz im dispositiven Vertragsrecht, von dem ein Kreditkartenunternehmen nur in den Ausnahmefällen abweichen darf, in denen höherrangige Interessen verfolgt oder die Nachteile des Karteninhabers mit Vorteilen kompensiert werden. Als **höherrangiges Interesse** erkennt der BGH zwar grundsätzlich die fehlende Beherrschbarkeit eines Risikos an, dem Kreditkartenunternehmen als Systembetreiber mutet er jedoch zu, die **besondere Verantwortung für systemimmanente Fehleranfälligkeiten** zu tragen. In dem der Entscheidung zugrundeliegenden Sachverhalt wirkte zu Lasten des Kreditkartenunternehmens sicherlich erschwerend, daß die Haftung des Karteninhabers nicht wie üblich betragsmäßig begrenzt war. Aber bei einer **Haftungsbegrenzung** für den Karteninhaber auf 100 DM bleiben die dargestellten grundsätzlichen Bedenken gegen die Begründung einer verschuldensunabhängigen Haftung des Karteninhabers bestehen. Unangemessen iSd § 9 Abs 1 AGBG muß die Benachteiligung des Karteninhabers nämlich vor allem deshalb erscheinen, weil vom **Prinzip der Verschuldenshaftung** abgewichen wird, und nicht, weil die tatsächliche Belastung des Karteninhabers im Einzelfall eine bestimmte Höhe überschreitet. Da die Fähigkeiten des Kreditkartenunternehmens zur Risikostreuung und -versicherung denen des Karteninhabers weit überlegen sind, scheint diese Sichtweise auch im Ergebnis gerechtfertigt. Die Abwälzung des Mißbrauchsrisikos in den AGB ist daher unwirksam.

Gelegentlich sieht sich die Praxis mit einer weiteren Variante des Kartenmißbrauchs **B 85** konfrontiert, der **Fälschung von Leistungsbelegen durch das Vertragsunternehmen bzw**

seine Angestellten (BGHZ 91, 221 = NJW 1984, 2460 = ZIP 1984, 1075 = WM 1984, 1213). Überreicht der Karteninhaber seine Kreditkarte einem Angestellten des Vertragsunternehmens zur Anfertigung eines Leistungsbeleges, gewärtigt er die Gefahr, daß der Angestellte mit der Karte unerlaubterweise zusätzliche Belege fertigt und auf diesen die Unterschrift des Karteninhabers fälscht. In diesen Fällen sind die Risikoabwälzungsklauseln der Kreditkartenunternehmen nach Ansicht des BGH nicht einmal mittelbar anwendbar. Dann fällt das Risiko mißbräuchlichen Verhaltens des Vertragsunternehmens gemäß § 278 eindeutig in den Risikobereich des Kreditkartenunternehmens, und eine Risikoüberwälzung scheidet aus den erwähnten Gründen aus. Eine Haftung des Karteninhabers aus positiver Forderungsverletzung läßt sich hier im Einzelfall auch nicht damit begründen, daß der Karteninhaber die Karte kurzzeitig in die Obhut eines Angestellten gegeben und nicht darauf bestanden hat, daß der Leistungsbeleg in seiner Gegenwart gefertigt wurde. Denn selbst wenn der Karteninhaber mit den Angestellten im selben Raum verbleibt, scheint eine lückenlose Überwachung ausgeschlossen. Nach Ansicht des BGH realisiert sich in diesen Fällen **eine für das Kreditkartenverfahren typische Gefahr**, die dem Karteninhaber nicht zum individuellen Vorwurf gereichen darf. Hat der Karteninhaber jedoch die Verlustanzeige vorwerfbar verzögert und dadurch oder durch sonstiges pflichtwidriges Verhalten einen Schaden verursacht, so schuldet er dem Kreditkartenunternehmen wegen Verletzung vertraglicher Sorgfaltspflichten Schadensersatz aus positiver Forderungsverletzung (hierzu und zu den Fällen der unwirksamen Weisung nach §§ 104 ff oder §§ 119 ff, 142 Abs 1 vgl MARTINEK, Moderne Vertragstypen Bd III 88 f).

5. Emissionsvertrag und Verbraucherkreditgesetz

B 86 Weil das Kreditkartenunternehmen gegenüber dem Karteninhaber keine zeitnahe Abrechnung durchführt, sondern die ausstehenden Ersatzansprüche zu bestimmten monatlichen Stichtagen saldiert, kommt der Karteninhaber in den Genuß von bis zu einmonatigen **Zahlungszielen**. Diese vom Kreditkartenunternehmen gewährten Zahlungsaufschübe unterfallen aber nicht dem Tatbestand des § 1 Abs 2 VerbrKrG. Zunächst ist zu bedenken, daß bei wirtschaftlicher Betrachtung nicht das Kreditkartenunternehmen, sondern das Vertragsunternehmen dem Karteninhaber einen Zahlungsaufschub gewährt. Erfüllt nämlich das Kreditkartenunternehmen die Forderungen des Vertragsunternehmens ebenfalls nur an monatlichen Stichtagen, und zwar in zeitlicher Nähe zur Abrechnung mit dem Karteninhaber, so ist unmittelbar **nur das Vertragsunternehmen, nicht aber das Kreditkartenunternehmen durch den Zahlungsaufschub wirtschaftlich belastet**. Einen Zahlungsaufschub gewährt das **Kreditkartenunternehmen** daher allenfalls insoweit, als es den bereits zuvor fälligen Vorschußanspruch gemäß § 675 iVm § 669 nicht geltend macht. Vor allem aber spricht die Unentgeltlichkeit der dem Karteninhaber gewährten Zahlungsaufschübe gegen eine Anwendung des § 1 Abs 2 VerbrKrG. Denn der vom Karteninhaber allein als Gegenleistung geschuldete Jahresbeitrag bleibt in seiner Höhe von der tatsächlichen Inanspruchnahme von Zahlungszielen durch den Karteninhaber unbeeinflußt (SEIBERT DB 1991, 429). Im übrigen nimmt § 3 Abs 1 Nr 3 VerbrKrG die vom Kreditkartenunternehmen gewährten Zahlungsziele wie alle nicht mehr als dreimonatigen Aufschübe vom Anwendungsbereich des VerbrKrG aus.

B 87 Der Tatbestand des § 1 Abs 2 VerbrKrG kann jedoch auf andere durch die Kreditkarten vermittelte Kreditierungsmöglichkeiten Anwendung finden. Die Kreditkarte wird nämlich über ihre reine Zahlungsmittelfunktion hinaus auch **im Konsumenten-kreditgeschäft als Marketinginstrument** eingesetzt. Dies ist besonders ausgeprägt in den USA als dem Ursprungsland der Kreditkarten der Fall. Kann dort ein Karteninhaber am Stichtag der monatlichen Abrechnung die Erstattungsansprüche des Kreditkartenunternehmens nicht erfüllen, gewährt ihm das Kreditkartenunternehmen einen Zahlungsaufschub als sogenannten **revolving credit**: es räumt ihm einen **Kredit**rahmen ein, den er ausschöpfen und bereits nach teilweiser Tilgung in Mindestraten erneut, revolvierend, wieder in Anspruch nehmen kann (MERKEL, Das Recht der Kreditkarte in den USA 29; SEIBERT DB 1991, 429, 430; DORNER, Das Kreditkartengeschäft 24; JUDT ÖBA 1991, 34, 36; WEISENSEE, Das Bankkreditkartengeschäft 267). In Deutschland machen Kreditkartenunternehmen und Karteninhaber, soweit erkennbar, von diesen revolvierenden Konsumentenkrediten **bislang nur in geringem, offenbar jedoch in wachsendem Umfang** Gebrauch (SEIBERT DB 1991, 429, 430; HÖNN ZBB 1991, 6, 12; HAMMANN/STOLTENBERG ZfK 1989, 664, 669, Fn 66; vUSSLAR/vMORGEN, Aktuelle Rechtsfragen der Kreditkartenpraxis 33; WELLER, Das Kreditkartenverfahren 194 Fn 279; optimistisch hinsichtlich der künftigen Entwicklung METZ NJW 1991, 2804, 2811).

Problematisch und umstritten ist, in welchem Zeitpunkt die **Wirksamkeitsvorausset- B 88 zungen** des VerbrKrG beim **revolvierenden Konsumentenkredit** vorliegen müssen (Schriftform gemäß § 4 Abs 1 S 1 VerbrKrG bzw bestimmte inhaltliche Angaben in der Vertragsurkunde gemäß § 4 Abs 1 S 2 Nr 1 VerbrKrG). Vergleichbare Anwendungsprobleme bereitet das innerhalb einer Woche nach Abschluß des Kreditvertrages auszuübende Widerrufsrecht des Karteninhabers nach § 7 Abs 1 VerbrKrG. Entsprechendes gilt für die Belehrung nach § 7 Abs 2 VerbrKrG. Teilweise wird der mit dem Emissionsvertrag zugleich abgeschlossene Krediteröffnungsvertrag zugrunde gelegt, in dem Einigkeit über die Rahmenbedingungen der Kreditvergabe, insbesondere die einzelnen Teile des Kreditrahmens, die sogenannten Tranchen, erzielt wird (SEIBERT DB 1991, 429, 430). Die eigentlichen Gefahren der Kreditaufnahme gewärtigt der Karteninhaber indes **erst bei Abruf der einzelnen Tranchen**. Erst dann stehen auch sowohl die Nettokreditsumme wie der Umfang der Tilgungslasten konkret fest. Deshalb müssen die Warnung und Schutz bezweckenden gesetzlichen Wirksamkeitsvoraussetzungen des § 4 VerbrKrG zu diesem Zeitpunkt vorliegen (METZ NJW 1991, 2804, 2812; MARTINEK, Moderne Vertragstypen Bd III 92). Ab dem Zeitpunkt der Inanspruchnahme der einzelnen Tranchen beginnt jeweils auch die dem Karteninhaber zur Ausübung des Widerrufsrechtes zustehende Wochenfrist nach § 7 Abs 1 VerbrKrG zu laufen.

Nach § 9 Abs 1 VerbrKrG bildet ein Kaufvertrag dann ein mit dem Kreditvertrag **B 89 verbundenes Geschäft**, wenn der Kredit der Finanzierung des Kaufpreises dient und beide Verträge als wirtschaftliche Einheit anzusehen sind. Im Geschäft mit Universalkreditkarten besteht zwischen dem Emissionsvertrag und dem zwischen Karteninhaber und Vertragsunternehmen geschlossenen Austauschvertrag aber **keine wirtschaftliche Einheit**. Dies gilt auch dann, wenn das Kreditkartenunternehmen dem Karteninhaber revolvierende Verbraucherkredite gewährt. Denn kreditiert wird nicht die Forderung aus einem bestimmten Geschäft des Karteninhabers, sondern der auf seinem Deckungskonto festgestellte negative Monatssaldo, der keine unmittelbare Verbindung mehr zu einzelnen Schuldgründen aufweist (SEIBERT DB 1991, 429, 431).

B 90 § 9 Abs 1 VerbrKrG gelangt jedoch in den Fällen der Vermittlung von Krediten durch eine **Kundenkreditkarte** zur Anwendung (SEIBERT DB 1991, 429, 431; aA SCHMELZ/ KLUTE ZIP 1989, 1509, Fn 59). Bei der Kundenkreditkarte fällt die Rolle des Zahlungs- mittelemittenten mit der des Verkäufers zumindest wirtschaftlich, wenn nicht sogar rechtlich zusammen. Handelt es sich bei dem Kartenemittenten und dem Verkäufer um dieselbe Person, bedarf es der Vorschrift des § 9 VerbrKrG schon nicht, weil die Rechte und Pflichten des Karteninhabers und seines Vertragspartners ohnehin im Synallagma eines Vertrages stehen. Nur sofern über die Vergabe der Kundenkredit- karten eine rechtlich selbständige Einheit des Verkäufer-Unternehmens entscheidet, kommt es auf die Frage der wirtschaftlichen Einheit an. In den meisten Fällen dürfte aber der Nachweis einer Zusammenarbeit von Verkaufs- und Kreditabteilung bei der Vorbereitung bzw Vergabe der Kredite iSd § 9 Abs 1 S 2 VerbrKrG **keine Schwierig- keiten** bereiten. Auch bei Verwendung einer Kundenkreditkarte ist der Einwen- dungsdurchgriff jedoch dann ausgeschlossen, wenn der kreditierte Kaufpreis 400 DM nicht überschreitet (§ 3 Abs 1 Nr 1 VerbrKrG).

6. Familien- und Firmenkreditkarten

B 91 Die sogenannten Familien- und Firmenkreditkarten erklären sich vor allem aus dem Bestreben der Kreditkartenpraxis, sich vor **Forderungsausfällen gegenüber zahlungs- schwachen Kunden** zu schützen. Der zahlungsschwache Karteninhaber erwirbt keine **eigene** Kreditkarte, sondern eine Zusatzkarte zu der Kreditkarte eines zahlungskräf- tigen Familienmitgliedes (Familienkreditkarte) bzw eines Arbeitgebers (Firmenkre- ditkarte), die dem Kreditkartenunternehmen für Schulden des Karteninhabers haften. Das solvente Familienmitglied bzw der Arbeitgeber unterhält dabei jeweils ein Deckungskonto, über das sowohl seine eigenen als auch die mittels Zusatzkarten getätigten Umsätze insgesamt abgewickelt werden (CANARIS, Bankvertragsrecht Rn 1631; HAMMANN, Die Universalkreditkarte 76; METZ NJW 1991, 2804, 2810; WELLER, Das Kreditkarten- verfahren 124 ff).

B 92 Zur Begründung dieser **Einstands- bzw Haftungspflicht des Haupt-Karteninhabers für den Neben-Karteninhaber** vereinbaren die Kreditkartenunternehmen in ihren AGB häufig eine **gesamtschuldnerische Haftung beider Karteninhaber**. Die Haftungsklauseln begründen nicht nur eine Haftung des Haupt-Karteninhabers für die Schulden des Neben-Karteninhabers, sondern lassen **auch umgekehrt** den Neben-Karteninhaber für die Schulden des Haupt-Karteninhabers haften, obwohl sich aus dem Vertrag über die Emission einer Zusatzkreditkarte für das Kreditkartenunternehmen kein Anspruch auf Haftung des Neben-Karteninhabers für Verbindlichkeiten des Haupt- Karteninhabers ergibt. Streitig ist, ob diese Haftungsklauseln eine unangemessene Benachteiligung des Neben-Karteninhabers gemäß § 9 Abs 1 AGBG bewirken (ver- neinend OLG Frankfurt/M NJW-RR 1989, 1523; vgl auch OLG München NJW-RR 1988, 1076). Teilweise lassen Rechtsprechung und Literatur solche Klauseln auch an der Unklar- heitenregel des § 5 AGBG scheitern (LG Wiesbaden WM 1984, 994; ULMER/BRANDNER/ HENSEN, AGBG [7. Aufl 1993] § 5 Rn 34; WOLF/HORN/LINDACHER-LINDACHER, AGBG [2. Aufl 1989] § 5 Rn 25 ff). Richtiger Ansicht nach verstößt die Haftungsklausel aber **gegen § 3 AGBG**, da sie mangels inhaltlichen Zusammenhangs zu dem mit der Zusatzkredit- karte verfolgten Haftungszweck den Zusatz-Karteninhaber überrascht (LG Bremen NJW-RR 1989, 1522, 1523; HAMMANN, Die Universalkreditkarte 79; MARTINEK, Moderne Vertrags- typen Bd III 93 ff, 95). Da sie den Karteninhaber überdies ohne sachlichen Grund benachteiligen, ist **auch § 9 Abs 1 AGBG** anwendbar (CANARIS, Bankvertragsrecht Rn 1631; HAMMANN, Die Universalkreditkarte 79; vgl auch BAG AP § 67 KO Nr 1 m Anm WEBER; OLG Düsseldorf WM 1976, 1101; WELLER, Das Kreditkartenverfahren 124 ff, 131; MARTINEK, Moderne Vertragstypen Bd III 95).

7. Die Rechtsnatur des Akquisitionsvertrags

a) Hintergründe der Kontroverse

Auch Kreditkartenunternehmen und **Vertragsunternehmen** regeln ihre Rechtsbezie- **B 93** hungen durch einen **Rahmenvertrag mit Dauerschuldcharakter**. Das Vertragsunternehmen verpflichtet sich in diesem Akquisitionsvertrag (bisweilen auch Akzeptanzvertrag genannt) gegenüber dem Kreditkartenunternehmen, die Kreditkarte als Zahlungsmittel anzunehmen und den Karteninhabern dieselben Bedingungen wie Barzahlern zu gewähren (sogenanntes **Preisaufschlagsverbot**). Als Entgelt für die Teilnahme am Kreditkartenverfahren schuldet das Vertragsunternehmen ferner einen Bruchteil der mittels Kreditkarte getätigten Umsätze. Die Höhe dieses Disagio liegt in der Praxis zwischen 3 und 5%. Im Gegenzug verpflichtet sich das Kreditkartenunternehmen zur Begleichung der anläßlich der Kreditkartenverwendung entstandenen Forderungen des Vertragsunternehmens gegenüber den Karteninhabern. Die rechtliche Qualifizierung der dabei eingegangenen Verpflichtung ist Gegenstand einer nachhaltig geführten Kontroverse in Theorie und Praxis. Streitig ist insbesondere, ob das Kreditkartenunternehmen dem Vertragsunternehmen eine **Garantieleistung** erbringt.

Diese Frage gewinnt zunächst im Hinblick auf die Anwendung des § 1 Kreditwesen- **B 94** gesetz (KWG) Bedeutung. Das Kreditkartengeschäft ist zwar ausweislich des § 1 Abs 3 Nr 4 KWG im Katalog derjenigen Geschäfte aufgelistet, die ein Unternehmen zu einem „Finanzinstitut" machen, doch ist das Kreditkartengeschäft nicht ausdrücklich im Katalog der (erlaubnispflichtigen) „Bankgeschäfte" nach § 1 Abs 1 S 2 Nrn 1 – 9 KWG erwähnt. Wer ein Kreditkartengeschäft betreibt, scheint danach lediglich zu den Finanzinstituten zu gehören, sofern er nicht wegen seiner anderweitigen Geschäftstätigkeit ein „Kreditinstitut" ist. Etwas anderes könnte sich aber aus § 1 Abs 1 S 2 Nr 8 KWG ergeben, wonach die Übernahme von Bürgschaften, Garantien und sonstigen Gewährleistungen (**Garantiegeschäft**) als Bankgeschäft der Kreditaufsicht unterfällt (s o Rn B 43 u 57). An die Voraussetzungen dieses **aufsichtsrechtlichen** Tatbestandes knüpft auch die **kartellrechtliche Bereichsausnahme** des § 102 Abs 1 Nr 1 GWB an. Danach gelten die Vorschriften der §§ 1, 15 und 38 Abs 1 Nr 11 GWB nicht für Verträge, Empfehlungen und Beschlüsse, wenn sie im Zusammenhang mit Tatbeständen stehen, die der Genehmigung oder Überwachung des Bundesaufsichtsamtes für das Kreditwesen unterliegen. Das ist bei Kreditinstituten, nicht aber bei Finanzinstituten iS des KWG der Fall. Die **Anwendung dieses Privilegierungstatbestandes** wiederum eröffnet den Kreditkartenunternehmen gerade im Bereich der sogenannten Preisaufschlagsverbote praktisch bedeutsame, ansonsten möglicherweise untersagte Gestaltungsmöglichkeiten. Des weiteren hat die umstrittene Garantiewirkung der Verpflichtung des Kreditkartenunternehmens auch im Falle des Mißbrauchs der Kreditkarte Bedeutung. Verwendet ein unbefugter Dritter die Karte als Zahlungsmittel und fälscht die Unterschrift des Karteninhabers auf dem vom Vertragsunternehmen ausgestellten Leistungsbelegen, entsteht keine Forderung des Vertragsunternehmens gegenüber dem Karteninhaber. Fraglich ist, ob in diesem Fall das Vertragsunternehmen dennoch einen Anspruch auf Zahlung gegenüber dem Kreditkartenunternehmen erwirbt.

B 95 In der Pionierzeit des Kreditkartengeschäfts wurde gelegentlich die Auffassung vertreten, das Kreditkartenunternehmen verpflichte sich gegenüber dem Vertragsunternehmen zur **Schuldübernahme** bzw zu einem **Schuldbeitritt** (so noch Avancini ZfRV 1972, 121, 129 f; Pütthoff, Die Kreditkarte in rechtsvergleichender Sicht 157). Dies wurde vor allem deshalb kritisiert, weil danach **das Vertragsunternehmen im Falle des Kartenmißbrauchs schutzlos gestellt** wäre (Hadding, in: FS Pleyer 17, 30; Custodis, Das Kreditkartenverfahren 90 ff; vUsslar/vMorgen, Aktuelle Rechtsfragen der Kreditkartenpraxis 37; Stauder/Weisensee, Das Kreditkartengeschäft 78 ff; Weller, Das Kreditkartenverfahren 82 f; Zahrnt NJW 1972, 1077, 1078). Heute wird diese Ansicht – soweit ersichtlich – nicht mehr vertreten (zu sonstigen, praktisch nicht mehr bedeutsamen Ansätzen vUsslar/vMorgen, Aktuelle Fragen der Kreditkartenpraxis 35 f mwNw). Die gegenwärtige Kontroverse wird zwischen der herrschenden **Forderungskauf-Theorie** und dem **geschäftsbesorgungsvertraglichen Ansatz** ausgetragen.

b) Der Streitstand

B 96 Der BGH und ein Großteil des Schrifttums ordnen den **Akquisitionsvertrag als Forderungskauf** ein (BGH NJW 1990, 2880 = ZIP 1990, 778; erstmals wohl Eckert WM 1987, 161, 162; ebenso Burhoff NWB Fach 21, 855, 858; Reinfeld WM 1994, 1505, 1506; Hönn ZBB 1991, 6, 12 und zum Teil auch Beck, Einwendungen bei eurocheque und Kreditkarten 5 ff, je nach Ausgestaltung der AGB). Danach kommt zwischen Kreditkartenunternehmen und Vertragsunternehmen ein Kaufvertrag über die Forderungen des Vertragsunternehmens gegenüber dem Karteninhaber gemäß §§ 433, 437 zustande. In Erfüllung dieses Kaufvertrages tritt das Vertragsunternehmen seine Forderung gegenüber dem Karteninhaber am Stichtag der monatlichen Abrechnung an das Kreditkartenunternehmen ab und erhält als Gegenleistung einen Kaufpreis in Höhe der um das Disagio verminderten Nominalsumme. Fälscht jedoch ein Dritter unter Zuhilfenahme einer gestohlenen Kreditkarte die Unterschrift des Karteninhabers auf dem Leistungsbeleg, entsteht keine Forderung des Vertragsunternehmens gegenüber dem Karteninhaber, die an das Kreditkartenunternehmen abgetreten werden könnte. Das Kreditkartenunternehmen könnte daher die Zahlung des Kaufpreises im Mißbrauchsfall verweigern bzw vom Vertragsunternehmen Schadensersatz verlangen, da das Vertragsunternehmen dem Kreditkartenunternehmen für Rechtsmängel der verkauften Forderungen gemäß §§ 440, 437, 325 Abs 1 haftete. Die damit verbundene **Überbürdung des Veritätsrisikos auf das Vertragsunternehmen** sahen jedoch frühere Vertreter der Forderungskauftheorie als unangemessene Benachteiligung des Vertragsunternehmens an und forderten daher, daß im Akquisitionsvertrag die Rechtsmängelhaftung des Vertragsunternehmens kraft Parteiabrede ausgeschlossen sei (Eckert WM 1987, 161, 163). Die herrschende Meinung lehnte dies aus systematischen Gründen ab, da ein Ausschluß der §§ 440, 437 zu weit vom gesetzlichen Leitbild des Forderungskaufes abweiche. Da so eine **sinnvolle Grenze zum Garantiegeschäft** nicht mehr gezogen werden könne, sei vielmehr gleich von einer Garantieleistung des Kreditkartenunternehmens und nicht von einem Forderungskauf auszugehen (Hadding, in: FS Pleyer 17, 29 f; Schönle, Bank- und Börsenrecht [2. Aufl 1976] § 29 I 2 a; Stauder/Weisensee, Das Kreditkartengeschäft 78; vUsslar/vMorgen, Aktuelle Rechtsfragen der Kreditkartenpraxis 47 ff; Weller, Das Kreditkartenverfahren 95 ff; Wolf/Horn/Lindacher-Wolf, AGBG [2. Aufl 1989] § 9 Kreditkartenvertrag, Rn K 51).

Diesem Einwand der herrschenden Meinung begegnete wiederum der BGH, indem **B 97** er die entscheidenden Passagen der im konkreten Fall vereinbarten AGB des Kreditkartenunternehmens nicht als Ausschluß der Haftung der §§ 440, 437 auslegte und damit den **Akquisitionsvertrag als Forderungskauf mit Rechtsmängelhaftung des Vertragsunternehmens** ansah. Auf diese Weise wurde das Vertragsunternehmen erstmals und entgegen der Auffassung der bisher im Schrifttum für einen Forderungskauf plädierenden Stimmen mit dem Veritätsrisiko belastet. Der BGH begründet sein Auslegungsergebnis vor allem mit einer in den AGB des Kreditkartenunternehmens vereinbarten sogenannten **Rückforderungsklausel** (dazu Rn B 104 f). Darin war dem Kreditkartenunternehmen gegenüber dem Vertragsunternehmen ein Recht zur Rückforderung bereits gezahlter Beträge für den Fall vorbehalten, daß der Karteninhaber der Feststellung einer Forderung des Vertragsunternehmens zum monatlichen Saldo widersprach. Nach Auffassung des BGH läßt sich dieser Klausel ein gegen den Ausschluß der Rechtsmängelhaftung gerichteter Parteiwille entnehmen (BGH NJW 1990, 2880, 2881 = ZIP 1990, 778, 779 f). Allerdings setzte sich der BGH nicht mit der Frage auseinander, ob diese Rückforderungsklausel selbst AGB-rechtlich wirksam vereinbart wurde; er ließ ungeklärt, ob sie nicht wesentliche, sich aus der Rechtsnatur des Akquisitionsvertrages ergebende Rechte und Pflichten in einer die Erreichung des Vertragszwecks gefährdenden Art und Weise einschränkt (§ 9 Abs 2 Nr 2 AGBG).

Nach der Sichtweise des BGH, wonach der Akquisitionsvertrag ein Forderungskauf **B 98** mit Rechtsmängelhaftung ist, liegt jedenfalls **kein Bankgeschäft** vor. Denn der Forderungskauf beinhaltet keine Garantieleistung iSd § 1 Abs 1 S 2 Nr 8 KWG. Folglich ist auch der kartellrechtliche Privilegierungstatbestand des § 102 Abs 1 Nr 1 GWB unanwendbar. Die im Schrifttum herrschende Meinung hingegen bejaht den **Garantiecharakter des Leistungsaustausches zwischen Kreditkartenunternehmen und Vertragsunternehmen.** Dabei wird in älteren Beiträgen der **Akquisitionsvertrag** oft **als Garantievertrag** nach § 305 eingeordnet (SCHÖNLE, Bank- und Börsenrecht [2. Aufl 1976] § 29 I 2a; STAUDER/WEISENSEE, Das Kreditkartengeschäft 82 ff; ZAHRNT NJW 1972, 1077, 1078), während sich inzwischen die Ansicht durchzusetzen scheint, daß die eigentliche Zahlungspflicht des Kreditkartenunternehmens gegenüber dem Vertragsunternehmen durch ein **abstraktes Schuldversprechen** (§ 780) begründet wird, weil das Kreditkartenunternehmen gegenüber dem Vertragsunternehmen anders als im Garantievertrag eine primäre Zahlungsverpflichtung und keine Ausfallhaftung eingehe (BAUMBACH/DUDEN/HOPT [28. Aufl 1989] Bankgeschäfte III Anm 6 C; BÖTTGER, Zur rechtlichen Beurteilung des Kreditkartenverfahrens 27 ff; CUSTODIS, Das Kreditkartenverfahren 109; HAMMANN, Die Universalkreditkarte 59; HAMMANN/STOLTENBERG ZfK 1989, 664, 668; HADDING, in: FS Pleyer 17, 31 ff; ders, WuB I D 5 – 5.90; offengelassen haben die Entscheidung zwischen Garantievertrag und abstraktem Schuldversprechen: LG Düsseldorf NJW 1984, 2475, 2476 = WM 1984, 990, 992; OECHSLER, Wettbewerb, Reziprozität und externe Effekte im Kreditkartengeschäft 265; vUSSLAR/vMORGEN, Aktuelle Fragen der Kreditkartenpraxis 43 ff; unklar HEYMANN/HORN, HGB Bd 4 [1990] Anh III § 372 Rn 156 Forderungskauf und Rn 146 Garantievertrag). Dem **abstrakten Schuldversprechen liegt dann ein auf Geschäftsbesorgung gerichteter Akquisitionsvertrag (§§ 675, 631) zugrunde**, der eine entsprechende **Sicherungsabrede** als *causa* enthält (vgl HADDING, in: FS Pleyer 17, 26).

c) Stellungnahme

Die Vertreter der **Forderungskauf-Theorie** können sich vor allem auf den **Wortlaut** der **B 99**

AGB des Kreditkartenunternehmens berufen, die häufig auf einen Forderungskauf hin formuliert sind. In dem der Entscheidung BGH NJW 1990, 2880 = ZIP 1990, 778 zugrundeliegenden Sachverhalt lautete die entscheidende Passage: „Sie verkaufen und übertragen uns alle Forderungen gegen Karteninhaber...". Nach § 133 ist für die Auslegung von Willenserklärungen jedoch der wirkliche Wille und nicht der buchstäbliche Sinn maßgeblich. In der von den Kreditkartenunternehmen gewählten Formulierung der AGB wird weniger ein rechtsgeschäftlich relevanter Wille als vielmehr das Bestreben deutlich, der Kontrolle durch die Kreditaufsicht zu entgehen (vgl dazu HÖNN ZBB 1991, 6, 12; HADDING, in: FS Pleyer 17, 29 sowie ders WuB I D 5 – 5.90). Früher – vor Sensibilisierung für die aufsichtsrechtliche Problematik – beschrieben die Kreditkartenunternehmen ihre einschlägigen Pflichten in den AGB auch im Wortlaut durchaus als Garantieleistungen (vgl die Vereinbarung über die Teilnahme am EUROCARD-System vom 17. 7. 1967 Ziff 7, abgedruckt bei WEISENSEE, Die Kreditkarte 274 f). Die nunmehr eingetretene Änderung im Wortlaut aber wurde – soweit erkennbar – nicht von einer Neubesinnung hinsichtlich der Risikoverteilung im Kreditkartengeschäft veranlaßt, die allein eine modifizierte Wortwahl auch inhaltlich rechtfertigen würde (vUSSLAR/vMORGEN, Aktuelle Rechtsfragen der Kreditkartenpraxis, 44). Mag dem in Umgehungsabsicht gewählten Wortlaut bereits deshalb zweifelhafte Relevanz zukommen, so darf die Wortlautauslegung auch aus anderen Gründen nicht letzte Verbindlichkeit beanspruchen. Wählen die Parteien eines Leasingvertrages kaufvertragliche Formulierungen, so hat dies nie eine andere rechtliche Beurteilung des Leasing verhindert. Die Orientierung am Wortlaut der im Kreditkartengeschäft verwendeten Formulierung führte überdies zu einer unübersichtlichen Rechtszersplitterung, da auch heute noch einzelne Kreditkartenunternehmen garantievertragliche statt kaufvertragliche Formulierungen verwenden (vgl die Diners Club Service Vereinbarung, Ziff 2, abgedruckt bei vUSSLAR/vMORGEN, Aktuelle Rechtsfragen der Kreditkartenpraxis 224 und HAMMANN, Die Universalkreditkarte 40).

B 100 Entscheidend für die Bestimmung der Rechtsnatur der Zahlungsverpflichtung des Kreditkartenunternehmens ist vielmehr die wahre, **mit ihr verfolgte zahlungsverkehrstechnische Zwecksetzung.** Die **Funktionalität der Kreditkarte als Bargeldsurrogat** hängt entscheidend von ihrer Sicherheit für das Vertragsunternehmen ab. Denn regelmäßig wird das Vertragsunternehmen im Kreditkartenverfahren gegenüber dem Karteninhaber zur Vorleistung verpflichtet. Während es selbst seine Waren unmittelbar nach Vertragsschluß an den Karteninhaber übereignet bzw seine Dienste diesem gegenüber sofort erbringt, muß es seine gegen diesen gerichtete Forderung bis zur monatlichen Abrechnung mit dem Kreditkartenunternehmen stunden. So verzichtet das Vertragsunternehmen auf die Sicherheit eines ihm ansonsten zustehenden Zurückbehaltungsrechtes gemäß § 320. Seine Bereitschaft zu diesem Verzicht setzt voraus, daß es hinsichtlich der Durchsetzung und Erfüllung seiner Forderungen durch das Kreditkartenunternehmen in einer dem Barzahlungsfall vergleichbaren Art und Weise abgesichert wird. Eine echte Bargeldsurrogation erfordert daher aus Sicht des Vertragsunternehmens eine Sicherheit, die nur – wie etwa im Euroscheckverfahren – in Form einer Garantie oder als abstraktes Schuldversprechen gegeben werden kann (MARTINEK, Moderne Vertragstypen Bd III 100).

B 101 Die Forderungskauf-Theorie des BGH ist gerade deshalb angreifbar, weil sie diese zahlungsverkehrstechnischen Zusammenhänge nicht hinreichend einbezieht. Diese Zusammenhänge lassen in Wirklichkeit den geschäftsbesorgungsvertraglichen

Ansatz und die Annahme eines zwischen Kreditkartenunternehmen und Vertragsunternehmen abgegebenen **abstrakten Schuldversprechens (§ 780)** als allein zutreffend erscheinen. Einer Schriftform nach § 126 bedarf dieses selbständige Schuldversprechen nicht, da es für das Kreditinstitut ein Handelsgeschäft ist, § 350 HGB. In der Tat liegt dabei der Abgabe des abstrakten Schuldversprechens eine im Akquisitionsvertrag vereinbarte **Sicherungsabrede** zwischen Kreditkartenunternehmen und Vertragsunternehmen zugrunde, die den Sicherungszweck des vom Kreditkartenunternehmen abzugebenden abstrakten Schuldversprechens ebenso bestimmt wie begrenzt. Die Garantieleistung des Kreditkartenunternehmens bezweckt nur eine Freistellung des Vertragsunternehmens von den typischen, mit seiner Vorleistung im Kreditkartenverfahren verbundenen zahlungsverkehrstechnischen Risiken. Dies bedeutet aber zugleich, daß allgemeine Geschäftsrisiken des Vertragsunternehmens durch die Garantieleistung nicht abgedeckt werden. Die Unterscheidung zwischen beiden Risikotypen ergibt sich dabei aus einem hypothetischen Vergleich mit dem Barzahlungsfall. Aus Sicht des Vertragsunternehmens kommt es stets darauf an, ob ein eingetretenes Risiko sich so oder mit wirtschaftlich vergleichbaren Belastungen auch im Barzahlungsfalle ausgewirkt hätte oder nicht. Nur wenn das Vertragsunternehmen aufgrund der modifizierten Gestaltung des Kreditkartenverfahrens neue, zusätzliche wirtschaftliche Belastungen gewärtigen muß, ist ein speziell zahlungsverkehrstechnisches Risiko eingetreten, das vom Kreditkartenunternehmen übernommen werden muß. Hätte das Vertragsunternehmen jedoch im Barzahlungsfalle, wenn auch nicht dieselben, so doch wirtschaftlich vergleichbare Rechtsfolgen hinnehmen müssen, war das eingetretene Risiko ein allgemeines, dem Geschäftsbereich des Vertragsunternehmens zugehörendes, das gerade nicht Gegenstand der im Akquisitionsvertrag vereinbarten Sicherungsabrede ist. Im Ergebnis muß mit der inzwischen im Schrifttum wohl **herrschenden Meinung** und entgegen der Forderungskauf-Theorie des BGH **der Akquisitionsvertrag als Geschäftsbesorgungsvertrag mit werkvertragsrechtlichem Einschlag (§§ 675, 631)** ausgelegt werden, in dessen Rahmen das Kreditkartenunternehmen und das Vertragsunternehmen eine **Sicherungsabrede** über den Umfang der Garantieleistung des Kreditkartenunternehmens treffen (MARTINEK, Moderne Vertragstypen Bd III 100 f). Die eigentliche Garantieleistung besteht dabei in einem **abstrakten Schuldversprechen des Kreditkartenunternehmens gemäß § 780.**

d)   Folgerungen

Klärungsbedürftig bleibt auf dieser Grundlage freilich, wie sich das Kreditkartenunternehmen bei Eintritt eines allgemeinen Geschäftsrisikos gegen einen ungerechtfertigten Zahlungsanspruch des Vertragsunternehmens verteidigen kann. Eine überzeugende Lösung legt hier die rechtssystematische Parallele zum Fall der nichtvalutierten Sicherungsgrundschuld nahe. Wurde eine Grundschuld zugunsten des Darlehensgebers bestellt, das Darlehen aber nicht ausgezahlt, so kann der im Sicherungsvertrag durch Zweckabrede festgelegte **Sicherungszweck** nicht eintreten. In diesem Fall gibt die Rechtsprechung dem Sicherungsgeber gegenüber dem Sicherungsnehmer einen aus der Sicherungsabrede folgenden Anspruch auf Rückgewähr der bestellten Grundschuld (BGH NJW 1985, 800). Im Schrifttum wird überdies die Ansicht vertreten, der Sicherungsgeber dürfe die Grundschuld wegen Verfehlung des Sicherungszwecks durch eine *condictio ob rem* gemäß § 812 Abs 1 S 2 HS 2 vom Sicherungsnehmer kondizieren bzw ihm bei Inanspruchnahme aus der Grundschuld die Einrede des § 821 entgegenhalten (Überblick dazu mwNw MEDICUS, Bürgerliches Recht

B 102

[16. Aufl 1993] Rn 496). Gleichgültig, welche Lösung man im einzelnen für vorzugswürdig erachtet, auf jeden Fall kann der Sicherungsgeber bei Nichteintritt des Sicherungsfalles eine bereits bestellte Sicherungsleistung zurückverlangen bzw sich gegen eine Inanspruchnahme aus ihr verteidigen. Dies gilt als allgemeiner Rechtsgedanke auch im Kreditkartengeschäft. Hat das Kreditkartenunternehmen gegenüber dem Vertragsunternehmen ein abstraktes Schuldversprechen (§ 780) abgegeben, ohne daß der Sicherungsfall eingetreten war, so kann es dieses **aufgrund der im Akquisitionsvertrag getroffenen Sicherungsabrede bzw gemäß § 812 Abs 2 iVm Abs 1 S 2 HS 2 herausverlangen.** Fordert das Vertragsunternehmen aus dem abstrakten Schuldversprechen Zahlung, steht dem Kreditkartenunternehmen dagegen **die Einwendung des** *dolo agit* nach § 242 bzw der ungerechtfertigten Bereicherung gemäß § 821 zu. Diese Lösung scheint gegenüber der vom BGH vertretenen als die ausgewogenere, weil sie hinsichtlich der verschiedenen Risikotypen differenziert und die im Kreditkartenverfahren verfolgten zahlungsverkehrstechnischen Zwecksetzungen mitberücksichtigt (dazu näher Martinek, Moderne Vertragstypen Bd III 101 f).

B 103   Klärungsbedürftig bleibt weiter, ob in der Konsequenz des geschäftsbesorgungsvertraglichen Ansatzes auf den Akquisitionsvertrag, der die Verpflichtung zur Garantieleistung begründet, sowie auf das abstrakte Schuldversprechen selbst der Tatbestand des § 1 Abs 1 S 2 Nr 8 KWG und mit ihm § 102 Abs 1 S 1 Nr 1 GWB Anwendung findet. Die Vorschrift des § 1 Abs 1 S 2 Nr 8 KWG führt als Beispiele einer Garantieleistung lediglich die Bürgschaft und die echte Garantie auf, also typische Fälle der Ausfallhaftung, weshalb teilweise die Anwendung des § 1 Abs 1 S 2 Nr 8 KWG auf primäre Zahlungsverbindlichkeiten wie ein abstraktes Schuldversprechen abgelehnt wird (Böttger, Zur rechtlichen Beurteilung des Kreditkartenverfahrens 48 f; Reischauer/Kleinhans, Kreditwesengesetz [Loseblatt] § 1 Rn 55). Zu dieser Wortlautauslegung findet sich in der Literatur aber eine Gegenansicht (vUsslar/vMorgen, Aktuelle Rechtsfragen der Kreditkartenpraxis 38 ff; diesen folgend Oechsler, Wettbewerb, Reziprozität und externe Effekte im Kreditkartengeschäft 265 mit Fn 705; Martinek, Moderne Vertragstypen Bd III [1993] 98 ff). Sie weist darauf hin, daß Bürgschaft und Garantie nach dem Gesetzeswortlaut ausdrücklich nur Beispielcharakter und keine Ausschließlichkeitswirkung haben. Daß § 1 Abs 1 S 2 Nr 8 KWG auch auf primäre Zahlungsverbindlichkeiten Anwendung finden müsse, folge unmittelbar aus seiner aufsichtsrechtlichen Zwecksetzung. Der Gesetzgeber habe die Aufsichtspflicht bei Garantiegeschäften vor allem wegen des Risikos mangelnder Deckung im Garantiefall begründet. Der Garantieberechtigte solle vor fehlender Leistungsfähigkeit des Garantieschuldners im Garantiefall und den damit zwangsläufig verbundenen wirtschaftlichen Schäden geschützt werden. Das Risiko unzureichender Deckung stelle bei primären Garantieleistungen wie dem abstrakten Schuldversprechen jedoch ein umso größeres Problem dar, als die Garantie – anders als bei einer Ausfallhaftung – in jedem Fall beansprucht werde und daher die mangelnde Leistungsfähigkeit des Garantieschuldners umso risikoanfälliger scheine. Deshalb müßten **auch abstrakte Schuldversprechen unter § 1 Abs 1 S 2 Nr 8 KWG subsumiert werden.** Diese früher schlüssige und überzeugende Argumentation läßt sich aber **kaum mehr aufrechterhalten**, nachdem am 1. 1. 1993 die 4. KWG-Novelle in Kraft getreten ist. Durch die Einfügung des neuen § 1 Abs 3 Nr 4 KWG hat der Gesetzgeber zu erkennen gegeben, daß die Ausgabe und Verwaltung von Kreditkarten **lediglich den Status eines Finanzinstituts** begründen soll. Die Kartenemission will das Gesetz damit nicht als **Bankgeschäft** behandelt wissen, das an sich bereits zum Status eines Kreditinstituts führte.

8. Einwendungsdurchgriff beim Akquisitionsvertrag

Die Kreditkartenunternehmen behalten sich durch Vereinbarung sogenannter **Rück-**   **B 104** **forderungsklauseln** in ihren AGB häufig das Recht vor, eine bereits an das Vertragsunternehmen erbrachte Leistung wieder zurückzuverlangen, wenn der Karteninhaber der Feststellung der Forderung des Vertragsunternehmens zum Monatssaldo widerspricht. Praktisch bergen diese Klauseln mitunter **beträchtliche Härten** für das Vertragsunternehmen. Im sogenannten „Teppich-Fall" hatte eine Amerikanerin während ihrer Urlaubsreise in Heidelberg einen Teppich gekauft und mit ihrer Kreditkarte bezahlt. Nach ihrer Heimkehr widersprach sie der Kontobelastung durch das Kreditkartenunternehmen mit der kaum glaubhaften Begründung, ihr sei der falsche Teppich geliefert worden. Das Kreditkartenunternehmen forderte die schon an das Vertragsunternehmen geleistete Summe wieder zurück (LG Heidelberg WM 1988, 773 = WuB D I 5 – 3.88 [WELTER]).

Begründet man mit der herrschenden und auch hier vertretenen Ansicht den   **B 105** Anspruch des Vertragsunternehmens aus einem abstrakten Schuldversprechen gem § 780, darf das Kreditkartenunternehmen gegenüber dem Zahlungsanspruch des Vertragsunternehmens regelmäßig keine Einwendungen aus den zugrundeliegenden Schuldverhältnissen geltend machen. Eine Ausnahme besteht nur bei Eintritt eines allgemeinen Geschäftsrisikos des Vertragsunternehmens. Dann wurde **der im Akquisitionsvertrag vereinbarte Sicherungszweck regelmäßig verfehlt**, weswegen dem Kreditkartenunternehmen ein Anspruch auf Rückgewähr des abstrakten Schuldversprechens aus der Sicherungsabrede bzw gemäß § 812 Abs 2 iVm Abs 1 S 2 HS 2 zusteht. Im Teppich-Fall hatte sich jedoch **kein allgemeines Geschäftsrisiko des Vertragsunternehmens**, sondern eine **spezifisch zahlungsverkehrstechnische, mit der Vorleistung des Vertragsunternehmens im Kreditkartenverfahren verbundene Gefahr** realisiert. Das Kreditkartenunternehmen trägt ausschließlich die mit der Vorleistung des Vertragsunternehmens verbundenen Risiken. Denn der Karteninhaber darf gegenüber dem Anspruch des Kreditkartenunternehmens auf Aufwendungsersatz keine Einwendungen aus dem Vertragsverhältnis zum Vertragsunternehmen erheben. Der Ausschluß eines solchen Einwendungsdurchgriffs verhindert auch, daß das Kreditkartenunternehmen in die Auseinandersetzung zwischen Vertragsunternehmen und Karteninhaber hineingezogen würde. Etwas anderes gilt nur dann, wenn der Karteninhaber ausnahmsweise seine gegenüber dem Vertragsunternehmen bestehenden Einwendungen dem Erstattungsanspruch des Kreditkartenunternehmens zulässigerweise entgegenhalten kann (so Rn B 80). In diesem Fall darf sich das Kreditkartenunternehmen durch eine Rückforderungsklausel davor schützen, ohne Erstattungsanspruch gegenüber dem Karteninhaber an das Vertragsunternehmen leisten zu müssen. Da ein Einwendungsdurchgriff des Karteninhabers ohnehin nur in den wenigen Ausnahmefällen in Betracht kommt, in denen das Vertragsunternehmen nicht mehr auf ordnungsgemäße Abwicklung des Kreditkartenverfahrens vertrauen darf, kann das Kreditkartenunternehmen ein Rückforderungsrecht vereinbaren. Die in AGB rechtmäßig vereinbarten Rückforderungsrechte des Kreditkartenunternehmens stehen folglich in sachlichem Zusammenhang mit der Zulässigkeit des Durchgriffs von Einwendungen des Karteninhabers auf den Aufwendungsersatzanspruch des Kreditkartenunternehmens. Deshalb darf sich das Kreditkartenunternehmen ein Rückforderungsrecht stets für die Fälle vorbehalten, in denen die Einwendungen des Karteninhabers gegenüber dem Vertragsunternehmen ausnahmsweise auf seinen

Aufwendungsersatzanspruch durchgreifen. Ansonsten ist die Vereinbarung von Rückforderungsklauseln gemäß § 9 Abs 1 iVm Abs 2 Nr 2 AGBG **unwirksam**, da sie die Rechte des Karteninhabers aus dem abstrakten Schuldversprechen des Kreditkartenunternehmens in vertragszweckgefährdender Weise beschränkt.

9. Annahmepflicht des Vertragsunternehmens

B 106 Regelmäßig verpflichten sich die Vertragsunternehmen gegenüber den Kreditkartenunternehmen zur Annahme der Kreditkarten als Zahlungsmittel. Probleme bereitet, ob dadurch dem Karteninhaber ein unmittelbarer Anspruch gegenüber dem Vertragsunternehmen auf Verwendung der Kreditkarte vermittelt wird. Praktische Relevanz erlangte diese Frage anläßlich der Weigerung eines Vertragsunternehmens, die Kreditkarte eines Dritten zum Zwecke der Erfüllung einer Verbindlichkeit seines Schuldners anzunehmen (vgl AG Neuss NJW-RR 1990, 253 = WM 1990, 433 = WuB I D 5 – 4.90 [Fervers]; LG Düsseldorf NJW-RR 1991, 310 = WuW 1991, 1027 = WuB I D 5 – 8.91 [Etzkorn]).

B 107 In der Rechtsprechung ist angenommen worden, aufgrund der werbemäßigen Herausstellung der Kartenannahme im Ladenlokal sei die Verwendbarkeit der Kreditkarte für alle Kunden in den Verträgen mit dem Vertragsunternehmen konkludent mitvereinbart; Kunden dürften insbesondere darauf vertrauen, daß das Kreditkartenunternehmen die Kreditkarte auch zur Zahlung einer Drittschuld akzeptieren würde, solange das Vertragsunternehmen keine diesbezüglichen Einschränkungen **in seinem Ladenlokal ausdrücklich kenntlich gemacht** habe (AG Neuss NJW-RR 1990, 253 = WM 1990, 433, 434 = WuB I D 5 – 4.90 [Fervers]). Dies erscheint indes zweifelhaft. Die Kartenwerbung überschreitet wie die übrige Warenpräsentation nicht das Stadium einer *invitatio ad offerendum*. Keineswegs gibt das Vertragsunternehmen ein Angebot auf Abschluß eines Vertrages mit Zulassung der Kreditkarte als erfüllungstauglichem Zahlungsmittel ab. Berechtigterweise dürfen auf die Kartenwerbung auch nur diejenigen Kunden vertrauen, die gleichzeitig Karteninhaber sind. Überdies rechtfertigt die werbemäßige Herausstellung der Kreditkarte aufgrund der Pauschalität und der fehlenden Konkretheit des Werbe**inhaltes** allenfalls die Erwartung, daß das Vertragsunternehmen die Kreditkarte im Rahmen des regelmäßigen Geschäftsganges als Zahlungsmittel annehmen werde. Strebt der Kunde jedoch atypische und ungewöhnliche Zahlungsmodalitäten wie die Zahlung durch einen Dritten an, muß er sie mit dem Vertragsunternehmen ausdrücklich vereinbaren. Richtiger Ansicht nach muß eine Verpflichtung des Vertragsunternehmens zur Annahme der Kreditkarte bei Drittschulden vor allem deshalb verneint werden, weil die Kartenannahmepflicht nicht unmittelbar im Vertragsverhältnis zwischen dem Vertragsunternehmen und seinen Kunden begründet wird, sondern **bereits mit Abschluß des Akquisitionsvertrages zwischen Kreditkartenunternehmen und Vertragsunternehmen entsteht und lediglich zugunsten der Karteninhaber als Dritter wirkt** (so LG Düsseldorf NJW-RR 1991, 310 = WM 1991, 1027, 1029 = WuB I D 5 – 8.91 [Etzkorn]; Martinek, Moderne Vertragstypen Bd III 106 ff).

B 108 Kommt es zwischen Vertragsunternehmen und Karteninhaber zum Vertragsschluß, erwirbt das Vertragsunternehmen regelmäßig einen Zahlungsanspruch gegenüber dem Karteninhaber, der nach ständiger Rechtsprechung zunächst nur durch Barzahlung erfüllt werden kann (BGH NJW 1953, 897; vgl auch BGH ZIP 1986, 1042, 1044). Zwar sieht die im Schrifttum herrschende Meinung auch die bargeldlose Zahlung als Erfüllung und nicht lediglich als Leistung an Erfüllungs Statt gemäß § 364 Abs 1 an. Die Verwendung der Kreditkarte stellt jedoch **zunächst keine bargeldlose Zahlung, sondern lediglich eine Leistung erfüllungshalber dar** (LG Düsseldorf NJW-RR 1991, 310 = WM 1991, 1027, 1029; HADDING, in: FS Pleyer 17, 24; WELLER, Das Kreditkartenverfahren 109 f; ZAHRNT NJW 1972, 1980; aA aber ECKERT WM 1987, 161, 167, der eine Leistung an Erfüllungs Statt annimmt). Dies folgt aus analoger Anwendung des § 364 Abs 2. Zwar übernimmt der Karteninhaber gegenüber dem Vertragsunternehmen nicht – wie in § 364 Abs 2 vorgesehen – eine **eigene** neue Verbindlichkeit, sondern bringt durch seine Weisung an das Kreditkartenunternehmen gemäß § 665 nur **eine Verbindlichkeit eines Dritten, nämlich des Kreditkartenunternehmens, gegenüber dem Vertragsunternehmen zum Entstehen**. Aus einem allgemeinen, der Vorschrift des § 364 Abs 2 zugrundeliegenden Rechtsgedanken folgt jedoch, daß durch die Begründung dieser neuen Verbindlichkeit die alte Forderung des Vertragsunternehmens gegenüber dem Karteninhaber im Zweifel nicht erlischt. Die Annahme einer solchen erfüllungshalber erbrachten Leistung ist jedoch nur mit Zustimmung des Vertragsunternehmens als Gläubiger möglich. Da Kreditkartenunternehmen und Vertragsunternehmen im Akquisitionsvertrag eine rasche und reibungslose Abwicklung des Kreditkartenverfahrens anstreben, muß beiden daran gelegen sein, klare Verhältnisse zu schaffen und das Einverständnis des Vertragsunternehmens mit der Annahme der Kreditkarte von vornherein und definitiv für bestimmte Fälle der Kartenbenutzung zu erklären. Diese Erklärung kann aber nur gegenüber den Karteninhabern erfolgen, denn nur diese werden Vertragspartner des Vertragsunternehmens, so daß **der Akquisitionsvertrag als Vertrag zugunsten Dritter (§ 328) wirkt** (LG Düsseldorf NJW-RR 1991, 310 = WM 1991, 1027, 1029; HADDING, in: FS Pleyer 17, 24). Daraus wiederum folgt, daß der sachliche Umfang des vom Vertragsunternehmen erklärten Einverständnisses **sich vor allem aus dem Akquisitionsvertrag ergibt** und das Vertrauen des Karteninhabers auf sonstige Umstände – wie die werbemäßige Herausstellung der Kreditkarte im Ladenlokal des Vertragsunternehmens etwa – nicht weiter schutzwürdig ist (MARTINEK, Moderne Vertragstypen Bd III 108).

Der Akquisitionsvertrag entfaltet im übrigen **noch andere Drittwirkungen**; regelmäßig **B 109** verpflichtet das Kreditkartenunternehmen die Vertragsunternehmen auch, die Kreditkarte zu Barzahlungsbedingungen zu honorieren. Damit ist es den Vertragsunternehmen praktisch untersagt, von den Karteninhabern Aufschläge auf den Barpreis zu erheben bzw den Barzahlern Preisnachlässe zu gewähren. Ein solches, ebenfalls **zugunsten der Karteninhaber als Dritter vereinbartes Preisaufschlagsverbot** bereitet vor allem aus kartellrechtlicher Sicht Bedenken (dazu ausführlich U H SCHNEIDER/MERKEL, in: FS Pleyer [1986] 115; HÖNN ZBB 1991, 6, 13; OECHSLER, Wettbewerb, Reziprozität und externe Effekte im Kreditkartengeschäft 104 ff, 256 ff; SALJE WM 1991, 262, 263 ff; ADAMS ZIP 1990, 632; HORN ZHR 157 [1993], 324; MARTINEK, Moderne Vertragstypen Bd III 131 ff).

10. Rückfrageklauseln

a) Funktion und Zulässigkeit

Das Vertragsunternehmen hat aufgrund des Akquisitionsvertrags nicht nur die **B 110** Pflicht, sondern auch das Recht, die Kreditkarte als Zahlungsmittel anzunehmen, doch wird dieses Recht in der Praxis vielfach durch sogenannte **Rückfrageklauseln** in den AGB der Kreditkartenunternehmen eingeschränkt (OLG Frankfurt/M NJW-RR

1991, 1465 = WuB I D 5 – 5.92 [OECHSLER]; LG Düsseldorf NJW 1984, 2475 = WM 1984, 990). Darin geben die Kreditkartenunternehmen den Vertragsunternehmen **tägliche Umsatzhöchstgrenzen** vor, bis zu denen ein Karteninhaber das Kreditkartenunternehmen gegenüber einem Vertragsunternehmen verpflichten kann. Wird eine solche Grenze überschritten, entsteht nur dann eine Zahlungsverpflichtung des Kreditkartenunternehmens, wenn dieses auf (telefonische) Rückfrage des Vertragsunternehmens hin seine Zustimmung erteilt hat. Bei Überschreiten der Höchstgrenze ohne Zustimmung des Kreditkartenunternehmens ist dieses grundsätzlich zur Rückerforderung bereits an das Vertragsunternehmen gezahlter Beträge berechtigt. Diese Beschränkungen sollen dem Kreditkartenunternehmen die **Überprüfung der vertragsgemäßen Benutzung** der Kreditkarte durch den Karteninhaber – insbesondere im Rahmen von dessen Leistungsfähigkeit – ermöglichen und der Verwendung gestohlener oder aus anderen Gründen mißbräuchlich genutzter Kreditkarten entgegenwirken (OLG Frankfurt/M NJW-RR 1991, 1465; vgl auch CUSTODIS, Das Kreditkartenverfahren 78 ff; WELLER, Das Kreditkartenverfahren 142 ff). Die AGB-rechtliche Zulässigkeit der Rückfrageklauseln steht inzwischen außer Frage; insbesondere liegt keine unangemessene Benachteiligung des Vertragsunternehmens iSd § 9 Abs 1 AGBG vor. Letztlich drückt sich in den mit der Rückfrage verbundenen Abwicklungsschwierigkeiten nur ein allgemeines Geschäftsrisiko des Vertragsunternehmens aus, das in vergleichbarer Weise auch im Falle der Barzahlung bestünde.

b) Rechtsnatur und Rückforderungsanspruch

B 111 Nach einer im Schrifttum vertretenen Auffassung ist die Zustimmung des Kreditkartenunternehmens als eine **aufschiebende Bedingung gemäß § 158 für die Begründung der Zahlungspflicht** des Kreditkartenunternehmens anzusehen (CUSTODIS, Das Kreditkartenverfahren 78 ff; WELLER, Das Kreditkartenverfahren 142 ff). Dem steht jedoch entgegen, daß nach Sinn und Zweck der Rückfrageklausel das Kreditkartenunternehmen einen trotz verweigerter Zustimmung irrtümlicherweise gezahlten Betrag dann nicht zurückfordern kann, wenn das Konto des Karteninhabers in Höhe dieses Betrages Deckung aufweist und die Karte nicht mißbräuchlich verwendet wurde. Denn in diesem Fall hat sich rückblickend die Kontrollfunktion der Zustimmung erledigt, und das Kreditkartenunternehmen ist durch nichts gehindert, die Forderung des Vertragsunternehmens zu erfüllen (OLG Frankfurt/M NJW-RR 1991, 1465 = WuB I D 5 – 5.92 [OECHSLER]). Teilweise wird das Einreichen des ungenehmigten Leistungsbelegs als **Antrag ausgelegt, „den Betrag trotz Verstoßes gegen die Genehmigungspflicht ... einzuziehen"** (OLG Frankfurt/M NJW-RR 1991, 1465, im Anschluß an WELLER, Das Kreditkartenverfahren 145). Diesen Antrag nehme das Kreditkartenunternehmen anläßlich seiner (irrtümlicherweise erfolgten) Zahlung an das Vertragsunternehmen an. Letztlich überzeugt auch diese Sichtweise nicht. Denn das Kreditkartenunternehmen könnte die anläßlich der Zahlung abgegebene Willenserklärung – wenn man überhaupt ein Erklärungsbewußtsein ausmachen kann – jedenfalls wegen Inhaltsirrtums anfechten, gleichgültig, ob sich der Kontrollzweck der Zustimmung erledigt hätte oder nicht; denn mit seinem Verhalten beabsichtigte das Kreditkartenunternehmen gerade keine Antragsannahme, sondern die Erfüllung eines irrtümlicherweise für bestehend erachteten abstrakten Schuldversprechens. Ist sein Verhalten daher tatsächlich als **Annahme des Antrags auf Abschluß eines neuen abstrakten Schuldversprechens** auszulegen, könnte es dieses nachträglich und *ex tunc* durch Anfechtung wegen Inhaltsirrtums gemäß §§ 119 Abs 1, 142 Abs 1 beseitigen. Dann könnte das Vertragsunternehmen seinem Anspruch auf Rückerstattung lediglich die Einrede des Rechtsmißbrauchs gemäß § 242 entgegensetzen (OLG Frankfurt/M NJW-RR 1991, 1465).

Nach vorzugswürdiger Ansicht kommt zwischen Vertragsunternehmen und Kredit- **B 112** kartenunternehmen **auch bei Nichterteilung der Zustimmung ein abstraktes Schuldversprechen** zustande, wobei die Rückfrageklausel nur die dem Akquisitionsvertrag zugrundeliegende Sicherungsabrede einschränkt (so bereits OECHSLER WuB I D 5 – 5.92). Wird zum Stichtag der monatlichen Abrechnung mit dem Kreditkartenunternehmen fehlende Deckung auf dem Konto des Karteninhabers festgestellt bzw der Nachweis mißbräuchlicher Verwendung der Kreditkarte erbracht, muß das Vertragsunternehmen seinen Anspruch aus dem abstrakten Schuldversprechen gegenüber dem Kreditkartenunternehmen aufgrund der Sicherungsabrede mit dem Vertragsunternehmen bzw aus § 812 Abs 2 iVm Abs 1 S 2 HS 2 an das Kreditkartenunternehmen herausgeben. Auf diese Weise sind die **Kontrollinteressen** des Kreditkartenunternehmens ebenso gewahrt wie der **Anspruch des Vertragsunternehmens auf Leistung des Kreditkartenunternehmens**, wenn diese Voraussetzungen nicht vorliegen. Das Kreditkartenunternehmen wird damit – auch im Interesse des Vertragsunternehmens – der zeitraubenden Pflicht enthoben, vor Zahlung an das Kreditkartenunternehmen jede Forderung auf ihre Verität hin zu überprüfen, um die konkludente Annahme eines Angebotes auf Abschluß eines (neuen) abstrakten Schuldanerkenntnisses zu vermeiden. Auch scheint so die Beweislast zwischen Kreditkartenunternehmen und Vertragsunternehmen von Anfang an richtig verteilt. Denn nur das Kreditkartenunternehmen kann und muß beweisen, daß die mit Begründung der Zustimmungspflicht verfolgten Kontrollzwecke nicht erreicht wurden und daß daher der bereits an das Vertragsunternehmen gezahlte Betrag zurückgefordert werden kann. Als **Einschränkung der im Akquisitionsvertrag vereinbarten Sicherungsabrede** schafft die Rückfrageklausel mithin lediglich die Voraussetzungen für die im Falle der Verfehlung des Sicherungszweckes allgemein bestehenden Ansprüche. Nach dieser Sichtweise erübrigt sich auch die Frage, ob die Rückfrageklausel einen **eigenen** Rückerstattungsanspruch neben § 812 Abs 1 begründet (gegen einen eigenen Rückabwicklungsanspruch aus der Rückfrageklausel: LG Düsseldorf NJW 1984, 2475 = WM 1984, 990, 991; offen gelassen bei OLG Frankfurt/M NJW-RR 1991, 1465, 1467).

Klärungsbedürftig bleibt allerdings, ob das Vertragsunternehmen im Falle unterblie- **B 113** bener Zustimmung wenigstens einen **Anspruch auf den Teil der Gesamtsumme erheben darf, bis zu dem die Verwendung bzw Annahme der Kreditkarte zustimmungsfrei gewesen wäre.** Hierzu ist festzustellen, daß die in der Rückfrageklausel angegebene Höchstsumme nicht den Charakter eines Frei**betrags**, sondern den einer Frei**grenze** hat. Das Kreditkartenunternehmen hätte bei einer Rückfrage dem Vertragsunternehmen seine Zustimmung zur ganzen Transaktion versagt. Deshalb wurde auch der **ganze** Betrag zu Unrecht an das Vertragsunternehmen gezahlt (LG Düsseldorf NJW 1984, 2475, 2477 = WM 1984, 990, 993; OLG Frankfurt/M NJW-RR 1991, 1465, 1466; MARTINEK, Moderne Vertragstypen Bd III 112; einschränkend OECHSLER WuB I D 5 – 5.92).

11. Point-of-Sale-Systeme

a) Abwicklung der Zahlungsvorgänge
Nach anfänglichen Zweifeln setzt sich in Deutschland nun auch das auf automatisier- **B 114** ten Ladenkassen basierende **Point-of-Sale- oder Electronic-Cash-System durch**, das von

den bekannten Gruppen des deutschen Kreditgewerbes und der Postbank der Deutschen Bundespost getragen wird und dessen tatsächliche Strukturen denen des Kreditkartengeschäftes sehr ähnlich sind (vgl vor allem HARBEKE WM-Sonderbeil 1/1994). Auch hier begegnen sich die Emittenten von kartengestützten Zahlungsmitteln, deren Inhaber (Karteninhaber) sowie die dem System angeschlossenen Händler und Dienstleister (Vertragsunternehmen). Die Vertragsunternehmen verpflichten sich unter Übernahme der Kosten zur **Installation automatisierter Kassenterminals**, die nach Vorgaben des Systembetreibers standardisiert sind. Zunächst fungierte die **Gesellschaft für Zahlungssysteme (GZS)**, ein Gemeinschaftsunternehmen des deutschen Kreditgewerbes mit Sitz in Frankfurt am Main, als alleinige Betreiberin des Point-of-Sale(POS)-Systems. Inzwischen ist die Netzbetreiberfunktion nicht mehr allein bei der GZS monopolisiert, sondern steht einer Vielzahl von konkurrierenden Dienstleistungsunternehmen offen. Zu den zugelassenen Karten gehören neben der Euroscheck-Karte inzwischen auch die S-Card der Sparkassen, die Bank-Card der genossenschaftlichen Institute sowie die Kundenkarten der Deutschen Bank und der Dresdner Bank.

B 115 Der Zahlungsvorgang selbst strukturiert sich in **zwei Phasen**: die Autorisierung und das Clearing. Im Rahmen der **Autorisierung** überprüft der Kartenemittent die ordnungsgemäße Verwendung des Zahlungsmittels und gibt der Transaktion seine „Zustimmung". Wurde die Euroscheck-Karte des Karteninhabers (oder seine sonstige, im System zugelassene Karte) in der Ladenkasse eines Vertragsunternehmens eingelesen und hat der Karteninhaber eine ihm vom Kartenemittenten erteilte **persönliche Identifikationsnummer (PIN)** an einem abgetrennten Teil der Kasse eingegeben, wird im Wege der Datenfernübertragung von der Kasse des Vertragsunternehmens aus eine Anfrage an das Institut des Kartenemittenten in Gang gesetzt. Dort kann nach Dechiffrierung der PIN die Befugnis des Karteninhabers zur Verwendung der Euroscheckkarte sowie die erforderliche Kontendeckung überprüft und anschließend der Zahlungstransaktion zugestimmt werden. Die **als Autorisierung bezeichnete Zustimmung des Emittenten** gelangt im Wege der Datenübertragung wieder zur Ladenkasse des Vertragsunternehmens zurück und wird dort abgespeichert. Ähnlich, allerdings ohne Erfordernis einer persönlichen Identifikationsnummer verläuft die Autorisierung bei Einsatz einer Kreditkarte durch den Karteninhaber; auch diese kann aufgrund der modularen Struktur des POS-Systems verwendet werden.

B 116 Die weitere Abwicklung des Zahlungsvorgangs verläuft in einer getrennten zweiten Phase, dem **Clearing**. Der Händler kann – zeitlich verzögert – die Gutschrift der Autorisierung ebenfalls im Wege der Datenfernübertragung erreichen, wenn sein Terminal entsprechend ausgerüstet ist. Möglich ist jedoch auch die Abspeicherung der Autorisierungen auf Datenträger und deren Einreichung bei einem der am POS-System angeschlossenen Kreditinstitute. In beiden Fällen schuldet das Vertragsunternehmen dem Systembetreiber ein Disagio von 0,2% der autorisierten Nominalsumme, das der Betreiber an den Kartenemittenten weiterleitet; das Vertragsunternehmen trägt die Leitungskosten sowie die Kosten des Netzbetriebs. Ferner vereinbaren Betreiber und Vertragsunternehmen wie im Kreditkartenverfahren Preisaufschlagsverbote, so daß Preisdifferenzierungen zwischen Karteninhabern und Barzahlern untersagt sind. Die kartellrechtliche Zulässigkeit solcher Klauseln ist in Rechtsprechung und Literatur umstritten (LG Düsseldorf WM 1990, 1688 = WuB I D 5.-7.90 [Fervers]; OLG Düsseldorf WM 1991, 913 = WuB I D 5.-5.91; ADAMS ZIP 1990, 632;

SALJE WM 1991, 262; U H SCHNEIDER/MERKEL, in: FS Pleyer [1986] 115; HORN ZHR 157 [1993] 324; HÖNN ZBB 1991, 6, 13; OECHSLER, Wettbewerb, Reziprozität und externe Effekte im Kreditkartengeschäft 104 ff, 256 ff; HARBEKE WM-Sonderbeil 1/1994, 1, 7 ff).

b) Die Rechtslage im Überblick

Die zentrale Rechtsgrundlage für das Electronic-Cash-System ist die Vereinbarung **B 117** über ein institutsübergreifendes System zur bargeldlosen Zahlung an automatisierten Kassen, die von den kreditwirtschaftlichen Spitzenverbänden zugleich für die ihnen angeschlossenen Kreditinstitute abgeschlossen wurde (abgedruckt in WM-Sonderbeil 1/1994, S 16 ff). Weitere Rechtsgrundlagen sind die Sonderbedingungen für den ec-Service, der Vertrag über die Zulassung als Netzbetreiber im ec-System der deutschen Kreditwirtschaft (Netzbetreibervertrag) und die Bedingungen für die Teilnahme am ec-System (Händlerbedingungen). Aus diesen Rechtsgrundlagen mit ihren Anlagen ergeben sich zugleich die zugelassenen Karten, die Anforderungen an ec-Terminals und die Kriterien für die Bewertung und Konstruktion vertrauenswürdiger ec-POS-Systeme. Zum Gutteil aber betreffen die Modifikationen zwischen Kreditkartengeschäft und POS-System lediglich **Fragen der technischen Abwicklung sowie die Einschaltung eines für die Kartenemittenten auftretenden Systembetreibers**. Im übrigen besteht weitgehend **rechtstatsächliche Ähnlichkeit**, weshalb eine Übertragung der im Rahmen des Kreditkartengeschäfts getroffenen rechtlichen Beurteilungen möglich ist. Der Karteninhaber, der mit der Electronic-Cash-Zahlung ähnlich wie bei einer Kreditkartenzahlung eine Leistung erfüllungshalber nach § 364 Abs 2 analog erbringt (so Rn B 108), schließt mit dem Emittenten der Euroscheckkarte einen Girovertrag als Geschäftsbesorgungsvertrag nach § 675 ab (zum Girovertrag vgl Rn B 17 ff), der um eine die Kartenverwendung betreffende Nebenabrede erweitert ist (PETRING, Störungen bei POS-Zahlungen 37). Leitet der Karteninhaber vom POS-Terminal eines Vertragsunternehmens eine Anfrage an den Kartenemittenten ein, aufgrund derer der Emittent die Autorisierung des Zahlungsvorgangs erklärt, erteilt der Karteninhaber dem Emittenten gleichzeitig und konkludent eine Weisung gemäß § 665 zur Zahlung an das Vertragsunternehmen (BROCKMEIER, Das POS-System des deutschen Kreditgewerbes 104; PETRING, Störungen bei POS-Zahlungen 43 ff). Da der Emittent im Anschluß an die Weisung dem Vertragsunternehmen gegenüber eine noch näher zu bestimmende Zahlungsgarantie abgibt, ist er auf Weisung des Karteninhabers irreversibel verpflichtet. Dies hat wie im Kreditkartenverfahren zur Folge, daß auch der Karteninhaber seine Weisung nicht mehr nachträglich widerrufen kann (BROCKMEIER, Das POS-System des deutschen Kreditkartengewerbes 106). Zur Ausführung der Weisung steht dem Emittenten gegenüber dem Karteninhaber ein Anspruch auf Aufwendungsersatz gemäß § 670 zu. Diesem Anspruch kann der Karteninhaber Einwendungen aus seinem Vertragsverhältnis zum Vertragsunternehmen nur in den auch für das Kreditkartengeschäft geltenden Ausnahmefällen entgegenhalten (vgl oben Rn B 75 ff, insbes 80).

Das Vertragsunternehmen schließt mit dem Systembetreiber einen als **Händlerver-** **B 118** **trag** bezeichneten **Geschäftsbesorgungsvertrag** gemäß § 675 ab (BROCKMEIER, Das POS-System des deutschen Kreditkartengewerbes 45 ff) und unterhält zugleich bei einem oder mehreren Kreditinstituten **Kontoverbindungen**, denen ebenfalls **Giroverträge** gemäß § 675 (so Rn B 17 ff) zugrundeliegen. Gegenüber dem Emittenten des vom Karteninhaber verwendeten Zahlungsmittels erwirbt das Vertragsunternehmen aufgrund der ihm erklärten Autorisierung einen **unmittelbaren Zahlungsanspruch**. Für die Bestim-

mung der Rechtsnatur dieses Zahlungsanspruchs kommt es wie im Kreditkartenge-
schäft gemäß §§ 133, 157 auf die von Vertragsunternehmen und Emittent verfolgte
wirtschaftliche Zielsetzung an. Da die tatsächliche Abwicklung des Zahlungsvorgangs, das Clearing, nicht zeitnah zur Autorisierung stattfindet, sieht sich das
Vertragsunternehmen wie im Kreditkartenverfahren zur Vorleistung gezwungen.
Zwischen dem Erbringen der eigenen und dem Erhalt der Gegenleistung liegt eine
Zeitspanne, während derer ihm daher vom Emittenten die Durchsetzung seiner
Rechte garantiert werden muß. Die Garantie wird teilweise als **echter Garantievertrag**
angesehen (BERTRAMS ZIP 1985, 963, 967; PETRING, Störungen bei POS-Zahlungen 67). Dagegen spricht jedoch – wie im Kreditkartenverfahren –, daß zugunsten des Vertragsunternehmens keine Ausfallhaftung, sondern ein **direkter Zahlungsanspruch** begründet
wird (**aA** allerdings PETRING, Störungen bei POS-Zahlungen 67, dessen Arbeit jedoch einem über-
holten POS-Modell mit zentraler Autorisierung und Clearing gilt, vgl S 17 ff). Folglich liegt der
Autorisierung ein Antrag auf Abschluß eines **abstrakten Schuldversprechens nach**
§ 780 zugrunde, den das Vertragsunternehmen ohne ausdrückliche Erklärung gemäß
§ 151 annimmt (so auch BROCKMEIER, Das POS-System des deutschen Kreditkartengewerbes
71 f; HARBEKE WM-Sonderbeil 1/1994, 1, 9; REISER WM-Beil 3/1989, 7 f). Aus der Abstraktheit
des Schuldversprechens folgt ferner, daß der Emittent dem Zahlungsanspruch des
Vertragsunternehmens nur in den wenigen aus dem Kreditkartenverfahren bekannten Fällen Einwendungen aus seinen Rechtsbeziehungen zum Karteninhaber entgegensetzen kann (BROCKMEIER, Das POS-System des deutschen Kreditkartengewerbes 77).

V. Factoringverträge

Schrifttum

ARNEBOLD, Export-Factoring (1991)

BÄHR, Die Kollision der Factoring-Globalzession mit dem verlängerten Eigentumsvorbehalt
(1989)

BERGHAUS, Kollision zwischen Factoring-Globalzession und verlängertem Eigentumsvorbehalt (1989)

BETTE, Das Factoring-Geschäft (1973)

ders, Rechtsprobleme des Factoring, insbesondere des notifizierten Verfahrens, DB 1972,
1760

BETTE/MARWEDE, Die Ermächtigung zur dek-
kungsgleichen Verfügung – Lösungsprinzip der
Kollisionsproblematik bei Mehrfachabtretungen, BB 1979, 121

dies, Neuere Entwicklungen der Kollisionsproblematik bei Mehrfachabtretungen, BB
1980, 23

BLAUROCK, Die Factoring-Zession, ZHR 142
(1978), 325

ders, Erwiderung zu Serick, ZHR 143 (1979),
68, daselbst, 71

ders, Factoring und Abtretungsverbot, FLF
1981, 93

BÜLOW, Factoring und verlängerter Eigentumsvorbehalt, JA 1982, 58

CANARIS, Verlängerter Eigentumsvorbehalt
und Forderungseinzug durch Banken, NJW
1981, 249

ders, Befremdliches zur Barvorschußtheorie
beim Factoring!, NJW 1981, 1347

EHLING, Zivilrechtliche Probleme der vertraglichen Ausgestaltung des Inland-Factoring-Geschäfts in Deutschland (1977)

GLOMB, Finanzierung durch Factoring (1969)

GUILD/HARRIS, Forfaitierung – Die Alternative
in der Außenhandelsfinanzierung (1988)

HAGENMÜLLER/SOMMER (Hrsg), Factoring-
Handbuch (2. Aufl 1987)

KAPP, Neuer Zündstoff in der Factoring-Dis-
kussion: Die „Grauzone" zwischen echtem und
unechtem Factoring, BB 1987, 1761, Anm zu
BGH NJW 1987, 1878

KLASS, Die Risikoverteilung bei neueren Finanzierungsmethoden, NJW 1968, 1502

Graf Lambsdorff, Unechtes Factoring – Globalzession: Viele Fragen sind noch offen, BB 1982, 336

Löffler, Begriff und Arten des Factoring, BB 1967, 1304

Lunckenbein, Rechtsprobleme des Factoring-Vertrages (Diss München 1983)

Martinek, Moderne Vertragstypen Bd I (1991)

Mohrbeck, Honorar-Factoring – Factoring en miniature, ZFK 1973, 672

Montenbruck, Das Verhältnis des Factoringgeschäfts zum Kreditwesengesetz, zum Rechtsberatungsgesetz und zur Gewerbeordnung, MDR 1971, 541

Pottschmidt/Rohr, Kreditsicherungsrecht (4. Aufl 1992)

Rabstein, Factoring-Vertrag, in: Schütze/Weipert (Hrsg), Münchener Vertragshandbuch Bd 3 (3. Aufl 1992), 240

Rebmann, Das UNIDROIT-Übereinkommen über das internationale Factoring (Ottawa 1988), RabelsZ 53 (1989), 599

Rödl, Rechtsfragen des Factoring-Vertrages, BB 1967, 1301

Roth, Das Factoring, JURA 1979, 297

Rüssmann, Einziehungsermächtigung und Klagebefugnis, AcP 172 (1972), 520

ders, Die Einziehungsermächtigung im Bürgerlichen Recht – ein Institut richterlicher Rechtsschöpfung, JuS 1972, 169

Karsten Schmidt, Factoring-Globalzession und verlängerter Eigentumsvorbehalt, DB 1977, 65

Robert Maria Schmitt, Das Factoring-Geschäft (1968)

ders, Der Factor und die Geschäftsbanken, ZFK 1968, 910

Erich Schmitz, Globalabtretung an Factoring-Gesellschaft beim unechten Factoring, NJW 1978, 201

Schmitz-Weckauf, Der Schutz des Eigentumsvorbehaltslieferanten beim echten Factoring, NJW 1985, 466

Schütze, Kollisionsrechtliche Probleme der Forfaitierung von Exportforderungen, WM 1979, 962

W Schwarz, Factoring (2. Aufl 1993)

Serick, Eigentumsvorbehalt und Sicherungsübereignung, Bd I (1963), Bd II (1965; 2., unveränderte Aufl 1986), Bd III (1970); Bd IV (1976), Bd. V (1982) und Bd VI (1986)

ders, Die Globalzession der Vorbehaltslieferanten: Ende oder Anfang?, BB 1974, 845

ders, Rechtsprobleme des Factoring-Geschäftes, BB 1976, 425

ders, Neuere Entwicklungen beim Factoring-Geschäft, BB 1979, 845

ders, „Befremdliches" zur Behandlung der Barvorschußtheorie beim Factoring-Geschäft?, NJW 1981, 794

ders, Die Factoring-Zession, ZHR 143 (1979), 68

ders, Nochmals: Befremdliches zur Barvorschußtheorie beim Factoring, NJW 1981, 1715

Teubner, Der Factoring-Vertrag, JuS 1972, 261

Walter, Kaufrecht, 1987, § 12 (S 542 ff)

Graf vWestphalen, Rechtsprobleme des Factoring und des Forfait von Exportforderungen, RIW 1977, 80

ders, Kollision zwischen verlängertem Eigentumsvorbehalt und Bankenglobalzession – Lösungsversuche aufgrund des AGB-Gesetzes, DB 1978, 68

ders, Verlängerte Eigentumsvorbehaltsklauseln und AGB-Gesetz, ZIP 1980, 726

E Wolf, Die höchstrichterliche Rechtsprechung zum Factoring, WM 1979, 1374

1. Grundlagen des Factoringgeschäfts

a) Finanzierungs-, Service- und Versicherungsfunktion

Der Factoringvertrag, der zwischen einem Factor und einem Anschlußunternehmen **B 119** als Grundlagen- und Rahmenvertrag über echtes oder unechtes Factoring geschlossen wird, ist ein **Typenkombinationsvertrag mit ausgeprägtem geschäftsbesorgungsvertraglichen Element** (ausf dazu unten Rn B 157 ff). Allerdings setzen sich die verschiedenen

Formen des Factoring aus **einer Reihe unterschiedlicher schuld- und sachenrechtlicher Verträge** zusammen, die der näheren Darstellung bedürfen. Bei der Grundform des Factoringgeschäfts kauft der sogenannte **Factor** gewerbsmäßig die Forderungen eines Unternehmens aus Warenlieferungen oder Dienstleistungen an, um sie selbst beim **Schuldner** einzutreiben, und übernimmt zudem die Debitorenbuchhaltung für die bevorschußten und ihm abgetretenen Forderungen des Unternehmens. Am Factoring sind also **drei Personen** beteiligt: Das Unternehmen, der **Factoringgeber, auch Klient oder Anschlußfirma** (*client*) genannt, verkauft und überträgt sämtliche gegenwärtigen und künftigen Forderungen, die sich aus der laufenden Geschäftstätigkeit gegen die **Drittschuldner oder Debitoren** (*customers*) ergeben, an den **Factor, meist ein Finanzierungsinstitut**, um diesem als neuem Gläubiger die Eintreibung der Forderungen von den Drittschuldnern, den Abnehmern oder Kunden des Klienten, zu überlassen.

B 120 In der Landschaft der Finanzierungsgeschäfte hat das Factoring auch in der Bundesrepublik Deutschland einen festen Platz errungen (zur Geschichte und Entwicklung allgemein und in Deutschland vgl MARTINEK, Moderne Vertragstypen Bd I [1991] 228 ff). Die Factoringkunden rekrutieren sich aus fast allen Branchen; gewisse Schwerpunkte bilden mittelständische Unternehmen der Textilindustrie, der metallverarbeitenden und der Kunststoffindustrie. Man wird erwarten können, daß es sich weiterhin am Finanzierungsmarkt durchsetzen wird, wobei insbesondere der Ausbau der Möglichkeiten des internationalen Factoring besondere Chancen haben dürfte. Gegenüber anderen Ländern wie namentlich den USA, aber auch Großbritannien oder Italien hat das Factoring in Deutschland durchaus noch einen **Nachholbedarf**. Als ein retardierendes Element im Factoring-Boom kann sich die Erschwinglichkeit von Computer-Hard- und -Software auch für Mittel und Kleinbetriebe erweisen, durch die das Dienstleistungsangebot der Factoringinstitute (etwa Debitorenbuchhaltung, Mahn- und Inkassowesen, Statistiken) eine Attraktivitätseinbuße erleidet.

B 121 Die Grundform des sogenannten **echten Factoring** (zum unechten Factoring su Rn B 128 ff) ist durch **drei Funktionen des Factors gekennzeichnet: die Finanzierungs-, die Service- und die Versicherungsfunktion.** Dabei steht die **Finanzierungsfunktion oder Liquiditätsfunktion** im Vordergrund (BETTE, Das Factoring-Geschäft 29 ff, 39 ff; LUNCKENBEIN, Rechtsprobleme des Factoring-Vertrages 8 ff; BERGHAUS, Kollision zwischen Factoring-Globalzession und verlängertem Eigentumsvorbehalt 5 ff; SERICK, Eigentumsvorbehalt und Sicherungsübereignung Bd IV 546, 597; GLOMB, Finanzierung durch Factoring 25 ff; MARTINEK, Moderne Vertragstypen Bd I 222 ff). Durch die Bevorschussung der vor Fälligkeit angekauften Forderungen verschafft der Factor dem Klienten sofortige Liquidität, so daß dieser nicht auf den Eingang seiner Außenstände mit ihren oft drei- oder gar viermonatigen Zahlungszielen bis zum Fälligkeitszeitpunkt zu warten braucht; er genießt eine vorgezogene Befriedigung und einen ständigen umsatzkongruenten Bargeldzufluß mit seiner Leistungserbringung. Wegen dieses **Effekts der Vorfinanzierung** oder Diskontierung der Buchforderungen wird das Factoring oft als „Finanzierung bzw Beleihung offener Buchforderungen" als „wechselloses Wechselgeschäft" oder „wechselloses Diskontgeschäft" bezeichnet. Auch nach LARENZ/CANARIS (SchuldR II/2, 86) findet das Factoring eine „ziemlich genaue Parallele im Wechselrecht". Die Finanzierungsfunktion macht das Factoring zu einer „Methode der Unternehmensfinanzierung" (POTTSCHMIDT/ROHR, Kreditsicherungsrecht Rn 200; vgl dazu WÖHE/BILSTEIN, Grundzüge der Unternehmensfinanzierung [4. Aufl 1986] 214 ff), die insbesondere für expandierende Unternehmen attraktiv ist. Das Factoring versetzt den Anschlußkunden in die Lage, allein mit Hilfe des Bestandes an Kundenforderungen seinen kurzfristigen Mittelbedarf zu decken und seine Einnahmen und Ausgaben auszubalancieren. Die Factoringfinanzierung verhindert, daß sich saison- oder konjunkturbedingte Verlängerungen der Zahlungsziele gegenüber den Drittschuldnern liquiditätsmindernd auswirken. Bei geschickt kalkuliertem Einsatz des Factoring kann der Klient durch die gewonnene **Liquiditätsreserve** in beachtlichem Umfang teures Fremdkapital abbauen.

Die **Dienstleistungs-, Service- oder Verwaltungsfunktion** des Factoring kommt darin **B 122** zum Ausdruck, daß der Factor für den Klienten die Debitorenbuchhaltung von der Rechnungserstellung über das Mahnwesen bis zur Forderungsbeitreibung übernimmt, oft mit Nebenleistungen wie der laufenden Solvenzüberwachung der Drittschuldner oder der Anfertigung von Statistiken und Bilanzen (LUNCKENBEIN, Rechtsprobleme des Factoring-Vertrages 10 ff; GLOMB, Finanzierung durch Factoring 23 ff; BETTE, Das Factoring-Geschäft 32 ff, 44 ff; BERGHAUS, Kollision zwischen Factoring-Globalzession und verlängertem Eigentumsvorbehalt 9 f; HAGENMÜLLER/SOMMER, Factoring-Handbuch 71 ff, 75; RÖDL BB 1967, 1301; MARTINEK, Moderne Vertragstypen Bd I 224). Es versteht sich, daß der Factor seine Aufgaben nur unter Einsatz elektronischer Datenverarbeitungsanlagen wahrnehmen kann. Der Umfang der Service-Funktion kann verschieden ausgestaltet sein. Bisweilen reduziert sie sich darauf, daß der Factor den Klienten in bestimmten Zeitabständen über auffallende Kontobewegungen unterrichtet, zögerliche Zahlungseingänge mitteilt, Übersichten anfertigt und ihm die für seine Geschäftstätigkeit wichtigen Informationen und Kontrolldaten zur Verfügung stellt. Nicht selten aber treten absatz-, investitions- und werbepolitische Beratungsaufgaben hinzu. Bisweilen umfaßt die **Consulting-Komponente** des Factoringgeschäfts gar produktions- und marketingtechnische oder auch steuerliche Fragen. In einigen Branchen können Handels- und Speditionstätigkeiten des Factors wie Lagerhaltung, Sortierung, Versicherung oder Verzollung der Ware vereinbart werden. Eine Erweiterung erfährt die Dienstleistungsfunktion neuerdings dadurch, daß der Factor immer häufiger die Rolle eines Vermittlers oder Schlichters („Mediator") zwischen Klient und Drittschuldner übernimmt, bisweilen gar als **Schiedsrichter** vorgesehen wird, damit im Falle von Leistungsstörungen, insbesondere in Gewährleistungsfällen eine außergerichtliche Verständigung erzielt werden kann (GLOMB, Finanzierung durch Factoring 20). Durch die betriebliche Auslagerung des Abrechnungs- und Buchhaltungswesens sowie durch die sonstigen vom Factor übernommenen Aufgaben tritt für den Klienten eine wertvolle **operative Entlastung und eine Einsparung von Sach- und Personalkosten** ein: er kann eine Kredit- und Mahnabteilung sowie weite Teile der Kundenbuchhaltung einsparen. Die Kredit- und Einzugsprobleme, die ein Unternehmen oft unverhältnismäßig stark beanspruchen und die betriebswirtschaftlich als „unproduktiv" empfunden werden, können durch das Factoring nahezu vollständig externalisiert werden.

Die dritte Funktion des Factoring ist die **Kreditversicherungs- oder Delkrederefunktion B 123** (LUNCKENBEIN, Rechtsprobleme des Factoring-Vertrages 12 ff; BETTE, Das Factoring-Geschäft 35 ff, 46 ff; BERGHAUS, Kollision zwischen Factoring-Globalzession und verlängertem Eigentumsvorbehalt 10 f; GLOMB, Finanzierung durch Factoring 18 ff; MARTINEK, Moderne Vertragstypen Bd I 225): Der Factor übernimmt – nach vorheriger Prüfung der Kreditwürdigkeit der Drittschuldner – das Risiko der Bonität der übertragenen Forderungen, kann also bei ihrer Uneinbringlichkeit wegen Zahlungsunfähigkeit oder -unwilligkeit der Drittschuldner nicht mehr gegen seinen Klienten Regreß nehmen. Der Anschlußkunde haftet nur für die **Verität**, den Bestand der Forderungen (§ 437 Abs 1), ist aber gegen einen Forderungsausfall bei seinen Kauf-, Werk- oder Dienstverträgen durch den Factor versichert, der seinerseits zur Ermittlung der **Bonität** der Forderungen oft einen hochqualifizierten Stab von Kreditspezialisten mit erstklassigen Branchenkenntnissen beschäftigt. Entgegen einem häufigen Sprachgebrauch in der Praxis kann freilich von einer „Übernahme der Delkredere-Haftung" durch den Factor jedenfalls im Rechtssinne nicht die Rede sein, denn der Factor ist keiner Haftung für die Verbindlichkeiten der Drittschuldner ausgesetzt, wie dies der in §§ 86 b, 394 HGB verwendete Delkredere-Begriff voraussetzt. Vielmehr trägt er nur das **Ausfallrisiko der Zahlungsfähigkeit des Debitors** (EHLING, Zivilrechtliche Probleme der vertraglichen Ausgestaltung des Inland-Factoring-Geschäfts in Deutschland 28). Die Kreditsicherungsfunktion des Factoring gestattet es auch kleineren Unternehmen, im Verhältnis zum Betriebskapital größere Risiken bei der Einräumung von Lieferantenkrediten einzugehen und das Risiko eventueller Debitorenausfälle zu verringern.

b) Praktische Abwicklung

B 124 Der Factor bedingt sich für die drei übernommenen Funktionen ein Entgelt vom Kunden aus: Für seine Dienstleistungen zieht er vom Nennwert der gekauften Forderungen eine **Factoringgebühr** ab; für die Übernahme des Kreditrisikos berechnet er eine **Delkredere-Gebühr**, die auch bereits in der Factoringgebühr enthalten sein mag; und für die Bevorschussung der Forderungen stellt er die nach ihrer Laufzeit banküblichen **Zinsen** in Rechnung, so daß der Klient im Ergebnis **nur etwa achtzig bis neunzig Prozent des Nennwerts der Forderungen** erhält (BLAUROCK ZHR 142 [1978], 325, 327; POTTSCHMIDT/ROHR, Kreditsicherungsrecht Rn 204 ff; BÄHR, Die Kollision der Factoring-Globalzession mit dem verlängerten Eigentumsvorbehalt 64; LUNCKENBEIN, Rechtsprobleme des Factoring-Vertrages 8; MARTINEK, Moderne Vertragstypen Bd I 225 ff). Die Factoringgebühr hängt in ihrer Höhe vom Umsatz sowie von der Zahl der Kunden und Rechnungen sowie vor allem von Art und Umfang der übernommenen Dienstleistungen ab; sie beträgt, wenn sie keine Delkrederegebühr mit einschließt, sondern allein die Verwaltungskosten umfaßt (Dienstleistungsprovision), etwa 0,5 – 3% des Forderungsumsatzes. Das Factoringunternehmen kann dabei für eine Vielzahl von Anschlußkunden im wesentlichen gleichartige, weithin routinisierbare Serviceaufgaben erfüllen, so daß sich ein Rationalisierungseffekt durch Spezialisierung ergibt. Bei den Zinsen für die Bevorschussung der Forderungen wird entweder die effektive Laufzeit einer Forderung oder – ungleich seltener – die durchschnittliche Laufzeit des gesamten Forderungsbestandes eines Anschlußkunden zugrunde gelegt. Infolge der begrenzten Laufzeit der Forderungen bemißt sich in beiden Fällen der Zinssatz nach den auf dem Kapitalmarkt üblichen Zinssätzen für kurzfristige Kredite bzw nach den konjunkturbedingten Kontokorrentzinsen. Die Delkrederegebühr schließlich ist, wo sie nicht als Anteil in die Factoringgebühr einfließt, als ein **gesondertes Entgelt für das mit der Kreditfunktion verbundene Ausfallrisiko des Factors** anzusehen; diese Risikoprämie beträgt – je nach Bonität der Drittschuldner und dem Anteil an dubiosen Forderungen am Umsatz – etwa 0,2–1,2%.

B 125 Der Factor ist auf eine weitgehende Begrenzung des Risikos von Forderungsausfällen bedacht. Deshalb behält er regelmäßig eine **Sperr- oder Garantiesumme** in Höhe von etwa zehn bis zwanzig Prozent des Forderungswerts (je nach Branche und Art des Drittschuldnervertrages) zurück (POTTSCHMIDT/ROHR, Kreditsicherungsrecht Rn 204;

CANARIS, Bankvertragsrecht Rn 1672; BETTE, Das Factoring-Geschäft 29 ff; BÄHR, Die Kollision der Factoring-Globalzession mit dem verlängerten Eigentumsvorbehalt 65; WOLF WM 1979, 1374). Dieser Betrag wird auf einem gesonderten Sperrkonto als „Sicherheitseinbehalt" verbucht und dient der Absicherung des Factors für die Fälle der Warenretouren, Transportschäden, Mängelrügen, Anfechtungen, Wandelungen, Minderungen, Rücktritte usw der Drittschuldner; nur der Restbetrag (abzüglich der Kosten und Gebühren) wird dem Klienten gleich auf seinem Abrechnungskonto gutgeschrieben, so daß er darüber schnell und – beim echten Factoring – endgültig verfügen kann. Der **Sperrbetrag** wird dem Klienten erst auf dem Abrechnungskonto gutgebracht, wenn keine Gewährleistungsansprüche des Drittschuldners mehr zu erwarten sind und keine sonstige Gefahr mehr für den Bestand und die Höhe der Forderung besteht. Diese „Karenzzeit" kann bis zu einem halben Jahr betragen (vgl §§ 477, 638), ist aber bei Kaufmannseigenschaft der Drittschuldner oft auf 4 bis 6 Wochen reduziert (vgl §§ 377, 381 HGB). Sammelt sich auf dem Sperrkonto ein unnötig hoher Sicherungsbetrag an, wird der nicht benötigte Betrag auf das Abrechnungskonto umgebucht.

B 126   Im Factoringvertrag als dem Grundlagen- und Rahmenvertrag kann der Anschlußkunde global alle gegenwärtigen und zukünftigen, während der Vertragslaufzeit entstehenden Forderungen an den Factor verkaufen (sogenannter **globaler Kaufvertrag mit Globalzession**). Er kann sich aber auch im Factoringvertrag lediglich dazu verpflichten, dem Factor alle künftigen Forderungen bei ihrer Entstehung zum Kauf anzubieten (sogenannter **Andienungs- oder Anbietungsvertrag**). Der zweite Weg wird ungleich häufiger als der erste beschritten. Wenn sich der Klient dazu verpflichtet, seine Forderungen aus Warenlieferungen und/oder Leistungen gegen seine Abnehmer und Kunden (die Drittschuldner) dem Factoringabkommen zu unterwerfen, dh dem Factor zum Kauf anzubieten, dann kann diese **Anbietungspflicht des Anschlußkunden** eine **allgemeine** oder eine **beschränkte** sein, je nach dem, ob sie sämtliche Forderungen des Unternehmens erfaßt oder auf bestimmte Produktgruppen, auf bestimmte Absatzgebiete oder näher bezeichnete Debitorenkreise beschränkt ist. Die Summe aller vom Factoring erfaßten Forderungen wird als **Factoring-Obligo** bezeichnet (BETTE, Das Factoring-Geschäft 31; LUNCKENBEIN, Rechtsprobleme des Factoring-Vertrages 17; MARTINEK, Moderne Vertragstypen Bd I 227). Meist erfaßt der Factoringvertrag beinahe sämtliche Außenstände des Klienten. Durch diesen Globalcharakter des Factoringgeschäfts wird ausgeschlossen, daß sich der Factor nur die „sicheren", „bargeldwerten" Forderungen aussucht oder der Klient ihm nur die zweifelhaften Forderungen überläßt; für den Factor bewirkt der Globalcharakter des Vertrags in Kombination mit den anderen Verträgen mit Kunden anderer Branchen eine vertretbare Risikostreuung.

B 127   Der **Anbietungspflicht des Klienten steht eine Ankaufspflicht des Factors** gegenüber, doch sind hiervon solche Forderungen ausgenommen, bei denen eine Kreditwürdigkeitsprüfung des Debitors nach banküblichen Prüfungskriterien zur Einordnung der Forderung als „dubios" oder „unseriös" führt. Dem Factor bleibt mithin das Recht vorbehalten, offensichtlich „faule" Forderungen zurückzuweisen. In einem globalen Kaufvertrag mit Globalzession bedingt sich der Factor insoweit ein **Rückverkaufsrecht** aus; bei den – ungleich häufigeren – Andienungs- oder Anbietungsverträgen weist der Factor schon den auf die unseriöse Forderung bezogenen Kaufantrag des Klienten zurück. **Mangels Forderungskaufvertrages kommt kein endgültiger Forde-**

rungsübergang zustande. Um dem Factor vor Abschluß des Factoringvertrages und während seiner Laufzeit eine ständige Überprüfung der Bonität der erfaßten Forderungen zu ermöglichen, übergibt ihm der Klient zu Beginn des Vertragsverhältnisses und sodann in gewissen Zeitabständen eine Aufstellung seiner Kunden („Kundenliste"). Wenn der Factor den Ankauf einer Forderung im Einzelfall ablehnt, übernimmt er es doch oft, sich um eine **Inkasso-Einziehung** der Forderung – ohne eigenes Risiko – zu bemühen. Diese Forderungen werden vom Factor auf ein besonderes **Sammel-Treuhandkonto** gebucht. Da der Factor sein Kreditrisiko auch auf eine überschaubare Zeitspanne begrenzen will, arbeitet er in aller Regel nur mit Klienten zusammen, die ihren Kunden keine längeren Zahlungsziele als 90 oder höchstens 120 Tage einräumen.

2. Untertypen des Factoring

a) Echtes und unechtes Factoring

B 128 Im Wirtschaftsleben hat sich neben der vorstehend charakterisierten **Grundform des Factoring** eine Reihe von abweichenden Ausgestaltungen, Misch- und Sonderformen herausgebildet. Die praktisch und auch juristisch bedeutendste Unterscheidung zur Systematisierung dieser verschiedenen Factoring-Variationen ist die zwischen echtem und unechtem Factoring; sie hat erhebliche Bedeutung für die dogmatisch-konstruktive Erfassung des Factoring. Wenn der Factor sämtliche drei Funktionen (Finanzierungs-, Service- und Versicherungsfunktion) übernimmt, spricht man vom **„echten" oder „vollständigen" Factoring** (auch *non-recourse-factoring* oder Standard-Factoring genannt), das heute in der Praxis eine dominierende Rolle spielt (HAGEN-MÜLLER/SOMMER/BINDER-DEGENSCHILD, Factoring-Handbuch 25, 27 f; LUNCKENBEIN, Rechtsprobleme des Factoring-Vertrages 18 f; GLOMB, Finanzierung durch Factoring 17; BÄHR, Die Kollision der Factoring-Globalzession mit dem verlängerten Eigentumsvorbehalt 30 f). Dagegen **fehlt beim unechten Factoring** (*recourse factoring*, Regreß-Factoring) die Versicherungs- oder Delkrederefunktion, so daß das **Bonitätsrisiko beim Klienten** verbleibt, der vom Factor bei Uneinbringlichkeit einer abgetretenen Forderung zurückbelastet wird. Meist erfolgt eine automatische Rückbelastung, wenn der Drittschuldner nicht innerhalb einer bestimmten Frist bezahlt (HAGENMÜLLER/SOMMER/BINDER-DEGENSCHILD, Factoring-Handbuch 25, 28 f; GLOMB, Finanzierung durch Factoring 31; LUNCKENBEIN, Rechtsprobleme des Factoring-Vertrages 21). Der die Forderung übertragende Klient haftet also sowohl für die Verität als auch für die Bonität der Forderung. Für den Factor entfällt jedes Risiko der Zahlungsunfähigkeit oder -unwilligkeit des Drittschuldners. Während sich beim echten Factoring die vom Factor durchgeführten Kreditwürdigkeitsprüfungen und laufenden Solvenzüberwachungen auf die Drittschuldner beziehen, konzentrieren sie sich beim unechten Factoring auf die Anschlußkunden selbst, denn der Factor bleibt mit dem Risiko der Insolvenz des Klienten behaftet, von dessen Zahlungsfähigkeit er bei einer Rückbelastung des Betrages der ausgefallenen Forderung abhängt; freilich ist dieses bei Kreditgeschäften übliche Ausfallrisiko beherrschbar.

B 129 Anfangs war in Deutschland das unechte Factoring gegenüber dem echten die gebräuchlichere Gestaltungsform. Dies hatte vor allem zwei Gründe. Zum einen sah die deutsche Kreditwirtschaft die Übernahme des Delkredererisikos lange Zeit als recht ungewöhnlich an und konnte sich nur langsam damit befreunden. Zum anderen verteuerte die zusätzliche Versicherungsfunktion das echte Factoring für den

Anschlußkunden teilweise erheblich, dessen Risikozuschlag (Delkrederegebühr) spürbar ins Gewicht fallen kann. Inzwischen führt das **unechte Factoring** in der Bundesrepublik Deutschland ein Schattendasein, ist allerdings **noch keineswegs völlig bedeutungslos** geworden; die Umsätze im unechten Factoring belaufen sich immerhin noch auf knapp 10% aller Factoringumsätze (1993). Seit sich namentlich in der BGH-Rechtsprechung Anfang der achtziger Jahre die Behandlung des unechten Factoring als „Kreditgeschäft" (Darlehensfactoring) durchgesetzt hat (su Rn B 153 ff) und aus dieser Rechtsnaturbestimmung für den Factor eine wenig günstige Sicherungsstellung gegenüber dem unter verlängertem Eigentumsvorbehalt liefernden Warenkreditgeber des Klienten folgt, wird unechtes Factoring nur noch selten vereinbart.

Allerdings findet sich das **unechte Factoring (Darlehensfactoring)** noch durchaus häufig **B 130** in Kombination mit dem **echten Factoring (Ankaufsfactoring).** Man muß sich nämlich von der (verbreiteten) Fehlvorstellung befreien, daß im Rahmen einer und derselben Geschäftsbeziehung zwischen Factor und Anschlußkunde nur entweder echtes oder unechtes Factoring betrieben werde, ein Factoringvertrag mithin auch nur entweder echter oder unechter Factoringvertrag sein könne. Richtig ist vielmehr, daß die Entscheidung über die Übernahme des Delkrederrisikos vom Factoringinstitut meist erst nach der Bonitätsprüfung des Drittschuldners einer konkreten Forderung gefällt wird. Im Rahmen eines und desselben Factoringverhältnisses können sich daher durchaus echtes und unechtes Factoring mischen (vgl dazu LARENZ/CANARIS, SchuldR II/2, 86 f). Hierzu kommt es in der Praxis auch dadurch, daß die Parteien häufig für die einzelnen Debitoren einen Höchstbetrag (Limit) vereinbaren, bis zu dem der Factor nach Bonitätsprüfung das Risiko der Zahlungsfähigkeit übernimmt. Dann nämlich kann eine das Limit überschreitende Forderung insoweit dem unechten Factoring unterworfen werden, bei dem der Anschlußkunde das Risiko der Zahlungsfähigkeit trägt. Begleicht der Drittschuldner zwischenzeitlich einzelne Forderungen aus dem das echte Factoring begrenzenden Limit, so werden die bisher dem unechten Factoring unterliegenden Forderungen unter Risikoübernahme des Factors in das echte einbezogen; die Praxis spricht hier vom **Silo-Prinzip** (HAGENMÜLLER/SOMMER/STOPPOK, Factoring-Handbuch 93, 97, 103; vgl MARTINEK, Moderne Vertragstypen Bd I 234). Nach dem Silo-Prinzip rückt also eine zunächst nicht ungeteilt in das Limit passende angediente Forderung nach, sobald das Limit durch Debitorenzahlung frei geworden ist.

b)   Vorschußverfahren, Fälligkeits- und Diskontverfahren
Beim echten Factoring müssen zunächst das Vorschußverfahren, das Fälligkeitsver- **B 131** fahren und das Diskontverfahren unterschieden werden. Beim heute ganz üblichen **Vorschußverfahren** (*collection factoring*) übernimmt der Factor die Forderung seines Klienten gegen den Drittschuldner mit dem Wert des Fälligkeitstages oder des Zahlungseingangs, leistet jedoch auf seine Zahlungsverpflichtung einen Vorschuß, sobald die Verität der Forderung feststeht und die Bonität überprüft ist (LUNCKENBEIN, Rechtsprobleme des Factoring-Vertrages 19 f; GLOMB, Finanzierung durch Factoring 25). Beim **Fälligkeitsverfahren**, das dem amerikanischen **Maturity-Factoring** nachgebildet und in Deutschland weit weniger gebräuchlich ist als das Vorschußverfahren, **entfällt diese Bevorschussung** (GLOMB, Finanzierung durch Factoring 27; LUNCKENBEIN, Rechtsprobleme des Factoring-Vertrages 20; SERICK, Eigentumsvorbehalt und Sicherungseigentum, Bd IV 558; HAGENMÜLLER/SOMMER/SCHEPERS, Factoring-Handbuch 63, 66; WALTER, Kaufrecht 558). Denn der Factor leistet auf die mit Valuta Fälligkeit oder Zahlungseingang übernommenen

Forderungen keine Vorschußzahlungen; er zahlt **effektiv erst bei Fälligkeit** (auch wenn der Drittschuldner nicht zahlt) bzw Zahlungseingang. Bisweilen wird auch die Übernahme mehrerer Forderungen mit dem Wert ihres durchschnittlichen Fälligkeitstages oder des durchschnittlichen Zahlungseingangs vereinbart, so daß der Factor die Rechnungsgegenwerte nach dem gewogenen Schnitt bevorschußt (GLOMB, Finanzierung durch Factoring 19; GRAF vWESTPHALEN BB 1977, 81 ff). Auch hier entrichtet der Factor den Übernahmepreis für die Forderung so spät, daß kein nennenswerter Finanzierungseffekt eintritt. Beim Fälligkeits- oder Maturity-Factoring wird die Finanzierungsfunktion deutlich gegenüber der Dienstleistungs- und der Delkrederefunktion zurückgedrängt. Beim **Diskontverfahren** (*advance factoring*) schließlich übernimmt der Factor die Forderungen zum Wert am Ankaufstag, wobei der Kaufpreis für die Forderung am Tag der Rechnungseinreichung beim Factor fällig wird (LUNCKENBEIN, Rechtsprobleme des Factoring-Vertrages 21; GLOMB, Finanzierung durch Factoring 27). Damit tritt wie beim Vorschußverfahren eine unmittelbare Liquiditätsverbesserung für den Anschlußkunden ein, wird doch für die gekaufte Forderung trotz deren späterer Fälligkeit sofort Bargeld hingegeben. Beim unechten Factoring läßt sich eine Unterscheidung zwischen Vorschuß-, Fälligkeits- und Diskontverfahren nicht treffen; es wird allein im Vorschußverfahren durchgeführt.

c) Bedingungsvariante, Rücktrittsvariante und Gewährleistungsvariante

B 132 Über die drei Begriffe Bedingungsvariante-, Rücktritts- und Gewährleistungsvariante herrscht in der Praxis wie in der Rechtssprache eine gewisse Verwirrung. Klarheit läßt sich nur gewinnen, wenn man **strikt zwischen echtem und unechtem Factoring unterscheidet** (MARTINEK, Moderne Vertragstypen Bd I 235 ff). Spricht man – wie häufig in der Praxis – von Bedingungs- und Rücktrittsvariante im Zusammenhang mit dem echten Factoring, geht es um verschiedene Gestaltungsmöglichkeiten für das Verhältnis zwischen Forderungskauf und Abtretung. Die Bedingungsvariante ist danach die ganz übliche Form des echten Factoring, bei der die Forderungsabtretung aufschiebend bedingt ist vom Kaufvertragsabschluß, dh von der Annahme des Kaufantrages des Klienten durch den Factor nach positiv ausgefallener Bonitätsprüfung. Wenn dem die Rücktrittsvariante gegenübergestellt wird, dann soll damit die recht seltene Gestaltungsform bezeichnet werden, bei der Forderungskauf- und Forderungsabtretungsvertrag ohne Bedingungszusammenhang zunächst geschlossen werden, der Factor sich jedoch für den Fall einer negativ ausfallenden Bonitätsprüfung den Rücktritt vom Kaufvertrag mit der Folge einer Rückabwicklung der Forderungsabtretung und der Vorschußzahlung vorbehält.

B 133 Soweit jedoch – wie offenbar zumeist – die Begriffe **Bedingungs- und Rücktrittsvariante im Zusammenhang mit dem unechten Factoring** verwendet und dabei um den dritten Begriff der Gewährleistungsvariante ergänzt werden, geht es um drei verschiedene Gestaltungsmöglichkeiten des „delkrederefreien" Factoring. Diese sind indes lediglich auf der Grundlage einer Qualifizierung auch des unechten Factoring als Forderungskauf (su Rn B 150 ff) verständlich, wie sie nur noch eine Mindermeinung im Schrifttum vertritt. Der Forderungskauf kann danach beim unechten Factoring unter der auflösenden Bedingung (§ 158 Abs 1) stehen, daß der Kunde der Anschlußfirma (Drittschuldner) die Forderung innerhalb einer bestimmten Frist begleicht (sogenannte Bedingungsvariante). Bleibt die Zahlung aus, entfällt der Forderungskaufvertrag, so daß die Anschlußfirma den empfangenen Kaufpreis zurückerstatten und der Factor die Forderung rückabtreten muß. Konstruktiv denkbar ist

auch eine Gestaltungsform, bei der sich der Factor den Rücktritt vom Forderungskauf vorbehält, falls der Drittschuldner nicht innerhalb der vorgesehenen Frist
bezahlt. Bei einer solchen Rücktrittsvariante würde der Kaufpreis der Forderung
dem Anschlußkunden nach der Ausübung des Rücktrittsrechts zurückbelastet. Als
dritte Gestaltungsform kann aber auch gewählt werden, daß der Klient die Gewährleistung für die Zahlungsfähigkeit des Schuldners übernimmt, wobei er – über die
Vorschrift des § 438 aE hinausgehend – für die Zahlungsfähigkeit seiner Kunden (der
Drittschuldner) nicht nur zur Zeit der Abtretung, sondern auch zur Zeit der Forde-
rungsfälligkeit einzustehen hat (sogenannte Gewährleistungsvariante). Auf die drei
Gestaltungsformen der Bedingungs-, Gewährleistungs- oder Rücktrittsvariante
braucht man jedoch nicht zurückzugreifen, wenn man für das unechte Factoring mit
der herrschenden Meinung und Rechtsprechung die Einordnung als darlehensver-
tragliches Kreditgeschäft gegenüber der forderungskaufrechtlichen Qualifizierung
bevorzugt (su Rn B 153 ff). Sieht man nämlich den Barvorschuß als darlehensweise
Kapitalüberlassung an, bei der der Rückforderungsanspruch des Factors durch die
erfüllungshalber erfolgende Vorausabtretung der Forderung gesichert wird, dann
kann im Falle ausbleibender Zahlung des Drittschuldners der Factor ohne weiteres
seinen Rückforderungsanspruch geltend machen.

d) Offenes und verdecktes Factoring
Meist wird dem Drittschuldner – etwa durch einen Rechnungsaufdruck – die Abtretung der Forderung an den Factor und dessen neue Gläubigerposition angezeigt,
nicht selten verbunden mit der ausdrücklichen Mitteilung, daß der Drittschuldner
nur noch (vgl § 407) an den Factor mit befreiender Wirkung leisten kann. Hierfür hat
sich die Bezeichnung **„offenes" Factoring** (auch *„open factoring"*, *„disclosed factoring"*
oder „notifiziertes Verfahren") durchgesetzt (SERICK, Eigentumsvorbehalt und Sicherungseigentum Bd IV 556; HAGENMÜLLER/SOMMER/SCHEPERS, Factoring-Handbuch 63, 64; LUNCKEN-
BEIN, Rechtsprobleme des Factoring-Vertrages 23; WALTER, Kaufrecht 558; GLOMB, Finanzierung
durch Factoring 31; MARTINEK, Moderne Vertragstypen Bd I 237). Da bei dieser Gestaltungsform eine befreiende Leistung der Debitoren an den Klienten nach § 407 nicht mehr
erfolgen kann, erhält der Factor einen **Schutz gegen Fehlleitungen von Zahlungen an
den Altgläubiger**, die sein Risiko nur erhöhen würden. An diesem Schutz muß der
Factor jedenfalls beim echten Factoring ein besonderes Interesse haben. Dem Sicherungsinteresse des Factors steht das Kreditinteresse des Kunden entgegen. Denn das
offene Factoring stößt bei den Klienten auf gewisse Vorbehalte, weil die Kenntnis
der Drittschuldner von der Abtretung als ein Zeichen wirtschaftlicher Schwäche
angesehen werden und zur Minderung des kaufmännischen Ansehens und des Kredits im Geschäftsleben führen kann. Das offene Verfahren hat indes am gesamten
Factoring-Umsatz einen erheblichen Anteil erkämpfen und behaupten können.
Heute wird das echte Factoringverfahren in Deutschland **ganz überwiegend in der
Form des offenen Factoring** betrieben (HAGENMÜLLER/SOMMER/SCHEPERS, Factoring-Handbuch 63, 65; BERGHAUS, Kollision zwischen Factoring-Globalzession und verlängertem Eigentumsvorbehalt 12; MARTINEK, Moderne Vertragstypen Bd I 237; zu Unrecht zweifelnd aber LUNCKEN-
BEIN, Rechtsprobleme des Factoring-Vertrages 23 f). Nur in Ausnahmefällen findet beim
echten Factoring das verdeckte Verfahren (auch *„confidential factoring"*, *„undisclosed factoring"*, „stilles Factoring" oder „nicht notifiziertes Verfahren" genannt)
Anwendung, bei dem eine Benachrichtigung des Drittschuldners von der Forderungsabtretung unterbleibt. Es liegt auf der Hand, daß der Factor, der das Risiko der
Zahlungsfähigkeit des Drittschuldners ohne Regreßmöglichkeit gegen den

B 134

§ 675   2. Buch

B 135–B 137   7. Abschnitt. Einzelne Schuldverhältnisse

Anschlußkunden übernommen hat, nicht seiner Forderung dadurch verlustig gehen will, daß der Drittschuldner mit befreiender Wirkung an den Anschlußkunden und Altgläubiger leistet, von dessen zügiger Weiterleitung (und von dessen fortbestehender Solvenz) der Factor dann zudem abhängig wäre.

B 135 Demgegenüber wird das **unechte Factoring**, das – wenn auch mit gegenüber früher verringerter Bedeutung – in der Wirtschaftspraxis fortlebt, sowohl als offenes wie als verdecktes Verfahren betrieben. Beim offenen unechten Factoring wird die Forderung nach nicht oder nicht rechtzeitig erfolgter Leistung des Drittschuldners vom Factor an den Anschlußkunden zurückübertragen, doch übernimmt der Factor nunmehr für den Klienten das Mahnwesen. Unter Umständen wird der Factor auch für den Klienten als Inkassostelle tätig. Das verdeckte unechte Factoring erlaubt dem Drittschuldner **eine schuldbefreiende Zahlung auch an den Anschlußkunden, den er mangels Abtretungsanzeige noch für den Forderungsinhaber halten darf (§ 407 Abs 1)**. Selbstredend ist der Anschlußkunde zur unverzüglichen Weiterleitung der an ihn erfolgten Zahlungen an den Factor als den wahren Gläubiger verpflichtet (vgl § 816 Abs 2).

B 136 Wenig durchgesetzt hat sich das **sogenannte halboffene (oder halbverdeckte) Verfahren** (auch: Zahlstellenverfahren), das sowohl beim echten wie beim unechten Factoring nur gelegentlich anzutreffen ist (GLOMB, Finanzierung durch Factoring 34; LUNCKENBEIN, Rechtsprobleme des Factoring-Vertrages 25; LÖHR, Die Wirtschaftsprüfung 457 ff; WALTER, Kaufrecht 558; SERICK, Eigentumsvorbehalt und Sicherungseigentum Bd IV 556, 557; HAGENMÜLLER/ SOMMER/SCHEPERS, Factoring-Handbuch 63, 68). Hierbei wird dem Drittschuldner im Rechnungsaufdruck ein Konto für seine Zahlung genannt, über das allein der Factor verfügungsberechtigt ist. Die Verfügungsberechtigung des Factors wird indes nicht ausdrücklich angezeigt, so daß der Drittschuldner keine positive Kenntnis von der Forderungsübertragung hat; er mag sich freilich seinen Teil denken, wenn er einen Rechnungsaufdruck liest wie: „Achtung! Alle Zahlungen nur auf das Sonderkonto Nr. X bei Bank Y unter Angabe von Rechnungsdatum, Rechnungsnummer und Rechnungsaussteller." Das halboffene/halbverdeckte Factoring läßt sich vor allem dann besonders elegant durchführen, wenn der Factor diejenige Bank ist, bei der der Klient ohnehin sein Kontokorrentkonto unterhält (MARTINEK, Moderne Vertragstypen Bd I 239). Mangels positiver Kenntnis von der Forderungsabtretung wird der Drittschuldner allerdings auch bei Zahlung auf ein anderes Konto des Altgläubigers frei.

e)   Weitere Verfahrensarten

B 137 Die am Factoring interessierten Unternehmen werden in aller Regel bereits durch eine Hausbank betreut, die ihrerseits möglicherweise nicht selbst als Factor tätig sein will, aber mit einem Factoringunternehmen zusammenarbeitet. Wenn sich die Hausbank des Klienten unter Übernahme eines Risikoanteils am Factoringgeschäft mit einem Factor beteiligt, spricht man vom **Metaverfahren** (SCHMITT ZFK 1968, 910 ff; LUNCKENBEIN, Rechtsprobleme des Factoring-Vertrages 26 ff). Hier sind verschiedene Vertragsgestaltungen denkbar, die meist darauf hinauslaufen, daß die Hausbank dem Kunden unter Einschaltung des Factors einen Kredit einräumt, der durch die abgetretenen Forderungen gegen die Drittschuldner gesichert ist. Beim **Antragsfactoring** beauftragt die Geschäfts- und Hausbank des künftigen Anschlußkunden ein Factoringunternehmen mit factorspezifischen Dienstleistungen für den Kunden sowie mit

der Beitreibung seiner Forderungen, wobei der Factor diese Forderungen im Innenverhältnis nur treuhänderisch für die finanzierende Hausbank verwaltet.

Das **Eigenservice-Factoring, auch Inhouse- oder Bulk-Factoring, gelegentlich auch** **B 138**
Massen-Factoring oder Basis-Factoring genannt, gehört zu den jüngeren Factoring-
Innovationen (HAGENMÜLLER/SOMMER/SCHEPERS, Factoring-Handbuch 63, 66; WALTER, Kaufrecht 557; BÄHR, Die Kollision der Factoring-Globalzession mit dem verlängerten Eigentumsvorbehalt 31; MünchKomm/ROTH [2. Aufl] § 398 Rn 119). Beim Eigenservice-Factoring beauftragt der Factor seinen Anschlußkunden mit der Führung der Debitorenbuchhaltung, die vom Factor unter Einsatz der Möglichkeiten des Datenträgeraustauschs
überwacht wird. Dem Factor verbleibt die Finanzierungs- und die Delkrederefunktion. Wegen der Übernahme der Buchhaltungsdienste durch den Anschlußkunden
für den Factor können dessen Finanzierungsleistungen zu einer tragbaren Factoringgebühr offeriert werden. Hintergrund dieser Verfahrensweise ist der Einzug der
modernen Datenverarbeitung auch in kleinen Unternehmen, durch die die Dienstleistungsfunktion des Factoring (Debitorenbuchhaltung, Mahnwesen, Statistiken
usw) an Attraktivität verloren hat.

Das sogenannte **Honorar-Factoring** (MOHRBECK ZfK 1973, 672 ff; LUNCKENBEIN, Rechtspro- **B 139**
bleme des Factoring-Vertrages 27) betrifft die Bevorschussung von Honoraren von
Rechtsanwälten, Notaren, Architekten und vor allem Ärzten und Zahnärzten durch
Factoringunternehmen („Verrechnungsstellen"). In aller Regel steht hierbei unechtes Factoring in Rede, wenn nicht sogar – unter falscher Verwendung des Factoring-
Begriffs – lediglich eine Inkasso-Tätigkeit mit Vorschußleistung ohne Forderungsabtretung und ohne jede Risikoübernahme vereinbart ist.

f) Internationales Factoring, Export-Factoring und Forfaiting

Das **internationale Factoring,** das auch als **Export-Factoring, Crossborder-Factoring** **B 140**
oder Außenhandels-Factoring bezeichnet wird, hat sich als eine besondere Factoring-
art im Außenhandel nach dem 2. Weltkrieg entwickelt (MARTINEK, Moderne Vertragstypen Bd I 240 ff). Hier werden von einem Exporteur Forderungen aus grenzüberschreitenden Warenlieferungen (sehr selten auch: Dienstleistungen) verkauft. Man kann
verschiedene Spielarten des internationalen Factoring unterscheiden (HAGENMÜLLER/
SOMMER/SCHRANZ, Factoring-Handbuch 165 ff; HAGENMÜLLER/SOMMER/STOPPOK, Factoring-
Handbuch 93 ff, 104; HAGENMÜLLER/SOMMER/GOODE, Factoring-Handbuch 149 ff; REBMANN
RabelsZ 53 [1989], 599 ff, 601; WALTER, Kaufrecht 559; ARNEBOLD, Export-Factoring 1 ff;
SCHWARZ, Factoring 134 ff).

Besonders weite Verbreitung hat das **Zweifactorsystem** gefunden, bei dem der Expor- **B 141**
teur seine Forderungen aus Warenlieferungen gegen die ausländischen Käufer
(Debitoren) an einen Exportfactor in seinem Heimatland verkauft und abtritt. Dieser **Exportfactor** – regelmäßig eine Bank mit internationalen Verbindungen – veräußert die Forderungen seinerseits an seinen Factoring-Korrespondenten, den sogenannten **Importfactor,** mit Sitz im Importland der jeweiligen Debitoren. Weniger
verbreitet ist das **direkte Import-Factoring,** bei dem der Exporteur als Anschlußkunde
seine Forderungen aus Außenhandelsgeschäften unmittelbar an einen Factor mit
Niederlassung im Staate des Importeurs veräußert. Schließlich gibt es noch das
direkte Export-Factoring, bei dem der Exporteur seine Forderungen an einen Factor

im eigenen Exportland verkauft und abtritt, ohne daß dieser die Forderung an einen Factoring-Korrespondenten weiterveräußert.

B 142 Von herausragender Bedeutung für das internationale Factoring ist neuerdings das **UNIDROIT-Übereinkommen**, das im Jahre 1988 in Ottawa abgeschlossen wurde und das auf die Entwicklung einheitlicher Vorschriften in den einzelnen Ländern zum internationalen Factoring abzielt (UNIDROIT 1987, Study LVIII Doc 33, abgedruckt in: RabelsZ Bd 53 [1989], 729 ff; vgl dazu REBMANN RabelsZ Bd 53 [1989], 599 ff; HAGENMÜLLER/ SOMMER/GOODE, Factoring-Handbuch 149 ff, 156 ff; SCHWARZ, Factoring 143 ff).

B 143 Zu Unrecht werden oft das **Forfaiting** und der Forfaitingvertrag mit dem Export- Factoring gleichgesetzt. In Wirklichkeit weist das Forfaiting verschiedene Besonder- heiten auf, die es durchaus zu einer **eigenen Art der Exportfinanzierung** für Investi- tionsgüter machen (BERNARD, Rechtsfragen des Forfaitierungsgeschäfts [1991]; DEUBER, Rechtliche Probleme der Forfaitierung [1993]; GUILD/HARRIS, Forfaitierung – Die Alternative in der Außenhandelsfinanzierung 25 ff; HAGENMÜLLER/SOMMER/GMÜR, Factoring-Handbuch 195 ff; FINGER BB 1969, 765 ff; FRIEDERICHS, Exportfinanzierung durch Forfaitierung; GERTH ZFK 1979, 576; HARRIES RIW 1973, 1; HÄUSERMANN, Forfaitierungsgeschäfte im Dienste der mittelfristigen Exportfinanzierung; KISSNER Die Bank 1981, 56; SCHÜTZE WM 1979, 962; GRAF vWESTPHALEN RIW 1977, 80; WALTER, Kaufrecht 562; SCHÜTZE, Forfaitierungs-Vertrag, in: SCHÜTZE/WEIPERT [Hrsg], Münchener Vertragshandbuch Bd 3 [3. Aufl 1992], 256).

B 144 Die wichtigste Besonderheit ist, daß der Forfaiteur die Forderung des Exporteurs aus dem Außenhandelsgeschäft unter ausdrücklichem Verzicht auf jeden Regreß im Falle einer Uneinbringlichkeit der Forderung erwirbt. Der Forfaiteur schließt den Rückgriff aus, indem er den Zusatz „à forfait" („in Bausch und Bogen", ohne Re- greß) im Kauf- und Abtretungsvertrag über die Forderung oder auf dem hereinge- nommenen, vom Exporteur ausgestellten und vom Importeur akzeptierten Wechsel plaziert. Dieser **unbedingte und sich auf sämtliche Eventualitäten erstreckende Regreß- verzicht findet sich beim Export-Factoring nicht**, bei dem die Factoringgesellschaft allenfalls teilweise das Bonitätsrisiko übernimmt. Beim Forfaiting steht weniger die Finanzierungsfunktion als vielmehr die Kreditversicherungsfunktion im Vorder- grund (MARTINEK, Moderne Vertragstypen Bd I 241 f). Der Forfaitingvertrag wird zudem fallweise, über einzelne Forderungen abgeschlossen, die vielfach, wenn nicht in aller Regel eine **sechsstellige Höhe** erreichen. Deshalb ist das Forfaiting auch dadurch gekennzeichnet, daß der Forderungserwerber nicht die beim Export-Factoring üb- lichen Dienstleistungen im Bereich von Buchhaltung, Mahnwesen, Statistik und ersatzweisem Inkasso (im Falle der Ablehnung des Forderungserwerbs) übernimmt. Auch sind die **Laufzeiten** der dem Forfaiting zugeführten Forderungen mit sechs Monaten bis zu fünf Jahren ungleich länger als die ein- bis viermonatigen Laufzeiten der von einem Factor erworbenen Exportforderungen. Schließlich ist das Forfaiting meist auf Forderungen „in bester Währung" wie Schweizer Franken, US Dollar oder Deutsche Mark und gegen „erste Adressen" beschränkt. Forfaitingverträge erfüllen „alle Tatbestandsmerkmale des Forderungskaufs im Sinne der §§ 433, 437 BGB" (so zu Recht BERNARD, Rechtsfragen des Forfaitierungsgeschäfts 137). Allgemein läßt sich zur Unterscheidung sagen, daß das Export-Factoring ein Bündel mehrerer gleichartiger, eher kurzfristiger Forderungen umfaßt, während das Forfaiting **langfristige Einzelfor- derungen mit besonders hohen Beträgen** zum Gegenstand hat. Soweit allerdings der **regreßlose Verkauf der Forderungen** von **Leasinggesellschaften** gegen ihre Leasingnehmer zum Zwecke der Refinanzierung als Forfaiting bezeichnet wird, können sich dahinter durchaus **factoringtypische Vertragsgestaltungen** und Abwicklungsformen verbergen (dazu BERNSTEIN DB 1989, 567; BINK DB 1987, 1106; LWOWSKI ZIP 1983, 900; PETERS WM 1993, 1661 und 1701; SCHÖLERMANN/SCHMIDT-BURGK WM 1992, 933; UHLENBRUCK/SINZ WM 1989, 1113; VORTMANN WM 1988, 1117). Der Forfaitingvertrag ist ein **Kaufvertrag in der Form eines Forderungskaufs**, §§ 433 Abs 1 S 2, 437 BGB; der Kaufgegenstand, die Forderung, wird auf den Käufer übertragen, indem als **Erfüllungsgeschäft ein Abtretungsvertrag** nach § 398 BGB zwischen Verkäufer/Zedent und Käufer/Zessionar geschlossen wird, durch den der Käufer neuer Forderungsinhaber wird. Während die Praxis unter einem Forfaitinggeschäft und -vertrag die Gesamtheit von kaufrechtlichem Verpflichtungs- und abtretungsrechtlichem Verfügungsgeschäft versteht, bezieht sich unter Juristen der Forfaitingbegriff auf den Forderungskaufvertrag. Die Übernahme des Risikos der wirtschaftlichen Einbringlichkeit der Forderung (Bonität) durch den Forfaiteur und die Beschränkung der Haftung des Forfaitisten auf den Bestand der Forderung (Verität) entspricht der gesetzlichen Ausgestaltung des Forderungskaufs nach den §§ 437, 438 BGB. Hiervon geht die ganz überwiegende Mehrheit der Literaturstimmen zum Forfaiting und auch die Rechtsprechung (vgl etwa BGH WM 1994, 1370) wie selbstverständlich aus. Nur **vereinzelt** sind in der Literatur Stimmen laut geworden, die sich – zumindest für den Fall der Forfaitierung von Wechselforderungen – gegen die kaufrechtliche Qualifizierung des Forfaitingvertrages richten und eine **darlehensvertragliche Einordnung** favorisieren (CANARIS, Bankvertragsrecht, Rn 1584; HELM WM 1968, 933 f). Danach soll das Interesse des Forfaiteurs nicht auf einen endgültigen Forderungserwerb, sondern auf den Verdienst von Zinsen (Diskontspesen) für die Laufzeit der Forderung bis zur Fälligkeit gerichtet sein.

3. Die Gemengelage von Schuldverhältnissen und Verfügungsgeschäften

a) Überblick

Die Factoringverträge der Praxis sind praktisch durchweg vorformulierte Bedin- **B 145** gungswerke der Factoringinstitute (Factoring-Banken), in denen die Einzelheiten des Verfahrens und der Abwicklung genau geregelt sind. Sie werden oft als **Factoring-Rahmenvertrag, Factoring-Gesamtvertrag, Anschlußvertrag oder Vorvertrag** bezeichnet (vgl die abgedruckten Vertragsmuster und Formulare in HAGENMÜLLER/SOMMER, Factoring-Handbuch Anhang, 206 ff; LUNCKENBEIN, Rechtsprobleme des Factoring-Vertrages Anhang; BETTE, Das Factoring-Geschäft 101 ff). In solch einem Factoringvertrag erfährt eine Mehrzahl von schuldrechtlichen Verpflichtungsgeschäften und von dinglichen Verfügungsgeschäften eine Regelung. Teilweise werden schon im Factoringvertrag Rechte und Pflichten begründet, teilweise sollen erst später über die einzelnen Forderungen verbindliche Regelungen getroffen werden, deren Zustandekommen in dem „Vorvertrag" verfahrensmäßig vorgezeichnet ist. Die Gemengelage ist umso unübersichtlicher, als sich in der Praxis oft ein und derselbe Factoringvertrag sowohl auf echtes wie auf unechtes Factoring bezieht, weil erst bei Hereinnahme der einzelnen Forderung vom Factoringinstitut entschieden wird, ob das Delkredererisiko übernommen oder dem Klienten zugewiesen wird (so Rn B 130). Es ist nicht einfach, diese **Gemengelage von obligatorischen und dinglichen Geschäften** in ein geordnetes Gefüge zu bringen und die einzelnen Elemente des Factoring in ihrer Rechtsnatur zu bestimmen. Hierfür ist neben der klaren Unterscheidung zwischen schuld- und sachenrechtlicher Seite des Factoring unerläßlich, den Blick auf die einzelne factoringunterworfene Forderung des Klienten gegen den Drittschuldner und ihr Rechtsschicksal zu richten und hierbei zwischen echtem und unechtem Factoring zu differenzieren (vgl zum folgenden ausführlich MARTINEK, Moderne Vertragstypen Bd I 242 ff). Im einzelnen sind innerhalb der schuldrechtlichen (obligatorischen) Seite des Factoring die schuldrechtlichen Einzelverträge (Kausalgeschäfte) zur Forderungsübertragung beim **echten** Factoring (su Rn B 146 ff) von denen beim **unechten** Factoring (su Rn B 150 ff) zu unterscheiden. Von diesen Einzelverträgen ist der schuldrechtliche Teil des Factoring-Rahmenvertrages abzuheben (su Rn B 157 ff). Innerhalb der sachenrechtlichen (dinglichen) Seite ist die Forderungsabtretung beim **echten** Factoring (su Rn B 161) von derjenigen beim **unechten** Factoring (su Rn B 162) zu unterscheiden, wobei das Augenmerk auf die verschiedenen Zessionsarten (Globalzession, Mantelzession und Einzelzessionen) gerichtet werden muß (su Rn B 164 ff).

b)   **Die Kausalgeschäfte zur Forderungsübertragung beim echten Factoring**

B 146   Soweit zunächst das echte Factoring mit seiner ausgebildeten Kreditversicherungsfunktion neben der Finanzierungs- und der Dienstleistungsfunktion in Rede steht, spricht sich die ganz herrschende Meinung im Schrifttum dafür aus, die Rechtsnatur der einzelnen schuldrechtlichen Verträge, die jeweils das Kausalgeschäft für einen bestimmten Forderungsübergang bilden, als **Kaufverträge** nach § 433 anzusehen, und zwar in der Form des in § 433 Abs 1 S 2 ausdrücklich erwähnten **Rechtskaufs**, genauer: des Forderungskaufs (SERICK, Eigentumsvorbehalt und Sicherungseigentum Bd IV 546 und Bd V 805; EHLING, Zivilrechtliche Probleme der vertraglichen Ausgestaltung des Inland-Factoring-Geschäfts in Deutschland 55; KLAAS NJW 1968, 1502, 1506; RÖDL BB 1967, 1301, 1305; BLAUROCK ZHR Bd 142 [1978], 325 ff, 341 und Bd 143 [1979], 71; BETTE, Das Factoring-Geschäft 53; POTTSCHMIDT/ROHR, Kreditsicherungsrecht Rn 207; LÖFFLER DB 1967, 1304 f; LUNCKENBEIN, Rechtsprobleme des Factoring-Vertrages 56 ff; HAGENMÜLLER/SOMMER/STOPPOK, Factoring-Handbuch 93, 95; WALTER, Kaufrecht 548 ff; TEUFEL NJW 1981, 952, 953; E WOLF WM 1979, 1374, 1375; BERGHAUS, Kollision zwischen Factoring-Globalzession und verlängertem Eigentumsvorbehalt 15 ff, 21 ff, 28; MARTINEK, Moderne Vertragstypen Bd I 244 ff). Auf diesem Boden steht auch die höchstrichterliche Rechtsprechung, der die Instanzgerichte praktisch durchweg folgen (BGHZ 69, 254, 257 f = NJW 1977, 2207; BGHZ 58, 364, 366 f = NJW 1972, 1715; BGH NJW 1977, 1520, 1521; BGHZ 72, 15, 20 = NJW 1978, 1972; BGHZ 100, 353, 358 = NJW 1987, 1878; OLG Frankfurt/M NJW 1977, 906 = BB 1977, 913, 914; LG Mainz BB 1966, 1038, 1039; vgl dazu auch E WOLF WM 1979, 1374 ff). Der Klient verpflichtet sich gegenüber dem Factor zur Übertragung der Forderung, dh zur Verschaffung der Forderungsinhaberschaft in der Person des Factors als neuem Gläubiger im Wege eines (dinglichen) Abtretungsvertrages. Dafür verspricht der Factor dem Klienten die Zahlung des vereinbarten Entgelts als Kaufpreis (§ 433 Abs 2). Es erscheint danach nur folgerichtig, daß der Klient als Forderungsverkäufer nach § 437 Abs 1 nur für die Verität, nicht aber für die Bonität der Forderung einzustehen hat. Die **Veritätshaftung**, die durch das auf dem Sperrkonto angesammelte Bardepot abgesichert wird, entspricht der **typischen rechtskaufvertraglichen Haftung nach § 437**. Im einzelnen kommt der Kaufvertrag über eine konkrete Forderung jeweils dadurch zustande, daß der Klient entsprechend seiner im Factoringvertrag übernommenen Anbietungs- oder Andienungspflicht dem Factor eine Forderung zum Kauf anbietet. In der Praxis sendet er ihm seine Auftragsbestätigung oder seine Rechnung an den Drittschuldner in Kopie zu und setzt ihn auf diese Weise von den Einzelheiten einer Forderung des Factoring-Obligos in Kenntnis. Diesen Kaufantrag nach §§ 433 Abs 1, 145 nimmt der Factor nach positivem Ergebnis seiner Bonitätsüberprüfung dadurch an, daß er dem Klienten den entsprechenden Barvorschuß auf dem Konto gutschreibt (§ 151 S 1), ihm einen Scheck oder gar eine ausdrückliche Annahmeerklärung übersendet, § 147.

Gegen die kaufrechtliche Qualifizierung sind gelegentlich Bedenken vorgetragen **B 147** worden, weil das Interesse des Factors nicht in erster Linie auf den Erwerb der Forderungen, sondern auf das Erbringen verschiedener Leistungen und die daraus folgende gewerbsmäßige Gewinnerzielung gerichtet sei (CANARIS, Bankvertragsrecht Rn 1655; LARENZ, SchuldR BT [12. Aufl] § 63 III; BÄHR, Die Kollision der Factoring-Globalzession mit dem verlängerten Eigentumsvorbehalt 68 ff). Es gehe beim Factoring nicht um komplementäre Veräußerungs- und Erwerbsinteressen, sondern um **Kapitalüberlassung auf Zeit.** Dem ist zur Verteidigung der kaufrechtlichen Einordnung des Factoring-Kausalgeschäfts entgegenzuhalten, daß die von den Kritikern betonte Vorfinanzierung bei rechtlicher Betrachtung eben nur ein „kreditorisches Nebengeschäft" (so in einem obiter dictum BGHZ 76, 119, 125, 126 = NJW 1980, 1394) zu dem Kaufvertrag über die einzelne Forderung als dem Hauptgeschäft darstellt (SERICK, Eigentumsvorbehalt und Sicherungseigentum Bd IV § 52 II 2 c, S 547; GLOMB, Finanzierung durch Factoring 51; WALTER, Kaufrecht 548). Es entspricht dem Vorstellungsbild der Parteien, daß der Factor den Kaufpreis zwar erst bei Fälligkeit der verkauften Forderung schuldet, ihn aber als „Barvorschuß" schon früher und durchaus *solvendi causa* auf seine Verpflichtung zur Zahlung des Kaufpreises leistet. Sie verstehen den Preis der Forderung wirtschaftlich gleichsam als deren Nennwert abzüglich des Risikos der Uneinbringlichkeit (Ausfallrisikos) und der Zinsen. Die kaufvertragliche Einordnung ist für das echte Factoring mithin durchaus zutreffend; das **echte Factoring entspricht dem gesetzlichen Leitbild der §§ 433, 437, 438.**

Andere Qualifikationsversuche haben sich demgegenüber nicht durchzusetzen ver- **B 148** mocht. Das gilt zunächst für die namentlich von GLOMB vorgetragene **geschäftsbesorgungsvertragliche Theorie,** wonach das Factoring als die Umsetzung der offenen Buchforderungen des Klienten in liquide Mittel durch den Factor anzusehen sei. Der Factor werde bei der Versorgung des Kunden mit Liquidität wie beim Kommissionsgeschäft fremdnützig im Interesse des Klienten tätig. Factoring ist danach kommissionsähnliche Geschäftsbesorgung, §§ 675 BGB, 383 HGB (GLOMB, Finanzierung durch Factoring insbes 78 ff). Gegen diese Sichtweise ist vor allem einzuwenden, daß sie das Geschäftsbesorgungselement, das sicherlich den Factoring-Rahmenvertrag kennzeichnet (su Rn B 159), schon auf die einzelnen Geschäfte über die konkreten Forderungen bezieht. Es ist zwar richtig, daß der Factor die fremdnützige Wahrnehmung von ursprünglich dem Klienten obliegenden Vermögensinteressen besorgt, doch schlägt dies nicht auf die einzelnen Ausführungsgeschäfte des Factoring-Rahmenvertrages durch (vgl gegen GLOMB ausführlich LUNCKENBEIN, Rechtsprobleme des Factoring-Vertrages 49 f; CANARIS, Bankvertragsrecht Rn 1655 f; SERICK BB 1976, 431 mit Fußn 75; MARTINEK, Moderne Vertragstypen Bd I 247). Kaum will doch der Factor sein „einbehaltenes" Entgelt als Provision für die Wahrnehmung fremder Interessen verstanden wissen, sondern er sieht es als „Handelsspanne" aus dem Umsatzgeschäft des Erwerbs und der Einziehung der Forderung an. Bei der Geltendmachung seiner Forderung nach der Abtretung ist er dem Kunden gegenüber auch weder weisungsgebunden, § 665, noch auskunfts- und rechenschaftspflichtig, § 666. Schließlich hat er das Erlangte nicht herauszugeben, § 667, und hat keine Verzinsungspflicht, § 668. Die geschäftsbesorgungsvertragliche Einordnung erscheint daher für die schuldrechtlichen Einzelverträge zur Forderungsübertragung beim echten Factoring fehlsam.

B 149 Auch die darlehensvertragliche Einordnung der schuldvertraglichen Einzelgeschäfte hat sich beim echten Factoring nicht als überzeugend erwiesen. Namentlich CANARIS hat dafür gestritten, **das echte wie das unechte Factoring typologisch als Darlehen nach § 607 zu qualifizieren,** und zwar in Verbindung mit einer Abtretung der Forderung an Erfüllungs Statt beim echten und erfüllungshalber beim unechten Factoring (CANARIS NJW 1981, 249, 250; ders, Bankvertragsrecht Rn 1655; LARENZ/CANARIS, SchuldR II/2, 88 ff). In der Forderungsübertragung seitens des Klienten sei eine **atypische Rückzahlungsvereinbarung** zu sehen, auf die § 365 und damit die Regeln über den Forderungskauf entsprechende Anwendung fänden. Die Abtretungsvereinbarung sei das „anfängliche Gegenstück zur nachträglichen Vereinbarung einer Leistung an Erfüllungs Statt" (CANARIS, Bankvertragsrecht Rn 1655). Wie bei einem Wechseldiskontgeschäft, bei dem CANARIS der herrschenden kaufrechtlichen Qualifizierung (MünchKomm/WESTERMANN, Bd 3/1 [2. Aufl 1988] vor § 433 Rn 30; STAUDINGER/KÖHLER[12] Vorbem 20 zu § 433; BGHZ 19, 282, 292) gleichfalls eine darlehensrechtliche Einordnung entgegensetzt (CANARIS, Bankvertragsrecht Rn 1532), soll es auch beim Factoring dem Erwerber der Forderung nicht um den Erwerb selbst, sondern um einen **Zinsgewinn als Entgelt für Kapitalüberlassung** gehen. Der darlehensvertraglichen Sichtweise ist jedoch beim **echten** Factoring entgegenzuhalten, daß der das Delkredererisiko übernehmende Factor auf ein Rückgriffsrecht gegen den Klienten verzichtet, so daß es an einem Rückzahlungsanspruch gemäß § 607 Abs 1 fehlt. Dieser Rückzahlungsanspruch bildet jedoch das zentrale Typenelement des Darlehensvertrages. Der „Vorschuß" wird beim echten Factoring nicht *causa credendi* zur Begründung einer selbständigen Rückzahlungs- oder Verrechnungspflicht, sondern *causa solvendi* auf die Kaufpreisforderung des Kunden und nur wirtschaftlich als Vorausleistung auf die abgetretene Forderung bezahlt (GLOMB, Finanzierung durch Factoring 48 f; LUNCKENBEIN, Rechtsprobleme des Factoring-Vertrages 55; BERGHAUS, Kollision zwischen Factoring-Globalzession und verlängertem Eigentumsvorbehalt 19 f). Es ist auch nicht verständlich, warum dem Factor eine Kreditgewährung zugeschrieben werden soll, obwohl er den als Gegenleistung vorgesehenen Gegenstand, die Forderung, Zug um Zug gegen seine Bezahlung, also ohne eine eigene Vorleistungsverpflichtung erhält. Das **kaufrechtliche Äquivalenzverständnis** der Parteien kommt vor allem in der Regelung zum Ausdruck, wonach der Factor den Kaufantrag zu jeder einzelnen Forderung durch Gutschrift des vereinbarten Entgelts auf dem Abrechnungskonto des Klienten annimmt und dadurch zugleich die aufschiebende Bedingung für die Forderungsabtretung eintreten läßt. Auch wenn für die Vertragsparteien die Finanzierungsvereinbarung eine zentrale Bedeutung besitzt, kann sie das Veräußerungs- und Erwerbsgeschäft nicht schon in ein Darlehensverhältnis umwandeln. Im übrigen führt CANARIS „über die Hintertür des § 365 BGB" doch wieder kaufrechtliche Regeln in das Vertragsverhältnis ein (so gegen CANARIS auch WALTER, Kaufrecht 552 und ihm folgend MARTINEK, Moderne Vertragstypen Bd I 248). In der Tat relativiert CANARIS neuerdings die darlehensvertragliche Komponente und weist ausdrücklich darauf hin, daß sich aus seinem Ansatz „nicht ohne weiteres unterschiedliche praktische Konsequenzen" gegenüber der herrschenden Lehre ergeben; er betont nunmehr, daß der Factor wie ein Kommissionär beim Selbsteintritt verfahre, so daß man „nach dem Rechtsgedanken von § 400 HGB insoweit letztlich doch zur Anwendbarkeit von Kaufrecht" gelange (LARENZ/CANARIS, SchuldR II/2, S 89). Damit sieht er heute „zusammenfassend" das echte Factoring als einen gemischttypischen Vertrag mit darlehens-, geschäftsbesorgungs- und kaufrechtlichen Elementen an, dessen Entgeltstruktur darlehens- und geschäftsbesorgungsrechtlicher und dessen Risikostruktur kaufrechtlicher Art sei.

c) Die Kausalgeschäfte zur Forderungsübertragung beim unechten Factoring

Beim unechten Factoring mit seinem Spezifikum der fehlenden Kreditversicherungs- **B 150** funktion **wird die Rechtsnatur von der herrschenden Meinung im juristischen Schrifttum und von der Rechtsprechung anders beurteilt.** Allerdings sieht es ein beachtlicher Teil der Literatur für die Rechtsnaturbestimmung der schuldrechtlichen Einzelgeschäfte als letztlich unbedeutend und einflußlos an, daß sich beim unechten Factoring die Haftungsmodalitäten gegenüber dem echten Factoring durch den Wegfall der Übernahme des Risikos auch der Zahlungsunfähigkeit und -unwilligkeit ändern und der Factor zur Not beim Klienten Regreß suchen kann. **Diese Ansicht hält auch hier eine kaufrechtliche Qualifizierung für zutreffend** (HAGENMÜLLER/SOMMER/STOPPOK, Factoring-Handbuch 93, 95; BETTE, Das Factoring-Geschäft 56; SCHMITZ NJW 1978, 201, 202; BETTE/MARWEDE BB 1979, 121, 128; BLAUROCK ZHR Bd 142 [1978], 325, 341 und Bd 143 [1979], 71; LUNCKENBEIN, Rechtsprobleme des Factoring-Vertrages 75 ff; WALTER, Kaufrecht 556 f; wohl auch KLAAS NJW 1968, 1502, 1506). Die fehlende Übernahme der Delkrederehaftung des Factors bzw die Zuweisung des Delkredererisikos an den Klienten stelle sich als eine privatautonom vereinbarte Haftungserweiterung gegenüber der Regel des § 437 Abs 1 dar, die nichts an der Richtigkeit der kaufvertraglichen Einordnung ändere, sondern nur einen anderen Abstufungsgrad kaufvertraglicher Haftung begründe. Die zusätzliche Garantiehaftung (Delkrederehaftung) des Klienten komme nur bei „Ausfall" des Drittschuldners zum Zuge und könne – wie § 438 zeige – keinen Einfluß auf die Rechtsnatur des Vertrages haben. Auch hier beim unechten Factoring erfolge die Zahlung des Factors *solvendi causa*, da sie den endgültigen Kaufpreis für die Forderung darstelle.

Indes vernachlässigt diese Sichtweise den **Vorläufigkeits- und Unsicherheitscharakter** **B 151** **des Barvorschusses und der Forderungsabtretung beim unechten Factoring.** Anders als beim echten Factoring wird beim unechten mit der Forderungsabtretung gegen Vorschußzahlung noch **kein endgültiger Leistungsaustausch** vollzogen; das Geschäft ist – auch wirtschaftlich betrachtet – noch keineswegs erfüllt. Denn solange der Klient dem Risiko der Rückbelastung noch ausgesetzt bleibt, kann in seinem Vermögen der Barvorschuß noch nicht als Entgelt angesehen werden, das „endgültig" an die Stelle der übertragenen Forderung tritt (MONTENBRUCK MDR 1971, 541, 542). Auch der Hinweis auf § 438 vermag eine kaufrechtliche Qualifizierung des unechten Factoring nicht überzeugend zu begründen. Übernimmt der Verkäufer einer Forderung die Bonitätshaftung, dann liegt bei Eintritt des Haftungsfalls Nichterfüllung vor; der Forderungskäufer hat nach §§ 440 Abs 1, 325 Abs 1 das vierfache Wahlrecht. Er kann insbesondere nach § 325 Abs 1 S 1 – bei Aufrechterhaltung der Abtretung – Schadensersatz wegen Nichterfüllung oder aber – bei Rückabwicklung der Abtretung – Rückzahlung des Kaufpreises verlangen. Dabei kann der erste Weg im Einzelfall günstiger für ihn sein, wenn ihm ein Schaden entstanden ist. Die kaufrechtliche Qualifizierung des unechten Factoring muß eine Ausübung des Wahlrechts des Factors im Sinne einer Rückabwicklung annehmen und vermag nicht zu erklären, warum dieser sich seines Schadensersatzanspruches von vornherein begeben sollte. Der Grund liegt schlicht darin, daß die Parteien nach ihrem Vorstellungsbild vom Vertragsvollzug bei fehlender Bonität des Drittschuldners keine Leistungs-

Michael Martinek

störung eines Forderungskaufs mit Schadensersatzhaftung des Verkäufers/Klienten annehmen, sondern den Klienten lediglich mit einer Rückzahlungspflicht des kreditierten Betrages belasten wollen (MARTINEK, Moderne Vertragstypen Bd I 249 f).

B 152 Auch für das unechte Factoring wird in der Literatur vereinzelt eine **geschäftsbesorgungsvertragliche Einordnung der Einzelgeschäfte** vertreten. Danach überträgt der Klient dem Factor die einzelne Forderung zur treuhänderischen Verwaltung ohne Eigenrisiko und zahlt ihm für die Bevorschussung und für die Einziehung (bei Einbehalt der Valuta) eine Provision (GLOMB, Finanzierung durch Factoring 83; ähnlich auch ESSER, SchuldR AT [4. Aufl 1970] 412). Wenn auch eine solche Qualifizierung beim unechten näherliegend als beim echten Factoring (so Rn B 148) erscheint, so mißt sie doch der Dienstleistungsfunktion des Factors eine zu stark ausgeprägte Rolle zu und unterschätzt das Interesse des Klienten an den Barmitteln ebenso wie das des Factors an dem Forderungserwerb. Wie beim echten geht auch beim unechten Factoring die Forderung in den Vermögensbestand des Factors als des neuen Gläubigers über, der sie bei Fälligkeit zum Ausgleich seiner eigenen offenen Buchposition geltend macht; der Factor zielt dabei auf eine Glattstellung seines Negativsaldos ab, handelt also nicht – wie bei einem bloßen Inkassoauftrag – im fremden, sondern durchaus im eigenen Interesse.

B 153 Die **herrschende Meinung** sieht beim unechten Factoring im schuldrechtlichen Einzelgeschäft über die individuelle Forderung einen **Darlehensvertrag** gemäß § 607 (MONTENBRUCK MDR 1971, 541, 542; ROTH JURA 1979, 297, 298; POTTSCHMIDT/ROHR, Kreditsicherungsrecht Rn 208; SERICK, Eigentumsvorbehalt und Sicherungseigentum Bd IV 546, 548, 554, 599 und Bd V 796; ders NJW 1981, 794; ders BB 1976, 429 ff; ders BB 1979, 845, 847; CANARIS NJW 1981, 249, 250 f; ders, Bankvertragsrecht Rn. 1655, 1686; LARENZ/CANARIS, SchuldR II/2, 87). **Dem folgt heute die Rechtsprechung** (BGHZ 58, 364, 367 = NJW 1972, 1715; BGHZ 61, 317, 324 f; BGHZ 69, 254, 257 f = BGH NJW 1977, 2207, 2208; BGHZ 82, 50, 61 = NJW 1982, 164; BGHZ 100, 353, 358; vgl dazu E WOLF WM 1979, 1374, 1375, 1376; GERHARDT JZ 1986, 736, 740). Der BGH nennt das unechte Factoring ausdrücklich ein „Kreditgeschäft" als Gegenbegriff zum „Umsatzgeschäft" des echten Factoring (BGHZ 58, 364, 366 f = NJW 1972, 1715).

B 154 In der Tat wird diese Einordnung trotz einiger Bedenken dem unechten Factoring am ehesten gerecht (vgl MARTINEK, Moderne Vertragstypen Bd I 250 ff). Die gegenüber dem echten Factoring geänderte Haftungsregelung ist nicht als gleichsam akzidentelles Moment, sondern als Ausdruck einer **deutlich verschobenen Interessenlage** der Parteien zu betrachten, dient doch die Bonitätshaftung des Klienten nach dem Parteiwillen als Grundlage einer möglichen Rückforderung der Vorschußleistung durch den Factor. Von einem kaufrechtlichen Leistungsaustausch Forderung gegen Entgelt kann beim unechten Factoring schon **mangels einer Endgültigkeit des Leistungsaustausches** nicht mehr gesprochen werden. Der Vorläufigkeits- und Unsicherheitscharakter der Vorschußzahlung und der Forderungsabtretung rechtfertigen es vielmehr, den „Vorschuß" als die **kreditweise Überlassung eines Geldbetrages** an den Klienten anzusehen. Man wird eine typische kreditvertragliche Interessenlage darin sehen müssen, daß dem Klienten in erster Linie an den vom Factor überlassenen Barmitteln gelegen ist, die er zur Fortführung seines Betriebes benötigt. Sie steht im Mittelpunkt des unechten Factoring, für das sich mithin eine darlehensvertragliche Qualifizierung nach § 607 anbietet.

Der Abtretung der Forderung gegen den Drittschuldner kann in diesem Licht nur   **B 155**
eine **Sicherungsfunktion für den Rückzahlungsanspruch des Factors** nach § 607 Abs 1
zukommen. Die Abtretung geschieht **erfüllungshalber**, denn mit dem Darlehensvertrag verbinden die Parteien eine Sicherungsabrede, derzufolge der Factor zuerst
Befriedigung für seinen Rückzahlungsanspruch aus § 607 Abs 1 durch Eintreibung
der abgetretenen Forderung suchen, nur im Mißerfolgsfall den Klienten in Anspruch
nehmen und die „zwecklose" Forderung rückübertragen soll. Damit erhält allerdings, weil die Rückzahlungsverpflichtung nicht primär, sondern nur ersatzweise den
Darlehensnehmer, den Klienten, trifft, der Darlehensvertrag eine atypische Komponente. **Der Forderungsübertragung liegt bei dieser Betrachtungsweise als Kausalgeschäft
eine mit dem atypischen Darlehensvertrag verbundene Sicherungsabrede zugrunde**
(SERICK BB 1976, 425, 430; TEUBNER JuS 1972, 261, 263; GRAF LAMBSDORFF ZIP 1980, 543, 546;
KÜBLER ZIP 1980, 546; BÄHR DB 1981, 1759, 1765).

Die darlehensvertragliche Theorie ist von den Kritikern vor allem mit dem Argu-   **B 156**
ment angegriffen worden, die lediglich eventuelle Rückzahlungsverpflichtung aufgrund der Bonitätshaftung des Klienten sei keineswegs der Normalfall, sondern der
„gewährleistungsrechtliche" Ausnahmefall, könne schwerlich mit der primären
Rückzahlungspflicht der darlehensrechtlichen Valuta nach § 607 Abs 1 gleichgesetzt
werden und dürfe die Rechtsnatur des Vertrages nicht bestimmen (LUNCKENBEIN,
Rechtsprobleme des Factoring-Vertrages 70 ff; BETTE, Das Factoring-Geschäft 54 ff; BETTE/MAR-
WEDE BB 1979, 121 ff; BLAUROCK ZHR Bd 142 [1978], 325, 340). Es sei wenig interessenge-
recht, die Forderungsübertragung, die doch die eigentliche Hauptleistung des
Klienten sei, zum bloßen „Nebengeschäft" zur Sicherung eines Darlehens, theoretisch ersetzbar durch eine Bürgschaft oder ein Grundpfandrecht, zu machen. Den
Kritikern ist zuzugeben, daß sich die Bonitätshaftung des Klienten beim unechten
Factoring nur in Ausnahmefällen realisiert und es im praktischen Regelfall bei der
Forderungsübertragung auf den Factor und bei der Zahlung des „Vorschußbetrages"
verbleibt. Indes sind den Parteien gerade diese empirischen Ausnahmefälle so wichtig, weil es bei ihnen gleichsam „zum Schwur kommt" (MARTINEK, Moderne Vertragstypen Bd I 252). Nur für den Normalfall sind die Forderungsübertragung und die
Geldzahlung von den Parteien als endgültig konzipiert, doch müssen die Leistungen
zumindest unter dem Vorbehalt stehen, daß auch wirklich ein „Normalfall" vorliegt.
Wegen dieser Ungewißheit wollen sich die Parteien gerade für den Ausnahmefall
absichern. Den Kritikern ist auch einzuräumen, daß bei einer Sicherungsabrede üblicherweise (so etwa bei der Sicherungsübereignung) erst der Wegfall des Sicherungszwecks einen schuldrechtlichen Rückübertragungsanspruch entstehen läßt; beim
unechten Factoring aber besteht der Rückübertragungsanspruch aus § 607 Abs 1
schon vorher. Den Parteien muß aber die Freiheit belassen werden, mit ihrem Darlehensvertrag eine derartige atypische Sicherungszession zu verbinden. Die Ein-
wände der kritischen Stimmen gegen die darlehensvertragliche Einordnung hindern
letztlich nur die Annahme eines typischen, dem gesetzlichen Leitbild entsprechenden Darlehensvertrages; sie schließen nicht aus, die Rechtsbeziehung als einen
atypischen Darlehensvertrag mit begleitender atypischer Sicherungszession zu deuten, bei dem zunächst ein Dritter, der Drittschuldner, um Zahlung angegangen wird,
bevor bei einem Mißlingen dieser Inanspruchnahme der Darlehensgeber vom Darlehensnehmer Rückzahlung begehrt.

d) Der schuldrechtliche Teil des Factoring-Rahmenvertrages

B 157 Von der vorstehenden vertragsrechtlichen Einordnung der für die Forderungsabtretungen jeweils kausalen Einzelverträge ist die Frage zu trennen, wie der **bei Begründung des Factoringverhältnisses zwischen den Parteien geschlossene Rahmenvertrag oder Vorvertrag** zu qualifizieren ist. Dieser Vertrag ist der **eigentliche Factoringvertrag**, der das Factoring als Dauerschuldverhältnis in Gang setzt und der ein echter, ein unechter oder ein gemischter (beide Verfahrensweisen vorsehender) Factoringvertrag sein kann (BETTE, Das Factoring-Geschäft 55; SERICK, Eigentumsvorbehalt und Sicherungseigentum Bd IV § 52 II 3, S 554; HAGENMÜLLER/SOMMER/STOPPOK, Factoring-Handbuch 93, 97; WALTER, Kaufrecht 549). Ein Teil der Literatur will den – echten, unechten oder gemischten – Factoringvertrag als **einen Dienstvertrag verstanden wissen, der auf eine Geschäftsbesorgung gerichtet ist**, §§ 611, 675 (insbes EHLING, Zivilrechtliche Probleme der vertraglichen Ausgestaltung des Inland-Factoring-Geschäfts in Deutschland 202 f). Die einzelnen Funktionen des Vertrages, Finanzierungs-, Dienstleistungs- und (beim echten Factoring) Delkrederefunktion, sowie die jeweils hierzu getroffenen Vereinbarungen werden dabei nicht gesondert vertragsrechtlich qualifiziert, vielmehr wird der Gesamtvertrag als eine nicht in Einzelelemente zerlegbare Einheit begriffen, die **im Gesamtbild als Geschäftsbesorgungsdienstvertrag** erscheinen soll. Als ausschlaggebend hierfür sieht man den **Kommissionscharakter** der Forderungsankäufe durch den Factor an. Diese Sichtweise muß sich – wie schon die entsprechende Einordnung der forderungsbezogenen Einzelverträge – vorwerfen lassen, daß sie bei ihrer Pauschalbeurteilung des Gesamtvertrages die mit der Dienstleistungsfunktion verbundenen Vertragselemente überbetont. Den Gegenpol zur rein geschäftsbesorgungsvertraglichen Theorie bildet jene Ansicht, die zu einer getrennten rechtlichen Qualifizierung der finanzierungs-, dienstleistungs- und delkrederebezogenen Vereinbarungen tendiert und den Rahmenvertrag schlicht als eine **nur äußerliche Zusammenfassung rechtlich selbständiger Verträge** betrachtet (so tendenziell BETTE, Das Factoring-Geschäft 51 ff, der allerdings den Forderungskauf als Element des Rahmenvertrages besonders hervorhebt). Die dem Factor obliegenden Aufgaben beruhen nach dieser „**Bündeltheorie**" auf einer Vielzahl von rechtlich selbständigen Kauf- bzw Darlehensverträgen (Finanzierungsfunktion), Geschäftsbesorgungsverträgen (Dienstleistungsfunktion) und Versicherungs- oder Garantieverträgen (Delkrederefunktion). Gegen die Bündeltheorie spricht vor allem, daß die Parteien und der Geschäftsverkehr den Factoringvertrag als eine rechtliche Einheit und nicht als bloßes Nebeneinander von verschiedenen Verträgen begreifen.

B 158 Nach wohl überwiegender Meinung im Schrifttum lassen sich zwar die einzelnen Vereinbarungen je nach ihrem funktionalen Bezug einem kauf- bzw darlehensvertraglichen, einem geschäftsbesorgungs- und einem versicherungsvertraglichen Element zuordnen, doch fügen sich diese einzelnen Vertragselemente durch ihre rechtsgeschäftliche und verkehrstypische Gesamtverbindung zu einem einheitlichen gemischten Vertrag in Form eines **Typenkombinationsvertrages** zusammen (KLAAS NJW 1968, 1502, 1506; RÖDL BB 1967, 1301 f; SERICK, Eigentumsvorbehalt und Sicherungseigentum Bd IV 554, 555; ders BB 1976, 425, 431; wohl auch MünchKomm/SÖLLNER [2. Aufl] § 305 Rn 37; LARENZ, SchuldR BT [12. Aufl 1981] § 63 III S 461 f; BLAUROCK ZHR Bd 142 [1978], 325, 327; MARTINEK, Moderne Vertragstypen Bd I 254 f). Zwar bleiben darin die Elemente der einzelnen Schuldvertragstypen erkennbar, doch formen sie in ihrer wirtschaftlichen und rechtlichen Kombination einen einheitlichen Vertrag. Nicht die bloße Bündelung

von Einzelverträgen, sondern **die Bildung eines geordneten Gefüges von funktional aufeinander bezogenen Vertragselementen** kennzeichnet danach den Factoringvertrag.

Während eine **ausgeprägte geschäftsbesorgungsvertragliche Komponente** einem **jeden**   B 159
Factoringvertrag eignet, läßt sich der **echte Factoringvertrag** als gemischter Vertrag mit
prägnanten kaufrechtlichen, der **unechte Factoringvertrag** als gemischter Vertrag mit
insbesondere darlehensrechtlichen Bestandteilen kennzeichnen (POTTSCHMIDT/ROHR,
Kreditsicherungsrecht Rn 207; SERICK, Eigentumsvorbehalt und Sicherungseigentum Bd IV 546,
554 f, 598; ders NJW 1981, 794; ders BB 1976, 425, 431; BERGHAUS, Kollision zwischen Factoring-
Globalzession und verlängertem Eigentumsvorbehalt 29; wohl auch LUNCKENBEIN, Rechtsprobleme des Factoring-Vertrages 63; nach Ansicht von CANARIS, Bankvertragsrecht Rn 1656, 1686 soll
sowohl der echte als auch der unechte Factoringvertrag schwerpunktmäßig – wohl unter Absorption
der anderen Elemente – als Darlehensvertrag zu qualifizieren sein; abweichend neuerdings LARENZ/
CANARIS, SchuldR II/2, 87 ff). Die Sonderform des **Maturity-Factoringvertrages** ist auf
dieser Grundlage als gemischter Vertrag mit schwerpunktmäßig geschäftsbesorgungsdienstvertraglichen Elementen einzuordnen.

Die **Typenkombinationstheorie** wird der Gemengelage schuldrechtlicher Vereinbarun-   B 160
gen verschiedenen Charakters bei verkehrstypischer Zusammenfassung am ehesten
gerecht, insbesondere weil sie eine elementflexible Typenkombination zuläßt und so
den Besonderheiten des Einzelfalls umfassend Rechnung zu tragen vermag. Für die
AGB-rechtliche Wirksamkeitskontrolle und für die Rechtsfolgen bei Leistungsstörungen kann danach grundsätzlich auf den gesetzlich geregelten Vertragstyp zurückgegriffen werden, dem das in Rede stehende Vertragselement zuzurechnen ist. Der
Verbund der Elemente des Gesamtvertrages ist namentlich nach § 139 und § 6 AGB-
Gesetz zu berücksichtigen. Auch ist bei schwerwiegenden gesamtvertraglichen Leistungsstörungen eine gesamtvertragliche Sanktion nach den für Typenkombinationsverträge geltenden Grundsätzen vorzusehen. Für den vorliegenden Zusammenhang
ist von besonderer Bedeutung, daß einem jeden Factoring-Rahmenvertrag ein ausgeprägtes geschäftsbesorgungsvertragliches Element eignet. Weil sich dieses aber
nur auf den umfassenden Rahmenvertrag und nicht auf die ausfüllenden Kausalgeschäfte zu den einzelnen Forderungsabtretungen bezieht, findet das Regelungsprogramm der §§ 675, 611 ff, 663 ff auch **nur für die Rahmenvereinbarung über die
Factoring-Geschäftsbeziehung und -Abwicklung im ganzen**, nicht für das Rechtsschicksal der einzelnen abgetretenen Forderungen Anwendung. So ist der Factor zwar
nach § 665 weisungsgebunden und nach § 666 auskunfts- und rechenschaftspflichtig,
soweit die allgemeine Geschäftspolitik und die Dienstleistungs-, Service- oder Verwaltungsfunktion betroffen ist, etwa die Debitorenbuchhaltung, die Solvenzüberwachung, die Anfertigung von Statistiken und Bilanzen. Auch soweit der Factor
absatz-, investitions- und werbepolitische Aufgaben übernimmt oder in der Lagerhaltung, Sortierung, Versicherung und Verzollung von Waren tätig ist, wirkt sich das
geschäftsbesorgungsvertragliche Element aus. Die Beendigung des Factoringvertrages richtet sich gleichfalls nach den Regeln des Geschäftsbesorgungsdienstvertrages,
§§ 675, 672 ff, 620 ff.

e)   **Die Forderungsabtretung – Zessionstypen und Vertragsgestaltungen**

Die Würdigung der sachenrechtlichen Seite des Factoringgeschäfts ist mit der vorste-   B 161
henden schuldrechtlichen Analyse eng verbunden. Hier ist zunächst zwischen der
Abtretung der einzelnen Forderung jeweils beim echten und beim unechten Facto-

ring zu unterscheiden und gesondert die Frage nach dem jeweiligen „Zessionstyp" zu beantworten, bevor das Augenmerk auf das Zustandekommen der Zessionen gerichtet wird (su Rn B 164 f). Beim **echten Factoring** werden die einzelnen Forderungen des Klienten gegen die Drittschuldner nach § 398 S 1 an den Factor abgetreten, so daß der Factor als neuer Gläubiger „an die Stelle des bisherigen Gläubigers" (§ 398 S 2), des Klienten, tritt. Diese Forderungsabtretung ist auf der Grundlage der zutreffenden kaufvertraglichen Qualifizierung des schuldrechtlichen Kausalgeschäfts über jede einzelne Forderung **nicht als Sicherungszession** anzusehen; die Forderungsinhaberschaft des Factors ist **nicht fiduziarisch durch eine schuldrechtliche Sicherungsabrede** gebunden. Auch handelt es sich **nicht um eine sogenannte Inkassozession**, bei der der Zessionar nur im Außenverhältnis die volle Gläubigerstellung erhält, im Innenverhältnis jedoch mit der Einziehung des Forderungsbetrages im Interesse des Zedenten beauftragt (§§ 611, 675) und zur Auskehrung des eingezogenen Betrages verpflichtet (§§ 611, 675, 667) ist. **Vielmehr** ist die Zession nach zu Recht herrschender Meinung **als Erfüllungsgeschäft des jeweiligen Kaufvertrages über die Einzelforderung anzusehen**, § 362 Abs 1 (BETTE, Das Factoring-Geschäft 74 ff und 85 ff; LUNCKENBEIN, Rechtsprobleme des Factoring-Vertrages 82; SERICK NJW 1981, 794 ff; POTTSCHMIDT/ROHR, Kreditsicherungsrecht Rn 207; MARTINEK, Moderne Vertragstypen Bd I 256). Mit ihr vollzieht sich die nach § 433 Abs 1 S 2 erforderliche „Verschaffung" des Forderungsrechts. Der Forderungserlös dient dem Ausgleich der offenen Buchforderung des Factors. Zu einer anderen, im Ergebnis unrichtigen Einordnung gelangt freilich, wer – wie namentlich CANARIS (so Rn B 149) – das schuldrechtliche Grundgeschäft (auch) beim echten Factoring darlehensvertraglich qualifiziert. Dann stellt sich die Forderungsabtretung als Leistung des Klienten an Erfüllungs Statt auf seine Rückzahlungsverpflichtung nach § 607 Abs 1 dar. Und nach der geschäftsbesorgungsvertraglichen Einordnung des Kausalgeschäfts (so Rn B 148) wird die Forderung zur Ausführung des Auftrages an den kommissarisch tätigen Factor abgetreten.

B 162 Beim **unechten Factoring** ist – wie gezeigt (Rn B 154 ff) – das der einzelnen Forderungsabtretung zugrunde liegende Kausalgeschäft als ein **atypischer Darlehensvertrag mit begleitender Sicherungsabrede** zu qualifizieren; hier hat die erfüllungshalber auf die Rückzahlungsverpflichtung aus § 607 Abs 1 erfolgende Forderungsabtretung einen **Sicherungscharakter**. Allerdings unterscheidet sich die den Darlehensvertrag begleitende Sicherungsabrede von der bei einer Sicherungszession sonst üblichen Vereinbarung (SERICK, Eigentumsvorbehalt und Sicherungseigentum Bd IV 549 ff; ders BB 1976, 425, 430 f; LUNCKENBEIN, Rechtsprobleme des Factoring-Vertrages 67 f; POTTSCHMIDT/ROHR, Kreditsicherungsrecht Rn 208; CANARIS NJW 1981, 1347, 1349; LARENZ/CANARIS, SchuldR II/2, 88; BERGHAUS, Kollision zwischen Factoring-Globalzession und verlängertem Eigentumsvorbehalt 31 ff; MARTINEK, Moderne Vertragstypen Bd I 256 f). Denn den Factor trifft nicht – wie sonst bei einer Sicherungsabrede – die Pflicht zur Rückübertragung der Forderung bei Erreichung bzw wegen Wegfalls des Sicherungszwecks, vielmehr besteht eine Rückübertragungspflicht bei Untauglichkeit der Forderung zur Befriedigung des Factors. Die Nichterreichung des vereinbarten primären Befriedigungszwecks (im Wege der Eintreibung der abgetretenen Forderung) und die Erreichung des sekundären Befriedigungszwecks (im Wege des Rückgriffs auf den darlehensvertraglichen Rückzahlungsanspruch) löst die Pflicht des Factors zur Rückübertragung der „zwecklosen" Forderung aus. Er muß bei Nichtzahlung des Drittschuldners auf die abgetretene Forderung und bei anschließender Inanspruchnahme des Klienten auf

Rückzahlung des Barvorschusses die „leergelaufene" Forderung an den Klienten zurückübertragen (MARTINEK, Moderne Vertragstypen Bd I 257).

Gewiß ist die **Forderungsabtretung nur in einem atypischen Sinn als eine Sicherungszession zu qualifizieren.** Der Factor ist nicht – wie sonst ein Sicherungszessionar – hinsichtlich der Forderungsverwertung in eine „Wartestellung" versetzt und unterliegt nicht den üblichen Bindungen eines Treuhandverhältnisses (SERICK, Eigentumsvorbehalt und Sicherungseigentum Bd IV 549 ff; BÄHR, Die Kollision der Factoring-Globalzession mit dem verlängerten Eigentumsvorbehalt 105). Allenfalls fließen aus der Verrechnungsabrede, wonach die Zahlung des Drittschuldners auf seine Schuld zugleich als Tilgung des Darlehens behandelt werden soll, **gewisse fiduziarische Elemente für den Factor.** Man mag jedoch von **einem Sicherungscharakter oder einer Sicherungsfunktion eigener Art** sprechen, insofern sich der Factor wegen der Rückzahlung der Darlehensvaluta nicht mit seinem schuldrechtlichen Anspruch gegen den Klienten begnügen, sondern durch die übertragene Drittforderung eine bevorzugte Rechtsposition erlangen will (SERICK, Eigentumsvorbehalt und Sicherungseigentum Bd IV 549; ders BB 1976, 430 f). Die Abtretung erfolgt zwar sicherungshalber, jedoch nicht als fiduziarische Sicherungszession (MARTINEK, Moderne Vertragstypen Bd I 257). **B 163**

Die nähere Bestimmung des „Zessionstyps" beim echten und beim unechten Factoring erklärt noch nicht, wann und wie es konstruktiv zu dem jeweiligen Abtretungsvertrag zwischen Factor und Klienten nach § 398 kommt. In aller Regel enthält schon der Factoring(rahmen)vertrag selbst einen Abtretungsvertrag iS des § 398 S 1. Dies ist immer dann der Fall, wenn von vornherein „alle gegenwärtigen und künftigen Forderungen" des Klienten gegen die Drittschuldner auf den Factor übertragen werden sollen, also im Factoringvertrag bereits eine **Globalzession** vorgenommen wird (SERICK BB 1976, 426, 432; ders BB 1979, 845 ff; BETTE, Das Factoring-Geschäft 74 ff, 86; CANARIS, Bankvertragsrecht Rn 1661; GLOMB, Finanzierung durch Factoring 21; RÖDL DB 1967, 1302; FINGER BB 1969, 766 f). Der Begriff der Globalzession faßt dabei nur begrifflich die wegen des sachenrechtlichen Spezialitätsprinzips erforderlichen Einzelabtretungen der individuellen gegenwärtigen und künftigen Forderungen zusammen. Hierbei handelt es sich, soweit eine künftige Forderungsmehrheit betroffen ist, um eine **antizipierte Globalzession**, für deren Wirksamkeit die Bestimmbarkeit der abgetretenen künftigen Forderungen im Zeitpunkt ihrer Entstehung – Bestimmbarkeit nach Schuldner und Rechtsgrund – ausreicht (vgl dazu RGZ 155, 30; RGZ 98, 202; BGHZ 7, 367; BGHZ 70, 89). **B 164**

Beim echten Factoring steht diese Globalzession zu allermeist unter der **aufschiebenden Bedingung** (§ 158 Abs 1), daß der Factor die jeweilige Forderung ankauft (POTTSCHMIDT/ROHR, Kreditsicherungsrecht Rn 203; BÄHR DB 1981, 1759, 1761; BÜLOW, Recht der Kreditsicherheiten Rn 1372; WALTER, Kaufrecht 549; BETTE, Das Factoring-Geschäft 76, 84; vgl auch den Fall BGHZ 69, 254; eine andere Auffassung vertritt CANARIS NJW 1981, 249, 252 f, der im Nichtabschluß des schuldrechtlichen Darlehensvertrags eine auflösende [!] Bedingung nach § 158 Abs 2 für die vorherige Abtretung der Einzelforderung sieht; vgl auch LARENZ/CANARIS, SchuldR II/2, 90). Dadurch will sich der Factor nach § 161 Abs 1 die Priorität gegenüber anderweitigen Verfügungen des Klienten über die Forderungen sowie gegenüber einem Zugriff von Klientengläubigern im Wege der Zwangsvollstreckung sichern. Die bedingte Zession soll die Erfüllung des später geschlossenen Kaufvertrages insoweit vorwegnehmen, die freilich erst mit dem Kaufvertragsschluß und Bedingungseintritt **B 165** erfolgen kann (BLAUROCK ZHR 142 [1978], 325, 328; WALTER, Kaufrecht 549; EHLING, Zivilrechtliche Probleme der vertraglichen Ausgestaltung des Inland-Factoring-Geschäfts in Deutschland 60; BETTE, Das Factoring-Geschäft 53 f). In seltenen Einzelfällen jedoch kann auch eine unbedingte Factoring-Globalzession vereinbart sein, bei der den Factor schuldrechtlich die Pflicht zur Rückübertragung der Forderung trifft, falls der Forderungskauf nicht zustandekommt (zB BGH NJW 1978, 1972).

B 166 Bei der weniger häufigen, ja eher ungebräuchlichen **Mantelzession** gestaltet sich die Rechtslage anders (MARTINEK, Moderne Vertragstypen Bd I 259). Bei ihr wird im Factoringvertrag lediglich eine Verpflichtung des Klienten vereinbart, künftige Forderungen abzutreten und dem Zessionar hierzu jeweils beizeiten eine Liste der einzeln bezeichneten Forderungen (Schuldneraufstellungen oder schlichte Rechnungskopien) zu übersenden. Die Abtretung nach § 398 erfolgt erst durch spätere Verfügungsgeschäfte, indem jeweils für einzelne oder mehrere Forderungen nach deren Entstehung ein Abtretungsvertrag geschlossen wird. Ungeachtet der Bezeichnung „Mantelzession" hat die im Rahmenvertrag getroffene Vereinbarung keinen dinglichen Charakter, sondern begründet nur die Verpflichtung, künftige Forderungen an den Vertragspartner als neuen Gläubiger abzutreten. Der Klient bleibt also zunächst Forderungsinhaber und kann sich trotz des Factoringverhältnisses zu einer anderweitigen Abtretung an Dritte entschließen; der Factor kommt nicht in den Genuß des Schutzes nach § 161 Abs 1. Deshalb ist diese Ausgestaltungsform im Factoringgeschäft kaum beliebt und geläufig.

4. Factoringverträge und KWG

B 167 Das Factoringgeschäft wird vielfach von Unternehmen betrieben, die **schon wegen ihrer sonstigen Geschäftätigkeit** dem Bundesaufsichtsamt für das Kreditwesen unterstehen. Die deutschen Factoringinstitute sind zu allermeist ohnehin Kreditinstitute. Für diese Unternehmen stellt sich die Frage, ob das Factoring ein Kreditgeschäft iS der §§ 13 ff KWG ist. Insoweit hat die KWG-Novelle von 1976 in § 19 eine Entscheidung mit Wirkung für das Factoring getroffen. Danach sind Gelddarlehen aller Art, mithin auch das unechte Factoring, sowie der entgeltliche Erwerb von Geldforderungen, mithin auch das echte Factoring, als Kredite iS der §§ 13 – 18 KWG anzusehen. Deshalb müssen die Kreditinstitute, die Factoring betreiben, gemäß § 18 KWG bei Forderungen mit einer Laufzeit von mehr als 90 Tagen und bei einem Kreditvolumen von über 100 000 DM die wirtschaftlichen Verhältnisse des Kreditnehmers erkunden. Hiervon ist das Factoring jedoch nur ausnahmsweise betroffen. Dasselbe gilt für die Vorschriften der §§ 13 und 14 KWG; Factoring bleibt meist ein „Kleinkreditgeschäft".

B 168 Im Factoriggeschäft engagieren sich aber auch in beachtlichem Umfang Unternehmen, die nicht schon aufgrund anderweitiger Geschäftätigkeit Kreditinstitute sind. Für solche Unternehmen stellt sich die Frage, ob und inwieweit das **Factoring ein genehmigungspflichtiges Bankgeschäft und das Factoringinstitut deshalb ein Kreditinstitut** iS von § 1 KWG ist. Hiervon hängt beispielsweise ab, ob das Factoringunternehmen der Aufsicht durch das Bundesaufsichtsamt für das Kreditwesen nach § 6 KWG unterliegt, ob das gewerbsmäßig betriebene Factoring nach § 32 Abs 1 KWG erlaubnispflichtig ist, ob das Unternehmen nach § 10 KWG eine bestimmte Eigenkapitalausstattung benötigt, seine Werbung der Kontrolle nach § 23 KWG unterliegt und seine Rechnungslegung den Anforderungen der §§ 25 a ff KWG ausgesetzt ist.

Qualifiziert man mit der herrschenden Meinung und Rechtsprechung das **echte Factoring** zu Recht als Forderungskauf nach § 433 Abs 1 S 2, dann läßt es sich **nicht** in den abschließenden Katalog des § 1 Abs 1 S 2 einpassen (HAGENMÜLLER/SOMMER/STOP-POK, Factoring-Handbuch 93, 96 f; WALTER, Kaufrecht 545 mit dem Hinweis in Fn 8, daß diese Auffassung vom Bundesaufsichtsamt für Kreditwesen gebilligt wird). Insbesondere kann von einer „Gewährung von Gelddarlehen" iS des § 1 Abs 1 S 2 Nr 2 KWG nicht gesprochen werden, da für den Klienten **keine darlehensmäßige Rückzahlungspflicht** besteht. Auch ein „Diskontgeschäft" im Sinne der auf Wechsel und Scheckankäufe beschränkten „Klammerdefinition" des § 1 Abs 1 S 2 Nr 3 KWG liegt nicht vor. Das **echte Factoring ist daher auch bei gewerbsmäßiger Durchführung kein genehmigungsbedürftiges Bankgeschäft**; es könnte freilich durch Rechtsverordnung jederzeit in den Katalog der Bankgeschäfte aufgenommen werden (§ 1 Abs 1 S 3 KWG). Vorerst hat der Gesetzgeber jedoch durch die am 1. 1. 1993 in Kraft getretene 4. KWG-Novelle zu erkennen gegeben, daß Factoringgesellschaften, deren Haupttätigkeit im entgeltlichen Erwerb von Geldforderungen besteht (§ 1 Abs 3 Nr 2 KWG), aufsichtsrechtlich lediglich als „Finanzinstitute", nicht aber als „Kreditinstitute" behandelt werden sollen.

Beim **unechten Factoring** wird man jedoch kaum mit der Annahme eines Kreditgeschäfts zögern können (**aA** aber BRINK ZIP 1987, 817, 819 in Fn 27), knüpft doch der Darlehensbegriff des § 1 Abs 1 S 2 Nr 2 KWG an den des BGB in § 607 an. Auch das als atypisches Darlehen qualifizierte kausale Einzelgeschäft über die Forderungsabtretung beim unechten Factoring ist als „Gewährung von Gelddarlehen" anzusehen. Für das gewerbsmäßig betriebene (vgl § 1 Abs 1 S 1 KWG) unechte Factoring, bei dem der Factor kein Delkredererisiko übernimmt, sind deshalb **die Vorschriften des Kreditwesengesetzes einschlägig**. Dabei führt jedoch ein Verstoß gegen das Erlaubniserfordernis des § 32 KWG nicht nach § 134 zur Rechtsunwirksamkeit des Factoring-Rahmenvertrages oder der einzelnen Darlehensgeschäfte, denn § 32 KWG ist kein Verbotsgesetz iS des § 134 (WALTER, Kaufrecht 563; MARTINEK, Moderne Vertragstypen Bd I 262). An dieser Lage hat die 4. KWG-Novelle nichts geändert, deren § 1 Abs 3 Nr 2 KWG nur das „echte" Factoring erfaßt.

5. Sonderprobleme der Factoringverträge

Das Recht der Factoringverträge war noch bis in die Mitte der achtziger Jahre von heftigen Kontroversen zu zahlreichen Einzelfragen gekennzeichnet. Inzwischen haben sich **zu fast allen Streitfragen Klärungsprozesse vollzogen** oder doch deutlich herrschende Meinungen herausgebildet. Die hiervon betroffenen Themenbereiche sind allerdings **nicht speziell geschäftsbesorgungsrechtlicher Natur**, so daß insoweit auf das einschlägige Schrifttum verwiesen werden muß (vgl etwa MARTINEK, Moderne Vertragstypen Bd I 259 ff mit zahlr Nw). Zu den Themenbereichen gehören etwa die Erlaubnispflichtigkeit des Factoring nach dem Rechtsberatungsgesetz, die Anwendbarkeit des § 419 (Vermögensübernahme) auf Factoringverträge, die verschiedenen Konfliktkonstellationen zwischen Factoring-Globalzession und verlängertem Eigentumsvorbehalt bzw Kreditsicherungs-Globalzession, die Wirksamkeit und die Wirkung von Abtretungsverboten der Vorbehaltslieferanten und der Drittschuldner des

Michael Martinek

B 169
B 170
B 171

Klienten (vgl hierzu den neuen, am 30. 7. 1994 in Kraft getretenen § 354 a HGB), die Drittschuldner-Aufrechnung und schließlich die bereicherungsrechtliche Rückabwicklung von Factoring-Geschäften.

VI. Leasingverträge

Schrifttum

AUTENRIETH, Vertragsgestaltung und Gesetzesanwendung beim Leasing, JA 1980, 407

BERGER, Typus und Rechtsnatur des Herstellerleasing, 1988

ders, Leasingverträge als verdeckte Abzahlungsgeschäfte, ZIP 1984, 1440

BERNSTEIN, Auswirkungen der neuen höchstrichterlichen Rechtsprechung auf die Vertragsgestaltung des Mobilien-Finanzierungsleasingvertrages, DB 1985, 1877

ders, Die Begriffsmerkmale des Finanzierungs-Leasing-Vertrages, DB-Beilage 13/1986, 10

ders, Der Tatbestand des Mobilien-Finanzierungsleasingvertrages und seine rechtliche Einordnung als Vertrag „sui generis" (Diss Frankfurt 1983)

JÜRGEN BLOMEYER, Das Finanzierungsleasing unter dem Blickwinkel der Sachmängelhaftung und des Abzahlungsgesetzes, NJW 1978, 973

BORDEWIN, Leasing im Steuerrecht (3. Aufl 1989)

CANARIS, Finanzierungsleasing und Wandelung, NJW 1982, 305

ders, Interessenlage, Grundprinzipien und Rechtsnatur des Finanzierungsleasing, AcP 190 (1990), 410

ders, Grundprobleme des Finanzierungsleasing im Lichte des Verbraucherkreditgesetzes, ZIP 1993, 401

COESTER-WALTJEN, Die Grundstruktur des Leasing-Vertrages, JURA 1980, 123

dies, Leasing-Vertrag und moderne Rechtsschutzgesetzgebung, JURA 1980, 186

DIETZ, Die betriebswirtschaftlichen Grundlagen des Leasing, AcP 190 (1990), 235

DÖLLERER, Leasing-wirtschaftliches Eigentum oder Nutzungsrecht?, BB 1971, 535

EBENROTH, Der Finanzierungs-Leasing-Vertrag als Rechtsgeschäft zwischen Miete und Kauf, JuS 1978, 588

ders, Das Recht der Leistungsstörungen beim Leasing, JuS 1985, 425

EMMERICH, Grundprobleme des Leasings, JuS 1990, 1

FLUME, Das Rechtsverhältnis des Leasing in zivilrechtlicher und steuerrechtlicher Sicht, Teil I-IV, DB 1972, 1 ff, 53 ff, 105 ff und 152 ff

GABELE/KROLL, Grundlagen des Immobilien-Leasing, DB 1991, 241

GITTER, Gebrauchsüberlassungsverträge (1988)

HAGENMÜLLER/STOPPOK (Hrsg), Leasing-Handbuch für die betriebliche Praxis (5. Aufl 1988)

HAGENMÜLLER/ECKSTEIN (Hrsg), Leasing-Handbuch für die betriebliche Praxis (6. Aufl 1992)

HEERMANN, Grundprobleme beim Finanzierungsleasing beweglicher Güter in Deutschland und den Vereinigten Staaten von Amerika, ZVergRWiss 92 (1993), 326

VAN HOVE, Die Rechtsnatur der Leasingverträge und ihre Abwicklung in der Zwangsvollstreckung (Diss Freiburg 1976)

JÜRGENS, Die Entwicklung des Finanzierungs-Leasing (Diss Köln 1988)

KLAAS, Die Risikoverteilung bei neueren Finanzierungsmethoden, NJW 1968, 1502

KLAMROTH, Inhaltskontrolle von Finanzierungs-Leasing-Verträgen über bewegliche Gegenstände nach dem „Leitbild des Leasing-Vertrages", BB 1982, 1949

E G KOCH, Störungen beim Finanzierungs-Leasing (1981)

R KOCH, Immobilien-Leasing – Ein Beitrag zur Zivilrechtsdogmatik des Leasing (Diss München 1988)

KOCH/HAAG, Die Rechtsnatur des Leasingvertrages, BB 1968, 93

KRONKE, Finanzierungsleasing in rechtsvergleichender Sicht, AcP 190 (1990), 383

LEENEN, Die Pflichten des Leasing-Gebers, AcP 190 (1990), 260

LIEB, Zur Risikoverteilung bei Finanzierungsleasingverträgen, insbesondere mit Kaufleuten (Noch ein Versuch!), WM-Sonderbeil 6/1992

ders, Anmerkung zum BGH-Urteil vom 16. 9. 1981, JZ 1982, 561

ders, Zur Inhaltskontrolle von Teilamortisations-Leasingverträgen, DB 1986, 2167

ders, Das Leitbild des Finanzierungs-Leasing im Spannungsfeld von Vertragsfreiheit und Inhaltskontrolle, DB 1988, 946

ders, Gewährleistung beim reinen Finanzierungsleasing, DB 1988, 2495

LIENHARD, Finanzierungs-Leasing als Bankgeschäft (1976)

LWOWSKI, Erwerbsersatz durch Nutzungsverträge – Eine Studie zum Leasing (Diss Hamburg 1967)

ders, Regreßloser Ankauf von Leasingforderungen durch Banken, ZIP 1983, 900

MARTINEK, Moderne Vertragstypen Bd I (1991)

MARTINEK/OECHSLER, Die Unanwendbarkeit des Verbraucherkreditgesetzes auf Leasingverträge ohne Vollamortisationspflicht – Zur Abgrenzung der Begriffe „Finanzierungsleasingverträge" und „sonstige Finanzierungshilfe" im Verbraucherkreditgesetz unter besonderer Berücksichtigung der Kilometerabrechnungsverträge der Kfz-Branche, ZIP 1993, 81

dies, Die verbraucherkreditrechtlichen Voraussetzungen der vorzeitigen Beendigung des Leasingvertrages bei Zahlungsverzug des Leasingnehmers – Zur Abgrenzung des verzugsrelevanten Leistungsvolumens nach § 12 Abs. 1 Satz 1 Nr. 1 VerbrKrG beim Finanzierungsleasing, ZBB 1993, 97

MEINCKE, Steuerbezogene Argumente in der Zivilrechtsprechung zum Finanzierungsleasing, AcP 190 (1990), 358

MÖMKEN, Der Finanzierungsleasingvertrag über bewegliche Sachen im kaufmännischen Verkehr (Diss München 1989)

PAPAPOSTOLOU, Die Risikoverteilung beim Finanzierungsleasingvertrag über bewegliche Sachen (1987)

PASCHKE, Zivil- und wettbewerbsrechtliche Probleme des Null-Leasing, BB 1987, 1193

PLATHE, Zur rechtlichen Beurteilung des Leasing-Geschäfts, BB 1970, 601

REINICKE/TIEDTKE, Kaufrecht (5. Aufl 1992)

dies, Finanzierungsleasing und Sachmängelhaftung, BB 1982, 1142

dies, Die Verpflichtung zur Zahlung der Leasingraten vor Beendigung des Wandlungsprozesses, DB 1985, 2085

dies, Insolvenzrisiko beim Finanzierungsleasing, DB 1986, 575

H ROTH, Zur gerichtlichen Inhaltskontrolle von Finanzierungs-Leasingverträgen, AcP 1990 (1990), 292

RUNGE, Leasing im Steuerrecht des letzten Jahrzehnts, DB 1990, 959

SANNWALD, Finanzierungsleasingvertrag über bewegliche Sachen mit Nicht-Kaufleuten (1982)

SCHRÖDER, Rückabwicklung des Leasingvertrages bei entfallener Geschäftsgrundlage und Wegfall der Bereicherung, JZ 1989, 717

SEFRIN, Die Kodifikationsreife des Finanzierungsleasingvertrages (1993)

SEIFERT, Wirtschaftliches Eigentum beim Immobilien-Leasing, DB 1971, 2276

SONNENBERGER, Rechtsfragen beim Leasing beweglicher Sachen, NJW 1983, 2217

SPITTLER, Leasing für die Praxis (2. Aufl 1985)

STÄDTLER, Die gesamtwirtschaftliche Bedeutung des Finanzierungsleasung, AcP 190 (1990), 204

STERNBERG, Die Entwicklung der Rechtsprechung des BGH zum Finanzierungsleasing, BB 1987, 12

TACKE, Leasing (1. Aufl 1989 u 2. Aufl 1993)

TIEDTKE, Schadensersatzansprüche des Leasinggebers wegen verspäteter Rückgabe der Leasingsache, ZIP 1989, 1437

ders, Zur Sachmängelhaftung des Leasinggebers, JZ 1991, 907

ULMER/SCHMIDT, Zur AGB-Inhaltskontrolle von Kfz-Leasingverträgen, DB 1983, 2558 und 2615

WALZ, Die Stellung des Leasingnehmers beim Finanzleasing beweglicher Anlagegüter in sachen-, vollstreckungs- und konkursrechtlicher Hinsicht, WM-Beil 10/1985, 12

GRAF VWESTPHALEN, Der Leasingvertrag (3. Aufl 1987 und 4. Aufl 1992)

Michael Martinek

ders, Leitlinien und Tendenzen der BGH-Judi-
katur zum Leasingvertrag, DB-Beil 6/1982, 1

ders, Gewährleistung beim Finanzierungsleasing – Geklärte und offene Fragen, BB-Beil 3/
1986, 7

ders, Das Insolvenzrisiko des Lieferanten beim
Finanzierungsleasing, WM 1980, 942

ders, Die rechtliche Qualifikation des Leasinggutes beim Finanzierungsleasing, BB 1984,
2093

ders, Die neuesten BGH-Entscheidungen zum
Finanzierungsleasing – Konsequenzen für die
Praxis, ZIP 1985, 1033

ders, Rechtliche Qualifizierung des Leasing,
BB 1988, 1829

ders, Leasing: Die vernachlässigte Bedeutung
des Einkaufsvertrages, DB 1993, 921

GRAF v WESTPHALEN/LWOWSKI, Leasing – insbesondere Fragen der regreßlosen Finanzierung
(1986)

ZIGANKE, Restfälligkeit, Sicherstellung und
Kündigung beim Finanzierungsleasingvertrag,
BB 1982, 706

1. Das wirtschaftliche Grundkonzept des Leasing

B 172 In den **fortdauernden heftigen literarischen Auseinandersetzungen über die Rechtsnatur des Leasingvertrags** spielt nach wie vor das geschäftsbesorgungsvertragliche Leasing-verständnis eine bedeutende Rolle. Auch finden sich in der neueren BGH-Recht-sprechung Anzeichen für eine Loslösung von der früheren einseitigen mietrecht-lichen Qualifikation des Leasingvertrages. Dies lädt auch an dieser Stelle zu einem **Überblick über die Praxis der Leasinggeschäfte und zu einer kritischen Würdigung der Leasingtheorien** ein (vgl zum folgenden ausf MARTINEK, Moderne Vertragstypen Bd I 33 ff).

B 173 Das Leasinggeschäft läßt sich seiner wirtschaftlichen Grundkonzeption nach als eine **Investitions- und Finanzierungsmethode** kennzeichnen, die auf die mittel- und langfri-stige Verschaffung der unternehmerischen Einsatzmöglichkeit von Wirtschaftsgütern gegen Entgelt gerichtet ist (zur Entwicklung und Bedeutung des Leasing vgl MARTINEK, Moderne Vertragstypen Bd I 40 ff). Sieht man vom weniger bedeutsamen Konsumgüter-leasing ab, sind am Leasinggeschäft **typischerweise drei Kaufleute** beteiligt: **erstens** der **Unternehmer, Investor und Leasingnehmer**, der an dem betrieblichen Einsatz eines Wirtschaftsgutes interessiert ist; **zweitens** der **Hersteller oder Händler**, der als Liefe-rant das Wirtschaftsgut verkaufen und veräußern, dh Eigentum daran gegen Kauf-preiszahlung übertragen will; **drittens** der **Financier und Leasinggeber**, meist ein gewerbliches Leasingunternehmen, das zur Finanzierung der Nutzungsmöglichkeit „zwischengeschaltet" wird. Das Leasinggut wird zwar von dem investierenden Leasinginteressenten selbst ausgesucht, nicht aber selbst gekauft und erworben, viel-mehr schließt der Leasinggeber – meist auf Veranlassung des Leasingnehmers – den Kaufvertrag mit dem Lieferanten und erwirbt von ihm den Leasinggegenstand, zB eine aufwendige EDV-Anlage zur Rationalisierung der Buchhaltung. Der Leasing-nehmer *in spe* kann das Leasinggeschäft dadurch anbahnen, daß er zunächst das von ihm gewünschte Wirtschaftsgut bei einem Lieferanten aussucht und sodann – mög-licherweise auf Vermittlung des Lieferanten – zur Finanzierung der Investition eine Leasinggesellschaft anspricht, die das Wirtschaftsgut im eigenen Namen und für eigene Rechnung kauft und schließlich an den Leasingnehmer „verleast". Der Leasingnehmer *in spe* kann sich aber auch gleich an eine Leasinggesellschaft wen-den. Dieser Weg wird insbesondere beschritten, wenn von vornherein als Finanzie-rungsmethode nur das Leasing in Betracht kommt und der Leasingnehmer das besondere Know-how der Leasinggesellschaft schon bei der Auswahl des Objektes in Anspruch nehmen will.

Der Lieferant, der an dem Leasingvertrag nicht beteiligt ist, erhält vom Leasingge- **B 174** ber seinen Kaufpreis, ohne einen Kredit einräumen zu müssen. Der Leasinggeber überläßt aufgrund des Leasingvertrages die jetzt ihm gehörende Sache dem Leasingnehmer für einen bestimmten, im vorhinein festgelegten Zeitraum, während dessen der Leasingnehmer monatliche Leasingraten zu entrichten hat. Die Zahlungen innerhalb der meist mehrjährigen „Grundmietzeit" (besser: Grundlaufzeit oder Grundvertragszeit), während der der Leasingvertrag nicht ordentlich gekündigt werden kann, summieren sich dazu, daß der Leasinggeber **das für die Kaufpreiszahlung eingesetzte Kapital zuzüglich Verzinsung und Gewinn** erwirtschaftet. Wird während der Grundvertragszeit keine **Vollamortisation** erreicht, dann sieht der Leasingvertrag regelmäßig vor, daß der Leasinggeber im Anschluß daran auf seine Kosten kommt, sei es durch einen Verkauf des Objektes an den Leasingnehmer oder an einen Dritten, sei es durch eine ergänzende „Abschlußzahlung" des Leasingnehmers. **Jedenfalls ist die Vollamortisation für den Leasinggeber immer gesichert.** Der Leasingnehmer ersetzt wirtschaftlich gesehen mit den aufgebrachten Leasingraten für die Gebrauchsüberlassung und notfalls mit ergänzenden Zahlungen im Ergebnis den vom Leasinggeber aufgewandten Kaufpreis und zahlt ihm für die „Vorleistung" zudem ein Entgelt. Der Leasingnehmer, der zwar kein Eigentum am Leasinggut erhält, dafür aber auch keinen Kaufpreis in einer Summe aufzubringen braucht, kommt unter Schonung von Eigenkapital und damit Liquidität in den Genuß der unternehmerischen Einsatzmöglichkeit des Leasingguts und kann das dafür zu entrichtende Entgelt, die monatlichen Leasingraten, gerade durch den gewinnbringenden Einsatz des Investitionsguts als Produktionsmittel erwirtschaften, getreu der „goldenen" Finanzierungsregel **„pay as you earn"**. Daß der Leasingnehmer kein Eigentum an den eingesetzten Objekten (Maschinen, Fahrzeuge oder ganze Produktionsanlagen) erwirbt, ist für ihn von zweitrangiger Bedeutung, solange die Nutzungsmöglichkeit gewährleistet ist: für ihn ist der praktische Nutzen, nicht das formale Eigentum wichtig, „leadership not ownership". Leasing versteht sich daher betriebswirtschaftlich als **funktionales Substitut zum Kauf**.

Bei dem vorstehend geschilderten Grundkonzept des Leasing, das allerdings **vielfa-** **B 175** **chen Abwandlungen** zugänglich ist, bestehen zwischen dem Lieferanten und dem Leasingnehmer grundsätzlich keine vertraglichen Beziehungen. Allenfalls können sich die Vorverhandlungen über das zu liefernde Objekt zu einem vorvertraglichen Vertrauensschuldverhältnis verdichten (E G KOCH, Störungen beim Finanzierungs-Leasing 108 ff; GITTER, Gebrauchsüberlassungsverträge 290). Zwischen dem Lieferanten und dem Leasinggeber wird ein Kauf-, Werk- oder Werklieferungsvertrag (SANNWALD, Der Finanzierungsleasingvertrag 19; GITTER, Gebrauchsüberlassungsverträge 290), zwischen dem Leasinggeber und dem Leasingnehmer der Leasingvertrag geschlossen. In dem „für derartige Leasingverträge typischen Dreiecksverhältnis" (so BGH NJW 1977, 195, 196; vgl auch BGH NJW 1977, 1058 und BGH NJW 1985, 1544, 1545; HIDDEMANN WM 1978, 834; FLUME DB 72, 1 ff; 53 ff, 57; AUTENRIETH JA 1980, 407; COESTER-WALTJEN JURA 1980, 122, 123; DIETER MAYER, Finanzierungsleasing und Abzahlungsgesetz 14; GITTER, Gebrauchsüberlassungsverträge 287; BERGER, Typus und Rechtsnatur 19 ff; LARENZ/CANARIS, SchuldR II/2, 183) behält der Verkäufer und Veräußerer seine klassische **Lieferantenfunktion**, ohne zusätzlich eine **Kreditfunktion** übernehmen zu müssen. Der Leasingnehmer kann ohne schwerwiegende Veränderung seiner Vermögenssphäre die **Funktion des wirtschaftenden Unternehmers** hinsichtlich des genutzten Anlageguts ausüben. Der Leasinggeber, der die Investition finanziert, ohne das Leasinggut selbst unternehmerisch einzusetzen, übernimmt die **Funktion des Financiers** oder „Kapitalisten" und verschafft dem Leasingnehmer die Nutzungsmöglichkeit. Vor allem bei den Leasinggeschäften der letzten Jahre kann hierzu noch eine **Dienstleistungsfunktion** des Leasinggebers treten, wenn dieser für den Leasingnehmer beratend und betreuend tätig wird. Das Leasinggeschäft ermöglicht mithin eine Trennung von Vermögenssphäre und unternehmerischer Sphäre hinsichtlich des von einem Unternehmen genutzten Anlageguts (so grundlegend FLUME DB 1972, 1, 8). Der **Finanzierungsfunktion** des Leasinggeschäfts entspricht es, daß der Leasinggeber das Risiko der Bonität des Leasingnehmers trägt, vergleichbar einem Kreditgeber gegenüber einem Kreditnehmer (BOSSERT BB 1981, 2038 ff, 2041; TACKE DB-Beilage 28/1983, 2); die **Gebrauchsüberlassungsfunktion** des Leasing läßt die Verschaffung und Belassung zur Nutzung zwar als „Hauptpflicht" (so BGHZ 96, 103, 106 = NJW 1986, 179 f) des Leasinggebers erscheinen, jedoch soll der Leasingnehmer alle mit seiner Investitionsentscheidung (der Auswahl des Objekts, der Anschaffung und Erhaltung) verbundenen Risiken tragen, die aus der **Nutzungsfunktion** des Objekts entspringen, insbesondere die Sachgefahr (KLAMROTH BB 1982, 1949, 1952).

2.   Erscheinungsformen und Untertypen des Leasinggeschäfts

a)   Erlaßkonformes und nicht erlaßkonformes Finanzierungsleasing

B 176 Das Leasing verdankt seinen Erfolg im heutigen Wirtschaftsleben weithin erst den **steuerlichen Vorteilen**, die sich für den Leasingnehmer ergeben. Zur Ausnutzung dieser Vorteile muß das unternehmerisch vom Leasingnehmer eingesetzte Anlagegut nicht diesem, sondern dem rechtlich als Eigentümer auftretenden Leasinggeber zugerechnet werden (vgl GZUK AcP 190 [1990], 208; MEINCKE AcP 190 [1990], 358; BORDEWIN, Leasing im Steuerrecht 26 ff; HAGENMÜLLER/ECKSTEIN/ULLRICH, Leasing-Handbuch [6. Aufl 1992] 77; LARENZ/CANARIS, SchuldR II/2, 101). Bei der Beurteilung von zivilrechtlich nicht eindeutig zuzuordnenden Vertragsformen wendet das Steuerrecht die sogenannte **wirtschaftliche Betrachtungsweise** an. Danach wird ein Gegenstand ohne Rücksicht auf die zivilrechtlichen Qualifikationen einem Steuerpflichtigen zugerechnet, wenn dieser zwar nicht rechtlich, wohl aber wirtschaftlich als Eigentümer anzusehen ist. Vor diesem Hintergrund kommt für die Einordnung und Abgrenzung von Leasinggeschäften zum Zwecke ihrer steuerrechtlichen Behandlung den **Leasingerlassen des Bundesfinanzministeriums** eine herausragende Bedeutung zu. Auf der Grundlage der „Leasing-Entscheidung" des BFH von 1970 (BFH BStBl 1970 II, 264 = BFHE 97, 466 = NJW 1970, 1148) konkretisieren diese Erlasse das wirtschaftliche Eigentum iS des § 39 Abs 2 Ziff 1 AO. Durch den **Mobilien-Leasingerlaß oder Vollamortisationserlaß** vom 19. April 1971 (GeschäftsZ: IV B/2 – S 2170–31/71, BStBl 1971 I/264; abgedruckt in: BB 1971, 506 f und in DB 1971, 795), den **Immobilien-Leasingerlaß** vom 21. März 1972 (GeschäftsZ: F IV B/2 – S 2170–11/72, BStBl 1972 I/188 abgedruckt in: BB 1982, 433 f und DB 1972, 651), den **Teilamortisationserlaß** vom 22. Dezember 1975 (GeschäftsZ: IV B/2 – S 2170–161/75, abgedruckt in: BB 1976, 72 f und DB 1976, 172) und schließlich den **Teilamortisationserlaß für Immobilien-Leasing** vom 23. Dezember 1991 (GeschäftsZ: IV B 2 – S 2170–115/91, BStBl 1992 I/13, abgedruckt in: BB 1992, 199) hat das Bundesfinanzministerium eine bis heute **maßgebliche Klärung der Behandlungs- und Abgrenzungsprobleme der verschiedenen Leasingformen** angestrebt. Diejenigen Vertragsgestaltungen, die zur Vermeidung einer steuerrechtlichen Zuordnung des wirtschaftlichen Eigentums am Leasinggegenstand an den Leasingnehmer den BFM-Erlassen entsprechen, bezeichnet man als **erlaßkonformes Leasing** (vgl zu den steuerrechtlichen Aspekten des Leasing im einzelnen MARTINEK, Moderne Vertragstypen Bd I 44 ff mwNw).

Die Leasingerlasse haben die Leasinggeschäfte in der Praxis als empirische **B 177** Geschäftstypen geprägt und auch die entsprechenden Leasingverträge als rechtliche Strukturtypen konturiert (JÜRGENS, Die Entwicklung des Finanzierungs-Leasing 29 ff und 39 ff). Das hat zur Folge, daß heute – soweit entgegenstehende Angaben fehlen – bei einem Leasingvertrag von seiner **Erlaßkonformität** auszugehen ist; das „erlaßkonforme" Leasing, dessen vertragliche Ausgestaltung einem der Leasingerlasse entspricht, ist das **regelmäßige, die Praxis beherrschende Leasing.** Die verschiedenen „Vertragsmodelle" der Leasingerlasse liegen deshalb auch der rechtsdogmatischen Diskussion über „den Leasingvertrag" zugrunde. Das **erlaßkonforme Finanzierungsleasing**, von dem die Vollamortisationsverträge und die Teilamortisationsverträge mit ihren verschiedenen möglichen Ausgestaltungen nur Unterformen darstellen, wird auch oft Leasing im engeren Sinne genannt. Dabei wird das Vollamortisations-Leasing auch gern als Full-pay-out-Leasing, das Teilamortisations-Leasing als Non-full-pay-out-Leasing bezeichnet. Auf der Grundlage des Erlasses kann man zwischen **Vollamortisations-Verträgen** „ohne Option" für den Leasingnehmer (dh ohne Kauf- oder Verlängerungsoption), solchen **mit Kauf- und solchen mit Verlängerungsoption** unterscheiden. Bei den erlaßkonformen **Teilamortisationsverträgen** sind das **Vertragsmodell mit Andienungsrecht** des Leasinggebers, das **Vertragsmodell mit Aufteilung des Mehrerlöses** und schließlich das **Vertragsmodell mit Anrechnung des Veräußerungserlöses** auf die vom Leasingnehmer zu leistende Schlußzahlung zu beachten. Es kommen allerdings in der Praxis auch **Kombinationen** verschiedener Fortsetzungs- bzw Beendigungsmodalitäten vor, die vom Rechtsanwender unter Umständen sämtlich auf ihre Erlaßkonformität geprüft werden müssen. Die neueren Finanzierungsleasingverträge enthalten vielfach ein „dreifaches Wahlrecht" des Leasingnehmers nach Ablauf der Vertragszeit, wonach der Vertrag verlängert, der Gegenstand käuflich erworben oder auch bei Zahlung einer Abschlußgebühr zurückgegeben werden kann.

Aber nicht nur sämtliche Erscheinungsformen des erlaßkonformen Finanzierungs- **B 178** leasing gehören zum Leasing im engeren Sinn. Vielmehr ist zu berücksichtigen, daß es durchaus Leasingverträge gibt, und zwar **Finanzierungsleasingverträge** gibt, die **nicht unter die Erlaß-Kriterien** zu subsumieren sind. Der Teilamortisationserlaß enthält den ausdrücklichen Hinweis, daß die dort vorgesehenen Regelungen „nur grundsätzlich" gelten, „d.h. nur insoweit, wie besondere Regelungen in Einzelverträgen nicht zu einer anderen Beurteilung zwingen". Weicht ein vom Rechtsanwender zu überprüfender Leasingvertrag von den steuerrechtlichen Erlaß-Kriterien ab, so kann die an den Typen der erlaßkonformen Leasingverträge entwickelte Dogmatik nicht unbesehen übertragen werden. Es kann aber – was bisweilen übersehen wird (etwa von BGH NJW 1987, 377; vgl dazu auch GRAF v WESTPHALEN BB 1988, 1829, 1830) – **trotz fehlender Erlaßkonformität der Leasinggeber gleichwohl als wirtschaftlicher Eigentümer** iS des § 39 Abs 2 Nr 1 AO angesehen werden. Dies gilt auch dann, wenn er im Einzelfall keinen Vollamortisationsanspruch hat. Immer muß im Auge behalten werden, daß in der Praxis auch Gestaltungsformen von Finanzierungsleasingverträgen bekannt sind, bei denen trotz fehlender Erlaßkonformität im unmittelbaren Rückgriff auf § 39 Abs 2

Nr 1 AO dem Leasinggeber das wirtschaftliche Eigentum am Leasinggut zuzurechnen ist. Auch diese Leasingverträge gehören zum Leasing im engeren Sinn.

B 179 Die Analyse eines nicht erlaßkonformen Leasingvertrags kann freilich auch zu dem Ergebnis führen, daß das Leasinggeschäft als **„verdeckter Kauf", der Leasingnehmer als wirtschaftlicher Eigentümer** und der Leasinggeber ähnlich einem Sicherungsnehmer bei einer Sicherungsübereignung nur als „formalrechtlicher" Eigentümer behandelt werden muß; damit wird oft, wenn auch nicht notwendig zivilrechtlich eine kaufvertragliche Qualifizierung des Leasingvertrages einhergehen. Allerdings wird dies heute nur noch in Einzelfällen in Betracht kommen, etwa beim sogenannten **Spezial-Leasing**, bei dem der Leasinggegenstand wirtschaftlich sinnvoll überhaupt nur vom Leasinggeber und von keinem Dritten eingesetzt werden kann (BFH E 97, 484). Auch bei einer praktischen Kongruenz von Grundlaufzeit und betriebsgewöhnlicher Nutzungsdauer liegt der Gedanke eines „verdeckten Kaufs" nicht fern. Entspricht bei einem Leasingvertrag mit Kaufoption die Grundlaufzeit etwa 99% der betriebsgewöhnlichen Nutzungsdauer, so ist der Herausgabeanspruch des rechtlichen Eigentümers aus § 985 *de facto* nur ein „leerer" Titel. Hier wird – schlagwortartig formuliert – die Leasingsache nicht „gebraucht", sondern „verbraucht" (EBENROTH JuS 1978, 588, 591). Auch wenn der Leasingvertrag unabhängig von der betriebsgewöhnlichen Nutzungsdauer ein Kauf- oder Verlängerungsoptionsrecht für den Leasingnehmer vorsieht, der Kaufpreis bzw die Verlängerungsraten indes bloße „Anerkennungsgebühren" ohne zusätzliche Gegenleistung darstellen, wird man ein wirtschaftliches Eigentum des Leasingnehmers bejahen müssen, der hier als *homo oeconomicus* zur Ausübung der Option genötigt ist. Die seriöse Praxis sucht derartige Vertragsgestaltungen eben wegen der steuerrechtlichen Implikationen zu vermeiden; sie kommen meist nur aufgrund fehlender Rechtskunde der Vertragsparteien (oder ihrer Berater) „versehentlich" vor.

b) Operating-Leasing

B 180 Neben dem **Finanzierungsleasing oder Financial-Leasing** in seinen verschiedenen Erscheinungsformen bildet das **Operating-Leasing oder Operational-Leasing** eine „eigenständige Kategorie" (GRAF vWESTPHALEN, Leasingvertrag [3. Aufl 1987] Rn 14; vgl FLUME DB 1972, 1, 2; HAGENMÜLLER/STOPPOK, Leasing-Handbuch [5. Aufl 1988] 14; PAPAPOSTOLOU, Die Risikoverteilung beim Finanzierungsleasingvertrag 29; VAN HOVE, Die Rechtsnatur der Leasingverträge 23; LARENZ/CANARIS, SchuldR II/2, 100; MARTINEK, Moderne Vertragstypen Bd I 53). Unter Operating-Leasing versteht man meist kurzfristige Gebrauchs- und Nutzungsüberlassungsverträge, bei denen dem Leasingnehmer (wie auch dem Leasinggeber) unter Einhaltung einer bestimmten Frist ein ordentliches Kündigungsrecht zu jeder Zeit oder zu bestimmten Zeitpunkten eingeräumt ist. Der Leasingnehmer ist anders als beim Finanzierungsleasing **nicht an eine Grundlaufzeit gebunden**, innerhalb derer die ordentliche Kündigung ausgeschlossen wird. Soweit ausnahmsweise doch Mindestmietzeiten vereinbart sein sollten, reichen sie jedenfalls nicht zur Amortisation des vom Leasinggeber angeschafften Objekts aus. Auch fehlen Vereinbarungen, die auf eine Vollamortisation nach Vertragsende abzielen. Das Operating-Leasing steht **außerhalb der Leasingerlasse**. Zwar kann auch hier in aller Regel eine Zurechnung des wirtschaftlichen Eigentums nach § 39 Abs 2 Nr 1 AO an den Leasinggeber vorgenommen werden, jedoch zählen die Operating-Leasingverträge mangels ausgeprägter Finanzierungsfunktion nicht zum Leasing im engeren Sinn.

Beim Operating-Leasing trägt regelmäßig der Leasinggeber die **objektbezogenen Risi-** **B 181** **ken** der oft langlebigen und von mehreren Unternehmen nacheinander verwendbaren Produkte. Das Leasingobjekt ist bei nur kurzer Laufzeit der einzelnen Verträge auf die mehrfache Verwendbarkeit durch verschiedene Leasingnehmer angelegt. Nicht selten übernimmt der an einem guten Erhaltungszustand besonders interessierte Leasinggeber die Wartung des Objekts. Wenn beim Operating-Leasing eine „Austauschabrede" vorliegt, wonach technisch überholte Gegenstände durch neuere Modelle ersetzt werden sollen, spricht man gern von **Revolving-Leasing**; beim **Term-Leasing** bleibt das Leasingobjekt für die Vertragszeit dasselbe. Bei dem in der Regel jederzeit kündbaren Vertrag, bei dessen Beendigung der Leasingnehmer niemals Abschlußzahlung zu leisten braucht, trägt der Leasinggeber das Investitions- und Absatzrisiko (BORDEWIN, Leasing im Steuerrecht 21; HAGENMÜLLER/STOPPOK, Leasing-Handbuch [5. Aufl 1988] 14; GRAF vWESTPHALEN, Leasingvertrag [4. Aufl 1992] Rn 5).

Operating- und Finanzierungsleasing sind bisweilen schwierig voneinander abzu- **B 182** grenzen, zumal ja auch die Möglichkeit eines nicht erlaßkonformen Finanzierungsleasing in Betracht zu ziehen ist. Für die Abgrenzung des Operating-Leasing vom Finanzierungsleasing als wirtschaftlicher Geschäftsarten sind verschiedene Aspekte von starkem indiziellen Wert, namentlich die nur vorübergehende oder die dauernde Nutzung des Objekts, die Kurz- oder die Langfristigkeit der Verträge (darauf stellt insbesondere FLUME DB 1972, 1 ff, ab), das jederzeitige Kündigungsrecht oder die feste Grundlaufzeit (dies hält BGB-BGB-RGRK/GELHAAR [12. Aufl] vor § 535 Rn 276 für entscheidend), die hohe Austauschbarkeit des Leasingobjekts (RUNGE/BREMSER/ZÖLLER, Leasing 32), der mehrmalige Einsatz für nacheinander folgende Leasingnehmer oder die nur einmalige Verwendung des Objekts als Leasinggut (EBENROTH DB 1978, 2109; GRAF vWESTPHALEN, Leasingvertrag [4. Aufl 1992] Rn 5). Vor allem aber fehlt beim Operating-Leasing meist (nicht immer) die für das Finanzierungsleasing charakteristische **Dreiecksbeziehung** (GITTER, Gebrauchsüberlassungsverträge 351 f; MARTINEK, Moderne Vertragstypen Bd I 53 f). Entscheidend für die Abgrenzung ist letztlich die wirtschaftliche Frage, ob das **Absatzinteresse** des Leasinggebers im Hinblick auf die zum Gebrauch überlassenen Gegenstände im Vordergrund steht und sich das Interesse des Leasingnehmers in der zeitweiligen entgeltlichen Nutzung erschöpft. Demgegenüber ermöglicht allein das Finanzierungsleasing dem Leasingnehmer eine „maßgeschneiderte Kreditierung" seiner Investitionen (vgl BGH DB 1979, 2077; vgl auch OLG Hamm DB 1980, 393). Man hat insofern zu Recht gesagt, daß das **Finanzierungsleasing eine typische Finanzierungsform**, das **Operating-Leasing eine ausgesprochene Investitionsform** darstellt (EBENROTH JuS 1978, 588 ff, 589). Beim letzteren geht es vorrangig um eine gegenständliche Nutzungsüberlassung auf Zeit, beim ersteren aber um eine „zeitgebundene Kreditierung" (so GITTER, Gebrauchsüberlassungsverträge 282).

c) Hersteller- und Händler-Leasing

Beim **Hersteller- und Händler-Leasing** übernimmt der Lieferant selbst oder ein mit ihm **B 183** wirtschaftlich verbundenes Unternehmen die Rolle des Leasinggebers, so daß für die Finanzierung des Leasingobjekts **kein vom Lieferanten unabhängiges Leasinginstitut** zwischengeschaltet wird. Der Hersteller oder Händler selbst oder ein mit ihm zumindest wirtschaftlich, oft auch konzernrechtlich verbundenes Finanzierungsunternehmen, das sich auf die Leasing-Finanzierung des betreffenden Produktes in Zusammenarbeit mit dem Hersteller/Händler konzentriert, tritt als Financier auf. Die meisten **Automobilhersteller** etwa verfügen über zwar rechtlich selbständige, dh

Michael Martinek

mit eigener Rechtsfähigkeit ausgestattete, wirtschaftlich (und oft konzernrechtlich) aber mit ihnen verbundene Leasinginstitute. Auch eine Reihe von Computerherstellern ist zur Gründung eigener Leasinginstitute übergegangen. In zahlreichen Branchen hat sich eine ständige Zusammenarbeit und „wirtschaftliche Verbindung" zwischen Herstellern/Händlern und Leasingbanken durchgesetzt.

B 184 Üblicherweise wird auch zwischen **mittelbarem (indirektem) Leasing und unmittelbarem (direktem) Leasing** unterschieden (FLUME DB 1972, 1 f; GRAF vWESTPHALEN, Leasingvertrag [4. Aufl 1992] Rn 3; EBENROTH JuS 1978, 588, 589; LIENHARD, Finanzierungs-Leasing als Bankgeschäft 21; SPITTLER, Leasing für die Praxis 13; GITTER, Gebrauchsüberlassungsverträge 283). Nach neuerem Sprachgebrauch (zur früheren abweichenden Terminologie vgl MARTINEK, Moderne Vertragstypen Bd I 56 f) werden damit überwiegend **verschiedene Arten des Hersteller/Händler-Leasing** bezeichnet. Beim **direkten** Hersteller/Händler-Leasing ist danach der Lieferant selbst Leasinggeber, beim **indirekten** Hersteller/Händler-Leasing tritt ein mit dem Lieferanten wirtschaftlich (und oft konzernrechtlich) verbundenes Unternehmen als Leasinggeber auf (vgl insbes BERGER, Typus und Rechtsnatur des Herstellerleasing 4 ff, 26 ff). Übernimmt im ersten Fall der Lieferant selbst (als Rechtsperson) zugleich die Funktion des Leasinggebers, dann schrumpft die leasingtypische Drei-Personen-Beziehung der Grundkonzeption auf eine Zwei-Personen-Beziehung. In diesen Fällen kann man mangels eines drittfinanzierten Geschäfts schwerlich noch von (Finanzierungs-)Leasing sprechen; allenfalls liegt Operating-Leasing vor, wenn nicht ein Mietkauf oder ein Abzahlungskauf. Deshalb versuchen auch einige Literaturstimmen, das (direkte) Hersteller- bzw Händler-Leasing schlicht mit dem Operating-Leasing „rechtlich derselben Kategorie zuzuordnen" (so GITTER, Gebrauchsüberlassungsverträge 289 und 351 ff, 353, der denn auch „Hersteller oder Händler bzw Operating-Leasing-Verträge ... grundsätzlich als Mietverträge" qualifizieren möchte; ähnlich auch EMMERICH JuS 1990, 1, 3). Das Dreiecksverhältnis von Leasingnehmer, Leasinggeber und Lieferant wird nicht nur als „leasingtypisch", sondern als unerläßliches Wesensmerkmal des Finanzierungsleasing angesehen (BERGER, Typus und Rechtsnatur des Herstellerleasing 20 f, wonach das Vorliegen eines Dreiparteienverhältnisses „eine notwendige Voraussetzung für den Tatbestand des Finanzierungsleasing" darstellt; in diesem Sinne auch BERNSTEIN, Der Tatbestand des Mobilien-Finanzierungsleasingvertrages 103; CANARIS, Bankvertragsrecht [2. Bearb 1981] Rn 1711, 1713; SONNENBERGER NJW 1983, 2217; EBENROTH JuS 1978, 588, 589; PAPAPOSTOLOU, Die Risikoverteilung beim Finanzierungsleasingvertrag 22; DIETER MAYER, Finanzierungsleasing und Abzahlungsgesetz 14; vgl auch BGHZ 97, 135, 142 = NJW 1986, 1744, 1745, wo von der „durch das 'Dreiecksverhältnis' zwischen Lieferant, Leasinggeber und Leasingnehmer gekennzeichnete[n] Rechts- und Sachlage" gesprochen wird). Nur beim indirekten Hersteller-/Händler-Leasing ist – auch bei einer wirtschaftlichen Verbundenheit mit dem Leasinggeber als rechtlich selbständigem Rechtssubjekt – jedenfalls formal die leasingtypische Drei-Personen-Beziehung gegeben. Wenn der Leasinggeber ein nur wirtschaftlich mit dem Lieferanten verbundenes, rechtlich aber eigenständiges Unternehmen ist (sei es auch eine konzernrechtliche „Organtochter"), unterscheidet sich das (indirekte, unmittelbare) Hersteller- oder Händler-Leasing zunächst kaum von der Grundkonzeption des Finanzierungsleasing, doch kann sich die wirtschaftliche Verbindung zwischen Lieferant und Leasinggeber in einzelnen Problemkreisen rechtlich auswirken. Beim indirekten Hersteller- oder Händler-Leasing besitzt das Geschäft für den mit dem Lieferanten wirtschaftlich verbundenen Leasinggeber **eine mehr oder weniger ausgeprägte Absatzförderungsfunktion**, die zu der Finanzierungsfunktion (und eventuell der Dienstleistungsfunktion) hinzutritt. Das Leasing wird zielgerichtet und werbewirksam als Finanzierungsmöglichkeit für den Kunden angepriesen, der nach Ablauf der Leasingzeit durch Ausübung der Kaufoption den endgültigen Absatz des Leasingobjekts bewirken soll. Fast immer geht die Initiative zum Abschluß eines Leasingvertrages zwischen dem Kunden und der Leasinggesellschaft (oder dem Verkäufer selbst) hierbei vom Verkäufer aus, der auf diese Finanzierungsmöglichkeit werbend hinweist (PAPAPOSTOLOU, Die Risikoverteilung beim Finanzierungsleasingvertrag 3).

Im Schrifttum finden sich Tendenzen, das **(indirekte) Hersteller- bzw Händler-Leasing** **B 185** **vom „reinen" Finanzierungsleasing abzuheben** und es der sozialschutzrechtlich orientierten Dogmatik der Verbraucherkredite zu unterstellen (vgl vor allem CANARIS NJW 1982, 305, 309; PAPAPOSTOLOU, Die Risikoverteilung beim Finanzierungsleasingvertrag 57 ff; GRAF vWESTPHALEN, Leasingvertrag [bis zur 2. Aufl] Rn 33 ff, 549 ff; vgl dazu auch Vorwort [3. Aufl] und dort Rn 2 aE sowie [4. Aufl] Rn 113 ff, 122 ff; vgl auch KARSTEN SCHMIDT, Handelsrecht [4. Aufl] 1030 f; vgl auch FLUME DB 1972, 1 f, der das „echte" oder „selbständige" Leasing hervorhebt). Das (indirekte) „absatzfördernde Leasing" von Herstellern und Händlern (CANARIS: „lieferantennahes Leasing") soll sich vor allem vom „reinen" Finanzierungsleasing durch seine Nähe zu oder gar Austauschbarkeit mit **finanzierten Abzahlungskäufen** unterscheiden und eine entsprechende Behandlung, namentlich bezüglich der Anwendbarkeit des Verbraucherkreditgesetzes erfahren (so insbesondere CANARIS NJW 1982, 305 ff; ders, Bankvertragsrecht [2. Aufl 1981] Rn 1713, 1724 f, 1730, 1480 f; ders ZIP 1993, 401, 408; LARENZ/CANARIS, SchuldR II/2, 103; PAPAPOSTOLOU, Die Risikoverteilung beim Finanzierungsleasingvertrag 70 ff). Beim „reinen" Finanzierungsleasing stehe die Leasinggesellschaft „auf seiten des Leasingnehmers" und ihre Finanzierung (sei) „kundenorientiert". Demgegenüber sei die beim Hersteller-/Händler-Leasing angebotene Finanzierung „produzentenorientiert", weil die Drittkreditierung „letztlich auf der Eigeninitiative des Herstellers beruht und in seinem Absatzinteresse erfolgt". Dem Leasing als „Investitionsinstrument" stehe das Leasing als „Absatz- und Verwertungsinstrument" gegenüber (BERGER, Typus und Rechtsnatur des Herstellerleasing 28).

Der BGH ist solchen Unterscheidungen **nicht gefolgt** und hat aus der generalisierend- **B 186** abstrakten Unterscheidung zwischen „absatzförderndem" Hersteller- und Händler-Leasing einerseits und „reinem" Finanzierungsleasing andererseits keine Konsequenzen gezogen (BGHZ 95, 170, 180 = NJW 1985, 2258; BGHZ 97, 65, 75 = NJW 1986, 1335, 1336; BGH NJW 1977, 1058). In BGHZ 97, 65, 70 = NJW 1986, 1335, 1336 heißt es hierzu: „Dabei wird übersehen, daß ein Absatzinteresse das Vorliegen auch eines Finanzierungsinteresses nicht ausschließt. Vor allem aus der insoweit maßgeblichen Sicht des Leasingnehmers ist es gleichgültig, ob er sich die von ihm erhofften Vorteile des Leasing (als Ersatz für eine Investition) bei einem markengebundenen oder einem 'neutralen' Leasinggeber verschafft." In der Tat erscheint diese Typologisierung nur sehr eingeschränkt hilfreich, weil sich eine klare Vorrangstellung des Absatzförderungsinteresses gegenüber dem Finanzierungsinteresse kaum jemals eindeutig ausmachen läßt (MARTINEK, Moderne Vertragstypen Bd I S 59). Selbst bei einem Konzernverbund von Hersteller und Leasinginstitut ist keineswegs ausgemacht, daß sich das Leasinginstitut schlicht dem Absatzförderungsinteresse des Herstellers unterwirft. Es kann oder muß (je nach Marktlage) mehr oder weniger auf das Finanzierungsinteresse des Kunden/Leasingnehmers eingehen und bleibt funktional zuerst Financier mit eigenem Gewinninteresse. Immerhin wird man dem empirischen Erscheinungsbild des Hersteller- und Händler-Leasing einen indiziellen Wert für

eine wirtschaftliche Einheit zwischen Leasinggeber und Lieferant zuerkennen können, wo es juristisch auf eine solche ankommt.

B 187 Das ist indes **selten der Fall**. Für die **verbraucherkreditrechtliche** Würdigung des Finan-
zierungsvertrages läßt sich der Gedanke einer wirtschaftlichen Einheit zwischen
Leasinggeber und Lieferant jedenfalls kaum fruchtbar machen. Eine unmittelbare
Anwendung des § 9 VerbrKrG (**Einwendungsdurchgriff** bei verbundenen Geschäften)
kommt schon deshalb nicht in Betracht, weil diese Vorschrift den Verbraucher als
Partei zweier Verträge voraussetzt, der Leasingnehmer aber lediglich **einen** Vertrag
(Leasingvertrag) abschließt (MARTINEK, Moderne Vertragstypen Bd I S 111 und 189; REI-
NICKE/TIEDTKE, Kaufrecht [5. Aufl 1992] 531; SLAMA WM 1991, 569, 572; ZAHN DB 1991, 81, 93).
Darauf sind auch die Rechtsfolgen des § 9 VerbrKrG zugeschnitten. Deshalb hilft es
nicht weiter, den Kaufvertrag über die Leasingsache zwischen dem Lieferanten/
Verkäufer und dem Leasinggeber/Käufer einerseits und den Leasingvertrag als Kreditvertrag zwischen dem Leasinggeber und dem Leasingnehmer andererseits als die
beiden zu einer wirtschaftlichen Einheit verbundenen Geschäfte iS des VerbrKrG
anzusehen. CANARIS hält diese Unterschiede zwischen Finanzierungsleasing und
Finanzierungsdarlehen indes insoweit für unbedeutend, weil es bei der Anwendung
des § 9 VerbrKrG „um die Vermeidung von **Wertungs**widersprüchen geht und man
diese nicht durch den bloßen Hinweis auf **Konstruktions**unterschiede hintanhalten
kann" (CANARIS ZIP 1993, 401, 406 mit Hervorhebungen im Original). Dabei sieht er darüber
hinweg, daß der Gesetzgeber eine Regelung zum Einwendungsdurch- oder -rückgriff
speziell für Leasingverträge auf der Basis der (von CANARIS freilich angefeindeten)
ständigen Rechtsprechung und der herrschenden Meinung für entbehrlich halten
durfte. Danach können zum einen unmöglichkeits- und verzugsrechtliche Schadensersatzansprüche des Leasinggebers gegen den Lieferanten bei fehlgeschlagenem
Liefergeschäft ohnehin nicht unter Abbedingung einer eigenen Haftung dem Leasingnehmer übertragen oder überlassen werden. Zum anderen führt in den Gewährleistungsfällen die Fehlerhaftigkeit der Leasingsache nach den Grundsätzen zur
Geschäftsgrundlage bereits zu einem Fortfall oder einer Minderung der Leasingra-
tenzahlungspflicht. Im Ergebnis ist ein **verbraucherkreditrechtlicher Einwendungsdurchgriff** beim Finanzierungsleasing ganz und gar **entbehrlich**. Auch anderweitig
liegt eine Sonderbehandlung des absatzfördernden oder lieferantennahen Leasing
keineswegs nahe. Denn selbst bei einer engen wirtschaftlichen Verbundenheit zwischen einem Hersteller/Händler und einem „hauseigenen" Leasingunternehmen
wird mit der rechtlichen Personenaufteilung praktisch durchweg auch eine klare
Funktionsaufteilung zwischen Absatz und Finanzierung bewirkt, auf die es für die
rechtliche Würdigung meist allein ankommt (gegen eine Sonderbehandlung des Hersteller-
und Händler-Leasing auch ULMER/SCHMIDT DB 1983, 2558 ff, 2615 ff; GRAF vWESTPHALEN,
Leasingvertrag [4. Aufl 1992] Rn 113 ff; MARTINEK, Moderne Vertragstypen Bd I 59).

d)   Mobilien- und Immobilien-Leasing
B 188 Die Unterscheidung von Mobilien- und Immobilien-Leasing innerhalb des Investi-
tionsgüter-Leasing macht deutlich, daß auch Grundstücke, genauer: bauliche Anlagen auf Grundstücken als Leasingobjekte in Betracht kommen können, wobei
steuerrechtlich der Immobilienerlaß des BFM von 1972 und der Teilamortisationserlaß im Immobilien-Leasing von 1991 (so Rn B 176) zu berücksichtigen sind (HAGEN-
MÜLLER/STOPPOK/FOHLMEISTER, Leasing-Handbuch [6. Aufl 1992] 177 ff; TACKE, Leasing [1. Aufl
1989] 153 ff; GRAF vWESTPHALEN, Leasingvertrag [4. Aufl 1992] Rn 1310 ff; FEINEN DB-Beilage

6/1988, 8 ff; BORDEWIN, Leasing im Steuerrecht 59 ff; RUNGE DB 1990, 959; R KOCH, Immobilien-Leasing – Ein Beitrag zur Zivilrechtsdogmatik des Leasing [1989]; SOBOTKA BB 1992, 827; GABELE/KROLL DB 1991, 241; vgl auch BFH BStBl II 1984, 825 = DB 1984, 2331; BGHZ 106, 304 = NJW 1989, 1279). Das Immobilien-Leasing hat in den letzten Jahren erhebliche Bedeutung im Wirtschaftsleben der Bundesrepublik Deutschland erlangt und wird vor allem bei größeren gewerblichen Investitionsvorhaben wie dem Bau von Warenhäusern, Lagerhallen, Fabrikgebäuden, Walzstraßen, Kühlhäusern, Einkaufszentren oder Parkhäusern mit langer Nutzungsdauer als Finanzierungsform gewählt (R KOCH, Immobilien-Leasing – Ein Beitrag zur Zivilrechtsdogmatik des Leasing 25 ff, 35 ff, 43 ff, 67 ff, 98 ff). Dagegen hat es sich im privaten Bereich auch nicht für größere Mietwohnungs-Anlagen durchsetzen können. Wohl aber haben sich die Immobilien-Leasinggesellschaften einen Markt auch für mobile Wirtschaftsgüter wie **Schiffe** und **Flugzeuge** eröffnet, die vom betriebswirtschaftlichen Investitionscharakter und teilweise auch von der zivilrechtlichen Stellung her (vgl etwa §§ 303, 446, 580 a, 648, 932 a) den Immobilien analog zu behandeln sind. Die Praxis neigt dazu, die Abgrenzung zwischen Mobilien- und Immobilien-Leasing allein nach der Höhe des Investitionsvolumens zu vollziehen und etwa das Flugzeugleasing dem Immobilien-Leasing zuzurechnen. Das Immobilien-Leasing mit seinen in der Praxis bekannten, überaus zahlreichen Gestaltungsformen und Besonderheiten kann nicht immer als eine Unterform des Finanzierungsleasing angesehen werden (vgl zum Vollamortisationsmodell, Restwert-, Mietvorauszahlungs- und Fond-Modell: GRAF vWESTPHALEN, Leasingvertrag [4. Aufl 1992] Rn 1325 ff; HAGENMÜLLER/ECKSTEIN/FOHLMEISTER, Leasing-Handbuch [6. Aufl 1992] 177 ff). So fehlt bei den häufigen „Restwert-Modellen", die nur auf Tilgung der Anschaffungskosten bis auf den Restbuchwert angelegt sind, die Vollamortisation zugunsten des Leasinggebers. Vielfach schuldet auch der Immobilien-Leasinggeber neben der Finanzierung und Nutzungsverschaffung eine Vielzahl weiterer Dienstleistungen, insbesondere im Zusammenhang mit der Errichtung des Bauwerks.

Vor allem (wenn auch nicht ausschließlich) beim Leasing von Grundstücken hat sich **B 189** das sogenannte **Sale-and-lease-back-Verfahren** entwickelt (EBENROTH JuS 1978, 588, 589; ders JuS 1985, 425, 426; GITTER, Gebrauchsüberlassungsverträge 283; SPITTLER, Leasing für die Praxis 14; GRAF vWESTPHALEN, Leasingvertrag [4. Aufl 1992] Rn 1055 ff; RUNGE/BREMSER/ZÖLLER, Leasing 75; PAPAPOSTOLOU, Die Risikoverteilung beim Finanzierungsleasingvertrag 31; LWOWSKI, Erwerbsersatz durch Nutzungsverträge 99; DIETER MAYER, Finanzierungsleasing und Abzahlungsgesetz 60; MARTINEK, Moderne Vertragstypen Bd I 60 f). Hier ist der spätere Leasingnehmer zunächst Eigentümer des Objekts, das er an den Leasinggeber veräußert und sodann unverzüglich von diesem „zurückleast". Dabei mag der Investor das Anlageobjekt seinerseits unmittelbar vorher erworben haben, so daß eine Zwischenfinanzierung nötig ist, oder sich erst nach längerer Nutzung des Objekts zur Aufgabe der Eigentümerposition entschließen. Die **Finanzierungsfunktion** dieses Geschäfts ist offensichtlich: der Eigentümer und spätere Leasingnehmer will durch die Veräußerung Liquidität gewinnen und seine finanzielle Belastung auf die laufenden Leasingraten beschränken. Der Leasingnehmer war zumindest für eine logische Sekunde („Vorschaltphase") Eigentümer des Leasingobjekts. In Abwandlung des Grundkonzepts des Leasing vereinigen sich beim Sale-and-lease-back-Verfahren die Positionen des Veräußerers und des Leasingnehmers in einer Person. Die sonst für das Leasinggeschäft charakteristische Dreier-Beziehung wird auch hier zu einem Zwei-Personen-Verhältnis. Zwischen denselben Parteien wird erst ein Kaufvertrag und dann ein Leasingvertrag geschlossen, so daß sich der Leasinggeber die Leasingsache vom späteren Leasingnehmer beschafft. Allerdings kommt wirtschaftlich eine Dreier-Beziehung zustande, wenn der spätere Leasingnehmer das Grundstück seinerseits erst von einem Dritten kauft, dann an den Leasinggeber verkauft und schließlich von ihm zurückleast. In diesem Fall des sofortigen Weiterverkaufs des Objekts nach unmittelbar vorhergegangenem Eigenerwerb des späteren Leasingnehmers wird die Dreier-Beziehung nur durch eine Verdrängung des Erstverkäufers aus seiner Position durch den Investor, Weiterveräußerer und schließlich Leasingnehmer zu einer Zweier-Beziehung. Wegen dieser und anderer Besonderheiten dieser Leasingart kann man das Sale-and-lease-back-Verfahren **nicht mehr dem Finanzierungsleasing im engeren Sinne** zuordnen (PAPAPOSTOLOU, Die Risikoverteilung beim Finanzierungsleasingvertrag 31; MARTINEK, Moderne Vertragstypen Bd I S 60 f; **aA** aber LIEB WM-Sonderbeil 6/1992, 13; LARENZ/CANARIS, SchuldR II/2, 103 unter zweifelhafter Berufung auf BGHZ 106, 304, 311).

e) Weitere Leasing-Formen, insbes Kfz-Leasing

B 190 Nach der Art des Leasingobjekts kann man zwischen **Investitionsgüter- und Konsumgüter-Leasing** unterscheiden. Allerdings können manche einzelne Objekte auch sowohl dem Investitions- wie dem Konsumgüter-Leasing zugänglich sein. So haben das **Kfz-Leasing** und jüngst vor allem das **Computer-Leasing** (Hardware- und Software-Leasing) eine herausragende Stellung im privaten und im gewerblichen Bereich erlangt (GRAF v WESTPHALEN, Leasingvertrag [4. Aufl 1992] Rn 1082 ff). Die Unterscheidung zwischen Investitions- und Konsumgüter-Leasing ist vor allem deshalb wichtig, weil sich der Privatmann die betriebswirtschaftlichen und steuerlichen Vorteile des Leasing kaum nutzbar machen kann. Für ihn stellt sich das Leasing nicht selten (keineswegs immer) als Finanzierungsalternative zum finanzierten Abzahlungskauf dar. Durchaus kann das Leasing aber gegenüber einem (auch finanzierten) Kauf von eigenständiger Attraktivität für den Privatmann sein. So kann es ihm darauf ankommen, daß er nach Ende der Grundlaufzeit einen Austausch zu einem neueren Modell vollziehen kann, ohne mit dem Risiko eines günstigen Weiterverkaufs des bisherigen Objekts belastet zu sein. Oft will er sich auch durch das Leasingverfahren einen späteren Erwerb des Objekts offenhalten, die Option aber garantieren lassen. Im übrigen ist das Konsumgüter-Leasing häufig mittelbares, indirektes, nämlich Hersteller- bzw Händler-Leasing. Allerdings werben inzwischen auch schon die unabhängigen Leasing-Banken um Privatleute mit einem Finanzierungsbedarf für ihre Konsumgüterwünsche. Bei neuen Leasingobjekten aus dem Konsumgüterbereich spricht man gern vom **First-hand-**, bei schon gebrauchten vom **Second-hand-Leasing**. Das Leasing von dauerhaften und höherwertigen Konsumgütern wie Fernsehgeräten, Videorecordern oder Musikinstrumenten hat inzwischen einen festen Platz neben dem Leasing von Investitionsgütern zur gewerblichen Nutzung erobert. Das private Kfz-Leasing bildet hierbei die wohl bekannteste Unterform.

B 191 Das **Kfz-Leasing** hat inzwischen eine herausragende Bedeutung erlangt, und zwar nicht nur im gewerblichen, sondern auch im privaten Bereich, obwohl Privatleuten die spezifischen steuerrechtlichen Vorteile des Leasing kaum zugute kommen. Zwar finden sich in der Praxis nach wie vor Kfz-Leasingverträge, die auf dem Vollamortisationserlaß vom 19. 4. 1971 (so Rn B 176) beruhen, doch sind sie jedenfalls bei PKW-Verträgen (anders als bei LKW-Verträgen) ausgesprochen selten. Auch die Kfz-Leasingverträge, die sich am Teilamortisationserlaß vom 22. 12. 1975 (so Rn B 176) orientieren, verlieren zunehmend an praktischer Bedeutung. Das gilt sowohl für das Vertragsmodell mit Mehrerlösbeteiligung (und Restwertrisikobelastung) des Leasingnehmers wie für die Vertragsmodelle mit Andienungsrecht des Leasinggebers und mit Abschlußzahlung des Leasingnehmers. Vielmehr hat sich im Kfz-Markt in den letzten Jahren weithin die Leasing-Variante des sogenannten **Null-Zins-Leasing** durchgesetzt, die übrigens gelegentlich auch in anderen Bereichen der Konsum- oder Investitionsgüter-Finanzierung (etwa in der Computer-Branche) praktiziert wird (HAGENMÜLLER/STOPPOK/REUSS, Leasing-Handbuch [5. Aufl 1988] 103 ff; HAGENMÜLLER/ ECKSTEIN/EHRHARDT, Leasing-Handbuch [6. Aufl 1992] 153 ff; PASCHKE BB 1987, 1193; GRAF vWESTPHALEN, Leasingvertrag [4. Aufl 1992] Rn 983 ff; MARTINEK/OECHSLER ZIP 1993, 81; dies ZBB 1993, 97). Hier wird vom Leasinggeber, der regelmäßig mit einem Kfz-Hersteller wirtschaftlich verbunden und von ihm in die Vertriebsorganisation eingeschaltet ist (indirektes Hersteller-Leasing), dem Kunden ein Neufahrzeug gegen Entrichtung einer Sonderzahlung (Einmalzahlung) und sodann monatlich fälliger Leasingraten für einen bestimmten Zeitraum (meist zwei oder drei Jahre) zur Verfügung gestellt. Nach Ablauf der vereinbarten Leasingdauer kann der Kunde das Fahrzeug gegen Bezahlung eines vorher festgelegten Restwerts erwerben. Die Besonderheit des Null-Zins-Leasing liegt darin, daß dem Kunden bei Einhaltung der ihm gesetzten Zahlungsziele kein besonderer Leasing-Zins in Rechnung gestellt wird, dh die Summe der vom Kunden gezahlten Leasingraten überschreitet nicht den bei Vertragsschluß fest vereinbarten Betrag. Es entfällt beim Null-Zins-Leasing (auch Null-Leasing genannt) der sonst übliche Finanzierungsgesamtbetrag (PASCHKE BB 1987, 1193; GITTER, Gebrauchsüberlassungsverträge 284). Eine Vielzahl von **Automobilunternehmen** hat inzwischen **eigene Finanzierungsinstitute** gegründet, die von Vertragshändlern, Handelsvertretern oder Niederlassungen in die Vertragsverhandlungen eingeschaltet werden, um die private Kfz-Nutzung auf diese Weise „fremd"zufinanzieren. Die Grenzen des Null-Zins-Leasing zum teilfinanzierten Abzahlungskauf sind fließend (vgl zur Anwendung des VerbrKrG auf das Kfz-Leasing MARTINEK/OECHSLER ZIP 1993, 81; dies ZBB 1993, 97). Als Sonderform des Null-Zins-Leasing hat sich im Kfz-Bereich vor allem das **Vertragsmodell mit Restwertabsicherung** durch den Leasinggeber durchgesetzt, das als **Kilometer-Abrechnungsvertrag** bekannt ist. Dabei wird zwischen Leasinggeber und -nehmer für die meist zwei- oder dreijährige Dauer des Leasingvertrages eine Kilometer-Gesamtfahrleistung vereinbart, die der Kalkulation der Leasingraten zugrunde gelegt wird. Der Leasingnehmer muß das Kfz am Ende der Grundlaufzeit des Vertrags in einem ordentlichen Erhaltungszustand zurückgeben; nicht verschleißbedingte und nicht versicherte Beschädigungen müssen vom Leasingnehmer getragen werden. Mehr- oder Minderkilometer erfahren bei Vertragsbeendigung eine finanzielle Abgeltung. Häufig wird der Kilometer-Abrechnungsvertrag noch um Service-Komponenten erweitert. So kann der Leasinggeber Kfz-Steuern und Versicherungen übernehmen, deren Kosten er freilich den Leasingraten zuschlägt (Teil-Service-Vertrag); er kann aber auch darüber hinaus Wartung (Inspektionen), Verschleiß-Reparaturen, Reifenersatz etc übernehmen (Full-Service-Vertrag). Auch wenn bei den üblichen Kilometer-Abrechnungsverträgen sowie bei den meisten sonstigen Kfz-Leasingverträgen der Leasinggeber und nicht der Leasingnehmer das Restwertrisiko nach Ablauf der Grundlaufzeit übernimmt (nicht-erlaßkonformes Leasing), kann doch regelmäßig dem Leasinggeber das wirtschaftliche Eigentum am Leasingobjekt steuerrechtlich nach § 39 Abs 2 Nr 1 AO zugerechnet werden. Beim nicht-erlaßkonformen Kfz-Leasing schuldet der Leasingnehmer dem Leasinggeber keine Vollamortisation. Die Finanzierungsfunktion des Leasinggeschäfts ist neben der Gebrauchsüberlassungsfunktion weniger stark ausgeprägt.

Gleichwohl ist das nicht-erlaßkonforme Kfz-Leasing nicht notwendig reines Opera-ting-Leasing mit strikt mietvertraglichen Rechtsfolgen. Vielmehr werden auch beim Kfz-Leasing die Sachgefahr und die Preisgefahr auf den Leasingnehmer überwälzt und unkündbare Grundlaufzeiten vorgesehen, so daß eine vom Mietvertragsmodell der §§ 535 ff abweichende leasingspezifische Typizität auszumachen ist (vgl MARTINEK/ OECHSLER ZIP 1993, 81; dies ZBB 1993, 97).

B 192 An die sonstigen in der Praxis unterschiedenen Leasing-Formen knüpfen sich **kaum juristische Konsequenzen** (vgl zum Equipment-Leasing, Plant-Leasing, Blanket-Leasing, Main-tenance-, Full-Service- und Gross-Leasing, Brutto- und Netto-Leasing, Short-und Long-Leasing: MARTINEK, Moderne Vertragstypen Bd I S 62 ff mwNw). Weil diese **Schlagworte** den Prozeß juristisch exakter Begriffsbildung mit randscharfer Konturierung nur zum Teil und auch dann unvollkommen durchlaufen haben, sind die Überschneidungen der erfaß-ten Wirklichkeitsausschnitte erheblich. In den beteiligten Wirtschaftskreisen wird das Wort Leasing zur Bezeichnung selbst herkömmlicher Mietverträge verwendet, weil es werbewirksamer oder einfach „schicker" ist. Im Wirtschaftsleben werden sogar Arbeitnehmerüberlassungsverträge (unechte Leiharbeiterverhältnisse) als „Personal-Leasing" bezeichnet.

3. Die Bedeutung der Leasingtheorien

B 193 Die dogmatische Einordnung der Leasingverträge in das System der gesetzlich gere-gelten Vertragstypen und die damit verbundene Bestimmung der Rechtsnatur berei-tet der Rechtswissenschaft und der Rechtsprechung seit je **außerordentliche Schwie-rigkeiten** und ist bis heute heftig umstritten. Dabei ist die zivilrechtliche Einordnung des „so rätselhaften Gebildes Leasing" (LIEB DB 1988, 946) **keine Frage von akademi-scher Folgenlosigkeit**, denn die Rechtsnaturbestimmung präjudiziert in praktisch sehr bedeutsamer Weise die Festlegung des rechtlichen Regelungsprogramms für das Zustandekommen, den Inhalt, die Durchführung und die Abwicklung des Vertrags (E G KOCH, Störungen beim Finanzierungs-Leasing 90; SONNENBERGER NJW 1983, 2217, 2218; SEIFERT DB-Beilage 1/1983, 1 f; COESTER-WALTJEN JURA 1980, 123, 125; BERNSTEIN, Der Tatbe-stand des Mobilien-Finanzierungsleasingvertrages 133; PAPAPOSTOLOU, Die Risikoverteilung beim Finanzierungsleasingvertrag 33; MARTINEK, Moderne Vertragstypen Bd I 64). Insbesondere die Fragen, welche zwingenden Rechtsvorschriften zu beachten sind, nach welchen Vor-schriften des AGB-Gesetzes eine Inhaltskontrolle formularmäßiger Leasingverträge vorzunehmen ist und an welchem gesetzlichen Leitbild (§ 9 Abs 2 Nr 1 AGBG) sie sich möglicherweise zu orientieren hat, all dies hängt maßgeblich von der Rechtsna-tur des Leasingvertrages ab. Auch bei der erläuternden und der ergänzenden Vertragsauslegung muß unter Umständen das gesetzliche Regelungsprogramm einer einschlägigen Vertragsart zum Tragen kommen. Schließlich ist für die konkurs-, bilanz- und steuerrechtliche Behandlung des Leasingvertrages seine zivilrechtliche Einordnung von Bedeutung.

B 194 Unlängst hat allerdings LIEB die jahrelangen **Bemühungen um eine dogmatische Ein-ordnung des Leasingvertrages** in die schuldrechtliche Vertragstypologie einer **grund-sätzlichen Kritik** unterzogen (LIEB DB 1988, 946 und DB 1988, 2495), die in dem Vorwurf gipfelt, vielen dieser Bemühungen liege die dem BGB fremde Vorstellung einer Art von Rechtsformzwang zugrunde, bei der der zentrale Aspekt der Vertragsfreiheit außer Betracht bleibe. Ohnehin sei der Leasingvertrag ein so eigen- und neuartiger

Vertragstyp, daß jeder Vergleich mit gesetzlichen Leitbildern „als Vergewaltigung des Parteiwillens angesehen werden" müsse (LIEB DB 1988, 946, 953). Gewiß ist uneingeschränkt richtig, daß sich jeder verantwortungsvolle Rechtsanwender zuerst um die Erforschung der privatautonom festgelegten Interessen und Ziele der Parteien zu bemühen und dabei höchsten Respekt vor der Vertragsfreiheit zu beobachten hat. Indes muß es auch aus der Sicht eines an formaler Freiheitsethik orientierten privatrechtstheoretischen Grundverständnisses (dazu grds REUTER AcP Bd 189 [1989], 199; ders DZWir 1993, 45) als höchst ehrenwert angesehen werden, wenn sich Rechtsprechung, Kautelarjurisprudenz und Rechtslehre bei der Umsetzung der vorgefundenen Interessenstrukturen in vertragliche Rechtsstrukturtypen zuvörderst an den Modellen des Gesetzes orientieren. Dazu gibt es im Grunde **methodologisch keine Alternative**. Abgesehen von möglicherweise einschlägigen zwingenden Vorschriften und von der vielfach bedeutsamen, gleichfalls die Vertragsfreiheit etwa AGB-rechtlich begrenzenden Leitbildfunktion des dispositiven Rechts formulieren schließlich auch die Vertragsparteien ihre Rechte und Pflichten im Rückgriff auf die bekannten Vertragstypen. Wenn man sich auch sicherlich vor „künstlichen Konstruktionen" hüten muß, kann doch bei Beobachtung der juristischen *lex artis* aus einer „zu engen Anbindung an das Gesetz" (LIEB DB 1988, 946, 950) keine Gefahr für die Vertragsfreiheit erwachsen. Gerade das für den Prozeß der Rechtsnaturbestimmung charakteristische nachvollziehende Aufspüren und abwägende Würdigen der Parteiinteressen einerseits und der Zielvorstellungen der gesetzlichen Regelungsprogramme andererseits erweist sich für die normative Bewältigung eines modernen Vertragstyps als unerläßlich. In Literatur und Rechtsprechung finden sich zahlreiche Bemühungen um eine adäquate Erfassung der Rechtsnatur des Leasingvertrages. Die Ergebnisse dieser Bemühungen weichen stark voneinander ab, und zwar gerade im Kernbereich des **Finanzierungsleasing** in seinen typischen, erlaßkonformen sowie in seinen davon abweichenden Ausformungen (Leasing im engeren Sinne).

4.   Operating-Leasing als Miete

Dagegen stößt das zum Leasing nur im weiteren Sinne zu rechnende **Operating- oder** B 195
Operational-Leasing (s o Rn B 180 ff) kaum auf zivilrechtliche Einordnungsprobleme. Es herrscht praktisch uneingeschränkt Einigkeit darüber, daß der Operating-Leasingvertrag als **Mietvertrag** iS der §§ 535 ff anzusehen ist (EBENROTH DB 1978, 2109, 2110; ders JuS 1978, 588, 590; GITTER, Gebrauchsüberlassungsverträge 352; FLUME DB 1972, 1, 2; EMMERICH/SONNENSCHEIN[12] Vorbem 47 zu §§ 535, 536; WALTER, Kaufrecht 13 f; AUTENRIETH JA 1980, 407; GRAF vWESTPHALEN, Leasingvertrag [4. Aufl 1992] Rn 125; HAGENMÜLLER/STOPPOK, Leasing-Handbuch [5. Aufl 1988] 14; MünchKomm/VOELSKOW vor § 535 Rn 44; EMMERICH JuS 1990, 1, 3; GERHARDT JZ 1986, 742; DIETER MAYER, Finanzierungsleasing und Abzahlungsgesetz 71; FIKENTSCHER, SchuldR [8. Aufl 1991] Rn 833; LARENZ/CANARIS, SchuldR II/2, 100; MARTINEK, Moderne Vertragstypen Bd I 65 f). Das Operating-Leasing, bei dem eine Finanzierungsfunktion oft völlig fehlt, läßt sich unschwer als **entgeltliche Gebrauchsüberlassung** begreifen, denn typischerweise wird derselbe Gegenstand bei jeweils relativ zur betriebsgewöhnlichen Nutzungsdauer kurzen Vertragslaufzeiten wiederholt an verschiedene Leasingnehmer vermietet. Einen „leasingtypischen" Vollamortisationsanspruch hat der auf seinen Leasingratenanspruch beschränkte Leasinggeber in keinem Fall. Zwar kann es auch hier zu einer Dreiecksbeziehung zwischen Lieferant, Leasinggeber und -nehmer kommen, doch reduziert sich das Operating-Leasinggeschäft nicht selten auf ein Zwei-Personen-Verhältnis. Der Operating-Leasingvertrag

ist mithin auf die entgeltliche Nutzung der Sache zum Gebrauch während der vereinbarten Zeit gerichtet. Insbesondere soweit eine jederzeitige Kündigung unter Einhaltung vertraglich vorgesehener Fristen möglich ist (§ 564 Abs 2) und die Sach- und Preisgefahr dem Leasinggeber verbleibt (§ 536), ist die Würdigung als Mietvertrag unproblematisch. Das Operating-Leasing ist mithin eine **Sonderform der Miete**, die die Gebrauchsüberlassung von Investitionsgütern zum Gegenstand hat. Nur auf der Grundlage eines weiten Leasingbegriffs kann man deshalb den Operating-Leasingvertrag als eine Sonderform des Leasing, eben das mietvertragliche Leasing ansehen. Für den Juristen ist unschwer erkennbar, daß der Begriff des Operating-Leasing häufig „nur aus marktpsychologischen Gründen anstelle des zutreffenden Terminus 'Mietvertrag' verwendet" wird (so KLAUS MÜLLER, Schuldrecht BT [1990] 139).

B 196 Dieser Befund hat **weitreichende Folgen** für die Beurteilung der Wirksamkeit derartiger meist formularmäßiger Verträge, für die § 9 Abs 2 Nr 1 AGB-Gesetz iVm den §§ 535 ff einschlägig ist. Von besonderer Wichtigkeit ist dabei, daß Versuche einer formularmäßigen (nicht: einer individualvertraglichen) Überwälzung der Sach- und Preisgefahr in einem Operating-Leasingvertrag gegen die „wesentlichen Grundgedanken" der §§ 535, 536, 323 Abs 1 verstoßen und als den Leasingnehmer unangemessen benachteiligende Klauseln nach § 9 Abs 1, Abs 2 Nr 1 AGB-Gesetz nichtig sind, während eine Versicherungspflicht bezüglich sachbezogener Risiken dem Leasingnehmer ohne Verstoß gegen das AGB-Gesetz aufgebürdet werden kann (EMMERICH/SONNENSCHEIN[12] Vorbem 47 u 48 e zu §§ 535, 536; EBENROTH DB 1978, 2109, 2111; GITTER, Gebrauchsüberlassungsverträge 353 ff). Gegen die Abtretung bzw Ermächtigung zur Ausübung von Gewährleistungsansprüchen gegen den Lieferanten bestehen an sich keine Bedenken, doch kann der Leasinggeber dadurch seine mietvertragliche Eigenhaftung nach den §§ 536 ff nicht vollständig abbedingen. Sie bleibt vielmehr als subsidiäre Eigenhaftung bestehen und wird etwa bei Undurchsetzbarkeit von Gewährleistungsansprüchen gegen den Lieferanten – die Mangelhaftigkeit der Mietsache bewirkt hier keinen Wegfall der Geschäftsgrundlage – oder bei Spätschäden der Leasingsache nach Ablauf der Verjährung gemäß §§ 477, 638 bedeutsam (MARTINEK, Moderne Vertragstypen Bd I 67).

5. Die mietvertragliche Qualifizierung des (Finanzierungs-)Leasingvertrages

a) Das Schrifttum

B 197 Nach **weit verbreiteter, wenn nicht gar herrschender Literaturansicht** wird eine **mietvertragliche Qualifizierung** auch für den Leasingvertrag im engeren Sinne für sachgerecht gehalten – und mit Leasingvertrag im engeren Sinne ist hier wie sonst das regelmäßig (aber nicht notwendig) erlaßkonforme **Finanzierungsleasing** gemeint. Der Leasingvertrag ist danach „letztlich" ein Mietvertrag. Ein Teil der Literatur behandelt den Leasingvertrag gar als „reinen" Mietvertrag iS der §§ 535 ff (grundlegend FLUME DB 1972, 1 ff, 4 ff; BLOMEYER NJW 1978, 973; DÖLLERER BB 1971, 535 ff, 539; E G KOCH, Störungen beim Finanzierungs-Leasing 99 ff; SONNENBERGER NJW 1983, 2217, 2218), während das wohl überwiegende Schrifttum ihn als atypischen, besonders ausgestalteten Mietvertrag ansieht (REINICKE/TIEDTKE BB 1982, 1142; HIDDEMANN WM 1978, 838 ff, 836; SANNWALD, Der Finanzierungsleasingvertrag 87 ff; wohl auch MOSEL NJW 1974, 1454; MEILICKE BB 1964, 691) oder als Mietvertrag mit „gewissen Besonderheiten" (so COESTER-WALTJEN JURA 1980, 123, 125 f und wohl auch EMMERICH JuS 1990, 1, 4). Leasing ist danach ein Mietvertrag mit den „Amputationen" (BLOMEYER NJW 1978, 973) der Sach- und Preisgefahrüberwälzung und des Gewährleistungsausschlusses. Vor allem das kautelarjuristische Schrifttum folgt bisweilen beinahe sklavisch den Formulierungen der mietrechtlich orientierten Rechtsprechung (so namentlich GRAF VWESTPHALEN, Leasingvertrag [4. Aufl 1992] Rn 63 ff und passim; vgl auch ders BB 1988, 1829, der allerdings besonders das garantievertragliche Element der Teilamortisationsverträge hervorhebt; tendenziell auch TIEDTKE JZ 1991, 954 und REINICKE/TIEDTKE, Kaufrecht [5. Aufl 1992] 470 f).

Begründet wird die mietrechtliche Qualifizierung schlicht damit, daß die Parteien **B 198** eine entgeltliche Gebrauchsüberlassung des Leasinggegenstandes anstrebten. Das Entgelt solle den Gebrauch bzw die Nutzung, nicht aber die Substanz der Sache vergüten. Entsprechend der Grundstruktur des Mietvertrages nach §§ 535 ff sei die Leistung des Leasinggebers auf die Verschaffung des *„usus rei"* gerichtet, die des Leasingnehmers stelle sich als Entgelt *„pro usu rei"*, nicht *„pro re"* dar (so insbes FLUME DB 1972, 1, 5; vgl auch COESTER-WALTJEN JURA 1980, 123 ff, 126). Die mietvertragliche Rechtsnatur soll dabei **in gleicher Weise die Vollamortisations- wie die Teilamortisationsverträge** betreffen und insbesondere **unabhängig von einer Kaufoption** des Leasingnehmers sein (vgl aber GRAF VWESTPHALEN, Leasingvertrag [4. Aufl 1992] Rn 57 ff, 87 ff, der zwischen beiden differenzieren will). So betont JÜRGEN BLOMEYER, daß auch bei einem herkömmlichen Mietvertrag ein Erwerbsrecht für den Mieter nach Ablauf der Mietzeit nichts an der Rechtsnatur des Mietvertrages ändere (BLOMEYER NJW 1978, 973 ff, 974). Selbst wo das Kaufoptionsrecht bei hinreichender Verfestigung zur Annahme eines bedingten Kaufvertrages führe, trete diese Vertragskomponente lediglich zum Mietvertrag hinzu, ohne diesen zu verdrängen oder auch nur zu beeinträchtigen. Das mietrechtlich orientierte Leasing-Schrifttum folgt in den dogmatisch-konstruktiven Konsequenzen weithin der BGH-Rechtsprechung (nächste Rn).

b) Die BGH-Rechtsprechung

Der BGH (vgl zur Leasing-Rechtsprechung des BGH die Entscheidungsübersicht mit Fundstellen- **B 199** Verzeichnis bei GRAF VWESTPHALEN, Leasingvertrag [4. Aufl 1992] 642 ff und MARTINEK, Moderne Vertragstypen Bd I 36 f) hat sich verhältnismäßig spät zum ersten Mal grundlegend mit der Rechtsnatur des Leasingvertrages auseinandergesetzt, nämlich erst im Jahre 1975, mehr als zehn Jahre nach der Gründung der ersten deutschen Leasinggesellschaft. In jener Entscheidung aus dem Jahre 1975 hat der BGH einen Leasingvertrag über **Heißgetränke-Automaten**, bei dem die Sach- und Preisgefahr auf den Leasingnehmer übertragen und dem Leasingnehmer kein Erwerbsrecht eingeräumt war, als eine **besondere Form des Mietvertrages** angesehen und für die „Rechtsbeziehungen der Parteien in erster Linie die §§ 535 ff BGB" als „maßgebend" angesehen (BGH NJW 1977, 195, 196; vgl auch die Bestätigung in BGHZ 68, 118, 123 = BGH NJW 1977, 848, 849). Wenige Jahre später hat der BGH die mietvertragliche Einordnung auch auf Verträge mit einem Erwerbsrecht für den Leasingnehmer bei Vertragsende ausgedehnt, weil auch bei eingeräumter Kaufoption „das Schwergewicht des Vertrages ... im mietvertraglichen Bereich" liege (BGHZ 71, 189, 194 = NJW 1978, 1383, 1384). Inzwischen sind nach dem BGH die mietrechtlichen Vorschriften „in erster Linie" maßgebend, auch wenn ein Andienungsrecht für den Leasinggeber vereinbart wurde (BGH NJW 1977, 195, 196; BGH NJW 1977, 1058; BGHZ 71, 196, 204 = NJW 1978, 1432, 1432; BGHZ 82, 121, 125 = NJW 1982, 870, 871; BGHZ 97, 135, 139 = NJW 1986, 179; BGHZ 97, 135, 139 = NJW 1986, 1744; zur Entwicklung der BGH-Rechtsprechung im einzelnen JÜRGENS, Die Entwicklung des

Finanzierungs-Leasing 43 ff und PAPAPOSTOLOU, Die Risikoverteilung beim Finanzierungsleasing-vertrag 36 ff).

B 200 Bei den Vollamortisations- wie den Teilamortisationsverträgen liegt der **BGH-Recht-sprechung bis heute die Vorstellung von einem Mietvertrag** in der Sonderform des Leasingvertrages zugrunde (BGHZ 82, 121, 125 = NJW 1982, 870, 871; BGHZ 96, 103, 106 = NJW 1986, 179; BGHZ 97, 137, 139 = NJW 1986, 1744). Zwar könne sich der Leasinggeber „nicht ersatzlos von der ihn treffenden Hauptpflicht, dem Leasingnehmer die Leasingsache in einem für den Vertragszweck geeigneten Zustand zur Verfügung zu stellen, formularmäßig freizeichnen". Die Verantwortlichkeit des Leasinggebers für die Leasingsache verbiete es, durch eine Haftungsabwälzung den Leasingnehmer mit der **vollen Sachgefahr** zu belasten und sich auf eine reine Position als Financier zurückzuziehen. Individualvertraglich könnten die Gewährleistungsrechte aber auch in einem Mietvertrag abbedungen werden. Ein zulässiger **Gewährleistungsersatz** sei aber bei Formularverträgen darin zu sehen, daß der Leasingnehmer die kaufrecht-lichen Gewährleistungsansprüche gegen den Lieferanten vom Leasinggeber abgetre-ten erhalte. Der Ausschluß von „Zahlungsansprüchen" von der Abtretung qua sogenannter **Drittverweisungsklauseln** führt nach der BGH-Rechtsprechung im Falle der Mangelhaftigkeit des Leasingobjekts bei nachfolgender Wandelungserklärung des Leasingnehmers gegenüber dem Lieferanten dazu, daß der Leasingvertrag *ex tunc* seine **Geschäftsgrundlage verliert** und an die veränderten Umstände anzupassen ist. Diese Vertragsanpassung führt zu einem Wegfall der Pflicht zur Zahlung von Leasingraten sowie zu einem Rückforderungsanspruch bereits gezahlter Leasingra-ten. Der Leasinggeber trägt nach der BGH-Rechtsprechung sowohl das **Störungsri-siko** wie auch das Risiko der Insolvenz des Lieferanten. Eines (zusätzlichen) **Einwendungsdurchgriffsrechts** des Leasingnehmers gegenüber dem Leasinggeber bedarf es danach nicht; der Einwendungsdurchgriff könnte die Rechtsstellung, die der Leasingnehmer nach der geschäftsgrundlagenrechtlichen Konstruktion genießt, nicht verbessern. Die **besondere Regelung der Gewährleistungspflicht** gibt nach der BGH-Rechtsprechung dem Leasingvertrag „sein typisches, insoweit vom Leitbild des Mietvertrags abweichendes Gepräge" (so BGHZ 81, 298, 302 = NJW 1982, 105 ff; dazu CANARIS NJW 1982, 305; KLAMROTH BB 1982, 1949, 1952). Auf dieser Grundlage hat der BGH die Auffassung zurückgewiesen, daß es beim Leasingvertrag keinen gesetz-lichen Vertragstyp gebe, dessen dispositive Vorschriften an die Stelle ungültiger Vertragsbestimmungen treten könnten (BGH NJW 1977, 1058, 1059). Vielmehr sollen dort, wo die vertraglichen Modifikationen unwirksam sind, etwa nach § 138 oder nach § 9 AGB-Gesetz, die mietrechtlichen Vorschriften einschlägig sein, dh **insbeson-dere die mietrechtlichen Gewährleistungsrechte** der §§ 537 ff oder das **außerordentliche Kündigungsrecht** nach § 542. Da der Leasinggeber nach § 536 das Leasingobjekt dem Leasingnehmer in einem für den vertragsgemäßen Gebrauch geeigneten Zustand überlassen muß, hat der Leasingnehmer einen entsprechenden Erfüllungsanspruch und kann bei einer Inanspruchnahme auf Ratenzahlung die Einrede des nichterfüll-ten Vertrages erheben (BGHZ 84, 42, 45 = NJW 1982, 2242; BGH NJW 1984, 2687).

B 201 Freilich übersieht der BGH keineswegs die **Finanzierungsfunktion** des Leasing (insbes BGHZ 81, 298, 303 = NJW 1982, 105, 106 und BGHZ 82, 121 ff = NJW 1982, 870 ff). Er hat vielmehr ausgeführt, daß „nach den erlaßkonformen Leasingvertragstypen" der Leasingnehmer „stets volle Amortisation der Gesamtkosten des Leasinggebers (schuldet)", denn „es gehört zum Wesen jeglicher Finanzierung, daß die eingesetzten

Mittel an den Kapitalgeber zurückfließen" (BGHZ 95, 39, 49 = NJW 1985, 2253, 2255); auch wird der Vollamortisationsanspruch des Leasinggebers als „leasingtypisch" erkannt. Letztlich jedoch glaubt der BGH, die **Finanzierungsfunktion als bloßen Annex** zur „Hauptpflicht" der Gebrauchsüberlassung (BGHZ 81, 298, 303 = BGH NJW 1982, 105, 106) behandeln zu können, der nichts an der Rechtsnatur des Leasingvertrages als eines „auf den Austausch wechselseitiger Leistungen gerichteten Gebrauchsüberlassungsvertrages" (BGHZ 82, 121 ff = NJW 1982, 870 ff) ändere, auf den „in erster Linie Mietrecht" anzuwenden sei (so BGHZ 82, 121, 125 = NJW 1982, 870 ff; BGHZ 96, 103, 106 = NJW 1986, 179 ff; BGHZ 97, 135, 139 = NJW 1986, 1744 ff). Allerdings darf nicht unerwähnt bleiben, daß einzelne Nuancen der Entscheidungsbegründungen des BGH in die Richtung eines Verständnisses des Leasingvertrages als **Vertrag sui generis** weisen (su Rn B 226 ff, 232). So hat der BGH gelegentlich darauf hingewiesen, „daß die strikte Anwendung mietrechtlicher Grundsätze der Interessenlage beim Finanzierungs-Leasing nicht gerecht" werde (BGHZ 95, 39, 49 = NJW 1985, 2253, 2255). Auch hat er bereits in einer Entscheidung anfangs der achtziger Jahre nicht mehr vom „Leitbild des Mietvertrages", sondern *expressis verbis* vom „Leitbild des Leasing-Vertrages" gesprochen (BGH NJW 1982, 1747, 1748). Es wäre jedoch kaum zulässig, hierin bereits eine Loslösung des BGH von der deutlich mietvertraglichen Orientierung angekündigt zu sehen (so aber offenbar GITTER, Gebrauchsüberlassungsverträge 305 bis 307 mit zweifelhaften Hinweisen in Fn 137, wonach der BGH den Leasingvertrag als „Vertrag mit Doppelstellung" behandeln und sich der sui generis-Theorie annähern soll; vgl aber GRAF vWESTPHALEN BB 1988, 1829).

c) Kritik

Die mietrechtliche Qualifizierung des Leasingvertrages durch die herrschende Meinung und die ständige Rechtsprechung muß jedoch als **unvollkommen, einseitig und im Ergebnis als unzutreffend** kritisiert werden. Weder in der „reinen" noch in der „modifizierten" Form vermag sie dem Leasingvertrag mit seinen Besonderheiten gerecht zu werden. Schon bei wirtschaftlich-funktionaler Betrachtung fallen einige Unterschiede zwischen Miete und Leasing auf: Der Vermieter erwirbt eine Sache idealtypisch zunächst für sich selbst, um sodann Mietinteressenten zu suchen und für eine Amortisation der Investition durch zeitintensive entgeltliche Nutzung zu sorgen; hierbei trägt er das unternehmerische Risiko. Beim Leasing trifft der Leasingnehmer *in spe* die unternehmerische Investitionsentscheidung und sucht sodann einen Vertragspartner, der ihm die Sache **verschafft und finanziert**; der Leasinggeber soll selbst an der Sache das Eigentum erwerben und sie ihm zugleich zur Nutzung über- und belassen. Man hat von der „Präexistenz" des Mietgegenstandes gesprochen (zuerst FLUME DB 1972, 53, 54 f; vgl ferner PAPAPOSTOLOU, Die Risikoverteilung beim Finanzierungsleasingvertrag 46 ff; LIEB DB 1988, 946, 947 mit Fn 6; ders DB 1988, 2495, 2498), von der sich sozusagen eine „ad hoc-Existenz" des Leasinggegenstandes unterscheidet (MARTINEK, Moderne Vertragstypen Bd I 72). Diese Unterschiede können kaum für die rechtliche Risikoverteilung unbedeutend sein, sind doch hier und dort die **Investitionsinitiativen, Finanzierungsmodalitäten und Sachsubstanzinteressen für das Beschaffungs- und das anschließende Nutzungsüberlassungsgeschäft verschieden** gelagert.

B 202

Der Leasingvertrag hebt sich des weiteren nach seinem **Regelungsgehalt** von dem gesetzlich geregelten Vertragstyp der Miete deutlich ab. Das zeigt etwa die Unkündbarkeit iS des Ausschlusses einer ordentlichen Kündigung für die Dauer der Grundlaufzeit, während derer sich in den Vollamortisations-Vertragsmodellen die zu

B 203

Michael Martinek

zahlenden Leasingraten zu einem die Anschaffungs- bzw Herstellungskosten übersteigenden Betrag aufsummen. Überhaupt hat der Gedanke der **Vollamortisation** für alle Erscheinungsformen des Leasingvertrages ieS eine schlechthin unübersehbare Bedeutung, während er **dem Mietrecht unbekannt** ist. Bei den Teilamortisationsverträgen weist die garantiemäßig vom Leasingnehmer übernommene Pflicht zur Absicherung der Restamortisation darauf hin, daß die Anwendung des Mietrechts „in erster Linie" der Gleichrangigkeit der Finanzierungsfunktion des Leasing nicht gerecht zu werden vermag. Hinzukommt, daß die Dienstleistungsfunktion des Leasinggebers, die in Form von Beratungs- und Betreuungsdiensten für das Leasing der dritten Generation eine bedeutsame Rolle spielt, gleichfalls dem Vertrag ein vom Mietvertrag „abweichendes Gepräge" gibt. In besonders starkem Maße weicht auch **die Überwälzung der Sach- und Preisgefahr** auf den Leasingnehmer vom Mietvertragstypus ab. Man kann schon diese leasingspezifische Risikoverteilung schwerlich noch als eine Unregelmäßigkeit des Mietvertrages ansehen. Sie macht vielmehr deutlich, daß beim Leasingvertrag **die Finanzierungsfunktion gleichrangig neben der Gebrauchsüberlassungsfunktion** anzusiedeln ist.

B 204 Zudem weicht die **Gebrauchsüberlassungsfunktion** des Leasing von derjenigen der Miete ausweislich der unterschiedlichen Gewährleistungsregelungen nachhaltig ab. Zu Recht weist LARENZ auf den für den Leasingvertrag unpassenden Wortlaut des § 535 hin, hat doch der Leasinggeber dem Leasingnehmer den Gebrauch des Objekts ausweislich des regelmäßigen Ausschlusses der Gewährleistungspflicht eben nicht zu „gewähren" (LARENZ, SchR BT [12. Aufl 1981] § 63 II, 455; zustimmend LIEB DB 1988, 946, 951). Der Leasingvertrag hat **statt der „Gewährung" des Gebrauchs nur die Ermöglichung des Gebrauchs und der Nutzung** der Sache durch den Leasingnehmer zum Inhalt. Dem entspricht es, daß in der Praxis der Leasinggeber deutlich Abstand davon nimmt, die für die Zwecke des Leasingnehmers erforderliche Gebrauchsgeeignetheit und Funktionstauglichkeit zu versprechen (vgl LIEB DB 1988, 946, 948; zweifelnd freilich GRAF vWESTPHALEN BB 1988, 1829, 1831). Zwar hegen beide Vertragspartner die zur gemeinsamen Geschäftsgrundlage verdichtete Vorstellung, daß das Leasinggut einsatztauglich zur Erwirtschaftung der Leasingraten (*pay as you earn*) ist, doch übernimmt der Leasinggeber hierfür **keine Einstandsverpflichtung**. Dem ist in der mietrechtlich orientierten Literatur unter Hinweis darauf widersprochen worden, daß die Leasingraten gerade für die tatsächliche Gebrauchs- und Nutzungsfähigkeit, nicht für die bloße Gebrauchsmöglichkeit geleistet würden; Äquivalenz von Leistung und Gegenleistung seien eben doch nur gegeben, wenn der Leasinggeber dem Leasingnehmer den Gebrauch „gewährt" (REINICKE/TIEDTKE BB 1982, 1142; FLUME DB 1972, 53, 54; GRAF vWESTPHALEN BB 1988, 1829, 1831). Gegenüber der selbstherrlichen Festsetzung von Äquivalenzverhältnissen durch den Rechtsanwender muß betont werden, daß zuerst die Vertragsparteien bestimmen, was wofür geleistet und als äquivalent angesehen wird (vgl gegen REINICKE/TIEDTKE BB 1982, 1142, auch LIEB DB 1988, 946, 950 f). Es trifft durchaus den Kern, wenn LARENZ darauf hinweist, daß die Gewährung des Gebrauchs iS der §§ 535 ff nicht nur bloße Überlassung, sondern Gewährleistung der Gebrauchsmöglichkeit meint. Der Vermieter schuldet nicht ein bloßes Dulden, sondern ein positives Tun mit Instandhaltungs- und Instandsetzungspflicht. Genau daran fehlt es beim Leasing, denn der Leasinggeber will und braucht nur dafür einzustehen, daß mit dem Lieferanten ein Kauf- oder Werkvertrag über das Leasingobjekt geschlossen, dieses rechtzeitig geliefert, dafür der Preis rechtzeitig bezahlt wird und der Leasingnehmer die Sache (**so wie sie ist**) in Gebrauch nehmen kann (Larenz, SchR BT [12. Aufl] § 63 II 455; Lieb DB 1988, 946 ff). Wenn demgegenüber Graf vWestphalen meint, es sei „nicht zu erkennen", aus welchen Gründen der Leasinggeber keine Einstandspflicht für die Funktionstauglichkeit des Leasingobjekts übernehme (Graf vWestphalen BB 1988, 1829, 1831), wird die Neigung zur blanken Unterstellung einer grundsätzlichen, dann freilich wieder abbedungenen, aber „subsidiär" bleibenden Gewährleistungspflicht deutlich. In Wirklichkeit spricht der leasingtypische Ausschluß einer eigenen Gewährleistung des Leasinggebers eine klare Sprache. Und diese Besonderheit des Leasingvertrages begründet nicht eine Abweichung vom Mietvertrag, sondern verdeutlicht seine besondere Finanzierungsfunktion, die von den Vertretern der mietrechtlichen Einordnung ebenso wie von der Rechtsprechung vernachlässigt wird. Aufgrund seiner Finanzierungsfunktion **steht der Leasingvertrag zwischen den gesetzlich geregelten Umsatz- und Nutzungsverträgen.**

Wenn ein Teil des Schrifttums und die neuere Rechtsprechung des BGH den **B 205** Leasingvertrag in Abweichung von einer „rein" mietvertraglichen Qualifizierung als „Sonderform des Mietvertrages" mit einem „vom Leitbild des Mietvertrages abweichenden Gepräge" qualifiziert, so ist damit **zwar der richtige Weg beschritten – aber keineswegs zu Ende gegangen.** Im Grunde ist das „abweichende Gepräge", zumindest bei den heutigen Leasingverträgen der dritten Generation, derart stark ausgeformt, daß das Leitbild des Mietvertrages gesprengt wird. Neuere monographische Abhandlungen zum Leasingvertrag, die freilich ihrerseits in der Kritik mancherorts zu weit gehen, nähren den Verdacht, daß die Ausprägung der heute in Rechtsprechung und wohl noch herrschender Meinung dominierenden mietrechtlichen Qualifikation aus den vorstehend zusammengefaßten Gründen eine Fehlentwicklung ist, die in den Turbulenzen der „Gründerjahre" des Leasing ihren Anfang nahm (hierzu Papapostolou, Die Risikoverteilung beim Finanzierungsleasingvertrag insbes 36 ff, und Jürgens, Die Entwicklung des Finanzierungs-Leasing insbes 39 ff). Die Leasingbranche ist hieran nicht unschuldig, hält sie doch zum Teil noch heute an Begriffen wie „Mietsache", „Grundmietzeit" oder „Mietraten" fest.

6. Kaufvertragliche Einordnungsversuche

a) Das Schrifttum

Vor allem in der Pionierzeit des Leasing, mit abnehmender Tendenz aber bis heute **B 206** finden sich in der Literatur Befürworter einer kaufrechtlichen Würdigung des Leasingvertrages. Teils wird er dabei als **herkömmlicher Sachkauf** angesehen (so etwa Littmann DStR 1970, 261, weil sich der Leasingnehmer „fremdes Sachkapital" verschaffe; Thiel BB 1967, 325 für den Fall eines Kaufoptionsrechts; Klaas NJW 1968, 1502, 1507; im Ergebnis wohl auch MünchKomm/Voelskow vor § 535 Rn 52 f; Staudinger/Emmerich[12] Vorbem 50 zu §§ 535, 536 Rn 50; Ebenroth JuS 1978, 588, 593; vorsichtiger aber ders DB 1978, 2109, 2110). Teils wird von einem **Rechtskauf** gem § 433 Abs 1 S 2 gesprochen, wobei die **zeitlich begrenzte Gebrauchsberechtigung** das vom Leasingnehmer gekaufte **Nutzungsrecht** sein soll (Plathe BB 1970, 601, 604 ff). In ähnlicher Weise beurteilt Fikentscher den Leasingvertrag. Entgegen seiner früheren Ansicht soll es sich aber nicht um einen „Nutzkauf" (so noch Fikentscher, SchuldR [bis zur 6. Aufl 1976] § 71 V 7 c, S 426), sondern um einen „finanzierten Kauf" handeln, bei dem es zu einer „Umrechnung des Kaufpreises in Raten für die Zeit der wahrscheinlichen Nutzbarkeit" der Sache gekommen sei (so jetzt Fikentscher, SchuldR [8. Aufl 1991] Rn 831). Auf diesen „mit erheblichen Geschäftsbesorgungselementen" ausgestatteten Kauf finde die Vorschrift des § 445 über kaufähnliche Verträge „unter gebotener Einbeziehung mietrechtlicher Grundgedanken und -wertungen Anwendung". Auch andere Stimmen rücken den Leasingvertrag in die Nähe eines finanzierten Kaufs, weil der Leasingnehmer bei Ausschluß einer Mängelhaftung des Leasinggebers die Sachgefahr trage und die Überlassung grundsätzlich auf Dauer mit endgültiger Verwertung des Objekts durch den Leasingnehmer angelegt sei (MünchKomm/VOELSKOW, vor § 535 Rn 53; STAUDINGER/EMMERICH[12] Vorbem 50 zu §§ 535, 536). EBENROTH behandelt den Leasingvertrag als **Vorbehalts- und Ratenkauf** (EBENROTH DB 1978, 2109 ff, 2110; ders JuS 1978, 588 ff, 593 mit der Einschränkung, daß sich die Vertragsdauer der tatsächlichen Nutzungsdauer des Gegenstandes annähern muß). PAPAPOSTOLOU bekennt sich zwar verbal zu einer sui generis-Qualifizierung, betont aber doch, daß die Stellung des Leasingnehmers „derjenigen eines Käufers weitgehend entspricht" (PAPAPOSTOLOU, Die Risikoverteilung beim Finanzierungsleasingvertrag 58). Der Leasinggeber habe einen Anspruch auf den „Kaufpreis, der kreditiert und als Vereinbarungsdarlehen im Sinn von § 607 Abs 2 BGB geschuldet wird" (PAPAPOSTOLOU, Die Risikoverteilung beim Finanzierungsleasingvertrag 59).

b)   Kritik

B 207 Den kaufrechtlichen Leasingtheorien ist zuzugeben, daß das **Interesse des Leasinggebers** nicht anders als das eines Verkäufers **grundsätzlich auf den Umsatz gerichtet** ist und ein Rückerhalt der Sache nicht zur weiteren Verwendung, sondern allenfalls zur „Restverwertung" angestrebt wird. Unverkennbar lassen sich „viele Gemeinsamkeiten" zwischen einem Kaufvertrag und einem Leasingvertrag (PAPAPOSTOLOU, Die Risikoverteilung beim Finanzierungsleasingvertrag 52) vor allem in Bezug auf die Gefahrtragungsregelung der §§ 446, 447 und die gewährleistungsrechtliche Stellung des Leasingnehmers feststellen. So entspricht der Übergang der Gefahr des zufälligen Untergangs und der zufälligen Verschlechterung der Sache auf den Leasingnehmer der Vorschrift des § 446; so erinnern die Lieferformen des Leasingobjektes in der Praxis oft an die in § 447 geregelte Verfahrensweise. Man kann insofern mit Recht davon reden, daß sich beim Leasing die vertraglichen Nebenpflichten teilweise am Kaufrecht orientieren (EBENROTH JuS 1978, 588, 592 f; ders DB 1978, 2109, 2110). Der BGH hat zu Recht von einer Überwälzung der Sach- und Preisgefahr auf den Leasingnehmer „nach kaufrechtlichem Vorbild" gesprochen (BGHZ 71, 189, 194 = NJW 1978, 1383, 1384). Es ist nicht zu übersehen, daß der Leasingnehmer aufgrund der Freizeichnung des Leasinggebers von den für entgeltliche Gebrauchsüberlassungsverträge vorgesehenen **Gefahrtragungs- und Gewährleistungsrisiken** letztlich eine **eigentümerähnliche Stellung** einnimmt, während der Leasinggeber gleichsam nur für Steuerzwecke der „fingierte" Eigentümer sein soll. Nach einem berühmten Wort verbinden sich in der Geschäftsform des Leasing „für den Leasingnehmer alle Schattenseiten des Kaufs mit denen der Miete" (so BLOMEYER NJW 1978, 973, der auch vom „Schlechtest-Behandlungsprinzip" spricht, weil „das Leasing zivilrechtlich dem Leasingnehmer eigentlich nur Nachteile" bringe). Läßt man die steuerlichen Vorteile außer acht, treffen den Leasingnehmer in der Tat **die kaufrechtlichen Nachteile der Gefahrtragung** und der lediglich kaufrechtlichen (vom Leasinggeber abgetretenen) Mängelgewährleistungsansprüche (zudem gegen einen Dritten, nicht gegen den Leasinggeber) sowie die **mietrechtlichen Nachteile der Zahlung** von laufenden Mietraten ohne Erwerb des Eigentums.

B 208 Gleichwohl stoßen die kaufrechtlichen Einordnungsversuche im Ergebnis auf **unüberwindliche dogmatisch-konstruktive Hindernisse** und vermögen die **leasingspezifische Interessenlage und Risikoverteilung** nicht befriedigend normativ einzufangen.

Abzulehnen ist zunächst die Einordnung als **schlichter Sachkauf**. Die genannten
äußerlichen Parallelen von Leasing und Kauf dürfen nicht schon zu einer Behandlung des Leasingvertrages als Veräußerungsvertrag verleiten. Denn der Sachkauf ist
auf die Übertragung des allumfassenden Eigentumsrechts gerichtet. Kein Weg führt
aber daran vorbei, daß der Leasingvertrag nicht wie ein Kaufvertrag darauf abzielt,
den Leasingnehmer zum Eigentümer zu machen, sondern dies **im Gegenteil gerade
verhindern will**. Sowohl bei rechtlicher als auch bei wirtschaftlicher Betrachtungsweise ist und bleibt beim (erlaßkonformen Finanzierungs-)Leasing allein der
Leasinggeber Eigentümer. Es besteht kein Anlaß, im Zivilrecht eine von der steuerrechtlichen Beurteilung abweichende „wirtschaftliche Betrachtungsweise" zu üben.
Eine kaufrechtliche Qualifizierung des Leasingvertrages unter dem Gesichtspunkt,
daß der Leasingnehmer die Sachsubstanz nach Ablauf der Grundlaufzeit im wesentlichen verwertet habe, scheitert auch an dem **unter Umständen erheblichen Restwert
des Leasinggutes nach Ablauf der Grundlaufzeit**. Bei aller Ähnlichkeit des Leasingnehmers mit einem Eigentümer steht ihm doch letztlich allein ein schuldrechtlicher
Anspruch auf Gebrauchsüberlassung zu, für die er dem Leasinggeber ein zeitbezo-
genes Entgelt zu zahlen hat. Zwar mag das Eigentum am Leasinggegenstand für den
Leasinggeber letztlich allein wegen der steuerlichen Konsequenzen von Interesse
sein. Es muß den Parteien aber überlassen bleiben, mit Blick auf das Steuerrecht ihre
Vertragsbeziehungen zu regeln. Man wende nicht ein, daß die Rechtsordnung den
Parteien nicht gestatten dürfe, materielle Interessen nur zu „fingieren", um die
Rechtsanwendung zu manipulieren. Der Rechtsanwender hat zu respektieren, daß
durch den Abschluß des Leasingvertrages und die Übergabe des Leasingguts an den
Leasingnehmer eine Veräußerung bewußt vermieden werden soll (E G Koch, Stö-
rungen beim Finanzierungs-Leasing 95; Sannwald, Der Finanzierungsleasingvertrag 86;
Bernstein, Der Tatbestand des Mobilien-Finanzierungsleasingvertrages 140; Martinek, Moderne
Vertragstypen Bd I 77 f). Dementsprechend behandelt der Leasinggeber nicht die
Summe der Leasingraten als „Erlös aus Lieferungen", sondern als Ertrag des jewei-
ligen Wirtschaftsjahres (Graf vWestphalen BB 1988, 1829).

Man sollte den Leasingvertrag auch nicht als **Vorbehalts- und Ratenkauf** behandeln, **B 209**
bei dem **gleichfalls eine Eigentumsübertragung des Kaufgegenstandes** angestrebt ist,
wenngleich unter der aufschiebenden Bedingung vollständiger Kaufpreiszahlung,
§ 455. Während der Vorbehaltskäufer bereits ein Anwartschaftsrecht an der Sache
erhält, das dann mit vollständiger Kaufpreiszahlung zum Vollrecht Eigentum
erstarkt, wird dem Leasingnehmer nur der obligatorische Anspruch auf die Sache
und der Besitz der Sache, **nicht aber eine dingliche Rechtsposition an der Sache** verschafft. Die Würdigung des Leasingvertrages als **Rechtskauf** muß sich verbieten, weil
der Leasinggeber dem Leasingnehmer **kein Recht verschafft**, sondern ihm die Sache
selbst zur Nutzung überläßt. Zwar zeigt der Nießbrauch, daß es auch Nutzungsrechte
gibt, die ver- und gekauft werden können; der Nießbrauch ist jedoch ein dinglich-
absolutes Recht, §§ 1030, 1068, 1085. Der Leasingnehmer soll aber durch den
Leasingvertrag keinesfalls eine dingliche Position eingeräumt erhalten (Lwowski,
Erwerbsersatz durch Nutzungsverträge 95; Papapostolou, Die Risikoverteilung beim Finanzierungsleasingvertrag 54). Die Rechte des Leasingnehmers gehören fraglos zu den **bloß
obligatorisch-relativen Rechten**. Zugegeben: nicht allein dingliche Rechte können
Gegenstand eines Rechtskaufs sein – auch Forderungen kann man kaufen. Der
Gedanke vom Leasing als Rechtskauf, wonach die vom Leasingnehmer erworbene
Berechtigung eine „unübertragbare, zeitlich begrenzte Gebrauchsberechtigung" sein

soll (so PLATHE BB 1970, 601), ist aber schon deshalb verquer, weil man bei dieser Sichtweise letztlich alle Miet- oder Pachtverträge als „Rechts-" oder „Nutzungskauf" einordnen könnte (FLUME DB 1972, 1, 3; dagegen FIKENTSCHER, SchuldR [8. Aufl] Rn 831). Die miet- und pachtrechtlichen Vorschriften sind zumindest als Spezialregelungen anzusehen, wenn es um den „Kauf" eines Gebrauchsrechts geht. Der „Kauf" einer obligatorischen Nutzungsmöglichkeit ist für das Recht Miete oder Pacht (FLUME DB 1972, 1 ff, 6; COESTER-WALTJEN JURA 1980, 123, 126; GITTER, Gebrauchsüberlassungsverträge 302; DÖLLERER BB 1971, 535, 539).

B 210 Letztlich ist für die Ablehnung der kaufvertraglichen Einordnungsversuche die Erkenntnis maßgeblich, daß Leasingverträge bei Erlaßkonformität **nicht auf Eigentumserwerb gerichtet sind**, sondern der **Leasinggeber rechtlicher und wirtschaftlicher Eigentümer des Objekts bleibt**, das auch nach Ablauf der Grundlaufzeit noch einen wirtschaftlichen Wert hat (vgl auch BORDEWIN, Leasing im Steuerrecht 26 ff, 47 ff; GITTER, Gebrauchsüberlassungsverträge 302; WALTER, Kaufrecht 13; MARTINEK, Moderne Vertragstypen Bd I S 76 ff). Dies gilt **bei Vollamortisations- ebenso wie bei Teilamortisationsverträgen**. Unzweifelhaft kann freilich im Einzelfall ein nicht erlaßkonformer Leasingvertrag, bei dem das Leasinggut bei Vertragsende nicht gebraucht, sondern verbraucht ist, im Ergebnis als Kaufvertrag gewürdigt werden. In solchen Einzelfällen ist die Abweichung vom Grundkonzept des Leasing allerdings meist so stark, daß die Bezeichnung als Leasingvertrag eine *falsa demonstratio* der Parteien ist.

7. Leasing und Mietkauf

B 211 Im Zusammenhang mit der ablehnenden Stellungnahme zu den kaufrechtlichen Einordnungsversuchen bedarf die gelegentliche Gleichsetzung des Leasing – insbesondere bei einem Kaufoptionsrecht nach Vertragsende – mit dem **Mietkauf** einer Erörterung und Klärung. Vor allem in der Praxis spricht man häufig **synonym von Leasing und Mietkauf**. Im Rechtssinn wird indes als Mietkauf nur diejenige Konstellation bezeichnet, bei der **dem Mieter das Recht eingeräumt wird, die Mietsache innerhalb einer bestimmten Frist zu einem bestimmten Preis unter teilweiser oder gar vollständiger Anrechnung der bis dahin gezahlten Mietraten zu kaufen**. Dabei wird der Mietvertrag durch die einseitige Erklärung der Ausübung der Kaufoption beendet und durch einen Kaufvertrag ersetzt. Beim Mietkauf trägt der **Vermieter die Sachgefahr**, bis es zum Kauf kommt. Auf diese Weise finden sich miet- und kaufrechtliche Elemente im Mietkauf kombiniert (STAUDINGER/EMMERICH[12] Vorbem 37 ff zu §§ 535, 536; GITTER, Gebrauchsüberlassungsverträge 289; E G KOCH, Störungen beim Finanzierungs-Leasing 44; BERNSTEIN, Der Tatbestand des Mobilien-Finanzierungsleasingvertrages 111 f; BORGGRÄFE, Die Zwangsvollstreckung in bewegliches Leasinggut 36; DIETER MAYER, Finanzierungsleasing und Abzahlungsgesetz 72 ff; vgl aus der Rspr BGHZ 62, 42 ff = NJW 1974, 365; BGHZ 94, 195 = NJW 1985, 1544; LG Münster, NJW 1975, 2070). In diesem Licht muß die Gleichsetzung eines Leasingvertrages, auch wenn eine Kaufoption vorgesehen ist, mit einem Mietkauf als irreführend, ja **falsch** angesehen werden. Während nämlich der Leasingvertrag als Gebrauchs- und Nutzungsüberlassungsvertrag (wenn auch nicht: -gewährungsvertrag) unter Vermeidung einer Eigentumszuordnung der Sache an den Leasingnehmer abgeschlossen wird, ist beim Mietkauf im engeren Sinn, auf den man diesen Begriff auch beschränken sollte, bereits bei Vertragsschluß ein späterer Eigentumserwerb vorgesehen. Beim Mietkauf ist der Parteiwille mithin **von Anfang an auf Sacherwerb** gerichtet. Beim Mietkauf prävaliert das Interesse des Vermieters/Verkäufers am Absatz seines Produkts, wohingegen **ein Finanzierungsinteresse gänzlich fehlt oder doch deutlich zurücktritt**. Während der Leasingnehmer die Leasingraten allein als Entgelt für die Nutzungsüberlassung und die Finanzierung zahlt, entrichtet der Mietkäufer die Raten als Kaufpreisraten schon für den späteren Eigentumserwerb. Dem entspricht es – und das ist der in der Praxis entscheidende Unterschied zwischen erlaßkonformem Finanzierungsleasing und Mietkauf –, daß die Mietkaufsache anders als die Leasingsache handels- und steuerbilanzrechtlich allein dem Gebrauchsberechtigten zuzuordnen ist (RUNGE/BREMSER/ZÖLLER, Leasing 34; GITTER, Gebrauchsüberlassungsverträge 289; MARTINEK, Moderne Vertragstypen Bd I 79 f).

Mietkauf und Leasing sind also zwar **verwandt**, aber doch letztlich typologisch **unter- B 212 scheidbar**. Allerdings verbleibt eine **Grauzone**. Abgrenzungsschwierigkeiten im Einzelfall sind kaum vermeidbar, zumal viele Leasinggesellschaften zur Vervollständigung der Palette ihres Leistungsangebots auch Mietkaufverträge anbieten (**aA** aber GITTER, Gebrauchsüberlassungsverträge 289: „Die Abgrenzung zum Finanzierungs-Leasing ist leicht zu vollziehen"). Sind etwa bei einem angeblichen Leasingvertrag die Leasingraten so bemessen, daß der Leasingnehmer als wirtschaftlich vernünftig handelnder Partner nach einer gewissen Zeit sein Optionsrecht praktisch ausüben muß, dann wird schon bei Vertragsschluß ein Eigentumserwerbswillen anzunehmen und das Geschäft als Mietkauf zu qualifizieren sein (BORDEWIN, Leasing im Steuerrecht 45; GRAF vWESTPHALEN, Leasingvertrag [4. Aufl 1992] Rn 21).

8. Der darlehensvertragliche Ansatz

Während die mietvertragliche Leasingtheorie die Gebrauchsüberlassungsfunktion B 213 des Leasingvertrages in den Mittelpunkt ihrer Qualifikationsentscheidung rückt und die kaufrechtlichen Ansätze ihr besonderes Augenmerk auf die leasingtypische Sachgefahr- und Verwertungsregelung richten, betont der **darlehensvertragliche Ansatz** die **Finanzierungsfunktion** des Leasinggeschäfts. Freilich wird die Finanzierungsfunktion auch von der mietvertraglichen (so Rn B 201) und der kaufvertraglichen Leasingtheorie (so Rn B 206) gesehen; sie wird bisweilen auch stark von solchen Literaturstimmen betont, die sich ansonsten zur sui generis-Qualifizierung des Leasingvertrages (su Rn B 226) bekennen (etwa LIEB DB 1988, 946, 949; PAPAPOSTOLOU, Die Risikoverteilung beim Finanzierungsleasingvertrag 59). Und schließlich bezieht der sogenannte geschäftsbesorgungsvertragliche Ansatz bei seiner Leasingqualifikation auch ausdrücklich darlehensvertragliche Elemente mit ein (su Rn B 218). In der Tat sind darlehens- bzw (weiter gefaßt) kreditvertragliche Elemente nicht nur wegen der offen zutage liegenden Finanzierungsfunktion des Leasing unübersehbar. Vielmehr hat der Gesetzgeber in § 3 Abs 2 Nr 1 VerbrKrG zum Ausdruck gebracht, daß das Finanzierungsleasing jedenfalls als ein „Kreditvertrag" iS des § 1 Abs 2 VerbrKrG anzusehen ist, sei es daß der Kredit dabei „in Form eines Darlehens", sei es daß er in Form einer „sonstigen Finanzierungshilfe" gewährt wird.

Allerdings sind es **nur vereinzelte Stimmen** geblieben, die auf der Grundlage des B 214 Finanzierungsinteresses des Leasingnehmers **nicht nur darlehensrechtliche Elemente** beim Leasing ausmachen, sondern **eine dogmatische Einordnung des Leasingvertrages als Darlehensvertrag** für sachgerecht halten (BORGGRÄFE, Die Zwangsvollstreckung in bewegliches Leasinggut 50 ff, 72; SCHMIDT-SALZER, Allgemeine Geschäftsbedingungen [2. Aufl 1977] Rn F 178, [S 255]; SCHUSTER DB 1964, 1490, 1491). **Die Rechtsprechung hat eine darlehensver-**

tragliche Qualifizierung des Leasingvertrages nicht einmal erwogen. Der BGH hat es ohne weitere Erörterung abgelehnt, einen Leasingvertrag als Darlehensvertrag iS der Vorschrift des § 56 Abs 1 Nr 6 GewO anzusehen, wonach die Vermittlung von Darlehensgeschäften im Reisegewerbe grundsätzlich verboten ist (BGH NJW 1989, 460; auch eine analoge Anwendung des § 56 Abs 1 Nr 6 GewO auf einen Leasingvertrag kommt danach wegen des Ausnahmecharakters jener Bestimmung nicht in Betracht). Dem darlehensvertraglichen Ansatz zufolge ist für die Parteien des Leasingvertrages keineswegs die Gebrauchsüberlassung der Sache entscheidend, sondern die **Vorfinanzierung durch den Leasinggeber**, die dem Leasingnehmer sodann eine ratenweise Zahlung ermögliche. Teilweise wird von einem **reinen Geld- oder Sachdarlehen** gesprochen, teilweise soll die **Valuta in Form der Gebrauchsüberlassung (Einräumung von Sachkapital)** erbracht werden. Wie bei einer Darlehensgewährung treffe den Leasinggeber jedenfalls keine unmittelbare Verantwortlichkeit für das Mißlingen der Investitionsentscheidung des Leasingnehmers.

B 215 Diese Ansicht ist wohl nicht zuletzt vor dem rechtspolitischen Hintergrund zu verstehen, daß mit der darlehensvertraglichen Qualifizierung des Leasingvertrages seine **Behandlung als Kreditgeschäft** iS des § 1 Abs 1 Nr 2 KWG und damit als **Bankgeschäft** präjudiziert wäre; dies zöge die Anwendung der Bestimmungen des KWG nach sich, die insbesondere eine staatliche Aufsicht über die Leasinggesellschaften zur Folge hätten (dazu HOPPE, Leasing-Gesellschaften nach der KWG-Novelle [1987] 1 ff). Für die Anwendbarkeit des § 1 Abs 1 Nr 2 KWG müßte sich das Leasing als „die Gewährung von Gelddarlehen" darstellen; eine analoge Anwendung dieser Vorschrift etwa auf Kreditverträge über „Sachkapital" scheidet aus. Die Leasingbranche fühlt sich trotz der Finanzierungsfunktion des Leasing keineswegs der Kreditbranche zugehörig, sondern meidet die Berührung mit dem KWG – nach den Worten GRAF vWESTPHALENS – „wie der Teufel das Weihwasser" (Leasingvertrag [3. Aufl 1987] Rn 85; an anderer Stelle, BB 1988, 1829, 1832, nennt ders die Auswirkungen einer eventuellen Anwendung des KWG auf Leasinggesellschaften „schlechthin katastrophal"). Man kann sich freilich fragen, ob nicht eine administrativ initiierte Reinigungswelle, die bei einer Anwendung des KWG die Branche erfassen würde, das in Teilbereichen bestehende Seriositätsdefizit beseitigen und eine neue Qualitätsstufe des Leasing bewirken könnte. Im Ergebnis sollte man aber das Verbraucherschutzrecht einerseits und die Selbstreinigungskräfte des Marktes andererseits für ausreichend erachten. Auch wäre es kaum wünschenswert, daß nach einer gesetzlich veranlaßten Marktbereinigung infolge einer Anwendbarkeit des KWG nur noch wenige bankenunabhängige Leasinggesellschaften überlebten und die gegenwärtig herrschende Vielfalt und Vielzahl der Leasingangebote schrumpfte. Im übrigen ist ausweislich des § 19 Abs 1 Nr 7 KWG das Finanzierungsleasing, soweit es von einem Kreditinstitut betrieben wird, durchaus als Kredit iS der §§ 13 – 18 KWG anzusehen; dies betrifft sämtliche Unternehmen, die aufgrund ihrer sonstigen Aktivitäten außerhalb des Leasinggeschäfts bereits Kreditinstitute nach § 1 KWG sind. Zudem sind die bankenabhängigen Leasing-Unternehmen, auch ohne Kreditinstitute iS des § 1 KWG zu sein, seit der Novellierung des KWG von 1984 (Gesetz über das Kreditwesen vom 10. 7. 1961 [BGBl I 881] in der Fassung des dritten Änderungsgesetzes vom 20. 12. 1984 [BGBl I 1693], heute in der Bekanntmachung der Neufassung vom 11. 7. 1985 [BGBl I 1472]) ohnehin bereits teilweise einer mittelbaren Bankenaufsicht (vgl §§ 10 a Abs 2 Nr 2, 13 a KWG) unterstellt (HOPPE, Leasing-Gesellschaften nach der KWG-Novelle 1 ff). Die am 1. 1. 1993 in Kraft getretene 4. KWG-Novelle vom 21. 12. 1992 (BGBl I 2211) hat

Unternehmen, deren Haupttätigkeit im Abschluß von Leasingverträgen besteht und die nicht schon wegen ihrer anderweitigen Tätigkeit „Kreditinstitute" sind, nunmehr in § 1 Abs 3 Nr 3 KWG als „Finanzinstitute" erfaßt. Damit hat der Gesetzgeber zugleich zu erkennen gegeben, daß er Leasingverträge jedenfalls bankenaufsichtsrechtlich nicht als Kreditgeschäft behandelt wissen will.

Zivilrechtsdogmatisch aber erscheint eine darlehensvertragliche Qualifizierung des **B 216** Leasingvertrages nicht nur „aufgesetzt", sondern sie **verbietet sich** rundweg: Keinesfalls kommt die **Leasingsache selbst als Darlehensgegenstand** in Betracht, deren Eigentümer der Leasinggeber bleibt. Der Leasingnehmer gibt nicht nach vorherigem Eigentumsübergang von vertretbaren Sachen solche gleicher Art und Beschaffenheit zurück, sondern schuldet Rückgabe genau des überlassenen Gegenstandes, den er niemals im Eigentum hatte. Im übrigen könnte er nach einer Nutzung des Objekts von bis zu 90% der betriebsgewöhnlichen Nutzungsdauer schwerlich das Empfangene in Sachen von gleicher Art, Güte und Menge zurückgewähren. Die Vorstellung eines auf **Einräumung von Sachkapital in der Form einer Gebrauchsüberlassung** gerichteten Kreditvertrages muß schon deshalb als wenig hilfreich angesehen werden, weil ein solcher Typus des Kreditvertrages im BGB keine Regelung erfahren hat (vgl dazu CANARIS, Bankvertragsrecht Rn 1719 Fn 84; E G KOCH, Störungen beim Finanzierungs-Leasing 98 f; PAPAPOSTOLOU, Die Risikoverteilung beim Finanzierungsleasingvertrag 50). Ein **Gelddarlehen** iS des § 607 Abs 1 scheidet mit besonderer Deutlichkeit aus, denn der Leasinggeber kann nicht für den Leasingnehmer die Darlehensvaluta an den Lieferanten zahlen, weil dieser keinen Anspruch gegen den Leasingnehmer, nicht einmal vertragliche Beziehungen zu ihm hat. Der Leasinggeber selbst ist es, der dem Lieferanten das Entgelt schuldet. Während der Darlehensgeber sozusagen in das Vermögen des Kreditnehmers hinein finanziert, bleibt das Kapital des Leasinggebers in seiner eigenen Vermögenssphäre, auch wenn er an dem ihm gehörenden Leasingobjekt nicht sachbezogen, sondern nur vermögens-, nämlich sicherungsmäßig interessiert ist (KLAAS NJW 1968, 1502, 1507 f; COESTER-WALTJEN JURA 1980, 186, 187 mit Fn 4). Damit ist im Ergebnis der Weg zu einer darlehensrechtlichen Qualifizierung des Leasing versperrt. Es bleibt allenfalls die Möglichkeit, ein **Vereinbarungsdarlehen** nach § 607 Abs 2 über den als Aufwendungsersatzanspruch verstandenen Vollamortisationsanspruch des Leasinggebers zu konstruieren; dies aber führt zur sogenannten geschäftsbesorgungsvertraglichen Leasingtheorie (su Rn B 217).

9. Der geschäftsbesorgungsvertragliche Ansatz

a) Die Haupttheoreme

Der geschäftsbesorgungsvertragliche Ansatz zur dogmatischen Einordnung des **B 217** Leasingvertrages ist insbesondere von CANARIS entwickelt worden, der allerdings **nur geringe Gefolgschaft** im Schrifttum gefunden hat (CANARIS, Bankvertragsrecht [2. Bearb 1981] Rn 1710 ff, 1718 ff; ders NJW 1982, 305 f; ders AcP 190 [1990], 410; ders ZIP 1993, 401; LARENZ/CANARIS, SchuldR II/2, 106 ff; vgl auch KOCH/HAAG BB 1968, 93 f; ULMER/SCHMIDT DB 1983, 2558 f; STOLTERFOHT, in: SCHÜTZE/WEIPERT (Hrsg), Münchener Vertragshandbuch Bd 3 [3. Aufl 1992] 150 f). **In der Rechtsprechung** hat die geschäftsbesorgungsvertragliche Leasingtheorie **keine Resonanz** gefunden, sondern – im Gegenteil – eine ausdrückliche Abfuhr erfahren (BGHZ 81, 298 = NJW 1002, 105 ff; BGHZ 96, 103 ff = NJW 1986, 179 ff; BGHZ 97, 135 ff = NJW 1986, 1744 ff; NJW 1990, 1785, 1787 f). In seinen Kernaussagen, deren dogmatisch-konstruktiver Schwerpunkt sich jüngst ein wenig verlagert

Michael Martinek

hat (su Rn B 220), konnte CANARIS allerdings unlängst durch LIEB Unterstützung gewinnen (LIEB WM-Sonderbeil 6/1992; dazu kritisch GRAF vWESTPHALEN DB 1993, 921).

B 218 Nach dieser Sichtweise schließt der Leasinggeber bei der Beschaffung des Leasing-objektes den Kauf- bzw Werklieferungsvertrag mit dem Lieferanten **in Besorgung eines Geschäfts für den späteren Leasingnehmer** ab. Er handelt bei Abschluß dieses Beschaffungsvertrages im eigenen Namen, aber **für fremde Rechnung** (des Leasing-nehmers) wie ein verdeckter (mittelbarer) Stellvertreter nach Art eines Einkaufs-kommissionärs. Das Verhältnis zwischen Leasinggeber und -nehmer wird wesentlich durch den Beschaffungsauftrag charakterisiert: der **Leasinggeber erwirbt das Leasing-gut im Auftrag des Leasingnehmers**, um ihm sodann dessen Nutzung zu überlassen. Der Beschaffungsauftrag richtet sich also auf den **Erwerb der Nutzungsmöglichkeit, nicht des Eigentums**, das beim Leasinggeber verbleibt. Der Leasinggeber, dem gegen den Leasingnehmer aus dem Geschäftsbesorgungsverhältnis ein Anspruch auf **Ersatz seiner Aufwendungen** (§§ 675, 670) und auf ein provisionsartiges Entgelt zusteht, kre-ditiert diese Ansprüche dadurch, daß er mit dem Leasingnehmer ein **Vereinbarungs-darlehen** gem § 607 Abs 2 verabredet. Der Leasinggeber hält während der Grund-laufzeit des Vertrages das Eigentum an der Leasingsache für Rechnung des Leasingnehmers. Der Leasingvertrag erscheint aus dieser Sicht als ein **gemischttypi-scher Vertrag mit Elementen des Darlehensvertrages und vorwiegend des Kommissionsver-trages**, der sich als ein **Sonderfall des Geschäftsbesorgungsdienstvertrages** darstellt, §§ 675, 611. Das Handeln des Leasinggebers für fremde Rechnung und damit das geschäftsbesorgungsvertragliche Element des Leasing „dominiert" derart, daß ein wirtschaftliches Eigeninteresse des Leasinggebers ganz in den Hintergrund tritt und demgegenüber die vermögensmäßige Zuordnung des Leasinggegenstandes zur unternehmerischen Sphäre des Leasingnehmers betont wird. Von der „geschäftsbe-sorgungsrechtlichen" Leasingtheorie ist nicht nur wegen des Handelns des Leasing-gebers für fremde Rechnung, sondern vor allem deshalb die Rede, weil der leasingtypische Amortisationsanspruch des Leasinggebers **zuerst** als ein nach §§ 675, 670 entstehender, geschäftsbesorgungsvertraglicher, **sodann** nach § 607 Abs 2 kredi-tierter Aufwendungsersatzanspruch erscheint.

B 219 Der **vorgeschaltete Beschaffungsauftrag**, der das geschäftsbesorgungsvertragliche Ele-ment des Leasinggeschäfts determiniert, ist auch für die **Risikoverteilung** der Parteien maßgeblich: in offenem Gegensatz insbesondere zur mietvertraglichen Leasingtheo-rie der herrschenden Meinung und Rechtsprechung werden die **Risiken** eines Schei-terns oder einer Verspätung der Beschaffung sowie einer sich später herausstellen-den Fehlerhaftigkeit der Kauf-/Leasingsache **auf den Leasingnehmer abgewälzt**. Dies liegt in der Konsequenz des dogmatisch-konstruktiven Anliegens der geschäftsbesor-gungsvertraglichen Leasingtheorie, die vor allem die **Fremdnützigkeit des Beschaf-fungsvorgangs** durch den Leasinggeber neben dem Kreditelement des Leasingge-schäfts betont. Der **Aufwendungsersatz- bzw Kreditrückzahlungsanspruch** steht danach **außerhalb des leasingvertraglichen Synallagmas**; der Amortisationsanspruch bleibt etwa von einer Kündigung oder einem Untergang der Leasingsache unberührt.

B 220 Unverkennbar hat allerdings namentlich CANARIS seine ursprüngliche Ausprägung der geschäftsbesorgungsvertraglichen Leasingtheorie in den jüngsten Veröffentli-chungen (AcP 1990, 410; ZIP 1993, 401; LARENZ/CANARIS, SchuldR II/2, 106 ff) – mög-licherweise unter dem Eindruck der Kritik – **teilweise abgemildert und frühere**

Extrempositionen revoziert. Früher wurde ein Eigeninteresse des Leasinggebers allenfalls „berücksichtigt", nahm sich aber im Gesamtbild der geschäftsbesorgungsvertraglichen Konzeption ganz und gar marginal aus (vgl CANARIS NJW 1982, 305 und 306, wonach „der Leasinggeber typischerweise kein eigenes Interesse an dem Leasinggut hat und sich bei dessen Anschaffung demgemäß nach den Wünschen und Weisungen des Leasingnehmers richtet"; vgl auch ders, Bankvertragsrecht Rn 171, 1719, 1733 und 1782; dazu kritisch LIEB DB 1988, 946, 950; replizierend CANARIS AcP 190, 410, 453 Fn 68). Neuerdings wird dem Eigeninteresse des Leasinggebers verstärkt Rechnung getragen (AcP 1990, 410 ff, 453; ZIP 401, 405, wonach der Leasinggeber „nur überwiegend im Interesse des Leasingnehmers, zum Teil aber auch in seinem eigenen Interesse [handelt]", weil er sowohl aus der Finanzierung als auch aus dem Restwert Gewinn ziehen will"). Die früher eindeutig in den Mittelpunkt gerückte geschäftsbesorgungsvertragliche („dominante") Komponente des Leasingvertrages (CANARIS, Bankvertragsrecht Rn 1718 und 1719) findet sich nun zu einer nur noch „teilweisen" geschäftsbesorgungsrechtlichen Qualifikation abgemildert (CANARIS AcP 190, 461). Auch erfuhr früher das Treuhandelement eine besondere Hervorhebung (CANARIS, Bankvertragsrecht Rn 1718, 1719: „Das Eigentum des Leasinggebers ist während der Dauer des Leasingvertrages treuhänderisch oder treuhandähnlich gebunden ..."); inzwischen wird es zu einem „treuhandrechtlichen oder treuhandähnlichen Einschlag" (AcP 190, 410, 461) abgeschwächt, wohl weil eine zu offensichtliche treuhänderische oder treuhandähnliche Bindung des Leasinggebers steuerrechtlich nach § 39 Abs 2 Nr 1 S 1 und S 2 schädlich sein könnte. Schließlich hat CANARIS gegen die nach seinen früheren Äußerungen (Bankvertragsrecht Rn 1717) überaus naheliegende Deutung protestiert, daß seiner Sichtweise zufolge der Leasinggeber „das Eigentum für den Leasingnehmer nach Art eines Sicherungseigentümers treuhänderisch hält" (so MARTINEK, Moderne Vertragstypen Bd I [1991] 86; dagegen CANARIS ZIP 1993, 401, 405 Fn 33). Man darf aus diesen Beobachtungen indes schwerlich schon auf ein Rückzugsgefecht der geschäftsbesorgungsvertraglichen Leasingtheorie schließen, innerhalb derer sich lediglich die argumentativen Gewichte verschoben haben. Denn seit dem **Inkrafttreten des VerbrKrG** (1991) wähnt sich dieser Ansatz wieder im Aufwind (CANARIS ZIP 1993, 401; dagegen GRAF vWESTPHALEN NJW 1993, 3225), wenn auch nunmehr modifiziert vom Finanzierungsleasing als „gemischttypischem Vertrag aus Elementen des Kredit- und Geschäftsbesorgungsrechts" gesprochen wird. Der Gesetzgeber habe das „Finanzierungsleasing" in § 3 Abs 2 Nr 1 VerbrKrG zu einem Terminus der Gesetzessprache gemacht, es explizit unter die Kreditgeschäfte aufgenommen, das darlehensvertragliche Element und damit ingesamt die „geschäftsbesorgungs-/kreditrechtliche Konzeption" des Finanzierungsleasing „bestätigt und bekräftigt" (CANARIS ZIP 1993, 401, 405, 406 mit Hinweisen auch auf „unbefangene" geschäftsbesorgungsrechtliche Termini aus den Beratungen zum VerbrKrG und aus der Leasing-Rechtsprechung).

b) Kritik

Die bisweilen ebenso heftige wie oberflächliche **Kritik in der Literatur** wird dem **B 221** geschäftsbesorgungsvertraglichen Ansatz nicht immer gerecht (vgl etwa FLUME DB 1991, 265, 266; E G KOCH, Störungen beim Finanzierungs-Leasing 92 f; BASEDOW RIW 1988, 1, 3; GRAF vWESTPHALEN, Leasingvertrag [4. Aufl 1992] Rn 65 ff; ders ZIP 1991, 639; ders DB 1993, 921; GITTER, Gebrauchsüberlassungsverträge 303 ff; REINICKE/TIEDTKE BB 1982, 1142, 1145; dies, Kaufrecht [5. Aufl 1992] 474 ff; EBENROTH JuS 1978, 588, 591; BERNSTEIN, Der Tatbestand des Mobilien-Finanzierungsleasingvertrages 144; SANNWALD, Der Finanzierungsleasingvertrag 83; SEFRIN, Die Kodifikationsreife 155 ff, 170 ff; teilweise auch LIEB DB 1988, 946, 950; gegen CANARIS auch BGHZ 96, 103 ff = NJW 1986, 179 ff). Auch in seiner entschärften Gestalt führt dieser Ansatz zu weitreichenden Konsequenzen für die Mängelhaftung ebenso wie für den Einwendungsdurchgriff und für das Konkursverfahren und gelangt in diesen Fragen fast durchweg zu Ergebnissen, die **dogmatisch bestechend fundiert und sachgerecht erscheinen**. Bisweilen drängt sich angesichts der konstruktiven Schlüssigkeit und Glätte der Eindruck auf, daß das Versäumnis einer näheren Hinwendung der Rechtsprechung und der Leasingpraxis zu diesem Rechtsverständnis des Leasingvertrages eine juristische Fehlsteuerung war. **Bei näherer Nachprüfung** erweist sich das „blendende" dogmatisch-konstruktive Bild indes als **trügerisch**, so daß man CANARIS und den ihm folgenden Stimmen letztlich die Unterstützung versagen muß. Der Beifall gebührt der **im Ergebnis profunden und überzeugenden Kritik** der geschäftsbesorgungsvertraglichen Leasingtheorie.

B 222 Gewiß schließt der Leasinggeber den Beschaffungsvertrag mit dem Lieferanten im Hinblick auf den späteren Leasingvertrag ab. Wirtschaftlich gesehen kauft er die Sache, um sie dem Leasingnehmer zum Gebrauch und zur Nutzung überlassen zu können. Indes wird durch diesen wirtschaftlichen Hintergrund der **Beschaffung als Durchgangsgeschäft** und durch das Motiv des Leasinggebers zur **sofortigen Weiterverschaffung** der Kauf- oder Werklieferungsvertrag noch nicht zu einem Geschäft auf fremde Rechnung. Auch der Groß- oder Einzelhändler, der im Einzelfall auf Veranlassung seines Abnehmers von seinem Lieferanten eine Ware zur späteren Weiterveräußerung bezieht und „besorgt", wird dabei nicht als Geschäftsbesorger des Abnehmers, sondern **für eigene Rechnung** tätig. Der Leasinggeber selbst versteht den Beschaffungsvorgang, den er als wirtschaftliche und rechtliche **Voraussetzung** seiner Geschäftstätigkeit mit dem Leasingnehmer ansieht, als ein **Geschäft auf eigene Rechnung**, bei dem **er ein Risiko trägt und eine Gewinnchance erhält**. Zudem rückt der geschäftsbesorgungsvertragliche Ansatz den Beschaffungsvorgang zu Unrecht in den Mittelpunkt des Leasinggeschäfts, steht doch für die Parteien des Leasingvertrages **weniger die Beschaffung als vielmehr die Gebrauchsüberlassung und die Finanzierung des Objektes** im Vordergrund. Für die Geschäftsbesorgungstheoretiker wird **die Gebrauchsüberlassung zur bloßen Verlängerung des Beschaffungsvorganges**, der zwar zeitlich der primäre, sachlich aber sicherlich der sekundäre Vorgang ist. Denn mit der Überlassung des Gegenstandes an den Leasingnehmer, mit dem der Geschäftsbesorgungsvertrag, streng genommen, beendet sein müßte, **beginnt** für die Parteien erst die eigentliche Vertragsdurchführung. Dem Leasingnehmer kommt es auf die **fortwährende Nutzung** der Sache an. Dieses zentrale Moment vermag nicht zu erfassen, wer das auf den Beschaffungsvorgang folgende Dauerschuldverhältnis nur als darlehensvertragliche Abwicklung versteht. Es ist auch nicht ohne Verrenkungen möglich, den Vollamortisationsanspruch des Leasinggebers als kreditiert anzusehen, denn dieser bezieht sich nicht allein auf eine Tilgung des eingesetzten Kapitals zuzüglich des kalkulierten Gewinns, sondern ist in seinem Umfang von den Marktverhältnissen im Zeitpunkt der Beendigung des Leasingvertrages abhängig. Es irritiert auch am geschäftsbesorgungsvertraglichen Ansatz, daß der Leasinggeber nicht das aus der Geschäftsführung Erlangte (§§ 675, 667 BGB, § 383 Abs 2 HGB), nämlich das Eigentum, sondern nur den Besitz, die Nutzungsmöglichkeit und die Gewährleistungsansprüche auf den Leasingnehmer überträgt.

B 223 Die **Ergebnisse** des geschäftsbesorgungsvertraglichen Ansatzes dürften auch **allzu einseitig den Leasinggeber begünstigen**. Insbesondere versperrt die Erfassung der Vertragsdurchführung als **darlehensvertraglicher Annex** zum kreditierten Aufwendungsersatzanspruch dem Leasingnehmer **ausreichende Möglichkeiten der Risikoabsicherung gegen Störfälle**, weil damit der Amortisationsanspruch des Leasinggebers aus dem Synallagma des Leasingvertragsverhältnisses herausgerückt wird. Der Leasingnehmer, der doch bei natürlicher Betrachtungsweise laufend dafür zahlt, daß er die beschaffte Sache fortdauernd nutzt, soll angeblich nur das kreditierte Entgelt für die zurückliegende Beschaffung der Nutzungsmöglichkeit zahlen. Der Leasinggeber verabschiedet sich damit reichlich früh aus seiner Verantwortung, für die ihn der Leasingnehmer entlohnt; die Verantwortung des Leasinggebers für Beschaffung **und** Nutzungsmöglichkeit der Sache wird von der Geschäftsbesorgungstheorie **um die entscheidende Dimension kupiert**. Den Leasingnehmer interessiert der Beschaffungsakt letztlich nur als Mittel und Vorstufe zu der langfristigen Gebrauchsüberlassung. Es wird bei einer Gegenüberstellung der auf den ersten Blick eindrucksvollen „geschäftsbesorgungs-/kreditrechtlichen Konzeption" (so neuerdings CANARIS ZIP 1993, 401, 406) mit dem Vorstellungsbild der Parteien verständlich, daß FLUME (DB 1991, 265, 266) „geradezu eine Verkehrung im Grundsätzlichen" diagnostiziert.

Schließlich vernachlässigt der geschäftsbesorgungsvertragliche Ansatz, daß die Parteien des Leasingvertrages ihre Rechtsbeziehungen **mit dem Blick auf die steuerrechtliche Würdigung** ausgestalten, und zwar – wie zu betonen ist – legitimerweise. Aus ihrer Sicht ist der Erwerb der Sache zunächst durch den Leasinggeber „für sich", mit dem davon zu trennenden Endzweck der späteren Nutzungsüberlassung durch ein separates Geschäft, **die allein angemessene Erfassung des Beschaffungsvorgangs**, auch wenn die zu finanzierende Investitionsentscheidung des Leasingnehmers erst und allein den Anlaß für den Erwerb des Leasinggebers gibt. Die Vorstellung eines fremdnützigen Erwerbs der Leasingsache durch den Leasinggeber, die Einordnung der geschuldeten Vollamortisation als darlehensmäßige Rückgewährpflicht und nicht zuletzt das Halten des Leasingobjekts durch den Leasinggeber für Rechnung des Leasingnehmers **widerspräche aber leicht den steuerrechtlichen Vorgaben**. Das Finanzierungsleasing ist geradezu eine Geburt des Steuerrechts (so Rn B 176 ff). Der Leasingvertrag wird von den Parteien privatautonom zuerst im Hinblick auf steuerrechtliche Zielsetzungen konzipiert, die seine zivilrechtliche Erfassung nicht gefährden darf, sondern zu respektieren hat. Die Anwendbarkeit der auftrags- bzw geschäftsbesorgungsvertraglichen Vorschriften würde im Ergebnis entgegen den Zielsetzungen der Parteien **das wirtschaftliche Eigentum des Leasinggebers** in Zweifel ziehen (vgl dazu GRAF vWESTPHALEN, Leasingvertrag [4. Aufl 1992] Rn 91 ff; MEINCKE AcP 190 [1990], 358, 374 ff; REINICKE/TIEDTKE BB 1982, 1142, 1144; KLAMROTH BB 1982, 1949; ZIGANKE BB 1982, 706, 709; SEIFERT DB-Beil 1/1983, 1, 4). Wenn CANARIS annimmt, der Leasinggeber halte das Eigentum für den Leasingnehmer „während der Dauer des Leasingvertrages treuhänderisch oder treuhandähnlich gebunden", so läuft er damit Gefahr, **daß das Objekt nach § 39 Abs 2 Nr 1 AO dem Leasingnehmer zugerechnet werden muß**. Im übrigen fehlt es an einer Treuhandabrede der Parteien; der Leasinggeber ist Volleigentümer. Vor allem die Zuweisung des Gewährleistungsrisikos allein an den Leasingnehmer verliehe dem Leasinggeschäft eine deutlich erwerbsgeschäftliche Komponente, die an den Lebensnerv des Leasing, die steuerrechtliche Zuordnung auch des wirtschaftlichen Eigentums an den Leasinggeber rührt (MARTINEK, Moderne Vertragstypen Bd I 178; MEINCKE AcP 190 [1990], 358 ff, 374 ff; gegen steuerrechtliche Einflüsse auf die zivilrechtliche Qualifikation aber CANARIS AcP 190 [1990], 410 ff, 457 ff; LIEB WM-Sonderbeil 6/1992, 16).

B 224

B 225 Zuzugeben ist allerdings, daß die CANARIS'sche Konstruktion – ungeachtet ihrer Schwächen – zur normativen Erfassung des Finanzierungsleasing nicht von vornherein ungeeignet erscheint, sondern bei einem hypothetisch anderen Verlauf der Rechtsnaturdebatte **zur Grundlage des Leasingrechts hätte werden können**, wenn auch wohl nur mit weiteren als den schon eingeräumten Korrekturen. Indes vollzieht sich bei modernen Innominatverträgen des Wirtschaftslebens die Rechtsinstitutionalisierung iS der Bildung normativer Rechtsstrukturtypen in einem **diskursiven Rechtsfindungsprozeß**, an dem die beteiligten Verkehrskreise, die Kautelarjurisprudenz, die Rechtsprechung und die Rechtswissenschaft beteiligt sind (vgl dazu oben Rn A 99 f). Vertragstypologische Qualifikationsfragen sind weniger solche einer letzten normativen Wahrheit als solche einer gesetzeskonformen funktionalen Zweckmäßigkeit auf möglichst breit konsentierter Grundlage. Der jahrzehntelange Rechtsnaturdiskurs zum Leasingvertrag dürfte die Geschäftsbesorgungstheorie als **modus operandi** inzwischen **ausdiskutiert und verworfen** haben.

10. Der Leasingvertrag als Vertrag sui generis

a) Hauptaussagen und Streitpunkte

B 226 Ein beachtlicher Teil der Literatur sieht den Leasingvertrag als einen atypischen, zwischen (oder besser: neben) Miete, Kauf und Darlehen angesiedelten Vertrag an, der jedoch nicht schlicht als Kombination miet-, kauf- und darlehensvertraglicher Elemente aufgefaßt werden könne, sondern als ein **Vertrag sui generis** qualifiziert werden müsse (LARENZ, SchR BT [12. Aufl 1981] § 63 II, 453 f; BERNSTEIN, Der Tatbestand des Mobilien-Finanzierungsleasingvertrages 133 ff; KLAMROTH BB 1982, 1949, 1951; GITTER, Gebrauchsüberlassungsverträge 305 ff; RUNGE/BREMSER/ZÖLLER, Leasing 234; LWOWSKI, Erwerbsersatz durch Nutzungsverträge 98 f; SANNWALD, Der Finanzierungsleasingvertrag 87 ff; PAPAPOSTOLOU, Die Risikoverteilung beim Finanzierungsleasingvertrag insbes 57 ff; LIEB JZ 1982, 561; ders DB 1988, 946 ff; ders DB 1988, 2495; STERNBERG BB 1987, 12; MARTINEK, Moderne Vertragstypen Bd I 86 ff). Es erscheint gerechtfertigt, hierbei von der **im Vordringen befindlichen Meinung** zu sprechen. Es muß allerdings gleich hinzugefügt werden, daß der sui generis-Ansatz **keinen einheitlichen Meinungsblock** bildet, sondern seine Vertreter in manchen wichtigen Einzelfragen zu unterschiedlichen Ergebnissen gelangen.

B 227 Die **gemeinsame Grundlage** der Vertreter der sui generis-Theorie läßt sich zunächst wie folgt formulieren: Leasing ist **finanzierte Gebrauchsüberlassung eigener Art**. Der Leasingvertrag ist ein im BGB nicht geregelter Vertragstyp sui generis, bei dem den Leasinggeber gegenüber dem Leasingnehmer die Pflicht zur **Finanzierung** eines Leasingobjekts durch Abschluß eines Liefervertrages mit einem Dritten (Lieferanten) sowie die Pflicht zur **Gebrauchsüberlassung und -belassung** (nicht aber zur Gebrauchs„gewährleistung") für die vereinbarte Leasingzeit trifft, während der Leasingnehmer zur Zahlung der vereinbarten Leasingraten als Entgelt für die **Gebrauchsfinanzierung, -überlassung und -belassung** sowie unter Umständen (bei Teilamortisationsverträgen) zur **garantiemäßigen Absicherung der Vollamortisation** verpflichtet ist. Die Konzeption einer „Gebrauchsüberlassung und -belassung" ohne gewährleistungsrechtliche Haftung für die Gebrauchsfähigkeit der Sache wird keineswegs als widersprüchlich angesehen. Vielmehr betrachtet es die sui generis-Theorie als leasingtypisch, daß der Leasinggeber nur zur Verschaffung (Lieferung), Gebrauchsüberlassung und -belassung der Sache „so wie sie ist" verpflichtet ist. Mit dem Hinweis auf die Vorschriften der §§ 537 Abs 3, 540 wird begründet, daß selbst nach dem Gesetz mit einer Gebrauchsüberlassung nicht notwendig die Gebrauchsgewährleistung verbunden sein muß. Gerade diese Trennung mache die Besonderheit des Leasingvertrages als „Gebrauchsüberlassung sui generis" (so Lieb DB 1988, 2495, 2498) aus. Seine Pflicht zur Gebrauchsüberlassung und -belassung kann der Leasinggeber danach durchaus erfüllen, wenn die Leasingsache nicht gebrauchstauglich ist. Daß ihn die Pflicht trifft, dem Leasingnehmer die Geltendmachung kauf oder werkvertraglicher Gewährleistungsansprüche zu ermöglichen, steht auf einem anderen Blatt. Insoweit besteht unter den Vertretern der sui generis-Theorie wohl Einigkeit.

Streit besteht demgegenüber innerhalb der sui generis-Theorie darüber, **in welchem B 228 Maße** der Leasinggeber die **leasingobjektbezogenen Risiken auf den Leasingnehmer abwälzen** darf. Einige Stimmen nähern sich insoweit recht stark einer kauf- oder darlehensrechtlichen Einordnung an und heben die Finanzierungsfunktion deutlich gegenüber der Gebrauchsüberlassungsfunktion hervor – und setzen sich damit wieder der Kritik gegen den darlehens- und den geschäftsbesorgungsvertraglichen Ansatz aus (vgl dazu Martinek, Moderne Vertragstypen Bd I S 118 ff mN). So ist für einen Teil der sui generis-Theoretiker kennzeichnend, daß das Risiko der Gebrauchsuntauglichkeit der Leasingsache **allein dem Leasingnehmer** aufgebürdet werden und ihm verbleiben soll, weil der Leasinggeber als „reiner Finanzierer" hiermit nichts zu tun habe. Den Leasinggeber soll nicht nur keine eigene Gewährleistungspflicht aus dem Leasingvertrag für eine mangelhafte Leasingsache treffen, es soll sich ein wandelungsberechtigender Sachmangel auch nicht als **Wegfall der Geschäftsgrundlage des Leasingvertrages** auswirken. Damit gerät der Leasingvertrag aber wiederum in eine solche Nähe zu einem Erwerbsgeschäft, daß die steuerliche Zielsetzung der Parteien gefährdet ist. Noch weitergehend wollen einige Stimmen den Leasinggeber als angeblich „reinen Finanzierer" auch nicht zur (rechtzeitigen) Lieferung der Leasingsache für verpflichtet halten oder doch für die Fälle des fehlschlagenden Liefergeschäfts eine jede Eigenhaftung für Unmöglichkeit und Verzug ausschließende formularmäßige Abtretung der Ansprüche des Leasinggebers gegen den Lieferanten an den Leasingnehmer als zulässig ansehen.

b)   Die bifunktionale sui generis-Theorie
Man sollte indes von einer Überbetonung der Finanzierungsfunktion hinreichende B 229 Distanz wahren und den Leasingvertrag in einem genügenden Abstand von einem Erwerbsgeschäft in der Form eines „verdeckten Kaufs" halten, wird doch gerade dies vom Steuerrecht wie von den Parteien als wesentlich angesehen. Hierum bemüht sich neuerdings die sogenannte **bifunktionale sui generis-Theorie** (Martinek, Moderne Vertragstypen Bd I [1991] 88 ff; vgl dazu Heermann ZVerglRW 92 [1993], 326, 328 ff; Graf vWestphalen NJW 1992, 1087 f; vgl auch Sefrin, Die Kodifikationsreife des Finanzierungsleasingvertrages [1993] 132 ff, 184 ff, der diesen Ansatz zu einer „multifunktionalen sui generis-Theorie" ausbaut). Für sie ist die Kernaussage kennzeichnend, daß **Gebrauchsüberlassungsfunktion und Finanzierungsfunktion völlig gleichgewichtig** sind. Konsequenz hieraus ist etwa, daß sich der Leasinggeber von einer Haftung für Unmöglichkeit oder Verzug der Lieferung nicht formularvertraglich befreien kann. Auch wird danach die Funktionstauglichkeit des Leasingobjekts zwar nicht vom Leasinggeber versprochen, wohl aber ist sie **Geschäftsgrundlage** des Leasingvertrages, so daß der Leasingnehmer bei einem wandelungsberechtigenden Mangel der Leasingsache wegen Wegfalls der

Geschäftsgrundlage des Leasingvertrages die Leasingraten nicht zu bezahlen braucht. Weil sich die Gebrauchsüberlassungspflicht des Leasinggebers in der (rechtzeitigen) Zurverfügungstellung und im Belassen des Leasingguts zur Nutzung erschöpft, trifft den Leasinggeber zwar keine Haftung für die Gebrauchstauglichkeit, doch ist die **fehlende Gebrauchstauglichkeit** ein risikoneutraler, das Vertragsziel erschütternder Umstand, der zum Wegfall der Geschäftsgrundlage des Leasingvertrages führt; die sogenannte **Geschäftsgrundlagen-Lösung**, die in der BGH-Rechtsprechung mit der mietvertraglichen Qualifikation dogmatisch konfligiert – die danach geschuldete Gebrauchstauglichkeit kann nicht zugleich Geschäftsgrundlage sein (vgl LIEB DB 1988, 2496) –, erhält erst durch die bifunktionale sui generis-Theorie ihre dogmatische Fundierung (vgl MARTINEK, Moderne Vertragstypen Bd I 175 ff).

B 230 Die bifunktionale sui generis-Theorie kann sich zunächst darauf berufen, daß sie in Übereinstimmung mit der wirtschaftlichen Bedeutung des Leasinggeschäfts für die Parteien sowohl der Gebrauchs- und Nutzungsüberlassungsfunktion als auch der Finanzierungsfunktion Rechnung trägt, ohne eine dieser Funktionen zu verabsolutieren. Tatsächlich stehen beide Funktionen, die oft noch um eine Diestleistungsfunktion ergänzt werden, gleichgewichtig nebeneinander, so daß es fehlsam wäre, einer von ihnen eine Präponderanz zuzusprechen. Die namentlich von der mietvertraglichen Qualifizierung vernachlässigte Finanzierungsfunktion kommt vor allem im Vollamortisationscharakter der Leasingverträge zum Ausdruck. Wie bei jeder Finanzierung muß beim Leasing das vom Leasinggeber eingesetzte Kapital zurückerstattet werden. Dabei weisen die sogenannten Teilamortisationsverträge lediglich die Besonderheit auf, daß die vom Leasingnehmer geschuldete Vollamortisation nicht allein durch die Zahlung der Leasingraten, sondern – je nach Vertragsmodell – in anderer Weise bewirkt wird. Das besondere **garantievertragliche Element** der Teilamortisationsverträge vermag der sui generis-Ansatz ohne weiteres zu bewältigen. Gerade an der vom Leasingnehmer zusätzlich geschuldeten Entgeltleistung in Form der **garantiemäßigen Restwertabsicherung** zeigt sich, daß die Finanzierungsfunktion des Leasinggebers – selbst nach Abschluß der Grundvertragszeit – „ihren Tribut fordert" (so GRAF vWESTPHALEN, Leasingvertrag [3. Aufl 1987] Rn 67, dem das Verdienst zukommt, das Garantieelement besonders herausgearbeitet zu haben, der jedoch hieraus für die Qualifizierung des von ihm „in erster Linie" mietvertraglich betrachteten Leasingvertrages nicht die angemessenen Konsequenzen zieht; vgl dazu insbes LIEB JZ 1982, 561; ders DB 1988, 946; ders DB 1988, 2495; PAPAPOSTOLOU, Die Risikoverteilung beim Finanzierungsleasingvertrag 57 ff; hiergegen wieder – aus mietrechtlicher Perspektive – GRAF vWESTPHALEN BB 1988, 1829). Zudem kann dieser Ansatz die **Vielfalt von Nebenleistungen** für sich ins Feld führen, die das moderne Leasinggeschäft über die ursprüngliche Grundkonzeption des Leasing hinaus kennzeichnen. Auch wenn sich der Blick bei der Rechtsnaturbestimmung zuerst auf die *essentialia negotii* richten muß, spielen doch die Nebenleistungspflichten und Nebenpflichten für das anwendbare Regelungsprogramm eine nicht zu unterschätzende Rolle. Hierzu können beim Leasing die **Beratung bei der Auswahl** des Leasingobjekts und bei der **Investitionsentscheidung** ebenso wie die **Unterstützung bei der Verwertung des Leasingguts** nach Ablauf der Grundlaufzeit gehören. Beim Maintenance-Leasing übernimmt der Leasinggeber die **Wartung des Gegenstandes**, beim Revolving-Leasing tauscht er ihn durch ein **neueres Modell** aus usw. Die Nebenleistungspflichten, dh die selbständigen (und selbständig einklagbaren), neben der Hauptleistungspflicht bestehenden Pflichten können ebenso wie die sich aus Treu und Glauben ergebenden Nebenpflichten je nach Vertragsgestaltung, je nach Änderung oder Abwandlung des Grundkonzepts sehr verschieden und sehr zahlreich sein. Der sui generis-Ansatz ist flexibel genug, um hier dem Einzelfall umfassend Rechnung tragen zu können.

Die bifunktionale sui generis-Theorie überwindet zugleich die Enge und Starre der **B 231** mietvertraglichen Leasingtheorie der herrschenden Meinung (so Rn B 179) und Rechtsprechung (so Rn B 199). Die leasingtypischen Vertragsgestaltungen haben sich vom Leitbild des Mietvertrages nach den §§ 535 ff zu weit entfernt, als daß sie noch in dieses „Prokrustes-Bett" zu zwingen wären (so Rn B 202). Auch die anderen Einordnungsversuche enden im Grunde aporetisch. Entwicklungsgeschichte und wirtschaftliche Bedeutung lassen kaum Zweifel daran zu, daß es sich beim Leasingvertrag um eine **veritable Neubildung des Rechtsverkehrs** handelt, die nicht in die überkommenen Vertragstypen der Pandektistik einzufügen ist. Die Rede vom „Rechtsgeschäft zwischen Kauf und Miete" (so EBENROTH JuS 1978, 588) oder von der „Zwitterstellung" des Leasingvertrages (so AUTENRIETH JA 1980, 407, 409; ähnlich zuvor BLOMEYER NJW 1978, 973) ist letztlich als Kapitulation der an den gesetzlichen Vertragstypen des 2. Buches des BGB orientierten Einordnungsbemühungen zu lesen. „Das Gesetz kann schlechterdings nichts geregelt haben, was ihm nicht bekannt war" (so LIEB DB 1988, 946, 951). Die leasingtypischen Rechte und Pflichten der Parteien des Leasingvertrages haben vielmehr erst im Wechselspiel von Kautelarjurisprudenz und (vor allem AGB-rechtlicher) Judikatur ein weithin eigenständiges Profil gewonnen, das – auch unter Berücksichtigung der Variationsbreite des Finanzierungsleasing – heute hinreichend konturiert erscheint, um vom Leasingvertrag als einem eigenständigen Vertragstyp sui generis zu sprechen. Dies betrifft insbesondere die verbraucherkreditrechtlichen, die AGB-rechtlichen und die leistungsstörungsrechtlichen Probleme und Besonderheiten des Leasingvertrages. In der Tat gibt es jenes – ungeschriebene – „Leitbild des Leasingvertrages", von dem auch der BGH in einem *obiter dictum* gesprochen hat (BGH NJW 1982, 1747, 1748). Der Leasingvertrag ist als ein Vertrag sui generis nach §§ 241, 305, 320 mit einer eigenständigen, leitbildmäßig ausgeformten Typizität der Rechte und Pflichten der Parteien und mit gleichgewichtiger Finanzierungs- und Gebrauchsüberlassungsfunktion anzusehen.

Eine eindrucksvolle Bestätigung erhält die sui generis-Theorie im übrigen dadurch, **B 232** daß auch der UNIDROIT-Entwurf für internationale Leasingverträge auf der Konzeption eines eigenständigen Vertragstyps basiert (vgl dazu BASEDOW RIW 1988, 1; POCZOBUT RabelsZ 51 [1987], 681; EBENROTH, in: KRAMER [Hrsg], Neue Vertragsformen der Wirtschaft [2. Aufl 1992] 117, 192; STAUDER, in: KRAMER [Hrsg], Neue Vertragsformen der Wirtschaft 71, 98). In der neueren BGH-Rechtsprechung mit ihrer Betonung auch der Finanzierungs- neben der Gebrauchsüberlassungsfunktion des Leasing (so Rn B 199, 201) lassen sich erste Anzeichen für eine Hinwendung zur sui generis-Theorie sehen. Auch erhält diese Sichtweise im Schrifttum Zulauf, so daß vielleicht langfristig mit einer Verlagerung des Meinungsbildes in den Leasingtheorien gerechnet werden darf. Freilich darf nach der bisherigen Entwicklungsgeschichte vor allem der einschlägigen BGH-Rechtsprechung nur ein **quälend langsamer Abschied von der mietrechtlichen Orientierung** erwartet werden (eher kritisch zu den Aussichten für eine Abkehr des BGH vom mietvertraglichen Ansatz PAPAPOSTOLOU, Die Risikoverteilung beim Finanzierungsleasingvertrag 41 f; JÜRGENS, Die Entwicklung des Finanzierungs-Leasing 99 f; vgl auch BERNSTEIN DB 1985, 1877; STERNBERG BB 1987, 12; allzu verbittert wohl LIEB DB 1988, 946; ders DB 1988, 2495; ders WM-Sonderbeil 6/1992; optimistisch aber GITTER, Gebrauchsüberlassungsverträge

305–307, wonach der BGH den Leasingvertrag inzwischen bereits als „Vertrag mit Doppelstellung" behandeln und sich der sui generis-Theorie annähern soll).

c) Konsequenzen

B 233 Auf der Grundlage der bifunktionalen sui generis-Theorie erscheinen die etablierten Regeln der BGH-Rechtsprechung, „wenngleich häufig nur in Nuancen" (GRAF vWESTPHALEN NJW 1992, 1097 f) korrekturbedürftig (zu den Einzelheiten MARTINEK, Moderne Vertragstypen Bd I 91–219). Dabei spielt jedoch das **Geschäftsbesorgungsrecht eine völlig untergeordnete Rolle.** Es sind letztlich nur atypische Ausgestaltungen des Leasing, in denen das Regelungsprogramm der §§ 675, 611 ff bzw 631 ff zum Tragen kommen kann. Das betrifft etwa die Vereinbarung von Nebenleistungspflichten des Leasinggebers zur selbständigen Vornahme der Investitionsentscheidung, zur eigenständigen Auswahl der Leasingobjekte, zur Ausführung besonderer Wartungsaufgaben oder zur späteren Verwertung des Leasinggutes, bei denen an eine Heranziehung geschäftsbesorgungsvertraglicher Vorschrift gedacht werden kann. **Im Kern** aber erweist sich das Geschäftsbesorgungsrecht zur qualifikatorischen Erfassung des Leasinggeschäfts und zur dogmatisch-konstruktiven Lösung seiner Einzelprobleme als **untauglich.**

C. Beratungs-, Betreuungs- und Verwaltungsverträge

I. Rechtsanwaltsverträge

Schrifttum

ARNDT, Schadensersatzpflicht verbundener Rechtsanwälte, NJW 1969, 1200

BAYERWALTES, Das Anwaltsverhältnis zwischen Anwalt und Klienten (Diss Erlangen 1918)

BOERGEN, Die vertragliche Haftung des Rechtsanwalts (1968)

BORGMANN, Korrespondierende Pflichten aus dem Anwaltsverhältnis: Die Informationspflicht des Mandanten und die Aufklärungspflicht des Anwalts, in: FS Ostler (1983) 1

BORGMANN/HAUG, Anwaltspflichten – Anwaltshaftung (1979)

dies, Anwaltshaftung (2. Aufl 1986)

BRANDNER, Der Anwalt als Regreßschuldner, AnwBl 1986, 123

BÜCHTING/HEUSSEN (Hrsg), Beck'sches Rechtsanwalts-Handbuch 1993/94 (3. Aufl 1993)

BUNTE, Mandatbedingungen der Rechtsanwälte und das AGB-Gesetz, NJW 1981, 2657

FÖRSTER, Anwaltsverschulden, Büroversehen und Wiedereinsetzung, NJW 1980, 432

A GMÜR, Die zivilrechtliche Stellung des Rechtsanwalts (Zürich 1907)

HANSENS, Die Rechtsprechung zum Anwaltshaftpflichtrecht im Jahre 1991, NJW 1992, 1353

HABSCHEID, Die Unabhängigkeit des Rechtsanwalts, NJW 1962, 1985

HARTSTANG, Anwaltsrecht (1991)

ders, Der deutsche Rechtsanwalt (1986)

LANG, Die neuere Rechtsprechung des Bundesgerichtshofes zu Auftrag, Geschäftsbesorgung und Geschäftsführung ohne Auftrag, WM-Sonderbeilage 9/1988

LINGENBERG/HUMMEL/ZUCK/EICH, Kommentar zu den Grundsätzen des anwaltlichen Standesrechts (1988)

MAXL, Abgrenzung der Unternehmensberatung zur Steuer- und Rechtsberatung – „Ausweg" durch Mandatsvermittlung?, NJW 1982, 1574

MITTELSTEIN, Grenzen der Verantwortung des Rechtsanwalts, MDR 1958, 743

KLAUS MÜLLER, Die Pflichten des Anwalts im

Zusammenhang mit der Führung des Prozesses, JR 1969, 161

NILGENS, Was der Anwalt von Gesetz und Rechtsprechung wissen muß, jur-pc 1993, 2276

ders, Was der Anwalt von der Literatur wissen muß, jur-pc 1993, 2309

OSTLER, Prozessuales Verschulden des Rechtsanwalts, NJW 1962, 896

ders, Anwaltspflichten und Anwaltshaftpflicht im Prozeß, NJW 1965, 1785

ders, Umfang der Herausgabepflicht des Anwalts nach § 667 BGB für Fremdgelder auf Geschäfts- und Anderkonten, NJW 1975, 2273

ders, Stellung und Haftungsrisiko des Rechtsanwalts in Zivilsachen, JA 1983, 109

RINSCHE, Die Haftung des Rechtsanwalts und Notars (4. Aufl 1992)

STEINDORFF, Die Anwaltssozietät, in: FS R Fischer (1979) 747

VOLLKOMMER, Anwaltshaftungsrecht (1989)

1. Tätigkeitsprofil und Rechtsnatur

Der Beruf des Rechtsanwalts gehört zu den historisch überkommenen Anwendungs- **C 1** feldern des römisch- und gemeinrechtlichen Mandats, aus dem sich die entgeltliche Geschäftsbesorgung entwickelt hat. Der Rechtsanwalt ist bis heute der **Prototyp des Geschäftsbesorgers**, wiewohl sein Engagement als Interessenwahrer des Mandanten im Spannungsfeld zu seiner Verantwortung gegenüber Recht und Gesetz steht. Nach dem in den §§ 1 bis 3 BRAO niedergelegten Berufsbild ist der Rechtsanwalt „unabhängiges Organ der Rechtspflege" und „der berufene unabhängige Berater und Vertreter in allen Rechtsangelegenheiten". Der BGH hat sich zur beruflichen Tätigkeit des Rechtsanwalts wie folgt geäußert: „Die berufliche Tätigkeit eines Rechtsanwalts wird geprägt durch die ihm eigentümliche Aufgabe, der berufene unabhängige Vertreter und Berater in allen Rechtsangelegenheiten zu sein. . . Im Zweifel ist anzunehmen, daß derjenige, der die Dienste des Rechtsanwalts in Anspruch nimmt, ihn auch in dieser Eigenschaft beauftragen will" (BGH NJW 1980, 1855). Das anwaltliche Berufs- und Standesrecht hat in den letzten Jahren im Mittelpunkt einer heftigen Diskussion über seine Vereinbarkeit mit Art 12 und 2 Abs 1 GG und über seine Anpassung an die Erfordernisse einer modernen Dienstleistungsgesellschaft gestanden. In einer Grundsatzentscheidung vom 14. 7. 1987 hat sich das BVerfG zu den Standesrichtlinien geäußert (BVerfGE 76, 171 = NJW 1988, 191; dazu KLEINE-COSACK NJW 1988, 164; vgl auch die sog Zweitberufsbeschlüsse vom 4. 11. 1992, BVerfGE 87, 287 = NJW 1993, 317), die den Gesetzgeber zu einer bedeutsamen Reform des Berufs der Rechts- und Patentanwälte – wie auch der Steuerberater und Wirtschaftsprüfer (dazu u Rn C 38 und E 49) – veranlaßt hat: Der Bundestag hat am 24. 6. 1994 das Gesetz zur Neuordnung des Berufsrechts der Rechtsanwälte und Patentanwälte auf die Beschlußempfehlung des Vermittlungsausschusses angenommen (BT-Dr 12/4993, 12/7835; BR-Dr 504, 656/94); der Bundesrat hat dem Gesetz am 8. 7. 1994 zugestimmt (dazu KLEINE-COSACK NJW 1994, 2249). Die Neuordnung des Anwaltsrechts beseitigt das Nebeneinander von zwei Berufsrechtsordnungen, das seit der deutschen Wiedervereinigung bestanden hatte; sie schafft durch ein bis zum Jahre 2005 reichendes mehrstufiges Regelungsprogramm das sog Lokalisationsprinzip langfristig in den alten wie neuen Bundesländern ab; sie sieht die Ersetzung der Standesrichtlinien durch eine Berufsordnung in Satzungsform vor und regelt die Gerichtsbarkeit der Rechtsanwälte neu; sie erleichtert die zweiberufliche Tätigkeit von Rechtsanwälten, nachdem die strenge Zweitberufsjudikatur der Ehrengerichtsbarkeit (dazu F FISCHER AnwBl 1992, 205) vom BVerfG weitgehend für unvereinbar mit Art 12 GG erklärt worden war (BVerfGE 87, 287 = NJW 1993, 317); sie führt erstmals in die BRAO eine nähere Regelung des

Michael Martinek

Versicherungsabschlusses und der Haftungsbeschränkung ein. Ihren Schwerpunkt findet die Novelle aber in der Regelung der anwaltlichen Berufspflichten sowie in der Lockerung des Wettbewerbsverbots durch neue Vorschriften zum anwaltlichen Werberecht. Die BRAO-Novelle 1994 wird begleitet von einer Neuordnung des Gebührenrechts für Rechtsanwälte, die bereits durch das am 1. 7. 1994 in Kraft getretene KostRÄndG vom 24. 6. 1994 (BGBl I 1325) herbeigeführt wurde und eine Änderung zahlreicher Vorschriften der BRAGO zur Folge hat (dazu vEICKEN NJW 1994, 2258). Für die Formen anwaltlicher Kooperation ist zudem das neue Partnerschaftsgesellschaftsgesetz von 1994 (BGBl I 1744) von Bedeutung, das mit Wirkung zum 1. 7. 1995 eine neuartige, besonders auf die freien Berufe zugeschnittene Gesellschaftsform zwischen Kapitalgesellschaft und BGB-Gesellschaft schafft (dazu SEIBERT AnwBl 1993, 155; vFALKENHAUSEN AnwBl 1993, 479; KARSTEN SCHMIDT ZIP 1993, 633). Diese gesetzgeberischen Initiativen beschränken sich alles in allem nur auf einige Teilaspekte des anwaltlichen Berufsrechts und lassen in vielen Bereichen einen weiteren Reformbedarf unübersehbar erscheinen. Das anwaltliche Berufsrecht läßt noch beachtlichen Raum für weitere Vorstöße in Richtung auf Liberalisierung und Europäisierung. Es wird sich aller Voraussicht nach noch für einige Zeit in turbulentem Umbruch befinden, so daß sich manche der folgenden Einzelheiten als Momentaufnahmen des gegenwärtigen Rechts mit seinem stark interimistischen Charakter verstehen.

C 2 Der Anwaltsvertrag ist als **Geschäftsbesorgungsvertrag** nach § 675 zu qualifizieren, denn der Anwalt ist zur selbständigen wirtschaftlichen fremdnützigen Interessenwahrnehmung mit Vermögensbezug verpflichtet. Das gilt auch bei der Strafverteidigung, die immer zumindest auch wirtschaftliche Vermögensinteressen berührt. Die geschäftsbesorgungsvertragliche Qualifikation entspricht ständiger Rechtsprechung (BGH VersR 1961, 467 = LM Nr 28 zu § 675; BGH LM Nr 21 zu § 667; BGH NJW 1964, 2402, 2403; 1978, 1807, 1808; KG OLGZ 1973, 18, 19) und allgemeiner Lehre (HARTSTANG, Der deutsche Rechtsanwalt 134; MÜLLER JR 1969, 161; STRAUCH JuS 1992, 897; OSTLER NJW 1975, 2273; BORGMANN/HAUG, Anwaltshaftung [2. Aufl] 41; BÜCHTING/HEUSSEN/PONSCHAB, Beck'sches Rechtsanwalts-Handbuch 1993/94 E I Rn 1; STAUDINGER/WITTMANN[12] § 675 Rn 32; BGB-RGRK/STEFFEN[12] § 675 Rn 57; SOERGEL/MÜHL[11] § 675 Rn 1; MünchKomm/SEILER[2] § 675 Rn 6). Die Entscheidung BGH VersR 1969, 38, wonach ein reiner Dienstvertrag vorliegen soll, ist vereinzelt geblieben.

C 3 Das Handeln des Rechtsanwalts für seinen Mandanten kann **dienstvertraglich-tätigkeitsbezogen** oder **werkvertraglich-erfolgsbezogen** ausgerichtet sein. Im **Regelfall** liegt der Geschäftsbesorgung ein **dienstvertragliches Verhältnis** zugrunde, insbesondere dann, wenn der Rechtsanwalt die Rechtsberatung, die Prozeßführung oder die Besorgung einer sonstigen Rechtsangelegenheit schuldet (Prot II, 379; RGZ 88, 223, 226 f; OGH 1947/48, 587; BGH NJW 1964, 2402, 2403; BGH VersR 1961, 467 = LM Nr 28 zu § 675; BGH NJW 1965, 106 = MDR 1965, 121 = BB 1964, 1398 = VersR 1965, 41, 42; BGH NJW 1978, 1808; BGH VersR 1988, 1217; OLG Düsseldorf VersR 1993, 702, 703; OLG Nürnberg MDR 1960, 310; MÜLLER JR 1969, 161; BORGMANN/HAUG, Anwaltshaftung 46 f; BGB-RGRK/STEFFEN[12] § 675 Rn 57). **Ausnahmsweise** kann aber auch ein **Werkvertrag** Gegenstand der Vereinbarung sein. Voraussetzung dafür ist, daß die geschuldete anwaltliche Tätigkeit auf die Herbeiführung eines Erfolges gerichtet ist (RGZ 88, 226; BGH NJW 1965, 106; MÜLLER JR 1969, 161; BGB-RGRK/STEFFEN[12] § 675 Rn 57). Dies kommt insbesondere bei einer Rechtsauskunft über eine konkrete Einzelfrage (OLG Düsseldorf VersR 1993, 702, 703), einer Gutachtenerstattung (RGZ 88, 223, 226 f; 162, 171, 173), einer Anpassung eines

Vertrages an ausländisches Recht (RG JW 1914, 642 Nr 4) oder einer konkreten Vertragsgestaltung für einen vorgegebenen Zweck in Betracht. Dann hat der Rechtsanwalt für einen bestimmten Erfolg seiner Tätigkeit einzustehen (OLG Düsseldorf VersR 1993, 702, 703; RIEDEL/SUSSBAUER/FRAUENHOLZ, BRAGO [6. Aufl] § 1 BRAGO Rn 5).

Das Tätigkeitsprofil und die Pflichtenstellung des Rechtsanwalts spiegeln sich in der **C 4** BRAO wider, die Vergütung des Rechtsanwalts richtet sich nach der BRAGO, seine staatliche Monopolstellung ergibt sich aus dem Rechtsberatungsmißbrauchsgesetz. Insbesondere die §§ 43 – 45 und 48 – 55 BRAO enthalten Regelungen zum anwaltlichen Vertragsverhältnis. In erster Linie ist aber für die **Rechts- und Pflichtenstellung** gegenüber dem Mandanten der Rechtsanwaltsvertrag maßgeblich. Nach § 675 sind damit in weitem Umfang Auftragsvorschriften anzuwenden, die durch die Regelungen der BRAO teilweise ergänzt, geändert oder gar ersetzt werden. Daneben sind die Grundsätze des anwaltlichen Standesrechts zu beachten (BORGMANN/HAUG, Anwaltshaftung 1 ff; BGHZ 22, 162; 39, 142; 44, 183; BGH NJW 1973, 315 f; BGH NJW 1981, 399). Der Anwalt hat im Zweifel seine Dienste persönlich zu leisten, §§ 675, 613, ist an die Weisungen des Mandanten gebunden, § 665, zur Auskunft und Rechenschaft nach § 666, sowie zur Herausgabe nach § 667 verpflichtet. Die Verschwiegenheitspflicht des Rechtsanwalts ist strafgesetzlich in § 203 Abs 1 Nr 3 StGB sanktioniert. Entsprechend § 663 erlegt § 44 BRAO dem Anwalt eine schadensersatzbewehrte Anzeigepflicht bei Auftragsablehnung auf (weitergehende Regelungen in §§ 45, 48, 49 BRAO). Zur Herausgabepflicht bezgl Handakten s § 50 BRAO.

2. Vertragsschluß

Für das **Zustandekommen** des Anwaltsvertrags gelten die allgemeinen Regeln des **C 5** BGB. Auch dann, wenn ein Rechtsanwalt im Wege der Prozeßkostenhilfe nach § 121 ZPO, § 11 a ArbGG beigeordnet wird, ist der Abschluß eines Anwaltsvertrages zur Begründung der gegenseitigen Rechte und Pflichten notwendig, worauf der Anwalt die rechtsunkundige Partei aufmerksam machen muß (MünchKomm/SEILER² § 675 Rn 7; ZÖLLER/PHILLIPI [18. Aufl] § 121 Rn 29, 32; MünchKomm(ZPO)/WAX § 121 Rn 15; BAUMBACH/LAUTERBACH/HARTMANN⁵¹ § 121 Rn 13; RGZ 98, 338; 147, 154). Ein Kontrahierungszwang besteht für Anwälte nicht (BORGMANN/HAUG, Anwaltshaftung 52). Unter Umständen kann der beigeordnete Anwalt nach § 48 BRAO verpflichtet sein, zum Schutze einer benachteiligten Partei ein Mandat zu übernehmen. Nach § 45 BRAO besteht in den typischen Fällen einer drohenden Interessenkollision eine Verpflichtung zur Ablehnung eines Mandates. Auch vor Vertragsschluß muß der gerichtlich beigeordnete Anwalt zur Vermeidung von Rechtsnachteilen des Mandanten (zB bei drohendem Fristablauf) tätig werden. Ein Anwaltsvertrag kann auch durch **schlüssiges Verhalten** der Vertragsparteien zustandekommen, doch kann hiervon im Interesse der Rechtssicherheit nur ausgegangen werden, wenn die Umstände die Annahme eines entsprechenden Vertragsangebots eindeutig und klar erkennen lassen (BGH NJW 1991, 2084, 2085).

Bei Beauftragung eines in eine Sozietät eingebundenen Rechtsanwalts kommt im **C 6** Zweifel der **Vertrag mit allen der Sozietät (BGB-Gesellschaft) angehörenden Anwälten** zustande (BGHZ 56, 355, 359 = NJW 1971, 1801, 1802 im Anschluß an das Reichsgericht in RGZ 85, 306 = JW 1914, 1073; BGHZ 83, 328; STEINDORFF, in: FS R Fischer [1979] 747 ; **aA** aber BGH in NJW 1963, 1301, 1302). Nimmt ein Mitglied einer Sozietät ein ihm übertragenes Mandat an, handelt es im Namen der Sozietät, so daß alle Sozietätsmitglieder grundsätzlich gemeinsam die Erfüllung der Anwaltspflichten schulden. Denn sowohl der Mandant wie auch der von ihm aufgesuchte Sozius haben im Zweifel den Willen, daß das Mandatsverhältnis mit allen Sozietätsmitgliedern begründet wird. Dies gilt auch, wenn sich Rechtsanwälte in getrennten Kanzleien in verschiedenen Orten zu einer überörtlichen Sozietät zusammengeschlossen haben (BGH NJW 1991, 49). Ihnen steht freilich auch **gemeinsam als Gesamthändern der Vergütungsanspruch** zu (RGZ 85, 307, 308); sie haften aber auch füreinander – in Ausnahme von § 425 – als **Gesamtschuldner für schuldhafte Schadensverursachung** bei der Anwaltstätigkeit (BGHZ 56, 335, 361 = NJW 1971, 1801; BGHZ 83, 328 = NJW 1982, 1866; BGHZ 94, 380; BGH NJW 1986, 589; RGZ 88, 342, 344). Praxisschild, Briefbögen oder Stempel, die auf eine Sozietät hindeuten, können einen Rechtsschein begründen, der nach den Grundsätzen der Duldungs- und Anscheinsvollmacht zur gesamtschuldnerischen Haftung für den Scheinsozius führen kann (BGHZ 70, 247; BGH NJW 1991, 1225). Im Falle der Beauftragung eines nicht beim Prozeßgericht zugelassenen Rechtsanwalts kommt sowohl mit dem sog **Prozeßanwalt**, der die Prozeßvertretung am Gerichtsort übernommen hat, als auch mit dem **Korrespondenzanwalt** (Verkehrsanwalt), der die Betreuung am Ort des Mandanten leistet, jeweils ein **eigenständiger Vertrag** mit selbständigen Rechten und Pflichten zustande. Beide Anwälte haben selbständige Mandate mit unterschiedlichem Pflichtenkreis (BGH NJW 1988, 1079; BGH NJW 1988, 3013).

3. Die anwaltliche Pflichtenstellung

a) Allgemeines

C 7 Der **allgemeine Wirkungskreis** des Rechtsanwalts bestimmt sich nach § 3 BRAO. Danach ist er befugt, **unabhängiger Berater und Vertreter in allen Rechtsangelegenheiten** zu sein. Diese allgemeine Tätigkeitsbeschreibung wird im Einzelfall durch den erteilten Auftrag konkretisiert (BGH WM 1993, 1508, 1509). Da der Rechtsanwalt aber nach § 1 BRAO ein unabhängiges Organ der Rechtspflege ist, hat er auch den hieraus folgenden Bindungen zu genügen und Verpflichtungen nachzukommen. Seine Pflichtenstellung ist also zum einen durch die **vertragliche Treuepflicht gegenüber dem Mandanten**, zum anderen durch seine **berufliche Treuepflicht gegenüber Gesetz und Recht** gekennzeichnet (vgl Borgmann/Haug, Anwaltshaftung 78). Das Treue- und Vertrauensverhältnis zwischen Anwalt und Mandant ist freilich kein einseitiges, sondern ein gegenseitiges. Ein Rechtsanwalt kann nicht sinnvoll tätig werden, wenn ihm nicht auch der Mandant Treue und Vertrauen entgegenbringt. Er darf sich nicht bei jedem eingeleiteten Schritt der Gefahr ausgesetzt sehen, daß ihm sein Mandant den Rückhalt verweigert oder ihm gar in den Rücken fällt.

C 8 Im allgemeinen ist der Rechtsanwalt zu umfassender und möglichst erschöpfender Beratung und Belehrung des Auftraggebers auf der Grundlage seiner Prüfung der Rechtslage verpflichtet und, soweit vom Mandanten gewünscht, zur Einleitung, Besorgung und Betreuung der entsprechenden außergerichtlichen oder gerichtlichen Maßnahmen gehalten (BGHZ 89, 178, 181; BGHZ 97, 372, 372; BGH NJW 1988, 563, 566; BGH NJW 1992, 1159, 1160). Er hat dem Mandanten die jeweiligen Schritte anzuraten, die zu dem erstrebten Ziel zu führen geeignet sind, und hat **Nachteile für den Mandanten zu verhindern**, soweit solche voraussehbar und vermeidbar sind (BGH VersR 1968, 966; BGH WM 1993, 1508, 1509). Zur näheren Konkretisierung dieser allgemeinen Pflichtenstellung bietet sich eine Einteilung in verschiedene Pflichtenkreise an, bei deren Ausfüllung der Rechtsanwalt seinerseits von Mitwirkungspflichten des Mandanten abhängig ist (vgl BORGMANN/HAUG, Anwaltshaftung 80; HARTSTANG, Der deutsche Rechtsanwalt 135; BÜCHTING/HEUSSEN/BORGMANN, Beck'sches Rechtsanwalts-Handbuch 1993/94 E I Rn 13 ff; OSTLER JA 1983, 109, 110).

b) Aufklärungspflicht

Die umfassende und erschöpfende Beratungs- und Belehrungspflicht des Rechtsan- **C 9** walts verlangt noch vor einer eingehenden rechtlichen Überprüfung und Würdigung eine **sorgfältige Aufklärung und Ermittlung des Sachverhalts**. Die anwaltliche Aufklärungspflicht ist also als Pflicht nicht etwa zur Aufklärung des Mandanten, sondern vielmehr zur Ermittlung des juristisch relevanten Sachverhalts zu verstehen. Ausgangspunkt sind hierbei die vom Mandanten bei der Formulierung seiner Anliegen vorgetragenen Tatsachen, zu deren Ergänzung und Vervollständigung der Rechtsanwalt seinen Auftraggeber gegebenenfalls anzuregen, zu veranlassen und aufzufordern hat. Dabei darf der Rechtsanwalt grundsätzlich auf die Vollständigkeit und Richtigkeit der tatsächlichen Angaben des Mandanten in ihren Einzelheiten und Zusammenhängen vertrauen, solange ihn keine Zweifel an deren sachlicher und rechtserheblicher Richtigkeit und Vollständigkeit beschleichen (BGH NJW 1985, 1154, 1155 im Anschluß an BGH VersR 1960, 911).

Die Aufklärungspflicht des Anwalts findet ihren Gegenpol in der **Informationspflicht** **C 10** **des Mandanten** (BGH NJW 1961, 601, 602; NJW 1982, 437; HARTSTANG, Anwaltsrecht 454; BORGMANN, in: FS Ostler 1 ff); ohne diese kann er jener nicht genügen. Seine Aufklärungspflicht steht im Wechselspiel mit der Informationspflicht des Mandanten, der den Anwalt umfassend und richtig über alle wichtigen tatsächlichen Einzelheiten und Zusammenhänge im Rahmen des von ihm gewünschten Auftrages in Kenntnis setzen muß (OSTLER JA 1963, 109, 110). Dabei sind die Anforderungen an den **Umfang der Informationspflicht** jeweils an den speziellen **Fähigkeiten und Kenntnissen des Mandanten** auszurichten. An einen Universitätsprofessor, einen Arzt oder einen Architekten sind weitaus höhere Maßstäbe anzulegen als an einen Laien. Die Informationspflicht des Mandanten ist besonders ausgeprägt, wenn die anwaltliche Auftragswahrnehmung nicht ohne die Sach- und Fachkenntnis des Mandanten erfolgen kann, der seinen Rechtsanwalt erst mit spezifischem Hintergrund- oder Detailwissen versorgen muß, um sein Anliegen verständlich und eine juristische Würdigung möglich zu machen (HARTSTANG, Der deutsche Rechtsanwalt 136; für Architekten ausdrücklich: BGH NJW 1982, 437).

Der Rechtsanwalt muß in Wahrnehmung seiner Aufklärungspflicht **alle Informations-** **C 11** **möglichkeiten des Mandanten ausschöpfen** und rückfragend auf Richtigkeit und Vollständigkeit, Nüchternheit und Genauigkeit drängen. Denn Mandanten können zu einer subjektiv gefärbten Sichtweise, zu Übertreibungen und Vorurteilen, zu Nachlässigkeiten und Fehleinschätzungen neigen, aus denen der Anwalt durch die objektive Betrachtung des Juristen den juristisch bedeutsamen Sachverhalt herausfiltern muß. Der Auftraggeber sucht sein „gutes Recht" und will eine positive Beurteilung seines Anliegens erreichen. Der Rechtsanwalt muß im Mandantengespräch die enge Beziehung von Tatsachenmaterial und Rechtsfragen durchdringen, dabei seinen Blick zwischen Sachverhalt und Rechtsordnung hin- und herschweifen lassen, um die rechtserheblichen Tatsachen zu ermitteln. In dieser Gemengelage von bunten Fakten der Lebenswirklichkeit mit rechtlichen Anknüpfungspunkten und Konsequenzen muß der Rechtsanwalt auf eine umfassende und **völlige Klarstellung des Sachverhaltes** und Beseitigung von Zweifeln hinarbeiten. Bereits in diesem Stadium kann es zu gravierenden anwaltlichen Fehlern kommen, die eine Haftpflicht des Anwalts aus dem Vertragsverhältnis auslösen (BORGMANN/HAUG, Anwaltshaftung 83). Schöpft der Anwalt seine Aufklärungsmittel gegenüber dem Mandanten aus, kann er sich auf die insoweit gewonnenen Erkenntnisse jedoch verlassen (OSTLER JA 1983, 109, 110; BÜCHTING/HEUSSEN/BORGMANN, Beck'sches Rechtsanwalts-Handbuch 1993/94 E II Rn 19; BGH NJW 1985, 1154, 1155). Bei der Beurteilung des **Umfanges der anwaltlichen Aufklärungspflicht** ist von einem vorrangigen Stellenwert der Informationspflicht des Mandanten auszugehen, denn letztere determiniert als Vorleistung weitgehend die weitere Aufklärung durch den Anwalt. Hieraus folgt, daß der Mandant bei einem möglichen Haftpflichtprozeß nachweisen muß, daß er durch den Anwalt nicht hinreichend zur Information aufgefordert wurde (BGH NJW 1982, 437, 438).

C 12 Die Aufklärungspflicht des Rechtsanwalts erschöpft sich nicht unbedingt in der Befragung des Mandanten. Unter Umständen kann der Anwalt seine Meinungsbildung über die zu beurteilenden Tat- und Rechtsfragen erst vollziehen, nachdem er ergänzend Unterlagen wie zB Korrespondenzen, Akten, Register, Grundbücher, Grundakten etc gesichtet, studiert und verwertet hat (BGH VersR 1983, 34; BGH NJW 1985, 1154, 1155). Nach BGH NJW 1983, 1665, 1666 vom 29. 3. 1983 soll sogar im Einzelfall die Befragung der gegnerischen Partei notwendig sein. Diese Entscheidung steht indes im Widerspruch zu dem wenige Tage zuvor ergangenen Beschluß BGH WM 1983, 614 vom 24. 3. 1983, wonach die Pflicht des Anwalts zur Aufklärung dort endet, wo der eigene Mandant keine weiteren Kenntnisse hat bzw beschaffen kann (VOLLKOMMER, Anwaltshaftungsrecht Rn 112 mwNw). Diese Grenze erscheint in der Tat maßgeblich, so daß die Entscheidung BGH NJW 1983, 1665 vom 29. 3. 1983 zu Recht als ein die Anforderungen an die Aufklärungspflicht überspannender „Ausreißer" gewertet wird (so HARTSTANG, Anwaltsrecht 461; BORGMANN/HAUG, Anwaltshaftung 88 mit Anm 64 ff; VOLLKOMMER, Anwaltshaftungsrecht Rn 117). Andernfalls sähe sich der Rechtsanwalt in der Rolle eines Detektives gedrängt, was seiner Stellung nach § 1 BRAO als unabhängiges Organ der Rechtspflege widerspräche. Nach RGZ 140, 392, 397 f gilt bereits die anwaltliche Vernehmung von Zeugen als bedenklich, könnte sie doch zu einer Verminderung des Beweiswertes der Zeugenaussage führen.

c)   **Rechtsprüfungspflicht**

C 13 Zur Aufklärungspflicht des Rechtsanwalts gesellt sich seine **Rechtsprüfungspflicht**, die den **Mittelpunkt** der geschuldeten Leistung bildet und mit der Aufklärungspflicht in enger Wechselwirkung steht. Hierbei schöpft der Rechtsanwalt aus seiner Rechtsgelehrtheit, seiner Kenntnis und seinem Verständnis von Recht und Gesetz, seinem Fundus an juristischem Wissen und praktischen Erfahrungen. In dieser juristischanwaltlichen Kompetenz, die von der Persönlichkeit des Rechtsanwalts getragen wird, gründet im wesentlichen das Vertrauen des Mandanten. Zu Recht hat der BGH betont, daß der Rechtsanwalt grundsätzlich **jeden Rechtsirrtum zu vertreten** hat (BGH VersR 1959, 638, 641). Ihm obliegt eine umfassende, sorgfältige Prüfung und Sicherung der Ansprüche des Mandanten in jeder Richtung (BGH VersR 1967, 704, 705 mwNw; BGH WM 1993, 420, 423).

C 14 Vor diesem Hintergrund muß bei der Bemessung des Inhalts und der Reichweite, des Umfangs und der Tiefe der Beratungspflicht vorausgesetzt werden, daß der gewissenhafte Anwalt über eine **detaillierte Gesetzeskenntnis** verfügt (OLG Hamm VersR 1981, 936; BORGMANN/HAUG, Anwaltshaftung 90). Selbst auf speziellen oder neuen Rechtsgebieten muß er bei Übernahme eines entsprechenden Mandats die einschlägigen Rechtsnormen kennen, aus denen sich etwa das Bundesentschädigungsgesetz (BGH MDR 1958, 496, 497), steuerrechtliche Spezialvorschriften (BGH NJW 1982, 1866), die Wehrbeschwerdeordnung (BVerwGE 53, 225, 226) oder das Nichtehelichkeitsgesetz (BGH VersR 1977, 835; BGH VersR 1971, 956 = NJW 1971, 1704) zusammensetzt; kann er keine Kenntnisse auf solchen Spezialgebieten vorweisen, muß er sich jedenfalls nach der Übernahme des Mandats **hinreichend einarbeiten** (OLG Köln VersR 1979, 580; BGH MDR 1959, 646). Ist er dazu zeitlich nicht in der Lage, so muß er das Mandat ablehnen. Auch eine längere Krankheit entschuldigt keinen Verstoß gegen diese Verpflichtung (BGH VersR 1972, 1024). Bei einem Bezug des Mandats zu international- oder auslandsrechtlichen Materien darf sich der Rechtsanwalt nicht auf die Vorarbeit erfahrener ausländischer Kollegen verlassen. Seine Rechtsprüfungspflicht gegenüber seinem Mandanten gebietet es, daß er sich auch in diesem Fall **das notwendige Wissen aneignet** oder das Mandat bei unzureichender Kenntnis ablehnt. Dementsprechend entlastet ihn die Beauftragung ausländischer Kollegen im Haftpflichtfall nicht (BGH NJW 1972, 1044).

Zur Rechtsprüfungspflicht des Rechtsanwalts gehört nicht nur die Gesetzeskenntnis, **C 15** sondern auch die **Kenntnis des aktuellen Rechtsprechungsstandes** über Rechtsfragen etwa der Auslegung, der Analogiebildung oder der richterlichen Rechtsfortbildung. Auch über die **Entwicklungen in der Rechtslehre** muß sich der Anwalt laufend informieren. Hierzu ist er gehalten, sich über die Rechtslage auch durch die Auswertung der **einschlägigen Fachliteratur** (Lehrbücher, Kommentare, Entscheidungssammlungen, Fachzeitschriften) in Kenntnis zu setzen; er begeht eine Pflichtverletzung, wenn er sich mit seinem Kenntnisstand nicht auf dem laufenden hält und deshalb die Rechtslage verkennt (BGH VersR 1958, 825; SCHNEIDER MDR 1972, 745; HECKELMANN JuS 1977, 577, 582; vgl insbes NILGENS jur-pc 1993, 2277 und 2309 mit umfangreichen Nachweisen aus Lit und Rspr). Es genügt dabei nicht, wenn er „zahlenmäßig die Majorität der Kommentare und Lehrbücher vertritt", vielmehr hat er auch „das Gewicht der Stimme" zu berücksichtigen (so schon FRIEDLAENDER JW 1916, 34 f; vgl auch RGZ 89, 426 = JW 1917, 462). Dabei muß der Anwalt sein Augenmerk insbesondere auf die höchstrichterlichen Entscheidungen richten. Das Reichsgericht hat von einem Rechtsanwalt gefordert, daß er über alle in den amtlichen Sammlungen veröffentlichte Entscheidungen Bescheid weiß (RG JW 1910, 294, 298). Der BGH hat dies ohne weitere Begründung in seinem Beschluß vom 18. 1. 1952 (NJW 1952, 425) auch auf die verfügbaren Fachzeitschriften erweitert. In der nachfolgenden Rechtsprechung wird indes eine Tendenz zur Unterscheidung zwischen allgemeinen juristischen Zeitschriften und speziellen Fachzeitschriften erkennbar (RINSCHE, Die Haftung des Rechtsanwalts und Notars I Rn 50; HARTSTANG, Anwaltsrecht 468). Von einem Rechtsanwalt, der eine Kanzlei mit allgemeiner Beratungs- und Prozeßpraxis betreibt, muß danach verlangt werden, daß er **allgemeine juristische Fachzeitschriften** mit den darin veröffentlichten Entscheidungen **alsbald nach ihrem Erscheinen studiert und durcharbeitet** (BGH VersR 1979, 375, 376 im Anschluß an BGH NJW 1978, 877). Nach Ansicht des OLG München NJW-RR 1991, 803 muß der Rechtsanwalt die **höchstrichterliche Rechtsprechung** nur insoweit beherrschen, als sie in der Entscheidungssammlung eines oberen, für den Rechtsweg zuständigen Gerichts oder in einer allgemeinen juristischen Zeitschrift, insbesondere der NJW, und nicht lediglich in einer Spezialzeitschrift veröffentlicht ist. Die ihm dabei gewährte Zeitspanne zwischen Veröffentlichung und Kenntnisnahme wird nicht einheitlich beurteilt; eine Frist von sechs Wochen ist jedenfalls nicht mehr entschuldbar (so OLG Düsseldorf VersR 1980, 359, 360), ansonsten kommt es entscheidend auf den Einzelfall an (vgl BGH NJW 1958, 825). Die Entscheidung BGH NJW 1979, 877 stellt zur Entlastung des Anwalts weniger auf die knappe Zeit von vier Wochen nach dem Entscheidungsabdruck als vielmehr auf das Zusammentreffen von Feiertagen ab, das die Auslieferung der Zeitschrift verzögert und einen erhöhten Arbeitsanfall bewirkt hatte. Dabei wird ausdrücklich festgestellt, daß die Durchsicht von Fachzeitschriften im Interesse der Erledigung noch wichtigerer Angelegenheiten zurückgestellt werden kann. „Wichtiger" in diesem Sinne ist vor allem die Einhaltung von Fristen, nicht aber eine Maßnahme, die ohne schädliche Auswirkungen zurückgestellt werden kann. Mehrfach hat der BGH betont, daß sich ein Rechtsanwalt bei der Wahrnehmung eines Mandats grundsätzlich an der höchstrichterlichen Rechtsprechung mit ihrer richtungsweisenden Bedeutung für die Rechtswirklichkeit auszurichten hat (BGH NJW 1983, 1665; BGHZ 85, 64, 66; BGHZ 87, 150, 155 f). Er hat aber auch „Grenzen anwaltlichen Vertrauens auf den Fortbestand einer höchstrichterlichen Rechtsprechung" anerkannt, auf den sich ein Anwalt „nicht blind verlassen" darf (BGH BB 1993, 2267 f).

C 16 Fehlen zur Beurteilung des Falles einschlägige Entscheidungen des BGH etwa mangels Zuständigkeit, so wird der Anwalt teilweise zur Ermittlung der einschlägigen Rechtsprechung seines OLG für verpflichtet gehalten (WEDEMEYER NJW 1979, 293, 298; SCHNEIDER MDR 1972, 745). Indes könnte dies dazu führen, daß der Anwalt bei divergierenden Meinungen zwischen verschiedenen Senaten seines OLG stets Nachforschungen zur eventuellen Zuständigkeit der Senate für den zu prüfenden Fall anstellen muß. Solche Anforderungen, denen der Anwalt in der alltäglichen Praxis kaum gerecht zu werden vermag, überzögen gewiß die vernünftigen Sorgfaltsmaßstäbe der anwaltlichen Rechtsprüfungspflicht. Wohl aber kann von einem Anwalt verlangt werden, daß er sich bei fehlender BGH-Rechtsprechung nach Maßgabe der Erfordernisse eines konkreten Mandats in die **Rechtsprechung der Oberlandesgerichte** anhand der veröffentlichten Entscheidungen einarbeitet und die überwiegende Tendenz ermittelt, um sie in seine Meinungsbildung über den Fall einzubeziehen. Der Rechtsprechung seines OLG-Bezirks wird er dabei erhöhte Aufmerksamkeit widmen müssen.

C 17 Es ist unverkennbar, daß der Rechtsanwalt den Anforderungen, die Literatur und Rechtsprechung gelegentlich an die anwaltliche Rechtsprüfungspflicht, Gesetzes- und Rechtsprechungskenntnis herantragen, oft nur mit Mühe entsprechen kann. Die Vielzahl von Spezialgesetzen mit umfänglichen und detaillierten Einzelregelungen und die stetig ansteigende Flut veröffentlichter Entscheidungen ist auch in mandatsbezogener Einarbeitung schwer beherrschbar. Die Material-Wucherungen lassen sich allein daran verdeutlichen, daß die Neue Juristische Wochenschrift ihren Anspruch einer repräsentativen Rechtsprechungsübersicht aufgeben mußte und in den letzten 15 Jahren die NStZ, die NVwZ, die NZA, die NZV, den NJW-Rechtsprechungsreport und den NVwZ-Rechtsprechungsreport zur Seite gestellt bekam. Gleichwohl muß im Grundsatz **an den hohen Anforderungen** an die Gesetzes- und Rechtsprechungskenntnisse des Anwalts **festgehalten** werden (vgl zum Rechtsanwalt als „homo informaticus" schon KILIAN, Juristische Entscheidung und elektronische Datenverarbeitung

[1973] 249). Er hat selbst durch optimale Arbeitsorganisation und durch Ausnutzung der betriebswirtschaftlichen und technologischen Fortschritte (Computer, Datenbanken und Informationssysteme, Seminarveranstaltungen usw) dafür zu sorgen, daß er **seine allgemeinen und seine mandatsbezogenen Gesetzes- und Rechtskenntnisse ständig überprüft und ausbaut.** Er ist gehalten, diesen zentralen Pflichtenbereich nicht in seinem Arbeitsalltag durch Gerichtstermine und Mandantengespräche zu verschütten. Er riskiert ansonsten eine schadensersatzbewehrte Verletzung seiner Rechtsprüfungspflicht gegenüber dem Mandanten. Wenn „jedenfalls dem in der Praxis stehenden Anwalt kaum mehr Zeit und schon gar keine Muße zum juristischen Problemdenken, zur Bildung einer eigenen fundierten Meinung" verbleibt (so BORGMANN/HAUG, Anwaltshaftung 93), dann ist er zur Reduktion seiner Mandate oder zum Ausbau seiner Kanzlei angehalten (vgl auch VOLLKOMMER, Anwaltshaftung Rn 148; HÜBNER NJW 1989, 5, 8; MÜLLER JR 1969, 161, 164 f; PRINZ VersR 1986, 317).

Der **Verteidiger im Strafverfahren** hat bei seiner Rechtsprüfungspflicht alle Möglich- **C 18** keiten des materiellen Rechts und des Prozeßrechts auszuschöpfen, die dem Beschuldigten zugute kommen können. Dabei darf er sich nicht durch die Offizialmaxime, den Untersuchungsgrundsatz und den Amtsermittlungsgrundsatz im Strafprozeßrecht entlastet fühlen und auf die Umsicht der Staatsanwaltschaft und des Gerichts bei der Berücksichtigung entlastender Gesichtspunkte vertrauen.

d)   Rechtsberatungspflicht
Stehen die entscheidungserheblichen Tatsachen fest und sind die damit verbundenen **C 19** rechtlichen Schlußfolgerungen und Wertungen aufbereitet – möglicherweise mit zahlreichen Beurteilungs- und Ermessensfragen, Abhängigkeiten und Verweisungen –, muß der Rechtsanwalt dem **Mandanten** die Möglichkeit zu einer **eigenverantwortlichen Entscheidung** über die Vorgehensweise geben (HARTSTANG, Anwaltsrecht 474; VOLLKOMMER, Anwaltshaftungsrecht Rn 154). Dies setzt eine **umfassende Belehrung und Beratung** des Auftraggebers über das Ergebnis der anwaltlichen Rechtsprüfung in ihren Einzelheiten und mit ihren verbliebenen Zweifeln voraus. Nach der Rechtsprechung muß die Beratung in allgemeiner, umfassender und möglichst erschöpfender Form erfolgen, es sei denn, der Mandant gibt unzweideutig einen gegenteiligen Wunsch zu erkennen und bescheidet sich mit groben Oberflächlichkeiten, Tendenzmeldungen und Pauschalurteilen (BGH DNotZ 1970, 48, 49 mit Anm WOLFSTEINER; BGH VersR 1993, 743, 745 mwNw). Der Rechtsanwalt darf sich bei seiner Rechtsberatung nicht auf seine eigene Rechtsansicht versteifen, sondern muß im Interesse des Mandanten auch abweichende Meinungen in seine Perspektive einbeziehen (RGZ 89, 426, 430 f). Zwar kann er sich auf herrschende Meinungen in der Literatur und auf die ständige Rechtsprechung verlassen, muß aber die Risiken einer abweichenden Ansicht im Auge behalten. Er darf sich nicht auf die Darstellung der Rechtslage beschränken, sondern muß die zur Rechtswahrung oder Rechtsverfolgung erforderlich erscheinenden Maßnahmen anraten. Er muß dem Mandanten von den **Chancen und Risiken eines Prozesses** oder anderer rechtlicher Schritte einen zuverlässigen Eindruck vermitteln. **Alternative Vorgehensweisen** sind mit dem Mandanten im Hinblick auf Erfolgsaussichten und Gefahren, Kosten und Zeitablauf durchzusprechen. Vor allem bei der Alternative zwischen einem streitentscheidenden Urteil und einem Vergleich muß der Anwalt die Vor- und Nachteile sorgsam abwägen. Bei begründeter Erfolgsaussicht des streitigen Verfahrens darf er nicht vorschnell einen Vergleich empfehlen. Auch eine Berufung darf er erst einlegen oder erst zurücknehmen, wenn

er den Mandanten ausführlich über die jeweiligen rechtlichen und wirtschaftlichen Folgen unterrichtet und seine Zustimmung zu der empfohlenen Vorgehensweise eingeholt hat. Bittet ihn der Mandant um einen Besprechungstermin, macht sich der Anwalt bei einem Untätigbleiben einer Pflichtverletzung schuldig. Der Anwalt muß auf Verlangen des Mandanten auch die **voraussichtliche Höhe seines Honorars** mitteilen (BGH NJW 1980, 2128, 2130). Eine Beratungspflichtverletzung liegt ohne weiteres in dem unterlassenen oder unzureichenden Hinweis auf geringe oder fehlende Erfolgsaussichten eines Prozesses (BGH VersR 1963, 387, 388). Im Prozeß hat der Anwalt grundsätzlich den Versuch zu unternehmen, das Gericht davon zu überzeugen, daß und warum die seinem Mandanten günstige Auffassung zutreffend ist (BGH NJW 1988, 486, 487; BGH NJW-RR 1990, 1241). Nach der Urteilsverkündung muß der prozeßbevollmächtigte Anwalt seinen Mandanten unverzüglich von dem Urteil in Kenntnis setzen und ihn über gebotene Zwangsvollstreckungsmaßnahmen beraten.

C 20 Bei seiner Rechtsberatung hat der Rechtsanwalt dem Mandanten diejenigen Schritte anzuraten, die für die – ihrerseits beratungsbedürftigen – erstrebten Ziele des Mandanten geeignet sind. Vor allem muß der Anwalt auf **die für den Mandanten sicherste Art und Weise einer Zielerreichung** hinweisen. Kommen mehrere Maßnahmen zur Erreichung des vom Mandanten gewünschten Ziels in Betracht, hat der Rechtsanwalt die relativ sicherste und gefahrloseste Maßnahme vorzuschlagen und den Mandanten über mögliche Risiken aufzuklären, damit dieser zu einer sachgerechten Entscheidung in der Lage ist. Dieses **Prinzip des sichersten Weges** wird in der st Rspr des BGH besonders betont (vgl nur BGH NJW-RR 1990, 1241 mit Anm GIESEN in JR 1991, 366, 368; BGH NJW 1991, 2079, 2080 mwNw). Dabei muß der Anwalt zum einen die höchstrichterliche Rechtsprechung als Leitfaden aufgreifen, zum anderen eine **mögliche Änderung der Rechtsprechung einkalkulieren**, wenn eine Grundtendenz in diese Richtung erkennbar ist (BGH WM 1993, 420, 423; BGH WM 1993, 382, 384). Beide Gesichtspunkte stehen nicht etwa im Widerspruch zueinander (so aber BORGMANN AnwBl 1993, 35), sondern liegen auf der konsequenten Linie des BGH, daß der Rechtsanwalt den für das Ziel des Mandanten sichersten Weg unter Abwägung aller Zweifel und Risiken empfehlen bzw beschreiten muß. Die anwaltliche Verpflichtung auf das Prinzip des sichersten Weges wird von mehreren Stimmen des Schrifttums als eine eigene, besondere Verantwortung des Anwalts aufgeführt (vgl RINSCHE, Die Haftung des Rechtsanwalts und Notars I Rn 60; BORGMANN/HAUG, Anwaltshaftung 116 ff; VOLLKOMMER, Anwaltshaftungsrecht Rn 179 ff). Dies darf indes nicht als eine Trennung zwischen rechtlicher Beratung und Feststellung des sichersten Weges verstanden werden. Vielmehr umfaßt die Beratungspflicht des Rechtsanwalts gleichsam als Kern den Hinweis auf den sichersten Weg. In der Tat begründet eine Rechtsberatung etwa ohne Hinweis auf die wahrscheinlichste Beurteilung des Falles durch die Rechtsprechung den Vorwurf einer Beratungspflichtverletzung. Zu Recht hat BGH WM 1993, 420 dem Anwalt angelastet, nicht die Möglichkeit einer Änderung der Rechtsprechung in seinen Vertragsentwurf miteinbezogen zu haben, obwohl eine Grundtendenz zur Änderung bereits erkennbar war. Im Fall BGH NJW 1993, 2797 = WM 1993, 382 hatte der Anwalt die von der bis dahin herrschenden Rechtsprechung angenommene Verjährungsfrist von zwei Jahren verstreichen lassen, da er diese für falsch und eine längere Verjährungsfrist für richtig hielt. Der BGH unterstützte zwar später die Rechtsansicht des Anwalts, hielt ihn aber gleichwohl nach dem Prinzip des sichersten Weges für verpflichtet, **innerhalb der ungünstigsten Frist noch die Klage zu erheben**. Beide Entscheidungen zeigen, daß der Rechtsanwalt zur Rechtsberatung des Mandanten gleichsam **von der Warte des Pessimisten** angehalten ist, insofern er der für seinen Mandanten ungünstigsten Rechtslage im strategischen Chancen- und Risikokalkül einen herausragenden Stellenwert zumessen muß.

Will sich der Anwalt in einem konkreten Einzelfall in seinen Beratungen und Emp- **C 21**
fehlungen vom Prinzip des sichersten Weges lösen, so muß er seinen Mandanten eindringlich darauf hinweisen und ihm die möglichen Folgen unzweideutig klarmachen. Dabei darf er sich in seiner Beratung und Absicherung „nach unten" auf die bis dahin geltende Rechtsprechung verlassen, soweit keine Änderung derselben erkennbar ist (BGH WM 1993, 1508, 1510). Das Prinzip des sichersten Weges schließt auch die Verpflichtung des Anwalts ein, darauf zu achten, daß **von Seiten des Gerichtes keine Fehler** gemacht werden (HARTSTANG, Anwaltsrecht 485; LANG WM-Beil 9/1988, 1 u 6). Der Rechtsanwalt ist sogar dazu verpflichtet, seinen Mandanten auf **mögliche Regreßansprüche** gegen ihn selbst hinzuweisen. Unterläßt er dies, begeht er eine erneute Pflichtwidrigkeit und verliert die Einrede der Verjährung gegen spätere Regreßansprüche des Mandanten (BGH NJW 1985, 1151, 1152; BGH WM 1986, 199, 203; BGH VersR 1993, 700, 701). Konstruktiv richtet sich der Schadensersatzanspruch des Mandanten aus positiver Verletzung der anwaltlichen Beratungspflicht (durch Unterlassen des Hinweises auf einen Regreßanspruch) als sog **Sekundäranspruch** nach § 249 darauf, daß der Anwalt die **Einrede der Verjährung gegenüber dem Regreßanspruch (Primäranspruch) nicht erhebt.** Nach der gefestigten Rspr zu diesem Sekundäranspruch macht die den Belangen des Rechtsanwalts in besonderer Weise Rechnung tragende Verjährungsvorschrift des § 51 b (früher § 51) BRAO einen Ausgleich zum Schutz des Mandanten erforderlich, so daß den Rechtsanwalt eine besondere Pflicht zum rechtzeitigen und umfassenden Hinweis auf Regreßmöglichkeiten gegen sich selbst trifft (RGZ 158, 130; BGH NJW 1984, 2204 = LM BRAO § 51 Nr 6; BGH NJW 1985, 1151 = LM BRAO § 51 Nr 7; BGHZ 94, 380 = WM 1985, 889; BGH WM 1986, 199, 203). Keinesfalls braucht der Anwalt allerdings auf einen entstandenen Sekundäranspruch und dessen Verjährung hinzuweisen; ein „Tertiäranspruch" kann nicht zur Entstehung gelangen (BGHZ 94, 380 = WM 1985, 889). Nach **Beendigung des Anwaltsvertrages** umfassen die nachvertraglichen Verpflichtungen eine Belehrung über Regreßansprüche allerdings nicht mehr (BGH NJW 1987, 326 = LM BRAO § 51 Nr 11), auch dann nicht, wenn der Rechtsanwalt nunmehr als freier Mitarbeiter eines anderen Rechtsanwalts und für diesen den Mandanten weiterhin berät (BGH WM 1990, 815, 817 f). Den Rechtsanwalt kann allerdings uU auch **nachvertraglich** noch eine Pflicht zu warnenden Hinweisen treffen.

Im Falle eines Haftpflichtprozesses trifft den Mandanten die Darlegungs- und **C 22**
Beweislast dafür, daß er fehlerhaft oder unvollständig beraten wurde (BGH NJW 1985, 264). Dabei muß aber der Anwalt die Behauptungen des Mandanten substantiiert bestreiten und im einzelnen darlegen, wann er beraten, was er gesagt und wie der Mandant darauf reagiert hat. Erst dann ist der Mandant zum Beweis aufgerufen, daß es sich anders verhielt (BÜCHTING/HEUSSEN/BORGMANN, Beck'sches Rechtsanwalts-Handbuch 1993/94 E II Rn 23). Eine echte Umkehr der Beweislast findet hingegen nicht statt.

e) Besondere prozessuale Pflichten

Von besonderer Bedeutung für den Rechtsanwalt sind seine **prozessualen Pflichten** **C 23**
der Fristberechnung und -überwachung, der Fristnotierung und -einhaltung (HANSENS NJW 1992, 1353, 1356). Soweit der Beginn einer prozessualen Frist von der förmlichen Zustellung eines Schriftstücks mit Empfangsbekenntnis des Prozeßbevollmächtigten

(§§ 198, 212 a ZPO) abhängt, muß der Rechtsanwalt das ihm zugestellte Schriftstück entgegennehmen und dies durch Unterzeichnung des datierten **Empfangsbekenntnisses beurkunden** (BGH NJW 1991, 42). Die **anwaltliche Fristenkontrolle und -wahrung** muß durch organisatorische Maßnahmen der Kanzlei (Fristenkalender, Ausgangskontrolle etc) zuverlässig gewährleistet sein (BGH NJW 1991, 1178; vgl insbes BGH BB 1993, 2327 zum „Häkchen-Verfahren" bei der Ausgangskontrolle für fristwahrende Schriftsätze). Dies gilt insbesondere bei der Kontrolle der Frist zur Begründung der Revision (BVerwG NJW 1991, 2096). Dem erstinstanzlichen Prozeßbevollmächtigten obliegt die eigenverantwortliche Feststellung des maßgeblichen Zustellungsdatums für den Beginn des Laufs der Rechtsmittelfrist (BGH FamRZ 1991, 1173). Der einen Rechtsmittelauftrag erteilende Korrespondenzanwalt hat grundsätzlich für die Bestätigung des Auftrags durch den beauftragten Rechtsanwalt (Prozeßanwalt) innerhalb der Rechtsmittelfrist zu sorgen, falls er mit ihm keine besondere Absprache getroffen hat (BGH NJW 1991, 3035, 3036).

C 24 Auch **Rechtsmittelbegründungsfristen** sind zuverlässig zu notieren und zu kontrollieren (BGH NJW 1991, 2082; BGH VersR 1991, 121; BGH VersR 1991, 1270, 1271; BVerwG NJW 1991, 2096). Insbesondere muß der Rechtsanwalt für den Fall seiner Erkrankung Vorkehrungen treffen, soweit es sich nicht um eine plötzliche, unvorhersehbare Erkrankung handelt (BGH VersR 1991, 1270, 1271). Ebenso hat der Rechtsanwalt einen Antrag auf Verlängerung der Rechtsmittelbegründungsfrist eigenverantwortlich auf seine Richtigkeit und Vollständigkeit hin zu überprüfen (BGH NJW-RR 1991, 1150). Der Rechtsmittelführer ist mit dem Risiko belastet, daß der Vorsitzende des Rechtsmittelgerichts in Ausübung seines pflichtgemäßen Ermessens die beantragte Verlängerung der Rechtsmittelbegründungsfrist versagt (BGH NJW-RR 1991, 1359).

C 25 Für die **Rechtzeitigkeit des Eingangs eines fristwahrenden Schriftstücks** ist allein entscheidend, daß es innerhalb der Frist tatsächlich bei Gericht oder bei der Behörde eingegangen ist (BVerfG NJW 1991, 2076). Grundsätzlich darf sich der Rechtsanwalt darauf verlassen, daß die von der Bundespost nach ihren organisatorischen und betrieblichen Vorkehrungen für den Normalfall festgelegten Postlaufzeiten auch eingehalten werden (OLG Köln JurBüro 1991, 1626; BGH ZIP 1991, 1629). Auch nach einer **Mandatsniederlegung** kann der Rechtsanwalt noch verpflichtet sein, für den Auftraggeber fristwahrende Maßnahmen (zB Einlegen eines Einspruchs) zu treffen (OLG Frankfurt VersR 1991, 897).

4. Weisungen des Mandanten

C 26 Nach §§ 675, 665 steht dem Mandanten ein **Weisungsrecht** gegenüber dem Rechtsanwalt zu, das schon mit der Erteilung des Auftrages und der damit verbundenen Zielvorgabe ausgeübt, damit aber keineswegs notwendig erschöpft wird. Vielmehr kann der Mandant die Handlungen des Rechtsanwalts auch später und während des gesamten Vertragsverhältnisses durch seine Weisungen leiten und lenken, berichtigen, beschleunigen und bremsen (RG HRR 31, 405; WarnRspr 30 Nr 34). Bei fehlenden Einzelweisungen muß der Rechtsanwalt nicht nur Schäden und Nachteile des Mandanten vermeiden, sondern dessen Interessen im Rahmen der generellen Vorgaben nach Kräften wahren und fördern.

C 27 Der **anwaltliche Handlungsspielraum** kann durch das Weisungsrecht des Mandanten mehr oder weniger stark eingeschränkt werden, doch muß dem Anwalt im Hinblick auf seine Sach- und Fachkenntnis sowie im Hinblick auf seine Stellung als unabhängiges Organ der Rechtspflege ein gewisser eigenverantwortlicher Handlungs- und Entscheidungsfreiraum verbleiben. Unter Umständen kann er nach § 665 dazu aufgerufen sein, entgegen einer ausdrücklichen Weisung seines Mandanten zu verfahren, wenn dies in einer neuen Situation objektiv dem Interesse seiner Partei entspricht (BGH VersR 1980, 925, 926). Der Anwalt muß seine Bedenken gegen die Ausführung von Weisungen vorbringen und gegebenenfalls eine warnende Stimme erheben. Vor allem muß er auf erhebliche rechtliche Zweifel und Risiken der Rechtsverfolgung, auf drohenden Verjährungseintritt oder Fristablauf hinweisen (BGHZ 89, 178, 181 ff). Andererseits hat der Rechtsanwalt einer Weisung ohne weiteres Folge zu leisten, wenn diese nach eingehender Beratung und unter Hinweis auf die möglichen Konsequenzen erteilt wurde (HARTSTANG, Anwaltsrecht 491). In keinem Fall ist er zur Befolgung **standeswidriger oder rechtswidriger Weisungen** verpflichtet (HARTSTANG, Anwaltsrecht, 491). Hat eine einzureichende **Klage keinerlei Aussichten auf Erfolg**, so muß er die Führung eines Prozesses auch bei beharrlicher anderweitiger Weisung des Mandanten ablehnen (BORGMANN/HAUG, Anwaltshaftung 126). Beruht das Einverständnis des Mandanten in einen objektiv aussichtslosen Prozeß auf einer unzureichenden Beratung, so haftet der Rechtsanwalt für die entstehenden Prozeßkosten (OLG Düsseldorf VersR 1973, 424). Anderes gilt nur dann, wenn die Auftragserteilung so kurzfristig erfolgt, daß eine Rechtsprüfung vor dem Ablauf einer Frist nicht mehr möglich ist. In diesem Fall muß zur Wahrung eventueller Ansprüche die Klage erhoben werden; dem Rechtsanwalt ist keine schuldhafte Pflichtverletzung vorzuwerfen, wenn sie sich als aussichtslos herausstellt.

5. Der Honoraranspruch

Der Auftraggeber ist nach dem Anwaltsvertrag (§§ 675, 611, 631) zur **Zahlung des** C 28 **Honorars gemäß den Vorschriften der BRAGO** verpflichtet. Die Vorschußpflicht regelt deren § 17. Für einen Anspruch aus § 670 bleibt nur Raum, soweit nicht die Sonderregelungen der §§ 25 ff BRAGO eingreifen. Die Vereinbarung eines **Erfolgshonorars** ist grundsätzlich nicht nur standeswidrig, sondern regelmäßig auch zugleich sittenwidrig und nach § 138 nichtig (BGHZ 39, 142, 148; RIEDEL/SUSSBAUER/FRAUENHOLZ [6. Aufl] § 3 BRAGO Rn 3). Dieser nach wie vor herrschende Grundsatz ist zwar der BRAGO nicht unmittelbar zu entnehmen, wird aber aus den mit einem Erfolgshonorar verbundenen Gefahren für die Objektivitätspflicht des Rechtsanwalts abgeleitet. Dies gilt sowohl für Vereinbarungen, wonach der Rechtsanwalt sein Honorar nur im Falle des Erfolgs erhalten soll (*palmarium*), als auch für Abreden, wonach die Vergütung in einem Streitanteil bestehen soll (*quota litis*); denn immer soll bei Abhängigkeit der Vergütung von dem Ausgang der Sache ein sittenwidriges Erfolgshonorar vorliegen (LANG WM-Beilage 9/1988, 5). Auch die Vereinbarung, wonach sich der Rechtsanwalt zur **Rückzahlung eines Honorarteils** bei Nichteintritt eines bestimmten Erfolges verpflichtet, unterliegt dem Sittenwidrigkeitsverdikt (BGH NJW 1987, 3203).

Der Rechtsanwaltsvertrag ist bei tätigkeitsbezogenem Charakter als Geschäftsbesor- C 29 gungsdienstvertrag auf **Dienste höherer Art iSd § 627** gerichtet (MünchKomm/SCHWERDTNER[2] § 627 Rn 4; STAUDINGER/NEUMANN[12] § 627 Rn 6; BGB-RGRK/CORTS[12] § 627 Rn 3). **Kündigt** der Auftraggeber das Mandat nach § 627 oder nach § 626, so hat der Rechtsanwalt nach § 628 Abs 1 einen Anspruch auf entsprechende **Teilvergütung**. Dabei gebührt der Herabsetzung nach § 628 Vorrang vor der in § 3 Abs 3 BRAGO geregelten Ermäßigung, die nur dann in Betracht kommt, wenn auch das nach § 628 Abs 1 S 1 herabgesetzte Teilhonorar unangemessen hoch ist oder die Parteien eine vorzeitige Zahlbarkeit des gesamten Honorars auch bei vorzeitiger Vertragsbeendigung vereinbart haben (BGH NJW 1987, 315). Strittig ist, ob § 627 abdingbar ist. Nach einer zutreffenden Auffassung steht dem nichts entgegen, solange das Kündigungsrecht nach § 626 unberührt bleibt (MünchKomm/SCHWERDTNER[2] § 627 Rn 19; STAUDINGER/NEUMANN[12] § 627 Rn 19; BGB-RGRK/CORTS[12] § 627 Rn 12). Nach der Gegenansicht läuft eine Abbedingung des § 627 dem Wesen des Rechtsanwaltsvertrages zuwider (BORGMANN/HAUG, Anwaltshaftung 71). Die **Abtretung eines anwaltlichen Honoraranspruches** ist ohne Zustimmung des Mandanten sogar dann rechtsunwirksam, wenn sie an einen anderen Rechtsanwalt erfolgt (BGHZ 122, 115 = BGH VersR 1993, 1019). Dies wird damit begründet, daß der Erwerber der Forderung nicht an die anwaltliche Schweigepflicht gebunden sei, die Abtretung aber wegen § 402 nicht ohne die Offenbarung von Hintergründen durchgeführt werden könne (vgl dazu GIESEN/POLL JR 1994, 29; RING BB 1994, 373; MANKOWSKI JZ 1994, 48).

6. Haftung des Rechtsanwalts

a) Haftungsgründe

C 30 Anspruchsgrundlage für eine vertragliche Schadensersatzhaftung des Rechtsanwalts wegen schuldhafter Verletzungen der vorgenannten Aufklärungs-, Prüfungs-, Beratungs- und sonstiger Tätigkeitspflichten gegenüber dem Mandanten ist zu allermeist das gewohnheitsrechtlich anerkannte Institut der **positiven Forderungsverletzung**. Denn das Gesetz kennt zwar im Werk-, nicht aber im Dienstvertragsrecht Gewährleistungsvorschriften, und für Schadensersatzansprüche wegen Verzuges nach §§ 284 ff, 326 oder wegen Unmöglichkeit nach §§ 280, 325 fehlt es in aller Regel an einer konkreten Hauptleistungspflicht. Der Rechtsanwalt soll als dienstvertraglicher Geschäftsbesorger allgemein interessenwahrend in einer bestimmten Sache tätig werden. Die Versäumung einer Frist ist etwa nur die Folge der vorherigen Verletzung einer allgemeinen Vertragspflicht. Stellt sich ein Rechtsanwaltsvertrag ausnahmsweise als ein erfolgsbezogen-werkvertraglicher Geschäftsbesorgungsvertrag dar, ist das Institut der positiven Forderungsverletzung gleichfalls von herausragender Bedeutung für Schadensersatzansprüche des Mandanten, da solche in aller Regel auf Mangelfolgeschäden gestützt werden, die dem werkvertraglichen Gewährleistungsrecht entzogen sind (VOLLKOMMER, Anwaltshaftungsrecht Rn 218). Neben der positiven Forderungsverletzung können für Schadensersatzansprüche auch vor- und nachvertragliche Haftungstatbestände einschlägig sein, insbesondere *culpa in contrahendo* (BGH BB 1988, 2338 mwNw; LORENZ, in: FS Larenz I 575, 588). Die Vorschrift des § 44 Abs 2 BRAO regelt einen Spezialfall der *culpa in contrahendo*. Selten kommt eine Haftung des Anwalts aus einem **Treuhandvertrag** (vgl RINSCHE, Die Haftung des Rechtsanwalts und Notars I Rn 18; HARTSTANG, Anwaltsrecht 581 ff) oder einem **Garantievertrag** in Betracht (vgl HARTSTANG, Anwaltsrecht 571 ff).

C 31 Gegenüber Dritten kann der Rechtsanwalt vor allem aus **Vertrag mit Schutzwirkung zugunsten Dritter** haften. Über einen derartigen vertraglichen Haftungsgrund muß anhand der allgemeinen Grundsätze im jeweiligen Einzelfall entschieden werden (RINSCHE, Die Haftung des Rechtsanwalts und Notars I Rn 16 f; HARTSTANG, Anwaltsrecht 575 ff).

Nur in Ausnahmefällen wird ein Dritter in den Schutzbereich einbezogen sein, denn der Anwaltsvertrag beruht auf einem höchstpersönlichen Vertrauensverhältnis zwischen dem Anwalt und seinem Mandanten (BGH NJW 1986, 589; BGH NJW 1988, 20). Daneben kommt eine Haftung aus einem **Auskunftsvertrag** in Betracht, wenn etwa der Rechtsanwalt einem Dritten, insbesondere der Gegenpartei, Auskünfte aus der Vermögenssphäre seines Mandanten erteilt, die für den Auskunftsuchenden von besonderer Bedeutung sind. Denn in einem derartigen Fall setzt die Gegenpartei ein besonderes Vertrauen in den Rechtsanwalt und seine Stellung als unabhängiges Organ der Rechtspflege. Das Reichsgericht (RGZ 52, 365, 366 f) und ihm folgend der BGH gehen in derartigen „Auskunftsfällen" bereits von einem **stillschweigend abgeschlossenen Auskunftsvertrag** aus, wenn der Rechtsanwalt die Auskunft auf Initiative des Gegners erteilt und er erkennen muß, daß die gewünschte Information von entscheidender Bedeutung für die Dispositionen des Gegners ist (BGH NJW 1972, 678, 680 mwNw; vgl auch BGH WM 1978, 576).

Im Bereich der **deliktischen Haftung** des Rechtsanwalts aus § 823 Abs 1 sind zwei **C 32** Fallgruppen von besonderer praktischer Bedeutung: die Einleitung von **unberechtigten Vollstreckungsmaßnahmen** und die **unberechtigte Verfahrenseinleitung**. Bei unberechtigten Vollstreckungsmaßnahmen liegt idR ein Eingriff in das Eigentum oder den Besitz eines Dritten vor (MünchKomm/Mertens[2] § 823 Rn 77). In der Fallgruppe der unberechtigten Verfahrenseinleitung ist für die deliktische Schadensersatzhaftung des Rechtsanwalts meist an unbegründete Drittwiderspruchsklagen oder Konkursanträge anzuknüpfen. Dabei muß allerdings dem Schädiger ein **Haftungsprivileg** bei leichter fahrlässiger Verkennung der Rechtslage zugute kommen, weil die Inanspruchnahme staatlichen Rechtsschutzes nicht durch schwer kalkulierbare Haftungsrisiken beeinträchtigt werden darf (BGH NJW 1985, 1959, 1961; Vollkommer, Anwaltshaftungsrecht Rn 247; Hopt, Schadensersatz aus unberechtigter Verfahrenseinleitung [1968]).

b)   Schaden, Kausalität und Verschulden
Hat der Mandant durch anwaltliches Fehlverhalten einen Prozeß verloren, so erlei- **C 33** det er nicht nur durch den Prozeßausgang, etwa durch die gerichtliche Aberkennung seines Anspruchs gegen den Beklagten oder durch einen gegen ihn gerichteten Zahlungstitel, sondern auch durch die Verfahrenskosten einen Schaden. Der **Schaden** umfaßt aber nicht solche Kosten eines Rechtsstreits, die auch bei vertrags- und pflichtgemäßer Prozeßführung entstanden wären (BGH NJW 1991, 2280, 2282). Schwierig ist freilich häufig die Feststellung, daß der Prozeß ohne den Anwaltsfehler gewonnen worden wäre. Im Streitfall befindet nach der Rspr das Regreßgericht darüber, wie das Gericht des Vorprozesses richtigerweise entschieden hätte (st Rspr, zB BGH NJW 1987, 3255, 3256 mNw; Vollkommer, Anwaltshaftungsrecht Rn 402 mit Fn 623; MünchKomm/Grunsky[2] vor § 249 Rn 6 aE). Für den **Inzidentprozeß** gelten dabei im wesentlichen – mit gewissen Erleichterungen – die gleichen Beweis- und Beweislastregeln wie im Vorprozeß (BGH NJW 1988, 1079; BGH LM § 249 A Nr 81; BGH VersR 1985, 146; Rinsche, Die Haftung des Rechtsanwalts und Notars I Rn 151; Lang WM-Beilage 9/1988, 1 u 6). Dagegen wendet allerdings Braun (ZZP 96 [1983] 89, 93, 107 ff) ein, man dürfe nur darauf abstellen, wie das Gericht des Vorprozesses ohne das Anwaltsverschulden tatsächlich *in casu* entschieden hätte; unerheblich sei dagegen, ob die Entscheidung ansonsten richtig oder falsch sei. Praktische unterschiedliche Auswirkung hat dieser Streit nur dann, wenn das Vorgericht der Klage fälschlicherweise ohne das Anwaltsverschulden stattgegeben hätte (vgl Baur, in: FS Larenz I 1063, 1069). Die Rechtspre-

chung hält zu Recht daran fest, daß dem Mandanten im Ergebnis nicht mehr zugute kommen darf als ihm nach der umfassenden Rechtsprüfung im Regreßverfahren zusteht (BGH NJW, 1982, 2842, 2843). Im übrigen fällt ein Schaden, den ein Mandant durch ein unrichtiges Urteil erlitten hätte, nicht mehr in den **Schutzbereich des Anwaltsvertrages** (VOLLKOMMER, Anwaltshaftungsrecht 403 ff, 408).

C 34 Die **adäquate Kausalität** einer anwaltlichen Pflichtverletzung für einen Mandantenschaden ist immer dann zu bejahen, wenn es bei einem **pflichtgemäßen Verhalten** des Rechtsanwalts nicht zu einem Schaden des Mandanten gekommen wäre (BGH WM 1988, 905). Der ursächliche Zusammenhang zwischen der Pflichtverletzung und dem Schaden muß grundsätzlich vom Mandanten bewiesen werden (BGH WM 1988, 905), doch kommen ihm Beweiserleichterungen etwa nach § 252 S 2 BGB und nach § 287 ZPO zugute. Für die Kausalitätsprüfung ist insbesondere bei Verletzungen der Rechtsberatungspflicht nach der Lebenserfahrung davon auszugehen, daß sich derjenige, der einen anderen wegen seiner besonderen Sachkunde um Rat fragt, beratungsgemäß verhalten hätte und daß deshalb auch ein Mandant grundsätzlich ohne weiteres den Ratschlägen des Rechtsanwalts Folge geleistet hätte und nicht ohne zwingende Gründe davon abgewichen wäre (BGH NJW 1983, 1665, 1666; BGH NJW 1982, 240; BGH NJW 1992, 1159, 1160). Problematisch ist die Kausalitätsprüfung bei einer **fehlerhaften Entscheidung des Gerichts**, bei der sich zur anwaltlichen Pflichtverletzung noch ein Fehlverhalten des Gerichts gesellt (vgl etwa BGH NJW 1988, 486). Bei der Betrachtung des hypothetischen Prozeßverlaufs ist klärungsbedürftig, inwieweit der Rechtsanwalt die drohende Fehlentscheidung erkennen und verhindern konnte (vgl VOLLKOMMER, Anwaltshaftungsrecht Rn 332 ff).

C 35 Bei einer objektiven Verletzung einer anwaltsvertraglichen Pflicht mit daraus entstandenem Schaden, liegt – bei zusammenfassender Betrachtung der Rechtsprechung – im Regelfall auch ein **Verschulden des Rechtsanwalts** nach § 276 vor; das Verschulden des Rechtsanwalts wird bei einer Pflichtverletzung im Regreßprozeß entsprechend § 282 vermutet (BGH NJW 1987, 326, 327 = LM BRAO § 51 Nr 11; LANG WM-Beilage 9/88, 6; RINSCHE, Die Haftung des Rechtsanwalts und Notars I Rn 144). Einem Schuldvorwurf kann der Anwalt nicht durch Hinweis darauf entgehen, daß andere Kollegen, ein Kollegialorgan oder sonstige Juristen seine Maßnahme gebilligt haben oder hätten (OLG Bremen NJW 1960, 299; RGZ 159, 109, 110; SCHEFFLER NJW 1960, 265; zweifelnd aber BGH NJW 1985, 42 = LM § 675 Nr 103). Ein Fahrlässigkeitsvorwurf ist dem Rechtsanwalt immer dann zu machen, wenn er nicht dasjenige Maß an Sorgfalt hat walten lassen, das aufzuwenden einem durchschnittlich gebildeten und einsichtigen Repräsentanten seines Berufskreises möglich und zumutbar ist (BGH VersR 1967, 704, 705). Dieser Verschuldensmaßstab läßt sich auf die Formel der üblichen und zumutbaren, von einem ordentlichen Anwalt zu fordernden Sorgfalt reduzieren (BGH NJW-RR 1988, 508). Er beansprucht nach der Novellierung des § 233 ZPO auch im Bereich des vorher umstrittenen **prozessualen Verschuldens** Geltung (vgl VOLLKOMMER, Anwaltshaftungsrecht Rn 272 ff). Bei den Tatbestandsmerkmalen des § 826 werden für den Bereich der Rechtsanwaltshaftung bei Auskunftserteilung gegenüber anderen Fallgruppen dieser Vorschrift weniger strenge Anforderungen gestellt: schon ein leichtfertiger, grob fahrlässiger Verstoß gegen seine Berufspflichten kann angesichts der besonderen Vertrauensstellung des Rechtsanwalts als Organ der Rechtspflege eine schuldhafte sittenwidrige Schädigung begründen (BGH NJW 1972, 678, 680).

Der Rechtsanwalt kann dem Schadensersatzanspruch des Mandanten den Einwand **C 36** des **Mitverschuldens** gemäß § 254 entgegenhalten (BGH NJW-RR 1986, 1348; BGH NJW 1992, 307). Ein solches Mitverschulden des Auftraggebers liegt insbesondere in der **Verletzung seiner Informationspflicht**. Diesen Tatbestand muß freilich der Rechtsanwalt darlegen und beweisen. Die Parteien des Anwaltsvertrages können durch Individualvereinbarung in gewissem Umfang die **anwaltliche Haftung beschränken** (BORGMANN/HAUG, Anwaltshaftung 239; BOERGEN NJW 1969, 913; ROESEN AnwBl 1962, 25; GEIGEL AnwBl 1971, 29). Dem Ausschluß jedweder Haftung stehen allerdings unüberwindliche Bedenken entgegen; das Berufsbild des Rechtsanwalts als Wahrer des Rechts verbietet bereits den Ausschluß seiner Verantwortlichkeit für schwere Fehler.

c) Verjährung

Die Vorschrift des § 51 b (früher § 51) BRAO sieht für den Schadensersatzanspruch **C 37** des Mandanten gegen den Rechtsanwalt eine **dreijährige Verjährungsfrist** vor, die frühestens mit dem Zeitpunkt des **Entstehens des Anspruchs** und spätestens mit der **Beendigung des Anwaltsvertrages** beginnt; die Verjährungsfrist ist also von der Kenntnis des geschädigten Auftraggebers vom Schadenseintritt unabhängig (BGH NJW 1984, 2204 = LM BRAO § 51 Nr 6). Dabei ist die 2. Alt des § 51 b BRAO für den Verjährungsfristbeginn (Beendigung des Mandats) nur für nach dem Mandatsende entstandene Schadensersatzansprüche einschlägig; bei früherem Verjährungseintritt nach der 1. Alt des § 51 b BRAO ist allein der Lauf dieser Verjährungsfrist entscheidend (OLG Hamm FamRZ 1991, 1049, 1050). Der Entstehungszeitpunkt des Anspruches wird durch den Eintritt eines Schadens markiert (BGHZ 94, 380, 385; BGH WM 1990, 815, 817). Ist gegen ein falsches Urteil noch ein Rechtsmittel möglich, fehlt es an einem Schaden. Die dreijährige Verjährungsfrist gilt auch für den sogenannten Sekundäranspruch des Mandanten auf Unterlassen der Einrede der Verjährung (so C Rn 21). Der Sekundäranspruch verlangt allerdings eine erneute Pflichtverletzung des Rechtsanwalts in Form einer unterlassenen Aufklärung des Mandanten über den Regreßanspruch gegen den Anwalt selbst (BGHZ 94, 380 = WM 1985, 889). Der Regreßanspruch muß noch durchsetzbar, darf also insbes noch nicht verjährt sein, damit der Sekundäranspruch zur Entstehung gelangen kann. Die Verjährungsvorschrift des § 51 b BRAO (früher § 51 BRAO) soll auch für vertragliche Schadensersatzansprüche des Mandanten zur Anwendung kommen, wenn ein Rechtsanwalt in engem inneren Zusammenhang mit einer von ihm ausgeübten rechtlichen Beratung pflichtwidrig eine nachteilige Vermögensanlage empfiehlt (BGH NJW 1994, 1405).

II. Steuerberaterverträge

Schrifttum

ECKERT/BÖTTCHER, Steuerberatergebührenverordnung (2. Aufl 1989 mit Nachtr 1991)
GEHRE, Steuerberatungsgesetz (2. Aufl 1991)
GRÄFE/LENZEN/RAINER, Steuerberaterhaftung (2. Aufl 1990)
KOLBECK/PETER/RAWALD, Kommentar zum Steuerberatergesetz (3. Aufl 1990)
MAXL, Abgrenzung der Unternehmensberatung zur Steuer- und Rechtsberatung – „Ausweg" durch Mandatsvermittlung?, NJW 1982, 1574
MITTELSTEINER/SCHOLZ, Steuerberatergebührenverordnung (3. Aufl 1990)
SPÄTH, Die zivilrechtliche Haftung des Steuerberaters (3. Aufl 1987)

1. Tätigkeitsprofil und Rechtsnatur

C 38 Steuerberaterverträge sind **Dienst- oder (bei Erfolgsbezogenheit) Werkverträge mit Geschäftsbesorgungscharakter**, die auf die Erstellung und Einreichung von Steuererklärungen des Mandanten oder auf die Erteilung von Auskünften über Steuerfragen und Steuervorteile, bisweilen auch auf die Erstattung steuerbezogener Gutachten oder die Anfertigung von Bilanzen und das Führen von Büchern gerichtet sind (vgl BGHZ 54, 106; BGHZ 84, 244; BGHZ 115, 382; MünchKomm/SEILER[2] § 675 Rn 43; STAUDINGER/WITTMANN[12] § 675 Rn 36). Nach BGHZ 54, 106, 107 f entspricht die Rechtslage beim Steuerberatervertrag „weitgehend der beim Anwaltsvertrag". Entsprechendes gilt für Verträge mit **Steuerbevollmächtigten**. Steuerberater und Steuerbevollmächtigte schließen ihre Verträge allerdings im Gegensatz zu Rechtsanwälten **überwiegend mit Dauermandanten** ab. Die Umstände des Einzelfalls entscheiden darüber, ob mehrere Einzelaufträge erteilt wurden oder ein einheitlicher Dauerauftrag geschlossen wurde (BGH VersR 1988, 584). Ohne Indizwert ist dabei die Art der Rechnungserteilung durch den Steuerberater, denn die Steuerberatergebührenverordnung schreibt als Regel eine Gebührenberechnung nach Einzeltätigkeiten auch für Tätigkeiten im Rahmen eines Dauermandats vor; nur unter bestimmten Voraussetzungen und nur nach vorheriger schriftlicher Vereinbarung ist die Anforderung eines **Pauschalhonorars** zulässig. Das Berufs- und Standesrecht der steuerberatenden Berufe ist ebenso wie das der Rechtsanwälte und Wirtschaftsprüfer in einem **turbulenten Umbruch** begriffen, so daß die gegenwärtige Rechtslage einen stark interimistischen Charakter hat (vgl dazu oben Rn C 1). Es geht dabei um die Stärkung der Leistungs- und Wettbewerbsfähigkeit der steuerberatenden Berufe durch eine Auflockerung überkommener berufsrechtlicher Regulierungen, etwa im Bereich der standesgerechten Werbung und der Zusammenarbeit mit anderen rechts- und wirtschaftsberatenden Berufen.

C 39 Ein Vertrag, durch den einem Steuerberater oder Steuerbevollmächtigten **allgemein die Wahrnehmung aller steuerlichen Interessen** des Auftraggebers übertragen wird, ist **regelmäßig ein Dienstvertrag**, der eine Geschäftsbesorgung zum Gegenstand hat, §§ 675, 611 (BGHZ 54, 106, 107 f; BGH WM 1971, 1206; BGH WM 1988, 763, 764; BGHZ 115, 382, 386; GRÄFE/LENZEN/RAINER, Steuerberaterhaftung 123 ff, 127 ff; ECKERT/BÖTTCHER, Steuerberatergebührenverordnung Vorbem 1.3.2 vor § 1; MITTELSTEINER/SCHOLZ, Steuerberatergebührenverordnung Einf 1 b; GEHRE, Steuerberatungsgesetz Rn 20, 24 zu § 33; MARTENS NJW 1977, 766 f; PRÜTTING WM 1978, 130 f). Reine Dienstleistung mit Geschäftsbesorgungscharakter ist namentlich die steuerliche Beratung bei der Anlage, der Verteilung und der Bewertung von Vermögensgegenständen oder bei der Ausschöpfung und Abstimmung von Steuervergünstigungen, ferner die Vertretung des Steuerpflichtigen vor den Steuerbehörden, zB bei Betriebsprüfungen. Typischerweise ist ein Vertrag mit einem Steuerberater über die Beratung beim Erwerb von Immobilien zur Steuerersparnis nach §§ 675, 611 zu qualifizieren (BGH NJW-RR 1987, 1380). Keineswegs wird bei derartigen tätigkeitsbezogenen Steuerberaterverträgen jede zu erbringende greifbare Einzelleistung für sich als ein Erfolg im Sinne des Werkvertragsrechts geschuldet (teilweise anderer Ansicht aber OLG Celle DStR 1974, 290 f; OLG Nürnberg DStR 1974, 709 f; SPÄTH DStR 1966, 91, 93 f). Lediglich bei Einzelaufträgen, die auf eine einmalige, in sich abgeschlossene Leistung gerichtet sind, ist eine Qualifikation als **Werkvertrag** mit Geschäftsbesorgungscharakter nach §§ 675, 631 angebracht; nur hier kann im allgemeinen der Steuerberater das Risiko hinreichend abschätzen, um für einen bestimmten Erfolg seiner Tätigkeit als Werkleistung iS von § 631 einzustehen (RGZ 88, 223, 226; BGH NJW 1965, 106; BGHZ 115, 382, 386). Beispiel ist der Steuerberatervertrag über die Anfertigung einer bestimmten steuerlichen Bilanz (BGH WM 1988, 763, 764; BGH WM 1992, 62, 64).

Die **Rechts- und Pflichtenstellung** des Steuerberaters ergibt sich nicht nur aus dem **C 40** Vertrag mit dem Mandanten, sondern zudem aus dem **SteuerberatungsG** und aus der **Allgemeinen Gebührenordnung für die wirtschaftsprüfenden sowie wirtschafts- und steuerberatenden Berufe (ALLGO).** Die Ausübung eines steuerberatenden Berufs stellt kein Gewerbe dar, sondern unterliegt strengen Berufspflichten, über deren Einhaltung Kammern und Berufsgerichte wachen. Der Steuerberater darf durch den Vertrag nur zu rechtsberatenden und rechtsbesorgenden Tätigkeiten auf den in § 1 SteuerberatungsG genannten Rechtsgebieten verpflichtet werden. Für die Abfassung etwa von Darlehens- oder Gesellschaftsverträgen mangelt ihm formal die erforderliche Qualifikation, falls er nicht zugleich Rechtsbeistand, Rechtsanwalt oder Wirtschaftsprüfer ist. Bei **allgemein-rechtlichen Fragestellungen** muß der Steuerberater seinen Mandanten an einen Rechtsanwalt oder Notar verweisen (BGH NJW 1986, 1050, 1051).

2. Pflichtenstellung

Der Steuerberater muß bei seiner Beratungstätigkeit grundsätzlich das Bild von **C 41** einem **Mandanten ohne jede steuerlichen Kenntnisse** zugrunde legen (BGH LM § 676 Nr 33; BGH LM § 675 Nr 127). Zu seinem Pflichtenkreis gehört die **Aufklärung** des steuerrechtlich relevanten Sachverhalts: er muß im Rückgriff auf seine Sachkunde die veranlagungs- und entscheidungserheblichen Tatsachen ermitteln und Unklarheiten durch Rückfragen beim Mandanten ausräumen (MENDEL WuB § 675, 5/86). Des weiteren trifft den Steuerberater – **ähnlich einem Rechtsanwalt** – eine **Prüfungspflicht** sowie eine **Beratungs- und Belehrungspflicht.** Im Rahmen eines Dauerauftrages muß der Steuerberater den Mandanten auf die steuerlichen Auswirkungen unvorhergesehener Sachverhaltsänderungen und neuartiger Entwicklungen hinweisen. Von einem allgemeinen Steuerberatervertrag sind auch außerhalb der Routine liegende Fragestellungen umfaßt, in die sich der Steuerberater notfalls einarbeiten muß.

In seine Beratungstätigkeit hat der Steuerberater alle für den Auftraggeber bedeut- **C 42** samen steuerlichen Gesichtspunkte mit einzubeziehen. Ähnlich wie der Rechtsanwalt ist auch der Steuerberater in seiner Beratungstätigkeit an das **Prinzip des sichersten Weges** gebunden und muß sich um die **weitestmögliche Abwendung von Schäden des Mandanten** bemühen (BGH VersR 1993, 443, 444 mwNw). Ohne eine eindeutige Zusage übernimmt der steuerliche Berater im Zweifel nicht die Vertragspflicht, für den Leistungserfolg einzustehen, daß die steuerlichen Erklärungen zu den gesetzlich festgelegten Fristen fertiggestellt sind (BGHZ 115, 382, 387 in Abweichung von BGHZ 84, 244, 250; SPÄTH DStR 1985, 450). Ein solches werkvertragsähnliches Versprechen kann von ihm regelmäßig nicht einseitig erwartet werden, schon weil er bei der Anfertigung der Steuererklärung ganz entscheidend auf die **Mitwirkung des Mandanten** angewiesen ist (SPÄTH, Die zivilrechtliche Haftung des Steuerberaters [3. Aufl] Rn 494). Allerdings ist der steuerliche Berater verpflichtet, nach besten Kräften mit Rat und Tat im Rahmen des Zumutbaren dabei mitzuwirken, daß der steuerpflichtige Mandant die festgesetzten Fristen für die Abgabe der Steuererklärung einhalten kann (BGHZ 115,

Michael Martinek

382, 389; BGH VersR 1968, 48, 49; BGH WM 1971, 1206; GRÄFE/LENZEN/RAINER, Steuerberater-haftung Rn 294, 305, 712). Eine schuldhafte Verletzung dieser Pflicht kann ihn nach den Grundsätzen der **positiven Vertragsverletzung** schadensersatzpflichtig machen. Vermittelt ein Steuerberater seinem Klienten im Rahmen des Vertragsverhältnisses steuerbegünstigte Kapitalanlagen und erhält der Steuerberater hierfür zusätzlich von Seiten des angesprochenen Anlagevermittlers eine Provision, dann muß er diese nach §§ 675, 667 an den Klienten abführen (BGH NJW-RR 1987, 1380, 1381; OLG Koblenz BB 1989, 2001).

C 43 Ein Steuerberater muß seinem Auftraggeber **auch ungefragt die bedeutsamen steuerlichen Einzelheiten**, die bei der Erledigung des Auftrags als problematisch auftreten, darlegen und erklären. Er muß ihn über ihre Folgen unterrichten, insbesondere auch über die Möglichkeiten einer Steuerersparnis belehren (BGH WM 1980, 308; BGH VersR 1981, 1029; BGHZ 83, 17; BGH WM 1982, 128; BGH NJW-RR 1987, 1375; BGH NJW 1990, 2057; BGH NJW-RR 1992, 158). Er muß den Mandanten in die Lage versetzen, **eigenverantwortlich** seine Rechte und Interessen zu wahren und eine Fehlentscheidung zu vermeiden. Für den steuerlichen Berater gelten auf seinem Fachgebiet auch insoweit die gleichen Anforderungen, die an die Wahrnehmung der Pflichten aus einem Anwaltsvertrag zu stellen sind (BGH NJW-RR 1992, 1110, 1112). Wenn der Steuerpflichtige aufgrund des Verhaltens des Finanzamts darauf vertrauen darf, dieses werde an einer für ihn günstigen Beurteilung eines bestimmten Sachverhalts auch in Zukunft festhalten, hat der steuerliche Berater seine Empfehlungen und Belehrungen in der Regel danach auszurichten, selbst wenn er persönlich die Sach- und Rechtslage anders beurteilt (BGH NJW-RR 1992, 1110). Veranlaßt der steuerliche Berater, daß das Finanzamt von einer günstigen Sachverhaltsbeurteilung abweicht und einen nachteiligen Bescheid erläßt, muß er dem Mandanten den daraus entstandenen Schaden ersetzen, mag auch die nunmehr vertretene Auffassung objektiv der Sach- und Rechtslage entsprechen.

3. Haftung

C 44 Bei einer **schuldhaften Pflichtverletzung** macht sich der steuerliche Berater schadensersatzpflichtig. Dabei gilt die Vermutung, daß sich der Mandant bei sachgerechter Belehrung beratungsgemäß verhalten hätte (BGH NJW-RR 1992, 1110). Nach § 68 StBerG verjährt der Anspruch des Auftraggebers auf Schadensersatz wegen einer Vertragsverletzung des Steuerberaters in drei Jahren von dem Zeitpunkt an, in dem der Anspruch entstanden ist (BGHZ 73, 363; BGHZ 114, 150; BGH NJW-RR 1992, 157, 159; BGH NJW 1992, 1694; ECKERT NJW 1989, 2081). Findet beim Steuerpflichtigen eine Außenprüfung statt, dann tritt der Schaden erst mit der Steuermehrbelastung nach Abschluß der Prüfung ein. Wie ein Rechtsanwalt muß auch ein Steuerberater im Rahmen seiner Beratungspflicht den Mandanten auf **mögliche Regreßansprüche gegen sich** selbst hinweisen (BGH VersR 1993, 448, 449; BGH NJW 1985, 1285, 1286 f), doch entfällt diese Hinweispflicht, wenn dem Mandanten zwischenzeitlich eine anwaltliche Beratung zuteil geworden ist (BGH VersR 1993, 448, 449; BGH NJW 1982, 1288, 1289). Bei einem Verstoß gegen die Beratungspflicht über einen Regreßanspruch kann es – wie beim Rechtsanwalt (so Rn C 21) – zu einem **Sekundäranspruch** des Mandanten gegen den Steuerberater auf **Unterlassen der Verjährungseinrede** kommen (BGHZ 83, 17 = WM 1982, 367; BGHZ 96, 290 = WM 1986, 261).

Die für den Rechtsanwaltsprozeß geltenden **Darlegungs- und Beweislastregeln** finden **C 45** auch bei Regreßprozessen gegen einen Steuerberater Anwendung. Behauptet der Mandant eine fehlerhafte oder unterlassene Beratung, muß der Steuerberater Zeitpunkt und Form seiner Beratung darlegen; erst dann kann der Auftraggeber seiner Beweislast zur fehlerhaften oder unterlassenen Beratung genügen (BGH VersR 1993, 443, 444 f). Bei objektiv vorliegender Pflichtverletzung des Steuerberaters wird sein **Verschulden** entsprechend § 282 **vermutet** (LANG Beilage WM 9/88, 12). Der Steuerberater muß darlegen und beweisen, daß die Pflichtverletzung nicht von ihm zu vertreten ist.

III. Architektenverträge

Schrifttum

BARNIKEL, Die Rechtsnatur des Architektenvertrages, BauR 1979, 202

BEIGEL, Urheberrecht des Architekten (1984)

ders, „Einheitsarchitektenvertrag", BauR 1986, 34

BINDHARDT/JAGENBURG, Die Haftung des Architekten (8. Aufl 1981)

FISCHER, Die Regeln der Technik im Bauvertragsrecht (1985)

GANTEN, Recht und Pflicht des Architekten zur Nachbesserung seines (mangelhaften) Werkes, in: FS Korbion (1986) 85

ders, Pflichtverletzung und Schadensrisiko im privaten Baurecht (1974)

ders, Zum Vertrauensschutz bei der Verjährung von Honoraransprüchen der Architekten, NJW 1993, 1165

GLASER, Architekt und Bauherr, MDR 1958, 637

GROSS, Haftungsrisiken des Architekten (1980)

HARTMANN, Die neue Honorarordnung für Architekten und Ingenieure (HOAI) (Loseblattsammlung 1982 ff)

HERDING/SCHMALZL, Vertragsgestaltung und Haftung im Bauwesen (2. Aufl 1967)

HESS, Die Haftung des Architekten für Mängel des errichteten Bauwerks (1966)

HESSE/KORBION/MANTSCHEFF/VYGEN, Kommentar zur HOAI (3. Aufl 1990)

JAGENBURG, Der für die anerkannten Regeln der Technik maßgebliche Zeitpunkt, in: FS Korbion (1986) 179

ders, Die Entwicklung des Architektenrechts 1985/86, NJW 1987, 2974

ders, Die Entwicklung des Architekten- und Ingenieurrechts seit 1987/88, NJW 1990, 93

ders, Die Entwicklung des Architekten- und Ingenieurrechts seit 1989/90, NJW 1992, 148

KAISER, Das Mängelhaftungsrecht in Baupraxis und Bauprozeß (6. Aufl 1989)

KNYCHALLA, Inhaltskontrolle von Architektenformularverträgen (1987)

KNOPPEN, Die außergewöhnliche Leistung des Architekten und deren Honorierung, in: FS Korbion (1986) 227

KRUKENBERG, Der Architektenvertrag (1967)

LOCHER, Neuregelungen beim Honorarrecht der Architekten und Ingenieure, NJW 1985, 367

LÖFFELMANN/FLEISCHMANN, Architektenvertrag und HOAI – Leistungspflichten, Honorar, Haftung (2. Aufl 1993)

MUSIELAK, Entgeltliche Geschäftsbesorgung, in: BMJ (Hrsg), Gutachten und Vorschläge zur Überarbeitung des Schuldrechts Bd II (1981) 1209 ff, insbes 1237 ff

NEUENFELD, Der mündliche Architektenvertrag, DAB 1981, 725

NEUENFELD/BADEN/DOHNA/GROSCURTH, Handbuch des Architektenrechts Bd I und II (Loseblatt 2. Aufl 1988 ff)

WERNER/PASTOR, Der Bauprozess (6. Aufl 1990)

SCHMALZL, Zur Rechtsnatur des Architektenvertrages nach der neueren Rechtsprechung, BauR 1977, 80

ders, Die Haftung des Architekten und des Bauunternehmers (4. Aufl 1980)

H W SCHMIDT, Die Rechtsprechung des Bun-

Michael Martinek

desgerichtshofs zum Bau-, Architekten- und Statikerrecht, WM-Sonderbeil 4/1993

SIEGBURG, Baumängel aufgrund fehlerhafter Vorgaben des Bauherrn, in: FS Korbion (1986) 411

ders, Gewährleistung beim Bauvertrag (2. Aufl 1989)

TEMPEL, Bauhandwerkersicherungshypothek für den Architekten? – BGHZ 51, 190 und OLG Düsseldorf NJW 1982, 1863, JuS 1973, 414

ders, Der Architektenvertrag, in: GITTER u a, Vertragsschuldverhältnisse Bd III (1974)

VYGEN, Der Vergütungsanspruch des Unternehmers für Projektierungsarbeiten und Ingenieurleistungen im Rahmen der Angebotsabgabe, in: FS Korbion (1986) 439

WEINBRENNER/JOCHEM, Der Architektenwettbewerb (1988)

WEYER, Weitere neue Probleme im Architektenhonorarprozeß, in: FS Korbion (1986) 481

1. Tätigkeitsprofil und HOAI

C 46 Der Architekt übt einen der **klassischen freien Berufe** aus, erhält für seine Tätigkeit traditionell vom Bauherrn ein „Honorar" und unterfiel schon im römischen Recht eher dem Recht des *mandatum* als dem der *locatio conductio operis* bzw *operarum*. Freilich kann der Architekt seine Tätigkeit außer in freiem Beruf auch als Bediensteter des Staates oder als Angestellter freischaffender Architekten und wirtschaftlicher Unternehmungen ausüben. Im einzelnen gehören zu den **Berufsaufgaben des Architekten** die gestaltende, technische und wirtschaftliche Planung von Bauwerken (Innenräumen, Garten- und Landschaftsplanung) sowie die koordinierende Lenkung und Überwachung der Planung und Ausführung, die Beratung, Betreuung und Vertretung des Auftraggebers in allen mit der Planung und Durchführung eines Vorhabens zusammenhängenden Fragen, die Ausarbeitung städtebaulicher Pläne, die städtebauliche Beratung, die Erstellung von städtebaulichen Gutachten sowie die Mitwirkung an der Ausarbeitung von Entwicklungs- und Regionalplänen. Ein Architektenvertrag kann wegen der vielfältigen Aufgabenbereiche verschieden ausgestaltet sein. **Drei Haupttypen** lassen sich in der Praxis ausmachen (HERDING/SCHMALZL, Vertragsgestaltung und Haftung im Bauwesen 1 ff): erstens der auf die Planung des Bauvorhabens beschränkte **„Planungsvertrag"**, der den Vorentwurf, die Bauvorlagen, die Massen- und Kostenberechnung und die Ausführungszeichnungen umfaßt; zweitens der die Bauleitung betreffende **„Bauleitungsvertrag"**, der die künstlerische, technische und geschäftliche Oberleitung und/oder die örtliche Bauaufsicht zum Gegenstand hat; drittens der sämtliche vorstehenden Leistungen umfassende **„Gesamtarchitektenvertrag"** (umfassender Architektenvertrag, auch Vollarchitekten- oder Vollarchitekturvertrag).

C 47 Die **Verordnung über die Honorare für Leistungen der Architekten und Ingenieure (HOAI)** vermittelt einen Eindruck von der Vielgestaltigkeit der Tätigkeit der freiberuflichen Architekten. Die HOAI ist mit Wirkung zum 1. 1. 1977 an die Stelle der bis dahin geltenden Verordnung über die Gebühren für Architekten aus dem Jahre 1942, zuletzt geändert 1974, getreten, um mit einem Honorarrahmen einerseits den Auftraggeber vor überhöhten Honoraren zu schützen, andererseits den Architekten unter Vermeidung eines ruinösen Preiswettbewerbs eine angemessene Vergütung zu sichern. Mit Wirkung zum 1. 1. 1985 ist die HOAI neu gefaßt (HOAI 1985), mit Wirkung zum 1. 4. 1988 novelliert worden (HOAI 1988, vgl LOCHER NJW 1988, 1574) und mit Wirkung ab 1. 1. 1991 ein weiteres Mal neu gefaßt worden (HOAI 1991, vgl OSENBRÜCK NJW 1991, 1081; U WERNER BauR 1991, 33). Als **ausschließlich preisrechtliches**

Regelungswerk beschränkt die HOAI nur in Bezug auf die Vergütungsvereinbarung die Vertragsfreiheit der Parteien (BGH NJW 1985, 2839; LÖFFELMANN/FLEISCHMANN, Architektenvertrag und HOAI Rn 2). Die HOAI ist vom BVerfG im Jahre 1981 auf ihre Verfassungsmäßigkeit überprüft worden (BVerfG NJW 1982, 373). Ihr Geltungsbereich wird nicht subjektiv nach der Architekteneigenschaft oder der Eintragung als Architekt bestimmt, sondern objektiv nach den sachlichen Leistungen festgelegt, die als Grundleistungen, Besondere oder Zusätzliche Leistungen (vgl §§ 2, 28 ff HOAI) unter die sog Leistungsbilder fallen (OLG Düsseldorf BauR 1979, 352; OLG Düsseldorf BauR 1980, 490; OLG Köln BauR 1986, 468). Die Vorschrift des § 15 HOAI mit ihrer ausführlichen Beschreibung des Leistungsinhalts von Architektenverträgen (Leistungsbilder) hat in der Praxis allerdings eine über den honorar- und preisrechtlichen Regelungszweck hinausgehende Bedeutung für die Auslegung von Architektenverträgen. **AGB-rechtlich** kommt der HOAI praktisch eine dem dispositiven Gesetzesrecht entsprechende **Leitbildfunktion** zu (NEUENFELD/BADEN/DOHNA/GROSCURTH, Handbuch des Architektenrechts Bd II [2. Aufl] Rn 350). Die Leistungsphasen 1 bis 9 des § 15 Abs 2 HOAI sind überschrieben: Grundlagenermittlung; Vorplanung (Projekt- und Planungsvorbereitung); Entwurfsplanung (System- und Integrationsplanung); Genehmigungsplanung; Ausführungsplanung; Vorbereitung der Vergabe; Mitwirkung bei der Vergabe; Objektüberwachung (Bauüberwachung); Objektbetreuung und Dokumentation.

2. Rechtsnatur und Rechtsfolgen

a) Vom Dienstvertrag zum Werkvertrag

Nach der aus dem gemeinen Recht **überkommenen Auffassung war der Architektenvertrag als Dienstvertrag** zu qualifizieren, der Dienste höherer Art zum Gegenstand hatte, die auf Grund besonderen Vertrauens übertragen zu werden pflegen. Dem ist auch das RG für die Fälle gefolgt, in denen (nur) die Bauleitung mit oder ohne örtliche Bauaufsicht wahrgenommen wird (RGZ 86, 75; 137, 83; RG JW 1936, 3116). Dagegen betrachtete das RG den vom Architekten entworfenen und gefertigten Bauplan als ein Werk iS des § 631 (RGZ 97, 122, 125), in dem sich die geistige Arbeit des Architekten verkörpere. Mithin wurden „Bauleitungsverträge" dem Dienstvertrags- und „Planungsverträge" dem Werkvertragsrecht unterstellt. Der beides umfassende „Gesamtarchitektenvertrag" sollte aber nach dem RG letztlich ein Dienstvertrag sein, denn es trete die Bedeutung des Bauplans zurück, wenn der Architekt zugleich seinen Plan ausführe und die dafür erforderlichen Arbeiten leite und überwache; der Bauplan bereite dann die eigentliche Architektenleistung, nämlich die Bauleitung nur vor (RGZ 86, 75, 77 f). C 48

Diese **traditionelle Auffassung** wurde im Schrifttum stark **angegriffen** (vgl GLASER MDR 1958, 637 mwNw), das jedenfalls beim Gesamtarchitektenvertrag überwiegend für eine werkvertragliche Qualifizierung plädierte. Der Streit hatte vor allem die Voraussetzungen und Rechtsfolgen der Kündigung nach §§ 626 ff oder nach §§ 649 ff zum Gegenstand, insbesondere die Frage einer jederzeitigen Kündbarkeit auch ohne wichtigen Grund (§ 627) und die des Vergütungsanspruchs bei Kündigung (§ 649), aber auch die Geltung des Gewährleistungsrechts nach §§ 633, 634 und das Recht auf eine Sicherungshypothek für die Honorarforderung (§ 648). Die Praxis behalf sich meist damit, daß in Architektenverträgen ausdrücklich die Geltung des Werkver- C 49 tragsrechts vorgesehen wurde, was nach der Rechtsprechung ohne Rücksicht auf die Vertragsnatur als wirksam angesehen wurde (BGH LM Nr 3 zu § 611).

C 50 Anläßlich eines Falles, in dem eine Werkvertragsklausel im Architektenvertrag fehlte, löste sich der BGH im Jahre 1959 von der dienstvertraglichen Qualifikation des Gesamtarchitektenvertrages durch die frühere Rechtsprechung. Nach der **Grundsatzentscheidung BGHZ 31, 224, 226 f** hat der **typische Architektenvertrag**, wenn er sämtliche Architektenleistungen von der Planung bis zur Oberleitung und örtlichen Bauaufsicht umfaßt, „jedenfalls in aller Regel" **Wertvertragscharakter**: „Die planende wie die bauleitende Tätigkeit des Architekten dienen der Herbeiführung desselben Erfolges (§ 631 Abs 2), der Erstellung des Bauwerks. Der auch mit der Oberleitung und Bauführung betraute Architekt schuldet zwar nicht das Bauwerk selbst als körperliche Sache. Er hat aber durch zahlreiche, ihm obliegende Einzelleistungen dafür zu sorgen, daß das Bauwerk plangerecht und frei von Mängeln entsteht und zur Vollendung kommt. Die erforderlichen Verhandlungen mit Behörden, die Massen- und Kostenberechnungen, das Einholen von Angeboten, das Vergeben der Aufträge im Namen des Bauherrn, insbesondere der planmäßige und reibungslose Einsatz der an dem Bauwerk beteiligten Unternehmen und Handwerker, die Überwachung ihrer Tätigkeit auf Einhaltung der technischen Regeln, behördlichen Vorschriften und vertraglichen Vereinbarungen, die Abnahme der Arbeiten, die Feststellung der Aufmaße, die Prüfung der Rechnungen, alle diese Tätigkeiten dienen der Verwirklichung des im Bauplan verkörperten geistigen Werks und haben somit den Zweck, den dem Bauherrn geschuldeten Erfolg, nämlich die mängelfreie Errichtung des geplanten Bauwerks zu bewirken." (BGHZ 31, 224, 227; vgl auch BGHZ 45, 372)

C 51 Dabei hatte der BGH zunächst noch offen gelassen, ob es bei einer dienstvertraglichen Qualifizierung bleiben sollte, wenn ohne bauplanerische Tätigkeit die **Bauleitung** und die **örtliche Bauaufsicht** oder eine dieser Tätigkeiten den alleinigen Gegenstand des Architektenvertrages bilden (BGHZ 31, 224, 228). Zunächst blieb im Architektenvertragsrecht (und Ingenieurvertragsrecht) heftig umstritten, ob die **Übernahme von „Bauführungsaufgaben"**, dh die örtliche Aufsicht (Oberleitung) über die Ausführung eines Bauwerks, dienst- oder werkvertraglich einzuordnen ist. Die Honorarordnung für Architekten und Ingenieure (HOAI) spricht heute in § 15 Abs 2 Nrn 8 und 9 von **Objektüberwachung und Objektbetreuung**. Der BGH und ein Großteil des Schrifttums hatten insoweit eine dienstvertragliche Qualifizierung favorisiert (vgl insbes BGHZ 59, 163, 166; BGH NJW 1960, 1198, 1199 mit Nachweisen aus dem Schrifttum; vgl insbes TEMPEL JuS 1973, 414 ff). Erst im Jahre 1981 kam es durch die Entscheidung BGHZ 82, 100, 103 ff zu einer **Kehrtwende in der Rechtsprechung**. Der Leitsatz dieser Entscheidung lautet: „Auch der Architektenvertrag, der nur die Bauführung umfaßt, ist Werkvertrag." In der Begründung heißt es: „Plangerechtigkeit und Mängelfreiheit sollen der Erfolg sein, den der bauausführende Architekt schuldet." Seither bekennt sich auch das Schrifttum überwiegend zu einer werkvertraglichen Qualifizierung der reinen Bauführung (vgl auch die Darstellungen in MünchKomm/ SOERGEL[2] § 631 Rn 21 ff; LÖFFELMANN/FLEISCHMANN, Architektenvertrag und HOAI Rn 14 ff; HESSE/KORBION/MANTSCHEFF/VYGEN, HOAI-Komm [3. Aufl] Rn 22; OSENBRÜCK, Der Ingenieurvertrag 13 ff; NEUENFELD/BADEN/DOHNA/GROSCURTH, Handbuch des Architektenrechts Bd II Rn 65 ff).

Gegenüber der **inzwischen rein werkvertraglichen Qualifizierung** der Architektenver- **C 52** träge durch die Rechtsprechung neigt ein Teil des Schrifttums eher zu einer Einordnung als „gemischte Verträge", um eine „angemessene, differenzierte Verteilung der Leistungsrisiken" zu ermöglichen (so ESSER/WEYERS, SchR BT [7. Aufl] § 27 II 3 d; vgl auch TEMPEL JuS 1964, 346; KRUKENBERG, Der Architektenvertrag [1967]; JAKOBS, in: FS Ballerstedt [1975] 355; GANTEN NJW 1970, 687; ders, in: FS Korbion [1986] 85 ff). Zu Recht wird im übrigen darauf hingewiesen, daß bei isoliert übertragenen Architektenleistungen ohne unmittelbaren Bauwerksbezug (zB Objektbetreuung und Dokumentation) durchaus Dienstvertragsrecht anwendbar sein kann (NEUENFELD/BADEN/DOHNA/GROSCURTH, Handbuch des Architektenrechts Bd II Rn 71 ff).

b)   Geschäftsbesorgungsvertragliche Architektenverträge

Hat aber der Architekt über die Planung und Bauaufsicht hinaus auch **Verhandlungen** **C 53** **mit Dritten** zu führen, Bauaufträge auszuschreiben und zu vergeben, Abrechnungen zu prüfen etc, liegt nach dem BGH ein **Geschäftsbesorgungsvertrag werkvertraglichen Charakters** vor (BGHZ 41, 318), der den Architekt dann auch zur Auskunft und Rechnungslegung nach §§ 675, 666 verpflichtet (BGHZ 41, 318). Die Honorarforderung des Architekten, die nach früherer Rechtsprechung bei rein werkvertraglicher Qualifizierung nach § 195 in dreißig Jahren verjährte (RGZ 97, 122, 125; 129, 401, 403 f; BGHZ 45, 223 = NJW 1966, 1452; anders dann BGHZ 59, 163 = BGH NJW 1972, 1799), unterliegt bei geschäftsbesorgungsvertraglicher Rechtsnatur des Architektenvertrags einer nur **zweijährigen Verjährung** nach § 196 Abs 1 Nr 7. In der Entscheidung BGHZ 45, 223 = NJW 1966, 1452 hatte eine „Gesamtschau" des Architektenvertrages zur Verneinung einer geschäftsbesorgungsvertraglichen Rechtsnatur geführt, doch hatte der BGH an der dreißigjährigen Verjährung der werkvertraglichen Honorarforderung des Architekten festgehalten (zu dieser Entscheidung und dem dort zugrunde gelegten, zu engen Geschäftsbesorgungsbegriff so Rn A 33 f). Inzwischen ist die Rechtsnatur des Architektenvertrages für die Verjährung der Honorarforderung des Architekten ohne Bedeutung, seit der BGH auch auf rein werkvertragliche Architektenverträge die zweijährige Verjährung nach § 196 Abs 1 Nr 7 anwendet; es sei „kein Grund erkennbar", warum unter „Leistungen von Diensten" iS dieser Vorschrift „nur solche auf Grund eines Dienstvertrages zu verstehen seien" (BGHZ 59, 163 = BGH NJW 1972, 1799; vgl auch BGHZ 60, 98 = NJW 1973, 364; BGH NJW 1977, 375). Auch der werkvertraglich gewertete Architektenvertrag könne nicht nur, sondern müsse um eines schnellen Rechtsfriedens willen der kurzen Verjährung zugeordnet werden (dazu SCHMALZL NJW 1972, 1173; GANTEN NJW 1973, 1165).

Nach einer **Minderansicht** soll auch schon der typische Architektenvertrag unabhän- **C 54** gig von Verhandlungen mit Dritten Geschäftsbesorgungscharakter haben, weil die üblichen Architektenleistungen von einem Vermögensbezug, von Selbständigkeit und Interessenwahrung gekennzeichnet seien. (MUSIELAK, Gutachten 1241 f). Dieser Auffassung wird man in dieser Allgemeinheit schwerlich folgen können. Soweit sich der Architekt auf Bauplanung und Bauführung beschränkt, ist die zentrale geschäftsbesorgungsrechtliche Komponente der weisungsgebundenen Interessenwahrung nicht hinreichend ausgeprägt. Zu Recht hat es der BGH auch abgelehnt, dem Architekten eine allgemeine Verpflichtung aufzuerlegen, die Vermögensinteressen des Bauherrn in jeder Hinsicht wahrzunehmen und so kostengünstig wie möglich zu bauen (BGHZ 60, 1, 3). Der vom Bauherrn **lediglich zu Verhandlungen**

§ 675   2. Buch

C 55, C 56   7. Abschnitt. Einzelne Schuldverhältnisse

hinzugezogene Architekt bleibt ebenfalls werkvertraglicher Unternehmer (insoweit zu Recht BGHZ 45, 223, 229).

C 55   Abgesehen davon umfaßt freilich der Architektenvertrag in vielen Fällen heute *de facto* auch das Element der selbständigen Verhandlungen mit Dritten, bei denen der Architekt dann als Geschäftsbesorger des Bauherrn tätig ist. Die **Anforderungen und Erwartungen** der privaten, gewerblichen und öffentlichen Bauherrn bzw Auftraggeber an die Architekten sind in den letzten Jahrzehnten insoweit **stark gestiegen**. Im Zusammenhang mit den allgemeinen Betreuungsaufgaben, die dem Architekten zumindest in Form von Nebenpflichten vielfach auferlegt werden (GANTEN BauR 1974, 78; HARTMANN BauR 1974, 168), fließt nicht selten ein **ausgeprägtes geschäftsbesorgungsvertragliches Element** in den Vertrag ein. Sogar einige der Grundleistungen der HOAI sehen für den Architekten Aufgaben vor, die er ohne rechtsgeschäftliche Vertretung des Bauherrn kaum vornehmen kann (§ 15 Abs 2 Nrn 2, 3 und 4: Vorverhandlungen bzw Verhandlungen mit Behörden und fachlich Beteiligten; § 15 Abs 2 Nr 7: Verhandlungen mit Bietern; vgl MEISSNER BauR 1987, 497, 502). In zunehmendem Maße müssen sich die Architekten nach der Vertragsgestaltung als **Sachwalter des Bauherrn** verstehen, die die wirtschaftlichen Belange und Interessen der Bauherrn zu wahren haben. Die Folgen eines geschäftsbesorgerischen Vertragselements sind insbesondere die Bindung an Weisungen mit nur eingeschränkter Abweichungsmöglichkeit nach § 665, die Pflicht zur Herausgabe von Bauakten und von zugewendeten Vorteilen nach § 667, die Auskunfts- und Rechenschaftspflicht nach § 666 (sie geht über die in den Leistungsphasen 1 bis 3 des § 15 HOAI vorgesehenen Zusammenfassungen oder Zusammenstellungen der Planungsergebnisse hinaus), aber auch der Vorschuß- und Aufwendungsersatzanspruch nach §§ 669, 670.

C 56   Die **Baubetreuung im engeren Sinne** (su Rn C 60 ff) ist allerdings **keine originäre Berufsaufgabe des Architekten**, so daß seine Mitwirkung bei der Gestaltung und beim Abschluß von Verträgen, die nicht der Bauausführung, sondern der Veräußerung oder der Vermietung eines Bauwerks dienen, gegen Art 1 § 1 RBerG verstoßen kann (BGHZ 70, 12). Zwar kann er im Rahmen seiner Berufstätigkeit den Bauherrn in bestimmten Fällen auch rechtlich beraten und dazu sogar verpflichtet sein (BGH NJW 1976, 1635, 1636; SCHMALZL NJW 1968, 23). So gehört zum Leistungsbild des mit der Errichtung eines Bauwerks beauftragten Architekten, nämlich zur technischen und geschäftlichen Oberleitung, auch die Vorbereitung der zur Ausführung des Baus erforderlichen Verträge, die Mitwirkung bei der Auftragserteilung und die Wahrnehmung der Rechte des Bauherrn bei der Mängelbeseitigung. Die Vorbereitung und Abfassung von Verträgen mit Erwerbern oder Mietern ist aber „keine eigentliche Berufsaufgabe eines Architekten, sie ist ihm eher fremd und wird von seinem Berufsbild nicht umfaßt" (BGHZ 70, 12, 16).

IV.   Baubetreuungsverträge

Schrifttum

BASTY, Der Bauträgervertrag – Schwerpunkte der Vertragsgestaltung unter besonderer Berücksichtigung von AGB-Gesetz und MaBV (1993)

ders, Änderung der Makler- und Bauträgerverordnung, DNotZ 1991, 18

BAUMGÄRTEL, Die Beweislastverteilung bei einem Gewährleistungsausschluß im Rahmen eines Bauträgervertrages, ZfBR 1988, 101

BRANDNER, Transparenz als Maßstab der Inhaltskontrolle, in: FS Locher (1990) 101

BRAMBRING, AGB-Gesetz und Gewährleistung im Bauträgervertrag, NJW 1978, 777

ders, Sachmängelhaftung beim Bauträgervertrag und bei ähnlichen Verträgen, NJW 1987, 97

BRYCH, Verträge mit Bauträgern, NJW 1974, 1973

ders, Zivilrechtliche Aspekte des Bauherrenmodells, DB 1979, 1589

BRYCH/PAUSE, Bauträgerkauf und Baumodelle (1989)

BUNTE/HENSEN, Bauverträge und AGB-Gesetz (2. Aufl 1985)

DOERRY, Bauträgerschaft und Baubetreuung in der Rechtsprechung des Bundesgerichtshofes, ZfBR 1980, 166

ders, Die Rechtsprechung des Bundesgerichtshofes zur Gewährleistung beim Haus- und Wohnungsbau unter besonderer Berücksichtigung von Bauträgerschaft und Baubetreuung, ZfBR 1982, 189

ders, Bauträgerschaft, Baubetreuung und Bautreuhandschaft sowie Prospekthaftung bei Baumodellen in der Rechtsprechung des Bundesgerichtshofs, WM-Beil 8/1991

DONUS, Der Fertighausvertrag (1988)

FEHL, Finanzierungsleasing und Bauherrenmodell (1989)

GOTTWALD, Vertragsgerechtigkeit beim Kauf vom Bauträger, JA 1980, 65

GRZIWOTZ, Vertragliche Gewährleistungsregelungen im Bauträgervertrag, NJW 1989, 193

vHEYMANN, Rechtliche und wirtschaftliche Aspekte von Bauherren- und Erwerbermodellen, BB-Beilage 12/1980

HEPP, „Baubetreuungsvertrag" und Auskunftsanspruch des „Betreuten", NJW 1971, 11

JAGENBURG, Die Entwicklung des Baubetreuungs-, Bauträger- und Wohnungseigentumsrechts, NJW 1987, 3107; NJW 1990, 292; NJW 1992, 282

KANZLEITER, Die Sachmängelgewährleistung beim Kauf von Häusern und Eigentumswohnungen, DNotZ 1988, 651

KOEBLE, Die Rechtsnatur der Verträge mit Bauträgern, NJW 1974, 721

KÖHLER, Zur Rechtsnatur der Mängelhaftung bei der Veräußerung neuerrichteter Bauwerke, NJW 1984, 1321

KORBION/LOCHER, AGB-Gesetz und Bauerrichtungsverträge (1987)

LOCHER, Das private Baurecht (5. Aufl 1993)

ders, Die Auskunfts- und Rechenschaftspflicht des Architekten und Baubetreuers, NJW 1968, 2324

ders, Neuregelung der Berufsausübung privater Baubetreuer und Bauträger, NJW 1975, 98

ders, Aktuelle Fragen zum Baubetreuungs- und Bauträgerrecht (4. Aufl 1989)

LOCHER/KOEBLE, Baubetreuungs- und Bauträgerrecht (4. Aufl 1985)

MARCKS, Makler- und Bauträgerverordnung, Kommentar (5. Aufl 1991)

MAURER, Besonderheiten der Gewährleistungshaftung des Bauträgers, in: FS Korbion (1986) 301

MÜLLER, Auslegungsprobleme beim Bauträgervertrag, BauR 1981, 219

NICKLISCH, Rechtsprobleme bei der Gestaltung von Bauverträgen, BB-Beil 10/1974, 1

PFEIFFER, Vertretungsprobleme bei Verträgen mit Bauträgern, NJW 1974, 1449

QUAST, Bauherren- und Bauträgermodell, DB 1983, 1516

ders, Höchstrichterliche Rechtsprechung zum privaten Baurecht (RWS-Skript 1992)

REITHMANN, Bauherrenmodell und Bauträgermodell in zivilrechtlicher Hinsicht, BB 1984, 681

ders, Zur Entwicklung des Bauträgerrechts, WM 1986, 377

ders, Generalübernehmer- und Architektenmodell im Bauträgerrecht, WM 1987, 61

ders, Der „richtige" Bauträgervertrag, in: FS Bärmann/Weitnauer (1990) 513

REITHMANN/BRYCH/MANHART, Kauf vom Bauträger und Bauherrenmodell (5. Aufl 1983)

REITHMANN/MEICHSSNER/vHEYMANN, Kauf vom Bauträger (6. Aufl 1992)

FRIEDRICH SCHMIDT, Kauf vom Bauträger, in: Langenfeld (Hrsg), Münchener Vertragshandbuch Bd 4/1 (3. Aufl 1992) 210 ff

USINGER, Fälligkeits- und Hinterlegungsvereinbarungen in Bauträgerverträgen, NJW 1987, 934

WITTCHEN, Der Baubetreuungsvertrag (1969)

Michael Martinek

1. Überblick

C 57 Die Nachkriegsjahrzehnte sind in der Bundesrepublik Deutschland von einer regen Bautätigkeit gekennzeichnet gewesen, die durch die Entwicklung des Wohnungseigentums verstärkt wurde. Nach der deutschen Wiedervereinigung hat im Zuge der Aufbauleistungen in Ostdeutschland auch dort eine unbändige Aktivierung der Bautätigkeit eingesetzt. Unter den hier zum Einsatz kommenden neuartigen Vertragsgestaltungen spielen die **Baubetreuungsverträge** eine besondere Rolle. Beim Baubetreuungsvertrag übernimmt es der Baubetreuer gegenüber dem Bauherrn, ihn bei der Planung und Durchführung des Bauvorhabens teilweise oder vollständig zu entlasten, insbesondere das Bauvorhaben technisch, organisatorisch, wirtschaftlich und finanziell vorzubereiten, auszuführen und abzuwickeln. Die Ausgestaltung im einzelnen kann allerdings sehr vielfältig sein. Nach inzwischen weithin konsentierter Begrifflichkeit (grundlegend LOCHER NJW 1967, 326; LOCHER/KOEBLE, Baubetreuungs- und Bauträgerrecht Rn 12 ff) lassen sich **Baubetreuungsverträge im engeren Sinne** („echte" Baubetreuungsverträge) mit den **Unterformen des umfassenden und des eingeschränkten Baubetreuungsvertrages** (dazu Rn C 61 ff) von den **Bauträgerverträgen** unterscheiden, die nur **im weiteren Sinne zu den Baubetreuungsverträgen** gehören (dazu Rn C 66 ff). Sonderfälle stellen die ihrerseits vielfältigen, inzwischen auslaufenden **Bauherrengemeinschaften** dar (Rn C 70 ff). Bei der Würdigung der älteren Judikatur und Literatur ist zu berücksichtigen, daß sich die vorbezeichnete Begrifflichkeit erst allmählich durchgesetzt hat und das Baubetreuungs- und Bauträgerrecht lange Zeit terminologisch uneinheitlich behandelt wurde (vgl DOERRY ZfBR 1980, 166; ders ZfBR 1982, 189).

C 58 Unabhängig von den verschiedenen Ausgestaltungen und der vertragstypologischen Qualifikation sollen sich nach der BGH-Rechtsprechung aber die **Gewährleistungsansprüche** wegen Sachmängeln gegen einen Baubetreuer und gegen einen Bauträger **immer dann nach Werkvertragsrecht** richten, wenn nur eine Pflicht zur Herstellung des Bauwerks übernommen wurde (BGHZ 60, 362; 63, 96; 65, 359; 74, 204; 74, 258). Dies soll selbst dann gelten, wenn die Parteien den Vertrag als Kaufvertrag und sich selbst als Käufer und Verkäufer bezeichnen, wenn der Bau bei Vertragsschluß bereits fertiggestellt war und wenn der Veräußerer das Bauwerk zunächst für sich selbst errichtet und sogar einige Monate bewohnt hat (BGHZ 68, 372; BGHZ 74, 204, 208; BGH NJW 1981, 2344, 2345; BGH NJW 1982, 2243). Entscheidend hierfür sei allein, daß sich aus Inhalt, Zweck und wirtschaftlicher Bedeutung des Vertrages sowie aus der Interessenlage der Parteien die Verpflichtung des Veräußerers zu mangelfreier Erstellung des Bauwerks (**Herstellungsverpflichtung**) ergebe. Die nur einjährige Gewährleistungsfrist des Kaufrechts (§ 477 Abs 1) wird auf diese Weise vermieden und durch die **werkvertragliche Gewährleistung** von fünf Jahren (§ 638) ersetzt; die Versuche, diese Fünfjahresfrist durch Vereinbarung der VOB oder durch Verweisung auf deren Gewährleistungsregelung auf zwei Jahre zu verkürzen, sind im Ergebnis ebenso gescheitert wie die meisten Freizeichnungsversuche (BGHZ 96, 129; BGHZ 100, 391; BGHZ 101, 350; BRAMBRING NJW 1987, 97; STURMBERG NJW 1989, 1832; CONRAD BauR 1990, 546; HOCHSTEIN, in: FS Locher 77; BRYCH, in: FS Locher 1; GRZIWOTZ NJW 1989, 193).

C 59 Nach § 34 c Abs 1 Nr 2 a und b GewO bedarf einer **Gewerbeerlaubnis**, wer Bauvorhaben **als Bauherr** im eigenen Namen für eigene oder fremde Rechnung vorbereiten oder durchführen und dazu Vermögenswerte von Erwerbern, Mietern, Pächtern oder sonstigen Nutzungsberechtigten oder von Bewerbern um Erwerbs- oder Nutzungsrechte verwenden will (lit a) und wer Bauvorhaben **als Baubetreuer** im fremden Namen für fremde Rechnung wirtschaftlich vorbereiten oder durchführen will (lit b). Zu beachten ist ferner seit dem 11. 6. 1975 die **Makler- und Bauträgerverordnung (MaBVo)** in der Fassung der Bekanntmachung vom 7. 11. 1990 (BGBl I 2479), die privaten Baubetreuern und Bauträgern besondere Pflichten zur Sicherung der Vermögensrechte der Erwerber auferlegt (Pflicht zur Sicherheitsleistung; Versicherungspflicht; Pflicht zur getrennten Verwaltung, Rechnungslegungs- und Buchführungspflicht; Pflicht zur Entgegennahme der fremden Vermögenswerte nur nach Baufortschritt; vgl dazu LOCHER NJW 1975, 98; HEPP NJW 1977, 617; BASTY DNotZ 1991, 18). Nach der sogenannten **Bauträger-Entscheidung BGH NJW 1978, 1054** finden aber § 34 c Abs 1 Nr 2 lit a und lit b ebenso wie die MaBVo (§ 3) keine Anwendung auf solche Bauträger, die als „Generalunternehmer" im eigenen Namen und für eigene Rechnung einen Bau **auf dem Grundstück des Erwerbers** errichten. Sie seien bei einem Auftreten im eigenen Namen und für eigene Rechnung gegenüber den Bauhandwerkern ohnehin keine **Baubetreuer**, aber bei einer Errichtung des Bauwerks auf dem Grundstück der Auftraggeber zum Festpreis selbst bei Entgegennahme von Ratenzahlungen nach Baufortschritt auch keine **Bauherren**; die Bauherreneigenschaft komme vielmehr den Auftraggebern zu, denen der „bestimmende Einfluß auf das gesamte Baugeschehen" und die Sorge für die Finanzierung verbleibe und die gegenüber den Baubehörden auch als Bauherren aufträten (dazu kritisch DOMRATH BauR 1987, 38 und 518; LOCHER/KOEBLE, Baubetreuungs- und Bauträgerrecht Rn 43 ff, 50 ff). Die Gefahr eines **erheblichen Vermögensschadens** sei „dann verhältnismäßig gering, wenn der Auftraggeber bereits Eigentümer des Grundstücks ist". In der Konsequenz dieser Entscheidung unterliegen wohl nur solche Bauträger den genannten Vorschriften, die für das Bauvorhaben Vermögenswerte der Betreuten verwenden.

2. Baubetreuungsverträge im engeren Sinn

Beim Baubetreuungsvertrag im engeren Sinne oder „echten" Baubetreuungsvertrag **C 60** verfügt der **Bauwillige** bereits **von Anfang an über ein eigenes Grundstück**, oder er beauftragt den Betreuer zunächst mit der Beschaffung eines Grundstücks **im Namen und für Rechnung des Bauherrn** (BGHZ 70, 187; BGH NJW 1981, 757; BGH NJW-RR 1991, 914). Jedenfalls ist und bleibt der Auftraggeber selbst Bauherr. Bevorzugte Gegenstände für Baubetreuungsverträge sind Eigentumswohnungen, Reihenhäuser und genormte Häuser einheitlich gebauter Siedlungen, selten aber Zwei- oder Dreifamilienwohnhäuser. Der Baubetreuer, der für seine Leistungen eine nach Aufwand bemessene Vergütung oder einen Festpreis erhält, übernimmt für den Auftraggeber/ Bauherrn insbesondere die architektonische Planung, die Klärung der Finanzierungsprobleme und die Bauaufsicht. Bei Verträgen mit Dritten tritt er in aller Regel **im Namen des Bauherrn** auf (BGH NJW 1981, 757), der allein das **Bauherrenrisiko** trägt (vgl BGHZ 67, 334, 337 = NJW 1977, 294; BGHZ 76, 86, 94 = NJW 1980, 992; zur steuerrechtlichen Anerkennung BFH BB 1980, 1137).

Schuldet der Baubetreuer die Erstellung des fertigen („schlüsselfertigen") Bau- **C 61** werks, liegt ein sogenannter **umfassender Baubetreuungsvertrag** mit „Vollbetreuung" vor, der als **Geschäftsbesorgungswerkvertrag** nach §§ 675, 631 zu qualifizieren ist (BGH WM 1969, 1139; BGH NJW 1975, 869, 870; BGH NJW-RR 1991, 914; KOEBLE NJW 1974, 721; LOCHER NJW 1967, 326, 327; WITTCHEN, Der Baubetreuungsvertrag 46 ff; JAGENBURG NJW 1992, 282, 286). Der Baubetreuer ist in diesem Fall gegenüber dem Bauanwärter (in der

Praxis meist: einer Vielzahl von Bauanwärtern) **zur Planung des Bauvorhabens und zur Erstellung eines Finanzplanes** einschließlich der Fremdmittelbeschaffung (Finanzierungsvermittlung), zur Auswahl und Beauftragung von Architekten, Bauunternehmern und Bauhandwerkern, zur **Überwachung der Baudurchführung** sowie zur **Durchführung der Abrechnungen** verpflichtet. Auch wenn sich der Baubetreuer zur Erstellung eines schlüsselfertigen Bauwerks und zur Durchführung des gesamten Abrechnungswesens verpflichtet, sind die Architekten, Bauunternehmer und Bauhandwerker, an die er die Einzelarbeiten im Namen der Bauherren vergeben hat, **Vertragspartner der Bauherren** (BGHZ 67, 340), die ihnen als „anteilige Vergütungsschuldner" haften (BGHZ 75, 26; 75, 86).

C 62 Ist die Tätigkeit des Auftragnehmers **auf einzelne Aufgaben** beschränkt, spricht man von einem **eingeschränkten Baubetreuungsvertrag** mit „Teilbetreuung". Er ist als **Dienstvertrag mit Geschäftsbesorgungscharakter** nach §§ 675, 611 zu qualifizieren, wenn er auf Betreuung, Beratung, Koordination und auf einzelne Aufgaben wirtschaftlich-finanzieller Art beschränkt ist oder diese im Vordergrund stehen; dagegen kann ein **Werkvertrag mit Geschäftsbesorgungscharakter** vorliegen, wenn die technischen Betreuungsaufgaben gegenüber den wirtschaftlich-finanziellen herausragende Bedeutung haben (OLG Hamm NJW 1969, 1438). Eine Festpreisvereinbarung steht der geschäftsbesorgungsvertraglichen Qualifikation weder beim umfassenden noch beim eingeschränkten Baubetreuungsvertrag entgegen. Zu Unrecht hat BGH MDR 1969, 999 = WM 1969, 1139 mit einer Festpreisabrede eine „reine" Werkvertragsnatur ohne Geschäftsbesorgungscharakter verbunden.

C 63 In beiden Ausgestaltungsformen erfahren das Weisungsrecht des Bauherrn nach § 665, seine Vorschußpflicht nach § 669 und seine Herausgabeansprüche nach § 667 regelmäßig eine nähere vertragliche Regelung. Wegen des besonderen **persönlichen Vertrauensverhältnisses** zwischen Bauherr und Baubetreuer ist der Baubetreuungsvertrag **substitutionsfeindlich**, so daß der Baubetreuer im Zweifel die Baubetreuung nicht *en bloc* einem Dritten übertragen darf. Hieran ändert es nichts, daß die Verweisungsnorm des § 675 die auftragsrechtliche Vorschrift des § 664 Abs 1 S 1 ausspart (vgl oben Rn A 87).

C 64 Ansonsten kommt es für die **Rechts- und Pflichtenstellung** der Parteien wesentlich darauf an, ob ein **Festpreis** vereinbart wurde oder nicht. Als Vergütung für seine Tätigkeit kann sich der Baubetreuer auch etwa einen bestimmten Prozentsatz der tatsächlichen Baukosten versprechen lassen. In Ermangelung einer Festpreisvereinbarung steht dem Bauherrn ein Auskunfts- und Rechnungslegungsanspruch nach §§ 675, 666 zu. Insbesondere muß der Baubetreuer dem Auftraggeber rechtzeitig von Bauhindernissen, Preiserhöhungen etc Mitteilungen machen, § 666. **Provisionen, Skonti und Preisnachlässe der Drittunternehmer** hat der Baubetreuer an den Bauherrn weiterzugeben. Der Baubetreuer seinerseits kann neben der vereinbarten Vergütung uU nach § 670 Auslagenersatz beanspruchen und hat einen Anspruch auf den erforderlichen Vorschuß, § 669. Seine **Vergütungs- und Auslagenersatzansprüche** verjähren nach § 196 Abs 1 Nr 7 (BGH NJW 1978, 39). Bei der Verwaltung und Verwendung vom Bauherrn erhaltener Geldmittel ist er in besonderem Maße **treuhänderisch** gebunden.

C 65 Bei einer **Festpreisabrede** übernimmt der Baubetreuer das **Kostenrisiko** gegen die

Aussicht, durch die Differenz zwischen Festpreis und Baukosten einen Gewinn zu erwirtschaften („Erfolgshonorar"). Bei einer Festpreisvereinbarung kommt ein Vorschuß- und Auslagenersatzanspruch nach §§ 675, 669, 670 nicht in Betracht. Tritt der Baubetreuer im Namen des Bauherrn gegenüber Dritten auf, so enthält die Festpreisabrede eine **Preisgarantie**, die den Betreuer zur **Freistellung** des Bauherrn von weitergehenden Forderungen der Bauhandwerker verpflichtet (BGHZ 67, 334, 336). Die Beweislast für eine Festpreisabrede trägt der Betreute (BGH MDR 1969, 999 = WM 1969, 1139). Der Baubetreuer ist nicht zu Auskunft und Rechnungslegung nach §§ 675, 666 verpflichtet, soweit dies – wie im Regelfall – durch die Festpreisvereinbarung ausdrücklich oder konkludent ausgeschlossen ist (OLG Stuttgart NJW 1968, 2338). Allerdings schließt eine Festpreisvereinbarung einen Auskunftsanspruch gegen den Baubetreuer nicht aus, wenn und solange der Bauherr Ansprüchen der Bauunternehmer und Bauhandwerker aus den in seinem Namen geschlossenen Verträgen ausgesetzt ist (LOCHER NJW 1969, 1439; HEPP NJW 1971, 11).

3. Bauträgerverträge

Beim **Bauträgervertrag** plant und errichtet der Bauträger das Bauwerk auf einem **C 66** zunächst **in seinem Eigentum** stehenden oder von ihm vorab **im eigenen Namen und auf eigene Rechnung** zu erwerbenden Grundstück, und zwar mit Mitteln, die der Auftraggeber zur Verfügung stellt, und nach Plänen, die dieser gebilligt hat (BGH NJW 1975, 869; BGH NJW 1981, 757; REITHMANN/BRYCH/MANHART, Kauf vom Bauträger und Bauherrenmodelle [5. Aufl 1983] Rn 13; LOCHER/KOEBLE, Baubetreuungs- und Bauträgerrecht [4. Aufl 1985] Rn 17). Beim Bauen auf fremden Grundstücken hat der BGH die Bauträgereigenschaft verneint (BGH NJW 1978, 1054). Seit BGH NJW 1981, 757 stellt die Rechtsprechung für die Abgrenzung des Bauträgerstatus, die insbesondere für die Anwendung der Makler- und Bauträgerverordnung sowie steuerrechtlich bedeutsam ist, konsequent darauf ab, in wessen Namen gebaut wird: Baubetreuer ist, wer im fremden Namen, Bauträger, wer im eigenen Namen baut (vgl DOERRY WM-Beil 8/1991, 3). Da der Bauträger meist zugleich zur Vertretung der Interessen des Auftraggebers bei der Errichtung des Bauwerks verpflichtet ist, spricht man beim Bauträgervertrag auch vom Baubetreuungsvertrag im weiteren Sinne. Der Bauträger ist – anders als der Baubetreuer im engeren Sinne – aber selbst **Bauherr und Vertragspartner (Generalunternehmer)** der Architekten, Ingenieure, Bauhandwerker und Bauunternehmer. Der Bauträger tritt als Treuhänder und mittelbarer Stellvertreter des Vertragspartners gegenüber den Architekten, Bauunternehmern, Handwerkern und Behörden im eigenen Namen auf. Er verpflichtet sich zugleich, dem Vertragspartner das Grundstück mit dem fertigen Bauwerk gegen Zahlung meist eines Festpreises zu übereignen. Deshalb ist der Bauträgervertrag **formbedürftig** nach § 313 S 1 (BGH NJW 1977, 2072; BGH NJW 1979, 2207; BGH BauR 1979, 514; BGH WM 1988, 830; BGH NJW-RR 1989, 198).

Die Praxis kennt allerdings in der Ausgestaltung der Einzelheiten **zahlreiche Abwei-** **C 67** **chungen vom Regeltypus**. So kann statt eines Festpreises für das fertige Bauwerk und damit der Finanzierung mit Mitteln und Risiko des Bauträgers eine andere Finanzierungsform gewählt werden. Auch kann dem späteren Erwerber ein mehr oder weniger umfangreicher Einfluß auf die Planung oder ein Weisungsrecht zur Baugestaltung eingeräumt werden. Bisweilen wird der Bauträger dazu beauftragt, erst ein Baugrundstück mit Mitteln des Vertragspartners zu erwerben und sodann im Namen

Michael Martinek

des Anwärters bzw der Anwärtergemeinschaft (Baugemeinschaft) mit Architekten und Bauunternehmern zu kontrahieren, so daß die Grenzen zum Baubetreuungsvertrag verschwimmen.

C 68 Entsprechend der Ausgestaltung im Einzelfall ist der Bauträgervertrag **typologisch unterschiedlich zu qualifizieren**. Hierfür kommt es darauf an, für wessen Rechnung und auf wessen Risiko das Bauwerk errichtet wird, in wessen Eigentum das zu errichtende Gebäude steht und ob auch eine **Herstellungspflicht** oder lediglich eine **Übereignungspflicht** besteht. Vielfach liegt ein gelegentlich als Bauträgerkauf bezeichneter Kaufvertrag (BGH WM 1964, 679; BGH WM 1965, 674; BGH WM 1971, 1251; Locher NJW 1967, 326; Brych NJW 1973, 1583; 1974, 1973; ders MDR 1978, 180; Pfeiffer NJW 1974, 1449, 1452) oder ein Werk- bzw Werklieferungsvertrag vor (BGH WM 1969, 296, 298; BGH NJW 1973, 1235, 1236; BGH NJW 1976, 143; BGH NJW 1976, 515; Koeble NJW 1974, 721, 722; Nicklisch BB-Beil 10/1974, 11), insbesondere wenn es um ein Fertigbauwerk gegen Festpreis geht, doch können sich mehr oder weniger ausgeprägte, bisweilen auch dominante geschäftsbesorgungsvertragliche Elemente hinzugesellen (BGHZ 92, 123; BGH NJW 1981, 2344; Jagenburg NJW 1987, 3107). Bei einer Verpflichtung zur Grundstücksverschaffung und zur Herstellung und Betreuung des Bauvorhabens für Rechnung und mit Mitteln des Auftraggebers liegt ein **Geschäftsbesorgungswerkvertrag** besonders nahe (Doerry, ZfBR 1982, 190; Locher/Koeble, Baubetreuungs- und Bauträgerrecht [4. Aufl 1985] Rn 21 ff). Auch bei kauf- und werkvertraglichen Elementen begründen die Betreuungspflichten, die Pflichten zur Wahrnehmung der Aufgaben eines Bauherrn und zur Beschaffung der Baugenehmigung regelmäßig geschäftsbesorgungsrechtliche Komponenten des Bauträgervertrags.

C 69 Damit ist das Regelungsprogramm des § 675 berufen, das insbesondere die Auskunfts- und Rechnungslegungspflicht des Bauträgers nach § 666, das Weisungsrecht nach § 665 sowie den Herausgabeanspruch nach § 667 aktiviert. Die Verpflichtung zur **Übereignung des Grundstücks** mit dem Bauwerk folgt aber bei einer geschäftsbesorgungsvertraglichen Rechtsnatur des Bauträgervertrages regelmäßig nicht erst aus § 667, sondern ist **Hauptpflicht** aus dem nach § 313 formbedürftigen Bauträgervertrag (BGH WM 1969, 917). Anders ist die Lage nur, wenn der Bauträger das Grundstück **treuhänderisch** für Rechnung des Auftraggebers erwirbt; dann folgt die Pflicht zur Auflassung aus § 667. Auch dann ist Formbedürftigkeit des Bauträgervertrages nach § 313 gegeben; sowohl der Bauträger als auch der Auftraggeber gehen eine Erwerbsverpflichtung ein (BGH NJW 1981, 1267; BGH DB 1985, 1224). Auch der **Vorvertrag** („Kaufanwärtervertrag") bedarf der Form (BGH JZ 1971, 556). Der Bauträger hat unter Umständen nach § 667 auch Provisionen und Rabatte, die er von Bauausführenden erhält, an den Betreuten abzuführen. (Zum neueren Bauträgervertragsrecht vgl Jagenburg NJW 1992, 282, 288; Reithmann, in: FS Bärmann und Weitnauer [1990] 513.)

4. Bauherrengemeinschaften

C 70 Die **auslaufenden Bauherrengemeinschaften** lassen sich als **Sonderformen der Baubetreuung** verstehen, bei denen der Baubetreuer zumeist schon vor Zustandekommen der Bauherrengemeinschaft als Initiator tätig wird und sodann eine **Mehr- oder Vielzahl von Bauherren** zu einer Bauherrengemeinschaft zusammenführt und betreut. In der Praxis herrschte bei der Bezeichnung der Verträge „eine vollständige, babylonische Sprachverwirrung" (Koeble NJW 1974, 721). Die meisten der unter verschiedenen

Namen kursierenden Vertragsgestaltungen (Betreuer-Bauherrenvertrag, Träger-Bauvertrag, Träger-Bewerbervertrag, Träger-Siedlervertrag, Bestellbau-, Vorrats-bau-, Eigenbau-, Treuhandbauvertrag etc) waren von dem **steuerrechtlich motivierten Bestreben** gekennzeichnet, den Bauanwärter als Bauherrn und „Herrn des Bauge-schehens" fungieren zu lassen, ihn aber andererseits von jedem Risiko der Bau-durchführung zu entlasten. Wortlaut und Interessengehalt solcher Verträge, kaute-larjuristische Vertragsgestaltung und erstrebter wirtschaftlicher Erfolg klafften vielfach auseinander. Nicht nur die Ersparnis von Grunderwerbsteuern, sondern vor allem die Ausnutzung der Vergünstigungen des staatlich geförderten Wohnungsbaus sollte den Interessenten zugute kommen, die gleichsam juristisch von Käufern zu Bauherren gemacht werden sollten (PFEIFFER NJW 1974, 1449 f; BRYCH NJW 1974, 1973, 1977). Die verschiedenen Bauherrenmodelle orientierten sich zunächst am **Bauher-renerlaß** des Bundesministers für Wirtschaft und Finanzen vom 31. 8. 1972 (BStBl I 486; vgl PFEIFFER NJW 1974, 1450), später an den Bauherrenerlassen des Bundesmini-sters für Finanzen vom 13. 8. 1981 (BB 1981, 1620) und vom 31. 8. 1990 (vHEYMANN Die Bank 1990, 577). Wegen der unbeherrschbaren **Umgehungs- und Mißbrauchsformen** ist den Bauherrenmodellen inzwischen weitgehend ein Riegel vorgeschoben worden (vgl dazu SCHELLENBERGER JZ 1986, 525; SCHMIDT-LIEBIG BB 1986, 724; JAGENBURG NJW 1992, 282). Seit der Entscheidung des BFH vom 14. 11. 1989 (BFH NJW 1990, 729) ist beim Bauherrenmodell grundsätzlich auch **kein Werbungskostenabzug mehr möglich**, weil **alle Aufwendungen Anschaffungskosten** sind. Anleger im Bauherrenmodell sind danach einkommensteuerrechtlich regelmäßig nicht als Bauherren, sondern als Erwerber des bebauten Grundstücks zu beurteilen, wenn sie sich auf Grund eines von den Projektanbietern vorformulierten Vertragswerks beteiligen und sich bei den damit zusammenhängenden Rechtsgeschäften durch die Projektanbieter vertreten lassen. Inzwischen ist im Recht der Bauherrenmodelle die **Haftung der Initiatoren und Prospektverantwortlichen**, der Anlageberater und -vermittler sowie vor allem der Treuhänder in den Mittelpunkt getreten (KÜRSCHNER ZfBR 1988, 2; WAGNER ZfBR 1991, 133; WITTMANN, in: FS Baumgärtel [1990] 637; JAGENBURG NJW 1992, 282, jeweils mit Rspr-Nachw).

Bei einer Bauherrengemeinschaft verpflichtet der **bevollmächtigte Baubetreuer**, der **C 71** als Vertreter gegenüber den Bauhandwerkern und Bauunternehmern handelt, auch die erst später hinzukommenden Bauherren (Wohnungseigentümer), selbst wenn diese noch nicht Eigentümer des Baugrundstücks sind (BGHZ 76, 86; BGH NJW-RR 1987, 1233). Kommt die Bauherrengemeinschaft später nicht zustande, haftet der Baubetreuer als *falsus procurator* aus § 179. Bestellt der Baubetreuer ohne Voll-macht des Bauanwärters einen Architekten, haftet er für ihn nach § 278 (BGHZ 70, 187).

In den meisten Bauherrenmodellen wird ein **Treuhänder zwischen Bauherr und Bau-** **C 72** **betreuer** zwischengeschaltet (sog **Großes Bauherrenmodell**). Der einzelne Interessent tritt weder mit den anderen Interessenten noch mit dem Werkunternehmer noch mit den sonstigen Beteiligten direkt in Verbindung, sondern schließt sich unter Einschal-tung des Treuhänders mit den anderen Interessenten zu einer Bauherrengemein-schaft zusammen (REITHMANN BB 1984, 681). Der **Treuhänder** oder ein von diesem eingeschalteter Baubetreuer **schließt die Verträge** über den Grundstückskauf, über die Bauherrengemeinschaft, über die spätere Aufteilung in Wohnungseigentum und – häufig mit einem Generalunternehmer – über die Werkerrichtung ab. Er kümmert sich auch um die Zwischen- und Endfinanzierung und die Mietvermittlung. Der Vertrag zwischen dem einzelnen Interessenten und dem Treuhänder („**Basisvertrag**") ist Geschäftsbesorgungswerkvertrag nach §§ 675, 631 (zur Vertragsgestaltung bei den Bauherrenmodellen im einzelnen vgl DOERRY WM-Sonderbeil 8/1991; STRUNZ BauR 1989, 298; ders BauR 1990, 560; GALLOIS BB 1990, 2062; BUSL BauR 1989, 407).

V. Turnkeyverträge

Schrifttum

AGGTELEKY, Fabrikplanung, Optimale Projektierung, Planung und Ausführung von Industrieanlagen (1970)

AXMANN, Die Finanzierung im Anlagenexport und ihre rechtliche Gestaltung, RIW 1971, 437

AYITER, Verträge über die Errichtung von Industrieanlagen in rechtsvergleichender Betrachtung, in: FS W Wengler, Band II – Kollisionsrecht und Rechtsvergleichung (1973) 81

BACKHAUS, Auftragsplanung im industriellen Anlagengeschäft (1980)

BÖCKSTIEGEL, Vertragsklauseln über nicht zu vertretende Risiken im internationalen Wirtschaftsverkehr, RIW 1984, 1

BRANDT, Zum Leistungsumfang beim schlüsselfertigen Bauen nach Baubeschreibung in bezug auf technisch notwendige, aber nicht ausdrücklich vereinbarte Teilleistungen, BauR 1982, 524

BREMEIER, Westdeutsche Industrieanlagenexporte in die Sowjetunion – Entscheidungsrahmen und Entscheidung (Diss Berlin 1971)

DROSTE, Der Liefervertrag mit Montageverpflichtung (1991)

DÜNNWEBER, Vertrag zur Erstellung einer schlüsselfertigen Industrieanlage im internationalen Wirtschaftsverkehr (1984)

FIKENTSCHER, Der Werkverschaffungsvertrag, AcP 190 (1990) 34

FLOCKE, Risiken beim Internationalen Anlagenvertrag (1986)

FRANZ, Dienstleistungen im internationalen Anlagengeschäft, ZfBF 1982, 456

GOEDEL, Die Neufassung der FIDIC-Bauvertragsbedingungen im März 1977, ZfBR 1978, 10 und 41

ders, Die FIDIC-Bauvertragsbedingungen im internationalen Baurecht – ein Vergleich zur VOB, RIW 1982, 81

GRAUE, Der Liefervertrag mit Montageverpflichtung, AcP 163 (1965) 401

GÜNTER, Das Marketing von Großanlagen – Strategieprobleme des Systems Selling (1979)

HAUTKAPPE, Unternehmereinsatzformen im Industrieanlagenbau (1986)

HOPFENBECK, Planung und Errichtung von kompletten Industrieanlagen in Entwicklungsländern (Diss München 1974)

JOUSSEN, Der Industrieanlagen-Vertrag (1981)

KIRCHGÄSSER, Die rechtliche und wirtschaftliche Bedeutung des Anlagenvertrages, ZfbF 1981, 936

KIRCHNER, Rechtliche Probleme bei Ingenieurverträgen, BB 1971, 67

KÜHNEL, Ausbildungsleistungen in Exportverträgen des deutschen Großanlagenbaus, RIW/AWD 1981, 533

LAPPE, Risikoverteilung bei Turn-Key-Projekten des Internationalen Industrieanlagenbaus – Zugleich ein Beitrag zur Typologie des Industrieanlagenvertrages (1987)

LASCHET, Internationale Schiedsgerichtsbarkeit bei Bau- und Anlagenverträgen, in: NICKLISCH (Hrsg), Bau- und Anlagenverträge (1984) 255

LENZ, Akkreditive und weitere Zahlungssicherungen im Außenhandel, EuWZ 1991, 297

LUTTER, Der Letter of Intent (2. Aufl 1983)

MARTINEK, Moderne Vertragstypen Bd III (1993) 241

MICHAELIS DE VASCONCELLOS, Garantieklauseln und Risikoverteilung im internationalen Anlagenvertrag (1987)

MOECKE, Vertragsgestaltung bei anlagenbegleitenden Lizenzverträgen, RIW 1983, 488

MOLLS, Haftungsfragen im Internationalen Anlagengeschäft, ZfBR 1980, 55 und ZfBR 1981, 1

NICKLISCH (Hrsg), Bau- und Anlagenverträge – Risiken, Haftung, Streitbeilegung (1984) ders, Mitwirkungspflichten des Bestellers beim Werkvertrag, insbesondere beim Bau- und Industrieanlagenvertrag, BB 1979, 533

ders, Privatautonomie und Schiedsgerichtsbarkeit bei internationalen Bauverträgen, RIW 1991, 89

REEDER, Exportfinanzierung im Anlagenbau, ZfB 1982, 117

ROSENER, Verträge für das internationale Anlagegeschäft, in: Münchener Vertragshandbuch Bd 2 (3. Aufl 1993) 283

ROSINY, Außenwirtschaftsrechtliche Beschränkungen des Technologietransfers, RIW 1990, 702

SCHAUB, Der Konsortialvertrag unter besonderer Berücksichtigung des Industrieanlagenbaus (1991)

SCHLOTKE, Risiken im Zusammenhang mit Funktions-, Leistungs- und Verfügbarkeitsgarantien und deren rechtliche Erfassung, in: NICKLISCH (Hrsg), Bau- und Anlagenverträge (1984) 155

SCHLÜTER, Management- und Consultingverträge (1987)

VTESMAR, Zahlungsbedingungen und Zahlungsrisiko beim Vertrieb von Industrieanlagen unter besonderer Berücksichtigung des Exports (Diss Berlin 1964)

UNIDO, Model Form of Turnkey Lump Sum Contract for the Construction of a Fertilizer Plant including Guidelines and Technical Annexures, UNIDO/PC 25/Rev 1 (1983)

VETTER, Gefahrtragung beim grenzüberschreitenden Industrieanlagen-Vertrag, RIW 1984, 170

VORPEIL, Inanspruchnahme einer Bankgarantie in Form einer performance bond, RIW 1991, 710

WALDE/BERLINGHOFF, Das Auslandsgeschäft mit Industrieanlagen (1967)

WEBER, Der Optionsvertrag, JuS 1990, 249

WEISS, Internationale Kooperationsstrategien im Großanlagenbau, ZfbF 1981, 947

WENDLER, Risikozuordnung durch force majeure-Klauseln, in: NICKLISCH (Hrsg), Bau- und Anlagenverträge (1984) 187

GRAF VWESTPHALEN, Rechtsprobleme des Anlagenvertrags, BB 1971, 1126

1. Erscheinungsformen und Abgrenzungen

a) Vielfalt der Vertragspraxis im Anlagenbau

Als Turnkeyvertrag bezeichnet man einen vor allem im **internationalen Anlagenbau** C 73 gebräuchlichen Vertragstyp, bei dem sich der Auftragnehmer gegenüber dem Auftraggeber verpflichtet, eine funktionstüchtige **Großanlage** (Flughafen, Krankenhaus, Wasserwerk etc) oder **Industrieanlage** (Autofabrik, Stahlwerk etc) gegen Zahlung eines Pauschalpreises zu errichten. Ungleich seltener wird ein Turnkeyvertrag (dann nach internationalem Vorbild) zwischen Parteien desselben Landes geschlossen. Wegen seiner **vielfältigen Ausgestaltungsformen** ist er keineswegs von vornherein als Geschäftsbesorgungswerkvertrag zu qualifizieren, doch kann ihm eine mehr oder weniger stark ausgeprägte geschäftsbesorgungsvertragliche Komponente eignen (zur Rechtsnatur im einzelnen Rn C 80 ff).

Der **internationale Anlagenbau** vor allem von Industrieanlagen hat im Zuge der fort- C 74 schreitenden Internationalisierung der wirtschaftlichen Zusammenarbeit eine herausragende Stellung eingenommen und bietet für die Kooperation zwischen Unternehmen der westlichen Wirtschaftshemisphäre einerseits und den sogenannten Schwellenländern, aber auch den osteuropäischen Staaten andererseits ein breites Betätigungsfeld (DÜNNWEBER, Vertrag zur Erstellung einer schlüsselfertigen Industrieanlage im internationalen Wirtschaftsverkehr 1 ff; SCHAUB, Der Konsortialvertrag unter besonderer Berücksichtigung des Industrieanlagenbaus 13 f; HAUTKAPPE, Unternehmereinsatzformen im Industrieanlagenbau 19 ff). Der in der Bundesrepublik Deutschland traditionell starke, in

Teilbereichen gar führende Anlagenbau hat schnell die Chancen der Internationalisierung der Geschäftsverbindungen erkannt, so daß die Unternehmen auf vielen Märkten einen **erheblichen Marktanteil** erringen konnten (SCHAUB, Der Konsortialvertrag 14 ff); ihre Tätigkeit erfährt freilich manche Begrenzungen durch die staatlichen **Beschränkungen nach dem Außenwirtschaftsgesetz** (ROSINY RIW 1990, 702 ff; MARTINEK, Moderne Vertragstypen Bd III 242 ff).

C 75 Die **Vielfalt der Vertragsformen** im internationalen Anlagenbau erklärt sich dadurch, daß die Bauherren zur Projektierung und Realisierung einer Industrieanlage, je nach dem nationalen Stand der Technik, in unterschiedlichem Maß auf die technologische Hilfe westlicher Unternehmen angewiesen ist (DÜNNWEBER, Vertrag zur Erstellung einer schlüsselfertigen Industrieanlage im internationalen Wirtschaftsverkehr 6 ff; HAUTKAPPE, Unternehmereinsatzformen im Industrieanlagenbau 26 ff; SCHAUB, Der Konsortialvertrag 34 ff). Die Errichtung einer **Anlage in Eigenregie**, bei der lediglich einzelne Verträge zur Beschaffung der notwendigen Materialien oder zur Ausführung einzelner Arbeiten mit Dritten abgeschlossen werden, ist daher die Ausnahme. Das technologische Defizit des Bauherrn zwingt ihn vielmehr in der Regel dazu, sich des technischen Know-hows spezialisierter westlicher Unternehmen zu versichern. Charakteristisch für den Industrieanlagenbau ist daher die **vollständige Übertragung aller erforderlichen Arbeiten** auf kompetente Unternehmen. Hierzu kann der Auftraggeber mit mehreren Unternehmen, die sich auf bestimmte Teilbereiche wie Ingenieur-, Bau-, oder Maschinenbauleistungen spezialisiert haben, Einzelverträge abschließen, aus deren koordinierter Erfüllung sodann die Gesamtanlage hervorgehen soll. Beschreitet der Auftraggeber diesen Weg, bleibt er für die Koordinierung der jeweiligen Leistungen verantwortlich und trägt vor allem weiterhin das Risiko für das Gelingen des Gesamtprojekts (HAUTKAPPE, Unternehmereinsatzformen im Industrieanlagenbau 30 ff). Ist der Auftraggeber zur Übernahme der Koordinierungsaufgaben nicht willens oder in der Lage, bietet sich der Abschluß eines **Consultingvertrages** an, bei dem der Bauherr typischerweise einen beratenden Ingenieur (Consulting Engineer) mit den zur Errichtung der Anlage erforderlichen Planungs-, Koordinierungs- und Überwachungsarbeiten betraut (zu Consultingverträgen vgl unten Rn C 104 ff). Statt der Beauftragung eines beratenden Ingenieurs kann sich der Bauherr auch zur Projektierung und Realisierung einer Anlage an **einen einzigen Auftragnehmer** wenden, dessen Metier gerade die Koordinationstätigkeit zur Erstellung von Anlagen der gewünschten Art in eigener Verantwortung ist. Dabei tritt der Auftragnehmer gegenüber den hinzuzuziehenden Subunternehmen nicht mehr als Beauftragter des Bauherrn auf, sondern **wird selbst deren Vertragspartner**. Auch bei einem derartigen **Comprehensive Contract** richtet sich der jeweilige Vertrag aber nicht auf die Erstellung der schlüsselfertigen Anlage, sondern nur auf einzelne Komponenten, die erst in ihrer Gesamtheit die fertige Industrieanlage bilden sollen (DÜNNWEBER, Vertrag zur Erstellung einer schlüsselfertigen Industrieanlage im internationalen Wirtschaftsverkehr 7 f). Dementsprechend verbleibt auch bei dieser Gestaltungsform das **Risiko des Gelingens des Gesamtprojekts beim Auftraggeber**.

C 76 Beim Turnkeyvertrag hingegen werden die zur Errichtung der gesamten Anlage erforderlichen Teilarbeiten nicht mehr als koordinierte Teilleistungen geschuldet, sondern zu einer **einheitlichen Leistungsverpflichtung des Auftragnehmers** zusammengefaßt, der die Erstellung einer schlüsselfertigen, voll funktionstüchtigen Industrieanlage schuldet (vgl dazu UNIDO, Model Form of Turnkey Lump Sum Contract for the

Construction of a Fertilizer Plant including Guidelines and Technical Annexures, UNIDO/PC 25/ Rev 1 [1983]; vgl auch die Vertragsbeispiele bei ROSENER, in: Münchener Vertragshandbuch, Band 2 [3. Aufl 1993] 283 ff u 337 ff; vgl ferner MICHAELIS DE VASCONCELLOS, Garantieklauseln und Risikoverteilung im internationalen Anlagenvertrag 22; FLOCKE, Risiken beim Internationalen Anlagenvertrag 23 ff.; GRAF vWESTPHALEN BB 1971, 1126; HAUTKAPPE, Unternehmereinsatzformen im Industrieanlagenbau 24). Als **Auftraggeber** treten dabei sowohl private, als auch – vor allem noch in den ehemaligen Ostblockstaaten – staatliche Unternehmen und Behörden auf. Komplizierter ist die Lage auf der **Auftragnehmerseite**, denn nur selten kann lediglich ein einziges Unternehmen den Bau der gesamten Anlage durchführen. Üblicherweise ist der mit der Errichtung der Anlage beauftragte **Generalunternehmer** auf eine Kooperation mit anderen Spezialunternehmen angewiesen, mit denen als Subunternehmern er im eigenen Namen Verträge abschließt (FIKENTSCHER AcP 190 [1990], 34, 49 ff; HAUTKAPPE, Unternehmereinsatzformen im Industrieanlagenbau 37 ff). Keine Vertragsbeziehungen bestehen zwischen den Subunternehmern des Auftragnehmers und dem Auftraggeber als Besteller der Anlage, mag dieser sich auch gegenüber dem Auftragnehmer ein **Recht zur Benennung der Subunternehmer** („*nominated subcontractors*") vorbehalten. Als eine besondere Form der Zusammenarbeit auf der Auftragnehmerseite kennt die Praxis des internationalen Anlagenbaus die Bildung eines **Konsortiums**, bei der sich mehrere rechtlich selbständige Unternehmen mit komplementären Arbeitsgebieten zur Durchführung eines bestimmten Bauprojekts zusammenschließen (dazu und zu den verschiedenen Formen der Ausschreibung und Auftragsvergabe MARTINEK, Moderne Vertragstypen Bd III 245 f).

b)   Auftragnehmerpflichten

Die Auftragnehmerpflichten erfahren in den umfangreichen Turnkeyvertragswerken C 77
eine ausführliche inhaltliche Konkretisierung. Vor allem bedarf es zur Konkretisierung der **Hauptleistungspflicht** des Auftragnehmers zur Errichtung der schlüsselfertigen Industrieanlage einer präzisen Festlegung aller Ingenieur- und Managementleistungen, die für die Konstruktion der Gebäude, Maschinen und sonstigen Betriebsmittel sowie für die Planung des Produktionsablaufes, für die Auswahl und Beschaffung der erforderlichen Maschinen und Baumaterialien, unter Umständen auch für den Personaleinsatz und die Bezugs- und Absatzbeziehungen erbracht werden müssen, um schließlich zum Ergebnis der Errichtung der einsatzbereiten Anlage zu führen. Gelegentlich werden in den Verträgen für den Auftragnehmer auch besondere, mit der Erstellung der Anlage nur mittelbar **zusammenhängende Nebenpflichten** statuiert, zu denen beispielsweise die Suche und Erschließung des Baugrundstücks, die Erstellung eines Strom- und Telefonnetzes oder spezielle Infrastrukturmaßnahmen gehören können (vgl die Übersicht über die zahlreichen vertraglichen Pflichten nach der von den Parteien bevorzugten Auflistungspraxis in Art 3 des UNIDO-Mustervertrages, UNIDO, Model Form of Turnkey Lump Sum Contract for the Construction of a Fertilizer Plant Including Guidelines and Technical Annexures, UNIDO/PC 25/Rev 1 [1983]; vgl auch DÜNNWEBER, Vertrag zur Erstellung einer schlüsselfertigen Industrieanlage im internationalen Wirtschaftsverkehr 176 f). Weit verbreitet sind schließlich solche Vereinbarungen, die den späteren **reibungslosen Betrieb** der Anlage durch den Auftraggeber sicherstellen sollen. Hierzu zählt typischerweise die Vermittlung des einschlägigen technischen und kaufmännischen Know-how, etwa durch die Lizenzierung technischer Schutzrechte, die Zurverfügungstellung und Überlassung von Know-how, die Leistung von Managementdiensten oder die Schulung und Ausbildung des Auftraggeberpersonals (KÜHNEL RIW/AWD 1981, 533). Die Betriebsbereitschaft der Anlage kann durch Ver-

pflichtungen zu **Kundendienstleistungen**, zur Wartungsübernahme oder zu **Ersatzteillieferungen** langfristig abgesichert werden.

C 78 Beim „**einfachen" Turnkeyvertrag** (*turnkey lump sum contract*; *contrat clé en main*) hat der Auftragnehmer seine Hauptpflicht erfüllt, sobald er dem Auftraggeber nach Errichtung der Anlage mittels eines **Probelaufes** deren Funktionstüchtigkeit („Schlüsselfertigkeit") nachweist. Oft wird freilich dem Auftraggeber, der nicht über das technische und kaufmännische Know-how zum erfolgreichen Betrieb der Anlage nach deren Ab- und Übernahme verfügt, an weiterer Unterstützung und zusätzlichen „**Garantien" des Auftragnehmers** gelegen sein. Gelingt ihm in den Verhandlungen die Durchsetzung eines von den Praktikern sogenannten **Produktivitätsgarantievertrages** (*turnkey guarantee contract; contrat produit en main*), dann gewährleistet der Auftragnehmer die (unter Umständen zahlenmäßig konkretisierte) Produktivität der Anlage. Hierzu wird der Auftragnehmer für einen vereinbarten Zeitraum maßgeblich an der Betriebsführung beteiligt, um durch eigene Einflußnahmen seiner Zusage gerecht werden zu können (Schlotke, in: Nicklisch [Hrsg], Bau- und Anlagenverträge 155, 158). Die erwähnten Zusatzvereinbarungen treten bei dieser Vertragsgestaltung nicht wie beim einfachen Turnkeyvertrag neben die Hauptpflicht der Anlagenerstellung, sondern werden mit den sonstigen Einzelpflichten als weitere Elemente der Hauptpflicht zu jenem Pflichtenpaket verbunden, das in seiner Gesamtheit auf die Herbeiführung des Leistungserfolgs der Anlage gerichtet ist und diese einheitliche Hauptleistungspflicht spezifiziert (Dünnweber, Vertrag zur Erstellung einer schlüsselfertigen Industrieanlage im internationalen Wirtschaftsverkehr 11; Michaelis de Vasconcellos, Garantieklauseln und Risikoverteilung im internationalen Anlagenvertrag 77 ff, 150 ff mit weiteren terminologischen Differenzierungen; Martinek, Moderne Vertragstypen Bd III 247 f).

c)   Auftraggeberpflichten

C 79 Den **Auftraggeber** trifft die Pflicht, die vereinbarten Zahlungen zu erbringen, und zwar regelmäßig in zeitlicher Koppelung an das Fortschreiten der Bauausführung (Nicklisch BB 1979, 533, 538; Dünnweber, Vertrag zur Erstellung einer schlüsselfertigen Industrieanlage im internationalen Wirtschaftsverkehr 63 ff). Meist obliegt es ihm, **Banksicherheiten** für die jeweils fälligen Teilraten beizubringen. Im übrigen sichert sich der Auftragnehmer gegen Zahlungsschwierigkeiten durch **Exportkreditversicherungen** (in Deutschland etwa durch „Hermes-Bürgschaften") ab. Beliebig ausgestaltbar sind, in starker Abhängigkeit vom jeweiligen Anlagentyp, die weiteren, die Bauausführung **begleitenden Pflichten** des Auftraggebers, wie etwa Bereitstellung von Bauland, Anwerben von Arbeitskräften, Einholen von Genehmigungen (Graf vWestphalen BB 1971, 1126, 1127; Dünnweber, Vertrag zur Erstellung einer schlüsselfertigen Industrieanlage im internationalen Wirtschaftsverkehr 80 f u Art 5 UNIDO-Mustervertrag 186 ff; Nicklisch BB 1979, 533, 538 ff). Besondere Beachtung gebührt schließlich seiner Verpflichtung, nach den pro Bauabschnitt durchzuführenden Leistungstests und Fertigungskontrollen schon die Anlagenteile abzunehmen.

2.   Rechtsnatur

C 80 Nach **überkommener Auffassung** ist der Turnkeyvertrag als ein **Geschäftsbesorgungsvertrag werkvertraglichen Charakters** iS des § 675 anzusehen (Soergel/Ballerstedt[10] vor § 631 Rn 63; Soergel/Mühl[11] vor § 631 Rn 95; MünchKomm/Soergel[2] § 631 Rn 72; teilweise zustimmend Graf vWestphalen BB 1971, 1126, 1134). Diese Einordnung gründet auf der rechtstatsächlichen Prämisse, daß der Auftragnehmer typischerweise lediglich zur **Bauplanung und Bauleitung** verpflichtet ist und die zur Erstellung der Anlage erforderlichen weiteren Verträge mit den einzelnen Subunternehmen als Beauftragter des Auftraggebers in dessen Namen abschließt; der Auftragnehmer verstand sich bei der Erstellung der Anlage in Durchführung des Auftrags als der „Agent" des Auftraggebers. Eine derartige Vertragsgestaltung mag früher im internationalen und nationalen Anlagenbau gebräuchlich gewesen sein. Heute aber hebt sie sich vom real-empirischen Erscheinungsbild des üblichen Turnkeyvertrages ab, für den gerade die **Hauptpflicht des Auftragnehmers zur selbständigen und eigenverantwortlichen Erstellung der Anlage**, sei es auch unter Einschaltung von ihm beauftragter Subunternehmer als Erfüllungsgehilfen (§ 278), charakteristisch ist. Inzwischen entspricht es weithin der Üblichkeit, daß der Auftragnehmer die Verträge mit den Subunternehmern **im eigenen Namen** schließt. Dabei tritt er nicht etwa nur nach außen im eigenen Namen auf; er ist nicht mittelbarer Stellvertreter des Auftraggebers mit einer kommissionärsähnlichen Position. Vielmehr handelt er **auch für eigene Rechnung** und setzt seine Subunternehmer als Erfüllungsgehilfen für seine eigene Leistungserbringung ein. Soweit freilich heute noch ausnahmsweise bei einem Turnkeyvertrag der Auftragnehmer als „Agent" des Auftraggebers tätig ist, steht einer Qualifizierung des Vertrags als **Geschäftsbesorgungsvertrag mit werkvertraglichem Charakter** nach §§ 675, 631 nichts entgegen.

Einer anderen Literaturansicht zufolge stellt sich der Turnkeyvertrag in seiner heute **C 81** typischen Ausgestaltungsform als ein **Werkvertrag mit werklieferungs- und kaufvertraglichen Elementen** dar (DÜNNWEBER, Vertrag zur Erstellung einer schlüsselfertigen Industrieanlage im internationalen Wirtschaftsverkehr 28 ff; zustimmend VETTER RIW 1984, 170, 171; SCHAUB, Der Konsortialvertrag 24 ff; MOLLS ZfBR 1980, 55; GRAF VWESTPHALEN BB 1971, 1126, 1134). Für die Klassifizierung der Anlagenerstellung und der vorangegangenen Planungsarbeiten als Werk- und nicht als Werklieferungsvertrag sei die Art der Eigentumserlangung durch den Auftraggeber entscheidend, der sein Eigentum an der Anlage nicht durch eine rechtsgeschäftliche Übertragung, sondern kraft gesetzlichen Erwerbs durch Realakte nach § 946 erhalte, womit sich die Annahme eines Werklieferungsvertrages iSd § 651 verbiete. Demgegenüber wird teilweise als entscheidend für die Einordnung als Werklieferungsvertrag angesehen, daß ungeachtet des gesetzlichen Eigentumserwerbs nach § 946 die Nutzungsüberlassung und die rechtsgeschäftliche Übereignung nicht fest eingebauter Teile erst zum Zeitpunkt der vollständigen Fertigstellung erfolgen (so MICHAELIS DE VASCONCELLOS, Garantieklauseln und Risikoverteilung im internationalen Anlagenvertrag 83 f). Auch für die Befürworter einer dominant werkvertraglichen Qualifikation treten allerdings einzelne werklieferungs- und kaufvertragliche Elemente hinzu, soweit es zu einer Herstellung vom Auftraggeber bestellter Maschinen oder zum Verkauf von fremdbezogenen Maschinen kommt. Hinsichtlich der den Betrieb der Anlage gewährleistenden Zusatzvereinbarungen soll das jeweils einschlägige Vertragsrecht anwendbar sein; im einzelnen müßten Lizenz- und Know-how-Verträge als Verträge sui generis, Kundendienstvereinbarungen als Werkverträge und Ausbildungs- und Managementvereinbarungen als Dienstverträge eingestuft werden. Stehe der Auftragnehmer zusätzlich noch für gewisse Produktionswerte der Anlage ein, trete schließlich noch ein Garantievertrag hinzu (DÜNNWEBER, Vertrag zur Erstellung einer schlüsselfertigen Industrieanlage im internationalen Wirtschaftsverkehr 29 ff, 33). Nach dieser Auffassung erscheint der Turnkeyvertrag als ein **elementflexibler Typenkombinationsvertrag** mit einem notwendig werkvertraglichen Kernelement. Ihre Schwäche liegt auf der Hand: Bei einer empirischen Betrachtungsweise mag es zwar durchaus naheliegen, die einzelnen Leistungsbeiträge des Auftragnehmers in ihrer jeweiligen Vertragstypizität zu umschreiben. Dabei gerät jedoch leicht aus dem Blickfeld, daß sämtliche Leistungsbeiträge auf dasselbe Ziel der Erstellung der schlüsselfertigen Anlage gerichtet sind. Dieses Ziel bildet die eigenartige Hauptpflicht des Auftragnehmers, die schwerlich als bloßes Konglomerat verschiedener vertragstypischer Einzelleistungen erfaßt werden kann (MARTINEK, Moderne Vertragstypen Bd III 251).

C 82 Als ein ungewöhnlicher Einordnungsversuch erscheint die neuerdings vorgeschlagene Qualifizierung des Turnkeyvertrages als **Werkverschaffungsvertrag** (dazu ausführlich FIKENTSCHER AcP 190 [1990] 34 ff insbes 55 ff und 64 ff; ders, SchuldR [8. Aufl 1992] Rn 890 f). Von einem Werkverschaffungsvertrag als Unterfall eines Werkvertrages iSd § 631 soll immer dann gesprochen werden können, wenn sich die Vertragsparteien über die **Erstellung des Werks durch Dritte** statt durch den Unternehmer selbst einig sind. Falls der Auftragnehmer die Werkleistungen der Subunternehmer nur vermittele, sei von einem **organisationsbezogenen** (echten) Werkverschaffungsvertrag auszugehen. Demgegenüber sei ein **gehilfenbezogener** (unechter) Werkverschaffungsvertrag anzunehmen, wenn der Auftragnehmer nicht nur die Auswahl und Vermittlung der Subunternehmer schulde, sondern sich selbst zur Erbringung der Werkleistung, wenn auch unter Zuhilfenahme von Erfüllungsgehilfen verpflichte. Der Werkverschaffungsvertrag mag als eigenständige vertragstypologische Kategorie seine grundsätzliche Berechtigung haben, seine Fruchtbarkeit für die Rechtsnaturbestimmung des Turnkeyvertrages bleibt aber zweifelhaft. Der organisationsbezogene Werkverschaffungsvertrag ist von Geschäftsbesorgungs- und Maklerverträgen nur abgrenzbar, wenn er auf die Fälle beschränkt wird, in denen der Unternehmer/Auftragnehmer mit den Subunternehmern im eigenen Namen kontrahiert. Gehilfenbezogener und organisationsbezogener Werkverschaffungsvertrag können sich deshalb nur darin unterscheiden, daß sich bei Gehilfenbezogenheit „der Besteller (..) um nichts mehr zu kümmern braucht" (FIKENTSCHER AcP 190 [1990] 34 ff, 52), während ihm bei Organisationsbezogenheit der Subunternehmer benannt wird. Diese Unterscheidung zielt auf unterschiedliche Rechtsfolgen von Vertragsverletzungen der Subunternehmer ab: Während der Auftraggeber beim gehilfenbezogenen Werkverschaffungsvertrag nach § 278 für schuldhaftes Verhalten der Subunternehmer einzustehen hat, trifft ihn beim organisationsbezogenen Werkverschaffungsvertrag nach § 664 Abs 1 S 2 lediglich die Pflicht zu deren sorgfältiger Auswahl (vgl hierzu FIKENTSCHER AcP 190 [1990] 34, 98 f; ders, SchuldR [8. Aufl 1992] Rn 890; GRAF vWESTPHALEN BB 1971, 1126, 1134 f; MICHAELIS DE VASCONCELLOS, Garantieklauseln und Risikoverteilung im internationalen Anlagenvertrag 298 f; differenzierend HAUTKAPPE, Unternehmereinsatzformen im Industrieanlagenbau 61). Diese Unterscheidung findet in der Praxis des Anlagenbaus indes keine ausgeprägte Entsprechung. Nicht selten ist der Auftraggeber daran interessiert, daß bestimmte (einfache) Arbeiten an ortsansässige Unternehmen vergeben werden, und behält sich deshalb ein Mitspracherecht bei der Bestimmung der Subunternehmer vor. Auch bei einer derartigen Vertragsgestaltung soll der Auftragnehmer nach dem Parteiwillen aber **nicht aus seiner umfassenden Verantwortung für die Errichtung der Anlage entlassen** werden; nicht selten wird die generelle Haftung des Auftragnehmers ungeachtet der gemeinsamen Vergabeentscheidung ausdrücklich aufrechterhalten (HAUTKAPPE, Unternehmereinsatzformen im Industrieanlagenbau 62). Im übrigen würde eine Qualifizierung des Turnkeyvertrages als Werkverschaffungsvertrag einseitig auf die Erstellung der Anlage abheben und die den Betrieb der Anlage begleitenden Pflichten vernachlässigen.

Die bisher vorgestellten Einordnungsversuche beschränken sich entweder auf Teil- **C 83** aspekte des Turnkeyvertrages oder zerbrechen an der Eigenart der inhaltlichen Verknüpfung der verschiedenen beiderseitigen Rechte und Pflichten. Dieser eigenartigen Ausgestaltung des Turnkeyvertrages kann man nur durch eine Qualifikation als **Vertrag sui generis** gerecht werden (so HAUTKAPPE, Unternehmereinsatzformen im Industrieanlagenbau 24 f; VETTER RIW 1984, 170, 171; MARTINEK, Moderne Vertragstypen Bd III 252 f; wohl auch MICHAELIS DE VASCONCELLOS, Garantieklauseln und Risikoverteilung im internationalen Anlagenvertrag 84). Dabei besteht die **Hauptleistungspflicht des Auftragnehmers** in der **Erstellung der schlüsselfertigen Anlage als solcher**, nicht in der Erbringung verschiedenartiger Leistungen, die als Endprodukt die Anlage hervorbringen. Die detaillierte Auflistung der Auftragnehmerpflichten in Turnkeyverträgen dient lediglich der inhaltlichen Umschreibung der zur Erfüllung der Hauptpflicht erforderlichen Arbeiten. In Abgrenzung zum *Comprehensive Contract* ist für den Turnkeyvertrag gerade die rechtliche Zusammenfassung mehrerer verschiedentypischer Vertragspflichten zu einer einzigen umfassenden Hauptpflicht charakteristisch.

Allerdings kann auch dem als Vertrag sui generis verstandenen **Turnkeyvertrag im C 84 Einzelfall** eine mehr oder weniger stark ausgeprägte **geschäftsbesorgungswerkvertragliche Komponente** eignen, die so dann zur Anwendung der §§ 675, 631 ff, 663 ff oder auch der §§ 675, 611 ff, 663 ff führt. Die Stellung des Auftraggebers kann nach dem Vertrag zwar kaum grundsätzlich und umfassend, wohl aber in einzelnen oder mehreren Teilbereichen als diejenige eines weisungsgebundenen Interessenwahrers ausgestaltet sein. So entspricht es einer verbreiteten Praxis, daß der Auftragnehmer vor Übergabe der Anlage an den Auftraggeber in enger Abstimmung mit ihm die Belegschaft des Unternehmens einschließlich des mittleren und höheren Managements aussucht und einweist. Weitergehend wird der Auftraggeber vor Übergabe der Anlage nicht selten bei der Anbahnung und Vermittlung der ersten geschäftlichen Beziehungen zu Abnehmern oder Anbietern tätig. Insoweit ist seine **Tätigkeit diejenige eines Agenten für den Auftraggeber**. Dies kann vorbehaltlich detaillierter Einzelregelungen im Vertrag das Regelungsprogramm des Geschäftsbesorgungsdienst- oder -werkvertrages berufen.

3. Das autonome Vertragsrecht

Die oft erfolgreichen Bemühungen der Vertragsparteien des Turnkeyvertrags, ein **C 85** sämtliche Aspekte des Anlagenbaus regelndes autonomes Vertragsrecht zu schaffen, haben zur Folge, daß die **Rechtsnaturbestimmung** für das Zustandekommen, den Inhalt, die Durchführung und die Abwicklung des Vertrags nur **von untergeordneter Relevanz** ist. Das betrifft insbesondere die vertragstypologische Qualifikation nach **deutschem Recht**, das im internationalen Anlagengeschäft nur **in Ausnahmefällen** zum anwendbaren Recht erkoren wird (vgl aber BGHZ 83, 197 ff = RIW 1982, 441 zu Fragen des internationalen Anlagenbaus). Turnkeyverträge sind eine Domäne nicht nur für Gerichtsstands- und Schiedsgerichtsvereinbarungen, sondern auch für Rechtswahlklauseln, bei denen die Parteien vorzugsweise auf andere Rechtsordnungen als die deutsche reflektieren (VETTER RIW 1984, 170; DÜNNWEBER, Vertrag zur Erstellung einer schlüsselfertigen Industrieanlage im internationalen Wirtschaftsverkehr 151 ff; LASCHET, in: NICKLISCH [Hrsg], Bau-

und Anlagenverträge 255, 256; NICKLISCH RIW 1991, 89 ff). Im übrigen ist zu berücksichtigen, daß der Turnkeyvertrag als Rechtsstrukturtypus derzeit erst in Umrissen erkennbar und noch ein moderner Vertragstyp „im Werden" ist (MARTINEK, Moderne Vertragstypen Bd III 250). In den Bemühungen um eine weitere Schärfung seines Profils und seiner Konturen spielen spezifisch geschäftsbesorgungsrechtliche Gesichtspunkte nur eine untergeordnete Rolle. Im Mittelpunkt stehen vielmehr die Vereinbarungen zur Minderung der Störanfälligkeit und zur Erhöhung der Bestandskraft von Turnkeyverträgen (Preisgleit- und Wertsicherungsklauseln, Hardship-Klauseln, force-majeure-Klauseln, Stillstands- und Neuverhandlungsklauseln). Von besonderer Wichtigkeit ist zudem die **regelmäßige Erfüllungsgehilfenhaftung des Auftragnehmers** für die von ihm eingeschalteten Subunternehmer (§§ 276, 278). **Geschäftsbesorgungsvertragliche Regelungen** kommen bei Turnkeyverträgen im Ergebnis **nur in Einzelfällen** und in Randbereichen zur Anwendung (vgl auch MARTINEK, Moderne Vertragstypen Bd III insbes 253 ff mit Einzelheiten zum Leistungsstörungsrecht bei Turnkeyverträgen).

VI. Management- und Betriebsführungsverträge

Schrifttum

ABELS, Managementverträge im Rahmen internationaler Unternehmenstätigkeit (1987)

U BECKER, Verträge der Exportwirtschaft (1971)

DAMM, Die aktienrechtliche Zulässigkeit von Betriebsführungsverträgen, BB 1976, 294

ELLISON, Management Contracts – Earning Profits from Free Income in Place of Earnings on Equity, Multinational Business 1/1976, 19

FFORDE, An International Trade in Managerial Skills (1957)

GABRIEL, The International Transfer of Corporate Skills – Management Contracts in Less Developped Countries (1967)

GESSLER, Probleme des neuen Konzernrechts, DB 1965, 1691

ders, Der Betriebsführungsvertrag im Licht der aktienrechtlichen Zuständigkeitsordnung, in: FS Hefermehl (1976) 263

ders, Abgrenzungs- und Umgehungsprobleme bei Unternehmensverträgen, in: FS Ballerstedt (1976) 219

HUBER, Betriebsführungsverträge zwischen selbständigen Unternehmen, ZHR 152 (1988) 1

ders, Betriebsführungsverträge zwischen konzernverbundenen Unternehmen, ZHR 152 (1988) 123

JOACHIM, Der Managementvertrag, DWiR 1992, 397 (Teil 1) und 455 (Teil 2)

KÜHNEL, Ausbildungsleistungen in Exportverträgen des deutschen Großanlagenbaus, RIW 1981, 533

LÖFFLER, Betriebsführungsverträge mit Personenhandelsgesellschaften, NJW 1983, 2920

LOOS, Betriebsführungsverträge und damit verbundene Generalvollmacht bei Handelsgesellschaften, BB 1963, 615

MARTENS, Die existentielle Wirtschaftsabhängigkeit (1979)

MARTINEK, Moderne Vertragstypen Bd II (1992) 275 ff

MESTMÄCKER, Verwaltung, Konzerngewalt und Rechte der Aktionäre (1958)

ders, Zur Systematik des Rechts der verbundenen Unternehmen im neuen Aktiengesetz, in: FG Kronstein (1967) 129 ff

SCHLÜTER, Management- und Consulting-Verträge – Die Vertragstechnik des internationalen Transfers von Betriebsführungs- und Beratungsleistungen (1987)

UWE H SCHNEIDER, Konzernbildung, Konzernleitung und Verlustausgleich im Konzernrecht der Personengesellschaften, ZGR 1980, 511

ders, Vertragsrechtliche, gesellschaftsrechtliche und arbeitsrechtliche Probleme von Betriebspachtverträgen, Betriebsüberlassungsverträgen und Betriebsführungsverträgen, Jahrbuch der

Fachanwälte für Steuerrecht (JbFStR) 1982/83, 387

United Nations – Center on Transnational Corporations (ed), Management Contracts in Developping Countries – An Analysis of their Substantive Provisions (1983)

VEELKEN, Der Betriebsführungsvertrag im deutschen und amerikanischen Konzernrecht (1975)

WESTRING, Aspects of International Management Contracts, International Financial Law Review 1980, 399

ders, Construction and Management Contracts, in: HORN/SCHMITTHOFF, The Transnational Law of International Commercial Transactions (1982) 175

WINDBICHLER, Betriebsführungsverträge zur Bindung kleiner Unternehmen an große Ketten, ZIP 1987, 825

ZEIGER, Der Management-Vertrag als internationales Kooperationsinstrument (1984)

1. Der Grundtypus – Rechtsnatur und Einsatzbereich

Bei einem Managementvertrag verpflichtet sich der eine Vertragspartner, der Mana- **C 86** gementgeber (gelegentlich auch auch als „Manager" bezeichnet), **den Betrieb bzw (hier synonym) das Unternehmen des anderen Vertragspartners, des Managementnehmers und Unternehmensträgers, für dessen Rechnung und Risiko, im eigenen oder im fremden Namen gegen Entgelt zu führen** (JOACHIM DWiR 1992, 397 f; SCHLÜTER, Management- und Consulting-Verträge 22; LÖFFLER NJW 1983, 2920, 2921; ZEIGER, Der Management-Vertrag als internationales Kooperationsinstrument 29; GESSLER, in: FS Hefermehl 263 ff, 264; U HUBER ZHR 152 [1988] 1 ff, 2; MARTINEK, Moderne Vertragstypen Bd II 276 ff). Der **Managementnehmer**, der aus wirtschaftlichen oder persönlichen Gründen selbst von der Unternehmensleitung absehen will oder muß, überträgt durch den Vertrag die Betriebsführung auf den **Managementgeber**, um dessen unternehmerisches Know-how und/oder betrieblichen Goodwill für die Rentabilität seines Betriebs fruchtbar zu machen und zahlt ihm für dessen Managementleistungen eine Vergütung. Der Managementgeber stellt sein unternehmerisches Wissen, seine Erfahrung, seine wirtschaftlichen Beziehungen (know-how, experience and skill) zur Verfügung und bringt dies in die Führung des Betriebs ein, um diese immateriellen Werte dort mit den vom Managementnehmer bereitgestellten sachlichen, finanziellen und personellen Produktionsfaktoren zu verbinden.

Die **rechtliche Einordnung** der im Gesetz nicht ausdrücklich erwähnten Management- **C 87** verträge in das System der gesetzlich geregelten schuldrechtlichen Vertragstypen ist praktisch **unstreitig**: Da sich der Managementgeber zur Leitung des fremden Unternehmens und damit zur Leistung von Diensten, der Managementnehmer zu Zahlung einer näher bestimmten Vergütung verpflichtet, liegt zunächst ein **Dienstvertrag** iS der §§ 611 ff vor. Ohne weiteres stellt die Unternehmensleitung bzw Betriebsführung dabei eine selbständige (Raum für eigenverantwortliche Überlegungen und Willensbildungen gewährende) Tätigkeit wirtschaftlicher Art mit Vermögensbezug dar und wird fremdnützig im fremden Interesse wahrgenommen; der Managementgeber nimmt also dem Managementnehmer eine eigentlich in die Zuständigkeit zur Wahrnehmung seiner Vermögensinteressen fallende Tätigkeit ab. Der Dienstvertrag ist mithin **auf eine Geschäftsbesorgung** gerichtet, so daß nach § 675 das Regelungsprogramm des entgeltlichen Geschäftsbesorgungsvertrags mit den auftragsrechtlichen Vorschriften der §§ 663, 665 bis 670 und 672 bis 674 in Ergänzung zum

Dienstleistungsvertragsrecht der §§ 611 ff heranzuziehen ist (JOACHIM DWiR 1992, 397, 398; EMMERICH/SONNENSCHEIN, Konzernrecht [4. Aufl 1992] 190; LÖFFLER NJW 1983, 2920 ff, 2921; WINDBICHLER ZIP 1987, 825 f; MESTMÄCKER, Verwaltung, Konzerngewalt und Rechte der Aktionäre 320; ERMAN/HAUSS [8. Aufl 1989] § 675 Rn 3; MünchKomm/SEILER² § 675 Rn 41; MARTINEK, Moderne Vertragstypen Bd II 283). Dem folgt auch die Rechtsprechung (BGH NJW 1982, 1817; BGH NJW 1983, 1191, 1192; OLG München ZIP 1987, 849, 852).

C 88   Diese Rechtsnaturbestimmung betrifft zunächst den **Grundtypus** des regelmäßigen Managementvertrags. Dieser Grundtypus des Managementvertrages, den man auch als **Unternehmensführungsvertrag** bezeichnen könnte (VEELKEN, Der Betriebsführungsvertrag 20), hat nach dem zweiten Weltkrieg innerhalb der westlichen Industriestaaten im jeweiligen nationalen, gelegentlich auch im internationalen westeuropäischen Bereich Ausbreitung erfahren. Zu den **typischen Einsatzbereichen** gehören die Fälle, in denen ein Unternehmensträger zur optimalen Führung seines Betriebs nicht (mehr) willens oder fähig ist. Man denke an ein einzelkaufmännisches oder als Personenhandelsgesellschaft bzw GmbH organisiertes Familienunternehmen, bei dem der bisherige Geschäftsführer krank oder gestorben ist und ein durch professionelle Erfahrungen ausgewiesenes Unternehmen mit Management-Aufgaben für Rechnung der Familie betraut werden soll. Auch ohne den Zwang persönlicher Gründe kann ein Managementvertrag von kleinen und mittleren Unternehmen erwogen werden, um durch ein externes Manager-Team unternehmerisches Know-how unmittelbar für die Betriebsführung fruchtbar zu machen, hierdurch einen Wettbewerbsvorsprung zu erkämpfen und eine Ertragssteigerung zu erwirtschaften. Dabei braucht der Managementgeber nicht notwendig im Verborgenen zu bleiben; er muß auch nicht die Firma des Unternehmens weiterführen und als offener Stellvertreter im fremden Namen auftreten; vielmehr kann der Managementgeber auch im eigenen Namen die Unternehmensleitung betreiben und damit seinen schon anderweitig erworbenen Goodwill für den Managementnehmer zur Wirksamkeit bringen. Im Gastronomiegewerbe und dort namentlich in der Hotellerie kann ein Unternehmen sich durch den Abschluß eines Managementvertrages mit einem zahlreiche andere Betriebe führenden Managementgeber an eine Kette anbinden und deren Knowhow und Goodwill für das eigene Unternehmen ausnutzen (vgl dazu WINDBICHLER ZIP 1987, 825 ff, 826, 828; LÖFFLER NJW 1983, 2920, 2921; JOACHIM DWiR 1992, 397 ff; VEELKEN, Der Betriebsführungsvertrag 29; besonders illustrativ hierzu der „Holiday-Inn-Fall" BGH ZIP 1982, 578 = NJW 1982, 1817). Der Managementgeber stellt in diesen Fällen nicht allein sein organisatorisches und kaufmännisches Fachwissen zur Verfügung, sondern läßt den Managementnehmer auch **an seinem Image und seinem Goodwill partizipieren**. Regelmäßig verbindet sich mit dem Managementvertrag dann die **Lizenzierung** von eingetragenen Dienstleistungsmarken oder die Nutzungsüberlassung anderer imageträchtiger und absatzfördernder Bezeichnungen, Slogans, Logotypen, die sich bei den Verkehrskreisen als Ausweis für die standardisierte Produktqualität Geltung verschafft haben.

C 89   Dabei fällt die Ähnlichkeit eines solchen, als Instrument der Absatzkooperation und/oder Beschaffungskooperation eingesetzten Managementvertrages mit einem **Franchisevertrag** (dazu su Rn D 1 ff) ins Auge. Dies gilt insbesondere dann, wenn sich der Managementgeber von irgendwelchen Einflußnahmen des Managementnehmers, der nur noch formal Betriebsinhaber bleibt, durch vertragliche Vereinbarungen weithin abkoppelt, so daß er eine Kette standardisierter Betriebsstätten aufbauen kann, die äußerlich der Betriebstypenfixierung einer Franchisekette entsprechen. Die Abgrenzung bleibt aber in den meisten Fällen leicht möglich: beim Franchisevertrag **bleibt der Franchisenehmer der Betriebsführer**, der sich aufgrund des Vertrages in seinem Absatzverhalten als Interessenwahrer des Franchisegebers an dessen Vorgaben und Weisungen auszurichten hat; beim Managementvertrag ist nicht der Betriebsinhaber (Unternehmensträger), sondern **der externe Managementgeber der Betriebsführer**, der zumindest in einem Restbereich von den Weisungen des Managementnehmers abhängig ist.

Gerade im nationalen Bereich braucht ein Managementvertrag nicht notwendig das **C 90** Unternehmen *in toto* zu erfassen. In seltenen, aber durchaus berücksichtigungsbedürftigen Fällen wird er gegenständlich **auf einen bestimmten Unternehmensteil**, insbesondere auf einzelne Funktions- und Führungsbereiche wie Produktion, Personal, Vertrieb oder Finanzierung beschränkt (Veelken, Der Betriebsführungsvertrag 22 f; Huber ZHR 152 [1988] 1 ff, 2; Schlüter, Management- und Consulting-Verträge 65). So kann der Aufbau eines neuen Vertriebssystems oder die Entwicklung einer neuen Produktlinie und ihre Durchsetzung am Markt Gegenstand eines funktional beschränkten Managementvertrages sein. Die **Grenze zum Consultingvertrag** (dazu su Rn C 104 ff) ist danach zu ziehen, ob der Managementgeber im einschlägigen Funktionsbereich selbst die Betriebsführungsaufgaben wahrnimmt oder nur zur besseren Aufgabenerfüllung anleitet.

2.　Echter und unechter Managementvertrag

Der Managementgeber bzw der einzelne Angestellte der Managementgeber-Gesell- **C 91** schaft handelt bei der Geschäftsführung **regelmäßig in fremdem Namen**, weil er rechtsgeschäftlicher oder gar organschaftlicher Vertreter des zu führenden Unternehmens ist. Liegt dieser Regelfall vor, dann spricht man vom **echten oder typischen Managementvertrag**, dem der **unechte oder atypische** gegenübergestellt wird (vgl Gessler, in: FS Hefermehl 263 ff, 264; Emmerich/Sonnenschein, Konzernrecht[4] 189; Zeiger, Der Management-Vertrag als internationales Kooperationsinstrument 29; Schlüter, Management- und Consulting-Verträge 22; Löffler NJW 1983, 2920 ff, 2921; Huber ZHR 152 [1988] 1 ff, 4; Veelken, Der Betriebsführungsvertrag 18; Hommelhoff, Die Konzernleitungspflicht 284). Bei letzterem handelt der Managementgeber bei Wahrnehmung der Geschäftsführungsaufgaben im Managementnehmer-Betrieb **im eigenen Namen** bzw der von ihm entsandte einzelne Angestellte handelt im Namen des Managementgebers. Ob diese oder jene Form gewählt wird, hängt vor allem davon ab, mit welchem Namen sich in der Außendarstellung des zu führenden Unternehmens das profiliertere Image und der ausgeprägtere Goodwill verbindet. Im Normalfall des Handelns in fremdem Namen tritt nach außen die Firma des zu führenden Unternehmens auf, die aus allen Geschäften berechtigt und verpflichtet wird. Die Gläubiger tragen das **Risiko der Insolvenz** entsprechend der Lage ohne Managementvertrag. Beim Handeln in eigenem Namen trägt der Managementgeber, der im Außenverhältnis für die Verbindlichkeiten des Unternehmens gegenüber den Gläubigern einstehen muß, hinsichtlich seiner Regreßmöglichkeit (qua Aufwendungsersatz- oder Freistellungsanspruch) im Innenverhältnis zum Managementnehmer das Insolvenzrisiko.

3. Der Betriebsführungsvertrag als Sonderform

C 92 Ein Teil der Literatur und der Rechtsprechung in Deutschland setzt den **Managementvertrag** mit dem seit langem vertrauten **Betriebsführungsvertrag** gleich (Joachim
DWiR 1992, 397 ff; Löffler NJW 1983, 2920 ff; Damm BB 1976, 294 ff; Windbichler ZIP 1987,
825 ff; Loss BB 1963, 615 ff; Gessler, in: FS Hefermehl 263 ff; BGH ZIP 1982, 578 = NJW 1982,
1817; OLG München ZIP 1987, 849). Erst im neueren Schrifttum wird deutlich, daß beides **nicht deckungsgleich** ist (Schlüter, Management- und Consulting-Verträge 21; Martinek,
Franchising [1987] 427 ff; ders, Moderne Vertragstypen Bd II 276 ff, 298 ff). In Übereinstimmung mit dem Sprachgebrauch der Praxis empfiehlt sich auch für die Rechtsordnung, im **Betriebsführungsvertrag nur eine Unterform des weiteren und vielgestaltigen
Managementvertrages** zu sehen. Diese Unterform zeichnet sich dadurch aus, daß hier
der Managementvertrag gezielt als **Mittel der Konzernpolitik** eingesetzt wird (vgl auch
BGH ZIP 1982, 578 = NJW 1982, 1817 = WM 1982, 394 „Holiday Inn"). Der Betriebsführungsvertrag ist demnach ein **konzerninterner** oder **konzernleitender** Managementvertrag,
der eine Reihe konzernrechtlicher Spezialprobleme aufwirft.

C 93 Hier sind **verschiedene Gestaltungsformen** denkbar, denen eine weitgehende **Einschränkung der Weisungsmöglichkeiten** des Managementnehmers gegenüber dem
Managementgeber und Betriebsführer sowie die Ausrichtung der Betriebsführung
an einem Konzerninteresse gemeinsam ist, die sich aber durch das Maß und die
Intensität dieser Ausrichtung unterscheiden (grundlegend Veelken, Der Betriebsführungsvertrag insbes 31 ff mit vielen praktischen Beispielen; Emmerich/Sonnenschein, Konzernrecht[4]
161 f, 189 ff und 420; Loos BB 1963, 615 ff). Dabei kann sich der Managementnehmer mit
dem Managementgeber/Betriebsführer hinsichtlich des Konzerninteresses und der
Konzernpolitik abstimmen, so daß eine einheitliche Leitung ohne unmittelbar oder
mittelbar beherrschenden Einfluß des Managementgebers/Betriebsführers über den
unabhängig bleibenden Managementnehmer zustande kommt (vgl § 18 Abs 2
AktG). Es kann aber auch zu Gestaltungsformen kommen, bei denen der Manage-
mentgeber/Betriebsführer den Vertrag zielgerichtet dazu einsetzt, auf das Unternehmen des Managementnehmers einen **beherrschenden Einfluß** auszuüben, es also in
Abhängigkeit zu bringen und einer **einheitlichen Leitung** zu unterwerfen, so daß Mana-
gementgeber/Betriebsführer und Managementnehmer einen **Unterordnungskonzern**
im Sinne der Begrifflichkeit des Rechts der verbundenen Unternehmen bilden (vgl
§§ 17 Abs 1, 18 Abs 1 AktG). Es ist leicht vorstellbar, daß sich ein solcher Betriebsführungsvertrag einem **konzernrechtlichen Beherrschungsvertrag** stark annähern kann,
so daß das Regelungsprogramm der §§ 291 ff, 304 ff, 308 ff AktG – jedenfalls bei
einer beherrschten Aktiengesellschaft, wenn nicht auch teilweise bei einer GmbH –
entsprechende Anwendung verlangt. Man darf den Managementvertrag und seine
konzernrechtliche Unterform des Betriebsführungsvertrags auch nicht mit dem
Geschäftsführungsvertrag iS des § 291 Abs 1 S 2 AktG gleichsetzen und verwechseln, bei dem eine Gesellschaft ihr Unternehmen für Rechnung eines anderen
Unternehmens führt (Huber ZHR 152 [1988] 1 ff, 6 ff mit weiteren begrifflichen Abgrenzungen).

4. Internationale Managementverträge

C 94 Im internationalen Wirtschaftsverkehr dient der Managementvertrag den Unternehmen in den Industriestaaten als Instrument für ein Engagement in **Entwicklungs- und**

Schwellenländern, wo er praktisch weithin als Substitut für eine Direktinvestition eingesetzt wird. Beim internationalen Managementvertrag transferiert ein Unternehmen gleichsam statt seines Eigenkapitals lediglich sein **unternehmerisches Wissen** und übernimmt auftragsgemäß die Leitung eines Unternehmens. Hierfür bezieht es eine Vergütung, erspart sich Kosten und Risiken und erhält unter Umständen durchaus die mit dem Engagement nicht zuletzt verfolgte Möglichkeit der Rohstoffverschaffung und/oder Markterschließung. Solchen Managementverträgen stellen sich die Entwicklungs- und Schwellenländer weniger mit administrativen und politischen Erschwernissen entgegen als Direktinvestitionen, da das Produktionsmittel im Eigentum des nationalen Managementnehmers steht, einheimische Arbeitskräfte angelernt und ausgebildet werden können, der Wissenstransfer die wirtschaftliche Eigenständigkeit erhöht und der Managementvertrag zudem die Chance bietet, später das Unternehmen autonom selbständig zu führen (vgl dazu ZEIGER, Der Management-Vertrag als internationales Kooperationsinstrument 15 ff; SCHLÜTER, Management- und Consulting-Verträge 10 ff, 13; MARTINEK, Moderne Vertragstypen Bd II 283 ff). Der internationale Managementvertrag mit Unternehmen in Entwicklungsländern enthält neben der Komponente der Betriebsführung auch ein **ausgeprägtes Element der Know-how-Vermittlung**. Dieses Element der Unterrichtung und Unterweisung, der Anleitung und Ausbildung ist auf Seiten der Managementnehmer regelmäßig das Hauptmotiv des Vertragsschlusses. Die Betriebsführungskomponente trägt mithin von vornherein transitorische Züge. Die Verknüpfung der Ausbildungsfunktion mit der Betriebsführungsfunktion hat zur Konsequenz, daß letztere mit der erfolgreichen Durchführung des Know-how-Transfers und der Erstarkung der autonomen Leitungsfähigkeit obsolet wird. In nationalen Managementverträgen sind derartige Konstellationen die Ausnahme.

Auch der internationale Managementvertrag ist seiner Rechtsnatur nach als ein **C 95** **Geschäftsbesorgungsvertrag dienstvertraglichen Charakters** zu qualifizieren. Er unterscheidet sich von der Grundform des Managementvertrages nur dadurch, daß neben die Betriebsführungsfunktion gleichrangig eine **Ausbildungsfunktion** tritt, insofern das externe Know-how vom Managementgeber nicht nur angewendet, sondern zielgerichtet dem Managementnehmer, dh seinem Personal vermittelt wird. Diese Unterrichtung und Unterweisung, Ausbildung und Anleitung weist **keinen unmittelbaren Vermögensbezug** auf und ist nicht als selbständige Tätigkeit wirtschaftlicher Art iS des Geschäftsbesorgungsrechts zu qualifizieren. Vielmehr repräsentiert diese Ausbildungsfunktion eine rein dienstvertragliche Komponente. Damit fügt sie freilich wegen der auch insoweit berufenen Geltung der §§ 611 ff der geschäftsbesorgungsvertraglichen Qualifizierung im Ergebnis nichts Neues hinzu. Es besteht entgegen einer vereinzelten Literaturansicht (ZEIGER, Der Management-Vertrag als internationales Kooperationsinstrument 29) auch kein Anlaß, aus dem Vertragsziel der Gewinnung einer unternehmerischen Autonomie nach erfolgtem Know-how-Transfer eine Qualifizierung als Vertrag sui generis abzuleiten (MARTINEK, Moderne Vertragstypen Bd II 286).

5.   Die Bedeutung des Gesetzesrechts

Mit der Rechtsnaturbestimmung des Managementvertrages ist freilich nur ein **weit-** **C 96** **hin dispositives Recht** für anwendbar erklärt. Der Rechtsanwender muß aber bei den oft umfangreich **individualvertraglich** ausgehandelten Managementverträgen zuerst auf die vertraglichen Vereinbarungen in ihrer konkreten Ausgestaltung Bedacht nehmen, die das gesetzlich kodifizierte Geschäftsbesorgungsrecht vielfach abbedingen, modifizieren, ersetzen und ergänzen können. Die Managementverträge der Praxis sind oft hundert oder mehr Seiten lang, um eine **möglichst hohe Regelungsdichte** zu erreichen. Auch ist bei der erläuternden und ergänzenden Vertragsauslegung auf die Verkehrssitte, auf Usancen und Gepflogenheiten der Branche oder der außenwirtschaftlichen Praxis Rücksicht zu nehmen. Für internationale Managementverträge können – zumindest bei der Auslegung – die Verhaltenskodices internationaler Organisationen als „soft law" zu berücksichtigen sein, etwa die OECD-Guidelines für multinationale Unternehmen, die UNCTAD-Verhaltensrichtlinien für internationalen Technologietransfer oder der UNCTAD-Kodex über restriktive Geschäftspraktiken. Weder für den nationalen noch für den internationalen Bereich haben sich indes Vertragsmuster oder Rahmenregelungen als Standards herausgebildet. Lediglich für die Unterform des Betriebsführungsvertrags iS des konzernleitenden Managementvertrags finden sich **Musterverträge** (vgl etwa VEELKEN, Der Betriebsführungsvertrag 267), die aber nicht für die Vertragsgestaltung bei allgemeinen Managementverträgen herangezogen werden können. Ansonsten hilft bei der Suche nach anschaulichen Beispielen auch kein Fallmaterial der Rechtsprechung zu Managementverträgen weiter; es gibt sie kaum. Weithin werden Streitigkeiten zwischen den Parteien außergerichtlich, hauptsächlich in **Schiedsverfahren** beigelegt, weshalb auch für praktisch sämtliche nationalen wie internationalen Managementverträge umfangreiche Schiedsgerichtsvereinbarungen kennzeichnend sind. Doch lassen sich auch für die konzernfreien und für die konzerninternen, nationalen wie internationalen Managementverträge durchaus gleichförmige Problemkreise und Regelungsbezüge ausmachen, die im Schrifttum bereits aufgegriffen worden sind (ausführlich MARTINEK, Moderne Vertragstypen Bd II 288 ff mwNw). Danach stellt sich das Rechts- und Pflichtengefüge der Parteien im Einzelfall ungleich komplexer dar als die Regelung der §§ 675, 611 ff, 663 ff. Im übrigen ist bei einem internationalen Managementvertrag eines deutschen Investors die Geltung des deutschen Rechts keineswegs selbstverständlich; hier muß die Anwendbarkeit des deutschen oder eines anderen nationalen Rechts erst nach den Regeln des Internationalen Privatrechts und des Wirtschaftskollisionsrechts ermittelt werden (vgl dazu ausführlich ZEIGER, Der Management-Vertrag als internationales Kooperationsinstrument 76 ff und SCHLÜTER, Management- und Consulting-Verträge 199 ff).

6. Grundzüge des Rechts- und Pflichtengefüges

a) Managementgeberpflichten

C 97 In der **Durchführungsphase** des Vertragsverhältnisses, die sich an eine mehr oder weniger ausgeprägte **Vorbereitungsphase** mit eigenständigen Pflichten anschließt, trifft den Managementgeber die **Hauptpflicht der Geschäftsführung (Unternehmensleitung, Betriebsführung)**, zu der sich die Hauptpflicht zur Ausbildung des Managementnehmer-Personals gesellen kann. Die Geschäftsführung geschieht „für fremde Rechnung", dh die im Laufe der Führung des Unternehmens anfallenden einzelnen Geschäftsvorfälle werden unmittelbar dem Managementnehmer zugerechnet und erscheinen allein in dessen, von der des Managementgebers **streng getrennter Buchhaltung**. Sie umfaßt, wenn sie nicht ausnahmsweise gegenständlich eingeschränkt ist, die Wahrnehmung der Leitungs- und Entscheidungskompetenzen, der Weisungs- und Kontrollbefugnisse in den einzelnen Unternehmensbereichen, insbesondere in den Bereichen Beschaffung (Einkauf) und Produktion, Absatz (Marketing), Verkauf und Qualitätskontrolle, Finanz-, Kredit-, Rechnungs- und Steuerwesen und nicht zuletzt Personalwesen. Gelegentlich liegt auf dem Personalwesen, auf der Motivierung und Führung des vorhandenen Personalbestandes, auf der Entlassung unqualifizierten und der Einstellung neuen Personals ein Schwerpunkt der Betriebsführung. Aber auch die allgemeine Unternehmensleitung mit der mittel- und langfristigen Planung, Strategie- und Organisationsentwicklung obliegen dem Managementgeber. **Selten wird dem Managementgeber aber die Geschäftsführung einschränkungslos übertragen.** In der Regel behält sich der Managementnehmer zumindest die Kompetenz für unternehmerische Grundsatzentscheidungen vor oder überträgt ausdrücklich nur die laufenden Geschäfte der „Tagespolitik".

Auch kann die Geschäftsführung in einzelnen Bereichen von **Konsultationspflichten**   **C 98** des Gebers oder **Genehmigungsvorbehalten** abhängig gemacht oder gar von Weisungsbefugnissen und Interventionsrechten des Nehmers begleitet werden. Im Grundsatz folgt aus der Rechtsnatur des Managementvertrags als eines Geschäftsbesorgungsvertrags mit Dienstleistungscharakter nach §§ 675, 611, 665 ein **Weisungsrecht** des Managementnehmers gegenüber dem Managementgeber, so daß dieser in der Ausführung seiner Geschäftsführungsbefugnisse weisungsunterworfen wäre. In der Praxis freilich wird dieses Weisungsrecht **vertraglich mehr oder weniger stark eingeschränkt, manchmal gar in Teilbereichen „umgepolt", so daß der Managementgeber gegenüber dem -nehmer in Einzelbereichen weisungsbefugt ist.** Die Selbständigkeit und Freiheit des Managementgebers in seiner Geschäftsführung und die entsprechende Abhängigkeit des Managementnehmers kann so weit reichen, daß letzterem **kaum mehr als das Recht zur Kündigung** des Vertrags bei schwerwiegenden Interessenbeeinträchtigungen verbleibt. In der Tat ist für den Managementvertrag nicht etwa eine Weisungsgebundenheit konstitutiv (dazu insbes HUBER ZHR 152 [1988] 1 ff, 9; VEELKEN, Der Betriebsführungsvertrag 49 ff). Es ist durchaus denkbar, daß der Managementgeber den Betrieb weisungsfrei führen darf (dazu BGH ZIP 1982, 578 = NJW 1982, 1817 = WM 1982, 394 „Holiday Inn"), sofern nicht das bürgerliche Recht, das Gesellschafts- oder Konzernrecht Grenzen setzen. Das deutsche Privatrecht läßt die Übertragung der Betriebsführung eines Unternehmens an ein anderes **nicht einschränkungslos** zu; die Rechtsordnung setzt vielmehr, je nach der Rechtsform der beteiligten Unternehmen, der Gestaltungsmacht der Parteien Grenzen (dazu ausführlich MARTINEK, Moderne Vertragstypen Bd II 298 ff; HUBER ZHR 152 [1988] 1 ff; VEELKEN, Der Betriebsführungsvertrag 248 ff; MESTMÄCKER, in: FG Kronstein 129 ff; GESSLER DB 1965, 1691 ff, 1694; EMMERICH/SONNENSCHEIN, Konzernrecht[4] 189 ff, 191 ff). In der Praxis finden sich meist gegenständlich konkretisierte Abstufungen und Zwischenformen zwischen Weisungsgebundenheit und -freiheit.

Die wichtigsten, unmittelbar an die Hauptpflicht der Geschäftsführung und gegebe-   **C 99** nenfalls auch die des Know-how-Transfers und der Ausbildung angebundenen Nebenpflichten des Managementgebers sind seine **Berichts-, Informations-, Rechenschafts- und Rechnungslegungspflichten**, die schon aus den §§ 675, 666 BGB folgen, aber regelmäßig im Vertrag eine ausführliche Regelung erfahren (SCHLÜTER, Management- und Consulting-Verträge 76; ZEIGER, Der Management-Vertrag als internationales Kooperationsinstrument 41 f; UN-Center on Transnational Corporations, Management Contracts, 18 f; MARTINEK, Moderne Vertragstypen Bd II 292). Sie ist also nicht nur eine aus Treu und Glauben abgeleitete (selbständig einklagbare) Nebenpflicht, sondern eine **Nebenlei-**

stungspflicht, die einem legitimen Bedürfnis des Managementnehmers entspricht und mit der Figur des treuhänderischen Handelns für fremde Rechnung unmittelbar verknüpft ist. Zumindest trifft den Managementgeber die Verpflichtung zur Unterrichtung des Managementnehmers von der Lage des Unternehmens in festgelegten Zeitabständen. Bei nationalen Managementverträgen wird er den gesetzlichen Voraussetzungen der für den jeweiligen Unternehmensträger vorgesehenen Abschluß-, Berichts-, Rechnungslegungs- und Bilanzierungspflichten zu genügen haben. Bei internationalen Verträgen besteht für die Ausgestaltung dieser Pflichten ein größerer Spielraum, wenn das Unternehmens- und Wirtschaftsrecht des Landes keine Detailregelungen hierzu vorsieht. Von derselben Rechtsnatur ist die Verpflichtung des Managementgebers, das aus der Geschäftsbesorgung Erlangte herauszugeben, §§ 675, 667. Auch sie ist mit dem Handeln für fremde Rechnung wesensmäßig verbunden.

b) Managementnehmerpflichten

C 100 Die mit der Geschäftsführungs- und gegebenenfalls der Ausbildungspflicht des Managementgebers im Gegenseitigkeitsverhältnis stehende Hauptpflicht des Managementnehmers ist seine **Vergütungspflicht**, §§ 675, 611 Abs 1, die gleichfalls im Vertrag eine nähere Ausgestaltung zu erfahren pflegt (SCHLÜTER, Management- und Consulting-Verträge 76 ff; UN-Center on Transnational Corporations, Managements Contracts, 73 f; MARTINEK, Moderne Vertragstypen Bd II 293 ff). Dabei haben sich in der Praxis **verschiedene Vergütungsmodalitäten** ausgeformt. Eher selten wird das „**Kosten-plus-System**" zugrundegelegt, dh eine gewinn- und umsatzunabhängige Festgebühr (Personalkosten, Gemeinkosten plus Gewinnaufschlag). Ungewöhnlich sind auch **umsatzabhängige Entgelte**, denn die Bezugnahme auf den Umsatz des Unternehmens bedeutet keine Anbindung der Vergütung an seine Rentabilität. Vielmehr wird oft eine **gewinnabhängige Vergütungsmodalität** von beiden Parteien als angemessen empfunden, weil der Managementgeber hierdurch einen besonderen Leistungsanreiz erhält, sich mit aller Kraft für die Prosperität des Unternehmens einzusetzen. Dabei wird in Managementverträgen mit Ausbildungsfunktion der wechselnde Umfang des vom Managementgeber eingesetzten Personals in der Vergütungsmethode erfaßt, zB durch ein **Mann/Monat-System** (vgl KÜHNEL RIW 1981, 533 ff, 534; SCHLÜTER, Management- und Consulting-Verträge 77 f). Für die große Mehrzahl der Managementverträge hat sich eine **Kombination zwischen fester Grundgebühr und leistungsbezogenen Elementen** als angemessen herausgestellt, bei der durch die **lizenzartige Grundgebühr** zunächst die Festkosten des Managementgebers und seine Know-how-Transfer-Leistungen abgedeckt werden, während durch eine **provisionsartige, leistungsbezogene und erfolgsabhängige Zusatzkomponente** das Eigeninteresse des Managementgebers angespornt und seine Verdienste um eine positive Unternehmensentwicklung belohnt werden sollen.

C 101 Sofern in der vertraglichen Vergütungsmethode **keine Kostendeckung** für die Aufwendungen des Managementgebers eingebaut ist, trifft den Managementnehmer neben der Vergütungspflicht im Regelfall eine Verpflichtung zum **Ersatz der Aufwendungen**, die im Rahmen der Geschäftsführung (nicht: der Ausbildung) angefallen sind (vgl WINDBICHLER ZIP 1987, 825 ff, 827; SCHLÜTER, Management- und Consulting-Verträge 76 ff; ZEIGER, Der Management-Vertrag als internationales Kooperationsinstrument 53 ff). Der Aufwendungsersatzanspruch des Geschäftsbesorgers gehört ausweislich der §§ 675, 670 zu den Wesensmerkmalen der fremdnützigen treuhänderischen Tätigkeit. Er ist besonders bedeutsam bei einem **atypischen oder unechten Managementvertrag**, bei dem der Managementgeber im eigenen Namen handelt und deswegen im Außenverhältnis selbst für die vertraglichen Verbindlichkeiten einzustehen hat. Er muß sich bei seiner Geschäftsführung im Innenverhältnis auf eine „Rückversicherung" verlassen können und hat nicht nur einen Anspruch auf Erstattung der schon von ihm verauslagten Kosten, sondern auch einen **Anspruch auf Freistellung** der gegen ihn entstandenen Forderungen, § 257. In aller Regel wird der Managementgeber freilich – wie der Geschäftsbesorger bei anderen Geschäftsbesorgungsverträgen auch – seine Aufwendungen aus dem Entgelt bestreiten, so daß lediglich Fehlbeträge nach §§ 675, 670 ausgeglichen werden müssen.

c) Kündigungsregelungen

Im Normalfall sehen die Parteien eines Managementvertrags eine **unbefristete Vertragsdauer** vor, weil sie von einem dauerhaften Bestand des Kooperationsverhältnisses ausgehen. Nach der gesetzlichen Regelung kommt dann für beide Parteien als Beendigungsmöglichkeit eine ordentliche Kündigung ohne Angabe von Gründen in Betracht, für die das Gesetz in §§ 675, 621, 624 eine dispositive Regelung der Kündigungsfristen getroffen hat. Die jederzeitige Widerrufbarkeit bzw Kündbarkeit eines Auftragsverhältnisses gemäß § 671 Abs 1 gilt für die entgeltliche Geschäftsbesorgung nach § 675 nicht. Den Parteien ist jedoch zu allermeist an ungleich länger bemessenen Kündigungsfristen gelegen, weil die Intensität des Kooperationsverhältnisses auf beiden Seiten langfristige Dispositionen erfordert, denen nicht durch eine unerwartet frühe Kündigung der Boden entzogen werden darf. Deshalb werden **vertraglich ungleich längere Kündigungsfristen** vorgesehen, die nicht selten nach Jahren bemessen werden. Als **Anlaufschutz** vereinbaren sie zudem oft eine **Mindestvertragsdauer** (meist zwischen drei und sieben Jahren), während derer eine ordentliche Kündigung ausgeschlossen ist (ZEIGER, Der Management-Vertrag als internationales Kooperationsinstrument 58; SCHLÜTER, Management- und Consulting-Verträge 88). Wie immer bei langfristigen Mindestlaufzeiten ist das Verbot sittenwidriger Knebelung nach § 138 zu beachten. In seiner **Holiday-Inn-Entscheidung** erschien dem BGH selbst eine Laufzeit von zwanzig Jahren noch als zulässig, wohingegen er eine darüber hinausgehende dreimalige Verlängerungsoption des Managementgebers für jeweils weitere zehn Jahre als Verstoß gegen § 138 BGB wertete (BGH ZIP 1982, 578 = NJW 1982, 1817 = WM 1982, 394 mit vollst Abdr). Gelegentlich sichern sich die Parteien auch dadurch gegen eine unerwartet früh ausgesprochene ordentliche Kündigung der anderen Seite ab, daß sie in Anlehnung an die Regelung der §§ 675 HS 2, 671 Abs 2 einen vertraglichen Schadensersatzanspruch bei einer Kündigung zur Unzeit ausbedingen.

Wie bei allen Dauerschuldverhältnissen besteht auch beim Managementvertrag ein **unabdingbares außerordentliches Kündigungsrecht** für beide Parteien aus wichtigem Grund. Das ist für den Geschäftsbesorgungsvertrag (§ 675) wie schon für den Dienstvertrag (§ 611) ausdrücklich in § 626 BGB geregelt. Dagegen kommt das außerordentliche Kündigungsrecht ohne wichtigen Grund gem § 627 wegen der „festen Bezüge" des Managementgebers von vornherein nicht in Betracht (vgl MünchKomm/ SCHWERDTNER[2] § 627 Rn 7 und 11; SOERGEL/KRAFT[11] § 627 Rn 1 f; vgl dazu auch WINDBICHLER ZIP 1987, 825, 828 und JOACHIM DWiR 1992, 397, 398). In vielen Fällen wird man es allerdings auch bei einer schwerwiegenden Vertragsverletzung der einen Partei der anderen zumuten müssen, bis zur **nächstmöglichen ordentlichen Kündigung** abzuwarten. In der

Praxis sehen die Verträge zudem oft eine erfolglose **Abmahnung** als Voraussetzung für eine außerordentliche Kündigung vor, listen „wichtige Gründe" katalogmäßig auf und sehen dafür gesonderte Kündigungsfristen vor (ZEIGER, Der Management-Vertrag als internationales Kooperationsinstrument 61 f; SCHLÜTER, Management- und Consulting-Verträge 92 f).

VII. Consultingverträge

Schrifttum

ASSMANN/SCHNITZER/EMBSER, Verträge und Honorare der Beratenden Ingenieure (1974)

U BECKER, Verträge der Exportwirtschaft (1971)

BDU – Bund Deutscher Unternehmensberater e.V., Grundzüge für die Berufsausübung der Unternehmensberater im BDU (oJ)

BELL/NADLER, Clients and Consultants (2. Aufl 1985)

BERGER, Rechtsberatung durch Unternehmensberater?, NJW 1990, 2355

BLAKE/MOUTON, Consultation (1984)

BOHL, Die Haftung der Ingenieure im Bauwesen (1980)

BÖGGERING, Rechtsfragen des Baucontrolling, BauR 1982, 402

DAHL, Die Unternehmensberatung. Eine Untersuchung ausgewählter Aspekte beratender Tätigkeiten in der Bundesrepublik Deutschland (1967)

EXNER, Der Unternehmensberatungsvertrag (1992)

FIDIC, Guide to the Use of Independant Consultants for Engineering Services (3. Aufl 1980)

FIDIC, International Model Form of Agreement between Client and Consulting Engineer and International General Rules of Agreement between Client and Consulting Engineer for Pre-Investment Studies (3. Aufl 1979)

FIDIC, International Model Form of Agreement between Client and Consulting Engineer and International General Rules of Agreement between Client and Consulting Engineer for Design and Supervision of Construction Works (3. Aufl 1979)

FIDIC, International Model Form of Agreement between Client and Consulting Engineer and International General Rules of Agreement between Client and Consulting Engineer for Project Management (1980)

FIDIC, Conditions of Contracts for Works of Civil Engineering Construction with Form of Tender and Agreement (3. Aufl 1977)

FRIDRICH, Marketing- und Managementberatungen in mittelständischen Industrieunternehmen – Eine Orientierungshilfe für Unternehmer und Berater (1985)

GLUCH, Die Auslandstätigkeit deutscher Consultingfirmen in den letzten zehn Jahren – Studie zur Entwicklung 1974–1983 (1984)

GOEDEL, Die FIDIC-Bauvertragsbedingungen im internationalen Baurecht, RIW 1982, 81

GRUBE, Zum Unternehmensberater als Freiberufler, StuW 1981, 34

HARRMANN, Zur Optimierung der Zusammenarbeit Unternehmung/Berater, DB 1975, 1037

HESSE/KORBION/MANTSCHEFF/VYGEN, Honorarordnung für Architekten und Ingenieure (HOAI), Kommentar (3. Aufl 1990)

HIRZEL, Management-Consulting im schweizerischen Recht – Der Unternehmensberatungsvertrag (1984)

HOLLAI, Betriebswirtschaftliche Probleme der Unternehmensberatung (1961)

IBIELSKI, Unternehmensberatung in der Bundesrepublik Deutschland, Rationalisierung (1979)

IBIELSKI/KÜSTER/SEBODE, Handbuch der Unternehmensberatung (Loseblatt 1976 ff, 22. Lieferung 1991)

R KIRCHNER, Rechtliche Probleme bei Ingenieurverträgen, BB 1971, 67

KLAILE, Managementberatung in mittelständischen Unternehmen – Bessere Führung durch externe Unternehmensberatung (1984)

KORMAN, Typen der Unternehmensberatung und ihre Stellung im Entscheidungsprozeß der

Unternehmensleitung, in: Probleme der Unternehmensführung, in: FS E H Sieber (1974)

MARTINEK, Moderne Vertragstypen Bd II (1992) 309 ff

MAXL, Abgrenzung der Unternehmensberatung zur Steuer- und Rechtsberatung – „Ausweg" durch Mandatsvermittlung?, NJW 1982, 1574

MOSER, Die Zukunft der treuhänderischen Wirtschaftsberatung (1975)

REINDL, Unternehmensberatung und Rationalisierung (1985)

REINEKE/HENNECKE, Die Unternehmensberatung – Profil-Nutzen-Prozeß (1982)

RISSE, Marketing für die Beratung – Beruf und Rolle des Wirtschafts- und Unternehmensberaters in Klein- und Mittelbetrieben (1989)

SCHAUB, Der Engineeringvertrag (1979)

SCHLÜTER, Management- und Consulting-Verträge (1987)

KARSTEN SCHMIDT, Erlaubte Rechts- und Steuerberatung durch Geschäftsbesorgungsunternehmen und ihre Grenzen, DB 1978, 1917

WEICK, Vereinbarte Standardbedingungen im deutschen und englischen Bauvertragsrecht (1977)

ders, Vorbeugung und Beilegung von Konflikten in internationalen Verträgen, in: FS Coing, Bd 2 (1982) 543

WITHAUER, Betriebswirtschaftslehre der Consulting-Unternehmen (1973)

ZANDER, Zusammenarbeit mit Beratern in Klein- und Mittelbetrieben (1975)

1. Erscheinungsformen und Unterscheidungen

a) Generelle Kennzeichnung

Consultingverträge werden zwischen einem Auftraggeber als dem „Klienten" und **C 104** einem Berater oder „Consultant" geschlossen und haben **die entgeltliche Erbringung von kaufmännisch-betriebswirtschaftlichen oder ingenieurwissenschaftlich-technischen Beratungsleistungen des Consultant für den Klienten** zum Gegenstand (EXNER, Der Unternehmensberatungsvertrag 1 ff; REINEKE/HENNECKE, Die Unternehmensberatung 11; HIRZEL, Management-Consulting 2; IBIELSKI/KÜSTER/SEBODE, Handbuch der Unternehmensberatung Nrn 0500–0520 und 1000 ff; SCHLÜTER, Management- und Consulting-Verträge 107; MARTINEK, Moderne Vertragstypen Bd II 309 ff). Bei kaufmännisch-betriebswirtschaftlichen Beratungsleistungen spricht die Branche nur noch selten von „Unternehmensberatung", sondern bedient sich ganz überwiegend der Bezeichnung **Management Consulting**; bei ingenieurwissenschaftlich-technischen ist von **Consulting Engineering** die Rede. Ungeachtet denkbarer Grauzonen und schwer erfaßbarer Randbereiche atypischer Gestaltungen kann man das Consulting der Praxis in diese beiden Hauptformen unterteilen. Der **Klient oder Auftraggeber** ist ein privates oder öffentliches Unternehmen beliebiger Branche und Größe oder auch eine Behörde; er kann ebenso großindustrieller Produzent wie kleingewerblicher Dienstleister, kann ebenso eine ausländische Staatsregierung wie eine inländische Kommune sein. Der Klient wendet sich mit seinem **Problemlösungsbedarf** an einen Consultant, weil er selbst nicht über hinreichende Kenntnisse und Erfahrungen nach dem Stand der Wissenschaft und Technik verfügt und einen unabhängigen und unvoreingenommenen Experten mit **fachspezifischem Know-how** braucht, der ihm abgesichert kalkulierte Lösungsvorschläge unterbreitet und abgewogen begründete Entscheidungsmöglichkeiten aufzeigt. Der Consultant ist ein Fachmann für Unternehmensberatung, vor allem für **betriebswirtschaftliche Organisationsfragen (Management Consulting)** oder ein Experte für **angewandte Ingenieurwissenschaften (Consulting Engineering)**. Er praktiziert allerdings selten als einzelner Freiberufler, sondern schließt sich meist mit anderen Consultants zu einer **Sozietät** oder zu einem Unternehmen handelsgesellschaftsrechtlicher Organisationsform (**Consulting-Gesellschaft**) zusammen. Der Consultant kann Generalist oder in einem engen Teilgebiet Spezialist sein. Er steht bei Wahrnehmung seiner Consultingaufgaben in keinem Arbeitsverhältnis zum Klienten und ist nicht in dessen Unternehmen eingegliedert, sondern trägt seine Fachkenntnisse als außenstehender und unabhängiger Dritter an den Auftraggeber gegen Zahlung eines Honorars heran. Kennzeichnend für seine Unabhängigkeit ist, daß seine Beratungsleistungen in keinem Zusammenhang mit anderen Verträgen, etwa über die Lieferung von Waren oder Anlagen, sondern ohne Verfolgung wirtschaftlicher Interessen jenseits seiner entgeltlichen Consultingtätigkeit erbracht werden. Typischerweise vermittelt der Consultant dem Klienten lediglich sein Expertenwissen, **er begehrt und erhält aber vom Klienten keine Entscheidungsbefugnisse**, um die erarbeiteten und vorgeschlagenen Problemlösungen selbst zu realisieren. Dies obliegt vielmehr ausschließlich dem Auftraggeber. Schon hieraus folgt, daß Consultingverträge schwierige Qualifikationsprobleme aufwerfen können, aber nur in den Ausnahmefällen einer Tätigkeit als Consulting Agent eine geschäftsbesorgungsvertragliche Komponente oder gar Rechtsnatur aufweisen (zur Rechtsnatur im einzelnen unten Rn C 111 ff).

C 105   Die Consultants haben sich in **verschiedenen Verbänden** zusammengeschlossen; die wichtigsten sind der Bundesverband Deutscher Unternehmensberater (BDU), die Vereinigung Beratender Betriebs- und Volkswirte (VBV), die Gemeinschaft freier Unternehmensberater (GfU), die Vereinigung der EDV-Berater (VDEB), der Verband beratender Ingenieure (VBI), der Verband unabhängig beratender Ingenieurfirmen (VUBI) und der Verband Selbständiger Ingenieure (VSI). Auf Europa-Ebene haben sich für das Management Consulting das Comité Européen des Services de Conseillers d'Entreprise (CESCE) und die Fédération Européenne des Associations de Conseils en Organisation (FEACO) gebildet; die Consultant Engineers haben sich in der Fédération Internationale des Ingénieurs-Conseils (FIDIC) zusammengeschlossen.

b)   Management Consulting und Consulting Engineering

C 106   **Management Consultant** und Klient können praktisch **sämtliche betrieblichen Aufgaben und Tätigkeiten** – einzelne oder alle – zum Beratungsgegenstand erheben. Die Informationstechnologie und das Marketing stehen bei den nachgefragten Consultantleistungen heute an erster Stelle, während die früheren Schwerpunkte Finanz- und Rechnungswesen, Technik und Fertigung, Büro und Verwaltung – bei andauerndem absoluten Wachstum – relativ an Bedeutung eingebüßt haben. Als ein eminenter Wachstumsbereich der neunziger Jahre wird die Personalberatung und -vermittlung im Bereich der Führungskräfte der Wirtschaft (Head Hunting) angesehen. In Anlehnung an weitverbreitete funktionale Gliederungen der Betriebswirtschaftslehre lassen sich als Beratungsfelder die Beschaffung, die Material- und Lagerwirtschaft, die Leistungserstellung, die Finanzierung und Investition, der Absatz und das Marketing, der Transport, das Personalwesen, die Verwaltung und Kontrolle sowie die Unternehmensleitung im engeren Sinne unterscheiden.

C 107   Neben den **Beratungsgebieten** werden im Management Consulting verschiedene **Beratungsarten** unterschieden, die sich entsprechend den Bedürfnissen der Unternehmen in der Praxis herausgebildet haben. Die **Ganzheitsberatung** beansprucht heute die Stellung der modernsten und bedeutendsten Form der Unternehmensberatung. Ihr Ziel ist es, eine ganzheitliche Beurteilung aller betrieblichen Abläufe in ihrem

Zusammenwirken, in ihrer Abhängigkeit voneinander und Bezogenheit aufeinander und unter Einbeziehung aller außerbetrieblichen Einwirkungsfaktoren zu ermöglichen, um durch zielgerichtete Verbesserungsmaßnahmen das Gesamtniveau des Unternehmens auf breiter Basis anzuheben. Die Ganzheitsberatung setzt demgemäß bei einer kritischen Ist-Analyse aller Unternehmensbereiche an, um Verlustquellen herauszufinden, Verbesserungsvorschläge zu deren Beseitigung zu erarbeiten und damit die Verwirklichung produktivitätssteigernder Maßnahmen einzuleiten. Die **Schwerpunktberatung** konzentriert sich demgegenüber auf **bestimmte betriebliche Funktionsbereiche**, in denen der Auftraggeber (oder der Consultant bei einer Vorprüfung) bereits eine Schwachstelle und einen Verbesserungs- oder Vorschlagsbedarf vermutet. Solche Schwerpunkte können das Personalwesen, die Werbepolitik, die EDV-Abteilung, der Materialfluß oder die Kostenrechnung bilden; der Beratungsauftrag kann auch die Einführung einer Arbeitsvorbereitung, ein leistungsgerechtes Entlohnungssystem für den Außendienst oder eine Büroorganisationsplanung zum Gegenstand haben. Häufig werden einzelne Schwerpunktberatungen miteinander baukastenartig kombiniert. Demgegenüber bezieht sich die **Spezialberatung** auf die Erarbeitung von Problemlösungen innerhalb **eng begrenzter Aufgabenstellungen**. Beispiele sind die Analyse und Reduktion des Stromverbrauchs, Einführung eines Stellenplans für eine bestimmte Abteilung oder die Neuordnung der Registratur in einem konkreten Arbeitsbereich. Bei der **Reihenberatung** greift der Consultant ein Schwerpunktthema im Sinne eines Problembereichs auf, an dem eine Gruppe von Unternehmen eines Wirtschaftsbereichs ein Beratungsinteresse geltend macht. Es kann hierbei etwa um eine EDV-Beratung für zwanzig Automobilhändler, um die Erstellung eines Fertigungsablaufs für zehn Brennereien oder um den Aufbau einer Kostenrechnung für fünf Betriebe der holzverarbeitenden Industrie gehen. Schließlich ist noch das sogenannte **Projektmanagement** zu erwähnen, bei dem der Consultant seine Beratungsleistungen mit Schulungs- und/oder Weiterbildungsleistungen für das Personal des Klienten verbindet, um dessen interne Problemlösungsfähigkeit zu steigern.

Im Bereich des **Consulting Engineering** kann man zwischen **Projektengineering** C 108 einerseits und **Beratungs- und Gutachtenengineering** andererseits unterscheiden (SCHAUB, Der Engineeringvertrag 1 ff). Das Projektengineering hat die Tätigkeit beratender Ingenieure bei der Planung und Erstellung größerer Bauwerke, dem Entwurf und der Montage gewerblicher Anlagen oder der Projektierung und Errichtung umfangreicher Produktionsstätten zum Gegenstand (SCHLÜTER, Management- und Consulting-Verträge 115 ff; KIRCHNER BB 1971, 67 ff). Dabei kann es nicht nur um den Bau neuer, sondern auch die Umgestaltung vorhandener Anlagen gehen (Kraftwerke, Energieübertragungssysteme, Abwasseranlagen, Industrieanlagen mit komplexer baulicher und maschineller Ausstattung, Verkehrsanlagen mit Tunneln und Brücken etc). Auch wo bei derartigen Großaufgaben die beteiligten Hersteller, die mit dem Bau und der Lieferung der Ausrüstungen beauftragt werden, selbst schon Planungs-, Beratungs- und Überwachungsleistungen erbringen, erweist sich ein unabhängiger Consultant Engineer, der sein Know-how für die Koordination der Einzelbeiträge zur Verfügung stellt, für den Auftraggeber oft als sinnvoll oder gar notwendig. Denn häufig bedarf es bei der Errichtung oder Umgestaltung eines technisch komplizierten Werkes eines von Erfahrung und Fachwissen getragenen zusammenfassenden Überblicks und einer organisatorisch gestaltenden Kraft, um die Einzelbeiträge des projektierten Gesamtwerks zur funktionalen Einheit zu verbinden.

Michael Martinek

c) Abgrenzungen

C 109 Consultingverträge werden gelegentlich mit **Know-how-Verträgen** verwechselt oder gleichgesetzt, doch müssen beide als Verkehrstypen ebenso wie als Rechtsstrukturtypen sorgsam voneinander unterschieden werden. Know-how-Verträge können zwar ein ausgeprägtes Beratungselement aufweisen, auch kann ein Consultingvertrag im Einzelfall das zusätzliche Leistungselement eines Know-how-Transfers enthalten, die Schwerpunkte liegen jedoch hier und dort durchaus verschieden (zu Know-how-Verträgen ausführlich MARTINEK, Moderne Vertragstypen Bd II 203 ff). Der Know-how-Vertrag ist auf die **Vermittlung und Überlassung von Wissen und Erfahrung zur Nutzanwendung durch den Know-how-Nehmer** ausgerichtet; eine Beratungskomponente bleibt diesem Ziel untergeordnet und hat damit lediglich eine Erläuterungs und Erklärungsfunktion für die im Vordergrund stehende Vermittlung und Überlassung des Immaterialguts. Der Consultingvertrag ist auf **Problemerkennung und Problemlösung und auf Anwendung von Wissen und Erfahrung durch den Consultant** selbst zur Lösung der Probleme des Klienten angelegt; die Beratung als theoretisch-analytische und praktisch-kreative Arbeitsleistung des Spezialisten oder sein daraus resultierendes Arbeitsergebnis stehen hier im Vordergrund. Beim Know-how-Vertrag versteht sich das Entgelt als Gegenleistung für die Vermittlung und Gebrauchsüberlassung und bemißt sich nach dem erzielbaren Nutzen; beim Consultingvertrag wird das Beratungsentgelt nach der – unter Umständen pauschal berechneten – Arbeitsdauer des Spezialisten oder aber als Erfolgshonorar berechnet und als Entgelt für seine geleisteten Dienste oder ein von ihm erbrachtes Arbeitsergebnis geschuldet.

C 110 Von den Verträgen über Consulting Engineering-Leistungen sind im übrigen die **Forschungs- und Entwicklungsverträge** abzugrenzen, auch wenn sie ihrerseits ebenfalls eine dienst- oder werkvertragliche Rechtsnatur aufweisen können. Forschungs- und Entwicklungsverträge verpflichten den Forschungsbeauftragten zu systematischer und schöpferischer Arbeit zur Erweiterung wissenschaftlicher und technischer Erkenntnisse und deren Anwendungsmöglichkeiten; sie zielen auf die **Vermehrung des Wissens und der Regeln der Technik** ab. Demgegenüber dienen Consultingverträge im Bereich des Consulting Engineering der **Anwendung schon bestehender Kenntnisse** bei einer nach dem Stand von Wissenschaft und Technik zu bewältigenden Ingenieuraufgabe; sie zielen auf eine konkrete Verwendung von Wissenschaft und Technik zur Lösung eines Problems ab.

2. Rechtsnatur und Rechtsfolgen

a) Bedeutung und Schwierigkeiten der Qualifikation

C 111 Die Frage der **typologischen Einordnung** des Consultingvertrags in das System der gesetzlichen Schuldvertragstypen stellt sich nur selten für den Rechtsanwender mit Dringlichkeit, denn die Parteien bemühen sich in ihrem Vertrag – in Anlehnung an die anglo-amerikanische Vertragspraxis – um eine **umfängliche Regelung aller denkbaren Einzelheiten** bis hin zu verschiedenen Leistungsstörungsarten, so daß für gesetzliche Regelungen kaum ein Anwendungsbereich verbleibt. Internationale Consultingverträge werden zudem häufig dem Recht des „Gastlandes" bzw englischem oder französischem Recht unterstellt. Selbst bei Anwendbarkeit deutschen Rechts hängt kaum je eine Streitfrage von der Rechtsnatur des Vertrages ab, abgesehen davon, daß zur Streitbeilegung oder -entscheidung von den Parteien der Consultingverträge selten ein deutsches Gericht, sondern meist ein **Schiedsrichter oder Schiedsgutachter** angerufen wird. In der Praxis dürfte es auf eine Rechtsnaturbestimmung lediglich in den Fällen ankommen, in denen bei Anwendbarkeit deutschen Rechts eine Inhaltskontrolle vorgefertigter Vertragsbestimmungen nach dem AGB-Gesetz oder bei Unklarheiten der schriftlich fixierten Parteivereinbarungen eine erläuternde oder ergänzende Vertragsauslegung vorzunehmen ist. Die Frage der rechtswissenschaftlichen Qualifikation von Consultingverträgen ist vornehmlich akademischer Art.

Der Verkehrstypus des Consultingvertrages mit seinen vielfältigen Erscheinungsfor- **C 112** men kann – bei Anwendbarkeit des deutschen Rechts – nicht einheitlich einem gesetzlichen Schuldvertragstyp des BGB zugeordnet werden. Vielmehr kann nur eine **Rechtsnaturbestimmung im konkreten Einzelfall** zu einer **dienstvertraglichen** Qualifizierung nach §§ 611 ff, zu einer **werkvertraglichen** nach §§ 631 ff, aber auch zu einer Einordnung als **Typenkombinationsvertrag** aus dienst- und werkvertraglichen Elementen führen; **nur in Ausnahmefällen ist ein Consultingvertrag als Geschäftsbesorgungsvertrag** zu qualifizieren (KIRCHNER BB 1971, 67 ff; SCHLÜTER, Management- und Consulting-Verträge 108 f; MARTINEK, Moderne Vertragstypen Bd II 324 ff). Bei Consultingverträgen kann die Abgrenzung zwischen Dienstvertrag und Werkvertrag besondere Schwierigkeiten aufwerfen, die mit den Gegenüberstellungen von Dienst und Werk, Tätigkeitsbezug und Erfolgsbezug, Arbeitseinsatz und Arbeitsergebnis nur schwer zu bewältigen sind, denn auch beim Dienstvertrag wird die Tätigkeit des Dienstverpflichteten nicht als Selbstzweck, sondern im Hinblick auf einen wirtschaftlichen Erfolg in Anspruch genommen (dazu ausf EXNER, Der Unternehmensberatungsvertrag 10 ff). Der Rechtsanwender ist im Einzelfall zur Auslegung des Vertrags aufgerufen, die oft nur unter Einbeziehung aller Umstände und der Verkehrssitte möglich ist und bei der nicht selten der Schwerpunkt der Leistungspflichten und das Gepräge des Consultingvertrags ermittelt werden muß.

Angesichts der Interessenlage der Parteien ist leicht verständlich, daß der Consultant **C 113** im Regelfall bestrebt ist, lediglich die Erbringung einer Beratungsdienstleistung zum Vertragsinhalt zu erheben, um jede **Haftung** für einen aus seiner Arbeit erwarteten Erfolg **auszuschließen**; umgekehrt ist dem Klienten meist daran gelegen, eine Art **Erfolgsgarantie** vom Consultant zu erreichen, zumindest eine Haftung für die Mangelfreiheit des Arbeitsergebnisses zu erzielen. Als wenig hilfreich zur Lösung der Einordnungs- und Abgrenzungsprobleme hat sich die in der Literatur für Verträge über Management Consulting vorgeschlagene Unterteilung (HIRZEL, Management-Consulting 22 ff) in **Begutachtungsverträge, Beratungsverträge und Realisierungsverträge** erwiesen. Zwar lassen sich diese Ausdrücke nominaldefinitorisch voneinander abgrenzen, so daß dem Beratungsvertrag eine dienstvertragliche, dem Begutachtungs- und dem Realisierungsvertrag eine werkvertragliche Rechtsnatur zugeordnet werden kann. Doch finden die damit dezisionistisch markierten Verschiedenheiten in der Realität keine hinreichende Entsprechung, weil die überwältigende Mehrzahl der Consultingverträge bei Zugrundelegung einer derartigen künstlichen Begrifflichkeit einen **Mischcharakter** aufweisen. Mit den drei Ausdrücken kann die Realität der Consultingverträge deshalb kaum „begriffen" werden. Auch sind die Verschiedenheiten der Erscheinungsformen beim Management Consulting und beim Consulting Engineering nicht schon für die Rechtsnaturbestimmung präjudiziell. Zwar lassen sich Verträge des Management Consulting tendenziell eher dienstvertraglich und solche des Consulting Engineering schwerpunktmäßig werkvertraglich qualifizieren;

beide können im Einzelfall jedoch diesem oder jenem Schuldvertragstypus zu unterstellen oder als Typenkombination zu qualifizieren sein. Nur soviel läßt sich verallgemeinernd sagen: Bei **Dauerberatungsverträgen** wird zu allermeist das Dienstvertragsrecht, bei **Projektberatungsverträgen** vielfach das Werkvertragsrecht naheliegen (EXNER, Der Unternehmensberatungsvertrag 20 und 25).

b) Dienst- und werkvertragliche Consultingverträge

C 114   Einem Consultingvertrag kommt **allein dienstvertragliche Rechtsnatur** zu, wenn er tätigkeitsbezogen auf die Beratungsleistung als solche, auf das Wirken und die Arbeitsleistung des Consultant, ausgerichtet ist. Beim dienstvertraglichen Consultingvertrag erschöpfen sich die prägenden Leistungselemente in den vom Consultant „versprochenen Diensten" (§ 611 Abs 1), nämlich in seiner theoretisch-analytischen und praktisch-kreativen Geistestätigkeit sowie in der Darlegung und Vermittlung der gefundenen Problemlösungen für den Auftraggeber. Er schuldet eine „**Kopfarbeit**", die ohne weiteres zu den „Diensten jeder Art" (§ 611 Abs 2) zu zählen ist. Ihn trifft **kein Erfolgsrisiko**. Soweit der vom Auftraggeber erwartete wirtschaftliche Erfolg der Beratungsleistungen sich einer Messung und Prüfung mit objektiven Methoden ohnehin entzieht oder von unübersehbaren Imponderabilien abhängig erscheint, wird man zur Qualifikation des Consultingvertrags als Dienstvertrag neigen müssen. Das ist beim Management Consulting eher der Fall als beim Consulting Engineering, bei dem die anerkannten Regeln der Technik zu beobachten und die exakten Naturwissenschaften zugrunde zu legen sind. Freilich kann sich auch ein Consulting Engineer auf bloße Beratung beschränken. In jedem Einzelfall muß die Vertragsauslegung darauf abstellen, ob der Consultant nach dem Willen der Parteien von der Übernahme eines Erfolgsrisikos seiner Tätigkeit entbunden sein soll.

C 115   Demgegenüber kommt einem Consultingvertrag eine **rein werkvertragliche Rechtsnatur** zu, wenn er erfolgsbezogen auf die Herbeiführung eines wertschöpfenden Arbeitsergebnisses des Consultant abzielt. Bekanntlich bedarf es für die Werkqualität keines körperlich faßbaren Arbeitsprodukts; vielmehr reicht die Herbeiführung eines unkörperlichen Arbeitsergebnisses wie die Erarbeitung eines Konstruktionsplanes oder die Herstellung von Computersoftware aus. Beim werkvertraglichen Consultingvertrag verspricht der Consultant die Herbeiführung des „bestellten" Erfolges durch Dienstleistung (vgl § 631 Abs 2), wobei seine Werkleistung die Dienstleistung zwar umfaßt, aber darüber hinausgeht, weil er als Werkunternehmer erst durch den Erfolgseintritt erfüllt. Hier **trägt der Consultant ein Unternehmerrisiko**. Beim Management Consulting hat der Auftrag zur Erstellung einer konkreten Marktanalyse oder eines bestimmten Organisationsplans regelmäßig werkvertragliche Natur. Von zentraler Bedeutung ist dabei, daß der Consultant in diesen Fällen in aller Regel nur für den Erfolg der fehlerfreien, richtigen Marktanalyse oder des ordentlichen, verwendbaren Organisationsplanes sowie für unmittelbar darauf aufbauende Entscheidungen zur Umsetzung seines Beratungsergebnisses einstehen will. Dagegen will er keine Erfolgshaftung für weitere wirtschaftliche Folgen übernehmen, die sich der Klient von der Umsetzung des Beratungsergebnisses verspricht, es sei denn, daß der Consultant ausnahmsweise auch insoweit eine weitergehende Garantie übernimmt. Ebenso ist es bei Feasibility-Gutachten, Materialprüfungen, Standortanalysen oder biochemischen Untersuchungen im Rahmen des Gutachtenengineering.

Bei der Erarbeitung von **Bau- und Konstruktionsplänen** im Rahmen des Projektengi- **C 116** neering wird man analog dem Architektenvertragsrecht **im Regelfall eine werkvertragliche Qualifizierung** vornehmen müssen. Zu Recht wird in der Literatur die Verwandtschaft der meisten Verträge über Consulting Engineering mit **Architektenund Ingenieurverträgen** betont, auch wenn erstere mehr auf technisch-dynamische als auf konstruktiv-statische Aufgabenstellungen, mehr auf die Betreuung und Überwachung der richtigen Anlagenherstellung zur Produktion eines Betriebsergebnisses als auf die Herstellung einer funktionsfähigen Anlage selbst gerichtet sind (etwa KIRCHNER BB 1971, 67). Schwieriger ist die Übernahme lediglich einer Bauleitung und -aufsicht durch einen Consulting Engineer einzuordnen. Auch hier wird man analog dem Architekten- und Ingenieurvertragsrecht (vgl BGHZ 82, 100, 105 f mit Nachweisen aus dem Schrifttum; vgl ferner oben Rn C 51) eine werkvertragliche Qualifikation vornehmen müssen. Auch der Consultant Engineer hat bei der Übernahme einer Bauführung „durch zahllose Einzelleistungen dafür zu sorgen, daß das Bauwerk plangerecht, dh entsprechend den genehmigten Bauvorlagen und frei von Mängeln entsteht". Er muß die Arbeiten der am Bauwerk Beteiligten so leiten, koordinieren und überwachen, „daß das Bauwerk plangerecht und mängelfrei zur Vollendung kommt", und hat damit nicht anders als ein bauplanender Consulting Engineer einen Beitrag zur Verwirklichung des Bauwerks zu leisten. Freilich ist seine **werkvertragliche Mängelhaftung nicht auf Fehler des Bauwerks zu erstrecken**, sondern auf die objektiv mangelhafte Erfüllung der Bauführeraufgaben zu begrenzen. Vorzugswürdig ist eine solche Rechtsnaturbestimmung nicht zuletzt deshalb, weil damit unterschiedliche Rechtsfolgen einerseits bei umfassenden, bauplanerische Aufgaben einbeziehenden Verträgen und andererseits bei auf Bauführungsaufgaben beschränkten Verträgen des Consulting Engineering vermieden werden. Eine solche Qualifizierung ist im übrigen für den Consultant Engineer keineswegs nur nachteilig, kann er doch jedenfalls einen Anspruch auf eine Sicherungshypothek nach § 648 geltend machen.

c) Typenkombinationsverträge

Daß neben den rein dienst- und den rein werkvertraglichen Consultingverträgen **C 117** auch die Möglichkeit von **Typenkombinationsverträgen** zu berücksichtigen ist, ergibt sich aus folgendem: Auch bei dienstvertraglichem Gepräge eines Consultingvertrages, bei dem es den Parteien allein auf die fachkundige Beratung als Geistesarbeit ohne ein Einstehenmüssen des Consultant für die erfolgreiche Umsetzung und Nutzanwendung der Ratschläge ankommt, ist die **Erstellung von schriftlichen Gutachten**, Berichten, Empfehlungen, Verbesserungsvorschlägen usw kaum bloße Nebenpflicht, sondern gleichfalls prägendes Leistungselement, denn erst eine solche Verkörperung der angewandten Fachkenntnisse und schriftliche Fixierung der Denkergebnisse des Consultant ermöglichen dem Klienten, die geleistete Geistesarbeit als Entscheidungsgrundlage zu nutzen. Die Erstellung des Gutachtens, des Untersuchungsberichts oder des Vorschlagkatalogs ist nicht nur schlichter „Tätigkeitsbericht" über die geleistete Geistesarbeit, sondern ein körperliches Arbeitsergebnis, das in seiner Körperlichkeit fehlerfrei sein muß. Insoweit ist es geboten, auch bei einer dienstvertraglichen Qualifizierung des Consultingvertrags hinsichtlich der Beratungsleistung bei Mängeln des formellen Teils des Vertragsvollzuges, der Materialisierung der Beratungsergebnisse, die Regeln des Werkvertragsrechts, insbesondere die §§ 633 ff heranzuziehen. Das schriftliche Gutachten etwa muß verständlich und vollständig abgefaßt, drucktechnisch einwandfrei gestaltet und in der vereinbarten Zahl der Exemplare übergeben werden. Die meisten **dienstvertraglichen Consultingverträge** weisen daher einen **werkvertraglichen Einschlag** auf.

d) Consulting als Geschäftsbesorgung (Consulting Agent)

C 118 In den meisten Fällen der Praxis haftet dem Consultingvertrag kein geschäftsbesorgungsvertragliches Element an. Dem stehen die häufigen Aufwendungsersatz-Regelungen in den Verträgen nicht entgegen, denn genau besehen beschränkt sich ein vertraglich vereinbarter Aufwendungsersatz zumeist auf Spesenregelungen. In aller Regel ist der Consultant nicht als Verwalter und Betreuer fremden Vermögens tätig, sondern bleibt unterstützender Berater des selbst alle Entscheidungen mit Vermögensbezug fällenden Klienten. Allerdings können seine vertraglichen Pflichten **im Einzelfall durchaus wirtschaftliche Betreuungsaufgaben mitumfassen** oder gar zum Mittelpunkt haben (MARTINEK, Moderne Vertragstypen Bd II 325 f). Der Consultant wird dann zum **Consulting Agent seines Klienten mit selbständigen vermögensbezogenen Entscheidungsbefugnissen und mit weisungsgebundener Interessenwahrungspflicht.** Dies kann sowohl beim Management Consulting wie beim Consulting Engineering der Fall sein. So wie für Architekten- und Ingenieurverträge ein geschäftsbesorgungsvertragliches Element in einzelnen Vertragsgestaltungen angenommen wird, wenn sie wirtschaftliche Betreuungsaufgaben mitumfassen (Rn C 55), ist in derartigen Ausnahmefällen auch bei einem Consultingvertrag eine **geschäftsbesorgungsvertragliche Komponente** festzustellen, die dann in einzelnen Bezügen der Tätigkeit das Regelungsprogramm des § 675 aktiviert. Die Konsequenzen reichen von der Weisungsbindung mit Abweichungsbefugnis nach § 665 über die Pflicht zur Herausgabe von Unterlagen und zugewendeten Vorteilen nach § 667 bis hin zur Auskunfts- und Rechenschaftspflicht nach § 666 sowie zum Vorschuß- und Aufwendungsersatzanspruch nach §§ 669, 670.

e) Rechtsfolgen

C 119 Die Rechtsfolgen von Consultingverträgen bestimmen sich in der Praxis fast durchweg nach dem **autonomen Vertragsrecht** der Parteien. Consultingverträge werden zumeist von den Parteien Bestimmung für Bestimmung ausgehandelt und als Individualverträge geschlossen, um sie auf die Gegebenheiten und Bedürfnisse im Einzelfall ausrichten zu können. Aber die Consultingpraxis kennt auch **zahlreiche Musterverträge und Klauselempfehlungen** der verschiedenen nationalen und internationalen Berufsverbände, aus denen die Parteien baukastenartig einen Vertrag mit allen Einzelbestimmungen kombinieren können. Für die Tätigkeit freier Unternehmensberater im Auftrag des Rationalisierungskuratoriums der Deutschen Wirtschaft werden dessen Allgemeine Vertragsbedingungen zugrunde gelegt. Die Durchführungsorganisationen der deutschen Entwicklungshilfe schließen mit Consultants regelmäßig formularmäßig vorgefertigte Verträge ab. Die deutschen FIDIC-Ingenieure betreiben ihr internationales Consulting Engineering meist auf der Grundlage der weltweit üblichen, im anglo-amerikanischen Rechtskreis verwurzelten FIDIC-Vertragsbedingungen, die für die Tätigkeiten in der Vorbereitungsphase (Pre-Investment Studies), für die Aufgaben in der Planungs- und Bauphase (Design and Supervision) und für die Leitung eines Projekts (Project Management) verschieden ausgestaltet sind. Hieraus sind die Rechtsfolgen im einzelnen abzuleiten (vgl dazu, insbes zu den üblichen Vergütungs-, Haftungs-, Versicherungs- und Kündigungsregelungen sowie zum Leistungsstörungsrecht, ausführlich EXNER, Der Unternehmensberatungsvertrag 26 ff; MARTINEK, Moderne Vertragstypen Bd II 321 ff, 331 ff).

VIII. Schiedsverträge

Schrifttum

ADLERSTEIN, Zur Unabhängigkeit des Schiedsrichters (1979)

BÄRMANN, Schiedsfähigkeit, in: FS Friedrich Weber (1975) 1

BERGER, Internationale Wirtschaftsschiedsgerichtsbarkeit (1992)

BERGES, Die Schiedsgerichtsbarkeit als Aufgabe treuhänderischer Rechtspflege – Die Grundzüge der Handelsgerichtsschiedsbarkeit, KTS 1960, 97

K BLOMEYER, Betrachtungen über die Schiedsgerichtsbarkeit, in: FG Leo Rosenberg (1949) 51

BREETZKE, Vertrag und Vergütung des Schiedsrichters, NJW 1968, 113

ders, Der Vorschuß für den Schiedsrichter, DB 1971, 465

ders, Der Schiedsrichter ohne Vorschuß, DB 1971, 2050

BULLA, Neufestsetzung des Mietzinses durch Schiedsgutachter – BGH NJW 1974, 1235, JuS 1976, 19

ders, Schiedsgutachtenklauseln in Wertsicherungsabreden, BB 1976, 389

ders, Gerichtliche Nachprüfbarkeit von Schiedsgutachten, NJW 1978, 397

CALAVROS, Das UNCITRAL-Modellgesetz über die internationale Handelsschiedsgerichtsbarkeit (Diss Bielefeld 1988)

DEUTSCHES INSTITUT FÜR SCHIEDSGERICHTSWESEN E. V., Übernahme des UNCITRAL-Modellgesetzes über die internationale Handelsschiedsgerichtsbarkeit in das deutsche Recht, Entwurf eines Gesetzes für die Bundesrepublik Deutschland (1990)

DOMKE, Die Haftung des Schiedsrichters in rechtsvergleichender Sicht, in: FS Martin Luther (1976) 39

GELHAAR, Die gerichtliche Nachprüfung von Schiedsgutachten, DB 1968, 743

GLOSSNER/BREDOW/BÜHLER, Das Schiedsgericht in der Praxis (3. Aufl 1990)

HABSCHEID, Die Rechtsnatur des Schiedsvertrages und ihre Auswirkungen, KTS 1955, 33

ders, Das Problem der Unabhängigkeit der Schiedsgerichte, NJW 1962, 5

ders, Zur neueren Entwicklung im Recht des Schiedswesens, KTS 1970, 132

ders, Das Schiedsgutachten, in: FS Heinrich Lehmann, Bd II (1956) 789

ders, Aus der höchstrichterlichen Rechtsprechung zur Schiedsgerichtsbarkeit, KTS 1962, 1, KTS 1971, 131 u KTS 1976, 1

HANSMANN, Der Schiedsrichtervertrag – Probleme der Erfüllung, der Haftung und der kollisionsrechtlichen Anknüpfung (1979)

HEIMANN-TROSIEN, Über die Auswahl und Bestellung von Schiedsrichtern, in: Ehrengabe Bruno Heusinger (1968) 271

HENN, Schiedsverfahrensrecht (2. Aufl 1991)

HOHNER, Zur Besetzung von Schiedsgerichten bei mehr als zwei Prozeßbeteiligten, DB 1979, 581

KAUFFMANN, Der Schiedsrichtervertrag (receptum arbitri) nach geltendem Recht (1915)

KESSLER, Schiedsgerichtsvertrag und Schiedsverfahren (1970)

KLEINMANN, Schiedsklauseln in Vereins- und Gesellschaftssatzungen, BB 1970, 1076

KORNBLUM, Probleme der schiedsrichterlichen Unabhängigkeit, 1968

LASCHET, Die Mehrparteienschiedsgerichtsbarkeit, in: FS Arthur Bülow (1981) 85

ders, Schiedsgerichtsbarkeit und einstweiliger Rechtsschutz, ZZP 99 (1986) 241

LINDACHER, Schiedsspruch und Parteidisposition, KTS 1966, 153

W LORENZ, Zur Rechtsnatur von Schiedsvertrag und Schiedsspruch, AcP 157 (1958) 265

G LÜKE, Probleme der Schiedsgerichtsbarkeit, in: FS 150 Jahre LG Saarbrücken (1985) 297

LUTHER, Das Drei-Mann-Schiedsgericht bei der Entscheidung von Streitigkeiten zwischen drei oder mehr Vertragsparteien, in: FS vCaemmerer (1978) 571

H MOHRBUTTER, Die Vergütung des Schiedsrichters, KTS 1967, 207

H NAGEL, Gedanken über die Beschleunigung

Michael Martinek

des Schiedsverfahrens, in: FS Firsching (1985) 191

ders, Schiedsvertragsrecht, in: SCHÜTZE/WEIPERT (Hrsg), Münchener Vertragshandbuch Bd 3 (3. Aufl 1992) 1219

NERZ, Vor- und Nachteile eines Schiedsverfahrens nach der Schiedsgerichtsordnung der internationalen Handelskammer, RIW 1990, 350

PLANTEY/BÖCKSTIEGEL/BREDOW (Hrsg), FS für Ottoarndt Glossner (1994)

RAESCHKE-KESSLER, Die deutsche Rechtsprechung zur Schiedsgerichtsbarkeit von 1991, BB-Beil 15/1992, 12

ders, Die neuere Rechtsprechung zu Schiedsgutachten, Teil 1: BB-Beil 15/1992, 19; Teil 2: BB-Beil 17/1993, 19

RAUSCHER, Das Schiedsgutachtenrecht unter besonderer Berücksichtigung der Regelungen der Praxis des Massenverkehrs (Diss Frankfurt 1969)

REAL, Der Schiedsrichtervertrag (1983)

PETER SCHLOSSER, Das Recht der internationalen privaten Schiedsgerichtsbarkeit (2. Aufl 1989)

ders, Das Internationale an der internationalen privaten Schiedsgerichtsbarkeit, RIW 1982, 857

SCHÜTZE, Schiedsgericht und Schiedsverfahren (1991)

SCHÜTZE/TSCHERNING/WAIS, Handbuch des Schiedsverfahrens (2. Aufl 1990)

SCHWAB, Schiedsrichterernennung und Schiedsrichtervertrag, in: FS Gerhard Schiedermair (1976) 499

ders, Mehrparteienschiedsgerichtsbarkeit und Streitgenossenschaft, in: FS Habscheid (1989) 285

ders, Schiedsgerichtsbarkeit (3. Aufl 1979)

SCHWAB/WALTER, Schiedsgerichtsbarkeit (4. Aufl 1990)

SCHWYTZ, Kosten und Kostenentscheidung im schiedsgerichtlichen Verfahren, BB 1974, 673

ders, Schiedsklauseln und Schiedsrichtervertrag (1976)

STOBER, Staatsgerichtsbarkeit und Schiedsgerichtsbarkeit, NJW 1979, 2001

STRAATMANN, Die Qualitätsarbitrage – eine Rechtsschöpfung des Überseehandels, in: FS Stödter (1979) 109

STRAATMANN/ULMER, Handelsrechtliche Schiedsgerichtspraxis, Bd I (1975) u Bd II (1982)

STRIEDER, Rechtliche Einordnung und Behandlung des Schiedsrichtervertrages (1984)

H WESTERMANN, Gesellschaftsrechtliche Schiedsgerichte, in: FS R Fischer (1979) 853

WITTMANN, Struktur und Grundprobleme des Schiedsgutachtenvertrages (1978)

1.   Erscheinungsformen

C 120 Hinter der im weiteren Sinne verwendeten Bezeichnung Schiedsverträge verbergen sich **unterschiedliche Vertragsformen**, denen die **Planung oder Durchführung einer außergerichtlichen Streitschlichtung als Vertragsgegenstand** gemeinsam ist. In der Praxis werden die Begriffe (Schieds-)Gutachter, Sachverständiger, Schiedsrichter, Arbitrage, Schiedsstelle und die darüber bzw damit geschlossenen Verträge höchst unscharf verwendet. Juristisch lassen sich – wenn auch nicht ohne Abgrenzungsschwierigkeiten, die schon durch die Kombinationsmöglichkeiten unvermeidlich auftreten – **vier Vertragsformen von Schiedsverträgen im weiteren Sinne** unterscheiden: **Schiedsverträge im engeren Sinne, Schiedsrichterverträge, Schiedsgutachtenverträge und Schiedsgutachterverträge**.

C 121 Unter einem **Schiedsvertrag im engeren Sinne** wird nur die Vereinbarung darüber verstanden, daß die Entscheidung einer bereits entstandenen oder bevorstehenden Rechtsstreitigkeit durch einen oder mehrere Schiedsrichter als nichtstaatliche(n) Richter erfolgen soll. Der Schiedsrichter soll nach dem Parteiwillen **an Stelle des staatlichen Gerichts** entscheiden. Die ZPO hat den Schiedsvertrag im engeren Sinn in den

§§ 1025 ff aufgegriffen. Der Vertrag wird allein zwischen den Parteien im Hinblick auf einen aktuellen oder potentiellen Rechtsstreit getroffen (§ 1025 Abs 1 ZPO). Das Recht der Schiedsgerichtsbarkeit soll durch eine Neufassung des 10. Buches der ZPO in absehbarer Zeit geändert, insbesondere dem UNCITRAL-Modellgesetz angepaßt werden. Das **angestrebte neue Schiedsverfahrensrecht** soll sowohl internationale als auch nationale Schiedsfälle erfassen. Ein Entwurf der vom Bundesministerium der Justiz eingesetzten Kommission zur Neuordnung des Schiedsverfahrensrechts liegt bereits vor (vgl dazu SCHLOSSER RIW 1994, 723).

Der **Schiedsrichtervertrag** (sogenanntes Rezeptum, früher *receptum arbitri*) sieht vor, **C 122** daß ein Schiedsrichter den Rechtsstreit durch einen Schiedsspruch entscheiden soll. Dieser Vertrag ist in den §§ 1030, 1032, 1033 ff ZPO teilweise geregelt. **Er wird – anders als der Schiedsvertrag im engeren Sinne – zwischen den Parteien des Schiedsgerichtsverfahrens und dem Schiedsrichter geschlossen.** Hier ist also am Vertrag ein Dritter, der Schiedsrichter, beteiligt; es können auch mehrere Schiedsrichter beteiligt sein. Der Vertrag kommt zwischen allen Parteien und jedem Schiedsrichter zustande, und zwar (spätestens) dadurch, daß der nach dem Schiedsvertrag von einer Partei oder von dritter Seite berufene Schiedsrichter das Schiedsamt übernimmt (RGZ 59, 247, 251; 94, 210; BGH NJW 1953, 303). Diejenige Partei, die den Schiedsrichter nicht ernannt hat, wird am Vertrag durch Zugang der Ernennungsanzeige nach § 1030 ZPO beteiligt. Die Gültigkeit des Schiedsrichtervertrages ist von derjenigen des Schiedsvertrages unabhängig.

Der im Gesetz nicht geregelte **Schiedsgutachtenvertrag** sieht lediglich vor, daß ein **C 123** Schiedsgutachter die für die Entscheidung eines Rechtsstreits relevanten rechtlichen oder tatsächlichen Umstände **verbindlich feststellen** soll; er ist aber **nicht auf die Entscheidung des Rechtsstreits** selbst gerichtet (RGZ 96, 57, 60; BGHZ 6, 335, 339; 65, 59, 61). Der Schiedsgutachter soll nicht an Stelle eines staatlichen Gerichts entscheiden, sondern durch seine Klärungen und Feststellungen einen Rechtsstreit vermeiden helfen, ohne daß der Rechtsweg ausgeschlossen sein soll. Gerichte scheiden ebenso wie regelmäßig Behörden als Schiedsgutachter aus. Der Schiedsgutachter wird nicht umfassend und endgültig streitentscheidend tätig, sondern bereitet eine Verständigung der Parteien oder aber eine schiedsrichterliche Streitentscheidung nur vor. Freilich kommt einem Schiedsgutachten oft faktisch streitentscheidende Bedeutung zu. Insbesondere kann die Feststellungsmacht des Schiedsgutachters in den rechtlichen Bereich übergreifen, wenn Tatsachen unter Rechtsvorschriften subsumiert werden müssen. Wird ihm allerdings die Befugnis zur selbständigen Ableitung von Rechtsfolgen aus den getroffenen Feststellungen eingeräumt, dann schlägt die schiedsgutachterliche in eine schiedsrichterliche Tätigkeit um (BGHZ 6, 335, 336; WITTMANN, Struktur und Grundprobleme des Schiedsgutachtenvertrages 145 ff). Der Schiedsgutachter hat keine „gerechte" oder „billige", sondern eine „richtige" Entscheidung zu treffen. In der Praxis geht es etwa um die Ermittlung der Qualität einer Ware (**Qualitätsarbitrage**) oder die Feststellung von Schäden, Schadensursachen, des Schadensumfangs oder schadenstiftender Pflichtwidrigkeiten durch Sachverständige. Eine besondere Rolle spielen die **Schätzung des Preises** für einen in Zahlung genommenen PKW (BGH LM § 319 Nr 14; GLEISS/BECHTOLD BB 1973, 868; NICKLISCH BB 1971, 1205; ders ZHR 136, 1 ff und 97 ff; RAUSCHER BB 1974, 629), die Feststellung von PKW-Reparaturmängeln durch die **Kfz-Schiedsstelle** der Handwerkskammern (LG Nürnberg NJW 1976, 972), die Feststellung des Wertes eines Gesellschaftsanteils (BGH WM 1976, 251), die

Michael Martinek

Feststellung der Angemessenheit eines dem räumungspflichtigen Mieter zugewiesenen Ersatzwohnraums (OLG Bamberg NJW 1950, 917) oder der Ortsüblichkeit eines Mietzinses (BGH MDR 1965, 36).

C 124 Die **Rechtsprechung** unterscheidet noch zwischen **Schiedsgutachtenabreden im engeren und im weiteren Sinne** (BGH NJW 1991, 2761; dazu RAESCHKE-KESSLER BB-Beil 17/1993, 19; vgl schon BULLA NJW 1974, 397). Im ersten Fall ist der Schiedsgutachter auf die **Feststellung von Tatsachen oder Tatbestandsmerkmalen** beschränkt, wie etwa bei Qualitätsarbitrage. Hier kann der Schiedsgutachter zwar einen Beurteilungsspielraum haben, nicht jedoch einen Ermessensspielraum. Im zweiten Fall hat er demgegenüber **rechtsgestaltend eine Leistung zu bestimmen** und macht hierfür von einem Ermessensspielraum Gebrauch, wie etwa bei der Wertermittlung eines Grundstücks unter Anwendung der Vorschriften der Wertermittlungsverordnung (BGH NJW 1991, 2698). Gerade der Schiedsgutachtenvertrag im weiteren Sinne wirft Abgrenzungsschwierigkeiten zum Schiedsvertrag im engeren Sinne auf. Nicht immer sorgen die Parteien durch unmißverständliche Formulierungen für Klarheit darüber, ob sie lediglich die begrenzte Entscheidung eines Schiedsgutachters oder aber das endgültige Urteil eines Schiedsrichters wollen (KURTH NJW 1990, 2038 ff).

C 125 Von dem Schiedsgutachtenvertrag zwischen den Parteien des streitigen Rechtsverhältnisses ist der Vertrag mit dem Schiedsgutachter (Arbitrator) zu unterscheiden, für den der Begriff des **Schiedsgutachtervertrages** reserviert bleiben sollte. Wenn auch im juristischen Schrifttum beide Vertragsformen gelegentlich gleichgesetzt werden, dann deshalb, weil sie in der Praxis oft oder gar meist kombiniert werden. Vertragsparteien sind dann nicht nur die aktuell oder potentiell streitenden Parteien, sondern auch der Schiedsgutachter. Beim isolierten Schiedsgutachtervertrag wird der Schiedsgutachter auf Grund eines Vertrages tätig, den er mit mindestens einer der Parteien, möglicherweise auch mit beiden Parteien des streitigen Rechtsverhältnisses schließt. Der Schiedsgutachter ist gegenüber einer der oder beiden Parteien zur Erstellung des Schiedsgutachtens verpflichtet (RGZ 87, 190, 194).

2. Rechtsnatur

C 126 Ebenso umstritten wie die Systematik, die Terminologie und die Abgrenzung der Schiedsverträge im weiteren Sinne ist ihre **vertragstypologische Qualifikation**. Der Streit betrifft vor allem die für die Anwendung der §§ 317 ff BGB und §§ 1025 ff ZPO wichtige Frage, ob und inwieweit es sich jeweils um materiellrechtliche, prozeßrechtliche oder um in beiden Gebieten angesiedelte Verträge (mit „Doppelnatur") handelt (zum Streitstand STRIEDER, Rechtliche Einordnung und Behandlung des Schiedsrichtervertrages 9 ff; HABSCHEID KTS 1971, 133; NAGEL, in: SCHÜTZE/WEIPERT [Hrsg], Münchener Vertragshandbuch Bd 3 [1992] 1221). Eine Qualifikation als **Geschäftsbesorgungsvertrag dienstvertraglicher Natur** kommt von vornherein nur für den **Schiedsrichtervertrag** und den **Schiedsgutachtervertrag** in Betracht. Teilweise wird ein geschäftsbesorgungsrechtlicher Charakter dieser Verträge rundweg abgelehnt (etwa MünchKomm/SEILER[2] § 675 Rn 40), weil insbesondere die Regeln des Auftrags über Weisungsrecht und Rechnungslegung (§§ 665, 666) „nicht passen". In ständiger Rechtsprechung des Reichsgerichts wurden diese **beiden Verträge als solche** *sui generis* angesehen (RGZ 41, 251, 254; 59, 247, 248 f; 87, 190, 193; 94, 210, 212; auch noch BGH NJW 1953, 303; BREETZKE, NJW 1968, 1115; so auch noch STRIEDER, Rechtliche Einordnung und Behandlung des Schiedsrichtervertrages 37). Schiedsrichter und Schiedsgutachter hätten eine den Parteien gegenüber unabhängige, nicht auf die Wahrung der Vermögensinteressen der einen oder der anderen Partei gerichtete Stellung und müßten eine Entscheidung gerade über die widerstreitenden Interessen herbeiführen. Nicht mehr vertreten wird die frühere Ansicht, dem Schiedsrichtervertrag komme wegen seiner Bezogenheit auf die Beendigung des Rechtsstreits werkvertragliche Rechtsnatur zu (wohl zuletzt KAUFFMANN, Der Schiedsrichtervertrag 71 ff, 113).

In Wirklichkeit sind der **Schiedsrichtervertrag und der Schiedsgutachtervertrag regelmäßig bei Unentgeltlichkeit als Aufträge und bei Entgeltlichkeit als Geschäftsbesorgungsverträge dienstvertraglichen Charakters** zu qualifizieren (THOMAS/PUTZO[17], ZPO-Komm [1991] Vorbem 4 zu § 1025; MAIER, Handbuch der Schiedsgerichtsbarkeit [1979] Rn 124). Die Tätigkeit des Schiedsrichters und des Schiedsgutachters dient durchaus den **gemeinsamen Interessen beider Parteien an einer Streitentscheidung.** Die vertragstypologischen Elemente der Geschäftsbesorgung im engeren Sinne liegen in aller Regel sämtlich vor, so daß nichts die Annahme eines Geschäftsbesorgungsdienstcharakters hindert (STAUDINGER/WITTMANN[12] § 675 Rn 34; ERMAN/HAUSS[8] § 675 Rn 16), mag auch beim Schiedsrichtervertrag (anders als beim Schiedsgutachtervertrag) der prozeßrechtliche Charakter dazu führen, daß ein Weisungsausschluß und eine Haftungsprivilegierung eingreifen (SCHWAB, in: FS Schiedermair 513; SCHWAB/WALTER, Schiedsgerichtsbarkeit [4. Aufl 1990] 89). Eine **Ausnahme von der geschäftsbesorgungsvertraglichen Qualifikation** gilt nur, wenn die Tätigkeit des Schiedsrichters/Schiedsgutachters **nicht in Beziehung zum Vermögen** der Parteien steht. Dieser Ausnahmefall ist wohl nur beim Schiedsrichter denkbar, denn die Schiedsfähigkeit des Streitgegenstandes reicht nach § 1025 Abs 1 ZPO so weit wie die Parteien vergleichsfähig sind; die Parteien können durchaus über nicht vermögensrechtliche Streitgegenstände einen Schiedsvertrag und Schiedsrichterverträge schließen. In diesen Fällen ist der Schiedsrichtervertrag als Dienstvertrag anzusehen. Bei unentgeltlicher Tätigkeit des Schiedsrichters bzw Schiedsgutachters sind die auftragsrechtlichen Vorschriften der §§ 662 ff anzuwenden (NAGEL, in: SCHÜTZE/WEIPERT [Hrsg], Münchener Vertragshandbuch Bd 3 [1992] 1268).

C 127

3. Rechtsfolgen

Schiedsverträge im engeren Sinne sind in §§ 1025 ff ZPO und **Schiedsrichterverträge** in den §§ 1030, 1032 und 1033 ff ZPO teilweise geregelt. Ihnen kommt neben ihrer materiellrechtlichen auch eine prozeßvertragliche Rechtsnatur zu; sie haben nach richtiger Ansicht eine Doppelnatur (SCHWAB, in: FS Schiedermair 513; SCHWAB/WALTER, Schiedsgerichtsbarkeit [4. Aufl 1990] 89). Die entsprechende Anwendung der §§ 317 ff ist ausgeschlossen. Der Schiedsspruch kann daher nicht auf offenbare Unrichtigkeit oder Unbilligkeit nach §§ 317 – 319 BGB von einem staatlichen Gericht untersucht werden. Solange kein materieller ordre-public-Verstoß gerügt wird, kann die „unterlegene Partei" den Schiedsspruch nicht vor dem staatlichen Gericht darauf überprüfen lassen, ob das Schiedsgericht den Rechtsstreit „richtig" entschieden hat, § 1041 Abs 1 Nr 2 ZPO. Vor allem aber kann die Aufhebungsklage nach § 1041 Abs 1 Nr 1 ZPO beantragt werden, wenn dem Schiedsspruch **kein gültiger Schiedsvertrag** zugrunde liegt. Das Rechtsschicksal des Schiedsrichtervertrages ist jedoch davon getrennt zu würdigen. Ob ein Schiedsrichtervertrag bei Verstoß gegen § 40 Abs 1 S 2 DRiG unwirksam ist, ist streitig (offen gelassen von BGH 55, 313), aber zu bejahen (BREETZKE NJW 1971, 1458; HABSCHEID KTS 1972, 209).

C 128

C 129   Auf **Schiedsgutachtenverträge**, bei denen der Streit über die Rechtsnatur mit besonderer Heftigkeit tobt, finden dagegen nach hM die §§ 317 – 319 entsprechende Anwendung (grundlegend RGZ 96, 57, 60; BGHZ 17, 366; BGH NJW 1977, 801; GELHAAR DB 1968, 743; MünchKomm/SÖLLNER[2] § 317 Rn 1 ff; RAESCHKE-KESSLER BB-Beil 17/1993, 19), so daß jederzeit vom staatlichen Gericht überprüft werden kann, ob das Schiedsgutachten „offenbar unrichtig" oder „offenbar unbillig" ist (BGH NJW 1977, 801; BGH NJW 1991, 2698; BGH NJW 1991, 2761). Dies führt häufig nach der Einholung eines Schiedsgutachtens zu einem Streit vor den staatlichen Gerichten über drei Instanzen. Eine Mindermeinung vor allem im prozeßrechtlichen Schrifttum will allerdings (auch) Schiedsgutachtenvereinbarungen über Feststellungen auf rechtlichem Gebiet als Verträge des Prozeßrechts den strengen §§ 1025 ff ZPO unterwerfen (HABSCHEID, in: FS Lehmann Bd II [1956] 806; KORNBLUM, Probleme der schiedsrichterlichen Unabhängigkeit [1968] 102 ff; RAUSCHER, Das Schiedsgutachtenrecht [1969] 110 ff; ders BB 1974, 629; NICKLISCH BB 1971, 1205). Die Rechtsprechung lehnt dies mit Blick vor allem auf die hier unangemessen erscheinenden Vorschriften der §§ 1027 und 1032 ZPO zu Recht ab und hält an der materiellrechtlichen Natur fest (RGZ 152, 201; BGHZ 6, 335, 341; BGHZ 17, 366; BGH NJW 1977, 801). Die Regelung zur Gestaltungsklage nach § 319 Abs 1 S 2, die für Schiedssprüche von Schiedsgerichten keine Geltung beanspruchen kann, ist auf Schiedsgutachten entsprechend anzuwenden (vgl auch die parallele Regelung in §§ 64 Abs 1, 184 Abs 1 VVG). Der Schiedsgutachtervertrag hat keine gesetzliche Sonderregelung erfahren.

C 130   Die **geschäftsbesorgungsvertragliche Rechtsnatur sowohl von Schiedsrichter- wie auch Schiedsgutachterverträgen** hat zur Folge, daß der Schiedsrichter/Schiedsgutachter bei Beendigung des Verfahrens neben seiner Vergütung (§ 612) auch **Aufwendungsersatz** nach § 675, 670 verlangen kann; schon vorher kann er einen **Vorschuß** nach § 669 beanspruchen. Hierfür haften die beiden Parteien als **Gesamtschuldner** nach § 427, die im Innenverhältnis jeweils zur Hälfte verpflichtet sind (RGZ 94, 210). Wird ihm der Vorschuß verweigert, kann er sich auf sein Zurückbehaltungsrecht (§ 273 Abs 1) berufen oder den Schiedsrichter-/Schiedsgutachtervertrag kündigen, ohne Schadensersatzansprüchen der Parteien ausgesetzt zu sein. Den Parteien ist der Schiedsrichter wie der Schiedsgutachter zur Auskunft verpflichtet, § 666. Beide trifft eine geschäftsbesorgungsvertragliche Pflicht zur gewissenhaften und unparteiischen Amtsführung.

C 131   Schiedsrichter- und Schiedsgutachtervertrag unterscheiden sich aber auch in vieler Hinsicht, denn **nur dem Schiedsrichtervertrag kommt eine materiell- und prozeßrechtliche Doppelnatur** zu. Der Schiedsrichter mit seiner besonderen quasi-richterlichen Stellung hat sich jeder Entscheidung in eigener Sache zu enthalten. Insbesondere darf er nicht selbst die ihm zustehende Vergütung (im Schiedsspruch oder außerhalb) festsetzen (BGH WM 1977, 319). Er darf nicht von einer gebotenen Beweisaufnahme absehen und ohne Verwertung eines Beweismittels entscheiden, nur weil eine Partei keinen Auslagenvorschuß hierfür entrichtet (BGHZ 94, 92). Der Schiedsrichtervertrag kann von beiden Schiedsparteien gemeinsam gekündigt werden, § 627. Eine Kündigung des Vertrages durch den Schiedsrichter hat RGZ 59, 247, 249 zu Unrecht für ausgeschlossen gehalten und haben RGZ 101, 392 sowie RGZ 126, 379 zu Unrecht vom Vorliegen eines wichtigen Grundes abhängig gemacht. In Wirklichkeit ist die Kündigung stets zulässig, mag sich der Schiedsrichter auch bei grundloser Kündigung zur Unzeit nach §§ 627 Abs 2, 675 schadensersatzpflichtig machen. Zwar ist die in § 675 nicht genannte Kündigungsvorschrift des § 671 Abs 1 unanwendbar, doch ist ohne weiteres § 627 einschlägig. Der Schiedsrichter haftet aber für schuldhafte Pflichtverletzungen beim Schiedsspruch nach Maßgabe eines staatlichen Richters beschränkt: Nach ständiger Rspr (RGZ 65, 175; BGHZ 15, 12; 42, 313, 316) soll für den Schiedsrichter eine **stillschweigend vereinbarte Haftungsbeschränkung** wie bei einem staatlichen Richter nach § 839 Abs 2 anzunehmen sein.

Beim **Schiedsgutachtervertrag** kommt eine entsprechende Anwendung des § 839 C 132 Abs 2 nicht in Betracht. Ein Schiedsgutachter haftet freilich bei groben Verstößen gegen anerkannte Regeln seines Fachs und bei Unverbindlichkeit des Gutachtens wegen offenbarer Unrichtigkeit nach § 319 Abs 1 (BGHZ 43, 374; BGHZ 22, 343, 345; RG JW 1933, 217). Im einzelnen sind die Haftungsmaßstäbe umstritten. Der BGH schränkt beim Schiedsgutachtervertrag die Haftung für Verschulden bei der Gutachtenerstattung praktisch auf Willkür ein (BGHZ 43, 374; anders RG JW 33, 217; kritisch dazu ERMAN/HAUSS[8] § 675 Rn 17).

D.   Vertriebsverträge und Zulieferverträge

I.   Geschäftsbesorgung im Vertriebsrecht

Schrifttum

AHLERT, Distributionspolitik – Das Management des Absatzkanals (1985)
ders (Hrsg), Vertragliche Vertriebssysteme zwischen Industrie und Handel (1981)
BALDI, Das Recht des Warenvertriebs in der Europäischen Gemeinschaft (1988)
BAUDENBACHER/ROMMÉ, Ausgewählte Rechtsprobleme des Franchising, in: Extrait des Mélanges Pierre Engel (1989) 1
BAUDER, Der Franchise-Vertrag – Eine systematische Darstellung von Rechtstatsachen (Diss Tübingen 1988)
ders, Zur Selbständigkeit des Franchise-Nehmers, NJW 1989, 78
BAUMGARTEN, Das Franchising als Gesellschaftsverhältnis (Diss Göttingen 1993)
BEHR, Der Franchisevertrag – Eine Untersuchung zum Recht der USA mit vergleichenden Hinweisen zum deutschen Recht (1976)
V BEUTHIN, Das Franchising im Gruppenwettbewerb des Handels, BB 1993, 77
V BEUTHIN/G CH SCHWARZ, Kooperationsgruppen des Handels und Franchisesysteme in Europa aus der Sicht des EG-Wettbewerbsrechts (1993)
BODEWIG, Ausstattung und Franchising – Wirtschaftliche und rechtliche Aspekte, in: G SCHRICKER/D STAUDER (Hrsg), Handbuch des Ausstattungsrechts, Festgabe für F-K Beier (1986) 937 ff
BÖHNER, Recht zur außerordentlichen Kündigung des McDonald's-Franchisevertrags, NJW 1985, 2811
BRÄUTIGAM, Deliktische Außenhaftung im Franchising (1994)
BUSCHBECK-BÜLOW, Betriebsverfassungsrechtliche Vertretung in Franchise-Systemen, BB 1989, 352
dies, Franchise-Systeme und Betriebsverfassung, BB 1990, 1061
CLEMENS, Die Bedeutung des Franchising in der Bundesrepublik Deutschland – Eine empirische Untersuchung von Franchisenehmern und -systemen (1988)
DFV – Deutscher Franchise-Verband, Franchising (oJ)
DINGELDEY, Herstellermarketing im Wettbewerb um den Handel (1975)
EBENROTH, Absatzmittlungsverträge im Spannungsverhältnis von Kartell- und Zivilrecht (1980)
EBENROTH/PARCHE, Die kartell- und zivilrecht-

lichen Schranken bei der Umstrukturierung von Absatzmittlungsverhältnissen, BB-Beil 10/1988
EBENROTH/STRITTMATTER, Fremdbestimmte Investitionen in der Umstrukturierung von Absatzmittlungsverhältnissen auf dem Automobilsektor, BB 1993, 1522
ECKERT, Die analoge Anwendung des Ausgleichsanspruchs nach § 89 b HGB auf Vertragshändler und Franchisenehmer, WM 1991, 1237
EKKENGA, Die Inhaltskontrolle von Franchise-Verträgen – Eine Studie zu den zivilrechtlichen Grenzen der Vertragsgestaltung im Bereich des Franchising unter Einschluß des Vertragshändlerrechts (1990)
ders, Grundfragen der AGB-Kontrolle von Franchise-Verträgen, AG 1989, 301
ENGHUSEN, Rechtliche Probleme der Franchiseverträge in den Vereinigten Staaten und in Europa unter besonderer Berücksichtigung des Kartellrechts (Diss Berlin 1977)
ESSER, Franchising ja – aber wie? – Der Franchisevertrag im Lichte der Rechtsprechung (1987)
EVANS-vKRBEK, Die analoge Anwendung der Vorschriften des Handelsvertreterrechts auf den Vertragshändler (1973)
FLOHR (Hrsg), Franchise-Handbuch (Loseblatt 1994)
FORKEL, Der Franchisevertrag als Lizenz am Immaterialgut Unternehmen, ZHR 153 (1989) 511
GITTER, Gebrauchsüberlassungsverträge (1988) 460
GÖRGE, Die Internationalisierung von Franchise-Systemen (1979)
GROSS/SKAUPY, Franchising in der Praxis – Fallbeispiele und rechtliche Grundlagen (1976)
HANRIEDER, Franchising – Planung und Praxis (2. Aufl 1991)
HEIDMEIER, Maßstäbe für die Wirksamkeit von Fachhandels-Vertriebsbindungen (1983)
HIEKEL, Der Ausgleichsanspruch des Handelsvertreters und des Vertragshändlers (1985)
JOERGES, Status und Kontrakt im Franchise-Recht, AG 1991, 325
ders (Hrsg), Franchising and the Law – Theoretical and Comparative Approaches in Europe and the United States = Das Recht des Fran-

chising – Konzeptionelle, rechtsvergleichende und europarechtliche Analysen (1991)
JURGELEIT, Moderne Partnerschaften im Know-how- und Lizenzgeschäft (1974)
KAUB, Franchise-Systeme in der Gastronomie (Diss Saarbrücken 1980)
KNIGGE, Franchise-Systeme im Dienstleistungssektor (1973)
H KÖHLER, Individualwettbewerb und Gruppenwettbewerb, ZHR 146 (1982) 580
ders, Ausgleichsanspruch des Franchisenehmers: Bestehen, Bemessung, Abwälzung, NJW 1990, 1685
ders, Nachvertragliche Wettbewerbsverbote für Absatzmittler: Zivilrechtliche und kartellrechtliche Schranken, in: FS Fritz Rittner (1991) 265
T KÜBLER, Franchise-Verträge in der deutschen Rechtspraxis (Diss Tübingen 1989)
LEDERER, Franchising und das Genossenschaftsgesetz (1984)
LENZEN, Risiken des Franchise-Vertrages, RIW 1984, 586
LIESEGANG, Der Franchise-Vertrag (4. Aufl 1992)
ders, Rezension des Buches von Martinek, Franchising, NJW 1990, 1525
ders, Die Bedeutung des AGB-Gesetzes für Franchiseverträge, BB 1991, 2381
LOEWENHEIM, Warenzeichen und Wettbewerbsbeschränkung (1970)
MACK, Neuere Vertragssysteme in der Bundesrepublik Deutschland – Eine Studie zum Franchising (1975)
MARTINEK, Franchising – Grundlagen der zivil- und wettbewerbsrechtlichen Behandlung der vertikalen Gruppenkooperation beim Absatz von Waren und Dienstleistungen (1987)
ders, Aktuelle Fragen des Vertriebsrechts – Belieferungs-, Fachhändler-, Agentur- und Franchise-Systeme (3. Aufl 1992)
ders, Franchising als Regelungsproblem im deutschen Recht, in: R SCHOLZ (Hrsg), Wandlungen in Technik und Wirtschaft als Herausforderung des Rechts (1985) 144
ders, Abzahlungsgesetz und Absatzmittlungsverträge, ZIP 1986, 1440
ders, Das europäische Bankgeschäft der Finanzierung von Franchisesystemen, ZBB 1990, 190

ders, Franchising im Handelsrecht, ZIP 1988, 1362

ders, Der Franchisevertrieb in den neuen Bundesländern – Zur Ost-Tauglichkeit des deutschen Franchiserechts, Deutsch-deutsche Rechts-Zeitschrift (DtZ) 1992, DtZ-Informationen zum Recht der Bundesrepublik, 129

ders, Moderne Vertragstypen Bd II (1992)

MATTHIESSEN, Arbeits- und handelsrechtliche Ansätze eines Franchisenehmerschutzes, ZIP 1988, 1089

OEHL/REIMANN, Franchise-Vertrag, in: SCHÜTZE/WEIPERT (Hrsg), Münchener Vertragshandbuch Bd III (3. Aufl 1992)

RITTNER, Die Ausschließlichkeitsbindungen in dogmatischer und rechtspolitischer Betrachtung (1957)

SCHENK/WÖLK, Vertriebssysteme zwischen Industrie und Handel (1971)

SCHULTHESS, Der Franchise-Vertrag nach schweizerischem Recht (1975)

SEMLER, Handelsvertreter- und Vertragshändlerrecht (1988)

SKAUPY, Franchising – Handbuch für die Betriebs- und Rechtspraxis (1987)

ders, Das „Franchising" als zeitgerechte Vertriebskonzeption, DB 1982, 2446

ders BB 1969, 113

SÖLTER, Herausforderung Franchising – Chancen des Vertragsvertriebs, WuW 1982, 919

ders, Kooperative Absatzwirtschaft – Grundlagen, Erfordernisse und Möglichkeiten der Zusammenarbeit zwischen Industrie und Handel (1971)

STUMPF/ZIMMERMANN, Der Vertragshändlervertrag (2. Aufl 1979)

TIETZ, Der Gruppenwettbewerb als Element der Wettbewerbspolitik – Das Beispiel der Automobilwirtschaft (1981)

ders, Handbuch Franchising – Zukunftsstrategien für die Marktbearbeitung (2. Aufl 1991)

TIETZ/MATHIEU, Das Franchising als Kooperationsmodell für den mittelständischen Groß- und Einzelhandel (1979)

dies, Das Kontraktmarketing als Kooperationsmodell (1979)

ULLMANN, Die Schnittmenge von Franchise und Lizenz, CR 1991, 193

ders, Die Verwendung von Marke, Geschäftsbezeichnung und Firma im geschäftlichen Verkehr, insbesondere des Franchising, NJW 1994, 1255

ULMER, Der Vertragshändler – Tatsachen und Rechtsfragen kaufmännischer Geschäftsbesorgung beim Absatz von Markenwaren (1969)

ULMER/SCHÄFER, Zum Anspruch des Kfz-Vertragshändlers gegen den Hersteller auf Zustimmung zur Übernahme einer Zweitvertretung, ZIP 1994, 753

VOGT, Franchising von Produktivgütern (Diss Darmstadt 1976)

VEELKEN, Vertriebssysteme unter besonderer Berücksichtigung des deutschen und europäischen Wettbewerbsrechts, ZVglRWiss 89 (1990) 358

HANSJÖRG WEBER, „Franchising" – ein neuer Vertragstyp im Handelsrecht, JA 1983, 347

1. Der Handelsvertretervertrag als Vertriebsvertrag

Eine herausragende praktische Rolle spielt das Geschäftsbesorgungsrecht heute für **D 1** die **Vertriebsverträge** oder **Absatzmittlungsverträge**, die überwiegend ihrer Rechtsnatur nach als **Dienstverträge mit Geschäftsbesorgungscharakter** oder doch als gemischte Verträge mit einem mehr oder weniger ausgeprägten geschäftsbesorgungsvertraglichen Element zu qualifizieren sind. Das Vertriebs(vertrags)recht ist neben dem Bankvertragsrecht zu **einem der wichtigsten Anwendungsfelder des Geschäftsbesorgungsrechts im Wirtschaftsleben** geworden. Zugleich zeigt sich hier beispielhaft die Eignung und die Kraft des Geschäftsbesorgungsvertrages als eines eigenständigen Rechtsstrukturtypus (so Rn A 37 ff), moderne wirtschaftliche Entwicklungen normativ aufzugreifen und aufzubereiten.

D 2 Unter Vertriebsverträgen oder (synonym) Absatzmittlungsverträgen lassen sich sämtliche Kooperationsabkommen verstehen, die im klassischen dreistufigen Absatzgefüge Hersteller-Großhändler-Einzelhändler von einem Unternehmen auf höherer Stufe mit einem auf einer nachgeordneten Stufe plazierten Unternehmen geschlossen werden, um der **absatzwirtschaftlichen Zusammenarbeit eine langfristige vertragliche Grundlage** zu geben. Auf der einen Seite des Vertrages steht der Lieferant, der ein Hersteller, ein Großhändler, ein Importeur oder etwa eine Vertriebsgesellschaft sein mag; auf der anderen Seite des Vertrages steht der Händler (Groß- oder Einzelhändler), der vom Lieferanten im Rahmen seiner Marketing-Strategie in den Absatz der Ware an den Endverbraucher eingeschaltet wird. Bei allen Verschiedenheiten der einzelnen Formen von Vertriebsverträgen (von den einfachen Belieferungs- und den Fachhändlerverträgen über die Vertragshändler-, Kommissionsagenten- und Handelsvertreterverträge bis hin zu Franchiseverträgen, su Rn D 9 ff) ist für sie die Gemeinsamkeit kennzeichnend, daß sie **Elemente eines Vertriebssystems** darstellen. Der Lieferant schließt mit einer Vielzahl von Absatzmittlern Vertriebsverträge ab, so daß sich ein **fächer- oder pyramidenförmiges Vertriebs(vertrags)system** konstituiert. Auch die Dienstleistungsbranchen bedienen sich zunehmend vertriebsvertraglicher Absatzorganisationen, wobei im Dienstleistungssektor die Vertriebsformen des Warenabsatzes seit jeher mit Zeitverzögerung imitiert werden; hier geht es um die zentrale Aufbereitung standardisierter Leistungsformen (zB einer bestimmten Gaststätten-, Reinigungsbetriebs- oder Immobilienmakler- oder Zeitarbeitsbüro-Konzeption), die dann von einzelnen Dienstleistungsbetrieben als Absatzmittlern der Systemzentrale gegenüber den Kunden erbracht werden.

D 3 Der **einzige gesetzlich geregelte Vertriebsvertrag** ist der **Handelsvertretervertrag**, §§ 84 ff HGB. Der Handelsvertreter, der von seinem Vertriebsherrn (Unternehmer) mit der Interessenwahrung „ständig betraut" ist, § 84 Abs 1 HGB, ist nach der Vorstellung des Gesetzgebers Absatzorgan mit einer dauerhaften Position im Absatzkanal (Marketing Channel) und Partner einer systemisch-vertriebsvertraglichen Absatzkooperation. Der Handelsvertreter als „Prototyp" des Vertriebsmittlers ist in seinem Bemühen um Geschäftsabschlüsse oder -vermittlungen **zur Wahrung der Interessen des Unternehmers** verpflichtet, § 86 Abs 1 HGB; er besorgt in Form der **Absatzmittlung** und **Absatzförderung für den Unternehmer ein Geschäft** (EBENROTH, Absatzmittlungsverträge 25 ff; KARSTEN SCHMIDT, Handelsrecht [4. Aufl 1994] 739 ff). Gegenüber einem freien Umsatzhändler ist er von den Umschlagsaufgaben des Handels, insbesondere der Transport-, der Lager- und der Vorausdispositionsfunktion entlastet; er konzentriert sich auf die händlerischen Abstimmungsaufgaben, genauer: auf die Markterschließungs-, Marktbeobachtungs- sowie die Kundenberatungsfunktion. Vom unternehmerischen Absatzrisiko ist er insoweit entbunden; das Geschäftsrisiko verbleibt beim Unternehmer. Der Handelsvertreter wird **im fremden Namen und für fremde Rechnung** tätig. Schon nach dem gesetzlichen Leitbild ist der Handelsvertreter als Absatzmittler voll in die Vertriebsorganisation des Unternehmers integriert. Der Absatzmittlertyp „Handelsvertreter" steht nicht auf einer selbständigen Stufe im Absatzgefüge, sondern ist der Stufe des Unternehmers zugeordnet, auf der er als „kaufmännische Hilfsperson" Stabsaufgaben wahrnimmt. Der Handelsvertretervertrag – die absatzwirtschaftliche Praxis spricht seit jeher gern vom **Agenten- oder Agenturvertrag** – ist als **ein auf die Begründung eines Dauerschuldverhältnisses und auf kaufmännische Geschäftsbesorgung (Absatzmittlung und -förderung) gerichteter Dienstvertrag iSd §§ 675, 611** anzusehen. Der Geschäftsherr ist gegenüber dem Handelsvertreter **weisungsberechtigt**, §§ 675, 665 BGB, § 86 HGB. Er kann ihm also für das Verhältnis zu den Kunden etwa die Preise, Geschäftsbedingungen und sonstige Einzelheiten vorschreiben.

2. Die vertikale Vorwärtsintegration

Wenn die Absatzwirtschaft der Bundesrepublik Deutschland heute zum Gutteil aus **D 4** einem **Netz vertraglicher Vertriebssysteme** besteht und neben den klassischen Handelsvertreterverträgen zahlreiche andere geschäftsbesorgungsrechtliche Vertragsformen der Absatzmittlung zu den wichtigsten Gestaltungsmitteln der Absatzwirtschaft (sog **Kontrakt-Marketing**) geworden sind, dann erklärt sich dies weitgehend als ein Erfolg der industriellen Unternehmungen in ihrem Bemühen, ursprünglich „freie" Handelsunternehmen in ihr Lager zu ziehen und sie zu langfristig gebundenen Interessenwahrern zu machen. Das **klassische Modell des Warenabsatzes** noch der Zwischenkriegszeit war durch eine relativ reine Stufentrennung von Produktion, Großhandel und Einzelhandel gekennzeichnet. Die betrieblichen Entscheidungsprozesse der Industrie waren in den Zeiten vorherrschender Verkäufermärkte, bei denen einer bestehenden Güternachfrage ein tendenziell geringes Angebot gegenüberstand, in erster Linie auf produktionstechnische Problemstellungen ausgerichtet. Auf der Grundlage des früheren Funktionsabsolutismus und der Stufenreinheit des Absatzgefüges bildeten sich gewissermaßen ständig neue Marktbeziehungen zwischen den Marktstufen. Dies änderte sich nach dem 2. Weltkrieg mit dem Aufkommen von Käufermärkten, der Intensivierung der Herstellerkonkurrenz und vor allem mit dem verstärkten Eintritt des **Marketing-Gedankens** in der deutschen Absatzwirtschaft grundlegend: nicht mehr die Produktionskapazität, sondern **die Nachfrage wurde zum Engpaß** für die betriebliche Entwicklung. Die Industrie erkannte, daß vom Planziel des Absatzes alle weiteren unternehmerischen Entscheidungen abhingen und der ungehinderte Absatz von massenhaft produzierten Gütern für sie lebenswichtig geworden war. Die Absatzaufgaben durften nicht länger den Marktunwägbarkeiten ausgeliefert sein, sondern mußten sorgfältig vorausbestimmt werden. Die Industrie wollte und konnte schon bald nach dem Wiederaufbau West-Deutschlands nicht länger über die vorhandenen indirekten Absatzwege vertreiben und die anfallenden Distributionsaufgaben fremden, rechtlich und wirtschaftlich selbständigen Organen überlassen, sondern mußte mit aller Kraft versuchen, die Nachteile der mehrere Handelsstufen umfassenden Distanz zum Konsumenten durch die **Anbindung der Vertriebsorgane an ihre Interessen** zu mindern. Hierfür erwies sich der **Aufbau beherrschbarer Vertriebsorganisationen** als das entscheidende Mittel. Soweit die Kapitalerfordernisse eine volle Integration von Produktions- und Distributionsstufe, das heißt eine unternehmensinterne Vertriebsorganisation zur Ermöglichung eines direkten Vertriebs über Filialen, nicht zuließen, versuchten die Hersteller, durch **vertragliche Vorwärtsintegration** über Bindungen der Vertriebsmittler immer mehr Einfluß auf die Institutionen des Handels und deren Leistungen zu gewinnen, um letztlich freilich das Entscheidungsverhalten der Konsumenten lenken und beeinflussen zu können. Denn der Hersteller ist im Ergebnis vom Verbraucher abhängig, der allein als originärer Nachfrager auftritt, während die Nachfrage von Einzel- und Großhändlern gleichsam derivativen Charakter hat. Dabei erklärt sich das Verhalten der Verbraucher nicht allein als eine Reaktion auf das der Hersteller, sondern auch auf das der Händler, weshalb **die Gestaltung des Absatzprozesses auf der Handelsebene**

Rückwirkungen auf die Hersteller hat und ihre unternehmerischen Absichten unterstützen oder durchkreuzen kann.

D 5 Beim Aufbau ihrer Vertriebssysteme spielt die Industrie so weit wie möglich ihre **Marktmacht** aus und übernimmt regelmäßig die autonome **Marketing-Führerschaft**, um die Marketing-Aktivitäten der Institutionen des Handels möglichst bis zum Endabnehmer unmittelbar **steuern und kontrollieren** zu können (**Hersteller-Marketing**). Ähnlich wie die Handelsvertreter, die als klassische Absatzorgane schon kraft ihrer Funktion weisungsgebunden und zur Interessenwahrung verpflichtet sind („geborene Interessenwahrer"), werden inzwischen weithin auch die früher selbständig absatzmittelnden Handelsbetriebe von den Herstellern **zur Interessenwahrung und Geschäftsbesorgung verpflichtet** und als „gekorene Interessenwahrer" in den Aufbau vertraglicher Vertriebssysteme einbezogen. Die vertikalen Integrationsprozesse zwischen Industrie und Handel führen bei größer werdenden Kooperationsfeldern und länger werdender Kooperationsdauer zu einer hochgradigen Verdichtung der Beziehung der Beteiligten. Es prägen sich **immer enger mit dem Hersteller verbundene**, das heißt von ihm „gebundene" **Kommissionsagenten, Vertragshändler, Fachhändler, Eigenhändler, Alleinvertreter, Generalvertreter, Werksvertreter, Konzessionäre oder Franchisenehmer** aus. Die vertikale Vorwärtsintegration durch Vertriebsverträge hat auf diese Weise zu weitgehenden Stufenverzahnungen und -verwischungen im Absatzgefüge geführt. Diese Entwicklung einer vertikalen Vorwärtsintegration ist **derzeit noch keineswegs abgeschlossen**. Wenn sich auch in vielen Bereichen aufgrund einer verstärkten Macht des Handels bereits gegenläufige Tendenzen abzeichnen, so wird die Absatzwirtschaft der Bundesrepublik Deutschland doch in vielen Branchen weitgehend von **industrieseitig gesteuerten, integrierten Distributionssystemen** bestimmt.

3. Anspruch und Aufgaben des Vertriebsrechts

D 6 Das Vertriebs- oder Absatzmittlungsrecht hat sich inzwischen im Schnittbereich des Handels- und des Kartellrechts als ein spezielles Rechtsgebiet eigenständiger Bedeutung etabliert und ist um die **Herausarbeitung des jeweiligen „Statuts" einzelner Absatzmittlertypen der Wirtschaftspraxis** bemüht. Es entspricht der Bedeutung der Vertriebsverträge in der wirtschaftlichen Praxis, wenn sich in den vergangenen drei Jahrzehnten in Judikatur und Rechtswissenschaft die Bemühungen intensiviert haben, den jeweiligen Rechtsrahmen einzelner Absatzmittlertypen der Wirtschaftspraxis abzustecken. Die Fundamente hierfür wurden schon in den zwanziger Jahren durch Arbeiten zum Recht des **Handelsvertreters** (Handlungsagenten), des **Handelsmaklers** und des **Kommissionsagenten** gelegt (grundlegend SCHMIDT-RIMPLER, Der Handlungsagent, in: Ehrenbergs Handbuch des gesamten Handelsrechts, 5. Bd, I. Abt, 1. Hälfte, 1. Lieferung [1926]: Geschäfte der kaufmännischen Mittelspersonen 1 ff; ders, Das Kommissionsgeschäft, daselbst, 2. Lieferung [1928] 477 ff; HEYMANN, Der Handelsmakler, daselbst, 2. Lieferung [1928] 321 ff). Durch Untersuchungen nach dem 2. Weltkrieg hat das **Absatzmittlungsrecht als das Recht der Typen der vertikalen Absatzkooperation** schnell eine starke Verfestigung zu einem gesonderten handels- und wettbewerbsrechtlichen Teilgebiet erfahren. Die Rechtsprechung in Ansätzen schon des Reichsgerichts und später des Bundesgerichtshofs sowie die rechtswissenschaftliche Forschung haben vor allem der Tätigkeit des **Kommissionsagenten** und des **Vertrags- oder Eigenhändlers**, inzwischen auch des **Franchisenehmers** einen vertrags- und wettbewerbsrechtlichen Rahmen gegeben (vgl R<small>ITTNER</small>, Die Ausschließlichkeitsbindungen in dogmatischer und rechtspolitischer Betrachtung [1957]; U<small>LMER</small>, Der Vertragshändler [1969]; E<small>BENROTH</small>, Absatzmittlungsverträge im Spannungsfeld von Kartell- und Zivilrecht [1980]; M<small>ARTINEK</small>, Franchising [1987]).

Die methodologische Innovationstechnik für die Entwicklung und Ausdifferenzie- **D 7** rung dieses Rechtsgebiets ist vor allem die **richterliche Rechtsfortbildung**. Ihr Ausgangspunkt ist der Handelsvertreter als der in der Praxis nach wie vor wichtigste Vertriebsmittlertypus, der als einziger eine positivrechtliche Regelung erfahren hat und dem für das Vertriebsmittlungsrecht seit je eine **Leitbildfunktion** zukommt. Die Diskussion über andere Vertriebsmittlertypen, vor allem **die Entwicklung eines Kommissionsagenten-, Vertragshändler- und Franchiserechts**, findet denn auch ihren Schwerpunkt in der Frage **der analogen Anwendbarkeit handelsvertreterrechtlicher Vorschriften**. Denn allein im Handelsvertreterrecht gibt das HGB zu erkennen, daß sich sein absatzwirtschaftliches Bild nicht mehr auf das konventionelle fallweise Aushandeln des Produktionsflusses von den Herstellern über die Handelsstufen zu den Konsumenten beschränkt, sondern durchaus langfristige Beziehungen zwischen den am Absatzgeschehen beteiligten Unternehmen, insbesondere das Auftreten von „channel administrators" einbezieht. Anders als die §§ 84 ff HGB sind die Aussagen des HGB zum Handelsmakler (§ 93 Abs 1 HGB) und zum Kommissionär (§ 383 HGB) für die Entwicklung eines modernen Vertriebsrechts nur von sehr beschränktem Wert, denn Handelsmakler und Kommissionäre werden nach der gesetzgeberischen Vorstellung nur „gelegentlich" für den Lieferanten tätig. Freilich ist die Aufgabe des Absatzmittlungsrechts, typische, in der Praxis realisierte Vertragsgestaltungen in vertraglichen Vertriebssystemen über den im HGB geregelten Typus des Handelsvertreters hinaus zu analysieren und dogmatisieren, noch in vielen Teilbereichen ungelöst. Ein Rest amorpher Konstellationen der sich ständig wandelnden absatzwirtschaftlichen Praxis wird wohl immer nur schwer juristisch-typologisch einzufangen sein.

Eine Typenbildung von Absatzmittlungs- oder Vertriebsverträgen erscheint kaum **D 8** anders sinnvoll als auf der Grundlage einer Unterscheidung nach der Intensität der Verhaltensabstimmung bei der vertriebsvertraglichen Kooperation, das heißt nach dem Grad der vertikalen Integration (V<small>EELKEN</small> ZVglRWiss Bd 89 [1990] 358; M<small>ARTINEK</small>, Franchising 196 ff; ders, Vertriebsrecht Rn 24 ff; ders, Moderne Vertragstypen Bd II 53 ff). Insofern lassen sich zunächst unter den **herkömmlichen Vertriebsverträgen** die Belieferungs-, Fachhändler-, Vertragshändler-, Kommissionsagenten- und Handelsvertreterverträge unterscheiden, bei denen die Rechtsnatur bereits als geklärt angesehen werden kann (unten Rn D 9 ff); streitig ist demgegenüber die Rechtsnatur von Franchiseverträgen (unten Rn D 15 ff).

4.   Die herkömmlichen Vertriebsverträge

a)   Belieferungsverträge

Der zwischen einem Lieferanten und einem Vertriebsmittler geschlossene **Beliefe- D 9 rungsvertrag** hat vor allem die Funktion der **Verstetigung der Lieferbeziehung** in Richtung auf ein dauerndes Kooperationsverhältnis (M<small>ARTINEK</small>, Vertriebsrecht Rn 24). Er erschöpft sich nicht in einem kaufrechtlichen Vor- oder Rahmenvertrag, sondern umfaßt – meist nur als vertragliche **Nebenpflicht** – auch die Verpflichtung des Absatzmittlers zur **Absatzförderung der Vertragsware** unter Berücksichtigung der Interessen des Lieferanten. Eine Weisungsbindung des Absatzmittlers in bezug auf den Einsatz wettbewerblicher Parameter fehlt regelmäßig, jedoch ist er in seinem Handeln auf eigene Rechnung und im eigenen Namen **nicht mehr völlig frei**. Seine unternehmerische Freiheit als Absatzorgan ist sowohl in der Wahl seiner Bezugsquellen wie auch in der Art und Weise seiner Absatzgestaltung in einem bestimmten Umfange gebunden. Der Belieferungsvertrag ist meist weder **Alleinvertriebs- noch Selektivvertriebsvertrag**, sondern versteht sich als Mittel der Typisierung von Vertriebsbeziehungen und der Kalkulierbarkeit von Absatzaufgaben im Rahmen des Streuabsatzes (Universalvertriebsstrategie). Vertragsware kann dabei auch ein Teilsortiment sein. Der verhältnismäßig lockeren Kooperationsintensität entspricht es, daß Mindestbezugsvereinbarungen und Konkurrenzverbote für diesen Typus des Vertriebsvertrags nicht charakteristisch sind. Bei noch dominant austauschvertraglicher (kaufrechtlicher) Rechtsnatur der Vertragsbeziehung spielt in den Belieferungsvertrag schon ein geschäftsbesorgungsvertragliches Element in Form einer vertraglichen Nebenpflicht zur interessenwahrenden Absatzförderung hinein.

b) Fachhändlerverträge

D 10 Die Stufe der nächsthöheren Kooperationsverdichtung ist bei den **Fachhändlerverträgen** erreicht, die der Lieferant mit einem Vertriebsmittler als „autorisiertem" Fachhändler schließt (HEIDMEIER, Maßstäbe für die Wirksamkeit von Fachhandels-Vertriebsbindungen [1983]; MARTINEK, Vertriebsrecht Rn 25; ders, Moderne Vertragstypen, Bd II 54). Mit Fachhändlerverträgen wird ein **Warenvertrieb über selektierte Händler** angestrebt, die im eigenen Namen und für eigene Rechnung äußerlich selbständig, im Innenverhältnis jedoch in gewissem Maße an den Lieferanten gebunden und **in Wahrnehmung seiner Interessen** als operative Einheiten an der Absatzfront tätig werden. Diese Verträge umfassen Vereinbarungen über die **Anbietungsform der Waren und über Service oder Reparaturleistungen**. Fachhändlerverträge dienen dem Aufbau eines **Vertriebsnetzes für beratungsbedürftige oder problemintensive Güter**, wobei die Vertriebsstellen auch mit dem für die Serviceanforderungen notwendigen Know-how ausgestattet werden. Warenzeichen oder dienstmarkenrechtliche Lizenzen sind eher selten, wenn der Vertriebsmittler auch mit Werbe- und Display-Material ausgestattet wird und das Warenzeichen der bereits vorher in den Verkehr gebrachten Produkte zur Werbung und Anbietung der Ware beim Weiterverkauf benutzen mag. Der Fachhändlervertrag ist regelmäßig ein **typengemischter Vertrag**, bei dem neben kaufvertrags-, lizenzvertrags-, dienstvertrags- und know-how-vertragsrechtlichen Typenelementen auch ein **deutliches geschäftsbesorgungsvertragliches Element** auszumachen ist. Die **Absatzförderungspflicht** gehört hier bereits zum Kreis der **Hauptpflichten** des Absatzmittlers. Da freilich seine Weisungsgebundenheit nur sehr schwach ausgeprägt ist, besteht für eine analoge Anwendung handelsvertreterrechtlicher Vorschriften noch kaum Raum.

c) Vertragshändlerverträge

D 11 Zur Kennzeichnung des **Vertragshändler- oder Eigenhändlervertrags** kann auf die von **Peter Ulmer** entwickelte und vom BGH in ständiger Rechtsprechung zugrundegelegte Begriffsbestimmung zurückgegriffen werden (ULMER, Der Vertragshändler 206; BGHZ 54, 338, 340; vgl auch KARSTEN SCHMIDT, Handelsrecht 768; EBENROTH/PARCHE BB-Beil 10/1988, 5; J J SCHMITT, Selektiver Vertrieb und Kartellrecht 1 ff; EVANS-vKRBEK, Die analoge Anwendung der Vorschriften des Handelsvertreterrechts auf den Vertragshändler 1 ff; STUMPF/ZIMMERMANN, Der Vertragshändlervertrag 1 ff). Danach ist der Vertragshändler ein Kaufmann, dessen Unternehmen in die Vertriebsorganisation eines Herstellers von Markenwaren in der Weise eingegliedert ist, daß er es durch den Vertrag mit dem Hersteller oder einem von diesem eingesetzten Zwischenhändler ständig übernimmt, in eigenem Namen und auf eigene Rechnung die Vertragswaren im Vertragsgebiet zu vertreiben und ihren Absatz zu fördern, die Funktionen und Risiken seiner Handelstätigkeit hieran auszurichten und im Geschäftsverkehr das Herstellerzeichen neben der eigenen Firma herauszustellen. Bei diesem Typus des Vertriebsmittlers ist **bereits ein relativ hoher Integrationsgrad erreicht**. Die Position des Vertragshändlers ist die eines „verlängerten Armes" des Lieferanten.

Zwar sind dem Vertragshändler die auf den Warenumschlag gerichteten **Vertriebs-** **D 12** **funktionen**, insbesondere die Aufgaben der Verteilung, der Lagerhaltung, des Transports und der Absatzfinanzierung nach außen belassen (anders als dem Handelsvertreter und dem Kommissionsagenten), jedoch muß er sie je nach Vertragsausgestaltung **nach Maßgabe mehr oder weniger einschneidender Weisungen des Herstellers** ausüben. Die Sortiments- und Beratungsfunktion des Handels werden beim Vertragshändlersystem infolge der mehr oder weniger weitreichenden Ausrichtung des Geschäftsbetriebs auf den Absatz der Vertragswaren eingeschränkt. Auch eine Tätigkeit der Markterschließung und Marktpflege tritt beim Vertragshändler deutlich zurück: Der Hersteller ist der uneingeschränkte Marketing-Führer; der Vertragshändler wird als sein **ausführendes Organ** tätig. Bei alldem behält der in die Vertriebsorganisation des Herstellers eingegliederte Vertragshändler jedoch **das volle Absatz- und Kreditrisiko** für die von ihm vertriebenen Waren. Sein Risiko erfährt sogar gegenüber den Risiken des unabhängigen Händlers möglicherweise eine Verschärfung, soweit er wegen der eingeschränkten Sortimentsfunktion infolge seiner Bezugsverpflichtung auch nur mit Einschränkungen einen Risikoausgleich zwischen den Artikeln anstreben kann. Seine Gewinnchancen und seine Risiken bei der Kapazitätsauslastung, der Vorratshaltung und dem Absatz (bei häufiger Mindestabnahmeverpflichtung) werden nicht allein von seiner eigenen Tätigkeit, sondern **wesentlich von der Geschäftspolitik des Herstellers** in Produktion und Marketing beeinflußt. Beim Vertragshandel bewirkt die vertikale Vorwärtsintegration mithin zwar eine **Funktionsverlagerung zugunsten des Herstellers**, aber **keine komplementäre Risikoverlagerung** zu seinen Lasten. Der Vertragshändlervertrag stellt sich als ein **gemischttypischer Vertrag** dar, bei dem das **geschäftsbesorgungsvertragliche Element (weisungsgebundene Absatzförderungspflicht im Interesse des Herstellers)** deutlich ausgeprägt, wenn nicht gar dominant ist. Rechtsprechung und herrschende Lehre wenden die handelsvertreterrechtlichen Schutzvorschriften weithin auf den Vertragshändler analog an.

d) Kommissionsagentenverträge

Auf der nächsthöheren Stufe der Kooperationsverdichtung ist der **Kommissionsagent** **D 13** anzusiedeln, der wie ein Kommissionär im eigenen Namen und für fremde Rechnung verkauft, aber wie ein Handelsvertreter „ständig betraut" ist (ULMER, Der Vertragshändler 44, 195; EBENROTH/PARCHE BB-Beil 10/1988, 5; KARSTEN SCHMIDT, Handelsrecht 767). Er hat anders als der Handelsvertreter keine gesetzliche Regelung erfahren. Der in den §§ 383 ff HGB geregelte **Kommissionär** ist nach dem Leitbild des HGB **kein Vertriebsmittler**, weil er immer nur fallweise eingeschaltet wird. Die Wirtschaftspraxis benötigt aber den **Kommissionsagenten** als einen ständig tätigen Absatzmittler mit der Stellung eines indirekten (verdeckten) Stellvertreters, durch dessen Einschaltung für den Unternehmer eine direkte Vertragsbeziehung mit dem Abnehmer vermieden wird. Konsequenz der verdeckten Stellvertretung ist, daß **bei diesem „Zwischentyp" Innen- und Außenverhältnis** auseinanderfallen. Nur im Außenverhältnis gegenüber den Abnehmern ist dem Kommissionsagenten durch die Aufteilung der Funktionen beim Absatz das volle Risiko zugewiesen; als nach außen im eigenen Namen Handelnder hat er anders als der Handelsvertreter dem Kunden selbst einzustehen. Aber als auf fremde Rechnung Handelnder ist der Kommissionsagent wie der Handelsvertreter vom Absatz-, Transport-, Lagerhaltungs-, Vorausdispositions-, Gewährleistungs-, Garantie- und Kreditrisiko entlastet; diese Risiken verbleiben grundsätzlich beim Unternehmer. Zwar ist bei der Novelle von 1953 zum Handelsvertreterrecht eine Änderung des § 84 HGB und eine Einbeziehung des Kommissionsagenten wegen der Auswirkungen seiner andersartigen Außenstellung und der entsprechenden Risiken auf das Innenverhältnis ausdrücklich abgelehnt worden. Die „innere" Verwandtschaft des Kommissionsagenten mit dem Handelsvertreter läßt jedoch keinen Zweifel an der Rechtsnatur des **Kommissionsagentenvertrags** als eines **Dienstvertrags, der eine Geschäftsbesorgung (Absatzmittlung und Absatzförderung) zum Gegenstand hat**, §§ 675, 611, 665. Für das Innenverhältnis zwischen Kommissionsagent und Unternehmer ist weithin das Handelsvertreterrecht analog anwendbar.

e) Handelsvertreterverträge

D 14 Auf der nächsten Intensitätsstufe der Kooperation ist der gesetzlich geregelte Handelsvertretervertrag (§§ 84 ff HGB, 675, 611 BGB) mit seiner **rein geschäftsbesorgungsvertraglichen Rechtsnatur** angesiedelt (dazu schon oben Rn D 3 u 7).

5. Franchiseverträge

a) Vielfalt der Erscheinungsformen

D 15 Das Franchising ist die **bisher intensivste Form der Zusammenarbeit** zwischen selbständigen Unternehmen verschiedener Wirtschaftsstufen **zum Zwecke des Absatzes von Waren und Dienstleistungen** (TIETZ/MATHIEU, Das Franchising als Kooperationsmodell, Vorwort, VIII; KAUB, Franchise-Systeme in der Gastronomie 47 und 231 ff; AHLERT, Vertragliche Vertriebssysteme zwischen Industrie und Handel 84 ff). Es steht an der Spitze der Intensitätsskala der Verhaltensabstimmungen in Vertriebssystemen. Bisweilen wird von „totaler Kooperation" gesprochen, weil praktisch der gesamte Geschäftsbetrieb des Franchisenehmers von der Zusammenarbeit erfaßt wird (etwa KAUB, Franchise-Systeme in der Gastronomie 47; TIETZ/MATHIEU, Das Franchising als Kooperationsmodell, passim). Dies kommt schon in der durch Franchisesysteme gebildeten Imageeinheit („Gruppenimage") zum Ausdruck, durch die die Partner auf dem Markt als eine einheitliche Unternehmung erscheinen (VOGT, Franchising von Produktivgütern 39; KAUB, Franchise-Systeme in der Gastronomie 215; HANRIEDER, Franchising 39; SCHENK/WÖLK, Vertriebssysteme zwischen Industrie und Handel 45). Franchisesysteme erklären das einheitliche Gruppenimage zu einer der Hauptkomponenten der Absatzpolitik, als deren Basis die sogenannte Betriebstypenfixierung, dh die rigide gleichförmige Ausrichtung der einzelnen points of sale, erscheint (TIETZ/MATHIEU, Das Franchising als Kooperationsmodell 12; GÖRGE, Die Internationalisierung von Franchise-Systemen 70; MACK, Neuere Vertragssysteme 45; KNIGGE, Franchise-Systeme im Dienstleistungssektor 112 f). Alle Elemente, die sonst von ihrer äußeren Erscheinungsform her auf einen bestimmten Betrieb und seine individuelle Leistung hinweisen, werden in einem Franchisesystem einer strikten systemeinheitlichen Gleichförmigkeit unterworfen, die meist in auffälligen Symbolen,

Ornamenten, Farbkombinationen, Firmenschlagworten usw ihre Ausprägung findet. Jedes Franchisesystem soll so zu einem Gütezeichen werden, das positive
Assoziationen beim Verbraucher weckt. Der Kunde identifiziert dieses Gütezeichen
mit einem **einheitlichen Versorgungs- und Erlebnisprogramm** und mit ihm von anderen
Gelegenheiten her **vertrauten Geschäftsmöglichkeiten**.

Die klassische Franchisekooperation findet zwar zwischen **Herstellern und Einzel-** **D 16**
händlern unter Aussparung der Großhandelsstufe statt. Eine Franchise-Verbindung
kann auch in den Verhältnissen **Hersteller/Großhändler, Großhändler/Einzelhändler**
und vor allem **Dienstleistungszentrale/Dienstleistungseinzelbetrieb** aufgebaut werden.
Treten Großhändler als Franchisegeber auf, dann vermitteln sie oft nur als **reine**
Software-Zentralen ohne Lagerfunktion den Bezug von Drittlieferanten an ihre Franchisenehmer und markieren die Waren eigenständig in Ergänzung oder in Verdrängung der Herstellermarken. Die genannten **vier einstufigen Franchisesysteme** werden
durch die **mehrstufigen Systeme**, insbesondere im Verhältnis Hersteller/Großhändler/
Einzelhändler ergänzt, bei denen der erste Franchisenehmer zugleich wieder Franchisegeber von Sub-Franchisen ist.

Die meisten Franchisesysteme erklären sich vor dem geschilderten Hintergrund der **D 17**
vertikalen Vorwärtsintegration und stellen sich als **Weiterentwicklung des Vertragshan-**
dels dar; bei ihnen hat sich die vertikale Kooperation praktisch zum **Anweisungsver-**
trieb verdichtet. Dies gilt besonders für die übliche Franchisekooperation zwischen
einem Hersteller oder Großhändler einerseits und Einzelhändlern andererseits. Hier
ist der Handel von seiner eigentlichen Funktion des räumlichen, zeitlichen, quanti-
tativen und qualitativen Ausgleichs zwischen Industrie und Verbraucherschaft vollständig entfremdet und **gänzlich ins Lager der Systemzentrale als deren weisungsgebun-**
dener Interessenwahrer gestellt. Bei derartigen Franchisesystemen sind die Handelsbetriebe weit mehr als dies beim Vertragshandel der Fall ist zu **Exekutivorganen der**
Systemzentrale geworden und in nahezu allen betrieblichen Funktionen auf den Franchisegeber eingeschworen. Hier wie in der deutlichen Mehrzahl der Franchiseverträge zwischen Dienstleistern beruht die Absatzkooperation auf einer **einseitigen**
Indienststellung des Franchisenehmers durch den Franchisegeber, auf seiner Bindung
und Instrumentalisierung für die Durchführung der autonom vom Franchisegeber
entwickelten, verfolgten und weitergeführten Marketingkonzeption. Unverkennbar
herrscht eine **asymmetrische Machtbeziehung**, weil rechtliche und wirtschaftliche Verfügungsmacht über den franchisierten Geschäftsbetrieb auseinanderfallen, ohne daß
damit auch eine Risikoverlagerung auf den Franchisegeber als den Inhaber der wirtschaftlichen Verfügungsmacht verbunden wäre. Der Franchisegeber als der Systemkopf benutzt die Franchisenehmer als seine „verlängerten Arme" und gleichsam als
seine Vasallen, die ihre Betriebe ganz **nach den Weisungen und unter der Kontrolle des**
Franchisegebers führen müssen.

Für die gekennzeichnete, in der Praxis deutlich überwiegende Erscheinungsform der **D 18**
Franchisekooperation hat sich der Begriff **Subordinations-Franchising** eingebürgert
(Nachweise sogleich, Rn D 20). Die als Subordinations-Franchising bezeichnete Absatzkooperation – man mag auch vom **Absatzmittlungs-, Vertriebsmittlungs- oder Interes-**
senwahrungs-Franchising sprechen – stellt sich im Bereich des Warenvertriebs als
logistische und marketingstrategische Verfeinerung des klassischen Vertragshandels
in Richtung auf eine integrierte vertikale Gruppenkooperation dar. Im Außenver-

hältnis gegenüber den Kunden unterscheidet sich der Franchisenehmer-Betrieb vom Vertragshändler-Betrieb dementsprechend durch die franchisespezifische Aufmachung des Unternehmens **nach Art einer Filiale** des Franchisegebers (**Quasi-Filialität**). Der Vertragshandel erscheint sozusagen als Vorform des Waren-Subordinations-Franchising, das im übrigen nicht nur herstellerzentrierte, sondern auch großhändlerzentrierte Vertriebssysteme einbezieht. Als deutliches Merkmal der Abgrenzung zwischen Vertragshandel und Waren-Subordinations-Franchising kann das **Franchisepaket** dienen, jenes Bündel von Unterstützungs- und Förderungsmaßnahmen, welches der Franchisegeber dem Franchisenehmer nach den Franchiseverträgen zur Verfügung stellt, um die Betriebstypenfixierung zu gewährleisten. Während beim Vertragshandel solche Betriebsförderungsmaßnahmen – wenn überhaupt – nur als unselbständige vertragliche Nebenpflicht des Herstellers erscheinen, sind sie beim Subordinations-Franchising durchweg als Hauptpflichten des Franchisegebers ausgestaltet. Nach dieser Abgrenzung ist das Subordinations-Franchising zwischen Industrie und Handel sowie zwischen Groß- und Einzelhandelsunternehmen eine Weiterentwicklung des Vertragshändler-Systems, die dieses aber nicht überholt oder unnötig macht. Im Bereich des **Dienstleistungsvertriebs** ist das Subordinations-Franchising die Übertragung der Idee der zentralgesteuerten interessenwahrenden Absatzmittlungsverhältnisse vom Warenvertrieb, wo diese Idee ihren Ursprung hatte, auf den Dienstleistungssektor, wo die von einer Zentrale aufbereiteten Dienstleistungen durch die franchisierten Dienstleistungsbetriebe analog dem Warenstrom vom Produzenten zum Verbraucher abgesetzt werden können. Das Subordinations-Franchising beim Waren- wie beim Dienstleistungsvertrieb läßt sich ohne weiteres in die dogmatisch-konstruktiven Kategorien einfügen, die von den herkömmlichen Vertriebsverträgen her bekannt sind (so Rn D 9 ff) und gehört demgemäß zu dem vom Interessenwahrungs- und Geschäftsbesorgungsgedanken geprägten Absatzmittlungsrecht. In der Praxis dürften mindestens sechzig bis siebzig Prozent Franchisesysteme, die in der Bundesrepublik Deutschland den Merkmalen der Definition des Deutschen Franchise-Verbands (DJV) genügen, diesem Typus zuzurechnen sein (die „offizielle Definition des Verbandes" ist abgedruckt in: Deutscher Franchise-Verband, Franchising 2; sie wurde entwickelt von KAUB, Franchise-Systeme in der Gastronomie 29; vgl auch SKAUPY, Franchising 5).

D 19 Daneben kennt die absatzwirtschaftliche Praxis und die neuere Franchisetheorie das **Partnerschafts-Franchising**, das sich in die Untertypen des **Koordinations-Franchising**, des **Koalitions- und des Konföderations-Franchising** ausdifferenzieren läßt (erstmals MARTINEK, in: R SCHOLZ [Hrsg], Wandlungen in Technik und Wirtschaft [1985] 144; sodann grundlegend ders, Franchising 67 ff, 378 ff; ders ZIP 1988, 1362; ders, Moderne Vertragstypen Bd II 62 ff). Bei diesen Kooperationsformen, die freilich zusammen in höchstens 30% aller Franchisesysteme verwirklicht sind, liegt ein **partnerschaftlich gleichberechtigtes Zusammenwirken** von Franchisegeber und Franchisenehmern ohne ausgespielte Übermacht der Zentrale bei der Verfolgung und Weiterentwicklung der Marketingkonzeption und bei der Systemsteuerung vor. Die Franchisenehmer haben an der Systemsteuerung und konzeptionellen Weiterentwicklung einen mehr oder weniger großen Anteil. An die Stelle einseitiger Weisungen tritt die **Verständigung, Abstimmung, Mitbestimmung** (TIETZ, Handbuch Franchising 709 ff; JURGELEIT, Moderne Partnerschaften 1 ff; MACK, Neuere Vertragssysteme 107 ff; LEDERER, Franchising und das Genossenschaftsgesetz 72 ff; SKAUPY BB 1969, 113; SÖLTER, Kooperative Absatzwirtschaft 1 ff; ders, Bezugsbindungen in vertikalen Kooperatonssystemen 1 ff). Der Franchisenehmer ist **nicht Instrument des Franchi-**

segebers, vielmehr stellt der Franchisegeber dem Franchisenehmer sein Franchisepaket als Betriebsunterstützungsmaßnahme zur Verfügung, ohne ihn damit zugleich als Absatzmittler zu verpflichten. Während das **Subordinations-Franchising zentralistisch-autoritativ und monokratisch** strukturiert ist, sind die Systeme des **Partnerschafts-Franchising dezentral-partizipativ und demokratisch** organisiert. Diese Franchisesysteme lassen sich nicht als Instrumente der vertikalen Vorwärtsintegration verstehen, sondern nähern sich den **Verbundgruppen des Handels** an (vgl dazu JURGELEIT, Moderne Partnerschaften, passim; MACK, Neuere Vertragssysteme 107 ff; SKAUPY DB 1969, 113; LEDERER, Franchising und das Genossenschaftsgesetz 72 ff; BAUMGARTEN, Das Franchising als Gesellschaftsverhältnis [Diss Göttingen 1993]; BEUTHIN BB 1993, 77; BEUTHIN/SCHWARZ, Kooperationsgruppen des Handels und Franchisesysteme in Europa aus der Sicht des EG-Wettbewerbsrechts [1993]; MARTINEK, Franchising 80 ff). Franchisesysteme des Partnerschafts-Franchising haben bereits die **kartellbehördliche Aufmerksamkeit** erweckt (BKartA, Bek Nr 41/86 = WuW 1986, 679 „Systemgut-Logistik-Service"; BKartA, WuW/E BKartA 2267 „Systemgut-Logistik-Service; BKartA, Bek Nr 61/86 = WuW 1986, 792 „UTS, Umzugs- und Transport-Systeme"; BKartA, Bek Nr 23/87 = WuW 1987, 480 „Pinguin-Frischfracht-Systeme"; BKartA, WuW 1989, 850 „German Parcel").

Die Unterscheidung zwischen dem Subordinations-Franchising und den verschiede- **D 20** nen Formen des Partnerschafts-Franchising (Koordinations-, Koalitions- und Konföderations-Franchising) hat inzwischen in die Lehrbuch-, Kommentar- und Aufsatzliteratur Eingang gefunden (KARSTEN SCHMIDT, Handelsrecht [4. Aufl 1994] 772 ff, 775; OEHL/REIMANN, Franchising, in: Münchener Vertragshandbuch Bd 3 [3. Aufl 1992] 439 ff; BÜLOW, VerbrKrG-Komm [2. Aufl 1993] Rn 38 zu § 1 und Rn 22 zu § 2; H SCHMIDT, in: ULMER/BRANDNER/HENSEN, AGBG-Komm [7. Aufl 1993] Anh §§ 9 – 11 Rn 355 ff; MATTHIESSEN ZIP 1988, 1089; EKKENGA, Die Inhaltskontrolle von Franchise-Verträgen 28 ff; ders AG 1989, 301, 302; H KÖHLER NJW 1990, 1689; BUSCHBECK-BÜLOW BB 1989, 352 ff; WELTRICH DB 1988, 806; BAUDENBACHER/ROMMÉ, Ausgewählte Rechtsprobleme des Franchising, Extraits des Mélanges Pierre Engel [1989] 1 ff; JOERGES AG 1991, 325; GRAF vWESTPHALEN NJW 1993, 2859). Sie erfreut sich wachsenden Zulaufs. Wenige Stimmen in der Literatur stehen ihr ablehnend oder zurückhaltend gegenüber (so SKAUPY BB 1990, 134 ff; LIESEGANG NJW 1990, 1525; ders BB 1991, 2381 ff insbes 2381 Fn 1; BAUDER, Der Franchise-Vertrag insbes 97 ff; BRÄUTIGAM, Deliktische Außenhaftung im Franchising insbes 73 ff; ders WM 1994, 1189). Die in der Praxis weniger bedeutsamen Vertriebsverträge des Partnerschafts-Franchising sind **von geschäftsbesorgungsvertraglichen Elementen frei** und können hier vernachlässigt werden (ausführlich dazu zuletzt MARTINEK, Moderne Vertragstypen Bd II 78 ff, 109 ff, 148 ff, 168 ff, 194 ff).

b) Mischvertragstheorien

Im Streit des Schrifttums über die **Rechtsnatur des in der Praxis am weitesten verbrei-** **D 21** **teten Subordinations-Franchisevertrags** dominierte lange Zeit die Charakterisierung als **typengemischter Vertrag** mit von Fall zu Fall mehr oder weniger stark hervortretenden Elementen. Danach werden Franchiseverträge etwa als Mischverträge mit vor allem **lizenzvertraglichen Elementen** und mit Elementen von Know-how- sowie von Handelsvertreterverträgen angesehen, die als „obligatorische" Elemente den „fakultativen" Komponenten der Geschäftsbesorgung sowie eventueller miet-, options- und finanzierungsvertraglicher Abreden kontrastiert werden (so etwa SKAUPY BB 1969, 115; ders DB 1982, 2447; ders, Franchising 7 ff). Das „obligatorische" Element eines Lizenzvertrags ergebe sich aus der Nutzungsüberlassung von Warenzeichen, Handelsnamen sowie sonstiger Ausstattungs- und Kennzeichnungsrechte, falls nicht

Michael Martinek

gar Patent-, Gebrauchsmuster- oder Geschmacksmusterrechte lizensiert würden; die Überlassung von technischer, betrieblicher und kommerzieller Erfahrung bringe Elemente einer Know-how-Vereinbarung ein; die handelsvertretervertraglichen Elemente werden „jedenfalls" bei der Lieferung von Produkten (also beim Waren-Franchising) in der Absatzförderungspflicht des Franchisenehmers gesehen. Fakultative Elemente ergäben sich vor allem daraus, daß der Franchisegeber häufig mit Geschäftsbesorgungspflichten in Form von Beratung und Betreuung belastet sei. Daneben fänden sich „oft" auch kaufvertragliche, werkvertragliche oder weitere Elemente. Andere Stimmen betonen im Rahmen des Mischvertragsansatzes besonders das know-how-vertragliche Element oder die pacht- und kaufrechtlichen Elemente (etwa FINGER GRUR 1970, 3 ff; JURGELEIT, Moderne Partnerschaften 56; EMMERICH JuS 1986, 558). Gelegentlich wird in der Zusammensetzung der einzelnen Vertragselemente auch noch eine „gesellschaftsrechtliche" oder doch „gesellschaftsähnliche" Komponente entdeckt (ENGHUSEN, Rechtliche Probleme der Franchiseverträge 176; MACK, Neuere Vertragssysteme 98). Eine Vielzahl von Stellungnahmen in der Literatur zur Rechtsnatur des Franchising kreist mit wechselnden Schwerpunkten um diese Mischvertragsbetrachtung (MEDICUS, SchuldR BT [5. Aufl 1991] 277; WEBER JA 1983, 351; WALTER, Kaufrecht 103; KARSTEN SCHMIDT, Handelsrecht 776; GITTER, Gebrauchsüberlassungsverträge 496 f [Typenverschmelzungsvertrag]; MünchKomm/VOELSKOW[2] vor § 581 Rn 13; SOERGEL/KUMMER[11] vor § 581 Rn 15; ERMAN-SCHOPP[8] vor § 535 Rn 33). Auch die Rechtsprechung gelangt kaum über eine Kennzeichnung des Franchisevertrags als gemischtrechtlichen Austauschvertrag hinaus (vgl etwa BGH NJW 1985, 1894 = ZIP 1984, 1494 = DB 1985, 35 = MDR 1985, 926 – „McDonald's"; BGH WM 1978, 245 – „Franchise-Makler-System"; BAG NJW 1979, 335 = BB 1979, 325 – „Wettbewerbsverbot für kaufmännische Angestellte"; KG MDR 1974, 144 – „Nachvertragliches Wettbewerbsverbot des Franchisenehmers"; OLG Frankfurt MDR 1980, 576 f – „Irrtumsanfechtung eines Franchisevertrags", wonach es sich beim Franchisevertrag „nicht um einen Kaufvertrag, sondern um einen Mischvertrag besonderer Art [handelt], bei dem pachtrechtliche Elemente deutlich im Vordergrund stehen"). Der Mischvertragstheorie bleibt auch verbunden, wer den Franchisevertrag als einen **Vertrag eigener Art** bezeichnet (so BEHR, Der Franchisevertrag 142).

D 22 Dieser Mischvertragsansatz hat einen überaus **aporetischen Charakter** und bleibt weit entfernt von einer befriedigenden vertragstypologischen Qualifikation des Franchising. Kaum findet eine Auseinandersetzung mit den absatzwirtschaftlichen Besonderheiten der modernen Vertriebskooperation statt, die mit den Stichworten der vertikalen Vorwärtsintegration und der Gruppenkooperation verbunden sind. Es wird darauf verzichtet, das Franchising mit anderen Formen der Absatzkooperation in ein stimmiges System zu bringen.

c) **Die lizenzvertragliche Franchisetheorie**

D 23 Für eine Reihe von Literaturstimmen sind die **lizenzvertraglichen Elemente** beim Franchising das vorherrschende und seine **Rechtsnatur weitgehend determinierende Element** (GROSS/SKAUPY, Franchising in der Praxis 281; SKAUPY DB 1982, 2448; ENGHUSEN, Rechtliche Probleme der Franchiseverträge 170 f; LOEWENHEIM, Warenzeichen und Wettbewerbsbeschränkungen 99 ff, 300, 305, 388 ff; STAUDINGER/EMMERICH[12] [2. Bearb 1981] Vorbem 77 zu §§ 535, 536). Bisweilen wird auch wegen des regelmäßigen Überwiegens nicht patentierbaren immateriellen Erfahrungswissens gegenüber gewerblichen Schutzrechten als Gegenstand der Nutzungsüberlassung von **know-how-vertraglichen Elementen** als den deutlich dominierenden Komponenten gesprochen (insbes ENGHUSEN, Rechtliche Probleme der Franchiseverträge 170 f; FINGER GRUR 1970, 3 ff). Dabei wird die Ähnlichkeit des Franchising mit Lizenz- bzw Know-how-Verträgen teilweise auf das Dienstleistungs-Franchising beschränkt, während das Waren-Franchising in die Nähe der Geschäftsbesorgung gerückt wird; teilweise wird die Ähnlichkeit aber auch auf das Waren-Franchising erstreckt. Für diesen Ansatz steht **nicht das Systemprodukt (Waren oder Dienstleistung)**, sondern die lizenzierte **Vertriebsmethode** im Vordergrund des Franchisevertrags (so deutlich GROSS/SKAUPY, Franchising in der Praxis 281; SKAUPY DB 1982, 2448; offenbar auch FIKENTSCHER, Wirtschaftsrecht Bd I 625 mit seiner Beschreibung des Franchising als „eine[r] Art Organisationsleihe"). Gelegentlich wird auch von der „Lizenzierung des Know-how des Franchisegebers" gesprochen (so etwa EMMERICH JuS 1986, 558). Es lassen sich auch manche Wendungen in der **Franchise-Rechtsprechung** als lizenzvertraglich orientierte Typologisierungsansätze deuten; so wird etwa gelegentlich herausgestellt, daß der Franchisegeber dem Franchisenehmer „die Franchise einräumt" (so BGHZ 97, 351, 360 = NJW 1986, 1988 = ZIP 1986, 781 „Yves Rocher"; vgl auch BGH NJW-RR 1987, 612, 613 = DB 1987, 1039, 1040 „Heimdienstsystem"; OLG Düsseldorf WM 1987, 599, 600; EuGH NJW 1986, 1415 = ZIP 1986, 328 „Pronuptia"). Jüngst hat namentlich FORKEL die lizenzvertragliche Franchisetheorie aufgegriffen und weiterentwickelt (FORKEL ZHR 153 [1989], 511 in ausführlicher Auseinandersetzung mit MARTINEK, Franchising insbes 270 ff). FORKEL sieht den Franchisevertrag als „Lizenz am Unternehmen" an. Im Anschluß an ihn und weitgehend in seiner Gefolgschaft hat sich auch ULLMANN dezidiert für eine lizenzvertragliche Franchisetheorie ausgesprochen, wonach „die Lizenz im Absatzmittlungsverhältnis" als „Kernstück des Franchisevertrags" zu betrachten ist (ULLMANN CR 1991, 193 ff in Auseinandersetzung mit FORKEL und MARTINEK; vgl auch ULLMANN NJW 1994, 1255, 1256 mit Fn 2, der in grober Verzeichnung des Standes der Wissenschaft von einer „Sondermeinung von Martinek" spricht; vgl dazu oben Rn D 20).

Soweit sich die lizenzvertragliche Theorie zunächst auf die Überlassung gewerblicher **D 24** Schutzrechte stützt, ist ihr darin recht zu geben, daß eine Reihe von Franchiseverträgen eindeutig lizenzvertragliche Elemente aufweisen, etwa patent-, gebrauchsmuster-, geschmacksmuster- oder warenzeichenrechtlicher Art. Vor allem kommt die Lizenzierung von Ausstattungsrechten beim Franchising oft vor (BODEWIG, in: Handbuch des Ausstattungsrechts, in: FS Beier 937). Beim Dienstleistungs-Franchising werden regelmäßig Dienstleistungsmarken lizenziert; beim Waren-Franchising besteht freilich wegen der Lehre von der Erschöpfung nur eingeschränkter Bedarf für Lizenzen, führt doch das erstmalige Inverkehrbringen der Waren (durch den Franchisegeber oder dessen Lieferanten) bereits zu einem Wirkungsverlust von Immaterialgüterrechten (vgl dazu etwa BGH GRUR 1973, 520 „Spielautomat II"; BGH GRUR 1980, 38 f mwNw „Fullplastverfahren"; HUBMANN/REHBINDER, Urheber und Verlagsrecht [7. Aufl 1991] 135 f; HUBMANN, Gewerblicher Rechtsschutz [5. Aufl 1988] 140 ff). Selbst wenn ein Franchisevertrag jedoch derartige lizenzvertragliche Abreden enthält, bleibt festzustellen, daß sie nur sehr selten das Vertragsverhältnis **dominieren**. Vor allem sind sie nicht *conditio sine qua non* des Franchising; es finden sich durchaus Franchiseverträge, vor allem im Bereich der Warendistribution, ohne ein derartiges lizenzvertragliches Element, weil keine mit spezialgesetzlichem Ausschließlichkeitsschutz zugunsten des Franchisegebers ausgestatteten Immaterialgüterrechte überlassen werden. Die Lizenzvertragstheorie verkürzt insoweit das Franchising auf einen **im Gesamtzusammenhang letztlich akzidentellen und recht unbedeutenden Aspekt**. Soweit sich die lizenzvertragliche Franchisetheorie auf die Nutzungsüberlassung nicht spezialgesetzlich geschützter immaterialgüterrechtlicher Positionen wie das Know-how, die Marketingkonzeption oder gar „das Unternehmen" des Franchisegebers stützt, muß schon die Heranziehung des Lizenzvertrags als Vertragstyp als zweifelhaft angesehen werden (dazu Martinek, Moderne Vertragstypen Bd II 46 ff). Mit der Charakterisierung des Franchisevertrags als Lizenzvertrag wäre auch kein auch nur halbwegs konturiertes Regelungsprogramm verbunden, das zur rechtlichen Gestaltung der Vertragsbeziehungen fruchtbar gemacht werden könnte. Zu der eigentlich naheliegenden Konsequenz, den Franchisegeber nach §§ 581 Abs 2, 537 ff zu einer verschuldensunabhängigen Garantiehaftung für die Gebrauchstauglichkeit und Marktfähigkeit der überlassenen Marketingkonzeption oder des vermittelten Know-how zu verpflichten, gelangen die Lizenzvertragstheoretiker jedoch offenbar nicht; dies würde auch in Praktikerkreisen als „weltfremd" disqualifiziert werden. Ein Lizenzvertrag, der auf Überlassung von Immaterialgüterrechten und zur Duldung ihres Gebrauchs und ihrer Nutzung gerichtet ist, kann auch schwerlich den franchisespezifischen Kampf um den Markt schwerlich erfassen. Es geht den Parteien nicht um ein immaterialgüterrechtliches Werk, sondern um absatzwirtschaftliches Wirken. Der Franchisegeber ist nicht zu passiver Überlassung, sondern zu aktiver Tätigkeit in Form der Eingliederung und laufenden Förderung des Franchisenehmerbetriebs verpflichtet. Nicht die Ausnutzungsmöglichkeit seiner rechtlich geschützten Position, sondern ständige Beratung, Betreuung und Unterstützung begründen die Hauptpflicht des Franchisegebers. So sieht sich Forkel zu dem Zugeständnis veranlaßt, daß oft auch geschäftsbesorgungsvertragliche Bestandteile „durchaus in beträchtlichem Umfang dem Franchisevertrag innewohnen, stärker im Durchschnitt als den bisher geläufigen Lizenzverträgen" (Forkel ZHR 153 [1989], 511, 536).

D 25 Die Vorstellung von der Lizenzierung eines Marketingkonzepts, einer Organisationstechnik oder der Franchise als des immaterialgüterrechtlichen Kerns des Unternehmens greift auch deshalb zu kurz, weil bei vielen Franchisesystemen nicht der Franchisegeber den System-Goodwill geschaffen hat und die Franchisenehmer daran partizipieren läßt, sondern die Gesamtheit der Franchisenehmer den Goodwill erst aufbaut und ständig weiterentwickelt. Nicht zufällig statuieren die Franchiseverträge mindestens ebenso häufig und ausdrücklich eine **Systemanwendungspflicht** für den Franchisenehmer wie ein **Systemanwendungsrecht.** Vor allem aber entfernt sich die lizenzvertragliche Franchisetheorie vom absatzwirtschaftlichen Kooperationsgegenstand der Franchiseverträge. Sie **entkoppelt das Franchising vom Recht der Absatzmittlungsverträge** und wird damit den besonders weit verbreiteten Franchisesystemen mit einem ausgeprägten **Über/Unterordnungsverhältnis** zwischen Franchisegeber und -nehmer **nicht hinreichend gerecht.** Sie macht tendenziell den Franchisenehmer zu einem vermeintlich Privilegierten, der in Wirklichkeit bei den meisten Franchisesystemen der Weisungsabhängige und Untergeordnete ist; sie **macht den tendenziell Ausgenutzten zum Nutznießer.** Zu Unrecht sieht zudem die lizenzvertragliche Franchise-Theorie offenbar den Dienstleistungsbereich als einer Absatzmittlung unzugänglich an; demgegenüber hat der Gesetzgeber im Handelsvertreterrecht etwa bei Versicherungs-, Bausparkassen- und Schiffahrtsvertretern (§§ 92, 92 c HGB) ausdrücklich eine Absatzmittlung von Dienstleistungen anerkannt. Der lizenzvertragliche Ansatz führt schließlich zu offenen Wertungswidersprüchen, wenn er einem franchisierten Dienstleistungsbetrieb anders als einem Vertragshändler einen Goodwill-Ausgleichsanspruch analog § 89 b HGB bei Vertragsbeendigung versagen muß, obwohl die Interessenlage hier wie dort dieselbe ist.

Es drängt sich zudem der Verdacht auf, daß die Lizenzvertragstheorie ohne Not **D 26** solche Rechte und Pflichten der Parteien eines Franchisevertrags in die Kategorie der Nutzungsüberlassung zwängt, für die eine dienst- und geschäftsbesorgungsvertragliche Erfassung ungleich sachgerechter erscheint. Abgesehen von der eher marginalen Lizenzierung gewerblicher Schutzrechte werden nämlich im Franchisepaket überwiegend Dienstleistungen versprochen. Bei den Verträgen des Wienerwald-Systems (GROSS/SKAUPY, Franchising in der Praxis 41 ff, 158 ff, 187 ff) sind dies etwa: Beratung bei der Objektauswahl; Unterstützung bei Pacht und Mietverhandlungen; Beratung bei Finanzierung und Leasing; Beratung und Planung von Lokalumbauten, Fassaden und Einrichtungen; Unterstützung bei der Auftragsvergabe an Handwerker; Beratung bei der technischen Einrichtung; Hilfeleistungen der Sortimentsgestaltung und beim Aufbau eines Warenbestandkontrollsystems; Weitergabe von Marketinginformationen; Bereitstellung von Vergleichsdaten anderer Betriebe; Hilfestellung beim Abrechnungssystem; Durchführung einer Ergebniskontrolle; überregionale Werbeleistungen usw. Gewiß bringt jeder Dienstleister bei der Leistungserstellung sein Know-how zum Einsatz, ohne dieses Immaterialgut aber gleich nach Art der Lizenzierung eines Schutzrechts zur Nutzung zu überlassen. Der Franchisegeber selbst ist es, der sein Know-how „zur Leistung der versprochenen Dienste" (§ 611) nutzt. Der Franchisenehmer wird gleichfalls überwiegend schlicht zu Dienstleistungen, und zwar in weisungsgebundener Interessenwahrung verpflichtet (§§ 675, 611), wenn er als Wienerwald-Restaurateur nach dem Vertrag das Hauptspeisen-Angebot während der vorgeschriebenen Öffnungszeiten anbieten und bereithalten muß, die Produktquantitäten und -qualitäten einhalten, die Lager-, Zubereitungs-, Anrichte- und Serviervorschriften beachten, das vorgeschriebene Geschirr, die Arbeitskleidung, das Verpackungsmaterial, die Speisekarte verwenden und die Systemprodukte vom Franchisegeber oder vorgeschriebenen Bezugsquellen abnehmen muß. Im Ergebnis muß die **lizenzvertragliche Franchisetheorie** deshalb als **ein gescheiterter vertragstypologischer Qualifizierungsversuch** angesehen werden.

d) Die geschäftsbesorgungsvertragliche Franchisetheorie

Ein Großteil des Schrifttums sieht beim Waren-Franchising (nicht beim Dienstlei- **D 27** stungs-Franchising) den Franchisevertrag als einen **reinen Geschäftsbesorgungsvertrag** iS der §§ 675, 611 oder doch als einen **gemischtrechtlichen Vertrag mit überwiegenden Elementen des Geschäftsbesorgungsvertrags** an (SKAUPY DB 1982, 2448; MACK, Neuere Vertragssysteme 33, 84; ULMER RabelsZ 42 [1978] 190 ff; KÖHLER ZHR 146 [1982] 580 ff; GROSS/SKAUPY, Franchising in der Praxis 271, 283; AHLERT, Vertragliche Vertriebssysteme 84 f; so wohl auch OLG Frankfurt MDR 1980, 576); dies jedenfalls dann, wenn der Franchisegeber beim Waren-Franchising ein Hersteller und keine reine Software-Zentrale mit bloßer Koordinierungsfunktion für das Absatzprogramm der von dritter Seite bezogenen Waren ist. In Wirklichkeit besteht für derartige Einschränkungen kein Anlaß. Auch für die üblichen **Dienstleistungs-Franchisesysteme** ist die Anbindung an die Figur der weisungsgebundenen und interessenwahrenden Absatzmittlung als kaufmännischer Geschäftsbesorgung naheliegend; zu Unrecht bleibt das Dienstleistungs-Franchising von der geschäftsbesorgungsvertraglichen Franchisetheorie überwiegend ausgespart. Genau besehen, weisen **sämtliche Franchiseverträge des Typs Subordinations-Franchising ein dominant geschäftsbesorgungsvertragliches Element** auf (zum folgenden ausführlich MARTINEK, Franchising 265 ff, 293 ff; ders, Moderne Vertragstypen Bd II 65 ff).

Beim Subordinations-Franchising lassen sich nämlich folgende **Hauptpflichten der D 28**

Parteien gegenüberstellen: die **Betriebseingliederungs- und Betriebsförderungspflicht des Franchisegebers; die Gebührenzahlungs- und die Absatzförderungspflicht des Franchisenehmers.** Das Franchisepaket, dessen Beschreibung im Mittelpunkt der vertraglichen Regelungen zu den Franchisegeberpflichten steht, listet die einzelnen Leistungen auf, aus denen sich die Betriebseingliederungs- und -förderungspflicht zusammensetzt.Die Hauptpflicht des Franchisegebers zur **Eingliederung** des Franchisenehmer-Betriebs in sein Vertriebssystem (Betriebseingliederungspflicht) betrifft sämtliche Maßnahmen bis zur Eröffnung des Franchisenehmer-Betriebs und ist je nach Zuschnitt der Marketingkonzeption in systemspezifische Einzelbestandteile aufgegliedert. Dazu können etwa die Verpachtung des Betriebsgrundstücks, die Erstausstattung und Einrichtung des Betriebs, die Lizenzierung von Warenzeichen, Dienstleistungsmarken oder auch Patenten, die Überlassung von Betriebsgeheimnissen, die Einweisung in das systemspezifische Know-how oder die Personalschulung gehören. Die Hauptpflicht des Franchisegebers zur **Betriebsförderung** umfaßt sämtliche auf die laufende Unterstützung und Einbeziehung des Franchisenehmer-Betriebs in das Vertriebssystem gerichteten Maßnahmen des Franchisepakets. Auch sie sind je nach Systemzuschnitt verschieden. Hierzu gehören im Regelfall insbesondere die systemspezifischen zentralen Dienste wie überörtliche Werbung, Schulung, Beratung oder Buchhaltung. Die Regelungen zu den sogenannten „Gebühren" des Franchisenehmers, dh zu seinen Pflichten zur Erbringung von Entgeltleistungen, sind in den Franchiseverträgen uneinheitlich gefaßt. Meist trifft den Franchisenehmer eine Verpflichtung zur Zahlung einer Abschluß- oder Eintrittsgebühr (*entry fee*); regelmäßig hat er – meist jährlich – die laufenden umsatzabhängigen Franchise-Gebühren (*franchise fees; royalties*) zu entrichten. Im Mittelpunkt der Pflichten des Franchisenehmers steht aber beim Subordinations-Franchising seine **Absatzförderungspflicht**, die in den Vertragswerken und den begleitenden Unterlagen wie insbesondere den Handbüchern in zahlreichen Einzelpflichten spezifiziert wird. Im Rahmen der vorgeschriebenen Einzelheiten der Ausübung dieser Absatzförderungspflicht verlangt der Franchisegeber insbesondere die **Ausrichtung des Franchisenehmer-Betriebs** auf den Absatz des Systemprodukts durch das Herausstellen der Systemsymbole und durch spezielle Modalitäten der Leistungsdarbietung. Oft nehmen die Verträge auf die **Einzelanweisungen** Bezug, die in den gesonderten umfangreichen Handbüchern (Franchise-Manuals) aufgelistet sind. Regelmäßig werden daneben begleitende **Berichts- und Informationspflichten des Franchisenehmers** sowie korrespondierende **Kontroll- und Aufsichtsrechte des Franchisegebers** statuiert. Die wettbewerbsbeschränkenden **Vertikalbindungen** (Inhalts- und Abschlußbindungen sowie marketingpolitischen Bindungen) des Franchisenehmers sind ein besonders deutlicher Ausdruck der Interessenwahrungspflicht und Weisungsgebundenheit des Subordinations-Franchisenehmers und konkretisieren gleichfalls das geschäftsbesorgungsvertragliche Element des Vertriebsvertrages.

D 29 Aus der Gegenüberstellung der im Synallagma stehenden Betriebseingliederungs- und Betriebsförderungspflichten des Franchisegebers einerseits und der Gebührenzahlungs- und Absatzförderungspflichten des Franchisenehmers andererseits läßt sich für die vertragstypologische Qualifikation des Subordinations-Franchisevertrags folgendes ableiten: Den **Franchisegeberpflichten** kommt im Kern **dienstvertragliche Rechtsnatur** zu, weil jedenfalls den Betreuungs-, Beratungs-, Werbe- und Schulungsmaßnahmen, den Einweisungs- und Anleitungsleistungen des Franchisegebers nach Maßgabe seines Franchisepakets Dienstcharakter iS des § 611 eignet. Elemente anderer schuldrechtlicher Vertragstypen können sich um diese dienstvertraglichen Grundpflichten fallweise wechselnd ranken. So können miet- oder pachtrechtliche Elemente durch die Bereitstellung des Geschäftslokals oder kaufrechtliche bzw leasingvertragliche Elemente durch die Verschaffung der Einrichtungsgegenstände in den Franchisevertrag einfließen. Dabei mögen die Einzelabreden aus Zweckmäßigkeitsgründen in separaten Vertragsurkunden festgehalten werden; doch bilden auch dann sämtliche Verträge, die nach dem Willen der Vertragsparteien miteinander „stehen und fallen", eine rechtliche Einheit iS der Dogmatik zu § 139. Außerhalb der rechtlichen Einheit stehen freilich die späteren Durchführungsverträge in Vollzug des Kooperationsverhältnisses (dazu Rn D 32).

Die Gebührenpflicht des Franchisenehmers stellt sich als Entgelt für die Betriebs- **D 30** eingliederungs- und -förderungsmaßnahmen dar. Dabei läßt sich allerdings **nicht durchweg eine exakte Zuordnung der Einmalzahlung** (*entry fee*) zu den Eingliederungsmaßnahmen **und der laufenden Gebühren** (*franchise fees; royalties*) zu den während der Vertragsdurchführung geleisteten Betriebsförderung vornehmen, weil die Kalkulation der Systemzentrale meist undurchsichtig bleibt. Die ausdrückliche **Absatzförderungspflicht** des Franchisenehmers, die von einer weitreichenden Weisungsgebundenheit sowie von einzelnen Berichts- und Informationspflichten flankiert ist, besitzt mit Eindeutigkeit **geschäftsbesorgungsvertragliche Rechtsnatur**: Absatzförderung im Interesse und nach Weisung des Franchisegebers ist eine **selbständige Tätigkeit wirtschaftlicher Art für einen anderen in dessen Interesse gegen Entgelt und damit dienstvertragliche Besorgung eines fremden Geschäfts nach §§ 675, 611.** Denn die Förderung des Absatzes geschieht nicht allein in Verfolgung eigener Interessen des Franchisenehmers, sondern auch – und zwar überwiegend – in Wahrnehmung der Interessen des Franchisegebers. Die Geschäftsbesorgung ist dabei ohne weiteres eine entgeltliche, denn jedenfalls müssen die Verdienstmöglichkeiten des Franchisenehmers aufgrund der Goodwill-Partizipation und aufgrund der vom Franchisegeber gewährten Betriebsförderungsmaßnahmen als Entgelt für die Absatzförderungstätigkeit angesehen werden.

Mithin läßt sich der Subordinations-Franchisevertrag als ein **Typenkombinationsver-** **D 31** **trag mit partiell konstanten, partiell flexiblen Typenelementen** kennzeichnen. Nur zwei Typenelemente eignen ihm als *essentialia negotii*: das Dienstvertragselement hinsichtlich der Betriebseingliederungs- und -förderungspflichten des Franchisegebers und das geschäftsbesorgungsvertragliche Element bezüglich der Absatzförderungspflichten des Franchisenehmers. Die sonstigen, je nach Gestaltung des Franchisesystems und insbesondere des Franchisepakets kombinierten Elemente, von denen einzelne auch gänzlich fehlen können, sind insbesondere solche des Kauf-, Miet-, Pacht-, Lizenz- und Know-how-Vertrags. Subordinations-Franchiseverträge können also in ihrer Rechtsnatur nicht *in genere* klar und gleichbleibend fixiert werden, sondern müssen als elementflexible Typenkombinationsverträge gekennzeichnet werden. Dabei ist unschwer zu erkennen, daß das **geschäftsbesorgungsvertragliche Element der Absatzförderung** im Interesse des Franchisegebers **dominiert und das Subordinations-Franchising als eigenständigen Typus kennzeichnet.** Es ist das Geschäftsbesorgungselement, das dem Subordinations-Franchisevertrag als eines auf die Begründung eines interessenwahrenden Absatzmittlungsverhältnisses gerichteten Kooperationsvertrags sein **wirtschaftliches und rechtliches Gepräge** gibt. Der Subordinations-Franchisevertrag ist mithin ein elementflexibler Typenkombinationsvertrag mit dominantem geschäftsbesorgungsvertraglichen Element. Auf der Grundlage dieser geschäftsbesorgungsvertraglichen Franchisetheorie sind die am weitesten verbreiteten Franchiseverträge des Subordinations-Franchising in der Typenreihe der Vertriebs- oder Absatzmittlungsverträge (Rn D 8 u 9 ff) als **höchste Steigerungsform der weisungsgebundenen und interessenwahrenden Absatzmittlung** zu verstehen.

D 32 Der Vertrag regelt für die Zusammenarbeit beim Absatz von Waren oder Dienstleistungen nur die **grundlegenden Rechte und Pflichten** der Vertragsbeteiligten. Im Zuge der Absatzkooperation werden noch viele weitere ausfüllende Verträge nötig, die als **Hilfs-, Durchführungs- oder Ausführungsverträge** bezeichnet werden. Sie haben zum Beispiel Warenlieferungen, Rohmaterialbezüge, Schulungsmaßnahmen oder Werbemittelbeschaffung zum Gegenstand, soweit diese nicht im Franchisevertrag abschließend geregelt sind. Der Franchisevertrag ist ein zu Beginn oder bei Neugestaltung einer Geschäftsverbindung geschlossener selbständiger Kooperationsvertrag, der die fortwährende Verhaltensabstimmung hinsichtlich des künftigen Waren- oder Dienstleistungsabsatzes regelt und späteren Austauschverträgen vorhergeht, diesen ihren Rahmen und gleichsam die Verfassung gibt. Gegenstand des Vertrags ist **weniger ein konkreter Leistungs- und Güteraustausch**, als vielmehr **das künftige Geschäftsverhalten der Beteiligten als gegenseitiger Tauschpartner**. Ferner begründet jeder Franchisevertrag ein **Dauerschuldverhältnis** zwischen den Parteien (SKAUPY, Franchising 6 f; GITTER, Gebrauchsüberlassungsverträge 462, 493; BGH NJW 1985, 1894 = ZIP 1984, 1494 – „McDonald's"; BAG NJW 1979, 335 = BB 1979, 325 – „Wettbewerbsverbot für kaufmännische Angestellte"; LAG Düsseldorf NJW 1988, 725 = ZIP 1988, 454 – „Jacques' Weindepot"). Der Vollzug des Vertrags erschöpft sich nicht in konkreten einzelnen Leistungsakten, sondern fordert eine ständige Pflichtenanspannung über einen längeren Zeitraum hinweg. Die dauerhafte vertragliche Beziehung ist für die Verwirklichung des Kooperationsziels wesentlich.

6. Abschluß und Durchführung von Vertriebsverträgen

a) Überblick

D 33 Die einzelnen typologisch unterscheidbaren Vertriebsverträge, Belieferungs-, Fachhändler-, Vertragshändler-, Kommissionsagenten-, Handelsvertreter- und (Subordinations-)Franchiseverträge – weisen in ihrer Rechtsnatur **mit steigender Intensität ein geschäftsbesorgungsvertragliches Element** auf. Dies führt in ebenfalls gesteigerter Ausprägung zu einer **grundsätzlichen Anwendung des geschäftsbesorgungsvertraglichen Regelungsprogramms** nach §§ 675, 611 ff, 663 ff. Ferner sind die **handelsvertreterrechtlichen Sondervorschriften** der §§ 84 ff HGB auf ihre analoge Anwendbarkeit zu überprüfen, denn der **Handelsvertretervertrag als Sonderform des Geschäftsbesorgungsvertrags** entfaltet für andere interessenwahrenden Absatzmittlungsverhältnisse eine **Leitbildfunktion** (vgl schon oben Rn D 3 u 7). Daneben konstituieren sich die vertragsrechtlichen Rechtsfolgen aus den sonstigen, im jeweiligen Vertriebsvertrag vereinbarten Rechten und Pflichten und ihrer Rechtsnaturelemente. Zu allermeist stellen sich die verschiedenen Vertriebsvertragstypen als Kombination von Leistungen verschiedener schuldrechtlicher Vertragstypen dar, so daß ohne weiteres die Regeln der kombinierten Vertragstypen **nebeneinander** zur Anwendung kommen. Das Recht des Kaufes, der Miete, der Pacht, das Lizenzvertragsrecht, das Recht des Darlehensvertrags, bisweilen auch das Leasing- und Factoringrecht usw enthält die jeweils sachangemessenen Regelungen für die im konkreten Fall von den Vertriebsvertrags-

parteien vereinbarten Leistungen, soweit sie außerhalb des Geschäftsbesorgungsrechts angesiedelt sind.

Bei **einfachen Belieferungsverträgen** mit nur **geschäftsbesorgungsvertraglichen Neben-** **D 34**
pflichten sowie bei **Fachhändlerverträgen** mit einer zwar deutlich hervortretenden
geschäftsbesorgungsvertraglichen Hauptpflicht, aber nur **geringer Weisungsgebunden-**
heit wird freilich **nur mit Zurückhaltung in einzelnen Bezügen** das Regelungsprogramm
der §§ 675, 611 ff, 663 ff zur Anwendung kommen und nur ausnahmsweise eine
analoge Anwendung handelsvertreterrechtlicher Vorschriften angezeigt sein. Demgegenüber unterliegen **Vertragshändler-, Kommissionsagenten- und Franchiseverträge**
sehr weitgehend den geschäftsbesorgungsvertraglichen Regelungen und sind ebenfalls sehr weitgehend für eine analoge Anwendung des Handelsvertreterrechts offen.
Denn bei diesen Vertriebsverträgen, bei denen der Absatzmittler regelmäßig system-
integriert, interessenwahrungspflichtig und weisungsgebunden ist, ist eine **Dominanz**
des geschäftsbesorgungsvertraglichen Elements festzustellen, das das Vertragsverhältnis
seines sonst denkbaren Charakters als materiell „echtes" Austauschverhältnis der
Interessenkoordination beraubt und es zu einem subordinativen Interessenwahrungsverhältnis macht, welches lediglich von gleichsam hinkenden Austauschele-
menten umgeben ist (vgl dazu auch Rn A 37 ff).

Es sind vor allem die Vertriebsverträge mit dominantem geschäftsbesorgungsvertrag- **D 35**
lichen Element, die die Rechtsordnung vor **besondere Herausforderungen** stellen und
besonderer vertriebsrechtlicher Überlegungen bedürfen. Bei den rechtlichen Ord-
nungsproblemen, die sich in Konsequenz der vertikalen Vorwärtsintegration stellen,
steht der **Schutz des wirtschaftlich schwächeren, ja wirtschaftlich abhängigen Absatzmitt-**
lers vor Ausbeutung, Übervorteilung und wirtschaftlichem Existenzverlust im Mittelpunkt. Die Schutzaufgaben stellen sich beim Vertragshändler, Kommissionsagenten
und Subordinations-Franchisenehmer mit steigender Dringlichkeit. Ihre Position ist
gegenüber dem Vertriebsherrn, von dessen Wohlwollen oder Willkür sie sonst vielfach und weitgehend abhingen, in ausgleichender Gerechtigkeit zu stärken. Hierzu
hält das subordinationsrechtliche Geschäftsbesorgungsvertragsrecht die geeigneten
Rechtsfolgen bereit, und hierzu bietet sich auch das **Handelsvertreterrecht** als einschlägiges Regelungsprogramm an, und zwar beim Waren- wie beim Dienstleistungs-
Vertrieb. Denn das Handelsvertreterrecht der §§ 84 ff HGB ist vom Gesetzgeber
spätestens seit der Novelle von 1953 weithin als **Schutzrecht** für den Handelsvertreter
als einen zwischen selbständigem Unternehmertum und abhängigem Außendienst
angesiedelten Absatzmittler konzipiert.

b)   Die Anwendbarkeit geschäftsbesorgungsvertraglicher Vorschriften
Eine der praktisch wichtigsten Konsequenzen aus der grundsätzlichen Anwendbar- **D 36**
keit des Auftragsrechts, auf das § 675 Bezug nimmt, ist die Anwendbarkeit der
§§ 672 bis 674 über den Einfluß des Todes des Auftraggebers oder des Beauftragten
auf die weitere Durchführung des Auftragsverhältnisses. Nach der Auslegungsregel
des § 673 („im Zweifel") müssen auch die von Interessenwahrungspflicht und Weisungsbindung gekennzeichneten Vertriebsverträge beim **Todesfall des einzelkaufmän-**
nischen Absatzmittlers enden und dürfen von dem Erben nur vorläufig kommissarisch
fortgesetzt werden. In der Praxis sind allerdings gerade in Vertriebsverträgen mit
Familienbetrieben oft „**Nachfolgeklauseln**" vorgesehen, wonach der Absatzzentrale
ein „**Genehmigungsvorbehalt**" bei der Fortführung des Geschäfts durch einen Erben

eingeräumt wird, was auf die Notwendigkeit eines neuen Vertragsschlusses mit dem Erben hinausläuft. Im übrigen ist zu beachten, daß die grundsätzlich persönliche Dienstpflicht des interessenwahrenden Absatzmittlers nach §§ 675, 613 S 1, 664 zur Folge hat, daß der Vertriebsherr ein **Mitspracherecht bei der Auswahl eines Geschäfts-führers** hat, durch den ein einzelkaufmännischer Absatzmittler den Betrieb führen lassen will. Dabei beschränkt sich die persönliche Dienstpflicht des Absatzmittlers nur auf die geschäftsleitenden Funktionen; sie erstreckt sich nicht auf die Ausführung **untergeordneter Absatzförderungsaufgaben** (dazu Schulthess, Der Franchise-Vertrag 180; Gross/Skaupy, Franchising in der Praxis 322; für den Vertragshandel vgl Ulmer, Der Vertragshändler 422 f). Aus dem **Substitutionsverbot** der §§ 675, 613, 664 folgt jedenfalls, daß der Absatzmittler nicht einfach aus dem Vertrag ausscheiden und einen Nachfolger präsentieren darf. Eine „Übertragung" seines „Vertriebsrechts" aus eigener Entscheidung kommt nicht in Betracht.

D 37 Aus dem Auftragsrecht ist des weiteren § 666 hinsichtlich der **allgemeinen Auskunfts- und Informationspflicht** des Beauftragten (dh des interessenwahrungspflichtigen Absatzmittlers) anwendbar. Uneingeschränkte Anwendbarkeit erfährt auch § 665 über das **Abweichen von erteilten Weisungen.** Aus den Vorschriften der §§ 675, 665 folgt eine **Bindung des Absatzmittlers an die Weisungen des Vertriebsherrn** selbst dort, wo sie nicht schon ausdrücklich im Vertrag statuiert ist, sich der Vertrag aber ausweislich vor allem der Vereinbarung einer Absatzförderungspflicht nach seinem Gesamtbild als ein Vertriebsvertrag mit dominantem Geschäftsbesorgungselement darstellt. Freilich findet die Weisungsbindung des Absatzmittlers ihre Grenze immer in dem dem Vertrag zugrundeliegenden Marketingkonzept und in den entsprechenden Kooperationszielen (vgl für den Vertragshandel Ulmer, Der Vertragshändler 417 ff; für das Franchising Martinek, Moderne Vertragstypen Bd II 104). Auch ist das Weisungsrecht des Vertriebsherrn durch seine Treuepflicht begrenzt, die sachfremde Erwägungen bei der Erteilung von Weisungen verbietet, soweit die Maßnahmen für die Erreichung der Vertragsziele ungeeignet sind oder die damit verbundenen Beeinträchtigungen des Absatzmittlers zu weit gehen.

D 38 Die Vorschrift des § 671 über **Widerruf bzw Kündigung** des Auftrages ist wegen der Entgeltlichkeit und des Dauerschuldcharakters von Vertriebsverträgen unanwendbar; im übrigen kennt das Handelsvertreterrecht Sondervorschriften (su Rn D 52 ff). Ein **Aufwendungsersatzanspruch** des Absatzmittlers nach den §§ 675, 670 scheitert daran, daß diese Vorschriften von einem Tätigwerden des Geschäftsbesorgers **für fremde Rechnung** ausgehen. Die für eigene Rechnung handelnden Fachhändler, Vertragshändler, Kommissionsagenten und Franchisenehmer müssen die allgemeinen Geschäftsunkosten ihrer Gewerbebetriebe aus ihren Handelsspannen bestreiten, und auch der für fremde Rechnung tätige Handelsvertreter bezahlt seine allgemeinen Geschäftsunkosten aus seinen Provisionsbezügen, weil damit auch deren Entgeltung beabsichtigt ist (vgl auch Ulmer, Der Vertragshändler 415 f, 458 f; Ebenroth, Absatzmittlungsverträge 209 f; Evans-vKrbek, Die analoge Anwendung der Vorschriften des Handelsvertreterrechts auf den Vertragshändler 113 f; Stumpf/Zimmermann, Der Vertragshändlervertrag Rn 78 und 87). Zwar sehen die §§ 87 d, 396 HGB einen Anspruch auf Ersatz der Aufwendungen – im regelmäßigen Geschäftsbetrieb – vor, wenn dies ausdrücklich vereinbart oder handelsüblich ist. In der Praxis aber haben alle Absatzmittlertypen ihre normalen Unkosten als selbständige Kaufleute ganz üblicherweise selbst zu tragen. Für die auf eigene Rechnung handelnden Absatzmittler versteht sich von selbst, daß sie die gesamten Vertriebskosten allein zu bestreiten haben, so weit nicht der Vertriebsvertrag etwas anderes, etwa in Form von „Starthilfen" vorsieht. Lediglich bei ganz **außergewöhnlichen, im Interesse des Vertriebsherrn getätigten Aufwendungen** kann ein Anspruch aus berechtigter **Geschäftsführung ohne Auftrag** (§§ 665, 670, 675, 683 S 1) in Betracht kommen.

c) Die Anwendbarkeit handelsvertreterrechtlicher Vorschriften

Der Handelsvertretervertrag als besonderer Typus des auf interessenwahrende **D 39** Absatzmittlung gerichteten Geschäftsbesorgungsvertrags muß mit seinen Regelungen und Ordnungsmustern vielfach und weitgehend für Vertriebsverträge mit dominantem geschäftsbesorgungsvertraglichen Element eine Leitbildgeltung beanspruchen (vgl schon o Rn B 3, 7 und 33). Dies betrifft den Vertragshändler und den Kommissionsagenten ebenso wie den Franchisenehmer. Aus den handelsvertreterrechtlichen Vorschriften der §§ 84 ff HGB ist auf die Vertriebsverträge mit dominantem geschäftsbesorgungsvertraglichen Element zunächst ohne weiteres die Vorschrift des § 85 HGB zur **Vertragsurkunde** analog anwendbar, wonach – zwingend – jeder Vertragspartner verlangen kann, daß der Inhalt des Vertrages sowie spätere Vereinbarungen zu dem Vertrag in eine vom anderen Teil unterzeichnete Urkunde aufgenommen werden (MATTHIESSEN ZIP 1988, 1089, 1095; ULMER, Der Vertragshändler 397 Fn 14; STUMPF/ZIMMERMANN, Der Vertragshändlervertrag 159; SKAUPY, Franchising 112; MARTINEK, Franchising 318; ders ZIP 1988, 1362, 1376; ders, Moderne Vertragstypen Bd II 105). Damit ist freilich **kein Formzwang** im Sinne einer Wirksamkeitsvoraussetzung für den Vertragsschluß vorgesehen (wie etwa nach §§ 125, 311). Vielmehr setzt die Vorschrift einen gültigen Vertragsschluß voraus und schreibt nur die schriftliche Fixierung des Vertragsinhalts auf Verlangen eines der Vertragsteile zwingend vor. Freilich wird diese Vorschrift kaum jemals praktische Bedeutung erlangen, weil Vertriebsverträge unabhängig von **kartellrechtlich relevanten Bindungen** (dann gilt § 34 GWB) in aller Regel ohnehin schriftlich geschlossen werden, um klare, schriftlich fixierte Rechtsgrundlagen zu haben und eine Einheitlichkeit aller Systemverträge zu gewährleisten.

Nach § 86 a Abs 1 HGB trifft den Unternehmer gegenüber dem Handelsvertreter die **D 40** Pflicht zur Überlassung der zur Ausübung der Absatzmittlungtätigkeit erforderlichen **Unterlagen wie Muster, Zeichnungen, Preislisten, Werbedrucksachen, Kundendienst-Anleitungen** und dergleichen. Auch für interessenwahrende Absatzmittlungsverhältnisse beansprucht diese Vorschrift in entsprechender Anwendung eine zwingende Geltung (§ 86 a Abs 3 HGB), die freilich meist wegen der detaillierten Vereinbarungen im Kooperationsvertrag nur subsidiär zum Tragen kommt (MATTHIESSEN ZIP 1988, 1089, 1095: MARTINEK, Franchising 319).

Nach § 86 a Abs 2 HGB trifft den Unternehmer gegenüber dem **Handelsvertreter** – **D 41** zwingend – eine **Informationspflicht**. Für den **Vertragshändler** wird eine analoge Anwendung dieser Vorschrift überwiegend **abgelehnt** oder auf eine Informationspflicht über gravierende Änderungen wie Produktionsumstellungen und Lieferschwierigkeiten beschränkt, weil ein selbst mit den Kunden kontrahierender Absatzmittler nicht bzw nicht in demselben Umfang auf Informationen angewiesen sei wie der Handelsvertreter (ULMER, Der Vertragshändler 433; HGB-Großkommentar/BRÜGGEMANN § 84 Rn 17, wonach der Vertragshändler „vom Typ her nicht schutzwürdig" sei; STUMPF/ZIMMERMANN, Der Vertragshändlervertrag 70). Dies erscheint jedenfalls dann **frag-**

würdig, wenn sich der Vertragshändler der Grenzzone der wirtschaftlichen Abhängigkeit von seinem Lieferanten nähert. Jedenfalls bei „stark angebundenen" Vertragshändlern wird man sich einer **normteleologisch gebotenen Anwendung** nicht entziehen können. Entsprechendes muß für den **Kommissionsagenten** gelten. Auf dieser Linie erscheint bei **Subordinations-Franchiseverhältnissen** allemal eine analoge Anwendung des § 86 a Abs 2 HGB mit der Folge einer **Informationspflicht zwingender Geltung** gerechtfertigt. Es besteht insbesondere keine Veranlassung zu dem im Vertragshändlerrecht bisweilen gewählten Weg, die Vorschrift bei analoger Anwendung ihres zwingenden Charakters zu berauben und sie bei anderen Absatzmittlern nurmehr dispositiv gelten zu lassen. Freilich kann sich diese Informationspflicht des Vertriebsherrn **nicht auf einzelne Geschäfte und deren Ausführung** beziehen. Sie betrifft vielmehr das **Kooperationsverhältnis im ganzen**, dessen Ausgestaltung im einzelnen wesentlich von der wechselnden Marketing-Konzeption der Systemzentrale und ihrer Weisungserteilung gegenüber dem Absatzmittler abhängt. Die Vorschrift des § 86 a Abs 2 HGB verpflichtet den Vertriebsherrn in Konkretisierung seiner besonderen Treuepflicht dazu, seinen interessenwahrenden Absatzmittler von bevorstehenden **Änderungen der Marketing-Konzeption, insbesondere des Sortiments, der Werbe- und der Imagepolitik** rechtzeitig zu informieren und ihm **vorausschauend Nachricht zu geben**, so daß er sich in seinem Verhalten, zum Beispiel in seiner Lagerhaltung, seinen Kundenauskünften, seiner Personalpolitik usw auf eventuelle Änderungen einstellen kann. Die Vorschrift hat die Funktion, dem Absatzmittler einen ausreichenden Anpassungszeitraum bei wechselnden Gegebenheiten im Rahmen des Kooperationsverhältnisses zu garantieren (vgl dazu BGH EWiR § 86 a HGB 1/87, 491 [Löwe] = DB 1987, 1297; BGH BB 1988, 2402). Wenn man auf dieser Basis heute auch im Vertriebsrecht von einer grundsätzlichen Informationspflicht der Systemzentrale gegenüber dem Absatzmittlungsunternehmen hinsichtlich der Marketingkonzeption, der Werbe- und der Imagepolitik sprechen kann, so müssen doch bei der Bestimmung des Umfangs der Informationspflicht die konkreten Umstände der speziellen Lieferbeziehung und die besonderen Marktgegebenheiten im Einzelfall berücksichtigt werden. Im Bereich des Kfz-Vertriebs etwa hat der BGH ein Interesse des Herstellers anerkannt, „jederzeit" die Produktion der Vertragsware ein- oder umzustellen, insbesondere Änderungen in der Modellpolitik vorzunehmen; die Einhaltung längerer Informations- und Ankündigungspflichten gegenüber dem Vertriebsmittler hält der BGH in dieser Branche für entbehrlich (BGH ZIP 1985, 161 = EWiR § 315 BGB 1/85, 55 [Graf vWestphalen] = NJW 1985, 623 = BB 1985, 218 = DB 1985, 1067; vgl auch BGH EWiR § 9 AGBG 11/88, 727 [Assmann] = DB 1988, 1591 = BB 1988, 2201).

D 42 Umgekehrt trifft den interessenwahrungspflichtigen Absatzmittler in Analogie zu § 86 Abs 2 HGB eine **allgemeine, gleichfalls nicht einzelgeschäftsbezogene Informationspflicht**, die sich allerdings in ihrem Umfang kaum von der Informationspflicht nach den §§ 675, 666 (so Rn B 37) unterscheiden dürfte und die sich vor allem auf die **Entwicklung des Absatzes** im Interesse des Vertriebsherrn, auf die besonderen, im Zuge der Absatzförderungstätigkeit gewonnenen Erkenntnisse, etwa über den **Einsatz verkaufsfördernder Maßnahmen**, auf die **Gestaltung der Werbung oder des Kundendienstes** usw erstreckt (Martinek, Franchising 319; ders ZIP 1988, 1362, 1377; ders, Moderne Vertragstypen Bd II 107). **Umfang und Ausmaß der Berichtspflichten** hängen dabei stark von den Gegebenheiten des Einzelfalls ab. Tendenziell legt die Rechtsprechung jedoch – jedenfalls im Handelsvertreterrecht – eher strenge Maßstäbe an (BGH ZIP

1987, 1543 = EWiR § 86 HGB 1/88 [OSTERMANN] = WM 1988, 33 = DB 1988, 41 = BB 1988, 12).
Bei nicht unerheblichen **Umsatzeinbußen** in seinem Marktverantwortungsbereich
etwa können dem Absatzmittler auch häufiger, sogar wöchentlich, Berichte über die
Umsatzentwicklung abverlangt werden, damit die Systemzentrale überprüfen kann,
ob der Umsatzrückgang auf eine ungünstige Marktlage oder auf eine nachlassende
Tätigkeit des Absatzmittlers zurückzuführen ist.

Als die „Zentralnorm" des Absatzmittlungsrechts muß freilich die Vorschrift des § 86 **D 43**
Abs 1 HGB angesehen werden, die als **Ausdruck der interessenwahrenden Absatzförderungspflicht** ohne weiteres auch auf den **Vertragshändler**, den **Kommissionsagenten**,
und den **Franchisenehmer** Anwendung findet. Auch für den **autorisierten Fachhändler**
muß sie schon im Einzelfall Geltung beanspruchen, soweit er vertraglich in ausgeprägter Form zur Interessenwahrung und Geschäftsbesorgung verpflichtet ist. Insbesondere hat der interessenwahrungspflichtige Absatzmittler auch nach § 86 Abs 3
HGB (analog) seine Absatzförderungspflicht mit der **Sorgfalt eines ordentlichen Kaufmanns** wahrzunehmen.

Nicht entsprechend anwendbar erscheinen grundsätzlich die auf eine Tätigkeit des **D 44**
Absatzmittlers im fremden Namen zugeschnittenen **Vorschriften zur Provision** des
Handelsvertreters, §§ 86 b bis 87 c HGB. Überlegenswert ist allenfalls, ob die Vor-
schrift des § 87 Abs 2 HGB („Bezirksvertreter-Provision") einer analogen Anwendung in denjenigen Fällen zugänglich ist, in denen einem interessenwahrungspflichtigen und weisungsgebundenen Absatzmittler ein **Alleinvertriebsrecht** eingeräumt
worden ist, die Systemzentrale aber gegen die Exklusivitätsvereinbarung durch die
Einsetzung anderer Absatzmittler im Exklusivgebiet verstößt. Ein solcher
Anspruch, der etwa im Bereich des herkömmlichen **Vertragshandels** diskutiert wird
(ULMER, Der Vertragshändler 428; BGH NJW 1984, 2411), müßte sich freilich bei einem im
eigenen Namen und für eigene Rechnung tätigen Absatzmittler auf den **Unterschied
zwischen Ein- und Verkaufspreis der Vertragswaren abzüglich Kosten** richten. Beim
Dienstleistungs-Franchising müßte der **infolge der Exklusivitätsverletzung entgangene
Gewinn** zugrunde gelegt werden. Die Regelungen in Vertriebsverträgen über gebiets-
bezogene Absatzbindungen der Lieferanten bzw Vertriebsbindungen der Absatzmittler mit der Folge eines mehr oder weniger gesicherten Exklusivitätsschutzes
variieren allerdings in den einzelnen Vertriebsvertragssystemen beträchtlich. Die
Vereinbarung eines Alleinvertriebsrechts im Sinne strenger Exklusivität gehört keineswegs notwendig oder auch nur regelmäßig zum Vertragshandel, zur Kommissionsagentur oder zum Franchising. Vielfach enthalten aber derartige Vertriebsverträge (auch des Dienstleistungs-Franchising) einen Gebietsschutz in Form der
Zuweisung eines „Marktverantwortungsbereichs". Dann ist der Lieferant zu eigener
Absatztätigkeit im Absatzgebiet des Vertriebsmittlers eben nicht berechtigt.

Man wird indes selbst in solchen Vertragshändler- und Franchiseverhältnissen die **D 45**
zunächst naheliegende analoge Anwendung des § 87 Abs 2 HGB bei näherer Überlegung **verneinen** und **auf Kommissionsagenten beschränken** müssen: Die Vorschrift hat
eine **Vergütung für die Gesamttätigkeit** eines im fremden Namen und für fremde Rechnung tätigen Vertriebsmittlers und für die umfassende Bearbeitung des ihm übertragenen Bezirks zum Gegenstand, durch die ihm über die im Einzelfall verdiente
Provision hinaus ein weiteres Entgelt für die allgemeine Wahrnehmung der Belange
des Absatzherrn in dem Bezirk gewährt werden soll (BGHZ 41, 292, 294; BGH NJW 1984,

Michael Martinek

2411; HGB-Großkomm/BRÜGGEMANN § 84 Rn 20; ULMER, Der Vertragshändler 428; KARSTEN SCHMIDT, Handelsrecht 781). Demgegenüber findet der alleinvertriebsberechtigte, im eigenen Namen und für eigene Rechnung tätige Absatzmittler den Ausgleich für sein Bemühen um den Absatz der Ware in seinem Bezirk darin, daß ihm **jede Absatzsteigerung unmittelbar zugute kommt** und er durch die Zubilligung seines Absatzbereiches vor Direktgeschäften des Absatzherrn geschützt ist. Die Bezirksprovision des Handelsvertreters ist mithin eine Gegenleistung für die umfassende Absatzförderung und damit für seine Gesamttätigkeit, für die es bei Vertragshändler- und Franchiseverhältnissen an einer Analogiebasis fehlt. Wenn allerdings das Alleinvertriebsrecht des Vertragshändlers oder Franchisenehmers Bestandteil des Kooperationsvertrages ist, kann er einen **Schadensersatzanspruch gegen den Vertriebsherrn aus positiver Forderungsverletzung** geltend machen, wenn sich dieser durch eigene Absatztätigkeit vertragswidrig verhält oder andere Absatzmittler das geschützte Vertragsgebiet verletzen läßt.

D 46 Auch eine **analoge Anwendung des § 87 d HGB** muß für den Vertragshändler ebenso wie für den Subordinations-Franchisenehmer **abgelehnt** werden (ULMER, Der Vertragshändler 416 Fn 36, 458 f; EVANS-vKRBEK, Die analoge Anwendung der Vorschriften des Handelsvertreterrechts auf den Vertragshändler 113 ff; STUMPF/ZIMMERMANN, Der Vertragshändlervertrag Rn 87; EBENROTH, Absatzmittlungsverträge 209; MACK, Neuere Vertragssysteme 41 f, 109; MARTINEK ZIP 1988, 1362, 1375). Denn als selbständige, für eigene Rechnung handelnde Absatzmittler haben beide die gesamten Vertriebskosten ihres Unternehmens zu bestreiten (vgl schon oben Rn B 38; aA EKKENGA AG 1989, 301, 310).

7. **Ordentliche und außerordentliche Kündigung von Vertriebsverträgen**

a) **Die Bedeutung der Vertragsbeendigung für den Absatzmittler**

D 47 Nicht nur beim Abschluß und der Durchführung von geschäftsbesorgungsrechtlichen Vertriebsverträgen, sondern auch bei ihrer Beendigung ist das Recht des Geschäftsbesorgungsdienstvertrages nach §§ 675, 611 ff, 663 ff und des Handelsvertretervertrages nach §§ 84 ff HGB weitgehend zur Anwendung berufen. Dies betrifft insbesondere **Vertragshändler, Kommissionsagenten und Subordinations-Franchisenehmer**, in Einzelfällen aber auch schon autorisierte Fachhändler. Der Problemkreis der Beendigung dieser Vertriebsverträge erhält dadurch sein besonderes Gewicht, daß die Absatzmittler nicht selten auf den **Bestand des Kooperationsverhältnisses angewiesen** sind, um wirtschaftlich überleben zu können (vgl dazu POLLMÜLLER, in: AHLERT [Hrsg], Vertragliche Vertriebssysteme 125 ff, 196 ff; GROSS/SKAUPY, Franchising in der Praxis 322 ff; MACK, Neuere Vertragssysteme 139; MARTINEK, Franchising 321 ff; ders, Moderne Vertragstypen Bd II 117 ff). Zumindest bedürfte es in vielen Fällen einer **längeren Übergangszeit und eines erheblichen Kapitalzuflusses**, um das Absatzmittlungsunternehmen aus der Systembindung lösen, Anschluß an einen anderen Vertriebsherrn in einem anderen Vertriebssystem finden oder gar systemunabhängig operieren und wieder auf dem Markt Fuß fassen zu können. Häufig hat der interessenwahrende und weisungsgebundene Absatzmittler **beachtliche Investitionen** für seinen auf die Marketingkonzeption „seines" Vertriebssystems zugeschnittenen Betrieb getätigt, die bei einem Ausscheiden aus dem System größtenteils wertlos würden, zumal er oft einem nachvertraglichen Wettbewerbsverbot unterliegt. Nicht nur anläßlich des Systembeitritts, sondern auch im Laufe des Kooperationsverhältnisses hat er – nicht selten notgedrungen und auf Weisung der Systemzentrale – beachtliche Kapitalmittel in

Gebäude, Betriebsausstattung und Personal investiert, so daß eine Beendigung des Vertragsverhältnisses vor deren Amortisation seinen wirtschaftlichen Ruin bedeuten kann, jedenfalls wenn ihm keine Übergangszeit und kein Geld für eine Umorientierung zur Verfügung steht. Er hat möglicherweise noch Vertragsware oder Ersatzteile in Mengen auf Lager.

D 48 Die **ordentliche** und die **außerordentliche Kündigung** stehen im Mittelpunkt der Möglichkeiten der Beendigung systemintegrierter Vertriebsverträge. Daneben sind die Auflösungsgründe der §§ 675, 673, 613 (Tod des Absatzmittlers) und § 23 Abs 2 KO (Konkurs des Vertriebsherrn) mit der Folge der §§ 672 S 2 und 674 ebenso zu berücksichtigen wie der Konkurs des Absatzmittlers mit der Folge des § 17 KO.

b)   Anlauffrist und Verlängerungsklausel

D 49 Regelmäßig werden systemintegrierte Vertriebsverträge zunächst für eine bestimmte Zeit, meist für drei, fünf, vereinzelt auch für zehn Jahre abgeschlossen und mit einer sogenannten „Verlängerungsklausel" versehen (MACK, Neuere Vertragssysteme 134; GROSS/SKAUPY, Franchising in der Praxis 284; ULMER, Der Vertragshändler 475 f; EBENROTH, Absatzmittlungsverträge 155 f; STUMPF/ZIMMERMANN, Der Vertragshändlervertrag 110; FINGER DB 1970, 141 ff). Danach verlängert sich der Vertrag nach Ablauf der ursprünglichen „Anlauffrist" jeweils von selbst um einen weiteren, näher bestimmten Zeitraum; bisweilen wird er auch unbefristet fortgesetzt, falls nicht eine der Parteien zum vorgesehenen Termin innerhalb vorgesehener Frist das Vertragsverhältnis kündigt. In Einzelfällen kann die Bemessung der Anlaufzeit nach § 675, 624 S 1 zwingend auf fünf Jahre mit halbjähriger Kündigungsfrist beschränkt sein. Freilich kann § 624 nach seinem Zweck (Schutz des Dienstverpflichteten vor übermäßiger Beschränkung seiner persönlichen Freiheit) nur bei Vertriebsverträgen **mit einer mehr personen- als unternehmensbezogenen Dienstverpflichtung** Geltung beanspruchen. Das ist beim Handelsvertreter nicht anders als beim Vertragshändler, Kommissionsagenten oder Subordinations-Franchisenehmer (BGH NJW 1969, 1662; BRÜGGEMANN ZHR 131 [1968] 1 ff, 27; RITTNER NJW 1964, 2255; BALLERSTEDT JZ 1970, 368; WÜRDINGER NJW 1963, 1550; DUDEN NJW 1962, 1326). Immerhin begründet die Vorschrift einen **Schutz für den „kleingewerblichen" Absatzmittler**, der eine Vertriebsstelle persönlich und ohne nennenswerten kaufmännischen Apparat leitet.

D 50 Die **Folge der Festsetzung einer bestimmten Anlaufzeit** des Vertriebsvertrages ist, daß der Vertrag vor Ablauf der Anlaufzeit nicht ordentlich gekündigt werden kann; die Konsequenz der Vereinbarung einer **Verlängerungsklausel** ist, daß der Vertrag nicht ohne weiteres zum festgesetzten Termin am Ende jener als Mindestdauer vereinbarten Laufzeit endet, sondern daß es für die Beendigung des Vertragsverhältnisses der rechtsgestaltenden Erklärung (Kündigung) einer der Parteien bedarf. Im Verlängerungsstadium kann sodann die ordentliche Kündigung zu den jeweils genannten Terminen und mit den jeweils vereinbarten Kündigungsfristen ausgesprochen werden. Häufig sind sich die Parteien nicht darüber im klaren, daß die Verträge bei derartigen Verlängerungsklauseln – ungeachtet der Wortwahl der Parteien – nicht im Rechtssinne „befristet" sind. Vielmehr sind sie durchaus unbefristet, dh für unbestimmte Zeit geschlossen, wobei nur zunächst für eine bestimmte Zeit die ordentliche Kündigung ausgeschlossen ist und danach zu bestimmten Terminen ordentlich gekündigt werden kann.

D 51 Nur in ganz vereinzelten **Ausnahmefällen** kommt es vor, daß eine Verlängerungsklausel völlig fehlt, der Absatzmittlungsvertrag ausdrücklich befristet ist und mit Ablauf der vereinbarten Dauer einfach „erlischt", falls ihn die Parteien nicht durch Neuabschluß „verlängern". In derartigen Fällen könnte man erwägen, ob bei Ausprägung eines dominanten geschäftsbesorgungsvertraglichen Elements im Vertriebsvertrag nicht eine Heranziehung der Vorschrift der §§ 675, 625 über die **stillschweigende Verlängerung** erlaubt bzw geboten ist. Danach kommt es zur Fortsetzung des Vertragsverhältnisses über die vereinbarte Laufzeit hinaus, wenn der Geschäftsbesorger seine Tätigkeit mit Wissen des Geschäftsherrn fortsetzt und dieser nicht unverzüglich widerspricht. Spätestens seit der Handelsvertreter-Novelle von 1990 ist der Rückgriff auf diese Vorschriften jedoch gesperrt, weil es nunmehr nach § 89 Abs 3 HGB einer **Fortsetzung des Vertragsverhältnisses durch beide Vertragsteile** bedarf, um es auf unbestimmte Zeit zu verlängern. Ohne weiteres ist § 89 Abs 3 HGB auch **auf andere geschäftsbesorgungsrechtliche Absatzmittlungsverträge** anwendbar.

c) Gesetzliche Kündigungsfristen

D 52 Gelegentlich fehlen in den Vertriebsverträgen für die Zeit nach der vertraglich vereinbarten Anlauffrist und „Kündigungssperrfrist" Regelungen zu den **Fristen einer ordentlichen Kündigung**. Daß der damit auf unbestimmte Zeit geschlossene Vertrag ordentlich, dh unter Berücksichtigung einer Kündigungsfrist kündbar ist, ergibt sich aus einem allgemeinen, für alle Dauerrechtsverhältnisse geltenden Rechtsgrundsatz, der aus einer Rechtsanalogie zu den §§ 564 Abs 2, 620 Abs 2, 723 Abs 1 S 1 gewonnen werden kann. Problematisch ist allerdings die Bestimmung der dann maßgeblichen Kündigungsfrist.

D 53 Bei einem Vertriebsvertrag, bei dem aufgrund der zentralen Verpflichtung des Absatzmittlers zur weisungsgemäßen Absatzförderung im Interesse des Vertriebsherrn das geschäftsbesorgungsvertragliche Element dominiert, bietet sich für die Fristen einer ordentlichen Kündigung die **analoge Heranziehung des § 89 HGB** an, der die allgemeinen geschäftsbesorgungsvertraglichen Kündigungsvorschriften der §§ 675, 620 Abs 2, 621 verdrängt. Seit langem befürwortet die Rechtsprechung ebenso wie die Literatur für **Vertragshändler- und Kommissionsagentenverträge** eine analoge Anwendung dieser Vorschrift (vgl schon RGZ 69, 365; BGH NJW 1962, 1107; BGH NJW 1967, 25; ULMER, Der Vertragshändler 448; EBENROTH, Absatzmittlungsverträge 159; FINGER DB 1970, 141, 143; MÜCKE MDR 1956, 641, 642; HGB-Großkomm/BRÜGGEMANN vor § 84 Rn 22 mit der Besonderheit, daß Abs 2 und 3 des § 89 HGB [alter Fassung] bei einer analogen Anwendung nur noch dispositiv sein sollen). In der Tat erscheint eine analoge Anwendung der handelsvertreterrechtlichen Schutzvorschrift des § 89 HGB auf diese Absatzmittlungsverträge jedenfalls dann geboten, wenn das Kooperationsverhältnis des Absatzmittlers intensiv auf die Interessen der Absatzzentrale ausgerichtet ist (KARSTEN SCHMIDT, Handelsrecht 779; MATTHIESSEN ZIP 1988, 1089, 1095; MACK, Neuere Vertragssysteme 134; BEHR, Der Franchisevertrag 151; MARTINEK, Franchising 324 ff; ders, Moderne Vertragstypen Bd II 121). So gesehen erscheint auch ein **Subordinations-Franchisenehmer nicht minder schutzwürdig** als ein Handelsvertreter. Die Intensität der Kooperation und die Ausrichtung des Absatzmittlers auf die Interessenwahrung für die Absatzzentrale begründen regelmäßig eine tragfähige Analogiebasis für die Anwendung dieser Schutzvorschrift. Bisweilen ist die Schutzwürdigkeit von Vertragshändlern, Kommissionsagenten und Franchisenehmern sogar ungleich ausgeprägter als bei einem Handelsvertreter, der oft als Mehr-Firmen-Vertreter noch über anderweitige Ausweichmöglichkeiten verfügt. Die Heranziehung des seit dem 1. 1. 1990 neugefaßten § 89 HGB mit seiner gegenüber der früheren Fassung der Vorschrift differenzierteren Regelung hat für die betreffenden Vertriebsverträge bei unbefristeter Vertragsdauer zur Folge, daß sie im ersten Jahr der Vertragsdauer mit einer Frist von einem Monat, im zweiten Jahr mit Zweimonatsfrist und im dritten bis fünften Jahr mit einer Frist von drei Monaten gekündigt werden können. Bei darüber hinausgehender Vertragsdauer muß eine Frist von sechs Monaten eingehalten werden. Immer ist die Kündigung nur für den Schluß eines Kalendermonats zulässig.

Die Regelung des § 89 HGB enthält zugleich in Abs 2 **Beschränkungen für vertragliche** **D 54** **Kündigungsfristen** in Vertriebsverträgen. Durch Parteivereinbarung können danach zwar sowohl die Kündigungstermine wie auch die Kündigungsfristen modifiziert werden, doch ist lediglich eine Verlängerung der Kündigungsfristen erlaubt. Zudem darf die Kündigungsfrist für den Absatzherrn nicht kürzer als die für den Absatzmittler sein, § 89 Abs 2 S 1 HGB aE. Bei einem Verstoß gegen dieses „**Meistbegünstigungsgebot**" gilt nach § 89 Abs 2 S 2 HGB die längere, für den Absatzmittler vereinbarte Frist auch für die Absatzzentrale. Das nach früherer Regelung strikte Gleichlaufgebot, wonach ungleiche Kündigungsfristen für beide Vertragsteile untersagt waren (§ 89 Abs 3 HGB aF) ist mithin durch die Neuregelung modifiziert worden, insofern nunmehr eine Begünstigung des Absatzmittlers bei der Vereinbarung von Kündigungsfristen zulässig ist.

Im übrigen bleibt zu beachten, daß es die Teleologie des § 89 HGB durchaus erlaubt, **D 55** zwar die §§ 675, 620 Abs 2, 621, nicht aber die §§ 675, 624 als spezialgesetzlich verdrängt anzusehen, denn gerade den Aspekt des Schutzes persönlich Dienstverpflichteter vor übermäßig langer Bindung berührt § 89 HGB nicht. Jedenfalls bei mehr personen- als unternehmensbezogenen Vertriebsverträgen, dh bei kleingewerblichen Absatzmittlern ohne nennenswerten kaufmännischen Apparat, hat dies zur Folge, daß diese (nicht die Vertriebsherrn) nach § 624 S 1 und S 2 das Vertragsverhältnis nach fünfjähriger Laufzeit mit sechsmonatiger Frist kündigen können (vgl auch RITTNER NJW 1964, 2255; BALLERSTEDT JZ 1970, 368; WÜRDINGER NJW 1963, 1550; DUDEN NJW 1962, 1326; MARTINEK, Franchising 327; ders, Moderne Vertragstypen Bd II 122; BGH NJW 1969, 1662; **aA** aber OLG Stuttgart NJW 1964, 2255, wonach § 89 HGB auch § 624 regelmäßig verdrängen soll). Allerdings ist § 624 S 2 abdingbar, so daß der Vereinbarung kürzerer Kündigungsfristen bis zur Grenze des § 89 HGB nichts im Wege steht.

Es ist unverkennbar, daß die Kündigungsfristen des § 89 HGB nur einen „Mindest- **D 56** schutz" gewähren (EBENROTH, Absatzmittlungsverträge 159; ULMER, Der Vertragshändler 126; BEHR, Der Franchisevertrag 151; MARTINEK, Franchising 327), der den Interessen des Absatzmittlers oft **noch keineswegs in ausreichendem Maße Rechnung trägt**. In aller Regel werden deshalb in der absatzwirtschaftlichen Praxis zumindest für langjährig „eingefahrene" Absatzmittler erheblich längere Fristen für eine ordentliche Kündigung vereinbart.

d) AGB-rechtliche Korrekturen

Es fragt sich, ob das AGB-Gesetz den vorstehenden Befund korrigiert, falls in den **D 57** zu allermeist vorformulierten Vertriebsverträgen auch vorformulierte Klauseln über Vertragslaufzeiten und über Fristen einer ordentlichen Kündigung enthalten sind. Solche Korrekturen lassen sich freilich nicht aus einer Ausstrahlungswirkung des

„Klauselverbots ohne Wertungsmöglichkeit" nach § 11 Nr 12 AGBG auf die Konkretisierung der Generalklausel des § 9 AGBG ableiten. Zum einen besitzt diese betont verbraucherbezogene Vorschrift ohnehin keinen auf den kaufmännischen Geschäftsverkehr ausstrahlenden Gerechtigkeitsgehalt (so zu Recht HENSEN, in: ULMER/ BRANDNER/HENSEN, AGBG-Komm [7. Aufl 1993] § 11 Nr 12 Rn 18; LIESEGANG BB 1991, 2381, 2384; vgl auch BGH NJW 1985, 2693, 2695); zum anderen erwiese sich ihre Schutzrichtung für den Absatzmittler als interessenwidrig, weil ihm nicht an einer möglichst kurzen, sondern einer möglichst langen Vertragslaufzeit, nicht an knappen, sondern an großzügigen Verlängerungszeiträumen und nicht an kurzen, sondern an langen Kündigungsfristen gelegen sein muß.

D 58 Allerdings erfordert § 9 AGBG, daß die vorformulierten **Anlaufzeiten** bis zur erstmöglichen ordentlichen Kündigung **in einem angemessenen Verhältnis zu den möglicherweise verlangten Eintrittsgebühren (entry fee) und zu den sonstigen Anfangsinvestitionen stehen**, die der Absatzmittler bei Beginn des Absatzmittlungsverhältnisses aufzuwenden hat. Zu Recht wird in der AGB-rechtlichen Literatur verlangt, daß vorformulierte Anlaufzeiten mindestens denjenigen Zeitraum abdecken müssen, innerhalb dessen eine Amortisation typischerweise zu erwarten ist (H SCHMIDT, in: ULMER/BRANDNER/HENSEN, AGBG-Komm [7. Aufl 1993] Anh §§ 9 – 11 Rn 362 [für Franchising]; ULMER, in: ULMER/BRANDNER/HENSEN, AGBG-Komm [7. Aufl 1993] Anh §§ 9 – 11 Rn 891 [für Vertragshandel]). Einschränkend wird man verlangen müssen, daß die Investitionen des Absatzmittlers **systembedingt veranlaßt und erforderlich gewesen sind und sich als irreversibel darstellen**. Im Verlängerungsstadium des Vertriebsvertrags können unter diesem Gesichtspunkt auch die Fristen für eine ordentliche Kündigung aufgrund der „Mindestschutz-Vorschrift" des § 89 HGB eine AGB-rechtliche Korrektur erfahren, denn die späteren laufenden Folgeinvestitionen bedürfen gleichfalls eines Amortisierungsschutzes. Danach können allzu knapp bemessene Kündigungsfristen eine gegen Treu und Glauben verstoßende, den Absatzmittler benachteiligende Wirkung entfalten, so daß die betreffenden Klauseln rechtsunwirksam sind. In der Literatur wird hierzu gelegentlich vorgeschlagen, daß Kündigungsfristen von mindestens einem Jahr „als Richtwert für eine noch angemessene Regelung" anzusehen seien (so etwa H SCHMIDT, in: ULMER/BRANDNER/HENSEN, AGBG-Komm Anh §§ 9-11 Rn 362; ähnlich ULMER, in: ULMER/BRANDNER/HENSEN, AGBG-Komm Anh §§ 9-11 Rn 891). In Wirklichkeit kommt es jedoch völlig auf **die Umstände des Einzelfalls** an, denn die AGB-rechtliche Wertung ist an die **vertriebsrechtliche Dogmatik zum Anlauf- und Investitionsschutz** des interessenwahrenden Absatzmittlers (dazu ausführlich MARTINEK, Moderne Vertragstypen Bd II 133 ff) angebunden, die ihrerseits auf dem **Verbot widersprüchlichen Verhaltens** nach § 242 gründet: der Vertriebsherr setzt sich zu sich selbst in Widerspruch, wenn er erst Investitionen seines Vertragspartners provoziert und bei ihm Vertrauen auf den Bestand des Kooperationsverhältnisses schafft, um dann unter Berufung auf eine ordentliche Kündigungsfrist das Vertragsverhältnis zu beenden.

e) **Analogievoraussetzungen und Verdrängungswirkung des § 89 a HGB**

D 59 Die **außerordentliche Kündigung** ist von Rechtsprechung und Literatur als Mittel zur einseitigen Beendigung unbefristeter Dauerschuldverhältnisse auch ohne allgemeine gesetzliche Regelung oder ausdrückliche Parteivereinbarung anerkannt. Sie setzt voraus, daß die weitere Durchführung des Vertrages dem Kündigenden unter Berücksichtigung aller Umstände des Einzelfalles und bei Abwägung der Interessen beider Vertragsteile nicht mehr bis zum Ablauf der regulären Kündigungsfrist zugemutet werden kann. Dieses Recht zur fristlosen Kündigung „aus wichtigem Grund" bei Dauerschuldverhältnissen läßt sich auf eine Rechtsanalogie zu den §§ 553 bis 554 a, 626, 671 Abs 2 und 3 und 723 Abs 2 S 2 und 3 stützen; der unabdingbare Charakter des Rechts zur fristlosen Kündigung ergibt sich dann aus den §§ 554 a S 2, 723 Abs 3. Zur Begründung der Rechtsanalogie wird üblicherweise darauf hingewiesen, daß das gesetzliche Rücktrittsrecht bei Leistungsstörungen nach den §§ 325, 326 ebenso wie eine Anfechtung mit anschließendem Bereicherungsausgleich (§§ 119, 142 Abs 2, 812 Abs 1 S 1, 1. Fall) zu einer bei Dauerschuldverhältnissen unpraktikablen, wenn nicht faktisch unmöglichen Rückabwicklung ex tunc führen würde (RGZ 78, 389; RGZ 128, 16; RGZ 150, 199; BGHZ 9, 157, 161 ff; BGHZ 29, 171; BGHZ 41, 104, 108; BGHZ 50, 312, 314 f). Allerdings darf man im Vertriebsrecht nicht vorschnell auf jenen allgemeinen Rechtsgrundsatz zurückgreifen, sondern muß bei einer Dominanz des geschäftsbesorgungsvertraglichen Elements im Vertriebsvertrag nach speziellen gesetzlichen Regelungen suchen. Das **Geschäftsbesorgungsrecht** enthält in den §§ 675, 626 ff einschlägige Vorschriften und im **Handelsvertreterrecht** findet sich die Spezialregelung des § 89 a HGB. Dabei stimmt die Vorschrift des § 89 HGB, durch die die fristlose Kündigung aus wichtigem Grund für den Handelsvertretervertrag schon seit der Handelsvertreter-Novelle von 1953 eine Sonderregelung erfahren hat, im wesentlichen mit den Vorschriften des Dienstvertragsrechts überein. Weithin kongruent ist auch die Schadensersatzpflicht desjenigen ausgestaltet, der die fristlose Kündigung durch sein Verhalten verschuldet hat (§ 628 Abs 2 BGB und § 89 a Abs 2 HGB).

Es gibt indes auch gewichtige Unterschiede zwischen den beiden Regelungsprogram- **D 60** men. So findet die **Ausschlußfrist** des § 626 Abs 2 im Handelsvertreterrecht **keine Entsprechung.** Des weiteren eignet der Vorschrift des § 89 a HGB ein **zwingender Charakter** (§ 89 a Abs 1 S 2 HGB), während die §§ 626 ff abdingbar sind. Schließlich gewährt § 627 in Abweichung von § 89 a HGB sogar die Möglichkeit einer fristlosen Kündigung auch ohne wichtigen Grund bei einer **besonderen Vertrauensstellung** des Dienstverpflichteten. Dieses besondere Kündigungsrecht steht allerdings lediglich **dem Dienstberechtigten** zu, wohingegen der Dienstverpflichtete bei Androhung einer Schadensersatzpflicht „nur in der Art kündigen" darf, „daß sich der Dienstberechtigte die Dienste anderweit verschaffen kann, es sei denn, daß ein wichtiger Grund für die unzeitige Kündigung vorliegt", § 627 Abs 2. Eine derartige besondere Vertrauensstellung wird man zumindest in Einzelfällen **auch einem Absatzmittler** zusprechen können. Im Handelsvertreterrecht indes wird auf der Grundlage einer historischen und teleologischen Auslegung der Novelle von 1953 heute kaum noch bezweifelt (und entspricht ständiger Rechtsprechung), daß **die Ausschlußwirkung des § 89 a HGB sämtliche Einzelregelungen der §§ 626 ff umfaßt** (BGH EWiR § 89 a HGB 2/86, 1005 [vHoyningen-Huene] = NJW 1987, 57 = DB 1986, 2228 = BB 1986, 2015; vgl auch BGH WM 1983, 820, 821; BGH WM 1985, 982, 983; Ebenroth, Absatzmittlungsverträge 156; aA aber etwa Kindler BB 1988, 2051 ff und Semler, Handelsvertreter- und Vertragshändlerrecht [1988] 45). Denn § 89 a HGB wäre ohne eigenständige Funktion und schlechthin überflüssig, erstreckte sich seine „Verdrängungswirkung" allein auf § 626 Abs 1. Ohne weiteres ist auch die Ausschlußfrist des § 626 Abs 2 spezialgesetzlich derogiert, so daß es – vorbehaltlich des § 242 – **keine Frist für die fristlose Kündigung im Handelsvertreterrecht** gibt.

Soweit andere Vertriebsverträge von ihrer Rechtsnatur her durch ein ausgeprägtes **D 61** geschäftsbesorgungsvertragliches Element gekennzeichnet sind (wie dies bei Kommissionsagenten-, Vertragshändler- und Subordinations-Franchiseverträgen der Fall ist), stellt sich die Frage, ob für die **fristlose Kündigung** die §§ 675, 626 ff oder – spezieller – die Regelungen des § 89 a HGB analog Anwendung finden. Am leichtesten läßt sich die Frage für den **Kommissionsagentenvertrag** bejahen, auf den seit jeher § 89 a HGB angewandt wird (vgl nur RGZ 69, 363; RG JW 1912, 73; STUMPF/ZIMMERMANN, Der Vertragshändlervertrag 112 ff). Bei **Vertragshändlerverträgen** wurde früher das Recht zur fristlosen Kündigung teils auf § 723 analog, teils auf § 626 ff, teils auf die für alle Dauerschuldverhältnisse geltenden allgemeinen Rechtsgrundsätze gestützt. Inzwischen greift die Rechtsprechung aber auch für den Vertragshändlervertrag regelmäßig auf § 89 a HGB analog zurück (vgl BGH BB 1959, 540; BGH NJW 1967, 825; BGH BB 1978, 982; BGH ZIP 1982, 1047 = NJW 1982, 2432, 2433; STUMPF/ZIMMERMANN, Der Vertragshändlervertrag 112 f; ULMER, Der Vertragshändler 447). Die Analogie zu § 89 a HGB wird der Regelung der §§ 626 ff dabei vorgezogen, weil das Vertragsverhältnis auf eine langfristige Absatzkooperation angelegt ist und **nicht mit der Unsicherheitskomponente einer plötzlichen Beendigung belastet werden darf**, wie dies bei einer Heranziehung des § 627 mit der Folge einer jederzeitigen fristlosen Kündbarkeit der Fall wäre. Der Absatzmittler würde eine solche Unsicherheit aus freien Stücken nicht in Kauf nehmen und ist vor ihr wegen der Ausrichtung seines Betriebes auf die Interessenwahrung und -förderung für die Absatzzentrale wegen seiner geringen Verhandlungsmacht zu schützen. Diese Überlegungen treffen auf den **Subordinations-Franchisenehmer** in besonderem Maße zu. Mehr noch als bei anderen interessenwahrenden Absatzmittlungsverhältnissen erscheint vor allem die Vorschrift des § 627 eindeutig unangemessen. Im übrigen ist die Vergütungs- und Schadensersatzregelung des § 628 bei einer fristlosen Kündigung eines Franchisevertrags angesichts der speziellen Entgeltregelung beim Franchising **ganz unpraktikabel**. Die besonders weitgehende Eingliederung des Franchisenehmers in das Vertriebssystem des Franchisegebers, seine weitgehende Weisungsabhängigkeit von ihm und seine Interessenausrichtung auf ihn, vor allem aber die nur sehr eingeschränkten Umstellungsmöglichkeiten seines auf den Franchisegeber ausgerichteten Betriebes im Falle einer unversehens erfolgenden Vertragsbeendigung, rechtfertigen sogar eine Anwendung des § 89 a HGB *a fortiori* (vgl KARSTEN SCHMIDT, Handelsrecht 779; MATTHIESSEN ZIP 1988, 1089, 1095; WEBER JA 1983, 353; MARTINEK, Franchising 327 ff; ders, Moderne Vertragstypen Bd II 126 f). Wie im Handelsvertreterrecht werden deshalb auch bei anderen systemintegrierten Vertriebsverträgen mit dominantem geschäftsbesorgungsvertraglichem Element die Bestimmungen der §§ 626 ff bei einer fristlosen Kündigung des Absatzmittlungsvertrags durch § 89 a HGB **vollständig verdrängt**.

D 62 Die (analoge) Anwendung des § 89 a HGB auf solche Vertriebsverträge umfaßt auch den Abs 2 dieser Vorschrift, wonach bei einer durch schuldhaftes Handeln veranlaßten fristlosen Kündigung der Kündigungsgegner gegenüber dem schuldlos Kündigenden zum **Ersatz des Vertragsaufhebungsschadens** verpflichtet ist. Weitere Folgen aus einer derartigen Veranlassung der fristlosen Kündigung können sich für die Abwicklung des Vertragsverhältnisses im „Liquidationsstadium" der Kooperation ergeben (s u Rn D 83 ff). Zu beachten ist, daß der Anspruch auf Ersatz des durch die Kündigung entstandenen Schadens nicht nur nach § 89 a Abs 2 HGB dem Kündigenden zusteht, wenn die Kündigung durch **ein vom Kündigungsgegner zu vertretendes Verhalten veranlaßt** worden ist. Vielmehr kann ein Schadensersatzanspruch auch bei einer **einvernehmlichen Vertragsaufhebung** geltend gemacht werden, wenn die Voraussetzungen für eine fristlose Kündigung vorliegen (vgl BGH NJW 1964, 817 = BB 1964, 283

= DB 1964, 330). Dagegen versteht sich, daß ein Schadensersatzanspruch nach § 89 a Abs 2 HGB dann nicht in Betracht kommt, wenn zur Zeit der Kündigung **auch der Kündigungsgegner** aus wichtigem Grund hätte fristlos kündigen können (BGHZ 44, 271 = NJW 1966, 347). Beim Umfang des Ersatzanspruches ist nach den §§ 249 ff, 252 auch der **entgangene Gewinn** zu berücksichtigen. Dabei kann vermutet werden, daß der bisherige Gewinn auch künftig erzielt worden wäre, doch muß sich der Ersatzberechtigte nach dem Grundsatz der Vorteilsausgleichung Einkünfte anrechnen lassen, die er inzwischen anderweitig erwirbt. Nach § 89 a Abs 2 HGB steht **nur dem Kündigenden selbst** ein Schadensersatzanspruch zu. Ist einem Vertragspartner eines Vertriebsvertrags ohne ausreichenden Grund fristlos gekündigt worden, so kann dem **Kündigungsgegner uU ein Schadensersatzanspruch aus positiver Vertragsverletzung** zustehen. Abgesehen davon wird in einem solchen Fall der zu Unrecht Gekündigte seinerseits das Recht zur fristlosen Kündigung des Vertragsverhältnisses haben (BGH NJW 1967, 248 = BB 1966, 1410).

f) Der wichtige Grund

Für jede außerordentliche Kündigung eines Vertriebsvertrags ist ein **wichtiger Grund** D 63 erforderlich, der unter Berücksichtigung von Inhalt und Zweck des Kooperationsvertrages und der durch diesen begründeten Rechte und Pflichten einem Vertragsteil die weitere Fortsetzung des Absatzmittlungsverhältnisses bis hin zur nächstmöglichen ordentlichen Kündigung unzumutbar macht (vgl etwa BGH NJW 1951, 836; BGHZ 41, 104, 108; BGH BB 1978, 982, 983; BGH EWiR § 89 a HGB 1/86, 597 [LÖWE]; EBENROTH, Absatzmittlungsverträge 157; STUMPF/ZIMMERMANN, Der Vertragshändlervertrag Rn 111). Im wesentlichen kommt es für die Beurteilung dieses Erfordernisses auf das **Maß der Beeinträchtigung des gegenseitigen Vertrauens** an, von dem interessenwahrende Absatzmittlungsverhältnisse in besonderer Weise abhängen. Dabei bedarf es für eine außerordentliche Kündigung aber **keines Verschuldens** des Kündigungsgegners. Ein eventuelles Verschulden, das möglicherweise auch auf beiden Seiten liegen kann, ist in die Abwägung sämtlicher Umstände einzustellen, die für die Zumutbarkeit oder Unzumutbarkeit der Fortsetzung des Vertrages oder auch einer Umdeutung der außerordentlichen in eine ordentliche Kündigung für den Kündigenden bedeutsam sind (BGH NJW 1963, 1451). Schon in der Rechtsprechung des Reichsgerichts war anerkannt, daß auch zwingende objektive Gegebenheiten bei Absatzmittlungsverhältnissen eine Kündigung nach dem heutigen § 89 a HGB rechtfertigen können. Hierzu zählt nicht nur eine Betriebsaufgabe oder eine längere Unrentabilität des Herstellers/Lieferanten als Systemzentrale, sondern auch ein unverschuldeter Vermögensverfall auf seiten des Vertriebsmittlers (RG JW 1911, 158 Nr 21; RG JW 1924, 177 Nr 15; RGZ 65, 37). Eine organisatorische Betriebsumstellung der Absatzzentrale aufgrund vorangegangener wirtschaftlicher Verluste rechtfertigt dann keine fristlose Kündigung des Absatzmittlungsvertrages, wenn ihre Erforderlichkeit seit langer Zeit vorhersehbar war; der Zentrale ist dann ein Abwarten bis zur ordentlichen Kündigung zuzumuten (BGH NJW 1986, 1931 = DB 1986, 1332 = BB 1986, 1317 = EWiR § 89 a HGB 1/86, 597 [LÖWE]).

In der Praxis sind es freilich vor allem **gravierende Vertragsverletzungen auf seiten des** D 64 **Absatzmittlers**, die zur fristlosen Kündigung des Vertriebsvertrages führen. Die diesbezügliche Rechtsprechung zum Handelsvertreter, Kommissionsagenten, Vertragshändler und Franchisenehmer ist weithin **unter diesen Absatzmittlungsverträgen mit dominantem Geschäftsbesorgungscharakter austauschbar.** Ein wichtiger Grund ist danach etwa die **unerlaubte Nebentätigkeit** des Absatzmittlers (OLG Bamberg BB 1979, 1000; OLG Nürnberg BB 1963, 203; BGH BB 1979, 242), der **wiederholte Verstoß gegen seine Berichts- und Informationspflicht** aus § 86 Abs 2 HGB (BGH ZIP 1987, 1543 = EWiR § 86 HBG 1/88, 381 [OSTERMANN] = WM 1988, 33 = DB 1988, 41 = BB 1988, 12), die **andauernde Vernachlässigung seiner Absatzförderungspflicht** (OLG Nürnberg BB 1963, 447) oder die **üble Nachrede** seitens des Absatzmittlers (OLG Hamburg DB 1960, 1451; OLG Celle BB 1963, 711). Auch bei personellen Veränderungen im Absatzmittlungsunternehmen kann der Systemzentrale ein fristloses Kündigungsrecht zustehen, soweit durch solche Veränderungen ihre legitimen Interessen unmittelbar berührt werden. Insbesondere kann die ohne Zustimmung des Herstellers versuchte „Vertragsübertragung" wegen der „starken Personenverbundenheit" ein Recht des Herstellers zur fristlosen Kündigung rechtfertigen (BGH ZIP 1985, 161 = WM 1985, 127 = NJW 1985, 623 = BB 1985, 218 = DB 1985, 1067 = EWiR § 315 BGB 1/85, 55 [GRAF vWESTPHALEN]). Besonders eingehender Überprüfung bedarf das Vorliegen eines wichtigen Grundes, wenn die fristlose Kündigung des Vertragsverhältnisses auf das **Nichterreichen einer festgelegten Umsatzhöhe** gestützt wird. Bei einer gegenüber dem Kooperationsziel zu geringen Umsatzhöhe wird man die außerordentliche Kündigung – vor allem in der Anlaufzeit – nur für zulässig halten dürfen, wenn die Umsatzzahlen des Absatzmittlers auch im Vergleich zu ähnlichen Systembetrieben wirklich deutlich hinter dem vorgesehenen Volumen zurückbleiben und der Grund hierfür **in der mangelhaften Wahrnehmung der Absatzförderungspflichten** zu finden ist. Bei der Würdigung eines plötzlichen Umsatzrückganges sind auch die wirtschaftliche Lage der Branche und die voraussichtliche weitere Entwicklung des Marktes zu berücksichtigen (BGH BB 1958, 894). Bei **schlicht ausbleibendem Erfolg der Absatzkooperation** sind die Parteien auf eine ordentliche Kündigung nach Ablauf der vereinbarten Anlaufzeit verwiesen, soweit sie sich nicht zu einer einverständlichen Aufhebung des Vertrages entschließen können (MACK, Neuere Vertragssysteme 137; MARTINEK, Moderne Vertragstypen Bd II 129).

D 65 Bei einer Reihe von **Franchiseverträgen insbesondere des Fast-Food-Bereichs** liegt als wichtiger Grund für eine fristlose Kündigung des Kooperationsverhältnisses **die wiederholte oder andauernde Vernachlässigung der vorgeschriebenen Verfahrensrichtlinien für die Leistungserstellung** oder anderer, die Beschaffenheit des Systemprodukts in der franchisespezifischen Einheitlichkeit betreffenden Organisationsanweisungen und Operationsanleitungen nahe. In seiner **McDonald's-Entscheidung** hat der BGH einen wichtigen Grund für eine außerordentliche Kündigung darin gesehen, daß der Franchisenehmer bei wiederholten Betriebskontrollen des Franchisegebers den Verfahrensrichtlinien zur Herstellung von Speisen (Temperatur und Zeitvorgabe beim Frikadellenbacken) nicht genügt hat und eine zweimalige Abmahnung fruchtlos geblieben ist (BGH ZIP 1984, 2494 = DB 1985, 35 = NJW 1985, 1894 – „McDonald's"; dazu BÖHNER NJW 1985, 2811). Der enge Maßstab für die Tolerierbarkeit eigenständiger Abweichungen vom Systemstandard ergibt sich für den BGH aus dem franchisespezifischen Interesse des Franchisegebers an strikter Systemkonformität, von der der Markterfolg der Franchise abhängig ist.

D 66 Selbstredend gibt es auch **wichtige Gründe, die für den Absatzmittler die fristlose Kündigung des Vertragsverhältnisses rechtfertigen können.** Hierzu gehört etwa die vertragswidrige Verkleinerung des Absatzbezirkes (BGH DB 1966, 577; BGH BB 1967, 94; OLG Nürnberg MDR 1959, 911), die vertragswidrige Direktlieferung in das Exklusivgebiet

(BGH BB 1972, 1204; BGH DB 1967, 201) oder die willkürliche Ablehnung von Bestellungen der Vertragsware (BGH DB 1972, 193).

In der vertriebsvertraglichen Praxis enthalten die Verträge häufig eine von den Parteien selbst aufgestellte **Liste von „wichtigen Gründen"**, die eine fristlose Kündigung durch den Absatzmittler oder (in der Regel) durch die Systemzentrale erlauben sollen (MACK, Neuere Vertragssysteme 139; SCHULTHESS, Der Franchise-Vertrag 199 f). Freilich sind solche Vereinbarungen wegen der zwingenden Natur des außerordentlichen Kündigungsrechts und wegen des Verbots seiner „Einschränkung" nach § 89 a Abs 1 S 2 HGB niemals abschließend. Ansonsten ist die Bedeutung solcher vertraglicher „Gründe-Kataloge" umstritten. Wenn die Parteien eines Vertriebsvertrags spezifische, auf die Besonderheiten ihrer Zusammenarbeit zugeschnittene „wichtige Gründe" für eine fristlose Kündigung im Vertrag auflisten, dann lösen sie sich von der üblichen Unterscheidung zwischen ordentlicher (= fristgemäßer, nicht begründungsbedürftiger) Kündigung und außerordentlicher (= fristloser) Kündigung aus wichtigem Grund. Auf dieser Unterscheidung basieren etwa die Vorschriften der §§ 621 ff, 626 ff BGB, § 89 und § 89 a HGB. Oft werden **Mischformen** von außerordentlichen, „wichtigen" Kündigungsgründen vereinbart, die zur Vertragsbeendigung in bestimmten, gegenüber denen einer ordentlichen Kündigung kürzeren Fristen berechtigen. Stützt später eine Partei die außerordentliche Kündigung auf einen derartigen, tatsächlich vorliegenden Grund, so kann die Zulässigkeit fragwürdig erscheinen. Denn eine außerordentliche Kündigung hängt üblicherweise (arg e § 626 Abs 1) davon ab, daß der kündigenden Partei die Fortsetzung des Vertragsverhältnisses bis zum Ablauf der ordentlichen Kündigungsfrist nicht mehr zugemutet werden kann.

D 67

Die Frage ist hier, ob bei Vorliegen eines vertraglich vorgesehenen „wichtigen" Grundes im Einzelfall noch eine **richterlich festzustellende Unzumutbarkeit** de facto und in concreto gegeben sein muß. Der BGH hat diese Rechtsfrage anders als die Vorinstanzen **verneint** (BGH ZIP 1988, 1389 = EWiR § 242 BGB 7/88, 1059 [MARTINEK] = WM 1988, 1490 = BB 1988, 1771 = DB 1988, 2403; ähnlich schon früher BGH BB 1956, 95), weil es in der privatautonomen Gestaltungsfreiheit der Vertragsparteien liege, für sich verbindlich festzulegen, wann beide oder eine von ihnen berechtigt sein soll(en), den Vertrag mit sofortiger oder zeitlich kurzer Frist zu beenden. Durchaus könnten die Parteien konkrete wichtige Gründe für eine vorzeitige Vertragsbeendigung auflisten und damit eine auf den Einzelfall abstellende Abwägung der Interessen nach der üblichen Unzumutbarkeitsformel sperren. Freilich will der BGH mit besonderer Sorgfalt geprüft wissen, ob die Ausübung des auf einen vertraglich vereinbarten Grund gestützten Kündigungsrechts **mit Treu und Glauben zu vereinbaren** ist. Insbesondere sei zu beachten, „daß bei der Prüfung, ob eine Partei unter Verstoß gegen Treu und Glauben handelt, wenn sie sich auf eine vertraglich vereinbarte Kündigungsmöglichkeit beruft, ein weit schärferer Maßstab anzulegen ist, als wenn es um die Frage geht, ob ein wichtiger Kündigungsgrund im Sinne des Gesetzes vorliegt". Diese Entscheidung kann indes kaum uneingeschränkt begrüßt werden. Zuzustimmen ist zwar dem Ausgangspunkt des BGH, wonach die von den Parteien getroffene Entscheidung über die Maßgeblichkeit der Vertragsauflösungsgründe respektiert werden muß und sich der Rechtsanwender davor zu hüten hat, in den Parteiwillen leichtfertig hineinzuregieren. Die BGH-Entscheidung läßt jedoch offen, ob und inwiefern die für besonders bedeutsam gehaltene Überprüfung der Ausübung eines vertraglich ver-

D 68

einbarten Rechts zur fristlosen Kündigung an den Erfordernissen von Treu und Glauben nennenswert von der üblichen Unzumutbarkeitsprüfung abweichen soll. Weder praktisch noch dogmatisch ist das Verhältnis zwischen den beiden Wirksamkeitsmaßstäben geklärt. Im Regelfall wird es kaum einen Unterschied machen, ob man den nach dem Parteiwillen maßgeblichen, subjektiv „wichtigen Grund" an § 242 mißt (wie der BGH) oder ob man auf der Grundlage der üblichen Unzumutbarkeitsformel auf das Vorliegen eines objektiv wichtigen Grundes abstellt. Im übrigen stellt sich das Zulässigkeitsproblem nicht erst anläßlich einer erfolgten Kündigung. Denn vorformulierte Klauseln unterliegen bereits dem Unwirksamkeitsverdikt des § 9 AGBG, wenn sie das Recht des Franchisegebers zur außerordentlichen Kündigung an Umstände knüpfen, die unterhalb der Erfordernisse wichtiger, zur Unzumutbarkeit der Vertragsfortsetzung führender Gründe angesiedelt sind (so zu Recht H SCHMIDT, in: ULMER/BRANDNER/HENSEN, AGBG-Komm Anh 9 – 11 Rn 362; WOLF/HORN/LINDACHER, AGBG-Komm [2. Aufl 1989] § 9 Rn F 120).

g) Sonstige vertriebsrechtliche Kündigungsschutzinstitute

D 69 Aus dem geschäftsbesorgungsdienstvertraglichen Kündigungsrecht nach §§ 675, 624 und aus der (analogen) Anwendung der handelsvertreterrechtlichen Vorschrift des § 89 HGB mit ihren Kündigungsfristen ergibt sich letztlich nur **ein unvollkommener Schutz** für den systemintegrierten, interessenwahrungspflichtigen und weisungsgebundenen Absatzmittler (zur Schutzbedürftigkeit so Rn D 47). Allerdings ist neben diesen Kündigungsschutzinstituten zu berücksichtigen, daß das **Recht der Wettbewerbsbeschränkungen** im **Diskriminierungsverbot** des § 26 Abs 2 GWB iVm § 35 Abs 1 GWB und § 134 eine **zusätzliche Kündigungsschranke** errichtet, die zeitlich auf eine angemessene Frist zur Abwicklung des Kooperationsverhältnisses gerichtet ist, um den Absatzmittler in seiner wettbewerblichen Betätigungsmöglichkeit zu schützen. Dieser **spezifisch kartellrechtliche, sogenannte Auslauf- oder Umstellungsschutz** zielt nicht auf einen „ewigen Kontrahierungszwang" des Absatzherrn, sondern auf eine **allmähliche Beendigung seines wirtschaftlichen Abhängigkeitsverhältnisses** ab. Er spielt im Vertriebsrecht heute eine bedeutende Rolle, muß aber hier mangels geschäftsbesorgungsrechtlicher Bezüge außer Betracht bleiben (vgl dazu ausführlich MARTINEK, Moderne Vertragstypen Bd II 139 ff).

D 70 Erwähnung verdient aber **ein weiteres, durchaus geschäftsbesorgungsvertragliches Kündigungsschutzinstitut**, das im Vertriebsrecht für systemintegrierte, interessenwahrungspflichtige und weisungsgebundene Absatzmittler zunehmend diskutiert wird, allerdings in der Rechtsprechung noch keine Resonanz gefunden hat. In der letzten Zeit mehren sich in der Literatur die Stimmen, die bei Vertriebsverträgen mit dominantem geschäftsbesorgungsvertraglichen Element (Handelsvertretung, Kommissionsagentur, Vertragshandel und Subordinations-Franchising) dem Absatzmittler bei einer drohenden (ordentlichen) Vertragsbeendigung einen besonderen **„Anlaufschutz"** oder **„Investitionsschutz"** gewähren wollen. Es geht hierbei um die Frage, ob sich die kraft des Dauerschuld- und insbesondere kraft des Interessenwahrungscharakters dieser Vertriebsverträge gesteigerte Treuepflicht des Lieferanten gegenüber seinem Vertriebsmittler auf sein Recht zur ordentlichen Kündigung des Vertrages beschränkend auswirkt bzw ob eine treupflichtwidrige Kündigung sogar Schadensersatzpflichten nach sich ziehen kann (vgl dazu vorbereitend CANARIS, Die Vertrauenshaftung im deutschen Privatrecht 266 ff; sodann grundlegend ULMER, Der Vertragshändler 459 ff; ders, in: FS Möhring [1975] 295 ff; EBENROTH, Absatzmittlungsverträge 172 ff; EBENROTH/PARCHE BB-Beil

10/1988, 16 ff; im Anschluß an CANARIS, ULMER und EBENROTH sodann FOTH, Der Ausgleichsanspruch des Vertragshändlers [1985] 131 ff; ders BB 1987, 1270 ff; HIEKEL, Der Ausgleichsanspruch
des Handelsvertreters und des Vertragshändlers [1985] 97 ff; BÖHNER NJW 1985, 2811, 2812; LIE-
SEGANG BB 1991, 2381, 2384; EKKENGA, Die Inhaltskontrolle von Franchise-Verträgen 169 ff;
EBENROTH/STRITTMATTER BB 1993, 1521, 1530; MARTINEK, Franchising [1987] 334 ff; ders, Vertriebsrecht Rn 156 ff; ders, Moderne Vertragstypen Bd II 133 ff).

Das hinter einem derartigen **vertriebsrechtlichen Anlauf- oder Investitionsschutz** ste-   **D 71**
hende **Ordnungsproblem** liegt auf der Hand: Der Absatzmittler, der in Erfüllung
seiner Absatzförderungspflicht und im Vertrauen auf die Fortdauer des Kooperationsverhältnisses, oft sogar auf ausdrückliche Anweisung des Vertriebsherrn aufwendige Investitionen zur vertriebssystemkonformen Ausstattung seines Betriebes
getätigt hat, soll davor geschützt werden, daß die Absatzzentrale das Absatzmittlungsverhältnis einseitig durch ordentliche Kündigung beendet, bevor jene Investitionen amortisiert sind. Ein solcher Schutz erscheint dabei nicht etwa allein für die
Jahre der **Anlaufphase** des Kooperationsverhältnisses im Hinblick auf die **anfänglichen Systemeingliederungsinvestitionen** des Absatzmittlers erwägenswert, sondern
auch **während des längst bestehenden Absatzmittlungsverhältnisses**, in dem der Absatzmittler auf Veranlassung der Systemzentrale **laufend zu neuen Investitionen genötigt**
sein kann. Die Frage nach einem Anlauf- und Investitionsschutz ist von um so größerer Bedeutung, als für derartige Investitionen ein Aufwendungsersatzanspruch
des Absatzmittlers nach Geschäftsbesorgungsrecht (§§ 675, 670) nicht in Betracht
kommt (so Rn D 38). Sie ist **unabhängig von der Gewährung eines Goodwill-Ausgleichs-
anspruches gemäß oder analog § 89 b HGB** (dazu Rn D 77 ff). Denn dieser Ausgleichsanspruch ist auf eine Entschädigung für den Verlust der vom Absatzmittler
akquirierten Kundschaft und auf einen Ausgleich des von ihm geschaffenen und bei
Vertragsbeendigung der Systemzentrale zugute kommenden Goodwill gerichtet; mit
den vom Absatzmittler getätigten Investitionen **hat § 89 b HGB nichts zu tun**. Auch
muß der Problemkreis des Anlauf- oder Investitionsschutzes von dem des kartell-
rechtlichen Auslauf- und Umstellungsschutzes nach § 26 Abs 2 GWB (so Rn D 69)
unterschieden werden.

Die Vorschläge zum Anlauf- oder Investitionsschutz in der genannten Literatur wer-   **D 72**
den **allein auf § 242 gestützt** und dogmatisch-konstruktiv im wesentlichen – bei
Abweichungen im einzelnen – wie folgt begründet: Aufgrund des Dauerschuld- und
Interessenwahrungscharakters von Absatzmittlungsverträgen besteht für die Parteien eine besonders ausgeprägte Pflicht zur gegenseitigen Rücksichtnahme. Dabei
trifft insbesondere aufgrund des dominierenden geschäftsbesorgungsvertraglichen
Elements den Absatzmittler eine weisungsgebundene und interessenwahrende
Absatzförderungspflicht gegenüber dem Hersteller/Lieferanten, wobei der Absatzmittler etwa hiermit konfligierende eigene Interessen weitgehend unterzuordnen
hat. Die dezidierte Ausrichtung des Absatzmittlers auf die Fremdinteressen des Her-
stellers/Lieferanten muß umgekehrt eine Entsprechung finden in der proportionalen
Pflicht des Herstellers/Lieferanten gegenüber dem Absatzmittler zur **Rücksichtnahme
und Schonung bei der Weisungserteilung und bei der Durchsetzung seiner Interessen**.
Zwar kann es der Absatzzentrale in Verfolgung des gemeinsamen Kooperationsziels
uU unumgänglich erscheinen, dem Absatzmittler einen extrem hohen finanziellen
Einsatz für langfristige Investitionen abzuverlangen. Dabei ist auch denkbar, daß es
sich betriebswirtschaftlich verbietet, die Investitionen an den relativ kurzen Kündi-

gungsfristen zu orientieren und eine Amortisation bis zu einer möglichen ordentlichen Kündigung sicherzustellen. Spricht der Vertriebsherr aber nach der Veranlassung von Investitionen und vor deren Amortisation gleichwohl später eine ordentliche Kündigung aus, dann muß dies dem Absatzmittler als widersprüchliches Verhalten (*venire contra factum proprium*) und damit als **treuwidrig und rechtsmißbräuchlich** erscheinen; der Vertriebsherr verstößt gegen § 242.

D 73 Die eigentliche Besonderheit des von der Literatur vorgeschlagenen Anlauf- oder Investitionsschutzes soll jedoch erst in den **Rechtsfolgen des Verstoßes einer ordentlichen Kündigung gegen § 242** liegen. Eine schlichte Unwirksamkeit der Kündigungserklärung kann nämlich den Interessen der Absatzzentrale massiv zuwiderlaufen, wenn sie dadurch bis zum Ablauf der Amortisationsfrist noch langfristig an das Vertragsverhältnis gebunden wäre. Deshalb wird ihr das Recht zur ordentlichen Kündigung auch vor der Amortisation von Vertrauensinvestitionen eingeräumt, falls sie dem Absatzmittler hierfür einen **Investitionsersatz** leistet. Dies läuft auf ein **Wahlrecht des Herstellers/Lieferanten** hinaus: Er kann wählen, ob er von einer treupflichtwidrigen Kündigung Abstand nimmt bzw eine schon ausgesprochene treupflichtwidrige Kündigung als unwirksam gelten läßt und das Vertragsverhältnis bis zur Amortisierung der Investitionen fortsetzt oder ob er **bei wirksamer Kündigung Schadensersatz an den Vertriebsmittler** leisten will. Mit diesem Wahlrecht kann er sich zwar vor der Amortisierung der Investitionen des Absatzmittlers durch eine ordentliche Kündigung vom Vertrag lösen, aber nur unter Ersatz des seinem Vertragspartner dadurch entstehenden Investitionsschadens.

D 74 Dabei soll der als **Investitionsersatzanspruch** bezeichnete Schadensersatzanspruch keineswegs auf den **Vertrauensschaden** des Absatzmittlers begrenzt sein. Vielmehr sollen auch seine **investitionsbezogenen Gewinnerwartungen bis zur Amortisierung** in die Ausgleichssumme mit eingestellt werden, sowie ja auch die Schadensersatzansprüche bei einer Kündigung zur Unzeit (§§ 627 Abs 2, 671 Abs 2, 712 Abs 2 HS 2, 723 Abs 2, 2226 S 3) im Umfang nach §§ 249 ff zu bemessen sind und nach § 252 einen entgangenen Gewinn umfassen. Mithilfe dieses flexibel auf den Einzelfall abstellenden **Systems der Einschränkung des Kündigungsrechts und der Verpflichtung zum Schadensersatz** wird praktisch ein weitgehender Schutz derjenigen Investitionen des Absatzmittlers erreicht, die über seinen normalen Erhaltungsaufwand hinausgehen und im Vertrauen auf den Fortbestand des Kooperationsverhältnisses gemacht, im Zeitpunkt der von der Absatzzentrale beabsichtigten Vertragsbeendigung aber noch nicht amortisiert sind. Der durch die **Irreversibilität fremdbestimmter Investitionen** und durch deren meist fehlende anderweitige Nutzbarkeit zu erwartenden **Entwertungsschaden** des gekündigten Absatzmittlers sowie sein Gewinnentgang werden durch diese Konstruktion aufgefangen: der Schaden tritt bei Fortsetzung des Vertragsverhältnisses gar nicht erst ein bzw wird dem gekündigten Vertragspartner ersetzt.

D 75 Es darf nicht verschwiegen werden, daß die magische Formel „Kündigung nur gegen Schadensersatz" **gewissen Bedenken ausgesetzt ist.** Sie betreffen weniger die dogmatisch-konstruktive Ableitung des Wahlrechts der Absatzzentrale. Insbesondere wäre der Einwand ungerechtfertigt, daß der Systemkopf sich von einer gegen § 242 verstoßenden Kündigung durch die Investitionsersatzleistung nicht „freikaufen" dürfe. Wird nämlich die ordentliche Kündigung mit einem Investitionsersatzangebot verbunden, verstößt sie eben nicht mehr gegen § 242; die Kündigung kann dann nicht als rechtsmißbräuchlich und als Verstoß gegen das Verbot widersprüchlichen Verhaltens angesehen werden, wenn die Absatzzentrale ihrer Verantwortung für die veranlaßten Vertrauensinvestitionen Rechnung trägt. Allerdings ist nicht zu verkennen, daß durch den Anlauf- und Investitionsschutz die **Vertragsbeendigungsfreiheit weitgehend eingeschränkt** wird, die zur grundgesetzlich geschützten Privatautonomie (Art 2 Abs 1 GG) des Herstellers/Lieferanten gehört. Denn die Formel „Kündigung nur gegen Schadensersatz" gewährt in der absatzwirtschaftlichen Praxis **letztlich kaum mehr eine freie, dh von Schadensersatzverpflichtungen unabhängige, ordentliche Kündigungsmöglichkeit für die Absatzzentrale**, laufen doch während der Absatzkooperation permanent Amortisierungsfristen für Vertrauensinvestitionen der interessenwahrenden Absatzmittler. Nur die außerordentliche Kündigung bei wichtigem Grund würde ohne weiteres zur Vertragsbeendigung solcher Vertriebsverträge führen. Andererseits ist ein „freies" ordentliches Kündigungsrecht anders als ein außerordentliches Kündigungsrecht jedenfalls bei einem Interessenwahrungsverhältnis keineswegs zwingend von der Rechtsordnung vorgegeben. Gewiß erinnert das Konzept des Anlauf- und Investitionsschutzes für fremdbestimmte Investitionen mit der Einräumung eines Wahlrechts für die Absatzzentrale an die oft verpönte „richterliche Vertragshilfe". Doch beginnen sich Rechtsprechung und Literatur in vielen Bereichen von einem allzu formalistischen Verständnis der Wirkungen des § 242 zu lösen, um diese Vorschrift zum Anlaß für eine dem Einzelfall angepaßte Konfliktlösung unter umfassender Interessenbewertung zu nehmen. Die Einschränkung der Vertragsbeendigungsfreiheit erscheint dort zulässig, wo es typischerweise am Kräftegleichgewicht der Vertragspartner fehlt; das ist etwa im Recht des Arbeitsvertrages oder der Wohnungsmiete seit langem anerkannt. Im Arbeitsrecht ist dabei sogar die Möglichkeit der Vertragsauflösung gegen Abfindungszahlung vertraut, § 9 Abs 1 S 2 und § 14 Abs 2 S 2 KSchG. Auch für systemintegrierte, interessenwahrungspflichtige und weisungsgebundene Absatzmittler kann und muß deshalb der Grundsatz gelten, daß die privatautonome Vertragsbeendigungsfreiheit des Geschäftsherrn zurücktreten muß, soweit durch sein Machtübergewicht die wirtschaftliche Bewegungsfreiheit des Absatzmittlers unbillig und treuwidrig eingeschränkt wird. Deshalb entspricht die **absatzmittlungsrechtliche Anlauf- und Investitionsschutztheorie** letztlich nur der Dialektik der Privatautonomie, deren ungebundene Kräfte tendenziell zur Zerstörung ihrer eigenen Funktionsbedingungen streben, so daß sie nicht schrankenlos gelten darf, sondern vom Recht ordnend gesetzte Einschränkungen hinnehmen muß, ja letztlich in ihrem Bestand von solchen Einschränkungen abhängig ist.

Die Rechtsprechung könnte sich bei nächster Gelegenheit mit diesen Überlegungen **D 76** in der vertriebsrechtlichen Literatur auseinandersetzen. Die Formel „Kündigung nur gegen Schadensersatz" wird vielleicht auch dem BGH als die **wertungsmäßig passende und dogmatisch hinreichend abgesicherte Lösung eines besonders scharfen Interessenkonflikts im Vertriebsrecht** erscheinen. Eine dementsprechende richterliche Rechtsfortbildung auf der Grundlage der rechtswissenschaftlichen Vorarbeiten erscheint **methodisch durchaus legitim.** Von vornherein ist dieses Instrument freilich nur auf kraß treuwidrige (bevorstehende) Kündigungen beschränkt, bei denen eine Fortführung des Vertragsverhältnisses oder ein Investitionsersatz als unabweisbares Gerechtigkeitspostulat erscheinen.

Michael Martinek

8. Ausgleichsanspruch und nachvertragliche Abwicklung

a) Der Goodwill-Ausgleichsanspruch nach § 89 b HGB

D 77 Die Frage der analogen Anwendbarkeit des § 89 b HGB auf andere interessenwahrende Vertriebsmittler als Handelsvertreter gehörte lange Zeit zu den **zentralen Problemen des Vertriebsrechts** (vgl dazu vor allem SANDROCK, in: FS R Fischer 657; KARSTEN SCHMIDT, Handelsrecht 781 ff; ECKERT WM 1991, 1237 ff jeweils mwNw). Es gibt eine kaum noch zu übersehende Zahl von Gerichtsentscheidungen und Literaturbeiträgen mit höchst kontroversen Stellungnahmen. Das Problem wurde insbesondere für den **Vertragshändler** ausgesprochen heftig diskutiert, während man dem **Kommissionsagenten** eher bereitwillig einen Ausgleichsanspruch zugestand. Nach den früheren BGH-Entscheidungen war eine entsprechende Anwendung des Goodwill-Ausgleichsanspruchs auf den Vertragshändler („Eigenhändler") nur **unter sehr engen Voraussetzungen** zulässig (BGHZ 29, 83, 85 ff = NJW 1959, 144; BGHZ 34, 282, 284 ff = NJW 1961, 662), die jedoch in der Folgezeit Schritt für Schritt aufgelockert bzw gänzlich fallengelassen wurden (vgl dazu MARTINEK, Moderne Vertragstypen Bd II 150 ff). Im Ergebnis **steht nach der BGH-Rechtsprechung heute** einem **Vertragshändler** bei Vertragsbeendigung **in aller Regel ein Ausgleichsanspruch** analog § 89 b HGB **zu**. In der Literatur ist dies nur zum Teil begrüßt worden (VELTINS NJW 1984, 2063; FOTH BB 1987, 1686; ders, Der Ausgleichsanspruch des Vertragshändlers [1985] 120 ff). Teilweise empfehlen die kritischen Stimmen sogar eine erneute Kehrtwende der Rechtsprechung (BAMBERGER NJW 1985, 33; HOLLMANN BB 1985, 1023; BECHTOLD NJW 1983, 1393; STUMPF/HESSE BB 1987, 1474; J WOLTER, Rechtsprobleme der Vertriebsvereinbarung über Kraftfahrzeuge [1986] 161 ff). Doch bleiben der BGH ebenso wie die Instanzgerichte von solcher Kritik offenbar unbeeindruckt und führen die Tendenz einer alles in allem wohlwollenden Gewährung eines Ausgleichsanspruches für Vertragshändler fort (vgl aber das „aufständische" Urteil OLG Köln BB 1987, 148 ff). Dabei geht die Rechtsprechung ohne weiteres von der **zwingenden Natur des § 89 b Abs 1 HGB** und mithin von seiner Unabdingbarkeit aus, obgleich nur eine **entsprechende Anwendung** auf den Vertragshändler in Rede steht (BGH NJW 1985, 3076). Neuere BGH-Entscheidungen problematisieren die Analogievoraussetzungen kaum noch, sondern verweisen lediglich auf die Vorentscheidungen, so daß sich inzwischen eine ständige Rechtsprechung konsolidiert hat (BGH NJW 1983, 2877; BGH DB 1986, 1069; BGH ZIP 1987, 1383 ff = EWiR § 89 b HGB 2/87, 1109 [ASSMANN]; schwer verständlich aber BGH ZIP 1988, 1177 = NJW-RR 1988, 1305 = EWiR § 89 b HGB 3/88, 903 [MARTINEK]).

D 78 Die **Franchise-Literatur bejaht überwiegend** jedenfalls die Möglichkeit einer analogen Anwendung des § 89 b HGB auf Franchiseverträge und neigt dann bei unterschiedlich enger Fassung der Analogievoraussetzungen eher zu einer regelmäßigen Gewährung als zu einer Versagung des Ausgleichsanspruchs (SKAUPY BB 1969, 113 ff, 116; ders, Franchising 121 ff; GROSS/SKAUPY, Franchising in der Praxis 325; MACK, Neuere Vertragssysteme 138 ff; POLLMÜLLER, in: AHLERT [Hrsg], Vertragliche Vertriebssysteme 125 ff, 202; ENGHUSEN, Rechtliche Probleme der Franchiseverträge 181 ff; H WEBER JA 1983, 347 ff, 353; TIETZ/MATHIEU, Das Franchising als Kooperationsmodell 297; KARSTEN SCHMIDT, Handelsrecht 781 ff; KÖHLER NJW 1990, 1689 ff, 1690 ff; MATTHIESSEN ZIP 1988, 1089 ff, 1096; ECKERT WM 1991, 1237 ff, 1245 f; MARTINEK, Franchising 353 ff, 366; ders ZIP 1988, 1362, 1378; ders, Vertriebsrecht Rn 215 ff; ders, Moderne Vertragstypen Bd II 150 ff, 155 ff). Es finden sich freilich auch sehr kritische und zurückhaltende Stimmen (vgl PALANDT/PUTZO[51] § 581 Vorbem 4 g;

OEHL/REIMANN, Münchener Vertragshandbuch Bd 3 [3. Aufl 1992] 439 ff, 493, wonach beim „beschaffungsoffenen Franchising" keine Analogie zu § 89 b HGB zulässig sein soll).

Zwar liegen noch **keine höchstrichterlichen Urteile** vor, die *expressis verbis* einem **D 79** Franchisenehmer einen Ausgleichsanspruch nach § 89 b HGB zusprechen. Indes ist zu berücksichtigen, daß namentlich in der **Kfz-Branche** viele Vertriebsverträge inzwischen **alle Merkmale des Subordinations-Franchising** aufweisen, mögen sie auch weiterhin als Vertragshändlerverträge bezeichnet werden. Soweit ein Kfz-Händler seinen Betrieb ganz auf die weisungsgebundene interessenwahrende Absatzmittlung für einen einzigen Automobil-Hersteller ausrichtet, das Kooperationsverhältnis die franchisespezifische Intensität aufweist und der Betrieb äußerlich als Filiale aufgemacht ist, handelt es sich bei dem Kfz-Vertriebsvertrag um einen veritablen Subordinations-Franchisevertrag. Andere Kfz-Händler mit einem nur lockeren Kooperationsverhältnis zu einem oder insbesondere zu mehreren Automobil-Herstellern unterfallen demgegenüber nach wie vor dem Absatzmittlertypus des Vertragshändlers (Eigenhändlers). Dies bedeutet, daß die geschilderte Entwicklung der Rechtsprechung in den häufigen Urteilen zu Kfz-Vertriebsverträgen der Sache nach längst auch Franchiseverträge einbezieht (etwa BGH ZIP 1987, 1383 ff = EWiR § 89 b HGB 2/87, 1109 [ASSMANN]).

Legt man die zutreffenden Maßstäbe der höchstrichterlichen Rechtsprechung zu den **D 80** Analogievoraussetzungen des § 89 b HGB zugrunde, steht einer analogen Anwendung dieser Vorschrift auch auf den Subordinations-Franchisenehmer in der Tat **nichts entgegen** (MARTINEK, Franchising 353 ff, 366 ff; ders ZIP 1988, 1362, 1378; ders, Moderne Vertragstypen Bd II 155 ff). Genau besehen, sind die Analogievoraussetzungen (Eingliederung in die Absatzorganisation, interessenwahrende und weisungsgebundene Absatzförderungspflicht, Zurechnungskontinuität bezüglich des Kundenkreises) beim Subordinations-Franchising beinahe übererfüllt. Denn diese Absatzmittlungsform begründet *par excellence* ein handelsvertreterähnliches, nämlich durch Interessenwahrungspflicht, Weisungsabhängigkeit und völlige Eingliederung des Franchisenehmers in die Absatzorganisation der Systemzentrale gekennzeichnetes Kooperationsverhältnis. Dabei wird im Innenverhältnis durch die enge multisektorale Kooperationsbeziehung und im Außenverhältnis durch die Quasi-Filialität des Franchisenehmers eine Intensität der Eingliederung in die Absatzorganisation hergestellt, die beim schlichten Vertragshandel niemals erreicht wird. Auch das Erfordernis der Zurechnungskontinuität des Kundenstammes bei der Vertragsbeendigung ist hier regelmäßig erfüllt, denn der Franchisegeber ist der Goodwill-Träger, der vom Publikum als Garant für die gleichbleibende Qualität des Systemproduktes angesehen wird. Der einzelne Franchisenehmer ist nur das auswechselbare operative Exekutivorgan des Franchisegebers, ohne das der Franchisenehmer die Systemleistung niemals erbringen könnte, während der Franchisegeber das Systemprodukt auch ohne den konkreten Franchisenehmer (sei es über eine Filiale, sei es über einen anderen Franchisenehmer) in der gewohnten Art und Weise absetzen (lassen) könnte. Die vom einzelnen Franchisenehmer erarbeitete „Systemtreue" der Kunden **fließt nach der Vertragsbeendigung ohne weiteres der Systemzentrale zu.** Diese genießt davon einen unmittelbaren Vorteil, mag sie ihn sich auch mit einem nachfolgenden Franchisenehmer teilen. Der geworbene Kundenstamm „wechselt" nicht vom Franchisenehmer zum Franchisegeber, sondern er **verbleibt dem Franchisegeber.** Eine ausgeprägtere Zurechnungskontinuität ist kaum vorstellbar. Alles in allem rechtfertigt sich „erst recht" eine analoge Anwendung des § 89 b HGB auf den Subordinations-Franchisenehmer (ähnlich auch KÖHLER NJW 1990, 1689, 1691 f; ULLMANN CR 1991, 193, 199; MATTHIESSEN ZIP 1988, 1089, 1095 f; SKAUPY, Franchising 122 ff).

D 81 Die (analoge) Anwendung des § 89 b HGB auf systemintegrierte, interessenwahrungspflichtige und weisungsgebundene Absatzmittler gilt **für den Dienstleistungsebenso wie für den Warenabsatz**. Durch nichts wäre es gerechtfertigt, die Analogiefähigkeit des § 89 b HGB auf die Absatzmittlung von Waren zu beschränken und den dem Warenabsatz analog organisierten Vertrieb standardisierter, vorprogrammierter, industrialisierter Dienstleistungen von vornherein auszunehmen (**aA** aber MACK, Neuere Vertragssysteme 139 ff, 150). In beiden Fällen kann der Absatzmittler der herausragende Goodwill-Träger sein, der vom Publikum als Garant für die gleichbleibende Qualität des Systemprodukts (Ware oder Dienstleistung) angesehen wird. Auch das Handelsvertreterrecht bezieht den Dienstleistungsabsatz über Versicherungs-, Bausparkassen- und Schiffahrtsvertreter ausweislich der §§ 92 und 92 c HGB in den Anwendungsbereich des zwingenden Goodwill-Ausgleichsanspruchs mit ein.

b) Nachvertragliche Vergütungsansprüche des Absatzmittlers

D 82 Auch hinsichtlich der einzelnen **Abwicklungs- und Folgeprobleme der Beendigung von Vertragshändler-, Kommissionsagenten- und Franchiseverträgen** dient das spezielle Geschäftsbesorgungsrecht des Handelsvertretervertrages als Orientierungsgrundlage, weil es das gesetzliche Ordnungsleitbild für alle interessenwahrenden Absatzmittlungsverhältnisse darstellt. In auslaufenden Handelsvertreterverträgen spielt die Vorschrift des § 87 Abs 3 HGB eine herausragende Rolle, wonach dem Handelsvertreter unter engen Voraussetzungen auch für nach Vertragsbeendigung abgeschlossene Geschäfte ein **Provisionsanspruch** zusteht. Zu Recht haben sich der BGH und die Literatur schon früh für eine analoge Anwendung des § 87 Abs 3 HGB auf handelsvertreterähnliche Absatzmittlungsverhältnisse ausgesprochen (BGH VersR 1960, 653, 655; ULMER, Der Vertragshändler 488 f; HGB-Großkomm/BRÜGGEMANN § 84 Rn 25). Auch der **Vertragshändler**, der **Kommissionsagent** und der **Subordinations-Franchisenehmer** haben danach für besondere Geschäftsabschlüsse, die einer der noch von ihnen geworbenen Kunden kurz nach Beendigung des Absatzmittlungsverhältnisses mit einem anderen Systembetrieb, zB mit dem Nachfolger des ausgeschiedenen Absatzmittlers, tätigt, einen Vergütungsanspruch nach Maßgabe einer fiktiven Provision (MATTHIESSEN ZIP 1988, 1089, 1095; MARTINEK, Franchising 374; ders ZIP 1988, 1362, 1378; ders, Moderne Vertragstypen Bd II 163 f).

c) Rückgaberecht für Vertragsware und Ersatzteile

D 83 Auch im Beendigungsstadium von interessenwahrenden Absatzmittlungsverhältnissen behält die Treue- und Rücksichtnahmepflicht der Systemzentrale gegenüber dem Absatzmittler ihre herausragende Bedeutung (grundlegend für den Vertragshändler ULMER, Der Vertragshändler 468 ff). Die nachvertragliche Treuepflicht ist auch der dogmatische Anknüpfungspunkt für die Ableitung eines **Rückgaberechts des Absatzmittlers für Vertragsware, Ersatzteile und Ausstattungsgegenstände**, die für ihn nach Vertragsbeendigung weitgehend wert- und nutzlos geworden sind. Indem der Grundsatz von Treu und Glauben den Maßstab für Umfang und Grenzen eines Rückgaberechts bestimmt, steuert er die Verteilung des Verwertungsrisikos derartiger Gegenstände, die aufgrund der Vertragsbeendigung nicht mehr ihrer ursprünglichen Bestimmung zugeführt werden können. Mehr noch als ein **Vertragshändler** hat ein

Subordinations-Franchisenehmer in vielen Branchen ein besonderes Interesse daran, diese in seinem Eigentum stehenden Gegenstände auf den Lieferanten zurückzuübertragen. Nur in seltenen Fällen enthalten die Absatzmittlungsverträge ausdrückliche Regelungen über ein Rückgaberecht des Franchisenehmers nach Beendigung des Vertragsverhältnisses für nicht abgesetzte Vertragsware, ungenutzte Betriebsmittel oder überschüssige Ersatzteile.

Die **geschäftsbesorgungsvertraglichen Vorschriften** der §§ 675, 667 statuieren für den **D 84** interessenwahrenden Absatzmittler eine **Rückgabepflicht** (kein Rückgabe**recht**) für „alles, was er zur Ausführung des Auftrages" erhalten hat, doch gehören hierzu allenfalls **Werbematerialien, Prospekte, Handbücher, Kundenlisten und Arbeitsanweisungen**, nicht aber die zu Eigentum erworbenen Vertragswaren, Betriebsmittel und Ausstattungsgegenstände (vgl ULMER, Der Vertragshändler 484 f; EBENROTH, Absatzmittlungsverträge 214 f; FINGER DB 1970, 141, 147). Für die Rückgabe solcher Gegenstände kommt als einschlägige Rechtsgrundlage allein die **nachvertragliche Treuepflicht des Lieferanten** in Betracht, falls nicht ausnahmsweise dem Absatzmittler im Vertriebsvertrag ein durch einseitige Gestaltungserklärung auszuübendes **Rückverkaufsrecht zu angemessenem Preis** eingeräumt ist. Schon im Jahr 1970 hat der BGH in einem Grundsatzurteil zum Vertriebsrecht ausgesprochen, daß die nachvertragliche Treuepflicht eines Herstellers/Lieferanten gegenüber einem Vertragshändler in ihrer Intensität über die üblicherweise nach Beendigung eines Vertrages geschuldeten Sorgfalts- und Nebenpflichten hinausgeht (BGHZ 54, 338, 344 = BB 1970, 1458 = JZ 1971, 264 mit Anm ULMER = NJW 1971, 29 mit Anm FINGER 555; vgl auch BGH EWiR § 9 AGBG 11/88, 737 [ASSMANN] = DB 1988, 1591 = BB 1988, 2201). Begründet wird dies mit der besonderen **funktionellen Ausrichtung des Absatzmittler-Betriebes auf die Interessen der Absatzzentrale** und mit der **Abhängigkeit des Absatzmittlers von den Planungen des Systemkopfs**. Die gesteigerte nachvertragliche Treuepflicht wurde vom BGH dahingehend konkretisiert, daß sich aus ihr für den Geschäftsherrn auch die Pflicht ergibt, in zumutbarem Umfang an der Vertragsabwicklung mitzuwirken und zur Schadensabwendung im Zuge der Auflösung des engen Kooperationsverhältnisses beizutragen. Dieser Grundgedanke beansprucht auch für solche **Subordinations-Franchiseverhältnisse** Geltung, bei denen der Absatzmittler in gewissem Umfang zur Lagerhaltung, zum Kunden- und Ersatzteildienst verpflichtet ist, aber nach Vertragsende nichts mehr mit den Waren, mit den auf das Systemprodukt zugeschnittenen Einzelteilen, Spezialwerkzeugen, Ausstattungsgegenständen usw anfangen kann. Der Franchisenehmer darf auf solchen Gegenständen der Vertragsware und der Betriebsausstattung, im Extremfall gar auf einem vollen und unverkäuflichen Lager- oder Ersatzteilbestand nicht „sitzenbleiben".

Freilich kann sich der Absatzmittler auf § 242 nur bei einer **von ihm nicht veranlaßten D 85 Kündigung** des Vertrages berufen; andernfalls müßte er sich seinerseits nach § 242 ein widersprüchliches Verhalten entgegenhalten lassen (BGHZ 54, 338, 342 f = BB 1970, 1458, 1460); es versteht sich, daß ein schuldhaftes Verhalten des Absatzmittlers nicht mit einer Entlastung des von ihm vertraglich übernommenen Dispositionsrisikos belohnt werden darf. Umgekehrt muß aber ein schuldhaftes Verhalten des Geschäftsherrn und Lieferanten zu einer **Verschärfung seiner Mitwirkungs- und Rücknahmepflichten** führen. Das Risiko der erschwerten Verwertung eines auf Veranlassung des Lieferanten angelegten Waren- oder Ersatzteillagers ist danach grundsätzlich von demjenigen Vertragspartner zu tragen, der die Vertragsbeendigung zu

§ 675
2. Buch

D 86, D 87
7. Abschnitt. Einzelne Schuldverhältnisse

vertreten hat; bei einer beiderseitig verursachten Kündigung ist auch eine beiderseitige Verteilung des Risikos angebracht. Für die Ausgestaltung der Rücknahmepflicht des Franchisegebers und des damit korrespondierenden Rückgaberechts des Franchisenehmers ist im konkreten Einzelfall sowohl inhaltlich wie auch zeitlich entscheidend, was den Parteien unter Abwägung der beiderseitigen Interessen billigerweise zuzumuten ist. Die Mitwirkungspflicht des Geschäftsherrn bei der Abtragung der dem Absatzmittler aus dem Kooperationsverhältnis verbliebenen Lasten kann auch nur solche Warenbestände, Rohstoffvorräte oder Ersatzteillager oder Ausrüstungsgegenstände betreffen, deren Anhäufung und Vorhaltung **im Interesse einer ordnungsgemäßen Vertragserfüllung geboten** war. Dabei findet die **Verpflichtung des Lieferanten zur gebührenden Rücksichtnahme auf die Absatzmittlerinteressen** und zur dementsprechenden Rücknahme von Gegenständen dort ihre Grenze, wo der Absatzmittler bei einer **zumutbaren Eigenanstrengung** selbst Verwertungsmöglichkeiten ausschöpfen kann.

d) Das nachvertragliche Wettbewerbsverbot

D 86 In aller Regel werden in Absatzmittlungsverträgen mit einem dominanten geschäftsbesorgungsvertraglichen Element Wettbewerbsverbote zu Lasten des aus dem Vertriebssystem ausscheidenden Absatzmittlers für eine gewisse Zeit nach Beendigung des Kooperationsverhältnisses vereinbart. Das **nachvertragliche Wettbewerbsverbot** eines Absatzmittlers muß von dem **während der Laufzeit des Vertriebsvertrages bestehenden Wettbewerbsverbot** unterschieden werden (vgl H KÖHLER, in: FS Fritz Rittner 265). Das dominante geschäftsbesorgungsvertragliche Element der Interessenwahrungspflicht führt bei **Handelsvertretern, Kommissionsagenten, Vertragshändlern** und **Subordinations-Franchisenehmern** natürlich auch ohne ausdrückliche vertragliche Vereinbarung zu einem Wettbewerbsverbot für die Dauer des Vertragsverhältnisses. Insbesondere dürfen die Absatzmittler während des Bestehens des Absatzmittlungsverhältnisses **keine Konkurrenzprodukte** vertreiben. Man könnte denken, daß es auch für ein über die Vertragsbeendigung hinausreichendes, nachvertragliches Wettbewerbsverbot keiner ausdrücklichen Vereinbarung bedürfe, weil es sich schon aus der nachvertraglichen Treuepflicht des Absatzmittlers ableiten lasse. Indes ist mit dieser Annahme Zurückhaltung geboten. Das Handelsvertreterrecht geht nämlich ausweislich der Vorschrift des § 90 a HGB davon aus, daß eine nachvertragliche Wettbewerbsabrede der Schriftform und der Aushändigung einer vom Unternehmer unterzeichneten, die vereinbarten Bestimmungen enthaltenden Urkunde an den Handelsvertreter bedarf. Dieser Vorschrift liegt offenbar der Gedanke zugrunde, daß das aus Treu und Glauben entspringende Wettbewerbsverbot mit der Beendigung des Vertrages entfällt.

D 87 Bei anderen interessenwahrenden Absatzmittlungsverhältnissen bedarf es gleichfalls nach § 90 a HGB der **ausdrücklichen Vereinbarung eines nachvertraglichen Wettbewerbsverbotes** unter Wahrung der dort genannten Formerfordernisse (KARSTEN SCHMIDT, Handelsrecht 780; MATTHIESSEN ZIP 1988, 1089; WEBER JA 1983, 353; MARTINEK, Franchising 373; BGH DB 1987, 1039 = NJW-RR 1987, 612). Es besteht auch hier kein Grund, die Anwendung dieser Vorschrift auf den **Warenabsatz** zu beschränken und beim **Dienstleistungsabsatz** zu versagen. Die in § 90 a Abs 1 S 3 HGB vorgesehene Zahlung soll dem Absatzmittler ein den Umständen nach angemessenes Entgelt für die vereinbarte Wettbewerbsenthaltung gewähren, um ihm den „Lebensbedarf" für die Dauer der auferlegten Wettbewerbsbeschränkung zu sichern. Der Entschädigungsanspruch **knüpft nicht unmittelbar an den Verlust von Einkünften an**, sondern ist als die **vertragliche Gegenleistung für das vorgesehene Unterlassen des Wettbewerbs** anzusehen (BGHZ 59, 387, 390; BGHZ 63, 353, 355; BGH DB 1987, 1039). Allerdings findet § 90 a HGB dann keine Anwendung, wenn die **Wettbewerbsabrede erst nach Beendigung des Vertragsverhältnisses getroffen** wird; dies läßt sich dem § 90 a Abs 2 S 1 HGB entnehmen (BGHZ 51, 184; BGHZ 53, 89). Solche **nachvertraglich vereinbarten Wettbewerbsabreden** sind bei allen Absatzmittlertypen **formlos gültig**, unterliegen keiner zeitlichen Begrenzung und sind nicht karenzentschädigungspflichtig; wohl aber sind sie an § 138 zu messen und können bei zu starker Einengung der wirtschaftlichen Bewegungsfreiheit des „entlassenen" Absatzmittlers rechtsunwirksam sein, falls keine angemessene Entschädigung vereinbart worden ist.

II. Geschäftsbesorgung im Zulieferrecht

Schrifttum

ALTMANN/SAUER (Hrsg), Systemische Rationalisierung und Zulieferindustrie (1989)

BDI (Hrsg), Grundsätze des Leistungswettbewerbs im Zulieferwesen, WuW 1979, 660

DOLESCHAL, Just-in-Time-Konzepte in der Automobilindustrie – Risiken und Gestaltungschancen, Die Mitbestimmung 1990, 389

ders, Neue Logistikkonzepte in der bundesdeutschen Automobilindustrie (1991)

EG, Europäische Gemeinschaft (Amt für Veröffentlichungen), Praktischer Leitfaden zu rechtlichen Aspekten der Tätigkeit industrieller Zulieferer in der Europäischen Gemeinschaft, Bd 1: Der Zuliefervertrag (Luxemburg 1990)

ENSTHALER, Haftungsrechtliche Bedeutung von Qualitätssicherungsvereinbarungen, NJW 1994, 817

FANDEL/FRANCOIS, Just-in-Time-Produktion und -Beschaffung – Funktionsweise, Einsatzvoraussetzungen und Grenzen, ZfB 1989, 531

FANDEL/RESSE, „Just-in-Time"-Logistik am Beispiel eines Zulieferbetriebs in der Automobilindustrie, ZfB 1989, 55

HERRMANN/FINGERHUT, Erstattung von Rückrufkosten, BB 1990, 725

JÜTTNER-KRAMNY, Wettbewerbsverhältnis Zulieferer-Abnehmer, WuW 1990, 130

KREIFELS, Qualitätssicherungsvereinbarungen – Einfluß und Auswirkungen auf die Gewährleistung und Produkthaftung von Hersteller und Zulieferer, ZIP 1990, 489

LEHMANN, Just-in-Time – Handels- und AGB-rechtliche Probleme, BB 1990, 1849

LEMPPENAU, Die Haftung des Zulieferunternehmens nach den Grundsätzen der Produzentenhaftung, DB 1979, 1679

LINK, Gesetzliche Regreßansprüche bei Produzentenhaftung gegenüber dem Zulieferer, BB 1985, 1424

LÖWE, Rückrufpflicht des Warenherstellers, DAR 1978, 288

MARTINEK, Zulieferverträge und Qualitätssicherung, RWS-Skript 229 (1991)

ders, Sind Rügeverzichtsklauseln in Just-in-time-Verträgen AGB-rechtlich wirksam?, in: FS Günther Jahr (1993) 305

ders, Moderne Vertragstypen Bd III (1993)

MASING (Hrsg), Handbuch der Qualitätssicherung (2. Aufl 1988)

MERZ, Qualitätssicherungsvereinbarungen – Zulieferverträge, Vertragstypologie, Risikoverteilung, AGB-Kontrolle (1992)

NAGEL, Der Lieferant On Line – Unternehmensrechtliche Probleme der Just-in-Time-Produktion am Beispiel der Automobilindustrie, DB 1988, 2291

ders, Schuldrechtliche Probleme bei Just-in-Time-Lieferbeziehungen, dargestellt am Beispiel der Automobilindustrie, DB 1991, 319

ders, Zulieferbeziehungen der Automobilindustrie und Wettbewerbsrecht der EG, WuW 1992, 818

ders, Die Produkt- und Umwelthaftung im Verhältnis von Herstellern und Zulieferern, DB 1993, 2469

NAGEL/EGER, in: EG-KOMM (Hrsg), EG-Wett-

Michael Martinek

bewerbsrecht der Zulieferbeziehungen der Automobilindustrie mit einer ökonomischen Analyse der Zulieferbeziehungen in der Automobilindustrie (1992)

NAGEL/RIESS/THEIS, Der faktische Just-in-Time-Konzern – unternehmensübergreifende Rationalisierungskonzepte und Konzernrecht am Beispiel der Automobilindustrie, DB 1989, 1505

dies, Der Lieferant on Line (1990)

PLUM, Der Regreß des (Produkt-)Haftpflichtversicherers gegenüber dem Zulieferer des auf Schadensersatz in Anspruch genommenen Versicherungsnehmers und anderen gewerblich am Industrieprodukt Beteiligten, VersR 1979, 209

QUITTNAT, Qualitätssicherungsvereinbarungen und Produkthaftung, BB 1989, 571

SAXINGER, Zulieferverträge im deutschen Recht – zugleich eine Abhandlung zu den Besonderheiten langfristiger Schuldverhältnisse (1993)

DETLEF SCHMIDT, Qualitätssicherungsvereinbarungen und ihr rechtlicher Rahmen, NJW 1991, 144

SCHMIDT-SALZER, Massenproduktion, lean production und Arbeitsteilung – organisationssoziologisch und -rechtlich betrachtet, BB 1992, 1866

SCHNEIDER, Rechtliche Fragen in Just-in-Time – Rechtliche Konsequenzen bei Just-in-Time-Produktion für die Vertragsgestaltung (1987)

SCHÜTZ, EG-kartellrechtliche Betrachtung der Zulieferverträge, WuW 1989, 111

STECKLER, Das Produkthaftungsrisiko im Rahmen von Just-in-time-Lieferbeziehungen, BB 1993, 1225

dies, Die Produktbeobachtungsverantwortung des Zulieferers im Rahmen zwischenbetrieblicher Arbeitsteilung, WiB 1994, 300

STEINMANN, Qualitätssicherungsvereinbarungen zwischen Endprodukherstellern und Zulieferern (1993)

dies, Abdingbarkeit der Wareneingangskontrolle in Qualitätssicherungsvereinbarungen, BB 1993, 873

TEICHLER, Qualitätssicherung und Qualitätssicherungsvereinbarungen, BB 1991, 428

THAMM, Rechtliche Wertung der „Annullierung, Stornierung und Sistierung" von Verträgen, BB 1975, 1280

THAMM/HESSE, Einkaufsbedingungen und AGB-Gesetz, BB 1979, 1583

WELKER, Produktionstiefe und vertikale Integration (1993)

GRAF VWESTPHALEN, Einkaufsbedingungen der Automobilhersteller und das AGB-Gesetz, DB 1982, 1655

ders, Einkaufsbedingungen und AGB-Gesetz, ZIP 1984, 531

ders, Qualitätssicherungsvereinbarungen – Rechtsprobleme des „Just-in-Time-Delivery", in: FS 40 Jahre „Der Betrieb" (1988) 223

ders, Rechtsprobleme des „Just-in-Time-Delivery", CR 1990, 567

GRAF VWESTPHALEN/BAUER, Just-in-Time-Lieferungen und Qualitätssicherungsvereinbarungen (RWS-Skript 264, 1993)

ZIBELL, Die Just-in-Time-Philosophie – Grundzüge und Wirtschaftlichkeit (1990)

ZIRKEL, Das Verhältnis zwischen Zulieferer und Assembler – eine Vertragsart sui generis?, NJW 1990, 345

1. Zulieferrecht und vertikale Rückwärtsintegration

a) Zulieferverträge im Wandel

D 88 Eine zunehmend bedeutsame Rolle spielt das Geschäftsbesorgungsrecht für Zulieferverträge. Unter Zulieferverträgen im weiteren Sinne versteht man alle Güteraustauschverträge der Herstellerkooperation; im hier relevanten engeren Sinne beziehen sich Zulieferverträge auf die Vertragsverhältnisse zwischen (End-)Herstellern, die sich auf den Zusammenbau von Endprodukten (Assembling) konzentrieren, und Zulieferern, die auf die Fertigung von Einzelteilen spezialisiert sind. Früher konnte man Zulieferverträge ohne weiteres als **Kauf- bzw Werklieferungsverträge** oder aber als **kaufrechtliche Rahmenvereinbarungen** zu einzelnen werklieferungsvertraglichen

Ausfüllungsgeschäften qualifizieren; letztlich konnten Zulieferverträge als **kaufrechtliche Dauerschuldverhältnisse** hinreichend erfaßt werden. In den letzten Jahren hat sich mit der Entwicklung zu Massen-Qualitätsprodukten aber eine immer feiner gegliederte **Arbeitsteilung auf der Herstellerebene** und eine fortschreitende Verlagerung der Herstellung von Teilprodukten vom Endhersteller zu vorgelagerten Zulieferern vollzogen. Die Ausformung neuer Formen der Produktion sowie der kaufmännischen und technischen Zusammenarbeit in den letzten beiden Jahrzehnten hat gegenüber den klassischen Zulieferverträgen **neue Beteiligungs-, Verantwortungs- und Haftungsregelungen in der Herstellerkooperation** hervorgebracht. Dadurch haben sich die Erscheinungsformen der Zulieferverträge – ähnlich wie im Vertriebsrecht (so Rn D 8 ff) – zu beachtlicher Vielfalt aufgefächert, so daß man sie nach der Kooperationsintensität untergliedern, nämlich graduell von einfachen kauf- und werklieferungsrechtlichen Verträgen bis hin zu umfassenden, auf produktionssynchrone Zusammenarbeit angelegte **Verträge mit ausgeprägten geschäftsbesorgungsvertraglichen Elementen** abschichten kann (su Rn D 105 ff). Vor allem haben sich auf der höchsten Stufe die sogenannten Just-in-time-Verträge mit früher unbekannter Kooperationsintensität entwickelt. Sie haben sich zunächst vornehmlich in der Automobilindustrie durchgesetzt, bald aber auch in anderen Branchen wie der Maschinenbau-, Elektrogeräte- und Computerindustrie Eingang gefunden (vgl NAGEL/ RIESS/THEIS, Der Lieferant on line 18 ff; ALTMANN/SAUER [Hrsg], Systemische Rationalisierung der Zulieferindustrie 1 ff; EG-Kommission, Praktischer Leitfaden zu rechtlichen Aspekten der Tätigkeit industrieller Zulieferer in der Europäischen Gemeinschaft, Bd 1, 1 ff; MARTINEK, Zulieferverträge und Qualitätssicherung 1 ff; dazu BORGWARDT ZIP 1992, 966; MARTINEK, Moderne Vertragstypen Bd III 286 ff; vgl auch NAGEL DB 1988, 2291 und DB 1991, 319; LEHMANN BB 1990, 1849; ZIRKEL NJW 1990, 345).

Als Reaktion der Rechtsordnung, der Rechtswissenschaft und der Rechtsprechung **D 89** auf diese Entwicklungen verselbständigt sich zunehmend im Schnittbereich des Vertrags-, Haftungs- und Kartellrechts das Spezialgebiet des **Zulieferrechts**, zu dessen Schwerpunkten die Just-in-time-Verträge zählen (vgl MARTINEK, Zulieferverträge und Qualitätssicherung, Vorwort, V; ders, Moderne Vertragstypen Bd III 286 ff). Dieses Rechtsgebiet weist eine gewisse **Spiegelsymmetrie zum Vertriebsrecht** auf. Während sich im **Absatzbereich** die Ausgestaltung der Vertriebs- oder Absatzmittlungsverträge aus der **intensiven Vorwärtsintegration** der Hersteller gegenüber den Absatzmittlungsunternehmen erklärt (dazu Rn D 4 ff), stellen sich auf der **Beschaffungsseite** die Zulieferverträge in steigendem Maße als vertragsrechtliches Instrument der Hersteller zur engen Anbindung und Indienststellung von Zulieferunternehmen, mithin als **Mittel der Rückwärtsintegration von Unternehmen der vorgelagerten Wirtschaftsstufe** dar. Denn längst hat sich durch die Spezialisierung der Herstellerunternehmen in der Produktion eine Vertikalisierung der früheren Horizontalverhältnisse vollzogen. Paradigmatisch hierfür sind die Verhältnisse in der Automobilindustrie, die für die Entwicklung und Zielrichtung nicht nur der Franchise-, sondern auch der Just-in-time-Verträge eine Führungsrolle einnimmt.

b)   Das Just-in-time-Modell

Die Ausformung einer eigenständigen, auf die Beschaffungsbedürfnisse der Auto- **D 90** mobilindustrie abgestimmten Zulieferbranche hat ihren Ausgangspunkt zunächst in dem Bestreben der Automobilhersteller, durch Rationalisierung und Spezialisierung ihrer Produktionsabläufe Kosteneinsparungen zu erzielen. Die Entwicklung und

Produktion sämtlicher zur Automobilherstellung erforderlichen Bestandteile und Zubehörteile würde für eine Vielzahl von hochspezialisierten Erzeugnissen (Scheinwerfer, Sitze, Zigarettenanzünder, Spiegel, Einspritzpumpen, Lenkgestänge, Bremssysteme, Airbags usw) den Aufbau umfangreicher Produktionsstätten, den Einsatz besonders ausgebildeter Arbeitskräfte und aufwendiger Werkzeugmaschinen sowie ständige Forschungsanstrengungen zur Verbesserung der Produkte und Fertigungsmethoden erfordern (hierzu und zum folgenden FANDEL/REESE ZfB 1989, 55 ff). Vor allem die Bindung technischer Produktionsmittel in einem der planerischen Automobilkonstruktion nachgelagerten und der zusammenbauenden Automobilherstellung vorgelagerten Feld schlüge sich negativ auf die Kostenstruktur der Endprodukt-Hersteller nieder. Für sie bietet es sich daher an, ihre eigene **Fertigungstiefe zu verringern**, das heißt die Fertigung von abgegrenzten Einzelteilen aus ihrem Herstellungsprozeß auszulagern und selbständigen, auf die Fertigung des jeweiligen Einzelteils spezialisierten Unternehmen zu übertragen (sog *outsourcing*). Damit sind zugleich Einsparungen im Konstruktionsbereich sowie in der Forschung und Entwicklung erzielbar. Denn oft verfügen solche Zulieferer selbst über das nötige Know-how zur Entwicklung und Produktion der Teile, so daß sie kooperativ in die Konstruktionsverantwortung eingebunden werden können. Zumeist produzieren sie die verlangte Ware zwar im Ergebnis strikt nach den vom Hersteller vorgegebenen Plänen, doch stimmt der Hersteller zuvor seine Pläne mit denen des Zulieferers ab. Bei zunehmender Auslagerung der Produktion und damit Verringerung der eigenen Fertigungstiefe rückt der Endproduzent immer mehr in die Rolle eines bloßen **Assemblers, Montierers und Delegierers** ein, der die angeforderten und angelieferten Einzelteile nur noch zum fertigen Produkt zusammensetzt.

D 91 Diese Externalisierung von technischen Produktions- und möglicherweise auch von planerischen Konstruktionsteilen bringt freilich, wie jede Arbeitsteilung, zusätzliche logistische Probleme mit sich. So ist der Automobilhersteller als Endproduzent darauf angewiesen, daß die Anlieferung der Einzelteile von seinen – oft sehr zahlreichen – Zulieferern so kostengünstig wie möglich, das heißt vor allem: möglichst ohne Zwischenlagerung, in seinen Organisationsablauf integriert wird. Auch zwingen ihn die Marktverhältnisse dazu, die Anlieferungen mit seinem oft tageweise wechselnden Bedarf abzustimmen. Denn der Produzent ist seinerseits auf eine schnelle Reaktion gegenüber den Marktimpulsen seiner Abnehmer angewiesen und muß die Verkaufsmöglichkeiten auf dem Endverbrauchermarkt schon für die Festlegung des optimalen Produktionsvolumens antizipieren. Diese absatzpolitischen Vorgaben schlagen auf seine Beschaffungspolitik gegenüber den Zulieferern durch, die er in seine Produktionsstrategie einbinden und von denen er eine kurzfristige Ausführung seiner Lieferaufträge „just in time" verlangen muß. Kennzeichnend für eine Just-in-time-Lieferbeziehung – gelegentlich ist sogar von einer Just-in-time-Philosophie die Rede (ZIBELL, Die Just-in-Time-Philosophie – Grundlagen, Wirtschaftlichkeit 1 ff) – ist deshalb vor allem eine **weitgehende Ausrichtung des Produktionsablaufs des Zulieferers auf die Bedürfnisse des Herstellers**, so daß die jeweils benötigten Teile ohne Zwischenlagerung genau im Zeitpunkt der geplanten Montage am Endprodukt verfügbar sind (NAGEL DB 1988, 2291 und DB 1991, 319; LEHMANN BB 1990, 1849; ZIRKEL NJW 1990, 345; WELKER, Produktionstiefe und vertikale Integration [1993]; SAXINGER, Zulieferverträge im deutschen Recht [1993]). Um diese Zeitgenauigkeit zu erreichen, muß der Zulieferer freilich genau über den Produktionsstand des Herstellers informiert sein. Das ist heute dank des Einsatzes moderner Kommunikationsmittel organisierbar; bei perfekt eingespielten Just-in-time-Beziehungen werden die Datennetze der Zulieferunternehmen und des Herstellers „on line" miteinander verkoppelt, so daß die jeweils benötigten Teile kurzfristig abgerufen werden können. Im Extremfall gestaltet sich die Kooperation so intensiv und präzise, daß die benötigten Ersatzteile im minutengenau vorausbestimmten Zeitpunkt vom Waggon, Container oder Trailer des Zulieferers über die Laderampe auf das Fließband des Herstellers zum geplanten Einbau gebracht werden; der Zulieferer fungiert gewissermaßen als die verlängerte Werkbank des Herstellers.

Seit Mitte der achtziger Jahre hat in Deutschland die ursprünglich in Japan entwik- **D 92** kelte Just-in-time-Idee im Zuge des betriebswirtschaftlichen Paradigmawechsels vom „materialwirtschaftlichen Optimum" zum „materialflußorientierten Produktionsmanagement" in immer mehr Branchen an Einfluß gewonnen. In immer weiteren Produktionszweigen ist heute das Bestreben spürbar, die sogenannten „Durchlaufzeiten" von der Einsteuerung des Auftrags bis zur Auslieferung des Produkts zu senken und letztlich der Summe der einzelnen Bearbeitungszeiten anzunähern und „lagerlos" zu fertigen. Zu Beginn der neunziger Jahre hat die Just-in-time-Bewegung neue Schubkraft durch das **Modell der „lean production"** (schlanken, abgemagerten Produktion) und des **„lean management"** erhalten, wonach eine optimale Koordination der Teilfunktionen eines möglichst „schlank" getrimmten Unternehmens zu einer Rationalisierung und Flexibilisierung von Produktion und Management führen soll (vgl dazu SCHMIDT-SALZER BB 1992, 1866 ff insbes 1872 ff; grundlegend dazu WOMACK/JONES/ROOS, The machine that changed the world [1990] = deutsch: Die zweite Revolution in der Autoindustrie [1992]; DOLESCHAL, Neue Logistikkonzepte in der bundesdeutschen Automobilindustrie [1991]; WELKER, Produktionstiefe und vertikale Integration [1993]; SAXINGER, Zulieferverträge im deutschen Recht [1993]).

c) Die Regelungskomplexe von Zulieferverträgen

Um eine reibungslose Zusammenarbeit zwischen Herstellern und Zulieferern zu **D 93** erreichen, bedarf es nicht nur einer ausgeklügelten betriebswirtschaftlichen Organisation und hochentwickelter technischer Verfahren, sondern auch ausgefeilter vertragsrechtlicher Instrumente. Auf beiden Seiten bedarf es einer möglichst umfassenden vertraglichen Absicherung der Kooperationsziele, -gegenstände und -verfahren und dabei eines Höchstmaßes an Verläßlichkeit und Loyalität, Vertraulichkeit und Sorgfalt auf beiden Seiten. Die **Regelungsaufgaben** für die Parteien und ihre Rechtsberater sind überaus anspruchsvoll und intrikat, weil das traditionelle Vertragsrecht die Güter- und Leistungsbewegungen eher als punktuelle Austauschakte zur ad hoc-Koordination von Angebot und Nachfrage konzeptualisiert (so Rn A 156 ff). In einer modernen Zulieferbeziehung müssen vielfach Einzelteile von höchster Präzision nach den exakten technischen Vorgaben, den sogenannten „Spezifikationen" des Herstellers gefertigt werden. Nicht selten ist der Hersteller darauf angewiesen, daß der Zulieferer an der weiteren Verbesserung der Einzelteile bzw deren Fabrikation arbeitet und die Forschungs- und Entwicklungsergebnisse dem Hersteller zur Verfügung stellt (ZIRKEL NJW 1990, 345, 346; NAGEL/RIESS/THEIS, Der Lieferant on line 49). Bisweilen muß er vom Zulieferer verlangen, daß er seine Teileproduktion nicht nur quantitativ, sondern auch qualitativ kurzfristig ändert und an überraschende Bedarfslagen bzw umgestellte Spezifikationen schnellstmöglich anpaßt. Unsicherheitsfaktoren der Bedarfsschätzung müssen nach Kräften neutralisiert werden, so daß es weder zu Überlieferungen noch zu Lieferengpässen kommt. Fortschritte etwa in der Sicherheitskonzeption, der Funktionsweise oder der Handhabbarkeit müssen ebenso ohne Zeitverlust umgesetzt werden wie Geschmacksänderungen des Publikums in Design- und Farbfragen. Hierzu bedarf es raffinierter Dispositions- und Abrufsysteme, auf die sich die Parteien verständigen müssen. Auch müssen die Risiken von Lieferausfällen durch Transportverzögerungen aufgrund von Staus oder Unfällen aufgefangen werden. Dies kann durch ein kleines Reservelager des Herstellers ("Pufferlager") oder – vorzugsweise – durch die Ansiedlung des Zulieferbetriebes in unmittelbarer Nähe des Herstellerwerkes erreicht werden.

D 94 Schließlich ist eine „an Band"-Lieferung nur dann sinnvoll, wenn der sofortige Einbau ins Endprodukt nicht durch eine umständliche Wareneingangskontrolle verzögert wird, der Hersteller also auf eine eigene **Überprüfung der Mangelfreiheit** der gelieferten Einzelteile **weitgehend oder gar vollständig verzichten kann** (GRAF V WESTPHALEN DB 1982, 1655; ders, in: FS 40 Jahre Der Betrieb 223; ders CR 1990, 567; MARTINEK, in: FS Günther Jahr 305 ff). Zur Vermeidung von Qualitätseinbußen bedarf es einer Verständigung der Parteien über **Qualitätssicherungsverfahren**. Die Hersteller wollen sich vor fehlerhaften Zulieferteilen, die ihre Gewährleistungs- oder Produzentenhaftung für das Endprodukt auslösen können, gegenüber ihren Zulieferern sichern. Just-in-time-Verträge werden deshalb regelmäßig von **Qualitätssicherungsvereinbarungen** begleitet, nach denen der Zulieferer eine umfassende Produktions- und Warenausgangskontrolle übernimmt (dazu umfassend MERZ, Qualitätssicherungsvereinbarungen insbes 155 ff sowie die Beiträge in MASING [Hrsg], Handbuch der Qualitätssicherung). Dabei bestehen die Hersteller nicht nur auf effektiven Kontrollverfahren, sondern auch auf präzisen **Dokumentationen der Kontrollergebnisse**. Durch den Einsatz von Verfahren des Computer Integrated/Aided Manufacturing (CIM-/CAM-Verfahren) kann dieser Dokumentationspflicht zur Qualitätssicherung vielfach durch Computerausdrucke mit Prüfergebnissen genügt werden, neben denen sich die Hersteller das Recht zu regelmäßigen Kontrollen im Betrieb des Zulieferers (Audits) ausbedingen (QUITTNAT BB 1989, 571; NAGEL/RIESS/THEIS, Der Lieferant on line 62; ENSTHALER NJW 1994, 817).

D 95 Die Spiegelbildlichkeit des modernen Zulieferwesens unter dem Einfluß der vertikalen Rückwärtsintegration zur modernen absatzwirtschaftlichen Praxis unter dem Einfluß der vertikalen Vorwärtsintegration setzt sich auch in folgendem fort: die Unternehmen der Zulieferindustrie erscheinen gegenüber den Herstellerunternehmen auf vielen Märkten tendenziell als die ungleich schwächeren, **oft existentiell abhängigen Partner** und drohen insbesondere bei Just-in-time-Verträgen mit Qualitätssicherungsvereinbarungen ausbeuterisch geknebelt zu werden. Für den Zulieferer kann eine Just-in-time-Kooperation leicht zum **Verlust an Anpassungsfähigkeit auf Nachfrageschwankungen** führen, denn er muß hinreichend Kapazitäten vorhalten, um auch kurzfristige Nachfragespitzen schnell befriedigen zu können. Um solche Kapazitäten zu schaffen, ist er zu **hohen Investitionen** genötigt, die sein Kapital binden. Eine Produkt-, Geschäftsfeld- und Abnehmerdiversifizierung ist dem Just-in-time-Zulieferer meist versagt. Ob ein Just-in-time-Vertrag im Einzelfall auch für den Zulieferer von Vorteil ist, hängt freilich davon ab, inwieweit er aufgrund seiner eigenen Marktstärke und Verhandlungsmacht gegenüber dem Hersteller günstige Konditionen durchsetzen kann. Bildet etwa die Teileproduktion nur einen Ausschnitt aus der weitgefächerten Produktpalette eines Zulieferers oder nimmt der Zulieferer bezüglich bestimmter hochwertiger Einzelteile eine führende Rolle am Markt ein, besitzt er etwa ein durch Patente abgesichertes Monopol für wertvolle innovative

Erzeugnisse, dann kann er sich sein Entgegenkommen gegenüber dem auf Just-in-time-Lieferungen und Qualitätssicherungen bestehenden Endproduzenten teuer bezahlen lassen. Kleinere oder mittelständische Unternehmen, die keine Spitzentechnologie anbieten, werden indes eher dem **Diktat des Herstellers** ausgesetzt sein. Die Konkurrenz aus Billiglohnländern zwingt sie oft dazu, mit niedrigen Gewinnspannen zu arbeiten, während sie andererseits erhebliche Investitionen tätigen müssen, um ihre Produktionsmittel auf die (hohen) Anforderungen der Hersteller abzustellen. Da seitens der Hersteller meist nur **Lieferverträge mit kurzen Laufzeiten** abgeschlossen werden, besteht zudem die Gefahr, daß die Zulieferer bei einer **Beendigung der Geschäftsbeziehungen** aufgrund ihrer Spezialisierung in Schwierigkeiten geraten und allenfalls nach kostenträchtigen Umstellungen ihrer Produktionsstätten für andere Abnehmer produzieren können (Nagel DB 1991, 319; Nagel/Riess/Theis, Der Lieferant on line 15 ff). Im einzelnen bietet die **Machtverteilung** zwischen Endproduzenten und Zulieferern auch innerhalb derselben Branche freilich **ein sehr differenziertes, letztlich vom individuell-konkreten Einzelfall abhängiges Bild**, zumal viele Endproduzenten ihrerseits wiederum als Zulieferer für andere Endproduzenten fungieren.

2. Die Rechtsnatur moderner Zulieferverträge

a) Zweckgemeinschaft oder Austauschverhältnis

Moderne Zulieferverträge vom Typ der Just-in-time-Verträge werden – als Rahmen- **D 96** verträge für die einzelnen Bestellungen (Aufträge, Abrufe) – meist mit einer Laufzeit von einem Jahr mit Verlängerungsmöglichkeit, bisweilen auch für mehrere, höchstens aber für fünf Jahre abgeschlossen. Die zeitliche Dimensionierung der Liefer- und Abnahmepflichten sowie der sonstigen beiderseitigen Vertragspflichten führt – noch unabhängig von einer vertragstypologischen Rechtsnaturbestimmung – zur Qualifizierung als **Dauerschuldverhältnis**, was bereits einen Teil des Rechtsfolgenprogramms präjudiziert. Die auf längere Zeit angelegte Zusammenarbeit der Vertragsparteien bringt zwischen ihnen ein gegenüber punktuellen Austauschverträgen gesteigertes Vertrauens- und Abhängigkeitsverhältnis zur Entstehung, aufgrund dessen die Vertragsparteien in erhöhtem Maße zu gegenseitiger Rücksichtnahme, Loyalität und Sorgfalt verpflichtet sind. Eine hochsensible Just-in-time-Lieferbeziehung vermag nur dann erfolgreich ins Werk gesetzt und aufrechterhalten zu werden, wenn die Parteien in allen Kooperationsphasen von der ersten Festlegung der Spezifikationen, über die Verknüpfung der Datennetze und die Dokumentation der Qualitätssicherung, bis hin zur bedarfsgenauen Anlieferung ans Band äußerst eng und vertrauensvoll zusammenarbeiten. Dem Grundsatz von Treu und Glauben nach § 242 kommt deshalb in Just-in-time-Verträgen eine zentrale Bedeutung zu.

Angesichts der hohen Kooperationsintensität und der gesteigerten Treuepflicht der **D 97** Parteien eines modernen Zulieferverhältnisses liegt der Gedanke nicht fern, daß Hersteller und Zulieferer sogar **in Verfolgung eines gemeinsamen Zwecks** und damit in einer gesellschaftsrechtlich relevanten Verbundenheit tätig sind. In der Literatur ist die Frage aufgeworfen worden, ob die Leistungen der Vertragsparteien eines Just-in-time-Vertrags überhaupt im Austauschverhältnis der Gegenseitigkeit (Koordination) stehen oder nicht vielmehr als Beiträge zur gemeinschaftlichen Zweckförderung im Rahmen einer Zweckgemeinschaft (Koalition) verstanden werden müssen (insbes Zirkel NJW 1990, 345, 350; Engel RabelsZ 57 [1993] 556, 561; Martinek, Moderne

Vertragstypen Bd III 296 ff). Bekanntlich stellt sich die entsprechende Frage auch für die in vieler Hinsicht spiegelsymmetrischen Franchiseverhältnisse. Während dort indes die Vielfalt der praktischen Kooperationsverhältnisse nach Maßgabe der unterschiedlichen Macht- und Interessenkonstellationen in vier Rechtsstrukturtypen des Franchising aufgelöst werden kann (und muß), nämlich Subordinations-, Koordinations-, Koalitions- und Konföderations-Franchising (so Rn D 19 und 20 mwN), stellt sich die Lage bei Just-in-time-Verträgen als **einfacher und überschaubarer** dar. Das ist schon dadurch bedingt, daß den Zulieferverträgen **eines** Endproduzenten zu seinen unter Umständen Dutzenden von Zulieferern kein dem Franchising vergleichbarer, auf einheitliche Außenwirkung am Markt abzielender Systemcharakter eignet. Zwar muß der Endproduzent die Vielzahl und Vielfalt seiner Zulieferbeziehungen möglichst systemisch-rationell administrieren, zentral steuern, aufeinander abstimmen und zu einem Ganzheitsoptimum integrieren, doch hat er es rechtstechnologisch mit jeweils strikt bilateralen und ganz überwiegend individuell-eigenartigen Vertragsverhältnissen zu tun. Von einer vertikal-horizontalen Gruppenkooperation, einer Image- und Wettbewerbseinheit der Einzelglieder eines Zuliefersystems kann schwerlich gesprochen werden. Die Idee eines die Kooperationsverhältnisse übergreifenden „Systemvertrages", der in Analogie zum Systemvertrag beim Konföderations-Franchising sämtliche Zulieferer mitsamt dem Endhersteller zu einer Zweckgemeinschaft zusammenfaßt, findet in der Praxis des modernen Zulieferwesens kaum eine Grundlage.

D 98 Aber für die Qualifikation des **einzelnen Just-in-time-Vertrages** als bürgerlich-rechtlicher Gesellschaftsvertrag nach §§ 705 ff spricht auf den ersten Blick die symbiotische Intensität des Kooperationsverhältnisses. Als gemeinsamer Zweck könnte etwa die möglichst effektive, qualitativ optimale und kostenmäßig rationellste Herstellung von Produkten zum Verkauf an Endverbraucher und die Maximierung von Absatz und Gewinn angesehen werden. Daß kein gesamthänderisch gebundenes Gesellschaftsvermögen gebildet wird, hindert die Annahme eines BGB-Gesellschaftsverhältnisses ebensowenig wie der offenbare Ausschluß des Zulieferers von einer Geschäftsführung und von einer unmittelbaren Gewinn- und Verlustbeteiligung am Endproduzenten-Unternehmen. Freilich ist von einem gemeinsamen Zweck und seiner Förderung durch Beiträge im Just-in-time-Vertrag nicht explizit die Rede, was indes gleichfalls kein Hinderungsgrund für eine gesellschaftsvertragliche Qualifikation wäre.

D 99 Bei genauerer Betrachtung entspricht die Qualifikation eines Zuliefervertragsverhältnisses als (höchst atypisch ausgestaltete) BGB-Gesellschaft iS des § 705 allerdings **kaum der Interessenlage**. Der Zulieferer kann kein Interesse an der Förderung eines gemeinsamen Zwecks haben, solange ihm jede nennenswerte Einflußmöglichkeit auf die Herstellung und den Absatz des Endproduktes versagt bleibt. Er erbringt seinen Herstellungsbeitrag zum Endprodukt zudem in einer weitgehenden Weisungsunterworfenheit gegenüber dem Hersteller, wie sie einem Verhältnis gleichberechtigter Gesellschafter fremd ist. Zwar ist dem Zulieferer an einer möglichst erfolgreichen Produktion des Herstellers gelegen, und er will hierzu durch seine eigene Leistung beitragen, denn vom Erfolg des Endprodukts am Markt hängt letztlich auch der Gewinn des Zulieferers ab. Dieses Erfolgsinteresse begründet jedoch keine gesellschaftsrechtliche Beteiligung am Geschäftserfolg des Herstellers, sondern ist schlichte Konsequenz seiner liefervertraglichen Ausrichtung auf das

Unternehmen des Abnehmers und seiner mittelbaren Abhängigkeit von der Prosperität des Bestellers und Käufers, dessen langfristige und wiederholte Auftragserteilung durch den Markterfolg des Endprodukts bedingt ist. Es liegt **keine Gleichstufigkeit** von vertragsrechtlich zur Zweckgemeinschaft verbundenen Interessen, sondern eine Zweistufigkeit verschiedener, wirtschaftlich aufeinander bezogener und voneinander erfolgsabhängiger Interessen vor. Der Geschäftserfolg des Zulieferers ist nur mittelbar und wirtschaftlich, nicht aber rechtlich mit dem des Herstellers verbunden, weil er dessen Zweck nicht als eigenen zu fördern verspricht (zum Merkmal des gemeinsamen Zwecks in § 705 grundlegend BALLERSTEDT JuS 1963, 253). Die allein für ein Gesellschaftsverhältnis niemals ausreichende extrem hohe Kooperationsintensität findet zum Gutteil ihre Ursache in der Bereitschaft des Zulieferers zur Übernahme bestimmter Aufgaben, um überhaupt als Vertragspartner vom verhandlungsstärkeren Hersteller akzeptiert zu werden und um von dessen Geschäftserfolg mittelbar durch den Absatz von Zulieferteilen profitieren zu können. **Nicht Teilhabe, sondern Anpassung** ist für den Zulieferer das Strukturelement der Kooperationsdichte. Und **nicht Partizipation, sondern Integration** ist für den Endproduzenten die Maxime der Indienstnahme des Zulieferers. Denn dem Hersteller ist zuvörderst an der Optimierung seiner innerbetrieblichen Kostenstruktur durch die Externalisierung von Produktionslasten, nicht aber an einer Partizipation des Zulieferers an seinem Geschäftserfolg gelegen. Der Hersteller will vom Zulieferer gegen Entgelt die für das Endprodukt erforderlichen Materialien erhalten, nicht ihn zum Partner seiner Geschäftschancen und -risiken mit auch nur mittelbarer Gewinnbeteiligung und Verlusttragung machen.

Es mag zutreffen, daß „wesentliche Grundsituationen des gesellschaftlichen Verhält- **D 100** nisses identisch oder zumindest ähnlich sind denen, die im Zuliefer-Assembler-Vertrag vorliegen" (so ZIRKEL NJW 1990, 345, 350 f). Hersteller und Zulieferer verfolgen aber ungeachtet ihres gemeinsamen **wirtschaftlichen** Interesses am florierenden Absatz des Endprodukts **rechtlich sehr unterschiedliche Interessen.** Letztlich entspricht diese Situation der typischen Interessenlage zweier miteinander kooperierender Unternehmen, die im Stufenbau des Produktions- und Absatzgefüges auf verschiedenen Wirtschaftsstufen stehen und deren beiderseitiges wirtschaftliches Interesse auf den Verkauf des Endprodukts an den Endverbraucher auf dem Letztmarkt gerichtet ist, da der Geschäftserfolg aller beteiligten Unternehmen von der Nachfrage nach dem Endprodukt abhängt. Insgesamt verdichten sich die intensiven Kooperationselemente deshalb nicht zu einer gemeinsamen Zweckförderung der Parteien, so daß moderne Zulieferverträge vom Typ des Just-in-time-Vertrags keine BGB-Gesellschaft nach §§ 705 ff darstellen. Bedenklich ist dagegen die Ansicht ZIRKELS (NJW 1990, 345 ff, 350), wonach eine Gesellschaft bürgerlichen Rechts lediglich an der nur vorübergehenden Dauer der Zusammenarbeit scheitern soll, weil das Rahmenvertragsverhältnis „auf begrenzte Frist" bestehe und zu seiner Fortsetzung der Erneuerung bedürfe. Entgegen ZIRKEL ist dies keineswegs „eine Situation, die dem Gesellschaftsrecht fremd ist". Es sind in der Praxis des modernen Zulieferwesens nur **seltene Ausnahmefälle**, in denen eine Just-in-time-Lieferbeziehung bewußt gesellschaftsvertraglich ausgestaltet wird oder in denen eine gesellschaftsvertragliche Qualifizierung des Vertragsverhältnisses geboten erscheint (weitergehend aber wohl ENGEL RabelsZ 57 [1993] 556, 561, wonach es „spätestens" bei der Überwälzung des Absatzrisikos vom Hersteller auf den Zulieferer naheliegt, „den Vertrag bereits de lege lata als Gesellschaft zu qualifizieren").

b) Werklieferungsvertragliche Elemente

D 101 Für den Just-in-time-Vertrag üblicher Ausgestaltung kommt vielmehr nur eine im Grundsatz **austauschvertragliche Qualifizierung** der Rechtsnatur in Betracht. Die Verpflichtung des Zulieferers, bestimmte Einzelteile nach den vom Hersteller vorgegebenen Spezifikationen zu fabrizieren und ihm zu liefern, läßt sich unschwer einem Werklieferungsvertrag über die Herstellung vertretbarer oder auch (je nach Einzelfall) nicht vertretbarer Sachen zuordnen, § 651 S 1 und 2. Nur selten wird ein echter Werklieferungsvertrag nach § 651 Abs 1 S 2 HS 2 mit dem dann vorgesehenen werk- und kaufrechtlich gemischten Rechtsfolgeprogramm vorliegen; zu allermeist stellt sich das Vertragsverhältnis als ein sogenannter **Lieferkauf** oder **unechter Werkvertrag** nach § 651 Abs 1 S 2 HS 1 dar, der sich nach dem Kaufrecht der §§ 433 ff BGB und der §§ 373 ff HGB richtet.

D 102 Allerdings ist der schon angesprochene **Rahmencharakter** moderner Zulieferverträge vom Typ des Just-in-time-Vertrages zu berücksichtigen. Denn nach den getroffenen Vereinbarungen soll die Herstellung und Lieferung der Einzelteile zu allermeist **in mehreren Partien oder Sendungen** zeitlich gestreckt und in gestaffelter Abfolge erfolgen (ZIRKEL NJW 1990, 345, 349). Lassen sich Art und Umfang der vom Zulieferer partieweise herzustellenden Einzelteile sowie die Zeitpunkte der verschiedenen Sendungen und die Preise bereits bei Vertragsschluß vorausbestimmen, bietet sich der Abschluß eines **Sukzessivlieferungsvertrages** in Form eines **Ratenlieferungsvertrages** an. Ist lediglich noch der exakte Bedarf des Herstellers und damit der Lieferumfang und -zeitpunkt der im übrigen schon genau feststehenden Einzelteile offen, lassen sich zwar keine Ratenlieferungen datieren und spezifizieren, doch können die Parteien einen Sukzessivlieferungsvertrag in Form eines **Bezugsvertrages**, **Abrufvertrages** oder **Bedarfdeckungsvertrages** schließen. Bei dieser Unterart des Sukzessivlieferungsvertrages werden neben den allgemeinen Lieferbedingungen und den Zahlungsmodalitäten auch die bedarfsgerecht partieweisen Lieferungen der Einzelteile vertraglich näher geregelt, indem die Art und Weise der Sendungen zu den später vom Hersteller per Abruf zu bestimmenden Zeitpunkten und Liefermengen (§§ 375, 381 Abs 2) sowie zu den bereits konsentierten Preisen verbindlich festgelegt werden. Die bei jeder Einzelsendung zu liefernde Gesamtmenge wird allerdings bei dieser Vertragsgestaltung noch nicht abschließend bestimmt, sondern richtet sich nach dem jeweiligen Bedarf des Abnehmers. Nur das **quantitative Gesamtvolumen des Vertrags**, dh die Summe der Zulieferteile aller Sendungen, wird, oft mit einem gewissen Spielraum oder unter bestimmten Vorbehalten, von den Parteien einverständlich festgelegt. Die späteren Sendungen erfolgen sodann ohne weitere Vertragsabschlüsse in Erfüllung dieses Bezugsvertrages jeweils „auf Abruf". Das **Abrufverfahren** mitsamt den Fristen und Terminen erfährt im Rahmenvertrag eine eingehende Regelung in Ergänzung zu den §§ 375, 381 Abs 2 HGB.

D 103 Sind Art und Umfang sowie die Zeitpunkte der Lieferungen und auch die genauen Preise **noch unbestimmt** – und das ist die Regel –, dann reicht die Zweistufigkeit von Just-in-time-Rahmenvertrag und ausfüllenden Lieferabrufen nicht aus. Hier sind die Parteien vielmehr auf einen dreistufigen Konkretisierungsprozeß angewiesen: Dem Abschluß eines Just-in-time-Vertrages als **Rahmenvertrag** folgen in festgelegten Zeiträumen die Abschlüsse einzelner **Lieferverträge**, sobald sich Mengen und Preise vom Hersteller besser übersehen lassen. Die Praxis hat sich vielfach auf sogenannte „**Jahresverträge**" eingerichtet, die in Ausfüllung der Just-in-time-Rahmenverträge mit ihrer dann mehrjährigen Laufzeit in jährlichem Abstand geschlossen werden und denen sodann wiederum die einzelnen, oft nach Wochenzeiträumen disponierten **Lieferabrufe** zur Konkretisierung der Einzelsendungen nach §§ 375, 381 Abs 2 HGB folgen. Jedenfalls legen die Parteien im Rahmenvertrag nur die grundlegenden Rechte und Pflichten für das Kooperationsverhältnis fest, bestimmen die Größenordnungen und die Preismaßstäbe für die späteren Lieferungen, verständigen sich auf die allgemeinen Einkaufs-, Verkaufs- oder Lieferbedingungen für die einzelnen abzurufenden Sendungen und sehen vor allem einen Abschlußzwang für die später vom Hersteller initiierten konkreten Lieferverträge vor.

Welcher Ausgestaltungsform ein Zuliefervertragsverhältnis im Einzelfall folgt, läßt **D 104** sich mitunter nur schwer anhand der getroffenen Vereinbarungen bestimmen. Wichtigstes Abgrenzungskriterium ist für den Rechtsanwender, ob nach dem Vorstellungsbild der Parteien bei Abschluß des Vertrages unter Berücksichtigung der Verkehrssitte (Branchengepflogenheiten) noch weitere Vereinbarungen über die Einzellieferungen getroffen werden sollten (vgl dazu BGH DB 1985, 1687 = WM 1985, 718 = EWiR 1985, 263 [PAULUSCH]). In der Mehrzahl der Fälle wird man einen Zuliefervertrag bei einer modernen Just-in-time-Beziehung als **einen bezüglich der Einzellieferungen noch ausfüllungsbedürftigen Rahmenvertrag werklieferungsvertraglicher Rechtsnatur** einordnen müssen. Denn zumeist finden sich in ihm vorwiegend Vereinbarungen über die Ziele und die Grundvoraussetzungen der Zusammenarbeit, über die vom Zulieferer anzuschaffenden Maschinen, über die zu erwartenden Größenordnungen der Einzelbestellungen mit Unter- und Obergrenzen pro Sendung, über die Verfahrensweise bei den Abrufen und den Anlieferungen, über die zu erwartende Häufigkeit und die voraussichtlichen Zeiträume der Bestellungen, über das Zustandekommen der Einzelverträge, über die Maßstäbe der Preisgestaltung und über sonstige die Kooperationsgrundlagen betreffenden Rahmenbedingungen (MARTINEK, Zulieferverträge und Qualitätssicherung 51). Nicht selten sind diese Rahmenverträge vom Hersteller in der Weise vorformuliert, daß der konkrete Inhalt der Einzelverträge nur noch von seinem Willen abhängt und der Zulieferer in den Modalitäten der Einzellieferungen von vornherein völlig an die einseitigen Bestimmungen des Herstellers gebunden ist. Der Rahmenvertrag fungiert zugleich als **Vorvertrag für die Ausfüllungsgeschäfte.** Die Einzelverträge in Ausfüllung des Rahmenvertrages hängen mithin allein von der Disposition des Herstellers ab, weil sich der Zulieferer schon im Rahmenvertrag zur Annahme der späteren Vertragsangebote innerhalb der abgesteckten Grenzen verpflichtet hat. Damit hat es der Hersteller weitgehend in der Hand, kurzfristig auf die Lieferung einer bestimmten Menge von Einzelteilen zu drängen, ohne daß dem Zulieferer noch ein Verhandlungsspielraum für die Liefermodalitäten verbliebe.

c) Geschäftsbesorgungsvertragliche Elemente

In der werklieferungsvertraglichen Rechtsnatur erschöpfen sich jedenfalls die **D 105** modernen Zulieferverträge vom Typ der Just-in-time-Verträge mit begleitenden Qualitätssicherungsvereinbarungen noch nicht. Denn der Werklieferungsvertrag ist nach seinem gesetzlichen Leitbild als ein Austauschvertrag der gegenseitigen Wahrung eigener Belange, mithin als ein vom Interessengegensatz der Parteien bestimmter **Koordinationsvertrag** gekennzeichnet. Einer Just-in-time-Lieferbeziehung wohnt aber ein mehr oder weniger ausgeprägtes Element der Unterordnung der Eigeninteressen des Zulieferers unter diejenigen des Herstellers inne; sie ist nicht frei von **subordinationsrechtlichen Elementen.** Der Zulieferer ist zumindest teilweise zur **ent-**

geltlichen Wahrung von Fremdinteressen und zur Befolgung von Weisungen verpflichtet. Dieser Komponente der weisungsgebundenen Interessenwahrung des Zulieferers zugunsten des Herstellers muß bei der vertragstypologischen Qualifikation durch ein geschäftsbesorgungsvertragliches Element nach §§ 675, 665 Rechnung getragen werden (MARTINEK, Moderne Vertragstypen Bd III 301 ff; SAXINGER, Zulieferverträge im deutschen Recht 148 ff).

D 106 Es ist nicht etwa die Ausrichtung der Kooperationsbeziehung auf die Produktion und den Absatz des Endprodukts unter der Leitung des Herstellers, die diese geschäftsbesorgungsvertragliche Komponente begründet; dies bliebe konturenlos-global und entzöge sich einer Identifizierung im Rechts- und Pflichtengefüge der Vereinbarungen. Tatsächlich kommt das Geschäftsbesorgungselement in vielen Einzelheiten der Vertragsbeziehung sinnfällig und greifbar zum Ausdruck. Hierzu gehört bereits die vom Hersteller ausbedungene **Weisungsbefugnis bei notwendigen Spezifikationsänderungen** der Einzelteile und die **autokratische Steuerungskompetenz** des Herstellers bei der Konkretisierung **des Umfangs und des Zeitraums der Lieferungen.** Hierzu gehört die umfängliche **Anpassung der Betriebsorganisation des Zulieferers** an die Produktionserfordernisse des Herstellers von der Datennetzverknüpfung bis zu den Modalitäten der Anlieferung der Einzelteile „an Band" des Herstellers. Bis in die **Investitionsentscheidungen** über die Anschaffung neuer Werkzeugmaschinen oder die Verwendung bestimmter Computer-Hard- und Software hinein, kann der Hersteller **in das Unternehmen des Zulieferers hineinregieren.** Auch darf die übliche Verpflichtung des Zulieferers nicht unerwähnt bleiben, dem Hersteller während des Produktionsprozesses gewonnene Erkenntnisse über die Verbesserung der Einzelteile und die Optimierung von Fertigungsmethoden zugänglich zu machen und **ihm das gesamte Innovations-Know-how zu übertragen.** Der Hersteller greift in diesen Fällen auf die beim Zulieferer angewachsenen Wissens- und Erfahrungsschätze zu, eignet sich die für die verbesserte Konstruktion und Fabrikation des Einzelteils erforderlichen Immaterialgüterwerte an und läßt sich vom Zulieferer die in Ausführung des Auftrags erworbenen Vorteile auskehren.

D 107 Freilich kann die Konstruktions- und Entwicklungsverantwortung für ein Zulieferteil zwischen den Parteien ganz unterschiedlich verteilt sein. In vielen Fällen ist die vorgegebene Spezifikation des Einzelteils Ausfluß der selbständigen und alleinigen Entwicklungsarbeit des Herstellers bezüglich des Endprodukts, die meist auch dessen Einzelkomponenten umfaßt. Auch dann aber wird der Zulieferer nicht bloß als Werkunternehmer und Verkäufer der bestellten spezifizierten Teile eingeschaltet, sondern regelmäßig in die weitere Forschungs- und Entwicklungsarbeit einbezogen und zur Übertragung der Ergebnisse an den Hersteller verpflichtet, der die innovatorischen Fortschritte für sein Endprodukt fruchtbar machen will. Bisweilen wird den Ingenieuren der Zulieferer sogar die Pflicht auferlegt, ausschließlich Zeichenpapier mit dem Firmenkopf des Herstellers zu verwenden (NAGEL/RIESS/THEIS, Der Lieferant on line 49). Dies läßt ihre **Funktionalisierung als externalisiertes Konstruktionsbüro** in kaum mehr zu übertreffender Weise manifest werden. Denn die ständige Suche nach Innovationen zur Verbesserung seiner Produkte gehört eigentlich zu den originären Aufgaben des Herstellers. Gewiß ist das Endprodukt als Ganzes mehr als die Summe seiner Einzel- und Zulieferteile. Wie der Hersteller haben jedoch auch die Zulieferer bei ihrer Tätigkeit der Fertigung von Einzelteilen immer das Ganze, dh das Endprodukt im Auge, denn jedes Zulieferteil dient dem Endprodukt. Der im

Zuge des Kooperationsverhältnisses in der Teilekonzeption konstruktiv und innovativ tätige **Zulieferer besorgt also auch ein Geschäft des Herstellers.**

Keineswegs selten schließen – weitergehend – Hersteller und Zulieferer vor oder mit **D 108** einem Just-in-time-Vertrag sogar einen **Forschungs- und Entwicklungsvertrag**, um ihre Know-how-Ressourcen schon zur gemeinsamen Erarbeitung der Spezifikation zu verbinden. In vielfältiger Hinsicht ist der Zulieferer nach den Einzelregelungen des Just-in-time-Vertrages den **konkretisierenden Weisungen des Herstellers unterworfen**, zu Rechenschaftsberichten, Informationspflichten, zum Know-how-Transfer, ja sogar zu vorauseilendem Gehorsam in Form von Warnungen vor erkannten Gefahren für das Endprodukt verpflichtet und fungiert insofern als dessen interessenwahrender Geschäftsbesorger.

Mit ganz besonderer Deutlichkeit aber tritt das geschäftsbesorgungsvertragliche Element bei den **Qualitätssicherungsvereinbarungen** hervor, die als Bestandteil des Just-in-time-Vertrages oder als formal eigenständiger Zusatzvertrag im Bedingungszusammenhang mit ihm getroffen werden. Zu einer mangelfreien Lieferung der Einzelteile nach Maßgabe der Spezifikationsvorgaben ist der Zulieferer zunächst ohnehin verpflichtet. Der Hersteller hält jedoch vor dem Hintergrund seiner umfassenden Endproduktverantwortlichkeit zusätzliche Sicherungsvorkehrungen für unerläßlich und schwört den Zulieferer auf die Beobachtung gemeinsam festgelegter Qualitätsmaßstäbe und auf die Beweisbarkeit ihrer Einhaltung in der Konstruktion und Produktion ein. Bei vordergründiger Betrachtung geht es in den Qualitätssicherungsvereinbarungen vornehmlich um eine einvernehmliche Abbedingung bzw Ersetzung der Rügeobliegenheit des Herstellers nach §§ 377, 378, 381 Abs 2 HGB. Der Hersteller will seine vertraglichen Sachmängelgewährleistungsrechte auch ohne eine zeit-, material-, personal- und damit kostenaufwendige Wareneingangskontrolle gewahrt wissen. Er delegiert deshalb auf den Zulieferer, was das Gesetz ausweislich der §§ 377 ff HGB primär seinem eigenen Verantwortungsbereich zurechnet: die Kontrolle der Qualität (und Quantität) der erhaltenen Ware (zur AGB-rechtlichen Wirksamkeit solcher „Rügeverzichtsklauseln" in Zulieferverträgen vgl GRAF V WESTPHALEN DB 1982, 1655, 1658; ders, in: FS 40 Jahre Der Betrieb 223, 231 ff; ders CR 1990, 567, 569; NAGEL DB 1991, 319; QUITTNAT BB 1989, 571; STECKLER BB 1993, 1225; dies WiB 1994, 300; STEINMANN BB 1993, 873; dies, Qualitätssicherungsvereinbarungen zwischen Endproduktherstellern und Zulieferern [1993] 29 ff; SAXINGER, Zulieferverträge im deutschen Recht 214 ff; ENSTHALER NJW 1994, 817, 820 ff; MARTINEK, in: FS Günther Jahr 305 ff; ders, Moderne Vertragstypen Bd III 326 ff). **D 109**

Genau besehen sind es keineswegs allein die zeitlichen Engpässe der Just-in-time- **D 110** Lieferungen und die organisatorischen Hindernisse einer Wareneingangskontrolle beim Hersteller, die ihn zu den umfänglichen Qualitätssicherungsvorkehrungen im Organisationsbereich des Zulieferers veranlassen. Vielmehr geht für den Hersteller die Zielsetzung von Qualitätssicherungsvereinbarungen über eine Abbedingung der Rügeobliegenheit und Sicherung der Sachmängelgewährleistungsrechte hinaus, denn er will durch die Auslagerung von Testverfahren, Materialprüfungen, Warenkontrollen usw nicht zuletzt, wenn nicht vor allem seine eigenen Haftungsrisiken beim Inverkehrbringen des Endprodukts minimieren, die ihn nach dem Produkthaftungsgesetz bzw nach der deliktischen Produzentenhaftung aus § 823 gegenüber geschädigten Dritten treffen. Dabei geht es ihm nicht allein um eine Absicherung vor

Schadensersatzansprüchen der Endverbraucher und vor unübersehbaren Rückruf-kosten, sondern auch um eine Vermeidung von Imageverlusten und Absatzeinbrü-chen in Produkthaftungsfällen (vgl NAGEL DB 1991, 319; ders DB 1993, 2469; QUITTNAT BB 1989, 571; STECKLER BB 1993, 1225; MARTINEK, in: FS Günther Jahr 305 ff; ders, Moderne Ver-tragsytpen Bd III 326 ff). Hierfür sieht es der Hersteller als zweckdienlich an, den Zulieferer in den Qualitätssicherungsvereinbarungen zu **umfangreichen Prüfungs- und Kontrollverfahren** zu verpflichten, die teilweise im originären Verantwortungsbereich des Herstellers selbst liegen. Gewiß ist auch der Zulieferer als Hersteller des Einzel-teils produkthaftungsrechtlich für dessen Mangelfreiheit verantwortlich; ihm werden jedoch detailliert vorgeschriebene Qualitätskontrollen aufgebürdet, die nach Umfang, Art und Weise seinen eigenen, gesetzlich vorgegebenen Verantwortungs-bereich überschreiten und denjenigen des Herstellers betreffen. Der Hersteller **delegiert mithin Tauglichkeitsprüfungen des Zulieferteils** im Hinblick auf die Verwen-dung im Endprodukt und **schaltet insofern den Zulieferer als seinen Interessenwahrer ein**. Unter diesem Gesichtspunkt können Qualitätssicherungsvereinbarungen kaum mehr als eine lediglich austauschvertragliche Verständigung der Parteien über die Durchführung der im Verantwortungsbereich allein des Zulieferers liegenden Ferti-gungskontrollen angesehen werden. Hier tritt ein **ausgeprägtes Element eines Geschäftsbesorgungsvertrages dienstvertraglichen Charakters**, §§ 675, 611, in der Zulie-ferbeziehung zutage. Der typische Zuliefervertrag vom Typ eines Just-in-time-Vertrages mit begleitenden Qualitätssicherungsvereinbarungen muß mithin als ein auf die Begründung eines Dauerschuldverhältnisses angelegter Typenkombinations-vertrag mit werklieferungsvertraglichen Elementen und mit mehr oder weniger ausgeprägten geschäftsbesorgungsvertraglichen Elementen qualifiziert werden.

3. Perspektiven des Zulieferrechts

D 111 Die vorstehende Bestimmung der Rechtsnatur moderner Zulieferverträge eröffnet zugleich die Perspektive, mit Hilfe auch der geschäftsbesorgungsrechtlichen Regelungsprogramme die Parteienkonflikte normativ zu bewältigen. Die Spiegelbildlich-keit der Zulieferverträge zu den Vertriebsverträgen, insbesondere die der Just-in-time-Verträge zu den Franchiseverträgen verdeutlicht dabei die Ordnungsanlie-gen, denen das moderne Zulieferrecht in seiner weiteren Ausgestaltung Rechnung tragen muß. Es geht vor allem um den **Schutz des Zulieferers** vor Übervorteilung, Ausbeutung und wirtschaftlichem Existenzverlust sowie vor anderen Auswüchsen der vertikalen Rückwärtsintegration. Die Position des Zulieferers ist, wo notwendig, gegenüber der des Endherstellers, von dessen Wohlwollen und Willkür er sonst mög-licherweise abhängig wäre, in ausgleichender Gerechtigkeit zu stärken. Weithin wird das moderne Zulieferrecht von dem Gedanken geprägt sein, den Zulieferer begin-nend mit dem Vertragsschluß, fortfahrend mit der Ausgestaltung des Vertragsver-hältnisses und endend erst bei den letzten Abwicklungsfragen der Vertragsbeendi-gung als den wirtschaftlich schwächeren Partner zu schützen. Beispielsweise können die im Vertriebsrecht entwickelten Schutz- und Abwehrinstrumente des Absatzmitt-lers gegenüber Kündigungen des Vertragsverhältnisses vor Amortisation der aufge-nötigten Investitionen (so Rn D 70 ff) in ähnlicher Form für den Zulieferer fruchtbar gemacht werden, der auf Veranlassung des Herstellers und im Vertrauen auf den Fortbestand des Kooperationsverhältnisses etwa seine Betriebsausstattung aufwen-dig erweitert, Spezialmaschinen angeschafft oder Lagerhallen ausgebaut hat. Hier wie dort ist im geschäftsbesorgungsvertraglichen Treueverhältnis ein tauglicher

Ansatzpunkt für einen „Investitionsersatzanspruch" bzw für die Rechtsregel „Kündigung nur gegen Schadensersatz" zu finden. Auch die Rechtsgrundsätze zur Informationspflicht des Absatzherrn gegenüber dem Absatzmittler zu bevorstehenden Änderungen der Modell- und Sortimentsgestaltung können auf das Verhältnis Hersteller-Zulieferer vorsichtig anpassend übertragen werden.

Gewiß gibt es auch **genuin zulieferrechtliche Ordnungsprobleme**, zu denen es im Vertriebsrecht an einem Regelungsmodell fehlt. Hierzu gehört etwa die AGB-rechtliche Kontrolle von **Festpreisklauseln** und **Preisermäßigungsklauseln**, **Fixgeschäftsklauseln** und **Verzugsschadensersatzklauseln** sowie von **gewährleistungsrechtlichen Garantie- und Haftungserweiterungsklauseln** (vgl dazu im einzelnen MARTINEK, Moderne Vertragstypen Bd III 311 ff). Die AGB-rechtliche Wirksamkeitsüberprüfung wird bei modernen Zulieferverträgen nicht von einer rein austauschvertraglichen (koordinationsrechtlichen) Qualifikation des Zuliefervertrages ausgehen können, sondern wird seine geschäftsbesorgungsvertragliche (subordinationsrechtliche) Komponente berücksichtigen müssen. Dasselbe gilt für die besonders heiklen **Spezifikationsänderungsklauseln** (vgl MARTINEK, Moderne Vertragstypen Bd III 313 ff). Häufig bedingt sich der Hersteller gegenüber dem Zulieferer einseitige Änderungsbefugnisse zu den vereinbarten Teilespezifikationen aus, wobei in der Praxis zwischen Erneuerung (retrofit), Nachrüstung (rework) und Anpassung (phase-in) als Formen der Spezifikationsänderung unterschieden wird. Hierbei stellt das **Retrofit** die einschneidenste Änderung dar, denn sie erstreckt sich auf alle Werkstücke, die noch im Einflußbereich des Zulieferers sind, einschließlich derjenigen, die den Produktionsprozeß bereits vollständig durchlaufen haben und auf die Auslieferung an den Abnehmer warten. Das **Rework** ist im Gegensatz dazu auf die Zukunft gerichtet, so daß bereits fertiggestellte Produkte der alten Spezifikation noch ausgeliefert werden dürfen; es ist aber ein Termin festgelegt, von dem an alle Produkte der neuen Spezifikation genügen müssen. Demgegenüber versteht sich das **Phase-in** als ein langsamer Prozeß, bei dem die erforderlichen Änderungen derart in den Produktionszyklus eingeplant werden, daß sie möglichst wenig Störungen im Ablauf verursachen. Das Phase-in ist auf eine allmähliche Umstellung der Produktion, der Produktionsdokumentation und der zur Qualitätskontrolle durchgeführten Tests in einer schrittweisen und geordneten Anpassungsphase angelegt. Auch insoweit wird die AGB-rechtliche Klauselkontrolle sowie die Sittenwidrigkeitskontrolle entsprechender individualvertraglicher Vereinbarungen der teilweise subordinationsvertraglichen Rechtsstruktur der modernen Zulieferverträge und damit der asymmetrischen Macht- und Interessenkonstellation der Vertragsparteien Rechnung tragen müssen. Und auch beim Problemkreis der (teilweisen) **Ersatzfähigkeit von Rückrufkosten** des Herstellers im Wege eines Regresses gegen den Zulieferer nach Lieferung eines fehlerhaften Teiles kann das geschäftsbesorgungsvertragliche Element der modernen Zulieferverträge uU Bedeutung erlangen (MARTINEK, Moderne Vertragstypen Bd III 343 ff; HERRMANN/FINGERHUT BB 1990, 725; STECKLER WiB 1994, 300, 305). Eine angemessene Weiterentwicklung des modernen Zulieferrechts kann vielleicht auch auf anderen Problemfeldern am besten im Rückgriff auf die geschäftsbesorgungsrechtliche Komponente dieses Kooperationsverhältnisses erfolgen. Gelingt diese Weiterentwicklung des Rechts der Zulieferverträge in ähnlicher Weise wie vorher die des Rechts der Vertriebsverträge, dann beweist das Geschäftsbesorgungsrecht einmal mehr seine Kraft, Dynamik und Flexibilität zur dogmatisch-konstruktiven Erfassung vertraglicher Verhältnisse fremdnütziger Interessenwahrung und -förderung.

D 112

E. Sonstige Geschäftsbesorgungsverträge im Überblick und Zweifelsfälle (alphabetisch)

E 1 Die Vertragsform eines **Agenten- oder Agenturvertrages** ist überaus unkonturiert. Anders als den romanischen und angelsächsischen Rechtsordnungen (zur *agency* im Common Law so Rn A 142 ff) ist dem deutschen Recht ein „Zivilagent" unbekannt. In Praktikerkreisen wird mit der Tätigkeit eines „Agenten" oder einer „Agentur" **tendenziell jede Art der entgeltlichen Geschäftsbesorgung** bezeichnet. In einem engeren Sinne begegnet der Agenten- oder Agenturvertrag, soweit damit ein rechtsgeschäftliches Tätigwerden eines Beauftragten (Agenten) im Namen und für Rechnung des Auftraggebers gegen Entgelt (oft: Provision) in Bezug genommen wird. Ein solcher Agent kann wie ein Handelsvertreter (früher: Handelsagent oder Handlungsagent) „ständig betraut", aber auch fallweise bzw einmalig eingesetzt werden. Regelmäßig handelt es sich um Geschäftsbesorgungsverträge dienst- oder (bei Erfolgsbezug) werkvertraglichen Charakters. So ist das Rechtsverhältnis zwischen einem **Autohändler** und dem Käufer, dessen bisherigen Gebrauchtwagen der Händler im Namen und für Rechnung des Käufers verkaufen soll, ein Geschäftsbesorgungsvertrag (BGHZ 89, 134 f; BGH NJW 1978, 482; BGH NJW 1982, 1699; Behr AcP 185, 401). Dieser Weg wird im Automobilhandel an Stelle eines Kaufs und Weiterverkaufs des Altwagens für eigene Rechnung gern gewählt, um einen Mehrwertsteueranfall beim Händler zu vermeiden.

E 2 Der **Anlageberatungsvertrag**, bei dem dem Berater eine individuelle Beratungspflicht gegen Entgelt obliegt, ist Geschäftsbesorgungsvertrag (BGH NJW 1983, 1730; BGH NJW-RR 1992, 531; OLG Koblenz BB 1989, 2001; Musielak, Gutachten 1234 f). Anlageberatung allein ist kein Bankgeschäft iS des § 1 KWG (BGHZ 70, 356). Der Anlageberater ist aufgrund seiner Expertenstellung zur fürsorgerischen Wahrnehmung der Vermögensinteressen des Kunden verpflichtet, der sich seiner Sachkunde anvertraut. Dem Anlageberater obliegt zumindest eine umfassende Information seines Kunden über alle für dessen jeweilige Anlageentscheidung tatsächlich oder möglicherweise bedeutsamen Umstände. Diese Informationen müssen wahrheitsgemäß und umfassend erteilt werden. Zwar betrifft diese Informationspflicht in erster Linie die Mitteilung von Tatsachen ohne deren Wertung oder Auswertung. Indes kann sich nach dem Anlageberatungsvertrag die Informationspflicht auch auf eine Erläuterung der Bedeutung einzelner Fakten erstrecken. Auch steht es den Parteien frei, weitergehende Pflichten des Anlageberaters zu vereinbaren, etwa eine bestimmte Anlageentscheidung zu empfehlen. Die wirtschaftliche Bedeutung und das Verlustrisiko einer Anlageentscheidung sowie die Tatsache, daß der Interessent im Gegensatz zum Anlageberater zumeist selbst keine oder nur geringe Überprüfungsmöglichkeiten hat, rechtfertigen ein **besonderes Ausmaß der Aufklärungspflicht**. Dessen Erfüllung nimmt dem Interessenten das Risiko des Anlagegeschäfts nicht ab, gibt ihm aber erst die Möglichkeit, das wirkliche und ohnehin bestehende Risiko zu erkennen. Der Anlageberater ist deshalb insbesondere zu sorgfältiger Überprüfung der seine Empfehlungen tragenden Tatsachen verpflichtet und haftet für vorsätzliche und fahrlässige Falschangaben. Seine Schlußfolgerungen müssen mit den Denkgesetzen und den allgemeinen Erfahrungssätzen in Einklang stehen und an dem vom Kunden verfolgten Investitionszweck ausgerichtet sein (vgl im einzelnen zur Pflichtenstellung des Anlageberaters BGH NJW-RR 1982, 1095; BGH NJW-RR 1987, 936; BGH NJW-RR 1989, 150; BGH BB 1991, 1374; BGH NJW-RR 1992, 531; zur typischen Beratungssituation und zum Erwartungshorizont des Ratsuchenden vgl Lammel AcP 179, 358; umfassend F A Schäfer, Haftung für fehlerhafte Anlageberatung und Vermögensverwaltung, insbes von Kreditinstituten [1993]). Aus der spekulativen Natur des Beratungsgegenstandes und den jedermann offensichtlichen Zuverlässigkeitsgrenzen von Prognosen können sich Grenzen der Haftung ergeben (Kübler ZHR 145 [1981], 204; ders, in: FS Coing II [1982] 193; Schwark, Anlegerschutz durch Wirtschaftsrecht [1979]). Eine Haftung des Anlageberaters kann nicht darauf hinauslaufen, dem Anleger das Risiko seiner Entscheidung abzunehmen. Deshalb erfaßt die Haftung die Richtigkeit und Vollständigkeit der Informationen sowie uU deren sorgfältige Auswertung, nicht aber den späteren Anlageerfolg. Einen Sonderfall bilden die **Börseninformationsdienste** in Zeitschriftenform (vgl dazu BGHZ 70, 356, 360; Köndgen JZ 1978, 389; Schröder NJW 1980, 2279; Hopt, in: FS R Fischer [1979] 237), bei denen die Abonnementverträge zur Anlageempfehlung mangels persönlicher Beziehung zwischen den Vertragsparteien und mangels individueller Beratung nicht als Dienstverträge mit Geschäftsbesorgungscharakter angesehen werden können (BGHZ 70, 356, 361: Typenkombinationsvertrag).

Die **Händler- und Beraterregeln** (abgedruckt bei Schwark, Börsengesetz, Anhang) fassen die **E 3**
Berufspflichten der Anlageberater zusammen. Sie gelten zwar mangels ausdrücklicher Vereinbarung nicht unmittelbar im Verhältnis Anlageberater – Kunde, können jedoch zur Ermittlung der vertraglichen Verhaltenspflichten herangezogen werden (Hopt, in: FS R Fischer [1979] 246). Ein Anlageberater kann sich gegenüber der Arbeitsgemeinschaft der Deutschen Wertpapierbörsen den Händler- und Beraterregeln unterwerfen. Zur Anlageberatung der Banken und Sparkassen im Rahmen des Effektengeschäfts vgl oben Rn B 51.

Vom Anlageberatungsvertrag ist der **Anlagevermittlungsvertrag** gleichfalls geschäfts- **E 4**
besorgungsvertraglicher Rechtsnatur zu unterscheiden. Der Anlagevermittler übernimmt für eine bestimmte Emission **im Interesse des Kapitalsuchenden** sowie auch mit Rücksicht auf die von ihm versprochene Provision den Vertrieb und wirbt dafür wie ein Handelsvertreter oder Verkäufer (vgl zu den Erscheinungsformen der Anlagevermittlung Lutter, in: FS Bärmann [1975] 609). Hiervon ist wiederum der **Vertrag zwischen Anlageinteressent und Anlagevermittler** zu unterscheiden, dem keine geschäftsbesorgungsvertragliche Natur eignet. Der Anlageinteressent wendet sich an den Anlagevermittler in dem Bewußtsein, daß der werbende und anpreisende Charakter seiner Aussage im Vordergrund steht, weil er für die kapitalsuchende Seite handelt und vornehmlich deren und sein eigenes Interesse im Auge hat. Der Vertrag zwischen dem Interessenten und dem Anlagevermittler zielt lediglich auf Auskunftserteilung, auf richtige und vollständige Information über diejenigen Umstände ab, die für den Anlageentschluß des Interessenten von besonderer Bedeutung sind. Das gilt auch dann, wenn der Vertrag zugleich die Vermittlung der Kapitalanlage umfaßt (BGH NJW-RR 1982, 1095).

Der früher gelegentlich als **Anlagenvertrag** bezeichnete Vertrag über schlüsselfertige **E 5**
Industrieanlagen (etwa Graf vWestphalen BB 1971, 1126; Kirchner BB 1971, 67) wurde vorstehend als **Turnkeyvertrag** eingehend gewürdigt (Rn C 73 ff); er weist nur in Einzelfällen einen mehr oder weniger ausgeprägten Geschäftsbesorgungscharakter auf.

Anzeigenverträge und Anzeigenmittlungsverträge (Annoncenexpedition) haben in der **E 6**

Regel schlichten Werkvertragscharakter mit allenfalls Nebenpflichten geschäftsbesorgungsvertraglicher Natur (OLG Stuttgart BB 1954, 300; OLG Düsseldorf MDR 1972, 688; BGHSt 23, 250). Sie begründen für den Anzeigenmittler die Pflicht nicht nur zur „Vermittlung", sondern zur „Veröffentlichung" einer Anzeige in einer Zeitung. Häufig fungieren **Werbeagenturen** (su Rn E 47) zugleich als Anzeigenmittler (BGHSt 23, 246, 247). Der Anzeigenmittler wird im eigenen Namen und auf eigene Rechnung gegenüber dem Werbetreibenden wie gegenüber dem Werbeunternehmen, zB einem Zeitungsverleger, tätig (MUSIELAK, Gutachten 1236) und erhält als Vergütung den Zwischengewinn zwischen dem ihm vom Werbeunternehmen in Rechnung gestellten und dem von ihm dem Werbetreibenden berechneten Preis. Er darf aber deshalb nicht für eine Veröffentlichung diejenige Zeitung auswählen, die ihm die höchste Vergütung einträgt, sondern muß sich in seiner Beratungstätigkeit und seiner konkreten Medienauswahl an den Interessen des Werbetreibenden orientieren (HEIDER, Das Recht der Werbeagentur [1964]; LAMBSDORFF/SKORA, Handbuch des Werbeagenturrechts [1975]; WEHRMANN, Verträge in der Werbung [1973]; WRONKA BB 1976, 1580; ders WRP 1976, 142).

E 7 **Arztverträge** sind auf der Grundlage der hier vertretenen Trennungtheorie schon mangels Wirtschaftlichkeit (vgl oben Rn A 14, 18, 30), nach anderer Ansicht mangels Vermögensbezugs oder mangels der Wahrnehmung von Vermögensinteressen nicht als Geschäftsbesorgungsverträge zu qualifizieren (WEYERS, Gutachten zum 52. DJT [1978] I A 1; DEUTSCH/GEIGER, Medizinischer Behandlungsvertrag, in: BMJ [Hrsg], Gutachten und Vorschläge zur Überarbeitung des Schuldrechts Bd II [1981] 1049). Die Einheitstheorie wendet dagegen Auftragsregeln an, soweit sie nach den Analogievoraussetzungen „passen". (MünchKomm/SEILER² § 675 Rn 41; KLEINEWEFERS/WILTS NJW 1963, 2345; KLEINEWEFERS VersR 1963, 297, 299). Richtiger Ansicht nach ist der Arztvertrag (Behandlungsvertrag) **regelmäßig als Dienstvertrag** nach § 611 zu qualifizieren; einzelne Arztleistungen können freilich auch werkvertraglichen Charakter haben, wie etwa die Herstellung von Zahnprothesen (BGH NJW 1975, 305; krit JAKOBS NJW 1975, 1437) oder eine Schönheitsoperation. Die Einzelheiten der Abgrenzung zwischen dienst- und werkvertraglicher Qualifikation eines Arztvertrags sind streitig (vgl BGHZ 63, 306; OLG Düsseldorf VersR 1985, 456; zur Sterilisation: BGHZ 76, 259; OLG Düsseldorf NJW 1975, 595). Besonders umstritten in seiner rechtlichen Einordnung ist das Verhältnis des Arztes zum Kassenpatienten sowie zum Sozialleistungsträger, das zahlreiche Sonderfragen aufwirft (BALTZER JuS 1982, 652; BGH NJW 1980, 1453; OLG Düsseldorf NJW 1987, 707; NATTER, Der Arztvertrag mit dem sozialversicherten Patienten [1986]; vgl zur jüngeren Entwicklung des Kassenarztrechts und des Vertragsarztrechts R MAAS NJW 1989, 2926; NJW 1990, 2915; NJW 1991, 2938; NJW 1992, 2932 und NJW 1993, 2974; JÖRG, Das neue Kassenarztrecht [1993]; MALLACH/SCHLENKER/WEISER, Ärztliche Kunstfehler [1993]).

E 8 Zwar mögen Einzelgestaltungen des ärztlichen Behandlungsverhältnisses eine Nachbarschaft zu verschiedenen Formen der Geschäftsbesorgung aufweisen. Insbesondere ist bei einem ärztlichen Behandlungsverhältnis mit Rücksicht auf die überlegene Sachkunde des Arztes ein **ausgeprägtes Vertrauenselement** festzustellen. Damit läßt sich indes auch eine „vorsichtige Analogie" (MünchKomm/SEILER² § 662 Rn 13) zu den §§ 675, 663 ff kaum begründen. Das besondere Behandlungsvertrauen im Arzt-Patienten-Verhältnis kann nicht in die auf treuhänderische Vermögensverwaltung zugeschnittenen Rechtsvorschriften eingefangen werden.

Nach der hier vertretenen Ansicht können Ärzte im Grundsatz nicht der Anzeige- E 9
pflicht der §§ 675, 663 unterliegen. Der Patient hat gegen den Arzt auch keinen
Anspruch aus §§ 675, 667 auf Herausgabe von Krankheitsberichten (OLG Stuttgart
NJW 1958, 2118) oder von zu Diagnosezwecken angefertigten Röntgenaufnahmen
(BGH NJW 1963, 389; aA Kleinewefers VersR 1963, 297 f; Pentz NJW 1963, 1670). Freilich
kann unter Umständen ein arztvertraglicher Herausgabeanspruch auch unabhängig
vom fehlenden Geschäftsbesorgungscharakter des Vertrags bei besonderem Interesse des Patienten begründet sein (so auch OLG Stuttgart NJW 1958, 2118; BGH NJW 1963,
389; ausführlich Daniels NJW 1976, 345 und Hohloch NJW 1982, 2577); einer Analogie zu
§ 667 bedarf es hierfür nicht. Auch besteht der arztvertragliche Auskunfts- und Auf-
klärunganspruch des Patienten unabhängig von einer entsprechenden Anwendung
des § 666. Ein Anspruch auf Herausgabe bestimmter Unterlagen kann sich im übrigen bei einem ausnahmsweise werkvertraglichen Charakter des Arztvertrags (zB
Vertrag über Herstellung von Röntgenaufnahmen) aus § 631 bzw 651 ergeben.

Aufsichtsratsverträge, die zwischen einer AG, einer GmbH, einer GmbH & Co KG E 10
oder einer Genossenschaft einerseits und einem Mitglied des Aufsichtsrats (auch:
Verwaltungsrat, Beirat) andererseits geschlossen werden, sind bei Entgeltlichkeit
Geschäftsbesorgungsdienstverträge und bei Unentgeltlichkeit Aufträge (RGZ 146,
145, 152; RGZ 152, 273, 278; BGH WM 1984, 1640). Die Rechte und Pflichten bestimmen
sich nur teilweise aus dem schuldrechtlichen Vertragsverhältnis, überwiegend aus
dem **körperschaftlichen Organverhältnis**, das von den jeweiligen gesellschaftsrechtlichen Vorschriften determiniert wird (vgl Karsten Schmidt, Gesellschaftsrecht [2. Aufl
1991] 339 ff, 697 ff).

Der **Auktionsvertrag** zwischen Auktionator und Einlieferer über die Durchführung E 11
einer Versteigerung ist ein Geschäftsbesorgungsvertrag dienstvertraglicher oder (bei
Erfolgsbezogenheit) werkvertraglicher Natur (OLG Hamburg Recht 1919 Nr 1957). Auch
der mit einer Ersteigerung beauftragte Auktionator ist Geschäftsbesorger (BGH NJW
1983, 1186; OLG Hamburg MDR 1967, 124). Der möglicherweise im eigenen Namen für
fremde Rechnung handelnde Auktionator tritt als Kommissionär auf.

Der **Auskunfteivertrag** ist Geschäftsbesorgungsvertrag dienstvertraglichen oder (bei E 12
Erfolgsbezogenheit, zB Verpflichtung zu bestimmten Informationen) werkvertraglichen Charakters.

Bergungsverträge zwischen einem Auftraggeber und einem Bergungsunternehmer E 13
sind Geschäftsbesorgungsdienst- oder (meist) -werkverträge.

Die bisweilen als **Betriebsführungsverträge** bezeichneten konzernrechtlichen Manage- E 14
mentverträge stellen sich als Geschäftsbesorgungsverträge dar (vgl dazu ausführlich
oben Rn C 86 ff).

Der **Chartervertrag** über Flugzeuge, Schiffe oder Busse, der die Vermittlung von E 15
Leistungen eines anderen zum Gegenstand hat, besitzt Geschäftsbesorgungscharakter (BGH NJW 1974, 1046; BGHZ 93, 271; Schwenk BB 1970, 282, 284).

Der **Detektei- oder Detektivvertrag** ist Dienst- oder Werkvertrag, der nur ausnahms- E 16 weise, nämlich bei Vorliegen der typologischen Qualifikationsmerkmale der Geschäftsbesorgung, dem § 675 unterfällt.

E 17 Der **Frachtvertrag** ist ein Geschäftsbesorgungsvertrag mit Werkvertragscharakter, denn der Frachtführer verpflichtet sich nicht nur zur Leistung von Diensten, sondern zur Erbringung eines Werks, nämlich zur Beförderung des Gutes von einem Ort zu einem anderen (bestimmten) Ort, gegen Zahlung eines Entgelts (sog Fracht). Auf den Frachtvertrag finden die Vorschriften der §§ 425 ff HGB und ergänzend die §§ 675, 631 ff BGB Anwendung (KARSTEN SCHMIDT, Handelsrecht [4. Aufl 1994] 923 ff, 930 ff). Parteien sind auf der Geschäftsbesorgerseite der Frachtführer, der im Seefrachtgeschäft „Verfrachter" genannt wird, auf der Geschäftsherrenseite der Absender, der im Seefrachtgeschäft „Befrachter" heißt. Der Frachtvertrag ist ein Geschäftsbesorgungsvertrag zugunsten Dritter, nämlich zugunsten des Empfängers (§§ 433 – 436 HGB).

E 18 Der **Geschäftsführervertrag**, mit dem der Geschäftsführer gegen Entgelt zum selbständigen Führen des Geschäftsbetriebs einer GmbH verpflichtet wird, ist – auch bei gerichtlicher Bestellung zum Geschäftsführer – Geschäftsbesorgungsdienstvertrag (BayObLG BB 1975, 1037). Von der schuldrechtlichen Anstellung ist die körperschaftliche Organbestellung zu unterscheiden (vgl KARSTEN SCHMIDT, Gesellschaftsrecht [2. Aufl 1991] 339 ff, 894 ff; BAUMS, Der Geschäftsleitervertrag [1987]; FLECK WM-Sonderbeil 3/1968 und 3/1981).

E 19 Der **Gerichtsvollzieher** wird aufgrund öffentlich-rechtlicher Vorschriften (insbes §§ 154, 155 GVG, §§ 753, 166, 194 ZPO) tätig und schließt keine privatrechtlichen Verträge mit seinem Auftraggeber ab (RGZ 82, 85).

E 20 Der **Handelsvertretervertrag** ist vorstehend als Vertriebsvertrag und kaufmännischer Geschäftsbesorgungsvertrag ausführlich gewürdigt worden (so Rn D 1 ff).

E 21 Der **Herausgebervertrag** zwischen einem Verlag und einem Herausgeber oder Redaktor über die Herausgabe eines Sammelwerkes verschiedener Autoren ist Dienstvertrag mit Geschäftsbesorgungselementen (RGZ 113, 70, 72) sowie uU verlagsvertraglichen Elementen (RGZ 115, 358, 361 f; Einzelheiten: ROHNER, Der Herausgebervertrag [1980]; SELLIER, Die Rechte der Herausgeber, Mitarbeiter und Verleger bei Sammelwerken [Diss München 1964]; HABERSTUMPF/HINTERMEIER, Einführung in das Verlagsrecht [1985] § 27; DELP, Der Verlagsvertrag [6. Aufl 1994] Kap II).

E 22 Verträge mit **Ingenieuren** sind bezüglich der vertragstypologischen Qualifikation und bezüglich der meisten vertragsrechtlichen Einzelfragen wie die vorstehend gewürdigten Architektenverträge (so Rn C 46 ff) zu behandeln (JAGENBURG NJW 1990, 93 und NJW 1992, 148); wie bei diesen ist auch bei den heutigen Ingenieurverträgen eine Tendenz zu mehr oder weniger ausgeprägten geschäftsbesorgungsrechtlichen Elementen des regelmäßig werkvertraglich, seltener dienstvertraglich zu qualifizierenden Rechtsverhältnisses unübersehbar.

E 23 Der **Inkassovertrag** über die Einziehung von Forderungen des Auftraggebers durch ein Inkassobüro oder eine sonstige Inkassostelle (Bank, Rechtsanwalt) hat geschäftsbesorgungsvertraglichen Charakter (RG JW 1906, 109; RG JW 1911, 581, 582; OLG München BB 1974, 101; MünchKomm/SEILER² § 675 Rn 42).

Der Vertrag eines Unternehmens mit einem **Justitiar** oder Syndicus ist Geschäftsbe- **E 24** sorgungsdienstvertrag (BGH NJW 1970, 34).

Der handelsrechtliche **Kommissionsvertrag** der §§ 383 ff HGB ist ein kaufmännischer **E 25** Geschäftsbesorgungsvertrag dienstvertraglichen Charakters (bei längerem Bemühen und Tätigkeitsbezug) oder werkvertraglichen Charakters (bei Einzelgeschäften mit Erfolgsbezogenheit), durch den es der Kommissionär übernimmt, Waren oder Wertpapiere für Rechnung des Kommittenten im eigenen Namen zu kaufen oder verkaufen (zur dienstvertraglichen Kommission vgl RGZ 110, 123, zur werkvertraglichen vgl RGZ 71, 77). Dabei betrifft § 383 HGB nur die „eigentliche" oder „regelmäßige" Einkaufs- und Verkaufskommission, die den gewerbsmäßigen Übernehmer solcher Geschäfte zum Kommissionär im Sinne des Handelsrechts macht (KARSTEN SCHMIDT, Handelsrecht [4. Aufl 1994] 864 ff). Die in § 406 Abs 1 S 1 und 2 HGB geregelte „uneigentliche" oder „unregelmäßige" Kommission bezieht auch die von Kommissionären (S 1) oder von anderen Kaufleuten (S 2) im Betrieb ihres Handelsgewerbes geschlossenen Verträge, in denen für Rechnung eines anderen im eigenen Namen der Geschäftsabschluß mit Dritten übernommen wird (nicht nur Waren- oder Wertpapierkauf oder -verkauf), in den Kommissionsvertrag mit ein. Auch der Kaufmann, der nicht nach § 383 HGB Kommissionär „nach Gewerbe" ist, aber nach § 406 Abs 1 S 2 einen Kommissionsvertrag abschließt, kann aber Kommissionär („kraft Geschäfts") genannt werden. Die gewerbsmäßige Kommission hat gegenüber dem 19. Jahrhundert stark an Bedeutung eingebüßt. Herausragende Relevanz kommt aber der Effektenkommission beim Wertpapiergeschäft der Banken und der Konsignationskommission im Exportgeschäft zu. Daneben ist die Kommission vor allem noch im **Kunst-, Antiquitäten- und Briefmarkenhandel** verbreitet.

Ergänzend zu den handelsrechtlichen Regeln beansprucht § 675 und das damit beru- **E 26** fene Regelungsprogramm Geltung. Die Auslegungsregel des § 673 ist freilich unanwendbar. Die Vorschrift des § 666 wird durch § 384 Abs 2 oder durch § 400 Abs 2 HGB ersetzt, die Vorschrift des § 665 wird durch § 385 Abs 2 HGB wohl wegen ihrer Wichtigkeit vom Gesetz in Erinnerung gerufen und durch § 385 Abs 1 ergänzt. Die Vorschrift des § 670 findet durch § 396 Abs 2 HGB eine zusätzliche Klarstellung. Wegen § 392 Abs 2 trägt der Kommittent nicht das volle Insolvenzrisiko des Kommissionärs und steht insoweit besser als sonst der Geschäftsherr bei verdeckter Stellvertretung.

Neben der handelsrechtlichen Kommission steht der **zivilrechtliche Kommissionsver- E 27 trag** etwa über den Kauf oder Verkauf von Grundstücken, der gleichfalls ein Dienst- oder (meist) Werkvertrag mit Geschäftsbesorgungscharakter ist. Der **Kommissionsagentenvertrag** ist als Vertriebsvertrag ebenfalls ein Dienstvertrag mit Geschäftsbesorgungscharakter (dazu oben Rn D 1 ff).

Der **Konkursverwalter** wird ebenso wie der Zwangsverwalter oder Vergleichsverwal- **E 28** ter kraft Amtes tätig (vgl §§ 78 ff, 81 KO, 150 ff ZVG, §§ 11, 38 VerglO) und schließt keine privatrechtlichen Verträge über seine Tätigkeit ab. Ausweislich der §§ 82 ff KO, §§ 150 d, 150 e, 152, 153 a, 154 ff ZVG, §§ 42, 43 ff VerglO haben Konkurs-,

Zwangs- und Vergleichsverwalter jedoch eine **geschäftsbesorgungsähnliche Stellung**, die auch eine analoge Heranziehung einzelner Grundsätze des vertraglichen Geschäftsbesorgungsrechts rechtfertigt (MünchKomm/-Seiler² § 675 Rn 42; BGHZ 24, 393, 396). Man kann von einem gesetzlichen Schuldverhältnis mit Geschäftsbesorgungscharakter sprechen (vgl BGHZ 24, 393, 396; BGHZ 62, 1, 2 f).

E 29 Der **Kreditauftrag** nach § 778 ist bei Entgeltlichkeit ein Geschäftsbesorgungsvertrag (RGZ 56, 130, 133; H Weber JuS 1972, 9, 12).

E 30 Der **Maklervertrag** nach §§ 652 ff weist zunächst als lediglich einseitig verpflichtender Vertrag – den Makler trifft nach dem gesetzlichen Normalstatut keine Tätigkeitspflicht – keinen Geschäftsbesorgungscharakter auf. Wird er aber tätig, so hat er wie ein entgeltlicher Geschäftsbesorger die Interessen des Auftraggebers zu wahren (vgl im einzelnen Staudinger/Reuter Vorbem 1 ff zu § 652 und Rn 182 ff zu §§ 652, 653). Beim gesetzlichen Leitbild des Maklervertrages sowie beim Alleinauftrag werden keine wechselseitigen Rechte und Pflichten begründet. Anders ist die Lage bei den Maklerwerk- und Maklerdienstverträgen, die durchaus als Geschäftsbesorgungsverträge nach §§ 675, 631 bzw 611 zu qualifizieren sind; hierbei handelt es sich freilich richtiger Ansicht nach überhaupt nicht um Maklerverträge (vgl dazu Staudinger/Reuter Vorbem 9 ff u 14 zu § 652; aA aber wohl MünchKomm/Schwerdtner² § 652 Rn 10). Beim Maklerdienstvertrag verpflichtet sich der Auftraggeber zur Gegenleistung unmittelbar für die Tätigkeit des Maklers ohne Rücksicht auf ihr Ergebnis, während er sich beim Maklerwerkvertrag zum Entgelt für die Herbeiführung eines bestimmten Erfolgs wie etwa der Vermittlung eines solventen Nachfragers für die Mietwohnung des Auftraggebers zur genannten Mindestmiete verpflichtet.

E 31 Der **Nachlaßverwalter** wird kraft Amtes tätig (§§ 1985 ff) und nicht kraft eines privatrechtlichen Geschäftsbesorgungsvertrags.

E 32 Der **Notarvertrag** ist kein Geschäftsbesorgungsvertrag, da die Notartätigkeit auf dem Gebiet der Beurkundungen oder der vorbeugenden Rechtspflege ausweislich der §§ 1, 24 Abs 1 BNotO und §§ 17 ff BeurkG die eines öffentlichen Amtsträgers ist (BGH NJW-RR 1990, 630). Der Notar haftet als Amtsträger nach § 19 BNotO. Zur Haftung eines Anwaltsnotars aus Verletzung anwaltlicher und notarieller Pflichten vgl BGH NJW 1993, 2747.

E 33 Der Vertrag mit einem **Patentanwalt** über die Anmeldung von Patenten, Gebrauchsmustern, Warenzeichen etc ist ein Dienstvertrag mit Geschäftsbesorgungscharakter (RGZ 69, 26; BGHZ 52, 359, 361). Er hat in der Patentanwaltsordnung eine nähere Regelung erfahren, aus der die Pflicht zur unverzüglichen Anzeige bei Ablehnung des Auftrags (§ 40), die Vertretungspflicht des beigeordneten Patentanwalts (§ 43), das Zurückbehaltungsrecht an Handakten (§ 44 Abs 1) und die Verjährung von Ersatzansprüchen (§ 45) genannt seien.

E 34 Der **Postgirovertrag** ist wie der frühere Postscheckvertrag ein öffentlich-rechtlicher Vertrag mit Geschäftsbesorgungscharakter, auf den § 675 analog anwendbar ist (vgl RGZ 161, 176; BGHZ 9, 13, 17; BGHZ 67, 69; OLG Köln NJW 1990, 2262; vOlshausen JuS 1974, 81). Das Benutzungsverhältnis zwischen der Post als öffentlicher Anstalt und den

Benutzern ist hoheitlich ausgestaltet (vgl §§ 7, 19 PostG; Vorschriften der PostgiroO; RGZ 161, 176; BGH NJW 1976, 1847).

Der **Prozeßagentenvertrag** (vgl § 157 Abs 3 ZPO, Art 1 § 3 Nr 3 RBerG, §§ 1 Abs 2 und 3 Abs 1   **E 35** S 1 der 2. AVO zum RBerG) ist ein Dienstvertrag mit Geschäftsbesorgungscharakter.

Der **Rechtsbeistandsvertrag** (vgl § 1 Abs 1 RBerG, § 4 Abs 1 der 2. AVO zum RBerG) ist ein   **E 36** Dienstvertrag mit Geschäftsbesorgungscharakter (BGH MDR 1985, 31; LANG WM-Beil 9/1988, 1, 16). Deshalb ist etwa der Rechtsbeistand nach §§ 675, 666 verpflichtet, seinem Auftraggeber die erforderlichen Nachrichten zu geben, auf Verlangen über den Stand des Geschäfts Auskunft zu erteilen und nach der Ausführung des Auftrags Rechnung zu erteilen (BGH NJW-RR 1984, 1514). Für das Verhältnis zwischen dem Rechtsbeistand und seinem Mandanten gelten im wesentlichen die gleichen Grundsätze wie beim Rechtsanwaltsvertrag (so Rn C 1 ff). Eine geschäftsmäßige Besorgung fremder Rechtsangelegenheiten iSd Art 1 § 1 RBerG ist nur dann anzunehmen, wenn der Berater die Absicht hat, eine rechtsberatende oder rechtsbesorgende Tätigkeit in gleicher Weise zu wiederholen und sie dadurch zu einem dauernden und wiederkehrenden Bestandteil seiner Beschäftigung zu machen (BGH NJW 1986, 1050 = LM RBerG § 1 Nr 39). Falls der Rechtsbeistand nicht über die erforderlichen steuerlichen Kenntnisse verfügt, muß er seinen Auftraggeber darauf hinweisen und die Hinzuziehung eines steuerlichen Beraters veranlassen (BGH NJW-RR 1987, 869 = LM § 276 Hb Nr 43).

Der in den §§ 651 a ff geregelte **Reisevertrag**, genauer: **Reiseveranstaltungsvertrag**,   **E 37** versteht sich als eine besondere Form des Werkvertrags, bei dem der Reiseveranstalter eine Gesamtleistung, ein „Leistungsbündel", selbst schuldet (BGHZ 60, 14). Die voneinander abhängigen, zur Reiseveranstaltung verschmolzenen Einzelleistungen der Reise können in der Planung und Zusammenfassung sowie in einer Vielzahl weiterer Leistungen (Beförderung, Beherbergung, Verpflegung etc) bestehen. Während dem Reiseveranstaltungsvertrag keine geschäftsbesorgungsvertragliche Qualität zukommt, ist der **Reisevermittlungsvertrag** als ein Geschäftsbesorgungsdienstvertrag zu qualifizieren. Der reine Reisevermittler, der nicht dem § 651 a Abs 2 unterfällt, sondern nur zur Vermittlung von Einzelleistungen oder von Pauschalreisen tätig wird, ist Geschäftsbesorger (OLG Hamburg NJW 1982, 1537; LG Göttingen NJW-RR 1990, 1397; BARTL NJW 1978, 729; ders NJW 1979, 1384; NEUNER AcP 193 [1993] 1, 8). Ein solcher Reisevermittlungsvertrag kommt zustande, wenn ein veranstalterunabhängiges Reisebüro im eigenen Namen einen Hauptvertrag (zB Luftbeförderungsvertrag) vermittelt. Die Abgrenzung zwischen Reiseveranstaltungs- und -vermittlungsvertrag kann im Einzelfall problematisch sein, zumal Reiseveranstalter wie -vermittler oft in der Öffentlichkeit als „Reisebüro" firmieren (vgl JACOB-WENDLER, Reisevertragsrecht und Veranstalterreisen – Zur Einbeziehung der Teilpauschalreise in eine korrigierte Reisevertragsdefinition [Diss Tübingen 1985]; ARNDT, Der Reiseveranstaltungsvertrag [1982]; BERNREUTHER, Die Pauschalreise [1981]; LARENZ VersR 1980, 689; ISERMANN, Reisevertragsrecht [2. Aufl 1991]; TAESLER, Das Reisevertragsgesetz – Entstehungsgeschichte und Auslegung [1983]; TEMPEL JuS 1984, 81; aus der jüngeren Rspr: BGHZ 100, 157; BGHZ 100, 185; BGHZ 102, 80; BGHZ 103, 298; BGHZ 109, 29; BGHZ 109, 224).

Der **Schiffsagentenvertrag** (zum Agentenvertrag allgem so Rn E 1) ist Geschäftsbesor-   **E 38** gungsvertrag (OLG Hamburg VersR 1973, 464).

E 39 **Sicherungsverträge** über eine Sicherungsübereignung oder Sicherungszession wurden vom RG (RGZ 59, 190, 191 f; 76, 345, 347; 116, 330, 331 f) als Geschäftsbesorgungsverträge, werden aber heute als Verträge sui generis qualifiziert.

E 40 **Speditionsverträge** sind Geschäftsbesorgungsverträge, auf die in Ergänzung zum Speditionsrecht der §§ 407 ff HGB und des Kommissionsrechts nach §§ 407 Abs 2, 383 ff HGB auch die durch § 675 berufenen Auftragsregeln Anwendung finden (RGZ 114, 375; KARSTEN SCHMIDT, Handelsrecht [4. Aufl 1994] 982 ff). Vorrang noch vor den §§ 407 ff HGB haben – soweit wirksam vereinbart – die Spezialregeln der Allgemeinen Deutschen Spediteurbedingungen (ADSp). Speditionsverträge sind Werkverträge mit Geschäftsbesorgungscharakter, soweit sie bestimmte einzelne Versendungen zum Gegenstand haben, und Dienstverträge mit Geschäftsbesorgungscharakter, soweit sie alle anfallenden Versendungen während der Laufzeit des Vertrages umfassen. Immer besorgt der Spediteur (wie der Kommissionär) die Geschäfte im eigenen Namen und für fremde Rechnung.

E 41 **Sponsoringverträge** können als eine der jüngsten Entwicklungen im Recht der modernen Vertragstypen betrachtet werden (BRUHN/MEHLINGER, Rechtliche Gestaltung des Sponsoring Bd I – Vertragsrecht, Steuerrecht, Medienrecht, Wettbewerbsrecht [1992] sowie Bd II – Sport-, Kultur-, Sozial-, Umwelt- und Programmsponsoring [1994]; WEIAND, Kultur- und Sportsponsoring im deutschen Recht unter besonderer Berücksichtigung urheber-, medien- und wettbewerbsrechtlicher Aspekte [1993]; HAUSER, Der Sponsoring-Vertrag im schweizerischen Recht unter besonderer Berücksichtigung kommunikativer Aspekte des Sport-, Kultur- und Sozio-Sponsoring [Zürich 1991]; zur Rechtswirklichkeit vgl insbes BRUHN, Sponsoring – Unternehmen als Mäzene und Sponsoren [2. Aufl 1991]; BGH NJW 1992, 2089 = ZIP 1992, 804 = GRUR 1992, 518). Sie haben seit etwa Mitte der achtziger Jahre auch in Deutschland als Kommunikations- und Marketinginstrument der Unternehmen erhebliche Bedeutung gewonnen. Die sich um das Sponsoring rankenden Verträge, die in der Praxis auch Promotion-, Ausrüster-, Lizenz-, Förder- oder Partnerschaftsverträge genannt werden, sind als empirische Realtypen wie als Rechtsstrukturtypen noch außerordentlich vielfältig und teilweise amorph; erst allmählich formen sich in der Rechtswirklichkeit typische Vertragsgestaltungen aus. Allgemein sind sie darauf gerichtet, daß die *eine* Partei (der Sponsornehmer, Gesponserter) bei den von ihr entfalteten Primär-Aktivitäten auf sportlichem, kulturellem, ökologischem oder sozialem Gebiet die Marketing- oder Kommunikationsinteressen der *anderen* Partei (des Sponsors), meist unter Einsatz der Medien, mitverfolgt und als Gegenleistung dafür vom Sponsor Geld, Sachmittel oder Dienstleistungen zur Förderung ihrer Primär-Aktivitäten zur Verfügung gestellt erhält. In der Literatur werden bislang vor allem die medien- und lauterkeitsrechtlichen Probleme der Sponsorships gewürdigt. Die zivilrechtsdogmatische Aufarbeitung der Sponsoring-Praxis in den zentralen Bereichen des Sport-, Kultur-, Sozial- und Umwelt-Sponsoring und die Rechtsnaturdebatte haben erst begonnen. Dabei werden die Sponsoringverträge teils als Typenkombinationsverträge, teils als Verträge sui generis verstanden. Jedenfalls kann bei ihnen aber ein mehr oder weniger ausgeprägtes **geschäftsbesorgungsvertragliches Element** gegeben sein, soweit sich der Gesponserte dem Sponsor zur selbständigen Erbringung von Leistungen verpflichtet, die den Vermögensinteressen des Sponsors dienen (zB Auftragsforschung an Hochschulen).

Der **Testamentsvollstrecker** wird kraft privaten Amtes nach §§ 2197 ff tätig. Die Rege- **E 42** lung des § 2218 Abs 1 verweist auf auftragsrechtliche Vorschriften.

Der **Treuhandvertrag** ist in derart vielfältigen Ausgestaltungsformen rechtlich denk- **E 43** bar und praktisch anzutreffen, daß man ihn schwerlich als einen Vertragstyp bezeichnen kann (vgl COING, Die Treuhand kraft privaten Rechtsgeschäfts [1973]; ASSFALG, Die Behandlung von Treugut im Konkurse des Treuhänders [1960]; KÖTZ, Trust und Treuhand [1963]; vgl auch oben Rn A 52 ff). Die Rechtsbeziehungen zwischen einem Treuhänder und dem Treugeber hängen völlig vom Einzelfall ab. Bei der rechtsgeschäftlichen Treuhand ist der Treuhandvertrag im Falle unentgeltlicher Treuhandschaft seiner Rechtsnatur nach ein Auftrag, im Falle entgeltlicher Treuhandschaft regelmäßig ein Geschäftsbesorgungsvertrag nach §§ 675, 611 (RGZ 153, 367, 369; BGH BB 1969, 1154; BGHZ 76, 131; BGH NJW 1987, 2071; OLG Nürnberg OLGZ 90, 449; COING, Die Treuhand kraft privaten Rechtsgeschäfts 92). Die Tätigkeit des Treuhänders ist „Geschäftsbesorgung in dem begrenzten Sinne, in dem die herrschende Lehre dieses Wort in § 675 BGB interpretiert" (so COING, Die Treuhand kraft privaten Rechtsgeschäfts 99). Insbesondere ist der Treuhänder in den Grenzen der Treuhandabrede und ihrer Zwecksetzung frei, nach eigenem Ermessen zu handeln, wobei er nach außen grundsätzlich im eigenen Namen oder als Treuhänder auftreten kann. Nach § 664 ist der Treuhänder mangels anderweitiger Absprache zur persönlichen Wahrnehmung der Treuhandgeschäfte verpflichtet. Er muß Treuhandvermögen und Eigenvermögen getrennt halten (BGH NJW 1959, 1224; BGHZ 17, 140, 146). Er ist nach § 666 verpflichtet, dem Treugeber die notwendigen Auskünfte zu erteilen und bei Beendigung der Treuhandschaft Rechenschaft abzulegen, und muß gegebenenfalls Weisungen vom Treugeber einholen, § 665 (RGZ 76, 345, 348). Der Treuhandvertrag kann auch als Geschäftsbesorgungsvertrag zugunsten Dritter nach §§ 675, 611, 328 ausgestaltet sein, wenn eine Drittbegünstigung mit selbständigem Forderungsrecht des Dritten im Zweck der Treuhand liegt (BGH NJW 1966, 1116).

Unfallabwicklungsverträge mit Beteiligung einer Bank und eines Mietwagenunterneh- **E 44** mens zur umfassenden Unfallschadensabwicklung (Unfallhelferring) sind zwar konstruktiv Geschäftsbesorgungsverträge, aber einschließlich aller Nebenverträge wegen Verstoßes gegen das RBerG rechtsunwirksam (BGHZ 61, 317; BGH NJW 1977, 38; BGH NJW 1977, 431; BGH NJW 1978, 2100).

Versteigerer s Auktionator   **E 45**

Verwaltungs- oder Verwalterverträge, in denen sich ein Verwalter dazu verpflichtet, **E 46** das Vermögen des Auftraggebers oder Teile davon (Haus, Gut, Fuhrpark, Bibliothek etc) in dessen Interesse zu verwalten, sind Dienstverträge mit Geschäftsbesorgungscharakter. Zum Verwalter bei Wohnungseigentum vgl §§ 20, 25 WEG. Auch Verträge mit **Vermögensverwaltern**, die für einen Anleger dessen Geldmittel oder Wertpapiere als Anlagevermögen aufgrund entsprechender Vollmachten verwalten, sind als Dienstverträge mit Geschäftsbesorgungscharakter zu qualifizieren (HOPT, in: FS R Fischer [1979] 237; HEYMANN, Geschäftsanwälte und Treuhandgesellschaften als Vermögensverwalter nach englischem und deutschem Recht, in: Festgabe Güterbock [1910] 561; zum Wohnungseigentumsverwalter BGHZ 78, 65; BayObLG NJW-RR 1987, 78; vgl auch F A SCHÄFER, Haftung für fehlerhafte Anlageberatung und Vermögensverwaltung, insbes von Kreditinstituten [1993]). Nach Beendigung der Verwaltung hat der Verwalter das durch die Verwaltung Erlangte wieder herauszugeben, §§ 675, 667. Der Auftraggeber muß dartun und notfalls beweisen, was der Beauftragte durch die (Vermögens-)Verwaltung erlangt hat (BGH WM 1987, 79).

E 47 **Vormundschaft und Pflegschaft** richten sich nach §§ 1773 ff und 1909 ff und sind dem Geschäftsbesorgungsrecht entzogen.

E 48 Der Vertrag mit einem **Werbemittler** oder einer **Werbeagentur** ist Dienstvertrag (Werbeberatung) oder Werkvertrag (Werbungsaktion) mit Geschäftsbesorgungscharakter (BGHSt 23, 246; BGH GRUR 1970, 572; BGH GRUR 1974, 284; OLG Hamm GRUR 1988, 564; AMANN [Hrsg], Rechtsfragen in Wettbewerb und Werbung [1985]; MÖHRING/ILLERT BB 1974, 65; HEIDER, Das Recht der Werbeagentur [1964]; ILLERT BB 1974, 65; LAMBSDORFF/SKORA, Handbuch des Werbeagenturrechts [1975]; WRONKA WRP 1976, 142; KNOBLICH/ARNOLD BB 1982, 1677; GLOY/KLOSTERFELDE/SCHULTZ-SÜCHTING, in: SCHÜTZE/WEIPERT [Hrsg], Münchener Vertragshandbuch[3] Bd 3 [1992] 1145).

E 49 Der mit der Erstellung des Jahresabschlusses für den Kaufmann mit Prüfungsbericht und Bestätigungsvermerk betraute **Wirtschaftsprüfer** wird aufgrund eines Geschäftsbesorgungswerkvertrages tätig (BRANDNER ZIP 1984, 1187; ders JZ 1985, 767; HOMBURGER JW 1931, 2928; BGH NJW 1992, 2021). Seine Aufgaben ergeben sich aus der Wirtschaftsprüferordnung; seine Rechtsstellung ist der eines Steuerberaters (so Rn C 38 ff) und eines Rechtsanwalts (so Rn C 1 ff) ähnlich (STAUDINGER/WITTMANN[12] § 675 Rn 36; LANG WM-Beilage 99/1988, 15; BGHZ 100, 132; BGHZ 102, 220; EBKE, Wirtschaftsprüfung und Dritthaftung [1993]). Durch das am 1. 1. 1995 in Kraft getretene Dritte Gesetz zur Wirtschaftsprüferordnung (BGBl I 1569) werden im Berufsrecht der Wirtschaftsprüfer und vereidigten Buchprüfer diejenigen Grundsätze verwirklicht, die durch die Entscheidung BVerfGE 76, 171 = NJW 1988, 191 zum Standesrecht der Rechtsanwälte aufgestellt worden sind (so Rn C 1). Eine rechtsbesorgende Tätigkeit ist dem Wirtschaftsprüfer nur im Zusammenhang mit solchen Aufgaben gestattet, die zu seinem anerkannten herkömmlichen Berufsbild gehören (zB Verhandlungen mit Gläubigern im Rahmen eines Sanierungsversuchs zur Vorbereitung eines Zwangsvergleichs, BGHZ 102, 128). Dabei muß nach Art 1 § 5 Nr 2 RBerG die wirtschaftsberatende oder -besorgende Tätigkeit des Wirtschaftsprüfers im Vordergrund und die rechtsberatende Tätigkeit hiermit in unmittelbarem Zusammenhang stehen.

§ 676

Wer einem anderen einen Rat oder eine Empfehlung erteilt, ist, unbeschadet der sich aus einem Vertragsverhältnis oder einer unerlaubten Handlung ergebenden Verantwortlichkeit, zum Ersatze des aus der Befolgung des Rates oder der Empfehlung entstehenden Schadens nicht verpflichtet.

Materialien: E I § 604; II § 607; III § 663; Mot II 554, 555; Prot II 380, 664.

Schrifttum

CANARIS, Bankvertragsrecht, (3. Aufl 1988) Rn 75 ff

ders, Die Vertrauenshaftung im deutschen Privatrecht (1971)

CORDES, Haftung für Kreditauskunft, BankArch 1931, 161

ders, Die Kreditauskunft der Banken, BB 1949, 90

DIRICHS, Die Haftung der Banken für Rat und Auskunft (Diss Münster 1966)

DÖRNER, die Auskunftshaftung italienischer Banken im deutsch-italienischen Geschäftsverkehr, WM 1977, 962

HOPT, Der Kapitalanlegerschutz im Recht der Banken (1975)

GAEDE, Die Haftung der Banken für Kreditauskünfte, NJW 1972, 926

LORENZ, Haftung für primäre Vermögensschäden bei unrichtiger Auskunft, in: FS Larenz (1973) 575

H LOCHER, Die Haftung für Expertisen, NJW 1969, 1567

MÜLLER-GRAFF, Rechtliche Auswirkungen einer laufenden Geschäftsverbindung im amerikanischen und deutschen Recht (1975)

MUSIELAK, Haftung für Rat, Auskunft und Gutachten (1974)

ders, Die Haftung der Banken für falsche Kreditauskünfte, VersR 1977, 973

PHILIPOWSKI, Die Geschäftsverbindung (1963)

PIKART, Die neuere Rechtsprechung des Bundesgerichtshofs zur Haftung für Ratschläge und Auskünfte, WM 1966, 698

RATZ, in: Großkomm HGB Anh § 349

SCHEFFLER, Anwaltspflichten – Anwaltsverschulden, NJW 1961, 577

SCHLEGELBERGER/HEFERMEHL, HGB § 347 Rn 33–54

SICHTERMANN, Bankgeheimnis und Bankauskunft (1966)

H STOLL, Vertrauensschutz bei einseitigen Leistungsversprechen, in: FS Flume I 741

STOLZ, Die Kreditauskunft der Banken, (Diss Köln 1966).

Systematische Übersicht

Alphabetische Übersicht

I.   Die Funktion der Vorschrift

1.   Systematische Stellung

1 Die Aufnahme der Bestimmung über die Haftung für Rat, Empfehlung oder Auskunft in dem 10. Titel im Anschluß an die Auftragsvorschriften erklärt sich dadurch, daß man im gemeinen Recht die Auskunfthaftung als Ausnahme von der grundsätzlichen Unverbindlichkeit eines nur im Interesse des Beauftragten liegenden Auftrag (mandatum tua gratia) auffaßte. Wer den Rat befolgte oder sein

Verhalten nach der Auskunft einrichtete, handelte nicht als Beauftragter und mußte daher den ihm daraus erwachsenen Schaden grundsätzlich selbst tragen. Aus der Erteilung eines Rates oder einer Auskunft konnte jemand nur in Anspruch genommen werden, wenn er arglistig handelte oder besondere Umstände ihn zur Anwendung von Sorgfalt verpflichteten, wobei insbesondere das Bestehen einer Geschäftsverbindung von Bedeutung war (ROHGE 19, 196 ff; 27, 118 ff; 42 129 ff; BayObIGZ 6, 137 ff; SeuffA 55 Nr 26). Der Grundsatz der Unbeachtlichkeit des mandatum tua gratia galt auch schon im römischen Recht nicht schrankenlos (vgl JÖRS/KUNKEL, Römisches Privatrecht [3. Aufl 1949] 225; LORENZ, in: FS Larenz [1973] 578). Die 2. Kommission beschloß zunächst, die Vorschrift in das Recht der unerlaubten Handlung im Anschluß an die Vorschriften über sittenwidrige Schädigung einzufügen (Prot II 380), entschied sich aber später für die Beibehaltung des ursprünglichen Standorts (Prot II 664).

2. Geltung für Rat, Empfehlung und Auskunft

Die Vorschrift spricht nur von der Erteilung eines Rates oder einer Empfehlung (als **2** abgeschwächter Form einer Aufforderung). Damit ist aber auch die Erteilung von Auskünften gemeint, die auch ohne ausdrückliche Aufforderung zu einem bestimmten Verhalten Grundlage für die Willensbildung des Auskunftsempfängers werden kann (Mot II 554; RGZ 126, 50, 51; 148, 286, 293; BGB-RGRK/STEFFEN Rn 1; ERMAN/EHMANN Rn 1; LORENZ 575 Anm 1). Die Kreditauskunft durch die Bank (vgl AGB Banken Nr 2 Abs 2; LORENZ 585 Anm 18; CANARIS Rn 92; MUSIELAK VersR 1977, 973 ff) enthält zugleich eine wertende Stellungnahme über die Kreditwürdigkeit (vgl DIRICHS, Die Haftung der Banken für Rat und Auskunft [Diss Münster 1976] 18 ff). Für Dienstzeugnisse (§ 630) ist kennzeichnend, daß die Person des Ausstellers vertrauenheischend hinter den im Zeugnis bescheinigten Angaben steht (BGH NJW 1979, 1882, 1884).

3. Grundgedanken

a) Auskunftserteilung als Gefälligkeit

Faßt man Rat, Empfehlung und Auskunft unter dem Begriff der Auskunft zusam- **3** men, dann enthält § 676 den negativen Rechtssatz (Prot II 380), daß die Erteilung einer Auskunft als solche keine ausreichende Grundlage für die Haftung auf Ersatz des aus der Unrichtigkeit der Auskunft dem Auskunftempfänger entstehenden Schadens ist. Dem liegt der Gedanke zugrunde, daß die Auskunfterteilung grundsätzlich dem Bereich allgemein-sozialer Gefälligkeit angehört und dem Auskunftgeber insoweit der Rechtsbindungswille fehlt (Mot II 554). Der Bereich verbindlicher Auskunfterteilung sollte demgegenüber durch den Vorbehalt vertraglicher Haftung erfaßt werden. Dabei wurde insbesondere an die Haftung für berufseinschlägige oder gewerbliche Auskünfte gedacht und als Haftungsgrund ein stillschweigend geschlossener Auskunftsvertrag ins Auge gefaßt (Mot II 555). Außerdem sollte die – nach § 604 des 1. Entwurfs nur bei Arglist vorgesehene – deliktische Verantwortlichkeit des Auskunftgebers unberührt bleiben. Der Vorbehalt deliktischer Verantwortlichkeit bezieht sich auf Gefälligkeitsauskünfte, da im Bereich verbindlicher Auskünfte die Möglichkeit einer Konkurrenz den Vertrags- und Deliktsansprüchen sich von selbst versteht.

b)　Regelungsziel

4 Die Bedeutung des von § 676 aufgestellten negativen Rechtssatzes liegt darin, für den Bereich der Gefälligkeitsauskünfte die Haftung für culpa lata oder gar für jede Fahrlässigkeit zurückzuweisen (Mot II 555; Prot II 664). Dieses Anliegen tritt in der jetzigen Fassung des § 676 infolge des – erst im revidierten 2. Entwurf so formulierten – pauschalen Hinweises auf die Haftung aus unerlaubter Handlung nicht mehr so deutlich in Erscheinung wie im ursprünglich vorgesehenen Vorbehalt der Arglist (vgl E I § 604; Prot II 664), immerhin bedeutet aber auch der Vorbehalt der Haftung aus unerlaubter Handlung vornehmlich, wenn auch nicht ausschließlich, einen Hinweis auf § 826 und insoweit jedenfalls auf Schädigungsvorsatz.

c)　Regel-Ausnahme-Verhältnis

5 Die (negative) Regelung über Gefälligkeitsauskünfte läßt im Aufbau ein Regel-Ausnahme-Verhältnis erkennen. Die Erteilung einer Auskunft als solche führt im Zweifel nicht zur Begründung eines Auskunftsvertrages (OLG Frankfurt NJW 1965, 1334; BGH WM 1969, 247; BGB-RGRK/STEFFEN Rn 10). Dem Auskunftgeber fehlt im Regelfall der Rechtsbindungswille. Der Auskunftempfänger handelt also, wenn er sich auf die Auskunft verläßt, auf eigene Gefahr (Mot II 554). Die Begründung eines Auskunftsvertrages oder die deliktische Verantwortlichkeit für eine Gefälligkeitsauskunft ist die Ausnahme. Das Regel-Ausnahme-Verhältnis bezieht sich auf die Wertung der Auskunftserteilung. Es hat mit der statistischen Häufigkeitsverteilung zwischen unverbindlichen und verbindlichen Auskünften nichts zu tun. De lege ferenda stellt sich allerdings in Frage, ob der Gesetzgeber nicht der verbindlichen Auskunft, die in dem der Rechtssprechung vorgelegenen Fallmaterial eindeutig überwiegt und deren wirtschaftliche und soziale Bedeutung außer Zweifel steht, größere Aufmerksamkeit schenken sollte (vgl auch LORENZ 575).

4.　Haftungsgründe

a)　Deliktshaftung

6 Da durch unrichtige Auskünfte verursachte Schäden in der Regel reine Vermögensschäden sind und § 823 Abs 1 das Vermögen als solches nicht schützt, kann eine unerlaubte Handlung vornehmlich nur bei wissentlich falscher Auskunfterteilung vorliegen. In Betracht kommen hauptsächlich § 826 (RGZ 91, 80; BGH WM 1979, 326) und § 823 Abs 2 iVm § 263 StGB oder § 95 BörsenG. Haftung für Fahrlässigkeit ist im Rahmen des § 824 denkbar; außerdem kann § 826 auch bei leichtfertiger, grobfahrlässiger Auskunft eingreifen, wenn (bedingter) Schädigungsvorsatz vorliegt (BGH WM 1962, 934; 1966, 1149, 1150; 1975, 559). Wegen des nur schwer zu führenden Nachweises der Voraussetzungen für die deliktische Auskunftshaftung hat die vertragliche oder vertragsähnliche Haftung des Auskunftgebers für den Schutz des Auskunftempfängers vor primären Vermögensschäden besondere Bedeutung.

b)　Vertragliche oder vertragsähnliche Haftung

7 Aus § 676 folgt, daß die Erteilung eines Rates, einer Empfehlung oder einer Auskunft als solche kein Rechtsgeschäft ist. Die Auskunft ist für sich betrachtet keine Willens-, sondern eine Wissenerklärung . Eine **verbindliche** Auskunft ist gegeben, wenn ein ausdrücklicher oder stillschweigender Auskunfts- oder Beratungsvertrag zwischen dem Auskunftgeber und dem Auskunftsempfänger vorliegt, der die Erteilung der Auskunft oder die Übernahme der Beratung oder zumindest die Über-

nahme der Haftung für schuldhaft-unrichtige Auskünfte zum Gegenstand hat
(**selbständiger Auskunftsvertrag**). Wenn ein selbständiger Auskunftsvertrag gegeben
ist, so folgt aus ihm zugleich die Haftung des Auskunftgebers für eine schuldhaft-
unrichtige Auskunft (vgl auch Mot II 555). Voraussetzung hierfür ist jedoch stets,
daß der Auskunftgeber die Auskunft mit entsprechendem Rechtsbindungswillen
(Verpflichtungswillen) erteilt (BGH WM 1978, 576). Die Haftung für sorgfältige Auskunfterteilung kann auch als Nebenpflicht im Rahmen eines anderstypischen Vertrags (zB eines Kaufvertrags, BGH WM 1977, 1027) übernommen werden (**unselbständiger
Auskunftsvertrag**). Die Haftung aus unselbständigem Auskunftsvertrag kann mit der
Haftung für **Verschulden beim Vertragsschluß** konkurrieren (BGH Betrieb 1974, 2392;
Lorenz 588). Weitere Handlungsgrundlagen für schulfhaft-unrichtige Auskünfte sind
vertragliche Aufklärungs-, Beratungs- oder Warnpflichten, die nicht nur durch
Unterlassen, sondern auch durch falsche Auskünfte verletzt werden können (BGH
WM 1977, 334, 336). Besteht aufgrund vertraglicher Vereinbarung oder aufgrund
gesetzlicher Vorschrift (zB nach § 444 oder § 666) eine **Nebenleistungspflicht** auf Aus-
kunft, so liegt in der Erteilung einer falschen Auskunft eine Schlechterfüllung des
Auskunftsanspruchs.

Vertragsähnliche Auskunftshaftung kann im Fall des **Verschuldens beim Vertragsschluß**, bei Auskünften im Rahmen einer **Geschäftsverbindung** oder sogar – sofern das
Vertrauen des Auskunftempfängers schutzwürdig ist – bei bloßem Auskunftkontakt
eintreten. Die Haftung für schulhaft-unrichtige Auskünfte im Rahmen einer
Geschäftsverbindung hat das durch die Geschäftsverbindung geschaffene Vertrauensverhältnis zu ihrer Grundlage. Bestehen zwischen Auskunftgeber und Auskunftempfänger keine vertraglichen Beziehungen und stehen sie miteinander auch
nicht in Geschäftsverbindung, handelt es sich mithin um *bloßen Auskunftkontakt*, so
ist das Vertrauen desjenigen, der sich auf die Auskunft verläßt, gleichwohl schutzwürdig, wenn für den Auskunftgeber objektiv erkennbar ist, daß die Auskunft für
den Empfänger von erheblicher Bedeutung ist und zur Grundlage wichtiger Vermögensdispositionen gemacht werden soll (RGZ 101, 297, 301; BGHZ 7, 371, 374–375; BGH
WM 1965, 287; 1966, 1148, 1149; 1970, 878, 879; 1976, 498, 499 = LM Nr 15 zu § 676 BGB; Pikart
WM 1966, 698; BGB-RGRK/Steffen Rn 31; Soergel/Mühl Rn 13; Palandt/Thomas Rn 5).
Die Rspr nimmt zum Teil auch bei bloßem Auskunftkontakt einen stillschweigend
geschlossenen Auskunftsvertrag an (RGZ 101, 287, 301; BGHZ 7, 371, 374–375; WM 1970,
878, 879; NJW 1986, 180; 1991, 32), zum Teil spricht sie von Haftung nach Vertragsgrundsätzen (BGH WM 1965, 287; WM 1972, 826; WM 1976, 498, 499) oder von vertragsähnlicher
Haftung (BGHZ 12, 105, 108; BGH NJW 1970, 1737; BGH WM 1973, 141, 143). Zum stillschweigenden Abschluß eines Auskunftsvertrages fehlt in Fällen des bloßen Auskunftskontakts der Wille, die Interessen des Auskunftempfängers in wirtschaftlicher
oder rechtlicher Hinsicht wahrzunehmen, also der Rechtsbindungswille (vgl auch Vorbem 18 zu §§ 662 ff). Der Grund für die Auskunftshaftung ist daher in solchen Fällen
nicht der stillschweigend geschlossene Auskunftsvertrag, sondern das vom Auskunftgeber in Anspruch genommene und vom Auskunftempfänger gewährte Vertrauen (Lorenz 681; Canaris, Bankvertragsrecht Rn 89; Erman/Ehmann Rn 4; vgl auch BGHZ
7, 371, 375–376; BGH WM 1976, 498, 499; **aM** BGB-RGRK/Steffen Rn 36). Es handelt sich
insoweit wie im Fall des Verschuldens beim Vertragsschluß um eine vertragsähnliche
Haftung. Das folgt allerdings entgegen Canaris aaO nicht schon aus dem Fehlen
einer primären Leistungspflicht auf Auskunft. Auch wenn der Auskunftgeber die
Auskunft freiwillig erteilt, kann er durch haftungsbegründenden Auskunftsvertrag

eine Einstandspflicht für sorgfältige Auskunfterteilung übernehmen. Die vertragsähnliche Auskunftshaftung ist vielmehr dadurch gekennzeichnet, daß der Auskunftgeber bei wirtschaftlich oder rechtlich entscheidungsrelevanten Auskünften aufgrund in Anspruch genommen und gewährten Vertrauens für den Schaden
verantwortlich ist, der dem Auskunftempfänger durch die schuldhaft-unrichtige
Auskunft entsteht, selbst wenn er die Auskunft ohne auf Abschluß eines Haftungs-
vertrags gerichteten Verpflichtungswillen erteilt hat (RG LZ 1915, 49; JW 1927, 1145;
1928, 1134; BGHZ 7, 331, 345). Es handelt sich also um eine Haftung, die insoweit auf
objektiven Voraussetzungen beruht.

c) Anwendungsbereich der Regel des § 676

8 Der von § 676 als Regel aufgestellte Unverbindlichkeitsgrundsatz gilt somit insgesamt gesehen nur für den eng begrenzten Bereich **bloßer Gefälligkeitsauskünfte**. Von
vorherein außerhalb des Unverbindlichkeitsgrundsatzes fallen Auskünfte, die in
Erfüllung einer vertraglichen Haupt- oder Nebenleistungspflicht auf Auskunft oder
in Erfüllung einer vertraglichen Aufklärungs-, Beratungs- oder Warnpflicht erteilt
werden. Aber auch nicht jede freiwillig, insoweit ohne Rechtspflicht erteilte Auskunft ist eine folgenlose Gefälligkeitsauskunft. Der Auskunftgeber kann vielmehr
für schulhaft-unrichtige Auskünfte trotz Freiwilligkeit der Auskunfterteilung einer
vertraglichen oder vertragsähnlichen Haftung unterliegen. Ohne Rücksicht auf Verschulden haftet er für die Richtigkeit der Auskunft dann, wenn er dafür durch
Garantievertrag eine Einstandspflicht übernommen hat.

II. Selbständiger Auskunftsvertrag

1. Rechtsnatur

9 Der Auskunftsvertrag ist Dienstvertrag, wenn die beratende Tätigkeit geschuldet
wird. Richtet er sich hingegen auf die Erteilung einer Auskunft zu einer bestimmten
Frage, so etwa dann, wenn ein Rechtsanwalt sich zu einem bestimmten Rechtsfall
äußern soll (RGZ 88, 226; RG JW 1936, 2861; BGH NJW 1965, 106), dann ist er Werkvertrag. Der Auskunftsvertrag hat bei Entgeltlichkeit Geschäftsbesorgungscharakter,
sofern die Auskunfterteilung nicht ausnahmsweise keine Tätigkeit wirtschaftlicher
Art ist, wie etwa die Beratung durch einen Arzt. Der unentgeltliche Auskunftsvertrag ist Auftrag des Auskunftsuchenden an den Auskunftgeber. Wer einen anderen
in wirtschaftlicher oder rechtlicher Hinsicht berät, nimmt seine Interessen wahr. Die
Geschäftsbesorgung kann sich auf die Verschaffung notwendiger Informationen
beschränken, sie kann sich aber auch auf die Anempfehlung bestimmter Schlußfolgerungen erstrecken. Die Zuordnung des entgeltlichen Auskunfts- oder Beratungs-
vertrages zum entgeltlichen Geschäftsbesorgungsvertrag im Sinne des § 675 und des
unentgeltlichen zum auftrag gibt auch das Kriterium an die Hand, das die vertragliche Haftung für schuldhaft-unrichtige Auskunft von der Haftung nachVertrags-
grundsätzen unterscheidet. Beim bloßen Auskunftskontakt nimmt der Auskunftgeber nicht wie ein Beauftragter oder Geschäftsbesorger mit Rechtsbindungswillen die
Interessen des Auskunftempfängers wahr, der auf die Auskunft vertraut. Die von
ihm erteilte Auskunft ist bei Vorliegen besonderer Voraussetzungen dem Auskunftsempfänger gegenüber gleichwohl verbindlich (RGZ 101, 297, 301: Auskunft des Lagerhalters über Lieferschein gegenüber dem Vertragspartner des Einlagerers; BGHZ 7, 331: Auskunft
eines den Vermieter beratenden Wirtschaftreuhänders an dessen Vertragspartner).

2. Abschluß

Der Auskunftsvertrag kommt durch die Willenserklärung des Auskunftsuchenden **10** und des Auskunftgebers zustande, die auch konkludent abgegeben werden können. Ein stillschweigender Vertragsschluß kommt vor allem dann in Betracht, wenn die Auskunfterteilung zum Beruf oder zum Gewerbe des Auskunftgebers gehört (vgl hierzu bereits Mot II 555). Der Beratung des Rechtsanwalts, die hinsichtlich ihrer Durchführung der auftragsrechtlichen Sorgfaltspflicht unterliegt (vgl § 662 Rn 4-7), liegt regelmäßig ein wenn nicht ausdrücklich, dann stillschweigend geschlossener Vertrag zugrunde. Das gleiche gilt für die Beratung eines Kunden durch eine Bank über eine Geldanlage (BGH NJW 1973, 456 = WM 1973, 164, BGHZ 100, 117, 118), aber auch für die Anlageberatung durch einen Wirtschaftsprüfer (BGH WM 1975, 763) oder Steuerberater (BGH WM 1960, 1353). Auch bankmäßige Auskünfte, zB Kreditauskünfte, die im Rahmen einer von der Bank ausdrücklich oder stillschweigend übernommenen Anlageberatung erteilt werden, führen bei verschuldeter Unrichtigkeit zu einer vertraglichen Haftung der Bank. Soweit ein stillschweigend geschlossener Auskunftsvertrag vorliegt, ist die vertragsähnliche Auskunftshaftung kraft Geschäftsverbindung oder sonst in Anspruch genommenen Vertrauens fehl am Platz (so mit Recht BGH NJW 1973, 456). Die Erteilung von bankmäßigen Auskünften als solche stellt zwar der Wertung des § 676 entsprechend noch nicht ohne weiteres den Abschluß eines stillschweigenden Auskunftsvertrages dar. Doch kann insoweit bei Kunden eine Auskunftshaftung kraft Geschäftsverbindung, bei Nichtkunden eine Vertrauenshaftung der Bank aus Auskunftskontakt in Betracht kommen.

III. Unselbständiger Auskunftsvertrag

Der Auskunftgeber haftet für eine schuldhaft-unrichtige Auskunft, wenn ihm im **11** Rahmen eines anderstypischen Vertragsverhältnisses zusätzlich zu den Hauptleistungspflichten eine Auskunfts- oder Beratungspflicht oder wenigstens eine Verpflichtung zu sorgfältiger Auskunftserteilung kraft besonderer Vereinbarung als Nebenpflicht obliegt. Besteht ein Anspruch auf Auskunft oder auf Beratung, dann handelt es sich um eine Nebenleistungspflicht, andernfalls um eine Nebenpflicht, die sich in einer Sorgfaltspflicht erschöpft. Ob bei besonderer Vereinbarung einer Auskunfts- oder Beratungspflicht ein selbständiger Auskunftsvertrag oder eine Nebenpflicht vorliegt, kann im Einzelfall zweifelhaft sein (BGH MDR 1958, 422; BGH WM 1977, 1027). Ein unselbständiger Beratungsvertrag liegt in der Regel vor, wenn der Verkäufer zugleich mit dem Kaufabschluß die Haftung für die während der Verkaufsverhandlungen erfolgte Beratung des Käufers übernimmt. Daneben kann auch die Haftung aus Verschulden bei Vertragsschluß in Betracht kommen. Hierher gehört die vom Verkäufer übernommene Beratung über die Verwendungsmöglichkeit der Kaufsache zu einem bestimmten Zweck (BGH NJW 1965, 148: Elektrospeicheröfen; BGH WM 1971, 74; Dachfolie), über die Eingliederung der Kaufsache in den Betrieb des Käufers (BGH NJW 1962, 1196), über die mit ihr verbundenen Vorteile (BGH Betrieb 1974, 2382: Kalkulation eines Futtermittelhändlers über das durchschnittlich erzielbare Lebendschlachtgewicht bei der Putenmast) und Risiken (BGH WM 1977, 1027: gleichzeitige Verwendung verschiedener Pflanzenschutzmittel). Angaben **beratender Art** unterscheiden sich von **Zusicherungen** dadurch, daß letztere sich auf die Eigenschaften der verkauften Sache als solche beschränken (BGH MDR 1958, 422; BGH NJW 1973, 843, 844), während die Verletzung einer besonderen Beratungspflicht dann in Betracht kommt, wenn sie zusätzlich bei Abschluß des Kaufvertrages übernommen wird. Für die Verjährung des Anspruchs aus schuldhaft unrichtiger Beratung gegen den Verkäufer gilt § 477 nur ausnahmsweise dann entsprechend, wenn bei der Beratung über die Verwendungsmöglichkeit der Kaufsache eine bestimmte Eigenschaft im Vordergrund steht (BGH NJW 1965, 148, 150). Voraussetzung für einen unselbständigen Beratungsvertrag ist ein innerer Zusammenhang mit der Hauptleistungspflicht. Die Mitwirkung des Architekten beim Verkauf fällt aus dem Rahmen eines gewöhnlichen Architektenvertragsverhältnisses. Die Übernahme einer Haftung für sorgfältige Beratung bei der Auswahl des Käufers ist daher allenfalls durch selbständigen Beratungsvertrag möglich (BGH WM 1972, 826).

IV. Auskunftsverteilung im Rahmen einer Geschäftsverbindung

12 Nach der ständigen Rspr des RG und des BGH, die für Auskünfte der Banken an ihre Kunden ihre besondere Bedeutung hat, kann eine bestehende Geschäftsverbindung ein Vertrauensverhältnis zwischen den Beteiligten schaffen, aufgrund dessen der Auskunftgeber dem anfragenden Kunden für sorgfältige Auskunfterteilung einer vertragsähnlichen Haftung unterliegt, sofern der Gegenstand der Auskunft in den Rahmen dieser Geschäftsverbindung fällt (grundlegend RGZ 27, 118, 121; s ferner RGZ 65, 141; 67, 395; 126, 52; 139, 103, 105; JW 1903, 151; 1907, 363; 1910, 183; 1903, 2927; LZ 1921, 264; Recht 1922 Nr 427; WarnR 1930 Nr 33, 95; 1932 Nr 37; 1937 Nr 117; BGHZ 13, 198, 200; 49, 167, 168; WM 1955, 230; WM 1956, 1056; WM 1967, 1077; WM 1969, 247; OLG Stuttgart WM 1969, 278, 279). Das durch die Geschäftsverbindung geschaffene Vertrauensverhältnis hebt die Auskunft aus dem Bereich folgenloser Gefälligkeit heraus. Der Auskunftgeber haftet daher für eine seinem Geschäftspartner erteilte schuldhaft unrichtige Auskunft nach Vertragsgrundsätzen. Die vertragsähnliche Haftung aufgrund Geschäftsverbindung greift nur dann ein, wenn die unrichtige Auskunft nicht schon die Verletzung einer einzelvertraglichen Pflicht darstellt. Der Geschäftspartner haftet nur für Auskünfte, die in den Rahmen der Geschäftsbeziehung fallen, die Bank also nur für bankmäßige Auskünfte (Kreditauskünfte, vgl Nr 2 Abs 2 AGB der Banken oder sonstige bankmäßige Auskünfte, zB Scheckbestätigungen, BGHZ 49, 167; WM 1965, 287; 1973, 1134; OLG Stuttgart WM 1969, 278), nicht hingegen für Auskünfte, die mit der Geschäftsbeziehung innerlich nicht zusammenhängen (RGZ 126, 50, 52; WarnR 1930 Nr 33; 1937 Nr 117; RG Recht 1909 Nr 3057; 1922 Nr 427; BGH BB 1956, 770; OLG Celle MDR 1954, 675; ENNECCERUS/LEHMANN § 164 II 2; LORENZ 587). Ein Zusammenhang mit einem bestimmten Einzelvertrag ist hingegen nicht erforderlich (RGZ 126, 50, 52). Die Geschäftsbeziehung muß zwischen dem Auskunftgeber und dem Anfragenden bestehen. Die Kreditauskunft über einen Kunden an einen Nichtkunden gehört daher nicht in den Bereich der vertragsähnlichen Haftung aufgrund Geschäftsverbindung, sondern, falls Verpflichtungswille gegeben ist, zum (stillschweigenden) Auskunftvertrag, sonst zur vertragsähnlichen Haftung bei einmaligem Auskunftskontakt. Aus der Geschäftsverbindung als solcher folgt keine Verpflichtung zur Erteilung von Auskünften. Das durch die Geschäftsverbindung geschaffene Vertrauensverhältnis begründet vielmehr lediglich die Verpflichtung zu sorgfältiger Auskunfterteilung ohne Anspruch des Empfängers auf Erteilung der Auskunft. Eine Verpflichtung zu sorgfältiger Auskunfterteilung kann sich auch aus einer neubegründeten Geschäftsverbindung ergeben, wenn die Auskunft mit dem eingegangenen Geschäft in innerem Zusammenhang steht (RG WarnR 1937 Nr 117; RGZ 126, 50, 52; BankArch 32, 228; 34, 190; 36, 519; BGH WM 1976, 630, 631). Die Auskunftshaftung auf-

grund des aus der Geschäftsverbindung resultierenden Vertrauensverhältnisses ist von der Auskunftshaftung wegen Verletzung vertraglicher Nebenpflichten zu unterscheiden. Die im Rahmen einer Geschäftsverbindung erteilte schuldhaft-unrichtige Auskunft führt zu einer Haftung des Auskunftgebers nach Vertragsgrundsätzen (BGH WM 1976, 630, 631). Für Hilfspersonen, die für die Erteilung der Auskunft befugt sind, haftet der Auskunftgeber daher nach § 278 (BGHZ 49, 167).

V.　Haftung aus geschäftlichen Auskunftskontakt

1.　Voraussetzungen

Fehlt es zwischen Auskunftgeber und Auskunftempfänger an vertraglichen oder vor- **13** vertraglichen Beziehungen oder an einer als Haftungsgrundlage in Betracht kommenden Geschäftsverbindung, so nimmt die Rspr gleichwohl eine vertragliche oder vertragsähnliche Haftung dann an, wenn für den Auskunftgeber objektiv erkennbar ist, daß die Auskunft für den Empfänger von erheblicher Bedeutung ist und zur Grundlage wichtiger Vermögensdispositionen gemacht werden soll (RGZ 101, 297, 301; 114, 289, 290; 169, 324, 328; BGHZ 7, 371, 74–375; BGH WM 1957, 1432, 1434; 1958, 397, 398; 1958, 1080; 1960, 660, 662; 1962, 1110; 1965, 287; 1966, 1148, 1149; 1969, 36, 37; 1970, 878, 879; 1971, 206, 207; 1976, 498, 499 = LM Nr 15 zu § 676 BGB; BGH NJW 1986, 180; 1989, 1029). Für den Auskunftgeber objektiv erkennbar ist das Interesse des Auskunftempfängers an einer verbindlichen Auskunft insbesondere dann, wenn er wegen seiner beruflichen Stellung oder besonderer Sachkunde um Auskunft gebeten wird oder wenn bei ihm selbst ein eigenes wirtschaftliches Interesse im Spiel ist (BGHZ 7, 371, 374; BGH WM 1962, 1110; 1969, 36, 37; 1970, 632; 1972, 826, 827; NJW 1986, 180; 1989, 1029). Unentgeltlichkeit der Auskunft schließt die vertragliche oder vertragsähnliche Haftung nicht aus (BGH WM 1969, 36, 37).

2.　Unmittelbarer Auskunftskontakt

Erforderlich ist grundsätzlich ein unmittelbarer Auskunftskontakt zwischen Aus- **14** kunftgeber und Auskunftempfänger. Es handelt sich hierbei zunächst um Fälle, in denen die Auskunft einerseits unmittelbar dem Auskunftempfänger erteilt wird, der Auskunftgeber andererseits zu demjenigen, den die Auskunft betrifft, in vertraglichen Beziehungen steht oder zumindest sein Verhandlungsgehilfe ist. Hierher gehören vor allem RGZ 101, 297 (Erklärung des Lagerhalters an einen Dritten, der Lieferschein des Einlagerers gehe in Ordnung), RG LZ 1915, 435; LZ 1920, 889; JW 1928, 1134; BGH NJW 1972, 678; WM 1978, 576 (Haftung des Rechtsanwalts der anderen Partei gegenüber), BGHZ 7, 371 (Haftung des den Vermieter beratenden Wirtschaftstreuhänders gegenüber dem Mieter), BGH WM 1969, 36 (unrichtige Angaben eines zu den Kaufverhandlungen hinzugezogenen Kunsthändlers). Der Statiker, der für eine Behörde eine Schätzung angefertigt hat, haftet jedoch nicht gegenüber dem von der Behörde mit dem Bau beauftragten Unternehmer, der sich nach der Richtigkeit der Schätzung erkundigt hat (OLG Köln OLGZ 1970, 317). Fälle unmittelbaren Auskunftskontakts sind auch die Kreditauskünfte oder sonstige bankmäßige Auskünfte der Banken an Nichtkunden sowie Bankauskünfte an Kunden, die den Rahmen der zwischen der Bank und dem Kunden bestehenden Geschäftsverbindung etwa überschreiten (BGH WM 1970, 632).

3. Mittelbarer Auskunftskontakt

15 Handelt es sich um Auskünfte, die vom Vertragspartner des Auskunftgebers an einen Dritten gelangen, der im Vertrauen auf die Richtigkeit der Auskunft Vermögensdispositionen trifft und dadurch einen Schaden erleidet (mittelbarer Auskunftskontakt), so haftet der Auskunftgeber dem Dritten gegenüber nur dann, wenn die Auskunft auch für den Dritten bestimmt und für den Auskunftgeber erkennbar war, daß die Auskunft für den Dritten als Grundlage wichtiger Vermögensdispositionen dienen werde (so mit Recht CANARIS, Bankvertragsrecht Rn 93; vgl auch BGH WM 1976, 498, 499). Die Beziehung zwischen einer im Auftrag des Kunden anfragenden Bank und der von dieser um eine Kreditauskunft ersuchten Korrespondenzbank stellt einen Vertrag mit Schutzwirkung für Dritte dar, sofern für die befragte Bank erkennbar war, daß die Auskunft für einen bestimmten Kunden der anfragenden Bank bestimmt war. Das früher für das Vorliegen eines Vertrags mit Schutzwirkung für Dritte angenommene Erfordernis, es müsse eine Fürsorgepflicht mit personenrechtlichem Einschlag vorliegen, hat die Rspr mit Recht aufgegeben (BGH NJW 1987, 1759; vgl auch CANARIS, Bankvertragsrecht Rn 93, MUSIELAK VersR 1977, 973, 977).

4. Auskunft an den, den es angeht

16 In der Rspr ist vereinzelt bereits früher die Möglichkeit in Erwägung gezogen worden, daß der Auskunftgeber ein Angebot auf den Abschluß eines haftungsbegründenden Auskunftsvertrags ausnahmsweise auch an noch unbekannte Dritte abgeben könnte (BGHZ 12, 105, 109; BGH WM 1966, 1148; BGH NJW 1970, 1737). Nicht hierher gehören RGZ 114, 289 (Aushändigung einer Bescheinigung über den Verkauf unmittelbar an einen Drittkäufer), RGZ 131, 239, 246 (Auskunft über den Verkauf unmittelbar an einen Drittkäufer), RGZ 131, 239, 246 (Auskunft der Sparkasse über Gefälligkeitssparbuch unmittelbar an den Kreditgeber) und BGH WM 1963, 913 (Mitteilungen des Verkäufers an die Bank des Käufers über Gegenstand und Inhalt des Kaufvertrages). In den genannten drei Fällen lag unmittelbarer Auskunftskontakt vor (verfehlt daher BGB-RGRK/STEFFEN Rn 41). Aber auch der mittelbare Auskunftskontakt zu einem bestimmten Dritten ist noch keine Auskunft an den, den es angeht (BGH WM 1965, 287). Eine allgemeine vertragliche oder vertragsähnliche Haftung für Auskünfte an die, die es angeht, ist abzulehnen; sie würde zu unüberschaubaren Haftungsrisiken führen (BGH NJW 1979, 1882, 1884; vgl auch LORENZ 592). Wenn derjenige, der einem anderen eine Auskunft erteilt, zu einem Dritten, der sich auf die Auskunft verläßt, nicht einmal in mittelbarem Auskunftskontakt steht, so muß es grundsätzlich mit der Deliktshaftung des Auskunftsgebers sein Bewenden haben. Der Wirtschaftprüfer haftet, sofern er nicht an den Kreditverhandlungen auf Seiten des Kreditsuchenden teilnimmt oder zum Kreditgeber wenigstens in mittelbarem Auskunftskontakt steht, dem Kreditgeber gegenüber, der sich auf die von ihm erstellte Bilanz verläßt, nur nach § 826 (vgl dazu BGH WM 1977, 52; 1979, 326). Anders liegt es jedoch dann, wenn dem Auskunftgeber erkennbar war, daß die Auskunft für den Dritten mitbestimmt war; er haftet dann nach den Grundsätzen über den Vertrag mit Schutzwirkung für Dritte (vgl BGH NJW 1987, 1759; aM ERMAN-EHMANN Rn 5, LITTBARSKI NJW 1984, 1667). Der Dienstberechtigte, der dem ausscheidenden Dienstverpflichteten bewußt ein unrichtiges Zeugnis (§ 630) ausstellt, haftet jedoch gegenüber denen, die das Zeugnis später angeht, nach Vertragsgrundsätzen, also ohne sich nach § 831 entlasten zu können (so nunmehr BGH NJW 1979, 1882, 1884). Einer vertragsähnlichen Haftung unterliegt auch, wer die Berichtigung eines von ihm ausgestellten grob unrichtigen Dienstzeugnisses unterläßt, wenn ihm bekannt ist, daß ein bestimmter Dritter auf das Zeugnis vertraut hat und dadurch schweren Schaden zu nehmen droht (BGH aaO).

VI. Verschulden bei Vertragsschluß

Eine Haftung für schuldhaft-unrichtige Auskunft nach Vertragsgrundsätzen kann **17** sich auch auf die vorvertraglichen Beziehungen zwischen Auskunftgeber und Auskunftempfänger gründen. Der Schadensersatzanspruch geht in der Regel auf das negative Interesse, dh es ist der Zustand herzustellen, der ohne die schuldhaft-unrichtige Auskunft bestehen würde. Wenn erst als Folge der Auskunft ein Vertragsverhältnis zustandekommt, so richtet sich daher der Anspruch auf Herstellung des Zustands, der ohne den Vertragsschluß bestehen würde (RGZ 151, 357, 359; BGH WM 1955, 728; 1965, 315; 1974, 51). Der Auskunftempfänger kann danach Befreiung von seinen sich aus dem Vertrag ergebenden Verpflichtungen verlangen (BGH WM 1974, 51, 52). In Betracht kommen kann auch eine Haftung des Vertreters, wenn er die Vertragsverhandlungen in eigenen Interesse maßgeblich führt und aus dem Geschäftsabschluß persönlichen Nutzen erstrebt oder wenn er das persönliche Vertrauen des Vertragspartners in Anspruch nimmt (BGH WM 1971, 498, 499). Besteht eine vorvertragliche Aufklärungspflicht, so haftet der Verhandlungspartner nicht nur für wahrheitswidrige, sondern auch für unterlassene Auskunft (BGH NJW 1978, 41, 42). Die Haftung aus Verschulden beim Vertragsschluß kann mit der Haftung aus selbständigem oder unselbständigem Beratungsvertrag zusammentreffen (BGH Betrieb 1974, 2392; NJW 1979, 1449).

VII. Garantievertrag

Von dem auf Auskunftserteilung gerichteten und vom haftungsbegründenden Aus- **18** kunftvertrag wie auch von der zur Haftung nach Vertragsgrundsätzen führenden Auskunftserteilung im Rahmen einer Geschäftsverbindung oder im Wege eines geschäftlichen Auskunftskontakts zu unterscheiden ist die Übernahme einer Garantie für die Richtigkeit der Auskunft durch Abschluß eines Garantievertrags. In der Erklärung des Bezogenen, daß der Wechsel in Ordnung gehe, liegt eine Garantie für die Echtheit des Wechsels (RGZ 82, 337; vgl auch BGH WM 1960, 879, 881). Das gleiche gilt für die Erklärung, daß ein vorgelegter Scheck eingelöst sei (RG BankArch 25, 335; BGH WM 1959, 113, 114). Der Garant haftet ohne Rücksicht auf Verschulden auf das positive Interesse, dh auf den durch die Unrichtigkeit der Auskunft dem Auskunftempfänger entstandenen Schaden. Bei Anfechtung des Garantievertrags wegen Irrtums muß er gemäß § 122 den Vertrauensschaden ersetzen. Bei der Scheckauskunft kommt ein Garantievertrag nur unter ganz besonderen Umständen in Betracht (BGHZ 49, 167, 168; BGH WM 1973, 1134).

VIII. Schadensersatzpflicht

1. Umfang des Ersatzes

Sind die Voraussetzungen einer vertraglichen oder vertragsähnlichen Haftung gege- **19** ben, so ist derjenige, der die Auskunft, den Rat oder die Empfehlung erteilt hat, nach § 249 zum Ersatze des Schadens verpflichtet, der dem Auskunftempfänger dadurch entstanden ist, daß er sich auf die Auskunft verlassen hat. Der Auskunftsempfänger ist hinsichtlich seiner durch die Auskunft verursachten Vermögensdispositionen so zu stellen, wie wenn er eine inhaltlich richtige Auskunft erhalten hätte. Es sind also die Nachteile auszugleichen, die ihm durch diese Vermögensdispositionen entstanden sind (BGHZ 49, 167, 174). Der durch pflichtwidrig falsch erteilten Rat entstandene Nachteil, daß Wertpapiere verloren gegangen sind, die später eine günstige Kursentwicklung zeigten, wird nicht dadurch ausgeglichen, daß aufgrund pflichtgemäß erteilten Rates später andere Wertpapiere angeschafft wurden, die sich ebenfalls günstig entwickelten (BGH WM 1972, 19, 20) Den Ersatz seines positiven Interesses am Vorliegen der Tatsachen, auf die sich die Auskunft bezogen hat, kann der Auskunftempfänger nicht verlangen. Wer auf eine falsche Kreditauskunft hin einem anderen ein Darlehen gewährt hat, muß nicht etwa so gestellt werden, wie wenn der in Wahrheit nicht kreditwürdige Darlehnsnehmer der falschen Kreditauskunft entsprechend kreditwürdig gewesen wäre, sondern so, wie wenn er über die fehlende Kreditwürdigkeit richtig informiert worden wäre. Sowohl beim negativen als auch beim positiven Interesse geht es um das Interesse an der Richtigkeit der Auskunft. Beim negativen Interesse geht es um das Interesse an der Richtigkeit der Auskunft. Beim negativen Interesse wird die Richtigkeit dadurch hergestellt, daß der Inhalt der Auskunft hypothetisch den Tatsachen angeglichen wird, beim positiven Interesse dadurch, daß die Tatsachen hypothetisch der falschen Auskunft angeglichen werden. Das positive Interesse kann der Auskunftempfänger nur verlangen, wenn der Auskunftgeber für die Richtigkeit der Auskunft eine Garantie übernommen hat.

2. Mitverschuldenseinwand

20 Ein Mitverschulden des Anfragenden schränkt die Haftung des Auskunftgebers gemäß § 254 ein (RG Warn 1908 Nr 463, JW 1916, 1273; WarnR 1937 Nr 117; 1938 Nr 100 = SeuffA 92 Nr 124). § 254 greift zu Lasten des Auskunftempfängers jedoch nicht schon deswegen ein, weil er auf die Auskunft vertraut und dadurch einen Mangel an Sorgfalt gezeigt hat (BGH WM 1965, 287, 288). Ein Mitverschuldensvorwurf kann aber in Betracht kommen, wenn der Auskunftempfänger den Angaben des Auskunftgebers ohne Rückfragen blindlings, dh grob fahrlässig vertraut (BGH WM 1973, 164, 166 = NJW 1973, 456, 458; vgl auch RGZ 162, 129, 156) oder wenn er einen vom Auskunftgeber gemachten Vorbehalt außer acht läßt (BGH WM 1965, 287, 288; OLG Karlsruhe VersR 1972, 203, 204). Der Auskunftgeber ist notfalls, wenn er sonst zur Auskunfterteilung nicht in der Lage ist, verpflichtet, einen entsprechenden Vorbehalt zu machen (BGH WM 1962, 1110). Für Bankauskünfte nimmt Nr 3 Abs 1 der AGB der Banken auf § 254 Bezug.

IX. Haftungsausschluß

1. Freizeichnung durch Individualvereinbarung oder durch AGB

21 Der Auskunftgeber kann die Haftung für Fahrlässigkeit und die Haftung nach § 278 durch Individualvereinbarung mit dem Auskunftempfänger ausschließen. die Haftung für Vorsatz kann ihm gemäß § 276 Abs 2 nicht im voraus erlassen werden. Der Haftungsausschluß durch AGB setzt voraus, daß die AGB Vertragsbestandteil

geworden sind. Wenn der Auskunftempfänger Kaufmann ist, so gilt § 2 AGBG nicht. Wenn der Auskunftempfänger nicht Kaufmann ist, bedarf es gemäß § 2 Abs 1 AGBG zusätzlich eines Einverständnisses, das jedoch auch stillschweigend erklärt werden kann. Ein Haftungsausschluß für Bankauskünfte ist in den neuen AGB der Banken, die ab 1.1.1993 gelten, nicht mehr vorgesehen.

3. Grenzen des Haftungsausschlusses

Am wenigsten weit geht der Haftungsausschluß durch AGB oder der formularmä- 22 ßige Haftungsausschluß dann, wenn der Auskunftsempfänger Nichtkaufmann ist. Zu seinen Gunsten gilt dann § 11 Nr 7 AGBG. Die Bank haftet also im Falle eines formularmäßigen Haftungsausschlusses, der auch nach der Neufassung der AGB der Banken in Betracht kommen kann, für Vorsatz und grobes Verschulden ihrer Erfüllungsgehilfen ohne weitere Beschränkung auf Organe und leitende Angestellte. Einen weitergehenden Haftungsausschluß kann die Bank nur durch Individualvereinbarung mit dem Auskunftempfänger erreichen (s aber § 276 Abs 2). Die Einschränkungen, die für AGB gelten (§ 11 Nr 7, § 9 AGBG) treffen auch auf den formularmäßigen Haftungsausschluß zu („ohne unser Obligo" „ouO" uä; CANARIS, Bankvertragsrecht Rn 84; BGH WM 1970, 1021; 1971, 206; OLG Köln WM 1973, 1125, 1127; vgl auch § 1 Abs 1 S 2 AGBG).

X. Haftung aus unerlaubter Handlung

1. Haftungsgrundlagen

Liegt ein Vertragsverhältnis oder ein vertragsähnliches Vertrauensverhältnis zwi- 23 schen den Beteiligten nicht vor, so wird durch die Erteilung eines Rates, einer Empfehlung oder einer Auskunft eine Haftung nur dann begründet, wenn die Erteilung sich als unerlaubte Handlung darstellt. In Betracht kommen hauptsächlich § 823 Abs 2 iVm § 263 oder § 266 StGB, vorsätzliche sittenwidrige Schädigung (§ 826) und, unter besonderen Voraussetzungen, § 824 (ungenau RGZ 67, 395: die unerlaubte Handlung sei nur als Verstoß gegen § 826 denkbar; ebenso RG JW 1922, 1390). Ist der Rat, die Empfehlung oder die Auskunft von einem Beamten erteilt worden, so kann bei hoheitsrechtlicher Betätigung § 839 BGB, Art 34 GG zur Anwendung kommen. Zur Amtshaftung des Notars vgl § 19 BNotO. Bei fiskalischer Betätigung gelten nur die allgemeinen Deliktsregeln, sowie die § 89, 31 und § 831 (RGZ 148, 292). Ist der Tatbestand einer unerlaubten Handlung gegeben, so ist der Auskunftgeber zum Ersatze des durch die unrichtige Auskunft adäquat kausal verursachten Schadens verpflichtet (BGH WM 1964, 381; BGB-RGRK/STEFFEN Rn 13).

2. Die Auskunfthaftung nach § 826

Der Schwerpunkt des Vorbehalts deliktischer Haftung liegt auf der Anwendung des 24 § 826. Der Tatbestand des § 826 ist nur erfüllt, wenn der Auskunftgeber die objektiv falsche Auskunft mit zumindest bedingtem Schädigungsvorsatz (BGH WM 1966, 1148, 1149; 1976, 498, 500) und in einer gegen die guten Sitten verstoßenden Weise erteilt hat. Im Falle der Weitergabe einer Schätzurkunde über den Wert eines Grundstücks des Empfängers an einen Dritten ist es für die Anwendung des § 826 daher erforderlich, daß der Aussteller mit der Möglichkeit rechnete, ein Dritter könne im Vertrauen auf die Richtigkeit der Urkunde Schaden erleiden, und daß er außerdem diesen Erfolg billigend in Kauf genommen hat (BGH WM 1966, 1148, 1149). Sittenverstoß kann auch durch leichtfertiges, grob fahrlässiges Verhalten gegeben sein (BGHZ 10, 228, 233; BGH WM 1966, 1148, 1149; WM 1970 878, 879; NJW 1970, 1737, 1738; WM 1976, 498, 500; OLG Celle MDR 1954, 675). Die Art des sittenwidrigen Verhaltens kann für den Schädigungsvorsatz Anhaltspunkte bieten (RGZ 90, 106; ENNECCERUS-LEHMANN § 236 II 3 c), ihn jedoch nicht ersetzen (vgl BGH WM 1956, 1229; LM Nr 3 zu § 826 C BGB). Kritisch zum Sittenverstoß durch grobe Fahrlässigkeit H HONSELL JuS 1976, 628 f.

XI. Haftung wegen unterlassener Auskunft

25 Die Haftung für unterlassene Auskunft setzt einen durch Beratungsvertrag oder durch vertragliche Nebenpflicht begründeten Auskunftsanspruch oder die Verletzung vertraglichen Schutzpflichten (Aufklärungs-, Beratungs-, Hinweis- oder Warnpflichten) voraus. Zu den Belehrungspflichten des Rechtsanwalts und des Steuerberaters vgl § 662 Rn 7, zu den Aufklärungs-, Beratungs- und Warnpflichten der Banken vgl § 662 Rn 8. Zu den Aufklärungspflichten des Maklers vgl BGH LM Nr 22 zu § 652 BGB; BGH JZ 1968, 69, zu den Hinweispflichten des Unternehmers RGZ 127, 14; BGH NJW 1974, 188.

XII. Verjährung

26 Die vertraglichen oder vertragsähnlichen Schadensersatzansprüche wegen unrichtiger Auskunft verjähren grundsätzlich gemäß § 195 in 30 Jahren, soweit nicht besondere Vorschriften eingreifen. Der Anspruch des Mandanten gegen den Rechtsanwalt verjährt in den kürzeren Fristen des § 51 BRAO. War die Ratserteilung nur Bestandteil eines anderen Vertrags, so entscheiden die für das Hauptgeschäft geltenden Regeln auch hinsichtlich der Verjährung des Schadensersatzanspruchs. Für Beratung durch den Verkäufer gilt § 477 jedoch nur ausnahmsweise (vgl BGH NJW 1965, 148, 150).

Elfter Titel
Geschäftsführung ohne Auftrag

Vorbemerkungen zu §§ 677 ff

Schrifttum

AARONS, Beiträge zur Lehre von der negotiorum gestio (1860)

AHRENS, Zum Ersatz von Verteidigungsaufwendungen bei unberechtigter Abmahnung, NJW 1982, 2477 f

BARTLSPERGER, Die Aufwendungsersatzansprüche der Wasserstraßenverwaltung für Schiffs- und Ankerbergungen, Zeitschrift für Binnenschiffahrt und Wasserstraßen, 1975, 439

BATSCH, Aufwendungsersatzanspruch und Schadensersatzpflicht des Geschäftsführers im Falle berechtigter und unberechtigter Geschäftsführung ohne Auftrag, AcP 171, 218

BAUR, Zur „dinglichen Seite" der Geschäftsführung ohne Auftrag, JZ 1952, 328

ders, Ersatzvornahme und Geschäftsführung ohne Auftrag, DVBl, 1965, 893 ff

BERTZEL, Der Notgeschäftsführer als Repräsentant des Geschäftsherrn, AcP 158, 107

BRÜCKMANN, Die Rechte des Geschäftsführers ohne Auftrag, zugleich ein Beitrag zur Lehre vom Begriff der auftraglosen Geschäftsführung (1903)

CANARIS, Risikohaftung bei schadensgeneigter Tätigkeit in fremdem Interesse, RdA 1966, 41

ders, Geschäfts- und Verschuldensfähigkeit bei Haftung aus „culpa in contrahendo", Gefährdung und Aufopferung, NJW 1964, 1987

ders, Notstand und Selbstaufopferung im Straßenverkehr, JZ 1963, 655

vCAEMMERER, Bereicherung und unerlaubte Handlung, in: FS Rabel I (1954) 333

ders, Irrtümliche Zahlung fremder Schulden, in: FS Dölle I (1963) 135

CHAMBON, Negotiorum gestio. Eine civilistische Abhandlung (1848)

DANKWARDT, Die negotiorum gestio (1855)

ders, Geschäftsführung ohne Auftrag in: Gutachten und Vorschläge zur Überarbeitung des Schuldrechts III 333

DEUTSCH, Selbstaufopferung im Straßenverkehr, AcP 165, 193

DIETRICH, Auftraglose Hilfeleistung in gefährlichen Situationen, JZ 1974, 535

H DORN, Strukturgleichheit zwischen faktischen Vertragsverhältnissen und Geschäftsführung ohne Auftrag, NJW 1964, 799

EHMANN, Die Gesamtschuld, (1972)

ERNST, Das Interesse und der Wille des Geschäftsherrn im § 683 BGB, AcP 96, 440

ESSER, Gedanken zur Dogmatik der „faktischen Schuldverhältnisse", AcP 157, 86

TH FISCHER, Schadensberechnung im gewerblichen Rechtsschutz, Urheberrecht und unlauteren Wettbewerb (1961)

FREUND, Zur Rechtsproblematik einer Geschäftsführung ohne Auftrag im öffentlichen Recht, JZ 1975, 513

GENIUS, Risikohaftung des Geschäftsherrn, AcP 173, 418

GOETZKE, Subjektiver Wertbegriff im Bereicherungsrecht?, AcP 173, 289

GURSKY, Der Tatbestand der Geschäftsführung ohne Auftrag, AcP 185 (1985) 13

ders, Die Ausweitung des Anwendungsbereichs der Geschäftsführung ohne Auftrag in der neueren Rechtsprechung, Jura 1969, 103 ff

HADDING, Die Verweisungen auf die Vorschriften über die Herausgabe einer ungerechtfertigten Bereicherung im BGB, in: FS Mühl (1981) 225 ff

HAGEN, Fremdnützige Selbstgefährdung im Straßenverkehr, NJW 1966, 1893

HAUSS, Ein strapaziertes Rechtsinstitut, in: FS für Weitnauer (1980) 333

HELM, Haftung und Versicherung bei der

Roland Wittmann

Selbstaufopferung des Kraftfahrers im Straßenverkehr, VersR 1968, 209

Geschäftsführung ohne Auftrag, in: Gutachten und Vorschläge zur Überarbeitung des Schuldrechts III 335 ff

v. HIPPEL, Die Entschädigung des Nothelfers, in: FS Sieg (1976) 171 ff

HOEPFFNER, Die Geschäftsführung ohne Auftrag in der Verwaltung (Diss Würzburg 1972)

H HONSELL, Die Risikohaftung des Geschäftsherrn, in: FS vLübtow (1980) 485

A HUBER, Die Haftung des Geschäftsherrn für schuldlos erlittene Schäden des Geschäftsführers beim Auftrag und bei der berechtigten Geschäftsführung ohne Auftrag, (Diss München 1965)

ISAY, Geschäftsführung (1900)

ISELE, Geschäftsbesorgung (1935)

ders, Die Reichweite des Anspruchs auf Herausgabe des Eingriffserwerbs nach BGB § 687 Abs 2, in: FS E J Cohn (1975)

JAKOBS, Eingriffserwerb und Vermögensverschiebung in der Lehre von der ungerechtfertigten Bereicherung (1964)

KNOCHE, Minderjährige als Geschäftsführer ohne Auftrag, MDR 1964, 193

J KOHLER, Die Menschenhilfe im Privatrecht, JherJb 25, 1 ff

KÖLLNER, Die Grundzüge der Obligatio Negotiorum Gestorum (1856)

KRAUTWIG, Ansprüche aus Eingriffskondiktion und unerlaubter Eigengeschäftsführung bei Verletzung des Persönlichkeitsrechts, Diss Köln 1969

LAUFS, Mehrere Geschäftsherrn bei der negotiorum gestio, NJW 1967, 2294

LENT, Der Begriff der auftraglosen Geschäftsführung (1909)

ders, Wille und Interesse bei der Geschäftsbesorgung (1938)

MAURER, Polizei und Geschäftsführung ohne Auftrag, JuS 1970, 561 ff

MELULLIS, Das Verhältnis von Geschäftsführung und ungerechtfertigter Bereicherung (Diss Hamburg 1971)

MONROY, Die vollmachtlose Ausübung fremder Vermögensrechte (1878)

NEUFFER, Der pflichtgebundene Geschäftsführer ohne Auftrag (Diss Regensburg 1970)

NIPPERDEY, Der Eingriff in schuldrechtlich festgelegte Interessensphären und § 687 Abs 2 BGB, in: FS Böhm (1965) 163

OPPERMANN, Konstruktion und Rechtspraxis der Geschäftsführung ohne Auftrag, ACP 193 (1993) 497 ff

H OTTO, JuS 1984, 684 ff

PASTOR, Kostenerstattung bei erfolgreicher Verwarnung, WRP 1979, 423

PRINGSHEIM, Ersatz der früheren Klage aus nützlicher Verwendung durch die heutige Rechtsprechung RG-FS 3, 114

REICHHARD, Negotium alienum und ungerechtfertigte Bereicherung, AcT 193 (1993) 567 ff

RÖDDER, Grundzüge der Geschäftsführung ohne Auftrag, JuS 1983, 930 ff

ROTHER, Vom Sinn und Anwendungsbereich der Regeln über die Geschäftsführung ohne Auftrag (Diss Leipzig 1941)

ROXIN, Über die mutmaßliche Einwilligung, in: FS Welzel (1974) 447

RUHSTRAT, Über negotiorum gestio (1858)

K SCHMIDT, Wettbewerbsrechtliche und vereinsrechtliche Instrumente gegen die Tätigkeit der Abmahnvereine, NJW 1983, 1520

W SCHUBERT, Der Tatbestand der Geschäftsführung ohne Auftrag, AcP 178, 425

ders, Grenzen der Geschäftsführung ohne Auftrag, NJW 1978, 687

F SCHULZ, System der Rechte auf den Eingriffserwerb, AcP 105, 1

SCHWARK, Der Fremdgeschäftsführungswille bei der Geschäftsführung ohne Auftrag, JuS 1984, 321

SCHWERDTNER, Geschäftsführung ohne Auftrag, Jura 1982, 593 ff

SELB, Schadensbegriff und Regreßmethoden (1963)

STEIN, § 677 BGB und das objektiv fremde Geschäft (Diss. Münster 1973)

STOLL, Rechtsfragen bei Hilfeleistung in vermeintlicher Not, in: Weitnauer (1980) 411 ff

A STURM, Das negotium utiliter gestum (1878)

THIELE, Gedanken zur Vorteilsausgleichung, AcP 167, 193

WILBURG, Die Lehre von der ungerechtfertigten Bereicherung nach österreichischem und deutschem Recht (1934)

ders, Zusammenspiel der Kräfte im Aufbau des Schuldrechts, AcP 163, 346, 360 ff

WILLOWEIT, Voraussetzungen der Aufwendungskondiktion, in: FS Wahl (1973) 285

R WITTMANN, Begriff und Funktionen der Geschäftsführung ohne Auftrag (1981)

WOLLSCHLÄGER, Die Geschäftsführung ohne Auftrag (1976)

ders, Geschäftsführung ohne Auftrag im öffentlichen Recht und Erstattungsanspruch (1977)

ZIMMERMANN, Echte und unechte negotiorum gestio (1872)

ZITELMANN, Ausschluß der Widerrechtlichkeit, AcP 99, 1.

Internationales Privatrecht, ausländische Rechte

BODENHEIM, Die Geschäftsführung ohne Auftrag im internationen Privatrecht (1918)

BOUT, La gestion d'affaires en droit francais contemporain (1972)

ders, Gestion d'affaires, Juris classeur Art 1372 ff code civil

DAWSON, The altruistic intermeddler, Harvard Law Review 1961, 817 ff, 1073 ff

DE SEMO, La gestione di affari nella teoria e nella pratica (1958)

OGONOWSKI, Die Geschäftsführung ohne Auftrag (1877)

vSCHEY, Die rechtliche Natur der Geschäftsführung ohne Auftrag nach dem österreichischen ABGB, in: FS Zitelmann (1913)

SWOBODA, Bereicherung, Geschäftsführung ohne Auftrag, versio in rem (1919)

ders, Bevollmächtigungsvertrag und Auftrag, Geschäftsführung ohne Auftrag, versio in rem (1931)

WANDT, Die Geschäftsführung ohne Auftrag im internationalen Privatrecht (Diss Mannheim 1989)

WELLMANN, Der Aufwendungsersatz des Geschäftsführers ohne Auftrag in der Rechtsprechung der angloamerikanischen Gerichte (1959).

Systematische Übersicht

                                                                          Roland Wittmann

Alphabetische Übersicht

I. Die Funktionen der gesetzlichen Regelung

1. Berechtigte Geschäftsführung ohne Auftrag

a) Begriff

Eine berechtigte Geschäftsführung ohne Auftrag ist gegeben, wenn eine Geschäfts- **1**
führung im Sinne des § 677 vorliegt, deren Übernahme dem Interesse und dem wirklichen oder dem mußmaßlichen Willen des Geschäftsherrn entspricht (§ 683 S 1).

Das Gesetz behandelt zunächst in den §§ 677–682 die Verpflichtungen des Geschäftsführers, anschließend in den §§ 683, 684 die Verpflichtungen des Geschäftsherrn und gibt in § 686 noch eine allgemeine Vorschrift darüber, wer bei Irrtum des Geschäftsführers über die Person des Geschäftsherrn Geschäftsherr ist. Außerdem wird § 679 in § 683 S 2 auch auf den Aufwendungsersatzanspruch des berechtigten Geschäftsführers ohne Auftrag für anwendbar erklärt. Der Begriff der berechtigten Geschäftsführung ohne Auftrag kommt im Gesetz unmittelbar nur im § 683 S 1 zum Ausdruck, dort jedoch an entscheidender Stelle; der Aufwendungsersatzanspruch setzt nicht nur eine Geschäftsführung ohne Auftrag im Sinne des § 677, sondern eine berechtigte Geschäftsführung ohne Auftrag voraus. Doch auch die für den Geschäftsführer spezifischen Pflichten des § 677 und des § 681 entstehen nur, wenn eine berechtigte Geschäftsführung ohne Auftrag vorliegt.

2 Das Gesetz beginnt in § 677 mit der Bestimmung, daß der Geschäftsführer ohne Auftrag das Geschäft so zu führen hat, wie das Interesse des Geschäftsherrn mit Rücksicht auf dessen wirklichen oder mutmaßlichen Willen es erfordert. Hier wird also schon von der **Durchführung** des Geschäfts gesprochen, dagegen nicht die Frage behandelt, ob die **Übernahme** der Geschäftsführung gerechtfertigt ist. Auf das letztere kommt es aber entscheidend an, wenn das **besondere gesetzliche Schuldverhältnis** der Geschäftsführung ohne Auftrag entstehen soll. Dieses Schuldverhältnis entsteht nicht, wenn die Übernahme der Geschäftsführung nicht dem Interesse und dem wirklichen oder mutmaßlichen Willen des Geschäftsherrn entspricht und die Geschäftsführung auch nicht genehmigt wird. Der Geschäftsherr hat in diesem Falle keinen Anspruch auf Herausgabe dessen, was der Geschäftsführer durch die Geschäftsführung erlangt hat; der Geschäftsherr muß das, was er durch die Geschäftsführung erlangt hat, als ungerechtfertigte Bereicherung herausgeben, da ein Rechtsgrund zwischen den Beteiligten fehlt (§ 684 S 1). Der Geschäftsführer hat widerrechtlich gehandelt, er haftet auf Schadensersatz nach Deliktsgrundsätzen (§§ 823 ff), darüber hinaus nach § 678. Auf diesen unerlaubten Eingriff in fremde Rechte kann sich § 677 nicht beziehen. Widerspricht die Übernahme der Geschäftsführung dem Interesse und dem wirklichen oder dem mutmaßlichen Willen des Geschäftsherrn, so besteht keine Verpflichtung, das Geschäft so zu führen, wie es „das Interesse des Geschäftsherrn mit Rücksicht auf dessen wirklichen oder mutmaßlichen Willen erfordert" (aM HELM, Gutachten 406). Die dem Geschäftsherrn unerwünschte Geschäftsführung (§ 683 S 1) hat vielmehr ganz zu unterbleiben. Noch weniger ist § 677 im Bereich des § 687 Abs 2 anwendbar; er ist dort zu Unrecht bezogen. Das Gesetz hätte daher zwar mit der Sorgfaltspflicht des berechtigten Geschäftsführers ohne Auftrag beginnen können, dabei aber die Entstehungsvoraussetzungen für das besondere gesetzliche Schuldverhältnis, dessen Bestandteil die Sorgfaltspflicht ist, sogleich vollständig angeben müssen. Bei dem vom Gesetzgeber gewählten Aufbau ergibt sich aus § 677 allein als Entstehungsvoraussetzung für das gesetzliche Schuldverhältnis nur der Begriff der **Geschäftsführung**. Erst aus § 677 und § 683 S 1 zusammen kann der Begriff der **berechtigten** Geschäftsführung ohne Auftrag entnommen werden, wobei die *genehmigte* Geschäftsführung des § 684 S 2 der berechtigten Geschäftsführung ohne Auftrag gleichsteht.

3 Wie die Sorgfaltspflicht des § 677, so gelten auch die in § 681 bestimmten Pflichten nur für den berechtigten Geschäftsführer ohne Auftrag; ihre entsprechende Anwendbarkeit bei der böswilligen Eigengeschäftsführung gemäß § 687 Abs 2 S 1

beruht auf einer Rechtsfolgenverweisung. § 679 modifiziert einerseits die Entste-hungsvoraussetzungen der berechtigten Geschäftsführung ohne Auftrag, anderer-seits den Inhalt der Sorgfaltspflicht des § 677. Die Haftungsmilderung des § 680 und die Schutzvorschrift des § 682 zugunsten geschäftsunfähiger oder beschränkt geschäftsfähiger Geschäftsführer greifen aber auch bei unberechtigter Geschäftsfüh-rung ohne Auftrag ein.

Die **unberechtigte** (und auch nicht genehmigte) **Geschäftsführung** ist in § 678 und in **4** § 684 S 1 behandelt. Diese Vorschriften enthalten eine der Abwehr unerwünschter Einmischung dienende Annexregelung zu der von der Rechtsordnung begünstigten berechtigten Geschäftsführung ohne Auftrag. Die unberechtigte Geschäftsführung ohne Auftrag hat mit der berechtigten gemeinsam, daß sie eine Geschäftsführung in dem durch § 677 festgelegten Sinne ist und unterscheidet sich von ihr dadurch, daß die Geschäftsführung dem Geschäftsherrn unerwünscht ist. Wenn hingegen jemand das Geschäft eines anderen nicht für diesen, sondern für sich selbst führt, so liegt nicht einmal eine Geschäftsführung im Sinne des § 677 vor.

Für sich führt jemand ein (objektiv) fremdes Geschäft, wenn er nicht weiß, daß es **5** ein fremdes ist und es daher als eigenes führt (§ 687 Abs 1) oder wenn er das fremde Geschäft wider besseres Wissen als eigenes behandelt (§ 687 Abs 2). Im ersten Fall kann man von **irrtümlicher**, im zweiten von **böswilliger Eigengeschäftsführung** spre-chen. Beides sind Fälle einer *Nichtgeschäftsführung*. Es ist daher verfehlt, die böswillige Eigengeschäftsführung als „unechte Geschäftsführung ohne Auftrag" zu bezeichnen (so noch Enneccerus/Lehmann § 165 I 2, § 168 I).

b)   Schadloshaltungsfunktion

Durch das gesetzliche Schuldverhältnis der berechtigten Geschäftsführung ohne **6** Auftrag einerseits, die Regeln über unberechtigte Geschäftsführung ohne Auftrag (§§ 678, 684 S 1) andererseits erfaßt die Rechtsordnung die freiwillige Wahrnehmung fremder Angelegenheiten als eine *Erscheinung des Gemeinschaftslebens*. Trotz der Absicht des Geschäftsführers, die Interessen des Geschäftsherrn zu fördern, kann die Geschäftsführung dessen Interesse objektiv widersprechen oder ihm doch uner-wünscht sein. Es ist daher notwendig, zwischen der von der Rechtsordnung begün-stigten, berechtigten Geschäftsführung ohne Auftrag und der unzulässigen Einmi-schung in die Angelegenheiten eines anderen zu unterscheiden. Nur der Geschäftsführer, dessen Tätigkeit dem Geschäftsherrn objektiv und subjektiv nütz-lich ist, kann von ihm Aufwendungsersatz verlangen. Das gesetzliche Schuldverhält-nis der berechtigten Geschäftsführung ohne Auftrag dient dem Zweck, die freiwillige Tätigkeit für einen anderen, sofern sie dessen Interesse und Willen ent-spricht, durch **Schadloshaltung** des Geschäftsführers zu begünstigen. Das Mittel, das die Rechtsordnung zu diesem Zweck einsetzt, ist der Aufwendungsersatzanspruch des Geschäftsführers. Der Aufwendungsersatzanspruch des berechtigten Geschäfts-führers ohne Auftrag (§§ 677, 683 S 1) ist kein Anspruch auf Ausgleich für die etwa vom Geschäftsherrn erlangte Bereicherung, sondern soll verhindern, daß der Geschäftsführer durch die Geschäftsführung eine Einbuße erleidet. Die Pflichten des Geschäftsführers sind das Korrelat seiner Schadloshaltung. Er soll durch die Geschäftsführung wie ein Beauftragter durch die Besorgung des ihm aufgetragenen Geschäfts nichts verlieren (§§ 683 S 1, 670), aber auch nichts gewinnen (§§ 681 S 2, 667).

7 Die berechtigte Geschäftsführung ohne Auftrag setzt den **sozialen Verhaltenstypus** des freiwilligen, aber nicht aufdringlichen Eingreifens zugunsten Dritter voraus. Mit Recht rechnet daher GIERKE die Geschäftsführung ohne Auftrag zu den Schuldverhältnissen aus sozialen Zusammenhängen (§ 216). Das Ziel der Rechtsordnung, das freiwillige Eingreifen zugunsten Dritter zu begünstigen, aber auch gegen ungebetene Einmischung ausreichenden Schutz zu gewähren, betonen übereinstimmend ENNECCERUS/LEHMANN § 165; LARENZ II 1 § 57; FIKENTSCHER Rn 927; SOERGEL/MÜHL Vorbem 1 vor § 677; ERMAN/EHMANN Vorbem 1 vor § 677; PALANDT/THOMAS Vorbem 3 vor § 677; HELM, Gutachten 361 f. Grundlegend zur Geschäftsführung ohne Auftrag als Menschenhilfe KOHLER 42 ff; RABEL RheinZ 10 (1919/20) 94 f = Ges Aufsätze I 314; LENT, Wille und Interesse 12; ebenso vCAEMMERER, in: FS Rabel I 374 Anm 162; CANARIS JZ 1963, 655; WILBURG, Die Lehre von der ungerechtfertigten Bereicherung 24; ders, Zusammenspiel der Kräfte 361. Mit etwas weiteren Formulierungen wird der vom Gesetzgeber erfaßte soziale Verhaltenstypus mit Recht von LARENZ aaO (helfende oder doch förderliche Tätigkeit) und FIKENTSCHER aaO (praktische Bedeutung vor allem bei Hilfeleistungen) beschrieben. Zur Beziehung der berechtigten Geschäftsführung ohne Auftrag auf das freiwillige Eingreifen zugunsten Dritter als empirisch gegebenes soziales Verhalten vgl auch R WITTMANN § 1 I, § 2 II 3. Der Versuch WOLLSCHLÄGERS (66), die Geschäftsführung ohne Auftrag vom Begriff des „relativ fremden Geschäfts" aus zu begreifen, führt zur Loslösung der Geschäftsführung ohne Auftrag von ihrem sozialen Bezug. Die Rechtsprechung zur Geschäftsführung durch Hilfeleistung läßt diesen sozialen Bezug erkennen (vgl RGZ 167, 85: für den Retter tödlicher Rettungsversuch als berechtigte Geschäftsführung ohne Auftrag; BGHZ 33, 215, 257: Herbeiholen erster Hilfe; BGHZ 38, 270, 276: Ausweichmanöver des Kraftfahrers als „Akt der Menschenhilfe, auf den die Bestimmungen der Geschäftsführung ohne Auftrag ihrem Zweck nach anzuwenden sind„). Daß es in Fällen der Menschenhilfe nicht allzu häufig zu einem Rechtsstreit kommt, ist von der Sache her erklärlich und rechtfertigt es deshalb noch nicht, die tatsächliche Bedeutung des sozialen Verhaltenstypus, auf den die gesetzliche Regelung zielt, zu unterschätzen (vgl LARENZ II 1 § 57 Anm 1).

c)   Legitimierungsfunktion

8 Das gesetzliche Schuldverhältnis der berechtigten Geschäftsführung ohne Auftrag bildet zugunsten des Geschäftsführers deliktsrechtlich einen **Ausschlußgrund der Widerrechtlichkeit**, strafrechtlich einen **Rechtfertigungsgrund**. Es ist ein Rechtsgrund für die mit der Geschäftsführung verbundenen Vermögensverschiebungen und gewährt dem Geschäftsführer ein (durch den Zweck der Geschäftsführung begrenztes) **Recht zum Besitz**. Wenn die Geschäftsführung dem Interesse und dem wirklichen oder mutmaßlichen Willen des Geschäftsherrn entspricht oder genehmigt ist oder ein mit ihr verbundener Eingriff nach § 679 ohne Rücksicht auf den entgegenstehenden Willen des Geschäftsherrn erfolgen kann, so ist der Eingriff nicht widerrechtlich, sondern rechtmäßig. Soweit der Geschäftsführer auch bei der Ausführung die gebotene Sorgfalt walten läßt (§ 677), schließt das gesetzliche Schuldverhältnis die Widerrechtlichkeit solcher Beeinträchtigungen der Rechte des Geschäftsherrn aus, die mit der Geschäftsführung notwendig verbunden sind (grundlegend ZITELMANN AcP 99, 104 ff; wie hier ISELE, Geschäftsbesorgung 170 ff; LENT, Wille und Interesse 27; BGH LM Nr 2 zu § 683 BGB; BGB-RGRK/STEFFEN Vorbem 82; SOERGEL/MÜHL Vorbem 10; ERMAN/EHMANN Vorbem 15 vor § 677; PALANDT/THOMAS Rn 5 vor § 677; ENNECCERUS/LEHMANN § 231 III 4; FIKENTSCHER Rn 934; LARENZ II 1 § 57 I b; ESSER/WEYERS § 46 I 2; **aM** MünchKomm/SEILER Rn 17 vor § 677, der außer Acht läßt, daß der an der Unterscheidung zwischen actio negotiorum directa und actio negotiorum contraria orientierte Aufbau der §§ 677 ff schon beim Inkrafttreten des BGB überholt war [vgl u Rn 16]; **aM** auch WOLLSCHLÄGER 274 ff, der die Lehre von der berechtigten Geschäftsführung ohne Auftrag als „Fortleben der Quasikontraktstheorie" ablehnt, nicht zwischen berechtigter und unberechtigter Geschäftsführung ohne Auftrag unterscheidet und deshalb dem gesetzlichen Schuldverhältnis keine legitimierende Wirkung zuerkennen kann). Im Sinne des Strafrechts bildet die berechtigte Geschäftsführung ohne Auftrag einen Rechtfertigungsgrund (vgl ENGISCH ZStrW 58, 1; ROXIN, in: FS Welzel 447 ff). Die legitimierende Wirkung des gesetzlichen Schuldverhältnisses ist mit dem von der Rechtsordnung verfolgten Zweck, die freiwillige Tätigkeit zur Wahrnehmung fremder Interessen zu begünstigen, notwendig verknüpft. Eine Handlung ist – allgemein gesehen – rechtswidrig, wenn sie ihrem objektiven Charakter nach der Rechtsordnung widerstreitet. Der Eingriff in ein Rechtsgut, in rechtlich geschützte Interessen ist rechtmäßig, wenn und soweit er den Zwecken der Rechtsordnung und des menschlichen Zusammenlebens selbst entspricht. Die Rechtsordnung will die gerechtfertigte auftraglose Geschäftsführung fördern. Sie will die Menschenhilfe, das Eintreten für einen anderen im Gemeinschaftsinteresse begünstigen und auf eine feste Rechtsgrundlage stellen. Dann kann aber die Geschäftsführung ohne Auftrag, sofern die Voraussetzungen des § 683 S 1 oder des § 684 S 2 oder des § 679 vorliegen, nicht rechtswidrig, nicht unerlaubt sein. Wenn die Geschäftsführung berechtigterweise übernommen ist, so muß der Geschäftsführer das Geschäft ordnungsmäßig durchführen (§ 677). Dann kann auch eine Handlung, die in Erfüllung dieser Verpflichtung erfolgt, und zB in dem erforderlichen Umfang in das Eigentum des Geschäftsherrn eingreift, nicht widerrechtlich sein, da eine Verpflichtung zu rechtswidrigem Handeln undenkbar ist. Es erscheint auch ausgeschlossen, einem rechtswidrig Handelnden die Aufwendungen zu ersetzen, die er bei Begehung eines Delikts gemacht hat. Schließlich behandelt das Gesetz die berechtigte Geschäftsführung ohne Auftrag innerhalb der vertraglichen Schuldverhältnisse; es sieht in ihr also ein vertragsähnliches gesetzliches Schuldverhältnis und nicht eine unerlaubte Handlung oder einen deliktsähnlichen Tatbestand.

Hat die Geschäftsführung die Verwahrung einer Sache für den Geschäftsherrn zum **9** Gegenstand, so ist der Geschäftsführer berechtigter Fremdbesitzer; die §§ 987 ff sind insoweit unanwendbar (BGHZ 31, 129, 132; WM 1956, 1279, 1281; U KÖBL, Das Eigentümer-Besitzer-Verhältnis im Anspruchssystem des BGB 184 f; SOERGEL/MÜHL Vorbem 11 zu § 987). Andererseits bildet das gesetzliche Schuldverhältnis einen Rechtsgrund für das Behalten der Vorteile, die dem Geschäftsherrn aus der Geschäftsführung erwachsen (ESSER/WEYERS § 52 I 3; FIKENTSCHER Rn 947; MELULLIS 93). Die legitimierende Wirkung der berechtigten Geschäftsführung ohne Auftrag betrifft nur das **Innenverhältnis** zwischen Geschäftsherrn und Geschäftsführer. Nimmt der Geschäftsführer ohne Auftrag für den Geschäftsherrn ein Rechtsgeschäft vor und handelt er dabei im Namen des Geschäftsherrn, so liegt Vertretung ohne Vertretungsmacht im Sinne der §§ 177 ff vor. Auch bei berechtigter Geschäftsführung ohne Auftrag ist keine Vertretungsmacht Dritten gegenüber gegeben (BGH LM Nr 2 zu § 683 BGB; vgl auch unten Rn 60).

Roland Wittmann

2. Unberechtigte Geschäftsführung ohne Auftrag

a) Unzulässige Einmischung in fremde Angelegenheiten

10 Nimmt jemand freiwillig die Angelegenheiten eines anderen wahr, so entscheidet dessen Interesse und Wille darüber, ob die Geschäftsführung berechtigt ist oder es sich um eine ungebetene, aufdringliche Geschäftsführung handelt (§ 683 S 1). Wenn die Übernahme der Geschäftsführung interessenwidrig oder dem Geschäftsherrn unerwünscht ist, so liegt mangels Genehmigung (§ 684 S 2) eine unzulässige Einmischung vor, sofern der entgegenstehende Wille des Geschäftsherrn nicht ausnahmsweise unbeachtlich ist (§§ 679, 683 S 2). Es genügt nicht, daß die Übernahme der Geschäftsführung dem Geschäftsherrn objektiv nützlich ist. Es ist vielmehr grundsätzlich Sache eines jeden selbst, ob und wie er seine Angelegenheiten erledigt. Das Gesetz verlangt daher zusätzlich, daß die Übernahme der Geschäftsführung auch dem (wirklichen oder mutmaßlichen) Willen des Geschäftsherrn entsprechen muß. Die Selbsterledigung des Geschäfts ist die Regel, die Erledigung durch einen berechtigten Geschäftsführer ohne Auftrag die Ausnahme. Das Gesetz begünstigt zwar die berechtigte Geschäftsführung ohne Auftrag, trifft jedoch zugleich Vorkehrungen gegen ungebetene Einmischung.

b) Abwehrfunktion

11 Gegen eine Geschäftsführung, deren Übernahme nicht seinem Interesse oder Willen entspricht, ist der Geschäftsherr zunächst dadurch geschützt, daß er dem Geschäftsführer seine Aufwendungen nicht zu ersetzen braucht, sondern ihm nur das aus der Geschäftsführung Erlangte herausgeben muß, soweit er noch bereichert ist (§§ 684 S 1, 818 Abs 3). Bei schuldhaft-unerwünschter Geschäftsführung kann der Geschäftsherr den Ersatz des ihm aus der Geschäftsführung erwachsenen Schadens auch dann verlangen, wenn der Geschäftsführer das Geschäft sorgfältig ausgeführt hat (§ 678). Die verschärfte Haftung des unberechtigten Geschäftsführers ohne Auftrag ergänzt die Deliktshaftung nach §§ 823 ff.

3. Irrtümliche Eigengeschäftsführung

a) Begriff

12 Wenn jemand ein (objektiv) fremdes Geschäft in der Meinung besorgt, daß es sein eigenes sei (§ 687 Abs 1), so fehlt ihm schon das **Geschäftsführungsbewußtsein**, auf dem der für eine berechtigte Geschäftsführung ohne Auftrag erforderliche **Geschäftsführungswille** aufbaut. Für eine Schadloshaltung wegen fremdnütziger Tätigkeit besteht in einem solchen Fall von vornherein keine Grundlage. Es wäre aber auch sinnwidrig, den irrtümlichen Eigengeschäftsführer der Verpflichtung zu unterwerfen, das Geschäft so zu führen, wie das Interesse des Geschäftsherrn mit Rücksicht auf dessen Willen es erfordert (§ 677) oder ihm eine Anzeige- und Wartepflicht aufzuerlegen (§ 681 S 1). Verfügt der gutgläubige Eigenbesitzer über eine abhandengekommene Sache, so liegt hierin zwar die Besorgung eines (objektiv) fremden Geschäfts, aber keine Geschäftsführung für den Eigentümer. Die Aufgaben, die die actio negotiorum gestorum directa insoweit im römischen Recht erfüllt hat (Afr D 3, 5, 48), hat im geltenden Recht die von der Willensrichtung des Verfügenden unabhängige Vorschrift des § 816 Abs 1 übernommen. Ebensowenig kommt Geschäftsführung in Betracht, wenn der gutgläubige Eigenbesitzer Verwendungen auf eine

fremde Sache macht oder wenn der vermeintliche Erbe eine Nachlaßverbindlichkeit erfüllt oder eine Nachlaßforderung einzieht.

b) Grundgedanken des § 687 Abs 1

Die Vorschrift des § 687 Abs 1 lehnt – im Gegensatz zu der die böswillige Eigenge-   **13** schäftsführung regelnden Norm des § 687 Abs 2 – eine Rechtsfolgenverweisung auf das Geschäftsführungsrecht ab. Der Gesetzgeber bringt damit zum Audruck, daß er im Fall der irrtümlichen Eigengeschäftsführung die sonst einschlägigen gesetzlichen Vorschriften (§§ 812 ff, §§ 823 ff) zum Ausgleich der eingetretenen Vermögensverschiebungen und zur Regelung der Haftung für fahrlässigen Eingriff in die Rechte eines anderen für ausreichend hält. § 761 Abs 2 des 1. Entwurfs enthielt dementsprechend noch eine ausdrückliche Verweisung auf das Bereicherungs- und das Deliktsrecht. Eine Lücke besteht auch nicht hinsichtlich der Hilfsansprüche auf Auskunfterteilung und Rechnungslegung, die gemäß §§ 681 S 2, 666 dem Geschäftsherrn zustehen. Insoweit greift – wie bei der unberechtigten Geschäftsführung ohne Auftrag (vgl § 681 Rn 2) – der allgemeine Rechtsgrundsatz ein, daß eine Auskunfts- und Rechenschaftspflicht über die gesetzlich geregelten Fälle hinaus dann besteht, wenn der Berechtigte entschuldbarerweise über das Bestehen oder über den Umfang seiner Rechte im Ungewissen ist, der Verpflichtete aber unschwer die Auskunft erteilen kann (RGZ 158, 377, 379; BGHZ 10, 385, 387; BGHZ 55, 201, 203; vgl auch § 259 Rn 6, 260 Rn 11). Durch die Ablehnung einer Rechtsfolgenverweisung auf das Geschäftsführungsrecht werden auch Widersprüche vermieden, die bei konkurrierender Geltung der Geschäftsführungsregeln insbesondere im Verhältnis zu §§ 987 ff, 994 ff auftreten würden. Systematisch gesehen zieht § 687 Abs 1 nur die Konsequenz aus der in § 677 enthaltenen Begriffsbestimmung der Geschäftsführung, die Geschäftsbesorgung für einen anderen verlangt. Die – nunmehr weitgehend gesetzlich nachvollzogene – sinngemäße Anwendung des § 687 Abs 2 auf fahrlässige Eingriffe in fremde Ausschließlichkeitsrechte (vgl § 687 Rn 21) bedeutet zugleich eine Einschränkung des § 687 Abs 1.

4. Böswillige Eigengeschäftsführung

a) Begriff

Böswillige Eigengeschäftsführung liegt vor, wenn jemand in ein fremdes Recht in   **14** Kenntnis seiner Nichtberechtigung hierzu in eigennütziger Absicht eingreift (§ 687 Abs 2). Sie bildet den kontradiktorischen Gegensatz zur berechtigten Geschäftsführung ohne Auftrag, die eine Tätigkeit zur Wahrnehmung und Förderung der Interessen eines anderen voraussetzt. Soweit § 687 Abs 2 einzelne Geschäftsführungsregeln auf den wissentlich-eigennützigen, rechtswidrigen Eingriff in ein fremdes Recht für anwendbar erklärt, handelt es sich daher nicht um eine Rechtsgrund-, sondern um eine Rechtsfolgenverweisung. Den Tatbestand der böswilligen Eigengeschäftsführung bestimmt § 687 Abs 2 selbst.

b) Gewinnabschöpfung, verschärfte Haftung

Das Gesetz unterwirft den böswilligen Eingreifer der Herausgabepflicht, die dem   **15** berechtigten Geschäftsführer ohne Auftrag obliegt, behandelt ihn daher so, als habe er für Rechnung des Rechtsinhabers über dessen Recht verfügt oder es genutzt (§§ 687 Abs 2 S 1, 681 S 2, 667). Der geschäftsführungsrechtliche Herausgabeanspruch hat vor allem den Zweck, dem Rechtsinhaber die Inanspruchnahme des

Gewinns zu ermöglichen, den der böswillige Eigengeschäftsführer durch den Eingriff erzielt hat. In der Haftung des Eingreifers auf den Gewinn sah die 2.Kommission eine zweckmäßige Ergänzung deliktsrechtlicher Vorschriften (Prot II 742 f). Sie folgte im Ergebnis dem spätrömischen Recht, das die actio negotiorum gestorum directa auch gegen den Geschäftsführer gab, der ein fremdes Geschäft für sich (sui lucri causa) geführt hat (Ulp D 3, 5, 5, 5). Der Sache nach wird damit für den Sonderfall des wissentlich-eigennützigen, rechtswidrigen Eingriffs in ein fremdes Recht der Schadensbegriff modifiziert, indem die Abschöpfung des Verletzergewinns indirekt als Methode der Schadensberechnung anerkannt wird. Der Ergänzung deliktsrechtlicher Vorschriften dient es auch, daß der böswillige Eigengeschäftsführer dem Rechtsinhaber den Schaden, der diesem aus dem Eingriff erwächst, auch dann ersetzen muß, wenn ihm ein sonstiges Verschulden nicht zur Last fällt (§§ 687 Abs 2 S 1, 678). Der geschäftsführungsrechtliche Herausgabeanspruch und die verschärfte Haftung entfallen, wenn der Eingreifer nicht voll geschäftsfähig ist (§ 682).

II. Historische Grundlagen

1. Römisches Recht

16 Die klassische negotiorum gestio stellt die Zusammenfassung zweier Tatbestände dar. Die negotiorum gestio nach ius civile hatte die Gesamtgeschäftsführung (negotia gesta) für einen Abwesenden zum Gegenstand. Die vom Prätor geschaffene (honorarrechtliche) negotiorum gestio bezog sich hingegen auf die Vertretung eines Abwesenden im Prozeß. Die Klage des Geschäftsherrn (actio negotiorum gestorum directa) ging auf Herausgabe des aus der Geschäftsbesorgung Erlangten und, bei pflichtwidriger Geschäftsführung, auf Schadensersatz, die Klage des Geschäftsführers (actio negotiorum gestorum contraria) auf Aufwendungsersatz. Die Schadloshaltung des auftraglosen Geschäftsführers begründete Ulpian mit der sonst zu befürchtenden Beeinträchtigung der Vermögensinteressen des Abwesenden: da ohne Aufwendungsersatz sich niemand um die Angelegenheiten des Abwesenden kümmern würde, könnten seine Gläubiger gegen ihn die Generalvollstreckung betreiben, von ihm bestellte Pfänder verwerten und auch aus den infolge der Abwesenheit verfallenen Strafstipulationen gegen ihn vorgehen. Die Geschäftsführungsklagen knüpfen an das soziale Phänomen der freiwilligen Wahrnehmung der Interessen des Abwesenden durch dessen Freunde an, die durch ihr Eingreifen zugunsten des Abwesenden eine sich aus der amicitia ergebende soziale Verpflichtung erfüllten. Gegenstand der Geschäftsführung war, auch soweit sie aus rein tatsächlichen Handlungen bestand, die Erhaltung des Vermögens des Abwesenden. Der negotiorum gestio war das Tätigwerden ohne Rechtspflicht (Freiwilligkeit) und die fremdnützige Absicht inhärent. Da aber die Klagformeln explizit keine subjektiven Merkmale enthielten, konnte Ulpian auch den böswilligen Eigengeschäftsführer der actio negotiorum gestorum directa unterwerfen. § 687 Abs 2 stellt eine systematisch durch den Gegensatz zu § 677 abgestützte Abstraktion dieser Konstruktion dar. Beim vermeintlichen Erben und bei der Verfügung eines Nichtberechtigten über eine (später beim Käufer durch Zufall untergegangene) gestohlene Sache verzichtete man sogar auf das Erfordernis des Geschäftsführungsbewußtseins. Das geltende Recht ist hierin dem römischen Recht nicht gefolgt (§ 687 Abs 1).

2. Pandektistik

Die Verallgemeinerung und Systematisierung der römischen Quellen zur negotiorum 17
gestio zielte auf die Aufstellung eines Geschäftsführungsbegriffs, der alle einschlägigen Äußerungen der klassischen Juristen abdecken sollte. Als Ergebnis kam aber
zunächst nur – je nach Beachtlichkeit oder Unbeachtlichkeit der Geschäftsführungsabsicht – die Unterscheidung zwischen subjektiver und objektiver Geschäftsführung
heraus. Zur subjektiven Geschäftsführung wurde die Besorgung solcher Geschäfte
gerechnet, die den Geschäftsherrn nicht betrafen, die er aber durch Genehmigung
mit einer Wirkung für und gegen sich versehen konnte (zB die Einziehung einer
Forderung durch einen Dritten). Die Absicht, für den Geschäftsherrn zu handeln,
war für die subjektive Geschäftsführung erforderlich, aber nicht genügend (vgl
§ 1358 sächsBGB). Die subjektive Fremdheit eines Geschäfts im Sinne einer Fremdheit nur durch den Willen des Geschäftsbesorgers war unbekannt. Die irrtümliche
und die böswillige Eigengeschäftsführung wurden als objektive Geschäftsführung
erfaßt (vgl insbes CHAMBON aaO). Demgegenüber vertrat WINDSCHEID im Anschluß an
KÖLLNER und AARONS einen einheitlichen, subjektiven Geschäftsführungsbegriff.
Die Formulierung des heutigen § 677 (Geschäftsbesorgung „für einen anderen")
geht auf einen Antrag WINDSCHEIDS vom 17. 1. 1883 zurück. Der Gesetzgeber
lehnte damit die Aufspaltung der Geschäftsführung ohne Auftrag in eine objektive
und eine subjektive Geschäftsführung ab und erhob den Willen, zur Wahrnehmung
der Interessen eines anderen zu handeln, zur unerläßlichen Voraussetzung jeder
Geschäftsführung. Die irrtümliche und die böswillige Eigengeschäftsführung wurden dementsprechend im § 761 des 1. Entwurfs aus dem Geschäftsführungsbegriff
ausgeklammert. Die von der 2. Kommission eingefügte besondere Verweisung auf
das Geschäftsführungsrecht bei böswilliger Eigengeschäftsführung (§ 687 Abs 2) hat
an der Geschäftsführungsauffassung des Gesetzgebers nichts geändert.

III. Ausländische Rechte

1. Romanischer und mitteleuropäischer Rechtskreis

Im spanischen wie auch im italienischen Recht hat die Geschäftsführung ohne Auf- 18
trag, im Gegensatz zum deutschen Recht, rein vermögensrechtlichen Charakter. Im
französischen Recht finden sich hingegen Ansätze zur Einbeziehung auch der Hilfeleistung in den Anwendungsbereich der Geschäftsführung ohne Auftrag. So hat der
Kassationshof den Anspruch einer Witwe bejaht, deren Ehemann bei der Rettung
des Fahrers aus einem brennenden Kraftfahrzeug ums Leben kam. Gesetzlich anerkannt ist ein sich nach dem Ermessen des Richters zu bemessender Schadensersatzanspruch des auftraglosen Geschäftsführers in Art 422 Abs 1 SchwOR. Demgegenüber gewährt Art 1036 östABGB lediglich Aufwandersatz. Hierunter wird jedoch
auch der Schaden verstanden, der dem Geschäftsführer aus einer mit der Notgeschäftsführung verbundenen Gefahr entsteht.

2. Angloamerikanischer Rechtskreis

Das angloamerikanische Recht steht einer allgemeinen Schadloshaltung bei unbe- 19
auftragt-fremdnütziger Tätigkeit grundsätzlich ablehnend gegenüber. Diese ablehnende Haltung kommt schon in der Bezeichnung des auftraglosen Geschäftsführers

als „officious intermeddler" oder „mere volunteer" zum Ausdruck. Ein Aufwendungsersatzanspruch bei Zahlung fremder Schulden ist nur ausnahmsweise anerkannt, so bei Bezahlung der Wechselschuld eines anderen. Im übrigen gilt der Satz, daß niemand sich zum Gläubiger eines anderen machen könne. Den Ersatzanspruch des Retters bei professioneller Hilfeleistung stützt man auf das law of quasi-contracts. Die Ablehnung eines Ersatzanspruchs bei nichtprofessioneller Hilfeleistung wird mit der unwiderleglichen Vermutung des animus donandi begründet.

IV. Voraussetzungen der berechtigten Geschäftsführung ohne Auftrag

1. Geschäftsführung

a) Geschäftsbesorgung

20 Der Begriff der Geschäftsführung als erstes Erfordernis einer berechtigten Geschäftsführung ohne Auftrag setzt nach § 677 voraus, daß jemand für einen anderen ohne dessen Auftrag und ohne eine sonstige Berechtigung ihm gegenüber ein Geschäft besorgt. Der Begriff der Geschäftsbesorgung ist wie beim Auftrag (§ 662) und im Gegensatz zum entgeltlichen Geschäftsbesorgungsvertrag (§ 675) im weitesten Sinne des Wortes auszulegen. Gegenstand einer berechtigten Geschäftsführung ohne Auftrag kann **jede Tätigkeit** sein, die der Wahrnehmung der Interessen eines anderen zu dienen bestimmt ist. Das für einen anderen besorgte Geschäft braucht nicht rechtsgeschäftlicher Art zu sein, sondern kann auch in einer bloßen Tathandlung bestehen. Daher ist auch Geschäftsführung durch beschränkt Geschäftsfähige und sogar durch Geschäftsunfähige möglich (vgl § 682 Rn 2). Ebensowenig kommt es darauf an, ob der Geschäftsführer Vermögensangelegenheiten oder persönliche Interessen des Geschäftsherrn wahrnimmt. Die Beschränkung auf Rechtsgeschäfte widerspräche der Vorschrift des § 679, die die Unterhaltsgewährung ausdrücklich als Geschäftsführung betrachtet. Außerdem setzt auch das Haftungsprivileg des § 680 die Einbeziehung von Handlungen tatsächlicher Art in den Geschäftsbesorgungsbegriff des § 677 voraus. Aus § 680 folgt zugleich, daß die Geschäftsführung nicht in der Wahrnehmung von Vermögensangelegenheiten zu bestehen braucht. Die Haftungserleichterung zugunsten des Geschäftsführers, der zur Abwendung einer dem Geschäftsherrn drohenden dringenden Gefahr tätig wird, bezieht sich in erster Linie sicherlich auf eine Gefahrenlage, in der es um die Person des Geschäftsherrn geht; die 2. Kommission hat die der Person des Geschäftsherrn drohende Gefahr nachweislich mit bedacht (Prot II 728). Die Auffassung, daß eine Tätigkeit an der Person eines anderen nicht als Besorgung seines Geschäfts angesehen werden könne (so die Tätigkeit eines Arztes, des Lebensretters) ist abzulehnen. § 677 spricht gerade nicht von der Besorgung des Geschäfts eines anderen, sondern von Geschäftsbesorgung für einen anderen. Der Ausdruck „Geschäft" ist im Sinne von „Angelegenheit" zu verstehen, der Ausdruck „Geschäftsherr" bezeichnet denjenigen, für den ein Geschäft besorgt wird. Der Begriff der Geschäftsbesorgung umfaßt daher alle Handlungen **rechtlicher oder tatsächlicher, wirtschaftlicher oder nicht wirtschaftlicher Art** (RGZ 167, 85; RG DR 1944, 287: Lebensrettung; BGHZ 38, 270: Ausweichmanöver im Straßenverkehr; BGH NJW 1977, 530: Hilfeleistung in Seenot; BGHZ 33, 251; 55, 207: Herbeiholen erster Hilfe nach einem Unglücksfall; BGHZ 43, 188: Warnung vor Gefahren; RGZ 149, 205: Schutzmaßnahmen zur Abwehr dem Bahnbetrieb drohender Gefahren; BGHZ 16, 12: Niedreißen einer einsturzgefährdeten Giebelmauer; BGH NJW 1978, 1258: Errichtung eines Schutzwalls; NJW 1969, 1205: Bergung eines Ankers; BGH LM Nr 2 zu § 677 BGB: Beaufsichtigung von Bauarbeiten; wie

hier auch BGB-RGRK/STEFFEN Vorbem 7; SOERGEL/MÜHL § 677 Rn 2; ERMAN/EHMANN Vorbem 2; MünchKomm/SEILER § 677 Rn 2; PALANDT/THOMAS § 677 Rn 2; ENNECCERUS/LEHMANN § 165; FIKENTSCHER Rn 935; LARENZ II 1 § 57 I a; aM ISAY 46 ff; OERTMANN Vorbem 2; ROTHER 12 ff).

b)   Tätigkeit zur Wahrnehmung fremder Interessen
aa)   Objektiv oder subjektiv fremde Geschäfte
Das Geschäft muß „für einen anderen", dh mit dem **Willen** besorgt werden, die   **21**
Interessen eines anderen wahrzunehmen (vgl auch Rn 17). Ob das der Fall ist, entscheidet sich nicht nach dem der Tätigkeit des Geschäftsführers zugrundeliegenden
Motiv, sondern nach dem durch die Tätigkeit selbst zum Ausdruck gelangten Willen,
nach dem **sozialen Sinn** der Tätigkeit (vgl Rn 35 ff). Der Geschäftsführer handelt mit
Geschäftsführungswillen, wenn seine Tätigkeit einem anderen zugutekommen soll;
zum Irrtum über die Person des Geschäftsherrn vgl § 686 Rn 1. Ob die Übernahme
der Geschäftsführung dem Interesse des Geschäftsherrn auch tatsächlich entspricht,
ist erst eine nach § 683 S 1 zu beurteilende Frage.

Die hM geht demgegenüber nicht vom *Geschäftsführungswillen*, sondern vom **Begriff**   **22**
des fremden Geschäfts aus und unterscheidet **objektiv fremde** und **subjektiv fremde**
Geschäfte. Für die Fremdheit des Geschäfts wird eine Tätigkeit vorausgesetzt, die
Gegenstand der Sorge des anderen ist; der Handelnde muß diese Sorge dem anderen
durch sein Eingreifen abnehmen (RGZ 97, 66). Unter einem objektiv fremden
Geschäft wird ein solches verstanden, das sich schon äußerlich ohne weiteres als
fremdes Geschäft kennzeichnet (zB die Reparatur eines fremden Hauses, die Verwahrung der Sache eines anderen, die Zahlung fremder Schulden), unter einem
subjektiv fremden Geschäft ein solches, das an sich indifferent, erst durch die Willensrichtung des Geschäftsführers zu einem fremden wird (zB der Kauf einer Sache
für einen anderen).

Bei einem objektiv fremden Geschäft besteht eine **Vermutung** dafür, daß der   **23**
Geschäftsführer mit dem Willen gehandelt hat, das Geschäft für den, den es angeht,
zu besorgen oder mitzubesorgen (BGHZ 38, 270, 276; 40, 28, 31; 65, 354, 357; 70, 389, 396;
NJW 1971, 609, 612; 1978, 1258; 1979, 598; WM 1968, 1201; anders RGZ 143, 95). Die Vermutung kann also auch dann eingreifen, wenn die Angelegenheit nicht ausschließlich,
sondern lediglich auch die Sache des anderen ist („auch-fremdes Geschäft", BGHZ
40, 28; 63, 167). Bei objektiv neutralen Geschäften entscheidet allein der Wille des
Handelnden darüber, ob er nicht für sich, sondern für den anderen gehandelt hat.
Dieser Wille ist nur maßgebend, wenn er nach außen zum Ausdruck gekommen ist
(RGZ 167, 59; BGH LM Nr 3 zu § 683 BGB; BGHZ 82, 323, 330 f). Der Geschäftsführungswille hat daher je nachdem, ob ein objektiv oder ein subjektiv fremdes Geschäft
vorliegt, verschiedene Bedeutung.

bb)   Hilfeleistung
Bei Hilfeleistung in Notfällen liegt in der Rettungshandlung oder in den Maßnahmen   **24**
zur Verhinderung eines drohenden oder zur Minderung eines eingetretenen Schadens eine Geschäftsführung zugunsten desjenigen, der sich in der Notlage befindet,
unter besonderen Umständen auch zugunsten dritter Personen. Wer das Leben der
Ehefrau rettet, besorgt zugleich auch ein Geschäft des Ehemannes (RGZ 165, 85, 88).
Für wen der Geschäftsführer tätig wird, ist eine Frage des § 677, nicht des § 683 S 1;
erst wenn feststeht, wer Geschäftsherr ist, kann sinnvollerweise die Frage gestellt

Roland Wittmann

werden, ob die Übernahme der Geschäftsführung seinem Interesse und seinem Willen entspricht (anders RG aaO). Wer den mit einer gefährlichen Tätigkeit Beauftragten vor einer als Folge dieser Tätigkeit drohenden Verletzung oder vor dem Tod bewahrt, handelt nur für den Geretteten, nicht auch für dessen Auftraggeber (anders RG DR 1944, 288). Wer einem Verbrechensopfer zur Hilfe eilt, dabei vom Täter verletzt wird und anschließend durch seinen Hinweis das Herbeirufen ärztlicher Hilfe für das Opfer ermöglicht, handelt als Geschäftsführer nicht nur des Opfers, sondern auch der Krankenkasse des Ehemannes des Opfers (BGH NJW 1961, 359, in BGHZ 33, 251 nicht vollständig abgedruckt).

25 Wenn ein Betriebsangehöriger für einen anderen Betriebsangehörigen erste Hilfe herbeiholt, so liegt hierin dagegen nicht eine Geschäftsführung für die Betriebsunfallversicherung (BGHZ 55, 207). Wenn eine Behörde oder ein privates Unternehmen nach einem Kraftfahrzeugunfall schadensmindernd tätig wird, so ist damit nur eine **mittelbare Beziehung** zur Haftpflichtversicherung des Halters des verunglückten Fahrzeugs gegeben, die für die Annahme einer Geschäftsführung für die Haftpflichtversicherung nicht genügt (BGHZ 54, 157; 72, 151). Eine Geschäftsführung für einen anderen liegt auch nicht schon dann vor, wenn die Besorgung eines eigenen Geschäfts für andere mittelbare Vorteile bringt. Wer einen Weidezaun errichtet, um sein Vieh vom Betreten des Bahnkörpers abzuhalten, wird nur für sich, nicht auch für die Bundesbahn tätig (BGH LM Nr 17 zu § 683 BGB). Der Geschäftsführungsanspruch des Helfers ist neben etwaigen Deliktsansprüchen deshalb von besonderer Bedeutung, weil er unabhängig vom Verschulden des Geschäftsherrn die Geltendmachung der mit der Geschäftsführung verbundenen Schäden ermöglicht (vgl § 683 Rn 5). Auch bei Hilfeleistung in Seenot dient die Geschäftsführung ohne Auftrag als Rechtsgrundlage für den Ausgleich der Schäden, die dem Retter aus der Rettungshandlung erwachsen (BGH NJW 1977, 530).

cc) Erfüllung fremder Verbindlichkeit

26 Geschäftsführung ohne Auftrag liegt auch dann vor, wenn jemand freiwillig die Schuld eines anderen als Dritter (§ 267) bezahlt (BGHZ 47, 370; WM 1968, 1201) oder wenn er sich für die Schuld eines anderen verbürgt oder für sie eine Sicherheit bestellt. Bei Erfüllung vermeintlich eigener Schuld (vgl dazu v CAEMMERER aaO) scheidet Geschäftsführung ohne Auftrag schon mangels eines Geschäftsführungsbewußtseins aus (§ 687 Abs 1).

27 Wer eine **fremde Unterhaltspflicht** erfüllt, führt, wenn er selbst entweder gar nicht oder nur sekundär unterhaltspflichtig ist, ein Geschäft des (primär) Unterhaltspflichtigen, sofern er diesem und nicht dem Unterhaltsberechtigten helfen wollte (vgl BGH NJW 1979, 660: Aufwendungen des Ehemannes für Kinder der Ehefrau aus früherer Ehe). Die nicht primär unterhaltspflichtigen Verwandten haben einen Geschäftsführungsanspruch jedoch nur, soweit kein gesetzlicher Forderungsübergang stattfindet (§§ 1607 Abs 2 S 2, 1615 b). Kein Bedürfnis für einen Anspruch aus §§ 683, 670 besteht auch dann, wenn der Scheinvater Unterhaltsleistungen an das nichteheliche Kind erbringt. Es ist vielmehr dem BGH zu folgen, der hinsichtlich der Kosten eines Ehelichkeitsanfechtungsprozesses dem Scheinvater gegen den Erzeuger in entsprechender Anwendung der §§ 1610, 1615 b einen Regreßanspruch gewährt hat (BGHZ 57, 229). Leistet der Scheinvater Unterhalt an ein nichteheliches Kind, so würde es im übrigen, solange er nichts von der Nichtehelichkeit des Kindes weiß, sogar am

Geschäftsführungsbewußtsein fehlen. Keine Geschäftsführung für den Unterhaltsverpflichteten liegt dann vor, wenn der Leistende lediglich seine eigene Verpflichtung erfüllt, die Belange des Unterhaltsberechtigten wahrzunehmen. Die Versor-
gungsbehörde hat daher keinen Geschäftsführungsanspruch gegen den vermeintlich
kriegsverschollenen Erzeuger eines nichtehelichen Kindes. Der BGH hat einen solchen Anspruch zunächst in einem Fall abgelehnt, in dem die Vorsorgungsbehörde
die Zahlungen an das nichteheliche Kind unter Vorbehalt geleistet hatte (BGHZ 28,
359). In einer späteren Entscheidung (BGHZ 30, 162) lehnte er einen Anspruch deshalb ab, weil das Bundesversorgungsgesetz eine abschließende Regelung enthalte.
Entscheidend ist jedoch, daß die Versorgungsämter ihr eigenes Geschäft besorgt
haben (BVerfG 18, 429). Die Zuziehung eines Arztes durch einen Ehegatten ist keine
Geschäftsführung für den anderen Ehegatten, sondern die Besorgung eines eigenen
Geschäfts, das im Rahmen des § 1357 für und gegen den anderen Ehegatten wirkt
(vgl § 679 Rn 8). Gewährt ein Elternteil einem ehelichen Kind allein Unterhalt, so hat
er gegen den anderen Ehegatten keinen Geschäftsführungsanspruch, sondern einen
familienrechtlichen Ausgleichsanspruch (so mit Recht BGHZ 31, 329, 332; dahingestellt in
BGHZ 50, 266, 270; vgl auch BGH NJW 1978, 2297; 1981, 2348).

Wer die von seinem Schuldner geschuldete Leistung selbst herbeiführt, nimmt seine **28**
eigenen Interessen wahr und hat gegen den Schuldner, soweit ein vertraglicher
Ersatzanspruch nicht gegeben ist, einen Bereicherungsanspruch (aM BGHZ 110, 313 ff:
Beseitigung einer Störung durch den Gläubiger des Anspruchs aus § 1004 als Geschäftsführung für
den Störer). Liegen die Voraussetzungen des Selbstbeseitigungsrechts nach § 633
Abs 3 nicht vor, dann kann der Besteller die Kosten der Mängelbeseitigung nicht
etwa nach §§ 683, 670 gegen den Unternehmer geltend machen.

dd) Sonstige Wahrnehmung fremder Interessen

Nicht nur die Zahlung einer fremden Schuld (s Rn 26), sondern auch die Bestellung **29**
einer dinglichen Sicherheit zur Ermöglichung einer Kreditgewährung an den
Geschäftsherrn kann eine Geschäftsführung ohne Auftrag sein (BGH NJW 1986, 1690).
Der Verbürgung für den Schuldner kann eine Geschäftsführung ohne Auftrag
zugrundeliegen. Veräußert der Käufer, dem der Verkäufer statt der gekauften eine
andere Sache geliefert hat, diese im Interesse des Verkäufers an einen Dritten, so
kann darin eine berechtigte Geschäftsführung ohne Auftrag liegen (BGH NJW 1979,
811, 812). Eine lediglich **mittelbare Beziehung** genügt aber auch im Fallbereich der
sonstigen Wahrnehmung fremder Interessen nicht für die Annahme einer Geschäftsführung ohne Auftrag.

Die Sorge für die Instandsetzung und Versicherung eines Schiffes gehört weder **30**
rechtlich noch wirtschaftlich zu den Obliegenheiten des nachrangigen Pfandgläubigers, der das Schiff versteigert hat, sondern fällt allein in den Pflichtkreis des
Eigentümers (RGZ 97, 66). Der durch die Insassenversicherung versicherte Mitfahrer
hat gegen den Versicherungsnehmer keinen Anspruch auf Geltendmachung der Versicherung, da der Abschluß der Insassenversicherung nicht in Geschäftsführungsabsicht für den Mitfahrer erfolgt (BGHZ 64, 260, 262). Der Vermieter, der die Mietsache
zum Zweck der Weitervermietung umbaut, handelt nicht für den Bürgen, der für den
zahlungsunfähigen bisherigen Mieter einstehen muß (BGHZ 82, 323, 329 ff). Der vom
Absender beauftragte Frachtführer besorgt mit der Zahlung der Einfuhrumsatz-

Roland Wittmann

steuer kein Geschäft für den Abnehmer (anders BGHZ 114, 248, 256, wonach zumindest eine genehmigte Geschäftsführung in Betracht kommen soll).

31 Die vorprozessuale **Abmahnung** wegen eines unverschuldeten oder nicht nachweislich verschuldeten Wettbewerbsverstoßes wird in der Rspr des BGH als Geschäftsführung ohne Auftrag für den Störer betrachtet (BGHZ 52, 393, 399; BGH GRUR 1984, 129; 1991, 552; NJW 1992, 429). Für die Schließung der wettbewerbsrechtlichen Lücke (vgl BGHZ 52, 395 f) ist die Geschäftsführung ohne Auftrag jedoch ungeeignet, da der Abmahnende für sich selbst oder zum Schutze des Wettbewerbs handelt, nicht mit Geschäftsführungwillen für den Störer. Die Vermeidung von Prozeßkosten durch den Störer ist eine lediglich mittelbare Folge der Abmahnung. Wohin die Rspr des BGH zu den Abmahnkosten führen könnte, zeigt der Versuch, die Vertragsanfechtung und die fristlose Kündigung als Geschäftsführung ohne Auftrag für den Gegner aufzufassen (dagegen mit Recht BGH NJW 1986, 2243, 2245; gegen die Anwendung der Geschäftsführung ohne Auftrag auf die Abmahnkosten auch MEDICUS, Bürgerliches Recht Rn 412; ERMAN/EHMANN Rn 12 vor § 677; PALANDT/THOMAS § 683 Rn 4; MünchKomm/SEILER § 677 Rn 28; HELM, Gutachten 369, 396, mit Gesetzgebungsvorschlag 407). OPPERMANN 525 ff deutet die Rspr des BGH als teleologische Extension des gesetzlichen Tatbestands der Geschäftsführung ohne Auftrag, die im Einklang mit den Zielen des Wettbewerbsschutzes stehe. Dem ist entgegenzuhalten, daß eine teleologische Extension an die Funktionen der Geschäftsführung ohne Auftrag selbst anzuknüpfen hätte und nicht an außerhalb ihrer liegende Zwecke. Selbst der Begriff des fremden Geschäfts, wie ihn die hM verwendet, löst sich auf, wenn man annimmt, der Abmahnende besorge durch die Abmahnung ein Geschäft des Störers.

32 Um Fälle einer nur mittelbaren Beziehung aus dem Anwendungsbereich der Geschäftsführung ohne Auftrag auszuscheiden, bedarf es nicht der Unterscheidung zwischen objektiv und subjektiv fremden Geschäften. Der Fremdgeschäftsführungswille kann sich immer nur aus dem sozialen Kontext ergeben, in welchem die Handlung erfolgt, mithin aus dem sozialen Sinn der Tätigkeit des Geschäftsführers (s Rn 35 ff). Nicht überzeugend ist der gelegentliche Versuch der Rspr, eine Geschäftsführung ohne Auftrag in Fällen, in denen schon der Fremdgeschäftsführungswille fehlt, erst auf der Ebene der Prüfung des § 683 zu verneinen (so BGH NJW 1986, 2243, 2245; ähnlich in einem anderen Fall OLG Düsseldorf NJW 1986, 2648, 2649).

ee) Geschäftsführungswille

33 Für den Geschäftsführungswillen läßt die Rspr beim objektiv fremden Geschäft grundsätzlich das Bewußtsein genügen, das Geschäft als fremdes zu besorgen (BGHZ 16, 12, 16; 40, 28, 31). Sie begnügt sich also insoweit mit dem Geschäftsführungsbewußtsein, das überdies vermutet wird (BGHZ 63, 167, 169; 65, 354, 357; NJW 1969, 1205; 1971, 609, 612). Der Wille das fremde Geschäft als fremdes zu besorgen wird auch dann vermutet, wenn es sich um spontane Akte der Menschenhilfe handelt (BGHZ 38, 270, 276: lebensgefährliches Ausweichmanöver eines Kraftfahrers zur Rettung eines Kindes; vgl hierzu HERMANN LANGE JZ 1963, 550; CANARIS JZ 1963, 655; HELM VersR 1968, 318). Für einen bestimmten Geschäftsherrn braucht der Geschäftsführer nicht zu handeln, § 686.

34 Verzichtet man auf das Erfordernis fremdnütziger Absicht als Element des Geschäftsführungswillens, so steht die eigene Verpflichtung des Geschäftsführers einer Geschäftsführung für einen anderen nicht entgegen, sofern er objektiv auch ein

Geschäft des anderen besorgt und sein Geschäftsführungswille deshalb (trotz der Unfreiwilligkeit seiner Tätigkeit) vermutet wird. So hat bereits das RG angenommen, daß der Kirchenbaulastträger, der eine durch fahrlässige Brandstiftung beschädigte Kirche repariert hat, vom Schädiger nach §§ 683 S 1, 670 Ersatz seiner Aufwendungen verlangen könne (RGZ 82, 206, 214). Dabei blieb unklar, ob durch die Leistung des kirchenbaulastpflichtigen Fiskus der Schadensersatzanspruch der Kirchengemeinde gegen den Schädiger entfallen war. Den Geschäftsführungswillen setzte das RG aaO mit der Absicht gleich, sich beim Schädiger zu erholen (animus recipiendi; vgl auch § 685 Rn 1). In RG JW 1937, 1630 hat das Reichsgericht den animus recipiendi ausdrücklich von der Frage getrennt, ob auftraglose Geschäftsführung vorliegt oder nicht. Damit war die ratio decidendi der Rechtsprechung zum Regreß des Unterhaltspflichtigen gegen den Schädiger (RG JW 1909, 137; 1910, 389) und des Kirchenbaulastträgers gegen den fahrlässigen Brandstifter entfallen. Gleichwohl hat der BGH in BGHZ 40, 28 an diese Rechtsprechung angeknüpft und einen Anspruch der Feuerwehr gegen die Bundesbahn auf Ersatz ihrer Aufwendungen bejaht, die durch das Löschen von Waldbränden auf den angrenzenden Grundstücken entstanden. Er griff hierbei auf die Vermutung des Geschäftsführungswillens zurück (BGHZ 38, 270, 276) und wandte sie auch für den Fall an, daß der Geschäftsführer ein objektiv fremdes Geschäft lediglich mitbesorgt (ständige Rspr, vgl BGH NJW 1969, 1205: Bergung eines Ankers durch die Wasserstraßenverwaltung in Erfüllung ihrer eigenen Verkehrssicherungspflicht; BGHZ 63, 167: Bergung eines verunglückten Öltankwagens durch die Feuerwehr, vgl auch BGHZ 70, 389, 396; 98, 235, 240). Kaum miteinander vereinbar sind BGHZ 62, 186 (Veränderungen an der Straßendecke ausschließlich eigenes Geschäft der Straßenbaubehörde, die im Rahmen ihrer Zuständigkeit und in Erfüllung eigener Pflichten handelt) und BGHZ 65, 354 (Reinigung einer Bundesstraße von Verunreinigungen aus einer Bimsgrube als Besorgung eines auch fremden Geschäfts). Selbst vom Standpunkt eines objektiven Geschäftsführungsbegriffs aus zu weit geht BGHZ 43, 188, wonach derjenige, der auf die fehlende Rückbeleuchtung eines Fahrzeugs hinweist, zugleich auch als auftragloser Geschäftsführer für die nachfolgenden Verkehrsteilnehmer tätig wird. Beim objektiv neutralen Geschäft liegt eine Geschäftsführung nur vor, wenn der Geschäftsführer in der Absicht gehandelt hat, die Interessen des Geschäftsherrn wahrzunehmen (RG JW 1937, 1628, 1630). Nicht von der Unterscheidung objektiv und subjektiv fremder Geschäfte, sondern unmittelbar vom Geschäftsführungswillen als für das Vorliegen einer Geschäftsführung im Sinne des § 677 entscheidendem Kriterium geht BGHZ 64, 260 aus. Danach hat der Mitfahrer keinen Anspruch auf Auszahlung der Versicherungssumme aus §§ 681 S 2, 667, da der Abschluß der Insassenunfallversicherung nicht in Geschäftsführungsabsicht für den Mitfahrer erfolgt.

ff) Stellungnahme

Die nicht vom Geschäftsführungswillen, sondern von der objektiven oder subjektiven Fremdheit des Geschäfts ausgehende Deutung des § 677 wird dem in dieser Vorschrift aufgestellten **subjektiven** Geschäftsführungsbegriff nicht gerecht und widerspricht in ihren Konsequenzen (Vermutung des Geschäftsführungswillens trotz eigener Verpflichtung des Geschäftsführers, §§ 683 S 1, 670 als Regreßanspruch) dem Zweck der berechtigten Geschäftsführung ohne Auftrag, die freiwillige Wahrnehmung und Förderung fremder Angelegenheiten als fremdnützige Tätigkeit ohne Rechtspflicht zu begünstigen. Die Fremdheit des Geschäfts ist – im Gegensatz zur irrtümlichen und zur böswilligen Eigengeschäftsführung – nicht der Grundbegriff der berechtigten Geschäftsführung ohne Auftrag. Das zeigt nicht nur die Fassung des

§ 677 („für einen anderen„). Die Fremdheit des Geschäfts paßt gerade in Fällen der Hilfeleistung nicht: es ist kaum möglich, die Rettung eines Ertrinkenden oder die Leistung erster Hilfe durch einen Arzt an einen Bewußtlosen als dessen Geschäft aufzufassen (gegen die Einfügung des Merkmals „fremdes Geschäft" in § 677 auch GURSKY AcP 185 [1985] 14 ff). Für den Geschäftsführungswillen kann daher auch nicht das bloße Bewußtsein genügen, ein fremdes Geschäft als fremdes zu führen. Das Geschäftsführungsbewußtsein ist nur eine notwendige, nicht eine hinreichende Voraussetzung für den Geschäftsführungswillen (s Rn 12). Der für eine berechtigte Geschäftsführung ohne Auftrag erforderliche Geschäftsführungswille ist vielmehr nur dann gegeben, wenn jemand in fremdnütziger Absicht für einen anderen handelt. Ob das der Fall ist, entscheidet sich nach dem **sozialen Sinn** der Tätigkeit. Der soziale Kontext, in dem die Handlung erfolgt, muß Spielraum dafür eröffnen, daß fremdnütziges Handeln sinnvollerweise möglich ist und aus ihm muß **positiv** und nicht auf Grund einer bloßen Vermutung **der Geschäftsführungswille gefolgert werden können**.

36 Der Geschäftsführungswille ist vom bloßen Motiv zu unterscheiden. Es ist deshalb HELM (Gutachten, 365) zuzugeben, daß der Begriff des Geschäftsführungswillens ein normatives Kriterium darstellt. Das ist jedoch letztlich eine Selbstverständlichkeit. Auch ein subjektives Element wie der Geschäftsführungswille kann immer nur dann festgestellt werden, wenn es in rechtlich relevanter Weise nach außen getreten ist. Das bedeutet entgegen HELM aaO keineswegs, daß es sich um kein „echtes" subjektives Kriterium handelt. Die Handlung des Geschäftsführers und ihr sozialer Kontext sind das Substrat, das die Feststellung des Geschäftsführungswillens ermöglicht. Das Ziel dieser Feststellung ist die fremdnützige Absicht und nicht das bloße Bewußtsein ein fremdes Geschäft als fremdes zu führen.

Der Geschäftsführungswille ist unschwer zu verneinen, wenn der soziale Kontext, in dem die Handlung erfolgt, keinen Spielraum für fremdnütziges Handeln läßt. Die Handlung hat dann nicht den sozialen Sinn, fremdnützig zu sein. Der soziale Sinn der Tätigkeit als Maßstab für den Geschäftsführungswillen bedeutet daher entgegen GURSKY (AcP 185 [1985] 28) nicht, daß der hier vertretene subjektive Geschäftsführungsbegriff ganz nahe an den Geschäftsführungsbegriff der hM heranrücke. Im übrigen muß natürlich auch GURSKY, der ebenfalls einen subjektiven Geschäftsführungsbegriff befürwortet, angeben, unter welchen Voraussetzungen das von ihm als maßgeblich betrachtete Kriterium des Fremdgeschäftsführungswillens (29) als erfüllt angesehen werden kann. Der Wille, für einen anderen zu handeln werde vermutet, wenn der äußere Anschein einer derartigen subjektiven Zweckrichtung des Handelnden besteht, weil typischerweise in einer derartigen Situation eine solche Handlung mit dieser Zweckrichtung verbunden ist (35). Was die hM betrifft, kommt sie ihrerseits nicht ohne ein subjektives Kriterium aus, nur ist dieses ein schwaches und – soweit das Geschäftsführungsbewußtsein lediglich vermutet wird – ein nur scheinbares, in Wahrheit fiktives Kriterium. Demgegenüber ist die fremdnützige Absicht ein der Schadloshaltungsfunktion der berechtigten Geschäftsführung ohne Auftrag (Rn 6) entsprechendes normatives Kriterium, das auch die Überbürdung des Risikos erfolgloser Aufwendungen auf den Geschäftsherrn trägt. Der soziale Kontext wird insbesondere bestimmt durch die Rechtsbeziehungen, in denen der Handelnde zu dem von seiner Handlung Begünstigten oder zu Dritten steht. Wenn der Handelnde aufgrund einer Rechtspflicht *gegenüber dem Begünstigten* tätig wird, fehlt es schon an dem Erfordernis der Berechtigungslosigkeit, die Frage nach dem Geschäftsführungswillen erübrigt sich. Daher hat die Justizvollzugsanstalt, wenn sie in Erfüllung ihrer öffentlichrechtlichen Fürsorgepflicht die ärztliche Versorgung eines Untersuchungsgefangenen nach dessen mißglücktem Selbstmordversuch veranlaßt, keinen Aufwendungsersatzanspruch nach §§ 683, 670 (BGHZ 109, 354, 358 f). Wenn hingegen der Handelnde aufgrund von *Rechtsbeziehungen zu Dritten* tätig wird, kommt es für die Bejahung oder Verneinung einer berechtigten Geschäftsführung ohne Auftrag auf den Geschäftsführungswillen, mithin darauf an, ob fremdnütziges Handeln sinnvollerweise gleichwohl möglich ist und ob der Geschäftsführungswille erkennbar ist. Wenn jemand eine vertragliche Leistung an seinen Vertragspartner erbringt, so führt er damit grundsätzlich nicht die Geschäfte eines anderen (OLG Koblenz NJW 1992, 2367; ERMAN/EHMANN Vorbem 10 zu § 677; MEDICUS, Bürgerliches Recht Rn 414; ESSER/WEYERS § 46 II 2). Die berechtigte Geschäftsführung ohne Auftrag dient nicht dem Zweck, dem Leistenden einen zahlungskräftigeren Schuldner zu verschaffen. Die Bejahung des Geschäftsführungswillens im Hinblick auf diesen Zweck ist fiktiv und widerspricht in ihrer Folge der Ablehnung der Versionsklage durch den Gesetzgeber (Mot II 871 f).

Tilgt ein Gesamtschuldner im Außenverhältnis einen höheren Anteil der Schuld, als **37** im Innenverhältnis auf ihn entfällt, so handelt er nicht als Geschäftsführer ohne Auftrag. Da er vom Gläubiger auf den gesamten Betrag der Schuld in Anspruch genommen werden kann, bleibt ihm grundsätzlich kein Spielraum für fremdnütziges Handeln (aM BGH NJW 1963, 2067, 2068; SONNENSCHEIN NJW 1980, 257, 258). Ein solcher Spielraum besteht auch dann nicht, wenn die Abreden der Gesamtschuldner untereinander über ihre Beteiligung im Innenverhältnis nichtig sind (vgl hierzu auch ERMAN/EHMANN Vorbem 11). Anders, wenn der Gläubiger erklärt hatte, daß er gegen den Gesamtschuldner, der die Schuld getilgt hat, nicht oder nicht in voller Höhe vorgehen werde. Das Beispiel zeigt, daß es für die Frage der fremdnützigen Absicht auf die **Gesamtwürdigung** des sozialen Zusammenhangs ankommt, in dem der Handelnde tätig wird, während die Fremdheit des Geschäfts und erst recht die bloße ‚Auch-Fremdheit‘ ungeeignet sind, den der gesetzlichen Regelung zugrundeliegenden Verhaltenstypus zu erfassen. Es ist SEILER (MünchKomm § 677 Rn 18) zuzustimmen, daß man für die Bestimmung des Anwendungsbereichs der Geschäftsführung ohne Auftrag ein Instrumentarium von Regeln und Gesichtspunkten benötigt; die mit der wertungsadäquaten Anwendung dieses Rechtsinstituts verbundenen Probleme lassen sich nicht etwa anhand eines einzigen, unmittelbhar subsumtionsfähigen Merkmals lösen. Es ist aber ein entscheidender Unterschied, von welchem Ansatz die Überlegungen ausgehen, die zur Bejahung oder Verneinung einer Geschäftsführung ohne Auftrag führen. Der von der Schadloshaltungsfunktion her gesehen geeignete Ausgangspunkt ist die fremdnützige Absicht, die sich aus dem sozialen Kontext der Handlung ergibt. Trifft der polizeipflichtige Störer Maßnahmen zur Beseitigung der Störung auf seinem eigenen Grundstück, so handelt er nicht mit Geschäftsführungswillen für einen anderen Störer (BGH NJW 1981, 2457). Für den sozialen Kontext der Handlung können auch Rechtsbeziehungen unter mehreren von ihr potentiell Begünstigten von Bedeutung sein, sofern die Gesamtwürdigung des sozialen Zusammenhangs der Handlung positiv ergibt, daß der Handelnde in fremdnütziger Absicht für mehrere tätig wird. Daher ist die Rettung der Ehefrau zugleich Geschäftsführung für den Ehemann (RGZ 167, 85, 88; aM GURSKY AcP 185 [1985] 28). Wer seine eigene Verpflichtung erfüllt, dessen Tätigkeit hat grundsätzlich nicht den sozialen Sinn, fremdnützig zu sein. Er besorgt also nur sein eigenes Geschäft.

Das Bestehen eigener Rechtspflicht schließt Geschäftsführung für einen anderen dann nicht aus, wenn für eine Tätigkeit in fremdnütziger Absicht dennoch ein Spielraum bleibt. So liegt es zB, wenn die bekämpfte Gefahr im gemeinsamen Verantwortungsbereich von Geschäftsherrn und Geschäftsführer liegt (RGZ 149, 205, 209). oder wenn jemand für die Abwendung der Gefahr nur anteilmäßig verantwortlich ist (BGHZ 16, 12: Niederreißen einer einsturzgefährdeten Giebelmauer durch einen der Miteigentümer). Insoweit ist auch Geschäftsführung im Auftrag eines Dritten möglich (so ausdrücklich § 760 des 1. Entwurfs), so etwa zugunsten des bewußtlosen Unfallopfers durch einen Arzt, der mit der Leistung ärztlicher Hilfe von einem am Unfall nicht beteiligten Dritten beauftragt wird (andere Fälle bei GURSKY 41 f). Daher geht die Auffassung von SCHUBERT (AcP 1978, 425, 436 ff), daß die Anwendung der Geschäftsführung ohne Auftrag *immer* dann auszuschließen sei, wenn der Geschäftsführer auch eigene Pflichten erfüllt, zu weit. Für schärfere Anforderungen an den subjektiven Tatbestand beim „auch-fremden" Geschäft spricht sich SEILER (MünchKomm § 677 Rn 16) aus, obwohl er im übrigen der hM folgt.

38 Der Gedanke, daß es nicht auf das bloße Motiv des Geschäftsführers ankommt, liegt auch der hM zugrunde. Sie schießt aber über das Ziel hinaus. Ihr Geschäftsführungsbegriff ist inadäquat, weil er der Funktion der berechtigten Geschäftsführung ohne Auftrag, die bewußte, dem anderen gegenüber freiwillige und auch sonst in fremdnütziger Absicht („für einen anderen„) erfolgende Tätigkeit unter den Voraussetzungen des § 683 S 1 zu begünstigen, nur teilweise entspricht. Was bei Vorliegen eines objektiv fremden Geschäfts nach der hM vermutet wird und damit für eine Geschäftsführung schon genügen soll, ist das bloße Geschäftsführungsbewußtsein, nicht die fremdnützige Absicht. Von der Wertung her gesehen ist die hM zu eng. Das schwache Kriterium des Geschäftsführungsbewußtseins trägt nicht die Schadloshaltung des berechtigten Geschäftsführers ohne Auftrag, insbes die **Überwälzung des Risikos erfolgloser Aufwendungen** auf den Geschäftsherrn. Die Kategorie des subjektiv fremden Geschäfts ist leer, •da das Geschäftsführungsbewußtsein schon beim „auch – fremden" Geschäft vermutet wird (ebenso HELM, Gutachten 368).

39 Die vom Begriff des objektiv fremden Geschäfts ausgehende Vermutung geht zu weit; sie trifft nicht den Unterschied zwischen einer Tätigkeit in fremdnütziger Absicht und dem nur mittelbaren Vorteil, der in der Besorgung eigener Geschäfte, insbes in der Erfüllung eigener Verpflichtungen, für andere liegen kann. Überdies hat die Vermutung *des Geschäftsführungsbewußtseins* bei der Besorgung eigener und zugleich fremder Geschäfte weitgehend den Charakter einer Fiktion. Das Löschen von Bränden ist Sache der Feuerwehr; sie wird in Erfüllung ihrer eigenen öffentlich-rechtlichen Verpflichtung tätig (kritisch zu BGHZ 40, 28 auch LARENZ II 1 § 57 I a; MEDICUS Rn 412). Der kirchenbaulastpflichtige Fiskus erfüllt lediglich seine eigene Verpflichtung, nicht auch die Verpflichtung des Schädigers. Zudem entfällt die Verpflichtung des Schädigers durch die Leistung des Fiskus nicht, da eine Vorteilsausgleichung zugunsten des primär verpflichteten Schädigers nicht in Betracht kommt (so mit Recht THIELE AcP 167, 224 f; vgl auch § 812 Rn 68). Für den Rückgriff des sekundär Verpflichteten ist die Abtretung des Anspruchs gegen den Schädiger der geeignete Regreßweg. Der Anspruch auf Abtretung ergibt sich aus dem objektiven Sinn der Kirchenbaulast; sie geht nicht auf Kumulation, sondern auf eine – wie SELB es zutreffend ausdrückt (Schadensbegriff und Regreßmethoden 17) – vorschußweise Leistung an den Geschädigten. Das Konkursrisiko des Geschädigten wirkt sich zugunsten des sekundär Verpflichteten nur dann aus, wenn er es versäumt hat, die Abtretung des Anspruchs gegen den Schädiger zu verlangen. Damit erbringt er aber ohne Grund eine Vorleistung, die Überbürdung des Konkursrisikos auf ihn entspricht daher dem Satz diligentibus iura succurrunt.

c) Berechtigungslosigkeit
aa) Fehlen einer Berechtigung

Die Geschäftsbesorgung darf nicht im Auftrag des Geschäftsherrn oder aufgrund **40** einer sonstigen Berechtigung gegenüber dem Geschäftsherrn erfolgen. Wenn daher der Geschäftsführer sei es vertraglich, sei es gesetzlich dem Geschäftsherrn gegenüber zur Geschäftsführung berechtigt oder gar verpflichtet ist, liegt keine Geschäftsführung ohne Auftrag vor. Nach dem 1. Entwurf sollte maßgebend sein, ob jemand ohne Auftrag oder ohne Amtspflicht ein Geschäft besorgt. Damit sollten insbes die Fälle der gesetzlichen Vertretung (vgl auch §§ 27 Abs 3, 86) sowie die Fälle ausgeschlossen sein, in denen ein Beamter kraft seiner Amtspflicht die Geschäfte eines anderen besorgt. Von der 2. Komm wurde die nunmehrige Fassung gewählt, weil die Erwähnung der Amtspflicht, soweit es sich um Fälle des öffentlichen Rechts handelt, außerhalb des Bereichs des BGB liege, andererseits aber auch insofern ungenau sei, als sie die hierher gehörende elterliche Gewalt nicht mit umfasse (Mot II 856 ff; Prot II 726 ff). Nicht unter § 677 fällt hiernach die Geschäftsbesorgung durch den Ehegatten im Rahmen des § 1357 Abs 1 oder des ehelichen Güterrechts, ferner durch die Eltern, den Vormund, Betreuer oder Pfleger, Konkurs- oder Nachlaßverwalter, Testamentsvollstrecker u dgl. Läßt sich den Feststellungen der letzten Tatsacheninstanz der Abschluß eines Auftrags nicht entnehmen, so kann das Revisionsgericht alternativ auch einen Anspruch aus §§ 683, 670 annehmen (BGH NJW 1981, 1502, 1503; 1986, 1690), sofern auch die sonstigen Voraussetzungen eines solchen Anspruchs gegeben sind. Das Berufungsgericht sollte das nicht tun (anders OLG Frankfurt NJW 1985, 810).

Nur die Verpflichtung oder Berechtigung, die **dem Geschäftsherrn gegenüber** besteht, **41** schließt Geschäftsführung ohne Auftrag aus. Die Verpflichtung des Geschäftsführers einem Dritten gegenüber steht der Annahme einer berechtigten Geschäftsführung ohne Auftrag nicht von vornherein, sondern nur dann entgegen, wenn infolge der eigenen Verpflichtung für eine Tätigkeit in fremdnütziger Absicht kein Spielraum bleibt. Ebensowenig schließt die allgemeine Hilfeleistungspflicht des § 323 c StGB Geschäftsführung ohne Auftrag im Verhältnis zu dem Verunglückten aus (ERMAN/ EHMANN Vorbem 7; ENNECCERUS/LEHMANN § 165 II 3; FIKENTSCHER Rn 930. Auch RGZ 167, 88 geht davon aus). Die Berechtigungslosigkeit ist keine hinreichende Voraussetzung für eine Geschäftsführung ohne Auftrag. Wenn eine vertraglich eingeräumte Berechtigung überschritten wird, so liegt darin nicht ohne weiteres eine Geschäftsführung ohne Auftrag. Überschreitet der Beauftragte die Grenzen seines Auftrags (Mandatsexzeß), so haftet er wegen Verletzung der auftragsrechtlichen Sorgfaltspflicht (§ 662 Rn 2) auf Schadensersatz, also nicht wegen schuldhaft-unerwünschter Geschäftsführung nach § 678 (wie hier PALANDT/THOMAS § 677 Rn 11; aM BGH NJW 1984, 1461, 1462). Überschreitet ein Gemeinschafter oder ein Miterbe die Grenzen seines Notverwaltungsrechts (§ 744 Abs 2, § 2038 Abs 1 S 2), so kann er demgegenüber einen Aufwendungsersatzanspruch nach §§ 683, 670 haben, sofern die Voraussetzungen des § 683 vorliegen (BGHZ 16, 12, 17; BGH NJW 1987, 3001). Liegen sie nicht vor, dann kommt ein Anspruch nach § 684 S 1 in Betracht (BGH NJW 1987, 3001).

bb) Kenntnis des Geschäftsführers

42 Liegt der Geschäftsbesorgung ein nichtiges Rechtsverhältnis, zB ein nichtiger Geschäftsbesorgungsvertrag (BGHZ 37, 258) zugrunde, so stellt sich die Frage, ob die irrtümliche Annahme einer Rechtspflicht die Anwendung der Vorschriften über die berechtigte Geschäftsführung ohne Auftrag ausschließt (so ERMAN/EHMANN Vorbem 8; PALANDT/THOMAS § 677 Rn 11; MEDICUS Rn 412; REUTER/MARTINEK, Ungerechtfertigte Bereicherung 1983, § 21 I; GURSKY JurA 1969 ZR 35, 41; HELM, Gutachten 364; WOLLSCHLÄGER 207) oder ob die Geschäftsführungsregeln neben dem Bereicherungsrecht anzuwenden sind (so BGHZ 37, 258; 118, 142, 150; BGB-RGRK/STEFFEN Vorbem 54, 57). Für einen geschäftsführungsrechtlich begründeten Herausgabeanspruch des Geschäftsherrn bestand in dem Fall von BGHZ 37, 258 kein Bedürfnis. Entsprechend dem Zweck der Verbotsnorm des § 1 RBerG hätten vielmehr die Nichtigkeitsfolgen so beschränkt werden können, daß der Herausgabeanspruch nach §§ 675, 667 unberührt blieb. Das RBerG will die Rechtsuchenden vor den Gefahren einer unzureichenden und nicht sachgemäßen Betreuung schützen. Der Fortfall des Anspruchs aus §§ 675, 667 läuft diesem Zweck zuwider (vgl auch ERMAN/EHMANN Rn 8 vor § 677; FLUME AT II § 17, 4; § 30, 8; ESSER AcP 157, 94). Den geschäftsführungsrechtlichen Anspruch auf Aufwendungsersatz andererseits hat der BGH selbst als unangemessen betrachtet und verwies deshalb hinsichtlich des Vergütungsanspruchs des Rechtsberaters auf die Leistungskondiktion. Gegen eine Geschäftsführung ohne Auftrag bei irrtümlicher Annahme einer Rechtspflicht spricht allgemein, daß der vermeintliche Schuldner nur an seinen (vermeintlichen) Gläubiger leisten will, also nicht in fremdnütziger Absicht handelt, sondern lediglich sein eigenes Geschäft besorgt. In dem Fall, daß jemand als vermeintlicher Testamentsvollstrecker Aufwendungen zur Verteidigung des Erblasserwillens macht, hat der BGH die Frage, ob eine Geschäftsführung ohne Auftrag oder die Besorgung eines eigenen Geschäfts vorliegt, dahingestellt gelassen (BGH NJW 1977, 1726, 1727). Die Anwendung der Geschäftsführungsregeln auf nichtige Verträge würde auch zu Widersprüchen zum Bereicherungsrecht führen. Die Überbürdung des Risikos erfolgloser Aufwendungen auf den Geschäftsherrn (§ 683 S 1) und die nicht auf die vorhandene Bereicherung beschränkte Herausgabepflicht des Geschäftsführers (§§ 681 S 2, 667) wären mit dem Grundsatz, daß lediglich die Bereicherung und auch sie nur im Rahmen des § 818 Abs 3 herauszugeben ist, nicht vereinbar. Die Geltung des § 817 S 2 würde in Frage gestellt. Bei irrtümlicher Annahme einer Rechtspflicht liegt daher grundsätzlich keine Geschäftsführung ohne Auftrag vor. Die Geschäftsführungsregeln sind daher auch ungeeignet, die von der Rspr für faktische Vertragsverhältnisse entwickelten Grundsätze zu modifizieren oder zu ersetzen (ebenso ERMAN NJW 1965, 421; ERMAN/EHMANN Vorbem 6 und im Ergebnis auch BGB-RGRK/STEFFEN Vorbem 56; **aM** DORN NJW 1964, 799).

43 Bei gesetzwidrigen Schwarzarbeitsverträgen kommt keine geschäftsführungsrechtliche Abwicklung in Betracht (so auch CANARIS NJW 1985, 2404). Zwar stünde, sofern der Schwarzarbeiter den Gesetzesverstoß kennt, die irrtümliche Annahme einer Rechtspflicht der Anwendung der Geschäftsführungsregeln nicht entgegen. Die Rechtsordnung begünstigt jedoch eine gesetzwidrige Tätigkeit nicht durch die Zuerkennung eines Aufwendungsersatzanspruchs; **Fremdnützigkeit und Gesetzwidrigkeit schließen sich aus.** Die Rechtsprechung (BGHZ 111, 308, 311) ordnet diesen Gedanken zu Unrecht erst bei der Prüfung der Erforderlichkeit der Aufwendungen ein; in Wirklichkeit ist bei Leistung auf einen gesetzwidrigen Schwarzarbeitsvertrag schon tatbestandlich keine Geschäftsführung ohne Auftrag gegeben. Der Glaube an das

Bestehen einer Verpflichtung ist nur dann unschädlich, wenn schon die Übernahme der (nichtigen) Verpflichtung auf der fremdnützigen Absicht des Handelnden beruht. Bei einem **nichtigen Auftragsverhältnis** sind daher die Geschäftsführungsregeln anwendbar (ebenso im Ergebnis BGH BB 1968, 147; OLG Köln NJW 1993, 793, 794; aM ERMAN/EHMANN Vorbem 8 zu § 677, ohne jedoch die Fremdnützigkeit als gemeinsames Merkmal von Auftrag und Geschäftsführung ohne Auftrag zu berücksichtigen; aM ferner GURSKY AcP 185, 1985, 33, nach dessen Ansicht der Glaube an die auftragsrechtliche Pflicht keinen Spielraum für eine eigenverantwortete Entscheidung zur Förderung fremder Interessen läßt). Die Geschäftsführungsregeln können freilich nur dann herangezogen werden, wenn die Nichtigkeit des Auftrags weder auf Gesetz- noch auf Sittenwidrigkeit beruht; andernfalls erfolgt auch die Abwicklung eines nichtigen Auftrags nach Bereicherungsrecht.

cc)   Freiwilligkeit und Berechtigungslosigkeit

§ 749 Abs 1 des 1. Entwurfs war noch auf das Fehlen eines Auftrags oder einer **44** Amtspflicht, somit auf die Verpflichtungslosigkeit dem Geschäftsherrn gegenüber abgestellt. Durch den Übergang zum Fehlen einer Berechtigung sollte lediglich der Fall, daß jemand einen anderen zur Geschäftsführung ermächtigt und die Ausführung in sein Ermessen stellt, aus dem Geschäftsführungsbegriff ausgeschlossen werden (Prot II 727). Wenn auch § 677 negativ das Fehlen einer Berechtigung verlangt, steht daher das Handeln ohne Rechtspflicht dem Geschäftsherrn gegenüber im Vordergrund. Der Fall, daß jemand zur Geschäftsführung lediglich ermächtigt ist, ist ein Ausnahmefall freiwilligen Handelns, auf den die Geschäftsführungsregeln nicht passen; in der Ermächtigung kann ferner das Angebot zum Abschluß eines Dienst- oder Werkvertrages liegen, das der Ermächtigte dadurch annimmt, daß er von der Ermächtigung Gebrauch macht (Prot II 727). Diese Ausnahmefälle verändern nicht den grundsätzlichen Bezug der berechtigten Geschäftsführung ohne Auftrag zur Freiwilligkeit des Handelns dem Geschäftsherrn gegenüber.

d)   Die Übernahme der Geschäftsführung

Die Übernahme der Geschäftsführung ist die Kundgabe des Willens, mit der **45** Geschäftsbesorgung für einen anderen zu beginnen. Die Übernahme ist von der Ausführung der Geschäftsbesorgung zu unterscheiden. Die Sorgfaltspflicht des § 677 bezieht sich auf die Durchführung des Geschäfts, die Anzeige- und Wartepflicht des § 681 S 1 setzt die Übernahme der Geschäftsführung voraus. Der unberechtigte Geschäftsführer ohne Auftrag und der böswillige Eigengeschäftsführer haften für Übernahmeverschulden nach § 678, während die sich auf die Durchführung des Geschäfts beziehende Sorgfaltspflicht des § 677 nur auf den berechtigten Geschäftsführer ohne Auftrag Anwendung findet. Die für die berechtigte Geschäftsführung ohne Auftrag charakteristische Überwälzung des Risikos erfolgloser Aufwendungen erreicht § 683 S 1 dadurch, daß er hinsichtlich der Übereinstimmung der Geschäftsführung mit dem Interesse und dem (wirklichen oder mutmaßlichen) Willen des Geschäftsherrn auf den Zeitpunkt der Übernahme abstellt.

e)   Anforderungen an die Geschäftsfähigkeit des Geschäftsführers

Das gesetzliche Schuldverhältnis der berechtigten Geschäftsführung ohne Auftrag **46** setzt nicht unbedingt volle Geschäftsfähigkeit des Geschäftsführers voraus. Entscheidend ist, ob die Geschäftsführung auf rein tatsächliches Handeln oder auf die Vornahme von Rechtsgeschäften gerichtet ist und ob letzterenfalls der Geschäftsführer im eigenen Namen oder im Namen des Geschäftsherrn handelt (vgl § 682 Rn 2). Geschäftsfähigkeit des Geschäftsherrn ist nicht erforderlich (vgl § 682 Rn 5).

2. Interesse und Wille des Geschäftsherrn

a) Interesse

47 Das Interesse des Geschäftsherrn ist vom objektiven Standpunkt, also vom Standpunkt des Richters aus, nicht aus der subjektiven Einstellung des Geschäftsherrn oder gar des Geschäftsführers festzustellen (RGZ 149, 205, 207; BGHZ 16, 12, 16; BGH LM Nr 3, Nr 17 zu § 683 BGB; BGHZ 47, 370, 372; BGH WM 1968, 1201; BGB-RGRK/Steffen Vorbem 62; Erman/Ehmann § 683 Rn 2; Palandt/Thomas § 683 Rn 4; Fikentscher Rn 931). Maßgebend ist also das **wohlverstandene Interesse** des Geschäftsherrn. Dabei muß die Gesamtlage des Geschäftsherrn beurteilt werden. Es genügt nicht, daß das einzelne vorgenommene Geschäft vorteilhaft ist, zB ein sehr günstiger Einkauf von Sachen, die der Geschäftsherr aber nach seinen persönlichen Verhältnissen nicht braucht oder nicht bezahlen kann. Umgekehrt kann ein – isoliert betrachtet – nachteiliges Geschäft (zB ein Verkauf unter dem Marktpreis) bei Betrachtung der Gesamtlage des Geschäftsherrn interessengemäß sein, so ein Notverkauf, weil der Geschäftsherr unter allen Umständen Geld braucht. Das Risiko des Irrtums über das Interesse des Geschäftsherrn geht zu Lasten des Geschäftsführers, selbst wenn er die Übernahme der Geschäftsführung ohne Verschulden für interessengemäß hielt (BGB-RGRK/Steffen Vorbem 62; Palandt/Thomas § 683 Rn 4; Medicus Rn 424). Das Interesse des Geschäftsherrn braucht kein vermögensrechtliches zu sein (BGH NJW 1961, 359, 360).

48 Bei **Zahlung fremder Schulden** kommt berechtigte Geschäftsführung ohne Auftrag nur dann in Betracht, wenn gegen die Forderung keine Einwendungen bestehen (BGHZ 47, 370, 372; BGH WM 1968, 1201). Für den Aufwendungsersatzanspruch aus §§ 683 S 1, 670 gegen den Schuldner wird man jedoch zusätzlich verlangen müssen, daß das Eingreifen des Dritten dringend geboten war (vgl BGH LM Nr 17 zu § 683 BGB, anders BGHZ 47, 370, 372). Das Eingreifen des Dritten nützt dem Schuldner nichts, wenn er sich sofort nach Erlöschen seiner Schuld (§§ 267, 362) dem Aufwendungsersatzanspruch des Dritten gegenübersieht (dies hebt auch Helm, Gutachten 399, mit Recht hervor; vgl auch Erman/Ehmann § 683 Rn 2; aM MünchKomm/Seiler § 677 Rn 19). Der Versuch der Hilfeleistung durch einen ungeeigneten Helfer entspricht nicht dem Interesse des Unfallopfers (BGH NJW 1981, 626).

b) Wille
aa) Wirklicher Wille

49 Das Gesetz spricht davon, daß die Übernahme der Geschäftsführung dem wirklichen oder dem mutmaßlichen Willen des Geschäftsherrn entsprechen muß (§ 683 S 1). Der mutmaßliche Wille steht aber dem wirklichen Willen nicht gleich. Es genügt nicht, daß die Geschäftsführung dem mutmaßlichen Willen entspricht, wenn ein entgegenstehender wirklicher Wille vorhanden und bekannt ist. Der **mutmaßliche Wille** kommt nur **subsidiär** in Betracht, wenn ein wirklicher Wille des Geschäftsherrn nicht vorhanden ist, weil er von der Geschäftsführung (etwa infolge Abwesenheit oder Bewußtlosigkeit) nichts weiß (Enneccerus/Lehmann § 167, 1 b; Larenz II 1 § 57 I a; Fikentscher Rn 931; BGB-RGRK/Steffen Vorbem 73; Erman/Ehmann § 683 Rn 3; Palandt/Thomas § 683 Rn 6 f). Ist der wirkliche Wille festzustellen, so ist er maßgebend, gleichviel ob er dem Geschäftsführer bekannt war oder nicht. **Der Wille des Geschäftsherrn geht dem Interesse vor.** Der Geschäftsführer handelt daher auch dann unberechtigt, wenn er ein dem Geschäftsherrn objektiv nützliches Geschäft besorgt hat, sofern dessen – nicht nach § 679 oder §§ 134, 138 unbeachtlicher – Wille entgegensteht. Es ist grundsätzlich Sache des Geschäftsherrn, ob und wie er seine Angelegenheiten erledigt (RGZ 101, 18; BGH LM Nr 3, Nr 17 zu § 683 BGB; OLG Karlsruhe VersR 1977, 936 f). Andererseits ist die Geschäftsführung auch dann berechtigt, wenn ihre Übernahme zwar interessenwidrig ist, dem wirklichen Willen des Geschäftsherrn jedoch entspricht (so mit Recht MEDICUS Nr 422). Es besteht kein Anlaß, den Geschäftsherrn gegen eine ihm erwünschte Geschäftsführung zu schützen, mag auch sein Wille unvernünftig sein. Bei Geschäftsunfähigkeit oder beschränkter Geschäftsfähigkeit des Geschäftsherrn ist der (wirkliche oder mutmaßliche) Wille des gesetzlichen Vertreters maßgebend (vgl § 682 Rn 5). Ist ein wirklicher Wille vorhanden, so kann sich der Geschäftsführer nicht auf den mutmaßlichen Willen berufen, auch dann nicht, wenn er den wirklichen Willen (ohne Fahrlässigkeit) nicht erkennen konnte (BGH LM Nr 3 zu § 683 BGB). Der schuldlos-unerwünschte Geschäftsführer hat nur den Nachteil, daß er keinen Aufwendungsersatz erhält. Die verschärfte Haftung nach § 678 setzt einen verschuldeten Irrtum über den entgegenstehenden Willen des Geschäftsherrn voraus (vgl § 678 Rn 4).

bb) Mutmaßlicher Wille

Wenn ein **wirklicher Wille** des Geschäftsherrn **nicht vorhanden** ist, ist sein **mutmaßlicher Wille** maßgebend. Das gilt auch dann, wenn der Geschäftsherr infolge vorübergehender Störung der Geistestätigkeit (Volltrunkenheit) zu einer vernünftigen Willensäußerung nicht in der Lage ist (BGH NJW 1972, 475, 476). Wenn eine Willensäußerung des Kranken infolge Bewußtlosigkeit nicht herbeigeführt werden kann, entscheidet sich die Erlaubtheit oder Widerrechtlichkeit eines ärztlichen Eingriffs nach dem mutmaßlichen Willen des Patienten (RGZ 151, 349, 355 ff). Auf den mutmaßlichen Willen kommt es insbesondere auch an, wenn sich im Verlauf eines mit der Zustimmung des Patienten vorgenommenen Eingriffs die ursprüngliche Diagnose ohne Verschulden des Arztes als irrig und ein weitergehender Eingriff als zur Abwendung einer unmittelbaren Lebensgefahr erforderlich erweist, ohne daß die Einwilligung des Patienten eingeholt werden kann (RG, Urt des III. ZS vom 27. 9. 1935). Steht der wirkliche Wille des Patienten einem ärztlichen Heileingriff entgegen, so darf seine momentane Entscheidungsunfähigkeit nicht zur grundsätzlich verbotenen Anmaßung einer Vernunfthoheit ausgenutzt werden (so mit Recht ROXIN 451; verfehlt WOLLSCHLÄGER 275 ff). Der Begriff des mutmaßlichen Willens ist **im objektiven Sinne** zu verstehen. Der *präsumtive* (hypothetische), *nicht* der vom Geschäftsführer vorausgesetzte *putative* Wille ist maßgebend (OLG Stuttgart NJW 1947/48 227, 228). Es ist daher objektiv festzustellen, ob der Geschäftsherr bei Berücksichtigung aller Umstände und seiner besonderen Lage, insbesondere auch nach seinen Vermögensverhältnissen, die Geschäftsführung gewollt haben würde. Dabei kann der Richter zunächst von dem vernünftigen Willen eines normalen Rechtsgenossen in der Lage des Geschäftsherrn ausgehen. Entspricht die Übernahme der Geschäftsführung dem Interesse des Geschäftsherrn, ist sie also für ihn objektiv zweckmäßig und nützlich, so wird sie regelmäßig auch dem mutmaßlichen Willen entsprechen, wenn nicht ausnahmsweise Anhaltspunkte für einen entgegenstehenden Willen des Geschäftsherrn vorliegen. Der mutmaßliche Wille ist also in der Regel der dem wohlverstandenen Interesse des Geschäftsherrn entsprechende Wille (BGHZ 47, 370, 372; BGH

Roland Wittmann

NJW 1971, 609, 612; WM 1968, 1201; BGB-RGRK/Steffen Vorbem 75; Erman/Ehmann § 683 Rn 3; Palandt/Thomas § 683 Rn 7; Larenz II § 57 I a; Fikentscher Rn 931; Medicus Rn 423). Bei verschuldetem Irrtum über den mutmaßlichen Willen greift die verschärfte Haftung nach § 678 ein.

cc) Unbeachtlicher Wille

51 Das gesetzliche Schuldverhältnis der berechtigten Geschäftsführung ohne Auftrag entsteht trotz des entgegenstehenden Willens des Geschäftsherrn, wenn dessen Wille nach §§ 679, 683 S 2 oder nach §§ 134, 138 unbeachtlich ist. Ob die Übernahme der Geschäftsführung dem Geschäftsherrn erwünscht ist oder nicht, kann zunächst wegen des öffentlichen Interesses an der Erfüllung einer Rechtspflicht des Geschäftsherrn oder im Hinblick auf eine dem Geschäftsherrn obliegende gesetzliche Unterhaltspflicht gleichgültig sein (§ 679). Der entgegenstehende Wille des Geschäftsherrn ist aber auch dann nicht zu beachten, wenn er gegen ein gesetzliches Verbot oder gegen die guten Sitten verstößt (vgl § 679 Rn 10). Unbeachtlich ist danach insbesondere der gegen die Rettungshandlung gerichtete Wille eines Selbstmörders. In diesen Fällen kann also auch ein Verbot des Geschäftsherrn den Aufwendungsersatzanspruch des Geschäftsführers nicht beseitigen.

c) Die Übernahme der Geschäftsführung als entscheidender Zeitpunkt

52 Für die Berechtigung der Geschäftsführung ohne Auftrag ist allein entscheidend, daß die **Übernahme** der Geschäftsführung interessengemäß und willensgemäß ist. Es genügt, daß das Geschäft *nützlich begonnen* (utiliter coeptum) ist. Es kommt nicht darauf an, ob der durch die Übernahme der Geschäftsführung beabsichtigte Erfolg eingetreten ist oder nicht, ob also die Geschäftsführung in ihrem Ergebnis für den Geschäftsherrn erfolgreich gewesen ist (Lent, Wille und Interesse 13; BGB-RGRK/Steffen Vorbem 77; Erman/Ehmann § 683 Rn 1; Medicus Rn 412; vgl auch § 753 Abs 1 des 1. Entwurfs, der dies noch ausdrücklich ausgesprochen hatte). § 683 S 1 umfaßt auch den Ersatz erfolgloser Aufwendungen, wenn der Geschäftsführer sie nur für erforderlich halten durfte. Handelt der Geschäftsführer bei der Durchführung des Geschäfts interessenwidrig oder gegen den Willen des Geschäftsherrn oder sonst pflichtwidrig (§§ 677, 681), so haftet er bei Verschulden auf Schadensersatz. Die Übernahme der Geschäftsführung bleibt aber berechtigt und der Geschäftsführer hat Anspruch auf Aufwendungsersatz, wobei natürlich der Geschäftsherr seinen Schadensersatzanspruch aufrechnen kann.

3. Die genehmigte Geschäftsführung ohne Auftrag

53 Wenn die Übernahme der Geschäftsführung ohne Auftrag dem Interesse oder dem (wirklichen oder mutmaßlichen) Willen des Geschäftsherrn nicht entspricht, entsteht das gesetzliche Schuldverhältnis der berechtigten Geschäftsführung ohne Auftrag nicht. Die Geschäftsführung ist unberechtigt. Der Geschäftsherr kann jedoch die Geschäftsführung genehmigen (§ 684 S 2). Die genehmigte Geschäftsführung ohne Auftrag steht der berechtigten Geschäftsführung ohne Auftrag gleich (vgl § 684 Rn 10). Der Geschäftsherr wird die zunächst interessenwidrige oder unerwünschte Geschäftsführung vor allem dann genehmigen, wenn sie im Ergebnis zu seinem Vorteil ausschlägt. Um dies beurteilen zu können, kann er Auskunft und Rechenschaft verlangen (vgl § 681 Rn 2). Beansprucht der Geschäftsherr die Herausgabe des Erlangten, so kann darin eine Genehmigung liegen (vgl § 681 Rn 1, § 684 Rn 8).

4. Verjährung

Die Ansprüche aus dem gesetzlichen Schuldverhältnis der berechtigten Geschäfts- **54** führung ohne Auftrag verjähren in der regelmäßigen Frist von 30 Jahren (§ 195). Das gilt grundsätzlich auch für den Aufwendungsersatzanspruch aus §§ 683 S 1, 670 (vgl aber § 683 Rn 7). Die Ansprüche gegen einen nicht oder nur beschränkt geschäfts-fähigen Geschäftsführer verjähren gemäß § 682 in der Frist des § 852. Zur Verjäh-rung des gegen den unberechtigten Geschäftsführer gerichteten Ersatzanspruchs nach § 678 vgl dort Rn 8.

5. Beweislast

Wenn der Geschäftsherr den Herausgabeanspruch aus §§ 681 S 2, 667 oder einen **55** Schadensersatzanspruch wegen Verletzung der Sorgfaltspflicht des § 677 oder son-stige sich aus dem gesetzlichen Schuldverhältnis ergebende Ansprüche geltend macht, so muß er die Voraussetzungen für das Vorliegen einer berechtigten Geschäftsführung ohne Auftrag beweisen. Macht der Geschäftsführer den Aufwen-dungsersatzanspruch aus § 683 S 1 geltend, so obliegt ihm neben dem Beweis für eine Geschäftsführung im Sinne des § 677 der Beweis, daß die Übernahme der Geschäfts-führung dem Interesse des Geschäftsherrn entsprochen habe. Das gleiche gilt grundsätzlich auch hinsichtlich der Frage, ob die Übernahme der Geschäftsführung dem Willen des Geschäftsherrn entsprach (OLG Rostock OLGE 22, 326). Beruft sich der Geschäftsführer auf den mutmaßlichen Willen des Geschäftsherrn, so muß dieser beweisen, daß sein wirklich geäußerter Wille der Geschäftsführung widersprach. Der Nachweis des mutmaßlichen Willens wird vielfach schon dann als erbracht gel-ten können, wenn Übereinstimmung der Geschäftsführung mit dem Interesse des Geschäftsherrn dargetan wird. Behauptet der Geschäftsherr dann, daß sein Wille mit diesem Interesse nicht übereingestimmt habe, so ist er dafür beweispflichtig. Zur Beweislast für die Genehmigung einer unberechtigten Geschäftsführung ohne Auf-trag vgl § 684 Rn 12.

V.   Das gesetzliche Schuldverhältnis

1.   Die Verpflichtungen des Geschäftsführers

Der berechtigte Geschäftsführer ohne Auftrag muß das Geschäft sachgemäß ausfüh- **56** ren (§ 677). Für das Verschulden von Hilfspersonen haftet er nach § 278. Für den Erfolg braucht er nicht einzustehen. Bezweckt die Geschäftsführung die Abwendung einer dem Geschäftsherrn drohenden dringenden Gefahr, so haftet der Geschäfts-führer nur für Vorsatz und grobe Fahrlässigkeit (§ 680). Er muß die Übernahme der Geschäftsführung dem Geschäftsherrn anzeigen, sobald es tunlich ist und muß des-sen Entschließung abwarten (§ 681 S 1). Durch die Geschäftsführung soll er – wie ein Beauftragter – nichts gewinnen. Er muß deshalb alles, was er zur Ausführung des Geschäfts an sich genommen oder was er aus der Geschäftsbesorgung erlangt hat, dem Geschäftsherrn herausgeben (§§ 681 S 2, 667) und unterliegt auch der Verzin-sungspflicht des § 668. Er ist wie ein Beauftragter zur Benachrichtigung, Auskunfter-teilung und Rechnungslegung verpflichtet (§§ 681 S 2, 666). Ist der Geschäftsführer geschäftsunfähig oder in der Geschäftsfähigkeit beschränkt, so enthält § 682 eine Rechtsfolgenverweisung auf die Vorschriften über die unerlaubten Handlungen und die ungerechtfertigte Bereicherung; die §§ 827—829 und § 818 Abs 3 sind also zu berücksichtigen.

2. Die Verpflichtungen des Geschäftsherrn

57 Der berechtigte Geschäftsführer ohne Auftrag kann nach § 683 S 1 wie ein Beauftragter (§ 670) Ersatz seiner Aufwendungen verlangen. Er hat insbesondere auch einen Anspruch auf angemessene Schadloshaltung wegen zufälliger Schäden, die aus einer mit der Geschäftsführung verbundenen Gefahr resultieren. Für den Aufwendungsersatzanspruch sind zusätzlich die allgemeinen Vorschriften der §§ 256, 257 zu beachten.

3. Mehrere Geschäftsführer

58 Wenn mehrere Geschäftsführer gemeinschaftlich ein und dasselbe Geschäft für den Geschäftsherrn besorgen, gilt § 427 entsprechend. Das Gesetz stellt den berechtigten Geschäftsführer ohne Auftrag hinsichtlich seiner Verpflichtungen weitgehend einem Beauftragten gleich (§ 681 S 2). Es ist daher auch sachgerecht, die mehreren Geschäftsführer bei Besorgung ein und desselben Geschäfts im Zweifel als Gesamtschuldner anzusehen. Werden mehrere Geschäftsführer selbständig tätig, dann gilt § 420. Von der Anwendbarkeit der allgemeinen Regeln über Schuldner- und Gläubigermehrheit auf die Geschäftsführung ohne Auftrag ging bereits die 1. Kommission aus (Mot II 858).

4. Mehrere Geschäftsherrn

59 Für die Verpflichtung mehrerer Geschäftsherrn zum Aufwendungsersatz gilt § 427 entsprechend (BGH LM Nr 26 zu § 426 BGB). Macht jemand als Geschäftsführer ohne Auftrag Aufwendungen für ein Schiff, um dieses vor dem Sinken zu bewahren, so haften daher die Miteigentümer als Gesamtschuldner auf Aufwendungsersatz, sofern die Voraussetzungen des § 683 S 1 ihnen gegenüber vorliegen. Zur Erfüllung der Informationspflichten mehrerer Geschäftsherrn gegenüber vgl § 666 Rn 3.

5. Geschäftsführung ohne Auftrag und Vertretungsmacht

60 Wird der berechtigte Geschäftsführer ohne Auftrag rechtsgeschäftlich im Namen des Geschäftsherrn tätig (offene Geschäftsführung), so handelt er als Vertreter ohne Vertretungsmacht im Sinne der §§ 177 ff. Die legitimierende Wirkung des gesetzlichen Schuldverhältnisses bezieht sich nur auf das Innenverhältnis zwischen Geschäftsführer und Geschäftsherrn; sie führt nicht von Rechts wegen zur Herstellung von Rechtsbeziehungen zwischen dem Geschäftsherrn und dem Dritten (ebenso BGH LM Nr 2 zu § 683 BGB: vom berechtigten Geschäftsführer ohne Auftrag abgeschlossener Mietvertrag wirkt nicht gegen den Geschäftsherrn; BGB-RGRK/STEFFEN Vorbem 83; SOERGEL/ MÜHL Vorbem 11; aM FRITZ BAUR JZ 1952, 328 ff). Die Beschränkung der legitimierenden Wirkung auf das Innenverhältnis widerspricht nicht dem Zweck der berechtigten Geschäftsführung ohne Auftrag, die freiwillige Wahrnehmung fremder Angelegenheiten zu begünstigen (oben Rn 6). Diesem Zweck kann schon dadurch Rechnung getragen werden, daß der Geschäftsführer, wenn der Geschäftsherr die Genehmigung des mit dem Dritten geschlossenen Vertrages verweigert, die Freistellung von

der Haftung nach § 179 verlangen kann (vgl § 683 Rn 3). Daher ist an der Abstraktheit der Vollmacht auch in der Beziehung auf das gesetzliche Schuldverhältnis der Geschäftsführung ohne Auftrag festzuhalten. Eine genehmigungsunabhängige Vertretungsmacht des berechtigten Geschäftsführers ohne Auftrag ist auch für den Bereich der Notgeschäftsführung abzulehnen (aM BERTZEL AcP 158, 107 ff). Der berechtigte Geschäftsführer ohne Auftrag übt entgegen BERTZEL (139 ff) kein privates Amt aus; seine Rechtsstellung, die auf der Übernahme der Geschäftsführung, mithin auf seiner eigenen Initiative beruht, läßt sich mit der Bestellung eines Vormunds oder Pflegers oder Nachlaßverwalters oder der Anordnung der Testamentsvollstreckung nicht vergleichen. Eine Vertretungsmacht kraft Gesetzes oder ein Anspruch auf die Genehmigung besteht auch in den Fällen des § 679 nicht (aM BGH LM Nr 1 zu § 683 BGB; LG Saarbrücken NJW 1971, 1894; wie hier BERG NJW 1972, 1118). Der Geschäftsführer braucht, um im Sinne des § 677 für einen anderen zu handeln, nicht in dessen Namen aufzutreten, sondern kann auch im eigenen Namen rechtsgeschäftlich für den Geschäftsherrn tätig sein (verdeckte Geschäftsführung).

VI. Die angewandte Geschäftsführung ohne Auftrag

Die Vorschriften über die Geschäftsführung ohne Auftrag werden vom Gesetz in **61** zahlreichen Fällen für entsprechend anwendbar erklärt, so hinsichtlich des Ersatzes gewisser Verwendungen (§§ 450 Abs 2, 547 Abs 2, 581 Abs 2, 601 Abs 2 S 1, 994 Abs 2, 1049 Abs 1, 1261 S 1, 2125 Abs 1), hinsichtlich der Rechte und Pflichten des die Erbschaft ausschlagenden Erben gegenüber demjenigen, der Erbe wird (§ 1959 Abs 1), hinsichtlich der vor der Annahme der Erbschaft von dem Erben besorgten erbschaftlichen Geschäfte (§ 1978 Abs 1 S 2; s auch § 1991 Abs 1) und schließlich im Fall des § 1978 Abs 3. Hierbei handelt es sich, was das Erfordernis des Geschäftsführungswillens angeht (§ 677), um Rechtsfolgeverweisungen; ein Geschäftsführungswille braucht also nicht vorzuliegen. Die Voraussetzungen des § 683 S 1 müssen hingegen, wenn Verwendungsersatz verlangt wird, stets vorliegen. Verlangt man im Fall des § 547 Abs 2 einen Geschäftsführungswillen, so geht die die Ersatzansprüche des Mieters einschränkende Funktion der Vorschrift (§ 683 S 1) über § 684 S 1 weitgehend verloren. Im Fall des § 994 Abs 2 tritt wertungsmäßig die Notwendigkeit der Verwendungen an die Stelle des Geschäftsführungswillens. Eine weitere Frage ist, ob auch der Weiterverweisung auf das Bereicherungsrecht zu folgen ist (§ 684 S 1) und wie gegebenenfalls der Bereicherungsanspruch zu beschränken ist (vgl dazu FEILER aaO; MEDICUS Nr 900).

VII. Geschäftsführung ohne Auftrag und öffentliches Recht

Wenn eine Person des öffentlichen Rechts die öffentlichrechtliche Pflicht einer ande- **62** ren Behörde erfüllt, so ist der Kostenausgleichsanspruch öffentlichrechtlicher Natur (BSG NJW 1958, 896; RIETDORF DÖV 1966, 253 f; BGB-RGRK/STEFFEN Vorbem 107; anders das RG in stRspr: RGZ 75, 276, 283; RG WarnR 1922 Nr 206 = JW 1923, 78; RGZ 133, 178, 180). Geschäftsführung ohne Auftrag kommt in diesem Fallbereich nicht einmal subsidiär in Betracht (aM VG Kassel NJW 1980, 305, 306). Handelt es sich um die Erfüllung privatrechtlicher Pflichten, so kann auch zwischen Personen des öffentlichen Rechts eine bürgerlichrechtliche Geschäftsführung ohne Auftrag vorliegen (BGH NJW 1971, 1218). Privatrechtliche Geschäftsführung kann auch vorliegen, wenn der Geschäftsherr zwar ein Verwaltungsträger, der Geschäftsführer jedoch eine Privatperson ist

(BGHZ 33, 251; BFH JR 1965, 156; OLG Hamburg MDR 1954, 180). Wird ein Verwaltungsträger in Erfüllung einer öffentlichrechtlichen Pflicht für einen Privaten tätig, so scheidet Geschäftsführung ohne Auftrag schon in Ermangelung eines Geschäftsführungswillens aus (aM BGHZ 40, 28; 63, 167, 174; NJW 1969, 1205; vgl aber auch BGHZ 62, 186). Jedenfalls schließt aber der öffentlichrechtliche Charakter der erfüllten Pflicht die Annahme einer bürgerlichrechtlichen Geschäftsführung ohne Auftrag aus. Ob von dem Privaten Kostenersatz verlangt werden kann, entscheidet sich nach den Vorschriften des öffentlichen Rechts (so mit Recht BayObLGZ 1968, 200 für den Fall, daß ein Polizeibeamter einem Selbstmörder hilft und dabei verletzt wird; vgl auch MAURER JuS 1970, 561), insbesondere nach den Vorschriften über die Ersatzvornahme (ebenso HURST DVBl 1965, 795 f; RIETDORF DÖV 1966, 253; KLEIN DVBl 1968, 167; MEDICUS Rn 412). Das gilt auch im Bereich der Wasserstraßenverwaltung (aM BGH NJW 1969, 1205; wie hier BARTLSPERGER 444). Inwieweit Einsatzkosten der Feuerwehr von einem Privaten zu erstatten sind, beurteilt sich nach den Vorschriften des öffentlichen Rechts, nämlich nach den Brandschutzgesetzen der Länder (vgl auch HAUSS, in: FS Weitnauer 342 ff). Die Unanwendbarkeit des § 683 S 1 folgt auch daraus, daß die Überwälzung des Risikos erfolgloser Aufwendungen als Folge seiner Anwendung für behördliches Handeln nicht ohne weiteres angemessen ist. Ein privates Unternehmen, das im Auftrag der Polizei ein privates Kraftfahrzeug abschleppt, wird als Verwaltungshelfer hoheitlich tätig (so mit Recht MEDICUS JZ 1967, 63 f; aM OLG Nürnberg JZ 1967, 61); das Abschleppen erfolgt aufgrund der vertraglichen Beziehung des Unternehmers zur Polizei, nicht in Geschäftsführung ohne Auftrag für den Halter des abgeschleppten Fahrzeugs (BGH NJW 1978, 2502, 2503). Daher hat der Abschleppunternehmer einen Vergütungsanspruch nur gegenüber der Polizei (MEDICUS Rn 414; ERMAN/EHMANN Vorbem 10; SCHUBERT, NJW 1978, 687, 688 f). Er haftet dem Eigentümer des Fahrzeugs bei unsachgemäßem Abschleppen aus Delikt, ohne daß ihm die Haftungserleichterung des § 680 zugutekäme (ebenso ERMAN/EHMANN Vorbem 10).

§ 677

Wer ein Geschäft für einen anderen besorgt, ohne von ihm beauftragt oder sonst ihm gegenüber dazu berechtigt zu sein, hat das Geschäft so zu führen, wie das Interesse des Geschäftsherrn mit Rücksicht auf dessen wirklichen oder mutmaßlichen Willen erfordert.

Materialien: E I § 749 Abs 1; II § 608; III § 664;
Mot II 854–857; Prot II 725–727.

Systematische Übersicht

I.   Funktion

Die Vorschrift des § 677 enthält zunächst eine – allerdings nicht vollständige – **1**
Begriffsbestimmung der berechtigten Geschäftsführung ohne Auftrag. Die weiteren
Voraussetzungen für das Vorliegen einer berechtigten Geschäftsführung ohne Auf-
trag lassen sich § 683 S 1 entnehmen. Beide Normen zusammen geben erst eine
Antwort auf die Frage, wann das gesetzliche Schuldverhältnis der berechtigten
Geschäftsführung ohne Auftrag entsteht. Die Voraussetzungen, die dafür gemäß
§§ 677, 683 S 1 erfüllt sein müssen, sind in den Vorbemerkungen zu § 677 behandelt.
Im Falle der Genehmigung des Geschäftsherrn nach § 684 S 2 werden die Vorausset-
zungen, die nach § 683 S 1 gegeben sein müssen, durch die Genehmigung ersetzt.
Anknüpfend an die – durch § 683 S 1 zu ergänzende – Begriffsbestimmung der
berechtigten Geschäftsführung ohne Auftrag erlegt § 677 dem Geschäftsführer eine
Sorgfaltspflicht auf, deren Inhalt – mangels Ableitbarkeit aus vertraglichen oder sonstigen besonderen Rechtsbeziehungen – sogleich gesetzlich festgelegt wird. Die
Sorgfaltspflicht setzt voraus, daß das gesetzliche Schuldverhältnis durch berechtigte
Übernahme der Geschäftsführung bereits entstanden ist und gibt einen Maßstab
dafür, wie die Durchführung der Geschäftsführung zu erfolgen hat.

II.   Die Verpflichtungen des Geschäftsführers

1.   Die Sorgfaltspflicht des § 677

a)   Anwendungsbereich

Die Grundpflicht des Geschäftsführers, die § 677 festlegt, greift nur bei der berech- **2**
tigten Geschäftsführung ohne Auftrag Platz (hM, ENNECCERUS/LEHMANN § 155 II und III;
LARENZ II 1 § 57 I; ESSER/WEYERS § 46 III 2; MEDICUS Rn 421; BGB-RGRK/STEFFEN Rn 1, SOER-
GEL/MÜHL Vorbem 1 und 2, ERMAN/EHMANN Vorbem 15, 16, § 677 Rn 2; aM PALANDT/THOMAS
Rn 4 vor § 677; MünchKomm/SEILER § 677 Rn 43; WOLLSCHLÄGER 45 ff). Es müssen also die
Voraussetzungen der berechtigten Geschäftsführung ohne Auftrag gegeben sein.
Insbesondere muß feststehen, daß die Übernahme der Geschäftsführung dem Interesse und dem wirklichen oder dem mutmaßlichen Willen des Geschäftsherrn ent-
spricht. Ist das nicht der Fall, so ist der Geschäftsführer verpflichtet, die dem
Geschäftsherrn unerwünschte Geschäftsführung zu unterlassen, nicht aber, sie so zu
führen, wie es das Interesse und der Wille des Geschäftsherrn erfordern. Erst recht
unanwendbar ist § 677 entgegen dem Wortlaut des § 687 Abs 2 S 1 bei der unerlaubten Eigengeschäftsführung.

b)   Sachgemäße Ausführung

Entspricht die Geschäftsführung dem Interesse und dem wirklichen oder dem mut- **3**
maßlichen Willen des Geschäftsherrn (oder liegt der Fall des § 679 vor oder ist die
Geschäftsführung nach § 684 S 2 genehmigt), so hat der Geschäftsführer die Pflicht,
das Geschäft sachgemäß auszuführen, und zwar so, wie das Interesse des Geschäftsherrn mit Rücksicht auf dessen wirklichen oder mutmaßlichen Willen es erfordert.

Während in der Frage, ob die Übernahme der Geschäftsführung berechtigt ist, Interesse und Wille des Geschäftsherrn mit dem gleichen Gewicht nebeneinanderstehen, steht bei der Ausführung des Geschäfts das Interesse des Geschäftsherrn im Vordergrund (vgl auch RGZ 149, 207, 208). Das Gesetz sagt nicht: „wie das Interesse und der ... Wille es erfordern", sondern „wie das Interesse des Geschäftsherrn mit Rücksicht auf dessen wirklichen oder mutmaßlichen Willen es erfordert". Dieser Unterschied ist durchaus sachgerecht. Steht fest, daß die Übernahme der Geschäftsführung dem Geschäftsherrn nicht unerwünscht ist, so sind damit auch die subjektiven Belange des Geschäftsherrn gewahrt. Für die Art und Weise der Ausführung kommt es hingegen darauf an, was dem Geschäftsführer nach den Interessen des Geschäftsherrn mit Rücksicht auf dessen wirklichen oder mutmaßlichen Willen als richtig erscheinen mußte (BGH LM Nr 3 zu § 683 BGB). Während bei der Frage, ob die Übernahme der Geschäftsführung dem Interesse des Geschäftsherrn entspricht, ein objektiver Maßstab anzulegen ist, hat die Pflicht zur sachgemäßen Ausführung des Geschäfts einen etwas anderen Charakter. Wenn der Geschäftsführer nach gewissenhafter Prüfung aller Umstände des Falles die Art und Weise und die Mittel der Durchführung für notwendig hält und auch im übrigen das Geschäft sorgfältig ausführt, so handelt er nach § 677 interessengemäß (vgl hierzu bereits Mot II 861). Die Art und Weise der Ausführung des Geschäfts, die Wahl und Anwendung der Mittel ist nicht nur für die Haftung des Geschäftsführers von Bedeutung, sondern vor allem auch für den Umfang des zu leistenden Aufwendungsersatzes. Nach §§ 683 S 1, 670 kann der berechtigte Geschäftsführer ohne Auftrag die zum Zwecke der Ausführung der Geschäftsführung gemachten Aufwendungen dann ersetzt verlangen, wenn er sie den Umständen nach für erforderlich halten durfte (BGH LM Nr 3 zu § 683 BGB; RGZ 149, 205, 207). Wenn er aber unter dieser Voraussetzung Aufwendungsersatz bekommt, dann hat er auch im Sinne des § 677 interessengemäß gehandelt.

c) Berücksichtigung des Willens des Geschäftsherrn

4 Der Geschäftsführer muß bei der Wahrnehmung der Interessen des Geschäftsherrn dessen wirklichen oder mutmaßlichen Willen berücksichtigen. Der mutmaßliche Wille ist dann maßgebend, wenn ein wirklicher Wille nicht vorhanden ist, was insbesondere dann der Fall sein kann, wenn der Geschäftsherr von der Geschäftsführung nichts weiß oder wenn er zu einer Willensbildung gar nicht in der Lage ist. Bei der Ermittlung des mutmaßlichen Willens ist nicht davon auszugehen, was der Geschäftsherr früher einmal zum Ausdruck gebracht hat oder was sich für einen solchen Willen aus einer früheren Situation ergibt. Entscheidend ist vielmehr der nach objektiven Gesichtspunkten festzustellende Wille, den der Geschäftsherr mutmaßlich in der konkreten Situation zur Zeit der Ausführung des Geschäfts über die Art der Ausführung haben würde. Liegen keine weiteren Anhaltspunkte vor, so ist der mutmaßliche Wille wie im Fall des § 683 S 1 der Wille, der dem **wohlverstandenen Interesse** des Geschäftsherrn entspricht (BGH NJW 1971, 609, 612). Fordern Interesse und Wille eine verschiedene Durchführung, so ist der wirkliche oder der mutmaßliche Wille maßgebend (aM FIKENTSCHER Rn 937; PALANDT/THOMAS § 677 Rn 13). Wenn jedoch dem Geschäftsführer weder der wirkliche noch der mutmaßliche Wille zweifelsfrei erkennbar ist, dann muß er sich bei der Durchführung nach dem Interesse richten (so mit Recht LARENZ II 1 § 57 I b). Keine Rücksicht auf den Willen des Geschäftsherrn hat der Geschäftsführer zu nehmen, wenn dieser Wille rechts- oder sittenwidrig ist, oder wenn ein Fall des § 679 vorliegt. Die Ausnahmevorschrift des § 679 bezieht sich nicht nur auf die Übernahme, sondern auch auf die Durchführung der Geschäftsführung. Ist der Geschäftsherr geschäftsunfähig oder in der Geschäftsfähigkeit beschränkt, so kommt nicht sein wirklicher oder mutmaßlicher Wille, sondern der seines gesetzlichen Vertreters in Betracht (BGH NJW 1971, 609, 612). Irrt der Geschäftsführer ohne Fahrlässigkeit über den Willen des Geschäftsherrn, konnte und durfte er also nach den Umständen annehmen, daß er hinsichtlich der Wahl der Mittel zur Ausführung des Geschäfts willensgemäß handelte, so liegt eine Verletzung der Sorfaltspflicht des § 677 nicht vor. Nimmt er hingegen schon irrtümlich an, daß die Übernahme der Geschäftsführung willensgemäß sei, dann ist gar keine berechtigte Geschäftsführung ohne Auftrag gegeben.

2. Weitere Verpflichtungen des Geschäftsführers

a) Keine Pflicht zur Übernahme oder zur Fortführung des Geschäfts

Das gesetzliche Schuldverhältnis der berechtigten Geschäftsführung ohne Auftrag **5** entsteht nur, wenn der Geschäftsführer die Geschäftsbesorgung für einen anderen übernimmt. Eine Verpflichtung, für einen anderen als auftragloser Geschäftsführer tätig zu sein, besteht grundsätzlich nicht. Sie kann sich nur in Notsituationen ergeben, sofern die Voraussetzungen der allgemeinen Hilfeleistungspflicht nach § 323 c StGB erfüllt sind. Es besteht auch grundsätzlich keine Verpflichtung, das übernommene Geschäft zu Ende zu führen (RGZ 63, 280, 283). Unter besonderen Umständen kann aber aus der durch die Übernahme der Geschäftsführung erzeugten Sorgfaltspflicht eine **Fortführungspflicht** folgen (ebenso BGB-RGRK/Steffen Rn 4; Erman/Ehmann Rn 5; im Ergebnis auch MünchKomm/Seiler § 677 Rn 46). So besteht eine Verwahrungspflicht desjenigen, der einen liegengebliebenen Gegenstand an sich nimmt (RG WarnR 1922 Nr 12).

b) Anzeige- und Wartepflicht, § 681 S 1

Der Geschäftsführer muß dem Geschäftsherrn die Übernahme der Geschäftsfüh- **6** rung anzeigen, sobald es tunlich ist. Er hat, außer bei Gefahr im Aufschub, seine Entschließung abzuwarten. Hinsichtlich der Anzeige- und Wartepflicht behandelt das Gesetz den Geschäftsführer so wie den Beauftragten, der von den Weisungen des Auftraggebers abweichen will, § 665 S 2. Während jedoch die Anzeige des Beauftragten unverzüglich erfolgen muß, verpflichtet § 681 S 1 den Geschäftsführer zur Anzeige nur, sobald es tunlich ist.

c) Auftragsrechtliche Pflichten, § 681 S 2

Im Rahmen des gesetzlichen Schuldverhältnisses der berechtigten Geschäftsführung **7** ohne Auftrag hat der Geschäftsführer nicht nur hinsichtlich seiner Rechte (§ 683 S 1), sondern auch hinsichtlich seiner Pflichten weitgehend dieselbe Stellung wie ein Beauftragter. Es obliegen ihm die Informationspflichten des § 666, die Herausgabepflicht des § 667 und die Verzinsungspflicht des § 668.

III. Haftung

Bei schuldhafter Verletzung seiner Verpflichtungen haftet der Geschäftsführer für **8** den dem Geschäftsherrn erwachsenden Schaden nach dem Recht der Leistungstörungen, dh bei Unmöglichkeit nach § 280, bei Schlechterfüllung nach den Grundsätzen der positiven Forderungsverletzung (aM MünchKomm/Seiler Rn 48, der – kaum mit Recht – stets § 280 anwenden möchte). Der Geschäftsführer muß sich auch das Verschulden von Hilfspersonen nach § 278 zurechnen lassen. Dagegen hat er für den Erfolg der Geschäftsführung nicht einzustehen, da er nach § 677 nur die sorgfältige Ausführung des übernommenen Geschäfts, nicht die Herbeiführung eines Erfolgs schuldet. Das Risiko unverschuldet-erfolgloser Geschäftsführung trägt der Geschäftsherr, der darüber hinaus unter den Voraussetzungen des § 670 auch zum Aufwendungsersatz verpflichtet sein kann. Eine **Haftungsmilderung** enthält § 680 für den Fall einer Geschäftsführung, die die Abwendung einer dem Geschäftsherrn drohenden dringenden Gefahr bezweckt. Nur der deliktischen und der Bereicherungshaftung unterliegen gemäß § 682 geschäftsunfähige und beschränkt geschäftsfähige Geschäftsführer.

IV. Beweislast

9 Wenn der Geschäftsherr einen Schadensersatzanspruch wegen Verletzung der Sorgfaltspflicht des § 677 geltend macht, trifft ihn die Beweislast für das Vorliegen der Voraussetzungen der berechtigten Geschäftsführung ohne Auftrag. Er muß daher insbesondere beweisen, daß eine Geschäftsführung für ihn vorliegt. Neben den Voraussetzungen der berechtigten Geschäftsführung ohne Auftrag muß der Geschäftsherr beweisen, daß der Geschäftsführer sein Interesse oder seinen Willen bei der Ausführung des Geschäfts schuldhaft nicht beachtet hat.

§ 678

Steht die Übernahme der Geschäftsführung mit dem wirklichen oder dem mutmaßlichen Willen des Geschäftsherrn in Widerspruch und mußte der Geschäftsführer dies erkennen, so ist er dem Geschäftsherrn zum Ersatze des aus der Geschäftsführung entstehenden Schadens auch dann verpflichtet, wenn ihm ein sonstiges Verschulden nicht zur Last fällt.

Materialien: E I § 748 Abs 2; II § 609; III § 663;
Mot II 857, 858; Prot II 727.

I. Grundgedanke

1. Schuldhaft-unerwünschte Geschäftsführung

1 Berechtigte Geschäftsführung ohne Auftrag ist nur gegeben, wenn die Übernahme der Geschäftsführung dem Interesse und dem wirklichen oder dem mutmaßlichen Willen des Geschäftsherrn entspricht, also objektiv und subjektiv nützlich ist, § 683 S 1. Fehlt eines dieser Erfordernisse, so ist die Geschäftsführung unberechtigt (§ 684 S 1). Sie ist für den Geschäftsherrn unverbindlich, er kann sie zurückweisen. § 678 behandelt diese unberechtigte Geschäftsführung ohne Auftrag, und zwar den Fall, in dem die Übernahme der Geschäftsführung mit dem Willen des Geschäftsherrn in Widerspruch steht. Mußte der Geschäftsführer das erkennen, so setzt eine verschärfte Haftung ein. Der Geschäftsführer haftet selbst dann für den durch die Geschäftsführung entstandenen Schaden, wenn er das Geschäft sorgfältig ausgeführt

hat (BGH NJW 1972, 475). Von einer Haftung des Geschäftsführers für den Zufall kann auch im Fall des § 678 nicht gesprochen werden, da das Gesetz in dem vorsätzlichen oder fahrlässigen Zuwiderhandeln bei der Übernahme der Geschäftsführung gegen den Willen des Geschäftsherrn ein Verschulden des Geschäftsführers sieht. Dieses **Übernahmeverschulden** steht im Gegensatz zum Durchführungsverschulden des § 677 (aM MünchKomm/SEILER Rn 1). Liegt Übernahmeverschulden vor, so trägt der unberechtigte Geschäftsführer das **Risiko des Fehlschlags**. Der Anspruch knüpft an das Verschulden bei der Übernahme an. Er beruht mithin auf einem Tatbestand, der gerade die Nichtentstehung der rechtlichen Sonderverbindung der berechtigten Geschäftsführung ohne Auftrag voraussetzt. Da aber der Gesetzgeber die Haftung für Übernahmeverschulden als Annexregelung zur berechtigten Geschäftsführung ohne Auftrag konzipiert hat (vgl Vorbem 4 zu §§ 677 ff), wird man den Anspruch aus § 678 nicht den für deliktische Ansprüche geltenden Regeln unterstellen dürfen (vgl Rn 4, Rn 8; wie hier LARENZ II 1 § 57 Anm 58; aM BATSCH 230).

2. Anwendungsbereich

Die mit dem Willen des Geschäftsherrn in Widerspruch stehende Übernahme der 2 Geschäftsführung darf nicht vom Geschäftsherrn genehmigt sein. Durch die Genehmigung, die die Voraussetzungen des § 683 S 1 ersetzt, wird die unberechtigte Geschäftsführung ohne Auftrag eine berechtigte. § 678 ist daher auf die genehmigte Geschäftsführung (§ 684 S 2) nicht anwendbar (BGB-RGRK/STEFFEN Rn 1). Der Geschäftsherr kann nicht Schadensersatz nach § 678 verlangen und trotzdem einzelne sich aus der Geschäftsführung ergebende Vorteile beanspruchen. Er muß vielmehr das Gesamtergebnis der Geschäftsführung entweder genehmigen oder zurückweisen. Erhebt er Anspruch auf Vorteile des Geschäfts, so kann hierin uU eine (die Anwendbarkeit des § 678 ausschließende) Genehmigung der Geschäftsführung liegen. Auf die berechtigte Geschäftsführung ohne Auftrag ist die Vorschrift des § 678 von vornherein nicht anwendbar, weil sie an den Widerspruch zum Willen und damit an eine Voraussetzung anknüpft, die berechtigte Geschäftsführung ohne Auftrag ausschließt. § 678 gilt auch nicht bei irrtümlicher Eigengeschäftsführung (§ 687 Abs 1), und zwar auch dann nicht, wenn der Irrtum auf Fahrlässigkeit beruht, wenn also der Geschäftsführer ein fremdes Geschäft in der (fahrlässig gebildeten) Meinung besorgt, es sei sein eigenes. Bei böswilliger Eigengeschäftsführung erklärt § 687 Abs 2 S 1 den § 678 für anwendbar. Gemeint ist eine entsprechende Anwendung. Der Geschäftsherr hat, wenn die Voraussetzungen böswilliger Eigengeschäftsführung vorliegen, den über die Regelung der Deliktshaftung hinausgehenden Schadensersatzanspruch des § 678. Die entsprechende Anwendung des § 678 auf den böswilligen Eingreifer ist auch sachgerecht. Denn wenn schon der lediglich unerwünschte Geschäftsführer verschärft haftet, muß jemand, der ein fremdes Geschäft als eigenes behandelt, obwohl er weiß, daß er dazu nicht berechtigt ist, erst recht der verschärften Haftung unterliegen.

II. Voraussetzungen

1. Widerspruch zum Willen des Geschäftsherrn

Die Übernahme der Geschäftsführung muß mit dem wirklichen oder dem mutmaß- 3 lichen Willen des Geschäftsherrn in Widerspruch stehen, mag sie auch seinem

Interesse entsprechen. Übernahme der Geschäftsführung ist die Handlung, durch die der Geschäftsführer seinen Willen, ein Geschäft für einen anderen zu führen, zum Ausdruck bringt. Die Übernahme ist von der Ausführung des Geschäfts scharf zu unterscheiden (RGZ 149, 206; BGH LM Nr 3 zu § 683 BGB; BGH NJW 1972, 475). Die Übernahme steht mit dem Willen des Geschäftsherrn in Widerspruch, wenn der Geschäftsherr entweder das Geschäft überhaupt nicht gewollt oder das Geschäft als solches nicht so gewollt hat, wie es der Geschäftsführer übernimmt oder schließlich wenn der Geschäftsherr nicht gewollt hat, daß dieser Geschäftsführer das Geschäft führt. Ein Widerspruch zum Willen scheidet aus, wenn der entgegenstehende Wille nach § 679 unbeachtlich ist oder wenn er rechts- oder sittenwidrig ist (§§ 134, 138). Steht die Übernahme der Geschäftsführung mit dem Interesse und dem Willen des Geschäftsherrn im Einklang, oder ist der entgegenstehende Wille nach § 679 oder wegen Rechts- oder Sittenwidrigkeit unbeachtlich, so liegt eine berechtigte Geschäftsführung ohne Auftrag vor. Steht dann die Art und Weise der Durchführung mit dem Willen des Geschäftsherrn in Widerspruch, so haftet der Geschäftsführer bei Verschulden nach § 677, sofern nicht der entgegenstehende Wille auch insoweit nach §§ 679, 134, 138 unbeachtlich ist. Entspricht die Übernahme der Geschäftsführung dem Willen des Geschäftsherrn, so ist damit die Anwendung des § 678 ausgeschlossen, auch wenn die Geschäftsführung seinem objektiven Interesse nicht entspricht. Andererseits ist § 678 auch bei objektiv nützlicher Geschäftsführung anwendbar, sofern die Übernahme der Geschäftsführung dem Willen des Geschäftsherrn widerspricht (RGZ 101, 18).

2. Kenntnis oder Kennenmüssen

4 Die verschärfte Haftung greift nur ein, wenn der Geschäftsführer erkennen mußte, daß die Übernahme der Geschäftsführung mit dem wirklichen oder dem mutmaßlichen Willen in Widerspruch steht. Ein Übernahmeverschulden liegt vor, wenn der Geschäftsführer in bewußtem Widerspruch mit dem Willen des Geschäftsherrn die Geschäftsführung übernommen hat oder wenn der Geschäftsführer bei Anwendung der im Verkehr erforderlichen Sorgfalt (§ 276) im Hinblick auf Äußerungen, Gewohnheiten, das Interesse und die Vermögensverhältnisse des Geschäftsherrn und die sonstigen Umstände des Falles hätte erkennen müssen (§ 122 Abs 2), daß die Übernahme der Geschäftsführung dem Willen des Geschäftsherrn widerstreitet. Verläßt sich der Geschäftsführer in der Beurteilung der Verhältnisse des Geschäftsherrn auf einen Dritten, so muß er sich die Kenntnis oder das Kennenmüssen des Dritten in entsprechender Anwendung des § 278 entgegenhalten lassen.

3. Haftungsmilderung

5 Der Haftungsmaßstab des § 680 gilt auch für die schuldhaft-unerwünschte Übernahme der Geschäftsführung. Bezweckte die Geschäftsführung die Abwendung einer dem Geschäftsherrn drohenden dringenden Gefahr, so haftet der Geschäftsführer nach § 678 nur, wenn er wissentlich oder aus grober Fahrlässigkeit nicht erkannt hat, daß die Übernahme dem Willen des Geschäftsherrn widerspricht (BGHZ 43, 188, 193; BGH NJW 1972, 475). Keineswegs hat aber § 680 die gleiche Bedeutung wie § 679. Auch wenn die Geschäftsführung die Abwendung einer dem Geschäftsherrn drohenden dringenden Gefahr bezweckt, bleibt der gegen die Geschäftsführung gerichtete Wille des Geschäftsherrn erheblich und schließt die

Annahme einer berechtigten Geschäftsführung ohne Auftrag aus (RGZ 101, 19). Der Geschäftsführer, der den Widerspruch der Übernahme der Geschäftsführung zum Willen des Geschäftsherrn leicht fahrlässig nicht erkannt hat, hat also nicht etwa einen Aufwendungsersatzanspruch.

4. Schaden

Schließlich ist Voraussetzung der Ersatzpflicht, daß durch die Geschäftsführung (und **6** nicht nur bei Gelegenheit der Geschäftsführung) ein Schaden entstanden ist, und zwar muß der Schaden durch den Geschäftsführer verursacht sein, ohne daß die sonst erforderliche Adäquenz beim Kausalzusammenhang vorzulügen braucht. Ob das Eintreten des Schadens voraussehbar war oder nicht, oder ob es sonst verschuldet ist, kommt nicht in Betracht (RGZ 158, 313).

5. Beweislast

Daß die Geschäftsführung mit dem wirklichen oder dem mutmaßlichen Willen des **7** Geschäftsherrn in Widerspruch stand und daß dem Geschäftsführer dies bekannt oder nur infolge von Fahrlässigkeit unbekannt war, hat nach allgemeinen Grundsätzen der Geschäftsherr zu beweisen. Desgleichen obliegt dem Geschäftsherrn der Nachweis, daß ihm ein Schaden in dem behaupteten Umfang erwachsen und daß der Schaden aus der Geschäftsführung (nicht nur anläßlich der Geschäftsführung) entstanden ist (Erfordernis des Kausalzusammenhangs).

III. Verschärfte Haftung

1. Verhältnis zum Deliktsrecht

Die Tatsache der unbefugten Einmischung und das Entstehen eines Schadens wür- **8** den deliktsrechtlich nur dann zum Ersatz verpflichten, wenn einer der haftungsbegründenden Tatbestände der §§ 823 ff vorliegt, also insbesondere § 823 Abs 1, § 823 Abs 2 oder § 826. Eine fahrlässige Vermögensbeschädigung würde somit nicht haftbar machen. Demgegenüber schafft § 678 einen selbständigen haftungsbegründenden Tatbestand; die Voraussetzungen der §§ 823 ff brauchen nicht gegeben, es braucht also insbesondere keines der im § 823 Abs 1 genannten Rechte oder Rechtsgüter verletzt zu sein. Die Verjährung des Ersatzanspruchs ist die dreißigjährige des § 195, nicht die dreijährige des § 852.

2. Zurechnung des Risikos erfolgloser Geschäftsführung

Wichtiger ist noch, daß die Ersatzpflicht unabhängig ist von einem „sonstigen Ver- **9** schulden". Gemeint ist hier insbesondere das Verschulden bei der Ausführung des Geschäfts. Während bei der berechtigten Geschäftsführung ohne Auftrag und bei der unberechtigten Geschäftsführung, die sich nur als unerlaubte Handlung darstellt, ein Schadensersatz nur im Hinblick auf Verschulden bei der Ausführung des Geschäfts in Frage kommt, spielt dieses hier keine Rolle. Wird der Vermögensstand des Geschäftsherrn durch die verschuldete unerlaubte Einmischung des § 678 verschlechtert, so haftet der Geschäftsführer selbst dann, wenn er bei der Durchführung des Geschäfts sein Bestes getan hat. Er muß für den Erfolg einstehen. Die aufdringliche Einmischung wird vom Recht mißbilligt. Sie soll durch die Vorschrift des § 678 möglichst zurückgedrängt werden. Daher setzt die Haftung des § 678 auch dann ein, wenn die Übernahme der Geschäftsführung dem Interesse (aber nicht dem Willen) des Geschäftsherrn entsprach (RGZ 101, 18). Für die Deliktshaftung ist § 848 zu beachten.

3. Schadensersatz

10 Der Schadensersatz ist durch Wiederherstellung des früheren Zustandes zu leisten (§ 249 S 1, BGH NJW 1986, 1676), auch wenn der Geschäftsherr an der Wiederherstellung keinerlei Vermögensinteresse hat, so zB wenn ein zudringlicher Freund in meiner Abwesenheit meinen ertraglosen Ziergarten in einen Nutzgarten verwandelt hat. Im übrigen ist Geldersatz zu leisten. Bei der Schadensberechnung ist zu beachten, daß es sich um eine unberechtigte Geschäftsführung ohne Auftrag handelt. Der Geschäftsherr ist nach § 684 S 1 verpflichtet, dem Geschäftsführer alles, was er durch die Geschäftsführung erlangte, nach den Vorschriften über die Herausgabe einer ungerechtfertigten Bereicherung herauszugeben. Daraus folgt, daß der Geschäftsherr, der die Bereicherung nicht herausgibt, die Vorteile, die das Geschäft für ihn hatte, bei der Schadensberechnung berücksichtigen muß. Daher ist für die Frage, ob ein Schaden entstanden ist, das Ergebnis der gesamten Geschäftsführung maßgebend. Zum Wegfall des Bereicherungsanspruchs des schuldhaft-unerwünschten Geschäftsführers vgl § 684 Rn 5.

§ 679

Ein der Geschäftsführung entgegenstehender Wille des Geschäftsherrn kommt nicht in Betracht, wenn ohne die Geschäftsführung eine Pflicht des Geschäftsherrn, deren Erfüllung im öffentlichen Interesse liegt, oder eine gesetzliche Unterhaltspflicht des Geschäftsherrn nicht rechtzeitig erfüllt werden würde.

Materialien: E I §§ 749 Abs 2, 755; II § 610; III § 666; Mot II 858, 864, 865; Prot II 727, 735–738.

I. Regelungsziel

1 Die Vorschrift regelt zunächst den Fall, daß die Übernahme der Geschäftsführung dem Geschäftsherrn unerwünscht ist, sein entgegenstehender Wille jedoch wegen des öffentlichen Interesses an der Erfüllung einer Rechtspflicht des Geschäftsherrn oder im Hinblick auf eine dem Geschäftsherrn obliegende gesetzliche Unterhaltspflicht unbeachtlich ist. Sie modifiziert insoweit die Voraussetzungen der berechtigten Geschäftsführung ohne Auftrag und enthält zugleich eine Ausnahme im Verhältnis zu § 678. Berechtigte Geschäftsführung ohne Auftrag liegt vor, wenn eine Geschäftsführung im Sinne des § 677 gegeben ist, die dem Interesse und dem wirklichen oder mutmaßlichen Willen des Geschäftsherrn entspricht (§ 683 S 1). Nach § 679 ist von dem Erfordernis, daß die Geschäftsführung dem Willen des Geschäftsherrn entsprechen muß, dem Geschäftsherrn also nicht unerwünscht sein darf, abzusehen, wenn ohne die Geschäftsführung eine Rechtspflicht des Geschäftsherrn, deren Erfüllung im öffentlichen Interesse liegt, oder eine gesetzliche Unterhaltspflicht des Geschäftsherrn nicht rechtzeitig erfüllt werden würde. Das gilt selbst dann, wenn der Geschäftsherr die Geschäftsführung ausdrücklich verboten hat. Ist den Erfordernissen des § 679 genügt und entspricht die Übernahme der Geschäftsführung dem objektiven Interesse des Geschäftsherrn, so liegt berechtigte Geschäftsführung ohne Auftrag vor; der Geschäftsführer handelt rechtmäßig, hat Anspruch auf Aufwendungsersatz (§ 683 S 2) und haftet nur für schuldhafte schlechte Ausführung des Geschäfts nach den §§ 677, 276, 278. Das Interesse des Geschäftsherrn wird sich in dem Falle des § 679 im allgemeinen mit dem öffentlichen Interesse decken (ebenso BGB-RGRK/Steffen Rn 17). Es ist daher davon auszugehen, daß im Fall des § 679 regelmäßig berechtigte Geschäftsführung ohne Auftrag vorliegt (vgl aber RG JW 1935, 1779). Die verschärfte Haftung nach § 678 scheidet, da sie eine Übernahme der Geschäftsführung gegen den rechtlich zu beachtenden Willen des Geschäftsherrn voraussetzt, immer aus, wenn die Voraussetzungen des § 679 vorliegen. Die Regelung des § 679 hat weiter aber auch Bedeutung für die Durchführung der berechtigten Geschäftsführung ohne Auftrag. Nach § 677 muß sich der Geschäftsführer nach dem Interesse des Geschäftsherrn richten, dabei aber den wirklichen oder den mutmaßlichen Willen des Geschäftsherrn berücksichtigen. Diese Rücksicht auf den Willen des Geschäftsherrn entfällt, soweit er nach § 679 unbeachtlich ist.

II. Voraussetzungen

1. Öffentliches Interesse an der Erfüllung einer Rechtspflicht

a) Rechtspflicht

Es muß eine vom Geschäftsherrn zu erfüllende Rechtspflicht vorliegen. Fehlt eine **2** solche Pflicht des Geschäftsherrn, so ist § 679 unanwendbar. Es genügt also nicht, daß die Geschäftsführung im öffentlichen Interesse liegt. Gegenüber der bereits im § 755 des ersten Entwurfs aufgestellten Voraussetzung, daß die im öffentlichen Interesse gebotene Erfüllung einer dem Geschäftsherrn obliegenden Verpflichtung erfolgt sein muß, war in der 2. Komm (Prot II 736) eine Änderung dahin beantragt, statt dessen es genügen zu lassen, daß die Besorgung des Geschäfts durch das öffentliche Interesse geboten sei. Dies wurde jedoch abgelehnt (Prot II 738). Die Verpflichtung des Geschäftsherrn kann eine öffentlichrechtliche oder eine privatrechtliche sein (Prot II 737 ff; RGZ 92, 197, 201; 167, 55, 59; BGHZ 16, 12, 18). Das Gesetz sagt nicht, daß die Verpflichtung selbst eine öffentlichrechtliche sein oder im öffentlichen Interesse bestehen muß. Vielmehr muß die Erfüllung der Pflicht des Geschäftsherrn nach den Umständen des Falles im öffentlichen Interesse liegen. Naturgemäß wird allerdings die Erfüllung der öffentlichrechtlichen Pflichten häufiger im öffentlichen Interesse (in dem im § 679 gemeinten Sinne) liegen, als die Erfüllung privatrechtlicher Pflichten. Die Pflicht kann auf Gesetz (RGZ 92, 197, 201), auf Hoheitsakt oder auf Vertrag (BGH VersR 1955, 741, 742) beruhen. Die Pflicht des Geschäftsherrn muß aber eine **Recht**spflicht sein. Eine sittliche Pflicht genügt nicht. In der 2. Komm wurde beantragt, die Bestimmung des § 679 auch auf die Erfüllung sittlicher Pflichten auszudehnen. Der Antrag wurde aber abgelehnt, weil durch seine Annahme alle sittlichen Pflichten mittelbar zu Rechtspflichten erhoben würden (Prot II 738). An dieser Auffassung des Gesetzgebers ist festzuhalten. Gegen die Anwendbarkeit des § 679 auf sittliche Pflichten spricht, daß deren Umwandlung in Rechtspflichten durch Anerkennung eines Aufwendungsersatzanspruchs des Geschäftsführers vom Eingreifen einer beliebigen Privatperson abhängig wäre und nicht auf dem Wege eines generellen Gesetzes, nicht aufgrund öffentlichrechtlicher Anordnung erfolgen würde. Auch ist die Verwandlung jeder sittlichen Pflicht in eine Rechtspflicht deshalb bedenklich, weil die sittliche Pflicht dadurch ihres in der rechten Gesinnung und der freiwilligen Erfüllung begründeten Wesens entkleidet werden könnte. § 679 ist daher auf die Erfüllung sittlicher Pflichten nicht anwendbar (ebenso BGB-RGRK/STEF-FEN Rn 3; ERMAN/EHMANN Rn 2; LENT, Wille und Interesse 34 ff; WOLLSCHLÄGER 310; R WITT-MANN § 7 IV; PALANDT/THOMAS Rn 2). Er ist insbesondere nicht geeignet, den Aufwendungsersatzanspruch desjenigen zu begründen, der einen Selbstmörder gerettet hat. Der Ersatzanspruch des Retters beruht nicht auf der fehlenden sittlichen Berechtigung des Selbstmordes, sondern darauf, daß der *der Rettungshandlung* entgegenstehende Wille des Selbstmörders nach § 138 unbeachtlich ist. Die von LARENZ II 1 § 57 I a geforderte Wertung, daß der Retter selbstlos und in dem Glauben handelt, damit eine Menschenpflicht zu erfüllen, ist im Rahmen des § 138 vorzunehmen. Der Retter hat daher einen Ersatzanspruch unabhängig davon, was man von der sittlichen Berechtigung des Selbstmordes als solchen hält. Die Anwendung des § 138 setzt also nicht voraus, daß man den Selbstmord als solchen für sittenwidrig hält (s auch Rn 10).

b) Fälligkeit

3 Über das Bestehen einer Rechtspflicht des Geschäftsherrn hinaus setzt § 679 voraus, daß die Pflicht des Geschäftsherrn ohne die Geschäftsführung nicht rechtzeitig erfüllt werden würde. Die Pflicht muß also fällig sein. Es ist nicht erforderlich, daß bereits Verzug eingetreten ist. § 679 gilt natürlich auch, wenn ohne das Dazwischentreten des Geschäftsführers die Pflicht des Geschäftsherrn überhaupt nicht erfüllt würde (Mot II 865). Gewährt ein Dritter Unterhalt an ein unverheiratetes Kind, obwohl die Eltern bereit sind, an das Kind Naturalunterhalt zu zahlen, so fehlt es an der Voraussetzung, daß die Unterhaltpflicht nicht rechtzeitig erfüllt werden würde (OLG Hamm NJW 1983, 2203); die Eltern können die Art des Unterhalts nach § 1612 Abs 2 S 1 selbst bestimmen (s auch § 1612 Rn 73).

c) Privatrechtliche Pflichten

4 Privatrechtliche Verpflichtungen, deren Erfüllung im öffentlichen Interesse liegen kann, sind zB die Pflicht des § 908 bei Einsturzgefahr, die zur Abwendung der Gefahr erforderlichen Vorkehrungen zu treffen (RGZ 149, 205), die sich aus § 836 ergebende Pflicht zur Beseitigung einer Giebelmauer bei unmittelbar drohender Einsturzgefahr (BGHZ 16, 12, 16), die Verpflichtung zum Bestreiten von Beerdigungskosten (Prot II 738; §§ 1615 Abs 2, 1615 m, 1616 n, 1968), die Pflicht des Vermieters zur Reparatur baufällig gewordener Wohnräume, die dem Dienstberechtigten im Interesse des Arbeitsschutzes obliegenden Verpflichtungen (§ 618), die Verkehrssicherungspflicht (BGH NJW 1971, 1218) und die Pflicht zum Ersatz von Bergschäden (RG JW 1938, 1962, 1964). Zu nennen sind insbesondere auch die sich aus § 1004 ergebenden Verpflichtungen, so die Pflicht zur Beseitigung einer dem Bahnkörper drohenden Gefahr (RGZ 167, 55, 59) und andererseits die Verpflichtung der Bundesbahn zur Beseitigung der vom Bahnbetrieb ausgehenden Gefahren (BGHZ 40, 28; vgl aber auch BGH LM Nr 17 zu § 683 BGB), die Verpflichtung zur Beseitigung eines einsturz-

gefährdeten Luftschutzstollens (BGHZ 40, 18, 21) und die Kennzeichnungspflicht des Eigentümers eines gesunkenen Schiffes (BGH NJW 1964, 1365). Eine privatrechtliche Pflicht, deren Erfüllung im öffentlichen Interesse liegt, ist auch die allgemeine Rechtspflicht im Binnenschiffsverkehr, Rücksicht auf die Gefährdung anderer zu nehmen und, wenn eine Gefahrenquelle geschaffen wird, die notwendigen Vorkehrungen zum Schutz Dritter zu treffen (Suche und Bergung eines verlorenen Ankers, BGH NJW 1969, 1205).

d) Öffentlichrechtliche Pflichten

Zu den öffentlichrechtlichen Pflichten, deren Erfüllung im öffentlichen Interesse **5** liegt, zählen fremde Steuerpflichten (RGZ 82, 390, 395; BGHZ 7, 346, 355; 41, 30, 33), die Polizeipflicht des Störers zur Beseitigung von Gefahren, die von dem Zustand einer Sache ausgehen (BGHZ 16, 12, 16), die Verpflichtung des Sozialversicherungsträgers zur Krankenhilfe und zum Krankentransport (§ 182 Abs 1 RVO; BGHZ 33, 251, 255), die Verpflichtung zur Bekämpfung von Bränden, die Unterhaltung von Straßen und Wegen (BGH NJW 1978, 1258), die Unterhaltung eines Fürsorgezöglings (RGZ 75, 276, 283), die Herstellung von Deichen, die Schaffung eines Kanalanschlusses (OLG Kolmar Recht 1902 Nr 141), die Wegschaffung Verunglückter von öffentlichen Straßen und Plätzen (RG JW 1910, 186), die Hebung eines Wracks zur Abwendung von Gefahren für die Schiffahrt (RGZ 75, 188, 189), die Beseitigung der Trümmer einer durch Kriegseinwirkung zerstörten Brücke (BGHZ 1, 62). Der öffentlichrechtliche Charakter der Verpflichtung des Geschäftsherrn schließt eine bürgerlichrechtliche Geschäftsführung ohne Auftrag nicht aus, sofern deren Voraussetzungen im übrigen gegeben sind. Bürgerlichrechtliche Geschäftsführung ohne Auftrag liegt vor, wenn der Geschäftsherr zwar ein Verwaltungsträger, der Geschäftsführer jedoch eine Privatperson ist (BGHZ 33, 251; aM WOLLSCHLÄGER, Erstattungsanspruch 92 f). Wenn hingegen eine Person des öffentlichen Rechts die öffentlichrechtliche Pflicht einer anderen Behörde erfüllt, so ist der Kostenausgleichsanspruch öffentlichrechtlicher Natur (BSG NJW 1958, 886; RIETDORF DÖV 1966, 253 f; BGB-RGRK/STEFFEN Vorbem 107 zu § 677; anders, jedoch insoweit überholt RGZ 75, 276, 283; RG WarnR 1922 Nr 206 = JW 1923, 78).

e) Öffentliches Interesse an der Erfüllung

Die Erfüllung der Pflicht des Geschäftsherrn muß objektiv im öffentlichen Interesse **6** liegen (BGHZ 4, 153, 161; BGH VersR 1956, 235; NJW 1978, 1258; BGB-RGRK/STEFFEN Rn 5). Gemeint ist dabei das konkrete Interesse an der Erfüllung gerade dieser Pflicht des Geschäftsherrn, nicht etwa das abstrakte Interesse der Gemeinschaft an der Erfüllung von Verbindlichkeiten überhaupt (so mit Recht LENT, Wille und Interesse 29 Anm 2).

f) Öffentliches Interesse am Eingreifen des Geschäftsführers

Das öffentliche Interesse an der Erfüllung einer Rechtspflicht des Geschäftsherrn als **7** solches führt aber noch nicht zur Unbeachtlichkeit des entgegenstehenden Geschäftsherrnwillens. Auch die Geschäftsführung, dh das Eingreifen des Geschäftsführers an Stelle des Geschäftsherrn, muß im öffentlichen Interesse liegen. Das öffentliche Interesse am Eingreifen Dritter ist also zwar nicht hinreichende, aber zusätzliche notwendige Voraussetzung für die Anwendung des § 679 (so im Ansatz bereits PLANCK Anm 2 a; grundlegend LENT, Wille und Interesse 29 ff; wie hier ferner BGB-RGRK/ STEFFEN Rn 6; PALANDT/THOMAS Rn 3; ENNECCERUS/LEHMANN § 166 II 1; LARENZ II 1 § 57 I a; BGH NJW 1978, 1258). Es liegt nicht immer im öffentlichen Interesse, daß öffentlich-

Roland Wittmann

rechtliche Verpflichtungen von anderen als denen erfüllt werden, für die diese Verpflichtung besteht. Das öffentliche Interesse kann vielmehr die Erfüllung der Verpflichtung durch den Verpflichteten selbst verlangen; das ist insbesondere der Fall bei Verpflichtungen mit Strafcharakter, doch können auch sonst öffentliche Belange dem Eingreifen Dritter entgegenstehen (Abtransport von Leichen). Nur dann, wenn es nicht auf die Erfüllung gerade durch den Verpflichteten, sondern auf die Erfüllung der Pflicht als solcher, ohne Rücksicht darauf, wer sie vornimmt, ankommt, wird das öffentliche Interesse das Eingreifen des Geschäftsführers fordern. Die Bezahlung fremder Steuerschulden liegt grundsätzlich im öffentlichen Interesse (RGZ 82, 390, 395; BGHZ 7, 346, 355; 41, 30, 33; aM PALANDT/THOMAS Rn 3; ERMAN/EHMANN Rn 2; MünchKomm/SEILER Rn 9). Sie widerspricht jedoch dem Interesse des Steuerpflichtigen, solange er die Möglichkeit hat, Erlaß oder Stundung zu beantragen (RGZ 147, 228, 231 = RG JW 1935, 1779). Der Dritte hat dann trotz § 679 keinen Aufwendungsersatzanspruch, da er mangels objektiver Nützlichkeit der Geschäftsführung als unberechtigter Geschäftsführer ohne Auftrag gehandelt hat (§ 683 S 1).

2. Gesetzliche Unterhaltspflicht

8 Der der Geschäftsführung entgegenstehende Wille des Geschäftsherrn ist auch dann unbeachtlich, wenn ohne die Geschäftsführung eine gesetzliche Unterhaltspflicht nicht rechtzeitig erfüllt werden würde. In diesem Fall wird ein besonderes öffentliches Interesse nicht gefordert. Hierher gehört vor allem die Erfüllung der ehe- und familienrechtlichen Unterhaltspflicht durch Dritte. Verpflichtungen zur Gewährung einer Geldrente auf schuldrechtlicher Grundlage, so aufgrund der §§ 843, 844 oder aufgrund des Reichshaftpflichtgesetzes fallen nicht unter § 679, da sie keine Unterhaltspflichten sind. Ebensowenig ist § 679 auf die Erfüllung rechtsgeschäftlich begründeter Unterhaltspflichten anwendbar. Eine gesetzliche Unterhaltspflicht verliert aber diesen Charakter nicht dadurch, daß sie im Wege eines Vertrages oder eines Prozeßvergleichs anerkannt oder näher geregelt wird (RGZ 164, 65). Zum Unterhalt gehört auch die Gewährung ärztlicher Behandlung (ZITELMANN 111 ff; OERTMANN Anm 2 b; BGB-RGRK/STEFFEN Rn 11; SOERGEL/MÜHL Rn 6; ERMAN/EHMANN Rn 3; PALANDT/THOMAS Rn 4; RGZ 156, 201; BGHZ 33, 251, 256). Die Zuziehung eines Arztes durch einen Ehegatten fällt jedoch in den von § 1357 Abs 1 bestimmten Kreis der Geschäfte, die nach der Neufassung dieser Vorschrift für und gegen beide Ehegatten wirken, ohne Unterschied, ob der Ehemann oder die Ehefrau den Behandlungsvertrag abgeschlossen hat. Das Bedürfnis für einen Anspruch des Arztes nach §§ 677, 683 S 1, 679 gegen die Ehefrau (LG Bonn FamRN 1970, 321; LG Bielefeld MDR 1966, 234; vgl auch STRUTZ NJW 1972, 1110), ist insoweit entfallen. Durch die Neufassung des § 1357 Abs 1 überholt sind auch die Bedenken des LG Stuttgart dagegen, daß die Zuziehung eines Zahnarztes durch die Ehefrau in den Rahmen der Haushaltsführung fällt (NJW 1961, 972). Überschreitet die ärztliche Behandlung den nach § 1357 Abs 1 nF maßgeblichen Rahmen der angemessenen Deckung des Lebensbedarfs, so hat der Arzt einen Anspruch nur gegen den Ehegatten, mit dem der Behandlungsvertrag besteht. Die Anerkennung eines Geschäftsführungsanspruchs gegen den anderen Ehegatten würde der Wertung des § 1357 Abs 1 zuwiderlaufen. Außerdem handelt der Arzt nicht in fremdnütziger Absicht für den anderen Ehegatten, weil dessen Unterhaltspflicht ihm gar nicht erkennbar ist (ebenso ERMAN/EHMANN Vorbem 12 zu § 677). Leistet ein Arzt ohne Mitwirkung der Eltern ärztliche Hilfe an ein Kind oder

behandelt er einen Ehegatten ohne Behandlungsvertrag mit diesem oder dem anderen Ehegatten, so sind in entsprechender Anwendung des § 1357 Abs 1 S 2 beide Ehegatten gemäß §§ 677, 683 S 1, 679 zum Aufwendungsersatz verpflichtet.

III. Rechtsfolgen

Sind die Voraussetzungen des § 679 gegeben, dann liegt, sofern die Übernahme der 9 Geschäftsführung objektiv dem Interesse des Geschäftsherrn entspricht, berechtigte Geschäftsführung ohne Auftrag vor. Der Geschäftsführer unterliegt also nicht der verschärften Haftung nach § 678. Die Vorschrift des § 678 greift auch dann nicht ein, wenn zwar der entgegenstehende Wille des Geschäftsherrn nach § 679 unbeachtlich ist, die Geschäftsführung jedoch gleichwohl unberechtigt ist, weil sie dem Geschäftsherrn objektiv nicht nützlich ist. Nimmt der Geschäftsführer irrtümlich an, daß die Voraussetzungen des § 679 gegeben seien und er deshalb die Geschäftsführung gegen den Willen des Geschäftsherrn übernehmen dürfe, so kann die verschärfte Haftung nach § 678 mangels Verschuldens ausscheiden. Soweit der Geschäftsherrnwille gemäß § 679 bei der Durchführung der Geschäftsführung unbeachtlich ist, verletzt der Geschäftsführer nicht die Sorgfaltspflicht des § 677, wenn er den Willen – nicht jedoch das objektive Interesse – des Geschäftsherrn außer acht läßt.

IV. Unbeachtlichkeit des Geschäftsherrnwillens nach §§ 134, 138

Die beiden Alternativen des § 679 enthalten keine abschließende Regelung der 10 Frage, wann ein der Geschäftsführung entgegenstehender Wille des Geschäftsherrn rechtlich nicht in Betracht kommt. Der entgegenstehende Wille des Geschäftsherrn ist vielmehr auch dann nicht zu beachten, wenn er (dh seine Betätigung) gegen ein gesetzliches Verbot oder gegen die guten Sitten im Rechtssinne verstößt, dh gröblich der öffentlichen Ordnung oder den anerkannten Grundsätzen des sozialen Zusammenlebens widerstreitet. Die für Rechtsgeschäfte geltenden Grundsätze der §§ 134, 138 sind insoweit entsprechend anzuwenden. Zwar ist bei den Beratungen der 2. Kommission ein Antrag, der ein Verbot des Geschäftsherrn für unbeachtlich erklären wollte, wenn das Verbot gegen die guten Sitten verstoße, abgelehnt worden, weil bei Annahme des Vorschlags alle sittlichen Pflichten zu Rechtspflichten erhoben würden. Diese Argumentation geht jedoch fehl. Die Anwendung des § 138 kann niemals ausgeschlossen sein (PLANCK Anm 2 c; BGB-RGRK/STEFFEN Vorbem 71 zu § 677). Auch werden durch die Anwendung des § 138 keineswegs alle sittlichen Pflichten zu Rechtspflichten erhoben, der Geschäftsherrnwille ist vielmehr nur dann unbeachtlich, wenn der wesentlich engere Rechtsbegriff des Verstoßes gegen die guten Sitten erfüllt ist. Die Unbeachtlichkeit des Geschäftsherrnwillens nach §§ 134, 138 hat mit einer analogen Anwendung des § 679 nichts zu tun, die Grundsätze der §§ 134, 138 stellen vielmehr jenseits des § 679 liegende Unbeachtlichkeitsgründe dar (verfehlt daher ENNECCERUS/LEHMANN § 166 II 1). Im Unterschied zu § 679 wird eine Rechtspflicht des Geschäftsherrn nicht vorausgesetzt. Andererseits genügt auch nicht eine sittliche Pflicht des Geschäftsherrn. Es verstößt auch nicht immer die Erklärung des Geschäftsherrn, daß er die Erfüllung seiner sittlichen Pflichten verbiete, gegen die guten Sitten. Es genügt aber auch nicht, daß das Eingreifen des Geschäftsführers im öffentlichen Interesse erfolgt. Der entgegenstehende Geschäftsherrnwille muß vielmehr gegen ein gesetzliches Verbot oder gegen die guten Sitten verstoßen. Unbeachtlich ist hiernach insbesondere die *der Rettungshandlung* entgegenstehende Wille

Roland Wittmann

des Selbstmörders. Wer bei Unglücksfällen oder gemeiner Gefahr oder Not nicht Hilfe leistet, obwohl dies erforderlich und ihm den Umständen nach zuzumuten, insbesondere ohne erhebliche eigene Gefahr und ohne Verletzung anderer wichtiger Pflichten möglich ist, wird gemäß § 323 c StGB bestraft. Diese Hilfeleistungspflicht gilt auch, wenn der Betroffene das Unglück absichtlich herbeigeführt hat oder herbeiführen will, also auch beim Selbstmordversuch (BGHSt 6, 147 = NJW 1954, 1049). Die von der Rechtsordnung gebotene Rettungshandlung kann nicht dem Selbstmörder gegenüber rechtswidrig sein. Der entgegenstehende Wille des Selbstmörders kann daher keine rechtliche Anerkennung finden. Zwar ist der Selbstmord als solcher nicht gesetzlich verboten. Da aber die Hilfeleistungspflicht des § 323 c StGB bei Unglücksfällen den Selbstmordversuch mit einbegreift, ist dem gesetzlichen Gebot der Hilfeleistung die Unbeachtlichkeit des der Rettungshandlung entgegenstehenden Willens des Selbstmörders inhärent. Erst recht unbeachtlich ist der Wille des Selbstmörders, wenn der Retter über die Verpflichtung des § 323 c StGB hinausgeht, wenn er sich also zB in erhebliche eigene Gefahr begibt. Der *der Rettungshandlung* entgegenstehende Wille des Selbstmörders verstößt aber auch gegen die guten Sitten. Dabei geht es nicht um die sittliche Berechtigung des Selbstmordes im allgemeinen oder im konkreten Einzelfall. Es ist also nicht darum zu tun, den in freier Verantwortung getroffenen Entschluß, das Leben zu beenden, als sittenwidrig zu qualifizieren (verfehlt daher ERMAN/EHMANN Rn 4; ESSER/WEYERS, II § 46 II 3; MünchKomm/ SEILER Rn 13). Entscheidend ist vielmehr, daß die Rettungshandlung sittlich geboten ist und der Wille des Selbstmörders mit diesem Gebot in Widerspruch steht (so mit Recht LARENZ II 1 § 57 I a). Daher ist selbst die gewaltsame Verhinderung des Selbstmordes und die Rettung des Selbstmörders berechtigte Geschäftsführung ohne Auftrag nicht nur im Verhältnis zur Polizei (aM LENT, Wille und Interesse 34), sondern auch im Verhältnis zum Betroffenen als Geschäftsherrn. Sie ist nicht rechtswidrig und berechtigt nach §§ 683 S 1, 670 zum Ersatz von Aufwendungen und zum Ersatz von Schäden, die aus der Gefährlichkeit der Rettungshandlung resultieren. Der Anspruch nach §§ 683 S 1, 670 besteht allerdings nur insoweit, als Leistungen des Trägers der Sozialversicherung gemäß § 539 Abs 1 Nr 9 RVO nicht ausreichen. Zum Verhältnis beider Ansprüche vgl § 683 Rn 6. Einen Aufwendungsersatzanspruch hat insbesondere auch der Arzt, der dem bewußtlosen Selbstmörder erste Hilfe leistet. Das Bedürfnis für die Anwendung der §§ 134, 138 entfällt, wenn der Selbstmörder nach § 105 Abs 2 vorübergehend geistesgestört ist oder wenn er sich nachträglich mit seiner Rettung einverstanden erklärt (§ 684 S 2). Ein Anspruch des Retters aus § 823 Abs 1 ist abzulehnen, da der Selbstmordversuch als solcher nicht rechtswidrig ist (aM MünchKomm/SEILER Rn 13 unter Hinweis auf die schadensrechtliche Rspr zu den Herausforderungsfällen; hierzu s jedoch MEDICUS Rn 653).

V. Beweislast

11 Der Beweis, daß die Voraussetzungen des § 679 gegeben sind, obliegt dem Geschäftsführer, der Rechte aus der Geschäftsführung oder den Ausschluß seiner Haftung nach § 678 oder nach § 677 geltend macht.

§ 680

Bezweckt die Geschäftsführung die Abwendung einer dem Geschäftsherrn drohenden dringenden Gefahr, so hat der Geschäftsführer nur Vorsatz und grobe Fahrlässigkeit zu vertreten.

Materialien: E I § 750; II § 611; III § 667; Mot
II 858; Prot II 727, 728.

I.   Regelungsziel

1.   Grund der Haftungsmilderung

Der Vorschrift liegt der Gedanke zugrunde, daß ein Eingreifen Dritter bei dringen- **1** der Gefahr im allgemeinen Interesse erwünscht ist, die Haftung des Geschäftsführers für jede Fahrlässigkeit aber unbillig wäre, weil er mit seinem helfenden Eingreifen zur Abwendung der Gefahr gleichsam eine moralische Pflicht erfüllt (Mot II 858; Teilentwurf Abschnitt II, Tit 4, V S 15). Darüber hinaus ist die Haftungsmilderung auch deshalb innerlich gerechtfertigt, weil der Geschäftsführer sich in den Mitteln der Hilfe wegen der notwendigen Schnelligkeit der Entschließung leicht vergreifen kann (BGHZ 43, 188, 194; BGH LM Nr 14 zu § 677 BGB = Betrieb 1972, 721; BGH NJW 1975, 207, 209). Den Gedanken der Privilegierung des Notgeschäftsführers übernahm der Gesetzgeber vom römischen Recht, er verwarf jedoch die zu weitgehende Freistellung auch von der Haftung für grobe Fahrlässigkeit. Die Haftungsmilderung gilt auch für den professionellen Nothelfer (Notarzt, Angehöriger der Bergwacht), jedoch mit der Maßgabe, daß der an ihn anzulegende berufsspezifische Sorgfaltsmaßstab eher zur Überschreitung der Grenze zur groben Fahrlässigkeit führt als bei anderen Nothelfern (wie hier auch MünchKomm/SEILER § 680 Rn 6).

2.   Anwendungsbereich

Liegt berechtigte Geschäftsführung ohne Auftrag vor, entspricht also die Über- **2** nahme der Geschäftsführung dem Interesse und dem wirklichen oder mutmaßlichen Willen des Geschäftsherrn (§ 683 S 1), so haftet der Geschäftsführer wegen Verletzung der Sorgfaltspflicht des § 677 bei der Durchführung des Geschäfts, sofern die Voraussetzungen des § 680 vorliegen, nur für Vorsatz und grobe Fahrlässigkeit. Die Haftungsmilderung ist für die berechtigte Geschäftsführung ohne Auftrag auch dann von Bedeutung, wenn der Geschäftsherr für die Herbeiführung der gefährlichen Situation dem Geschäftsführer haftungsrechtlich verantwortlich ist und der Geschäftsherr das Mitverschulden des Geschäftsführers (§ 254) geltend macht; die in § 680 enthaltene Wertung schließt die Anrechnung des Mitverschuldens bei nur leichter Fahrlässigkeit des Geschäftsführers aus (BGHZ 43, 188, 194). Der berechtigte Geschäftsführer ohne Auftrag kann, wenn die Voraussetzungen der Haftungsmilderung vorliegen, nach §§ 683 S 1, 670 nicht nur den Ersatz der aus der Gefahr resultierenden Zufallsschäden verlangen, sondern auch den Ersatz solcher Schäden, die er bei seinem Eingreifen zur Abwendung der Gefahr infolge leichter Fahrlässigkeit erleidet (BGH LM Nr 14 zu § 677 BGB = Betrieb 1972, 721). Handelt es sich um unberechtigte Geschäftsführung ohne Auftrag, also um eine interessenwidrige oder unerwünschte Geschäftsführung, die vom Geschäftsherrn auch nicht genehmigt wird, so beschränkt sich die Deliktshaftung des Geschäftsführers nach §§ 823 ff auf Vorsatz und grobe Fahrlässigkeit, wenn die Voraussetzungen des § 680 gegeben sind (ebenso MünchKomm/Seiler Rn 7; Erman/Ehmann Rn 1; Soergel/Mühl Rn 1). Die verschärfte Haftung für schuldhaft-unerwünschte Geschäftsführung nach § 678 greift im Falle der Notgeschäftsführung des § 680 nur Platz, wenn der Geschäftsführer gewußt oder infolge grober Fahrlässigkeit nicht erkannt hat, daß die Übernahme der Geschäftsführung dem Willen des Geschäftsherrn widersprach (BGHZ 43, 188, 193; BGH NJW 1972, 475; BGB-RGRK/Steffen Rn 10; Soergel/Mühl Rn 1; MünchKomm Seiler Rn 10; Erman/Ehmann Rn 1; Palandt/Thomas Rn 1; Medicus Rn 433).

II. Voraussetzungen der Haftungsmilderung

1. Dringende Gefahr

3 Es genügt nicht das Bestehen einer Gefahrenlage als solcher. Die Haftungsmilderung tritt vielmehr nur dann ein, wenn eine dringende Gefahr für die Person oder das Vermögen des Geschäftsherrn vorliegt. Eine dringende Gefahr ist gegeben, wenn eine Schädigung des Geschäftsherrn unmittelbar droht.

2. Gefahr für die Person oder das Vermögen des Geschäftsherrn

4 Die Gefahr, zu deren Abwendung der Geschäftsführer gehandelt haben muß, kann der Person oder dem Vermögen (BGH VersR 1970, 620, 622) des Geschäftsherrn gedroht haben. Die Haftungsmilderung greift aber auch dann ein, wenn die Gefahr die Person oder das Vermögen von Familien- oder Hausangehörigen des Geschäftsherrn bedroht (Oertmann Anm 1; Erman/Ehmann Rn 2; Soergel/Mühl Rn 3; BGB-RGRK/Steffen Rn 4; Enneccerus/Lehmann § 166 II 2). Das allgemeine Interesse an schnellen Entschlüssen zur Hilfeleistung bei dringender Gefahr gebietet entgegen Prot II 728 auch in solchen Fällen die Anwendung des Haftungsmaßstabs des § 680.

3. Beurteilung der Gefahrenlage aus der Sicht des Geschäftsführers

5 Wie nach dem Wortlaut des § 680 nicht zu bezweifeln, ist Voraussetzung seiner Anwendbarkeit nicht, daß die Gefahr wirklich bestand, sondern nur, daß der Geschäftsführer in der Absicht tätig geworden ist, eine Gefahr abzuwenden. Die Haftungsmilderung greift daher auch dann Platz, wenn der Geschäftsführer ohne Verschulden irrtümlich annahm, daß eine Gefahrenlage vorliege (ebenso Erman/ Ehmann Rn 2; aM MünchKomm/Seiler Rn 5). Darüber hinaus folgt aber aus dem Zweck des § 680, dem allgemeinen Interesse an der Hilfeleistung bei dringender Gefahr Rechnung zu tragen, seine Anwendbarkeit auch dann, wenn der Geschäftsführer infolge leichter Fahrlässigkeit dem Irrtum über die Gefahrenlage erlegen ist (wie hier BGB-RGRK/Steffen Rn 7; Palandt/Thomas Rn 2; aM Dietrich JZ 1974, 535, 539; Erman/ Ehmann Rn 2).

4. Haftungsmilderung auch bei erfolgloser Geschäftsführung

6 Es genügt die Absicht des Geschäftsführers, die dem Geschäftsherrn, seinen Ange-

hörigen oder ihm sonst nahestehenden Personen drohende dringende Gefahr abzuwenden. Dadurch, daß der Geschäftsführer nicht vermocht hat, die Gefahr wirklich abzuwenden, wird die Haftungsmilderung nicht ausgeschlossen (BGHZ 43, 188, 192; BGH VersR 1970, 620, 621; SOERGEL/MÜHL Rn 8).

III. Rechtsfolgen

1. Haftungsmaßstab

Der Geschäftsführer haftet für Vorsatz und grobe Fahrlässigkeit. Grobe Fahrlässig- **7** keit liegt vor, wenn die im Verkehr erforderliche Sorgfalt in besonders schwerer Weise verletzt wird (BGH NJW 1972, 475). Ob ein schwerer Sorgfaltsverstoß gegeben ist, muß grundsätzlich ohne Rücksicht auf die Gefahrenlage beurteilt werden, da der Grund der Haftungsmilderung, schnelle Entschlüsse zur Hilfeleistung bei dringender Gefahr zu privilegieren, nicht erneut bei der Frage der groben Fahrlässigkeit zugunsten des Geschäftsführers verwertet werden darf. Bei besonderer Dringlichkeit der Gefahr, die dem Geschäftsführer keine Zeit zur Überlegung läßt, werden jedoch an die Bejahung eines schweren Sorgfaltsverstoßes strengere Anforderungen zu stellen sein (vgl BGH aaO: Geschäftsführung für einen Volltrunkenen, der im Begriff ist, selbst zu fahren, aber vom betrunkenen Geschäftsführer nach Hause gefahren wird). Wird durch die Notgeschäftsführung zugunsten des Geschäftsherrn, seiner Angehörigen oder ihm sonst nahestehender Personen ein Dritter geschädigt, so ist der Haftungsmaßstab des § 680 gegenüber dem Dritten unanwendbar (BGH NJW 1972, 475).

2. Ersatzpflicht

Wird der Geschäftsherr durch den Notgeschäftsführer vorsätzlich geschädigt, so ist **8** dieser zum Ersatz des gesamten, dem Geschäftsherrn erwachsenden Schadens verpflichtet. Bei Berechnung des durch grobe Fahrlässigkeit des Geschäftsführers dem Geschäftsherrn zugefügten Schadens ist der Wert der aus drohender dringender Gefahr geretteten Vermögensgegenstände und die Bedeutung der Rettung von Personen für den Geschäftsherrn zu berücksichtigen. Anders BGB-RGRK/STEFFEN Rn 13, da diese Rettung eine Erhaltung des Vermögens, nicht aber einen Vermögenszuwachs bedeutet, der einer Vermögensminderung im Wege der Vorteilsausgleichung gegenübergestellt werden könne. Dem kann nicht zugestimmt werden; die drohende dringende Gefahr ist bereits als (potentielle) Vermögensminderung zu veranschlagen.

IV. Beweislast

Der Beweis, daß die Voraussetzungen des § 680 vorliegen, obliegt dem Geschäfts- **9** führer, der sich auf die Haftungserleichterung beruft.

V. Beachtlichkeit des Geschäftsherrnwillens trotz Haftungsmilderung

Auch wenn die Geschäftsführung die Abwendung einer dem Geschäftsherrn drohen- **10** den dringenden Gefahr bezweckt, bleibt der gegen eine Geschäftsführung gerichtete Wille des Geschäftsherrn erheblich und macht die Geschäftsführung unberechtigt (so mit Recht RGZ 101, 19; BGB-RGRK/STEFFEN Rn 14; SOERGEL/MÜHL Rn 1; ERMAN/EHMANN

Rn 3). Der Geschäftsführer handelt also – anders als im Fall des § 679 – widerrechtlich und hat keinen Anspruch auf Aufwendungsersatz gemäß §§ 683 S 1, 670. Für Übernahmeverschulden (§ 678) haftet er aber nur bei Vorsatz und grober Fahrlässigkeit (vgl oben Rn 2).

VI. Entsprechende Anwendbarkeit

11 Da der Beauftragte in Erfüllung einer mit dem Auftrag übernommenen Rechtspflicht tätig wird, ist auf seine Haftung der Maßstab des § 680 nicht ohne weiteres entsprechend anwendbar. Doch kann bei einem Auftrag, eine dringende Gefahr vom Auftraggeber abzuwenden, die Haftungsmilderung des § 680 als stillschweigend vereinbart anzusehen sein (vgl Vorbem 5 zu §§ 662 ff).

§ 681

Der Geschäftsführer hat die Übernahme der Geschäftsführung, sobald es tunlich ist, dem Geschäftsherrn anzuzeigen und, wenn nicht mit dem Aufschube Gefahr verbunden ist, dessen Entschließung abzuwarten. Im übrigen finden auf die Verpflichtungen des Geschäftsführers die für einen Beauftragten geltenden Vorschriften der §§ 666 bis 668 entsprechende Anwendung.

Materialien: E I § 751; II § 612; III § 668; Mot
II 859; Prot II 728.

I. Regelungsziel

1. Grundgedanken

1 Die Vorschrift stellt neben die im § 677 enthaltene Sorgfaltspflicht des Geschäftsführers einige weitere Pflichten, die die Durchführung und die Abwicklung der Geschäftsführung betreffen. Die Anzeige- und Wartepflicht ist im Verhältnis zur Sorgfaltspflicht des § 677 eine Nebenpflicht. Der Geschäftsführer hat insoweit eine ähnliche Stellung wie ein Beauftragter, der von den Weisungen des Auftraggebers abweichen will, nur geht es hierbei nicht um die Abweichung von den Weisungen, sondern um das Fehlen jeglicher Weisung; außerdem ist der Geschäftsführer zur Anzeige erst verpflichtet, sobald es tunlich ist. Weitere Nebenpflichten sind die Benachrichtigungspflicht und die Pflicht zur Auskunftserteilung. Die Herausgabepflicht dient nebst der Rechenschaftspflicht der Abwicklung der Geschäftsführung. Die Verzinsungspflicht ergänzt die Herausgabepflicht. Der berechtigte Geschäftsführer ohne Auftrag hat damit im Ergebnis weitgehend die gleichen Verpflichtungen wie ein Beauftragter.

2. Anwendungsbereich

2 Ebenso wie die Sorgfaltspflicht des § 677 greifen auch die in § 681 bestimmten Pflichten nur bei berechtigter (§ 683 S 1) oder genehmigter (§ 684 S 2) Geschäftsführung

ohne Auftrag Platz. Sie gelten nicht bei unberechtigter Geschäftsführung ohne Auftrag. Für die Herausgabepflicht ergibt sich das schon aus dem Satz des Widerspruchs. § 684 S 1 verpflichtet den Geschäftsherrn, alles, was er durch die Geschäftsführung erlangt, nach den Vorschriften des Bereicherungsrechts herauszugeben. Damit scheidet (mangels Genehmigung) eine Herausgabepflicht des Geschäftsführers aus § 681 S 2 iVm § 667 aus. Der Geschäftsherr kann, wenn er die Genehmigung nach § 684 S 2 verweigert, nicht die Vorteile der Geschäftsführung für sich in Anspruch nehmen (Mot II 859; Prot II 782; Lent, Wille und Interesse 7; Larenz II 1 § 57; Helm, Gutachten 405; verfehlt Wollschläger 46). Doch auch die übrigen in § 681 bestimmten Pflichten greifen nur bei berechtigter Geschäftsführung ohne Auftrag ein, da das gesetzliche Schuldverhältnis insgesamt nur entsteht, wenn die Voraussetzungen des § 683 S 1 vorliegen (ebenso BGB-RGRK/Steffen Rn 1; Soergel/Mühl Rn 1; Fikentscher Rn 943; Medicus Rn 432; aM MünchKomm/Seiler Rn 2; Erman/Ehmann Rn 1). In der Geltendmachung eines Herausgabeanspruchs kann die Genehmigung der unberechtigten Geschäftsführung liegen, sofern der Geschäftsherr nicht nur die vom Geschäftsführer erlangte Bereicherung geltend macht (RGZ 63, 280, 286; BGB-RGRK/Steffen § 684 Rn 16). Der unberechtigte Geschäftsführer ohne Auftrag hat geschäftsführungsrechtlich auch keine Auskunfts- und Rechenschaftspflicht. Der Geschäftsherr hat jedoch einen Anspruch auf Auskunft und Rechnungslegung nach dem allgemeinen Rechtsgrundsatz, daß eine Auskunfts- und Rechenschaftspflicht über die gesetzlich geregelten Fälle hinaus dann besteht, wenn der Berechtigte entschuldbarerweise über das Bestehen oder über den Umfang seiner Rechte im Ungewissen ist, der Verpflichtete aber unschwer die Auskunft erteilen kann (RGZ 158, 377, 379; BGH LM Nr 2 zu § 677 BGB; BGHZ 10, 385, 387; BGHZ 55, 201, 203; vgl auch § 260 Rn 11; wie hier auch BGB-RGRK/Steffen § 684 Rn 7). Die Ansprüche gegen den unberechtigten Geschäftsführer, über die eine Ungewißheit bestehen kann, sind jene aus §§ 812 ff, §§ 823 ff und der Anspruch aus § 678. Auch muß der Geschäftsherr, der sich über die Frage klar werden will, ob er eine unberechtigte Geschäftsführung ohne Auftrag genehmigen soll, die Möglichkeit haben, Auskunft und Rechenschaft zu verlangen (Planck Anm 3; RG WarnR 1927 Nr 57). Im Falle der böswilligen Eigengeschäftsführung erklärt § 687 Abs 2 S 1 den § 681, also auch die §§ 666–668 ausdrücklich für anwendbar.

II. Die Verpflichtungen des Geschäftsführers

1. Anzeige- und Wartepflicht

Der Geschäftsführer hat die Übernahme der Geschäftsführung, sobald es tunlich ist, **3** dem Geschäftsherrn anzuzeigen. Die Tunlichkeit der Anzeige beurteilt sich nach den Umständen des Einzelfalles. Wenn der Geschäftsführer den Geschäftsherrn leicht erreichen kann, so wird die Anzeige idR sofort erfolgen müssen. Wenn nicht Gefahr im Verzug ist, hat der Geschäftsführer nach der Anzeige die Entschließung des Geschäftsherrn abzuwarten. Zusammen mit der Anzeigepflicht dient die Wartepflicht dazu, den Willen des Geschäftsherrn für die Durchführung des Geschäfts (§ 677) zu ermitteln. Auch die Entstehungsgeschichte ergibt, daß die im 1. Entwurf nicht enthaltene Vorschrift des § 681 S 1 von der 2. Kommission aufgenommen wurde, um dem Geschäftsführer zur Erforschung des Willens des Geschäftsherrn einen objektiven Anhalt zu geben (Prot II 727; zur Bedeutung des Willens des Geschäftsherrn neben dem Interesse bei der Durchführung des Geschäfts vgl § 677 Rn 4; Medicus Rn 426). Der Geschäftsführer kann auch die erst geplante Übernahme der Geschäftsführung dem Geschäftsherrn anzeigen; eine Rechtspflicht hierzu besteht jedoch nicht, da § 681 S 1 die bereits erfolgte Übernahme voraussetzt (ebenso BGB-RGRK/STEFFEN Rn 3). Die Verletzung der Anzeigepflicht des § 681 S 1 schließt daher auch berechtigte Geschäftsführung ohne Auftrag nicht aus (BGHZ 65, 354, 356; MEDICUS Rn 412). In den Fällen des § 679 wird die Unterlassung der Anzeige und des Abwartens regelmäßig keinen Ersatzanspruch des Geschäftsherrn begründen (OLG Zweibrücken SeuffA 64 Nr 69). Dennoch entfällt die Anzeigepflicht auch in solchen Fällen nicht, da die Anzeige den Geschäftsherrn umstimmen und ihn veranlassen kann, das Geschäft selbst zu führen (BGHZ 65, 354, 357; BGB-RGRK/STEFFEN Rn 8).

2. Informationspflichten

4 Der Geschäftsführer hat dem Geschäftsherrn wie ein Beauftragter die erforderlichen Nachrichten zu geben (vgl § 666 Rn 4), auf Verlangen über den Stand des Geschäfts Auskunft zu erteilen (vgl § 666 Rn 6, 7) und nach der Ausführung des Geschäfts Rechenschaft abzulegen (vgl § 666 Rn 8−11).

3. Herausgabepflicht

5 Der Geschäftsführer hat dem Geschäftsherrn alles, was er aus der Geschäftsbesorgung erlangt, herauszugeben. Die Herausgabepflicht erstreckt sich auch auf den Gewinn (ebenso MünchKomm/SEILER Rn 7). Wie der Beauftragte, so soll auch der berechtigte Geschäftsführer ohne Auftrag, der freiwillig zur Wahrnehmung und Förderung fremder Interessen tätig wird, durch die Gechäftsführung nichts verlieren (§ 683 S 1 iVm § 670), aber auch nichts gewinnen (§ 681 S 2 iVm § 677). Der geschäftsunfähige oder beschränkt geschäftsfähige Geschäftsführer haftet jedoch gemäß § 682 nur nach Bereicherungsrecht. Der durch die Insassenversicherung versicherte Mitfahrer hat gegen den Versicherungsnehmer keinen Anspruch nach §§ 681 S 2, 667 auf Geltendmachung der Versicherung oder auf Auszahlung der Versicherungssumme, da der Abschluß der Insassenversicherung nicht in Geschäftsführungsabsicht für den Mitfahrer erfolgt (BGHZ 64, 260, 262). Nimmt der Versicherungsnehmer die Versicherung in Anspruch, so ergibt sich die Pflicht zur Auszahlung der Versicherungssumme aus einer gesetzlichen Treuhänderstellung des Versicherungsnehmers (BGH NJW 1973, 1368; ESSER § 99 I Anm 4; ERMAN/EHMANN Rn 2; aM BGB-RGRK/STEFFEN Vorbem 34 zu § 677). Bei unberechtigter, vom Geschäftsherrn auch nicht genehmigter Geschäftsführung hat der Geschäftsherr gegen den Geschäftsführer keinen Anspruch nach §§ 681 S 2, 667, sondern nur einen Bereicherungsanspruch auf Herausgabe dessen, was der Geschäftsführer auf seine Kosten erlangt hat; herauszugeben sind danach insbesondere Sachen des Geschäftsherrn, die der unberechtigte Geschäftsführer an sich genommen hat. Für den Bereicherungsanspruch des Geschäftsherrn fehlt eine dem § 684 S 1 entsprechende Rechtsfolgeverweisung. Es muß daher auch der Tatbestand einer ungerechtfertigten Bereicherung vorliegen (ebenso BGB-RGRK/STEFFEN § 684 Rn 8). Was der Geschäftsherr durch die unberechtigte Geschäftsführung erlangt hat, muß er seinerseits dem Geschäftsführer herausgeben (§ 684 S 1).

4. Verzinsungspflicht

6 Schließlich hat der Geschäftsführer Geld, das er eigennützig für sich verwendet hat, während er es dem Geschäftsherrn herauszugeben oder für ihn zu verwenden hatte, von der Zeit der Verwendung an zu verzinsen (§§ 681 S 2, 668). Zum Begriff der Eigenverwendung vgl § 668 Rn 2.

III. Tod des Geschäftsherrn oder des Geschäftsführers

Der Tod des Geschäftsherrn hat auf bereits entstandene Verpflichtungen aus § 681 **7** keinen Einfluß. Wenn das gesetzliche Schuldverhältnis durch den Tod des Geschäftsherrn erlischt, besteht eine etwaige ausnahmsweise Fortführungsverpflichtung des Geschäftsführers (vgl § 677 Rn 5) als Notbesorgungspflicht in Analogie zu § 672 S 2 fort. Im Fall des Todes des Geschäftsführers gehen seine bereits entstandenen Verpflichtungen auf die Erben über (Mot II 859). Für eine etwaige Fortführungspflicht gilt § 673 S 2 entsprechend (wie hier BGB-RGRK/Steffen Rn 10).

IV. Schadensersatz

Schuldhafte Verletzung der Anzeige- und Wartepflicht macht den Geschäftsführer **8** schadensersatzpflichtig (RG JW 1913, 921; BGHZ 65, 354, 357). Das gleiche gilt für die Informationspflicht nach § 681 S 2 iVm § 666. Der Geschäftsführer kann die Unterlassung einer Mitteilung nicht damit rechtfertigen, daß er demnächst von der Geschäftsführung zurückgetreten sei (RGZ 63, 280, 285; BGB-RGRK/Steffen Rn 7; Krückmann JW 1917, 576 ff). Der geschäftsunfähige oder beschränkt geschäftsfähige Geschäftsführer haftet gemäß § 682 nur deliktsrechtlich.

V. Beweislast

Macht der Geschäftsherr die Verletzung der Anzeige- und Wartepflicht des § 681 S 1 **9** geltend, so muß er beweisen, daß die Anzeige früher tunlich gewesen wäre; der Geschäftsführer muß beweisen, daß mit dem Aufschub Gefahr verbunden war.

§ 682

Ist der Geschäftsführer geschäftsunfähig oder in der Geschäftsfähigkeit beschränkt, so ist er nur nach den Vorschriften über den Schadensersatz wegen unerlaubter Handlungen und über die Herausgabe einer ungerechtfertigten Bereicherung verantwortlich.

Materialien: E I § 752; II § 613; III § 669; Mot II 860; Prot II 729.

I. Geschäftsfähigkeit und Gestionsfähigkeit

1. Regelungsziel des § 682

Das Gesetz enthält keine Vorschrift darüber, ob das gesetzliche Schuldverhältnis der **1** berechtigten Geschäftsführung ohne Auftrag auch dann entstehen kann, wenn jemand, der geschäftsunfähig oder in der Geschäftsfähigkeit beschränkt ist, die Geschäftsführung für einen anderen übernimmt. Eine Regelung wird nur gegeben für die Haftung des nicht voll geschäftsfähigen Geschäftsführers, also für die gemeinrechtliche actio negotiorum gestorum directa, ohne Unterschied, ob es sich um eine berechtigte oder um eine unberechtigte Geschäftsführung ohne Auftrag handelt. Der nicht voll geschäftsfähige Geschäftsführer haftet danach nur deliktsrechtlich und nach Bereicherungsrecht. Geschützt werden soll durch diese Regelung in erster Linie der nicht voll geschäftsfähige, berechtigte oder unberechtigte Geschäftsführer. In zweiter Linie sollte die Vorschrift aber auch dem Schutz des Geschäftsherrn dienen. Die 1. Kommission stellte sich auf den Standpunkt, daß für die Übernahme der Geschäftsführung die Vorschriften über Rechtsgeschäfte entsprechend zu gelten hätten (Mot II 860). Man beabsichtige daher, zugleich auch die Interessen des Geschäftsherrn dadurch zu sichern, daß ihm wenigstens die Ansprüche aus unerlaubter Handlung und aus ungerechtfertigter Bereicherung erhalten bleiben sollten. Die Frage, ob der nicht voll geschäftsfähige Geschäftsführer unter den Voraussetzungen des § 683 S 1 einen Aufwendungsersatzanspruch haben kann, stand gar nicht zur Erörterung.

2. Berechtigte Geschäftsführung ohne Auftrag trotz Fehlens voller Geschäftsfähigkeit

2 Der Standpunkt der 1. Kommission, daß für die Geschäftsführung ohne Auftrag generell die Vorschriften über Rechtsgeschäfte gelten, läßt sich nicht aufrechterhalten. § 682 ist zwar entstehungsgeschichtlich eine Folge dieses Standpunkts, ersetzt aber nicht das Erfordernis, daß die Vorschriften über die Geschäftsfähigkeit auf das gesetzliche Schuldverhältnis der Geschäftsführung ohne Auftrag nur insoweit angewendet werden können, als dies sachlich geboten und angemessen erscheint. Entscheidend hierfür ist, worauf die Geschäftsführung gerichtet ist. Wenn der Geschäftsführer im eigenen Namen, aber für Rechnung des Geschäftsherrn Rechtsgeschäfte abschließen will, so ist volle Geschäftsfähigkeit oder – bei beschränkter Geschäftsfähigkeit – die Zustimmung des gesetzlichen Vertreters erforderlich. Für den Abschluß von Rechtsgeschäften im Namen des Geschäftsherrn genügt hingegen beschränkte Geschäftsfähigkeit (§§ 165, 179 Abs 3 S 2). Richtet sich die Geschäftsführung auf eine tatsächliche Tätigkeit (zB auf die Rettung des Geschäftsherrn aus einer Gefahrenlage), so passen die Vorschriften über Rechtsgeschäfte überhaupt nicht (ebenso BGB-RGRK/STEFFEN Rn 4). Es ist nicht einzusehen, weshalb der beschränkt geschäftsfähige Retter nicht einen zustimmungsfreien Anspruch auf Aufwendungsersatz und weshalb der geschäftsunfähige Retter überhaupt keinen Anspruch auf Aufwendungsersatz haben soll (anders LG Aachen NJW 1963, 1252). Es muß insoweit die Fähigkeit genügen, rein tatsächlich fremde Interessen wahrzunehmen (**Gestionsfähigkeit**). Aus § 682 folgt, daß die Gestionsfähigkeit entsprechend der Deliktsfähigkeit zu beurteilen ist (§§ 827, 828). Danach kann ein Geisteskranker in einem lichten Augenblick Geschäftsführer sein. Rettet er einen Ertrinkenden, so steht ihm gemäß §§ 683 S 1, 670 ein Anspruch auf Schadloshaltung wegen des ihm durch die Rettungshandlung erwachsenden Schadens zu. Bei beschränkter Geschäftsfähigkeit kommt es darauf an, ob der Geschäftsführer die für die Förderung fremder Interessen erforderliche Einsicht hat. Einen Aufwendungsersatzanspruch des nicht voll geschäftsfähigen Geschäftsführers bei rein tatsächlichem Handeln bejahen auch BGB-RGRK/STEFFEN Rn 5; ERMAN/EHMANN Rn 2; FLUME

AT § 13, 11 e; LARENZ II 1 § 57 I a aE; CANARIS NJW 1964, 1988. Soweit demnach berechtigte Geschäftsführung ohne Auftrag trotz Fehlens der Geschäftsfähigkeit möglich ist, bleibt das gesetzliche Schuldverhältnis auch die *Grundlage* für die Verpflichtungen des Geschäftsführers. § 682 enthält insoweit nur eine *Rechtsfolgeverweisung* (aM ERMAN/EHMANN Rn 3; PALANDT/THOMAS Rn 2), schränkt also die Haftung für Schadenszufügung sowie die Herausgabepflicht ein (RGZ 81, 205; LARENZ II § 57 I a aE). Verletzt der nicht voll geschäftsfähige Geschäftsführer die Sorgfaltspflicht des § 677 oder die Anzeige- und Warnpflicht des § 681 S 1, so haftet er nur unter den Voraussetzungen der §§ 827, 828; die gleiche Einschränkung würde sich übrigens schon aus § 276 Abs 1 S 3 ergeben. Der Herausgabeanspruch gegen den nicht voll geschäftsfähigen Geschäftsführer gemäß §§ 681 S 2, 667 ist nach §§ 682, 818 Abs 3 dem Entreicherungseinwand ausgesetzt.

3. Unberechtigte Geschäftsführung ohne Auftrag

Bei fehlender Geschäftsfähigkeit des Geschäftsführers kann die Geschäftsführung **3** schon deshalb unberechtigt sein, weil die Tätigkeit eines Geschäftsunfähigen oder eines beschränkt Geschäftsfähigen dem Interesse des Geschäftsherrn nicht entspricht oder ihm unerwünscht ist. Die Regel des § 682 führt bei unberechtigter Geschäftsführung ohne Auftrag zum Ausschluß der verschärften Haftung aus § 678. Die Herausgabepflicht des Geschäftsführers beurteilt sich bei unberechtigter Geschäftsführung ohne Auftrag ohnehin nicht nach §§ 681 S 2, 667, sondern nach Bereicherungsrecht.

4. Böswillige Eigengeschäftsführung

Die Regel des § 682 gilt auch zugunsten des böswilligen Eingreifers. Er haftet also, **4** wenn er nicht voll geschäftsfähig ist, nicht nach § 678. Seine Herausgabepflicht gemäß §§ 687 Abs 2, 681 S 2, 667 ist auf die noch vorhandene Bereicherung beschränkt (§ 818 Abs 3), sofern er nicht gemäß § 819 Abs 1, § 828 analog verschärft haftet.

II. Fehlende Geschäftsfähigkeit des Geschäftsherrn

Geschäftsfähigkeit des Geschäftsherrn ist für die Entstehung des gesetzlichen **5** Schuldverhältnisses der berechtigten Geschäftsführung ohne Auftrag nicht erforderlich. § 765 des 1. Entwurfs hatte ausdrücklich hervorgehoben, daß Geschäftsunfähigkeit und beschränkte Geschäftsfähigkeit des Geschäftsherrn auf den Aufwendungsersatzanspruch des Geschäftsführers ohne Einfluß sind. In der 2. Komm wurde diese Bestimmung als selbstverständlich gestrichen (Mot II 865; Prot II 739). An Stelle des Willens (§§ 677–679; § 683), der Entschließung (§ 681 S 1) und der Genehmigung (§ 684 S 2) des Geschäftsherrn kommt in solchen Fällen, wenn ein gesetzlicher Vertreter vorhanden ist, dessen Wille in Betracht (Mot II 865; BGH NJW 1971, 609, 612; BGB-RGRK/STEFFEN Rn 9; MünchKomm/SEILER Rn 6; ERMAN/EHMANN Rn 4; PALANDT/THOMAS Rn 3; FLUME AT § 13, 11 e). Nur dann, wenn der Geschäftsführer höchstpersönliche Interessen des Geschäftsherrn wahrnimmt, kommt es unter der Voraussetzung des § 828 Abs 2 S 1 auf seinen Willen an (BGHZ 29, 33; BGB-RGRK/STEFFEN Rn 8; ERMAN/EHMANN § 679 Rn 2). Fehlt ein gesetzlicher Vertreter, so hat der Geschäftsführer bei der Übernahme (§ 683 S 1) und bei der Durchführung der Geschäftsführung (§ 677) nur nach den Interessen des Geschäftsherrn zu handeln.

§ 683

Entspricht die Übernahme der Geschäftsführung dem Interesse und dem wirklichen oder dem mutmaßlichen Willen des Geschäftsherrn, so kann der Geschäftsführer wie ein Beauftragter Ersatz seiner Aufwendungen verlangen. In den Fällen des § 679 steht dieser Anspruch dem Geschäftsführer zu, auch wenn die Übernahme der Geschäftsführung mit dem Willen des Geschäftsherrn im Widerspruch steht.

Materialien: E I §§ 753, 755; II § 614; III § 670; Mot II 860–863; Prot II 729–734.

Systematische Übersicht

I.   Funktion

1 Die Vorschrift regelt zunächst die Verpflichtung des Geschäftsherrn zum Aufwendungsersatz. Sie setzt dafür eine **Geschäftsführung** im Sinne des § 677 voraus und fügt als weiteres Erfordernis hinzu, daß die Übernahme der Geschäftsführung interessengemäß und willensgemäß, dem Geschäftsherrn also **objektiv und subjektiv nützlich** sein muß. Das Interesse allein entscheidet, wenn der entgegenstehende Wille des Geschäftsherrn nach § 679 oder nach §§ 134, 138 unbeachtlich ist. Genehmigt der Geschäftsherr die gegen sein Interesse oder seinen Willen übernommene Geschäftsführung (§ 684 S 2), so ersetzt die Genehmigung das Erfordernis der objektiven und subjektiven Nützlichkeit; liegt hingegen nicht einmal eine Geschäftsführung im Sinne des § 677 vor, etwa weil der Geschäftsführer das Geschäft für sich selbst führt, so scheidet eine Genehmigung aus. Einen Ausschlußgrund enthält § 685 Abs 1 für den Fall, daß der Geschäftsführer auf eigene Kosten für den Geschäftsherrn tätig werden wollte. Über ihren unmittelbaren Regelungsgehalt hinaus ist § 683 aber auch für das gesetzliche Schuldverhältnis der berechtigten Geschäftsführung ohne Auftrag insgesamt von Bedeutung. In Verbindung mit dem Geschäftsführungsbegriff des § 677 enthält sie die Entstehungsvoraussetzungen des gesetzlichen Schuldverhältnisses. Auch die Verpflichtungen des Geschäftsführers aus §§ 677, 681 entstehen nur, wenn die Übernahme der Geschäftsführung dem Interesse des Geschäftsherrn entspricht und ihm nicht unerwünscht ist. § 677 bestimmt, was (auftraglose) **Geschäftsführung** ist. § 683 S 1 legt fest, wann eine **berechtigte** Geschäftsführung ohne Auftrag vorliegt. Der Aufwendungsersatzanspruch des berechtigten Geschäftsführers ohne Auftrag dient dem Zweck, die freiwillige Wahrnehmung und Förderung fremder Interessen zu begünstigen. Durch den Aufwendungsersatzanspruch erhält der berechtigte Geschäftsführer ohne Auftrag auch hinsichtlich seiner Rechte die Stellung eines Beauftragten. Die Voraussetzungen, von denen der Aufwendungsersatzanspruch nach § 683 S 1 abhängt, bieten aber auch – neben der verschärften Haftung des § 678 – einen Schutz vor ungebetener Einmischung (BGH LM Nr 3 zu § 683 BGB); bei interessenwidriger oder unerwünschter Geschäftsführung hat der Geschäftsführer mangels Genehmigung nur insoweit einen Anspruch, als der Geschäftsherr durch die Geschäftsführung bereichert ist (§ 684 S 1).

II. Die Verpflichtung des Geschäftsherrn zum Aufwendungsersatz

1. Voraussetzungen

§ 683 S 1 knüpft die Verpflichtung zum Aufwendungsersatz an ein dreifaches Erfordernis. Die Übernahme der Geschäftsführung muß dem Interesse des Geschäftsherrn entsprechen und mit seinem (wirklichen oder mutmaßlichen) Willen übereinstimmen; als maßgebender Zeitpunkt für die Beurteilung der Nützlichkeit wird die Übernahme der Geschäftsführung bestimmt, es genügt also, daß die Geschäftsführung nützlich begonnen ist. Hinsichtlich der in § 683 S 1 geregelten Voraussetzungen des Aufwendungsersatzanspruchs vgl Vorbem 47 ff zu §§ 677 ff.

2. Der Aufwendungsersatzanspruch des Geschäftsführers, §§ 683 S 1, 670

a) Aufwendungen
Der Aufwendungsbegriff des § 683 S 1 bestimmt sich grundsätzlich genauso wie der des § 670 (vgl dort Rn 5, 6). Der Aufwendungsersatzanspruch erstreckt sich insbesondere auch auf die Befreiung des Geschäftsführers von den zum Zwecke der Geschäftsführung eingegangenen **Verbindlichkeiten** (§ 257). Daher kann der berechtigte Geschäftsführer ohne Auftrag, der im eigenen Namen aufgetreten ist, vom Geschäftsherrn die Erfüllung der dadurch gegenüber Dritten erwachsenen Verpflichtungen verlangen. Hat er als vollmachtloser Vertreter im Namen des Geschäftsherrn gehandelt, so muß der Geschäftsherr, falls er die Vertretung nicht genehmigt (§ 177 Abs 1), den Geschäftsführer von den sich aus § 179 ergebenden Verpflichtungen **freistellen** (BGH LM Nr 1 zu § 177 BGB = NJW 1951, 398; LM Nr 2 zu § 683 BGB; BGB-RGRK/STEFFEN Rn 5; ERMAN/EHMANN Rn 7; MünchKomm/SEILER Rn 27). Ein Anspruch auf Genehmigung der vollmachtlosen Vertretung folgt aus dem Aufwendungsersatzanspruch nach §§ 683 S 1, 670 nicht, auch nicht im Fall des § 679 (aM BGH LM Nr 1 zu § 177 BGB; wie hier ERMAN/EHMANN Rn 7 mit Vorbem 19 zu § 677; BERG NJW 1972, 1117, 1118). Anders als der Beauftragte hat der berechtigte Geschäftsführer ohne Auftrag in entsprechender Anwendung des § 1835 Abs 3 einen Vergütungsanspruch bei berufseinschlägiger oder gewerblicher Tätigkeit (RG Recht 1909 Nr 2386; 1921 Nr 1625; BGHZ 33, 251, 257; 65, 384, 390; 69, 34, 36; 87, 43, 50; BGH NJW 1971, 609, 612; WM 89, 901; BGB-RGRK/STEFFEN Rn 7; SOERGEL/MÜHL Rn 4; ERMAN/HAUSS Rn 8; PALANDT/THOMAS Anm 8; ENNECCERUS/LEHMANN § 167, 1; LARENZ II 1 § 57 I b; für einen Vergütungsanspruch bei berufseinschlägiger Tätigkeit de lege ferenda HELM, Gutachten 392 f, 408). Der Nachweis des Verdienstentgangs ist nicht erforderlich. Der Vergütungsanspruch richtet sich auf die übliche Vergütung (BGH NJW 1971, 609, 612). Fällt die Geschäftsbesorgung außerhalb

des Berufs oder des Gewerbes des Geschäftsführers, so hat er keinen Vergütungsanspruch, da die Geschäftsführung als solche unentgeltlich ist (RG Recht 1909 Nr 2386; MEDICUS Rn 430; ERMAN/EHMANN Rn 8; **aM** ESSER/WEYERS § 46 II 4 c; FIKENTSCHER Rn 936; MünchKomm/SEILER Rn 25).

b) Erforderlichkeit

4 Der Geschäftsführer kann den Ersatz der Aufwendungen beanspruchen, die er den Umständen nach für erforderlich, dh im Hinblick auf den zu erzielenden Erfolg als angemessen erachten durfte (BGH LM Nr 3 zu § 683 BGB). Während der Beauftragte neben dem Auftragszweck die Weisungen des Auftraggebers zu berücksichtigen hat, tritt bei der berechtigten Geschäftsführung ohne Auftrag an die Stelle der fehlenden Weisungen auch hinsichtlich der Erforderlichkeit der Aufwendungen die Sorgfaltspflicht des § 677; der Geschäftsführer muß daher im Rahmen der erforderlichen Sorgfalt das Interesse und den Willen des Geschäftsherrn berücksichtigen (Prot II 733; RGZ 149, 205, 207; BGB LM Nr 3 zu § 683 BGB; BGB-RGRK/STEFFEN Rn 8). Aufwendungen zu einem gesetz- oder sittenwidrigen Zweck darf der Geschäftsführer ohne Auftrag niemals für erforderlich halten; freilich wird insoweit in aller Regel schon das gesetzliche Schuldverhältnis der berechtigten Geschäftsführung ohne Auftrag wegen Verstoßes gegen § 134 oder § 138 nicht wirksam entstehen. Bei gesetzwidrigen Geschäftsbesorgungs- und Schwarzarbeitsverträgen verneint die Rspr den Aufwendungsersatzanspruch mit der Begründung, daß der Geschäftsführer verbotene Aufwendungen nicht für erforderlich halten darf (BGHZ 37, 258, 263 ff; 111, 308, 311; NJW 1992, 2021, 2022). In diesen Fällen fehlt es aber wegen irrtümlicher Annahme einer Rechtspflicht zu einer entgeltlichen Tätigkeit schon an einer Geschäftsführung im Sinne des § 677 (vgl Vorbem 42 zu §§ 677 ff).

c) Zufallsschäden

5 Der berechtigte Geschäftsführer ohne Auftrag kann auch den Ersatz von Zufallsschäden verlangen, die aus einer mit der Geschäftsführung verbundenen **typischen** Gefahrenlage entstanden sind (RGZ 167, 85, 89; RG DR 1944, 288; BGHZ 33, 251, 257; 38, 270, 277; 52, 115; BGH LM Nr 14 zu § 677 BGB; BGB-RGRK/STEFFEN Rn 2; SOERGEL/MÜHL Rn 5; MünchKomm/SEILER Rn 18; ERMAN/EHMANN Rn 6; PALANDT/THOMAS § 670 Rn 15; LARENZ II § 57 I b) Der Anspruch des Geschäftsführers auf Schadloshaltung folgt aus dem Zweck der berechtigten Geschäftsführung ohne Auftrag, die freiwillige Wahrnehmung fremder Interessen zu begünstigen. Insoweit macht es keinen Unterschied, ob es sich um Aufwendungen im Sinne des § 670 (freiwillige Vermögensopfer) oder um andere mit der Geschäftsführung verbundene Einbußen (unfreiwillige Vermögensopfer) handelt. Die Rechtsgrundlage der Haftung ist der schon im Aufwendungsersatzanspruch enthaltene Schadloshaltungsgedanke, somit § 683 S 1 iVm § 670 selbst (vgl § 670 Rn 14). Der Umfang des Ersatzes von Zufallsschäden ist durch den Zweck beschränkt, auf dem der Ersatz beruht. Ein voller Schadensersatzanspruch würde den Gedanken der bloßen Begünstigung fremdnütziger Tätigkeit überschreiten. Der Geschäftsführer hat daher nur einen Anspruch auf **angemessene Schadloshaltung** (vgl § 670 Rn 20). Bei einer Rettungshandlung ist die Mitverursachung der Gefahr durch den Geschäftsführer bei der Bemessung des Ersatzanspruchs zu berücksichtigen (BGHZ 38, 270, 277 ff). Während das Risiko unverschuldet-erfolgloser Aufwendungen dem Geschäftsherrn uneingeschränkt zur Last fällt, kommt der volle Ersatz von Zufallsschäden bei erfolgloser Geschäftsführung grundsätzlich nicht in Betracht (BGHZ 38, 270, 279). Zugunsten der Angehörigen des Geschäftsführers sind die

§§ 844, 845 entsprechend anzuwenden (RGZ 167, 85, 89). Einer direkten Anwendung steht entgegen, daß der Anspruch des Geschäftsführers kein Schadensersatzanspruch ist, weil er weder auf zurechenbarem Verhalten des Geschäftsherrn noch auf Gefährdungshaftung beruht (aM CANARIS RdA 1966, 47). Der immaterielle Schaden ist nicht zu ersetzen. Die Anwendung des § 847 würde der Genugtuungsfunktion des Schmerzensgeldes widersprechen (BGHZ 52, 115).

d) Verhältnis zu anderen Ansprüchen

Dem Geschäftsführer, der bei Unglücksfällen Hilfe leistet, zur Unterstützung einer **6** Amtshandlung herangezogen wird oder bei der vorläufigen Festnahme nach § 127 StPO sich persönlich einsetzt, steht gemäß § 539 Abs 1 Nr 9 RVO ein Anspruch aus der gesetzlichen Unfallversicherung zu. Nur insoweit, als die Leistungen der öffentlichen Unfallversicherung zur angemessenen Schadloshaltung des Nothelfers nicht ausreichen, hat er einen geschäftsführungsrechtlichen Ersatzanspruch gegen das Unfallopfer. Es gehört zur staatlichen Daseinsvorsorge, daß der Sozialversicherungsträger grundsätzlich die Kosten der Nothilfe übernimmt. Daher geht der geschäftsführungsrechtliche Aufwendungsersatzanspruch auch nicht auf den Sozialversicherungsträger über (wie hier MünchKomm/SEILER § 683 Rn 20, 21 und – jedenfalls bei vom Unfallopfer nicht verschuldeten Notlagen – BGHZ 92, 270). Die Bestimmungen über die Bergung und Hilfeleistung in Seenot stehen dem Anspruch des Lebensretters auf Aufwendungsersatz gemäß §§ 683 S 1, 670 nicht entgegen. § 751 HGB enthält nur eine Regelung über den Lohn des Retters; Ziel des Anspruchs aus § 683 1 ist hingegen der Ausgleich der Schäden, die dem Retter aus der Rettungshandlung erwachsen (BGH NJW 1977, 530).

e) Ausschlußgründe, Gegenrechte

Leistet ein Elternteil an Stelle des anderen Elternteils Unterhalt an ein eheliches **7** Kind, so unterliegt sein familienrechtlicher Ausgleichsanspruch (Vorbem 27 zu §§ 677 ff) den Schranken des § 1613 Abs 1 (so mit Recht OLG Düsseldorf NJW 1981, 1379, 1380; BGH NJW 1984, 2158, 2159). Soweit ein Dritter an Stelle des Unterhaltspflichtigen leistet, ist auf seinen Aufwendungsersatzanspruch aus Geschäftsführung ohne Auftrag § 1613 Abs 1 ebenfalls entsprechend anzuwenden (ebenso SOERGEL/HAEBERLE § 1607 Rn 5). Hat der Geschäftsherr aus der Geschäftsführung einen fälligen Anspruch gegen den Geschäftsführer (§§ 681 S 2, 667, 668), so steht ihm gegenüber dem Ersatzanspruch des Geschäftsführers das Zurückbehaltungsrecht nach den §§ 273, 274 zu (Mot II 863; RGZ 65, 277). Für die **Verjährung** des Aufwendungsersatzanspruchs gilt die regelmäßige Frist von 30 Jahren (§ 195). Sie findet nach der Rspr grundsätzlich auch dann Anwendung, wenn die Geschäftsführung in der Bezahlung der Schuld des Geschäftsherrn besteht und die vom Geschäftsführer im Wege der Drittleistung (§§ 267, 362) erfüllte Verbindlichkeit des Geschäftsherrn einer kürzeren Verjährungsfrist unterliegt (RGZ 69, 429; 86, 96, 98; BGHZ 32, 13, 16; 47, 370, 375; BGB-RGRK/STEFFEN Vorbem 88 zu § 677; SOERGEL/MÜHL Rn 10; PALANDT/THOMAS § 677 Rn 17; ERMAN/EHMANN Vorbem 29 zu § 677). Dieser Grundsatz sollte aufgegeben werden. Es ist nicht einzusehen, wieso die Rechtsstellung des Schuldners durch das Eingreifen des Geschäftsführers, das seinem Interesse dienen soll, sich verschlechtern sollte. Die Rspr anerkennt nunmehr eine Reihe von Ausnahmen. Betrifft die Geschäftsführung Rückstände aus wiederkehrenden Leistungen oder die Erfüllung von Ansprüchen auf Lohn, Gehalt oder andere Dienstbezüge, so finden die kurzen Verjährungsfristen nach § 196 Abs 1 Nr 8 und 9 nach § 197 auch auf den Aufwendungsersatzanspruch des Geschäftsführers Anwendung (RGZ 170, 252; BGHZ 31, 329; BGH NJW 1963, 2315; NJW 1965, 1224; BAG NJW 1964, 2178; BGB-RGRK/Steffen Vorbem 89 zu § 677; Erman/ Ehmann Vorbem 29 zu § 677). Auch die Verjährungsfristen des § 117 BinnSchG und des § 21 UWG gelten für den Aufwendungsersatzanspruch des Geschäftsführers entsprechend (BGH MDR 1980, 123, 124; BGHZ 115, 210, 212 f). Auf die Rückgriffsforderung aus § 683 S 1 ist daher die kürzere Verjährungsfrist der getilgten Forderung analog anzuwenden (vgl BGH WoM 1974, 200, 201). Im Unterschied zum Aufwendungsersatzanspruch aus § 683 S 1 richtet sich die Verjährung des Bereicherungsanspruchs wegen Erfüllung fremder Schuld auch nach der hM stets nach der für die erfüllte Verbindlichkeit geltenden Verjährungsfrist (BGH NJW 1978, 1375, 1377). Von der Geltendmachung der Verjährungseinrede gegen den Aufwendungsersatzanspruch zu unterscheiden ist der Einwand, daß die vom Geschäftsführer erfüllte Verbindlichkeit des Geschäftsherrn im Zeitpunkt der Geschäftsführung bereits verjährt war. War das der Fall, dann liegt überhaupt keine berechtigte Geschäftsführung ohne Auftrag vor, weil die Erfüllung einer verjährten Verbindlichkeit nicht dem Interesse des Geschäftsherrn entspricht.

f) Konkurs des Geschäftsherrn

8 Fällt der Geschäftsherr in Konkurs, so ist der Aufwendungsersatzanspruch des Geschäftsführers eine gewöhnliche Konkursforderung. Eine berechtigte Geschäftsführung ohne Auftrag für Rechnung der Konkursmasse kommt nur in Betracht, wenn die Übernahme der Geschäftsführung mit dem wirklichen oder mutmaßlichen Willen des Konkursverwalters übereinstimmt. Für den Aufwendungsersatzanspruch aus § 683 S 1 gilt in einem solchen Fall § 59 Nr 1 KO entsprechend (BGH NJW 1971, 1564). Liegen die Voraussetzungen des § 683 S 1 nicht vor, so kann die Herausgabepflicht nach § 684 S 1 eine Masseschuld nach § 59 Nr 4 KO sein.

§ 684

Liegen die Voraussetzungen des § 683 nicht vor, so ist der Geschäftsherr verpflichtet, dem Geschäftsführer alles, was er durch die Geschäftsführung erlangt, nach den Vorschriften über die Herausgabe einer ungerechtfertigten Bereicherung herauszugeben. Genehmigt der Geschäftsherr die Geschäftsführung, so steht dem Geschäftsführer der im § 683 bestimmte Anspruch zu.

Materialien: E I § 758; II § 615; III § 671; Mot II 866−868; Prot II 739−741.

Systematische Übersicht

I. Die bereicherungsrechtliche Abwicklung der unberechtigten Geschäftsführung ohne Auftrag

1. Der Bereicherungsanspruch des Geschäftsführers

Wenn der auftraglose Geschäftsführer zwar das Geschäft für den Geschäftsherrn **1** geführt hat, die Übernahme der Geschäftsführung aber mit dem Interesse des Geschäftsherrn in Widerspruch steht oder ihm unerwünscht ist (ungebetene, aufdringliche Geschäftsführung), entsteht das besondere gesetzliche Schuldverhältnis der berechtigten Geschäftsführung ohne Auftrag nicht. Der Geschäftsführer haftet auf Schadensersatz nach den §§ 823 ff und bei schuldhaft-unerwünschter Geschäftsführung nach § 678. Er hat gegen den Geschäftsherrn keinen Aufwendungsersatzanspruch nach §§ 683 S 1, 670, sondern nur einen Anspruch auf Herausgabe der vom Geschäftsherrn durch die Geschäftsführung erlangten Bereicherung, § 684 S 1. Die Anwendung des § 684 S 1 setzt voraus, daß der Geschäftsführer mit Fremdgeschäftsführungswillen gehandelt hat. Wer die von seinem Schuldner geschuldete Leistung selbst auf eigene Kosten herbeiführt, nimmt seine eigenen Interessen wahr. Er hat gegen den Schuldner vertragliche Ansprüche, oder, falls solche nicht in Betracht kommen, einen unmittelbaren Bereicherungsanspruch. Wenn daher der Eigentümer an Stelle des bösgläubigen Besitzers die Sache, die dieser herausgeben muß, an den Ort der Herausgabe verbringt, ist § 684 S 1 als Brücke zum Bereicherungsanspruch weder möglich noch nötig (**aM** BGHZ 79, 211 ff). Die Regelung des § 684 S 1 stellt eine Rechtsfolgeverweisung dar (RGZ 81, 204, 206; RG HRR 1934, 1669; OLG Hamm NJW 1974, 952); der Tatbestand des § 812 braucht also nicht vorzuliegen (ebenso REUTER/MARTINEK, Ungerechtfertigte Bereicherung 1983 § 21 II 2; **aM** FIKENTSCHER, Rn 1136; MünchKomm/ SEILER, Rn 2). Ihr liegt der Gedanke zugrunde, das Risiko einer erfolglosen unberechtigten Geschäftsführung dem Geschäftsführer aufzuerlegen. Außerdem ist der Bereicherungsanspruch des ungebetenen, aufdringlichen Geschäftsführers dem Entreicherungseinwand des § 818 Abs 3 ausgesetzt. Andererseits soll der Geschäftsherr das Ergebnis der Geschäftsführung nur dann behalten können, wenn er die Geschäftsführung genehmigt, also auch gegen sich gelten läßt und dem Geschäftsführer seine Aufwendungen ersetzt. § 684 S 1 greift – soweit er nicht aufgrund von Verweisungen (zB nach § 687 Abs 2 S 2) Anwendung findet – nicht ein, wenn der Handelnde nicht mit Geschäftsführungswillen tätig geworden ist. Denn in einem solchen Fall fehlt es nicht erst an den Voraussetzungen des § 683 S 1, sondern schon an einer Geschäftsführung im Sinne des § 677. Die Frage einer **aufgedrängten Bereicherung** stellt sich daher im Rahmen des § 684 S 1 erst, wenn zumindest eine – interessenwidrige oder unerwünschte – Geschäftsführung vorliegt (**aM** WILLOWEIT 288). Sofern der Geschäftsherr nach §§ 678, 249 S 1 oder nach § 1004 einen Beseitigungsanspruch hat, scheidet ein Anspruch nach § 684 S 1 aus. Auch wird man den Bereicherungsanspruch auf den im Falle einer berechtigten Geschäftsführung ohne Auftrag zu leistenden Aufwendungsersatz beschränken müssen. Denn nur so ist der Geschäftsherr vor einer durch die unerwünschte oder interessenwidrige Geschäftsführung ihm aufgedrängten Bereicherung geschützt. Der Bereicherungsanspruch ist also nur bis zur Grenze des Aufwendungsersatzes auf die Abschöpfung des Bereicherungssaldos beim Geschäftsherrn gerichtet (M Wolf JZ 1966, 467, 470). Im Rahmen der Verweisungen des § 547 Abs 2 und des § 994 Abs 2 stellt sich die Frage einer aufgedrängten Bereicherung dann in verschärfter Form, wenn man annimmt, daß der in diesen Vorschriften bezogene Aufwendungsersatzanspruch aus § 683 S 1 Geschäftsführungswillen voraussetzt, § 684 S 1 hingegen nicht; da ein Geschäftsführungswille in den Fällen der §§ 547 Abs 2, 994 Abs 2 kaum jemals gegeben ist, würde § 684 S 1 dann fast immer eingreifen. Verzichtet man hingegen für die Ansprüche aus §§ 547 Abs 2 iVm 683 S 1, 994 Abs 2 iVm 683 S 1 auf den Geschäftsführungswillen, so können die Verweisungen auf das Geschäftsführungsrecht ihre Schutzfunktion zugunsten des Eigentümers (durch das Erfordernis der subjektiven Nützlichkeit der Verwendungen) voll entfalten, sofern man der Weiterverweisung auf das Bereicherungsrecht nicht oder nur für den Fall folgt, daß ausnahmsweise ein Geschäftsführungswille vorliegt (vgl auch Staudinger/Lorenz [1994] Vorbem 26 zu § 812). Für den Umfang des Bereicherungsanspruchs sind die gesamten durch das bestimmte Ereignis für das Vermögen des Geschäftsherrn herbeigeführten Umstände, sowohl die günstigen wie auch die ungünstigen, zu berücksichtigen. Bereicherung ist nur das, was sich hierbei als reiner Gewinn ergibt (vgl RG WarnR 1910 Nr 116). Über die Bereicherung des Verkäufers, wenn der Käufer einen Betrag zur Abfindung eines die Zwangsversteigerung betreibenden Hypothekengläubigers gezahlt hat, vgl RG WarnR 1925 Nr 179.

2. Der Bereicherungsanspruch des Geschäftsherrn

2 Ist durch die unberechtigte Geschäftsführung eine Vermögensverschiebung auf Kosten des einen zugunsten des anderen eingetreten, so ist sie ohne rechtlichen Grund erfolgt. § 684 S 1 zieht hieraus ausdrücklich nur zugunsten des Geschäftsführers die notwendige Konsequenz. Doch kann, wenn der Tatbestand des § 812 vorliegt, auch ein Bereicherungsanspruch des Geschäftsherrn gegeben sein.

3. Ausschlußgründe

3 Der Herausgabeanspruch nach § 684 steht dem unberechtigten Geschäftsführer ohne Auftrag gemäß § 685 Abs 1 nicht zu, wenn er in freigebiger Absicht gehandelt hat (RG JW 1915, 325; BGB-RGRK/Steffen Rn 10). Der Bereicherungsanspruch des Geschäftsführers kann an der Vorschrift des § 817 S 2 scheitern, wenn die Leistungen des unberechtigten Geschäftsführers als Mittel zur Durchführung einer gesetz- oder sittenwidrigen Handlung dienten. Daher hat der, der ein Kind der Gewalt des Vaters entzogen hat, keinen Anspruch auf Ersatz der Unterhaltskosten (RG WarnR 1910 Nr 286).

4. Wegnahmerecht

4 Der Bereicherungsanspruch des Geschäftsführers schließt das Recht ein, eine mit einem Gegenstand des Geschäftsherrn verbundene Sache wegzunehmen. Der Geschäftsherr kann die Wegnahme nicht durch Ersatz des Wertes der Sache abwenden (Mot II 867; Prot II 740 f).

5. Gegenrechte

Hat der Geschäftsherr seinerseits einen fälligen Anspruch gegen den Geschäftsfüh- **5** rer (so insbes aus §§ 823 ff, § 678 oder § 812), so steht ihm gegenüber dem Bereicherungsanspruch des Geschäftsführers das Zurückbehaltungsrecht gemäß §§ 273, 274 zu. Soweit aber das Delikt oder das Übernahmeverschulden des unberechtigten Geschäftsführers zum Untergang oder zum Verlust des Erlangten selbst führt, scheidet der Anspruch aus § 684 S 1 schon nach § 818 Abs 3 aus, ohne daß es der Geltendmachung des Zurückbehaltungsrechts bedarf.

II. Die genehmigte Geschäftsführung ohne Auftrag

1. Gegenstand der Genehmigung

Genehmigungsfähig ist nur eine unberechtigte Geschäftsführung ohne Auftrag. **6** Wenn der Geschäftsführer nur für sich selbst handelt, etwa eine Wechselunterschrift fälscht (RGZ 146, 87), so kann durch Genehmigung des Geschäftsherrn eine berechtigte Geschäftsführung ohne Auftrag nicht entstehen (ebenso BGB-RGRK/STEFFEN Rn 13). Anders ist es, wenn der Unterzeichner als gutgläubiger Geschäftsführer, dh in Erwartung einer Genehmigung des Geschäftsherrn, unterzeichnet hat und dann die Genehmigung erfolgt (vgl RG JW 1904, 497; OLG Kiel OLGE 10, 368).

2. Rechtsnatur

Die Genehmigung ist ein einseitiges empfangsbedürftiges Rechtsgeschäft. Sie muß **7** dem Geschäftsführer zugehen. Die Einhaltung einer Form ist für die Wirksamkeit der Genehmigung nicht erforderlich (RGZ 102, 17, 21; BGB-RGRK/STEFFEN Rn 14).

3. Genehmigungserklärung

Die Genehmigung kann ausdrücklich oder stillschweigend erfolgen. Sie setzt die **8** Kenntnis des Geschäftsherrn von der Geschäftsführung ohne Auftrag voraus. Die stillschweigende Genehmigung muß den Genehmigungswillen zweifelsfrei erkennen lassen. Beansprucht der Geschäftsherr die Herausgabe des aus der Geschäftsbesorgung Erlangten, so kann darin eine Genehmigung liegen (Mot II 859; BGH NJW 1979, 812; MünchKomm/SEILER Rn 14; ERMAN/EHMANN Rn 4). Entscheidend hierfür ist, ob in der Klagerhebung die Geltendmachung gerade des Anspruchs aus §§ 681 S 2, 667 zu sehen ist oder ob ein Vorgehen nur nach § 812 Abs 1 oder § 816 Abs 2 (vgl BayObLG Recht 1914 Nr 761) in Betracht kommt. Eine stillschweigende Genehmigung kann auch dann vorliegen, wenn der Geschäftsherr ohne Widerspruch die Besorgung seiner Geschäfte durch einen anderen geschehen läßt (Mot II 867 f). Auch in der Haftbarmachung des Geschäftsführers wegen Durchführungsverschuldens (§ 677) kann eine stillschweigende Genehmigung der Übernahme der Geschäftsführung gesehen werden. Wenn eine Erbengemeinschaft der Geschäftsherr ist, muß die Genehmigung von allen Miterben gemeinsam erklärt werden (RG WarnR 1927 Nr 57).

4. Wirkung nur im Innenverhältnis

Die Genehmigung der Geschäftsführung nach § 684 S 2 ist von der Genehmigung des **9** vom Geschäftsführer mit einem Dritten abgeschlossenen Vertrages nach § 177 zu unterscheiden. So kann durch eine Genehmigung nach § 684 S 2 die Fälschung eines Wechselakzepts nicht zur berechtigten Geschäftsführung ohne Auftrag werden, aber im Außenverhältnis wird in entsprechender Anwendung des § 177 durch die Genehmigung der gefälschten Unterschrift eine gegen den Geschäftsherrn wirksame Wechselverbindlichkeit begründet (RGZ 145, 87, 92; BGH NJW 1952, 64; NJW 1963, 148 f; WM 1963, 636; 1963, 673; ENNECCERUS/NIPPERDEY § 183 III 2; FLUME § 44 IV). Mit Rücksicht auf den verschiedenartigen Zweck, dem die Genehmigung des § 177 dient, kann aus einer Genehmigung der Geschäftsführung nicht in jedem Fall auch auf die Genehmigung des vom Geschäftsführer mit dem Dritten abgeschlossenen Vertrages geschlossen werden (RG HRR 1935 Nr 103); vielmehr ist durch Auslegung der Willenserklärung des Geschäftsherrn festzustellen, ob die Geschäftsführung und der vom Geschäftsführer geschlossene Vertrag oder ob nur eines von beiden genehmigt werden sollte (wie hier BGB-RGRK/STEFFEN Rn 19).

5. Rückwirkung

10 § 684 S 2 bestimmt, daß nach Genehmigung der Geschäftsführung durch den Geschäftsherrn der Geschäftsführer den Aufwendungsersatzanspruch nach §§ 683 S 1, 670 hat. In Wahrheit hat jedoch die Genehmigung der Übernahme der Geschäftsführung eine weitergehende Bedeutung. Mit der Genehmigung steht fest, daß die Geschäftsführung ohne Auftrag dem Willen des Geschäftsherrn entsprochen hat. Da es im übrigen Sache des Geschäftsherrn ist, nach Kenntnis der Übernahme der Geschäftsführung darüber zu entscheiden, ob die Geschäftsführung seinem Interesse entspricht oder nicht, so ist es nach erfolgter Genehmigung nicht Aufgabe des Richters, darüber zu urteilen, ob die Übernahme der Geschäftsführung interessengemäß war oder nicht. Die Genehmigung macht die zunächst unberechtigte Geschäftsführung mit rückwirkender Kraft (§ 184 Abs 1) in vollem Umfang zu einer berechtigten Geschäftsführung ohne Auftrag, die nach den Regeln der §§ 677, 681, 683 zu beurteilen ist. Die §§ 684 S 1, 678 und die §§ 823 ff scheiden aus (ebenso BGB-RGRK/STEFFEN Rn 17; ERMAN/EHMANN RN 4; LARENZ II 1 § 57 I a; MEDICUS Rn 432; HELM, Gutachten 404). Zum Ausschluß des § 678 gelangt auch SEILER (MünchKomm Rn 12), obwohl er die Lehre von der berechtigten Geschäftsführung ohne Auftrag ablehnt; er stützt sich auf die Erwägung, daß der Geschäftsherr, wenn er die Übernahme der Geschäftsbesorgung nach § 684 S 2 billigt, die durch die Übernahme verursachten Schäden nicht auf den Geschäftsführer überwälzen kann.

6. Haftung des Geschäftsführers für Durchführungsverschulden

11 Die im § 684 S 2 behandelte Genehmigung bezieht sich in erster Linie auf die Übernahme der Geschäftsführung als solcher. Das ergibt sich aus der Verweisung auf § 683. Der Geschäftsführer soll, wenn die Übernahme der Geschäftsführung genehmigt ist, so gestellt werden, wie wenn die Geschäftsführung von vornherein eine berechtigte im Sinne des § 683 gewesen wäre. Daher werden durch die Genehmigung der Übernahme alle Rechtsfolgen der unberechtigten Geschäftsführung ohne Auftrag ausgeschlossen, so insbesondere der Anspruch des Geschäftsherrn auf Schadensersatz nach § 678 und nach den §§ 823 ff. Ist die Übernahme der Geschäftsführung genehmigt, so besteht der Anspruch des Geschäftsführers auf Aufwendungsersatz, auch wenn der Geschäftsherr die Ausführungshandlungen nicht genehmigt hat.

Der Geschäftsherr kann dann aber uU mit Ersatzansprüchen aus § 677 aufrechnen. Die Genehmigung der Übernahme der Geschäftsführung schließt also keineswegs die **Haftung des Geschäftsführers** nach § 677 für die Durchführung im einzelnen aus, setzt sie vielmehr (bei zunächst unberechtigter Geschäftsführung) gerade voraus (ebenso nunmehr BGB-RGRK/Steffen Rn 19). Das ergibt sich auch klar aus der Entstehungsgeschichte. Nach E I sollte der Geschäftsführer durch die Genehmigung seitens des Geschäftsherrn auch Befreiung von dessen Ansprüchen auf Schadensersatz wegen mangelhafter Geschäftsführung erlangen (Mot II 867). Von der 2. Kommission wurde die Befreiung beseitigt, weil die befreiende Wirkung der Genehmigung nur dann eintrete, wenn die Genehmigung in dem Sinne erfolge, daß auch das Verhalten des Geschäftsführers im einzelnen gebilligt werde, insoweit aber diese Norm der Hervorhebung nicht bedürfe (Prot II 741). Die Genehmigung der Ausführungshandlungen hat daher eine selbständige Bedeutung (ebenso im Ergebnis Münch-Komm/Seiler, Rn 15). Sie schließt die Rechtswidrigkeit der mangelhaften Ausführungshandlung (unter dem Gesichtspunkt der Einwilligung) und damit Ersatzansprüche aus den §§ 677, 276, 278 aus. Vielfach wird sich allerdings die Genehmigung der Übernahme der Geschäftsführung auch auf die Ausführungshandlung erstrecken. Denn der Geschäftsherr, der mit der Ausführung nicht einverstanden ist, wird auch die Übernahme nicht billigen. Daher wird sich eine Genehmigung *im Zweifel* – dh namentlich mangels eines besonderen Vorbehalts – auf alle Handlungen des Geschäftsführers beziehen, die sich im Zeitpunkt der Genehmigung schon vollzogen haben, vorausgesetzt, daß sie dem Geschäftsherrn *bekannt* waren. Daher schließt eine Genehmigung nach Abschluß der dem Geschäftsherrn voll bekannten Geschäftsführung Ersatzansprüche aus § 677 aus. Erfolgt die Genehmigung nach der Übernahme, aber vor der Ausführung des Geschäfts im einzelnen, so liegt zwar berechtigte Geschäftsführung ohne Auftrag vor, und der Geschäftsführer hat Anspruch auf Ersatz seiner Aufwendungen, aber die Haftung des Geschäftsführers aus § 677 bleibt bestehen.

7. Beweislast

Die Beweislast für die Genehmigung fällt demjenigen zur Last, der Rechte aus der **12** genehmigten Geschäftsführung geltend macht.

§ 685

[1] **Dem Geschäftsführer steht kein Anspruch zu, wenn er nicht die Absicht hatte, von dem Geschäftsherrn Ersatz zu verlangen.**

[2] **Gewähren Eltern oder Voreltern ihren Abkömmlingen oder diese jenen Unterhalt, so ist im Zweifel anzunehmen, daß die Absicht fehlt, von dem Empfänger Ersatz zu verlangen.**

Materialien: E I § 754; II § 616; III § 672; Mot II 863, 864; Prot II 734, 735.

Roland Wittmann

I. Grundgedanke

1 Der berechtigte Geschäftsführer braucht nicht auf eigene Kosten für den Geschäftsherrn tätig zu sein. Er hat vielmehr gemäß §§ 683 S 1, 670 einen Anspruch auf Schadloshaltung und – bei berufseinschlägiger oder gewerblicher Tätigkeit – einen Anspruch auf die übliche Vergütung. Wenn er jedoch nicht nur in der Absicht, die Interessen des Geschäftsherrn wahrzunehmen oder zu fördern, sondern darüber hinaus **in freigebiger Absicht** tätig wird, hat er keinen Anspruch auf Aufwendungsersatz. Ebensowenig hat der *unberechtigte* Geschäftsführer ohne Auftrag, der das Geschäft in freigebiger Absicht führen wollte, einen Bereicherungsanspruch nach § 684 S 1. Die Vorschrift des § 685 bezieht sich schon nach ihrem Wortlaut auf beide Ansprüche (ebenso BGH NJW 1985, 313, 314). Die Absicht, Ersatz zu verlangen (animus obligandi, animus recipiendi) gehört entgegen der früheren Rspr des RG (vgl JW 1909, 137; WarnR 1909 Nr 86; JW 1910, 389; RGZ 82, 206, 214; vgl hierzu oben Vorbem 34 zu §§ 677 ff) nicht zum Geschäftsführungsbegriff des § 677 und damit auch nicht zu den Entstehungsvoraussetzungen einer berechtigten Geschäftsführung ohne Auftrag. Die Verzichtsabsicht stellt vielmehr lediglich einen **Ausschlußgrund** für den Aufwendungsersatzanspruch aus § 683 S 1 und – bei unberechtigter Geschäftsführung ohne Auftrag – für den Bereicherungsanspruch aus § 684 S 1 dar (RG JW 1937, 1630; BGHZ 82, 323, 331; BGH NJW 1985, 313, 314). § 685 greift nur ein, wenn der Geschäftsführer das Geschäft – berechtigt oder unberechtigt – für einen anderen führt. Führt er es – irrtümlich oder böswillig – für sich selbst, dann ist freigebige Absicht schon begrifflich ausgeschlossen.

II. Der Ausschlußgrund des § 685 Abs 1

1. Verzichtswille

2 Die Übernahme der Geschäftsführung in der Absicht, an den Geschäftsherrn keine Ansprüche zu stellen, betrachtet der Gesetzgeber, wie schon der Gesetzesaufbau erkennen läßt, als Ausnahme. Regelmäßig ist davon auszugehen, daß der Geschäftsführer zwar im Interesse des Geschäftsherrn tätig sei, aber keine Vermögensopfer bringt, diese vielmehr ersetzt haben will. Das gilt auch dann, wenn sich der Geschäftsführer bei der Übernahme der Geschäftsführung über die spätere Geltendmachung von Ersatzansprüchen gar keine Gedanken gemacht hat. Entgegen dem Gesetzeswortlaut braucht der Geschäftsführer keinen animus recipiendi zu haben, vorausgesetzt wird nur, daß er nicht in freigebiger Absicht handelt (ENNECCERUS/LEHMANN § 167, 3; LARENZ II 1 § 57 I b; OERTMANN Anm 1; BGB-RGRK/STEFFEN Rn 2; RGZ 88, 21, 29; RG JW 1937, 1628, 1630; BGHZ 38, 302, 304). Der Verzichtswille ist nur dann beachtlich, wenn er nach außen einen wenn auch unvollkommenen Ausdruck gefunden hat. Entscheidend ist der Zeitpunkt der Übernahme der Geschäftsführung. Hat sich der Geschäftsführer keine Gedanken gemacht, dann scheidet der Ausschlußgrund des § 685 Abs 1 aus. Über den Verzichtswillen hinaus kann auch Schenkungsabsicht vorliegen. Soweit die Voraussetzungen einer Schenkung gegeben sind, die Geschäftsführung also eine schenkweise Zuwendung zum Gegenstand hatte, finden die Vorschriften der §§ 516—534, insbesondere § 516 Abs 2 Anwendung (PLANCK Anm 3; OERTMANN Anm 2).

2. Beweis

Der Beweis für den Verzichtswillen des Geschäftsführers obliegt, wie sich aus der **3** Fassung des § 685 Abs 1 ergibt, dem Geschäftsherrn (Mot II 863; RG JW 1915, 325, 326; WarnR 1912 Nr 104; 1919 Nr 195; BGB-RGRK/Steffen Rn 7; Enneccerus/Lehmann § 167, 3). Wenn eine Leistung außerhalb des Falles des § 685 Abs 2 aus verwandtschaftlichen Beweggründen übernommen wird, so begründet das noch keine Vermutung für den Verzichtswillen (RGZ 74, 139, 140). Wenn ein Sohn seinen Vater in einem Familienstreit vor einem Angriff schützt und dabei verletzt wird, ist jedoch dem Rechtsgedanken der §§ 685 Abs 2, 1620 folgend zu vermuten, daß er mit Verzichtswillen handelt (BGHZ 38, 302 = NJW 1963, 483; **aM** Erman/Ehmann Rn 1).

III. Die Auslegungsregel des § 685 Abs 2

1. Vermutung für freigebige Absicht

Während nach dem Grundsatz des § 685 Abs 1 die Beweislast für die freigebige **4** Absicht des Geschäftsführers dem Geschäftsherrn obliegt, macht § 685 Abs 2 eine Ausnahme durch Aufstellung einer **Auslegungsregel** („im Zweifel") für den Fall, daß Eltern oder Voreltern ihren Abkömmlingen oder diese jenen Unterhalt gewährt haben (RG HRR 1933, 1423). Danach besteht eine Vermutung, daß in einem solchen Fall die Leistung in freigebiger Absicht erfolgt ist (BGHZ 38, 302, 305). Der dem § 685 Abs 2 zugrundeliegende Rechtsgedanke hat auch in den §§ 1360 b, 1620 Ausdruck gefunden.

2. Freiwillige Unterhaltsleistungen

Die Auslegungsregel bezieht sich nur auf die Fälle, in denen ohne Rechtspflicht oder **5** über die bestehende Verpflichtung hinaus (vgl §§ 1601 ff) Unterhalt gewährt worden ist (Mot II 864). Wird aufgrund rechtlicher Unterhaltsverpflichtung Unterhalt geleistet, so liegt keine Geschäftsführung ohne Auftrag vor. § 685 Abs 2 erfaßt nur Unterhaltsleistungen. Auf die Gewährung einer Ausstattung (§ 1624) darf die Vorschrift wegen ihres Ausnahmecharakters nicht ausgedehnt werden. Auch Dienstleistungen fallen nicht unter § 685 Abs 2. Der den §§ 685 Abs 2, 1620 zugrundeliegende Rechtsgedanke findet jedoch auch dann Anwendung, wenn ein Sohn dem Vater in einem Familienstreit Hilfe leistet und dabei verletzt wird (BGHZ 38, 302).

3. Wirkungen nur zugunsten des Empfängers

Die Auslegungsregel gilt nur dem Empfänger gegenüber, nicht gegenüber primär **6** Unterhaltsverpflichteten. Der Ersatzanspruch des den Unterhalt gewährenden Aszendenten oder Deszendenten gegenüber dem zur Gewährung des Unterhalts Verpflichteten wird durch die Bestimmung des § 685 Abs 2 nicht berührt (Mot II 864; OLG Dresden SächsArch 15, 733; OLG Braunschweig OLGE 20, 224). Wenn kein gesetzlicher Forderungsübergang stattfindet (vgl § 1607 Abs 2 S 2, § 1615 b), haben die nicht primär unterhaltspflichtigen Verwandten, die Unterhalt leisten, einen Anspruch aus Geschäftsführung ohne Auftrag gegen die primär Unterhaltspflichtigen (§§ 683, 679). Es kann jedoch, wenn sonst kein unterhaltspflichtiger Verwandter vorhanden ist, oder wenn zusätzliche Leistungen erbracht werden, auch der Empfänger

Roland Wittmann

Geschäftsherr sein (verfehlt BGB-RGRK/Steffen Rn 9); zu seinen Gunsten gilt aber § 685 Abs 2. Kann der Geschäftsführer die Vermutung des § 685 Abs 2 entkräften (§ 292 ZPO), dann hat er einen Aufwendungsersatzanspruch gegen den Empfänger. Haftet der sekundär Unterhaltspflichtige selbst (vgl § 1607 Abs 1, § 1607 Abs 2 S 1), dann liegt mangels Freiwilligkeit der Leistung überhaupt keine Geschäftsführung vor; gegen den primär Verpflichteten findet jedoch der Zessionsregreß nach § 1607 Abs 2 S 2 statt.

4. Personenkreis

7 Unter Abkömmlingen sind eheliche und nichteheliche Abkömmlinge zu verstehen. Die Bestimmung des § 685 Abs 2 gilt auch für Kinder aus nichtigen Ehen (§ 1591 Abs 1) und für an Kindes Statt angenommene Kinder (§ 1757). Geschwister fallen hingegen nicht unter die Angehörigen, die § 685 Abs 2 nennt (RGZ 74, 139). Ebensowenig ist die Vorschrift auf den Schwiegersohn und die Schwiegertochter anwendbar (OLG Dresden SächsArch 1906, 344). Eine Ausdehnung des § 685 Abs 2 auf Verwandte, die in der Vorschrift nicht genannt sind, ist grundsätzlich nicht zulässig (RGZ 74, 139; RG JW 1909, 670; OLG Hamburg HansGZ 1921, 269). Der Begriff der Voreltern umfaßt alle Aszendenten, nicht nur die Großeltern. § 685 Abs 2 ist auch auf den Fall anwendbar, daß zwischen den Voreltern und den Abkömmlingen unterhaltspflichtige Zwischenglieder vorhanden sind (OLG Jena DJZ 1906, 324).

5. Schenkungsabsicht

8 Die Auslegungsregel des § 685 Abs 2 schließt die Feststellung nicht aus, daß der über die gesetzliche Pflicht hinaus geleistete Unterhalt eine Bereicherung des Empfängers enthalten habe und im Einverständnis darüber, daß die Zuwendung unentgeltlich erfolge (§ 516), geleistet worden sei. In solchen Fällen steht der Annahme einer Schenkung nichts im Wege (RG WarnR 1912 Nr 382). Nimmt der Empfänger die Schenkung nicht an, so hat der Leistende einen Bereicherungsanspruch.

§ 686

Ist der Geschäftsführer über die Person des Geschäftsherrn im Irrtum, so wird der wirkliche Geschäftsherr aus der Geschäftsführung berechtigt und verpflichtet.

Materialien: E I § 757; II § 617; III § 673; Mot
II 865, 866; Prot II 739.

I. Grundgedanke

1 Der Irrtum des Geschäftsführers über die Person des Geschäftsherrn schließt die Anwendbarkeit der §§ 677–685 nicht aus. Als Geschäftsführer wird in solchen Fällen nicht der betrachtet, den der Geschäftsführer irrtümlich für den Geschäftsherrn gehalten hat, sondern derjenige, der es wirklich ist. Geschäftsherr kann nur sein, in dessen Person die Frage, ob die Übernahme der Geschäftsführung interessen- und

willensgemäß ist (§ 683 S 1) sinnvoll gestellt werden kann. § 686 stellt klar, daß der Wille des Geschäftsführers, fremde Interessen wahrzunehmen, diese objektive Grenze nicht überschreiten kann. Macht jemand Aufwendungen auf einen Nachlaßgegenstand in Geschäftsführungsabsicht für den Scheinerben, so entsteht unter den Voraussetzungen des § 683 S 1 das gesetzliche Schuldverhältnis der berechtigten Geschäftsführung ohne Auftrag nur mit dem wirklichen Erben. Die Unbeachtlichkeit des Irrtums über die Person des Geschäftsherrn läßt ferner den – sich im übrigen schon aus § 677 ergebenden – Schluß zu, daß die Absicht, für eine bestimmte Person tätig zu sein, gar nicht Voraussetzung einer Geschäftsführung ist. Es genügt vielmehr, daß der Geschäftsführer überhaupt für einen anderen handeln wollte (ebenso BGB-RGRK/STEFFEN Rn 2; ERMAN/EHMANN Rn 1; PALANDT/THOMAS § 677 Rn 3). Weitergehende Rückschlüsse auf die für eine Geschäftsführung erforderliche Willensrichtung läßt § 686 hingegen nicht zu. Der wirkliche Geschäftsherr im Sinne des § 686 ist derjenige, auf den der Geschäftsführungswille des Geschäftsführers – nach dem sozialen Sinn seiner Tätigkeit – weist. § 686 besagt nur, daß die Vorstellungen des Geschäftsführers darüber, wer das ist, unbeachtlich sind. Der Geschäftsführungswille als solcher – ohne Beziehung auf eine bestimmte Person – wird von § 686 vorausgesetzt. Die Vermutung des Geschäftsführungswillens beim objektiv fremden Geschäft läßt sich also nicht auf die Irrtumsregelung des § 686 stützen. Auch für die Frage, ob trotz irriger Annahme einer Rechtspflicht Geschäftsführung möglich ist, läßt sich aus § 686 nichts entnehmen. Der Gesetzgeber wollte diese Frage ausdrücklich offenlassen (vgl Mot II 866).

II. Geschäftsführungsbeziehung zum wirklichen Geschäftsherrn

1. Geschäftsführung für eine unbekannte Person

Der Geschäftsführer braucht die Geschäftsführung nicht für einen ihm bekannten **2** und ebensowenig für einen der Person nach bestimmten Geschäftsherrn übernommen zu haben (Mot II 856; RGZ 167, 85, 88; BGHZ 1, 57, 62 = NjW 1951, 269; BGHZ 43, 188; BGH NJW 1966, 1360 = LM Nr 10 zu § 677 BGB). Geschäftsherr ist derjenige, auf den der soziale Sinn der Tätigkeit des Geschäftsführers weist. Die Rettung des Lebens der Ehefrau ist Geschäftsführung auch für den Ehemann (RGZ 167, 85, 88). Bei Erfüllung fremder Verbindlichkeit ist der Geschäftsherr der Schuldner, mag er auch im Zeitpunkt der Übernahme der Geschäftsführung dem Geschäftsführer unbekannt sein (BGHZ 1, 57, 62: Beseitigung von Brückentrümmern als Geschäftsführung zur Erfüllung der auf die BRD als Eigentümerin des Flußlaufs übergegangenen Unterhaltungspflicht; BGH NJW 1966, 1360: Isolierung einer Brücke gegen sulfathaltige Stoffe als Geschäftsführung für den Störer, der im Zeitpunkt der Übernahme der Geschäftsführung für die Störung noch nicht verantwortlich war). Geschäftsführung ohne Auftrag kann auch vorliegen, wenn für eine noch nicht existierende Person, zB einen nasciturus oder eine in der Gründung begriffene juristische Person gehandelt wird (RG SeuffA Nr 112; Recht 1913 Nr 2406; LZ 1913, 853; WarnR 1931 Nr 122; PLANCK Anm 2 b; BGB-RGRK/STEFFEN Rn 2). In solchen Fällen ist die Entstehung des gesetzlichen Schuldverhältnisses durch das Existentwerden der betreffenden Persönlichkeit aufschiebend bedingt.

2. Irrtum über die Person des Geschäftsherrn

Da nach § 686 der wirkliche, nicht der vermeintliche Geschäftsherr berechtigt und **3** verpflichtet wird, scheidet eine Anfechtung wegen Irrtums (§ 119 Abs 2) aus. Wenn der Geschäftsführer gegenüber dem vermeintlichen Geschäftsherrn in freigebiger Absicht handelte (§ 685 Abs 1), so kann sich der wirkliche Geschäftsherr hierauf nicht berufen (ebenso BGB-RGRK/STEFFEN Rn 5).

3. Rechte und Pflichten des wirklichen Geschäftsherrn

4 Das gesetzliche Schuldverhältnis der berechtigten Geschäftsführung ohne Auftrag kommt mit dem wirklichen Geschäftsherrn zustande. Ihm gegenüber sind die sich aus § 681 ergebenden Verpflichtungen zu erfüllen. Wenn sich der Geschäftsführer bei der Durchführung der Geschäftsführung nach dem Interesse und dem Willen des vermeintlichen Geschäftsherrn richtet, so haftet er aber bei schuldlosem Irrtum nicht aus § 677 auf Schadensersatz. Ob berechtigte oder unberechtigte Geschäftsführung ohne Auftrag vorliegt (§ 683 S 1), entscheidet sich nach dem Interesse und dem Willen des wirklichen Geschäftsherrn. Nur er kann auch eine zunächst unberechtigte Geschäftsführung genehmigen (§ 684 S 2). Die verschärfte Haftung nach § 678 greift dann ein, wenn die Übernahme der Geschäftsführung dem wirklichen Geschäftsherrn unerwünscht war und der Geschäftsführer dies bei Anwendung der erforderlichen Sorgfalt hätte erkennen müssen; bei schuldlosem Irrtum über die Person des Geschäftsherrn scheidet sie also aus.

§ 687

[1] **Die Vorschriften der §§ 677 bis 686 finden keine Anwendung, wenn jemand ein fremdes Geschäft in der Meinung besorgt, daß es sein eigenes sei.**

[2] **Behandelt jemand ein fremdes Geschäft als sein eigenes, obwohl er weiß, daß er nicht dazu berechtigt ist, so kann der Geschäftsherr die sich aus den §§ 677, 678, 681, 682 ergebenden Ansprüche geltend machen. Macht er sie geltend, so ist er dem Geschäftsführer nach § 684 Satz 1 verpflichtet.**

Materialien: E I § 761; II § 618; III § 674; Mot II 869, 871; Prot II 741—743.

Systematische Übersicht

Alphabetische Übersicht

Roland Wittmann

I.   Grundgedanken der gesetzlichen Regelung

1 Geschäftsführung ohne Auftrag liegt nur vor, wenn jemand freiwillig zur Wahrnehmung fremder Interessen tätig wird. Sie ist eine berechtigte, wenn die Übernahme der Geschäftsführung dem Geschäftsherrn auch tatsächlich objektiv nützlich ist und seinem (wirklichen oder mutmaßlichen) Willen entspricht (§ 683 S 1), sonst ist sie – mangels Genehmigung (§ 684 S 2) – eine unberechtigte. Nicht einmal eine Geschäftsführung liegt hingegen dann vor, wenn jemand irrtümlich (§ 687 Abs 1) oder böswillig (§ 687 Abs 2) in fremde Rechte eingreift. Wer irrtümlich über ein fremdes Recht oder eine fremde Sache verfügt oder einen fremden Gegenstand nutzt, weil er schuldlos oder fahrlässig glaubt, der Inhaber, oder verfügungs- oder nutzungsberechtigt zu sein, besorgt zwar objektiv ein fremdes Geschäft. Der Eingriff in fremde Rechte als solcher ist aber noch keine Geschäftsführung im Sinne des § 677, der Geschäftsführung für einen anderen verlangt. § 687 Abs 1 erklärt daher die Vorschriften der §§ 677–686 für unanwendbar. Der böswillige Eingriff in fremde Rechte ist nicht nur keine Geschäftsführung im Sinne des § 677, sondern bildet zur Geschäftsführung für einen anderen den kontradiktorischen Gegensatz. Der – berechtigte oder unberechtigte – Geschäftsführer ohne Auftrag handelt zur Wahrnehmung fremder Interessen, der böswillige Eingreifer in eigennütziger Absicht. Hierauf beruht es, daß der Gesetzgeber in § 687 Abs 2 durch Rechtsfolgenverweisung einzelne Vorschriften der Geschäftsführung ohne Auftrag eigens für anwendbar erklärt, um den böswilligen Eingreifer so zu behandeln, als habe er für Rechnung des Rechtsinhabers ein Geschäft besorgt und ihn ferner für den von ihm verursachten Schaden verschärft haften zu lassen. Die Regelung der irrtümlichen und der böswilligen Eigengeschäftsführung ist über den Eingriff in fremde Rechte hinaus auch für den Begriff der berechtigten und der unberechtigten Geschäftsführung ohne Auftrag bedeutsam. Für die beiden Tatbestände des § 687 ist der Eingriff in ein fremdes Recht und in diesem Sinne das Vorliegen eines **objektiv fremden Geschäfts** wesentlich. Demgegenüber braucht der berechtigte Geschäftsführer ohne Auftrag – etwa im Fall der Hilfeleistung oder bei Warnung vor Gefahren (BGHZ 43, 188) – nicht unbedingt in die Rechte des Geschäftsherrn einzugreifen. Der Kraftfahrer, der in einer plötzlichen Gefahrenlage sich selbst schädigt und dadurch einen anderen vor Schaden bewahrt (BGHZ 38, 270), greift gerade nicht in dessen Rechte ein, sondern vermeidet einen solchen Eingriff. Den Begriff des (objektiv) fremden Geschäfts benutzt das Gesetz nur in § 687, nicht hingegen in den §§ 677–686.

II.   Irrtümliche Eigengeschäftsführung (§ 687 Abs 1)

1.   Unanwendbarkeit der Geschäftsführungsregeln

2 Besorgt jemand ein fremdes Geschäft in der irrigen Meinung, es sei sein eigenes, so liegt keine Geschäftsführung ohne Auftrag vor. Daher kann der Handelnde nicht die einem Geschäftsführer nach den §§ 683, 684 zustehenden Ansprüche geltend machen, während andererseits dem Geschäftsherrn gegen ihn nicht die Ansprüche aus den §§ 677, 678, 681, 666–668 zustehen. Auch die Genehmigung der Geschäftsführung durch den Geschäftsherrn kann die Anwendbarkeit der Regeln über die Geschäftsführung ohne Auftrag nicht begründen (Mot II 870; RGZ 105, 92). Grundsätzlich gleichgültig ist, ob der Irrtum des Geschäftsführers auf Fahrlässigkeit beruht oder ob er schuldlos einem Irrtum erlegen ist (ebenso PLANCK Anm 1; OERTMANN Anm 2;

BGB-RGRK/Steffen Rn 15; Palandt/Thomas Rn 1). Bei Verletzung von Immaterialgüterrechten besteht jedoch in Anwendung des Rechtsgedankens des § 687 Abs 2 eine Gewinnhaftung schon bei fahrlässigem Handeln (vgl Rn 21).

2. Anwendbare Vorschriften

Für die Abwicklung der irrtümlichen Eigengeschäftsführung kommt in erster Linie   3
das Bereicherungsrecht in Betracht. Wenn der gutgläubige Erwerber abhandengekommener Sachen diese weiterveräußert (RGZ 105, 92), kann der Eigentümer die Verfügung genehmigen und einen Bereicherungsanspruch nach § 816 Abs 1 geltend machen. Bei nicht entschuldbarem Irrtum haftet der Geschäftsführer nach §§ 990, 989 nicht aus §§ 823 ff (arg § 993; anders Mot II 869; Prot II 742). Hinsichtlich des Ausgleichs für den Rechtsverlust sind die §§ 987 ff, für die Verwendungen §§ 994 ff maßgebend. § 687 Abs 1 steht im Einklang mit § 1000, der nur eine einredeweise Geltendmachung des Verwendungsersatzanspruchs vorsieht.

3. Schuldlose Verletzung fremder Ausschließlichkeitsrechte

Bei schuldloser Verletzung eines Urheberrechts ist ein Bereicherungsanspruch gege-   4
ben (vgl RGZ 90, 137; 121, 258; BGHZ 5, 123; 15, 348; 20, 354; BGH JZ 1955, 742; BGHZ 56, 317, 320; vgl auch § 97 Abs 3 UrhG). Der Bereicherungsanspruch geht in diesem Falle nicht auf Herausgabe des durch den Verletzer erzielten Gewinns (anders RGZ 121, 258, wo der Verletzer zur Herausgabe der Einnahmen verurteilt worden ist), sondern auf Zahlung desjenigen Betrages aus dem Gewinn, um den der Verletzer bereichert ist, indem er ein fremdes Recht ohne Entgelt benutzt hat; in der Regel ist also eine angemessene Benutzungsgebühr zu zahlen (BGHZ 5, 123; 15, 349; 20, 355; vCaemmerer, in: FS Rabel I 356 f). Ein Bereicherungsanspruch besteht auch bei schuldloser Verletzung eines **Patentrechts**, eines **Gebrauchsmusterrechts** und **sonstiger gewerblicher Schutzrechte** (anders das RG in ständiger Rspr, vgl RGZ 70, 249, 253; 113, 413, 424; 121, 258, 261; RG JW 1914, 406, 408; wie hier jedoch BGHZ 68, 90 = NJW 1977, 1194 = JZ 1977, 515; BGHZ 99, 244). Aus § 48 PatG und dem gleichlautenden § 15 Abs 3 GebrMG kann angesichts der entsprechenden Bestimmung des § 852 Abs 3 (früher Abs 2) BGB (vgl zu dieser Bestimmung vCaemmerer, in: FS Rabel I 394 ff) nicht gefolgert werden, daß eine abschließende sondergesetzliche Regelung besteht. Ebensowenig läßt sich das aus § 47 PatG (§ 15 Abs 2 GebrMG) entnehmen; daß das Gericht bei leicht fahrlässigen Verletzungen statt des Schadensersatzes eine Entschädigung festsetzen kann, die in den Grenzen zwischen dem Schaden des Verletzten und dem Vorteil bleibt, der dem Verletzer erwachsen ist, spricht nicht gegen einen Bereicherungsanspruch. Schließlich ist die Ablehnung des Bereicherungsanspruchs auch nicht damit zu begründen, daß die Bewegungsfreiheit von Handel und Gewerbe sehr eingeengt würde; dieses Argument vermag auf keinen Fall zu rechtfertigen, daß dem Verletzer der durch die ungerechtfertigte Benutzung des Schutzrechts erlangte Gewinn in vollem Umfang verbleiben soll. Der schuldlose Verletzer hat daher aus einem Gewinn eine angemessene Vergütung für die Benutzung des Patents oder des Gebrauchsmusters zu zahlen (vgl Fuchs, Die Ausgleichspflicht bei gutgläubiger Patentverletzung, 1935; vCaemmerer 356 ff; BGB-RGRK/Steffen Rn 45; Palandt/Thomas Vorbem 18 vor § 812). Das gleiche gilt bei unberechtigter Verwertung des Bildes eines anderen zu wirtschaftlichen Zwecken (BGHZ 20, 345, 355).

Roland Wittmann

III. Böswillige Eigengeschäftsführung

1. Voraussetzungen

a) Eingriff in ein fremdes Recht

5 Wer ein fremdes Geschäft in Kenntnis des Mangels seiner Berechtigung hierzu als sein eigenes behandelt, sollte nach dem 1. Entwurf nur deliktsrechtlich haften. Für die 1. Kommission ergab sich diese Konsequenz notwendig aus der Entscheidung für einen subjektiven Geschäftsführungsbegriff (vgl § 749 Abs 1 des 1. Entwurfs im Gegensatz zu § 233 Abs 1 des Teilentwurfs). Wer für sich selbst, nicht für einen anderen tätig wird, konnte danach nicht Geschäftsführer ohne Auftrag sein. Man befürchtete eine Denaturierung des Begriffs der negotiorum gestio (Mot II 871). Die 2. Kommission hielt am subjektiven Geschäftsführungsbegriff fest, empfand jedoch den deliktischen Schutz gegen rechtswidrig-eigennützige Eingriffe in fremde Vermögensrechte als unzureichend. Dem Rechtsinhaber wurde daher das Recht eingeräumt, das durch böswilligen Eingriff in seine Rechte getätigte Geschäft an sich zu ziehen (§ 687 Abs 2 iVm §§ 681 S 2, 667). Hinsichtlich des durch die Einmischung verursachten Schadens wurde der böswillige Eigengeschäftsführer der gleichen verschärften Haftung unterworfen wie der schuldhaft-unerwünschte Geschäftsführer (§ 687 Abs 2 iVm § 678). Der Rechtsinhaber erhielt zusätzlich zu den nach § 852 verjährenden Deliktsansprüchen geschäftsführungsrechtliche Ansprüche, die nach § 195 verjähren. Der 2. Kommission ging es nicht darum, die böswillige Eigengeschäftsführung doch noch in den Begriff der Geschäftsführung ohne Auftrag einzubeziehen. Der Gesetzgeber hatte vielmehr die Rechtsfolgen vor Augen, denen der berechtigte und der unberechtigte Geschäftsführer ohne Auftrag unterliegt (Prot II 742 f). § 687 Abs 2 enthält eine **Rechtsfolgenverweisung** auf geschäftsführungsrechtliche Ansprüche mit dem Ziel der Ergänzung und Verschärfung der deliktischen Haftung. Der Tatbestand, der für die Rechtsfolgenverweisung vorliegen muß, wird in § 687 Abs 2 S 1 selbst bestimmt. Erforderlich ist danach, daß der Geschäftsführer ein Geschäft, das dem Rechtsinhaber vorbehalten ist (objektiv fremdes Geschäft) in Kenntnis der Nichtberechtigung als eigenes behandelt, dh in eigennütziger Absicht an sich zieht. Die angemaßte Geschäftsführung im Sinne des § 687 Abs 2 setzt daher einen **rechtswidrigen Eingriff** in ein fremdes Vermögensrecht oder in den etwaigen wirtschaftlichen Zuweisungsgehalt des Persönlichkeitsrechts eines anderen (Bildnisverwertung) voraus (BGHZ 119, 257, 260 f).

aa) Absolute Rechte

6 Angemaßte Geschäftsführung liegt zunächst dann vor, wenn in eigennütziger Absicht und in Kenntnis der Nichtberechtigung in ein absolutes Recht im Sinne des § 823 Abs 1 eingegriffen wird, das zugleich ein Vermögensrecht oder ein Persönlichkeitsrecht mit wirtschaftlichem Zuweisungsgehalt ist. Hierher gehört etwa die Veräußerung oder die Vermietung fremder Sachen. Unter den Schutz des § 687 Abs 2 fallen auch das Urheberrecht und gewerbliche Schutzrechte (zur Entbehrlichkeit des Vorsatzes vgl Rn 21). Für die unberechtigte Untervermietung ist § 687 Abs 2 hingegen nicht einschlägig, da der Mieter lediglich über sein eigenes Gebrauchsrecht verfügt (wie hier BGH NJW 1964, 1853; BGHZ 59, 51, 57 f). Dem Vermieter steht hinsichtlich des Untermietzinses auch keine Eingriffskondiktion zu (aM DIEDERICHSEN NJW 1964, 2296). Zu der Frage, ob er einen vertraglichen Schadensersatzanspruch auf den Betrag hat, um den der Mietzins bei Einholung der Erlaubnis des Vermieters erhöht worden

wäre, vgl Neumann-Duesberg BB 1965, 731 einerseits, Söllner JuS 1976, 449, 450 andererseits.

bb) Forderungen; schuldrechtlich geschützte Interessensphären

Der Tatbestand des § 687 Abs 2 S 1 verlangt einen vorsätzlichen, rechtswidrigen Eingriff in ein fremdes Vermögensrecht und ist deshalb seiner Natur nach ein besonders ausgestalteter Deliktstatbestand (zustimmend Erman/Ehmann Rn 6). Während § 823 Abs 1 die Verletzung eines der dort genannten Rechtsgüter als solche erfaßt, geht es in § 687 Abs 2 um den spezielleren Aspekt der rechtswidrigen Verwertung eines fremden Vermögensrechts. Über § 823 Abs 1 hinausgehend fallen auch böswillige Eingriffe Dritter in ein fremdes Forderungsrecht, zB die böswillige Annahme der Leistung durch den bisherigen Gläubiger (vgl § 407) unter § 687 Abs 2. § 687 Abs 2 kann hingegen nicht auf die Verletzung vertraglicher Pflichten im Zweipersonenverhältnis angewandt werden (wie hier Palandt/Thomas Rn 7; Erman/Ehmann Rn 6; Münch-Komm/Seiler Rn 20; aM Nipperdey, in: FS Böhm [1965] 163 ff). Die Rechtsfolgen der Verletzung vertraglicher Pflichten sind vielmehr nach den besonderen Beziehungen der Beteiligten zu beurteilen. Die Verletzung einer Alleinverkaufsabrede verpflichtet nach den Grundsätzen der positiven Förderungsverletzung zum Schadensersatz. Im Fall der Verletzung einer Alleinverkaufsabrede ließ das Reichsgericht die Frage der Anwendbarkeit der Vorschrift des § 687 Abs 2 dahingestellt (RGZ 92, 201). Angewandt wurde § 687 Abs 2 vom RG nur im Fall der Verletzung eines fremden Monopolrechts (RGZ 100, 142). Der BGH hat die Anwendbarkeit des § 687 Abs 2 für den Fall verneint, daß ein Produzent eine mit einem Großhändler getroffene Alleinverkaufsabrede verletzt, indem er einen anderen Großhändler beliefert; hierbei wies er zu Recht darauf hin, daß der Produzent insoweit lediglich sein eigenes Geschäft führt, wenn auch unter Verletzung der gegenüber dem Großhändler eingegangenen Verpflichtungen (BGH LM Nr 8 zu § 687 BGB). Ferner hat er einen Anspruch des alleinvertriebsberechtigten Eigenhändlers aus § 687 Abs 2 gegen den Unternehmer verneint, der die Alleinvertriebsvereinbarung verletzte (BGH NJW 1984, 2411). Die Verletzung einer Alleinverkaufsabrede wird somit auch von der Rspr des BGH nicht nach § 687 Abs 2, sondern nach den Grundsätzen der positiven Forderungsverletzung beurteilt. Bei Verletzung eines vertraglichen Wettbewerbsverbots wurde ein Anspruch nach § 687 Abs 2 mit der Begründung abgelehnt, daß die Beeinträchtigung der bloßen Erwerbsaussicht des Berechtigten noch keinen Eingriff in ein ihm zugeordnetes Gut darstellt. Zuletzt wurde die Mißachtung der Grenzen der Geschäftsführungsbefugnis durch den Geschäftsführer einer GmbH nicht als böswillige Eigengeschäftsführung angesehen (BGH NJW-RR 1989, 1255). Der Gesetzgeber hat bewußt darauf verzichtet, Vertragsverletzungen generell deliktischen Normen zu unterstellen. Hiermit wäre es nicht vereinbar, wenn man die Vorschrift des § 687 Abs 2 S 1, die ihrer Natur nach besonders ausgestaltete Deliktsansprüche enthält, allgemein auf vorsätzliche Vertragsverletzungen anwenden würde. Abzulehnen ist daher auch die Anwendung des § 687 Abs 2 zur Begründung eines Anspruchs auf die Herausgabe von Schmiergeldern (aM BAG AP Nr 1 zu 687 BGB = NJW 1961, 2036). Der Anspruch folgt bereits aus § 667 (vgl dort Rn 9; wie hier auch Erman/Ehmann Rn 7; nach MünchKomm/Seiler Rn 16 mit § 667 Rn 17 soll auch § 667 nicht einschlägig sein).

b) Arten des Eingriffs

aa) Verfügende Eingriffe

Die Behandlung eines fremden Geschäfts als eigenes kann dadurch erfolgen, daß **8** jemand böswillig eine fremde Sache veräußert oder über ein fremdes Recht verfügt. Gleichgültig ist, ob die Verfügung dem Berechtigten gegenüber wirksam ist oder nicht. Verfügungen, die dem Berechtigten gegenüber wirksam sind, zB die Veräußerung einer nicht abhandengekommenen Sache an einen gutgläubigen Dritten oder die Abtretung einer Nachlaßforderung seitens des durch einen Erbschein ausgewiesenen Scheinerben, erfüllen nicht nur den Tatbestand der Eingriffskondiktion nach § 816 Abs 1, sondern, wenn der Verfügende vorsätzlich handelt, zugleich auch den Tatbestand der böswilligen Eigengeschäftsführung. Auch die Weiterveräußerung einer zunächst rechtswirksam erworbenen Sache kann zu einer böswilligen Eigengeschäftsführung werden, wenn der frühere Eigentümer die Veräußerung erfolgreich anficht (§ 142). Kannte der Erwerber die Anfechtbarkeit, dann wird er so behandelt, wie wenn er die Nichtigkeit kannte (§ 142 Abs 2). Die Weiterveräußerung durch den Erwerber an einen Dritten ist daher die Behandlung eines fremden Geschäfts als eigenes trotz Kenntnis der Nichtberechtigung hierzu (RGZ 138, 45, 48). Einen weiteren Fall böswilliger Veräußerung enthält BGH JZ 1980, 141.

bb)   Verwertung

9   Böswillige Eigengeschäftsführung kann auch durch die Ausbeutung fremder Rechte und durch die Verarbeitung oder Nutzung fremder Sachen erfolgen.

cc)   Obligatorische Eingriffe

10   § 687 Abs 2 ist auch auf obligatorische Geschäfte anwendbar, die jemand eigennützig und in Kenntnis der Nichtberechtigung über fremde Sachen oder Rechte abschließt. Zu Recht hat daher das RG den Vermieter zur Herausgabe des Mietzinses verurteilt, den dieser dadurch erzielt hatte, daß er die Möbel eines Mieters vermietete (RGZ 105, 409; vgl auch vLÜBTOW AcP 150, 252 ff). Zwar stand dem Vermieter ein Pfandrecht nach § 559 zu; die Vermietung der Möbel stellte gleichwohl einen Eingriff in die Rechte des Mieters dar, weil das Vermieterpfandrecht kein Nutzpfand ist.

c)   Fehlende Berechtigung

11   Die Frage, ob die Berechtigung zur Besorgung des Geschäfts fehlt, stellt sich erst, wenn ein objektiv fremdes Geschäft gegeben ist, also ein Eingriff in absolut geschützte Rechte eines anderen oder in dessen Forderungen gegen Dritte vorliegt. Bei Nichtigkeit der Übereignung eines Erwerbsgeschäfts sind die Geschäfte, die der Erwerber durch die Fortführung des Unternehmens geschlossen hat, eigene Geschäfte des Erwerbers und nicht Geschäfte des Veräußerers (BGHZ 7, 208). Schließt ein Gesellschafter statt für die Gesellschaft im eigenen Namen und auf eigene Rechnung mit einem Dritten ab, so beurteilt sich seine Haftung nach dem Gesellschaftsvertrag und nach § 826 BGB (vgl RGZ 89, 99, 103). Der Beauftragte hingegen, der im eigenen Namen für Rechnung des Auftraggebers Waren veräußert, behandelt ohne Berechtigung ein fremdes Geschäft als eigenes, wenn der Auftrag sittenwidrig ist (RGZ 96, 282).

d)   Böswilligkeit
aa)   Wissentlichkeit

12   Subjektiv erfordert die böswillige Eigengeschäftsführung zunächst, daß der Handelnde den Mangel seiner Berechtigung kennt. Das Kennenmüssen (§ 122 Abs 2) steht der Kenntnis in dieser Hinsicht nicht gleich. Bei nachträglicher Kenntnis gelten

die Vorschriften des § 687 Abs 2 erst vom Zeitpunkt der Erlangung der Kenntnis an.

bb) Eigennützigkeit

Der böswillige Eigengeschäftsführer muß das Geschäft als eigenes behandelt, also **13** für sich geführt haben. Es handelt sich um das eigennützige, ausbeutende Eingreifen in einen fremden Rechtskreis, das in scharfem Gegensatz zur freiwilligen Wahrnehmung und Förderung fremder Interessen im Wege der berechtigten Geschäftsführung ohne Auftrag steht. Die Eigennützigkeit wird in der Regel dadurch gegeben sein, daß der Handelnde im eigenen Namen über Sachen oder Rechte des anderen unberechtigt verfügt oder sie im eigenen Namen nutzt. Böswillige Eigengeschäftsführung kann jedoch auch vorliegen, wenn der Geschäftsführer im Namen des Geschäftsherrn handelt, sofern er das wirtschaftliche Ergebnis nicht dem Geschäftsherrn zugute kommen lassen, sondern – nach außen erkennbar – seinem eigenen Vermögen einverleiben will. Wenn der Handelnde im Auftrag eines Dritten unberechtigt ein objektiv fremdes Geschäft führt, so kann er gleichwohl das fremde Geschäft „als eigenes" behandelt haben. Er haftet selbst nach § 687 Abs 2, wenn er das objektiv fremde Geschäft unberechtigt im eigenen Namen besorgt; das Innenverhältnis zu dem Dritten als seinem Auftraggeber ändert nichts daran, daß er im Verhältnis zum Rechtsinhaber das Geschäft für sich führt. Verfügt der Handelnde hingegen im Namen seines Auftraggebers über eine fremde Sache, so ist nicht er, sondern sein Auftraggeber als der böswillige Eigengeschäftsführer anzusehen (vgl RG JW 1903 Beil 141; wie hier im Ergebnis BGB-RGRK/Steffen Rn 35).

2. Rechtsfolgen

a) Die Verpflichtungen des Eingreifers
aa) Unanwendbarkeit des § 677 und des § 681 S 1

Der Verweisung auf das Geschäftsführungsrecht liegt der Gedanke zugrunde, den **14** böswilligen Eigengeschäftsführer so zu behandeln, als habe er für Rechnung des Rechtsinhabers gehandelt. Zu weit geht jedoch die Verweisung auf die Sorgfaltspflicht des § 677. Der böswillige Eingriff in fremde Vermögensrechte ist schlechthin zu unterlassen; dem böswilligen Eigengeschäftsführer kann also nicht die Verpflichtung obliegen, das Geschäft so zu führen, wie es das Interesse oder der Wille des Rechtsinhabers erfordert. Sinnlos ist auch die Verweisung auf die Anzeige- und Wartepflicht des § 681 S 1. Die Anzeige- und Wartepflicht dient der Erforschung des Willens des Geschäftsherrn (vgl § 681 Rn 3). Hierzu besteht bei einem wissentlich eigennützigen, rechtswidrigen Eingriff kein Anlaß, er hat vielmehr von vornherein zu unterbleiben.

bb) Herausgabepflicht

Der böswillige Eingreifer wird so behandelt, als habe er das objektiv fremde **15** Geschäft für Rechnung des Rechtsinhabers besorgt. Er muß daher das aus der Geschäftsbesorgung Erlangte wie ein berechtigter Geschäftsführer ohne Auftrag und wie ein Beauftragter dem Geschäftsherrn herausgeben, §§ 687 Abs 2 S 1, 681 S 2 667. Wer böswillig zum Nachteil des Eigentümers oder des Rechtsinhabers über eine fremde Sache oder über ein fremdes Recht verfügt, muß daher den Erlös herausgeben. Der Erlös ist auch insoweit herauszugeben, als er auf wertsteigernden Maßnahmen des Eingreifers beruht (RGZ 138, 45, 49); der Eingreifer hat nur im Rahmen des

§ 684 S 1 einen Aufwendungsersatzanpruch (§ 687 Abs 2 S 2). Dieser ist auf den Aufwand zu begrenzen, den der Rechtsinhaber selbst zur Erzielung des Ertrags hätte tätigen müssen. Gleichgültig ist, ob der Geschäftsherr den Erlös auch selbst hätte erzielen können; niemand darf vorsätzlich mit fremden Gegenständen einen Gewinn machen (RGZ 138, 45, 49). § 687 Abs 2 gibt dem Rechtsinhaber somit einen Anspruch auf **Gewinnherausgabe**. Die Vorschrift des § 687 Abs 2 ist deshalb entgegen der Ansicht von REICHHARD (AcP 193 [1993] 597 ff) trotz der Möglichkeit verschärfter Haftung nach § 819 de lege lata nicht entbehrlich. De lege ferenda ist die Einordnung in das Deliktsrecht zu erwägen (aM KÖNIG, Gutachten und Vorschläge zur Überarbeitung des Schuldrechts II 1621 f). Freilich müßte der entsprechende Deliktstatbestand dann mit der besonderen Rechtsfolge der Gewinnherausgabe versehen werden; ferner müßte die Auskunfts- und Rechenschaftspflicht des böswilligen Eingreifers eigens geregelt werden. Daher dürfte lege ferenda die Beibehaltung des § 687 Abs 2 S 1 vorzuziehen sein (wie hier im Ergebnis HELM, Gutachten 387 f; zu § 687 Abs 2 S 2 s Rn 20). In der Geltendmachung des Anspruchs aus §§ 687 Abs 2 S 1, 681 S 2, 667 liegt nicht die Genehmigung der böswilligen Eigengeschäftsführung. Diese ist gar nicht genehmigungsfähig. Die Geltendmachung des Herausgabeanspruchs bringt lediglich die Aufwendungskondiktion des böswilligen Eingreifers nach §§ 687 Abs 2 S 2, 684 S 1 zur Entstehung. Seine Tätigkeit bleibt aber widerrechtlich. Daher kann der Geschäftsherr neben der Herausgabe auch den Ersatz des Schadens verlangen, der ihm aus der Geschäftsbesorgung erwächst. Von der – gar nicht möglichen – Genehmigung im Innenverhältnis zu unterscheiden ist die Genehmigung einer vom böswilligen Eingreifer zum Nachteil des Rechtsinhabers getroffenen Verfügung. Den durch die Verfügung erzielten Erlös kann der Rechtsinhaber nur verlangen, wenn die Verfügung durch gutgläubigen Erwerb des Dritten ihm gegenüber wirksam ist oder wenn er die Verfügung genehmigt (§ 185 Abs 2). Solange der Eingreifer dem Dritten gegenüber der Rechtsmängelhaftung ausgesetzt ist, hat er den Erlös letztlich noch nicht im Sinne des § 667 aus der Geschäftsbesorgung erlangt. Wenn auch der Erlös der aufgrund des Kaufvertrags mit dem Dritten geleistete Kaufpreis ist, so beruht doch die Verpflichtung zu dessen Herausgabe nicht schon auf dem Abschluß des Kaufvertrags, sondern auf der vom böswilligen Eigengeschäftsführer getroffenen Verfügung (vgl RG JW 1909, 659). Wenn der Verfügende schuldlos oder nur fahrlässig handelt, kommt gegen ihn nur die Eingriffskondiktion nach § 816 Abs 1 in Betracht. Diese geht zwar grundsätzlich auch auf den Gewinn (hM, vgl BGHZ 29, 157 = NJW 1959, 688; ENNECCERUS/LEHMANN § 255 I 1; PALANDT/THOMAS § 816 24; JAKOBS 64 ff; aM LARENZ II § 69 IV a; SOERGEL/MÜHL § 816 Rn 12; vCAEMMERER, in: FS Rabel 356 ff; FS Lewald 448; MEDICUS Rn 723; vgl auch § 816 Rn 25). Wenn jedoch der Anspruch aus § 816 Abs 1 erst durch die Genehmigung des Rechtsinhabers entsteht (so bei Veräußerung abhandengekommener Sachen), so ist er, da alternativ auch die Vindikation möglich ist und die Genehmigung auf einem freien Willensentschluß des Berechtigten beruht, entgegen der hM auf den Wert der Sache zu beschränken. Einen Anspruch auf Gewinnherausgabe hat der Rechtsinhaber bei genehmigten Verfügungen nur nach § 687 Abs 2. Der BGH weist aaO, ohne das Verhältnis zwischen § 687 Abs 2 und § 816 Abs 1 zu erörtern, immerhin darauf hin, daß dem Anspruch auf Gewinnherausgabe nach § 816 Abs 1 bei genehmigten Verfügungen § 242 entgegenstehen kann. Geld, das der böswillige Eigengeschäftsführer herauszugeben hat, das er aber für sich verwendet, muß er von der Zeit der Verwendung an verzinsen (§§ 687 Abs 2 S 1, 681 S 2, 668).

cc) Auskunfts- und Rechenschaftspflicht

Der Anspruch auf Auskunfterteilung und Rechnungslegung dient der Geltendma- **16** chung von Herausgabe- und Schadensersatzansprüchen.

dd) Deliktshaftung

Der böswillige Eigengeschäftsführer haftet für den dem Geschäftsherrn zugefügten **17** Schaden nach den §§ 823 ff. Bei Eingreifen in fremde Forderungsrechte kann § 826 in Betracht kommen.

ee) Verschärfte Haftung

Der böswillige Eingreifer unterliegt darüber hinaus der verschärften Haftung nach **18** § 678. Er haftet also für den dem Geschäftsherrn aus der Geschäftsführung entstandenen Schaden, auch wenn er das Geschäft sachgemäß ausgeführt hat.

ff) Haftung bei Fehlen voller Geschäftsfähigkeit

Die Haftung nicht voll geschäftsfähiger Personen für Schadenszufügung durch bös- **19** willige Eigengeschäftsführung und die Herausgabepflicht ist nach § 682 eingeschränkt (vgl § 682 Rn 4).

b) Die Verpflichtung des Geschäftsherrn zum Aufwendungsersatz

Der böswillige Eingreifer hat gegen den Geschäftsherrn grundsätzlich keine Ansprü- **20** che (RGZ 100, 145; 105, 409; BGHZ 39, 186, 189). Wenn der Geschäftsherr jedoch den Herausgabeanspruch nach §§ 687 Abs 1, 681 S 2, 667 oder den Schadensersatzanspruch nach §§ 687 Abs 2, 678 geltend macht, so muß er, soweit er bereichert ist, dem Geschäftsführer seine Aufwendungen ersetzen, §§ 687 Abs 2, 684 S 1. Die Verweisung auf § 684 S 1 ist nicht glücklich formuliert. Es kann nicht gemeint sein, daß der Geschäftsherr alles, was er durch die Geschäftsführung erlangt hat, nach den Regeln über die ungerechtfertigte Bereicherung herauszugeben hat. Er soll ja gerade alles erhalten, was der böswillige Eingreifer erzielt hat. Andererseits folgt die Verpflichtung des Geschäftsherrn zum Aufwendungsersatz schon aus dem Grundgedanken des § 687 Abs 2, den böswilligen Eingreifer so zu behandeln, als habe er für Rechnung des Rechtsinhabers ein Geschäft besorgt. Die Verweisung auf § 684 S 1 hat daher nur den Zweck, dem böswilligen Eingreifer einen Aufwendungsersatzanspruch nur insoweit zu geben, als der Geschäftsherr bereichert ist (ebenso RGZ 138, 45, 50; KUNKEL JW 1933, 44; BGB-RGRK/STEFFEN Rn 31; ERMAN/EHMANN Rn 16; LARENZ II § 57 II b; FIKENTSCHER Rn 946; einen entsprechenden Formulierungsvorschlag hat HELM, Gutachten 409 de lege ferenda gemacht). Der böswillige Eingreifer trägt daher das Risiko erfolgloser Aufwendungen. Er steht zu Recht ungünstiger da als der unberechtigte Geschäftsführer, dessen Geschäftsführung genehmigt wird (§ 684 S 2). Einen Gegenanspruch nach §§ 687 Abs 2 S 2, 684 S 1 hat der böswillige Eingreifer nur, wenn der Geschäftsherr den Herausgabeanspruch nach §§ 687 Abs 2 S 1, 681 S 2, 667 oder den Schadensersatzanspruch nach § 678 **geltend macht.** Die Geltendmachung des Anspruchs auf Auskunfterteilung und Rechnungslegung genügt nicht, da sie die Inanspruchnahme des Gewinns durch den Rechtsinhaber nur vorbereitet. Es genügt auch nicht die Geltendmachung von Ansprüchen aus anderen, in § 687 Abs 2 S 1 nicht genannten Rechtsgründen, so etwa aus dem Eigentümer-Besitzer-Verhältnis (BGHZ 39, 186). Liegt eine Geltendmachung der in Betracht kommenden geschäftsführungsrechtlichen Ansprüche durch den Geschäftsherrn nicht vor, dann schließt

Roland Wittmann

§ 687 Abs 2 S 2 auch einen unmittelbar auf § 812 gestützten Anspruch des böswilligen Eingreifers wegen seiner Aufwendungen aus (BGHZ 39, 186, 189).

3. **Die schuldhafte Verletzung gewerblicher Schutzrechte, eines Urheberrechts oder des Persönlichkeitsrechts**

a)   **Gewinnherausgabe als Form des Schadensersatzes**

21 Für den Schadensersatz bei schuldhafter Verletzung eines Patent-, Gebrauchsmuster- oder Urheberrechts hat bereits die Rspr des RG eine **dreifache Berechnungsmethode** entwickelt. Nach dem Grundsatz des § 249 kann zur Grundlage der Schadensberechnung der Unterschied zwischen der durch die Rechtsverletzung herbeigeführten Gestaltung des Vermögens des Verletzten und dem Zustand geltend gemacht werden, in dem sich das Vermögen ohne die Rechtsverletzung befunden haben würde; hierin gehört auch der **dem Verletzten** entgangene **Gewinn** nach § 252 (konkrete Schadensberechnung). Statt dessen kann der Rechtsinhaber auch die **Lizenzgebühr** geltend machen, die ihm der Verletzer bei Abschluß eines Lizenzvertrages **in angemessener Höhe** hätte zahlen müssen (abstrakte Schadensberechnung); diese Berechnungsmethode beruht auf der Fiktion eines Lizenzvertrages der im Verkehr üblichen Art, die deshalb geboten ist, weil der schuldhafte Verletzer eines Immaterialgüterrechts nicht besser gestellt werden darf als derjenige, der sorgfältig fremde Rechte beachtet und vor der Benutzung das Einverständnis des Rechtsinhabers einholt (RGZ 156, 65, 69; BGHZ 44, 372, 379; vgl auch NEUNER AcP 133, 277, 283 f; STEINDORFF AcP 158, 431, 451 f). Statt dieser beiden Methoden kann schließlich der Rechtsinhaber auf Herausgabe des durch den rechtsverletzenden Eingriff erzielten **Gewinns** klagen. Den Gewinnherausgabeanspruch und die Hilfsansprüche auf Auskunftserteilung und Rechnungslegung stützte das RG bei fahrlässigem Eingriff auf die sinngemäße Anwendung des § 687 Abs 2, so bei Patentverletzung (zunächst – bedingt durch § 35 des PatG vom 7.4.1891, RGBl S 79 – nur bei grobfahrlässigen, vgl RGZ 70, 249, RGZ 84, 370, 376 f, RGZ 130, 108, 109, später – nach Änderung der Gesetzeslage durch § 47 PatG vom 5. 5. 1936, RGBl II 117 – auch bei fahrlässigen schlechthin, vgl RGZ 156, 65, 67, RGZ 156, 321, 325), bei Gebrauchsmusterverletzungen (RGZ 50, 111, 115) und bei Urheberrechtsverletzungen (RGZ 35, 63, 71 ff; RG GRUR 1963, 255, 257: Gebrauchsmusterverletzung; BGH GRUR 1959, 379, 383: Urheberrechtsverletzung; BGH GRUR 1963, 640, 642; 1974, 53: Geschmacksmusterverletzung) und – in Abkehr von der Rspr des RG – auf Warenzeichenverletzungen ausgedehnt (BGHZ 34, 320; 44, 372, 374). Die über § 687 Abs 2 hinausgehende Zuerkennung eines Anspruchs auf den Verletzergewinn auch bei nur fahrlässigem Eingriff beruht auf der besonderen Verletzlichkeit der Immaterialgüterrechte (BGHZ 57, 116, 118; DÄUBLER JuS 1969, 49, 51). Der Rechtsinhaber kann den Eingriff in ein solches Recht nicht in derselben Weise verhindern wie den Eingriff in körperliche Gegenstände. Er kann außerdem die Verletzung seines Rechts in der Regel nur schwer feststellen. Schließlich könnte er, wenn man ihm nur die Geltendmachung des ihm entgangenen Gewinns gestatten würde, vielfach sehr schwer nachweisen, ob und welchen Gewinn er ohne den Eingriff des Verletzers gemacht hätte. Die Wertung des § 687 Abs 2 bleibt aber insoweit beachtlich, als sich aus ihr mindestens ergibt, daß der schuldlose Verletzer nicht zur Gewinnherausgabe verpflichtet ist; er unterliegt nur der Bereicherungshaftung (vgl oben Rn 4), die sich nicht nach seinem Gewinn, sondern nach der angemessenen Lizenzgebühr bemißt (ebenso BGHZ 82, 299, 308; vCAEMMERER, in: FS Rabel I 356, 377; LARENZ II § 68 II; in: FS vCaemmerer [1978] 210, 219 f, 228; ULLMANN GRUR 1978, 615, 619; BGB-RGRK/STEFFEN Rn 45; PALANDT/THOMAS Vorbem 18 vor

§ 812; ENNECCERUS/LEHMANN § 221 II 2; dahingestellt gelassen in BGHZ 68, 90). Der Anspruch auf den Verletzergewinn ist bei schuldhaften Patent- und Gebrauchsmusterverletzungen gesetzlich dadurch anerkannt, daß § 47 Abs 2 S 2 PatG, § 15 Abs 2 S 2 GebrMG bei leichter Fahrlässigkeit den Verletzergewinn als den Mindestumfang der Entschädigung festlegen. § 97 Abs 1 S 2 UrhG und § 14a Abs 1 S 2 GeschmMG geben dem Rechtsinhaber auch ausdrücklich einen Anspruch auf den Verletzergewinn und einen Anspruch auf Rechnungslegung über diesen Gewinn. Die sinngemäße Anwendung des § 687 Abs 2 bleibt aber bedeutsam für Warenzeichenverletzungen (BGHZ 34, 320) und für den Rechnungslegungsanspruch bei Patent- und Gebrauchsmusterverletzungen (RGZ 70, 249, 252; BGH GRUR 1962, 398, 400). Die drei Methoden der Schadensberechnung gelten auch bei Verletzung des Firmen- und Namensrechts (BGHZ 60, 206, 208 ff) und bei Eingriffen in wettbewerbsrechtlich geschützte Positionen (so bei wettbewerbswidriger Nachahmung, BGHZ 57, 116; 60, 168 und bei unredlicher Verwertung eines Betriebsgeheimnisses, BGH GRUR 1977, 539, 543). Bei Verletzung des Rechts am eigenen Bild besteht ein Anspruch auf Gewinnherausgabe nur dann, wenn die Zustimmung des Abgebildeten zur Verwertung seines Bildes hätte in Betracht kommen können (BGHZ 20, 345, 353: Werbung mit dem Bild eines Schauspielers für einen Motorroller), nicht hingegen, wenn die Erteilung einer Zustimmung schlechthin als ausgeschlossen erscheinen mußte (BGHZ 26, 349, 352: Werbung für ein sexuelles Kräftigungsmittel). Letzterenfalls kann nur der Ersatz des immateriellen Schadens verlangt werden.

b)   Umfang der Ersatzpflicht
Herauszugeben ist der Gewinn, der auf dem schuldhaft-rechtswidrigen Eingriff **22** beruht. Es muß also ein ursächlicher Zusammenhang zwischen der rechtswidrigen Benutzung und dem Gewinn gegeben sein, dessen Herausgabe der Rechtsinhaber verlangt (RGZ 156, 65, 67; BGHZ 34, 320, 323). Bei Benutzung mehrerer Patente muß daher eine Aufteilung nach dem Verhältnis stattfinden, in dem die mehreren Erfindungen zu dem Erfolg beigetragen haben (RGZ 156, 321, 326). Ob der Rechtsinhaber seinerseits den Gewinn auch hätte machen können, ist hingegen unerheblich (RGZ 43, 56, 58, 60/61; 70 249, 251; BGH GRUR 1963, 255, 257). Der Rechtsinhaber muß unter den verschiedenen Berechnungsmethoden wählen (RGZ 156, 65, 67); er kann auch eine von ihnen in erster Linie und die anderen hilfsweise geltend machen (RG aaO). Zwischen den Möglichkeiten der Schadensberechnung besteht aber kein Wahlschuldverhältnis im Sinne von § 262. Der Verletzte kann auch noch im Laufe des Rechtsstreits von der einen zur anderen Berechnungsmethode übergehen (BGH GRUR 1966, 375, 379, insoweit in BGHZ 44, 372 ff nicht mit abgedruckt). Hat aber der Rechtsinhaber nicht allgemein einen Schadensersatzanspruch gegen den Eingreifer geltend gemacht, sondern dessen Verurteilung zur Zahlung einer einmaligen Pauschalsumme (als Teil der Lizenzgebühr) begehrt, so ist er an die von ihm getroffene Wahl gebunden, kann also nicht mehr zur konkreten Schadensberechnung oder zum Anspruch auf den Verletzergewinn übergehen (BGH GRUR 1977, 539, 543). Wählt der Rechtsinhaber die Schadensberechnung nach der angemessenen Lizenzgebühr, so ist grundsätzlich von der Tarifgebühr auszugehen, die der Rechtsverletzer bei ordnungsmäßiger Einholung der Erlaubnis hätte entrichten müssen (BGH GRUR 1974, 35, 37; 1976, 35, 36). Der GEMA billigt die Rspr jedoch als Ausgleich für die Überwachungskosten, die sie zur Feststellung von Rechtsverletzungen aufwenden muß, einen Zuschlag von 100% zu den üblichen Tarifsätzen zu (BGHZ 17, 376, 383; 59, 286, 292).

Roland Wittmann

4. Beweislast

23 Der Geschäftsherr, der Ansprüche aus § 687 Abs 2 S 1 geltend macht, muß beweisen, daß die Voraussetzungen einer böswilligen Eigengeschäftsführung vorliegen, daß also ein wissentlich-eigennütziger Eingriff in ein ihm zustehendes, nach § 687 Abs 2 geschütztes Recht gegeben ist. Bei Eingriffen in fremde Ausschließlichkeitsrechte oder bei Verletzungen des Persönlichkeitsrechts genügt der Nachweis der Fahrlässigkeit (vgl dazu ULLMANN GRUR 1978, 615, 621 ff). Sofern dem Geschäftsherrn dieser Nachweis gelingt, muß der Eingreifer, wenn er den Gegenanspruch nach §§ 687 Abs 2 S 2, 684 S 1 geltend macht, seine Aufwendungen beweisen. Wenn der Geschäftsherr hiergegen einwendet, daß er durch die Aufwendungen des Eingreifers nicht oder nicht mehr bereichert ist, so trifft ihn die Beweislast.

Zwölfter Titel
Verwahrung

Vorbemerkungen zu §§ 688 ff

Schrifttum

ADRIAN, Zur Frage der Haftung des Gerichtsvollziehers nach einem Einbruch in sein Geschäftszimmer mit Diebstahl von Dienstgeldern und verwahrten Pfandgegenständen, DGVZ 1969, 177; DGVZ 1970, 1; DGVZ 1970, 17
VARNSWALDT, Der Anspruch aus öffentlicher Verwahrung und staatshoheitsrechtliche Haftung, Gruchot 73 (1933) 459
ASCHENBERG, Anmerkung zum Urteil des OLG Köln vom 28. 2. 1964 (9 U 184/63), VersR 1964, 1031
BREHM, Die Beschränkung der Amtshaftung durch gemeindliche Satzungen?, DÖV 1974, 415
BRUNS, Anmerkung zum Urteil des OLG Braunschweig, 1. Zivilsenat vom 14. 10. 1947, 1 U 43/47, MDR 1948, 114
BÜLOW, Zur neuen Reichs-Hinterlegungsordnung, ZAkDR 1937, 234
BRYCHCY, Der Kraftfahrzeugabschleppvertrag (Diss München 1973)
ders, Zur Haftung des Parkbetriebunternehmers, DAR 1975, 29
DAUMANN, Der Abschleppdienst und seine kostenmäßige Abwicklung, DAR 1969, 317
DEGEN, Verwahrungsartige Verhältnisse, SächsArch 1929, 81
DELIUS, Haftung für Diebstahl fremder Sachen in Geschäfts- und Diensträumen, Recht 1920, 33
DRISCHLER, Hinterlegungsordnung (1951)
ELSTER, Einige Rechtsfragen vom Manuskript, JR 1935, 66
EMMERICH, Beschränkte Vertragshaftung und konkurrierende Ansprüche aus unerlaubter Handlung im Frachtrecht – BGHZ 46, 140, JuS 1967, 345

FÉAUX DE LA CROIX, Zum Inhalt der Reichshinterlegungsordnung, JW 1937, 1369
GENIUS, Risikohaftung des Geschäftsherrn, AcP Bd 173 (1973) 481
GERHARDT, Der Haftungsmaßstab im gesetzlichen Schuldverhältnis (Positive Vertragsverletzung, culpa in contrahendo), JuS 1970, 597
GOUJET, Haftung des Arbeitgebers für motorisierte Verkehrsmittel der Arbeitnehmer, Vers Prax 1966, 141
GÜLLEMANN, Haftung und Versicherungsschutz für Schäden in Parkhäusern, NJW 1972, 889
JANSSEN, Haftungsausschluß bei gewerbsmäßiger Bewachung abgestellter Kraftfahrzeuge, NJW 1969, 1096
KOCH, Öffentlichrechtliche Verwahrung (1953)
KRAMPE, Wohin mit dem „Leidenden Menschen" (76, 50 × 12m)?, NJW 1992, 1264
KUHLENBECK, Der Verwahrungsvertrag, JW 1909, 649
ders, Der unregelmäßige Verwahrungsvertrag unter besonderer Berücksichtigung des Bankdepotgesetzes, JW 1910, 641
LEONHARD, Vorenthalten einer Quittungskarte dem Karteninhaber gegenüber, JW 1907, 824
MÄDING, Die Haftung des Fahrzeugbewachungsunternehmens, DAR 1951, 17
MEDICUS, Zur Haftung für untergestellte Kraftfahrzeuge, 25 Jahre Karlsruher Forum (1983) 171 ff
MONJAU, Die Sorgepflicht des Arbeitgebers für das Eigentum des Arbeitnehmers, DB 1972, 1435
HELLMUTH MÜLLER, Öffentlichrechtliche Verwahrung durch den Bürger, JuS 1977, 232
NEUMANN-DUESBERG, Zur Haftung des Parkplatzunternehmers – Rechtsnatur des Park-

Dieter Reuter

platzbewachungsvertrags und Beweislast im Haftungsprozeß, VersR 1968, 313

PIKART, Die Rechtsprechung des BGH zum Verwahrungsvertrag, WM 1962, 862

RAAPE, Anmerkung zum Urteil des Reichsgerichts vom 7. 10. 1924, 678/23 VII. – Berlin, JW 1925, 472

RÜFNER, Haftungsbeschränkungen in verwaltungsrechtlichen Schuldverhältnissen, DÖV 1973, 808

ders, Antwort zu: BREHM, Die Beschränkung der Amtshaftung durch gemeindliche Satzungen?, DÖV 1974, 417

RUHKOPF, Über die Haftung der Parkhäuser, VersR 1967, 10

SALJE, Die Haftung des Arbeitgebers für die Beschädigung von Arbeitnehmer – PKW durch Einwirkung industrieller Immissionen, DAR 1988, 151

SCHACK, Die Haftung bei öffentlich-rechtlicher Verwahrung, RVBl 1935, 189

SCHÖPE, Die Haftung bei Benutzung eines bewachten Parkplatzes, DAR 1963, 348

STICH, Die öffentlich-rechtlichen Zuständigkeiten der Zivilgerichte, in: Staatsbürger und Staatsgewalt II, Jubiläumsschrift zum hundertjährigen Bestehen der deutschen Verwaltungsgerichtsbarkeit und zum zehnjährigen Bestehen des Bundesverwaltungsgerichts (1963) 387

THIELE, Leistungsstörung und Schutzpflichtverletzung, JZ 1967, 649

WEBER, Haftung für Verlust von Handelsware auf bewachtem Parkplatz, NJW 1969, 137

WEIGERT, Öffentlichrechtliche Verwahrungsverhältnisse, Gruchot 69 (1928), 303

WEIMAR, Verträge kraft Rechtsscheins, MDR 1959, 905

ders, Zur Haftung bei Benutzung eines bewachten Parkplatzes, NJW 1963, 629

WERNER, Besitz- und Eigentumsübertragung am Inhalt eines Schrankfaches – OLG Oldenburg, NJW 1977, 1780, JuS 1980, 175

WINTERGERST, Zur Haftung bei Benutzung eines bewachten Parkplatzes, NJW 1963, 141

Systematische Übersicht

I. Begriff und rechtliche Natur

Durch den Verwahrungsvertrag verpflichtet sich „der Verwahrer", eine bewegliche **1** Sache aufzubewahren, die ihm der „Hinterleger" übergeben hat (§ 688). Entgegen der in den drei Entwürfen geplanten Bezeichnung (Hinterlegungsvertrag) hat die Reichstagskommission „**Verwahrung**" gewählt; das Gemeine Recht sprach vom **depositum** (vereinzelte Nachweise zu den anderen Rechten vgl Mot II 569, 571).

Im Gemeinen Recht wurde das depositum und nach dem Inkrafttreten des BGB **2** wurde analog die Verwahrung den sog **Realverträgen** zugeordnet. Diese Auffassung sah in der Einigung über die Verwahrungspflicht des Verwahrers lediglich ein vom Verwahrungsvertrag verschiedenes pactum de deponendo, während der eigentliche Verwahrungsvertrag nur mit der Hingabe der Sache entstehen sollte (vgl ENNECCERUS/ LEHMANN § 169, 1; der wohl absichtslosen Formulierung nach auch BGH NJW 1987, 2812, 2813). Sie ist **mit der Anerkennung der schuldrechtlichen Inhaltsfreiheit (§§ 305, 241)** überholt; wo das Recht die Verbindlichkeit jeder mit Rechtsbindungswillen getroffenen Abrede anerkennt, bedarf es keines zusätzlichen „realen" Momentes, um eben diese Verbindlichkeit zu begründen (LARENZ II 1 §§ 50, 58; ESSER/WEYERS II § 38 I 1; für Lagervertrag auch BGHZ 46, 43, 48). Wenn demgegenüber auf das auch sonst erkennbare Bestreben des Gesetzgebers verwiesen wird, die Verpflichtung zu unentgeltlichen Leistungen an eine besondere, zu sorgfältigem Nachdenken veranlassende Form zu binden (11. Aufl § 688 Rn 5), so verträgt sich dies nicht mit der von den Anhängern der Realvertragstheorie gebilligten Möglichkeit eines ohne Vollzugsmoment wirksamen **Verwahrungsvorvertrages** (pactum de deponendo). Wer durch das Vollzugsmoment den unentgeltlichen Verwahrer vor leichtfertiger rechtlicher Bindung schützen will, muß konsequenterweise die Wirksamkeit von Vorverträgen ohne das Vollzugsmoment verneinen, ganz abgesehen davon, daß die Begründung für die Qualifikation auch der entgeltlichen Verwahrung als Realvertrag schon im Ansatz nicht paßt.

Der Verwahrungsvertrag kann entgeltliche oder unentgeltliche Verwahrung vorse- **3** hen; welche Variante vorliegt, ist Auslegungsfrage (Auslegungsregel in § 689; LG Braunschweig MDR 1948, 112; ESSER/WEYERS II § 38 I 2 b). Der **unentgeltliche** Verwahrungsvertrag ist ein unvollkommen zweiseitiger Vertrag, dh er begründet zwar Pflichten für beide Parteien (für Hinterleger §§ 693, 694), doch stehen diese Pflichten zueinander nicht in einem Verhältnis der Gegenseitigkeit iS der §§ 320 ff. Die Unentgeltlichkeit wird nicht schon dadurch in Frage gestellt, daß der Verwahrungsvertrag die Erstattung von Aufwendungen oder auch eine „Anerkennungsgebühr" vorsieht. Der Verwahrungsvertrag wird vielmehr erst dann zu einem **entgeltlichen** Vertrag, wenn die Vertragsparteien die etwaige Leistung des Hinterlegers als Gegenleistung für die Verwahrung gewertet wissen wollen. Es gelten alsdann die §§ 320 ff (OERTMANN, Entgeltliche Geschäfte [1912] 66; PALANDT/THOMAS Einf 1 vor § 688).

II. Allgemeines

1. Gegenstand der Verwahrung

Der Verwahrungsvertrag ist dadurch gekennzeichnet, daß der Verwahrer sich zur **4** Gewährung von **Raum** für und die Übernahme der **Obhut** über die hinterlegte Sache verpflichtet (BGHZ 3, 200). Die Pflicht zur Obhut über eine unbewegliche Sache ist nicht Gegenstand eines Verwahrungsvertrages, sondern je nach Entgeltlichkeit oder Unentgeltlichkeit Gegenstand eines Dienstvertrages (§§ 611 ff) oder eines Auftrags (§§ 662 ff). Ebenso besteht kein Verwahrungsvertrag, wenn Raum zum Abstellen auf eigene Gefahr (Fehlen der Obhutspflicht) des Benutzers zur Verfügung gestellt wird oder wenn die Obhutspflicht lediglich Nebenpflicht ist (zur Abgrenzung im einzelnen vgl unten Rn 26 ff).

2. Form des Verwahrungsvertrages

5 Der Verwahrungsvertrag kann grundsätzlich **formlos** abgeschlossen werden. Besondere Formvorschriften bestehen jedoch im Geltungsbereich des DepotG (vgl dazu unten Rn 23 und § 700 Rn 18).

3. Nachgiebiges und zwingendes Recht

6 Die §§ 688−700 sind **prinzipiell dispositiven Rechts**. Eine Ausnahme gilt nach hM (PALANDT/THOMAS § 695 Rn 1; SOERGEL/MÜHL § 695 Rn 1; BGB-RGRK/DENECKE[11] § 695 Rn 1; aM Voraufl § 695 Rn 17) für § 695, wobei allerdings die Rechtsfolge einer Abweichung umstritten ist: Während DENECKE und MÜHL die widerstreitende Abrede für nichtig halten, soll sie nach THOMAS lediglich dem Vertrag den Charakter eines Verwahrungsvertrages nehmen. Die Gegenansicht beruft sich für die Dispositivität auch des § 695 auf das Fehlen gegenteiliger Anhaltspunkte in Wortlaut und Entstehungsgeschichte. Deshalb soll sich überhaupt nur die Frage stellen können, ob der Ausschluß des jederzeitigen Rückforderungsrechts des Hinterlegers den Vertrag zu einem Vertrag eigener Art mit Verwahrungselementen oder zu einem atypisch ausgestalteten Verwahrungsvertrag macht. Diese Frage soll im Sinne der zweiten Alternative zu beantworten sein (MünchKomm/HÜFFER § 695 Rn 3; im Ergebnis ebenso PLANCK/LOBE § 695 Anm 2; BGB-RGRK/KROHN § 695 Rn 2; ERMAN/SEILER § 695 Rn 1). ME muß man unterscheiden: Im Fall der **unentgeltlichen** Verwahrung ist § 695 die zwingende Konsequenz der rein altruistischen Natur des Rechtsverhältnisses. Der Verwahrer ist nichts anderes als der Inhaber eines „Amtes", dessen Dauer von der Beschaffenheit des (wandelbaren) Interesses abhängt, das wahrzunehmen ist. Die Fortdauer der unentgeltlichen Verwahrung gegen den Willen des Hinterlegers könnte nur damit begründet werden, daß der Verwahrer das Interesse des (mündigen) Hinterlegers besser versteht und verfolgt, als dieser selbst. Eine solche Begründung ist nach geltendem Recht ausgeschlossen. Insoweit ist also DENECKE und MÜHL zu folgen. Die Gegenansicht übersieht, daß die Privatautonomie nicht die Möglichkeit umfaßt, sich des Rechts zur Selbsterledigung der eigenen Angelegenheiten zu begeben (MÜLLER-FREIENFELS, Die Vertretung beim Rechtsgeschäft [1955] 127). Diese allgemeine Schranke der Privatautonomie bedarf keiner Stütze durch Wortlaut und Entstehungsgeschichte (vgl zur Parallelvorschrift § 671 BGH WM 1971, 956). Anders sieht es aus, wenn sich mit der Abrede über den Ausschluß der jederzeitigen Rückforderung ein eigenes Interesse des „Verwahrers" verbindet. Das ist schlechthin der Fall bei der **entgeltlichen Verwahrung**, es sei denn, die Dauer der Verwahrung spiele entgegen § 699 für die Höhe des Entgelts keine Rolle (vgl auch § 675, der von der Verweisung auf das Auftragsrecht das Widerrufsrecht nach § 671 ausnimmt). Aber auch bei unentgeltlicher Verwahrung können besondere Umstände (zB die Zusage des Hinterlegers, im Anschluß an das Verwahrungsverhältnis für den „Verwahrer" ein Pfandrecht zu bestellen, vgl 11. Aufl § 695 Rn 17) ein eigenes Interesse des Verwahrers am Ausschluß der Rückfor-

derung begründen. Freilich spricht dann viel dafür, mit THOMAS und SEILER gar keinen Verwahrungsvertrag, sondern einen (gemischttypischen) Vertrag sui generis anzunehmen (zu § 696 vgl ebenda Rn 3).

4. Besitzverhältnisse

Durch die Übergabe der Sache an den Verwahrer auf der Grundlage eines (wirksa- **7** men oder unwirksamen) Verwahrungsvertrags entsteht ein **Besitzmittlungsverhältnis** im Sinne des § 868. Der Verwahrer ist unmittelbarer Fremdbesitzer, der Hinterleger mittelbarer (Eigen- oder Fremd-) Besitzer. Soweit der Verwahrer beim Abschluß des Verwahrungsvertrags bereits Besitzer ist, entsteht das Besitzmittlungsverhältnis mit dem Vertragsschluß, da der Verwahrer dadurch seinen Willen bekundet, zukünftig als Fremdbesitzer für den Hinterleger zu besitzen. Diese Variante spielt in der Praxis deshalb eine wesentliche Rolle, weil die Rechtsprechung bisher die ganz hL, nach der zur Sicherungsübereignung gemäß § 930 die Sicherungsabrede als Grundlage des Besitzmittlungsverhältnisses ausreicht (PALANDT/BASSENGE § 930 Rn 7; MünchKomm/ QUACK § 930 Rn 38), nicht bestätigt hat. Allerdings bedarf es auch nach der Rechtsprechung für die Wirksamkeit der Sicherungsübereignung keines ausdrücklichen Verwahrungs- oder Leihvertrags zwischen Sicherungsgeber und Sicherungsnehmer. Vielmehr soll in der Sicherungsabrede je nach den Umständen des Falls entweder (im Fall des Gebrauchsrechts des Sicherungsgebers) ein Leihvertrag oder (im Fall des fehlenden Gebrauchsrechts des Sicherungsgebers) ein Verwahrungsvertrag enthalten sein (BGH NJW 1979, 2308).

III. Haftungsverhältnisse

1. Grundsätzliches

Die Haftung des Verwahrers gestaltet sich verschieden, je nachdem ob es sich um **8** eine entgeltliche oder eine unentgeltliche Verwahrung handelt. Im ersten Fall gelten als Verschuldensmaßstäbe die §§ 276, 278, im zweiten die §§ 690, 277 (zur unbefugten Zuziehung von Gehilfen vgl § 691 Rn 21).

2. Grenzen abweichender Vereinbarung

Die Haftung kann durch **Vereinbarung** beschränkt werden. Eine allgemeine absolute **9** Grenze kennt nur der Ausschluß der Haftung für vorsätzliches Handeln, der nach §§ 276 Abs 2, 278 S 2 nur für den Erfüllungsgehilfen, nicht auch für den Schuldner selbst zugelassen ist. Spezielle Grenzen zulässiger Haftungsfreizeichnung finden sich in § 458 Abs 2 S 2 HGB für das Eisenbahnfrachtgeschäft, in den §§ 31, 81 ff EVO, in § 14 Abs 3 OrderlagerscheinVO (RGBl I 1931, 763), in § 3 VO über das Bewachungs- gewerbe (BGBl I 1976, 1341; BGBl I 1979, 1986), der den gewerblichen Bewachungsun- ternehmen nur insoweit die Haftungsfreizeichnung erlaubt, als die vorgeschriebene Versicherung Leistungen gewährt (vgl HOFFMANN/JANSSEN/KRAUTSCHNEIDER, Bewachungs- gewerbe [1968] § 3 VO Anm II; GÜLLEMANN NJW 1972, 892).

Weitergehende Grenzen sind zu beachten, soweit die Haftungsfreizeichnung sich durch **10** **Allgemeine Geschäftsbedingungen** vollzieht. Zu fragen ist dann einmal, ob die Haf- tungsfreizeichnung überhaupt Bestandteil des (entgeltlichen) Verwahrungsvertrags geworden ist. § 2 AGBG verlangt insoweit, daß der Aufsteller der allgemeinen Geschäftsbedingungen seinen Vertragspartner bei Vertragsschluß ausdrücklich oder – bei unverhältnismäßigen Schwierigkeiten für den ausdrücklichen Hinweis – durch deutlich sichtbaren Aushang am Ort des Vertragsschlusses auf die Allgemeinen Geschäftsbedingungen hinweist und ihm die zumutbare Möglichkeit der Kenntnisnahme verschafft. Primär ist also der **ausdrückliche Hinweis** erforderlich, so daß entgegen der früheren Rechtsprechung (RGZ 103, 84; 109, 261; BGH NJW 1968, 1718; LG Köln NJW 1970, 1750) der Aushang nicht schon dann ausreicht, wenn eine Verkehrssitte der Verwendung von Allgemeinen Geschäftsbedingungen besteht. Insbesondere gilt dies, falls der ausdrückliche Hinweis auf einem Park- oder sonstigen Verwahrungsschein angebracht werden kann. Anderes ist erst bei „automatisierten" Vertragsabschlüssen und ähnlich „typisierten, massenweise vorkommenden Geschäften des täglichen Lebens" anzunehmen (MünchKomm/Kötz § 2 AGBG Rn 10; Löwe/Graf von Westphalen/Trinkner, AGBG § 2 Rn 10; vgl auch BGH DB 1978, 1587 f). Auf jeden Fall muß der Aushang unübersehbar und deutlich lesbar sein; der Vertragspartner braucht nicht danach zu suchen (MünchKomm/Kötz § 2 AGBG Rn 10 aE).

11 Ist die Haftungsfreizeichnung nach diesen Grundsätzen Vertragsbestandteil geworden, so ist über ihre **Wirksamkeit** zu entscheiden. Maßgebend ist dafür zunächst § 11 Nr 7 AGBG. Daran scheitert über die §§ 276 Abs 2, 278 S 2 hinaus der Haftungs**ausschluß** für eigene grobe Fahrlässigkeit des Verwahrers selbst sowie für Vorsatz und grobe Fahrlässigkeit von Erfüllungsgehilfen, gleichgültig, ob es sich um selbständige oder unselbständige Erfüllungsgehilfen handelt. Die Rechtsprechung vor dem Inkrafttreten des AGBG, die die Haftungsfreizeichnung für grobe Fahrlässigkeit nichtleitender Angestellter zuließ (BGHZ 33, 216; kritisch schon Weber NJW 1969, 174; Güllemann NJW 1972, 891), ist dadurch überholt. Das Klauselverbot erstreckt sich nicht auf den Ausschluß der Eigenhaftung von Erfüllungsgehilfen im Wege der Vereinbarung zugunsten Dritter. Der Verwahrer kann also zugunsten seines Wachpersonals durch Allgemeine Geschäftsbedingungen vorsehen, daß dieses selbst im Falle von vorsätzlicher oder grob fahrlässiger Beschädigung der verwahrten Sachen (oder sonstiger Verletzung des Eigentums daran) **nicht** (aus § 823) in Anspruch genommen werden kann. Weder Wortlaut noch Zweck des § 11 Nr 7 AGBG verlangen, daß neben der Haftung des AGB-Verwenders selbst auch die seiner Erfüllungsgehilfen bestehen bleibt (MünchKomm/Basedow § 11 AGBG Rn 9 mit nicht verständlicher Einschränkung für den Fall, daß der Erfüllungsgehilfe einen Freistellungsanspruch nach den Grundsätzen über die Arbeitnehmerhaftung hat: Eine mittelbare Begünstigung des AGB-Verwenders ist nicht zu besorgen, weil dieser dem Geschädigten auf jeden Fall haftet; überdies gibt es bei vorsätzlichem und grob fahrlässigem Handeln des Arbeitnehmers grundsätzlich keinen Freistellungsanspruch; aA – Wirksamkeit des Ausschlusses nur, soweit der Erfüllungsgehilfe ihn selbst vereinbaren könnte – OLG Karlsruhe NJW-RR 1989, 1333, 1335; Ulmer/Brandner/Hensen, AGBG § 11 Nr 7 Rn 13; offen BGH ZIP 1985, 687, 689). Das Klauselverbot richtet sich auch gegen Haftungs**beschränkungen** zB durch Ausschluß mittelbarer Schäden (OLG Stuttgart NJW-RR 1988, 1082, 1083), Verkürzung der Verjährungsfristen (BGH NJW-RR 1987, 1252, 1253), Anordnung von Ausschlußfristen oder Subsidiarität (BGH NJW-RR 1991, 1120, 1123) und Fixierung von Höchstbeträgen (MünchKomm/Basedow § 11 AGBG Rn 102). Eine Ausnahme folgt aus § 3 VO über das Bewachungsgewerbe (Rn 9). Soweit danach die Haftungsfreizeichnung gestattet ist, kann sie auch durch Allgemeine Geschäftsbedingungen geschehen. Denn § 3 VO über das Bewachungsgewerbe ist im Verhältnis zu § 11 Nr 7 AGBG genauso lex specialis wie gegenüber §§ 276 Abs 2, 287 S 2 (MünchKomm/

HÜFFER § 688 Rn 27). Dagegen läßt sich dem § 3 VO über das Bewachungsgewerbe nicht entnehmen, daß die Abdeckung des Risikos durch Versicherung auch außerhalb des Anwendungsbereichs der Vorschrift generell die Haftungsfreizeichnung erlaubt. Insofern geht § 11 Nr 7 AGBG vor. Lediglich im Rahmen der Generalklausel des AGBG (§ 9), die die Haftungsfreizeichnung durch AGB gegenüber Kaufleuten begrenzt (§ 24 AGBG), bleibt (bis zur Grenze des § 276 Abs 2) Raum für einen Grundsatz Versicherung statt Haftung (vgl dazu GÜLLEMANN NJW 1972, 889, 892 f).

Auch die in Allgemeinen Geschäftsbedingungen enthaltene Haftungsfreizeichnung **12** für einfache Fahrlässigkeit scheitert, soweit sie sich auf die Verletzung einer **Kardinalpflicht** des Verwahrers bezieht. Wesentliche Pflichten, die sich aus der Natur des Vertrages ergeben, dürfen nicht so eingeschränkt werden, daß der Vertragszweck gefährdet wird (BGH NJW 1978, 1430; 1988, 1785; 1990, 761, 764). Die Kardinalpflicht des Verwahrers aufgrund des Verwahrungsvertrags ist seine **Obhutspflicht** (§ 688 Rn 6 ff). Gegen die Annahme, durch die Freizeichnung für fahrlässige Verletzungen der Obhutspflicht werde der Zweck des Verwahrungsvertrages gefährdet, spricht zwar auf den ersten Blick, daß dadurch lediglich für die entgeltliche Verwahrung die Haftung eingeführt wird, die für unentgeltliche Verwahrung von Gesetzes wegen besteht. Doch ist jedenfalls im haftungsrechtlichen Kontext der Vertragszweck der entgeltlichen Verwahrung nicht mit dem der unentgeltlichen Verwahrung identisch. Wer eine Sache in entgeltliche Verwahrung gibt, verknüpft damit die Erwartung einer Sicherheit, die sich nicht uU darin erschöpft, daß der Verwahrer bei der Obhut nicht außer acht läßt, was jedem einleuchtet (so die Definition der groben Fahrlässigkeit in der Rechtsprechung des BGH, zB NJW 1991, 1417). Vielmehr macht die Verwahrung in aller Regel für ihn nur Sinn, wenn er zumindest mit verkehrsüblicher Obhut rechnen kann. BGH NJW 1990, 761, 764 hat demgemäß die Haftungsfreizeichnung eines Krankenhauses für die einfach fahrlässige Verletzung der Obhutspflicht gegenüber den eingebrachten Sachen von Patienten nicht per se für zulässig gehalten, sondern darauf abgehoben, daß der Zweck des Krankenhausvertrags nicht der eines Verwahrungsvertrags ist. Der Begründung entspricht es anzunehmen, daß der Vorbehalt gegenüber der Freizeichnung wegen der Verletzung von Kardinalpflichten unabhängig davon durchgreift, ob der Adressat ein Nichtkaufmann oder ein Kaufmann ist. Denn eine Freizeichnung, die den Vertragszweck gefährdet, ist nach § 9 Abs 2 Nr 2 AGBG auch im Verhältnis zu Kaufleuten unzulässig (vgl auch BGH NJW 1985, 2016, 2018; NJW-RR 1988, 559, 561). Zuzulassen ist aber, und zwar sowohl gegenüber Kaufleuten wie gegenüber Nichtkaufleuten, eine Freizeichnung, die zum Ausgleich mit Versicherungsschutz verbunden ist. Da § 11 Nr 7 AGBG insoweit nicht entgegensteht, schlägt hier der Rechtsgedanke des § 3 VO über das Bewachungsgewerbe zumindest für die Verwahrung uneingeschränkt durch (vgl OLG Düsseldorf VersR 1980, 1073; MünchKomm/HÜFFER § 688 Rn 27).

3. Schadensersatz und Drittbeziehungen

Wird eine Sache durch schuldhafte Vertragsverletzung des Verwahrers beschädigt **13** oder zerstört, die nicht dem Hinterleger gehört, so kann der Hinterleger den Schaden des Eigentümers nach den Grundsätzen über die **Schadensliquidation im Drittinteresse** geltend machen. Es handelt sich insoweit um die typische Interessenlage der Drittschadensliquidation, nämlich darum, daß aufgrund der zufälligen Gestaltung des Rechtsverhältnisses zwischen Hinterleger und Eigentümer der Schaden nicht in der Person des Hinterlegers, sondern in der des „dritten" Hintermannes eintritt (RGZ 93, 41; 170, 250; BGHZ 51, 93; BERG JuS 1977, 365; MEDICUS BR § 33 IV 6 b). Nicht in Betracht kommt dagegen eine Haftung des Verwahrers unmittelbar gegenüber dem Eigentümer nach den Grundsätzen über die Haftung aus Vertrag mit Schutzwirkung zugunsten Dritter. Zwar verlangt die Rechtsprechung dafür neuerdings nicht mehr unbedingt, daß der Vertragspartner im Sinne einer personenrechtlichen Beziehung für das „Wohl und Wehe des Dritten verantwortlich" ist, was sich insbesondere darin äußert, daß außer Personenschäden auch Sach- und Vermögensschäden über die Haftung aus Vertrag mit Schutzwirkung zugunsten Dritter berücksichtigt worden sind (BGHZ 49, 350, 354; BGH NJW 1977, 2073 f). Doch ist auf jeden Fall daran festzuhalten, daß die Schadensverlagerung ausschließlich nach den Grundsätzen über die Drittschadensliquidation beurteilt werden kann. Erst die Erweiterung des nach dem normalen Pflichtenprogramm anfallenden Haftungsumfangs führt zum **Vertrag mit Schutzwirkung zugunsten Dritter** (MEDICUS BR Rn 839, 844 ff).

14 Nicht nachvollziehbar ist die Ansicht, es sei auch dann auf die Grundsätze über die Drittschadensliquidation zurückzugreifen, **wenn ein Dritter die Sache** des Hinterlegers beim Verwahrer schuldhaft **zerstört oder beschädigt**, ohne daß der Verwahrer deswegen gegenüber dem Hinterleger schadensersatzpflichtig wird (MünchKomm/HÜFFER § 688 Rn 23). Denn entweder ist der Schädiger mit Willen des Verwahrers mit der Sache in Berührung gekommen, dann ist er im Hinblick auf die Pflicht des Verwahrers gegenüber dem Hinterleger auf Unterlassen von Schädigungen Erfüllungsgehilfe (= Bewahrungsgehilfe), für dessen Fehlverhalten der Verwahrer nach § 278 einzustehen hat (zum Fall der Substituten vgl § 691 Rn 6); Anspruch und Schaden fallen insoweit gar nicht, wie die Lehre von der Drittschadensliquidation voraussetzt, auseinander (vgl MünchKomm/HANAU § 278 Rn 17; MEDICUS, Schuldrecht I § 30 III 1 b bb). Oder der Schädiger ist **ohne Willen des Verwahrers mit der Sache in Berührung gekommen**; dann ist nicht erkennbar, unter welchem Gesichtspunkt der Verwahrer mehr als einen Anspruch aus Delikt (Verletzung des berechtigten Besitzes) geltend machen könnte; daß der Schädiger durch die Schädigung Pflichten aus Vertrag oder vorvertraglichem Schudverhältnis mit dem Verwahrer verletzt, aber gleichwohl die Gelegenheit zur Einwirkung auf die Sache ohne dessen Willen erhalten haben könnte, ist nicht konstruierbar. Über einen deliktsrechtlichen Anspruch gegen den Schädiger verfügt indessen auch der Hinterleger (Verletzung des Eigentums oder des berechtigten mittelbaren Besitzes). Im übrigen ist auch vom Ergebnis her nicht einzusehen, daß der Hinterleger mehr Rechte haben soll, als das Deliktsrecht ihm zugesteht. Soweit der Verwahrer die Schädigung nicht pflichtwidrig erleichtert hat (und daher ohnehin schadensersatzpflichtig ist), ist es willkürlich, den Hinterleger deshalb besser zu stellen, weil die Sache nicht bei ihm selbst, sondern beim Verwahrer zerstört oder beschädigt worden ist.

4. Darlegungs- und Beweislast

15 Soweit der Hinterleger Schadensersatz wegen Zerstörung der Sache verlangt, bestimmt sich die Darlegungs- und Beweislast nach **§ 282**. Der Verwahrer hat danach darzulegen, daß die Unmöglichkeit der Rückgabe auf einem Umstand beruht, den er nicht nach den §§ 276, 278 zu vertreten hat. Analog § 282 ist zu verfahren, wenn die Sache nicht zerstört, sondern beschädigt ist, so daß an die Stelle des Anspruchs auf Schadensersatz wegen Unmöglichkeit der Rückgabe ein Schadensersatzanspruch wegen positiver Forderungsverletzung tritt. Die Gefahr der Beweisnot des Gläubigers aufgrund Unkenntnis von Vorgängen in der Sphäre des Schuldners, auf die die Beweislastumkehr nach § 282 reagiert, besteht unabhängig davon, ob die Sache zerstört oder beschädigt worden ist (BGHZ 3, 162, 174; OLG Düsseldorf MDR 1974, 1017). Die Umkehr der Darlegungs- und Beweislast hinsichtlich der Ursache der Beschädigung analog § 282 erstreckt sich auf Ansprüche aus positiver Forderungsverletzung wegen **Folgeschäden** (Beispiel: Das verwahrte Tier ist während der Verwahrung erkrankt und steckt nach Rückgabe andere Tiere des Hinterlegers an). Soweit der Hinterleger den Ersatz von **Begleitschäden** (Beispiel: Hinterleger verletzt sich bei der Abholung der verwahrten Sache, weil der Verwahrer bei Glatteis vor seiner Haustür nicht gestreut hat) verlangt, ist zu differenzieren, je nachdem, ob die Schadensursache im Bereich des Schuldners liegt oder nicht. Nur in der ersten Alternative kommt die analoge Anwendung des § 282 (und des § 285) in Betracht (vgl BGHZ 99, 108; 111, 80; speziell zur Darlegungs- und Beweislast im Fall der Beschädigung und des Abhandenkommens abgestellter Fahrzeuge vgl Rn 33 ff).

IV. Besondere Arten der Verwahrung

1. Hinterlegungsdarlehen

Als Hinterlegungsdarlehen (unregelmäßige Verwahrung) regelt das BGB in § 700 **16** eine besondere Art von Verwahrungsvertrag, die von der Interessenlage her zwischen Darlehen und Verwahrung steht. Der Hinterleger verliert einerseits sein Eigentum und kann gleichartige Sachen zurückfordern (Darlehenskomponente), der Vertrag bezweckt aber andererseits vor allem die vorübergehende Aufbewahrung und gerade nicht die Gebrauchsüberlassung (Verwahrungskomponente; zu den Einzelheiten vgl § 700 und die Erl dazu; zu den Voraussetzungen einer unregelmäßigen Verwahrung von Wertpapieren [§ 700 Abs 2] und einer Tauschverwahrung nach §§ 10, 11 DepotG vgl § 700 Rn 18, 20 f).

2. Freiwillige Sequestration

Die freiwillige Sequestration (Gemeinschaftsverwahrung) ist die Hinterlegung einer **17** Sache durch mehrere mit der Vereinbarung, daß sie an alle, einen einzelnen oder einen Empfangsbevollmächtigten herauszugeben ist. Diese besondere Form der Verwahrung wird vom BGB nicht besonders erwähnt (Mot II 580). Im Falle von beweglichen Sachen liegt rechtlich ein Verwahrungsvertrag oder ein Vertrag mit Verwahrungspflichten als Nebenpflichten vor, bei Grundstücken regelmäßig Auftrag oder Dienstvertrag (OLG Frankfurt NJW 1953, 1270). Es gelten die §§ 428–430 (mit von § 428 abweichender Regelung der Empfangszuständigkeit).

Verwandte Vorschriften enthalten die §§ 432 Abs 1 S 2, 1217 Abs 1, 1231, 1281 S 2, 2039 S 2, in denen die Ablieferung einer Sache an einen gerichtlich zu bestellenden Verwahrer vorgeschrieben wird. Nach § 165 FGG ist zur Bestellung eines solchen Verwahrers das Amtsgericht zuständig, in dessen Bezirk sich die Sache befindet. Über eine vom Verwahrer beanspruchte Vergütung entscheidet nach § 165 Abs 2 FGG das Amtsgericht (zur Ablieferung der nicht im Alleinbesitz des Pfandgläubigers befindlichen Pfandsachen an einen gemeinschaftlichen Verwahrer s § 1231; zur

Sequestration im Rahmen der Zwangsvollstreckung und einstweiligen Verfügung vgl §§ 848, 855, 938 Abs 2 ZPO).

3. Kaufmännisches Lagergeschäft

18 Besondere Bestimmungen für das kaufmännische Lagergeschäft enthalten die §§ 416—425 HGB. Das Lagergeschäft ist nach § 1 Abs 2 Nr 6 HGB ein Grundhandelsgewerbe, so daß jeder gewerbsmäßige Betrieb des Lagergeschäfts unter die §§ 416 ff HGB fällt. Für den sog Gelegenheitslagerhalter gelten dagegen allein die §§ 688 ff. Unerheblich ist, ob der Lagerhalter das Lagergeschäft ausschließlich betreibt. Der gewerbsmäßige Betrieb des Lagergeschäfts kann mit anderen Handelsgewerben verbunden sein. Praktisch häufig ist vor allem die Koppelung des Lager- mit dem Speditionsgeschäft (K SCHMIDT, Handelsrecht § 34 I 1). Möglicher Gegenstand des Lagergeschäfts sind nur lagerfähige bewegliche Sachen. Dazu gehören nicht Geld und Wertpapiere, nach hM auch nicht Tiere außerhalb geschlossener Behältnisse (K SCHMIDT, Handelsrecht § 34 I 2; aA GK/KOLLER § 416 Rn 11). Ist in dem Lagerhaltervertrag die Ausstellung eines Orderlagerscheins vereinbart, so gilt von den §§ 416 ff HGB neben § 424 HGB (Traditionswirkung des Orderlagerscheins) nur noch § 416 HGB. Im übrigen werden sie durch die OrderlagerscheinVO verdrängt. Die §§ 688 ff finden neben den §§ 416 ff HGB bzw der OrderlagerscheinVO Anwendung, soweit die dortigen Spezialbestimmungen nicht eingreifen. Im übrigen ist die Existenz unternehmensübergreifender Allgemeiner Geschäftsbedingungen zu beachten (zB Allgemeine Deutsche Spediteurbedingungen, Allgemeine Lagerbedingungen des Deutschen Möbeltransports), die allerdings – wie sonstige Allgemeine Geschäftsbedingungen auch – nur über die Vereinbarung nach § 2 AGBG wirksam werden können.

19 Sind **vertretbare Sachen** Gegenstand des Lagervertrags, so kann statt der normalen Einzellagerung (§ 416 HGB) die Sammellagerung der Sachen mehrerer Hinterleger vereinbart werden; die Einlagerung führt dann für die Hinterleger zu Miteigentum nach Quoten (§ 419 Abs 1, 2 S 1 HGB), jedem Hinterleger kann ohne Beteiligung der anderen die seinem Bruchteil entsprechende Menge herausgegeben werden (§ 419 Abs 2 S 2 HGB). Vom Geltungsanspruch der §§ 416 ff HGB ausgenommen ist nach § 419 Abs 3 HGB die Summenlagerung, die der unregelmäßigen Verwahrung nach § 700 entspricht.

20 An **Besonderheiten der Rechtslage** beim Lagerhaltervertrag im Verhältnis zu derjenigen beim bürgerlichrechtlichen Verwahrungsvertrag sind hervorzuheben: Statt § 696 gilt § 422 HGB. Soweit ein Orderlagerschein ausgestellt ist, verkörpert dieser das eingelagerte Gut, so daß durch Verfügung über ihn über das eingelagerte Gut verfügt werden kann (§ 424 HGB). Der Lagerhalter hat wegen seiner Ansprüche aus dem Lagervertrag ein gesetzliches Besitzpfandrecht an dem eingelagerten Gut (§ 421 HGB), das nach § 366 Abs 3 HGB auch gutgläubig erworben werden kann. Keine Besonderheit bietet die Regelung der Darlegungs- und Beweislast nach den §§ 19 OrderlagerscheinVO, 417 Abs 1, 390 Abs 1 HGB; das gleiche folgt für die bürgerlichrechtliche Verwahrung aus direkter bzw analoger Anwendung des § 282 (vgl Rn 15). Auch die Haftung des Lagerhalters für Erfüllungsgehilfen entspricht derjenigen des Verwahrers nach bürgerlichem Recht; entgegen verbreiteter Auffassung (zB

K Schmidt, Handelsrecht § 34 IV 1 b) weicht RGZ 101, 348 (Haftung des Lagerhalters für Diebstähle des Lagermeisters) nicht ab (vgl MünchKomm/Hanau § 278 Rn 32 f).

4. Gepäckverwahrung im Bahnverkehr

Die Eisenbahn haftet für die Verwahrung von Hand- und Reisegepäck auf Bahnhö- **21** fen gem § 36 EVO. Sie kann die Haftung nur beschränken, soweit sie nicht vorsätzlich oder grob fahrlässig handelt. Diese Regelung ist an die Stelle der früheren Bestimmung getreten, daß die Eisenbahn ex lege nur bis zu einem bestimmten Höchstbetrag haftet. Frühere Streitfragen, wie insbesondere die Konkurrenz der Haftung nach EVO zur deliktischen Haftung, haben sich dadurch erledigt (zum früheren Recht RGZ 98, 33). Dies gilt auch bei Verschulden, erstreckt sich jedoch nicht auf eine dazu in Anspruchskonkurrenz stehende Haftung aus unerlaubter Handlung (BGHZ 24, 188; BGH NJW 1973, 511). Die abweichende Beurteilung des Konkurrenzverhältnisses von Vertrags- und Deliktshaftung im Vergleich mit anderen Fällen gemilderter Vertragshaftung erklärt sich im wesentlichen aus der Entstehungsgeschichte der frachtrechtlichen Haftungsmilderungen (vgl BGHZ 46, 142 f). Sie erscheint darüber hinaus aber auch sachgerecht. Die Bahn befindet sich im Verhältnis zu anderen entgeltlichen Verwahrern nicht in einer so besonderen Situation, daß sich die Haftungsbeschränkung als Gerechtigkeitsgebot aufdrängt. Deshalb fehlt es an der teleologischen Expansionskraft, die eine Ausdehnung auf das Deliktsrecht rechtfertigen könnte (vgl auch Emmerich JuS 1967, 345 ff mit Nachw).

Ebenfalls entfallen ist die Sondervorschrift für den „Fund" in der Einsenbahn. Es **22** gelten nunmehr die allgemeinen Grundsätze. Danach hat die Eisenbahnverwaltung bezüglich der vergessenen Sachen eine Verwahrungspflicht, die sich nach §§ 688 ff BGB richtet. Der Haftungsmaßstab bestimmt sich nach allgemeinen Regeln (§§ 276, 278), da § 690 auf diese Nebenverpflichtung des entgeltlichen Beförderungsvertrages der Eisenbahn mit dem vergeßlichen Fahrgast nicht anzuwenden ist.

5. Wertpapierverwahrung

Sonderregelungen über spezielle Arten der Verwahrung enthält das Gesetz über die **23** Verwahrung und Anschaffung von Wertpapieren (DepotG von 1937; RGBl I 171 zuletzt geändert durch Gesetz vom 17. 7. 1985, BGBl I 1507). Das Gesetz gilt für Kaufleute – auch für öffentlichrechtliche Banken und für Sparkassen, selbst wenn sie keine Kaufmannseigenschaft haben –, denen im Betrieb ihres Handelsgewerbes Wertpapiere unverschlossen zur Verwahrung anvertraut werden. Wertpapiere iS des Gesetzes sind Aktien, auch Kuxe, Zwischenscheine, Reichsbankanteilscheine, Zins-, Gewinnanteils- und Erneuerungsscheine, auf den Inhaber lautende oder durch Indossament übertragbare Schuldverschreibungen, andere vertretbare Wertpapiere, aber nicht Wechsel, Schecks, Banknoten oder Papiergeld (§ 1 DepotG; vgl im übrigen § 700 Rn 16 ff).

6. Sonstige Fälle

Zur Verwahrungspflicht des Treuhänders bei den Hypothekenbanken vgl § 31 des **24** HypBkG, bei den Schiffspfandbriefbanken vgl § 29 des SchiffsBkG.

25 Zur Haftung des Gastwirts in Beherbergungsbetrieben bei Einbringung von Sachen vgl §§ 701 ff. Davon unberührt bleibt die Haftung des Gastwirts nach allgemeinen Vertrags- oder Deliktsregeln, soweit Gegenstände nicht von § 701 erfaßt werden – besonders Kfz oder darin zurückgelassene Sachen (§ 701 Abs 4); hier können im Einzelfall die §§ 688 ff (oder Mietrechtsgrundsätze) anzuwenden sein (BGH NJW 1969, 789 und NJW 1975, 645; ausführlicher STAUDINGER/WERNER Vorbem 14 zu § 701).

V.   Abgrenzung zu anderen Verträgen

1.   Leihe und Miete

26 Äußere Gestaltung und Besitzlage sind bei der Verwahrung ähnlich wie bei Leihe und Miete. Jedesmal treffen den unmittelbaren Besitzer, der die fremde Sache in Gewahrsam hat, bestimmte **Obhutspflichten**. Abgrenzungskriterium ist die verschiedene Interessenlage: Bei Leihe und Miete wird die Sache vorwiegend im Interesse des unmittelbaren Besitzers übergeben, der sie gebrauchen will und der dafür im Falle der Miete ein Entgelt bezahlt. Die Obhutspflichten des unmittelbaren Besitzers sind dabei lediglich Nebenpflichten (dazu BGH LM Nr 2 zu § 535). Bei den Verwahrungsverträgen ist die **Obhut** dagegen **Hauptpflicht**. Im Zentrum steht das Interesse des Hinterlegers an einer sicheren und pfleglichen Aufbewahrung der Sache durch den Verwahrer (BGHZ 3, 200). Im Falle des entgeltlichen Verwahrungsvertrages ist es hier auch der Hinterleger, also der mittelbare Besitzer, der ein Entgelt bezahlt.

27 Bei Einordnungsschwierigkeiten im Einzelfall ist dementsprechend auf die Interessenlage abzustellen. Bei bloßer Raumgewährung ohne Übernahme einer Obhutspflicht über die dort untergebrachten Sachen liegt Raummiete oder Raumleihe vor (BGHZ 3, 200). Der Vertrag über ein Stahlschrankfach ist ein Mietvertrag (RGZ 77, 336; 99, 74; 141, 99, 101; WERNER JuS 1980, 175, 176). Auch bei bloßer Duldung des Einstellens oder Unterstellens ist Verwahrung zu verneinen; in der Regel wird überhaupt kein Rechtsverhältnis (Leihe), sondern nur ein Gefälligkeitsverhältnis gewollt sein (PALANDT/THOMAS Einf 2 vor § 688). Problematisch ist die Einordnung eines Vertrags über Einstellung bzw Parken von Kfz auf Parkplätzen (vgl dazu Rn 33 ff).

2.   Pacht

28 Die Abgrenzung der Verwahrung zur Pacht ist vor allem im Zusammenhang mit dem sog **Viehgräsungsvertrag** (Weideviehvertrag) praktisch geworden, der dadurch gekennzeichnet ist, daß der eine Vertragsteil dem anderen gegen Entgelt erlaubt, auf seinen Ländereien Tiere weiden zu lassen. Die Gerichte schwanken bei der Einordnung zwischen Verwahrung (LG Bielefeld MDR 1968, 668; zustimmend 12. Aufl), pachtähnlichem Vertrag (OLG Düsseldorf VersR 1956, 226) und Vertrag sui generis (OLG Kiel SchlH Anz 1930, 222). Richtigerweise wird zu unterscheiden sein: Wird das Entgelt im wesentlichen für das Gras als Tierfutter vereinbart, so handelt es sich um einen Kaufvertrag. Wenn der Inhaber der Weide es übernimmt, während der Gräsung auf die Tiere aufzupassen, wird der Kaufvertrag um eine Dienstleistung als anderstypische Nebenleistung ergänzt. An die Stelle der Dienstleistung tritt die Verwahrung, wenn die Weide umzäunt ist, so daß sich ein Bewachungsdienst erübrigt. In beiden Varianten gilt Kaufrecht; auf Dienstvertragsrecht bzw Verwahrungsvertragsrecht ist

lediglich analog zurückzugreifen, soweit speziell und isolierbar der Dienstleistungs- bzw Verwahrungsaspekt betroffen ist. Nur soweit die Obhut für die Beteiligten so im Vordergrund steht, daß sich ihretwegen die Größenordnung des vereinbarten Entgelts verändert, kommt ein **Kombinationsvertrag** (aus Kauf und Verwahrung) in Betracht (aA MünchKomm/HÜFFER § 688 Rn 56: Kombinationsvertrag mit den Elementen Pacht und Verwahrung; aber für Pacht fehlt es an der Überlassung der Weide zur eigenverantwortlichen Bewirtschaftung durch den Tierhalter). Deshalb ist die Verjährungsvorschrift des § 197 auf keinen Fall auf den Anspruch auf das sog Grasgeld anzuwenden (im Ergebnis ebenso OLG Kiel SchlHAnz 1930, 222). Der Verlust von Weidetieren löst je nachdem, ob ein Kaufvertrag mit Verwahrungspflicht als anderstypische Nebenleistung oder ein Kombinationsvertrag mit den Elementen Kauf und Verwahrung vorliegt, Schadensersatzansprüche aus positiver Forderungsverletzung oder aus den §§ 695, 280 aus. In beiden Varianten kehrt sich die Beweislast zu Lasten des in Anspruch genommenen Weideinhabers um; in der ersten in analoger, in der zweiten in direkter Anwendung des § 282 (vgl auch MünchKomm/HÜFFER § 688 Rn 57).

3. Darlehen

Abgrenzungsschwierigkeiten zum Darlehen (im Interesse des Empfängers) treten **29** insbesondere im Bereich des Hinterlegungsdarlehens, also eines unregelmäßigen Verwahrungsvertrags (im Interesse des Hinterlegers) iS des § 700 auf (vgl dazu § 700 Rn 3).

4. Dienst- und Werkvertrag, Geschäftsbesorgungsvertrag

Vom Dienst- und Werkvertrag unterscheidet sich die Verwahrung dadurch, daß sich **30** die Pflicht des Verwahrers in der Aufbewahrungspflicht erschöpft, während der Gegenstand des Dienst- oder Werkvertrags eine weitergehende Tätigkeit im Interesse des Vertragspartners verlangt (ENNECCERUS/LEHMANN § 169 3 a). Bei Werk- und Dienstverträgen sind Verwahrungspflichten häufig Nebenpflichten des Hauptvertrags, zB bei Kfz-Reparatur die verkehrsübliche Verwahrung ohne gesonderte Berechnung bis zum Abschluß der Reparatur durch den Unternehmer (BGH BB 1956, 222 und VersR 1962, 644; OLG Bremen VersR 1969, 524 mit zust Anm KÖNIG VersR 1971, 210) oder beim Vertrag über Reiseveranstaltung zB die Gepäckaufbewahrung als Nebenpflicht dieses Werkvertrags (BGHZ 60, 16; OLG Köln NJW 1972, 1815; zu Verwahrungspflichten als Nebenpflichten vgl näher Vorbem 41 ff).

Entsprechendes gilt für Geschäftsbesorgungsverträge nach § 675. Soweit dabei eine **31** Verwahrung Gegenstand dieses Vertrages ist, können sich Überschneidungen bzw Kombinationen ergeben; zB begründet der Verwahrungsvertrag mit einer Bank etwa über Wertpapierverwahrung auch Verwaltungs- (RG DJ 1936, 1475), Benachrichtigungs- (OLG Kiel OLGRspr 22, 329) oder Belehrungspflichten (OLG Braunschweig MDR 1948, 118) als Nebenpflichten (dazu noch § 688 Rn 9). Derartige Pflichten sind teilweise in den AGB der Banken genauer geregelt. Verwahrungsvertrag und Verwaltungsvertrag nach § 675 können förmlich miteinander verbunden sein.

5. Pfandhaltervertrag

Ein spezieller Verwahrungsvertrag ist der **Pfandhaltervertrag** (§ 1206) zwischen dem **32**

Pfandhalter (Verwahrer) und dem Verpfänder, uU auch dem Pfandgläubiger, oder beiden als Hinterleger. Der Pfandhalter hat die Sache zu verwahren und darf sie nur an Verpfänder und Pfandgläubiger gemeinsam herausgeben (RGZ 87, 39; 118, 37; RG JW 1938, 867). In Ausnahmefällen kann auch ein unregelmäßiger Verwahrungsvertrag im Sinne des § 700 in Betracht kommen (zB bei OLG Hamm DB 1963, 1117). Das gleiche gilt im Falle der Sicherungsübereignung, wenn der Gläubiger den unmittelbaren Besitz am Sicherungsgut erworben hat (BGH WM 1967, 343). Die Verwahrungsvorschriften sind nur zT analog anwendbar im Fall eines sog Sicherungsvertrages im Interesse des Verwahrenden (RGZ 119, 57: Recht zur Befriedigung aus dem übergebenen Geld wegen Forderungen, die der Verwahrer gegen den Hinterleger hat).

6. Fahrzeugabstell- und Fahrzeugbewachungsvertrag

33 Umstritten ist die Abgrenzung beim Fahrzeugabstell- oder Fahrzeugbewachungsvertrag. Da es bei der Abgrenzung wesentlich auf die Interessenkonstellation, die Besitzlage sowie die Übernahme einer Obhutspflicht ankommt, ist zunächst zu differenzieren zwischen dem Parken auf einem entgeltpflichtigen Parkplatz, dem Abstellen eines Kfz in einer Sammelgarage (der Kunde läßt den Schlüssel im Wagen oder übergibt ihn dem Unternehmer) und in einem Parkhaus (der Kunde schließt dabei sein Kfz ab und nimmt den Schlüssel mit; vgl ausführlich dazu MEDICUS, 25 Jahre Karlsruher Forum [1983] 171 ff).

34 Das Abstellen eines Fahrzeugs auf einem **Parkplatz** gegen Entgelt ist Gegenstand eines **Mietvertrags**, wenn (etwa nach Vertragsinhalt gewordenen AGB) keinerlei Obhutspflichten übernommen werden, sondern nur ein Abstellplatz zur Verfügung gestellt wird (AG Bad Dürkheim VersR 1982, 710: Hotelparkplatz gegen gesonderte Berechnung; BGH NJW 1975, 645: Hotelparkplatz ohne gesonderte Berechnung, wenn Gast ihn besonders zugewiesen erhält). Unentgeltliche Überlassung des Abstellplatzes ist ceteris paribus **Leihe** (LG Wiesbaden NJW 1970, 665: Kundenparkplatz eines Kaufhauses). Wird dagegen nur Obhut vereinbart, aber kein Abstellplatz zur Verfügung gestellt (zB bei öffentlichem Straßengrund, wo aufgrund des Gemeingebrauchs ohnehin geparkt werden könnte), so ist ein **Dienstvertrag** anzunehmen. Wird der Parkplatz mit Bewachung geschuldet, so kann sowohl ein **Verwahrungsvertrag** (hM; LG Göttingen DAR 1952, 8; LG Köln VersR 1952, 214; LG Berlin VersR 1955, 524; LG München VersR 1956, 173; MÄDING DAR 1951, 17; ZEITLMANN VersN 1953, 71; SCHÖPE DAR 1963, 348; ASCHENBERG VersR 1964, 1031; SOERGEL/ MÜHL § 688 Rn 10; ERMAN/SEILER § 688 Rn 9; PALANDT/PUTZO Einf 13 vor § 535; SOERGEL/MEZGER Vorbem 30 zu § 535) als auch – mangels Besitzübergabe des Kfz – ein **aus Miet- und Dienstvertragselementen gemischter** Vertrag in Betracht kommen (WINTERGERST NJW 1963, 142; NEUMANN-DUESBERG VersR 1968, 313; für gemischten Vertrag aus Miet-, Dienst- und Verwahrungsvertragselementen LG Köln VersR 1962, 1118; für gemischten Vertrag aus Miet- und Verwahrungselementen MünchKomm/HÜFFER § 688 Rn 52). Der BGH (NJW 1968, 1718) hat die Frage offengelassen. Für den Regelfall verdient die Ansicht den Vorzug, die einen gemischttypischen Miet- und Dienstvertrag annimmt, verliert doch der Kfz-Besitzer nach der insoweit maßgeblichen Verkehrsauffassung im allgemeinen auf einem bewachten Parkplatz noch nicht die tatsächliche Sachherrschaft über das Fahrzeug. Verwahrung ist nur bei außergewöhnlicher Gestaltung anzunehmen, so zB, wenn das Fahrzeug in einem unzugänglichen Bereich abgestellt und selbst von einem Besitzer erst nach erfolgreichem Passieren einer Kontrolle zu erreichen ist (vgl auch ESSER/WEYERS II § 38 I 3 a; RUHKOPF VersR 1967, 10; BRYCHCY DAR 1975, 31). Die

Ansicht, auf Besitz des Verwahrers komme es nicht an (MünchKomm/HÜFFER § 688 Rn 52 im Anschluß an MEDICUS, 25 Jahre Karlsruher Forum [1983] 172) hebt den Unterschied zwischen Verwahrung und dienstvertraglicher Bewachung auf. Sowohl die dienstvertragliche Bewachungspflicht als auch die Verwahrungspflicht erstrecken sich auf den Inhalt des in Obhut gegebenen Kfz (BGH NJW 1968, 1718; MDR 1969, 455 mit zust Anm BERG NJW 1969, 1172).

Für das Abstellen in **Sammelgaragen** geht man ganz überwiegend davon aus, daß ein **35** **Verwahrungsvertrag** vorliegt. Das ist wohl schon deswegen richtig, weil dabei üblicherweise dem Unternehmer die Kfz-Schlüssel überlassen werden (vgl AG Neuwied VersR 1992, 362). Dieser erlangt also die tatsächliche Verfügungsgewalt; den Parkkunden wird die Möglichkeit genommen, selbst für Diebstahlssicherung und gegen Beschädigung Vorsorge zu treffen (hM; OLG Hamburg RdK 1933, 128; OLG Düsseldorf MDR 1950, 758; OLG München VersR 1959, 74; OLG Hamburg VersR 1960, 330; OLG Köln VersR 1963, 642; vgl auch BGH VersR 1960, 321; RUHKOPF VersR 1967, 11; ERMAN/SEILER § 688 Rn 9; SOERGEL/MEZGER Vorbem 30 zu § 535; PALANDT/PUTZO Einf 13 vor § 535; offengelassen in BGH DB 1974, 426; **aM** KG VersR 1962, 530 und 1968, 440; AG Ulm NJW-RR 1987, 1340; Mietvertrag mit Obhut als Nebenpflicht; im Fall einer Übergabe der Schlüssel zu Verwahrungsvertrag tendierend BGH MDR 1969, 455). HÜFFER (MünchKomm/HÜFFER § 688 Rn 53) will einen Kombinationsvertrag aus Miete (des Garagenplatzes) und Verwahrung (des Kfz) annehmen. Dem widerspricht, daß der Inhaber des Kfz unter den Bedingungen der Sammelgarage keinen Besitz an dem Garagenplatz hat. Auch die Interessenlage rechtfertigt die Ansicht nicht. Der Garageninhaber schuldet sichere Unterbringung (mit dem Recht, das Kfz notfalls umzusetzen), nicht die Überlassung eines bestimmten Garagenplatzes, für dessen ursprüngliche Mangelfreiheit er garantiert (§ 538). Zu den Pflichten des Garagenbetreibers aus Verwahrungsvertrag gehört es, organisatorische Vorkehrungen gegen den Mißbrauch ihm übergebener Fahrzeugschlüssel durch sein Personal zu treffen. Hat er dies verabsäumt, so haftet er für dadurch verursachten Diebstahl des Fahrzeugs nicht nur aus Gehilfen-, sondern auch aus Eigenverschulden (BGH NJW 1974, 900 – wichtig bei Haftungsfreizeichnung).

Die Einstellung in **Parkhäuser** wird einerseits dem **Verwahrungsvertrag** (OLG Köln **36** VersR 1964, 858 mit zust Anm ASCHENBERG VersR 1964, 1031; ESSER/WEYERS II § 38 II 3 a; RUHKOPF VersR 1967, 12; PALANDT/PUTZO Einf 13 vor § 535), andererseits der **Raummiete** zugeordnet (LG Bremen NJW 1970, 2064; GÜLLEMANN NJW 1972, 889; BRYCHCY DAR 1975, 32; ERMAN/SEILER § 688 Rn 9). MEDICUS (25 Jahre Karlsruher Forum 174 [1983]) nimmt einen **Typenkombinationsvertrag** aus Miet- und Verwahrungselementen an. Der BGH geht davon aus, daß eine Obhutspflicht jedenfalls dann nicht besteht, wenn der Parkhausunternehmer für ausreichenden Sachversicherungsschutz sorgt (am Beispiel einer Tiefgarage BGH NJW 1972, 151). In der Tat entspricht es regelmäßig nicht der Interessenlage anzunehmen, die Beteiligten hätten den Abschluß eines Verwahrungsvertrages mit den ihm eigentümlichen Obhutspflichten im Range von Hauptpflichten beabsichtigt. „Die Benutzung von Parkhäusern erfolgt wegen des knappen Parkraums im Zentrum der Großstädte, ihrer günstigen Lage und ihres vergleichsweise niedrigen Preises infolge der (teilweisen) Anrechnung der Parkgebühren beim Einkauf in bestimmten Warenhäusern . . . Der Kunde (erwartet) nicht in erster Linie eine Bewachung seines Fahrzeugs, sondern die Überlassung eines günstig gelegenen und preiswerten Abstellplatzes" (GÜLLEMANN NJW 1972, 889; ebenso LG Bremen NJW 1970, 2064; ERMAN/SEILER § 688 Rn 9; **aM** PALANDT/PUTZO Einf 13 vor § 535). Irreführend ist es, in diesem Zusammenhang von einem Mietvertrag mit Obhutsnebenpflichten zu sprechen (so MünchKomm/HÜFFER § 688 Rn 54). Zwar kann der Mieter des Abstellplatzes im Parkhaus erwarten, daß der Vermieter zumutbare Sicherungsvorkehrungen gegen die parkhausspezifischen Gefahren trifft. Aber daraus erwachsen keine weitergehenden Pflichten als die, die jeder zu beachten hat, der eine mit Gefahren für die Rechtsgüter der Kunden verbundene Leistung anbietet. Es geht maW um die Pflicht des Vermieters aus § 242, den Gebrauch des Abstellplatzes so zu gewähren, wie Treu und Glauben mit Rücksicht auf die Verkehrssitte es erfordern, dh um eine sog weitere Verhaltenspflicht (GERNHUBER, Das Schuldverhältnis § 2 IV 2; vgl auch Rn 41). Die Rede von Obhutsnebenpflichten erweckt den unrichtigen Eindruck, es liege ein Mietvertrag mit untergeordneter Verwahrungspflicht vor, auf die die §§ 688 ff (analog) angewendet werden könnten (vgl GERNHUBER, Das Schuldverhältnis § 7 V 5).

37 Die praktische Bedeutung der Qualifikation als eines Verwahrungsvertrags oder als eines gemischten Miet-Dienst-Vertrags zeigt sich bei der **Beweislastverteilung** im Prozeß. Im Falle eines Verwahrungsvertrags greift im Rechtsstreit um die Pflicht zum Ersatz von Schäden am Kfz auf jeden Fall § 282 ein, und zwar unmittelbar bei Zerstörung (Unmöglichkeit der Rückgabe, § 695), analog bei Beschädigung (BGHZ 3, 162, 174). Im Falle eines gemischten Miet-Dienst-Vertrages scheidet der direkte Rückgriff auf § **282** auf jeden Fall aus, gibt es doch gar keine Rückgabepflicht, deren Erfüllung unmöglich werden könnte. Die **Analogie** setzt voraus, daß die Schädigung sich in der für den Parkenden nicht einsehbaren Sphäre (im Gefahrenkreis) des Parkunternehmens ereignet hat (BGHZ 28, 251; 51, 91, 105). Ob dies zutrifft oder nicht, wird in der Literatur unterschiedlich beurteilt (dagegen NEUMANN-DUESBERG VersR 1968, 317; WINTERGERST NJW 1963, 142; dafür BGB-RGRK/KROHN Vorbem 8 zu § 688). Zu folgen ist der Ansicht, die die Analogie bejaht. Der Zweck des § 282 – Linderung der Beweisnot des Schuldners – erfordert die Anwendung der Vorschrift auf alle Fälle, in denen der Schuldner die zum Schaden führenden Geschehensabläufe nach der Natur des Schuldverhältnisses nicht erkennen kann. Der Dienstvertrag über die Bewachung eines Kfz bildet insoweit einen geradezu typischen Fall, schließt doch der Parkende den Bewachungsvertrag gerade deshalb ab, weil er selbst sich infolge Abwesenheit nicht um die Sicherheit des Fahrzeugs kümmern kann (ebenso MünchKomm/HÜFFER § 688 Rn 22).

VI. Verträge mit Verwahrungspflichten als Nebenpflichten

38 Verwahrungspflichten können auch in Rechtsverhältnissen entstehen, in denen die Verwahrung einer in fremden Gewahrsam übergebenen Sache nicht Hauptpflicht ist. Die Verpflichtung zur Verwahrung und Obhut kann sich dann **als Teil der Leistungspflicht** aus einem anderen Rechtsverhältnis (LARENZ II 1 § 58 a; PALANDT/THOMAS § 662 Rn 9; ERMAN/SEILER § 688 Rn 7) oder als **selbständige Nebenpflicht** darstellen. Für solche Verwahrungspflichten gilt in erster Linie das Recht des zugrundeliegenden Rechtsverhältnisses; ihre Verletzung begründet Ansprüche aus positiver Forderungsverletzung, § 286 Abs 1 analog (vgl LG Hannover NJW 1983, 1381: keine Anwendung der §§ 280, 282 bei Verlust der im Behandlungszimmer eines Arztes abgelegten Zahnprothese). Eine **ergänzende** (dh lückenfüllende) **analoge Anwendung der §§ 688 ff** ist vorbehaltlich abweichender Vertragsauslegung möglich (so insbes ESSER/WEYERS II § 38 I 2; PALANDT/THOMAS Einf 2 vor § 688; ERMAN/SEILER § 688 Rn 7; zögernd LARENZ II 1 § 58; stark einschränkend SOERGEL/MÜHL Vorbem 2 zu § 688; MünchKomm/HÜFFER § 688 Rn 44). Für entsprechende Anwendung der

§§ 688 ff auf das Obhutsverhältnis des Konkursverwalters bezüglich der zur Konkursmasse gehörenden Sachen OLG Hamm NJW 1964, 2355 (vgl auch OLG Oldenburg MDR 1990, 820 zur Verwaltung massefremder Sachen).

Verwahrungspflichten als **Teil der Leistungspflicht** können im Rahmen der Vertrags- **39** typen des BGB bei Auftrag, Dienst- und Werkverträgen sowie bei Kaufverträgen entstehen, die uU eine Aufbewahrung erfordern. In allen diesen Fällen ist zumindest **§ 690 von einer analogen Anwendung ausgenommen**. Es gilt der Haftungsmaßstab des Hauptrechtsverhältnisses (PALANDT/THOMAS § 690 Rn 1). Allerdings können die Beteiligten die Aufbewahrung auch in selbständigen Verwahrungsverträgen regeln. Für einen selbständigen Verwahrungsvertrag spricht es, wenn die Verwahrung in einer besonderen Einrichtung gegen gesonderte Bezahlung oder zwar ohne gesonderte Bezahlung, aber durch eigens vom Vertragspartner damit betraute Personen erfolgt (RGZ 113, 425; KG LZ 1920, 62; vgl auch RG Recht 1920 Nr 383; RG WarnR 1920 Nr 77; OLG Karlsruhe 40, 324; SOERGEL/MÜHL § 688 Rn 5; ERMAN/SEILER § 688 Rn 12 a E).

Bei den verschiedenen **Handelsgeschäften** entstehen praktisch sehr relevante Neben- **40** pflichten zur Verwahrung und Obhut, deren Verletzung zu einer meist gesetzlich normierten Haftung auf Schadensersatz führt (vgl § 390 Abs 1 HGB für die Haftung des Kommissionärs; §§ 407 Abs 2, 390 Abs 1 HGB für die Haftung des Spediteurs; § 429 HGB für die Haftung des Frachtführers; beim Eisenbahnfrachtgeschäft §§ 454, 458 HGB iVm den Vorschriften der EVO). Daher können HGB oder BGB dazu nur ergänzend herangezogen werden. Bei Lagerung haftet die Eisenbahn nach §§ 688 ff, nicht nach §§ 416 ff HGB (LG Köln MDR 1950, 108). Bei einem Verlagsgeschäft ist der Verleger nach § 27 VerlG verpflichtet, das auf sein Verlangen eingesandte Manuskript zurückzugeben und bis zu diesem Zeitpunkt zu verwahren. Bei unverlangter Einsendung besteht lediglich eine Pflicht, das Manuskript zur Abholung bereitzuhalten (ELSTER JR 1935, 66). Der Verleger haftet analog § 300 Abs 1 nur für Vorsatz und grobe Fahrlässigkeit (so richtig BGB-RGRK/KROHN Vorbem 15 zu § 688).

Von besonderer praktischer Bedeutung sind Verwahrungspflichten als **selbständige** **41** **Nebenpflichten**. Insoweit lautet die für die rechtliche Beurteilung zentrale Frage, ob der Verpflichtete nur Raum zur Abstellung und Niederlegung zur Verfügung gestellt hat, für dessen ordnungsgemäße verkehrsmäßige Beschaffenheit er zwar einstehen will (RGZ 104, 46; LG Berlin JW 1932, 1170), dessen sich aber der andere auf eigene Gefahr zu bedienen hat, oder ob eine Verwahrungs-(Obhuts-)Pflicht übernommen ist.

Ist der Vertrag von vornherein auf die **umfassende Fürsorge** für die Person eines **42** anderen gerichtet (etwa der Vertrag mit dem Internat, der Erziehung, Beaufsichtigung und Fürsorge zum Inhalt hat, sowie der Vertrag eines Krankenhauses mit dem Patienten), so hat der Inhaber eine Obhutspflicht über die Sachen der Schutzbefohlenen. Eine Verwahrungsnebenpflicht besteht ebenfalls, wenn die Aufbewahrung in besonderen Einrichtungen, wie etwa Garderoben usw, erfolgt (sofern nicht ein besonderer Verwahrungsvertrag vorliegt, vgl Rn 39). Eine Pflicht zur Obhut ist vor allem dann anzunehmen, wenn jemand den Vertragspartner infolge seiner Anforderungen praktisch zur Ablegung von Sachen zwingt, so daß dieser sie selbst nicht mehr beaufsichtigen kann. Werden Garderobemarken ausgegeben, so müssen sie so beschaffen sein, daß sie die unbefugte Unterschiebung falscher Marken nach Möglichkeit verhindern (RGZ 105, 80; 113, 425; OLG Dresden SeuffA 77 Nr 25; KG JW 1926, 1472). Entsteht eine Obhutpflicht, so kommt sie zugunsten dessen, für den die Theaterkarte gekauft wurde, zustande (RG LZ 1923, 600). Bei Verpachtung der Garderobe kann das Publikum ohne besonderen Hinweis nicht wissen, in welchem Vertragsverhältnis der Garderobehalter zum Theater oder Inhaber der Vergnügungsstätte steht; daher muß es sich der Inhaber des Theaters, solange eine Verpachtung nicht ausdrücklich bekanntgemacht ist, gefallen lassen, als Vertragspartner auch hinsichtlich der Verwahrungspflicht behandelt zu werden (RGZ 97, 169; RG JW 1924, 95).

43 Der **Schank- und Speisewirt** übernimmt keine Obhutspflicht für die im Gastraum aufgehängte Garderobe (RGZ 104, 45; 105, 202; 109, 262). Er ist auch nicht verpflichtet, seinen Gästen einen besonderen, beaufsichtigten Garderoberaum zur Benutzung bereitzustellen (RGZ 104, 45; tut er dies, so liegt darin nach RGZ 105, 202; 109, 261 noch kein Angebot zum Abschluß eines Verwahrungsvertrages). Etwas anderes gilt, wenn der Wirt seine Gäste nötigt, die Kleider in einem anderen Raum als dem Gastraum abzulegen, und dadurch eine eigene Beaufsichtigung durch den Gast im wesentlichen unmöglich macht. Dann ist er zur Obhut verpflichtet und muß der Kleiderablage seine erhöhte Aufmerksamkeit schenken (so schon RGZ 105, 202; RG JW 1924, 1870; OLG Hamburg MDR 1970, 842; LG Hamburg NJW-RR 1986, 829; weitergehend LG Braunschweig MDR 1958, 161 für stillschweigenden Verwahrungsvertrag). Andererseits trifft den Wirt nicht schon deshalb eine Obhutspflicht, weil der Kellner den Mantel des Gastes an den im gleichen Raum befindlichen Garderobehaken gehängt hat, obwohl der Gast unter Hinweis auf den großen Wert des Mantels den Wunsch geäußert hat, diesen bei sich, dh auf einem freien Stuhl an seinem Tisch, behalten zu dürfen. Auch der Hinweis des Kellners, in dem Lokal sei noch nie etwas weggekommen, ändert daran nichts. Insbesondere ist in einer solchen Äußerung noch kein Angebot auf Abschluß eines speziellen Verwahrungsvertrags zu sehen (BGH NJW 1980, 1096). Bei einer geschlossenen Gesellschaft von Gästen, die sich im Gasthaus trifft, hat die Rechtsprechung ebenfalls eine Obhutspflicht angenommen (KG MDR 1984, 846 f). Der Wirt haftet, wenn versehentlich Garderobeteile an Nichtteilnehmer ausgehändigt werden (OLG Hamburg OLGRspr 43, 116), nicht allerdings, wenn ein Teilnehmer nach Ende der geschlossenen Veranstaltung noch in dem Lokal bleibt und in dieser Zeit der Mantel abhanden kommt (AG Seligenstadt MDR 1990, 439).

44 Eine Obhutspflicht als Nebenpflicht eines **Mitgliedschaftsverhältnisses** ist denkbar für einen geselligen Verein hinsichtlich der von seinen Mitgliedern im Garderoberaum des Vereinsgebäudes abgelegten Sachen (RGZ 103, 265).

45 **Banken, Firmen, Rechtsanwälte und Ärzte** haften im allgemeinen nicht für die von Kunden (Klienten) abgelegte Garderobe, es sei denn, sie zwingen ihren Kundenkreis zur Ablegung der Sachen an Plätzen, wo sie sie nicht selbst beaufsichtigen können. Für den Arzt hat das RG eine Obhutspflicht dahingehend angenommen, daß er den abgelegten Kleidungsstücken den Schutz einer verschlossenen Wohnung zukommen lassen muß (RGZ 99, 35). Auch den Träger eines Krankenhauses trifft gegenüber den Patienten eine Obhutspflicht hinsichtlich der mitgebrachten Sachen (BGH NJW 1990, 761, 763 f). In Bezug auf die Sachen eines Privatpatienten im Krankenhaus besteht eine nebenvertragliche Verwahrungspflicht aus dem Dienstvertrag mit dem Krankenhausträger (OLG Karlsruhe DB 1974, 2298). Im Fall eines Badevertrags hat der Badeanstaltsbesitzer eine Pflicht zur sicheren Aufbewahrung von Kleidern und Wertsachen der Badegäste; wegen der Entgeltlichkeit des Badevertrags ist eine entsprechende Anwendung des § 690 nicht möglich (RG LZ 1923, 600). Keine Obhutspflicht besteht, wenn in Empfangsräumen und ähnlichen Geschäftsräumen von Angehörigen freier Berufe oder Gewerbetreibenden die Möglichkeit zur Ablage der Garderobe der Kunden geschaffen wird, jedoch keine Verpflichtung besteht, die Garderobestücke in diesen separaten, ihrer Beaufsichtigung entzogenen Räumen abzulegen (so für die Haftung eines Fahrschulinhabers LG Frankfurt VersR 1975, 457 und hinsichtlich eines Friseurs AG Mülheim MDR 1961, 937).

Die Fürsorgepflicht des **Arbeitgebers** umfaßt die Verpflichtung, Vorkehrungen zum **46** Schutz des in den Betrieb eingebrachten Arbeitnehmereigentums, zB zur Ablage der Straßenkleidung, zu treffen. Der Umfang dieser Pflicht richtet sich insbesondere danach, wie weit die betrieblichen Verhältnisse den Arbeitnehmer hindern, für derartigen Schutz selbst zu sorgen (BAGE 9, 31; 17, 229; BAG NJW 1966, 1534; dazu GOUJET VersPrax 1966, 141). In Einzelfällen kann der Arbeitgeber sogar zur Sorge für Versicherungsschutz verpflichtet sein (LAG Bremen und Hannover AP Nr 2 und 3 zu § 618 mit Anm DERSCH). Entsprechendes gilt für die zumutbaren Sicherungsmaßnahmen des Arbeitgebers bei der Einrichtung von Parkplätzen (BAG AP Nr 1 und 4 zu § 611 Parkplatz mit Anm HUECK; BAG AP Nr 11, 26 zu § 611 Fürsorgepflicht; weitere Nachweise bei MONJAU DB 1972, 1435; SALJE DAR 1988, 151; HUECK/NIPPERDEY, ArbR I § 48 Fn 58; zum Ganzen ausführlich mit umfangreichen Nachweisen STAUDINGER/OETKER[12] § 618 Rn 78 ff).

Auch nach **Beendigung eines Vertragsverhältnisses**, aus dem der eine Teil verpflichtet **47** war, Beschädigungen und Gefährdungen der Sachen des anderen zu unterlassen, kann eine Verpflichtung bestehenbleiben, liegengebliebene Gegenstände des Vertragspartners in Obhut zu nehmen, diese sorgfältig zu verwahren und zurückzugeben (RG WarnR 1921 Nr 144; RGZ 113, 452; 152, 140).

VII. Öffentlichrechtliche Verwahrungsverhältnisse

1. Anwendungsbereich

Das öffentlichrechtliche Verwahrungsverhältnis gehört zu dem Komplex von **Sonder-** **48** **beziehungen zwischen Bürger und Staat**, für die sich im öffentlichen Recht der Sammelbegriff „verwaltungsrechtliche Schuldverhältnisse" eingebürgert hat (vgl WOLFF/BACHOF, Verwaltungsrecht I § 44 I und ERICHSEN/MARTENS, Allgemeines Verwaltungsrecht § 30). Ein öffentlichrechtliches Verwahrungsverhältnis kann auf verschiedene Art und Weise begründet werden. Es besteht jedenfalls immer dann, **wenn eine Behörde bewegliche Sachen Privater kraft öffentlichen Rechts in Besitz hat** (RGZ 115, 419; 166, 222; BGHZ 4, 192; 34, 354; mit Anm KREFT bei LM Nr 71 zu § 13 GVG; MENGER/ERICHSEN VerwArch 1966, 73) und gerade dadurch die berechtigte **Privatperson daran gehindert ist, eigene Obhuts-, Fürsorge- oder Sicherungsmaßnahmen zu treffen** (hM; BGHZ 21, 219; BGH LM Nr 7 zu § 688; BGH WM 1973, 1416 = JuS 1974, 191; BGH VersR 1975, 282; PALANDT/THOMAS Einf 7 vor § 688; SOERGEL/MÜHL Vorbem 7 zu § 688; ERMAN/SEILER § 688 Rn 16; BGB-RGRK/KROHN Vorbem 26 zu § 688; ablehnend WOLFF/BACHOF, VerwR I § 44 I b 1 a). Im einzelnen kommen als Begründungstatbestände die Einigung der Beteiligten in einem verwaltungsrechtlichen Vertrag (MENGER/ERICHSEN VerwArch 1966, 75; WOLFF/BACHOF, VerwR I § 44 I b 1), der einseitige Zugriff durch Verwaltungsakt und Inbesitznahme (zB Beschlagnahme und Sicherstellung der Sache; vgl RGZ 166, 218, 221 f) sowie die bloße Inbesitznahme der Sache durch eine Behörde (BGHZ 34, 349, 354; SCHWERDTFEGER, Öffentliches Recht in der Fallbearbeitung [9. Aufl 1993] Rn 260) in Betracht. Kein öffentlichrechtliches Verwahrungsverhältnis entsteht, wenn die öffentlichrechtliche Maßnahme nicht bewegliche Sachen betrifft oder nicht zum Besitz der Behörde führt wie im Fall der Beschlagnahme des gesamten Vermögens (BGH LM Nr 36 zu Art 34 GG) oder von Forderungen (zB Bankguthaben, vgl Fall des OLG Hamburg MDR 1961, 689), ferner dann nicht, wenn lediglich ein behördliches Verfügungsverbot ergeht, wenn gepfändete oder beschlagnahmte Sachen im Besitz des Betroffenen bleiben (RGZ 138, 40; BGH WM 1973, 1476), oder wenn ein ohne Genehmigung errichteter Neubau versiegelt wird (OLG Celle NJW 1960, 340). Ausschließlich nach Art 34 GG, § 839 BGB beurteilt sich auch die Haftung des zuständigen Hoheitsträgers, wenn die Behörde es pflichtwidrig versäumt, Sachen (zB zu den Gerichtsakten eingereichte Urkunden, RG JW 1934, 2842) in amtliche Verwahrung zu nehmen (RGZ 108, 2049).

49 Der **Gerichtsvollzieher** hat Verwahrungspflichten hinsichtlich der gepfändeten und von ihm ins Pfandlokal geschafften Sachen. Gibt er sie zur Aufbewahrung an einen Dritten, insbesondere einen Lagerhalter, so schließt er den Verwahrungsvertrag im eigenen Namen (auch bei ausdrücklichem Einverständnis des Gläubigers, vgl OLG Stuttgart Justiz 1965, 238; für einen Sonderfall einschränkend – Abschluß im Namen des Justizfiskus – BGHZ 89, 82, 84 f; allgemein zu den Obhutspflichten des Gerichtsvollziehers RGZ 137, 153; 145, 204; ADRIAN DGVZ 1969, 177 sowie 1970, 1 und 17). Häufig sind auch die Fälle einer Verwahrung nach der Sicherstellung von Sachen (zB nach Sicherungsmaßnahme gegen den Eigentümer, vgl BGHZ 1, 369; BGH LM Nr 4 zu § 688 mit Anm PAGENDARM, oder nach Sicherstellung durch die Polizei etwa bei Abschleppen von Kfz, vgl VGH Kassel NJW 1988, 3035; DAUMANN DAR 1969, 322), nach Einreichung von Sachen im Rahmen öffentlichrechtlicher Verfahren (zB Aufbewahrung von Urkunden, die zu den Gerichtsakten eingereicht worden sind, RG JW 1934, 2842) oder im Rahmen eines anstaltlichen Benutzungszwangs (zB Schlachtbullen auf dem städtischen Schlachthof, BGHZ 61, 7, nicht dagegen im Kühlhaus lagerndes Fleisch, OLG Hamm VersR 1987, 789).

50 An den Grundsätzen über die Begründung eines öffentlichrechtlichen Verwahrungsverhältnisses ändert sich dadurch, daß die Behörde zur Verwertung der verwahrten Sache befugt ist, jedenfalls dann nichts, wenn die **Verwertung** nicht für eigene Rechnung des „verwahrenden" Hoheitsträgers, sondern für Rechnung des privaten Eigentümers vorgesehen ist (BGH NJW 1952, 658 mit Anm PAGENDARM in LM Nr 4 zu § 688; hinsichtlich der Dauer der Verwahrungspflichten und hinsichtlich einer unberechtigten Verwertung vgl BGH LM Nr 7 zu § 688). Inwieweit im Rahmen allgemeimer **Anstaltsbenutzung** Verwahrungspflichten der Anstalt bestehen, beurteilt sich nach ähnlichen Grundsätzen wie die Anerkennung von Verwahrungspflichten als selbständigen Nebenpflichten im Privatrecht (Rn 41 ff), allerdings mit dem Unterschied, daß statt des Vertrags die Art und Weise der Anstaltsorganisation über Existenz und Reichweite von Verwahrungspflichten entscheidet. Freilich kann der Verzicht auf Inobhutnahme Amtspflichtverletzung im Sinne von Art 34 GG, § 839 BGB sein. So hat die Schulverwaltung zwar mangels entsprechender Organisationsregelung keine Obhutspflicht hinsichtlich der Aufbewahrung von Kleidern der Schüler (OLG Rostock OLGRspr 41, 118). Sie muß jedoch wenigstens für die Sicherheit dieser Kleidungsstücke in geeigneter Weise sorgen (OLG Kiel OLGRspr 38, 99; OLG Hamburg Recht 1921 Nr 1137), widrigenfalls sie aus Amtshaftung auf Schadensersatz in Anspruch genommen werden kann (BGH NJW 1963, 1828; NJW 1964, 1670). Wegen der besonderen Verhältnisse der Universität (unkontrollierter Zugang) hat auch der Student kraft allgemeiner Amtspflicht einen Anspruch auf Schutz vor Verlust seines Mantels, wenn es im Hörsaal keine Möglichkeit zur Ablage gibt. Behörden, Gerichte etc haben im allgemeinen hinsichtlich der Mäntel von Parteien, Zeugen, Sachverständigen usw keine Obhutspflicht, und zwar, ohne daß im Fehlen der Organisationsregelung eine Amtspflichtverletzung liegt. Das gilt auch gegenüber Anwälten, die im Anwaltszimmer des Gerichts ihre Kleidung abgelegt haben (OLG Celle MDR 1959, 840). Eine Obhutspflicht besteht jedoch hinsichtlich der in einem amtlichen Abstellraum (nicht nur in einem Fahrradständer, LG Dortmund MDR 1954, 293) eingebrachten Fahrräder (KG DJZ 1922, 178; RG Recht 1923 Nr 1192) sowie für eingebrachte Briefe, Pakete, Gepäck- und Frachtstücke, soweit der Anstaltszweck die Einbringung erfordert (BGH DÖV 1974, 70). Denn in diesen Fällen hat die Anstalt die Sachen in ihre Obhut genommen.

Zur öffentlichrechtlichen Verwahrung kann neben der Verwahrung von Privateigen- **51** tum durch eine Behörde auch der umgekehrte Fall, die **Verwahrung von Staatseigentum durch einen Privaten**, gehören, vorausgesetzt, das Verwahrungsverhältnis ist nach öffentlichem Recht begründet worden (zB Aufbewahrung von Kleidungs- und Ausrüstungsstücken nach Beendigung des Wehrdienstes gem §§ 3 Abs 1 S 2, 24 Abs 6 Nr 4 WPflG, dazu VG Arnsberg MDR 1975, 255 = JuS 1975, 401; MÜLLER JuS 1977, 232; zu Unrecht öffentliche Verwahrung abgelehnt im – unveröffentlichten, mitgeteilt bei MÜLLER JuS 1977, 232 Fn 4 – Urteil des VG Stuttgart vom 3. 12. 1971 – VRS 159/71; zur prozeßrechtlichen Problematik [Verwaltungsrechtsweg] vgl Rn 52).

2. Rechtswegfragen

Für die gerichtliche Klärung vermögensrechtlicher Ansprüche aus öffentlichrecht- **52** lichen Verwahrungsverhältnissen enthält **§ 40 Abs 2 VwGO** eine spezielle Zuständigkeit der Zivilgerichte (vgl auch RGZ 138, 40; BGHZ 1, 369, 3, 162; 9, 84). Umstritten ist, ob mit „vermögensrechtliche Ansprüche" iS des § 40 Abs 2 VwGO nur die Ansprüche auf Schadensersatz (so LG Köln NJW 1965, 1440), auf Schadensersatz, Aufwendungsersatz, Auskunftserteilung etc, aber nicht Rückgabe (so SCHUNCK/DE CLERK, Verwaltungsgerichtsordnung [3. Aufl 1977] § 40 Anm 4 a oo aE; SOERGEL/MÜHL Vorbem 6 zu § 688; ERMAN/SEILER § 688 Rn 30) oder alle Ansprüche einschließlich derjenigen auf Rückgabe (so die hM; KLEIN, Untersuchungen zur sachlichen Zuständigkeit der Zivilgerichte im öffentlichen Bereich [1954] 71; MENGER/ERICHSEN VerwArch 1966, 73; STICH in: Staatsbürger und Staatsgewalt II 392; EYERMANN/FRÖHLER, Verwaltungsgerichtsordnung [9. Aufl 1988] § 40 Rn 123, 126; REDEKER/vOERTZEN, Verwaltungsgerichtsordnung [11. Aufl 1994] § 40 Rn 44; PALANDT/THOMAS Einf 7 vor § 688) gemeint sind. Den Vorzug verdient die hM, und zwar schon deswegen, weil sie in prozeßökonomisch wünschenswerter Weise die Verbindung sachlich zusammengehörender Klagen (zB auf Schadensersatz und Rückgabe) ermöglicht (MünchKomm/HÜFFER § 688 Rn 66).

Anerkannt ist, daß durch die Regelung des § 40 Abs 2 VwGO lediglich die **Ansprüche** **53** **des Bürgers** gegen die öffentliche Hand den Zivilgerichten zugewiesen sind, nicht aber umgekehrt auch die Ansprüche des Staates gegen den Bürger (auf Lagergeld, Verwahrungsgebühr, Aufwendungsersatz ua); insoweit ist der Verwaltungsrechtsweg eröffnet (BVerwGE 37, 238; LG Köln NJW 1965, 1440; WILKE JuS 1966, 482; SCHWERDTFEGER

JuS 1970, 121; REDEKER/VOERTZEN § 40 VwGO Rn 44; KOPP, Verwaltungsgerichtsordnung [9. Aufl 1992] § 40 Rn 67; SCHUNCK/DE CLERK § 40 VwGO Anm 4 a oo). Entsprechend hat der Staat den Verwaltungsrechtsweg auch dann zu beschreiten, wenn im „umgekehrten" öffentlichrechtlichen Verwahrungsverhältnis (vgl Vorbem 48 aE) eine Behörde als Hinterleger den privaten Verwahrer in Anspruch nehmen will (VG Arnsberg MDR 1975, 355 = JuS 1975, 401; MÜLLER JuS 1977, 233).

3. Anwendbarkeit der bürgerlichrechtlichen Vorschriften

54 Auf die öffentlichrechtliche Verwahrung sind die für den privatrechtlichen Verwahrungsvertrag geltenden Regeln der §§ 688 ff anzuwenden, soweit dies mit dem öffentlichen Interesse und dem Zweck der jeweiligen öffentlichrechtlichen Verwahrung vereinbar ist (vgl aus der Rechtsprechung RGZ 115, 419; 166, 218; BGHZ 21, 218; 54, 299; 303; 59, 303, 305). Im Rahmen des öffentlichrechtlichen Verwahrungsverhältnisses sind als Ausdruck allgemeiner, nur historisch zufällig allein im Zivilrecht positivierter Rechtsgedanken (vgl STÜRNER JuS 1973, 790) die Regeln über Leistungsstörungen auf die verwaltungsrechtlichen Schuldverhältnisse anzuwenden (ausführlich dazu BGHZ 59, 303; vgl auch BGH NJW 1974, 1816; 1990, 1230 f; PAPIER, Forderungsverletzung [1970] 40, 41; WOLFF/BACHOF, VerwR I § 44 l; SCHWERDTFEGER, Öffentliches Recht in der Fallbearbeitung [9. Aufl 1993] Rn 223 ff, 297 ff; alle mwN), namentlich die **§§ 276, 278** (RGZ 176, 218; BGHZ 1, 283, 373; 21, 214; 54, 302; BVerwG DÖV 1965, 671), die **§§ 280, 282** (BGHZ 3, 174; 4, 195; BGH NJW 1990, 1230 f; PAPIER, Forderungsverletzung 42; vgl auch KOCH, Öffentlichrechtliche Verwahrung [1953] 54), die Regeln über die **culpa in contrahendo** (BGHZ 6, 332 und BGH BB 1960, 1181), über die **positive Forderungsverletzung** (BVerwGE 13, 22; PAPIER, Forderungsverletzung 17 f) oder auch über den **Wegfall der Geschäftsgrundlage** (BVerwG DÖV 1962, 72 und DVBl 1967, 619). Praktisch besonders wichtig ist der Rechtsgedanke des **§ 282**, demzufolge die öffentliche Hand – anders als bei der Amtshaftung nach Art 34 GG, § 839 BGB – die Beweislast dafür trägt, daß der Verlust oder die Beschädigung der in Obhut genommenen Sache auch bei gebotener Sorgfalt nicht hätte vermieden werden können (RG JW 34, 2842; BGHZ 3, 174, 195; BGH NJW 1990, 1230 f; LM Nr 2, 4, 7 zu § 688). Nicht anwendbar ist mit Rücksicht auf das mit der öffentlichrechtlichen Verwahrung verbundene öffentliche Interesse das Haftungsprivileg des § 690 (RGZ 84, 338; BGHZ 4, 192). Der Zweck der öffentlichrechtlichen Verwahrung schließt regelmäßig auch den Rückgriff auf § 695 aus (ERMAN/SEILER § 688 Rn 16).

55 Die Ansprüche aus öffentlichrechtlicher Verwahrung sind selbständige Ansprüche; sie bestehen **neben den Ansprüchen aus Amtshaftung** gem Art 34 GG, § 839 BGB (BGH NJW 1952, 931; BGH WM 1973, 1416 = JuS 1974, 191) und sind auch nicht anderweitige Ersatzmöglichkeiten iS des § 839 Abs 1 S 2 (BGH NJW 1962, 791; 1990, 1230, 1231). Im Gegensatz zum Amtshaftungsanspruch des § 839 verjähren die Ansprüche aus öffentlichrechtlicher Verwahrung nicht in der kurzen Frist des § 852, sondern in 30 Jahren.

56 Die Frage, ob und ggf inwieweit die Behörde ihre **Haftung** aus öffentlichrechtlicher Verwahrung **beschränken** kann, ist unterschiedlich zu beantworten, je nachdem, auf welcher Grundlage das Verwahrungsverhältnis beruht. Soweit (was selten der Fall ist) für Bürger und Behörde annähernd gleiche Chancen der Einflußnahme auf den Inhalt des Verwahrungsverhältnisses bestehen, ist analog §§ 276, 278 der Haftungsausschluß bis zur Schranke des Organvorsatzes zulässig. Soweit die Haftungsbeschränkung in allgemeinen Regelungen (zB Anstaltssatzungen) enthalten ist, greift die Parallele zu den Freizeichnungsgrenzen in Allgemeinen Geschäftsbedingungen: Die Haftung für Vorsatz und grobe Fahrlässigkeit der Behördenleiter und der sonstigen mit Leitungsfunktionen betrauten Beamten und Angestellten ist nicht ausschließbar (vgl Rn 9 f). Besonderheiten gelten, wenn das Verwahrungsverhältnis zwangsweise oder doch im Rahmen tatsächlich unvermeidbarer Inanspruchnahme von Verwaltungsleistungen begründet wird. Dann muß die – maximal bis zu Vorsatz und grober Fahrlässigkeit zulässige – Beschränkung der Haftung „durch sachliche Gründe gerechtfertigt sein und den Grundsätzen der Erforderlichkeit und der Verhältnismäßigkeit entsprechen. Sie darf nicht in Widerspruch stehen mit den allgemeinen fürsorgerischen Aufgaben der Verwaltung und die Verantwortung für Schäden nicht ausschließen, die auf offensichtliche Mißstände ... zurückzuführen sind" (BGHZ 61, 7, 13). Die Haftungsbeschränkung erstreckt sich nicht auf die Amtshaftung nach Art 34 GG, § 839 BGB, die nur durch Gesetz oder aufgrund besonderer gesetzlicher Ermächtigung eingeschränkt werden kann (BGH NJW 1973, 1741, 1743; zum Ganzen vgl RÜFNER DÖV 1973, 808; 1974, 417; BREHM DÖV 1974, 415).

4. Sonderfälle

Die öffentlichrechtliche **Hinterlegung** ist die Möglichkeit, Geld, Wertpapiere und **57** sonstige Urkunden sowie Kostbarkeiten in den im BGB und anderen Gesetzen bestimmten Fällen (vor allem §§ 372 ff, Hinterlegung bei Annahmeverzug und §§ 232 ff, Sicherheitsleistung durch Hinterlegung von Geld und Wertpapieren) nach Maßgabe der Hinterlegungsordnung von 1937 (RGBl I 285, zuletzt geändert durch Gesetz v 20. 8. 1990, BGBl I 1765) bei den **Hinterlegungsstellen** zu hinterlegen (dazu FÉAUX DE LA CROIX JW 1937, 1369; BÜLOW ZAkDR 1937, 234; DRISCHLER, Hinterlegungsordnung [1951]; Überblick bei ESSER/SCHMIDT I 1 § 18 II). Mit der Hinterlegung entsteht ein öffentlichrechtliches Rechtsverhältnis. Hinsichtlich der Haftung ist zu unterscheiden: Ist die Herausgabe der hinterlegten Sachen an einen Nichtberechtigten erfolgt, so kann gem § 18 HintO ein Anspruch nur aufgrund der Vorschriften über die Haftung für Amtspflichtverletzung geltend gemacht werden. Die Haftung für Verlust oder Beschädigung richtet sich jedoch nach den oben dargelegten Grundsätzen über die öffentlichrechtliche Verwahrung (vgl RGZ 115, 419; 138, 40; RG JW 1934, 2842), vor allem auch unter Berücksichtigung der Grundsätze des § 242 (BGH WM 1966, 1016). § 3 HintO enthält eine besondere Rechtswegzuweisung an die Zivilgerichte für Herausgabeansprüche.

Ebenso sind die **Notare** nach § 23 BNotO von 1961 (BGBl I 98) zuständig, Geld, **58** Wertpapiere und Kostbarkeiten, die ihnen von den Beteiligten übergeben worden sind, zur Aufbewahrung oder zur Ablieferung an Dritte entgegenzunehmen. Dem liegt kein Verwahrungsvertrag, sondern eine öffentliche Amtstätigkeit zugrunde. Verletzt der Notar vorsätzlich oder fahrlässig die ihm einem anderen gegenüber obliegende Amtspflicht, so entstehen ausschließlich Ansprüche nach den Grundsätzen über die Amtshaftung (RGZ 156, 82; ebenso der BGH in einem unveröffentlichten Urteil vom 21. Dezember 1959, mitgeteilt bei BGB-RGRK/KROHN § 688 Rn 37). § 839 Abs 1 S 2 (subsidiäre Haftung) gilt aber wegen § 19 Abs 1 S 2 BNotO nicht. Bei der Hinterlegung von Testamenten, Erbverträgen etc entsteht eine „besondere amtliche Verwahrung" (§ 25 BNotO; vgl dazu auch OLG Hamm FamRZ 1974, 391; ferner BGH DNotZ 1973, 379: kein Erlöschen der Pflicht zur Verwahrung von Erbverträgen durch Zeitablauf).

59 Das Rechtsverhältnis zur Bundespost ist im Bereich des Postauftragsdienstes ausnahmsweise kein privatrechtlicher Vertrag, sondern öffentlichrechtliche Anstaltsnutzung nach §§ 7, 16 PostG von 1969 (BGBl I 1006, zuletzt geändert 1989, BGBl I 1449) und der Postordnung von 1963 (BGBl I 341, zuletzt geändert 1989, BGBl I 1158). Die Haftung der Post und ihrer Bediensteten ist nach §§ 11 ff PostG beschränkt.

60 Die öffentlichrechtliche Verwahrung der **Zollverwaltung** richtet sich nach dem Zollgesetz von 1961 (BGBl I 737 und Neufassung 1970 BGBl I 530, zuletzt geändert 1980 [BGBl I 1695, 1696] und 1989 [BGBl I 1541]). Die Zollverwaltung haftet im Rahmen der Verwahrung nach § 8 ZollG nicht nach den Vorschriften des Bürgerlichen Rechts über die unentgeltliche Verwahrung (also nach § 690), sondern nach allgemeinen Grundsätzen, also §§ 276, 278. Die Zollstelle kann Zollgut einem anderen in Verwahrung geben; dann schließt sie einen Verwahrungsvertrag ab und haftet entsprechend § 691 S 2 nur für ein ihr bei dieser Hinterlegung zur Last fallendes Verschulden (zur „Gestellung" des Zollguts nach § 6 ZollG an die zuständige Zollstelle als Voraussetzung zur Begründung einer Obhutspflicht vgl eingehend BGH VersR 1975, 282).

§ 688

Durch den Verwahrungsvertrag wird der Verwahrer verpflichtet, eine ihm von dem Hinterleger übergebene bewegliche Sache aufzubewahren.

Materialien: E I § 614; II § 628; III § 675; Mot II 569 ff; Prot II 391 ff.

I. Abschluß des Verwahrungsvertrags

1 Verwahrung muß nicht einen Vertrag zur Grundlage haben. Ausreichend ist jedenfalls für die unentgeltliche Verwahrung eine sog **soziale Verständigung**, die statt des in den §§ 688 ff geregelten Schuldverhältnisses ein Gefälligkeitsverhältnis begründet (GERNHUBER, Das Schuldverhältnis § 7 I 1). Die Abgrenzung ist theoretisch einfach: Im Fall des Schuldverhältnisses wollen die Beteiligten eine Rechtspflicht, im Fall des Gefälligkeitsverhältnisses wollen sie nur eine gesellschaftliche Pflicht zur Obhut über die anvertraute Sache begründen. Praktisch ist die Abgrenzung sehr schwierig, weil die Beteiligten ihren diesbezüglichen Willen selten mit hinreichender Deutlichkeit verlautbaren. Im Einzelfall bleibt regelmäßig nichts anderes übrig, als sich an typischen Verhaltensmustern zu orientieren. Die **Gefälligkeiten des täglichen Lebens** sind im Zweifel nicht Gegenstand eines Schuldverhältnisses, sondern eines Gefälligkeitsverhältnisses (vgl § 598 Rn 10). Im Zusammenhang mit der (unentgeltlichen) Verwahrung gehört dazu etwa die Übergabe von kleinen Tieren (Wellensittiche, Meerschweinchen) an Nachbarn für die Zeit einer urlaubsbedingten Abwesenheit. Tendenziell wird man sagen können, daß der Bereich der Gefälligkeiten des täglichen Lebens ohne vertragliche Grundlage schrumpft. Wo **relevante wirtschaftliche Interessen** betroffen sind, scheiden sie so gut wie immer aus (vgl auch OLG Köln OLGZ 1972, 213; AG Berlin – Schöneberg NJW-RR 1986, 113).

II. Voraussetzungen des Verwahrungsvertrages

1. Notwendiger Vertragsinhalt

Es muß eine **Einigung** zwischen den Parteien vorliegen, aufgrund deren es der Ver- **2** wahrer übernimmt, die ihm schon übergebene oder noch zu übergebende Sache für den Hinterleger auf Zeit aufzubewahren. Der Vertrag kann auch stillschweigend durch konkludente Handlungen zustandekommen (RG JW 1913, 265; BGH WM 1967, 343). Kein Verwahrungsvertrag (sondern Leihe oder Vertrag sui generis) liegt vor, wenn die Deponierung von Gegenständen bloß geduldet oder Räume zur Verwahrung auf eigene Gefahr bloß zur Verfügung gestellt werden (RGZ 77, 336; 99, 35, BGHZ 3, 200; zur Verwahrungsnebenpflicht ebenso RGZ 104, 46; vgl allgemein zur Abgrenzung des Verwahrungsvertrags von anderen Vertragsverhältnissen oben Vorbem 26 ff). Durch die Übergabe der Sache an den Verwahrer ändert sich nichts an der sog **Sachgefahr** (Gefahr des zufälligen Untergangs der verwahrten Sache); die Sachgefahr trägt nach wie vor der Hinterleger. Der Verwahrer haftet nur für Verschulden, das freilich im Falle der Zerstörung oder Beschädigung der Sache nach § 282 direkt oder analog vermutet wird (Vorbem 15 zu §§ 688 ff). Behauptet der Verwahrer wahrheitswidrig die Existenz einer Versicherung und hält er den Hinterleger dadurch vom Abschluß einer Versicherung für die verwahrte Sache ab, so haftet er unter dem Gesichtspunkt des Schadensersatzes aus culpa in contrahendo (bei Täuschung vor Vertragsschluß) bzw aus positiver Forderungsverletzung (bei Täuschung nach Vertragsschluß) so, als wenn die Sache versichert gewesen wäre (OLG Düsseldorf VersR 1954, 121).

2. Gegenstand der Verwahrung

Als Gegenstand der Verwahrung kommen nur **bewegliche Sachen** in Betracht (Vorbem **3** 4); dies sind regelmäßig einzelne, individuell bestimmte bewegliche Sachen, möglicherweise aber auch vertretbare Sachen iSd § 91, die als solche (in specie) zurückzugeben sind (anders jedoch bei der – unregelmäßigen – Sammelverwahrung, s dazu § 700 Rn 22 ff sowie bei der sog Tauschverwahrung, zB nach §§ 10, 11 DepotG). Die Verwahrungspflicht bezieht sich im Zweifel auf die bewegliche Sache und ihren etwaigen Inhalt (also zB auf eine Tasche einschließlich des Inhalts oder auf ein Kfz mit Inhalt einschließlich des Kofferrauminhalts, BGH NJW 1968, 1718 und BGH NJW 1969, 289 mit Anm Berg NJW 1969, 1172).

3. Bedeutung der Eigentumsverhältnisse

Selbstverständlich ist, daß die Wirksamkeit des Verwahrungsvertrages nicht vom **4** Eigentum des Hinterlegers an der hinterlegten Sache abhängt. So liegt namentlich ein vom Gerichtsvollzieher im eigenen Namen geschlossener Verwahrungsvertrag vor, wenn der Gerichtsvollzieher verpfändete Sachen des Schuldners nicht selbst verwahrt, sondern bei einem Dritten in Verwahrung gibt (RGZ 102, 77; vgl auch Vorbem 49 zu §§ 688 ff). Dieser Vertrag ist regelmäßig kein Vertrag zugunsten des Schuldners (RGZ 145, 204). Allerdings kann es im Einzelfall schwierig sein festzustellen, ob der Besitzer den Verwahrungsvertrag im eigenen Namen oder im Namen des Eigentümers abgeschlossen hat (so im Fall des RG LZ 1933, 43; Auslegungsfrage). Ist der Hinterleger nicht Eigentümer, so kann der Verwahrer die fällige Rückgabe grundsätzlich nicht unter Hinweis auf das Eigentum eines Dritten verweigern (RG JW 1925, 472; zum

Dieter Reuter

Verhältnis der Ansprüche von Hinterleger und Eigentümer gegen den Verwahrer auf Herausgabe vgl
§ 695 Rn 6). An der Wirksamkeit des Verwahrungsvertrages ändert es im Prinzip auch
nichts, wenn die hinterlegte Sache dem Verwahrer selbst gehört (zum Einfluß des Eigentums des Verwahrers auf die Rechte und Pflichten der Parteien des Verwahrungsvertrages vgl im
einzelnen § 695 Rn 7).

4. Wechsel des Hinterlegers

5 Besteht ein Verwahrungsvertrag, nach dem der Verwahrer für einen bestimmten
Hinterleger verwahrt, so kann durch Übereinkommen zwischen allen Beteiligten
(Verwahrer, Hinterleger und einem Dritten) ausgemacht werden, daß der Verwahrer
künftig für den Dritten als Hinterleger verwahrt. Dogmatisch handelt es sich dabei
um eine Vertragsübernahme (vgl dazu BGHZ 44, 231; PIEPER, Vertragsübernahme und Vertragsbeitritt [1963]; FABRICIUS JZ 1967, 144; LARENZ AT § 35 III; FIKENTSCHER § 59 V; anders noch
BGH NJW 1961, 455: Verbindung von Forderungsabtretungen und Schuldübernahme).

III. Obhutspflicht des Verwahrers

1. Umfang der Obhutspflicht

6 Die **Hauptpflicht** des Verwahrers besteht darin, die übergebene Sache aufzubewahren, dh einen **Raum** zur Verfügung zu stellen, in dem die Sache bis zur Rücknahme
verbleiben kann und sodann vor allem eine Obhut über die übergebene Sache zu
übernehmen. Die Obhutspflicht kann nach Maßgabe des Einzelfalls auch die Pflicht
umfassen, für die Erhaltung der Sache zu sorgen und die entsprechenden Schutzvorrichtungen zu treffen (zu Übernahme und Umfang der Obhutspflichten bei der Bewachung von
abgestellten Kraftfahrzeugen vgl ausführlich Vorbem 33 ff zu §§ 688 ff). Aus der Pflicht zur
Obhut kann sich gem §§ 157, 242 auch die Verpflichtung des Verwahrers ergeben,
zwecks **Erhaltung** der hinterlegten Sache tätig zu werden, wie etwa Blumen zu gießen, Tiere zu füttern und zu pflegen usw. Die Opfergrenze wird einerseits durch das
Gewicht des betroffenen Interessen des Hinterlegers, andererseits durch die Zumutbarkeit für den Verwahrer bestimmt. Die Zumutbarkeit wiederum hängt ua davon
ab, ob die Verwahrung entgeltlich oder unentgeltlich erfolgt. Bei entgeltlicher Verwahrung spielt auch die relative Höhe des Entgelts eine Rolle. Generell gilt, daß
dem gewerbsmäßigen Verwahrer mehr zuzumuten ist als dem privaten. Im Rahmen
des § 693 kann der Verwahrer für solche Aufwendungen Aufwendungsersatz beanspruchen. Auch eine Gebrauchspflicht ist als Ausfluß der Obhutspflicht denkbar,
nämlich dann, wenn die Erhaltung der hinterlegten Sache den Gebrauch erfordert
(zB Reiten von Reitpferden). In bestimmten Fällen hat der Verwahrer Anzeigepflichten; so zB wenn ein hinterlegtes Tier krank geworden ist und deshalb zum
Tierarzt gebracht werden muß (arg e § 692), oder wenn ein Gläubiger des Hinterlegers die verwahrte Sache pfändet (zu Anzeigepflichten im Rahmen der Verwaltungsnebenpflicht beim Bankverwahrungsvertrag vgl unten Rn 8).

2. Umfang und Grenzen der Rettungspflicht

7 Aus der Übernahme der Obhut ergibt sich auch, daß der Verwahrer verpflichtet ist,
bei akuter Gefahr die **Rettung** der verwahrten Sache zu versuchen. Dabei ist zu
beachten, daß die Sachgefahr beim Verwahrungsvertrag nicht auf den Verwahrer

übergeht, sondern beim Hinterleger bzw Eigentümer verbleibt (vgl Rn 2 aE). Diese Risikoverteilung verbietet es, an die Rettungspflicht zu strenge Maßstäbe anzulegen. Grundsätzlich genügt der Verwahrer seiner Rettungspflicht, wenn er sich im Falle der Not wie ein „verständiger Rechtsgenosse" (dazu LIMBACH, Der verständige Rechtsgenosse [1977] insbes 83 ff) verhält. Er darf also gleichsam von seiner Verwahrerrolle absehen und sich so verhalten, wie er sich vernünftigerweise verhalten würde, **wenn statt der Sachen des Hinterlegers eigene in Gefahr wären** (kritisch MünchKomm/HÜFFER § 688 Rn 12, der den Ansatz aber wohl mißversteht). Verwahrt er Sachen mehrerer Hinterleger oder mehrere Sachen eines Hinterlegers, so handelt er danach pflichtgemäß, wenn er sich bei der Auswahl der zu rettenden Sachen nach den Kriterien Wert, Grad der Gefährdung und Erfolgschance von Rettungsmaßnahmen richtet (vTuHR II 2, 578). Bei folgerichtiger Umsetzung des Ansatzes muß das gleiche gelten, wenn der Verwahrer eine **Auswahl zwischen seinen eigenen Sachen und einer hinterlegten Sache** zu treffen hat. Einen Unterschied gibt es nur insofern, als der Verwahrer nach § 693 für die Aufopferung seiner eigenen zugunsten der Rettung der fremden Sache Ersatz verlangen kann (vgl § 693 Rn 5). Zu differenzieren ist in den Fällen, in denen die eigene Sache des Verwahrers und die Sache des Hinterlegers in etwa gleich wertvoll, annähernd gleich gefährdet und in ähnlicher Weise zu retten sind: Hier muß der entgeltliche Verwahrer zunächst die verwahrte Sache retten, während ein unentgeltlicher Verwahrer zuerst seine eigenen Sachen in Sicherheit bringen kann (vTuHR II 2, 606). Bringt der unentgeltliche Verwahrer gleichwohl zunächst die Sache des Hinterlegers unter Aufopferung seiner eigenen Sachen in Sicherheit, so kann er analog § 693 Aufwendungsersatz für die Aufopferung seiner eigenen Sache verlangen (OLG Braunschweig MDR 1948, 112). Zwar handelt der Verwahrer dann nicht mehr in Erfüllung seiner Pflichten, so daß eine direkte Anwendung des § 693 ausscheidet. Doch kann er nicht deswegen schlechter stehen, weil er das Interesse des Hinterlegers **überobligationsmäßig** wahrgenommen hat. Vielmehr muß er dann den Ausgleich nach § 693 **erst recht** erhalten. Dem Schutz des Hinterlegers vor Ausgleichspflichten, die den Wert der verwahrten Sache übertreffen, dient, daß die Ausgleichspflicht regelmäßig durch diesen Wert begrenzt ist (vgl § 693 Rn 6).

3. Sonstige Nebenpflichten des Verwahrers

Aus der Obhutspflicht des Verwahrers ergeben sich regelmäßig **keine Pflichten zur** **8** **Verwaltung** der hinterlegten Sache; doch können solche Pflichten durch besonderen Vertrag übernommen werden, so zB beim Bankverwahrungsvertrag hinsichtlich der Erhaltung oder Mehrung des Vermögens (RGZ 109, 30; 111, 345). Die verwahrende Bank hat zB eine Hinweispflicht bei drohendem Wertverlust (RG DJ 1936, 1475), eine Benachrichtigungspflicht bei Neuausgabe hinterlegter Aktien (OLG Kiel OLGRspr 22, 329) oder eine Belehrungspflicht über besondere gesetzliche Formerfordernisse (OLG Braunschweig MDR 1948, 119).

Der Verwahrer ist in der Regel nicht dazu verpflichtet, eine **Versicherung** abzuschlie- **9** ßen, es sei denn, eine Versicherung wäre verkehrsüblich oder vom Hinterleger ausdrücklich verlangt worden. Im Handelsrecht ist eine Versicherungspflicht auf Verlangen des Hinterlegers zT ausdrücklich vorgesehen: So muß beim handelsrechtlichen Lagergeschäft gem §§ 417, 390 Abs 2 HGB, beim Kommissionsgeschäft gem § 390 Abs 2 HGB und beim Speditionsgeschäft gem §§ 407, 390 Abs 2 HGB auf Anweisung des Hinterlegers versichert werden. Beim Speditionsgeschäft besteht darüber hinaus eine Versicherungspflicht immer dann, wenn die ADSp Vertragsinhalt geworden sind (vgl § 39 ADSp). In einigen Sonderfällen besteht sogar eine gesetzliche Versicherungspflicht, die zT aber mit einer sehr weitgehenden Zulassung von Haftungsfreizeichnungen im selben Gesetz korrespondiert (so in § 2 VO über das Bewachungsgewerbe mit Möglichkeit zur Haftungsfreizeichnung nach § 3). Üblich ist die Sachversicherung (BGH NJW 1972, 150). Besteht eine Versicherungspflicht, so muß die Versicherung das ganze Obhutsrisiko abdecken; im Falle einer größeren Geldentwertung läuft das auf die Pflicht des Verwahrers hinaus, die Versicherungssumme zu erhöhen (RG JW 1924, 1713; vgl auch BGH WM 1966, 1016).

IV. Rückgabepflicht des Verwahrers

10 Außer zur Raumgewährung und Obhut ist der Verwahrer zur Rückgabe der hinterlegten Sache nach Ablauf des Verwahrungsverhältnisses verpflichtet. Nach RGZ 119, 57 gehört die Rückgabepflicht zum „Wesen des Verwahrungsvertrags". Ihre ausdrückliche Normierung in § 614 E I wurde von der 2. Kommission als selbstverständlich gestrichen. Bei vollständiger oder teilweiser **Unmöglichkeit** der Rückgabe der Sache haftet der Verwahrer auf Schadensersatz nach § 280. Daß der Verwahrer die Unmöglichkeit zu vertreten hat, wird vermutet; er trägt gem § 282 die Beweislast dafür, daß er die Unmöglichkeit der Rückgabe nicht zu vertreten habe (vgl auch BGHZ 3, 174; 4, 195; BGH NJW 1952, 1170 und BGH LM Nr 2 zu § 688 BGB). Unabhängig vom Verschulden hat der Verwahrer nach § 281 ein eventuelles Surrogat (Versicherungssumme, Schadensersatzanspruch gegen einen verantwortlichen Dritten [vgl Vorbem 13 zu §§ 688 ff] uä) herauszugeben. Gem § 254 Abs 1 kann der Schadensersatzanspruch wegen Unmöglichkeit der Rückgabe durch mitwirkendes Verschulden des Hinterlegers gemindert sein, so insbesondere wenn er besonders wertvolle Sachen zur Aufbewahrung gegeben hat, ohne den Verwahrer darüber aufzuklären. Der Verwahrer wird jedoch nur dann nach § 254 Abs 1 entlastet, wenn er mit dem tatsächlichen Wert der Sachen nicht zu rechnen brauchte und im Falle ordnungsgemäßer Unterrichtung weitergehende Sicherungsmaßnahmen getroffen haben würde (RGZ 84, 341). Wenn nichts anderes vereinbart wurde, hat der Verwahrer – anders als nach gemeinem Recht (RGZ 12, 89 f) – nach allgemeinen Grundsätzen ein Zurückbehaltungsrecht (§§ 273, 274, vgl Mot II 579). Geht der Verwahrer in Konkurs, so hat der Hinterleger gem § 43 KO ein Aussonderungsrecht (über den Ort, an dem die Rückgabe zu erfolgen hat, und die Rücknahmepflicht des Hinterlegers vgl § 697 Rn 1).

§ 689

Eine Vergütung für die Aufbewahrung gilt als stillschweigend vereinbart, wenn die Aufbewahrung den Umständen nach nur gegen eine Vergütung zu erwarten ist.

Materialien: E I §§ 615 S 2, 629 S 2; III § 676;
Mot II 571; Prot II 393.

1. Entgeltlichkeit oder Unentgeltlichkeit der Verwahrung

Ob eine Vergütung für die Aufbewahrung zu entrichten ist, bestimmt sich nach dem **1** Willen der Vertragsparteien, der notfalls im Wege der **Auslegung** (§ 157) zu ermitteln ist. Letzteres stellt § 689 noch einmal ausdrücklich klar; entgegen dem Wortlaut handelt es sich nicht etwa um eine Fiktion. Entscheidend sind die gesamten Umstände und Verhältnisse des Einzelfalls. Für Entgeltlichkeit spricht zB, daß der Verwahrer das Verwahrungsgeschäft gewerbsmäßig betreibt, daß die Verwahrung erhebliche Aufwendungen an Zeit erfordert uam. Diese Umstände hat der Verwahrer zu beweisen. Hat der Verwahrer solche Umstände nachgewiesen, so kann der Hinterleger mit der Begründung wegen Irrtums (§ 119 Abs 1 1. Alt) anfechten, er habe einen unentgeltlichen Verwahrungsvertrag abschließen wollen (sog error in negotio; unrichtig BGB-RGRK/KROHN Rn 1 unter unzutreffender Berufung auf BGH NJW 1965, 387). Unerläßlich ist, daß überhaupt ein Verwahrungsvertrag abgeschlossen ist. § 689 gibt lediglich eine Auslegungsregel zur Abgrenzung des unentgeltlichen vom entgeltlichen Verwahrungsvertrag. So wird zB dadurch, daß ein Pkw von einem Unbekannten ohne Wissen des Halters in einem Parkhaus eingestellt und dann nicht abgeholt wird, kein Verwahrungsvertrag für den Kfz-Halter mit dem Parkhausbesitzer abgeschlossen; auch § 689 kann dem Parkhausbesitzer hier nicht zu einem Vergütungsanspruch verhelfen (vgl den Fall des LG Karlsruhe Justiz 1970, 235).

2. Umfang und Grenzen der Vergütungspflicht

Hinsichtlich der **Höhe** der Vergütung fehlt in § 689 eine Vorschrift, wie sie etwa beim **2** Dienstvertrag in § 612 Abs 2, beim Werkvertrag in § 632 Abs 2 oder beim Maklervertrag in § 653 Abs 2 enthalten ist. Man wird diese Vorschriften jedoch ohne weiteres auf die Verwahrung analog anwenden können. Für die Höhe der Vergütung ergeben sich somit die folgenden Bestimmungsgründe: Primär gelten die Vereinbarungen der Parteien. Läßt sich daraus die Höhe der Vergütung nicht entnehmen, können etwaige Taxen zur Anwendung kommen, ehe beim Fehlen von Taxen auf die übliche Vergütung zurückgegriffen wird. Läßt sich auch eine übliche Vergütung nicht feststellen, so ist nach den §§ 315, 316 die den Umständen des Einzelfalles nach angemessene Vergütung zu gewähren (hM, PALANDT/THOMAS Rn 1; BGB-RGRK/KROHN Rn 2; MünchKomm/HÜFFER Rn 5; ERMAN/SEILER Rn 3; aM SOERGEL/MÜHL Rn 2: § 316 sei unmittelbar anzuwenden, nicht erst mangels Taxe oder Üblichkeit; zur Fälligkeit der Vergütung und zur Höhe der Vergütung bei vorzeitiger Beendigung der Aufbewahrung vgl § 699 mit Rn 2 f). Sonderregelungen ergeben sich hinsichtlich der Ansprüche des Lagerhalters auf Lagergeld aus § 420 HGB (vgl auch § 354 HGB) sowie für die Vergütung des gerichtlich bestellten Sequesters gem § 165 FGG (vgl Vorbem 17 zu §§ 688 ff).

Die Vergütungspflicht des Hinterlegers aus dem Verwahrungsvertrag **endet mit dem 3 Ablauf des Verwahrungsverhältnisses**, der seinerseits mit dem vereinbarten Endtermin oder der Rückforderung (= Kündigung, str vgl § 695 Rn 3) eintritt. Sie entfällt grundsätzlich nicht dadurch, daß dem Verwahrer die **Rückgabe unmöglich** wird. Da Vergütung und Rückgabe nicht zueinander in einem Austauschverhältnis stehen, greift § 323 Abs 1 nicht ein. Eine Ausnahme soll nach zT vertretener Ansicht gerechtfertigt sein, wenn die verwahrten Sachen durch Kriegseinwirkung oder vergleichbare andere Sozialrisiken verloren gegangen sind. Der Gedanke, daß Risiken der Gemeinschaft sich der Zurechnung zur einen oder anderen Vertragspartei entziehen und statt dessen billigerweise zwischen den Betroffenen zu teilen sind (RÜTHERS, Die unbegrenzte Auslegung [1968] 38 ff), soll den Vergütungsanspruch nach § 242 ausschließen (so LG Berlin NJW 1948, 654; SOERGEL/MÜHL Rn 3). Dem wird zu Recht entgegenhalten, daß der Verlust der verwahrten Sache nicht nur zur Unmöglichkeit der Rückgabe, sondern auch zur Unmöglichkeit der Aufbewahrung führt, die ihrerseits die Gegenleistung für das Entgelt darstellt. Deshalb soll der Hinterleger nach § 323 Abs 1 für die Zukunft von der Vergütungspflicht frei werden (MünchKomm/HÜFFER Rn 7). Noch richtiger dürfte es sein anzunehmen, daß das Dauerschuldverhältnis Verwahrung analog § 726 mit der Unmöglichkeit der Aufbewahrung endet. Die Auswirkung auf die Vergütungspflicht ergibt sich dann im Ergebnis übereinstimmend aus § 699 Abs 2.

§ 690

Wird die Aufbewahrung unentgeltlich übernommen, so hat der Verwahrer nur für diejenige Sorgfalt einzustehen, welche er in eigenen Angelegenheiten anzuwenden pflegt.

Materialien: E II § 630; III § 677; Mot II 571 ff; Prot II 393.

I.   Haftungsmilderung

1 Aus Billigkeitserwägungen hat der Gesetzgeber die Haftung des Verwahrers für den Fall, daß die Verwahrung unentgeltlich übernommen wird, auf bloße Haftung für **culpa in concreto** ermäßigt. Nach § 277 bedeutet dies nicht, daß der Verwahrer von der Haftung für grobe Fahrlässigkeit befreit ist. Der Verwahrer trägt die Beweislast dafür, daß er in eigenen Angelegenheiten auch nicht sorgfältiger handelt, als es geschehen ist (arg e § 282 direkt und analog, vgl Vorbem 15 zu §§ 688 ff).

II.   Unentgeltlichkeit

1.   Fremdnütziger Vertrag

2 Die unentgeltliche Verwahrung ist **Gefälligkeitsvertrag**. Als solcher ist sie abzugrenzen von den außerrechtsgeschäftlichen Gefälligkeitsverhältnissen (vgl § 688 Rn 1). Sie ist ferner gegen die gesetzliche Aufbewahrungspflicht abzugrenzen, die sich zB aus der Zusendung unbestellter Waren für den Adressaten ergibt. Die von der hM anerkannte Haftungsmilderung im Rahmen der §§ 990, 989 gründet sich nicht auf § 690, sondern auf die **Analogie zu § 300 Abs 1** (vgl MünchKomm/HÜFFER Rn 2). Zwar ein Vertrag, jedoch keine Gefälligkeitszusage mit Haftungsmilderung nach § 690 liegt vor, wenn ein Unternehmer im Interesse eines Kunden eine Aufbewahrung übernimmt, die ihm den Kunden erhält und ihm dann bei späteren Geschäften zugute kommen kann. Sobald der Verwahrer mit der Verwahrung einen eigenen Vorteil bezweckt, ist § 690 seinem Sinn – Begünstigung fremdnützigen Handelns – nach nicht anwendbar, mag der angestrebte Vorteil auch außerhalb des Vertrags liegen (vgl OLG Düsseldorf

MDR 1976, 842: Vermieter bewahrt Hausrat des Mieters auf, um vorzeitigen Abbruch des bisherigen Mietshauses zu ermöglichen).

2. Abgrenzung zur entgeltlichen Verwahrung

Kein unentgeltlicher Verwahrungsvertrag im Sinne des § 690 ist anzunehmen, wenn   3
in Erfüllung eines anderen entgeltlichen Vertrags die Aufbewahrung einer beweglichen Sache **nur** als **Nebenpflicht** ohne besondere Vergütung übernommen wird (vgl
im übrigen die Fälle oben in Vorbem 41 ff zu §§ 688 ff). Hier gelten für den gesamten Vertrag
die Vorschriften, die für den (entgeltlichen) Hauptvertrag maßgebend sind; die
§§ 688 ff werden lediglich ergänzend herangezogen (Vorbem 38 zu §§ 688 ff). Man hat es
insofern mit einer mittelbaren Entgeltlichkeit auch hinsichtlich der Verwahrungsnebenpflicht zu tun, so daß die Haftungsmilderung des § 690 ausscheidet. Eine unentgeltliche Verwahrung iS des § 690 ist regelmäßig auch in den Fällen zu verneinen, in
denen eine Obhutspflicht lediglich nach den Grundsätzen der culpa post contractum
finitum, also als Nachwirkung eines entgeltlichen Vertrages besteht (zB wenn
Gegenstände eines Kunden beim Werkunternehmer liegenbleiben uä). Ein klassischer Fall der Unanwendbarkeit des § 690 ist die Verwahrung als Besitzmittlungsverhältnis im Sinne des § 930 im Rahmen der Sicherungsübereignung (RG Recht 1922
Nr 1667; ERMAN/SEILER Rn 3).

3. Öffentlichrechtliche Verwahrung

Aufgrund der verschiedenen Interessenlage zwischen unentgeltlichem Verwahrungs-   4
verhältnis und der Beziehung zwischen Bürger und Staat bei der öffentlichrechtlichen Verwahrung ist der Rechtsgedanke des § 690 auf öffentlichrechtliche Verwahrungsverhältnisse nicht übertragbar (BGHZ 4, 192; zur öffentlichrechtlichen Verwahrung vgl
Vorbem 48 ff zu §§ 688 ff).

III. Reichweite des Haftungsprivilegs

Umstritten ist, welchen Pflichtenbereich das Haftungsprivileg nach § 690 umfaßt.   5
Während die hM es auf sämtliche Haupt- und Nebenpflichten des unentgeltlichen
Verwahrers bezieht, beschränkt eine neuere Ansicht es auf die „eigentliche Vertragsleistung", dh auf „den Umgang des Verwahrers mit der ihm anvertrauten Sache" (so
LARENZ II 1 § 58 S 457; SCHLECHTRIEM, Vertragsordnung und außervertragliche Haftung [1972]
388 ff). Der neueren Ansicht ist entgegenzuhalten, daß sie den Rahmen der Privilegierung zu eng zieht. Der „Umgang des Verwahrers mit der ihm anvertrauten Sache"
kann außer Schäden an der Sache selbst auch Schäden an anderen Rechtsgütern des
Hinterlegers hervorrufen. Wird zB das in Verwahrung gegebene Tier beim Verwahrer infiziert und steckt es nach Rückgabe andere Tiere des Hinterlegers an, so muß
sich die Entlastung von der normalen Sorgfaltspflicht auch auf die Verantwortlichkeit für den Schaden des Hinterlegers hinsichtlich der anderen Tiere erstrecken.
Anderenfalls droht ein Wertungswiderspruch: Während sonst die Verantwortlichkeit
mit der Entfernung des Schadens abnimmt, würde sie hier zunehmen. Auf der anderen Seite spricht gegen die hM, daß sie das Privileg auf Verhaltensweisen des
Verwahrers ausdehnt, die mit der unentgeltlichen Verwahrung gar nichts zu tun
haben. Hat der Verwahrer zB eine Bananenschale vor seiner Haustür nicht weggeräumt, so kann es für seine Verantwortlichkeit bei Unfällen sinnvollerweise keine

Rolle spielen, ob es zufällig den Hinterleger, der die unentgeltlich verwahrte Sache abholen will, oder einen anderen, zB den Milchmann, trifft. Zu folgen ist deshalb einer dritten Ansicht, die das Haftungsprivileg anwendet, wenn und soweit der unentgeltliche Verwahrer aufgrund eines Verhaltens **in seiner spezifischen Eigenschaft als Verwahrer** in Anspruch genommen wird (vgl Thiele JZ 1967, 654; Gerhardt JuS 1970, 600; Schwerdtner NJW 1971, 1675). Entsprechend ist die Frage zu beantworten, ob das Haftungsprivileg auch die *deliktische* Verantwortlichkeit des unentgeltlichen Verwahrers betrifft: Sie ist zu bejahen, soweit der Verwahrer in der Verwahrerrolle gehandelt hat, dagegen zu verneinen, soweit dies nicht der Fall ist (im Ganzen folgend MünchKomm/Hüffer Rn 9; Erman/Seiler Rn 4; vgl auch § 599 Rn 2 f).

§ 691

Der Verwahrer ist im Zweifel nicht berechtigt, die hinterlegte Sache bei einem Dritten zu hinterlegen. Ist die Hinterlegung bei einem Dritten gestattet, so hat der Verwahrer nur ein ihm bei dieser Hinterlegung zur Last fallendes Verschulden zu vertreten. Für das Verschulden eines Gehilfen ist er nach § 278 verantwortlich.

Materialien: E I § 616; III § 631; III § 678; Mot II 574 f; Prot II 394 f.

1. Inhalt der Drittverwahrung

1 Da der Verwahrungsvertrag regelmäßig auf dem persönlichen Vertrauen des Hinterlegers in die Zuverlässigkeit und Sorgfalt des Verwahrers gründet, ist der Verwahrer vorbehaltlich abweichender Vereinbarung nach § 691 S 1 nicht berechtigt, „die hinterlegte Sache bei einem Dritten zu hinterlegen". Nicht Dritter iS des § 691 ist – wie sich aus S 3 ergibt – der Gehilfe. Die Hinzuziehung eines Gehilfen ist dem Verwahrer im Zweifel gestattet (Erman/Seiler Rn 4; Larenz II 1 § 58 S 457). Die hM betrachtet als Dritten iS des § 691 S 1, 2 nur den echten Substituten. § 691 S 1, 2 verbietet danach **nicht** im Zweifel den Abschluß eines **Unterverwahrungsvertrags**, sondern lediglich, daß der Verwahrer das Verwahrungsverhältnis mit dem Hinterleger beendet (oder gar nicht erst beginnen läßt) und es im Wege unmittelbarer oder mittelbarer Stellvertretung durch ein anderes Verwahrungsverhältnis, nämlich ein solches entweder zwischen dem Hinterleger und dem Dritten oder zwischen dem als Strohmann-Hinterleger handelnden „Verwahrer" und dem Dritten ersetzt (MünchKomm/Hüffer Rn 3 f; Erman/Seiler Rn 2; zur Parallelvorschrift § 664 auch RGZ 161, 68, 72). Nach **aA** betrifft die Hinterlegung bei einem Dritten nicht nur die Ersatzverwahrung, sondern **auch** und gerade die **Unterverwahrung**. § 691 macht danach in S 1 die Verwahrung des Dritten von spezieller Gestaltung abhängig, beschränkt aber im Fall der Gestattung nach S 2 die Haftung des Hauptverwahrers (dispositiv) auf culpa in eligendo; § 691 S 3 stellt klar, daß es in den (sonstigen) Fällen der Hinzuziehung von Gehilfen (dispositiv) bei der Haftung nach § 278 bewendet (so wohl BGB-RGRK/Krohn Rn 1).

2 ME verdient die zweite Sicht eindeutig den Vorzug. Daß man sich als Vertragspartner ohne entsprechende Abrede nicht durch Gestellung eines Ersatzmanns von den eingegangenen Verpflichtungen lösen kann, ist eine bare Selbstverständlichkeit. Um das zu erkennen, braucht der Rechtsanwender keine Auslegungsregel nach Art des § 691 S 1. Der Sinn des § 691 unterstreicht das. Wie in § 664 knüpft der Gesetzgeber daran an, daß man die Ausübung von Vertrauenspositionen durch andere grundsätzlich kraft Natur der Sache nicht verantworten kann. Das aber ist ein Gedanke, der sich nicht nur gegen eine echte Substitution, sondern **auch gegen die Einschaltung Selbständiger als Erfüllungsgehilfen** richtet. Im übrigen beachtet die hM nicht genügend, daß der in § 691 S 3 (wie in § 664 S 3) benutzte Begriff des Gehilfen keineswegs mit der Umschreibung des Erfüllungsgehilfen in § 278 übereinstimmt. Anders als die zivilrechtliche Dogmatik ist der Gesetzgeber insoweit durchaus dem allgemeinen Sprachgebrauch verhaftet, der im Begriff des Gehilfen die Unselbständigkeit mitdenkt. Nur vor dem Hintergrund der Annahme, daß § 691 S 2 den Geltungsanspruch des § 278 für selbständige „Hilfspersonen" durchbricht, erklärt sich auch plausibel, weshalb § 691 S 3 in Bezug auf (unselbständige) **Gehilfen** § 278 ausdrücklich aufrechterhält. Der Blick auf die Sonderregelung des § 3 DepotG rundet die Argumentation ab. § 3 Abs 1 S 1 sieht in einem offenbar bewußten Gegensatz zu § 691 S 1 das Recht des Verwahrers vor, Wertpapiere einem anderen Verwahrer anzuvertrauen; § 3 Abs 2 S 1 DepotG ordnet für diesen Fall grundsätzlich die Haftung des Erstverwahrers nach § 278 an. Wäre das Verständnis des § 691 durch die hM richtig, so wäre nicht verständlich, weshalb der Gesetzgeber § 3 DepotG so gegen § 691 abgesetzt hat, würde sich doch dann aus der Vorschrift gar nichts anderes ergeben als aus § 691. Für die Abgrenzung des Dritten gegen den Gehilfen in § 691 folgt daraus, daß die Selbständigkeit bzw Unselbständigkeit der Obhut über die hinterlegte Sache zu entscheiden hat. Damit erweisen sich letztlich die **Besitzverhältnisse** als das maßgebliche Kriterium: Gibt der Verwahrer den Besitz an der zu verwahrenden Sache an eine andere Person ab, so ist die Auslegungsregel des § 691 S 1 berührt. Gehilfe kann nur sein, wer nicht mehr als Besitzdiener gem § 855 ist, ist der Verwahrer doch allein unter dieser Voraussetzung in der Lage, trotz der Einschaltung einer anderen Person seiner „höchstpersönlichen" Obhutspflicht zu genügen.

2.   Voraussetzungen befugter Drittverwahrung

Die Drittverwahrung (dazu Rn 1 f) muß dem Verwahrer vom Hinterleger ausdrücklich   **3** oder stillschweigend gestattet sein. Dies kann dadurch geschehen, daß der Hinterleger dem Verwahrer Vollmacht erteilt, **im Namen des Hinterlegers** einen Verwahrungsvertrag mit einem Dritten abzuschließen (vgl auch RGZ 78, 310). In diesem Fall findet unzweifelhaft eine echte Substitution statt; der Erstverwahrer scheidet als Verpflichteter aus, an seine Stelle tritt der Zweitverwahrer. Das gleiche gilt, wenn der Hinterleger dem Verwahrer gestattet, als mittelbarer Stellvertreter zwar im eigenen Namen, aber auf fremde Rechnung mit einem Dritten einen Verwahrungsvertrag zu schließen, der an die Stelle des Verwahrungsvertrags zwischen Hinterleger und Verwahrer tritt. Dem Verwahrer kann jedoch vor dem Hintergrund der unter Rn 2 entwikkelten Sicht auch gestattet sein, **im eigenen Namen** (und auf eigene Rechnung) mit dem Dritten einen Unterverwahrungsvertrag abzuschließen (vgl auch RGZ 78, 310; 161, 68, 73; RG Recht 1920 Nr 2371; BGH DB 1958, 133; sämtlich zu § 664). Eine stillschweigende Gestattung, im eigenen Namen mit einem Dritten einen Verwahrungsvertrag abzuschließen, kommt insbesondere bei der Verwahrung von Geld in Betracht. Namentlich wenn eine größere Summe zur Aufbewahrung gegeben wird, kann angenommen werden, daß die Befugnis des Verwahrers, den Betrag durch eine Bank verwahren zu lassen, stillschweigend vereinbart wurde (vgl RGZ 96, 149; aM OLG Dresden Recht 1903 Nr 1401). Auch aus der dem Verwahrer bekannten Kenntnis des Hinterlegers davon, daß der Verwahrer keine geeigneten Räumlichkeiten zur Verwahrung besitzt, kann auf eine stillschweigende Gestattung der Dritt- in Gestalt der Unterverwahrung geschlossen werden (aA OLG Hamburg OLGRspr 32, 173). Keine Drittverwahrung iS des § 691 liegt vor, falls eine öffentliche Körperschaft (der Staat) von ihr verwahrte Wertpapiere von der ursprünglichen Kasse an eine andere ihrer Kassen überträgt (RGZ 103, 171, 173).

3. Folgen befugter Drittverwahrung

4 Ist dem Verwahrer der Abschluß eines Verwahrungsvertrages mit dem Dritten im Namen und mit Vollmacht oder zwar im eigenen Namen, aber auf Rechnung des Hinterlegers zugestanden, so beschränkt sich seine Verantwortung, wenn er bei dem Dritten (im fremden oder eigenen Namen) hinterlegt, auf die **ordnungsgemäße Auswahl des Dritten**, die **sachgerechte Einweisung** und die **einwandfreie Übergabe**. Die Annahme, der Erstverwahrer hafte für das Verhalten des Dritten nach § 278, widerstreitet dann dem eindeutigen Sinn der „Gestattung": Wenn der Erstverwahrer dem Hinterleger unmittelbar oder mittelbar (§§ 667, 398) einen neuen Schuldner verschaffen kann und darf, kann er sich damit notwendig der eigenen Verantwortlichkeit entledigen. Denn die **Verschaffung eines neuen Schuldners** sprengt die Sinngrenzen einer bloßen Einschaltung von Gehilfen bei der Erfüllung der eigenen Schuld iS des § 278 (vgl auch RGZ 78, 310, 312).

5 Ist dem Verwahrer der Abschluß des Verwahrungsvertrages mit dem Dritten nur im eigenen Namen und auf eigene Rechnung gestattet, so haftet der Verwahrer nach § 691 S 2 grundsätzlich ebenfalls nur für Verschulden bei der Auswahl und Einweisung des Dritten sowie für Verschulden bei der Übergabe der Sache. Doch kann die Gestattung je nach Lage des Einzelfalls durchaus unter dem Vorbehalt der Fortdauer der Obhutspflicht des Erstverwahrers stehen mit der Folge, daß der Dritte Erfüllungsgehilfe des Erstverwahrers gem § 278 ist (vgl auch RGZ 161, 68, 74 f; BGB-RGRK/ KROHN Rn 3; aA MünchKomm/HÜFFER Rn 10; ERMAN/SEILER § 691 Rn 2; SOERGEL/MÜHL Rn 2). Denkbar ist auch, daß die Gestattung nur die Entlassung des Erstverwahrers aus der eigentlichen Obhutspflicht vorsieht, während die Pflicht zur Überwachung des Dritten und Anzeige eines etwaigen Fehlverhaltens erhalten bleibt (vgl auch RGZ 78, 310, 314).

6 Schließt der Verwahrer befugtermaßen mit dem Dritten im eigenen Namen einen Verwahrungsvertrag, kommen grundsätzlich keine unmittelbaren Rechtsbeziehungen zwischen dem Hinterleger und dem Dritten zustande, und zwar gleichgültig, ob er dies auf eigene Rechnung oder auf Rechnung des Hinterlegers (mittelbare Stellvertretung) tut. Im Einzelfall kommt jedoch ein Vertrag zugunsten Dritter in Betracht (vgl ESSER/WEYERS II § 38 II 1). Unabhängig davon kann dem Hinterleger gegen den Dritten analog §§ 556 Abs 3, 604 Abs 4 nach Maßgabe des § 695 ein unmittelbares Rückforderungsrecht zustehen (ERMAN/SEILER Rn 1; MünchKomm/HÜFFER Rn 7, 11; SOERGEL/MÜHL Rn 3). Die Analogie paßt aber nur für die Unterverwahrung, nicht für die im Wege mittelbarer Stellvertretung begründete Drittverwahrung, die mit dem Anspruch auf Rückgabe gegen den Erstverwahrer den Anknüpfungspunkt für den gesetzlichen Schuldbeitritt beseitigt. Wer als Drittverwahrung im Sinne des

§ 691 ausschließlich die Begründung durch den Erstverwahrer als unmittelbarer oder mittelbarer Stellvertreter des Hinterlegers anerkennt, dürfte sie daher eigentlich nicht befürworten (inkonsequent MünchKomm/Hüffer Rn 10).

Soweit der Erstverwahrer den Vertrag mit dem Drittverwahrer als mittelbarer Stell- **7** vertreter des Hinterlegers abgeschlossen hat, führt der Ausschluß seiner Haftung für die Zerstörung oder Beschädigung der verwahrten Sache infolge Fehlverhaltens des Drittverwahrers zur Anwendung der Grundsätze über die **Drittschadensliquidation** (vgl RGZ 109, 288, 292 zu § 664; allgemein Lange, Schadensersatz § 8 III 4). Der Erstverwahrer kann also aus § 280 bzw aus positiver Forderungsverletzung Ersatz des Schadens verlangen, der dem Hinterleger entstanden ist. Nach § 667 analog ist der Erstverwahrer dem Hinterleger zur Abtretung des Schadensersatzanspruchs bzw zur Herausgabe des etwa schon kassierten Schadensbetrags verpflichtet (MünchKomm/Hüffer Rn 11). Soweit der Erstverwahrer mit dem Drittverwahrer einen Unterverwahrungsvertrag geschlossen hat, bedarf es dagegen keines Rückgriffs auf die Grundsätze über die Drittschadensliquidation. Denn da der Hinterleger analog §§ 556 Abs 3, 604 Abs 4 unmittelbar vom Drittverwahrer die Rückgabe der verwahrten Sache verlangen kann (Rn 6), hat er im Falle der Unmöglichkeit der (unversehrten) Rückgabe einen eigenen vertraglichen Anspruch gegen den Drittverwahrer aus § 280 bzw aus positiver Forderungsverletzung (widersprüchlich MünchKomm/Hüffer Rn 11; 12. Aufl Rn 6).

Auch im Hinblick auf die Anwendbarkeit der gemilderten Haftung nach § 690 ist zu **8** unterscheiden. Soweit der Erstverwahrer aufgrund der Gestattung in unmittelbarer oder mittelbarer Stellvertretung einen Verwahrungsvertrag abschließt, handelt er gar nicht als Verwahrer, sondern als Geschäftsbesorger des Hinterlegers. Entsprechend kann nicht der **Haftungsmaßstab** der unentgeltlichen Verwahrung, sondern muß derjenige der unentgeltlichen Geschäftsbesorgung (§§ 662 ff) herangezogen werden. Auch der unentgeltliche Verwahrer haftet daher für Vorsatz und (jede) Fahrlässigkeit, wenn die Auswahl des Dritten, die Einweisung oder die Übergabe der Sache mißlingen (aA wohl Erman/Seiler Rn 2; MünchKomm/Hüffer Rn 10). Dagegen ist § 690 anwendbar, soweit der Erstverwahrer einen Unterverwahrungsvertrag abschließt und vollzieht. Denn insoweit besorgt er nicht ein Geschäft des Hinterlegers, sondern ändert nur (befugtermaßen) die Erfüllung des Verwahrungsvertrags. Eben auf die Erfüllung des Verwahrungsvertrags bezieht sich § 690.

Nach hM soll auf die Drittverwahrung **§ 692 S 2 entsprechend** anwendbar sein (Erman/ **9** Seiler Rn 2; Soergel/Mühl § 692 Rn 3). Das ist zumindest mißverständlich. Ist die Drittverwahrung im Verwahrungsvertrag gestattet, so ist § 692 S 2 gegenstandslos: Die dort vorgesehene „Entschließung" des Hinterlegers hat dann nämlich schon stattgefunden. Sinnvoll ist nur eine Pflicht des Verwahrers zur Information des Hinterlegers, daß von der Möglichkeit zur Substitution bzw zur Unterverwahrung Gebrauch gemacht worden ist. Eine solche Pflicht ergibt sich aber schon als Nebenpflicht des Verwahrungsvertrags; mit § 692 S 2 hat sie nichts zu tun. Wohl aber enthält § 692 (S 1 und 2!) die Voraussetzungen, unter denen eine im ursprünglichen Vertrag nicht gestattete Drittverwahrung **nachträglich** zu einer gestatteten Drittverwahrung werden kann. Denn die Drittverwahrung ist zumindest im weiteren Sinne eine „Art der Aufbewahrung" (vgl auch MünchKomm/Hüffer Rn 6).

4. Folgen unbefugter Drittverwahrung

10 Ist die Drittverwahrung nicht gestattet, so haftet der Verwahrer im Falle der Hinterlegung bei einem Dritten nicht nur für jeden infolge der Drittverwahrung adäquat verursachten Schaden (so SOERGEL/MÜHL Rn 2), sondern **analog § 287 S 2** auch für „zufällige", dh generell unwahrscheinliche Schadensfolgen der unerlaubten Drittverwahrung (vgl FIKENTSCHER § 45 III 1 e). Der Rechtsgedanke des § 287 S 2 – Verlagerung der Gefahr des zufälligen Untergangs der Sache auf denjenigen, der eine vertragswidrige Besitzlage verschuldet hat – greift auch hier ein (ebenso MünchKomm/HÜFFER Rn 7; ERMAN/SEILER Rn 3).

11 Wie bei der befugten Drittverwahrung hat der Hinterleger bei der unbefugten gegenüber dem Dritten ein unmittelbares und jederzeitiges **Rückforderungsrecht** analog §§ 556 Abs 3, 604 Abs 4 (ERMAN/SEILER Rn 1; MünchKomm/HÜFFER Rn 7), und zwar – anders als im Fall der befugten Drittverwahrung (Rn 7) – unabhängig davon, ob die Drittverwahrung sich als Ersatzverwahrung oder als Unterverwahrung darstellt. Denn die unbefugte Ersatzverwahrung bewirkt genausowenig eine Entlastung des Erstverwahrers von der Rückgabepflicht wie die Unterverwahrung. Entsprechend paßt der gesetzliche **Schuldbeitritt des Drittverwahrers** analog §§ 556 Abs 3, 604 Abs 4 in beiden Fällen. Daraus folgt zugleich, daß der Hinterleger im Fall der unbefugten Drittverwahrung bei Unmöglichkeit der (unversehrten) Rückgabe infolge Fehlverhaltens des Drittverwahrers stets Schadensersatzansprüche aus § 280 bzw positiver Forderungsverletzung gegen den Drittverwahrer hat (übersehen von MünchKomm/HÜFFER Rn 8). Diese Schuld bildet mit der des Erstverwahrers (Rn 10) eine Gesamtschuld, so daß sich die Verantwortlichkeit im Innenverhältnis zwischen Erst- und Drittverwahrer nach § 426 bestimmt (unrichtig MünchKomm/HÜFFER Rn 8).

5. Gehilfenzuziehung

12 Ergibt sich nichts anderes aus dem Verwahrungsvertrag, so ist Gehilfenzuziehung nach Maßgabe der Rn 1 f gestattet (arg e contrario § 691 S 1, 3). Bei unbefugter Gehilfenzuziehung haftet der Verwahrer für jeden dadurch adäquat verursachten Schaden (ERMAN/SEILER Rn 4; SOERGEL/MÜHL Rn 2). Darüber hinaus kann analog § 287 S 2 eine Haftung für Zufall begründet sein, nämlich dann, wenn durch die Hinzuziehung des Gehilfen ein Dauerzustand des Unrechts entstanden ist, der den Schadenseintritt begünstigt (FIKENTSCHER § 47 III 3; vgl auch Rn 10).

13 Bei befugter Gehilfenzuziehung haftet der Verwahrer nach **§ 691 S 3** für Gehilfenverschulden (§ 278; RGZ 98, 31, 33; 101, 348). Haftet der Verwahrer nur nach Maßgabe des **§ 690**, so gilt dieser Sorgfaltsmaßstab auch für die Einstandspflicht bei Gehilfenverschulden nach **§ 278** (RGZ 65, 17, 20). Abzustellen ist dabei auf die Person des Verwahrers. Der Verwahrer hat mithin dafür einzustehen, daß der Gehilfe die Sorgfalt walten läßt, die er – der Verwahrer – in eigenen Angelegenheiten übt (BGB-RGRK/KROHN Rn 5).

14 Da der Gehilfe zur Erfüllung einer Obhutpflicht eingesetzt ist, ist dem Verwahrer der Einwand abgeschnitten, das Gehilfenverschulden habe sich lediglich bei Gelegenheit der Erfüllung ereignet (vgl dazu BGHZ 23, 319; krit ESSER/SCHMIDT I 2 § 27 I 4). Den Gehilfen trifft die generelle Pflicht des Verwahrers, die Sache zu schützen.

Deshalb steht jede negative Einwirkung des Gehilfen auf die Sache im sachlichen Zusammenhang mit den Verwahrerpflichten. Begeht zB ein Erfüllungsgehilfe (Bsp Lagermeister) außerhalb seiner Arbeitszeit einen Diebstahl an einer verwahrten Sache, so haftet auch hier der Verwahrer nach § 278 (RGZ 101, 348; vgl auch Vorbem 14 zu §§ 688 ff).

6. Notfall

§ 691 wird durch § 692 inhaltlich ergänzt (KUHLENBECK JW 1909, 649). Der Verwahrer **15** kann außer im Falle der Gestattung auch dann zur Ersatz- oder Unterverwahrung befugt sein, wenn er selbst zur Verwahrung außerstande ist. Er muß dem Hinterleger jedoch vorher Anzeige machen und dessen Entschließung abwarten, es sei denn, daß mit dem Aufschub Gefahr verbunden ist. Bei Gefahr für die Sache kann der Verwahrer im Einzelfall sogar dazu verpflichtet sein, die Sache einem Dritten (zB der Polizei) zu übergeben (vgl LEONHARD JW 1907, 824, 825; SOERGEL/MÜHL Rn 3; vgl auch Rn 9).

7. Zeitliche Grenzen

§ 691 bezieht sich nur auf die Verpflichtung des Verwahrers für die Dauer des Ver- **16** wahrungsvertrages. Nach Beendigung gelten die allgemeinen Regeln. Insbesondere kann der Verwahrer unter den Voraussetzungen des § 372 ohne Rücksicht auf § 691 hinterlegen (OLG Posen OLGRspr 38, 111).

8. Öffentlichrechtliche Verwahrung

§ 691 ist auch in Fällen öffentlichrechtlicher Verwahrung sinngemäß anzuwenden. **17** Daher ist der Beamte, dem die amtliche Verwahrung beschlagnahmter Gegenstände dienstlich obliegt, im Zweifel nicht berechtigt, die Sache einem Dritten zur Aufbewahrung zu geben. Soweit der Verwahrung kein öffentlichrechtlicher Vertrag zugrunde liegt, hängt die Gestattung freilich nicht vom Willen der von der Verwahrung betroffenen Person, sondern von den Rechtssätzen ab, auf denen die Begründung und die Aufrechterhaltung des öffentlichrechtlichen Verwahrungsverhältnisses beruhen.

9. Wertpapierverwahrung

Für Kaufleute iS des HGB, denen im Betrieb ihres Handelsgewerbes Wertpapiere **18** unverschlossen zur Verwahrung anvertraut werden, gelten nach dem Depotgesetz hinsichtlich der Drittverwahrung von § 691 abweichende Vorschriften (vgl §§ 3, 4 DepotG).

§ 692

Der Verwahrer ist berechtigt, die vereinbarte Art der Aufbewahrung zu ändern, wenn er den Umständen nach annehmen darf, daß der Hinterleger bei Kenntnis der Sachlage die Änderung billigen würde. Der Verwahrer hat vor der Änderung dem

Hinterleger Anzeige zu machen und dessen Entschließung abzuwarten, wenn nicht mit dem Aufschube Gefahr verbunden ist.

Materialien: E 1 § 617; II § 632; III § 679; Mot
II 575 f.; Prot II 395.

1. Grundsätzliches

1 Die geschuldete Art der Aufbewahrung der hinterlegten Sache richtet sich zunächst nach der ausdrücklich oder stillschweigend getroffenen Vereinbarung der Parteien. Der Verwahrer ist jedoch im Zweifel zur persönlichen Aufbewahrung verpflichtet; Unter- und Ersatzverwahrung bedürfen besonderer Gestattung im Verwahrungsvertrag (vgl § 691 Rn 1 f).

2. Weisungen des Hinterlegers

2 Nachträgliche einseitige Weisungen des Hinterlegers hinsichtlich der Art der Aufbewahrung hat der Verwahrer (anders als der Beauftragte, vgl § 665) nicht ohne weiteres zu beachten (ERMAN/SEILER Rn 1; SOERGEL/MÜHL Rn 1). Der Verwahrer muß nach § 242 jedoch solche Weisungen beachten, die vernünftig und billig erscheinen und ihn nicht unbillig belasten. Denn Maßstab für die Konkretisierung der Obhutspflicht ist das Interesse des Hinterlegers, das sich auch in seinen Weisungen äußert (aA MünchKomm/HÜFFER Rn 2).

3. Art der Verwahrung bei Offenheit des Vertrages

3 Ist über die Art der Aufbewahrung nichts vereinbart und ergibt sich auch aus den Umständen keine spezielle Aufbewahrungsart, so ist der Verwahrer jederzeit befugt, die Art der Aufbewahrung zu ändern, vorausgesetzt, daß er mit der geänderten Aufbewahrung nicht gegen seine Obhutspflicht verstößt (ERMAN/SEILER Rn 1). Nur gegen die Zulässigkeit der Drittverwahrung spricht nach § 691 eine Vermutung.

4. Art der Verwahrung bei vertraglicher Bestimmung

4 Ist die Art der Aufbewahrung fest vereinbart, so gilt für Änderungen durch den Verwahrer § 692 S 2. Der Verwahrer muß zB nach § 692 S 2 vorgehen, wenn er die Sache bei einem Dritten hinterlegen will und er noch keine Gestattungsvereinbarung mit dem Hinterleger getroffen hat (vgl OLG Hamburg HansGZ 1911 H 196; vgl auch § 691 Rn 9 aE).

5 Äußert sich der Hinterleger auf eine Anzeige nach § 692 S 2 nicht, so ist der Verwahrer unter der Voraussetzung des § 692 S 1 nach Ablauf einer angemessenen Frist (§ 147 Abs 2) zur eigenmächtigen Änderung der Aufbewahrungsart befugt (ERMAN/SEILER Rn 2; vgl auch die Kommentare zu § 665). Die Regel, daß Schweigen Ablehnung bedeutet, paßt nicht, wenn die Umstände – wie § 692 S 1 dies voraussetzt – das Einverständnis nahelegen.

Macht der Verwahrer bei vereinbarter Aufbewahrungsart dem Hinterleger von einer 6
Änderung der Aufbewahrung schuldhaft keine Anzeige, oder wartet er dessen Entschließung schuldhaft nicht lange genug ab, so ist die Veränderung unberechtigt. Der
Verwahrer haftet dann analog § 287 S 2 für jeden (auch zufälligen) Schaden, der aus
der Veränderung der Aufbewahrung folgt, es sei denn, daß der Schaden auch ohne
die Änderung eingetreten wäre (vgl OLG Dresden OLGRspr 9, 24; SOERGEL/MÜHL Rn 2;
MünchKomm/HÜFFER Rn 6; anders ERMAN/SEILER Rn 3: Haftung nur für adäquat verursachten
Schaden; vgl auch § 691 Rn 10). Da die unbefugte Änderung der vereinbarten Verwah-
rungsart nicht mehr in Erfüllung des Verwahrungsvertrags geschieht, sondern gerade
in Abweichung von ihm, gelten auch bei unentgeltlicher Verwahrung nicht §§ 690,
277, sondern §§ 276, 278 (ebenso ERMAN/SEILER Rn 3 aE). Bezweckt die Änderung die
Abwehr einer dringenden Gefahr für die Sache, so macht der diesbezügliche Irrtum
jedoch analog § 680 nur bei Vorsatz und grober Fahrlässigkeit schadensersatzpflichtig.

Grundsätzlich (Ausnahme Rn 5) ist der Verwahrer zur **eigenmächtigen Änderung** der 7
Aufbewahrungsart nur befugt, wenn er

(a) den Umständen nach annehmen darf, daß der Hinterleger bei Kenntnis der
Sachlage die Änderung billigen würde, und

(b) mit dem Aufschub Gefahr verbunden ist. Das Vorhandensein der beiden Voraussetzungen hat im Streitfalle der Verwahrer zu beweisen. Auch was die Art und
Weise der Änderung betrifft, ist der Verwahrer im Rahmen des Zumutbaren an § 692
S 1 gebunden, dh: Unter den verschiedenen Möglichkeiten einer Änderung der Aufbewahrung hat der Verwahrer tunlichst diejenige zu wählen, die den Umständen
nach am ehesten mit der Billigung des Hinterlegers rechnen kann. Soweit der Verwahrer die Änderung vornimmt, um eine dringende Gefahr von der Sache abzuwenden, ermäßigt sich seine Haftung analog § 680 auf Vorsatz und grobe Fahrlässigkeit.
Das betrifft sowohl den Irrtum bei der Annahme der Gefahr als auch etwaiges Fehlverhalten bei den im einzelnen gewählten Gegenmaßnahmen.

Bei Gefahr für die hinterlegte Sache kann für den Verwahrer aus seiner Verpflich- 8
tung zur Obhut über § 692 hinaus sogar eine **Pflicht** zur eigenmächtigen Änderung
der Art der Aufbewahrung entstehen (vgl LARENZ II/1 § 58 S 457; LEONHARD JW 1907,
824 ff). Ändert der Verwahrer in dieser Situation schuldhaft die Aufbewahrung nicht,
so haftet er für den daraus entstandenen Schaden.

§ 693

**Macht der Verwahrer zum Zwecke der Aufbewahrung Aufwendungen, die er den
Umständen nach für erforderlich halten darf, so ist der Hinterleger zum Ersatze
verpflichtet.**

Materialien: E 1 § 621; II § 633; III § 680; Mot
II 581; Prot II 399 f.

1. Grundsätzliches

1 Der Verwahrer hat einen Anspruch auf Ersatz der zum Zwecke der Aufbewahrung gemachten Aufwendungen unabhängig davon, ob für die Verwahrung eine Vergütung vereinbart ist oder nicht. Doch können die Aufwendungen nach dem Willen der Vertragsparteien ganz oder zT durch die Vergütung abgegolten sein (LARENZ II 1 § 58; SOERGEL/MÜHL Rn 2; MünchKomm/HÜFFER Rn 1).

2. Arbeitsleistungen als Aufwendungen

2 Arbeitsleistungen können bei der Verwahrung grundsätzlich keine ersatzfähigen Aufwendungen sein: Bei unentgeltlicher Verwahrung sind die „erforderlichen" Arbeitsleistungen wegen der Obhutspflicht des Verwahrers unentgeltlich zu erbringen, bei entgeltlicher Verwahrung werden sie durch die vereinbarte Vergütung abgegolten (vgl auch BGH NJW 1973, 46). Soweit sich das Bedürfnis nach Arbeitsleistungen ergibt, die den von den Parteien des Verwahrungsvertrages vorausgesetzten Rahmen überschreiten, ist der Verwahrungsvertrag nach den Grundsätzen über den Wegfall der Geschäftsgrundlage anzupassen, sei es, daß die unentgeltliche Verwahrung zur entgeltlichen Verwahrung, sei es, daß die Höhe des Entgelts nach oben verändert wird.

3. Erforderlichkeit der Aufwendungen

3 Der Verwahrer hat nur einen Anspruch auf Ersatz der (aus seiner Sicht) „erforderlichen" Aufwendungen. Die Erforderlichkeit bemißt sich – wie in § 670 – nach einem objektiv-subjektiven Maßstab. Entscheidend ist, ob der Verwahrer die Aufwendungen aufgrund der ihm erkennbaren objektiven Umstände für notwendig halten durfte oder nicht (vgl auch RGZ 149, 205, 207).

4. Aufwendungen zum Zwecke der Verwahrung

4 Es besteht ein Ersatzanspruch nur für Aufwendungen, die **zum Zwecke der Aufbewahrung** gemacht werden (OLG Braunschweig MDR 1948, 112). Aufwendungen, die nur **anläßlich** der Verwahrung gemacht wurden, scheiden aus; ebenso Aufwendungen nach Beendigung des Verwahrungsvertrages (vgl Rn 8). Nicht ersatzfähig sind schließlich Aufwendungen, die die Aufbewahrung erst ermöglichen, wie zB Raumbeschaffung (ERMAN/SEILER Rn 1; LARENZ II 1 § 58). Insoweit erbringt der Verwahrer nur die von ihm geschuldete Hauptleistung, die nach dem Willen der Vertragsparteien entweder ohne Ausgleich bleiben oder durch das vereinbarte Entgelt ausgeglichen sein soll. Abweichende Vereinbarungen sind möglich; sie können sich auch aus den Umständen ergeben. Doch geht es zu weit anzunehmen, im Falle der unentgeltlichen Verwahrung seien die vertragstypischen Kosten der Aufbewahrung im Zweifel zu ersetzen (so MünchKomm/HÜFFER Rn 3). Die unentgeltliche Verwahrung darf nicht mit einer entgeltlichen Verwahrung zum Selbstkostenpreis identifiziert werden.

5. Umfang des Aufwendungsersatzes

5 Der Aufwendungsersatz umfaßt nicht nur Verwendungen auf die Sache selbst, sondern **alles, was zum Zwecke der Verwahrung aufgewendet wird**. Eingeschlossen sind ua

Kosten für Bewachung, Tierfütterung, Desinfektion, Steuer, Versicherung, Rettungsaufwand bei Gefahr (ESSER/WEYERS II § 38 II 2). Die **Aufopferung eigener Sachen** kann ebenfalls Aufwendung sein (OLG Braunschweig MDR 1948, 112), im weiteren Sinne auch ein Schaden, den der Verwahrer im Gefolge der freiwilligen Übernahme einer Gefahr im Interesse der Sache erlitten hat (vgl dazu mit umfassenden Nachw GENIUS AcP Bd 173 [1973] 481 ff).

Der Aufwendungsersatz ist im allgemeinen durch die **Höhe des Wertes der verwahrten** **6** **Sache** begrenzt, darf doch eine weitergehende Aufwendung – weil wirtschaftlich sinnlos – nicht für erforderlich gehalten werden (vgl auch OLG Karlsruhe MDR 69, 219). Ausnahmen sind denkbar, soweit der Sache ein ideeller Wert zukommt, der nach der Verkehrsauffassung den wirtschaftlichen Wert übersteigende Erhaltungsaufwendungen rechtfertigt (MünchKomm/HÜFFER Rn 5).

Der Anspruch aus § 693 geht grundsätzlich auf Wertersatz in Geld (vgl BRUNS MDR **7** 1948, 114). Bei Aufwendung eigener Sachen und unter anomalen Währungsverhältnissen kann ausnahmsweise Ersatz durch Sachleistung in Betracht kommen (vgl OLG Braunschweig MDR 1948, 112; SOERGEL/MÜHL Rn 2). Der Geldanspruch ist nach § 256 vom Zeitpunkt der Aufwendung an zu verzinsen. Soweit der Verwahrer im Interesse der Sache Verbindlichkeiten eingegangen ist, kann er nach § 257 vom Hinterleger verlangen, daß dieser ihn davon befreit.

6. Zurückbehaltungsrecht des Verwahrers

Wegen seiner Aufwendungen steht dem Verwahrer ein Zurückbehaltungsrecht nach **8** § 273 zu (KUHLENBECK JW 1909, 649 f; ERMAN/SEILER Rn 2). Wenn der Verwahrer gegenüber der Rückforderung des Hinterlegers ein solches Zurückbehaltungsrecht geltend macht und dadurch weitere Aufwendungen erforderlich werden, gilt § 693 nicht. Der Hinterleger schuldet dann aber Aufwendungsersatz nach §§ 298, 304. Nicht zu folgen ist der Ansicht (OLG Celle NJW 1967, 1967; BGB-RGRK/KROHN § 695 Rn 3), es seien die §§ 994 ff anzuwenden. Das gilt auch dann, wenn man das Zurückbehaltungsrecht des Verwahrers aus § 273 nicht als ein die Geltung der §§ 987 ff ausschließendes Recht zum Besitz anerkennen will (vgl STAUDINGER/GURSKY [1993] § 986 Rn 16 mit umfassenden Nachweisen). Zumindest handelt es sich nämlich hier um einen Fall, in dem neben der durch die allgemeinen Bereicherungs- und Deliktsnormen ergänzten vertraglichen Abwicklungsordnung kein Raum für die zusätzliche Anwendung der §§ 987 ff auf den nicht mehr berechtigten Besitzer bleibt (STAUDINGER/GURSKY [1993] Vorbem 13 zu §§ 987 – 993). Die Regeln über den Gläubigerverzug sind insoweit in jeder Hinsicht (Haftung, Aufwendungsersatz) sachgerechter (vgl auch MünchKomm/HÜFFER § 689 Rn 6).

7. Analoge Anwendbarkeit

§ 693 ist auf einen Bewachungsvertrag (Auftrag oder Dienstvertrag) analog anwend- **9** bar (vgl auch ESSER/WEYERS II § 38 I 3).

§ 694

Der Hinterleger hat den durch die Beschaffenheit der hinterlegten Sache dem Verwahrer entstehenden Schaden zu ersetzen, es sei denn, daß er die gefahrdrohende Beschaffenheit der Sache bei der Hinterlegung weder kennt noch kennen muß oder daß er sie dem Verwahrer angezeigt oder dieser sie ohne Anzeige gekannt hat.

Materialien: E I § 622; II § 634: III § 681; Mot
II 581 f; Prot II 400.

I.　Dogmatische Natur des Ersatzanspruchs

1　§ 694 ist auf der Basis der Theorie vom Konsensualvertrag (vgl Vorbem 2 zu §§ 688 ff) ein gesetzlich geregelter Fall der positiven Forderungsverletzung (so richtig ERMAN/SEILER Rn 1). Nach der Theorie vom Realvertrag handelt es sich dagegen um einen Fall der culpa in contrahendo (RGZ 107, 362; BGB-RGRK/KROHN Rn 1; SOERGEL/MÜHL Rn 1; differenzierend PALANDT/THOMAS Rn 1). Einen praktischen Unterschied begründet die Meinungsverschiedenheit nicht.

II.　Inhalt des Ersatzanspruchs

2　Der Gesetzgeber hat sich in § 694, vor die Wahl zwischen Verschuldens- und Garantiehaftung gestellt (vgl Mot II 582), für den Mittelweg, nämlich die **Verschuldenshaftung mit Umkehr der Beweislast** zu Lasten des Hinterlegers, entschieden. Der Hinterleger kann die Verschuldensvermutung auf die dreifache Weise widerlegen, die § 694 in dem einschränkenden („es sei denn") Satzteil aufführt. Diese Aufzählung der Entlastungsgründe ist abschließend. Die Sonderregelung gilt aber nur für den durch die Beschaffenheit der hinterlegten Sache entstandenen Schaden des Verwahrers. Auf andere Weise entstandene Schäden sind nach den allgemeinen Regeln des Rechts der Leistungsstörungen auszugleichen.

3　Im einzelnen setzt § 694 die Hinterlegung einer gefährlichen Sache (zB explosive Stoffe, ansteckend kranke Tiere), einen dadurch adäquat kausal hervorgerufenen Schaden und (vermutetes) Fehlverhalten des Hinterlegers voraus. Der Umfang des Ersatzanspruchs bestimmt sich nach §§ 249 ff. Danach ist der Verwahrer so zu stellen, wie er bei ordnungsgemäßem Verhalten des Hinterlegers stehen würde. Soweit in der Literatur vom Ersatz des negativen Interesses die Rede ist (BGB-RGRK/KROHN Rn 1), ist nichts anderes gemeint.

III.　Befreiung des Hinterlegers

4　Der Hinterleger kann sich durch den Nachweis exkulpieren,

1.　daß ihm selbst die gefahrdrohende Beschaffenheit der Sache bei der Hinterlegung unbekannt war und diese seine **Unkenntnis** auch nicht auf Fahrlässigkeit beruhte (§ 122 Abs 2). Erfährt der Hinterleger nach der Hinterlegung von einer gefahrdrohenden Beschaffenheit der Sache, so muß er dies dem Verwahrer unverzüglich anzeigen. Anderenfalls kann er sich gegenüber der Ersatzforderung wegen sonst vermeidbar gewesener Schäden nicht auf seine unverschuldete Unkenntnis im Hinterlegungszeitpunkt berufen. Zwar ist er auch in diesem Fall von der vermuteten Verschuldenshaftung nach § 694 entlastet. Doch greift die Haftung aus positiver Forderungsverletzung ein (§ 286 Abs 1 analog), da die allgemeine Pflicht zum Schutz der Rechtsgüter des Partners im Rahmen der (Anbahnung und) Erfüllung des Vertrages von § 694 unberührt bleibt (vgl auch BGB-RGRK/KROHN Rn 3). Das gleiche gilt, soweit der Hinterleger die gefahrdrohende Beschaffenheit der Sache nach der Hinterlegung nur fahrlässigerweise nicht erkannt hat. Allerdings trifft den Hinterleger dann keine Prüfungspflicht mehr, so daß sich die Haftung auf die Fälle beschränkt, in denen der Hinterleger zB Hinweisen auf die gefahrdrohende Beschaffenheit nicht nachgegangen ist. Auch wird die nachträgliche Kenntnis bzw fahrlässige Unkenntnis des Hinterlegers als Voraussetzung eines Anspruchs aus allgemeiner positiver Forderungsverletzung nicht zu Lasten des Hinterlegers vermutet, sondern ist vom Verwahrer plausibel dazulegen und notfalls zu beweisen (vgl MünchKomm/HÜFFER Rn 8).

2. daß er die gefahrdrohende Beschaffenheit der Sache dem Verwahrer angezeigt **5** hat. Die **Anzeige** ist geschäftsähnliche Handlung. Sie unterliegt deshalb den Regeln über Willenserklärungen, soweit diese nicht – wie namentlich die Irrtumsanfechtung – den Willen zum Rechtserfolg voraussetzen (FLUME, Das Rechtsgeschäft, § 9; noch stärker differenzierend LARENZ AT § 26; MünchKomm/KRAMER Vorbem 36 zu § 116). Insbesondere gilt § 130, so daß es auf die Kenntnisnahme des Verwahrers nicht ankommt (Prot II 400 f; MünchKomm/HÜFFER Rn 6).

3. daß **dem Verwahrer** die gefahrdrohende Beschaffenheit der Sache (auf andere **6** Weise als durch Anzeige des Hinterlegers) **bekannt** geworden ist. Nicht ausreichend ist, daß der Verwahrer die gefahrdrohende Beschaffenheit der Sache hätte erkennen müssen. Die fahrlässige Unkenntnis ist hier der Kenntnis nicht gleichgestellt. Umstritten ist, ob die fahrlässige Unkenntnis des Verwahrers die Haftung des Hinterlegers wenigstens nach § 254 Abs 1 mildert. NIPPERDEY (Staudinger/NIPPERDEY[11] Rn 8) hat dies schlechthin abgelehnt; KROHN (BGB-RGRK/KROHN Rn 1) will nur für die unentgeltliche Verwahrung zustimmen, während bei der entgeltlichen zumindest grobe Fahrlässigkeit anspruchsmindernd wirken soll. Im Ansatz ist festzuhalten, daß der Ausschluß des Ersatzanspruchs bei Kenntnis nicht den Schluß zuläßt, die fahrlässige Unkenntnis solle auch im Rahmen des § 254 Abs 1 ohne Folgen bleiben. Für die Interessenabwägung im Rahmen des § 254 Abs 1 ist KROHN zu folgen. Daß der unentgeltliche Verwahrer nicht schon im Falle einfacher Fahrlässigkeit mitverantwortlich sein kann, läßt sich schon § 690 entnehmen; insoweit kommt die Anwendung des § 254 Abs 1 nur bei Verletzung der eigenüblichen Sorgfalt in Betracht. Zu Lasten des entgeltlichen Verwahrers ist § 254 Abs 1 dagegen normal anwendbar (MünchKomm/HÜFFER Rn 7). Unstreitig ist § 254 anwendbar, wenn der Verwahrer es unterlassen hat, den Schaden abzuwenden oder zu mildern (SOERGEL/MÜHL Rn 1).

IV. Analoge Anwendbarkeit

§ 694 ist analog anwendbar, wenn außerhalb des Verwahrungsverhältnisses jemand **7** durch die Beschaffenheit einer ihm anvertrauten (beweglichen oder unbeweglichen) Sache geschädigt wird (Prot II 401; aM ESSER/WEYERS II § 38 II 3).

§ 695

Der Hinterleger kann die hinterlegte Sache jederzeit zurückfordern, auch wenn für die Aufbewahrung eine Zeit bestimmt ist.

Materialien: E I § 624; II § 635; III § 682; Mot II 582 f; Prot II 402.

I. Verbindlichkeit der Vorschrift

1 Zum Streit um die zwingende oder dispositive Natur des § 695 vgl Vorbem 6.

II. Interessenlage

2 § 695 findet seine Rechtfertigung darin, daß die Fortdauer der Verwahrung bis zum Ende der vereinbarten Zeit typischerweise ausschließlich im **Interesse des Hinterlegers** geschieht. Das gilt auch für die entgeltliche Verwahrung, es sei denn, das Entgelt wäre nach der Dauer der Verwahrung bemessen, so daß das vorzeitige Ende der Verwahrung für den Verwahrer wirtschaftliche Einbußen bringt. Doch ist selbst unter dieser Voraussetzung das Rückforderungsrecht als solches nicht beschränkt. Allenfalls kann sich im Wege der Vertragsauslegung ergeben, daß entgegen § 699 Abs 2 trotz der vorzeitigen Beendigung der Verwahrung das volle Entgelt geschuldet wird (vgl § 699 Rn 3). Nicht nur um das Interesse des Hinterlegers geht es bei der Art und Weise der Ausübung des Rückforderungsrechts. Deshalb ist diese wie die Ausübung anderer Rechte auch an „Treu und Glauben mit Rücksicht auf die Verkehrssitte" (§ 242) gebunden: Der Hinterleger darf die Rückgabe nicht zu einer unangemessenen Zeit fordern; er muß auch uU dem Verwahrer eine **angemessene Frist** zubilligen (ERMAN/SEILER Rn 2; BGB-RGRK/KROHN Rn 1). Soweit die Verwahrung ein Handelsgeschäft ist, gilt § 358 HGB (Rückforderung nur in der gewöhnlichen Geschäftszeit).

III. Rechtsnatur der Rückforderung

3 Nach hM soll entsprechend den Motiven zum BGB (Mot II 83) die Rückforderung nicht Kündigung des Verwahrungsverhältnisses bedeuten, sondern lediglich Bestandteil eines erst mit der Rückgabe der Sache abgeschlossenen Beendigungsvorgangs sein (KRAMPE NJW 1992, 1264, 1269; PALANDT/THOMAS Rn 1; BGB-RGRK/KROHN Rn 4; 11. Aufl Rn 3). Rein gedanklich ist daran bereits zu beanstanden, daß die **Zulässigkeit der Rückgabe das Ende des Verwahrungsverhältnisses voraussetzt**, kollidiert sie doch sonst mit der Verwahrungspflicht. Darüber hinaus sind die Konsequenzen der hM nicht zu billigen. Insbesondere ist zu beanstanden, daß sie bei der entgeltlichen Verwahrung den Fortbestand des Vergütungsanspruchs annehmen muß, wenn der Verwahrer die Sache trotz Rückforderung noch eine Weile behält. Die Anwendbarkeit der §§ 284 ff (Mot II 583) korrigiert zwar in den gröbsten Fällen, hilft aber nicht, falls es etwa mangels Verschuldens am Verzug des Verwahrers fehlt. Den Vorzug verdient unter diesen Umständen die Ansicht, die die Rückforderung als **konkludente**

Kündigung qualifiziert (so SOERGEL/MÜHL Rn 1; MünchKomm/HÜFFER Rn 3; dagegen KRAMPE NJW 1992, 1264, 1269).

IV. Drittwirkung des Rückgabeanspruchs

Analog §§ 556 Abs 3, 604 Abs 4 kann der Hinterleger nach Kündigung gegenüber **4** dem Verwahrer (vgl § 604 Rn 3) die Sache auch von einem Dritten zurückverlangen, bei dem der Verwahrer sie (befugt oder unbefugt) seinerseits hinterlegt hat (vgl § 591 Rn 6, 11). Im Konkurs des Verwahrers oder des Dritten gibt der Rückgabeanspruch ein Aussonderungsrecht iS des § 43 KO (MünchKomm/HÜFFER Rn 5).

V. Umfang des Rückgabeanspruchs

Dem Umfang nach erstreckt sich die Rückforderung auf die **Früchte** der verwahrten **5** Sache (zB Junge des verwahrten Hundes); der Verwahrer kann gem § 102 Erstattung der Fruchtgewinnungskosten verlangen (BGB-RGRK/KROHN Rn 1). Daß § 695 auch die – unerlaubt (vgl Vorbem 26 ff zu §§ 688 ff) – erworbenen **Gebrauchsvorteile** (zB aus Nutzung des verwahrten Kfz) umfaßt, versteht sich weniger von selbst, als die hM (Erman/SEILER Rn 1; BGB-RGRK/KROHN Rn 1; MünchKomm/HÜFFER Rn 6) annimmt. Denn diese Gebrauchsvorteile sind nicht vom Hinterleger gleichsam mit in Obhut gegeben worden, wie das für die natürlichen Früchte zutrifft, sondern durch Eingriff in den Zuweisungsgehalt eines fremden Rechts, nämlich des (nicht notwendig dem Hinterleger zustehenden!) Eigentums entstanden. Die unbefugt gezogenen Gebrauchsvorteile sind deshalb nach den §§ 687 Abs 2, 681, 667 bzw nach § 812 Abs 1 S 1, 2. Alt an den Eigentümer herauszugeben, nicht gemäß § 695 an den (davon womöglich personenverschiedenen) Hinterleger. Die Entstehungsgeschichte bestätigt die hM nicht. Namentlich geht § 619 S 1 Entwurf I entgegen HÜFFER aaO auf das Problem der unbefugt erzielten Gebrauchsvorteile ebensowenig ein wie die Erläuterung dazu in Mot II 579.

VI. Fehlendes Eigentum des Hinterlegers

Der Anspruch des Hinterlegers auf Rückgabe der verwahrten Sache kann Einwen- **6** dungen oder Einreden des Verwahrers begegnen (vgl zu § 273 § 693 Rn 8). Zweifelhaft ist, ob sich der Verwahrer der Verpflichtung zur Rückgabe unter Berufung darauf entziehen kann, daß der **Hinterleger nicht Eigentümer** und auch nicht dem Eigentümer gegenüber (aus absolutem oder relativem Recht) zum Besitz berechtigt ist. ZT wird angenommen, die Rückgabepflicht bleibe davon unberührt (hM, RG JW 1925, 472; BGB-RGRK/KROHN Rn 3; PALANDT/THOMAS Anm 1; ERMAN/SEILER Rn 4; SOERGEL/MÜHL Rn 2). ZT macht man die Rückgabepflicht davon abhängig, ob der Verwahrer dadurch der Gefahr von Regreßforderungen ausgesetzt wird oder nicht (RAAPE JW 1925, 472; 11. Aufl Rn 10). Zwar wird man der hM darin beipflichten müssen, daß der Rückgabeanspruch des Hinterlegers und der Herausgabeanspruch des Eigentümers grundsätzlich nebeneinander bestehen. Der Verwahrer kann deshalb nicht etwa die Rückgabe unter Hinweis auf das Eigentum eines Dritten verweigern, ohne die Sache wenigstens an den Dritten herauszugeben. Wohl aber rechtfertigt grundsätzlich der Herausgabeanspruch des Eigentümers, daß der Verwahrer sich durch die Herausgabe an den Eigentümer die Rückgabe an den Hinterleger unmöglich macht. Es gilt § 34 S 1 StGB analog, da einerseits das Interesse des Eigentümers am Besitz seiner

Sache erheblich ins Gewicht fällt, während andererseits das Interesse des Hinterlegers angesichts des auch ihm gegenüber durchgreifenden Eigentumsherausgabeanspruchs kaum zählt (vgl dazu statt aller Schönke/Schröder/Lenckner, StGB Vorbem 71 ff zu § 32). Demgemäß wird der Verwahrer infolge der Herausgabe an den Eigentümer gem § 275 von der Rückgabepflicht befreit; § 280 greift wegen des Ausfalls des stillschweigend mitgeschriebenen (Esser/Schmidt I 2 § 25 IV 1) Erfordernisses der Rechtswidrigkeit des die Unmöglichkeit verursachenden Verhaltens nicht ein. Eine abweichende Beurteilung ist nur geboten, wenn der Hinterleger gegenüber dem Eigentumsherausgabeanspruch des Eigentümers ein Zurückbehaltungsrecht (zB wegen Verwendungen, § 1000) geltend machen könnte. Dann kehrt sich das Rangverhältnis zwischen Eigentümer- und Hinterlegerinteresse um, so daß die rechtfertigende Lösung des Pflichtenkonflikts die Erfüllung des Rückgabeanspruchs erfordert (vgl auch BGHZ 5, 337; BGH MDR 1955, 279; im Ergebnis ebenso, wenn auch in der Begründung abweichend [Analogie zu § 34 StGB sei systemwidrig; Ergebnis rechtfertige sich „schon" aus einer an § 242 orientierten Auslegung des Vertretenmüssens] MünchKomm/Hüffer Rn 8; zur prozessualen Seite vgl §§ 64, 76 ZPO).

7 Ist der **Verwahrer selbst** der (zum unmittelbaren Besitz berechtigte) **Eigentümer**, so ändert das zwar ebensowenig etwas an der Wirksamkeit des Verwahrungsvertrages wie das Eigentum eines Dritten: Die Fähigkeit des Verwahrers, sich zur Verwahrung und späteren Rückgabe der Sache zu verpflichten, wird nicht dadurch beseitigt, daß er mit Rücksicht auf sein Eigentum derartige Verpflichtungen nicht einzugehen braucht. Doch scheitert die Berufung des Hinterlegers auf die verwahrungsvertraglichen Ansprüche daran, daß der Verwahrer das Verwahrungsverhältnis nach Erwerb der Kenntnis von der Eigentumslage aus wichtigem Grund kündigen (§ 696) und sich alsdann auf sein Eigentum berufen kann. Dem Rückgabebegehren begegnet also nach § 242 der Einwand des „dolo facit, qui petit, quod statim redditurus est" (vgl auch Palandt/Thomas Anm 1; BGB-RGRK/Krohn Rn 3; kritisch zur Begründung mit § 242 MünchKomm/Hüffer Rn 7). Erwirbt der Verwahrer nach Abschluß des Verwahrungsvertrages das Eigentum vom Hinterleger, so steckt darin im Zweifel die konkludente Aufhebung des Verwahrungsvertrages (RGZ 15, 21; BGB-RGRK/Krohn Rn 3; MünchKomm/Hüffer Rn 7).

8 Zur Unmöglichkeit der unversehrten Rückgabe vgl § 688 Rn 11.

§ 696

Der Verwahrer kann, wenn eine Zeit für die Aufbewahrung nicht bestimmt ist, jederzeit die Rücknahme der hinterlegten Sache verlangen. Ist eine Zeit bestimmt, so kann er die vorzeitige Rücknahme nur verlangen, wenn ein wichtiger Grund vorliegt.

Materialien: E I § 625; III § 635; III § 683; Mot II 583; Prot II 402.

1. Bedeutung des Rücknahmeverlangens

§ 696 unterscheidet zwischen der Verwahrung auf unbestimmte und auf bestimmte **1** Zeit. In der ersten Alternative kann der Verwahrer nach Belieben jederzeit, in der zweiten nur aus wichtigem Grund „die Rücknahme der hinterlegten Sache verlangen". Nach ganz hM bringt die Formulierung („Rücknahme verlangen" statt „kündigen" wie in der Parallelvorschrift des § 671) zum Ausdruck, daß das Verwahrungsverhältnis nicht schon mit dem Rücknahmeverlangen bzw mit dem Ablauf der darin gesetzten Frist, sondern erst dann endet, wenn die Sache tatsächlich zurückgenommen worden ist (BGB-RGRK/Krohn Rn 1; 11. Aufl Rn 3). Der Gesetzgeber soll bewußt statt des Gestaltungsrechts Kündigung den Anspruch auf Rücknahme als **Mittel zur Beendigung des Verwahrungsverhältnisses** gewählt haben, um zu verhindern, daß der Verwahrer schon vor Rückgabe der Sache keine Verwahrungspflicht und demgemäß auch im Fall der entgeltlichen Verwahrung keinen Vergütungsanspruch mehr hat (Krampe NJW 1992, 1264, 1269). Diese Vorstellung klingt zwar in der Tat in den Materialien an (Mot II 583). Doch ist sie schon dort mit in sich widersprüchlichen Konsequenzen verbunden. Der Hinterleger soll nämlich durch die Verweigerung der Rücknahme in Annahmeverzug geraten, was offenkundig nicht zutrifft: Wer einen Anspruch nicht erfüllt, gerät in Schuldnerverzug; Annahmeverzug des Hinterlegers kann nur dadurch eintreten, daß er nicht an der Erfüllung der Rückgabepflicht des Verwahrers mitwirkt, die ihrerseits das Ende des Verwahrungsverhältnisses voraussetzt. Die Materialien behelfen sich in dieser Situation mit einer ad-hoc-Hypothese: Mit dem Eintritt des Annahmeverzugs des Hinterlegers soll auch das Verwahrungsverhältnis ein Ende finden. Aber erstens verlangt die dogmatische Stimmigkeit mehr. Die **Rückgabepflicht** des Verwahrers (und damit das Ende des Verwahrungsverhältnisses) ist **Voraussetzung des Annahmeverzugs**; sie zur Folge des Annahmeverzugs zu machen, genügt nicht. Zweitens geben die §§ 293 ff das Ende des Schuldverhältnisses als Konsequenz des Annahmeverzugs gar nicht her (richtig Münch-Komm/Hüffer Rn 5 mit Fn 7). Drittens (und vor allem) schließlich vereitelt die These von der Beendigung des Verwahrungsverhältnisses mit dem Eintritt des Annahmeverzugs das rechtspolitische Ziel, das mit der Konstruktion des Rücknahmeanspruchs an Stelle der Kündigung erreicht werden soll. Denn sie führt dazu, daß der entgeltliche Verwahrer seinen Vergütungsanspruch doch schon vor der Rückgabe an den Hinterleger verliert, nicht anders, als wenn man das Rücknahmeverlangen als Kündigung (mit der Folge des Annahmeverzugs des abholungspflichtigen Hinterlegers) nach § 296 S 2 qualifiziert (das verkennt Krampe NJW 1992, 1264, 1269). Was bleibt, ist das (vom historischen Gesetzgeber mit einem ungeeigneten dogmatischen Mittel verfolgte) Anliegen, dem entgeltlichen Verwahrer den **Vergütungsanspruch** bis zur Rückgabe (oder Hinterlegung, §§ 372 ff) der verwahrten Sache zu **sichern**. Diesem Anliegen läßt sich indessen durch die analoge Anwendung des § 557 Abs 1 S 1 HS 1 Rechnung tragen. Wenn der Mieter, der die Mietsache trotz Beendigung des Mietverhältnisses weiternutzt, als Mindestentschädigung den Mietzins weiterzahlen muß, dann ist es nach dem Gebot der Gleichbehandlung des Gleichartigen auch angezeigt, daß der Hinterleger, der trotz Beendigung des Verwahrungsverhältnisses durch Verweigerung der Rücknahme die tatsächliche Fortsetzung der Verwahrung erzwingt, zumindest weiterhin die bisherige Verwahrungsvergütung schuldet (wie hier für die Qualifikation des Rücknahmeverlangens als Kündigung Erman/Seiler Rn 2; MünchKomm/Hüffer Rn 5; Soergel/Mühl Rn 1).

2. Folgen der Weigerung des Hinterlegers

2 Kommt der Hinterleger dem Rücknahmeverlangen nicht nach, so gerät er wegen Nichtmitwirkung an der Erfüllung der Rückgabepflicht des Verwahrers nach § 296 S 2 in **Annahmeverzug** (MünchKomm/Hüffer Rn 6; Palandt/Thomas Rn 1; zweifelnd Erman/ Seiler Rn 3). Obwohl das Rücknahmeverlangen nach der hier vertretenen Ansicht (Rn 1) nicht Geltendmachung eines Anspruchs, sondern Kündigung ist, ist außerdem mit der hM (Erman/Seiler Rn 3; Palandt/Thomas Rn 1; MünchKomm/Hüffer Rn 6) **Schuldnerverzug** (§§ 284 ff) des Hinterlegers anzunehmen. Denn das Interesse des Verwahrers an der Rückgabe der Sache erfordert hier ebenso wie zB das Interesse des Verkäufers an der Abnahme der Kaufsache (§ 433 Abs 2), daß die Annahme der angebotenen Sache nicht nur Obliegenheit, sondern Pflicht des anderen Teils ist. Allerdings ist die Annahme keine Gegenleistung des Hinterlegers für die Verwahrung, so daß der Rückgriff auf § 326 in jedem Fall ausscheidet (unrichtig Palandt/ Thomas Rn 1). Der Hinterleger schuldet von der Erklärung des Rücknahmeverlangens an bzw nach Ablauf der darin gesetzten Frist für die weitere Verwahrung Aufwendungsersatz nach § 304, und zwar gleichgültig, ob es sich um eine entgeltliche oder unentgeltliche Verwahrung handelt. Das Versprechen der unentgeltlichen Verwahrung gilt nur bis zum Ende des Verwahrungsverhältnisses. Der Entgeltanspruch im Falle der entgeltlichen Verwahrung besteht dagegen mangels Fortdauer des Verwahrungsverhältnisses nicht mehr (aM folgerichtig die hM, vgl BGB-RGRK/Krohn Rn 5; Krampe NJW 1992, 1264, 1269); an seine Stelle tritt aber der inhaltlich übereinstimmende Mindestentschädigungsanspruch analog § 557 Abs 1 S 1 HS 1 (vgl Rn 1; ebenso schon Larenz II 1 § 58; anders Voraufl). Nicht in Betracht kommt ein Bereicherungsanspruch des Verwahrers gegen den Hinterleger nach § 812 Abs 1 S 1, da die Pflicht zur ordnungsgemäßen Rückgabe vorübergehende „Verwahrungspflichten" auch noch nach Beendigung des Verwahrungsverhältnisses einschließt und deshalb für die Inanspruchnahme des Verwahrers durch den Hinterleger einen Rechtsgrund liefert (aM OLG Karlsruhe MDR 1969, 219; wie hier Erman/Seiler Rn 3; MünchKomm/Hüffer Rn 6).

3. Abdingbarkeit der Vorschrift

3 § 696 ist nur in Grenzen abdingbar. Das gilt schon nach hM (Erman/Seiler Rn 1; BGB-RGRK/Krohn Rn 3; 11. Aufl Rn 7 f) für § 696 S 2. Das Recht, die vorzeitige Rücknahme aus wichtigem Grund zu verlangen, kann **nur erweitert**, nicht dagegen **ausgeschlossen** oder beschränkt werden. Denn das Recht zur außerordentlichen Lösung von Dauerschuldverhältnissen entspricht einem allgemeingültigen Grundsatz des Privatrechts (BGHZ 9, 157, 161 ff; 41, 104, 108; 50, 312, 314 f; Larenz AT § 2 VI aE). Aber auch für § 696 S 1 sind entgegen der hM (Palandt/Thomas Anm 1; MünchKomm/ Hüffer Rn 2; BGB-RGRK/Krohn Rn 3; Soergel/Mühl Rn 1; Erman/Seiler Rn 1) Schranken der Dispositivität anzuerkennen. Abweichend regelbar ist nur das Merkmal „jederzeit". Die Parteien können Fristen, Formerschwernisse uä vereinbaren. Dagegen kann das Recht, die Rücknahme zu verlangen, bei Verwahrungsverhältnissen auf unbestimmte Zeit nicht schlechthin ausgeschlossen werden. Die Selbstbindung des einzelnen im Rahmen der Privatautonomie setzt die Fähigkeit voraus, die Konsequenzen einer Pflichtübernahme wenigstens annähernd abzusehen. Daran fehlt es, wenn die Verpflichtung zeitlich unbegrenzt ist (vgl auch Reuter, Privatrechtliche Schranken der Perpetuierung von Unternehmen [1973] 70; anders Gernhuber, Das Schuldverhältnis

[1989] § 16 I 5). Auch ohne besondere Einschränkung des Merkmals „jederzeit" gelten die Schranken des § 242 (LG Berlin NJW 1992, 1327, 1328; vgl auch § 695 Rn 2).

4. Besonderheiten des Lagerhaltervertrags

Der Lagerhalter kann nach § 422 HGB grundsätzlich nicht verlangen, daß der Ein- **4**
lagerer das Gut vor dem Ablauf der ausbedungenen Lagerzeit bzw – falls eine Lagerzeit nicht vereinbart ist – daß er es vor dem Ablauf von drei Monaten nach der Einlieferung zurücknimmt. Ist eine Lagerzeit nicht ausbedungen oder behält der Lagerhalter nach dem Ablauf der vereinbarten Lagerzeit das Gut auf dem Lager, so kann er die Rücknahme nur nach vorheriger Kündigung mit einer Kündigungsfrist von einem Monat verlangen. Der Lagerhalter ist aber berechtigt, die Rücknahme des Gutes vor dem Ablauf der Lagerzeit und ohne Einhaltung einer Kündigungsfrist zu verlangen, wenn ein wichtiger Grund vorliegt.

§ 697

Die Rückgabe der hinterlegten Sache hat an dem Ort zu erfolgen, an welchem die Sache aufzubewahren war; der Verwahrer ist nicht verpflichtet, die Sache dem Hinterleger zu bringen.

Materialien: E I § 620; II § 637 Abs 1; III § 684;
Mot II 579 ff; Prot II 399.

1. Bedeutung

Die Rückgabepflicht ist nach § 697 **Holschuld**. Das entspricht für die Rückgabe nor- **1**
maler verwahrter Sachen der allgemeinen Regelung des § 269 Abs 1, beinhaltet aber für die Rückgabe von Geld etwas Besonderes. Während sonst nach § 270 Abs 1 der Schuldner Geld im Zweifel auf seine Gefahr und Kosten dem Gläubiger an dessen Wohnsitz zu übermitteln hat, muß verwahrtes Geld vom Hinterleger auf seine Gefahr und seine Kosten abgeholt werden (vgl für das Bankdepositengeschäft RGZ 23, 95; für den internationalen Bankverkehr RGZ 109, 357 = JW 1925, 1621; auch OLG Hamburg Bank-Arch 27, 351). Generell weicht § 697 von § 269 insofern ab, als er statt des Wohnsitzes des Schuldners den Ort der vertragsgemäßen Aufbewahrung als Erfüllungsort bestimmt. Ist die Sache befugterweise bei einem Dritten hinterlegt oder die vereinbarte Art der Aufbewahrung geändert worden (§§ 691, 692), so ist an dem Ort zurückzugeben, an dem die Sache zum Rückgabezeitpunkt berechtigterweise aufbewahrt wird.

2. Abdingbarkeit

§ 697 ist in vollem Umfang **dispositives Recht**. Abweichende Regelungen des Verwah- **2**
rungsvertrages gehen deshalb vor. Bei atypischer Interessenlage kann § 697 auch durch eine im Wege ergänzender Vertragsauslegung gewonnene Regel verdrängt werden (vgl auch LARENZ AT § 29 II). Auf diese Weise kann der Verwahrer ua verpflich-

tet sein, auf Verlangen des Hinterlegers auf dessen Kosten und Gefahr die Sache ihm oder einem Dritten zu übersenden (mißverständlich ENNECCERUS/LEHMANN § 170 I 3 c). Der Verwahrer hat wegen Rückgabeverzugs nach §§ 286 Abs 1, 249 S 1 die verwahrte Sache auf eigene Kosten und eigene Gefahr zum Hinterleger zurückzubringen, wenn er sie schuldhaft nicht an den zur Abholung angetretenen Hinterleger übergeben hat.

3.   Sachlicher Anwendungsbereich

3   § 697 gilt auch für die Herausgabe von **Früchten** der hinterlegten Sache. Dagegen soll § 697 auf die Herausgabe von unbefugt erzielten **Gebrauchsvorteilen** nicht anwendbar sein (MünchKomm/HÜFFER Rn 2). Dem ist im Ergebnis, nicht aber in der Begründung zuzustimmen. Richtiger Ansicht nach umfaßt nämlich schon § 695 die Herausgabe der unbefugt erzielten Gebrauchsvorteile nicht, so daß sich die Frage nach der Anwendbarkeit des § 697 gar nicht erst stellt (vgl § 695 Rn 5).

4   Aus § 697 folgt nicht, daß auch für die Verpflichtung des Hinterlegers zur Entrichtung der vereinbarten Vergütung der Ort Erfüllungsort ist, an dem die Sache aufzubewahren ist. Hierfür sind vielmehr die §§ 269, 270 maßgebend (vgl OLG Karlsruhe OLGRspr 3, 43; OLG Braunschweig OLGRspr 35, 164).

4.   Analoge Anwendbarkeit

5   § 697 betrifft in entsprechender Anwendung auch das **öffentlichrechtliche Verwahrungsverhältnis**. Die Beschlagnahmebehörde braucht daher beschlagnahmte Sachen nach Freigabe grundsätzlich nicht an den Wohnort des Betroffenen zurückzusenden (OLG Hamburg SeuffA 72 Nr 4). Ein derartiger Anspruch kann sich jedoch uU aus dem Gesichtspunkt der Folgenbeseitigung ergeben (vgl dazu WOLFF/BACHOF I § 54 II). § 697 ist ferner entsprechend anzuwenden auf die Rückgabe der vom Konkursverwalter nach Konkursabwicklung freigegebenen Gegenstände (OLG Hamm NJW 1964, 2355) sowie auf sonstige Fälle, in denen Rechtsverhältnisse mit Verwahrungspflichten als Nebenpflichten ein Ende gefunden haben.

§ 698

Verwendet der Verwahrer hinterlegtes Geld für sich, so ist er verpflichtet, es von der Zeit der Verwendung an zu verzinsen.

Materialien: E I § 619 S 2; II § 638; III § 685;
Mot II 579; Prot II 399.

1   **1.**   Dem Verwahrer steht der **Gebrauch** oder gar **Verbrauch** der hinterlegten Sache nicht zu; dies gilt auch bei der Verwahrung von Geld. Verwendet der Verwahrer gleichwohl das hinterlegte Geld für sich, so greift § 698 ein. Ist ihm hingegen der Verbrauch der Gelder gestattet, so findet § 700 Abs 1 Anwendung. Mit § 698 ver-

wandte Bestimmungen enthalten für den Beauftragten § 668 und für den Vormund § 1834.

2. Auf **andere Gegenstände als Geld** ist § 698 S 2 nicht anzuwenden. Nimmt der **2** Verwahrer solche Gegenstände vertragswidrig in Gebrauch, so ist er ausschließlich nach allgemeinen Grundsätzen (positive Forderungsverletzung, Delikt) zum Schadensersatz verpflichtet.

3. Die **Höhe des Zinssatzes** beträgt 4% (§ 246), bei beiderseitigen Handelsgeschäf- **3** ten 5% (§ 352 HGB). Das Recht des Hinterlegers, wegen eines durch die (schuldhafte) Verwendung des Geldes entstandenen **höheren Schadens** aus positiver Forderungsverletzung, Delikt (§ 823 Abs 1; § 823 Abs 2 BGB iVm §§ 246, 266 StGB), angemaßter Eigengeschäftsführung (§§ 687 Abs 2, 678) Ersatz oder Herausgabe des Erlangten (§§ 687 Abs 2, 681, 667) bzw der Bereicherung (§ 816 Abs 1 S 1; aA Münch-Komm/Hüffer Rn 4: § 812 Abs 1 S 1, 2. Alt) zu verlangen, wird durch § 698 nicht berührt. Die Vorschrift schafft nur einen Mindestanspruch.

4. Die **Beweislast** für den Anspruch aus § 698 trägt der Hinterleger. Jedoch **4** braucht er nicht zu beweisen, daß er aus dem Geld Nutzen gezogen hätte. Will er jedoch Ersatz eines höheren Schadens beanspruchen (vgl Rn 3), so hat er auch diesen nachzuweisen.

5. Für die Verzögerung der Rückgabe des hinterlegten Geldes (vgl § 695) haftet **5** der Verwahrer nach den Grundsätzen über den **Verzug** (§§ 284 ff).

6. Auf die **öffentlichrechtliche Hinterlegung** nach der Hinterlegungsordnung von **6** 1937 (vgl dazu allgemein Vorbem 57 zu §§ 688 ff) ist § 698 nicht anwendbar (OLG Dresden SeuffA 59 Nr 79; vgl § 8 HintO). Auch auf die Kaution ist § 698 nicht (analog) anzuwenden. Denn erstens ist die Kautionsabrede, weil die Kaution dem Sicherungsinteresse des Kautionsnehmers dient, niemals Verwahrungsvertrag. Zweitens entspricht dem Sinn der Kautionsabrede mindestens das Recht des Kautionsnehmers zur (sicheren) verzinslichen Anlage des Kautionsbetrags, so daß es an der unerlaubten Verwendung als Anknüpfungspunkt des § 698 fehlt. Für den wichtigsten Fall, die Wohnraummiete, enthält § 550 b Abs 2 seit 1983 eine Sonderregelung; im übrigen sind die §§ 1213, 1214 analog anzuwenden (vgl BGHZ 84, 347 f).

§ 699

[1] **Der Hinterleger hat die vereinbarte Vergütung bei der Beendigung der Aufbewahrung zu entrichten. Ist die Vergütung nach Zeitabschnitten bemessen, so ist sie nach dem Ablaufe der einzelnen Zeitabschnitte zu entrichten.**

[2] **Endigt die Aufbewahrung vor dem Ablaufe der für sie bestimmten Zeit, so kann der Verwahrer einen seinen bisherigen Leistungen entsprechenden Teil der Vergütung verlangen, sofern nicht aus der Vereinbarung über die Vergütung sich ein anderes ergibt.**

Materialien: E I § 623; II § 639; III § 686; Mot
II 582; Prot II 401 f.

1. Bedeutung des Abs 1

1 Die dispositive (vgl auch Vorbem 6 zu § 688) Vorschrift regelt – in Abweichung von § 271
– die **Fälligkeit** des Anspruchs des Verwahrers auf die vereinbarte oder gemäß § 689
als stillschweigend vereinbart geltende Vergütung. Danach ist der Verwahrer vorlei-
stungspflichtig. Da die Vergütung nach § 699 Abs 1 S 1 bei Beendigung der Aufbewahrung fällig wird, sind Rückgabeanspruch und Anspruch auf Vergütung Zug um
Zug zu erfüllen. § 699 Abs 1 entspricht § 551 Abs 1 bei der Miete, § 614 beim Dienstvertrag und § 641 Abs 1 beim Werkvertrag.

2. Bedeutung des Abs 2

2 § 699 Abs 2 trifft eine Regelung für den Fall **vorzeitiger Beendigung** der Aufbewahrung. Anwendungsmöglichkeiten bilden die §§ 695, 696, die Unmöglichkeit weiterer
Verwahrung sowie die Aufhebung des Verwahrungsvertrages durch die Parteien. In
all diesen Fällen kann der Verwahrer einen seinen bisherigen Leistungen entsprechenden **Teil der Vergütung** verlangen. Zwar ist nach § 699 Abs 2 das Verhältnis von
Inhalt und Umfang der bereits erbrachten zur in Aussicht genommenen Gesamtleistung entscheidend; in der Regel wird dieses Verhältnis jedoch dem der zu bewer-
tenden Zeitabschnitte entsprechen. Doch kann sich im Einzelfall auch ein anderes
Resultat ergeben, namentlich wenn die Leistung des Verwahrers in den verschiedenen Zeitabschnitten verschieden schwierig, kostspielig oder gefahrvoll ist.

3 Eine **abweichende Parteivereinbarung** ist in zwei Richtungen denkbar: Einmal kann
vereinbart sein, daß eine vorzeitige Beendigung der Aufbewahrung den Vergütungsanspruch des Verwahrers nicht schmälern soll. Zum anderen kann ein Anspruch des
Verwahrers für den Fall, daß die Aufbewahrung durch sein Verschulden vorzeitig
endet, überhaupt ausgeschlossen sein. Ohne eine solche Abmachung bleibt es aber
bei der Regel des § 699 Abs 2; insbesondere schließt der Untergang des verwahrten
Gegenstandes durch höhere Gewalt den Vergütungsanspruch nicht aus (für einen Ausnahmefall unter Berufung auf LG Berlin NJW 1948, 654 **aA** SOERGEL/MÜHL § 689 Rn 3; vgl dazu
§ 689 Rn 3).

4 3. Über den **Erfüllungsort** für die Zahlung der Vergütung siehe § 697 Rn 4. Über
das **Zurückbehaltungsrecht** des Verwahrers siehe § 693 Rn 8; § 695 Rn 6.

5 4. Zur Fälligkeit der dem Lagerhalter beim kaufmännischen **Lagergeschäft** (vgl
dazu allgemein Vorbem 18 zu §§ 688 ff) zukommenden Beträge (Lagergeld, Erstattung der
Auslagen für Frachten und Zölle sowie sonstiger für das Gut gemachter Aufwendungen, vgl § 420 Abs 1 HGB) siehe im einzelnen § 420 Abs 2 HGB. Über das Pfandrecht des Lagerhalters siehe § 421 HGB.

§ 700

[1] Werden vertretbare Sachen in der Art hinterlegt, daß das Eigentum auf den Verwahrer übergehen und dieser verpflichtet sein soll, Sachen von gleicher Art, Güte und Menge zurückzugewähren, so finden die Vorschriften über das Darlehen Anwendung. Gestattet der Hinterleger dem Verwahrer, hinterlegte vertretbare Sachen zu verbrauchen, so finden die Vorschriften über das Darlehen von dem Zeitpunkt an Anwendung, in welchem der Verwahrer sich die Sachen aneignet. In beiden Fällen bestimmen sich jedoch Zeit und Ort der Rückgabe im Zweifel nach den Vorschriften über den Verwahrungsvertrag.

[2] Bei der Hinterlegung von Wertpapieren ist eine Vereinbarung der im Absatz 1 bezeichneten Art nur gültig, wenn sie ausdrücklich getroffen wird.

Materialien: E I § 618; II § 640; III § 687; Mot II 576 ff; Prot II 395 ff.

Schrifttum

1. Allgemein zu § 700

HEUSSNER, Der Übergang der regelmäßigen Verwahrung in eine unregelmäßige Verwahrung oder ein Darlehen (1921)

KUHLENBECK, Der unregelmäßige Verwahrungsvertrag unter besonderer Berücksichtigung des Bankdepotgesetzes, JW 1910, 641

LITTMANN, Das Bankguthaben (1931)

NIEMEYER, Depositum irregulare (1889)

vSCHEY, Die Obligationsverhältnisse I 55, 281

SCHÜTZ, Die Rechtsnatur von Bank- und Sparkassenguthaben, JZ 1964, 91

2. Zum Lagergeschäft nach §§ 416 ff HGB und nach der Orderlagerscheinverordnung

ABRAHAM, Der Lagerschein (1933)

vARNSWALDT, Der handelbare Orderlagerschein (1930)

HECHT, Warrants (Lager- und Lagerpfandschein) (1884)

MÜNCH, Die Verkehrsformen des deutschen Lagerscheins (1928)

SENCKPIEHL, Das Lagergeschäft nach deutschem Recht (1914)

SERICK, Zur Rechtsnatur des Orderlagerscheins, in: FS Walter Schmidt (1959) 315 ff ferner die Kommentare zum HGB zu § 363 HGB, §§ 416 ff HGB sowie zur Orderlager-

scheinVO, zB BAUMBACH/DUDEN/HOPT, Kommentar zum HGB (28. Aufl 1989)

Großkomm-HGB/KOLLER(4. Aufl 1987) §§ 416 ff und Anh I A zu § 424

Großkomm-HGB/CANARIS (3. Aufl 1978) § 363 Anm 35 ff.

SCHLEGELBERGER/SCHRÖDER, Kommentar zum HGB (5. Aufl 1977) §§ 416 ff

3. Zur Wertpapierverwahrung nach dem DepotG

BAUMBACH/DUDEN/HOPT, Kommentar zum HGB (28. Aufl 1989) Anh nach § 406

Großkomm-HGB/CANARIS (3. Aufl 1978) in Anh L nach § 357 Anm 929 ff

HEINSIUS/HORN/THAN, Depotgesetz (1975)

OPITZ, Depotgesetz (2. Aufl 1955)

PETERS, Die Verwahrung und Verwaltung von Effekten, JuS 1976, 424

QUASSOWSKI/SCHRÖDER, Bankdepotgesetz (1937)

Großkomm-HGB/KOLLER (4. Aufl 1987) Anh II zu § 424

SCHLEGELBERGER/HEFERMEHL, Kommentar zum HGB (5. Aufl 1977) Anh zu § 406 Rn 209 ff

SCHÖNLE, Bank- und Börsenrecht (2. Aufl 1976) §§ 20, 21, jeweils mit umfangreichen weiteren Nachweisen

Systematische Übersicht

I.   Grundsätzliche Regelung, rechtliche Natur und Sprachgebrauch

1.   Entstehungsgeschichte

1 Während im Gemeinen Recht die Hinterlegung von vertretbaren Sachen mit der Maßgabe, daß nicht dieselben Sachen, sondern die gleiche Menge in Art und Qualität gleicher Sachen zurückerstattet werde, nicht als Darlehen, sondern als **depositum (irregulare)** betrachtet wurde, stellt § 700 ein solches Rechtsgeschäft im wesentlichen dem **Darlehen** gleich. Die jetzige Fassung (zu den Entwurfsfassungen vgl E I § 618; II § 640; III § 687) des § 700 stellt klar, daß eine Einigung über den Eigentumsübergang erfolgen muß. Man kann daher die unregelmäßige Verwahrung als den „Tausch" des Eigentums an Sachen gegen einen schuldrechtlichen Anspruch bezeichnen (vgl OPITZ, Depotgesetz §§ 10, 11 Anm 3, § 15 Anm 10).

2.   Abgrenzung zu Verwahrung und Darlehen

2 Aus Rn 1 folgt, daß es sich bei § 700 **nicht** um einen **Verwahrungsvertrag** handelt. Denn ein entscheidendes Merkmal der (regelmäßigen) Verwahrung ist, daß der Verwahrer nicht Eigentümer der hinterlegten Sache wird. Daher finden auf das depositum irregulare die Vorschriften über den Verwahrungsvertrag (§§ 688—699) grundsätzlich keine Anwendung (Ausnahme: § 700 Abs 1 S 3). Übereinstimmend bestimmen §§ 15 Abs 1, 13 Abs 2 DepotG, daß der Abschnitt des Depotgesetzes über die Verwahrung von Wertpapieren (§§ 2-17 DepotG) für die unregelmäßige Verwahrung nicht gilt (allgemein zur Verwahrung von Wertpapieren nach dem DepotG vgl Vorbem 23 zu §§ 688 ff). Eine ähnliche Regelung enthält § 419 Abs 3 HGB für den Fall, daß die Einlagerung beim kaufmännischen Lagergeschäft (allgemein zum kaufmännischen Lagergeschäft vgl Vorbem 18 zu §§ 688 ff) in der Form der unregelmäßigen Verwahrung erfolgt.

3 Obwohl § 700 Abs 1 S 1 die entsprechende Anwendung der Darlehensvorschriften anordnet, handelt es sich beim depositum irregulare auch **nicht** um ein **Darlehen**. Die Eigenart des Unterschieds beschreibt man überwiegend dahin, daß das Darlehen

durch das Bedürfnis des Empfängers veranlaßt sei, während das depositum irregulare dem Interesse des Hinterlegers an sicherer Aufbewahrung bei jederzeitiger Verfügbarkeit der Einlage diene (vgl schon RGZ 1, 204, 208; ERMAN/SEILER Rn 1; BGB-RGRK/KROHN Rn 1; SOERGEL/MÜHL Rn 1; LARENZ II 1 § 58). Dagegen ist einzuwenden, daß beim praktisch wichtigsten Fall, den allgemein zu § 700 gerechneten Sicht- oder Kontokorrenteinlagen („Girokonto", vgl BGHZ 84, 373; auch Anderkonto, vgl BGH NJW 1980, 1106, 1107), das Interesse der Bank an den zinslosen oder doch nur gering zu verzinsenden Einlagen sicherlich mindestens ebenso groß ist wie das Interesse des Hinterlegers (vgl auch SCHÜTZ JZ 1964, 91 ff). Überzeugender erscheint es deshalb darauf abzustellen, daß es dem Hinterleger beim depositum irregulare in erster Linie auf eine sichere Verwahrung bei höchster Liquidität, dh **jederzeitiger Verfügbarkeit** ankommt, während der Zins für ihn in den Hintergrund tritt. Der Verzicht auf den höheren Zins ist (neben der uU vorgesehenen Provision) die Gegenleistung für die Verwahrung und das jederzeitige Zur-Verfügung-Halten. Dieses Unterscheidungskriterium liegt auch der gesetzlichen Regelung zugrunde, die in § 700 Abs 1 S 3 hinsichtlich des Rechtes des Einlegers zur Rückforderung nicht wie im übrigen auf das Darlehensrecht, sondern auf das Verwahrungsrecht (§ 695) verweist. Daher ist bei „festem Geld" mit (monatlicher, vierteljährlicher) Kündigungsfrist und höherem Zinsfuß im Zweifel Darlehen anzunehmen (wichtigster praktischer Fall: Spareinlagen; aM OLG München WM 1983, 1295; SCHÜTZ JZ 1964, 91 f; SCHÖNLE, Bank-und Börsenrecht § 7 I 1 b. Wie hier MünchKomm/HÜFFER Rn 3; CANARIS, Bankvertragsrecht [2. Bearbeitung] Rn 1164).

3. Abgrenzung zur Depotverwahrung

Handelt es sich um die unregelmäßige Verwahrung von Wertpapieren im Sinne des **4** Depotgesetzes, so gelten außer den Vorschriften des § 700, insbes des § 700 Abs 2, noch die Vorschriften des § 15 oder § 13 des DepotG (siehe unten Rn 10, 14, 16 ff). Diese Vorschriften ordnen in ähnlicher Weise die Unanwendbarkeit der allgemeinen Bestimmungen des DepotG an, wie § 700 Abs 1 die Unanwendbarkeit der §§ 688 ff vorsieht (zur daraus resultierenden Gefährlichkeit der unregelmäßigen Depotverwahrung vgl CANARIS, Bankvertragsrecht [2. Bearbeitung] Rn 2140).

4. Terminologie

Der Sprachgebrauch ist für § 700 nicht völlig einheitlich. Am verbreitetsten ist im **5** Anschluß an depositum irregulare die Bezeichnung als „unregelmäßige Verwahrung" (vgl zB ERMAN/SEILER Rn 1; PALANDT/THOMAS Rn 1; SOERGEL/MÜHL Rn 1; FIKENTSCHER § 86 III; LARENZ II 1 § 58 S 460; so auch die amtliche Überschrift in § 15 DepotG) oder „uneigentliche Verwahrung" (PALANDT/THOMAS Rn 1). Gebräuchlich ist ferner die Bezeichnung „Hinterlegungsdarlehen" (ERMAN/SEILER Rn 1; BGB-RGRK/KROHN Rn 1; SOERGEL/MÜHL Rn 1; ESSER/WEYERS II § 38 III 1; LARENZ II 1 § 58 S 460), ferner noch „Summenverwahrung" (ERMAN/SEILER Rn 1; FIKENTSCHER § 86 III). Die Bezeichnungen bringen allesamt den Mischcharakter aus (überwiegendem) Darlehens- und (ergänzendem) Verwahrungselement zum Ausdruck. Der Sache nach handelt es sich um einen gesetzlich geregelten Typenverschmelzungsvertrag (MünchKomm/HÜFFER Rn 2)

5. Systematik des § 700

6 § 700 enthält **zwei Fälle** der unregelmäßigen Verwahrung, § 700 Abs 1 S 1 und § 700 Abs 1 S 2 (näheres unten Rn 8 ff). § 700 Abs 1 S 1 wird für Wertpapiere ergänzt durch § 15 DepotG, § 700 Abs 1 S 2 durch § 13 DepotG.

II. Voraussetzungen des unregelmäßigen Verwahrungsvertrages

1. Voraussetzungen des § 700 Abs 1 S 1

7 Es wird vereinbart, daß das Eigentum an der hinterlegten Sache auf den Verwahrer übergehen und daß der Verwahrer schuldrechtlich verpflichtet sein soll, Sachen von gleicher Art, Güte und Menge zurückzugewähren (§ 700 Abs 1 S 1). Die gesetzliche Formulierung bringt zum Ausdruck, daß der Hinterleger sich bei der unregelmäßigen Verwahrung – anders als der Darlehensgeber – **nicht zur Übereignung der „Verwahrungssachen" verpflichtet** (aM ERMAN/SEILER Rn 2). Der „Verwahrer" kann also vorbehaltlich abweichender Vereinbarung nicht mit Erfolg gegen den Einleger auf Übereignung klagen. Die Übereignung ist lediglich dispositives gesetzliches Tatbestandsmerkmal, das erfüllt sein muß, damit die Rechtsfolge – Anwendbarkeit der Darlehensvorschriften – eintritt. Scheitert die Übereignung zB mangels Eigentums des Einlegers, so entsteht die Pflicht zur Rückerstattung von Sachen gleicher Art, Güte und Menge (im Zweifel) nicht. Auch die Möglichkeit einer Umdeutung (§ 140) der fehlgeschlagenen unregelmäßigen in eine regelmäßige Verwahrung ist zu verneinen. Vielmehr hat der Einleger einen **Anspruch auf (Besitz-) Rückgewähr** aus § 812 Abs 1 S 2 2. Alt (condictio ob rem – Vorleistungsfall, vgl REUTER/MARTINEK, Ungerechtfertigte Bereicherung § 5 III 1 c aa), für den in der Konkurrenz mit dem (Besitz-) Herausgabeanspruch des Eigentümers aus § 985 die Ausführungen unter § 695 Rn 6 entsprechend gelten (aA MünchKomm/HÜFFER Rn 8 aE: Anspruch aus § 695 analog). Hingegen wird eine vorläufige regelmäßige Verwahrung als vereinbart gelten dürfen, wenn die Parteien die Übereignung bewußt noch hinausgeschoben oder vom Eintritt einer Bedingung abhängig gemacht haben, es sei denn, die Auslegung ergäbe den beiderseitigen Willen zur Vereinbarung einer unregelmäßigen Verwahrung nach § 700 Abs 1 S 2. Selbstverständlich ist, daß die Parteien eines regelmäßigen Verwahrungsvertrages diesen nachträglich in einen unregelmäßigen abändern können; die Übereignung kann sich dann nach § 929 S 2 vollziehen. Das gilt auch für den Fall, daß der Verwahrer nur mittelbarer Besitzer ist, während der unmittelbare Besitz bei einem Unterverwahrer liegt (zur sachenrechtlichen Problematik BGHZ 56, 123, 128).

8 Aus §§ 700 iVm § 607 Abs 2 folgt die Möglichkeit, die unregelmäßige Verwahrung in der Form zu begründen, daß Geld oder sonstige vertretbare Sachen, die der Verwahrer dem Hinterleger aus einem anderen Grunde schuldet, als in unregelmäßiger Verwahrung hinterlegt gelten sollen (vgl RGZ 67, 262, 264; 119, 21, 24).

9 Da § 700 eine Rückerstattungspflicht voraussetzt, liegt keine unregelmäßige Verwahrung vor, wenn die Sache **zur Sicherheit hinterlegt** wird (RGZ 119, 57, 58). Auch kann der Hinterleger dem Verwahrer, der aufgrund eines unregelmäßigen Verwahrungsvertrages Eigentum erworben hat, die Sache nicht im eigentlichen Sinne **zur Sicherheit** übereignen (so für § 54 BörsG RGZ 87, 18, 23; 153, 197, 198 f). Die Parteien sind vielmehr darauf verwiesen, die Rückgabeverpflichtung des § 700 in der Weise zu modifizieren, daß sie unter die Bedingung der Erfüllung der gesicherten Forderung gestellt wird (zur Abgrenzung der unregelmäßigen Verwahrung von der Geschäftsbesorgung vgl RGZ 126, 79, 81).

§ 15 Abs 1 DepotG ergänzt § 700 Abs 1 S 1 für den Fall der Wertpapierverwahrung **10** nach dem Depotgesetz. In Abweichung von § 700 Abs 1 S 1 erkennt die Vorschrift die unregelmäßige Verwahrung von Wertpapieren auch in der Form an, daß das Eigentum des Hinterlegers nicht auf den Verwahrer, sondern unmittelbar (dh ohne Zwischenerwerb) auf einen Dritten übertragen wird, zB so, daß der Verwahrer die Einigung im Namen und mit Vollmacht des Dritten erklärt und zugleich im Wege gestatteten Selbstkontrahierens ein Besitzmittlungsverhältnis zwischen sich und dem Dritten vereinbart. Diese Möglichkeit der unregelmäßigen Verwahrung ist auch für das bürgerliche Recht anzuerkennen; es gilt dann § 700 Abs 1 S 1 entsprechend (ebenso ERMAN/SEILER Rn 2; MünchKomm/HÜFFER Rn 7).

2. Voraussetzungen des § 700 Abs 1 S 2

Außer dem Weg des § 700 Abs 1 S 1 sieht der Gesetzgeber die Möglichkeit einer **11** unregelmäßigen Verwahrung in der Weise vor, daß der Hinterleger dem Verwahrer den **Verbrauch** der hinterlegten Sache mit der Maßgabe der **Rückerstattung** von Sachen gleicher Art, Menge und Güte gestattet. Dann ist das Rechtsgeschäft von dem Zeitpunkt an, in dem sich der Verwahrer die Sache aneignet, unregelmäßige Verwahrung (§ 700 Abs 1 S 2). Da der Verwahrer auch im Fall des § 700 Abs 1 S 1 zum Verbrauch befugt ist, meint § 700 Abs 1 S 2 den Fall, daß zunächst (nämlich bis zur Aneignung) eine – auflösend bedingte – regelmäßige Verwahrung vereinbart ist. Konstruktiv handelt es sich bei der Gestattung in schuldrechtlicher Hinsicht um einen Vertragsantrag, der auf Umwandlung des regelmäßigen in einen unregelmäßigen Verwahrungsvertrag (vgl dazu oben Rn 7 aE) gerichtet ist, und in sachenrechtlicher Hinsicht um einen Antrag auf Übereignung nach § 929 S 2 (RGZ 52, 202, 205; ERMAN/ SEILER Rn 3; PALANDT/THOMAS Rn 2; BGB-RGRK/KROHN Rn 2; SOERGEL/MÜHL Rn 2). Diese Offerten können vom Verwahrer nur durch Aneignung iS des § 700 Abs 1 S 2 angenommen werden; für die Aneignung gilt § 151 S 1 (hinsichtlich der schuldrechtlichen Seite **aM**: mit Eigentumsübergang Umwandlung kraft Gesetzes ERMAN/SEILER Rn 3; wie hier dagegen HEINSIUS/HORN/THAN § 13 Rn 21; OPITZ § 12 Anm 9; PALANDT/THOMAS Rn 2; vermittelnd MünchKomm/HÜFFER Rn 11: Aneignung als vertraglich begründetes Gestaltungsrecht).

Der Ausdruck „Gestattung des Verbrauchs" ist nicht glücklich. Er paßt nicht für **12** Wertpapiere und andere nicht verbrauchbare Sachen. Wie der Begriff „aneignen" (§ 700 Abs 1 S 2 aE) zeigt, meint das Gesetz die **Gestattung der Aneignung**; § 700 Abs 1 S 2 gilt daher auch für nicht verbrauchbare Sachen. Als Aneignung ist hierbei jede Handlung anzusehen, durch die der Verwahrer seinen Willen, Eigentümer der hinterlegten Sache zu werden, ausdrücklich (zB durch Mitteilung an den Hinterleger) oder konkludent (zB durch Verbrauch, Vermischung, Verarbeitung, Veräußerung oder anderweitige Verfügung, durch Entfernen des auf den Namen des Hinterlegers lautenden Streifbandes bei der [Sonder-]Verwahrung von Wertpapieren, durch Eigenanzeige nach § 4 Abs 2 DepotG oder durch Widerruf einer Fremdanzeige) zum Ausdruck bringt; mit Rücksicht auf die Rechtswirkungen der Aneignung muß diese deutlich erkennbar nach außen in Erscheinung treten, so daß ein fester Zeitpunkt für den Eigentumsübergang zu ermitteln ist (vgl HEINSIUS/HORN/

THAN § 13 Rn 21; OPITZ § 13 Anm 9). Nicht ausreichend ist die Verpfändung von Wertpapieren (RGZ 58, 286, 290 f).

13 Als Annahme des Umwandlungs- und Übereignungsangebots (Rn 11) ist die **Aneignungshandlung** eine arg e § 151 S 1 nicht empfangsbedürftige Willenserklärung, so daß die §§ 104 ff, 116 ff anwendbar sind. Die Gestattung der Aneignung kann bei oder nach der Hinterlegung erfolgen. Sie kann bis zum Zeitpunkt der Aneignung frei widerrufen werden (durch empfangsbedürftige Willenserklärung nach §§ 130 ff); das folgt aus der bis zur Vollendung des Eigentumsübergangs bestehenden zwingenden Widerruflichkeit der dinglichen Einigung bzw (bei der Ermächtigung zur Übereignung an einen Dritten vgl sogleich Rn 14) aus § 183 (vgl CANARIS, Bankvertragsrecht [2. Bearbeitung] Rn 2144; HEINSIUS/HORN/THAN § 13 Rn 17; OPITZ § 13 Anm 7)

14 **§ 13 Abs 1 S 1 DepotG** erwähnt die Möglichkeit, dem Verwahrer zu gestatten, das Eigentum an der hinterlegten Sache auf einen Dritten zu übertragen. Für diesen Fall ist im Bereich des bürgerlichen Rechts § 700 Abs 1 S 2 entsprechend anwendbar (ERMAN/SEILER § 700 Rn 4; vgl auch oben die Erl Rn 10 aE [zu §§ 700 Abs 1 S 1 BGB, 15 Abs 1 DepotG]). Die Regeln über die unregelmäßige Verwahrung gelten dann von dem Zeitpunkt der Eigentumsübertragung an den Dritten ab.

III. Die Form des unregelmäßigen Verwahrungsvertrags

1. Grundsatz

15 Die Vereinbarungen nach § 700 Abs 1 S 1 (Rn 7) und die Gestattung nach § 700 Abs 1 S 2 (Rn 11 ff) bedürfen, wenn es sich nicht um Wertpapiere handelt, **keiner Form**. Sie können ausdrücklich oder stillschweigend erfolgen.

2. Ausnahmen

16 Besondere Formvorschriften gelten aber bei der unregelmäßigen Verwahrung von **Wertpapieren**. § 700 Abs 2 bestimmt, daß für beide Arten (§ 700 Abs 1 S 1 und S 2) der unregelmäßigen Verwahrung von Wertpapieren eine **ausdrückliche** Abrede getroffen werden muß. Die hM will dem nicht eine Formvorschrift, sondern lediglich eine Auslegungsregel entnehmen. Die Abrede soll sich auch aus den Umständen ergeben können, vorausgesetzt, sie genügt dem Erfordernis „gesteigerter Eindeutigkeit" (MünchKomm/HÜFFER Rn 5, 19; ERMAN/SEILER Rn 5). Diese Ansicht ist weder mit dem Wortlaut noch mit der Entstehungsgeschichte noch mit dem Zweck des § 700 Abs 2 vereinbar. Die vom Gesetzgeber beabsichtigte eindeutige Warnung der Hinterleger von Wertpapieren (Prot II 396) wird verfehlt, wenn Erklärungsmittel zugelassen werden, deren richtige Deutung bei den inländischen Adressaten etwas anderes als die Beherrschung der deutschen Sprache erfordert. Das gilt um so mehr, als Kriterien wie „gesteigerte Eindeutigkeit" in der Praxis gar nicht zu handhaben sind. Im Streitfall kommt es also darauf an, ob der Hinterleger **wörtlich** (= ausdrücklich) auf die vom Verwahrer angestrebte Möglichkeit der Verfügung über die Wertpapiere hingewiesen worden ist. Die Darlegungs- und Beweislast dafür hat der Verwahrer. Die Darlegung von Umständen, aus denen der Hinterleger als vernünftiger Teilnehmer am Rechtsverkehr auf den entsprechenden Willen des Verwahrers hätte schließen müssen, genügt nicht.

Nach dem Wortlaut soll die Form des § 700 Abs 2 für die Erklärungen beider Teile **17** gelten. Indessen geht dieser Wortlaut („Vereinbarung„) zu weit. Dem gesetzgeberischen Anliegen, Mißbräuchen im Depotgeschäft der Banken dadurch entgegenzutreten, daß der verwahrenden Bank die Berufung auf eine stillschweigende Vereinbarung abgeschnitten wird (vgl Prot II 396), ist genügend Rechnung getragen, wenn man für die Erklärung des Hinterlegers Ausdrücklichkeit verlangt; **auf Seiten des Verwahrers reicht eine stillschweigende Erklärung** aus (so auch HEINSIUS/HORN/THAN § 15 Rn 7; OPITZ § 15 Anm 6; BGB-RGRK/KROHN Rn 3, einschränkend – nur für § 700 Abs 1 S 2 – ERMAN/SEILER Rn 5; aM SCHLEGELBERGER/HEFERMEHL, HGB Anh zu § 406 Rn 350).

Im **Depotrecht** sind die Formvorschriften für die beiden Formen der unregelmäßigen **18** Verwahrung ebenfalls die gleichen (für § 700 Abs 1 S 1 vgl § 15 Abs 2 DepotG; für § 700 Abs 1 S 2 vgl § 13 Abs 1 DepotG). Diese Formvorschriften gelten schon nach dem eindeutigen Gesetzeswortlaut **nur für die Erklärung des Hinterlegers;** die Annahme durch den Verwahrer kann also insoweit formlos geschehen. Die VO zur Vereinfachung des Wertpapierverkehrs vom 22. 12. 1942 (RGBl I 1943 S 1), wonach die Banken die im offenen Depot lagernden Wertpapiere auch ohne Ermächtigung der Reichsbank in Sammelverwahrung geben durften, sofern dies nicht ausdrücklich und schriftlich ausgeschlossen worden war, ist nicht mehr anwendbar (vgl zu der Streitfrage die Nachweise bei HEINSIUS/HORN/THAN § 5 Rn 37; OPITZ § 5 Anm 5; SCHLEGELBERGER/HEFERMEHL Anh zu § 406 Rn 279). Das Erfordernis der Ausdrücklichkeit wird durch § 15 Abs 2 S 2 und 3 DepotG bzw § 13 Abs 1 S 2 und 3 DepotG ergänzt und verschärft (zur Schriftlichkeit siehe § 126 BGB; zu weiteren Einzelheiten der Form nach §§ 15 Abs 2, 13 Abs 1 DepotG vgl HEINSIUS/HORN/THAN § 15 Rn 7 ff, § 13 Rn 8 ff). Die gleichen Formvorschriften gelten – im Gegensatz zum nach §§ 607 ff formfreien bürgerlich-rechtlichen Wertpapierdarlehen – für das Wertpapierdarlehen nach dem Depotgesetz, vgl § 15 Abs 3 DepotG. Die Formvorschriften der §§ 13 Abs 1, 15 Abs 2 und 3 DepotG sind nicht anzuwenden, wenn der Hinterleger gewerbsmäßig Bank- oder Sparkassengeschäfte betreibt (§ 16 DepotG). Doch bleibt das Erfordernis der Ausdrücklichkeit (§ 700 Abs 2) auch für diesen Fall bestehen.

IV. Abgrenzung zu anderen Rechtsinstituten

Zur Abgrenzung der unregelmäßigen Verwahrung vom regelmäßigen Verwahrungs- **19** vertrag und vom Darlehen vgl oben Rn 2 ff. Die unregelmäßige Verwahrung ist darüber hinaus zu unterscheiden von den im Depotrecht ausgebildeten Rechtsinstituten der Tauschverwahrung und der Sammelverwahrung sowie von der Einkaufskommission nach §§ 18 ff DepotG.

Die **Tauschverwahrung** ist ein regelmäßiger Verwahrungsvertrag nach § 688, und zwar **20** Sonderverwahrung (vgl dazu § 2 DepotG), bei der der Hinterleger den Verwahrer in Abweichung von §§ 688, 695 ermächtigt hat, an Stelle der ihm zur Verwahrung anvertrauten Sachen **Sachen derselben Art an Erfüllungs Statt** (§ 364) zurückzugewähren (vgl CANARIS Bankvertragsrecht [2. Bearbeitung] Rn 2136; OPITZ §§ 10, 11 Anm 3; SCHLEGELBERGER/HEFERMEHL Anh zu § 406 Rn 331). Entscheidend ist dabei, daß der **Hinterleger** während der gesamten Dauer des Verwahrungsverhältnisses **stets Eigentümer bestimmter Sachen** bleibt (vgl auch § 11 S 2 DepotG). Bis zum Tausch ist er Eigentümer der von ihm hinterlegten Sachen; mit dem Tausch wird er unmittelbar Eigentümer der Ersatzstücke.

21 Die Einigung zum **Eigentumserwerb an den Ersatzstücken** ergibt sich aus der Tauschermächtigung des Hinterlegers und ihrer Ausübung durch den Verwahrer, der Besitzerwerb erfolgt durch Verschaffung des mittelbaren Besitzes (§§ 930, 868, 181; vgl OPITZ §§ 10, 11 Anm 6; **aM** SCHLEGELBERGER/HEFERMEHL Anh zu § 406 Rn 340). Das **Eigentum an den ausgetauschten Stücken** geht gemäß § 929 S 2 auf den Verwahrer über. Der Hinterleger ist – im Gegensatz zur unregelmäßigen Verwahrung – also in keinem auch noch so kurzen Zeitraum auf einen schuldrechtlichen Anspruch beschränkt und hat daher im Konkurs des Verwahrers stets ein Aussonderungsrecht (vgl CANARIS, Bankvertragsrecht [2. Bearbeitung] Rn 2136; HEINSIUS/HORN/THAN § 10 Rn 1; OPITZ §§ 10, 11 Anm 3). Trotz des Austausches bleibt der Verwahrungsvertrag (Depotvertrag) der gleiche. Bei der Tauschverwahrung handelt es sich also um den „Tausch" des Eigentums an einer Sache gegen das Eigentum an einer anderen Sache, bei der unregelmäßigen Verwahrung um den „Tausch" des Eigentums an einer Sache gegen einen schuldrechtlichen Anspruch auf gleichartige Sachen (OPITZ §§ 10, 11 Anm 3, § 15 Anm 10; vgl auch Rn 1).

22 Die **Sammelverwahrung** ist die Verwahrung vertretbarer Sachen derselben Art **in einem einheitlichen Bestand** ungetrennt sowohl von eigenen Beständen des Verwahrers als auch von Beständen dritter Hinterleger, die dem Verwahrer Sachen derselben Art in Verwahrung gegeben haben. Von der Sonderverwahrung (für Wertpapiere vgl § 2 DepotG) unterscheidet sich die Sammelverwahrung durch die Möglichkeit ungetrennter Aufbewahrung. Das Wesen der Sammelverwahrung besteht darin, daß der Hinterleger mit der Einlieferung in Sammelverwahrung sein Eigentum an den übergebenen Stücken verliert und statt dessen **Miteigentum nach Bruchteilen** (§§ 1008 ff, 947, 948) erwirbt. Im Gegensatz zur unregelmäßigen Verwahrung ist also der Hinterleger niemals auf einen schuldrechtlichen Anspruch beschränkt, sondern er hat Eigentum als Miteigentümer. Soweit nicht die Vorschriften über das kaufmännische Lagergeschäft (§§ 416 ff HGB, VO über Orderlagerscheine) sowie über die Sammelverwahrung von Wertpapieren nach dem DepotG (§§ 5–9 DepotG) besondere Vorschriften enthalten (vgl dazu sogleich Rn 23, 24), sind auf die Sammelverwahrung die Vorschriften über die regelmäßige Verwahrung (§§ 688 ff) anwendbar (BGB-RGRK/KROHN Rn 8; im Ergebnis auch HEINSIUS/HORN/THAN § 5 Rn 63).

23 Von der unregelmäßigen Verwahrung zu unterscheiden ist schließlich die **Einkaufskommission** (§§ 18 ff DepotG). Sie gibt dem Kommittenten lediglich einen schuldrechtlichen Anspruch auf Lieferung der vom Kommissionär besorgten Wertpapiere. Von dieser Verpflichtung kann sich der Kommissionär dadurch befreien, daß er dem Kommittenten Miteigentum an den zum Sammelbestand einer Wertpapiersammelbank gehörenden Wertpapieren verschafft (§ 24 DepotG, zu den Einzelheiten vgl HEINSIUS/HORN/THAN § 24 Rn 6 ff). Eine Umgestaltung des schuldrechtlichen Anspruchs aus der Einkaufskommission in eine unregelmäßige Verwahrung gemäß §§ 607 Abs 2, 700 (allgemein zur Anwendung des § 607 Abs 2 im Rahmen von § 700 oben Rn 8) kann nur erfolgen, wenn dem Kommittenten zuvor das Eigentum an den geschuldeten Wertpapieren übertragen wurde. Denn unregelmäßige Verwahrung setzt zunächst das Eigentum des Kommittenten voraus; im übrigen läge mit der Umwandlung in eine unregelmäßige Verwahrung sonst auch eine Umgehung der gemäß § 28 DepotG unabdingbaren Pflicht des Kommissionärs zur Übersendung des Stückeverzeichnisses (§ 18 Abs 1 S 1 DepotG) vor (HEINSIUS/HORN/THAN § 15 Rn 12; OPITZ § 15

Anm 8; CANARIS, Bankvertragsrecht [2. Bearbeitung] Rn 2142). Soweit die Umgestaltung danach zulässig ist, ist sie an die Form des § 15 Abs 2 DepotG gebunden.

V. Die Rechtsfolgen der unregelmäßigen Verwahrung

Auf beide Varianten der unregelmäßigen Verwahrung finden nach § 700 Abs 1 S 1 **24** und 2 grundsätzlich nicht die für den Verwahrungsvertrag, sondern die für das Darlehen (**§§ 607 ff**) geltenden Bestimmungen Anwendung, so zB §§ 607 Abs 2, 608 (vgl RGZ 67, 262, 264, 610). Entsprechendes ordnen §§ 15 Abs 1, 13 Abs 2 DepotG für die die unregelmäßige Verwahrung von Wertpapieren betreffenden Vorschriften des Depotgesetzes an.

Im einzelnen gilt: **25**

– Der Hinterleger haftet dem Verwahrer für den aus der Beschaffenheit der hinterlegten Sache entstehenden Schaden auch nicht aus § 694, sondern nur nach allgemeinen Grundsätzen (culpa in contrahendo, positive Forderungsverletzung, §§ 823 ff; vgl auch MünchKomm/HÜFFER Rn 13).

– Der Verwahrer trägt von Anfang an (§ 700 Abs 1 S 1) oder vom Zeitpunkt der Aneignung an (§ 700 Abs 1 S 2) die **Gefahr** eines zufälligen Untergangs und einer zufälligen Verschlechterung der Sache; er wird nicht frei. Daher ist insbesondere bei Geld die Prüfung wichtig, ob nicht in Wahrheit ein regelmäßiger Verwahrungsvertrag vorliegt (vgl OLG Hamm MDR 1948, 247).

– Der Hinterleger hat immer nur einen schuldrechtlichen Anspruch auf Rückgewähr von Sachen gleicher Art, Güte und Menge. Er hat **keinen Anspruch aus Eigentum** (§ 985) und daher in der Einzelzwangsvollstreckung keine Drittwiderspruchsklage (§ 771 ZPO), im Konkurs des Verwahrers kein Aussonderungsrecht (§ 43 KO).

Eine Ausnahme von der in § 700 Abs 1 S 1 und 2 niedergelegten grundsätzlichen **26** Anwendung der Darlehensvorschriften bestimmt die Auslegungsregel des § 700 Abs 1 S 3. Danach richten sich **Zeit und Ort der Rückgabe** im Zweifel nicht nach den Bestimmungen der §§ 269, 270, 609, sondern nach den §§ 695−697 über den Verwahrungsvertrag. Der Hinterleger hat somit ein **jederzeitiges Rückforderungsrecht**, auch wenn für die Aufbewahrung eine Zeit bestimmt ist (§ 695; zur Frage nach den Grenzen der Abdingbarkeit des § 695 vgl Vorbem 6 zu §§ 688 ff). Die Rückgabepflicht ist Holschuld (§ 697). Da das BGB den im Gemeinen Recht geltenden Ausschluß von Aufrechnungs- und Zurückbehaltungsrechten beseitigt hat, gelten in dieser Hinsicht die allgemeinen Grundsätze der §§ 273 f (vgl dazu §§ 693 Rn 8, 695 Rn 6), 387 ff (zur Geltung des § 607 Abs 2 siehe oben Rn 8).

Wird vereinbart, daß in regelmäßiger Verwahrung hinterlegte vertretbare Sachen als **27** Darlehen geschuldet werden sollen (§ 607 Abs 2), so ist deren Übereignung nach § 929 S 2 auf den Darlehensnehmer erforderlich. Die §§ 695−697 sind dann nicht anwendbar. Handelt es sich um ein Wertpapierdarlehen, so gelten die gleichen Formvorschriften wie bei der unregelmäßigen Verwahrung von Wertpapieren (vgl §§ 15 Abs 3, 16 DepotG und dazu oben Rn 1).

28 **VI. Auf die öffentlichrechtliche Hinterlegung** nach der HintO (Hinterlegung bei einer staatlichen Hinterlegungsstelle) ist § 700 nicht anzuwenden (vgl RGZ 112, 221, 224; BGH WM 1966, 1016, 1017 f; zur öffentlichrechtlichen Hinterlegung allgemein vgl Vorbem 57 zu §§ 688 ff).

Dreizehnter Titel
Einbringung von Sachen bei Gastwirten

Vorbemerkungen zu §§ 701 ff

Schrifttum

ABLETSHAUSER, Die Haftung der Gastwirte für die eingebrachten Sachen ihrer Gäste in den europäischen Ländern (Diss Würzburg 1960)
BAUMGÄRTEL, Handbuch der Beweislast im Privatrecht (2. Aufl 1991)
BERENDES, Die Haftung des Gastwirts für eingebrachte Sachen (Diss Erlangen 1931)
BORCK, Die Haftung der Gastwirte für eingebrachte Sachen (Diss Greifswald 1902)
BRUCKNER, Die Miete von Wohnungen und anderen Räumen (2. Aufl 1902) 186 ff
ders, Die rechtlichen Beziehungen zwischen den Gastwirten sowie Schank- und Speisewirten (Restaurateuren) und ihren Gästen, Recht 1907, 1106
BRUNNER, Die Freizeichnung des Gastwirts (Diss Heidelberg 1928)
BÜTTNER, Die Haftung der Gastwirte für eingebrachte Sachen (Diss Würzburg 1925)
BURKHARDT, Die Haftung der Gastwirte für die von ihren Gästen eingebrachten Sachen, JurBüro 1966, 627
BUSE, Zur Neuregelung der Haftung von Beherbergungsbetrieben für eingebrachte Sachen ihrer Gäste, Information über Steuer und Wirtschaft 1966, 448
CORSTEN, Die Rechtsbeziehungen zwischen Gastaufnahmebetrieben, Reisebüro und Kunden nach deutschem und französischem Recht (Diss Kiel 1969)
DETIG, Die Konvention des Europarates über die Gastwirtshaftung und die deutsche Novelle zu den §§ 701 ff BGB (Diss Saarbrücken 1969)
ESCHENBURG, Die Rechtsstellung der Wirte nach dem heutigen Privatrechte (Diss Göttingen 1899)
FUNCK, Zur Haftung des Gastwirts für Verlust oder Beschädigung dem Gast nicht gehöriger eingebrachter Sachen, NJW 1964, 389
GAISBAUER, Zur Haftung des Campingplatzunternehmers, GewArch 1975, 214
GANSCHEZIAN/FINCKE, Rechtsverhältnis zwischen Gast und Gastwirt (1971)
GEIGEL, Der Haftpflichtprozeß (21. Aufl 1993) 28. Kapitel Rn 192—224, Bearbeiter: SCHLEGELMILCH
GLASER, Haftung des Gastwirts für eingebrachte Sachen des Gastes, VersN 1954, 90
GRAF, Einige strittige Fragen aus der Gastwirtshaftung (Diss Erlangen 1922)
HABERSTUMPF, Der Begriff „Gast" im Sinne der §§ 701—704 BGB, BayZ 1919, 273
ders, Nochmals der Begriff „Gast" im Sinne der §§ 701—704 BGB, BayZ 1921, 90
HANDSCHUHMACHER, Kritische Betrachtungen über die Gastwirtshaftung für eingebrachte Sachen nach dem BGB (Diss Heidelberg 1915)
HASSFURTHER, Die Haftung des Gastwirts für eingebrachte Sachen nach dem Deutschen Bürgerlichen Gesetzbuch (Diss Zirndorf 1929)
HAUB, Vorschläge zur Reform der Haftung des Gastwirts unter besonderer Berücksichtigung der Regelung in anderen Staaten (1929)
HOHLOCH, Grundfälle zur Gastwirtshaftung, JuS 1984, 357 ff
JACOBI, Die Gastaufnahme und die Haftpflicht des Gastwirts in rechtsvergleichender Darstellung (Diss Bonn 1928)
JOACHIM, Abschluß, Ausgestaltung und Stornierung des Hotelaufnahmevertrages, DB 1990, 1601 ff
JOSEF, Miete möblierter Zimmer mit Beköstigung und Bedienung oder Gastaufnahme?, JW 1922, 312

Olaf Werner

KANZLER, Haftung des Gastwirts (1919)

KAPPESSER, Rechtskartei für das Hotel- und Gaststättengewerbe (2. Aufl 1954)

KLATT, Fremdenverkehrsrechtliche Entscheidungen – Ein internationales Archiv 1965–1978

KOBAN, Die Haftung der Schlafwagenunternehmungen, ÖsterrZtf Eisenbahnrecht 1912, 113

KOCH, Zur Neuregelung der Gastwirtshaftung, VersR 1966, 705

KÖSTER, Die Rechtsnatur der Gastwirtshaftung für eingebrachte Sachen (Diss Köln 1937)

KÖTHNIG, Grenzfälle in der Gastwirtshaftung, VersR 1961, 772

KORBION, Neufassung der Vorschriften der Haftung des Hotelbesitzers gegenüber dem Gast, Bau- und Bauindustrie, Beigabe Baubetriebswirtschaft Baurecht 1966, 78

LANGEN, Die privatrechtliche Stellung der Wirte und der Gastaufnahmevertrag (1902)

LANGSDORFF, Die Haftung der Restaurateure, Schank- und Stallwirte für eingebrachte Sachen, DJZ 1903, 334

LENGLER, Die Haftung des Gastwirts (1919)

ders, Die Haftung des Gastwirts für eingebrachte Sachen seiner Gäste und das Pfandrecht des Gastwirts an den eingebrachten Sachen der Gäste nach dem deutschen Bürgerlichen Gesetzbuch mit 26 Entscheidungen der höchsten deutschen Gerichtshöfe (1929)

LEWANDOWSKI, Die rechtliche Natur der Haftung des Gastwirts für eingebrachte Sachen (Diss Marburg 1932)

LIEKE, Die Haftung bei Tagungen in Beherbergungsbetrieben, NJW 1982, 1800

LINDEMEYER, Die Haftung des Hotelwirts für die eingebrachten Sachen des Gastes, insbesondere Diebstähle, BB 1983, 1504

LOTZ, Die Neuregelung der Gastwirtshaftung in „Die Deutsche Gaststätte" vom 7. 5. 1960

MAC DONALD, Die Ansprüche des Gastes aus dem Rezeptum des BGB (Diss Greifswald 1899)

MEDICUS, Zur Haftung für untergestellte Kraftfahrzeuge, Karlsruher Forum 1983, 171

MEYER, Schadensersatz bei Verlust oder Beschädigung fremder Sachen, die ein Gast in ein Gasthaus eingebracht hat, SeuffBl 67, 367

MEYNS, Die rechtliche Grundlage der gemeinrechtlichen Haftung ex recepto und der Haftung des Gastwirts gegenüber dem Gaste in Beziehung auf Schaden an eingebrachten Sachen nach dem BGB (Diss Erlangen 1906)

MÜHSAM, Kommt die strenge Haftpflicht des § 701 BGB auch dauernden Bewohnern eines Hotelzimmers zugute?, JW 1921, 228

MÜNZEL, Zur Haftung des Gastwirts für Verlust oder Beschädigung dem Gast nicht gehöriger eingebrachter Sachen, NJW 1964, 390

NIEMEYER, Der Hotelrevers, VerkRdsch 1925, 706

NIESSEN, Zur Reform der Haftung der Beherbergungsbetriebe, MDR 1966, 718

OERTMANN, Gastwirtshaftung und Zimmeranschläge, Gesetz und Recht 1920, 24

ders, Abgrenzung zwischen Verschuldens- und Erfolgshaftung im Schadensersatzrecht, DJZ 1933, 748

PETERMANN, Die Neuregelung der Gastwirtshaftung, Rpfleger 1966, 196

POLENSKE, Gastschaftsverträge (1915)

ders, Zum Begriff des Gastschaftsvertrages, AcP 114, 415

ders, Der Kartusche-Fall im Lichte des Gastschaftsvertrages, BayZ 1917, 33

REILAND, Die Haftung des Gastwirts mit Einschluß der Schlafwagengesellschaften (Diss München 1932)

ROESCH, Die Haftung des Hotelwirts gegenüber Gästen, ZfVers 1971, 802

RUGE, Schlafwagenrecht auf der Grundlage des Personenbeförderungsvertrages (1930)

SCHEYE, Die Milderung der Gastwirtshaftung in der Neuzeit (Diss Gießen 1914)

SCHIPMANN, Das receptum cauponum und die Haftpflicht der Gastwirte nach dem Recht des BGB (Diss Leipzig 1900/01)

SCHLEMMER, Interessengerechte Freizeichnung des Gastwirtes von der Haftung für eingebrachte Sachen (Diss Münster 1959)

SCHWEIGHÄUSER, Die Haftung des Gastwirts für eingebrachte Sachen, VersN 1954, 13

SEIFERT, Die Gastwirtshaftung nach dem deutschen Bürgerlichen Gesetzbuch (Diss Erlangen 1934)

SEITTER, Rechtsbuch des Hoteliers und des Gastwirtes (4. Aufl 1994)

SENTPAUL, Die Haftpflicht des Gastwirts (Diss Leipzig 1910)

SIBER, Das gesetzliche Pfandrecht des Vermieters, des Verpächters und des Gastwirts nach dem BGB für das Deutsche Reich (1900)

SPIEGEL, Haftung des Gastwirts neu geregelt, BB 1966, 386

STAUDINGER, Vorträge über das BGB für Verwaltungsbeamte (1900) 540 ff

STIFFLER, Das receptum cauponum und die Haftpflicht der Gastwirte ex recepto in besonderer Berücksichtigung des schweizerischen Obligationenrechts und des BGB (Diss Leipzig 1903)

STURM, Die Einbringung von Sachen bei Gastwirten nach dem Recht des BGB (1900)

SÜNNER, Die Rechtsbeziehungen zwischen dem Gast, dem Speise- und Beherbergungsbetrieb und dem Reiseveranstalter bei Veranstaltung von Gesellschaftsreisen (Diss Hamburg 1968)

WEBER, Reform der Gastwirtshaftung (Diss Freiburg 1964)

WEILER, Über die Haftung des Gastwirts für eigenes und fremdes Verschulden, VersuGeldw 28, 394

WEIMAR, Die Haftung des Hoteliers und Hotelgastes bei Ausbruch ansteckender Krankheiten, MDR 1963, 551

ders, Übernachtung mit Familienangehörigen im Hotel, VersN 1965, 73

ders, Zur Neuregelung der Hotelierhaftung, VersPrax 1966, 97

ders, Die Neuregelung der Gastwirtshaftung, NJW 1966, 1155

ders, Die Haftung des Hoteliers für Personen- und Sachschäden bei Hotelbränden, VersPrax 1974, 22

ders, Rechtsfragen zu Heimverträgen, ZMR 1979, 136

WEISS, Die rechtspolitischen Grundlagen der Gastwirtshaftung (Diss Würzburg 1936)

WERNER, Die Haftung des Herbergswirtes, JurA 1971, 539

ZEITLMANN, Die Haftpflicht der Gastwirte und Hoteliers, Die öff-rechtl Versicher 1936, 1

ders, Haftpflicht der Gastwirte und Hoteliers, VVV 1950, 356

VersN 1951, 98, 110

ZIERMANN, Die gesetzliche Begrenzung der Haftung des Gastwirts bei Verlust oder Beschädigung eingebrachter Wertsachen nach § 702 BGB (Diss München 1953).

Systematische Übersicht

Alphabetische Übersicht

Olaf Werner

I. Allgemeines

1 1.   Die seit dem 1. 4. 1966 geltende Fassung der §§ 701 ff beruht auf dem Gesetz zur Änderung der Vorschriften des BGB über die Einbringung von Sachen bei Gastwirten vom 24. 3. 1966 (BGBl I 181 mit amtlicher Begründung in BT- Drucks V/147). Diese Änderung war bedingt durch die in einer Konvention des Europarates vom 17. 12. 1962 festgelegten Mindesthaftungsvorschriften (BGBl 1966 II 269; BT Drucks V/146). Eine dem BGB im wesentlichen gleichlautende Regelung besteht aus diesem Grunde in den Ländern Belgien, Frankreich, Griechenland, Irland, Italien, Luxemburg, Niederlande, Türkei, Vereinigtes Königreich von Großbritannien und Nordirland (Koch VersR 1966, 707; Niessen MDR 1966, 718). Zur Gastwirtshaftung in Spanien vgl Bujan VersR 1975, 399, in Irland: Cohn RabelsZ 28, 436.

Durch das Gesetz vom 24. 3. 1966 wurden die §§ 701–703 ganz oder teilweise neu gefaßt. Die zuvor geltende *unbeschränkte, aber abdingbare* Haftung wurde durch eine *beschränkte und unabdingbare* ersetzt. Ansonsten wurden die wesentlichen Voraussetzungen und Grundlagen der vor 1966 geltenden Regelung in die Neufassung übernommen, die zum Teil lediglich klarstellenden und redaktionellen Charakter hat. Für Schäden vor dem 1. 4. 1966 gelten die §§ 701 ff aF (Art 2 des Gesetzes vom 24. 3. 1966).

2.   Im Beitrittsgebiet gelten lt Einigungsvertrag Art 8 die §§ 701 ff BGB für alle **2** Rechtsstreitigkeiten, die ab dem 3. Oktober 1990 entstanden sind. Für alle vor diesem Zeitpunkt entstandenen Schäden an eingebrachten Sachen gilt das frühere Recht der DDR (§§ 212, 215 ZGB), dazu vgl Voraufl Rn 2.

3.   Eine der heutigen Zufallshaftung entsprechende besondere gesetzliche Haf- **3** tung des Herbergswirtes für die von den Gästen eingebrachten Sachen kannte schon das **Römische Recht** (Dig IV 9 1 und 3; dazu Haub 7–12; Koch VersR 1966, 705 f). Ebenso hafteten nach **gemeinem Recht,** im wesentlichen eine Rezeption der römischen Regelung (Haub 16–18), Schiffer, Gast- und Stallwirte für unversehrte Rückgabe der von ihnen im Betrieb ihres Gewerbes aufgenommenen Gegenstände (zur geschichtlichen Entwicklung der Gastwirtshaftung in Deutschland vgl Haub 12–18; Koch VersR 1966, 706). Eine Ausnahme galt für Schäden, die durch höhere Gewalt oder durch eigene Schuld der Reisenden eingetreten waren (sog receptum nautarum, cauponum, stabulariorium: vgl Windscheid/Kipp Pand II 617; Meyns 5 ff). Ähnliche Bestimmungen enthielten spätere Gesetzgebungen, insbesondere das PrALR Teil II Tit 8 §§ 4–454 und das BayLR Teil IV Kap 13 § 10 (vgl Hohloch JuS 1984, 357, 358 mwN). Über andere Rechte s Mot II 584 Note 1.

4.   Ursprünglich war die besondere gesetzliche Haftung der Gastwirte in dem **4** Mangel an Vertrauen gegenüber diesem Berufsstand und in dessen schlechtem Ruf begründet (Haub 8–12, 19; Raape JW 1926, 798; Koch VersR 1966, 705, 706). Heute liegt ihr die Erwägung zugrunde, daß ohne eine solche Zufallshaftung der Gast bei Verlust oder Beschädigung der von ihm eingebrachten Sachen den Verschuldensnachweis für eine vertragliche oder deliktische Haftung führen müßte und in Beweisnot geraten würde (Mot II 584, 585; D 85; BT Drucks V/146; Haub 19–22). Der Gast kann in einer Herberge sich nicht wie im eigenen Heim vor Diebstahl und Beschädigung seiner Sachen schützen. Sicherheitsvorkehrungen kann und muß allein der Wirt treffen. Da ein Hotel zahlreichen Personen offen steht und ein häufiger Benutzerwechsel erfolgt, entstünde hinsichtlich des Schadenseintrittes und des Schädigers ein *Beweisnotstand des Gastes* (Baumgärtel, Handbuch § 701 Rn 1). Der Wirt trifft die Auswahl seiner Gäste und des Personals, das idR ungehinderten Zutritt zu den Gastzimmern und damit zu den Sachen der Gäste hat. Der Gastwirt zieht aus der Frequentierung seines Betriebes den Nutzen, er muß für die sich hieraus für den Gast ergebenden besonderen Gefahren und Nachteile einstehen (LG Köln MDR 1963, 499; Werner JurA 1971, 542). Seine wesentliche Rechtfertigung findet eine spezielle Gastwirtshaftung heute in der übernationalen einheitlichen Regelung. Insbesondere in fremden Ländern befinden sich Reisende bei einem Schadensfall in erheblichen Schwierigkeiten hinsichtlich der Rechtslage und im Umgang mit Gerichten, Polizei usw. Daß sich ein Gast immer in erster Linie an den ihm bekannten Inhaber der Herberge halten kann, ohne in Beweisschwierigkeiten zu geraten, dient damit der Reiseerleichterung und letztlich auch dem Beherbergungsgewerbe (BT Drucks V/146).

II. Rechtsnatur der Haftung

5 Die Gastwirtshaftung der §§ 701 ff ist eine **Zufallshaftung aus gesetzlichem Schuldverhältnis** (Soergel/Mühl Vorbem 1 zu § 701; Enneccerus/Lehmann § 172 II; Koch VersR 1966, 706; Werner JurA 1970, 541; Hohloch JuS 1984, 357, 359 mit näheren Ausführungen zur Entwicklung der wissenschaftlichen Diskussion). Allein erforderlich ist die Aufnahme als tatsächlicher Vorgang (§ 701 Rn 22), nicht ein Aufnahmevertrag. Die Haftung ist nicht von einem Verschulden des Wirtes bei Entstehung des Schadens abhängig. Die wesentliche Bedeutung der §§ 701 ff liegt daher in den Fällen, in denen ein Vertragsschluß oder ein Verschulden des Wirtes nicht besteht oder zweifelhaft ist.

Der Verzicht auf ein Verschulden des Wirtes beruht auf dem Beweisnotstand des Gastes, es handelt sich um eine *der Garantiepflicht angenäherte Risikoverteilung* (Fikentscher § 87 I 4; Esser/Weyers II 1 § 39 I; Koch VersR 1966, 709; Werner JurA 1970, 542; Larenz II 1 § 59: „Gesetzliche Einstandspflicht"; MünchKomm/Hüffer § 701 Rn 4; Hohloch JuS 1984, 357, 359: Vertrauenshaftung aus sozialem Kontakt ähnlich der cic), nicht um eine Gefährdungshaftung (so jedoch BGHZ 32, 150, 151; Soergel/Mühl § 701 Rn 1; BGB-BGB-RGRK/Seibert Vorbem 2 zu § 701; Weimar NJW 1966, 115; wie hier auch Ernst Wolf, Schuldr II § 13 III i). Nicht jede Zufallshaftung ist Gefährdungshaftung (Raape JW 1926, 798). Die von § 701 erfaßten Schäden entstehen nicht durch den Betrieb des Beherbergungsgewerbes, sondern durch Handlungen anderer Gäste, des Personals außerhalb seiner Aufgaben (bei Gelegenheit) oder anderer Personen, die sich gegen den Willen des Wirts in der Herberge aufhalten.

III. Anderweitige Haftung

6 Die Ansprüche des Gastes gegen den Wirt beschränken sich nicht auf §§ 701 ff. Daneben besteht Haftung nach den *allgemeinen Grundsätzen* (BGH LM Nr 3 zu § 701 = NJW 1965, 1709; OLG München VersR 1991, 315; Soergel/Mühl Vorbem 1 zu § 701; Ganschezian/Fincke 86). Der Gast kann bei Sach- und Körperschäden, wegen letzterer ausschließlich, vertragliche und deliktische Ansprüche geltend machen. §§ 701 ff schränken diese nicht ein. Da §§ 701 ff lediglich die Haftung des Gastwirts regeln, ergeben sich Ansprüche des Wirtes gegen den Gast allein den allgemeinen Vorschriften, insbesondere aus Vertrag.

1. Beherbergungsvertrag

7 Der Beherbergungsvertrag verpflichtet den Wirt, dem Gast gegen Entgelt für die vereinbarte Zeit einen oder mehrere bestimmte möblierte Räume zum vorübergehenden Aufenthalt zu überlassen, für Ordnung und Sauberkeit darin zu sorgen, Beleuchtung, Heizung und Wasser zu liefern, einen angemessenen Service zu bieten (Bedienung, Bewachung, Verwahrung, Auskunft uä) und, sofern vereinbart, die Beköstigung des Gastes zu übernehmen (Frühstück, Teil-, Vollpension). Der Beherbergungsvertrag ist im BGB nicht als selbständiger Typus ausgeführt, denn §§ 701 ff führen als gesetzliches Schuldverhältnis keine neue Vertragsart ein. Der Beherbergungsvertrag ist ein *gemischter Vertrag,* der im wesentlichen Elemente des Miet- (§§ 535 ff), Kauf- (§§ 433 ff), Dienst-(§§ 611 ff), Werk-(§§ 631 ff), Werklieferungs-(§ 651), Verwahrungsvertrages (§§ 688 ff) und Auftrages (§§ 662 ff) enthält (RGZ 169, 88, 89; BGH NJW 1964, 718; OLG München SeuffA 61 Nr 174; OLG Hamburg JW 1916, 1142;

OLG Hamm OLGE 40, 306; OLG Braunschweig NJW 1976, 571; AG Berlin-Mitte VersR 1994, 1246; GEIGEL/SCHLEGELMILCH 28 Rn 203; TITZE ZAkDR 1942, 317; KOCH VersR 1966, 707). Der Beherbergungsvertrag beschränkt sich nicht wie die gesetzlichen Regeln der §§ 701—704 auf die gewerbliche Beherbergung (vgl § 701 Rn 10), sondern wird auch bei *gelegentlicher Gastaufnahme durch Privatpersonen* geschlossen.

a) Die Verbindung aller vom Wirt zu erbringenden Leistungen ist *wesensbestim-* **8** *mend* für den Beherbergungsvertrag, so daß nicht das mietvertragliche Element überwiegt, vielmehr *alle Pflichten gleichwertig sind.* Die einzelnen Rechte und Pflichten der Parteien bestimmen sich daher nicht allein oder vorwiegend aus §§ 535 ff (so aber LG Köln VersR 1994, 690), sondern nach den jeweiligen *gesetzlichen Vorschriften der sie erfassenden Vertragstypen* (PALANDT/THOMAS, Vorbem 3 zu § 701; CANARIS JuS 1970, 219). Im Gegensatz dazu sind Heimverträge idR Mietverträge (Weimar ZMR 1979, 137).

Sach- und Körperschäden, die in einer mangelhaften Einrichtung (wozu auch Mängel eines zur Verfügung gestellten Parkplatzes gehören, BGHZ 63, 333) begründet sind, lösen eine Ersatzpflicht des Wirtes gemäß § 538 aus (RGZ 169, 84; BGH NJW 1963, 1449; BGHZ 63, 333 = NJW 1975, 645; HOHLOCH JuS 84, 357, 362). Minderung des Zahlungsanspruches des Wirtes bei Mängeln der Hoteleinrichtung erfolgt nach § 537, Kündigung gemäß § 542. Nach § 556 a Abs 8 gelten die Kündigungsschutzvorschriften nicht für Wohnraum, der nur zum vorübergehenden Gebrauch vermietet ist, und damit nicht für die regelmäßig nur auf kurze Zeit gerichtete Beherbergung (vgl auch § 564 b Abs 7). Auch bei langfristiger oder dauernder Beherbergung (vgl § 701 Rn 4) sind die mietrechtlichen Kündigungsvorschriften nicht anwendbar, denn die über die Vermieterpflichten hinausgehenden Pflichten aus dem Beherbergungsvertrag sind so umfangreich, daß eine unkündbare Verpflichtung des Wirtes nicht gerechtfertigt ist. Die Haftung des Gastwirts geht weiter als die des Vermieters. Dafür hat der Wirt ein weitergehendes Pfandrecht nach § 704 als der Vermieter nach § 559. Anspruch auf Rückgabe des Zimmerschlüssels besteht gem § 556 Abs 1; dazu LG Köln VersR 1994, 690. Entsteht der Schaden aufgrund unsachgemäßer Behandlung der Sache durch den Wirt oder dessen Personal (zB fehlerhafter Transport des Gepäckes), greifen die Regeln des Werk- bzw Dienstvertrages ein. Aus der Natur des Vertrages ergibt sich, daß der Wirt seine Leistungen nicht in Person zu erbringen hat (§ 613).

Der Beherbergungsvertrag ist von den Parteien als **einheitlicher Vertrag** gewollt. Weg- **9** fall von Teilleistungen wird daher in der Regel auch das Interesse des Gastes an der Durchführung des gesamten Vertrages aufheben. Zu den Rechtsfragen bei Krankheit oder Tod eines Gastes vgl WEIMAR MDR 1972, 672; WURZER Gruchot 56, 174, speziell zum Ersatz der Desinfektionskosten OLG Celle LZ 1916, 1504.

b) **Abschluß und Bestand** des Beherbergungsvertrages bestimmen sich nach allge- **10** meinen Regeln. Verzichtet der Gast bei Bestellung des Zimmers auf eine Bestätigung, liegt Annahme durch den Wirt zB in der Eintragung in das Hotelbuch oder in der Anweisung an das Personal, ein bestimmtes Zimmer für den Besteller zu reservieren oder herzurichten, § 151 (WERNER, Fälle mit Lösungen für Anfänger im Bürgerlichen Recht [8. Aufl 1994] 20 f).

11 Der **Grund für den Aufenthalt** des Gastes in dem Beherbergungsbetrieb ist, selbst wenn er dem Wirt bekannt ist, weder Bedingung (§ 158) noch Geschäftsgrundlage des Beherbergungsvertrages, sondern *Motiv* (OLG Braunschweig NJW 1976, 571). Der Wegfall des Besuchsgrundes ist grundsätzlich nicht stillschweigend als Rücktrittsgrund (§ 346) vereinbart. Ein Hotelier muß nach Treu und Glauben nicht das Risiko eingehen, Zimmer zunächst frei zu halten und bei Wegfall des allein vom Gast bestimmten Besuchsgrundes unbenutzt zu behalten (OLG Hamburg OLGE 22, 260; **aA** MENDEN NJW 1976, 970; eingehend zum Meinungsstand JOACHIM DB 1990, 1601 ff). Zum gleichen Ergebnis gelangt EMMERICH JuS 1976, 535 unter Heranziehung des § 552 (vgl OLG Köln NJW-RR 1992, 323 f). Ein Verzicht des Wirtes auf Zahlung der verabredeten Vergütung in Fällen, in denen ein reserviertes Zimmer abbestellt wird, erfolgt allein aus Kulanzgründen, nicht aufgrund einer allgemein verbindlichen Verkehrssitte (OLG Braunschweig NJW 1976, 571); dazu auch WERNER, Fälle mit Lösungen für Anfänger im Bürgerlichen Recht 8. Aufl 1994, 21−26; entspr zum Zimmerreservierungsvertrag vgl BGH NJW 1977, 385 ff. Zur Nichteinnahme eines im Preis enthaltenen Frühstücks vgl NEFLIN BB 1960, 1273.

2. Gastaufnahmevertrag

12 Der Gastaufnahmevertrag beinhaltet im Gegensatz zum Beherbergungsvertrag nicht die Beherbergung im Sinne einer Raumüberlassung (dazu § 701 Rn 3), sondern allein die Verabreichung der Speisen und Getränke in den Räumen des Gast- und Schankwirtes (PALANDT/THOMAS Vorbem 3 zu § 701). Treffender wäre daher die Bezeichnung *„Bewirtungsvertrag"*. Wegen dieses Unterschiedes ist entgegen dem AG Garmisch-Partenkirchen (NJW 1969, 608, 609) der Beherbergungsvertrag auch nicht als Unterfall des Gastaufnahmevertrages anzusehen. Der Gastaufnahmevertrag ist ebenso wie der Beherbergungsvertrag ein gemischter Vertrag mit Elementen des Kauf- und Dienstvertrages, nicht aber des Mietvertrages wie bei dem Beherbergungsvertrag (RGZ 65, 11, 13; AG Garmisch-Partenkirchen NJW 1969, 609; CANARIS JuS 1970, 219). Bei verzögerlicher Bedienung ist der Gast idR auf Kündigung entsprechend § 626 BGB verwiesen; bei einer Gesellschaft von 50 Personen erfordert der Vertragszweck jedoch ein Minderungsrecht analog §§ 462, 634 BGB (LG Karlsruhe NJW 1994, 947 f).

Hat der Herbergswirt des § 701 sich auch zur Beköstigung seines Gastes verpflichtet (Voll-, Teilpension, Frühstück), enthält der Beherbergungsvertrag ua auch die Elemente des Gastaufnahmevertrages, ohne damit zu einer solchen Vertragsart zu werden. Besteht gegenüber dem Gast außer den im Beherbergungsvertrag festgelegten Pflichten noch die Pflicht zur Versorgung mit Speisen oder Getränken, so existiert ein *von dem Beherbergungsvertrag unabhängiger Gastaufnahmevertrag,* nach dessen Regeln die Störungen bei Verabreichung der Speisen und Getränke zu beurteilen sind.

3. Reisevertrag und Hotelreservierungsvertrag

13 Der Reisevertrag wird zwischen dem Reisenden (Gast) und dem Reiseveranstalter, nicht dem Herbergswirt, geschlossen und kann somit keine Verpflichtungen zwischen diesem und dem Reisenden begründen. Für den Pauschalreisevertrag enthalten §§ 651 c ff eine abschließende Regelung, eine analoge Anwendung der §§ 701 ff gegenüber dem Reiseveranstalter scheidet daher aus (LG Berlin NJW 1985, 144, 145;

PALANDT/THOMAS § 701 Rn 2; BLASCHCZOK JZ 1984, 136, 137 f; **aa** LG Frankfurt NJW 1983, 2263
und NJW-RR 1987, 565, 566; LG Berlin NJW 1985, 2425; AG Bamberg NJW-RR 1994, 1137;
ERMAN/WESTERMANN, Vor § 701 Rn 12; LINDEMEYER BB 1983, 1504, 1507; TEMPEL JuS 84, 81, 90,
der allerdings einen engen Reisemangelbegriff vertritt, 85 f). Möglich bleibt jedoch prinzipiell
die Inanspruchnahme des Wirtes aus §§ 701 ff (LG Berlin aaO). Der Gast ist mangels
eines Vertrages mit dem Herbergswirt auf die Ansprüche aus §§ 701 ff beschränkt.

Als **Hotelreservierungsvertrag** bezeichnet der BGH (NJW 1976, 385, 386) einen dem
Beherbergungsvertrag vorausgehenden Vertrag (Vorvertrag) zwischen Wirt und Personen, die entweder selbst Gast werden wollen oder aber die Beherbergung für
andere vorbereiten und sicherstellen wollen (auch Zimmerreservierungsvertrag), zB
ein Reisebüro, ein Betrieb, ein Tagungsveranstalter läßt eine bestimmte Anzahl
Zimmer für die Teilnehmer einer Gesellschaftsreise, für Betriebsangehörige oder
Tagungsteilnehmer reservieren, der Beherbergungsvertrag wird erst bei der Anreise
mit diesen abgeschlossen.

4. Verwahrungsvertrag

Durch Verwahrungsvertrag kann der Gastwirt eine *über § 701 hinausgehende* Haf-   **14**
tung, insbesondere für Schäden an Kraftfahrzeugen und deren Inhalt übernehmen
(BGH NJW 1969, 789; SOERGEL/MÜHL § 701 Rn 4). Für den Abschluß eines gesondert
abgeschlossenen Verwahrungsvertrages müssen neben der Gastaufnahme besondere
Anhaltspunkte vorliegen. Allein ein Zurverfügungstellen der Betriebsräume, Ab-
lage- und Abstelleinrichtungen (zB Garderoben) genügt nicht, da dies in Erfüllung
der Beherbergung erfolgt und damit kein Angebot zum Abschluß eines darüberhin-
ausgehenden Vertrages bedeutet (RGZ 105, 202, 203; OLG Hamburg MDR 1970, 842; AG
Bad Neuenahr-Ahrweiler VersR 1993, 58, 59; AG Berlin-Mitte VersR 1994, 1246, 1247; WERNER
JurA 1971, 551, 552).

Wird ein Hotelparkplatz gegen Entgelt zur Verfügung gestellt, liegt hierin allein
noch kein Abschluß eines Verwahrungsvertrages (AG Miesbach VersR 1983, 694). Ein
maßgebliches Indiz für eine Verwahrung stellt es dar, wenn der Hotelbetreiber
erkennbar Maßnahmen ergriffen hat, um dem rechtswidrigen Zugriff Dritter entge-
genzuwirken (OLG Hamburg VersR 1989, 1266). Bei unbeaufsichtigten, frei zugänglichen Parkflächen wird eine Auslegung gem §§ 133, 157 nicht auf den Willen des
Wirtes zur Übernahme der Obhut über das Fahrzeug des Gastes schließen lassen,
eine Verwahrung also idR nicht vorliegen (MEDICUS Karlsruher Forum 1983, 171, 172 f).
Wird das Auto vom Portier auf Wunsch in einer nahegelegenen Tiefgarage geparkt,
stellt dies einen Service im Rahmen des Beherbergungsvertrages dar, der dem Gast
die Mühen der Parkplatzsuche abnimmt, ohne das idR selbständige Obhutspflichten
begründet werden (AG Berlin-Mitte VersR 1994, 1246, 1247). Unmittelbarer Besitz des
Gastwirts dürfte hingegen regelmäßig für das Vorliegen eines Verwahrungsvertrages
sprechen (AG Neuwied VersR 1992, 362; AG Ulm NJW-RR 1987, 1340; zweifelnd allerdings
MEDICUS 172 unter Hinweis auf die Möglichkeit atypischer Verwahrungsformen).

Bei unentgeltlicher Verwahrung haftet der Wirt dann gem § 690 BGB für eigenüb-
liche Sorgfalt, sonst regelmäßig für jede Fahrlässigkeit (MEDICUS 171; SEITTER 104). Ein
Haftungsausschluß durch Allgemeine Geschäftsbedingungen – etwa bei Parkgaragen
(MEDICUS 173; SEITTER 107) – ist in den Grenzen des § 11 Nr 7 AGBG grundsätzlich

möglich (MEDICUS 174). Ein auf dem Parkplatz angebrachtes Schild „Parken auf eigene Gefahr" schließt jedoch nicht die Haftung für den Zustand des Platzes aus, sondern erfaßt nur typische Abstellrisiken wie Diebstahl, Einbruch oder Beschädigung des Fahrzeugs durch andere Parkplatznutzer (BGHZ 63, 333, 334).

Die Übernahme von Obhutspflichten ändert nichts daran, daß daneben noch die Überlassung der Parkfläche Vertragsgegenstand sein kann, so daß dann noch Ansprüche aus Miete (§ 538) bzw bei Unentgeltlichkeit Leihe (§ 600) hinzutreten (MEDICUS 174).

Selbst wenn sich in Speiseräumen keine Garderobenablage befindet, bleiben die Sachen eingebracht, wenn sie in einem gesonderten Garderobenraum abgelegt werden (vgl § 701 Rn 30), so daß ein besonderer stillschweigend geschlossener Verwahrungsvertrag grundsätzlich allein mit den Personen zustandekommen kann, die nicht als Gäste in die Herberge aufgenommen worden sind (OLG Braunschweig MDR 1958, 161; OLG Hamburg MDR 1970, 842; LG Köln MDR 1963, 135).

Bei den in die Herberge eingebrachten Sachen (dazu § 701 Rn 28 ff) behält der Gast den **Besitz** (JAUERNIG/VOLLKOMMER § 701 Anm 2 c aa), so daß außer im Fall der Übergabe zwecks Unterstellung in den Räumen des Wirtes verbunden mit dessen unmittelbarem Besitzerwerb keine Verwahrung – auch nicht als Nebenpflicht – vorliegen kann. Das gilt auch für die Sachen, für die der Gastwirt nach § 701 Abs 3 nicht haftet. Haftung aus positiver Forderungsverletzung im Zusammenhang mit dem Beherbergungsvertrag ist jedoch möglich, vgl Vorbem 16.

5. Verschulden bei Vertragsschluß (cic)

15 Die Grundsätze der **culpa in contrahendo** begründen eine Haftung des Wirtes bzw des Gastes bei schuldhafter Verletzung gegenseitig obliegender Sorgfaltspflichten (Schutz- und Aufklärungspflichten) anläßlich der Vertragsanbahnung oder bei den auf Abschluß des Beherbergungsvertrages gerichteten Verhandlungen. Sie gelten auch bei einer sog vorläufigen Aufnahme, so daß insoweit Ansprüche aus cic und § 701 konkurrieren können (MünchKomm/HÜFFER § 701 Rn 8). So muß der Wirt den Gast bei Abschluß des Beherbergungsvertrages über alle Umstände aufklären, die für dessen Verhalten während des Aufenthaltes im Beherbergungsbetrieb erheblich sind. Diese Aufklärungspflicht besteht zB hinsichtlich des Auftretens ansteckender Krankheiten im Hotel bzw in dem Gebiet, in dem das Hotel liegt (WEIMAR MDR 1963, 551). Bei Zusage eines Abstellplatzes für einen Pkw ist klarzustellen, daß eine hoteleigene Garage nicht zur Verfügung steht, sondern das Fahrzeug durch verkehrsreiche Straßen in eine fremde Garage zu fahren ist (BGH NJW 1965, 1709). Die falsche Angabe über die Lage eines Hotels führt zu Schadensersatzansprüchen, wenn der Gast sich aufgrund der Auskunft nicht für ein günstiger gelegenes Hotel entschieden hat und nunmehr Fahrtkosten entstehen.

6. Positive Forderungsverletzung

16 Verschuldet der Wirt die Beschädigung oder den Verlust einer eingebrachten Sache oder die nicht ordnungsgemäße Durchführung des Beherbergungsvertrages, haftet er nach den Grundsätzen der **positiven Forderungsverletzung.** Eine *mangelhafte Ein-*

zelleistung enthält zugleich eine Verletzung der übrigen nach dem Beherbergungsvertrag zu erbringenden Leistungen, wenn der Gast infolgedessen kein Interesse an Erfüllung des gesamten Vertrages hat oder ihm dessen Fortführung nicht zugemutet werden kann (RGZ 67, 5, 7). Der Gast kann dann Schadensersatz wegen Nichterfüllung des gesamten Vertrages verlangen oder den gesamten Beherbergungsvertrag kündigen (CORSTEN 44). Als positive Forderungsverletzung sind anzusehen die unerlaubte Benutzung der dem Gast gehörenden Sachen durch den Wirt oder dessen Personal (zB Schwarzfahrt mit dem Pkw des Gastes, BGH NJW 1965, 1709). § 701 gibt nur aufgenommenen Personen (vgl § 701 Rn 22) einen Anspruch. Der quasivertragliche Schadensersatzanspruch aus Grundsätzen des Vertrages mit Schutzwirkung für Dritte (dazu WEIMAR VersN 1965, 73 f) besteht zugunsten der Begleiter eines den Beherbergungsvertrag abschließenden Gastes. Das Vorliegen einer objektiven Pflichtverletzung muß der Gast beweisen (AG Frankfurt ZfS 1992, 188).

7. Bei schuldhafter Beschädigung der eingebrachten Sachen oder bei schuldhafter Verletzung des Gastes und seiner Begleitpersonen durch den Wirt oder dessen Personal besteht eine Haftung aus unerlaubter Handlung der §§ 823 ff, insbesondere wenn Schäden aufgrund fehlerhafter Einrichtungen oder Vernachlässigung der Verkehrssicherungspflicht eintreten (dazu GAISBAUER, Verkehrssicherungspflicht in Gewerbebetrieben, VersR 1971, 10 ff; ders, Zur Haftung für Toilettenunfälle in Gastwirtschaften, VersR 1981, 109 f, mwN: zB unzureichende Beleuchtung der Herbergsräume; zur regelmäßigen Prüfung von Gebäudeteilen auf Stabilität BGH MDR 1986, 44 f; zum Schutz des Eigentums vor Diebstahl § 702 Rn 16). Hinsichtlich der **Streupflicht** sind an den Gastwirt über die in der Ortssatzung festgelegte allgemeine Streupflicht hinaus verschärfte Anforderungen zu stellen (BGH NJW 1985, 482, 483; 1987, 2671, 2672). Allerdings muß nicht schlechthin jede Sturzgefahr ausgeschlossen sein. Maßstab ist das regelmäßige Verkehrsbedürfnis unter Berücksichtigung des Benutzungszwecks, ohne daß Verkehrsteilnehmer damit von jeglicher Obliegenheit zur Sorgfalt in eigenen Angelegenheiten frei wären (LG Kempten VersR 1992, 513, 514). **17**

Beim Gastwirt, der einen Ausschank betreibt, sind zur Bemessung der Anforderungen an die Verkehrssicherheit typischerweise in Gaststätten vorkommende Situationen (BGH VersR 1988, 631; OLG Hamm VersR 1991, 1154), insbesondere verstärkter Besucherandrang (OLG Köln NJW-RR 1991, 350: erhöhte Rutschgefahr im Bereich der Naßräume) sowie alkoholbedingte Unvorsichtigkeiten und Neugier seiner Gäste (BGH NJW 1988, 1588; OLG Köln VersR 1993, 1498; GAISBAUER VersR 1981, 109, 110) in Rechnung zu stellen. Dagegen trifft ihn keine Verkehrssicherungspflicht bezüglich solcher Gefahren, auf die sich ein umsichtiger und in vernünftigen Grenzen sorgfältiger Benutzer einstellen kann (OLG Köln VersR 1993, 1497, 1498; SEITTER 100). Bei Diskotheken sind diskothekentypische Gefahren (Scherben auf Fußboden, schlechte Beleuchtung, Lärm, Gedränge) in Grenzen tolerierbar (STEIKE VersR 1994, 911, 913). Keine Haftung auch bei Beschädigung eines auf hoteleigenem Parkplatz abgestellten Kfz durch herabfallende Kastanien (AG Wetzlar VersR 1991, 1266).

8. Die Haftung des Gastwirtes für **Schäden**, die dem Gast **durch Benutzung von Herbergseinrichtungen** (Zu- und Ausgänge, Treppen, Toiletten, Aufzug, Kegelbahn, Schwimmbad usw) entstehen, bemißt sich nicht nach §§ 701 ff, sondern nach den allgemeinen Grundsätzen (RGZ 58, 333 ff; 65, 11 ff; RG RECHT 1907, 246; WarnR 1908 Nr 36; BRÜCKNER Recht 1905, 329 ff; 1907, 1110; SCHMÖLDER DJZ 1905, 829 ff; FÜRST LZ 1910, 178 ff; **18**

TUMA BayZ 1910, 231 ff; Gruchot 60, 369 ff). Zu Gaststättenbauverordnungen als Maßstab OLG Hamm VersR 1994, 1081.

Zur Verletzung eines Gastes durch einen Billardspieler vgl RGZ 87, 128 ff; Benutzung einer Damentoilette durch männlichen Gast, RGZ 85, 185 ff. Verätzungsschäden durch ein in der Toilette abgestelltes Rohrreinigungsmittel s OLG Köln NJW-RR 1987, 1111 f; Unfall auf der Kegelbahn vgl RG JW 1939, 559; Schädigung durch den Kellner RG Recht 1912, 315 ff; zu Wasserbassins in Diskotheken STEIKE VersR 1994, 911, 913; vgl ferner OLG Celle VersR 1953, 367; 1955, 252 und 282; OLG Nürnberg VersR 1953, 263; OLG Braunschweig ZMR 1953, 82; VersR 1965, 459; OLG Stuttgart VersR 1954, 232; OLG Koblenz VersR 1955, 300; OLG Hamm VersR 1991, 1154; AG Bad Kreuznach VersR 1991, 1155; AG München VersR 1992, 720; BGH VersR 1993, 198; AG Düsseldorf VersR 1994, 869.

19 IV. Für Streitigkeiten zwischen Gast und Gastwirt aus dem gesetzlichen Schuldverhältnis des § 701 oder aus allgemeinen Grundsätzen ist ohne Rücksicht auf den Streitwert in erster Instanz das **Amtsgericht zuständig** (§ 23 Nr 2 b GVG). Der Gerichtsstand iSv § 29 Abs 1 ZPO richtet sich für Rechtsstreitigkeiten über die Geldschuld des Gastes nach dessen Wohnsitz, nicht nach dem Beherbergungsort. Es handelt sich gem §§ 269, 270 um eine Schickschuld (LG Bonn MDR 85, 588). Gemäß § 709 Abs 3 ZPO vorläufige Vollstreckbarkeit auch ohne Antrag.

20 V. **Aushängende Hotelordnungen oder die Geschäftsbedingungen** des Hotelgewerbes enthalten wegen der grundsätzlichen Unabdingbarkeit der Gastwirtshaftung keine von den gesetzlichen Bestimmungen der §§ 701 ff abweichende Vorschriften (vgl § 702 a).

§ 701

[1] Ein Gastwirt, der gewerbsmäßig Fremde zur Beherbergung aufnimmt, hat den Schaden zu ersetzen, der durch den Verlust, die Zerstörung oder die Beschädigung von Sachen entsteht, die ein im Betrieb dieses Gewerbes aufgenommener Gast eingebracht hat.

[2] Als eingebracht gelten

1. Sachen, welche in der Zeit, in der der Gast zur Beherbergung aufgenommen ist, in die Gastwirtschaft oder an einen von dem Gastwirt oder dessen Leuten angewiesenen oder von dem Gastwirt allgemein hierzu bestimmten Ort außerhalb der Gastwirtschaft gebracht oder sonst außerhalb der Gastwirtschaft von dem Gastwirt oder dessen Leuten in Obhut genommen sind;

2. Sachen, welche innerhalb einer angemessenen Frist vor oder nach der Zeit, in der der Gast zur Beherbergung aufgenommen war, von dem Gastwirt oder seinen Leuten in Obhut genommen sind.

Im Falle einer Anweisung oder einer Übernahme der Obhut durch Leute des Gastwirts gilt dies jedoch nur, wenn sie dazu bestellt oder nach den Umständen als dazu bestellt anzusehen waren.

[3] Die Ersatzpflicht tritt nicht ein, wenn der Verlust, die Zerstörung oder die Beschädigung von dem Gast, einem Begleiter des Gastes oder einer Person, die der Gast bei sich aufgenommen hat, oder durch die Beschaffenheit der Sachen oder durch höhere Gewalt verursacht wird.

[4] Die Ersatzpflicht erstreckt sich nicht auf Fahrzeuge, auf Sachen, die in einem Fahrzeug belassen worden sind, und auf lebende Tiere.

Materialien: E I § 626; II § 641; III § 688;
Mot II 584; Prot II 402, 412; BT-Drucks V/146,
11/147, 3.

Systematische Übersicht

Alphabetische Übersicht

I. Neufassung des Gesetzes

Mit der *Neufassung vom 24. 3. 1966* wurden inhaltlich Abs 2 S 1 Nr 2, Abs 2 S 2 und **1**
Abs 4 neu eingefügt. Der in der aF in Abs 3 ausgesprochene Haftungsausschluß
durch Anschlag ist mit der Neuregelung des § 702 a erfaßt. Die sonstigen Regelungen, insbesondere die Grundsätze der allerdings jetzt beschränkten Haftung sind
nicht geändert worden, so daß die hierzu vor 1966 veröffentlichte Rechtsprechung
und Literatur berücksichtigt werden kann, jedoch mit der Besonderheit, daß sich die
Anschauungen über das Herbergsgewerbe und damit über den Sinn der §§ 701 ff
wesentlich zu Gunsten der Gastwirte geändert haben (vgl Vorbem 4 zu §§ 701 ff).

II. Verpflichtete Person (Gastwirt)

1. Gastwirt

Gastwirt und damit Haftender nach § 701 ist diejenige natürliche oder juristische **2**
Person, die gewerbsmäßig Fremde zur Beherbergung aufnimmt, dh einen Beherbergungsbetrieb führt (treffender daher die Bezeichnung: Herbergswirt). Auf das
Eigentum an den Betriebsräumen und des Inventars kommt es nicht an. So haftet der
die Herberge betreibende Pächter, nicht der Eigentümer. Durch die Übertragung
eines Teiles des Betriebes auf eine andere Person wird die Verantwortlichkeit des
Gastwirtes aus § 701 nicht aufgehoben (OLG Kiel SchlHAnz 22, 153). Unerheblich ist
ebenfalls, ob die nach § 1 Abs 1 Nr 3, § 2 Abs 1 GaststG und den landesrechtlichen
AusführungsVOen zum GaststG (abgedr bei SEITTER § 164 ff) zum Betrieb einer Gastwirtschaft und einer Herberge erforderliche behördliche Erlaubnis erteilt worden
ist.

2. Beherbergung

Beherbergungsvertrag bedeutet Zurverfügungstellen von Räumen, Gewähren einer **3**
Unterkunft als *Ersatz für das eigene Heim* und die dort üblichen Bequemlichkeiten,
wobei der Wirt für *Ordnung und Sauberkeit* in der Unterkunft und für die *Bedienung
des Gastes* sorgt (RGZ 103, 10; LG Göttingen NdsRpfl 1948, 106; SOERGEL/MÜHL Rn 2; WERNER
JurA 1970, 543).

a) **Zeitpunkt und Dauer des Aufenthaltes** eines Gastes sind ohne Bedeutung (OLG **4**
Hamm OLGE 40, 306, 307; SOERGEL/MÜHL Rn 2; GEIGEL/SCHLEGELMILCH 28 Rn 204). Eine
Übernachtung ist nicht erforderlich. Es genügt, wenn dem Gast ein Zimmer zur Mit-
tagsruhe zur Verfügung gestellt wird, das Zimmer nur tagsüber oder gar nur
stundenweise benutzt werden soll (zB als Stundenhotel oder Benutzung eines
Raumes lediglich zum Umziehen, Frischmachen oder für eine Besprechung; ROHG
17, 40; KG OLGE 18, 26; OLG Dresden OLGE 5, 145; OLG Kiel OLGE 27, 28; OLG Königsberg
SeuffA 59 Nr 258; BGB-RGRK/SEIBERT Rn 1; LANGEN 25 ff; KUHLENBECK N 1). Auch **Dauergäste** fallen unter § 701, wenn sie die üblichen Dienste in Anspruch nehmen (RGZ 103,
9, 10; OLG Hamm OLGE 40, 306, 307; KLEIN JW 1921, 459; aA MÜHSAM JW 1921, 228; SOERGEL/
MÜHL Rn 2), nicht jedoch, wenn sie sich nur auf Miete eines Zimmers beschränken,
wodurch dieses aus dem Beherbergungsbetrieb ausgesondert würde (SOERGEL/MÜHL
Rn 2; ERMAN/WESTERMANN Rn 3). Eine Beherbergung kann jedoch ausscheiden, wenn
ausschließlich Dauergäste aufgenommen werden, da dann die Gefahren aus Fre-

quentierung eine verschärfte Haftung des Wirtes kaum noch rechtfertigen (ERMAN/ WESTERMANN Rn 4; vgl auch Vorbem 4 zu §§ 701 ff).

Wie der Dauergast nimmt auch der Aufgenommene, der mangels eigener Wohnung in der Herberge wohnt, die Personen- und Sachsorge des Wirtes in Anspruch (OLG Hamm OLGE 40, 306; OLG Dresden OLGE 41, 126). Es ist somit nicht Voraussetzung des § 701, daß der Gast neben der vom Wirt gebotenen Unterkunft ein *anderweitiges eigenes Heim* hat (OLG Dresden SeuffA 75 Nr 154; WERNER JurA 1970, 543, 544). Unrichtig daher HABERSTUMPF (274, 275), wenn er das Wort „Gast" durch „Reisender" ersetzt. Er verkennt damit den Unterschied zur Miete, den er allein darin sieht, daß der Gast „unterwegs sei", der Mieter dagegen seine Reise beendet oder nicht angetreten habe. Allein die *über eine Miete hinaus gewährten Leistungen* des Wirtes unterscheiden ohne Rücksicht auf die Dauer der gewährten Unterkunft die Beherbergung von der Miete. Es kann daher nicht darauf abgestellt werden, ob der Gast zur Zeit seines Aufenthaltes noch „unterwegs" ist (so jedoch HABERSTUMPF aaO und die 11. Aufl Rn 2).

5 Nicht erforderlich ist, daß eine Verpflegung des Aufgenommenen erfolgt oder möglich ist (RGZ 169, 9, 10). Daher sind auch die Inhaber eines sogenannten *Hotel Garni* oder einer *Familienpension* Gastwirte iSd § 701.

6 **b) Schank- und Speisewirte** bewirten die Gäste nur zur Verabreichung von Getränken und Speisen in ihrem Haus und fallen nicht unter § 701 (Mot II 584; ZG VI 477 ff; BT-Drucksucks V/147; RGZ 104, 46; 105, 203; 109, 262; BGH NJW 80, 1096; OLG Hamburg MDR 1970, 842; AG Bad Neuenahr-Ahrweiler VersR 1993, 58, 59; vgl Vorbem 12).

7 **c) Kein Herbergswirt ist der Inhaber eines Campingplatzes** (OLG Koblenz NJW 1966, 2017; GANSCHEZIAN/FINCKE 11, 152; JAUERNIG/VOLLKOMMER Anm 2 a; PALANDT/THOMAS Rn 2; GAISBAUER GewArch 1975, 215; WERNER JurA 1970, 546), denn er stellt lediglich den Platz für Zelt oder Wohnwagen und gestattet die Benutzung gemeinschaftlicher Einrichtungen. Es gelten die Regeln des Mietvertrages und der unerlaubten Handlung (GAISBAUER GewArch 1975, 214, 215). Eine Haftung als Gastwirt kommt nur in Betracht, wenn ein ortsfestes Zelt oder ein Wohnwagen gestellt und die entsprechend einer Beherbergung erforderliche Sorge für Personen und Bequemlichkeit des Campingplatzbenutzers übernommen wird sowie für Ordnung und Sauberkeit in den Zelten bzw Wohnwagen gesorgt wird (WERNER JurA 1970, 546).

8 **d) Ferienwohnungen** werden ohne die sonstigen die Beherbergung begründenden Leistungen des Wirtes lediglich vermietet, so daß allein §§ 535 ff, nicht aber § 701 Anwendung finden (GANSCHEZIAN/FINCKE 15).

9 **e) Der Besitzer einer Badeanstalt** bietet keinen Ersatz für das eigene Heim, sondern lediglich Bade- und Umkleidemöglichkeit. Es besteht keine Haftung nach § 701, sondern nur nach allgemeinen Grundsätzen, zB bei mangelnder Sicherung der Badekabinen (RG WarnR 1911 Nr 324; OLG Hamburg OLGE 6, 443 ff; SOERGEL/MÜHL Rn 3; GIERKE § 204 Anm 66).

3. Gewerbsmäßigkeit

10 Die Aufnahme der Fremden muß **gewerbsmäßig**, dh in der Absicht geschehen, aus

dieser Tätigkeit eine *ständige Erwerbsquelle* zu machen. Inhaber von Fremdenheimen, Familienpensionen, Hotels und sonstigen Pensionen unterliegen ohne Zweifel der gesetzlichen Haftung der §§ 701 ff (RGZ 103, 10; PLANCK/LOBE Vorbem II 2; OERTMANN Anm 1 d). Die *gelegentliche Überlassung eines Zimmers* zB zu Messezeiten oder an einigen Tagen der Feriensaison, während der Festspiele oder bei Überfüllung der örtlichen Herbergen gegen Entgelt ist keine gewerbsmäßige Beherbergung (OLG München BayZ 1925, 137; SOERGEL/MÜHL Rn 3). Auch ein Schankwirt, der aus besonderen Gründen (zB wegen Einbruch der Nacht, wegen drohenden Unwetters) ausnahmsweise einen Gast beherbergt, haftet mangels Gewerbsmäßigkeit nur nach den allgemeinen Regeln. Quartiert ein Hotelinhaber einen Gast wegen Überfüllung seines Betriebes in ein Privatquartier um, so bedient er sich der Privatperson als Erfüllungsgehilfe, seine Haftung nach § 701 bleibt bestehen (LANGEN 56 Anm 35).

a)   Soweit **Privatpersonen** regelmäßig (auch zB jährlich in der Feriensaison) andere   **11** Personen in ihrer Wohnung „aufnehmen", indem sie ihnen ein möbliertes Zimmer und Wäsche zur Verfügung stellen, für Ordnung und Sauberkeit sorgen und die Beköstigung der Aufgenommenen übernehmen, bieten sie Ersatz für das eigene Heim und nutzen die Räume als ständige Erwerbsquelle. Eine gewerbliche Tätigkeit braucht nicht die einzige oder primäre Erwerbsquelle zu sein, es genügt ein sogenanntes *Nebengewerbe* (Nebenerwerbsquelle). Da auch die Dauer der Beherbergung ohne Bedeutung ist, liegt in diesen Fällen eine Beherbergung vor, wenn der Vermieter auch bezüglich dieser Räume sich das alleinige *Hausrecht* vorbehält (MünchKomm/HÜFFER Rn 14). Hat er oder eine Hilfsperson berechtigten Zugang zu den Räumen und Sachen des Aufgenommenen, besteht für den Bewohner der gleiche Beweisnotstand bei Schadensfällen wie in Hotels, so daß vom Gesetzeszweck eine Anwendung des § 701 angebracht erscheint. Keine Haftung dagegen, wenn nur eine *Schlafstelle* oder ein *möbliertes Zimmer* vermietet wird, der Vermieter keine Sorge hinsichtlich Person und Sachen des Aufgenommenen übernimmt und letzterer das Hausrecht für diese Räume innehat (JOSEF JW 1922, 1312). Hierunter wird grundsätzlich die *private Zimmervermietung* fallen. Gleiches gilt bei Unterbringung außerhalb eines vom Vermieter betriebenen Beherbergungsbetriebs (ERMAN/WESTERMANN Rn 3).

b)   **Jugendherbergen** (Träger ist in Deutschland das Deutsche Jugendherbergs-   **12** werk, DJH, Hauptverband für Jugendwandern eV) stehen ebenso wie die **Unterkunftshäuser alpiner oder sonstiger Vereine** Mitgliedern und Nichtvereinsangehörigen offen. Die einzelnen Jugendherbergen müssen sich wirtschaftlich selbst tragen (enger LG Koblenz NJW-RR 1988, 1056, das verlangt, daß darüber hinaus ein Gewinn als ständige Erwerbsquelle angestrebt wird). Die Unterkunftshäuser alpiner Vereine sind, sofern sie bewirtschaftet sind und Gewinn erzielen, verpachtet (Haftender ist der Pächter, vgl Rn 2). In beiden Fällen wird die Beherbergung gewerbsmäßig betrieben, § 701 ist anwendbar (für alpine Vereine ebenso: ENNECCERUS/LEHMANN § 173 I 1; SOERGEL/MÜHL Rn 3; ERMAN/WESTERMANN Rn 4; GEIGEL/SCHLEGELMILCH 28 Rn 204; BRÜCKNER Recht 1907, 1107, abweichend für Jugendherbergen MünchKomm/HÜFFER Rn 14). Entgegen GANSCHEZIAN/FINCKE (11) ist es unerheblich, daß sich die Gäste dieser Einrichtungen (Jugendherbergen) einer Hausordnung einfügen müssen und der Beherbergungsvertrag sich speziell gestaltet, denn für § 701 ist ein Vertragsverhältnis nicht erforderlich und damit ohne Bedeutung. Ebenso spricht die Hausordnung nicht gegen eine Herberge (OLG München OLGE 22, 334), denn der Herbergswirt behält im Gegensatz zum

Vermieter das Hausrecht (RGZ 169, 84, 88). Hotelordnungen sind sogar typisch für größere Herbergsbetriebe (vgl Vorbem 20 zu §§ 701 ff). Nicht bewirtschaftete Alpenvereinshütten bieten dagegen nicht die für eine Beherbergung erforderlichen Dienste und unterliegen nicht der gesetzlichen Gastwirtshaftung (PLANCK/LOBE Vorbem II 4 c; PALANDT/THOMAS Rn 2; GIERKE § 204 Anm 66; BRÜCKNER Recht 1907, 1107). Zu kirchlichen Freizeitheimen vgl LG Koblenz NJW-RR 1988, 1056.

4.   Beherbergung als Hauptzweck

13 Die Haftung des § 701 trifft nur den Herbergswirt, dessen Gewerbe (Unternehmen) die **Beherbergung zum wesentlichen Gegenstand** und Hauptzweck hat (LG Koblenz NJW 80, 1096 [Sporthotel]; GANSCHEZIAN/FINCKE 11). Diese vom RGZ 112, 58 ff aus dem Gesetzestext ausgeschlossene Voraussetzung ist heute unbestritten. Auch wenn Grund der Herbergshaftung nicht mehr die Unzuverlässigkeit des Berufsstandes, sondern die Gefährdung des Besitzes und die Beweisnot des Gastes ist (vgl Vorbem 4 zu §§ 701 ff), soll die verschärfte Haftung nur die Personen treffen, die aus dem Herbergsgewerbe ihren beruflichen Nutzen ziehen, nicht dagegen diejenigen, die ihr Gewerbe nur mit Hilfe einer Beherbergung ausüben können.

14 a)   Bei **Heil- und Pflegeanstalten** (Kliniken, Beauty-Farms, Privatirrenanstalten, Entziehungsheimen, Trinkerasylen, Sanatorien) dient die gewährte Unterkunft und Verpflegung der Heilbehandlung, diese ist Hauptzweck. Die Beherbergung ist notwendige Voraussetzung für die ärztliche Behandlung oder dient zumindest deren Erleichterung. §§ 701 ff sind auf die Besitzer dieser Einrichtungen, bei denen die Beherbergung eine Nebenerscheinung des Heilaufenthaltes ist, nicht anwendbar (RGZ 112, 58 ff; OLG München SeuffBl 75, 259 ff; LG Berlin VersR 1958, 731; AG St Blasien VersR 1982, 886; GEIGEL/SCHLEGELMILCH 28 Rn 205; RAAPE JW 1926, 798; WERNER JurA 1970, 544 f). Es gelten die allgemeinen Haftungsgrundsätze (RG JR 1926 Nr 1679, vgl Vorbem 6 ff zu §§ 701 ff). Anderes gilt bei nicht medizinisch indizierter Aufnahme von Angehörigen (ERMAN/WESTERMANN Rn 4).

Hotels mit Kurmittelabteilungen (Bäder, Fitnesscenter) bieten diese als Service, sie sind dem Hauptzweck, Gewinn aus der Beherbergung zu ziehen, untergeordnet. § 701 findet Anwendung. Werden *Tagungen* oder *Kongresse* in Hotelbetrieben durchgeführt, gelten §§ 701 ff nur für diejenigen Personen, die gleichzeitig beherbergt werden (JAUERNIG/VOLLKOMMER Anm 2 a; LIEKE NJW 82, 1800 f).

Heimverträge unterfallen als Mietverträge nicht den §§ 701 ff (WEIMAR ZMR 1979, 136, 137; vgl Vorbem 8 zu § 701).

15 b)   Es kommt somit im *Einzelfall* darauf an, ob die Beherbergung Hauptgegenstand der Aufnahme oder diese dem Heilverfahren untergeordnet ist. Nicht entscheidend ist, aus welchem Zweige (Heilbehandlung oder Beherbergung) mehr Gewinn erzielt wird (vgl RG VerkRdsch 1926, 810; RGZ 112, 58; ECKSTEIN, Rechtshandbuch für Heilanstalten 129). Werden Heilbehandlung und Beherbergung in getrennten Unternehmen durchgeführt, gilt für letztere immer § 701. Die *Frequentierung der Anstalt* oder die Aufenthaltsdauer ist kein brauchbares Abgrenzungskriterium (so jedoch RGZ 112, 58 ff; dagegen WERNER JurA 1970, 544, 545), denn Krankenhäuser werden grundsätzlich von mehr Personen frequentiert (Ärzte, Personal, Kranke und deren

Besucher) als Hotels. (vgl dagegen GANSCHEZIAN/FINCKE Anm 3). Die Aufenthaltsdauer eines Gastes wurde bereits als unerheblich für den Tatbestand des § 701 festgestellt (vgl Rn 4).

c) Internate, Schülerheime und Schulen (Lehrlingsheime usw), die mit einer Beher- **16** bergung verbunden sind, bezwecken allein die Ausbildung. Diese soll durch die Beherbergung lediglich ermöglicht werden. § 701 findet nach den zuvor aufgeführten Kriterien (Rn 15) keine Anwendung (OLG Stuttgart OLGE 43, 80; SOERGEL/MÜHL Rn 3; JOSEF Gruchot 49, 757; WERNER JurA 1970, 545). Anders, wenn *Schulungen, Lehrgänge* oder *Konferenzen in Herbergsbetrieben* abgehalten werden und der Wirt nicht die Konferenz durchführt, sondern nur Schulungsräume bereitstellt. Hier handelt es sich um einen der Beherbergung untergeordneten Service (WERNER JurA 1970, 545).

d) Schlafwagengesellschaften unterliegen nicht der gesetzlichen Haftung des § 701 **17** (bestr wie hier PLANCK/LOBE Vorbem II 4 a; BGB-RGRK/SEIBERT Rn 1; PALANDT/THOMAS Rn 2; MünchKomm/HÜFFER Rn 15; SOERGEL/MÜHL Rn 3 [abweichend noch Voraufl]; ERMAN/WESTER-MANN Rn 4 [abw Voraufl]; WINDSCHEID/KIPP Band 2, 623; GIERKE § 204 Anm 66; ENNECCERUS/LEHMANN § 173 I 1; LANGEN 6 ff; HOFFMANN, Die Bundesbahn 1952, 526; GANSCHEZIAN/FINCKE 11; WERNER JurA 1970, 545 f; BRÜCKNER Recht 1902, 305 ff; KUNZ VersR 1986, 7, 10 ff; aA OERT-MANN 1 b; WOLF, Schr II § 13 J III a; VOGGENBERGER ÖJBl 55 Heft 9/10). Ein Schlafwagen kann nicht als „rollendes Hotel" angesehen werden (so jedoch SOERGEL/MÜHL Rn 3), denn Zweck des Bahnbetriebes einschließlich des Schlafwagens ist die *Beförderung,* wobei als Service die Bequemlichkeit des Schlafwagens nur zur Erleichterung der Reise geboten wird. Die Beherbergung tritt als *unselbständige Nebenleistung* hinter der Beförderung als Hauptleistung zurück (vgl Rn 15). Da die Haftung aus § 701 vom Vertragsschluß unabhängig ist, kommt es nicht darauf an, ob neben dem Beförde-rungsvertrag ein zusätzlicher Vertrag mit der Schlafwagengesellschaft geschlossen wird (WERNER JurA 1970, 545, 546). Zudem ändert der Beförderungsvertrag seine Natur nicht dadurch, daß dem Reisenden besondere Bequemlichkeiten geboten werden (so überzeugend: BRÜCKNER Recht 1902, 305; REINDL EisenbE 18, 367 ff; 19, 8 ff). Der Charakter der Beherbergung im Schlafwagen als Nebenleistung ändert sich nicht dadurch, daß der Eisenbahnunternehmer diese durch wirtschaftlich selbständige Schlafwagenge-sellschaften (DSG, Mitropa) erbringen läßt. (Deswegen kann entgegen RUGE [10] nicht schon die Gewerbsmäßigkeit der Beherbergung verneint werden.)

Wegen des *Kontrahierungszwanges* aus § 3 EVO haben Schlafwagengesellschaften keinen Einfluß darauf, welche Reisende den Schlafwagen betreten. Wie bei Zwangs-einweisungen (vgl Rn 26) kann damit Haftung des § 701 nicht eintreten (WERNER JurA 1970, 546).

Zur *Haftung der Eisenbahn* für Verlust und Beschädigung des zur Beförderung über- **18** gebenen Gutes vgl §§ 453 ff HGB und das Haftpflichtgesetz idF vom 4. Januar 1978 (BGBl I, 145), das das Gesetz über Haftpflicht der Eisenbahnen und Straßenbahnen für Sachschäden vom 16. Juli 1957 abgelöst hat.

e) Bei Schiffsreisen steht die Beförderung im Vordergrund, die Benutzung einer **19** Kajüte ist lediglich Nebenleistung. Daher ist § 701 auf Schiffseigentümer nicht anwendbar (OLG Hamburg Recht 1905 Nr 1931; PLANCK/LOBE Vorbem II 4 b; SOERGEL/MÜHL Rn 3; JAUERNIG/VOLLKOMMER Anm 2 a; GIERKE § 204 Anm 66; aA OERTMANN Anm 1 c). Anders jedoch, wenn das Schiff während der Beherbergung vor Anker bleibt und lediglich als Hotel, nicht als Fortbewegungsmittel dient. Zur Haftung des Schiffers bei Verlust oder Beschädigung des von ihm übernommenen Reisegutes vgl §§ 673 Abs 2, 675, 606—612 HGB.

5. Mehrere Inhaber

20 Betreiben mehrere Personen **gemeinschaftlich** (OHG, Erbengemeinschaft uä) einen Herbergsbetrieb, so ist haftender Gastwirt die Gemeinschaft. Der interne Ausgleich richtet sich nach dem dieser Gemeinschaft zugrundeliegenden Rechtsverhältnis.

III. Anspruchsinhaber (Gast)

21 Der Anspruch aus § 701 steht nur dem im Herbergsbetrieb des Wirtes zum Zwecke der Beherbergung **aufgenommenen Gast** zu, der Person, der Ersatz für das eigene Heim gewährt werden soll (Beherbergung, vgl Rn 3 ff). Der **Abschluß eines Beherbergungsvertrages** ist nicht erforderlich. Gast ist somit *nicht* unbedingt die Person, die die Verhandlungen mit dem Wirt geführt hat und als Partei des Vertrages später die Rechnung bezahlen soll, sondern *jede Person, die der Wirt aufnimmt* (zur Aufnahme vgl Rn 22 ff), um sie zu beherbergen. Gäste sind damit neben dem Vertragspartner des Wirtes Begleitpersonen des ersteren, zB Familienmitglieder und Bedienungspersonal, nicht aber Besucher, da diese die Herberge nicht als Ersatz für das eigene Heim benutzen. Letzteren gegenüber besteht gegebenenfalls – sofern sie dem engen Kreis der Drittbegünstigten unterfallen – Haftung aus den Grundsätzen des Vertrages mit Schutzwirkung für Dritte (vgl Vorbem 16 zu §§ 701 ff). Nicht erforderlich ist ein dauernder Aufenthalt des Aufgenommenen in der Herberge, *vorübergehende Abwesenheit* hebt die Gasteigenschaft nicht auf (RGZ 103, 10; vgl Rn 42).

IV. Voraussetzungen der Haftung

1. Die tatsächliche Aufnahme des Gastes

22 Die Gastwirtshaftung beruht allein auf sozialem Kontakt (BGHZ 63, 65, 71; JAUERNIG/ VOLLKOMMER Anm 2 b). Dies ergibt sich aus dem Wortlaut „aufnimmt" (KOCH VersR 1966, 708). Sie tritt ein mit der tatsächlichen Aufnahme des Gastes in den Beherbergungsbetrieb durch den Wirt. Diese ist ein **tatsächlicher Akt**, bedingt keinen Vertragsschluß (BGHZ 63, 65, 71), sondern allein die Willensbekundung des Wirtes, eine Person zur Beherbergung aufzunehmen und eine solche des Gastes, den Herbergsbetrieb zu diesem Zweck aufzusuchen. Wegen dieser Willenselemente handelt es sich nicht um einen Realakt, sondern um eine **geschäftsähnliche Handlung**, auf die die für Willenserklärungen geltenden Vorschriften entsprechende Anwendung finden. Damit ist auf seiten des Wirtes Geschäftsfähigkeit erforderlich, der Gast kann – da die Aufnahme für ihn lediglich rechtlich vorteilhaft ist – beschränkt geschäftsfähig sein, § 107 (aA bzgl Anwendbarkeit der §§ 104 ff JAUERNIG/VOLLKOMMER Anm 2 b; PALANDT/ THOMAS Rn 3; MünchKomm/HÜFFER Rn 17).

Ob und **wann** die Aufnahme erfolgt, ist Frage des Einzelfalles. Sie ist zeitlich und örtlich nicht an das Hotel gebunden, nicht mit dem Betreten der Herberge identisch, sondern kann bereits vorher erfolgen. Ein Zwang zur Aufnahme von Gästen besteht grundsätzlich nicht (Privatautonomie). Zum Aufnahmezwang bei Monopolstellung speziell bei Herbergsbetrieben: BRÜCKNER Recht 1907, 1110; KUHLENBECK N 4; LANGEN 28 Anm 1; VERVIER BayGemVZ 21, 106; HENDINGER BayZ 1927, 320. Ein Zwang zur Aufnahme kann sich auch aus öffentlichem Recht ergeben (vgl Rn 26).

a) **Aufnahme im Betrieb** des Gastwirtgewerbes bedeutet Einordnung des Gastes in **23** den Betriebs- und Organisationsbereich des Wirtes. Dies ist unbedenklich der Fall bei Betreten der Herberge, Übergabe des Gepäcks an den Wirt oder dessen Personal, beim Einzug in das zugewiesene Zimmer. Schon vorher erfolgt eine Einordnung in den Gastwirtsbetrieb, wenn der Gast außerhalb der Betriebsräume (zB am Bahnhof, Flughafen) vom Wirt oder dessen Personal in Empfang genommen und der Transport des Gepäcks oder die Führung zum Hotelgebäude durch den Wirt erfolgt (MünchKomm/HÜFFER Rn 17). Hier beginnt die Haftung mit Einsteigen in den vom Hotel gestellten Wagen bzw mit der Übernahme der Gepäckstücke.

b) Aufnahme **zum Zwecke der Beherbergung**: Nicht jede Person, die in Kontakt zu **24** einem Beherbergungsbetrieb tritt und in dessen Sphäre gelangt, ist durch § 701 geschützt, sondern nur die, deren Aufnahme von seiten des Wirtes und des Gastes im Hinblick auf eine Beherbergung erfolgt. Ein Aufenthalt nur zur Einnahme einer Mahlzeit oder Erfrischung, das Unterstellen des Gepäcks, die Inanspruchnahme der Fahr- oder Hilfsdienste unter dem festen Entschluß, keine Beherbergung anzustreben, genügen nicht (RG JW 1908, 272; OLG Karlsruhe BadRspr 16, 164; KG OLGE 18, 27; OLG München OLGE 18, 26; LG Leipzig GuR 22, 58; LG Gießen HessRspr 12, 67; GANSCHEZIAN/ FINCKE 87), ebensowenig das Abstellen des Gepäcks in einem überfüllten Hotel, um sich anderweitig Unterkunft zu suchen (RG JW 1908, 272; GEIGEL/SCHLEGELMILCH 28 Rn 206).

Die Aufnahme muß nicht zu einer Beherbergung führen, eine solche muß nur beab- **25** sichtigt (also auch nicht ungewiß) gewesen, dh sie braucht **keine endgültige** zu sein (LG Gießen HessRspr 12, 67; PLANCK/LOBE Anm 2 a d; WOLF, Schr III § 13 J III b). Da der Grund der Gastwirtshaftung nicht in dem Abschluß eines Beherbergungsvertrages, sondern in der Tatsache der Aufnahme und Einbringung liegt, kann bereits eine nur **vorläufige Aufnahme** die Haftung aus §§ 701 ff begründen (das übersehen GANSCHEZIAN/ FINCKE [87], wenn sie die Aufnahme als „Finden der Unterkunft" definieren und eine Aufnahme des Gastes verneinen, der kein Zimmer bestellt und erhalten hat). Eine vorläufige Aufnahme liegt zB vor, wenn sich ein Gast die Zimmer zeigen läßt, dann jedoch von einer Benutzung absieht (PLANCK/LOBE Anm 2 a d; LANGEN 44 ff; STURM 24), wenn er sich an der Rezeption nach freien Zimmern erkundigt, aber aus einem Grund abgewiesen wird, der nicht der fehlende Wille des Wirtes zur Aufnahme ist (vgl Rn 22), wenn durch Hotelwagen oder Hausdiener am Bahnhof ankommende (unangemeldete) Reisende in das Hotel befördert werden, um sie zum Bleiben zu bewegen, sie aber das Hotel verlassen, weil ihnen die Räumlichkeiten nicht zusagen oder inzwischen kein Zimmer mehr frei ist. Auch hier begibt sich der Gast bereits in den Dispositionsbereich und in die Herrschaftssphäre des Herbergsbetriebes mit den sich daraus ergebenden Risiken.

c) Die Aufnahme muß **im Betrieb des Beherbergungsgewerbes** erfolgen (OLG Dres- **26** den SeuffA 75 Nr 154), denn die weitgehende gesetzliche Haftung aus § 701 ist allein deswegen gerechtfertigt und begründet, weil der Wirt durch Auswahl seiner Gäste diese vor Schaden bewahren, zweifelhafte Besucher fernhalten kann. Eine zur

Beherbergung führende Aufnahme im Rahmen des Beherbergungsbetriebes setzt daher für den Wirt die *Möglichkeit* voraus, *frei über die Aufnahme* eines Gastes *zu entscheiden* (Privatautonomie). Personen, die aufgrund öffentlich-rechtlicher Pflichten *eingewiesen* werden (Zwangseinquartierung, Zwangseinweisung von Flüchtlingen, Obdachlosen, Opfern einer Naturkatastrophe) sind nicht im Sinne des § 701 aufgenommen und genießen nicht den besonderen Schutz (RG JW 1924, 1388; LG Göttingen NJW 1947/48, 595; ENNECCERUS/LEHMANN § 173 I 3; WERNER JurA 1970, 543). Kann ein Wirt den Einzug nicht gewollter Gäste nicht verhindern, darf er auch gegenüber den anderen von ihm aufgenommenen Gästen nicht mehr nach § 701 haften, denn als Schädiger kommen auch die aufgezwungenen Gäste in Betracht. Seine Haftung aus § 701 ist nur gerechtfertigt, weil er durch Auswahl der Gäste eine Möglichkeit der Schadensabwehr hat, die ihm bei Zwangseinquartierung genommen ist, wodurch sich das Betriebsrisiko über das übliche von § 701 erfaßte Maß hinaus erhöht (WERNER JurA 1970, 543). Das LG Erfurt (NJ 1953, 570) will diesen Grundsatz auch auf die Herbergen anwenden, die vertraglich gebunden sind, die von einem anderen ausgesuchten Gäste aufzunehmen (zB Vertrag mit Krankenkassen, Betrieben usw).

2.   Besucher des Wirtes

27 Freunde und Verwandte, die als **Besucher des Wirtes** in der Herberge wohnen, seine Angestellten, im Gasthaus beschäftigte Handwerker oder sonstige aus privaten Gründen aufgenommene Personen (Freunde und deren Kinder) sind nicht als Gäste des Beherbergungsbetriebes in die Organisation eingegliedert und nehmen die Unterkunft nicht wie Herbergsgäste. Allerdings setzt § 701 nicht eine entgeltliche Aufnahme voraus, sie kann auch *unentgeltlich* erfolgen. Während bei Entgeltlichkeit die *Vermutung für eine Aufnahme* im Betrieb des Gewerbes spricht, dürfte bei unentgeltlicher Aufnahme oft problematisch sein, ob eine gewerbliche oder private gegeben ist. Dies ist Frage des Einzelfalles. Die unentgeltliche Aufnahme des die anderen Gäste begleitenden Reiseleiters oder Busfahrers, der Vertreter eines Touristikunternehmens erfolgt im Hinblick auf den (eventuell noch zu erwartenden) Gewinn aus den von diesen Personen vermittelten zahlenden Gästen und damit allein aus gewerblichen Gesichtspunkten (BGH NJW 1958, 826; PLANCK/LOBE Anm 2 a ß; OERTMANN Vorbem 2 d; SCHOLLMEYER 138 f; GANSCHEZIAN/FINCKE 88).

V.   Geschützte Objekte

28 Die Haftung des Gastwirts erstreckt sich allein auf **die vom Gast eingebrachten Sachen.** Für nicht eingebrachte Sachen besteht Haftung nur nach den allgemeinen Grundsätzen (OLG Hamburg JW 1916, 1142 ff).

1.   Eingebrachte Sachen

29 Eingebracht sind die Sachen des Gastes gem § 701 Abs 2, sobald sie in die *Obhut des Wirtes oder seiner Leute* gelangt sind. Die Einbringung ist ein *Realakt*, daher ist Geschäftsfähigkeit des Wirtes und des Gastes nicht erforderlich. Sie ist – wie sich aus § 701 Abs 2 ergibt – nicht notwendig ein zweiseitiger Akt (vgl MANIGK, Das rechtswirksame Verhalten 39, 486). Unerheblich ist die *Kenntnis des Wirtes* von der Einbringung (Mot II 586). Auf den *Willen des Wirtes* kommt es nicht an, daher sind eingebracht

auch die Sachen, die gegen den Willen des Wirtes unter seine Obhut gelangen (LAN-
GEN 47 Anm 23).

a) *Sachen,* die der Gast bei seiner Aufnahme oder während der Beherbergung mit **30**
in die Herberge bringt (die Herberge erstreckt sich räumlich auf alle dem Betrieb
zugeordneten Gebäude und Anlagen, einschließlich Garten, Schuppen, Garage,
Gartenhäuser, Golfplatz, Schwimmbad usw, vgl ERMAN/WESTERMANN Rn 7):

Erfaßt sind damit auch die von Hotelgästen in die Tagungsräume mitgenommenen
Sachen, unabhängig davon, ob für diese Räume ein zusätzliches Entgelt verrechnet
wird (LG Koblenz NJW 1983, 760; JAUERNIG/VOLLKOMMER Anm 2¹ 2 c aa; LINDEMEYER BB 1983,
1505, anders jedoch LIEKE NJW 1982, 1800; vgl auch Rn 43). In die Herberge gelangt sind die
Sachen mit dem Betreten durch den Gast, das gilt insbesondere für seine *Kleidung
und deren Inhalt,* zB Geldbörse, Schmuck (OLG Koblenz VersR 1953, 484; ERMAN/
WESTERMANN Rn 5; PALANDT/THOMAS Rn 7; ENNECCERUS/LEHMANN § 173 I 4 c; LANGEN 50; aA
SOERGEL/MÜHL Rn 9). Ein in der II. Kommission gestellter Antrag, dies ausdrücklich
im Gesetz festzustellen, wurde zurückgezogen, nachdem Einverständnis herrschte,
daß das Einbringen in dem weiten Sinne des Antrages zu verstehen sei (Prot VI
193 ff). Einbringen erfolgt weiterhin mit *Abstellen des Gepäcks* in der Empfangs-
halle, auf dem zum Zimmer führenden Flur oder in dem zugewiesenen Zimmer
(GANSCHEZIAN/FINCKE 88), anders dagegen, solange die Sachen sich auf dem Bürger-
steig bzw auf der Treppe vor der Herberge oder noch nicht im betriebseigenen
Fahrzeug befinden. Hat ein Gast den Wirt oder dessen Personal angewiesen, das im
Pkw oder vor dem Hoteleingang stehende Gepäck hereinzuholen, so entsteht Haftung erst mit der tatsächlichen Durchführung dieses Auftrages (vgl Rn 34 ff). Befinden
sich innerhalb der Herberge besondere Ablagen für die Sachen (Räume für Koffer,
besondere Kleiderablagen, Garderoben im Speisezimmer, Ablagen für Regenmän-
tel und Schirme usw), besteht der Schutz des § 701 auch hier (RGZ 105, 203;
ENNECCERUS/ LEHMANN § 173 I 4 c). Zumeist wird aber die Einbringung schon vorher mit
Betreten der Herberge erfolgt sein.

Nicht erforderlich ist, daß der Gast selbst oder der Wirt die Sachen in die Räume der **31**
Herberge bringt. Wird das Gepäck *von Dritten transportiert* oder auf Bestellung des
Gastes in die Herberge gebracht, liegt Einbringen bei bereits erfolgter Aufnahme in
dem Augenblick vor, wenn es in die Räume der Herberge gelangt, nicht erst mit
Besitzergreifung durch den Gast (LANGEN 49; GANSCHEZIAN/FINCKE 89).

b) Sachen, die an einen von dem Wirt oder dessen Leuten angewiesenen oder **32**
hierzu allgemein bestimmten **Ort außerhalb der Gastwirtschaft** gebracht worden
sind:

Außerhalb der Herberge liegende Orte sind all die, die sich außerhalb des der
Beherbergung dienenden Gebäudes befinden. Dienen mehrere Häuser der Beherbergung (Dependancen), fallen sie nicht unter § 701 Abs 2 Ziff 1 2. Fall. Unterbrin-
gungsorte außerhalb der Gastwirtschaft sind alle vom Wirt bezeichneten Stellen
außerhalb der der Beherbergung dienenden Gebäude. Sie müssen nicht auf dem
Hotelgelände liegen (GANSCHEZIAN/FINCKE 90) und keine umschlossenen Räumlichkeiten sein (OLG Hamm VersR 1956, 179, 180). Diese Orte brauchen nicht mit dem
Herbergsbetrieb in einem *räumlichen Zusammenhang* stehen (so jedoch BGH LM Nr 1

zu § 701; OLG Hamm VersR 1956, 179, 180; GEIGEL/SCHLEGELMILCH 28 Rn 209), denn eine solche Forderung stellt das Gesetz nicht auf, vielmehr wird gerade auf Orte außerhalb des Herbergsbetriebes verwiesen. Unter § 701 Abs 2 Ziff 1 2. Fall sind zu rechnen Abstellräume, Garagen und Ställe (Baulichkeiten) oder Orte, die im Freien liegen, wie Abstellplätze, Zwinger usw. In der Regel wird es sich um Orte handeln, an denen Sachen abgestellt werden, die aus Raumgründen oder aus der Natur der Sache nicht in den Gastzimmern unterzubringen sind. Ein Grund für die Unterbringung außerhalb der Gastwirtschaft braucht nicht benannt oder erkennbar sein.

33 Die **Bestimmung anderweitiger Unterbringung** außerhalb der Herberge kann im Einzelfall oder generell erfolgen. Letzteres muß irgendwie zum Ausdruck kommen, zB durch Anschlag oder Hinweisschild.

34 c) Sachen, die außerhalb der Gastwirtschaft **dem Wirt** *bzw dessen Leuten* übergeben werden (OLG Düsseldorf JW 1931, 1977):

Dabei macht es keinen Unterschied, ob der Gast die Sachen selbst übergibt oder ob ein Dritter sie in dessen Auftrag ausliefert. Das gilt für die Fälle, in denen der Gast seine Sachen dem Personal am Bahnhof oder sonst außerhalb des Hotels (zB bei der Anfahrt auf der Straße vor der Herberge) übergibt (OLG Düsseldorf aaO, LG Augsburg LZ 1919, 212) oder durch den Wirt bzw dessen Personal bei Dritten abholen läßt (OLG Naumburg JW 1920, 61). Holt der Portier auf Bitten des Gastes dessen Sachen aus dem Auto, so sind nur die Teile eingebracht, die er herausnimmt, nicht die er dort vergißt.

BONDI (JW 1920, 61) und GANSCHEZIAN/FINCKE (90) wollen die von den Leuten des Wirtes auf Bitten des Gastes außerhalb der Herberge abgeholten Sachen erst dann als eingebracht ansehen, wenn sie in das Hotel gelangt sind (§ 701 Abs 2 Ziff 1 1. Fall), da Hausdiener vom Wirt nicht dazu bestellt seien, derartige Besorgungen auszuführen. Dies gilt jedoch nicht generell, denn die Berechtigung zur Empfangnahme der Sachen ist eine *Frage des Einzelfalles* (vgl Rn 38). Zum üblichen Service einer Herberge gehört die Befriedigung persönlicher Bedürfnisse des Gastes durch das Personal (BGH NJW 1964, 718). Es wird zum Service einer jeden Herberge gehören, daß das Personal auch Besorgungen für die Gäste übernehmen darf. Läßt daher der Gast durch Angestellte oder den Wirt selbst Kleider von der Reinigung, Schuhe aus der Reparaturwerkstatt abholen, sich Zigarren oder sonstige Gegenstände besorgen, liegt die Einbringung in der Empfangnahme der Sache durch den Wirt bzw durch dessen Leute (SOERGEL/MÜHL Rn 9).

35 Übergibt der Gast dem Wirt bzw dessen Personal einen **Gepäckschein** mit der Weisung, das Gepäck am Bahnhof abzuholen, so ist der Gepäckschein spätestens mit Aushändigung eingebracht, der Wirt haftet für seinen Verlust nach § 701 (OLG Hamburg OLGE 40, 304; GANSCHEZIAN/FINCKE 89). Das Gepäck selbst ist jedoch erst mit Aushändigung durch die Gepäckstelle an den Wirt eingebracht, § 701 Abs 2 Ziff 1 (OLG Düsseldorf JW 1931, 1977; OLG Hamburg Recht 1920 Nr 1202; OLGE 40, 304; 45, 164; OLG München OLGE 45, 166; GANSCHEZIAN/FINCKE 89).

36 d) Die Anweisung zur anderweitigen Unterbringung der Sachen oder der Empfang außerhalb der Herberge kann von dem Wirt selbst oder von seinen hierzu bestellten Leuten erfolgen.

Leute des Gastwirts sind Personen, die von dem Wirt in die Organisation des Herbergsbetriebes eingegliedert sind und mit seinem Einverständnis dort Aufgaben erfüllen, in erster Linie die im Herbergsbetrieb (nicht im Haushalt des Wirtes) tätigen Angestellten, darüber hinaus aber auch ohne festen Anstellungsvertrag mit Einverständnis des Wirtes tätige Personen wie Verwandte, Freunde oder nur gelegentlich beschäftigte Aushilfskräfte (BT-Drucks V/147, 4; RGZ 7, 126 ff; ERMAN/WESTERMANN Rz 8). Der Begriff „Leute" ist weiter zu verstehen als der von § 278 erfaßte Erfüllungsgehilfe, denn im Rahmen des § 701 kommt es nicht auf die Erfüllung eines Beherbergungsvertrages an.

Nach § 701 Abs 2 aE tritt eine Haftung nur ein, wenn die bei der Einbringung tätigen **37** Leute von dem Wirt zur Erteilung einer Anweisung bzw zur Übernahme der Obhut **bestellt** oder nach den Umständen **als dazu bestellt anzusehen** sind. Eine solche Anweisungs- bzw Empfangsberechtigung muß jeweils im Einzelfall festgestellt werden.

Ein Gastwirt bestellt bestimmte Hilfskräfte durch *ausdrückliche oder konkludente* **38** *Anweisung,* die Sachen seiner Gäste außerhalb der Herberge in Empfang zu nehmen oder deren anderweitige Unterbringung zu veranlassen. Neben der Art des Gepäckes ist die Größe des Herbergsbetriebes von Bedeutung (LINDEMEYER BB 1983, 1504). In kleinen Häusern wird jeder für alle anfallenden Arbeiten zuständig sein, während in Großhotels eine spezielle Arbeitszuweisung bestehen wird. Sendet ein Wirt sein Personal zu bestimmten Orten außerhalb der Gaststätte (zB zum Bahnhof), um ankommende Gäste in Empfang zu nehmen, so nehmen diese in der Regel sich auch des Gepäckes an und sind damit stillschweigend vom Wirt zum Empfang bestellt. Eine derartige zumindest stillschweigende Bestellung besteht generell für den Portier, Hotelburschen (BGH NJW 1965, 1710), nicht aber für Küchen- und Reinigungspersonal, das üblicherweise keine Aufgaben außerhalb des ihnen zugewiesenen Arbeitsbereiches hat.

Bei der **ausdrücklichen Bestellung** kommt es im Gegensatz zur offensichtlichen Bestel- **39** lung (vgl Rn 38) nicht darauf an, ob der Gast den Angestellten des Wirtes als solchen erkennt. Bei ausdrücklicher oder stillschweigender Bestellung ist allein die Anweisung durch den Wirt von Bedeutung. Daher besteht Haftung auch, wenn der Gast seine Sachen an eine Person in Zivilkleidung übergibt und diese von dem Wirt ermächtigt war, die Sachen der Gäste in ihre Obhut zu nehmen (zB ein Bekannter des Wirtes holt in dessen Auftrag in seinem Privatwagen die Gäste ab). Wegen Berechtigung zur Verwahrung von Wertsachen vgl § 702.

Auch wenn der Wirt die für ihn **tätige Person nicht ermächtigt** hat, das Gepäck seiner Gäste außerhalb der Herberge in Empfang zu nehmen oder unterzubringen, besteht die Haftung aus § 701, wenn diese Person nach den Umständen *als dazu bestellt anzusehen* war.

Entscheidend ist nicht allein, daß der Gast an die Berechtigung des im Namen des Wirtes Tätigen glaubte, sondern daß er den gesamten Begleitumständen nach daran

Olaf Werner

glauben mußte (BGH NJW 1965, 1709, 1710). Ähnlich den von der Anscheinsvollmacht erfaßten Fällen wird der Handelnde ohne entsprechende Ermächtigung im Namen eines anderen tätig (ebenso CANARIS, Die Vertrauenshaftung im dt Privatrecht § 7 IX). Dementsprechend haftet der Wirt für dieses Verhalten nur, wenn er es bei pflichtgemäßer Sorgfalt hätte kennen und verhindern können und der Gast nach den Umständen des Einzelfalles und den bei den Parteien herrschenden Verkehrsauffassungen auf eine „Bestellung" iS des § 701 Abs 2 schließen durfte (aA MünchKomm/HÜFFER § 701 Rn 23 aE). Die Haftung des Wirtes erstreckt sich jedoch nur auf Handelnde, die aus dem *Kreis seiner Leute* (vgl Rn 36) stammen. Hat sich der Anweisende oder Annehmende fälschlich für einen der Leute des Wirtes ausgegeben oder hält der Gast den Handelnden aus einem anderen Grund fälschlich für einen Angestellten des Wirtes, findet § 701 Abs 2 keine Anwendung (PLANCK/LOBE Anm 2 b; OERTMANN Anm 3 a ß; ENNECCERUS/LEHMANN § 173 I 4 a; GANSCHEZIAN/FINCKE 94).

Weisungs- und empfangsbefugt hinsichtlich der Sachen des Gastes können unter dem obigen Gesichtspunkt die Personen sein, die dem Gast erkennbar mit (potentiellem) Wissen des Wirtes sich im Beherbergungsbetrieb um das Gepäck kümmern und die sich zB durch die mit dem Hotelnamen versehene Kleidung (Mütze) als „Leute des Wirtes" zu erkennen geben und üblicherweise das Gepäck versorgen oder sich mit Kenntnis und Duldung des Wirtes hierzu bereit erklärt haben. Zumeist werden diese Personen jedoch bereits ausdrücklich oder stillschweigend vom Wirt hierzu bestellt sein (vgl Rn 38). Eine Haftung unter diesem Gesichtspunkt kommt daher nur bei Tätigkeit der Personen in Betracht, die zwar üblicherweise das Gepäck versorgen, aber vom Wirt von dieser Tätigkeit (zB durch Anschlag im Hotel, vgl RG JDR 1924, 206) ausgeschlossen worden sind oder über diesen Personenkreis hinaus solche Personen, die sich üblicherweise um andere Arbeiten zu kümmern haben, in dieser speziellen Herberge aber die Sachen des Gastes versorgen bzw insoweit Anweisungen geben. Letzteres ist zB der Fall, wenn ein mehrfach einkehrender Gast regelmäßig am Bahnhof von dem Koch in Empfang genommen wird oder ihm von der Reinigungsfrau ein Lagerplatz für sein Angelgerät in der Garage angewiesen wird.

e)   Zeitraum der Haftung

40 Der Schutz für die Sachen des Gastes *beginnt mit dem Einbringen* und *endet mit dem Entfernen* aus der Obhut des Wirtes. Besorgen Leute des Wirtes den Abtransport, besteht die Obhut entsprechend den unter Rn 34 aufgestellten Grundsätzen fort, bis sie die Sachen aus ihrer Obhut geben (RG JW 1925, 473). Gegenüber Reisegruppen endet die Gastwirtshaftung, wenn die Gruppe abreisebereit in der Hotelhalle versammelt ist und der Raum, in dem das Gepäck verwahrt wird, zur Gepäckentnahme durch die einzelnen Reiseteilnehmer geöffnet wird (LG Frankfurt NJW-RR 1987, 565, 566).

Sachen, die *vor und nach der Beherbergung* dem Gastwirt zur Obhut übergeben sind, unterliegen dem Schutz des § 701 gem Abs 2 Nr 2 nur innerhalb einer angemessenen Zeit vor und nach der Beherbergung. Die Angemessenheit bestimmt sich nach den gesamten Umständen des Einzelfalles oder nach den Bedürfnissen des Gastes, der Dauer des Aufenthaltes (AG Garmisch-Partenkirchen MDR 1969, 50) und den Aufbewahrungsmöglichkeiten der Herberge. Meist wird es sich um kurze Aufbewahrungszeiten handeln, da eine zu weite Ausdehnung der Haftung des Wirtes nicht erfolgen soll. Nach Koch (VersR 1966, 705) soll ein Tag, nach AG Garmisch-Partenkirchen (MDR 1969, 50) dagegen eine Zeit von zwei Wochen angemessen sein. Ein fester Zeitraum kann jedoch, da der Einzelfall entscheidet, nicht bestimmt werden. Eine über eine angemessene Zeit hinausgehende Haftung kann allein aus besonderer Vereinbarung (Verwahrungsvertrag) und nach den allgemeinen Grundsätzen bestehen.

Einmal eingebrachte **Sachen bleiben eingebracht,** dh sie genießen den Schutz bis zur Abreise des Gastes, auch wenn der Herbergsvertrag schon vor der Abreise beendet war (RG SeuffA 78, 76). Garderobe, die der Gast im Speisezimmer aufhängt, bleibt daher ebenso geschützt, wie ein Ring, den er auf der Toilette beim Händewaschen ablegt oder Schuhe, die zum Säubern auf den Flur gestellt werden (Ganschezian/ Fincke 89). **41**

Die Haftung besteht auch weiter, wenn der Gast unter Zurücklassung seiner Sachen die Herberge vorübergehend unter Beibehaltung seiner Räume verläßt, aber die Absicht hat, zurückzukehren (RGZ 103, 9; OLG München Recht 1922, 45). Kehrt er entgegen seiner Absicht nicht mehr zurück, liegt keine **vorübergehende Abwesenheit** mehr vor, die Dauer der Haftung richtet sich nach § 701 Abs 2 Nr 2 (vgl Rn 45). Hat der Gast nach Beendigung der Beherbergung sein Gepäck weggeschafft, so lebt die Haftung nach § 701 nicht wieder auf, wenn der Gast den Zug versäumt hat und seine Sachen mit Zustimmung des Wirtes vorübergehend bis zur Abfahrt des nächsten Zuges in der Herberge wieder abstellt (OLG Hamburg LZ 1920, 665 ff; SeuffA 75 Nr 226). Eine vorübergehende Abwesenheit des Gastes unterbricht den Schutz der eingebrachten Sachen nicht, wenn sie in der Obhut des Wirtes zurückbleiben (RGZ 103, 10; RG Recht 1922, Nr 145). **42**

Werden die **Sachen vorübergehend** aus der Herberge **entfernt** (zB der Gast begibt sich mit einigen Sachen [Kleidung, Aktentasche usw] aus dem Haus, Kleidungsstücke werden zur Reinigung gegeben), ist die Obhut des Wirtes vorübergehend aufgehoben, die *Haftung wird unterbrochen,* denn dem Wirt kann eine Haftung nur für die Schäden auferlegt werden, die an Sachen unter seiner Obhut entstehen. Daher endet die Haftung selbst dann, wenn die Entfernung der Sachen gegen den Willen des Gastes erfolgt, auch bei Fortdauer der Beherbergung (zB Pfändung durch Gerichtsvollzieher). Dagegen kann der Wirt durch eigenmächtige Entfernung der Sachen sich nicht seiner Haftung entziehen (OLG Kiel OLGE 43, 81; Planck/Lobe Anm 6 a; Schollmeyer 139; Ganschezian/Fincke 90, 91). Begibt sich ein Gast in die auch dem *allgemeinen Verkehr zugänglichen Speiseräume* des Hotels, liegt eine vorübergehende Entfernung der vom Gast mitgeführten Sachen nicht vor, denn die Obhut des Wirtes bleibt erhalten, die Sachen bleiben in der Herberge. Der Wirt kann seiner Haftung nicht dadurch entgehen, daß er seine an sich die Haftung umschließenden Räume dem allgemeinen Verkehr eröffnet und damit letztlich sogar die Schadensgefahr erhöht. Die Benutzung der Speiseräume ist ein Teil der Beherbergung und wird oft erst die Beherbergung ermöglichen. Die Hausgäste genießen damit einen höheren Schutz als die Gäste, die sich nur zum Essen in das Hotel begeben (aA Brückner Recht 1907, 1106; Ganschezian/Fincke 89). Die Obhut des Wirtes erstreckt sich auf den *gesamten Beherbergungsbetrieb,* zu dem neben den Gastzimmern alle Einrichtungen wie Toiletten, Speiseräume, Hotelgarten, Hotelschwimmbad, Terrassen, Hotelgolfplatz usw gehören (anders AG Augsburg VersR 1981, 565 [LS 1]; MünchKomm/Hüffer Rn 25 **43** bei völliger räumlicher Trennung der Einrichtungen vom Hotel). Dies gilt auch für die vom Wirt den Herbergsgästen kostenlos zur Verfügung gestellten Tagungsräume, da diese regelmäßig seinem Interesse dienen, mehr Zimmer zu belegen (LG Koblenz NJW 1983, 760; LINDEMEYER BB 1984, 1504; aA LIECKE NJW 1982,1860, der nur Räume für freizeitliche Betätigung als vom Beherbergungsverhältnis erfaßt ansieht; dazu auch Rn 30).

44 Eine **Haftung für vorausgesandtes Gepäck** besteht im Rahmen der von § 701 Abs 2 Nr 2 gesetzten Frist nur, wenn es später zu einer – wenn auch nur vorläufigen – Aufnahme kommt (vgl Rn 22 ff). Nicht erforderlich ist ein bereits abgeschlossener Beherbergungsvertrag. Auch Sachen eines erst angekündigten Gastes sind eingebracht, wenn dieser später das Hotel zwecks Beherbergung aufsucht (OLG Bamberg SeuffBl 71, 632; OLG München OLGE 45, 166 f; anders noch die 11. Aufl).

In der Zusendung und Übergabe des Gepäcks durch einen nicht vorangemeldeten Reisenden kommt die Absicht zum Ausdruck, ein Zimmer zu bestellen. Allerdings besteht die Möglichkeit, daß der Gast bei seinem späteren Eintreffen nach Besicht auf eine Beherbergung verzichtet. Dies wird jedoch zu einer vorläufigen Aufnahme und damit zur Haftung nach § 701 Abs 2 Nr 2 führen. Nimmt der Gastwirt das Gepäck eines Gastes an, der sich kein Zimmer hat reservieren oder zumindest zeigen lassen, ist darin idR noch nicht der Abschluß eines Beherbergungsvertrages zu sehen. Ein solcher ist jedoch für eine Aufnahme ohne Bedeutung. Erforderlich ist allerdings die Bereitschaft des Wirtes, die Sachen vor Ankunft des Gastes in Obhut zu nehmen (GANSCHEZIAN/FINCKE 92). Es genügt also nicht das Abstellen des Gepäckes durch den Taxifahrer, wenn der Wirt sich nicht zur Annahme bereit erklärt hat.

45 Bei der Abreise **zurückgelassenes Gepäck** unterliegt entgegen der vor 1966 geltenden Fassung (dazu STAUDINGER/NIPPERDEY[11] Rn 28) für eine angemessene Zeit (vgl Rn 40) weiterhin dem § 701, wenn es von dem Wirt oder seinen Leuten in Obhut genommen wird. Dies setzt die Bereitschaft voraus, es auch nach der Abreise in vorläufige Verwahrung zu nehmen. Läßt der Gast einen Gegenstand im Hotel stehen, ohne daß der Wirt davon Kenntnis hat (vom Gast vergessene Sachen) oder erfolgt die Zurücklassung sogar gegen den erklärten Willen des Wirtes, haftet letzterer nicht nach § 701 (BGB-RGRK/SEIBERT Rn 2; ENNECCERUS/LEHMANN § 173 I 5). Hier greifen die Vorschriften über Auftrag, GoA und Delikt ein.

Zur Gastwirtshaftung bei der Abreise von Reisegruppen LG Frankfurt NJW-RR 1987, 565, 566 und Rn 40.

46 Der **Tod des Gastes** führt wie die Abreise zur Beendigung der Beherbergung. Haftung für die mitgebrachten Sachen besteht unter den obigen Voraussetzungen für einen Zeitraum weiter, in dem die Erben ohne Verzögerung eine Regelung treffen konnten (GANSCHEZIAN/ FINCKE 91, 93).

2. Eigentumsverhältnisse

47 **Sachen des Gastes** (zum Sachbegriff vgl § 90) bedeutet nicht, daß sie in seinem Eigentum stehen müssen (OLG Köln OLGE 24, 400; LG Mosbach JW 1935, 1435), denn das Gesetz spricht nur von Sachen, die der Gast eingebracht hat, nicht aber von solchen, die in seinem Eigentum stehen. Begleiter eines Gastes sind ebenfalls Gäste (vgl Rn 21) und haben einen eigenen Anspruch aus § 701. Sachen der Personen, die den Gast-begriff nicht erfüllen (zB Besucher eines Gastes), unterliegen nicht dem Schutz des § 701. Schäden an deren Sachen können vom Geschädigten wie von dem Gast allein nach den allgemeinen Grundsätzen verlangt werden (vgl auch Rn 21). Geld ist eben-falls eine Sache, es gilt abgesehen von § 702 Abs 3 keine Sonderregelung (KG OLGE 40, 305).

3.   Haftungsausschluß

Nach § 701 Abs 4 ist die **Haftung für bestimmte Gegenstände**, für Fahrzeuge, deren **48** Inhalt und lebende Tiere **ausgeschlossen**. Der Grund für diesen Haftungsausschluß beruht auf der *Beweglichkeit* dieser Sachen und einer erhöhten Diebstahlsgefahr. Zudem sollte der *Gefahr vorgebeugt* werden, Schäden an Kraftfahrzeugen, die bei anderer Gelegenheit entstanden sind, dem Gastwirt anzulasten (BT-Drucks V/147, 4). Aufgrund des allgemeinen Versicherungsschutzes sind insbesondere Fahrzeuge und deren Inhalt idR bereits versichert, so daß ein Schaden des Gastes nicht zu befürch-ten ist. § 701 Abs 4 ist mit der Neufassung 1966 eingeführt worden und hat die bis dahin bestehende Streitfrage entschieden, ob die in diesem Absatz aufgeführten Sachen dem Schutz der gesetzlichen Gastwirtshaftung unterliegen (vgl BGH NJW 1958, 825; 1969, 789). Für Schäden an Fahrzeugen, deren Inhalt und lebenden Tieren haftet ein Wirt somit nur noch nach den allgemeinen Regeln (BGHZ 63, 333, 337, 338).

a)   **Fahrzeuge** sind Verkehrsmittel, die der Beförderung von Personen und Gütern **49** dienen und durch menschliche, tierische oder motorische Triebkraft zu Lande, zu Wasser oder in der Luft fortbewegt werden (LG Bückeburg NJW 1970, 1853; WERNER JurA 1970, 548). Wenn auch § 701 Abs 4 hauptsächlich im Hinblick auf Kraftfahrzeuge eingeführt wurde, da die Diebstahlsgefahr besonders groß und eine Haftung des Wirtes unzumutbar ist, zeigt der Gesetzeswortlaut eindeutig, daß sich der Haftungs-ausschluß *nicht auf Kraftfahrzeuge beschränkt* (WERNER JurA 1970, 548). Erfaßt werden ferner Hubschrauber, Motorboote (LG Bückeburg NJW 1970, 1853), Fahr-, Motorräder, Kutschen und Pferdefuhrwerke. Schlitten, Kinderwagen und Krankenfahrstühle die-nen ebenso dem Transport und der Personenbeförderung und werden, sofern sie nicht lediglich als Spielzeug oder Sportgeräte dienen (zB Rodelschlitten, Bob) von dem Haftungsausschluß erfaßt (wie hier LG Bückeburg NJW 1970, 1853; KOCH VersR 1966, 711; WERNER JurA 1970, 548; aA PALANDT/THOMAS Rn 12; JAUERNIG/VOLLKOMMER Anm 2 d; GEI-GEL/SCHLEGELMILCH 28 Rn 210; LARENZ II 1 § 59, 462 Fn 2; WEIMAR NJW 1966, 1156).

Die Fahrzeugeigenschaft fehlt nicht schon deswegen, weil das Fortbewegungsmittel **50** nicht zur Anreise des Gastes oder nicht als solches benutzt, sondern *lediglich trans-portiert und untergestellt* wird (LG Bückeburg NJW 1970, 1853; WERNER JurA 1970, 548). Daher fallen auch Sport- oder Wasserfahrzeuge (zB Segelflugzeuge, Rennwagen, Motor-, Segel-, Falt- Schlauchboote auf dem Hänger) unter § 701 Abs 4 (LG Bücke-burg NJW 1970, 1853; WERNER JurA 1970, 548). Eine Beschränkung auf Fahrzeuge, die nur außerhalb des Gastzimmers untergebracht werden, läßt sich dem Gesetzeswortlaut nicht entnehmen (so jedoch GANSCHEZIAN/FINCKE 98, 99).

b)   **Im Fahrzeug belassen** sind Sachen, die sich in oder auf dem Fahrzeug befinden **51** (BT-Drucks V/147, 4; BGB-RGRK/SEIBERT Rn 6; ERMAN/WESTERMANN Rn 14; SPIEGEL BB 1966,

387), zB mit speziellen Haltern auf dem Heck bzw Dach befestigte Skier, Gegenstände auf dem aufgeschraubten Kuli, Reservereifen usw.

52 c) Der Haftungsausschluß beschränkt sich ferner allein auf **lebende Tiere.** Tote Tiere (geschlachtete Tiere, Jagdbeute) werden nicht erfaßt.

VI. Schaden an den eingebrachten Sachen

1. Schadensfälle

53 Voraussetzung des Anspruches aus § 701 ist *Verlust, Zerstörung* oder *Beschädigung* der Sachen des Gastes während der Einbringung und ein darauf beruhender Schaden. Das sind alle Nachteile, die auf Verlust, Zerstörung oder Beschädigung beruhen (OLG Frankfurt Recht 1906 Nr 3023).

54 a) **Beschädigung** bedeutet Verletzung der Sachsubstanz durch jede nachteilige Einwirkung, welche die Sache in ihrem ursprünglichen Zustand verändert und dadurch in ihrem Wert mindert (Langen 37 f).

55 b) **Verlust** bedeutet vollständiges Abhandenkommen der Sache oder, daß sie auf absehbare Zeit nicht zurückgewährt werden kann (Bruckmann ArchBürgR 23, 322 ff, 33 ff). Auf welche (wenn auch ungeklärte) Weise der Verlust eingetreten ist, ist unerheblich.

56 c) **Zerstörung** ist eine so wesentliche Beschädigung der Sache, daß sie für den bestimmten Zweck völlig unbrauchbar geworden ist. Im Gegensatz zum Verlust ist die materielle Substanz noch vorhanden.

2. Umfang des Ersatzes

57 Der Umfang des dem Gast zu ersetzenden Schadens richtet sich nach §§ 249 ff (OLG Frankfurt Recht 1906 Nr 3023; OLG Köln OLGE 24, 402; OLG Kiel SeuffA 69 Nr 75). Der in der II. Komm gestellte Antrag, der Schadensberechnung allein den Sachwert zugrunde zu legen, wurde abgelehnt (Prot II 413 ff). Die Schadenshöhe richtet sich nach dem Wert im Zeitpunkt des schädigenden Ereignisses (OLG Dresden OLGE 41, 126; Soergel/ Mühl Rn 7).

58 a) Ein **eigener Schaden** des Gastes liegt vor, wenn er an den Sachen Eigentum oder *an fremden Sachen Rechte* hatte (zB Pfandrecht). Erfaßt werden auch *Nachteile,* die dem Gast aufgrund des Verlustes, der Beschädigung und Zerstörung fremder Sachen entstehen, so bei einer Haftung gegenüber dem Eigentümer und bei Schäden wegen fehlender Verbrauchs- bzw Gebrauchsmöglichkeit (entgangener Verkaufsgewinn, entgangene Provision, Leihgebühr für Ersatzsache, Nichtbenutzen einer Musterkollektion führt zum Verdienstausfall).

59 b) Wer Anspruchsinhaber bei Beschädigung, Verlust oder Zerstörung **dem Gast nicht gehörender Sachen** ist, läßt sich dem Wortlaut des § 701 nicht eindeutig entnehmen. Es wird angenommen, der Eigentümer der Sache, auch wenn er nicht Gast ist, habe den Anspruch (so Wolf, SchR II § 13 J III c). Demgegenüber kann nach überwiegender Ansicht allein der Gast das Interesse des Eigentümers, nicht letzterer selbst den Anspruch aus §§ 701 ff geltend machen (OLG Breslau Recht 1902 Nr 1769; OLG Köln OLGE 24, 400; ESSER/WEYERS II 1 § 39 III 1; GEIGEL/SCHLEGELMILCH 28 Rn 207), es handelt sich um einen gesetzlich geregelten Fall der *Drittschadensliquidation* (so RGZ 93, 40; BEUTHIEN in StudK § 701 Anm 2; SOERGEL/MÜHL Rn 7; MünchKomm/HÜFFER Rn 27; ESSER/ WEYERS II 1 § 39 III 1; FIKENTSCHER § 87 II 5; LARENZ II 1 § 59; MÜLLER DJZ 1906, 167; BERG NJW 1969, 1173; ders JurA 1970, 687, 691; aA HAGEN, Die Drittschadensliquidation im Wandel der Rechtsprechung [1971] 222 ff; WOLF, SchR II § 13 J Fn 80, der dieses Institut generell ablehnt [SchR I § 4 G II f 3 mm], dabei aber übersieht, daß es sich bei § 701 um eine gesetzliche Regelung, nicht um einen durch Richterrecht herausgearbeiteten Anspruch wie bei den sonstigen Fällen der Drittschadensliquidation handelt). Letzterer Ansicht ist zuzustimmen, denn § 703 S 1 spricht von dem dem Gast zustehenden Anspruch. Sinn der §§ 701 ff ist es zudem, eine verschärfte Haftung des Wirtes gegenüber dem Gast zu begründen (vgl Vorbem 4 zu §§ 701 ff). Der Eigentümer kann sich an den ihm idR haftenden Gast halten. Will er aus eigenem Recht gegen den Wirt vorgehen, ist er auf §§ 823 ff und somit einen Verschuldensnachweis angewiesen. Die Abtretung des Anspruches aus § 701 von dem Gast an den Eigentümer ist zulässig (OLG Koblenz OLGE 24, 400; OLG Hamm VersR 1956, 179, 180). Der Annahme einer gesetzlich geregelten Drittschadensliquidation kann nicht entgegengehalten werden, nach heutiger Ansicht greife die Drittschadensliquidation nicht ein, wenn ein vertraglicher Anspruch aus einem Vertrag mit Schutzwirkung für Dritte bestehe (vgl BGHZ 49, 350 ff). Die Haftung aus § 701 besteht unabhängig von den vertraglichen Beziehungen. Das genannte Abgrenzungsproblem gilt zudem nur in den Fällen, in denen die Drittschadensliquidation als außergesetzliche Rechtsschöpfung ausfüllend herangezogen werden soll, nicht aber wenn das Gesetz diese Regelung für einen bestimmten Fall getroffen hat.

Die **Geltendmachung des Drittinteresses** ist nicht davon abhängig, daß der Eigentümer **60** den Gast ersatzpflichtig macht (ENNECCERUS/ LEHMANN § 173 I 4; FUNCK NJW 1964, 389 f), denn der Gast macht *fremden, nicht eigenen Schaden* geltend. Der *Verzicht des Eigentümers auf Schadensersatz* gegenüber dem Gast berührt allein das Verhältnis zwischen diesen Personen, nicht aber das des Gastes zum Wirt. Nach den Grundsätzen der Drittschadensliquidation darf die Geltendmachung nicht zur Bereicherung des Liquidierenden führen. Dies schließt einen Anspruch jedoch nur aus, wenn der Geschädigte zur Entlastung des Schädigers auf Ersatz verzichtet. Damit ist der Anspruch des Gastes ausgeschlossen, wenn der Eigentümer mit seinem Verzicht auf Schadensersatz den Wirt begünstigen will. Hierfür müssen aber besondere Anhaltspunkte vorliegen, denn idR ist dem Eigentümer nur der Gast, nicht der Wirt bekannt und nur ersterem gegenüber soll damit der Verzicht Wirkungen zeitigen.

c)   § 701 erfaßt allein den Schaden, der durch Zerstörung, Beschädigung oder **61** Verlust der eingebrachten Sachen entstanden ist, einschließlich der durch die Sachschäden bedingten Folgeschäden (MünchKomm/HÜFFER Rn 26). Ansprüche für *Schäden an noch nicht oder nicht mehr eingebrachten Sachen* des Gastes sowie für *Körperverletzungen* regeln sich nach den allgemeinen Grundsätzen (RGZ 169, 84 ff; vgl auch Vorbem 8 zu §§ 701 ff).

3.   Schadensverursachung

Schadensverursachung durch den Wirt oder seine Leute braucht *nicht nachgewiesen* **62** zu werden. Die Haftung ist vom Verhalten des Wirtes oder seiner Leute bei Entstehung des Schadens unabhängig. Nach § 701 Abs 3 ist lediglich bei einem auf höherer Gewalt, auf der Beschaffenheit der Sache oder auf alleiniger Verursachung durch den Gast, seine Begleiter oder Besucher beruhenden Schaden die *Haftung des Wirtes ausgeschlossen*. Diese Regelung entspricht § 701 Abs 1 2 aF. Im Rahmen der Haftung des Wirtes nach allgemeinen Regeln (Vertragliche Zufallshaftung, §§ 823 ff und 848) gilt der Haftungsausschluß des § 701 Abs 3 nicht (GEIGEL/SCHLEGELMILCH 28 Rn 216).

63 **a)**   Die zum Haftungsausschluß führende **alleinige Schadensverursachung durch den Gast** selbst, einen *Begleiter* oder eine bei sich *aufgenommene Person* ist von einem Verschulden dieser Personen unabhängig (Mot II 586 ff; OLG Koblenz VersR 1965, 441; ERMAN/WESTERMANN Rn 12).

64 **Begleiter** ist jede mit dem Gast zusammen aufgenommene Person, die zu ersterem gehört, sein Zimmer betreten darf oder Zugang zu seinen eingebrachten Sachen hat. Derartige Begleiter sind aufgrund der Aufnahme durch den Wirt selbst ebenfalls Gäste (vgl Rn 21).Hierzu gehören vornehmlich Familienangehörige, Dienstkräfte, Pflegepersonen, Gesellschafter, Freunde.

65 **Vom Gast** bei sich **aufgenommene Person** ist nur diejenige, die der Gast auf eigene Veranlassung ohne Zutun des Wirtes bei sich empfängt (zB eine vom Gast auf sein Zimmer mitgenommene Dirne, sonstige Besucher des Gastes, vgl Rn 21). Diese Personen sind im Gegensatz zu den Begleitern des Gastes nicht vom Wirt aufgenommen und damit nicht dessen Gäste. Ein vom Wirt aufgenommener Gast, der wegen Überfüllung des Hotels mit Zustimmung eines anderen Gastes mit in dessen Zimmer einquartiert wird, ist vom Wirt, nicht aber vom Gast iS des § 701 Abs 3 aufgenommen (vgl LANGEN 99 Anm 6).

66 **b)**   Der Haftungsausschluß des § 701 Abs 3 besteht nur, wenn der Gast, dessen Begleiter oder ein von ihm Aufgenommener den Schaden **allein verursacht** haben (BGB-RGRK/SEIBERT Rn 5; SOERGEL/MÜHL Rn 12; ERMAN/WESTERMANN Rn 12). Haben diese Personen lediglich bei der Entstehung des Schadens *mitgewirkt,* so bleibt es bei der Haftung des Wirtes, jedoch findet § 254 Anwendung (Mot II 587; RGZ 75, 386, 393; 169, 84, 95 f Anm TIETZE ZAkDR 1942, 317; RG WarnR 1920 Nr 159; 1922 Nr 68; BGHZ 32, 149, 150; KG OLGE 40, 305; OLG Koblenz VersR 1953, 484, 485; 1955, 439, 441; AG Lindau VersR 1955, 335, 336; LG Berlin VersR 1992, 323, 324; SOERGEL/MÜHL Rn 12; ENNECCERUS/LEHMANN § 173 I 6 a).

67 Bei der Frage, ob eine alleinige oder nur eine **Mitverursachung** des Schadens vorliegt, sehen Rspr und Lit eine Mitverursachung des Wirtes bereits als gegeben an, wenn der Gast durch sein Verhalten lediglich die Möglichkeit zur Entstehung eines typisch herbergsbedingten Schadens gegeben hat, dh die *Existenz des Beherbergungsbetriebes als solcher wird als eine den § 701 Abs 3 ausschließende Mitursächlichkeit angesehen* (so RGZ 75, 394; RG JW 1911, 445). So wurde alleinige Schadensverursachung verneint, wenn der Gast dem Dieb die Möglichkeit zur Wegnahme gegeben hat durch Nichtverschließen der Zimmertür oder des Fensters (RGZ 75, 386; OLG Koblenz VersR 1953, 484 m Anm SCHMIDT VersR 1955, 439; OLG Stettin OLGE 6, 442; AG Hamburg VersR 1958, 696), durch Ablage von Wertsachen (Schmuck, Geld, Pelze) in der Nähe des

Parterre gelegenen offenen Fensters oder der offenen Balkontüre (BGHZ 32, 149; OLG Koblenz VersR 1953, 484). Da es sich um die Frage der Mitverursachung durch den Wirt handelt, muß entgegen dieser allgemeinen Ansicht im *Einzelfall* geprüft werden, inwieweit die vom Gast eröffnete Möglichkeit der Schädigung auf der Besonderheit des Betriebes oder der Einrichtung beruht, auf die der Gast keinen Einfluß hat. Nur in diesen Fällen ist eine Mitverursachung des Wirtes anzunehmen. Ist der Schaden ohne Rücksicht auf die Besonderheiten eines Beherbergungsbetriebes eingetreten und nicht durch Einrichtungen, die allein der Wirt beeinflussen kann, ermöglicht worden, darf dem Wirt bzw dem Herbergsbetrieb kein Einfluß auf den Schadensfall angerechnet werden, denn allein die Existenz eines Herbergsbetriebes kann ebensowenig wie die einer anderen Sache oder eines anderen Menschen als Verursachungsgrund angesehen werden (WERNER JurA 1970, 551). Man wird daher das Nichtverschließen des Fensters und die Ablage von Wertsachen in der Nähe eines offenstehenden Fensters oder einer Balkontüre im Parterrezimmer allein dem Gast anrechnen müssen, wenn ein Dieb diese Gelegenheit ausnutzt. Die Herberge selbst hat in ihrer besonderen Anlage nicht zum Diebstahl geführt. Der Zugang zu unverschlossenen Zimmertüren ist in einer Herberge erleichtert, so daß hier keine alleinige Verursachung durch den Gast iS des § 701 Abs 3 vorliegt (RG DJZ 1922, 385; OLG Stettin OLGE 6, 442 ff; LG Frankfurt MDR 1961, 1013; AG Hamburg VersR 1958, 696), ebenso, wenn aufgrund eines durchgehenden Balkones der Zugang zu geöffneten Balkontüren erst ermöglicht wird. Läßt ein Gast seinen Ring auf dem Waschbecken im Flur oder auf der auch von anderen Gästen benutzbaren Toilette liegen, beruht der Verlust auf der Frequentierung des Hotels, so daß keine Alleinverursachung, sondern lediglich eine Mitverursachung des Gastes gegeben ist (aA AG Lindau VersR 1955, 335; SOERGEL/MÜHL Rn 9). Ist es in der Herberge üblich, die Zimmer unverschlossen und die Schlüssel im Schloß zu lassen, kann dem Gast nicht einmal eine Mitverursachung angerechnet werden (RG JW 1924, 1937; AG Türkheim VersR 1959, 173, 174; SEITTER 106).

Alleinursächlichkeit ist nach diesen Grundsätzen gegeben, wenn der Gast seine Sache **68** aus dem Fenster wirft, bei einer Schädigung (Diebstahl) durch einen Friseur des Gastes (SPIEGEL BB 1966, 387), wenn der Gast rauchend im Bett einschläft und einen Zimmerbrand verursacht. Ferner, wenn der Gast im Hotel anderen Personen (auch Personal der Herberge) die private Benutzung eingebrachter Sachen gestattet (zB Gast überläßt dem Zimmermädchen ein Radio) und dabei der Schaden entsteht, denn mit der Übergabe sind die Sachen aus der Betriebssphäre herausgenommen, der Einwirkungsmöglichkeit des Wirtes entzogen (OLG Köln MDR 1963, 499).

Mitverursachung, damit Ausschluß des § 701 Abs 3 und Anwendung des § 254 ist **69** gegeben, wenn der Gast vorhandene Verschlußvorrichtungen nicht benutzt (OLG Rostock SeuffA 75, Nr 14; AG Türkheim VersR 1959, 173, 174; LINDEMEYER BB 1983, 1504, 1509 mwN), wenn er bei einem Hotelbrand die mögliche Rettung seiner Sachen unterläßt (RG LZ 1920, 647 = WarnR 1920 Nr 159). Darüber hinaus ist eine Anwendung des § 254 angebracht, wenn der Gast den Wirt nicht auf den besonders hohen Wert eingebrachter Sachen aufmerksam macht und der Wirt es deswegen verabsäumt, zusätzliche Sicherungen vorzunehmen (OLG Köln OLGE 24, 401 ff; RG WarnR 1920 Nr 159), wenn der Gast die Besorgung wertvoller Gepäckstücke vollständig dem Hausdiener überläßt (OLG Kiel SeuffA 69 Nr 75). Gleiches gilt, wenn er hochwertige Gegenstände nicht beim Hotelwirt zur Aufbewahrung (vgl § 702 Abs 3 BGB) abgibt (OLG München VersR 1991, 315; LG Berlin VersR 1992, 323 f; LG Koblenz VersR 1988, 142; AG Bamberg NJW-

RR 1994, 1137 f; LINDEMEYER BB 1983, 1504, 1508), insbesondere, wenn er sie in einem
erkennbar unzureichend gesicherten Hotelzimmer zurückgelassen hat (OLG München
VersR 1990, 1245). Dies gilt auch, wenn der Gastwirt mit den aufbewahrten Gegenständen sorglos verfährt, da er zum Ausgleich gem § 702 Abs 2 Nr 2 in voller Höhe haftet
(LG München II VersR 1990, 315, 316). Von der Obliegenheit der Aufbewahrung befreit
können etwa am Leibe getragene Wertsachen sein (OLG Hamm VersR 1982, 1981; SOER-
GEL/MÜHL § 702 Rn 5; LINDEMEYER aaO), sofern es sich nicht um außergewöhnlich
wertvolle Stücke handelt. Allein die Mitnahme von Wertsachen auf Reisen rechtfertigt nicht die Anwendung von § 254 (AG Bamberg NJW-RR 1994, 1137).

70 Kein Vorwurf soll dagegen nach älterer Rspr dem Gast gemacht werden und damit
weder Anwendung des § 701 Abs 3 noch des § 254, wenn er unter *Vertrauen auf die
Ehrlichkeit des Personals* wertvolle Sachen im unverschlossenen Zimmer offen liegen
läßt (RG JW 1923, 177; LZ 1922, 710 ff; LG Wiesbaden VersR 1957, 728), wenn er das Zimmer
unverschlossen läßt und dies dem Personal, das kurz danach dort reinigen will, meldet,
wenn er seine Kleidung in einer unbewachten Garderobe ablegt, weil im Frühstücks-
zimmer eine Kleiderablage nicht vorhanden ist (OLG Düsseldorf JW 1925, 1019) oder sein
Geld nicht dem Wirt zur Aufbewahrung übergibt (KG OLGE 40, 305). Ohne Bedeutung
ist bei einem Diebstahl durch das Personal das Nichtverschließen des Zimmers durch
den Gast, wenn das Personal selbst einen Schlüssel besitzt (KG OLGE 40, 306).

Es ist generell zu beachten, daß die Anforderungen, die an die im Verkehr erforderliche Sorgfalt des Gastes für die von ihm eingebrachten Sachen zu stellen sind,
entsprechend den jeweiligen Zeit- und Ortsverhältnissen und den *Gepflogenheiten
der jeweiligen Herberge* sehr verschieden sein können. Mehren sich zB in unsicheren
Zeiten die Hoteldiebstähle oder ist der Durchgangsverkehr in der betreffenden Herberge besonders rege, sind die Anforderungen entsprechend höher zu stellen als in
ruhigen Zeiten und Herbergen, vgl einerseits RGZ 75, 394; RG WarnR 1922 Nr 68;
LG Köln JW 1918, 459; OERTMANN GuR 20, 24 – andererseits OLG München
OLGE 20, 226; SeuffBl 75, 259: kein Verschulden des Gastes, der in einem erstklassigen Sanatorium das im dritten Stock gelegene Zimmer nicht verschließt und den
Schlüssel stecken läßt; OLGE 22, 333: kein Verschulden des Gastes, der sich entsprechend der Auskunft auf die Vertrauenswürdigkeit des Personals und die bisherige Diebstahlsfreiheit verläßt und sich dementsprechend verhält. Ob Schuhe zum
Putzen vor die Tür gestellt werden dürfen oder einem Angestellten übergeben werden müssen, richtet sich nach den Zeitverhältnissen und den Gepflogenheiten der
einzelnen Herberge (LG Köln JW 1918, 459; OERTMANN GuR 20, 24).

71 c) Ein **Schaden,** der ausschließlich **auf der Beschaffenheit der vom Gast eingebrachten Sache** beruht, liegt vor, wenn er an der und durch die Sache entsteht oder aber an
einer Sache durch eine andere des Gastes (Mot II 587). Wird der Schaden durch die
Beschaffenheit der von einem anderen Gast eingebrachten Sache verursacht, wird
die Haftung des Wirtes nicht ausgeschlossen. Haftungsausschluß nach § 701 Abs 3,
wenn der Schaden auf schlechter Verpackung, Krankheit eines Tieres beruht, mitgebrachte verderbliche Ware nicht vorschriftsmäßig gelagert wird, mitgebrachte
gefährliche Gegenstände (Sprengstoff, Säuren) den Schaden herbeiführen.

72 d) Haftungsausschluß, wenn der **Schaden durch höhere Gewalt** verursacht wird, dh
durch ein *betriebsfremdes, nicht hotelbedingtes* (von außen auf den Herbergsbetrieb

einwirkendes) *Ereignis,* das nicht *voraussehbar* und *abwendbar* war – also auch durch vernünftigerweise zu erwartende Vorsichtsmaßregeln nicht vermieden werden konnte (RG WarnR 1920 Nr 159; OLG Koblenz VersR 1955, 439; SOERGEL/MÜHL Rn 16; LANGEN 79 ff; WERNER JurA 1970, 549; allgemein zum Begriff der höheren Gewalt vgl Erl zu § 203 und ADAMKIEWICZ Gruchot 59, 577 ff; 63, 411 ff).

Keine höhere Gewalt ist demnach schuldhaftes Verhalten eines Herbergsbediensteten **73** (GEIGEL/SCHLEGELMILCH 28 Rn 213). Der Wirt haftet nicht für Schäden aus Raubüberfällen (OLG Kiel Recht 1921 Nr 830), Dammbruch, Krieg, Aufruhr, vorsätzliche Brandstiftung, Lawinen, Wirbelstürme, Hochwasser, Sprengstoffanschläge, Ausschreitungen bei Demonstrationen durch in die Zimmer geworfene Steine (OLG Hamm OLGE 45, 93) oder Farbbeutel (GANSCHEZIAN/FINCKE 96, 97). Selbst das bewaffnete Eindringen der Räuber in die Gastzimmer ist vom Wirt bei größerer Sorgfalt nicht abzuwenden und daher nicht betriebsbezogen (aA GANSCHEZIAN/FINCKE 97; ERMAN/WESTERMANN Rn 13). Fehlen dem Hotelgebäude die notwendigen Blitzableiter, haftet der Wirt dagegen bei Schäden aus Blitzeinschlag (WEIMAR Versprax 1974, 24). Im Mangel der Anlage des Hotels liegt auch ein Kurzschluß (wie hier GANSCHEZIAN/FINCKE 97), ebenso wenn sich *wegen fehlender Schutzmaßnahmen* (dazu WEIMAR VersPrax 1974, 22 ff) ein Feuer (auch bei Brandstiftung) schnell ausbreiten kann und den Schaden herbeiführt (GANSCHEZIAN/FINCKE 97; LINDEMEYER BB 1983, 1505; zu weitgehend GEIGEL/SCHLEGELMILCH 28 Rn 213, demzufolge Brandstiftung innerhalb des Hotels generell keine höhere Gewalt darstellt).

Die Frage des Haftungsausschlusses durch höhere Gewalt wurde in Rspr und Lit fast **74** ausschließlich im Zusammenhang mit nicht vom Wirt oder dessen Personal begangenen *Diebstählen* behandelt, wobei fast übereinstimmend Diebstähle als typisch für Herbergsbetriebe und damit betriebsbezogen angesehen werden, auf die § 701 Abs 3 keine Anwendung finde, denn dieser besonderen Gefahr solle mit der gesetzlichen Haftung des Wirtes begegnet werden (RG JW 1924, 1388; RGZ 75, 386, 390; OLG Hamm OLGE 40, 306, 307; OLG Koblenz VersR 1953, 484, 485; 1955, 439; SOERGEL/MÜHL Rn 16; ERMAN/WESTERMANN Rn 13; GANSCHEZIAN/FINCKE 97; GEIGEL/SCHLEGELMILCH 28 Rn 213; BURKHARDT JurBüro 1966, 633; aA WERNER JurA 1970, 549, 550). Dem kann nicht zugestimmt werden, denn die Behauptung, daß Herbergen ein Anziehungspunkt für Straftäter (Diebe, Fassadenkletterer) seien (OLG Koblenz VersR 1955, 439, 440) kann für die heutige Zeit keine Geltung mehr haben. Mit der gesetzlichen Haftung aus § 701 Abs 1 iVm Abs 3 soll der Gast vor den dem Herbergsgewerbe eigentümlichen Gefahren aus der Frequentierung des Gebäudes geschützt werden, das vor allem deswegen, weil allein der Wirt und nicht der Gast die Sicherungen in baulicher und organisatorischer Hinsicht vornehmen und überprüfen kann (OLG Koblenz VersR 1955, 439, 440; SCHMIDT VersR 1955, 440; WERNER JurA 1970, 550). Als dem Haftungsausschluß des § 701 Abs 3 nicht unterliegende betriebsbezogene Schäden können dann aber allein die Schadensfälle angesehen werden, die ihren Grund in dieser *dem Herbergsbetrieb eigentümlichen Gefahr* haben, dh auf der Frequentierung und fehlender Sicherung beruhen (WERNER JurA 1970, 550). Nur Schadensfälle, die nicht auf den Besonderheiten der Herberge beruhen, können als höhere Gewalt angesehen werden. Da der Gastwirt für die Schadensverursachung durch höhere Gewalt die *Beweislast* trägt (OLG Hamburg OLGE 40, 304, 305; vgl auch Rn 78), ist dem Beweisnotstand des Gastes, der zur Rechtfertigung der gesetzlichen Haftung des Herbergswirtes geführt hat (vgl Vorbem 4 zu §§ 701 ff), voll Rechnung getragen. Diebstähle, die von Fassadenkletterern oder bei Einbrüchen aus ebenerdigen Zimmern herrühren, sind daher als höhere Gewalt anzusehen, wenn sie nicht durch spezielle Vorrichtungen oder durch eine leichte Zugänglichkeit der Herberge ermöglicht wurden und ausgeschlossen ist, daß sie von anderen Gästen oder dem Personal begangen worden sind (WERNER JurA 1970, 550).

75 Auf höherer Gewalt beruhende Schadensfälle müssen nach der eingangs gegebenen Definition (Rn 72) auf Ereignissen beruhen, die selbst bei *äußerster Sorgfalt* durch den Wirt *nicht abgewendet werden* konnten (ENNECCERUS/NIPPERDEY § 219 II). Abwendbarkeit wird von der hM bei Diebstählen ungeprüft unterstellt. Derartige Delikte können aber möglicherweise (was der Wirt zu beweisen hätte) auf Umständen beruhen, die der Wirt nicht abstellen kann, er braucht nämlich seine Vorsichtsmaßregeln nur innerhalb vernünftiger, dh zumutbarer Grenzen zu treffen (ENNECCERUS/NIPPERDEY § 219 II). Allerdings beendet die Polizeistunde nicht die Sicherungspflicht des Wirtes (RGZ 103, 263; PLANCK/LOBE Anm 6 d).

76 **4.**   Zum **Ausschluß** bzw zur Beschränkung der Haftung **durch vertragliche Vereinbarung** vgl §§ 702, 702 a. Über das Erlöschen des Ersatzanspruches durch Unterlassen der Anzeigenerstattung s § 703.

77 **5.**   Die **Haftung** des Gastwirtes wird durch die **des Schädigers** nicht berührt. Wirt und Schadensstifter haften dem Gast als Gesamtschuldner, § 421 (GANSCHEZIAN/FINCKE 86). Ist der Schädiger Angestellter des Wirtes, kann letzterer bei ihm aufgrund des Anstellungsvertrages und nach § 840 Regreß nehmen, uU Einschränkung nach den Grundsätzen über die Haftung des Arbeitnehmers bei gefahrgeneigter Arbeit. Bei einem betriebsfremden Schädiger kann der Wirt nach erbrachter Ersatzleistung gem § 255 Abtretung der dem Gast gegen den Schädiger zustehenden Ersatzansprüche verlangen und diese geltend machen (GANSCHEZIAN/FINCKE 86).

VII. Beweislast

78 Beweislast trägt der Gast für seine Aufnahme, für die Einbringung der Sachen und für den Verlust, die Beschädigung oder Zerstörung während der Dauer der Einbringung, ferner für die Höhe des Schadens als Folge der Beschädigung (BAUMGÄRTEL, Handbuch § 701 Rn 1; GEIGEL/SCHLEGELMILCH 28 Rn 208). Eine Vermutung für die Schädigung im Hotel besteht nicht, insbesondere wenn der Gast die Sachen vorübergehend entfernt hat und nicht nachweisbar ist, daß nicht während der vorübergehenden Entfernung der Schaden eingetreten ist (KG OLGZ 72, 13 = VersR 1971, 571, 572; BAUMGÄRTEL, Handbuch § 701 Rn 2). Verschulden oder Verursachung durch den Wirt braucht nicht bewiesen zu werden (KG OLGZ 72, 13; BGB-RGRK/SEIBERT Rn 3; KÖTHNIG VersR 1961, 375). Dem Wirt obliegt der Nachweis, daß ein die Haftung ausschließender Umstand des § 701 Abs 3 oder Mitverursachung des Gastes vorliegt (Mot II 586; OLG Dresden SächsArch 1912, 33; OLG Hamburg OLGE 40, 304, 305; LANGEN 75 Anm 8; BAUMGÄRTEL, Handbuch § 701 Rn 3).

Bei Schadensersatzansprüchen wegen Verletzung eines Beherbergungs- bzw Gastaufnahmevertrages ist der Gast für den Vertragsschluß, den objektiven Tatbestand einer Vertragsverletzung, die Kausalität zwischen Vertragsverletzung und Schaden sowie die Schadenshöhe beweispflichtig; ein Verschulden des Wirtes wird dann analog § 282 BGB vermutet (BAUMGÄRTEL, Handbuch § 701 Rn 4).

VIII. Verjährung

Verjährung des Anspruches aus § 701 gem § 195 in dreißig Jahren (AG Frankfurt VersR **79**
80, 856 mit abl Anm KEILBAR, der § 852 BGB für einschlägig hält). Ein in der II. Kommission
gestellter Antrag, eine einwöchige Verjährungsfrist festzulegen, wurde nicht angenommen (Prot II 410 ff). Zur Verjährung der Ansprüche des Wirtes gegen den Gast
s § 196 Abs 1 Nr 4.

§ 702

[1] **Der Gastwirt haftet auf Grund des § 701 nur bis zu einem Betrage, der dem
Hundertfachen des Beherbergungspreises für einen Tag entspricht, jedoch mindestens
bis zu dem Betrage von eintausend Deutsche Mark und höchstens bis zu dem Betrage
von sechstausend Deutsche Mark; für Geld, Wertpapiere und Kostbarkeiten tritt an
die Stelle von sechstausend Deutsche Mark der Betrag von eintausendfünfhundert
Deutsche Mark.**

[2] **Die Haftung des Gastwirtes ist unbeschränkt,**

**1. wenn der Verlust, die Zerstörung oder die Beschädigung von ihm oder seinen Leu-
ten verschuldet ist;**

**2. wenn es sich um eingebrachte Sachen handelt, die er zur Aufbewahrung übernom-
men oder deren Übernahme zur Aufbewahrung er entgegen der Vorschrift des
Absatzes 3 abgelehnt hat.**

[3] **Der Gastwirt ist verpflichtet, Geld, Wertpapiere, Kostbarkeiten und andere Wertsachen zur Aufbewahrung zu übernehmen, es sei denn, daß sie im Hinblick auf die
Größe oder den Rang der Gastwirtschaft von übermäßigem Wert oder Umfang oder
daß sie gefährlich sind. Er kann verlangen, daß sie in einem verschlossenen oder
versiegelten Behältnis übergeben werden.**

Materialien: E I § 627; II § 642; III § 689; Mot
II 588; Prot II 404; BT- Drucks V/146, 11; V/
147, 4.

Systematische Übersicht

Alphabetische Übersicht

Mit der Neufassung vom 23. 3. 1966 ist die bis dahin allein für Geld, Wertpapiere **1**
und Kostbarkeiten bestehende Haftungsbeschränkung auf alle eingebrachten
Sachen ausgedehnt worden. Legte § 702 aF lediglich einen Haftungshöchstbetrag
von 1000,– DM fest, richtet sich die heutige Haftungsgrenze nach dem Beherbergungspreis unter Festlegung einer absoluten Mindest- und Höchstsumme. Gleichzeitig wird in Abs 3 die Aufbewahrungspflicht des Wirtes genauer geregelt.

I.   Die summenmäßig beschränkte Haftung

Die Schadensersatzpflicht des Wirtes aus § 701 wird bei allen eingebrachten Sachen **2**
auf das Hundertfache des Beherbergungspreises begrenzt. *Ohne Rücksicht auf den*
Beherbergungspreis besteht eine Mindesthaftung in Höhe von 1000,– DM, eine
Höchsthaftung in Höhe von 6000,– DM, bei Geld, Wertpapieren, Kostbarkeiten von
1500,– DM. Diese Begrenzung wurde in Anlehnung an die auch ansonsten bestehenden Haftungsgrenzen bei Zufallshaftung eingeführt (§§ 9 f HaftpflG, § 12 StVG,
§ 37 LuftVG), um das Risiko des Wirtes kalkulierbar und versicherbar zu machen
(Niessen MDR 1966, 720).

1.   Berechnungsgrundlage für den gleitenden Höchstbetrag ist der Preis für die **3**
Beherbergung eines Tages, dh der Nettopreis ohne Zuschläge für Beköstigung, Service, Trinkgeld usw (BT-Drucks V/147, 4; Erman/Westermann Rn 1; Geigel/Schlegelmilch
28 Rn 214). Entscheidend ist der Wert des dem einzelnen Gast zur Verfügung gestellten Zimmers. Da Beherbergung mehr beinhaltet als Miete (vgl Vorbem 7 zu §§ 701 ff),
sind die Kosten für Heizung und Bedienung einzubeziehen (Burkhardt JurBüro 1966,
632). Im Rahmen der §§ 701 ff kommt es nicht auf den Beherbergungsvertrag an. Ist
kein Zimmerpreis vereinbart, muß die vom Wirt üblicherweise für die Unterkunft
berechnete Summe herangezogen werden. Das Fehlen eines vertraglich vereinbarten
Zimmerpreises schließt daher die Anwendung des § 702 nicht aus.

Haben *mehrere Personen* in einem Zimmer Aufnahme gefunden, ist allein der auf
die den Schaden geltend machende Person entfallende Anteil zugrunde zu legen,
nicht der Preis für das gesamte Zimmer (BGHZ 63, 65 = NJW 1974, 1818, 1820).

Insbesondere bei längerer Beherbergung werden dem Gast *Pauschalpreise* für alle **4**
Leistungen berechnet. Der Betrag für eine Eintagsbeherbergung kann dann nur
durch Offenlegung der Kalkulation (reiner Zimmerpreis plus Gewinn) ermittelt werden. Hierzu ist der Wirt aufgrund der Preisauszeichnungsvorschriften verpflichtet.

2.   Die **feste Höchstgrenze** von 6000,– DM gilt für Schäden an allen eingebrachten **5**
Sachen mit Ausnahme von Geld, Wertpapieren und Kostbarkeiten, für die der Gastwirt nur bis zu einer Höchstgrenze von 1500,– DM haftet. Letztere niedrigere
Begrenzung ist aus der besonderen Diebstahlsgefahr und der Möglichkeit begründet, einer Schädigung durch Hinterlegung bei dem Wirt gem Abs 3 zu begegnen.

a)   **Geld** ist jedes **zugelassene Zahlungsmittel** geltender inländischer und ausländi- **6**
scher Währung (Ganschezian/Fincke 102).

b)   **Wertpapiere** (zum Wertpapierbegriff s Vorbem zu § 793) sind Papiere, die ein Recht **7**
für den Inhaber oder Berechtigten verbriefen. Erfaßt werden nicht nur die Wertpa-

piere im engen Sinne, sondern auch Sparbücher, Reiseschecks, Gepäckaufbewahrungsscheine, Inhaberkarten usw (GANSCHEZIAN/FINCKE 102; LANGEN 112; WEIMAR NJW 1966, 1155; abweichend für Papiere mit schlichter Legitimationsfunktion MünchKomm/HÜFFER Rn 8).

8 c)   **Kostbarkeiten** sind wie in § 372 (der Begriff des Handels- und Frachtrechtes gilt nicht, dazu RGZ 116, 113) nicht nur Gegenstände, deren Stoff besonders wertvoll ist (zB Schmuck), sondern alle Gegenstände, die im Verhältnis zu ihrem Umfang, Gewicht und Gebrauchszweck als besonders wertvoll erscheinen, dh *besonders wertvolle Wertsachen* (RGZ 13, 38; OLG Nürnberg BayZ 1919, 62 ff; AG Frankfurt VersR 1986, 270; vgl auch Erl zu § 372). Entscheidend ist die *Verkehrsauffassung* (RGZ 105, 203 ff; RG LZ 1922, 710; OLG Karlsruhe Recht 1921 Nr 1351). Kostbarkeiten sind danach Schmuck, Edelsteine, Edelmetalle, auch soweit sie zu Gebrauchsgegenständen verarbeitet worden sind (OLG Karlsruhe BadRspr 10, 113; AG Frankfurt aaO), Briefmarken, Sammlermünzen, Antiquitäten, wertvolle Bilder. Dagegen sind Kleidungsstücke auch von höherem Wert keine Kostbarkeiten (RGZ 75, 190; 105, 202; OLG München OLGE 45, 167; OLG Dresden SeuffA 76 Nr 51), auch nicht wertvolle Anzüge und Pelze, es sei denn, ihr Wert liegt erheblich über dem durchschnittlicher Ware (RGZ 105, 202; OLG Hamm OLGE 40, 306, 307; VersR 1982, 1081; GANSCHEZIAN/FINCKE 103; SEITTER 106). Eine Geldentwertung hat auf die Einordnung einer Sache als Kostbarkeit keinen Einfluß. Als Maßstab gilt auch für im Ausland erzeugte oder gekaufte Waren der Inlandswert. Wertsachen (vgl Rn 23) gehören nicht zu den Kostbarkeiten, so daß hier Haftung bis zu 6000,– DM besteht.

9 3.   Im Rahmen der §§ 701 ff kommt es allein auf die Aufnahme, nicht auf den Beherbergungsvertrag an. Dementsprechend haftet der Gastwirt jeder aufgenommenen Person ohne Rücksicht darauf, wer Partei des Beherbergungsvertrages ist. Die **Haftungshöchstgrenze** gilt **für jeden aufgenommenen Gast** soweit er Ansprüche aus § 701 erhebt (BGHZ 63, 65 ff = NJW 1974, 1818; OLG Hamm NJW 1972, 2037; ERMAN/WESTERMANN Rn 1; PLANCK/LOBE Anm 2; BGB-RGRK/SEIBERT Rn 3; PALANDT/THOMAS Rn 4; LANGEN 114 ff; WEIMAR VersN 1965, 74; BURKHARDT JurBüro 1966, 632; KOCH VersR 1966, 712; aA STURM 29; GANSCHEZIAN/FINCKE 100). Denn jeder Gast ist dem Betriebsrisiko gleichermaßen ausgesetzt (ERMAN/WESTERMANN Rn 1). Zwar wurde in der II. Kommission eine gegenteilige Ansicht vertreten, ohne Widerspruch zu finden (Prot II 410). Eine solche einschränkende Auslegung findet aber keinen Anhaltspunkt im Wortlaut des Gesetzes (OLG Hamm NJW 1972, 2037), ebensowenig die Ansicht, die auf die Selbständigkeit oder Unselbständigkeit der Aufnahme abstellt (so SIBER 379; KOHLER 503; BRÜCKNER Recht 1907, 1112; WEIMAR NJW 1966, 1156). Auch kann der den Beherbergungsvertrag für seine Begleiter abschließende Gast bei der Berechnung der Höchstgrenze nicht den für alle zu zahlenden Beherbergungspreis zugrunde legen, sondern allein den *auf ihn entfallenden Anteil,* wie jeder Begleiter, da er Gast iS des § 701 ist, seinen Anspruch bis zur Höchstgrenze des § 702 geltend machen kann. Schließt ein Familienvater für alle Familienmitglieder, der Vorstand für den gesamten Verein den Beherbergungsvertrag, können diese Personen trotz ihrer alleinigen Zahlungspflicht ebenso wie jedes Familien- bzw Vereinsmitglied den Schadensersatz allein für den aus dem Beherbergungspreis für eine Person zu berechnenden Höchstbetrag beanspruchen. Der Einzelpreis errechnet sich bei gleichwertiger Unterbringung durch Dividierung des Gesamtpreises durch die Anzahl der Aufgenommenen, bei unterschiedlicher

Unterbringung muß der für das einzelne Bett gerechnete Preis herangezogen werden.

Die Beschränkungen des § 702 beziehen sich auf **Schäden an sämtlichen eingebrachten** **10** **Sachen** des Gastes **während der gesamten Beherbergungszeit.** Der Wirt haftet bis zum Höchstbetrag, auch wenn mehrere Sachen durch mehrere voneinander unabhängige Ereignisse beschädigt werden (MünchKomm/HÜFFER § 702 Rn 5; ERMAN/WESTERMANN Rn 1; LANGEN 113 ff). GANSCHEZIAN/FINCKE (99) wollen die Höchstgrenze auf jeden einzelnen Schadensfall anrechnen, da Dauergäste sonst schlechter als kurzzeitig Beherbergte stehen würden. Dies würde zu einer unzumutbaren Belastung des Wirtes führen. Schließlich können auch bei einem Kurzaufenthalt mehrere Schadensfälle eintreten. Darüber hinaus wird bei mehreren Schadensfällen ein Verschulden des Wirtes vorliegen und damit die unbegrenzte Haftung des Abs 2 Nr 1 eingreifen. Die Anknüpfung an den Beherbergungspreis eines Tages bei Berechnung der Höchsthaftungssumme spricht nicht für die Zusammenfassung der nur an einem Tage eintretenden Schadensfälle (so aber GANSCHEZIAN/FINCKE 99; NIESSEN MDR 1966, 721; BUSE, Information über Steuer und Wirtschaft [1966] 451), denn dann hätte dies klar im Gesetzestext zum Ausdruck gebracht werden können. Zudem steht die feste Höchst- und Mindesthaftungssumme in keinem Zusammenhang mit dem Tagespreis. Das Abstellen auf den Beherbergungspreis eines Tages und auf feste Mindest- und Höchstgrenzen zeigt, daß es *auf die Anzahl der Schadensfälle und die Dauer der Beherbergung nicht ankommt.*

Werden neben Geld, Wertsachen und Kostbarkeiten auch andere Gegenstände **11** betroffen, gilt insgesamt die Höchstsumme von 6000,– DM. allerdings müssen die *Schäden getrennt berechnet* werden. Die Anrechnung des für Geld, Wertsachen und Kostbarkeiten gezahlten Betrages auf die Gesamthaftungssumme erfolgt bis zu der Höchstgrenze von 1500,– DM. Ist diese erreicht, muß der Wirt für den restlichen Schaden noch bis zu 4500,– DM einstehen, denn die *Gesamthaftung darf 6000,– DM nicht überschreiten.* Werden zB bei einem Rohrbruch Briefmarken im Wert von 12 000,– DM und andere Sachen im Wert von 500,– DM vernichtet, so besteht die Haftung des Wirtes in Höhe von 2000,– DM. Wurden andere Sachen im Wert von 5000,– DM vernichtet, liegt die Haftungsgrenze bei 1500,– DM für die Briefmarken, bei 4500,– DM für die anderen Sachen, also Gesamthaftung in Höhe von 6000,– DM.

Hat der Gast oder einer seiner Begleiter den **Schaden mitverursacht** (vgl § 701 Rn 67 ff), **12** führt dies nicht zu einer entsprechenden Herabsetzung der Haftungshöchstgrenze, sondern zunächst ist die Schadenssumme gem § 254 nach dem Grad der Verursachung herabzusetzen und dann in den von § 702 gesetzten Grenzen zu begleichen (BGHZ 39, 149 = NJW 1960, 1199; BGHZ 63, 65, 73 = NJW 1974, 1818; SOERGEL/ MÜHL Rn 5; BGB-RGRK/SEIBERT Rn 3; BUSE, Information für Steuer und Wirtschaft [1966] 451, 452).

II.   Unbeschränkte Haftung

Ausnahmsweise haftet der Wirt in vollem Umfang nach Maßgabe des § 702 Abs 2: **13**

1.   Wenn der *Wirt* oder *seine Leute* den *Schaden schuldhaft* (Vorsatz oder jede Art von **14** Fahrlässigkeit) *verursacht* haben. Mitverursachung genügt.

15 a) Der Wirt haftet auch für seine Leute, ohne Rücksicht darauf, ob ihn selbst bei der *Auswahl* oder *Beaufsichtigung* ein Verschulden trifft (Mot II 589; RG LZ 1922, 711). § 831 ist nicht anwendbar.

16 b) Eine **schuldhafte Schadensverursachung** kann in einer nicht ordnungsgemäßen oder fehlenden Einrichtung bzw Anlage der Herberge liegen, zB fehlende Sicherungen und Überprüfungen, wobei das Verschulden bereits darin liegt, daß der Wirt allgemeine Abnutzungserscheinungen nicht erwägt (unterlassene Überprüfung der Strom- und Wasseranlagen) oder trotz früherer Diebstähle die Sicherungsvorkehrungen (Türschlösser) nicht überprüft (RGZ 75, 392 ff) oder erweitert, ferner in der Aufnahme verdächtiger Personen, die den Schaden herbeiführen (GANSCHEZIAN/ FINCKE 100). Verschulden des Gastwirts liegt vor, wenn er entgegen seiner vertraglichen Fürsorgepflicht nicht auf vorangegangenen Diebstahl hinweist, obwohl er mit Wertsachen des Gastes rechnen muß (OLG München VersR 1990, 1245 gegen LG München II VersR 1990, 315, das dem Gastwirt eine Überlegungsfrist zubilligen will). Der Verlust bzw die Entwendung eines Generalschlüssels läßt dagegen allein noch nicht auf eine Sorgfaltspflichtverletzung schließen (AG Berlin-Charlottenburg VersR 1987, 792). Das gilt auch – sogar in Hotels gehobener Kategorie –, wenn Sachen aus einem unverschlossenen Hotelzimmer entwendet werden und der Gast vom Portier über das Fehlen des Schlüssels informiert war (LG Berlin VersR 1992, 323 f). Die Sicherung von Hotelzimmertüren gegen das Eindringen Unbefugter wird begrenzt durch das Bedürfnis, die Zutrittsmöglichkeit für Hotelbedienstete offenzuhalten. Ein Sicherheitsschloß reicht somit regelmäßig aus (AG Frankfurt VersR 1986, 270); auch ein einfaches Buntbartschloß kann aber genügen (LG München II VersR 1990, 316, 317). Insbesondere liegt kein Organisationsverschulden darin, daß zwei Hotelangestellte gleichzeitig über Schlüssel verfügen, die auf mehrere Zimmer passen (LG Baden-Baden r + s 1994, 301).

Ein *schuldhaftes Verhalten des Personals* (Diebstahl, Beschädigung beim Service, nachlässige Behandlung der Sachen) steht dem Verhalten des Wirtes gleich. Nicht entscheidend ist, ob sich der Wirt des schuldhaft Handelnden zu einer bestimmten Verrichtung *gegenüber dem betroffenen Gast* bedient (LINDEMEYER BB 1983, 1504, 1505 f).

Die *Anforderungen an die Sorgfaltspflicht* des Wirtes und seines Personals richten sich nach dem Rang der Herberge (LG Berlin VersR 1992, 323). So kann in einer Familienpension im Gegensatz zum Großhotel kein geschultes Personal erwartet werden. Entscheidend für die Strenge der Verkehrssicherungspflichten ist die Unfallerwartung im Einzelfall, wobei etwa die Frequentierung und die Zusammensetzung des Publikums eine Rolle spielen kann (BGH MDR 1986, 44, 45). Die schuldhafte Verletzung vertraglich übernommener Verpflichtungen läßt die Haftung in vollem Umfang eintreten (Mot II 589; abweichend PLANCK/LOBE Anm 3 a).

Dem Gastwirt obliegt als **Verkehrssicherungspflicht** insbesondere, das Eigentum des Gastes vor Diebstählen zu schützen (LG Berlin aaO, eingehend LINDEMEYER BB 1983, 1504, 1506 f mit vielen Beispielen). Die Frage, welche Anforderungen an entsprechende Schutzvorkehrungen zu stellen sind, korrespondiert mit dem Problem, ab wann Diebstähle als höhere Gewalt im Sinne von § 701 Abs 3 BGB (s § 701 Rn 74) anzusehen sind (zu streng insoweit LINDEMEYER aaO).

c)   Ein **Mitverschulden des Gastes** bei der Entstehung des Schadens schließt die   17
Anwendung des § 702 Abs 2 Nr 1 nicht aus, der Wirt haftet unbeschränkt, allerdings
ist nach § 254 ein Wegfall oder eine Minderung des Anspruches möglich (SOERGEL/
MÜHL Rn 4).

2.   **Unbeschränkte Haftung** des Wirtes besteht weiterhin, wenn der Schaden an ein-   18
gebrachten Sachen entsteht, die der Wirt **zur Aufbewahrung übernommen** hat, § 702
Abs 2 Nr 2 1. HS, gleichviel ob er einen geeigneten Aufbewahrungsort besitzt oder
nicht (Mot II 589; Prot II 407 ff). Diese Haftung beschränkt sich nicht auf die
Sachen, für die nach Abs 3 eine Aufbewahrungspflicht besteht, sondern erfaßt alle,
deren Aufbewahrung der Wirt übernommen hat und für die er nach § 701 haften
würde, also nicht Fahrzeuge, deren Inhalt und lebende Tiere.

Ein Vergleich mit §§ 701 Abs 2 Ziff 1, 2 zeigt, daß *Aufbewahrung* mehr erfordert *als*   19
Übernahme der Obhut. Erforderlich ist eine Einigung iS eines Verwahrungsvertrages
des § 688, wobei der Gast ohne Mitwirkung des Wirtes keinen Zugang zu seinen
Sachen haben darf (BURKHARDT JurBüro 1966, 632; JAUERNIG/VOLLKOMMER Anm 3 b; **aA**
MünchKomm/HÜFFER Rn 11: ausreichend Übernahme der tatsächlichen Sorge für Sachen durch
den Gastwirt oder seine Leute und Ausschluß des Gastes vor dem Zugriff ohne deren Mitwirkung).
Aufbewahrung liegt nicht vor, wenn in einem Vorraum des Gasthofes Schließfächer
zur Aufbewahrung von Gegenständen oder in den Gastzimmern besondere Ver-
schlußmöglichkeiten (Wandtresor, gesichertes Schrankfach) zur Verfügung stehen
(RGZ 77, 336; 141, 99).

Übernahme durch die Leute des Gastwirts ist letzterem nur dann zuzurechnen, wenn   20
diese in entsprechender Anwendung des § 701 Ab 2 S 2 dazu bestellt oder nach den
Umständen als dazu bestellt anzusehen sind (vgl § 701 Rn 37 ff). So ist ein Nachtportier
für den Gast erkennbar keine Empfangsperson für Geld, Wertsachen oder Kostbarkeiten (RGZ 99, 70, 72; OLG Hamburg LZ 1920, 445).

3.   Bei **Ablehnung der Aufbewahrung,** obwohl eine Verpflichtung hierzu gem Abs 3   21
vorlag, besteht *unbeschränkte Haftung* des Wirtes. Ein Wirt kann sich damit der
unbeschränkten Haftung hinsichtlich Geld, Wertpapiere, Kostbarkeiten und anderer
Wertsachen grundsätzlich nur durch Abweisung des Gastes, nicht durch Verweigerung der Aufbewahrung entziehen (GEIGEL/SCHLEGELMILCH 28 Rn 221).

Die Ablehnung kann *ausdrücklich* durch besondere Erklärung gegenüber dem Gast   22
oder allgemein (zB durch Anschlag) erfolgen. Es genügt jedwedes Verhalten, aus
dem eindeutig die Weigerung zu entnehmen ist, die Sachen in Verwahrung zu nehmen. Bei solch allgemeinen Erklärungen ist der Gast nicht verpflichtet, den Wirt zur
Aufbewahrung aufzufordern, um eine ausdrückliche Ablehnungserklärung herbeizuführen. Ebensowenig braucht er den Wirt auf die Rechtsfolgen seines Verhaltens
hinzuweisen.

III.   Die Aufbewahrungspflicht

Die Aufbewahrungspflicht (klagbarer Anspruch) aus § 702 Abs 3 bezieht sich nur   23
auf Geld, Wertpapiere, Kostbarkeiten und andere Wertsachen, da es dem Gast aus
Risikogründen nicht zugemutet werden kann, diese ungeschützt im Hotelzimmer zu

lassen. Die Aufbewahrungspflicht ist das Äquivalent zur beschränkten Haftung (höchstens 1500,– DM) für diese Gegenstände. Die Aufbewahrung anderer als der in Abs 3 genannten Sachen steht dem Wirt frei.

24 **1.** Der Gastwirt darf die **Aufbewahrung ablehnen,** soweit ihm diese nach Größe oder Rang des Betriebes, wegen der Beschaffenheit oder des übermäßigen Wertes der Sachen *unzumutbar* ist. Nicht entscheidend ist das Vorhandensein von Aufbewahrungsmöglichkeiten, sondern allein die Art des Betriebes und die Beschaffenheit der zu hinterlegenden Sache. Bei unberechtigter Ablehnung haftet der Wirt gem Abs 2 Nr 2 unbeschränkt.

25 **a)** Zum Begriff der **Wertpapiere, Kostbarkeiten** und des **Geldes** vgl Rn 6 ff. Bei der Aufbewahrung von Wertpapieren sind die Vorschriften des DepotG zu beachten. Andere Wertsachen sind solche, die einen besonderen Wert darstellen. Der Begriff geht über den der Kostbarkeiten insoweit hinaus, als nicht der Wert im Verhältnis zum Umfang und Gewicht, sondern ohne Rücksicht hierauf der Wert nach den Anschauungen der Verkehrsauffassung hoch erscheint. Als andere Wertsachen iS des § 702 Abs 3 gelten zB Pelze.

26 **b)** Den Wirt trifft die seinem *Hotel entsprechende* Aufbewahrungspflicht. Jeder Gast kann nur eine dem Rang und der Größe der Herberge entsprechende Aufbewahrungsmöglichkeit und eine dementsprechende Haftung des Wirtes erwarten. Rang und Größe eines Hotels begründen den Preis. Was dem einzelnen Wirt zumutbar ist, entscheidet wiederum die Verkehrsanschauung. Ein Safe ist in Hotels mittlerer Klasse, nicht aber bei Privatpensionen zu erwarten, eine Stahlkammer dagegen nur in erstklassigen Großhotels.

27 **c)** Bei **Sachen von übermäßigem Wert** wäre das Haftungsrisiko des Wirtes zu hoch. Zudem kann von einem Wirt allein die sichere Aufbewahrung der Sachen erwartet werden, die von ihrer Größe her in die dem Hotel entsprechenden Aufbewahrungsräume passen. Ein Wirt braucht keine unverhältnismäßig hohen Kosten für gelegentliche Unterbringung sperriger Wertsachen aufzubringen. Ebenso darf er die Verwahrung solcher Gegenstände ablehnen, von denen eine Gefahr, nämlich die Möglichkeit der Schädigung an Leben und Besitz des Wirtes und seiner Gäste ausgeht. Die Entscheidung, ob der Wirt die Aufbewahrung wegen der Beschaffenheit der Sache ablehnen darf, ist im Einzelfall zu treffen.

28 **2.** Um sich die Überprüfung (Nachzählen des Geldes) der zur Aufbewahrung übergebenen Sachen zu ersparen, kann der Wirt gem Abs 3 S 2 die Übergabe im **verschlossenen oder versiegelten Behältnis** verlangen. Auf diese Weise vermag sich der Wirt gegen die Behauptung des Gastes zu schützen, die übergebenen Sachen seien nicht mehr vollständig oder unbeschädigt vorhanden (GANSCHEZIAN/FINCKE 104). Kommt der Gast dem Verlangen nicht nach, ist der Wirt berechtigt, die Aufbewahrung abzulehnen.

29 **3.** *Lehnt* der Wirt die *Aufbewahrung zu Recht ab,* haftet er in den von Abs 1 gesetzten Höchstgrenzen, lehnt er sie unberechtigt ab, haftet er gem Abs 2 Nr 2 unbeschränkt.

IV. **Die Beweislast** trägt der Wirt hinsichtlich Begrenzung der Haftung (Berech- **30** nungsgrundlagen) und hinsichtlich der Gründe für die Ablehnung der Aufbewahrung (BAUMGÄRTEL, Handbuch § 702 Rn 1, 3). Der Gast muß die Voraussetzungen des Abs 2, dh die Unbeschränkbarkeit der Haftung beweisen (LG Berlin VersR 1987, 189; ERMAN/SCHOPP Rn 2; NIESSEN MDR 1966, 721). § 282 BGB findet keine Anwendung (BAUMGÄRTEL, Handbuch § 702 Rn 2; aA HOHLOCH JuS 84, 357, 361 f mit Fn 84 aufgrund seiner Einordnung der Gastwirtshaftung als einer cic-ähnlichen Haftung). Behauptet der Gast zB, daß der Gastwirt die Zimmerschlüssel nicht ausreichend unter Kontrolle hat, muß er beweisen, daß sich der Einbrecher eines solchen ordnungsgemäßen Schlüssels bedient hat. Der Verweis auf fehlende Einbruchsspuren an Fenstern und Türen reicht für einen prima facie-Beweis nicht aus, da die Tür etwa mit einem Dietrich oder einem Nachschlüssel geöffnet sein kann, den sich ein früherer Gast hat anfertigen lassen (OLG München VersR 1991, 315; AG Westerstede VersR 1994, 990 f).

V. Eine **entsprechende Anwendung** des § 702 auf nichteingebrachte Sachen des **31** Gastes ist im Hinblick auf den Ausnahmecharakter der Vorschrift und wegen ihres Zusammenhanges mit § 701 unzulässig (OLG Hamburg JW 1916, 1142 ff).

§ 702 a

[1] **Die Haftung des Gastwirts kann im voraus nur erlassen werden, soweit sie den nach § 702 Abs. 1 maßgeblichen Höchstbetrag übersteigt. Auch insoweit kann sie nicht erlassen werden für den Fall, daß der Verlust, die Zerstörung oder die Beschädigung von dem Gastwirt oder von Leuten des Gastwirts vorsätzlich oder grob fahrlässig verursacht wird oder daß es sich um Sachen handelt, deren Übernahme zur Aufbewahrung der Gastwirt entgegen der Vorschrift des § 702 Abs. 3 abgelehnt hat.**

[2] **Der Erlaß ist nur wirksam, wenn die Erklärung des Gastes schriftlich erteilt ist und wenn sie keine anderen Bestimmungen enthält.**

Materialien: BT-Drucks V/146, 12; V/147, 5.

§ 702 a ist eingefügt durch Gesetz vom 24. 3. 1966 (vgl Vorbem 1 zu §§ 701 ff). Damit ist **1** die vordem bestehende Möglichkeit vertraglicher Abbedingung oder Beschränkung der Haftung durch ein *grundsätzliches Verbot im voraus erklärter Haftungsbeschränkung oder Haftungsfreizeichnung* ersetzt worden. Die Gastwirtshaftung ist nunmehr *grundsätzlich unabdingbar.*

I. Durch eine **vor dem Schadensfall getätigte Erklärung** des Gastes kann auf einen **2** Schadensersatz innerhalb der von § 702 Abs 1 festgelegten Höchstgrenzen weder ganz noch teilweise verzichtet werden. Bezüglich der Berechnungsgrundlagen, aus denen sich ergibt, daß die Freizeichnung nur den über den Höchstbetrag hinausgehenden Bereich erfaßt, ist der Wirt beweispflichtig (BAUMGÄRTEL, Handbuch § 702 a Rn 1).

3 1.   Möglich ist eine **Haftungsbeschränkung** auf die von § 702 Abs 1 gesetzten Grenzen durch Vereinbarung der Parteien nur für die Fälle, in denen der Gastwirt *gem § 702 Abs 2 unbeschränkt haftet* (ERMAN/WESTERMANN Rn 1), so bei Sachschaden aufgrund lediglich leicht fahrlässigen Verhaltens (insoweit wird § 276 Abs 2 eingeschränkt) des Wirtes oder seiner Leute (§ 702 Abs 2 Nr 1) oder bei Aufbewahrung der Sachen durch den Wirt (§ 702 Abs 2 Nr 2). Für einen Schaden, den der Wirt oder seine Leute vorsätzlich oder grob fahrlässig herbeigeführt haben oder der an Sachen entstanden ist, deren Verwahrung der Wirt entgegen seiner Verpflichtung des § 702 Abs 3 abgelehnt hat, kann eine Haftungsbeschränkung dagegen nicht wirksam vereinbart werden. Das Vorliegen eines Falles des § 702 a Abs 1 S 2 ist vom Gast zu beweisen (BAUMGÄRTEL, Handbuch § 702 a Rn 1 aE). Ebensowenig kann eine Abbedingung der Haftung durch Abänderung der vom Gesetz festgelegten Haftungstatbestände (Einbringung, Aufnahme, Sachen des Gastes) herbeigeführt werden (GANSCHEZIAN/FINCKE 105).

4 2.   Keinen Haftungsverzicht enthält der vom Gast anerkannte Hinweis, daß der Wirt für Schäden an Sachen, die dem Personal zur Aufbewahrung übergeben oder vom Gast an bestimmten Orten abgestellt wurden, nicht hafte. Mit dieser Erklärung – unabhängig von einer eventuellen Benennung als „Haftungsausschluß" – soll lediglich die *Zuständigkeit für die Entgegennahme der Sachen* (vgl § 701 Rn 34 ff) festgelegt werden (RG JW 1925, 473 m Anm OERTMANN; LG Wiesbaden NJW 1955, 465; GANSCHEZIAN/FINCKE 104; MünchKomm/HÜFFER Rn 3).

5 3.   **Sittenwidrig** wegen Ausnutzung einer Monopolstellung (§ 138) ist ein an sich zulässiger Erlaßvertrag, der dadurch herbeigeführt worden ist, daß die einzige Herberge der Gegend nur Gäste aufnimmt, welche die Verzichtserklärung abgeben oder aber alle Hotels einer Gegend vereinbarungsgemäß Gäste nur unter dieser Bedingung aufnehmen (OLG Düsseldorf JW 1925, 1019; 1931, 1977; ENNECCERUS/LEHMANN § 173 II; SIBER 378 f; GANSCHEZIAN/FINCKE 105; vgl auch MünchKomm/HÜFFER Rn 5, der eine Analogie aus § 26 Abs 2 GWB iVm § 134 vorsieht). In diesen Fällen ist die Privatautonomie, in deren Rahmen der Gast die Erklärung abgibt, nicht mehr gewährleistet. Gerechtfertigt und zulässig wäre das Verhalten des Wirtes, wenn er den Gast durch den Abschluß einer Versicherung anderweitig schadlos hält (ENNECCERUS/LEHMANN § 173 II).

6 II.   Zu seiner **Gültigkeit** bedarf der im voraus vom Gast erklärte Erlaß gem Abs 2 der *Schriftform* (vgl §§ 125, 126) und darf außer der Erlaßerklärung *keine anderen Bestimmungen* enthalten (eine ähnliche Formvorschrift enthält § 1027 Abs 1 S 1 ZPO). Dadurch soll garantiert werden, daß der Gast den Inhalt seiner Erklärung überblickt. Der Haftungsverzicht kann nicht, durch ansonsten unverfängliche Vertragsbedingungen versteckt, zu einer achtlosen Anerkennung durch den Gast führen (ERMAN/WESTERMANN Rn 2; GANSCHEZIAN/FINCKE 104). Aus diesem Grund muß die Erklärung dem Gast verständlich und leicht lesbar abgefaßt sein (ERMAN/WESTERMANN Rn 2). Für Ausländer muß er in einer diesen geläufigen Sprache geschrieben sein (BGB-RGRK/SEIBERT Rn 3). Mit dem Erfordernis einer schriftlichen Erklärung durch den Gast ist es dem Wirt (entsprechend § 701 Abs 3 aF) nicht möglich, seine Haftungsbeschränkung durch einen Anschlag oder Aushang im Hotel, über Anmeldeformulare oder seine Geschäftsbedingungen – unabhängig von den Voraussetzungen des § 2 AGBG – herbeizuführen. Damit hat auch der frühere Streit um die Gültigkeit des Hotelrevers seine Bedeutung verloren (vgl STAUDINGER/NIPPERDEY[11] § 701 Rn 39).

III. § 702 a erfaßt nur einen **im voraus** von dem Gast erklärten Haftungsverzicht 7 und lediglich soweit die Ansprüche des § 701 betroffen sein sollen, nicht einen nach Schadenseintritt in dessen Kenntnis erklärten *Verzicht.* Ebensowenig findet § 702 a auf Haftungserlaß hinsichtlich der Ansprüche aus allgemeinen Grundsätzen Anwendung. Es gelten die diesbezüglichen Regeln (§ 276 Abs 2). Ob ein vom Gast erklärter Haftungsverzicht sich allein auf die Ansprüche aus der verschärften Haftung nach § 701 oder auch auf die allgemeine Verschuldenshaftung aus Vertrag und unerlaubter Handlung bezieht, ist der jeweiligen Erlaßerklärung zu entnehmen (Auslegung). Für einen so weitgehenden Verzicht müssen klare und zweifelsfreie Anhaltspunkte gegeben sein (OLG Kiel OLGE 45, 166; OLG München OLGE 45, 168).

§ 703

Der dem Gast auf Grund der §§ 701, 702 zustehende Anspruch erlischt, wenn nicht der Gast unverzüglich, nachdem er von dem Verlust, der Zerstörung oder der Beschädigung Kenntnis erlangt hat, dem Gastwirt Anzeige macht. Dies gilt nicht, wenn die Sachen von dem Gastwirt zur Aufbewahrung übernommen waren oder wenn der Verlust, die Zerstörung oder die Beschädigung von ihm oder seinen Leuten verschuldet ist.

Materialien: E II § 643; III § 690; Prot II 410;
BT-Drucks V/146, 12; V/147, 5.

I. Gegenüber der aF hat § 703 nF insoweit eine Änderung erfahren, als in S 2 1 nunmehr neben der Aufbewahrung auch eine vom Wirt oder seinen Leuten verschuldete Schädigung ein *Erlöschen des Anspruches* gem S 1 *verhindert.* § 703 aF, der von der II. Kommission eingefügt wurde, sollte den Wirt vor einer späteren Inanspruchnahme schützen, da es ihm dann kaum mehr möglich sei, Schadensvorgang und Schadenshöhe zu überprüfen, Gründe für seine Entlastung iS des § 701 Abs 3 darzulegen, gegen den wahren Schädiger vorzugehen (zB Feststellung des Diebes, Entlassung des Personals) oder gar Regreßansprüche durchzusetzen (Prot II 410 ff; OLG Dresden SeuffA 75 Nr 184). Der Gast muß daher zur Erhaltung seiner Ansprüche aus §§ 701 ff unverzüglich, dh ohne schuldhaftes Zögern (vgl § 121), nach Kenntnis des Schadens dem Gastwirt Anzeige erstatten. Diese *Anzeigepflicht* zur Erhaltung seiner Ansprüche ist das Korrelat für die aus Gründen der Beweisnot des Gastes eingeführte Zufallshaftung des Wirtes (BGB-RGRK/SEIBERT Rn 1). §§ 701 ff berücksichtigen damit die Beweisnot aller Beteiligten.

1. Die **Anzeige** ist eine formlose (GEIGEL/SCHLEGELMILCH 28 Rn 223) einseitige emp- 2 fangsbedürftige Mitteilung (geschäftsähnliche Handlung), deren Zugang unter Abwesenden nach § 130 zu beurteilen ist. Sie bedarf als lediglich rechtlich vorteilhaft weder der vollen Geschäftsfähigkeit des Gastes (§ 107) noch einer Form und muß den entstandenen Schaden und die geltend gemachte Schadenshöhe konkret ange-

Olaf Werner

ben, wobei allerdings pauschale Angaben bei Sachgesamtheiten genügen, wie zB Verlust eines Koffers mit Inhalt. Nur unter diesen Voraussetzungen ist die Überprüfung des Vorganges und der Schadenshöhe möglich (PALANDT/THOMAS Rn 1; GEIGEL/ SCHLEGELMILCH 28 Rn 223; **aA** OLG Dresden SeuffA 75 Nr 154; SOERGEL/MÜHL Rn 2; STAUDIN-GER/NIPPERDEY[11] Rn 2).

3 Die **Anzeige gegenüber einer anderen Person** als dem Wirt selbst genügt nur, wenn es sich um den gesetzlichen oder bevollmächtigten Vertreter des Wirtes handelt oder die Mitteilung rechtzeitig an den Wirt weitergeleitet wird (OLG Stettin OLGE 4, 442 ff; PLANCK/LOBE Anm 1; SOERGEL/MÜHL Rn 2; LANGEN 122 ff; GANSCHEZIAN/FINCKE 105). Als bevollmächtigte Vertreter gelten zB Oberkellner (OLG Stettin OLGE 4, 442), Geschäftsführer, Personal in der Rezeption (GANSCHEZIAN/FINCKE 105), nicht dagegen der Portier (RG WarnR 1920 Nr 159; OLG Hamburg LZ 1920, 647; SOERGEL/MÜHL Rn 3; BRÜCKNER Recht 1907, 1107). Maßgebend für die Rechtzeitigkeit ist der Zeitpunkt, zu dem der Gast den Schaden erkennt. Einer Überlegungsfrist bedarf es nicht (Münch-Komm/HÜFFER § 703 Rn 4; **aA** HOHLOCH JuS 1984, 357, 361). Bei *nicht rechtzeitig* an den Wirt gelangter Mitteilung ist Anspruch aus § 701 verwirkt.

4 **2. a)** Ausnahmsweise bedarf es zur Erhaltung des Anspruches gem § 703 S 2 **keiner Anzeige,** wenn die Sachen, an denen der Schaden eingetreten ist, dem Wirt selbst oder seinem Vertreter (SOERGEL/MÜHL Rn 3) zur Aufbewahrung übergeben worden sind (§ 702 Abs 2 Nr 2). Diese Personen sind dann auch nach geraumer Zeit in der Lage, die Angaben des Gastes auf ihre Richtigkeit hin zu überprüfen (Prot II 411). Eine Übergabe an die Leute des Wirtes (vgl § 701 Rn 36) erübrigt die Anzeige nicht (BRÜCKNER Recht 1907, 1113; **aA** LANGEN 121 Anm 26), denn auch die Überprüfung des Verhaltens des Personals soll durch die unverzügliche Anzeige ermöglicht werden (vgl Rn 1). Die Ablehnung einer Aufbewahrung steht hier im Gegensatz zu § 702 Abs 2 Nr 2 der Übernahme gleich.

5 **b)** Durch die Neuregelung von 1966 (vgl Vorbem 1 zu §§ 701 ff) bedarf es auch bei einem vom Wirt oder seinen Leuten **verschuldeten Schaden** (§ 702 Nr 1) keiner Anzeige. Ein entsprechender Beschluß war bereits in der II. Kommission gefaßt, aber bei der Revision wieder gestrichen worden, da es der Billigkeit entspreche, die Anzeigepflicht auch in diesen Fällen aufzuerlegen (Prot VI 194). Ein Verzicht auf die Anzeige ist aber gerechtfertigt, weil der Gast das Verschulden des Wirtes bzw seiner Leute nachzuweisen hat (vgl Rn 6), die von § 703 berücksichtigte Beweisnot des Wirtes damit nicht besteht. Verschulden erfaßt Vorsatz und jede Form der Fahrlässigkeit. Zudem erstreckt sich die Verwirkung des § 703 (auch in der aF) nicht auf die Ansprüche wegen Verschuldens des Wirtes selbst oder seiner Leute aus Vertrag bzw aus unerlaubter Handlung. Die Erweiterung des § 703 führt damit im wesentlichen lediglich zu einer Gleichbehandlung der Ansprüche aus Zufalls- und Verschuldenshaftung (BT Drucks V/147, 5).

6 **II.** Der Wirt trägt die **Beweislast** hinsichtlich des Erlöschens des Anspruches, dh daß und wann der Gast Kenntnis von dem Schaden (ENNECCERUS/LEHMANN § 173 IV; BAUMGÄRTEL, Handbuch § 703 Rn 1) erlangt hat und daß die Anzeige nicht oder nicht unverzüglich erstattet worden ist (Prot II 411), denn es handelt sich um einen Erlöschensgrund bei einem an sich bestehenden Anspruch (**aA** SOERGEL/MÜHL Rn 4; Münch-Komm/HÜFFER Rn 7; BAUMGÄRTEL, Handbuch § 703 Rn 1; BGB-RGRK/SEIBERT Rn 1; GEIGEL/

SCHLEGELMILCH 28 Rn 223; LANGEN 123; BURKHARDT JurBüro 1966, 634). Der Gast muß beweisen, daß Anzeige wegen Übergabe der Sache an Wirt oder wegen dessen Verschulden bzw das seiner Leute nicht erforderlich war (BAUMGÄRTEL, Handbuch § 703 Rn 2). Nach GEIGEL/SCHLEGELMILCH (28 Rn 223) und ERMAN/WESTERMANN (Rn 3) muß der Wirt den Zeitpunkt der Kenntnis des Gastes, der Gast die Unverzüglichkeit seiner Anzeige beweisen.

III. § 703 erfaßt allein die Ansprüche des Gastes aus §§ 701 ff. Die *aus anderen* **7** *Rechtsgründen* (Vertrag, §§ 823 ff) bestehenden Rechte werden durch Unterlassen der Anzeige nicht berührt (ERMAN/WESTERMANN Rn 2).

IV. Über *Verjährung* der Ansprüche aus §§ 701 ff vgl § 701 Rn 79.   **8**

§ 704

Der Gastwirt hat für seine Forderungen für Wohnung und andere dem Gaste zur Befriedigung seiner Bedürfnisse gewährte Leistungen, mit Einschluß der Auslagen, ein Pfandrecht an den eingebrachten Sachen des Gastes. Die für das Pfandrecht des Vermieters geltenden Vorschriften des § 559 Satz 3 und der §§ 560 bis 563 finden entsprechende Anwendung.

Materialien: E I § 628; II § 644; III § 691; Mot
II 590; Prot II 411.

§ 704 ist durch Gesetz vom 24. 3. 1966 nicht geändert worden (vgl Vorbem 1 zu **1** §§ 701 ff). Zur Rechtslage vor Einführung des BGB vgl STAUDINGER/NIPPERDEY[11] Rn 1. Mit § 704 wird dem Wirt als Ausgleich für die verschärfte Haftung (abweichend MünchKomm/HÜFFER Rn 1) ein *über das Vermieterpfandrecht hinausgehendes Pfandrecht* an Sachen des Gastes gewährt.

I. Pfandgläubiger

Pfandgläubiger können allein Gastwirte iS des § 701 sein (Rn 2), dh diejenigen, die **2** gewerbsmäßig Fremde zur Beherbergung aufnehmen (SOERGEL/MÜHL Rn 1). Dies ergibt sich aus der Einordnung des § 704 in die Haftung des Herbergswirtes. Ein wirksamer Beherbergungsvertrag ist wie bei § 701 nicht erforderlich. *Ansprüche der Leute des Wirtes* gegen einen Gast sind nicht durch ein Pfandrecht gesichert. Neben dem gesetzlichen Pfandrecht aus § 704 steht dem Wirt aufgrund des Beherbergungsvertrages kein Vermieterpfandrecht aus § 559 zu (PALANDT/THOMAS Rn 1; ERMAN/WESTERMANN Rn 4; OERTMANN Anm 4; SIBER 12 ff; SCHWERDTNER Jura 1988, 251, 257), denn Beherbergung ist keine Miete iS der §§ 535 ff (vgl Vorbem 7 zu §§ 701 ff).

II. Gegenstand des Pfandrechtes

Gegenstand des Pfandrechtes sind die eingebrachten pfändbaren Sachen des Gastes. **3** Entsprechend der gesetzlichen Formulierung unterliegen nicht alle eingebrachten

Sachen dem Pfandrecht, sondern allein die im *Eigentum des Gastes* stehenden (RG Recht 1916 Nr 1707; SOERGEL/MÜHL Rn 1; ERMAN/WESTERMANN Rn 1; JAUERNIG/VOLLKOMMER Anm 1; OERTMANN Anm 2; PLANCK/LOBE Anm 2; LARENZ II 1 § 59; LANGEN 130 ff; STURM 31; ENNECCERUS/LEHMANN § 174; **aA** ohne hinlängliche Begründung SCHERER DJZ 1900, 203 N 1). Die Beweislast für das Eigentum des Gastes trägt der Wirt, wobei er sich zwar nicht auf § 1006 BGB stützen kann, dafür aber ggf auf den ersten Anschein, wenn der Gast die Sache wie eine eigene benutzt (BAUMGÄRTEL, Handbuch § 704 Rn 1).

4 Die der **Begleitung des Gastes** gehörenden Sachen unterliegen dem Pfandrecht nur insoweit, als diese Personen ebenfalls Gäste iS des § 701 sind (vgl § 701 Rn 21) und der Wirt Forderungen gegen sie iS des 704 hat (LANGEN 128 Anm 7; SCHWERDTNER Jura 1988, 251, 257 **aA** SEITTER 109 jedoch ohne Begründung; noch enger WEIMAR ZMR 1980, 68 f, demzufolge das Pfandrecht nur an Sachen der Vertragsschuldner besteht. Dem kann jedoch nicht gefolgt werden, da § 701 eine vom Beherbergungsvertrag unabhängige Haftung begründet, vgl Vorbem zu §§ 701 Rn 5 ff).

5 Das **Anwartschaftsrecht** des Gastes auf Erwerb des Eigentums an von ihm eingebrachten Sachen ist wie das Eigentum selbst zu behandeln und unterliegt damit ebenfalls dem Pfandrecht (ERMAN/WESTERMANN Rn 3; MünchKomm/HÜFFER Rn 4; so zu § 559 auch BGH NJW 1965, 1475). Mit Erwerb des Vollrechts erstarkt es zum Pfandrecht an der Sache selbst, das im Range zwischenzeitlich begründeten Pfändungspfandrechten vorgeht (ERMAN/WESTERMANN Rn 3).

III. Gesicherte Forderung

6 **Durch das Pfandrecht gesicherte Forderungen** des Wirtes gegen den Gast sind zunächst die aus dem *Beherbergungsvertrag,* dh nicht allein die aus Überlassung der Räume (insoweit würde bereits § 559 als Schutznorm genügt haben), sondern ferner alle, die auf Leistungen beruhen, die dem Gast zur Befriedigung seiner Bedürfnisse gewährt worden sind (zB Verabreichung von Speisen und Getränken).

7 **1.** Bei *ungültigem Vertrag* sind die Ansprüche aus ungerechtfertigter Bereicherung gesichert (PALANDT/THOMAS Rn 1). Darüber hinaus besteht das Pfandrecht zu Gunsten der Ersatzansprüche des Wirtes für getätigte Auslagen (Telefongebühren, Fahrkosten usw). Daß die gewährten Leistungen ein wirkliches Bedürfnis des Gastes befriedigt haben, ist nicht erforderlich. Gesichert sind ebenfalls *Ersatzansprüche* des Wirtes wegen Beschädigung der dem Gast zur Verfügung gestellten Räume und Gegenstände. Soweit ein Gast für Forderungen des Wirtes gegen seine Begleitung einstehen muß (zB §§ 278, 831), haftet er dinglich mit seinen eingebrachten Sachen. Ein Pfandrecht an den Sachen des Begleiters, der nicht selbst Gast ist, entsteht dann ebensowenig wie bei Ansprüchen aus ungerechtfertigter Bereicherung (ERMAN/WESTERMANN Rn 2 gegen PALANDT/THOMAS Rn 1).

8 **2.** Nicht von § 704 erfaßt ist – da keine Auslage – der *Rückzahlungsanspruch* des Wirtes wegen eines dem Gast gewährten Darlehens (ERMAN/WESTERMANN Rn 4).

9 **3.** § 559 S 2 ist nicht entsprechend anwendbar (LANGEN 125 Anm 2; SIBER 13).

4. Bei *Abtretung der Forderung* geht das Pfandrecht gem § 1250 mit auf den **10** Erwerber über.

IV. Inhalt und Rechtsnatur des Pfandrechts

1. Das Pfandrecht des Herbergswirtes aus § 704 ist wie das des Vermieters nach **11** § 559 ein besitzloses *gesetzliches Pfandrecht* (E II § 628; Mot II 590; ZG II 276, 342). Darauf finden gem § 1257 die allgemeinen Grundsätze über das durch Rechtsgeschäft bestellte Pfandrecht (§§ 1204 ff) entsprechende Anwendung (vgl § 559 Rn 2). Unanwendbar sind jedoch die Vorschriften über die Entstehung des Vertragspfandrechtes (insbes nicht § 1207). Ein gutgläubiger Erwerb des Pfandrechtes an den dem Gast nicht gehörenden Sachen findet daher nicht statt.

2. Abweichend von den allgemeinen Grundsätzen finden aufgrund der Verwei- **12** sung des § 704 S 2 die für das Pfandrecht des Vermieters geltenden Vorschriften der §§ 559 S 3, 560 – 563 entsprechende Anwendung (Mot II 590 ff).

a) An den *der Pfändung nicht unterworfenen Sachen und Tieren* (§§ 811, **13** 811 c Abs 1 ZPO) kann das Pfandrecht nicht entstehen (vgl § 559 Rn 16).

b) Das **Pfandrecht** entsteht mit der *Einbringung der Sachen* (ENNECCERUS/LEHMANN **14** § 174) und erlischt entsprechend § 560. Die Mitnahme des gesamten Gepäckes beim Auszug des Gastes kann damit nur bei entsprechender Kenntnis des Wirtes zum Erlöschen des Pfandrechtes führen (im Ergebnis auch PLANCK/LOBE Anm 4; OERTMANN Anm 1). Der von dem Wirt gegen die Entfernung des gesamten Gepäckes erhobene Widerspruch ist wirksam, obwohl das Verlassen des Hotels den „gewöhnlichen Lebensverhältnissen" entspricht. Da Aufenthalte in Herbergen idR kurz befristet sind, würde das Pfandrecht völlig entwertet, wenn es immer bei Beendigung der Beherbergung zum Erlöschen gebracht werden könnte. Der Wirt darf somit nur einer vorübergehenden Entfernung entsprechend § 560 nicht widersprechen (so auch OERTMANN Anm 1; PLANCK/LOBE Anm 4; PALANDT/THOMAS Rn 1; ERMAN/WESTERMANN Rn 4; BGB-RGRK/SEIBERT Rn 2; ENNECCERUS/LEHMANN § 174; LARENZ II 1 § 59).

c) Soweit der Wirt der Entfernung der Sachen *widersprechen* darf, steht ihm ent- **15** sprechend § 561 ein *Selbsthilferecht* zu. Ebenso kann er nach Auszug des Gastes Zurückschaffung des Gepäckes in die Herberge verlangen. Das Pfandrecht erlischt mit Ablauf eines Monats nach Kenntnis des Wirtes von der Entfernung, wenn vorher der Zurückschaffungsanspruch nicht gerichtlich geltend gemacht worden ist.

d) Der Gast kann die Geltendmachung des Pfandrechtes durch *Sicherheitsleistung* **16** abwenden, bzw jede einzelne Sache durch Sicherheitsleistung in Höhe ihres Wertes von dem Pfandrecht befreien (§ 562 entsprechend).

e) Eine *Gläubigerkonkurrenz* regelt sich nach § 563 entsprechend und dem Prio- **17** ritätsprinzip (ERMAN/WESTERMANN Rn 4), nicht nach § 559 S 2.

3. Nach § 49 Abs 1 Ziff 2 KO hat der Wirt im *Konkurs* des Gastes das Vorrecht **18** der abgesonderten Befriedigung. Ebenso Entwurf einer InsO BR-Drucks 336/94 vom 29. 4. 1994, § 50; abw § 12 GesO, der Aussonderungs- und Absonderungsregeln

Olaf Werner

kombiniert (Kilger/Schmidt KO § 12 GesO Anm 1) und wonach der Pfandrechtsgläubiger Herausgabe des Pfandes verlangen kann, sofern der Verwalter es nicht ablöst.

19 4.   Strafrechtlichen Schutz genießt das Pfandrecht durch §§ 288, 289 StGB (Werner JR 1972, 235).

20 V.   Für die von ihm aufgrund seines Pfandrechtes zurückbehaltenen Sachen (Rn 15) *haftet* der Wirt nur wie ein *Pfandgläubiger* (§§ 1215, 276, 278), nicht nach den strengeren Normen der §§ 701 ff (Erman/Westermann Rn 4; Langen 61; vgl auch § 701 Rn 43).

Sachregister

Die fetten Zahlen beziehen sich auf die Paragraphen, die mageren Zahlen auf die Randnummern.

J. von Staudingers Kommentar
zum Bürgerlichen Gesetzbuch
mit Einführungsgesetz und Nebengesetzen

Übersicht Nr 10/10. Februar 1995

Die Übersicht informiert über die Erscheinungsjahre der Kommentierungen in der 12. Auflage und in der 13. Bearbeitung (Gesamtwerk Staudinger). *Kursiv* geschrieben sind diejenigen Teile, die zur Komplettierung der 12. Auflage noch ausstehen.

	12. Auflage	13. Bearbeitung
Erstes Buch. Allgemeiner Teil		
Einl BGB; §§ 1 - 89; VerschG	1978/1979/1980	
§§ 90 - 240	1979	
Zweites Buch. Recht der Schuldverhältnisse		
§§ 241, 242; AGBG	1980/1981	
§§ 243 - 254	1980/1981/1983	
§§ 255 - 327	1978/1979	
§§ 328 - 397	1983/1985/1987	
§§ 398 - 432	1990/1992/1994	
§§ 433 - 580 a	1978	
Wiener UN-Kaufrecht (CISG)		1994
§§ 535 - 580 a (2. Bearb.); 2. WKSchG	1981	
§§ 581 - 610; Landpacht	1982/1988/1989	
§§ 611 - 619	1989/1993	
§§ 620 - 630	1979	
§§ 631 - 651		1994
§§ 651 a - 651 k	1983	
§§ 652 - 704		1995
§§ 705 - 740	1980	
§§ 741 - 811	1982/1985	
§§ 812 - 822		1994
§§ 823 - 832	1985/1986	
§§ 833 - 853	1986	
Drittes Buch. Sachenrecht		
§§ 854 - 902	1982/1983/1985/1986/1987	
§§ 903 - 936	1982/1987/1989	
§§ 937 - 984	1979/1983	
§§ 985 - 1011		1993
ErbbVO; §§ 1018 - 1112		1994
§§ 1113 - 1296	1981	
WEG		
Viertes Buch. Familienrecht		
§§ 1297 - 1302; EheG u.a.; §§ 1353 - 1362	1990/1993	
§§ 1363 - 1563		1994
§§ 1564 - 1568	1994	
§§ 1569 - 1586 b; HausratsVO		
§§ 1587, 1587 a, c-p, 1588		
§§ 1587 b; VAHRG		
§§ 1589 - 1625	1983/1985/1992/1993	
§§ 1626 - 1630	1992	
§§ 1631 - 1633; RKEG		
§§ 1634 - 1665	1989	
§§ 1666 - 1772	1984/1991/1992	
§§ 1773 - 1895; Anh §§ 1773 - 1895 (KJHG)	1993/1994	
§§ 1896 - 1921; BtG		

	12. Auflage	13. Bearbeitung

Fünftes Buch. Erbrecht
§§ 1922 - 1966 _____ 1994
§§ 1967 - 2063 _____ 1978/1981/1987
§§ 2064 - 2228 _____ 1979/1980/1981/1987
§§ 2229 - 2385; BeurkG _____ 1979/1981/1982/1983

EGBGB
Einl EGBGB; Art 1 - 6, 32 - 218 _____ 1985
Art 219 - 221, 230 - 236 _____ 1993

EGBGB/Internationales Privatrecht
Einl IPR; Art 7 - 11 _____ 1984
IntGesR _____ 1993
IntEheR (Art 13 - 17); IntEheprozeßR _____ 1983/1990/1992
Kindschaftsrechtl. Übereinkommen; Art 19 _____ 1994
Art 20 - 24 nF _____ 1988
Art 24 - 28 aF, 5, 6 nF _____ 1981/1988
Vorb Art 27 - 37 nF _____ 1987
Art 10, 27 - 37 nF
Art 38 nF; IntSachR _____ 1985/1992

Demnächst erscheinen

Einl BGB; §§ 1 - 12; VerschG _____ 1995
§§ 21 - 103 _____ 1995
§§ 241 - 243 _____ 1995
§§ 293 - 327 _____ 1995
§§ 328 - 396 _____ 1995
§§ 535 - 563 (Mietrecht 1) _____ 1995
§§ 620 - 630 _____ 1995
§§ 1587, 1587 a, c-p, 1588 _____ 1995
§§ 1896 - 1921; BtG _____ 1995
Art 25, 26 EGBGB (IntErbR) _____ 1995

Dr. Arthur L. Sellier & Co. - Walter de Gruyter & Co., Berlin